Niedenführ/Kümmel/Vandenhouten
WEG

AnwaltKommentar

WEG

Kommentar und Handbuch zum Wohnungseigentumsrecht

mit Anmerkungen zur Heizkostenverordnung und zum Zwangsversteigerungsgesetz, einschlägigen Gesetzestexten und Mustern zur Begründung und Verwaltung von Wohnungseigentum sowie zum gerichtlichen Verfahren

10. völlig neu bearbeitete Auflage

bearbeitet von

Dr. Werner Niedenführ
Vorsitzender Richter am OLG

Dr. Egbert Kümmel
Rechtsanwalt, Berlin

Nicole Vandenhouten
Richterin am AG

DeutscherAnwaltVerlag

Zitiervorschlag:
Bearbeiter in Niedenführ/Kümmel/Vandenhouten, WEG, § 1 Rn 1

Benutzer-Hinweis für Mustertexte
Für den Download der Mustertexte gehen Sie auf
http://www.anwaltverlag.de/WEG-Mustertexte
Geben Sie den hier eingedruckten Zugangscode ein. Danach erhalten Sie Zugriff auf das zip-Archiv: av.1266.mustertexte
Zugangscode: w95e11g

Hinweis
Die Formulierungsbeispiele in diesem Buch wurden mit Sorgfalt und nach bestem Wissen erstellt. Sie stellen jedoch lediglich Arbeitshilfen und Anregungen für die Lösung typischer Fallgestaltungen dar. Die Eigenverantwortung für die Formulierung von Verträgen, Verfügungen und Schriftsätzen trägt der Benutzer. Autoren und Verlag übernehmen keinerlei Haftung für die Richtigkeit und Vollständigkeit der in dem Buch und im Download enthaltenen Ausführungen und Formulierungsbeispiele.

Anregungen und Kritik zu diesem Werk senden Sie bitte an
kontakt@anwaltverlag.de
Autoren und Verlag freuen sich auf Ihre Rückmeldung.

Copyright 2013 by Deutscher Anwaltverlag, Bonn
Satz: Reemers Publishing Services GmbH, Krefeld
Druck: Kösel GmbH & Co. KG, Krugzell
Umschlaggestaltung: gentura, Holger Neumann, Bochum
ISBN 978-3-8240-1266-4

Bibliografische Information der Deutschen Nationalbibliothek
Die Deutsche Nationalbibliothek verzeichnet diese Publikation in der Deutschen Nationalbibliografie; detaillierte bibliografische Daten sind im Internet über http://dnb.d-nb.de abrufbar.

Vorwort

Etwas mehr als zwei Jahrzehnte nach der 1. Auflage dieses Kommentars erscheint die 10. Auflage jetzt im Deutschen Anwaltverlag. Das Konzept des Kommentars, der Praxis eine verlässliche Orientierung im WEG-Recht und den angrenzenden Rechtsgebieten zu geben, ändert sich durch den Verlagswechsel nicht. Neu ist neben dem äußeren Erscheinungsbild die Entlastung des Textes von Belegstellen, die jetzt in den Fußnoten zu finden sind.

Die Neuauflage aktualisiert und erweitert die Erläuterungen.

Seit dem Inkrafttreten der WEG-Novelle 2007 sind jetzt mehr als fünf Jahre vergangen. Insbesondere in den beiden Jahren seit dem Erscheinen der Vorauflage sind zahlreiche Entscheidungen des Bundesgerichtshofs zum neuen Recht ergangen, die der Praxis als Leitlinien bei der Anwendung der Rechtsänderungen dienen können. Aber auch zu den Bereichen des Gesetzes, die von der WEG-Novelle nicht berührt wurden, hat der Bundesgerichtshof wegweisende Entscheidungen getroffen. Hervorzuheben sind insbesondere die Entscheidungen zur Abrechnung der Instandhaltungsrücklage und zur Abrechnung der Heizkosten. Neben den Entscheidungen des Bundesgerichtshofs und ihrer zum Teil kritischen Begleitung durch das Schrifttum hatte die Neuauflage wiederum eine überaus große Zahl von Entscheidungen der Amts- und Landgerichte zu verarbeiten.

Das Werk wurde ergänzt um einen Anhang zu § 16, der ausführliche Praxishinweise zur Zwangsvollstreckung von Wohngeldforderungen in das Wohnungseigentum des Schuldners im Wege der Zwangsversteigerung, Zwangsverwaltung und Zwangssicherungshypothek enthält; auf die bevorrechtigte Stellung der Wohngeldforderungen in Rangklasse 2 wird in besonderer Weise eingegangen.

Dem Praktiker wird die bewährte umfangreiche Sammlung von Musterformularen und -texten, die neu u.a. einen Sanierungsbeschluss enthält, auf CD-ROM zur Verfügung gestellt. Diese erleichtern die Begründung und Verwaltung von Wohnungseigentum und unterstützen im gerichtlichen Verfahren.

Frankfurt am Main, Berlin,
im November 2012

Werner Niedenführ
Egbert Kümmel
Nicole Vandenhouten

Inhaltsübersicht

Autorenverzeichnis		IX
Literaturverzeichnis		XI
Abkürzungsverzeichnis		XIII
Teil 1	**Wohnungseigentumsgesetz**	1
Teil 2	**Kommentar zum Wohnungseigentumsgesetz**	19
Teil 3	**Verordnung über Heizkostenabrechnung mit Anmerkungen**	613
Teil 4	**Weitere Rechtsvorschriften**	629
A.	Verordnung über energiesparenden Wärmeschutz und energiesparende Anlagentechnik bei Gebäuden	631
B.	Grundbuchordnung	677
C.	Verordnung über die Anlegung und Führung der Wohnungs- und Teileigentumsgrundbücher	686
D.	Allgemeine Verwaltungsvorschrift für die Ausstellung von Bescheinigungen gemäß § 7 Abs. 4 Nr. 2 und § 3	688
Teil 5	**Muster**	691
Stichwortverzeichnis		731

Autorenverzeichnis

W. Niedenführ:	§§ 16, 21 Anhang, 26–29, 43–50; Teil 3; Teil 5 B, C I, II
E. Kümmel:	§§ 10–15, 16 Anhang, 23–25, Teil 5 C III–VI
N. Vandenhouten:	§§ 1–9, 17–21, 22, 30–42, 61–64; Teil 5 A

Literaturverzeichnis

Abramenko/*Bearbeiter*, Handbuch WEG, 2009
Bärmann/*Bearbeiter*, WEG, 11. Aufl., 2010
Bärmann, Wohnungseigentum, Kurzlehrbuch, 1991?
Bärmann/Pick, WEG, 19. Aufl. 2010
Bärmann/Seuß, Praxis des Wohnungseigentums mit Formularen und Mustern, 5. Aufl. 2010
Balser/Rühlicke/Roser, Handbuch des Grundstücksverkehrs, 3. Aufl. 1989
Baumbach/Lauterbach, Baumbach/Lauterbach/Albers/Hartmann, Zivilprozessordnung, 70. Aufl. 2012
Becker, Die Teilnahme ab der Versammlung der Wohnungseigentümer, 1996
Becker/Kümmel/Ott, Wohnungseigentum, 2. Aufl. 2010
Bielefeld, Der Wohnungseigentümer, 9. Aufl. 2011
Bogen, Die Amtsniederlegung des Verwalters, 2002
Buck, Mehrheitsentscheidungen mit Vereinbarungsinhalt im Wohnungseigentumsrecht, 2001
Bub/von der Osten, Wohnungseigentum von A–Z, 7. Aufl. 2004
Bub, Das Finanz- und Rechnungswesen der Wohnungseigentümergemeinschaft, 2. Aufl. 2001
Deckert, Die Eigentumswohnung, Loseblattsammlung, 1981 ff
Diester, Die Rechtsprechung zum Wohnungseigentumsgesetz, 1967
Diester, Wichtige Rechtsfragen des Wohnungseigentums unter Berücksichtigung der Novellierung des WEG, 1974
Drasdo, Die Eigentümerversammlung nach WEG, 4. Aufl. 2009
Gottschalg, Die Haftung von Verwalter und Beirat in der Wohnungseigentümergemeinschaft, 3. Aufl. 2009
Greiner, Wohnungseigentumsrecht, 2. Aufl., 2010
Häublein, Sondernutzungsrechte und ihre Begründung im Wohnungseigentumsrecht, 2003
HK-InsO/*Bearbeiter*, Heidelberger-Kommentar zur Insolvenzordnung, 6. Aufl. 2011
Hock/Mayer/Hilbert/Deimann, Immobiliarvollstreckung, 5. Aufl. 2011
Hüffer, Aktiengesetz, 10. Aufl. 2012
Jennißen/*Bearbeiter*, Wohnungseigentumsgesetz, 3.Aufl. 2012
Jennißen, Die Verwalterabrechnung nach dem Wohnungseigentumsgesetz, 6. Aufl. 2009
Junker, Die Gesellschaft nach dem Wohnungseigentumsgesetz, 1993
Kefferpütz, Stimmrechtsschranken im Wohnungseigentumsrecht, 1994
Köhler, Das neue WEG, 2007
Köhler/Bassenge, Anwaltshandbuch Wohnungseigentumsrecht, 2. Aufl. 2009
Kümmel, Die Bindung der Wohnungseigentümer und deren Rechtsnachfolger an Vereinbarungen, Beschlüsse und Rechtshandlungen nach § 10 WEG, 2002
Lammel, Anwaltkommentar Wohnraummietrecht, 3. Aufl. 2007
Maroldt, Die Rechtsfolgen einer Rechtsfähigkeit der Gemeinschaft der Wohnungseigentümer, 2004
Merle, Das Wohnungseigentum im System des bürgerlichen Rechts, 1979
Müller, Praktische Fragen des Wohnungseigentums, 5. Aufl. 2010
MüKo-AktG/*Bearbeiter*, Kommentar zum AktG, 3. Aufl. 2008–2012
MüKo-BGB/*Bearbeiter*, Kommentar zum BGB mit Wohnungseigentumsgesetz, 5. Aufl. 2009 ff.
MüKo-InsO/*Bearbeiter*, Kommentar zur InsO, 2. Aufl. 2008
MüKo-ZPO/*Bearbeiter*, Kommentar zur ZPO; 3. Aufl. 2008
Musielak/*Bearbeiter*, Kommentar zur ZPO, 9. Aufl. 2012
NK-BGB/*Bearbeiter*, NomosKommentar, Band 3, Sachenrecht, WEG bearbeitet von *Heinemann* und *Schultzky*, 2. Aufl. 2008
Ott, Das Sondernutzungsrecht im Wohnungseigentum, 2000
Palandt/*Bearbeiter*, Kommentar zum BGB, 71. Aufl. 2012, WEG
RGRK/*Bearbeiter*, Kommentar zum BGB, 2001
Reichert, Die Rechtsstellung des Verwalters nach Beendigung des Verwaltungsverhältnisses, 2004
Riecke/Schmid, Fachanwaltskommentar Wohnungseigentumsrecht, 3. Aufl. 2010

Literaturverzeichnis

Riecke/Schmidt/Elzer, Die erfolgreiche Eigentümerversammlung, 5. Aufl. 2010
Röll/Sauren, Handbuch für Wohnungseigentümer und Verwalter, 9. Aufl. 2008
Sauren, Wohnungseigentumsgesetz (WEG), 5. Aufl. 2008
Schmack, Dingliche Rechte am Wohnungseigentum und Rechtsgeschäfte der Wohnungseigentümer untereinander, 2001
Schneider/Herget, Streitwertkommentar für Zivilprozess und FamFG-Verfahren, 13. Aufl., 2011
Seuß/Jennißen,Die Eigentumswohnung, 12. Aufl. 2008
Soergel/*Bearbeiter*, Kommentar zum BGB, 12. Aufl. 1987 ff., 13. Aufl. 2000 ff.
Spielbauer/Then, Wohnungseigentumsgesetz, 2. Aufl. 2012
Staudinger/*Bearbeiter*, Kommentar zum BGB, 13. Aufl. 1993 ff; WEG 2005, 2 Teilbände
Stein/Jonas/*Bearbeiter*, Kommentar zur ZPO, 22. Aufl. 2002–2011
Stöber, Kommentar zum ZVG, 20. Aufl. 2012
Strecker, Kompetenzen in der Gemeinschaft der Wohnungseigentümer, 2004
Suilmann, Das Beschlussmängelverfahren im Wohnungseigentumsrecht, 1998
Timme/*Bearbeiter*, Wohnungseigentumsgesetz, 2010
Thomas/Putzo, Kommentar zur ZPO, 33. Aufl. 2012
Ulmer/*Bearbeiter*, Kommentar zum AGB-Recht, 11. Aufl. 2011
Weitnauer/*Bearbeiter*, WEG-Kommentar, 9. Aufl. 2005
Wendel, Der Anspruch auf Zustimmung zur Änderung der Gemeinschaftsordnung, 2002
Wolf/Lindacher/Pfeiffer, AGB-Recht, 5. Aufl. 2009
Zöller/*Bearbeiter*, Kommentar zur ZPO, 29. Aufl. 2012

Abkürzungsverzeichnis

a.A.	anderer Ansicht	BFH	Bundesfinanzhof
a.a.O.	am angeführten Ort	BGB	Bürgerliches Gesetzbuch
ABl	Amtsblatt	BGBl	Bundesgesetzblatt
Abl.	ablehnend	BGH	Bundesgerichtshof
Abs.	Absatz	BGHZ	Amtliche Sammlung der Entscheidungen des BGH in Zivilsachen
Abschn.	Abschnitt		
Abt.	Abteilung		
Abw.	abweichend	BImSchV	Verordnungen z Durchführung d Bundes-Immissionsschutzgesetzes
AcP	Archiv für die civilistische Praxis		
a.E.	am Ende	BlGBW	Blätter für Grundstücks-, Bau- und Wohnungsrecht
a.F.	alte Fassung		
AG	Amtsgericht	BMietenG	Bundesmietengesetz
AGB	Allgemeine Geschäftsbedingungen	BMJ	Bundesminister der Justiz
		BNotO	Bundesnotarordnung
AGBG	G zur Regelung des Rechts der Allgemeinen Geschäftsbedingungen	BR	Bundesrat
		BSHG	Bundessozialhilfegesetz
		BT	Bundestag
AIZ	Allgemeine Immobilienzeitung	Büro	Das juristische Büro
		BVerfG	Bundesverfassungsgericht
AktG	Aktiengesetz	BVerfGE	Amtliche Sammlung der Entscheidungen des BVerfG
AktO	Aktenordnung		
a.M.	anderer Meinung	BVerwG	Bundesverwaltungsgericht
Amtl. Begr.	amtliche Begründung	BVO	Berechnungsverordnung
Anm.	Anmerkung	BWNotZ	Zeitschrift für das Notariat in Baden-Württemberg
AnwBl	Anwaltsblatt		
ArbGG	Arbeitsgerichtsgesetz	bzw.	beziehungsweise
Art.	Artikel	DB	Der Betrieb
Aufl.	Auflage	DBauBl	Deutsches Baublatt
AV	Allgemeine Verfügung	d.h.	das heißt
AVA	Allg. Verwaltungsvorschrift für die Ausstellung von Bescheinigungen gemäß § 7 Abs. 4 Nr. 2 und § 32 Abs. 2 Nr. 2 WEG	Die Justiz	Amtsblatt des Justizministeriums Baden-Württemberg
		DNotZ	Deutsche Notar-Zeitschrift
		DStR	Deutsches Steuerrecht
		DÜG	Diskontsatz-Überleitungs-Gesetz vom 9.6.1998 (BGBl I S 1242) = Artikel 1 EuroEG
BAG	Bundesarbeitsgericht		
BAnz	Bundesanzeiger		
BayObLG	Bayerisches Oberstes Landesgericht	DVBl	Deutsches Verwaltungsblatt
BayObLGZ	Entscheidungen des BayObLG in Zivilsachen	DVO	Durchführungsverordnung
		DWE	Der Wohnungseigentümer
BB	Betriebs-Berater	DWW	Deutsche Wohnungswirtschaft
BauR	Zeitschrift für das gesamte öffentliche und zivile Baurecht	EGBGB	EinführungsG zum Bürgerlichen Gesetzbuch
BauGB	Baugesetzbuch XVIII	EheG	Ehegesetz
BdF	Bundesminister der Finanzen	Einl.	Einleitung
Bek.	Bekanntmachung	ErbbauVO	Erbbaurechtsverordnung
ber.	berichtigt	EStG	EinkommensteuerG
BeurkG	Beurkundungsgesetz	EuroEG	Gesetz zur Einführung des EUR vom 9.6.1998 (BGBl I S 1242)
BewDV	DVO zum BewG		
BewG	Bewertungsgesetz		
BewÄndG	Gesetz zur Änderung des Bewertungsgesetzes		

XIX

XIII

Abkürzungsverzeichnis

EU-ZustellungsVO	Verordnung (EG) Nr. 1348/2000 des Rates vom 29.5.2000 über die Zustellung gerichtlicher und außergerichtlicher Schriftstücke in Zivil- und Handelssachen in den Mitgliedsstaaten (ABl EG Nr. L 160 S 37)	HeizkostenV, HeizKostVO	Verordnung über die verbrauchsabhängige Abrechnung der Heiz- und Warmwasserkosten (VO über HeizkostenabrechnungHeizkostenV) v 23.2.1981 in der Fassung der Bekanntmachung v 20.1.1989 (BGBl I S 115)
EWiR	Entscheidungen zum Wirtschaftsrecht	h.M.	herrschende Meinung
f./ff.	folgender/folgende	HRVO	HausratsVO
fG	freiwillige Gerichtsbarkeit	Hs.	Halbsatz
FG	Finanzgericht	i.d.F. v.	in der Fassung vom
FGG	G über Angelegenheiten der freiwilligen Gerichtsbarkeit	i.d.R.	in der Regel
		IHK	Industrie- und Handelskammer
FGPrax	Praxis der Freiwilligen Gerichtsbarkeit (Vereinigt mit OLGZ)	InsO	Insolvenzordnung
		InVo	Insolvenz & Vollstreckung
FrWW	Freie Wohnungswirtschaft	i.S.v.	im Sinne von
FS	Festschrift	ITelex	Immo-Telex (Düsseldorf)
G	Gesetz	i.V.m.	in Verbindung mit
GE	Das Grundeigentum	JBl	Justizblatt
GBA	Grundbuchamt	JFG	Jahrbuch für Entscheidungen in Angelegenheiten der freiwilligen Gerichtsbarkeit und des Grundbuchrechts
GBl	Gesetzblatt		
GBO	Grundbuchordnung		
GBVerfWEG	Verfügung über die grundbuchmäßige Behandlung von Wohnungseigentumssachen		
		JM	Justizminister
		JMBl	Justizministerialblatt
GBV, GBVfg	Grundbuchverfügung	JR	Juristische Rundschau
GeboteVO	VO über die Behandlung von Geboten in der Zwangsversteigerung v 30.6.1941	JurBüro	Das juristische Büro
		JURIS	Juristisches Informationssystem
gem.	gemäß	JuS	Juristische Schulung
GewO	Gewerbeordnung	JZ	Juristen-Zeitung
GewStG	GewerbesteuerG	KG	Kammergericht
GG	Grundgesetz	Klausel RL	Richtline 93/13/WEG des Rates vom 5.4.1993 über missbräuchliche Klauseln in Verbraucherverträgen
ggf.	gegebenenfalls		
GKG	Gerichtskostengesetz		
GmbHG	G betreffend die Gesellschaften mit beschränkter Haftung		
		KO	Konkursordnung
		KostVerf	Kostenverfügung vom 1.3.1976
GoA	Geschäftsführung ohne Auftrag	LM	Lindenmaier/Möhring = BGH Nachschlagewerk
GrdstVG	Grundstücksverkehrsgesetz		
GrESt	Grunderwerbsteuer	Ls	Leitsatz
GrStG	Grundsteuergesetz	L S	loco sigilli (an Stelle des Siegels)
GVBl	Gesetz- und Verordnungsblatt		
		MaBV	Makler- und Bauträgerverordnung
GVG	Gerichtsverfassungsgesetz		
GWW	Gemeinnütziges Wohnungswesen	MDR	Monatsschrift für Deutsches Recht
HansOLG	Hanseatisches Oberlandesgericht	MietRB	Der Miet-Rechts-Berater
		MinBl.	Ministerialblatt
HeizAnlV	Heizungsanlagen-Verordnung	MittBayNot	Mitteilungen des Bayerischen Notarvereins, der Notarkasse und der Landesnotarkammer Bayern

Abkürzungsverzeichnis

MittRhNotK	Mitteilungen der Rheinischen Notarkammer	VO	Verordnung
MSchG	Mieterschutzgesetz	VOB	Verdingungsordnung für Bauleistungen
MRK	Europäische Konvention zum Schutz der Menschenrechte	Vorb.	Vorbemerkung
m.w.N.	mit weiteren Nachweisen	VV	Vergütungsverzeichnis (Anlage 1 zum RVG)
MWSt	Mehrwertsteuer	VwGO	Verwaltungsgerichtsordnung
NdsRpfl	Niedersächsische Rechtspflege	WE	Wohnungseigentum (Zeitschrift)
NJW	Neue Juristische Wochenschrift	WEG	Wohnungseigentumsgesetz
NJWE-MietR	NJW-Entscheidungsdienst Miet- und Wohnungsrecht	WEG-Gericht	das für Wohnungseigentumssachen zuständige Gericht
NJW-RR	NJW-Rechtsprechungs-Report (Zivilrecht)	WEM	Wohnungseigentümermagazin
NZM	Neue Zeitschrift für Miet- und Wohnungsrecht	WErbbR	Wohnungserbbaurecht
OLG	Oberlandesgericht	WEZ	Zeitschrift für Wohnungseigentumsrecht (1987–1988)
OLGZ	Entscheidungen der Oberlandesgerichte in Zivilsachen	WGV	Wohnungsgrundbuchverfügung
PIG	Partner im Gespräch (Schriftenreihe des Evangelischen Siedlungswerkes in Deutschland e.V.) Band u. Jahrgang	WM	Wertpapier-Mitteilungen
		WoBauG	Wohnungsbaugesetz
		WKSchG	Wohnraumkündigungsschutzgesetz
		WuM	Wohnungswirtschaft und Mietrecht
RBerG	Rechtsberatungsgesetz	WoVermG	Wohnungsvermittlungsgesetz
RG	Reichsgericht		
RGBl	Reichsgesetzblatt	z.B.	zum Beispiel
RGZ	Entscheidungen des Reichsgerichts in Zivilsachen, Band und Seite	ZEV	Zeitschrift für Erbrecht und Vermögensnachfolge
		ZfBR	Zeitschrift für deutsches und internationales Baurecht
Rn	Randnummer	ZIP	Zeitschrift für Wirtschaftsrecht
Rpfl	Der Deutsche Rechtspfleger		
Rspr	Rechtsprechung	ZMR	Zeitschrift für Miet- und Raumrecht
RVG	Rechtsanwaltsvergütungsgesetz		
S.	Seite oder Satz	ZPO	Zivilprozessordnung
Sog.	sogenannt	ZRP	Zeitschrift für Rechtspolitik
st.Rspr.	ständige Rechtsprechung	ZVG	G über die Zwangsversteigerung und die Zwangsverwaltung
str.	strittig		
u.a.	unter anderem	ZWE	Zeitschrift für Wohnungseigentum
u.Ä.	und Ähnliches		
usw.	und so weiter	ZwVMaßnG	G über Maßnahmen auf dem Gebiete der Zwangsvollstreckung
UWG	Gesetz gegen den unlauteren Wettbewerb		
VA	Verwaltungsanordnung	ZZP	Zeitschrift für Zivilprozess
Vfg	Verfügung		
vgl.	vergleiche		
VHG	G über die richterliche Vertragshilfe		

Teil 1:
Wohnungseigentumsgesetz

Gesetz über das Wohnungseigentum und das Dauerwohnrecht (Wohnungseigentumsgesetz)

Vom 15.3.1951, BGBl I S. 175, I 209, BGBl III 403-1

Zuletzt geändert durch Gesetz zur Änderung des Bürgerlichen Gesetzbuchs zum besseren Schutz der Verbraucherinnen und Verbraucher vor Kostenfallen im elektronischen Geschäftsverkehr und zur Änderung des Wohnungseigentumsgesetzes vom 10.5.2012, BGBl I S. 1084

I. Teil Wohnungseigentum

§ 1 Begriffsbestimmungen

(1) Nach Maßgabe dieses Gesetzes kann an Wohnungen das Wohnungseigentum, an nicht zu Wohnzwecken dienenden Räumen eines Gebäudes das Teileigentum begründet werden.

(2) Wohnungseigentum ist das Sondereigentum an einer Wohnung in Verbindung mit dem Miteigentumsanteil an dem gemeinschaftlichen Eigentum, zu dem es gehört.

(3) Teileigentum ist das Sondereigentum an nicht zu Wohnzwecken dienenden Räumen eines Gebäudes in Verbindung mit dem Miteigentumsanteil an dem gemeinschaftlichen Eigentum, zu dem es gehört.

(4) Wohnungseigentum und Teileigentum können nicht in der Weise begründet werden, daß das Sondereigentum mit Miteigentum an mehreren Grundstücken verbunden wird.

(5) Gemeinschaftliches Eigentum im Sinne dieses Gesetzes sind das Grundstück sowie die Teile, Anlagen und Einrichtungen des Gebäudes, die nicht im Sondereigentum oder im Eigentum eines Dritten stehen.

(6) Für das Teileigentum gelten die Vorschriften über das Wohnungseigentum entsprechend.

1. Abschnitt Begründung des Wohnungseigentums

§ 2 Arten der Begründung

Wohnungseigentum wird durch die vertragliche Einräumung von Sondereigentum (§ 3) oder durch Teilung (§ 8) begründet.

§ 3 Vertragliche Einräumung von Sondereigentum

(1) Das Miteigentum (§ 1008 des Bürgerlichen Gesetzbuchs) an einem Grundstück kann durch Vertrag der Miteigentümer in der Weise beschränkt werden, daß jedem der Miteigentümer abweichend von § 93 des Bürgerlichen Gesetzbuchs das Sondereigentum an einer bestimmten Wohnung oder an nicht zu Wohnzwecken dienenden bestimmten Räumen in einem auf dem Grundstück errichteten oder zu errichtenden Gebäude eingeräumt wird.

(2) [1]Sondereigentum soll nur eingeräumt werden, wenn die Wohnungen oder sonstigen Räume in sich abgeschlossen sind. [2]Garagenstellplätze gelten als abgeschlossene Räume, wenn ihre Flächen durch dauerhafte Markierungen ersichtlich sind.

(3) (aufgehoben)

§ 4 Formvorschriften

(1) Zur Einräumung und zur Aufhebung des Sondereigentums ist die Einigung der Beteiligten über den Eintritt der Rechtsänderung und die Eintragung in das Grundbuch erforderlich.

(2) [1]Die Einigung bedarf der für die Auflassung vorgeschriebenen Form. [2]Sondereigentum kann nicht unter einer Bedingung oder Zeitbestimmung eingeräumt oder aufgehoben werden.

(3) Für einen Vertrag, durch den sich ein Teil verpflichtet, Sondereigentum einzuräumen, zu erwerben oder aufzuheben, gilt § 311b Abs. 1 des Bürgerlichen Gesetzbuchs entsprechend.

§ 5 Gegenstand und Inhalt des Sondereigentums

(1) Gegenstand des Sondereigentums sind die gemäß § 3 Abs. 1 bestimmten Räume sowie die zu diesen Räumen gehörenden Bestandteile des Gebäudes, die verändert, beseitigt oder eingefügt werden können, ohne daß dadurch das

gemeinschaftliche Eigentum oder ein auf Sondereigentum beruhendes Recht eines anderen Wohnungseigentümers über das nach § 14 zulässige Maß hinaus beeinträchtigt oder die äußere Gestaltung des Gebäudes verändert wird.

(2) Teile des Gebäudes, die für dessen Bestand oder Sicherheit erforderlich sind, sowie Anlagen und Einrichtungen, die dem gemeinschaftlichen Gebrauch der Wohnungseigentümer dienen, sind nicht Gegenstand des Sondereigentums, selbst wenn sie sich im Bereich der im Sondereigentum stehenden Räume befinden.

(3) Die Wohnungseigentümer können vereinbaren, daß Bestandteile des Gebäudes, die Gegenstand des Sondereigentums sein können, zum gemeinschaftlichen Eigentum gehören.

(4) ¹Vereinbarungen über das Verhältnis der Wohnungseigentümer untereinander können nach den Vorschriften des 2. und 3. Abschnitts zum Inhalt des Sondereigentums gemacht werden. ²Ist das Wohnungseigentum mit der Hypothek, Grund- oder Rentenschuld oder der Reallast eines Dritten belastet, so ist dessen nach anderen Rechtsvorschriften notwendige Zustimmung zu der Vereinbarung nur erforderlich, wenn ein Sondernutzungsrecht begründet oder ein mit dem Wohnungseigentum verbundenes Sondernutzungsrecht aufgehoben, geändert oder übertragen wird. ³Bei der Begründung eines Sondernutzungsrechts ist die Zustimmung des Dritten nicht erforderlich, wenn durch die Vereinbarung gleichzeitig das zu seinen Gunsten belastete Wohnungseigentum mit einem Sondernutzungsrecht verbunden wird.

§ 6 Unselbständigkeit des Sondereigentums

(1) Das Sondereigentum kann ohne den Miteigentumsanteil, zu dem es gehört, nicht veräußert oder belastet werden.

(2) Rechte an dem Miteigentumsanteil erstrecken sich auf das zu ihm gehörende Sondereigentum.

§ 7 Grundbuchvorschriften

(1) ¹Im Falle des § 3 Abs. 1 wird für jeden Miteigentumsanteil von Amts wegen ein besonderes Grundbuchblatt (Wohnungsgrundbuch, Teileigentumsgrundbuch) angelegt. ²Auf diesem ist das zu dem Miteigentumsanteil gehörende Sondereigentum und als Beschränkung des Miteigentums die Einräumung der zu den anderen Miteigentumsanteilen gehörenden Sondereigentumsrechte einzutragen. ³Das Grundbuchblatt des Grundstücks wird von Amts wegen geschlossen.

(2) ¹Von der Anlegung besonderer Grundbuchblätter kann abgesehen werden, wenn hiervon Verwirrung nicht zu besorgen ist. ²In diesem Fall ist das Grundbuchblatt als gemeinschaftliches Wohnungsgrundbuch (Teileigentumsgrundbuch) zu bezeichnen.

(3) Zur näheren Bezeichnung des Gegenstands und des Inhalts des Sondereigentums kann auf die Eintragungsbewilligung Bezug genommen werden.

(4) Der Eintragungsbewilligung sind als Anlagen beizufügen:

1. eine von der Baubehörde mit Unterschrift und Siegel oder Stempel versehene Bauzeichnung, aus der die Aufteilung des Gebäudes sowie die Lage und Größe der im Sondereigentum und der im gemeinschaftlichen Eigentum stehenden Gebäudeteile ersichtlich ist (Aufteilungsplan); alle zu demselben Wohnungseigentum gehörenden Einzelräume sind mit der jeweils gleichen Nummer zu kennzeichnen;
2. eine Bescheinigung der Baubehörde, daß die Voraussetzungen des § 3 Abs. 2 vorliegen.

¹Wenn in der Eintragungsbewilligung für die einzelnen Sondereigentumsrechte Nummern angegeben werden, sollen sie mit denen des Aufteilungsplans übereinstimmen. ²Die Landesregierungen können durch Rechtsverordnung bestimmen, dass und in welchen Fällen der Aufteilungsplan (Satz 1 Nr. 1) und die Abgeschlossenheit (Satz 1 Nr. 2) von einem öffentlich bestellten oder anerkannten Sachverständigen für das Bauwesen statt von der Baubehörde ausgefertigt und bescheinigt werden. ³Werden diese Aufgaben von dem Sachverständigen wahrgenommen, so gelten die Bestimmungen der Allgemeinen Verwaltungsvorschrift für die Ausstellung von Bescheinigungen gemäß § 7 Abs. 4 Nr. 2 und § 32 Abs. 2 Nr. 2 des Wohnungseigentumsgesetzes vom 19. März 1974 (BAnz. ⁴Nr. 58 vom 23. März 1974) entsprechend. ⁵In diesem Fall bedürfen die Anlagen nicht der Form des § 29 der Grundbuchordnung. ⁶Die Landesregierungen können die Ermächtigung durch Rechtsverordnung auf die Landesbauverwaltungen übertragen.

(5) Für Teileigentumsgrundbücher gelten die Vorschriften über Wohnungsgrundbücher entsprechend.

§ 8 Teilung durch den Eigentümer

(1) Der Eigentümer eines Grundstücks kann durch Erklärung gegenüber dem Grundbuchamt das Eigentum an dem Grundstück in Miteigentumsanteile in der Weise teilen, daß mit jedem Anteil das Sondereigentum an einer bestimmten Wohnung oder an nicht zu Wohnzwecken dienenden bestimmten Räumen in einem auf dem Grundstück errichteten oder zu errichtenden Gebäude verbunden ist.

(2) ¹Im Falle des Absatzes 1 gelten die Vorschriften des § 3 Abs. 2 und der §§ 5, 6, § 7 Abs. 1, 3 bis 5 entsprechend. ²Die Teilung wird mit der Anlegung der Wohnungsgrundbücher wirksam.

§ 9 Schließung der Wohnungsgrundbücher

(1) Die Wohnungsgrundbücher werden geschlossen:
1. von Amts wegen, wenn die Sondereigentumsrechte gemäß § 4 aufgehoben werden;
2. auf Antrag sämtlicher Wohnungseigentümer, wenn alle Sondereigentumsrechte durch völlige Zerstörung des Gebäudes gegenstandslos geworden sind und der Nachweis hierfür durch eine Bescheinigung der Baubehörde erbracht ist;
3. auf Antrag des Eigentümers, wenn sich sämtliche Wohnungseigentumsrechte in einer Person vereinigen.

(2) Ist ein Wohnungseigentum selbständig mit dem Recht eines Dritten belastet, so werden die allgemeinen Vorschriften, nach denen zur Aufhebung des Sondereigentums die Zustimmung des Dritten erforderlich ist, durch Absatz 1 nicht berührt.

(3) Werden die Wohnungsgrundbücher geschlossen, so wird für das Grundstück ein Grundbuchblatt nach den allgemeinen Vorschriften angelegt; die Sondereigentumsrechte erlöschen, soweit sie nicht bereits aufgehoben sind, mit der Anlegung des Grundbuchblatts.

2. Abschnitt Gemeinschaft der Wohnungseigentümer

§ 10 Allgemeine Grundsätze

(1) Inhaber der Rechte und Pflichten nach den Vorschriften dieses Gesetzes, insbesondere des Sondereigentums und des gemeinschaftlichen Eigentums, sind die Wohnungseigentümer, soweit nicht etwas anderes ausdrücklich bestimmt ist.

(2) [1]Das Verhältnis der Wohnungseigentümer untereinander bestimmt sich nach den Vorschriften dieses Gesetzes und, soweit dieses Gesetz keine besonderen Bestimmungen enthält, nach den Vorschriften des Bürgerlichen Gesetzbuchs über die Gemeinschaft. [2]Die Wohnungseigentümer können von den Vorschriften dieses Gesetzes abweichende Vereinbarungen treffen, soweit nicht etwas anderes ausdrücklich bestimmt ist. [3]Jeder Wohnungseigentümer kann eine vom Gesetz abweichende Vereinbarung oder die Anpassung einer Vereinbarung verlangen, soweit ein Festhalten an der geltenden Regelung aus schwerwiegenden Gründen unter Berücksichtigung aller Umstände des Einzelfalles, insbesondere der Rechte und Interessen der anderen Wohnungseigentümer, unbillig erscheint.

(3) Vereinbarungen, durch die die Wohnungseigentümer ihr Verhältnis untereinander in Ergänzung oder Abweichung von Vorschriften dieses Gesetzes regeln, sowie die Abänderung oder Aufhebung solcher Vereinbarungen wirken gegen den Sondernachfolger eines Wohnungseigentümers nur, wenn sie als Inhalt des Sondereigentums im Grundbuch eingetragen sind.

(4) [1]Beschlüsse der Wohnungseigentümer gemäß § 23 und gerichtliche Entscheidungen in einem Rechtsstreit gemäß § 43 bedürfen zu ihrer Wirksamkeit gegen den Sondernachfolger eines Wohnungseigentümers nicht der Eintragung in das Grundbuch. [2]Dies gilt auch für die gemäß § 23 Abs. 1 aufgrund einer Vereinbarung gefaßten Beschlüsse, die vom Gesetz abweichen oder eine Vereinbarung ändern.

(5) Rechtshandlungen in Angelegenheiten, über die nach diesem Gesetz oder nach einer Vereinbarung der Wohnungseigentümer durch Stimmenmehrheit beschlossen werden kann, wirken, wenn sie auf Grund eines mit solcher Mehrheit gefaßten Beschlusses vorgenommen werden, auch für und gegen die Wohnungseigentümer, die gegen den Beschluß gestimmt oder an der Beschlußfassung nicht mitgewirkt haben.

(6) [1]Die Gemeinschaft der Wohnungseigentümer kann im Rahmen der gesamten Verwaltung des gemeinschaftlichen Eigentums gegenüber Dritten und Wohnungseigentümern selbst Rechte erwerben und Pflichten eingehen. [2]Sie ist Inhaberin der als Gemeinschaft gesetzlich begründeten und rechtsgeschäftlich erworbenen Rechte und Pflichten. [3]Sie übt die gemeinschaftsbezogenen Rechte der Wohnungseigentümer aus und nimmt die gemeinschaftsbezogenen Pflichten der Wohnungseigentümer wahr, ebenso sonstige Rechte und Pflichten der Wohnungseigentümer, soweit diese gemeinschaftlich geltend gemacht werden können oder zu erfüllen sind. [4]Die Gemeinschaft muss die Bezeichnung „Wohnungseigentümergemeinschaft" gefolgt von der bestimmten Angabe des gemeinschaftlichen Grundstücks führen. [5]Sie kann vor Gericht klagen und verklagt werden.

(7) [1]Das Verwaltungsvermögen gehört der Gemeinschaft der Wohnungseigentümer. [2]Es besteht aus den im Rahmen der gesamten Verwaltung des gemeinschaftlichen Eigentums gesetzlich begründeten und rechtsgeschäftlich erworbenen Sachen und Rechten sowie den entstandenen Verbindlichkeiten. [3]Zu dem Verwaltungsvermögen gehören insbesondere die Ansprüche und Befugnisse aus Rechtsverhältnissen mit Dritten und mit Wohnungseigentümern sowie die eingenommenen Gelder. [4]Vereinigen sich sämtliche Wohnungseigentumsrechte in einer Person, geht das Verwaltungsvermögen auf den Eigentümer des Grundstücks über.

(8) [1]Jeder Wohnungseigentümer haftet einem Gläubiger nach dem Verhältnis seines Miteigentumsanteils (§ 16 Abs. 1 Satz 2) für Verbindlichkeiten der Gemeinschaft der Wohnungseigentümer, die während seiner Zugehörigkeit zur Gemeinschaft entstanden oder während dieses Zeitraums fällig geworden sind; für die Haftung nach Veräußerung des

Wohnungseigentums ist § 160 des Handelsgesetzbuches entsprechend anzuwenden. ²Er kann gegenüber einem Gläubiger neben den in seiner Person begründeten auch die der Gemeinschaft zustehenden Einwendungen und Einreden geltend machen, nicht aber seine Einwendungen und Einreden gegenüber der Gemeinschaft. ³Für die Einrede der Anfechtbarkeit und Aufrechenbarkeit ist § 770 des Bürgerlichen Gesetzbuches entsprechend anzuwenden. ⁴Die Haftung eines Wohnungseigentümers gegenüber der Gemeinschaft wegen nicht ordnungsmäßiger Verwaltung bestimmt sich nach Satz 1.

§ 11 Unauflöslichkeit der Gemeinschaft

(1) ¹Kein Wohnungseigentümer kann die Aufhebung der Gemeinschaft verlangen. ²Dies gilt auch für eine Aufhebung aus wichtigem Grund. ³Eine abweichende Vereinbarung ist nur für den Fall zulässig, daß das Gebäude ganz oder teilweise zerstört wird und eine Verpflichtung zum Wiederaufbau nicht besteht.

(2) Das Recht eines Pfändungsgläubigers (§ 751 des Bürgerlichen Gesetzbuchs) sowie das im Insolvenzverfahren bestehende Recht (§ 84 Abs. 2 der Insolvenzordnung), die Aufhebung der Gemeinschaft zu verlangen, ist ausgeschlossen.

(3) Ein Insolvenzverfahren über das Verwaltungsvermögen der Gemeinschaft findet nicht statt.

§ 12 Veräußerungsbeschränkung

(1) Als Inhalt des Sondereigentums kann vereinbart werden, daß ein Wohnungseigentümer zur Veräußerung seines Wohnungseigentums der Zustimmung anderer Wohnungseigentümer oder eines Dritten bedarf.

(2) ¹Die Zustimmung darf nur aus einem wichtigen Grund versagt werden. ²Durch Vereinbarung gemäß Absatz 1 kann dem Wohnungseigentümer darüber hinaus für bestimmte Fälle ein Anspruch auf Erteilung der Zustimmung eingeräumt werden.

(3) ¹Ist eine Vereinbarung gemäß Absatz 1 getroffen, so ist eine Veräußerung des Wohnungseigentums und ein Vertrag, durch den sich der Wohnungseigentümer zu einer solchen Veräußerung verpflichtet, unwirksam, solange nicht die erforderliche Zustimmung erteilt ist. ²Einer rechtsgeschäftlichen Veräußerung steht eine Veräußerung im Weg der Zwangsvollstreckung oder durch den Insolvenzverwalter gleich.

(4) ¹Die Wohnungseigentümer können durch Stimmenmehrheit beschließen, dass eine Veräußerungsbeschränkung gemäß Absatz 1 aufgehoben wird. ²Diese Befugnis kann durch Vereinbarung der Wohnungseigentümer nicht eingeschränkt oder ausgeschlossen werden. ³Ist ein Beschluss gemäß Satz 1 gefasst, kann die Veräußerungsbeschränkung im Grundbuch gelöscht werden. ⁴Der Bewilligung gemäß § 19 der Grundbuchordnung bedarf es nicht, wenn der Beschluss gemäß Satz 1 nachgewiesen wird. ⁵Für diesen Nachweis ist § 26 Abs. 3 entsprechend anzuwenden.

§ 13 Rechte des Wohnungseigentümers

(1) Jeder Wohnungseigentümer kann, soweit nicht das Gesetz oder Rechte Dritter entgegenstehen, mit den im Sondereigentum stehenden Gebäudeteilen nach Belieben verfahren, insbesondere diese bewohnen, vermieten, verpachten oder in sonstiger Weise nutzen, und andere von Einwirkungen ausschließen.

(2) ¹Jeder Wohnungseigentümer ist zum Mitgebrauch des gemeinschaftlichen Eigentums nach Maßgabe der §§ 14, 15 berechtigt. ²An den sonstigen Nutzungen des gemeinschaftlichen Eigentums gebührt jedem Wohnungseigentümer ein Anteil nach Maßgabe des § 16.

§ 14 Pflichten des Wohnungseigentümers

Jeder Wohnungseigentümer ist verpflichtet:
1. die im Sondereigentum stehenden Gebäudeteile so instand zu halten und von diesen sowie von dem gemeinschaftlichen Eigentum nur in solcher Weise Gebrauch zu machen, daß dadurch keinem der anderen Wohnungseigentümer über das bei einem geordneten Zusammenleben unvermeidliche Maß hinaus ein Nachteil erwächst;
2. für die Einhaltung der in Nummer 1 bezeichneten Pflichten durch Personen zu sorgen, die seinem Hausstand oder Geschäftsbetrieb angehören oder denen er sonst die Benutzung der im Sonder- oder Miteigentum stehenden Grundstücks- oder Gebäudeteile überläßt;
3. Einwirkungen auf die im Sondereigentum stehenden Gebäudeteile und das gemeinschaftliche Eigentum zu dulden, soweit sie auf einem nach Nummer 1, 2 zulässigen Gebrauch beruhen;
4. das Betreten und die Benutzung der im Sondereigentum stehenden Gebäudeteile zu gestatten, soweit dies zur Instandhaltung und Instandsetzung des gemeinschaftlichen Eigentums erforderlich ist; der hierdurch entstehende Schaden ist zu ersetzen.

§ 15 Gebrauchsregelung

(1) Die Wohnungseigentümer können den Gebrauch des Sondereigentums und des gemeinschaftlichen Eigentums durch Vereinbarung regeln.

(2) Soweit nicht eine Vereinbarung nach Absatz 1 entgegensteht, können die Wohnungseigentümer durch Stimmenmehrheit einen der Beschaffenheit der im Sondereigentum stehenden Gebäudeteile und des gemeinschaftlichen Eigentums entsprechenden ordnungsmäßigen Gebrauch beschließen.

(3) Jeder Wohnungseigentümer kann einen Gebrauch der im Sondereigentum stehenden Gebäudeteile und des gemeinschaftlichen Eigentums verlangen, der dem Gesetz, den Vereinbarungen und Beschlüssen und, soweit sich die Regelung hieraus nicht ergibt, dem Interesse der Gesamtheit der Wohnungseigentümer nach billigem Ermessen entspricht.

§ 16 Nutzungen, Lasten und Kosten

(1) ¹Jedem Wohnungseigentümer gebührt ein seinem Anteil entsprechender Bruchteil der Nutzungen des gemeinschaftlichen Eigentums. ²Der Anteil bestimmt sich nach dem gemäß § 47 der Grundbuchordnung im Grundbuch eingetragenen Verhältnis der Miteigentumsanteile.

(2) Jeder Wohnungseigentümer ist den anderen Wohnungseigentümern gegenüber verpflichtet, die Lasten des gemeinschaftlichen Eigentums sowie die Kosten der Instandhaltung, Instandsetzung, sonstigen Verwaltung und eines gemeinschaftlichen Gebrauchs des gemeinschaftlichen Eigentums nach dem Verhältnis seines Anteils (Absatz 1 Satz 2) zu tragen.

(3) Die Wohnungseigentümer können abweichend von Absatz 2 durch Stimmenmehrheit beschließen, dass die Betriebskosten des gemeinschaftlichen Eigentums oder des Sondereigentums im Sinne des § 556 Abs. 1 des Bürgerlichen Gesetzbuches, die nicht unmittelbar gegenüber Dritten abgerechnet werden, und die Kosten der Verwaltung nach Verbrauch oder Verursachung erfasst und nach diesem oder nach einem anderen Maßstab verteilt werden, soweit dies ordnungsmäßiger Verwaltung entspricht.

(4) ¹Die Wohnungseigentümer können im Einzelfall zur Instandhaltung oder Instandsetzung im Sinne des § 21 Abs. 5 Nr. 2 oder zu baulichen Veränderungen oder Aufwendungen im Sinne des § 22 Abs. 1 und 2 durch Beschluss die Kostenverteilung abweichend von Absatz 2 regeln, wenn der abweichende Maßstab dem Gebrauch oder der Möglichkeit des Gebrauchs durch die Wohnungseigentümer Rechnung trägt. ²Der Beschluss zur Regelung der Kostenverteilung nach Satz 1 bedarf einer Mehrheit von drei Viertel aller stimmberechtigten Wohnungseigentümer im Sinne des § 25 Abs. 2 und mehr als der Hälfte aller Miteigentumsanteile.

(5) Die Befugnisse im Sinne der Absätze 3 und 4 können durch Vereinbarung der Wohnungseigentümer nicht eingeschränkt oder ausgeschlossen werden.

(6) ¹Ein Wohnungseigentümer, der einer Maßnahme nach § 22 Abs. 1 nicht zugestimmt hat, ist nicht berechtigt, einen Anteil an Nutzungen, die auf einer solchen Maßnahme beruhen, zu beanspruchen; er ist nicht verpflichtet, Kosten, die durch eine solche Maßnahme verursacht sind, zu tragen. ²Satz 1 ist bei einer Kostenverteilung gemäß Absatz 4 nicht anzuwenden.

(7) Zu den Kosten der Verwaltung im Sinne des Absatzes 2 gehören insbesondere Kosten eines Rechtsstreits gemäß § 18 und der Ersatz des Schadens im Falle des § 14 Nr. 4.

(8) Kosten eines Rechtsstreits gemäß § 43 gehören nur dann zu den Kosten der Verwaltung im Sinne des Absatzes 2, wenn es sich um Mehrkosten gegenüber der gesetzlichen Vergütung eines Rechtsanwalts aufgrund einer Vereinbarung über die Vergütung (§ 27 Abs. 2 Nr. 4, Abs. 3 Nr. 6) handelt.

§ 17 Anteil bei Aufhebung der Gemeinschaft

¹Im Falle der Aufhebung der Gemeinschaft bestimmt sich der Anteil der Miteigentümer nach dem Verhältnis des Wertes ihrer Wohnungseigentumsrechte zur Zeit der Aufhebung der Gemeinschaft. ²Hat sich der Wert eines Miteigentumsanteils durch Maßnahmen verändert, deren Kosten der Wohnungseigentümer nicht getragen hat, so bleibt eine solche Veränderung bei der Berechnung des Wertes dieses Anteils außer Betracht.

§ 18 Entziehung des Wohnungseigentums

(1) ¹Hat ein Wohnungseigentümer sich einer so schweren Verletzung der ihm gegenüber anderen Wohnungseigentümern obliegenden Verpflichtungen schuldig gemacht, daß diesen die Fortsetzung der Gemeinschaft mit ihm nicht mehr zugemutet werden kann, so können die anderen Wohnungseigentümer von ihm die Veräußerung seines Wohnungseigentums verlangen. ²Die Ausübung des Entziehungsrechts steht der Gemeinschaft der Wohnungseigentümer zu, soweit es sich nicht um eine Gemeinschaft handelt, die nur aus zwei Wohnungseigentümern besteht.

(2) Die Voraussetzungen des Absatzes 1 liegen insbesondere vor, wenn
1. der Wohnungseigentümer trotz Abmahnung wiederholt gröblich gegen die ihm nach § 14 obliegenden Pflichten verstößt;
2. der Wohnungseigentümer sich mit der Erfüllung seiner Verpflichtungen zur Lasten- und Kostentragung (§ 16 Abs. 2) in Höhe eines Betrags, der drei vom Hundert des Einheitswerts seines Wohnungseigentums übersteigt, länger als drei Monate in Verzug befindet; in diesem Fall steht § 30 der Abgabenordnung einer Mitteilung des Einheitswerts an die Gemeinschaft der Wohnungseigentümer oder, soweit die Gemeinschaft nur aus zwei Wohnungseigentümern besteht, an den anderen Wohnungseigentümer nicht entgegen; in diesem Fall steht § 30 der Abgabenordnung einer Mitteilung des Einheitswerts an die Gemeinschaft der Wohnungseigentümer oder, soweit die Gemeinschaft nur aus zwei Wohnungseigentümern besteht, an den anderen Wohnungseigentümer nicht entgegen.

(3) [1]Über das Verlangen nach Absatz 1 beschließen die Wohnungseigentümer durch Stimmenmehrheit. [2]Der Beschluß bedarf einer Mehrheit von mehr als der Hälfte der stimmberechtigten Wohnungseigentümer. [3]Die Vorschriften des § 25 Abs. 3, 4 sind in diesem Falle nicht anzuwenden.

(4) Der in Absatz 1 bestimmte Anspruch kann durch Vereinbarung der Wohnungseigentümer nicht eingeschränkt oder ausgeschlossen werden.

§ 19 Wirkung des Urteils

(1) [1]Das Urteil, durch das ein Wohnungseigentümer zur Veräußerung seines Wohnungseigentums verurteilt wird, berechtigt jeden Miteigentümer zur Zwangsvollstreckung entsprechend den Vorschriften des Ersten Abschnitts des Gesetzes über die Zwangsversteigerung und die Zwangsverwaltung. [2]Die Ausübung dieses Rechts steht der Gemeinschaft der Wohnungseigentümer zu, soweit es sich nicht um eine Gemeinschaft handelt, die nur aus zwei Wohnungseigentümern besteht.

(2) Der Wohnungseigentümer kann im Falle des § 18 Abs. 2 Nummer 2 bis zur Erteilung des Zuschlags die in Absatz 1 bezeichnete Wirkung des Urteils dadurch abwenden, daß er die Verpflichtungen, wegen deren Nichterfüllung er verurteilt ist, einschließlich der Verpflichtung zum Ersatz der durch den Rechtsstreit und das Versteigerungsverfahren entstandenen Kosten sowie die fälligen weiteren Verpflichtungen zur Lasten- und Kostentragung erfüllt.

(3) Ein gerichtlicher oder vor einer Gütestelle geschlossener Vergleich, durch den sich der Wohnungseigentümer zur Veräußerung seines Wohnungseigentums verpflichtet, steht dem in Absatz 1 bezeichneten Urteil gleich.

3. Abschnitt Verwaltung

§ 20 Gliederung der Verwaltung

(1) Die Verwaltung des gemeinschaftlichen Eigentums obliegt den Wohnungseigentümern nach Maßgabe der §§ 21 bis 25 und dem Verwalter nach Maßgabe der §§ 26 bis 28, im Falle der Bestellung eines Verwaltungsbeirats auch diesem nach Maßgabe des § 29.

(2) Die Bestellung eines Verwalters kann nicht ausgeschlossen werden.

§ 21 Verwaltung durch die Wohnungseigentümer

(1) Soweit nicht in diesem Gesetz oder durch Vereinbarung der Wohnungseigentümer etwas anderes bestimmt ist, steht die Verwaltung des gemeinschaftlichen Eigentums den Wohnungseigentümern gemeinschaftlich zu.

(2) Jeder Wohnungseigentümer ist berechtigt, ohne Zustimmung der anderen Wohnungseigentümer die Maßnahmen zu treffen, die zur Abwendung eines dem gemeinschaftlichen Eigentum unmittelbar drohenden Schadens notwendig sind.

(3) Soweit die Verwaltung des gemeinschaftlichen Eigentums nicht durch Vereinbarung der Wohnungseigentümer geregelt ist, können die Wohnungseigentümer eine der Beschaffenheit des gemeinschaftlichen Eigentums entsprechende ordnungsmäßige Verwaltung durch Stimmenmehrheit beschließen.

(4) Jeder Wohnungseigentümer kann eine Verwaltung verlangen, die den Vereinbarungen und Beschlüssen und, soweit solche nicht bestehen, dem Interesse der Gesamtheit der Wohnungseigentümer nach billigem Ermessen entspricht.

(5) Zu einer ordnungsmäßigen, dem Interesse der Gesamtheit der Wohnungseigentümer entsprechenden Verwaltung gehört insbesondere:
1. die Aufstellung einer Hausordnung;
2. die ordnungsmäßige Instandhaltung und Instandsetzung des gemeinschaftlichen Eigentums;

3. die Feuerversicherung des gemeinschaftlichen Eigentums zum Neuwert sowie die angemessene Versicherung der Wohnungseigentümer gegen Haus- und Grundbesitzerhaftpflicht;
4. die Ansammlung einer angemessenen Instandhaltungsrückstellung;
5. die Aufstellung eines Wirtschaftsplans (§ 28);
6. die Duldung aller Maßnahmen, die zur Herstellung einer Fernsprechteilnehmereinrichtung, einer Rundfunkempfangsanlage oder eines Energieversorgungsanschlusses zugunsten eines Wohnungseigentümers erforderlich sind.

(6) Der Wohnungseigentümer, zu dessen Gunsten eine Maßnahme der in Absatz 5 Nr. 6 bezeichneten Art getroffen wird, ist zum Ersatz des hierdurch entstehenden Schadens verpflichtet.

(7) Die Wohnungseigentümer können die Regelung der Art und Weise von Zahlungen, der Fälligkeit und der Folgen des Verzugs sowie die Kosten für eine besondere Nutzung des gemeinschaftlichen Eigentums oder für einen besonderen Verwaltungsaufwand mit Stimmenmehrheit beschließen.

(8) Treffen die Wohnungseigentümer eine nach dem Gesetz erforderliche Maßnahme nicht, so kann an ihrer Stelle das Gericht in einem Rechtsstreit gemäß § 43 nach billigem Ermessen entscheiden, soweit sich die Maßnahme nicht aus dem Gesetz, einer Vereinbarung oder einem Beschluss der Wohnungseigentümer ergibt.

§ 22 Besondere Aufwendungen, Wiederaufbau

(1) ¹Bauliche Veränderungen und Aufwendungen, die über die ordnungsmäßige Instandhaltung oder Instandsetzung des gemeinschaftlichen Eigentums hinausgehen, können beschlossen oder verlangt werden, wenn jeder Wohnungseigentümer zustimmt, dessen Rechte durch die Maßnahmen über das in § 14 Nr. 1 bestimmte Maß hinaus beeinträchtigt werden. ²Die Zustimmung ist nicht erforderlich, soweit die Rechte eines Wohnungseigentümers nicht in der in Satz 1 bezeichneten Weise beeinträchtigt werden.

(2) ¹Maßnahmen gemäß Absatz 1 Satz 1, die der Modernisierung entsprechend § 559 Abs. 1 des Bürgerlichen Gesetzbuches oder der Anpassung des gemeinschaftlichen Eigentums an den Stand der Technik dienen, die Eigenart der Wohnanlage nicht ändern und keinen Wohnungseigentümer gegenüber anderen unbillig beeinträchtigen, können abweichend von Absatz 1 durch eine Mehrheit von drei Viertel aller stimmberechtigten Wohnungseigentümer im Sinne des § 25 Abs. 2 und mehr als der Hälfte aller Miteigentumsanteile beschlossen werden. ²Die Befugnis im Sinne des Satzes 1 kann durch Vereinbarung der Wohnungseigentümer nicht eingeschränkt oder ausgeschlossen werden.

(3) Für Maßnahmen der modernisierenden Instandsetzung im Sinne des § 21 Abs. 5 Nr. 2 verbleibt es bei den Vorschriften des § 21 Abs. 3 und 4.

(4) Ist das Gebäude zu mehr als der Hälfte seines Wertes zerstört und ist der Schaden nicht durch eine Versicherung oder in anderer Weise gedeckt, so kann der Wiederaufbau nicht gemäß § 21 Abs. 3 beschlossen oder gemäß § 21 Abs. 4 verlangt werden.

§ 23 Wohnungseigentümerversammlung

(1) Angelegenheiten, über die nach diesem Gesetz oder nach einer Vereinbarung der Wohnungseigentümer die Wohnungseigentümer durch Beschluß entscheiden können, werden durch Beschlußfassung in einer Versammlung der Wohnungseigentümer geordnet.

(2) Zur Gültigkeit eines Beschlusses ist erforderlich, daß der Gegenstand bei der Einberufung bezeichnet ist.

(3) Auch ohne Versammlung ist ein Beschluß gültig, wenn alle Wohnungseigentümer ihre Zustimmung zu diesem Beschluß schriftlich erklären.

(4) ¹Ein Beschluss, der gegen eine Rechtsvorschrift verstößt, auf deren Einhaltung rechtswirksam nicht verzichtet werden kann, ist nichtig. ²Im Übrigen ist ein Beschluss gültig, solange er nicht durch rechtskräftiges Urteil für ungültig erklärt ist.

§ 24 Einberufung, Vorsitz, Niederschrift

(1) Die Versammlung der Wohnungseigentümer wird von dem Verwalter mindestens einmal im Jahr einberufen.

(2) Die Versammlung der Wohnungseigentümer muß von dem Verwalter in den durch Vereinbarung der Wohnungseigentümer bestimmten Fällen, im übrigen dann einberufen werden, wenn dies schriftlich unter Angabe des Zweckes und der Gründe von mehr als einem Viertel der Wohnungseigentümer verlangt wird.

(3) Fehlt ein Verwalter oder weigert er sich pflichtwidrig, die Versammlung der Wohnungseigentümer einzuberufen, so kann die Versammlung auch, falls ein Verwaltungsbeirat bestellt ist, von dessen Vorsitzenden oder seinem Vertreter einberufen werden.

(4) ¹Die Einberufung erfolgt in Textform. ²Die Frist der Einberufung soll, sofern nicht ein Fall besonderer Dringlichkeit vorliegt, mindestens zwei Wochen betragen.

(5) Den Vorsitz in der Wohnungseigentümerversammlung führt, sofern diese nichts anderes beschließt, der Verwalter.

(6) ¹Über die in der Versammlung gefaßten Beschlüsse ist eine Niederschrift aufzunehmen. ²Die Niederschrift ist von dem Vorsitzenden und einem Wohnungseigentümer und, falls ein Verwaltungsbeirat bestellt ist, auch von dessen Vorsitzenden oder seinem Vertreter zu unterschreiben. ³Jeder Wohnungseigentümer ist berechtigt, die Niederschriften einzusehen.

(7) ¹Es ist eine Beschluss-Sammlung zu führen. ²Die Beschluss-Sammlung enthält nur den Wortlaut
1. der in der Versammlung der Wohnungseigentümer verkündeten Beschlüsse mit Angabe von Ort und Datum der Versammlung,
2. der schriftlichen Beschlüsse mit Angabe von Ort und Datum der Verkündung und
3. der Urteilsformeln der gerichtlichen Entscheidungen in einem Rechtsstreit gemäß § 43 mit Angabe ihres Datums, des Gerichts und der Parteien,

soweit diese Beschlüsse und gerichtlichen Entscheidungen nach dem 1. Juli 2007 ergangen sind. ³Die Beschlüsse und gerichtlichen Entscheidungen sind fortlaufend einzutragen und zu nummerieren. ⁴Sind sie angefochten oder aufgehoben worden, so ist dies anzumerken. ⁵Im Falle einer Aufhebung kann von einer Anmerkung abgesehen und die Eintragung gelöscht werden. ⁶Eine Eintragung kann auch gelöscht werden, wenn sie aus einem anderen Grund für die Wohnungseigentümer keine Bedeutung mehr hat. ⁷Die Eintragungen, Vermerke und Löschungen gemäß den Sätzen 3 bis 6 sind unverzüglich zu erledigen und mit Datum zu versehen. ⁸Einem Wohnungseigentümer oder einem Dritten, den ein Wohnungseigentümer ermächtigt hat, ist auf sein Verlangen Einsicht in die Beschluss-Sammlung zu geben.

(8) ¹Die Beschluss-Sammlung ist von dem Verwalter zu führen. ²Fehlt ein Verwalter, so ist der Vorsitzende der Wohnungseigentümerversammlung verpflichtet, die Beschluss-Sammlung zu führen, sofern die Wohnungseigentümer durch Stimmenmehrheit keinen anderen für diese Aufgabe bestellt haben.

§ 25 Mehrheitsbeschluß

(1) Für die Beschlußfassung in Angelegenheiten, über die die Wohnungseigentümer durch Stimmenmehrheit beschließen, gelten die Vorschriften der Absätze 2 bis 5.

(2) ¹Jeder Wohnungseigentümer hat eine Stimme. ²Steht ein Wohnungseigentum mehreren gemeinschaftlich zu, so können sie das Stimmrecht nur einheitlich ausüben.

(3) Die Versammlung ist nur beschlußfähig, wenn die erschienenen stimmberechtigten Wohnungseigentümer mehr als die Hälfte der Miteigentumsanteile, berechnet nach der im Grundbuch eingetragenen Größe dieser Anteile, vertreten.

(4) ¹Ist eine Versammlung nicht gemäß Absatz 3 beschlußfähig, so beruft der Verwalter eine neue Versammlung mit dem gleichen Gegenstand ein. ²Diese Versammlung ist ohne Rücksicht auf die Höhe der vertretenen Anteile beschlußfähig; hierauf ist bei der Einberufung hinzuweisen.

(5) Ein Wohnungseigentümer ist nicht stimmberechtigt, wenn die Beschlußfassung die Vornahme eines auf die Verwaltung des gemeinschaftlichen Eigentums bezüglichen Rechtsgeschäfts mit ihm oder die Einleitung oder Erledigung eines Rechtsstreits der anderen Wohnungseigentümer gegen ihn betrifft oder wenn er nach § 18 rechtskräftig verurteilt ist.

§ 26 Bestellung und Abberufung des Verwalters

(1) ¹Über die Bestellung und Abberufung des Verwalters beschließen die Wohnungseigentümer mit Stimmenmehrheit. ²Die Bestellung darf auf höchstens fünf Jahre vorgenommen werden, im Falle der ersten Bestellung nach der Begründung von Wohnungseigentum aber auf höchstens drei Jahre. ³Die Abberufung des Verwalters kann auf das Vorliegen eines wichtigen Grundes beschränkt werden. ⁴Ein wichtiger Grund liegt regelmäßig vor, wenn der Verwalter die Beschluss-Sammlung nicht ordnungsmäßig führt. ⁵Andere Beschränkungen der Bestellung oder Abberufung des Verwalters sind nicht zulässig.

(2) Die wiederholte Bestellung ist zulässig; sie bedarf eines erneuten Beschlusses der Wohnungseigentümer, der frühestens ein Jahr vor Ablauf der Bestellungszeit gefaßt werden kann.

(3) Soweit die Verwaltereigenschaft durch eine öffentlich beglaubigte Urkunde nachgewiesen werden muß, genügt die Vorlage einer Niederschrift über den Bestellungsbeschluß, bei der die Unterschriften der in § 24 Abs. 6 bezeichneten Personen öffentlich beglaubigt sind.

§ 27 Aufgaben und Befugnisse des Verwalters

(1) Der Verwalter ist gegenüber den Wohnungseigentümern und gegenüber der Gemeinschaft der Wohnungseigentümer berechtigt und verpflichtet,

1. Beschlüsse der Wohnungseigentümer durchzuführen und für die Durchführung der Hausordnung zu sorgen;
2. die für die ordnungsmäßige Instandhaltung und Instandsetzung des gemeinschaftlichen Eigentums erforderlichen Maßnahmen zu treffen;
3. in dringenden Fällen sonstige zur Erhaltung des gemeinschaftlichen Eigentums erforderliche Maßnahmen zu treffen;
4. Lasten- und Kostenbeiträge, Tilgungsbeträge und Hypothekenzinsen anzufordern, in Empfang zu nehmen und abzuführen, soweit es sich um gemeinschaftliche Angelegenheiten der Wohnungseigentümer handelt;
5. alle Zahlungen und Leistungen zu bewirken und entgegenzunehmen, die mit der laufenden Verwaltung des gemeinschaftlichen Eigentums zusammenhängen;
6. eingenommene Gelder zu verwalten;
7. die Wohnungseigentümer unverzüglich darüber zu unterrichten, dass ein Rechtsstreit gemäß § 43 anhängig ist;
8. die Erklärungen abzugeben, die zur Vornahme der in § 21 Abs. 5 Nr. 6 bezeichneten Maßnahmen erforderlich sind.

(2) Der Verwalter ist berechtigt, im Namen aller Wohnungseigentümer und mit Wirkung für und gegen sie
1. Willenserklärungen und Zustellungen entgegenzunehmen, soweit sie an alle Wohnungseigentümer in dieser Eigenschaft gerichtet sind;
2. Maßnahmen zu treffen, die zur Wahrung einer Frist oder zur Abwendung eines sonstigen Rechtsnachteils erforderlich sind, insbesondere einen gegen die Wohnungseigentümer gerichteten Rechtsstreit gemäß § 43 Nr. 1, Nr. 4 oder Nr. 5 im Erkenntnis- und Vollstreckungsverfahren zu führen;
3. Ansprüche gerichtlich und außergerichtlich geltend zu machen, sofern er hierzu durch Vereinbarung oder Beschluss mit Stimmenmehrheit der Wohnungseigentümer ermächtigt ist;
4. mit einem Rechtsanwalt wegen eines Rechtsstreits gemäß § 43 Nr. 1, Nr. 4 oder Nr. 5 zu vereinbaren, dass sich die Gebühren nach einem höheren als dem gesetzlichen Streitwert, höchstens nach einem gemäß § 49a Abs. 1 Satz 1 des Gerichtskostengesetzes bestimmten Streitwert bemessen.

(3) Der Verwalter ist berechtigt, im Namen der Gemeinschaft der Wohnungseigentümer und mit Wirkung für und gegen sie
1. Willenserklärungen und Zustellungen entgegenzunehmen;
2. Maßnahmen zu treffen, die zur Wahrung einer Frist oder zur Abwendung eines sonstigen Rechtsnachteils erforderlich sind, insbesondere einen gegen die Gemeinschaft gerichteten Rechtsstreit gemäß § 43 Nr. 2 oder Nr. 5 im Erkenntnis- und Vollstreckungsverfahren zu führen;
3. die laufenden Maßnahmen der erforderlichen ordnungsmäßigen Instandhaltung und Instandsetzung gemäß Absatz 1 Nr. 2 zu treffen;
4. die Maßnahmen gemäß Absatz 1 Nr. 3 bis 5 und 8 zu treffen;
5. im Rahmen der Verwaltung der eingenommenen Gelder gemäß Absatz 1 Nr. 6 Konten zu führen;
6. mit einem Rechtsanwalt wegen eines Rechtsstreits gemäß § 43 Nr. 2 oder Nr. 5 eine Vergütung gemäß Absatz 2 Nr. 4 zu vereinbaren;
7. sonstige Rechtsgeschäfte und Rechtshandlungen vorzunehmen, soweit er hierzu durch Vereinbarung oder Beschluss der Wohnungseigentümer mit Stimmenmehrheit ermächtigt ist.

²Fehlt ein Verwalter oder ist er zur Vertretung nicht berechtigt, so vertreten alle Wohnungseigentümer die Gemeinschaft. ³Die Wohnungseigentümer können durch Beschluss mit Stimmenmehrheit einen oder mehrere Wohnungseigentümer zur Vertretung ermächtigen.

(4) Die dem Verwalter nach den Absätzen 1 bis 3 zustehenden Aufgaben und Befugnisse können durch Vereinbarung der Wohnungseigentümer nicht eingeschränkt oder ausgeschlossen werden.

(5) ¹Der Verwalter ist verpflichtet, eingenommene Gelder von seinem Vermögen gesondert zu halten. ²Die Verfügung über solche Gelder kann durch Vereinbarung oder Beschluss der Wohnungseigentümer mit Stimmenmehrheit von der Zustimmung eines Wohnungseigentümers oder eines Dritten abhängig gemacht werden.

(6) Der Verwalter kann von den Wohnungseigentümern die Ausstellung einer Vollmachts- und Ermächtigungsurkunde verlangen, aus der der Umfang seiner Vertretungsmacht ersichtlich ist.

§ 28 Wirtschaftsplan, Rechnungslegung

(1) ¹Der Verwalter hat jeweils für ein Kalenderjahr einen Wirtschaftsplan aufzustellen. ²Der Wirtschaftsplan enthält:
1. die voraussichtlichen Einnahmen und Ausgaben bei der Verwaltung des gemeinschaftlichen Eigentums;
2. die anteilmäßige Verpflichtung der Wohnungseigentümer zur Lasten- und Kostentragung;
3. die Beitragsleistung der Wohnungseigentümer zu der in § 21 Abs. 5 Nummer 4 vorgesehenen Instandhaltungsrückstellung.

(2) Die Wohnungseigentümer sind verpflichtet, nach Abruf durch den Verwalter dem beschlossenen Wirtschaftsplan entsprechende Vorschüsse zu leisten.

(3) Der Verwalter hat nach Ablauf des Kalenderjahrs eine Abrechnung aufzustellen.

(4) Die Wohnungseigentümer können durch Mehrheitsbeschluß jederzeit von dem Verwalter Rechnungslegung verlangen.

(5) Über den Wirtschaftsplan, die Abrechnung und die Rechnungslegung des Verwalters beschließen die Wohnungseigentümer durch Stimmenmehrheit.

§ 29 Verwaltungsbeirat

(1) [1]Die Wohnungseigentümer können durch Stimmenmehrheit die Bestellung eines Verwaltungsbeirats beschließen. [2]Der Verwaltungsbeirat besteht aus einem Wohnungseigentümer als Vorsitzenden und zwei weiteren Wohnungseigentümern als Beisitzern.

(2) Der Verwaltungsbeirat unterstützt den Verwalter bei der Durchführung seiner Aufgaben.

(3) Der Wirtschaftsplan, die Abrechnung über den Wirtschaftsplan, Rechnungslegungen und Kostenanschläge sollen, bevor über sie die Wohnungseigentümerversammlung beschließt, vom Verwaltungsbeirat geprüft und mit dessen Stellungnahme versehen werden.

(4) Der Verwaltungsbeirat wird von dem Vorsitzenden nach Bedarf einberufen.

4. Abschnitt Wohnungserbbaurecht

§ 30

(1) Steht ein Erbbaurecht mehreren gemeinschaftlich nach Bruchteilen zu, so können die Anteile in der Weise beschränkt werden, daß jedem der Mitberechtigten das Sondereigentum an einer bestimmten Wohnung oder an nicht zu Wohnzwecken dienenden bestimmten Räumen in einem auf Grund des Erbbaurechts errichteten oder zu errichtenden Gebäude eingeräumt wird (Wohnungserbbaurecht, Teilerbbaurecht).

(2) Ein Erbbauberechtigter kann das Erbbaurecht in entsprechender Anwendung des § 8 teilen.

(3) [1]Für jeden Anteil wird von Amts wegen ein besonderes Erbbaugrundbuchblatt angelegt (Wohnungserbbaugrundbuch, Teilerbbaugrundbuch). [2]Im übrigen gelten für das Wohnungserbbaurecht (Teilerbbaurecht) die Vorschriften über das Wohnungseigentum (Teileigentum) entsprechend.

II. Teil Dauerwohnrecht

§ 31 Begriffsbestimmungen

(1) [1]Ein Grundstück kann in der Weise belastet werden, daß derjenige, zu dessen Gunsten die Belastung erfolgt, berechtigt ist, unter Ausschluß des Eigentümers eine bestimmte Wohnung in einem auf dem Grundstück errichteten oder zu errichtenden Gebäude zu bewohnen oder in anderer Weise zu nutzen (Dauerwohnrecht). [2]Das Dauerwohnrecht kann auf einen außerhalb des Gebäudes liegenden Teil des Grundstücks erstreckt werden, sofern die Wohnung wirtschaftlich die Hauptsache bleibt.

(2) Ein Grundstück kann in der Weise belastet werden, daß derjenige, zu dessen Gunsten die Belastung erfolgt, berechtigt ist, unter Ausschluß des Eigentümers nicht zu Wohnzwecken dienende bestimmte Räume in einem auf dem Grundstück errichteten oder zu errichtenden Gebäude zu nutzen (Dauernutzungsrecht).

(3) Für das Dauernutzungsrecht gelten die Vorschriften über das Dauerwohnrecht entsprechend.

§ 32 Voraussetzungen der Eintragung

(1) Das Dauerwohnrecht soll nur bestellt werden, wenn die Wohnung in sich abgeschlossen ist.

(2) [1]Zur näheren Bezeichnung des Gegenstands und des Inhalts des Dauerwohnrechts kann auf die Eintragungsbewilligung Bezug genommen werden. [2]Der Eintragungsbewilligung sind als Anlagen beizufügen:

1. eine von der Baubehörde mit Unterschrift und Siegel oder Stempel versehene Bauzeichnung, aus der die Aufteilung des Gebäudes sowie die Lage und Größe der dem Dauerwohnrecht unterliegenden Gebäude- und Grundstücksteile ersichtlich ist (Aufteilungsplan); alle zu demselben Dauerwohnrecht gehörenden Einzelräume sind mit der jeweils gleichen Nummer zu kennzeichnen;
2. eine Bescheinigung der Baubehörde, daß die Voraussetzungen des Absatzes 1 vorliegen.

[2]Wenn in der Eintragungsbewilligung für die einzelnen Dauerwohnrechte Nummern angegeben werden, sollen sie mit denen des Aufteilungsplans übereinstimmen. [3]Die Landesregierungen können durch Rechtsverordnung bestimmen, dass und in welchen Fällen der Aufteilungsplan (Satz 2 Nr. 1) und die Abgeschlossenheit (Satz 2 Nr. 2) von ei-

nem öffentlich bestellten oder anerkannten Sachverständigen für das Bauwesen statt von der Baubehörde ausgefertigt und bescheinigt werden. [4]Werden diese Aufgaben von dem Sachverständigen wahrgenommen, so gelten die Bestimmungen der Allgemeinen Verwaltungsvorschrift für die Ausstellung von Bescheinigungen gemäß § 7 Abs. 4 Nr. 2 und § 32 Abs. 2 Nr. 2 des Wohnungseigentumsgesetzes vom 19. März 1974 (BAnz. [5]Nr. 58 vom 23. März 1974) entsprechend. [6]In diesem Fall bedürfen die Anlagen nicht der Form des § 29 der Grundbuchordnung. [7]Die Landesregierungen können die Ermächtigung durch Rechtsverordnung auf die Landesbauverwaltungen übertragen.

(3) Das Grundbuchamt soll die Eintragung des Dauerwohnrechts ablehnen, wenn über die in § 33 Abs. 4 Nr. 1 bis 4 bezeichneten Angelegenheiten, über die Voraussetzungen des Heimfallanspruchs (§ 36 Abs. 1) und über die Entschädigung beim Heimfall (§ 36 Abs. 4) keine Vereinbarungen getroffen sind.

§ 33 Inhalt des Dauerwohnrechts

(1) [1]Das Dauerwohnrecht ist veräußerlich und vererblich. [2]Es kann nicht unter einer Bedingung bestellt werden.

(2) Auf das Dauerwohnrecht sind, soweit nicht etwas anderes vereinbart ist, die Vorschriften des § 14 entsprechend anzuwenden.

(3) Der Berechtigte kann die zum gemeinschaftlichen Gebrauch bestimmten Teile, Anlagen und Einrichtungen des Gebäudes und Grundstücks mitbenutzen, soweit nichts anderes vereinbart ist.

(4) Als Inhalt des Dauerwohnrechts können Vereinbarungen getroffen werden über:
1. Art und Umfang der Nutzungen;
2. Instandhaltung und Instandsetzung der dem Dauerwohnrecht unterliegenden Gebäudeteile;
3. die Pflicht des Berechtigten zur Tragung öffentlicher oder privatrechtlicher Lasten des Grundstücks;
4. die Versicherung des Gebäudes und seinen Wiederaufbau im Falle der Zerstörung;
5. das Recht des Eigentümers, bei Vorliegen bestimmter Voraussetzungen Sicherheitsleistung zu verlangen.

§ 34 Ansprüche des Eigentümers und der Dauerwohnberechtigten

(1) Auf die Ersatzansprüche des Eigentümers wegen Veränderungen oder Verschlechterungen sowie auf die Ansprüche der Dauerwohnberechtigten auf Ersatz von Verwendungen oder auf Gestattung der Wegnahme einer Einrichtung sind die §§ 1049, 1057 des Bürgerlichen Gesetzbuchs entsprechend anzuwenden.

(2) Wird das Dauerwohnrecht beeinträchtigt, so sind auf die Ansprüche des Berechtigten die für die Ansprüche aus dem Eigentum geltenden Vorschriften entsprechend anzuwenden.

§ 35 Veräußerungsbeschränkung

[1]Als Inhalt des Dauerwohnrechts kann vereinbart werden, daß der Berechtigte zur Veräußerung des Dauerwohnrechts der Zustimmung des Eigentümers oder eines Dritten bedarf. [2]Die Vorschriften des § 12 gelten in diesem Falle entsprechend.

§ 36 Heimfallanspruch

(1) [1]Als Inhalt des Dauerwohnrechts kann vereinbart werden, daß der Berechtigte verpflichtet ist, das Dauerwohnrecht beim Eintritt bestimmter Voraussetzungen auf den Grundstückseigentümer oder einen von diesem zu bezeichnenden Dritten zu übertragen (Heimfallanspruch). [2]Der Heimfallanspruch kann nicht von dem Eigentum an dem Grundstück getrennt werden.

(2) Bezieht sich das Dauerwohnrecht auf Räume, die dem Mieterschutz unterliegen, so kann der Eigentümer von dem Heimfallanspruch nur Gebrauch machen, wenn ein Grund vorliegt, aus dem ein Vermieter die Aufhebung des Mietverhältnisses verlangen oder kündigen kann.

(3) Der Heimfallanspruch verjährt in sechs Monaten von dem Zeitpunkt an, in dem der Eigentümer von dem Eintritt der Voraussetzungen Kenntnis erlangt, ohne Rücksicht auf diese Kenntnis in zwei Jahren von dem Eintritt der Voraussetzungen an.

(4) [1]Als Inhalt des Dauerwohnrechts kann vereinbart werden, daß der Eigentümer dem Berechtigten eine Entschädigung zu gewähren hat, wenn er von dem Heimfallanspruch Gebrauch macht. [2]Als Inhalt des Dauerwohnrechts können Vereinbarungen über die Berechnung oder Höhe der Entschädigung oder die Art ihrer Zahlung getroffen werden.

§ 37 Vermietung

(1) Hat der Dauerwohnberechtigte die dem Dauerwohnrecht unterliegenden Gebäude- oder Grundstücksteile vermietet oder verpachtet, so erlischt das Miet- oder Pachtverhältnis, wenn das Dauerwohnrecht erlischt.

(2) Macht der Eigentümer von seinem Heimfallanspruch Gebrauch, so tritt er oder derjenige, auf den das Dauerwohnrecht zu übertragen ist, in das Miet- oder Pachtverhältnis ein; die Vorschriften der §§ 566 bis 566e des Bürgerlichen Gesetzbuchs gelten entsprechend.

(3) [1]Absatz 2 gilt entsprechend, wenn das Dauerwohnrecht veräußert wird. [2]Wird das Dauerwohnrecht im Weg der Zwangsvollstreckung veräußert, so steht dem Erwerber ein Kündigungsrecht in entsprechender Anwendung des § 57a des Gesetzes über die Zwangsversteigerung und Zwangsverwaltung zu.

§ 38 Eintritt in das Rechtsverhältnis

(1) Wird das Dauerwohnrecht veräußert, so tritt der Erwerber an Stelle des Veräußerers in die sich während der Dauer seiner Berechtigung aus dem Rechtsverhältnis zu dem Eigentümer ergebenden Verpflichtungen ein.

(2) [1]Wird das Grundstück veräußert, so tritt der Erwerber an Stelle des Veräußerers in die sich während der Dauer seines Eigentums aus dem Rechtsverhältnis zu dem Dauerwohnberechtigten ergebenden Rechte ein. [2]Das gleiche gilt für den Erwerb auf Grund Zuschlages in der Zwangsversteigerung, wenn das Dauerwohnrecht durch den Zuschlag nicht erlischt.

§ 39 Zwangsversteigerung

(1) Als Inhalt des Dauerwohnrechts kann vereinbart werden, daß das Dauerwohnrecht im Falle der Zwangsversteigerung des Grundstücks abweichend von § 44 des Gesetzes über die Zwangsversteigerung und Zwangsverwaltung auch dann bestehen bleiben soll, wenn der Gläubiger einer dem Dauerwohnrecht im Range vorgehenden oder gleichstehenden Hypothek, Grundschuld, Rentenschuld oder Reallast die Zwangsversteigerung in das Grundstück betreibt.

(2) Eine Vereinbarung gemäß Absatz 1 bedarf zu ihrer Wirksamkeit der Zustimmung derjenigen, denen eine dem Dauerwohnrecht im Range vorgehende oder gleichstehende Hypothek, Grundschuld, Rentenschuld oder Reallast zusteht.

(3) Eine Vereinbarung gemäß Absatz 1 ist nur wirksam für den Fall, daß der Dauerwohnberechtigte im Zeitpunkt der Feststellung der Versteigerungsbedingungen seine fälligen Zahlungsverpflichtungen gegenüber dem Eigentümer erfüllt hat; in Ergänzung einer Vereinbarung nach Absatz 1 kann vereinbart werden, daß das Fortbestehen des Dauerwohnrechts vom Vorliegen weiterer Voraussetzungen abhängig ist.

§ 40 Haftung des Entgelts

(1) [1]Hypotheken, Grundschulden, Rentenschulden und Reallasten, die dem Dauerwohnrecht im Range vorgehen oder gleichstehen, sowie öffentliche Lasten, die in wiederkehrenden Leistungen bestehen, erstrecken sich auf den Anspruch auf das Entgelt für das Dauerwohnrecht in gleicher Weise wie auf eine Mietforderung, soweit nicht in Absatz 2 etwas Abweichendes bestimmt ist. [2]Im übrigen sind die für Mietforderungen geltenden Vorschriften nicht entsprechend anzuwenden.

(2) [1]Als Inhalt des Dauerwohnrechts kann vereinbart werden, daß Verfügungen über den Anspruch auf das Entgelt, wenn es in wiederkehrenden Leistungen ausbedungen ist, gegenüber dem Gläubiger einer dem Dauerwohnrecht im Range vorgehenden oder gleichstehenden Hypothek, Grundschuld, Rentenschuld oder Reallast wirksam sind. [2]Für eine solche Vereinbarung gilt § 39 Abs. 2 entsprechend.

§ 41 Besondere Vorschriften für langfristige Dauerwohnrechte

(1) Für Dauerwohnrechte, die zeitlich unbegrenzt oder für einen Zeitraum von mehr als zehn Jahren eingeräumt sind, gelten die besonderen Vorschriften der Absätze 2 und 3.

(2) Der Eigentümer ist, sofern nicht etwas anderes vereinbart ist, dem Dauerwohnberechtigten gegenüber verpflichtet, eine dem Dauerwohnrecht im Range vorgehende oder gleichstehende Hypothek löschen zu lassen für den Fall, daß sie sich mit dem Eigentum in einer Person vereinigt, und die Eintragung einer entsprechenden Löschungsvormerkung in das Grundbuch zu bewilligen.

(3) Der Eigentümer ist verpflichtet, dem Dauerwohnberechtigten eine angemessene Entschädigung zu gewähren, wenn er von dem Heimfallanspruch Gebrauch macht.

§ 42 Belastung eines Erbbaurechts

(1) Die Vorschriften der §§ 31 bis 41 gelten für die Belastung eines Erbbaurechts mit einem Dauerwohnrecht entsprechend.

(2) Beim Heimfall des Erbbaurechts bleibt das Dauerwohnrecht bestehen.

III. Teil Verfahrensvorschriften

§ 43 Zuständigkeit

Das Gericht, in dessen Bezirk das Grundstück liegt, ist ausschließlich zuständig für
1. Streitigkeiten über die sich aus der Gemeinschaft der Wohnungseigentümer und aus der Verwaltung des gemeinschaftlichen Eigentums ergebenden Rechte und Pflichten der Wohnungseigentümer untereinander;
2. Streitigkeiten über die Rechte und Pflichten zwischen der Gemeinschaft der Wohnungseigentümer und Wohnungseigentümern;
3. Streitigkeiten über die Rechte und Pflichten des Verwalters bei der Verwaltung des gemeinschaftlichen Eigentums;
4. Streitigkeiten über die Gültigkeit von Beschlüssen der Wohnungseigentümer;
5. Klagen Dritter, die sich gegen die Gemeinschaft der Wohnungseigentümer oder gegen Wohnungseigentümer richten und sich auf das gemeinschaftliche Eigentum, seine Verwaltung oder das Sondereigentum beziehen;
6. Mahnverfahren, wenn die Gemeinschaft der Wohnungseigentümer Antragstellerin ist. Insoweit ist § 689 Abs. 2 der Zivilprozessordnung nicht anzuwenden.

§ 44 Bezeichnung der Wohnungseigentümer in der Klageschrift

(1) [1]Wird die Klage durch oder gegen alle Wohnungseigentümer mit Ausnahme des Gegners erhoben, so genügt für ihre nähere Bezeichnung in der Klageschrift die bestimmte Angabe des gemeinschaftlichen Grundstücks; wenn die Wohnungseigentümer Beklagte sind, sind in der Klageschrift außerdem der Verwalter und der gemäß § 45 Absatz 2 Satz 1 bestellte Ersatzzustellungsvertreter zu bezeichnen. [2]Die namentliche Bezeichnung der Wohnungseigentümer hat spätestens bis zum Schluss der mündlichen Verhandlung zu erfolgen.

(2) [1]Sind an dem Rechtsstreit nicht alle Wohnungseigentümer als Partei beteiligt, so sind die übrigen Wohnungseigentümer entsprechend Absatz 1 von dem Kläger zu bezeichnen. [2]Der namentlichen Bezeichnung der übrigen Wohnungseigentümer bedarf es nicht, wenn das Gericht von ihrer Beiladung gemäß § 48 Abs. 1 Satz 1 absieht.

§ 45 Zustellung

(1) Der Verwalter ist Zustellungsvertreter der Wohnungseigentümer, wenn diese Beklagte oder gemäß § 48 Abs. 1 Satz 1 beizuladen sind, es sei denn, dass er als Gegner der Wohnungseigentümer an dem Verfahren beteiligt ist oder aufgrund des Streitgegenstandes die Gefahr besteht, der Verwalter werde die Wohnungseigentümer nicht sachgerecht unterrichten.

(2) [1]Die Wohnungseigentümer haben für den Fall, dass der Verwalter als Zustellungsvertreter ausgeschlossen ist, durch Beschluss mit Stimmenmehrheit einen Ersatzzustellungsvertreter sowie dessen Vertreter zu bestellen, auch wenn ein Rechtsstreit noch nicht anhängig ist. [2]Der Ersatzzustellungsvertreter tritt in die dem Verwalter als Zustellungsvertreter der Wohnungseigentümer zustehenden Aufgaben und Befugnisse ein, sofern das Gericht die Zustellung an ihn anordnet; Absatz 1 gilt entsprechend.

(3) Haben die Wohnungseigentümer entgegen Absatz 2 Satz 1 keinen Ersatzzustellungsvertreter bestellt oder ist die Zustellung nach den Absätzen 1 und 2 aus sonstigen Gründen nicht ausführbar, kann das Gericht einen Ersatzzustellungsvertreter bestellen.

§ 46 Anfechtungsklage

(1) [1]Die Klage eines oder mehrerer Wohnungseigentümer auf Erklärung der Ungültigkeit eines Beschlusses der Wohnungseigentümer ist gegen die übrigen Wohnungseigentümer und die Klage des Verwalters ist gegen die Wohnungseigentümer zu richten. [2]Sie muss innerhalb eines Monats nach der Beschlussfassung erhoben und innerhalb zweier Monate nach der Beschlussfassung begründet werden. [3]Die §§ 233 bis 238 der Zivilprozessordnung gelten entsprechend.

(2) Hat der Kläger erkennbar eine Tatsache übersehen, aus der sich ergibt, dass der Beschluss nichtig ist, so hat das Gericht darauf hinzuweisen.

§ 47 Prozessverbindung

[1]Mehrere Prozesse, in denen Klagen auf Erklärung oder Feststellung der Ungültigkeit desselben Beschlusses der Wohnungseigentümer erhoben werden, sind zur gleichzeitigen Verhandlung und Entscheidung zu verbinden. [2]Die Verbindung bewirkt, dass die Kläger der vorher selbständigen Prozesse als Streitgenossen anzusehen sind.

§ 48 Beiladung, Wirkung des Urteils

(1) ¹Richtet sich die Klage eines Wohnungseigentümers, der in einem Rechtsstreit gemäß § 43 Nr. 1 oder Nr. 3 einen ihm allein zustehenden Anspruch geltend macht, nur gegen einen oder einzelne Wohnungseigentümer oder nur gegen den Verwalter, so sind die übrigen Wohnungseigentümer beizuladen, es sei denn, dass ihre rechtlichen Interessen erkennbar nicht betroffen sind. ²Soweit in einem Rechtsstreit gemäß § 43 Nr. 3 oder Nr. 4 der Verwalter nicht Partei ist, ist er ebenfalls beizuladen.

(2) ¹Die Beiladung erfolgt durch Zustellung der Klageschrift, der die Verfügungen des Vorsitzenden beizufügen sind. ²Die Beigeladenen können der einen oder anderen Partei zu deren Unterstützung beitreten. ³Veräußert ein beigeladener Wohnungseigentümer während des Prozesses sein Wohnungseigentum, ist § 265 Abs. 2 der Zivilprozessordnung entsprechend anzuwenden.

(3) Über die in § 325 der Zivilprozessordnung angeordneten Wirkungen hinaus wirkt das rechtskräftige Urteil auch für und gegen alle beigeladenen Wohnungseigentümer und ihre Rechtsnachfolger sowie den beigeladenen Verwalter.

(4) Wird durch das Urteil eine Anfechtungsklage als unbegründet abgewiesen, so kann auch nicht mehr geltend gemacht werden, der Beschluss sei nichtig.

§ 49 Kostenentscheidung

(1) Wird gemäß § 21 Abs. 8 nach billigem Ermessen entschieden, so können auch die Prozesskosten nach billigem Ermessen verteilt werden.

(2) Dem Verwalter können Prozesskosten auferlegt werden, soweit die Tätigkeit des Gerichts durch ihn veranlasst wurde und ihn ein grobes Verschulden trifft, auch wenn er nicht Partei des Rechtsstreits ist.

§ 50 Kostenerstattung

Den Wohnungseigentümern sind als zur zweckentsprechenden Rechtsverfolgung oder Rechtsverteidigung notwendige Kosten nur die Kosten eines bevollmächtigten Rechtsanwalts zu erstatten, wenn nicht aus Gründen, die mit dem Gegenstand des Rechtsstreits zusammenhängen, eine Vertretung durch mehrere bevollmächtigte Rechtsanwälte geboten war.

§ 51 (weggefallen)

§ 52 (weggefallen)

§ 53 (weggefallen)

§ 54 (weggefallen)

§ 55 (weggefallen)

§ 56 (weggefallen)

§ 57 (weggefallen)

§ 58 (weggefallen)

IV. Teil Ergänzende Bestimmungen

§ 59 (weggefallen)

§ 60 (weggefallen)

§ 61

[1]Fehlt eine nach § 12 erforderliche Zustimmung, so sind die Veräußerung und das zugrundeliegende Verpflichtungsgeschäft unbeschadet der sonstigen Voraussetzungen wirksam, wenn die Eintragung der Veräußerung oder einer Auflassungsvormerkung in das Grundbuch vor dem 15. Januar 1994 erfolgt ist und es sich um die erstmalige Veräußerung dieses Wohnungseigentums nach seiner Begründung handelt, es sei denn, daß eine rechtskräftige gerichtliche Entscheidung entgegensteht. [2]Das Fehlen der Zustimmung steht in diesen Fällen dem Eintritt der Rechtsfolgen des § 878 Bürgerlichen Gesetzbuchs nicht entgegen. [3]Die Sätze 1 und 2 gelten entsprechend in den Fällen der §§ 30 und 35 des Wohnungseigentumsgesetzes.

§ 62 Übergangsvorschrift

(1) Für die am 1. Juli 2007 bei Gericht anhängigen Verfahren in Wohnungseigentums- oder in Zwangsversteigerungssachen oder für die bei einem Notar beantragten freiwilligen Versteigerungen sind die durch die Artikel 1 und 2 des Gesetzes vom 26. März 2007 (BGBl. I S. 370) geänderten Vorschriften des III. Teils dieses Gesetzes sowie die des Gesetzes über die Zwangsversteigerung und die Zwangsverwaltung in ihrer bis dahin geltenden Fassung weiter anzuwenden.

(2) In Wohnungseigentumssachen nach § 43 Nr. 1 bis 4 finden die Bestimmungen über die Nichtzulassungsbeschwerde (§ 543 Abs. 1 Nr. 2, § 544 der Zivilprozessordnung) keine Anwendung, soweit die anzufechtende Entscheidung vor dem 31. Dezember 2014 verkündet worden ist.

§ 63 Überleitung bestehender Rechtsverhältnisse

(1) Werden Rechtsverhältnisse, mit denen ein Rechtserfolg bezweckt wird, der den durch dieses Gesetz geschaffenen Rechtsformen entspricht, in solche Rechtsformen umgewandelt, so ist als Geschäftswert für die Berechnung der hierdurch veranlaßten Gebühren der Gerichte und Notare im Falle des Wohnungseigentums ein Fünfundzwanzigstel des Einheitswerts des Grundstücks, im Falle des Dauerwohnrechts ein Fünfundzwanzigstel des Wertes des Rechts anzunehmen.

(2) (weggefallen)

(3) Durch Landesgesetz können Vorschriften zur Überleitung bestehender, auf Landesrecht beruhender Rechtsverhältnisse in die durch dieses Gesetz geschaffenen Rechtsformen getroffen werden.

§ 64 Inkrafttreten

Dieses Gesetz tritt am Tag nach seiner Verkündung in Kraft.

Teil 2:
Kommentar zum Wohnungseigentumsgesetz

I. Teil: Wohnungseigentum

§ 1 Begriffsbestimmungen

(1) Nach Maßgabe dieses Gesetzes kann an Wohnungen das Wohnungseigentum, an nicht zu Wohnzwecken dienenden Räumen eines Gebäudes das Teileigentum begründet werden.
(2) Wohnungseigentum ist das Sondereigentum an einer Wohnung in Verbindung mit dem Miteigentumsanteil an dem gemeinschaftlichen Eigentum, zu dem es gehört.
(3) Teileigentum ist das Sondereigentum an nicht zu Wohnzwecken dienenden Räumen eines Gebäudes in Verbindung mit dem Miteigentumsanteil an dem gemeinschaftlichen Eigentum, zu dem es gehört.
(4) Wohnungseigentum und Teileigentum können nicht in der Weise begründet werden, dass das Sondereigentum mit Miteigentum an mehreren Grundstücken verbunden wird.
(5) Gemeinschaftliches Eigentum im Sinne dieses Gesetzes sind das Grundstück sowie die Teile, Anlagen und Einrichtungen des Gebäudes, die nicht im Sondereigentum oder im Eigentum eines Dritten stehen.
(6) Für das Teileigentum gelten die Vorschriften über das Wohnungseigentum entsprechend.

A. Allgemeines	1	III. Teileigentum	16
B. Wohnungs- und Teileigentum (Abs. 1)	7	IV. Umwandlung von Wohnungs- in Teileigentum und umgekehrt	20
C. Definition des Wohnungs- und Teileigentums (Abs. 2 und 3)	8	D. Miteigentum an mehreren Grundstücken (Abs. 4)	23
I. Allgemeines	8		
II. Wohnungseigentum	9	E. Gemeinschaftliches Eigentum (Abs. 5)	29

Literatur: *Bärmann*, Zur Theorie des Wohnungseigentumsrechts, NJW 1989, 1057 ff.; *Hügel*, Die Umwandlung von Teileigentum zu Wohnungseigentum und umgekehrt, ZWE 2008, 120 ff.; *Merle*, Das Wohnungseigentum im System des bürgerlichen Rechts (1979); *Junker*, Die Gesellschaft nach dem Wohnungseigentumsgesetz (1993); *Weitnauer*, Miteigentum-Gesamthand-Wohnungseigentum, in: FS Seuß (1987) 295; *Staudinger/Rapp*, Einleitung zum WEG, Rn 23 ff.

A. Allgemeines

Nach dem Wohnungseigentumsgesetz kann Eigentum auch an Wohnungen (Wohnungseigentum) oder an nicht zu Wohnzwecken dienenden Räumen eines Gebäudes (Teileigentum) begründet werden (§ 1 Abs. 1). Damit wird eine **besondere Rechtsform** geschaffen, denn sie durchbricht den Grundsatz des allgemeinen bürgerlichen Rechts, dass Grundstück und Gebäude eine rechtliche Einheit bilden.[1]   **1**

Das Wohnungseigentum kann indes nur **„nach Maßgabe dieses Gesetzes"** begründet werden. Das Wohnungseigentumsgesetz räumt kein vom übrigen Eigentum losgelöstes Eigentumsrecht an einem Teil des Gebäudes ein. Es lässt Sondereigentum an Wohnungen und sonstigen Räumen nur in Verbindung mit dem Miteigentumsanteil am Grundstück und am übrigen Gebäude zu (§ 1 Abs. 2 und 3). Wohnungseigentum besteht also aus zwei Rechten, dem Sondereigentum und einem Miteigentumsanteil.   **2**

Diese Rechte sind untrennbar miteinander zu einer Rechtsgesamtheit verbunden.[2] Die **unauflösliche Verbindung** findet ihren gesetzlichen Niederschlag darin, dass Wohnungseigentum nur auf der Grundlage bereits bestehenden Bruchteilsmiteigentums durch Einräumung von Sondereigentum (§ 3) oder durch Teilung von Alleineigentum in Miteigentumsanteile verbunden mit dem Sondereigentum (§ 8) begründet werden kann. Das Sondereigentum kann ohne dazugehörigen Miteigentumsanteil nicht veräußert oder belastet werden (§ 6 Abs. 1). Rechte am Miteigentumsanteil erstrecken sich kraft Gesetzes auf das Sondereigentum (§ 6 Abs. 2).   **3**

Das Wohnungseigentum geht dabei vom Eigentumsbegriff des allgemeinen bürgerlichen Rechts aus. Es ist **echtes Eigentum**, und zwar eine Mischung von Alleineigentum (§§ 903 ff. BGB) am Sondereigentum und Bruchteilsmiteigentum (§§ 1008 ff. BGB) am gemeinschaftlichen Eigentum.[3] Es kann daher vererbt, veräußert, belastet, mit anderem Wohnungseigentum vereinigt und geteilt werden und unterliegt dem Immobiliarzwangsvollstreckungsrecht.   **4**

Unbeschadet der wirtschaftlichen Vorrangigkeit des Sondereigentums steht rechtlich das Miteigentum im Vordergrund; das Sondereigentum als dessen „Anhängsel" stellt nur die besondere Ausgestaltung des Miteigentums dar,[4]   **5**

---

1 §§ 93, 94, 946 BGB; wie auch schon bei § 95 Abs. 1 S. 2 BGB, § 912 BGB rechtmäßiger Überbau – BGH V ZR 231/88, NJW 1990, 1791 –, § 12 ErbbauVO und Art 181 Abs. 2 EGBGB.

2 *Becker/Kümmel/Ott*, Rn 1.
3 BGH V ZB 9/67, WM 1968, 284.
4 BGH V ZB 14/67, WM 1968, 572.

indem es den Herrschaftsbereich des Bruchteilsmiteigentums beschränkt. Das Wohnungseigentum ist also ein **besonders ausgestaltetes Bruchteilseigentum am Grundstück**.[5]

6 Das Wohnungseigentum ist – wie das schlichte Bruchteilsmiteigentum am Grundstück (§§ 741 ff., 1008 ff.) – **kein grundstücksgleiches Recht**.[6] Durch die Möglichkeit einen begrenzten Bereich Alleineigentums einzuräumen, wird das Wohnungseigentum in verschiedenen Punkten aber rechtlich anders behandelt als der schlichte Miteigentumsanteil. So kann es wie ein Grundstück grundsätzlich mit einer Dienstbarkeit belastet werden.[7] Es kann mehreren Miteigentümern nach Bruchteilen (§§ 741 ff. BGB) zustehen.[8] Zu Wohnungseigentum kann – anders als zum Miteigentumsanteil – auch Zubehör gehören. Auch ist eine Teilung nach § 8 ohne gleichzeitige Veräußerung eines Wohnungseigentums möglich. Schließlich kann ein Grundstück dem Wohnungseigentum eines anderen Grundstücks gemäß § 890 Abs. 2 BGB zugeschrieben werden, mit der Folge, dass es nichtwesentlicher Bestandteil des Wohnungseigentums wird.[9] In all diesen Fällen wird das Wohnungseigentum wie das Eigentum an einem Grundstück behandelt.

B. Wohnungs- und Teileigentum (Abs. 1)

7 Beide Eigentumsarten unterscheiden sich nur durch die Zweckbestimmung der Räume, an denen sie bestehen, nicht in ihrer **rechtlichen Behandlung**. Dies folgt aus Abs. 6, der klarstellt, dass die Vorschriften über das Wohnungseigentum auch für das Teileigentum entsprechend gelten. Darüber hinaus bestehen in Bezug auf die Abgeschlossenheit (§ 3 Abs. 2) und Anlegung der Grundbücher (§ 7 Abs. 5) die gleichen Voraussetzungen. Soweit daher im Folgenden von Wohnungseigentum und Wohnungseigentümer die Rede ist, gelten die Ausführungen für das Teileigentum und den Teileigentümer entsprechend. Da die **Zweckbestimmung** zum verdinglichten Rechtsinhalt des Sondereigentums gehört (siehe im Einzelnen Rn 20), begründet die bestimmungswidrige Nutzung durch die Wohnungseigentümer oder durch die in § 14 Nr. 2 Genannten (z.B. Mieter) Unterlassungsansprüche gemäß § 1004 BGB jedes Wohnungseigentümers.[10]

C. Definition des Wohnungs- und Teileigentums (Abs. 2 und 3)

I. Allgemeines

8 In beiden Absätzen kommt die oben dargelegte Gesetzeskonstruktion (vgl. Rn 1 ff.) zum Ausdruck, dass das Wohnungs- und Teileigentum aus der Verbindung eines Miteigentumsanteils am gemeinschaftlichen Eigentum mit dem Sondereigentum an Räumen besteht. Sondereigentum ist der mit dem Bruchteilseigentum verbundene Bereich des Alleineigentums sowohl an Wohnungen als auch an sonstigen Räumen. Wenn das Gesetz in der Begriffsbestimmung das Sondereigentum vor dem Miteigentumsanteil nennt, steht dies nicht im Widerspruch zu der auf dem Miteigentum aufbauenden Struktur des Wohnungseigentums.[11] Das Gesetz geht von der **wirtschaftlichen Betrachtungsweise** aus. Hiernach steht das Sondereigentum an den Räumen im Vordergrund, obwohl juristisch der ideelle, durch die Verbindung mit dem Alleineigentum an einem real abgegrenzten Gebäudeteil besonders ausgestaltete Miteigentumsanteil das Primäre ist, wie sich aus den §§ 3, 6 und 8 ergibt.

II. Wohnungseigentum

9 Nach der **Gesetzesdefinition** des Abs. 2 handelt es sich dabei um das Sondereigentum an einer Wohnung in Verbindung mit dem Miteigentumsanteil an dem gemeinschaftlichen Eigentum, zu dem es gehört.

10 Was unter einer **Wohnung** zu verstehen ist, ergibt sich nicht aus dem WEG selbst, sondern aus Nr. 4 S. 1 der Allgemeinen Verwaltungsvorschrift für die Ausstellung von Bescheinigungen gemäß § 7 Abs. 4 Nr. 2 und § 32 Abs. 2 Nr. 2 des Wohnungseigentumsgesetzes (= AVA, vgl. Kapitel IV, Nr. 4):

„*Eine Wohnung ist die Summe der Räume, welche die Führung eines Haushaltes ermöglichen; dazu gehören stets eine Küche oder ein Raum mit Kochgelegenheit sowie Wasserversorgung, Ausguss und WC.*"

11 Negative Beispiele
WC-Raum[12]; Vorflur[13], einzelne Hotelzimmer[14]; Hobbyraum[15].

---

5 **H.M.**; BGH V ZR 40/88, NJW 1989, 2534; BGH V ZB 24/01, NJW 2002, 1647.
6 BayObLG 2Z BR 69/93, NJW-RR 1994, 403.
7 BGH V ZR 182/87, NJW 1989, 2391.
8 BGH X ZR 78/98, NZM 2000, 1063.
9 BayObLG 2 Z BR 69/93, NJW-RR 1994, 403; OLG Frankfurt 20 W 14/92, DNotZ 1993, 612; OLG Hamm 15 W 260/95, NJW-RR 1996, 1100.
10 *Bärmann/Armbrüster*, § 1 Rn 34; *Bärmann/Klein*, § 13 Rn 68 ff.; vgl. auch *Kümmel*, ZWE 2008, 273.
11 *Weitnauer/Briesemeister*, § 1 Rn 4.
12 OLG Düsseldorf 3 W 315/75, NJW 1976, 1458.
13 OLG Hamm 15 W 452/85, Rpfleger 1986, 374.
14 OVG Lüneburg 14 A 69/82, DNotZ 1984, 390.
15 BayObLG 2 Z BR 158/97, NJW-RR 1998, 735.

Maßgeblich ist dabei die **bauliche Ausstattung** der Wohnung, nicht die tatsächlich ausgeübte Nutzung. Denn die Eigenschaft als Wohnung geht nicht dadurch verloren, dass einzelne Räume vorübergehend oder dauernd zu beruflichen oder gewerblichen Zwecken benutzt werden.[16]

Die Wohnung muss bei entsprechender Ausstattung nicht unbedingt mehrere Räume ausweisen (z.B. „Ein-Zimmer-Junggesellen-Appartement"). Die Räume einer Wohnung müssen nicht auf gleicher Ebene liegen; auch an übereinander liegenden Räumen kann Wohnungseigentum begründet werden, sofern sie mit einer Treppe verbunden, in sich abgeschlossen sind und in ihrer Gesamtheit die Eigenschaften einer Wohnung erfüllen. Schließlich kann auch ein ganzes Gebäude eine Wohnung sein, sofern noch eine weitere Einheit auf dem Grundstück vorhanden ist.[17] Hingegen kann, auch wenn zu Wohnzwecken bestimmt, an Appartements in Hotels, Studenten- oder Seniorenheimen, die keine Kochgelegenheit aufweisen, nur Teileigentum begründet werden (vgl. Nr. 4 S. 3 AVA).

Das Wohnungseigentum erstreckt sich auf die zur Wohnung gehörenden **Nebenräume** wie Keller, Dachboden, Garage usw. Die Nebenräume müssen in sich abgeschlossen und verschließbar sein. In der Teilungserklärung und im Aufteilungsplan müssen sie mit den gleichen Nummern und/oder Farbumrandungen der Haupträume gekennzeichnet sein.

Wohnungseigentum kann auch an **Hofgrundstücken** gebildet werden,[18] wobei aber infolge der Übertragung eines sachenrechtlichen Anteils an der Hofstelle auf einen Dritten das für eine Hofeigenschaft konstitutive Merkmal des Alleineigentums einer einzigen natürlichen Person an der Hofstelle fortfällt (§ 1 Abs. 1 S. 1 und Abs. 3 S. 1 HöfeO) und somit die Hofeigenschaft verloren geht.[19]

Liegen die Voraussetzungen für eine Wohnung nicht vor, hat die Baubehörde die Erteilung der nach § 7 erforderlichen **Abgeschlossenheitsbescheinigung** abzulehnen.

III. Teileigentum

Nach der **Gesetzesdefinition** des Abs. 3 handelt es sich dabei um das Sondereigentum an nicht zu Wohnzwecken dienenden Räumen eines Gebäudes in Verbindung mit dem Miteigentumsanteil an dem gemeinschaftlichen Eigentum, zu dem es gehört.

Aus dieser negativen Umschreibung folgt zunächst, dass Teileigentum an allen Räumen begründet werden kann, die nicht zu Wohnzwecken, sondern einem **beliebigen sonstigen Zweck** dienen sollen, insbesondere gewerblicher und geschäftlicher Art. Teileigentum ist z.B. möglich an Läden, Werkstätten, Lagerräumen, Garagen, Praxis- und Büroräumen, allen Wohnnebenräumen (vgl. Rn 13), aber auch an Kliniken, Pensionen, Schulen, Vorflur, WC, einzelnem Hotelzimmer usw.

Anders als beim Wohnungseigentum (vgl. Rn 12) ist dabei auf die bei der Begründung des Teileigentums zum Ausdruck gekommene **subjektive Nutzungsabsicht** abzustellen. Denn auch wenn die bauliche Ausstattung der Räume einer Wohnung entspricht, kann Teileigentum begründet werden.

Möglich ist eine Eintragung als **gemischtes Wohnungs- und Teileigentum** (arg § 2 S. 2 WGV), wenn gleichberechtigt nebeneinander sowohl eine Wohnung als auch nicht zu Wohnzwecken dienende Räume vorhanden sind, z.B. bei einer Verbindung von Praxisräumen mit einer Wohnung oder einer Werkstatt (Laden) mit einer Wohnung. Hiervon ist auszugehen, wenn in der Gründungsurkunde eine Sondereigentumseinheit als „Gewerbewohnung" bezeichnet ist und im dazugehörigen Aufteilungsplan drei der sieben Räumlichkeiten dieser Einheit mit dem Vermerk „Gewerbe" versehen sind, bei den übrigen Räumlichkeiten hingegen ein entsprechender Nutzungsvermerk fehlt.[20]

IV. Umwandlung von Wohnungs- in Teileigentum und umgekehrt

Die Kennzeichnung als Wohnungs- oder Teileigentum enthält zugleich eine allgemeine **Zweckbestimmung mit Vereinbarungscharakter** gemäß § 15 Abs. 1 WEG.[21] Die Umwandlung stellt sich als Änderung des vereinbarten Inhalts des Sondereigentums gemäß §§ 5 Abs. 4 S. 1, 10 Abs. 2 S. 2, 877 BGB dar, die der Zustimmung aller Miteigentümer[22] und nur zur Wirkung gegenüber Rechtsnachfolgern gemäß § 10 Abs. 3 der Eintragung im Grundbuch bedarf. Im Falle einer dinglichen Belastung des einzelnen Wohnungseigentums müssen die dinglich Berechtigten gemäß

---

16 BayObLG BReg 2 Z 73/72, ZMR 1973, 205, vgl. auch Nr. 4 S. 2 AVA.
17 BGH V ZB 14/67, WM 1968, 572.
18 OLG Hamm 15 W 64/88, Rpfleger 1989, 18.
19 OLG Oldenburg 10 W 14/92, NJW-RR 1993, 1235; OLG Köln 23 WLw 3/06, NZM 2007, 521.
20 KG 24 U 71/07, WuM 2008, 165.
21 BayObLG 2Z BR 169/04, FGPrax 2005, 11; OLG Schleswig 2 W 198/05, ZMR 2006, 891; OLG Hamm 15 W 163/05, NZM 2007, 294; KG 24 W 126/05 ZMR 2007, 299; KG 24 U 71/07, WuM 2008, 165; KG, 1 W 325/10, NZM 2011, 313; *Bärmann/Armbrüster*, § 1 Rn 27; *Riecke/Schmid/Schneider*, § 1 Rn 43; *Hügel*, ZWE 2008, 120; **a.A.** OLG Celle, ZWE 2001, 33; *Riecke/Schmid/Elzer*, § 3 Rn 22; *Wenzel*, ZWE 2006, 62; *Kümmel*, ZWE 2008, 273: sachenrechtliche Qualität.
22 BayObLG BReg 2 Z 89/82, DNotZ 1984, 104; BayObLG BReg 2 Z 67/85, Rpfleger 1986, 177; *Armbrüster*, ZMR 2005, 244, 246.

§ 876 BGB nach Maßgabe von § 5 Abs. 4 S. 2, 3 (vgl. § 5 Rn 59 ff.) zustimmen.[23] Eine Zustimmung der Grundpfandrechtsgläubiger ist danach nicht erforderlich.[24] Ein Anspruch auf Zustimmung der übrigen Wohnungseigentümer besteht nur unter den in § 10 Abs. 2 S. 3 bestimmten Voraussetzungen (vgl. § 10 Rn 51 f.). Einer Zustimmung der übrigen Wohnungseigentümer ebenso wie der dinglich Berechtigten bedarf es nicht, wenn in der Gemeinschaftsordnung die Mitwirkung der übrigen Wohnungseigentümer infolge einer – ggf durch Auslegung zu ermittelnden – bereits vorweg erteilten Zustimmung ausgeschlossen worden ist.[25]

21 Beispiel
Recht eines Wohnungseigentümer, die Dachspeicherräume zu Wohnraum auszubauen.[26]

22 Die Einreichung eines neuen, amtlich berichtigten Aufteilungsplans ist dann nicht erforderlich, wenn Lage und Grenzen des Sondereigentums unverändert bleiben,[27] wohl aber – bei Umwandlung von Teileigentum in Wohnungseigentum – der Vorlage einer veränderten Abgeschlossenheitsbescheinigung.[28]

D. Miteigentum an mehreren Grundstücken (Abs. 4)

23 Ist ein **Gebäude auf mehreren** rechtlich selbstständigen **Grundstücken** errichtet worden, so kann Wohnungseigentum nicht in der Weise begründet werden, dass das Sondereigentum an seinen Räumen mit Miteigentum an mehreren Grundstücken verbunden wird. Dieses war früher bestritten. Durch die Einfügung des Abs. 4 aufgrund des Gesetzes vom 30.7.1973[29] ist die Streitfrage eindeutig geklärt. Dies gilt auch, wenn die verschiedenen Grundstücke demselben Eigentümer gehören.

24 Soweit in der Praxis die Frage früher anders beurteilt wurde, ändert dieses nichts an der Wirksamkeit des so begründeten Sondereigentums. Das vorgenannte Gesetz enthält daher in Art. 3 § 1 eine **Übergangsregelung**.

25 Soll ein Gebäude mit Eigentumswohnungen auf verschiedenen Grundstücken im Rechtssinne errichtet werden, so sind sie vorher entweder nach § 890 Abs. 1 BGB zu **vereinigen** oder das eine Grundstück ist dem Anderen als Bestandteil nach § 890 Abs. 2 BGB **zuzuschreiben**. (Zur Zuschreibung eines Grundstücks als Bestandteil des Wohnungseigentums vgl. Rn 6.) Soll eine Teilfläche des Wohnungseigentumsgrundstücks abgetrennt und veräußert werden, müssen die Wohnungseigentümer nicht sämtliche Sondereigentumsrechte, sondern nur diejenigen im Bereich der abzutrennenden Teilfläche gemäß § 4 WEG durch Vereinbarung aufheben. Gegebenenfalls entstehende isolierte Miteigentumsanteile müssen mit einem oder mehreren anderen Miteigentumsanteilen am Restgrundstück durch Vereinigung gemäß § 890 Abs. 1 BGB oder Bestandteilszuschreibung gemäß 890 Abs. 2 BGB verbunden werden.[30]

26 Ist ein **Gebäude nur auf einem Grundstück** errichtet worden, ergibt sich aus Abs. 4 zudem, dass ein Sondereigentum nur mit dem Miteigentumsanteil dieses Grundstücks, nicht aber mit dem Miteigentumsanteil eines anderen Grundstücks verbunden werden darf.

27 Mehrere Grundstücke sind auch dann betroffen, wenn ein **Überbau** vorliegt. Dabei kann das Nachbargrundstück den Wohnungseigentümern (sog. Eigengrenzüberbau) oder einem Dritten gehören.

Beispiel
Tiefgarage erstreckt sich auf das Nachbargrundstück.

28 Abs. 4 steht der Begründung von Wohnungseigentum dann nicht entgegen, wenn der überbaute Gebäudeteil **wesentlicher Bestandteil** des Grundstücks wird, an dem Wohnungseigentum begründet werden soll (= Scheinbestandteil des überbauten Grundstücks gemäß § 95 Abs. 1 S. 2 BGB). Dieses ist dann zu bejahen, wenn der Nachbar den Überbau – nicht zwingend in Form einer Grunddienstbarkeit[31] – zuvor gestattet hat[32] oder wenn es sich um einen entschuldigten und zu duldenden Überbau i.S.v. § 912 BGB handelt.[33] Die Größe und die wirtschaftliche Bedeutung des übergebauten Gebäudeteils im Verhältnis zu dem auf dem Grundstück des Erbauers liegenden „Stammteils" sind dafür unerheblich.[34] Wird es danach **nicht wesentlicher Bestandteil**, so entsteht an dem überbauten Grundstück auf dem dort belegenen Sondereigentum kein Wohnungseigentum, es sei denn es wird mit einem Miteigentumsanteil des überbauten Grundstücks zu Wohnungseigentum verbunden.[35] Bleibt hierdurch ein Miteigentumsanteil ohne Sondereigentum ist nach Maßgabe von § 139 BGB die Begründung von Wohnungseigentum insgesamt gescheitert (vgl. § 3 Rn 37).

---

23 BayObLG BReg 2 Z 129/88, NJW-RR 1989, 652.
24 KG, 1 W 325/10, NZM 2011, 313.
25 BayObLG BReg 2 Z 129/88, NJW-RR 1989, 652; BayObLG, 2 Z BR 49/97, Rpfleger 1998, 19; vgl. KG, 1 W 325/10, NZM 2011, 313.
26 BayObLG 2 Z BR 167/99, ZMR 2000, 468.
27 BayObLG 2 Z BR 157/97, Rpfleger 1998, 194; OLG Bremen 3 W 52/01, NZM 2002, 610.
28 *Hügel*, MietRB 2009, 109; vgl. auch Rn 15.
29 BGBl I, 910.
30 KG 1 W 479/11, ZMR 2012, 462.
31 Palandt/*Bassenge*, § 1 Rn 7; *Demharter*, Rpfleger 1983, 133; **a.A.** OLG Stuttgart 8 W 226/82, Rpfleger 1982, 375.
32 BGH V ZR 103/73,WM 1974, 540.
33 Vgl. dazu im Einzelnen *Demharter*, Rpfleger 1983, 133; *Ludwig*, DNotZ 1983, 411; *Röll*, ZfBR 1983, 201; *Weitnauer*, ZfBR 1982, 97.
34 OLG Stuttgart 8 W 229/11, ZWE 2011, 410: auf Stammgrundstück liegt ausschließlich die Tiefgaragenzufahrt, der gesamte Bauteil der Tiefgarage auf dem Nachbargrundstück.
35 LG Leipzig 1 T 8106/98, NZM 2000, 393; Palandt/*Bassenge*, § 1 Rn 8; Rn 26.

E. Gemeinschaftliches Eigentum (Abs. 5)

Hierzu gehört in erster Linie das **Grundstück**, d.h. der gesamte Grund und Boden. Dies sind neben den unbebauten Teilen des Grundstücks, wie z.B. Gärten und Höfe, auch die überbauten, außerhalb des Gebäudes liegenden Grundstücksflächen, z.B. plattierte Terrasse,[36] Kfz-Abstellplätze im Freien,[37] seitenoffener Carport;[38] überdachter Hofraum.[39] An diesen Grundstücksflächen ist ein Sondereigentum nach dem Gesetz ausgeschlossen. Des Weiteren zählen hierzu die wesentlichen Bestandteile des Grundstücks gemäß §§ 93 ff. BGB (z.B. Einfriedungsmauer, § 93 BGB; aufliegende Fertiggarage, § 94 Abs. 1 S. 1 BGB; Pflanzen, § 94 Abs. 1 S. 2 BGB).[40] 29

Es ist aber möglich, die Grundstücksteile an Miteigentümer oder Dritte zu verpachten oder an ihnen **Sondernutzungsrechte** (siehe § 13 Rn 29 ff.) für einzelne Miteigentümer zu begründen. 30

Der Umfang des gemeinschaftlichen Eigentums hinsichtlich der **Gebäudebestandteile** wird negativ durch den des Sondereigentums bestimmt. Alles was nicht zum Gegenstand des Sondereigentums erklärt ist (§ 3 Abs. 1) muss zum gemeinschaftlichen Eigentum zählen.[41] Es besteht damit eine **Vermutung** für die Zugehörigkeit der Bestandteile eines Gebäudes zum gemeinschaftlichen Eigentum, die sich aber nicht auf das Eigentum Dritter erstreckt.[42] Zum gemeinschaftlichen Eigentum gehören darüber hinaus zwingend die Teile, Anlagen und Einrichtungen des Gebäudes, die nicht Gegenstand des Sondereigentums sein können, selbst wenn sie sich im Bereich der im Sondereigentum stehenden Räume befinden (§ 5 Abs. 2). 31

Wegen näherer Einzelheiten der im gemeinschaftlichen Eigentum stehenden Gebäudeteile, Anlagen und Einrichtungen wird auf die Ausführungen zu § 5 verwiesen. 32

An von der Grenze zweier Grundstücke geschnittener Anlagen (z.B. gemeinschaftliches Treppenhaus, Brandmauer) besteht kein Miteigentum aller Eigentümer der betroffenen Grundstücke, sondern **vertikal geteiltes Eigentum**.[43] Die Rechtsbeziehungen richten sich im Außenverhältnis nach §§ 921, 922 BGB. 33

Vom gemeinschaftlichen Eigentum zu unterscheiden ist das sog. **Verwaltungsvermögen** (§ 10 Abs. 7 S. 1), zu dem alle Rechte und Pflichten gehören, die der Verwaltung des gemeinschaftlichen Eigentums dienen oder aus ihr entstanden sind (vgl. im Einzelnen § 10 Rn 95 ff.).[44] Träger ist der durch den BGH in seiner Entscheidung vom 2.6.2005[45] anerkannte teilrechtsfähige Verband in seinem jeweiligen Bestand. Mit dem Gesetz zur Änderung des WEG und anderer Gesetze vom 26.3.2007[46] (im Folgenden: WEG-ÄnderungsG) wurde diese Konzeption auch vom Gesetz anerkannt. Eine zunächst zum Verwaltungsvermögen gehörende Sache geht ins gemeinschaftliche Eigentum über, in dem sie – z.B. durch Verbindung (Einbau eines Fensters, Einpflanzen eines Baumes) – zum wesentlichen Bestandteil des Grundstücks wird. 34

1. Abschnitt: Begründung des Wohnungseigentums

§ 2   Arten der Begründung

Wohnungseigentum wird durch die vertragliche Einräumung von Sondereigentum (§ 3) oder durch Teilung (§ 8) begründet.

A. Zwei Begründungsformen 1	D. Kombination der Begründungsformen 8
B. Vertragliche Teilungserklärung 2	E. Öffentlich-rechtliche
C. Einseitige Teilungserklärung 7	Genehmigungserfordernisse 9

A. Zwei Begründungsformen

§ 2 zeigt in einer Art **Leitvorschrift** die beiden einzigen Möglichkeiten auf, in denen Wohnungseigentum begründet werden kann. 1

---

36 OLG Köln 2 Wx 52/95, MittRhNK 1996, 61.
37 BayObLG BReg 2 Z 70/85, NJW-RR 1986, 761; OLG Karlsruhe 11 W 53/71, MDR 1972, 516; OLG Frankfurt 20 W 648/83, Rpfleger 1983, 482.
38 BayObLG BReg 2 Z 70/85, NJW-RR 1986, 761.
39 **A.A.** OLG Düsseldorf, I-3 Wx 254/07, ZMR 2009, 53.
40 Vgl. LG Landau 3 S 4/11, NZM 2011, 554; Grunddienstbarkeit auf Nachbargrundstück, § 96 BGB.
41 KG 24 W 4020/84, ZMR 1985, 344.
42 OLG Düsseldorf 3 Wx 334/99, ZMR 2000, 551; *Bärmann/Armbrüster*, § 1 Rn 53.
43 OLG Hamm 15 W 92/05, ZMR 2006, 878; *Weitnauer/Briesemeister*, § 3 Rn 9.
44 Palandt/*Bassenge*, § 1 Rn 14,
45 V ZB 32/05, NJW 2005, 2061.
46 BGBl I S. 370.

B. Vertragliche Teilungserklärung

2 Steht das Grundstück im Miteigentum mehrerer Personen, so können sie sich vertraglich (sog. **vertragliche Teilungserklärung**) gegenseitig Sondereigentum einräumen (§ 3).

3 Miterben bietet dieser Weg die Möglichkeit, die **Erbengemeinschaft** neben der Teilung in Natur (§§ 2042 Abs. 2, 752 BGB) – die an einem bebauten Grundstück in der Regel nicht möglich ist, da keine gleichartigen Anteile gebildet werden können[1] – durch vertragliche Einräumung von Sondereigentum aufzuheben. Dies setzt voraus, dass das Gesamthandseigentum der Erbengemeinschaft in Bruchteilseigentum umgewandelt wird (vgl. § 3 Rn 5). Eine derartige Teilung kann nur freiwillig erfolgen, nicht aber durch richterliche Teilungsentscheidung erzwungen werden.[2]
Gleiches gilt für sonstige Gemeinschaften, die eine Auseinandersetzung vornehmen wollen. Auch eine juristische Person (AG, GmbH), die Eigentümerin eines Grundstücks ist, kann auf diese Weise ihren Mitgliedern Wohnungseigentum zuwenden.

4 Durch **Verfügung von Todes wegen** ist eine Begründung von Sondereigentum nicht möglich.[3] Wohl aber kann durch eine Teilungsanordnung des Erblassers nach § 2048 BGB eine Auseinandersetzung durch Begründung von Wohnungseigentum angeordnet werden. Dadurch entsteht kein Sondereigentum; erforderlich ist die vertragliche Begründung nach § 3, auf die ein klagbarer Anspruch besteht.[4] Sind über die gesetzlichen Bestimmungen hinaus Regelungen zum Gemeinschaftsverhältnis erforderlich, besteht unter den Voraussetzungen des § 10 Abs. 2 S. 3 ein Änderungsanspruch.

5 Auch im Verfahren nach der **HausratsVO** kann kein Wohnungseigentum begründet werden.

6 Der Weg Sondereigentum nach § 3 zu begründen wird auch bei den sogenannten **„Bauherrenmodellen"** beschritten, bei dem mehrere Wohnungsinteressenten ein Baugrundstück zu Miteigentum erwerben, um es dann zu bebauen.[5]

C. Einseitige Teilungserklärung

7 Steht das Grundstück im Alleineigentum, kann der Eigentümer durch **einseitige Teilungserklärung** Sondereigentum begründen (§ 8).
Dieser Weg ist wohl die häufigste Form der Begründung. Der Weg Wohnungseigentum nach § 8 zu begründen, entspricht dem **„Bauträgermodell"**, bei dem ein Unternehmer das Gebäude auf dem ihm allein gehörenden Grundstück errichtet.

D. Kombination der Begründungsformen

8 Beide Formen der Begründung können auch in **Kombination** miteinander in der Weise erfolgen, dass die bruchteilsmäßig eingetragenen Miteigentümer des Grundstücks die Begründung einer Anzahl von Wohnungseigentumsrechten mit der Maßgabe vereinbaren, dass sie einen Teil davon selbst zu Eigentum übernehmen (Fall des § 3 WEG), sich jedoch hinsichtlich der übrigen Wohnungseigentumsrechte als Miteigentümer zu den am Stammgrundstück bestehenden ursprünglichen Anteilen eintragen lassen.[6] Ein solcher Fall liegt auch dann vor, wenn die Gemeinschaft zunächst durch Begründung von Sondereigentum nach § 3 entsteht und dann ein Eigentümer, dessen Miteigentumsanteil mit mehreren Sondereigentumsrechten verbunden ist (vgl. § 3 Rn 8), diese wiederum durch Erklärung nach § 8 in selbstständige Wohnungseigentumsrechte teilt.

E. Öffentlich-rechtliche Genehmigungserfordernisse

9 Für die Einräumung von Sondereigentum kann eine öffentlich-rechtliche **Genehmigung** nach § 22 BauGB (Fremdenverkehrsgebiet),[7] § 51 BauGB (Umlegungsverfahren), §§ 108, 109 BauGB (Enteignungsverfahren), §§ 144, 169 BauGB (Sanierungs- oder Entwicklungsgebiet), § 172 BauG (Gebiete mit Erhaltungssatzung), § 2 GrundstücksverkehrsO oder nach § 2 GrdstVG erforderlich sein.[8] Der Gemeinde steht kein Vorkaufsrecht gemäß § 24 BauGB zu. Nur im Falle von § 3, nicht hingegen von § 8 bedarf es der Vorlage einer steuerlichen Unbedenklichkeitsbescheinigung gemäß § 22 GrEStG.[9]

---

1 OLG Hamm 8 U 99/91, NJW-RR 1992, 665.
2 OLG München 5 W 1415/52, NJW 1952, 1297; Palandt/*Bassenge*, § 2 Rn 1; Weitnauer/*Briesemeister*, § 2 Rn 1; **a.A.** *Bärmann/Armbrüster*, § 2 Rn 5 und Riecke/Schmid/Schneider, § 2 Rn 7 die eine richterliche Teilungsentscheidung dann für möglich halten, wenn die Aufhebung der Gemeinschaft durch Zwangsversteigerung des Grundstücks und Teilung des Erlöses nach § 753 BGB rechtsmissbräuchlich erscheint (so auch nicht OLG Frankfurt 16 U 34/06, DStR 2007, 868).
3 Palandt/*Bassenge*, § 2 Rn 1; Weitnauer/*Briesemeister*, § 2 Rn 2.
4 BGH IV ZR 226/00, NJW 2002, 2712.
5 Vgl. hierzu die ausführlichen Erläuterungen bei Weitnauer/*Briesemeister*, Anh. zu § 3.
6 Fall des § 8 WEG, vgl. KG 1 W 6026/93, NJW 1995, 62.
7 Vgl. *Grziwotz*, DNotZ 2004, 674.
8 *Bärmann/Armbrüster*, § 2 Rn 15 ff.
9 *Riecke/Schmid/Schneider*, § 7 Rn 76.

An einem auf Rechtsvorschriften der früheren DDR beruhenden, gemäß Art. 233 §§ 2b, 4, 8 EGBGB fortbestehenden selbstständigen **Gebäudeeigentum** kann Wohnungseigentum nicht begründet werden.[10]

§ 3 Vertragliche Einräumung von Sondereigentum

(1) Das Miteigentum (§ 1008 des Bürgerlichen Gesetzbuchs) an einem Grundstück kann durch Vertrag der Miteigentümer in der Weise beschränkt werden, dass jedem der Miteigentümer abweichend von § 93 des Bürgerlichen Gesetzbuchs das Sondereigentum an einer bestimmten Wohnung oder an nicht zu Wohnzwecken dienenden bestimmten Räumen in einem auf dem Grundstück errichteten oder zu errichtenden Gebäude eingeräumt wird.

(2) [1]Sondereigentum soll nur eingeräumt werden, wenn die Wohnungen oder sonstigen Räume in sich abgeschlossen sind. [2]Garagenstellplätze gelten als abgeschlossene Räume, wenn ihre Flächen durch dauerhafte Markierungen ersichtlich sind.

(3) *(weggefallen)*

A. Allgemeines 1	V. Abgeschlossenheit (Abs. 2) 18
B. Voraussetzungen der Ersteinräumung von Sondereigentum (Abs. 1) 4	1. Wohnungen und sonstige Räume 19
I. Miteigentum am Grundstück 4	2. Garagenstellplätze 28
II. Sondereigentum für jeden Miteigentümer 6	C. Einräumung von Sondereigentum durch vertragliche Teilungserklärung 35
III. Gebäude 11	I. Dingliches Verfügungsgeschäft 35
IV. Wohnungen und sonstige Räume 15	II. Gründungsmängel 36
	III. Vertragsinhalt 41

Literatur: *Hügel*, Das unvollendete oder substanzlose Sondereigentum, ZMR 2004, 549; *Demharter*, Isolierter Miteigentumsanteil beim Wohnungseigentum, NZM 2000, 1196; *Gleichmann*, Sondereigentumsfähigkeit von Doppelstockgaragen, RPfleger 1988, 10; *Schuschke*, Kfz-Stellplätze in der Wohnungseigentumsanlage, NZM 1999, 1121.

A. Allgemeines

Abs. 3 wurde durch Art 1 Nr. 1 **WEG-ÄnderungsG** aufgehoben, da er gegenstandslos geworden ist. Die Regelung zur Abgeschlossenheit von Wohnungen in den neuen Bundesländern ist bereits am 31.12.1996 außer Kraft getreten.

Nach § 3 kann an Räumen in einem bereits vorhandenen oder zu errichtenden Gebäude durch **vertragliche Teilungserklärung** Sondereigentum begründet werden, sofern mehrere Personen Miteigentümer des Grundstücks sind. Im Gegensatz hierzu regelt § 8 die Begründung von Sondereigentum durch einseitige Teilungserklärung, sofern das Grundstück im Alleineigentum steht.

Aus Abs. 1 folgt die – gemäß § 6 untrennbare – Verbindung von ideellem Bruchteil am Grundstück mit einem real abgegrenzten Bereich als Alleineigentum (vgl. § 1 Rn 1 ff.) zu einer rechtlichen „Einheit" in der Weise, dass das Miteigentum durch die Einräumung des Sondereigentums **„beschränkt"** wird.
Diese Beschränkung stellt aber keine dingliche Belastung des Miteigentums mit einem Sondereigentum dar, so dass die Frage nach einem Rangverhältnis zwischen Sondereigentum und dinglichen Belastungen des Grundstücks nicht auftreten kann. Ebenso wenig muss das Grundstück bei der Einräumung von Sondereigentum frei von dinglichen Belastungen sein. Im Bereich der zu Sondereigentum erklärten Räume wird das bisherige Miteigentum nicht nur beschränkt, sondern aufgehoben.

B. Voraussetzungen der Ersteinräumung von Sondereigentum (Abs. 1)
I. Miteigentum am Grundstück

Die Begründung von Sondereigentum durch vertragliche Teilungserklärung setzt voraus, dass das **Grundstück im Miteigentum** (§ 1008 BGB) mehrerer (also mindestens zweier) Personen steht. Nicht erforderlich ist, dass die Beteiligten bereits im Zeitpunkt des Vertragsabschlusses Miteigentümer sind. Es genügt, dass sie zugleich mit der Eintragung des Sondereigentums als Miteigentümer im Grundbuch eingetragen werden.[1]

Es muss sich um **Miteigentum** nach **Bruchteilen** (§ 1008 BGB) handeln. Steht das Grundstück im gesamthänderischen Eigentum (Gesellschaft, Gütergemeinschaft oder Erbengemeinschaft), so ist eine Begründung von Wohnungseigentum nach § 3 nicht möglich. Denn bei Gesamthandsgemeinschaften können – anders als bei Bruchteilsgemeinschaften – die einzelnen Mitglieder nicht über ihren Anteil an den einzelnen Vermögensgegenständen verfügen. Die

---

10 OLG Jena 6 W 215/95, Rpfleger 1996, 194.   1 LG Bielefeld 3 T 1210/84, Rpfleger 1985, 189.

Gesamthandsgemeinschaft muss daher zunächst – oder gleichzeitig (siehe Rn 4) – auseinandergesetzt und in eine Bruchteilsgemeinschaft umgewandelt werden (vgl. auch § 2 Rn 3).

II. Sondereigentum für jeden Miteigentümer

6 Die Einräumung von Sondereigentum und die damit verbundene Beschränkung des Miteigentums ist nur zulässig, wenn **jedem Miteigentümer** Sondereigentum eingeräumt wird.[2] Es reicht aus, wenn einem Miteigentümer Sondereigentum an einer Garage[3] oder einem Abstellraum eingeräumt wird.

7 Verschiedene Miteigentumsanteile können nicht mit demselben Sondereigentum verbunden werden, d.h. dass das Sondereigentum immer nur einem Miteigentumsanteil zugeordnet sein kann; insoweit ist die Begründung von **Mitsondereigentum** an Räumen und Gebäudeteilen nicht möglich[4] für eine von der Hauptleitung abgezweigte, in einer nicht tragenden Trennwand verlaufende, gemeinsame Abwasserleitung; es gelten dann §§ 921, 922 BGB). In den Fällen des Nachbareigentums liegt daher zwingend gemeinschaftliches Eigentum vor. Dem Bedürfnis nach einer zufriedenstellenden wirtschaftlichen Regelung kann dadurch Rechnung getragen werden, dass den begünstigten Wohnungseigentümern durch Vereinbarung ein Sondernutzungsrecht eingeräumt oder eine entsprechende Kostenregelung getroffen wird. Ggf. besteht nach § 10 Abs. 2 S. 3 ein gerichtlich durchsetzbarer Anspruch auf eine entsprechende Änderung der Gemeinschaftsordnung.[5] Soll daher weniger Wohnungseigentum geschaffen werden als Eigentumsbruchteile vorhanden sind, müssen die überzähligen Bruchteile vorher vereinigt werden. Es ist dabei zulässig, in einem einzigen Vertrag sowohl die Zahl der Miteigentumsanteile zu ändern als auch diesen „neuen" Anteilen jeweils das Sondereigentum an einem Wohnungseigentum zuzuordnen.[6]

8 Zulässig ist es – trotz des Wortlauts „das Sondereigentum an einer bestimmten Wohnung" –, mit einem **Miteigentumsanteil mehrere Sondereigentumsrechte**[7] zu verbinden.[8]

9 Miteigentum ohne Sondereigentum ist grundsätzlich nicht möglich, denn ein **isolierter Miteigentumsanteil** kann rechtsgeschäftlich nicht begründet werden.[9] Er ist aber sachenrechtlich nicht ausgeschlossen. Abs. 1 bezieht sich nach seinem Wortlaut und der Begründung[10] nur auf den zulässigen Inhalt des Rechtsgeschäfts. Als Folge der Anwendung gesetzlicher Bestimmungen kann ein isolierter – rechtsgeschäftlich übertragbarer[11] – Miteigentumsanteil kraft Gesetzes entstehen, wenn die Begründung von Sondereigentum an einem Gebäudeteil gegen zwingende gesetzliche Vorschriften – insbesondere § 5 Abs. 2 (vgl. § 5 Rn 26 ff.) – verstößt,[12] wenn sich der Gegenstand des Sondereigentums nicht bestimmen lässt (vgl. § 7 Rn 36)[13] oder wenn wegen eines Widerspruchs zwischen Teilungserklärung und Aufteilungsplan Sondereigentum nicht entstanden ist.[14] Vgl. § 7 Rn 27. Zu den Folgen vgl. Rn 38.

10 Sondereigentum ohne Miteigentumsanteil (**isoliertes Sondereigentum**) gibt es nicht. Ist ein Raum bei der Begründung von Wohnungseigentum ohne Miteigentumsanteil geblieben, entsteht gemeinschaftliches Eigentum (vgl. auch § 5 Rn 12). Wird bei nachträglicher Unterteilung eines Wohnungseigentums gemäß § 8 (vgl. § 8 Rn 30) ein Raum, der bisher zum Sondereigentum gehörte, nicht als Sondereigentum mit einem Miteigentumsanteil verbunden, so ist die Unterteilung nichtig.[15]

III. Gebäude

11 Sondereigentum kann nur an Räumen in einem Gebäude begründet werden, welches wesentlicher Bestandteil des Grundstücks ist.[16] Ein Bauwerk ist dann ein Gebäude, wenn sich in ihm mindestens ein einer Nutzung zugänglicher

---

2 OLG Frankfurt 6 W 565/68, OLGZ 1969, 387; *Bärmann/Armbrüster*, § 3 Rn 18; *Weitnauer/Briesemeister*, § 3 Rn 21.
3 Vgl. auch OLG Hamm 15 W 362/92, NJW-RR 1993, 1233: Begründung von Sondereigentum nur an Garagen zzgl. Sondernutzungsrecht an einer Wohnung.
4 BGH V ZR 118/94, NJW 1995, 2851; OLG Schleswig 2 W 108/06, WuM 2007, 285: Abwasserhebeanlage; Palandt/*Bassenge*, § 3 Rn 5; **a.A.** für das sog Nachbareigentum (Grenzanlage) BGH V ZB 45/00, NJW 2001, 1212; OLG München 32 Wx 71/05, NJW-RR 2006, 297: nicht tragende Trennwand zwischen zwei Sondereigentumseinheiten; OLG Zweibrücken 3 W 152/86, ZMR 1987, 102.
5 OLG Schleswig 2 W 108/06, WuM 2007, 285.
6 BGH V ZB 18/82, NJW 1983, 1672; LG Bochum 7 T 481/98, NZM 1999, 380.
7 Vgl. BayObLG 2Z BR 8/00, NZM 2000, 1232; BGH V ZB 45/00, ZMR 2001, 289.

8 *Bärmann/Armbrüster*, § 3 Rn 20; *Riecke/Schmid/Schneider*, § 1 Rn 25.
9 BayObLG 2Z BR 90/95, NJW-RR 1996, 721; OLG Hamburg 2 Wx 94/01, ZMR 2002, 372.
10 Vgl. Erläuterung zu § 3 Ziff. 1 – BR-Drucks 75/71 –.
11 BGH V ZR 447/01, NJW 2004, 1798.
12 BGH V ZR 143/87, NJW 1990, 447: Heizwerkfall; OLG Hamm 15 W 259/05, ZMR 2007, 213: Stellplatz auf unbebauter Grundstücksfläche.
13 BGH V ZR 447/01, NJW 2004, 1798, hier wegen vom Aufteilungsplan abweichender Bauausführung.
14 BGH V ZR 118/94, NJW 1995, 2851; BayObLG 2Z BR 21/00, NZM 2000, 1234; OLG München 34 Wx 37/08, NZM 2008, 810.
15 BayObLG BReg 2 Z 75/86, WuM 1988, 89; BayObLG 2Z BR 90/95, NJW-RR 1996, 721; OLG München 32 Wx 33/07, Rpfleger 2007, 459.
16 LG Münster 5 T 872/52 u 877/52, DNotZ 1953, 148.

Raum befindet, der nach allen Seiten hin abgeschlossen ist.[17] Eine überdachte Tankstelle mit Tankautomaten ist daher ebenso wenig ein Gebäude[18] wie ein Carport.[19] Ein Gebäude kann auch unter der Erde errichtet sein.[20]

Die Begründung von Sondereigentum ist auch an einem **noch zu errichtenden Gebäude** möglich (vgl. Wortlaut). Das Sondereigentum an einer Wohnung entsteht dann erst mit deren Fertigstellung. Dinglich vollzogen wird die Teilungserklärung bereits mit Anlegung sämtlicher Wohnungsgrundbücher (§§ 7 Abs. 1, 8 Abs. 2 S. 2). Es besteht dann aus dem Miteigentumsanteil am Grundstück verbunden mit einem Anwartschaftsrecht auf Sondereigentum. Die Anlegung der Wohnungsgrundbücher verschafft dem Sondereigentümer eine gesicherte Rechtsposition, die als **Anwartschaft** auf Erlangung von Sondereigentum auf der Grundlage des Aufteilungsplans gemäß § 7 Abs. 4 Nr. 1 charakterisiert wird.[21] Dem Anwartschaftsrecht wohnt das Recht zur Herstellung aller Räume unabdingbar inne,[22] sofern die **Herstellung (noch) möglich** ist. Anderenfalls besteht kein Anwartschaftsrecht bzw. führt zu dessen Erlöschen. Die Herstellung kann etwa aus Gründen des öffentlichen Baurechts,[23] aber auch dann unmöglich sein, wenn die tatsächliche Bauausführung so erheblich vom Aufteilungsplan abweicht, dass es nicht mehr möglich ist, die errichteten Räume den entsprechenden Räumen im Aufteilungsplan zuzuordnen (vgl. § 7 Rn 36). Die Folge ist ein isolierter Miteigentumsanteil (zu den Folgen vgl. im Einzelnen Rn 38). Wird das Gebäude aus anderen Gründen (z.B. Bauträger-Insolvenz) nicht erstellt, bleibt das Wohnungseigentum auf Dauer in dem Zustand wirksam, in dem es sich nach Buchbuchungtragung befand, also in dem Miteigentumsanteil am Grundstück verbunden mit dem Anwartschaftsrecht auf Erlangung von Sondereigentum.[24] Der Inhaber hat die Rechtsstellung eines Wohnungseigentümers[25] und es besteht schon eine Wohnungseigentümergemeinschaft.[26] (Zum Anspruch auf Fertigstellung vgl. § 22 Rn 213).

Nicht erforderlich ist, dass das Gebäude **vollständig** in Sondereigentum **aufgeteilt** wird; in sich abgeschlossene Raumeinheiten können auch im gemeinschaftlichen Eigentum aller Wohnungseigentümer verbleiben (z.B. Hausmeisterwohnung).

Die Begründung von Wohnungseigentum ist auch zulässig, wenn sich auf dem im Miteigentum stehenden Grundstück **mehrere Gebäude** (Doppelhäuser, Reihenhäuser) befinden; ebenso wenn es sich um Gebäude mit nur einer Wohnung handelt (Einfamilienhäuser), sofern auch Sondereigentum in anderen Gebäuden begründet wird. Der Gegenstand des Sondereigentums bestimmt sich auch in diesen Fällen allein nach § 5.

IV. Wohnungen und sonstige Räume

Nach dem Gesetz kann Sondereigentum nur an Wohnungen oder an nicht zu Wohnzwecken dienenden Räumen begründet werden. **Unbebaute Grundstücksflächen** (ebenerdige Terrasse,[27] Pkw-Stellplätze[28]) können nicht Gegenstand des Sondereigentums sein.

Es ist zulässig, Sondereigentum sowohl an einer Wohnung als auch an sonstigen Räumen mit einem Miteigentumsanteil zu einem **gemischten Wohnungs- und Teileigentum** zu verbinden. Hierbei ist ein einheitliches Wohnungs- und Teileigentumsgrundbuch anzulegen.

Unter einem **Raum** ist hierbei ein allseits abgegrenztes Gebilde zu verstehen, das die Begrenzung des Umfangs eines Sondereigentums erfahrbar macht.[29]

Unter **Wohnung** versteht man Räumlichkeiten für Menschen, die so ausgestattet sind, dass in ihr auf Dauer die Führung eines selbstständigen Haushaltes möglich ist. (Vgl. dazu § 1 Rn 10 ff. Zum Begriff der nicht zu Wohnzwecken dienenden Räume vgl. § 1 Rn 17 f.)

V. Abgeschlossenheit (Abs. 2)

Nach Abs. 2 S. 1 soll Sondereigentum nur eingeräumt werden, wenn die Wohnungen oder sonstigen Räume in sich abgeschlossen sind. Dieses Erfordernis soll gewährleisten, dass jeder Sondereigentumsbereich von demjenigen der anderen Wohnungseigentümer und vom gemeinschaftlichen Eigentum eindeutig abgegrenzt ist, damit der dingliche Herrschaftsbereich des Sondereigentümers gemäß § 13 Abs. 1 eindeutig und gegen widerrechtliches Eindringen gesichert ist.[30] Abgeschlossenheit ist daher kein baurechtlicher oder bauordnungsrechtlicher Begriff (vgl. auch Rn 22). Sondereigentum entsteht dinglich auch dann bzw. besteht fort, wenn die Abgeschlossenheit tatsächlich nicht gegeben ist oder nachträglich aufgehoben wird, denn es handelt sich um eine bloße Sollvorschrift.[31] Sondereigentum kann da-

---

17 LG Frankfurt 2/9 T 835/70, NJW 1971, 759.
18 LG Münster 5 T 872/52 u 877/52, DNotZ 1953, 148.
19 BayObLG BReg 2 Z 70/85, ZMR 1986, 207.
20 Gebäude der U-Bahn, LG Frankfurt 2/9 T 835/70, NJW 1971, 759.
21 BGH V ZR 339/87, NJW 1990, 1111; BGH V ZR 447/01, NJW 2004, 1798; BayObLG 2 Z BR 10/01, NZM 2002, 25.
22 OLG Hamburg, 2 Wx 94/01, ZMR 2002, 372; OLG Hamm 15 W 256/04, NZM 2006, 142.
23 BGH V ZR 339/87, NJW 1990, 1111.
24 OLG Hamm 15 W 256/04, NZM 2006, 142.
25 OLG Frankfurt Beschl v 24.8.2006 – 20 W 214/06 u 20 W 215/06, NZM 2007, 806: Stimmrecht.
26 Palandt/*Bassenge*, § 2 Rn 10.
27 OLG Köln 2 Wx 13/82, DNotZ 1982, 753.
28 BayObLG BReg 2 Z 70/85, ZMR 1986, 207.
29 OLG Koblenz 2 U 1588/89, WuM 1991, 603.
30 GmS-OBG, GmS-OGB 1/91, NJW 1992, 3290.
31 BGH V ZR 339/87, BGHZ 110, 36 = NJW 1990, 1111; BayObLG 2Z BR 152/98, ZMR 1999, 266.

her auch an durch bloße „Luftschranken" begrenzten Teilräumen entstehen, sofern eine Abgrenzung eindeutig möglich ist (vgl. auch § 7 Rn 32)[32] oder auch dann, wenn keine rechtliche Zugangsmöglichkeit besteht.[33]

1. Wohnungen und sonstige Räume

19 Die Voraussetzungen für die Abgeschlossenheit einer Wohnung und damit auch der nicht zu Wohnzwecken dienenden Räume ergibt sich aus Nr. 5 a, b der Allgemeinen Verwaltungsvorschrift für die Ausstellung von Bescheinigungen gemäß § 7 Abs. 4 Nr. 2 und § 32 Abs. 2 Nr. 2 des Wohnungseigentumsgesetzes (**AVA**; vgl. Kapitel IV, Nr. 4).

20 Danach sind Wohnungen in sich abgeschlossen, wenn sie erstens einen eigenen **freien und abschließbaren Zugang** haben. Dieser kann vom gemeinschaftlichen Eigentum, aber auch vom Nachbargrundstück – sofern dieser durch eine Grunddienstbarkeit gesichert ist[34] – aus erfolgen. Die Räume eines Sondereigentums können sich auch in verschiedenen Etagen befinden.[35]

21 Zweitens muss die Wohnung räumlich gegenüber dem Sondereigentum anderer Wohnungseigentümer und dem gemeinschaftlichen Eigentum **eindeutig** – insbesondere durch Wände und Decken, abschließbare Verbindungstür[36] – allseitig baulich[37] **abgegrenzt** sein. Zu den abgeschlossenen Wohnungen können auch außerhalb ihrer gelegene zusätzliche Nebenräume (z.B. Keller, Garage – insoweit ist auch selbstständiges Teileigentum möglich, vgl. Rn 6) gehören, die daneben ebenfalls in sich abgeschlossen sein müssen. Auch bei mehreren in sich abgeschlossen, aber nicht in ihrer Gesamtheit abgeschlossenen Räumen fehlt es daher nicht an einer Abgeschlossenheit.[38]

22 An einer Abgeschlossenheit fehlt es auch dann nicht, wenn die Wohnungstrennwände und Wohnungstrenndecken die Anforderungen, die das **Bauordnungsrecht** des jeweiligen Bundeslandes an Neubauten stellt, nicht erfüllt (vgl. auch Rn 18).[39]

23 Dem Erfordernis der Abgeschlossenheit kommt nur **Bedeutung innerhalb der Wohnanlage** zu, d.h. nur im Verhältnis der einzelnen Wohnungseigentumsrechte zueinander. Ein räumlicher Zusammenhang mit Räumen im Nachbarhaus ist daher unschädlich. Die Grenzen von Grundstücken können jederzeit ohne Rücksicht auf Gebäudemauern allein durch die Festlegungen im Liegenschaftskataster bestimmt werden.[40]

24 Eine Wohnung und eine Garage bleiben auch dann in sich abgeschlossen, wenn den übrigen Miteigentümern durch Gebrauchsregelung das **Recht zum Betreten** der Wohnung und der Garage eingeräumt wurde, um zu einem gemeinschaftlichen Spitzboden bzw. Wäschetrockenplatz zu gelangen.[41] Eine andere Frage ist es, ob die Begründung von Sondereigentum in diesen Fällen mit der zwingenden Regelung des § 5 Abs. 2 vereinbar ist (vgl. § 5 Rn 37).

25 Die Wohnung muss drittens eine **bestimmte Ausstattung** aufweisen. Danach müssen innerhalb der Wohnung eine Küche oder zumindest eine Kochgelegenheit, Wasserversorgung, Ausguss und WC vorhanden sein. An einer Abgeschlossenheit fehlt es daher bei einem gemeinsamen WC mit Zugang von jeder Wohnung aus[42] oder wenn das WC in einem zusätzlichen Raum untergebracht ist.[43]

26 Bei nicht zu Wohnzwecken dienenden Räumen gelten die Erfordernisse an die Abgeschlossenheit sinngemäß (vgl. Nr. 5b AVA). Dies führt aber nicht dazu, dass diese auch die Ausstattungsmerkmale wie eine Wohnung aufweisen müssen. Daher ist es hier unschädlich, wenn das WC in einem zusätzlichen Raum untergebracht ist.[44]

27 Durch Vorlage einer Bescheinigung gemäß § 7 Abs. 4 Nr. 2 (sog. **Abgeschlossenheitsbescheinigung**) sind dem Grundbuchamt die Voraussetzungen der Abgeschlossenheit nachzuweisen (siehe im Einzelnen § 7 Rn 38).

2. Garagenstellplätze

28 Für Garagenstellplätze macht Abs. 2 S. 2 eine Ausnahme vom Erfordernis der Abgeschlossenheit. Diese gelten als abgeschlossene Räume, wenn ihre Flächen durch dauerhafte Markierungen ersichtlich sind. Durch Abs. 2 S. 2 wird nur Abgeschlossenheit, nicht hingegen Raumeigenschaft fingiert.

29 Gemäß § 6 AVA kommen als **dauerhafte Markierungen** u.a. in Betracht: Wände aus Stein oder Metall, fest verankerte Geländer, fest verankerte Begrenzungsschwellen oder Markierungssteine usw. Nicht aber ein einfacher durch Überfahren unkenntlich zu machender Farbanstrich;[45] ebenso wenig eine Beschriftung des Bodens und/oder der Rückwand mit Namen des Wohnungseigentums oder Kennzeichen des Wagens.

---

32 BGH V ZR 97/07, ZMR 2008, 897.
33 OLG München 34 Wx 049/08, Rpfleger 2009, 20; OLG München 32 Wx 044/08, MietRB 2009, 108.
34 OLG Düsseldorf 3 Wx 391/86, RPfleger 1987, 15; LG Bamberg 3 T 137/05, ZMR 2006, 965.
35 LG Bielefeld 25 T 237/00, Rpfleger 2000, 387.
36 KG 1 W 561/84, OLGZ 1985, 129.
37 OLG Celle 4 W 61/91, NJW-RR 1991, 1489.
38 BayObLG 2Z BR 167/99, NZM 2000, 1232 für den Fall der Vereinigung (vgl. § 9 Rn 10) von zwei Sondereigentumsrechten.
39 GmS-OBG, GmS-OGB 1/91, NJW 1992, 3290.
40 BayObLG BReg 2 Z 95/90, NJW-RR 1991, 593.
41 BayObLG BReg 2 Z 94/88, RPfleger 1989, 99.
42 BayObLG BReg 2 Z 32/84, Rpfleger 1984, 407.
43 Vgl. OLG Düsseldorf 3 Wx 313/97, FGPrax 1998, 12.
44 OLG Düsseldorf 3 Wx 313/97, FGPrax 1998, 12.
45 *Bärmann/Armbrüster*, § 3 Rn 93.

30 Derart dauerhaft markierte Abstellplätze können als „zusätzlicher Raum" (vgl. § 5a AVA) zum Sondereigentum einer Wohnung bestimmt werden. Sie können aber auch als **Sondereigentum** verbunden mit einem Miteigentumsanteil Teileigentum bilden (vgl. Rn 6). Die übrigen Teile der Sammelgarage wie Zufahrtswege, Aufzüge, Wände, Dach etc. bleiben gemeinschaftliches Eigentum. Dies gilt auch dann, wenn die gesamte (Tief-) Garage in ein Sondereigentum überführt wird. An diesem Teileigentum können einzelne Wohnungseigentümer Bruchteile erwerben; für deren Benutzung gilt dann § 1010 BGB.

31 Die Abstellplätze müssen innerhalb einer Garage – also einem **Raum** – belegen sein, der nach außen hin abgeschlossen ist. So muss eine Zugangssperre (Tor, jedenfalls aber Schranke) zugunsten der Berechtigten bestehen.[46]

32 **Außerhalb eines Gebäudes liegende Pkw-Abstellplätze** können auch dann nicht Gegenstand von Sondereigentum sein, wenn es sich um dauerhaft markierte Flächen handelt, da es an einem Raum fehlt.[47] Gleiches gilt für Pkw-Abstellplätze auf dem nicht überdachten Oberdeck eines Parkhauses,[48] Pkw-Abstellplätze auf einem ebenerdig gelegenen und von der Umgebung nicht abgegrenzten Dach einer Tiefgarage[49] sowie für einen Stellplatz in einer seitenoffenen Garage.[50]

33 Nicht ausgeschlossen ist für außerhalb eines Gebäudes liegende Pkw-Abstellplätze dagegen die Begründung eines **Sondernutzungsrechts**,[51] das keine dauerhafte Markierung gemäß § 3 Abs. 2 S. 2 erfordert, oder – in ihren Wirkungen ähnlich – bei auf einem benachbarten Grundstück belegenen Stellplätzen eine Grunddienstbarkeit mit dem Inhalt einer Stellplatznutzung (vgl. § 96 BGB).

34 Bei Doppelstockgaragen, die mit einer Hebevorrichtung ausgestattet sind (sog. **Duplexstellplatz**), kann Sondereigentum hinsichtlich der ganzen Doppelstockgarage gebildet werden.[52] An ihren einzelnen Stellplätzen nicht, da der durch das Hebewerk geschaffene Raum für den Stellplatz veränderlich und damit nicht sondereigentumsfähig ist.[53] Hinsichtlich der einzelnen Pkw-Stellplätze kann eine Regelung zur Benutzung gem. § 1010 BGB (als Belastung in Abt. II des Grundbuchs) oder auch gemäß § 15 (als Inhalt des Sondereigentums im Bestandsverzeichnis) in die Grundbücher eingetragen werden.[54]

C. Einräumung von Sondereigentum durch vertragliche Teilungserklärung

I. Dingliches Verfügungsgeschäft

35 Durch die vertragliche Teilungserklärung wird jedem Miteigentümer an bestimmten Räumen des Gebäudes Sondereigentum eingeräumt und damit Alleineigentum in den Grenzen des Gesetzes verschafft. Da hierdurch das Miteigentum am Grundstück inhaltlich verändert („beschränkt") wird, enthält der Vertrag eine Verfügung über ein Recht an einem Grundstück. Wegen der bei Vertragsabschluss zu beachtenden Form siehe § 4 Rn 2 ff. Wegen der ggf. erforderlichen Zustimmung dinglich Berechtigter siehe § 4 Rn 3. Die Auslegung der vertraglichen Teilungserklärung hat den für Grundbucheintragungen maßgeblichen Regeln zu folgen. Es ist deshalb vorrangig auf den Wortlaut und Sinn der Erklärung abzustellen, wie er sich für einen unbefangenen Betrachter als nächstliegende Bedeutung des Eingetragenen ergibt und nicht auf den Willen der Vertragsbeteiligten.[55]

II. Gründungsmängel

36 **Nichtigkeitsgründe betreffend den Abschluss** des Verfügungsgeschäfts (z.B. Formmangel gemäß § 4 Abs. 2 S. 1, 925 BGB;[56] Geschäftsunfähigkeit gemäß §§ 104 ff. BGB) führen zur Unwirksamkeit der vertraglichen Teilungserklärung, so dass für keinen Beteiligten Wohnungseigentum begründet wird. Bis zur Geltendmachung der Nichtigkeit besteht eine faktische Eigentümergemeinschaft, für die die Regelungen des WEG entsprechende Anwendung finden.[57] Ein Fehler bei Abschluss des Gründungsgeschäfts wird gemäß § 892 BGB geheilt, sobald ein Käufer Woh-

---

46 OLG Hamm 15 Wx 172/74, NJW 1975, 60; OLG Celle 4 W 61/91, DNotZ 1992, 231; LG Lübeck 7 T 298/75, Rpfleger 1976, 252.
47 OLG Frankfurt 20 W 302/77, RPfleger 1977, 312; OLG Hamm 15 W 259/05, ZMR 2007, 213.
48 KG 24 W 5943/94, NJW-RR 1996, 587; Palandt/*Bassenge*, § 3 Rn 8; *Weitnauer/Briesemeister*, § 3 Rn 16; **a.A.** OLG Frankfurt 20 W 302/77, RPfleger 1977, 312; OLG Hamm 15 W 502/97, RPfleger 1998, 241; *Höckelmann/Sauren*, RPfleger 1999, 14; *Bärmann/Armbrüster*, § 3 Rn 89, der es ausreichen lässt, wenn der Stellplatz zwar im Freien belegen, räumlich aber einem Gebäude zuzuordnen ist.
49 OLG Frankfurt 20 W 648/83, Rpfleger 1983, 482; **a.A.** *Bärmann/Armbrüster*, § 3 Rn 89.
50 OLG Celle 4 W 61/91, DNotZ 1992, 231.
51 Grundlegend BGH V ZB 58/99, NJW 2000, 3500.
52 **A.A.** LG Dresden 2 T 715/08, ZMR 2010, 979 für den Fall einer gemeinsamen Hydraulikanlage für mehrere Duplexstellplätze, da es dann an einer technischen Abgeschlossenheit fehle.
53 BayObLG BReg 2 Z 54/74, Rpfleger 1975, 90; BayObLG 2Z BR 4/95, NJW-RR 1995, 783; OLG Hamm 15 W 293/82, Rpfleger 1983, 19; OLG Düsseldorf 3 Wx 14/99, NZM 1999, 571; OLG Jena 9 W 654/03, Rpfleger 2005, 309; Palandt/*Bassenge*, § 3 Rn 8; *Weitnauer/Briesemeister*, § 5 Rn 29; **a.A.** *Gleichmann*, Rpfleger 1988, 10.
54 BayObLG 2 Z BR 56/94; NJW-RR 1994, 1427; OLG Frankfurt 20 W 281/98, NZM 2001 527.
55 BGH V ZB 21/03, ZMR 2003, 937; OLG Celle 4 W 216/07, ZMR 2009, 214.
56 BGH V ZR 143/87, NJW 1990, 447.
57 *Weitnauer/Briesemeister*, § 3 Rn 36.

nungseigentum erwirbt bzw. in der Zwangsversteigerung ersteht. Da Sondereigentum nicht nur an einem Wohnungseigentum entstehen kann, lässt dies Wohnungseigentum für alle Beteiligten entstehen.[58]

37 **Nichtigkeitsgründe betreffend den Inhalt** des Verfügungsgeschäfts zielen auf die zulässige rechtliche Gestaltung des Wohnungseigentums. Dies sind insbesondere die Fälle, in denen Räume oder Gebäudebestandteile zu Sondereigentum bestimmt worden sind, obwohl sie zwingend im gemeinschaftlichen Eigentum stehen (vgl. § 5 Rn 26 ff.). Des Weiteren die Fälle, in denen ein Widerspruch zwischen Teilungserklärung und Aufteilungsplan besteht (vgl. § 7 Rn 27) sowie bei Nichtbestimmbarkeit des Sondereigentums (vgl. § 7 Rn 36). Aber auch dann, wenn ein Sondereigentum nicht auf dem Grundstück belegen ist, mit dessen Miteigentumsanteil es verbunden worden ist (vgl. § 1 Rn 28), liegt ein Fall unzulässiger rechtlicher Gestaltung vor.

38 Entsteht in diesen Fällen ein isolierter Miteigentumsanteil (vgl. dazu Rn 9), ist für die Unwirksamkeit des gesamten Gründungsgeschäfts **§ 139 BGB maßgebend**.[59] Ist danach die Teilungserklärung und damit insgesamt die Begründung von Wohnungseigentum nicht unwirksam, sind alle Miteigentümer aus dem Gemeinschaftsverhältnis und nach Maßgabe der Grundsätze von Treu und Glauben (§ 242 BGB) – ggf. gegen Wertausgleich – verpflichtet, den Gründungsakt so zu ändern, dass der sondereigentumslose („isolierte") Miteigentumsanteil nicht weiter bestehen bleibt.[60] Das OLG München[61] greift auf diese Grundsätze auch in einem Fall zurück, in dem die Teilungserklärung wegen Verstoßes gegen das grundbuchrechtliche Bestimmtheitsgebot insgesamt unwirksam war und daher die Einräumung von Sondereigentum fehlschlug. Es entstehen dann ausschließlich isolierte Miteigentumsanteile jeweils verbunden mit einem Anwartschaftsrecht auf Sondereigentum (vgl. auch Rn 12). Letzteres berechtigt, nachträglich den ursprünglich fehlerhaften Gründungsakt analog § 3 Abs. 1 WEG zu ändern. Bis zur Behebung des gesetzeswidrigen Zustands unterliegt der Inhaber des isolierten Miteigentumsanteils entsprechend den Grundsätzen der **faktischen Eigentümergemeinschaft** den Regeln der §§ 1 ff. WEG.[62]

39 Das **Grundbuch** ist in all diesen Fällen – selbst wenn Sondereigentum an einem erst noch zu errichtenden Gebäude eingeräumt wurde, dessen Herstellung endgültig unmöglich ist, und das Anwartschaftsrecht (vgl. Rn 12) daher erloschen ist – nicht unrichtig, denn der isolierte Miteigentumsanteil ist eintragungsfähig.[63]

40 Teilungsberechtigt sind nur alle Grundstückeigentümer, die im Zeitpunkt des dinglichen Wirksamwerdens der Teilung (vgl. § 7 Rn 4) im Grundbuch eingetragen waren. War einer der am Vertragsschluss Beteiligten **Nichtberechtigter** (sog. Buchmiteigentümer) müssen für die wirksame Begründung von Sondereigentum in der Person eines berechtigten Beteiligten die Voraussetzungen des § 892 BGB vorliegen. Sind hingegen alle Beteiligten nichtberechtigt, entsteht Wohnungseigentum erst dann, wenn ein Dritter das Wohnungseigentum gutgläubig erwirbt. Bis zur Geltendmachung der Unwirksamkeit besteht eine faktische Eigentümergemeinschaft, für die die Regelungen des WEG entsprechende Anwendung finden.

III. Vertragsinhalt

41 Durch die vertragliche Teilungserklärung wird die zahlenmäßige **Größe der Miteigentumsanteile** der zukünftigen Wohnungseigentümer festgelegt. Überwiegend erfolgt in der Praxis eine Aufteilung in 1000stel Miteigentumsanteile. Je nach Größe der Wohnanlage kann auch eine Bezugsgröße von 100stel oder 10 000stel gewählt werden. Ihre Bestimmung steht den Beteiligten – unabhängig von der bisherigen rechnerischen Aufteilung – frei. Ausschlaggebend können Größe, unterschiedliche Ausstattung der Räume und ihre innere Aufteilung, Lage (Himmelsrichtung, Höhe der Stockwerke), Aussicht, Nähe und Entfernung zum Fahrstuhl und zu den anderen Gemeinschaftseinrichtungen usw. sein.

Nicht erforderlich ist, dass die Bruchteile in einem bestimmten Verhältnis zum Wert oder zur Größe des Sondereigentums stehen.[64] Zu berücksichtigen ist, dass die Verpflichtung zur anteiligen Lasten- und Kostentragung in Ermangelung einer abweichenden Regelung von der Höhe des Miteigentumsanteils abhängt, § 16 Abs. 2. (Wegen der nachträglichen Änderung der Bruchteilsgrößen vgl. § 6 Rn 9.)

42 Die vertragliche Teilungserklärung **bestimmt** – im Rahmen der zulässigen Grenzen (insbesondere § 5 Abs. 2) –, welche Räume und Gebäudeteile zum **Sonder- bzw. gemeinschaftlichen Eigentum** gehören und dass Bestandteile des

---

58 BGH V ZR 143/87, NJW 1990, 447.
59 OLG Schleswig 2 W 234/05, ZMR 2006, 886.
60 BGH V ZR 143/87, NJW 1990, 447: Aufteilung der Miteigentumsanteile; BGH V ZR 447/01, NJW 2004, 1798; BayObLG 2 Z BR 10/01, NZM 2002, 25: Anpassung an die tatsächlichen Verhältnisse; OLG Dresden 3 W 231/08, ZMR 2008, 812: Anspruch auf Herstellung der Trennwände.
61 34 Wx 37/08, NZM 2008, 810.
62 OLG Hamm 15 W 259/05, ZMR 2007, 213 = NZM 2007, 448: Beitragspflicht gemäß § 16 Abs. 2; OLG Frankfurt 20 W 214/06, ZWE 2007, 84 = NZM 2007, 807; OLG Dresden 3 W 231/08, ZMR 2008,812: Stimmrecht; OLG München 34 Wx 37/08, NZM 2008, 810; **a.A.** *Demharter*, ZWE 2007, 146.
63 OLG München 34 Wx 43/10, NZM 2010, 749; *Demharter*, NZM 2000, 1196; **a.A.** OLG Hamm 15 W 87/89, NJW-RR 1991, 335.
64 BGH V ZR 156/75, NJW 1976, 1976; BayObLG, 2Z BR 80/99, NZM 2000, 301; OLG Düsseldorf 3 Wx 402/00, ZMR 2001, 378.

Gebäudes, die nach § 5 As. 1 und 2 Gegenstand des Sondereigentums sein können, zum gemeinschaftlichen Eigentum gehören (§ 5 Abs. 3).

Wegen der Beschreibung des Sondereigentums wird regelmäßig auf den Aufteilungsplan und die Abgeschlossenheitsbescheinigung Bezug genommen. Der Gegenstand des Sondereigentums muss noch nicht errichtet sein (siehe Rn 12). Das Sondereigentum muss zudem in sich abgeschlossen sein (siehe Rn 18 ff.) Wegen der nachträglichen Umwandlung von Sondereigentum in gemeinschaftliches Eigentum und umgekehrt siehe § 4 Rn 16.

Die vertragliche Teilungserklärung bestimmt auch, ob es sich bei einem Sondereigentum um **Wohnungs- oder Teileigentum** handelt. Wegen der nachträglichen Änderung der Zweckbestimmung vgl. § 1 Rn 20. 43

Daneben findet sich in der vertraglichen Teilungserklärung häufig noch die sog. **Gemeinschaftsordnung**, deren Regelungen Vereinbarungen sind, die das Innenverhältnis der Wohnungseigentümer untereinander als Inhalt des Eigentums regeln, §§ 5 Abs. 4 S. 1, 10 Abs. 2 S. 2. Eine Vereinbarung kann als Teil der Gemeinschaftsordnung formfrei und außerhalb des Grundbuchs (dann allerdings nicht mit Wirkung gegenüber einem Sonderrechtsnachfolger, vgl. § 10 Abs. 3) geändert werden. 44

Schließlich finden sich in der vertraglichen Teilungserklärung häufig konkrete Entscheidungen der Miteigentümer zu **Verwaltungsfragen** (z.B. Bestimmung einer Hausordnung oder des ersten Verwalters). Ihnen kommt grundsätzlich nur der Rechtscharakter eines Mehrheitsbeschlusses zu und kann damit im Rahmen ordnungsmäßiger Verwaltung unter Beachtung schutzwürdiger Bestandsinteressen durch Mehrheitsbeschluss abgeändert werden.[65] 45

§ 4 Formvorschriften

(1) Zur Einräumung und zur Aufhebung des Sondereigentums ist die Einigung der Beteiligten über den Eintritt der Rechtsänderung und die Eintragung in das Grundbuch erforderlich.

(2) [1]Die Einigung bedarf der für die Auflassung vorgeschriebenen Form. [2]Sondereigentum kann nicht unter einer Bedingung oder Zeitbestimmung eingeräumt oder aufgehoben werden.

(3) Für einen Vertrag, durch den sich ein Teil verpflichtet, Sondereigentum einzuräumen, zu erwerben oder aufzuheben, gilt § 311b Abs. 1 des Bürgerlichen Gesetzbuchs entsprechend.

A. Ersteinräumung von Sondereigentum	1	III. Schuldrechtlicher Vertrag (Abs. 3)	8
I. Einigung und Eintragung (Abs. 1)	2	B. Aufhebung von Sondereigentum	11
II. Form der Einigung (Abs. 2)	4	C. Weitere Anwendungsfälle	16

A. Ersteinräumung von Sondereigentum

Regelungsgegenstand ist die bei Abschluss der vertraglichen Teilungserklärung (vgl. § 3 Rn 35) zu beachtende **Form**. Erfasst wird nur die erstmalige (ggf. erst nachträgliche, vgl. Rn 16) Einräumung von Sondereigentum, nicht hingegen die Veräußerung von bereits begründetem Sondereigentum (vgl. dazu § 6 Rn 4, 10). Das Bestehen von Miteigentum nach Bruchteilen am Grundstück, für dessen Entstehung die §§ 1008, 925, 873 BGB gelten, wird vorausgesetzt. 1

I. Einigung und Eintragung (Abs. 1)

Die Einräumung von Sondereigentum stellt sich als eine **Inhaltsänderung** des Miteigentums dar, da die aus dem Miteigentum folgenden Rechte erweitert und zugleich beschränkt werden. In Anlehnung an §§ 873, 877 BGB schreibt Abs. 1 daher vor, dass für die vertragliche Teilungserklärung die Einigung aller Miteigentümer über den Eintritt der Rechtsänderung und die Eintragung im Wohnungsgrundbuch (vgl. hierzu § 7 Rn 1 ff.) erforderlich ist. 2

Gemäß §§ 876, 877 BGB ist zudem die Zustimmung der hiervon betroffenen dinglich Berechtigten erforderlich. **Dinglich Berechtigte** am Grundstück und Gesamtberechtigte an allen Miteigentumsanteilen müssen danach der vertraglichen Teilungserklärung nach bislang h.M. nicht zustimmen, da sich die Belastung an allen Wohnungseigentumsrechten fortsetzt: Ein am ganzen Grundstück bestehendes Grundpfandrecht (Grundschuld, Hypothek) wandelt sich in ein Gesamtgrundpfandrecht an allen Anteilen um.[1] Auch nach Einführung des Rangklassenprivilegs für rückständiges Wohngeld gemäß § 10 Abs. 1 Nr. 2 ZVG hat sich daran nichts geändert (vgl. dazu § 8 Rn 7). Ein dingliches Wohnrecht am Grundstück besteht dagegen nur an dem Anteil fort, dem der betroffene Gebäudeteil unterliegt.[2] Einzelberechtigte an einem Miteigentumsanteil müssen der vertraglichen Teilungserklärung hingegen zustimmen, da sich der Gegenstand des belasteten Miteigentumsanteils ändert.[3] 3

---

65 BayObLG 2Z BR 93/97, ZMR 1998, 356.

1 BayObLG BReg 2 Z 31/77, Rpfleger 1978, 375; OLG Frankfurt 20 W 410/86, OLGZ 1987, 266.

2 OLG Oldenburg 5 W 60/88, NJW RR 1989, 273.

3 BayObLG BReg 2 Z 82/85, Rpfleger 1986, 177; OLG Frankfurt 20 W 410/86, OLGZ 1987, 266.

II. Form der Einigung (Abs. 2)

4 Abs. 2 schreibt für die Einigung über die Einräumung von Sondereigentum die Form der **Auflassung** (§ 925 BGB) vor. Sie muss daher bei gleichzeitiger Anwesenheit aller Beteiligten vor einer zuständigen Stelle (z.B. Notar, Prozessgericht) erklärt werden.

5 Für die Eintragung im Grundbuch genügt die Eintragungsbewilligung aller Miteigentümer (§ 19 GBO) in der Form des § 29 GBO (**formelles Konsensprinzip**). Der Nachweis der Einigung nach § 20 GBO (materielles Konsensprinzip) ist hingegen nicht erforderlich, da Abs. 2 nur auf die Form der Auflassung verweist, nicht aber für die grundbuchmäßige Behandlung auch auf § 20 GBO.[4]

6 Entsprechend § 925 Abs. 2 BGB kann auch die Einräumung von Sondereigentum nicht unter einer **Bedingung oder Befristung** erfolgen (Abs. 2 S. 2). Ein Verstoß führt zur Nichtigkeit der Einräumung.[5] Eine Heilung (z.B. durch Bedingungseintritt) ist nicht möglich. „Timesharing" an einem Sondereigentum ist in der Form möglich, dass mehrere Personen bei dessen Erwerb eine Bruchteilsgemeinschaft gemäß § 741 ff. BGB oder eine Gesellschaft im Sinne von § 705 BGB bilden. Die Nutzungszeiträume können dann im Rahmen einer Verwaltungs- und Benutzungsregelung gemäß § 741 ff. BGB festgelegt werden.[6] Auch kann die Auflassung – etwa für ein zu Wohnungseigentum aufgeteiltes, mit zwei Einfamilienhäusern bebautes Grundstück – nicht unter der Bedingung oder Befristung erteilt werden, dass das Wohnungseigentum mit der späteren Realteilung endet. Eine schuldrechtliche Verpflichtung, einer Aufhebung in diesem Fall zuzustimmen, ist jedoch möglich, insbesondere steht ihr auch § 11 Abs. 1 nicht entgegen.[7] Rechtsbedingungen, z.B. Genehmigung der vom Nichtberechtigten oder vollmachtlosen Vertreter erklärten Auflassung, sind hingegen unschädlich.[8]

7 Die formunwirksame Einräumung von Sondereigentum kann ggf. in ein **Sondernutzungsrecht** umgedeutet werden, das allerdings immer nur in Verbindung mit einem Wohnungseigentumsrecht bestehen kann.[9] Im Übrigen wird wegen der Folgen eines Formmangels auf die übrigen Ausführungen verwiesen (siehe § 3 Rn 36).

III. Schuldrechtlicher Vertrag (Abs. 3)

8 Entsprechend § 311b Abs. 1 BGB bedarf der schuldrechtliche Vertrag, durch den sich der eine Teil verpflichtet, Sondereigentum einzuräumen oder zu erwerben, der **notariellen Beurkundung**. Diese Formvorschrift gilt auch für Vorverträge.[10]

9 Ein ohne Beachtung dieser Form abgeschlossener Vertrag wird aber seinem ganzen Inhalt nach gültig, wenn die Einigung über die Einräumung von Sondereigentum im Grundbuch eingetragen ist (§ 311b Abs. 1 S. 2 BGB).

10 Der schuldrechtliche Anspruch auf Einräumung von Sondereigentum kann durch Eintragung einer **Vormerkung** im Grundbuch des noch ungeteilten Grundstücks gemäß § 883 BGB gesichert werden.[11] Die Vormerkungsfähigkeit setzt allerdings voraus, dass das zu bildende Sondereigentum hinreichend bestimmbar ist. Die Vorlage eines Aufteilungsplanes ist nicht erforderlich; hierfür genügt, dass das Sondereigentum in der Eintragungsbewilligung aufgrund einer Beschreibung der Örtlichkeit zweifelsfrei gekennzeichnet ist.[12] In der Insolvenz des Bauträgers kann der gesicherte Anspruch gemäß § 106 InsO durchgesetzt werden.[13]

B. Aufhebung von Sondereigentum

11 Für die Aufhebung des Sondereigentums gelten die **gleichen Formvorschriften** wie für die Einräumung von Sondereigentum. Die Aufhebung von Sondereigentum bedarf daher der – unbedingten und unbefristeten (Abs. 2 S. 2) – Einigung aller Wohnungseigentümer in der Form der Auflassung (§ 925 BGB) sowie der Eintragung im Grundbuch (Abs. 1, Abs. 2 S. 1). Für den schuldrechtlichen Verpflichtungsvertrag über die Aufhebung gilt § 311b Abs. 1 BGB entsprechend (Abs. 3). Der Anspruch auf Aufhebung ist im Wohnungsgrundbuch vormerkungsfähig.[14]

12 Durch **Verzicht** entsprechend § 928 BGB kann Wohnungs- und Teileigentum nicht aufgehoben werden,[15] denn diese Eigentumsarten erschöpfen sich nicht in der sachenrechtlichen Beziehung, sondern haben zugleich die Beteiligung an

---

4 OLG Zweibrücken 3 W 96/81, OLGZ 1982, 263, *Rieckel/Schmid/Schneider*, § 7 Rn 70; *Weitnauer/Briesemeister*, § 3 Rn 5; **a.A.** *Bärmann/Armbrüster*, § 4 Rn 22; *Staudinger/Rapp*, § 4 Rn 4; offen gelassen von BayObLG BReg 2 Z 57/88, DNotZ 1990, 37, BayObLG 2Z BR 41/00, NZM 2000, 1235.
5 *Bärmann/Armbrüster*, § 4 Rn 38.
6 *Rieckel/Schmid/Schneider*, § 4 Rn 5; vgl. auch *Drasdo*, FS Merle 2000, 129.
7 BayObLG Reg 2 Z 23/78, RPfleger 1980, 110.
8 Palandt/*Bassenge*, § 925 Rn 20.
9 KG 24 W 8886/97, NZM 1999, 258.
10 *Bärmann/Armbrüster*, § 4 Rn 33.
11 BayObLG BReg 2 Z 20/77, DNotZ 1977, 544; *Rieckel/Schmid/Schneider*, § 4 Rn 21.
12 BayObLG BReg 2Z 20/77, DNotZ 1977, 544; OLG Köln 2 Wx 34/84, DNotZ 1985, 450.
13 *Bärmann/Armbrüster*, § 4 Rn 48.
14 BayObLG BReg 2 Z 23/78, Rpfleger 1980, 110.
15 BGH V ZB 18/07, NZM 2007, 600; *Bärmann/Klein*, § 11 Rn 5; **a.A.** OLG Düsseldorf 3 Wx 5/07, NZM 2007, 219: Vorlagebeschluss; *Kanzleiter*, NJW 1996, 905; *ders.* in: MüKo-BGB § 928 Rn 3.

der wechselseitige Rechte und Pflichten begründenden Wohnungs- und Teileigentümergemeinschaft zum Inhalt. Ein zulässiger Verzicht, der die Auflösung der Gemeinschaft zur Folge hätte, setzte sich darüber hinweg, dass kein Wohnungseigentümer die Aufhebung der Gemeinschaft verlangen kann, nicht einmal aus wichtigem Grund (§ 11 Abs. 1 S. 1, 2). Zudem würde die gesetzliche Regelung des Umfangs der Kosten- und Lastentragungspflicht (§ 16 Abs. 2) unterlaufen. Der Wohnungseigentümer ist – trotz fehlender Verzichtsmöglichkeit – in seiner Verfügungsgewalt über sein Eigentum (Art. 14 GG) nicht eingeschränkt, denn er kann es jederzeit veräußern. Gelingt ihm dies nicht (z.B. Schrottimmobilie), stellt dies ein rein wirtschaftliches Problem dar. Im Übrigen kommt in diesen Fällen ein Anspruch auf Aufhebung in Betracht.[16] Zulässig ist allerdings der Verzicht sämtlicher Eigentümer.[17]

Werden **sämtliche Sondereigentumsrechte aufgehoben**, so entsteht gewöhnliches Miteigentum (§§ 1008 ff., 741 ff. BGB) und die Wohnungseigentümergemeinschaft endet. (Vgl. hierzu auch § 9 Rn 2.) **13**

Wird das **Sondereigentum** nur **teilweise**, also nur an bestimmten einzelnen Räumen aufgehoben (Keller, Garagen, Läden usw.), werden diese gemeinschaftliches Eigentum. **14**
Die übrigen Räume bleiben im Sondereigentum des bisherigen Wohnungseigentümers.

Wird hingegen **ein Sondereigentum** einverständlich **insgesamt** aufgehoben, scheidet der Wohnungseigentümer aus der Gemeinschaft aus. Die Räume des bisherigen Sondereigentums werden gemeinschaftliches Eigentum. Der mit ihm bislang verbundene Miteigentumsanteil muss mit anderem Sondereigentum verbunden werden oder durch Quotenänderung aufgelöst werden[18] Andersfalls entstünde durch Rechtsgeschäft ein isolierter Miteigentumsanteil, was unzulässig ist (vgl. § 3 Rn 9, 37 f.). **15**

C. Weitere Anwendungsfälle

Die Formvorschrift des § 4 gilt nicht nur für die Ersteinräumung von Sondereigentum, sondern auch für die nachträgliche **Umwandlung von gemeinschaftlichem Eigentum in Sondereigentum und umgekehrt**.[19] Auch die Einräumung eines umfassenden Sondernutzungsrechts an einer im gemeinschaftlichen Eigentum stehenden Grundstücksfläche einschließlich des Rechts, diese zu bebauen, enthält nicht die vorweggenommene Einigung über die Einräumung von Sondereigentum an den Räumen in einem solchen Gebäude zugunsten des Sondernutzungsberechtigten.[20] Erforderlich ist weiter die Zustimmung der dinglich Berechtigten (§§ 876, 877 BGB) nach Maßgabe von Rn 3. Eine Vereinbarung gemäß § 10 Abs. 2 S. 2 – etwa auch in Form einer in der Gemeinschaftsordnung vorab erteilten Ermächtigung oder Zustimmung[21] – genügt nicht, da nicht das schuldrechtliche Verhältnis der Wohnungseigentümer untereinander im Sinne von § 5 Abs. 4 WEG, sondern die sachenrechtliche Zuordnung der Flächen, Gebäudeteile und Räume betroffen ist.[22] § 5 Abs. 4 S. 3 WEG findet auch keine entsprechende Anwendung (vgl. § 5 Rn 62).[23] Auch ein **Anspruch auf Umwandlung** gemäß § 10 Abs. 2 S. 3 kommt damit nicht in Betracht. Ein solcher könnte sich allein aus § 242 BGB ergeben.[24] Da mit dem WEG-Änderungsgesetz ein Umwandlungsanspruch – anders als für den Bereich der Vereinbarungen – nicht normiert worden ist, kann ein solcher allenfalls in extremen Ausnahmefällen durchgreifen.[25] **16**

Die **Größe der Miteigentumsanteile** kann ebenfalls nur durch Einigung aller Wohnungseigentümer – es sei denn von der Änderung werden nur bestimmte Wohnungseigentümer betroffen[26] – in der Form der Auflassung sowie der Eintragung im Grundbuch geändert und neu festgesetzt werden;[27] gegebenenfalls ist hierzu die Zustimmung der dinglich Berechtigten erforderlich (§§ 876, 877 BGB, vgl. im Einzelnen § 6 Rn 9, zum Anspruch auf Änderung siehe Rn 16). **17**

Die **Umwandlung von Teileigentum in Wohnungseigentum und umgekehrt** bedarf hingegen nicht der Form des § 4, da hier weder der Miteigentumsanteil noch die Grenzen von Sondereigentum und gemeinschaftlichem Eigentum, mithin die sachenrechtlichen Grundlagen des Wohnungseigentums, verändert werden. Sie stellt sich als Änderung des vereinbarten Inhalts des Sondereigentums gemäß §§ 5 Abs. 4 S. 1, 10 Abs. 2 S. 2 dar, die anderen Voraussetzungen folgt (vgl. im Einzelnen § 1 Rn 20). **18**

Einer Mitwirkung der übrigen Wohnungseigentümer bedarf es nicht bei einer **Unterteilung** eines Sondereigentums in mehrere Einheiten (vgl. § 8 Rn 30 ff.) oder für die **Vereinigung** zweier bisher selbstständiger, im Eigentum eines Wohnungseigentümers stehender Einheiten zu einem Sondereigentum (vgl. auch § 8 Rn 39 ff.)[28] bzw. bei Abspaltung **19**

---

16 Vgl. *Riecke/Schmid/Elzer*, § 11 Rn 20.
17 BGH V ZB 18/07, NZM 2007, 600; *Bärmann/Klein*, § 11 Rn 5.
18 Palandt/*Bassenge*, § 4 Rn 2; *Bärmann/Armbrüster*, § 4 Rn 44; *Riecke/Schmid/Schneider*, § 4 Rn 9.
19 BayObLG 2Z BR 61/93, WuM 1994, 97; OLG Celle 4 W 111/03, OLGR 2004, 79; OLG Saarbrücken 5 W 173/04, NZM 2005, 423; *Bärmann/Armbrüster*, § 4 Rn 8; Palandt/*Bassenge*, § 4 Rn 1; *Weitnauer/Briesemeister*, § 4 Rn 29.
20 BayObLG 2Z BR 41/00, NZM 2000, 1235.
21 OLG Saarbrücken 5 W 173/04, NZM 2005, 423.
22 BGH V ZR 322/02, ZMR 2003, 748; BayObLG 2Z BR 41/00, NZM 2000, 1235; NJW-RR 2002, 443; KG 24 W 3797/97, FGPrax 1998, 94; OLG Saarbrücken 5 W 173/04, NZM 2005, 423.
23 OLG Düsseldorf I-3 Wx 225/09, WuM 2010, 312.
24 Offen gelassen von OLG Saarbrücken 5 W 173/04, NZM 2005, 423.
25 Vgl. auch *Riecke/Schmid/Elzer*, § 3 Rn 52.
26 BGH V ZR 156/75, NJW 1976, 1976.
27 OLG Celle 4 W 111/03, OLGR 2004, 79.
28 BGH V ZB 45/00, NJW 2001, 1212.

eines Teils des Sondereigentums und dessen Verbindung mit einem anderen in seinem Eigentum stehenden Sondereigentum.[29] Hierfür reicht die einseitige Erklärung des jeweiligen Eigentümers.

§ 5 Gegenstand und Inhalt des Sondereigentums

(1) Gegenstand des Sondereigentums sind die gemäß § 3 Abs. 1 bestimmten Räume sowie die zu diesen Räumen gehörenden Bestandteile des Gebäudes, die verändert, beseitigt oder eingefügt werden können, ohne dass dadurch das gemeinschaftliche Eigentum oder ein auf Sondereigentum beruhendes Recht eines anderen Wohnungseigentümers über das nach § 14 zulässige Maß hinaus beeinträchtigt oder die äußere Gestaltung des Gebäudes verändert wird.

(2) Teile des Gebäudes, die für dessen Bestand oder Sicherheit erforderlich sind, sowie Anlagen und Einrichtungen, die dem gemeinschaftlichen Gebrauch der Wohnungseigentümer dienen, sind nicht Gegenstand des Sondereigentums, selbst wenn sie sich im Bereich der im Sondereigentum stehenden Räume befinden.

(3) Die Wohnungseigentümer können vereinbaren, dass Bestandteile des Gebäudes, die Gegenstand des Sondereigentums sein können, zum gemeinschaftlichen Eigentum gehören.

(4) [1]Vereinbarungen über das Verhältnis der Wohnungseigentümer untereinander können nach den Vorschriften des 2. und 3. Abschnitts zum Inhalt des Sondereigentums gemacht werden. [2]Ist das Wohnungseigentum mit der Hypothek, Grund- oder Rentenschuld oder der Reallast eines Dritten belastet, so ist dessen nach anderen Rechtsvorschriften notwendige Zustimmung zu der Vereinbarung nur erforderlich, wenn ein Sondernutzungsrecht begründet oder ein mit dem Wohnungseigentum verbundenes Sondernutzungsrecht aufgehoben, geändert oder übertragen wird. [3]Bei der Begründung eines Sondernutzungsrechts ist die Zustimmung des Dritten nicht erforderlich, wenn durch die Vereinbarung gleichzeitig das zu seinen Gunsten belastete Wohnungseigentum mit einem Sondernutzungsrecht verbunden wird.

A. Allgemeines 1	II. Gebäudebestandteile 26
B. Gegenstände des Sondereigentums 8	1. Konstruktive Teile 26
I. Räume 9	2. Äußere Gestaltung 28
1. Allgemeines 9	3. Sonderfälle 31
2. Einzelfälle 13	III. Anlagen und Einrichtungen des gemeinschaftlichen
II. Gebäudebestandteile 15	Gebrauchs 33
1. Allgemeines 15	IV. Sonderfall: Mehrhausanlage 48
2. Einzelfälle 24	D. Vereinbarungen (Abs. 3) 50
C. Keine Gegenstände des Sondereigentums 25	E. Inhalt des Sondereigentums 53
I. Grundstück 25	I. Vereinbarter Inhalt 53
	II. Zustimmung dinglich Berechtigter 59

Literatur: *Armbrüster,* Ausnahmen vom Erfordernis der Zustimmung dinglich Berechtigter nach neuem Recht (§ 5 Abs. 4 S. 2 und 3 WEG n.F.), ZWE 2008, 329; *Hurst,* „Mit-Sondereigentum" und „abgesondertes Miteigentum", noch ungelöste Probleme des Wohnungseigentumsgesetzes?, Versuch einer systematischen Einordnung, DNotZ 1968, 131 ff.; *Korff,* Heizung und Beheizung in Wohnungseigentumsanlagen, DWE 1984, 98; *Kümmel,* Welche Bestandteile eines Gebäudes stehen im Sondereigentum? Praktische Fragen zu § 5 Abs. 1 bis 3 WEG, Festschrift für Merle zum 70.Geburtstag, S. 207 ff.; *Merle,* Die Sondereigentumsfähigkeit von Garagenstellplätzen auf dem nicht überdachten Oberdeck eines Gebäudes, RPfleger 1977, 196 ff.; *Noack,* Sondereigentumsfähigkeit von Doppelstockgaragen?, RPfleger 1976, 5 ff.; *Sauren,* Mitsondereigentum – eine Bilanz, DNotZ 1988, 667 ff.; *ders.,* Sind Beschlüsse, die Vereinbarungen abändern, ohne Zustimmung der dinglich Berechtigten unwirksam (§ 5 Abs. 4 WEG)?, ZMR 2008, 514; *Schmid,* Die Heizung und ihre Peripherie, ZMR 2008, 862 ff.

A. Allgemeines

1 Abs. 4 S. 2 u. 3 sind aufgrund Art 1 Nr. 2 **WEG-ÄnderungsG** angefügt worden. Durch den partiellen Wegfall des Zustimmungserfordernisses gemäß §§ 877, 876 S. 1 BGB analog, soll dem bislang überdehnten Schutz dinglich Berechtigter entgegengewirkt werden. Zugleich sollen unnötiger Arbeitsaufwand und zusätzliche Kosten vermieden werden.

2 Regelungsgegenstand der Abs. 1 und 2 ist die **Abgrenzung** zwischen Sondereigentum und gemeinschaftlichem Eigentum. Diese Bestimmungen sind sachenrechtlicher Natur und damit zwingendes Recht.[1]

3 Eine **klare Unterscheidung** zwischen Sondereigentum und gemeinschaftlichem Eigentum ist wegen der unterschiedlichen rechtlichen Ausgestaltung der beiden Eigentumsarten von erheblicher praktischer Bedeutung. In Bezug auf das Sondereigentum hat der Wohnungseigentümer die Rechtsstellung eines Alleineigentümers (§ 13 Abs. 1). Er kann mit den in seinem Sondereigentum stehenden Gebäudeteilen „nach Belieben verfahren", allerdings nur „soweit nicht das

---

[29] OLG München 34 Wx 049/08, Rpfleger 2009, 20.   [1] BGH V ZB 14/67, WM 1968, 572.

Gesetz oder Rechte Dritter entgegenstehen". Das gemeinschaftliche Eigentum berechtigt nur zum Mitgebrauch (§ 13 Abs. 2). Das Sondereigentum unterliegt nicht der gemeinschaftlichen Verwaltung. Ein hiergegen verstoßender Mehrheitsbeschluss ist unwirksam.[2] Die Kosten der Instandhaltung und Instandsetzung des Sondereigentums hat der Wohnungseigentümer allein zu tragen, hingegen diejenigen des gemeinschaftlichen Eigentums die Wohnungseigentümergemeinschaft (§ 16 Abs. 2).

Für die Abgrenzung von Sondereigentum und gemeinschaftlichem Eigentum ist von § 1 Abs. 5 auszugehen, den § 5 ergänzt. Gemeinschaftliches Eigentum aller Wohnungseigentümer sind danach das Grundstück sowie diejenigen Teile, Anlagen und Einrichtungen des errichteten oder zu errichtenden Gebäudes, die nicht im Sondereigentum oder im Eigentum eines Dritten stehen. Als Gegenstand des gemeinschaftlichen Eigentums ist positiv das Grundstück genannt. Im Übrigen wird das gemeinschaftliche Eigentum negativ durch den Gegenstand des Sondereigentums am Gebäude begrenzt (§ 5). Sondereigentum ist damit die Ausnahme, gemeinschaftliches Eigentum die Regel ist. **Im Zweifel** ist **gemeinschaftliches Eigentum** anzunehmen.[3]

Haben die Beteiligten Gegenstände zu Sondereigentum erklärt, die nach dem Gesetz nicht Sondereigentum sein können[4] oder ist Sondereigentum an einem Raum nicht mit einem Miteigentumsanteil verbunden worden (z.B. bei einer Unterteilung von Sondereigentum) oder ist das Sondereigentum in der Begründungserklärung (vertragliche/einseitige Teilungserklärung) und/oder im Aufteilungsplan nicht eindeutig erkennbar beschrieben[5] bzw. besteht ein Widerspruch zwischen beiden,[6] entsteht **kein Sondereigentum**; es bleibt beim gemeinschaftlichen Eigentum. (Zum ggf. kraft Gesetzes entstehenden isolierten Miteigentumsanteil vgl. § 3 Rn 9.)

Wurde Sondereigentum an einem nicht sondereigentumsfähigen Gegenstand eingeräumt (z.B. Grundstück; Gegenstände gemäß § 5 Abs. 2) kann diese Regelung ggf. in die Begründung eines **Sondernutzungsrechts**[7] und/oder in eine Abbedingung der **Instandhaltungs- und Kostentragungspflicht** nach §§ 16 Abs. 2, 21 Abs. 5 Nr. 2 **umgedeutet** werden[8] Letzteres ist insbesondere für solche Gegenstände anzunehmen, die sich im räumlichen Bereich des Sondereigentums oder innerhalb der Räume des Sondereigentums befinden oder diese abgrenzen, und damit überwiegend allein dem Zugriff des jeweiligen Sondereigentümers unterliegen.[9] Diese Pflichten können einem Wohnungseigentümer grundsätzlich auch im Wege der Vereinbarung übertragen werden (siehe § 21 Rn 63).

Zur Entscheidung für Streitigkeiten über die Zugehörigkeit von Gegenständen zum Sondereigentum oder gemeinschaftlichen Eigentum (Fall 1), ebenso wie bei Vorfragen nach Sondereigentum und gemeinschaftlichem Eigentum bei Streitigkeiten über Art und Umfang des Gebrauchs bzw. der Nutzung oder der Kostentragungspflicht (Fall 2) entscheiden einheitlich die Gerichte der ordentlichen Gerichtsbarkeit. Dabei richtet sich die **sachliche Zuständigkeit** im Fall 1 nach den §§ 23 Nr. 1, 71 Abs. 1 GVG und ist damit streitwertabhängig; im Fall 2 nach § 23 Nr. 2c) GVG, der eine ausschließliche sachliche Zuständigkeit der Amtsgerichte begründet (vgl. § 43 Rn 11).

B. Gegenstände des Sondereigentums

Gegenstand des Sondereigentums können nur Räume sein und bestimmte wesentliche Gebäudebestandteile, die zu den im Sondereigentum stehenden Räumen gehören.

I. Räume

1. Allgemeines

Zum Sondereigentum gehören gemäß Abs. 1 die nach §§ 3, 8 bestimmten Räume in einem Gebäude, die nicht dem gemeinschaftlichen Gebrauch aller Wohnungseigentümer (= Einrichtung gemäß § 5 Abs. 2, vgl. Rn 33 ff.) dienen.

Die **Bestimmung** erfolgt danach allein durch die vertragliche bzw. einseitige Teilungserklärung und den Aufteilungsplan, die durch Bezugnahme zum Inhalt des Wohnungsgrundbuchs werden (vgl. § 7 Rn 45).[10] Entsteht durch bauliche Veränderungen ein zusätzlicher Raum (z.B. Anbringung eines Giebeldaches anstelle des bisherigen Flachdaches; Errichtung eines Anbaus, Wintergartens, zusätzlichen Raums) steht dieser im gemeinschaftlichen Eigentum.[11] Sonder-

---

2 OLG Düsseldorf 3 Wx 348/01, NZM 2002, 443.
3 OLG Frankfurt 20 W 90/97, ZMR 1997, 367; OLG Celle 4 W 160/05, OLGR 2005, 706.
4 BGH V ZR 14/77, Rpfleger 1979, 255.
5 BGH V ZR 447/01, NJW 2004, 1798; OLG Frankfurt 20 W 90/97, ZMR 1997, 367.
6 BGH V ZR 118/94, NJW 1995, 2851.
7 OLG Köln 2 Wx 52/95, MittRhNotK 1996, 61: Terrasse, Carport.
8 OLG Hamm 15 W 115/96, ZMR 1997, 193: Isolierschichten; OLG Hamm 15 W 166/91, MDR 1992, 258; OLG Düsseldorf 3 Wx 546/97, ZMR 1998, 304 und OLG Karlsruhe 11 Wx 115/08, NZM 2011, 104: Fenster- und Türelemente; OLG München 34 Wx 76/05, NZM 2005, 825: Balkonbrüstung; vgl. aber OLG Düsseldorf 3 Wx 546/97, ZMR 1998, 304 und BayObLG, 2Z BR 114/03, NZM 2004, 106 zu Balkonen; BayObLG 2 ZBR 115/99, ZMR 2000, 241 und OLG Köln 16 Wx 289/07, ZMR 2008, 815 zu Fenstern und AG Hannover 72 II 89/07, ZMR 2008, 670 zu Gasversorgungsleitung.
9 BayObLG 2Z BR 241/03, WuM 2004, 362; OLG Düsseldorf 3 Wx 546/97, ZMR 1998, 304; OLG Karlsruhe 11 Wx 115/08, NZM 2011, 104.
10 OLG Frankfurt 20 W 90/97, ZMR 1997, 367.
11 OLG Celle 4 W 33/08, ZWE 2009, 128; OLG München 34 W 112/06, NJW-RR 2007, 1384.

eigentum besteht nicht, da es an einer hierfür erforderlichen Bestimmung gemäß § 5 Abs. 1 fehlt (zur Umwandlung in Sondereigentum vgl. § 4 Rn 16). Sondereigentum an einem Spitzboden entsteht für den Wohnungseigentümer der darunter liegenden Wohnung nicht dadurch, dass dieser nur von der betreffenden Wohnung aus zugänglich ist.[12] Gleiches gilt für Balkone,[13] Dachterrassen u.Ä.

Demgegenüber bleibt die Wohnung, die den einzigen Zugang zum im gemeinschaftlichen Eigentum stehenden Spitzboden/Balkon usw. bilden, sondereigentumsfähig, wenn diese nicht dem ständigen Mitgebrauch aller Wohnungseigentümer dienen (vgl. Rn 37).[14]

11 Unter **Raum** ist dabei der umbaute, also von Fußboden, Decke und Wänden umschlossene „lichte Raum" zu verstehen.[15] Durch die Bezugnahme auf § 3 Abs. 1 ist sichergestellt, dass auch Wohnungen unter § 5 fallen (zum Begriff der Wohnung siehe § 1 Rn 10 ff.) und damit auch die zu den Haupträumen gehörenden Nebenräume, wie Keller, Abstellräume u.Ä. Eine räumliche Verbindung mit den Haupträumen ist nicht erforderlich.

12 Soll ein Raum nicht Sondereigentum werden, genügt die Nichteinräumung von Sondereigentum. Einer ausdrücklichen Vereinbarung gemäß § 5 Abs. 3 bedarf es nicht.

2. Einzelfälle

13 Sondereigentum ist **zulässig** an: Räumen eines Gewächshauses;[16] einem Penthouse;[17] Räumen eines Schwimmbades mit Sauna;[18] Dachspeicher;[19] Doppelstockgaragen (sog. Duplexstellplatz), nicht aber an je einem der beiden Einzelstellplätze (siehe § 3 Rn 37);[20] Fertiggaragen;[21] Veranden, Loggien, Balkone und Dachterrassen – trotz mangelnder Abgeschlossenheit nach oben hin –, soweit sie mit Sondereigentumsräumen durch einzigen Zugang tatsächlich verbunden sind.[22]

14 Sondereigentum ist mangels Raumeigenschaft **nicht zulässig** an: Tankstelle ohne Büro und Wärterhaus,[23] Kfz-Stellplätze im Freien,[24] einer Erdgeschosswohnung vorgelagerten Terrassen- oder Gartenfläche;[25] Pkw-Abstellplätzen auf dem nicht überdachten Oberdeck eines Parkhauses (vgl. § 3 Rn 32).[26]

II. Gebäudebestandteile

1. Allgemeines

15 Zum Sondereigentum gehören nach Abs. 1 auch die **Gebäudebestandteile**, die zu den im Sondereigentum stehenden Räumen gehören. Eine ausdrückliche Vereinbarung ist nicht erforderlich. Sie werden kraft Gesetzes Sondereigentum. Einer Vereinbarung bedarf es nur dann, wenn die Entstehung von Sondereigentum verhindert werden soll, Abs. 3.

16 Sondereigentum kann nur an **wesentlichen** Bestandteilen des Gebäudes begründet werden. Denn § 3 Abs. 1 macht für das Sondereigentum nur eine Ausnahme von §§ 93, 94 BGB, wonach Gebäude und Teile von Gebäuden als wesentliche Bestandteile des Grundstücks oder des Gebäudes nicht Gegenstand besonderer Rechte sein können.[27]

17 Danach scheiden nicht wesentliche Bestandteile eines Gebäudes und Scheinbestandteile[28] als Gegenstand des Sondereigentums aus. Sie sind nach §§ 94 Abs. 2, 95 Abs. 2 BGB sonderrechtsfähig.[29] Sie können also im Einzeleigentum eines Wohnungseigentümers oder eines Dritten stehen. Die Bestimmungen des WEG finden hierauf keine Anwendung.[30]

18 Wesentliche Bestandteile eines Gebäudes verlieren mit der Begründung von Sondereigentum diese Eigenschaft und werden Gegenstand des Sondereigentums.

19 Zu den wesentlichen Gebäudebestandteilen gehören die Sachen, die **zur Herstellung eines Gebäudes eingefügt** wurden, § 94 Abs. 2 BGB. Dies sind alle Teile, ohne die das Gebäude nach der (örtlichen) Verkehrsanschauung noch nicht fertig gestellt ist.[31] Entscheidend ist der Zweck, nicht die feste Verbindung (insoweit weitergehend als § 93 BGB z.B. Fenster, Türen). Sie müssen nicht für die Herstellung notwendig sein (z.B. auch Zierrat). Ausstattungen und Einrich-

---

12 OLG Celle 4 W 160/05, OLGR 2005, 706.
13 OLG Frankfurt 20 W 90/97, ZMR 1997, 367.
14 BayObLG 2Z BR 3/01, NJW-RR 2001, 801.
15 BayObLG BReg 2 Z 70/85, NJW-RR 1986, 761.
16 BGH V ZR 1/72, WM 1974, 126.
17 OLG Köln 16 Wx 155/75, OLGZ 1976, 142.
18 BGH V ZR 47/79, DNotZ 1981, 565.
19 OLG Zweibrücken 3 W 222/92, MittBayNotK 1993,86.
20 OLG Jena 9 W 654/03, RPfleger 2005, 309.
21 BayObLG BReg 2 Z 130/89, NJW-RR 1990, 332.
22 Allgemeine Meinung: OLG Düsseldorf 3 W 134/79, DWE 1979, 128; LG Schwerin 5 T 165/05, ZMR 2009, 401; Palandt/*Bassenge*, § 5 Rn 3; *Bärmann/Armbrüster*, § 5 Rn 55.
23 LG Münster 5 T 872/52 u 877/52, DNotZ 1953, 148.
24 BayObLG BReg 2 Z 70/85, NJW-RR 1986, 761.
25 LG Landau 3 S 4/11, NZM 2011, 554.
26 KG 24 W 5943/94, NJW-RR 1996, 587.
27 BGH V ZR 120/73, NJW 1975, 688; BayObLG 2Z BR 155/99, ZWE 2000, 213; OLG Düsseldorf 3 Wx 334/94, NJW-RR 1995, 206.
28 Z.B. Spielgeräte, AG Hamburg-Blankenese, 506 II 36/03, ZMR 2004, 223.
29 BGH V ZR 120/73, NJW 1975, 688; BayObLG 2Z BR 155/99, ZWE 2000, 213.
30 OLG Düsseldorf 3 Wx 334/94, NJW-RR 1995, 206.
31 BGH V ZR 36/77, NJW 1979, 712; BGH V ZR 149/83, NJW 1984, 2277: Unter den klimatischen Verhältnissen Mitteleuropas ist ein Schulgebäude ohne Heizanlage nicht fertig.

tungen (z.B. Einbauküche) sind nur dann eingefügt, wenn sie dem Gebäude nach der Verkehrsanschauung eine besondere Eigenart, ein bestimmtes Gepräge geben[32] oder wenn sie dem Baukörper besonders angepasst sind.[33]

Die Frage, ob Gebäudebestandteil im Sinne von Abs. 1 in einem weiteren Sinne (Fenster als *ein* Bauteil) oder in einem engeren Sinne (Fensterrahmen, Fensterflügel, Schließ- und Kippmechanismus) zu verstehen ist, ist für die eigentumsrechtliche Zuordnung dahingehend zu beantworten, dass ein Bestandteil des Gebäudes **jedes Bauteil** ist, das **separat** – d.h. unabhängig von anderen Bauteilen, mit denen es verbunden ist – **instand gehalten** werden kann.[34]

Die Gebäudebestandteile müssen zu den im Sondereigentum stehenden Räumen **gehören**, d.h. in räumlicher oder baulich-funktionaler Verbindung mit diesen Räumen stehen. Es ist daher unschädlich, wenn sich eine nur einem Sondereigentum dienende Anlage (z.B. Hebe- oder Heizungsanlage) außerhalb des räumlichen Bereichs des Sondereigentums, etwa im gemeinschaftlichen Keller, befindet (vgl. auch Rn 44). Die funktionale Verbindung wird hier durch die Zuleitungen hergestellt. Eine funktionelle Zuweisung durch Gebrauchsregelung reicht nicht (z.B. Briefkasten im Hauseingangsbereich; anders aber bei Briefkästen neben der Wohnungseingangstür).

Die Gebäudebestandteile müssen **verändert**, beseitigt oder eingefügt werden können, **ohne** dass dadurch das gemeinschaftliche Eigentum oder ein auf Sondereigentum beruhendes Recht eines anderen Wohnungseigentümers **über das nach § 14 zulässige Maß** hinaus beeinträchtigt oder die äußere Gestaltung des Gebäudes verändert wird. Gemeinschaftliches Eigentum liegt nach dem Sinn und Zweck des Abs. 1 bereits dann vor, wenn eine dieser Varianten gegeben ist.[35] Auf nur vorübergehende Unannehmlichkeiten im Zusammenhang mit Umbau- und Reparaturarbeiten ist nicht abzustellen,[36] so dass z.B. die im gemeinschaftlichen Estrich verlegten Heizschlangen sondereigentumsfähig sind (vgl. Rn 38).

Ob ein Gebäudebestandteil im Sondereigentum steht, hängt **ausschließlich** vom Aufteilungsplan (§ 3 Abs. 1 i.V.m. § 7 Abs. 4 Nr. 1) und den Abs. 1–3 ab. Erst wenn der Aufteilungsplan einen Raum zu Sondereigentum erklärt, stellt sich die weitergehende Frage, welche baulichen Bestandteile des Gebäudes zu diesem Raum gehören und somit ebenfalls im Sondereigentum stehen. Dies hängt von den **Umständen des Einzelfalles** ab und ist anhand der zuvor aufgezeigten Kriterien festzustellen. Deshalb hat der Gesetzgeber von der Aufstellung eines Katalogs abgesehen.

2. Einzelfälle

Sondereigentum ist **zulässig** an: Nichttragender Innenwand, nicht aber an Trennwand zwischen verschiedenen Sondereigentumen und zwischen Sondereigentum und gemeinschaftlichem Eigentum (vgl. aber § 3 Rn 7);[37] Innenputz an Decken und Wänden (auch an tragenden Zwischenwänden und Außenmauern); Innenanstrich (auch von Loggien, Veranden, Balkonen Fenstern und Außentüren, es sei denn das Material lässt gesonderte Instandsetzung nicht zu, vgl. Rn 20);[38] Treppen innerhalb eines Sondereigentums; Innentüren und Innenfenster bei echten Doppelfenstern mit trennbarem Rahmen;[39] Wand- und Deckenverkleidungen aller Art; Fußbodenbelag, wie Parkett, Linoleum, Parkett-/Teppichboden oder Estrich,[40] es sei denn er hat Isolierungsfunktion;[41] Sparschalung bzw. Dielung zwecks Begehbarkeit des Dachgeschosses; Bodenbeläge von Balkonen,[42] Terrassen,[43] Dachterrassen,[44] nicht aber Flachdach, wenn oberste Schicht Isolierungsfunktion hat;[45] Sanitärgegenstände, wie Badewannen, Duschen, Waschbecken; Herde; eingebaute Wandschränke; Elektrospeicheröfen; Zuleitungen für Gas, Wasser, Elektrizität usw. von der Abzweigung der Hauptleitung an,[46] auch wenn sie zunächst durch fremdes Sondereigentum[47] oder gemeinschaftliches Eigentum führen;[48] im jeweiligen Sondereigentum gelegene Sprechstellen einer gemeinschaftlichen Sprechanlage.[49]

C. Keine Gegenstände des Sondereigentums

I. Grundstück

Kraft Gesetzes kann Sondereigentum nicht am Grundstück selbst begründet werden (vgl. § 1 Rn 29). Insoweit kommt nur die Einräumung von Sondernutzungsrechten in Betracht.

---

32 BGH V ZR 285/86, NJW 1987, 3178; BGH IX ZR 110/89, NJW-RR 1990, 586.
33 BGH V ZR 149/83, NJW 1984, 2277.
34 *Kümmel*, FS für Merle, 207, 210.
35 *Kümmel*, FS für Merle, 207, 214.
36 Weitnauer/*Briesemeister*, § 5 Rn 26.
37 OLG Frankfurt 25 U 129/07, ZMR 2009, 216.
38 Vgl. LG Itzehoe 11 S 11/09, ZMR 2010, 149.
39 BayObLG 2Z BR 115/99, ZfIR 2000, 132: nicht die Innenseiten einheitlicher Fenster und Türen.
40 BGH V ZR 195/11, WuM 2012, 464; OLG Düsseldorf 3 Wx 120/01, NZM 2001, 958.
41 BGH VII ZR 372/89, NJW 1991, 2480; BayObLG 2Z BR 45/02, ZMR 2003, 366; OLG Hamm 15 W 166/06, ZMR 2007, 296.
42 OLG Düsseldorf NZM 2002, 443; OLG München 34 Wx 116/06, NZM 2007, 369.
43 LG Oldenburg 8 T 11/83, DWE 1984, 28.
44 BayObLG 2Z BR 105/93, WuM 1994, 152.
45 OLG Frankfurt 20 W 357/85, OLGZ 1987, 23.
46 BayObLG BReg 2 Z 55/87, WE 1989, 147.
47 **A.A.** KG 24 W 2933/88, NJW 1989, 89; KG 24 W 5753/92, 24 W 2301/93, WuM 1994, 38.
48 Palandt/*Bassenge*, § 5 Rn 8; Weitnauer/*Briesemeister*, § 5 Rn 25, 26; **a.A.** BayObLG 2Z BR 96/92, WuM 1993, 79; LG München, 1 S 10608/10, WuM 2011, 128; *Bärmann/ Armbrüster*, § 5 Rn 90.
49 OLG Köln 16 Wx 126/02, NZM 2002, 865.

II. Gebäudebestandteile

1. Konstruktive Teile

26 Nach Abs. 2 können Gebäudebestandteile, die für **dessen Bestand oder Sicherheit** erforderlich sind, nicht Gegenstand des Sondereigentums sein. Sie gehören selbst dann nicht zum Sondereigentum, wenn sie sich im Bereich der im Sondereigentum stehenden Räume befinden.

27 Hiernach besteht **zwingend** gemeinschaftliches Eigentum an: Fundamenten und Brandmauern, tragenden Innenwänden,[50] Dach,[51] Schornsteinen sowie Geschossdecken,[52] einschließlich aller für die statischen Verhältnisse des Gebäudes erforderlichen Balken und Trägerkonstruktionen ebenso wie die Kellerdecken, die Außenmauern, Außenfenster samt Innenseiten, auch bei Doppelglas;[53] Lichtkuppeln;[54] Brüstung, Geländer, Bodenplatte, Balkontrennwand und Decke von Balkon,[55] Loggia, Dachterrasse; Schichten zur Isolierung gegen Feuchtigkeit, Trittschall und zur Wärmedämmung (Dachterrasse,[56] Balkon,[57] Geschossdecke[58]); Abdichtungsanschlüsse zum Gebäude;[59] Bodenplatte des nicht unterkellerten Erdgeschosses.[60]

2. Äußere Gestaltung

28 Bestandteile des Gebäudes, durch deren Veränderung, Beseitigung oder Einfügen die **äußere Gestaltung** des **Gebäudes verändert** wird, können ebenfalls nicht Gegenstand des Sondereigentums sein.

29 Hiernach besteht **zwingend** gemeinschaftliches Eigentum an:

Außenanstrich; die Außenfassade bestimmende Bauteile z.B. Markisen, Außenverkleidungen der Balkone, Loggien und Veranden, Überdachung der Dachterrasse,[61] Außenjalousien,[62] Fensterbänke und -läden, ebenso Rollläden,[63] Außentreppen und Eingangstüren (auch Balkontüren) des Gebäudes.

30 **Widerrechtlich angebrachte Bauteile**, z.B. Loggia-Verglasung[64] oder Pergola,[65] die das architektonische Aussehen des Gebäudes verändern, müssen beseitigt werden (Ausnahme § 22 Abs. 1 S. 2). Sondereigentum kann durch die Einfügung nicht begründet werden.

3. Sonderfälle

31 Folgende Gebäudebestandteile einer (**Tief-**) **Garage** sind auch dann zwingend Gegenstand des gemeinschaftlichen Eigentums, wenn die Garage insgesamt[66] oder ihre einzelnen Stellplätze (§ 3 Abs. 2 S. 2) als Gegenstand des Sondereigentums bestimmt worden sind:

Garagendach[67]/-decke, Stützpfeiler, Bodenplatte, Seitenbegrenzungen,[68] Feuchtigkeitsisolierung, Fußgängertreppen, Zu- und Abfahrten.

32 Bei einem **Duplexstellplatz** (vgl. auch Rn 13, § 3 Rn 34) erstreckt sich das gebildete Sondereigentum auf die dazugehörige Hebebühne nebst Antrieb, wenn durch diese keine weitere Garageneinheit betrieben wird.[69] Denn in diesem Fall dient sie ausschließlich der Doppelstockgarage und dessen Eigentümern. Dies gilt daher nicht für die gemeinsame Hydraulik-Anlage mehrerer Hebebühnen,[70] weil sie dann dem gemeinschaftlichen Gebrauch im Sinne von Abs. 2 dient (vgl. dazu Rn 34).

---

50 BayObLG 2Z BR 71/94, NJW-RR 1995, 649.
51 OLG Düsseldorf I-3 Wx 254/07, ZMR 2009, 53: Hofraum überdeckendes Glasdach.
52 OLG Hamm 15 W 115/96, ZMR 1997, 193; OLG Frankfurt 25 U 129/07, ZMR 2009, 216.
53 Thermopane- und Verbundfenster; BayObLG 2Z BR 184/99, ZWE 2001, 71; OLG Düsseldorf 3 Wx 546/97, ZMR 1998, 304; OLG München 34 Wx 90/06, ZMR 2006, 952; *Bärmann/Armbrüster*, § 5 Rn 71.
54 AG Tiergarten 610 C 588/11, ZMR 2012, 741.
55 BayObLG BReg 2 Z 31/90, NJW-RR 1990, 784; BayObLG 2Z BR 144/98, NZM 1999, 27; BayObLG 2Z 111/83, WuM 1985, 35; BayObLG 2Z BR 68/00, GE 2001, 775; OLG Düsseldorf 3 Wx 418/98, NZM 1999, 507; LG Itzehoe 1 S 1/07, Info M 2008, 232.
56 BayObLG 2Z BR 105/93, WuM 1994, 152; BayObLG 2Z BR 7/00, NZM 2000, 867.
57 BGH VII ZR 193/99, NJW-RR 2001, 800; OLG Hamm 15 W 166/06, ZMR 2007, 296.
58 OLG Hamm 15 W 115/96, ZMR 1997, 193; OLG Köln 16 Wx 153/01, NZM 2002, 125; OLG München 34 Wx 75/07, WuM 2007,591.
59 BayObLG 2Z BR 7/00, NZM 2000, 867; OLG München 34 Wx 116/06, NZM 2007, 369.
60 OLG Düsseldorf 3 Wx 131/99, ZfIR 1999, 854.
61 OLG Stuttgart 8 W 147/69, NJW 1970, 102.
62 KG 24 W 4020/84, ZMR 1985, 344.
63 OLG Saarbrücken 5 W 286/95, FGPrax 1997, 56.
64 OLG Zweibrücken, 3 W 58/87, ZMR 1987, 435.
65 OLG München, 34 Wx 33/06, ZMR 2006, 800.
66 Also nur ein Sondereigentümer, vgl. dazu OLG Frankfurt 20 W 313/93, ZMR 1995, 166.
67 OLG Düsseldorf I-3 Wx 235/03, ZMR 2004, 280.
68 BayObLG 2 Z BR 81/04, ZMR 2004, 928; OLG München 34 Wx 75/07, WuM 2007, 591.
69 BGH V ZR 75/11, NJW-RR 2012, 85; *Häublein*, MittBayNotK 2000, 112; **a.A.** OLG Düsseldorf 3 Wx 14/99, NZM 1999, 571; OLG Celle 4 W 162/05, NZM 2005, 871; 9. Aufl.
70 BGH V ZR 75/11, NJW-RR 2012, 85; KG 24 W 81/03, ZMR 2005, 569.

III. Anlagen und Einrichtungen des gemeinschaftlichen Gebrauchs

Anlagen und Einrichtungen, die nach ihrer Art, Funktion und Bedeutung so auf die gemeinsamen Bedürfnisse der Wohnungseigentümer zugeschnitten sind, dass eine Vorenthaltung der gemeinschaftlichen Verfügungsbefugnis durch Bildung von Sondereigentum ihren schutzwürdigen Belangen zuwiderlaufen würde,[71] können nicht im Sondereigentum stehen.

33

Dafür genügt nicht schon, dass sich eine Anlage zur gemeinsamen Nutzung eignet und anbietet; ihr Zweck muss darauf gerichtet sein, nicht unbedingt der **Gesamtheit, mindestens aber zwei Wohnungseigentümern einen ungestörten Gebrauch** ihrer Wohnungen und der Gemeinschaftsräume **zu ermöglichen und zu erhalten**.[72] Das trifft vornehmlich auf Anlagen und Einrichtungen zu, die als Zugang zu den Wohnungen und Gemeinschaftsräumen bestimmt sind, oder die der Bewirtschaftung und Versorgung der Wohnungen und des gemeinschaftlichen Eigentums dienen.

34

Anlagen sind in der Regel technische Ausstattungen und zugleich wesentliche Gebäudebestandteile, so dass sie kraft Gesetzes Sondereigentum werden, sofern die Voraussetzungen von Abs. 2 nicht vorliegen. **Einrichtungen** sind dagegen in der Regel Räume. Sie werden nur bei ausdrücklicher Bestimmung Sondereigentum, sofern die Voraussetzungen von Abs. 2 nicht vorliegen.

35

Zu den Einrichtungen, die den **Zugang** zu Sonder- und gemeinschaftlichem Eigentum **gewährleisten** müssen, zählen z.B. Treppen, auch wenn sie nur den Zugang für zwei Wohnungen bilden (vgl. § 3 Rn 7),[73] Treppenhäuser,[74] allgemein zugängliche Fahrstühle; Laubengang;[75] Eingangshallen,[76] Vorflure, die den einzigen Zugang zu zwei Wohnungen bilden,[77] Flure oder Kellerräume, die den einzigen Zugang zur gemeinschaftlichen Heizungsanlage,[78] zu den zentralen Versorgungseinrichtungen des Hauses,[79] zu dem gemeinschaftlichen Geräteraum,[80] zum Kellerausgang[81] zum gemeinschaftlichen Gartengelände[82] darstellen.

36

Dagegen können Räumlichkeiten, die den einzigen Zugang zu einem im gemeinschaftlichen Eigentum stehenden Raum bilden, dann im Sondereigentum stehen, wenn der Raum (z.B. nicht ausgebauter Dachboden) seiner Beschaffenheit nach **nicht dem ständigen Mitgebrauch** aller Wohnungseigentümer dient.[83] Das gilt ebenso für eine Räumlichkeit (Treppenhaus, Flur), die den Zugangsraum zu nur einem Sondereigentum bildet.[84]

37

Zu den Einrichtungen und Anlagen, die der **Versorgung und Bewirtschaftung** dienen, zählen – soweit nicht im Eigentum der Versorgungsunternehmen stehend[85] – z.B. die zentralen Zähl-, Schalt-, Sicherungs- oder Beschickungseinrichtungen der gemeinschaftlichen Wasser-, Wärme- und Energieversorgungsanlagen des Gebäudes[86] einschließlich der sie beherbergenden Räume und ihrer Zugänge.[87] Hat die Teilungserklärung diese Räume zu Sondereigentum bestimmt und wurden von Anfang an oder nachträglich planwidrig Einrichtungen der vorgenannten Art eingebaut, so verbleiben diese Räume einschließlich der Zugangsräume zwingend im gemeinschaftlichen Eigentum. Der betroffene Wohnungseigentümer kann von den übrigen Wohnungseigentümern grundsätzlich verlangen, dass ein der Teilungserklärung entsprechender Zustand geschaffen wird, in dem die gemeinschaftlichen Anlagen in Räume des gemeinschaftlichen Eigentums verlegt werden. Ebenso gehören danach zwingend zum gemeinschaftlichen Eigentum Versorgungsleitungen für Wasser, Gas und Elektrizität bis an die jeweiligen Abzweigstellen für die einzelnen Sondereigentume (vgl. Rn 24); Türschließanlagen;[88] Gemeinschaftswaschküche mit Einrichtungen; gemeinschaftliche Sprechanlage für Haustüren; Etagenheizungen; Türen zu den Treppen und Fluren; gemeinschaftliche Antennenanlagen; Briefkastenanlage (vgl. Rn 21); Abwasserhebeanlage, die mehreren Wohneinheiten (vgl. § 3 Rn 7)[89] oder zur Grundstücksentwässerung dient (vgl. aber Rn 21).[90]

38

Ferner gehören hierzu **Heizungsanlagen**, sofern sie nur mehrere oder sämtliche der zur Gemeinschaft gehörenden Wohnungen und Räume mit Wärme versorgen. Dies gilt unabhängig davon, ob die Anlage von der Gesamtheit der

39

---

71 BGH V ZR 47/79, NJW 1981, 455.
72 BGH V ZR 75/11, NJW-RR 2012, 85.
73 BayObLG BReg 2 Z 89/81, DNotZ 1982, 246: Mitsondereigentum unzulässig.
74 BayObLG BReg 2 Z 12/85, RPfleger 1986, 220.
75 BGH VII ZR 372/89, NJW 1991, 2480.
76 BayObLG BReg 2 Z 43/79, MDR 1981, 145.
77 OLG Hamm 15 W 452/85, OLGZ 1986, 415; OLG Oldenburg 5 W 9/89, Rpfleger 1989, 365.
78 OLG Düsseldorf 3 Wx 72/99, NZM 1999, 772; OLG Schleswig 2 W 13/03, ZMR 2006, 887.
79 BGH V ZR 222/90, DNotZ 1992, 224; BayObLG 2Z BR 1/92, WuM 1992, 323.
80 BayObLG 2Z BR 12/95, NJW-RR 1996, 12.
81 BayObLG BReg 2 Z 46/79; WE 1980, 134.
82 OLG Frankfurt 20 W 75/08, ZWE 2011, 414; **a.A.** OLG Hamm 15 W 17/01, NZM 2002, 253 mit der weder aus Wortlaut noch aus Sinn abzuleitenden Begründung, dass § 5 Abs. 2 ausschließlich eine ungestörte Raumnutzung des gemeinschaftlichen Gebäudes bezwecke.
83 BayObLG 2Z BR 3/01, NJW-RR 2001, 801.
84 OLG Hamm 15 W 252/91, NJW-RR 1992, 1296.
85 Vgl. dazu *Rathke*, ZWE 2010, 352, 354.
86 OLG Hamburg 2 Wx 73/01, ZMR 2004, 291: Wasseruhren.
87 BGH V ZR 222/90, NJW 1991, 2909; OLG Hamm 15 W 256/04, NZM 2006,142; LG Hamburg 32 1 T 24/09, Rpfleger 2009, 563.
88 OLG Hamm 15 W 203/02, NJW-RR 2004, 1310.
89 OLG Schleswig 9 W 108/06, ZMR 2007, 726: Mitsondereigentum unzulässig; LG Itzehoe 11 S 66/10, ZWE 2012, 181.
90 OLG Hamm 15 W 107/04, ZMR 2005, 806.

Wohnungseigentümer oder von einem Teileigentümer in seinem Teileigentum allein – gewerblich – betrieben wird.[91] Zwingend zum gemeinschaftlichen Eigentum gehören neben der Heizzentrale auch der Raum, in dem die Heizungszentrale aufgestellt ist[92] einschließlich der Zugänge und der für die Funktion der Gesamtanlage und die Abrechnung in der Gemeinschaft notwendigen Teile im Bereich des Sondereigentums.[93] Die Anlage ist nämlich auf eine ausreichende Versorgung aller vorgesehenen Heizkörper in den Wohnungen ausgerichtet, es bedarf einer Beheizung in einem gewissen Mindestumfang und es dürfen nur bestimmte Heizkörper angeschlossen werden. Die Regelungstechnik moderner Anlagen erreicht zudem ihren optimalen Wirkungsgrad zur Energie- und Kosteneinsparung nur mithilfe diffiziler Einstellungen. Dies umfasst die Anschlussleitungen[94] ebenso wie sämtliche Heizkörper.[95] Auch Thermostatventile und sonstige Regelungsteile[96] gehören als wesentliche Funktionsbestandteile der gesamten Anlage dazu[97] ebenso wie Verbrauchserfassungsgeräte, z.B. Heizkostenverteiler,[98] da sie der Verteilung der Heizkosten und damit gemeinschaftlichen Abrechnungsbelangen dienen. Der **BGH**[99] hält demgegenüber die in den einzelnen Wohnungen einer Anlage befindlichen Heizkörper sowie der zugehörigen Leitungen und Ventile (nicht aber der Verbrauchserfassungsgeräte) trotz der Systemverantwortlichkeit der Gemeinschaft für sondereigentumsfähig. Ergangen ist das Urteil für den Fall, dass die entsprechenden Teile in der Teilungserklärung zu Sondereigentum erklärt worden waren. Dies muss aus den oben genannten Gründen (siehe Rn 23) aber auch dann gelten, wenn eine derartige Sonderregelung nicht vorhanden ist.

40 Eine **Beschlusskompetenz** für den Austausch defekter Teile der Heizung (z.B. Heizkörper) bzw. Demontageverbot[100] ist gegeben.[101]

41 Eine **Fußbodenheizung** im einzelnen Sondereigentum ist sondereigentumsfähig, und zwar auch dann, wenn der Estrich, in dem sie verlegt ist, wegen seiner Dämmungs- oder Isolierungsfunktion zum gemeinschaftlichen Eigentum gehört, der im Rahmen einer Entfernung zerstört werden müsste (vgl. Rn 22).[102]

42 Versorgt die Heizungsanlage dagegen nach Art einer Fernheizung **auch Gebäudekomplexe Dritter** und ist Betreiber der Anlage nicht die Gesamtheit der Wohnungseigentümer, sondern ein Miteigentümer, der die Anlage errichtet hat, kann es sich um Sondereigentum handeln. In diesen Fällen tritt nämlich der Gesichtspunkt, dass die Anlage der Wärmeversorgung der Wohnungseigentümer dient, hinter dem mit der Heizungsanlage verfolgten Zweck zurück.[103]

43 Ist die Heizungsanlage beim **Wärme-Contracting** vom Contractor gepachtet, ist sie notwendiges gemeinschaftliches Eigentum. Hat er sie aufgrund eines zeitlich begrenzten Nutzungsrechtes eingebaut, ist sie Scheinbestandteil im Sinne von § 95 BGB[104] und gehört dem Contractor.

44 Soweit Heizungen in einem gemeinschaftlichen Keller voneinander getrennt und unabhängig jeweils allein die zugeordnete **einzelne Wohnung versorgen**, stehen sie einschließlich der Rohrleitungen im Sondereigentum des jeweiligen Wohnungseigentümers.[105] Ein Wohnungseigentümer kann sich jedoch nicht gegen den Willen der anderen von der gemeinsamen Heizung abkoppeln und eine eigene Heizungsanlage errichten.[106] Auch eine im gemeinschaftlichen Keller aufgestellte nur einem Sondereigentum dienende Abwasserhebeanlage kann – sofern sie wesentlicher Gebäudebestandteil ist (vgl. Rn 16) – im Sondereigentum stehen. Dass sie mittelbar auch dem Schutz des Gebäudes vor Überschwemmung mit Abwasser diene, genügt nicht, um sie zwingend dem Gemeinschaftseigentum zuzuordnen.[107]

---

91 BGH V ZR 14/77, NJW 1979, 2391; BayObLG BReg 2 Z 13/79, RPfleger 1980, 230; OLG Jena 6 W 637/98, Rpfleger 1999, 70; *Bärmann/Armbrüster*, § 5 Rn 37; **a.A.** *Hurst*, DNotZ 1984, 66; *Schmid*, ZMR 2008, 862.
92 Es sei denn, er dient noch anderen vereinbarten – annähernd gleichwertigen – Nutzungszwecken, vgl. BGH V ZR 14/77, NJW 1979, 2391; OLG Schleswig 2 W 13/06, ZMR 2006, 887.
93 OLG München 34 Wx 46/07, ZMR 2009, 65: **Einheitlichkeit des Heizungssystems**.
94 Auch nach der Abzweigung vom Hauptstrang: *Rieckel Schmid/Schneider*, § 5 Rn 59; **a.A.** *Bärmann/Armbrüster*, § 5 Rn 90.
95 Unstr., wenn ihr Ausbau wie bei älteren Ein-Rohr-Systemen zur Unterbrechung des Kreislaufs führt: *Bärmann/Armbrüster*, § 5 Rn 82; im Übrigen streitig, wie hier *Greiner*, Rn 31; *Jennißen/Dickerbach*, § 5 Rn 30; *Müller*, Rn 83; *Rathke*, ZWE 2010, 352, 353; **a.A.** BayObLG 2Z BR 45/02, ZMR 2003, 366; *Bärmann/Armbrüster*, § 5 Rn 82; *Rieckel/Schmid/Schneider*, § 5 Rn 52.
96 OLG Hamm 15 W 320/00, ZMR 2001, 839; OLG Stuttgart 8 W 404/07, WuM 2008, 44; OLG München 34 Wx 46/07, NJW-RR 2008, 1182; LG Landshut 64 T 3268/07, ZMR 2009, 145.
97 Vgl. Rathke, ZWE 2010, 353.
98 OLG Saarbrücken 5 W 286/95, FGPrax 1997, 56; OLG Hamburg 2 Wx 39/99, ZMR 1999, 502.
99 V ZR 176/10, NZM 2011, 750; ebenso *Bärmann/Armbrüster*, § 5 Rn 82, 107 u. ZWE 2011, 392.
100 Fall der Instandsetzung und *nicht*, des Gebrauchs, vgl. BGH V ZR 176/10, NZM 2011, 750.
101 I.E. zutreffend: BayObLG BReg 2 Z 141/84, WuM 1986, 26; OLG München 34 Wx 46/07, ZMR 2009, 65; LG Landshut 64 T 3268/07, ZMR 2009, 145; **a.A.** BGH V ZR 176/10, NZM 2011, 750 bzgl. Heizkörper, dazugehöriger Anschlussleitungen und Ventile im räumlichen Bereich des Sondereigentums.
102 **A.A.** LG Bonn 8 T 27/97, WE 2001, 47.
103 BGH V ZR 120/73, NJW 1975, 688; LG Itzehoe 11 S 31/10, ZWE 2012, 182; *Schmid*, ZMR 2008, 862; **a.A.** *Bärmann/Armbrüster*, § 5 Rn 40.
104 Palandt/*Ellenberger*, § 95 Rn 3.
105 LG Frankfurt 2/9 T 1212/88, NJW-RR 1989, 1166.
106 OLG Düsseldorf 3 Wx 397/02, ZMR 2003, 953.
107 OLG Düsseldorf 3 Wx 334/94, NJW-RR 1995, 206; OLG Düsseldorf 3 Wx 276/00, NZM 2001, 752.

Für eine **Antennenanlage**, die auch anderen Gebäudekomplexen und nicht nur einer Wohnungseigentumswohnanlage dient, gelten die gleichen Grundsätze wie oben für die Heizanlagen dargestellt (siehe Rn 39 f.). **45**

Ein Schwimmbad (mit Sauna) schafft hingegen nur persönliche Annehmlichkeiten, geht aber über den Bedarf hinaus, der sich aus dem Interesse der Wohnungseigentümer an einem zweckgerechten Gebrauch der Wohnungen oder des gemeinschaftlichen Eigentums ergibt und ist damit sondereigentumsfähig.[108] Dies gilt auch für sonstige **Nebenräume** wie Dachspeicher[109] oder Sammelgarage.[110] Dem steht auch die Funktion als 2. Rettungsweg nicht entgegen. **46**

Rauchwarnmelder im räumlichen Bereich des Sondereigentums oder des gemeinschaftlichen Eigentums zählen nicht zu den Einrichtungen und Anlagen. Sie gehören bereits nicht zu den wesentlichen Bestandteilen des Gebäudes,[111] so dass sie auch nicht sondereigentumsfähig sind (vgl. Rn 17);[112] es handelt sich um BGB unterliegendes Eigentum des Wohnungseigentümers bei Lage im Sondereigentum oder um Verwaltungsvermögen bei Lage im gemeinschaftlichen Eigentum. Das gilt auch dann, wenn ihr Einbau aufgrund von öffentlich-rechtlichen Vorschriften erforderlich wird.[113] Ihr Zweck (vgl. Rn 33) ist zudem darauf gerichtet, die anwesenden Personen beim Auftreten von Brandrauch zum Verlassen ihrer Wohnung zu veranlassen, da die im Brandrauch enthaltenen toxischen Gase innerhalb kürzester Zeit zur Bewusstlosigkeit und zum Tode führen können. Dass infolge des von einem Rauchmelder ausgelösten Alarms auch Brandschutzmaßnahmen eingeleitet werden können, d.h. sie sich zur gemeinsamen Nutzung auch eignen oder anbieten (vgl. Rn 34), ist nicht entscheidend.[114] Der Zweck von **Brandmeldern** ist hingegen auf den Brandschutz ausgerichtet, da sie über eine Brandmeldestelle an eine (Feuerwehr-)Leitstelle angeschlossen sind, von der aus Maßnahmen zur Brandbekämpfung eingeleitet werden.[115] **47**

IV. Sonderfall: Mehrhausanlage

Besteht eine Wohnungseigentumsanlage aus mehreren Gebäuden oder Gebäudekomplexen (sog. Mehrhausanlage), sind die Teile der Gebäude, die für ihren Bestand oder Sicherheit erforderlich sind bzw. deren Umgestaltung die äußere Gestalt der Gebäude verändern würde, sowie Anlagen, die dem gemeinschaftlichen Gebrauch der Wohnungseigentümer dienen (z.B. Treppenhäuser, Aufzüge), zwingend gemeinschaftliches Eigentum.[116] **48**

Vereinbarungen, durch die zwingendes gemeinschaftliches Eigentum mehreren Miteigentumsanteilen als sog „**abgesondertes Mitsondereigentum**" zugeordnet wird, sind nach dem WEG unzulässig (vgl. auch § 3 Rn 7).[117] Denn über das Verhältnis der Abs. 1 u. 2 ist in Abs. 3 bestimmt, dass die Wohnungseigentümer vereinbaren können, dass Bestandteile des Gebäudes, die Gegenstand des Sondereigentums sein können, zum gemeinschaftlichen Eigentum gehören (vgl. Rn 49). Da eine gesetzliche Bestimmung umgekehrten Inhalts, also dahin, dass die Wohnungseigentümer auch vereinbaren können, dass Gegenstände des gemeinschaftlichen Eigentums zum Sondereigentum gehören, fehlt, kann die Grenze zwischen dem gemeinschaftlichen Eigentum und dem Sondereigentum nur zugunsten, nicht aber auch zu Ungunsten des gemeinschaftlichen Eigentums verschoben werden.[118] **49**

D. Vereinbarungen (Abs. 3)

Abs. 3 gestattet den Wohnungseigentümern solche **Gebäudebestandteile**, die kraft Gesetzes Sondereigentum sind (vgl. Rn 15 ff.), von vornherein oder nachträglich zu Gegenständen des gemeinschaftlichen Eigentums zu erklären. **50**

Die Vereinbarungen erfordern bei der Erstbegründung eine Einigung aller Beteiligten in der Form des § 4 und der Eintragung im Grundbuch; Gleiches gilt für die nachträgliche Umwandlung (vgl. § 4 Rn 16). Gegebenenfalls ist die Zustimmung dinglich Berechtigter einzuholen (vgl. dazu § 4 Rn 3).[119]

Umgekehrt können durch Vereinbarung zwingend zum gemeinschaftlichen Eigentum gehörende Gegenstände nicht zu Sondereigentum erklärt werden. **51**

---

108 BGH V ZR 47/79, NJW 1981, 455.
109 OLG Zweibrücken 3 W 222/92, MittBayNot 1993, 86.
110 OLG Frankfurt 20 W 313/93, ZMR 1995, 166.
111 LG Hamburg 318 S 193/10, ZWE 2011, 86; *Schneider*, ZMR 2010, 822, 824.
112 **A.A.** AG Hamburg-Wandsbek 740 C 31/10, ZMR 2010, 809.
113 *Armbrüster*, ZWE 2011, 392, 393; zur Beschlusskompetenz der Gemeinschaft in diesen Fällen, vgl. LG Hamburg, 318 S 245/10, ZWE 2012, 55 mit krit. Anm. *Schultz*.
114 *Bärmann/Armbrüster*, § 5 Rn 59; *Schultz*, ZWE 2011, 21, 22; **a.A.** AG Ahrensburg 37 C 11/08, ZMR 2009, 78; AG Rendsburg 18 C 545/08 ZMR 2009, 239.
115 OLG Frankfurt 20 W 325/06 ZMR 2009, 864; vgl. auch *Schmidt/Breiholdt/Riecke*, ZMR 2008, 352.
116 BGH V ZB 14/67, WM 1968, 572; *Weitnauer/Briesemeister*, § 3 Rn 32.
117 BayObLG BReg 2 Z 89/81, Z 1981, 407; OLG Hamm 15 W 452/85, NJW-RR 1986, 1275; *Weitnauer/Briesemeister*, § 3 Rn 32; **a.A.** *Bärmann/Armbrüster*, § 5 Rn 29; *Hurst*, DNotZ 1968, 131.
118 BGH V ZB 14/67, WM 1968, 572.
119 OLG Hamm BReg 2 Z 17/74, DNotZ 1975, 31.

52 **Räume** (Wohnungen, Nebenräume) müssen bei der Erstbegründung nicht zu Sondereigentum bestimmt werden; fehlt eine entsprechende Erklärung liegt gemeinschaftliches Eigentum vor (siehe Rn 12). Für die nachträgliche Umwandlung von Sondereigentum in gemeinschaftliches Eigentum genügt die Aufhebung von Sondereigentum gemäß § 4 (vgl. § 4 Rn 11).

E. Inhalt des Sondereigentums
I. Vereinbarter Inhalt

53 Der gesetzliche Inhalt des Sondereigentums, d.h. die Rechte und Pflichten, die das Sondereigentum verleiht, bestimmen sich nach dem Wohnungseigentumsgesetz, insbesondere den §§ 10 ff. u. 20 ff. Nach Abs. 4 S. 1 können die Wohnungseigentümer in Ergänzung oder Abweichung von diesen Vorschriften ihr Verhältnis untereinander betreffende Regelungen durch vertragliche (siehe § 3 Rn 35) oder einseitige (siehe § 8 Rn 5; § 8 Abs. 2 S. 1 verweist insoweit auf § 5 Abs. 4) Teilungserklärung, aber auch durch nachträgliche Vereinbarungen zum vereinbarten Inhalt des Sondereigentums machen. Gegenüber Sonderrechtsnachfolgern wirken sie nur, sofern sie im Grundbuch eingetragen werden (§ 10 Abs. 3, vgl. auch § 10 Rn 65). Vereinbarungen zugunsten eines Dritten können nicht Inhalt des Sondereigentums sein.[120]

54 Derartige Vereinbarungen nennt man zusammenfassend im Allgemeinen **„Gemeinschaftsordnung"**.

55 **Typische Inhalte** sind Vereinbarungen über Gebrauchsregelungen (§ 15), die Begründung von Sondernutzungsrechten, von § 16 Abs. 2 abweichende Lasten- und Kostentragung, von § 25 Abs. 2 S. 1 abweichende Stimmkraft, Verfügungsbeschränkungen (§ 12) usw.

56 Die Regelungen müssen das **Grundstück betreffen**, dessen Miteigentumsanteile mit dem Sondereigentum der betreffenden Wohnungseigentümer verbunden sind.[121] Aber auch eine Regelung über die Benutzung einer auf einem anderen Grundstück belegenen Garage kann als Inhalt des Sondereigentums in die Wohnungsgrundbücher eingetragen werden, sofern das Garagenbenutzungsrecht zugunsten der jeweiligen Wohnungseigentümer durch eine Grunddienstbarkeit (= Bestandteil des Grundstücks gemäß § 96 BGB) gesichert ist.[122]

57 Wegen näherer Einzelheiten über Inhalt und Umfang der Vereinbarungen vgl. die übrigen Ausführungen zu § 10 Rn 18 ff., § 15 Rn 2 ff.

58 Die Vereinbarungen werden als Inhalt des Sondereigentums, **nicht als Belastung** der Miteigentumsanteile (vgl. § 1010 BGB) eingetragen.[123] Sie haben keinen Rang.

II. Zustimmung dinglich Berechtigter

59 Da Vereinbarungen den Inhalt des Sondereigentums und damit den des Wohnungseigentums[124] bestimmen, müssen grundsätzlich die dinglich Berechtigten an einem Wohnungseigentum der (nachträglichen) Begründung (vgl. § 10 Rn 18), Aufhebung bzw. Änderung einer Vereinbarung (siehe § 10 Rn 44) entsprechend §§ 876, 877 BGB zustimmen und verfahrensrechtlich gemäß § 19 GBO bewilligen, sofern nicht ausgeschlossen ist, dass ihre Rechte durch die neue Vereinbarung **rechtlich** – nicht wirtschaftlich – **beeinträchtigt** werden.[125] Grundbuchrechtlich bedarf die Erklärung der Betroffenen dann der Form des § 29 GBO.

60 Mit Abs. 4 S. 2 und 3 **entfällt das Zustimmungserfordernis partiell**. Es wird nicht geregelt, ob und unter welchen Voraussetzungen eine Zustimmung erforderlich ist. Insoweit verweist Abs. 4 S. 2 auf die nach anderen Rechtsvorschriften erforderliche Zustimmung.

61 Abs. 4 S. 2 und 3 bestimmen nur, welche Gläubiger unter welchen Voraussetzungen einer Vereinbarung nicht zustimmen müssen. Nach Satz 2 müssen **Grundpfandrechts-** (Hypotheken-, Grund- oder Rentenschuld-) und **Reallastgläubiger** am Wohnungseigentum ebenso wie entsprechend Vormerkungsberechtigte[126] – wegen der damit regelmäßig einhergehenden Beeinträchtigung der Verwertungsmöglichkeit – nur noch dann einer Vereinbarung im Sinne von § 10 Abs. 2 S. 2 zustimmen, wenn ein mit einem anderen Wohnungseigentum verbundenes Sondernutzungsrecht (siehe § 13 Rn 29 ff.) begründet wird oder ein mit dem belasteten Wohnungseigentum verbundenes Sondernutzungsrecht aufgehoben, geändert oder übertragen werden soll. Beides steht jedoch unter dem Vorbehalt, dass eine Zustimmung nach anderen Rechtsvorschriften überhaupt erforderlich ist (vgl. Rn 59). Daraus folgt, dass Grundpfandrechts- und Reallastgläubiger der Begründung, Aufhebung bzw. Änderung von **Vereinbarungen mit einem**

---

120 *Bärmann/Klein*, § 10 Rn 74; **a.A.** *Weitnauer/Lüke*, § 10 Rn 38; offen gelassen von BGH V ZR 20/07, NZM 2008, 732.
121 OLG Frankfurt 20 W 775/74, RPfleger 1975, 179.
122 BayObLG BReg 2 Z 33/90, NJW-RR 1990, 1043; OLG Köln 2 Wx 2/93, NJW-RR 1993, 982.
123 BGH V ZB 14/00, NJW 2000, 3643.
124 BGH V ZB 11/77, NJW 1979, 548; BGH V ZB 32/82, NJW 1984, 2409; BGH V ZB 14/00, NJW 2000, 3643.
125 BGH V ZB 32/82, NJW 1984, 2409.
126 *Armbrüster*, ZWE 2008, 329.

anderen – kein Sondernutzungsrecht betreffenden – Inhalt, deren Einfluss auf die Verwertungsmöglichkeit sich im Zeitpunkt des Abschlusses der Vereinbarung ohnehin nicht beurteilen lässt, nicht mehr zustimmen müssen.[127]

Ein Zustimmungserfordernis für Grundpfandrechts- und Reallastgläubiger entfällt aber nach S. 3 auch bei der Begründung eines mit einem anderen Wohnungseigentum verbundenen Sondernutzungsrechts, wenn das mit dem dinglichen Recht belastete Wohnungseigentum **gleichzeitig** (d.h. gleichzeitige Eintragung im Grundbuch, was ggf. durch einen Vorbehalt der gemeinsamen Sachbehandlung gemäß § 16 Abs. 2 GBO sichergestellt werden kann[128]) ebenfalls **mit einem Sondernutzungsrecht verbunden** wird (S. 3).[129] Trotz des Wortlauts des Satz 3, der nur von irgend-„einem" Sondernutzungsrecht spricht, muss es sich dabei um gleichartige Sondernutzungsrechte handeln.[130] Dies folgt daraus, dass eine Zustimmung für entbehrlich angesehen wird, weil Zugewinn u Einbuße sich entsprechen[131] und dies für das Grundbuchamt ohne weiteres prüfbar ist. Dagegen ist es nicht erforderlich, dass sie auch gleichwertig sind (z.B. kleiner und großer Abstellraum), da das Grundbuchamt dies mit den ihm zu Gebote stehenden Möglichkeiten nicht prüfen könnte.[132] Diese Gefahr ist ohnehin gering, da schon der Wohnungseigentümer einer für ihn nachteiligen Regelung nicht zustimmen würde. Bei vorsätzlicher Schädigung des Grundpfandrechtsgläubigers bieten §§ 3 ff. AnfG, § 129 ff. InsO und § 138 BGB hinreichenden Schutz.[133] Satz 3 findet keine Anwendung, wenn mit der Neubegründung von Sondernutzungsrechten gleichzeitig die Aufhebung, Änderung oder Übertragung eines solchen Rechts verbunden ist.[134] Gleiches muss daher auch bei einem Tausch von Sondernutzungsrechten gelten.[135] Bei gegenständlichen Veränderungen des Wohnungseigentums (z.B. Umwandlung von Gemeinschaftseigentum in Sondereigentum, vgl. § 4 Rn 16) findet S. 3 keine entsprechende Anwendung.[136] Satz 3 betrifft ausschließlich **inhaltliche Gestaltungsmöglichkeiten des Sondereigentums.**

Für **andere dinglich Berechtigte** am Wohnungseigentum (z.B. Dienstbarkeitsberechtigte, Nießbraucher, Wohnungsberechtigte, Dauerwohnberechtigte, Vormerkungsberechtigte, nicht hingegen Vorkaufsberechtigte[137]) folgt daraus, dass ihr sich ggf. nach anderen Rechtsvorschriften ergebendes Zustimmungserfordernis (vgl. Rn 59) zur Begründung, Aufhebung bzw. Änderung eines Sondernutzungsrechts und anderer Vereinbarungen unberührt bleibt.

Da die Regelungen in Abs. 4 S. 2 und 3 in erster Linie das Verhältnis zum Grundpfandrechtsgläubiger und damit zu Dritten regeln, sind sie weder durch Gemeinschaftsordnung noch durch nachträgliche Vereinbarung **abdingbar**.[138] Unabhängig von den Regelungen in Abs. 4 S. 2 und 3 bleibt es den Beteiligten unbenommen, je nach Landesrecht beim Grundbuchamt ein Verfahren zur Erteilung eines **Unschädlichkeitszeugnisses** nach den landesrechtlichen Vorschriften zu beantragen, welches dann die erforderliche Zustimmung ersetzt.

Eine Zustimmung dinglich Berechtigter zu aufgrund einer gesetzlichen oder vereinbarten **Öffnungsklausel** zulässigen vereinbarungs- oder gesetzesändernden Beschlüssen ist nach den §§ 876, 877 BGB nicht erforderlich.[139] Andernfalls hätte der Drittberechtigte aufgrund des Zustimmungserfordernisses gegenüber den übrigen Wohnungseigentümern mehr Rechte als der Vollrechtsinhaber des belasteten Wohnungseigentums, der aufgrund der „als Inhalt des Sondereigentums" im Grundbuch eingetragenen Öffnungsklausel dem Mehrheitsprinzip unterworfen ist.[140] Insoweit kommt auch Abs. 4 S. 2 und 3 nicht zur Anwendung. Hiervon zu unterscheiden ist die nachträgliche Vereinbarung einer Öffnungsklausel, für die eine Zustimmung dinglich Berechtigter nach Maßgabe der §§ 876, 877 BGB, Abs. 4 S. 2, 3 erforderlich ist (vgl. § 10 Rn 49).[141]

---

127 Vgl. KG, 1 W 325/10, NZM 2011, 313: Umwandlung von Teil- in Wohnungseigentum.
128 *Böttcher*, Rpfleger 2009, 181.
129 Z.B. OLG Saarbrücken, 5 W 94/10, ZWE 2011, 82: Sondernutzungsrecht für Fotovoltaikanlage.
130 Z.B. nur Kfz-Stellplätze; nicht hingegen Kfz-Stellplatz einerseits, Abstellraum andererseits; OLG Düsseldorf, I-3 Wx 225/09, WuM 2010, 312; Palandt/*Bassenge*, § 5 Rn 12; aA *Hügel* in: Hügel/Elzer, § 1 Rn 21; *Böhringer/Hintzen*, Rpfleger 2007, 353, 356; *Armbrüster*, ZWE 2008, 359.
131 BT-Drucks 16/887 S. 15.
132 *Böhringer/Hintzen*, Rpfleger 2007, 353, 356; *Riecke/Schmid/Schneider/Förth*, § 5 Rn 106.
133 *Abramenko*, § 1 Rn 10.
134 OLG München 34 Wx 036/09, RPfleger 2009, 562.
135 **A.A.** *Böttcher*, RPfleger 2009, 181.
136 OLG Düsseldorf, I 3 Wx 225/09, WuM 2010, 312.
137 *Riecke/Schmid/Schneider/Förth*, § 5 Rn 94.
138 *Armbrüster*, ZWE 2008, 359; *Riecke/Schmid/Schneider/Förth*, § 5 Rn 106.
139 KG 24 W 31/03, ZMR 2005, 899; *Becker*, ZWE 2002, 509; *Böhringer/Hintzen*, Rpfleger 2007, 353, 356; *Hügel* in: Hügel/Elzer, § 3 Rn 140; vgl. auch § 10 Rn 34; a.A. BGH V ZB 2/93, NJW 1994, 3230; Palandt/*Bassenge*, § 5 Rn 13; *Bärmann/Klein*, § 10 Rn 149; *Schneider*, ZMR 2005, 17; *Sauren*, ZMR 2008, 514.
140 KG 24 W 31/03, ZMR 2005,899; *Becker*, ZWE 2002, 509.
141 *Becker*, ZWE 2002, 509; *Riecke/Schmid/Elzer*, § 10 Rn 303; **a.A.** *Kümmel*.

§ 6 Unselbstständigkeit des Sondereigentums

(1) Das Sondereigentum kann ohne den Miteigentumsanteil, zu dem es gehört, nicht veräußert oder belastet werden.
(2) Rechte an dem Miteigentumsanteil erstrecken sich auf das zu ihm gehörende Sondereigentum.

A. Rechtliche Einheit von Miteigentum und Sondereigentum	1	I. Grundsatz	3
		II. Verfügungen zwischen Wohnungseigentümern	8
B. Veräußerung und Belastung von Sondereigentum (Abs. 1)	3	C. Erstreckung der Rechte am Miteigentumsanteil auf das Sondereigentum (Abs. 2)	12

A. Rechtliche Einheit von Miteigentum und Sondereigentum

1 § 6 ist Ausdruck der **engen rechtlichen Verbindung** zwischen Sondereigentum und Miteigentumsanteil am gemeinschaftlichen Eigentum (vgl. § 1 Rn 3). Nach Abs. 2 ist das Objekt der rechtlichen Verfügung der Miteigentumsanteil; die Verfügungen erstrecken sich kraft Gesetzes auf das zugehörige Sondereigentum. Abs. 1 verbietet umgekehrt jede selbstständige Verfügung über das Sondereigentum, d.h. dass Verfügungen über das Sondereigentum nur möglich sind, wenn zugleich auch über einen damit verbundenen Miteigentumsanteil verfügt wird.

2 Diese Grundsätze sind – da sachenrechtlicher Natur – **zwingend** und können durch Vereinbarungen gemäß § 10 Abs. 2 S. 2 nicht außer Kraft gesetzt werden.[1] Wird dagegen verstoßen, so ist die Verfügung absolut unwirksam.

B. Veräußerung und Belastung von Sondereigentum (Abs. 1)

I. Grundsatz

3 Abs. 1 bestimmt, dass das Sondereigentum ohne den Miteigentumsanteil, zu dem es gehört, nicht veräußert und belastet (also auch nicht ge- oder verpfändet) werden kann.

4 Eine **Auflassung** ist daher **unwirksam**, die das gesamte Sondereigentum ohne Miteigentumsanteil,[2] einen Teil des Sondereigentums (einzelne Räume) ohne Miteigentumsanteil (Fall 2), den gesamten Miteigentumsanteil unter Ausschluss eines Teils[3] oder des gesamten Sondereigentums[4] auf einen Dritten überträgt. Denn in diesen Fällen entstünde durch ein Rechtsgeschäft isoliertes Miteigentum (Fall 1, 3) und/oder isoliertes Sondereigentum (Fall 1, 2, 3), was nicht zulässig ist (vgl. § 3 Rn 9 f.). Der Wohnungseigentümer, der einen zu seinem Sondereigentum gehörigen Raum – Abgeschlossenheit vorausgesetzt – auf einen noch nicht zur Gemeinschaft gehörenden Dritten übertragen will, muss daher auch einen Teil seines Miteigentumsanteils auf den Dritten übertragen bzw. wenn er einen Teil seines Sondereigentums nicht übertragen will, einen entsprechenden, mit diesem Sondereigentumsteil zu verbindenden Miteigentumsanteil zurückbehalten. Dies gilt auch bei der (Unter-)Teilung von Wohnungseigentum nach § 8 (vgl. im Einzelnen § 8 Rn 30).

5 Ein **gutgläubiger Erwerb** eines Sondereigentums für sich allein ohne Miteigentumsanteil ist ausgeschlossen.[5] Entsprechendes gilt für isolierte Miteigentumsanteile.

6 Aus Abs. 1 folgt auch, dass die Übertragung eines **Sondernutzungsrechts** (siehe § 13 Rn 29 ff.) auf einen außerhalb der Wohnungseigentümergemeinschaft stehenden Dritten[6] ebenso wie die Übertragung sämtlicher sonstiger Gebrauchsregelungen im Sinne von §§ 5 Abs. 4, 10 Abs. 2 (siehe § 15 Rn 2 ff.)[7] unzulässig ist.

7 Abs. 1 verbietet jede selbstständige Veräußerung von Sondereigentum ohne den zugehörigen Miteigentumsanteil. **Zweck der Vorschrift** ist es zu verhindern, dass jemand in einer Wohnungseigentümergemeinschaft Sondereigentümer ist, ohne zugleich Miteigentümer zu sein, und umgekehrt. Es soll also verhindert werden, dass Sondereigentum und Miteigentum auseinander fallen, indem neue Personen zu der Wohnungseigentümergemeinschaft stoßen, denen nur ein Element des Wohnungseigentums zukommt.[8] Uneingeschränkt gilt Abs. 1 daher nur für das Verhältnis zwischen Wohnungseigentümer und einem außen stehenden Dritten.

II. Verfügungen zwischen Wohnungseigentümern

8 Im Verhältnis der Wohnungseigentümer untereinander sind Verfügungen sowohl über den Miteigentumsanteil allein als auch über das Sondereigentum allein möglich, solange nicht eines der beiden Elemente ohne Verbindung bleibt.

---

1 *Weitnauer/Briesemeister*, § 6 Rn 1.
2 BayObLG BReg 2 Z 90/84, DNotZ 1986, 86: Fall 1.
3 BayObLG BReg 2 Z 90/84, DNotZ 1986, 86.
4 BayObLG BReg 2 Z 80/84, ZMR 1985, 307: Fall 3.
5 BayObLG BReg 2 Z 75/86, Rpfleger 1988, 102; *Bärmann/Armbrüster*, § 6 Rn 17.
6 BGH V ZB 11/77, NJW 1979, 548.
7 BGH V ZR 20/07, NZM 2008, 732.
8 BayObLG BReg 2 Z 125/83, Rpfleger 1984, 268.

Eine alleinige **Verfügung über Miteigentumsanteile** (Quotenänderung) wird durch § 6 nicht ausgeschlossen.[9] Einer gleichzeitigen Veränderung des Sondereigentums bedarf es nicht, weil der Miteigentumsanteil nicht notwendig dem Wert des dazugehörigen Sondereigentums oder dessen Fläche entsprechen muss (vgl. § 3 Rn 41). Verfügungen über den Miteigentumsanteil stellen eine Inhaltsänderung des Wohnungseigentums gemäß § 877 BGB dar,[10] die durch Auflassung nur zwischen den unmittelbar beteiligten Wohnungseigentümern (die Zustimmung der übrigen ist nicht erforderlich) bzw. einseitiger Erklärung bei Rechten desselben Wohnungseigentümers[11] und Eintragung im Grundbuch zu vollziehen ist, §§ 873, 925 BGB. Die Änderung der Miteigentumsanteile ist einer Vereinbarung gemäß § 10 Abs. 2 S. 2 nicht zugänglich, so dass sich auch kein Anspruch auf Quotenänderung aus § 10 Abs. 2 S. 3 ergibt.[12] Daneben ist zur Änderung der Miteigentumsanteile auch die **Zustimmung der dinglich Berechtigten** an den einzelnen Wohnungseigentumsrechten mit den sich verkleinernden Miteigentumsanteilen (nicht der Berechtigten von Gesamtbelastungen, vgl. § 4 Rn 3) gemäß §§ 876, 877 BGB erforderlich, weil die Belastungen an dem abgespaltenen Teil erlöschen.[13] Belastungen am vergrößerten Miteigentumsanteil erstrecken sich auf den neuen Bestand (str. ob kraft Gesetzes[14] oder ob eine Neuverpfändung erforderlich ist,[15] was am Ergebnis nichts ändert, da auch nach der letztgenannten Ansicht die Pfandunterwerfung jedenfalls konkludent in der Einigung über die Quotenänderung liegt).

Auch eine alleinige **Verfügung über** einen Teil des **Sondereigentums** (z.B. Tausch von Kellerräumen[16] oder Garagen) bis hin zum vollständigen Austausch ohne gleichzeitige Veränderung der Miteigentumsanteile ist ungeachtet der Bestimmung des § 6 Abs. 1 WEG möglich.[17] Erforderlich ist materiell-rechtlich gemäß § 4 Abs. 1 und 2 WEG die Einigung der beteiligten Wohnungseigentümer[18] in Form der Auflassung (§ 925 Abs. 1 BGB), die Eintragung im Grundbuch (§ 873 BGB) und wegen §§ 876, 877 BGB die Zustimmung der an demjenigen Wohnungseigentum dinglich Berechtigten, dessen Sondereigentum verkleinert oder sonst nachteilig beeinträchtigt wird.[19] Das Erfordernis der Abgeschlossenheit ist keine Voraussetzung für die Wirksamkeit der Ab- bzw. Zuschreibung.[20] Belastungen am Miteigentumsanteil erstrecken sich kraft Gesetzes gemäß Abs. 2 auf den neuen Bestand.[21]

Gleiches gilt für die **Überführung** eines bisher im **gemeinschaftlichen Eigentum** stehenden Raumes **in Sondereigentum** eines Wohnungseigentümers oder die Umwandlung von Sondereigentum in gemeinschaftliches Eigentum.[22] Erforderlich ist gemäß § 4 Abs. 1 und 2 die Einigung aller Wohnungseigentümer in der Form der Auflassung und die Eintragung in das Grundbuch.[23] Eine Vereinbarung im Sinne von § 10 Abs. 2 S. 2 genügt nicht (vgl. § 4 Rn 16).

C. Erstreckung der Rechte am Miteigentumsanteil auf das Sondereigentum (Abs. 2)

Aus Abs. 2 folgt, dass bei Verfügungen über das Wohnungseigentum das **Objekt der Verfügung** der **Miteigentumsanteil** ist. Die Übertragung erfolgt dinglich wie die Übertragung eines Miteigentumsanteil am Grundstück (§ 1008 BGB) nach den §§ 873, 925 BGB. Für das Verpflichtungsgeschäft gilt § 311b Abs. 1 BGB.

Auch die **Belastung eines Miteigentumsanteils** am gemeinschaftlichen Eigentum erfolgt wie die Belastung eines Miteigentumsanteils am Grundstück. Soweit ein Miteigentumsanteil am Grundstück belastbar ist, ist es auch der Miteigentumsanteil am gemeinschaftlichen Eigentum.[24] Daher kommt eine Belastung mit Grundpfandrechten (§§ 1114, 1192, 1199 BGB), dinglichem Vorkaufsrecht (§ 1095 BGB), Reallast (§ 1106 BGB), Nießbrauch[25] in Betracht. Die Belastung mit einer Dienstbarkeit kommt – anders als beim bloßen Miteigentumsanteil – ebenfalls in Betracht, sofern sich ihr Ausübungsbereich auf das Sondereigentum,[26] nicht aber wenn er sich nur auf das ge-

---

9 BGH V ZR 156/75, NJW 1976, 1976; OLG Hamm 15 W 411/97, Rpfleger 1998, 514; BayObLG 2 Z BR 34/93, Rpfleger 1993, 444; *Bärmann/Armbrüster*, § 6 Rn 11; *Weitnauer/Briesemeister*, § 6 Rn 4.
10 BayObLG 2 Z BR 34/93, Rpfleger 1993, 444.
11 BGH V ZR 156/75, NJW 1976, 1976.
12 *Riecke/Schmid/Elzer*, § 10 Rn 185; **a.A.** OLG München 32 Wx 165/07, NZM 2008, 407; zum Anspruch aus § 242 BGB vgl. BayObLG 2Z BR 35/98, ZMR 1999, 52; *Bärmann/Armbrüster*, § 2 Rn 125 und § 3 Rn 40.
13 OLG Hamm 15 W 411/97, Rpfleger 1998, 514.
14 So LG Wiesbaden 4 T 652/03, Rpfleger 2004, 350; LG Lüneburg 3 T 55/04, NdsRpfl 2005, 92.
15 So BayObLG 2Z BR 34/93, Rpfleger 1993, 444; OLG Hamm 15 W 411/97, Rpfleger 1998, 514.
16 Vgl. auch *Tasche*, DNotZ 1972, 710.
17 BayObLG BReg 2 Z 125/83, Rpfleger 1984, 268; BayObLG 2Z BR 30/97, NJW-RR 1998, 1237; *Bärmann/Armbrüster*, § 6 Rn 7; *Palandt/Bassenge*, § 6 Rn 3; *Weitnauer/Briesemeister*, § 6 Rn 4.
18 Die Zustimmung der übrigen ist nicht erforderlich; BayObLG 2 Z BR 167/99, ZMR 2000, 468; OLG Köln 16 Wx 98/06, ZMR 2007, 555; OLG München 34 Wx 049/08, MietRB 2009, 13.
19 BayObLG 2 Z BR 30/97, NJW-RR 1998, 1237.
20 OLG München 34 Wx 049/08, MietRB 2009, 13.
21 LG Düsseldorf 25 T 461/85, MittRhNotK 1986, 78.
22 *Bärmann/Armbrüster*, § 2 Rn 91, 92; *Weitnauer/Briesemeister*, § 6 Rn 4.
23 BayObLG 2 Z BR 61/93, WuM 1994, 97; OLG Celle 4 W 111/03, OLGR 2004, 79; OLG Saarbrücken 5 W 173/04, NZM 2005, 423.
24 *Palandt/Bassenge*, § 6 Rn 9.
25 § 1066 BGB; vgl. BGH V ZB 24/01, NJW 2002, 1648; unzulässig ist jedoch die Beschränkung auf einen Teil des Sondereigentums; LG Nürnberg-Fürth 7 O 10570/89, Rpfleger 1991, 148.
26 BGH V ZR 182/87, NJW 1989, 2391.

meinschaftliche Eigentum[27] oder ein Sondernutzungsrecht beschränkt.[28] In den beiden letztgenannten Fällen kann nur das Grundstück als Ganzes belastet werden.

14 Abs. 2 stellt klar, dass sich rechtliche Verfügungen über den Miteigentumsanteil **kraft Gesetzes** auf das dazugehörige Sondereigentum erstrecken. Wird also der Miteigentumsanteil veräußert oder belastet, so wird auch das Sondereigentum von diesen Rechtsänderungen erfasst.[29]

15 Da sich die Hypothekenhaftung mithin auf das Sondereigentum erstreckt, haben die Grundpfandgläubiger bei einer Verschlechterung der im Sondereigentum stehenden Gebäudeteile die **Devastationsansprüche** nach §§ 1133–1135 BGB (Ansprüche aufgrund einer Verschlechterung auch gegenüber den Wohnungseigentümern.[30]

§ 7 Grundbuchvorschriften

(1) [1]Im Falle des § 3 Abs. 1 wird für jeden Miteigentumsanteil von Amts wegen ein besonderes Grundbuchblatt (Wohnungsgrundbuch, Teileigentumsgrundbuch) angelegt. [2]Auf diesem ist das zu dem Miteigentumsanteil gehörende Sondereigentum und als Beschränkung des Miteigentums die Einräumung der zu den anderen Miteigentumsanteilen gehörenden Sondereigentumsrechte einzutragen. [3]Das Grundbuchblatt des Grundstücks wird von Amts wegen geschlossen.

(2) [1]Von der Anlegung besonderer Grundbuchblätter kann abgesehen werden, wenn hiervon Verwirrung nicht zu besorgen ist. [2]In diesem Fall ist das Grundbuchblatt als gemeinschaftliches Wohnungsgrundbuch (Teileigentumsgrundbuch) zu bezeichnen.

(3) Zur näheren Bezeichnung des Gegenstands und des Inhalts des Sondereigentums kann auf die Eintragungsbewilligung Bezug genommen werden.

(4) [1]Der Eintragungsbewilligung sind als Anlagen beizufügen:
1. eine von der Baubehörde mit Unterschrift und Siegel oder Stempel versehene Bauzeichnung, aus der die Aufteilung des Gebäudes sowie die Lage und Größe der im Sondereigentum und der im gemeinschaftlichen Eigentum stehenden Gebäudeteile ersichtlich ist (Aufteilungsplan); alle zu demselben Wohnungseigentum gehörenden Einzelräume sind mit der jeweils gleichen Nummer zu kennzeichnen;
2. eine Bescheinigung der Baubehörde, dass die Voraussetzungen des § 3 Abs. 2 vorliegen.

[2]Wenn in der Eintragungsbewilligung für die einzelnen Sondereigentumsrechte Nummern angegeben werden, sollen sie mit denen des Aufteilungsplans übereinstimmen. [3]Die Landesregierungen können durch Rechtsverordnung bestimmen, dass und in welchen Fällen der Aufteilungsplan (Satz 1 Nr. 1) und die Abgeschlossenheit (Satz 1 Nr. 2) von einem öffentlich bestellten oder anerkannten Sachverständigen für das Bauwesen statt von der Baubehörde ausgefertigt und bescheinigt werden. [4]Werden diese Aufgaben von dem Sachverständigen wahrgenommen, so gelten die Bestimmungen der Allgemeinen Verwaltungsvorschrift für die Ausstellung von Bescheinigungen gemäß § 7 Abs. 4 Nr. 2 und § 32 Abs. 2 Nr. 2 des Wohnungseigentumsgesetzes vom 19.3.1974 (BAnz. Nr. 58 vom 23.3.1974) entsprechend. [5]In diesem Fall bedürfen die Anlagen nicht der Form des § 29 der Grundbuchordnung. [6]Die Landesregierungen können die Ermächtigung durch Rechtsverordnung auf die Landesbauverwaltungen übertragen.

(5) Für Teileigentumsgrundbücher gelten die Vorschriften über Wohnungsgrundbücher entsprechend.

A. Das Wohnungs- oder Teileigentumsgrundbuch	1	II. Eintragungsbewilligung	14
I. Allgemeines	1	III. Anlagen zur Eintragungsbewilligung	16
II. Bezeichnung	5	1. Aufteilungsplan	20
III. Schließung des bisherigen Grundbuchs	7	2. Abgeschlossenheitsbescheinigung	38
IV. Gemeinschaftliches Wohnungsgrundbuch	11	C. Prüfungspflicht des Grundbuchamtes	40
B. Eintragungsvoraussetzungen	13	D. Inhalt der Eintragung	44
I. Eintragungsantrag	13		

Literatur: *Schmidt,* Sondereigentum: Widerspruch zwischen Aufteilungsplan und Teilungserklärung, ZWE 2000, 67.

---

27 KG 1 W 459/75, MDR 1977, 405: Garagen.
28 OLG Zweibrücken 3 W 232/98, NZM 1999, 771 und OLG Schleswig 2 W 2/11, ZWE 2012, 42: Kfz-Stellplatz.
29 Vgl. zum Nießbrauch BGH V ZB 24/01, NJW 2002, 1648.
30 *Bärmann/Armbrüster,* § 6 Rn 16; *Weitnauer/Briesemeister,* § 6 Rn 4.

A. Das Wohnungs- oder Teileigentumsgrundbuch
I. Allgemeines

Abs. 4 S. 3 bis 5 sind aufgrund Art 1 Nr. 3 **WEG-ÄnderungsG** angefügt worden. Hierdurch wird dem Umstand Rechnung getragen, dass – in den einzelnen Ländern in unterschiedlicher Ausgestaltung – für bestimmte Bauvorhaben ein baurechtliches Genehmigungsverfahren nicht mehr durchzuführen ist, so dass die Einschaltung der Baubehörden nicht mehr – wie noch bei Inkrafttreten des WEG – ohnehin erforderlich ist und sie daher entlastet werden können.

§ 7 enthält – ergänzt durch die Verordnung über die Anlegung und Führung der Wohnungs- und Teileigentumsgrundbücher (Wohnungsgrundbuchverfügung – WGV Kapitel IV, Nr. 3), die für das Wohnungs- und Teileigentum maßgeblichen besonderen **Grundbuchvorschriften**. Daneben bleiben die für Grundstücke geltende Grundbuchordnung (Abdruck – auszugsweise – Kapitel IV, Nr. 2) und die Verordnung zur Durchführung der Grundbuchordnung (Grundbuchverfügung-GBV) anwendbar.

Abs. 1 S. 1 sieht vor, dass bei Einräumung von Sondereigentum (§ 3 Abs. 1) **für jeden Miteigentumsanteil** (d.h. für jedes Wohnungs- und Teileigentum) von Amts wegen ein besonderes Grundbuchblatt anzulegen ist. Hierdurch wird das zum Wohnungseigentum ausgestaltete Miteigentum grundbuchmäßig zum selbstständigen Grundstück.[1] Daneben ist für jedes neue Grundbuchblatt auch eine besondere Grundakte zu führen. Das Grundbuchblatt enthält neben dem Miteigentumsanteil das dazugehörige Sondereigentum und die Verlautbarung der Beschränkung des Miteigentumsanteils, die in Bezug auf die mit den anderen Miteigentumsanteilen verbundenen, zum Sondereigentum stehenden Räume besteht (Abs. 1 S. 2). Diese Eintragungen erfolgen im Bestandsverzeichnis.

Wohnungseigentum entsteht, wenn sämtliche Wohnungseigentumsrechte im Grundbuch eingetragen sind.[2] Dies ist von der Entstehung der Wohnungseigentümergemeinschaft zu unterscheiden, die nur bei vertraglicher Einräumung von Sondereigentum nach § 3 mit der Entstehung des Wohnungseigentums zusammenfällt. Bei einer Begründung nach § 8 entsteht sie erst mit dem dinglich wirksamen Erwerb eines Wohnungseigentums vom teilenden Eigentümer (vgl. im Einzelnen § 10 Rn 7 ff.).

II. Bezeichnung

Je nachdem, ob es sich um Wohnungs- oder um Teileigentum handelt, erhält das besondere Grundbuchblatt die Aufschrift **„Wohnungsgrundbuch"** oder **„Teileigentumsgrundbuch"** (§ 2 S. 1 WGV). Es ist das Grundbuch im Sinne des BGB und der GBO.[3]

Ist mit dem Miteigentumsanteil sowohl Sondereigentum an einer Wohnung als auch Sondereigentum an nicht zu Wohnzwecken dienenden Räumen verbunden (z.B. Laden, Werkstatt oder Büro jeweils mit Wohnung), ist das Grundbuchblatt als **„Wohnungs- und Teileigentumsgrundbuch"** zu bezeichnen (§ 2 S. 2 GBV), es sei denn einer der Zwecke überwiegt offensichtlich (z.B. Wohnung mit kleinem Lagerraum).

III. Schließung des bisherigen Grundbuchs

Mit der Anlegung der Wohnungs- oder Teileigentumsgrundbücher ist das bisherige Grundbuchblatt des Grundstücks grundsätzlich zu schließen (Abs. 1 S. 3). Die Schließung erfolgt durch **Anbringung eines Schließungsvermerkes** mit Angabe des Grundes auf der Vorderseite des Grundbuches. Gleichzeitig werden sämtliche Seiten des Grundbuches rot durchkreuzt (§ 36 GBV). Mit der Schließung hört dieses Grundbuch auf zu bestehen. Wirksame Eintragungen können nicht mehr vorgenommen werden. Eine Wiedereröffnung auch für den Fall der späteren Auflösung des Wohnungseigentums ist nicht möglich (vgl. § 9 Abs. 3).

Grundstücksbelastungen am gesamten Grundstück, die sich als Gesamtbelastungen aller Wohnungseigentume (Grundpfandrechte, Reallasten, Wegerechte, Verfügungsbeschränkungen) fortsetzen (vgl. § 4 Rn 3), sind in allen Wohnungsgrundbüchern so einzutragen, dass die Gesamtbelastung des Grundstücks und die Mitbelastung der übrigen in jedem Wohnungsgrundbuch erkennbar ist.[4] Dienstbarkeiten und Dauerwohnrechte, die auf einen bestimmten Gebäudeteil beschränkt sind, sind nur bei dem betroffenen Wohnungseigentum einzutragen.

Trotz der Schließung des Grundstücksgrundbuchs **besteht** das Grundstück **fort**[5] und kann noch Gegenstand von Verfügungen sein, für die § 747 S. 2 BGB gilt,[6] z.B. Verkleinerung durch Abtrennung eines realen Teils[7] oder Vergrößerung durch Hinzuerwerb.[8]

---

1 Weitnauer/Briesemeister, § 7 Rn 6.
2 BGH V ZR 339/87, NJW 1990, 1111.
3 Weitnauer/Briesemeister, § 7 Rn 1.
4 § 4 WGV, vgl. auch BayObLG 2 Z BR 31/95, ZMR 1995, 421.
5 OLG Oldenburg 5 Wx 44/76, ZMR 1980, 63.
6 Palandt/Bassenge, § 7 Rn 10–12.
7 KG, 1 W 479, 480/11, ZfIR 2011, 839.
8 OLG Frankfurt 20 W 14/92, OLGZ 1993, 419.

10 Die Schließung des Grundbuchs **unterbleibt**, wenn auf dem Grundbuchblatt noch weitere Grundstücke verzeichnet sind (§ 6 S. 2 WGV) oder wenn im Falle von § 7 Abs. 2 das Grundstücksgrundbuch als gemeinschaftliches Wohnungsgrundbuch verwendet wird (vgl. § 7 WGV, vgl. Rn 11).

IV. Gemeinschaftliches Wohnungsgrundbuch

11 Nach Abs. 2 kann von der Anlegung besonderer Grundbuchblätter für jeden Miteigentumsanteil bei der vertraglichen Begründung von Wohnungseigentum nach § 3 – nicht durch einseitige Teilungserklärung nach § 8, vgl. § 8 Abs. 2 – dann abgesehen werden, wenn hiervon **Verwirrung nicht zu besorgen** ist. Verwirrung ist in der Regel dann zu befürchten, wenn das Grundbuch unübersichtlich werden würde (z.B. große Anzahl von Wohnungseigentümern, unterschiedliche Belastung der einzelnen Miteigentumsanteile). Hierüber hat der Rechtspfleger nach pflichtgemäßem Ermessen zu entscheiden. Seine Entscheidung ist mit der Erinnerung anfechtbar (vgl. § 11 RpflG).

12 Dieses Grundbuch ist dann als „gemeinschaftliches Wohnungsgrundbuch" oder „gemeinschaftliches Teileigentumsgrundbuch" zu bezeichnen (§ 7 Abs. 2 S. 2). Die Angaben über die Einräumung von Sondereigentum sowie über den Gegenstand und Inhalt des Sondereigentums sind in diesem Fall in **Abteilung I** einzutragen (§ 7 WGBV).

B. Eintragungsvoraussetzungen

I. Eintragungsantrag

13 Die Eintragung der Begründung von Wohnungseigentum durch Einräumung von Sondereigentum setzt zunächst den Eintragungsantrag eines durch die Eintragung in seinem Recht Betroffenen oder Begünstigten (im Falle des § 3 Abs. 1 eines Miteigentümers) voraus (§ 13 GBO). Dieser ist formfrei. Der beurkundende Notar ist berechtigt, den Antrag für einen Antragsberechtigten zu stellen (§ 15 GBO).

II. Eintragungsbewilligung

14 Neben dem Eintragungsantrag ist die Eintragungsbewilligung der in ihrem Recht Betroffenen (im Falle des § 3 Abs. 1 aller Miteigentümer) erforderlich (§ 19 GBO), die in der **Form des § 29 GBO** nachzuweisen ist[9] § 20 GBO ist bei vertraglicher Teilungserklärung nicht anwendbar (vgl. dazu § 4 Rn 5). Sie ist in der Regel in der vertraglichen oder einseitigen Teilungserklärung bereits enthalten.

15 **Inhaltlich** muss sie den Gegenstand des Sondereigentums in Übereinstimmung mit dem Aufteilungsplan bezeichnen. Sofern in der Eintragungsbewilligung (Teilungserklärung) für die einzelnen Sondereigentumsrechte Nummern angegeben werden, sollen diese mit den Bezeichnungen des Aufteilungsplans übereinstimmen (§ 7 Abs. 4 S. 2). Weiterhin muss sie die Verbindung des Sondereigentums mit den Miteigentumsanteilen (vgl. § 3 Rn 5 ff.) und kann sie die Vereinbarungen über das Gemeinschaftsverhältnis, die Inhalt des Sondereigentums gemäß § 5 Abs. 4 werden sollen (vgl. § 3 Rn 44), enthalten.

III. Anlagen zur Eintragungsbewilligung

16 Gemäß § 7 Abs. 4 S. 1 sind der Eintragungsbewilligung zwei Anlagen beizufügen, nämlich der Aufteilungsplan (Nr. 1, vgl. Rn 20) und die Abgeschlossenheitsbescheinigung (Nr. 2, vgl. Rn 38). Diese Anlagen werden im Regelfall durch die **Baubehörde** ausgefertigt und bescheinigt (Abs. 4 S. 1). Form und Inhalt werden durch die **Allgemeine Verwaltungsvorschrift für die Ausstellung von Bescheinigungen** gemäß § 7 Abs. 4 Nr. 2 und § 32 Abs. 2 Nr. 2 des Wohnungseigentumsgesetzes (Abgeschlossenheitsbescheinigung) – AVA (Kapitel IV, Nr. 4) geregelt (wegen der Einzelheiten vgl. Rn 19).

17 Abs. 4 S. 3 enthält daneben eine **Verordnungsermächtigung** zugunsten der Länder. Die Länder können bestimmen, ob generell oder nur für bestimmte Fälle (z.B. Umwandlung von Miet- in Eigentumswohnungen; genehmigungsfreie Bauvorhaben) die Anlagen durch einen **Sachverständigen** ausgefertigt und bescheinigt werden. Dies ist sinnvoll, wenn Wohnungseigentum durch die Aufteilung vorhandener Gebäude (Altbausanierung) begründet wird. Denn mit diesen Fällen sind die Baubehörden nicht befasst, weil das Landesrecht regelmäßig kein oder nur ein vereinfachtes (Bau-) Genehmigungsverfahren vorsieht. Maßgeblich ist, ob das Land, in dem das Grundbuchamt liegt, eine Bestimmung nach Abs. 4 S. 3 getroffen hat, und nicht, ob das Land, in dem der Sachverständige seinen Sitz hat, dies getan hat. Die Länder können diese Ermächtigung aber auch auf die Landesbauverwaltungen subdelegieren (Abs. 4 S. 6).

18 Um unklare Eigentumsverhältnisse durch Ungenauigkeiten bei deren Kennzeichnung zu vermeiden, muss es sich um einen **öffentlich bestellten** (z.B. von einer Industrie- und Handelskammer – § 36 GewO – oder Handwerkskammer –

---

[9] OLG Hamm 15 W 34/83, Rpfleger 1985, 109; OLG Zweibrücken 3 W 96/81, OLGZ 1982, 263; *Weitnauer/Briesemeister*, § 7 Rn 10.

§ 91 Abs. 1 Nr. 8 HandwO) oder nach landesrechtlichen Bauvorschriften (z.B. BauSVO der Länder Baden-Württemberg – BWGBl 1986, 305 – und Niedersachsen – NdsGVBl 1989, 325) staatlich **anerkannten** Sachverständigen handeln.

Abs. 4 S. 4 erklärt die **Allgemeine Verwaltungsvorschrift für die Ausstellung von Bescheinigungen** gemäß § 7 Abs. 4 Nr. 2 und § 32 Abs. 2 Nr. 2 des Wohnungseigentumsgesetzes (Abgeschlossenheitsbescheinigung) – AVA (Kapitel IV, Nr. 4) für entsprechend anwendbar, sofern die Anlagen durch einen Sachverständigen bescheinigt werden. Danach sind die Anlagen sowohl bei behördlicher Prüfung als auch bei Bescheinigung durch einen Sachverständigen mit Unterschrift sowie Siegel oder Stempel zu versehen (vgl. Nr. 7 S. 2, 3 AVA). Da die Anlagen zudem Voraussetzung für die Eintragung von Wohnungseigentum im Grundbuch sind,[10] sind sie dem Grundbuchamt grundsätzlich in der Form des § 29 GBO nachzuweisen. Soweit die Anlagen von der **Baubehörde** (Abs. 4 S. 1) bescheinigt werden, liegen öffentliche Urkunden im Sinne von § 29 GBO vor. Soweit ein **Sachverständiger** (Abs. 4 S. 3) an die Stelle der Baubehörde tritt, genügen gemäß Abs. 4 S. 5, der in diesem Fall vom Nachweis in der Form § 29 GBO befreit, seine (unbeglaubigte) Unterschrift und sein Stempel, der die ihn bestellende bzw. anerkennende Behörde angeben muss (Abs. 4 S. 5). Die Zusammengehörigkeit beider Anlagen ist durch Verbindung beider mittels Schnur und Siegel oder durch übereinstimmende Aktenbezeichnung sichtbar zu machen (Nr. 7 S. 4 AVA). Bei einem genehmigungsfreien Bauvorhaben darf der Sachverständige die Abgeschlossenheitsbescheinigung erst erteilen, wenn die Unterlagen bei der Baubehörde eingegangen sind und mit dem Bauvorhaben nach Ablauf der Wartezeit begonnen werden darf (Nr. 8 AVA).

1. Aufteilungsplan

Bei dem gemäß Abs. 4 S. 1 Nr. 1 erforderlichen Aufteilungsplan handelt es sich um eine von der Baubehörde mit Unterschrift und Siegel versehene **Bauzeichnung** im Maßstab von mindestens 1:100 (Nr. 2 AVA). Aus ihr müssen die Aufteilung des Gebäudes sowie Lage und Größe der im Sondereigentum und im gemeinschaftlichen Eigentum stehenden Gebäudeteile ersichtlich sein. Sie muss von der Baubehörde bzw. dem Sachverständigen nicht hergestellt sein; sie verantworten aber durch Unterschrift und Stempel ihre Richtigkeit.

Der Aufteilungsplan hat für das Wohnungseigentum eine vergleichbare Funktion wie die erforderliche Vermessung und katastermäßige Erfassung für die Lage eines Grundstücks in der Natur. Er soll sicherstellen, dass dem **Bestimmtheitsgrundsatz** des Sachen- und Grundbuchrechts Rechnung getragen wird, also verdeutlichen, welche Räume nach der Teilungserklärung zu welchem Sondereigentum gehören und wo die Grenzen der im Sondereigentum stehenden Räume untereinander sowie gegenüber dem gemeinschaftlichen Eigentum verlaufen.[11]

Für die **Einzelausgestaltung** des Gebäudes und der Wohnungen (Räume), ist der Aufteilungsplan nicht maßgebend, d.h. er besagt nichts Abschließendes darüber, ob ein als Büro oder Lager bezeichneter Raum auch tatsächlich entsprechend dieser Bezeichnung genutzt wird.[12] Die Vorlage eines neuen Aufteilungsplans bei der Umwandlung von Wohn- in Teileigentum und umgekehrt ist daher nicht erforderlich (vgl. dazu auch § 1 Rn 20).[13]

Um die Grenzen des Sonder- und gemeinschaftlichen Eigentums ersichtlich und klar abzustecken, sind alle zu demselben Wohnungseigentum gehörenden Räume mit der jeweils **gleichen Nummer** zu kennzeichnen (§ 7 Abs. 4 S. 1 Nr. 1 Hs. 2). Ausreichend ist auch eine Kennzeichnung mit einer (nicht gleichen) Nummer, wenn eine **farbliche Umrandung** erkennen lässt, welche Räume dem jeweiligen Sondereigentum zugewiesen sind.[14] Von der Wohnungseinheit getrennte, aber zum Sondereigentum gehörende Räume (Keller, Bodenraum, Garage) sind ebenfalls farblich zu umranden und/oder mit der gleichen Nummer zu kennzeichnen. Werden derartige Räume einem anderen Sondereigentum zugeordnet, bedarf es keines neuen Aufteilungsplans; das Grundbuchamt kann jedoch eine neue Kennzeichnung verlangen, damit nicht Räume mit gleicher Nummer zu unterschiedlichen Einheiten gehören.[15] Entsprechendes gilt für die einem Wohnungseigentum zugeordneten Sondernutzungsrechte.[16]

Um eine zuverlässige Unterrichtung über Lage und Größe der im Sondereigentum und der im gemeinschaftlichen Eigentum stehenden Gebäudeteile sowie ihre exakte räumliche Abgrenzung zueinander zu ermöglichen, hat die Bauzeichnung **Grundrisse** der einzelnen Stockwerke einschließlich Keller und Dachgeschoss sowie auch **Schnitte und Ansichten** des Gebäudes zu umfassen.[17]

Ein **Lageplan für die Gebäude auf dem Grundstück** ist regelmäßig nicht vorzulegen.[18] Stehen jedoch mehrere Gebäude auf dem Grundstück, ist auch ein Lageplan vorzulegen, der neben der Größe der einzelnen Bauwerke auch den Standort der Baukörper festlegt.[19]

---

10 BayObLG BReg 2 Z 130/89, NJW-RR 1990, 332.
11 BGH V ZR 118/94, BGHZ 130, 159 = NJW 1995, 2851; BayObLG BReg 2 Z 130/89, NJW-RR 1990, 332; OLG Frankfurt 20 W 11/80, Rpfleger 1980, 391.
12 OLG Bremen 3 W 52/01, NZM 2002, 610.
13 OLG Bremen 3 W 52/01, NZM 2002, 610.
14 BayObLG 2 Z 68/81, Rpfleger 1982, 21; Palandt/*Bassenge*, § 7 Rn 4; Staudinger/*Rapp*, § 7 Rn 20; **a.A.** Bärmann/*Armbrüster*, § 7 Rn 82.
15 OLG München 34 Wx 105/10, NZM 2011, 157.
16 OLG Düsseldorf I-3 Wx 323/03, ZMR 2004, 611.
17 BayObLG BReg 2 Z 54/79, Rpfleger 1980, 435; BayObLG 2 Z BR 71/97, DNotZ 1998, 377.
18 **A.A.** Riecke/Schmid/*Schneider*, § 7 Rn 88.
19 OLG Hamm 15 W 255/72, DNotZ 77, 308; OLG Bremen 1 W 39/79, Rpfleger 1980, 68; offen gelassen vom BayObLG BReg 2 Z 130/89, NJW-RR 1990, 332.

26 Durch die Bezugnahme auf die Eintragungsbewilligung im Eintragungsvermerk im Grundbuch (§ 7 Abs. 3) wird der als Anlage beizufügende Aufteilungsplan zum **Inhalt des Wohnungs- bzw. Teileigentumsgrundbuchs**.[20]

27 Der Gegenstand des Sondereigentums wird nicht durch die Bezugnahme auf den Aufteilungsplan benannt, sondern durch den Eintragungsvermerk und der darin in Bezug genommenen Eintragungsbewilligung (Abs. 3, vgl. Rn 45). Hierin kommt zum Ausdruck, dass der Aufteilungsplan nicht den Inhalt der Teilungserklärung verdrängt. Stimmen die wörtliche Beschreibung des Gegenstands von Sondereigentum im Text der Teilungserklärung und die Angaben im Aufteilungsplan nicht überein, ist deswegen grundsätzlich keiner der sich **widersprechenden Erklärungsinhalte** vorrangig und kein Sondereigentum entstanden. Es wird dann gemeinschaftlichen Eigentum begründet.[21] Gleiches gilt, wenn sich im Fall einer Unterteilung von Wohnungseigentum nach § 8 die ursprüngliche Teilungserklärung und die Unterteilungserklärung widersprechen.[22]

28 Ist eine der beiden Urkunden **unvollständig**, gelten die gleichen Grundsätze. Sind Räume lediglich in der vertraglichen oder einseitigen Teilungserklärung als Sondereigentum ausgewiesen, nicht aber im Aufteilungsplan mit Nummer und/oder Farbe gekennzeichnet (z.B. Hobbyraum im Keller, Garage), entsteht an diesen kein Sondereigentum; sie sind gemeinschaftliches Eigentum.[23] Dies gilt erst recht, wenn z.B. ein Balkon weder in der Teilungserklärung noch im Aufteilungsplan hinreichend als Sondereigentum bezeichnet ist, auch wenn er nach der Absicht des teilenden Eigentümers Sondereigentum werden sollte.[24] Sind Räume nur im Aufteilungsplan als Sondereigentum bezeichnet, nicht aber auch in der Teilungserklärung entsteht kein Sondereigentum.[25] Dies gilt indes nicht, wenn ein Nebenraum (z.B. ein im Dachgeschoss gelegener Trockenboden, Kellerräume) im Aufteilungsplan als Sondereigentum gekennzeichnet ist, dieser aber in der Teilungserklärung bei der wörtlichen Beschreibung des Gegenstands von Sondereigentum nicht erwähnt wird, sofern in der Teilungserklärung im Anschluss an die verbale Beschreibung „wegen Lage und Größe" der Sondereigentumsräume auf den beigefügten Aufteilungsplan verwiesen wird. Die verbale Beschreibung von Gegenstand und Umfang des Sondereigentums wird also durch die Bezugnahme auf den Aufteilungsplan ergänzt. Dann aber kann die Teilungserklärung, obwohl sie den Nebenraum nicht ausdrücklich nennt, nicht so verstanden werden, als werde damit eine inhaltlich vom Aufteilungsplan abweichende Aufteilung erklärt, sondern es handelt sich ersichtlich um eine veranschaulichende Hervorhebung der wesentlichen Merkmale des jeweiligen Sondereigentums.[26]

29 Auch **Unklarheiten** im Aufteilungsplan (unverständliche Streichungen, Radierungen pp) führen dazu, dass Sondereigentum nicht entsteht.[27]

30 Sofern hierdurch ein isolierter Miteigentumsanteil entsteht, wird wegen der Folgen auf die übrigen Ausführungen verwiesen (vgl. § 3 Rn 38).

31 Widersprechen Teilungserklärung und Gemeinschaftsordnung[28] bzw. Aufteilungsplan und Gemeinschaftsordnung[29] einander, hinsichtlich der Zweckbestimmung eines Teileigentums, so geht grundsätzlich die Regelung der Gemeinschaftsordnung vor, da die Teilungserklärung bzw der Aufteilungsplan allein die sachenrechtliche Zuordnung betrifft, während die Nutzungsbefugnisse in der Gemeinschaftsordnung geregelt werden (vgl. auch § 1 Rn 20).

32 Stimmen Teilungserklärung und Aufteilungsplan überein, weicht aber die **tatsächliche bauliche Ausführung in wesentlichem Umfang vom Aufteilungsplan ab** (z.B. Grundrissänderungen im Sondereigentumsbereich; Errichtung einer zusätzlichen Wohnung ohne Grundrissänderung; Ausdehnung von Sondereigentum in gemeinschaftliches Eigentum oder ein benachbartes Sondereigentum, Errichtung eines Gebäudes an anderer Stelle), erfolgt die Abgrenzung von Sondereigentum untereinander und gegenüber dem gemeinschaftlichen Eigentum auch dann nach der durch Bezugnahme nach Abs. 3 zum Inhalt des Grundbuchs gewordenen Aufteilungsplan, wenn sich die einzelnen Sondereigentumsräume nach dem Aufteilungsplan identifizieren lassen und ihre Abgrenzung untereinander und gegenüber dem gemeinschaftlichen Eigentum nach dem Aufteilungsplan möglich ist.[30] Denn Ausgangspunkt für die Begrün-

---

20 BayObLG BReg 2 Z 54/79, Rpfleger 1980, 435; BayObLG BReg 2 Z 36/91, WuM 1991, 609; OLG Frankfurt 20 W 825/77, Rpfleger 1978, 380; OLG Stuttgart 8 W 384/80, Rpfleger 1981, 109.
21 BGH V ZR 118/94, NJW 1995, 2851; BayObLG 2 Z BR 86/99, DNotZ 2000, 289; OLG Hamm 15 W 98/03, Rpfleger 2003, 547; OLG München 34 Wx 74/05, NZM 2006, 704; Bärmann/Armbrüster, § 7 Rn 15, 97; Palandt/Bassenge, § 5 Rn 1.
22 BGH V ZR 210/03, Rpfleger 2005, 17.
23 OLG Frankfurt 20 W 825/77, Rpfleger 1978, 380.
24 OLG Frankfurt 20 W 90/97, ZMR 1997, 367; LG Wuppertal 6 T 223/08, RNotZ 2009, 48; vgl. auch OLG Düsseldorf I-3 Wx 52–69/09, Rpfleger 2009, 501; a.A. OLG München 34 Wx 247/11, ZWE 2012, 37 mit zust. Anm. Schmidt; Böttcher, Rpfleger 2009, 555; Hügel, RNotZ 2009, 49: der Balkon ist Sondereigentum, soweit er nur über die Wohnung zugänglich ist.
25 OLG Stuttgart 8 W 384/80, Rpfleger 1981, 109; BayObLG BReg 2 Z 36/91, WuM 1991, 609.
26 OLG Köln 2 Wx 35/92, NJW-RR 1993, 204; OLG Frankfurt 20 W 135/97, ZMR 1997, 246.
27 OLG Frankfurt 20 W 825/77, Rpfleger 1978, 380.
28 BayObLG 2 Z BR 88/97, ZMR 1998, 184.
29 OLG Schleswig 2 W 39/02, ZMR 2004, 68.
30 BGH V ZR 447/01, NZM 2004, 103.

dung von Sondereigentum sind nicht die tatsächlich bestehenden Raumverhältnisse, sondern der Grundbuchinhalt.[31] Es entsteht dann Sondereigentum in den Grenzen dieses Plans, nicht im Umfang der tatsächlichen Begrenzung.[32]

Ein **gutgläubiger Dritterwerb** auf der Grundlage der tatsächlichen Bauausführung – auch nicht durch Zuschlag in der Zwangsversteigerung – scheidet aus. Denn der gute Glaube an die Richtigkeit des Grundstücks kann sich nach § 892 BGB nur auf den Grundbuchinhalt gründen, nicht aber auf den äußeren Anschein der Wohnung.[33]

In diesen Fällen hat der benachteiligte Wohnungseigentümer einen **Anspruch auf ordnungsmäßige Erstherstellung** (vgl. auch § 21 Rn 98 ff.); der bevorzugte Wohnungseigentümer hat die Änderung der Bauausführung zur Anpassung an die Teilungserklärung zu dulden.[34] Aus der Treuepflicht der Wohnungseigentümer – insbesondere wenn dies die Zerstörung wirtschaftlicher Werte bedeutet und der bevorzugte Wohnungseigentümer die Abweichung nicht veranlasst hat[35] – kann sich aber auch ein **Anspruch auf Anpassung** der Teilungserklärung **an die tatsächlichen Verhältnisse** ergeben; dabei kann dem Wohnungseigentümer, der hierdurch einen Rechtsverlust erleidet, ein Ausgleichsanspruch zustehen.[36] Im letztgenannten Fall sind rechtsbegründende Willenserklärungen der Beteiligten und Eintragungen im Grundbuch erforderlich. Sofern dabei gemeinschaftliches Eigentum in Sondereigentum umgewandelt werden soll, ist die Zustimmung sämtlicher Wohnungseigentümer erforderlich (vgl. auch § 4 Rn 16).[37]

Bei **unwesentlicher** oder geringfügiger **Abweichung**[38] der späteren Bauausführung vom Aufteilungsplan entsteht Sondereigentum aus praktischen Erwägungen heraus im tatsächlichen erbauten Umfang und nicht in den Grenzen des Aufteilungsplans.[39] In diesem Fall ist der Aufteilungsplan zu berichtigen, um die Diskrepanz zwischen der tatsächlichen Bauausführung und dem Grundbuch zu beseitigen.[40]

Anders ist es nur dann, wenn die bauliche Ausführung vom Aufteilungsplan in der Abgrenzung von Sondereigentum zu gemeinschaftlichem Eigentum oder von Sondereigentum mehrerer Eigentümer untereinander dergestalt abweicht, dass die **planerische Darstellung an Ort und Stelle nicht mehr** mit der nötigen Sicherheit **festzustellen** ist, mit anderen Worten sich nicht mehr feststellen lässt, welche Wohnung nach dem Aufteilungsplan welcher Wohnung nach den tatsächlichen Gegebenheiten zuzuordnen ist (z.B. ein vom äußeren Zuschnitt völlig anderes Gebäude mit anderer Raumaufteilung), dann entsteht insoweit wegen fehlender Bestimmbarkeit der Abgrenzung kein Sondereigentum, sondern gemeinschaftliches Eigentum.[41]

Da in diesem Fall ein Anwartschaftsrecht auf künftiges Sondereigentum laut Aufteilungsplan mangels Herstellungsmöglichkeit nicht mehr besteht (vgl. § 3 Rn 12), ist das Grundbuch unrichtig.[42] Gegebenenfalls entsteht ein isolierter Miteigentumsanteil. (Wegen der Folgen siehe § 3 Rn 38)

Wollen die Beteiligten entsprechend der tatsächlichen Bauausführung Sondereigentum begründen, so sind neue Verträge zu schließen und entsprechende Eintragungsbewilligungen unter Beifügung eines berichtigten Aufteilungsplanes sowie Eintragung im Grundbuch erforderlich.

2. Abgeschlossenheitsbescheinigung

Durch Vorlage einer Bescheinigung gemäß § 7 Abs. 4 S. 1 Nr. 2 (sog. Abgeschlossenheitsbescheinigung) ist dem Grundbuchamt die Abgeschlossenheit gemäß § 3 Abs. 2 nachzuweisen. Denn Sondereigentum soll nur eingeräumt werden, wenn die Wohnungen und sonstigen Räume in sich abgeschlossen sind. Sie dokumentiert im Falle einer Nutzung zu Wohnzwecken auch zugleich die notwendige Ausstattung. (Wegen der Voraussetzungen für die Abgeschlossenheit siehe § 3 Rn 18 ff.) Für die Abgeschlossenheitsbescheinigung ist die „Allgemeine Verwaltungsvorschrift für die Ausstellung von Bescheinigungen gemäß § 7 Abs. 4 Nr. 2 und § 32 Abs. 2 Nr. 2 des Wohnungseigentumsgesetzes" (AVA) ergangen (vgl. Kapitel IV, Nr. 4). Sie ist im Hinblick auf die Entscheidung des Bundesverfassungsgerichts[43] von der Bundesregierung als Ganzes mit Zustimmung des Bundesrates für das Bundesgebiet ergangen. Die Bescheinigung wird danach durch die Baubehörde (Nr. 1 AVA) oder einen Sachverständigen (vgl. Rn 17–19) erteilt; vgl. Muster [Anlage zur AVA]. Sie ist mit Unterschrift und Siegel oder Stempel zu versehen (Nr. 7 S. 2 AVA).

---

31 KG 24 W 7365/00, NZM 2001, 1127; OLG Zweibrücken 3 W 246/05, NZM 2006, 587.
32 BGH V ZR 99/10, NJW 2011, 3237 Tz.19; BGH V ZR 97/07, ZMR 2008, 897; BayObLG BReg 2 Z 130/89, NJW-RR 1990, 332; BayObLG 2 Z BR 9/98, ZMR 1998, 794; OLG Düsseldorf 3 W 33/69, DNotZ 1970, 42; OLG Celle 4 U 30/79, OLGZ 1981, 106; OLG Hamm 15 W 452/85, Rpfleger 1986, 374; KG 24 W 7365/00, NZM 2001, 1127; *Bärmann/Armbrüster*, § 7 Rn 95, § 2 Rn 79, 81; *Weitnauer/Briesemeister*, § 7 Rn 12; *Merle*, WE 1989, 116; **a.A.** OLG Koblenz 2 U 1588/89, WuM 1991, 603.
33 KG 24 W 7365/00, NZM 2001, 1127.
34 KG 24 W 7365/00, NZM 2001, 1127.
35 Vgl. OLG Karlsruhe 14 Wx 5/07, ZWE 2008, 149.
36 BayObLG 2Z BR 94/01, ZWE 2001, 605; KG 24 W 7365/00, NZM 2001, 1127.
37 BayObLG 2 Z 68/81, Rpfleger 1982, 21.
38 Weniger als 3 %, vgl. *Armbrüster*, ZWE 2005, 188.
39 OLG Celle 4 U 30/79, OLGZ 1981, 106; OLG Düsseldorf 9 U 126/87, NJW-RR 1988, 590; OLG Hamm 15 W 452/85, Rpfleger 1986, 374 f.; *Bärmann/Armbrüster*, § 7 Rn 77.
40 BayObLG BReg 2 Z 118/84, ZMR 1986, 21; OLG Celle 4 U 30/79, OLGZ 1981, 106; *Merle*, WE 1989, 116.
41 BGH V ZR 447/01, NJW 2004, 1798; BayObLG 2 Z BR 9/98, ZMR 1998, 794; OLG Celle 4 U 30/79, OLGZ 1981, 106; OLG Karlsruhe 4 W 22/82, Justiz 1983, 307; OLG Hamm 15 W 452/85, Rpfleger 1986, 374; OLG Düsseldorf 9 U 126/87, NJW-RR 1988, 590; OLG Zweibrücken 3 W 246/05, NZM 2006, 587.
42 *Palandt/Bassenge*, § 2 Rn 7; *Merle*, WE 1989, 116.
43 BVerfG 2 BrF 1/64, E 26, 338.

39 Das Fehlen der Abgeschlossenheitsbescheinigung rechtfertigt die Zurückweisung des Eintragungsantrags durch das Grundbuchamt (vgl. Rn 42). Liegt Abgeschlossenheit entgegen der Bescheinigung tatsächlich nicht vor, hindert dies nicht das Entstehen von Sondereigentum (vgl. § 3 Rn 18).

C. Prüfungspflicht des Grundbuchamtes

40 Das Grundbuchamt hat zu prüfen, ob für den Antrag auf Eintragung der Einräumung von Sondereigentum (§ 3) oder der Teilung (§ 8) die **formellen Voraussetzungen für den Grundbuchvollzug** vorliegen. Dafür müssen der Antrag eines Berechtigten gemäß § 13 Abs. 1 GBO (siehe Rn 13) und eine Eintragungsbewilligung der von der Rechtsänderung Betroffenen gemäß § 19 GBO, die in der Form des § 29 GBO nachzuweisen ist, (siehe Rn 14) vorliegen. Beim Handeln im fremden Namen ist ein evidenter Vollmachtsmissbrauch zu beachten.[44]

41 Der Eintragungsbewilligung müssen als Anlagen der Aufteilungsplan (siehe Rn 20) und die Abgeschlossenheitsbescheinigung (siehe Rn 38) beigefügt sein. Schließlich bedarf es der Voreintragung der Betroffenen (§ 39 GBO) und ggf. behördlicher Genehmigungen (vgl. § 2 Rn 9) sowie der Zustimmung dinglich Berechtigter (vgl. § 4 Rn 3), die gleichfalls in der Form des § 29 GBO nachzuweisen sind.

42 Die gemäß § 7 Abs. 4 S. 1 Nr. 2 erteilte **Abgeschlossenheitsbescheinigung** der Baubehörde ist für das Grundbuchamt **nicht bindend**.[45] Sie dient nur der Erleichterung der Prüfung des Eintragungsantrags durch das Grundbuchamt. Dass § 3 Abs. 2 S. 1 WEG nur eine Sollvorschrift ist, die bei Nichtbeachtung die Entstehung des eingetragenen Sondereigentums nicht hindert, ändert nichts an der Pflicht des Grundbuchamts sie zu beachten, um den mit der Abgeschlossenheit bezweckten Schutz der Wohnungseigentümer (vgl. § 3 Rn 18) zu gewährleisten. Es hat die Abgeschlossenheit daher in eigener Verantwortung zu prüfen[46] und den Eintragungsantrag zurückzuweisen, wenn sich aus den Eintragungsunterlagen (Teilungserklärung, Gemeinschaftsordnung, Aufteilungsplan) das Gegenteil ergibt. Es besteht keine Ermittlungspflicht, ob entgegen unzureichender Bescheinigung tatsächlich Abgeschlossenheit besteht.[47]

43 Das Grundbuchamt ist hingegen nur in sehr eingeschränktem Umfang zur **materiell-rechtlichen Prüfung der Teilungserklärung** einschließlich der Vereinbarungen zum Inhalt des Sondereigentums gemäß § 5 Abs. 4 S. 1, 10 Abs. 2 S. 2 (vgl. § 3 Rn 44, § 5 Rn 53) verpflichtet, nämlich dann, wenn sich aus den Eintragungsunterlagen eine offensichtliche Unzulässigkeit (Inhaltsmängel betreffend Zulässigkeit der rechtlichen Gestaltung – z.B. Sondereigentumsfähigkeit –, vgl. § 3 Rn 37) oder Nichtigkeit (Verstoß der Vereinbarungen gegen §§ 134, 138 BGB) ergibt[48] oder sie dem Grundbuchamt sonst positiv bekannt ist, z.B. Entmündigung eines Beteiligten. Es hat aber nicht Verstöße gegen § 242 BGB (§§ 305 ff. BGB sind auf Vereinbarungen nicht anwendbar[49]) zu prüfen.[50] Dies erfolgt allein vorm Amtsgericht im Rahmen eines Verfahrens nach § 43 WEG.[51] Stellt das Grundbuchamt, die Unwirksamkeit einer Bestimmung fest, ist der Eintragungsantrag zurückzuweisen.

D. Inhalt der Eintragung

44 Gemäß § 3 Abs. 1 WGV muss der **Eintragungsvermerk** im Wohnungs- bzw. Teileigentumsgrundbuch in Spalte 3 des Bestandsverzeichnisses
- den Miteigentumsanteil am Grundstück unter Angabe des Bruchteils,
- die Bezeichnung des Grundstücks,
- das mit dem Miteigentumsanteil verbundene Sondereigentum an bestimmten Räumen mit der im Aufteilungsplan bezeichneten Nummer,
- die Beschränkung des Miteigentums durch die Einräumung der zu den anderen Miteigentumsanteilen gehörenden Sondereigentumsrechte unter Angabe der Grundbuchblätter der übrigen Sondereigentumsrechte,
- den Gegenstand und Inhalt des Sondereigentums (vgl. aber Rn 45)

enthalten.

45 Der Gegenstand und Inhalt des Sondereigentums braucht nicht selbst im Grundbuch eingetragen werden, insoweit genügt die **Bezugnahme auf die Eintragungsbewilligung** (§ 7 Abs. 3). Bezugnahme auf die Eintragungsbewilligung bedeutet, dass die in Bezug genommenen Urkunden (Aufteilungsplan, Teilungserklärung, ggf. einschließlich der Gemeinschaftsordnung) genau so Inhalt des Grundbuchs sind, wie die in ihm vollzogene Eintragung selbst (vgl.

---

44 OLG München 32 Wx 79/06, NZM 2006, 867.
45 BayObLG BReg 2 Z 32/84, Rpfleger 1984, 407; BayObLG BReg 2 Z 94/88, RPfleger 1989, 99; OLG Frankfurt 20 W 302/77, Rpfleger 1977, 312; KG 1 W 561/84, Rpfleger 1985, 107; *Bärmann/Armbrüster*, § 7 Rn 124; **a.A.** *Weitnauer/Briesemeister*, § 7 Rn 21.
46 GmS OBG, GmS-OBG 1/91, NJW 1992, 3290; OLG Düsseldorf 3 Wx 313/97, FGPrax 1998,12; einschränkend *Bärmann/Armbrüster*, § 7 Rn 124: nur bei begründeten Zweifeln an der Richtigkeit.
47 OLG Frankfurt 20 W 156/11, ZWE 2012, 34.
48 OLG Köln 2 Wx 4/89, Rpfleger 1989, 405; *Bärmann/Armbrüster*, § 7 Rn 125, 126; Palandt/*Bassenge*, § 7 Rn 7; *Weitnauer/Briesemeister*, § 7 Rn 24.
49 OLG Hamburg 2 Wx 16/94, FGPrax 1996, 132; zweifelnd, aber offen gelassen von BGH V ZR 74/11, NZM 2012, 157.
50 BayObLG 2Z BR 53/95, NJW-RR 1996, 1037; OLG Frankfurt 20 W 54/98, NJW-RR 1998, 1707.
51 BayObLG 2Z BR 53/95, NJW-RR 1996, 1037.

auch Rn 27)[52] und am öffentlichen Glauben des Grundbuchs teilnehmen.[53] Eine Bezugnahme auf die Bewilligung ist aber dann ausgeschlossen und muss ausdrücklich im Bestandsverzeichnis vermerkt werden, wenn an einem Raum eine Veränderung eingetragen werden soll, der ausdrücklich im Bestandsverzeichnis des Grundbuchs eingetragen ist.[54]

Was **Gegenstand des Sondereigentums** ist, ergibt sich aus § 5 Abs. 1–3. Für die Bestimmung der Räume zu Sondereigentum hat der Aufteilungsplan entscheidende Bedeutung. Wird der Gegenstand des Sondereigentums – entgegen § 7 Abs. 3 – konkret im Bestandsverzeichnis bezeichnet, so muss eine Änderung im Bestand der zum Sondereigentum gehörenden Räume auf dem Grundbuchblatt selbst vermerkt werden. Eine Eintragung nur durch Bezugnahme auf die Eintragungsbewilligung ist dann nicht zulässig, da sonst für unbefangene Nutzer des Grundbuchs der Eindruck entsteht, der Bestand des Sondereigentum sei unverändert.[55] 46

Zum **Inhalt des Sondereigentums** gehören die Gemeinschaftsordnung und nachträgliche Vereinbarungen der Wohnungseigentümer nach § 5 Abs. 4, 10 Abs. 2, Abs. 3. Auf sie kann daher nach § 7 Abs. 3 Bezug genommen werden. 47

Eine ausdrückliche Ausnahme gilt für vereinbarte **Veräußerungsbeschränkungen** (§ 12). Sie sind im Grundbuch selbst einzutragen (§ 3 Abs. 2 WGV). Eine Bezugnahme auf die Eintragungsbewilligung reicht hier nicht. 48

Die Vereinbarung über die Einräumung von **Sondernutzungsrechten** (vgl. § 13 Rn 35 ff.), die durch Teilungserklärung oder durch Vereinbarung zum Inhalt des Sondereigentums gemacht werden, ist grundsätzlich die Eintragung in den Wohnungsgrundbüchern **aller** Wohnungseigentumseinheiten erforderlich. Dabei genügt zur Eintragung in den Wohnungsgrundbüchern gemäß § 7 Abs. 3 die Bezugnahme auf die in der Teilungserklärung oder Vereinbarung enthaltene Eintragungsbewilligung.[56] Ein Hinweis im Eintragungsvermerk selbst auf das Bestehen und die Art des Sondernutzungsrechts ist zur Rechtsentstehung nicht erforderlich, kann aber – insbesondere auf ausdrücklichen Antrag – im Interesse der Klarheit und Rechtssicherheit eingetragen werden.[57] Ein Anspruch auf einen solchen Eintrag gibt es jedoch nicht.[58] Die nachträgliche Änderung, Übertragung oder Aufhebung des Sondernutzungsrechts ist nur noch im Grundbuchblatt des Wohnungseigentums einzutragen, an dessen Inhalt sich etwas (nachteilig) ändert; dies ist erforderlich, damit die Wirkungen des § 10 Abs. 2 eintreten.[59] 49

Die Wirkungen der Bezugnahme erfordern allerdings nach dem sachenrechtlichen Bestimmtheitsgrundsatz und dem Gebot der Klarheit der Grundbucheintragung, dass das Sondernutzungsrecht ausreichend bestimmt ist.[60] Es ist daher entweder in der Eintragungsbewilligung (Teilungserklärung) eindeutig zu beschreiben oder im in Bezug genommenen Plan, der nicht der Aufteilungsplan sein muss[61] entweder mit den jeweils gleichen Nummern (Abs. 4 S. 1 Nr. 1 Hs. 2) und/oder durch farbliche Umrandung zu kennzeichnen. Bei einem nicht durch Auslegung lösbaren Widerspruch zwischen Teilungserklärung und Plan wird ein Sondernutzungsrecht mit dinglicher Wirkung nicht wirksam begründet.[62] Bei gemeinschaftlichen Sondernutzungsrechten erstreckt sich das Bestimmtheitserfordernis nicht auf etwaige Nutzungsvereinbarungen unter den Sondernutzungsberechtigten.[63] 50

Daneben können auch aufgrund einer Öffnungsklausel gefasste **Mehrheitsbeschlüsse** der Wohnungseigentümer und gerichtliche Entscheidungen nach § 43 zum Inhalt des Sondereigentums gehören. Sie wirken auch ohne Eintragung und damit auch ohne Bezugnahme im Grundbuch gegenüber Rechtsnachfolgern, § 10 Abs. 4. 51

Im Wohnungs- bzw. Teileigentumsgrundbuch werden die zum gemeinschaftlichen Eigentum gehörenden Räume und Teile des Gebäudes nicht eingetragen. Der **Gegenstand des gemeinschaftlichen Eigentums** ergibt sich nur mittelbar aus der Eintragungsbewilligung und dem Aufteilungsplan (was nicht Sondereigentum ist, gehört zum gemeinschaftlichen Eigentum). 52

Für die **übrigen Grundbuchabteilungen** (I Eigentümer, II Belastungen, Insolvenz-Versteigerungsvermerke usw., III Grundpfandrechte, Reallasten) gilt das allgemeine Recht; es bestehen keine Besonderheiten. 53

---

52 BGH V ZB 60/55, WM 1956, 872.
53 BayObLG 2 Z 73/79, DNotZ 1980, 747; OLG Frankfurt 20 W 471/02, NZM 2005, 947.
54 BGH VZR 211/06, Rpfleger 2008, 60.
55 BGH V ZB 211/06, Rpfleger 2008, 60.
56 OLG Hamm 15 W 34/83, Rpfleger 1985, 109; KG 24 W 2592/95, NJW-RR 1997, 205; KG 24 W 201/05, ZMR 2007, 384; OLG München 32 Wx 133/06, NZM 2006, 867; OLG Frankfurt 20 W 290/05, NZM 2008, 214.

57 OLG Hamm 15 W 34/83, Rpfleger 1985, 109; KG NJW-RR 1997, 205.
58 OLG München 32 Wx 133/06, NZM 2006, 867; OLG Zweibrücken 3 W 22/07, ZMR 2007, 490.
59 OLG Frankfurt 20 W 290/05, NZM 2008, 214.
60 KG 24 W 28/07, MietRB 2008, 19.
61 OLG Frankfurt 20 W 83/04, ZWE 2007, 108 (Ls.).
62 OLG Frankfurt 20 W 195/03, ZWE 2006, 243.
63 OLG Düsseldorf I-3 Wx 54/10, ZMR 2010, 976.

| **§ 8** | **Teilung durch den Eigentümer** |

(1) Der Eigentümer eines Grundstücks kann durch Erklärung gegenüber dem Grundbuchamt das Eigentum an dem Grundstück in Miteigentumsanteile in der Weise teilen, dass mit jedem Anteil das Sondereigentum an einer bestimmten Wohnung oder an nicht zu Wohnzwecken dienenden bestimmten Räumen in einem auf dem Grundstück errichteten oder zu errichtenden Gebäude verbunden ist.
(2) [1]Im Falle des Absatzes 1 gelten die Vorschriften des § 3 Abs. 2 und der §§ 5, 6, § 7 Abs. 1, 3 bis 5 entsprechend. [2]Die Teilung wird mit der Anlegung der Wohnungsgrundbücher wirksam.

A. Allgemeines	1	C. Entstehung von Sondereigentum	17
B. Voraussetzungen für die Entstehung von Sondereigentum	4	D. Änderung von Gegenstand und Inhalt des Sondereigentums	22
I. Teilungserklärung	5	E. Entstehung der Gemeinschaft	28
II. Antrag und Eintragungsbewilligung	15	F. Unterteilung	30
III. Anlagen	16	G. Vereinigung	39

A. Allgemeines

1 Nach § 8 kann an Räumen in einem bereits vorhandenen oder zu errichtenden Gebäude durch **einseitige Teilungserklärung** Sondereigentum begründet werden, sofern das Grundstück im Alleineigentum steht. Im Gegensatz dazu regelt § 3 die Begründung von Sondereigentum durch vertragliche Teilungserklärung, sofern mehrere Personen gemeinsam Eigentümer des Grundstücks sind.

2 Aus Abs. 1 folgt die ideelle Teilung eines im Alleineigentum stehenden Grundstücks in mit Sondereigentum verbundene Miteigentumsanteile ohne vorherige Anteilsübertragung (**Vorratsteilung**). Dies stellt eine Ausnahme zu dem Grundsatz des allgemeinen bürgerlichen Rechts dar, wonach die ideelle Teilung eines Grundstücks bei bestehendem Alleineigentum[1] ebenso wie die quotenmäßig beschränkte Belastung eines im Alleineigentum stehenden Grundstücks gemäß §§ 1114 BGB, § 864 Abs. 2 ZPO ausgeschlossen ist.

3 Diese ideelle Teilung dient in erster Linie der **Förderung des Wohnungsbaus**. Der Alleineigentümer braucht mit der Aufteilung in Miteigentum nicht zu warten, bis er Interessenten gefunden hat, sondern kann auf dem durch diese Vorschrift geschaffenen Weg der Vorratsteilung die tatsächlichen und rechtlichen Verhältnisse der zu veräußernden Wohnungs- bzw. Teileigentumsrechte selbst schaffen und erst zu einem späteren Zeitpunkt – vor Baubeginn, während des Baus oder nach dessen Fertigstellung – die in seiner Hand vereinigten Miteigentumsanteile verbunden mit dem Sondereigentum an Dritte einzeln zu veräußern.

B. Voraussetzungen für die Entstehung von Sondereigentum

4 Die Voraussetzungen der ideellen Grundstücksteilung sind sowohl denen der realen Teilung eines Grundstücks als auch denen der vertraglichen Begründung von Wohnungseigentum nachgebildet. Abs. 2 S. 1 erklärt § 3 Abs. 2 sowie die §§ 5, 6, 7 Abs. 1, 3–5 für die Aufteilung entsprechend anwendbar.

I. Teilungserklärung

5 Die Teilung ist mit dem in Abs. 1 bezeichneten Inhalt gegenüber dem Grundbuchamt zu erklären. Aus ihr muss also hervorgehen, dass das Alleineigentum in bestimmte Miteigentumsanteile aufgeteilt wird und dass mit jedem Anteil das Sondereigentum an einer bestimmten Wohnung oder an sonstigen bestimmten Räumen verbunden ist.

6 Die Teilung ist keine inhaltliche Änderung des Alleineigentums.[2] Sie bewirkt die Teilung des Vollrechts und enthält damit eine Verfügung über ein Recht an einem Grundstück (**dingliches Verfügungsgeschäft**).

7 Die **Zustimmung eines Dritten** zur Teilungserklärung gemäß §§ 876, 877 BGB ist daher grundsätzlich nicht erforderlich, da Grundpfandrechte und andere Belastungen durch die Aufteilung zu Gesamtbelastungen an allen Miteigentumsanteilen werden, mit der Folge, dass die Gläubiger sowohl alle als auch einzelne Anteile verwerten können.[3] Auch nach Einführung des Rangklassenprivilegs für rückständiges Wohngeld gemäß § 10 Abs. 1 Nr. 2 ZVG bedarf die Begründung von Wohnungseigentum nicht der Zustimmung der Gläubiger, deren Grundpfandrechte auf dem ganzen Grundstück lasten. Bei der Begründung von Wohnungseigentum gem. § 8 handelt es sich um keine Inhaltsänderung. Zwar führt das Privileg zu einer Verschlechterung der Rechtsstellung der Grundpfandgläubiger. Einer ent-

---

1 § 1008 BGB setzt verschiedene Rechtsinhaber der Anteile voraus: Palandt/*Bassenge*, § 1008 BGB Rn 2.
2 *Riecke/Schmid/Elzer*, § 8 Rn 23.
3 BayObLG BReg 2 Z 119–127/58, Z 1958, 273; OLG Hamm, 15 W 272/97, FGPrax 1998,44; OLG Frankfurt 20 W 90/97, ZfIR 1997, 417; *Weitnauer/Briesemeister*, § 8 Rn 15.

sprechenden Anwendung der §§ 876, 877 BGB steht aber das Fehlen einer planwidrigen Regelungslücke entgegen. Der Gesetzgeber wollte das Recht des Eigentümers, sein Grundstück in Wohnungseigentum aufzuteilen, nicht beschränken.[4]

Die Erklärung ist materiell **formfrei.** Auf sie finden die allgemeinen Regelungen des BGB, z.B. die §§ 104 ff. BGB Anwendung. Die Teilungserklärung ist nach den für eine Grundbucheintragung anzuwendenden Grundsätzen auszulegen. Danach kommt es nicht auf den Willen des Verfassers der Teilungserklärung an, sondern allein auf den Wortlaut und Sinn, wie er sich bei objektiver Betrachtung als nächstliegende Bedeutung ergibt.[5] Entsprechend § 4 Abs. 2 S. 2 (auf den Abs. 2 S. 1 nicht verweist) kann die Teilungserklärung nicht unter einer Bedingung oder Zeitbestimmung abgegeben werden.[6]

8

Da die Teilungserklärung aber Voraussetzung für den grundbuchbuchrechtlichen Vollzug ist, muss sie nach § 29 GBO in Form einer öffentlichen oder **öffentlich beglaubigten Urkunde** (§ 129 Abs. 1 BGB) nachgewiesen werden. Wegen der erleichterten Bezugnahme nach § 13a BeurkG erfolgt in der Praxis regelmäßig eine notarielle Beurkundung der Teilungserklärung (§ 129 Abs. 2 BGB).

9

Abzugeben ist die Erklärung von dem im Zeitpunkt der Anlegung der Wohnungsgrundbücher eingetragen Eigentümer des von der Teilung betroffenen Grundstücks[7] oder des zu diesem Zeitpunkt Verfügungsberechtigten, z.B. Insolvenzverwalter,[8] Nachlassverwalter, Testamentsvollstrecker.

10

Der teilende **Grundstückseigentümer** muss keine natürliche Person sein. Es kann sich auch um eine juristische Person, eine Gesellschaft bürgerlichen Rechts, eine OHG, KG, eheliche Gütergemeinschaft oder Erbengemeinschaft (vgl. dazu auch § 2 Rn 3) handeln. Auch eine Bruchteilsgemeinschaft kann teilender Eigentümer sein. In den Fällen einer Personenmehrheit ist die Teilungserklärung von allen Berechtigten abzugeben.[9] Das entsprechende Eigentum – sei es nach Bruchteilen, zur gesamten Hand usw. – setzt sich dann an den einzelnen Miteigentumsanteilen fort.

11

Wegen der rechtlichen Behandlung von **Gründungsmängeln** wird auf die entsprechend geltenden Ausführungen zu § 3 Rn 36 ff verwiesen.

12

Der **Erklärungsinhalt** muss die zu schaffenden Miteigentumsanteile unter Angabe des Bruchteilsverhältnisses umfassen. Insoweit gelten die Ausführungen zu § 3 Rn 41 entsprechend.

13

Mit jedem Miteigentumsanteil ist Sondereigentum an einer Wohnung oder einem sonstigen Raum zu verbinden. Insoweit gelten die Ausführungen (siehe § 3 Rn 6 ff., 15 ff.) entsprechend. Sondereigentum kann dabei nur an Räumen in einem Gebäude, welches aber nicht bereits errichtet sein muss, begründet werden. Insoweit gelten die Ausführungen (siehe § 3 Rn 11 ff.) entsprechend.

Das Sondereigentum an Wohnungen und sonstigen Räumen soll nur bestellt werden, wenn diese in sich abgeschlossen sind (§§ 8 Abs. 2 S. 1, 3 Abs. 2). Insoweit gelten die Ausführungen (siehe § 3 Rn 18 ff.) entsprechend. Nach Maßgabe des § 5 bestimmt die Teilungserklärung, welche Räume und Gebäudeteile zum Sonder- und gemeinschaftlichen Eigentum gehören. Insoweit gelten die Ausführungen (siehe § 3 Rn 42 ff.) entsprechend.

Durch die Teilungserklärung kann der Alleineigentümer zudem einseitig alle Bestimmungen über das Verhältnis der späteren Wohnungseigentümer untereinander bindend festlegen, die Gegenstand von Vereinbarungen nach § 10 Abs. 2 S. 2 sein können, also die künftige **Gemeinschaftsordnung** aufstellen (§§ 8 Abs. 2 S. 1, 5 Abs. 4), ohne dass sie ausdrücklich zum Inhalt des Erwerbsvertrages gemacht werden muss.[10] Der darin liegenden Gefahr einseitig begünstigender Regelungen werden durch § 26 Abs. 1 S. 2, §§ 138, 242 BGB[11] Schranken gesetzt.[12] (Zur Inhaltskontrolle der Gemeinschaftsordnung durch das Grundbuchamt vgl. § 7 Rn 43.)

14

II. Antrag und Eintragungsbewilligung

Neben der Teilungserklärung ist ein formfreier Eintragungsantrag (§ 13 GBO) zu stellen. Auch eine in der Form des § 29 GBO nachzuweisende Eintragungsbewilligung (§ 19 GBO) ist erforderlich; dabei ist es unerheblich, ob man die dem Grundbuchamt zum Vollzug eingereichte Teilungserklärung auch als Eintragungsbewilligung wertet[13] oder ob man die Teilungserklärung an die Stelle der Eintragungsbewilligung treten lässt.[14]

15

---

4 BGH V ZB 95/11, NJW 2012, 1226; KG, 1 W 455/10, ZWE 2011, 81 mit zust. Anm. *Schmidt*; OLG Oldenburg, 12 W 296/10, ZMR 2011, 492; OLG München, 34 Wx 220/11, ZfIR 2011,571; OLG Celle 4 W 82/12, ZWE 2012, 276; *Becker/Schneider*, ZfIR 2011, 545: dinglich Berechtigte haben den Vorrang der Hausgeldansprüche in den Grenzen des § 10 Abs. 1 Nr. 2 ZVG als gesetzliche Wertentscheidung hinzunehmen; a.A. OLG Frankfurt 20 W 69/11, ZfIR 2011, 573; Palandt/*Bassenge*, § 8 Rn 1; *Kessler*, NJW 2010, 2317.
5 BGH V ZB 21/03, ZMR 2003, 937; OLG Celle 4 W 216/07, ZMR 2009, 214.
6 *Weitnauer/Briesemeister*, § 8 Rn 4.
7 OLG Düsseldorf 3 W 251/74, DNotZ 1976, 168.
8 BayObLG BReg 2 Z 226–231/56, Z 1957, 102, 108.
9 *Bärmann/Armbrüster*, § 8 Rn 17.
10 BayObLG 2Z BR 84/01, NZM 2002, 609.
11 Vgl. BayObLG, 2Z BR 35/98, ZMR 1999, 52: zur Kostenverteilung; BGH V ZR 209 80/05, NZM 2007, 90: zu den Grenzen einer Gebrauchsregelung.
12 *Bärmann/Armbrüster*, § 8 Rn 7.
13 OLG Hamm 15 W 34/83, Rpfleger 1985, 109.
14 OLG Zweibrücken 3 W 96/81, OLGZ 1982, 263.

III. Anlagen

16 Gemäß §§ 8 Abs. 2 S. 1, 7 Abs. 4 S. 1 sind der Teilungserklärung ein Aufteilungsplan (§ 7 Abs. 4 S. 1 Nr. 1) und eine Bescheinigung der Baubehörde über die Abgeschlossenheit der Wohnungen und Räume (§ 7 Abs. 4 S. 1 Nr. 2) beizufügen. Insoweit gelten die Ausführungen (siehe § 7 Rn 16 ff.) entsprechend. Ggf. erforderliche Genehmigungen (vgl. § 2 Rn 9) sind ebenfalls vorzulegen.

C. Entstehung von Sondereigentum

17 Mit der Anlegung des letzten Wohnungsgrundbuchs tritt die (dingliche) Wirkung der Teilung ein (§ 8 Abs. 2 S. 2). Es entstehen die durch die Teilungserklärung nach Gegenstand und Inhalt bestimmten **Wohnungs- und Teileigentumsrechte** verbunden mit dem jeweiligen Miteigentumsanteil in der Hand der (des) bisherigen Eigentümer(s). Wie bei der realen Teilung eines Grundstücks sind die Miteigentumsanteile in ähnlicher Weise verselbstständigt und können einzeln veräußert und belastet werden.

18 Zu unterscheiden ist dies von der Entstehung der Wohnungseigentümergemeinschaft, die begrifflich die Zahl von mindestens zwei Mitgliedern voraussetzt. Eine „Einpersonen-Gemeinschaft" ist abzulehnen.[15]

19 Für jeden Miteigentumsanteil ist ein **besonderes Grundbuchblatt** anzulegen. Für die Bezeichnung und die Schließung des Grundstücksgrundbuchs einschließlich der Behandlung der dort eingetragenen Belastungen gelten die Ausführungen (siehe § 7 Rn 5 ff.) entsprechend. Erfolgt vor Anlegung der Grundbücher ein Wechsel des Grundstückseigentümers ist dies noch im Grundstücksgrundbuch zwischen zu buchen. Die Eintragung einer Verfügung über Wohnungseigentum darf erst nach der Voreintragung des Teilenden im Wohnungsgrundbuch erfolgen. Die Anlegung eines gemeinschaftlichen Grundbuchblattes ist unzulässig. § 8 Abs. 2 S. 1 verweist nicht auf § 7 Abs. 2. Trotz eines Verstoßes ist die Teilung wirksam, da es sich um eine bloße Ordnungsvorschrift handelt.[16]

20 Der Anspruch auf Übertragung eines einzelnen Wohnungseigentums bzw. auf dessen Belastung kann schon vor Anlegung der Wohnungsgrundbücher durch eine **Vormerkung** im Grundstücksgrundbuch gesichert werden, sofern Miteigentumsanteil[17] und Sondereigentum[18] bestimmbar bezeichnet sind.

21 Eine nach der Gemeinschaftsordnung erforderliche Veräußerungszustimmung nach § 12 gilt auch für die Übertragung einer Wohnungseigentumseinheit vom aufteilenden Eigentümer auf einen Ersterwerber (vgl. auch § 12 Rn 6).[19]

D. Änderung von Gegenstand und Inhalt des Sondereigentums

22 **Bis zur Anlegung der Wohnungsgrundbücher** (vgl. Rn 17) kann der Eigentümer durch eine einseitige Erklärung grundsätzlich jederzeit Gegenstand und Inhalt des Sondereigentums verändern, sofern die Voraussetzungen der §§ 3 Abs. 2, 7 Abs. 4 vorliegen.[20] Wenn ein Alleineigentümer nach § 9 Abs. 1 Nr. 3 die Teilung durch einseitige Erklärung aufheben kann (siehe Rn 27), kann er erst recht auch Änderungen erklären.[21]

23 Mit der Anlegung der Wohnungsgrundbücher **bis zur Entstehung der (werdenden) Wohnungseigentümergemeinschaft** bleibt die einseitige Änderungsmöglichkeit bestehen.[22] Es bedarf neben der einseitigen Erklärung (vgl. Rn 22) noch der Eintragung der geänderten Erklärung im Grundbuch. Anderenfalls entfaltete die Änderung gegenüber Sondernachfolgern keine Wirkung.

24 Diese Befugnis zur einseitigen Änderung der Teilungserklärung verliert der teilende Eigentümer aber mit der Entstehung der Wohnungseigentümergemeinschaft.[23] Darüber hinaus **endet** die **Verfügungsbefugnis** bereits mit der Eintragung einer Auflassungsvormerkung für den ersten Erwerber eines Wohnungseigentums,[24] die bereits vor Anlegung der Wohnungsgrundbücher erfolgt sein kann (vgl. Rn 19). Insoweit kommt es auch nicht darauf an, ob bereits eine faktische Eigentümergemeinschaft entstanden ist, die zusätzlich Besitzübergang verlangt.[25]

25 Eine andere Frage ist, ob der Alleineigentümer durch nachträgliche Änderungen Pflichten gegenüber den Erwerbern verletzt. Eine **nachträgliche Zuweisung von Sondernutzungsrechten** durch den teilenden Eigentümer allein bleibt möglich, wenn sich dieser in der Teilungserklärung bei Wahrung des sachenrechtlichen Bestimmungsgrundsatzes und dem Gebot der Klarheit der Grundbucheintragungen[26] eine entsprechende **Zuweisungsbefugnis** vorbehalten

---

15 Weitnauer/Briesemeister, § 8 Rn 2; **a.A.** Becker, ZWE 2007, 119.
16 Palandt/Bassenge, § 8 Rn 2.
17 BayObLG 2 Z BR 3/92, WuM 1992, 277.
18 OLG Düsseldorf 9 U 208/94, DNotZ 1996, 39.
19 BGH V ZB 13/90, NJW 1991, 1613.
20 BayObLG BReg 2 Z 16/74, NJW 1974, 2134; OLG Düsseldorf 3 Wx 450/00, WuM 2001, 257; Weitnauer/Briesemeister, § 8 Rn 17; Bärmann/Armbrüster, § 8 Rn 28.
21 OLG Düsseldorf 3 Wx 450/00, WuM 2001, 257.
22 BayObLG 2 Z BR 223/04, Rpfleger 2005, 420.
23 BGH V ZR 210/03, ZMR 2005, 59; KG 24 W 201/05, ZMR 2007, 384.
24 BayObLG BReg 2 Z 17/74, Rpfleger 1974, 314; BayObLG 2Z BR 42/98, NZM 1999, 126; OLG Düsseldorf 24 W 201/05, ZMR 2001, 650; OLG Frankfurt 20 W 524/01, NZM 2008, 45.
25 BayObLG 2Z BR 56/93, Rpfleger 1994, 17.
26 KG 24 W 201/05, ZMR 2007, 284; OLG Hamm I-15 Wx 140/08, FGPrax 2009, 57; vgl. auch OLG Hamm 15 W 157/99, NZM 2000, 662; **a.A.** OLG Frankfurt 20 W 54/98, Rpfleger 1998, 336.

hat (vgl. auch § 13 Rn 37).[27] Dies gilt entsprechend für andere Inhaltsänderungen des Sondereigentums (z.B. die Umwandlung von Wohnungs- in Teileigentum, vgl. auch § 1 Rn 20); nicht aber für Änderungen des Gegenstandes des Sondereigentums, z.B. Ermächtigung zur Umwandlung von Sondereigentum in gemeinschaftliches Eigentum und umgekehrt (vgl. dazu § 4 Rn 16).[28]

Sind einzelne Wohnungseigentume mit dinglichen Rechten Dritter belastet, ist zu einer nachträglichen Änderung der Teilungserklärung zudem noch die **Zustimmung der dinglich Berechtigten** gemäß §§ 876, 877 BGB nach Maßgabe von § 5 Abs. 4 S. 2, 3 erforderlich.[29] 26

Nach § 9 Abs. 1 Nr. 3 kann der teilende Alleineigentümer jederzeit durch einseitige Erklärung die **Teilung aufheben**, Schließung der besonderen Grundbuchblätter und die Anlegung eines neuen Grundbuchs für das Grundstück beantragen (vgl. § 9 Rn 6 ff.). 27

E. Entstehung der Gemeinschaft

Bei einer Teilung nach § 8 entsteht eine werdende Wohnungseigentumsgemeinschaft, sobald der erste Erwerber einer rechtlich gesicherte Position erlangt hat (siehe § 10 Rn 8 ff.). Für diese gelten die vom Alleineigentümer bestimmten Regelungen über Gegenstand und Inhalt des Sondereigentums (vgl. Rn 14). 28

Mit der Entstehung der Gemeinschaft verliert der bisherige Alleineigentümer das Recht, einseitig Gegenstand und Inhalt des Sondereigentums zu verändern (vgl. Rn 22 ff.). Änderungen sind nur unter den Voraussetzungen wie bei einer vertraglichen Teilungserklärung möglich.[30] Insoweit wird auf die Ausführungen (siehe § 4 Rn 16 ff.) verwiesen. 29

F. Unterteilung

In entsprechender Anwendung von § 8 kann ein Wohnungseigentumsrecht im Wege der Unterteilung – reale Aufteilung in mehrere in sich abgeschlossene Raumeinheiten ohne gleichzeitige Veräußerung – durch **einseitige,** an das Grundbuchamt gerichtete **Erklärung des Eigentümers** geteilt werden.[31] Aus der Erklärung muss hervorgehen, welcher Miteigentumsanteil in zwei (oder mehrere) ideale Anteile gespalten und mit welchen Räumen des Sondereigentums diese Anteile verbunden werden. Die Unterteilung ist eine Verfügung über das aufzuteilende Wohnungseigentum, welches seinen Inhalt verändert. Die Zustimmung der anderen Wohnungseigentümer ist dabei grundsätzlich ebenso wenig erforderlich wie die Zustimmung von Grundpfandgläubigern,[32] da durch Unterteilung nicht mehr Befugnisse entstehen, als dem Wohnungseigentümer vor Unterteilung und Veräußerung zugestanden haben.[33] 30

Dies gilt auch, sofern der zu unterteilenden Einheit ein **Sondernutzungsrecht** zugeordnet ist. Dieses steht nach der Unterteilung den jeweiligen Eigentümern der neuen Einheiten gemeinsam zu. Wird das Sondernutzungsrecht in der Unterteilungserklärung einer der neuen Einheiten zugeordnet, bedarf es auch hierfür keiner Mitwirkung der anderen Wohnungseigentümer oder der dinglich Berechtigten. 31

Bei Geltung des Wertstimmrechts haben weder die Unterteilung eines Miteigentumsanteils noch die Veräußerung eines Anteiles Einfluss auf die Stimmkraft.[34] Bei Vereinbarung eines Objektstimmrechts hat dies zur Folge, dass das zuvor auf die ungeteilte Einheit entfallende **Stimmrecht** – auch bei einer späteren Veräußerung – entsprechend der Zahl der neu entstandenen Einheiten nach Bruchteilen aufgespalten und diesen zugewiesen wird, während eine entsprechende Anwendung des § 25 Abs. 2 S. 2 an der Selbstständigkeit der neuen Einheiten scheitert.[35] Bei Geltung des Kopfstimmrechts hat die Unterteilung ohne Änderung der Eigentumsverhältnisse keine Auswirkungen auf die vorhandene Stimmkraft, da die Anzahl der Wohnungseigentümer unverändert bleibt. Wird eines der durch Unterteilung entstandenen zusätzlichen Wohnungseigentumsrechte an einen Dritten veräußert, so entfällt nunmehr auf jedes durch Unterteilung entstandene Wohnungseigentumsrecht eine Stimme, so dass sich die Stimmenanzahl um eine vermehrt;[36] dies findet seine Rechtfertigung in der Erwägung, dass auch beim Verkauf eines Wohnungseigentums durch einen Wohnungseigentümer, dem mehrere Wohnungen gehören, ebenfalls eine Stimme mehr entsteht.[37] Eine Zustimmung der anderen Wohnungseigentümer zur Unterteilung ist auch in diesem Fall entbehrlich, denn die Veränderung der Stimmverhältnisse ist notwendige Folge der Veräußerlichkeit der einzelnen Einheiten und des Kopfprinzips.[38] 32

---

27 Zu den Gestaltungsmöglichkeiten vgl. *Häublein*, S. 276 ff.
28 BGH V ZR 322/02, ZMR 2003, 748.
29 BayObLG BReg 2 Z 17/74, Rpfleger 1974, 314.
30 BayObLG BReg 2 Z 47/83, Rpfleger 1983, 434.
31 BGH V ZB 9/67, WM 1968, 284; BGH V ZB 2/78, NJW 1979, 870; *Weitnauer/Briesemeister*, § 8 Rn 3; *Bärmann/Armbrüster*, § 2 Rn 93.
32 BGH V ZB 9/67, WM 1968, 284; BayObLG BReg 2 Z 88/91, Rpfleger 1991; KG 24 W 9353/97, NZM 2000, 671.
33 BGH V ZB 2/78, NJW 1979, 870.
34 OLG Frankfurt 20 W 70/11, MietRB 2012, 145.
35 BGH V ZB 22/04, ZMR 2004, 834; Palandt/*Bassenge*, § 25 Rn 7.
36 KG 24 W 9353/97, NZM 2000, 671; OLG Düsseldorf I-3 Wx 364/03, NZM 2004, 234; *Bärmann/Armbrüster*, § 2 Rn 114; AnwHdB/*Vandenhouten*, Teil 4 Rn 175; **a.A.** OLG Stuttgart 8 W 475/03, NZM 2005, 312; LG München, 1 S 21731/08, NZM 2010, 289; Palandt/*Bassenge*, § 25 Rn 7: eine Stimme, die gemäß § 25 Abs. 2 S. 2 WG analog einheitlich auszuüben ist; *Wedemeyer*, NZM 2000, 638.
37 Vgl. OLG München 34 Wx 58/06, NZM 2007, 45.
38 KG 24 W 9353/97, NZM 2000, 671.

33 Die Unterteilung kann durch eine Vereinbarung der Wohnungseigentümer oder durch die Teilungserklärung des Grundstückseigentümers in **entsprechender Anwendung von § 12** von der Zustimmung anderer Wohnungseigentümer oder eines Dritten abhängig gemacht werden; diese Zustimmung darf analog § 12 Abs. 2 nur aus einem wichtigen Grunde versagt werden.[39] Ein die Versagung rechtfertigender Grund wird nur selten vorliegen, wenn die Unterteilung ohne gleichzeitige Veräußerung erfolgt. Nutzfläche und Stimmkraft bleiben nämlich unverändert und auch der von dem unterteilenden Eigentümer zu tragende finanzielle Anteil vergrößert sich nicht. Ein Schutz vor allein sachenrechtlichen Veränderungen ist nicht erkennbar. Die Begründung eines **generellen Zustimmungserfordernisses** durch Vereinbarung nach den §§ 10 Abs. 3, 5 Abs. 4 S. 1 ist unzulässig, da hier das sachenrechtliche Grundverhältnis betroffen ist.[40] Einen ausreichenden Schutz vor den Folgen einer Unterteilung bietet § 22 Abs. 1 WEG im Falle baulicher Veränderungen am gemeinschaftlichen Eigentum.

34 Wird bei der Unterteilung ein Raum, der bisher zum Sondereigentum gehörte, nicht als Sondereigentum mit einem Miteigentumsanteil verbunden, so ist die Unterteilung nichtig.[41] Es entstünde isoliertes Sondereigentum, was unzulässig ist (vgl. § 3 Rn 9, § 6 Rn 4). Auch ein gutgläubiger Erwerb scheidet dann aus, da die Grundbucheintragung ersichtlich unzulässig ist.[42] Wird einem Miteigentumsanteil versehentlich kein Raum als Sondereigentum zugewiesen oder ausschließlich solche Räume, die im gemeinschaftlichen Eigentum stehen, entsteht ein isolierter Miteigentumsanteil (zu den Rechtsfolgen vgl. § 3 Rn 38).

35 Der aufteilende Eigentümer kann nicht allein handeln, wenn die neuen, in sich abgeschlossenen Einheiten nur in der Weise entstehen können, dass ein Teil des bisherigen Sondereigentums in gemeinschaftliches Eigentum überführt werden muss (z.B. bislang sondereigentumsfähiger Vorflur ermöglicht nun den Zugang zu den neu entstehenden Einheiten, vgl. § 5 Rn 36). Während bei der Begründung von Wohnungseigentum alle Räume, die nicht zu Sondereigentum erklärt sind, automatisch Gemeinschaftseigentum sind (siehe § 5 Rn 12), ist dies bei der nachträglichen Unterteilung von Sondereigentum nicht der Fall.[43] Ein Wohnungseigentümer kann nämlich den übrigen Wohnungseigentümern nicht einen Teil des Sondereigentums als Gemeinschaftseigentum „aufdrängen".[44] In diesem Fall ist daher gemäß § 4 Abs. 1 und 2 die **Einigung aller Wohnungseigentümer** in der Form der Auflassung (§ 925 BGB) und die Eintragung im Grundbuch erforderlich.[45] Fehlt es daran, ist die Unterteilung nichtig.[46] Gutgläubiger Erwerb der nach Vollzug der nichtigen Unterteilung im Grundbuch formell gebuchten Eigentumswohnungen ist aber möglich.[47] Erforderlich ist darüber hinaus die Zustimmung der dinglichen Berechtigten am abgebenden Sondereigentum.[48]

36 Gleiches gilt, wenn nach der Unterteilung ein bislang im gemeinschaftlichen Eigentum stehender Raum (ggf. auch mit einem Sondernutzungsrecht belastet) Sondereigentum werden soll.[49] Der aufteilende Eigentümer kann also ohne Mitwirkung nur solche Räume als Sondereigentum mit den neu geschaffenen Miteigentumsanteilen verbinden, die bereits vor der Unterteilung in seinem Sondereigentum standen.[50]

37 In Gemeinschaftsordnungen erteilte **„Vollmachten" zur Umwandlung** von Sondereigentum in gemeinschaftliches Eigentum und umgekehrt helfen nicht, da nicht das schuldrechtliche Verhältnis der Wohnungseigentümer untereinander betroffen ist und eine derartige Regelung daher nicht zum Gegenstand einer Vereinbarung im Sinne der §§ 10 Abs. 2, 5 Abs. 4 WEG gemacht werden kann (vgl. § 4 Rn 16). Die einzige Möglichkeit für eine Umwandlung ohne Mitwirkung der übrigen Wohnungseigentümer besteht daher in der Aufnahme entsprechender Vollmachten in die Erwerbsverträge. Problematisch ist jedoch auch dies im Falle der Zwangsversteigerung oder der Weiterveräußerung, wenn die Aufnahme der Vollmacht vergessen wurde.

38 Dem Grundbuchamt müssen ein Aufteilungsplan (Unterteilungsplan) und die Abgeschlossenheitsbescheinigung hinsichtlich jedes neu zu bildenden Sondereigentums vorgelegt werden, und zwar auch für dasjenige Wohnungseigentum, das unter der grundbuchmäßigen Bezeichnung fortgeführt werden soll[51] und auch dann, wenn das Wohnungseigentum durch Vereinigung zweier Einheiten entstanden ist und durch die Unterteilung der frühere Rechtszustand wieder hergestellt wird.[52] Eine Abgeschlossenheitsbescheinigung ist nur dann entbehrlich, wenn die Abgeschlossenheit der neuen Sondereigentumseinheiten schon in der ursprünglichen Bescheinigung festgestellt worden war.[53]

---

39 BGH V ZB 9/67, WM 1968, 284; **a.A.** *Weitnauer/Lüke*, § 12 Rn 3.
40 *Müller*, ZWE 2012, 22.
41 **Gebot der Komplettaufteilung**; BayObLG BReg 2 Z 75/86, Rpfleger 1988, 102; BayObLG 2Z BR 90/95, NJW-RR 1996, 721.
42 BayObLG 2 Z BR 90/95, NJW-RR 1996, 721; *Bärmann/Armbrüster*, § 2 Rn 105; **a.A.** *Röll*, DNotZ 1993, 158.
43 BayObLG 2 Z BR 90/95, NJW-RR 1996, 721.
44 *Demharter*, NZM 2000, 1196.
45 BGH II ZR 182/97, Rpfleger 1999, 66.
46 BayObLG BReg 2 Z 75/86, Rpfleger 1988, 102; BayObLG 2 Z BR 90/95, NJW-RR 1996, 721; OLG München 32 Wx 33/07, Rpfleger 2007, 459; *Bärmann/Armbrüster*, § 2 Rn 109; **a.A.** *Röll*, DNotZ 1993, 158: Umwandlung in gemeinschaftliches Eigentum kraft Gesetzes.
47 *Böttcher*, Rpfleger 2009, 560; **a.A.** OLG München 32 Wx 33/07, Rpfleger 2007, 459.
48 BayObLG 2 Z BR 10/97, ZMR 1998, 299.
49 BGH V ZR 210/03, Rpfleger 2005, 17.
50 OLG München 34 Wx 161/10, ZWE 2011, 267.
51 OLG München 34 Wx 161/10, ZWE 2011, 267: durch die Unterteilung entstehen sämtliche Einheiten neu.
52 BayObLG 2 Z BR 122/93, NJW-RR 1994, 716.
53 Riecke/Schmid/*Schneider*, § 7 Rn 249.

G. Vereinigung

Zwei Wohnungseigentumsrechte können in entsprechender Anwendung von § 8 entweder durch Vereinigung gemäß § 890 Abs. 1 BGB i.V.m. § 5 GBO oder durch Zuschreibung gemäß § 890 Abs. 2 BGB in Verbindung mit § 6 GBO miteinander vereinigt werden. Voraussetzung ist, dass die betroffenen Rechte demselben Eigentümer zustehen. Erforderlich ist ein Antrag des betroffenen Eigentümers an das Grundbuchamt. Die durch Vereinigung entstehende Wohnung muss nicht insgesamt in sich abgeschlossen sein.[54] Eine neue Abgeschlossenheitsbescheinigung ist daher ebenso wenig erforderlich wie ein neuer Aufteilungsplan.[55]

Eine **Mitwirkung der übrigen Wohnungseigentümer** ist grundsätzlich nicht erforderlich.[56] Lediglich wenn für die Vereinigung bauliche Maßnahmen erforderlich sind, müssen sie diese gemäß §§ 22 Abs. 1 S. 1 gestatten (vgl. dazu § 22 Rn 104 ff.). Ihre Belange werden aber weder durch eine die Abgeschlossenheit beseitigende räumlicher Verbindung betroffen[57] noch durch die Beseitigung einer nichttragenden Wand. Bei Eingriffen in tragende Wände darf keine Gefahr für die konstruktive Stabilität des Gebäudes und dessen Brandsicherheit geschaffen werden.[58]

Die Vereinigung von Wohnungseigentumsrechten führt in Bezug auf das **Stimmrecht** nicht zu einer Beeinträchtigung der anderen Wohnungseigentümer. Bei Vereinbarung des Objektprinzips entfällt eine Stimme, denn hierin liegt nur eine Begünstigung der anderen Wohnungseigentümer. Bei Geltung des Kopfstimmrechts bzw. bei Vereinbarung des Wertprinzips hat die Verbindung keine Auswirkung auf die vorhandene Stimmkraft, da sich weder die Anzahl der Köpfe noch die Anzahl der Miteigentumsanteile ändert.[59]

§ 9 Schließung der Wohnungsgrundbücher

(1) Die Wohnungsgrundbücher werden geschlossen:
1. von Amts wegen, wenn die Sondereigentumsrechte gemäß § 4 aufgehoben werden;
2. auf Antrag sämtlicher Wohnungseigentümer, wenn alle Sondereigentumsrechte durch völlige Zerstörung des Gebäudes gegenstandslos geworden sind und der Nachweis hierfür durch eine Bescheinigung der Baubehörde erbracht ist;
3. auf Antrag des Eigentümers, wenn sich sämtliche Wohnungseigentumsrechte in einer Person vereinigen.

(2) Ist ein Wohnungseigentum selbstständig mit dem Recht eines Dritten belastet, so werden die allgemeinen Vorschriften, nach denen zur Aufhebung des Sondereigentums die Zustimmung des Dritten erforderlich ist, durch Absatz 1 nicht berührt.

(3) Werden die Wohnungsgrundbücher geschlossen, so wird für das Grundstück ein Grundbuchblatt nach den allgemeinen Vorschriften angelegt; die Sondereigentumsrechte erlöschen, soweit sie nicht bereits aufgehoben sind, mit der Anlegung des Grundbuchblatts.

A. Schließung der Wohnungsgrundbücher 1	IV. Vereinigung sämtlicher Wohnungseigentumsrechte in einer Person (Abs. 1 Nr. 3) 6
I. Allgemeines 1	B. Zustimmung Dritter zur Aufhebung der Sondereigentumsrechte (Abs. 2) 11
II. Vertragliche Aufhebung der Sondereigentumsrechte (Abs. 1 Nr. 1) 2	C. Verfahren und Durchführung 13
III. Gegenstandsloswerden der Sondereigentumsrechte (Abs. 1 Nr. 2) 3	

Literatur: *Kreuzer,* Aufhebung von Wohnungseigentum, NZM 2001, 123; *Meyer-Stolte,* Übertragung von Grundpfandrechten bei Schließung der Wohnungsgrundbücher, Rpfleger 1991, 150; *Röll,* Die Aufhebung von Wohnungseigentum an Doppelhäusern, DNotZ 2000, 749.

A. Schließung der Wohnungsgrundbücher

I. Allgemeines

§ 9 regelt den grundbuchrechtlichen Vorgang der Schließung, der nach § 7 Abs. 1 S. 1 und Abs. 2 (vgl. hierzu Rn 18) angelegten Grundbuchblätter in drei Fällen. Sie allein hat keine materiell-rechtliche Wirkung. Erfolgt die Schließung zu Unrecht, wird das Grundbuch unrichtig.[1] Ein gutgläubiger Erwerb ist aber möglich.[2]

---

54 BGH V ZB 45/00, NJW 2001, 1212; BayObLG 2 Z BR 152/98, NZM 1999, 277; KG 1 W 2309/89, NJW 1989, 1360; OLG Hamm 15 W 11/99, ZMR 2000, 244.
55 OLG Hamburg 2 Wx 2/03, ZMR 2004, 529.
56 BGH V ZB 45/00, NJW 2001, 1212.
57 BGH V ZB 45/00, NJW 2001, 1212.
58 BGH V ZB 27/90, NJW 1992, 978; BayObLG 2 Z BR 125/98, ZMR 1999, 273; KG 24 W 5074/95, NJW-RR 1997, 587.
59 *Bärmann/Merle,* § 25 Rn 41; AnwHdB/*Vandenhouten,* Teil 4 Rn 175 ff.
1 *Jenißen/Krause,* § 9 Rn 3.
2 *Bärmann/Armbrüster,* § 9 Rn 40.

II. Vertragliche Aufhebung der Sondereigentumsrechte (Abs. 1 Nr. 1)

2 Einigen sich sämtliche Wohnungseigentümer in der Form des § 4 über die Aufhebung sämtlicher Sondereigentumsrechte, so erlöschen diese mit der Eintragung der Aufhebung in allen Wohnungsgrundbüchern. Die Wohnungseigentümergemeinschaft wandelt sich in eine gewöhnliche Bruchteilsgemeinschaft nach §§ 1008 ff., 741 ff. BGB um, ohne dass hierfür die Anlegung des Grundstücksgrundbuchs konstitutiv ist (vgl. Abs. 3 Hs. 2). Die Schließung dieser Blätter erfolgt von Amts wegen. Hierdurch soll ein rechtliches Vakuum vermieden werden. Denn das Grundstück wird erst durch die Anlegung eines Grundbuchblattes wieder rechtlich existent; es besteht aber auch kein Sondereigentum mehr und damit kein Wohnungseigentum.[3]

III. Gegenstandsloswerden der Sondereigentumsrechte (Abs. 1 Nr. 2)

3 Ist das **Gebäude völlig zerstört,** so werden zwar die Sondereigentumsrechte gegenstandslos, sie erlöschen aber nicht. Sie bleiben in Form von Anwartschaftsrechten ebenso bestehen wie die Wohnungseigentümergemeinschaft. Auch in diesen Fällen kommt eine Aufhebung der Sondereigentumsrechte nach § 4 und die Schließung der Wohnungsgrundbücher nach Abs. 1 Nr. 1 in Betracht. Abs. 1 Nr. 2 eröffnet einen einfacheren und kostengünstigeren Weg, um das gleiche Ziel zu erreichen. Es genügt ein an das Grundbuchamt gerichteter Antrag aller Wohnungseigentümer sowie der Nachweis der völligen Zerstörung des Gebäudes durch eine Bescheinigung der Baubehörde, die auch dann vorgelegt werden muss, wenn dem Grundbuchamt die völlige Zerstörung des Gebäudes bekannt ist.[4] Dem steht auch § 29 Abs. 1 S. 2 GBO nicht entgegen, der nicht eingreift, wenn eine Spezialregelung wie Nr. 2 ausdrücklich die Beibringung verlangt. Mit der Anlegung des neuen Grundbuchblatts für das Grundstück erlöschen die Sondereigentumsrechte (Abs. 3 Hs. 2) und es entsteht eine gewöhnliche Bruchteilsgemeinschaft nach §§ 1008 ff., 741 ff. BGB.

4 Ist das geplante **Gebäude nie errichtet** worden, so entstehen Anwartschaften auf die Sondereigentumsrechte gleichwohl mit Anlegung sämtlicher Wohnungsgrundbücher (vgl. dazu § 3 Rn 12). Da ein Nachweis der Zerstörung in diesem Fall nicht erbracht werden kann, kann die Schließung der Wohnungsgrundbücher nur über Abs. 1 Nr. 1 nach Aufhebung der Sondereigentumsrechte gem. § 4 oder über Abs. 1 Nr. 3 erfolgen.[5]

5 Eine **vom Aufteilungsplan abweichende Bauausführung** führt nicht zur Schließung der Wohnungsgrundbücher von Amts wegen.[6] § 9 enthält insoweit eine abschließende Regelung. (Wegen der Folgen einer vom Aufteilungsplan abweichende Bauausführung vgl. § 7 Rn 32 ff.)

IV. Vereinigung sämtlicher Wohnungseigentumsrechte in einer Person (Abs. 1 Nr. 3)

6 Haben sich sämtliche Wohnungseigentumsrechte in einer Hand vereinigt, hat der Eigentümer die Wahl, ob er diese Rechte bestehen lassen oder Schließung der Wohnungsgrundbücher beantragen will. Die **Vereinigung** kann dadurch geschehen, dass ein Eigentümer nach und nach alle Wohnungseigentumsrechte rechtsgeschäftlich erwirbt oder sie in der Zwangsversteigerung ersteigert.

7 Abs. 1 Nr. 3 gilt auch, wenn sämtliche Wohnungseigentumsrechte in einer Person vereinigt geblieben sind und der Alleineigentümer seine Aufteilung nach § 8 wieder rückgängig machen will.[7]

8 Ein Fall einer Vereinigung **„in einer Person"** i.S. dieser Vorschrift liegt auch vor, wenn es sich um eine Personenmehrheit (BGB-Gesellschaft;[8] Personenhandelsgesellschaften, nicht rechtsfähige Gesamthandsgemeinschaften – Erbengemeinschaft, Gütergemeinschaft; juristische Person) handelt.[9]

9 Mit der **Anlegung des neuen Grundbuchblattes** für das Grundstück erlöschen die Sondereigentumsrechte (Abs. 3 Hs. 2) und es entsteht ein Allein- bzw. Gesamthands- oder Miteigentum am Grundstück.[10]

10 Nicht hierher gehört der Fall, dass ein Wohnungseigentümer, dem **mehrere Wohnungseigentumsrechte** an einem Grundstück gehören, diese zu einem einheitlichen Recht **vereinigt** bzw. eines dem anderen **zuschreibt.** Dies ist analog § 890 BGB zulässig. Wegen der Voraussetzungen vgl. § 8 Rn 39. In einem solchen Fall werden nicht alle betroffenen Wohnungsgrundbuchblätter geschlossen. Das neu begründete Wohnungseigentum wird auf einem der bisherigen Wohnungsgrundbücher unter Registrierung der Vereinigung eingetragen, während die übrigen Wohnungsgrundbücher dieses Eigentümers geschlossen werden.[11] (Für die Vereinigung/Zuschreibung zwischen einem Grundstück und dem Wohnungseigentum eines anderen Grundstücks siehe § 1 Rn 6.)

---

3 *Bärmann/Armbrüster,* § 9 Rn 11.
4 *Bärmann/Armbrüster,* § 9 Rn 15; **a.A.** *Jennißen/Krause,* § 9 Rn 5.
5 *Bärmann/Armbrüster,* § 9 Rn 17; *Jennißen/Krause,* § 9 Rn 9.
6 OLG Düsseldorf 3 W 33/69, Rpfleger 1970, 26.
7 *Bärmann/Armbrüster,* § 9 Rn 25; *Jennißen/Krause,* § 9 Rn 12.
8 Vgl. OLG Köln 16 Wx 297/96, NJW-RR 1997, 1443.
9 *Bärmann/Armbrüster,* § 9 Rn 23.
10 *Palandt/Bassenge,* § 9 Rn 2.
11 *Bärmann/Armbrüster,* § 9 Rn 26.

B. Zustimmung Dritter zur Aufhebung der Sondereigentumsrechte (Abs. 2)

Abs. 2 stellt klar, dass ein bestehendes Zustimmungserfordernis durch Abs. 1 nicht berührt wird. Sofern das Grundstück als Ganzes oder alle Wohnungseigentumsrechte einheitlich – also ebenfalls das **Gesamtgrundstück – belastet** sind, ist zur Aufhebung der Sondereigentumsrechte die Zustimmung dieser dinglich Berechtigten nicht erforderlich, da sich der Belastungsgegenstand nicht ändert.[12]

Sind hingegen **einzelne Wohnungseigentumsrechte** selbstständig **belastet**, ist die Zustimmung der dinglich Berechtigten entsprechend §§ 876, 877 BGB erforderlich, da sich der Belastungsgegenstand ändert.[13] Materiell-rechtlich ist sie Wirksamkeitsvoraussetzung für die Aufhebung des Sondereigentums.

C. Verfahren und Durchführung

Zur Schließung der Wohnungsgrundbücher ist im Falle des Abs. 1 Nr. 2 ein **Antrag** sämtlicher Wohnungseigentümer an das Grundbuchamt, im Falle des Nr. 3 ein Antrag des Alleineigentümers erforderlich. Der Antrag bedarf der Form des § 29 GBO. Im Falle des Abs. 1 Nr. 1 ist ein besonderer Antrag nicht erforderlich. Der Schließung geht aber gemäß § 13 Abs. 1 S. 1 GBO ein Antrag auf Eintragung der Einigung über die Aufhebung der Sondereigentumsrechte nach § 4 voraus. Mit der Eintragung der Aufhebung im Grundbuch hat dann die Schließung der Wohnungsgrundbücher **von Amts wegen** zu erfolgen.

Sind zur Aufhebung der Sondereigentumsrechte die **Zustimmungen dinglicher Berechtigter** erforderlich, müssen auch diese in der Form des § 29 GBO nachgewiesen werden.

Die Schließung der Wohnungsgrundbücher erfolgt durch Anbringung eines **Schließungsvermerks** mit Angabe des Grundes auf der Vorderseite des Grundbuches. Gleichzeitig werden sämtliche Seiten des Grundbuches rot durchkreuzt (§ 36 GBV). Mit der Schließung wird zugleich von Amts wegen ein **neues Grundbuchblatt** für das Grundstück nach den allgemeinen Vorschriften des Grundbuchrechts angelegt (Abs. 3 Hs. 1). Im Bestandsverzeichnis des Grundstücksgrundbuchs ist zu vermerken, dass dieses nach Schließung der Wohnungsgrundbücher neu angelegt worden ist.[14]

Belastungen des Grundstücks als Ganzes bzw. Gesamtbelastungen aller Wohnungseigentumsrechte werden in das Grundstücksgrundbuch übertragen. Einzelbelastungen eines Wohnungseigentums sind – sofern sie an dem Miteigentumsanteil bestehen können (Grundpfandrecht, Reallast, Vorkaufsrecht) – auf den Miteigentumsanteil zu übertragen.[15] Andere Belastungen (z.B. Dienstbarkeiten) bedürfen einer Belastungsausdehnung auf das gesamte Grundstück, die der Zustimmung der übrigen Miteigentümer und deren dinglich Berechtigter bedarf, oder sie sind zu löschen.[16]

In den Fällen des Abs. 1 Nr. 2 und Nr. 3 führt das Anlegen des neuen Grundbuchs zum **Erlöschen der Sondereigentumsrechte** (Abs. 3 Hs. 2). Im Fall der Aufhebung (Abs. 1 Nr. 1) erlöschen die Wohnungseigentumsrechte bereits mit der Eintragung der Aufhebung. Als unmittelbare Folge ist die Wohnungseigentümergemeinschaft beendet.[17] Es entsteht gewöhnliches Miteigentum (Bruchteilsgemeinschaft) bzw. Allein- oder Gesamthandseigentum. Hat ein Wohnungseigentümer mehrere Wohnungseigentumsrechte, so erwirbt er mit der Aufhebung der Sondereigentumsrechte nur einen Miteigentumsanteil.[18] Das rechtliche Schicksal der Räume und Gebäudebestandteile bestimmt sich nun nach Maßgabe der §§ 93 ff. BGB. Die Regelungen des WEG gelten nicht mehr (z.B. Beendigung der Partei- und Prozessfähigkeit gemäß § 10 Abs. 6 S. 5,[19] Nutzungsregelungen und Sondernutzungsrechte setzen sich nicht fort). Das Verbandsvermögen geht in allen Fällen des Abs. 1 auf den Eigentümer des Grundstücks über.[20] Fehlen aber die materiellrechtlichen Voraussetzungen des Abs. 1, besteht das Wohnungseigentum fort (vgl. Rn 1).

Ist nach § 7 Abs. 2 von der Anlegung besonderer Grundbuchblätter abgesehen worden, so genügt die Löschung der Bezeichnung **„Gemeinschaftliches Wohnungsgrundbuch"** oder „Gemeinschaftliches Teilungsgrundbuch" und die Löschung der Vermerke über die Verbindung mit Sondereigentum, über Gegenstand und Inhalt der Sondereigentumsrechte und über die Beschränkungen der anderen Miteigentumsrechte. Das Bestandsverzeichnis kann unverändert bleiben.[21] Ist das Grundbuchblatt dann verwirrend, sind auch die Schließung und die Anlegung eines neuen Grundbuchs zulässig.

---

12 OLG Frankfurt 20 W 501/89, ZMR 1990, 229; Palandt/*Bassenge*, § 9 Rn 3; Staudinger/*Rapp*, § 9 Rn 13.
13 Palandt/*Bassenge*, § 9 Rn 3; *Bärmann/Armbrüster*, § 9 Rn 27.
14 MüKo/*Commichau*, § 9 Rn 16.
15 OLG Frankfurt 20 W 211/97, ZfIR 2000, 285.
16 Staudinger/*Rapp*, § 9 Rn 15; **a.A.** *Weitnauer/Briesemeister*, § 9 Rn 6: automatische Belastungsausdehnung.
17 *Bärmann/Armbrüster*, § 9 Rn 38.
18 OLG Schleswig 2 W 20/90, NJW-RR 1991, 848.
19 Vgl. AG Bremerhaven 55 C 1463/09, NZM 2011, 632.
20 Riecke/Schmid/*Schneider*, § 9 Rn 15a.
21 *Bärmann/Armbrüster*, § 9 Rn 45.

2. Abschnitt: Gemeinschaft der Wohnungseigentümer

§ 10 Allgemeine Grundsätze

(1) Inhaber der Rechte und Pflichten nach den Vorschriften dieses Gesetzes, insbesondere des Sondereigentums und des gemeinschaftlichen Eigentums, sind die Wohnungseigentümer, soweit nicht etwas anderes ausdrücklich bestimmt ist.

(2) ¹Das Verhältnis der Wohnungseigentümer untereinander bestimmt sich nach den Vorschriften dieses Gesetzes und, soweit dieses Gesetz keine besonderen Bestimmungen enthält, nach den Vorschriften des Bürgerlichen Gesetzbuchs über die Gemeinschaft. ²Die Wohnungseigentümer können von den Vorschriften dieses Gesetzes abweichende Vereinbarungen treffen, soweit nicht etwas anderes ausdrücklich bestimmt ist. ³Jeder Wohnungseigentümer kann eine vom Gesetz abweichende Vereinbarung oder die Anpassung einer Vereinbarung verlangen, soweit ein Festhalten an der geltenden Regelung aus schwerwiegenden Gründen unter Berücksichtigung aller Umstände des Einzelfalles, insbesondere der Rechte und Interessen der anderen Wohnungseigentümer, unbillig erscheint.

(3) Vereinbarungen, durch die die Wohnungseigentümer ihr Verhältnis untereinander in Ergänzung oder Abweichung von Vorschriften dieses Gesetzes regeln, sowie die Abänderung oder Aufhebung solcher Vereinbarungen wirken gegen den Sondernachfolger eines Wohnungseigentümers nur, wenn sie als Inhalt des Sondereigentums im Grundbuch eingetragen sind.

(4) ¹Beschlüsse der Wohnungseigentümer gemäß § 23 und gerichtliche Entscheidungen in einem Rechtsstreit gemäß § 43 bedürfen zu ihrer Wirksamkeit gegen den Sondernachfolger eines Wohnungseigentümers nicht der Eintragung in das Grundbuch. ²Dies gilt auch für die gemäß § 23 Abs. 1 aufgrund einer Vereinbarung gefassten Beschlüsse, die vom Gesetz abweichen oder eine Vereinbarung ändern.

(5) Rechtshandlungen in Angelegenheiten, über die nach diesem Gesetz oder nach einer Vereinbarung der Wohnungseigentümer durch Stimmenmehrheit beschlossen werden kann, wirken, wenn sie aufgrund eines mit solcher Mehrheit gefassten Beschlusses vorgenommen werden, auch für und gegen die Wohnungseigentümer, die gegen den Beschluss gestimmt oder an der Beschlussfassung nicht mitgewirkt haben.

(6) ¹Die Gemeinschaft der Wohnungseigentümer kann im Rahmen der gesamten Verwaltung des gemeinschaftlichen Eigentums gegenüber Dritten und Wohnungseigentümern selbst Rechte erwerben und Pflichten eingehen. ²Sie ist Inhaberin der als Gemeinschaft gesetzlich begründeten und rechtsgeschäftlich erworbenen Rechte und Pflichten. ³Sie übt die gemeinschaftsbezogenen Rechte der Wohnungseigentümer aus und nimmt die gemeinschaftsbezogenen Pflichten der Wohnungseigentümer wahr, ebenso sonstige Rechte und Pflichten der Wohnungseigentümer, soweit diese gemeinschaftlich geltend gemacht werden können oder zu erfüllen sind. ⁴Die Gemeinschaft muss die Bezeichnung „Wohnungseigentümergemeinschaft" gefolgt von der bestimmten Angabe des gemeinschaftlichen Grundstücks führen. ⁵Sie kann vor Gericht klagen und verklagt werden.

(7) ¹Das Verwaltungsvermögen gehört der Gemeinschaft der Wohnungseigentümer. ²Es besteht aus den im Rahmen der gesamten Verwaltung des gemeinschaftlichen Eigentums gesetzlich begründeten und rechtsgeschäftlich erworbenen Sachen und Rechten sowie den entstandenen Verbindlichkeiten. ³Zu dem Verwaltungsvermögen gehören insbesondere die Ansprüche und Befugnisse aus Rechtsverhältnissen mit Dritten und mit Wohnungseigentümern sowie die eingenommenen Gelder. ⁴Vereinigen sich sämtliche Wohnungseigentumsrechte in einer Person, geht das Verwaltungsvermögen auf den Eigentümer des Grundstücks über.

(8) ¹Jeder Wohnungseigentümer haftet einem Gläubiger nach dem Verhältnis seines Miteigentumsanteils (§ 16 Abs. 1 Satz 2) für Verbindlichkeiten der Gemeinschaft der Wohnungseigentümer, die während seiner Zugehörigkeit zur Gemeinschaft entstanden oder während dieses Zeitraums fällig geworden sind; für die Haftung nach Veräußerung des Wohnungseigentums ist § 160 des Handelsgesetzbuches entsprechend anzuwenden. ²Er kann gegenüber einem Gläubiger neben den in seiner Person begründeten auch die der Gemeinschaft zustehenden Einwendungen und Einreden geltend machen, nicht aber seine Einwendungen und Einreden gegenüber der Gemeinschaft. ³Für die Einrede der Anfechtbarkeit und Aufrechenbarkeit ist § 770 des Bürgerlichen Gesetzbuches entsprechend anzuwenden. ⁴Die Haftung eines Wohnungseigentümers gegenüber der Gemeinschaft wegen nicht ordnungsmäßiger Verwaltung bestimmt sich nach Satz 1.

A. Einleitung	1	II. Entstehung der Gemeinschaft	7
B. Zuordnung der Rechte und Pflichten aus dem Wohnungseigentum (Abs. 1)	3	1. Gemeinschaft als Schuldverhältnis	7
		2. Gemeinschaft als rechtsfähiger Verband	14
C. Verhältnis der Wohnungseigentümer untereinander (Abs. 2)	6	III. Untergemeinschaften	17
		IV. Vereinbarungen der Wohnungseigentümer (Gemeinschaftsordnung)	18
I. Gemeinschaft als Schuldverhältnis	6	1. Zustandekommen	18
		2. Regelungsinhalt	21

3. Grenzen der Regelungsfreiheit 25	F. **Bindung der Wohnungseigentümer an Rechtshandlungen (Abs. 5)** 73
a) Gesetzliches Verbot, Verstoß gegen die guten Sitten. 26	G. **Wahrnehmung von Rechten und Pflichten durch die Gemeinschaft (Abs. 6)** 76
b) Grundprinzipien und -strukturen des WEG 27	I. Rechts- und Parteifähigkeit der Gemeinschaft (S. 1 und 2) 76
aa) Erhaltung des baulichen Bestands des Sonder- und Gemeinschaftseigentums 28	II. Ausübungs- und Wahrnehmungsbefugnis der Gemeinschaft für Rechte und Pflichten der Wohnungseigentümer (S. 3) 82
bb) Recht auf Gebrauch des Sondereigentums und Mitgebrauch am GemE 29	1. Gemeinschaftsbezogene Rechte der Wohnungseigentümer (Hs. 1, 1. Var.) 85
cc) Kompetenzverteilung bei der Verwaltung des Gemeinschaftseigentums ... 30	2. Gemeinschaftsbezogene Pflichten der Wohnungseigentümer (Hs. 1, 2. Var.) 87
dd) Verwaltung des Sondereigentums durch Sondereigentümer 31	3. Sonstige Rechte, soweit diese gemeinschaftlich geltend gemacht werden können (Hs. 2, 1. Var) 89
ee) Unverzichtbare Mitgliedschaftsrechte der Wohnungseigentümer 32	4. Sonstige Pflichten, soweit diese gemeinschaftlich zu erfüllen sind (Hs. 2, 2. Var.) 92
(1) Mitwirkung an Verwaltungsentscheidungen 33	III. Umgang mit Altverträgen und Alttiteln 93
(2) Information und Auskunft 34	H. **Verwaltungsvermögen (§ 10 Abs. 7)** 95
ff) Geordnete Finanzverfassung und Finanzverwaltung 35	I. Bewegliche Sachen und Immobiliarrechte 97
	II. Ansprüche und Verbindlichkeiten 101
gg) Veräußerbarkeit, Belastbarkeit und Vererbbarkeit 36	1. Gesetzliche Rechte und Verbindlichkeiten 102
c) Unverzichtbare Grundrechte 37	2. Rechtsgeschäftlich begründete Rechte und Verbindlichkeiten 103
d) Inhaltskontrolle (Treu und Glauben) 38	III. Keine Bestandteile des Verwaltungsvermögens ... 106
4. Auslegung 42	IV. Verwaltungsvermögen bei Auflösung der Gemeinschaft und Wiedergeburt 108
5. Änderung 44	
V. Anspruch auf Änderung der Gemeinschaftsgrundordnung (S. 3) 51	I. **Außenrechtsbeziehungen (Abs. 8)** 110
1. Anspruchsinhalt 51	I. Quotale Haftung der Eigentümer (S. 1) 110
2. Anspruchsinhaber und Anspruchsgegner 52	1. Grundsätzliches 110
3. Tatbestandsvoraussetzungen 55	2. Verbindlichkeiten der Gemeinschaft 115
4. Durchsetzung des Anspruchs 61	3. Zeitliche Begrenzung der akzessorischen Haftung 117
5. Verhältnis zu § 16 Abs. 3, 4 64	4. Abdingbarkeit 120
D. **Bindung der Sondernachfolger an Vereinbarungen (Abs. 3)** 65	II. Rückgriff bei der Gemeinschaft und den Wohnungseigentümern 121
E. **Bindung der Sondernachfolger an Beschlüsse und gerichtliche Entscheidungen (Abs. 4)** 70	III. Einwendungen und Einreden (S. 2 und 3) 125
	IV. Haftung wegen ordnungswidriger Verwaltung (S. 4) 129

Literatur: *Abramenko*, Die Wohnungseigentümergemeinschaft als Eigentümerin derselben Wohnanlage, ZWE 2010, 193; *ders.*, Das Verlangen auf Änderung einer Vereinbarung nach § 10 Abs. 2 Satz 3 WEG n.F.; eine versteckte Beschlusskompetenz, ZMR 2007, 424; *ders.*, Der Verband als Inhaber von Rechten und Pflichten der Wohnungseigentümer, ZMR 2007, 841; *Armbrüster*, Die Treuepflicht der Wohnungseigentümer, ZWE 2002, 333; *ders.*, Änderungsvorbehalte und -vollmachten zugunsten des aufteilenden Bauträgers, ZMR 2005, 244; *ders.*, Gläubigerschutz bei der Wohnungseigentümergemeinschaft, ZMR 2006, 653; *ders.*, Die Rechtsfähigkeit der Eigentümergemeinschaft, GE 2007, 420; *ders.*, Die guten Sitten im Wohnungseigentumsrecht, ZWE 2008, 361; *Basty*, Erwerb von Wohnungseigentum durch die Gemeinschaft, ZWE 2009, 253; *Bärmann*, Die Wohnungseigentümergemeinschaft als rechtliches Zuordnungsproblem, 1985; *Becker*, Der gerichtliche Vergleich in Wohnungseigentumssachen als Rechtsgeschäft der Wohnungseigentümer, ZWE 2002, 429; *ders.*, Verwaltung der Einpersonen-Gemeinschaft, ZWE 2007, 119; *ders.*, Das neue WEG – Vermögensverwaltung durch die Eigentümergemeinschaft, MietRB 2007, 180; *ders.*, Die Ausübung von Rechten durch die Eigentümergemeinschaft, ZWE 2007, 423; *Bonifacio*, Zum Anspruch auf Änderung der Teilungserklärung, ZMR 2004, 728; *ders.*, Die Wohnungseigentümergemeinschaft als Wohnungseigentümerin im eigenen Verwaltungsobjekt?, ZMR 2009, 257; *ders.*, Das Ende der Wohnungseigentümergemeinschaft durch Vereinigung, NZM 2009, 561; *Böttcher*, Teilungserklärungen des Wohnungseigentümers und Inhaltskontrolle nach § 242 BGB?, Rpfleger 1990, 161; *ders.*, Nachträgliche Regelungen zum Gemeinschaftsverhältnis der Wohnungseigentümer, NotBZ 2007, 421; *Briesemeier*, Das Haftungssystem der Wohnungseigentümergemeinschaft nach der WEG-Reform, NZM 2007, 225; *Bub*, Gestaltung der Teilungserklärung, Gemeinschaftsordnung, WE 1993, 185, 212; *Deckert*, Allstimmiger Beschluss oder Vereinbarung, WE 1999, 2; *ders.*, Anspruch auf Zustimmung zur Änderung der Gemeinschaftsordnung, PiG 63, 227; *ders.*, Zum rechtlichen Status einer werdenden Eigentümergemeinschaft, ZMR 2005, 335; *Demharter*, Guter Glaube an Gemeinschaftsregelungen, DNotZ 1991, 28; *Derleder/Fauser*, Die Haftungsverfassung der Wohnungseigentümergemeinschaft nach neuem Recht, ZWE 2007, 2; *Dötsch*, „Vergemeinschaftung" öffentlich-rechtlicher Abwehransprüche durch die Wohnungseigentümergemeinschaft?, ZMR 2010, 573; *Dreyer*, Mängel bei der Begründung von Wohnungseigentum, DNotZ 2007, 594; *Elzer*, Die Wohnungseigentümergemeinschaft als Vermieter von Gemeinschafts- und Sondereigentum, ZWE 2002, 12; *ders.*, Die Genehmigung eines Prozessvergleichs im Wohnungseigentumsrecht, ZMR 2009, 649; *Fauser*, Die Haftungsverfassung der Wohnungseigentümergemeinschaft nach neuem WEG, 2007; *Göken*, Die Mehrhausanlage im Wohnungseigentumsrecht, 1999; *Gottschalg*, Die Übertragung von Kompetenzen der Wohnungseigentümer auf Verwalter und Verwaltungsbeirat, ZWE 2000, 50; *Grebe*, Rechtsgeschäftliche Änderungsvorbehalte im Wohnungseigentumsrecht, DNotZ 1987, 6; *Häublein*, Bindung von Sondernachfolgern an einen gerichtlichen Vergleich der Wohnungseigentümer, ZMR 2001, 165; *ders.*, Bindung des Erwerbers an Vereinbarungen der Wohnungseigentümer durch notariellen Erwerbsvertrag, DNotZ 2005, 741; *ders.*, Der Erwerb von Sondereigentum durch die Wohnungseigentümergemeinschaft, ZWE 2007, 474; *Heerstraßen*, Schuldverhältnisse der Wohnungseigentümer, 1998;

Heinemann, Vertretung der Wohnungseigentümergemeinschaft bei Grundstücksgeschäften, MietRB 2010, 312; *Heismann*, Die werdende Wohnungseigentümergemeinschaft – ein traditionelles Rechtsinstitut des WEG auf dem dogmatischen Prüfstand, ZWE 2004, 10; *ders.*, Die werdende Wohnungseigentümergemeinschaft – die ungewisse Zukunft eines traditionellen Rechtsinstituts, 2003; *Hügel*, Die Gestaltung von Öffnungsklauseln, ZWE 2001, 578; *ders.*, Der „Eintritt" in schuldrechtliche Vereinbarungen, FS Wenzel (2005), 219; *ders.*, Die Umwandlung von Teileigentum zu Wohnungseigentum und umgekehrt, ZWE 2008, 120; *Kreuzer*, Änderung von Teilungserklärung und Gemeinschaftsordnung, ZWE 2002, 285; *Kümmel*, Die Bindung der Wohnungseigentümer und deren Sondernachfolger an Vereinbarungen, Beschlüsse und Rechtshandlungen nach § 10 WEG, 2002; *ders.*, Beschlüsse aufgrund „schuldrechtlicher" Öffnungsklausel, ZWE 2002, 68; *Merle*, Das Wohnungseigentum im System des Bürgerlichen Rechts, 1979; *ders.*, Die Vereinbarung als mehrseitiger Vertrag, FS Wenzel (2005), 251; *ders.*, Wider eine allgemeine Beschlusskompetenz gemäß § 10 Abs. 2 Satz 3 WEG, ZWE 2007, 472; *Mohr*, Rechtsfähigkeit der Wohnungseigentümergemeinschaft oder Gesamtschuldnerschaft im öffentlichen Recht bei Verfügung und Vertrag, ZMR 2006, 910; *M. Müller*, Eintragungsfähigkeit von Öffnungsklausel-Beschlüssen, ZMR 2011, 103; *Ott*, Zur Eintragung von Mehrheitsbeschlüssen im Grundbuch bei sogenannter Öffnungsklausel, ZWE 2001, 466; *ders.*, Zur Bindung von Sondernachfolgern an Verträge der Wohnungseigentümer mit Dritten, ZMR 2002, 169; *Pause/Vogel*, Auswirkungen der Rechtsfähigkeit der Wohnungseigentümergemeinschaft auf die Verfolgung von Mängeln am Gemeinschaftseigentum gegenüber dem Bauträger, NJW 2006, 3670; *Prüfer*, Schriftliche Beschlüsse, gespaltene Jahresabrechnungen – ein Beitrag zu den Grenzen des Privatautonomie im Wohnungseigentumsrecht, 2001; *ders.*, Grenzen der Privatautonomie im Wohnungseigentumsrecht, ZWE 2001, 398; *Rapp*, Verdinglichte Ermächtigungen in der Teilungserklärung, MittBayNot 1998, 77; *Raiser*, Die Rechtsnatur der Wohnungseigentümergemeinschaft, ZWE 2005, 365; *Reymann*, Die Verbandstruktur der werdenden Wohnungseigentümergemeinschaft, ZWE 2009, 233; *Rühlicke*, Gesamthand, rechtsfähige Personengesellschaft, juristische Person und Wohnungseigentümergemeinschaft, ZWE 2007, 261; *Sauren*, Grenzen von Veränderungsmöglichkeiten des Wohnungseigentumsgesetzes, FS Bärmann/Weitnauer, 581; *ders.*, Ausnahmen für öffentliche Abgaben im neuen Haftungssystem des BGH zum WEG?, ZMR 2006, 750; *Schmid*, Änderung des Abrechnungsmaßstabs nach § 16 Abs. 3 WEG oder nach § 10 Abs. 2 Satz 3 WEG?, ZMR 2010, 259; *ders.*, Wahrnehmung und Erfüllung von Pflichten der Wohnungseigentümer durch die Wohnungseigentümergemeinschaft nach § 10 VI 3 WEG, NZM 2010, 683; *F. Schmidt*, Die Verkehrssicherungspflicht in Wohnungseigentumsanlagen, ZWE 2009, 295; *ders.*, Der Alleineigentümerstatus im Wohnungseigentum, ZMR 2009, 725; *ders.*, öffentliche Abgaben und Verwaltungsvermögen, ZWE 2009, 203; *Schneider*, Zur Grundbucheintragung von Regelungen der Wohnungseigentümer, ZfIR 2002, 108; *ders.*, Immobilienerwerb durch den Verband der Wohnungseigentümer, Rpfleger 2007, 175; *ders.*, Nachweise anlässlich der Grundbucheintragung des „Verbandes Wohnungseigentümergemeinschaft" als Eigentümer, Rpfleger 2008, 291; *Schuschke*, Geltendmachung von Ansprüchen der Gesamtheit der Wohnungseigentümer durch Dritte im Wege gewillkürter Prozessstandschaft, NZM 2005, 81; *Soth*, Sicherungsgrundschulden für Wohngeldrückstände, NZM 2007, 470; *Wendel*, Der Anspruch auf Zustimmung zur Änderung der Gemeinschaftsordnung, 2002; *Wenzel*, Öffnungsklauseln und Grundbuchpublizität, ZWE 2004, 130; *ders.*, Die Zuständigkeit der Wohnungseigentümergemeinschaft bei der Durchsetzung von Mängelrechten der Ersterwerber, NJW 2007, 1905; *ders.*, Doppelte Zuständigkeit bei der Verfolgung von Beseitigungsansprüchen im Wohnungseigentum?, NZM 2008, 74; *ders.*, Werdende Wohnungseigentümergemeinschaft, werdender Wohnungseigentümer und Ersterwerb von Wohnungseigentum, NZM 2008, 625; *Ziegelmeier*, Auswirkungen der Rechtsfähigkeit auf das kommunale Abgabenrecht, MietRB 2006, 337.

A. Einleitung

1 Die Wohnungseigentümer einer Wohnanlage bilden eine Rechtsgemeinschaft. Der Begriff „Gemeinschaft der Wohnungseigentümer" beschreibt einerseits das **Schuldrechtsverhältnis** der Wohnungseigentümer untereinander und andererseits den von den Wohnungseigentümern zu unterscheidenden teilrechtsfähigen Verband. Bis zur Entscheidung des V. Zivilsenats beim BGH vom 2.6.2005[1] entsprach es ständiger Rechtsprechung, dass die Gemeinschaft der Wohnungseigentümer weder eine eigene Rechtspersönlichkeit besitzt noch rechtsfähig ist.[2] Mit Beschl. v. 2.6.2005 änderte der V. Zivilsenat beim BGH[3] seine Rechtsprechung und vertrat die Auffassung, die Gemeinschaft der **Wohnungseigentümer** sei **rechtsfähig**, soweit sie bei der Verwaltung des gemeinschaftlichen Eigentums am Rechtsverkehr teilnehme. Die Gemeinschaft stelle eine rechtsfähige Verband sui generis dar, eine Personenmehrheit, die durch Gesetz zu einer Organisationsform zusammengefasst sei.[4] Die Rechtsfähigkeit sei allerdings nicht umfassend, sondern auf die Teilbereiche des Rechtslebens beschränkt, bei denen die Wohnungseigentümer im Rahmen der Verwaltung des gemeinschaftlichen Eigentums als Gemeinschaft am Rechtsverkehr teilnehmen. Dies sei insbesondere bei Rechtsgeschäften oder Rechtshandlungen im Außenverhältnis der Fall, könne aber auch, wie etwa bei der Verfolgung gemeinschaftlicher Beitrags- oder Schadensersatzansprüchen gegen einzelne Wohnungseigentümer, im Innenverhältnis vorliegen.[5]

2 Mit dem **Gesetz zur Änderung des Wohnungseigentumsgesetzes** und anderer Gesetze vom 26.3.2007[6] griff der Gesetzgeber die Rechtsauffassung des BGH auf und verankerte die Existenz eines neben den Wohnungseigentümern bestehenden rechtsfähigen Verbandes im Gesetz. Maßgebliche Normen sind insoweit § 10 Abs. 1, 6 bis 8 und § 27. Der Gesetzgeber weicht allerdings in einigen Detailfragen von der dogmatischen Konzeption des BGH ab. Dies betrifft etwa die Zuweisung von Rechten und Pflichten an die Gemeinschaft und die Wohnungseigentümer, die Kompetenzen des Verwalters und die Außenhaftung der Wohnungseigentümer. Da die neue Gesetzeslage für

---

1 BGH V ZB 32/05, NJW 2005, 2061.
2 Zuletzt BayObLG 2Z BR 216/04, NZM 2005, 439; inzident BGH II ZR 218/01, NJW-RR 2004, 874.
3 A.a.O.
4 BGH V ZB 32/05, NJW 2005, 2061, Gliederungspunkt 8.c.
5 BGH V ZB 32/05, NJW 2005, 2061, Gliederungspunkt 12.
6 BGBl I 2007, S. 370 ff.

alle Wohnungseigentümergemeinschaften seit dem 1.7.2007 gilt, ist die vom BGH geäußerte Rechtsauffassung, soweit sie von den neuen gesetzlichen Vorschriften abweicht, nur noch von geringer praktischer Relevanz (zu Altverträgen und Alttiteln siehe Rn 93).

B. Zuordnung der Rechte und Pflichten aus dem Wohnungseigentum (Abs. 1)

§ 10 Abs. 1 dient der **Klarstellung**. Inhaber der aus dem Wohnungseigentum folgenden Rechte und Pflichten sind die Wohnungseigentümer, soweit nicht in § 10 Abs. 6 und 7 etwas anderes ausdrücklich bestimmt ist. Dies gilt sowohl für die sachenrechtliche Zuordnung als auch für die aus dem Wohnungseigentum folgenden schuldrechtlichen Ansprüche und Verpflichtungen gegenüber den anderen Wohnungseigentümern und gegenüber Dritten. Der im Grundbuch eingetragene Wohnungseigentümer ist Inhaber des Miteigentumsanteils am Gemeinschaftseigentum und des mit diesem verbundenen Sondereigentums. Sind mit dem Wohnungseigentum weitere beschränkt dingliche Rechte verknüpft, etwa eine Grunddienstbarkeit gemäß § 1018 BGB, so ist Inhaber dieses Rechts ebenfalls der im Wohnungsgrundbuch eingetragene Eigentümer, nicht die Gemeinschaft.

Die rechtsfähige **Gemeinschaft** der Wohnungseigentümer ist gemäß § 10 Abs. 7 Trägerin des Verwaltungsvermögens (siehe Rn 95 ff.). Sie kann gemäß § 10 Abs. 6 im Rahmen der Verwaltung des Gemeinschaftseigentums gegenüber Dritten und den Wohnungseigentümern Rechte erwerben und Pflichten eingehen (siehe Rn 101). Die Abgrenzung der den Wohnungseigentümern einerseits und der Gemeinschaft andererseits zugewiesenen Rechte und Pflichten kann im Detail Probleme bereiten. Da der Gemeinschaft der Wohnungseigentümer aber nur dann Rechte und Pflichten zustehen sollen, wenn dies „ausdrücklich" bestimmt ist, ist im **Zweifelsfall** von der **Rechtszuständigkeit der Wohnungseigentümer** auszugehen. Dies gilt insbesondere für gesetzliche Ansprüche, die unmittelbar aus dem gemeinschaftlichen Eigentum resultieren, wie etwa Schadensersatzansprüche gemäß § 823 Abs. 1 BGB wegen Beschädigung des Gemeinschaftseigentums oder Abwehransprüche nach § 1004 Abs. 1 BGB wegen unzulässiger baulicher Veränderungen am Gemeinschaftseigentum. Diese Ansprüche stehen nicht der rechtsfähigen Gemeinschaft zu, da diese nicht Inhaberin des Gemeinschaftseigentums ist (siehe Rn 106).

Von der Frage der Rechtsträgerschaft zu unterscheiden ist die Berechtigung zur **Wahrnehmung der Eigentümerrechte und -pflichten** im Rechtsverkehr. Gemäß § 10 Abs. 6 S. 3 ist die Gemeinschaft kraft Gesetzes berufen, die gemeinschaftsbezogenen Rechte der Wohnungseigentümer auszuüben und die gemeinschaftsbezogenen Pflichten der Wohnungseigentümer wahrzunehmen. Gleiches gilt für sonstige Rechte und Pflichten der Wohnungseigentümer, soweit diese gemeinschaftlich geltend gemacht werden können oder zu erfüllen sind (siehe Rn 82 ff.).

C. Verhältnis der Wohnungseigentümer untereinander (Abs. 2)

I. Gemeinschaft als Schuldverhältnis

Die Wohnungseigentümer stehen untereinander in einem Schuldverhältnis. Dieses bestimmt sich nach den Vorschriften der §§ 10–29 und, soweit das WEG keine besonderen Bestimmungen enthält, nach den Vorschriften des Bürgerlichen Gesetzbuches über die Gemeinschaft (§§ 741 ff., 1009–1011 BGB). Grundlage des Gemeinschaftsverhältnisses ist die **Mitberechtigung** jedes Wohnungseigentümers **am gemeinschaftlichen Grundstück** nebst seinen wesentlichen Bestandteilen, Anlagen und Einrichtungen. Die Wohnungseigentümergemeinschaft stellt daher in ihren **Grundzügen eine Bruchteilsgemeinschaft** dar. Das Gemeinschaftsverhältnis ist ein Schuldverhältnis i.S.d. §§ 280 ff. BGB. Daher schuldet der Wohnungseigentümer im Falle schuldhafter Verletzung der aus dem Gemeinschaftsverhältnis folgenden Pflichten gemäß §§ 280 ff. BGB Schadensersatz.

II. Entstehung der Gemeinschaft

1. Gemeinschaft als Schuldverhältnis

Die Eigentümergemeinschaft als Schuldverhältnis der Wohnungseigentümer entsteht im Fall der Begründung von Wohnungseigentum durch Teilungsvertrag nach § 3 unmittelbar mit Anlegung der Wohnungsgrundbücher und im Fall der Begründung der Wohneigentumsanlage durch einen aufteilenden Alleineigentümer nach § 8 mit Eintragung eines weiteren Eigentümers neben dem Aufteiler im Wohnungsgrundbuch. Solange noch sämtliche Wohnungseigentumseinheiten ein und derselben Person gehören, besteht kein Gemeinschaftsverhältnis, da eine Person allein mit sich selbst keine Gemeinschaft bilden und mit sich selbst nicht in einem Schuldverhältnis stehen kann. Eine Gemeinschaft setzt **mindestens zwei Personen** voraus.[7]

Bei Begründung der Wohneigentumsanlage durch einen Alleineigentümer gemäß § 8 und anschließendem Verkauf der Einheiten bilden die Ersterwerber bereits vor Eintragung im Grundbuch gemeinsam mit dem Veräußerer (sofern

---

7 BGH V ZB 85/07, NJW 2008, 2639; OLG Düsseldorf I-3 Wx 167/05, ZWE 2006, 142; **a.A.** *Becker*, Festschrift für Seuß, S. 19; *F. Schmidt*, ZMR 2009, 725.

dieser mindestens noch eine Einheit nicht veräußert hat) eine sog. **werdende** (oder faktische) **Wohnungseigentümergemeinschaft**.[8] Der Sinn dieser von der Rechtsprechung anerkannten Konstruktion besteht darin, die Ersterwerber der Wohnungseigentumseinheiten bereits vor deren Eintragung im Grundbuch wie Wohnungseigentümer – mit allen Rechten und Pflichten eines Volleigentümers – zu behandeln. Das Mitglied der werdenden Wohnungseigentümergemeinschaft haftet insbesondere an Stelle des Veräußerers für die fällig werdenden Wohngeldbeiträge und ist Träger des auf die Einheit entfallenden Stimmrechts.[9]

9 Voraussetzung für die Mitgliedschaft in der werdenden Wohnungseigentümergemeinschaft ist zunächst, dass zwischen dem Aufteiler und dem Erwerber ein **wirksamer Erwerbsvertrag** über eine Wohnungseigentumseinheit besteht[10] und für den Ersterwerber der Anspruch auf Erlangung des Eigentums an der Wohnung – und nicht bloß an einem schlichten Miteigentumsanteil – durch eine im Grundbuch eingetragene **Auflassungsvormerkung** gesichert ist.[11] Erklärt eine Partei des Erwerbsvertrages wirksam den Rücktritt, verliert der Erwerber mit Wirkung ex nunc seine Rechtsposition innerhalb der werdenden Gemeinschaft. Eine werdende Gemeinschaft entsteht allerdings nicht, wenn das in Wohnungseigentum aufgeteilte Eigentum insgesamt an einen Erwerber übertragen wird.[12] Mitglied der werdenden Gemeinschaft wird auch nicht, wer die Wohnung von einem Ersterwerber übernimmt, der seinerseits noch nicht als Eigentümer im Grundbuch eingetragen ist.

10 Weitere Voraussetzung für die Mitgliedschaft in der werdenden Wohnungseigentümergemeinschaft ist, dass der Erwerber die Eigentumswohnung in **Besitz** genommen hat, z.B. durch die vereinbarte Abnahme oder durch Einzug des Mieters, und nach dem Erwerbsvertrag **Nutzungen, Lasten und Kosten auf den Erwerber übergegangen** sind. Ist die Wohnung noch nicht errichtet oder zwar bewohnbar, aber vom Erwerber noch nicht in Besitz genommen, fehlt noch eine hinreichend klare Eingliederung des Erwerbers in die werdende Gemeinschaft. In diesem Fall gebietet es die Interessenlage nicht, den Erwerber so zu stellen, als wäre er Mitglied der werdenden Gemeinschaft geworden.[13] Auch kann für die Mitgliedschaft in der werdenden Wohnungseigentümergemeinschaft nicht auf den erwerbsvertraglichen Übergang der Lasten- und Kostentragungspflicht vom Veräußerer auf den Erwerber verzichtet werden.[14] Denn solange der Veräußerer im Verhältnis zum Erwerber noch gegenüber der Wohnungseigentümergemeinschaft zur Beitragszahlung verpflichtet ist, ist der Erwerbsvertrag noch nicht so weit abgewickelt, dass der Erwerber faktisch und wirtschaftlich als „Eigentümer" angesehen werden kann. Würde der Erwerber trotz noch ausstehendem Lastenübergang als Mitglied der werdenden Wohnungseigentümergemeinschaft behandelt, wäre er zur Zahlung des Wohngeldes verpflichtet, obwohl er weder in Abteilung I des Grundbuchs eingetragen ist, noch nach dem Erwerbsvertrag das Wohngeld aufbringen muss. Da der erwerbsvertragliche Übergang der Kostentragungspflicht in der Regel mit dem Übergang des Rechts zur Nutzungsziehung verbunden ist, hätte ein Verzicht auf das Kriterium des Lasten-/Nutzenwechsels zur Folge, dass der Erwerber das Wohngeld an die Gemeinschaft zahlen musste, ob wohl er im Verhältnis zum Veräußerer noch keinen Anspruch auf die Nutzungen (Mieteinnahmen) hat. Deshalb ist der vollzogene Übergang von Nutzungen und Lasten auf den Erwerber als weitere Voraussetzung für die Mitgliedschaft in der werdenden Wohnungseigentümergemeinschaft anzusehen.

11 Keine Voraussetzung für die Mitgliedschaft in der werdenden Wohnungseigentümergemeinschaft soll nach der Rechtsprechung des BGH die **Anlegung der Wohnungsgrundbuchblätter** sein.[15] Es genüge, dass die Teilungserklärung verfasst ist.[16] Der Anspruch auf Übereignung einer Wohnungseigentumseinheit könne durch Eintragung einer Vormerkung im Grundbuch des ungeteilten Grundstücks gesichert werden.[17] Diese Auffassung überzeugt jedoch nicht. Gegen einen Verzicht auf die Anlegung der Grundbuchblätter als Voraussetzung für das Entstehen der werdenden Gemeinschaft spricht, dass durch die bloße Abfassung der Teilungserklärung noch nicht sichergestellt ist, dass Wohnungseigentum jemals begründet wird. Dies kann z.B. daran scheitern, dass der Verfasser der Teilungserklärung diese nicht beim Grundbuchamt einreicht, den Antrag auf Anlegung der Wohnungsgrundbücher zurücknimmt, die Teilungserklärung an inhaltlichen Fehlern leidet, die einer Vollziehung der Teilungserklärung im Grundbuch entgegensteht, die Abgeschlossenheitsbescheinigung nicht erteilt wird oder ein Gläubiger des teilenden Eigentümers eine Sicherungshypothek an dem noch ungeteilten Grundstück bestellen lässt. Dies zeigt, dass der Erwerber eine rechtlich gefestigte Erwerbsposition erst erlangen kann, wenn die Wohnungsgrundbuchblätter angelegt sind und eine Auflassungsvormerkung zugunsten des Erwerbers im Wohnungsgrundbuch eingetragen ist. Solange die Teilungserklärung noch nicht durch Anlegung der Wohnungsgrundbuchblätter vollzogen ist, fehlt die materielle Basis für eine Anwendung des Wohnungseigentumsrechts.[18]

---

8 BGH V ZB 85/07, NJW 2008, 2639; V ZR 196/11.
9 BGH V ZR 196/11, NJW 2012, 2650.
10 BGH V ZB 85/07, NJW 2008, 2639; KG 24 W 230/01, NZM 2003, 400; vgl. aber BayObLG 2Z BR 45/03, NZM 2003, 903, 904 bei Abschluss eines unwirksamen Kaufvertrages durch Treuhänder.
11 BGH V ZB 85/07, NJW 2008, 2639; V ZR 196/11; BayObLG AR 2 Z 110/90, WuM 1991, 361; OLG Frankfurt 20 W 182/91, ZMR 1993, 125; **a.A.** AG Greifswald II 300/99 WEG, NZM 2001, 344.
12 OLG München 34 Wx 89/05, ZMR 2006, 308.
13 BayObLG 2Z BR 45/03, NZM 2003, 903; OLG Hamm 15 W 340/02, ZMR 2003, 776, 777.
14 **A.A.** *Bärmann/Klein*, § 10 Rn 16.
15 BGH V ZB 85/07, NJW 2008, 2639; **a.A.** KG 24 W 1906/85, NJW-RR 1986, 1274; OLG Hamm 15 W 217/99, ZMR 2000, 128.
16 *Bärmann/Klein*, § 10 Rn 16.
17 *Weitnauer/Lüke*, nach § 10 Rn 3.
18 Vgl. KG 24 W 1906/85, NJW-RR 1986, 1274.

Die werdende Wohnungseigentümergemeinschaft **endet**, wenn außer dem teilenden Eigentümer ein Erwerber als Eigentümer in Abteilung I des Grundbuchs eingetragen wird, denn in diesem Zeitpunkt entsteht die **„echte" Wohnungseigentümergemeinschaft**. Diese Wohnungseigentümergemeinschaft besteht sowohl aus den Volleigentümern als auch aus den Ersterwerbern, die vor der Entstehung der Wohnungseigentümergemeinschaft Mitglied der werdenden Gemeinschaft geworden waren.[19] Die Mitglieder der ehemals werdenden Wohnungseigentümergemeinschaft **verlieren ihre Rechtsstellung** durch das Entstehen der „echten" Wohnungseigentümergemeinschaft also **nicht**.[20]

Nach bislang ganz **h.M.** galten Erwerber, bei denen die Voraussetzungen für eine Mitgliedschaft in der werdenden Gemeinschaft erst sämtlich vorliegen, nachdem zugunsten des Erwerbers einer anderen Einheit die Eigentumsumschreibung erfolgt ist (Zeitpunkt des Entstehens der echten Gemeinschaft; siehe Rn 9 ff.), als **sog Zweiterwerber**, die ihre wohnungseigentumsrechtlichen Rechte und Pflichten erst mit ihrer Eintragung in Abteilung I des Grundbuchs erlangen[21] Der BGH[22] kündigte in einem obiter dictum an, dieser Ansicht voraussichtlich nicht folgen zu wollen, sondern für einen noch näher zu bestimmenden Übergangszeitraum nach Entstehen der „echten" Wohnungseigentümergemeinschaft jeden Erwerber, der das Wohnungseigentum vom Aufteiler erlangt, wie einen werdenden Wohnungseigentümer zu behandeln.[23] In Anschluss daran sprach der BGH[24] einem Erwerber den Status eines werdenden Wohnungseigentümers zu, der zwar vor Entstehung der „echten" Wohnungseigentümergemeinschaft (siehe Rn 9 ff.) den Erwerbsvertrag geschlossen hatte und durch eine Auflassungsvormerkung gesichert war, aber den Besitz an der Wohnung erst nach Entstehung der „echten" Gemeinschaft erlangt hatte. Zugleich kündigte der BGH an, den Status eines werdenden Wohnungseigentümers auch dann als gegeben ansehen zu wollen, wenn der Erwerbsvertrag zwischen Aufteiler und Erwerber **vor** Entstehung der „echten" Wohnungseigentümergemeinschaft geschlossen wurde, aber die Eintragung der Auflassungsvormerkung und der Besitzübergang erst nach diesem Zeitpunkt erfolgen.

Bei einer **Begründung** von Wohnungseigentum nach § 3 soll nach **h.M.**[25] keine werdende Wohnungseigentümergemeinschaft entstehen, da es hier keinen schrittweisen Übergang des Eigentums vom Alleineigentümer auf eine Gemeinschaft gebe. Vielmehr wandele sich die Bruchteilgemeinschaft oder Gesamthandsgesellschaft an dem Grundstück mit Anlegung der Wohnungsgrundbücher in eine (echte) Wohnungseigentümergemeinschaft um. Gegen diese Ansicht spricht: Die Mitberechtigten haben sich durch die Beurkundung der Teilungserklärung über die Bildung von Wohnungseigentum an dem gemeinschaftlichen Grundstück geeinigt, sodass die Anwendung des Wohnungseigentumsrechts dem Willen aller Beteiligten entspräche. Die Mitberechtigten sind schuldrechtlich zur Vollziehung der Teilungserklärung verpflichtet. Sobald die Anträge auf Vollziehung der Teilungserklärung und Zuweisung des Sondereigentums unwiderruflich gestellt sind, die ggf. erforderliche Zustimmung dinglich Berechtiger vorliegt, keine sonstigen Gründe einer grundbuchlichen Vollziehung der Teilungserklärung dauerhaft entgegenstehen und der Anspruch auf Erwerb des Sondereigentums durch Vormerkung gesichert ist, hat jeder Mitberechtigte eine gefestigte Erwerbsposition erlangt. Da die Anlegung der Grundbuchblätter und die damit einhergehende Entstehung der Wohnungseigentümergemeinschaft ab diesem Zeitpunkt nur noch eine Frage der Zeit sind, sind keine Gründe mehr ersichtlich, ab dem Vorliegen der vorgenannten Voraussetzungen die Anwendung der wohnungseigentumsrechtlichen Bestimmungen abzulehnen.

2. Gemeinschaft als rechtsfähiger Verband

Von der Entstehung der Wohnungseigentümergemeinschaft als bloßes Schuldverhältnis der Wohnungseigentümer untereinander ist die **Entstehung** der Gemeinschaft als rechtsfähiger Verband mit Rechtswirkungen gegenüber Dritten zu unterscheiden. Die Grundsätze der werdenden Wohnungseigentümergemeinschaft hatten in der Vergangenheit lediglich Bedeutung für das Innenverhältnis zwischen Aufteiler und Ersterwerber. Mit Anerkennung der Rechtsfähigkeit der Gemeinschaft durch den Gesetzgeber wird man nun auch die **werdende Wohnungseigentümergemeinschaft** als **Rechtssubjekt** anerkennen müssen.[26] Für sie gelten die Vorschriften des WEG analog. Das Mitglied der werdenden Wohnungseigentümergemeinschaft haftet somit im Außenverhältnis analog § 10 Abs. 8 S. 1 quotal für Verwaltungsschulden der werdenden Gemeinschaft. Mit der Umwandlung der werdenden Gemeinschaft in die „echte" Wohnungseigentümergemeinschaft ändert sich die Identität der Gemeinschaft nicht.

Vor Entstehung der **werdenden Wohnungseigentümergemeinschaft** gibt es keinen rechtsfähigen Verband, der Träger des Verwaltungsvermögens i.S.d. § 10 Abs. 7 sein könnte. In diesem Zeitraum handelt noch der aufteilende Alleineigentümer in allen Belangen der Wohnanlage persönlich. Nur er kommt als haftendes Rechtssubjekt in Be-

---

19 OLG Köln 16 Wx 193/05, NJW-RR 2006, 445.
20 BGH V ZB 85/07, NJW 2008, 2639; V ZR 196/11, NJW 2012, 2650; OLG Köln 16 Wx 193/05, NJW-RR 2006, 445; BayObLG 2Z BR 35/97; ZMR 1998, 174; OLG Hamm 15 W 318/99, WuM 2000, 319; OLG Karlsruhe 14 Wx 37/01, ZMR 2003, 374; OLG Zweibrücken 3 W 217/98, NJW 1999, 322.
21 BayObLG 2Z BR 127/04, ZMR 2005, 462; *Gottschalg*, NZM 2005, 88; *Riecke/Schmid/Elzer*, § 10 Rn 33; *Timme/Dötsch*, § 10 Rn 63.
22 BGH V ZB 85/07, NJW 2008, 2639.
23 Ebenso *Bärmann/Klein*, § 10 Rn 18.
24 BGH V ZR 196/11, NJW 2012, 2650.
25 BayObLG AR 2 Z 110/91, NJW-RR 1992, 597; *Weitnauer/Lüke*, nach § 10 Rn 4; **a.A.** *Bärmann/Klein*, § 10 Rn 19.
26 So *Riecke/Schmid/Elzer*, § 10 Rn 378; *Palandt/Bassenge*, Einleitung zum WEG, Rn 7; *Hügel*, DNotZ 2005, 753; ZWE 2010, 122; *Armbrüster*, GE 2007, 420, 435.

tracht, denn er ist Alleineigentümer des Grundstücks nebst Zubehör. Die rechtliche Situation im Außenverhältnis entspricht der bei einem Mietshaus, das im Alleineigentum einer Person steht. Auch dort tritt der Grundstückseigentümer als Vertragspartner gegenüber Dritten auf. Eine **Ein-Eigentümer-Gemeinschaft** gibt es nicht.[27]

16 Aus **Gründen der Praktikabilität** wäre es vielleicht wünschenswert, die rechtsfähige Gemeinschaft im Außenverhältnis bereits als **Ein-Eigentümer-Gemeinschaft** entstehen zu lassen. Dann bestünde bereits vor Veräußerung der Wohnungen die rechtliche Möglichkeit, Versorgungsverträge für das Objekt mit Wirkung für die künftige Gemeinschaft abzuschließen. Bislang muss der teilende Eigentümer selbst als Vertragspartner auftreten; die durch ihn geschlossenen Verträge gehen nicht auf die später entstehende Gemeinschaft über, denn dafür fehlt es an einer gesetzlichen Überleitungsnorm. Die **Gemeinschaft** ist auch **nicht der Rechtsnachfolger** des aufteilenden Eigentümers. Gegen die Existenz einer Ein-Eigentümer-Gemeinschaft spricht jedoch § 10 Abs. 7 S. 4, wonach das Verwaltungsvermögen auf den letzten verbleibenden Eigentümer übergeht, wenn sich sämtliche Wohnungseigentumseinheiten in einer Hand vereinigen. Dies kann nur so verstanden werden, dass mit Ausscheiden des vorletzten Eigentümers aus der Gemeinschaft sich diese als Rechtssubjekt auflöst. Andernfalls wäre nicht nachvollziehbar, warum das Verwaltungsvermögen auf den verbleibenden Alleineigentümer übergehen soll, obwohl die Gemeinschaft weiterhin existiert. Wenn es aber eine Ein-Eigentümer-Gemeinschaft im Fall des Ausscheidens des vorletzten Eigentümers aus der Gemeinschaft nicht gibt, dann muss dies auch im umgekehrten Fall gelten, in dem der teilende Alleineigentümer noch keine Einheit veräußert hat. Die bloße Anlegung der Wohnungsgrundbuchblätter führt bei einer Teilung nach § 8 also noch nicht zur Entstehung einer rechtsfähigen Gemeinschaft.

III. Untergemeinschaften

17 In Wohneigentumsanlagen, die über baulich untergliederte Grundstücks- oder Gebäudebereiche verfügen, wird häufig von „Untergemeinschaften" gesprochen. Das Gesetz verwendet diesen Begriff nicht. Nach dem WEG kann es innerhalb einer Wohnungseigentümergemeinschaft keine rechtlich selbstständigen Untereigentümergemeinschaften geben. Die auf einem Grundstück befindlichen Sondereigentumseinheiten bilden stets **eine** Wohnungseigentumsanlage bzw Wohnungseigentümergemeinschaft sowohl im sachenrechtlichen als auch im schuldrechtlichen Sinne. Die Wohnungseigentümer können allerdings gemäß § 10 Abs. 2 S. 2 vereinbaren (nicht beschließen), dass bei bestimmten Aspekten der Verwaltung und des Gebrauchs zwischen einzelnen Gruppen von Sondereigentumseinheiten differenziert werden soll oder einzelne Gruppen von Sondereigentumseinheiten sogar wie rechtlich selbstständige Wohnungseigentümergemeinschaften an real geteilten Grundstücken behandelt werden sollen (soweit die Normen des WEG nicht zwingend sind). Die Praxis kennt unterschiedlichste Arten und Intensitäten der Ausformungen von „Untergemeinschaften", angefangen bei bloßen Kostenverteilungsregelungen (**Abrechnungskreise**), über die Bildung **getrennter Instandhaltungsrücklagen** und die Erstellung von **Unterabrechnungen** bis hin zur Zuweisung separater Entscheidungs- und Regelungskompetenzen und die Durchführung von **Eigentümerteilversammlungen**.

Allgemeine Rechtsgrundsätze für Untergemeinschaften gibt es nicht. Es ist stets eine Frage der Auslegung der Gemeinschaftsordnung, inwieweit in der Gemeinschaft vom WEG abweichende Bestimmungen gelten. Die bloße Aussage in einer Gemeinschaftsordnung, dass in einer aus drei Mehrparteienhäusern bestehenden Wohneigentumsanlage jedes Haus eine „Untergemeinschaft" bilden soll, wäre inhaltsleer. Die Gemeinschaftsordnung muss konkret regeln, inwieweit vom WEG abweichende Gebrauchs- oder Verwaltungsregelungen gelten sollen. Fehlt es an solchen klaren Regelungen, gelten die Bestimmungen des WEG. Vertiefend sei auf die Kommentierungen zu §§ 13 bis 16 und 21 bis 29 sowie 43 ff. unter den Stichworten „Untergemeinschaft" verwiesen.

Da der Begriff „Untergemeinschaft" nur eine besondere Ausformung der schuldrechtlichen Beziehungen der Wohnungseigentümer untereinander bezeichnet, sind Untergemeinschaft **nicht rechts- oder parteifähig**; sie können im Rechtsverkehr nicht auftreten (siehe Rn 81).

IV. Vereinbarungen der Wohnungseigentümer (Gemeinschaftsordnung)

1. Zustandekommen

18 Die Wohnungseigentümer können von den Vorschriften des WEG abweichende Vereinbarungen treffen, soweit nicht etwas anderes ausdrücklich bestimmt ist (Abs. 2 S. 2). Die Summe aller Vereinbarungen wird in der Praxis als Gemeinschaftsordnung (bisweilen ungenau auch als Teilungserklärung) bezeichnet. Vereinbarungen sind **mehrseitige Verträge**, auf die die Vorschriften des allgemeinen Teils des BGB und des allgemeinen Schuldrechts (§§ 104 ff., 119 ff., 134, 138, 315 BGB) Anwendung finden.[28] Sie kommen durch korrespondierende und einander entsprechende

---

27 Riecke/Schmid/Elzer, § 8 Rn 97; **a.A.** Becker, Festschrift f. Seuß, S. 19; F. Schmidt, ZMR 2009, 725.

28 BGH V ZB 43/93, NJW 1994, 2950.

Willenserklärungen aller Wohnungseigentümer oder durch sukzessive Zustimmung zu einem vorformulierten Text zustande.[29] Die Einhaltung einer **Form** ist nicht erforderlich.[30]

Eine Vereinbarung kann auch **stillschweigend** durch konkludentes Handeln oder **ständige Übung** geschlossen werden. Dies setzt jedoch einen entsprechenden rechtsgeschäftlichen Regelungswillen aller Wohnungseigentümer voraus, der im Verhalten der Wohnungseigentümer zum Ausdruck kommen muss.[31] Den Wohnungseigentümern muss bewusst sein, dass sie ihr Verhältnis untereinander in Abweichung oder Ergänzung des Gesetzes oder in Abweichung einer bestehenden Vereinbarung regeln. Ist ihnen die abweichende Vereinbarung nicht bekannt, fehlt es an einem **Änderungswillen**.[32] Den Wohnungseigentümern muss ferner bewusst sein, dass sie eine Regelung schaffen, die nicht nur für die Gegenwart, sondern auch für die Zukunft gilt[33] und nicht mehr durch Mehrheitsbeschluss abgeändert werden kann.[34] So führt z.B. eine jahrelange Anwendung eines unrichtigen Kostenverteilungsschlüssels im Wirtschaftsplan oder der Jahresabrechnung nicht zu einer Änderung des gesetzlichen oder in der Gemeinschaftsordnung enthaltenen Kostenverteilungsschlüssels.[35] Im bloßen **Dulden von Verstößen** gegen eine Vereinbarung ist eine neue Vereinbarung nicht zu sehen.[36] Eine stillschweigend oder durch ständige Übung geschlossene Vereinbarung bindet **mangels Eintragung im Grundbuch** künftige Wohnungseigentümer (Sondernachfolger) nicht. Mit Eintritt eines Eigentümerwechsels wird eine solche Vereinbarung hinfällig, sofern sie nur gegenüber allen Wohnungseigentümern einheitlich wirken kann (siehe Rn 68).

19

Bei **Begründung** der Wohneigentumsanlage **durch** einen **Alleineigentümer** gemäß § 8 kann dieser durch einseitige Erklärung, die gemäß § 10 Abs. 3 ins Grundbuch einzutragen ist, mit Wirkung für und gegen die späteren Wohnungseigentümer das Grundverhältnis der Gemeinschaft in Abweichung oder Ergänzung des Gesetzes regeln. Diese einseitige Erklärung steht gemäß §§ 8 Abs. 2, 5 Abs. 4 einer Vereinbarung i.S.d. § 10 Abs. 2 S. 2 gleich. Der teilende Alleineigentümer verliert seine Gestaltungsbefugnis mit rechtlicher Vollziehung der werdenden Gemeinschaft (siehe Rn 8 ff.), soweit nicht die Gemeinschaftsordnung bestimmt, dass der aufteilende Eigentümer die Gemeinschaftsordnung auch später noch ändern kann (siehe Rn 45).

20

2. Regelungsinhalt

Der Inhalt von Vereinbarungen i.S.d. § 10 Abs. 2 S. 2, Abs. 3 betrifft das Verhältnis der Wohnungseigentümer untereinander in **Ergänzung oder Abweichung von Vorschriften des WEG** oder des BGB. Vereinbarungen regeln auf abstrakt-genereller Ebene das Gemeinschaftsgrundverhältnis der Wohnungseigentümer im Sinne einer Satzung. Die Gemeinschaftsordnung ist bei der Verwaltung (insbesondere bei Beschlüssen über konkrete Verwaltungsmaßnahmen nach § 21 Abs. 1) und dem Gebrauch des Gemeinschafts- und Sondereigentums zu beachten. Die Gemeinschaftsordnung enthält z.B. Regelungen über die Kostenverteilung, das Stimmrecht, die Modalitäten der Versammlung, die Aufgaben des Verwalters und Verwaltungsbeirats.

21

Regelungen über die **sachenrechtliche Zuordnung** des Gemeinschafts- und Sondereigentums und die Größe der Miteigentumsanteile fallen nicht in den Anwendungsbereich des § 10 Abs. 2 S. 2, Abs. 3, da diese Regelungen nicht die schuldrechtlichen Beziehungen der Wohnungseigentümer untereinander sondern die sachenrechtlichen Grundlagen der Wohnanlage betreffen.[37] Gleiches gilt für die Zweckbestimmung des Sondereigentums, also die Frage, ob eine Einheit zu Wohnzwecken (Wohnungseigentum) oder nicht zu Wohnzwecken (Teileigentum) genutzt werden darf.[38] Das WEG trennt nicht nur – wie ein Vergleich der Abs. 3 und 4 des § 5 zeigt – zwischen sachenrechtlicher Zuordnung und schuldrechtlichem Gemeinschaftsverhältnis, sondern knüpft – etwa mit § 4 Abs. 1 auf der einen und § 10 Abs. 2 auf der anderen Seite – an diese Unterscheidung auch verschiedene Rechtsfolgen.[39] Während nach § 5 Abs. 3 für eine Änderung der sachenrechtlichen Zuordnung eine notariell beurkundete Einigung der Wohnungseigentümer und die **Eintragung im Grundbuch** erforderlich ist, bedarf es für die Wirksamkeit einer Vereinbarung i.S.d. § 10 Abs. 2 S. 2 weder einer Form noch der Grundbucheintragung. Eine Grundbucheintragung ist für eine Vereinbarung gemäß § 10 Abs. 3 nur erforderlich, wenn Sondernachfolger an die Vereinbarung gebunden werden sollen. Aus diesem Grund hat sich in der Rechtsprechung die zutreffende Auffassung durchgesetzt, dass **Änderungsvorbehalte** in der Gemeinschaftsordnung, durch die ein Wohnungseigentümer ermächtigt oder bevollmächtigt wird, Gemeinschaftseigentum in Sondereigentum umzuwandeln, oder nach denen die vorweggenommene Zustimmung zu einer solchen Umwandlung erteilt ist, nicht § 10 Abs. 3 unterfallen, also nicht auf diesem Weg gegen Sondernachfolger wirken können.[40]

22

---

29 *Riecke/Schmid/Elzer*, § 10 Rn 93.
30 BGH V ZR 121/82, NJW 1984, 612; OLG Hamm 15 W 4/98, NZM 1998, 873; BayObLG 2Z BR 1/02, NZM 2002, 747.
31 BayObLG 2Z BR 60/01, ZWE 2002, 35; OLG Düsseldorf 3 Wx 426/95, WE 1997, 346.
32 BayObLG 2Z BR 11/04, ZMR 2005, 379.
33 OLG Köln 16 Wx 56/96, WuM 1997, 59.
34 KG 24 W 6092/88, NJW-RR 1989, 976.
35 BayObLG 2Z BR 101/00, NZM 2001, 754.
36 *Riecke/Schmid/Elzer*, § 10 Rn 158.
37 BGH V ZR 189/11, NJW-RR 2012, 1036; V ZR 322/02, NJW 2003, 2165; *Kümmel*, Die Bindung, S. 6.
38 *Riecke/Schmid/Elzer*, § 10 Rn 99 ff.; **a.A.** *Bärmann/Klein*, § 10 Rn 79.
39 Vgl. *Häublein* DNotZ 2000, 442, 450.
40 BGH V ZR 322/02, NJW 2003, 2165; BayObLG 2Z BR 41/00, ZMR 2000, 779; KG 24 W 3797/97, NZM 1998, 581.

23 Neben Vereinbarungen i.S.d. § 10 Abs. 2 S. 2, Abs. 3 kennt die Praxis auch Regelungen, die zwar formell in der Gemeinschaftsordnung enthalten sind, die aber nicht das Gemeinschaftsgrundverhältnis in Abweichung oder Ergänzung des Gesetzes betreffen, sondern eine der Gemeinschaftsgrundordnung nachrangige Gebrauchs- oder Verwaltungsregelung i.S.d. §§ 15 Abs. 2, 21 Abs. 3 zum Inhalt haben. Man kann sie wegen ihres Regelungsgegenstandes als **Vereinbarungen mit Beschlussinhalt** bezeichnen. Teilweise wird auch der Begriff „formeller Bestandteil der Gemeinschaftsordnung" verwendet.[41] Beispiele für derartige Vereinbarungen sind: Bestellung des ersten Verwalters, Regelung der Höhe des Verwalterhonorars, Hausordnung. Diese „Vereinbarungen" können bereits vom teilenden Alleineigentümer zum Inhalt der Gemeinschaftsordnung gemacht werden,[42] auch wenn es nach **h.M.** sog Einmannbeschlüsse des Aufteilers nicht gibt.[43] Solche Regelungen binden künftige Erwerber aber nur, wenn sie analog § 10 Abs. 3 im Grundbuch eingetragen sind. Die künftigen Wohnungseigentümer können die Regelungen durch bloßen Mehrheitsbeschluss ändern oder aufheben.[44] Werden „Vereinbarungen" mit Beschlussinhalt nach Entstehung der werdenden Wohnungseigentümergemeinschaft getroffen, handelt es sich um einen schriftlichen Beschluss i.S.d. § 23 Abs. 3.[45]

24 Vertragliche Bestimmungen, die nicht das Verhältnis der Wohnungseigentümer untereinander in Abweichung oder Ergänzung des Gesetzes betreffen, sondern **individuelle Sonderbeziehungen** entweder der Wohnungseigentümergemeinschaft oder der Wohnungseigentümer als Einzelrechtspersonen untereinander oder zu einem Dritten zum Gegenstand haben, fallen nicht in den Anwendungsbereich des § 10 Abs. 2 S. 2, Abs. 3. Dies betrifft etwa die Verpflichtung zur Mitgliedschaft in einem Mietpool, die Benutzung eines Nachbargrundstücks, Kostentragungsregelungen zwischen benachbarten Wohnungseigentümergemeinschaften für gemeinsam genutzte Anlagen, dingliche Vorkaufsrechte, den Abschluss eines Vertrages der Wohnungseigentümer oder der Gemeinschaft mit einem Dritten. Solche „Vereinbarungen" binden künftige Wohnungseigentümer selbst dann nicht, wenn die Regelung im Grundbuch verlautbart ist.[46] Höchst zweifelhaft ist daher die Auffassung des BGH,[47] der einzelne Wohnungseigentümer könne durch Vereinbarung i.S.d. § 10 Abs. 3 verpflichtet werden, einen Betreuungsvertrag mit einem Dritten einzugehen.

3. Grenzen der Regelungsfreiheit

25 Die aus § 10 Abs. 2 S. 2 folgende Freiheit der Wohnungseigentümer, ihr Verhältnis untereinander durch Vereinbarung zu regeln, besteht allerdings nicht schrankenlos; sie unterliegt folgenden Grenzen:
- den durch §§ 134, 138 BGB vorgegebenen Verboten,
- den zwingenden Grundprinzipien und Grundstrukturen des WEG,
- den unverzichtbaren Grundrechten der Eigentümer,
- der an Treu und Glauben orientierten Inhaltskontrolle

26 **a) Gesetzliches Verbot, Verstoß gegen die guten Sitten.** Da das Wohnungseigentumsrecht Teil des bürgerlichen Rechts ist, unterliegt die Gestaltungsfreiheit der Wohnungseigentümer den zwingenden allgemeinen Bestimmungen des Privatrechts.[48] Nichtig sind danach Vereinbarungen, die gegen ein gesetzliches Verbot (§ 134 BGB) oder gegen die guten Sitten verstoßen (§ 138 BGB). Hierunter fallen z.B. diskriminierende Regelungen, die an die Rasse oder ethnische Herkunft, an das Geschlecht, die Religion, eine Behinderung oder an die sexuelle Identität anknüpfen und nicht nach § 19 Abs. 3 AGG ausnahmsweise zulässig sind. Ein weiteres Beispiel sind Vereinbarungen, die ein durch Strafgesetz sanktioniertes Verhalten gestatten oder die Eigentümer oder den Verwalter zu einem solchen Verhalten verpflichten.

27 **b) Grundprinzipien und -strukturen des WEG.** Die Regelungsfreiheit der Wohnungseigentümer findet ferner ihre Grenze in den durch das WEG vorgegebenen Grundprinzipien und Grundstrukturen, die das grundstücksgleiche Recht „Wohnungseigentum" kennzeichnen. Dass es solche Grundstrukturen und -prinzipien geben muss, folgt aus dem numerus clausus der Sachenrechte. Auch wenn die Wohnungseigentümer durch Vereinbarung den „Inhalt des Sondereigentums" ausgestalten können, darf dies nicht so weit getrieben werden, dass ein grundstücksgleiches Recht geschaffen wird, das außerhalb der Grundprinzipien und -strukturen des WEG liegt. Durch Vereinbarung können die Wohnungseigentümer ihr Verhältnis untereinander innerhalb der Grundstrukturen und -prinzipien ausgestalten, nicht aber die vom Gesetzgeber vorgegebenen Grundstrukturen und -prinzipien auflösen oder verändern.[49] Die Grundprinzipien und -strukturen lassen sich in folgende Bereiche untergliedern:
- Erhaltung des baulichen Bestands des Sonder- und Gemeinschaftseigentums,
- Recht auf Gebrauch des Sondereigentums und Recht auf Mitgebrauch am GemE,

---

41 BayObLG BReg 2 Z 35/75, BayObLGZ 1975, 201.
42 Bärmann/Klein, § 10 Rn 69.
43 OLG München 34 Wx 89/05, ZMR 2006, 306; BayObLG 2Z BR 1/03, NZM 2003, 317.
44 BayObLG BReg 2 Z 35/75, BayObLGZ 1975, 201; Riecke/Schmid/Elzer, § 10 Rn 83.
45 *Bärmann/Klein*, § 10 Rn 183.
46 *Bärmann/Klein*, § 10 Rn 74.
47 BGH V ZR 289/05, 2007, 213.
48 BGH V ZR 60/10, NJW 2011, 679.
49 Vgl. BGH V ZB 43/93, NJW 1994, 2950; KG 24 W 7292/92, ZMR 1993, 578.

- Kompetenzverteilung zwischen Verwalter, Wohnungseigentümern und rechtsfähiger Gemeinschaft bei der Verwaltung des Gemeinschaftseigentum,
- Verwaltung des Sondereigentums durch Sondereigentümer,
- unverzichtbare Mitgliedschaftsrechte der Wohnungseigentümer,
- geordnete Finanzverfassung und Finanzverwaltung,
- Veräußerbarkeit, Belastbarkeit, Vererbbarkeit des Eigentums.

aa) Erhaltung des baulichen Bestands des Sonder- und Gemeinschaftseigentums. Die Wohneigentumsanlage ist dauerhaft in ihrem Bestand zu erhalten. Ohne diesen Grundsatz könnte das Wohnungseigentum seine wirtschafts- und sozialpolitische Aufgabe (Schaffung privaten, bewohnbaren Immobilieneigentums für Personen mit mittlerem Einkommen; Alterssicherung; Kapitalanlage) nicht erfüllen. Nichtig wäre deshalb eine Vereinbarung, wonach das Gemeinschaftseigentum nicht in seinem baulichen Bestand erhalten werden müsse und der einzelne Wohnungseigentümer auch keinen **Anspruch** gegen die anderen Eigentümer **auf ordnungsgemäße Instandhaltung** und Instandsetzung habe. Nichtig wäre auch eine Vereinbarung, wonach jeder Miteigentümer einschränkungslos und ohne Einwilligung der anderen Eigentümer bauliche Veränderungen am Gemeinschaftseigentum vornehmen dürfe.[50] Denn auch dadurch wäre der Bestand der Wohnanlage in Frage gestellt. 28

Der Gestaltungsfreiheit der Wohnungseigentümer unterliegt hingegen die **Kompetenzverteilung** zwischen den Eigentümern bei der Instandhaltung und Instandsetzung. So kann etwa die Pflicht zur Instandhaltung oder Instandsetzung bestimmter Gebäudebereiche auf einzelne Wohnungseigentümer übertragen werden, was z.B. bei Fenstern oder im Rahmen von Sondernutzungsrechten üblich ist. Nichtig wäre hingegen eine Vereinbarung, wonach es im Belieben des für die Instandsetzung zuständigen, einzelnen Eigentümers stünde, ob dieser erforderliche Instandsetzungsmaßnahmen durchführt oder nicht. Der einzelne Wohnungseigentümer muss immer die Möglichkeit haben, die ordnungsgemäße Instandhaltung und Instandsetzung gegenüber dem jeweils verpflichteten Miteigentümer zu **erzwingen**. Auch muss er bauliche Veränderungen, die den Bestand der Wohnanlage gefährden, **verhindern** können.

bb) Recht auf Gebrauch des Sondereigentums und Mitgebrauch am GemE. Zu den weiteren Grundprinzipien des WEG gehört das Recht auf Gebrauch des (eigenen) Sondereigentums und das Recht auf Mitgebrauch am Gemeinschaftseigentum. Zu der Frage, inwieweit diese Rechte durch Vereinbarung ausgestaltet oder diese Rechte eingeschränkt werden können, wird auf § 15 Rn 4 ff. verwiesen. 29

cc) Kompetenzverteilung bei der Verwaltung des Gemeinschaftseigentums. Die Verwaltung des Gemeinschaftseigentums obliegt den Wohnungseigentümern und dem Verwalter. Darüber hinaus kennt das WEG die Gemeinschaft der Wohnungseigentümer als Rechtssubjekt (rechtsfähiger Verband), die ebenfalls bei der Verwaltung des Gemeinschaftseigentums tätig wird. Während die Wohnungseigentümer ihre Entscheidung- und Ausführungskompetenzen bei der Verwaltung des Gemeinschaftseigentums im Verhältnis untereinander modifizieren können, schreibt das WEG die Existenz eines Verwalters zwingend vor (sofern zumindest ein Eigentümer die Bestellung eines Verwalters begehrt). Weder kann das Recht des einzelnen Wohnungseigentümers auf Bestellung eines Verwalters durch Vereinbarung abbedungen werden (vgl. § 20 Abs. 2), noch ist die Möglichkeit der Wohnungseigentümerversammlung, den Verwalter durch Beschluss mit einfacher Stimmenmehrheit zu bestellen, einschränkbar (§ 26 Abs. 1 S. 5). Darüber hinaus sind die dem Verwalter in § 27 Abs. 1 bis 3 auferlegten Aufgaben und Befugnisse zwingend (§ 27 Abs. 4). Diese Aufgaben können durch Vereinbarung lediglich erweitert werden, solange die **Letztentscheidungskompetenz** bei den Wohnungseigentümern verbleibt. 30

Zu den Grundprinzipien des WEG gehört ferner die Existenz der Gemeinschaft als **rechtsfähiger Verband** und des **Verwaltungsvermögens** i.S.d. § 10 Abs. 7. Die Existenz der Gemeinschaft und des Verwaltungsvermögens kann nicht ausgeschlossen werden. Auch dürfte es durch Vereinbarung nicht möglich sein, die dem Verband zukommenden Rechte, Pflichten und Kompetenzen durch Vereinbarung einzuschränken oder auszuschließen.[51]

dd) Verwaltung des Sondereigentums durch Sondereigentümer. Während die Verwaltung des Gemeinschaftseigentums Angelegenheit aller Wohnungseigentümer ist, fällt die Verwaltung des Sondereigentums in den alleinigen **Zuständigkeitsbereich** des jeweiligen Sondereigentümers. Soweit das WEG sich in den §§ 20 ff. mit der Verwaltung befasst, betrifft dies ausschließlich die Verwaltung des Gemeinschaftseigentums. Das Sondereigentum verwaltet jeder Wohnungseigentümer selbst (siehe § 20 Rn 2). Die Wohnungseigentümer können daher weder Vereinbarungen noch Beschlüsse zur Verwaltung des Sondereigentums fassen.[52] 31

ee) Unverzichtbare Mitgliedschaftsrechte der Wohnungseigentümer. Da jeder Wohnungseigentümer zwingend Mitglied in der Wohnungseigentümergemeinschaft ist, gehört zu den Grundprinzipien des Wohnungseigentums die Existenz unverzichtbarer Mitgliedschaftsrechte. Die Gestaltungsfreiheit für Gemeinschaftsordnungen dort endet, 32

---

50 Ähnlich *Bärmann/Klein*, § 10 Rn 103.
51 Ähnlich *Timme/Dötsch*, § 10 Rn 182.

52 **A.A.** wohl BayObLG 2Z BR 53/95, WuM 1995, 672.

wo die personenrechtliche Gemeinschaftsstellung der Wohnungseigentümer ausgehöhlt wird.[53] Die unverzichtbaren Mitgliedschaftsrechte bestehen aus

– dem Recht auf **Mitbestimmung** bei Verwaltungsentscheidungen und Gebrauchsregelungen sowie dem Anspruch auf Überprüfung der Eigentümerbeschlüsse durch eine unabhängige Institution,
– dem Recht auf **Information** und **Kontrolle** des Verwalters.

33 **(1) Mitwirkung an Verwaltungsentscheidungen.** Jeder Wohnungseigentümer muss ein Recht auf **Mitwirkung an Verwaltungsentscheidungen und Gebrauchsregelungen** haben, an die er gebunden sein soll. Bei Mehrheitsentscheidungen durch Beschlussfassung muss jedem Wohnungseigentümer grundsätzlich ein Stimmrecht zustehen.[54] Dieses Recht auf Mitgestaltung kann nicht dauerhaft ausgeschlossen werden.[55] Hingegen ist das vom Gesetzgeber vorgegebene System von Vereinbarungen und Mehrheitsbeschlüssen disponibel. Die Wohnungseigentümer können das **Mehrheitsprinzip** ausweiten[56] oder einschränken,[57] soweit die Mehrheitskompetenzen nicht ausnahmsweise vom Gesetzgeber als zwingend ausgestaltet wurden (so §§ 12 Abs. 4 S. 2; 16 Abs. 5; 18 Abs. 4; 22 Abs. 2 S. 2; 26 Abs. 1 S. 5). Somit ist die Eigentümerversammlung auch nur dort eine zwingende Einrichtung, wo Beschlüsse unabdingbar mit einfacher (d.h. relativer) Mehrheit gefasst werden können. In allen anderen Fällen kann durch Vereinbarung auf eine Eigentümerversammlung als Ort für Beschlussfassungen verzichtet werden.[58] Rechtlich zulässig wäre etwa eine Vereinbarung, wonach Beschlüsse grundsätzlich außerhalb einer Versammlung gefasst werden können, wobei zur Vermeidung zufälliger Mehrheiten als Korrektiv verlangt werden müsste, dass ein Mehrheitsbeschluss nur mit der (absoluten) Mehrheit aller Stimmen zustande kommen kann (wie es im Bruchteilsrecht nach § 745 BGB der Fall ist). Soweit Eigentümerversammlungen stattfinden, gehört das Recht auf Teilnahme zu den unabdingbaren Mitgliedschaftsrechten,[59] auch wenn der Wohnungseigentümer im Einzelfalls von der Abstimmung ausgeschlossen ist. Ein Eingriff in das Teilnahmerecht ist nur statthaft, wenn auf andere Weise die geordnete Durchführung einer Versammlung nicht gewährleistet werden kann, so etwa, wenn ein Wohnungseigentümer nachhaltig und trotz Androhung des Ausschlusses weiterhin die Versammlung in erheblicher Weise stört.[60]

Die Kompetenz der Eigentümerversammlung, Verwaltungsentscheidungen und Gebrauchsregelungen mit Stimmenmehrheit – und somit auch gegen den Willen einzelner Eigentümer – treffen zu können, verlangt als Korrektiv zwingend, dass der überstimmte Eigentümer die Rechtmäßigkeit des Beschlusses durch die staatlichen Gerichte oder ein Schiedsgericht **überprüfen** lassen kann. Nichtig wäre daher eine Vereinbarung, die dem überstimmten Eigentümer das Recht zur Beschlussanfechtung nimmt. Das gilt erst recht in den Fällen, in denen der Eigentümer vom Stimmrecht ausgeschlossen ist.

Das Recht auf Mitbestimmung bei Verwaltungsentscheidungen und Gebrauchsregelungen verbietet eine **Übertragung wesentlicher Entscheidungsbefugnisse** auf den Verwalter, einzelne Eigentümer oder Dritte. Der Verwalter hat nach der Konzeption des § 27 keine Entscheidungsbefugnisse sondern nur das Recht und die Pflicht zur Durchführung beschlossener oder ihm kraft Gesetzes obliegender Verwaltungsmaßnahmen. Vereinbarungen, mit denen Verwaltungsentscheidungen auf den Verwalter oder Einzeleigentümer übertragen werden, sind nur wirksam, wenn die Letztentscheidungskompetenz bei den Wohnungseigentümern in ihrer Gesamtheit verbleibt, die Wohnungseigentümer die Entscheidung des Verwalters oder eines Einzeleigentümers also korrigieren können.

34 **(2) Information und Auskunft.** Zu den unabdingbaren und unverzichtbaren Mitgliedschaftsrechten gehört das Recht, sich über die Vorgänge innerhalb der Wohnungseigentümergemeinschaft durch Einsichtnahme in die Verwaltungsunterlagen zu **informieren** und vom Verwalter **Auskunft** zu verlangen und auf diese Weise die Verwaltungsführung durch den Verwalter und die übrigen Eigentümer **kontrollieren** zu können. Denn das Recht auf ordnungsmäßige Verwaltung und Mitwirkung an den Verwaltungsentscheidungen und Gebrauchsregelungen wäre weitgehend wertlos, wenn der Eigentümer sich nicht die notwendigen Informationen verschaffen könnte, um sein Stimmrecht interessengemäß ausüben oder die Rechtmäßigkeit der Beschlüsse und des sonstigen Verwaltungshandels (insbesondere des Verwalters) überprüfen zu können.

35 **ff) Geordnete Finanzverfassung und Finanzverwaltung.** Zu den elementaren Grundprinzipien gehört ferner eine geordnete Finanzverfassung und Finanzverwaltung. Dies ist nicht gleichzusetzen mit einem Anspruch auf absolute Kostengerechtigkeit. Bei der Frage, wie die Wohnungseigentümer die Einnahmen und Ausgaben verteilen, haben sie einen weiten Gestaltungsspielraum. Es muss aber **feste Regeln** geben, um vor willkürlichen Kostenentscheidungen im Einzelfall geschützt zu sein. Jeder Wohnungseigentümer muss einen durchsetzbaren Anspruch darauf haben, dass die anderen Eigentümer sich an den Lasten und Kosten des Gemeinschaftseigentums nach dem vereinbarten oder beschlossenen Verteilungsschlüssel beteiligen und im Falle der Zahlungsverweigerung die erforderlichen

---

53 BGH V ZR 60/10, NJW 2011, 679.
54 BGH V ZB 1/86, NJW 1987, 650; OLG Hamm 15 W 322/06, ZMR 2008, 60.
55 BGH V ZR 60/10, NJW 2011, 679.
56 BGH VII ZB 21/84, NJW 1985, 2832.
57 OLG Hamm 15 Wx 89/08, ZMR 2009, 219; *Bärmann/Klein*, § 10 Rn 100.
58 **A.A.** *Riecke/Schmid/Elzer*, § 10 Rn 218.
59 BGH V ZR 60/10, NJW 2011, 679.
60 BGH V ZR 60/10, NJW 2011, 679.

Schritte gegen den Schuldner eingeleitet werden. Wie die Wohnungseigentümer dies erreichen, liegt im Rahmen ihrer Gestaltungsfreiheit. Nichtig wäre eine Vereinbarung, wonach der Beirat Wohngeldschulden einzelner Eigentümer erlassen dürfe.[61] Ob der vereinbarte Kostenverteilungsschlüssel und das gewählte Finanzsystem Treu und Glauben entsprechen, ist eine Frage der Inhaltskontrolle (siehe Rn 38).

Disponibel ist das vom Gesetzgeber vorgegebene **System von Wirtschaftsplan** und **Jahresabrechnung**.[62] Deshalb kann auf die Aufstellung von Wirtschaftsplänen und Jahresabrechnungen verzichtet werden,[63] solange die Aufbringung der für die Bewirtschaftung des Gemeinschaftseigentums benötigten Gelder sowie eine Beteiligung aller Eigentümer an den Kosten nach einem festen Verteilungsschlüssel gesichert bleibt. Sieht die Gemeinschaftsordnung die Erstellung einer Jahresabrechnung vor, kann die Genehmigung der Abrechnung grundsätzlich nur durch Eigentümerbeschluss erfolgen; eine Genehmigung durch einzelne Eigentümer oder den Beirat wäre mit den Grundprinzipien des WEG nur vereinbar, wenn die Eigentümer die Möglichkeit behielten, gegen eine fehlerhafte Abrechnung Einwendungen zu erheben.[64]

gg) Veräußerbarkeit, Belastbarkeit und Vererbbarkeit. Wohnungseigentum ist als grundstücksgleiches Recht veräußerbar und vererbbar und es kann mit beschränkt dinglichen Rechten belastet werden. Dies alles ist grundsätzlich **nicht einschränkbar**. Eine Ausnahme lässt lediglich § 12 Abs. 1 zu, wonach als Inhalt des Sondereigentums vereinbart werden kann, dass ein Wohnungseigentümer zur Veräußerung seines Wohnungseigentums der Zustimmung anderer Wohnungseigentümer oder eines Dritten bedarf. Die Zustimmung darf aber nur aus wichtigem Grunde versagt werden. 36

c) Unverzichtbare Grundrechte. Die im Grundgesetz normierten Grundrechte, die im Rahmen von Vereinbarungen **mittelbare Drittwirkung** entfalten, schränken die Regelungsfreiheit der Wohnungseigentümer nur insoweit ein, als die Grundrechte unverzichtbar ausgestaltet sind. Auf Rechtspositionen, die die Grundrechte auf Informationsfreiheit und Unverletzlichkeit der Wohnung, das Eigentumsrecht und das Grundrecht auf Gleichbehandlung (bzw. Verbot sachwidriger Ungleichbehandlung) im privatrechtlichen Bereich gewähren, kann der einzelne Wohnungseigentümer im Rahmen einer Vereinbarung (nicht durch Beschluss) verzichten.[65] Ein solcher Verzicht wirkt auch gegenüber Sondernachfolgern.[66] Eingriffe in die Menschenwürde führen hingegen zur Nichtigkeit, da der Eigentümer auf seine Menschenwürde nicht verzichten kann. 37

d) Inhaltskontrolle (Treu und Glauben). Die vorstehend aufgezeigten Schranken der Regelungsfreiheit stellen nicht die einzigen Nichtigkeitsgründe dar; sie bilden lediglich die äußeren Grenzen der Regelungsfreiheit. Dem gesamten Zivilrecht immanent ist der Grundsatz von Treu und Glauben (§ 242 BGB). Er setzt der Rechtsausübung dort eine Schranke, wo sie zu untragbaren, mit Recht und Gerechtigkeit **offensichtlich unvereinbaren Ergebnissen** führt.[67] Die Vereinbarungen der Wohnungseigentümer unterliegen daher einer an § 242 BGB orientierten Inhaltskontrolle.[68] Bei dieser wird unter Hintanstellung der Besonderheiten des Einzelfalles bei generalisierender Betrachtung auf den typischerweise zu erwartenden Interessenkonflikt zwischen den Wohnungseigentümern abgestellt.[69] Die für allgemeine Geschäftsbedingungen geltenden Vorschriften der §§ 305 ff. BGB finden auf Vereinbarungen der Wohnungseigentümer grundsätzlich keine Anwendung.[70] Da die §§ 305 ff. BGB aber besondere Ausprägungen des Grundsatzes von Treu und Glauben sind, können einzelne Regelungsgedanken dieser Normen durchaus für Vereinbarungen gelten. 38

Bei der Inhaltskontrolle ist allerdings **Zurückhaltung geboten**.[71] Die Gestaltungsfreiheit soll nicht mehr als notwendig beschränkt werden.[72] Nicht jede unausgewogene Vereinbarung darf an der Inhaltskontrolle scheitern. Wie § 10 Abs. 2 S. 3 zeigt, führt nicht jede Unbilligkeit zur Nichtigkeit einer Vereinbarung (siehe Rn 51). Nach dieser Norm kann der einzelne Wohnungseigentümer die Abänderung einer unbilligen Vereinbarung verlangen, was bedeutet, dass Vereinbarungen, die einzelne Wohnungseigentümer übervorteilen oder einzelne Eigentümer ohne sachlichen Grund benachteiligen, gleichwohl wirksam sind. Wenn die Wohnungseigentümer im Vereinbarungswege sogar auf verfassungsrechtlich geschützte Rechtspositionen verzichten können, dann steht es ihnen grundsätzlich auch frei, unausgewogene Vereinbarungen abzuschließen oder auf Rechtspositionen zu verzichten, die das einfache materielle Recht gewährt. An der Inhaltskontrolle dürfen nur Vereinbarungen scheitern, die zu schlechthin **unzumutbaren** oder **untragbaren Ergebnissen** führen. Dies ist stets unter Berücksichtigung der besonderen Umstände des Einzelfalls zu beurteilen. Allgemeingültige Grenzen lassen sich nicht ziehen.

---

61 OLG Hamburg 2 Wx 110/02, ZMR 2008, 152.
62 *Bärmann/Merle*, § 28 Rn 5; **a.A.** *Riecke/Schmidt/Elzer*, § 10 Rn 216.
63 *Strecker*, ZWE 2004, 228; § 28 Rn 6.
64 BayObLG 2 Z 97/87, DNotZ 1989, 428; siehe KG 24 W 1434/90, ZMR 1990, 428.
65 BGH V ZB 51/03, NJW 2004, 937.
66 BGH V ZB 51/03, NJW 2004, 937.
67 Palandt/*Grüneberg*, § 242 Rn 2.
68 BGH V ZB 43/93, NJW 1994, 2950; BGH V ZB 1/86, NJW 1987, 650.
69 BGH V ZB 43/93, NJW 1994, 2950.
70 BGH V ZR 74/11, NJW 2012, 676; V ZB 39/01, BGHZ 151, 164, 173 f. m.w.N. auch zum Streitstand; offen gelassen in BGH V ZR 289/05, NJW 2007, 213, 215.
71 *Riecke/Schmid/Elzer*, § 10 Rn 220.
72 BGHZ 95, 137, 140; BGH V ZB 2/97, NJW 1997, 2956.

39 Für die im Rahmen der Inhaltskontrolle anzulegenden Maßstäbe ist ohne Bedeutung, ob die Regelung gemäß § 8 Abs. 2 S. 1 i.V.m. §§ 5 Abs. 4 S. 1, 10 Abs. 2 S. 3, Abs. 3 einseitig durch den **aufteilenden Alleineigentümer** vorgegeben oder die Vereinbarung im Rahmen einer Aufteilung nach § 3 zwischen mehreren Personen geschlossen wurde.[73] Zwar mag bei einer Formulierung der Gemeinschaftsordnung durch den aufteilenden Eigentümer die Gefahr unausgewogener Regelungen größer sein, als wenn bei einer Aufteilung nach § 3 mehrere Personen ihre Vorstellungen und widerstreitenden Interessen in die Regelung einfließen lassen. Der aufteilende Eigentümer könnte beispielsweise die Wohnungseigentumseinheit, die er dauerhaft behalten will, mit einem – im Verhältnis gesehen – zu kleinen Kostenanteil und einem größeren Stimmengewicht verknüpfen als die anderen Wohnungseigentumseinheiten, die er alsbald veräußern will. Es ist jedoch **Sache eines jeden Erwerbers**, vor Erwerb der Wohnungseigentumseinheit die bestehenden Vereinbarungen dahingehend zu überprüfen, ob diese mit Blick auf die ihn interessierende Wohnungseigentumseinheit akzeptable Regelungen enthält. Auch bei einer durch mehrere Personen geschlossenen Vereinbarung wird sich häufig erst ein Sondernachfolger, der gemäß § 10 Abs. 3 an die Vereinbarung gebunden ist, auf einen groben Verstoß gegen Treu und Glauben berufen. Für die Rechtsposition des Sondernachfolgers macht es daher keinen Unterschied, ob die betreffende Klausel in der Gemeinschaftsordnung einseitig durch den aufteilenden Eigentümer vorgegeben oder durch frühere Miteigentümer vereinbart wurde.

40 Der Erwerbsinteressent kann und muss sich durch eine Prüfung der Gemeinschaftsordnung vor Vereinbarungen schützen, die für ihn nach Eintritt in die Eigentümergemeinschaft unerträglich wären. Dafür muss es dem Erwerbsinteressenten möglich sein, den Regelungsinhalt der Vereinbarungen klar und eindeutig zu ermitteln. Hier kommen das **Transparenzgebot** und der Grundsatz der objektiv-normativen Auslegung zum Zuge. Wenn das Gesetz unausgewogene Regelungen nicht grundsätzlich für nichtig erklärt, dann muss es dem (potentiellen) Sondernachfolger möglich sein, solche Regelungen in der Gemeinschaftsordnung zu erkennen. Das aus Treu und Glauben resultierende Transparenzgebot besagt, dass vertragliche Regelungen, auf die eine Partei des Rechtsverkehrs keinen inhaltlichen Einfluss nehmen kann, möglichst **klar und durchschaubar** gestaltet und formuliert sein müssen. Der potentielle Erwerber einer Wohnungseigentumseinheit hat keinen Einfluss auf den Inhalt der Gemeinschaftsordnung; er hat nur die Wahl, diese zu akzeptieren oder vom Erwerb des Eigentums Abstand zu nehmen. In einer Gemeinschaftsordnung müssen daher erhebliche oder ungewöhnliche Abweichungen von den gesetzlichen Vorgaben zum Gemeinschaftsverhältnis (§§ 10 bis 29) für den aufmerksamen Leser erkennbar sein, wobei auf den Verständnishorizont eines durchschnittlichen Wohnungskäufers abzustellen ist. Nichtig sind danach Vereinbarungen, die **unverständlich**, **widersprüchlich**, **inhaltlich unbestimmt** oder **irreführend** sind. Ein Verstoß gegen das Transparenzgebot liegt z.B. vor, wenn in einer thematisch gegliederten Gemeinschaftsordnung eine ungewöhnliche oder bedeutungsvolle Regelung an einer Stelle untergebracht ist, an der sie gliederungstechnisch nicht zu erwarten ist. Nichtig ist auch eine von § 16 Abs. 2 abweichende Kostenverteilungsregelung, deren Verteilungsanordnung in unterschiedlicher Weise verstanden werden kann oder objektiv unverständlich ist.[74]

41 Vereinbarungen, die an der Inhaltskontrolle scheitern, sind nichtig. Sie können nicht im Wege der **geltungserhaltenden Reduktion** durch eine (gerade noch) wirksame Vereinbarung ersetzt werden. Bestimmt die Gemeinschaftsordnung beispielsweise, dass das Stimmrecht eines Wohnungseigentümers, der sich mit Wohngeldzahlungen länger als zwei Monate im Verzug befindet, ruht, ist diese Regelung nichtig, da sie ein Stimmrechtsruhen auch dann anordnet, wenn die Höhe des Zahlungsrückstandes im Cent-Bereich liegt. Die Vereinbarung kann nicht im Wege der Auslegung dahingehend ausgelegt werden, dass das Stimmrechtsruhen nur bei „erheblichen" Beitragsrückständen eingreife.

Auch wenn eine Vereinbarung der allgemeinen Inhaltskontrolle standhält, können die Wohnungseigentümer im Einzelfall gehalten sein, eine im typischen Anwendungsbereich wegen des generalisierenden Prüfungsmaßstabes nicht zu beanstandende Regelung bei einer **atypischen Konstellation** aufgrund der besonderen Umstände des **Einzelfalles** nicht anzuwenden, weil dies dem Betroffenen unzumutbar wäre.[75]

4. Auslegung

42 Vereinbarungen sind nach Maßgabe der §§ 133, 157 und 242 BGB auszulegen. Zu unterscheiden ist zwischen durch Grundbucheintragung verdinglichten Vereinbarungen und solchen, die mangels Eintragung im Grundbuch nicht gegenüber Sondernachfolgern wirken. Bei letzteren, rein **schuldrechtlichen Vereinbarungen** ist der wirkliche Wille der Wohnungseigentümer zu erforschen. Lässt sich ein übereinstimmender Wille nicht feststellen, ist der objektive Erklärungswert maßgebend. Für **im Grundbuch eingetragene Vereinbarungen** gelten zusätzlich die allgemeinen Auslegungsgrundsätze für Grundbucheintragungen.[76] Bei der Auslegung ist abzustellen auf Wortlaut und Sinn des Eingetragenen, wie es sich für den unbefangenen Betrachter als nächstliegende Bedeutung der Erklärung ergibt.[77]

---

73 *Bärmann/Klein*, § 10 Rn 104; **a.A.** *Riecke/Schmid/Elzer*, § 10 Rn 220.
74 KG 24 W 361/01, ZMR 2003, 873.
75 BGH V ZB 43/93, NJW 1994, 2950; V ZB 24/92, WuM 1993, 656.
76 BGH V ZB 13/90, NJW 1991, 1613.
77 BGH V ZB 43/93, NJW 1994, 2950; V ZB 13/90, NJW 1991, 1613.

Die örtlichen Verhältnisse können zur Auslegung herangezogen werden.[78] Unerheblich ist dagegen, welche Absichten und welchen Willen der Verfasser bei Erstellung der Gemeinschaftsordnung und bei der Wahl der verwandten Begriffe hatte.[79] Unberücksichtigt bleiben ebenfalls nicht zum Grundbuchinhalt gewordene Baupläne und Baubeschreibungen,[80] die Entstehungsgeschichte der Wohnanlage,[81] die Meinung des Notars,[82] Verkaufsprospekte, Erklärungen des teilenden Alleineigentümers bei der Veräußerung[83] und bisherige Handhabungen der Gemeinschaftsordnung durch die Wohnungseigentümer.[84] Umstände außerhalb der Eintragung und der in ihr in Bezug genommenen Eintragungsbewilligung dürfen nur insoweit herangezogen werden, als sie nach den besonderen Umständen des Einzelfalls für jedermann ohne weiteres erkennbar sind.[85] Können Unklarheiten oder Widersprüchlichkeiten in der Gemeinschaftsordnung nicht aufgeklärt werden, verbleibt es bei der gesetzlichen Regelung.[86]

Unterliegt ein Begriff in der Gemeinschaftsordnung einem **Bedeutungswandel** (z.B. „Ladenöffnungszeit"), ist für die Auslegung auf die objektive Bedeutung des Begriff in dem Zeitpunkt abzustellen, in dem die Vereinbarung geschlossen wurde, solange nicht konkrete Anhaltspunkte dafür vorliegen, dass der Bedeutungsgehalt dynamisch zu verstehen ist.[87] Gestatteten die Wohnungseigentümer z.B. im Jahr 1980 die gewerbliche Nutzung einer Teileigentumseinheit „nur während der Ladenöffnungszeiten", dann haben die Wohnungseigentümer verhindern wollen, dass auch in der Nacht und an Feiertagen Störungen von dem Gewerbebetrieb ausgehen. An diesem – objektiven feststellbaren – Willen ändert sich nichts, wenn die Ladenöffnungszeiten später aufgehoben werden. 43

5. Änderung

Eine Vereinbarung kann nur durch Vereinbarung aller Wohnungseigentümer geändert werden, sofern nicht das Gesetz oder die Gemeinschaftsordnung eine Änderung oder Aufhebung durch Mehrheitsbeschluss (ggf. mit qualifizierter Stimmenmehrheit) oder einseitige Erklärung eines Wohnungseigentümers (etwa des teilenden Eigentümers) zulassen. Folgende Angelegenheiten können kraft Gesetzes abweichend vom Gesetz oder einer bestehenden Vereinbarung durch Mehrheitsbeschluss geregelt werden: 44
– gemäß § 12 Abs. 4 die Aufhebung einer bestehenden Veräußerungsbeschränkung nach § 12 Abs. 1,
– gemäß § 16 Abs. 3 die Verteilung der Betriebskosten i.S.d. § 556 Abs. 1 BGB und der Kosten der Verwaltung,
– gemäß § 21 Abs. 7 die Art und Weise von Zahlungen, die Fälligkeit und die Folgen des Verzugs sowie die Kosten für eine besondere Nutzung des gemeinschaftlichen Eigentums und die Verteilung der Kosten für einen besonderen Verwaltungsaufwand.

Darüber hinaus kann die Gemeinschaftsordnung weitere Angelegenheiten, die kraft Gesetzes nur durch Vereinbarung geregelt werden können, einer Mehrheitsentscheidung zugänglich machen. Solche **Öffnungsklauseln** sind Ausfluss der den Wohnungseigentümern durch § 10 Abs. 2 S. 2 eingeräumten weitgehenden Gestaltungsfreiheit. Besondere Anforderungen an die inhaltliche Bestimmtheit solcher Klauseln bestehen nach der Rechtsprechung nicht. Zulässig ist etwa eine gegenständlich unbegrenzte Klausel, wonach „*... die Wohnungseigentümer ihr Verhältnis untereinander abweichend von den Bestimmungen dieser Gemeinschaftsordnung und von den gesetzlichen Vorschriften durch Stimmenmehrheit regeln*" können.[88] 45

Gleichwohl darf eine Öffnungsklausel nicht dazu führen, dass einmal getroffene Vereinbarungen nach Belieben der jeweiligen Mehrheit abgeändert werden können. Nach Auffassung des BGH ist eine Änderung durch Mehrheitsbeschluss nur zulässig, wenn **sachliche Gründe** vorliegen und einzelne Wohnungseigentümer aufgrund der Neuregelung gegenüber dem bisherigen Rechtszustand **nicht unbillig benachteiligt** werden.[89] Fehlt es an diesen Voraussetzungen, ist der Beschluss aber nicht nichtig, sondern lediglich erfolgreich anfechtbar.[90] Gleiches gilt, wenn die Öffnungsklausel ein qualifiziertes Stimmenquorum voraussetzt, dieses bei der Beschlussfassung aber nicht erreicht wird und der Versammlungsvorsitzende gleichwohl einen positiven Beschluss verkündet.[91] Gilt die Öffnungsklausel nur für einen eingegrenzten Regelungsbereich und geht die Mehrheitsentscheidung über diesen hinaus, ist der Beschluss mangels Beschlusskompetenz nichtig. 46

---

78 BayObLG 2Z BR 45/94, NJW-RR 1995, 467; BReg 2 Z 22/84, WuM 1985, 298; KG 24 W 1240/88, NJW-RR 1989, 140.
79 KG 24 W 7471/92, WE 1994, 55; BayObLG 2Z BR 52/98, NZM 1999, 80; 2Z BR 126/92, WuM 1993, 289; OLG Zweibrücken 3 W 81/97, WE 1997, 473.
80 OLG Stuttgart 8 W 357/86, MDR 1987, 236.
81 OLG Karlsruhe 4 W 41/86, NJW-RR 1987, 651.
82 *Riecke/Schmid/Elzer*, § 3 Rn 39.
83 OLG Zweibrücken 3 W 87/01, ZWE 2002, 47.
84 BayObLG 1 b Z 29/89, WE 1991, 291.
85 BGH V ZR 118/94, NJW 1995, 2851, 2853.
86 OLG Oldenburg 5 W 104/97, NZM 1998, 39; OLG Stuttgart 8 W 308/97, ZMR 1999, 284; KG 24 W 361/01, ZMR 2003, 873.
87 BayObLG 2Z BR 103/04, ZMR 2005, 215; OLG München 34 Wx 111/06, ZMR 2007, 718; **a.A.** mit eingehender Begründung OLG Hamm 15 W 205/06, NZM 2007, 805; *Bärmann/Klein*, § 10 Rn 130.
88 *Becker/Kümmel/Ott*, Rn 162.
89 BGH VII ZB 21/84, NJW 1985, 2832.
90 *Becker/Kümmel/Ott*, Rn 163; Palandt/*Bassenge*, § 10 Rn 22.
91 LG München I 18 S 12714/10 WEG, ZWE 2011, 140; 18 S 12740 WEG, ZMR 2011, 322.

47 Ein Mehrheitsbeschluss, mit dem die Wohnungseigentümer ohne Öffnungsklausel eine Vereinbarung ändern wollen, ist **mangels Beschlusskompetenz nichtig**;[92] (siehe auch § 23 Rn 11 ff.).

48 Bestimmt die Öffnungsklausel, dass die Gemeinschaftsordnung mit Mehrheit „*der Wohnungseigentümer*" geändert werden kann, kann die Auslegung ergeben, dass sich die Mehrheit insoweit **nach Köpfen** richten soll und zwar auch dann, wenn sich das Stimmrecht in der Eigentümerversammlung bei Verwaltungsentscheidungen und Gebrauchsregelungen nach Miteigentumsanteilen oder Wohnungseigentumseinheiten richtet. Anders verhält es sich, wenn die Öffnungsklausel von einer Mehrheit „*der Stimmen*" spricht; dann richtet sich das Stimmengewicht nach der in der Gemeinschaftsordnung geregelten Stimmkraft. Schreibt die Öffnungsklausel eine besondere **qualifizierte Mehrheit** (nach Köpfen oder Stimmen) für eine Änderung der Gemeinschaftsordnung vor, ohne klarzustellen, ob sich die Mehrheit auf die Anzahl der in der Versammlung anwesenden und vertretenen oder auf die Anzahl aller in der Gemeinschaft vorhandenen Stimmen/Eigentümer bezieht, geht der BGH[93] davon aus, dass im Zweifel die Mehrheit nach der Anzahl aller in der Gemeinschaft vorhandenen Stimmen/Eigentümer zu ermitteln ist. Sieht die Gemeinschaftsordnung ihre Abänderbarkeit durch „*einstimmigen Beschluss*" vor, kann die Auslegung ergeben, dass nur die Zustimmung aller in der Versammlung anwesenden und vertretenen Wohnungseigentümer erforderlich ist.[94] Eine Klausel, wonach die **sachenrechtlichen Grundlagen** der Wohnanlage durch Mehrheitsentscheidung geändert werden können, fällt nicht in die Gestaltungsfreiheit der Eigentümer nach § 10 Abs. 2 S. 2.[95] Eine solche Klausel bindet künftige Wohnungseigentümer nicht nach § 10 Abs. 3.[96]

49 Soll eine nachträglich vereinbarte Öffnungsklausel ins Grundbuch eingetragen werden, ist die **Zustimmung** der dinglich Berechtigten an den Wohnungseigentumseinheiten (**Grundbuchgläubiger**) nach h.M. nicht erforderlich, weil allein die Existenz der Öffnungsklausel die Rechtsposition der Grundbuchgläubiger noch nicht berühre.[97] Die Eintragung der Öffnungsklausel ins Grundbuch ist Voraussetzung dafür, dass die aufgrund der Öffnungsklausel gefassten Beschlüsse gegenüber Sondernachfolgern wirken.[98] Die aufgrund der Öffnungsklausel gefassten **Beschlüsse** können wegen der ausdrücklichen Regelung in § 10 Abs. 4 S. 2 **nicht ins Grundbuch** eingetragen werden. Sofern man der Auffassung folgt, dass die Eintragung der Öffnungsklausel ins Grundbuch (noch) nicht der Zustimmung dinglich Berechtigter bedürfe, binden jedoch die aufgrund der Öffnungsklausel gefassten Beschlüsse dinglich Berechtigte und Sondernachfolger nur, wenn die nach § 5 Abs. 4 S. 2 i.V.m. §§ 876, 877 BGB erforderliche **Zustimmung** vorliegt.[99]

50 Die Gemeinschaftsordnung kann auch einem **einzelnen Eigentümer**, in der Praxis häufig dem aufteilenden Eigentümer, die **Befugnis zur Änderung der Gemeinschaftsordnung** einräumen. Von einem solchen Gestaltungsvorbehalt darf der teilende Eigentümer aber nur Gebrauch machen, wenn ein sachlicher Grund dies fordert und kein Eigentümer durch die nachträgliche Änderung der Gemeinschaftsordnung unbillig benachteiligt wird.[100] Der aufteilende Eigentümer verliert seine Gestaltungsbefugnis spätestens mit seinem **Ausscheiden aus der Gemeinschaft**.

V. Anspruch auf Änderung der Gemeinschaftsgrundordnung (S. 3)

1. Anspruchsinhalt

51 § 10 Abs. 2 S. 3 gibt dem einzelnen Eigentümer einen schuldrechtlichen **Anspruch** gegen die übrigen Wohnungseigentümer auf **Abschluss einer Vereinbarung** bzw. Zustimmung zu einer Vereinbarung, mit der eine bestehende Vereinbarung im Sinne des § 10 Abs. 2 S. 2 abgeändert oder eine vom Gesetz abweichende Regelung erstmals getroffen wird. Der Anspruch umfasst zugleich die Bewilligung der Eintragung der Änderungsvereinbarung ins Grundbuch. Eine Änderung der **dinglichen Rechtszustände**, etwa eine Änderung der Miteigentumsanteile oder der Grenzen des Sonder- und Gemeinschaftseigentums, kann nach § 10 Abs. 2 S. 3 nicht verlangt werden.[101]

2. Anspruchsinhaber und Anspruchsgegner

52 Inhaber dieses Anspruchs, der aus dem Gemeinschaftsverhältnis folgt, kann nur sein, wer Mitglied der Eigentümergemeinschaft, d.h. Inhaber einer Wohnungseigentumseinheit, ist. Erwerber, die noch nicht im Grundbuch eingetragen, aber bereits durch Auflassungsvormerkung gesichert sind, können den Anspruch allenfalls für den Veräußerer geltend machen, sofern sie aufgrund des Kaufvertrages oder aufgrund einer Individualvereinbarung dazu ermächtigt sind.

---

92 BGH V ZB 58/99, NJW 2000, 3500.
93 BGH V ZR 2/10, ZMR 2011, 808.
94 BayObLG 2Z BR 125/03, NZM 2004, 659.
95 Vgl. BayObLG 2Z BR 163/99, ZMR 2000, 316; KG 24 W 3797/97, ZMR 1998, 368; **a.A.** Staudinger/*Kreuzer*, § 10 Rn 65.
96 *Häublein*, DNotZ 2000, 442.
97 OLG Düsseldorf I-3 Wx 329/03, NJW 2004, 1394; *Wenzel*, ZWE 2004, 130; *Schneider*, ZMR 2004, 286; *Ott*, ZWE 2001, 466; **a.A.** *Becker*, ZWE 2002, 341; *Riecke/Schmid/Elzer*, § 10 Rn 303.
98 *Kümmel*, ZWE 2002, 68.
99 *Bärmann/Klein*, § 10 Rn 149 f; *Gaier*, ZWE 2005, 39; *Hügel*, ZWE 2001, 578.
100 *Armbrüster*, ZMR 2005, 244; Staudinger/*Kreuzer*, § 10 Rn 61.
101 BT-Drucks 16/887, S. 17 f.; BGH V ZR 189/11, NJW-RR 2012, 1036.

Anspruchsgegner sind die übrigen Mitglieder der Wohnungseigentümergemeinschaft. Müssen diese gemäß § 10 Abs. 2 S. 3 der begehrten Änderung zustimmen, sind auch die **Inhaber beschränkt dinglicher Rechte** (Grundbuchgläubiger) verpflichtet, der Eintragung der neuen Vereinbarung in das Grundbuch zuzustimmen, soweit deren Zustimmung gemäß §§ 876, 877 BGB, § 5 Abs. 4 S. 2, 3 erforderlich ist. Die Zustimmungspflicht folgt aus dem Grundsatz, dass der dinglich Berechtigte keine weitergehenden Rechte haben kann als der Eigentümer. Das beschränkt dingliche Recht lastet auf dem Wohnungseigentum, das bereits kraft Gesetzes mit der Zustimmungspflicht des Eigentümers nach § 10 Abs. 2 S. 3 belastet ist. Entbehrlich ist die Zustimmung des dinglich Berechtigten hingegen nicht.[102] Denn den §§ 876, 877 BGB, § 5 Abs. 4 S. 2, lässt sich nicht entnehmen, dass diese keine Anwendung finden sollen, wenn der Wohnungseigentümer zum Abschluss einer Vereinbarung verpflichtet ist. Ebenso wenig wie bei Vorliegen der Tatbestandsvoraussetzungen des § 10 Abs. 2 S. 3 die Mitwirkung des Wohnungseigentümers zum Zustandekommen einer Vereinbarung entbehrlich ist, ist in diesen Fällen die Zustimmung des dinglich Berechtigten nach §§ 876, 877 BGB entbehrlich. Vielmehr besteht ein Anspruch auf Zustimmung. Hielte man eine Zustimmung des dinglich Berechtigten für entbehrlich, liefe dies darauf hinaus, dass das Grundbuchamt bei freiwillig geschlossenen Vereinbarungen der Wohnungseigentümer stets prüfen müsste, ob die einzutragende Vereinbarung auch hätte nach § 10 Abs. 2 S. 3 erzwungen werden können. Denn davon hinge ab, ob eine Zustimmung der dinglich Berechtigten für die Grundbucheintragung erforderlich wäre. Das Grundbuchamt kann diese Prüfung im Regelfall aber nicht vornehmen, weil ihm die hierfür erforderlichen Anknüpfungstatsachen nicht bekannt sind. 53

Der **Inhaber einer Auflassungsvormerkung** kann sich gegen die Eintragung der Vereinbarung im Grundbuch nicht nach § 888 BGB wehren, da er der Vereinbarung ebenfalls zustimmen müsste, wenn er im Zeitpunkt des Abschlusses der Vereinbarung bereits als Eigentümer im Grundbuch eingetragen wäre. Es liegt somit keine vormerkungswidrige Verfügung vor. 54

Im Fall der Entstehung einer Wohnungseigentümergemeinschaft nach § 8 muss neben dem noch im Grundbuch eingetragenen Aufteiler auch der **werdende Wohnungseigentümer** (siehe Rn 9 ff.) an der Vereinbarung mitwirken.

3. Tatbestandsvoraussetzungen

Ein Änderungsanspruch besteht, wenn ein Festhalten an der geltenden Regelung aus **schwerwiegenden Gründen** unter Berücksichtigung aller Umstände des Einzelfalls, insbesondere der Rechte und Interessen der anderen Wohnungseigentümer, unbillig erscheint. **Unbillig** ist eine Regelung, die bei objektiver Betrachtung die unterschiedlichen Interessen der Wohnungseigentümer nicht in einen angemessenen Ausgleich bringt, weil einzelne Eigentümer übervorteilt oder ohne sachlichen Grund benachteiligt werden. Dies setzt allerdings nicht voraus, dass die Regelung „grob unbillig" sein oder zu „unzumutbaren" Ergebnissen führen muss. Von einer derart hohen Eingriffsschwelle hat der Gesetzgeber ausdrücklich abgesehen. Der Gesetzgeber wollte die von der Rechtsprechung[103] bislang aufgestellte Hürde für einen Abänderungsanspruch senken.[104] Die Herabsenkung im Tatbestandsbereich wird gegenüber der früheren Eingriffsschwelle im Gesetzeswortlaut auch dadurch zum Ausdruck gebracht, dass statt auf die bislang erforderlichen „außergewöhnlichen Umstände" nunmehr auf „schwerwiegende Umstände" abzustellen ist, die zur Unbilligkeit hinzutreten müssen. 55

Der Gesetzgeber sah für den Fall unbilliger **Kostentragungsregelungen** ausdrücklich davon ab, in den Gesetzestext einen konkreten Schwellenwert für die Unbilligkeit aufzunehmen. Nach der Begründung zum Gesetzentwurf der Bundesregierung vom 9.3.2006[105] soll aber ab einer Kostenüberbelastung von etwa 25 Prozent Unbilligkeit nahe liegen, und zwar unabhängig davon, ob die Kostenregelung von Anfang an verfehlt war oder erst im Nachhinein aufgrund geänderter Umstände unbillige Ergebnisse hervorruft. Die Bundesregierung wollte mit der neuen Regelung ausschließen, dass ein Anspruch wegen eines Missverhältnisses der Kostentragung – soweit es um kleinere und damit nicht spürbar belastende Geldbeträge geht – erst bejaht wird, wenn das Mehrfache dessen zu bezahlen ist, was bei sachgerechter Kostenverteilung zu tragen wäre. Allerdings gilt auch nach der neuen Gesetzeslage: Je geringer die Kostenmehrbelastung des die Änderung begehrenden Wohnungseigentümers durch den bestehenden Kostenverteilungsschlüssel ist, desto gewichtiger müssen die übrigen Gründe für eine Unbilligkeit der Kostenverteilung sein, um einen Änderungsanspruch bejahen zu können.[106] 56

Für die Frage der Unbilligkeit ist allein die Kostenmehrbelastung jenes Wohnungseigentümers maßgebend, der die Änderung des Kostenverteilungsschlüssels verlangt.[107] Es kommt grundsätzlich nicht auf eine ggf. **ungerechtfertigte Kostenentlastung** bei anderen Eigentümern an. Nach der Rechtsprechung des BGH besteht kein Anspruch auf Änderung des Verteilungsschlüssels, wenn der auf eine Wohnungseigentumseinheit entfallende Kostenanteil zwar deutlich (mehr als 25 Prozent) zu gering ist, dieser Kostenvorteil bei jeder anderen Wohnungseigentumseinheit aber aufgrund der Größe der Gemeinschaft nur zu einer geringen Kostenmehrbelastung führt.[108] Der Zweck des Anspruchs

---

102 *Riecke/Schmid/Elzer*, § 10 Rn 193; **a.A.** BayObLG 2 Z 114/86, NJW-RR 1987, 714–717; *Bärmann/Klein*, § 10 Rn 162; *Timme/Dötsch*, § 10 Rn 290; *Jennißen/Jennißen*, § 10 Rn 39.
103 Siehe BGH V ZB 22/04, NJW 2004, 3413 m.w.N.
104 BT-Drucks 16/887, S. 17 ff.
105 BT-Drucks 16/887, S. 17 f.
106 LG Hamburg 318 S 190/09, WE 2010, 147.
107 BGH V ZR 174/09, NZM 2010, 624.
108 BGH V ZR 174/09, NZM 2010, 624.

aus § 10 Abs. 2 S. 3 sei nicht die Vermeidung eines durch den bisherigen Verteilungsschlüssel bei einem Wohnungseigentümer entstehenden Vorteils, sondern die Beseitigung unbilliger Härten durch Kostenüberlastung bei dem die Änderung verlangenden Wohnungseigentümer, die diesem bei einem Festhalten an dem bisherigen Verteilungsschlüssel entstünden.[109] Dem ist insoweit zu folgen, als die kostenmäßige Beschwer des Einzelnen zu gering sein kann, um einen Anspruch aus § 10 Abs. 2 S. 3 bejahen zu können. Andererseits ist aber nicht zu verkennen, dass ein Kostenverteilungsschlüssel auch dann erheblich gegen Treu und Glauben verstoßen kann, wenn eine Wohnungseigentumseinheit sich gar nicht oder nur zu einem unangemessen geringen Teil an den Lasten und Kosten des Gemeinschaftseigentums beteiligen muss. In diesem Fall muss ein Anspruch aus § 10 Abs. 2 S. 3 zumindest dann in Betracht kommen, wenn **alle** benachteiligten Wohnungseigentümer eine Beseitigung des grob unbilligen Kostenvorteils von dem Anspruchsgegner verlangen.

Sind Sondereigentumseinheiten unterschiedlich nutzbar, ist die **Wohn- oder Nutzfläche** kein hinreichender Maßstab zur Bestimmung der anteiligen Kostenverursachung. Bei gemischt genutzten Wohneigentumsanlagen gibt es keinen allgemeinen **Erfahrungssatz**, wonach eine gewerbliche Nutzung stets höhere Kosten verursache als eine Nutzung zu Wohnzwecken. Anzunehmen ist vielmehr, dass einzelne Kosten mehr bei der Wohnungsnutzung, andere mehr bei einer geschäftlichen Nutzung entstehen, wobei es vor allem auf die jeweilige Art der gewerblichen Nutzung ankommt.[110]

57 Auch nach der neuen Gesetzeslage muss sich ein Eigentümer grundsätzlich an einer unbilligen Regelung festhalten lassen. Die Mitglieder der Gemeinschaft müssen der Änderung einer unbilligen Regelung nur zustimmen, wenn **schwerwiegende Gründe** dies erfordern. So kann es etwa unbillig sein, wenn ein Eigentümer, dessen Wohnung seit Begründung der Wohnungseigentümergemeinschaft durch eine Gasetagenheizung beheizt wird, neben den Kosten seiner Etagenheizung auch die Kosten der Instandsetzung der Zentralheizungsanlage mittragen muss. Kann der Eigentümer allerdings seine Wohnung jederzeit und ohne größeren Kostenaufwand an die Zentralheizungsanlage anschließen, fehlt es an einem schwerwiegenden Grund, ihn von den Kosten der Instandsetzung der Zentralheizung zu befreien. Anders könnte die Beurteilung ausfallen, wenn ein Anschluss an die Zentralheizung technisch unmöglich ist.

58 Bei der Abwägung, ob sich der Eigentümer an der bestehenden unbilligen Regelung festhalten lassen muss oder ob schwerwiegende Gründe einen Änderungsanspruch begründen, sind alle Umstände des Einzelfalls, insbesondere die Rechte und Interessen der anderen Wohnungseigentümer, zu berücksichtigen. Unter Übernahme der Rechtsprechung des BGH[111] zu der bis zum 30.6.2007 geltenden Fassung des WEG kann **gegen** einen Änderungsanspruch sprechen, dass

– die **Auswirkungen** einer unbilligen Regelung **beim Erwerb** des Wohnungseigentums **erkennbar** waren,[112]
– die Ursache für die Unbilligkeit im **Risikobereich** des betroffenen Wohnungseigentümers liegt (z.B. Leerstehen von Räumen; Scheitern eines geplanten Dachausbaus),
– die mit einer unbilligen Regelung verbundenen Nachteile durch **anderweitige Vorteile** kompensiert werden (z.B. wenn ein Eigentümer bei einer Kostenart unbillig benachteiligt wird, bei einer anderen Kostenart aber nur einen verhältnismäßig geringen Kostenanteil tragen muss),
– bei einer gebotenen **längerfristigen Betrachtungsweise** zu erwarten ist, dass es zu einem wirtschaftlichen Ausgleich einer einmaligen Kostenmehrbelastung kommt (siehe das Heizungsbeispiel in Rn 57),
– die **Gemeinschaftsordnung bereits geändert** wurde, ohne die beanstandete Unbilligkeit zu beseitigen, woraus geschlossen werden könnte, dass die Wohnungseigentümer den rechtlichen Zustand gebilligt haben.[113]

59 Für einen Änderungsanspruch kann hingegen sprechen, dass

– aufgrund der bestehenden unbilligen Regelungen ein **angemessener Gebrauch** des Sondereigentums oder ein Mitgebrauch des Gemeinschaftseigentums nicht möglich ist,
– die Vereinbarung sich von Anfang an als verfehlt oder unzweckmäßig erweist,[114]
– die **tatsächlichen** oder **rechtlichen Umstände**, die dem in der Gemeinschaftsordnung enthaltenen Verteilungsschlüssel zugrunde lagen, sich **verändert** haben,[115]
– die Wohnungseigentumseinheit wegen der geltenden Kostenverteilungsregelung **wirtschaftlich wertlos** ist, da das zu zahlende Wohngeld die nachhaltig zu erzielende Miete dauerhaft und deutlich übersteigt,
– die Unbilligkeit erst durch eine nachträgliche Änderung der Gemeinschaftsordnung entstanden ist, bei der die Wohnungseigentümer offensichtlich rechtlich oder tatsächlich **bedeutsame Aspekte übersehen** haben.

60 Allein der Umstand, dass ein Wohnungseigentümer einen bestimmten Bereich des Gemeinschaftseigentums (z.B. Aufzug, Grünfläche, Kinderspielplatz, Tiefgarage) **nicht nutzt** oder **nicht nutzen kann**, führt nicht dazu, dass der Eigentümer von den Kosten des Gebrauchs und der Instandhaltung/Instandsetzung dieses Gemeinschaftseigentums

---

109 BGH V ZR 174/09, NZM 2010, 624.
110 BGH V ZR 131/10, ZMR 2012, 485.
111 BGH V ZB 22/04, NJW 2004, 3413.
112 LG München I 36 S 19150/09, ZMR 2010, 992.
113 LG Nürnberg-Fürth 14 S 3582/09, ZMR 2010, 399.
114 BGH V ZR 131/10, ZMR 2012, 485.
115 BGH V ZR 131/10, ZMR 2012, 485.

freigestellt werden muss.[116] Denn der Gesetzgeber hat sich mit der Regelung des § 16 Abs. 2 bewusst dafür entschieden, die Kostentragungspflicht unabhängig vom Gebrauch oder der Möglichkeit des Gebrauchs festzulegen. Ohne Bedeutung ist ebenfalls, wie das Sondereigentum aktuell genutzt wird, ob es beispielsweise leer steht oder ob die Art des gegenwärtigen Gebrauchs nur wenig Betriebskosten verursacht. Entscheidend ist für die Bewertung des Verteilungsschlüssels, welcher Gebrauch nach der Gemeinschaftsordnung im Sondereigentum rechtlich zulässig ist.[117] Bei der Entscheidung der Frage, ob ein Festhalten an der bisherigen Regelung unbillig ist, sind neben dem Verhältnis von Kostenbelastung und -verursachung auch die Gesichtspunkte der **Praktikabilität** und der **Verlässlichkeit** der Verteilung und der daraus folgenden Vorhersehbarkeit der Belastungen für die Eigentümer zu berücksichtigen.[118] Die Bejahung eines Anspruchs auf eine Änderung der Kostenverteilung nach der jeweiligen tatsächlichen Nutzung der einzelnen Einheiten führte zu diesen Grundsätzen widersprechenden, wiederholten Änderungen des Verteilungsschlüssels, worauf sich die anderen Eigentümer nicht einlassen müssen.[119]

4. Durchsetzung des Anspruchs

Liegen die Voraussetzungen für einen Änderungsanspruch vor, kann der betroffene Eigentümer von den übrigen Eigentümern im Rahmen einer Leistungsklage den **Abschluss einer bestimmten Vereinbarung verlangen**, mit der die Unbilligkeit beseitigt wird. Da es für die Beseitigung der Unbilligkeit in der Regel mehrere Varianten gibt, haben die Eigentümer einen Gestaltungsspielraum. Sie können anstelle der vom Kläger vorgeschlagenen eine andere Vereinbarung fassen und dadurch einer Verurteilung durch das Gericht entgehen. Der betroffene Eigentümer kann nur dann den Abschluss der von ihm favorisierten Vereinbarung verlangen, wenn die Anspruchsgegner eine Mitwirkung völlig verweigern oder die von den Anspruchsgegnern vorgeschlagene Regelung ebenfalls unbillig wäre. 61

Für die gerichtliche Durchsetzung des Änderungsanspruchs besteht das erforderliche **Rechtsschutzbedürfnis**, wenn die Anspruchsgegner den Abschluss einer Änderungsvereinbarung – gleich ob in oder außerhalb einer Eigentümerversammlung – verweigert haben. Nur wenn die unbillige Regelung auch durch einen Beschluss der Wohnungseigentümer aufgrund einer gesetzlichen oder vereinbarten Öffnungsklausel beseitigt werden könnte, muss der beeinträchtigte Wohnungseigentümer zunächst versuchen, im Rahmen einer Eigentümerversammlung eine Beschlussfassung herbeizuführen.[120] Verweigern die Wohnungseigentümer eine positive Beschlussfassung, ist eine Beschlussersetzung durch das Gericht nach § 21 Abs. 8 zu beantragen;[121] eine Anfechtung des Negativbeschlusses ist möglich, aber nicht erforderlich.[122] Der Anspruch nach § 10 Abs. 2 S. 3 auf Zustimmung zu einer Vereinbarung ist im Anwendungsbereich des § 16 Abs. 3, 4 subsidiär.[123] 62

Der Änderungsanspruch nach § 10 Abs. 2 S. 3 wird im Verfahren nach § 43 Nr. 1 durchgesetzt. **Passivlegitimiert** sind alle Eigentümer, die den Abschluss der Vereinbarung verweigern. Die übrigen Eigentümer, die die erforderliche Erklärung bereits abgegeben haben, sind nach § 48 Abs. 1 beizuladen. Der **Richter** hat **kein eigenes Gestaltungsermessen**[124] § 21 Abs. 8 findet auf § 10 Abs. 2 S. 3 keine Anwendung,[125] da es sich bei einer Änderung der Gemeinschaftsordnung nicht um eine „Maßnahme" handelt sondern um ein Grundlagengeschäft. Die Vollstreckung des Urteils erfolgt gemäß § 894 ZPO. Die Entscheidung des Gerichts wirkt gemäß § 10 Abs. 3 ohne Eintragung im Grundbuch gegenüber künftigen Wohnungseigentümern.

Die **geänderte Gemeinschaftsordnung gilt** erst, wenn alle Wohnungseigentümer der Vereinbarung zugestimmt haben oder die Zustimmung durch gerichtliche Entscheidung ersetzt wurde. Die Änderung gilt nur **für die Zukunft**. Daher kann im Fall einer begehrten Änderung des Kostenverteilungsschlüssels der betroffene Eigentümer nicht die Jahresabrechnung oder den Wirtschaftsplan mit dem Argument anfechten, der in dem Rechenwerk enthaltene Kostenverteilungsschlüssel sei unbillig und er – der Eigentümer – habe einen Anspruch auf Änderung des Kostenschlüssels. Die Jahresabrechnung und der Wirtschaftsplan sind trotz unbilliger Kostenverteilung so lange rechtmäßig, bis die Änderung des Kostenverteilungsschlüssels tatsächlich vollzogen wurde.[126] Aus den gleichen Gründen kann der Änderungsanspruch auch nicht einem Anspruch auf Zahlung von Wohngeld entgegengehalten werden.[127] 63

5. Verhältnis zu § 16 Abs. 3, 4

Der Anspruch aus § 10 Abs. 2 S. 3 lässt die Möglichkeit der Wohnungseigentümermehrheit unberührt, aufgrund einer vereinbarten oder gesetzlichen Öffnungsklausel, insbesondere aufgrund § 16 Abs. 3, eine Änderung bestehender Regelungen, z.B. des Kostenverteilungsschlüssels für Betriebskosten und Kosten der Verwaltung, zu beschließen. Verweigern die Wohnungseigentümer eine Änderung des unbilligen Kostenverteilungsschlüssels durch Beschluss oder Vereinbarung, steht dem beeinträchtigten Wohnungseigentümer unter den Voraussetzungen des § 10 Abs. 2 S. 3 ein 64

---

116 OLG Hamburg 2 Wx 46/05, ZMR 2006, 220; OLG Schleswig 2 W 234/05, WuM 2006, 407.
117 Vgl. BGH V ZR 131/10, ZMR 2012, 485.
118 *Bärmann/Klein*, § 10 Rn 155.
119 BGH V ZR 131/10, ZMR 2012, 485.
120 *Schmid*, ZMR 2010, 259.
121 BGH V ZR 131/10, ZMR 2012, 485.
122 BGH V ZR 114/09, NJW 2010, 2129.
123 BGH V ZR 131/10, ZMR 2012, 485.
124 *Riecke/Schmid/Elzer*, § 10 Rn 199; *Bärmann/Klein*, § 10 Rn 163.
125 **A.A.** *Merle*, ZWE 2008, 9.
126 BayObLG 2Z BR 105/97, ZMR 1998, 177.
127 BayObLG 2Z BR 3/96, WuM 1996, 297.

Anspruch auf Beschlussfassung im Rahmen des § 16 Abs. 3 zu.[128] § 10 Abs. 2 S. 3 ist lex specialis zu § 21 Abs. 4.[129] Eine gesonderte Beschlusskompetenz wird durch § 10 Abs. 2 S. 3 nicht eröffnet.[130]

Begehrt ein Wohnungseigentümer für eine konkrete Instandsetzungsmaßnahme (**Einzelfall**) die Anwendung eines vom Gesetz oder der Gemeinschaftsordnung abweichenden Kostenverteilungsschlüssels, ist Anspruchsgrundlage hierfür § 16 Abs. 4 i.V.m. § 21 Abs. 3, 8.[131] Die Bestimmung des § 10 Abs. 2 S. 3 kommt nur zur Anwendung, wenn eine **dauerhafte Änderung** des Kostenvereilungsschlüssel verlangt wird.[132] Allerdings besteht auch im Einzelfall nur unter den tatbestandlichen Voraussetzungen des § 10 Abs. 2 S. 3 ein Anspruch auf Änderung des Kostenverteilungsschlüssels nach § 16 Abs. 4.[133]

D. Bindung der Sondernachfolger an Vereinbarungen (Abs. 3)

65 Vereinbarungen i.S.d. § 10 Abs. 2 S. 2 wirken gegen den Sondernachfolger eines Wohnungseigentümers nur, wenn sie als Inhalt des Sondereigentums im Grundbuch eingetragen sind. **Sondernachfolger** ist der rechtsgeschäftliche Erwerber und der Ersteigerer in der Zwangsversteigerung. Gesamtrechtsnachfolger, z.B. Erben, sind auch ohne Grundbucheintragung an bestehende Vereinbarungen gebunden, da sie in die gesamte Rechtsposition des Rechtsvorgängers eintreten. Die Eintragung wird in den Bestandsverzeichnissen der Wohnungsgrundbuchblätter vollzogen. Eine Wiedergabe des gesamten Wortlauts der Vereinbarung ist nicht erforderlich. Gemäß § 7 Abs. 3 i.V.m. § 3 Abs. 2 WGV (Wohnungsgrundbuchverfügung) genügt eine Bezugnahme auf die **Eintragungsbewilligung**. Lediglich vereinbarte Veräußerungsbeschränkungen i.S.d. § 12 sind ausdrücklich einzutragen. In der Praxis wird häufig auch das Bestehen von Sondernutzungsrechten ausdrücklich erwähnt. Vereinbarungen, die zwar beim Grundbuchamt eingereicht wurden, aber im **Bestandverzeichnis** nicht vermerkt sind, wirken gegenüber Sondernachfolgern nicht, da eine wirksame Eintragung nicht vorliegt. Wegen § 29 GBO muss die Vereinbarung schriftlich abgefasst und nebst Eintragungsbewilligung zumindest **notariell beglaubigt** sein, auch wenn die Schriftform kein materielles Wirksamkeitserfordernis für die Vereinbarung ist (siehe Rn 18). Bei der Eintragung hat das Grundbuchamt nur zu prüfen, ob die Vereinbarung gegen zwingende gesetzliche Vorschriften verstößt. Liegt ein Gesetzesverstoß (§ 134 BGB) oder auch nur eine teilweise Unwirksamkeit vor, ist der Eintragungsantrag zurückzuweisen (vgl. auch § 7 Rn 43).

66 Unter den Voraussetzungen des § 5 Abs. 4 S. 3 i.V.m. §§ 876, 877 BGB bedarf die Grundbucheintragung der Zustimmung der im Grundbuch eingetragenen **dinglich Berechtigten** (siehe § 5 Rn 59 ff.).

67 Die im Grundbuch eingetragene Vereinbarung ist Inhalt des jeweiligen Sondereigentums (§ 5 Abs. 4 S. 1, § 8 Abs. 2 S. 1, § 10 Abs. 3). Das Sondereigentum wiederum ist wesentlicher Bestandteil des Wohnungseigentumsrechts. Der **Schutz des guten Glaubens beim Erwerb** eines Wohnungseigentums erstreckt sich daher auch auf Bestand und Umfang einer Vereinbarung.[134] Dies gilt allerdings nicht für Vereinbarungen, die aus inhaltlichen Gründen, etwa wegen Verstoßes gegen ein gesetzliches Verbot oder Treu und Glauben (siehe Rn 38), nichtig sind.[135] Unzulässige Grundbucheintragungen können nicht Grundlage gutgläubigen Erwerbs sein.[136] Die Möglichkeit gutgläubigen Erwerbs besteht auch nicht beim Zuschlag in der **Zwangsversteigerung**.[137] Ist eine Vereinbarung als Inhalt des Sondereigentums in die Wohnungsgrundbücher eingetragen worden, so entfällt die Bindungswirkung gegenüber dem Sondernachfolger nicht allein deshalb, weil im Zuge einer Bestandsabschreibung die Vereinbarung versehentlich nicht in das Bestandsverzeichnis eines neu angelegten Grundbuches übernommen worden ist; das Grundbuch wird lediglich unrichtig. Der Schutz des guten Glaubens eines Sonderrechtsnachfolgers erstreckt sich nach **§ 892 Abs. 1 S. 1 BGB** auch darauf, dass bei dem Wohnungseigentum Vereinbarungen mit Wirksamkeit gegenüber dem Sondernachfolger über den im Grundbuch ausgewiesenen Bestand hinaus nicht getroffen sind.

68 Nicht im Grundbuch eingetragene Vereinbarungen (sog. **schuldrechtliche Vereinbarungen**) binden nur die am Abschluss der Vereinbarung beteiligten Wohnungseigentümer. Tritt ein Eigentümerwechsel ein, wird die Vereinbarung hinfällig, wenn sie nach ihrem Inhalt nur gegenüber allen Eigentümern einheitlich gelten kann,[138] so z.B. bei Kostentragungsregelungen.[139] Nach dem Eigentümerwechsel erlangt die sich aus dem Gesetz oder der Gemeinschaftsordnung ergebende Regelung wieder Gültigkeit.[140] Ein Sondernachfolger ist ohne Grundbucheintragung an eine (ihn be-

---

128 BGH V ZR 114/09, NJW 2010, 2129.
129 *Bärmann/Klein*, § 10 Rn 161.
130 A.A. *Abramenko*, ZMR 2007, 424.
131 BGH V ZR 114/09, NJW 2010, 2129.
132 BGH V ZR 114/09, NJW 2010, 2129.
133 BGH V ZR 114/09, NJW 2010, 2129.
134 OLG Stuttgart 8 W 481/84, NJW-RR 1986, 318; BayObLG BReg 2 Z 47/89, DNotZ 1990, 381; OLG Frankfurt 20 W 105/96, ZMR 1997, 659; *Ertl*, Festschrift für Hanns Seuß, S. 151, 160 f; **a.A.** *Fisch*, RhNotK 1999, 213.
135 Staudinger/*Kreuzer*, § 10 Rn 67.
136 BGH V ZR 210/03, NZM 2004, 876.
137 BayObLG 2Z BR 112/93, ZMR 1994, 231.
138 OLG Frankfurt 20 W 500/08, ZWE 2011, 363.
139 BayObLG 2Z BR 180/01, ZMR 2002, 528.
140 *Weitnauer/Lüke*, § 10 Rn 31; **a.A.** *BärmannKlein*, § 10 Rn 110; *Riecke/Schmid/Elzer*, § 10 Rn 154, wonach eine durch die schuldrechtliche Vereinbarung aufgehobene frühere Vereinbarung nicht wieder zum Tragen kommen soll.

lastende) Vereinbarung auch dann nicht gebunden, wenn er sie beim Eintritt in die Gemeinschaft kennt.[141] Nach **h.M.** soll sich ein Sondernachfolger auch auf eine nicht im Grundbuch eingetragene Vereinbarung berufen können, wenn diese für seine Rechtsstellung vorteilhaft sei, also **zu seinen Gunsten** wirke.[142] Die Bindungswirkung ergebe sich in diesem Fall aus **§ 746 BGB**. Einer Grundbucheintragung bedürfe es nur für solche Vereinbarungen, die **gegen** den Sondernachfolger wirkten.[143]

Unabhängig davon besteht die Möglichkeit eines **rechtsgeschäftlichen Eintritts** des Sondernachfolgers in die mit seinem Vorgänger getroffene schuldrechtliche Vereinbarung.[144] Eine derartige Schuldübernahme setzt aber die positive Kenntnis des Erwerbers vom Bestehen einer Vereinbarung und die Feststellung eines rechtsgeschäftlichen Eintrittswillens voraus.[145] 69

E. Bindung der Sondernachfolger an Beschlüsse und gerichtliche Entscheidungen (Abs. 4)

Beschlüsse der Wohnungseigentümer gemäß § 23 wirken **ohne Eintragung im Grundbuch** für und gegen Sondernachfolger. Dies gilt auch für Beschlüsse, die vom Gesetz abweichen oder eine Vereinbarung ändern, wenn diese Beschlüsse aufgrund einer gesetzlichen Ermächtigung (z.B. §§ 16 Abs. 3, 4; 21 Abs. 7) oder aufgrund einer Öffnungsklausel in der Gemeinschaftsordnung (siehe Rn 45) gefasst werden.[146] Beschlüsse sind damit auch **nicht eintragungsfähig**, denn eintragungsfähig ist nur, was eintragungsbedürftig ist.[147] Das Informationsinteresse eines potentiellen Erwerbers wird durch die Beschluss-Sammlung nach § 24 Abs. 7 gewahrt. Nicht eintragungsfähig ist ferner ein „Negativ-Vermerk" als vermeintlicher Hinweis, dass eine als Inhalt des Sondereigentums im Grundbuch eingetragene Vereinbarung nicht mehr gelte.[148] Ein Sondernachfolger darf wegen § 10 Abs. 4 S. 2 nicht darauf vertrauen, dass es keinen vom eingetragenen Inhalt des Sondereigentums abweichenden Beschluss mit vereinbarungsänderndem Inhalt gibt. Die vereinbarte Öffnungsklausel muss allerdings im Grundbuch eingetragen sein, andernfalls werden die Öffnungsklausel und die auf ihrer Grundlage gefassten Beschlüsse bei Eintritt einer Sonderrechtsnachfolge hinfällig.[149] 70

Entscheidungen eines Gerichts in einem **Rechtsstreit gemäß § 43** können nicht in das Grundbuch eingetragen werden. Die Entscheidungen wirken ohne Grundbucheintragung gegenüber Sondernachfolgern. Dies betrifft sowohl verfahrensbeendende Beschlüsse als auch Urteile. Voraussetzung ist, dass der Rechtsvorgänger des Sondernachfolgers Beteiligter (Partei oder Beigeladener) des Rechtsstreits war. Tritt die Sondernachfolge schon während des Rechtsstreits ein, gelten die §§ 265, 325 ZPO. Die Bindungswirkung nach § 10 Abs. 4 führt allerdings nicht dazu, dass der Sondernachfolger persönliche, materielle Leistungspflichten des Rechtsvorgängers, wie etwa die Pflicht zur Zahlung einer Sonderumlage oder zur Beseitigung einer baulichen Veränderung, anstelle des Rechtsvorgängers zu erbringen hat. Die Bindungswirkung betrifft im Wesentlichen Urteile in Beschlussanfechtungsverfahren (§ 48 Abs. 3). 71

Nicht zu den gerichtlichen Entscheidungen gehört ein von den Parteien abgeschlossener **Prozessvergleich**.[150] Dieser ist aufgrund seiner Doppelnatur sowohl materiell-rechtlicher Vertrag als auch Prozesshandlung.[151] Die Beantwortung der Frage, ob der materiell-rechtliche Inhalt des Vergleichs zur Wirkung gegenüber Sondernachfolgern der Eintragung in das Grundbuch bedarf, hängt davon ab, ob der Vergleich Beschlussinhalt oder Vereinbarungsinhalt hat.[152] Einigen sich die Wohnungseigentümer in einem Beschlussmängelverfahren (ggf. vertreten durch die Prozessbevollmächtigten) über den Regelungsinhalt oder die Gültigkeit eines Beschlusses, fällt dies in den Anwendungsbereich des § 10 Abs. 4, sodass der Vergleich auch ohne Eintragung in das Grundbuch Sondernachfolger bindet. Einer nochmaligen ausdrücklichen Beschlussfassung in der Eigentümerversammlung über den Inhalt des Vergleichs bedarf es nicht.[153] Der Vergleich wäre analog § 24 Abs. 7 in die Beschluss-Sammlung einzutragen. Betrifft der Vergleich den Abschluss, die Änderung oder die Aufhebung einer Vereinbarung, bedarf der Vergleich zur Bindung von Sondernachfolgern der Eintragung in das Grundbuch. Sonstige Vergleiche, die die Wirksamkeit oder den Inhalt von Vereinbarungen und Beschlüssen nicht betreffen, wirken nur inter partes. Unter den Voraussetzungen der §§ 794 Abs. 1 Nr. 1, 795, 727 ZPO kann der Titel auf den Rechtsnachfolger umgeschrieben werden. 72

---

141 OLG München 34 Wx 76/05, ZMR 2006, 68.
142 BayObLG 2Z BR 180/01, ZMR 2002, 528; OLG Düsseldorf 3 Wx 392/00, NZM 2001, 530; OLG Hamm 15 W 4/98, ZMR 1998, 718; **a.A.** Staudinger/*Kreuzer*, § 10 Rn 40; *Ott*, WE 1999, 80; *Kümmel*, Die Bindung, S. 38 ff.; *Bärmann/Klein*, § 10 Rn 122; *Riecke/Schmid/Elzer*, § 10 Rn 149.
143 Palandt/*Bassenge*, § 10 Rn 11.
144 Vgl. *Hügel*, Festschrift f. Wenzel, S. 219; *Wenzel*, ZWE 2000, 550, 553; OLG Köln 16 Wx 7/01, NZM 2001, 1135; OLG Zweibrücken 3 W 198/04, NZM 2005, 343.
145 OLG Hamm 15 W 236/96, ZMR 1996, 671.

146 OLG München 34 Wx 100/09, ZMR 2010, 393; *M. Müller*, ZMR 2011, 103.
147 OLG München 34 Wx 100/09, ZMR 2010, 393; *M. Müller*, ZMR 2011, 103.
148 *M. Müller*, ZMR 2011, 103.
149 *Kümmel*, ZWE 2002, 68.
150 OLG Zweibrücken 3 W 218/00, ZMR 2001, 734; *Riecke/Schmid/Elzer*, § 10 Rn 336.
151 BGH NJW 2000, 1942.
152 Vgl. *Becker*, ZWE 2002, 429; *Häublein*, ZMR 2001, 165.
153 **A.A.** *Riecke/Schmid/Elzer*, § 10 Rn 339 ff.; *Bärmann/Klein*, § 10 Rn 194.

F. Bindung der Wohnungseigentümer an Rechtshandlungen (Abs. 5)

73 Der praktische Anwendungsbereich des § 10 Abs. 5 ist klein. Überwiegend wird die Auffassung vertreten, aus Abs. 5 folge, dass auch diejenigen Wohnungseigentümer an einen Beschluss gebunden seien, die dem Beschluss nicht zugestimmt oder an der Beschlussfassung nicht teilgenommen haben.[154] Gegen diese Auffassung spricht jedoch der eindeutige Wortlaut der Norm. Abs. 5 regelt nicht die Bindungswirkung von Beschlüssen innerhalb der Gemeinschaft, sondern die Wirkung von **Rechtshandlungen** der Wohnungseigentümer aufgrund von Beschlüssen.[155] Die Bindung der überstimmten Wohnungseigentümer an einen Beschluss als Willensbildungsinstrument ergibt sich aus der dem Mehrheitsprinzip zugrunde liegenden normativen Zurechnung des Gemeinschaftswillens.[156] Unter Rechtshandlung ist jedes rechtlich erhebliche Verhalten zu verstehen, insbesondere Willenserklärungen zum Abschluss von Verträgen mit Dritten, rechtsgeschäftsähnliche Handlungen und Prozesshandlungen, nicht aber Realakte.

74 Sofern die Wohnungseigentümer beschließen, im Rahmen der Verwaltung des Gemeinschaftseigentums **Verträge mit Dritten** abzuschließen, wird der Beschluss gemäß § 27 Abs. 1 Nr. 1 durch den Verwalter durchgeführt. Der Verwalter schließt den Vertrag allerdings nicht im Namen aller Wohnungseigentümer sondern im Namen der rechtsfähigen Wohnungseigentümergemeinschaft (§ 10 Abs. 6). Der Vertragsschluss stellt in diesem Fall also keine Rechtshandlung i.S.d. Abs. 5 dar. Die Wohnungseigentümer können grundsätzlich auch nicht mit Mehrheit beschließen, der Verwalter solle Verträge für die Eigentümer persönlich mit Dritten abschließen.[157] Für einen solchen Beschluss fehlt die Beschlusskompetenz. Es sind nur **wenige praktische Fälle** denkbar, in denen ein Beschluss dazu führt, dass die Wohnungseigentümer – selbst oder vertreten durch den Verwalter – Rechtshandlungen vornehmen. Zu denken ist etwa an den Fall des § 27 Abs. 2 Nr. 3, wonach die Wohnungseigentümer beschließen können, Ansprüche gerichtlich oder außergerichtlich geltend zu machen. Wird ein Beschluss gefasst, wonach eine Klage namens aller Wohnungseigentümer erhoben werden soll, sind an diese Klage gemäß § 10 Abs. 5 alle Wohnungseigentümer gebunden, auch die, die dem Beschluss nicht zugestimmt oder an der Beschlussfassung nicht teilgenommen haben.

75 Abs. 5 entfaltet seine Regelungswirkung aber nur, wenn die Rechtshandlung kausal auf einem **wirksamen Beschluss** beruht. Ist der Beschluss nichtig oder rechtskräftig für ungültig erklärt worden, wirkt die Rechtshandlung nicht gegenüber den Wohnungseigentümern und ihren Sondernachfolgern.

G. Wahrnehmung von Rechten und Pflichten durch die Gemeinschaft (Abs. 6)

I. Rechts- und Parteifähigkeit der Gemeinschaft (S. 1 und 2)

76 Der zum 1.7.2007 in das Gesetz eingefügte § 10 Abs. 6 S. 1 betont nochmals die Rechtsfähigkeit der Gemeinschaft, soweit die Gemeinschaft bei der Verwaltung des gemeinschaftlichen Eigentums am Rechtsverkehr teilnimmt. Die Gemeinschaft kann gemäß § 10 Abs. 6 S. 2 **im Rahmen der gesamten Verwaltung** des gemeinschaftlichen Eigentums gegenüber Dritten und Wohnungseigentümern selbst Rechte erwerben und Pflichten eingehen; sie ist Inhaberin der als Gemeinschaft gesetzlich begründeten und rechtsgeschäftlich erworbenen Rechte und Pflichten. Diese Rechte und Pflichten bilden das Verwaltungsvermögen gemäß § 10 Abs. 7 (siehe Rn 95 ff.). Im Rechtsverkehr wird die Gemeinschaft gemäß § 27 Abs. 3 S. 1 durch den Verwalter oder gemäß § 27 Abs. 3 S. 2 durch sämtliche Wohnungseigentümer vertreten.

77 Die **Rechtsfähigkeit** der Gemeinschaft ist **nicht auf den Verbandszweck**, d.h. die Verwaltung des gemeinschaftlichen Eigentums, **beschränkt**. Die Rechtsfähigkeit erstreckt sich auf die gesamte Geschäftsführung zugunsten der Wohnungseigentümer.[158] Die Wohnungseigentümer können daher mit der Gemeinschaft als Verband auch Rechtshandlungen vornehmen, die über den Gebrauch und die Verwaltung des vorhandenen Gemeinschaftseigentums hinausgehen, so etwa Grundeigentum erwerben oder fremden Grundbesitz anmieten. Selbst Rechtsgeschäfte, die mit der Wohnanlage in keinerlei Zusammenhang stehen, z.B. das Buchen einer Urlaubsreise, sind nicht wegen Überschreitens der Rechtsfähigkeit des Verbandes unwirksam. Die Vornahme der Rechtshandlung kann allerdings den Grundsätzen ordnungsmäßiger Verwaltung widersprechen, was an der Wirksamkeit der Rechtshandlung jedoch nichts ändert. Eine andere Frage ist, ob die Wohnungseigentümergemeinschaft bei den jeweiligen Rechtshandlungen wirksam vertreten wird und ob der Verwalter seine Vertretungsmacht überschreitet. Dies hängt von der Beschlusslage innerhalb der Gemeinschaft und der jeweiligen Ausgestaltung des Verwaltervertrages ab. Beschlüsse, die auf die Vornahme ordnungswidriger Rechtshandlungen gerichtet sind, können von jedem Wohnungseigentümer gemäß § 46 Abs. 1 erfolgreich angefochten werden. Erwächst der Beschluss in Bestandskraft, ist er vom Verwalter gemäß § 27 Abs. 1 Nr. 1 durchzuführen.

---

154 BGH V ZB 11/98, NJW 1998, 3713; OLG Hamm 15 W 209/89, NJW-RR 1989, 1161; *Bub*, ZWE 2000, 194; *Müller*, ZWE 2000, 237; *Rapp*, DNotZ 2000, 185.
155 *Kümmel*, Die Bindung, S. 78 ff.; *Bärmann/Klein*, § 10 Rn 196.
156 *Kümmel*, Die Bindung, S. 24.
157 BGH V ZB 32/05, NJW 2005, 2061.
158 *Bärmann/Klein*, § 10 R 207.

Die Gemeinschaft ist **grundbuchfähig, scheck- und wechselfähig**,[159] konten- und kreditfähig sowie **erbfähig**.[160] Sie kann auch **Mitglied** in einer GbR, einer GmbH, einem Verein oder sonstigen Personenmehrheiten sein.[161] Sie ist **prozesskostenhilfefähig**,[162] wobei es für die Bedürftigkeit sowohl auf die Vermögensverhältnisse der Gemeinschaft als auch auf die Vermögensverhältnisse sämtlicher Wohnungseigentümer ankommt.[163] Die Wohnungseigentümergemeinschaft ist gemäß § 11 Abs. 3 **nicht insolvenzfähig**. 78

Die Gemeinschaft kann ihre Rechte vor Gericht geltend machen und wegen ihrer Verbindlichkeiten gerichtlich in Anspruch genommen werden. Sie ist **prozess- und parteifähig** (§ 10 Abs. 6 S. 5) und wird in gerichtlichen Verfahren gemäß § 27 Abs. 3 S. 1 Nr. 2 und 7 durch den Verwalter oder – wenn kein Verwalter bestellt ist – gemäß § 27 Abs. 3 S. 2 durch sämtliche Wohnungseigentümer vertreten. Da die Gemeinschaft weder einer gewerblichen noch einer selbstständigen Tätigkeit nachgeht, ist sie einem **Verbraucher** i.S.d. § 13 BGB gleichzustellen,[164] wenn sie überwiegend aus Eigennutzern oder nichtgewerblichen Vermietern besteht.[165] Die Gemeinschaft ist i.d.R. **keine Unternehmerin** i.S.d. § 13b Abs. 2, § 2 Abs. 1 S. 1 UStG.[166] 79

Die Gemeinschaft führt die **Bezeichnung** „Wohnungseigentümergemeinschaft" gefolgt von der bestimmten Angabe des gemeinschaftlichen Grundstücks (§ 10 Abs. 6 S. 4). In der Regel wird das Grundstück mit der **postalischen Anschrift** bezeichnet, z.B. Wohnungseigentümergemeinschaft Hauptstraße 100, 10987 Berlin. Soweit der Wohneigentumsanlage keine postalische Anschrift zugeteilt ist (z.B. einer in Teileigentumseinheiten aufgeteilten Tiefgarage), kann die Individualisierung auch über die **katastermäßige Bezeichnung** des Grundstücks gemäß den Angaben im Bestandsverzeichnis der Wohnungsgrundbücher erfolgen. Die Bezeichnung der Wohnungseigentümergemeinschaft im Gerichtsverfahren regelt § 44. 80

Sofern die Wohnungseigentümergemeinschaft nach der Gemeinschaftsordnung in **Untergemeinschaften** untergliedert ist, betrifft dies nur das Innenverhältnis. Die Untergemeinschaften bilden **keine Rechtssubjekte** und sind somit auch nicht rechtsfähig.[167] Auch wenn in einer Mehrhausanlage die Gemeinschaftsordnung bestimmt, dass für die Instandhaltung des Gebäudes A ausschließlich die Mitglieder der Untergemeinschaft A zuständig sind und auch nur diese die anfallenden Kosten zu tragen haben, kann nur die Gesamtgemeinschaft einen Vertrag mit einem Handwerker schließen. Aus diesem Vertrag haften gemäß § 10 Abs. 8 alle Wohnungseigentümer der (gesamten) Gemeinschaft quotal, sofern mit dem Gläubiger der Gemeinschaft nicht ausdrücklich vereinbart ist, dass die akzessorische Haftung nach § 10 Abs. 8 nur die Mitglieder der jeweiligen Untergemeinschaft treffen soll. Die Haftungsquoten der Mitglieder der betroffenen Untergemeinschaft können abweichend von § 10 Abs. 8 nur erhöht werden, wenn alle Mitglieder der Untergemeinschaft sich damit ausdrücklich einverstanden erklären. Durch Eigentümerbeschluss kann der Verwalter nicht ermächtigt werden, höhere Haftungsquoten zu vereinbaren. 81

II. Ausübungs- und Wahrnehmungsbefugnis der Gemeinschaft für Rechte und Pflichten der Wohnungseigentümer (S. 3)

Neben den zum Verwaltungsvermögen gehörenden Rechten und Pflichten übt die Gemeinschaft gemäß § 10 Abs. 6 S. 3 die **gemeinschaftsbezogenen Rechte der Wohnungseigentümer** aus und nimmt die **gemeinschaftsbezogenen Pflichten** der Wohnungseigentümer wahr. Gleiches gilt für **sonstige Rechte** und Pflichten der Wohnungseigentümer, soweit diese gemeinschaftlich geltend gemacht werden können oder zu erfüllen sind. Mit der Regelung, dass die Rechte und Pflichten der Wohnungseigentümer von der Gemeinschaft „ausgeübt" und „wahrgenommen" werden, weist das Gesetz ihre Geltendmachung und Erfüllung der Gemeinschaft zu. Dies bedeutet, dass die Befugnis zur Ausübung von Rechten (**Ausübungsbefugnis**) aus der (bisherigen) Kompetenz der Gesamtheit der Wohnungseigentümer ausgegliedert und der Gemeinschaft zugeordnet wird.[168] Mit der Normierung einer bloßen Ausübungsbefugnis anstelle einer Vollrechtsübertragung bringt der Gesetzgeber zum Ausdruck, dass den Wohnungseigentümern weiterhin die maßgebliche Stellung in der Wohneigentumsanlage und der Gemeinschaft nur eine gleichsam dienende Funktion zukommen soll (Gegenäußerung Bundesregierung, BT-Drucks 16/887, S. 61). Gleichwohl kann die Gemeinschaft als Treuhänderin im Rahmen der Ausübungsbefugnis über die Rechte der Wohnungseigentümer verfügen.[169] So verlangt die Gemeinschaft im Rahmen einer Leistungsklage etwa **Leistung an sich** und nicht an die Wohnungseigentümer. Ein 82

---

159 *Abramenko*, ZMR 2006, 585; *Hügel*, DNotZ 2005, 753; *Armbrüster*, GE 2007, 420, 430.
160 *Wenzel*, ZWE 2006, 2; *Armbrüster*, GE 2007, 420, 430.
161 *Bärmann/Klein*, § 10 Rn 29.
162 BGH V ZB 26/10, ZMR 2010, 780.
163 LG Berlin 55 T 26/05, ZMR 2007, 145.
164 **A.A.** LG Rostock 4 O 322/06, ZWE 2007, 292.
165 Noch weiter gehend *Armbrüster*, GE 2007, 420, 424 mit Verweis auf BGH XI ZR 63/01, NJW 2002, 368, wonach die Gemeinschaft immer dann wie ein Verbraucher zu behandeln ist, wenn wenigstens ein Mitglied der Gemeinschaft Verbraucher i.S.d. § 13 BGB ist; ebenso *Bärmann/Klein*, § 10 Rn 236; LG Nürnberg-Fürth 14 T 1462/08, ZMR 2008, 83.
166 *Armbrüster*, GE 2007, 420, 424.
167 OLG Koblenz 5 U 934/10, ZMR 2011, 225; OLG Naumburg 4 W 18/08, ZMR 2009, 389; *Armbrüster*, GE 2007, 420, 436; *Bärmann/Wenzel*, § 10 Rn 26.
168 Gegenäußerung Bundesregierung, BT-Drucks 16/887, S. 61.
169 *Bärmann/Klein*, § 10 Rn 242; **a.A.** *Riecke/Schmid/Elzer*, § 10 Rn 413.

von der Gemeinschaft erstrittenes Urteil gegen Dritte oder einzelne Wohnungseigentümer bindet auch die übrigen Mitglieder der Gemeinschaft. Im Prozess können die Mitglieder der Gemeinschaft als Zeugen gehört werden.[170]

83 **Abgrenzungsfragen:** Mit der Begründung einer Ausübungsbefugnis der Gemeinschaft für Rechte der Wohnungseigentümer beseitigt das Gesetz Abgrenzungsschwierigkeiten zwischen den zum Verwaltungsvermögen gehörenden Rechten der Gemeinschaft einerseits und den gemeinschaftsbezogenen Rechten der Wohnungseigentümer andererseits. In beiden Fällen ist gemäß § 10 Abs. 6 S. 3 aktivlegitimiert für die gerichtliche Geltendmachung der Rechte ausschließlich die Gemeinschaft als rechtsfähiger Verband. Die Aktivlegitimation der Gemeinschaft ist in beiden Fällen **nicht** von einer **vorherigen Beschlussfassung** der Wohnungseigentümer abhängig. Der Verwalter bedarf lediglich einer Prozessführungsbefugnis nach § 27 Abs. 3 S. 1 Nr. 4 und 7 i.V.m. Abs. 2 Nr. 3.

84 Für die Beurteilung der Aktivlegitimation ist allerdings zu unterscheiden zwischen den „gemeinschaftsbezogenen" Rechten i.S.d. § 10 Abs. 6 S. 3, Hs. 1 und den „sonstigen Rechten" der Wohnungseigentümer i.S.d. § 10 Abs. 6 S. 3, Hs. 2. Die sonstigen Rechte können von der Gemeinschaft nur geltend gemacht werden, wenn die Wohnungseigentümer sich dafür durch Vereinbarung oder Beschluss entschieden haben, also die Geltendmachung eines Anspruchs gleichsam durch Beschluss oder Vereinbarung an die Gemeinschaft gezogen haben. Weiterhin bedarf es auch hier einer Ermächtigung des Verwalters zur außergerichtlichen oder gerichtlichen Vertretung nach § 27 Abs. 3 S. 1 Nr. 3 und 7. Ohne einen **„Heranziehungsbeschluss"** oder eine entsprechende Vereinbarung kann das „sonstige Recht" nur durch die Wohnungseigentümer persönlich – einzeln oder gemeinsam – geltend gemacht werden.

1. Gemeinschaftsbezogene Rechte der Wohnungseigentümer (Hs. 1, 1. Var.)

85 Die Gemeinschaft übt gemäß § 10 Abs. 6 S. 3, Hs. 1, 1. Var. die **gemeinschaftsbezogenen Rechte** der Wohnungseigentümer aus. Die Norm stellt insoweit auf die Rechtsprechung des BGH zur Geltendmachung gemeinschaftsbezogener Forderungen ab.[171] Die Ausübungsbefugnis ist ausschließlich und verdrängt die bis zum 30.6.2007 bestehende Ausübungsbefugnis der Wohnungseigentümer.[172] „**Gemeinschaftsbezogen**" sind also die Angelegenheiten, für die nach der bis zum 30.6.2007 geltenden Fassung des WEG gemäß § 21 Abs. 1 eine ausschließliche **Verwaltungszuständigkeit der Gesamtheit der Wohnungseigentümer** bestand, sodass der Anspruch grundsätzlich nur durch alle Wohnungseigentümer gemeinsam aufgrund eines Beschlusses geltend gemacht werden konnte.[173] Ein Recht der Wohnungseigentümer ist immer dann „gemeinschaftsbezogen", wenn Inhaber dieses Rechts grundsätzlich alle Wohnungseigentümer sind und – gäbe es § 10 Abs. 6 S. 3 nicht – das Interesse der Wohnungseigentümer oder Gründe des Schuldnerschutzes es abweichend von § 1011 BGB erfordern oder gebieten, dass dieses Recht nur einheitlich und gemeinsam (also nicht durch einzelne Eigentümer) ausgeübt wird. Wann ein allen Wohnungseigentümern zustehendes Recht gemeinschaftsbezogen ist, lässt sich dem Gesetz nicht unmittelbar entnehmen, sondern bedarf einer wertenden Betrachtung. Gemeinschaftsbezogen sind **zum Beispiel** deliktische oder vertragliche Ansprüche auf Schadensersatz wegen Verletzung des gemeinschaftlichen Eigentums,[174] der Anspruch gegen den Verwalter auf Auskunftserteilung,[175] der Duldungsanspruch aus § 14 Nr. 4, der Anspruch auf Durchsetzung eines Notwegerechts,[176] die Ansprüche aus dem Eigentum am gemeinschaftlichen Grundstück nach den §§ 906 ff.; 987 f. BGB,[177] das Recht zur Anordnung eines Hausverbots[178] und die Ansprüche auf Minderung und kleinen Schadensersatz aus Erwerbsverträgen wegen Mängeln am Gemeinschaftseigentum.[179] Eine gemeinschaftsbezogene Angelegenheit stellt auch die **Vermietung des Gemeinschaftseigentums** dar.[180] Die Mieteinnahmen gehören hingegen zum Verwaltungsvermögen.

86 In den Gesetzesmaterialien[181] werden auch die Ansprüche auf Zahlung zu den **Lasten und Kosten** gemäß § 16 Abs. 2 und **Schadensersatzansprüche** gegen den Verwalter der Bestimmung des § 10 Abs. 6 S. 3, Hs. 1, 1. Var zugeordnet. Diese Zuordnung ist jedoch systematisch unrichtig, da diese Ansprüche zum Verwaltungsvermögen im Sinne des § 10 Abs. 7 gehören; es handelt sich nicht um Rechte der Wohnungseigentümer sondern um Rechte der Gemeinschaft i.S.d. § 10 Abs. 6 S. 2.

2. Gemeinschaftsbezogene Pflichten der Wohnungseigentümer (Hs. 1, 2. Var.)

87 Die gemeinschaftsbezogenen Pflichten der Wohnungseigentümer nimmt gemäß § 10 Abs. 6 S. 3, Hs. 1, 2. Var. die Gemeinschaft als rechtsfähiger Verband wahr. Die gesetzliche Wahrnehmungsbefugnis der Gemeinschaft **verdrängt** aber **nicht** die Rechtszuständigkeit der Wohnungseigentümer und eine etwaige gesamt- oder teilschuldnerische Haf-

---

170 *Riecke/Schmid/Elzer*, § 10 Rn 414.
171 Vgl. BGH V ZB 9/88, NJW 1989, 1091; V ZB 1/90, NJW 1990, 2386, V ZB 9/91, NJW 1992, 182; V ZR 118/91, NJW 1993, 727.
172 *Becker*, MietRB 2007, 180.
173 Gegenäußerung Bundesregierung, BT-Drucks 16/887, S. 61.
174 BGH V ZR 118/91, NJW 1993, 727; *Becker*, MietRB 2007, 180.
175 KG 24 W 5516/86, ZMR 1987, 100.
176 BGH V ZR 159/05, ZMR 2007, 46.
177 OLG München 32 Wx 26/10, NZM 2011, 39 zu einem Anspruch gegen den Grundstücksnachbarn wegen Grenzüberbau.
178 LG Koblenz 2 S 19/10, NZM 2012, 54.
179 BGH VII ZR 113/09, NZM 2010, 745; V ZR 372/89, NJW 1991, 2480.
180 *Wenzel*, ZWE 2006, 462.
181 Gegenäußerung Bundesregierung, BT-Drucks 16/887, S. 61.

tung der Wohnungseigentümer.[182] Weder dem Gesetzestext noch den Materialien zur WEG-Novelle 2007 lässt sich entnehmen, dass durch die Schaffung des § 10 Abs. 6 S. 3 etwas an der originären Haftung der Wohnungseigentümer geändert werden sollte. Die Wahrnehmungsbefugnis der Gemeinschaft tritt deshalb **neben** die Rechtszuständigkeit der Wohnungseigentümer.

„Gemeinschaftsbezogene Pflichten" sind solche, die – gäbe es § 10 Abs. 6 S. 3, Hs. 1, 2. Var. nicht – **sämtliche Wohnungseigentümer** gemeinsam aufgrund der Mitberechtigung am gemeinschaftlichen Eigentum träfen. Ohne Bedeutung ist, ob die Wohnungseigentümer für die Verbindlichkeit teilschuldnerisch oder gesamtschuldnerisch hafteten. Zu den **gemeinschaftsbezogenen Pflichten** der Wohnungseigentümer, die gemäß § 10 Abs. 6 S. 3, Hs. 1, 2. Var. von der Gemeinschaft wahrgenommen werden, gehört die Pflicht zur Aufrechterhaltung der **Verkehrssicherheit** auf dem gemeinschaftlichen Grundstück,[183] die Pflicht zur Erfüllung **nachbarrechtlicher Ausgleichsansprüche** des Grundstücksnachbarn analog § 906 Abs. 2 S. 2 BGB und nachbarrechtlicher Ansprüche aus den §§ 907 ff. BGB, die Gebäudeunterhaltungspflichten nach §§ 836 bis 838 BGB, die Pflicht zur Erfüllung **von Schadensersatzansprüchen** einzelner Wohnungseigentümer nach §§ 280, 241 BGB wegen nicht rechtzeitiger oder unterlassener Beschlussfassung,[184] die Pflicht zur Abwehr oder **Sanierung von Bodenverunreinigungen** nach § 4 Abs. 2, 3 BBodSchG, die durch den Landesgesetzgeber angeordnete Pflicht zum Einbau von Rauchwarnmeldern,[185] Pflichten aus einer auf dem Gemeinschaftseigentum lastenden und in allen Wohnungsgrundbüchern eingetragenen Dienstbarkeit.[186] Unter § 10 Abs. 6 S. 3, Hs. 1, 2. Var. fallen auch öffentliche Lasten des Gemeinschaftseigentums, die von den Wohnungseigentümern als Gesamt- oder Teilschuldner zu tragen sind.[187]

Die Wohnungseigentümergemeinschaft haftet für die Erfüllung der Pflichten mit dem **Verwaltungsvermögen** (§ 10 Abs. 7). Daneben haftet jeder **Wohnungseigentümer** mit seinem Privatvermögen für die Verbindlichkeit der Gemeinschaft nach dem Verhältnis seines Miteigentumsanteils (§ 10 Abs. 8). 88

§ 10 Abs. 6 S. 3, Hs. 1, 2. Var kommt nicht zur Anwendung bei **Streitigkeiten** der Wohnungseigentümer untereinander über den **zulässigen Gebrauch** des Gemeinschaftseigentums oder Sondereigentums. Begehrt ein Wohnungseigentümer etwa die gerichtliche Feststellung, dass ihm ein Sondernutzungsrecht wirksam eingeräumt worden sei, so ist diese Klage gegen die Wohnungseigentümer zu richten, die das Sondernutzungsrecht bestreiten.[188] Denn etwaige Abwehr- und Störungsbeseitigungsansprüche aus dem Sondereigentum (siehe § 13 Rn 7) wären ebenfalls gegen den oder die Störer und nicht gegen die Gemeinschaft als Verband zu richten. Dies gilt auch dann, wenn sich die Klage gegen alle übrigen Wohnungseigentümer richten müsste, weil alle übrigen Wohnungseigentümer das Sondernutzungsrecht bestreiten oder beeinträchtigen.

3. Sonstige Rechte, soweit diese gemeinschaftlich geltend gemacht werden können (Hs. 2, 1. Var)

Zu den „sonstigen" Rechten der Wohnungseigentümer im Sinne des § 10 Abs. 6 S. 3, Hs. 2 zählen Ansprüche, die grundsätzlichen den Wohnungseigentümern als **Individualansprüche** zustehen und von den Eigentümern allein und ohne vorherigen Mehrheitsbeschluss gerichtlich geltend gemacht werden können, die aber nach **h.M.**[189] durch **Mehrheitsbeschluss zur Angelegenheit der Gesamtheit der Wohnungseigentümer** gemacht werden können. Ob die Durchsetzung eines individuellen Rechts durch Beschluss der Wohnungseigentümer zur Gemeinschaftsangelegenheit gemacht werden kann, hängt von der Reichweite der Beschlusskompetenz ab (siehe dazu § 23 Rn 11 ff.). Beschlusskompetenz wird grundsätzlich dann angenommen, wenn das auszuübende Recht Ausfluss des Gemeinschaftseigentums ist, während die Beschlusskompetenz zu verneinen ist, wenn das durchzusetzende Recht aus dem Sondereigentum oder einer sonstigen individuellen Rechtsposition des Eigentümers folgt (zur Abgrenzung siehe auch § 23 Rn 31). Fehlt Beschlusskompetenz, kann die Ausübung eines „sonstigen Rechts" nur mit Zustimmung aller Eigentümer oder nur mit Zustimmung des Rechtsinhabers auf die Gemeinschaft übertragen werden. 89

In der Praxis **wichtigster Anwendungsfall** des § 10 Abs. 6 S. 3, Hs. 2, 1. Var. sind Ansprüche gegen einen Wohnungseigentümer gemäß § 1004 Abs. 1 BGB auf Beseitigung und Unterlassung einer Störung des gemeinschaftlichen Eigentums wegen unzulässiger baulicher Veränderung oder unzulässigem Gebrauch sowie Besitzschutzansprüche gegen Dritte nach § 859 ff. BGB wegen Störung des Gemeinschaftseigentums (siehe § 13 Rn 23 ff.).

Weiterhin gehören in diese Kategorie **Ansprüche aus Erwerbsverträgen** auf Nacherfüllung, Erstattung aufgewandter Fertigstellungs- und Mangelbeseitigungskosten und Kostenvorschuss wegen Mängeln am Gemeinschaftseigentum.[190] 90

---

182 A.A. *Schmid*, NZM 2010, 683, es hafte nur die Gemeinschaft.
183 Siehe auch OLG München 34 Wx 82/05, NZM 2006, 110.
184 *Becker*, MietRB 2007, 180; *Elzer*, ZMR 2006, 628; *Wenzel*, ZWE 2006, 462.
185 LG Hamburg 318 S 245/10, ZMR 2012, 129.
186 LG Hamburg 318 S 6/09, ZMR 2011, 209.
187 A.A. *Schmid*, NZM 2010, 683, der diese zu den „sonstigen Pflichten" i.S.d. § 10 Abs. 6 S. 3 Hs. 2, 2. Var. zählt; ebenso *Bärmann/Klein*, § 10 Rn 262.

188 A.A. LG Nürnberg-Fürth 14 S 1895/09, NZM 2009, 789, Klage gegen die Gemeinschaft.
189 Siehe BGH V ZB 17/06, ZMR 2006, 457; OLG München 34 Wx 083/05, ZMR 2006, 304; *Armbrüster*, ZWE 2006, 470; *Wenzel*, ZWE 2006, 462.
190 BGH V ZR 80/09, ZWE 2010, 133; VII ZR 113/09, NZM 2010, 745; *Armbrüster*, GE 2007, 420, 432; *Wenzel*, ZWE 2006, 462, 467.

In der Gegenäußerung der Bundesregierung, BT-Drucks 16/887, S. 61, werden diese Ansprüche zwar systematisch unrichtig § 10 Abs. 6 S. 3, Hs. 1 zugeordnet. Es wird dabei aber verkannt, dass auch diese Ansprüche grundsätzlich durch einen einzelnen Wohnungseigentümer geltend gemacht werden können und daher nicht per se gemeinschaftsbezogen im Sinne des § 10 Abs. 6 S. 3, Hs. 1 sind. Nach Ansicht des BGH können diese Individualansprüche selbst dann durch Mehrheitsbeschluss an die Gemeinschaft gezogen werden, wenn nur noch **ein Wohnungseigentümer** einen durchsetzbaren Anspruchs hat.[191] Dieser Ansicht ist nur mit der Maßgabe zu folgen, dass der Inhaber des durchsetzbaren Anspruchs mit der Geltendmachung des Anspruchs durch die Gemeinschaft einverstanden sein muss. Denn der Anspruchsinhaber ist grundsätzlich berechtigt, auf seinen Anspruch zu verzichten oder sich mit dem Schuldner (Bauträger) zu einigen. Die Gemeinschaft kann ihm nicht gegen seinen Willen diese Rechte nehmen.

91 Ein Beschluss der Wohnungseigentümer, wonach ein Anspruch im Sinne des § 10 Abs. 6 S. 3, Hs. 2 von der Gemeinschaft gerichtlich durchgesetzt werden soll, bewirkt noch nicht, dass ein einzelner Wohnungseigentümer die Berechtigung zur Durchsetzung des ihm zustehenden Anspruchs verliert. Die nach altem Recht zulässige **Konkurrenz der Anspruchsverfolgung** durch den Einzelnen und die Gemeinschaft bleibt auch nach neuer Gesetzeslage grundsätzlich bestehen.[192] Erhebt die Gemeinschaft allerdings Klage gegen den Anspruchsgegner, fehlt für eine weitere Klage des einzelnen Wohnungseigentümers das **Rechtsschutzbedürfnis**. Ist die Klage des einzelnen Eigentümers bereits in dem Zeitpunkt anhängig, in dem die Gemeinschaft Klage erhebt, muss der Einzelne seine Klage in der Hauptsache für erledigt erklären, soweit der Streitgegenstand mit dem des Klageverfahrens der Gemeinschaft übereinstimmt.[193] Die Wohnungseigentümer können allerdings auch beschließen, dem bereits rechtshängigen Verfahren eines Einzeleigentümer durch die Gemeinschaft als streitgenössische Nebenintervenientin beizutreten, was sinnvoller sein kann, als ein neues Klageverfahren einzuleiten.[194] Hat ein einzelner Wohnungseigentümer bereits einen **rechtskräftigen Titel** erwirkt, ist die Gemeinschaft mit der Durchsetzung ihres Anspruchs präkludiert, wenn dem Klageverfahren des Einzeleigentümers sämtliche Mitglieder der Gemeinschaft beigeladen waren.

Nicht durch Mehrheitsbeschluss **vergemeinschaftungsfähig** sind z.B.,
– der Anspruch des Eigentümers wegen Beschädigung seines Sondereigentums,
– der Anspruch des Eigentümers wegen Beeinträchtigung seines Sondereigentums durch störendes Verhalten anderer Eigentümer oder Bewohner,
– der Anspruch gegen den Verwalter wegen Pflichtverletzungen und daraus resultierender Schädigung des Privatvermögens,
– öffentlich-rechtliche Ansprüche aus dem Sondereigentum,
– Ansprüche aus einem Sondernutzungsrecht.

4. Sonstige Pflichten, soweit diese gemeinschaftlich zu erfüllen sind (Hs. 2, 2. Var.)

92 Nach § 10 Abs. 6 S. 3 Hs. 2, 2 Var. nimmt die Gemeinschaft „sonstige" Rechte der Wohnungseigentümer wahr, soweit diese gemeinschaftlich zu erfüllen sind. **„Sonstige" Pflichten** der Wohnungseigentümer im Sinne des § 10 Abs. 6 S. 3, Hs. 2, die **gemeinschaftlich zu erfüllen** sind, aber keine gemeinschaftsbezogenen Pflichten im Sinne des § 10 Abs. 6 S. 3, Hs. 1 darstellen, gibt es – auf Basis der bisherigen Rechtsprechung zur alten Gesetzesfassung – nicht. Die Gesetzesmaterialien enthalten auch keine Anhaltspunkte, um welche Art von Pflichten es sich hierbei handeln könnte. § 10 Abs. 6 S. 3 Hs. 2, 2. Var. kann nur den Fall meinen, dass die Wohnungseigentümer beschlossen haben, eine aus dem Gemeinschaftseigentum resultierende Verpflichtung einzelner (aber nicht aller) Wohnungseigentümer zu erfüllen.[195] Durch die Erhebung der Pflichtenerfüllung zur Gemeinschaftsangelegenheit wird die Gemeinschaft auch im Außenverhältnis zum Gläubiger zur Erfüllung verpflichtet und im Zivilprozess passivlegitimiert. Die Schuldnerstellung des originär haftenden Wohnungseigentümers bleibt davon unberührt. Für die anderen Wohnungseigentümer kommt § 10 Abs. 8 zur Anwendung. § 10 Abs. 6 S. 3 Hs. 2, 2. Var. eröffnet aber keine Beschlusskompetenz zur Vergemeinschaftung „sonstiger Pflichten" der Wohnungseigentümer aus dem Gemeinschaftseigentum.[196] Die Beschlusskompetenz muss sich im Einzelfall aus allgemeinen Grundsätzen ergeben (insbesondere § 21 Abs. 1, 3). Fehlt es an der Beschlusskompetenz, kann die Erfüllung einer Pflicht nicht durch Beschluss vergemeinschaftet werden. Die Rechtsentwicklung bleibt hier abzuwarten.

III. Umgang mit Altverträgen und Alttiteln

93 Soweit in **Verträgen aus der Zeit vor Veröffentlichung der Entscheidung des BGH vom 2.6.2005** zur Rechtsfähigkeit der Wohnungseigentümergemeinschaft[197] die Wohnungseigentümer als Vertragspartner des Dritten ge-

---

191 BGH V ZR 80/09, ZWE 2010, 133.
192 Gegenäußerung Bundesregierung, BT-Drucks 16/887, S. 62; OLG Hamburg 2 Wx 115/08, ZMR 2009, 306; OLG München 32 Wx 111/07, NZM 2008, 87; OLG Zweibrücken 3 W 182/08, MietR-kompakt 2009, 78; a.A. *Wenzel*, NZM 2008, 74; *Riecke/Schmid/Elzer*, § 10 Rn 430; *Becker*, ZWE 2007, 432.

193 So im Ergebnis auch *Becker*, ZWE 2007, 432; *Bärmann/Klein*, § 10 Rn 256; **a.A.** OLG Hamm I-15 Wx 15/09, ZMR 2010, 389, analoge Anwendung der §§ 265, 325 ZPO.
194 Siehe *Briesemeister*, ZWE 2010, 91.
195 **A.A.** *Schmid*, NZM 2010, 683.
196 **A.A.** *Schmid*, NZM 2010, 683.
197 BGH V ZB 32/05, NJW 2005, 2061.

nannt sind, ergibt die Auslegung in der Regel, dass die rechtsfähige Wohnungseigentümergemeinschaft als Vertragspartnerin gemein ist. Dies gilt jedenfalls dann, wenn der Vertrag aufseiten der Gemeinschaft vom Verwalter als Vertreter der Gemeinschaft geschlossen wurde. Denn der Verwalter war auch vor der WEG-Novelle grundsätzlich nicht berechtigt, die Wohnungseigentümer persönlich zu vertreten.[198] Eine solche Vertretungsmacht konnte auch nicht durch Beschluss der Eigentümerversammlung begründet werden.[199] Der Verwalter konnte nur die Gemeinschaft als Verband vertreten, vorausgesetzt er war dazu durch Beschluss oder Vereinbarung ermächtigt worden. Aus den von der Gemeinschaft geschlossenen Verträgen **haftet nur die Gemeinschaft** mit dem Verwaltungsvermögen. Die Wohnungseigentümer haften aus Verträgen, die vor dem 1.7.2007 von der Gemeinschaft geschlossen wurden, nicht akzessorisch für die Verbindlichkeiten der Gemeinschaft (siehe Rn 112). Die Wohnungseigentümer konnten nur dann persönlich Vertragspartner eines Dritten werden, wenn sie sich – gegebenenfalls neben dem Verband – klar und eindeutig persönlich verpflichtet oder ausdrücklich dem Verwalter, der als Vertreter handelte, Vollmacht im eigenen Namen erteilt haben.[200]

Aus einem **Titel**, der die **Wohnungseigentümer** namentlich **als Gläubiger** nennt (insbesondere Wohngeldtitel oder Kostenfestsetzungsbeschlüsse), können nur die Wohnungseigentümer vollstrecken. Dies gilt auch dann, wenn auf Basis der Entscheidung des BGH vom 2.6.2005[201] materiell-rechtlicher Inhaber der titulierten Forderung die rechtsfähige Gemeinschaft ist und der Titel der materiellen Rechtslage widerspricht. Der im Vollstreckungsverfahren für die Titelgläubiger tätige Rechtsanwalt erhält die Erhöhungsgebühr nach § 7 Abs. 1 RVG i.V.m. Nr. 1008 RVG-VV.[202] Sind die **Wohnungseigentümer** in einem Alttitel namentlich **als Schuldner** benannt, darf der Gläubiger auch dann gegen die Wohnungseigentümer persönlich vollstrecken, wenn nach der Entscheidung des BGH vom 2.6.2005 oder der zum 1.7.2007 in das WEG eingefügten Bestimmungen des § 10 Abs. 6, 7 materiell-rechtlicher Schuldner bzw. Wahrnehmungsbefugter die rechtsfähige Gemeinschaft wäre. Eine **Berichtigung des Titels** nach § 139 ZPO scheidet aus, weil es an einer offenbaren Unrichtigkeit fehlt.[203] Der Titel beruht lediglich auf einer materiell-rechtlich falschen Entscheidung des erkennenden Gerichts. Durch eine **Rubrumsberichtigung** darf sich die Identität der Partei nicht ändern.[204] Wohnungseigentümergemeinschaft und Wohnungseigentümer sind unterschiedliche Rechtssubjekte.

94

H. Verwaltungsvermögen (§ 10 Abs. 7)

Träger des Verwaltungsvermögens ist die **rechtsfähige Gemeinschaft**. Der einzelne Wohnungseigentümer ist am Verwaltungsvermögen nicht unmittelbar beteiligt. Er kann auch nicht die Auseinandersetzung verlangen, denn die Gemeinschaft der Wohnungseigentümer ist gemäß § 11 Abs. 1 unauflöslich. Um das Verwaltungsvermögen im Wege der Zwangsvollstreckung verwerten zu können, ist ein Titel gegen die Gemeinschaft als solche erforderlich und ausreichend.[205]

95

Das Verwaltungsvermögen besteht aus den im Rahmen der gesamten Verwaltung des gemeinschaftlichen Eigentums **gesetzlich begründeten und rechtsgeschäftlich erworbenen Sachen und Rechten** sowie den entstandenen **Verbindlichkeiten**. Dies gilt unabhängig davon, ob der Erwerb vor oder nach Inkrafttreten der Gesetzesänderung am 1.7.2007 stattgefunden hat.[206]

96

I. Bewegliche Sachen und Immobiliarrechte

Gegenstände, die gemäß § 94 BGB **wesentliche Bestandteile** des gemeinschaftlichen Grundstücks sind, gehören nicht zum Verwaltungsvermögen.[207] Sie sind gemeinschaftliches Eigentum aller Eigentumer. Alle beweglichen Gegenstände, insbesondere **Zubehör** im Sinne des § 97 BGB,[208] können zum Verwaltungsvermögen gehören,[209] soweit sie vom Verband rechtsgeschäftlich erworben wurden (z.B. Verwaltungsunterlagen, Heizöl, Bewirtschaftungsgegenstände, Bargeld). Es gibt keine Gegenstände, die dem Verwaltungsvermögen kraft Gesetzes zugeordnet sind. Insoweit bedürfte es eines gesetzlichen Rechtsüberganges vom früheren Grundstückseigentümer auf die Gemeinschaft; hierfür fehlt jedoch eine entsprechende Rechtsnorm. Soweit zum Verwaltungsvermögen üblicherweise **technische Unterlagen** über die Wohnanlage gehören, ist der Erstveräußerer aufgrund der Kaufverträge regelmäßig verpflichtet, diese Unterlagen der Gemeinschaft zu übereignen. Die Abgrenzung von Gemeinschaftseigentum und Verwaltungsvermögen mag im Einzelfall zufällig erscheinen, ist jedoch die natürliche Konsequenz aus der Entscheidung des Gesetzgebers, neben dem gemeinschaftlichen Eigentum als weitere Vermögensmasse das Verwaltungsvermögen zu bilden,

97

---

198 BGH V ZB 32/05, NJW 2005, 2061.
199 BGH V ZB 32/05, NJW 2005, 2061.
200 BGH V ZB 32/05, NJW 2005, 2061.
201 BGH V ZB 32/05, NJW 2005, 2061.
202 BGH V ZB 77/06, NZM 2007, 411.
203 BGH I ZB 83/06, ZMR 2007, 286.
204 BGH BGHReport 2003, 1168.
205 Gegenäußerung Bundesregierung, BT-Drucks 16/887, S. 62 f.
206 Gegenäußerung Bundesregierung, BT-Drucks 16/887, S. 62 f.
207 *Bub*, ZWE 2007, 15, 19.
208 *Bärmann/Klein*, § 10 Rn 288; **a.A.** *Riecke/Schmid/Elzer*, § 10 Rn 463.
209 *Wenzel*, ZWE 2006, 462.

das nicht den Wohnungseigentümern als Rechtsträgern zugeordnet ist. Den Besitz an den zum Verwaltungsvermögen gehörenden beweglichen Sachen vermittelt der Verwalter als Handlungsorgan der Gemeinschaft.[210]

98 Die Eigentümergemeinschaft ist **grundbuchfähig**.[211] Zum Verwaltungsvermögen können daher auch beschränkt dingliche Rechte, z.B. Grundschulden, Hypotheken, beschränkt persönliche Dienstbarkeiten gehören. Die Eigentümergemeinschaft kann darüber hinaus **Eigentümerin** eines Grundstücks, z.B. einer an die Wohnanlage angrenzenden Stellplatzfläche, sein.[212] Über die Begründung des beschränkt dinglichen Rechts oder den Erwerb des Grundeigentums können die Wohnungseigentümer durch **Mehrheitsbeschluss** entscheiden.[213] Die Begründung bzw. der Erwerb des dinglichen Rechts stellt eine konkrete Verwaltungsmaßnahme i.S.d. § 21 Abs. 1 dar, sodass Beschlusskompetenz besteht. Die Frage, ob der Erwerb des dinglichen Rechts ordnungsmäßiger Verwaltung entspricht, berührt die Beschlusskompetenz nicht (§ 23 Rn 16). Das Grundbuchamt hat nicht zu prüfen, ob der Beschluss an formellen oder inhaltlichen Mängeln leidet oder tatsächlich angefochten wurde; solange der Beschluss nicht nichtig ist und nicht rechtskräftig für ungültig erklärt wurde, hat das Gericht gemäß § 23 Abs. 4 von seiner Wirksamkeit auszugehen.[214]

99 Die Gemeinschaft kann auch **Wohnungseigentum innerhalb ihrer Anlage** erwerben.[215] Ob der Erwerb ordnungsmäßiger Verwaltung entspricht, hängt von den Umständen des Einzelfalls ab. Es bedarf eines sachlichen, gewichtigen Grundes, der aus dem Gebrauch oder der Verwaltung des gemeinschaftlichen Eigentums herrührt und über bloße Zweckmäßigkeitserwägungen hinausgeht.[216] Ein solcher Grund kann etwa sein, dass die Gemeinschaft wegen Platzmangels einen Fahrradabstellraum benötigt oder das zu erwerbende Sondereigentum Voraussetzung für die Errichtung eines Aufzuges als Modernisierungsmaßnahme (§ 22 Abs. 2) ist. Soll ein Entziehungsurteil nach § 19 Abs. 1 vollstreckt werden, so kann der Erwerb der Wohnungseigentumseinheit durch die Gemeinschaft ordnungsmäßiger Verwaltung entsprechen, wenn sich außer der Gemeinschaft niemand findet, die Wohnungseigentumseinheit zu erwerben. Der Erwerb von Grundeigentum widerspricht jedoch ordnungsmäßiger Verwaltung, wenn der Kaufpreis von der Gemeinschaft finanziert werden muss. Die Vermeidung künftiger Wohngeldausfälle kann den Erwerb des Wohnungseigentums durch die Gemeinschaft nicht rechtfertigen,[217] da die Gemeinschaft an sich selbst kein Wohngeld zahlen muss. In diesem Fall reduziert sich der Gesamtverteilungsschlüssel um den auf die erworbene Wohnungseigentumseinheit entfallenden Anteil.[218] Bei Kosten, die im Verhältnis der Wohnungseigentümer untereinander verbrauchsabhängig abgerechnet werden, ist der Verbrauchsanteil der von der Gemeinschaft erworbenen Wohnung von den übrigen Mitgliedern der Gemeinschaft nach dem für die Verwaltungskosten geltenden Verteilungsschlüssel zu tragen. Der Erwerb von Wohnungseigentum durch die Gemeinschaft in der eigenen Anlage führt dazu, dass das **Stimmrecht** für dieses Wohnungseigentum ruht.[219]

100 Tritt eine Wohnungseigentümergemeinschaft als **Bieterin in einem Zwangsversteigerungsverfahren** auf, hat weder der Rechtspfleger der Zwangsversteigerungsabteilung bei der Zuschlagserteilung noch das Grundbuchamt bei der Eigentumsumschreibung zu prüfen, ob der Erwerb des Grundeigentums für die Gemeinschaft ordnungsmäßiger Verwaltung entspricht.[220] Die Rechtspflegeorgane haben lediglich zu prüfen, ob die Person, die für die Eigentümergemeinschaft im Versteigerungstermin handelt, dazu berechtigt ist. Der Verwalter, der die Wohnungseigentümergemeinschaft beim Abschluss des notariellen Erwerbsvertrages oder im Versteigerungstermin vertritt, bedarf einer ausdrücklichen Ermächtigung durch die Wohnungseigentümer, die durch Mehrheitsbeschluss oder Vereinbarung der Wohnungseigentümer erteilt werden kann.[221] Der Mehrheitsbeschluss ist dem Grundbuchamt in der Form des § 26 Abs. 3 nachzuweisen; eine etwaige Vereinbarung wäre in notariell beglaubigter Form vorzulegen.

II. Ansprüche und Verbindlichkeiten

101 Weder dem Gesetzestext noch den Gesetzesmaterialien lässt sich entnehmen, welche schuldrechtlichen Ansprüche und Verbindlichkeiten dem Verwaltungsvermögen im Detail zugeordnet sind. § 10 Abs. 7 S. 2 bestimmt lediglich, dass das Verwaltungsvermögen aus den im Rahmen der gesamten Verwaltung des gemeinschaftlichen Eigentums gesetzlich begründeten und rechtsgeschäftlich erworbenen Rechten sowie den entstandenen Verbindlichkeiten besteht. Gemäß § 10 Abs. 7 umfasst das Verwaltungsvermögen ausdrücklich auch Verbindlichkeiten. Dadurch wird deutlich, dass das Verwaltungsvermögen nicht nur aus Aktiva, sondern auch aus Passiva besteht. Die Verbindlichkeiten treffen

---

210 Vgl. Palandt/*Bassenge*, § 854 BGB, Rn 10 f.
211 BGH V ZB 32/05, NJW 2005, 2061, Gliederungspunkt 7.
212 *Hügel*, DNotZ 2005, 753, 771; *Häublein*, FS Seuß, S. 125; *Abramenko*, ZMR 2006, 338; *Armbrüster*, GE 2007, 420, 428 mit Bedenken wegen der Außenhaftung.
213 OLG Hamm I-15 Wx 81/09, ZMR 2009, 216; 15 W 382/09, ZMR 2010, 785; *Schneider*, ZMR 2006, 813; *Abramenko*, ZMR 2006, 338; *Wenzel*, NZM 2006, 321; **a.A.** LG-Nürnberg-Fürth, ZMR 2006, 812, 813; *Jennißen*, NZM 2006, 203, 205: Vereinbarung erforderlich.
214 OLG Hamm I-15 Wx 81/09, ZMR 2009, 216.
215 OLG Hamm I-15 Wx 81/09, ZMR 2009, 216.
216 OLG Hamm 15 W 63/10, NZM 2010, 823.
217 **A.A.** *Derleder*, ZWE 2008, 13, 19.
218 OLG Hamm I-15 Wx 81/09, ZMR 2009, 216; **a.A.** wohl *Bärmann/Klein*, § 10 Rn 289.
219 *Häublein*, FS Seuß, S. 125; OLG Hamm I-15 Wx 81/09, ZMR 2009, 216.
220 OLG Celle 4 W 213/07, NJW 2008, 1537.
221 OLG Hamm I-15 Wx 81/09, ZMR 2009, 216.

die Gemeinschaft unabhängig von ihrem Mitgliederbestand und unabhängig davon, ob sie gesetzlich oder rechtsgeschäftlich begründet wurden.[222]

1. Gesetzliche Rechte und Verbindlichkeiten

Zu den gesetzlichen Rechten und Verbindlichkeiten gehören z.B. **Ansprüche** des Verbandes **gemäß § 280 BGB** gegen einzelne Wohnungseigentümer auf Schadensersatz wegen Nichtausstattung der Gemeinschaft mit den erforderlichen Finanzmitteln[223] und der Anspruch nach § 985 BGB auf Herausgabe der Verwaltungsunterlagen.[224]

2. Rechtsgeschäftlich begründete Rechte und Verbindlichkeiten

Die Gemeinschaft kann durch Rechtsgeschäft Rechte begründen und Verbindlichkeiten eingehen. Insoweit sind Rechte und Verbindlichkeiten gegenüber den Wohnungseigentümern (Innenverhältnis) und gegenüber Dritten (Außenrechtsverhältnis) zu unterscheiden. Im Außenverhältnis entstehen Rechte und Verbindlichkeiten, wenn der Verwalter im Rahmen seiner Befugnisse gemäß § 27 Abs. 3 als Organ der Gemeinschaft tätig wird oder die Wohnungseigentümer die Gemeinschaft unter den Voraussetzungen des § 27 Abs. 3 S. 2 vertreten. Aus **Verträgen der Gemeinschaft mit Dritten** können auch Ansprüche der Wohnungseigentümer resultieren, wenn das jeweilige Rechtsgeschäft ein Vertrag mit **Schutzwirkung zugunsten Dritter** ist,[225] was in der Regel anzunehmen ist, wenn sich der Vertrag auf das Gemeinschaftseigentum bezieht.

Bei der **Vermietung des Gemeinschaftseigentums** ist Vermieterin die Gemeinschaft,[226] da der Abschluss des Mietvertrages eine gemeinschaftsbezogene Angelegenheit i.S.d. Abs. 6 S. 3, Hs. 1 darstellt.

Aus dem **Innenverhältnis** resultieren **Ansprüche**, die durch Vereinbarung oder Mehrheitsbeschluss der Eigentümer begründet werden, insbesondere Beitragsansprüche nach § 16 Abs. 2 aus Beschlüssen über Wirtschaftspläne, Jahresabrechnungen und Sonderumlagen. Auf **Passivseite** gehören zu den Verbindlichkeiten der Gemeinschaft im Innenverhältnis etwa die Verpflichtung zur Auszahlung von Guthaben aus Jahresabrechnungen, die Verpflichtung zur Erfüllung von Aufwendungsersatzansprüchen wegen Notgeschäftsführung gemäß § 21 Abs. 2 (siehe § 21 Rn 21) und die Verpflichtung aus ungerechtfertigter Bereicherung zur Rückzahlung ohne Rechtsgrund eingenommener Wohngelder.[227]

III. Keine Bestandteile des Verwaltungsvermögens

Nicht zum Verwaltungsvermögen gehören die **gemeinschaftsbezogenen Rechte der Wohnungseigentümer**, wie z.B. der Anspruch auf Schadensersatz wegen Beschädigung des Gemeinschaftseigentums oder Mängelansprüche der Wohnungseigentümer aus Erwerbsverträgen. Inhaber dieser Ansprüche sind nach wie vor die Wohnungseigentümer (siehe oben Rn 85). Der Gesetzgeber hat sich insoweit ausdrücklich gegen eine Vollrechtsübertragung auf die Gemeinschaft entschieden[228] und der Gemeinschaft in § 10 Abs. 6 S. 3 lediglich eine Ausübungsbefugnis eingeräumt. Weiterhin gehören nicht zum Verwaltungsvermögen **individuelle Ansprüche** der Eigentümer, die nach der Rechtsprechung durch Mehrheitsbeschluss zu einer Angelegenheit der Gemeinschaft gemacht werden können,[229] z.B. der Anspruch gegen einen Wohnungseigentümer gemäß § 1004 Abs. 1 BGB auf Beseitigung einer unzulässigen baulichen Veränderung[230] oder der Unterlassungsanspruch wegen unzulässigem Gebrauch des gemeinschaftlichen Eigentums. Selbst wenn die Wohnungseigentümer über die gemeinschaftliche Durchsetzung eines solchen Anspruchs beschließen, wird der Anspruch dadurch nicht zum Bestandteil des Verwaltungsvermögens. Die Gemeinschaft ist aufgrund der in § 10 Abs. 6 S. 3 normierten Ausübungsbefugnis lediglich berechtigt, diese Rechte geltend zu machen (siehe Rn 89).

Zur Passivseite des Verwaltungsvermögens gehören nicht Verpflichtungen aus der Verletzung der **Verkehrssicherungspflicht** bezüglich des gemeinschaftlichen Grundstücks.[231] Die Gemeinschaft übt in der Regel nicht die Sachherrschaft über das gemeinschaftliche Grundstück aus, dies tun vielmehr die Wohnungseigentümer oder der Verwalter für sie. Gleichwohl muss der Geschädigte eine Schadensersatzklage gegen die Gemeinschaft richten, da diese gemäß § 10 Abs. 6 S. 3, Hs. 1 die gemeinschaftsbezogenen Pflichten der Wohnungseigentümer wahrnimmt (siehe Rn 87).

---

222 Gegenäußerung Bundesregierung, BT-Drucks 16/887, S. 62 f.
223 *Armbrüster*, GE 2007, 420, 426; zu Grund und Umfang dieses Anspruchs siehe BGH V ZB 32/05, NJW 2005, 2061, 2064.
224 OLG München 32 Wx 14/06, NZM 2006, 349.
225 So OLG Düsseldorf I-3 Wx 281/05, ZMR 2006, 56.
226 *Wenzel*, ZWE 2006, 462.
227 OLG München 32 Wx 40/06, ZMR 2006, 553.
228 Gegenäußerung Bundesregierung, BT-Drucks 16/887, S. 62 f.
229 Siehe BGH V ZB 17/06, ZMR 2006, 457; OLG München 34 Wx 083/05, ZMR 2006, 304; *Armbrüster*, ZWE 2006, 470; *Wenzel*, ZWE 2006, 2.
230 Siehe Gegenäußerung Bundesregierung, BT-Drucks 16/887, S. 61 f.
231 *Bärmann/Klein*, § 10 Rn 271; **a.A.** OLG München 34 Wx 82/05, NZM 2006, 110; *Armbrüster*, GE 2007, 420, 429.

IV. Verwaltungsvermögen bei Auflösung der Gemeinschaft und Wiedergeburt

108 Vereinigen sich sämtliche Wohnungseigentumseinheiten in einer Hand, so löst sich die Gemeinschaft als Rechtssubjekt auf und das Verwaltungsvermögen geht gemäß § 10 Abs. 7 S. 4 im Wege der **Gesamtrechtsnachfolge** auf den **Alleineigentümer** der Wohnanlage über. Die vormals dem Verwaltungsvermögen gehörenden Sachen und Rechte verlieren ihre Zweckbindung.[232] Der Zweckbindung bedarf es nicht mehr, weil nicht mehr zwischen dem Privatvermögen des Alleineigentümers und dem ehemaligen Verwaltungsvermögen unterschieden werden kann. Das ehemalige Verwaltungsvermögen stellt nach Auflösung der Gemeinschaft kein zweckgebundenes (und damit nur beschränkt der Zwangsvollstreckung unterliegendes) Vermögen des Alleineigentümers dar, in das nur die Gläubiger der ehemaligen Gemeinschaft vollstrecken könnten. Die akzessorische Haftung der (ehemaligen) Wohnungseigentümer nach § 10 Abs. 8 wegen früherer Verbindlichkeiten der Gemeinschaft bleibt von der Auflösung der Gemeinschaft unberührt. **Vollstreckbare Titel** gegen die Gemeinschaft wegen Verbindlichkeiten aus der Zeit vor Auflösung der Gemeinschaft können gemäß § 727 ZPO auf den Alleineigentümer des Grundstücks umgeschrieben werden.

109 Das Gesetz regelt nicht das Schicksal des ehemaligen Verwaltungsvermögens in dem Fall, dass der Alleineigentümer der Wohnanlage eine Einheit wieder veräußert und dadurch eine **Gemeinschaft** der Wohnungseigentümer **erneut entsteht**. Nach den Äußerungen der Bundesregierung in den Gesetzesmaterialien[233] soll das Verwaltungsvermögen in diesem Fall gemäß § 10 Abs. 7 S. 1 und 2 wieder der Gemeinschaft zustehen. Der Gesetzestext gibt dies jedoch nicht her. Nachvollziehbar ist zwar, dass auch der „neuen" Gemeinschaft ein Verwaltungsvermögen zustehen kann. Die wiedergeborene Gemeinschaft ist aber ebenso wenig Teilrechtsnachfolgerin des Alleineigentümers wie sie es im Fall der erstmaligen Begründung einer Wohneigentumsanlage ist. Jedenfalls bedürfte es für eine Rechtsnachfolge einer ausdrücklichen gesetzlichen Regelung, die fehlt.[234] Sachen, Rechte und Verbindlichkeiten können ohne gesetzliche Normierung und ohne **rechtsgeschäftlichen Übertragungsakt** nicht den Rechtsträger wechseln. Abgesehen davon bliebe bei einer solchen Rechtsnachfolge unklar, welche Sachen, Rechte und Verbindlichkeiten auf die Gemeinschaft übergingen und welche beim ehemaligen Alleineigentümer verblieben. Angenommen auf dem Grundstück befände sich ein Rasenmäher, den der ehemalige Alleineigentümer angeschafft hatte. Ginge dieser Rasenmäher mit der Entstehung der Gemeinschaft ins Verwaltungsvermögen über oder verbliebe er im Eigentum des ehemaligen Grundstückseigentümers, etwa weil dieser den Rasenmäher auch noch für andere Grundstücke benötigte? Die gleiche Unklarheit ergäbe sich bei **Bankkonten**. Hat der Alleineigentümer der Wohnanlage ein gesondertes Konto für die Bewirtschaftung der Wohnanlage eingerichtet, dann ist es unvorstellbar, dass das Kontoguthaben von selbst auf die spätere Gemeinschaft übergeht. Diese Unklarheiten bei der Vermögenszuordnung stehen einer „automatischen" Rechtsnachfolge vom Alleineigentümer auf die Gemeinschaft unüberwindbar entgegen.

I. Außenrechtsbeziehungen (Abs. 8)

I. Quotale Haftung der Eigentümer (S. 1)

1. Grundsätzliches

110 Für die Verbindlichkeiten der Gemeinschaft aus Rechtsverhältnissen mit Dritten haftet das Verwaltungsvermögen. Aufgrund der seit dem 1.7.2007 geltenden Bestimmung des § 10 Abs. 8 haftet daneben jeder Wohnungseigentümer für die Verbindlichkeiten der Gemeinschaft nach dem **Verhältnis seines Miteigentumsanteils** gemäß § 16 Abs. 1 S. 2. Die Haftung ist **nicht subsidiär** gegenüber der Haftung der Gemeinschaft.[235] Der Gläubiger kann – bis zur Grenze der Willkür – einen oder mehrere Wohnungseigentümer unmittelbar anteilig in Anspruch nehmen, auch wenn die Gemeinschaft liquide ist.[236] Der Eigentümer kann von der Gemeinschaft aber Freistellung verlangen, da ihm gegen die Gemeinschaft ein Aufwendungsersatzanspruch zusteht (§ 257 BGB). Ist der in Anspruch genommene Eigentümer **Wohngeldbeiträge schuldig** geblieben, die für die Erfüllung der Ansprüche des Gläubigers bestimmt waren, kann die Gemeinschaft gegen den Freistellungsanspruch des Gläubigers aufrechnen.[237]

111 Die Wohnungseigentümer stehen mit der Gemeinschaft in **keiner Gesamtschuldnerschaft**. Wird ein Wohnungseigentümer in Höhe seiner Haftungsquote in Anspruch genommen, entspricht das Verhältnis zur Gemeinschaft der Rechtslage bei Inanspruchnahme einer oHG und eines persönlich haftenden Gesellschafters nach §§ 128, 129 HGB.[238] Der einzelne Wohnungseigentümer wird aber „**wie ein Gesamtschuldner**" mit dem Verband in Höhe seines Anteils verurteilt, sodass es zu keiner doppelten Inanspruchnahme kommen kann. Erfüllt ein Eigentümer seine quotale Schuld, wird die Gemeinschaft insoweit analog § 422 BGB befreit, die Haftung der übrigen Eigentümer bleibt aber bestehen. Begleicht hingegen die Gemeinschaft die Forderung des Gläubigers teilweise, so reduziert sich die Schuld des einzelnen Wohnungseigentümers entsprechend der Höhe seines Miteigentumsanteils.[239]

---

232 *Bärmann/Klein*, § 10 Rn 294.
233 Gegenäußerung Bundesregierung, BT-Drucks 16/887, S. 63; so auch *Köhler*, Das neue WEG, Rn 117.
234 *Bärmann/Klein*, § 10 Rn 297.
235 *Derleder/Fauser*, ZWE 2007, 2.
236 *Armbrüster*, GE 2007, 420, 426.
237 *Derleder/Fauser*, ZWE 2007, 2.
238 *Derleder/Fauser*, ZWE 2007, 2.
239 *Derleder/Fauser*, ZWE 2007, 2.

Der Gesetzgeber wandte sich mit der seit dem 1.7.2007 geltenden quotalen Haftung von der **Rechtsprechung des** 112
BGH ab, nach der der einzelne Wohnungseigentümer grundsätzlich nicht für Verbindlichkeiten der Gemeinschaft akzessorisch haftete.[240] Eine persönliche Haftung der Wohnungseigentümer neben der Gemeinschaft kam nach Auffassung des BGH nur in Betracht, wenn die Wohnungseigentümer sich neben der Gemeinschaft klar und eindeutig persönlich verpflichtet hatten. Das Gesetz enthält keine **Überleitungsvorschrift** zu § 10 Abs. 8. Gleichwohl ist der BGH[241] der Ansicht, dass die quotale Haftung auch für Verbindlichkeiten gilt, die vor dem 30.6.2007 begründet wurden.[242] Dies überzeugt nicht. Wäre eine Rückwirkung auch für ältere Verbindlichkeiten gewollt gewesen, hätte der Gesetzgeber dies ausdrücklich normieren müssen.[243]

Für eine **Vollstreckung** gegen den einzelnen Wohnungseigentümer ist ein vollstreckbarer Titel gegen den Eigentümer persönlich erforderlich. Aus einem Titel gegen die Gemeinschaft kann nur gegen diese in das Verwaltungsvermögen (§ 10 Abs. 7) vollstreckt werden. Der Gläubiger hat den uneingeschränkten Zugriff auf alle Vermögensgegenstände. Etwaige **Zweckbindungen**, denen die Bestandteile des Verwaltungsvermögens im Innenverhältnis zu den Wohnungseigentümern unterliegen (z.B. Rücklage für Dachsanierung), können dem vollstreckenden Gläubiger nicht entgegengehalten werden.[244] 113

Ein von der Gemeinschaft beauftragter Werkunternehmer kann sich eine **Bauhandwerkersicherungshypothek** 114
(§ 648 BGB) in die Grundbücher aller Wohnungseigentumseinheiten in Höhe der jeweiligen Haftungsquote eintragen lassen.[245] Der Umstand, dass die Wohnungseigentümer selbst nicht Besteller und die Gemeinschaft zwar Besteller, aber nicht Eigentümer der Wohnungen ist, steht dem ausnahmsweise nicht entgegen. Denn die Wohnungseigentümer „beherrschen" die Gemeinschaft und nutzen das Gemeinschaftseigentum, an dem die Baumaßnahme durchgeführt wird; die Leistung des Handwerkers kommt ihnen wirtschaftlich zugute.[246]

2. Verbindlichkeiten der Gemeinschaft

Die Haftung bezieht sich auf sämtliche **Verbindlichkeiten der Gemeinschaft**, gleich aus welchem Verpflichtungsgrund (z.B. gesetzlich, vertraglich, hoheitlich). Die quotale akzessorische Haftung der Wohnungseigentümer gilt jedoch nur für Verbindlichkeiten der Gemeinschaft. Aus Verträgen, die die Wohnungseigentümer persönlich – einzeln oder gemeinsam – eingegangen sind, haften die Wohnungseigentümer unmittelbar und unbeschränkt. § 10 Abs. 8 findet auf solche Verträge keine Anwendung, da keine Verbindlichkeit der Gemeinschaft vorliegt. Kommt ein Vertrag durch **schlüssiges Verhalten** zustande, stellt sich regelmäßig die Frage, wer Vertragspartner des Dritten geworden ist – die Gemeinschaft oder die Wohnungseigentümer. Dies betrifft insbesondere **Versorgungsverträge** über die Lieferung von Elektrizität, Wasser und Gas. Sofern vonseiten der Wohnanlage kein ausdrücklicher Vertrag mit dem Versorgungsunternehmen geschlossen wird, in dem der Vertragspartner eindeutig benannt ist, kommt der Vertrag durch faktische Entgegennahme der Versorgungsleistung zustande. Es kommt also darauf an, ob die Versorgungsleistung aus Sicht des Lieferanten von der rechtsfähigen Gemeinschaft oder von den Wohnungseigentümern entgegengenommen wird. Für die Entgegennahme durch die Wohnungseigentümer spricht, dass Wasser und Gas in der Regel im Bereich des Sondereigentums verbraucht werden und dies mit der Verwaltung und dem Gebrauch des Gemeinschaftseigentums nichts zu tun hat. Für eine Abnahme der Versorgungsleistung durch die Gemeinschaft spricht, dass das Versorgungsunternehmen – jedenfalls bei Wasser – nur einen Vertrag für die gesamte Wohnanlage abschließen will und die Abrechnung auf Basis eines Zentralzählers im Haus erfolgen soll. Der BGH entschied in einem Fall der gemeinsamen **Gasversorgung**, dass die Gasabnahme aus objektiver Sicht des Gaslieferanten nur dahin verstanden werden könne, dass die Gesamtheit der Wohnungseigentümer als der für das Gasleitungssystem grundsätzlich zuständige Personenkreis als Vertragspartner beliefert werden sollte; denn auch aus der Sicht des Versorgungsunternehmens sollte das Gas über den alleinigen Zähler an alle Wohnungseigentümer in ihrer Eigenschaft als Miteigentümer des Grundstücks geliefert werden.[247] Weiterhin hat der BGH für die **Wasserversorgung** und **Abwasserentsorgung**[248] sowie für die **Abfallentsorgung und Straßenreinigung**[249] in Berlin (wo zwar einerseits ein Anschluss- und Benutzungszwang besteht, die Vertragsbeziehung zum Versorger aber privatrechtlich ausgestaltet ist) entschieden, dass der Vertrag mit der Gemeinschaft der Wohnungseigentümer zustande kommt und der einzelne Wohnungseigentümer daher nicht gesamtschuldnerisch für die Entgeltforderungen des Versorgers haftet. Durch Allgemeine Versorgungsbedingungen der Lieferanten (AVB) kann weder der Vertragspartner vorgegeben noch entgegen § 10 Abs. 8 eine gesamtschuldnerische Haftung der Wohnungseigentümer für Verbindlichkeiten der Gemeinschaft angeordnet werden. 115

---

240 BGH V ZB 32/05, NJW 2005, 2061.
241 BGH VIII ZR 329/08, NJW 2010, 932.
242 **A.A.** OLG Karlsruhe 9 U 5/08, NZM 2009, 247; *Briesemeister*, NZM 2008, 230.
243 So auch *Briesemeister*, NZM 2008, 230.
244 *Derleder/Fauser*, ZWE 2007, 2.

245 Gegenäußerung Bundesregierung, BT-Drucks 16/887, S. 66.
246 Vgl. BGH VII ZR 12/87, 1988, 255; *Armbrüster*, GE 2007, 420, 422; *Derleder/Fauser*, ZWE 2007, 2.
247 BGH VIII ZR 125/06, NZM 2007, 363.
248 BGH VIII ZR 329/08, ZMR 2010, 284.
249 BGH VII ZR 102/11, GE 2012, 692.

116 Die Haftung für **öffentlich-rechtliche Beiträge** und **Gebühren** richtet sich nach dem jeweiligen **öffentlichen Gesetz**, das die Körperschaft oder Behörde berechtigt, derartige Beiträge oder Gebühren durch **Verwaltungsakt** abzufordern. Die Rechtsfähigkeit der Wohnungseigentümergemeinschaft hindert die Geltung einer im kommunalen Abgabenrecht statuierten gesamtschuldnerischen Haftung der Wohnungseigentümer nicht.[250] Die quotale Haftung der Wohnungseigentümer nach § 10 Abs. 8 kommt nur zum Tragen, wenn das öffentliche Recht eine **Haftung der Gemeinschaft** anordnet. Allerdings bedarf es auch in diesem Fall eines Bescheides gegen die Eigentümer, wenn die Behörde gegen die Eigentümer persönlich vollstrecken will. Verfassungsrechtlich wäre es auch zulässig, wenn das öffentliche Gesetz eine parallele Haftung von Gemeinschaft und Wohnungseigentümern jeweils in voller Höhe vorschriebe.

3. Zeitliche Begrenzung der akzessorischen Haftung

117 Die akzessorische Haftung des Wohnungseigentümers gilt nur für solche **Verbindlichkeiten**, die während seiner Zugehörigkeit zur Gemeinschaft **entstanden** oder während dieses Zeitraums **fällig geworden** sind. Dies gilt unabhängig davon, ob es sich um einmalige oder um wiederkehrende Leistungen handelt. Bei Verbindlichkeiten aus Vertrag „entsteht" die Verbindlichkeit mit Abschluss des Vertrages und Eintritt etwaiger wirksamkeitsbegründender Bedingungen.[251] Bei **Dauerschuldverhältnissen** (z.B. Versorgungsverträgen, Dienstverträgen) haften im Fall der Veräußerung einer Wohnungseigentumseinheit zwischen Entstehung und Fälligkeit einer Verbindlichkeit der frühere und der neue Wohnungseigentümer gesamtschuldnerisch.

118 Die in § 10 Abs. 8 S. 1, Hs. 2 vorgesehene entsprechende Anwendung des § 160 HGB führt allerdings zu einer **zeitlichen Begrenzung** der Haftung des Veräußerers. Der Veräußerer haftet analog § 160 HGB nur für Verbindlichkeiten der Gemeinschaft, wenn diese während seiner Zugehörigkeit zur Gemeinschaft oder vor Ablauf von fünf Jahren seit der Eigentumsumschreibung (oder Zuschlag in der Zwangsversteigerung) fällig geworden und daraus Ansprüche gegen ihn in einer in § 197 Abs. 1 Nr. 3 bis 5 BGB bezeichneten Art (gerichtliche Entscheidung, vollstreckbare Urkunde, vollstreckbarer Vergleich, festgestellte Ansprüche im Insolvenzverfahren) festgestellt sind oder eine behördliche oder gerichtliche Vollstreckungshandlung vorgenommen oder beantragt wird. Einer Feststellung in einer in § 197 Abs. 1 Nr. 3 bis 5 BGB bezeichneten Art bedarf es nicht, soweit der Veräußerer den Anspruch schriftlich anerkannt hat (§ 160 Abs. 2 HGB analog).

119 § 10 Abs. 8 findet auch auf die **werdende Wohnungseigentümergemeinschaft** (siehe Rn 8 ff.) und deren Mitglieder Anwendung.[252] Denn auch die werdende Gemeinschaft ist rechtsfähig und kann Verbindlichkeiten eingehen oder einem gesetzlichen Anspruch ausgesetzt sein. Anstelle des im Grundbuch eingetragenen teilenden Alleineigentümers trifft die akzessorische quotale Haftung den durch Vormerkung gesicherten Erwerber als Mitglied der werdenden Gemeinschaft.

4. Abdingbarkeit

120 § 10 Abs. 8 S. 1 ist hinsichtlich der Höhe der Haftungsquote abdingbar. Aus Gründen des Gläubigerschutzes bedarf eine abweichende rechtsgeschäftliche Regelung aber sowohl der **Zustimmung des Gläubigers** als auch der **Zustimmung sämtlicher Wohnungseigentümer**. Der Verwalter kann die Wohnungseigentümer insoweit nur vertreten, wenn er von jedem Wohnungseigentümer ausdrücklich bevollmächtigt wurde oder die Gemeinschaftsordnung eine entsprechende Vollmacht enthält. Durch bloße Vereinbarung im Sinne des § 10 Abs. 2 S. 2 kann eine von § 10 Abs. 8 S. 1 abweichende Haftungsquote mit Wirkung gegenüber dem Gemeinschaftsgläubiger nicht geregelt werden. Eine solche Vereinbarung entfaltet nur Wirkung im Verhältnis der Wohnungseigentümer untereinander. Sie wäre im Innenausgleich zu berücksichtigen.

II. Rückgriff bei der Gemeinschaft und den Wohnungseigentümern

121 Wird ein Eigentümer nach § 10 Abs. 8 S. 1 quotal in Anspruch genommen, kann er bei der **Gemeinschaft** Rückgriff nehmen. Dies gilt allerdings nur, wenn ein Anspruch des (angeblichen) Gläubigers gegen die Gemeinschaft einredefrei bestand. Um in einem Rückgriffsprozess die Einwendung der Gemeinschaft auszuschließen, der Eigentümer habe auf eine in Wirklichkeit nicht bestehende oder einredebehaftete Schuld geleistet oder sei zu Unrecht verurteilt worden, sollte er nur bei eindeutiger Rechtslage die behauptete Schuld freiwillig erfüllen und es ansonsten auf ein Klageverfahren ankommen lassen, in dem er der Gemeinschaft den **Streit verkündet**. Gemäß §§ 74, 68 ZPO kann die Gemeinschaft im Rückgriffsprozess nicht mehr einwenden, der vom Dritten in Anspruch genommene Wohnungseigentümer sei zu Unrecht verurteilt worden.

122 Nimmt der Eigentümer Rückgriff bei der Gemeinschaft, muss er sich seinen **Haftungsanteil nicht anrechnen** lassen. Die Gemeinschaft kann allerdings die **Aufrechnung** mit offenen Beitragsforderungen gegen den Eigentümer erklä-

---

[250] BGH IX ZR 127/09, ZMR 2011, 143; VII ZR 196/08, NJW 2009, 2521; OLG Hamm 15 Wx 164/08, ZMR 2009, 464; BVerwG, 10 B 65/05, NZM 2006, 146.

[251] **A.A.** *Riecke/Schmid/Elzer*, § 10 Rn 481, wonach zwischen Entstehung und Begründung eines Anspruchs zu unterscheiden sei.

[252] *Bärmann/Klein*, § 10 Rn 316.

ren. Umgekehrt kann der Eigentümer mit seinem Erstattungsanspruch gegen Beitragsforderungen der Gemeinschaft nur aufrechnen, wenn die Forderung des Eigentümers unbestritten, anerkannt oder rechtskräftig festgestellt ist.[253]

Ein **Rückgriff bei den übrigen Wohnungseigentümern** ist nicht möglich.[254] Die aus dem Aufwendungsersatzanspruch des Eigentümers resultierende Verbindlichkeit der Gemeinschaft stellt keine Verbindlichkeit i.S.d. § 10 Abs. 8 dar, da die quotale Haftung nur für Außenverbindlichen der Gemeinschaft, nicht aber für Sozialverbindlichkeiten gegenüber den Wohnungseigentümern gilt.[255] Der einzelne Wohnungseigentümer ist im Innenverhältnis auf die Finanzierungsinstrumentarien des WEG angewiesen. Kann die Gemeinschaft seine Forderung aus dem Verwaltungsvermögen nicht erfüllen, hat der Eigentümer gemäß § 21 Abs. 4 einen Anspruch auf Beschlussfassung und Einziehung einer Sonderumlage, mit der seine Forderung erfüllt werden kann. Würde man § 10 Abs. 8 auch auf Aufwendungsersatzansprüche der Wohnungseigentümer nach quotaler Erfüllung einer Gemeinschaftsschuld anwenden, käme es zu einem Haftungskreisel unter den Eigentümern, den es zu vermeiden gilt. **123**

Anders ist die Rechtslage allerdings, wenn ein Wohnungseigentümer eine Verbindlichkeit der Gemeinschaft – im Wege der Notgeschäftsführung – nicht nur quotal, sondern in **voller Höhe** tilgt, etwa um eine Versorgungssperre des Wasserlieferanten abzuwenden. Soweit der Eigentümer in diesem Fall über seine gesetzliche, quotale Verpflichtung hinaus Zahlung geleistet hat, steht ihm ein Aufwendungsersatzanspruch aus Notgeschäftsführung nach § 21 Abs. 2 (siehe dazu § 21 Rn 21) gegen die Gemeinschaft zu.[256] Da der Eigentümer hinsichtlich dieses Anspruchs einem Drittgläubiger gleichsteht, haften neben der Gemeinschaft auch die übrigen Wohnungseigentümer für den Aufwendungsersatzanspruch des Eigentümers anteilig, allerdings bestimmt sich der Haftungsanteil des einzelnen Eigentümers nicht nach § 10 Abs. 8 sondern nach § 16 Abs. 2 bzw. dem vereinbarten oder beschlossenen Kostenverteilungsschlüssel.[257] **124**

III. Einwendungen und Einreden (S. 2 und 3)

Das System der Einwendungen und Einreden ist dem **Vorbild der Bürgenhaftung** nachgebildet. Der Eigentümer kann gegenüber einem Gläubiger der Gemeinschaft neben den in seiner Person begründeten auch die der Gemeinschaft zustehenden Einwendungen und Einreden geltend machen, nicht aber seine Einwendungen und Einreden gegenüber der Gemeinschaft. Für die Einrede der Anfechtbarkeit und Aufrechenbarkeit ist § 770 BGB entsprechend anzuwenden. Zu den persönlichen Einwendungen und Einreden gehören insbesondere die Erfüllung, die Aufrechnung, der Verjährungseinwand. Auf diese Einwendungen und Einreden kann sich der Eigentümer auch berufen, wenn diese der Gemeinschaft im Verhältnis zum Gläubiger zustehen. **125**

Der Eigentümer kann allerdings keine **Einwendungen** gegenüber dem Gläubiger geltend machen, die ihm im **Innenverhältnis** zur Gemeinschaft zustehen. Der Gläubiger muss sich dadurch nicht mit Fragen aus dem Innenverhältnis zwischen Wohnungseigentümer und Gemeinschaft befassen. Der in Anspruch genommene Eigentümer kann also nicht einwenden, er habe seine Beitragspflichten gegenüber der Gemeinschaft (z.B. aufgrund eines Sonderumlagebeschlusses) vollständig erfüllt, sodass es nicht an ihm liege, wenn die Gemeinschaft ihre Zahlungspflichten nicht erfüllen könne. Der Eigentümer muss gleichwohl in Höhe seines Miteigentumsanteils für die Schuld der Gemeinschaft einstehen, kann aber im Innenverhältnis Rückgriff beim Verwaltungsvermögen nehmen. **126**

Für die Einrede der **Anfechtbarkeit** und **Aufrechenbarkeit** ist § 770 BGB entsprechend anzuwenden. Dies bedeutet, dass der Eigentümer die Befriedigung des Gläubigers der Gemeinschaft verweigern kann, solange der Gemeinschaft das Recht zusteht, das ihrer Verbindlichkeit zugrunde liegende Rechtsgeschäft anzufechten. Das gleiche Recht hat der Eigentümer, solange sich der Gläubiger durch Aufrechnung gegen eine fällige Forderung der Gemeinschaft befriedigen kann. Beruft sich der in Anspruch genommene Wohnungseigentümer auf eine Einrede aus §§ 10 Abs. 8 S. 3, 770 Abs. 1 oder 2 BGB, ist die Klage des Gläubigers, soweit die Forderungen sich decken, als „derzeit" unbegründet abzuweisen. **127**

Ergeht in einem Klageverfahren des Gläubigers ein **Urteil zulasten der Gemeinschaft**, wirkt dieses gegen jeden Wohnungseigentümer.[258] Es nimmt den Eigentümern die Einwendungen, die der Gesellschaft abgesprochen wurden. Dem Wohnungseigentümer bleibt die Möglichkeit, sich auf die der Gemeinschaft noch offenstehenden und seine persönlichen Einwendungen zu berufen. Fällt das **Urteil zugunsten der Gemeinschaft** aus, kann sich jeder Wohnungseigentümer darauf berufen. Ein Urteil im Klageverfahren gegen einen Wohnungseigentümer wirkt weder für noch gegen die Gemeinschaft oder die anderen Eigentümer. **128**

---

253 Etwas weiter gehend *Bärmann/Klein*, § 10 Rn 337.
254 *Bärmann/Klein*, § 10 Rn 338.
255 So auch *Riecke/Schmid/Elzer*, § 10 Rn 503.
256 Vgl. KG 24 W 55/08, ZMR 2009, 786; 24 W 18/08, ZWE 2010, 89.
257 Vgl. KG 24 W 18/08, ZWE 2010, 89; *Bärmann/Klein*, § 10 Rn 338.
258 Vgl. BGH IX ZR 272/96, MDR 1998, 1240 zu § 128 HGB.

IV. Haftung wegen ordnungswidriger Verwaltung (S. 4)

129 § 10 Abs. 8 S. 4 regelt den **Gleichlauf der Haftung** der Wohnungseigentümer **im Innenverhältnis** gegenüber der Gemeinschaft mit der Haftung der Gemeinschaft gegenüber Gläubigern im **Außenverhältnis**. Nach Ansicht des BGH trifft jeden Wohnungseigentümer die Pflicht, der Gemeinschaft durch entsprechende Beschlussfassung die finanzielle Grundlage zur Begleichung der laufenden Verpflichtungen zu verschaffen; oder mit anderen Worten: Die Wohnungseigentümer müssen dafür sorgen, dass das Verwaltungsvermögen ständig liquide ist, um die Schulden der Gemeinschaft erfüllen zu können. Verstoßen die Eigentümer gegen diese Pflicht, etwa dadurch, dass sie nicht auf einen Beschluss über die Bereitstellung ausreichender finanzieller Mittel hinwirken, so haftete jeder Wohnungseigentümer nach der Rechtsprechung des BGH zu der bis zum 30.6.2007 geltenden Fassung des WEG gemäß § 280 Abs. 1, § 281 BGB für entsprechende Schäden als Gesamtschuldner gegenüber der Gemeinschaft.[259] Seit dem 1.7.2007 stellt § 10 Abs. 8 S. 4 klar, dass der einzelne Wohnungseigentümer gegenüber der Gemeinschaft insoweit nur **anteilig haftet**. Die Wohnungseigentümer können diese Haftung **durch Vereinbarung** i.S.d. § 10 Abs. 2 S. 2 **einschränken**, ausschließen oder auch erweitern. Eine haftungsbeschränkende Vereinbarung müsste auch ein Pfändungsgläubiger gegen sich gelten lassen, wenn er auf die internen Schadensersatzansprüche der Gemeinschaft gegen die Eigentümer zugreift.[260]

§ 11 Unauflöslichkeit der Gemeinschaft

(1) ¹Kein Wohnungseigentümer kann die Aufhebung der Gemeinschaft verlangen. ²Dies gilt auch für eine Aufhebung aus wichtigem Grund. ³Eine abweichende Vereinbarung ist nur für den Fall zulässig, dass das Gebäude ganz oder teilweise zerstört wird und eine Verpflichtung zum Wiederaufbau nicht besteht.
(2) Das Recht eines Pfändungsgläubigers (§ 751 des Bürgerlichen Gesetzbuchs) sowie das im Insolvenzverfahren bestehende Recht (§ 84 Abs. 2 der Insolvenzordnung), die Aufhebung der Gemeinschaft zu verlangen, ist ausgeschlossen.
(3) Ein Insolvenzverfahren über das Verwaltungsvermögen der Gemeinschaft findet nicht statt.

A. Grundsatz der Unauflöslichkeit (Abs. 1 S. 1 und 2) 1	D. Vollziehung der Auflösung 10
B. Vereinbarung über Auflöslichkeit bei Zerstörung (Abs. 1 S. 3) 5	E. Pfändungsgläubiger und Insolvenzverwalter (Abs. 2) 12
C. Aufhebungsvertrag 9	F. Keine Insolvenzfähigkeit der Gemeinschaft (Abs. 3) 14

Literatur: *Becker*, Die Unauflöslichkeit der Gemeinschaft, WE 1998, 128; *Briesemeister*, Die Dereliktion von Wohnungseigentum, ZWE 2007, 218; *Kreuzer*, Aufhebung von Wohnungseigentum, NZM 2001, 123; *Röll*, Die Aufhebung von Wohnungseigentum an Doppelhäusern, DNotZ 2000, 749.

A. Grundsatz der Unauflöslichkeit (Abs. 1 S. 1 und 2)

1 Die Wohnungseigentümergemeinschaft ist auf **Dauer angelegt.** Kein Wohnungseigentümer kann die Aufhebung der Gemeinschaft verlangen, auch nicht aus **wichtigem Grund.** Damit unterscheidet sich die Wohnungseigentümergemeinschaft in einem wesentlichen Aspekt von der Bruchteilsgemeinschaft gemäß §§ 741 ff. BGB, bei der der grundsätzlich bestehende Aufhebungsanspruch nach § 749 Abs. 1 BGB zwar ausgeschlossen werden kann, dies aber nicht für eine Aufhebung aus wichtigem Grund gilt (§ 749 Abs. 2 BGB). Der Ausschluss des Aufhebungsanspruchs dient dem Schutz des Eigentums vor einer wirtschaftlich nachteiligen Zwangsverwertung. Kein Eigentümer soll befürchten müssen, dass die Wohnungseigentümergemeinschaft und damit das Gemeinschaftseigentum gegen seinen Willen aufgelöst werden.[1] Als Korrektiv schuf der Gesetzgeber die Möglichkeit der Eigentumsentziehung nach §§ 18, 19 für den Fall, dass den Eigentümern die Fortsetzung der Gemeinschaft mit einem störenden oder zahlungsunfähigen Eigentümer nicht zumutbar ist. Die Gemeinschaft wird im Falle der Eigentumsentziehung unter den übrigen Wohnungseigentümern und dem Rechtsnachfolger des ausgeschlossenen Eigentümers fortgesetzt.

2 Die Unauflöslichkeit der Gemeinschaft kann durch Vereinbarung i.S.d. § 10 Abs. 2 S. 2 oder Beschluss **nicht abbedungen** werden. Damit sind Vereinbarungen nichtig, die einen Aufhebungsanspruch oder die Aufhebung der Gemeinschaft unter einer bestimmten Bedingung – mit Ausnahme der Zerstörung – vorsehen.[2] Die Auflösung ist auch dann ausgeschlossen, wenn die Willenserklärungen zur Begründung der Gemeinschaft der Anfechtung unterlie-

---

259 BGH V ZB 32/05, NJW 2006, 2061, Gliederungspunkt III.9.d.
260 *Derleder/Fauser*, ZWE 2007, 2, 13.

1 Vgl. BR-Drucks 75/51 zu § 11.
2 Vgl. BayObLG BReg 2 Z 23/78, Rpfleger 1980, 110.

gen, die Wohnungseigentümer aber bereits im Grundbuch eingetragen sind. In diesem Fall bleibt nur ein Schadensersatzanspruch.

Selbst bei einer Zerstörung des Gebäudes oder anderen Fällen **wirtschaftlicher Wertlosigkeit der Wohnanlage** kann eine Auflösung der Gemeinschaft nicht verlangt werden. Dies folgt einerseits aus § 9 Abs. 1 Nr. 2 und andererseits aus einem Umkehrschluss zu § 11 Abs. 1 S. 3, wonach bei einer Zustörung des Gebäudes ein Anspruch auf Auflösung der Gemeinschaft nur besteht, wenn die Wohnungseigentümer dies vereinbart haben. Fehlt eine solche Vereinbarung und erweist sich die einzelne Wohnungseigentumseinheit mangels Kaufinteressenten als nicht veräußerungsfähig, ist dies grundsätzlich ein rein wirtschaftliches Problem und von dem Veräußerungswilligen hinzunehmen.[3] Nur **ausnahmsweise** kann nach Treu und Glauben auch ohne eine Vereinbarung i.S.d. Abs. 1 S. 3 ein **Anspruch auf Mitwirkung** zur Aufhebung der Gemeinschaft bestehen,[4] denn gemäß § 10 Abs. 2 S. 3 kann jeder Wohnungseigentümer eine Vereinbarung i.S.d. § 11 Abs. 1 S. 3 verlangen, wenn die Verweigerung einer solchen Vereinbarung aus **schwerwiegenden Gründen** unter Berücksichtigung aller Umstände des Einzelfalls, insbesondere der Rechte und Interessen der anderen Wohnungseigentümer, unbillig erscheint. Ein solcher Ausnahmefall kann gegeben sein, wenn die Voraussetzungen des § 22 Abs. 4 vorliegen und die übrigen Wohnungseigentümer weder zu einer Neuerrichtung des Gebäudes noch zu einer Auflösung der Sondereigentumsrechte (§ 9 Abs. 1 Nr. 2) bereit sind und auch sonst keine konstruktiven Vorschläge unterbreiten, wie mit dem ruinösen Gebäude verfahren werden soll. Allein der Umstand, dass eine Instandsetzung des Gebäudes teurer ist als der Neuwert der Wohnanlage, stellt allerdings keinen schwerwiegenden Grund im vorgenannten Sinne dar. Sind die Sondereigentumsrechte infolge völliger Zerstörung des Gebäudes bereits gegenstandslos geworden und die Wohnungseigentümer zu einer Neuerrichtung des Gebäudes nicht bereit, kann nach Treu und Glauben ein Anspruch auf Stellung eines Antrages auf Schließung der Wohnungsgrundbücher bestehen (§ 9 Abs. 1 Nr. 2).

Der einzelne Wohnungseigentümer kann sich seines Wohnungseigentums nicht analog § 928 BGB durch **Dereliktion** entledigen.[5] Zulässig ist allerdings der Verzicht sämtlicher Wohnungseigentümer. Denn in diesem Fall wird das ganze Eigentum an dem Grundstück aufgegeben. Die rechtliche Situation ist dieselbe wie bei dem Verzicht auf das Alleineigentum nach § 928 Abs. 1 BGB.[6]

B. Vereinbarung über Auflöslichkeit bei Zerstörung (Abs. 1 S. 3)

Ist die Wohnanlage **ganz oder teilweise zerstört** und besteht nach der Gemeinschaftsordnung und dem WEG **keine Verpflichtung zum Wiederaufbau**, kann die Auflöslichkeit der Gemeinschaft gemäß § 11 Abs. 1 S. 3 durch Vereinbarung geregelt werden. Die Vereinbarung kann bereits im Vorfeld bestehen oder nachträglich getroffen werden. Die Wohnungseigentümer können regeln, welcher Grad der Zerstörung für eine Auflösung erreicht sein muss und unter welchen Voraussetzungen eine Verpflichtung zum Wiederaufbau besteht.[7] Eine Verpflichtung zum Wiederaufbau besteht nach § 22 Abs. 4 nicht, wenn das Gebäude zu mehr als der Hälfte seines Wertes zerstört und der Schaden nicht durch eine Versicherung oder in anderer Weise gedeckt ist (§ 22 Rn 203 ff.). Die Pflicht zum Wiederaufbau kann durch Vereinbarung i.S.d. § 10 Abs. 2 S. 2 eingeschränkt oder ausgeschlossen werden[8] (siehe § 22 Rn 208). So lange eine Verpflichtung zum Wiederaufbau besteht, ist eine Aufhebung der Gemeinschaft zwingend ausgeschlossen. Gegebenenfalls müssen die Wohnungseigentümer zunächst die Voraussetzungen für eine Verpflichtung zum Wiederaufbau ändern, um anschließend die Aufhebung der Gemeinschaft betreiben zu können. Enthält die Gemeinschaftsordnung eine sog. Öffnungsklausel (siehe § 10 Rn 45), können die Wohnungseigentümer die Verpflichtung zum Wiederaufbau gegebenenfalls durch Mehrheitsbeschluss aufheben.

Besteht im Falle einer völligen oder teilweisen Zerstörung keine Verpflichtung zum Wiederaufbau (mehr), kann die Vereinbarung i.S.d. § 11 Abs. 1 S. 3 regeln, dass die Wohnungseigentümer über die Auflösung der Gemeinschaft mit einer bestimmten **Stimmenmehrheit beschließen** oder dass jeder einzelne Wohnungseigentümer die Auflösung der Gemeinschaft **verlangen kann**. Auch die Art und Weise der Auflösung können die Wohnungseigentümer durch Vereinbarung i.S.d. §§ 11 Abs. 1 S. 3; 10 Abs. 2 S. 3 regeln. Die Vereinbarung ist grundsätzlich formfrei möglich, allerdings entfaltet diese für etwaige Rechtsnachfolger keine Bindung, sofern sie nicht nach § 10 Abs. 3 im Grundbuch eingetragen ist.

Eine **Zerstörung** i.S.d. § 11 Abs. 1 S. 3 liegt vor, wenn das Gebäude oder wesentliche Teile des Gebäudes vernichtet oder derart beschädigt sind, dass ein Gebrauch des überwiegenden Sondereigentums nicht mehr möglich ist. Ist das Gebäude noch bewohnbar bzw. nutzbar, kann von einer „Zerstörung" nicht allein deshalb ausgegangen werden, weil die Kosten für eine Sanierung des Gebäudes über dem Verkehrswert des Objekts in mangelfreiem Zustand liegen. Den

---

3 Vgl. BGH V ZB 18/07, NJW 2007, 2547.
4 BGH V ZB 18/07, NJW 2007, 2547; *Riecke/Schmid/Elzer*, § 11 Rn 11; Staudinger/*Kreuzer*, § 11 Rn Rn 13; *Weitnauer/Lüke*, § 11 Rn 7.
5 BGH V ZB 18/07, NJW 2007, 2547.
6 BGH V ZB 18/07, NJW 2007, 2547.
7 *Bärmann/Klein*, § 11 Rn 20.
8 KG 24 W 9042/96, ZMR 1997, 534.

Wohnungseigentümern darf durch eine Aufhebung der Gemeinschaft nicht der noch gegebene Gebrauch des Sondereigentums entzogen werden. Aus diesem Grunde ist § 11 Abs. 1 S. 3 auf sog. wirtschaftliche **Schrottimmobilien** nicht übertragbar.

8   Analog § 11 Abs. 1 S. 3 ist eine Vereinbarung über die Aufhebung der Gemeinschaft auch für den Fall möglich, dass das Gebäude noch nicht vollständig errichtet ist (sog. **stecken gebliebener Bau**) und die Fertigstellung weder beschlossen noch verlangt werden kann.[9]

C. Aufhebungsvertrag

9   Unabhängig von einer Vereinbarung nach § 11 Abs. 1 S. 3 bleibt den Wohnungseigentümern jederzeit die Möglichkeit, die Aufhebung der Gemeinschaft durch **Vertrag** zu regeln.[10] Der Vertrag bedarf gemäß § 4 Abs. 3 WEG, § 311b Abs. 1 S. 1 BGB der **notariellen Beurkundung**, sofern er einzelne Wohnungseigentümer zur Aufhebung oder Übertragung des Sondereigentums verpflichtet, was etwa bei einer Realteilung der Fall wäre. Auf welche Weise die Aufhebung der Gemeinschaft vollzogen wird (z.B. Veräußerung aller Einheiten, Realteilung, Aufhebung der Sondereigentumsrechte, Versteigerung), bleibt der Entscheidung der Wohnungseigentümer überlassen. Der Anteil der Miteigentümer aus einer Veräußerung oder Versteigerung bestimmt sich nach § 17, sofern die Wohnungseigentümer keine anderweitige Regelung treffen.

D. Vollziehung der Auflösung

10 Ist die Gemeinschaft aufgrund einer Vereinbarung i.S.d. § 11 Abs. 1 S. 3 aufzulösen, bedarf es einer Einigung aller Wohnungseigentümer über die **Aufhebung der Sondereigentumsrechte** und der Eintragung der Rechtsänderung in das Grundbuch.[11] Der Anspruch auf Zustimmung zur Aufhebung des Sondereigentums ist gemäß § 43 Nr. 1 WEG, § 23 Nr. 2c) GVG vor dem **Amtsgericht** geltend zu machen, in dessen Bezirk das Grundstück liegt.

11 Durch Aufhebung der Sondereigentumsrechte wandelt sich die Wohnungseigentümergemeinschaft in eine Bruchteilsgemeinschaft nach §§ 741 ff., 1008 ff. BGB. Die **Bruchteilsgemeinschaft** an dem Grundstück wird mangels anderweitiger Regelungen der Eigentümer gemäß §§ 752 ff. BGB **aufgehoben**. Für Streitigkeiten der Bruchteilsberechtigten untereinander sind die allgemeinen Zivilgerichte zuständig.

E. Pfändungsgläubiger und Insolvenzverwalter (Abs. 2)

12 Der mit § 11 Abs. 1 bezweckte **Schutz des Eigentümers** vor einer Zwangsverwertung der Wohnung wegen Auflösung der Gemeinschaft (siehe Rn 1) wäre nicht perfekt, wenn zwar nicht der einzelne Wohnungseigentümer, wohl aber ein Pfändungsgläubiger gemäß § 751 BGB oder ein Insolvenzverwalter gemäß § 84 Abs. 2 InsO die Aufhebung der Gemeinschaft verlangen könnten. Folglich schließt § 11 Abs. 2 diese Rechte aus. Dem Gläubiger eines Wohnungseigentümers bleibt die Möglichkeit, gemäß § 866 Abs. 1 ZPO die **Immobiliarvollstreckung** in die Wohnungseigentumseinheit seines Schuldners zu betreiben. Der Insolvenzverwalter kann die Wohnungseigentumseinheit im Rahmen des Insolvenzverfahrens verwerten.

13 **Ausnahme:** Abs. 2 gilt nicht, sofern der Wohnungseigentümer ausnahmsweise aufgrund einer Vereinbarung nach § 11 Abs. 1 S. 3 (siehe Rn 5 ff.) oder aufgrund eines Aufhebungsvertrages (Rn 9) die Aufhebung der Gemeinschaft verlangen kann.[12] In diesem Fall ist der Aufhebungsanspruch des einzelnen Wohnungseigentümers durch einen Gläubiger gemäß §§ 851 Abs. 1, 857 Abs. 1 ZPO pfändbar.[13] Der Insolvenzverwalter eines Wohnungseigentümers kann den Aufhebungsanspruch anstelle des Eigentümers geltend machen.

F. Keine Insolvenzfähigkeit der Gemeinschaft (Abs. 3)

14 Der Gesetzgeber hat sich mit der seit dem 1.7.2007 geltenden Bestimmung des § 11 Abs. 3 ausdrücklich gegen eine Insolvenzfähigkeit der Gemeinschaft der Wohnungseigentümer i.S.d. § 10 Abs. 6 entschieden. Benötigt die Gemeinschaft Finanzmittel, haben die Wohnungseigentümer gemäß § 16 Abs. 2 entsprechende Sonderumlagen zu beschließen. Die Binnenhaftung der Wohnungseigentümer gegenüber der Gemeinschaft ist trotz der Bestimmung des § 10 Abs. 8 S. 4 unbegrenzt. Die Wohnungseigentümer müssen so lange Wohngeldbeiträge (beschließen und) leisten, bis die Gemeinschaft über ausreichend Finanzmittel verfügt.

---

9 Staudinger/*Kreuzer*, § 11 Rn 20.
10 BayObLG BReg 2 Z 23/78, Rpfleger 1980, 110.
11 *Bärmann/Klein*, § 11 Rn 29.

12 *Riecke/Schmid/Elzer*, § 11 Rn 28; Staudinger/*Kreuzer*, § 11 Rn 16; *Bärmann/Klein*, § 11 Rn 28.
13 BGH VII ZB 50/05, NZM 2006, 275.

§ 12   Veräußerungsbeschränkung

(1) Als Inhalt des Sondereigentums kann vereinbart werden, dass ein Wohnungseigentümer zur Veräußerung seines Wohnungseigentums der Zustimmung anderer Wohnungseigentümer oder eines Dritten bedarf.
(2) ¹Die Zustimmung darf nur aus einem wichtigen Grund versagt werden. ²Durch Vereinbarung gemäß Absatz 1 kann dem Wohnungseigentümer darüber hinaus für bestimmte Fälle ein Anspruch auf Erteilung der Zustimmung eingeräumt werden.
(3) ¹Ist eine Vereinbarung gemäß Absatz 1 getroffen, so ist eine Veräußerung des Wohnungseigentums und ein Vertrag, durch den sich der Wohnungseigentümer zu einer solchen Veräußerung verpflichtet, unwirksam, solange nicht die erforderliche Zustimmung erteilt ist. ²Einer rechtsgeschäftlichen Veräußerung steht eine Veräußerung im Wege der Zwangsvollstreckung oder durch den Insolvenzverwalter gleich.
(4) ¹Die Wohnungseigentümer können durch Stimmenmehrheit beschließen, dass eine Veräußerungsbeschränkung gemäß Absatz 1 aufgehoben wird. ²Diese Befugnis kann durch Vereinbarung der Wohnungseigentümer nicht eingeschränkt oder ausgeschlossen werden. ³Ist ein Beschluss gemäß Satz 1 gefasst, kann die Veräußerungsbeschränkung im Grundbuch gelöscht werden. ⁴Der Bewilligung gemäß § 19 der Grundbuchordnung bedarf es nicht, wenn der Beschluss gemäß Satz 1 nachgewiesen wird. ⁵Für diesen Nachweis ist § 26 Abs. 3 entsprechend anzuwenden.

A. Normzweck	1
B. Wirksamwerden der Veräußerungsbeschränkung	2
C. Erforderlichkeit der Zustimmung bei Veräußerung (Abs. 1)	4
D. Änderung und Aufhebung der Veräußerungsbeschränkung (Abs. 4)	8
E. Zustimmungsberechtigte	11
I. Wohnungseigentümer	12
II. Dritte (Verwalter)	14
1. Nachweis der Verwalterbestellung	14
2. Zeitpunkt der Verwalterbestellung	19
3. Beschluss der Wohnungseigentümer	21
4. Dritter ist Veräußerer/Erwerber	25
III. Fehlen des Zustimmungsberechtigten	26
F. Zustimmungserklärung	27
I. Zugang, Form, Widerruf und Wirkung	27
II. Frist zur Erteilung	31
III. Kosten	32
1. Notargebühren	32
2. Honorar des Verwalters	33
3. Kostenverteilungsschlüssel	35
G. Versagung der Zustimmung aus wichtigem Grund (Abs. 2)	38
I. Wichtiger Grund	38
1. Mangelnde wirtschaftliche Leistungsfähigkeit	40
2. Verstoß gegen Regeln der Gemeinschaft	44
3. Unerheblichkeit von Fehlern im Erwerbsvertrag	48
II. Regelung durch Vereinbarung	49
III. Prüfpflicht des Zustimmungsberechtigten und Mitwirkungspflicht des Veräußerers	50
IV. Durchsetzung des Anspruchs auf Zustimmung	53
1. Inhaber des Anspruchs	53
2. Anspruchsgegner	55
3. Zwangsvollstreckung	59
H. Wirkung fehlender Zustimmung (Abs. 3)	60
I. Rechte der Vertragsparteien während der Schwebephase	61
II. Grundbucheintragung	64
III. Zwangsversteigerung	65
I. Schadensersatz bei verweigerter oder zu Unrecht erteilter Zustimmung	66
I. Schadensersatzanspruch des Veräußerers	66
II. Schadensersatzanspruch des Erwerbers	70
III. Schadensersatzanspruch der Gemeinschaft	71

Literatur: *Böttcher*, Aufhebung der Veräußerungsbeschränkung des § 12 WEG, ZNotP 2007, 373; *Deckert*, Die Vereinbarung der Verwalterzustimmung zur Wohnungseigentumsveräußerung, WE 1989, 82; *Diester*, Grenzen der Anwendbarkeit des § 12 WEG, Rpfleger 1974, 245; *Drasdo*, Die Aufhebung der Veräußerungsbeschränkung nach § 12 WEG, RNotZ 2007, 264; *Gottschalg*, Haftungsrisiken des WEG-Verwalters bei der Entscheidung über die Zustimmung der Veräußerung, FS Deckert (2002), 161; *Grziwotz*, Verwalterzustimmung und Schrottimmobilien, NZM 2009, 812; *Hügel*, Sicherheit durch § 12 WEG bei der abschnittsweisen Errichtung von Mehrhausanlagen, DNotZ 2003, 517; *Kahlen*, Schadensersatz wegen versagter Veräußerungszustimmung, ZMR 1986, 76; *Müller*, Veräußerungsbeschränkungen nach § 12 WEG und ihre praktische Durchführung, WE 1989, 458; *Nies*, Zustimmung des WEG-Verwalters gemäß § 12 WEG bei Ausübung des Vorkaufsrechts durch den Mieter einer in Wohnungseigentum umgewandelten Wohnung, NZM 1989, 179; *Röll*, Vereinbarung über die Zustimmung zur Veräußerung von Wohnungseigentum in der Gemeinschaftsordnung, MittBayNot 1987, 98; *Sohn*, Die Veräußerungsbeschränkung im Wohnungseigentum, 1983; *Wenzel*, Beschlusskompetenz zur Aufhebung einer Veräußerungsbeschränkung gemäß § 12 Abs. 4 WEG, ZWE 2008, 69; *Wochner*, Übersendung der Zustimmung des Wohnungsverwalters unter Treuhandauflage, ZNotP 1998, 489.

A. Normzweck

Wohnungseigentum ist grundsätzlich frei veräußerlich. Entgegen § 137 BGB (rechtsgeschäftliches Veräußerungsverbot) können die Wohnungseigentümer gemäß § 12 vereinbaren, dass die Veräußerung des Wohnungseigentums der **Zustimmung anderer Wohnungseigentümer oder eines Dritten,** i.d.R. des Verwalters, bedarf. Hierdurch soll der auf Dauer angelegten Gemeinschaft die Möglichkeit gegeben werden, sich vor wirtschaftlich unzuverlässigen oder störenden Eigentümern zu schützen. Einem Missbrauch einer solchen Vereinbarung steht der **zwingende** Abs. 2 entgegen, der die Versagung der Zustimmung nur aus wichtigem Grund zulässt. Wegen des Ausnahmecharakters sind Vereinbarungen nach § 12 eng auszulegen.[1] Ein generelles Veräußerungsverbot gibt es nicht.

B. Wirksamwerden der Veräußerungsbeschränkung

2 Bei der Vereinbarung i.S.d. § 12 Abs. 1 handelt es sich um eine Vereinbarung i.S.d. § 10 Abs. 2 S. 2. Die Vereinbarung bedarf zu ihrer Wirksamkeit grundsätzlich **nicht** der **Eintragung im Grundbuch** (vgl. § 10 Rn 18). Auch eine noch nicht nach § 10 Abs. 3 im Grundbuch eingetragene Veräußerungsbeschränkung bindet die Mitglieder der Wohnungseigentümergemeinschaft. Die Veräußerungsbeschränkung hat aber lediglich schuldrechtliche Wirkung, sie bindet nicht den Erwerber. Der Veräußerer macht sich ggf. schadensersatzpflichtig, wenn er die Wohnungseigentumseinheit ohne die erforderliche Zustimmung veräußert und ein wichtiger Grund für die Versagung der Zustimmung vorliegt. Der Erwerber erlangt auch ohne Zustimmung das Eigentum. Die absoluten Rechtswirkungen des § 12 Abs. 3 treten erst mit der Eintragung der Veräußerungsbeschränkung im Grundbuch ein, denn erst mit der Eintragung im Grundbuch wird diese Vereinbarung zum Inhalt des Sondereigentums.

3 Im Fall der Begründung von Wohnungseigentum durch einen aufteilenden Alleineigentümer (§ 8 WEG) kann der Aufteiler grundsätzlich autonom entscheiden, an wen er die erste Wohnung veräußert. Schließt er allerdings in kurzer zeitlicher Abfolge Kaufverträge über weitere Wohnungen und entsteht dadurch vor der ersten Eigentumsumschreibung eine **werdende Wohnungseigentümergemeinschaft** (siehe § 10 Rn 8 ff.), gelten die §§ 10 ff. WEG für die Mitglieder der werdenden Wohnungseigentümergemeinschaft entsprechend.[2] Der Schutzzweck der Veräußerungsbeschränkung erfasst auch die Mitglieder einer werdenden Gemeinschaft, denn auch diese haben ein Interesse daran, dass keine unzuverlässigen Personen in die (künftige) Eigentümergemeinschaft gelangen. Das Absatzinteresse des aufteilenden Eigentümers vermag das Schutzinteresse der Erwerber nicht zu verdrängen.[3] Folglich bedarf jede Veräußerung nach Entstehung der werdenden Gemeinschaft der Veräußerungszustimmung entsprechend § 12.[4] Lediglich Eigentumsumschreibungsanträge, die im Zeitpunkt der Entstehung der werdenden Gemeinschaft dem Grundbuchamt bereits vorliegen, werden noch ohne eine Veräußerungszustimmung vollzogen (§ 878 BGB). Eine andere Frage ist, ob die Mitgliedschaft in der werdenden Wohnungseigentümergemeinschaft die Zustimmung zum Erwerbsvertrag nach § 12 voraussetzt. Dies ist zumindest bei denjenigen Erwerbern zu bejahen, deren Erwerbsverträge nach Entstehung der werdenden Gemeinschaft geschlossen werden. Denn ohne die erforderliche Veräußerungszustimmung ist der Erwerbsvertrag unwirksam (§ 12 Abs. 3). Ein wirksamer Erwerbsvertrag ist jedoch Voraussetzung für die Mitgliedschaft in der werdenden Wohnungseigentümergemeinschaft.

C. Erforderlichkeit der Zustimmung bei Veräußerung (Abs. 1)

4 Eine Veräußerungszustimmung ist **nur erforderlich**, wenn eine Vereinbarung der Wohnungseigentümer (bzw. die Gemeinschaftsordnung) dies bestimmt. Den Wohnungseigentümern steht eine **Gestaltungsbefugnis** insoweit zu, als sie bestimmte Veräußerungsfälle vom Zustimmungsvorbehalt ausnehmen können, z.B. die erstmalige Veräußerung durch den aufteilenden Eigentümer, die Veräußerung an Verwandte gerader Linie, die Veräußerung an ein anderes Mitglied der Gemeinschaft, die Veräußerung durch den Insolvenzverwalter eines Wohnungseigentümers oder die Veräußerung durch Zwangsversteigerung.

Ist vereinbart, dass die Veräußerung des Wohnungseigentums an **Verwandte** in gerader Linie nicht dem Zustimmungserfordernis unterfällt, dann soll nach Ansicht des KG[5] eine Veräußerungszustimmung gleichwohl notwendig sein, wenn das Wohnungseigentum an eine **GbR** übertragen wird, die aus Verwandten des Veräußerers in gerader Linie besteht. Die GbR sei ein von ihren Gesellschaftern zu unterscheidendes Rechtssubjekt, das mit dem Veräußerer nicht verwandt sei. Zudem bestehe die Gefahr, dass später der Gesellschafterbestand wechsele, worauf die übrigen Wohnungseigentümer keinen Einfluss nehmen könnten. Ein bloßer Gesellschafterwechsel in einer GbR stellt keine Veräußerung i.S.d. § 12 dar (siehe Rn 7).

Bestimmt die Gemeinschaftsordnung, dass der Wohnungseigentümer sein Wohnungseigentum nur mit Zustimmung der anderen Eigentümer **„verkaufen"** darf, unterliegt nur die rechtsgeschäftliche, entgeltliche Veräußerung unter Lebenden dem Zustimmungsvorbehalt, nicht hingegen die unentgeltliche Übertragung im Wege der **Schenkung**.[6]

5 Enthält die Vereinbarung über die Veräußerungszustimmung keine Detailregelungen, ist die Veräußerungszustimmung bei allen rechtsgeschäftlichen Veräußerungen erforderlich, wobei die Veräußerung im Wege der **Zwangsversteigerung** oder durch den **Insolvenzverwalter** einer rechtsgeschäftlichen Veräußerung gleich steht (§ 12 Abs. 3 S. 2).

---

1 BGHZ 37, 209; KG 1 W 97/10, ZMR 2011, 399.
2 BGH V ZB 85/07, NZM 2008, 649.
3 **A.A.** OLG Hamm 15 W 26/94, NJW-RR 1994, 975.
4 *Bärmann/Klein*, § 12 Rn 10; **a.A.** OLG Hamm 15 W 26/94, NJW-RR 1994, 975; Staudinger/*Kreuzer*, § 12 Rn 14.
5 KG 1 W 566–571/11, GE 2011, 1629.
6 KG 1 W 97/10, ZMR 2011, 399.

Veräußerung ist die vollständige oder teilweise rechtsgeschäftliche Übertragung des Wohnungs- oder Teileigentums unter Lebenden auf einen neuen Rechtsträger. Eine Veräußerungszustimmung ist somit **erforderlich, bei** 6
- der isolierten Übertragung eines im **Sondereigentum** stehenden Raumes auf eine andere Wohnungseigentumseinheit, die im Eigentum einer anderen Person steht;[7] anders, wenn die Einheit, der das Sondereigentum angefügt wird, ebenfalls im Eigentum des Veräußerers steht,
- Übertragung eines **Miteigentumsanteils** am Gemeinschaftseigentum auf einen anderen Eigentümer, wenn dies rechtliche Konsequenzen für das schuldrechtliche Verhältnis der Wohnungseigentümer untereinander hat, z.B. durch Änderung der Stimmkraft oder der Kostentragung,[8]
- Übertragung eines **Bruchteils** an einer Wohnungseigentumseinheit,
- Einbringung der Wohnungseigentumseinheit in eine juristische Person oder Personengesellschaft,
- Übertragung der Wohnungseigentumseinheit an einen **Grundpfandgläubiger**, und zwar auch dann, wenn die Veräußerung im Wege der Zwangsversteigerung keiner Zustimmung bedurft hätte,[9]
- Übertragung der Wohnungseigentumseinheit an einen **anderen Wohnungseigentümer**,[10]
- Übertragung einer Wohnungseigentumseinheit vom **aufteilenden Eigentümer** auf einen **Ersterwerber**,[11]
- Übertragung der Wohnungseigentumseinheit von der **Erbengemeinschaft** auf einen der Miterben und zwar auch dann, wenn dies der Erfüllung eines Vermächtnisses oder einer Teilungsanordnung dient;[12] anders bei Verfügung über Nachlass (siehe Rn 7),
- **Übertragung** der Wohnungseigentumseinheit von einer GmbH & Co KG auf ihre beiden alleinigen Kommanditisten,[13]
- **Rückübertragung** einer Wohnungseigentumseinheit auf den Veräußerer nach einvernehmlicher Aufhebung des Kaufvertrages[14] oder infolge gesetzlicher Rückabwicklung durch Rücktritt, Geltendmachung des sog. großen Schadensersatzes oder Anfechtung;[15] bei einer Rückabwicklung aufgrund gesetzlicher Gestaltungsrechte durch den Erwerber besteht ein Anspruch auf Erteilung der Veräußerungszustimmung, wenn der Veräußerer die Rückübertragung im Verhältnis zum ursprünglichen Erwerber nicht verhindern kann;[16] kein Fall des § 12 liegt vor, wenn die Eigentumsübertragung unwirksam war, sodass das Grundbuch nur berichtigt werden muss,
- Erwerb der Wohnungseigentumseinheit durch einen **vorkaufsberechtigten Mieter** nach § 577 BGB;[17] wird die Veräußerungszustimmung ohne wichtigen Grund verweigert, ist der Veräußerer im Verhältnis zum Mieter verpflichtet, die Veräußerungszustimmung gerichtlich einzufordern,
- **Entziehung** des Wohnungseigentums gemäß § 18,
- **Tausch** von Wohnungseigentumseinheiten unter Eigentümern derselben Gemeinschaft, auch wenn damit keine Änderung des Stimmrechts oder der Kostentragung verbunden ist,[18] weil auch der Tausch ein Veräußerungsvorgang ist und ein Nutzerwechsel stattfindet, der zu Störungen führen kann, die es bisher nicht gab (Beispiel: Ein ortsbekannter Bordellbetreiber erwirbt im Wege des Tauschs eine als Nachtbar genutzte Teileigentumseinheit).

Nicht erforderlich ist eine Veräußerungszustimmung bei 7
- Eintragung einer **Auflassungsvormerkung** im Grundbuch,[19]
- **Belastung** der Wohnungseigentumseinheit mit einem beschränkt dinglichen Recht (§ 12 stellt keine Belastungsbeschränkung dar),
- gleichzeitiger Veräußerung **aller Einheiten** an einen Erwerber,[20]
- **Unterteilung** einer Wohnungseigentumseinheit in mehrere rechtlich selbstständige Einheiten,[21]
- rechtlicher **Vereinigung** selbstständiger Einheiten,
- öffentlich-rechtlicher **Enteignung**,[22]
- Verfügung eines Miterben über seinen **Anteil an dem Nachlass** und zwar auch dann, wenn der Nachlass nur aus dem Wohnungseigentum besteht.[23]
- **Gesellschafterwechsel** bei einer Personengesellschaft oder juristischen Person,[24]

---

7 *Riecke/Schmid/Schneider*, § 12 Rn 46; Palandt/*Bassenge*, § 12 Rn 3; **a.A.** OLG Celle 4 Wx 2/74, NJW 1974, 1909; Staudinger/*Kreuzer*, § 12 Rn 19.
8 *Riecke/Schmid/Schneider*, § 12 Rn 40; Palandt/*Bassenge*, § 12 Rn 3; Staudinger/*Kreuzer*, § 12 Rn 19.
9 *Riecke/Schmid/Schneider*, § 12 Rn 33.
10 KG 1 W 31/78, MDR 1978, 935.
11 BGH V ZB 13/90, NJW 1991, 1613.
12 BayObLG BReg 2 Z 50/81, MDR 1982, 496.
13 OLG Hamm 15 W 15/06, ZMR 2007, 212.
14 *Riecke/Schmid/Schneider*, § 12 Rn 45; Palandt/*Bassenge*, § 12 Rn 3.
15 **A.A.** OLG Hamm I-15 Wx 355/09, ZMR 2011, 147; keine Zustimmung erforderlich.
16 *Riecke/Schmid/Schneider*, § 12 Rn 45; **a.A.** Bärmann/*Klein*, § 12 Rn 17.
17 Staudinger/*Kreuzer*, § 12 Rn 18; *Riecke/Schmid/Schneider*, § 12 Rn 61.
18 **A.A.** Bärmann/*Klein*, § 12 Rn 19.
19 *Riecke/Schmid/Schneider*, § 12 Rn 62.
20 Staudinger/*Kreuzer*, § 12 Rn 18.
21 Staudinger/*Kreuzer*, § 12 Rn 18.
22 Staudinger/*Kreuzer*, § 12 Rn 18.
23 OLG Hamm 15 W 209/79, MDR 1980, 56.
24 OLG Celle 4 W 23/11, ZWE 2011, 270.

- Übertragung von einer **Gesamthandsgemeinschaft** auf eine **personengleiche** andere Gesamthandsgemeinschaft oder Bruchteilsgemeinschaft,[25]
- Erwerb durch **Erbschaft.**

D. Änderung und Aufhebung der Veräußerungsbeschränkung (Abs. 4)

8 Die **Änderung** einer Veräußerungsbeschränkung bedarf grundsätzlich einer Vereinbarung i.S.d. § 10 Abs. 2 S. 2. Die Zustimmung etwaiger dinglich Berechtigter ist für diesen Rechtsakt gemäß § 5 Abs. 4 S. 2 nicht erforderlich. Gemäß § 12 Abs. 4, der zum 1.7.2007 in das Wohnungseigentumsgesetz eingefügt wurde, kann eine vereinbarte Veräußerungsbeschränkung **durch Beschluss** mit einfacher Stimmenmehrheit **aufgehoben** werden. Durch Beschluss möglich ist auch eine nur teilweise Aufhebung der Veräußerungsbeschränkung etwa in der Weise, dass eine Veräußerungszustimmung nur noch bei bestimmten Wohnungen erforderlich ist, bestimmte Arten der Veräußerung (z.B. Zwangsversteigerung) von dem Zustimmungserfordernis ausgenommen werden oder für bestimmte Fälle ein Anspruch auf Erteilung der Zustimmung eingeräumt wird.[26] Die Mehrheitskompetenz kann durch Vereinbarung der Wohnungseigentümer nicht eingeschränkt oder ausgeschlossen werden (§ 12 Abs. 4 S. 2).

9 Unmittelbar mit dem Zustandekommen des Beschlusses nach § 12 Abs. 4 ist die Veräußerungsbeschränkung aufgehoben. Die **Löschung** der Vereinbarung nach § 12 Abs. 1 **im Grundbuch** ist nur deklaratorischer Natur. Den **Antrag auf Löschung** kann jeder Wohnungseigentümer für sein Wohnungsgrundbuch stellen. Dem Antrag eines Eigentümers auf Löschung der Veräußerungsbeschränkung in den Grundbüchern fremder Wohnungen fehlt die nach § 13 Abs. 1 GBO erforderliche Antragsberechtigung.[27] Der Verwalter ist nur antragsberechtigt, wenn die Veräußerung seiner Zustimmung bedarf oder er durch Eigentümerbeschluss ermächtigt wurde, den Löschungsantrag für die Wohnungseigentümer zu stellen. Zur Löschung der Veräußerungsbeschränkung im Grundbuch bedarf es keiner Bewilligung gemäß § 19 GBO durch die Eigentümer. Es genügt, die Niederschrift über den Aufhebungsbeschluss vorzulegen, bei der die Unterschriften der in § 24 Abs. 6 bezeichneten Personen öffentlich beglaubigt sind (§ 12 Abs. 4 S. 3 i.V.m. § 26 Abs. 3).

10 Eine durch Beschluss aufgehobene Veräußerungsbeschränkung kann nicht durch **Zweitbeschluss wiederbegründet** werden.[28] Für einen solchen Beschluss fehlt die Beschlusskompetenz. Die Wiederbegründung bedarf einer Vereinbarung.

E. Zustimmungsberechtigte

11 Die Veräußerungsbeschränkung kann an die Zustimmung aller oder einzelner Wohnungseigentümer oder eines Dritten geknüpft sein.

I. Wohnungseigentümer

12 Die Vereinbarung über die Veräußerungsbeschränkung kann bestimmen, dass die Veräußerung der Zustimmung **aller, einzelner** (z.B. Beirat) oder einer bestimmten (ggf qualifizierten) **Mehrheit** der Wohnungseigentümer bedarf. Spricht die Gemeinschaftsordnung nur von der Zustimmung „der (anderen) Wohnungseigentümer", sind damit im Zweifel alle Mitglieder der Gemeinschaft gemeint.[29] Denn § 12 bezweckt nicht nur den Schutz einzelner oder einer (zufälligen) Mehrheit der Wohnungseigentümer, vielmehr soll die Norm alle Wohnungseigentümer vor unzuverlässigen Erwerbern schützen. Die Mehrheitskompetenz lässt sich nicht allgemein aus § 21 Abs. 3 WEG herleiten, denn die Erteilung einer Veräußerungszustimmung fällt gesetzessystematisch nicht in den Bereich der Verwaltung des Gemeinschaftseigentums i.S.d. §§ 20 ff.,[30] sondern betrifft die Zusammensetzung der Gemeinschaft und ist damit ein Grundlagengeschäft. Ist hingegen ausdrücklich die Zustimmung einer Eigentümer**mehrheit** vereinbart, liegt darin die Kompetenzzuweisung für einen Mehrheitsbeschluss. Dieser Beschluss ist dem Grundbuchamt anhand der Versammlungsniederschrift nachzuweisen, wobei die Unterschriften der in § 24 Abs. 6 bezeichneten Personen öffentlich beglaubigt sein müssen.

13 Die zustimmenden Eigentümer müssen im **Zeitpunkt des Zugangs der Zustimmung** in Abteilung I des Grundbuchs eingetragen sein. Ein nach diesem Zeitpunkt eintretender Eigentumswechsel aufseiten des Zustimmenden macht die von dem Rechtsvorgänger erteilte Zustimmung nicht wirkungslos.[31]

---

25 LG Lübeck 7 T 774/90, Rpfleger 1991, 201.
26 Vgl. *Bärmann/Wenzel*, § 12 Rn 55.
27 *Riecke/Schmid/Schneider*, § 12 Rn 68h.
28 *Häublein*, ZMR 2007, 409.
29 *Staudinger/Kreuzer*, § 12 Rn 20; *Riecke/Schmid/Schneider*, § 12 Rn 77; **a.A.** *Bärmann/Klein*, § 12 Rn 23; *Weitnauer/Lüke*, § 12 Rn 5.
30 **A.A.** *Bärmann/Klein*, § 12 Rn 23.
31 *Riecke/Schmid/Schneider*, § 12 Rn 78; **a.A.** OLG Celle 4 W 14/05, NZM 2005, 260 wonach der Zustimmende auch noch im Zeitpunkt des Eingangs des Umschreibungsantrages beim Grundbuchamt Mitglied der Gemeinschaft sein muss; siehe auch Rn 19 zur Parallelproblematik bei der Zustimmung durch den Verwalter.

II. Dritte (Verwalter)

1. Nachweis der Verwalterbestellung

Die Gemeinschaftsordnung kann die Veräußerung auch an die Zustimmung eines Dritten knüpfen, wobei es grundsätzlich keine Einschränkungen gibt, wer der Dritte sein kann. Ist die Zustimmung des **amtierenden Verwalters** erforderlich, hat dieser seine Amtsstellung durch die Niederschrift über seine Bestellung nachzuweisen, wobei die Unterschriften der in § 24 Abs. 6 bezeichneten Personen öffentlich beglaubigt sein müssen (§ 26 Abs. 3). Wurde der Verwalter gerichtlich bestellt, ist eine Ausfertigung der Gerichtsentscheidung mit Rechtskraftvermerk vorzulegen. 14

Schwierigkeiten entstehen **in der Praxis**, wenn über die Versammlung, in der der Verwalter durch Beschluss bestellt wurde, nie eine Niederschrift erstellt wurde, die Versammlungsniederschrift nicht mehr auffindbar ist, die nach § 24 Abs. 6 S. 2 erforderlichen Unterschriften fehlen oder die vorhandenen Unterschriften nicht öffentlich beglaubigt wurden und dies auch nicht mehr nachgeholt werden kann. Wurde über die Bestellungsversammlung bislang **keine Niederschrift erstellt**, sollte dies nachgeholt werden, was jederzeit möglich ist. Das Gesetz kennt keine Frist, innerhalb derer eine Versammlungsniederschrift nur wirksam erstellt werden könnte. Auch schreibt das Gesetz nicht vor, welche Person die Versammlungsniederschrift zu erstellen hat. Es genügt, dass der Inhalt der Niederschrift die Anforderungen des § 24 Abs. 6 erfüllt und inhaltlich der Wahrheit entspricht (siehe § 24 Rn 67). Die Versammlungsniederschrift muss ihren Verfasser nicht nennen. Für die Erbringung des Verwalternachweises würde es sogar genügen, wenn die Versammlungsniederschrift nur für den Beschluss über die Verwalterbestellung nachträglich erstellt wird, sofern alle anderen in der Versammlung gefassten Beschlüsse für den Nachweis der Verwalterbestellung ohne Relevanz sind. 15

Wurde eine **Versammlungsniederschrift** ursprünglich erstellt, diese aber verloren gegangen oder aus anderen Gründen **nicht verfügbar** ist (z.B. weil der Besitzer der Niederschrift diese nicht herausgibt), kann jederzeit eine weitere Niederschrift erstellt werden. Entscheidend ist auch hier, dass diese inhaltlich zutreffend ist und die Unterschriften der in § 24 Abs. 6 S. 2 genannten Personen trägt. Diese nachträglich neu erstellte Niederschrift muss nicht durch dieselben Personen unterschrieben werden, wie die ursprünglich erstellte Niederschrift. Entscheidend ist allein, dass die Unterzeichner unter den in § 24 Abs. 6 S. 2 genannten Personenkreis fallen. So ist es beispielsweise unerheblich, welcher Wohnungseigentümer neben dem Versammlungsvorsitzenden die Niederschrift unterzeichnet. Statt des Vorsitzenden des Verwaltungsbeirats kann auch dessen Stellvertreter unterschreiben (oder umgekehrt). 16

Liegt zwar eine Versammlungsniederschrift vor, trägt diese aber nicht die nach § 24 Abs. 6 S. 2 **erforderlichen Unterschriften**, können diese Unterschriften grundsätzlich jederzeit nachgeholt werden. Verweigert der Vorsitzende des Verwaltungsbeirats die Unterschrift, genügt auch die Unterschrift des Stellvertreters. Fehlt hingegen die Unterschrift des Vorsitzenden der Versammlung, kann diese grundsätzlich nicht durch die Unterschrift einer anderen Person ersetzt werden. Ist der Versammlungsvorsitzende zwischenzeitlich **verstorben**, sollte dies auf der Versammlungsniederschrift vermerkt und anstelle des Vorsitzenden ein anderer Wohnungseigentümer unterschreiben, der in der Versammlung anwesend war. Nötigenfalls ist der Tod des Versammlungsvorsitzenden dem Grundbuchamt durch behördliche Urkunde nachzuweisen. Ist der Versammlungsvorsitzende **unbekannten Aufenthalts**, sodass seine Unterschrift aus diesem Grunde nicht mehr beigebracht werden kann, ist dies dem Grundbuchamt in geeigneter Form nachzuweisen. Das Grundbuchamt muss es dann für den Verwalternachweis genügen lassen, wenn anstelle des Versammlungsvorsitzenden die Niederschrift durch einen weiteren Wohnungseigentümer unterzeichnet wird, der in der Versammlung anwesend war. 17

Trägt die Versammlungsniederschrift zwar die erforderlichen **Unterschriften**, sind diese aber **nicht öffentlich beglaubigt**, kann dies jederzeit nachgeholt werden. Ist dies nicht möglich, weil der Unterzeichner zwischenzeitlich verstorben oder unbekannten Aufenthalts ist, ist so zu verfahren, wie wenn die Unterschrift nie vorgelegen hätte (siehe Rn 17). 18

Kann die Verwalterbestellung nicht mehr gemäß § 26 Abs. 3 nachgewiesen werden, bleibt nur, den Verwalter mit sofortiger Wirkung neu zu bestellen und diese **Neubestellung** in der Form des § 26 Abs. 3 nachzuweisen oder eine Veräußerungszustimmung aller Mitglieder der Gemeinschaft beizubringen (siehe Rn 55 ff.).

2. Zeitpunkt der Verwalterbestellung

Die Verwaltereigenschaft muss im Zeitpunkt des Zugangs der Verwalterzustimmung vorliegen. **Endet das Verwalteramt** anschließend, ändert dies an der Wirksamkeit der erteilten Zustimmung nichts.[32] Nach **a.A.** müsse die Verwaltereigenschaft auch noch in dem Zeitpunkt bestehen, in dem die Auflassungserklärung des Veräußerers gemäß §§ 873 Abs. 2, 878 BGB bindend wird und der Umschreibungsantrag beim Grundbuchamt eingeht;[33] scheide der Ver- 19

---

[32] OLG Düsseldorf I-3 Wx 70/11, WuM 2011, 380; OLG München 34 Wx 135/11, MittBayNot 2011, 486; KG 1 W 41/12, NotBZ 2012, 173; *Riecke/Schmid/Schneider*, § 12 Rn 84; *Bärmann/Klein*, § 12 Rn 32; *Schneider*, ZMR 2011, 146; *Schmidt*, ZWE 2010, 394; *Kesseler*, RNotZ 2005, 543.

[33] OLG Hamm I-15 Wx 355/09, ZMR 2011, 147; I-15 Wx 139/10, ZWE 2011, 368; OLG Hamburg 13 W 15/11, ZMR 2011, 815; OLG Frankfurt 20 W 321/11, ZfIR 2012, 204; *Bärmann/Wenzel*, 10. Auflage, § 12 Rn 38.

walter vor diesem Zeitpunkt aus dem Verwalteramt aus, werde damit die von ihm erteilte Zustimmung unwirksam. Begründet wird diese Ansicht mit § 183 BGB i.V.m. §§ 873, 878 BGB, wonach einerseits die Einwilligung zu einem Rechtsgeschäft bis zur Vornahme des Rechtsgeschäfts widerruflich ist und andererseits die Verfügungsbefugnis des Veräußerers bis zu dem Zeitpunkt gegeben sein muss, bis zu dem seine Auflassungserklärung bindend wird. Diese Argumentation greift jedoch nicht. Sofern der Verwalter die von ihm während seiner Bestellungszeit abgegebene Veräußerungszustimmung nicht widerruft, kommt § 183 BGB nicht zur Anwendung. Weder steht das bloße Ausscheiden aus dem Verwalteramt einem Widerruf der während der Bestellungszeit abgegebenen Einwilligung/Zustimmung gleich, noch kann eine bereits durch Zugang der Erklärung wirksam gewordene Zustimmung widerrufen werden (siehe Rn 28). Abgesehen davon bleiben sämtliche Erklärungen, die der Verwalter während seiner Bestellungszeit berechtigterweise abgegeben hat, auch nach Ablauf der Bestellungszeit wirksam. Auch die Rechtsgedanken der §§ 873 Abs. 2, 878 BGB kommen nicht zum Tragen, weil der Veräußerer durch das bloße Ausscheiden des Verwalters aus dem Amt nicht in seiner Befugnis zur Verfügung über das Wohnungseigentum beschränkt wird. Ferner stellt eine Vereinbarung nach § 12 keine rechtsgeschäftliche Verfügungsbeschränkung dar sondern eine Beschränkung des Rechtsinhalts des Wohnungseigentums i.S.d. §§ 5 Abs. 4 S. 1, 10 Abs. 3, auf die die §§ 873 Abs. 2, 878 BGB keine Anwendung finden. Nicht die Verfügungsbefugnis des Veräußerers ist beschränkt, sondern die Übertragbarkeit des Wohnungseigentums.

20 Hat der durch angefochtenen Eigentümerbeschluss bestellte Verwalter die Zustimmungserklärung abgegeben, wird der **Bestellungsbeschluss** jedoch nachträglich gemäß §§ 23 Abs. 4, 46 durch rechtskräftiges Urteil für **ungültig** erklärt, wird die Veräußerungszustimmung nach Ansicht des KG[34] dadurch rückwirkend unwirksam. Dies soll scheinbar auch gelten, wenn der Bestellungsbeschluss erst nach erfolgter Grundbuchumschreibung für ungültig erklärt wird. Für die Praxis würde dies bedeuten, dass im Falle der Anfechtung eines Bestellungsbeschlusses faktisch so lange keine Veräußerungen vollzogen werden können, wie über die Beschlussanfechtungsklage nicht rechtskräftig entschieden wurde. Entgegen der Ansicht des KG ist § 47 FamFG (ehemals § 32 FGG) entsprechend heranzuziehen, wonach Rechtshandlungen des Verwalters auch dann wirksam bleiben, wenn der Bestellungsbeschluss nachträglich für ungültig erklärt wird. Entscheidend ist, dass der Beschluss über die Verwalterbestellung im Zeitpunkt der Abgabe der Zustimmung wirksam war (§ 23 Abs. 4).

Die Veräußerungszustimmung kann auch von einem Verwalter abgegeben werden, der erst **nach Abschluss des Veräußerungsvertrages bestellt** wurde. Entscheidend ist allein, dass der Zustimmende im Zeitpunkt des Zugangs der Zustimmung das Verwalteramt innehatte.

3. Beschluss der Wohnungseigentümer

21 Der Verwalter erteilt die Zustimmung in der Regel als **Treuhänder** für die Wohnungseigentümer.[35] Der Verwalter kann daher jederzeit einen Beschluss der Wohnungseigentümer über die Frage herbeiführen, ob er der Veräußerung zustimmen soll oder nicht. Umgekehrt können auch die Wohnungseigentümer die Entscheidung über die Erteilung der Veräußerungszustimmung an sich ziehen. Entscheiden sich die Wohnungseigentümer durch Mehrheitsbeschluss, die Veräußerungszustimmung zu verweigern, darf der Verwalter die Zustimmung nicht mehr erteilen. Er macht sich in diesem Fall im Verhältnis zum Veräußerer nicht schadensersatzpflichtig, wenn er die Zustimmung weisungsgemäß trotz des Fehlens eines wichtigen Grundes verweigert. Der Veräußerer muss diesen Beschluss anfechten, wenn er seinen Anspruch auf Zustimmung bewahren will. Mangels Anfechtung würde der Beschluss in Bestandskraft erwachsen.[36] Die Anfechtungsklage kann der Veräußerer mit einer Klage gegen die übrigen Wohnungseigentümer auf Zustimmung zur Veräußerung verbinden (siehe Rn 55). Findet hingegen ein Beschlussantrag, nach dem die Veräußerungszustimmung erteilt werden soll, nicht die einfache Mehrheit und verkündet der Versammlungsleiter die Ablehnung des Beschlussantrages (zum Negativbeschluss siehe § 23 Rn 58), bleibt es bei der Entscheidungsbefugnis des Verwalters. Denn ein **Negativbeschluss** regelt nicht das inhaltliche Gegenteil des zur Abstimmung gestellten Beschlusstextes (siehe § 23 Rn 58). Der Negativbeschluss bedeutet nicht, dass der Verwalter die Veräußerungszustimmung verweigern müsse. Umgekehrt stellt der Umstand, dass ein auf Verweigerung der Veräußerungszustimmung gerichteter Beschlussantrag keine ausreichende Stimmenmehrheit fand, nicht, dass der Verwalter die Veräußerungszustimmung trotz Vorliegens eines wichtigen Grundes erteilen müsse oder dürfe.

22 Ein **Positivbeschluss** der Wohnungseigentümerversammlung, durch den die Zustimmung zur Veräußerung eines Wohnungseigentums versagt wird, kann mangels Anfechtung auch dann in Bestandskraft erwachsen, wenn kein wichtiger Grund zur Verweigerung der Zustimmung nicht vorliegt.[37] Der Beschluss bindet den Verwalter, der die Zustimmung aufgrund des Beschlusses nicht mehr erteilen darf.[38] Der bestandskräftige Beschluss macht den (bislang

---

[34] KG 1 W 209/05, ZMR 2009, 784.
[35] BGH IV ZR 226/89, NJW 1991, 168; V ZR 166/10, NZM 2011, 719.
[36] BGH V ZR 241/11.
[37] BGH V ZR 241/11; a.A. OLG Hamm 15 W 199/92, NJW-RR 1993, 279; OLG Brandenburg 5 W 49/07, ZMR 2009, 703, 705; OLG Köln 16 Wx 133/08, NZM 2010, 557; BayObLG 2Z BR 90/02, NZM 2003, 481.
[38] OLG Brandenburg 5 W 49/07, ZMR 2009, 703, 706.

schwebend unwirksamen) Veräußerungsvertrag und die dinglichen Übereignungserklärungen nach Ansicht des BGH endgültig unwirksam bzw. nichtig.[39]

Rechtswidrig und erfolgreich anfechtbar ist ein Beschluss der Wohnungseigentümerversammlung, wonach die Zustimmung erteilt werden soll, obwohl ein wichtiger Grund für die Versagung der Zustimmung vorliegt. Die Wohnungseigentümer haben **kein Ermessen** bei der Entscheidung über die Zustimmung. Ebenso wie die Zustimmung erteilt werden muss, wenn kein wichtiger Grund vorliegt, ist die Zustimmung zwingend zu versagen, wenn ein wichtiger Grund besteht.

Haben die Wohnungseigentümer beschlossen, dass die Zustimmung erteilt bzw. nicht verweigert wird, ist der Verwalter an diesen Beschluss gebunden. Dies gilt auch dann, wenn ein wichtiger Grund i.S.d. § 12 Abs. 2 vorliegt, der Beschluss aber (noch) nicht rechtskräftig für ungültig erklärt worden ist. Der Verwalter hat den Beschluss nach § 27 Abs. 1 Nr. 1 durchzuführen. Will ein Eigentümer die Durchführung des Beschlusses vor Eintritt der Bestandskraft des Beschlusses verhindern, kann er im Wege **einstweiliger Verfügung** sowohl den Beschluss vorläufig außer Kraft setzen als auch dem Verwalter die Erteilung der Veräußerungszustimmung vorläufig untersagen lassen.

4. Dritter ist Veräußerer/Erwerber

Der zustimmungsberechtigte Dritte ist nicht durch § 181 BGB gehindert, die Veräußerungszustimmung für eine ihm selbst gehörende Einheit zu erteilen.[40] Gleiches gilt, wenn der Dritte selbst eine Wohnungseigentumseinheit erwerben will.[41]

III. Fehlen des Zustimmungsberechtigten

Erfüllt niemand die Voraussetzungen, die nach der Gemeinschaftsordnung an die Person des Zustimmungsberechtigten geknüpft sind, fällt die Kompetenz zur Erteilung der Veräußerungszustimmung an die Wohnungseigentümer.[42] In diesem Fall ist die Zustimmung **sämtlicher Wohnungseigentümer** erforderlich. Die Zustimmung der Eigentümermehrheit aufgrund eines Beschlusses genügt in dieser Konstellation nur, wenn die Gemeinschaftsordnung dies bestimmt (siehe Rn 12).[43]

F. Zustimmungserklärung

I. Zugang, Form, Widerruf und Wirkung

Die Veräußerungszustimmung ist eine **einseitige empfangsbedürftige und bedingungsfeindliche Willenserklärung**, die gemäß § 182 BGB sowohl gegenüber dem Veräußerer als auch gegenüber dem Erwerber abgegeben werden kann und mit dem Zugang wirksam wird. Ist der Notar beauftragt worden, die erforderliche Erklärung einzuholen, ist er auch zu deren Entgegennahme bevollmächtigt.[44] Sie bezieht sich auf die Veräußerung an einen bestimmten Erwerber. Die Zustimmung kann ohne **Kenntnis vom Veräußerungsvertrag** und damit auch schon **vor** dessen **Abschluss** erteilt werden.[45]

Eine durch Zugang wirksam gewordene Veräußerungszustimmung kann nicht mehr **widerrufen** werden.[46] Nach a.A. sei ein Widerruf erst dann ausgeschlossen, wenn bereits die Auflassungserklärung des Veräußerers gemäß §§ 873 Abs. 2, 878 BGB bindend geworden ist und der Umschreibungsantrag beim Grundbuchamt gestellt wurde.[47]

Die Zustimmungserklärung bedarf zu ihrer Wirkung keiner Form, sie muss dem Grundbuchamt aber in öffentlich oder **notariell beglaubigter Form** nachgewiesen werden (§ 29 GBO). Die **Verwaltereigenschaft** ist in der Form des § 26 Abs. 3 nachzuweisen. (Zum Nachweis bei Zustimmung durch Eigentümerbeschluss siehe Rn 12)

Durch die Erteilung der Zustimmung werden der Veräußerungsvertrag und die Auflassung mit **Wirkung ex tunc** wirksam.[48]

II. Frist zur Erteilung

Der Zustimmungsberechtigte hat die Veräußerungszustimmung **unverzüglich**, d.h. ohne schuldhaftes Zögern, zu erteilen, wenn keine Versagungsgründe vorliegen. Eine sofortige Zustimmung kann nicht verlangt werden, da der Zustimmungsberechtigte die Möglichkeit haben muss, das Vorliegen eines wichtigen Grundes zu prüfen. Da die Einholung von Auskünften aus Wirtschafts- und Schuldnerdatenbanken einige Tage dauert, wird man dem Zustimmungsberechtigten

---

39 BGH V ZR 241/11.
40 BayObLG BReg 2 Z 54/85, WuM 1986, 285, wobei die Zustimmung dann gegenüber dem Erwerber abzugeben ist; KG 1 W 244/03, NJW-RR 2004, 1161; **a.A.** *Bärmann/Klein*, § 12 Rn 27.
41 KG 1 W 244/03, NZM 2004, 588, wobei die Zustimmung gegenüber dem Veräußerer zu erklären ist.
42 *Riecke/Schmid/Schneider*, § 12 Rn 87.
43 **A.A.** *Bärmann/Klein*, § 12 Rn 29.
44 *Bärmann/Klein*, § 12 Rn 32.
45 BayObLG BReg 2 Z 107/91, WuM 1991, 612.
46 KG 1 W 41/12, NotBZ 2012, 173.
47 Vgl. OLG Hamm 15 W 55/01, NZM 2001, 955.
48 § 184 BGB; *Jennißen/Grziwotz*, § 12 Rn 38; *Palandt/Bassenge*, § 12 Rn 12; *Spielbauer/Then*, § 12 Rn 10 **aA** Vorauflage Rn 45; *Bärmann/Klein*, § 12 Rn 36.

eine Prüffrist von 1 bis 2 Wochen im Regelfall zugestehen müssen.[49] Treten nach ersten Recherchen objektiv nachvollziehbare Zweifel an der wirtschaftlichen oder persönlichen Zuverlässigkeit des Erwerbers auf, ist dem Verwalter Zeit für weitere Recherchen zu geben.

III. Kosten

1. Notargebühren

32 Durch die Beglaubigung der Veräußerungszustimmung entstehen Notargebühren. **Gebührenschuldner** des Notars ist jene Person, deren Erklärung durch den Notar beglaubigt wurde, i.d.R. also der Verwalter.[50] Da der Verwalter bei der Erteilung der Veräußerungszustimmung im Rahmen seines Verwaltungsauftrags und damit im Interesse der Wohnungseigentümer tätig wird, hat er wegen seiner finanziellen Aufwendungen gemäß § 670 BGB einen **Anspruch auf Erstattung**[51] gegen die Wohnungseigentümergemeinschaft, der aus dem Verwaltungsvermögen (§ 10 Abs. 7) zu befriedigen ist. Erhält der Verwalter allerdings von der Gemeinschaft ein Sonderhonorar für die Erteilung der Veräußerungszustimmung, kann die Auslegung des Vertrages ergeben, dass mit dem Sonderhonorar auch die finanziellen Aufwendungen des Verwalters im Zusammenhang mit der Erteilung der Veräußerungszustimmung abgegolten sind.

2. Honorar des Verwalters

33 In Wohnungseigentümergemeinschaften, die eine Vereinbarung nach § 12 Abs. 1 getroffen haben, gehört die Erteilung der Veräußerungszustimmung zu den Grundaufgaben des Verwalters. Der Arbeitsaufwand des Verwalters im Zusammenhang mit der Erteilung der Veräußerungszustimmung ist daher mit dem Grundhonorar abgegolten. Ein **Sonderhonorar** erhält der Verwalter nur, wenn dies vereinbart wurde. Schuldner des Honoraranspruchs ist die Gemeinschaft der Wohnungseigentümer, die mit dem Verwaltungsvermögen haftet (§ 10 Abs. 6 und 7).

34 Eine Regelung im **Verwaltervertrag**, wonach das Sonderhonorar für die Erteilung der Veräußerungszustimmung vom Veräußerer oder Erwerber zu zahlen sei, ist als Vertrag zulasten Dritter unwirksam. Der Verwaltervertrag wird zwischen der Gemeinschaft der Wohnungseigentümer und dem Verwalter geschlossen. Die Wohnungseigentümer sind nicht Vertragspartei, erst recht nicht der Erwerber. Deshalb können durch den Verwaltervertrag auch keine Zahlungspflichten der Wohnungseigentümer oder des Erwerbers gegenüber dem Verwalter begründet werden. Unwirksam ist auch eine Regelung im Verwaltervertrag zu der Frage, wie die Kosten der Verwalterzustimmung im Verhältnis der Wohnungseigentümer untereinander zu verteilen seien. Der Verwaltervertrag regelt nur die Rechtsbeziehungen zwischen der rechtsfähigen Gemeinschaft und dem Verwalter, nicht aber das Rechtsverhältnis der Wohnungseigentümer untereinander.

3. Kostenverteilungsschlüssel

35 Im Verhältnis der Wohnungseigentümer untereinander sind sämtliche Ausgaben, die im Zusammenhang mit der Erteilung der Veräußerungszustimmung anfallen, gemäß § 16 Abs. 2 von **allen Wohnungseigentümern** nach dem Verhältnis der Miteigentumsanteile zu tragen,[52] sofern die Gemeinschaftsordnung keine andere Kostenverteilung regelt oder die Wohnungseigentümer keinen Beschluss nach § 16 Abs. 3 gefasst haben.

36 Ein **Beschluss nach § 16 Abs. 3**, wonach die Kosten der Veräußerungszustimmung vom **Veräußerer** zu tragen sind, ist rechtswidrig, weil er im Regelfall nicht umsetzbar wäre. Denn die Kostenverteilung erfolgt in der Jahresabrechnung für das Wirtschaftsjahr, in dem der Geldfluss erfolgt ist. Diese Jahresabrechnung wird aber erst im Folgejahr erstellt und beschlossen. In diesem Zeitpunkt ist der Veräußerer regelmäßig bereits aus der Gemeinschaft ausgeschieden, sodass er im Rahmen der Jahresabrechnung nicht mehr mit den Kosten der Veräußerungszustimmung belastet werden kann. Zu Zahlungen außerhalb des Wirtschaftsplans oder der Jahresabrechnung ist der Veräußerer nicht verpflichtet. Denkbar wäre danach allenfalls ein Eigentümerbeschluss, wonach die im Zusammenhang mit einer Veräußerungszustimmung angefallenen Kosten in der Jahresabrechnung auf die jeweilige Wohnungseigentumseinheit umzulegen sind, deren Eigentümer gewechselt hat. Eine solche Kostenverteilungsregelung dürfte aber unbillig sein, weil das Erfordernis der Veräußerungszustimmung ausschließlich im Interesse der **anderen** Wohnungseigentümer besteht; diese wollen sich vor einem unzuverlässigen Erwerber schützen. Es ist daher nicht gerechtfertigt, ausschließlich den **Erwerber/Veräußerer** mit den Kosten der Veräußerungszustimmung zu belasten.

37 Selbst wenn die Wohnungseigentümer bestandskräftig einen Beschluss nach § 16 Abs. 3 im vorgenannten Sinne gefasst haben sollten, gehören die Notargebühren für die **Beglaubigung der Niederschrift** jener Versammlung, in der der **Verwalter bestellt** wurde, nicht zu den Kosten der Veräußerungszustimmung. Denn die Beglaubigungskosten lassen sich keinem konkreten Eigentümerwechsel zuordnen, dies gilt insbesondere dann, wenn während des Bestellungszeitraums mehrere Eigentümerwechsel stattfinden oder zu erwarten sind.

---

49 *Müller*, Rn 128; BayObLG WE 1984, 60: 1 Woche; *F. Schmidt*, WE 1998, 5: 3 bis 4 Wochen.
50 *Schneider/Karsten*, RNotZ 2011, 238.
51 OLG Hamm 15 W 513/88, NJW-RR 1989, 974.
52 Staudinger/*Kreuzer*, § 12 Rn 30.

G. Versagung der Zustimmung aus wichtigem Grund (Abs. 2)
I. Wichtiger Grund

Die **Veräußerungszustimmung** darf gemäß § 12 Abs. 2 S. 1 nur aus **wichtigen Gründen** versagt werden. Bei einem wichtigen Grund handelt es sich um in der **Person des Erwerbers** (nicht des Veräußerers) oder dessen Umfeld liegende und durch konkrete Anhaltspunkte belegte Umstände, wonach der Erwerber aufgrund seiner wirtschaftlichen oder persönlichen Verhältnisse nicht Willens oder in der Lage sein wird, seinen Pflichten als Wohnungseigentümer nachzukommen oder die Rechte der anderen Eigentümer zu beachten.[53] Auf ein Verschulden des Erwerbers kommt es nicht an.[54] Die Voraussetzungen für die Annahme eines wichtigen Grundes sind geringer als die für die Entziehung des Wohnungseigentums.[55] Es muss sich aber um **Umstände von Gewicht** handeln, nicht ausreichend sind Unzuträglichkeiten, persönliche Spannungen oder Vorkommnisse, wie sie in jedem Gemeinschafts- und Nachbarschaftsverhältnis immer wieder einmal auftreten können.[56]

38

Der **Zustimmungsberechtigte** ist für das Vorliegen eines wichtigen Grundes **darlegungs- und beweispflichtig**.[57] Bloße Vermutungen und spekulative Erwägungen genügen nicht.[58] Maßgeblich sind im Fall der Klage die Verhältnisse zum Zeitpunkt der letzten mündlichen Verhandlung in der Tatsacheninstanz[59]

39

1. Mangelnde wirtschaftliche Leistungsfähigkeit

Ein wichtiger Grund liegt vor, wenn der Erwerber wirtschaftlich nicht in der Lage sein wird, seinen Beitrag zu den Lasten und Kosten des Gemeinschafts- und Sondereigentums zu leisten. Dies ist etwa der Fall, wenn das Einkommen des Erwerbers unterhalb oder nur knapp oberhalb der **Pfändungsfreigrenze** liegt und der Erwerber kein sonstiges pfändbares Vermögen nachweisen kann.

40

Zwar fallen seit dem 1.7.2007 die Wohngeldforderungen der Eigentümergemeinschaft in die Rangklasse 2 des § 10 Abs. 1 ZVG, sodass zumindest im Wege der **Zwangsversteigerung** des Wohnungseigentums die Beitragsforderungen der Gemeinschaft realisiert werden können. Ist die Wohnungseigentumseinheit bis zum Verkehrswert mit Grundpfandrechten belastet, stellt sie i.d.R. keine ausreichende Haftungsmasse für die Realisierung der Wohngeldforderungen der Gemeinschaft dar. Denn der Vorrang in Rangklasse 2 ist auf einen Betrag in Höhe von fünf Prozent des Verkehrswertes der Wohnungseigentumseinheit begrenzt. Zudem entstehen durch das Versteigerungsverfahren neue Kosten, für die der Eigentümer ebenfalls haftet. Die Titulierung der Wohngeldforderungen und das anschließende Zwangsversteigerungsverfahren nehmen selten weniger als eineinhalb Jahre in Anspruch. Übersteigen die in diesem Zeitraum fällig werdenden Wohngeldforderungen fünf Prozent des Verkehrswertes der Wohnung, ist die Gemeinschaft auf weiteres Vermögen des Schuldners angewiesen, um ihre Wohngeldforderungen realisieren zu können. Der Erwerber muss somit weiteres Vermögen bzw. Einkommen nachweisen.

41

Das **Vermögen des Ehegatten** des Erwerbers ist nicht zu berücksichtigen, wenn der Ehegatte für die Wohngeldverbindlichkeiten nicht haftet.[60] Hat der Erwerber die **eidesstattliche Versicherung** über seine Vermögensverhältnisse abgegeben, beweist dies, dass er entweder nicht leistungswillig oder nicht leistungsfähig ist. Die Veräußerungszustimmung ist zu verweigern, wenn der Erwerber keine Verbesserung seiner Vermögenssituation oder Zahlungsmoral nachweisen kann. Hat der Erwerber **keinen festen Wohnsitz** oder ist er **nicht ordnungsgemäß gemeldet**, besteht die Gefahr, dass Wohngeldbeiträge nicht gerichtlich beigetrieben werden können; ein wichtiger Grund liegt vor. Gleiches gilt, wenn es sich bei dem Erwerber um eine sog. **Briefkastenfirma** handelt, die weder über Geschäftsräume noch über einen präsenten Geschäftsführer verfügt. Allein die Tatsache, dass der Erwerber ein Unternehmen mit gesetzlich **beschränkter Haftungsmasse** (z.B. GmbH) oder mit **Sitz im Ausland** (z.B. engl limited) ist, stellt keinen wichtigen Grund dar,[61] wenn eine zustellfähige Anschrift vorhanden und dem Verwalter bekannt gegeben ist. Anders ist dies freilich, wenn das Erwerberunternehmen nachweislich **insolvenzgefährdet** oder **unterkapitalisiert** ist bzw. über kein nennenswertes Stammkapital oder sonstiges Gesellschaftsvermögen verfügt (z.B. Unternehmergesellschaft haftungsbeschränkt gemäß § 5a GmbHG). Die wirtschaftliche Unzuverlässigkeit des Erwerbers ist belegt, wenn er als Mieter der Wohnung bereits die **Miete nicht ordnungsgemäß gezahlt** hat[62] oder **Wohngeldrückstände** für andere Wohnungen in derselben Wohnanlage hatte.[63] Bestimmt der Erwerbsvertrag, dass der Erwerber bereits ab einem bestimmten Zeitpunkt vor Eigentumsumschreibung das Wohngeld für die erworbene Wohnung zu leisten habe, was er wegen der noch nicht vorliegenden Veräußerungszustimmung verweigert, liegt darin kein wichtiger Grund,[64] denn gemäß § 12 Abs. 3 S. 1 ist der gesamte Erwerbsvertrag vor Erteilung der Veräußerungszustimmung noch unwirksam,

42

---

53 St. Rspr.; siehe nur OLG Frankfurt 20 W 493/04, NZM 2006, 380.
54 BayObLG 2Z BR 80/92, NJW-RR 1993, 280; OLG Frankfurt 20 W 376/92, ZMR 1994, 124.
55 BayObLG 2Z BR 80/92, NJW-RR 1993, 280.
56 OLG Zweibrücken 3 W 142/05, ZMR 2006 219.
57 OLG Köln 16 Wx 133/08, ZMR 2011, 55.
58 OLG Frankfurt 20 W 493/04, NZM 2006, 380; *Riecke/Schmid/Schneider*, § 12 Rn 108.
59 OLG Köln 16 Wx 133/08, ZMR 2011, 55.
60 LG Köln 29 T 239/99, ZMR 2000, 704.
61 OLG Brandenburg 5 W 49/07, ZMR 2009, 703, 705; *Becker*, ZWE 2001, 362; *Riecke/Schmid/Schneider*, § 12 Rn 116.
62 OLG Köln 19 U 139/95, NJW-RR 1996, 1296.
63 LG Köln 29 S 45/08, ZMR 2009, 552.
64 Vgl. OLG Brandenburg 5 Wx 49/07, ZMR 2009, 703, 705; **a.A.** OLG Düsseldorf 3 Wx 576/96, ZMR 1997, 430.

sodass er zu diesem Zeitpunkt noch keine Zahlungspflichten auslösen kann. Erwirbt ein **Minderjähriger** die Wohnungseigentumseinheit, kann die Zustimmung verweigert werden, solange nicht der Nachweis erbracht wird, dass der Minderjährige in der Lage sein wird, die Wohngeldbeiträge zu leisten. **Wohngeldrückstände des Veräußerers** stellen keinen Versagungsgrund dar![65]

43 Ein wichtiger Grund zur Versagung der Veräußerungszustimmung liegt auch vor, wenn **Ansprüche** der Wohnungseigentümer oder der Gemeinschaft gegen den Erwerber nicht oder **nur mit großen Schwierigkeiten durchsetzbar** wären, so etwa wenn der Erwerber ein ausländisches Unternehmen ist, das nicht in einem aus der Bundesrepublik Deutschland einsehbaren Register – vergleichbar dem deutschen Handelsregister – eingetragen ist, der Erwerber nicht der deutschen Gerichtsbarkeit untersteht (z.B. Diplomaten) oder der Erwerber ausschließlich in einem fremden Staat ansässig ist, in dem Urteile deutscher Gerichte nicht anerkannt werden oder zumindest nicht vollstreckbar sind. Für die Gefährdungslage der Wohnungseigentümergemeinschaft macht es keinen Unterschied, ob der Erwerber über kein Vermögen verfügt oder er zwar vermögend ist, aber ein Zugriff auf dieses Vermögen faktisch nicht möglich ist.

2. Verstoß gegen Regeln der Gemeinschaft

44 Weiterhin kann die Veräußerungszustimmung versagt werden, wenn aufgrund konkreter Umstände zu erwarten ist, dass sich der Erwerber nicht an die gesetzlichen, vereinbarten und beschlossenen Regeln der Gemeinschaft halten wird. Ein wichtiger Grund liegt aber nur vor, wenn der Verstoß gegen die Regeln der Gemeinschaft von **erheblicher Schwere** ist, sodass die Gemeinschaftsinteressen unzumutbar beeinträchtigt werden. Nicht jeder Verstoß gegen § 14 Nr. 1 rechtfertigt die Verweigerung der Zustimmung.

45 Die Veräußerungszustimmung kann etwa verweigert werden, wenn die erkennbare Absicht des Erwerbers besteht, sein **Wohneigentum entgegen** den Bestimmungen der **Teilungserklärung zu nutzen**,[66] oder wenn der Erwerber bereits erklärt hat, er werde die **Hausordnung nicht akzeptieren**.[67] Anders kann die Rechtslage aber sein, wenn der Erwerber lediglich eine vom Veräußerer begonnene und von den anderen Eigentümern bislang nicht angegriffene Nutzung fortsetzt. Ein wichtiger Grund liegt vor, wenn der Erwerber bereits eine **bauliche Veränderung** am Gemeinschaftseigentum vorgenommen hat, die die anderen Eigentümer erheblich beeinträchtigt.[68] Gleiches gilt, wenn der Erwerber bereits Mitglied der Wohnungseigentümergemeinschaft ist und das Gemeinschaftseigentum oder das Sondereigentum zweckbestimmungswidrig nutzte.[69] Die Veräußerungszustimmung ist zu versagen, wenn der Erwerber sich verpflichtet hat, dem zur Veräußerung bereits rechtskräftig verurteilten Wohnungseigentümer einen **lebenslangen Nießbrauch** zu bestellen.[70]

46 Ein wichtiger Grund kann in der Unfähigkeit des Erwerbers liegen, sich in eine Gemeinschaft einzugliedern, z.B. bei nachgewiesener **Streitsucht**; Meinungsverschiedenheiten zwischen dem Erwerber und einem Wohnungseigentümer oder dem Verwalter reichen hierzu allerdings in der Regel nicht aus.[71] Die Veräußerungszustimmung kann nicht deshalb versagt werden, weil der Erwerber für den Veräußerer mehrere **Beschlüsse** der Wohnungseigentümerversammlung erfolgreich **angefochten** hat. Ein wichtiger Grund kann aber vorliegen, wenn der Lebensgefährte des Veräußerers die Wohnung erwerben soll und in der Vergangenheit durch **provozierendes, beleidigendes und lärmendes Verhalten** immer wieder für Streit mit anderen Wohnungseigentümern gesorgt hat.[72] Versucht der Erwerber, die Zustimmung durch **Drohung** mit einem empfindlichen Übel zu erreichen, stellt dies einen Versagungsgrund dar.[73]

47 Die **soziale Homogenität** der Gemeinschaft ist für das Vorliegen eines wichtigen Grundes unerheblich. Kinderreiche Familien, studentische Wohngemeinschaften, Ausländer oder Angehörige anderer Religionsgemeinschaften können daher vom Erwerb nicht abgehalten werden.[74]

Keinen wichtigen Grund stellt es dar, wenn ein Mitglieder der Gemeinschaft durch den Hinzuwerb weiterer Wohnungseigentumseinheiten die **absolute Stimmenmehrheit** erlangte und die anderen Eigentümer befürchten müssten, künftig bei vielen Entscheidungen überstimmt zu werden.[75] Sofern die Gemeinschaftsordnung abweichend von § 25 Abs. 2 eine Stimmverteilung nach Miteigentumsanteilen oder Sondereigentumseinheiten vorsieht, wird damit zugleich die Möglichkeit in Kauf genommen, dass ein Eigentümer die absolute Stimmenmehrheit erlangt dies wäre kein Zustand, der den Wertungen der Gemeinschaftsordnung widerspräche. Ein wichtiger Grund kann hingegen zu bejahen sein, wenn der Erwerber bereits in der Vergangenheit sein Stimmrecht mehrfach rechtsmissbräuchlich ausgeübt hat und konkreter Anlass zu der Befürchtung besteht, er werde dies wieder tun.

---

65 OLG Brandenburg 5 W 49/07, ZMR 2009, 703, 705.
66 OLG Düsseldorf 3 Wx 240/96, NJW-RR 1997, 268.
67 OLG Düsseldorf 3 Wx 459/96, WuM 1997, 387.
68 LG Köln 29 S 45/08, ZMR 2009, 552.
69 LG Köln 29 S 45/08, ZMR 2009, 552.
70 BayObLG 2Z BR 19/98, ZMR 1998, 790.

71 OLG Frankfurt 20 W 493/04, NZM 2006, 380; BayObLG 2Z BR 114/94, WuM 1995, 328.
72 BayObLG 2Z BR 37/01, NZM 2002, 255.
73 OLG Düsseldorf 3 Wx 240/96, ZMR 1997, 88.
74 *Riecke/Schmid/Schneider*, § 12 Rn 121.
75 Vgl. LG Braunschweig 6 S 113/10, ZMR 2011, 159.

3. Unerheblichkeit von Fehlern im Erwerbsvertrag

Der **Inhalt des Erwerbsvertrages** ist für die Beurteilung, ob ein wichtiger Grund i.S.d. § 12 Abs. 2 S. 1 vorliegt, **ohne Bedeutung**. Der Inhalt des Vertrages kann jedoch ein geplantes gemeinschaftswidriges Verhalten des Erwerbers belegen.[76] Die Veräußerungszustimmung kann grundsätzlich nicht mit der Begründung versagt werden, der Veräußerer habe Teile des Gemeinschaftseigentums als Sondereigentum „mitverkauft".[77] Unerheblich ist auch die unzutreffende Erklärung im Kaufvertrag, der Veräußerer habe keine Wohngeldrückstände.[78] 48

II. Regelung durch Vereinbarung

Die Wohnungseigentümer können **nicht** durch Vereinbarung **regeln**, welche Umstände einen wichtigen Grund zur Versagung der Veräußerungszustimmung darstellen. Sie können aber durch Vereinbarung bestimmen, welche Umstände keinen wichtigen Grund darstellen, sodass der Veräußerer in diesem Fall einen Anspruch auf Erteilung der Veräußerungszustimmung hat (§ 12 Abs. 2 S. 2). 49

III. Prüfpflicht des Zustimmungsberechtigten und Mitwirkungspflicht des Veräußerers

Der Zustimmungsberechtigte ist verpflichtet, das Vorliegen eines wichtigen Grundes zu prüfen. Er muss dabei aber **grundsätzlich keine Nachforschungen** über die Person des Erwerbers und dessen Vermögensverhältnisse anstellen,[79] wenn die Gemeinschaftsordnung dies nicht bestimmt. Er muss lediglich auf **öffentlich bekannte** oder **gemeinschaftsbekannte Informationen** zurückgreifen. Ergeben sich daraus aber Anhaltspunkte für das Vorliegen eines wichtigen Grundes, muss der Zustimmungsberechtigte diesen **Anhaltspunkten nachgehen** und weitere Ermittlungen anstellen. Bestätigen sich die Anhaltspunkte nicht, ist die Veräußerungszustimmung zu erteilen. Verbleibt es bei einem Verdacht, ohne konkrete Tatsachen für einen wichtigen Grund nachweisen zu können, ist die Zustimmung ebenfalls zu erteilen, da die Darlegungs- und Beweislast beim Zustimmungsberechtigten liegt.[80] Andererseits ist es dem Zustimmungsberechtigten nicht untersagt, Ermittlungen über die Person des Erwerbers anzustellen, etwa Wirtschafts- und Schuldnerdateien abzufragen. Die dadurch entstehenden Kosten sind von der Eigentümergemeinschaft zu tragen, sofern die Kosten angemessen sind. 50

Der **Veräußerer** ist verpflichtet, dem Zustimmungsberechtigten auf Verlangen jede ihm mögliche Information über den Erwerber zu erteilen oder diesen zu einer entsprechenden Selbstauskunft zu veranlassen,[81] damit der Zustimmungsberechtigte seiner Prüfpflicht im Rahmen ordnungsmäßiger Verwaltung nachkommen kann. Die **Selbstauskunft** bezieht sich aber nur auf allgemeine Daten, nicht auf die Vermögensverhältnisse. Liegen allerdings konkrete Anhaltspunkte vor, die den Erwerber als wirtschaftlich oder persönlich ungeeignet erscheinen lassen, obliegt es dem Veräußerer, diese Anhaltspunkte zu widerlegen. Hat der Erwerber z.B. die eidesstattliche Versicherung über seine Vermögensverhältnisse abgegeben, obliegt dem Veräußerer der Nachweis, dass der Erwerber wirtschaftlich wieder leistungsfähig ist. 51

Der Zustimmungsberechtigte darf die Erteilung der Veräußerungszustimmung nicht von der **Vorlage des Erwerbsvertrages** abhängig machen,[82] da das Vorliegen eines wichtigen Grundes nicht vom Kaufvertragsinhalt abhängt (siehe Rn 48). Der Zustimmungsberechtigte muss lediglich erfahren, welche Einheit veräußert werden soll. Die Gemeinschaftsordnung kann allerdings eine Pflicht zur Vorlage des vollständigen Erwerbsvertrages begründen.[83] 52

IV. Durchsetzung des Anspruchs auf Zustimmung

1. Inhaber des Anspruchs

Liegt kein wichtiger Grund zur Verweigerung der Veräußerungszustimmung vor, kann der **Veräußerer** vom Zustimmungsberechtigten die Erteilung der Veräußerungszustimmung verlangen, notfalls im Klagewege. **Klageantrag**: „... den Beklagten zu verurteilen, der Veräußerung der Wohnungseigentumseinheit Nr. ... der Wohneigentumsanlage ..., eingetragen im Grundbuch von ... Blatt ..., an Herrn/Frau ... zuzustimmen." Im Klageantrag oder im Urteilstenor muss nicht auf eine notarielle Kaufvertragsurkunde Bezug genommen werden, weil sich die Veräußerungszustimmung allein auf die Person des Erwerbers und nicht (auch) auf die kaufvertraglichen Absprachen zwischen Veräußerer und Erwerber bezieht. 53

Im Fall der **Zwangsversteigerung** ist der betreibende Gläubiger zur Durchsetzung des Anspruchs auf Zustimmung berechtigt,[84] weil das mit der Beschlagnahme erlangte Recht des Vollstreckungsgläubigers, vom Eigentümer (Schuldner) 54

---

76 OLG Frankfurt 20 W 376/92, ZMR 1994, 124.
77 KG 24 W 147/01, NZM 2002, 29.
78 BayObLG WE 1884, 60; *Rieckel/Schmid/Schneider*, § 12 Rn 130.
79 Ähnlich Staudinger/*Kreuzer*, § 12 Rn 52.
80 *Bärmann/Klein*, § 12 Rn 42; OLG Hamm 15 W 199/92, NJW-RR 1993, 279.
81 OLG Hamburg 2 Wx 92/98, ZMR 2004, 850; OLG Köln 19 U 139/95, NJW-RR 1996, 1296.
82 **A.A.** *Liessem*, NJW 1988, 1306; offen gelassen OLG Hamburg 2 Wx 92/98, ZMR 2004, 850.
83 OLG Hamburg 2 Wx 92/98, ZMR 2004, 850.
84 *Bärmann/Wenzel*, § 12 Rn 41.

die Verwertung des Wohnungseigentums im Wege der zwangsweisen Veräußerung verlangen zu können, als Nebenrecht den Anspruch gegen den Zustimmungsberechtigten auf Erteilung der Veräußerungszustimmung umfasst.

2. Anspruchsgegner

55 Passivlegitimiert für die auf Erteilung der Veräußerungszustimmung gerichtete Klage ist grundsätzlich der in der Vereinbarung genannte **Zustimmungsberechtigte**. Die Passivlegitimation kann allerdings von einem zustimmungsberechtigten Dritten, z.B. dem Verwalter, **auf die Wohnungseigentümer übergehen**, wenn diese durch Beschluss oder Einzelerklärungen verlautbart haben, die Veräußerungszustimmung nicht zu erteilen. Die Rechtswirkungen dieses Beschlusses bzw dieser Erklärungen hängen davon ab, ob die Wohnungseigentümer nach der Vereinbarung zu § 12 die Entscheidungsbefugnis über die Erteilung der Veräußerungszustimmung an sich ziehen oder die Entscheidung anstelle des zustimmungsbefugten Dritten treffen können. Bestimmt die Vereinbarung zu § 12, dass der Verwalter die Entscheidung über die Erteilung der Veräußerungszustimmung auf die Wohnungseigentümer übertragen kann oder die Wohnungseigentümer die Entscheidungsbefugnis (i.d.R. durch Beschluss) an sich ziehen können, und haben die Wohnungseigentümer durch Beschluss oder Einzelerklärungen entschieden, die Veräußerungszustimmung nicht zu erteilen, verliert dadurch der an sich zustimmungsberechtigte Dritte die Zustimmungsbefugnis und damit auch die Passivlegitimation.[85] In diesem Fall wäre die Zustimmungsklage gegen jene Wohnungseigentümer zu richten, deren Veräußerungszustimmung nicht in der Form des § 19 GBO vorliegt. Etwaige in der Versammlung überstimmte Eigentümer sind nicht gehindert, trotz des gefassten Mehrheitsbeschlusses über die Verweigerung der Veräußerungszustimmung ihre Zustimmung individuell zu erteilen und dem Veräußerer in der Form des § 19 GBO vorzulegen. Der zustimmende Eigentümer hätte dadurch den Zustimmungsanspruch des Veräußerers erfüllt, sodass die Klage auf Erteilung der Veräußerungszustimmung nur noch gegen die übrigen Eigentümer zu richten wäre. Die beklagten Wohnungseigentümer sind in einem solchen Klageverfahren keine notwendigen Streitgenossen, sie können also auch noch während des Prozesses individuell Anerkenntniserklärungen abgeben.

56 Auch wenn die Vereinbarung zu § 12 nicht ausdrücklich regelt, ob die Wohnungseigentümer anstelle des zustimmungsberechtigten Dritten über die Erteilung der Veräußerungszustimmung entscheiden können, ergibt die Auslegung i.d.R., dass der Dritte keine originäre Entscheidungskompetenz haben soll, die nur er wahrnehmen kann. Da § 12 allein dem Schutz der Wohnungseigentümer – und nicht des Dritten – dient, wird der Dritte bei der Zustimmung zur Veräußerung als Treuhänder und mittelbarer Stellvertreter der Wohnungseigentümer tätig. Als unmittelbar Betroffene können die Wohnungseigentümer jederzeit die Entscheidung an sich ziehen und selbst treffen.[86] Haben die Wohnungseigentümer sich gegen die Zustimmung entschieden, ist es dem Dritten als Treuhänder und mittelbarer Stellvertreter verwehrt, die Veräußerungszustimmung gleichwohl zu erteilen. Die Klage auf Erteilung der Zustimmung wäre daher gegen die Wohnungseigentümer zu richten.

Von einem Positivbeschluss der Wohnungseigentümerversammlung, die Veräußerungszustimmung nicht zu erteilen, ist ein **Negativbeschluss** zu unterscheiden, bei dem der auf Erteilung der Veräußerungszustimmung formulierte Beschlussantrag keine ausreichende Mehrheit findet. Da dieser Negativbeschluss nicht das inhaltliche Gegenteil (d.h. die Verweigerung der Veräußerungszustimmung) regelt, verliert der an sich zustimmungsberechtigte Dritte durch einen solchen Beschluss die Passivlegitimation nicht. Nur ein Positivbeschluss (siehe § 23 Rn 58) enthält eine inhaltlich verbindliche Regelung über die zur Abstimmung gestellte Frage.

57 Der Verwalter bleibt auch dann für die Erteilung der Zustimmung zuständig und im Klageverfahren passivlegitimiert, wenn die Wohnungseigentümer durch Beschluss entschieden haben, die Zustimmung zu erteilen bzw. die Zustimmung nicht zu versagen. **Verweigert der Verwalter** die Durchführung dieses Beschlusses nach § 27 Abs. 1 Nr. 1, kann der Veräußerer ihn auf Durchführung des Beschlusses, d.h. Erteilung der Zustimmung im Verfahren nach § 43 Nr. 3 in Anspruch nehmen. Der in der Versammlung gefasste Eigentümerbeschluss ersetzt die Zustimmung nicht, sofern die Vereinbarung zu § 12 nicht ausdrücklich bestimmt, dass die Zustimmung des Verwalters durch einen Mehrheitsbeschluss ersetzt werden kann.

58 Sollte die Vereinbarung zu § 12 ausdrücklich regeln, dass der berechtigte Dritte bei der Erteilung der Veräußerungszustimmung **nicht an Weisungen** oder Beschlüsse der Wohnungseigentümer **gebunden** ist, dürfte diese Regelung nichtig sein.[87] Denn sie ist mit Sinn und Zweck des eng auszulegenden § 12 nicht vereinbar. Es ist kein Grund ersichtlich, weshalb der Dritte den Eigentumserwerb verhindern können soll, wenn und obwohl alle Eigentümer mit dem Eintritt des Erwerbers in die Gemeinschaft einverstanden sind. Zugleich müssen die Wohnungseigentümer die Möglichkeit haben, die Erteilung der Veräußerungszustimmung zu verhindern, wenn der Dritte beabsichtigt, die Veräußerungszustimmung trotz Vorliegens eines wichtigen Grundes zu erteilen.

---

85 BGH V ZR 166/10, NZM 2011, 719.
86 BGH V ZR 166/10, NZM 2011, 719.
87 **A.A.** wohl BGH V ZR 166/10, NZM 2011, 719.

3. Zwangsvollstreckung

Die Zustimmungserklärung gilt nach § 894 ZPO mit Rechtskraft der Entscheidung als abgegeben.[88] Der **Streitwert** entspricht je nach dem Verkehrswert der Wohnung 10–20 Prozent des Kaufpreises.[89]

H. Wirkung fehlender Zustimmung (Abs. 3)

Solange die erforderliche Zustimmung nicht erteilt ist, sind gemäß § 12 Abs. 3 S. 1 sowohl der schuldrechtliche **Kaufvertrag** als auch die dinglichen **Auflassungserklärungen** gegenüber jedermann **schwebend unwirksam**.

I. Rechte der Vertragsparteien während der Schwebephase

Auch wenn der Veräußerungsvertrag zunächst schwebend unwirksam ist, bedeutet dies nicht, dass mit Abschluss des Veräußerungsvertrages noch keinerlei Rechtsbeziehungen zwischen Veräußerer und Erwerber entstehen. Zwar können die Vertragsparteien während des Schwebezustandes noch keine Erfüllung der Hauptleistungspflichten (z.B. Zahlung des Kaufpreises; Übereignung und Übergabe der Wohnungseigentumseinheit) sowie der von der Erfüllung der Hauptleistungspflichten abhängigen Nebenpflichten verlangen (z.B. Zahlung des Wohngeldes durch den Erwerber bereits vor Eigentumsübergang). Mit Abschluss des Veräußerungsvertrages sind die Parteien aber schon gemäß § 241 Abs. 2 BGB zur gegenseitigen Rücksichtnahme verpflichtet.[90] Die Vertragsparteien haben alles zu unterlassen, was eine Abwicklung des Vertrages erschweren oder verhindern könnte. Auch wenn während der Schwebephase grundsätzlich noch keine Leistungsansprüche zwischen den Parteien fällig sind, ist der Veräußerer einer Wohnungseigentumseinheit gleichwohl verpflichtet, alles ihm Zumutbare zur Beibringung der Veräußerungszustimmung zu tun.[91] Denn der Vertrag kann nur wirksam werden, wenn der Veräußerer die Zustimmungserklärung beibringt. Nur der Veräußerer hat einen Anspruch gegen die Berechtigten auf Abgabe der Veräußerungszustimmung (siehe Rn 53). Folglich ist der Veräußerer gegenüber dem Erwerber verpflichtet, die Veräußerungszustimmung einzuholen. Den Veräußerer trifft aber keine verschuldensunabhängige Garantiehaftung für die Erteilung der Zustimmung. Der Veräußerer ist lediglich verpflichtet, alles ihm Zumutbare für die Erteilung der Veräußerungszustimmung zu tun, insbesondere den Zustimmungsberechtigten über den Veräußerungsvertrag und die Person des Erwerbers zu informieren, dem Zustimmungsberechtigten alle erforderlichen Informationen über den Erwerber vorzulegen (siehe Rn 51), dem Zustimmungsberechtigten ggf. eine Frist zur Abgabe der Erklärung zu setzen und im Fall des fruchtlosen Fristablaufs oder der ausdrücklichen, grundlosen Verweigerung der Zustimmung Klage auf Abgabe der Veräußerungszustimmung zu erheben. Der Erwerber kann dem Veräußerer hierfür eine Frist setzen und im Falle des Verzugs Klage auf Erfüllung der vorstehend beschriebenen Verpflichtung erheben. Das Urteil wird gemäß § 888 ZPO durch Zwangsgeld und Zwangshaft vollstreckt. Daneben kann der Erwerber gemäß § 280 BGB Schadensersatz gegenüber dem Veräußerer im Fall der Pflichtverletzung geltend machen.[92] Der Erwerber kann auch gemäß §§ 323, 324 BGB vom Vertrag zurücktreten, wenn der Veräußerer nicht alles ihm Zumutbare für die Erteilung der Veräußerungszustimmung unternimmt.

Unternimmt der Veräußerer alles ihm Zumutbare zur Beibringung der Veräußerungszustimmung, kann der Erwerber nicht allein deshalb vom Erwerbsvertrag **zurücktreten**, weil der Zustimmungsberechtigte die **Veräußerungszustimmung grundlos verweigert** oder die Erklärung aus sonstigen Gründen nicht beigebracht werden kann und dem Veräußerer deshalb die Übereignung der Wohnungseigentumseinheit unmöglich ist. Denn ein Rücktritt wegen Nichterfüllung der Hauptleistungspflicht des Veräußerers ist so lange ausgeschlossen, wie der Anspruch auf Übertragung des Eigentums mangels Wirksamkeit des Kaufvertrages noch gar nicht entstanden ist. Will der Erwerber nicht das Risiko tragen, einen unabsehbar langen Zeitraum auf die Erteilung der Veräußerungszustimmung warten zu müssen und während dieser Zeit an den Kaufvertrag gebunden zu sein, muss er mit dem Verkäufer ein außerordentliches Rücktrittsrecht für den Fall vereinbaren, dass die Veräußerungszustimmung nicht bis zu einem bestimmten Zeitpunkt vorliegt. Einer ausdrücklichen vertraglichen Regelung bedarf es auch, wenn der Erwerber unabhängig von einem Pflichtenverstoß des Veräußerers **Schadensersatz** wegen Nichterfüllung gegenüber dem Veräußerer geltend machen will, falls der Zustimmungsberechtigte die Veräußerungszustimmung bis zu einem bestimmten Zeitpunkt nicht erteilt hat.

Ohne Einfluss auf die schwebende Unwirksamkeit des Veräußerungsvertrages ist, ob der Zustimmungsberechtigte erklärt hat, er versage die Veräußerungszustimmung endgültig, obwohl ein wichtiger Grund zur Versagung nicht vorliegt. Die im Schrifttum vertretene Ansicht,[93] bei **endgültiger Versagung der Veräußerungszustimmung** werde der Veräußerungsvertrag endgültig unwirksam, überzeugt nicht. Denn die schwebende Unwirksamkeit wandelt sich nur dann in eine endgültige Unwirksamkeit, wenn die Veräußerungszustimmung nicht mehr erteilt werden kann. Solange die Veräußerungszustimmung vom Berechtigten aber noch im Klagewege erfolgreich eingefordert werden kann, kann der Vertrag auch noch Wirksamkeit erlangen. Endgültig unwirksam ist der Veräußerungsvertrag nur dann,

---

88 OLG Zweibrücken 3 W 142/05, ZMR 2006 219.
89 BayObLG 2Z BR 19/98, NZM 1998, 868.
90 Palandt/*Ellenberger*, Überblick vor § 104 Rn 31.
91 Vgl. Palandt/*Grüneberg*, § 242 Rn 33.
92 Vgl. Palandt/*Grüneberg*, § 280 Rn 29.
93 *Bärmann/Klein*, § 12 Rn 43; *Jennißen/Grziwotz*, § 12 Rn 38, jeweils unter Verweis auf BayObLG BReg 2 Z 107/82, Rpfleger 1983, 350.

wenn ein Versagungsgrund i.S.d. § 12 Abs. 2 vorliegt und der Zustimmungsberechtigte die Veräußerungszustimmung endgültig verweigert. In diesem Fall wäre eine Klage auf Erteilung der Zustimmung unbegründet. Zu den folgen eines bestandskräftigen Beschlusses, mit dem die Wohnungseigentümer die Zustimmung versagt haben, siehe Rn 22.

II. Grundbucheintragung

64 Wird der Erwerber trotz fehlender Zustimmung als Eigentümer ins Grundbuch eingetragen, etwa weil die Unwirksamkeit der Veräußerungszustimmung nicht erkannt wurde, ist das **Grundbuch unrichtig**. Gemäß § 53 GBO kann ein **Amtswiderspruch** eingetragen werden. Der Grundbuchberichtigungsanspruch steht ausschließlich dem Veräußerer, nicht aber dem Verwalter oder den übrigen Eigentümern zu.[94] Nach Auffassung des OLG Hamm soll ein Mehrheitsbeschluss aber ordnungsmäßiger Verwaltung entsprechen, mit dem die Wohnungseigentümer den Verwalter ermächtigen, den Veräußerer auf Geltendmachung seines **Grundbuchberichtigungsanspruch** in Anspruch zu nehmen.[95]

III. Zwangsversteigerung

65 Im Fall der **Zwangsversteigerung** ist der Zuschlag nach §§ 79 ff. ZVG nur zu erteilen, wenn die Veräußerungszustimmung vorliegt. Ergeht der Zuschlag ohne die erforderliche Zustimmung, heilt der rechtskräftige staatliche Hoheitsakt das Fehlen der Zustimmung. Der Ersteher wird auch ohne die erforderliche Zustimmung Eigentümer.[96]

I. Schadensersatz bei verweigerter oder zu Unrecht erteilter Zustimmung
I. Schadensersatzanspruch des Veräußerers

66 Verweigert der Zustimmungsberechtigte ohne wichtigen Grund die Zustimmung, können dem Veräußerer gemäß § 280 BGB Schadensersatzansprüche wegen Pflichtverletzung zustehen.[97] Befindet sich der Zustimmungsberechtigte mit der Erteilung der erforderlichen Zustimmung im **Verzug**, kommt ein Ersatzanspruch des Veräußerers gemäß § 286 BGB in Betracht.[98]

67 I.d.R. ist die Erteilung der Veräußerungszustimmung kaufvertraglich geregelte Voraussetzung für die Auszahlung des Kaufpreises an den Veräußerer. Gerät der Zustimmungsberechtigte mit der Erteilung der Zustimmung in Verzug, kann dies zu einer verzögerten Kaufpreisauszahlung führen, wenn alle sonstigen vereinbarten Voraussetzungen für die Auszahlung des Kaufpreises vorliegen. Kann der Veräußerer schlüssig darlegen, dass er die Kaufpreisvaluta gewinnbringend angelegt hätte, wenn er diese (ohne Verzögerung) erhalten hätte, liegt in dem **entgangenen Gewinn** ein Schaden. Die Schadenshöhe muss konkret dargelegt werden. Nicht möglich ist eine abstrakte **Schadensberechnung entsprechend § 288 BGB**. Der BGH entschied zwar, dass jene Person, die zur Freigabe eines hinterlegten Betrages verpflichtet ist und diese Erklärung nicht oder nicht rechtzeitig abgibt, entsprechend § 288 BGB auf Schadensersatz haftet.[99] Diese Entscheidung erging jedoch zu der bis zum 30.4.2000 geltenden Fassung des § 288 BGB. Auf die neue Fassung des § 288 BGB kann die Rechtsansicht des BGH nicht übertragen werden. Die bis zum 30.4.2000 geltende Fassung des § 288 BGB entsprang dem Gedanken, dass es dem Gläubiger im Allgemeinen möglich sei, Geld zu einem bestimmten Mindestzinssatz anzulegen. Der in § 288 BGB a.F. festgelegte Zinssatz betrug seinerzeit 4 Prozent p.a. Zum damaligen Zeitpunkt ging der Gesetzgeber davon aus, dass der Gläubiger diese Rendite in jedem Falle erwirtschaften könne. Daher könne er auch vom Schuldner, der einen bestimmten Geldbetrag nicht frei gibt, entgangenen Gewinn in dieser Höhe fordern, ohne einen konkreten Schaden nachweisen zu müssen. Diese Erwägungen sind mit der derzeit geltenden Fassung des § 288 BGB nicht mehr vereinbar. Bei der Erhöhung des Verzugszinssatzes löste sich der Gesetzgeber von dem der alten Norm zugrunde liegenden Gedanken der Mindestverzinsung und führte einen „Strafzins" ein. Dieser soll den Schuldner von den Folgen der Überschreitung der Zahlungsfristen abschrecken (Umsetzung der Richtlinie 2000/35/EG des Europäischen Parlaments und des Rates vom 29. Juni 2000 zur Bekämpfung von Zahlungsverzug im Geschäftsverkehr). Die Höhe des neuen Verzugszinssatzes liegt deutlich über dem, was üblicherweise an Rendite bei Kapitalanlagen erwirtschaftet werden kann. Daher kann vom heutigen Standpunkt aus nicht mehr angenommen werden, dass der Gläubiger eine Rendite in Höhe des derzeit in § 288 BGB geregelten Verzugszinssatzes erwirtschaften kann. Auch ein Rückgriff auf § 288 BGB a.F. scheidet aus, nachdem der Gesetzgeber diese Norm außer Kraft gesetzt hat.

68 Hätte der Veräußerer mit dem Kaufpreis eine Darlehensverbindlichkeit gegenüber einem Dritten abgelöst, liegt in den **Schuldzinsen**, die der Veräußerer bei rechtzeitigem Erhalt des Kaufpreises nicht hätte zahlen müssen, ein Schaden. Schuldzinsen stellen auch dann einen kausalen Schaden dar, wenn der Veräußerer seinerseits zur Zahlung gegenüber

---

94 OLG Hamm 15 W 55/01, ZMR 2001, 840.
95 OLG Hamm 15 W 268/00, ZWE 2002, 42.
96 *Bärmann/Klein*, § 12 Rn 44; *Riecke/Schmid/Schneider*, § 12 Rn 105.
97 Staudinger/*Kreuzer*, § 12 Rn 63.
98 BayObLG 2Z BR 80/92, NJW-RR 1993, 280.
99 BGH XI ZR 271/05, NJW 2006, 2398.

einem Dritten verpflichtet war und er zur Erfüllung der Zahlungspflicht ein Darlehen aufnehmen musste, was nicht erforderlich gewesen wäre, wenn er den Kaufpreis rechtzeitig erhalten hätte.

Wird der Kaufvertrag zwischen Veräußerer und Erwerber wegen (zu Unrecht) verweigerter Veräußerungszustimmung rückabgewickelt, kommen **Beurkundungskosten, Maklerhonorar, entgangener Gewinn** des Veräußerers als Schadenspositionen in Betracht. Denkbar ist auch, dass der Erwerber den Veräußerer auf Schadensersatz wegen Nichterfüllung in Anspruch nimmt und der Veräußerer vom Zustimmungsberechtigten Freistellung von der Verbindlichkeit oder Ersatz für eine bereits an den Erwerber geleistete Schadensersatzzahlung verlangt. 69

II. Schadensersatzanspruch des Erwerbers

Der Erwerber kann hingegen keine Ansprüche gegen den **Zustimmungsberechtigten** geltend machen, da er mit diesem in der Regel in keiner Rechtsbeziehung steht. Dem Erwerber können allenfalls gemäß § 280 BGB Schadensersatzansprüche gegen den **Veräußerer** zustehen, wenn dieser seinen Anspruch auf Erteilung der Veräußerungszustimmung nicht oder verzögert durchsetzt, sodass die Abwicklung des Kaufvertrages scheitert oder sich verzögert (siehe Rn 61 ff.). 70

III. Schadensersatzanspruch der Gemeinschaft

Erteilt der Zustimmungsberechtigte die Zustimmung, obwohl ein **wichtiger Grund** in der Person des Erwerbers **vorliegen**, kommt ein Schadensersatzanspruch der Wohnungseigentümer bzw. der Wohnungseigentümergemeinschaft gegen den Zustimmungsberechtigten in Betracht. Ein kausaler Schaden entsteht etwa, wenn der Erwerber zur Zahlung der Wohngeldbeiträge nicht in der Lage ist. 71

§ 13 Rechte des Wohnungseigentümers

(1) Jeder Wohnungseigentümer kann, soweit nicht das Gesetz oder Rechte Dritter entgegenstehen, mit den im Sondereigentum stehenden Gebäudeteilen nach Belieben verfahren, insbesondere diese bewohnen, vermieten, verpachten oder in sonstiger Weise nutzen, und andere von Einwirkungen ausschließen.

(2) ¹Jeder Wohnungseigentümer ist zum Mitgebrauch des gemeinschaftlichen Eigentums nach Maßgabe der §§ 14, 15 berechtigt. ²An den sonstigen Nutzungen des gemeinschaftlichen Eigentums gebührt jedem Wohnungseigentümer ein Anteil nach Maßgabe des § 16.

A. Allgemeines 1	D. Verfügungen über das Sonder- und
B. Rechte aus dem Sondereigentum 2	Gemeinschaftseigentum 27
I. Allgemeine Eigentumsrechte 2	E. Sondernutzungsrecht 29
II. Beschränkungen der Eigentumsrechte 4	I. Begriff und Rechtsnatur 29
III. Eigentums- und Besitzschutz 7	II. Berechtigter 31
IV. Schadensersatzansprüche 10	III. Begründung 35
V. Nachbarrechtlicher Ausgleichsanspruch 11	1. Vereinbarung, Form 35
1. Verhältnis zwischen Sondereigentümern	2. Begründung und Zuweisung durch Aufteiler .. 37
verschiedener Einheiten 12	3. Bestimmtheitserfordernis, Auslegung 42
2. Verhältnis zwischen Sondereigentümer und	4. Mehrheitsbeschluss 43
Gemeinschaft 13	IV. Übertragung 44
3. Verhältnis zwischen Sondereigentümer und	V. Aufhebung 46
Mieter verschiedener Einheiten 15	VI. Belastung 47
4. Verhältnis zwischen Mietern verschiedener	VII. Rechtsinhalt 48
Sondereigentumseinheiten 16	1. Rechte 49
C. Rechte aus dem Miteigentum 17	2. Pflichten 54
I. Mitgebrauch 18	VIII. Ansprüche bei Störungen 62
II. Rechte an sonstigen Nutzungen 22	IX. Verjährung, Verwirkung 63
III. Eigentums- und Besitzschutz 23	X. Abgrenzung zur Gebrauchsregelung 64
IV. Schadensersatzansprüche 26	XI. Abgrenzung zur Miete 65

Literatur: *Abramenko,* Die Umdeutung unwirksamer Eintragungen von Sondereigentum in Sondernutzungsrechte, Rpfleger 1998, 313; *Bielefeld,* Garten und Gartennutzung in Wohnungseigentumsanlagen, DWE 1995, 94; *ders.,* Garten und Gartennutzung in Wohneigentumsanlagen, DWE 1996, 68; *Böttcher,* Sondernutzungsrecht bei Veräußerung von Wohnungseigentum, NotBZ 2007, 201; *Briesemeister,* Bauliche Veränderungen im Sondernutzungsbereich, DWE 2005, 67; *Drasdo,* Einräumung, Änderung und Aufhebung von Sondernutzungsrechten, DWE 2000, 93; *Dötsch,* Analoge nachbarrechtliche Ausgleichshaftung innerhalb von Wohnungseigentümergemeinschaften, MietRB 2006, 333; *ders.,* Ausgleichsanspruch analog § 906 II 2 BGB bei Beeinträchtigung durch Mangel am Gemeinschaftseigentum, NZM 2010, 607; *Geißel,* Zur Ausgestaltung von Sondernutzungsrechten am Gemeinschaftseigentum, MittRhNotK 1998, 328; *Häublein,* Sondernutzungsrechte und ihre Begründung im Wohnungseigentumsrecht, 2003; *Hogenschurz,* Das Sondernutzungsrecht nach WEG, 2008; *ders.,* Sondernutzungsrechte an Gartenflächen, MietRB 2003, 85; *Kreuzer,* Sondernutzungsrechte – Begründung, Übertragung, Änderung, FS Merle (2000), 203; *Merle,* Die zweckwidrige Nutzung von Wohnungseigentum, WE 1993, 148; *Ott,* Das Sondernutzungsrecht im Wohnungseigentum, 2000; *ders.* Die Begründung von Sondernutzungsrechten durch vereinbarungsersetzenden Mehrheitsbeschluss, ZWE 2000, 333; *ders.*, Löschung eines Sondernutzungsrechtes durch den Berechtigten, ZWE 2000, 413; *ders* Die Rechtsnatur von Sondernutzungsrechten, ZWE 2001, 12; *Reichert,* Das Hausrecht in Wohnungseigentumsanlagen, ZWE 2009, 189; *Sauren,* Sondernutzungsrecht einzelner Wohnungseigentümer an Teilen eines gemeinschaftlichen Raumes, FS Merle (2000), 261; *Schneider,* Sondernutzungsrechte im Grundbuch, Rpfleger 1989, 9, 53; *Schuschke,* Die Sondernutzung an Gartenflächen der Wohneigentumsanlage, NZM 1998, 737; *Wenzel,* Der Störer und seine verschuldensunabhängige Haftung im Nachbarrecht, NJW 2005, 241; *ders.*, Die Verfolgung von Beseitigungsansprüchen durch die Wohnungseigentümergemeinschaft, ZMR 2006, 245; *ders.*, Hausverbot gegen Lebensgefährten, ZWE 2009, 165.

A. Allgemeines

1 § 13 konkretisiert das **allgemeine Eigentumsrecht** des § 903 BGB. Die Norm unterscheidet nach der Natur der Sache zwischen dem Recht aus dem Sondereigentum und dem Recht aus dem Gemeinschaftseigentum. Beides ist echtes Eigentum und genießt den Eigentumsschutz. § 13 befasst sich jedoch nicht abschließend mit allen Rechten aus dem Wohnungseigentum, z.B. nicht mit den Veräußerungs- und Belastungsrechten des Sondereigentums, Verfügungsrechten aller Miteigentümer über das Grundstück als Ganzes und Abwehransprüchen gegen Störungen des Eigentums.

B. Rechte aus dem Sondereigentum

I. Allgemeine Eigentumsrechte

2 Jeder Wohnungseigentümer ist in Bezug auf sein Sondereigentum **Alleineigentümer.** Daher übernimmt § 13 Abs. 1 fast wörtlich § 903 BGB. Hiernach kann jeder Wohnungseigentümer (positiver Inhalt der Regel) mit seinem Sondereigentum nach Belieben verfahren. Er kann grundsätzlich (zu Einschränkungen siehe Rn 4) rechtlich Gebrauch machen durch **Übereignung, Belastung** mit dinglichen Rechten Dritter und **tatsächlich Gebrauch** machen durch Benutzung und Veränderung, wobei Verfügungen nur in Verbindung mit dem Miteigentumsanteil erfolgen können. Das Gesetz erläutert durch Beispiele den Umfang des tatsächlichen Gebrauchs durch Bewohnen der zum Sondereigentum gehörenden Räume, durch Vermietung oder Verpachtung oder durch Nutzung in sonstiger Weise. Hierzu zählt das Recht, die Räume zu verändern (z.B. Entfernen einer nichttragenden Innenwand), Gegenstände in das Sondereigentum einzufügen oder Bestandteile des Sondereigentums zu beseitigen.

3 Jeder Wohnungseigentümer kann (negativer Inhalt der Regel) andere Personen von der **Einwirkung** auf die im Sondereigentum stehenden Räume und Gebäudeteile **ausschließen.** Dieses Recht gibt dem Sondereigentümer die Möglichkeit zur Klage auf Herausgabe (§§ 985 ff. BGB) oder Beseitigung der Störung im Besitz (§§ 1004 ff. BGB). Im Gegensatz zu § 903 BGB spricht § 13 nicht von „jeder Einwirkung" sondern nur von „Einwirkung", dies deshalb, weil jeder Sondereigentümer auch gewissen Duldungspflichten (§ 14 Nr. 3 und 4) unterliegt.

II. Beschränkungen der Eigentumsrechte

4 Die Rechte aus dem Sondereigentum sind jedoch beschränkt durch Gesetz und Rechte Dritter. Jeder Sondereigentümer unterliegt den allgemeinen Schranken des Eigentums. Diese können sich aus dem **Privatrecht** (z.B. § 904 BGB – Nachbarrecht) oder dem **öffentlichen Recht** (z.B. Bauordnungsrecht, Denkmalschutzrecht, Zweckbestimmungsnormen oder dem Gebot der Rücksichtnahme im Immissionsschutzrecht) ergeben.

5 Die in jeder Teilungserklärung enthaltene **Zweckbestimmung** regelt, ob es sich bei einer Einheit um Wohnungseigentum oder um Teileigentum handelt. Wohnungseigentum darf grundsätzlich nur zu Wohnzwecken und Teileigentum zu jedem anderen Zweck als zu Wohnzwecken genutzt werden. Die Nutzung einer Teileigentumseinheit zu Wohnzwecken ist unzulässig.[1] Nur **ausnahmsweise** ist auch ein zweckbestimmungswidriger Gebrauch zulässig, wenn dieser nicht mehr stört als ein Gebrauch im Rahmen der Zweckbestimmung.[2] Ob dies der Fall ist, muss anhand einer **typisierenden generellen Betrachtungsweise** festgestellt werden,[3] wobei Beeinträchtigungen weder vorgetragen noch nachgewiesen werden müssen.[4] Unerheblich ist daher, ob der Nutzer sich besonders ruhig verhält.[5] (Zur typisierenden Betrachtungsweise siehe ausführlich § 15 Rn 12).

6 Unabhängig von der jeweiligen Zweckbestimmung darf ein Wohnungseigentümer gemäß **§ 14 Nr. 1** von seinem Sondereigentum nur in solcher Weise Gebrauch machen, dass dadurch keinem der anderen Wohnungseigentümer über das bei einem geordneten Zusammenleben unvermeidliche Maß hinaus ein Nachteil erwächst. Die Grenzen des Ge-

---

1 BayObLG 2Z BR 52/98, NZM 1999, 80; OLG Frankfurt 3 U 47/96, NZM 1998, 198.
2 BayObLG 2Z BR 60/01, ZWE 2002, 35; 2Z BR 130/93, WuM 1994, 222; OLG Köln 16 Wx 128/02, NZM 2003, 115.
3 BayObLG 2Z BR 20/00, ZWE 2001, 28.
4 BayObLG 2Z BR 52/98, NZM 1999, 80; OLG Frankfurt 3 U 47/96, NZM 1998, 198.
5 BayObLG 2Z BR 89/04, ZMR 2004, 925.

brauchs und der Nutzung des Sondereigentums können ferner durch **Vereinbarung** (§ 15 Abs. 1) und **Beschluss** (§ 15 Abs. 2) der Wohnungseigentümer geregelt, d.h. erweitert oder eingeschränkt, werden.

III. Eigentums- und Besitzschutz

Das Sondereigentum genießt **Eigentumsschutz** nach den **§§ 985, 1004 BGB**. Jeder Wohnungseigentümer kann Abwehransprüche wegen Beeinträchtigung des Sondereigentums sowohl gegenüber Dritten als auch gegenüber den Mitgliedern der Gemeinschaft allein geltend machen. Die Ausübung der Abwehransprüche wegen Eingriffs in das Sondereigentum kann nicht durch Beschluss der Wohnungseigentümer an die Gemeinschaft gezogen werden.[6] Dafür fehlt der Eigentümerversammlung die Beschlusskompetenz. Anders ist dies bei Störungen des Gemeinschaftseigentums und bei Ansprüchen aus § 15 Abs. 3.

Der einzelne Wohnungseigentümer ist hinsichtlich der in seinem Sondereigentum stehenden Gebäudeteile Teilbesitzer i.S.d. **§ 865 BGB**. Er genießt daher **Besitzschutz** wie ein Alleinbesitzer sowohl gegenüber Dritten als auch gegenüber den anderen Wohnungseigentümern.[7] Ihm stehen die Besitzschutzrechte der §§ 859 ff. BGB zu.

Öffentlich-rechtlichen Nachbarschutz genießt das Sondereigentum gegenüber Nachbargrundstücken.[8]

IV. Schadensersatzansprüche

Schadensersatzansprüche wegen Verletzung des Sondereigentums (§ 823 Abs. 1 BGB) stehen dem einzelnen betroffenen Eigentümer als Individualrechte zu und können von diesem allein geltend gemacht werden. Die Ansprüche können nicht an die Gemeinschaft gezogen werden, da den Wohnungseigentümern hierfür die Beschlusskompetenz fehlt.

V. Nachbarrechtlicher Ausgleichsanspruch

In jüngerer Zeit mehren sich Gerichtsentscheidungen zu der Frage, ob im Verhältnis der Wohnungseigentümer untereinander oder im Verhältnis zu Mietern nachbarrechtliche Ausgleichsansprüche analog § 906 Abs. 2 S. 2 BGB bestehen können.

1. Verhältnis zwischen Sondereigentümern verschiedener Einheiten

Nach Auffassung des OLG Stuttgart[9] soll ein nachbarrechtlicher Ausgleichsanspruch zwischen Sondereigentümern verschiedener Einheiten möglich sein, etwa wenn ein undichter Sanitäranschluss zu Wasserschäden in einer benachbarten Sondereigentumseinheit geführt hat. Für die Störereigenschaft eines Wohnungseigentümers sei es ausreichend aber auch erforderlich, dass die Beeinträchtigung des „Nachbarn" wenigstens mittelbar auf den Willen des Eigentümers oder Besitzers zurückgehe. Ob dies der Fall sei, könne nicht begrifflich, sondern nur in wertender Betrachtung von Fall zu Fall festgestellt werden.[10] Bei dieser wertenden Betrachtung sei im Wesentlichen auf die Schadensursache abzustellen. Nicht allein das Eigentum an der benachbarten Wohnung begründe den Anspruch, sondern der Gebrauch oder der Zustand des Sondereigentums, von dem die Schadensursache ausgehe. Nach Auffassung des OLG München[11] komme ein nachbarrechtlicher Ausgleichsanspruch jedenfalls dann nicht zum Tragen, wenn der Wohnungseigentümer von seinem Wohnungseigentum einen Gebrauch mache, der nach der Gemeinschaftsordnung gestattet sei.

2. Verhältnis zwischen Sondereigentümer und Gemeinschaft

Ein nachbarrechtlicher Ausgleichsanspruch analog § 906 Abs. 2 S. 2 BGB scheidet hingegen aus, wenn das Sondereigentum eines Wohnungseigentümers infolge eines Mangels am Gemeinschaftseigentum Schaden erleidet.[12] Da der geschädigte Sondereigentümer zugleich Miteigentümer des Gemeinschaftseigentums ist, durch das der Schaden verursacht wurde, fehlt es an einem nachbarschaftsähnlichen Verhältnis, das Voraussetzung für die Anwendbarkeit des § 906 Abs. 2 S. 2 BGB ist. Die ordnungsgemäße Nutzung und Erhaltung des gemeinschaftlichen Eigentums liegt im Interesse aller Miteigentümer, die sich insoweit nicht mit widerstreitenden Interessen bei der Nutzung ihres Eigentums gegenüberstehen. Die Regelung eines Ausgleichs zwischen Miteigentümern bei **Baumängeln** und -schäden an der gemeinschaftlichen Sache ist nicht Gegenstand des Ausgleichsanspruchs nach § 906 Abs. 2 S. 2 BGB.[13] Dies gilt auch dann, wenn der Mangel am Gemeinschaftseigentum nicht alle Wohnungseigentümer gleich betrifft, sondern nur zu einem Schaden an einer Sondereigentumseinheit führt. Die Beeinträchtigung des Sondereigentums beruht auch dann nicht auf der Nutzung benachbarter Eigentumsrechte an Grundstücken sondern auf dem Mangel an einem im gemeinschaftlichen Eigentum stehenden Bestandteil des Gebäudes, zu dessen Erhaltung und Instandset-

---

6 *Bärmann/Klein*, § 13 Rn 141; *Riecke/Schmid/Abramenko*, § 15 Rn 25.
7 BayObLG 2Z BR 140/97, WuM 1998, 561.
8 VGH München 1 CS 03.1785, NZM 2004, 235: zu baurechtlichen Nachbarrechten.
9 OLG Stuttgart 7 U 135/05, ZMR 2006, 391 mit zustimmender Anm. *Dötsch*.
10 Vgl. *Wenzel*, NJW 2005, 241.
11 OLG München 32 Wx 116/06, ZMR 2007, 215.
12 BGH V ZR 10/10, NZM 2010, 556, in diesem Fall kam es wegen eines Konstruktionsfehlers an einem Fenster-Tür-Element zu Feuchtigkeitsschäden am angrenzenden Sondereigentum.
13 BGH V ZR 10/10, NZM 2010, 556.

zung alle Miteigentümer gleichermaßen verpflichtet sind. Der geschädigte Sondereigentümer kann in diesem Fall nur gemäß § 280 BGB i.V.m. dem wohnungseigentumsrechtlichen Gemeinschaftsverhältnis Schadensersatz von der Gemeinschaft verlangen, wenn der Schaden auf eine schuldhafte Pflichtverletzung der Gemeinschaft (z.B. unterlassene rechtzeitige Reparatur des Gemeinschaftseigentums) zurückzuführen ist.[14] Weiterhin ist in diesem Zusammenhang an einen Anspruch gemäß § 14 Nr. 4 zu denken (siehe § 14 Rn 50 ff.).

14 Wird im umgekehrten Fall das **Gemeinschaftseigentum durch** das **Sondereigentum** eines Wohnungseigentümers **geschädigt,** dürfte ein verschuldensunabhängiger Entschädigungsanspruch ebenfalls ausscheiden,[15] da auch in dieser Konstellation festzustellen ist, dass zwischen dem Sondereigentumsbereich einerseits und dem Gemeinschaftseigentumsbereich andererseits kein nachbarschaftsähnliches Verhältnis besteht.

3. Verhältnis zwischen Sondereigentümer und Mieter verschiedener Einheiten

15 Im Verhältnis zwischen einem Wohnungseigentümer und dem Mieter einer anderen Wohnungseigentumseinheit derselben Wohnanlage ist ein verschuldensunabhängiger Ausgleichsanspruch nicht gegeben.[16] Hier fehlt es an einem nachbarschaftsähnlichen Gemeinschaftsverhältnis zwischen dem Wohnungseigentümer und dem Mieter einer anderen Wohnungs-/Teileigentumseinheit. Ein bloßes nebeneinander verschiedener Nutzungen oder Besitzverhältnisse genügt für eine analoge Anwendung des § 906 Abs. 2 S. 2 BGB nicht.

4. Verhältnis zwischen Mietern verschiedener Sondereigentumseinheiten

16 Für das Verhältnis der Mieter verschiedener Wohnungen eines Hauses untereinander hat der BGH[17] die doppelt analoge Anwendbarkeit des § 906 Abs. 2 S. 2 BGB verneint, da weder eine planwidrige Regelungslücke noch eine vergleichbare Interessenlage wie bei Grundstücksnachbarn bestehe.

C. Rechte aus dem Miteigentum

17 § 13 i.V.m. §§ 14–16 sind dem § 743 Abs. 2 BGB nachgebildet. Jedem Wohnungseigentümer gebührt ein **Mitgebrauch** am gemeinschaftlichen Eigentum gemäß §§ 14, 15 und an sonstigen Nutzungen des gemeinschaftlichen Eigentums gemäß § 16.

I. Mitgebrauch

18 Der **Mitgebrauch** gemäß §§ 14, 15 steht jedem Wohnungseigentümer zu und kann nur durch Vereinbarung ausgeschlossen werden. Der Umfang zum Mitgebrauch hängt nicht von der **Größe des Miteigentumsanteils** ab, der Inhaber eines großen Miteigentumsanteils ist also nicht zu einem intensiveren Mitgebrauch berechtigt als der Inhaber eines kleinen Miteigentumsanteils. Das Recht zum Mitgebrauch steht allen Wohnungseigentümern in gleichem Umfang zu.[18] Durch den Mitgebrauch darf jedoch keinem anderen Miteigentümer über das bei einem geordneten Zusammenleben unvermeidbare Maß hinaus ein Nachteil erwachsen (zu den Grenzen des zulässigen Gebrauchs siehe § 14 Rn 14 ff.). Im Rahmen des § 15 können die Wohnungseigentümer jedoch abweichende Regelungen durch Beschluss oder Vereinbarung treffen.

19 **Eingeschränkt** ist das Mitgebrauchsrecht **kraft Natur der Sache,** wenn bestimmte Bereiche des Gemeinschaftseigentums nur über ein Sondereigentum zugänglich sind. Die Auslegung der Teilungserklärung kann in diesen Fällen ergeben, dass diese Bereiche, etwa ein **Spitzboden,** der gemeinschaftlichen Nutzung aller Wohnungseigentümer nicht zugänglich sind und nur zur Durchführung von Instandhaltungs- oder Instandsetzungsarbeiten betreten werden dürfen.[19] Bei einem (nachträglich angebauten) **Balkon,** der nur über eine Wohnung betreten werden kann, haben nur die Eigentümer ein Recht zum Gebrauch, von deren Wohnung aus der Balkon erreichbar ist.[20]

20 Die **Vermietung des Sondereigentums** berechtigt den Mieter, auch das gemeinschaftliche Eigentum mitzugebrauchen. Dies gilt grundsätzlich auch für den Mitgebrauch derjenigen gemeinschaftlichen Einrichtungen, die für die Nutzung des Sondereigentums nicht notwendig sind.[21] Hierfür können die übrigen Eigentümer kein Entgelt verlangen,[22] z.B. für die Benutzung eines gemeinschaftlichen Schwimmbades. Etwas anderes kann gelten, wenn die Angestellten eines Mieters, der ein Ladenlokal gemietet hat, das gemeinschaftliche Schwimmbad benutzen. Überlässt ein Eigentümer seine Teileigentumseinheit an den Betreiber einer Kindertagesstätte, sind die dort betreuten Kinder grundsätzlich nicht berechtigt, den in der Wohnanlage vorhandenen Kinderspielplatz täglich zu gebrauchen.[23] Denn der Spielplatz dient seiner konkludenten Zweckbestimmung nach vornehmlich den in der Wohnanlage wohnenden Kindern.

---

14 BayObLG 2Z BR 45/02, ZMR 2003, 366; siehe auch § 21 Rn 76.
15 Zweifelnd *Dötsch*, NZM 2010, 607; *Timme/Dötsch*, § 15 Rn 183.
16 LG Konstanz 3 O 271/08, NZM 2009, 792.
17 BGH V ZR 180/03, ZMR 2004, 335.
18 OLG Hamm 15 W 210/00, NZM 2001, 239.
19 OLG Hamm 15 W 210/00, NZM 2001, 239; BayObLG 2Z BR 98/04, ZMR 2004, 844.
20 BayObLG 2Z BR 179/03, ZMR 2004, 132.
21 BayObLG 2Z BR 90/97, ZMR 1998, 182; einschränkend OLG Düsseldorf I-3 Wx 97/04, NJW-RR 2005, 163.
22 BayObLG DWE 1984, 30.
23 BayObLG 2Z BR 90/97, ZMR 1998, 182.

Ein **unzulässiger Übermaßgebrauch** kann auch vorliegen, wenn ein Eigentümer oder dessen Angehörige (z.B. Kinder) ständig Gäste in die Wohnanlage mitbringen (z.B. Kinder aus der Nachbarschaft), die das gemeinschaftliche Eigentum regelrecht belagern. Zu Abwehransprüchen gegen den Mieter siehe § 14 Rn 33.

Eine **Verpflichtung zum Mitgebrauch** besteht generell **nicht**. Sie könnte sich aber aus einer bestimmten Sachlage heraus im negativen Sinn ergeben, z.B. das Verbot, Hausmüll im Fahrstuhl zu transportieren, wenn eine Müllschluckeranlage vorhanden ist. 21

II. Rechte an sonstigen Nutzungen

Die sonstigen Nutzungen des gemeinschaftlichen Eigentums sind die „**Früchte**" i.S.d. § 99 BGB. Dies sind sowohl die rechtlichen Früchte, z.B. Gelderträge aus der Vermietung oder Verpachtung gemeinschaftlicher Pkw-Stellplätze (§ 99 Abs. 3 BGB), als auch die natürlichen Früchte, z.B. das Obst eines im gemeinschaftlichen Garten stehenden Baumes (§ 99 Abs. 1 BGB). An diesen Nutzungen gebührt jedem Wohnungseigentümer gemäß § 16 Abs. 1 ein seinem Anteil am gemeinschaftlichen Eigentum entsprechender Bruchteil. Ein Wohnungseigentümer ist daher grundsätzlich nicht berechtigt, das gemeinschaftliche Eigentum im eigenen Namen zu **vermieten** und die Mieten zu vereinnahmen. Zwar ist ein hiergegen verstoßender Mietvertrag wegen der Relativität des Schuldverhältnisses nicht nichtig. Die übrigen Eigentümer können vom Mieter aber Räumung und Unterlassung des alleinigen Gebrauchs verlangen. Die zu Unrecht gezogenen Mieteinnahmen stehen gemäß § 988 BGB sämtlichen Miteigentümern nach dem Verhältnis der Miteigentumsanteile zu. Ist die Höhe der gezogenen Rechtsfrüchte nicht bekannt, kann jeder Miteigentümer vom Vermieter Auskunft hierüber an alle Miteigentümer verlangen (§ 1011 BGB). Bei der Klage auf Herausgabe der Mieteinnahmen muss der Antrag ebenfalls auf Zahlung an die Gemeinschaft lauten. Die Gemeinschaft ist für die Ansprüche auf Auskunft und Herausgabe der Rechtsfrüchte nur dann aktivlegitimiert, wenn die Wohnungseigentümer einen entsprechenden Beschluss gefasst haben (§ 10 Abs. 6 S. 3 Hs. 2, 1. Var). Die Ansprüche gehören nicht zum Verwaltungsvermögen i.S.d. § 10 Abs. 7, denn sie resultieren unmittelbar aus dem gemeinschaftlichen Eigentum und dieses gehört nicht der (rechtsfähigen) Gemeinschaft sondern den Wohnungseigentümern (§ 10 Abs. 1). Insoweit gilt nichts anderes wie für den Anspruch auf Herausgabe des gemeinschaftlichen Eigentums nach § 985 BGB. Auch dieser Anspruch steht jedem Miteigentümer zu (siehe Rn 23). 22

Keine Früchte sind die **Gebrauchsvorteile** einer Sache nach § 100 BGB, da an ihnen keine Bruchteile möglich sind. Für diese gilt § 13 Abs. 2 S. 1.

III. Eigentums- und Besitzschutz

Jeder Wohnungseigentümer kann in Ansehung des Gemeinschaftseigentums am gesamten Grundstück nach Maßgabe des § 1011 BGB Ansprüche gegen Dritte aus §§ 985 ff., 1004 BGB geltend machen; Ansprüche auf **Herausgabe** gemeinschaftlichen Eigentums kann er jedoch nur **an alle Miteigentümer** gemeinschaftlich (§ 432 BGB) verlangen. Zu diesen Ansprüchen zählen z.B. der Anspruch auf Herausgabe eines Teils des gemeinschaftlichen Grundstücks, den ein Nachbar für sich beansprucht, Beseitigung von Bauschutt auf dem gemeinsamen Grundstück, den der Bauherr des Nachbargrundstücks ablagern ließ, Beseitigung bzw. Unterlassung von Geruchs- oder Lärmbelästigungen, die vom Nachbargrundstück ausgehen, Beseitigung eines Überbaus. Hierbei sind die Miteigentümer nicht notwendige Streitgenossen.[24] Der Anspruch aus § 985 BGB verjährt gemäß § 197 Abs. 1 Nr. 1 BGB in 30 Jahren.[25] Die **Besitzschutzansprüche** gegen Dritte aus § 859 ff. BGB kann jeder Wohnungseigentümer als Mitbesitzer allein geltend machen. Im Verhältnis zu den anderen Wohnungseigentümern gilt jedoch die Beschränkung des § 866 BGB. 23

Die Wohnungseigentümer können die Geltendmachung von Abwehransprüchen wegen Störung des Gemeinschaftseigentums durch **Mehrheitsbeschluss** zur **Gemeinschaftsangelegenheit** machen. Aktivlegitimiert ist dann gemäß § 10 Abs. 6 S. 3, Hs. 2, 2. Variante die Gemeinschaft der Wohnungseigentümer (siehe § 10 Rn 89; § 15 Rn 39). 24

Zu Abwehransprüchen des Eigentümers wegen **Störungen durch andere Wohnungseigentümer** aufgrund Verstoßes gegen §§ 14, 15 siehe § 15 Rn 33. 25

IV. Schadensersatzansprüche

Wird das Gemeinschaftseigentum geschädigt, stehen Schadensersatzansprüche gemäß § 823 BGB allen Wohnungseigentümern gemeinschaftlich zu. Die Geltendmachung der Schadensersatzansprüche ist jedoch gemäß § 10 Abs. 6 S. 3, Hs. 1 Angelegenheit der (rechtsfähigen) Wohnungseigentümergemeinschaft (vgl. § 10 Rn 85). 26

Beschädigt der **Mieter** einer Wohnungseigentumseinheit das Gemeinschaftseigentum, z.B. den Aufzug, findet die **Verjährungsvorschrift** des § 548 Abs. 1 BGB auf die Schadensersatzansprüche der Gemeinschaft keine Anwendung.[26]

---

24 BGH V ZR 67/83, BGHZ 92, 351.
25 BGH V ZR 147/10, NJW 2011, 1069.
26 BGH VIII ZR 349/10, NJW 2011, 2717.

D. Verfügungen über das Sonder- und Gemeinschaftseigentum

27 **Besondere Rechte aus dem Wohnungseigentum,** die nicht in § 13 geregelt sind, ergeben sich aus § 747 BGB. Hiernach kann jeder Wohnungseigentümer über sein Wohnungseigentum einschließlich des Zubehörs rechtlich verfügen, es also ganz oder teilweise veräußern oder belasten oder inhaltlich verändern, sofern nicht Vereinbarungen nach § 12 dieses Recht beschränken. Das Wohnungseigentum kann z.B. zugunsten des jeweiligen Eigentümers einer anderen Wohnung mit einer Grunddienstbarkeit belastet werden, wonach ein Fenster ständig geschlossen zu halten ist.[27]

28 Jeder Wohnungseigentümer kann ferner gemeinsam mit allen übrigen Wohnungseigentümern über das **Grundstück als Ganzes verfügen**, einschließlich der zum Sondereigentum gehörenden Gebäudeteile. Die Übertragung eines Teils des gemeinschaftlichen Grundstücks an einen Dritten oder die Umwandlung eines im Gemeinschaftseigentum stehenden Raumes in Sondereigentum bedarf der Zustimmung sämtlicher Wohnungseigentümer und der dinglich Berechtigten an allen Sondereigentumseinheiten. Ein auf die Veräußerung des Gemeinschaftseigentums gerichteter Eigentümerbeschluss ist mangels Beschlusskompetenz nichtig.[28]

E. Sondernutzungsrecht

I. Begriff und Rechtsnatur

29 Der Begriff Sondernutzungsrecht bezeichnet die einem oder einigen Wohnungseigentümern eingeräumte Befugnis, einen Teil des **Gemeinschaftseigentums allein nutzen** zu dürfen und die übrigen Wohnungseigentümer von der Nutzung ausschließen zu können.[29] Das Gesetz verwendet den Begriff ausschließlich in § 5 Abs. 4. Das Recht zur Sondernutzung kann sich auf gemeinschaftliche Räume (z.B. Keller), Teile eines gemeinschaftlichen Raumes (z.B. Flur, Stellplatz in Garage), ganze Gebäude oder Gebäudeteile (z.B. Tiefgarage, Schwimmbad), Freiflächen (z.B. Garten) oder einzelne Gebäudebestandteile (z.B. Fassade als Werbefläche, Aufzug) beziehen. Gegenstand des Sondernutzungsrechts kann aber stets nur gemeinschaftliches Eigentum sein. Das eingetragene Sondernutzungsrecht ist weder ein dingliches noch ein grundstücksgleiches Recht, sondern ein **schuldrechtliches Gebrauchsrecht**, das mit der Eintragung im Grundbuch eine Inhaltsänderung aller Wohnungseigentumsrechte bewirkt.[30]

30 Alleinige **Nutzungsrechte am Sondereigentum** fallen nicht darunter.[31] Ebenso wenig fallen Alleinnutzungsrechte unter Mitberechtigten an einer Wohnungseigentumseinheit in diese Kategorie.[32]

II. Berechtigter

31 Inhaber eines Sondernutzungsrechts kann nur **ein Wohnungseigentümer**, d.h. ein aktuelles Mitglied der Wohnungseigentümergemeinschaft, sein.[33] Ein Sondernutzungsrecht zugunsten einer Person außerhalb der Wohnungseigentümergemeinschaft ist nicht denkbar, da ein Sondernutzungsrecht durch Vereinbarung der Wohnungseigentümer i.S.d. § 10 Abs. 2 S. 2 begründet wird und eine solche Vereinbarung keine Rechtswirkungen für oder gegen Dritte entfalten kann.[34]

32 In der Regel wird ein Sondernutzungsrecht dem jeweiligen **Inhaber einer bestimmten Wohnungseigentumseinheit** zugewiesen. Sofern die entsprechende Vereinbarung als Inhalt des Sondereigentums (§ 5 Abs. 4) in den Grundbüchern eingetragen ist, bindet sie gemäß § 10 Abs. 3 Sondernachfolger des begünstigten Eigentümers und der vom Mitgebrauch ausgeschlossenen Eigentümer (sog **dingliches Sondernutzungsrecht**). Durch die Eintragung im Grundbuch verliert das Sondernutzungsrecht aber nicht den Charakter einer schuldrechtlichen Vereinbarung.[35] Ein Sondernutzungsrecht kann auch dem Bruchteil eines Wohnungseigentums dinglich zugeordnet werden.[36]

33 Zulässig ist ein **persönliches Sondernutzungsrecht**, das einem bestimmten Wohnungseigentümer ohne gleichzeitige Zuweisung an eine bestimmte Wohnungseigentumseinheit eingeräumt ist.[37] Dieses Sondernutzungsrecht bindet nach Eintragung in allen Grundbüchern künftige, von der Mitbenutzung ausgeschlossene Wohnungseigentümer. Es erlischt, wenn der Begünstigte aus der Wohnungseigentümergemeinschaft ausscheidet. Der Sondernutzungsberechtigte kann das persönliche Sondernutzungsrecht auf ein anderes Mitglied der Gemeinschaft übertragen, sofern nicht die Auslegung der Gemeinschaftsordnung ergibt, dass das Sondernutzungsrecht zwingend an die Person des Begünstigten geknüpft ist.

---

27 BGH V ZR 182/87, WE 1990, 22.
28 OLG München 34 Wx 125/09, ZMR 2010, 706.
29 BGH V ZB 11/77, NJW 1979, 548; KG 24 W 201/05, ZMR 2007, 384, 386; BayObLG BReg 2 Z 119–122/84, NJW-RR 1986, 93.
30 BGH V ZB 14/00, ZMR 2001, 120.
31 *Ott*, Sondernutzungsrecht, S. 11.
32 Palandt/*Bassenge*, § 13 Rn 8; BayObLG 2Z BR 56/94, NJW-RR 1994, 1427.
33 BGH V ZB 11/77, NJW 1979, 548.
34 Staudinger/*Kreuzer*, § 15 Rn 13; KG 1 W 64/03, DNotZ 2004, 634.
35 OLG Zweibrücken 3 W 3/08, ZMR 2008, 667.
36 BGH V ZB 179/11, MDR 2012, 1024.
37 Palandt/*Bassenge*, § 13 Rn 9; *Schneider*, Rpfleger 1998, 9.

Ein Sondernutzungsrecht kann auch **mehreren Eigentümern** unterschiedlicher Wohnungseigentumseinheiten als Mitberechtigten zustehen, ohne dass das Verhältnis der Berechtigten untereinander geregelt werden muss.[38] In diesem Fall gelten für das Rechtsverhältnis der Berechtigten untereinander die Vorschriften des BGB über die Rechtsgemeinschaft, §§ 741 ff. BGB.[39]

III. Begründung

1. Vereinbarung, Form

Ein Sondernutzungsrecht kann grundsätzlich nur durch **Vereinbarung** i.S.d. § 10 Abs. 2 S. 2, Abs. 3 begründet werden. Einer Vereinbarung steht die einseitige Begründung durch den teilenden Eigentümer in der Teilungserklärung gleich (§§ 8 Abs. 2, 5 Abs. 4). Die Vereinbarung ist **nicht formbedürftig**. Soll die Vereinbarung zwecks Bindung künftiger Wohnungseigentümer im Grundbuch eingetragen werden, muss sie jedoch mindestens notariell oder öffentlich beglaubigt werden (§ 29 GBO). Zur Zustimmung dinglich Berechtigter siehe § 5 Rn 59.

Ein Sondernutzungsrecht kann zwar grundsätzlich auch **konkludent** vereinbart werden. Dafür reicht die unwidersprochene Hinnahme der alleinigen Nutzung durch die übrigen Wohnungseigentümer jedoch nicht aus. Die Wohnungseigentümer haben nur das Recht zum Mitgebrauch am Gemeinschaftseigentum, nicht aber auch die Pflicht zur Ausübung des Mitgebrauchs. Aus dem Umstand, dass ein bestimmter Bereich des Gemeinschaftseigentums durch die übrigen Wohnungseigentümer nicht genutzt wird, kann daher nicht der Wille dieser Wohnungseigentümer geschlossen werden, dem Alleinnutzer ein Sondernutzungsrecht einzuräumen. Voraussetzung für die Annahme einer konkludenten Vereinbarung ist, dass die übrigen Wohnungseigentümer die Alleinnutzung durch einen Einzeleigentümer in dem Bewusstsein hinnehmen, sich dadurch auch für die Zukunft binden zu wollen.[40] Ein konkludent eingeräumtes Sondernutzungsrecht kann sich grundsätzlich auch nicht aus den **baulichen Gegebenheiten** ergeben. Allein der Umstand, dass eine Gemeinschaftsfläche nur durch das Sondereigentum eines Eigentümers zu erreichen ist (z.B. Spitzboden, Flachdachbereich, Keller), bedeutet nicht, dass der Inhaber des vorgelagerten Sondereigentums die übrigen Wohnungseigentümer vom Mitgebrauch der Gemeinschaftsfläche ausschließen bzw diese Fläche allein gebrauchen darf.[41] Etwas anderes gilt nur für Gebäudebereiche, die ihrer **natürlichen Zweckbestimmung** nach nur einer Sondereigentumseinheit dienen können; dies ist bei Balkonen anerkannt, die nur über eine Wohnung erreichbar sind.[42]

2. Begründung und Zuweisung durch Aufteiler

Bei einer Begründung von Wohnungseigentum nach § 8 hat der **teilende Eigentümer** häufig ein wirtschaftliches Interesse, Sondernutzungsrechte an bestimmten Gemeinschaftsflächen, insbesondere Kellerräumen oder Stellplätzen, gesondert zu verwerten. Er muss sich zu diesem Zweck in der Gemeinschaftsordnung das Recht vorbehalten, nach Entstehung der (werdenden) Wohnungseigentümergemeinschaft noch Sondernutzungsrechte begründen oder bestehende Sondernutzungsrechte bestimmten Erwerbern zuordnen zu können, ohne dass es der Mitwirkung der übrigen Miteigentümer bedarf. Dem Aufteiler stehen dafür **mehrere rechtliche Konstruktionen** zur Verfügung.

Der Aufteiler kann die Sondernutzungsrechte in der Teilungserklärung bereits begründen und diese sämtlichst **einer Sondereigentumseinheit zuweisen**, die er voraussichtlich als letzte veräußern wird. Die Übertragung der einzelnen Sondernutzungsrechte auf andere Sondereigentumseinheiten bedarf auch nach Entstehung der Wohnungseigentümergemeinschaft nicht der Zustimmung der übrigen Wohnungseigentümer (siehe Rn 44).

Weiterhin hat der aufteilende Eigentümer die Möglichkeit, in der Teilungserklärung alle **künftigen Erwerber von dem gemeinschaftlichen Gebrauch** der Sondernutzungsfläche **auszuschließen** mit der Folge, dass das Sondernutzungsrecht zunächst keiner Wohnung zugeordnet wird und er allein im Rahmen eines persönlichen Sondernutzungsrechts zur Nutzung dieser Flächen berechtigt bleibt.[43] Später kann der Aufteiler das persönliche Sondernutzungsrecht bestimmten Wohnungseigentumseinheiten ganz oder teilweise zuweisen und – soweit die Gemeinschaftsordnung dies gestattet – auch den Inhalt des Sondernutzungsrecht noch ausgestalten.[44] Die Zustimmung der übrigen Wohnungseigentümer ist hierzu nicht erforderlich, da der Inhalt ihrer Sondereigentumsrechte nicht mehr beeinträchtigt wird. Die **Zuweisungserklärung** des sondernutzungsberechtigten Aufteilers muss dem Grundbuchamt zugehen und bedarf gemäß § 10 Abs. 3 der Eintragung im Grundbuch des begünstigten Wohnungseigentums, um Sonderrechtsnachfolger zu binden. Den übrigen Wohnungseigentümern oder dem Verwalter muss die Zuweisungserklärung nur zugehen, wenn die Gemeinschaftsordnung dies bestimmt.[45] Die dinglich Berechtigten an den Wohnungseigentumsrechten des sondernutzungsberechtigten Aufteilers müssen der Eintragung der dinglichen Sondernutzungsrechte im Grundbuch zustimmen,[46] eine Zustimmung der dinglich Berechtigten an den anderen Wohnungseigentumseinhei-

---

38 OLG Düsseldorf I-3 Wx 54/10, ZMR 2010, 975, 977.
39 BayObLG 2Z BR 78/92, WuM 1992, 705.
40 LG Hamburg 318 S 69/09, ZMR 2010, 311.
41 Vgl. LG Hamburg 318 S 69/09, ZMR 2010, 311 zu Flachdach; OLG Hamm 15 W 210/00, NZM 2001, 239 sowie BayObLG 2Z BR 98/04, ZMR 2004, 844 zu Spitzboden.
42 BayObLG 2Z BR 179/03, ZMR 2004, 132.
43 *Häublein*, Sondernutzungsrechte, S. 277, 279; KG 24 W 201/05, ZMR 2007, 384.
44 BGH V ZR 74/11, NJW 2012, 676.
45 Eingehender *Klühs*, ZNotP 2010, 177.
46 BayObLG BReg 2 Z 115/89, Rpfleger 1990, 63.

ten ist entbehrlich, da deren Rechtsstellung durch die Zuweisung der Sondernutzungsrechte keine Verschlechterung erfährt.[47] Die Zuweisungsbefugnis des Aufteilers erlischt mit dessen Ausscheiden aus der Eigentümergemeinschaft; nicht zugewiesene Sondernutzungsrechte werden hinfällig.[48]

40 Eine dritte Möglichkeit der Begründung von Sondernutzungsrechten durch den Aufteiler besteht darin, künftige Erwerber unter der aufschiebenden Bedingung (§ 158 Abs. 1 BGB) einer Zuweisung eines Sondernutzungsrechts von der Mitnutzung bestimmter Teile des gemeinschaftlichen Eigentums auszuschließen.[49] Bei dieser Variante werden die Miteigentümer nicht von Anfang an von der Mitnutzung ausgeschlossen, sondern es steht ihnen ein Mitgebrauchsrecht so lange zu, bis der Berechtigte von seinem Recht zur Begründung und Zuweisung des Sondernutzungsrechtes Gebrauch macht. Es handelt sich hierbei – im Gegensatz zu den beiden vorgenannten Gestaltungsmöglichkeiten – um einen Fall eines echten Begründungsvorbehalts, weil das Sondernutzungsrecht erst nachträglich durch einseitige Erklärung des aufteilenden Eigentümers begründet wird.[50] Die Zuweisungserklärung muss nur dem Grundbuchamt zugehen, sofern die Gemeinschaftsordnung nichts anderes bestimmt.[51] Auch hier ist es zur Bindung von Sondernachfolgern erforderlich, den Begründungsvorbehalt in sämtliche Grundbücher[52] und die Zuweisung des Sondernutzungsrechts in die Grundbücher der betroffenen Wohnungseigentumseinheiten einzutragen.[53] Die Zuweisungsbefugnis des Aufteilers soll nach h.M. nicht mit dem Ausscheiden des Aufteilers aus der Gemeinschaft entfallen,[54] sofern die Gemeinschaftsordnung nichts anderes bestimme. Begründet wird dies mit dem Argument, die Zuweisungsbefugnis könne auch einem Nichteigentümer eingeräumt werden, sodass der Verlust der Mitgliedschaft in der Gemeinschaft die Zuweisungsbefugnis nicht entfallen lassen müsse.

41 Bei einer vierten Variante bestimmt die Teilungserklärung zunächst nur in Form einer Öffnungsklausel, dass es dem Aufteiler vorbehalten und seiner alleinigen Entscheidung überlassen bleibt, durch nachträgliche Änderung der Teilungserklärung an bestimmten Flächen Sondernutzungsrechte zu begründen und zu vergeben. Dieser Fall unterscheidet sich von der dritten Gestaltungsmöglichkeit dadurch, dass die übrigen Mitglieder der Gemeinschaft noch nicht aufschiebend bedingt vom Mitgebrauch ausgeschlossen sind und der Eintritt der Bedingung nicht lediglich von einer Zuweisungserklärung abhängt. Vielmehr bleibt dem Aufteiler die Entscheidung vorbehalten, ob überhaupt Sondernutzungsrechte begründet werden.[55] In diesem Fall müssen die Begründung und die Zuweisung der Sondernutzungsrechte in sämtlichen Grundbüchern der Wohnanlage eingetragen werden, um künftige Wohnungseigentümer zu binden.[56]

3. Bestimmtheitserfordernis, Auslegung

42 Gegenstand und Inhalt des Sondernutzungsrechts müssen hinreichend bestimmt beschrieben sein. Ein im Grundbuch eingetragenes Sondernutzungsrecht unterliegt den **Bestimmtheitserfordernissen des Grundbuchrechts.** Nach den Auslegungsgrundsätzen für Grundbucheintragungen (vgl. § 10 Rn 42) ist die Eintragung des Sondernutzungsrechts im Grundbuch nur wirksam, wenn für jeden außenstehenden Dritten anhand des Wortlauts der Vereinbarung und der ggf. in Bezug genommenen Zeichnungen und Pläne erkennbar ist, welcher räumliche Bereich des gemeinschaftlichen Eigentums mit dem Sondernutzungsrecht belegt sein soll und welche Befugnisse und Verpflichtungen sich aus dem Sondernutzungsrecht ergeben.[57] Bei Sondernutzungsrechten an Grundstücksflächen muss sich aus der Vereinbarung (inklusive der in Bezug genommenen Pläne und Zeichnungen) eindeutig ergeben, z.B. durch Maßangaben oder Bezugnahmen auf natürliche Gegebenheiten, wo die Grenzen zu den sondernutzungsfreien Bereichen des Gemeinschaftseigentums und ggf. die Grenzen zu anderen Sondernutzungsflächen verlaufen.[58] Bei der **Auslegung** ist allein auf den Wortlaut und Sinn der in Bezug genommenen Eintragungsbewilligung abzustellen, wie sie sich für einen unbefangenen Betrachter als nächstliegende Bedeutung des Eingetragenen ergeben. Umstände außerhalb dieser Urkunde dürfen zur Ermittlung von Inhalt und Umfang eines Sondernutzungsrechts nur insoweit herangezogen werden, als sie nach den besonderen Verhältnissen des Einzelfalls für jedermann ohne weiteres erkennbar sind. Die örtlichen Verhältnisse dürfen somit herangezogen werden. Subjektive Vorstellungen der an dem Abschluss der Vereinbarung Beteiligten sind jedoch ebenso ohne Belang wie das bisherige Verständnis der Wohnungseigentümer und die Handhabung in der Vergangenheit.[59] Bei unauflöslichen Widersprüchen zwischen dem Wortlaut der Vereinbarung und den in Bezug genommenen Zeichnungen oder Plänen fehlt es an der erforderlichen Bestimmtheit, die Bindungswirkung des § 10 Abs. 3 tritt nicht ein.[60] In diesem Fall kann sich aus dem Gemeinschaftsverhältnis ein Anspruch gegen die übrigen Wohnungseigentümer auf Mitwirkung an einer Änderung der Vereinbarung, die zur Entstehung eines ding-

---

47 KG 24 W 201/05, ZMR 2007, 384.
48 BGH V ZR 74/11, NJW 2012, 676.
49 *Häublein*, a.a.O., S. 278; BayObLG BReg 2 Z 119/84, NJW-RR 1986, 93; OLG Hamm 15 W 444/06, ZMR 2008, 159.
50 *Häublein*, a.a.O., S. 282, 283.
51 Ausführlich *Klühs*, ZNotP 2010, 177.
52 Vgl. OLG Hamm 15 W 444/06, ZMR 2008, 159.
53 OLG Frankfurt 20 W 290/05, NZM 2008, 214; BReg 2 Z 115/89, RPfleger 1990, 63.
54 *Ertl*, DNotZ 1986, 485; *Böhringer*, BWNotZ 1993, 153; *Häublein*, a.a.O., S. 282.
55 Zu einem solchen Fall siehe KG 24 W 201/05, ZMR 2007, 384, 387.
56 KG 24 W 201/05, ZMR 2007, 384, 387.
57 OLG Zweibrücken 3 W 3/08, ZMR 2008, 667.
58 LG Hamburg 318 S 7/10, ZMR 2011, 993.
59 OLG Saarbrücken 5 W 208/03, ZMR 2005, 981.
60 OLG Düsseldorf I-3 Wx 54/10, ZMR 2010, 975, 977.

lichen Sondernutzungsrechts führt, ergeben.[61] Dieser Anspruch unterliegt allerdings der regelmäßigen Verjährungsfrist des § 195 BGB.

4. Mehrheitsbeschluss

43 Ein Mehrheitsbeschluss zur Begründung eines Sondernutzungsrechts ist mangels Beschlusskompetenz der Wohnungseigentümerversammlung nichtig,[62] sofern nicht die Gemeinschaftsordnung eine **Öffnungsklausel** enthält, wonach Sondernutzungsrechte durch Mehrheitsbeschluss der Wohnungseigentümer begründet werden können.[63] Eine solche Öffnungsklausel muss den Bereich des betreffenden Gemeinschaftseigentums hinreichend klar umreißen.[64] Fehlt es an einer solchen inhaltlichen Bestimmtheit der Öffnungsklausel, ist ein Mehrheitsbeschluss nichtig.

IV. Übertragung

44 Ein im Grundbuch eingetragenes dingliches Sondernutzungsrecht kann durch **Einigung und Eintragung** (§§ 873, 877 BGB) von einer Wohnungseigentumseinheit **auf eine andere Einheit** ganz oder teilweise übertragen werden.[65] Dieser Rechtsakt bedarf gemäß § 5 Abs. 4 der Zustimmung der dinglich Berechtigten an den beteiligten Wohnungseigentumseinheiten (§§ 877, 876 BGB). Die Zustimmung der übrigen Wohnungseigentümer ist nicht erforderlich, da sich deren Rechtsstellung nicht ändert,[66] wohl aber die Zustimmung etwaiger dinglich Berechtigter am verlierenden Wohnungseigentum.[67] Die Übertragung des Sondernutzungsrechts wird nur in den Grundbüchern der beteiligten Wohnungseigentumseinheiten vermerkt.

45 Ein **nicht im Grundbuch eingetragenes Sondernutzungsrecht** wird durch Abtretung übertragen (§§ 398 BGB), Zessionar kann allerdings nur ein Mitglied der Wohnungseigentümergemeinschaft sein. Die Gemeinschaftsordnung kann die Übertragung eines Sondernutzungsrechts jedoch ausschließen oder von der Zustimmung eines Dritten abhängig machen.[68] Bei einem Eigentümerwechsel aufseiten eines vom Mitgebrauch ausgeschlossenen Wohnungseigentümers muss der Sondernachfolger das Sondernutzungsrecht auch dann nicht gegen sich gelten lassen, wenn er dieses beim Erwerb seines Wohnungseigentums positiv kannte.[69]

V. Aufhebung

46 Ein Sondernutzungsrecht kann grundsätzlich nur durch **Vereinbarung** i.S.d. § 10 Abs. 2 S. 2 aufgehoben werden.[70] Ein einseitiger Verzicht ist nicht möglich. Der Inhaber eines im Grundbuch eingetragenen dinglichen Sondernutzungsrechts kann lediglich durch einseitige Erklärung die **Löschung des Sondernutzungsrechts** aus den Grundbüchern bewilligen; eine Mitwirkung der übrigen Wohnungseigentümer ist dafür nicht erforderlich.[71] Die Löschung des eingetragenen Sondernutzungsrechts im Wohnungseigentumsgrundbuch lässt die schuldrechtliche Vereinbarung über den Ausschluss des Mitbenutzungsrechts der anderen Wohnungseigentümer an dem der Sondernutzung unterliegenden Teil des Gemeinschaftseigentums bis zum Abschluss einer Aufhebungsvereinbarung unberührt. Sie beseitigt nur deren „dingliche Wirkung",[72] sodass der Sonderrechtsnachfolger eines durch die Vereinbarung vom Mitgebrauch ausgeschlossenen Wohnungseigentümers das schuldrechtliche Sondernutzungsrecht nicht gegen sich gelten lassen muss.[73] Das Sondernutzungsrecht wird folglich mit Eintritt eines Eigentümerwechsels hinfällig.

VI. Belastung

47 Ein Sondernutzungsrecht kann **nicht mit beschränkt dinglichen Rechten** belastet werden. Als Gegenstand der Belastung taugt nur die Wohnungseigentumseinheit insgesamt. Im Fall der Belastung der Wohnungseigentumseinheit mit einer Dienstbarkeit, erstreckt sich das Nutzungsrecht auch auf den Sondernutzungsbereich.[74] Eine Dienstbarkeit an einem Wohnungseigentum kann nicht mit dem Inhalt ins Grundbuch eingetragen werden, dass Ausübungsbereich ein Sondernutzungsrecht am gemeinschaftlichen Eigentum sein soll.[75]

VII. Rechtsinhalt

48 Der Inhalt eines Sondernutzungsrechts ergibt sich aus der Teilungserklärung und den Vereinbarungen der Wohnungseigentümer sowie aus §§ 13, 14.

---

61 LG Hamburg 318 T 64/07, ZMR 2010, 146.
62 BGH V ZB 58/99, NJW 2000, 3500.
63 *Becker/Kümmel/Ott*, Rn 292; Palandt/*Bassenge*, § 13 Rn 10; **a.A.** *Riecke/Schmid/Abramenko*, § 13 Rn 32.
64 *Becker*, ZWE 2002, 341; *Ott*, Sondernutzungsrecht, S. 98.
65 BGH V ZB 14/00, ZMR 2001, 120.
66 BGH V ZB 11/77, NJW 1979, 548.
67 *Bärmann/Klein*, § 13 Rn 124.
68 *Becker/Kümmel/Ott*, Rn 296.
69 OLG Hamm 15 W 444/06, ZMR 2008, 159.
70 BGH V ZB 14/00, NJW 2000, 3643.
71 BGH V ZB 14/00, NJW 2000, 3643.
72 BGH V ZB 11/77, NJW 1979, 548.
73 BGH V ZB 14/00, NJW 2000, 3643.
74 Palandt/*Bassenge*, § 13 Rn 13.
75 OLG Zweibrücken 3 W 232/98, NZM 1999, 771.

1. Rechte

49 Das Sondernutzungsrecht berechtigt zum **alleinigen Gebrauch** und zum **Ausschluss der übrigen Wohnungseigentümer** vom Mitgebrauch. Es erlaubt dem Berechtigten keinen weitergehenden Gebrauch, als er den anderen Eigentümern zustünde, wenn das Sondernutzungsrecht nicht bestünde. Der Berechtigte hat lediglich das Recht, die übrigen Wohnungseigentümer vom Mitgebrauch auszuschließen, nicht mehr und nicht weniger. Der Berechtigte darf folglich – mangels abweichender Regelung – von dem der Sondernutzung unterliegenden Bereich des Gemeinschaftseigentums nur in solcher Weise Gebrauch machen, als dadurch keinem der anderen Wohnungseigentümer über das bei einem geordneten Zusammenleben unvermeidliche Maß hinaus ein Nachteil erwächst (§ 14 Nr. 1).

Im **Einzelfall** kann das Recht, die übrigen Wohnungseigentümer vom Mitgebrauch völlig auszuschließen, Einschränkungen unterliegen. Ist beispielsweise eine im Sondereigentum stehende Garage nur über eine Sondernutzungsfläche erreichbar, folgt aus der Natur der Sache, dass der Sondernutzungsberechtigte ein Überfahren seiner Fläche zum Erreichen oder Verlassen der Garage dulden muss.[76] Dient eine Sondernutzungsfläche im Dachgeschossbereich (z.B. an einer Terrasse) öffentlich-rechtlich als **Flucht- oder Rettungsweg** für eine andere Einheit, muss der Sondernutzungsberechtigte die Möglichkeit des jederzeitigen Überquerens der Fläche gewährleisten. Der Begründung eines Sondernutzungsrechts steht daher auch nicht entgegen, dass andere Wohnungseigentümer die Sondernutzungsfläche in bestimmten Umfang mitgebrauchen dürfen.[77]

50 Der **Mieter** der begünstigten Wohnungseigentumseinheit darf die Sondernutzungsbereiche, etwa einen Stellplatz oder eine Terrasse, wie der Eigentümer benutzen, wenn diese Flächen mitvermietet sind. Sofern die Teilungserklärung nichts anderes bestimmt, kann ein Wohnungseigentümer auch die seiner Sondernutzung unterliegenden Gemeinschaftsflächen separat vermieten.[78] Die **Mieteinnahmen** stehen dem Sondernutzungsberechtigten ebenso zu wie sonstige Früchte, die er im Rahmen der ihm eingeräumten Nutzungsbefugnis zieht. **Übermaßfrüchte** stehen allerdings gemäß § 13 Abs. 2 S. 2 allen Wohnungseigentümern zu.

51 **Zweckbestimmungen** in der Gemeinschaftsordnung und sonstige vereinbarte **Gebrauchsregelungen** i.S.d. § 15 Abs. 1 für das Gemeinschaftseigentum binden auch den Sondernutzungsberechtigten. **Bauliche Veränderungen** im Bereich der Sondernutzungsfläche sind grundsätzlich nur unter den Voraussetzungen des § 22 Abs. 1 zulässig,[79] sofern die Gemeinschaftsordnung nicht bereits bestimmte bauliche Veränderungen genehmigt bzw bestimmte bauliche Veränderungen mit der erlaubten Sondernutzung typischerweise einhergehen und somit im Rahmen der Zweckbestimmung genehmigt sind.[80]

52 Das Sondernutzungsrecht an einer „**Gartenfläche**" etwa berechtigt zu einer gärtnerischen Nutzung. Welche Tätigkeiten und welche Umgestaltungen am Gemeinschaftseigentum mit einer gärtnerischen Nutzung vereinbar sind, kann jeweils nur im Einzelfall unter Berücksichtigen der besonderen Umstände entschieden werden. Grundsätzlich zulässig ist die **übliche gärtnerische Pflege**, das fachgerechte Zurückschneiden von Pflanzen und das Entfernen und Neueinsetzen kurzlebiger Pflanzen. Der Sondernutzungsberechtigte darf die Art und Weise der Bepflanzung grundsätzlich selbst bestimmen. Nach den Grundsätzen von Treu und Glauben hat er aber den konkreten Zuschnitt der Wohn- und Grünanlage zu berücksichtigen. Auf die Verkehrsüblichkeit im örtlichen Bereich ist Rücksicht zu nehmen; geeignetenfalls sind auch Wertungsmaßstäbe aus dem jeweiligen Nachbarrecht zu berücksichtigen.[81] Für die Zulässigkeit von Pflanzungen an der Grenze zwischen zwei Sondernutzungsrechten kann auf die landesrechtlichen Bestimmungen des Nachbarrechts abgestellt werden,[82] wobei es jedoch nicht um eine pauschale Anwendung sondern um eine wertende Einbeziehung der nachbarrechtlichen Vorschriften in die nach dem WEG vorzunehmende Interessenabwägung geht, da für das Verhältnis der Wohnungseigentümer untereinander weitergehende Rücksichtnahmepflichten gelten als im allgemeinen Nachbarrecht.[83] Unzulässig kann im Einzelfall die Anpflanzung eines stark wachsenden Baumes[84] oder die Entfernung eines prägenden Baumes oder einer Hecke mit Sichtschutzfunktion sein.[85] In der Regel unzulässig ist das Aufstellen von **Gartenhäusern**, **Geräteschuppen**,[86] Wasserbecken[87] und anderen Baulichkeiten, die mit einer bloßen gärtnerischen Nutzung nicht zwingend verbunden sind. Die Zulässigkeit solcher Baulichkeiten richtet sich nach § 22 Abs. 1.

53 Das Sondernutzungsrecht an einem „**Kellerraum**" oder „**Spitzboden**" berechtigt nur zum Abstellen und Lagern von Gegenständen, nicht aber zum Ausbau als Wohn- oder Schlafraum, Einbau eines Fensters oder zur Herstellung eines Deckendurchbruchs,[88] wenn damit eine Beeinträchtigung i.S.d. § 14 Nr. 1 verbunden ist. Ein „**Pkw-Stellplatz**" darf nur zum Abstellen von Personenkraftwagen, nicht aber zum dauerhaften Abstellen eines großen Wohnmobils,[89] zur

---

76 OLG Zweibrücken 3 W 196/10, ZWE 2011, 179; siehe auch OLG Stuttgart 8 W 555/2000, ZMR 2001, 730.
77 OLG Zweibrücken 3 W 196/10, ZWE 2011, 179; OLG Hamm I-15 Wx 288/08, ZMR 2010, 54.
78 *Schuschke*, NZM 1999, 241.
79 OLG Frankfurt 20 W 78/08, MDR 2010, 1108.
80 BGH V ZR 74/11, NJW 2012, 676.
81 Vgl. KG 24 W 1752/87, NJW-RR 1987, 1360; BayObLG 2Z BR 53/00, ZMR 2001, 122.
82 Vgl. BGH V ZR 276/06, NJW 2007, 3636.
83 OLG Frankfurt 20 W 78/08, MDR 2010, 1108.
84 KG 24 W 1752/87, NJW- RR 1987, 1360.
85 BayObLG 2Z BR 112/99, NZM 2001, 672.
86 BayObLG BReg 2 Z 84/87, NJW-RR 1988, 591.
87 BayObLG 2Z BR 178/98, ZMR 1999, 580.
88 BayObLG 2Z BR 51/93, NJW-RR 1993, 1295.
89 BayObLG WE 1994, 281.

dauerhaften Lagerung eines abgemeldeten und nicht mehr fahrtüchtigen Kraftfahrzeugs[90] oder als Lagerfläche für andere Gegenstände, z.B. Umzugskartons, genutzt werden. Unzulässig ist es auch, einen auf einem Pkw-Stellplatz befindlichen Pkw als Müllsammelbehälter zu benutzen.[91] Die Errichtung eines Carports oder einer Garage auf der Stellplatzfläche stellt eine unzulässige bauliche Veränderung dar, sofern nichts anderes vereinbart ist.[92]

2. Pflichten

Die **Instandhaltung und Instandsetzung** des Gemeinschaftseigentums obliegt gemäß § 21 Abs. 1, Abs. 5 Nr. 2 den Wohnungseigentümern gemeinsam. Dies gilt grundsätzlich auch für Bereiche des Gemeinschaftseigentums, an denen ein Sondernutzungsrecht besteht. Dem Sondernutzungsberechtigten kann jedoch durch Vereinbarung die Verwaltung, insbesondere die Pflicht zur Instandhaltung und Instandsetzung, auferlegt werden. Dies ist auch sinnvoll, wenngleich es in vielen Gemeinschaftsordnungen übersehen wurde und später nicht mehr gegen den Willen des Sondernutzungsberechtigten in die Gemeinschaftsordnung aufgenommen werden kann. Die Pflicht zur Instandhaltung und Instandsetzung kann sich durch **Auslegung** der Gemeinschaftsordnung ergeben. Erlaubt etwa das Sondernutzungsrecht an einer **Gartenfläche** dem Sondernutzungsberechtigten die Durchführung der gärtnerischen Pflege und Gestaltung, so korrespondiert dies nach Sinn und Zweck sowie unter Berücksichtigung von Treu und Glauben mit der Verpflichtung, die Grünfläche zumindest so zu pflegen, dass sie keinen Schaden nimmt und die optische Erscheinung der Wohnanlage gewahrt bleibt. Die durch die Pflege und Gestaltung der Grünfläche entstehenden **Kosten** hat der Sondernutzungsberechtigte allein zu tragen. Für Maßnahmen, die über die bloße Pflege und Unterhaltung hinausgehen, z.B. das Fällen eines Baumes wegen Umsturzgefahr, bleibt im Zweifel jedoch die Eigentümergemeinschaft verantwortlich. Sie hat auch die Kosten solcher weitergehenden Maßnahmen zu tragen. Der Sondernutzungsberechtigte ist zur Fällung eines großen prägenden Baumes nicht dann nicht verpflichtet, wenn ihm durch Vereinbarung die Instandhaltung und Instandsetzung der Sondernutzungsfläche ausdrücklich auferlegt ist.[93]

54

Die Pflicht zur Instandhaltung und Instandsetzung greift allerdings erst, wenn das der Sondernutzung unterliegende Gemeinschaftseigentum nach Begründung der Wohnungseigentümergemeinschaft zunächst mangelfrei hergestellt war. Instandhaltung ist die Erhaltung eines ordnungsgemäßen mangelfreien Zustands; Instandsetzung ist die Wiederherstellung eines ordnungsgemäßen mangelfreien Zustands. Wenn das Gemeinschaftseigentum aber noch nie ordnungsgemäß hergestellt war, ist zunächst die Wohnungseigentümergemeinschaft verpflichtet, **erstmals** einen **ordnungsgemäßen Zustand herzustellen.** Erst danach greift die Pflicht des Sondernutzungsberechtigten zur Instandhaltung und Instandsetzung. Soll der Sondernutzungsberechtigte auch verpflichtet sein, einen erstmaligen ordnungsgemäßen Zustand herzustellen, muss dies in der Gemeinschaftsordnung eindeutig zum Ausdruck kommen.[94] Besteht das Sondernutzungsrecht an einer bewusst noch nicht angelegten Grünfläche, so fällt die erstmalige Anlegung und Gestaltung allerdings in den Zuständigkeitsbereich des Sondernutzungsberechtigten.

55

Für eine **Pflicht** des Sondernutzungsberechtigten **zur Instandhaltung und Instandsetzung** spricht häufig auch die Formulierung in der **Gemeinschaftsordnung,** dass „der Sondernutzungsberechtigte die Rechte und Pflichten eines Sondereigentümers" haben soll.[95]

56

Ist dem Sondernutzungsberechtigten die Instandhaltung und Instandsetzung durch Vereinbarung ausdrücklich auferlegt, bleibt häufig **unklar, welche Gebäude- und Grundstücksbestandteile** im Einzelnen von der Verpflichtung umfasst sind. Im Zweifel ist davon auszugehen, dass der Sondernutzungsberechtigte nicht schlechter stehen soll als ein Sondereigentümer, sodass sich die Instandhaltungspflicht nur auf solche Gebäude- und Grundstücksbestandteile bezieht, die im Fall der Sondereigentumszuweisung gemäß § 5 sondereigentumsfähig wären, nicht aber auf Gebäudebestandteile, die für den Bestand und die Sicherheit des Gebäudes erforderlich sind oder die auch den übrigen Wohnungseigentümern dienen.[96]

57

Für die **Lasten und Kosten** des Sondernutzungsbereichs gilt grundsätzlich § 16 Abs. 2. Die Gemeinschaftsordnung kann jedoch dem Sondernutzungsberechtigten bestimmte Kostenpositionen auferlegen, was mangels ausdrücklicher Regelung durch Auslegung der Gemeinschaftsordnung zu ermitteln ist. Ist der Sondernutzungsberechtigte zur Instandhaltung und Instandsetzung verpflichtet, hat er im Zweifel auch die dadurch entstehenden Kosten zu tragen.

58

Gemäß **§ 16 Abs. 3** können die Wohnungseigentümer mit einfacher Stimmenmehrheit – auch abweichend von der Gemeinschaftsordnung – beschließen, dass der Sondernutzungsberechtigte die auf den Sondernutzungsbereich entfallenden **Betriebskosten** zu tragen hat (vgl. § 16 Rn 41). § 16 Abs. 3 erfasst **nicht** die Kosten der Instandhaltung und Instandsetzung. Nach der **Heizkostenverordnung** sind vom Sondernutzungsberechtigten zwingend die Kosten für die Beheizung und den Warmwasserverbrauch in den Sondernutzungsräumen zu tragen.

59

Hat der Sondernutzungsberechtigte die Kosten der **Instandhaltung und Instandsetzung** nach der Gemeinschaftsordnung nicht zu tragen, können die Wohnungseigentümer gleichwohl im **Einzelfall** gemäß **§ 16 Abs. 4** dem Sondernut-

60

---

90 LG Hamburg 318 S 93/08, ZMR 2009, 548.
91 LG Hamburg 318 S 93/08, ZMR 2009, 548.
92 OLG Hamm 15 W 82/98, NZM 1998, 921.
93 Vgl. OLG Düsseldorf I-3 Wx 227/03, ZMR 2004, 608.

94 BayObLG 2Z BR 45/02, ZWE 2003, 187.
95 Vgl. BayObLG 2Z BR 203/03, ZMR 2004, 357.
96 Siehe Staudinger/*Bub*, § 16 Rn 40 mit zahlreichen Rechtsprechungsnachweisen.

Kümmel 123

zungsberechtigten die Kosten der Maßnahme auferlegen, wenn damit dem alleinigen Gebrauch durch den Sondernutzungsberechtigten Rechnung getragen wird (z.B. Erneuerung des Oberbelags einer Terrasse). Der Beschluss bedarf einer Mehrheit von drei Viertel aller stimmberechtigten Wohnungseigentümer und mehr als der Hälfte aller Miteigentumsanteile.

61 Mit der Pflicht zur Instandhaltung und Instandsetzung trifft den Sondernutzungsberechtigten im Zweifel auch die **Verkehrssicherungspflicht** an der Sondernutzungsfläche. Aber auch wenn die Instandhaltung und Instandsetzung nicht auf den Sondernutzungsberechtigten übertragen ist, wird er für die Verkehrssicherheit auf der Sondernutzungsfläche zu sorgen haben, da die Verkehrssicherheit vor allem an das Kriterium der Beherrschbarkeit der Gefahrenquelle und die Eröffnung des Verkehrs anknüpft.

VIII. Ansprüche bei Störungen

62 Der Sondernutzungsberechtigte kann wie ein Sondereigentümer gemäß § **1004 Abs. 1 BGB** Störungen durch andere Wohnungseigentümer und Dritte abwehren, **Besitzschutzansprüche** und Abwehransprüche wegen verbotener Eigenmacht[97] geltend machen und das **Selbsthilferecht** nach § 910 BGB ausüben.[98] Er kann gemäß § 985 BGB gegenüber jedermann Einräumung des Alleinbesitzes verlangen.[99] Darüber hinaus stehen ihm Ansprüche aus § 280 BGB (i.V.m. dem Gemeinschaftsverhältnis) gegen die übrigen Wohnungseigentümer und deliktische **Schadensersatzansprüche** gemäß § 823 BGB gegen Dritte und Wohnungseigentümer zu. Zieht ein Wohnungseigentümer oder Dritter unberechtigt Nutzungen aus der Sondernutzungsfläche, z.B. durch unberechtigte Vermietung, ist ein Anspruch des Sondernutzungsberechtigten wegen **ungerechtfertigter Bereicherung** möglich.[100]

IX. Verjährung, Verwirkung

63 Die vorstehend beschriebenen Ansprüche aus dem Sondernutzungsrecht unterliegen der Regelverjährung von drei Jahren (siehe § 15 Rn 47). Der Anspruch auf Einräumung des Besitzes an der Sondernutzungsfläche im Falle der vollständigen Besitzentziehung verjährt hingegen erst in **30 Jahren**, § 197 Abs. 1 Nr. 1 BGB.[101]

Der Anspruch aus § 985 BGB auf Herausgabe der Sondernutzungsfläche zum Alleinbesitz ist zwar grundsätzlich verwirkbar. Da der Herausgabeanspruch aber in den Kernbereich des Eigentums fällt, käme eine Versagung der Herausgabe wirtschaftlich einer Enteignung gleich. Deshalb kann eine **Verwirkung** gemäß § 242 BGB nur in extremen Ausnahmefällen angenommen werden, wenn die Herausgabe für den Besitzer im Einzelfall schlechthin unerträglich wäre.[102]

X. Abgrenzung zur Gebrauchsregelung

64 Das Sondernutzungsrecht (und der damit einhergehende Gebrauchsentzug für die übrigen Wohnungseigentümer) ist abzugrenzen von einer mehrheitlich zu beschließenden Gebrauchsregelung i.S.d. § 15 Abs. 2. Während für eine Gebrauchsregelung eine Beschlusskompetenz gegeben ist, fehlt sie für einen Gebrauchsentzug.[103] Eine mehrheitlich zu beschließende Gebrauchsregelung liegt vor, wenn der alleinige Gebrauch dem Berechtigten nur zu **bestimmten Zeiten** vorbehalten bleibt, z.B. nur am Wochenende oder nur zu bestimmten Tageszeiten, und im Übrigen sämtliche Wohnungseigentümer zum Mitgebrauch berechtigt sind.[104] Eine bloße Gebrauchsregelung liegt auch dann vor, wenn die Wohnungseigentümer, mit Ausnahme des Berechtigten, nur von **bestimmten Arten des Gebrauchs** ausgeschlossen werden, z.B. dem dauerhaften Parken auf einem Grundstücksteil, während das Befahren und vorübergehende Halten auf dieser Fläche allen Eigentümern erlaubt ist. Auf anderer Ebene ist die Frage angesiedelt, ob solche Regelungen ordnungsmäßigem Gebrauch i.S.d. § 15 Abs. 2 entsprechen (siehe dazu § 15 Rn 14 ff.). Wird einem Wohnungseigentümer ein bestimmter Bereich des Gemeinschaftseigentums zur alleinigen Nutzung zugewiesen, kann darin ebenfalls eine Gebrauchsregelung liegen, wenn gleichzeitig auch allen anderen Wohnungseigentümern ein alleiniger Nutzungsbereich zugewiesen wird (z.B. Keller, Stellplätze, Gartenflächen) und eine Änderung der Zuteilung durch Beschluss möglich bleibt (siehe § 15 Rn 20).

XI. Abgrenzung zur Miete

65 Das Sondernutzungsrecht ist abzugrenzen von der Miete. Die Abgrenzung kann u.a. Bedeutung für die Frage erlangen, ob ein Mehrheitsbeschluss für die Begründung des Rechtsverhältnisses ausreichend ist und wie das Rechtsverhältnis beendet werden kann. Ob ein Mietverhältnis oder ein Sondernutzungsrecht vorliegt, ist durch **Auslegung** zu ermitteln. Mietvertrag und Sondernutzungsrecht ist gemein, dass beide Rechtsverhältnisse eine Gebrauchsüberlas-

---

97 OLG Düsseldorf 3 Wx 184/00, ZMR 2001, 217.
98 KG 24 W 115/04, NZM 2005, 745.
99 LG München 1 S 17989/09, ZMR 2010, 795.
100 KG 24 W 1394/98, ZWE 2000, 138; LG Hamburg 318 S 128/09, ZMR 2011, 585.
101 BGH V ZR 147/10, NJW 2011, 1069; **a.A.** LG München 1 S 17989/09, ZMR 2010, 795: unverjährbar.
102 LG München 1 S 17989/09, ZMR 2010, 795.
103 BGH V ZB 58/09, NJW 2000, 3500.
104 Vgl. OLG Düsseldorf I-3 Wx 162/07, GuT 2008, 219.

sung zum Hauptinhalt haben. Während ein Sondernutzungsrecht aber nur durch Vereinbarung der Wohnungseigentümer begründet werden kann, kann ein Mietverhältnis über Bereiche des Gemeinschaftseigentums auch durch einen Vertrag zwischen der rechtsfähigen Wohnungseigentümergemeinschaft im Sinne des § 10 Abs. 6 und dem Mieter zustande kommen (siehe § 10 Rn 85). Für den Abschluss des Mietvertrages genügt ein Mehrheitsbeschluss der Wohnungseigentümer nach § 15 Abs. 2, wenn der Vertrag ordnungsmäßiger Verwaltung entspricht.[105] Mieter kann jede Person sein, Sondernutzungsberechtigter hingegen nur ein Mitglied der Wohnungseigentümergemeinschaft. Ein Mietvertrag ist grundsätzlich einseitig ordentlich kündbar (sofern keine ausdrückliche Befristung des Mietverhältnisses vorliegt). Ein Sondernutzungsrecht wird regelmäßig ohne zeitliche Befristung vereinbart und kann nur durch Vereinbarung aller Wohnungseigentümer, also nur mit Zustimmung des Sondernutzungsberechtigten, aufgehoben werden. Der Mieter ist zur Zahlung eines Mietzinses verpflichtet. Der Sondernutzungsberechtigte schuldet grundsätzlich keine Gegenleistung, allerdings können die Wohnungseigentümer die (nachträgliche) Einräumung eines Sondernutzungsrechts von einer einmaligen Geldleistung oder einem periodisch zu leistenden Nutzungsentgelt abhängig machen.

§ 14 Pflichten des Wohnungseigentümers

Jeder Wohnungseigentümer ist verpflichtet:
1. die im Sondereigentum stehenden Gebäudeteile so instand zu halten und von diesen sowie von dem gemeinschaftlichen Eigentum nur in solcher Weise Gebrauch zu machen, dass dadurch keinem der anderen Wohnungseigentümer über das bei einem geordneten Zusammenleben unvermeidliche Maß hinaus ein Nachteil erwächst;
2. für die Einhaltung der in Nummer 1 bezeichneten Pflichten durch Personen zu sorgen, die seinem Hausstand oder Geschäftsbetrieb angehören oder denen er sonst die Benutzung der im Sonder- oder Miteigentum stehenden Grundstücks- oder Gebäudeteile überlässt;
3. Einwirkungen auf die im Sondereigentum stehenden Gebäudeteile und das gemeinschaftliche Eigentum zu dulden, soweit sie auf einem nach Nummer 1, 2 zulässigen Gebrauch beruhen;
4. das Betreten und die Benutzung der im Sondereigentum stehenden Gebäudeteile zu gestatten, soweit dies zur Instandhaltung und Instandsetzung des gemeinschaftlichen Eigentums erforderlich ist; der hierdurch entstehende Schaden ist zu ersetzen.

A. Bedeutung der Norm 1	F. Entschädigungsanspruch des Sondereigentümers
B. Verbot von Beeinträchtigungen 2	(Nr. 4 Hs. 2) 50
I. Vermeidbarer Nachteil 2	I. Rechtsnatur des Anspruchs 50
II. Instandhaltung des Sondereigentums	II. Voraussetzungen und Inhalt des Anspruchs 51
(Nr. 1 Var. 1) 8	III. Anspruchsgegner 56
III. Pflicht zum maßvollen Gebrauch des Sonder- und	IV. Versicherungsschutz 57
Gemeinschaftseigentums (Nr. 1 Var. 2) 14	V. Ausschluss oder Kürzung des Anspruchs 58
1. Grenzen des zulässigen Gebrauchs 14	1. Vereinbarung über Instandsetzungszuständigkeit
2. Beispiele aus der Rechtsprechung 17	keit 58
C. Gebrauch durch Nichteigentümer (Nr. 2) 29	2. Beschluss 60
I. Abwehranspruch gegen den Wohnungs-	VI. Verteilungsschlüssel für Entschädigungsausgaben 61
eigentümer 29	VII. Eingriff in bauliche Veränderung 66
II. Abwehranspruch gegen den Nichteigentümer 33	1. Sondereigentum 66
D. Duldung zulässigen Gebrauchs (Nr. 3) 38	2. Gemeinschaftseigentum 68
E. Duldung von Eingriffen in das Sondereigentum	
(Nr. 4 Hs. 1) 40	

Literatur: *Armbrüster/Müller,* Wohnungseigentumsrechtliche Gebrauchsbeschränkungen und Mieter, ZWE 2007, 227, 321; *Briesemeister,* Durchgriffsansprüche der Wohnungseigentümergemeinschaft gegen den Mieter eines Wohnungseigentümers; FS Blank (2006), 591; *Brinkmann,* Ausgleichs- und Schadensersatzansprüche innerhalb der Wohnungseigentümergemeinschaft, MietRB 2011, 30; *Derleder,* Besichtigung der Eigentumswohnung durch den Verwalter, ZWE 2001, 149; *ders.,* Gemeinschaftsnutzung in Miethäusern und Wohnungseigentumsanlagen, NJW 2007, 812; *Flatow,* Mitbenutzung von Gemeinschaftsflächen durch den Mieter, NZM 2007, 432; *Gottschalg,* Das Verhältnis von Gemeinschafts- und Sondereigentum: Aufopferung und Schadensersatz nach § 14 Nr. 4 WEG, NZM 2010, 424; *Hogenschurz,* Duldungspflicht und Aufopferungsanspruch gemäß § 14 Nr. 4 WEG bei Instandhaltungs- und Instandsetzungsmaßnahmen, MietRB 2004, 90; *Kirchhoff,* Die Verantwortlichkeit des Wohnungseigentümers für seine Mieter, ZMR 1989, 323; *Lüke,* Zu den Duldungspflichten des Wohnungseigentümers bei Instandsetzungs- und Instandhaltungsmaßnahmen, FS Seuß (1997), 207; *v. Rechenberg,* Gestattungspflicht und Aufopferungsanspruch nach § 14 Nr. 4 WEG, ZWE 2005, 47; *Schuschke,* Kann die Gemeinschaft einen Wohnungseigentümer zur Kündigung eines unliebsamen Mietverhältnisses zwingen?, NZM 1989, 176; *Wenzel,* Der Störer und seine verschuldensunabhängige Haftung im Nachbarrecht, NJW 2005, 241.

---

[105] BGH V ZB 46/99, NJW 2000, 3211.

A. Bedeutung der Norm

1 § 14 beschreibt als Gegenstück zu § 13 (Regelung zu den Rechten) die besonderen Pflichten eines Wohnungseigentümers und konkretisiert in den hier angesprochenen Fällen die sich aus der Gemeinschaft allgemein ergebenden **Schutz- und Treuepflichten**, insbesondere die Pflicht zur gegenseitigen Rücksichtnahme. Die Vorschrift wird ergänzt durch §§ 15, 16 (Gebrauchregelungen und Beitragpflichten) und §§ 21, 22 und 28 (Verwaltung, besondere Aufwendungen, Abrechnung, Rechnungslegung). § 14 ist gemäß § 10 Abs. 2 S. 2 **abdingbar**; die Wohnungseigentümer können die Pflichten durch Vereinbarung einschränken oder erweitern (§ 15 Abs. 1) oder durch Beschluss konkretisieren (§ 15 Abs. 2). Die Regelung beinhaltet Pflichten in Bezug auf das Sondereigentum und das gemeinschaftliche Eigentum (Nr. 1 und 2) sowie Duldungspflichten (Nr. 3 und 4). Die Entschädigungspflicht der Gemeinschaft nach § 14 Nr. 4 kann komplett ausgeschlossen oder erweitert werden.

B. Verbot von Beeinträchtigungen

I. Vermeidbarer Nachteil

2 Jeder Wohnungseigentümer darf mit seinem Sondereigentum und dem Gemeinschaftseigentum nur in solcher Weise verfahren, dass keinem der anderen Wohnungseigentümer über das bei einem geordneten Zusammenleben unvermeidbare Maß hinaus ein Nachteil erwächst. Unter einem **Nachteil** ist jede **nicht ganz unerhebliche Beeinträchtigung** zu verstehen,[1] wobei nur konkrete und objektiv nachweisbare Beeinträchtigungen als Nachteil gelten.[2] Subjektive Befindlichkeiten der Wohnungseigentümer bleiben außer Betracht.[3] Ob ein unvermeidbarer Nachteil vorliegt, hängt von den Umständen des Einzelfalls ab. Dabei sind sowohl die örtlichen Gegebenheiten als auch Lage, Bauweise und Charakter des Gebäudes sowie die vereinbarte Zweckbestimmung zu berücksichtigen.[4] Entscheidend ist, ob sich nach der Verkehrsanschauung ein Wohnungseigentümer in der entsprechenden Lage verständlicherweise beeinträchtigt fühlen kann.[5] Ganz geringfügige Beeinträchtigungen bleiben außer Betracht;[6] sie sind zu dulden. Die Grenze für die Bejahung eines Nachteils liegt damit sehr niedrig.[7] Sie ist nicht erst bei einer erheblichen Beeinträchtigung überschritten; alle Beeinträchtigungen, die über die Grenze des ganz Unerheblichen hinausgehen und vermeidbar sind, haben grundsätzlich zu unterbleiben.

3 Für die Feststellung, welche Beeinträchtigungen hingenommen werden müssen, können technische Regelwerke und einschlägige **DIN-Vorschriften** herangezogen werden,[8] bei Schallschutzproblemen etwa die DIN 4109[9] oder bei elektromagnetischen Strahlungen die 26. BImSchV; geringfügige Überschreitungen der dort bestimmten Grenzwerte können im Einzelfall noch hinzunehmen sein, da es sich nur um Richtwerte handelt. In besonderen Einzelfällen kann aber auch trotz Einhaltung der Grenzwerte eine Beeinträchtigung vorliegen. Es sind grundsätzlich die Regelwerke und Vorschriften heranzuziehen, die im **Zeitpunkt der Errichtung** der Wohnanlage galten. Bei nachträglichen baulichen Umgestaltungen und Erneuerungen ist auf die in diesem Zeitpunkt geltenden Normen abzustellen. Handelt es sich um eine Wohnanlage mit einem planmäßig erhöhten technischen Standard, ist dieser auch bei späteren Instandhaltungsmaßnahmen und baulichen Umgestaltungen einzuhalten.[10]

4 Ein Gebrauch unter Verstoß gegen **öffentlich-rechtliche Vorschriften** beeinträchtigt andere Eigentümer nur dann, wenn die Vorschriften drittschützender Natur sind.[11] Die Wertungen der **Nachbarrechtsgesetze** können im Rahmen der Interessenabwägung Berücksichtigung finden.[12] Wirtschaftliche Interessen einzelner Wohnungseigentümer sind hingegen im Rahmen des § 14 Nr. 1 grundsätzlich nicht zu berücksichtigen.[13]

5 Bei der Bewertung einer Störung ist der Tatsache Rechnung zu tragen, dass gewisse gegenseitige Störungen beim Zusammenleben in einer Hausgemeinschaft nicht vermieden werden können. Ein Anspruch auf Abwehr **unvermeidbarer Störungen** besteht nicht. Allerdings müssen die unvermeidbaren Störungen so gering wie möglich gehalten werden. In Altbauten etwa lassen sich knarrende Dielen auch bei vorsichtigem Begehen nicht vermeiden; eine Toilettenspülung darf auch dann bedient werden, wenn der Spülvorgang in anderen Wohnungen mangels ausreichendem Schallschutz zu hören ist. Dennoch ist die Geräuschverursachung auch in diesen Fällen auf das Unvermeidbare zu beschränken.

---

1 OLG Celle 4 W 203/01, ZWE 2002, 371.
2 BGH V ZR 265/10, ZWE 2012, 83.
3 BGH V ZR 210/10, ZMR 2011, 734.
4 OLG München 34 Wx 063/05, OLGR München 2005, 645.
5 BGH V ZB 27/90, NJW 1992, 978; V ZR 56/11, NJW 2012, 72; VerfGH Berlin, VerfGH 188/01, WuM 2003, 39.
6 BayObLG 2 Z 23/79, ZMR 1980, 381.
7 BVerfG BvR 1806/04, NVwZ 2005, 801; LG München I 1 S 15854/09, ZMR 2010, 413.
8 BayObLG 2Z BR 111/92, WE 1994, 147.
9 BayObLG 2Z BR 77/99, NZM 2000, 504.
10 Vgl. OLG München 34 Wx 114/07, ZMR 2008, 317.
11 BayObLG 2Z BR 116/95, WE 1996, 471; OLG Saarbrücken 5 W 173/98-52, NZM 1999, 265; OLG Hamm 15 Wx 142/08, OLGR Hamm 2009, 343.
12 BGH V ZR 276/06, NJW 2007, 3636; OLG Hamm 15 W 77/02, NZM 2003, 156.
13 BayObLG 2Z BR 139/97, NZM 1998, 1007.

Ein vermeidbarer Nachteil kann im Einzelfall noch hinzunehmen sein, wenn bei einer **Grundrechtsabwägung**[14] den Interessen des einen Eigentümers gegenüber den Interessen der beeinträchtigten Eigentümer der Vorrang zu geben ist.[15] Dies betrifft vornehmlich Fälle des **barrierefreien Zugangs**[16] und der Installation von **Parabolantennen**.[17] Gebieten es die Grundrechte eines Zeleigentümers, das Sonder- oder Gemeinschaftseigentum in bestimmter Weise zu gebrauchen oder bauliche Veränderungen vornehmen zu dürfen, bewirkt das verfassungsrechtlich geschützte Eigentumsrecht (Art 14 Abs. 1 GG) der anderen Wohnungseigentümer, dass sich die Beeinträchtigung im Rahmen des bei einem geordneten Zusammenleben Zumutbaren und Unvermeidbaren halten muss. Die beeinträchtigten Wohnungseigentümer haben ein Direktions- und Mitbestimmungsrecht, das sie mit einfacher Stimmenmehrheit ausüben.[18] Die Wohnungseigentümer können durch Beschluss vorgeben, wie die Barrierefreiheit hergestellt wird oder an welcher Stelle der Eigentümer eine Parabolantenne installieren darf (siehe dazu § 22 Rn 116). Zweifelhaft ist, ob in die nach § 14 Nr. 1 vorzunehmende Grundrechtsabwägung auch **Mieterinteressen** einzustellen sind, insbesondere ob Grundrechte von Mietern das Eigentumsrecht der anderen Eigentümer verdrängen können. Dagegen spricht, dass § 14 Nr. 1 nur im Verhältnis der Wohnungseigentümer untereinander gilt. Bei Ehegatten und Familienangehörigen eines Wohnungseigentümers ist das Grundrecht aus Art 6 GG zu berücksichtigen.

6

Typische Konstellationen: Eine unzulässige Beeinträchtigung kann vorliegen, wenn ein Wohnungseigentümer das Sonder- oder Gemeinschaftseigentum **zweckbestimmungswidrig gebraucht** (siehe dazu Rn 15). Eine Beeinträchtigung liegt in der Regel vor, wenn in die **Statik und Substanz des Gebäudes eingriffen** wird oder bei Eingriffen in die Statik negative Auswirkungen auf das Gemeinschaftseigentum jedenfalls nicht auszuschließen sind.[19] Der Eingriff muss allerdings von einiger Erheblichkeit sein. Das ist immer dann der Fall, wenn der Eingriff Sicherungs- und Ausgleichsmaßnahmen erforderlich macht, um Gefahren für die Standsicherheit des Gebäudes zu vermeiden.[20] Einen in der Praxis sehr häufig auftretenden Nachteil stellt die **Veränderung des optischen Gesamteindrucks** der Wohnanlage dar.[21] Insoweit ist ohne Bedeutung, ob die optische Veränderung von der eigenen Wohnung, vom Grundstück der Wohnanlage oder nur von Nachbargrundstücken aus sichtbar ist. In allen Konstellationen kann ein Nachteil vorliegen.[22] Ein Nachteil liegt regelmäßig vor, wenn sich durch eine bauliche Umgestaltung **die Wartungs- und Reparaturanfälligkeit** des gemeinschaftlichen Eigentums **erhöht**[23] oder die Möglichkeit der **Schadenserkennung erschwert**. Da die Instandhaltung und Instandsetzung des gemeinschaftlichen Eigentums auch nach Durchführung einer baulichen Veränderung Aufgabe aller Wohnungseigentümer bleibt, erhöht sich durch die Umgestaltung die allen Wohnungseigentümern obliegende Instandhaltungslast. Ein Nachteil kann auch darin liegen, dass ein Eigentümer das Sondereigentum oder Gemeinschaftseigentum – gegebenenfalls nach einer baulichen Umgestaltung – **intensiver nutzt** als bislang[24] oder nach einem Umbau intensiver nutzen könnte.[25] Führt das Tun eines Wohnungseigentümers dazu, dass anderen Wohnungseigentümern der **Gebrauch** des gemeinschaftlichen Eigentums **entzogen** oder **eingeschränkt wird**, folgt daraus ein Nachteil.[26] Unzulässig ist ein Gebrauch oder eine Umgestaltung der Wohnanlage, wenn dadurch andere Wohnungseigentümer einer **erhöhten Gefahr** für Gesundheit, Leib, Leben oder Eigentum ausgesetzt werden.[27] Auch die **Ungewissheit möglicher Gefährdungen**[28] müssen die Eigentümer nicht hinnehmen. Nach Eingriffen eines Eigentümers in konstruktive Bestandteile des Gebäudes können die Wohnungseigentümer einen Nachweis über die Standsicherheit des Gebäudes oder des betroffenen Gebäudeteils verlangen. Eine Beeinträchtigung kann darin liegen, dass die Wohnungseigentümer **nachteiligen Immissionen** (Lärm, Geruch) ausgesetzt werden[29] (zur Trittschallproblematik siehe § 21 Rn 103). Hierzu zählen auch sog **negative** Immissionen, etwa der Entzug von Licht oder Luft. Die Tatsache, dass die Nutzung oder die bauliche Veränderung eines Wohnungseigentümers öffentlich-rechtlich genehmigt ist, bedeutet nicht, dass keine vermeidbaren Nachteile i.S.d. § 14 Nr. 1 vorliegen. Ein Nachteil kann in einem **Eingriff in das Persönlichkeitsrecht** liegen, so etwa im Fall einer mit dem Bundesdatenschutzgesetz nicht zu vereinbarenden Videoüberwachung. Selbst wenn keine unzulässige Videoüberwachung vorliegt oder nachweisbar ist, kann ein Nachteil i.S.d. § 14 Nr. 1 zu bejahen sein, wenn aufgrund konkreter Umstände die Befürchtung einer unzulässigen Videoüberwachung begründet ist.[30] Die fern liegende, mehr oder weniger theoretische Möglichkeit einer unzulässigen Videoüberwachung rechtfertigt die Annahme einer Beeinträchtigung noch nicht.[31] Einen Nachteil nimmt die h.M. an, wenn Sondereigentum in einer Weise genutzt wird, die mit einem **sozialen**

7

---

14 Vgl. BVerfG 1 BvR 1806/04, NZM 2005, 182.
15 Zur Grundrechtsabwägung siehe auch BVerfG BvR 693/09, NJW 2010, 220.
16 BayObLG 2Z BR 161/03, ZMR 2004, 209; LG Hamburg 318 T 70/99, NZM 2001, 767; AG Bonn 27 C 202/10, ZWE 2011, 291.
17 BGH V ZB 51/03, ZMR 2004, 438.
18 BGH V ZB 51/03, ZMR 2004, 438.
19 BGH V ZR 56/11, NJW 2012, 72.
20 BGH V ZB 45/00, NJW 2001, 1212.
21 BGH V ZB 27/90, NJW 1992, 979; V ZR 56/11, NJW 2012, 72.
22 LG München I S 15854/09, ZMR 2010, 413.
23 KG 24 W 5299/90, WuM 1991, 128.
24 BayObLG 2Z BR 73/93, NJW-RR 1994, 82; BGH V ZB 45/00, NJW 2001, 1212; V ZR 56/11, NJW 2012, 72.
25 LG München I S 23256/10, ZWE 2011, 423.
26 BayObLG 2Z BR 74/92, NJW-RR 1993, 85.
27 OLG Zweibrücken 3 W 12/00, NZM 2000, 623.
28 Z.B. durch Mobilfunksendemast, OLG Hamm 15 W 287/01, NZM 2002, 456.
29 OLG Hamburg 2 W 24/88, OLGZ 1989, 309; OLG Düsseldorf I-3 Wx 162/07, GuT 2008, 219.
30 BGH V ZR 265/10, ZWE 2012, 83.
31 BGH V ZR 210/10, ZMR 2011, 734 zu einem Videoauge in einem Klingeltableau.

Unwerturteil breiter Bevölkerungskreise behaftet ist und sich nachteilig auf den Verkehrswert und den Mietpreis der anderen Wohnungs- und Teileigentumseinheiten auswirkt.[32]

II. Instandhaltung des Sondereigentums (Nr. 1 Var. 1)

8 Die Pflicht zur Instandhaltung (und Instandsetzung) des Sondereigentums umfasst die Durchführung **aller erforderlichen Instandhaltungsmaßnahmen** auf eigene Kosten an allen Bauteilen, Anlagen und Einrichtungen, die im Sondereigentum stehen oder deren Instandhaltung nach der Gemeinschaftsordnung dem jeweiligen Wohnungseigentümer auferlegt ist.[33] Der Eigentümer ist auch verpflichtet, das Sondereigentum **erstmals** in einen **ordnungsgemäßen Zustand** zu versetzen, wenn nur dadurch Beeinträchtigungen der anderen Wohnungseigentümer abgewendet werden können.[34] **Beispiele** für Instandhaltungspflicht: Reparatur einer defekten Wasser- oder Heizungsleitung, soweit diese im Sondereigentum steht; Beseitigung von Feuchtigkeitsschäden im Sondereigentum; Beseitigung von Abfall oder Müll, wenn eine Geruchsbelästigung oder die Gefahr von Ungezieferbefall besteht. Befinden sich im Teileigentum (z.B. Keller) eines Eigentümers Wasserleitungen für andere Wohnungen, hat der Eigentümer dafür zu sorgen, dass diese nicht einfrieren.[35]

9 Die **Verwaltungszuständigkeit** für das Sondereigentum liegt beim jeweiligen Sondereigentümer. Der Wohnungseigentümer entscheidet autonom, wann er welche Instandhaltungs- und Instandsetzungsmaßnahmen durchführt. Die Wohnungseigentümergemeinschaft kann ihm insoweit keine Vorgaben durch Mehrheitsbeschluss machen. Insbesondere kann die Wohnungseigentümergemeinschaft den einzelnen Eigentümer nicht durch Beschluss verpflichten, bestimmte Maßnahmen durchzuführen. Solche **Beschlüsse** wären **nichtig** (siehe § 23 Rn 28 ff.). Durch Vereinbarung i.S.d. § 10 Abs. 2 S. 2 kann die Instandhaltungs- und Instandsetzungspflicht nach § 14 Nr. 1 allerdings abgeändert und ergänzt werden. Gleiches gilt für die Schadensersatzhaftung des Eigentümers aufgrund von Mängeln am Sondereigentum.

10 Die Instandhaltungspflicht **entsteht** spätestens **mit Eintritt eines Schadens** am Gemeinschaftseigentum oder am Sondereigentum eines anderen Eigentümers. Ein Wohnungseigentümer ist zur Durchführung von Instandhaltungsmaßnahmen am Sondereigentum aber auch schon dann verpflichtet, wenn sein Sondereigentum marode ist und mit einem Schadenseintritt gerechnet werden muss, sog. **gefahrgeneigte Situation**.[36] Die Gefahr eines Schadenseintritts muss im Gerichtsverfahren anhand objektiver Umstände nachgewiesen werden.[37] Hierfür kann es genügen, wenn in der Wohnung des Störers in immer kürzeren Abständen Wasserschäden auftreten. Es besteht jedoch keine Verpflichtung des Wohnungseigentümers, die Wasserinstallation regelmäßig von einem Fachmann überprüfen zu lassen.[38]

11 Entstehen durch eine Vernachlässigung des Sondereigentums Nachteile für andere Eigentümer, hat der Sondereigentümer Abhilfe zu schaffen und im Falle eines Schadenseintritts gemäß §§ 280 f. BGB **Schadensersatz** zu leisten. War der Mangel am Sondereigentum allerdings nicht bekannt und der Schadenseintritt auch nicht vorhersehbar, scheidet eine Schadensersatzhaftung mangels Verschuldens aus. Nach Ansicht des OLG Stuttgart[39] sollen die Grundsätze des verschuldensunabhängigen **nachbarrechtlichen Ausgleichsanspruchs** (§ 906 Abs. 2 S. 2 BGB analog) jedoch auch im Verhältnis der Wohnungseigentümer untereinander anwendbar sein. Für die Störereigenschaft eines Wohnungseigentümers sei es ausreichend aber auch erforderlich, dass die Beeinträchtigung des „Nachbarn" wenigstens mittelbar auf den Willen des Eigentümers oder Besitzers zurückgehe. Ob dies der Fall sei, könne nicht begrifflich, sondern nur in wertender Betrachtung von Fall zu Fall festgestellt werden.[40] Bei dieser wertenden Betrachtung sei im Wesentlichen auf die Schadensursache abzustellen. Nicht allein das Eigentum an der benachbarten Wohnung begründe den Anspruch, sondern der Gebrauch oder der Zustand des Sondereigentums, von dem die Schadensursache ausgehe. Nach Auffassung des OLG München komme ein nachbarrechtlicher Ausgleichsanspruch jedenfalls dann nicht zum Tragen, wenn der Wohnungseigentümer von seinem Wohnungseigentum einen Gebrauch mache, der nach der Gemeinschaftsordnung gestattet sei.[41] (Zu weiteren Konstellationen eines nachbarrechtlichen Ausgleichsanspruchs analog § 906 Abs. 2 S. 2 BGB innerhalb einer Wohneigentumsanlage siehe § 13 Rn 11 ff.)

12 Der **Verwalter** ist berechtigt, die **Wohnungen** zwecks Feststellung einer Beeinträchtigung zu **besichtigen**. Er muss dieses in angemessener Zeit ankündigen. Gehen jedoch keine negativen Einflüsse vom Zustand einer Eigentumswohnung aus, ist dies ohne Belang.[42] Insbesondere können die übrigen Eigentümer nicht eine Renovierung der Wohnung in bestimmten Zeitabständen verlangen.

13 Verändert ein Eigentümer den **Bodenbelag** in seiner Wohnung (z.B. Fliesen statt Teppich) und verringert sich dadurch der Trittschallschutz mehr als unerheblich, kann der beeinträchtigte Eigentümer Beseitigung der Störung, d.h. **Wiederherstellung des früheren Trittschallniveaus**, verlangen (hierzu ausführlich § 21 Rn 103).

---

32 Etwa bei Prostitution; VerfGH Berlin, VerfGH 188/01, WuM 2003, 39; **a.A.** AG Wiesbaden 92 C 5055/10, ZMR 2011, 843.
33 Staudinger/*Kreuzer*, § 14 Rn 13.
34 *Bärmann*/*Wenzel*, § 14 Rn 30.
35 BayObLG BReg 2 Z 87/88, ZMR 1989, 349.
36 Staudinger/*Kreuzer*, § 14 Rn 9.
37 OLG Hamburg 2 Wx 53/95, MDR 1997, 816.
38 BayObLG 2Z BR 13/94, ZMR 1994, 277; OLG Frankfurt 20 W 281/03, OLGR Frankfurt 2005, 852.
39 7 U 135/05, NZM 2006, 141.
40 Vgl. *Wenzel*, NJW 2005, 241.
41 OLG München 32 Wx 116/06, ZMR 2007, 215.
42 BayObLG 1 b Z 17/89, NJW-RR 1990, 854.

III. Pflicht zum maßvollen Gebrauch des Sonder- und Gemeinschaftseigentums (Nr. 1 Var. 2)

1. Grenzen des zulässigen Gebrauchs

Das Recht zum Gebrauch des Sondereigentums (siehe § 13 Rn 2) und zum Mitgebrauch des Gemeinschaftseigentums (siehe § 13 Rn 17) ist im **Rahmen der Zweckbestimmung** (Rn 15) und der vereinbarten und beschlossenen Gebrauchsregelungen nach § 15 Abs. 1 und 2 maßvoll auszuüben. Keinem anderen Wohnungseigentümer darf ein Nachteil erwachsen, der das bei einem geordneten Zusammenleben **unvermeidbare Maß** der Beeinträchtigung **überschreitet**. Unvermeidbar sind Beeinträchtigungen, die sich aus dem Zusammenleben von Menschen, aus deren Eigenschaften oder aus der Substanz des Hauses ergeben können. Niemand ist in einer Gemeinschaft vor Personen „geschützt", mit denen er nicht auskommt. Dem leicht querulatorischen Nachbarn geht man am besten aus dem Weg. In Altbauten lassen sich knarrende Dielen oder polternde Holztreppen auch bei vorsichtigem Begehen nicht vermeiden, der mangelnde Schallschutz tut ein Übriges. Kinder sind lauter und „wilder" als Erwachsene; nicht jedermann mag Haustiere. Fremde Sitten und Gebräuche stoßen mancherorts auf Unverständnis; Neid oder Missgunst steigern die Empfindlichkeitsschwelle. Daher sind Rücksicht, aber auch Toleranz geboten.

Die Teilungserklärung bestimmt, ob es sich bei einer Sondereigentumseinheit um Wohnungseigentum oder um Teileigentum handelt. Wohnungseigentum darf grundsätzlich nur zu Wohnzwecken genutzt werden.[43] Teileigentum darf – mangels einschränkender Vereinbarung – zu jedem beliebigen Zweck, nicht aber als Wohnraum genutzt werden.[44] Eine **Nutzung zu Wohnzwecken** liegt nach Ansicht des BGH vor, wenn die Sondereigentumsräume als **Unterkunft** für Personen genutzt werden, wobei ohne Bedeutung sei, ob der Eigentümer sich selbst in den Räumen aufhalte oder ein Mieter oder sonstiger Dritter. Auch sei ohne Bedeutung, wie lange der Bewohner seine Unterkunft in den Räumen habe oder wie häufig der Nutzer wechsele.[45] Die Zweckbestimmung „wohnen" erfordere nicht, dass der Bewohner in den Räumen einen eigenen Hausstand führt oder in den Räumen – zumindest vorübergehend oder zeitweilig – seinen Lebensmittelpunkt hat.[46] Auch sei für die Qualifizierung als Wohnnutzung unerheblich, ob der Eigentümer – oder ein gewerblicher Zwischenmieter – über die bloße Raumüberlassung hinaus weitere Dienstleistungen anbietet (z.B. Zimmerreinigung, Verpflegung), solange die Unterbringung im Vordergrund steht. Auch sei ohne Belang, ob der Eigentümer/Vermieter eine unternehmerische Tätigkeit entfaltet, die über eine übliche Wohnungsvermietungstätigkeit hinausgeht und in steuerrechtlicher Hinsicht als gewerblich anzusehen ist.[47] Entscheidend sei allein, was in der Wohnung geschehe, ob dort Personen ihre Unterkunft haben.

Eine von der **Zweckbestimmung** abweichende Nutzung ist ausnahmsweise zulässig, wenn diese bei **typisierender Betrachtungsweise**[48] nicht mehr stört als ein Gebrauch im Rahmen der Zweckbestimmung,[49] wobei Beeinträchtigungen weder vorgetragen noch nachgewiesen werden müssen.[50] Die Nutzung eines Teileigentums zu Wohnzwecken ist unzulässig, da die Wohnnutzung bei typisierender Betrachtungsweise die intensivste Form des Gebrauchs darstellt.[51] Eine Wohnung wird regelmäßig ohne zeitliche Unterbrechung auch am Wochenende genutzt, was bei Gewerbeeinheiten in der Regel nicht der Fall ist.

Um eine wohnungseigentumsrechtliche Streitigkeit i.S.d. § 43 Nr. 1 handelt es sich aber nur, wenn die Beeinträchtigung mit dem **räumlich-gegenständlichen Bereich des Wohnungseigentums** im Zusammenhang steht.[52] Beeinträchtigungen, die keinen Bezug zum Wohnungseigentum haben, sondern allein in der Person eines Wohnungseigentümers beruhen (wie Beleidigungen und tätliche Übergriffe), begründen allgemeine bürgerlich-rechtliche Unterlassungsansprüche, für die die Zuständigkeitsnorm des § 43 nicht gilt.

2. Beispiele aus der Rechtsprechung

Die nachfolgenden Beispiele aus der Rechtsprechung betreffen Konstellationen, in denen die Eigentümer keine Gebrauchsregelung durch Vereinbarung oder Beschluss nach § 15 getroffen haben:

Die Nutzung einer Wohnung als **Anwaltsbüro, Steuerberaterpraxis** oder **Versicherungsvertretung** mit nur einer oder wenigen Büroangestellten und geringem Publikumsverkehr stört nicht mehr als eine Wohnnutzung;[53] unzulässig ist dagegen ein Anwaltsbüro mit spürbarem Besucherverkehr. Die teilweise Nutzung einer Wohnung als **Architek-**

---

43 BayObLG 2Z BR 130/93, WuM 1994, 222.
44 BayObLG 2Z BR 130/93, WuM 1994, 222.
45 BGH V ZR 72/09, ZMR 2010, 378.
46 BGH, V ZR 72/09, ZMR 2010, 378; **a.A.** noch KG 24 W 34/07, ZMR 2007, 801; 24 W 276/06, GE 2007, 997; LG Hamburg 318 S 59/09, ZMR 2010, 226.
47 BGH, a.a.O.; **a.A.** noch KG 24 W 34/07, ZMR 2007, 801; 24 W 276/06, GE 2007, 997.
48 BayObLG 2 Z BR 20/00, ZWE 2001, 28.
49 BGH V ZR 72/09, ZMR 2010, 378; BayObLG 2 Z BR 60/01, ZWE 2002, 35; OLG Köln 16 Wx 128/02, NZM 2003, 115.
50 BayObLG 2Z BR 52/98, NZM 1999, 80; siehe hierzu eingehend § 15 Rn 12.
51 BayObLG 2 Z BR 52/98, NZM 1999, 80; 2Z BR 130/93, WuM 1994, 222; OLG Frankfurt 20 W 319/08, ZWE 2012, 35.
52 KG 24 W 2634/87, NJW-RR 1988, 586.
53 OLG Köln 16 Wx 232/01, NZM 2002, 258.

turbüro ist zulässig, der Architekt darf auch ein Werbeschild an der Hauswand anbringen.[54] **Arztpraxen** werden in Wohnungen als zulässig angesehen, wenn sie für die Mitbewohner keine größeren als die üblichen Störungen verursachen, wobei auf den Zuschnitt der Praxis (z.B. Bestellpraxis) und den Umfang des Patientenverkehrs, auf die Sprechstundenzeiten und auf die Lage im Gebäude und die Größe des Gebäudes abzustellen ist.[55] Die Nutzung einer Wohnung zum Betrieb einer psychologischen Einzelpraxis oder Heilpraktikerpraxis zu den üblichen Tageszeiten kann daher zulässig sein,[56] nicht aber der Betrieb einer **Arztpraxis** mit erheblichem Besucherverkehr.[57] Unzulässig ist die Nutzung einer Wohnung als **Tierarztpraxis**.[58]

19 Die Überlassung einer Wohnung an **Kurzzeitmieter** oder an einen ständig wechselnden Personenkreis (z.B. **Feriengäste, Touristen**, Arbeiter) ist nach Ansicht des *BGH*[59] zulässig,[60] sofern die Wohnung als Unterkunft genutzt wird. Die von einem ständigen Nutzerwechsel ausgehenden Beeinträchtigungen, wie etwa erhöhte Abnutzung und Verschmutzung des Treppenhauses, Lärm, Verringerung der Sicherheit im Haus, stören nach Ansicht des *BGH* bei typisierender Betrachtungsweise nicht mehr als eine intensive Wohnnutzung durch Dauermieter.[61] Gehen von dem Kurzzeitmieter jedoch konkrete Einzelstörungen aus (z.B. Ruhestörung, Sachbeschädigung, Verschmutzungen), können die übrigen Wohnungseigentümer sowohl vom Mieter als auch vom Eigentümer Beseitigung der Störung und Unterlassung künftiger Beeinträchtigungen verlangen (siehe Rn 29).[62] Unterhält ein Eigentümer mehrerer Wohnungen einen **hotelähnlichen Betrieb**,[63] indem er die Zimmer der Wohnungen separat vermietet und eine Wohnung als zentralen Empfangs- und Verpflegungsbereich nutzt, kann dagegen mit einem Unterlassungsantrag insoweit vorgegangen werden, als der Betrieb einer Rezeption mit Aufenthalts- und Verpflegungsräumen keine Wohnnutzung darstellt; derartige Einrichtungen sind nur in Teileigentumsräumen zulässig. Die separate Vermietung einzelner Zimmer ein und derselben Sondereigentumseinheit ist dagegen grundsätzlich zulässig. (Zur Möglichkeit, die Kurzzeitvermietung durch Beschluss oder Vereinbarung zu untersagen oder einzuschränken, siehe § 15 Rn 27) Da in **Teileigentum** nicht gewohnt werden darf, ist die Nutzung von Teileigentumsräumen als Unterkunft unzulässig. Selbst eine **pensionsähnliche Zimmervermietung** wäre in Teileigentum unzulässig, da die Zimmer als Unterkünfte genutzt werden und dies eine Wohnnutzung darstellt. Den Betrieb eines **Pflegeheims** in Wohnungseigentumseinheiten wird man auf Basis der Rechtsprechung des BGH[64] als grundsätzlich zulässig ansehen müssen, solange die ärztliche und häusliche Pflege nicht den Aspekt des Wohnens in den Hintergrund drängt. Ist der Betrieb des Pflegeheims jedoch mit einem Besucher- und Lieferverkehr verbunden, der das bei einer Wohnnutzung typische Maß übersteigt, kann zumindest Unterlassung dieser konkreten Störung verlangt werden.[65] Eine überhöhte **Belegungsdichte** in einer Wohnung, z.B. bei mehr als zwei Personen je Zimmer, kann einen unzulässigen Gebrauch darstellen.[66]

Der **Leerstand** von Sondereigentumsräumen führt grundsätzlich nicht zu einer Beeinträchtigung der übrigen Wohnungseigentümer.[67] Ohne besondere Vereinbarung gibt es auch bei Gewerbeeinheiten **keine Betriebspflicht**.

20 Die Anbringung außen hängender **Blumenkästen** ist zulässig, wenn die Landesbauordnung dies gestattet, das naturbedingte **Herabfallen von Blüten und Blättern** aus solchen Blumenkästen ist von den anderen Wohnungseigentümern hinzunehmen.[68]

Die Ausübung der **Prostitution** oder der Betrieb eines **Bordells** in Teileigentum ist geeignet, die Interessen der übrigen Miteigentümer zu schädigen,[69] Gleiches gilt für Wohnungseigentum;[70] die Überlassung einer Wohnung an eine Prostituierte muss daher nicht geduldet werden,[71] insbesondere dann nicht, wenn die Prostituierte ihre Dienste in Zeitungsanzeigen unter Angabe der vollen Anschrift anbietet.[72] Die Nutzung einer Wohnung durch Prostituierte kann aber im Einzelfall zulässig sein, wenn in der Wohnanlage keine Familien wohnen, Obdachlose zur Wiedereingliederung untergebracht sind und sich auch in der Umgebung randständige Personen aufhalten.[73] Der ladenmäßige Betrieb eines Erotik-Fachgeschäfts mit Videothek (**Sexshop**) im Rahmen der gewerberechtlichen Bestimmungen ist in

---

54 KG 24 W 5760/93, WE 1995, 19; siehe auch OLG Zweibrücken 3 W 81/97, ZMR 1997, 482.
55 OLG München 34 Wx 24/05, ZMR 2005, 727.
56 OLG Düsseldorf 3 Wx 500/97, WuM 1998, 112.
57 BayObLG 2Z BR 50/00, ZWE 2000, 521.
58 OLG München 34 Wx 24/05, ZMR 2005, 727.
59 V ZR 72/09, ZMR 2010, 378; V ZR 78/10, ZMR 2011, 396.
60 **A.A.** OLG Hamm 15 W 127/91, WE 1992, 135 zu Aussiedlerheim; OLG Frankfurt 20 W 124/03, NZM 2004, 231 zu Arbeiterwohnheim; KG 24 W 34/07, ZMR 2007, 801; 24 W 276/06, GE 2007, 997 zur Vermietung an Feriengäste; OLG Saarbrücken 5 W 115/05, ZMR 2006, 554 zu Boarding-house.
61 **A.A.** KG 24 W 34/07, ZMR 2007, 801; 24 W 276/06, GE 2007, 997; LG Hamburg 318 S 59/09, ZMR 2010, 226.
62 BGH V ZR 78/10, ZMR 2011, 396.
63 Vgl. OLG Saarbrücken 5 W 115/05, ZMR 2006, 554.
64 V ZR 72/09, ZMR 2010, 378.
65 Vgl. OLG Köln 16 Wx 122/06, NZM 2007, 572.
66 OLG Stuttgart 8 W 219/92, WE 1993, 25.
67 BayObLG BReg. 1b Z 17/98, NZM 1999, 315.
68 LG Hamburg 10 T 13/79, DWE 1984, 93.
69 BayObLG 2Z BR 30/93, WE 1994, 243; BReg 2 Z 103/86, MDR 1987, 409; KG 24 W 56/01, ZWE 2002, 322; 24 W 2741/86, MDR 1986, 939; OLG Frankfurt 20 W 338/89, OLGZ 1990, 419; LG Hamburg 318 T 87/07, ZMR 2008, 828; **a.A.** AG Wiesbaden 92 C 5055/10, ZMR 2011, 843.
70 OLG Frankfurt 20 W 613/82, OLGZ 1983, 61; siehe auch BayObLG BReg 2 Z 61/77, MDR 1979, 232.
71 OLG Frankfurt 20 W 508/01, ZMR 2002, 616.
72 BayObLG 2Z BR 40/95, WuM 1995, 676; OLG Frankfurt 20 W 338/89, OLGZ 1990, 419; KG, 24 W 2741/86, MDR 1986, 939.
73 OLG Köln 16 Wx 117/08, ZMR 2009, 387.

Teileigentum zulässig, sofern in der Wohngegend ähnliche Geschäfte und Nachtclubs vorhanden sind; nicht erlaubt ist aber die Vorführung von Sexfilmen mit Einzelkabinenbetrieb.[74]

Die Nutzung einer im ersten Obergeschoss gelegenen Wohnung als **Friseursalon** stört und beeinträchtigt jedenfalls in einer kleinen Wohnanlage mehr als eine Wohnnutzung.[75]

Das **Grillen** auf dem Balkon stellt wegen der Brandgefahr sowie der Rauch- und Geruchsimmissionen eine nicht unerhebliche Beeinträchtigung der übrigen Wohnungseigentümer dar.[76] **Küchengerüche** lassen sich nicht gänzlich vermeiden. Vermeidbar sind allerdings Küchengerüche außerhalb des Sondereigentums, die durch eine Dunstabzugshaube mit Filter verringert werden könnten.[77]

Das Aufstellen eines **mobilen Schwimmbeckens** im Garten mit mehreren Kubikmetern Fassungsvermögen führt i.d.R. zu einer optischen Beeinträchtigung der Wohnanlage und ist unzulässig.

Das Abstellen von **Mülltüten** und **Abfällen im Hausflur** kann zu einer Beeinträchtigung der anderen Wohnungseigentümer führen.[78] Das Abstellen von **Fahrrädern im Treppenhaus** stellt einen zweckwidrigen Gebrauch dar und ist daher unzulässig, auch wenn das Treppenhaus hinreichend breit ist.[79] Das **Rauchen** mehrerer Zigaretten täglich im gemeinschaftlichen Treppenhaus führt zu einer abwehrfähigen Beeinträchtigung.[80] Das Abstellen von **Motorrädern im Keller** widerspricht wegen der vom Kraftstoff und Getriebeöl ausgehenden Gerüche und Brandgefahren ordnungsmäßigem Gebrauch.[81] Auf den Außenflächen der Wohnanlage dürfen fahrbereite Motorräder hingegen abgestellt werden, sofern die Wohnungseigentümer nichts gegenteiliges vereinbart oder beschlossen haben und das Motorrad nicht die übrigen Wohnungseigentümer im Mitgebrauch des Gemeinschaftseigentums behindert oder für die übrigen Wohnungseigentümer in sonstiger Weise konkret beeinträchtigend wirkt.

Das **Musizieren** von nicht mehr als 3 Stunden täglich außerhalb der Ruhezeiten kann noch hinnehmbar sein.[82]

Die Haltung ungefährlicher Kleintiere, wie Ziervögel, Schildkröten, Hamster, Kaninchen, Zierfische im Aquarium, gehört grundsätzlich zum sozial üblichen Wohngebrauch. Die Tierhaltung überschreitet allerdings dann die Grenze des Zulässigen, wenn von den Tieren störende Gerüche oder Geräusche oder konkrete Gefahren für das Eigentum oder Gesundheit, Leib und Leben der Hausbewohner ausgehen. Eine **übermäßige Tierhaltung** in der Wohnung kann zu einer Beeinträchtigung der anderen Wohnungseigentümer führen, ohne dass es auf konkrete Belästigungen einzelner Wohnungseigentümer ankommt,[83] so etwa die Haltung von mehr als 4 Katzen in einer Ein-Zimmer-Wohnung.[84] Hält ein Hausbewohner exotische, **giftige Tiere**, kann ein Übermaßgebrauch vorliegen, wenn die übrigen Hausbewohner keinen Einfluss auf die Art der Haltung haben und ein Entweichen der Tiere nicht völlig ausgeschlossen werden kann.[85] Der Freilauf eines **Kampfhundes** ohne Leine und Maulkorb in gemeinschaftlich genutzten Kellerräumen stellt eine unzumutbare Beeinträchtigung der anderen Wohnungseigentümer dar.[86]

Eine übermäßige **Geräusch**entfachung innerhalb einer Wohnung durch **Geschrei**, laute **Musik**, Springen und **Trampeln** auf den Boden, **Möbelrücken** oder **Türenknallen** ist zu unterlassen, sofern die Geräusche in anderen Wohnungen mehr als nur unerheblich vernehmbar sind und es sich bei der Störung um einen nicht nur einmaligen, sondern um einen wiederholten Vorgang oder einen Vorgang von einiger Dauer handelt. Die von einem solchen Verhalten ausgehenden Beeinträchtigungen sind auch dann zu vermeiden, wenn sie von Kindern ausgehen. Zwar ist bei **Kindern**, was die Pflicht zur Unterlassung vermeidbarer Lärmbelästigungen angeht, ein weniger strenger Maßstab anzulegen als bei Erwachsenen, sodass den übrigen Wohnungseigentümern im Hinblick auf solche Nachteile eine gesteigerte Duldungspflicht i.S.d. § 14 Nr. 3 abzuverlangen ist. Die Eltern sind gleichwohl gemäß § 14 Nr. 2 verpflichtet, auf die Kinder einzuwirken, wenn das Maß des § 14 Nr. 1 überschritten ist.[87] Mangels näherer Präzisierbarkeit einzelner unzulässiger Einwirkungen sind **Klageanträge** statthaft, wonach der Störer allgemein Geräusche bestimmter Art zu unterlassen habe, auch wenn dies dazu führt, dass der Streit über die Wesentlichkeit von Lärmimmissionen gegebenenfalls im Vollstreckungsverfahren erneut entschieden werden muss.[88] Verfügen Sondereigentumsräume über Fußbodenbeläge, die Trittschall nicht oder nur unzureichend absorbieren (z.B. Fliesen, Laminat), kann es dem Eigentümer dieser Räume zuzumuten sein, diese Räume nicht mit sog **Hackenschuhen**, d.h. Schuhen mit harten Absätzen und Sohlen, zu betreten, wenn dadurch eine Beeinträchtigung anderer Wohnungseigentümer durch Trittgeräusche vermieden werden kann.[89]

Der Teileigentümer, der in der Wohneigentumsanlage ein nach der Gemeinschaftsordnung zulässiges Geschäft betreibt, darf ein ortsübliches und angemessenes **Werbeschild** an der Außenfront des Hauses anbringen.[90] Dies gilt

---

74 KG 24 W 3925/98, NZM 2000, 879; VerfGH Berlin, VerfGH 188/01, WuM 2003, 39.
75 BayObLG 2Z BR 39/00, ZWE 2001, 112.
76 LG Düsseldorf 25 T 435/90, MDR 1991, 52.
77 OLG Düsseldorf I-3 Wx 162/07, GuT 2008, 219.
78 OLG Düsseldorf 3 Wx 88/96, WE 1996, 394.
79 AG Hannover 71 II 547/05, ZMR 2006, 649.
80 AG Hannover 70 II 414/99, NZM 2000, 520.
81 BayObLG BReg. 2 Z 133/87, WuM 1988, 182.
82 BayObLG, 2Z BR 55/95, WE 1996, 439.
83 OLG Frankfurt 20 W 87/03, NZM 2006, 265.
84 KG 24 W 6272/90, ZMR 1991, 440.
85 OLG Karlsruhe 14 Wx 51/03, NZM 2004, 551.
86 KG 24 W 65/02, NZM 2002, 868.
87 OLG Düsseldorf 3 Wx 233/08, NZM 2009, 748; BayObLG 2Z BR 113/93, ZMR 1994, 167.
88 OLG Düsseldorf 3 Wx 233/08, NZM 2009, 748.
89 LG Hamburg 316 S 14/09, ZMR 2010, 605.
90 OLG Frankfurt 20 W 151/81, Rpfleger, 1982, 64; OLG Köln 16 Wx 11/06, NZM 2007, 92.

auch für einen Wohnungseigentümer, der in seiner Wohnung einen nicht störenden Beruf ausübt.[91] Der Wohnungseigentümerversammlung steht hinsichtlich des Ortes und der Art und Weise der Werbeschilder aber ein Direktionsrecht zu, das sie mit einfacher Stimmenmehrheit ausübt. **Hinweisschilder auf** eine zur **Vermietung** stehende Sondereigentumseinheit sind allenfalls in zurückhaltender Form an den Fenstern der Sondereigentumseinheit, nicht aber an der Gebäudefassade oder im sonstigen Bereich des Gemeinschaftseigentums zulässig. Das Anbringen von **Spruchbändern** mit politischen Parolen an der Balkonbrüstung ist unzulässig.[92] Auch das **Bekleben** oder Plakatieren von Wohnungseingangs- und Keller**türen** auf der zum Gemeinschaftseigentum gerichteten Seite ist zu unterlassen, soweit dadurch persönliche, weltanschauliche, politische, philosophische, religiöse und sexuelle Botschaften oder vergleichbare persönliche Wertungen und Haltungen, auch ästhetischer Natur, transportiert werden.[93]

26 Das **Aufhängen von Wäsche** auf Balkonen und Sondernutzungsflächen zum Zweck der Trocknung hat so zu erfolgen, dass die Wäsche für andere Bewohner oder Dritte nicht oder möglichst wenig sichtbar ist. Nach erfolgter Trocknung ist die Wäsche unverzüglich zu entfernen. Verfügt die Wohnanlage über Trockenräume oder Wäscheplätze, ist das sichtbare Aufhängen der Wäsche auf anderen Flächen untersagt.
Balkone und **Terrassen** dienen ihrer natürlichen Zweckbestimmung nach dem erholsamen Aufenthalt im Freien. Mit dieser Zweckbestimmung ist es vereinbar, auf den Balkonen oder Terrassen Stühle und Tische dauerhaft aufzustellen und im Bedarfsfall Sonnenschirme aufzuspannen. Spätestens bei Sonnenuntergang sind von außen sichtbare Sonnenschutzvorrichtungen einzuklappen. Das **Lagern von Gegenständen** ist auf Balkonen nur insoweit zulässig, als die Gegenstände von außen nicht oder nur unerheblich sichtbar sind und andere Bewohner auch in sonstiger Weise durch die Gegenstände keinen Nachteil erleiden.

27 **Garagenstellplätze** in einer Sammeltiefgarage dürfen nicht derart als Lagerfläche genutzt werden, dass das Abstellen eines Pkw nicht mehr möglich ist. Garagenstellplätze sind grundsätzlich keine Lagerflächen. Von überfüllten Regalen auf Garagenstellplätzen kann im Einzelfall eine optische Beeinträchtigung für die anderen Eigentümer ausgehen. Bestimmt die Gemeinschaftsordnung, dass Kfz- Abstellplätze abwechselnd von den Wohnungseigentümern nach Bedarf belegt werden können, so widerspricht es ordnungsmäßigem Gebrauch, ein **Wohnmobil** längerfristig abzustellen.[94]
Schornstein- und Kaminzüge dienen zwar dem gemeinschaftlichen Gebrauch, sofern sie mehr als eine Sondereigentumseinheit erschließen. Der einzelne Wohnungseigentümer darf aber seine Sondereigentumseinheit nur dann an den Schornstein anschließen, wenn zuvor die Wohnungseigentümerversammlung durch Beschluss zugestimmt (denn der Anschluss stellt eine bauliche Veränderung i.S.d. § 22 Abs. 1 dar) und der Bezirksschornsteinfegermeister seine Einwilligung erteilt bzw keine Einwände hat.[95] Insbesondere ist es dem Einzeleigentümer nicht gestattet, eigenmächtig Entlüftungsrohre an einen Schornsteinzug anzuschließen oder Leitungen im Schornsteinzug zu verlegen. Dies gilt auch, wenn der Schornsteinzug derzeit nicht genutzt wird.

28 Bei einem unzulässigen Gebrauchsverhalten steht jedem beeinträchtigten Wohnungseigentümer ein **Abwehranspruch** gemäß § 1004 Abs. 1 BGB i.V.m. § 15 Abs. 3 zu (siehe § 15 Rn 37 ff.).

C. Gebrauch durch Nichteigentümer (Nr. 2)

I. Abwehranspruch gegen den Wohnungseigentümer

29 Jeder Wohnungseigentümer hat für die **Einhaltung der Verpflichtung** zum maßvollen Gebrauch **durch die Personen** zu sorgen, die zu seinem **Hausstand oder Geschäftsbetrieb** gehören (z.B. Ehegatte, Kinder, Gäste und Hausangestellte, Angestellte) oder denen er sonst die Nutzung des Sondereigentums oder der im gemeinschaftlichen Eigentum stehenden Grundstücks- oder Gebäudeteile überlassen hat (z.B. Mieter, Pächter oder Gäste, die die Wohnung während der Ferienzeit unentgeltlich nutzen, Reinigungspersonal, Erwerber der Wohnung vor Eigentumsübergang, Gäste eines Gaststättenbetriebes, Lieferanten, Frachtführer, Handwerker). Wie der Wohnungseigentümer diese Pflicht erfüllt, ist grundsätzlich ihm überlassen und kann ihm deswegen nicht vorgeschrieben werden.[96] Eine Klage, die den vermietenden Eigentümer verpflichten soll, den **Mietvertrag** mit seinem Mieter **zu kündigen**, wäre unbegründet.[97] Die beeinträchtigten Wohnungseigentümer können den vermietenden Miteigentümer lediglich gemäß § 1004 Abs. 1 BGB in Anspruch nehmen, dafür Sorge zu tragen, dass ein konkret bezeichnetes Gebrauchsverhalten oder eine konkrete Störung – auch durch Dritte – unterbleiben. Für jeden Fall der Zuwiderhandlung kann dem Eigentümer gemäß § 890 ZPO ein angemessenes **Ordnungsgeld** – ersatzweise Ordnungshaft – angedroht werden, was der Kläger im Hauptsacheverfahren zusätzlich zum Unterlassungsantrag sogleich beantragen sollte. Kommt der Eigentümer nach rechtskräftiger Verurteilung dieser Verpflichtung nicht nach, prüft das Vollstreckungsgericht im Falle eines Antrages auf Festsetzung eines Ordnungsmittels, ob er die Zuwiderhandlung verschuldet hat, weil er als mittelbarer Störer nicht **alles ihm Mögliche**

---

91 KG 24 W 5760/93, NJW-RR 1995, 333.
92 KG 24 W 4716/87, ZMR 1988, 268; siehe auch AG Erfurt 5 C (WEG) 69/09, NZM 2011, 319 zu Äußerungen über Gemeinschaftsinterna auf Plakaten in Fenstern.
93 AG Hamburg 102d C 29/11, ZMR 2012, 139.
94 BayObLG BReg 2 Z 60/84, ZMR 1985, 29.
95 Vgl. OLG Hamm 15 W 142/08, OLGR Hamm 2009, 343.
96 BGH V ZB 5/95, NJW 1995, 2036.
97 KG 24 W 3925/98, ZMR 2000, 402.

und **Zumutbare unternommen** hat, um den geschuldeten Erfolg zu erreichen.[98] Hier kann im Einzelfall eine Abmahnung genügen, im äußersten Fall aber auch die Kündigung des Nutzungsverhältnisses bis hin zur Durchführung eines Räumungsprozesses erforderlich sein. Dem Schuldner ist auch eine Klage gegen den Mieter mit ungewissen Erfolgsaussichten zumutbar.[99] Eine ordentliche Kündigung mit langen vereinbarten Kündigungsfristen genügt nicht, wenn auch eine frühere Kündigungsmöglichkeit besteht, etwa bei Schriftformmängeln eines Gewerbemietvertrages.

Verhält sich der **Nutzungsberechtigte** im Verhältnis zum Eigentümer **vertragstreu**, weil der Eigentümer ihm das wohnungseigentumsrechtlich störende Verhalten (z.B. den Betrieb eines Restaurants) mietvertraglich gestattet hat, muss der Eigentümer versuchen, den Mieter zu einer vorzeitigen Vertragsaufhebung zu bewegen, notfalls durch **Zahlung einer Abfindung**. Der angebotene Abfindungsbetrag muss so hoch sein, dass er für den Mieter bei objektiver Betrachtung eine ernsthafte Alternative für die Fortsetzung des Vertragsverhältnisses darstellt. Das Vollstreckungsgericht prüft, ob der dem Mieter gebotene Abfindungsbetrag die Opfergrenze erreicht hat.[100] Bei der Bemessung der Höhe des Ordnungsgeldes hat das Gericht zu berücksichtigen, ob der Gläubiger gemäß § 1004 BGB mit größeren Erfolgsaussichten als der Schuldner unmittelbar gegen dessen Mieter vorgehen könnte.[101] **30**

Erleidet ein Wohnungseigentümer durch das störende Verhalten des Nutzers einer anderen Einheit einen Schaden, etwa weil sein Mieter die Miete mindert oder kündigt, macht sich der Eigentümer, dessen Nutzer die Störung verursacht, **schadensersatzpflichtig** (§ 280 BGB oder § 823 BGB), wenn ihn ein Verschulden trifft.[102] Ein **Verschulden** liegt jedenfalls vor, wenn er dem Nutzer das störende Verhalten mietvertraglich gestattet hat[103] oder zumutbare Maßnahmen zur Beendigung der Störung, z.B. durch Kündigung des Mietverhältnisses, unterlässt.[104] Selbst wenn dem vermietenden Eigentümer ein Eigenverschulden nicht vorgeworfen werden kann, muss er sich gemäß § 278 BGB das **Verhalten seines Mieters zurechnen** lassen.[105] Im Verhältnis der Wohnungseigentümer untereinander ist der Mieter bei dem Gebrauch des gemeinschaftlichen Eigentums Erfüllungsgehilfe,[106] es sei denn, die schuldhafte Handlung steht in keinem sachlichen Zusammenhang mit dem Gebrauch des Sonder- oder Gemeinschaftseigentums. § 14 Nr. 2 ist **kein Schutzgesetz** i.S.d. § 823 Abs. 2 BGB.[107] **31**

Die Wohnungseigentümergemeinschaft hat keinen Anspruch gegen den vermietenden Eigentümer auf **Einsicht** in den bestehenden **Mietvertrag**. Lediglich der **Mietername** ist auf Nachfrage **bekannt zu geben**.[108] **32**

II. Abwehranspruch gegen den Nichteigentümer

Jeder Wohnungseigentümer kann gemäß § 1004 Abs. 1 BGB vom Mieter oder sonstigen Nutzer einer fremden Wohnung Unterlassung oder Beendigung jeglicher Beeinträchtigung des Sondereigentums oder des Gemeinschaftseigentums verlangen. Eine Eigentumsbeeinträchtigung liegt in jedem dem Inhalt des Eigentums (§§ 906–924 BGB) widersprechenden Eingriff in die rechtliche oder tatsächliche Herrschaftsmacht des Eigentümers. Der beeinträchtigte Wohnungseigentümer kann somit gegen den Mieter eines anderen Eigentümers die gleichen Störungen abwehren wie die Mieter verschiedener Wohnungen untereinander. **33**

Nach **h.M.** im Schrifttum[109] und **ganz überwiegender Rechtsprechung**[110] sollen die Wohnungseigentümer vom Mieter aber auch die Unterlassung solcher Störungen verlangen können, die allein in einem **Verstoß gegen Vereinbarungen** der Wohnungseigentümer liegen, ohne dass sonstige Eigentumsbeeinträchtigungen im Sinne des § 906 BGB vorliegen. **34**

Beispiele
Eine Teileigentumseinheit darf nach der in der Teilungserklärung enthaltenen Zweckbestimmung nur als „Laden" genutzt werden, der Mieter betreibt jedoch in der Einheit eine Gaststätte; nach der Gemeinschaftsordnung ist das Halten von Hunden untersagt, der Mieter eines Eigentümers hält jedoch einen Hund; der Mieter stellt seinen Pkw außerhalb der gekennzeichneten Stellplatzflächen auf dem gemeinschaftlichen Grundstück ab.

Die Rechtsprechung argumentiert in solchen Fällen, der vermietende Wohnungseigentümer könne seinem Mieter nicht mehr an Rechten einräumen, als ihm selbst im Verhältnis zu den anderen Wohnungseigentümern zustehe.[111] Wenn der Wohnungseigentümer ein vereinbarungswidriges Tun gegenüber den übrigen Eigentümern zu unterlassen

---

98 BGH V ZB 5/95, NJW 1995, 2036; BayObLG 2Z BR 63/93, ZMR 1994, 25.
99 OLG Stuttgart 8 W 256/92, ZMR 1996, 553.
100 Vgl. OLG Celle 4 W 138/03, ZMR 2004, 689.
101 OLG Stuttgart 8 W 256/92, ZMR 1992, 553.
102 OLG Saarbrücken 5 W 2/07, NZM 2007, 774.
103 OLG Hamm 15 W 370/94, ZMR 1996, 41; in Rieckel/Schmid/Abramenko, § 14 Rn 31.
104 BayObLG 2Z BR 120/01, ZMR 2002, 286; KG 24 W 21/02, ZMR 2002, 968.
105 BayObLG BReg 2 Z 36/69, NJW 1970, 1551; KG 24 W 21/02, ZMR 2002, 968.
106 OLG Saarbrücken 5 W 2/07, NZM 2007, 774.
107 Bärmann/Klein, § 14 Rn 50; **a.A.** Palandt/Bassenge, § 14 Rn 13.
108 Bärmann/Klein, § 13 Rn 58.
109 Rieckel/Schmid/Riecke, Anhang zu § 15 Rn 46; Armbrüster/M. Müller, ZMR 2007, 321; Armbrüster/M. Müller, FS Seuß, 2007, S. 3; Elzer, ZMR 2006, 733; Nüßlein, PiG 76, 130; Bärmann/Klein, § 13 Rn 156.
110 KG 24 W 298/03, ZMR 2005, 977; 24 W 7/01, ZMR 2002, 458; OLG Stuttgart 8 W 256/92, ZMR 1992, 553; OLG Karlsruhe 6 U 49/93, NJW-RR 1994, 146; OLG München 25 U 3550/91, NJW-RR 1992, 1492.
111 OLG Karlsruhe 6 U 49/93, NJW-RR 1994, 146.

habe, dann gelte dies auch für den Mieter. Die in der Teilungserklärung enthaltene Zweckbestimmung einer Wohnungseigentumseinheit werde zum Inhalt des betreffenden Sondereigentums (§ 15 Abs. 1, § 5 Abs. 4); jede andere nach typisierender Betrachtungsweise störendere Nutzungsart sei daher nicht vom Inhalt des Sondereigentums gedeckt und beeinträchtige die anderen Wohnungseigentümer, die – in ihrem Eigentumsrecht verletzt – den dinglichen Abwehranspruch aus § 1004 BGB mit absoluter Wirkung gegen jeden zweckwidrig Nutzenden geltend machen könnten.[112] Gerade dann, wenn der vermietende Wohnungseigentümer im Mietvertrag seinem Mieter eine vom Inhalt der Teilungserklärung abweichende Nutzung gestattet habe und diese Nutzung als störendere Nutzungsart im Verhältnis zu der zwischen den Wohnungseigentümern vereinbarten anzusehen sei, erscheine es für die Durchsetzbarkeit von Abwehransprüchen betroffener Wohnungseigentümer erforderlich, dass diese gegen einen störenden Mieter vorgehen könnten, ohne eine nach § 906 BGB nicht mehr hinzunehmende Überschreitung der Nutzung nachweisen zu müssen.[113] Nach Auffassung des OLG Frankfurt[114] besteht ein Abwehranspruch nach § 1004 Abs. 1 BGB gegen den Mieter nicht nur bei einem Verstoß gegen die in der Teilungserklärung/Gemeinschaftsordnung enthaltenen Zweckbestimmungen und Vereinbarungen sondern auch bei einem Verstoß gegen eine durch Eigentümerbeschluss herbeigeführte Gebrauchsregelung (z.B. Verbot von Kampfhunden).

35 Gegen die Argumentation der Rechtsprechung lässt sich einwenden, dass es für die Frage, welche Abwehrrechte die Wohnungseigentümer gegen den Mieter einer Sondereigentumseinheit haben, nicht darauf ankommt, von wem der Mieter sein Recht zum Besitz und zum Gebrauch ableitet. Es stellt sich daher auch nicht die Frage, ob der Eigentümer dem Mieter mehr Gebrauchsrechte einräumen kann, als dem Eigentümer im Verhältnis zu den übrigen Mitgliedern der Wohnungseigentümergemeinschaft zustehen. Ein Vermieter (der nicht zugleich der Eigentümer der Mietsache sein muss) verpflichtet sich aufgrund des Mietvertrages lediglich schuldrechtlich, dem Mieter den Gebrauch der Mietsache zu gewähren (§ 535 Abs. 1 S. 1 BGB). Ob er diese Verpflichtung auf Basis seiner dinglichen Rechtsposition oder seiner schuldrechtlichen Position zu Dritten erfüllen kann, ist für die Wirksamkeit des Mietvertrages ohne Bedeutung. Absolute Rechte gegenüber Dritten werden durch einen Mietvertrag nicht übertragen, schon gar keine Rechte aus dem Eigentum.

36 Entgegen der Rechtsprechung lässt sich eine nach § 1004 Abs. 1 BGB abwehrfähige Eigentumsbeeinträchtigung auch nicht aus dem Umstand herleiten, dass die vereinbarten Zweckbestimmungen und Gebrauchsregelungen der Wohnungseigentümer mit der Eintragung im Grundbuch zum Inhalt des Sondereigentums werden. Denn das Gesetz enthält keinen Anhaltspunkt dafür, dass die Vereinbarungen infolge der Eintragung im Grundbuch auch Wirkung gegenüber jedem Dritten, etwa Mietern, entfalten. Nach dem Wortlaut des § 10 Abs. 3 WEG hat die Eintragung im Grundbuch nur den Zweck, Sondernachfolger der Wohnungseigentümer zu binden. Durch die Eintragung im Grundbuch erlangt die Vereinbarung keine absolute Wirkung gegenüber jedermann. Der 2. Abschnitt des WEG (§§ 10 bis 19), auf den § 5 Abs. 4 WEG verweist, ist mit den Worten „**Gemeinschaft der Wohnungseigentümer**" überschrieben. Mieter und sonstige Nutzer des Sondereigentums gehören nicht zur Gemeinschaft der Wohnungseigentümer. In § 10 Abs. 3 WEG heißt es weiterhin, dass nur solche Vereinbarungen als Inhalt des Sondereigentums im Grundbuch eingetragen werden können, „**durch die die Wohnungseigentümer ihr Verhältnis untereinander (...) regeln.**" § 10 und §§ 13 bis 15 WEG verweisen ausschließlich auf das Rechtsverhältnis der Wohnungseigentümer untereinander. Unrichtig ist daher die These, der Mieter könne grundsätzlich nicht mehr Rechte haben als der Eigentümer;[115] der Mieter hat dann „mehr Rechte" gegenüber den Wohnungseigentümern als sein Vermieter, wenn die Rechte des vermietenden Eigentümers gegenüber den anderen Miteigentümern durch eine (ausschließlich die Wohnungseigentümer bindende) Vereinbarung eingeschränkt sind, der Mieter eine solche Verpflichtung aber nicht eingegangen ist.

37 Das **jüngere Schrifttum**[116] und eine im Vordringen befindliche **Rechtsprechung**[117] sind daher zu Recht der Auffassung, dass Wohnungseigentümer gegenüber dem in § 14 Nr. 2 genannten Personenkreis keinen unmittelbaren Anspruch aus § 1004 Abs. 1 BGB auf Unterlassung vereinbarungs- und beschlusswidrigen Gebrauchverhaltens haben.

D. Duldung zulässigen Gebrauchs (Nr. 3)

38 Gemäß § 14 Nr. 3 hat jeder Wohnungseigentümer die **Einwirkungen** auf sein Sondereigentum und das Gemeinschaftseigentum zu **dulden**, die von einem nach § 14 Nr. 1 und 2 zulässigen Gebrauch oder dem legitimen Zustand fremden Sondereigentums ausgehen. Der Wohnungseigentümer hat auch Einwirkungen zu dulden, die von einem nach der Gemeinschaftsordnung zulässigen Gebrauch ausgehen. Eine Duldungspflicht besteht hingegen nicht, wenn die Grenzen des nach § 14 Nrn 1, 2 und der Gemeinschaftsordnung Zulässigen überschritten sind. Unter „Einwirkungen" sind jegliche Nachteile i.S.d. § 14 Nr. 1 zu verstehen.

---

112 OLG München 25 U 3550/91, NJW-RR 1992, 1492.
113 OLG Karlsruhe 6 U 49/93, NJW-RR 1994, 146.
114 OLG Frankfurt 2 U 124/02, NJW-RR 1993, 981.
115 So etwa Timme/Dötsch, § 14 Nr. 114.
116 Riecke/Schmid/Abramenko, § 13 Rn 4; Müller/Weber, Formularbuch WEG, L.I.2. Anm 12.
117 LG Nürnberg-Fürth, 19 S 2183/09, ZMR 2010, 70; AG Hannover 458 C 7007/09, ZMR 2010, 153.

Die Pflicht zur Duldung bedeutet, dass Abwehransprüche nach § 1004 Abs. 1 BGB nicht geltend gemacht werden können. § 14 Nr. 3 schließt jedoch **sonstige Ansprüche** nicht aus, wie etwa **Aufopferungsansprüche** wegen Schäden, die einem Eigentümer aufgrund eines nach § 14 Nr. 1 oder der Gemeinschaftsordnung zulässigem Verhalten entstanden sind.

39

E. Duldung von Eingriffen in das Sondereigentum (Nr. 4 Hs. 1)

Gemäß § 14 Nr. 4 Hs. 1 hat der Wohnungseigentümer – gegen Ersatz des dadurch entstehenden Schadens (Hs. 2) – das **Betreten** und die **Benutzung** der in seinem Sondereigentum stehenden Gebäudeteile zu dulden, soweit dies zur Instandhaltung oder Instandsetzung des gemeinschaftlichen Eigentums erforderlich ist. Häufige Anwendungsfälle sind: die Reparatur schadhafter gemeinschaftlicher Versorgungsleitungen, des Daches, des Außenputzes; das Auswechseln der im Gemeinschaftseigentum stehenden Fenster; Balkonsanierung mit der Notwendigkeit, den auf der Betonplatte befindlichen Oberbelag, der im Sondereigentum steht, zu entfernen.

40

Über den Gesetzeswortlaut hinaus, der nur das Betreten und die Benutzung des Sondereigentums erfasst, ist der Wohnungseigentümer auch verpflichtet, **Eingriffe in die Substanz des Sondereigentums** bis hin zur teilweisen **Zerstörung** zu dulden, wenn dies zur Instandhaltung des Gemeinschaftseigentums erforderlich ist,[118] z.B. das Aufbrechen einer im Sondereigentum stehenden Wand und Abschlagen der Fliesen, um eine Rohrverstopfung zu beseitigen.

41

Der Eigentümer ist nicht verpflichtet, notwendige **Vorbereitungsmaßnahmen** in seiner Wohnung zu treffen, z.B. das Wegräumen von Möbelstücken.[119] Den Eigentümer trifft nur eine Duldungspflicht, nicht eine Handlungspflicht. Etwaige Vorbereitungsmaßnahmen sind durch die Gemeinschaft zu veranlassen. Müssen beispielsweise Möbel ausgelagert werden, hat die Eigentümergemeinschaft das zu beauftragen und zu koordinieren, d.h. die **Gemeinschaft beauftragt** das Transportunternehmen, sorgt für ausreichenden Versicherungsschutz, mietet die Lagerräume an und sorgt für den Rücktransport. Veranlasst der betroffene Wohnungseigentümer diese Maßnahmen selbst, steht ihm ein Aufwendungsersatzanspruch (§ 670 BGB) und ein Entschädigungsanspruch nach § 14 Nr. 4 Hs. 2 gegen die Gemeinschaft zu. Macht die Instandsetzungsmaßnahme es erforderlich, dass der betroffene Wohnungseigentümer für einige Tage ein Hotelzimmer bewohnt oder längerfristig in eine Ersatzwohnung umzieht, hat die Gemeinschaft das Hotelzimmer oder die Ersatzwohnung anzumieten. Der betroffene Wohnungseigentümer muss sich insoweit nicht in vertragliche Beziehungen begeben.

Anhand der besondere Umstände des Einzelfalls zu beantworten ist die Frage, ob der in seinem Sondereigentum betroffene Wohnungseigentümer einen Anspruch auf **Ersatzwohnraum** hat oder ihm ein Verbleiben in seiner Wohnung noch zumutbar ist. Der betroffene Wohnungseigentümer muss gewisse Einschränkungen in seiner Wohnsituation und Haushaltsführung hinnehmen. Aufgrund des gemeinschaftsinternen Treueverhältnisses ist der Wohnungseigentümer einerseits gehalten, den finanziellen Aufwand der Gemeinschaft möglichst gering zu halten. Andererseits muss die Gemeinschaft den betroffenen Wohnungseigentümer vor unzumutbaren Einschränkungen in der Haushaltsführung und Wohnsituation bewahren. Sind nur einzelne Räume der Wohnung von der Instandsetzungsmaßnahme betroffen und ist dem Eigentümer ein Bewohnen und eine Haushaltsführung in den übrigen Räumen möglich und zumutbar, besteht kein Anspruch auf eine Ersatzwohnung oder Unterbringung in einem Hotel. Ist der betroffene Raum dagegen für eine Haushaltsführung und Wohnnutzung unverzichtbar (z.B. das einzige Bad der Wohnung), ist ein Verbleib in der Wohnung nicht mehr zumutbar, sodass der Eigentümer Anspruch auf ein Ausweichquartier hat. In die Abwägung ist die Anzahl der Personen einzubeziehen, die mit dem Eigentümer in der Wohnung leben. Bei einer 100 qm großen Wohnung ist einem kinderlosen Ehepaar der Verzicht auf zwei Räume eher zumutbar als einem Ehepaar mit vier Kindern. Von der Dauer der Ausquartierung und der Größe der Familie hängt ab, ob der betroffene Eigentümer sich mit einem Hotelzimmer oder einer deutlich kleineren Ersatzwohnung zufrieden geben muss oder die Ersatzwohnung ähnlich groß sein muss wie die Sondereigentumsräume des betroffenen Eigentümers. Ist eine Ausquartierung nur für wenige Tage erforderlich, muss der Wohnungseigentümer ein Hotelzimmer und den damit einhergehenden Verzicht auf persönliche Gegenstände akzeptieren. Je länger die Ausquartierung dauert, desto eher hat der Eigentümer einen Anspruch auf Ersatzwohnraum, in dem er sich mit seinen persönlichen Einrichtungsgegenständen umgeben kann. Bei einer Ausquartierung mit einer Dauer mehr als einem Monat muss die Ersatzwohnung zumindest so groß sein, dass der Eigentümer und dessen Mitbewohner sich mit den Haushaltsgegenständen umgeben können, die regelmäßig im Monatsrhythmus und auch bei eingeschränkter Wohnnutzung benötigt werden. Die übrigen Gegenstände (z.B. Gemälde, nicht benötigte Kleidung nebst Aufbewahrungsgegenständen) können extern eingelagert werden. Ist die Ersatzwohnung wesentlich kleiner als die Sondereigentumsräume des betroffenen Eigentümers, ist der Verzicht auf Wohnraum nach den in Rn 53 erläuterten Grundsätzen zu entschädigen. Lage und Qualität des Ersatzwohnraums haben sich grundsätzlich an dem Sondereigentum des betroffenen Eigentümers zu orientieren. Der Eigentümer einer Wohnung in einer hochherrschaftlichen Villa muss grundsätzlich keine Ersatzwohnung in einer „Mietskaserne" akzeptieren. Umgekehrt hat der Eigentümer einer Wohnung mit einfachster Ausstattung keinen Anspruch auf eine

---

118 BayObLG 2Z BR 2/04, ZMR 2004, 762.   119 BayObLG 2Z BR 66/95, WuM 1995, 728.

Ersatzwohnung mit gehobener Ausstattung. Der Ersatzwohnraum soll möglichst im selben Stadtbezirk (bei Großstädten) oder in derselben Gemeinde liegen wie die Wohnanlage.

42 Kann das gemeinschaftliche Eigentum auch ohne Inanspruchnahme des Sondereigentums instand gesetzt werden (z.B. durch die Verwendung eines Fassadengerüstes oder mobilen Lastenaufzuges), ist der Eigentümer zur Duldung von Einwirkungen auf sein Sondereigentum nicht verpflichtet, auch wenn der Eigentümergemeinschaft dadurch **erhebliche Mehrkosten** entstehen. Nur im **Ausnahmefall** kann es gegen **Treu und Glauben** verstoßen, wenn der Sondereigentümer die Gemeinschaft auf eine Alternativlösung verweist, so etwa wenn die Einwirkung auf das Sondereigentum gering wäre und der Gemeinschaft bei einer Instandsetzung ohne Berührung des Sondereigentums außerordentlich hohe Kosten entstünden oder das Gemeinschaftseigentum in anderer Weise erheblichen Schaden nähme.[120] Ist der Zugang zum instand zu setzenden Gemeinschaftseigentum über zwei Sondereigentumseinheiten möglich, ist der Zugang zu wählen, bei dem der Eingriff in das Sondereigentum geringer ausfällt. Sind die Beeinträchtigungen des Sondereigentums bei beiden Varianten gleich und fallen auch die Kosten gleich aus, entscheidet das Los.[121]

43 Der Wohnungseigentümer hat das Betreten seiner Wohnung auch zum Zwecke der Vornahme einer gegen ihn gerichteten **Versorgungssperre** wegen Wohngeldrückständen zu gestatten. Durch einen bestandskräftigen Eigentümerbeschluss, der die Verwaltung ermächtigt, eine Versorgungssperre zu verhängen und diese Maßnahme einschließlich eines Betretens der Wohnung zur Vorbereitung und Anbringung von Absperrvorrichtungen notfalls auch gerichtlich durchzusetzen, wird der Tatrichter, der über die Gewährung des Wohnungszutritts zu entscheiden hat, nicht davon entbunden, Feststellungen zu den tatsächlichen Voraussetzungen des Zurückbehaltungsrechts und zur Verhältnismäßigkeit der begehrten Maßnahmen zu treffen.[122] Gegenüber dem **Mieter** besteht hingegen kein Zutrittsrecht.[123]

44 Ein Wohnungseigentümer hat das Betreten seiner Wohnung auch dann zu gestatten, wenn **zunächst nur geprüft** werden soll, ob Maßnahmen der Instandsetzung oder Instandhaltung am Gemeinschaftseigentum erforderlich sind.[124] Voraussetzung ist aber, dass **ausreichende Anhaltspunkte** für die Notwendigkeit solcher Maßnahmen vorliegen,[125] denn unter dem Gesichtspunkt des Art 13 GG sind an die Voraussetzungen, unter denen eine Verpflichtung i.S.d. § 14 Nr. 4 bejaht werden kann, strenge Anforderungen zu stellen, insbesondere dann, wenn es nur um die Feststellung geht, ob Maßnahmen zur Instandhaltung oder Instandsetzung in Betracht kommen.[126] Ein Betretungsrecht ohne sachlichen Grund ist auch dann nicht anzuerkennen, wenn es zeitlich auf zwei Termine pro Jahr beschränkt ist.[127]

45 Bei **baulichen Veränderungen** besteht eine Duldungspflicht nur, wenn der betroffene Wohnungseigentümer der Maßnahme zugestimmt hat oder die bauliche Veränderung durch bestandskräftigen Eigentümerbeschluss genehmigt wurde. Aufgrund der aus dem Gemeinschaftsverhältnis folgenden Schutz- und Treupflichten (§ 242 BGB) kann eine Pflicht zur Duldung von Eingriffen ins Sondereigentum auch bestehen, um **Instandhaltungsmaßnahmen an fremdem Sondereigentum** zu ermöglichen. So kann ein Wohnungseigentümer zur teilweisen Entfernung seiner Zwischendecke verpflichtet sein, wenn dies zur Behebung einer Verstopfung des Badewannenabflusses in der darüber gelegenen Wohnung erforderlich ist und dem Eigentümer bei Abwägung aller Umstände (Verursachung von Schmutz, Kosten, zukünftige Verhältnisse) dieser Eingriff in sein Sondereigentum zugemutet werden kann.[128]

46 Sind bei der Gestattung von Eingriffen in das Sondereigentum erhebliche Beschädigungen zu erwarten, kann der betroffene Wohnungseigentümer die Gestattung der Eingriffe von einer vorherigen **Sicherheitsleistung** abhängig machen.[129]

47 Nicht ausdrücklich geregelt sind der **Zeitpunkt** und die **Dauer** des Gestattenmüssens. Die zeitliche Einwirkung auf das Sondereigentum ist auf das notwendige Maß zu beschränken. Der Verwalter hat Zeitpunkt und ungefähre Dauer vorher bekannt zu geben. Der berufstätige und alleinstehende Alleineigentümer muss sich auf die Maßnahmen einstellen können, indem er evtl. Urlaub nimmt oder einen Bekannten um die Aufsicht in seiner Wohnung bittet. Der Eigentümer ist nicht verpflichtet, den Verwalter oder einen Nachbarn mit der Beaufsichtigung zu betrauen. Muss der betroffene Wohnungseigentümer für die Zeit der Inanspruchnahme seiner Wohnung Urlaub nehmen, weil andere zumutbare Aufsichtspersonen nicht vorhanden sind, so hat die Gemeinschaft einen eventuellen **Verdienstausfall** zu ersetzen (siehe Rn 53).

48 Soweit das **Sondereigentum vermietet** ist, kann die Gemeinschaft vom Sondereigentümer verlangen, dass dieser seinen Mieter auf Duldung des Betretens der Wohnung gerichtlich in Anspruch nimmt. Der Anspruch des Sondereigentümers gegen den Mieter kann sich aber nur aus dem Mietvertrag bzw. den §§ 535 ff. BGB ergeben. § 14 Nr. 4 Hs. 1 bindet den Mieter nicht, denn die §§ 10 ff. regeln nur das Verhältnis der Wohnungseigentümer untereinander.[130] Der

---

120 Vgl. *Bärmann/Klein*, § 14 Rn 61; BayObLG 2Z BR 66/95, WuM 1995, 728.
121 *Riecke/Schmid/Abramenko*, § 14 Rn 35.
122 OLG München 34 W 5/05, NZM 2005, 304.
123 *Suilmann*, ZWE 2001, 476; **a.A.** *Bärmann/Klein*, § 14 Rn 67; *Briesemeister*, ZMR 2007, 661.
124 OLG München 34 Wx 133/05, ZMR 2006, 388.
125 BayObLG 2Z BR 16/96, WuM 1996, 584; OLG Hamburg 2 Wx 31/98, ZMR 2000, 479.
126 OLG München 34 Wx 133/05, ZMR 2006, 388.
127 OLG Zweibrücken 3 W 184/00, NZM 2001, 289.
128 BayObLG BReg 2 Z 51/89, DWE 1990, 29.
129 KG 24 W 4146/85, ZMR 1986, 210; zurückhaltend aber BayObLG 2Z BR 25/03, WuM 2004, 736.
130 **A.A.** *Bärmann/Klein*, § 14 Rn 67, 71; Palandt/*Bassenge*, § 14 Rn 15.

Anspruch aus § 14 Nr. 4 Hs. 2 ist ein schuldrechtlicher Anspruch aus dem Gemeinschaftsverhältnis, nicht ein absoluter Anspruch aus dem Eigentum.

Inhaber des Anspruchs aus § 14 Nr. 4 Hs. 1 sind die Wohnungseigentümer gemeinsam. Der Anspruch wird gemäß § 10 Abs. 6 S. 3, Hs. 1 von der Gemeinschaft der Wohnungseigentümer gerichtlich und außergerichtlich geltend gemacht. Eines gesonderten „Heranziehungsbeschlusses" der Eigentümerversammlung bedarf es nicht. Der **Klageantrag** richtet sich darauf, bestimmten Personen (dem Verwalter und Handwerkern) Zugang zu bestimmten Räumen des Sondereigentums zu gewähren und konkret benannte Tätigkeiten oder Eingriffe in das Sondereigentum zu dulden. Die **Gewährung des Zugangs** zum Sondereigentum wird gemäß § 888 ZPO durch Zwangsgeld und Zwangshaft und die **Duldung bestimmter Handlungen** im Sondereigentum gemäß § 890 ZPO durch Ordnungsgeld und Ordnungshaft **vollstreckt**. Bezüglich der Duldung sollte im Hauptsacheverfahren bereits der Antrag gestellt werden, dass dem Beklagten für jeden Fall der Zuwiderhandlung Ordnungsgeld und Ordnungshaft angedroht werden.

F. Entschädigungsanspruch des Sondereigentümers (Nr. 4 Hs. 2)

I. Rechtsnatur des Anspruchs

Gemäß § 14 Nr. 4 Hs. 2 ist dem Wohnungseigentümer der Schaden zu ersetzen, der ihm im Vorfeld und bei der Durchführung von Instandhaltungsmaßnahmen am Gemeinschaftseigentum entsteht.[131] Trotz der Formulierung „Schaden ersetzen" liegt der Norm ein **verschuldensunabhängiger, aufopferungsähnlicher Gedanke** ähnlich dem nachbarrechtlichen Ausgleichsanspruch entsprechend § 906 Abs. 2 BGB zugrunde.[132] Erleidet ein Eigentümer infolge seiner Verpflichtung zur Duldung des Betretens oder der Benutzung seines Sondereigentums ein Sonderopfer, soll er dieses unabhängig von einem Verschulden der Gemeinschaft oder einer Vermeidbarkeit des Schadens auf die Gemeinschaft abwälzen können, weil die Instandhaltung Angelegenheit der Gemeinschaft ist.

II. Voraussetzungen und Inhalt des Anspruchs

Anspruchsvoraussetzung ist, dass
- die Gemeinschaft der Wohnungseigentümer eine Maßnahme der Instandhaltung oder Instandsetzung am Gemeinschaftseigentum durchführt,
- in diesem Zusammenhang das Sondereigentum eines Miteigentümers betreten oder in sonstiger Weise zielgerichtet in das Sondereigentum eingegriffen wird und
- der betroffene Miteigentümer dadurch einen Schaden erleidet.

Kein Entschädigungsanspruch nach § 14 Nr. 4 Hs. 2 besteht, wenn der einzelne Wohnungseigentümer zwar infolge von Instandsetzungsarbeiten am Gemeinschaftseigentum einen Schaden erleidet, dies aber weder auf ein Betreten oder eine Benutzung des Sondereigentums noch auf einen sonstigen zielgerichteten Eingriff in das Sondereigentums zurückzuführen ist; Beispiel: wegen eines Gerüstes vor dem Fenster mindert der Mieter der Wohnung berechtigt die Mietzahlung; infolge einer Deckenbalkensanierung entstehen Setzungsrisse in einer Wohnung. Derartige mittelbare Opfer muss jeder Wohnungseigentümer hinnehmen, da der Gesetzgeber hierfür keinen Entschädigungsanspruch vorgesehen hat. Solche Beeinträchtigungen gehören zum allgemeinen Risiko eines Immobilieneigentümers, die nicht auf die Miteigentümer abgewälzt werden können. Insoweit gilt nichts anderes, wie wenn das Sondereigentum infolge eines Mangels am Gemeinschaftseigentum beeinträchtigt wird (siehe § 21 Rn 76 ff.). Der Gesetzgeber hat nur für den besonderen Fall des unmittelbaren Eingriffs in das Sondereigentum einen Entschädigungsanspruch normiert. § 14 Nr. 4 ist als Ausnahmevorschrift nicht analogiefähig.

Der Anspruch nach § 14 Nr. 4 Hs. 2 umfasst sowohl unmittelbare Substanzschäden am Sondereigentum und an sonstigen privaten Gegenständen des betroffenen Eigentümers als auch adäquat kausal verursachte **Vermögensfolgeschäden**. Nach Sinn und Zweck der Regelung sind auch Schäden erfasst, die durch stärkere Eingriffe als das bloße Betreten oder Benutzen, etwa die teilweise Zerstörung von Sondereigentum, entstehen.[133] Die Wohnungseigentümergemeinschaft ist in diesen Fällen verpflichtet, das Sondereigentum anschließend in den vorherigen Zustand zurückzuversetzen, sofern dies technisch möglich ist. Auf den Einwand der finanziellen Unzumutbarkeit kann sich die Gemeinschaft nur in Extremfällen berufen. Lässt sich etwa eine Zerstörung antiker Fliesen nicht vermeiden, müssen vorab Musterabdrücke genommen werden, um die Fliesen originalgetreu zu reproduzieren. Einen **Abzug „Neu-für-Alt"** muss sich der betroffene Wohnungseigentümer nicht anrechnen lassen. Die Eigentümergemeinschaft hat auch Ersatz für solche Schäden zu leisten, die entstanden sind, weil der betroffene Eigentümer das Sondereigentum nach Begründung der Wohnungseigentumsanlage umgestaltet hat (z.B. nachträgliche Verkleidung von Versorgungsleitungen).

---

131 OLG Frankfurt 20 W 362/04, ZMR 2006, 625.
132 BGH IV ZR 226/01, NJW 2003, 826.
133 OLG Hamburg 2 Wx 32/02, ZMR 2003, 131.

53 Folgende Positionen sind in Rechtsprechung und Schrifttum als Aufopferungsschäden anerkannt:
- Kosten für Reparatur und **Wiederherstellung** des Sondereigentums.
- **Mietausfall** und sonstiger **entgangener Gewinn**.[134] Gemäß § 252 S. 2 BGB gilt der Gewinn als entgangen, welcher nach dem gewöhnlichen Lauf der Dinge oder nach den besonderen Umständen, insbesondere nach den getroffenen Anstalten und Vorkehrungen, mit Wahrscheinlichkeit erwartet werden konnte. Der betroffene Wohnungseigentümer muss daher im Prozess vortragen und ggf. beweisen, dass er ohne die Maßnahme der Gemeinschaft Vermietungsabsicht gehabt hätte, die Wohnung vermietbar gewesen wäre und ein Mieter mit großer Wahrscheinlichkeit zur Verfügung gestanden hätte. Mietausfall ist allerdings nicht ersatzfähig, wenn die Art der Vermietung im Verhältnis zu den übrigen Wohnungseigentümern unzulässig war, etwa weil der Mietvertrag gegen die vereinbarte Zweckbestimmung des Sondereigentums verstieß und der Eigentümer den Mietvertrag nicht hätte abschließen dürfen bzw. hätte sofort wieder beenden müssen. Der vermietende Eigentümer kann dann auch nicht den Mietausfall beanspruchen, den er erlitten hätte, wenn er sein Sondereigentum zweckbestimmungskonform vermietet hätte, denn er hat sich eine zweckbestimmungskonforme Vermietung selbst unmöglich gemacht, indem er das Sondereigentum zweckbestimmungswidrig vermietete.
- **Umzugs-**, Transport- und Lagerkosten.[135] Dies gilt allerdings nur für Gegenstände, die im Rahmen einer Wohnnutzung im Sondereigentum aufbewahrt werden. Lagert ein Eigentümer beispielsweise eine historische Waffensammlung in seiner Wohnung, muss die Wohnungseigentümergemeinschaft keine Kosten übernehmen, die durch die Sicherung oder fachgerechte Auslagerung dieser Gegenstände entstehen. Denn die Aufbewahrung solcher Gegenstände im Sondereigentum unterfällt nicht mehr der Wohnnutzung. Bei kunsthistorisch sehr wertvollen Gegenständen ist im Einzelfall zu prüfen, ob es sich noch um Einrichtungsgegenstände handelt oder um bloße Vermögensanlage oder Gegenstände ausschließlich musealer Natur.
- Kosten für **Ersatzwohnraum**[136] (siehe auch Rn 41).
- Finanzieller **Ausgleich für fehlenden Eigengebrauch** von Teilen der Eigentumswohnung (z.B. Terrasse) für nicht unerhebliche Zeit;[137] anders aber bei Terrassen oder Gartenflächen vor Räumen, die gewerblich oder freiberuflich genutzt werden.[138] Ein finanzieller Ausgleich setzt voraus, dass sich die Entziehung oder Einschränkung des Gebrauchs „typischerweise auf die materielle Grundlage der Lebenshaltung signifikant auswirkt",[139] weil der betroffene Raum für die Lebensführung des jeweiligen Eigentümers von zentraler Bedeutung ist,[140] eine bloße Beeinträchtigungen des ungestörten Wohnens genügt nicht.[141]
- Kosten für **Vorsorgemaßnahmen** bis zur Höhe des Schadens, der ohne die Vorsorgemaßnahmen entstanden wäre.[142] Bei der Sicherung besonders wertvoller Gegenstände gilt das zu „Umzugskosten" Gesagte entsprechend.
- Kosten der **Säuberung**.[143]
- **Verdienstausfall**, wenn der Entschluss, unbezahlten Urlaub zu nehmen, keine ungewöhnliche Reaktion darauf ist, dass der Wohnungseigentümer seine Wohnung zur Durchführung von Instandhaltungs- oder Instandsetzungsarbeiten zur Verfügung stellen muss. Als ungewöhnliche und deshalb zum Schadensersatz nicht verpflichtende Reaktion ist es jedoch anzusehen, wenn ein Wohnungseigentümer unbezahlten Urlaub nimmt, um Handwerker in seiner Wohnung zu beaufsichtigen und Arbeiten auszuführen, die er auch in seiner Freizeit erledigen kann. Denn solange es möglich und zumutbar ist, auf andere, billigere Weise Vorsorge zum Schutz des Eigentums und zur Vor- und Nachbereitung der Handwerksarbeiten zu treffen, ist die Inanspruchnahme unbezahlten Urlaubs eine ungewöhnliche Reaktion auf die Verpflichtung, die Arbeiten zu dulden.[144]

54 Ein Ersatzanspruch besteht analog § 14 Nr. 4 Hs. 2 auch dann, wenn ein Eigentümer das Betreten oder die Benutzung eines **Sondernutzungsbereichs** hinnehmen muss und ihm dadurch Schäden entstehen.[145]

55 Für einen Ersatzanspruch gemäß § 14 Nr. 4 Hs. 2 genügt es hingegen nicht, dass der Schaden am Sondereigentum zwar auf Mängel am Gemeinschaftseigentum zurückzuführen ist (z.B. Schimmelflecken am Teppichboden wegen Feuchtigkeit in der Geschossdecke), der **Schaden aber** noch **keine Folge von Instandsetzungsmaßnahmen** am Gemeinschaftseigentum ist.[146] In diesen Fällen kommt lediglich ein Schadensersatzanspruch gegen die Gemeinschaft gemäß §§ 280 ff. BGB in Betracht, wenn die Beseitigung des Mangels am Gemeinschaftseigentum von der Gemeinschaft schuldhaft verzögert oder unterlassen wurde und dies zum Schaden am Sondereigentum geführt hat.[147] § 14 Nr. 4 H 2 greift ebenfalls nicht, wenn ein Wohnungseigentümer eine **bauliche Veränderung** am Gemeinschaftseigentum vorgenommen hat (z.B. Aufbringung eines Fliesenbelages auf einen Balkon), die im Zuge von Sanierungsmaßnah-

---

134 OLG Frankfurt 20 W 362/04, ZMR 2006, 625.
135 BGH IV ZR 226/01, NJW 2003, 826.
136 BGH IV ZR 226/01, NJW 2003, 826.
137 BayObLG BReg 2 Z 93/86, ZMR 1987, 227.
138 BayObLG 2Z BR 135/93, ZMR 1994, 420.
139 BGHZ 98, 212; BGH NJW 1987, 771.
140 OLG Köln 16 Wx 99/05, NZM 2006, 592.
141 KG 24 W 501/97, ZMR 1998, 369.
142 BayObLG 2Z BR 135/93, ZMR 1994, 420.
143 Palandt/*Bassenge*, § 14 Rn 17.
144 KG 24 W 9125/97, NZM 2000, 284.
145 OLG Düsseldorf I-3 Wx 140/05, ZMR 2006, 459.
146 OLG Frankfurt 20 W 347/05, ZMR 2009, 382.
147 BayObLG 2Z BR 45/02, ZMR 2003, 366; siehe auch § 21 Rn 76.

men am Gemeinschaftseigentum entfernt werden muss.[148] Die Investition des betroffenen Eigentümers ist in diesem Fall verloren, der Eigentümer muss sich selbst um die Wiederherstellung der baulichen Veränderung kümmern, sofern diese überhaupt zulässig ist.

III. Anspruchsgegner

Der Ersatzanspruch richtet sich gegen die Wohnungseigentümergemeinschaft und ist gemäß § 10 Abs. 6 S. 2 aus dem **Verwaltungsvermögen** zu erfüllen.[149] Entgegen früherer Rechtslage (d.h. der Rechtslage vor Anerkennung der Rechtsfähigkeit der Gemeinschaft, als Schuldner noch die übrigen Wohnungseigentümer waren) muss sich der Eigentümer bei der Geltendmachung der Entschädigung zunächst keinen Eigenanteil nach § 16 Abs. 2 anrechnen lassen.[150] Der Umstand, dass es sich bei dem Entschädigungsbetrag gemäß § 16 Abs. 7 um Kosten der Verwaltung handelt, die nach dem jeweils geltenden Verteilungsschlüssel auf alle Wohnungseigentümer – also auch auf den Geschädigten – umzulegen sind, kommt erst in der Jahresabrechnung zum Tragen. Erst die Jahresabrechnung setzt den endgültigen Anteil des Geschädigten an dem Entschädigungsbetrag fest.

56

IV. Versicherungsschutz

Wird die Wohnungseigentümergemeinschaft von einem Eigentümer gemäß § 14 Nr. 4 Hs. 2 auf Ausgleich eines Schadens in Anspruch genommen, stellt dies nach Auffassung des BGH einen Haftpflichtfall dar, der von der **Haftpflichtversicherung für Haus- und Grundbesitzer** grundsätzlich erfasst ist, wenn nach den Versicherungsbedingungen zum Umfang des Versicherungsschutzes auch Ansprüche eines einzelnen Wohnungseigentümers gegen die Gemeinschaft gehören.[151] Das Schadensereignis sieht der BGH in dem Eingriff der Gemeinschaft in das Sondereigentum des betroffenen Wohnungseigentümers. Schließen die Versicherungsbedingungen Schäden am Gemeinschafts- und Sondereigentum vom Versicherungsschutz aus, so gilt dies nur für die **unmittelbaren** Sachschäden, nicht jedoch für **Vermögensfolgeschäden**. Kosten für die Wiederherstellung oder Reparatur des Sondereigentums oder sonstiger Gegenstände des betroffenen Wohnungseigentümers muss die Versicherung daher nicht ersetzen, wohl aber mittelbare Schäden wie Mietausfall für die Anmietung einer Ersatzwohnung, Möbeltransportkosten usw.

57

V. Ausschluss oder Kürzung des Anspruchs

1. Vereinbarung über Instandsetzungszuständigkeit

Bestimmt die **Gemeinschaftsordnung**, dass ein Wohnungseigentümer bestimmte Bereiche des Gemeinschaftseigentums **auf eigene Kosten instand zu setzen** hat, so trägt der Eigentümer sämtliche Kosten dieser Maßnahme, mithin auch die Kosten für Folgemaßnahmen am Sondereigentum.[152] Denn wenn ein Eigentümer nach der Gemeinschaftsordnung sogar die Kosten der Instandsetzung des Gemeinschaftseigentums zu tragen hat, dann muss dies erst recht für die (Folge-)Kosten gelten, die für die Wiederherstellung seines Sondereigentums anfallen.

58

Beispiel:
Hat ein Wohnungseigentümer nach der Gemeinschaftsordnung die Fenster auf eigene Kosten instand zu setzen, so muss er nach einem erforderlich gewordenen Austausch eines Fensters auch die begleitenden Putz- und Malerarbeiten an den Fensterleibungen durchführen und die Kosten für diese Folgemaßnahmen allein tragen.

Ein Ersatzanspruch des Sondereigentümers besteht ebenfalls nicht, wenn der Schaden oder die Vermögensminderung beim Sondereigentümer auch ohne die Instandsetzungsmaßnahme am Gemeinschaftseigentum eingetreten ist bzw. eingetreten wäre, so etwa bei einer Schwammsanierung, wenn der Innenputz oder die Dielen des Sondereigentümers ebenfalls mit Schwamm befallen waren und daher ohnehin vom Sondereigentümer hätten erneuert werden müssen.

Hingegen findet § 14 Nr. 4 Hs. 2 entsprechende Anwendung, wenn die Wohnungseigentümergemeinschaft eine Instandsetzungs- oder Modernisierungsmaßnahme am Gemeinschaftseigentum durchführt, die Folgemaßnahmen an gemeinschaftlichen Bauteilen erforderlich macht, für deren Instandhaltung und Instandsetzung oder Kostentragung nach der Gemeinschaftsordnung der einzelne Eigentümer zuständig ist.

59

Beispiel:
Der Wohnungseigentümer hat nach der Gemeinschaftsordnung die Fenster auf eigene Kosten instand zu setzen; die Gemeinschaft beschließt eine Fassadendämmung, in deren Folge noch nicht instandsetzungsbedürftige Fenster ausgetauscht werden müssen. Die auf die Erneuerung der Fenster entfallenden Kosten sind von der Gemeinschaft zu tragen.[153]

---

148 LG Köln 29 T 190/00, ZMR 2001, 924.
149 AG Hamburg 102B C 20/09, ZMR 2011, 249.
150 AG Hamburg 102B C 20/09, ZMR 2011, 249; *Timme/Dötsch*, § 14 Rn 191; *Gottschalg*, NZM 2010, 424; *Brinkmann*, MietRB 2011, 30; *Spielbauer/Then*, § 14 Rn 73 **a.A.**
Riecke/Schmid/Abramenko, § 14 Rn 39; *Bärmann/Klein*, § 14 Rn 77.
151 BGH IV ZR 226/01, NJW 2003, 826.
152 **A.A.** *Riecke/Schmid/Abramenko*, § 14 Rn 36.
153 So OLG Schleswig 2 W 32/06, NZM 2007, 46.

2. Beschluss

60 Der dem einzelnen Wohnungseigentümer gemäß § 14 Nr. 4 Hs. 2 gegen die Wohnungseigentümergemeinschaft zustehende Entschädigungsanspruch kann nicht durch Beschluss **dauerhaft** ausgeschlossen oder **gekürzt** werden. Ein solcher gesetzesändernder Beschluss wäre mangels Beschlusskompetenz nichtig.[154] Es bedarf einer Vereinbarung. Ein Beschluss, der anlässlich einer konkreten Instandsetzungsmaßnahme (also im **Einzelfall**) den Entschädigungsanspruch ausschließt oder kürzt, wäre ebenfalls nichtig. Denn ebenso wie es nicht möglich ist, einen Anspruch der Gemeinschaft gegen den einzelnen Wohnungseigentümer durch Beschluss zu begründen,[155] kann dem Eigentümer nicht durch Beschluss ein Anspruch genommen werden (vgl. § 23 Rn 30).[156] Eine andere Frage ist, ob die von der Gemeinschaft nach § 14 Nr. 4 Hs. 2 erbrachten Ausgaben für Entschädigungsleistungen in der Jahresabrechnung nach einem abweichenden Schlüssel verteilt werden können. (Siehe dazu Rn 61)

VI. Verteilungsschlüssel für Entschädigungsausgaben

61 Die im Rahmen des § 14 Nr. 4 Hs. aufgewandten Entschädigungsausgaben sind in der **Jahresabrechnung** nach dem vereinbarten oder beschlossenen **Verteilungsschlüssel** oder, sofern die Wohnungseigentümer keine abweichende Regelung getroffen haben, nach dem Verhältnis der Miteigentumsanteile auf alle Sondereigentumseinheiten umzulegen (§ 16 Abs. 2).

62 Enthält die **Gemeinschaftsordnung** einen speziellen Verteilungsschlüssel für Kosten der Instandhaltung und Instandsetzung, ohne in diesem Zusammenhang auch die Ausgaben infolge eines Entschädigungsanspruchs nach § 14 Nr. 4 Hs. 2 zu erwähnen, stellt sich die Frage, ob diese Ausgaben nach demselben Schlüssel zu verteilen sind, der für die Kosten der Instandsetzungsmaßnahme gilt. Für die Anwendung desselben Verteilungsschlüssels spricht der Sachzusammenhang zwischen den Kosten der Instandsetzung des Gemeinschaftseigentums (im engeren Sinne) und den Ausgaben für die Erfüllung des Entschädigungsanspruchs nach § 14 Nr. 4 Hs. 2. Sofern die Gemeinschaft die Entschädigung im Wege der Naturalrestitution leistet, etwa indem sie bei einer Rohrreparatur die in einer Wohnung geöffneten Wände wieder verschließt, malert oder verfliest und dies durch denselben Handwerker erledigt wird, der auch das im Gemeinschaftseigentum stehende Rohr repariert, kommt in der Praxis regelmäßig niemand auf den Gedanken, bei der Abrechnung der Kosten der Gesamtmaßnahme danach zu unterscheiden, welche Ausgaben auf die Instandsetzung des Gemeinschaftseigentums zurückzuführen und welche Ausgaben infolge der Wiederherstellung des Sondereigentums angefallen sind, zumal der beauftragte Handwerker häufig nur eine einheitliche Rechnung für seine Beauftragung legt und darin keine Unterscheidung im vorgenanten Sinne vornimmt. Für die Frage der Kostenverteilung im Verhältnis der Wohnungseigentümer untereinander kann es keinen Unterschied machen, ob die Gemeinschaft den Entschädigungsanspruch nach § 14 Nr. 4 Hs. 2 im Wege der Naturalrestitution erfüllt oder dem betroffenen Wohnungseigentümer einen Entschädigungsbetrag auszahlt. In beiden Fällen muss derselbe Kostenverteilungsschlüssel gelten.

63 Andererseits werden die Ausgaben infolge eines Entschädigungsanspruchs einhellig als „Kosten der Verwaltung" angesehen,[157] was auf den Wortlaut des § 16 Abs. 7 zurückgeführt wird. Diese Ansicht hat zur Konsequenz, dass die Ausgaben infolge eines Entschädigungsanspruchs und die Ausgaben der Instandsetzung nur dann nach demselben Verteilungsschlüssel auf die Sondereigentumseinheiten umzulegen sind, wenn

– in der Gemeinschaft weder für die Kosten der Instandhaltung/Instandsetzung noch für Kosten der Verwaltung ein von § 16 Abs. 2 abweichender Verteilungsschlüssel gilt oder
– die Wohnungseigentümer für die Kosten der Instandhaltung/Instandsetzung und für die Kosten der Verwaltung (oder zumindest die Ausgaben nach § 14 Nr. 4 Hs. 2) denselben Verteilungsschlüssel vereinbart oder beschlossen haben.

Der Ansicht, bei den Ausgaben infolge eines Entschädigungsanspruch könne es sich nicht um Kosten der Instandhaltung und Instandsetzung handeln, weil § 16 Abs. 7 die Ausgaben zur Erfüllung eines Entschädigungsanspruchs als Kosten der Verwaltung bezeichne, liegt ein Missverständnis des Regelungsgehalts des § 16 Abs. 7 zugrunde. Nach einhelliger Ansicht stellt diese Norm lediglich klar, dass für die Kosten einer Entziehungsklage und die Entschädigungsaufwendungen nach § 14 Nr. 4 Hs. 2 ebenfalls § 16 Abs. 2 gilt mit der Folge, dass diese Kosten auf alle Wohnungseigentümer umzulegen sind, also auch auf den von der Entziehungsklage betroffenen Eigentümer oder auf den nach § 14 Nr. 4 Hs. 2 entschädigten Eigentümer.[158] Die Norm hat hingegen nicht den Zweck, die dort angesprochenen „Kosten der Verwaltung" von den Kosten der Instandhaltung und Instandsetzung des Gemeinschaftseigentums oder von anderen Kostenarten abzugrenzen. Denn ein solcher Regelungsinhalt hätte nach der bis zum 30.6.2007 geltenden Gesetzeslage keinen Sinn gemacht, weil das Wohnungseigentumsgesetz bis zum vorgenannten Zeitpunkt keine unterschiedlichen Rechtsfolgenanordnungen für die Kosten der Verwaltung einerseits und die Kosten der Instandhaltung und Instandsetzung oder anderer Ausgabengruppen andererseits enthielt. Für sämtliche Kosten des Gemein-

---

154 Vgl. BGH V ZB 58/99, NJW 2000, 3500.
155 Vgl. BGH V ZR 193/09, NJW 2010, 2801.
156 *Timme/Dötsch*, § 14 Rn 177; **a.A.** noch BayObLG 2Z BR 135/93, ZMR 1994, 420.
157 Siehe etwa *Bärmann/Klein*, § 14 Rn 77; *Timme/Dötsch*, § 14 Rn 177; *Riecke/Schmid/Elzer*, § 16 Rn 302, 329.
158 BR-Drucks 75/51, 19; *Bärmann/Becker*, § 16 Rn 150, 161.

schaftseigentums ordnete § 16 Abs. 2 eine Verteilung nach dem Verhältnis der Miteigentumsanteile an. Durch die WEG-Novelle 2007 sollte der Regelungsinhalt des § 16 Abs. 7 (Abs. 4 a.F.) keine Änderung erfahren. Diese Norm kann daher nicht als Argument dafür herangezogen werden, dass ein für die Kosten der Instandhaltung und Instandsetzung vereinbarter oder beschlossener Verteilungsschlüssel nicht auch für die Ausgaben infolge eines Entschädigungsanspruchs nach § 14 Nr. 4 Hs. 2 gelte.

Zugleich kann aus § 16 Abs. 7 (Abs. 4 a.F.) nicht zwingend gefolgert werden, ein für die Kosten der Verwaltung vereinbarter oder beschlossener Verteilungsschlüssel erfasse auch die Entschädigungskosten nach § 14 Nr. 4 Hs. 2. Es bedarf vielmehr der Auslegung im Einzelfall, ob ein für die Kosten der Instandhaltung und Instandsetzung oder für die Kosten der Verwaltung vereinbarter oder beschlossener Verteilungsschlüssel auch die Entschädigungsausgaben nach § 14 Nr. 4 Hs. 2 erfassen soll. Der Umstand, dass die Entschädigungsausgaben unvermeidbare Folgekosten einer Instandsetzungsmaßnahme am Gemeinschaftseigentum sind, spricht dafür, den für die Instandsetzungs- und Instandhaltungskosten geltenden Verteilungsschlüssel mangels klarer und eindeutiger anderweitiger Regelung auch auf die Entschädigungskosten anzuwenden. Bei objektiver Betrachtung lässt sich kein sachlicher Grund finden, weshalb die Entschädigungskosten nach einem anderen Schlüssel zu verteilen sein sollten als die Kosten der Instandsetzungsmaßnahme, die die Entschädigungsleistung ausgelöst hat.

Die Wohnungseigentümer können den **Verteilungsschlüssel** für die Entschädigungskosten durch Vereinbarung im Sinne des § 10 Abs. 2 S. 2, Abs. 3 **ändern**. Ob und inwieweit eine Änderung des Verteilungsschlüssels durch Beschluss möglich ist, hängt davon ab, ob die Entschädigungskosten in den Anwendungsbereich des § 16 Abs. 3 oder den des § 16 Abs. 4 fallen. Die h.M. hält § 16 Abs. 3 für einschlägig[159] und beruft sich auf die Formulierung des § 16 Abs. 7, der die Entschädigungsausgaben als „Kosten der Verwaltung" bezeichnet. § 16 Abs. 3 verwendet ebenfalls die Formulierung „Kosten der Verwaltung". Wie bereits oben (Rn 63) ausgeführt, darf allerdings stark bezweifelt werden, dass der Gesetzgeber bei der Schaffung des § 16 Abs. 7 einen inhaltlichen Bezug zu § 16 Abs. 3 herstellen wollte. Denn § 16 Abs. 7 (Abs. 4 a.F.) erfuhr durch die WEG-Novelle 2007 keine inhaltliche Änderung. Die Gesetzesmaterialien enthalten keine Anhaltspunkte dafür, dass dem Gesetzgeber bei der Schaffung des § 16 Abs. 3 bewusst war, die Formulierung „Kosten der Verwalter" bereits in § 16 Abs. 7 (Abs. 4 aF) verwendet zu haben. In systematischer Hinsicht überrascht es jedenfalls, die Ausgaben i.S.d. § 14 Nr. 4 Hs. 2 bei den Betriebskosten und dem Verwalterhonorar zu finden, anstatt bei den Kosten der Instandsetzungsmaßnahme, in deren Folge sie entstehen. Die Gesetzeshistorie, teleologische Argumente und die Gesetzessystematik sprechen dafür, die Ausgaben aufgrund von Entschädigungsansprüchen i.S.d. § 14 Nr. 4 Hs. 2 dem Anwendungsbereich des § 16 Abs. 4 zu unterwerfen. Unter den Voraussetzungen dieser Norm wäre es daher denkbar, den Verteilungsschlüssel für Entschädigungsleistungen im Einzelfall zu ändern; ein Beschluss über eine dauerhafte Änderung des Verteilungsschlüssels wäre nichtig.

VII. Eingriff in bauliche Veränderung

1. Sondereigentum

Haben Wohnungseigentümer bauliche Veränderung am Sondereigentum vorgenommen und müssen diese im Zuge von Instandsetzungsmaßnahmen am Gemeinschaftseigentum beschädigt oder beseitigt werden, stellt sich die Frage, ob die Gemeinschaft gemäß § 14 Nr. 4 Hs. 2 zur Wiederherstellung des veränderten Sondereigentums verpflichtet ist.

Beispiel:
Ein Eigentümer hat auf einer zum Sondereigentum erklärten Terrasse einen zusätzlichen oder hochwertigeren Gehbelag aufgebracht, der wegen einer Instandsetzung der Isolierung entfernt werden muss und dessen Wiederherstellung der Eigentümer wünscht.

§ 14 Nr. 4 Hs. 2 findet auch in dieser Konstellation Anwendung. Gemäß § 13 Abs. 1 darf jeder Eigentümer sein Sondereigentum nach Belieben nutzen und umgestalten, sofern kein anderer Eigentümer dadurch über das in § 14 Nr. 1 bestimmte Maß hinaus beeinträchtigt wird. Hat ein Eigentümer in diesem Rahmen Umbaumaßnahmen durchgeführt, ist kein Grund ersichtlich, diese vom Schutz des § 14 Nr. 4 Hs. 2 auszunehmen. Nicht geschützt sind nur Veränderungen am Sondereigentum, die das nach § 14 Nr. 1 zulässige Maß überschreiten. Da der Eigentümer diese Veränderungen am Sondereigentum nicht hätte vornehmen dürfen, kann er von der Gemeinschaft auch nicht Wiederherstellung oder Entschädigung verlangen, wenn wegen einer Instandsetzungsmaßnahme am Gemeinschaftseigentum in das rechtswidrig umgestaltete Sondereigentum eingegriffen wird.

2. Gemeinschaftseigentum

Die Frage nach einer Entschädigung stellt sich auch bei baulichen Veränderungen am Gemeinschaftseigentum.

---

159 *Bärmann/Klein*, § 14 Rn 77; *Timme/Dötsch*, § 14 Rn 177;
a.A. *Jennißen/Jennißen*, § 16 Rn 158.

Beispiel:
Ein Eigentümer hat im Bereich seines Balkons an der Außenfassade eine Markise angebracht. Diese Markise muss im Rahmen einer Fassadensanierung demontiert werden. Wer trägt die Kosten für die Entfernung und Wiederanbringung der Markise?

In diesen Fällen ist zu unterscheiden, ob die bauliche Veränderung am Gemeinschaftseigentum nach § 22 Abs. 1 rechtmäßig war und ob die Eigentümer eine Regelung zu den Folgekosten der baulichen Veränderung getroffen haben:

- War die bauliche Veränderung **rechtswidrig**, weil die nach § 22 Abs. 1 erforderliche Zustimmung nicht erteilt wurde, hat der Eigentümer keinen Anspruch auf Entschädigung. Denn hätte er sich rechtmäßig verhalten, wäre ihm kein „Schaden" entstanden, da es die bauliche Veränderung dann nicht gegeben hätte. Ein Anspruch auf Entschädigung besteht auch dann nicht, wenn der Anspruch der übrigen Eigentümer auf Beseitigung der baulichen Veränderung bereits verjährt ist; denn durch den Eintritt der Verjährung wird die bauliche Veränderung nicht rechtmäßig und muss von den übrigen Eigentümern nicht geduldet werden.[160]
- Durfte der Eigentümer die bauliche Veränderung aufgrund einer **Genehmigung** vornehmen und haben die Eigentümer durch Beschluss oder Vereinbarung bestimmt, dass der betreffende Eigentümer etwaige aus der baulichen Veränderung resultierende **Folgekosten** zu tragen hat, ist damit i.d.R. auch jeglicher Entschädigungsanspruch infolge eines Eingriffs in die bauliche Veränderung ausgeschlossen. Denn bei den Entschädigungskosten handelt es sich ebenfalls um Folgekosten.
- Ein Anspruch auf Wiederherstellung der baulichen Veränderung besteht nur dann, wenn die Gemeinschaft aufgrund einer Vereinbarung oder eines Beschlusses verpflichtet ist, die bauliche Veränderung auf Kosten aller instand zu halten bzw. instand zu setzen.

§ 15 Gebrauchsregelung

(1) Die Wohnungseigentümer können den Gebrauch des Sondereigentums und des gemeinschaftlichen Eigentums durch Vereinbarung regeln.

(2) Soweit nicht eine Vereinbarung nach Absatz 1 entgegensteht, können die Wohnungseigentümer durch Stimmenmehrheit einen der Beschaffenheit der im Sondereigentum stehenden Gebäudeteile und des gemeinschaftlichen Eigentums entsprechenden ordnungsmäßigen Gebrauch beschließen.

(3) Jeder Wohnungseigentümer kann einen Gebrauch der im Sondereigentum stehenden Gebäudeteile und des gemeinschaftlichen Eigentums verlangen, der dem Gesetz, den Vereinbarungen und Beschlüssen und, soweit sich die Regelung hieraus nicht ergibt, dem Interesse der Gesamtheit der Wohnungseigentümer nach billigem Ermessen entspricht.

A. Allgemeines 1	III. Beispiele aus der Rechtsprechung 18
B. Gebrauchsregelungen durch Vereinbarung (Abs. 1) 2	D. Regelungsbefugnis des Verwalters 28
I. Regelungsgegenstand der Vereinbarung 2	E. Anspruch auf ordnungsmäßigen Gebrauch (Abs. 3) 33
1. Allgemeine Grenzen der Regelungsfreiheit ... 4	I. Anspruch auf Beschlussregelung 33
2. Sondereigentum 6	II. Abwehranspruch wegen unzulässigem Gebrauch .. 37
3. Gemeinschaftseigentum 9	1. Inhalt des Anspruchs 37
II. Widersprüchliche Gebrauchsregelungen 10	2. Anspruchsinhaber 38
III. Zweckbestimmung im engeren Sinne 11	3. Anspruchsverfolgung durch die Gemeinschaft . 39
1. Regelungsinhalt 11	4. Anspruchsgegner 44
2. Verstoß gegen Zweckbestimmung (Rechtsprechungsbeispiele) 12	5. Klageantrag 45
	6. Verjährung 47
C. Gebrauchsregelungen durch Mehrheitsbeschluss (Abs. 2) 14	7. Verwirkung 48
I. Regelungsgegenstand des Beschlusses 14	8. Schikaneverbot, Treu und Glauben 56
II. Anfechtungs- und Nichtigkeitsgründe 15	9. Zwangsvollstreckung 57
	III. Schadensersatz 59

Literatur: *Armbrüster*, Kollision zwischen Gemeinschaftsordnung und Mietvertrag, ZWE 2004, 217; *Bielefeld*, Die Hausordnung für Wohnungseigentümer, DWE 1994, 7, 97, 133; 1995, 6; *ders.*, Garten und Gartennutzung in Wohneigentumsanlagen, DWE 1995, 51; *Blank*, Tierhaltung in Eigentums- und Mietwohnungen, NJW 2007, 729; *Elzer*, Die Hausordnung einer Wohnungseigentumsanlage, ZMR 2006, 733; *Hügel*, Nutzungsregelungen nach § 15 für Doppelparker, ZWE 2002, 42; *ders.*, Privatautonomie versus Grundrechtsschutz – oder Rauchverbot im Wohnungseigentum, ZWE 2010, 18; *Huff*, Die Benutzungsregelung am Sondereigentum „Duplex-Garage", WE 1996, 134; *ders.*, Grenzen der Videoüberwachung in der Wohnungseigentumsanlage, NZM 2002, 688; *Kahlen*, Gebrauch im Sinne von § 15 WEG – Abgrenzung zur baulichen Veränderung, GE 1989, 858, 862, 867; *Keuter*, Die Hausordnung –

---

160 Vgl. BGH V ZR 141/10, NJW 2011, 1068; **a.A.** *Timme/Dötsch*, § 14 Rn 189; *Schmidt*, ZMR 2001, 924.

ein Brennpunkt der Verwaltungspraxis, FS Deckert (2002), 199; *Köhler,* Wohnraumüberlassung durch die Gemeinschaft an den Hausmeister, WE 1999, 55; *Kreuzer,* Vermietung gemeinschaftlichen Eigentums, ZWE 2004, 204; *Reichert,* Das Hausrecht in Wohnungseigentumsanlagen, ZWE 2009, 289; *Schmid,* Nutzungsbeschränkung im Aufteilungsplan?, NZM 2010, 852; *Wangemann,* Die Haftung für den unzulässigen Gebrauch in Sondereigentumsräumen, WuM 1987, 3; *Zipperer,* Zur Gebrauchsregelung nach § 15 WEG, WE 1991, 142.

A. Allgemeines

§ 15 lässt Regelungen der Wohnungseigentümer über den Gebrauch des Sondereigentums und des gemeinschaftlichen Eigentums durch Vereinbarung und Beschluss zu. **Gebrauch** ist, wie in § 745 BGB, gleichbedeutend mit tatsächlicher Benutzung, hier etwa Alleinbenutzung des Sondereigentums i.S.d. § 13 Abs. 1 und Mitbenutzung des gemeinschaftlichen Eigentums i.S.d. § 13 Abs. 2. Mehrere Berechtigte einer Wohnungseigentumseinheit können untereinander keine Regelungen nach § 15 treffen,[1] die gemäß § 10 Abs. 3 auch den Sondernachfolger binden.[2] Für sie gelten die Vorschriften des jeweiligen Gemeinschaftsverhältnisses, etwa §§ 741 ff., 1010 BGB bei Bruchteilgemeinschaften. 1

B. Gebrauchsregelungen durch Vereinbarung (Abs. 1)

I. Regelungsgegenstand der Vereinbarung

Die Wohnungseigentümer können den Gebrauch des **Sondereigentums** und des **Gemeinschaftseigentums** durch Vereinbarung regeln (Abs. 1). Hierbei handelt es sich um Vereinbarungen i.S.d. § 10 Abs. 2 S. 2. Diese wirken gegenüber Sondernachfolgern nur, wenn sie gemäß Abs. 3 in den Grundbüchern eingetragen sind. (Zum Zustandekommen und zur Wirksamkeit einer Vereinbarung siehe § 10 Rn 18 ff.) 2

Notwendig ist eine **Vereinbarung** immer dann, wenn die zu treffende Gebrauchsregelung über den Rahmen der Ordnungsmäßigkeit hinausgeht und daher nicht mehr gemäß Abs. 2 beschlossen werden kann. Durch Vereinbarung können die Wohnungseigentümer einen nach §§ 13, 14 zulässigen Gebrauch untersagen oder einen kraft Gesetzes unzulässigen Gebrauch gestatten. 3

1. Allgemeine Grenzen der Regelungsfreiheit

Die **Regelungs-** und **Gestaltungsfreiheit** der Wohnungseigentümer bzw. des aufteilenden Alleineigentümer ist im Rahmen des § 15 Abs. 1 sehr weit. Gemäß § 10 Abs. 2 S. 2 können die Wohnungseigentümer von den Vorschriften des WEG abweichende Vereinbarungen treffen, soweit nicht etwas anderes ausdrücklich bestimmt ist (zu den Grenzen der Regelungsfreiheit durch Vereinbarung im Allgemeinen siehe § 10 Rn 25 ff.). Die §§ 13 bis 15 enthalten keine ausdrücklichen Einschränkungen der Regelungsfreiheit. Die Regelungsfreiheit im Rahmen des § 15 Abs. 1 findet daher ihre Grenze nur in den zwingenden Grundprinzipien und -strukturen des WEG, in den aus den §§ 134, 138 BGB folgenden Schranken sowie in dem allen Vereinbarungen immanenten Grundsatz von Treu und Glauben (vgl. § 10 Rn 25 ff.). Selbst das Aufgeben grundrechtlich geschützter Rechtspositionen ist im Rahmen einer Vereinbarung möglich, soweit das Grundrecht verzichtbar ausgestaltet ist, so etwa das Grundrecht auf Informationsfreiheit.[3] Stimmt ein Wohnungseigentümer einer Vereinbarung zu, die ihn in der Wahrnehmung eines Grundrechts einschränkt, liegt dies grundsätzlich innerhalb der Regelungsfreiheit der Wohnungseigentümer. Gemäß § 10 Abs. 3 ist auch ein Sondernachfolger an eine solche Vereinbarung gebunden, da er sich mit dem Erwerb des Wohnungseigentums freiwillig der Regelungswirkung der Vereinbarung unterwirft. 4

Auch führt nicht jeder Verstoß gegen **Treu und Glauben** zur Unwirksamkeit einer vereinbarten Gebrauchsregelung. Denn wie ein Umkehrschluss aus § 10 Abs. 2 S. 3 zeigt, sind selbst unbillige Vereinbarungen so lange wirksam, bis sie durch Vereinbarung oder Gerichtsentscheidung abgeändert oder aufgehoben werden. Die Grenze zur Unwirksamkeit ist erst überschritten, wenn das Recht zum Gebrauch des Sondereigentum oder zum Mitgebrauch des Gemeinschaftseigentums ausgehöhlt oder das Gebrauchsrecht unerträglich oder unzumutbar eingeschränkt wird (siehe § 10 Rn 55 ff.). 5

2. Sondereigentum

Der natürliche Zweck von Sondereigentum besteht darin, dieses als Raum (umbauter Kubus) nutzen zu können. Ein Raum dient dem Betreten durch Personen (zu näher bestimmten Zwecken) und/oder der Unterbringung von Gegenständen. Eine Vereinbarung darf diese Funktion dem Sondereigentum nicht vollständig nehmen. Eine Vereinbarung, wonach ein Sondereigentum nicht betreten werden darf, wäre daher nichtig. Das Recht zum Gebrauch des Sondereigentums kann zwar eingeschränkt, aber nicht ausgeschlossen werden. Bei „Wohnungseigentum" darf ein Wohngebrauch (inklusive der damit zwingend einhergehenden Handlungen wie etwa Baden/Duschen, Essenszubereitung und -verzehr, Toilettengang) nicht ausgeschlossen werden. Zulässig ist es, den Gebrauch auf einen Eigengebrauch im 6

---

1 Palandt/*Bassenge,* § 15 Rn 1; **a.A.** BayObLG, 2Z BR 56/94, NJW-RR 1994, 1427; OLG Frankfurt 20 W 281/98, NZM 2001, 527.
2 OLG München 34 Wx 357/11, ZWE 2012, 92.
3 BGH V ZB 51/03, NJW 2004, 937.

Rahmen eines Vermietungsverbots zu beschränken[4] oder einen Eigengebrauch im Rahmen einer Zweckbestimmung faktisch auszuschließen,[5] etwa bei einer Zweckbestimmung „betreutes Wohnen",[6] „Mädcheninternat" oder „Studentenwohnheim". Im Rahmen der Regelungskompetenz liegt auch eine Vereinbarungen über ein generelles Musizierverbot,[7] ein generelles Tierhaltungsverbot,[8] ein generelles Rauchverbot[9] und ein Verbot über die Installation von Parabolantennen bei vorhandenem Breitbandkabelanschluss.[10]

7 Durch Vereinbarung kann die **Vermietung** des Sondereigentums von der **Zustimmung** der Wohnungseigentümerversammlung oder des Verwalters abhängig gemacht werden,[11] sofern die Zustimmung nur aus wichtigem Grund versagt werden darf[12] und die Auswahl des Mieters grundsätzlich dem Sondereigentümer obliegt. Wirksam ist auch eine Vereinbarung, die die Überlassung des Sondereigentums an einen täglich oder wöchentlich wechselnden Personenkreis untersagt.[13] Unwirksam sind hingegen **diskriminierende Vermietungsverbote**, die an die Rasse oder ethnische Herkunft, an das Geschlecht, die Religion, eine Behinderung oder an die sexuelle Identität anknüpfen und nicht nach § 19 Abs. 3 AGG ausnahmsweise zulässig sind,

8 Unwirksam ist auch eine Vereinbarung, nach der der Sondereigentümer seine Sondereigentumsräume einem übergeordneten Geschäftszweck zur Verfügung stellen und die Vermietung in die Hände einer **Betriebsgesellschaft** oder des WEG-Verwalters legen muss.[14] Eine solche Regelung läge außerhalb des Anwendungsbereichs des § 15 Abs. 1, denn sie beträfe neben dem Gebrauch auch die **Verwaltung des Sondereigentums**. Das WEG kennt keine „Vereinbarungen" zur Verwaltung des Sondereigentums. Soweit das WEG sich in den §§ 20 ff. mit der Verwaltung befasst, betrifft dies ausschließlich die Verwaltung des gemeinschaftlichen Eigentums. Das Sondereigentum verwaltet jeder Wohnungseigentümer selbst (siehe § 20 Rn 2). Die Wohnungseigentümer können daher weder Vereinbarungen noch Beschlüsse zur Verwaltung des Sondereigentums fassen. Zwar ist es den Wohnungseigentümern unbenommen, bei der Vermietung und Verwaltung ihrer Sondereigentumseinheiten einen gemeinsamen Zwecks zu verfolgen, z.B. den Betrieb eines Hotels. Ein dahingehender Vertrag stellt aber keine Vereinbarung i.S.d. § 10 Abs. 2 S. 2, 3, Abs. 1 dar, sodass eine solche vertragliche Regelung auch nicht nach § 10 Abs. 3 gegenüber künftigen Wohnungseigentümer wirken würde. Eine Vereinbarung i.S.d. § 15 Abs. 1 regelt das „Wie" des Gebrauchs. Der Anwendungsbereich des § 15 Abs. 1 ist überschritten, wenn der Wohnungseigentümer nicht mehr entscheiden kann, durch wen sein Sondereigentum genutzt wird und zu welchen Konditionen. Unwirksam ist daher eine Vereinbarung, nach der die Mieteinnahmen aus dem Sondereigentum an einen **Mietpool** abgeführt werden müssen oder der WEG-Verwalter als ermächtigt gelte, Mietverträge über das Sondereigentum abzuschließen, die Mieten einzunehmen und daraus das Wohngeld zu begleichen. Nach Ansicht des BGH ist aber eine Vereinbarung wirksam, die in einer als Seniorenwohnheim konzipierten Wohneigentumsanlage jeden Wohnungseigentümer zum Abschluss eines Betreuungsvertrages für sog. Regelleistungen verpflichtet.[15]

3. Gemeinschaftseigentum

9 Jeder Wohnungseigentümer ist grundsätzlich zum Mitgebrauch des Gemeinschaftseigentums berechtigt (§ 13 Abs. 2). Während beim Sondereigentum das Recht zum Gebrauch nicht ausgeschlossen werden kann, ist dies beim Gemeinschaftseigentum in Teilbereichen durch Vereinbarung i.S.d. § 15 Abs. 1 möglich. Typischer Anwendungsfall ist das Sondernutzungsrecht, das i.d.R. alle Miteigentümer mit Ausnahme des Sondernutzungsberechtigten vom Mitgebrauch ausschließt. Die Wohnungseigentümer können aber nicht von der Mitbenutzung jeglicher Bereiche des Gemeinschaftseigentums ausgeschlossen werden. Von Bereichen oder Anlagen des Gemeinschaftseigentums, die ein Wohnungseigentümer zwingend betreten oder mitbenutzen muss, um sein Sondereigentum gebrauchen zu können, darf ein Wohnungseigentümer nicht ausgeschlossen werden. Eine entgegenstehende Vereinbarung hielte einer an Treu und Glauben orientierten Inhaltskontrolle (siehe § 10 Rn 38 ff.) nicht stand und wäre nichtig.

II. Widersprüchliche Gebrauchsregelungen

10 Gebrauchsregelungen, insbesondere Zweckbestimmungen über die Nutzung des Sondereigentums, können in der **Gemeinschaftsordnung,** in der dinglichen **Teilungserklärung** oder in dem dort in Bezug genommenen **Aufteilungsplan** enthalten sein. Sind die Regelungen zum Gebrauch widersprüchlich, stellt sich die Frage, welche Regelung Vorrang hat. Die Lösung ist in diesen Fällen unter Heranziehung der für die **Auslegung** von Grundbucheintragungen geltenden Grundsätze zu suchen (siehe § 10 Rn 42). Abzustellen ist auf Wortlaut und Sinn der Grundbucheintragung,

---

4 *Bärmann/Klein*, § 15 Rn 15; *Armbrüster*, ZWE 2004, 217; **a.A.** *Riecke/Schmid/Elzer*, § 10 Rn 221.
5 *Bärmann/Klein*, § 15 Rn 15.
6 BGH V ZR 289/05, NJW 2007, 213.
7 *Bärmann/Klein*, § 10 Rn 102.
8 *Bärmann/Klein*, § 10 Rn 102; **a.A.** *Riecke/Schmid/Elzer*, § 10 Rn 221.
9 *Hügel*, ZWE 2010, 18.
10 BGH V ZB 51/03, NJW 2004, 937.
11 BGH V ZB 2/62, BGHZ 37, 203.
12 OLG Frankfurt 20 W 124/03, NZM 2004, 231.
13 BGH V ZR 72/09, NJW 2010, 3093.
14 Siehe aber BayObLG 2Z BR 53/95, WuM 1995, 672, wonach eine Vereinbarung wirksam sein soll, die einen Wohnungseigentümer im Fall der Vermietung seines Wohnungseigentums verpflichtet, die Verwaltung des Sondereigentums dem Wohnungseigentumsverwalter zu übertragen.
15 BGH V ZR 289/05, NJW 2007, 213.

wie sie sich für einen unbefangenen Betrachter als nächstliegende Bedeutung des Eingetragenen und in Bezug genommenen ergibt; ohne Bedeutung ist der Wille des Verfassers der Gebrauchsregelung. Die Gemeinschaftsordnung hat im Zweifel Vorrang vor der Teilungserklärung und diese hat wiederum Vorrang vor etwaigen Beschriftungen im Aufteilungsplan.[16] Die Teilungserklärung, soweit sie selbst Zweckbestimmungen enthält, verweist auf den Aufteilungsplan in der Regel nur hinsichtlich der Nummer der Eigentumseinheit und nicht hinsichtlich der dortigen Raumbezeichnungen, etwa als „Laden" oder „Gaststätte".[17] Heißt es z.B. in der Teilungserklärung, dass der betreffende Miteigentumsanteil verbunden ist mit dem Teileigentum an den im Aufteilungsplan bezeichneten „gewerblichen Räumen", während sich im Aufteilungsplan die Bezeichnung „Laden" findet, so kann in dem Teileigentum grundsätzlich jedes Gewerbe betrieben werden, also auch eine Gaststätte.[18] Die kraft Gesetzes umfassende Nutzungsmöglichkeit eines Wohnungs-/Teileigentums entfällt nur dann, wenn eine Einschränkung ausdrücklich und widerspruchsfrei ausgewiesen ist.[19] Ein unbefangener Betrachter geht nicht davon aus, dass die am engsten begrenzte Zweckbestimmung Vorrang haben soll.[20] Bei Beschreibungen im Aufteilungsplan handelt es sich in der Regel nur um unverbindliche Gebrauchsvorstellungen des teilenden Eigentümers oder um Gebrauchsvorschläge des Architekten.[21] Ein Aufteilungsplan hat grundsätzlich nur die Funktion, die Aufteilung des Gebäudes sowie Lage und Größe der im Sondereigentum und Gemeinschaftseigentum stehenden Gebäudeteile zu beschreiben (§ 7 Abs. 4 Nr. 1 WEG). Es ist nicht seine Aufgabe, die Art und Weise des Gebrauchs zu regeln.[22] Oftmals sind die Angaben auch nur als Funktionsbezeichnungen zu verstehen, die die gekennzeichneten Räume von den übrigen Wohnräumen abgrenzen sollen.[23] Nehmen Eintragungsbewilligung, Eintragungserklärung und Gemeinschaftsordnung ausdrücklich nur dort Bezug auf den Aufteilungsplan, wo Gegenstand und Inhalt des Sondereigentums umschrieben werden, kann daraus der Umkehrschluss gezogen werden, dass im Aufteilungsplan gerade keine verbindliche Gebrauchsregelung für das Gemeinschaftseigentum getroffen werden soll.[24] Die Rechtsprechung betont allerdings, dass es sich bei den dargestellten Grundsätzen nur um **Zweifelsregelungen** handelt. Im Einzelfall kann sich auch ergeben, dass den Angaben im Aufteilungsplan oder der Teilungserklärung der Vorrang vor der Gemeinschaftsordnung gebührt, wenn die Gesamtumstände dafür sprechen.

III. Zweckbestimmung im engeren Sinne

1. Regelungsinhalt

Während eine Zweckbestimmung im weiteren Sinne festlegt, ob die zum Sondereigentum gehörenden Räume Wohnungseigentum (zu Wohnzwecken dienend) oder Teileigentum (nicht zu Wohnzwecken dienend) sind, regelt die Zweckbestimmung im engeren Sinne, in welchen Grenzen eine Teileigentumseinheit (z.B. als Laden) oder Wohnungseigentumseinheit genutzt werden darf.[25] Eine Zweckbestimmung im engeren Sinne hat **Vereinbarungscharakter** gemäß § 15 Abs. 1,[26] sie **konkretisiert** quasi die **Zweckbestimmung im weiteren Sinne** (zur Zweckbestimmung im weiteren Sinne siehe § 14 Rn 15). Dies schließt allerdings eine Vereinbarung der Wohnungseigentümer nicht aus, die es gestattet, bei Wohnungseigentum die im Sondereigentum stehenden Räume auch **zu anderen Zwecken** als zum Wohnen gebrauchen zu dürfen.[27] Jedoch kann durch eine Vereinbarung der Gebrauch von Wohnungseigentum zu Wohnzwecken nicht untersagt werden. Entsprechendes gilt für das Teileigentum. Zweckbestimmungen über die Nutzung von Wohnungs- oder Teileigentum befinden sich entweder in der **Gemeinschaftsordnung** oder in der dinglichen **Teilungserklärung** bzw. in dem dort in Bezug genommenen **Aufteilungsplan**.

11

2. Verstoß gegen Zweckbestimmung (Rechtsprechungsbeispiele)

Widerspricht der vom Wohnungseigentümer praktizierte Gebrauch der Zweckbestimmung, begründet dies allein noch keinen Unterlassungsanspruch. Die übrigen Wohnungseigentümer können nur dann Unterlassung des zweckbestimmungswidrigen Gebrauchs verlangen, wenn dieser mehr stört als der zweckbestimmungsgemäße Gebrauch.[28]

12

---

16 OLG Schleswig 2 W 2020/07, ZMR 2008, 990; OLG Düsseldorf 3 Wx 249/02, ZMR 2004, 449; OLG Stuttgart 8 W 603/89, ZMR 1990, 190; BayObLG 2 Z BR 52/98, NZM 1999, 80; BReg 2 Z 127/84, WuM 1985, 238.
17 OLG Düsseldorf 3 Wx 118/00, NZM 2000, 1009; BayObLG BReg 2 Z 127/84, WuM 1985, 238.
18 Vgl. KG 24 W 3094/99, NZM 2000, 387; BayObLG BReg 2 Z 127/84, WuM 1985, 238.
19 OLG Stuttgart 8 W 603/89, ZMR 1990, 190.
20 BayObLG 2 Z BR 23/94, WuM 1995, 50; OLG Frankfurt/M, 20 W 182/91, OLGZ 1993, 299; OLG Stuttgart 8 W 603/89, ZMR 1990, 190.
21 OLG Schleswig 2 W 165/98, NZM 1999, 79; OLG Hamm 15 W 177/86, NJW-RR 1986, 1336; OLG Hamburg 2 Wx 94/01, ZWE 2002, 592, 595.

22 OLG Schleswig 2 W 39/02, ZMR 2004, 68; LG Berlin 55 T 94/10, GE 2011, 419.
23 KG 24 W 3094/99, KGR 2000, 78; OLG Bremen 3 W 26/93, WuM 1993, 696.
24 OLG Schleswig 2 W 39/02, ZMR 2004, 68; OLG Frankfurt 20 W 319/08, ZWE 2012, 35; LG Hamburg 318 S 183/09, ZMR 2010, 768.
25 BayObLG 2 Z BR 90/96, WE 1998, 117.
26 BayObLG 2Z BR 60/01, ZWE 2002, 35; 2Z BR 130/93, WuM 1994, 222.
27 BayObLG 2Z BR 90/96, WE 1998, 117.
28 BayObLG 2Z BR 60/01, ZWE 2002, 35; 2Z BR 130/93, WuM 1994, 222; OLG Köln 16 Wx 128/02, NZM 2003, 115.

Ob dies der Fall ist, wird anhand einer **typisierenden generellen Betrachtungsweise** beurteilt,[29] wobei Beeinträchtigungen weder vorgetragen noch nachgewiesen werden müssen.[30] Unerheblich ist, ob die übrigen Wohnungseigentümer tatsächlich Störungen ausgesetzt sind, die bei zweckbestimmungsgemäßer Nutzung des Sondereigentums nicht vorlägen.[31] Gleichwohl bleiben bei der typisierenden Betrachtungsweise die konkreten Umstände des Einzelfalls nicht völlig außer Betracht. Der Beurteilung zugrunde zu legen sind die Art und Weise des streitigen Gebrauchsverhaltens sowie die damit typischerweise verbundenen Folgen (z.B. die zu erwartende Besucherfrequenz, Besucherstrukturen, Begleitkriminalität) und die örtlichen (Umfeld, Lage im Gebäude) und zeitlichen (etwa Öffnungszeiten) Verhältnisse.[32] Diese Umstände sind von Bedeutung, da die Beantwortung der Frage, ob eine Mehrbeeinträchtigung gegenüber der vereinbarten Zweckbestimmung zu bejahen ist, nicht unerheblich davon abhängt, welches Gepräge und welchen Zuschnitt die abweichend von der Zweckbestimmung vorgenommene Nutzung aufweist. In diesem Zusammenhang ist dann allerdings für die zu treffende Entscheidung ohne Belang, welche tatsächlichen und konkreten Beeinträchtigungen in welchem Umfang und zu welchen Zeitpunkten zu verzeichnen sind, so dass es der Durchführung einer Beweisaufnahme zur Klärung der möglichen Mehrbeeinträchtigungen im konkreten Fall grundsätzlich nicht bedarf.[33] Hierzu hat sich die nachfolgend dargestellte Kasuistik entwickelt. In der Darstellung ist die im jeweiligen Fall vereinbarte Zweckbestimmung vorangestellt, das streitige Gebrauchsverhalten schließt sich an:

13 **Beispiele:**
Abstellraum:
unzulässig die Nutzung als Wohn- und Schlafraum;[34]
Apotheke:
unzulässig der Betrieb einer Gaststätte;[35]
Atelier und Wohnung:
unzulässig die Benutzung als „Bier-, Kaffee- und Brotzeitstüberl";[36]
Berufliche Tätigkeit – gleich welcher Art:
zulässig der Betrieb einer Diskogaststätte.[37]
Büro:
unzulässig Nutzung als Spielsalon,[38] als Wohnung,[39] als Kinderarztpraxis;[40]
Büro/Praxis:
unzulässig die Benutzung als Ballettstudio;[41]
Büroräume:
unzulässig die Benutzung als Kinderarztpraxis;[42] zulässig allerdings die Nutzung als Einzel- oder Bestellpraxis, wenn keine größeren Beeinträchtigungen durch Publikumsverkehr zu erwarten sind, als sie auch von einem Bürobetrieb ausgehen können;[43]
Café:
unzulässig der Betrieb einer bis 4 Uhr morgens geöffneten Gaststätte[44] und der Betrieb als Bistro mit Spielautomaten;[45] die Zweckbestimmung „Tagescafè" schließt Öffnungszeiten in den Nachtstunden aus;[46]
Dachboden:
siehe „Speicher" und „Spitzboden";
Flur:
unzulässige Wohnnutzung;[47]
Freie berufliche Tätigkeit:
zulässig Tätigkeit als Versicherungsvertretung u. Wahrsagerei;[48] Anwaltskanzlei; Architekturbüro; Arztpraxis; Maklerbüro;

---

29 BGH V ZR 72/09, ZMR 2010, 378; BayObLG 2Z BR 20/00, ZWE 2001, 28.
30 BayObLG 2Z BR 52/98, NZM 1999, 80; OLG Frankfurt 3 U 47/96, NZM 1998, 198.
31 BayObLG 2Z BR 89/04, ZMR 2004, 925.
32 LG München 1 S 16861/09, ZWE 2011, 275.
33 OLG Frankfurt 20 W 319/08, ZWE 2012, 35.
34 BayObLG 2 Z BR 67/93, WE 1994, 302.
35 OLG Stuttgart DWE 1987, 139.
36 BayObLG BReg 2 Z 51/84, WuM 1985, 234.
37 OLG Schleswig 2 W 202/07, ZMR 2008, 990.
38 AG Passau 1 UR II 123/79, Rpfleger 1980, 23.
39 LG Bielefeld 3 T 186/81, Rpfleger 1981, 355.
40 OLG Stuttgart 8 W 357/86, DWE 1988, 139.
41 LG Bremen 2 T 19/91, NJW-RR 1991, 1423.
42 OLG Düsseldorf 3 Wx 259/95, NJW-RR 1996, 267.
43 OLG Hamm 15 W 372/02, ZMR 2005, 219.
44 OLG Hamburg 2 Wx 20/98, MDR 1998, 1156 m. Anm. *Riecke*.
45 OLG Zweibrücken 3 W 91/97, WE 1997, 474.
46 AG München 485 C 751/10, ZMR 2011, 678.
47 BayObLG 2Z BR 103/94, WE 1996, 116.
48 KG 24 W 7471/92, NJW-RR 1994, 206.

Garage:
unzulässig die Benutzung als Diele,[49] Wohnraum, Bad, Gästezimmer und Lager; zulässig die Nutzung als Werkstatt, wenn nicht ersichtlich ist, dass von der Werkstattnutzung mehr Störungen ausgehen als von einer Garage;[50]

Gaststätte:
unzulässig der Betrieb eines Nachtlokals,[51] einer Spielhalle (wenn die Wohnanlage sich in einem „sensiblen" Wohngebiet mit Schule, Kindergarten, Kirche befindet[52]); zulässig musikalische Wiedergaben und Darbietungen, soweit diese nach öffentlichen Auflagen zulässig sind;[53]

Geschäftsräume:
zulässig Betrieb einer chemischen Reinigung[54] und einer Gaststätte;[55]

Gewerbliche Einheit für Verkaufszwecke:
unzulässig der Betrieb einer Spielothek;[56]

Gewerbliche Räume:
zulässig Schulungs- und Unterrichtsräume für Asylbewerber und Aussiedler[57] und Spielhalle;[58] zulässig Nutzung als Tagesstätte mit Kontakt- und Informationsstellenfunktion für Menschen mit psychischer Behinderung;[59] zulässig der Betrieb einer gaststättenähnlichen Begegnungsstätte für Senioren durch einen gemeinnützigen Verein;[60]

Gewerbliche Zwecke:
erlaubt grundsätzlich **jede gesetzlich zulässige gewerbliche Nutzung**,[61] eine Beschränkung kann sich lediglich aus dem Charakter oder der baulichen Gestaltung der Anlage ergeben;[62] auch eine **nichtgewerbliche Nutzung** ohne Gewinnerzielungsabsicht, wie etwa der Betrieb einer Begegnungsstätte eines **deutsch-kurdischen Kulturvereins**, ist von der Zweckbestimmung gedeckt, soweit diese bei typisierender Betrachtungsweise nicht zu intensiveren Beeinträchtigungen führt als eine gewerbliche Nutzung; unerheblich ist, ob von dem jeweiligen Gebrauch eine „Befruchtung" für das Gesamtobjekt ausgeht;[63] zulässig ist der Betrieb eines Cafés,[64] eines Bistros oder Restaurants,[65] eines Kfz-Handels und Kfz-Ersatzteilehandels,[66] einer Spielothek;[67] unzulässig der Betrieb eines Massagesalons;[68]

Beliebiges Gewerbe oder Beruf:
zulässig Betrieb einer Methadon-Abgabestelle, wenn ein separater Eingang vorhanden ist und in der näheren Umgebung des Hauses vielgestaltige Gewerbebetriebe angesiedelt sind;[69]

Hausmeisterwohnung:
grundsätzlich als Hausmeisterwohnung zu nutzen, ausnahmsweise aber eine anderweitige Nutzung, z.B. Vermietung an Dritte, zulässig, wenn aus triftigen Gründen eine Nutzung als Hausmeisterwohnung im Einzelfall nicht möglich ist;[70]

Hobbyraum:
unzulässig die Benutzung als Wohnung[71] und als Ballettstudio;[72] zulässig Nutzung als Betreuungsstätte für Kleinkinder bei halbtägiger werktäglicher Nutzung;[73] bestimmt die Gemeinschaftsordnung, dass die zu einer Wohnungseigentumseinheit gehörenden Hobbyräume, auch wenn sie mit der darüber oder darunter liegenden Wohnung verbunden wurden, nicht zum ständigen Aufenthalt bestimmt sind, ihre Nutzung aber andererseits zu Wohnzwecken insoweit zulässig ist, als nicht öffentlich-rechtliche Vorschriften des Baurechts entgegenstehen, so ist damit nicht die Nutzung zweier nach Wanddurchbruch zusammengelegter Hobbyräume als neue selbstständige Wohnung erlaubt;[74]

Kammer:
zulässig Wohnnutzung und selbstständige Vermietung;[75]

---

49 BayObLG Rpfleger 1984, 234.
50 OLG Hamburg 2 Wx 60/05, ZMR 2005, 975.
51 BayObLG DWE 1985, 126.
52 LG München 1 S 16861/09, ZWE 2011, 275.
53 BayObLG 2Z BR 63/93, WE 1994, 278.
54 BayObLG 2Z BR 23/94, WuM 1995, 50.
55 BayObLG BReg. 2 Z 96/80, MDR 1982, 496.
56 OLG Frankfurt DWE 1986, 4.
57 BayObLG 2 Z 144/91, WE 1992, 227.
58 AG Dortmund 139 II 82/94, ZAP EN-Nr. 9/95.
59 OLG Zweibrücken 3 W 21/05, ZMR 2006, 76.
60 OLG Düsseldorf I-3 Wx 162/07, GuT 2008, 219.
61 OLG Düsseldorf 3 Wx 249/02, ZMR 2004, 449.
62 OLG Hamm 15 W 29/05, ZMR 2006, 149.
63 OLG Hamm 15 W 29/05, ZMR 2006, 149.
64 OLG Zweibrücken WE 1987, 86.
65 LG Hamburg 318 S 183/09, ZMR 2010, 768.
66 AG Oberhausen 34 C 112/10, ZMR 2011, 999.
67 LG Karlsruhe 11 S 200/09, ZWE 2011, 99.
68 OLG Hamburg 2 W 4/73, MDR 74, 138.
69 OLG Düsseldorf 3 Wx 336/01, ZWE 2002, 230.
70 BayObLG BReg 2 Z 50/88, WuM 1989, 38.
71 BGH V ZB 1/11, ZMR 2011, 967; OLG München 34 Wx 105/06, ZMR 2007, 302; OLG Zweibrücken 3 W 87/01, ZWE 2002, 47.
72 BayObLG BReg 2 Z 59/84, ZMR 1985, 307.
73 BayObLG BReg 2 Z 112/90, WuM 1991, 302.
74 BayObLG 2Z BR 089/04, ZMR 2004, 925.
75 KG 24 W 4887/89, NJW-RR 1991, 1359.

Kellerraum:

unzulässig die Benutzung als Wohnraum;[76] zulässig Nutzung als Hobbyraum[77] und Musizierzimmer, wenn durch Isoliermaßnahmen keine Geräuschbeeinträchtigungen entstehen;[78] zulässig Nutzung als Trockensauna;[79]

Laden:

unzulässig chemische Reinigung;[80] Gaststätte,[81] Bistro,[82] Spielsalon,[83] Sauna außerhalb der Ladenschlusszeiten,[84] Tanzcafé,[85] Sexshop, wenn mit dem Charakter der Wohnanlage und den diesen prägenden örtlichen Verhältnisse nicht vereinbar,[86] Pizza-Liefer-Service,[87] Kleingaststätte mit Öffnungszeiten bis 22.00 Uhr;[88] Frauensportstudio;[89] Eisdiele,[90] Waschsalon,[91] Videothek,[92] Sonnenstudio,[93] Fisch- und Feinkostgroß- und Einzelhandel, weil der Großhandel mit der An- und Ablieferung großer Warenmengen ohne zeitliche Begrenzung einhergeht;[94] Wohnnutzung;[95] **zulässig** kleine Kindertagesstätte;[96] die zwischenzeitlich eingetretene Liberalisierung der **Ladenöffnungszeiten** führt nicht dazu, dass ein „Laden" nunmehr auch bis in die Nacht betrieben werden darf, denn für den Inhalt des zur Zweckbestimmung verwendeten Begriffs ist der Zeitpunkt des Zustandekommens der Vereinbarung maßgebend, ein späterer Begriffswandel spielt grundsätzlich keine Rolle,[97] die Auslegung der Teilungserklärung kann allerdings im Einzelfall ergeben, dass der Verweis auf Ladenöffnungszeiten bzw. Ladenschlusszeiten dynamisch zu verstehen ist;[98]

Laden bestehend aus Ladenlokal mit WC:

unzulässig die Benutzung als Gaststätte;[99]

Ladenlokal:

unzulässig die Benutzung als Pizza-Imbissstube;[100]

Ladenräume:

unzulässig die Einrichtung eines Waschsalons mit Getränkeausschank;[101]

Ladenwohnung:

zulässig Drogenberatungsstelle;[102]

Lagerraum:

unzulässig die Benutzung als Gymnastik-/Tanzstudio;[103]

Nebenräume:

müssen im Verhältnis zu den „Haupträumen" untergeordnete Funktion haben, was den Betrieb eines hiervon unabhängigen selbstständigen Gewerbes in diesen Räumen ausschließt;[104]

Praxis:

unzulässig Gaststätte;[105]

Partyraum:

unzulässig Wohnnutzung;[106]

Sauna:

unzulässig Pärchentreff und Swingerclub;[107]

---

76 BayObLG 2Z BR 94/99, ZWE 2000, 122.
77 OLG Düsseldorf 3 Wx 426/95, WE 1997, 346.
78 BayObLG 2Z BR 83/00, ZWE 2001, 160.
79 OLG Frankfurt 20 W 378/03, NZM 2006, 747.
80 BayObLG 2 Z BR 34/97, OLGR 1998, 19.
81 BayObLG 2Z BR 31/93, WE 1994, 180; BReg 2 Z 66/79, ZMR 1980, 251; OLG Frankfurt 20 W 279/89, WE 1991, 18; OLG Karlsruhe 11 W 38/85, OLGZ 1985, 397; KG 24 W 3538/84, MDR 1985, 675.
82 LG Hamburg 318 S 183/09, ZMR 2010, 768.
83 KG 24 W 6087/89, ZMR 1990, 307.
84 BayObLG BReg 2 Z 65/85, NJW 1986, 1052.
85 BayObLG BReg. 2 Z 1/78, ZMR 1978, 380.
86 BayObLG 2Z BR 45/94, NJW-RR 1995, 467.
87 BayObLG 2Z BR 161/97, NZM 1998, 335; AG Rosenheim 8 C 1012/10, ZMR 2011, 914.
88 BayObLG 2Z BR 143/99, ZWE 2000, 129.
89 OLG Schleswig 2 W 21/02, ZMR 2003, 709.
90 OLG Schleswig 2 W 7/00, NZM 2000, 1237.
91 OLG Frankfurt 20 W 159/86, OLGZ 1987, 49.
92 BayObLG, 2Z BR 121/92, WE 1994, 248.
93 BayObLG, 2Z BR 2/96, WuM 1996, 361.
94 OLG München 34 Wx 111/06, ZMR 2007, 718.
95 OLG Frankfurt 20 W 319/08, ZWE 2012, 35.
96 KG 24 W 3386/91, WE 1992, 286; OLG Düsseldorf 3 Wx 64/02, GuT 2003, 70.
97 BayObLG 2Z BR 103/04, ZMR 2005, 215; OLG München 34 Wx 111/06, ZMR 2007, 718; **a.A.** mit eingehender Begründung OLG Hamm 15 W 205/06, NZM 2007, 805; OLG München 32 Wx 35/08, NZM 2008, 652.
98 OLG Hamm 15 W 205/06, NZM 2007, 805.
99 OLG Frankfurt 20 W 279/89, WuM 1990, 316.
100 OLG Düsseldorf 3 Wx 464/92, NJW- RR 1994, 146.
101 OLG Frankfurt 20 W 159/86, OLGZ 1987, 49.
102 KG 24 W 8659/97, NZM 1999, 425.
103 BayObLG 2Z BR 93/93, NJW- RR 1994, 527.
104 OLG München 34 Wx 63/06, NZM 2006, 933.
105 BayObLG 2Z BR 229/03, ZMR 2004, 685.
106 BayObLG 2Z BR 56/95, WE 1997, 358.
107 BayObLG 2Z BR 178/99, NZM 2000, 871; 2Z BR 19/94, WE 1995, 188.

Speicher:
unzulässig Wohnnutzung;[108]
Spitzboden:
unzulässig Wohnnutzung;[109]
Vergnügungsbetrieb:
unzulässig Bordell;[110]
Wohnung:
unzulässig die Einrichtung einer Arztpraxis oder Heim zur Erprobung moderner Erziehungsmethoden;[111] zulässig Ausübung einer Steuerberaterpraxis oder eines Architektenbüros;[112]
Gutes Wohnhaus:
zulässig Praxis einer Krankengymnastin;[113]

C. Gebrauchsregelungen durch Mehrheitsbeschluss (Abs. 2)
I. Regelungsgegenstand des Beschlusses

Soweit eine Vereinbarung nach Abs. 1 nicht entgegensteht, können die Wohnungseigentümer Regelungen des **ordnungsmäßigen Gebrauchs** durch Mehrheitsbeschluss treffen. Eine Regelung ist ordnungsmäßig, wenn sie **im Interesse der Gesamtheit der Wohnungseigentümer** liegt, d.h. ein geordnetes und störungsfreies Zusammenleben der Wohnungseigentümer fördert und der **Wahrung des Hausfriedens dient**. Die individuelle Handlungsfreiheit darf durch die Regelung nur so weit eingeschränkt werden, wie dies zur Erreichung dieses Zwecks erforderlich ist. Eine Maßnahme liegt im Interesse der Gesamtheit der Wohnungseigentümer, wenn sie nach billigem Ermessen und bei objektiv vernünftiger Betrachtungsweise den **konkreten Bedürfnissen** der Wohnungseigentümer, den **örtlichen** und **baulichen Besonderheiten** der Wohnanlage sowie der **Verkehrsauffassung** entspricht.[114] Durch Mehrheitsbeschluss darf ein nach § 14 Nr. 1 zulässiger Gebrauch nicht verboten und ein über den Rahmen des § 14 Nr. 1 hinausgehender Gebrauch nicht gestatten werden. Ein Mehrheitsbeschluss ist danach nur ordnungsmäßig, wenn er den nach § 14 Nr. 1 zulässigen Gebrauch **konkretisiert**. Konkrete Kriterien mit Allgemeingültigkeit lassen sich für die Bestimmung der Ordnungsmäßigkeit allerdings nicht aufstellen. Unter mehreren möglichen Regelungen ordnungsmäßigen Gebrauchs steht den Wohnungseigentümern ein nicht kleinlich zu bemessender **Ermessensspielraum** zu, so etwa bei der Festlegung der Ruhezeiten. Das Gericht kann die Beschlüsse nur auf Ermessensfehler überprüfen.[115]

II. Anfechtungs- und Nichtigkeitsgründe

Ein Beschluss, der die Grenze der Ordnungsmäßigkeit überschreitet (siehe Rn 14), ist **anfechtbar**, nicht aber nichtig. **Nichtigkeit** liegt vor, wenn der Beschluss gegen eine Vereinbarung nach § 15 Abs. 1 verstößt oder diese abändert.[116] Ein solcher Fall ist etwa gegeben, wenn einem oder allen Wohnungseigentümer(n) eine **erlaubte Nutzung** des Sondereigentums dauerhaft **verboten**[117] oder untersagt[118] oder ein Gebrauch dauerhaft gestattet werden soll, der **gegen** die vereinbarte **Zweckbestimmung** verstößt. Nur anfechtbar ist ein Beschluss hingegen, wenn **im Einzelfall** die Vermietung des Sondereigentums an einen **bestimmten Mieter** unter Verstoß gegen die Zweckbestimmung gestattet wird.[119]

Ebenfalls nichtig ist ein Beschluss, der einen Wohnungseigentümer zu einem bestimmten **Tun verpflichtet** (siehe § 23 Rn 28). Ein solcher Beschluss hätte gesetzesändernden Inhalt, da es einem Wohnungseigentümer grundsätzlich frei steht, das Sonder- und Gemeinschaftseigentum nicht zu gebrauchen, solange es dadurch keinen Schaden nimmt. Ein Beschluss i.S.d. § 15 Abs. 2 kann nur die Grenzen des zulässigen Gebrauchs konkretisieren, nicht aber Ansprüche gegen den einzelnen Wohnungseigentümer zu einem bestimmten Tun begründen.

Nichtig ist ein Beschluss, durch den einem Wohnungseigentümer das **Mitgebrauchsrecht** an einer Fläche oder einem baulichen Bestandteil des gemeinschaftlichen Eigentums gänzlich **entzogen** wird.[120] Dies ist etwa der Fall, wenn einem Wohnungseigentümer – unter Ausschluss aller anderen Wohnungseigentümer – ein alleiniges Sondernutzungs-

---

108 BGH V ZR 217/02, ZMR 2004, 278; BayObLG 2Z BR 101/00, ZWE 2001, 432; OLG Düsseldorf 3 Wx 566/96, WE 1997, 468.
109 OLG Hamm 15 W 4/98, NZM 1998, 873; BayObLG 2Z BR 103/94, WE 1996, 116; OLG Düsseldorf I-3 Wx 252/03, ZMR 2004, 610.
110 OLG Karlsruhe 14 Wx 98/00, ZMR 2002, 151.
111 OLG Frankfurt 20 W 100/80, Rpfleger 1981, 148.
112 KG 24 W 5760/92, NJW-RR 1995, 333; BayObLG 2Z BR 137/98, NZM 1999, 130.
113 BayObLG DWE 1984, 86.
114 OLG Köln 16 Wx 165/99, NZM 2000, 191.
115 OLG Frankfurt 20 W 22/02, NZM 2004, 31.
116 OLG Zweibrücken 3 W 213/05, NZM 2006, 937.
117 LG München 34 S 16861/09, ZMR 2011, 275.
118 BGH V ZR 72/09, NJW 2010, 3093.
119 OLG Saarbrücken 5 W 115/05, ZMR 2006, 554; OLG Schleswig 2 W 90/03, ZMR 2006, 476.
120 BGH V ZB 58/99, NJW 2000, 3500; OLG München 34 W 103/05, ZMR 2007, 561.

recht eingeräumt wird. Für die Entziehung des Mitgebrauchsrechts nach § 13 Abs. 2 WEG fehlt den Wohnungseigentümern die Beschlusskompetenz.[121] Andererseits besteht jedoch eine Beschlusskompetenz für eine Gebrauchsregelung, durch die eine gemeinschaftliche Fläche (z.B. Gartenfläche) räumlich aufgeteilt und die gebildeten **Teilflächen** jeweils einzelnen Wohnungseigentümern oder einer Gruppe von Wohnungseigentümern **zum ausschließlichen Gebrauch zugewiesen** werden.[122] (Zu sonstigen Nichtigkeitsgründen siehe § 23 Rn 75 ff.)

III. Beispiele aus der Rechtsprechung

18 Heizungsraum/Zählerraum:

Ordnungsmäßig ist ein Mehrheitsbeschluss, wonach die einzelnen Wohnungseigentümer nur zusammen mit dem **Verwalter**, dem Hausmeister oder dem Verwaltungsbeirat den im gemeinschaftlichen Eigentum stehenden Heizungskeller oder Zählerraum betreten dürfen[123] und den einzelnen Wohnungseigentümern **kein Schlüssel** für diese Räume zur Verfügung gestellt wird.

19 Keller:

Die Zuordnung des Gebrauchs der Kellerverschläge an die einzelnen Wohneinheiten kann grundsätzlich durch Mehrheitsbeschluss erfolgen;[124] die Zuordnung kann später aus sachlichen Gründen durch Zweitbeschluss geändert werden. Stehen nicht genügend Kellerräume zur Verfügung, kann über die erste Zuweisung das Los entscheiden und für die spätere Verteilung eine Warteliste erstellt werden. Möglich ist es auch, die Kellerräume aufgrund eines Losverfahrens an die Eigentümer für einen begrenzten Zeitraum zu vermieten;[125] siehe auch „Vermietung".

20 Kfz-Abstellplatz:

Es kann ordnungsmäßigem Gebrauch entsprechen, eine **turnusmäßige Verteilung** der vorhandenen, aber nicht ausreichenden Kfz-Abstellplätze zu beschließen.[126] Ordnungsmäßig ist ein Mehrheitsbeschluss, wonach die im gemeinschaftlichen Eigentum stehenden Kfz-Abstellplätze aufgrund eines **Losverfahrens** an die Eigentümer für einen begrenzten Zeitraum vermietet werden,[127] wonach auf den Kfz-Abstellflächen keine Klein-Lkw und **Wohnmobile** abgestellt werden dürfen[128] und wonach ein im gemeinschaftlichen Eigentum stehender Kfz-Stellplatz nur von **Behinderten** gebraucht werden darf.[129] Nicht ordnungsmäßig ist ein Mehrheitsbeschluss, der eine zeitlich unbegrenzte Vermietung von Garagen an einzelne Wohnungseigentümer vorsieht, wenn nur wenige Garagen im gemeinschaftlichen Eigentum zur Verfügung stehen.[130] Der **Mietvertrag** muss vonseiten der Wohnungseigentümergemeinschaft in einem überschaubaren Zeitraum kündbar sein. Sind insgesamt weniger Stellplätze als Wohnungen vorhanden, muss der Beschluss über die Vermietung sogleich eine Regelung zur Rangfolge der Vergabe bei einer Neuvermietung enthalten.[131] Siehe auch unter den Stichwort „Vermietung des Gemeinschaftseigentums"

21 Grünfläche:

Ordnungsmäßig ist ein Mehrheitsbeschluss, wonach von der gemeinschaftlichen Grünfläche nur ein abgegrenzter Teil als **Liegewiese** und **Kinderspielplatz** genutzt werden darf[132] und wonach auf der gemeinschaftlichen Rasenfläche Kinder spielen dürfen;[133] dies gilt jedoch nicht, wenn damit auch das **Ballspielen** erlaubt wird.[134]

22 Haustierhaltung:

Ordnungsmäßig ist ein Mehrheitsbeschluss, der die Haustierhaltung auf einen Hund oder drei Katzen je Wohnung **beschränkt**.[135] Gleiches gilt für einen Beschluss, der die Haltung von mehr als zwei Katzen verbietet, wenn von einer größeren **Anzahl Katzen** Geruchsbelästigungen ausgehen.[136] Ordnungsmäßig ist ein Mehrheitsbeschluss, wonach Haustiere in den **Außenanlagen** nicht frei herumlaufen dürfen.[137] Nicht ordnungsmäßig ist ein Mehrheitsbeschluss, wonach die Haustierhaltung **grundsätzlich verboten** ist.[138]

---

121 BGH V ZB 58/99, NJW 2000, 3500 (3502); OLG Frankfurt 20 W 440/01, NZM 2004, 910.
122 OLG Hamm 15 W 351/04, ZMR 2005, 400.
123 OLG Köln 16 Wx 215/96, WE 1997, 427; siehe auch BayObLG BReg 2 Z 78/71, BayObLGZ 1972, 94; BayObLG 2Z BR 167/01, ZWE 2002, 318.
124 KG 24 W 401/91, ZMR 1991, 311; 24 W 4201/89, ZMR 1990, 154.
125 BayObLG 2 Z 160/91, WE 1992, 346.
126 KG 24 W 7352/93, WE 1994, 339; OLG Köln 16 Wx 85/08, ZMR 2009, 388; BayObLG 2 Z 160/91, WE 1992, 346; 2 Z BR 88/92, ZMR 1993, 341: Vergabe durch Los.
127 BayObLG 2 Z 160/91, WE 1992, 346.
128 OLG Hamburg 2 Wx 22/90, WE 1992, 115.
129 AG Mülheim 19 II 28/90, DWE 1991, 84.
130 KG 24 W 1434/1990, ZMR 1990, 426.
131 LG Berlin 55 T 419/10, GE 2011, 1631.
132 BayObLG 2 Z 145/91, WE 1992, 264.
133 OLG Frankfurt 20 W 362/90, ZMR 1991, 353; OLG Saarbrücken 5 W 187/89, NJW-RR 1990, 24.
134 OLG Düsseldorf 3 Wx 352/85, MDR 1986, 852.
135 KG 24 W 1012/97, NZM 1998, 670; OLG Celle 4 W 15/03, NZM 2003, 242; BayObLG 2Z BR 21/98, NZM 1998, 961; OLG Frankfurt 20 W 247/78, Rpfleger 1978, 409, 414.
136 BayObLG 2 Z 15/91, WE 1992, 143.
137 BayObLG 2Z BR 21/98, NZM 1998, 961; 2Z BR 127/93, WE 1995.
138 OLG Karlsruhe 11 W 142/87, ZMR 1988, 184; OLG Düsseldorf 3 Wx 173/02, WuM 2002, 506; für Nichtigkeit: OLG Saarbrücken 5 W 154/05, ZMR 2007, 308.

Treppenhaus: 23

Nicht ordnungsmäßig ist ein Mehrheitsbeschluss, der das Abstellen von **Kinderwagen** in einem engen Treppenhaus gestattet.[139] Ist das Treppenhaus hingegen so groß, dass Kinderwagen ohne Beeinträchtigung des Fluchtweges abgestellt werden können, steht es im Ermessen der Gemeinschaft, das Abstellen von Kinderwagen an konkret bezeichneter Stelle zu gestatten. Das Abstellen von **Fahrrädern** in einem ausreichend breiten Treppenhaus entspricht hingegen nur ausnahmsweise ordnungsmäßigem Gebrauch, wenn die Fahrräder weder in den Kellern noch an anderer Stelle des Gemeinschaftseigentums abgestellt werden können. Das Treppenhaus stellt in der Regel den ersten Fluchtweg dar. Ein Beschluss, wonach die **Hauseingangstür** ständig oder zu bestimmten Zeiten so zu verschließen ist, dass auch ein Verlassen des Hauses nur mit einem Schlüssel möglich ist, widerspricht ordnungsmäßigem Gebrauch. Ordnungswidrig ist auch ein Mehrheitsbeschluss, wonach die Hauseingangstür werktags bis 19.00 Uhr offen gehalten werden darf, wenn dadurch die Sicherheit des Hauses beeinträchtigt wird.[140] Bei einem Gebäude, in dem sich sowohl Wohnungen als auch Gewerbeeinheiten befinden, kann eine Regelung ordnungsmäßig sein, wonach das Schloss der Haustür zu den üblichen Geschäftszeiten (Montag – Freitag von 8.00 Uhr bis 18.00 Uhr) deaktiviert bleibt, sodass die Haustür auch ohne Schlüssel geöffnet werden kann.[141]

Mülltonnenraum: 24

Ordnungswidrig ist ein Mehrheitsbeschluss, der den Zutritt und die Benutzung des Mülltonnenraumes auf zwei Tage in der Wochen beschränkt.[142]

Ruhezeiten/Ruheregelungen: 25

Ordnungsmäßig ist ein Mehrheitsbeschluss, der die **Ruhezeiten** von 20.00 Uhr bis 8.00 Uhr und 12.00 Uhr bis 14.00 Uhr festlegt.[143] Nicht ordnungsmäßig ist ein Mehrheitsbeschluss, der auch das Musizieren „in **Zimmerlautstärke**" verbietet;[144] mangels hinreichender Objektivierbarkeit nichtig ist ein Beschluss, wonach jedes unnötige und störende Geräusch zu vermeiden und die Ruhe beeinträchtigende Tätigkeiten zu unterlassen sind.[145] Nicht ordnungsmäßig ist ein Mehrheitsbeschluss, der das Musizieren über Zimmerlautstärke auf die Zeiten von vormittags zwischen 7.00 und 13.00 Uhr und nachmittags zwischen 15.00 und 20.00 Uhr beschränkt, obwohl nach der Gemeinschaftordnung in den Wohnungen jegliche Gewerbeausübung zulässig ist.[146]

Vermietung des Gemeinschaftseigentums: 26

Die Wohnungseigentümer können über die Vermietung von im Gemeinschaftseigentum stehenden Räumen grundsätzlich mit einfacher Stimmenmehrheit beschließen;[147] an die Stelle des Eigengebrauchs tritt der Anteil an den Mieteinnahmen. Ordnungsmäßig ist die Vermietung auch dann, wenn im Einzelfall bei einer großen Zahl von Eigentümern und einer nur gegen einen relativ **niedrigen Mietzins** vermieteten kleinen Fläche der Anteil des einzelnen Eigentümers an der Mieteinnahme rechnerisch gering ausfällt und wirtschaftlich unbedeutend ist.[148] Der vom Mieter zu zahlende Mietzins muss allerdings in einem angemessenen Verhältnis zum Gebrauchswert stehen. Die Vermietung von Gemeinschaftseigentum an ein **Mitglied der Gemeinschaft** geht einer Vermietung an einen außenstehenden **Dritten** vor, weil der Gebrauch des Gemeinschaftseigentums grundsätzlich den Wohnungseigentümern zusteht. Im Rahmen des Mietvertrages darf dem Mieter keine Nutzung gestattet werden, die gegen bestehende Vereinbarungen und Beschlüsse oder gegen die aus § 14 Nr. 1, 2 WEG folgenden Gebrauchsschranken verstößt.[149] Ordnungswidrig ist ein Mehrheitsbeschluss, der eine sehr **langfristige Vermietung** (z.B. 30 Jahre) von Garagen oder Kellern an einzelne Wohnungseigentümer vorsieht, wenn nur wenige Garagen bzw. Keller im gemeinschaftlichen Eigentum zur Verfügung stehen;[150] der Mietvertrag muss so ausgestaltet sein, dass der gemeinschaftliche Raum in einem überschaubaren Zeitraum der Gemeinschaft wieder zur Verfügung gestellt werden kann,[151] z.B. durch ein jährliches Kündigungsrecht.

Vermietung des Sondereigentums: 27

Ordnungswidrig sind Beschlüsse, die das Recht zur Überlassung des Gebrauchs am Sondereigentum an Dritte einschränken. Dies gilt z.B. für einen Beschluss, wonach die Wohnungen nicht an einen täglich oder wöchentlich wechselnden Besucherkreis überlassen werden dürfen. Nichtig sind solche Beschlüsse allerdings nicht, da eine solche Regelung durch Vereinbarung möglich wäre[152] und das Überschreiten der zwischen den Abs. 1 und 2 des § 15 verlaufenden Grenze der Ordnungsmäßigkeit nicht zur Nichtigkeit führt (siehe § 23 Rn 17). Ein solcher Beschluss greift auch nicht unzulässig in den Kernbereich des Sondereigentums ein, da der Kernbereich erst berührt wird, wenn der Gebrauch des Sondereigentums vollständig ausgeschlossen wird.[153]

---

139 OLG Hamburg 2 Wx 10/91, WE 1993, 87.
140 BayObLG BReg 2 Z 44/81, MDR 1982, 501.
141 OLG Frankfurt 20 W 384/07, ZMR 2009, 860.
142 AG Aachen 12 UR 53/02, ZMR 2004, 70.
143 BGH V ZB 11/98, NJW 1998, 3713.
144 BayObLG 2Z BR 96/01, ZWE 2001, 595; OLG Hamm 15 W 122/80, MDR 1981, 320: für Nichtigkeit.
145 OLG Düsseldorf I-3 Wx 233/08, ZMR 2010, 52.
146 BayObLG 2Z BR 141/01, ZWE 2002, 312.
147 BGH V ZB 46/99, NJW 2000, 3211.
148 OLG Hamburg 2 Wx 144/01, ZMR 2004, 615.
149 LG Nürnberg-Fürth 14 T 4053/05, ZMR 2007, 729.
150 KG 24 W 1434/90, ZMR 1990, 426.
151 LG Berlin 55 T 419/10, GE 2011, 1631.
152 Vgl. BGH V ZR 72/09, NJW 2010, 3093.
153 **A.A.** AG Mitte 22 C 5/10, WuM 2011, 379.

Wäsche trocknen:
Durch Mehrheitsbeschluss kann den Wohnungseigentümern das von außen **sichtbare Aufhängen** von Wäsche untersagt werden. Nicht ordnungsmäßig ist hingegen ein Mehrheitsbeschluss, der das sichtbare Aufhängen und Auslegen von Wäsche, Betten usw. auf Balkonen, Terrassen, im Gartenbereich und in den Fenstern für unzulässig erklärt, wenn dies gleichbedeutend mit einem **generellen Verbot** des Wäschetrocknens im Freien ist.[154]

D. Regelungsbefugnis des Verwalters

28 Gemäß § 27 Abs. 1 Nr. 1 hat der Verwalter für die **Durchführung der Hausordnung** zu sorgen. Dies berechtigt den Verwalter aber nur zu tatsächlichen Maßnahmen, wie etwa zu Aushängen im Treppenhaus oder zum Aussprechen von Ermahnungen gegenüber einzelnen Eigentümern. Eine Hausordnung oder ähnliche Nutzungsregelungen kann der Verwalter grundsätzlich nicht mit Verbindlichkeit für die Wohnungseigentümer aufstellen. Dies ist gemäß § 21 Abs. 5 Nr. 1 den Wohnungseigentümern überlassen.

29 Die Gemeinschaftsordnung kann jedoch abweichend vom Gesetz bestimmen, dass ein bestimmter Gebrauch des Sonder- oder Gemeinschaftseigentums nur zulässig ist, wenn der **Verwalter** seine **Zustimmung** erteilt hat. Häufig anzutreffen ist etwa die Regelung, dass eine Wohnung auch zu gewerblichen oder freiberuflichen Zwecken genutzt werden darf, wenn der Verwalter zustimmt, wobei der Verwalter die Zustimmung nur versagen darf, wenn die beabsichtigte Nutzung zu einer unzumutbaren Beeinträchtigung der Hausbewohner führt oder dies zu befürchten ist.[155] Die Zustimmung des Verwalters stellt in diesen Fällen eine **formelle Voraussetzung** für die Ausübung des Gewerbes oder Berufes dar. Die Prüfung und Entscheidung der Frage, ob die Voraussetzungen für die Zustimmungserteilung gegeben sind, wird zunächst in die Hand des Verwalters gelegt.[156] Die Wohnungseigentümer können aber jederzeit die Entscheidung des Verwalters durch Beschluss ersetzen oder eine erteilte Zustimmung widerrufen. Allein der Umstand, dass der Verwalter die Zustimmung erteilt oder verweigert hat, macht daher den von der Zweckbestimmung abweichenden Gebrauch noch nicht **materiell** zulässig bzw. unzulässig. Liegen die Voraussetzungen, unter denen die Zustimmung zu erteilen ist, vor, hat der Wohnungseigentümer einen **Anspruch auf die Zustimmung**,[157] ein Ermessen besteht nicht. Die zu Unrecht verweigerte Zustimmung kann vom Verwalter gerichtlich eingefordert werden.[158] Ein negativer Mehrheitsbeschluss muss gerichtlich angefochten werden verbunden mit dem Antrag, die Zustimmung zu erteilen. Wird eine Zustimmung zu Unrecht auf der Eigentümerversammlung verweigert, erwächst dieser Beschluss nach Ablauf der Anfechtungsfrist des § 46 Abs. 1 in Bestandskraft und bindet alle Beteiligten.[159] Macht der Wohnungseigentümer in materiell zulässiger Weise, jedoch ohne Zustimmung des Verwalters, von seinem Wohnungseigentum in der streitigen Art und Weise Gebrauch, kann ein Unterlassungsanspruch nicht allein auf das Fehlen der Zustimmung gestützt werden.[160]

30 Bestimmt die Gemeinschaftsordnung, dass eine Wohnung auch zu gewerblichen oder freiberuflichen Zwecken genutzt werden darf, wenn der Verwalter zustimmt, wobei der **Verwalter** die **Zustimmung** nur versagen darf, wenn die beabsichtigte Nutzung eine **unzumutbare Beeinträchtigung** der Hausbewohner befürchten lässt oder der Charakters der Wohnanlage beeinträchtigt wird, ist für die Prüfung der Frage, ob ein wichtiger Grund vorliegt, auf eine typisierende Betrachtungsweise abzustellen. Es genügt danach für eine Versagung der Zustimmung, dass bei dem geplanten Zuschnitt der beruflichen oder gewerblichen Tätigkeit mit unzumutbaren Beeinträchtigungen typischerweise zu rechnen ist.[161] Auf die Frage, ob im Einzelfall tatsächlich unzumutbare Beeinträchtigungen auftreten werden, kann es nicht ankommen, da der Verwalter die Genehmigung im Vorhinein erteilen soll, ohne in diesem Zeitpunkt wissen zu können, welche Auswirkungen die gewerbliche oder berufliche Nutzung tatsächlich haben wird. **Einzelfälle:** Nach Ansicht des LG Köln[162] führt die tägliche, entgeltliche Betreuung von bis zu 5 fremden Kindern im Alter von 0 bis 3 Jahren (sog. **Tagesmutter**) typischerweise zu einer unzumutbaren Beeinträchtigung der anderen Hausbewohner durch erhöhten Lärmpegel, gesteigerte Besucherfrequenz, vermehrten Schmutz im Treppenhaus, häufigeres Betätigen der Klingel, Türenschlagen und erhöhtes Müllaufkommen. Das LG Hamburg[163] ist hingegen der Ansicht, dass eine von zwei Ärzten betriebene **gynäkologische Praxis** zu keinen unzumutbaren Beeinträchtigungen der anderen Hausbewohner führt, wenn in anderen Einheiten des Hauses bereits gewerbliche Tätigkeiten ausgeübt werden.

31 Bestimmt die Gemeinschaftsordnung, dass die **Vermietung** des Sondereigentums nur mit Zustimmung des Verwalters zulässig ist, kann die Auslegung ergeben, dass es für die **unentgeltliche Überlassung** des Sondereigentums keiner Zustimmung des Verwalters bedarf; vereinbarte Vermietungsbeschränkungen sind eng auszulegen.[164]

---

154 OLG Düsseldorf 3 Wx 393/02, ZMR 2005, 142.
155 Siehe z.B. LG Köln 29 S 285/10, ZMR 2012, 39; LG Hamburg 318 T 120/04, ZMR 2006, 565.
156 BayObLG 2Z BR 89/96, NJWE-MietR 1997, 159.
157 BayObLG 2Z BR 19/96, WE 1997, 77; 2 Z BR 110/95, WE 1996, 468.
158 BayObLG 2 Z BR 39/00, ZWE 2001, 112.
159 Staudinger/*Kreuzer*, § 15 Rn 61.
160 BayObLG 2Z BR 110/95, WE 1996, 468.
161 LG Köln 29 S 285/10, ZMR 2012, 39; **a.A.** LG Hamburg 318 T 120/04, ZMR 2006, 565.
162 LG Köln 29 S 285/10, ZMR 2012, 39.
163 LG Hamburg 318 T 120/04, ZMR 2006, 565.
164 OLG München 32 Wx 114/09, ZMR 2010, 469.

Bestimmt die Gemeinschaftsordnung, dass der Verwalter eine **Hausordnung** aufstellen darf, ist eine solche Hausordnung verbindlich, solange die Wohnungseigentümer nicht selbst eine Hausordnung oder einzelne Gebrauchsregelungen beschlossen haben. Eine durch den Verwalter aufgestellte Hausordnung kann jederzeit durch Mehrheitsbeschluss der Eigentümer aufgehoben oder abgeändert werden.[165]

32

E. Anspruch auf ordnungsmäßigen Gebrauch (Abs. 3)

I. Anspruch auf Beschlussregelung

Gemäß § 15 Abs. 3 kann jeder Wohnungseigentümer einen Gebrauch verlangen, der dem Gesetz (§§ 13, 14 Nr. 1) oder den Vereinbarungen (Abs. 1) und Beschlüssen (Abs. 2) entspricht. Die Norm ähnelt § 21 Abs. 4, wonach jeder Wohnungseigentümer einen individuellen Anspruch auf ordnungsmäßige Verwaltung hat. Der Anspruch ist auf die Einhaltung der geltenden Gebrauchsregelung durch die Wohnungseigentümer gerichtet. Fehlt es an einer die Interessen aller Wohnungseigentümer ausgleichenden Gebrauchsregelung, kann der einzelne Wohnungseigentümer von den übrigen Eigentümern die Schaffung einer Gebrauchsregelung durch Beschluss verlangen. Allerdings hat der Wohnungseigentümer in der Regel keinen Anspruch darauf, den Gebrauch in einer ganz bestimmten Weise zu regeln. Denn der Wohnungseigentümerversammlung steht bei der Beschlussfassung ein **Ermessensspielraum** zu. Da nicht alles und jedes regelungsbedürftig ist, hat die Eigentümerversammlung auch ein Ermessen, ob über § 14 Nr. 1 und 2 und die bestehenden Vereinbarungen hinaus eine Gebrauchsregelung getroffen wird. Ein Anspruch auf Gebrauchsregelung besteht nur im Falle einer **Regelungslücke**. Eine Gebrauchsregelung ist etwa erforderlich, wenn das Wohnhaus über weniger Keller als Wohnungen verfügt und jeder Wohnungseigentümer einen Keller begehrt. In diesem Fall bedarf es einer Kellerverteilungsregelung, auf die der Einzelne einen Anspruch hat. Nur wenn die Wohnungseigentümer eine ordnungsmäßige Ermessensentscheidung verweigern, kann der einzelne Eigentümer eine Gebrauchsregelung durch das Gericht ersetzen lassen.

33

Bevor ein **Rechtsschutzbedürfnis** für eine auf Beschlussersetzung gerichtete **Gestaltungsklage** besteht, muss der Wohnungseigentümer versucht haben, die Gebrauchsregelung in der Versammlung durch Beschluss herbeizuführen.[166] Verweigert die Wohnungseigentümerversammlung ermessensfehlerhaft eine Beschlussfassung oder wird der Beschlussantrag abgelehnt, kann jeder einzelne Wohnungseigentümer den Negativbeschluss nach § 46 Abs. 1 anfechten und einen Antrag auf Ersetzung der begehrten Gebrauchsregelung durch Gerichtsentscheidung stellen. Die **Klage** ist **gegen alle** übrigen Wohnungseigentümer zu richten, auch gegen die, die der begehrten Gebrauchsregelung zugestimmt haben.[167] Erwächst ein **Negativbeschluss** der Eigentümerversammlung **in Bestandskraft**, steht dies einer gerichtlichen Beschlussersetzung zunächst entgegen.[168] Der einzelne Wohnungseigentümer muss erneut versuchen, die Gebrauchsregelung durch einen Zweitbeschluss der Wohnungseigentümer herbeizuführen.

34

Das Gericht entscheidet über den Beschlussersetzungsantrag gemäß § 21 Abs. 8 nach billigem Ermessen. Der **Klageantrag** ist deshalb bereits ausreichend bestimmt, wenn Gegenstand und Inhalt der begehrten Gebrauchsregelung umschrieben werden (z.B. Verteilung der Kellerräume). Das Gericht kann die Gebrauchsregelung selbst formulieren. Es ist bei seiner Entscheidung aber an bestehende Vereinbarungen und Beschlüsse gebunden. Eine **durch Urteil getroffene Gebrauchsregelung** i.S.d. § 15 Abs. 2 können die Wohnungseigentümer durch Mehrheitsbeschluss **abändern**.[169] Die Gerichtsentscheidung lässt die Beschlusskompetenz der Wohnungseigentümerversammlung nicht entfallen. Anderes gilt für eine nach § 10 Abs. 2 S. 3 durch Urteil ersetzte Vereinbarung i.S.d. § 15 Abs. 1. Da die Wohnungseigentümer nicht durch Beschluss i.S.d. § 15 Abs. 2 von einer vereinbarten Gebrauchsregelung i.S.d. § 15 Abs. 1 abweichen können (siehe Rn 15), gilt gleiches für eine durch Urteil ersetzte Vereinbarung.

35

Der Anspruch auf **Gebrauchsregelung durch Vereinbarung** folgt aus § 10 Abs. 2 S. 3 und ist nur gegeben, wenn ein Festhalten an der geltenden Regelung aus schwerwiegenden Gründen unter Berücksichtigung aller Umstände des Einzelfalls, insbesondere der Rechte und Interessen der anderen Wohnungseigentümer, unbillig erscheint (siehe § 10 Rn 31 ff.).

36

II. Abwehranspruch wegen unzulässigem Gebrauch

1. Inhalt des Anspruchs

Verstößt ein Wohnungseigentümer gegen die gesetzlichen, vereinbarten oder beschlossenen Gebrauchsregelungen, steht jedem Wohnungseigentümer ein Abwehranspruch nach § 1004 Abs. 1 BGB i.V.m. § 15 Abs. 3 zu. Dieser ist darauf gerichtet, dass der oder die störenden Wohnungseigentümer einen **unzulässigen Gebrauch** des Sonder- oder Gemeinschaftseigentums **unterlassen** oder einen **störenden Gebrauch beendigen**. Nach einmaligem Verstoß wird Wiederholungsgefahr widerlegbar vermutet.[170]

37

---

165 BayObLG 2Z BR 96/01, ZMR 2002, 64.
166 BGH V ZB 21/03, NJW 2003, 3476.
167 *Bärmann/Klein*, § 15 Rn 49; für die Kostengrundentscheidung des Gerichts gilt § 49 Abs. 1.
168 Fehlendes Rechtsschutzbedürfnis für eine unmittelbare Anrufung des Gerichts; **a.A.** *Bärmann/Klein*, § 15 Rn 51.
169 OLG Frankfurt 20 W 384/07, ZMR 2009, 860.
170 BayObLG BReg. 2 Z 119/86, MDR 1987, 410.

Neben dem allgemeinen Unterlassungsanspruch aus § 1004 BGB kommen auch Abwehransprüche gemäß §§ 859 ff. BGB wegen Störung oder Entziehung des Sondereigentums in Betracht. Darüber hinaus können die Wohnungseigentümer verlangen, dass der Störer **Maßnahmen zur Verhinderung des unzulässigen Gebrauchs** ergreift.[171] Wird etwa ein Kellerraum zu Wohnzwecken genutzt, können die Wohnungseigentümer die Abtrennung der Sanitäreinrichtungen von den gemeinschaftlichen Versorgungssträngen oder die Beseitigung des für den Mieter der Kellerräume angebrachten Briefkastens verlangen.[172]

2. Anspruchsinhaber

38 Der Abwehranspruch steht jedem Wohnungseigentümer, der durch einen gesetzes-, vereinbarungs- oder beschlusswidrigen Gebrauch über das in § 14 Nr. 1 bestimmte Maß hinaus beeinträchtigt wird, als **Individualrecht** zu,[173] gleich ob sich die Störung auf den Gebrauch des Sondereigentums oder des Gemeinschaftseigentums auswirkt. Die Geltendmachung des Abwehranspruchs ist **nicht** von einem **vorherigen Beschluss** der Wohnungseigentümer abhängig.[174]

3. Anspruchsverfolgung durch die Gemeinschaft

39 Die Wohnungseigentümer können die Durchsetzung des Abwehranspruchs aus § 15 Abs. 3 durch Mehrheitsbeschluss (sog. **Vorbereitungs-** und **Heranziehungsbeschluss**) zur Gemeinschaftsangelegenheit machen, sodass gemäß § 10 Abs. 6 S. 3, Hs. 2 aktivlegitimiert für eine Abwehrklage (auch) die Wohnungseigentümergemeinschaft ist, die den Anspruch als Prozessstandschafterin geltend macht (siehe § 10 Rn 89).[175] Ein solcher Beschluss könnte lauten (**Beispiel**): „Die Wohnungseigentümer beschließen, den Teileigentümer X wegen Nutzung seiner Ladeneinheit Nr. 1 als Gaststätte unter Einschaltung eines Rechtsanwalts gerichtlich auf Unterlassung in Anspruch zu nehmen. Der Abwehranspruch wird durch die Gemeinschaft der Wohnungseigentümer geltend gemacht und der Verwalter mit der Prozesseinleitung beauftragt. Der Teileigentümer X wird hiermit vorsorglich nochmals aufgefordert, die Nutzung seiner Ladeneinheit als Gaststätte unverzüglich einzustellen."

40 Ein solcher Beschluss kann von dem Eigentümer, gegen den die Gemeinschaft gerichtlich vorgehen will, nicht erfolgreich mit dem Einwand angefochten werden, es liege kein rechtswidriges Verhalten vor, weshalb ein Abwehranspruch gegen ihn nicht bestehe und die Einleitung eines Gerichtsverfahrens gegen ihn ordnungsmäßiger Verwaltung widerspreche. Das materiellrechtliche Bestehen eines Unterlassungs- oder Abwehranspruchs prüft das Gericht nicht in dem Anfechtungsverfahren sondern erst in dem sich anschließenden Unterlassungs- oder Abwehrverfahren. Eine **Anfechtung** des Heranziehungs- und Vorbereitungsbeschlusses kann nur auf formelle Beschlussfehler gestützt werden.[176]

41 Rechtswidrig und sogar **nichtig** wäre hingegen ein Eigentümerbeschluss, mit dem die Wohnungseigentümer dem störenden Miteigentümer einen bestimmten Gebrauch „verbieten" oder „untersagen". Der BGH hat der früheren Praxis der Obergerichte widersprochen, Beschlüsse, mit denen die Wohnungseigentümer einzelnen Mitgliedern der Gemeinschaft ein bestimmtes Tun untersagen oder verbieten, als bloße Vorbereitungsbeschlüsse auszulegen.[177] Bei der Auslegung von Vorbereitungsbeschlüssen komme es auf deren konkreten Wortlaut an. Durch die Verwendung des Wortes „untersagen" bringt die Eigentümerversammlung nicht lediglich ihre Rechtsansicht zum Ausdruck, dass ein bestimmtes Gebrauchsverhalten unzulässig sei. Vielmehr wollen die Wohnungseigentümer durch einen solchen Beschluss unmittelbar Recht setzen, d.h. durch den Beschluss eine Anspruchsgrundlage für den durchzusetzenden Abwehranspruch schaffen. Anspruchsbegründende Beschlüsse sind allerdings mangels Beschlusskompetenz nichtig (siehe § 23 Rn 28 f.).[178] Um eine Nichtigkeit zu vermeiden, müssen Vorbereitungsbeschlüsse eindeutig als solche erkennbar sein. Die Formulierungen „wird untersagt", „wird verboten" oder „wird verpflichtet" sollten gemieden werden. Sofern die Eigentümermehrheit von einem Miteigentümer ein bestimmtes Tun oder Unterlassen begehrt, bietet sich die Formulierung „wird aufgefordert" an. Die bloße Aufforderung zu einem Tun oder Unterlassen ändert nicht die Rechte und Pflichten des Betroffenen und begründet daher auch noch keinen Anspruch. Der Beschluss bringt lediglich zu Ausdruck, dass die Eigentümermehrheit ein bestimmtes Gebrauchsverhalten für unzulässig hält und dagegen gegebenenfalls vorgehen will.

42 Ob die Wohnungseigentümer die Durchsetzung eines Abwehranspruchs zur Gemeinschaftsangelegenheit machen, steht in deren **Ermessen**, da der einzelne Wohnungseigentümer auf eine Anspruchsverfolgung durch die Gemeinschaft nicht angewiesen ist. Dies gilt selbst dann, wenn das Vorliegen einer Störung bereits rechtskräftig festgestellt wurde. Auch in diesem Fall kann der einzelne Wohnungseigentümer von der Versammlung darauf verwiesen werden, sein Unterlassungsverlangen als Individualanspruch allein gegen den Störer geltend zu machen.[179]

---

171 BayObLG 2Z BR 146/97, WE 1998, 398; 2Z BR 1/94, WE 1995, 90; 2Z BR 67/93, WE 1994, 302; 2 Z BR 50/93, ZMR 1993, 530.
172 BayObLG 2Z BR 146/97, WE 1998, 398; 2 Z BR 50/93, ZMR 1993, 530.
173 BayObLG 2Z BR 225/03, ZMR 2004, 445; KG 24 W 6087/89, ZMR 1990, 307.
174 KG 24 W 6087/89, ZMR 1990, 307.
175 Zur alten Gesetzeslage BayObLG 2Z BR 9/96, WE 1997, 79.
176 KG 24 W 5678/96, ZMR 1997, 318.
177 BGH V ZR 72/09, ZMR 2010, 378.
178 BGH V ZR 72/09, ZMR 2010, 378.
179 OLG Frankfurt 20 W 506/01, ZMR 2004, 290; AG Hamburg-Blankenese 506 II 30/05, ZMR 2006, 727.

Der **Verwalter** hat aus seiner Amtsstellung heraus keinen eigenen Abwehranspruch gegen einen störenden Wohnungseigentümer.[180] Soweit § 27 Abs 1 Nr. 1 regelt, dass der Verwalter für die Durchführung der Hausordnung zu sorgen hat, sind damit nur Maßnahmen tatsächlicher Art gemeint. Der Verwalter ist lediglich befugt, aber auch verpflichtet, durch Hinweise, Aushänge, Rundschreiben etc auf die Lösung von Konflikten hinzuwirken.[181] Es wäre dem Rechtsfrieden innerhalb einer Wohnungseigentümergemeinschaft abträglich, wenn der Verwalter die Interessen eines Eigentümers gegenüber einem anderen Eigentümer im Hinblick auf die streitige Nutzung des Gemeinschaftseigentums unterstützen müsste. Wegen Störungen im Sondereigentum kann der Verwalter ohnehin nicht tätig werden, da er nur für das Gemeinschaftseigentum zuständig ist. Der sich gestört fühlende Wohnungseigentümer kann seinen individuellen Abwehranspruch selbst gegenüber dem vermeintlichen Störer geltend machen. Im Übrigen kann der Wohnungseigentümer von dem Verwalter verlangen, dass dieser sein Anliegen auf die Tagesordnung der nächsten Eigentümerversammlung setzt.[182]

43

4. Anspruchsgegner

Anspruchsgegner ist der störende Wohnungseigentümer. Ist dieser eine GbR, kann der Anspruch sowohl gegen die einzelnen Gesellschafter in ihrer gesamthänderischen Verbundenheit[183] als auch gegen die GbR als Rechtsperson gerichtet werden. Hat der Wohnungseigentümer die Wohnungseigentumseinheit einem **Dritten** zur Nutzung überlassen und gehen von diesem Störungen aus, stehen den beeinträchtigten Wohnungseigentümern Abwehransprüche sowohl gegen den (vermietenden) Eigentümer als auch unmittelbar gegen den Nutzer zu (siehe § 14 Rn 33).

44

5. Klageantrag

Geht die **Störung vom Wohnungseigentümer** aus, ist die Klage auf ein Unterlassen der störenden Handlung zu richten. **Formulierungsbeispiel**: „Der Beklagte wird verurteilt, es zu unterlassen, die Teileigentumseinheit Nr. 1 in der Wohneigentumsanlage A als Gaststätte mit Vollküche selbst oder durch Dritte zu nutzen. Für jeden Fall der Zuwiderhandlung wird dem Beklagten ein Ordnungsgeld bis zu 250.000 EUR und/oder Ordnungshaft bis zu sechs Monaten angedroht."

45

Geht das störende Verhalten von einem **Dritten** i.S.d. § 14 Nr. 2 aus (z.B. Mieter), wäre ein Klageantrag in Anlehnung an § 14 Nr. 2 denkbar, wonach der Eigentümer durch Einwirkung auf seinen Mieter dafür sorgen solle, dass ein bestimmtes störenden Gebrauchsverhalten durch den Dritten unterbleibe oder beendet werde. Ein solches, auf Vornahme einer persönlichen Handlung gerichtetes Urteil wäre gemäß § 888 ZPO durch Zwangsgeld oder Zwangshaft zu vollstrecken. Da das Urteil aber nicht vorgibt, welche Maßnahmen im Detail der Schuldner im Verhältnis zum Mieter ergreifen muss, wird im Zwangsvollstreckungsverfahren häufig gestritten, ob der Schuldner mit den ergriffenen Maßnahmen die Schuld erfüllt hat (siehe dazu § 14 Rn 29). Andererseits kann dem Wohnungseigentümer durch Urteil auch nicht vorgeschrieben werden, wie er seiner Verpflichtung aus § 14 Nr. 2 nachzukommen habe,[184] da dem Eigentümer insoweit ein Ermessen zusteht. Eine Klage, wonach der Wohnungseigentümer zu einer bestimmten Maßnahme gegen seinen Mieter verurteilt werden soll, z.B. Abmahnung, Kündigung oder Räumungsklage, wäre unbegründet.[185]

46

6. Verjährung

Der allgemeine zivilrechtliche Abwehranspruch aus § 1004 Abs. 1 BGB und § 15 Abs. 3 unterliegt gemäß § 195 BGB der regelmäßigen **Verjährungsfrist von drei Jahren**.[186] Das gleiche gilt im Wohnungseigentumsrecht für Abwehransprüche wegen unzulässiger baulicher Veränderungen oder wegen unzulässigen Gebrauchs.[187] Die Verjährungsfrist **beginnt** gemäß § 199 Abs. 1 BGB mit dem Schluss des Jahres zu laufen, in dem der Anspruch entstanden und der durch die Störung beeinträchtigte Wohnungseigentümer von den den Anspruch begründenden Umständen, d.h. von dem unzulässigen Gebrauch und der Person des Störers, Kenntnis erlangt oder ohne grobe Fahrlässigkeit erlangen müsste. Wegen der Anknüpfung an die subjektive Kenntnis kann die Verjährungsfrist für jeden beeinträchtigten Wohnungseigentümer zu einem anderen Zeitpunkt zu laufen beginnen. Ohne Rücksicht auf die Kenntnis verjährt der Anspruch jedoch spätestens in zehn Jahren von seiner Entstehung an (§ 199 Abs. 4 BGB). Da der Anspruch auf ein Unterlassen gerichtet ist, entsteht der Anspruch mit der Zuwiderhandlung (§ 199 Abs. 5 BGB). Hier sind mehrere Sachverhaltskonstellationen zu unterscheiden. Liegt eine **abgeschlossene Störungshandlung** vor, deren Folgen lediglich faktisch fortwirken (z.B. Änderung des im Sondereigentum stehenden Bodenbelages in der Wohnung; Abstellen von Umzugskartons auf einem Garagenstellplatz), beginnt die Verjährungsfrist mit der Beendigung der Störungshandlung zu laufen.[188] Der Umstand, dass der Eingriff (z.B. Trittschallgeräusche) noch fortwirkt, steht dem Verjährungsbeginn nicht entgegen.[189] Hiervon zu unterscheiden ist der Fall, dass die Störungs*handlung* selbst noch andauert (z.B. Nutzung eines Kellerraums zum dauernden

47

---

180 *Bärmann/Merle*, § 27 Rn 34.
181 AG Pinneberg 68 II 61/03 WEG, ZMR 2004, 304.
182 AG Pinneberg 68 II 61/03 WEG, ZMR 2004, 304.
183 OLG München 34 Wx 24/05, ZMR 2005, 727.
184 BGH V ZB 5/95, NJW 1995, 2036.
185 KG 24 W 3925/98, ZMR 2000, 402; OLG Frankfurt 20 W 124/03, NZM 2004, 231.
186 BGH V ZR 98/03, NJW 2004, 1035.
187 OLG Hamm 15 Wx 198/08, ZMR 2009, 386.
188 Vgl. OLG Hamm 15 Wx 198/08, ZMR 2009, 386 zum Abstellen von Kisten im Gemeinschaftskeller.
189 Vgl. BGH I ZR 136/71, NJW 1973, 2285 zu § 21 UWG.

Aufenthalt) oder sich **wiederholt** (z.B. wiederholte Ruhestörung durch laute Musik). Bei Dauerhandlungen kann keine Verjährung eintreten, solange der Eingriff noch andauert. Beim Vorliegen einer fortgesetzten Handlung läuft für jede Störungshandlung eine besondere Verjährungsfrist.[190] Ein Eigentümerwechsel aufseiten des Beeinträchtigten hat auf den Lauf der Verjährungsfrist keinen Einfluss.

7. Verwirkung

48 Sofern bei fortdauernden oder wiederholten Störungshandlungen auch über einen langen Zeitraum keine Verjährung eintritt, kann dem Abwehranspruch der Einwand der **Verwirkung** entgegenstehen. Voraussetzung der Verwirkung ist, dass der Beeinträchtigte sein Recht längere Zeit nicht geltend gemacht hat und weitere Umstände hinzutreten, die das Abwehrbegehren als gegen Treu und Glauben verstoßend erscheinen lassen.[191] Die Verwirkung ist als **rechtsvernichtende Einwendung** im gerichtlichen Verfahren von Amts wegen zu berücksichtigen.[192] Rechtsfolge der Verwirkung ist, dass der in seinem Gebrauchsrecht beeinträchtigte Wohnungseigentümer von dem Störer nicht mehr Beendigung oder Unterlassung des störenden Verhaltens verlangen kann.

49 Die Verwirkung tritt grundsätzlich **auf Dauer** ein, doch kann ausnahmsweise – wie generell bei unzulässiger Rechtsausübung – die Rechtsfolge später wieder entfallen, etwa wenn sich die tatsächlichen Umstände in der Wohnanlage nachträglich ändern.[193] Ein Wohnungseigentümer, der kleinere Verstöße gegen die Hausordnung wiederholt hinnimmt, bis ihm schließlich der Geduldsfaden reißt, kann anlässlich des letzten, noch keiner Verwirkung unterfallenden Vorkommnisses auch die früheren Geschehnisse zu seinen Gunsten in die Gesamtbeurteilung einführen, sofern nicht aus seiner früheren Duldung ein stillschweigender Verzicht auf sein Abwehrrecht herzuleiten ist.

50 Ein Recht ist nach allgemeinen Grundsätzen verwirkt, wenn der Berechtigte es längere Zeit hindurch nicht geltend gemacht hat (**Zeitmoment**) und der Verpflichtete sich nach dem gesamten Verhalten des Berechtigten darauf einrichten durfte und auch eingerichtet hat, dass dieser das Recht auch in Zukunft nicht geltend machen werde (**Umstandsmoment**). Die Verwirkung ist ein Teil der unzulässigen Rechtsausübung wegen widersprüchlichen Verhaltens. Der Verstoß gegen Treu und Glauben liegt in der illoyalen Verspätung der Rechtsausübung.

51 Das **Zeitmoment** setzt voraus, dass seit der Möglichkeit, das Recht geltend zu machen, längere Zeit verstrichen ist, in der Berechtigte nichts zur Durchsetzung seines Abwehrrechts getan hat. Der Zeitablauf beginnt mit Eintritt der ersten Störung, die abgewehrt werden könnte. Auf die Kenntnis von der Störung kommt es nicht an, es genügt die Möglichkeit der Kenntnis.[194] Die erforderliche Dauer des Zeitablaufs richtet sich nach den Umständen des Einzelfalles, wobei insbesondere die Schwere und die Häufigkeit der Störungsfälle zu berücksichtigen sind. Die erforderliche Zeit mindert sich durch ein Verhalten des Berechtigten, das einem konkludenten Verzicht nahe kommt. so etwa wenn über den Inhalt oder die Einhaltung der Hausordnung gesprochen wird, ohne dabei das unzulässige Verhalten eines Wohnungseigentümers zu beanstanden. Eine Verwirkung ist andererseits ausgeschlossen, wenn der in seinem Gebrauchsrecht beeinträchtigte Wohnungseigentümer zu erkennen gegeben hat, dass er das Verhalten des Störers missbillige.[195] Ist Teileigentum längerfristig zweckbestimmungswidrig vermietet, stellt es ohne Hinzutreten besonderer Umstände keinen Verwirkungsgrund dar, wenn der Berechtigte seinen Unterlassungsanspruch erst mit Ablauf des Nutzungsverhältnisses, jedoch noch vor der Begründung eines erneuten gleichartigen Nutzungsverhältnisses anmeldet.[196]

52 Die Gerichte haben in folgenden Fällen das **Zeitmoment bejaht**: 10-jährige Nutzung eines Speichers als Wohnung;[197] Aufstellung eines Schrankes im Hausflur über 17 Jahre;[198] 14-jährige bzw. 13-jährige Nutzung eines Ladens als Gaststätte;[199] 10-jährige Hinnahme einer baulichen Veränderung;[200] 8-jährige Duldung von Anpflanzungen;[201] 8-jährige Duldung eines Wasseranschlusses und des Betriebs einer Waschmaschine;[202] 10-jährige Duldung einer Terrasse.[203]

53 In folgenden Fällen haben die Gerichte das **Zeitmoment verneint**: 16-jährige Nutzung eines Teileigentum als Gaststätte entgegen Teilungserklärung; 6-jährige Nutzung eines Teileigentums als Wohnung.[204]

54 Das **Umstandsmoment** ist gegeben, wenn der Störer sich aufgrund des Verhaltens des Abwehrberechtigten darauf eingerichtet hat, dass dieser seinen Abwehranspruch nicht mehr geltend machen werde. Das Verhalten des Abwehrberechtigten muss einen **Vertrauenstatbestand** geschaffen haben. Hat ein Wohnungseigentümer etwa mehrfach erklärt, er gehe regelmäßig erst um 24 Uhr zu Bett und lege deshalb erst ab diesem Zeitpunkt Wert auf vollständige Ruhe, so kann er sich nicht plötzlich auf die in der Hausordnung ab 22 Uhr vorgeschriebene Nachtruhe berufen, wenn er über einen längeren Zeitraum Ruheverstöße zwischen 22 Uhr und 24 Uhr nicht beanstandet hat. Andererseits muss das

---

190 Vgl. RGZ 134, 335, 341.
191 St Rspr, vgl. OLG Zweibrücken 3 W 87/01, ZWE 2002, 47; BayObLG 2 Z BR 56/99, NZM 1999, 866; OLG Köln 16 Wx 13/95, NJW-RR 1995, 851; KG 24 W 6092/88, NJW-RR 1989, 976.
192 Vgl. BGH NJW 1966, 345.
193 OLG Köln 16 Wx 13/95, NJW-RR 1995, 851.
194 OLG Hamburg 2 Wx 9/05, ZMR 2005, 805.
195 BGHZ 132, 95.
196 BayObLG 2Z BR 229/03, ZMR 2004, 685.
197 BayObLG BReg 2 Z 61/90, NJW-RR 1991, 1041; siehe auch KG 24 W 163/07, MietRB 2010, 334.
198 BayObLG 2Z BR 9/93, WuM 1993, 560.
199 OLG Köln 16 Wx 13/95, NJW-RR 1995, 851.
200 OLG Hamm 15 W 347/89, OLGZ 1990, 159.
201 KG 24 W 6092/88, OLGZ 1989, 305.
202 OLG Hamburg 2 Wx 9/05, ZMR 2005, 805.
203 OLG Hamburg 2 Wx 28/04, ZMR 2006, 465.
204 OLG Düsseldorf 3 Wx 340/99, NZM 2000, 866.

Vertrauen der Gegenseite in die Nichtausübung des Abwehrrechts **schutzwürdig** sein, denn nur dann stellt sich das spätere Abwehrverlangen als unzumutbare Rechtsausübung dar. Bei Gebrauchsfragen muss der Störer daher darlegen, warum es für ihn unzumutbar sei, sich künftig wieder an die Hausordnung bzw die Vorgaben des § 14 Nr 1 zu halten. Etwaige **Vermögensdispositionen** – die außerhalb des Wohnungseigentumsrechts oftmals eine Schutzwürdigkeit begründen – werden nur selten gegeben sein. Die Annahme einer Verwirkung dürfte daher in vielen Fällen zumindest an diesem Punkt scheitern. Aber selbst wenn der Störer Vermögensdispositionen in Form von Umbauarbeiten getroffen hat, schafft dies grundsätzlich keine Schutzbedürftigkeit, wenn die Umbaumaßnahme ohne Genehmigung nach § 22 Abs. 1 erfolgte.[205]

Die Rechtswirkungen der Verwirkung entfallen nicht dadurch, dass auf der Seite eines Beteiligten eine **(Sonder-)Rechtsnachfolge** stattfindet;[206] eine einmal eingetretene Verwirkung wirkt also auch für und gegen Sondernachfolger.

8. Schikaneverbot, Treu und Glauben

Der Durchsetzung eines Abwehranspruchs nach § 1004 Abs. 1 BGB kann auch das Schikaneverbot aus § 226 BGB entgegenstehen. § 226 BGB setzt voraus, dass nach Lage der gesamten Umstände ein anderer Zweck als Schadenszufügung objektiv ausgeschlossen ist. Es genügt nicht, dass jemand subjektiv aus verwerflichen Gründen von seinem Recht Gebrauch macht; es muss feststehen, dass die Rechtsausübung dem Berechtigten objektiv keinen Vorteil bringen kann und lediglich zur Schädigung eines anderen taugt.[207]

Legen die Eigentümer mehrerer Wohnungen einen störenden Gebrauch an den Tag, sind die beeinträchtigten Wohnungseigentümer nicht verpflichtet, gegen alle Störer gleichmäßig vorzugehen. Es gibt keine **Gleichbehandlung** im Unrecht.[208] Es besteht auch kein allgemeiner Grundsatz, dass nur derjenige Eigentümer Abwehransprüche geltend machen dürfe, der sich selbst rechtstreu verhält.[209] Eigene Rechtsverstöße führen nur ausnahmsweise zu einem Wegfall des Gläubigeranspruchs.[210]

9. Zwangsvollstreckung

Die Zwangsvollstreckung eines auf Unterlassung gerichteten Urteils erfolgt nach § 890 ZPO durch Ordnungsgeld und Ordnungshaft. Der Gläubiger muss im **Antrag** darlegen, in welcher Weise der Schuldner nach Ordnungsmittelandrohung und Vollstreckbarkeit des Urteils schuldhaft der Unterlassungsverpflichtung zuwider gehandelt hat. Die Zuwiderhandlung ist substantiiert vorzutragen und gegebenenfalls zu beweisen. Glaubhaftmachung, auch eidesstattliche Versicherung des Gläubigers, genügen nicht. Ein bestimmtes Ordnungsmittel oder dessen Höhe braucht der Antrag nicht zu enthalten. Bei mehreren Verstößen bzw wiederholter Zuwiderhandlung kann das Ordnungsmittel mehrfach festgesetzt werden. Stehen die Verstöße im Fortsetzungszusammenhang, ist für die zu einer Zuwiderhandlung im Rechtssinn zusammenzufassenden Verletzungshandlungen nur ein Ordnungsmittel zu verhängen.[211]

Wurde ein Wohnungseigentümer verurteilt, ein bestimmtes Gebrauchsverhalten „selbst *oder durch Dritte* zu unterlassen" und liegt eine Zuwiderhandlung des Mieters oder einer sonstigen Person vor, der der verurteilte Wohnungseigentümer den Gebrauch seines Wohnungseigentums überlassen hat, ist ein Ordnungsmittel verwirkt, wenn dem Wohnungseigentümer die erneute Störung im Sinne eines Verschuldens zugerechnet werden kann. Dies ist der Fall, wenn der Wohnungseigentümer nicht **alles** ihm **Mögliche und Zumutbare** getan hat, um das erneute störende Verhalten des Nutzers zu verhindern.[212] So genügt eine Abmahnung des Mieters nicht, wenn das Mietverhältnis auch gekündigt werden kann; eine mögliche fristlose Kündigung ist einer befristeten Kündigung vorzuziehen. Zieht der Mieter trotz wirksamer Kündigung nicht aus, muss der Vermieter unverzüglich Räumungsklage erheben. Dem Vermieter ist eine Klage gegen den Mieter auch dann zumutbar, wenn diese ungewisse Erfolgsaussichten hat.[213] Ein Räumungsurteil gegen den Mieter hat der Eigentümer unverzüglich zu vollstrecken. Vom Vollstreckungsschuldner verursachte Verzögerungen im Erkenntnis- oder Zwangsvollstreckungsverfahren führen regelmäßig zur Verwirkung eines Ordnungsmittels. Kann der verurteilte Wohnungseigentümer das Mietverhältnis nicht vorzeitig kündigen, weil das störende Verhalten nach dem Mietvertrag zulässig ist, muss der Vermieter versuchen, den Mieter durch Zahlung einer **Abfindung** zu einer vorzeitigen Beendigung des Mietverhältnisses zu bewegen. Der angebotene Geldbetrag muss so hoch sein, dass er für den Mieter bei objektiver Betrachtung eine ernsthafte Alternative zur Fortsetzung des Vertragsverhältnisses darstellt.[214] Dies unterliegt der Überprüfung durch das Vollstreckungsgericht.

---

205 Vgl. OLG Frankfurt 20 W 243/07, ZMR 2010, 703.
206 OLG Zweibrücken 3 W 87/01, ZWE 2002, 47; OLG Köln 16 Wx 333/97, ZMR 1998, 459; OLG Düsseldorf 3 Wx 566/96, WE 1997, 468; BayObLG 2Z BR 31/93, WuM 1993, 558; 2 Z 61/90, WE 1991, 292.
207 KG 24 W 163/07, MietRB 2010, 334.
208 OLG Hamburg 2 Wx 99/01, ZMR 2004, 454.
209 OLG München 34 Wx 088/07, ZMR 2007, 884.
210 BGH V ZR 90/04, NJW-RR 2005, 743.
211 Zöller/*Stöber*, § 890 ZPO Rn 20; BGH I ZB 32/06, NJW 2009, 921.
212 BGH V ZB 5/95, NJW 1995, 2036; BayObLG 2Z BR 63/93, ZMR 1994, 25.
213 OLG Stuttgart 8 W 256/92, ZMR 1996, 553.
214 OLG Celle 4 W 138/03, ZMR 2004, 689.

III. Schadensersatz

59 Erleidet ein Wohnungseigentümer durch das gesetzes-, vereinbarungs- oder beschlusswidrige **Gebrauchsverhalten** eines anderen Eigentümers einen Schaden (z.B. infolge Mietminderung), stehen dem beeinträchtigten Eigentümer im Falle des Verschuldens gemäß §§ 280 ff., 823 BGB Schadensersatzansprüche gegen den Störer zu. Der Schadensersatzanspruch unterliegt ebenfalls der regelmäßigen **Verjährung** gemäß § 195 BGB. (Zum Schadensersatzanspruch bei störendem Verhalten eines Mieters oder Dritten siehe § 14 Rn 31).

§ 16 Nutzungen, Lasten und Kosten

(1) ¹Jedem Wohnungseigentümer gebührt ein seinem Anteil entsprechender Bruchteil der Nutzungen des gemeinschaftlichen Eigentums. ²Der Anteil bestimmt sich nach dem gemäß § 47 der Grundbuchordnung im Grundbuch eingetragenen Verhältnis der Miteigentumsanteile.

(2) Jeder Wohnungseigentümer ist den anderen Wohnungseigentümern gegenüber verpflichtet, die Lasten des gemeinschaftlichen Eigentums sowie die Kosten der Instandhaltung, Instandsetzung, sonstigen Verwaltung und eines gemeinschaftlichen Gebrauchs des gemeinschaftlichen Eigentums nach dem Verhältnis seines Anteils (Absatz 1 Satz 2) zu tragen.

(3) Die Wohnungseigentümer können abweichend von Absatz 2 durch Stimmenmehrheit beschließen, dass die Betriebskosten des gemeinschaftlichen Eigentums oder des Sondereigentums im Sinne des § 556 Abs. 1 des Bürgerlichen Gesetzbuches, die nicht unmittelbar gegenüber Dritten abgerechnet werden, und die Kosten der Verwaltung nach Verbrauch oder Verursachung erfasst und nach diesem oder nach einem anderen Maßstab verteilt werden, soweit dies ordnungsmäßiger Verwaltung entspricht.

(4) ¹Die Wohnungseigentümer können im Einzelfall zur Instandhaltung oder Instandsetzung im Sinne des § 21 Abs. 5 Nr. 2 oder zu baulichen Veränderungen oder Aufwendungen im Sinne des § 22 Abs. 1 und 2 durch Beschluss die Kostenverteilung abweichend von Absatz 2 regeln, wenn der abweichende Maßstab dem Gebrauch oder der Möglichkeit des Gebrauchs durch die Wohnungseigentümer Rechnung trägt. ²Der Beschluss zur Regelung der Kostenverteilung nach Satz 1 bedarf einer Mehrheit von drei Viertel aller stimmberechtigten Wohnungseigentümer im Sinne des § 25 Abs. 2 und mehr als der Hälfte aller Miteigentumsanteile.

(5) Die Befugnisse im Sinne der Absätze 3 und 4 können durch Vereinbarung der Wohnungseigentümer nicht eingeschränkt oder ausgeschlossen werden.

(6) ¹Ein Wohnungseigentümer, der einer Maßnahme nach § 22 Abs. 1 nicht zugestimmt hat, ist nicht berechtigt, einen Anteil an Nutzungen, die auf einer solchen Maßnahme beruhen, zu beanspruchen; er ist nicht verpflichtet, Kosten, die durch eine solche Maßnahme verursacht sind, zu tragen. ²Satz 1 ist bei einer Kostenverteilung gemäß Absatz 4 nicht anzuwenden.

(7) Zu den Kosten der Verwaltung im Sinne des Absatzes 2 gehören insbesondere Kosten eines Rechtsstreits gemäß § 18 und der Ersatz des Schadens im Falle des § 14 Nr. 4.

(8) Kosten eines Rechtsstreits gemäß § 43 gehören nur dann zu den Kosten der Verwaltung im Sinne des Absatzes 2, wenn es sich um Mehrkosten gegenüber der gesetzlichen Vergütung eines Rechtsanwalts aufgrund einer Vereinbarung über die Vergütung (§ 27 Abs. 2 Nr. 4, Abs. 3 Nr. 6) handelt.

A. Einleitung 1	II. Anspruch auf Nutzungen 35
B. Gesetzlicher und vereinbarte Verteilungsschlüssel 3	D. Die Lasten des gemeinschaftlichen Eigentums .. 38
I. § 16 Abs. 1 S. 2 (Miteigentumsanteile) 3	E. Beschlusskompetenz für Betriebs- und Verwaltungskosten (§ 16 Abs. 3) 41
II. Vereinbarte abweichende Maßstäbe 7	I. Beschlusskompetenz 42
1. Mehrhausanlage 10	II. Betriebskosten des Sondereigentums 43
2. Wohnfläche 11	III. Ordnungsgemäße Verwaltung 44
3. Betriebskosten 12	IV. Willkürverbot 53
4. Umdeutung nichtiger Zuweisungen zum Sondereigentum 13	V. Änderungsanspruch 54
5. Sondernutzungsrechte 14	VI. Rückwirkung 55
6. Kosten der Instandhaltung und Instandsetzung . 16	VII. Prozessuales 56
III. Öffnungsklausel 22	VIII. Betriebskosten nach § 556 BGB 57
1. Auslegung von Öffnungsklauseln 23	1. Laufende öffentliche Lasten des Grundstücks .. 60
2. Willkürverbot 24	2. Wasser- und Abwasserkosten 61
3. Bestimmungsrecht des Verwalters 25	3. Heiz- und Warmwasserkosten 66
4. Einzelfälle 26	4. Aufzug 69
5. Keine Öffnungsklausel 29	5. Müllbeseitigung, Straßenreinigung 71
IV. Anwendung eines falschen Verteilungsschlüssel .. 30	6. Gebäudereinigung 72
C. Der Anteil an Nutzungen (§ 16 Abs. 1 S. 1) 33	7. Gartenpflege 73
I. Begriff der Nutzungen 33	8. Allgemeinstromkosten 74
	9. Schornsteinreinigung 75

10. Hausmeister	76	IV. Beitragspflicht bei Zwischenvermietung	138
11. Kosten der Medienversorgung	77	V. BGB-Gesellschaft als Eigentümer	139
12. Waschküche	78	VI. Beitragspflicht bei Eigentümerwechsel (Sonderrechtsnachfolge)	140
IX. Die Kosten der Verwaltung	79	1. Keine gesetzliche Haftung des Erwerbers für Rückstände	141
1. Kosten der sonstigen Verwaltung	80	2. Vereinbarung der Haftung für Rückstände	142
2. Kosten des gemeinschaftlichen Gebrauchs	83	a) Erwerb durch Zuschlag	143
3. Kosten eines Rechtsstreits	86	b) Rechtsgeschäftlicher Erwerb	144
4. Kosten der Entziehungsklage (§ 16 Abs. 7)	90	3. Umfang der Haftung des Erwerbers	147
5. Entschädigungskosten (§ 16 Abs. 7)	91	4. Wohngeldvorschüsse	152
F. Beschlusskompetenz gemäß § 16 Abs. 4	92	5. Sonderumlage	153
I. Kosten der Instandhaltung und Instandsetzung	96	6. Fehlbeträge aus der Jahresabrechnung	154
II. Maßnahmen nach § 22 Abs. 1 und 2	101	7. Guthaben aus der Jahresabrechnung	157
III. Kosten baulicher Veränderung nach § 16 Abs. 6	102	VII. Beitragspflicht des Erben	158
IV. Einzelfallregelung	110	1. Nachlassverbindlichkeiten	159
V. Maßstab der abweichenden Kostenverteilung	112	2. Beschränkung der Erbenhaftung auf den Nachlass	169
VI. Qualifizierte Mehrheit (§ 16 Abs. 4 S. 2)	115	3. Die Unzulänglichkeitseinrede im Verfahren	171
VII. Zwingender Charakter der Abs. 3 und 4 (§ 16 Abs. 5)	118	4. Beschränkung der Minderjährigenhaftung (§ 1629a BGB)	172
G. Anspruch auf Änderung des Verteilungsschlüssels	120	VIII. Beitragspflicht bei Zwangsverwaltung	173
I. Schwellenwert	121	IX. Beitragspflicht bei Insolvenz	179
II. Abwägungskriterien	122	**I. Ausgleichs- und Rückzahlungsansprüche**	188
III. Prozessuales	124	**J. Begründung von Leistungspflichten durch Beschluss**	195
H. Die Beitragspflicht der Wohnungseigentümer	130		
I. Art der Beiträge	130		
II. Begründung der Beitragspflicht	133		
III. Beitragspflicht vor Entstehung der Gemeinschaft	134		

Literatur: *Armbrüster,* Bauliche Veränderungen und Aufwendungen gemäß § 22 Abs. 1 WEG und Verteilung der Kosten gemäß § 16 Abs. 4, Abs. 6 WEG, ZWE 2008, 61; *Becker,* Die Verteilung der Kosten des Betriebs und der Verwaltung (§ 16 Abs. 3 WEG), ZWE 2008, 217; *Bielefeld,* Kostentragung bei Sondernutzungsrechten, WE 1997, 168; *ders.,* Änderung der Kostenverteilung durch mehrheitliche Beschlussfassung, DWE 2007, 115; *Blankenstein,* Zahlungspflichten bei Maßnahmen der Instandhaltung, Instandsetzung, modernisierenden Instandsetzung, Modernisierungen und baulichen Veränderungen, DWE 2011, 87; *Bonifacio,* Kostenverteilung im Einzelfall – Der „Villa"-Fall des BGH, ZMR 2011, 771; *Briesemeister,* Änderung des Kostenverteilungsschlüssels durch Mehrheitsbeschluss und dessen Erzwingung, GE 2011, 32; *Bub,* Maßnahmen der Modernisierung und Anpassung an den Stand der Technik (§ 22 Abs. 2 WEG) und Verteilung der Kosten gem. § 16 Abs. 4 WEG, ZWE 2008, 205; *Deckert,* Instandhaltungs- und Instandsetzungspflichten bei Garagen- und Stellplatzeigentum DWE 2005, 71; *ders.,* Die Verteilung der Prozesskosten in der Jahresabrechnung, ZWE 2009, 63; *Derleder,* Die Prozesskostenverteilung zwischen den Wohnungseigentümern, ZfIR 2007, 823; *Drasdo,* Die Haftung des aus der Gemeinschaft aus geschiedenen Eigentümers, WE 1996, 89; *Elzer,* Die Kostenverteilung bei Instandhaltungen und Instandsetzungen sowie bei modernisierenden Instandsetzungen, ZMR 2008, 153; *ders.,* Der rechtsbewusste Wohnungseigentümer vor Gericht und im Mandat – Neue und alte Erkenntnisse zu den Beschlusskompetenzen in § 16 III, IV 1 WEG, NJW 2010, 3473; *Gottschalg,* Kostentragung bei Instandsetzungsmaßnahmen im Sondereigentumsbereich, NZM 1998, 746; *Greiner,* Rechtsfragen der Abfallgebühren in Wohnungseigentümergemeinschaften, ZMR 2000, 717; *Häublein,* Kostenverteilungsschlüssel in der Gemeinschaftsordnung unter besonderer Berücksichtigung „bauträgerfreundlicher" Regelungen; ZWE 2005, 191; *ders.,* Die Verteilung von Folgekosten bei Baumaßnahmen, ZWE 2008, 368; *Hogenschurz,* Die Abrechnung von Kabelanschluß- und Abfallgebühren nach der Entscheidung des BGH, Beschl. v. 25.9.2003 – V ZB 21/03 –, ZMR 2003, 901; *Hügel,* Die Verteilung der Kosten eines gerichtlichen Verfahrens und erhöhter Gebührensätze für Rechtsanwälte in der Jahresabrechnung, ZWE 2008, 265 *Jennißen,* Die Kostenverteilung nach Miteigentumsanteilen gem. § 16 Abs. 2 WEG, ZWE 2001, 461; *Köhler,* Der BGH und die Schulden des Voreigentümers, ZMR 2000, 270; *Kuhla,* Prozesskostenvorschüsse aus der Gemeinschaftskasse, ZWE 2009, 196; *Meffert,* Beschlusskompetenz der Wohnungseigentümer für Kostenregelungen gem. § 16 Abs. 3 und 4 WEG n. F., ZMR 2007, 667; *Merle,* Beschlusskompetenz und Kostentragung, ZWE 2001, 342; *Moosheimer,* Die Änderung von Kostenverteilungsschlüsseln in der Rechtsprechung seit Inkrafttreten der Novelle bis heute und deren Bewertung: §§ 16 Abs. 3 und 4, 21 Abs. 7 sowie § 10 Abs. 2 Satz 3 WEG, ZMR 2011, 597; *H. Müller,* Die Erwerberhaftung und kein Ende, ZMR 1999, 669; *Peters,* Messdifferenzen bei Wasserzählern – Unvermeidbar aber erklärlich, NZM 2000, 696; *Schmid,* Änderung der Heizkostenverteilung nach § 16 III WEG nF, ZMR 2007, 844; *ders.,* Festlegung von Flächen im Wohnungseigentum, ZWE 2008, 371; *ders.,* Gibt es einen wohnungseigentumsrechtlichen Betriebskostenbegriff? ZMR 2008, 440; *ders.,* Änderung des Abrechnungsmaßstabs nach § 16 Abs. 3 WEG oder nach § 10 Abs. 2 Satz 3 WEG? ZMR 2010, 259; *J.-H. Schmidt,* Neue Möglichkeiten der Kostenverteilung bei baulichen Maßnahmen in Wohnungseigentumsanlagen, ZMR 2007, 913; *Wenzel,* Die Zahlungspflichten des Zwangsverwalters gegenüber der Wohnungseigentümergemeinschaft, ZWE 2005, 277.

Literatur zu Rn 158 ff.: Beitragspflicht des Erben: *Bonifacio,* Die Haftung des Erben als Hausgeldschuldner nach dem WEG, MDR 2006, 244; *Dötsch,* Beschränkte Erbenhaftung für Hausgeldschulden? ZMR 2006, 902; *Hügel,* Das Ableben eines Wohnungseigentümers und dessen Folgen für die Eigentümergemeinschaft, ZWE 2006, 174; *Köhler,* Vor- und Nacherbschaft bei der Verwaltung von Wohnungseigentum, ZWE 2007, 186; *Niedenführ,* Haftung des Erben für Wohngeld, NZM 2000, 641; *Siegmann,* Nochmals: Haftung des Erben für Wohngeld, NZM 2000, 995.

Literatur zu Rn 179 ff.: Beitragspflicht bei Insolvenz: *Gundlach/Frenzel/Jahn,* Die Anzeige der Masseunzulänglichkeit und Haftung des Insolvenzverwalters nach § 60 InsO, DZWiR 2011, 177; *Lüke,* Freigabe und was dann? Zu den materiellrechtlichen Folgen der Freigabe der Wohnung in der Insolvenz ihres Eigentümers, FS Wenzel, 2005, S. 235; *ders.,* Insolvenz des Wohnungseigentümers, ZWE 2006, 370; *ders.,* Beitragsforderungen in der Insolvenz des Wohnungsgeldschuldners, ZWE 2010, 62; *Pape,* Haftungsbewehrte Pflicht des Insolvenzverwalters zur Freigabe von Wohnungseigentum, ZfIR 2007, 817.

Literatur zu Rn 195 ff.: Begründung von Leistungspflichten durch Beschluss *Briesemeister,* Die Begründung von Sonderpflichten einzelner Wohnungseigentümer durch Mehrheitsbeschluss, ZWE 2003, 307; *J.-H. Schmidt/Riecke,* Anspruchsbegründung und Anspruchsvernichtung durch Mehrheitsbeschluß – kann die Wohnungseigentümergemeinschaft mit Miteigentümern „kurzen Prozess" machen? ZMR 2005, 252; *Wenzel,* Anspruchsbegründung durch Mehrheitsbeschluss?, NZM 2004, 542.

A. Einleitung

1 § 16 wurde durch die WEG-Novelle 2007 erweitert um Regelungen über die Beschlusskompetenz für die Verteilung von Betriebskosten und Kosten der Verwaltung (Abs. 3) sowie für die Verteilung der Kosten von baulichen Maßnahmen im Einzelfall (Abs. 4), die auch gegenüber bestehenden und künftigen Vereinbarungen Vorrang haben (Abs. 5).

2 § 16 betrifft (außer Abs. 3) das gemeinschaftliche Eigentum und regelt die Verteilung der Nutzungen (wie § 743 Abs. 1 BGB), der Lasten und der Verwaltungskosten (wie § 748 BGB). Die Regelung gilt nur für das Innenverhältnis der Wohnungseigentümer untereinander. Die Haftung Dritten gegenüber regelt § 10 Abs. 8. § 16 ist abänderbar mit Ausnahme der Abs. 3 und 4, deren Befugnisse nicht durch Vereinbarung eingeschränkt oder ausgeschlossen werden dürfen (§ 16 Abs. 5). Es können andere Verteilungsschlüssel vereinbart werden oder es können Wohnungseigentümer durch Vereinbarung von der Nutzung von Teilen des gemeinschaftlichen Eigentums ausgeschlossen werden (vgl. § 13 Rn 29; Sondernutzungsrecht). Ein das Gesetz oder eine Vereinbarung ändernder Mehrheitsbeschluss ist nichtig, es sei denn das Gesetz selbst (§ 16 Abs. 3 und 4) oder die Gemeinschaftsordnung (Öffnungsklausel) begründen eine Beschlusskompetenz.[1] § 62 enthält eine Übergangsvorschrift nur für das Verfahrensrecht, so dass grundsätzlich ab dem 1.7.2007 in allen Verfahren das neue materielle Recht zur Anwendung kommt.[2] Geht es aber um die Wirksamkeit eines Eigentümerbeschlusses, ist auf die Rechtslage im Zeitpunkt des Beschlusses abzustellen.[3]

B. Gesetzlicher und vereinbarte Verteilungsschlüssel
I. § 16 Abs. 1 S. 2 (Miteigentumsanteile)

3 Nach § 16 Abs. 1 richtet sich die Verteilung der Nutzungen (siehe dazu Rn 33) nach dem Verhältnis der Miteigentumsanteile. Maßgeblich ist dabei das nach § 47 GBO im Wohnungsgrundbuch eingetragene Verhältnis der Anteile. Gemäß § 16 Abs. 2, der ausdrücklich auf § 16 Abs. 1 S. 2 verweist, gilt der gleiche Verteilungsschlüssel für die Verteilung der Lasten des gemeinschaftliches Eigentums (siehe dazu Rn 38), der Kosten der Instandhaltung, Instandsetzung (siehe dazu Rn 96), der sonstigen Verwaltung (siehe dazu Rn 79) und eines gemeinschaftlichen Gebrauchs des gemeinschaftlichen Eigentums (siehe dazu Rn 83). Diese Regelung wiederholt damit für das Wohnungseigentum den in §§ 743 Abs. 1, 748 BGB enthaltenen Grundsatz.

4 Die **Größe des Miteigentumsanteils bestimmt das Gesetz nicht**.[4] In der Regel wird dieser Anteil sich nach der Wohnungsgröße richten, jedoch sind die Miteigentümer bei der Festsetzung der Anteile frei. Sie können andere Maßstäbe bei der Einteilung zugrunde legen. Diese können sich z.B. aus Lage und Beschaffenheit des einzelnen Wohnungseigentums ergeben. So kann unabhängig von der Größe etwa eine Penthousewohnung einer Hochhausanlage wegen ihrer Lage (keine Einsicht von Nachbarn, gute Aussicht, Sonneneinfall, Dachterrasse) höher zu bewerten sein als eine im Erdgeschoss gelegene Wohnung. Wiederum unabhängig von der Größe können Wohnflächen können Wohnungen mit Balkonen oder Terrassen höher zu bewerten sein als Wohnungen ohne diese Einrichtungen. Immer jedoch wird die Bewertung einer subjektiven Einschätzung unterliegen, allgemeingültige Maßstäbe gibt es nicht.

5 Sittenwidrig kann es sein, wenn der teilende Eigentümer einzelnen Eigentümern eine geringere Belastung verschaffen will und deshalb die Miteigentumsanteile so festlegt, dass sie von den ihm bekannten tatsächlichen Wertverhältnissen abweichen, die laut Teilungserklärung maßgeblich sein sollen.[5] Besteht eine Anlage aus Eigentumswohnungen und einem Teileigentum Tiefgarage mit 6417/100 000 Miteigentumsanteilen, das im Bruchteilseigentum eines Teils der Wohnungseigentümer steht, kann für die Abrechnung von Kosten, die sowohl von Wohnungs- und Garageneigentümern anteilig zu tragen sind, bei Wohnungseigentümern, die Miteigentümer der Tiefgarage sind, das Bruchteilseigentum von 1/207 in einen fiktiven Miteigentumsanteil von 31/100 000 umgerechnet werden.[6]

6 Eine Änderung der Miteigentumsanteile ist erst ab dem Zeitpunkt der Eintragung im Grundbuch zu berücksichtigen.[7] Ein **Anspruch auf Abänderung der Miteigentumsanteile** kann sich zwar grundsätzlich aus § 10 Abs. 2 S. 3 ergeben, doch ist dies dann nicht gerechtfertigt, wenn durch eine Abänderung des Kostenverteilungsschlüssels die Unbilligkeit behoben werden kann. Zum Anspruch auf Änderung des Verteilungsschlüssels siehe Rn 120 ff.[8]

---

1 BGH V ZB 58/99, NJW 2000, 3500; BGH V ZR 33/09, NZM 2009, 866.
2 OLG München 32 Wx 165/07, NZM 2008, 408.
3 OLG Köln 16 Wx 289/07, ZMR 2008, 815; BGH, V ZR 74/08, ZMR 2009, 296, 298.
4 BGH V ZR 156/75, NJW 1976, 1976; KG 24 W 111/92, WuM 1992, 560.
5 BayObLG 2Z BR 35/98, NZM 1999, 31, 33.
6 BayObLG 2Z BR 161/98, NZM 1999, 859, 860.
7 BayObLG 2Z BR 60/99, DNotZ 2000, 208.
8 OLG München 32 Wx 165/07, NZM 2008, 408.

II. Vereinbarte abweichende Maßstäbe

Da die Regelungen des § 16 Abs. 1 und 2 abänderbar sind, können andere Verteilungsschlüssel vereinbart werden. Die Teilungserklärung oder eine nachträgliche Vereinbarung kann einen von der gesetzlichen Regelung abweichenden Verteilungsschlüssel festgelegen. Dies kann allgemein oder nur für bestimmte Arten der Nutzungen oder Lasten geschehen. Hierbei kommen auch differenzierte Regeln in Betracht (z.B. Befreiung der Erdgeschosswohnung von den Fahrstuhlkosten, Mehrbelastung einer gewerblich genutzten Wohnung infolge intensiverer Nutzung des gemeinschaftlichen Eigentums wie Fahrstuhl oder Treppenhaus). Enthält die Teilungserklärung **unklare Regelungen** über die Bewirtschaftungskosten, so wird dadurch der gesetzliche Verteilungsschlüssel nicht abgeändert.[9] Eine in der Teilungserklärung getroffene Regelung über die Verteilung der Lasten und Kosten des gemeinschaftlichen Eigentums, die von der Eintragungsbewilligung ausdrücklich ausgenommen war und deshalb nicht im Grundbuch eingetragen ist, bindet den Rechtsnachfolger eines Wohnungseigentümers nicht. Die Berufung auf die fehlende Eintragung ist nicht grundsätzlich rechtsmissbräuchlich.[10] Eine Vereinbarung über die Änderung des Verteilungsschlüssels kann auch durch Zustimmung zu einem gerichtlichen Vergleich geschlossen werden, wenn alle Wohnungseigentümer im Termin anwesend sind.[11] Der Begriff Wohnungseigentümer wird oft als Oberbegriff zur Bezeichnung von Wohnungs- und Teileigentümern gebraucht; eine bloß formale Unterscheidung zwischen Wohnungs- und Teileigentum rechtfertigt deshalb nicht die Befreiung der Teileigentumseinheiten von Grundsteuer und Gebäudeversicherungsprämien.[12]

Soweit gemäß § 16 Abs. 3 und 4 oder aufgrund einer Öffnungsklausel (siehe dazu Rn 22) Beschlusskompetenz besteht, kann der vereinbarte Verteilungsschlüssel ebenso wie der gesetzliche Verteilungsschlüssel durch einen Mehrheitsbeschluss geändert werden.

Bestimmt die Teilungserklärung, dass die laufenden Kosten für Betrieb, Unterhalt und mit Ausnahme der Fundamente, Boden, tragende Mauern und Decken auch der Erneuerung der Tiefgaragenanlage von den **Nutzungsberechtigten** allein zu tragen sind, dann haben die Nutzungsberechtigten die Kosten für die Erneuerung des Tors und der Beleuchtung der Tiefgaragenanlage zu tragen.[13] Eine Freistellung nicht nutzender Wohnungseigentümer von den Kosten eines Aufzugs und der Reinigung von Treppenhäusern setzt eine eindeutige Bestimmung in der die Kostenverteilung regelnden Teilungserklärung voraus. Sieht diese eine Ausscheidung solcher Kosten vor, die nur einem Wohnungseigentümer zugeordnet werden rechtfertigt dies nicht die Freistellung von Wohnungseigentümern ohne Nutzungsinteresse, wenn im Übrigen Aufzug und Treppenhaus von mehreren Wohnungseigentümern genutzt werden.[14]

1. Mehrhausanlage

Bestimmt die Gemeinschaftsordnung einer Mehrhausanlage, die aus einem Hochhaus und einem gesonderten Ladenzentrum besteht, dass jeweils die an einem Haus allein zur Sondernutzung berechtigten Wohnungseigentümer die auf sie entfallenden Kosten und Lasten allein zu tragen haben, soweit sie ausscheidbar sind, so fallen darunter nur solche Kosten, die von vornherein von den übrigen Kosten getrennt und ohne weiteres bestimmten Sondernutzungsberechtigten allein zugeordnet werden können. Gemeinschaftskosten, die erst nachträglich nach einem im Einzelfall noch festzulegenden Verteilungsschlüssel umgelegt werden müssen, fallen nicht darunter. Dies gilt z.B. für die Kosten eines Hausmeisters, der für beide Häuser u.a. Schnee räumt, es sei denn, der Vertrag mit dem Hausmeister ist so gestaltet, dass die Vergütung für das Tätigwerden für die jeweiligen Häuser gesondert bestimmt ist.[15]

2. Wohnfläche

Bestimmt die Teilungserklärung, dass Kosten nach **Wohn**fläche zu berechnen sind, ist bei einem Teileigentum die Nutzfläche maßgebend.[16] Ist nicht geregelt, wie die Wohnfläche berechnet wird, dann sind Balkone, Loggien und Dachterrassen mit einem Viertel ihrer Grundfläche anzusetzen.[17] Die Wohnungseigentümer können in einem solchen Fall auch zunächst die genaue Vermessung und sodann die genaue Festlegung der anteiligen Wohn- und Nutzflächen beschließen; und zwar über den Anwendungsbereich des § 16 Abs. 3 hinaus, weil insoweit die Teilungserklärung nur konkretisiert wird.[18] Sind in der Teilungserklärung bei den einzelnen Einheiten Flächenangaben vermerkt, so sind die Kosten grundsätzlich nach diesen zu verteilen.[19] Decken sich die Flächenangaben in der Teilungserklärung nicht mit den tatsächlichen Größen der Wohnungen, dann kommt – soweit nicht schon über § 16 Abs. 3 eine befriedigende Lö-

---

9 KG 24 W 364/01, ZMR 2003, 873; OLG Hamburg 2 Wx 104/01, ZMR 2004, 614; OLG Brandenburg 5 Wx 47/07, ZMR 2009, 857.
10 OLG Düsseldorf 3 Wx 432/96, WuM 1997, 392.
11 OLG Köln 16 Wx 204/02, ZMR 2004, 59; zu den Voraussetzungen für das Zustandekommen einer Vereinbarung durch schlüssiges Verhalten siehe OLG Hamburg 2 Wx 76/03, ZMR 2003, 870.
12 OLG Hamburg 2 Wx 12/02, ZMR 2005, 72, 73.
13 BayObLG 2Z BR 64/02, NZM 2003, 29; zur Auslegung einer Gemeinschaftsordnung, nach der die benutzungsberechtigten Sondereigentümer der gemeinsamen Anlagen kostentragungspflichtig sind, und aus tatsächlichen Gründen einige Sondereigentümer eine Anlage nicht nutzen können. vgl. OLG München 34 Wx 81/06, NZM 2007, 167 – Warmwasserversorgungseinrichtung –.
14 OLG Celle 4 W 241/06, NZM 2007, 217.
15 BayObLG 2Z BR 116/92, WuM 1993, 297.
16 BayObLG 2Z BR 54/00, NZM 2001, 141, 142; OLG Frankfurt 20 W 241/05, NZM 2007, 490.
17 BayObLG 2Z BR 136/95, WuM 1996, 294.
18 Vgl. KG 24 W 50/01, NZM 2002, 261.
19 OLG Frankfurt 20 W 241/05, NZM 2007, 490.

sung erfolgen kann – im Einzelfall ein Anspruch auf Änderung des Verteilungsschlüssels in Betracht (siehe dazu Rn 120). Bestimmt die Teilungserklärung ausdrücklich eine Verteilung der Bewirtschaftungskosten der Wohnanlage nach anteiligen Wohn- bzw. Nutzflächen **einschließlich** der Kellerräume, so können – soweit nicht nach § 16 Abs. 3 und 4 Beschlusskompetenz gegeben ist – ohne vorherige gerichtliche Änderung des Verteilungsschlüssels die Kellerflächen nicht bloß mit 25 % berücksichtigt werden.[20]

3. Betriebskosten

12 Sind nach einer Teilungserklärung, die aus der Zeit vor der WEG-Novelle 2007 stammt, nach einem bestimmten Schlüssel „Betriebskosten" zu verteilen, so gilt dies für alle Kosten und Lasten i.S.v. § 16 Abs. 2 einschließlich Instandsetzungskosten und Instandhaltungsrücklage, weil es im Wohnungseigentumsrecht anders als im Mietrecht keine Trennung zwischen Instandhaltung und laufendem Betrieb gab.[21]

4. Umdeutung nichtiger Zuweisungen zum Sondereigentum

13 Eine in der Teilungserklärung enthaltene nichtige Zuweisung von Gebäudebestandteilen zum Sondereigentum kann im Einzelfall in eine Regelung umgedeutet werden, welche die Instandhaltungspflicht für diese Gebäudeteile den einzelnen Wohnungseigentümern auferlegt, zu deren Sondereigentum die Gebäudeteile gehören.[22] Bevor eine Umdeutung in Betracht kommt, ist zunächst im Wege der Auslegung festzustellen, ob die Teilungserklärung überhaupt eine nichtige Zuordnung zum Sondereigentum vornimmt.[23] Die Umdeutung der Teilungserklärung setzt voraus, dass der teilende Eigentümer einen vom Gesetz abweichenden Verteilungsschlüssel gewollt hätte, wenn ihm bewusst gewesen wäre, dass die Zuweisung zum Sondereigentum nichtig ist.[24] Die Umdeutung einer Teilungserklärung unterliegt dabei denselben Beschränkungen wie die Auslegung der Teilungserklärung. Abzustellen ist auch insoweit auf den objektiven Sinn des im Grundbuch Eingetragenen, wie er sich für den unbefangenen Betrachter als nächstliegende Bedeutung ergibt.[25] Umstände außerhalb der Urkunde, insbesondere subjektive Vorstellungen des teilenden Eigentümers, die nicht aus der Urkunde selbst erkennbar sind, müssen deshalb unberücksichtigt bleiben.[26] Auch Beschlüsse der Wohnungseigentümer können weder zur Auslegung noch zur Umdeutung der Teilungserklärung herangezogen werden.[27]

5. Sondernutzungsrechte

14 Die (ergänzende) Auslegung der Teilungserklärung kann ergeben, dass mit der Einräumung eines Sondernutzungsrechts zugleich die Instandhaltungskosten dieses gemeinschaftlichen Eigentums dem Sondernutzungsberechtigten auferlegt sind.[28] Erfolgt nach der Gemeinschaftsordnung die Abrechnung der Betriebs-, Instandsetzungs- und Reparaturkosten sowie der Instandhaltungsrückstellung nach Miteigentumsanteilen und nach der Sondernutzung, haben allein die Wohnungseigentümer, denen das Sondernutzungsrecht an einem Tiefgaragenstellplatz zusteht, die trennbaren Lasten und Kosten der Tiefgarage zu tragen.[29]

15 Die **übliche Gartenpflege**, zu der auch der Ersatz abgestorbener Pflanzen, das regelmäßige Rasenmähen und das Zurückschneiden von Hecken, Sträuchern und Bäumen gehört, ist Teil der Sondernutzung einer Gartenfläche. Die hierdurch verursachten Kosten sind also Kosten der Sondernutzung, die nicht unter § 16 Abs. 2 fallen, sondern von jedem Sondernutzungsberechtigten allein zu tragen sind. Hat ein Wohnungseigentümer nach der Teilungserklärung ausdrücklich die Gartenfläche, an der er ein Sondernutzungsrecht hat, instand zu halten, dann hat er auch die Kosten der Bewässerung zu tragen; die Kosten für den Einbau eines Zwischenzählers zur Erfassung der Bewässerungskosten sind dagegen von der Wohnungseigentümergemeinschaft zu tragen.[30] Die Kosten für die Beseitigung eines Baumes, der auf einer Sondernutzungsfläche steht und ein angrenzendes Garagengebäude beeinträchtigt, braucht der Sondernutzungsberechtigte auch dann nicht allein zu tragen, wenn die Teilungserklärung bestimmt, dass die Kosten der In-

---

20 KG 24 W 50/01, NZM 2002, 261; zur Auslegung einer Bestimmung der Teilungserklärung, wonach die Lasten des gemeinschaftlichen Eigentums nach dem Verhältnis der auf seine Einheit entfallenden Wohn- und Nutzfläche gemäß DIN in der jeweils gültigen Fassung zu tragen sind, vgl. OLG Düsseldorf 3 Wx 28/01, NZM 2002, 262.
21 KG 24 W 4594/95, WuM 1996, 171, 172; OLG Hamm 15 W 151/03, NZM 2003, 803, 804; **a.A.** OLG Schleswig 2 W 108/94, WuM 1996, 783, 784; zur Kostenverteilung in Fällen, in denen die Wohnungseigentümer nach der Teilungserklärung die laufenden Betriebskosten nach Miteigentumsanteilen zu tragen haben, aber gleichzeitig bestimmt ist, dass die Kosten ausschließlich der jeweilige Wohnungseigentümer zu tragen hat, sofern selbstständige Versorgungsanlagen oder spezielle Messgeräte vorhanden sind vgl. BayObLG 2Z BR 35/96, WuM 1997, 234.
22 Vgl. OLG Karlsruhe 11 Wx 71/99, NZM 2002, 220 m.w.N.; *Weitnauer/Gottschalg*, § 16 Rn 20; *Armbrüster* in Bärmann, § 5 Rn 27; Staudinger/*Rapp*, § 5 Rn 29; **a.A.:** *Deckert*, WE 1992, 93; *Sauren*, § 1 Rn 8 „Fenster".
23 OLG München 34 Wx 116/06 NZM 2007, 369 m.w.N. – Isolierschicht eines Balkonbodens.
24 Vgl. etwa OLG Hamm 15 W 115/96, WE 1997, 152, 153.
25 OLG Karlsruhe 11 Wx 71/99, NZM 2002, 220.
26 Vgl. etwa OLG Hamm 15 W 115/96, WE 1997, 152, 153.
27 **A.A.** LG Düsseldorf 19 T 81/01, NZM 2002, 126 m. abl. Anm. *Niedenführ*, NZM 2002, 106.
28 Staudinger/*Bub*, § 16 Rn 40 m.w.N.; *Hogenschurz*, Sondernutzungsrecht, § 3 Rn 13 ff.
29 BayObLG 2Z BR 75/98, NZM 1999, 26.
30 OLG Köln 16 Wx 58/05, NZM 2005, 785; zur Auslegung der Bestimmungen einer Gemeinschaftsordnung über die Kostentragungspflicht von Sondernutzungsberechtigten siehe auch BayObLG 2Z BR 203/03, ZMR 2004, 357.

standhaltung und Instandsetzung Sondernutzungsfläche der Sondernutzungsberechtigte zu tragen hat, denn eine solche Maßnahme geht über rein gärtnerische Erhaltungsmaßnahmen hinaus.[31]

6. Kosten der Instandhaltung und Instandsetzung

Durch die Gemeinschaftsordnung oder eine sonstige von der gesetzlichen Regelung **abweichende Vereinbarung** können die Kosten der Instandhaltung und Instandsetzung einzelner Teile des gemeinschaftlichen Eigentums (z.B. Fenster) dem jeweiligen Wohnungseigentümer auferlegt werden.[32] So können z.B. die Kosten für die Gebäudeteile und Einrichtungen, die zu den Garagen gehören, nur den Garageneigentümern gemeinsam auferlegt werden.[33] Ist aber erstmalig ein ordnungsmäßiger Zustand herzustellen, werden diese Maßnahmen von einer solchen Regelung in der Gemeinschaftsordnung nicht erfasst.[34]

Sollen die Kosten der Instandhaltung von Gebäudeteilen, die zum gemeinschaftlichen Eigentum gehören, einer Gruppe von Sondernutzern allein aufgebürdet werden, bedarf es einer klaren und eindeutigen Regelung.[35] Verpflichtet die Teilungserklärung jeden Eigentümer, die Instandhaltung aller zum Sondereigentum gehörenden Teile der Eigentumseinheit einschließlich des Zubehörs sowie der seinem Sondernutzungsrecht unterliegenden Bereiche auf eigene Kosten vorzunehmen, so wird nur für das Sondereigentum die gesetzliche Regelung des § 14 Abs. 1 Nr. 1 wiederholt und auf die Sondernutzungsbereiche erstreckt, so dass keine Reparaturkosten auf die Sondernutzungsberechtigten verlagert werden.[36]

Bestimmt die Teilungserklärung, dass die Kosten für die Instandhaltung der **Fensterscheiben** in Außenfenstern von den jeweiligen Sondereigentümern zu tragen sind, so sind die einzelnen Wohnungseigentümer nicht verpflichtet, die Kosten für den Austausch oder die Erneuerung des ganzen Fensters zu tragen.[37] Verpflichtet die Teilungserklärung den einzelnen Wohnungseigentümer, Glasschäden an Fenstern und Türen im räumlichen Bereich seines Sondereigentums zu beheben, kann dazu auch die Auswechslung „blind" gewordener Scheiben in rundum verglasten Dachgauben fallen.[38] Bestimmt die Teilungserklärung, dass die Instandsetzungsarbeiten an Fenstern, Balkonumkleidungen, Balkon- und Wohnungsabschlusstüren mit Ausnahme des Außenanstrichs der betreffende Wohnungseigentümer ohne Rücksicht auf die Ursache des Schadens zu veranlassen hat, so sind die Kosten für die Erneuerung von Alu-Fenstern von den Wohnungseigentümern zu tragen, innerhalb deren Sondereigentum die Maßnahme durchgeführt wird.[39]

Die **hydraulischen Hebebühnen** von Doppelstockgaragen gehören auch dann zum gemeinschaftlichen Eigentum des Garagengebäudes, wenn an den einzelnen Doppelstockgaragen Sondereigentum begründet wurde, so dass die Kosten für die Reparatur einer Hebebühnen nicht von dem Eigentümer der Doppelstockgarage, sondern von allen Garageneigentümern anteilig zu tragen sind.[40]

Bestimmt die Gemeinschaftsordnung, dass zwischen Wohnungen und Tiefgaragenstellplätzen **getrennte Abrechnungseinheiten** gebildet werden und die Instandhaltung und Instandsetzung von gemeinschaftlichen Flächen, Hauszeilen, Anlagen und Einrichtungen, deren Nutzung nur einem oder einer bestimmten Anzahl von Wohnungseigentümern zusteht, den Nutzungsberechtigten obliegt, dann haben die Teileigentümer der Tiefgarage die Kosten der Sanierung der Bodenplatte und der Stützpfeiler der Tiefgarage allein zu tragen.[41]

Bestimmt die Teilungserklärung, dass die Wohnungseigentümer die Kosten und Lasten der ihnen jeweils zugeordneten **Balkone** zu tragen haben, dann brauchen sich Wohnungseigentümer ohne Balkon an den Kosten der Balkonsanierung auch insoweit nicht zu beteiligen, als Teile des gemeinschaftlichen Eigentums saniert werden.[42] Bestimmt die Gemeinschaftsordnung ausdrücklich, dass der Wohnungseigentümer, vor dessen Wohnung die Balkone liegen, an diesen ein ausschließliches Benutzungsrecht besitzt und hierfür alle Kosten der Instandhaltung und Instandsetzung allein zu tragen hat, dann sind sämtliche Instandhaltungs- und Instandsetzungsarbeiten, auch die an den konstruktiven Teile der Balkone, von dieser Kostenregelung umfasst.[43]

III. Öffnungsklausel

Die Teilungserklärung kann bestimmen, dass die Verteilung von Nutzungen oder Lasten der Wohnungseigentümerversammlung überlassen wird, die dann darüber mit Mehrheit entscheidet.[44] Gemäß § 16 Abs. 5 können die Befugnisse zur Änderung der Kostenverteilung aufgrund von § 16 Abs. 3 und 4 nicht durch Vereinbarung der Wohnungs-

---

31 OLG Düsseldorf 3 Wx 227/03, ZMR 2004, 606, 608.
32 BayObLG 2Z BR 87/98, NZM 1999, 28 m.w.N.
33 OLG Düsseldorf 3 Wx 14/99, NZM 1999, 571.
34 OLG München 34 Wx 116/06, NZM 2007, 369 m.w.N.; KG 24 W 83/07, ZMR 2009, 135.
35 OLG Frankfurt 20 W 205/05, NZM 2007, 523 – Markisenanlage; KG 24 W 83/07, ZMR 2009, 135 – räumlicher Bereich des Sondereigentums.
36 KG 24 W 81/03, Info-M 2005, 255 = ZWE 2005, 569 m. Anm. *F. Schmidt* [Hydraulikanlage].
37 OLG Düsseldorf 3 Wx 377/02, ZMR 2003, 696.
38 OLG Düsseldorf 3 Wx 185/04, NZM 2005, 264.
39 OLG Düsseldorf 3 Wx 376/98, WuM 1999, 350.
40 OLG Düsseldorf 3 Wx 14/99, NZM 1999, 571, 572; OLG Celle 4 W 162/05, NZM 2005, 871; KG 24 W 81/03, Info-M 2005, 255; **a.A.** *Deckert*, ZWE 2000, 295, 299; *Häublein*, MittBayNot 2000, 112.
41 BayObLG 2Z BR 001/04, ZMR 2004, 765.
42 OLG Braunschweig 3 W 9/06, ZMR 2006, 787, 788.
43 OLG München 34 Wx 059/06, ZMR 2007, 557.
44 BayObLGZ 71, 138.

eigentümer eingeschränkt oder ausgeschlossen werden. Eine Öffnungsklausel, die für Betriebskosten eine Änderung des Verteilungsschlüssels nur mit qualifizierter Mehrheit erlaubt, läuft damit leer. Eine Regelung, wonach Beschlüsse der Eigentümerversammlung nur einstimmig gefasst werden können, gilt nicht, soweit es um eine Abstimmung über die Änderung des Verteilungsschlüssels nach § 16 Abs. 3 und 4 geht.[45] Abweichende Kostenverteilungsbeschlüsse aufgrund einer Öffnungsklausel mit geringeren Anforderungen, also bei Instandhaltungsmaßnahmen zum Beispiel ohne das Erfordernis einer qualifizierten Mehrheit, bleiben zulässig, weil solche Beschlüsse die Befugnis der Mehrheit der Wohnungseigentümer nicht einschränken, sondern erweitern (siehe Rn 118). Durch eine Öffnungsklausel legitimierte Beschlüsse mit Vereinbarungsinhalt wirken auch **ohne Eintragung ins Grundbuch** gegen Sondernachfolger (§ 10 Abs. 4 S. 2).[46]

1. Auslegung von Öffnungsklauseln

23 Welchen Inhalt eine Regelung der Teilungserklärung hat, ist durch Auslegung festzustellen. Dabei kommt es nicht auf deren Verständnis durch den teilenden Eigentümer oder die Miteigentümer an, sondern auf den Wortlaut und den Sinn der Erklärung, wie er sich für einen unbefangenen Betrachter als nächstliegend ergibt.[47] Eine Öffnungsklausel, wonach der Verteilungsschlüssel mit einer qualifizierten Mehrheit (z.B. $^3\!/_4$- oder $^2\!/_3$-Mehrheit) geändert werden kann, ist vor dem Hintergrund der wirtschaftlichen Tragweite nächstliegend dahin auszulegen, dass die Abänderung eine qualifizierte Mehrheit aller und nicht nur der in der Versammlung anwesenden Wohnungseigentümer erfordert.[48] Bestimmt die Teilungserklärung, dass das gemeinschaftliche Eigentum auf gemeinsame Kosten instand zu halten ist, aber Schäden an den nach außen weisenden Fenstern und Türen der Wohnung von den Wohnungseigentümern auf ihre Kosten zu beseitigen sind, ergibt sich daraus keine Grundlage für einen Mehrheitsbeschluss, wonach jeder Wohnungseigentümer auch die Kosten der laufenden Instandhaltung dieser Gebäudeteile tragen soll.[49]

2. Willkürverbot

24 Enthält die Teilungserklärung eine Öffnungsklausel, wonach die Änderung des Verteilungsschlüssels beschlossen werden kann, so ist ebenso wie bei § 16 Abs. 3 (siehe Rn 53) ein besonderer sachlicher Grund für die Änderung nicht mehr erforderlich, ausreichend ist, wenn sowohl das „Ob" als auch das „Wie" der Änderung nicht willkürlich sind und die Regelung auch im Übrigen ordnungsgemäßer Verwaltung entspricht.[50] Auch bei der Änderung eines Kostenverteilungsschlüssels aufgrund einer Öffnungsklausel steht den Wohnungseigentümern ein weiter Gestaltungsspielraum zu.[51] Es ist nicht erforderlich, dass die strengen Voraussetzungen gegeben sind, unter denen der einzelne Wohnungseigentümer eine Änderung des Verteilungsschlüssels beanspruchen kann (siehe dazu Rn 120 ff.). Zu **rückwirkenden Änderungen** des Kostenverteilungsschlüssels siehe Rn 55.

3. Bestimmungsrecht des Verwalters

25 Die Gemeinschaftsordnung kann dem Verwalter wirksam die Bestimmung und die Änderung des Kostenverteilungsschlüssels, etwa nach § 317 BGB, übertragen.[52] Jedenfalls kann in einem solchen Fall **erst recht die Eigentümerversammlung** den Verteilungsschlüssel durch Beschluss ändern[53] und der Verwalter ist schon aus Gründen der Neutralität berechtigt, die Bestimmungs- und Änderungskompetenz der Eigentümergemeinschaft zu überlassen.[54] Voraussetzung ist auch insoweit ebenso wie bei § 16 Abs. 3 (siehe Rn 53) nicht mehr, dass ein **sachlicher Grund** vorliegt.[55] Es genügt, wenn die Änderung nicht willkürlich ist und auch im Übrigen ordnungsgemäßer Verwaltung entspricht. Dies ist z.B. dann der Fall, wenn die bisherige Regelung zu wenig auf bestimmte Besonderheiten einer Gemeinschaft abgestellt wird.[56] Solche Beschlüsse der Eigentümerversammlung oder Maßnahmen des Verwalters unterliegen der gerichtlichen Überprüfung (§§ 23 Abs. 4, 43 Nr. 4, 46), da jeder Miteigentümer einen Anspruch auf ordnungsgemäße Verwaltung hat. Kann nach der Öffnungsklausel jedes andere in der Wohnungswirtschaft übliche und angemessene Umlegungsverfahren angewendet werden, besonders wenn es der Angemessenheit oder der Einfachheit dient, ist dennoch ein Mehrheitsbeschluss über die Änderung nach den Grundsätzen **ordnungsmäßiger Verwaltung** gerichtlich überprüfbar.[57]

4. Einzelfälle

26 Bestimmt die Teilungserklärung, dass sich ein ausbauberechtigter Wohnungseigentümer nach Baubeginn mit den betroffenen Einheiten zu 50 % an den Bewirtschaftungskosten der Wohnanlage zu beteiligen hat, so kann ein nach Baubeginn gefasster Mehrheitsbeschluss, der diese Kostenbeteiligung mit sofortiger Wirkung feststellt, nicht für ungültig

---

45 OLG Hamm 15 Wx 89/08, NZM 2009, 162.
46 Zur Frage ob ein Verteilungsschlüssel wirksam geändert wird, wenn die Änderung in einem umfangreichen Beschluss „versteckt" ist vgl. OLG Düsseldorf 3 Wx 344/03, ZMR 2004, 848.
47 BGH V ZR 33/09, NZM 2009, 866.
48 BGH V ZR 162/10, NZM 2011, 514; BGH V ZR 2/10, WuM 2011, 480.
49 BGH V ZR 33/09, NZM 2009, 866.
50 BGH V ZR 2/10, WuM 2011, 480.
51 BGH wie vor.
52 Offen gelassen von KG 24 W 31/03, NZM 2004, 910.
53 OLG Frankfurt 20 W 485/98, NZM 2001, 140.
54 KG 24 W 31/03, NZM 2004, 910.
55 So noch BayObLG 2Z BR 132/03, ZMR 2004, 211, 212.
56 Vgl. hierzu KG 24 W 184/90, WuM 1991, 366.
57 KG 24 W 31/03, NZM 2004, 910.

erklärt werden, weil er auf einer (verdeckten) Öffnungsklausel beruht.[58] Eine Öffnungsklausel, die sich auf die Kostenverteilung für die „Betriebskosten" bezieht, erstreckt sich auch auf die Instandsetzungskosten.[59]

Enthält eine nicht im Grundbuch gewahrte Vereinbarung über eine von der Teilungserklärung abweichende Kostenverteilung eine Öffnungsklausel, so widerspricht ein Mehrheitsbeschluss über die Rückkehr zur alten Kostenverteilung nicht den Grundsätzen ordnungsgemäßer Verwaltung.[60]

27

Eine Änderung des Verteilungsschlüssels durch Mehrheitsbeschluss auf anteilige Wohn-/Nutzfläche ist wirkungslos, wenn Zweifelsfragen (z.B. die Einbeziehung von Balkonen, Loggien und Dachterrassen) ausdrücklich offen bleiben und die Umstellung deshalb rechnerisch nicht vollzogen werden kann.[61] Ein Beschluss über die Änderung des Kostenverteilungsschlüssels muss sowohl inhaltlich hinreichend klar gefasst sein als auch die sachlich notwendigen Einzelregelungen umfassen.[62] Bei Beschlüssen, durch die aufgrund einer Öffnungsklausel der vereinbarte Verteilungsschlüssel abgeändert werden soll, muss sich aus dem Protokoll zumindest eindeutig ergeben, zu welchem Antrag eine Abstimmung erfolgt ist und welches Abstimmungsergebnis erzielt wurde, damit auf eine konkludente Feststellung und Verkündung des Beschlussergebnisses geschlossen werden kann.[63]

28

5. Keine Öffnungsklausel

Fehlt eine Öffnungsklausel ist ein Mehrheitsbeschluss über die Änderung des Verteilungsschlüssels **nur dann nichtig, wenn** auch **keine Beschlusskompetenz aufgrund der** durch die WEG-Novelle 2007 eingefügten **Abs. 3 und 4** besteht. Die Beschlusskompetenz nach diesen Vorschriften fehlt z.B., wenn der Beschluss eine generelle Regelung über die Verteilung von Instandsetzungskosten trifft.

29

IV. Anwendung eines falschen Verteilungsschlüssel

Die bloße **Anwendung eines falschen Verteilungsschlüssels** führt schon deshalb nicht zur Nichtigkeit des Beschlusses über die Genehmigung einer konkreten Jahresabrechnung oder über die Erhebung einer Sonderumlage, weil der Verteilungsschlüssel nicht mit Bindungswirkung für die Zukunft geändert wird.[64]

30

Selbst wenn die Wohnungseigentümer jahrelang Wirtschaftspläne und Jahresabrechnungen mit einem von der Teilungserklärung abweichenden Verteilungsschlüssel genehmigen, bewirkt dies keine Änderung des Verteilungsschlüssels, wenn Änderungswille und Änderungsbewusstsein der Wohnungseigentümer für die Zukunft nicht feststehen.[65]

31

Wird der Kostenverteilungsschlüssel durch einen **Beschluss aller Wohnungseigentümer** geändert, kann auch eine Vereinbarung vorliegen.[66]

32

C. Der Anteil an Nutzungen (§ 16 Abs. 1 S. 1)

I. Begriff der Nutzungen

Nutzungen sind, wie in § 13 Abs. 2 S. 2 beschrieben (vgl. § 13 Rn 22), nur die „Früchte" i.S.d. § 99 BGB, und zwar sowohl die natürlichen als auch die rechtlichen Früchte. Nicht zu den Früchten zählen Gebrauchsvorteile, da an solchen keine Bruchteile möglich sind (§ 100 BGB). Für diese gilt § 13 Abs. 2 S. 1 i.V.m. §§ 14, 15. Bei natürlichen Früchten kommen hauptsächlich in Betracht Obst, Gemüse, Blumen aus dem der Gemeinschaft gehörenden Garten, die gemäß § 953 BGB gemeinschaftliches Eigentum werden. Früchte eines Rechts können sein: Entgelte aus der Vermietung oder Verpachtung von Grundstücken, Grundstücksflächen oder Räumen, die im gemeinschaftlichen Eigentum stehen, Verpachtung einer Außenwand zu Reklamezwecken, aber auch Früchte aus dem gemeinschaftlichen Vermögen, z.B. Zinserträge aus der Instandhaltungsrücklage, die langfristig angelegt ist. Diese Erträge stehen den Miteigentümern im Verhältnis ihrer Miteigentumsanteile zu. (Zum Verwaltungsvermögen vgl. § 10 Rn 95 ff.)

33

Die Art und Weise der Fruchtziehung gehört zur Verwaltung i.S.d. § 21 Abs. 1. Sie steht, sofern nicht durch Vereinbarung oder Mehrheitsbeschluss anderes geregelt ist, der Eigentümergemeinschaft zu. Sie kann dem Verwalter übertragen werden. Kraft Gesetzes ist dieser befugt, den Reinertrag der Nutzungen an die Wohnungseigentümer auszuzahlen (§ 27 Abs. 1 Nr. 5, Abs. 3 Nr. 4).

34

---

58 KG 24 W 6354/00, NZM 2001, 959, 960.
59 OLG Hamm 15 W 151/03, NZM 2003, 803, 804.
60 OLG Hamburg 2 Wx 35/98, NZM 2002, 27.
61 KG 24 W 5414/95, WuM 1996, 364, 366.
62 OLG Hamm 15 W 396/03, NZM 2004, 504, 505.
63 OLG München 32 Wx 165/06, NZM 2007, 365.

64 Vgl. BGH V ZB 58/99, NJW 2000, 3500; BayObLG 2 Z BR 125/03, NZM 2004, 659, 660.
65 OLG Köln 16 Wx 6/95, WE 1995, 155, 157; BayObLG 2 Z BR 101/00, ZWE 2001, 432, 756 m.w.N.; **a.A.** LG Köln 29 T 265/96, WuM 1997, 393 m. zust. Anm. *Füchtler*, S. 394.
66 OLG Düsseldorf 3 Wx 392/00, NZM 2001, 530.

II. Anspruch auf Nutzungen

35 Der Anspruch des einzelnen Wohnungseigentümers auf seinen Anteil bezieht sich nur auf den Reinertrag der Nutzungen, nicht auf deren Rohertrag.[67] Er richtet sich gegen die anderen Miteigentümer auf Gewährung seines Anteils an den Früchten, der seinem Miteigentumsanteil entspricht. Der einzelne Wohnungseigentümer kann diesen Anteil nicht vom Schuldner verlangen. Er kann auch nur über diesen Anteil selbst verfügen, ihn abtreten oder verpfänden. Dieser Anspruch kann dem einzelnen Wohnungseigentümer nach § 16 Abs. 1 S. 1 nicht durch Mehrheitsbeschluss gegen seinen Willen entzogen werden. Die ausdrückliche Übernahme des § 745 Abs. 3 S. 2 BGB in das Wohnungseigentumsgesetz ist daher überflüssig. Ein Mehrheitsbeschluss, wonach die Erträge für die Fremdnutzung einer im gemeinschaftlichen Eigentum stehenden Hofdurchfahrt nur den Teileigentümern der im Hofbereich befindlichen Garagen zugewiesen werden, ist nichtig.[68]

36 Der einzelne Wohnungseigentümer ist jedoch von den Nutzungen insoweit ausgeschlossen, als er einer baulichen Veränderung nach § 22 Abs. 1 nicht zugestimmt hat und sich die Nutzung aus dieser Maßnahme ergibt (§ 16 Abs. 6). In Betracht kommen hier bauliche Veränderungen, die zu einer Wertverbesserung des Objekts führen (nachträglicher Einbau eines Aufzuges, Schwimmbades, Neugestaltung der Gartenanlage als Park, Einbau moderner Türen und Fenster, ohne dass dies aus der Sicht der Instandsetzung notwendig wäre). Hier gebührt dem nicht zustimmenden Eigentümer kein Anteil an den Früchten der Maßnahme, z.B. Entgelt für Schwimmbadbenutzung durch Dritte – angestellt im Laden (Teileigentum) eines Miteigentümers. Lässt sich aber die Nutzung praktisch nicht abtrennen (z.B. beim Einbau einer energiesparenden Heizungsanlage, Installierung von Kabelfernsehen ohne Möglichkeit einer Absperreinrichtung), so ist zwar der widersprechende Eigentümer von dem Anteil der Herstellungskosten befreit, er haftet aber wegen möglicher Ersparnis gegenüber dem früheren Zustand der Gemeinschaft gegenüber aus ungerechtfertigter Bereicherung.[69] Die sich aus solchen Maßnahmen ergebenden Wertsteigerungen des Sondereigentums müssen freilich alle Miteigentümer hinnehmen.

37 Von einem Wohnungseigentümer, der unberechtigt seine Dachgeschosswohnung durch Erweiterung auf gemeinschaftliches Eigentum ausgebaut hat, kann die Wohnungseigentümergemeinschaft für die Überlassung der Flächen nur eine Nutzungsentschädigung für unausgebauten Dachraum verlangen.[70]

D. Die Lasten des gemeinschaftlichen Eigentums

38 Lasten des gemeinschaftlichen Eigentums sind solche, die aus dem Grundstück selbst resultieren und sowohl die dingliche Haftung des Grundstücks als auch die persönliche Haftung des Schuldners voraussetzen. Sie sind der Gegensatz zu den Nutzungen, als sie den Nutzwert des Grundstücks mindern. In Betracht kommen sowohl privatrechtliche Lasten als auch öffentlich-rechtliche Lasten (siehe dazu Rn 60).

39 Zu den privatrechtlichen Lasten gehören Grundschuld- und Hypothekenzinsen oder Renten, soweit alle Wohnungseigentumsrechte belastet sind. Lasten aus Grundpfandrechten, die nur einzelne Wohnungseigentumsrechte betreffen, sind Sache des einzelnen Wohnungseigentümers und nicht der Gemeinschaft. Inwieweit wiederkehrende Tilgungsbeträge, die sich auf **Gesamtgrundpfandrechte** beziehen, zu den Lasten gehören, ist streitig.[71]

40 Nach hier vertretener Meinung werden solche Kapitalkosten Lasten des Grundstücks. Sie unterliegen einer besonderen Zweckbestimmung und werden durch Einzahlung Teil des Verwaltungsvermögens, das dem Zugriff des Gläubigers eines einzelnen Wohnungseigentümers entzogen ist. Nicht zu den Lasten gehören jedoch Kapitalrücklagen, die der Tilgung einer noch nicht fälligen Hypothek dienen sollen.

E. Beschlusskompetenz für Betriebs- und Verwaltungskosten (§ 16 Abs. 3)

41 Struktur des § 16 Abs. 3:

§ 16 Abs. 3 begründet die **Beschlusskompetenz** der Wohnungseigentümer **für**
- **die Verteilung,**
    - der *Betriebskosten* i.S.d. § 556 Abs. 1 BGB
        - des gemeinschaftlichen Eigentums oder
        - des Sondereigentums

      soweit sie nicht unmittelbar gegenüber Dritten abgerechnet werden,
    - der Kosten der Verwaltung

---

67 BGH LM § 812 BGB Nr. 15; OLG Hamm Mitt RheinNotK 1981, 192.
68 OLG Düsseldorf 3 Wx 258/02, NZM 2003, 28.
69 OLG Hamm 15 W 300/01, ZMR 2002, 965 m.w.N.
70 KG 24 W 158/02, ZMR 2004, 377, 378.
71 Bejahend BayObLG BReg 2 Z 14/73, NJW 1973, 1881; *Becker* in Bärmann, § 16 Rn 29; verneinend *Weitnauer/Gottschalg*, § 16 Rn 15.

- nach
  - Verbrauch oder
  - Verursachung oder
  - einem anderen Maßstab
- **die Erfassung**
  - der *Betriebskosten* i.S.d. § 556 Abs. 1 BGB
    - des gemeinschaftlichen Eigentums oder
    - des Sondereigentums
    soweit sie nicht unmittelbar gegenüber Dritten abgerechnet werden,
  - der Kosten der Verwaltung
- nach
  - Verbrauch oder
  - Verursachung
  soweit dies der ordnungsgemäßen Verwaltung entspricht.

I. Beschlusskompetenz

Die Beschlusskompetenz des § 16 Abs. 3 erstreckt sich – anders als die Beschlusskompetenz des § 16 Abs. 4 – auch auf Regelungen, die über den Einzelfall hinausgehen. Beschlüsse im Rahmen des § 16 Abs. 3 können mit einfacher Mehrheit nicht nur den in § 16 Abs. 2 normierten dispositiven gesetzlichen Umlageschlüssel, sondern auch einen vereinbarten Kostenverteilungsschlüssel generell abändern.[72] Die Beschlusskompetenz umfasst auch rückwirkende Regelungen,[73] die allerdings nicht ohne weiteres ordnungsgemäßer Verwaltung entspricht (siehe Rn 55). Die Beschlusskompetenz bezieht sich nicht nur auf solche Kosten, die nach Verbrauch oder Verursachung erfasst werden können, sondern erfasst auch verbrauchs- und verursachungsunabhängige Kosten.[74] § 16 Abs. 3 normiert nur die Kompetenz, im Rahmen einer dem Grunde nach bereits bestehenden Kostentragungspflicht einen anderen Verteilungsmaßstab zu wählen. Die Vorschrift begründet jedoch keine Befugnis, einen Wohnungseigentümer, der nach einer bestehenden Vereinbarung von der Tragung bestimmter Kosten oder der Kostentragungspflicht insgesamt befreit ist, durch Beschluss erstmals an den Kosten zu beteiligen.[75] 42

II. Betriebskosten des Sondereigentums

§ 16 Abs. 3 stellt klar, dass Betriebskosten des Sondereigentums nur erfasst werden, soweit sie über die Gemeinschaft abgerechnet werden, nicht aber, soweit sie von einem Wohnungseigentümer unmittelbar gegenüber Dritten abgerechnet werden. Die Grundsteuer (siehe Rn 60) sowie in der Regel Strom- und Gaslieferungen für die einzelnen Wohnungen fallen daher nicht unter § 16 Abs. 3. Da es sich bei der Pflicht nach § 16 Abs. 2 S. 2 ENEV 2009 um eine individuelle Pflicht des Vermieters und nicht der Wohnungseigentümergemeinschaft handelt, geht es um Betriebskosten des Sondereigentums.[76] 43

III. Ordnungsgemäße Verwaltung

Die beschlossenen Maßnahmen müssen **ordnungsmäßiger Verwaltung** entsprechen. Die Wohnungseigentümer können aufgrund ihrer Privatautonomie zwar grundsätzlich frei entscheiden, ob sie eine verursachungs- oder verbrauchsabhängige Abrechnung einführen oder ob sie weiterhin nach dem geltenden oder nach einem anderen Maßstab abrechnen wollen. Die Entscheidung ist aber nur rechtmäßig, wenn sie ordnungsmäßiger Verwaltung entspricht. Ob dies der Fall ist, richtet sich nach den Umständen des jeweiligen Einzelfalls. 44

Das Gesetz räumt den Wohnungseigentümern aufgrund ihres Selbstorganisationsrechts einen **weiten Gestaltungsspielraum** ein. Sie dürfen jeden Maßstab wählen, der den Interessen der Gemeinschaft und der einzelnen Wohnungseigentümer angemessen ist und insbesondere nicht zu einer ungerechtfertigten Benachteiligung einzelner führt.[77] 45

Die Neuregelung des Kostenverteilungsschlüssels muss so **transparent** gestaltet werden, dass sie einem verständigen und unbefangenen Leser bei der Durchsicht der Beschluss-Sammlung ohne weiteres auffallen muss.[78] Eine Neuregelung 46

---

72 BGH V ZR 202/09, ZMR 2010, 775; BGH V ZR 221/09, MDR 2010, 1241; BGH V ZR 225/11, NJW 2012, 2578, Tz 12.
73 BGH V ZR 202/09, ZMR 2010, 775; BGH V ZR 221/09, MDR 2010, 1241.
74 BGH V ZR 225/11, NJW 2012, 2578, Tz 12.
75 BGH V ZR 225/11, NJW 2012, 2578, Tz 12; AG Mettmann 26 C 104/08, ZMR 2009, 959; AG Bremen 29 C 46/09 + 47/09, ZMR 2010, 322; **a.A.** *Moosheimer*, ZMR 2011, 597, 598; *Elzer*, NJW 2010, 3473, 3474.
76 AG München 483 C 31786/10, ZMR 2012, 54, 56.
77 BGH V ZR 162/10, NZM 2011, 514; BGH V ZR 3/11, ZWE 2012, 30; vgl. BT-Drucks 16/887 S. 23.
78 BGH V ZR 202/09, ZMR 2010, 775.

ist anfechtbar, wenn der neue Schlüssel lediglich dem beschlossenen Wirtschaftsplan zugrunde liegt, ohne dass aus dem Beschluss selbst ausdrücklich hervorgeht, dass der von der Teilungserklärung vorgegebene Schlüssel geändert worden ist.[79]

47 Die Mehrheit darf sich nicht über schutzwürdige Belange der Minderheit hinwegsetzen und einzelne Miteigentümer nicht gegenüber dem früheren Zustand unbillig benachteiligen.[80] Zu berücksichtigen ist dabei jedoch, dass jede Änderung bei irgendeinem der Beteiligten zu einer Mehrbelastung führt, weshalb der durch das Gesetz eröffnete Spielraum für denkbare, ordnungsgemäße Umlageschlüssel erst dann verlassen wird, wenn ein neu beschlossener Schlüssel zu einer erheblichen Mehrbelastung einzelner Wohnungseigentümer führt.[81]

48 Es widerspricht nicht ordnungsgemäßer Verwaltung, die nach der Teilungserklärung ursprünglich an den Aufzugskosten beteiligten Eigentümer des Hochparterres, die nach einem Änderungsbeschluss nicht mehr an den Aufzugskosten beteiligt waren, durch einen erneuten Änderungsbeschluss wieder an den Aufzugskosten zu beteiligen.[82]

49 Ein Beschluss, wonach bestimmte Betriebs- und Verwaltungskosten nicht mehr nach Miteigentumsanteilen, sondern nach der Fläche der jeweiligen Sondereigentumseinheiten abgerechnet werden, entspricht ordnungsmäßiger Verwaltung auch dann, wenn sich der Kostenbeitrag eines Wohnungseigentümer hinsichtlich der von der Änderung erfassten Positionen um etwa das Sechs- bis Sechseinhalbfache erhöht, aber der neue Verteilungsschlüssel zu einer höheren Kostengerechtigkeit führt.[83] Der Maßstab zur Verteilung der Lasten und Kosten muss nicht zwingend mit dem Verteilungsmaßstab der Nutzungen übereinstimmen.[84] Wenngleich die Wohnflächenverordnung nicht unmittelbar anzuwenden ist, weil es um die Festlegung eines Abrechnungsschlüssels geht, so sind deren Vorgaben jedoch bei der Beurteilung, ob der Beschluss den Grundsätzen ordnungsgemäßer Verwaltung genügt, zu berücksichtigen.[85]

50 In der Rechtsprechung wird vertreten, es widerspreche ordnungsmäßiger Verwaltung, die das Grundstück als Solches betreffenden Kosten, wie Straßenreinigung, Gartenpflege, Haftpflichtversicherung und Gebäudeversicherung nicht mehr nach Miteigentumsanteilen, sondern nach Wohnungen zu verteilen.[86] Diese Sichtweise dürfte das Gestaltungsermessen der Wohnungseigentümer zu stark einschränken.[87]

51 Beschlüsse, die ordnungsgemäßer Verwaltung widersprechen sind nicht nichtig, sondern nur anfechtbar, denn die Ordnungsmäßigkeit ist aus Gründen der Rechtssicherheit nicht kompetenzbegründend.[88]

52 Erforderlich ist eine aber **hinreichend bestimmte Regelung** (siehe § 23 Rn 79). Der Begriff „Wartungskosten für Duplex-Parker" genügt dieser Anforderung nicht, weil unklar ist, welche „Wartungskosten" für welche Teile der Duplex-Parker künftig abweichend vom bisherigen Kostenverteilungsschlüssel verteilt werden sollen.[89] Die Wahl des Verteilungsschlüssels der Wohn- und Nutzflächen ist nichtig, wenn diese Flächen zum Beschlusszeitpunkt weder ausgemessen sind noch eindeutig festgelegt ist, wie die Wohnfläche berechnet werden soll.[90]

IV. Willkürverbot

53 Sowohl die Entscheidung, ob eine Änderung der Kostenverteilung erfolgen soll, als auch die Entscheidung, in welcher Weise sie erfolgen soll, erfordert nach der Gesetzesbegründung einen **sachlichen Grund**.[91] Dies **bedeutet** jedoch nur, dass sowohl das „Ob" als auch das „Wie" der Änderung **nicht willkürlich** sein dürfen.[92] Dabei ist das Willkürverbot keine eigenständige Änderungsvoraussetzung, sondern ein Kriterium, bei dessen Vorliegen eine ordnungsgemäße Verwaltung zu verneinen ist.

V. Änderungsanspruch

54 Die Voraussetzungen für einen **Änderungsanspruch** (siehe Rn 120 ff.) liegen dagegen – ebenso wie bei § 16 Abs. 4 (siehe Rn 94) – nur dann vor, wenn auch die Anforderungen des § 10 Abs. 2 S. 3 erfüllt sind.[93] Bei Bejahung eines Anspruchs kann eine Neuregelung nämlich erzwungen werden, während § 16 Abs. 3 die Voraussetzungen regelt, unter denen die Wohnungseigentümer aufgrund eines freien Willensentschlusses von ihrem Selbstorganisationsrecht Gebrauch machen können, dies aber nicht müssen.[94] Tragen die Beklagten zu einem Grund für die Änderung weder vor und ist ein solcher auch sonst nicht ersichtlich oder der konkret gewählte Schlüssel in der Praxis nicht anerkannt, so kann dies ein Anhaltspunkt dafür sein, dass die getroffene Regelung willkürlich sein könnte.[95]

---

79 BGH a.a.O.
80 LG Nürnberg-Fürth 14 S 7627/08, NZM 2009, 363.
81 LG Nürnberg-Fürth 14 S 7627/08, NZM 2009, 363.
82 LG Berlin 85 S 47/10 WEG, GE 2010, 1549.
83 BGH V ZR 3/11, ZWE 2012, 30.
84 BGH a.a.Oa.a.O.
85 AG Dortmund 512 C 57/09, ZMR 2010, 887; *Moosheimer*, ZMR 2011, 597, 603.
86 AG Hannover 481 C 1989/08, ZMR 2009, 558.
87 Ebenso *Moosheimer*, ZMR 2011, 597, 603.
88 BGH V ZB 58/99, NJW 2000, 3500, 3503.
89 LG München I 36 S 4706/09 – ZMR 2010, 717.
90 AG Charlottenburg 74 C 60/08, NJW-RR 2010, 90; *Moosheimer*, ZMR 2011, 597, 603.
91 Vgl. BT-Drucks 16/887 S. 23.
92 BGH V ZR 162/10, NZM 2011, 514; BGH V ZR 3/11, ZWE 2012, 30.
93 BGH V ZR 131/10, ZMR 2011, 485.
94 BGH V ZR 162/10, NZM 2011, 514.
95 LG Nürnberg-Fürth 14 S 7627/08, NZM 2009, 363, 364.

VI. Rückwirkung

Eine **rückwirkende Änderung** des Kostenverteilungsschlüssels entspricht nur dann ordnungsgemäßer Verwaltung, wenn keine Gesichtspunkte des Vertrauensschutzes entgegenstehen. Das WEG enthält keine dem § 556a Abs. 2 S. 2 BGB vergleichbare Einschränkung, wonach der Vermieter einen neuen Umlageschlüssel durch einseitige Erklärung nur vor Beginn eines Abrechnungszeitraumes festlegen kann. Ein Wohnungseigentümer darf aber grundsätzlich darauf vertrauen, dass die bis zu einer Änderung des Verteilungsschlüssels angefallenen Kosten nach dem bis dahin geltenden (bisherigen) Schlüssel umgelegt werden.[96] Insbesondere in bereits abgeschlossene Abrechnungszeiträume darf aus Gründen des Vertrauensschutzes nur ausnahmsweise rückwirkend eingegriffen werden, etwa wenn der bisherige Schlüssel unbrauchbar oder in hohem Maße unpraktikabel ist oder dessen Anwendung zu grob unbilligen Ergebnissen führt.[97] Hat sich dagegen bei typisierender Betrachtung für den noch laufenden Zeitraum noch kein schutzwürdiges Vertrauen herausgebildet, kommt auch eine rückwirkende Änderung in Betracht. Dies ist z.B. Fall, wenn für das laufende Wirtschaftsjahr kein Wirtschaftsplan beschlüssen wurde, denn allein der Umstand, dass Vorschüsse auf der Grundlage des alten Verteilungsschlüssels erhoben worden sind, begründet noch kein schutzwürdiges Vertrauen.[98] Gleiches gilt, wenn der beschlossene Wirtschaftsplan für ungültig erklärt worden ist, denn ohne gültigen Wirtschaftsplan bleibt die anteilmäßige Verpflichtung der Wohnungseigentümer zur Lasten- und Kostentragung (§ 28 Abs. 1 Nr. 2), über die erst mit der Abstimmung über die Jahresabrechnung entschieden wird, in der Schwebe.[99] Für **Heiz- und Warmwasserkosten** ergibt sich aus § 6 Abs. 4 S. 3 HeizKV ein striktes Rückwirkungsverbot.

55

VII. Prozessuales

Im Anfechtungsprozess trägt der Kläger die **Darlegungs- und Beweislast** für die Tatsachen, aus denen sich eine unangemessene Benachteiligung ergibt. Die Darlegungs- und Beweislast für das Vorliegen von Ausnahmetatbeständen, die einen rückwirkenden Eingriff in bereits abgeschlossene Abrechnungszeiträume rechtfertigen, tragen die beklagten Wohnungseigentümer.[100]

56

VIII. Betriebskosten nach § 556 BGB

Gemäß § 556 Abs. 1 S. 2 BGB sind Betriebskosten die Kosten, die dem Eigentümer durch das Eigentum oder durch den bestimmungsgemäßen Gebrauch des Gebäudes, der Nebengebäude, Anlagen, Einrichtungen und des Grundstücks laufend entstehen. Im Mietrecht dient der Betriebskostenbegriff der Bestimmung derjenigen Kosten, die vertraglich auf den Mieter umgelegt werden können. Im Wohnungseigentumsrecht ist es demgegenüber selbstverständlich, dass Betriebskosten, die bei der Gemeinschaft anfallen, auf die einzelnen Wohnungseigentümer umzulegen sind. Hier geht es nur um die Beschlusskompetenz für den Verteilungsschlüssel. Diese unterschiedliche Funktion des Betriebskostenbegriffs ist bei der Auslegung des § 16 Abs. 3 zwar zu berücksichtigen,[101] doch erlaubt der Funktionsunterschied allein noch nicht, von vornherein bestimmte Betriebskosten der BetrKV vom Anwendungsbereich des § 16 Abs. 3 auszunehmen. Es bedarf vielmehr der Abwägung im jeweiligen Einzelfall, ob Betriebskosten vom Anwendungsbereich des § 16 Abs. 3 auszunehmen sind. Gemäß § 556 Abs. 1 S. 3 BGB gilt für die Aufstellung der Betriebskosten die Betriebskostenverordnung vom 25. November 2003[102] fort.

57

Der Begriff der Betriebskosten i.S.d. § 16 Abs. 3 umfasst wegen der Verweisung auf die BetrKV auch die im Katalog des § 2 BetrKV enthaltenen Kosten, die sich der Instandhaltung und Instandsetzung zuordnen lassen.[103] Zudem unterliegen überschaubare Kosten für Maßnahmen der laufenden Instandhaltung und Instandsetzung des gemeinschaftliches Eigentums, für deren Vergabe der Verwalter gemäß § 27 Abs. 3 S. 1 Nr. 3 ohne besondere Ermächtigung vertretungsbefugt ist, nach Sinn und Zweck der gesetzlichen Regelung nicht den strengen Anforderungen einer doppelt qualifizierten Beschlusskompetenz.[104] Unter den Anwendungsbereich des § 16 Abs. 3 fallen z.B. auch Wartungskosten für die Notstrom- und Brandsicherung.[105]

58

Die Betriebskostenverordnung (BetrKV) enthält folgende Regelung:

59

§ 1 Betriebskosten

(1) Betriebskosten sind die Kosten, die dem Eigentümer oder Erbbauberechtigten durch das Eigentum oder Erbbaurecht am Grundstück oder durch den bestimmungsmäßigen Gebrauch des Gebäudes, der Nebengebäude, Anlagen,

---

96 BGH V ZR 202/09, ZMR 2010, 775.
97 BGH a.a.O; OLG Hamm 15 W 440/05, ZMR 2007, 293.
98 BGH V ZR 202/09, ZMR 2010, 775.
99 BGH V ZR 162/10, NZM 2011, 514.
100 BGH V ZR 202/09, ZMR 2010, 775.
101 Vgl. etwa *Becker* in Bärmann, § 16 Rn 78.
102 BGBl I S. 2346, 2347.
103 LG München I 36 S 4706/09, ZMR 2010, 717 – siehe Rn 64,70.
104 LG Nürnberg-Fürth 14 S 7627/08, NZM 2009, 363, 364; *J.-H. Schmidt*, ZMR 2007, 913, 924; *Abramenko*, WEG § 3 Rn 20; *Becker*, ZWE 2008, 217, 219; *Hügel/Elzer*, NZM 2009, 457, 463; *Elzer* in Riecke/Schmid, § 16 Rn 63e; *Moosheimer*, ZMR 2011, 597, 599.
105 BGH V ZR 3/11, ZWE 2012, 30.

Einrichtungen und des Grundstücks laufend entstehen. Sach- und Arbeitsleistungen des Eigentümers oder Erbbauberechtigten dürfen mit dem Betrag angesetzt werden, der für eine gleichwertige Leistung eines Dritten, insbesondere eines Unternehmers, angesetzt werden könnte; die Umsatzsteuer des Dritten darf nicht angesetzt werden.

(2) Zu den Betriebskosten gehören nicht:
1. die Kosten der zur Verwaltung des Gebäudes erforderlichen Arbeitskräfte und Einrichtungen, die Kosten der Aufsicht, der Wert der vom Vermieter persönlich geleisteten Verwaltungsarbeit, die Kosten für die gesetzlichen oder freiwilligen Prüfungen des Jahresabschlusses und die Kosten für die Geschäftsführung (Verwaltungskosten),
2. die Kosten, die während der Nutzungsdauer zur Erhaltung des bestimmungsmäßigen Gebrauchs aufgewendet werden müssen, um die durch Abnutzung, Alterung und Witterungseinwirkung entstehenden baulichen oder sonstigen Mängel ordnungsgemäß zu beseitigen (Instandhaltungs- und Instandsetzungskosten).

§ 2 Aufstellung der Betriebskosten

Betriebskosten im Sinne von § 1 sind:
1. die laufenden öffentlichen Lasten des Grundstücks,
   hierzu gehört namentlich die Grundsteuer;
2. die Kosten der Wasserversorgung,
   hierzu gehören die Kosten des Wasserverbrauchs, die Grundgebühren, die Kosten der Anmietung oder anderer Arten der Gebrauchsüberlassung von Wasserzählern sowie die Kosten ihrer Verwendung einschließlich der Kosten der Eichung sowie die Kosten der Berechnung und Aufteilung, die Kosten der Wartung von Wassermengenreglern, die Kosten des Betriebs einer hauseigenen Wasserversorgungsanlage und einer Wasseraufbereitungsanlage einschließlich der Aufbereitungsstoffe;
3. die Kosten der Entwässerung,
   hierzu gehören die Gebühren für die Haus- und Grundstücksentwässerung, die Kosten des Betriebs einer entsprechenden nicht öffentlichen Anlage und die Kosten des Betriebs einer Entwässerungspumpe;
4. die Kosten
   a) des Betriebs der zentralen Heizungsanlage einschließlich der Abgasanlage,
      hierzu gehören die Kosten der verbrauchten Brennstoffe und ihrer Lieferung, die Kosten des Betriebsstroms, die Kosten der Bedienung, Überwachung und Pflege der Anlage, der regelmäßigen Prüfung ihrer Betriebsbereitschaft und Betriebssicherheit einschließlich der Einstellung durch eine Fachkraft, der Reinigung der Anlage und des Betriebsraums, die Kosten der Messungen nach dem Bundes-Immissionsschutzgesetz, die Kosten der Anmietung oder anderer Arten der Gebrauchsüberlassung einer Ausstattung zur Verbrauchserfassung sowie die Kosten der Verwendung einer Ausstattung zur Verbrauchserfassung einschließlich der Kosten der Eichung sowie der Kosten der Berechnung und Aufteilung
      oder
   b) des Betriebs der zentralen Brennstoffversorgungsanlage,
      hierzu gehören die Kosten der verbrauchten Brennstoffe und ihrer Lieferung, die Kosten des Betriebsstroms und die Kosten der Überwachung sowie die Kosten der Reinigung der Anlage und des Betriebsraums
      oder
   c) der eigenständig gewerblichen Lieferung von Wärme, auch aus Anlagen im Sinne des Buchstabens a,
      hierzu gehören das Entgelt für die Wärmelieferung und die Kosten des Betriebs der zugehörigen Hausanlagen entsprechend Buchstabe a
      oder
   d) der Reinigung und Wartung von Etagenheizungen und Gaseinzelfeuerstätten,
      hierzu gehören die Kosten der Beseitigung von Wasserablagerungen und Verbrennungsrückständen in der Anlage, die Kosten der regelmäßigen Prüfung der Betriebsbereitschaft und Betriebssicherheit und der damit zusammenhängenden Einstellung durch eine Fachkraft sowie die Kosten der Messungen nach dem Bundes-Immissionsschutzgesetz;
5. die Kosten
   a) des Betriebs der zentralen Warmwasserversorgungsanlage,
      hierzu gehören die Kosten der Wasserversorgung entsprechend Nummer 2, soweit sie nicht dort bereits berücksichtigt sind, und die Kosten der Wassererwärmung entsprechend Nummer 4 Buchstabe a
      oder
   b) der eigenständig gewerblichen Lieferung von Warmwasser, auch aus Anlagen im Sinne des Buchstabens a,
      hierzu gehören das Entgelt für die Lieferung des Warmwassers und die Kosten des Betriebs der zugehörigen Hausanlagen entsprechend Nummer 4 Buchstabe a
      oder

c) der Reinigung und Wartung von Warmwassergeräten,
hierzu gehören die Kosten der Beseitigung von Wasserablagerungen und Verbrennungsrückständen im Innern der Geräte sowie die Kosten der regelmäßigen Prüfung der Betriebsbereitschaft und Betriebssicherheit und der damit zusammenhängenden Einstellung durch eine Fachkraft;
6. die Kosten verbundener Heizungs- und Warmwasserversorgungsanlagen
   a) bei zentralen Heizungsanlagen entsprechend Nummer 4 Buchstabe a und entsprechend Nummer 2, soweit sie nicht dort bereits berücksichtigt sind,
   oder
   b) bei der eigenständig gewerblichen Lieferung von Wärme entsprechend Nummer 4 Buchstabe c und entsprechend Nummer 2, soweit sie nicht dort bereits berücksichtigt sind,
   oder
   c) bei verbundenen Etagenheizungen und Warmwasserversorgungsanlagen entsprechend Nummer 4 Buchstabe d und entsprechend Nummer 2, soweit sie nicht dort bereits berücksichtigt sind;
7. die Kosten des Betriebs des Personen- oder Lastenaufzugs,
   hierzu gehören die Kosten des Betriebsstroms, die Kosten der Beaufsichtigung, der Bedienung, Überwachung und Pflege der Anlage, der regelmäßigen Prüfung ihrer Betriebsbereitschaft und Betriebssicherheit einschließlich der Einstellung durch eine Fachkraft sowie die Kosten der Reinigung der Anlage;
8. die Kosten der Straßenreinigung und Müllbeseitigung,
   zu den Kosten der Straßenreinigung gehören die für die öffentliche Straßenreinigung zu entrichtenden Gebühren und die Kosten entsprechender nicht öffentlicher Maßnahmen; zu den Kosten der Müllbeseitigung gehören namentlich die für die Müllabfuhr zu entrichtenden Gebühren, die Kosten entsprechender nicht öffentlicher Maßnahmen, die Kosten des Betriebs von Müllkompressoren, Müllschluckern, Müllabsauganlagen sowie des Betriebs von Müllmengenerfassungsanlagen einschließlich der Kosten der Berechnung und Aufteilung;
9. die Kosten der Gebäudereinigung und Ungezieferbekämpfung,
   zu den Kosten der Gebäudereinigung gehören die Kosten für die Säuberung der von den Bewohnern gemeinsam genutzten Gebäudeteile, wie Zugänge, Flure, Treppen, Keller, Bodenräume, Waschküchen, Fahrkorb des Aufzugs;
10. die Kosten der Gartenpflege,
    hierzu gehören die Kosten der Pflege gärtnerisch angelegter Flächen einschließlich der Erneuerung von Pflanzen und Gehölzen, der Pflege von Spielplätzen einschließlich der Erneuerung von Sand und der Pflege von Plätzen, Zugängen und Zufahrten, die dem nicht öffentlichen Verkehr dienen;
11. die Kosten der Beleuchtung,
    hierzu gehören die Kosten des Stroms für die Außenbeleuchtung und die Beleuchtung der von den Bewohnern gemeinsam genutzten Gebäudeteile, wie Zugänge, Flure, Treppen, Keller, Bodenräume, Waschküchen;
12. die Kosten der Schornsteinreinigung,
    hierzu gehören die Kehrgebühren nach der maßgebenden Gebührenordnung, soweit sie nicht bereits als Kosten nach Nummer 4 Buchstabe a berücksichtigt sind;
13. die Kosten der Sach- und Haftpflichtversicherung,
    hierzu gehören namentlich die Kosten der Versicherung des Gebäudes gegen Feuer-, Sturm-, Wasser- sowie sonstige Elementarschäden, der Glasversicherung, der Haftpflichtversicherung für das Gebäude, den Öltank und den Aufzug;
14. die Kosten für den Hauswart,
    hierzu gehören die Vergütung, die Sozialbeiträge und alle geldwerten Leistungen, die der Eigentümer oder Erbbauberechtigte dem Hauswart für seine Arbeit gewährt, soweit diese nicht die Instandhaltung, Instandsetzung, Erneuerung, Schönheitsreparaturen oder die Hausverwaltung betrifft; soweit Arbeiten vom Hauswart ausgeführt werden, dürfen Kosten für Arbeitsleistungen nach den Nummern 2 bis 10 und 16 nicht angesetzt werden;
15. die Kosten des Betriebs der Gemeinschafts-Antennenanlage,
    hierzu gehören die Kosten des Betriebsstroms und die Kosten der regelmäßigen Prüfung ihrer Betriebsbereitschaft einschließlich der Einstellung durch eine Fachkraft oder das Nutzungsentgelt für eine nicht zu dem Gebäude gehörende Antennenanlage sowie die Gebühren, die nach dem Urheberrechtsgesetz für die Kabelweitersendung entstehen,
    oder
    des Betriebs der mit einem Breitbandkabelnetz verbundenen privaten Verteilanlage,
    hierzu gehören die Kosten entsprechend Buchstabe a, ferner die laufenden monatlichen Grundgebühren für Breitbandkabelanschlüsse;
16. die Kosten des Betriebs der Einrichtungen für die Wäschepflege,
    hierzu gehören die Kosten des Betriebsstroms, die Kosten der Überwachung, Pflege und Reinigung der Einrichtungen, der regelmäßigen Prüfung ihrer Betriebsbereitschaft und Betriebssicherheit sowie die Kosten der Wasserversorgung entsprechend Nummer 2, soweit sie nicht dort bereits berücksichtigt sind;

17. sonstige Betriebskosten,
hierzu gehören Betriebskosten im Sinne des § 1, die von den Nummern 1 bis 16 nicht erfasst sind.

1. Laufende öffentliche Lasten des Grundstücks

60 Zu den Betriebskosten zählen gemäß § 2 Nr. 1 BetrKV die laufenden öffentlichen Lasten des Grundstücks. Zu den öffentlichen Lasten, die nach öffentlichem Recht den Grundstückseigentümer treffen, gehören Gebühren und Abgaben wie Anliegerbeiträge für straßenbauliche Verbesserungs- und Erneuerungsmaßnahmen. Städtische Umlagen[106] sind in § 2 Nr. 2, 8 und 12 BetrKV gesondert genannt. Die **Grundsteuer**, die § 2 Nr. 1 BetrKV ausdrücklich nennt, fällt allerdings nicht unter § 16 Abs. 3, weil sie nach § 93 Abs. 1 S. 1 BewG gesondert für jedes Wohnungseigentum erhoben wird. **Erschließungsbeiträge** für den erstmaligen Bau von Erschließungsstraßen zählen nicht zu den laufenden Lasten. Sie treffen nach § 134 BauGB anteilig die Wohnungseigentümer und fallen schon deshalb nicht unter § 16 Abs. 3.

2. Wasser- und Abwasserkosten

61 Zu den Betriebskosten zählen gemäß § 2 Nr. 2 und 3 BetrKV die Kosten der Wasserversorgung und die Kosten der Entwässerung. Die Rechtsprechung hatte schon vor der WEG-Novelle 2007 mit feinsinniger Argumentation die Beschlusskompetenz für die Einführung einer verbrauchsabhängigen Abrechnung der Kosten der Wasserversorgung der Sondereigentumseinheiten und der damit verbundenen Kosten der Abwasserentsorgung und die Installation von Erfassungsgeräten bejaht, soweit keine entgegenstehende Vereinbarung besteht.[107] § 16 Abs. 3 stellt nunmehr klar, dass insoweit Beschlusskompetenz besteht und zwar gemäß § 16 Abs. 5 auch dann, wenn eine entgegenstehende Vereinbarung vorhanden sein sollte. Darüber hinaus besteht Beschlusskompetenz auch bei Wasser- und Abwasserkosten des gemeinschaftlichen Eigentums, also z.B. bei einer Waschküche, einem Schwimmbad oder einer Bewässerung des gemeinschaftlichen Gartens.[108]

62 Ein Beschluss über die Einführung der verbrauchsabhängigen Abrechnung von Kaltwasserkosten und den Einbau von Kaltwasserzählern wird meist auch **ordnungsgemäßer Verwaltung** entsprechen, weil sie dem Verursacherprinzip Rechnung trägt und als Anreiz zur Sparsamkeit zu deutlichen Einsparungen führt..[109] Die Wohnungseigentümer haben allerdings aufgrund ihres Selbstorganisationsrechts[110] einen Ermessensspielraum, der es ihnen ermöglicht, alle für und gegen eine verbrauchsabhängige Abrechnung sprechenden Umstände abzuwägen.[111] Hierbei können die Umstände des Einzelfalls im Wege der **Ermessensreduktion** ergeben, dass nur die verbrauchsabhängige Kostenverteilung ordnungsmäßiger Verwaltung entspricht. Das ist namentlich dann der Fall, wenn in der Wohnungseigentumsanlage Geräte zur Verbrauchserfassung bereits vorhanden sind (Rechtsgedanke § 556a Abs. 1 S. 2 BGB), wenn der Einbau von Wasserzählern durch die Bauordnungen der Länder vorgeschrieben ist,[112] oder wenn jede andere Abrechnungsmethode grob unbillig erscheint.[113] In diesen Fällen der Ermessensreduktion hat der einzelne Wohnungseigentümer einen **Anspruch auf Einführung der verbrauchsabhängigen Abrechnung**. Umgekehrt kann die Einführung der verbrauchsabhängigen Abrechnung ordnungsmäßiger Verwaltung widersprechen. Nach dem Rechtsgedanken des § 11 Abs. 1 Nr. 1a HeizkostenV ist dies dann der Fall, wenn die Aufwendungen für den Einbau von Messgeräten unverhältnismäßig sind, weil sie die im Verlauf von 10 Jahren zu erwartenden Einsparungen übersteigen.[114]

63 Es widerspricht ordnungsgemäßer Verwaltung, einzelne Wohnungseigentümer vollständig von der Verpflichtung zu befreien, sich an den Kosten des Gemeinschaftswassers zu beteiligen, nur weil ihnen diese Aufwendungen nur in geringem Maß zu Gute kommen.[115]

64 Auch die Kosten der **Wartung von Wassermengenreglern** fallen unter den Anwendungsbereich des § 16 Abs. 3, obwohl die Wartung der Instandhaltung dieser Geräte dient (siehe Rn 58).

65 **Kaltwasseruhren** finden Verwendung im geschäftlichen Verkehr und **müssen** deshalb gemäß § 2 Abs. 1 des Eichgesetzes in der Fassung von 23.3.1992[116] zugelassen und **geeicht sein**. Kaltwasseruhren, die zur gemeinschaftlichen Abrechnung der Wasserkosten Verwendung finden, gehören zum gemeinschaftlichen Eigentum.[117] Die Nacheichung, die bei Kaltwasseruhren alle 6 Jahre zu erfolgen hat, ist jedenfalls vom Verwalter zu veranlassen, weil die ordnungsgemäße Verbrauchserfassung voraussetzt, dass sie regelmäßig geprüft und ggf. erneuert werden.[118] Eich-, Wartungs- und Reparaturkosten sind im Zweifel ebenso wie die Anschaffungskosten nach Miteigentumsanteilen zu verteilen.[119] § 16 Abs. 3 eröffnet die Möglichkeit, die Kosten der Eichung nach einem anderen Schlüssel zu verteilen, z.B. nach Anzahl der Kaltwasseruhren. Eichpflichtige Geräte dürfen nach Ablauf der Eichfrist nicht mehr zur Ver-

---

106 Abwassergebühren, Müllabfuhrgebühren, Straßenreinigungsgebühren, Schornsteinfegergebühren, VG Freiburg, 4 K 705/90, WuM 1991, 126.
107 BGH V ZB 21/03, NJW 2003, 3476.
108 Vgl. BT-Drucks 16/887 S. 22.
109 BGH V ZB 21/03, NJW 2003, 3476, 3479.
110 BGH V ZB 11/98, NJW 1998, 3713.
111 Vgl. *Bub*, ZWE 2001, 457, 459; *Armbrüster*, ZWE 2002, 145, 149.
112 Siehe dazu *Bub*, ZWE 2001, 457, 459 Fn. 26.
113 BGH V ZB 21/03, NJW 2003, 3476, 3479.
114 BGH V ZB 21/03, NJW 2003, 3476, 3479.
115 OLG Köln 16 Wx 168/04, NZM 2005, 20.
116 BGBl I S. 711, zuletzt geändert durch Gesetz vom 2.2.2007 BGBl I S. 58.
117 So OLG Hamburg 2 Wx 73/01, ZMR 2004, 291; *Bielefeld*, S. 53 und 178; **a.A.** *Jennißen*, ZWE 2001, 461, 462.
118 *Jennißen*, ZWE 2001, 461, 462.
119 Ebenso *Häublein*, NJW 2003, 3529, 3530.

brauchserfassung verwendet werden.[120] Jeder Wohnungseigentümer ist im Übrigen verpflichtet, die in seiner Wohnung installierten Verbrauchserfassungsgeräte nach Ablauf der Eichfrist erneut eichen oder gegen geeichte Geräte austauschen zu lassen.[121] Die Wasserzähler in den Wohnungen dienen der relativen Kostenverteilung. Unvermeidliche **Messdifferenzen** zwischen dem Hauptzähler und den Wohnungszählern werden so gleichmäßig auf alle Nutzer entsprechend ihrem eigenen Wasserverbrauch verteilt[122]

3. Heiz- und Warmwasserkosten

Zu den Betriebskosten zählen die Kosten des Betriebs der zentralen Heizungsanlage einschließlich der Abgasanlage (§ 2 Nr. 4a) BetrKV), des Betriebs der zentralen Brennstoffversorgungsanlage (§ 2 Nr. 4b) BetrKV), der Wärmelieferung (§ 2 Nr. 4c) BetrKV), des Betriebs der zentralen Warmwasserversorgungsanlage (§ 2 Nr. 5a) BetrKV), der Warmwasserlieferung (§ 2 Nr. 5b) BetrKV), der Reinigung und Wartung von Warmwassergeräten (§ 2 Nr. 5c) BetrKV), die Kosten verbundener Heizungs- und Warmwasserversorgungsanlagen (§ 2 Nr. 6a) BetrKV) und der Wärme- und Warmwasserlieferung (§ 2 Nr. 6b) BetrKV).

66

Die Kosten der Reinigung und Wartung von Etagenheizungen und Gaseinzelfeuerstätten (§ 2 Nr. 4d) BetrKV) und von verbundenen Etagenheizungen und Warmwasserversorgungsanlagen (§ 2 Nr. 6c) BetrKV) gehören zwar auch zu den Betriebskosten, sie werden jedoch in der Regel von den einzelnen Wohnungseigentümern unmittelbar gegenüber Dritten abgerechnet.

67

Bei der Verteilung dieser Kosten müssen die Wohnungseigentümer die Vorgaben der **Heizkostenverordnung** beachten. Wegen der dort enthaltenen Regelungen wird auf die Erläuterungen zur HeizKostVO in Kapitel III verwiesen.

68

4. Aufzug

Zu den Betriebskosten zählen die Kosten des Betriebs des Personen- oder Lastenaufzugs (§ 2 Nr. 7 BetrKV). Sofern keine abweichende Regelung besteht, hat sich der Eigentümer einer Erdgeschosswohnung grundsätzlich an den Aufzugskosten zu beteiligen, auch wenn er den Aufzug nicht nutzt, und alle Eigentümer einer Mehrhausanlage haben die Wartungskosten eines Aufzugs zu tragen, selbst wenn im „eigenen" Haus eine solche Anlage nicht eingebaut ist.[123] § 16 Abs. 3 ermöglicht es, durch Mehrheitsbeschluss eine Kostenregelung zu treffen, die dem Maß des Gebrauchs des gemeinschaftlichen Eigentums Rechnung trägt. Dabei haben die Wohnungseigentümer einen weiten Gestaltungsspielraum. Eine gemäß § 16 Abs. 3 geänderte Kostenverteilung, wonach die Kosten eines Personenlifts nunmehr im Verhältnis der Miteigentumsanteile auf alle Eigentümer, einschließlich des Eigentümers einer Gewerbeeinheit im Souterrain umgelegt werden sollen, weil auch dieser den Aufzug theoretisch nutzen könne, entspricht jedoch nicht ordnungsgemäßer Verwaltung.[124] Umgekehrt kann danach differenziert werden, in welchem Stockwerk sich das jeweilige Sondereigentum befindet und der Kostenverteilungsschlüssel so gewählt werden, dass die Miteigentümer am meisten zahlen, die am höchsten wohnen.[125]

69

Auch die Kosten der **Pflege und Reinigung der Aufzugsanlage** fallen unter den Anwendungsbereich des § 16 Abs. 3, obwohl diese Maßnahmen der Instandhaltung der Anlage dienen (vgl. Rn 58). Haben die Wohnungseigentümer jedoch einen **Vollwartungsvertrag** geschlossen, der über die laufenden Instandhaltungsmaßnahmen hinaus auch größere Reparaturmaßnahmen umfasst, sind die Kosten dieser Reparaturen nach dem allgemeinen Schlüssel zu verteilen, es sei denn die Wohnungseigentümer haben bei der Beschlussfassung über den Abschluss des Vollwartungsvertrages zugleich mit doppelt qualifizierter Mehrheit gemäß § 16 Abs. 4 insgesamt eine abweichende Kostenverteilung beschlossen.[126]

70

5. Müllbeseitigung, Straßenreinigung

Zu den Betriebskosten zählen die Kosten der Straßenreinigung und Müllbeseitigung (§ 2 Nr. 8 BetrKV). Für Straßenreinigungskosten wird eine Abweichung vom allgemeinen Verteilungsschlüssel in der Regel nicht veranlasst sein. Ein Wechsel von der Verteilung der Kosten nach Kopfteilen zu einer Verteilung nach Miteigentumsanteilen widerspricht daher nicht ordnungsgemäßer Verwaltung.[127] Bei den Müllbeseitigungskosten kommt eine Verteilung nach Personen oder auch eine gesonderte Erfassung der Müllbeseitigungskosten für Teileigentümer in Betracht. Der einzelne Wohnungseigentümer kann durchaus auf die Höhe dieser Kosten durch sein eigenes Verhalten Einfluss nehmen.[128] Voraussetzung ist, dass der Anfall von Müll nach dem Verursacherprinzip festgestellt werden kann.[129] Die Kosten

71

---

120 BayObLG 2Z BR 236/04, ZMR 2005, 969, 970.
121 LG Frankfurt/Main, 2–09 T 401/96, ZMR 1997, 156 für Wärmemengenzähler.
122 Vgl. dazu *Peters*, NZM 2000, 696; für die Verteilung der Messdifferenz zwischen dem Hauptzähler und den Wohnungszählern nach Miteigentumsanteilen dagegen *Häublein*, NJW 2003, 3529, 3530.
123 BGH VII ZB 15/83, NJW 1984, 2576; BayObLG BReg 2 Z 157/91, WuM 1992, 155.
124 BGH VII ZB 21/84, NJW 1985, 2832, 2833; *Becker* in Bärmann, § 16 Rn 98; **a.A.** AG Dresden 152 C 6477/07, NZM 2008, 135; *Moosheimer*, ZMR 2011, 597, 605.
125 LG Nürnberg-Fürth 14 S 7627/08, NZM 2009, 363, 364.
126 Vgl. *Becker*, ZWE 2008, 217, 219 f. m.w.N.
127 Ebenso *Moosheimer*, ZMR 2011, 597, 605; **a.A.** LG München I 1 S 10155/08, ZMR 2010, 66 [kein sachlicher Grund].
128 Ebenso *Moosheimer*, ZMR 2011, 597, 603; **a.A.** AG Lüneburg 48 C 24/08, zitiert nach Juris Rn 6.
129 OLG Köln 16 Wx 223/05, NZM 2006, 467, 468.

für den Abfall sind z.B. dann einwandfrei aufzuteilen, wenn für jede Wohnung eine Mülltonne bereitgestellt wird und nicht für alle Wohnungen ein Sammelbehälter. Ein Beschluss, der die Verteilung der Kosten für Müll nach der Anzahl der zu einem bestimmten Tag polizeilich gemeldeten Personen vorsieht, entfaltet mangels Durchführbarkeit keine Wirkungen, wenn die Meldebehörde nicht angeben kann, welche Personen an einem bestimmten Tag für welche Wohnung gemeldet sind.[130]

6. Gebäudereinigung

72 Zu den Betriebskosten zählen gemäß § 2 Nr. 9 BetrKV die Kosten der Gebäudereinigung und Ungezieferbekämpfung. Obgleich Kosten für die Reinigung gemeinschaftlicher Gebäudeteile zugleich Maßnahmen der laufenden Instandhaltung sind, fallen die dadurch verursachten Kosten unter den Anwendungsbereich des § 16 Abs. 3 (vgl. Rn 58). Da eine verbrauchs- oder nutzungsabhängige Erfassung nicht in Betracht kommt, sind sie grundsätzlich nach Miteigentumsanteilen umzulegen.[131] Die Umlage nach Einheiten wird in der Regel ordnungsgemäßer Verwaltung widersprechen.[132]

7. Gartenpflege

73 Zu den Betriebskosten zählen die Kosten der Gartenpflege (§ 2 Nr. 10 BetrKV). Obwohl es sich bei der Gartenpflege zugleich um Maßnahmen der laufenden Instandhaltung handelt, fallen die dadurch verursachten Kosten unter den Anwendungsbereich des § 16 Abs. 3 (vgl. Rn 58). Zur persönlichen Pflege des gemeinschaftlichen Gartens können einzelne Wohnungseigentümer nicht durch Mehrheitsbeschluss verpflichtet werden (vgl. Rn 131; zu den Bewässerungskosten vgl. Rn 15). Unabhängig von einer Regelung durch die Gemeinschaftsordnung, die sich auch im Wege der Auslegung ergeben kann (siehe Rn 14), haben die Wohnungseigentümer gemäß § 16 Abs. 3 die Möglichkeit, durch Mehrheitsbeschluss die Kosten der laufenden Pflege eines gemeinschaftlichen Gartens, dem Wohnungseigentümer aufzuerlegen, dem der Garten zur Sondernutzung zugewiesen ist.

8. Allgemeinstromkosten

74 Zu den Betriebskosten zählen gemäß § 2 Nr. 11 BetrKV die Kosten der Beleuchtung. Hierzu gehört sowohl die Treppenhausbeleuchtung als auch die Beleuchtung gemeinschaftlicher Wege. Eine vom allgemeinen Verteilungsschlüssel abweichende Regelung durch Mehrheitsbeschluss kommt insbesondere hinsichtlich der Kosten der Beleuchtung eines Garagengebäudes in Betracht, in dem nicht alle Wohnungseigentümer einen Stellplatz haben.

9. Schornsteinreinigung

75 Zu den Betriebskosten zählen die Kosten der Schornsteinreinigung (§ 2 Nr. 12 BetrKV).

10. Hausmeister

76 Zu den Betriebskosten zählen gemäß § 2 Nr. 14 BetrKV die Kosten für den Hauswart. Gehört die Hausmeistervergütung nach der Teilungserklärung zu den Gemeinschaftskosten, so ist sie auch dann auf alle Wohnungseigentümer zu verteilen, wenn die im Leistungsverzeichnis des Hausmeistervertrages aufgeführten Leistungen einzelne Wohnungseigentümer nicht oder kaum betreffen.[133]

11. Kosten der Medienversorgung

77 Zu den Betriebskosten zählen die Kosten des Betriebs der Gemeinschafts-Antennenanlage (§ 2 Nr. 15a) BetrKV) oder des Betriebs der mit einem Breitbandkabelnetz verbundenen privaten Verteilanlage (§ 2 Nr. 15b) BetrKV). Enthält die Gemeinschaftsordnung keinen anderen Maßstab, entspricht die Verteilung von Kabelanschlusskosten nach Miteigentumsanteilen auch dann ordnungsgemäßer Verwaltung, wenn der Kabelnetzbetreiber diese Kosten gegenüber der Wohnungseigentümergemeinschaft nach einem anderen Schlüssel bemisst.[134] Die Kosten des Kabelfernsehens sind zwar Kosten des Gebrauchs des Sondereigentums.[135] Dies besagt jedoch noch nichts für den anzuwendenden Verteilungsschlüssel.[136] Die Zuordnung zu den Kosten des Gebrauchs des Sondereigentums konnte allerdings vor der WEG-Novelle 2007 eine Beschlusskompetenz der Wohnungseigentümer zur Festlegung des Verteilungsschlüssels begründen (vgl. für Kaltwasserkosten Rn 61). Die Beschlusskompetenz folgt jetzt aus § 16 Abs. 3, wonach die Wohnungseigentümer mit einfacher Mehrheit beschließen können, dass die Kosten des Kabelanschlusses abweichend vom allgemeinen Verteilungsschlüssel nach Wohneinheiten auf die Wohnungs-

---

130 BayObLG 2Z BR 15/96, WuM 1996, 439.
131 LG Nürnberg-Fürth 14 S 7627/08, NZM 2009, 363, 364; *Greiner*, Rn 1034 [für Einhausanlage].
132 LG Nürnberg-Fürth 14 S 7627/08, NZM 2009, 363, 364.
133 OLG Düsseldorf 3 Wx 377/02, ZMR 2003, 696, 697.

134 BGH V ZB 83/07, NJW 2008, 886.
135 OLG Hamm 15 W 142, ZMR 2004, 774; *Hogenschurz*, ZMR 2003, 901; *Armbrüster*, ZWE 2008, 48; *Becker*, ZWE 2008, 217, 218.
136 So aber OLG Hamm 15 W 142, ZMR 2004, 774.

eigentümer zu verteilen sind, die einen Kabelanschluss haben.[137] Die Umlage „pro Einheit" entspricht ordnungsgemäßer Verwaltung.[138]

12. Waschküche

Die Kosten des Betriebs der Einrichtungen für die Wäschepflege (§ 2 Nr. 16 BetrKV) gehören ebenfalls zu den Betriebskosten. **78**

IX. Die Kosten der Verwaltung

Bei dem Begriff der Verwaltungskosten geht das Gesetz in § 16 Abs. 2 von den Kosten der Instandhaltung, Instandsetzung und der sonstigen Verwaltung sowie der Kosten eines gemeinschaftlichen Gebrauchs des Gemeinschaftseigentums aus und entspricht damit im wesentlichen § 738 BGB. Die Kosten der Instandhaltung und Instandsetzung fallen jedoch nicht unter die Regelung des § 16 Abs. 3. Dies ergibt sich aus § 16 Abs. 4. **79**

1. Kosten der sonstigen Verwaltung

Kosten der sonstigen Verwaltung sind solche, die zu einer ordnungsgemäßen Verwaltung erforderlich sind, auf die jeder Wohnungseigentümer nach § 21 Abs. 4 einen Anspruch hat. Hierzu zählen die Kosten der Feuer- und Haftpflichtversicherung (§ 21 Abs. 5 Nr. 3), die Instandhaltungsrücklage (§ 21 Abs. 5 Nr. 4), die Vergütung des Verwalters und evtl. des Verwaltungsbeirats (in Form einer Aufwandsentschädigung) sowie alle Kosten, die dadurch entstehen, dass der Verwalter die ihm gemäß § 27 obliegenden Aufgaben wahrnimmt (Verwaltungskosten des Verwalters wie Telefongebühren, Schreib- oder Portoauslagen, technischer Bedarf, Vergütung des Hausmeisters oder anderer Hilfspersonen wie Reinigungspersonal, Gärtner, Schwimmbadwärter oder Straßenfeger). Für die **Verwaltervergütung** gilt im Innenverhältnis der allgemeine Verteilungsschlüssel, sofern keine abweichende Regelung besteht (siehe § 26 Rn 82). Eine abweichende Regelung, z.B. die Verteilung nach Wohneinheiten, können die Wohnungseigentümer gemäß § 16 Abs. 3 mit einfacher Mehrheit beschließen. Solange eine abweichende Regelung nicht beschlossen worden ist, gilt der allgemeine Verteilungsschlüssel.[139] Ob der Beschluss über den Verwaltervertrag zugleich eine solche Regelung enthält ist eine Frage der Auslegung. Ohne besondere Anhaltspunkte wird dies eher zweifelhaft sein, weshalb eine ausdrückliche Regelung zu empfehlen ist.[140] Es widerspricht angemessener Kostenverteilung, die erheblichen zusätzlichen Kosten einer aufwändigen rund um die Uhr **Bewachung** mit strenger Zugangskontrolle („Doorman"), die nach den räumlichen Gegebenheiten unmittelbar nur die Wohnungen betrifft, auch den Teileigentümern im Erdgeschoss aufzubürden, deren Zugänge direkt an der Straße liegen und unabhängig von dem bewachten Zugangssystem sind.[141] **80**

Weiterhin zählen zu diesen Kosten der Ersatz der Aufwendungen für **Notmaßnahmen** i.S.d. § 21 Abs. 2 und Kosten der Kontenführung. **81**

Die Teilungserklärung kann bestimmen, dass die Aufwendungen eines Wohnungseigentümers, der Mieter oder Nutzer eines der Wohnanlage benachbarten unbebauten Grundstücks ist und als solcher Mietzins und Nebenkosten wie Gartenpflegekosten und Abgaben wegen Wegereinigung zu tragen hat, von allen Wohnungseigentümern nach Maßgabe der Verteilungsschlüssels für die Kosten des gemeinschaftlichen Eigentums zu tragen sind.[142] Einem Teileigentümer kann zwar nicht untersagt werden, Wasser zu „gewerblichen Zwecken" aus dem Leitungsnetz zu nehmen. Die Wasserkosten dürfen aber nicht in die Jahresgesamtabrechnung eingestellt werden, sondern sind von dem Teileigentümer gesondert zu tragen, denn sie gehören nicht zu den Kosten der Verwaltung und des gemeinschaftlichen Gebrauchs des gemeinschaftlichen Eigentums.[143] **82**

2. Kosten des gemeinschaftlichen Gebrauchs

Kosten des gemeinschaftlichen Gebrauchs lassen sich von den sonstigen Verwaltungskosten und von den Betriebskosten kaum trennen. Dies ist auch nicht erforderlich, da beide rechtlich gleich zu behandeln sind. Die gleichwohl im Gesetz getroffene Differenzierung basiert auf § 748 BGB. Zu diesen Kosten zählen zum Beispiel die Energieversorgungskosten für Gemeinschaftseinrichtungen, z.B. die Treppenhausbeleuchtung. **83**

Kosten des gemeinschaftlichen Gebrauchs können auch außerhalb der Teilungserklärung in einer Hausordnung geregelt werden (§ 21 Abs. 5 Nr. 1) und sind insoweit einem Mehrheitsbeschluss zugänglich. Dies gilt z.B. für Kosten der Treppenhausreinigung und der Schneebeseitigung. Solche Regeln müssen sich im Rahmen einer ordnungsgemäßen Verwaltung bewegen und nach „billigem Ermessen" (§ 315 BGB) getroffen werden. Überschreitet ein solcher Beschluss diese Grenze, ist er nach Anfechtung durch das Gericht für ungültig zu erklären. **84**

---

137 *Armbrüster*, ZWE 2008, 49; *Becker* in Bärmann, § 16 Rn 79.
138 LG Nürnberg-Fürth 14 S 7627/08, NZM 2009, 363, 364.
139 LG Lüneburg 9 S 67/08, ZMR 2009, 554.
140 Ebenso *Becker*, ZWE 2008, 217, 220.
141 KG 24 W 31/03, NZM 2004, 910.
142 OLG Hamburg 2 Wx 16/94, WuM 1996, 644.
143 BayObLG 2 Z BR 82/96, ZMR 1997, 152.

85 Die Kostenbelastung trifft, sofern in der Gemeinschaftsordnung oder durch einen Beschluss gemäß § 16 Abs. 3 keine abweichende Regelung getroffen ist, grundsätzlich alle Wohnungseigentümer unabhängig davon, ob sie das Recht auf Nutzung oder Gebrauch ausüben oder ausüben können.

3. Kosten eines Rechtsstreits

86 Im Zusammenhang mit den Kosten gerichtlicher Verfahren stellen sich verschiedene Fragen. Zunächst ist zu beantworten, ob der Verwalter Prozesskosten oder Kostenvorschüsse aus dem Verwaltungsvermögen bezahlen darf. Die weitere Frage, ob solche Kosten, auch wenn sie zu Unrecht dem Verwaltungsvermögen entnommen worden sind, jedenfalls in der Jahresabrechnung ausgewiesen werden müssen, wird nahezu einhellig bejaht.[144] Schließlich erhebt sich die Frage, nach welchem Verteilungsschlüssel solche Kosten vorläufig oder endgültig zu verteilen sind. Insoweit ist der Vorrang der Gerichtskostenentscheidung allgemein anerkannt.[145]

87 Soweit es sich um Kosten der Verwaltung handelt, darf der Verwalter die Kosten eines Rechtsstreits selbstverständlich aus dem Verwaltungsvermögen bezahlen. Dies gilt für einen **Rechtsstreit mit Dritten**, an dem die Eigentümergemeinschaft selbst oder sämtliche Wohnungseigentümer gemeinsam und gleichgerichtet beteiligt sind.[146] Dies gilt zunächst für Klagen von Dritten, die unter § 43 Nr. 5 fallen, aber auch für Klagen der Gemeinschaft zur Durchsetzung von Mängelansprüchen oder zur Abwehr unberechtigter Werklohnforderungen für die Instandsetzung des gemeinschaftlichen Eigentums.[147] Trotz der Regelung des § 16 Abs. 8 gilt dies aber auch für Streitigkeiten zur Verfolgung von gemeinschaftlichen **Beitrags- und Schadensersatzansprüchen** gegen einzelne Wohnungseigentümer,[148] für Streitigkeiten mit dem Verwalter, die unter **§ 43 Nr. 3** fallen, für die **Beschlussanfechtungsklage des Verwalters** (§§ 43 Nr. 4, 46 Abs. 1), die sich gegen alle Wohnungseigentümer richtet[149] und gemäß § 16 Abs. 7 für die **Entziehungsklage** nach § 18 (siehe Rn 90).

88 Keine Kosten der sonstigen Verwaltung sind gemäß § 16 Abs. 8 die Kosten eines Rechtsstreits nach § 43, an dem einzelne Wohnungseigentümer auf der Aktiv- oder Passivseite beteiligt sind. Dies gilt für Verfahren, die unter § 43 Nr. 1 fallen, und insbesondere für die **Beschlussanfechtungsklage eines Wohnungseigentümers** (§§ 43 Nr. 4, 46 Abs. 1). Diese Kosten dürfen jedenfalls nicht endgültig aus dem Verwaltungsvermögen finanziert werden. Es widerspricht auch ordnungsgemäßer Verwaltung, den Prozessgegner an einer Sonderumlage zur Prozessfinanzierung zu beteiligen.[150] Der Verwalter ist jedoch befugt, im Falle einer Anfechtungsklage die Rechtsanwaltskosten für die beklagten Wohnungseigentümer **vorläufig** aus dem Verwaltungsvermögen zu bezahlen.[151] Die Überprüfung der Gültigkeit von Beschlüssen dient auch dem Interesse der Gemeinschaft an einer ordnungsmäßigen Verwaltung.[152] Deshalb ist der Verwalter berechtigt, die für eine ordnungsgemäße Durchführung des Verfahrens erforderlichen Mittel dem Verwaltungsvermögen zumindest vorläufig zu entnehmen. Der Bildung von Unterkonten oder Sonderrücklagen für Prozesskosten bedarf es daher nicht.[153] Die Kosten für einen absehbaren Rechtsstreit können deshalb auch im Wirtschaftsplan berücksichtigt werden.[154] Die aus dem Verwaltungsvermögen verauslagten Kosten sind in der nächsten Jahresabrechnung – soweit eine rechtskräftige Kostenentscheidung des Gerichts noch aussteht – ausschließlich auf die beklagten Wohnungseigentümer zu verteilen.[155] (Zur **Kostenerstattung** des erfolgreichen Anfechtungsklägers siehe § 46 Rn 102.) Die Umlage der **Kosten eines Rechtsgutachtens** zur Prüfung der Rechtswirksamkeit von Beschlüssen früherer Eigentümerversammlungen scheitert nicht an § 16 Abs. 8, selbst wenn möglicherweise später infolge dieses Gutachtens gegen einen Miteigentümer ein Prozess geführt wird.[156]

89 Die **Mehrkosten** aufgrund einer Vereinbarung **nach § 27 Abs. 2 Nr. 4, Abs. 3 S. 1 Nr. 6** gehören gemäß § 16 Abs. 8 zu den Verwaltungskosten. Infolge einer solchen Vereinbarung ist es möglich, dass einzelne Wohnungseigentümer im Falle ihres Unterliegens – insbesondere bei Anfechtungsklagen gemäß § 46 – der Gegenseite, also den übrigen beteiligten Wohnungseigentümern, deren Kosten nur nach dem gesetzlichen Streitwert zu erstatten haben. Die übrigen Wohnungseigentümer hingegen haben ihre Kosten, insbesondere die Gebühren für anwaltliche Vertretung, nach einem vereinbarten höheren Streitwert zu entrichten. Diese zunächst von der obsiegenden Mehrheit zu tragende Differenz ist Besonderheit eines Rechtsstreits innerhalb einer Wohnungseigentümergemeinschaft, bei dem die Entscheidung gegen alle Wohnungseigentümer wirkt. Daher hat es der Gesetzgeber für sachgerecht gehalten, dass alle Wohnungseigentümer diese Differenz zu tragen haben. Es wäre zudem unbillig, wenn einzelne später im Rechtsstreit

---

144 Vgl. BGH V ZB 1/06, NJW 2007, 1869, Tz 18, m.w.N.; siehe auch § 28 Rn 68.
145 BGH V ZB 1/06, NJW 2007, 1869, Tz 17 m.w.N.; siehe auch § 28 Rn 68.
146 BGH V ZB 1/06, NJW 2007, 1869, Tz 25 m.w.N.
147 BayObLG 2Z BR 122/92, WuM 1993, 482, 484 m.w.N.
148 Vgl. BGH V ZB 1/06, NJW 2007, 1869, Tz 25.
149 Ebenso *Becker* in Bärmann, § 16 Rn 157; *Deckert*, ZWE 2009, 63, 64.
150 OLG München 32 Wx 125/06, NZM 2007, 251; *Becker* in Bärmann, § 16 Rn 154, **a.A.** *Deckert*, ZWE 2009, 63, 67.
151 *Becker* in Bärmann, § 16 Rn 154; **a.A.** *Schmid*, NZM 2008, 386; *Merle* in Bärmann, § 28 Rn 80; *Wolicki* in Abramenko, Handbuch, § 6 Rn 262; *Kuhla*, ZWE 2009, 196, 198.
152 Vgl. BGH V ZB 11/03, NJW 2003, 3124, 3125.
153 Ebenso *Deckert*, ZWE 2009, 63, 67; **a.A.** *Kuhla*, ZWE 2009, 196, 198; *Hügel*, ZWE 2008, 265, 271.
154 LG Berlin 55 S 92/09, Info-M 2010, 135 m. zust. Anm. *Röth*.
155 *Deckert*, ZWE 2009, 63, 67.
156 OLG Köln 16 Wx 217/96, WuM 1997, 695.

4. Kosten der Entziehungsklage (§ 16 Abs. 7)

Die Kosten eines Rechtsstreits gemäß § 18 gehören nach § 16 Abs. 7 (bisher Abs. 4) zu den Kosten der Verwaltung i.S.v. **i.S.v.** § 16 Abs. 2. Sie sind daher anteilig auf alle Wohnungseigentümer, **einschließlich des Beklagten**, umzulegen, auch dann wenn letzterer obsiegt hat.[158] Dies gilt nicht nur für die Gerichtskosten und die außergerichtlichen Kosten der klagenden Miteigentümer, sondern auch für den Kostenerstattungsanspruch des obsiegenden Miteigentümers. § 16 Abs. 7 verstößt nicht gegen Art 14 Abs. 1 GG. Eine Korrektur der anteiligen Kostenhaftung nach § 16 Abs. 7 ist gemäß § 242 BGB insbesondere dann möglich, wenn der betroffene Eigentümer keinerlei ausreichend begründeten Anlass zur Erhebung der Entziehungsklage gegeben hat.[159] Wird der Entziehungsklage stattgegeben, so hat der Beklagte die Kosten zu tragen (§ 91 ZPO). Erledigt sich die Entziehungsklage vor Zustellung in der Hauptsache, weil der Beklagte die Wohngeldrückstände begleicht, so hat er den Klägern deren Anwaltskosten als Verzugsschaden zu ersetzen. Nicht erstattungsfähig, weil nicht notwendig, sind dabei diejenigen Mehrkosten, die entstanden, weil die gegen einen Mehrfacheigentümer gerichtete Klage in mehrere Prozesse aufgespaltet wurde.[160] Der **Streitwert** einer Eigentumsentziehungsklage bemisst sich nach dem Verkehrswert des zu veräußernden Wohnungs- und Teileigentums.[161] Unter § 16 Abs. 7 fallen auch die Kosten, die durch eine anwaltliche Beratung entstanden sind, wenn die Beratung dazu geführt hat, die Entziehungsklage nicht zu erheben.[162]

5. Entschädigungskosten (§ 16 Abs. 7)

Zu den Verwaltungskosten zählen auch die Aufwendungen für den Ersatz von Schäden, die bei der Benutzung von Sondereigentum zur Instandsetzung des gemeinschaftlichen Eigentums entstanden sind (§§ 14 Nr. 4, 16 Abs. 7). Der nach § 14 Nr. 4 zu ersetzende Schaden ist nicht anteilig zu kürzen, obwohl es sich bei der Schadensersatzleistung um Kosten der Verwaltung nach § 16 Abs. 2 handelt, weil der Anspruch aus dem Verwaltungsvermögen zu befriedigen ist (siehe auch § 14 Rn 56). Sind Teile des Sondereigentums schon vor der Instandsetzungsmaßnahme beschädigt, so ist die Gemeinschaft ersatzpflichtig, wenn die Beschädigung auf dem Mangel des gemeinschaftlichen Eigentums beruht und im Falle einer früheren Sanierung das noch unbeschädigte Sondereigentum nach § 14 Nr. 4 Hs. 2 zu ersetzen gewesen wäre.[163]

F. Beschlusskompetenz gemäß § 16 Abs. 4

Struktur des § 16 Abs. 4

§ 16 Abs. 4 begründet die **Kompetenz** der Wohnungseigentümer

- mit **qualifizierter Mehrheit**
- im **Einzelfall**
- die **Verteilung der Kosten** für
  - Instandhaltungs- oder -setzungsmaßnahmen (**§ 21 Abs. 5 Nr. 2**) oder
  - bauliche Veränderungen (**§ 22 Abs. 1 und 2**)
- **abweichend** zu regeln von
  - dem allgemeinen Maßstab des § 16 Abs. 2 oder
  - einem vereinbarten Maßstab (§ 16 Abs. 5)
- wenn der abweichende Maßstab dem **Gebrauch** oder der **Möglichkeit des Gebrauchs** durch die Wohnungseigentümer Rechnung trägt.

§ 16 Abs. 4 begründet die Kompetenz mit qualifizierter Mehrheit im Einzelfall die Verteilung der Kosten für Instandhaltungs- oder Instandsetzungsmaßnahmen (§ 21 Abs. 5 Nr. 2) oder bauliche Veränderungen (§ 22 Abs. 1 und 2) abweichend von dem allgemeinen Maßstab des § 16 Abs. 2 oder einem vereinbarten Maßstab (§ 16 Abs. 5) zu regeln, wenn der abweichende Maßstab dem Gebrauch oder der Möglichkeit des Gebrauchs durch die Wohnungseigentümer Rechnung trägt. Die Regelung ist verfassungsgemäß.[164] Die Jahresabrechnung kann, auch wenn sie mit der erforderlichen qualifizierten Mehrheit beschlossen wurde, jedenfalls dann nicht als stillschweigende Kostenregelung gemäß § 16 Abs. 4 angesehen werden, wenn den Wohnungseigentümern bei der Beschlussfassung nicht bewusst war, dass sie eine von dem an sich gültigen Kostenverteilungsmaßstab abweichende Regelung trafen.[165]

---

157 BT-Drucks 16/887 S. 77.
158 OLG Düsseldorf 3 Wx 356/93, ZMR 1996, 571 m. zust. Anm. *Drasdo*, S. 573; OLG Düsseldorf 3 Wx 127/06, NZM 2007, 569.
159 OLG Düsseldorf 3 Wx 356/93, ZMR 1996, 571 m. zust. Anm. *Drasdo*, S. 573.
160 KG 24 W 3965/91, WuM 1992, 389.
161 BGH V ZR 28/06, NZM 2006, 873.
162 BayObLG 2Z BR 186/03, NZM 2004, 235.
163 OLG Köln 16 Wx 20/98, NZM 1999, 83.
164 LG Stuttgart 10 S 19/10, ZMR 2012, 399, 401.
165 BGH V ZR 65/11, ZWE 2012, 86.

94 Kommt ein Beschluss zur abweichenden Verteilung der Kosten für die Instandsetzung des Gemeinschaftseigentums nicht zustande, kann derjenige Wohnungseigentümer, dessen Antrag nicht die erforderliche Mehrheit gefunden hat, sowohl zusammen mit der Anfechtung des Negativbeschlusses als auch ohne diese Anfechtung seinen **Anspruch auf ordnungsmäßige Verwaltung** im Wege der Gestaltungsklage nach §§ 21 Abs. 4 und 8, 43 Nr. 1 gerichtlich geltend machen.[166] Ein Anspruch, eine solche Kostenverteilung durchzusetzen, besteht jedoch nicht schon dann, wenn sie dem Gebrauchsmaßstab nach § 16 Abs. 4 S. 1 Rechnung trägt; es müssen auch die in § 10 Abs. 2 S. 3 genannten Voraussetzungen für die generelle Änderung eines Kostenverteilungsschlüssels (siehe dazu Rn 120) vorliegen.[167]

95 Erfüllt ein Beschluss alle Voraussetzungen des § 16 Abs. 4, dann kann es dahingestellt bleiben, ob die Auslegung der Gemeinschaftsordnung eine vereinbarte abweichende Kostenverteilung ergibt.[168] Für die Durchführung von Maßnahmen zur ordnungsmäßigen Instandhaltung oder Instandsetzung des gemeinschaftlichen Eigentums haben die Wohnungseigentümer gemäß § 21 Abs. 5 Nr. 2 Beschlusskompetenz (siehe § 21 Rn 63 ff.). In der Praxis wird über die einzelne Instandsetzungsmaßnahme und über die Verteilung der dadurch ausgelösten Kosten regelmäßig gemeinsam beschlossen. Vor Einführung der Beschlusskompetenz nach § 16 Abs. 4 durch die WEG-Novelle 2007 wurde ein Beschluss, der abweichend von der gesetzlichen Regelung den nicht zustimmenden Wohnungseigentümer an den Kosten einer baulichen Maßnahme, die über die Instandhaltung hinausgeht (überschießende Instandsetzung), beteiligte, als nichtig angesehen, weil er eine Bindungswirkung für die Verteilung der Kosten in der kommenden Abrechnung beabsichtigte, so dass es sich nicht nur um eine konkrete Maßnahme aus einem bestimmten Anlass handelte.[169] Dieses Problem ist durch § 16 Abs. 4 nunmehr gelöst. Die für den Einzelfall getroffene Kostenregelung für eine bauliche Maßnahme ist allenfalls anfechtbar, weil die Voraussetzungen des § 16 Abs. 4 nicht erfüllt sind. Sie ist jedoch nicht nichtig, weil grundsätzlich Beschlusskompetenz besteht.

I. Kosten der Instandhaltung und Instandsetzung

96 Hierzu zählen alle Aufwendungen für Maßnahmen, die den ursprünglichen Zustand des gemeinschaftlichen Eigentums erhalten oder einen mangelhaften Zustand beseitigen und den ursprünglichen Zustand wieder herstellen (vgl. § 21 Rn 62 ff.). Die Kosten für die erstmalige Herstellung eines einwandfreien Zustands (vgl. § 21 Rn 98) zählen ebenfalls zu den Instandsetzungskosten, die von allen Wohnungseigentümern zu tragen sind. Erfasst werden auch die Kosten für eine sog. „modernisierende Instandsetzung" (vgl. § 21 Rn 89).

97 Überschaubare Kosten für **Maßnahmen der laufenden Instandhaltung** und Instandsetzung des gemeinschaftliches Eigentums, für deren Vergabe der Verwalter gemäß § 27 Abs. 3 S. 1 Nr. 3 ohne besondere Ermächtigung vertretungsbefugt ist, unterliegen nach Sinn und Zweck der gesetzlichen Regelung allerdings nicht den strengen Anforderungen einer doppelt qualifizierten Beschlusskompetenz, sondern fallen entweder als Betriebskosten oder als sonstige Kosten laufender Instandhaltungsmaßnahmen unter den Anwendungsbereich des § 16 Abs. 3 (siehe Rn 58).

98 Zu den Kosten der Instandsetzung des gemeinschaftlichen Eigentums gehören auch die Kosten für Arbeiten am Sondereigentum, die notwendig sind, um die Instandsetzung des gemeinschaftlichen Eigentums zu ermöglichen.[170] Müssen die Schichten der Feuchtigkeitsisolierung und Wärmedämmung auf einer Dachterrasse saniert werden und dabei der zum Sondereigentum gehörende, aus Fliesen bestehende oberste Belag der Dachterrasse entfernt und anschließend neue Fliesen verlegt werden, muss sich der Eigentümer der Dachterrasse an den Kosten der Fliesenverlegung wegen der langen Lebensdauer von Fliesen nicht unter dem Gesichtspunkt „neu für alt" über seinen Anteil hinaus beteiligen.[171] Zu den gemeinschaftlichen Kosten der Heizungssanierung gehören auch die Kosten für Folgearbeiten innerhalb der Wohnungen unabhängig davon, ob die Installationen Sonder- oder Gemeinschaftseigentum darstellen.[172] War eine der Feuchtigkeitsisolierung dienende Folie in einer Zwischendecke von Anfang an nicht fachgerecht eingebracht worden, sind bei Fehlen einer abweichenden Vereinbarung die Kosten der Sanierung auch dann von allen Wohnungseigentümern zu tragen, wenn die Isolierung vor der Entstehung der Wohnungseigentümergemeinschaft von einem Eigentümer als Sonderwunsch in Auftrag gegeben worden ist.[173] Die Kosten eines selbstständigen Beweisverfahrens zur **Feststellung der Ursachen** von Schimmelbildung im Sondereigentum sind auch dann von allen Wohnungseigentümer zu tragen, wenn sich herausstellt, dass die Schadensursache im Wohnverhalten des betroffenen Wohnungseigentümers liegt, es sei denn es steht fest, dass der Wohnungseigentümer schuldhaft gehandelt hat.[174]

99 Ein Wohnungseigentümer kann sich seiner Verpflichtung, an einer ordnungsgemäßen Verwaltung mitzuwirken und sich anteilig an den dadurch veranlassten Kosten zu beteiligen, nicht durch Berufung auf seine schlechten wirtschaftlichen Verhältnisse und die zwischen Eltern und Kindern gemäß § 1618a BGB bestehende Pflicht zur gegenseitigen

---

166 BGH V ZR 114/09, ZMR 2010, 542.
167 BGH V ZR 114/09, ZMR 2010, 542, 544/545; AG Essen 196 C 368/10, ZMR 2012, 50.
168 AG Rosenheim 8 C 2090/07, ZMR 2008, 339.
169 Vgl. etwa *Wenzel*, ZWE 2001, 226, 236; *Merle*, ZWE 2001, 342, 344; **a.A.** *Häublein*, NJW 2005, 1466, 1469: restriktive Auslegung des § 16 Abs. 3.
170 OLG Düsseldorf 3 Wx 418/98, WuM 1999, 349.
171 BayObLG 2 Z BR 18/98, WuM 1998, 369.
172 KG 24 W 1170/96, WuM 1996, 786.
173 OLG Köln 16 Wx 153/01, NZM 2002, 125, 126.
174 BayObLG 2 Z BR 57/01, NZM 2002, 448.

Rücksichtnahme entziehen. Bei einer aus Mutter und Tochter bestehenden Wohnungseigentümergemeinschaft ist es deshalb nicht rechtsmissbräuchlich, wenn die Tochter die Mitwirkung der Mutter bei Maßnahmen der Instandhaltung des gemeinschaftlichen Eigentums und Zahlung der anteiligen Kosten verlangt, obwohl die wirtschaftlichen Verhältnisse der Mutter schlecht sind.[175]

Ein **Mehrheitsbeschluss**, wonach die Fenster der einzelnen Wohnungen von jedem Wohnungseigentümer auf eigene Kosten selbst instand zu setzen sind, ist dagegen **nichtig**. Sonderpflichten, die über den typischerweise in einer Hausordnung geregelten Pflichtenkreis hinausgehen, können nicht durch Mehrheitsentscheidung begründet werden. *Becker/ Strecker*[176] halten einen solchen Beschluss wegen fehlender Zustimmung zu einer Sonderbelastung im Ergebnis ebenfalls für unwirksam. Haben aufgrund eines nichtigen Beschlusses bereits einige Wohnungseigentümer Maßnahmen auf eigene Kosten durchgeführt, so kommen für diese Aufwendungsersatzansprüche aus Geschäftsführung ohne Auftrag (§ 683 BGB) in Betracht, soweit die Gemeinschaft die Aufwendungen ohne den nichtigen Beschluss zu tragen gehabt hätte.[177] Jedenfalls kommt aber ein Anspruch auf Bereicherungsausgleich wegen unberechtigter Geschäftsführung ohne Auftrag (§ 684 BGB i.V.m. § 818 Abs. 2 BGB) in Betracht.[178] Ein Beschluss, diesen Wohnungseigentümern die Instandsetzungskosten aus der Instandhaltungsrücklage zu erstatten, entspricht daher ordnungsgemäßer Verwaltung.[179] Ebenso entspricht es ordnungsgemäßer Verwaltung, Wohnungseigentümern, die bereits auf eigene Kosten ihre Fenster saniert haben, bei der Höhe nach nicht mehr nachweisbaren Kosten, rechtlicher Unsicherheit hinsichtlich des Verjährungsbeginns und auszuschließender Verwirkung ihren geschätzten Mindestaufwand zu erstatten.[180] Die Wohnungseigentümergemeinschaft kann auch im Wege eines abändernden Zweitbeschlusses die Instandhaltungslast wieder in eigene Regie zurück zu übernehmen, auch wenn ein einzelner Miteigentümer Kosten für die Sanierung des zu seiner Wohnung gehörenden Balkons zwischenzeitlich bereits aufgewendet hat.[181] Dies entspricht aber nur dann ordnungsgemäßer Verwaltung, wenn die Beschlussfassung auch eine Übergangsregelung für die bereits durchgeführte Balkonsanierung trifft, die dem Grundsatz der notwendigen Gleichbehandlung der Miteigentümer sowie der Gewährung von Vertrauensschutz gegenüber früher getroffenen gemeinschaftlichen Regelungen Rechnung trägt.[182] (Zum Vertrauensschutz bei Kostenregelungen nach § 16 Abs. 4 im Fall von objektsbezogenen Teilinstandsetzungen siehe Rn 114). (Zum Anspruch des einzelnen Wohnungseigentümers auf Aufwendungsersatz für von ihm durchgeführte Instandhaltungsmaßnahmen siehe auch § 21 Rn 21 ff.) Die Kosten für die Instandsetzung der zum gemeinschaftlichen Eigentum gehörenden Balkonteile hat ein Wohnungseigentümer auch dann anteilig zu tragen, wenn seine Wohnung keinen Balkon hat.[183]

II. Maßnahmen nach § 22 Abs. 1 und 2

§ 16 Abs. 4 begründet die Kompetenz mit qualifizierter Mehrheit im Einzelfall die Verteilung der Kosten für bauliche Veränderungen oder Aufwendungen i.S.v. § 22 Abs. 1 und 2 abweichend von dem allgemeinen Maßstab des § 16 Abs. 2 zu regeln. **Bauliche Veränderungen** i.S.v. § 22 Abs. 1 sind auf Dauer angelegte gegenständliche Eingriffe in die Substanz des gemeinschaftlichen Eigentums, die nicht mehr der Pflege, Erhaltung oder Bewahrung des gegenwärtigen Zustands oder seiner erstmaligen Herstellung dienen, sondern darüber hinaus einen neuen Zustand schaffen. **Besondere Aufwendungen** i.S.v. § 22 Abs. 1 sind Aufwendungen für unnötige Verwaltungsmaßnahmen (z.B. Neueindeckung eines noch völlig intakten Daches, Neuanstrich einer noch sauberen Fassade) oder für solche Maßnahmen, die dem bestehenden Zustand etwas hinzufügen (Anschaffung nicht benötigter Gartengeräte – selbstfahrender Rasenmäher für 200 qm Grünfläche). Im Interesse einer dauerhaften Erhaltung des Verkehrswerts der Anlage gibt § 22 Abs. 2 den Wohnungseigentümern die Kompetenz mit qualifizierter Mehrheit **Maßnahmen** zu beschließen, die **der Modernisierung** oder der Anpassung des Gemeinschaftseigentums an den Stand der Technik dienen, ohne dass ein Zusammenhang mit einer Reparatur vorliegt. Die Kompetenz, mit einfacher Mehrheit Maßnahmen der modernisierenden Instandsetzung zu beschließen, bleibt davon unberührt (§ 22 Abs. 3). Bei einer Modernisierung im Einzelfall haben die Wohnungseigentümer die Kompetenz, mit qualifizierter Mehrheit auch über die Art und Weise der Finanzierung sowie eine etwaige Rücklagenbildung zu entscheiden.[184]

III. Kosten baulicher Veränderung nach § 16 Abs. 6

Die Vorschrift erfasst nur Maßnahmen nach § 22 Abs. 1, nicht Maßnahmen der ordnungsgemäßen Instandsetzung gemäß § 21 Abs. 5 Nr. 2 (siehe Rn 109) und auch nicht bauliche Veränderungen gemäß § 22 Abs. 2.[185]

Wird über die Vornahme einer baulichen Veränderung des gemeinschaftliches Eigentums ein Mehrheitsbeschluss gefasst (Vornahmebeschluss), dann wird dieser Beschluss, wenn er nicht angefochten wird, bestandskräftig und bindet auch diejenigen Wohnungseigentümer, deren Zustimmung erforderlich gewesen wäre (siehe § 22 Rn 127). Die Be-

---

175 BayObLG 2Z BR 24/93, WuM 1993, 561.
176 Becker/Strecker ZWE 2001, 569, 576.
177 Vgl. *Wenzel*, ZWE 2001, 226, 235.
178 OLG Hamburg 2 Wx 103/99, NZM 2002, 872.
179 Ebenso AG Neuss 27c II 205/01 WEG, NZM 2002, 31.
180 OLG Düsseldorf 3 Wx 271/07, NZM 2008, 736.
181 OLG Hamm 15 W 166/06, ZMR 2007, 296.
182 OLG Hamm wie vor.
183 OLG Düsseldorf 3 Wx 418/98, WuM 1999, 349.
184 §§ 16 Abs. 4 i.V.m. 22 Abs. 2: argumentum a maiore ad minus – vgl. BT-Drucks 16/887 S. 31.
185 BGH V ZR 65/11, ZWE 2012, 86.

schlusskompetenz für bauliche Veränderungen ergibt sich nach der Klarstellung durch die WEG-Novelle 2007 jetzt ausdrücklich aus § 22 Abs. 1. Der bestandskräftige Mehrheitsbeschluss ersetzt die Zustimmung der Wohnungseigentümer, deren Zustimmung erforderlich gewesen wäre.[186] Enthält der Vornahmebeschluss keine abschließende Regelung der Kostenverteilung, hat der Eintritt der Bestandskraft keine Auswirkungen auf die Kostenverteilung. Die Bestandskraft des Beschlusses bewirkt nur, dass ein nicht rechtzeitig angefochtener Beschluss gültig ist (§ 23 Abs. 4 S. 2). Folge ist eine Duldungspflicht, nicht aber eine Fiktion der Zustimmung; der Beschluss gültig, obwohl die nach wie vor Zustimmung fehlt.[187] Gemäß § 16 Abs. 6 S. 1 Hs. 2 ist ein Wohnungseigentümer, der einer baulichen Veränderung nach § 22 Abs. 1 S. 2 nicht zugestimmt hat, an den Nutzungen und an den Herstellungs- und Unterhaltungskosten nicht zu beteiligen.[188] Auch Wohnungseigentümer, die dem Beschluss nicht zugestimmt haben, weil sie z.B. an der Eigentümerversammlung nicht teilgenommen haben, deren Zustimmung zur baulichen Veränderung aber gemäß § 22 Abs. 1 erforderlich gewesen wäre, sind im Falle eines bestandskräftigen Mehrheitsbeschlusses über die Vornahme einer baulichen Veränderung von den Kosten freigestellt. Für die Kostenfreistellung nach § 16 Abs. 6 S. 1 ist allein maßgeblich, dass die Zustimmung nicht erteilt worden ist; ob die Zustimmung erforderlich war, ist unerheblich.[189] (Zu einer abweichenden Kostenregelung gemäß § 16 Abs. 4 siehe Rn 108.) Die Kosten dürfen nicht aus Geldern der Gemeinschaft bezahlt werden, wenn nicht alle Wohnungseigentümer an den Kosten zu beteiligen sind. Dies gilt auch für die Sonder- und Gesamtrechtsnachfolger dieses Wohnungseigentümers. Rechtsnachfolger anderer Wohnungseigentümer müssen dies ohne Grundbucheintragung gegen sich gelten lassen.[190] Der von den Kosten freigestellte Wohnungseigentümer haftet auch nicht im Außenverhältnis.[191]

104 Erlangen Wohnungseigentümer durch unvermeidbare Mitgebrauch einer baulichen Veränderung (z.B. verfrühte Heizungsmodernisierung), der sie nicht zugestimmt haben und zu deren Kosten sie folglich gemäß § 16 Abs. 6 nicht beitragen müssen, einen zu berechnenden Vermögensvorteil (z.B. Einsparung von Heizungskosten), so müssen diese Wohnungseigentümer nach den Grundsätzen ungerechtfertigter Bereicherung gemäß §§ 812 ff. BGB den Wohnungseigentümern, welche die Kosten getragen haben, diesen Vermögensvorteil herausgeben.[192]

105 Ein Wohnungseigentümer, der einer baulichen Veränderung zugestimmt hat, muss sich – unabhängig davon, ob seine Zustimmung nach § 22 Abs. 1 S. 2 entbehrlich war oder nicht – grundsätzlich auch an den Kosten beteiligen, es sei denn er hat sich gegen die Tragung der Kosten verwahrt. Die Auslegung eines Beschlusses, der im Fremdinteresse die **bauliche Veränderung eines einzelnen Wohnungseigentümers** im Bereich seines Sondereigentums genehmigt (Gestattungsbeschluss), ergibt allerdings in der Regel, dass dieser Wohnungseigentümer die Kosten der Maßnahme allein tragen soll. Die Zustimmung führt in diesem Fall auch nach Sinn und Zweck des § 16 Abs. 6 S. 1 nicht zu einer Kostenbelastung der zustimmenden Wohnungseigentümer.[193] Jedenfalls ergibt die ergänzende Auslegung der Zustimmungserklärungen, dass sich die zustimmenden Wohnungseigentümer gegen eine Kostentragung verwahren. Gemäß § 16 Abs. 6 S. 1 sind sie dann von den Kosten freigestellt.[194] Um Auslegungsschwierigkeiten zu vermeiden, sollten die Wohnungseigentümer mit qualifizierter Mehrheit gemäß § 16 Abs. 4, Abs. 6 S. 2 beschließen, dass der einzelne Wohnungseigentümer die Kostenlast allein trägt. Aber auch ein mit einfacher Mehrheit gefasster Beschluss ist nicht nichtig, sondern lediglich anfechtbar.[195]

106 Die Freistellung der übrigen Wohnungseigentümer von den Kosten der baulichen Veränderung umfasst auch die **Folgekosten**.[196] Die Zustimmung zu einer baulichen Veränderung, die ein Wohnungseigentümer im Bereich seines Sondereigentums auf eigene Kosten vornehmen will, kann auch ohne ausdrückliche Regelung dahin auszulegen sein, dass der betreffende Wohnungseigentümer auch die Folgekosten der Maßnahme zu tragen hat.[197]

107 Teilweise ergibt sich die Befugnis zur Vornahme baulicher Veränderungen bereits aus der **Teilungserklärung** (siehe § 22 Rn 146). Ist nichts anderes vereinbart, entspricht es allgemeinen Grundsätzen, dass ein Wohnungseigentümer, dem die Teilungserklärung den Ausbau der in seinem Sondereigentum stehenden Speicherräume zu einer Wohnung gestattet, in Abänderung der Kostenregelung des § 16 Abs. 2 sowohl die Kosten des Ausbaus als auch die daraus für die Gemeinschaft entstehenden Folgekosten zu tragen hat.[198]

108 Haben die Wohnungseigentümer die Verteilung der Kosten einer Maßnahme nach § 22 Abs. 1 gemäß § 16 Abs. 4 geregelt, ist für eine Anwendung des § 16 Abs. 6 S. 1 gemäß § 16 Abs. 6 S. 2 kein Raum mehr. Eine solche Kostenregelung ist sowohl bei Beschlüssen über die Vornahme von baulichen Veränderungen im Interesse der Mehrheit der

---

186 Ganz h.M., vgl. etwa *Bub*, ZWE 2008, 205, 208; *Hogenschurz*, in *Jennißen*, § 22 Rn 17; *Abramenko*, ZMR 2009, 97 **a.A.** *Armbrüster*, ZWE 2008, 61, 65 f. und ZMR 2009, 252.
187 BGH V ZR 65/11, ZWE 2012, 86.
188 BGH V ZR 65/11, ZWE 2012, 86.
189 BGH V ZR 65/11, ZWE 2012, 86.
190 BGH V ZB 27/90, NJW 1992, 978.
191 *Demharter*, MDR 1988, 265.
192 OLG Hamm 15 W 300/01, ZMR 2002, 965; OLG Schleswig 2 W 111/06, NZM 2007, 650.
193 Ebenso Staudinger/*Bub*, § 16 Rn 256.
194 Vgl. *Merle* in Bärmann, § 22 Rn 290 m.w.N.
195 Vgl. *Greiner*, Rn 499.
196 LG Itzehoe 1 S 51/10, ZMR 2012, 219, 221; *Häublein*, NZM 2007, 752, 761; *Armbrüster*, ZWE 2008, 61, 67; *Bub*, ZWE 2008, 205, 215; *Becker* in Bärmann, § 16 Rn 121; **a.A.** *Elzer*, ZWE 2008, 153, 162.
197 BayObLG NZM 2001, 1138, 1140.
198 BayObLG 2Z BR 181/99, ZWE 2000, 526; OLG Celle 4 W 136/06, ZMR 2007, 55.

Wohnungseigentümer als auch bei Beschlüssen über die Gestattung von baulichen Veränderungen einzelner Wohnungseigentümer, zur Vermeidung von Auslegungsschwierigkeiten dringend anzuraten. Der auf die Einzelmaßnahme bezogene Beschluss wird auch dann bestandskräftig, wenn er die nach § 16 Abs. 4 erforderliche Mehrheit verfehlt. Wer als Folge der Regelung der Wohnungseigentümer gemäß § 16 Abs. 4 die Kosten zu tragen hat, muss auch die Nutzungen beanspruchen können, unabhängig davon, ob er die Kostenverteilung mit beschlossen oder ob er ihr nicht zugestimmt hat und überstimmt worden ist.

§ 16 Abs. 6 betrifft Maßnahmen nach § 22 Abs. 1 und ist damit auf **Maßnahmen der ordnungsgemäßen Instandsetzung** i.S.v. § 21 Abs. 5 Nr. 2 nicht anwendbar. Eine analoge Anwendung von § 16 Abs. 6 S. 1 Hs. 2 auf Wohnungseigentümer, die einer Instandsetzungsmaßnahme nicht zugestimmt haben, kommt auch dann nicht in Betracht, wenn der Beschluss erfolgreich angefochten worden ist, aber nicht rückgängig zu machen ist, denn es fehlt angesichts § 16 Abs. 2 an einer Regelungslücke.[199] Die Kostenverteilung gemäß § 16 Abs. 2 ohne Rücksicht auf das Abstimmungsverhalten beruht auf der Entscheidung des Gesetzgebers für das Mehrheitsprinzip und kann nur durch Vereinbarung oder Beschluss unter den in § 16 Abs. 3 und 4 bestimmten Voraussetzungen, nicht aber mittels einer Analogie verändert werden.[200]

109

IV. Einzelfallregelung

Der Beschluss der Wohnungseigentümer zur Regelung der Kosten muss einen Einzelfall betreffen. Für generelle Regelungen fehlt die Beschlusskompetenz, so dass solche Beschlüsse nichtig sind.[201] Nichtig ist zum Beispiel ein Mehrheitsbeschluss, wonach bei einer Mehrhausanlage die Instandhaltungskosten künftig gesondert je Haus abzurechnen sind.[202] Die Beschränkung auf den Einzelfall bezieht sich sowohl auf die Maßnahmen als auch auf die Kostenregelung und grenzt die Beschlusskompetenz gegenüber einem Änderungsanspruch gemäß § 10 Abs. 2 S. 3 (siehe dazu Rn 120 ff.) ab, der auf eine generelle Änderung, der geltenden Kostenverteilung zielt. Entscheidend ist, dass über eine konkrete Maßnahme – z.B. die Instandsetzung des Dachs – beschlossen wird und sich der Beschluss in dem Vollzug dieser Maßnahme erschöpft.[203] Welchen Zeitraum ihre Durchführung beansprucht, ist unmaßgeblich.[204] Erfasst werden auch die Folgekosten einer konkreten Maßnahme.[205] Die Kostenregelung muss in Zusammenhang mit der Beschlussfassung über eine Maßnahme der Instandhaltung oder Instandsetzung oder einer baulichen Maßnahme gemäß § 22 Abs. 1 oder einer solchen zur Modernisierung oder Anpassung an den Stand der Technik gemäß § 22 Abs. 2 stehen.[206] Eine Kostenregelung über eine Balkonsanierung, die einzelne Wohnungseigentümer im Innenverhältnis zu den übrigen Wohnungseigentümern von ihrer Kostentragungspflicht freistellt, weil ein Dritter (Hotel-Pächter) diese Kosten tragen soll, und nur bestimmte Wohnungseigentümer mit den anteiligen Kosten belastet, entspricht nicht ordnungsmäßiger Verwaltung.[207] Einer wirksamen Änderung des Kostenverteilungsschlüssels zur Ansammlung der Instandhaltungsrücklage steht entgegen, dass die Regelung nicht lediglich einen Einzelfall betrifft, weil Instandhaltungsrückstellungen nicht für eine einzige Maßnahme, sondern für den zukünftigen – noch nicht konkret vorhersehbaren – Instandhaltungs- und Instandsetzungsbedarf gebildet werden.[208] Nicht um eine Einzelfallregelung handelt es sich, wenn statt der laut Gemeinschaftsordnung mit unterschiedlichen Beiträgen einheitlich zu bildenden Instandhaltungsrücklage für Wohnungen und Garagen zwei getrennte Instandhaltungsrücklagen gebildet werden sollen.[209]

110

Mit der beschlossenen Kostenverteilung können die Wohnungseigentümer von der gesetzlichen und der vereinbarten Kostenverteilung abweichen und zum Beispiel Wohnungseigentümer, die einer Maßnahme gemäß § 22 Abs. 1 oder 2 nicht zustimmen möchten, wie § 16 Abs. 6 S. 2 klarstellt, zur anteiligen Kostentragung verpflichten. Für einen **Vorratsbeschluss**, der es Wohnungseigentümern irgendwann einmal ermöglichen soll, unter kostenmäßiger Beteiligung der Wohnungseigentümergemeinschaft einen zweiten Rettungsweg zu bauen fehlt das Rechtsschutzbedürfnis.[210]

111

V. Maßstab der abweichenden Kostenverteilung

Die Kosten müssen bei einer abweichenden Regelung nach dem Gebrauch oder der Möglichkeit des Gebrauchs des Gemeinschaftseigentums durch die Wohnungseigentümer verteilt werden. Den Begriff „Nutzung" hat der Gesetzgeber nicht gewählt, um verfehlte Rückschlüsse aus der Verwendung dieses Begriffs in § 16 Abs. 1 zu vermeiden.[211] Die Formulierung „Rechnung tragen" soll nach dem Willen des Gesetzgebers verdeutlichen, dass die Wohnungseigentümer einen Spielraum haben, insbesondere also pauschalisieren dürfen und auch andere Kriterien bei der Ent-

112

---

199 BGH V ZR 202/10, ZWE 2011, 319.
200 BGH a.a.O.
201 AG Hannover 483 C 11244/09, ZMR 2010, 483; *Becker* in Bärmann, § 16 Rn 116.
202 OLG Köln 16 Wx 311/97, WuM 1998, 174.
203 BGH V ZR 164/09, BGHZ 186, 51.
204 *Meffert*, ZMR 2007, 667, 669; *Bub*, ZWE 2008, 205, 215.
205 *Bub*, ZWE 2008, 205, 215 m.w.N.
206 Vgl. BT-Drucks 16/887 S. 24.
207 OLG München 32 Wx 041/06, NZM 2006, 587.
208 BGH V ZR 202/09, ZMR 2010, 775; BGH V ZR 162/10, NZM 2011, 514.
209 AG Hannover 485 C 11734/07, ZMR 2008, 845.
210 OLG Düsseldorf 3 Wx 1/08, NZM 2008, 529.
211 Vgl. BT-Drucks 16/887 S. 24.

scheidung über den Kostenverteilungsschlüssel mit berücksichtigen können, um zu einer sachgerechten Lösung zu kommen.[212] Die Wohnungseigentümer haben daher bei der Bestimmung eines abweichenden Kostenverteilungsschlüssels nach § 16 Abs. 4 ein nur eingeschränkt überprüfbares **Gestaltungsermessen**.[213] Dieser Gestaltungsspielraum wird jedoch überschritten, wenn der beschlossene abweichende Verteilungsmaßstab gar nicht durch den in § 16 Abs. 4 S. 1 bestimmten Gebrauchsmaßstab, sondern ausschließlich durch andere Kriterien bestimmt wird.[214] Der maßgebliche Gebrauch des Gemeinschaftseigentums muss nicht, wie etwa bei einem Balkon, exklusiv sein, er kann auch auf die tatsächliche Gebrauchshäufigkeit und die Gebrauchsmöglichkeit sowie die Anzahl der davon profitierenden Personen oder vergleichbare Unterschiede abstellen.[215] § 16 Abs. 4 gestattet die Belastung nur eines Teils der Wohnungseigentümer mit Instandsetzungskosten aber nur dann, wenn diese von dem Gemeinschaftseigentum einen eigennützigen Gebrauch machen oder machen können, der den von den Kosten freigestellten Wohnungseigentümern nicht oder nicht so möglich ist.[216] Ein Beschluss über die abweichende Verteilung der Kosten einer einzelnen Instandsetzungsmaßnahme muss auch dem **Grundsatz ordnungsgemäßer Verwaltung** entsprechen.[217]

113 In Betracht kommt, die Kosten für das **Streichen von Fenstern** nach deren Anzahl abzurechnen oder die Reparatur der im Gemeinschaftseigentum stehenden Teile von **Balkonen** nur den Wohnungseigentümern in Rechnung stellen, zu deren Wohnung ein Balkon gehört,[218] oder allein die Nutzungsberechtigten von Garagen oder Stellplätzen mit den Kosten der Instandsetzung zu belasten. Die Wohnungseigentümer einer **Mehrhausanlage**, deren Teilungserklärung keine Regelung über die Trennung von Kosten nach Häusern enthält, können im Falle der Sanierung aller Dächer der Anlage mit doppelt qualifizierter Mehrheit beschließen, dass die Eigentümer eines Hauses jeweils die Kosten der Sanierung „ihres" Daches allein zu tragen haben.[219] Dagegen ist die Belastung nur eines Teils der Wohnungseigentümer mit den Kosten der **Instandsetzung des Daches einer Einzelhausanlage** nicht möglich, weil es an einer gesteigerten Gebrauchsmöglichkeit und an einem konkreten Objektbezug fehlt.[220]

114 Beschließen die Wohnungseigentümer einer Mehrhausanlage ohne Kostentrennungsregelung im Falle der Sanierung nur eines Daches (**objektbezogenen Teilinstandsetzung**), dass die Eigentümer des betroffenen Hauses die Kosten der Sanierung „ihres" Daches allein zu tragen haben, dann ist dieser Beschluss anfechtbar.[221] Es widerspräche nämlich dem Grundsatz ordnungsgemäßer Verwaltung, wenn die mit den Kosten belasteten Wohnungseigentümer später an den Kosten der Sanierung von Dächern anderer Häuser beteiligt würden.[222] Würde der Beschluss eine entsprechende Handhabung auf die spätere Sanierung weiterer Dächer festlegen, ginge er über den Einzelfall hinaus und wäre deshalb nichtig.[223] Der Wohnungseigentümer, der die Kosten einer Teilinstandsetzung allein zu tragen hat, könnte zwar gemäß § 21 Abs. 4 verlangen, dass gleich gelagerte Einzelfälle später nicht willkürlich unterschiedlich behandelt werden. Dadurch würde aber das in der Teilungserklärung festgelegte Prinzip der Gesamtverantwortung aller Wohnungseigentümer für das Gemeinschaftseigentum an allen Gebäuden im Wege von Einzelfallmaßnahmen in sein Gegenteil verkehrt, was mit § 16 Abs. 4 gerade nicht ermöglicht werden sollte.[224]

VI. Qualifizierte Mehrheit (§ 16 Abs. 4 S. 2)

115 Das Erfordernis einer qualifizierten Mehrheit soll gewährleisten, dass ein Beschluss über eine Änderung der Kostenverteilung nur gefasst werden kann, wenn dies dem Willen der ganz überwiegenden Mehrheit entspricht.[225] Der Beschluss zur abweichenden Kostenverteilung bedarf der Mehrheit von drei Viertel aller stimmberechtigten Wohnungseigentümer i.S.d. § 25 Abs. 2 und mehr als der Hälfte aller Miteigentumsanteile. Die Abweichung ist daher nur möglich, wenn sie dem Willen der ganz überwiegenden Mehrheit entspricht. Erforderlich ist zunächst die qualifizierte Kopfmehrheit (§ 25 Abs. 2) von drei Viertel aller, nicht nur der in der Versammlung vertretenen, stimmberechtigten Wohnungseigentümer.[226] Erforderlich ist außerdem die einfache Mehrheit aller Miteigentumsanteile. Auch wenn nach der Gemeinschaftsordnung das Objektprinzip beim Stimmrecht gilt, ist wegen § 16 Abs. 5 die doppelt qualifizierte Mehrheit mit 75 % nach Köpfen und mehr als 50 % nach Miteigentumsanteilen zu berechnen.[227] Wird die erforderliche Stimmzahl nicht erreicht, so ist ein gleichwohl gefasster Mehrheitsbeschluss wirksam, aber anfechtbar. Er erlangt unter den Voraussetzungen des § 23 Abs. 4 Bestandskraft.

116 Das Mehrheitserfordernis entspricht dem der Beschlussfassung über eine Modernisierungs- oder Anpassungsmaßnahme i.S.d. § 22 Abs. 2, so dass die Wohnungseigentümer über eine solche Maßnahme und zugleich über deren Kos-

---

212 Vgl. BT-Drucks 16/887 S. 24.
213 BGH V ZR 164/09, BGHZ 186, 51.
214 BGH a.a.O.
215 BGH a.a.O.
216 BGH a.a.O.
217 BGH V ZR 114/09, ZMR 2010, 542; BGH V ZR 164/09, BGHZ 186, 51.
218 BGH V ZR 114/09, ZMR 2010, 542, 544.
219 AG München 483 C 470/08, ZMR 2009, 238; zweifelnd BGH V ZR 164/09, BGHZ 186, 51.
220 BGH V ZR 164/09, BGHZ 186, 51; LG Hamburg 318 S 21/11, ZMR 2011, 824; vgl. auch AG Wennigsen 21 C 30/08, ZMR 2010, 489.
221 BGH V ZR 164/09, BGHZ 186, 51.
222 BGH V ZR 164/09, BGHZ 186, 51.
223 AG München 483 C 470/08, ZMR 2009, 238; *Becker* in Bärmann, § 16 Rn 118; *Bonfacio*, ZMR 2011, 771, 773.
224 BGH V ZR 164/09, BGHZ 186, 51.
225 Vgl. BT-Drucks 16/887 S. 24.
226 LG Hamburg 318 S 206/09, ZMR 2011, 580, 583.
227 LG Stuttgart 10 S 19/10, ZMR 2012, 399.

tenverteilung entscheiden können, ohne dass sich die erforderliche Stimmenmehrheit verändert. Wollen die Wohnungseigentümer dagegen eine abweichende Regelung über die Kosten einer Instandsetzungsmaßnahme oder einer baulichen Veränderung i.S.v. § 22 Abs. 1 treffen, erhöhen sich dadurch die Anforderungen an die Stimmenmehrheit. Damit soll verhindert werden, dass der vereinbarte oder gesetzliche Kostenverteilungsschlüssel auch nur im Einzelfall zu leicht außer Kraft gesetzt werden kann.[228]

Eine abweichende Kostenverteilung für bauliche Veränderungen erfordert nicht die Zustimmung aller Wohnungseigentümer, die mit den Kosten belastet werden. Wer eine Gebrauchsmöglichkeit erhält und damit regelmäßig auch an einer Werterhöhung teilnimmt, soll sich nach dem Willen des Gesetzgebers nicht der Kostentragung entziehen können, wenn sich dies nicht mit dem Willen der weit überwiegenden Mehrheit der Wohnungseigentümer deckt.[229]

VII. Zwingender Charakter der Abs. 3 und 4 (§ 16 Abs. 5)

§ 16 Abs. 5 stellt sicher, dass die Beschlusskompetenz für Betriebs- und Verwaltungskosten (§ 16 Abs. 3) und für Kosten der Instandhaltung und der baulichen Veränderung (§ 16 Abs. 4) nicht durch abweichende geltende oder künftige Vereinbarungen zu Ungunsten der vorgesehenen Mehrheit der Wohnungseigentümer eingeschränkt oder ausgeschlossen werden kann.

Abweichende Kostenverteilungsbeschlüsse aufgrund einer Öffnungsklausel mit geringeren Anforderungen, also zum Beispiel ohne das Erfordernis einer qualifizierten Mehrheit, bleiben zulässig, weil solche Beschlüsse die Befugnis der Mehrheit der Wohnungseigentümer nicht einschränken, sondern erweitern.

G. Anspruch auf Änderung des Verteilungsschlüssels

Einen Anspruch auf Änderung des Verteilungsschlüssels bejahte die Rechtsprechung vor dem Inkrafttreten der WEG-Novelle 2007 nur, wenn der geltende Verteilungsschlüssel **bei Anlegung eines strengen Maßstabs** nicht sachgerecht war und zu **grob unbilligen** Ergebnissen führte, die mit Treu und Glauben (§ 242 BGB) nicht zu vereinbaren sind.[230] § 10 Abs. 2 S. 3 gibt dem einzelnen Wohnungseigentümer jetzt einen schuldrechtlichen Anspruch gegen die übrigen Wohnungseigentümer auf Abänderung der vereinbarten oder der gesetzlichen Kostenverteilungsschlüssel. Aufgrund dieses Individualanspruchs auf Abschluss einer Abänderungsvereinbarung besteht zur Anpassung des Verteilungsschlüssels an veränderte Verhältnisse regelmäßig keine Regelungslücke, die durch eine ergänzende Auslegung der Gemeinschaftsordnung zu schließen wäre, denn § 10 Abs. 2 S. 3 ermöglicht eine angemessene und interessengerechte Regelung.[231] Die Voraussetzungen eines Anspruchs nach § 10 Abs. 2 S. 3 auf Änderung des Kostenverteilungsschlüssels bestimmen sich nicht nach der tatsächlich ausgeübten, sondern nach der rechtlich zulässigen Nutzung.[232]

I. Schwellenwert

Der Änderungsanspruch setzt voraus, dass ein Festhalten an der geltenden Regelung **aus schwerwiegenden Gründen** unter Berücksichtigung aller Umstände des Einzelfalls, insbesondere der Rechte und Interessen der anderen Wohnungseigentümer, **unbillig** erscheint. Das Gesetz nennt keinen bewusst keinen konkreten Schwellenwert für die Unbilligkeit. Allein ein bestimmtes Maß der Kostenmehrbelastung ist nämlich nicht maßgeblich für den Änderungsanspruch; es sind vielmehr alle Umstände des Einzelfalls abzuwägen sind.[233] Eine Kostenmehrbelastung ab etwa 25 Prozent legt jedoch nach der Vorstellung des Gesetzgebers die Unbilligkeit nahe, unabhängig davon, ob die Kostenregelung von Anfang an verfehlt war oder erst im Nachhinein aufgrund geänderter Umstände unbillige Ergebnisse hervorruft.[234] Für den Änderungsanspruch ist allein die Kostenmehrbelastung des Wohnungseigentümers maßgebend, der die Änderung des Kostenverteilungsschlüssels verlangt.[235] Eine Mehrbelastung von 13 Prozent liegt weit unter dem als Orientierungsgröße dienenden Schwellenwert von 25 Prozent und rechtfertigt – sofern die Abwägung aller Umstände des Einzelfalls nicht entgegensteht – keinen Änderungsanspruch.[236] Bei einer Abweichung von mehr als 70 Prozent ist der Schwellenwert zwar weit überschritten, gleichwohl kann die Abwägung der gesamten Umstände des Einzelfalls ergeben, dass kein Änderungsanspruch besteht.[237]

---

228 Vgl. BT-Drucks 16/887 S. 25.
229 Vgl. BT-Drucks 16/887 S. 25.
230 Vgl. BGH V ZB 21/03, NJW 2003, 3476, 3477 m.w.N.
231 BGH V ZR 174/09, ZMR 778, 779; zur früheren Rechtslage siehe BGH V ZB 22/04, BGHZ 160, 354 ff.
232 BGH V ZR 131/10, ZMR 2011, 485.
233 BGH V ZR 174/09, ZMR 778, 779; BGH V ZR 131/10, ZMR 2011, 485.
234 Vgl. BT-Drucks 16/887 S. 19.
235 BGH V ZR 174/09, ZMR 778, 779.
236 BGH V ZR 174/09, ZMR 778, 779.
237 BGH V ZR 131/10, ZMR 2011, 485.

II. Abwägungskriterien

122 Neben dem Verhältnis von Kostenbelastung und -verursachung auch die Gesichtspunkte der Praktikabilität und der Verlässlichkeit der Verteilung und der daraus folgenden Vorhersehbarkeit der Belastungen für die Eigentümer zu berücksichtigen.[238] Für die Fortgeltung eines Kostenverteilungsschlüssels wird sprechen, wenn nur ein Teil der Kosten betroffen ist oder wenn langfristig der Ausgleich einer aktuellen Kostenmehrbelastung zu erwarten ist oder wenn die Kostenmehrbelastung in den Risikobereich des Klägers fällt.[239] Die Erkennbarkeit der nicht sachgerechten Kostenbelastung schon bei Erwerb des Wohnungseigentums und das Vertrauen der anderen Wohnungseigentümer auf den Bestand des geltenden Kostenverteilungsschlüssels stehen der Feststellung einer Unbilligkeit bisheriger Regelung grundsätzlich entgegen.[240] Diese Umstände dürfen jedoch nicht überbewertet werden, wenn sich die vereinbarte Regelung als verfehlt oder unzweckmäßig erweist.[241] Für einen Abänderungsanspruch wird sprechen, wenn die Miteigentumsanteile ganz erheblich von der Wohnfläche abweichen, ohne dass dies durch andere Faktoren gerechtfertigt ist, wenn eine nachträgliche bauliche Veränderung zu einer grob unbilligen Kostenverteilung führt oder wenn ein Miteigentum aus rechtlichen Gründen auf Dauer nicht genutzt werden kann.[242]

123 Soweit die Rechtsprechung einen Änderungsanspruch bereits unter den früher geltenden strengen Voraussetzungen wegen grober Unbilligkeit bejaht hat, besteht jetzt erst recht ein Änderungsanspruch. Ist nach dem geltenden Verteilungsschlüssel fast dreimal soviel oder gar mehr zu zahlen als bei einer sachgerechten Kostenverteilung, hat der Betroffene einen Anspruch auf Abänderung des Verteilungsschlüssels.[243] Ein Abänderungsanspruch besteht auch, wenn einem Wohnungseigentümer nur 40 % der Nutzfläche des gesamten Objekts zur Verfügung stehen, er aber 75 % der Instandhaltungskosten zu tragen hat.[244] Bei unterschiedlicher Nutzung der Sondereigentumseinheiten ist deren Größe aber kein hinreichender Maßstab zur Bestimmung der anteiligen Kostenverursachung.[245] Sind die Miteigentumsanteile von Wohnungen mit Garage ebenso groß wie die Miteigentumsanteile von Wohnungen gleicher Größe ohne Garage, so ist die Verteilung der Instandhaltungskosten für die Garagen nach Miteigentumsanteilen grob unbillig, weil dann die Wohnungseigentümer ohne Garage die Instandhaltung der Garagen mit gleich großen Beträgen mitfinanzieren müssen, ohne einen Vorteil davon zu haben.[246] In Betracht kommt ein Änderungsanspruch auch, wenn leerstehende Räume, die nicht nutzbar sind, an verbrauchsabhängigen Kosten beteiligt werden.[247] Sind in allen Wohnungen und Gewerbeeinheiten Messgeräte zur Erfassung des Wasserverbrauchs installiert, so kommt ein Anspruch auf Abänderung des Verteilungsschlüssels in Betracht.[248] Ein Änderungsanspruch kommt in Betracht, wenn infolge eines Dachausbaus die Wohn- und Nutzflächen um mehr als 25 % von den Miteigentumsanteilen abweichen.[249]

III. Prozessuales

124 Der Änderungsanspruch ist im **Verfahren** nach § 43 Nr. 1 durchzusetzen. Die Klage ist gegen die übrigen Wohnungseigentümer auf Zustimmung zur Vereinbarung eines bestimmten Kostenverteilungsschlüssels zu richten. Für die Entscheidung über das Verlangen eines Wohnungseigentümers nach einer Änderung des gesetzlichen oder vereinbarten Verteilungsschlüssels fehlt den Wohnungseigentümern die Beschlusskompetenz, so dass die auf Zustimmung zu der Änderung gerichtete Leistungsklage ohne vorherige Befassung der Wohnungseigentümerversammlung zulässig ist.[250]

125 Der Anspruch auf Zustimmung zur generellen Änderung der Kostenverteilung nach § 10 Abs. 2 S. 3 und die Regelung in **§ 16 Abs. 4** zur Änderung eines Kostenverteilungsschlüssels für Instandsetzungsmaßnahmen im Einzelfall haben unterschiedliche Regelungsgegenstände und stehen alternativ nebeneinander.[251] Es ist durch Auslegung des Antrags zu ermitteln, ob eine Leistungsklage nach §§ 10 Abs. 2 S. 3, 43 Nr. 1, mit der die Verurteilung der übrigen Wohnungseigentümer zur Zustimmung zu der Änderung der Kostenverteilung erreicht werden soll, Streitgegenstand ist oder ob eine Gestaltungsklage nach §§ 16 Abs. 4, 21 Abs. 4 und 8, 43 Nr. 1 erhoben ist, mit der die gerichtliche Ersetzung eines von den Wohnungseigentümern nicht gefassten Beschlusses herbeigeführt werden soll.[252] Vor einer Gestaltungsklage nach §§ 16 Abs. 4, 21 Abs. 4 und 8, 43 Nr. 1 muss sich der Kläger um die Beschlussfassung der Versammlung bemühen, weil seiner Klage sonst das Rechtsschutzbedürfnis fehlt.[253]

126 Auch die Regelung des **§ 16 Abs. 3** zur Änderung des Kostenverteilungsschlüssels für Betriebskosten per Beschluss ist nicht lex specialis gegenüber dem Anspruch aus § 10 Abs. 2 S. 3.[254] Ein Wohnungseigentümer kann daher nicht darauf verwiesen werden, statt der Änderung der Vereinbarung lediglich eine die Vereinbarung abändernde Beschlussfas-

---

238 BGH V ZR 131/10, ZMR 2011, 485.
239 Vgl. BGH V ZB 22/04, NJW 2004, 3413.
240 BGH V ZR 131/10, ZMR 2011, 485.
241 BGH V ZR 131/10, ZMR 2011, 485.
242 Vgl. OLG Zweibrücken 3 W 24/99, NZM 1999, 808.
243 BayObLG BReg 2 Z 124/91, WuM 1992, 83.
244 BayObLG 2Z BR 131/94, WuM 1997, 61, 62.
245 BGH V ZR 131/10, ZMR 2011, 485.
246 OLG Celle 4 W 228/97, WuM 1998, 172, 173.

247 BayObLG 24 W 310/01, NZM 2002, 389.
248 BGH V ZB 21/03, NJW 2003, 3476, 3479.
249 AG Hannover 483 C 11333/07, ZMR 2009, 234.
250 BGH V ZR 114/09, ZMR 2010, 542.
251 BGH V ZR 114/09, ZMR 2010, 542, 543.
252 Vgl. BGH V ZR 114/09, ZMR 2010, 542, 543.
253 BGH V ZR 114/09, ZMR 2010, 542, 543.
254 LG Hamburg 318 S 84/09, ZMR 2010, 635, 637 m.w.N.

sung zu erzwingen. Auch insoweit ist durch Auslegung festzustellen, ob eine Gestaltungsklage nach §§ 16 Abs. 3, 21 Abs. 4 und 8, 43 Nr. 1 oder eine Leistungsklage nach §§ 10 Abs. 2 S. 3, 43 Nr. 1 erhoben ist.[255] Besteht Beschlusskompetenz der Eigentümerversammlung aufgrund einer **Öffnungsklausel** in der Gemeinschaftsordnung ist der Antrag nicht auf Zustimmung zum Abschluss einer die Gemeinschaftsordnung verändernden Vereinbarung, sondern gemäß §§ 21 Abs. 4, Abs. 8 auf abändernde Beschlussfassung durch gerichtliche Entscheidung zu richten.[256] Dieser Klage fehlt in der Regel das Rechtsschutzbedürfnis, wenn nicht zuvor versucht wurde, einen Beschluss der Wohnungseigentümer herbeizuführen. Kann dem klagenden Wohnungseigentümer im Einzelfall nicht zugemutet werden, die Eigentümerversammlung anzurufen, weil mit an Sicherheit grenzender Wahrscheinlichkeit davon ausgegangen werden kann, dass der Antrag in der Eigentümerversammlung nicht die erforderliche Mehrheit finden wird, so ist die Klage unmittelbar zulässig.[257] Gleiches gilt, wenn bis auf wenige Wohnungseigentümer bereits alle der Änderung in grundbuchmäßiger Form zugestimmt haben. In einem solchem Fall, können die restlichen Wohnungseigentümer unmittelbar auf Zustimmung in Anspruch genommen werden. Die Wohnungseigentümer, die bereits zugestimmt haben, sind beizuladen (§ 48 Abs. 1), so dass das Urteil für und gegen alle Wohnungseigentümer wirkt (§ 48 Abs. 3).

127 Der die Änderung einer Vereinbarung nach § 10 Abs. 2 S. 3 begehrende Eigentümer muss die Voraussetzungen des Anspruchs vortragen und Beweis dafür anbieten.[258] Er trägt die **Darlegungs- und Beweislast** für die Mehrbelastungsquote aufgrund der bisherigen Kostenverteilung.[259] Die Abwägung der gesamten Umstände des Einzelfalls ist Sache des Tatrichters; in einem Revisionsverfahren ist nur zu überprüfen, ob er die Rechtsbegriffe zutreffend erfasst und ausgelegt, alle für die Beurteilung wesentlichen Umstände berücksichtigt sowie die Denkgesetze und Erfahrungssätze beachtet hat.[260] Gegen einen Beschluss, mit dem der Antrag auf Änderung des Kostenverteilungsschlüssels nach Wohnflächen abgelehnt wurde (Negativbeschluss), ist Anfechtungsklage nach § 46 zulässig.[261]

128 Die Vollstreckung des Urteils erfolgt nach § 894 ZPO, so dass mit Rechtskraft des Urteils die Zustimmung als abgegeben gilt. Der geänderte Verteilungsschlüssel, der auch für Sondernachfolger wirkt (§ 10 Abs. 4), ist erst bei den Eigentümerbeschlüssen anzuwenden, die nach Rechtskraft des Urteils gefasst werden. Der Änderungsanspruch kann vorher auch nicht durch Anfechtung des Beschlusses über die Jahresabrechnung erfolgreich geltend gemacht werden. Solange der Kostenverteilungsschlüssel noch nicht abgeändert ist, muss er der Jahresabrechnung und dem Wirtschaftsplan zugrunde gelegt werden.[262] Ein Wohnungseigentümer kann auch einer Zahlungsklage nicht den Einwand der unzulässigen Rechtsausübung mit der Begründung entgegenhalten, er habe einen Abänderungsanspruch.[263] Die Prüfung, ob ein Abänderungsanspruch besteht, würde die schnelle Durchsetzung der Zahlungsansprüche der Gemeinschaft beeinträchtigen und könnte deren Liquidität gefährden. Der Einwand muss daher gegenüber Wohngeldansprüchen ebenso ausgeschlossen sein, wie die Aufrechnung mit streitigen Gegenforderungen. Eine rechtskräftige Entscheidung über den Verteilungsschlüssel kann nur durch Vereinbarung geändert werden, es sei denn, es besteht ausnahmsweise ein Anspruch auf Abänderung.

129 In besonderen Fällen kann sich ein Anspruch auf Befreiung von bestimmten Kosten ergeben. Steht z.B. eine Wohnung wegen Unverkäuflichkeit leer, hat der Eigentümer (Bauträger) sich dennoch an sämtlichen Allgemeinkosten zu beteiligen. Für ausschließlich verbrauchsabhängige Kosten (Müllabfuhrgebühren) kommt jedoch ein Anspruch auf Änderung der Kostenverteilung in Betracht.[264]

H. Die Beitragspflicht der Wohnungseigentümer
I. Art der Beiträge

130 Der Beitrag des einzelnen Wohnungseigentümers zu den Kosten und Lasten besteht grundsätzlich in einer Geldzahlung (Wohngeld), und zwar entweder durch Vorschüsse auf die zu erwartenden Unkosten oder durch Zahlung des sich aus der Abrechnung ergebenden Betrages sowie durch Beiträge für künftige Aufwendungen (Instandhaltungsrücklage). Vorschüsse ergeben sich im Rahmen des von der Gemeinschaft mehrheitlich beschlossenen Wirtschaftsplanes (§ 28 Abs. 1, 2). (Zur Teilnahme am Lastschriftverfahren durch Erteilung einer Einzugsermächtigung siehe § 28 Rn 178.)

---

255 BGH V ZR 131/10, ZMR 2011, 485.
256 BGH V ZR 174/09, ZMR 778, 779.
257 BGH V ZR 114/09, ZMR 2010, 542, 543.
258 BGH V ZR 131/10, ZMR 2011, 485.
259 LG Hamburg 318 S 84/09, ZMR 2010, 635, 637.
260 BGH V ZR 131/10, ZMR 2011, 485.
261 BGH V ZR 114/09, ZMR 2010, 542; BGH V ZR 174/09, ZMR 778.
262 BayObLG 24 W 310/01, NZM 2002, 389 m.w.N.
263 Vgl. BayObLG 2Z BR 35/96, WuM 1997, 234, 235; **a.A.** OLG Celle 4 W 228/97, WuM 1998, 172, 173.
264 Vgl. *Elzer* in Riecke/Schmid § 16 Rn 244.

131 **Persönliche Dienstleistungen** des einzelnen Wohnungseigentümers sind nicht grundsätzlich ausgeschlossen. Solche Verpflichtungen können aber nicht durch Mehrheitsbeschluss begründet werden (siehe auch § 21 Rn 61). Aus der Kompetenz, den Gebrauch (§ 15), die Verwaltung (§ 21) und die Instandhaltung oder Instandsetzung des gemeinschaftlichen Eigentums (§ 22) durch Mehrheitsbeschluss zu regeln, folgt nicht die Befugnis, den Wohnungseigentümern außerhalb der gemeinschaftlichen Kosten und Lasten Leistungspflichten aufzuerlegen.[265] Eine Verpflichtung der einzelnen Wohnungseigentümer, die **Räum- und Streupflicht** im Wechsel zu erfüllen, kann nicht durch Mehrheitsbeschluss, sondern nur durch Vereinbarung begründet werden.[266]

132 Umgekehrt kann sich ein einzelner Wohnungseigentümer nicht eigenmächtig seiner Geldzahlungsverpflichtung entziehen, indem er seine persönlichen Dienste anbietet.[267] Hat die Gemeinschaft beschlossen, ein Reinigungsunternehmen mit der Treppenhausreinigung zu beauftragen, kann der Wohnungseigentümer seinen Zahlungsbeitrag nicht mit dem Hinweis verweigern, er wolle das Treppenhaus selbst putzen.

II. Begründung der Beitragspflicht

133 Die anteilmäßige Verpflichtung jedes Wohnungseigentümers gegenüber den anderen Wohnungseigentümern wird entweder durch den Beschluss über den Wirtschaftsplan als Vorschuss (§ 28 Abs. 2, 5) oder durch den Beschluss über die Jahresabrechnung (§ 28 Abs. 3, 5) zu einer konkreten Verbindlichkeit. Erst durch die Beschlüsse wird im Rahmen der allgemeinen Beitragspflicht eine Verbindlichkeit der einzelnen Wohnungseigentümer begründet.[268] Vorher fehlt es nicht nur an der Fälligkeit, sondern an einer vollwirksamen Forderung überhaupt.[269] Eine **Ausnahme** hiervon kommt bei einer Wohnungseigentümergemeinschaft in Betracht, die aus zwei zerstrittenen Wohnungseigentümern besteht, die über das gleiche Stimmrecht verfügen. Ist hier kein Verwalter bestellt, dann kann der Wohnungseigentümer, der die gemeinschaftlichen Kosten und Lasten verauslagt hat, ohne weitere Formalitäten von dem anderen Wohnungseigentümer dessen Anteil an den Kosten und Lasten erstattet verlangen und gegebenenfalls gerichtlich geltend machen.[270] (Zur **Fälligkeit**, **Verjährung** und **gerichtlichen Geltendmachung** der Beiträge siehe im Einzelnen § 28 Rn 174 ff.)

III. Beitragspflicht vor Entstehung der Gemeinschaft

134 Solange noch nicht mindestens zwei Wohnungseigentümer im Grundbuch eingetragen sind, kann eine „werdende Wohnungseigentümergemeinschaft" bestehen (vgl. dazu § 10 Rn 8 ff.). Die Mitgliedschaft in einer werdenden Wohnungseigentümergemeinschaft verpflichtet zur Beitragszahlung.[271] Auch nachdem die Wohnungseigentümergemeinschaft entstanden ist, dürfen diejenigen Ersterwerber, die schon vorher werdende Wohnungseigentümer waren, bei Beschlüssen mitwirken (vgl. § 10 Rn 12). Sie haften deshalb für Beiträge, die von der in Vollzug gesetzten Wohnungseigentümergemeinschaft begründet worden sind, weil es sich nicht um einen Beschluss zu Lasten Dritter handelt.[272]

135 Erwerber, für die eine Auflassungsvormerkung eingetragen und auf die der Besitz übergegangen ist, die aber erst nach Entstehung der Wohnungseigentümergemeinschaft von einem bereits eingetragenen Erwerber erworben haben (Zweiterwerber), haften nicht für die vor ihrer Eintragung als Eigentümer in das Grundbuch fällig gewordenen Beiträge (Siehe Rn 140 ff.). Nach bisher h.M. galten auch Erwerber, bei denen alle Voraussetzungen für die Mitgliedschaft in der werdenden Gemeinschaft erst dann vorgelegen haben, nachdem bereits eine Wohnungseigentümergemeinschaft entstanden war, trotz Erwerb vom Bauträger ebenfalls als Zweiterwerber, die ihre wohnungseigentumsrechtlichen Rechte und Pflichten erst mit ihrer Eintragung im Grundbuch als Eigentümer erlangen (vgl. § 10 Rn 12). Der BGH hat nunmehr – wie schon im Jahr 2008 angedeutet[273] – entschieden, dass ein Erwerber, der jedenfalls den Erwerbsvertrag vor dem Entstehen der Wohnungseigentümergemeinschaft abgeschlossen hat und zu dessen Gunsten eine Auflassungsvormerkung eingetragen ist, auch dann als Mitglied der werdenden Wohnungseigentümergemeinschaft anzusehen ist, wenn er den Besitz an der Wohnung erst nach dem Entstehen der Wohnungseigentümergemeinschaft erlangt.[274] Ob eine zeitliche Begrenzung für die Anwendung der Grundsätze der werdenden Wohnungseigentümergemeinschaft auf die Ersterwerber vorzunehmen ist und der teilende Eigentümer nach einer längeren Vorratshaltung einem Eigenerwerber gleichzustellen sein könnte, wenn der Erwerbsvertrag als erster Bestandteil einer gesicherten Erwerbsposition erst geraume

---

265 BGH V ZR 193/09, ZMR 2010, 777; OLG Düsseldorf 3 Wx 77/08, NZM 2009, 162 *Wenzel*, NZM 2004, 542, 544; **a.A.** OLG Stuttgart 8 W 89/87, DWE 1987, 99 m. abl. Anm. *Bielefeld*, [Schneeräum- und Streupflicht]; BayObLG 2Z BR 28/94, WuM 1994, 403 m.w.N.; LG Stuttgart 2 S 43/09 ZMR 2010, 723 m. krit. Anm. *Abramenko*; LG München I 1 S 4042/10, ZMR 2010, 991 m. abl. Anm. *Riecke* [Treppenhausreinigung].
266 BGH V ZR 161/11, NJW 2012, 1724.
267 BayObLG BReg 2 Z 62/84, DWE 1985, 125.
268 BGH V ZB 10/87, DWE 1988, 63; BGH,VII ZR 151/88, NJW 1989, 2748.
269 BGH V ZR 279/91, NJW 1993, 593.
270 BayObLG 2 Z BR 84/01, NZM 2002, 609, LG München I 1 S 10255/08, ZMR 2009, 637.
271 BGH V ZB 85/07, NJW 2008, 2639.
272 BGH V ZB 85/07, NJW 2008, 2639, Tz 16.
273 BGH V ZB 85/07, NJW 2008, 2639, Tz 21.
274 BGH V ZR 196/11, NJW 2012, 2650, Tz 8; ebenso *Klein* in Bärmann, § 10 Rn 18; *Wenzel*, NZM 2008, 626 m.w.N. in Fn. 25.

Zeit nach Entstehen der Wohnungseigentümergemeinschaft geschlossen wird, hat der BGH offen gelassen.[275] Da sich insoweit geeignete zeitliche Abgrenzungskriterien kaum finden lassen, dürfte einer zeitlich unbegrenzten Anwendung auf Ersterwerber der Vorzug zu geben sein.[276] Ist der Erwerber als Mitglied der werdenden Wohnungseigentümergemeinschaft anzusehen, haftet der im Grundbuch als Eigentümer eingetragene Veräußerer nicht gesamtschuldnerisch für die Beiträge.[277] Sind Wohnungen nicht veräußert, ist der Bauträger grundsätzlich auch für leerstehende Wohnungen beitragspflichtig.[278]

136 Führt der teilende Eigentümer für die ihm verbliebenen Wohnungen und zugleich für die nach und nach im Grundbuch eingetragenen Erwerber aufgrund von Absprachen mit den einzelnen Käufern die Verwaltung des gemeinschaftlichen Eigentums bis zu einem bestimmten Stichtag, ab dem der erste gewählte Verwalter tätig wird, und zahlen die Erwerber ohne Verwalterbestellung und ohne Wirtschaftsplan freiwillig monatliche Beitragsvorschüsse auf ein Sonderkonto des teilenden Eigentümers, so hat dieser gemäß § 667 BGB aus Auftragsrecht individuelle Abrechnungen mit den einzelnen Käufern vorzunehmen. Dabei haben die Käufer ihre Zahlungen nachzuweisen und der teilende Eigentümer hat seine Ausgaben nachzuweisen.[279] Auch wenn bereits eine Wohnungseigentümergemeinschaft entstanden war, beginnt das geordnete Rechnungs- und Finanzwesen in einem solchen Fall erst für die Zeit nach dem Stichtag.[280] Ist bei dem teilenden Eigentümer aus der Zeit vor dem Stichtag ein Minussaldo entstanden, so kann dieser nicht mit Beitragsvorschüssen aufgerechnet werden, die für die Zeit nach dem Stichtag zu zahlen sind, auch wenn sich die Zusammensetzung der Gemeinschaft nicht geändert hat.[281]

137 Der Inhaber eines **isolierten Miteigentumsanteils** ist bis zur Behebung des gesetzlich nicht vorgesehenen Zustands zur anteiligen Kostentragung verpflichtet.[282]

IV. Beitragspflicht bei Zwischenvermietung

138 Hat die Eigentümergemeinschaft die gesamte Anlage an einen gewerblichen Zwischenmieter vermietet, so sind die einzelnen Wohnungseigentümer auch dann Schuldner des Wohngelds, wenn der Mietvertrag bestimmt, dass der Zwischenmieter den Mietzins abzüglich des Wohngelds an die Wohnungseigentümer überweist. Von einer befreienden Schuldübernahme (§ 414 BGB) könnte nur ausgegangen werden, wenn im Vertrag zweifelsfrei zum Ausdruck kommt, dass der einzelne Wohnungseigentümer freigestellt wird. Ist dies nicht der Fall, kann allenfalls von einer Erfüllungsübernahme ausgegangen werden.[283]

V. BGB-Gesellschaft als Eigentümer

139 Die im Grundbuch eingetragenen Gesellschafter einer BGB-Gesellschaft sind als Gesamtschuldner zur Zahlung der Wohngelder verpflichtet. Ein Gesellschafter der die Übertragung der Mitgliedschaft geltend macht, haftet solange das Grundbuch noch nicht berichtigt ist. Etwas anderes gilt nur dann, wenn der Eigentümergemeinschaft das Ausscheiden aus der Gesellschaft nachgewiesen wird, was nach ganz überwiegender Auffassung nicht in der Form des § 29 GBO zu geschehen braucht.[284] Mehrere Personen, die als Mitglieder einer Bruchteilsgemeinschaft Eigentümer einer Wohnung sind, haften für die Beiträge als Gesamtschuldner.[285]

VI. Beitragspflicht bei Eigentümerwechsel (Sonderrechtsnachfolge)

140 Beitragspflichtig ist **der jeweilige Eigentümer** der Wohnung, auch ein Treuhandeigentümer.[286] Der noch im Grundbuch eingetragene Wohnungseigentümer hat die Lasten und Kosten des gemeinschaftlichen Eigentums auch dann noch zu tragen, wenn er die Eigentumswohnung veräußert hat, sie nicht mehr nutzt und für den Erwerber schon eine Auflassungsvormerkung eingetragen ist.[287] Der ausgeschiedene Veräußerer haftet dagegen nicht für Kosten, die auf einem Beschluss beruhen, der erst nach seinem Eigentumsverlust gefasst worden ist, weil Gesamtakte zu Lasten Dritter unzulässig sind.[288] Hat die Wohnungseigentümergemeinschaft keinen Wirtschaftsplan beschlossen, kann sie einen ausgeschiedenen Wohnungseigentümer wohl aufgrund einer nach seinem Ausscheiden beschlossenen Jahresabrechnung noch als ungerechtfertigter Bereicherung für die Lasten und Kosten in Anspruch nehmen, die vor seinem Ausscheiden entstanden sind.[289] Ein Beschluss begründet für einen Veräußerer auch dann keine Zahlungspflichten für Wohnungen, deren Eigentum er bereits vor Beschlussfassung übertragen hat, wenn er als Wohnungseigentümer an der Beschlussfassung teilnimmt, weil er nur einen Teil seiner Einheiten veräußert hat. Denn die aus dem Wohnungseigentum sich erge-

---

275 BGH V ZR 196/11, NJW 2012, 2650, Tz 12.
276 Ebenso *Klein* in Bärmann, § 10 Rn 18.
277 BGH V ZR 196/11, NJW 2012, 2650, Tz 13 ff.
278 *Bub*, Rechnungswesen, V. Rn 155; siehe aber auch Rn 129.
279 Vgl. KG 24 W 680/00, NZM 2001, 591.
280 KG 24 W 680/00, NZM 2001, 591, 593.
281 KG 24 W 680/00, NZM 2001, 591, 593.
282 OLG Hamm 15 W 259/05, ZMR 2007, 213.
283 BayObLG 2 Z BR 143/93, WuM 1994, 570, 571.
284 OLG Stuttgart 8 W 39/05, NZM 2005, 426 m.w.N.; **a.A.** OLG Hamm 15 W 416/88, NJW-RR 1989, 655.
285 *Merle* in Bärmann, § 28 Rn 147 m.w.N.
286 OLG Düsseldorf 3 Wx 112/01, NZM 2002, 260.
287 BGH VII ZB 28/82, NJW 1983, 1615 m. Anm. *Röll*.
288 BGH V ZB 10/87, NJW 1988, 1910; BGH V ZR 113/11, ZWE 2012, 90.
289 OLG München 34 Wx 27/07, NZM 2007, 812.

benden Rechte und Pflichten nach § 16 Abs. 2 sind nicht personenbezogen, sondern an die jeweilige Einheit geknüpft.[290] Der Erwerber haftet für die Beiträge, die nach seinem Eigentumserwerb fällig geworden sind. Werden versehentlich in der Jahresabrechnung einem Wohnungseigentümer Kosten für Räume belastet, die gar nicht zu seinem Sondereigentum gehören, so ist der Genehmigungsbeschluss nicht nichtig.[291]

1. Keine gesetzliche Haftung des Erwerbers für Rückstände

141 Der Erwerber einer Eigentumswohnung haftet nicht kraft Gesetzes für Wohngeldrückstände des Voreigentümers.[292] Dies gilt für den rechtsgeschäftlichen Erwerb und erst recht für den originären Eigentumserwerb durch Zuschlag in der Zwangsversteigerung.[293]

2. Vereinbarung der Haftung für Rückstände

142 Die Vereinbarung einer Haftung für Rückstände ist nur eingeschränkt möglich.

143 **a) Erwerb durch Zuschlag.** Eine Bestimmung in der Teilungserklärung, wonach der Ersteher einer Eigentumswohnung im Wege der Zwangsversteigerung für Wohngeldrückstände des Voreigentümers haftet, ist wegen Verstoß gegen § 56 S. 2 ZVG gemäß § 134 BGB nichtig.[294] Dies gilt erst recht für einen Mehrheitsbeschluss, der die Haftung des Erstehers begründen soll.[295] Eine Bestimmung in der Teilungserklärung, wonach der Erwerber gesamtschuldnerisch für etwaige Rückstände haftet, ist dahin auszulegen, dass nur der rechtsgeschäftliche Erwerber gemeint ist, nicht jedoch der Ersteher in der Zwangsversteigerung.[296]

144 **b) Rechtsgeschäftlicher Erwerb.** Für den rechtsgeschäftlichen Erwerb kann durch **Vereinbarung** die Haftung des Erwerbers für Wohngeldrückstände des Voreigentümers wirksam begründet werden.[297] Eine solche Vereinbarung wirkt, wenn sie als Inhalt des Sondereigentums in das Grundbuch eingetragen ist, auch gegen Sondernachfolger (§§ 10 Abs. 4, 5 Abs. 4, 8 Abs. 2). Sie verstößt weder gegen zwingendes Recht (§ 10 Abs. 2 S. 2 WEG, § 134 BGB), noch gegen Treu und Glauben (§ 242 BGB) oder gegen die guten Sitten (§ 138 BGB). Die Vereinbarung hat zwar dingliche Wirkung, weil die Haftung des Erwerbers unmittelbar durch den Erwerb des Sondereigentums bewirkt wird. Sie verstößt aber nicht gegen den Typenzwang im Sachenrecht, weil der Gesetzgeber im WEG die Möglichkeit eröffnet hat, den Inhalt des Sondereigentums zu bestimmen. Einen Verstoß gegen das Verbot des Vertrags zu Lasten Dritter liegt nicht vor, weil die Verpflichtung des Erwerbers nicht unmittelbar durch die Vereinbarung bewirkt wird, sondern erst durch den freiwilligen Erwerb des Wohnungseigentums, dessen Inhalt durch die Vereinbarung gestaltet ist. Die Vereinbarung hält auch der Inhaltskontrolle nach § 242 BGB stand, denn es verstößt grundsätzlich nicht gegen Treu und Glauben, wenn sich aufgrund hoher Belastungen mit rückständigen Beiträgen kein rechtsgeschäftlicher Erwerber findet, denn der veräußerungswillige Wohnungseigentümer hat diesen Zustand durch sein eigenes Verhalten herbeigeführt.

145 Haftet der rechtsgeschäftliche Erwerber einer Eigentumswohnung nach der Teilungserklärung für Zahlungsrückstände des Voreigentümers, gilt dies grundsätzlich auch für den Fall eines Ersterwerbs vom teilenden Eigentümer.[298] Haftet der Erwerber nach der Gemeinschaftsordnung „für rückständige Beträge des Veräußerers", umfasst die Haftung auch eine fällige Sonderumlage.[299]

146 Durch **Mehrheitsbeschluss** kann die Haftung eines rechtsgeschäftlichen Erwerbers für Beitragsrückstände des Veräußerers dagegen nicht begründet werden. Ein solcher Beschluss wäre **nichtig**, weil eine vom dispositiven Recht abweichende Regelung nach § 10 Abs. 2 S. 2 nur durch Vereinbarung möglich ist.[300]

3. Umfang der Haftung des Erwerbers

147 Der Erwerber einer Eigentumswohnung haftet daher grundsätzlich nur für Beiträge, die nach seiner Eintragung als Eigentümer in das Grundbuch durch einen Beschluss der Wohnungseigentümer begründet worden sind.[301] Er haftet auch für Beiträge, die vor dem Eigentumswechsel begründet worden sind, aber erst danach fällig geworden sind.[302] Er haftet dagegen nicht – auch nicht analog § 16 Abs. 2 als sog „werdender Wohnungseigentümer" – für Verbindlichkeiten, die noch vor seinem Eigentumserwerb begründet und fällig geworden sind.[303] Dies gilt auch dann, wenn sich die Eigentumsumschreibung verzögert, weil das Grundbuchamt zu Unrecht die erforderliche Verwalterzustim-

---

290 BGH V ZB 16/95, NJW 1996, 725 [Jahresabrechnung]; OLG Hamburg 2 Wx 72/97, NZM 2002, 129, 130 [Sonderumlage].
291 BayObLG 2Z BR 35/04, ZMR 2005, 299.
292 BGH V ZB 3/86, NJW 1987, 1638; BGH V ZB 43/93, NJW 1994, 2950 m.w.N.; *Becker* in Bärmann, § 16 Rn 165; **a.A.** *Merle* in Bärmann, § 28 Rn 152; *Pick*, JR 1988, 205; *Röll*, NJW 1983, 153 ff; *Junker*, S. 246 ff., 250 ff.
293 BGH V ZB 3/86, NJW 1987, 1638.
294 BGH V ZB 3/86, NJW 1987, 1638.
295 BayObLG BReg 2 Z 108/83, Rpfleger 1984, 428.
296 BGH VIII ZB 4/83, NJW 1984, 308.
297 BGH V ZB 43/93, NJW 1994, 2950 m.w.N.; vgl. schon BGH V ZB 3/86, NJW 1987, 1638.
298 OLG Düsseldorf 3 Wx 588/96, ZMR 1997, 245.
299 BayObLG 2Z BR 49/96, ZMR 1996, 619.
300 Vgl. BGH V ZB 58/99, NJW 2000, 3500; *Wenzel*, ZWE 2001, 226, 235.
301 BGH V ZB 10/87, NJW 1988, 1910.
302 OLG Hamm 15 W 440/95, ZMR 1996, 337.
303 BGH V ZB 14/88, NJW 1989, 2697.

mung beanstandet.³⁰⁴ Zahlt der Erwerber Beiträge, die vor seiner Eintragung in das Grundbuch fällig geworden sind, so kann ihm gegen den Veräußerer ein Ersatzanspruch zustehen.³⁰⁵

Durch einen Schuldbeitritt können Veräußerer und Erwerber aber auch eine Mithaftung des Erwerbers begründen. Außerdem kann der Veräußerer seinen Freistellungsanspruch gegen den Erwerber an die übrigen Wohnungseigentümer abtreten, so dass diese den Erwerber unmittelbar in Anspruch nehmen können.³⁰⁶ Beim Erwerb im Wege der Zwangsversteigerung beginnt die Beitragspflicht des Erstehers mit dem Zuschlagsbeschluss, durch den er originär Eigentum erwirbt.

148

Eine **befreiende Schuldübernahme** verlangt die Mitwirkung des Gläubigers (§ 415 BGB), also der Wohnungseigentümergemeinschaft. Dazu ist eine Vereinbarung über die Auswechslung des Schuldners der Wohngeldforderungen erforderlich, weil von der gesetzlichen Regelung in § 16 Abs. 2 abgewichen würde. Im Allgemeinen wird das wohlverstandene Interesse einer Eigentümergemeinschaft nicht darauf hinauslaufen, einen Wohnungseigentümer von Wohngeldforderungen endgültig freizustellen. Absprachen über eine Direktleistung durch zahlungskräftige Mieter dienen deshalb regelmäßig der Beschleunigung und der Verkürzung des Zahlungswegs, aber nicht der Entlassung des eigentlichen Wohngeldschuldners aus seinen Verpflichtungen nach § 16 Abs. 2. Dass der Verwalter außerhalb seines Aufgabenkatalogs eine dem Wortlaut nach schuldbefreiende Übernahme als Nichtberechtigter (§ 185 BGB) vereinbart hat, lässt nicht vermuten, dass auch die Wohnungseigentümer untereinander sich entsprechend geeinigt hätten.³⁰⁷

149

Ist das **Grundbuch unrichtig**, weil der Eigentumserwerb wirksam nach § 123 BGB angefochten worden ist, dann haftet der im Grundbuch eingetragene Erwerber (Bucheigentümer) nicht für die nach einer Eintragung fällig gewordenen Beiträge.³⁰⁸ Auch der aufgrund nichtiger Auflassung unrichtig im Grundbuch eingetragene Wohnungseigentümer schuldet der Gemeinschaft kein Wohngeld und kann bereits gezahlte Beträge zurückverlangen.³⁰⁹ Dies gilt natürlich auch für einen Ersterwerber.³¹⁰ Haben beide Parteien übereinstimmend bei Verkauf und Auflassung des Sondereigentums irrtümlich eine nachweislich falsche Vorstellung vom Gegenstand der Übertragung (Laden Nr. 2 mit bestimmten Kellerräumen von ca. 28 m²), dann erlangt der Erwerber durch die Eintragung im Grundbuch als Eigentümer eines tatsächlich ganz anderen Sondereigentums (Laden Nr. 2 mit einem Kellerraum von 6,4 m²) kein Eigentum, weil keine dinglichen Einigung über die Übertragung eines Ladens mit einem Kellerraum von 6,4 m² erfolgt ist. Auch dieser Scheineigentümer ist zur Zahlung von Wohngeld nicht verpflichtet.³¹¹ Die Nichtigkeit wegen eines sittenwidrig überhöhten Kaufpreises kann grundsätzlich im Wohngeldprozess erfolgreich eingewandt werden, wenn der dahingehende Beklagtenvortrag durch ein im Prozess eingeholtes Sachverständigengutachten bestätigt wird.³¹²

150

Den Erwerber trifft allerdings eine **mittelbare Haftung für Altschulden**.³¹³ **Verwaltungsschulden** sind die Verbindlichkeiten der Gemeinschaft gegenüber Dritten, die durch Rechtsgeschäfte der laufenden Verwaltung begründet worden sind. Für die während ihrer Zugehörigkeit zur Gemeinschaft entstanden oder während dieses Zeitraums fällig gewordenen Verwaltungsschulden haften die Wohnungseigentümer im Außenverhältnis gemäß § 10 Abs. 8. Die neu in die Gemeinschaft eintretenden Wohnungseigentümer zahlen die monatlichen Beitragsvorschüsse ab dem auf die Umschreibung folgenden Monat (oder per Erfüllungsübernahme im Kaufvertrag ab Nutzungswechsel), können aber nicht verlangen, dass von ihren Beiträgen nur die nach ihrem Eintritt begründeten Verwaltungsschulden beglichen werden. Vielmehr zahlen sie in das einheitliche Verwaltungsvermögen ein, aus dem die bestehenden Verwaltungsschulden getilgt werden. Dem steht nicht entgegen, dass nur durch Vereinbarung (Teilungserklärung/Gemeinschaftsordnung) eine „Erwerberhaftung" begründet werden kann.³¹⁴ Denn diese Rechtsprechung erfasst nur die gegen den Vorgänger durch Eigentümerbeschluss bereits „begründeten und fällig gewordenen"³¹⁵ Verbindlichkeiten (insbesondere die monatlichen Beitragsvorschüsse und die Jahresabrechnungsfehlbeträge), nicht aber die nach Eintritt des neuen Wohnungseigentümers durch Eigentümerbeschluss festgelegten Wohngelder und Abrechnungsspitzen (zum Begriff siehe § 28 Rn 93). Die eingezahlten Wohngelder gehören zum Verwaltungsvermögen, das gemäß § 10 Abs. 7 der Wohnungseigentümergemeinschaft zusteht. In die Wirtschaftspläne und Abrechnungen sind die Einnahmen und Ausgaben (oder Kosten) unabhängig von dem Haftungsverband im Außenverhältnis aufzunehmen. Eine im Vorjahr entstandene Verwaltungsschuld kann der Verwalter im Folgejahr begleichen, auch wenn inzwischen ein Eigentümerwechsel stattgefunden hat. Ebenso bleiben die Wohngeldvorschüsse Bestandteil des Verwaltungsvermögens über das Wirtschaftsjahr hinaus und dienen dem Ausgleich von Verwaltungsschulden ohne Rücksicht auf den Zeitpunkt ihres Entstehens und des Haftungsverbandes gegen-

151

---

304 OLG Celle, 4 W 32/08, ZMR 2009, 52.
305 OLG Düsseldorf 9 U 88/00, NZM 2001, 198.
306 BGH VII ZB 28/82, NJW 1983, 1615.
307 BayObLG 2 Z BR 032/04, NZM 2005, 625.
308 BGH V ZB 2/94, NJW 1994, 3352.
309 KG 24 W 6976/00, ZWE 2001, 440.
310 KG 24 W 230/01, NZM 2003, 400.
311 BayObLG 2 Z BR 101/01, ZWE 2002, 76, 77 m. Anm. *Becker*, S. 71.
312 AG Kassel 800 C 353/08, ZMR 2011, 516 m. zust. Anm. *Schultz*; **a.A.** LG Nürnberg-Fürth 14 S 1985/10 WEG, ZMR 2011, 243 m. abl. Anm. *Briesemeister*, Info-M 2010, 557 und ZMR 2011, 513 sowie *Stobbe*, ZMR 2012, 235; zur Haftung eines Bucheigentümers nach Treu und Glauben siehe OLG Stuttgart 8 W 170/05, ZMR 2005, 983, 984.
313 KG 24 W 26/01, NZM 2002, 745; *Bub*, Rechnungswesen, V. Rn 23.
314 BGH V ZB 43/93, NJW 1994, 2950.
315 BGH V ZB 14/88, NJW 1989, 2697.

über dem Außengläubiger. Daraus folgt, dass eine grundsätzlich zulässige Aufrechnung des Wohnungseigentümers aus Notgeschäftsführung gegen Forderungen aus dem Gemeinschaftsverhältnis unabhängig von einem Eigentümerwechsel erfolgen kann. Die Vorstellung, jeder Wohnungseigentümer trage auch im Innenverhältnis für die Dauer seiner Zugehörigkeit zur Gemeinschaft die aktuellen Verwaltungsschulden, ist unzutreffend, weil die Gemeinschaft über ein spezifisches Finanz- und Rechnungswesen verfügt, welches die Ausgaben für das gemeinschaftliche Eigentum mit mehrheitlich beschlossenen Wirtschaftsplänen und Jahresabrechnungen regelt, nicht aber an die Entstehung der Verwaltungsschuld und den jeweiligen Haftungsverband anknüpft.[316]

4. Wohngeldvorschüsse

152 Der Erwerber einer Eigentumswohnung haftet nicht für die vor seiner Eintragung oder vor dem Zuschlag in der Zwangsversteigerung fällig gewordenen Wohngeldvorschüsse. Er hat nur die danach fälligen Raten zu zahlen.[317] Auch bei einer Umwandlung von Sondereigentum in gemeinschaftliches Eigentum haftet der bisherige Eigentümer nur für die vor dem Eigentumswechsel fällig gewordenen Wohngeldvorschüsse.[318] Der Beschluss über die Jahresabrechnung hebt den Beschluss über den Wirtschaftsplan in der Regel nicht auf. Soweit fällige Vorschüsse zum Zeitpunkt der Beschlussfassung über die Jahresabrechnung nicht gezahlt sind, hat der Beschluss über die Jahresabrechnung nur eine den Wirtschaftsplan bestätigende oder rechtsverstärkende Wirkung. Eine Ersetzung der Schuld aus dem Wirtschaftsplan durch die Schuld aus der Jahresabrechnung (Novation) ist regelmäßig nicht bezweckt.[319] Aus der bestätigenden und rechtsverstärkenden Wirkung, die der Beschluss über die Jahresabrechnung für offene Vorschussforderungen hat, folgt kein zusätzlicher Schuldgrund in Form eines Schuldanerkenntnisses oder eines Abrechnungsvertrages analog § 782 BGB.[320] Die verstärkende Wirkung des Beschlusses über die Jahresabrechnung besteht lediglich darin, dass der Korrekturvorbehalt, unter dem die Vorschusszahlungen stehen, entfällt.[321] Kann die Beitragsschuld nicht aus der beschlossenen Jahresabrechnung hergeleitet werden, können daher Ansprüche noch auf den Wirtschaftsplan gestützt werden. Dies gilt für Vorschussansprüche gegen einen ausgeschiedenen Wohnungseigentümer. Gegen ihn können Ansprüche aus der Jahresabrechnung nicht hergeleitet werden, wenn über sie nach dem Eigentümerwechsel beschlossen worden ist, weil Gesamtakte zu Lasten Dritter unzulässig sind.[322] Der ausgeschiedene Wohnungseigentümer haftet aber für die während des Zeitraums seiner Eigentümerstellung fällig gewordenen Wohngeldvorschüsse trotz einer nach seinem Ausscheiden beschlossenen Jahresabrechnung den anderen Wohnungseigentümern weiter aus dem Wirtschaftsplan.[323] Allerdings werden die Ansprüche der Höhe nach begrenzt durch das Ergebnis der Jahresabrechnung.[324]

5. Sonderumlage

153 Beiträge zu einer Sonderumlage hat ein Erwerber dann zu leisten, wenn diese nach seinem Erwerb fällig geworden sind. Dies gilt auch bei einem Erwerb im Wege des Zuschlags in der Zwangsversteigerung.[325] Die Festsetzung einer Sonderumlage ist ein Nachtrag zum Jahreswirtschaftsplan der Gemeinschaft.[326] Es ist deshalb ebenso wie beim Wirtschaftsplan auf die Fälligkeit abzustellen.[327] Der Erhebung einer Sonderumlage zur Beseitigung von Liquiditätsschwierigkeiten steht nicht entgegen, dass mit den zu zahlenden Beträgen auch Verbindlichkeiten abgedeckt werden sollen, die schon vor dem Eigentumserwerb eines Wohnungseigentümers entstanden sind. Ebenso wie sich ein Erwerber an den Kosten einer Reparatur beteiligen muss, die schon vor dem Erwerb erforderlich war, muss er sich wie alle übrigen Wohnungseigentümer Mittel zur Beseitigung einer Liquiditätsschwierigkeit beisteuern.[328] Dies gilt auch für den Erwerb im Wege der Zwangsversteigerung.[329]

6. Fehlbeträge aus der Jahresabrechnung

154 Für Fehlbeträge aus der Jahresabrechnung haftet grundsätzlich der im Zeitpunkt der Beschlussfassung über die Jahresabrechnung im Grundbuch eingetragene Wohnungseigentümer. Beim Erwerb in der Zwangsversteigerung kommt es auf den Zuschlag an. Der Erwerber einer Eigentumswohnung haftet auch dann für Beiträge zu den Lasten und Kosten (§ 16 Abs. 2), wenn es sich um Nachforderungen aus Abrechnungen für frühere Jahre handelt, sofern nur der Beschluss, der die Nachforderungen begründet (§ 28 Abs. 5), erst nach dem Eigentumserwerb gefasst worden ist.[330] Ob die beschlossene Jahresabrechnung noch auf den Namen des Rechtsvorgängers lautet, ist regelmäßig unerheblich, da nicht davon ausgegangen werden kann, dass entgegen der Rechtsordnung eine Schuld des Voreigentümers begründet werden soll.[331] Beschlüsse über Abrechnungen wirken objektbezogen und gelten daher für den jeweiligen im

---

316 KG 24 W 26/01, NZM 2002, 745.
317 KG 24 W 3613/90, ZMR 1991, 72, 73.
318 BayObLG 2 Z BR 61/99, NZM 2000, 192.
319 BGH V ZB 16/95, NJW 1996, 725; BayObLG 2Z BR 41/02, NZM 2002, 743, 744.
320 BGH V ZR 171/11, NZM 2012, 562, Tz 24.
321 BGH V ZR 171/11, NZM 2012, 562, Tz 25.
322 BGH V ZB 10/87, NJW 1988, 1910.
323 BGH V ZB 16/95, NJW 1996, 725.
324 BayObLG 2 Z BR 93/99, NZM 2000, 298, 299.
325 LG Saarbrücken 5 S 26/08, NZM 2009, 590.
326 BGH V ZB 22/88, NJW 1989, 3018.
327 OLG Karlsruhe 14 Wx 82/03, ZMR 2005, 310 m.w.N.
328 OLG Düsseldorf 3 Wx 187/01, ZWE 2002, 90, 91.
329 OLG Celle 4 W 217/03, ZMR 2004, 525.
330 BGH V ZB 10/87, NJW 1988, 1910.
331 BGH V ZR 113/11, ZWE 2012, 90.

Grundbuch eingetragenen Eigentümer unabhängig davon, wer in der Einzelabrechnung benannt ist.[332] Wird der Beschluss über die Jahresabrechnung erst zu einem Zeitpunkt gefasst, in dem der Erwerber die Wohnung schon wieder weiterveräußert hat und dies im Grundbuch gewahrt ist, dann begründet dieser Beschluss für ihn keine Haftung für Wohngeld mehr.[333] Es würde sich insoweit um einen unzulässigen Gesamtakt zu Lasten Dritter handeln.[334] Dies gilt auch, wenn er als Eigentümer einer anderen Eigentumswohnung der Eigentümergemeinschaft weiterhin angehört.[335]

Wird die Genehmigung der Jahresabrechnung durch die Eigentümerversammlung verzögert, um bei einem bevorstehenden Eigentümerwechsel einen neuen, finanzkräftigen Schuldner zu gewinnen, so steht dem Erwerber gegen eine derartige Manipulation der Einwand des Rechtsmissbrauchs (§ 162 Abs. 2, § 242 BGB) zu. Dieser ist durch rechtzeitige Anfechtung des Genehmigungsbeschlusses geltend zu machen, da der Beschluss nicht wegen Sittenwidrigkeit (§ 138 BGB) nichtig ist. Nach Ansicht des BayObLG reicht die rechtsmissbräuchliche Ausnutzung formaler Rechtspositionen nicht aus, um Sittenwidrigkeit zu bejahen.[336]

155

Eine neue Schuld begründet die Jahresabrechnung aber nur für die **Abrechnungsspitze** (zum Begriff siehe § 28 Rn 93). Der Beschluss über die Jahresabrechnung hat hinsichtlich der noch offenen Vorschüsse aus dem Wirtschaftsplan nur eine bestätigende oder rechtsverstärkende Wirkung[337] (siehe Rn 152). Der Erwerber haftet daher – soweit nicht wirksam die Haftung für Rückstände begründet worden ist – aus einer nach seinem Eintritt beschlossenen Jahresabrechnung nicht für Fehlbeträge, soweit diese aus rückständigen Beitragszahlungen des Rechtsvorgängers herrühren. Fehlt ein wirksamer Wirtschaftsplan und wird deshalb erst mit dem Beschluss über die Genehmigung der Jahresabrechnung eine Beitragsschuld gegen die einzelnen Wohnungseigentümer begründet, haftet ein zwischenzeitlich im Grundbuch eingetragener Erwerber bei Bestandskraft dieses Beschlusses für die gesamten in dem betreffenden Jahr entstandenen Kosten, auch wenn er seinerzeit weder im Grundbuch eingetragen war noch Nutzungen aus dem Objekt gezogen hatte.[338] (Zum Einwand des Rechtsmissbrauchs siehe Rn 155.) Der Erwerber kann bei einem rechtsgeschäftlichen Erwerb Regress beim Verkäufer nehmen.[339]

156

7. Guthaben aus der Jahresabrechnung

Hat der Voreigentümer alle Vorschüsse vollständig eingezahlt, so steht ein Guthaben aus der Jahresabrechnung allein dem Erwerber zu. Der Beschluss über die Jahresabrechnung begründet für den Voreigentümer keinen Rückzahlungsanspruch. (Siehe dazu auch § 28 Rn 108, 235.)

157

VII. Beitragspflicht des Erben

Der Erbe als Gesamtrechtsnachfolger eines Wohnungseigentümers haftet grundsätzlich für alle Wohngeldschulden des Erblassers. Streitig ist, ob der Erbe die Haftung für Wohngelder, die nach dem Erbfall begründet worden sind, beschränken kann.

158

1. Nachlassverbindlichkeiten

Nach dem Grundsatz der Universalsukzession (§ 1922 BGB) gehen auf den Erben auch die Nachlassverbindlichkeiten über. Nachlassverbindlichkeiten sind gemäß § 1967 Abs. 2 BGB zunächst die Verbindlichkeiten, die der Erblasser eingegangen ist, aber nicht mehr erfüllt hat. Solche sog. **Erblasserschulden** sind zweifelsfrei die **Wohngelder, die vor dem Tod des Erblassers begründet und fällig geworden sind**. Nachlassverbindlichkeiten sind gemäß § 1967 Abs. 2 BGB ferner die den Erben als solchen treffenden Verbindlichkeiten (**sog Erbfallschulden**). Bei den Erblasserschulden und den Erbfallschulden handelt es sich um sogenannte **reine Nachlassverbindlichkeiten**.

159

Der Erbe haftet nach dem Haftungssystem des BGB ab der Annahme der Erbschaft für die Nachlassverbindlichkeiten grundsätzlich zunächst unbeschränkt, das heißt nicht nur mit dem Nachlass sondern mit seinem gesamten eigenen Vermögen. Der Erbe hat jedoch die Möglichkeit bei reinen Nachlassverbindlichkeiten, eine Beschränkung seiner Haftung auf den Nachlass zu erreichen (siehe dazu Rn 169).

160

Für Verbindlichkeiten, die aus Rechtshandlungen des Erben anlässlich des Erbfalls entstehen (**Nachlasserbenschulden**), haftet der Erbe wie jeder andere mit seinem eigenen Vermögen. Es handelt sich um **Eigenschulden**,[340] es sei denn, es wurde ausdrücklich oder stillschweigend mit dem Gläubiger eine Beschränkung der Haftung des Erben auf den Nachlass vereinbart.[341] Neben dieser Eigenschuld entsteht gleichzeitig eine Nachlassverbindlichkeit, sofern der Erbe vom Standpunkt eines sorgfältigen Verwalters aus betrachtet in ordnungsgemäßer Verwaltung des Nachlasses gehandelt hat.[342] Bei dieser Art Nachlassverbindlichkeit handelt es sich nicht um eine reine Nachlassverbindlichkeit,

161

---

332 LG Köln 29 S 57/10, ZMR 2011, 165, 166.
333 BayObLG BReg 2 Z 144/86, NJW- RR 1990, 81, 82.
334 BGH V ZB 10/87, NJW 1988, 1910.
335 BGH V ZB 16/95, NJW 1996, 725.
336 BayObLG 2 Z BR 43/94, WuM 1995, 52, 53.
337 BGH V ZB 16/95, NJW 1996, 725.
338 OLG Köln 16 Wx 141/07, ZMR 2008, 478.

339 OLG Köln 16 Wx 141/07, ZMR 2008, 478.
340 Palandt/*Edenhofer*, § 1967 BGB Rn 8.
341 Palandt/*Edenhofer*, § 1967 BGB Rn 10.
342 Palandt/*Edenhofer*, § 1967 BGB Rn 9; Soergel/*Stein*, § 1967 BGB Rn 8; Staudinger/*Marotzke*, § 1967 BGB Rn 42.

weil daneben die Eigenhaftung des Erben mit seinem eigenen Vermögen besteht. Der Erbe kann deshalb bei Nachlasserbenschulden außer durch Vereinbarung mit dem Gläubiger keine Beschränkung der Haftung auf den Nachlass erreichen.[343] Kommt es aber zu einer Haftungssonderung, hat der Erbe gegen den Nachlass einen Erstattungsanspruch aus § 1978 Abs. 3 BGB. Dieser Erstattungsanspruch hat gemäß § 324 Abs. 1 Nr. 1 InsO Vorrang vor den übrigen Nachlassverbindlichkeiten. Hierin liegt die Bedeutung der Einstufung von Nachlasserbenschulden als Nachlassverbindlichkeiten. Dem Gläubiger der Nachlasserbenschuld kann der Erbe den Erstattungsanspruch, der sich gegen den Nachlass richtet, aber nicht entgegenhalten.

162 Die **nach dem Erbfall entstandenen Wohngelder** werden teilweise als Nachlasserbenschuld angesehen, für die der Erbe grundsätzlich keine Haftungsbeschränkung erreichen könne.[344]

163 Teilweise wird eine Nachlasserbenschuld angenommen, aber gleichwohl die Möglichkeit der Haftungsbeschränkung bejaht.[345] Sieht man die nach dem Erbfall entstandenen Wohngeldansprüche aber als Nachlasserbenschuld an, kann eine Haftungsbeschränkung gegenüber der Wohnungseigentümergemeinschaft nicht erreicht werden (siehe oben Rn 162).

164 Teilweise werden die nach dem Erbfall entstandenen Wohngelder als vom Erblasser herrührende Nachlassverbindlichkeit i.S.d. § 1967 Abs. 2 BGB (Erblasserschuld) angesehen, es sei denn, der Erbe entschließt sich, Eigentümer der Wohnung zu bleiben.[346]

165 Teilweise angenommen, bei den nach dem Tod des Erblassers entstandenen Wohngeldschulden handele sich zwar nicht um eine Erblasserschuld, die Verbindlichkeit sei aber gleichwohl als reine Nachlassverbindlichkeit anzusehen, weil sie ohne Zutun des Erben zwangsläufig entstehe.[347] Weil die Wohngeldverpflichtung mit dem Erwerb der Eigentumswohnung als Nachlassgegenstand entsteht, ohne dass eine Rechtshandlung des Erben erforderlich ist, ist es gerechtfertigt, die nach dem Tod des Erblassers **fällig** gewordenen Wohngelder als reine Nachlassverbindlichkeiten einzustufen und damit dem Erben die Möglichkeit zu eröffnen, eine Beschränkung der Haftung auf den Nachlass zu erreichen.[348]

166 Eine andere Beurteilung ist nur dann geboten, wenn der Erbe sich entschließt, die Eigentumswohnung nicht den Nachlassgläubigern zur Befriedigung zu überlassen, sondern selbst zu behalten. Dann haftet er auch mit seinem eigenen Vermögen für die Erfüllung der Wohngeldverpflichtung.[349] Durch Antrag auf Eröffnung des Insolvenzverfahrens oder Erhebung der Unzulänglichkeitseinrede gibt der Erbe zwar im Regelfall zu erkennen, dass er die Nachlassgegenstände nicht behalten will. Dies gilt aber dann nicht, wenn der Erbe vorher zu erkennen gegeben hatte, er wolle die Wohnung behalten und dadurch die Eigenhaftung begründet worden war. Dann kann wegen der Eigenhaftung eine Beschränkung der Haftung auf den Nachlass nicht mehr erreicht werden. Ob es sich zugleich um eine Nachlassverbindlichkeit handelt ist dann im Verhältnis zum Gläubiger des Wohngelds unerheblich. Es handelt sich dann nicht um eine reine Nachlassverbindlichkeit, sondern um eine Nachlasserbenschuld, bei der die Beschränkung der Haftung auf den Nachlass wegen der gleichzeitigen Eigenhaftung nicht erreicht werden kann (siehe oben Rn 162).

167 Eine reine Eigenschuld des Erben scheidet jedenfalls dann aus, wenn eine Dauervollstreckung angeordnet ist und die Wohnung von dem **Testamentsvollstrecker** verwaltet wird. Geht der Testamentsvollstrecker im Rahmen der Verwaltung Verbindlichkeiten ein, entstehen notwendig Nachlassverbindlichkeiten.[350] Weil der Testamentsvollstrecker verwaltungsbefugt ist, hat er und nicht der Erbe das Stimmrecht auszuüben (siehe § 25 Rn 3). Unabhängig davon, ob er von seinem Stimmrecht Gebrauch macht, sind die beschlossenen Hausgeldforderungen insgesamt Folge seiner Verwaltung und damit Nachlasserbenschulden.[351]

168 Ist **Vor- und Nacherbschaft** angeordnet, ist eine Vollstreckung in den Nachlass wegen der den Nacherben schützenden Regelungen in § 2115 BGB und § 773 ZPO problematisch.[352]

2. Beschränkung der Erbenhaftung auf den Nachlass

169 Die unbeschränkbare Haftung des Erben tritt gemäß § 1994 Abs. 1 S. 2 BGB ein, wenn der Erbe die Frist zu Errichtung eines Inventars versäumt oder gemäß § 2005 Abs. 1 S. 1 BGB, wenn er absichtlich ein unrichtiges Inventar errichtet. Solange der Erbe noch nicht unbeschränkbar haftet, kann er eine Beschränkung der Haftung auf den Nachlass dadurch herbeiführen, dass auf seinen Antrag (§ 1981 BGB) die Nachlassverwaltung (§§ 1975–1988 BGB) angeordnet wird

---

343 Soergel/*Stein*, § 1990 BGB Rn 9; Staudinger/*Marotzke*, § 1967 BGB Rn 5.
344 So *Siegmann*, NZM 2000, 995; *Marotzke*, ZEV 2000, 153.
345 BayObLG 2 Z BR 73/99, NZM 2000, 41 m. Anm. *Niedenführ* NZM 2000, 641 und *Siegmann*, NZM 2000, 995 = ZEV 2000, 151 m. Anm. *Marotzke* S. 153.
346 OLG Köln 16 Wx 64/91, NJW-RR 1992, 460; Palandt/*Edenhofer*, § 1967 BGB Rn 3.
347 OLG Hamburg 2 W 42/85, NJW-RR 1986, 177, 178; gegen Erblasserschuld auch Soergel/*Stein*, § 1967 BGB Rn 4 und Lange/Kuchinke, Erbrecht, 5. Aufl, S. 1196.

348 Ebenso *Hügel*, ZWE 2006, 174, 179; *Köhler*, ZWE 2007, 186; **a.A.** *Marotzke*, ZEV 2000, 153; *Siegmann*, NZM 2000, 995; *Bonifacio*, MDR 2006, 244, 245; *Dötsch*, ZMR 2006, 902; *Blankenstein*, DWE 2011, 87, 88; *Riecke*, ZMR 2012, 212.
349 Ebenso *Lange/Kuchinke*, Erbrecht, 5. Aufl, S. 1196; *Köhler*, ZWE 2007, 186.
350 BGH V ZR 82/11, ZMR 2012, 211.
351 BGH V ZR 82/11, ZMR 2012, 211; *Hügel*, ZWE 2006, 174, 177.
352 Siehe dazu *Köhler*, ZWE 2007, 186, 187.

oder auf seinen Antrag (§ 1980 BGB) das Nachlassinsolvenzverfahren (§§ 1975–1980 BGB; §§ 316, 320 InsO) eröffnet wird. Hierdurch wird das Nachlassvermögen vom Eigenvermögen des Erben getrennt. Sowohl die Nachlassverwaltung als auch das Nachlassinsolvenzverfahren bezwecken die geordnete Befriedigung der Nachlassgläubiger aus dem Nachlass.

Ist der Nachlass so gering, dass er nicht einmal die Kosten der Nachlassverwaltung bzw. die Kosten eines Insolvenzverfahrens deckt, wäre es nicht sinnvoll, die Nachlassverwaltung anzuordnen oder ein Nachlassinsolvenzverfahren zu eröffnen, weil die Gläubiger daraus keine Befriedigung erwarten könnten. Ein Antrag auf Anordnung der Nachlassverwaltung würde gemäß § 1982 BGB und ein Antrag auf Eröffnung des Nachlassinsolvenzverfahrens würde gemäß § 26 InsO mangels Masse abgelehnt. Die Haftungsbeschränkung wird gemäß § 1990 Abs. 1 BGB in einem solchen Fall dadurch erreicht, dass der Erbe, der noch nicht unbeschränkbar haftet, die Befriedigung eines Gläubigers verweigern kann, sofern der Nachlass nicht ausreicht (Unzulänglichkeitseinrede). Gleiches gilt, wenn die Nachlassverwaltung gemäß § 1988 Abs. 2 mangels Masse aufgehoben wird oder das Nachlassinsolvenzverfahren gemäß § 207 InsO mangels Masse eingestellt wird. 170

3. Die Unzulänglichkeitseinrede im Verfahren

Wird der Erbe von einem Nachlassgläubiger in Anspruch genommen, so muss er im Verfahren die Unzulänglichkeitseinrede erheben. Das Gericht kann dann nach pflichtgemäßem Ermessen sich darauf beschränken, den Erben unter dem Vorbehalt der Beschränkung der Haftung auf den Nachlass zur Leistung zu verpflichten (Dem Antragsgegner wird die Beschränkung seiner Haftung auf den Nachlass des am ... verstorbenen ... vorbehalten.). In diesem Fall muss der Erbe Vollstreckungsabwehrantrag nach §§ 781, 785, 767 ZPO stellen, wenn der Nachlassgläubiger in das Eigenvermögen des Erben vollstrecken will. Im Verfahren über den Vollstreckungsabwehrantrag ist dann zu prüfen, ob dem Erben die Haftungsbeschränkung möglich ist. Das Gericht kann aber eine sachliche Entscheidung über die Unzulänglichkeitseinrede des Erben treffen. Verneint es die Möglichkeit der Haftungsbeschränkung für den Erben, lehnt es die Aufnahme eines Vorbehalts ab. Bejaht es die Möglichkeit der Haftungsbeschränkung, entscheidet es, dass die Leistung nur aus dem Nachlass zu bewirken ist (Die Leistung ist nur aus dem Nachlass des am ... verstorbenen ... zu bewirken.). Dies kommt insbesondere dann in Betracht, wenn die Unzulänglichkeit des Nachlasses unstreitig ist oder aufgrund der Abweisung eines Antrags auf Eröffnung des Nachlassinsolvenzverfahrens mangels Masse feststeht. Steht sogar fest, dass der Nachlass erschöpft ist, also überhaupt keine Nachlassgegenstände mehr vorhanden sind, ist der Antrag abzuweisen. 171

4. Beschränkung der Minderjährigenhaftung (§ 1629a BGB)

Gemäß § 1629a Abs. 1 S. 1 Hs. 1 BGB beschränkt sich die Haftung für Verbindlichkeiten, die aufgrund eines während der Minderjährigkeit erfolgten Erwerbs von Todes wegen entstanden sind, auf den Bestand des bei Eintritt der Volljährigkeit vorhandenen Vermögens des Kindes. Begründet der Volljährige allerdings durch eigene Handlungen oder sonst zurechenbar erst neue Verbindlichkeiten oder bestätigt er eine Altschuld, so greift diese Vorschrift nicht ein. Werden nach Eintritt der Volljährigkeit Wirtschaftspläne oder Jahresabrechnungen beschlossen, bilden diese einen dem Volljährigen zurechenbaren Rechtsgrund für die Wohngeldforderungen[353] 172

VIII. Beitragspflicht bei Zwangsverwaltung

Ist die Zwangsverwaltung einer Eigentumswohnung angeordnet, so richtet sich der Anspruch auch gegen den Zwangsverwalter. Für die vor dem 1.7.2007 angeordneten Zwangsverwaltungen ist unumstritten, dass der Zwangsverwalter aus den Nutzungen der Eigentumswohnung alle nach Anordnung der Zwangsverwaltung fällig werdenden Wohngeldforderungen als Ausgaben der Verwaltung gemäß § 155 Abs. 1 ZVG vorweg zu bestreiten hat.[354] Ob der Zwangsverwalter in der Lage ist, die Wohngelder aus den Nutzungen zu erwirtschaften ist unerheblich. Es genügt, wenn er die Ausgaben der Verwaltung aus Vorschüssen des Gläubigers bezahlen kann.[355] 173

Durch die WEG-Novelle 2007 wurde mit Wirkung vom 1.7.2007 den laufenden Wohngeldern in § 10 Abs. 1 Nr. 2 ZVG in begrenztem Umfang ein Vorrecht eingeräumt. Zugleich wurde § 156 Abs. 1 S. 2 ZVG in das Gesetz eingefügt, wonach der Verwalter die nach § 16 Abs. 2, § 28 Abs. 2 und 5 geschuldeten fälligen Beiträge ohne vorherige Aufstellung eines Teilungsplans zu berichtigen hat. Laut Gesetzesbegründung[356] sollten die Wohngeldbeiträge dadurch den öffentlichen Lasten gleich gestellt werden, weil sie anderenfalls gemäß § 155 Abs. 2 ZVG erst nach Aufstellung des Teilungsplanes ausgezahlt werden könnten. Diese Schlechterstellung sollte vermieden werden. Nach **h.M.** dürfen jedoch öffentliche Lasten nicht aus einem Gläubigervorschuss befriedigt werden, weil dadurch ein vorrangiger Gläubiger durch den von einem nachrangigen Gläubiger geleisteten Vorschuss befriedigt würde. Für nach dem 30.6.2007 angeordnete Zwangsverwaltungen wird nun ebenfalls vertreten, Wohngeldforderungen dürften nicht aus einem Gläu- 174

---

353 LG Nürnberg-Fürth 14 T 6459/09, ZMR 2010, 74.
354 BGH V ZB 81/08, NZM 2009, 129 m.w.N.; OLG Hamm 15 W 342/03, ZMR 2004, 457 m.w.N.; *Wenzel*, ZWE 2005, 277, 280.
355 Arg § 161 Abs. 3 ZVG; OLG Hamm a.a.O.; vgl. auch BGH IX ZR 21/07, ZIP 2009, 536, h juris Rn 21.
356 BT-Drucks 16/887, S. 47.

bigervorschuss befriedigt werden.[357] Durch die Änderung des ZVG wollte der Gesetzgeber jedoch die Stellung von Wohnungseigentümergemeinschaften innerhalb des Zwangsversteigerungsverfahrens verbessern.[358] Dies spricht dafür, die Wohngeldforderungen weiter als Ausgaben der Verwaltung i.S.v. § 155 Abs. 1 ZVG einzuordnen.[359] Ob Ansprüche als „Ausgaben" der Verwaltung i.S.d. § 155 Abs. 1 ZVG zu qualifizieren sind, hängt allein davon ab, ob deren Begleichung der ordnungsgemäßen Nutzung und Instandhaltung dient, damit der Zwangsverwalter seinen Verpflichtungen nach § 152 ZVG nachkommen kann. Dies ist für Wohngeldbeiträge weiterhin zu bejahen. (siehe dazu auch Anh. § 16 Rn 95).

175 Der Zwangsverwalter ist verpflichtet, als Ausgabe der Verwaltung die sog **Abrechnungsspitze** (zum Begriff siehe § 28 Rn 93) der während seiner Verwaltung von den Wohnungseigentümern beschlossenen Jahreseinzelabrechnung vorab zu bezahlen, auch wenn er für den Zeitraum, den die Einzelabrechnung umfasst, noch nicht als Zwangsverwalter bestellt war.[360] Soweit aber der Fehlbetrag aus einer nach Anordnung der Zwangsverwaltung beschlossenen Jahresabrechnung auf der Nichtzahlung von Wohngeldern beruht, die vor der Anordnung der Zwangsverwaltung bereits fällig geworden waren, ist der Zwangsverwalter auch dann nicht zur Zahlung verpflichtet, wenn der Beschluss über die Jahresabrechnung bereits bestandskräftig geworden ist.[361] Dies entspricht der Rechtsprechung des BGH wonach der Beschluss über die Jahresabrechnung eine Schuld nur für die sogenannte Abrechnungsspitze begründet.[362] Übersieht der Zwangsverwalter, dass der Fehlbetrag aus der Jahresabrechnung den Schuldsaldo des Vorjahres enthält, sind die Wohnungseigentümer insoweit wegen ungerechtfertigter Bereicherung zur Rückzahlung verpflichtet.[363] Der Zwangsverwalter kann den Beschluss über die Jahresabrechnung mit dem Ergebnis anfechten, dass in der Einzelabrechnung des Wohnungseigentümers, dessen Wohnung zwangsverwaltet wird, die Sonderbelastung in Höhe der Vorschüsse nicht gegen die Zwangsverwaltungsmasse fällig gestellt werden darf, während die persönliche Haftung des Wohnungseigentümers insoweit bestehen bleibt.[364]

176 Der Zwangsverwalter kann gegenüber der Wohngeldnachforderung nicht mit dem Anspruch auf Vorschusszahlung aus § 161 Abs. 3 ZVG aufrechnen, wenn die Vorschusszahlung nicht über das Vollstreckungsgericht angefordert worden ist.[365] Der Einwand fehlender Solvenz der Masse kann nicht mit dem zu erwartenden Bestand der Masse nach dem Ende der Zwangsverwaltung begründet werden.[366] Zahlt ein Wohnungseigentümer über einen längeren Zeitraum das Wohngeld für eine vermietete Eigentumswohnung nicht, so kann sich der Verwalter schadensersatzpflichtig machen, wenn er nicht zur Sicherung des laufenden Wohngeldes aus einem Vollstreckungsbescheid über rückständige Wohngelder die Zwangsverwaltung betreibt.[367]

177 Ist die Zwangsverwaltung angeordnet, so kann das Wohngeld gleichwohl gegen den **Eigentümer**[368] und gegen den gemäß §§ 35, 80 InsO an seine Stelle getretenen **Insolvenzverwalter** gerichtlich geltend gemacht werden.[369] Der Wohnungseigentümer wird von seiner Zahlungspflicht nur in Höhe der Leistungen des Zwangsverwalters frei.[370]

178 Wird die Zwangsverwaltung wegen Antragsrücknahme oder Nichtzahlung des Vorschusses durch den betreibenden Gläubiger aufgehoben, verliert der Zwangsverwalter ab dem Erlass des Aufhebungsbeschlusses die Prozessführungsbefugnis für Wohngeldklagen betreffend die zwangsverwaltete Wohnung.[371] In einem solchen Fall ist in den Tatsacheninstanzen ein gewillkürter Parteiwechsel auf den Wohnungseigentümer sachdienlich.[372] Wird die Zwangsverwaltung über Wohnungseigentum dagegen wegen Zuschlags in der Zwangsversteigerung aufgehoben, so ist der Verwalter weiterhin befugt, anhängige Verfahren aus der Zeit seiner Amtstätigkeit auf der Aktiv- und Passivseite fortzuführen.[373] Verletzt der Zwangsverwalter gegenüber der Wohnungseigentümergemeinschaft Pflichten aus dem ZVG kann sie gegen den Zwangsverwalter auch dann **Schadensersatz aus § 154 ZVG** verlangen, wenn sich nicht formell am Vollstreckungsverfahren beteiligt war.[374]

---

357 Vgl. etwa AG Schöneberg 77 C 55/08 WEG, ZMR 2009, 157; AG Duisburg 76a C 24/08, NZM 2008, 937. 21; *Schneider*, NZM 2008, 919 m.w.N.
358 Vgl. BT-Drucks 16/887, S. 47.
359 Ebenso LG Köln 6 T 437/08, NZM 2008, 936; AG Leipzig 470 L 147/08, NZM 2008, 937; LG Frankenthal 1 T 65/08, Rpfleger 2008, 519; AG Langenfeld (Rhld.) 64 C 156/08, ZMR 2009, 880; AG Reutlingen 2 C 512/09 WEG, ZMR 2010, 156; vgl. auch AG Lampertheim 4 C 1/08, ZMR 2008, 746 [dort war allerdings die Zwangsverwaltung schon am 6.7.2006 angeordnet worden]; *Becker* in Bärmann, § 16 Rn 189 m.w.N.; der BGH V ZB 81/08, NJW 2009, 598, konnte die Frage bislang offen lassen.
360 OLG München 34 Wx 114/06, NZM 2007, 452; AG Langenfeld (Rhld.) 64 C 156/08, ZMR 2008, 880.
361 BayObLG 2Z BR 33/99, NZM 1999, 715; ebenso *Hauger*, FS für Bärmann und Weitnauer, S. 366; *Schnauder*, WE 1991, 7, 11; *Wenzel*, WE 1997, 124, 126; **a.A.** OLG Karlsruhe 11 W 167/89, ZMR 1990, 189, 190; OLG Köln 16 Wx 146/92, WuM 1993, 702; *Müller*, WE 1990, 190, 192.
362 BGH V ZB 17/99, NJW 1999, 3713.
363 BayObLG 2Z BR 33/99, NZM 1999, 715.
364 KG 24 W 60/05, ZMR 2006, 221, 222.
365 OLG Köln 16 Wx 146/92, WuM 1993, 702, 703.
366 OLG Köln 16 Wx 146/92, WuM 1993, 702, 704.
367 OLG Hamburg 2 Wx 53/91, WuM 1993, 300, 301.
368 OLG Zweibrücken 3 W 167/04, NZM 2005, 949 m.w.N.; OLG München 32 Wx 124/06, Rpfleger 2007, 158.
369 AG Neukölln 70 II 222/04, ZMR 2005, 659, 660.
370 Staudinger/*Bub*, § 28 Rn 221.
371 KG 24 W 313/01, NZM 2004, 639; AG Hanau 41 II 160/03, NZM 2004, 640.
372 KG 24 W 313/01, NZM 2004, 639.
373 OLG München 32 Wx 165/06, NZM 2007, 365 m.w.N.
374 BGH IX ZR 21/07, NZM 2009, 243.

IX. Beitragspflicht bei Insolvenz

179 Fällt eine Eigentumswohnung in die Insolvenzmasse, so gehören zu den **Masseverbindlichkeiten** i.S.v. § 55 Abs. 1 Nr. 1 Fall 2 InsO, die gemäß § 53 InsO vorweg zu berichtigen sind, diejenigen Lasten und Kosten des gemeinschaftlichen Eigentums, **die nach Eröffnung des Insolvenzverfahrens fällig geworden sind**.[375] Wegen dieser Masseschulden kann die Wohnungseigentümergemeinschaft den Insolvenzverwalter auf Zahlung verklagen und – sofern die Voraussetzungen des § 90 InsO vorliegen – aus einem Zahlungstitel in die Masse vollstrecken, auch aus der Rangklasse 5 des § 10 Abs. 1 in das zur Masse zugehörige Grundeigentum (siehe dazu Anh. § 16 Rn 195). Bei Eröffnung des Insolvenzverfahrens bereits fällige Beträge sind dagegen einfache **Insolvenzforderungen** nach § 38 InsO, die gem. § 87 InsO grundsätzlich nach den Vorschriften über das Insolvenzverfahren zu verfolgen sind.[376]

180 Zu den Masseschulden gehören die aufgrund eines beschlossenen Wirtschaftsplans geschuldeten, jedoch erst nach Insolvenzeröffnung fällig gewordenen **Wohngeldvorschüsse**. Ist der insolvente Wohnungseigentümer seiner Verpflichtung zur Zahlung von Vorschüssen nicht nachgekommen, so sind die zur Zeit der Eröffnung bestehenden Rückstände Insolvenzforderungen nach § 38 InsO. Daran ändert sich nichts, wenn die Jahresabrechnung erst nach Eröffnung des Insolvenzverfahrens beschlossen wird, denn dieser Beschluss hat hinsichtlich der Beitragsrückstände aus dem Wirtschaftsplan regelmäßig nur eine bestätigende Wirkung, eine Ersetzung der Schuld aus dem Wirtschaftsplan durch die Schuld aus der Jahresabrechnung (Novation) ist regelmäßig nicht bezweckt.[377] (Siehe auch Rn 152).

181 Demgegenüber entsteht die Forderung auf Zahlung der sog **Abrechnungsspitze** (zum Begriff siehe § 28 Rn 93) erst mit dem Beschluss über die Jahresabrechnung. Erst durch diesen Beschluss wird insofern eine selbstständige Zahlungspflicht der einzelnen Wohnungseigentümer begründet.[378] Ist die Abrechnungsspitze nach Eröffnung des Insolvenzverfahrens beschlossen worden, handelt es sich um eine Masseverbindlichkeit.[379] Bestandskräftige Einzelabrechnungen sind auch für den Insolvenzverwalter hinsichtlich der Höhe der auf die Wohnung entfallenden Lasten und Kosten verbindlich, nicht jedoch hinsichtlich der Frage, ob sich der Schuldsaldo aus Masseverbindlichkeiten oder Insolvenzforderungen zusammensetzt.[380] (Zur Frage, ob die Einzelabrechnung auch hinsichtlich der geleisteten Zahlungen und des sich daraus ergebenden Schuldsaldos verbindlich ist, siehe § 28 Rn 102.)

182 Der Anteil des insolventen Wohnungseigentümers an einer nach Eröffnung fällig gewordenen **Sonderumlage** ist Masseverbindlichkeit i.S.v. § 55 Abs. 1 Nr. 1 InsO.[381]

183 Die uneingeschränkte Anwendung der Fälligkeitstheorie wird im Schrifttum teilweise in Zweifel gezogen. So soll es insbesondere bei der Abrechnungsspitze und bei Sonderumlagen nicht darauf ankommen, wann die Forderung wohnungseigentumsrechtlich entstanden ist, sondern darauf, wann der anspruchsbegründende Tatbestand materiell-rechtlich abgeschlossen war bzw. wann das Ereignis eingetreten ist, das die Umlage erforderlich machte.[382] Jedenfalls für solche Sonderumlagen, die nicht der Ausfalldeckung sondern der Finanzierung einer Instandsetzungsmaßnahme dienen, ist dieser Auffassung nicht zu folgen.[383] Zudem bietet die Fälligkeitstheorie ein klares Abgrenzungskriterium für die Haftung des Insolvenzverwalters, welches die Gegenauffassung nicht in vergleichbarem Maße vorweisen kann. Soweit die Wohnungseigentümer bewusst zum Nachteil der Masse agieren, kann sich im Einzelfall ein Einwand aus den §§ 242, 138 BGB dem Zahlungsanspruch der Wohnungseigentümergemeinschaft gegen den Insolvenzverwalter entgegenstehen.

184 Ist die Eigentumswohnung durch die **Freigabe** in das insolvenzfreie Vermögen des Schuldners gelangt, dann muss die Gemeinschaft ihre Ansprüche für den Zeitraum nach der Freigabe gegenüber dem insolvenzfreien Vermögen des Schuldners geltend machen.[384] Den Streit um die Wirksamkeit einer Freigabe seiner Wohnung muss der Wohnungseigentümer mit dem Insolvenzverwalter austragen; die Wohnungseigentümergemeinschaft ist nicht gehindert, die nach Freigabe fällig gewordenen Beträge gegen den Wohnungseigentümer gerichtlich geltend zu machen.[385] Die Freigabe beendet nicht die gemäß § 240 ZPO eingetretene Unterbrechung eines Rechtsstreits gegen den insolventen Wohnungseigentümer, dessen Gegenstand Insolvenzforderungen sind.[386] Die Aufnahme eines solchen Passivprozesses erfolgt nur dann gemäß den §§ 87, 179 Abs. 1, 180 Abs. 2 InsO durch den Gläubiger, wenn der Insolvenzverwalter oder ein Insolvenzgläubiger die Forderung bestritten hat. Die nach der Freigabe fällig gewordenen Wohngelder können trotz des Insolvenzverfahrens gegen den Wohnungseigentümer gerichtlich geltend gemacht werden.[387] Die vom Insolvenzverwalter unterlassene Freigabe des Wohnungseigentums begründet weder aus § 61 InsO noch aus § 60 InsO

---

375 BGH IX ZR 120/10, MDR 2011, 1160.
376 BGH IX ZR 120/10, MDR 2011, 1160.
377 BGH V ZB 16/95, NJW 1996, 725; BGH IX ZR 98/93, NJW 1994, 1866, 1967 [zur KO]; BGH IX ZR 120/10, MDR 2011, 1160; siehe § 28 Rn 189.
378 BGH V ZB 16/95, NJW 1996, 725; BGH IX ZR 120/10, MDR 2011, 1160; siehe § 28 Rn 93.
379 BGH IX ZR 98/93, NJW 1994, 1866, 1967; BGH IX ZR 120/10, MDR 2011, 1160.
380 BayObLG 2Z BR 92/98, WuM 1999, 643 [zur KO]; kritisch dazu *Müller*, ZMR 1999, 669, 670.
381 Vgl. zu 58 Nr. 2 KO: BGH V ZB 22/88, NJW 1989, 3018.
382 Vgl. etwa *Wenzel*, ZWE 2005, 277, 280; *Lüke*, ZWE 2012, 62, 66 m.w.N.
383 Ebenso AG Moers 63 II 13/06 WEG, NZM 2007, 51, 52.
384 LG Berlin 55 T 112/06 WEG, ZMR 2008, 244; *Vallender*, NZI 2004, 401, 405; *Lüke*, FS Wenzel, S. 245 f.; **a.A.** AG Mannheim 4 UR WEG 105/04, NZM 2004, 800.
385 KG 24 W 142/02, NZM 2004 383.
386 AG Halle-Saalkreis 120 II 4/05, ZMR 2006, 82.
387 Ebenso AG Magdeburg 180 UR II 57/05 (180), ZMR 2006, 324.

einen Schadensersatzanspruch der Wohnungseigentümergemeinschaft wegen entgangenen Hausgelds.[388] (Zum Einfluss des Antrags auf Restschuldbefreiung siehe Rn 185.)

185 Hat der Schuldner **Restschuldbefreiung** beantragt, können Insolvenzgläubiger während der sog Wohlverhaltensperiode gemäß § 294 InsO nicht gegen den Schuldner vollstrecken. Für Neugläubiger, die nach der Eröffnung des Verfahrens eine Forderung gegen den Schuldner erworben haben, ist eine Vollstreckung wegen der Abtretung der pfändbaren Bezüge an den Treuhänder nur eingeschränkt möglich. Ihnen bleibt letztlich nur die Vollstreckung in Gegenstände, die der Insolvenzverwalter schon während des Verfahrens freigegeben hat.[389] Der Schaffung eines Vollstreckungstitels steht die eingeschränkte Möglichkeit der Vollstreckung jedoch nicht entgegen, insbesondere fehlt nicht das Rechtsschutzinteresse für eine Klage.[390]

186 **Beispiel:**
Dem Beklagten wurde in dem Insolvenzverfahren, das am 15.4.2003 eröffnet worden war und durch rechtskräftigen Beschl. v. 1.6.2005 nach Schlussverteilung aufgehoben worden ist, durch Beschl. v. 12.5.2005 Restschuldbefreiung angekündigt. Die Insolvenzverwalterin hat am 15.7.2003 die Eigentumswohnung des Beklagten freigegeben.
– Wohngelder Januar bis April 2003: Insolvenzforderungen
– Wohngelder Mai bis Juli 2003: Masseverbindlichkeiten
– Wohngelder ab August: Haftung des Wohnungseigentümers

187 Hat der Insolvenzverwalter gemäß § 208 InsO **Masseunzulänglichkeit** angezeigt, weil die Insolvenzmasse zwar ausreicht, um die Verfahrenskosten zu decken, jedoch nicht um die sonstigen Masseverbindlichkeiten zu erfüllen, dann sind die danach fällig werdenden Wohngelder Neumasseverbindlichkeiten i.S.v. § 209 Abs. 1 Nr. 2, Abs. 2 Nr. 3 InsO.[391] Diese Verbindlichkeiten können durch Leistungsklage gegen den Insolvenzverwalter geltend gemacht werden, es sei denn der Insolvenzverwalter beruft sich erneut auf Masseunzulänglichkeit.[392] Während die erstmalige Masseunzulänglichkeitsanzeige nach § 208 InsO für das Prozessgericht verbindliche Wirkung hat, muss die erneute eingewendete Masseunzulänglichkeit vom Insolvenzverwalter hinreichend dargelegt und bewiesen werden.[393] Für Altmasseverbindlichkeiten, die vor der Masseunzulänglichkeitsanzeige begründet wurden (§ 209 Abs. 1 Nr. 3 InsO) gilt das Vollstreckungsverbot des § 210 InsO mit der Folge, dass die betreffenden Forderungen nicht mehr mit der Leistungsklage verfolgt werden können.[394] Den Insolvenzverwalter trifft keine insolvenzspezifische Pflicht, Masseunzulänglichkeit rechtzeitig anzuzeigen, damit nachfolgende Wohngeldansprüche als Neumasseschuld bevorzugt zu befriedigen sind.[395] Der Insolvenzverwalter muss aber – ungeachtet der Frage, zu welchem Zeitpunkt er Masseunzulänglichkeit anzeigt – allen Massegläubigern persönlich dafür einstehen, dass er die Anzeige nicht zu früh oder zu spät abgibt. Der Insolvenzverwalter macht sich schadensersatzpflichtig, wenn er die Anzeige schuldhaft zu früh abgibt und dadurch Massegläubiger, die er aus der vorhandenen Masse eigentlich noch vollständig hätte befriedigen müssen, in den Rang des § 209 Abs. 1 Nr. 3 InsO zurückgesetzt werden. Ebenso kann umgekehrt eine Haftung aus § 60 Abs. 1 InsO gegeben sein, wenn der Insolvenzverwalter trotz eingetretener Masseunzulänglichkeit einzelne Masseverbindlichkeiten befriedigt und andere ebenfalls fällige Masseschulden unberücksichtigt lässt.[396]

I. Ausgleichs- und Rückzahlungsansprüche

188 Ein Wohnungseigentümer, der Kosten und Lasten des gemeinschaftlichen Eigentums über seinen Anteil hinaus bezahlt hat, hat einen Ausgleichsanspruch gegen die Wohnungseigentümergemeinschaft, der seine Grundlage in §§ 16 Abs. 2, 21 Abs. 2, 3, §§ 683, 684, 748 BGB haben kann.[397] Die übrigen Wohnungseigentümer sind zum Ausgleich nicht als Gesamtschuldner, sondern als **Teilschuldner** nach dem in § 16 Abs. 1 S. 2 bestimmten Anteil verpflichtet (§ 10 Abs. 8). Gleiches gilt für einen Bereicherungsanspruch des Verwalters wegen eigenmächtiger Sanierungsmaßnahmen (siehe § 27 Rn 37).[398]

189 Zur Verteilung einer Quote, die auf eine im Insolvenzverfahren angemeldete Forderung gezahlt wird siehe § 28 Rn 43.

190 Wird ein Sonderumlagebeschluss für ungültig erklärt, ist Voraussetzung für die Rückerstattung bereits gezahlter Beträge nach zwischenzeitlichen Abrechnungsbeschlüssen, dass die Wohnungseigentümer über die Folgenbeseitigung der misslungenen Umlage einen Beschluss fassen, der notfalls gerichtlich erzwingbar ist.[399]

191 Zum Anspruch auf Auszahlung eines in der Jahresabrechnung ausgewiesenen Guthabens siehe § 28 Rn 235.

---

388 LG Stuttgart 10 S 5/07, NZM 2008, 532; *Pape*, ZfIR 2007, 817; **a.A.** OLG Düsseldorf 3 Wx 299/05, NZM 2007, 47.
389 MüKo-InsO/*Hintzen*, § 201 Rn 8.
390 Vgl. BGH IX ZR 73/06, NZM 2007, 771 [Mietzahlungsklage].
391 OLG Düsseldorf 3 Wx 299/05, NZM 2007, 47.
392 AG Neukölln 70 II 222/04, ZMR 2005, 659, 660.
393 OLG Düsseldorf 3 Wx 299/05, NZM 2007, 47; vgl. auch AG Heilbronn 17 C 976/09, ZMR 2010, 325, das aber die erforderliche Unterscheidung zwischen Neu- und Altmasseverbindlichkeiten unterlässt.
394 OLG Düsseldorf 3 Wx 299/05, NZM 2007, 47.
395 BGH IX ZR 220/09, ZMR 2011, 310.
396 BGH IX ZR 220/09, ZMR 2011, 310, 312.
397 Vgl. dazu BGH VII ZB 1/84, NJW 1985, 912; BayObLG 2Z BR 31/94, WuM 1995, 55 m.w.N.
398 OLG München 34 Wx 047/05, ZMR 2006, 639, 641.
399 KG 24 W 7648/96, WuM 1998, 432.

192 Wird ein Wohnungseigentümer, der in derselben Anlage mehrere Wohnungen hat, nach Veräußerung einiger Wohnungen von den Erwerbern wegen Mängeln am gemeinschaftlichen Eigentum erfolgreich aus werkvertraglicher Gewährleistung auf Vorschuss in Anspruch genommen, kann er von den übrigen Wohnungseigentümern Ausgleich verlangen, wenn der Vorschuss von der Gemeinschaft zur Mängelbeseitigung verwendet wird.[400] Der Anspruch ergibt sich nicht unmittelbar aus § 16 Abs. 2, nicht aus dem Gesichtspunkt des Gesamtschuldnerausgleichs, nicht aus Geschäftsführung ohne Auftrag und auch nicht aus ungerechtfertigter Bereicherung, sondern aus dem Rechtsgedanken der §§ 16 Abs. 2, 748, 242 BGB.[401] Der Ausgleichsanspruch ist gerechtfertigt, weil ohne die Durchsetzung der Gewährleistungsansprüche, die übrigen Wohnungseigentümer sich entsprechend ihren Anteilen an der erstmaligen mangelfreien Herstellung des gemeinschaftlichen Eigentums hätten beteiligen müssen, weil die Gesellschaft, die das Gebäude schlüsselfertig errichtet hatte, insolvent geworden war. Es würde dem Grundsatz von Treu und Glauben widersprechen, wenn ein einzelner Wohnungseigentümer, der nicht als Bauträger haftet, nur wegen der Weiterveräußerung von Wohnungen die Kosten allein zu tragen hätte.

193 Ist ein Wohnungseigentümer nach der Teilungserklärung berechtigt, seine Dachgeschosswohnung auszubauen, ist eine zusätzliche Hausschwammbeseitigung am Drempel und Dachstuhl notwendige Folge einer Geschäftsbesorgung, für deren Kosten die Miteigentümer anteilig gemäß § 670 BGB in Anspruch genommen werden können, auch wenn es sich nicht um einen Fall der Notgeschäftsführung handelt.[402] Als Anspruchsgrundlage kommen auch Geschäftsführung ohne Auftrag (§§ 683, 670 BGB) und ungerechtfertigte Bereicherung in Betracht, da die Wohnungseigentümer die Sanierungsmaßnahme ohnehin hätten durchführen müssen.

194 Zu **Aufwendungsersatzansprüchen** siehe auch § 21 Rn 21 (Notgeschäftsführung), § 21 Rn 23 (eigenmächtige Instandsetzung) und § 21 Rn 84 (nichtige Übertragung der Instandhaltung).

J. Begründung von Leistungspflichten durch Beschluss

195 Leistungspflichten eines Wohnungseigentümers, die sich weder aus dem Gesetz noch aus einer Vereinbarung ergeben, können außerhalb der gemeinschaftlichen Kosten und Lasten ohne Zustimmung des betroffenen Wohnungseigentümers nicht durch einen Mehrheitsbeschluss begründet werden.[403] Für **Schadensersatzansprüche** gegen einen Wohnungseigentümer wegen der Beschädigung des gemeinschaftlichen Eigentums kann nicht durch Mehrheitsbeschluss eine selbstständige Anspruchsgrundlage geschaffen werden.[404] Ein Beschluss, wonach ein Wohnungseigentümer wegen einer eigenmächtigen baulichen Veränderung des gemeinschaftlichen Eigentums für Schäden und Kosten hafte und Beträge zu erstatten habe, die dem Gemeinschaftskonto entnommen worden waren,[405] kann selbstständig keinen Zahlungsanspruch begründen. (Zur Regelung von **Reinigungspflichten** siehe 131.)

196 Ein Mehrheitsbeschluss, wonach für die Sondernutzung des Gemeinschaftseigentums eine **Nutzungsentschädigung** in bestimmter Höhe zu zahlen ist, begründet ohne gesetzliche Anspruchsgrundlage keinen Zahlungsanspruch.[406] Durch Mehrheitsbeschluss kann auch keine selbstständige Anspruchsgrundlage für den Anspruch auf **Beseitigung bestimmter baulicher Veränderungen** durch einen Wohnungseigentümer geschaffen werden.[407] Ein Beschluss, der einem Wohnungseigentümer die Kosten für die Anschaffung einer neuen Schließanlage auferlegt, weil er Schlüssel von seinem Mieter nicht mehr zurückerlangen kann[408] begründet keine Anspruchsgrundlage für die Zahlung der Kosten.

197 Zahlungspflichten können die Wohnungseigentümer nur im Rahmen der Beschlusskompetenz nach § 21 Abs. 7 und im Rahmen des Rechnungswesens durch Beschlüsse über Wirtschaftsplan, Sonderumlage und Jahresabrechnung begründen. In der Jahreseinzelabrechnung können deshalb Kosten einem bestimmten Wohnungseigentümer allein auferlegt werden (vgl. § 28 Rn 85).

198 Ob durch einen Beschluss eine selbstständige Anspruchsgrundlage geschaffen werden soll, ist zunächst im Einzelfall durch Auslegung zu ermitteln. Dies wird in der Regel nicht der Fall sein.[409] Entgegen seinem eindeutigen Wortlaut kann man aber einen Beschluss nicht als bloße Androhung gerichtlicher Maßnahmen (Vorbereitungsbeschluss) verstehen.[410] Ein Eigentümerbeschluss, der im Rahmen der geltenden Vereinbarungen und des dispositiven Rechts einem einzelnen Wohnungseigentümer eine besondere Verpflichtung auferlegen will, muss dies für den Betroffenen klar erkennbar machen. Kann der Beschluss auch so verstanden werden, dass die Verpflichtung unabhängig von den rechtlichen Voraussetzungen entsteht, ist der Beschluss nicht nur wegen fehlender inhaltlicher Bestimmtheit für ungültig zu erklären,[411] sondern nichtig.

---

400 OLG Düsseldorf 3 Wx 276/05, NZM 2006, 664.
401 OLG Düsseldorf 3 Wx 353/97, WuM 1999, 475.
402 KG 24 W 7853/96, ZMR 1998, 191.
403 BGH V ZR 193/09, ZMR 2010, 777.
404 *Briesemeister*, ZWE 2003, 307, 313; *Wenzel*, NZM 2004, 542; **a.A.** BayObLG 2Z BR 101/02, NZM 2003, 239; OLG Köln 16 Wx 156/03, NZM 2003, 806, 807; OLG Köln 16 Wx 192/05, NZM 2006, 662.
405 Vgl. dazu BayObLG 2Z BR 64/96, NJWE-MietR 1997, 61.
406 A.A. OLG Köln 16 Wx 156/03, NZM 2003, 806, 807.
407 BGH V ZR 193/09, ZMR 2010, 777; siehe auch § 22 Rn 184.
408 Vgl. LG Dortmund 9 T 1211/99 WEG, NZM 2000, 1016.
409 KG 24 W 5678/96, WuM 1997, 291 m.w.N.; AG Hamburg-Blankenese 539 C 10/10, ZMR 2011, 330.
410 BGH V ZR 72/09, ZMR 2010, 378 m. Anm. *Kümmel*; LG München I 36 S 3150/10, ZMR 2010, 877, 879 m. Anm. *Stadt*.
411 Siehe BayObLG 2Z BR 99/98, WuM 1999, 179.

Anhang zu § 16 Zwangsvollstreckung in das Wohnungseigentum (wegen Wohngeldforderungen)

A. Taktische Fragen 1
  I. Pflichten des Verwalters und Haftung 1
  II. Beauftragung eines Rechtsanwalts 5
  III. Reihenfolge der Vollstreckungsmaßnahmen 6
B. Zwangshypothek 14
  I. Zweck 14
  II. Eintragung 16
    1. Antrag 16
    2. Mindestbetrag 20
    3. Bisherige Vollstreckungskosten 23
    4. Vorläufig vollstreckbarer Titel 24
    5. Belastung mehrerer Wohnungseigentumseinheiten oder Miteigentumsanteile 27
    6. Voreintragung des Schuldners 29
    7. Bezeichnung des Gläubigers 33
    8. Insolvenz des Schuldners 36
      a) Rückschlagsperre 36
      b) „Starker" und „schwacher" vorläufiger Insolvenzverwalter 37
      c) Insolvenzforderungen 40
      d) Masseforderungen 41
    9. Kosten 42
  III. Aufhebung/Löschung 43
C. Zwangsverwaltung 49
  I. Zweck 49
  II. Besondere Vollstreckungsvoraussetzungen 52
    1. Schuldner = Eigentümer 52
    2. Schuldner = Eigenbesitzer 55
  III. Antrag 56
  IV. Beitritt 61
  V. Beschlagnahme 62
    1. Eintritt und Wirkung 62
    2. Umfang 66
  VI. Kosten 68
  VII. Zwangsverwalter 71
    1. Bestellung 71
    2. Aufgaben 72
    3. Vergütung 77
  VIII. Insolvenz des Schuldners 83
    1. Persönliche Gläubiger 84
    2. Absonderungsberechtigte Gläubiger 86
  IX. Eigentümerwechsel 88
  X. Kostenvorschuss des Gläubigers 90
  XI. Wohngeldzahlungspflicht des Zwangsverwalters .. 95
  XII. Einstweilige Einstellung des Verfahrens auf Antrag des Schuldners 100
  XIII. Teilungsplan/Verwendung des Erlöses 102
    1. Aufstellung des Teilungsplans 102
    2. Anzumeldende und zu berücksichtigende Ansprüche 103
      a) Ansprüche des betreibenden Gläubigers .. 104
      b) Rangklasse 1 106
      c) Rangklasse 2 107
      d) Rangklasse 3 108
      e) Rangklasse 4 109
      f) Rangklasse 5 112
    3. Rechtsanwaltskosten für die Anmeldung ... 113
    4. Rechtsbehelfe gegen Teilungsplan 114
      a) Sofortige Beschwerde 115
      b) Widerspruch 116
      c) Klage auf Änderung des Teilungsplans ... 118
  XIV. Befriedigung des Gläubigers und Verfahrensbeendigung 120
  XV. Kostenfestsetzung 122
D. Zwangsversteigerung 123
  I. Schuldner = Eigentümer 123
    1. Bruchteilsberechtigte 124
    2. Gesellschaft bürgerlichen Rechts 125
    3. Tod des Schuldners 130
  II. Antrag 132
    1. Form und allgemeiner Inhalt 132
    2. Unbekannter Aufenthalt des Schuldners ... 135
    3. Angaben zu Hauptforderung, Zinsen, Kosten der Rechtsverfolgung 136
    4. Ansprüche in Rangklasse 2 144
      a) Änderung des ZVG zum 1.7.2007, praktische Auswirkungen 144
      b) Objektbezogene Wohngeldansprüche und Nebenleistungen 148
      c) Rückgriffsansprüche einzelner Wohnungseigentümer 151
      d) Zeitliche Begrenzung der bevorrechtigten Ansprüche 152
      e) 5-Prozent-Grenze 159
    5. Rechtsanwaltskosten 162
  III. Betreiben der Versteigerung aus Rangklasse 2 ... 163
    1. Gläubiger 163
    2. Titel, Glaubhaftmachung der Bevorrechtigung 164
    3. Mindesthöhe der Wohngeldforderung 166
    4. Erfüllung der Forderung in Rangklasse 2 durch Schuldner 169
    5. Ablösung der Forderung in Rangklasse 2 durch Grundbuchgläubiger 173
  IV. Anmeldung von Wohngeldansprüchen in Rangklasse 2 bei Versteigerung durch Dritte 177
  V. Beitritt zum Verfahren 182
  VI. Insolvenz des Schuldners 186
    1. Versteigerungsantrag vor Insolvenzeröffnung . 187
    2. Versteigerungsantrag nach Insolvenzeröffnung . 189
      a) Rangklasse 2 189
        aa) Vor Insolvenzeröffnung fällig gewordene Wohngeldforderungen ... 189
        bb) Nach Insolvenzeröffnung fällig gewordene Wohngeldforderungen ... 195
        cc) Nach Freigabe aus der Masse fällig gewordene Wohngeldforderungen ... 197
      b) Rangklasse 4 198
      c) Rangklasse 5 199
  VII. Eigentümerwechsel 201
    1. Eigentümerwechsel nach Beschlagnahme 202
      a) Betreiben der Versteigerung aus Rangklasse 5 203
      b) Betreiben der Versteigerung aus Rangklasse 4 204
      c) Betreiben der Versteigerung aus Rangklasse 2 205
    2. Eigentümerwechsel vor Beschlagnahme 207
      a) Anspruch in Rangklasse 5 208
      b) Anspruch in Rangklasse 4 209
      c) Anspruch in Rangklasse 2 210
  VIII. Einstweilige Einstellung des Verfahrens 211
    1. Antrag des Schuldners 212
    2. Antrag des Gläubigers 219
  IX. Befriedigung des Gläubigers vor Versteigerungstermin 222
  X. Verkehrswertgutachten 227
  XI. Versteigerungstermin 230
    1. Geringstes Gebot/Mindestbargebot 230
    2. Sicherheitsleistung 231

3. 5/10tel Grenze 233	XIII. Vollstreckungsmöglichkeiten bei (vorrangigen)
4. 7/10tel Grenze 237	Grundschulden 263
5. Kein Gebot abgegeben 239	1. Pfändungen bei Eigentümergrundschuld 265
6. Zahlung durch Schuldner 240	a) Pfändung der Grundschuld vor Zuschlag . 265
7. Zuschlag 241	b) Pfändung des Erlösanteils nach Zuschlag . 270
a) Verkündung 241	2. Pfändung des Rückgewähranspruchs bei
b) Wirkungen 242	Sicherungsgrundschuld 272
c) Rechtsmittel 244	XIV. Pfändung des Erlösüberschusses 278
8. Rechtsanwaltskosten 247	XV. Gerichtskosten im Versteigerungsverfahren 279
XII. Verteilung des Erlöses 249	1. Gebühren und Auslagen zulasten des
1. Teilungsplan 249	Schuldners 279
2. Anmeldung 250	2. Gebühren zulasten des Gläubigers 282
3. Rechtsmittel 254	3. Gebühr zulasten des Erstehers 283
a) Widerspruch 255	XVI. Kostenfestsetzung 284
b) Sofortige Beschwerde 262	

Literatur: *Alff*, Beitragsforderungen bei Zwangsvollstreckung in Wohnungseigentum, ZWE 2010, 105; *Alff/Hintzen*, Hausgelder in der Zwangsversteigerung und Zwangsverwaltung – die neue Rangklasse 2 des § 10 ZVG, Rpfleger 2008, 166; *Drasdo*, Schwierigkeiten bei der Versteigerung von Wohnungseigentum, ZMR 2009, 742; *ders.*, Zahlungspflichten des Zwangsverwalters von Wohnungseigentum, NJW-Spezial 2009, 1; *Fabis*, Zwangsversteigerungsprivileg bei Wohngeldrückständen kontra Auflassungsvormerkung – ein Risikofaktor für Kaufverträge über Wohnungseigentum; *Hintzen/Alff*, Bevorzugung des Hausgeldes der Wohnungseigentümergemeinschaft – Änderungen des § 10 ZVG durch das WEG-ÄndG und Auswirkungen auf das Insolvenzverfahren, ZInsO 2008, 480; *Keller*, Aktuelle Rechtsprechung zur Zwangsverwaltung im Jahr 2007, ZfIR 2008, 249; *Kesseler*, Wohngeldrückstände als Gefahr für die Eigentumsvormerkung, NJW 2009, 121; *Schmidberger*, Hausgeld im Zwangsverwaltungsverfahren, ZWE 2009, 336; *Schmidberger/Slomian*, Die Dinglichkeit des Hausgeldes, ZMR 2010, 579; *Schneider*, Zahlung rückständiger Hausgelder während der vom Verband Wohnungseigentümergemeinschaft betriebenen Zwangsversteigerung, ZMR 2010, 340; *ders.*, Ausgewählte Fragestellungen zur Immobiliarvollstreckung nach der WEG-Novelle 2007, ZfIR 2008, 161; *ders.*, Der dingliche Charakter von Hausgeldansprüchen gemäß § 10 Abs. 1 Nr. 2 ZVG, ZMR 2009, 165; *ders.*, Gläubigers Vorschusspflicht wegen Hausgeldansprüchen in der Zwangsverwaltung von Wohnungseigentum?, NZM 2008, 919; *Wedekind*, Zur Schlechterstellung der Wohnungseigentümergemeinschaften im Zwangsverwaltungsverfahren durch die WEG-Reform, ZfIR 2007, 704.

A. Taktische Fragen

I. Pflichten des Verwalters und Haftung

Bleibt ein Wohnungseigentümer das geschuldete Wohngeld wegen Zahlungsunfähigkeit schuldig, stellt die Vollstreckung in das Wohnungseigentum regelmäßig die einzig sinnvolle Zwangsvollstreckungsmaßnahme dar. Der Verwalter ist verpflichtet, die titulierte Wohngeldforderung der Gemeinschaft **so schnell**, so **effektiv** und so **kostengünstig** wie möglich zu vollstrecken. Er entscheidet – ggf. beraten durch einen Rechtsanwalt – über die Art und die Reihenfolge der einzuleitenden Vollstreckungsmaßnahmen nach den vorgenannten Kriterien. Einen Eigentümerbeschluss benötigt er für die Zwangsvollstreckung nicht. Die dem Verwalter durch Vereinbarung oder Beschluss erteilte Prozessvollmacht für das Wohngeldverfahren (Erkenntnisverfahren; siehe § 27 Abs. 3 Nr. 7) umfasst im Zweifel auch die Verfahrensvollmacht für die Einleitung von Zwangsvollstreckungsmaßnahmen.

Einen **Eigentümerbeschluss** benötigt der Verwalter hingegen, wenn er auf die Durchsetzung einer (titulierten) Forderung vorübergehend oder endgültig verzichten will, z.B. weil der Schuldner zahlungsunfähig ist und (weitere) Vollstreckungsmaßnahmen nur unnötige Kosten verursachen würden. Fällt die titulierte Wohngeldforderung in die Rangklasse 2 des § 10 Abs. 1 ZVG, verspricht im Regelfall eine Zwangsversteigerung Erfolg, sodass der Verwalter zumindest diese unverzüglich einzuleiten hat. Jeder Monat, um den der Versteigerungsantrag verzögert gestellt wird, führt für die Gemeinschaft zu einem Vermögensschaden, wenn der Schuldner auch während der Dauer des Versteigerungsverfahrens neue Wohngeldrückstände auflaufen lässt, die später nicht mehr beigetrieben werden können. Je eher das Wohnungseigentum versteigert wird, desto eher kommt ein neuer, zahlungsfähiger Wohngeldschuldner in die Gemeinschaft.

Entsteht der Eigentümergemeinschaft ein Vermögensschaden aufgrund unsachgemäßen Vorgehens des Verwalters, etwa indem der Verwalter Vollstreckungsmaßnahmen unterlässt oder verspätet durchführt oder unnötige Vollstreckungsmaßnahmen einleitet und damit unnötige Vollstreckungskosten verursacht, haftet der Verwalter der Gemeinschaft gemäß § 280 BGB auf Schadensersatz. Ein **kausaler Schaden** entsteht allerdings nur, wenn die Wohngeldrückstände beim Wohngeldschuldner endgültig nicht beigetrieben werden können und im Falle ordnungsgemäßen Vorgehens beitreibbar gewesen wären, wofür die Gemeinschaft im Regressprozess gegen den Verwalter darlegungs- und beweisbelastet ist. Unnötig verursachte Vollstreckungskosten (Rechtsanwaltsvergütung und Gerichtskosten) stellen dann einen Schaden dar, wenn diese beim Wohngeldschuldner nicht beigetrieben werden können.

Den Verwalter entlastet es nicht, wenn er sein Vorgehen mit dem **Verwaltungsbeirat** abgestimmt hat oder das Zurückstellen von Vollstreckungsmaßnahmen auf Verlangen des Beirats erfolgt ist. Denn der Beirat kann dem Verwalter weder Weisungen erteilen, noch ist der Beirat berechtigt, Entscheidungen über das Wohngeldmanagement zu treffen; dies ist gemäß § 27 Abs. 3 unentziehbare Aufgabe des Verwalters. Der Verwalter kann deshalb auch keinen Rückgriff bei den Beiräten nehmen, wenn er von der Eigentümergemeinschaft wegen einer Vollstreckungshandlung oder einer Unterlassung, zu der er vom Beirat veranlasst wurde, auf Schadensersatz in Anspruch genommen wird.

II. Beauftragung eines Rechtsanwalts

5 Bedient sich die Eigentümergemeinschaft zur Durchsetzung der Wohngeldrückstände eines Rechtsanwalts, ist vonseiten des Verwalters zu bedenken, dass der Rechtsanwalt nur solche Vollstreckungsmaßnahmen einleiten darf, zu denen er von der Eigentümergemeinschaft beauftragt wurde. Der Verwalter (als Vertreter der Gemeinschaft) sollte daher den Rechtsanwalt ausdrücklich beauftragen, die titulierte Forderung so schnell, so effektiv und so kostengünstig wie möglich zu vollstrecken. Diese Beauftragung sollte der Verwalter zu Beweiszwecken dokumentieren. Begeht der Rechtsanwalt im Rahmen seines Auftrags Fehler und entsteht der Gemeinschaft dadurch ein Schaden, haftet der Rechtsanwalt der Gemeinschaft auf Schadensersatz. Der Verwalter muss sich ein Verschulden des Rechtsanwalts nicht zurechnen lassen, da der Rechtsanwalt nicht für den Verwalter sondern für die Gemeinschaft tätig wird.

III. Reihenfolge der Vollstreckungsmaßnahmen

6 Folgende Vollstreckungsmaßnahmen kommen bei Wohngeldrückständen i.d.R. in Betracht:
– Sachpfändung durch Gerichtsvollzieher, ggf. mit Abnahme der eidesstattlichen Versicherung über die Vermögensverhältnisse des Schuldners,
– Pfändung des Arbeitseinkommens,
– Pfändung von Bankguthaben,
– Pfändung der Mieteinnahmen aus dem Wohnungseigentum,
– Sicherungshypothek am Wohnungseigentum,
– Zwangsverwaltung des Wohnungseigentums,
– Zwangsversteigerung des Wohnungseigentums.

7 Die Frage, welche Vollstreckungsmaßnahmen in welcher Reihenfolge durchgeführt werden sollten, beantwortet sich in einem ersten Schritt danach, ob
– der Schuldner über pfändbare **Bankguthaben** in ausreichender Höhe verfügt und dem Verwalter die kontoführende Bank bekannt ist oder
– der Schuldner ein regelmäßiges **Arbeitseinkommen** hat und der Arbeitgeber dem Verwalter bekannt ist.

Kann zumindest eine dieser Fragen bejaht werden, sollte eine Forderungspfändung eingeleitet werden. Denn diese führt – insbesondere in Verbindung mit einer Vorpfändung nach § 845 ZPO – am schnellsten zu einem Ausgleich der Rückstände.

8 Eine Pfändung der **Mieteinnahmen** aus dem Wohnungseigentum ist nur möglich, wenn die Wohnung vermietet ist und der Verwalter den vollständigen Namen des Mieters kennt (denn der Name des Mieters/Drittschuldners muss im Pfändungs- und Überweisungsbeschluss angegeben werden). Hat der Eigentümer/Schuldner die Mietforderungen nicht an den Grundpfandgläubiger oder einen sonstigen Dritten abgetreten – woran eine Mietenpfändung in der Praxis häufig scheitert – führt die Pfändung erfahrungsgemäß dazu, dass zwar die titulierten Rückstände ratenweise abgetragen werden, der Eigentümer/Schuldner aber neue Wohngeldrückstände auflaufen lässt, weil ihm durch die Pfändung der Mieteinnahmen die finanziellen Mittel für die laufenden Wohngeldzahlungen genommen werden. Eine Pfändung der Mieteinnahmen führt in diesen Fällen häufig zu mehreren aufeinander folgenden Wohngeldverfahren. Um dies zu vermeiden, empfiehlt es sich, statt einer Mietenpfändung die **Zwangsverwaltung** des Wohnungseigentums zu beantragen. Durch die Zwangsverwaltung wird sichergestellt, dass die Mieten für die laufenden Wohngeldzahlungen verwendet werden und keine neuen Rückstände auflaufen. Denn der Zwangsverwalter hat aus den Mieteinnahmen vorab das laufende Wohngeld zu bezahlen (siehe Rn 95). Zudem verliert eine etwaige Vorausabtretung der Miete (z.B. an die finanzierende Bank) durch die Beschlagnahmewirkung im Zwangsverwaltungsverfahren ihre Wirkung (siehe Rn 66), sodass die Zwangsverwaltung auch unter diesem Gesichtspunkt Vorteile gegenüber einer Mietenpfändung hat.

9 Ist die Wohnung allerdings mit **Grundpfandrechten** in erheblicher Höhe belastet, was häufig der Fall ist, führt die Zwangsverwaltung nicht oder nur in geringem Maße zu einer Tilgung der Wohngeldrückstände. Denn nach den Ausgaben der Verwaltung (insbesondere dem laufenden Wohngeld und der Vergütung des Zwangsverwalters) werden aus den Mieteinnahmen als nächstes die laufenden Forderungen der Grundpfandgläubiger bedient, bevor die Mieteinnahmen zur Tilgung jener Wohngeldforderungen verwendet werden können, derentwegen die Zwangsverwaltung betrieben wird. Vor allem wenn die Grundpfandrechte nominal dem Verkehrswert der Wohnung nahe kommen, reichen die Mieteinnahmen häufig noch nicht einmal, um die monatlichen Forderungen der Grundpfandgläubiger zu bedienen. Die Zwangsverwaltung kommt in diesen Fällen nur als Begleitmaßnahme zu anderen Zwangsvollstreckungsmaßnahmen, insbesondere zur Zwangsversteigerung, in Betracht.

10 Die **Zwangsversteigerung** in Rangklasse 2 stellt zwar nicht die schnellste, dafür aber die nachhaltigste Vollstreckungsmaßnahme dar. Denn durch eine Zwangsversteigerung aus Rangklasse 2 kann die Gemeinschaft im Regel-

fall einen Teil ihrer Forderungen realisieren und sie erhält – im Falle des Zuschlags – auch die verauslagten Gerichtskosten zurück. Zudem hat die Zwangsversteigerung den für die Gemeinschaft erfreulichen Effekt, dass der zahlungsunfähige oder zahlungsunwillige Eigentümer aus der Gemeinschaft ausscheidet. Deshalb ist die Zwangsversteigerung die Vollstreckungsmaßnahme, die als erstes und schnellstmöglich beantragt werden sollte, sofern nicht im Einzelfall die Pfändung von Arbeitseinkommens oder Bankguthaben erkennbar schneller zum Ziel führt. Vor allem der Umstand, dass das Zwangsversteigerungsverfahren von der Beantragung bis zum Zuschlag häufig viele Monate dauert, spricht dafür, die Zwangsversteigerung möglichst frühzeitig zu beantragen. Durch die erhebliche Länge des Versteigerungsverfahrens erhält der Schuldner die Möglichkeit, die Rückstände in dieser Zeit abzutragen. Gelingt ihm dies trotz der erheblichen Länge des Versteigerungsverfahrens nicht, erweist es sich im Nachhinein erst recht als ordnungsgemäß, die Zwangsversteigerung eingeleitet zu haben. Gerade wegen der erheblichen Länge des Versteigerungsverfahrens wäre es verfehlt, zunächst andere Zwangsvollstreckungsmaßnahmen zu versuchen, bevor der Versteigerungsantrag gestellt wird. Das Versteigerungsverfahren ist nicht als ultima ratio in dem Sinne zu verstehen, dass der Verwalter dieses erst einleiten darf, nachdem alle anderen Vollstreckungsmaßnahmen erfolglos geblieben sind. Da der Verwalter verpflichtet ist, die Wohngeldrückstände so schnell wie möglich einzutreiben, muss er alle durch das Gesetz zur Verfügung gestellten Zwangsvollstreckungsmaßnahmen so effektiv wie möglich einsetzen.

Hat der Verwalter als erste Vollstreckungsmaßnahme die Zwangsversteigerung des Wohnungseigentums beantragt, kann er die vollstreckbare Ausfertigung des Titels vom Amtsgericht einstweilen zurückverlangen und bis zum Versteigerungstermin weitere Vollstreckungsmaßnahmen durchführen, etwa die **Sachpfändung** mit Abnahme der **eidesstattlichen Versicherung** nach §§ 803, 807 ZPO. Aus taktischer Sicht wäre es verfehlt, im Zeitraum zwischen der Beantragung der Zwangsversteigerung und dem Zuschlag untätig zu bleiben und abzuwarten, ob bzw. inwieweit die Versteigerung zu einer Befriedigung führt. Insbesondere wenn die Wohnung mit Grundpfandrechten hoch belastet ist und die Wohngeldforderung den Betrag von 5 Prozent des Verkehrswertes des Wohnungseigentums übersteigt, ist von vornherein absehbar, dass die Zwangsversteigerung nicht zu einer vollständigen Befriedigung der Gemeinschaft führen wird. Deshalb sollte die Dauer des Versteigerungsverfahrens zumindest dafür genutzt werden, durch die Abnahme der eidesstattlichen Versicherung die sonstigen Vermögensverhältnisse des Schuldners in Erfahrung zu bringen.

Die Eintragung einer **Zwangshypothek** hat geringe praktische Bedeutung. Sie dient nur der Rangwahrung gegenüber anderen Gläubigern, die ebenfalls eine Zwangsvollstreckung in das Wohnungseigentum beabsichtigen. Die Zwangshypothek führt nicht zu einem Zahlungsfluss an die Gemeinschaft. Die Zwangshypothek kommt daher nur zur Anwendung, wenn eine Zwangsversteigerung in Rangklasse 2 nicht durchgeführt werden kann. Dies könnte etwa für Forderungen der Gemeinschaft in Betracht kommen, die nicht das Vorrecht der Rangklasse 2 des § 10 Abs. 1 ZVG genießen und deshalb nur in Rangklasse 5 fallen. Darüber hinaus schützt die Zwangshypothek den Gläubiger in der Praxis vor einer freihändigen Veräußerung des Wohnungseigentums, ohne dass der Kaufpreis zur Tilgung des Wohngeldrückstandes verwendet wird. Da ein Erwerbsinteressent i.d.R. an einem lastenfreien Erwerb des Eigentums interessiert ist, wird er bei der Gestaltung des Erwerbsvertrages darauf bestehen, dass der Kaufpreis nur insoweit an den Veräußerer fließt, als der Geldbetrag nicht zur Ablösung der zu löschenden Belastungen (Grundpfandrechte) benötigt wird.

Die Eintragung einer Zwangshypothek macht keinen Sinn, wenn wegen der zu sichernden Forderung die Zwangsversteigerung in Rangklasse 2 betrieben werden könnte. Denn zum einen sichert die Anordnung der Zwangsversteigerung den Rang vor anderen Gläubigern in gleicher Weise wie die Zwangshypothek; zum anderen führt die Eintragung einer Zwangshypothek nicht zum dauerhaften Erhalt der bevorrechtigten Forderung in Rangklasse 2. Die titulierte Forderung kann also trotz Eintragung einer Zwangshypothek durch bloßen Zeitablauf von Rangklasse 2 in Rangklasse 4 zurückfallen. Schon dies zeigt, dass die Zwangsversteigerung, soweit sie in Rangklasse 2 möglich ist, stets der Eintragung einer Zwangshypothek vorzuziehen ist. Die Eintragung einer Zwangshypothek „in Rangklasse 2" ist nicht möglich, wohl aber die normale Eintragung in Rangklasse 4, auch soweit die Forderung noch unter das Vorrecht das § 10 Abs. 1 Nr. 2 ZVG fällt.[1] Eine Zwangshypothek für eine Wohngeldforderung kann auch eingetragen werden, „soweit die Forderung nicht dem Vorrecht des § 10 Abs. 1 Nr. 2 ZVG unterfällt".[2]

B. Zwangshypothek

I. Zweck

Die Zwangshypothek ist bei der Vollstreckung in ein (bereits mit Grundpfandrechten belastetes) Wohnungseigentum nur in Betracht zu ziehen, wenn die titulierte Forderung kein Vorrecht in Rangklasse 2 genießt (siehe Rn 12 f.). Die Zwangshypothek führt nicht zur Befriedigung des Gläubigers; sie dient der Sicherung der titulierten Forderung. Im Einzelnen gewährt sie dem Gläubiger folgende **Vorteile**:

---

1 OLG Dresden 17 W 1165/10, ZWE 2011, 365; OLG Frankfurt 20 W 354/10, ZMR 2011, 401.

2 BGH V ZB 300/10, ZWE 2011, 401.

15 – Der Gläubiger der Zwangshypothek kann aus der Hypothek die **Versteigerung** aus der **Rangklasse 4** des § 10 Abs. 1 ZVG betreiben.
– In einem von einem anderen Gläubiger betriebenen Zwangsversteigerungsverfahren verschafft die Zwangshypothek dem Hypothekengläubiger eine dem Rang der Hypothek entsprechende **Erlöszuteilung vor nachrangig eingetragenen Rechten**. Zugleich ist der Hypothekengläubiger Beteiligter des Verfahrens (§ 9 ZVG).
– Die Zwangshypothek gibt dem Gläubiger das Recht, auch gegen einen **rechtsgeschäftlichen Erwerber** der belasteten Wohnungseigentumseinheit die Zwangsversteigerung oder Zwangsverwaltung zu betreiben (§ 1147 BGB).
– Die Zwangshypothek gewährt dem Gläubiger einen gesetzlichen **Löschungsanspruch** nach § 1179a BGB gegenüber vorrangigen oder gleichstehenden Eigentümergrundschulden.
– Der Hypothekengläubiger kann nach § 771 ZPO der **Pfändung von Mietforderungen**, auf die sich nach § 1123 BGB die Hypothekenhaftung erstreckt, widersprechen, soweit der Anspruch des pfändenden Gläubigers der Zwangshypothek im Range nachgeht.

II. Eintragung

1. Antrag

16 Die Eintragung einer Zwangshypothek setzt einen **Vollstreckungsantrag** voraus (§ 867 Abs. 1 S. 1 ZPO). Dieser ist an das Amtsgericht (**Grundbuchamt**) zu richten, bei dem das Grundbuch für die zu belastende Wohnungseigentumseinheit geführt wird (Ausnahmen gelten für Baden-Württemberg, da dort die Grundbücher von den in den Gemeinden eingerichteten staatlichen Grundbuchämtern bzw. von den staatlichen Notariaten geführt werden; §§ 1 ff. BaWüLFGG, § 143 GBO).

17 **Im Antrag** sind zu **benennen**:
– das zuständige Grundbuchamt
– der Gläubiger und der Schuldner
– die zu belastende Wohnungseigentumseinheit (Angabe von Grundbuchblatt und Wohnungsnummer)
– der Umstand, dass eine Zwangssicherungshypothek eingetragen werden soll
– Höhe bzw Umfang der zu besichernden Forderung (Höhe des Kapitalbetrages, Nebenleistungen, Kosten)
– Angabe des Vollstreckungstitels.

18 Einfache **Schriftform** genügt. Anwaltszwang besteht nicht. Eine Unterschriftsbeglaubigung ist nicht erforderlich. Wird der Antrag durch einen beauftragten Rechtsanwalt gestellt, ist die Vorlage einer **Vollmacht** nicht erforderlich, wenn der Rechtsanwalt bereits im Vollstreckungstitel als Vertreter des Gläubigers genannt ist (vgl. § 313 Abs. 1 S. 1 ZPO). Da die Prozessvollmacht auch zu den zur Zwangsvollstreckung erforderlichen Verfahrenshandlungen ermächtigt (§ 81 ZPO), ist durch die Benennung des Bevollmächtigten im Titel sowohl das Vorliegen als auch der Umfang der Vollmacht ausreichend nachgewiesen.[3] Andernfalls ist eine Vollmachtsurkunde im Original vorzulegen.

19 Muster Anh 16.1: Antrag auf Eintragung einer Zwangssicherungshypothek

An das
Amtsgericht ▨
– Grundbuchamt –

Antrag auf Eintragung einer Zwangssicherungshypothek

In der Zwangsvollstreckungssache
des ▨ (jeweils vollständiger Name und Anschrift des Gläubigers)

– Gläubiger –

Verfahrensbevollmächtigter: ▨ *(genaue Bezeichnung)*
gegen
▨ (jeweils vollständiger Name und Anschrift des Schuldners)

– Schuldner –

beantrage ich namens und in Vollmacht der Gläubigerin
die Eintragung einer einheitlichen **Zwangssicherungshypothek** in das Grundbuch von ▨ Blatt ▨
(Wohnungseigentumseinheit Nr. 2)
in Höhe eines Betrages

a) von ▨ EUR nebst Zinsen in Höhe von 5 Prozentpunkten über dem Basiszinssatz seit dem ▨ aus dem Urteil des Amtsgerichts ▨ vom ▨, AZ ▨,

---

[3] *Hock/Klein/Hilbert/Deimann*, Rn 2008.

b) von ▬▬▬ EUR nebst Zinsen in Höhe von 5 Prozentpunkten über dem Basiszinssatz seit dem ▬▬▬ aus dem Kostenfestsetzungsbeschluss des Amtsgerichts ▬▬▬ vom ▬▬▬, AZ ▬▬▬

Die vollstreckbaren Ausfertigungen der oben genannten vollstreckbaren Titel liegen bei mit der Bitte, diese nach erfolgter Eintragung mit entsprechendem Vermerk an mich zurückzusenden.

(Unterschrift)

Rechtsanwalt

2. Mindestbetrag

Eine Zwangshypothek darf nur für einen **750,00 EUR übersteigenden** Betrag eingetragen werden (§ 866 Abs. 3 ZPO). Mehrere titulierte Forderungen des Gläubigers können zusammengerechnet werden (§ 866 Abs. 3 S. 2 ZPO).

Notwendige **Kosten bisheriger Vollstreckungsmaßnahmen** (§ 788 ZPO) fließen in den Mindestbetrag ein, nicht jedoch die Kosten der Eintragung der Zwangshypothek.[4]

Umstritten ist, ob rückständige **titulierte Verzugszinsen** auf die titulierte Hauptforderung in den Mindestbetrag eingerechnet werden können. Nach Ansicht des OLG Hamm[5] ist dies nur dann möglich, wenn die Zinsen bereits in kapitalisierter betragsmäßiger Form tituliert sind.[6] Nach anderer Ansicht genügt es, wenn der Gläubiger im Antrag auf Eintragung der Zwangshypothek die in diesem Zeitpunkt aufgelaufenen Zinsen kapitalisiert und damit als quasi selbstständige Hauptforderung darstellt.[7]

3. Bisherige Vollstreckungskosten

Soll die Zwangshypothek auch für Kosten **bisheriger Vollstreckungsmaßnahmen** eingetragen werden, bedarf es hierfür keines besonderen Titels (§ 788 Abs. 1 S. 1 ZPO). Es genügt, dem Grundbuchamt die Höhe der Kosten, den Grund ihrer Entstehung und deren Notwendigkeit unter Beifügung entsprechender Belege entsprechend § 104 Abs. 2 S. 1 ZPO glaubhaft zu machen, soweit diese nicht offenkundig sind. Im Einzelfall kann anwaltliche Versicherung genügen.

Die dem Gläubiger für die **Eintragung der Zwangshypothek** entstehenden Gerichts- und Anwaltskosten sind nicht eintragungsbedürftig und damit auch nicht eintragungsfähig. Diese Kosten können in einem späteren Zwangsversteigerungsverfahren angemeldet werden (§ 37 Nr. 4, 45 Abs. 1 ZVG). Die belastete Wohneigentumseinheit haftet für diese Kosten im Range der Zwangshypothek (§ 867 Abs. 1 S. 3 ZPO).

4. Vorläufig vollstreckbarer Titel

Aus einem vorläufig vollstreckbaren Titel kann zum Zwecke der Eintragung einer Zwangshypothek nur
- nach **Sicherheitsleistung** oder
- im Wege der **Sicherungsvollstreckung** vorgegangen werden.

Die Art der Sicherheit bestimmt § 108 ZPO. Dem Grundbuchamt ist durch öffentliche oder öffentlich beglaubigte Urkunde nachzuweisen, dass die **Sicherheit geleistet** wurde. Der Gläubiger muss dem Schuldner eine Abschrift der Nachweisurkunden zustellen (was dem Grundbuchamt ebenfalls nachzuweisen ist), bevor mit der Vollstreckung begonnen werden darf (§ 751 Abs. 2 ZPO). Bei Teilvollstreckung bemisst sich die Höhe der Sicherheitsleistung nach dem Verhältnis des Teilbetrages zum Gesamtbetrag der vom Gericht angeordneten Sicherheit (§ 752 ZPO).

Im Wege der **Sicherungsvollstreckung** nach § 720a ZPO kann eine Zwangshypothek auch ohne Sicherheitsleistung eingetragen werden. Im Vollstreckungsantrag ist klarzustellen, dass die Eintragung nur im Wege der Sicherungsvollstreckung begehrt wird. Das Urteil muss dem Schuldner zwei Wochen vorher zugestellt worden sein (§ 750 Abs. 3 ZPO), um diesem die Möglichkeit zu geben, die Sicherungsvollstreckung nach § 720a Abs. 3 ZPO abzuwenden. Aus der im Wege der Sicherungsvollstreckung eingetragenen Zwangshypothek darf die Zwangsversteigerung oder Zwangsverwaltung erst betrieben werden, wenn der Gläubiger nachträglich Sicherheit geleistet (§§ 720a Abs. 1 S. 2, 751 Abs. 2 ZPO) und dies nachgewiesen oder der Titel Rechtskraft erlangt hat. Betreibt ein anderer Gläubiger die Zwangsversteigerung und erlischt dadurch die im Wege der Sicherungsvollstreckung eingetragene Zwangshypothek vor Befriedigung des Gläubigers, wird ein auf die Zwangshypothek entfallender Erlösanteil für Eigentümer/Schuldner und Gläubiger hinterlegt.[8]

5. Belastung mehrerer Wohnungseigentumseinheiten oder Miteigentumsanteile

Verfügt der Schuldner über mehrere Wohnungseigentumseinheiten, die sämtlich belastet werden sollen, muss der Gläubiger die titulierte Forderung auf die zu belastenden Einheiten **betragsmäßig verteilen**, wobei zu beachten

---

4 OLG Hamm 15 W 291/08, Rpfleger 2009, 447.
5 OLG Hamm 15 W 291/08, Rpfleger 2009, 447.
6 So auch *Hintzen*, ZIP 1991, 474, 478; *Wagner*, Rpfleger 2004, 668, 671; *Stein/Jonas/Münzberg*, § 866 Rn 6; *Demharter*, Grundbuchordnung, Anh. zu § 44 Rn 65.
7 So Zöller/*Stöber*, § 866 Rn 5; *Schöner/Stöber*, Rn 2189; *Schuschke/Walker*, § 866 Rn 6; *Musilak/Becker*, § 866 Rn 4.
8 *Hock/Klein/Hilbert/Deimann*, Rn 2047.

ist, dass jede Einzelhypothek den Betrag von 750,00 EUR übersteigen muss (§§ 867 Abs. 2 Hs. 2, 866 Abs. 3 S. 1 ZPO). Die Eintragung einer Gesamtzwangshypothek ist nicht möglich. Eine weitere Zwangshypothek für dieselbe Forderung ist nur dann möglich, wenn die erste Zwangshypothek gelöscht wurde oder der Gläubiger wirksam auf sie verzichtet hat (§ 1168 BGB).

28 Ist die Forderung gegen **mehrere Gesamtschuldner**, z.B. Ehegatten, tituliert (§§ 421 ff. BGB), kann eine Zwangshypothek auf je einer Wohnungseigentumseinheit oder je einem Miteigentumsanteil an einer Wohnungseigentumseinheit der mehreren Schuldner über den **gesamten Betrag** eingetragen werden. Die Zwangshypothek ist dann Gesamtrecht i.S.v. § 1132 BGB.

6. Voreintragung des Schuldners

29 Die Eintragung einer Zwangshypothek ist grundsätzlich nur möglich, wenn der im Titel bzw. der Klausel genannte Schuldner als Eigentümer in Abteilung I des Wohnungsgrundbuchs eingetragen ist (§ 39 GBO).

30 Gemäß § 40 GBO bedarf es dieser Voreintragung nicht, wenn die Vollstreckung sich materiell gegen den **Erben** des eingetragenen Eigentümers richtet und der Titel gegen den Erblasser, einen Nachlasspfleger, Nachlassverwalter oder – in den Grenzen des § 327 ZPO – gegen den Testamentsvollstrecker erging. Dies gilt bei einem Titel gegen den Erblasser unabhängig davon, ob es einer Rechtsnachfolgeklausel gegen die Erben bedarf oder diese – wegen § 779 ZPO – entbehrlich ist.

31 Kommt § 40 GBO nicht zur Anwendung, muss der Gläubiger zunächst die **Berichtigung des Grundbuchs** durch Eintragung der Erben betreiben. Sein Antragsrecht hierzu folgt aus § 14 GBO. Gemäß § 22 Abs. 1 GBO hat er dabei das Erbrecht des Schuldnererben mittels Erbscheins nachzuweisen (§ 35 Abs. 1 GBO). Den Erbschein kann sich der Gläubiger selbst beschaffen (§ 792 ZPO, § 347 FamFG).

32 Hat der Schuldner das Eigentum durch **Zuschlag in der Zwangsversteigerung** erlangt und ist das Grundbuch mangels Ersuchens des Versteigerungsgerichts nach § 130 ZVG noch nicht berichtigt, darf der Antrag auf Eintragung einer Zwangshypothek aufgrund eines Titels gegen den Ersteher nicht mit der Begründung zurückgewiesen werden, das Ersuchen liege noch nicht vor. Vielmehr hat das Grundbuchamt den Antrag bei den Grundakten zu verwahren, das Eintragungsverfahren auszusetzen und dieses im Anschluss an die Erledigung des Ersuchens zu vollziehen. Die Zwangshypothek erhält den Rang nach eventuellen Sicherungshypotheken gemäß § 128 ZVG.[9]

7. Bezeichnung des Gläubigers

33 Im Vollstreckungsantrag muss die Bezeichnung des Gläubigers mit dessen Bezeichnung im Titel übereinstimmen. Die korrekte Bezeichnung einer Wohnungseigentümergemeinschaft ergibt sich aus § 10 Abs. 6 S. 4. Der WEG-Verwalter fungiert als bloßes Vertretungsorgan der Gemeinschaft und wird als solcher nicht mit eingetragen.

34 Bei **Alt-Titeln** wegen Wohngeldforderungen, in denen noch die einzelnen Wohnungseigentümer (anstelle der rechtsfähigen Gemeinschaft) als Gläubiger genannt sind, sind diese auch als Gläubiger der Zwangshypothek ins Grundbuch einzutragen.[10]

35 Ist im Titel der **Verwalter** als Gläubiger genannt, weil dieser im Wege der gewillkürten **Prozessstandschaft** die Wohngeldforderung der Gemeinschaft geltend gemacht hat, wird auch der Verwalter als Gläubiger der Zwangshypothek in das Grundbuch eingetragen.[11]

8. Insolvenz des Schuldners

36 a) **Rückschlagsperre.** Ist bereits ein Insolvenzantrag gegen den Schuldner/Eigentümer gestellt, das Insolvenzverfahren über das Vermögen des Schuldners aber noch nicht eröffnet, kann eine Zwangshypothek grundsätzlich noch eingetragen werden. Zu bedenken ist allerdings die **Rückschlagsperre** nach § 88 InsO. Danach werden Zwangsvollstreckungsmaßnahmen rückwirkend unwirksam, die innerhalb eines Monats vor Beantragung des Insolvenzverfahrens oder nach diesem Antrag durchgeführt werden. Für die Berechnung der Monatsfrist des § 88 InsO bzw. der Dreimonatsfrist des § 312 Abs. 1 S. 3 InsO (im vereinfachten Verbraucherinsolvenzverfahren auf Schuldnerantrag) gilt § 139 InsO. Maßgeblicher Zeitpunkt der „Erlangung" der Sicherheit ist die Eintragung der Zwangshypothek, nicht der Antrag auf Eintragung. Mit Eröffnung des Insolvenzverfahrens wird die innerhalb der Sperrfrist eingetragene Zwangshypothek gegenüber jedermann (schwebend) unwirksam und erlischt.[12] Wird die Zwangshypothek im Grundbuch gelöscht und gibt der Insolvenzverwalter später das belastete Wohnungseigentum aus der Insolvenzmasse frei, steht das Vollstreckungsverbot des § 89 InsO einer Neueintragung nicht entgegen. Gibt der Insolvenzverwalter das Wohnungseigentum dagegen bereits frei, bevor die Zwangshypothek gelöscht wurde, lebt die Buchposition bei Wegfall der Verfügungsbeschränkung durch **Freigabe** des Wohnungseigentums entsprechend § 185 Abs. 2 S. 1 BGB wieder auf.[13] Es kann daher Sinn machen, trotz erwartetem oder bereits gestelltem Insolvenzantrag eine Zwangshypothek

---

9 *Hock/Klein/Hilbert/Deimann*, Rn 2077.
10 BGH V ZB 77/06, ZMR 2007, 875.
11 BGH V ZB 15/01, NJW 2001, 3627.
12 BGH IX ZR 232/04, NJW 2006, 1286.
13 *Hock/Klein/Hilbert/Deimann*, Rn 2336.

in der Erwartung zu beantragen, das Insolvenzverfahren werde gar nicht erst eröffnet oder der Insolvenzverwalter werde das belastete Wohnungseigentum später aus der Insolvenzmasse freigeben.

b) „Starker" und „schwacher" vorläufiger Insolvenzverwalter. Das im Insolvenzantragsverfahren verhängte **allgemeine Verfügungsverbot** oder die Anordnung, dass Verfügungen des Schuldners nur mit Zustimmung des vorläufigen Insolvenzverwalters zulässig seien (§ 21 Abs. 2 Nr. 2 InsO), stehen einer Zwangsvollstreckung in das Wohnungseigentum des Schuldners nicht entgegen. Auch eine nach § 21 Abs. 2 Nr. 3 InsO vom Gericht angeordnete Untersagung oder **einstweilige Einstellung** der Zwangsvollstreckung steht einer Immobiliarvollstreckung nicht entgegen, da sich solche Anordnungen des Gerichts nur auf das bewegliche Vermögen des Schuldners beziehen können.[14] 37

Erlässt das Insolvenzgericht als vorläufige Sicherungsmaßnahme ein allgemeines Verfügungsverbot gegen den Schuldner (§ 21 Abs. 2 Nr. 2, 1. Alt InsO), geht die Verwaltungs- und Verfügungsbefugnis über das Vermögen des Schuldners auf den vorläufigen Insolvenzverwalter über (§ 22 Abs. 1 InsO), der in dieser Konstellation als „starker" **Insolvenzverwalter** bezeichnet wird. Für eine Immobiliarvollstreckung bedarf es in dieser Situation eines gegen den vorläufigen Insolvenzverwalter gerichteten oder umgeschriebenen Titels.[15] 38

Ordnet das Insolvenzgericht an, dass Verfügungen des Schuldners nur mit Zustimmung des – sog. „schwachen" – vorläufigen **Insolvenzverwalters** wirksam sind (§ 21 Abs. 2 Nr. 2, 2. Alt InsO), bleibt die Verfügungsbefugnis beim Schuldner, sodass auch die Zwangsvollstreckung in das Vermögen des Schuldners mit einem gegen den Schuldner gerichteten Titel möglich bleibt.[16] Nach Eröffnung des Insolvenzverfahrens greift allerdings die sog. Rücklagesperre (siehe Rn 36). 39

c) Insolvenzforderungen. Nach Eröffnung des Insolvenzverfahrens kann wegen einfacher **Insolvenzforderungen** in das Wohnungseigentum des Schuldners nicht vollstreckt werden (§ 89 InsO). Dies gilt nach der Rechtsprechung des BGH[17] auch dann, wenn der Insolvenzverwalter das Wohnungseigentum aus der Insolvenzmasse **freigegeben** hat. 40

d) Masseforderungen. Wegen bestimmter Masseforderungen (§§ 53 ff. InsO) ist unter Beachtung der zeitlichen Vollstreckungsbeschränkung des § 90 InsO die Vollstreckung in die Insolvenzmasse zulässig. 41

9. Kosten

Der **Rechtsanwalt** erhält für einen Antrag auf Eintragung einer Zwangshypothek eine **0,3 Verfahrensgebühr** nach Nr. 3309 VVRVG berechnet nach der Höhe der zu sichernden Forderung inklusive Kosten und Zinsen. An Gerichtskosten fällt eine volle Gebühr nach dem Wert des Forderungsbetrages an (§§ 62 Abs. 1, 23 Abs. 2 KostO), wobei als Nebenforderung geltend gemachte Zinsen sowie Kosten und andere Nebenleistungen unberücksichtigt bleiben (§ 18 Abs. 2 KostO). 42

III. Aufhebung/Löschung

Zur Eintragung der Löschung der Zwangshypothek im Grundbuch sind dem Grundbuchamt vorzulegen: 43
– eine Erklärung des Hypothekengläubigers, wonach er die Löschung der konkret bezeichneten Zwangshypothek bewillige (**Löschungsbewilligung**),
– eine **Löschungszustimmung** des Eigentümers der belasteten Wohnungseigentumseinheit (§ 27 GBO) und
– ein **Antrag** an das Grundbuchamt auf Löschung (§ 13 GBO).

Diese Erklärungen bedürfen öffentlicher oder öffentlich **beglaubigter Form** (§ 29 Abs. 1 S. 1 GBO). 44

Statt Abgabe einer Löschungsbewilligung kann der Hypothekengläubiger auch in Form einer **löschungsfähigen Quittung** (§ 368 BGB) erklären, befriedigt zu sein. Aus dieser Erklärung muss hervorgehen, wer den Gläubiger befriedigt hat. Mit der löschungsfähigen Quittung kann der Schuldner/Eigentümer ebenfalls die Löschung der Zwangshypothek beim Grundbuchamt beantragen. 45

Ist als Gläubiger eine Wohnungseigentümergemeinschaft eingetragen, ist die **löschungsfähige Quittung** vom **Verwalter** namens der Gemeinschaft formgerecht abzugeben. Die Rechtsmacht des Verwalters hierzu folgt aus § 27 Abs. 2 Nr. 2. Der Verwalter weist die Wirksamkeit seiner Bestellung durch die Vorlage des Versammlungsprotokoll nach, wobei die nach §§ 26 Abs. 3, 24 Abs. 6 erforderlichen Unterschriften unter dem Versammlungsprotokoll öffentlich beglaubigt sein müssen. 46

Zur Abgabe einer **Löschungsbewilligung** ist der Verwalter hingegen nur aufgrund einer Vereinbarung oder eines Beschlusses der Wohnungseigentümer berechtigt.[18] 47

---

14 *Hock/Klein/Hilbert/Deimann*, Rn 2063.
15 *Hock/Klein/Hilbert/Deimann*, Rn 2064, 180.
16 *Hock/Klein/Hilbert/Deimann*, Rn 2065.
17 BGH IX ZB 112/06, NZM 2009, 439.
18 OLG München 34 Wx 156/10, NJW-RR 2011, 590.

48 Zur Löschung einer aufgrund eines Alt-Titels eingetragenen Zwangshypothek, die **sämtliche (übrigen) Wohnungseigentümer** als Gläubiger benennt, ist eine Löschungsbewilligung aller Gläubiger erforderlich.[19]

C. Zwangsverwaltung

I. Zweck

49 Die Zwangsverwaltung des Wohnungseigentums hat den Zweck, den Gläubiger aus den **Erträgnissen des Wohnungseigentums** (i.d.R. Mieteinnahmen) zu befriedigen. Der Zwangsverwalter verschafft sich dafür den Besitz an der Wohnung, zieht die Mieten ein, bestreitet daraus die Ausgaben der Verwaltung (§ 155 Abs. 1 ZVG) und verteilt den Überschuss gemäß dem nach § 156 Abs. 2 ZVG aufzustellenden Teilungsplan an die berechtigten Gläubiger. Dem Schuldner wird durch die Zwangsverwaltung die Verwaltung und der Besitz des Wohnungseigentums entzogen.

50 Die Beschlagnahme in der Zwangsverwaltung bewirkt kein allgemeines Verfügungsverbot und **keine Grundbuchsperre**. Der Schuldner/Eigentümer kann daher das Wohnungseigentum trotz des bestehenden Verfügungsverbots veräußern.

51 In Anbetracht der mit einem Zwangsverwaltungsverfahren verbundenen Kosten, insbesondere der Vergütung des Zwangsverwalters, ist diese Vollstreckungsmaßnahme i.d.R. nur sinnvoll, wenn die Wohnung **vermietet** oder zumindest ohne größeren Investitionsaufwand vermietbar gemacht werden kann. Eine Befriedigung des Gläubigers wird durch das Zwangsverwaltungsverfahren allerdings nicht kurzfristig eintreten, wenn das Wohnungseigentum mit Grundpfandrechten in erheblicher Höhe belastet ist (zu der Frage, ob der Mietenpfändung oder der Zwangsverwaltung der Vorzug zu geben ist, siehe Rn 8). Die Zwangsverwaltung hat allerdings den aus Sicht der Wohnungseigentümergemeinschaft positiven Nebenaspekt, dass der Zwangsverwalter für sämtliche rentabilitätsbezogenen Entscheidungen anstelle des Eigentümers in der Wohnungseigentümerversammlung das **Stimmrecht** ausübt (siehe § 25 Rn 4) und der Eigentümer gegen diese Beschlüsse keine Anfechtungsklage nach § 46 Abs. 1 WEG erheben kann.[20]

II. Besondere Vollstreckungsvoraussetzungen

1. Schuldner = Eigentümer

52 Die Zwangsverwaltung darf grundsätzlich nur angeordnet werden, wenn der **Schuldner als Eigentümer** im Grundbuch eingetragen oder wenn der Schuldner Erbe des eingetragenen Eigentümers ist (§ 17 Abs. 1 ZVG).

53 Lautet der **Titel gegen den Erblasser** und hatte der Gläubiger bereits eine Zwangsvollstreckungsmaßnahme gegen den Erblasser durchgeführt, z.B. eine Kontenpfändung, kann die Zwangsverwaltung des zum Nachlass gehörenden Wohnungseigentums ohne vorherige Umschreibung des Titels auf den Erben angeordnet werden (§ 779 Abs. 1 ZPO). Die Annahme der Erbschaft ist dafür nicht Voraussetzung. Hat der Erbe die Erbschaft noch nicht angenommen, ist die Bestellung eines Vertreters nach § 779 Abs. 2 ZPO erforderlich, an den auch zugestellt wird.

54 Hatte **noch keine Zwangsvollstreckung** gegen den Verstorbenen **begonnen**, muss der Titel gegen den Erben umgeschrieben werden (§ 727 ZPO). Sind die Erben unbekannt oder haben diese die Erbschaft noch nicht angenommen, bleibt nur der Weg über die Einsetzung eines Nachlasspflegers durch das Nachlassgericht (§§ 1961, 1962 BGB), wobei der Titel dann gegen die „unbekannten Erben", vertreten durch den Nachlasspfleger, umzuschreiben ist. Eine Voreintragung des Erben im Wege der **Grundbuchberichtigung** ist für die Anordnung der Zwangsverwaltung nicht erforderlich (§ 17 Abs. 1 ZVG). Die Erbfolge kann durch Urkunden glaubhaft gemacht werden, wobei Bezugnahme auf die Nachlassakten genügt, wenn diese sich bei demselben Gericht befinden und sich daraus die Erbfolge ergibt.[21] Andernfalls bedarf es der Vorlage eines Erbscheins in Ausfertigung.

2. Schuldner = Eigenbesitzer

55 Die Zwangsverwaltung kann nur angeordnet werden, wenn der Schuldner Eigenbesitzer des Wohnungseigentums ist. Denn nur in diesem Fall stehen ihm auch die Nutzungen des Wohnungseigentums zu. Unerheblich ist dabei, ob der Schuldner das Wohnungseigentum selbst nutzt (unmittelbarer Besitzer) oder vermietet oder verpachtet hat (mittelbarer Besitzer). Der Eigentümer ist nicht mehr Eigenbesitzer des Wohnungseigentums, wenn er dieses verkauft und aufgelassen hat und der Besitz – wie vertraglich vereinbart – bereits auf den Erwerber übergegangen ist und es nur noch an der Grundbuchumschreibung fehlt. In diesem Fall ist eine Zwangsverwaltung gegen den (neuen) Eigenbesitzer denkbar, wofür es eines (ggf. umgeschriebenen) Titels gegen diesen bedarf.

---

19 LG Frankfurt 2–13 T 205/05, RNotZ 2006, 63; *Hügel*, DNotZ 2007, 326; **a.A.** *Böttcher*, Rpfleger 2009, 182: eine Löschungsbewilligung des Verwalters genüge.

20 LG Berlin 85 T 404/07, ZMR 2009, 474 m.w.N.
21 *Hock/Klein/Hilbert/Deimann*, Rn 32.

III. Antrag

Die Anordnung der Zwangsverwaltung setzt einen **Vollstreckungsantrag** der Wohnungseigentümergemeinschaft voraus (§§ 146 Abs. 1, 15 ZVG). Dieser ist an das Amtsgericht zu richten, in dessen Bezirk die betreffende Wohnungseigentumseinheit liegt (§ 1 Abs. 1 ZVG). Die Landesregierungen können allerdings durch Rechtsverordnung bestimmen, dass die Zwangsverwaltungssachen von einem Amtsgericht für den Bezirk mehrerer Amtsgerichte erledigt werden (§ 1 Abs. 2 ZVG).

Im Antrag sind zu benennen:
- das zuständige Gericht,
- der Gläubiger und der Schuldner,
- die zu beschlagnahmende Wohnungseigentumseinheit (Angabe von Grundbuchblatt und Wohnungsnummer),
- der Umstand, dass die Zwangsverwaltung angeordnet werden soll,
- Höhe bzw. Umfang der Forderung (Höhe des Kapitalbetrages, Nebenleistungen, Kosten), wegen der die Zwangsverwaltung angeordnet werden soll
- der vollstreckbare Titel.

Einfache Schriftform genügt. Anwaltszwang besteht nicht.

Muster Anh 16.2: Antrag auf Anordnung der Zwangsverwaltung

An das
Amtsgericht

Antrag auf Anordnung der Zwangsverwaltung

In der Zwangsvollstreckungssache
des   (jeweils vollständiger Name und Anschrift des Gläubigers)

– Gläubiger –

Verfahrensbevollmächtigter: (genaue Bezeichnung)
gegen

           (jeweils vollständiger Name und Anschrift des Schuldners)

– Schuldner –

beantrage ich namens und in Vollmacht der Gläubigerin
die Zwangsverwaltung der im Grundbuch von   Blatt   eingetragenen Wohnungseigentumseinheit Nr.   des Schuldners anzuordnen
wegen
a) eines Betrages in Höhe von   EUR nebst Zinsen in Höhe von 5 Prozentpunkten über dem Basiszinssatz seit dem   aus dem Urteil des Amtsgerichts   vom   , AZ   ,
b) eines Betrages in Höhe von   EUR nebst Zinsen in Höhe von 5 Prozentpunkten über dem Basiszinssatz seit dem   aus dem Kostenfestsetzungsbeschluss des Amtsgerichts Charlottenburg vom   , AZ   sowie
c) der Kosten der gegenwärtigen Rechtsverfolgung.

Die vollstreckbaren Ausfertigungen der oben genannten Titel liegen bei.
(Unterschrift)
Rechtsanwalt

Dem Zwangsverwaltungsantrag ist der vollstreckbare Titel im Original mit Zustellnachweis **beizufügen**. Der Beifügung eines Grundbuchauszuges bedarf es in der Regel nicht, wenn das Gericht selbst auf das Grundbuch zugreifen kann. (Zur Vorlage einer **Vollmacht** bei anwaltlicher Vertretung siehe Rn 18)

Der Gläubiger kann einen **Vorschlag** für die Person des einzusetzenden **Zwangsverwalters** unterbreiten, an den der zuständige Rechtspfleger jedoch nicht gebunden ist. Sinnvoll ist beispielsweise der Hinweis, dass andere Einheiten in der Wohneigentumsanlage bereits unter Zwangsverwaltung stehen und dort Frau X zur Zwangsverwalterin bestellt sei.

IV. Beitritt

Steht das Wohnungseigentum bereits aufgrund des Betreibens anderer Gläubiger unter Zwangsverwaltung, können weitere Gläubiger dem Zwangsverwaltungsverfahren beitreten. Der aufgrund des Antrags erlassene Beitrittsbeschluss führt zu einer Beschlagnahme zugunsten des Beitretenden und sichert den Rang vor späteren Beitrittsgläubigern.

V. Beschlagnahme

1. Eintritt und Wirkung

62 Das Gericht ordnet die Zwangsverwaltung durch Beschluss an (§§ 146, 15 ZVG). Die Beschlagnahme tritt ein, sobald eines der nachfolgend genannten Ereignisse eintritt:
- Zustellung des Anordnungsbeschlusses an den Schuldner (§§ 146 Abs. 1, 22 Abs. 1 S. 1 ZVG),
- Eingang des Ersuchens um Eintragung des Zwangsverwaltungsvermerks beim Grundbuchamt, sofern die Eintragung demnächst erfolgt (§§ 146 Abs. 1, 22 Abs. 1 S. 2 ZVG),
- Inbesitznahme des Wohnungseigentums durch den Zwangsverwalter (§ 151 Abs. 1 ZVG).

63 Die Beschlagnahme bewirkt ein **relatives Veräußerungsverbot** i.S.d. §§ 135, 136 BGB. Der Schuldner kann trotz der Beschlagnahme das Wohnungseigentum veräußern und belasten. Veräußerung und Belastung sind jedoch dem Beschlagnahmegläubiger gegenüber unwirksam.

64 Die Beschlagnahme wirkt gegenüber **Drittschuldnern**, z.B. Mietern, sobald diesen die Beschlagnahme (i.d.R. durch den Zwangsverwalter) bekannt gemacht oder ihnen ein Zahlungsverbot zugestellt wurde.

65 Mit der Beschlagnahme wird dem Schuldner das Recht, das Grundstück zu verwalten und zu benutzen, entzogen (§ 148 Abs. 2 ZVG).

2. Umfang

66 Die Beschlagnahme umfasst alle Gegenstände, auf welche sich bei einem Grundstück die Hypothek erstreckt (§§ 146 Abs. 1, 20, 21 ZVG). **Miet-** und **Pachtforderungen** werden nach Maßgabe des 1124 Abs. 2 BGB erfasst. Bei Vorausabtretungen von Miet- und Pachtforderungen oder Pfändungen dieser Forderung gilt folgendes: Ist die Beschlagnahme nach dem 15. Tag des Monats erfolgt, gilt die Vorausverfügung auch noch für den folgenden Monat, für die Zeit danach ist die Abtretung/Pfändung dem Beschlagnahmegläubiger gegenüber unwirksam. Ist die Beschlagnahme spätestens am 15. Tag des Monats erfolgt, ist die Vorausverfügung ab dem kommenden Monat (relativ) unwirksam. Auf **rückständige** Mietforderungen erstreckt sich die Beschlagnahme, sofern diese noch nicht länger als ein Jahr fällig sind (§ 1123 Abs. 2 BGB).

67 **Wohnt** der **Schuldner** selbst in der Wohnung, hat er Anspruch auf kostenlose Überlassung der für seinen Hausstand (inklusive Familienangehörige) unentbehrlichen Räume (§ 149 Abs. 1 ZVG). Für **geschäftlich** genutzte Räume hat der Schuldner eine Nutzungsentschädigung an den Zwangsverwalter zu zahlen; zahlt der Schuldner nicht, ist er im Auftrag des Zwangsverwalters außer Besitz zu setzen.

VI. Kosten

68 Für die Entscheidung über den Antrag auf Anordnung der Zwangsverwaltung fällt eine pauschale **Gerichtsgebühr** von 50,00 EUR an (Nr. 2220 KVGKG) zuzüglich der Auslagen für die Zustellung des Beschlusses (Nr. 9002 KVGKG). Die Gebühr fällt auch für jede Entscheidung über einen Beitrittsantrag an. Wird der Antrag auf Anordnung der Zwangsverwaltung oder Beitritt vor der Entscheidung zurückgenommen, fällt keine Gebühr an.

69 Der **Rechtsanwalt** erhält für die Vertretung eines Gläubigers im Verfahren über die Anordnung oder den Beitritt eine 0,4 Verfahrensgebühr nach dem Wert der gesamten Forderung einschließlich Nebenforderungen (Nr. 3311 Ziff. 3 VVRVG, § 27 S. 1 RVG). Für die Vertretung eines Gläubigers **im weiteren Verfahren** einschließlich des Verteilungsverfahrens erhält der Rechtsanwalt eine 0,4 Verfahrensgebühr nach (Nr. 3311 Ziff. 4 VVRVG). Ebenfalls gesondert zu vergüten ist die Mitwirkung des Rechtsanwalts bei **Anträgen auf einstweilige Einstellung** des Verfahrens oder bei Verhandlungen zwischen Gläubiger und Schuldner mit dem Ziel der Aufhebung des Verfahrens (Nr. 3311 Ziff. 6 VVRVG).

70 Der Rechtsanwalt des Schuldners erhält im gesamten Verfahren einschließlich des Verteilungsverfahrens eine 0,4 Verfahrensgebühr nach dem zusammengerechneten Wert aller Ansprüche, derentwegen das Verfahren beantragt ist (§ 27 S. 2 RVG). Verfahrenserweiterungen durch Beitritte lösen keine gesonderte Gebühr aus.

VII. Zwangsverwalter

1. Bestellung

71 Der Zwangsverwalter wird vom Vollstreckungsgericht bestellt. Abgesehen vom Institutsverwalter (§ 150a ZVG) ist das Gericht bei seiner **Auswahl** frei, es hat jedoch sein Auswahlermessen pflichtgemäß auszuüben. Der Gläubiger kann Vorschläge unterbreiten.

2. Aufgaben

72 Der Verwalter ist allen am Verfahren beteiligten Personen gleichermaßen gegenüber verantwortlich und verpflichtet, seine Aufgabe objektiv nach dem Verfahrenszweck der Zwangsverwaltung auszuüben und zu erfüllen. Er hat aus den Erträgnissen des Wohnungseigentums die bestmögliche Befriedigung der Gläubiger und sonstigen Zuteilungsberechtigten zu ermöglichen und zugleich das Wohnungseigentum in seinem wirtschaftlichen Bestand zu erhalten.[22] Insbesondere hat er die beschlagnahmten **Mietforderungen beizutreiben**. Auf Antrag von Gläubiger oder Schuldner hat der Verwalter Auskunft über den Sachstand zu erteilen. Einzelheiten der Verwalteraufgaben sind in den §§ 3 bis 16 ZwVwV geregelt.

Der Verwalter hat dem Gläubiger und dem Schuldner jährlich und nach der Beendigung der Verwaltung **Rechnung** zu legen. Die Rechnung ist dem Gericht einzureichen und von diesem dem Gläubiger und dem Schuldner vorzulegen (§ 154 S. 3, 4 ZVG). Das Rechnungsjahr ist das Kalenderjahr, soweit nicht auf Wunsch eines Beteiligten oder des Verwalters mit Zustimmung des Gerichts ein anderer Zeitabschnitt vereinbart wird. Die Rechnungslegung und das ihr zugrunde liegende Belegwesen ist in den §§ 14, 15 ZwVwV geregelt. Die Rechnungslegung muss den Abgleich der Solleinnahmen mit den tatsächlichen Einnahmen ermöglichen. In die Rechnung sind die Einnahmen und Ausgaben aufzunehmen, welche im Laufe des Rechnungsjahres angefallen sind.

Die Soll- und Ist-**Einnahmen** sind nach folgenden Konten zu gliedern:

1. Mieten und Pachten nach Verwaltungseinheiten,
2. andere Einnahmen.

Die Gliederung der **Ausgaben** erfolgt nach folgenden Konten:

1. Aufwendungen zur Unterhaltung des Objekts,
2. öffentliche Lasten,
3. Zahlungen an die Gläubiger,
4. Gerichtskosten der Verwaltung,
5. Vergütung des Verwalters,
6. andere Ausgaben.

Die Einzelbuchungen sind auszuweisen. Mit der Rechnungslegung reicht der Verwalter sämtliche Kontoauszüge und Rechnungen bei Gericht ein. Die **Prüfung** der rechnerischen und sachlichen Schlüssigkeit obliegt dem Gericht. Der Verwalter hat jederzeit dem Gericht oder einem mit der Prüfung beauftragten Sachverständigen Buchführungsunterlagen, die Akten und sonstige Schriftstücke vorzulegen und alle weiteren Auskünfte im Zusammenhang mit seiner Verwaltung zu erteilen (§ 16 ZwVwV).

3. Vergütung

Der Zwangsverwalter hat für seine Tätigkeit Anspruch auf eine angemessene Vergütung. Dabei ist die Höhe der Vergütung an der Art und dem Umfang der Aufgabe sowie an der Leistung des Zwangsverwalters auszurichten, wobei Mindest- und Höchstsätze vorgesehen sind (§ 152a ZVG). Die Zwangsverwalterverordnung unterscheidet zwischen der Regelvergütung auf Basis der Mieteinnahmen (§ 18 ZwVwV) und der Vergütung nach Zeitaufwand (§ 19 ZwVwV). Dem Zwangsverwalter steht entweder die Regelvergütung oder die Zeitaufwandsvergütung zu; eine Festsetzung beider Vergütungen für denselben Abrechnungszeitraum ist ausgeschlossen.[23]

Die **Regelvergütung** ist in § 18 ZwVwV geregelt. Sie beträgt 10 % des für den Zeitraum der Verwaltung an Mieten oder Pachten eingezogenen Bruttobetrages. Für vertraglich geschuldete, nicht eingezogene Mieten oder Pachten erhält der Zwangsverwalter 20 % der Vergütung, die er erhalten hätte, wenn diese Mieten eingezogen worden wären. Werden zunächst nicht eingezogene Mieten oder Pachten später gezahlt, ist eine erhaltene Vergütung auf die nach den nunmehr eingezogenen Mieten zu berechnende Vergütung anzurechnen. Ergibt sich im Einzelfall ein Missverhältnis zwischen der Tätigkeit des Verwalters und der Vergütung nach den vorgenannten Prozentsätzen, so können diese Prozentsätze bis auf 5 Prozentpunkte vermindert oder bis auf 15 Prozentpunkte angehoben werden.

Wenn dem Verwalter die Regelvergütung nicht zusteht, bemisst sich seine **Vergütung nach Zeitaufwand**. In diesem Fall erhält er für jede Stunde der für die Verwaltung erforderlichen Zeit, die er oder einer seiner Mitarbeiter aufgewendet hat, eine Vergütung von mindestens 35,00 EUR höchstens 95,00 EUR (zzgl. MwSt.). Der Stundensatz ist für jeden Abrechnungszeitraum einheitlich zu bemessen. Bei nur teilweiser Vermietung des Objekts erfolgt die Vergütung nach Zeitaufwand, wenn über die Regelvergütung keine angemessene Vergütung des Verwalters erreicht werden kann (§ 19 Abs. 2 ZwVwV). Die Regelvergütung ist offensichtlich unangemessen, wenn sie trotz Ausschöpfung des Höchstrahmens um mehr als 25 % hinter der Vergütung nach Zeitaufwand zurückbleibt. Der Mindestsatz von 35,00 EUR je Stunde (zzgl. MwSt.) kommt dann in Betracht, wenn die Verwaltertätigkeit ganz überwiegend aus einfachsten Aufgaben besteht, die hauptsächlich von gering qualifizierten Mitarbeitern und Hilfskräften erledigt werden können. Handelt es sich nach der Verfahrensstruktur um ein sog Normal- oder Regelverfahren, soll der angemessene Stundensatz 71,00 EUR (zzgl. MwSt.) betragen.

Die **Mindestvergütung** des Verwalters ist in § 20 ZwVwV geregelt. Danach beträgt die Vergütung des Verwalters mindestens 600,00 EUR (zzgl. MwSt.). Ist das Verfahren der Zwangsverwaltung aufgehoben worden, bevor der Verwalter das Grundstück in Besitz genommen hat, so erhält er eine Vergütung von 200,00 EUR (zzgl. MwSt.) sofern er bereits tätig geworden ist.

---

22 *Hock/Klein/Hilbert/Deimann*, Rn 1597. 23 BGH V ZB 2/09, NZM 2009, 597.

81 Mit der vorgenannten Vergütung sind die allgemeinen **Geschäftskosten** abgegolten. Zu den allgemeinen Geschäftskosten gehört der Büroaufwand des Verwalters einschließlich der Gehälter seiner Angestellten. Zusätzlich zur Vergütung und den **Auslagen** kann der Verwalter die Festsetzung seiner zu zahlenden Mehrwertsteuer verlangen (§ 17 Abs. 2 ZwVwV).

82 Die Vergütung und die dem Verwalter zu erstattenden Auslagen werden im Anschluss an die Rechnungslegung nach § 14 Abs. 2 ZwVwV oder die Schlussrechnung nach § 14 Abs. 3 ZwVwV für den entsprechenden Zeitraum auf seinen Antrag vom Gericht festgesetzt. Vor der Festsetzung kann der Verwalter mit Einwilligung des Gerichts aus den Einnahmen einen Vorschuss auf die Vergütung und die Auslagen entnehmen. Hat das Gericht die Vergütung durch Beschluss endgültig festgesetzt, entnimmt der Verwalter den zuerkannten Betrag der Zwangsverwaltungsmasse. Reicht diese nicht aus, kann der Verwalter den betreibenden Gläubiger in Anspruch nehmen (§§ 155 Abs. 1 und 3, 161 Abs. 3 ZVG). Diese Inanspruchnahme kann selbst dann erfolgen, wenn der Verwalter keine Vorschüsse verlangt hat.[24]

VIII. Insolvenz des Schuldners

83 Für die Beantwortung der Frage, inwieweit die Eröffnung des Insolvenzverfahrens über das Vermögen des Schuldners einem Zwangsverwaltungsverfahren entgegensteht, hängt davon ab,
– ob der Gläubiger wegen einer persönlichen, bloßen Insolvenzforderung vollstreckt oder ob dem Gläubiger ein Absonderungsrecht zusteht, z.B. weil sein Anspruch in Rangklasse 4 des § 10 Abs. 1 ZVG fällt, und
– wann die Zwangsverwaltung angeordnet wurde.

1. Persönliche Gläubiger

84 Betreibt der Gläubiger die Zwangsverwaltung wegen eines persönlichen Anspruchs und ist die Beschlagnahme im Rahmen der Zwangsverwaltung bereits **vor Insolvenzeröffnung** eingetreten, steht dem Gläubiger im Zeitpunkt der Insolvenzeröffnung bereits ein Recht auf Befriedigung aus dem Grundstück zu, sodass er im Insolvenzverfahren absonderungsberechtigt ist und daher das Vollstreckungsverbot des § 89 InsO nicht greift. Der Gläubiger kann in dieser Konstellation also die Zwangsverwaltung fortsetzen. Hat er jedoch sein Absonderungsrecht innerhalb der Frist des § 88 InsO (Rückschlagsperre) erworben, wird diese Sicherung mit der Eröffnung des Insolvenzverfahrens unwirksam mit der Folge, dass das Zwangsverwaltungsverfahren vom Vollstreckungsgericht gemäß § 28 Abs. 2 ZVG aufzuheben ist.

85 **Nach Eröffnung** des Insolvenzverfahrens kann die Zwangsverwaltung wegen des Vollstreckungsverbots des § 89 InsO nicht mehr angeordnet werden.

2. Absonderungsberechtigte Gläubiger

86 **Absonderungsberechtigte**, z.B. Inhaber eines Grundpfandrechts am Wohnungseigentum, können auch noch **nach Insolvenzeröffnung** die Zwangsverwaltung beantragen. Sie benötigen dafür aber einen Duldungstitel gegen den Insolvenzverwalter, den sie durch Umschreibung eines bereits vorhandenen Titels, durch dingliche Klage (Duldungsklage) gegen den Insolvenzverwalter oder durch dessen freiwillige Vollstreckungsunterwerfung erlangen können. Voraussetzung ist, dass das Grundpfandrecht bereits vor Insolvenzeröffnung im Grundbuch eingetragen wurde.

87 Kann der Gläubiger aufgrund eines rechtzeitig erlangten Absonderungsrechtes grundsätzlich die Zwangsverwaltung trotz eröffnetem Insolvenzverfahren betreiben, kann das Gericht ausnahmsweise nach § 153b ZVG auf Antrag des Insolvenzverwalters die vollständige oder teilweise **Einstellung** der Zwangsverwaltung anordnen, wenn der Insolvenzverwalter glaubhaft macht, dass durch die Fortsetzung der Zwangsverwaltung eine wirtschaftlich sinnvolle Nutzung der Insolvenzmasse wesentlich erschwert wird. Die Einstellung ist mit der Auflage anzuordnen, dass die Nachteile, die dem betreibenden Gläubiger aus der Einstellung erwachsen, durch laufende Zahlungen aus der Insolvenzmasse ausgeglichen werden (§ 153b Abs. 2 ZVG). Auf Antrag des betreibenden Gläubigers hebt das Gericht die Anordnung der einstweiligen Einstellung auf, wenn die Voraussetzungen für die Einstellung entfallen sind, wenn die Auflagen nach § 153b Abs. 2 ZVG nicht beachtet werden oder wenn der Insolvenzverwalter der Aufhebung zustimmt (§ 153c Abs. 1 ZVG).

IX. Eigentümerwechsel

88 Da die Beschlagnahme im Rahmen der Zwangsverwaltung lediglich ein relatives Veräußerungsverbot im Sinne der § 135, 136 BGB bewirkt, kann der Schuldner trotz der Beschlagnahme das Wohnungseigentum **veräußern** und belasten. Wird die wirksame Eigentumsübertragung im Grundbuch vollzogen, muss das Zwangsverwaltungsverfahren zunächst eingestellt werden (§ 28 Abs. 1 ZVG).

89 In der Regel erfolgt ein Eigentümerwechsel aufgrund einer zuvor im Grundbuch eingetragenen **Auflassungsvormerkung**. War vor Beantragung der Zwangsverwaltung bereits eine Auflassungsvormerkung eingetragen und erfolgte der Eigentümerwechsel später aufgrund der vorher eingetragenen Auflassungsvormerkung, gilt der Erwerber gemäß

---

24 BGH IX ZR 218/03, NZM 2004, 718.

§ 883 BGB als vor der Beschlagnahme eingetragen. Betreibt der Vollstreckungsgläubiger das Zwangsverwaltungsverfahren lediglich aus **Rangklasse 5** wegen einer persönlichen Forderung, muss das Zwangsverwaltungsverfahren gemäß § 28 Abs. 1 ZVG aufgehoben werden. Betreibt der Vollstreckungsgläubiger das Zwangsverwaltungsverfahren hingegen aus **Rangklasse 4** auf Basis eines vor der Auflassungsvormerkung eingetragenen **Grundpfandrechts**, kann das Zwangsverwaltungsverfahren gegen den neuen Eigentümer fortgesetzt werden. Eine Umschreibung des Titels ist nicht erforderlich, wenn die Beschlagnahme vor der Eintragung des neuen Eigentümers erfolgt ist. Das Verfahren wird ohne besonderen Beschluss gegen den Erwerber weitergeführt, § 26 ZVG.[25] Geht das Recht des Gläubigers der Rangklasse 4 hingegen der Auflassungsvormerkung nach, ist das Verfahren gemäß § 28 Abs. 1 ZVG aufzuheben, sobald die Eintragung des neuen Eigentümers erfolgt ist, da das Recht dem Berechtigten der Auflassungsvormerkung gegenüber gemäß § 883 Abs. 2 BGB unwirksam ist.

X. Kostenvorschuss des Gläubigers

Der Zwangsverwalter hat aus den eingenommenen Beträgen, insbesondere den Mieten, zunächst die Ausgaben der Verwaltung einschließlich der dem Verwalter zustehenden Vergütung sowie die Kosten des Verfahrens zu bestreiten (§ 155 Abs. 1 ZVG). Zu den Ausgaben der Verwaltung gehören im Wesentlichen die an die Wohnungseigentümergemeinschaft zu leistenden **Wohngeldbeiträge** (siehe Rn 95). Reicht die Zwangsverwaltungsmasse hierfür nicht aus, benötigt der Verwalter einen Vorschuss vom betreibenden Gläubiger. Das Gericht fordert in diesem Fall durch Beschluss den Gläubiger unter Fristsetzung zur Zahlung eines konkret bezifferten Betrages auf. Leistet der Gläubiger den Vorschuss nicht, hebt das Gericht das Zwangsverwaltungsverfahren auf (§ 161 Abs. 3 ZVG), worauf es den Gläubiger in dem vorgenannten Beschluss hinweist. 90

Der Vorschuss darf auch angefordert werden, um den **Wohngeldzahlungspflichten** gegenüber der Eigentümergemeinschaft nachkommen zu können. Die Regelung des § 156 Abs. 1 S. 2 ZVG steht dem nicht entgegen.[26] 91

Auch wenn der Gläubiger den Vorschuss nicht leistet und das Gericht daraufhin das Zwangsverwaltungsverfahren aufhebt, haftet der Gläubiger dem Zwangsverwalter für die im Rahmen der Zwangsverwaltung bereits angefallenen Aufwendungen, insbesondere die Verwaltervergütung.[27] 92

Da der Vorschuss eine Vorauszahlung auf die Ausgaben der Verwaltung darstellt, hat der Gläubiger einen Anspruch auf **Rückerstattung** aus der Zwangsverwaltungsmasse, sobald dafür Mittel aus den Mieteinnahmen entnommen werden können. Die Rückzahlung hat der Zwangsverwalter nach § 155 Abs. 1 ZVG vorweg zu bestreiten. Endet das Zwangsverwaltungsverfahren und sind die Vorschussgelder ganz oder teilweise noch nicht verbraucht, hat der Zwangsverwalter diese dem Gläubiger zurückzuerstatten. 93

Endet das Zwangsverwaltungsverfahren, bevor der betreibende Gläubiger die von ihm als Vorschuss geleisteten Gelder zurückerhalten hat, kann der Gläubiger diese vom Eigentümer/Schuldner im **Klagewege** zurückverlangen.[28] 94

XI. Wohngeldzahlungspflicht des Zwangsverwalters

Der Zwangsverwalter hat die **seit Beschlagnahme fällig** gewordenen, laufenden Wohngeldbeiträge sowie den **letzten vor der Beschlagnahme** fällig gewordenen Beitrag (siehe § 13 Abs. 1 S. 1 ZVG) unabhängig vom Teilungsplan zu begleichen (§ 156 Abs. 1 S. 2 ZVG). Das nach Beschlagnahme fällig werdende Wohngeld gehört trotz der dogmatisch missglückten Regelung des § 156 Abs. 1 S. 2 ZVG zu den Ausgaben der Verwaltung i.S.d. § 155 Abs. 1 ZVG.[29] Der Zwangsverwalter darf die Wohngeldforderungen der Gemeinschaft aus einem **Kostenvorschuss** des betreibenden Gläubigers begleichen,[30] soweit die Wohngeldforderungen nach der Beschlagnahme fällig geworden sind. 95

Die Bestimmung des § 10 Abs. 1 Nr. 2 S. 3 ZVG, wonach das Vorrecht der Rangklasse 2 auf maximal **5 Prozent des Verkehrswertes** des beschlagnahmten Wohnungseigentums begrenzt ist, gilt im Zwangsverwaltungsverfahren nicht (§ 156 Abs. 1 S. 3 ZVG). 96

Der **Eigentümer**/Schuldner haftet neben dem Zwangsverwalter **gesamtschuldnerisch** und persönlich für die vorgenannten Wohngeldansprüche. 97

Der **WEG-Verwalter** ist verpflichtet, den Zwangsverwalter über die Höhe der zu erbringenden Wohngeldbeiträge zu informieren. Auf Verlangen sind dem Zwangsverwalter die Unterlagen, aus denen sich der Anspruch ergibt, vorzulegen. Unterlässt der WEG-Verwalter dies, macht er sich gegenüber der Wohnungseigentümergemeinschaft schadensersatzpflichtig. 98

Existieren im Zeitpunkt der Anordnung der Zwangsverwaltung bereits **Wohngeldrückstände**, hat der Zwangsverwalter diese selbst dann nicht vorweg zu begleichen, wenn diese im Falle der Zwangsversteigerung in Rangklasse 2 fielen. Denn § 156 Abs. 1 ZVG beschränkt das Vorrecht der Rangklasse 2 in der Zwangsverwaltung auf die „laufenden Beträge". Auf rückständige Wohngeldforderungen kann die Gemeinschaft im Zwangsverwaltungsverfahren 99

---

25 BGH V ZB 125/05, NJW 2007, 2993.
26 BGH V ZB 43/09, NJW 2010, 1003.
27 BGH IX ZR 218/03, Rpfleger 2004, 579.
28 KG 24 W 60/05, NJW-RR 2006, 881.
29 BGH V ZB 43/09, NJW 2010, 1003.
30 BGH V ZB 43/09, NJW 2010, 1003.

nur Zahlungen erhalten, wenn sie wegen dieser Ansprüche die Zwangsverwaltung betreibt, was nur in Rangklasse 5 möglich ist. Ein „Betreiben" der Zwangsverwaltung in Rangklasse 2 sieht das Gesetz nicht vor.

XII. Einstweilige Einstellung des Verfahrens auf Antrag des Schuldners

100 Eine einstweilige Einstellung des Zwangsverwaltungsverfahrens auf Antrag des Schuldners nach § **30a ZVG** kann nicht erfolgen. Diese auf die Zwangsversteigerung zugeschnittene Norm findet in der Zwangsverwaltung keine Anwendung.[31]

101 Der Schuldner kann eine Einstellung des Verfahrens nur unter den engen Voraussetzungen des § **765a ZPO** erreichen.

XIII. Teilungsplan/Verwendung des Erlöses

1. Aufstellung des Teilungsplans

102 Sobald die Erträge aus dem beschlagnahmten Wohnungseigentum ausreichen, um hieraus auch Zahlungen auf Ansprüche der Rangklassen 1, 4 und 5 zu leisten, zeigt der Verwalter dies dem Gericht unter Angabe des voraussichtlichen Betrages dieser Überschüsse und der Zeit ihres Eingangs an. Das Gericht bestimmt daraufhin einen **Termin** zur Aufstellung des Teilungsplans. Dieser gilt für die **gesamte Dauer** des Zwangsverwaltungsverfahrens.

2. Anzumeldende und zu berücksichtigende Ansprüche

103 Bestimmte Ansprüche werden nur nach Anmeldung im Teilungsplan berücksichtigt. Dies gilt vor allem für Ansprüche, die nicht aus dem Grundbuch ersichtlich sind. Das Gericht bestimmt einen Termin zur Aufstellung des Teilungsplans. In dieser Terminsbestimmung werden die Beteiligten gebeten, ihre Ansprüche an die Teilungsmasse bei Gericht anzumelden. Die Anmeldung muss spätestens im Verteilungstermin erfolgen.

104 **a) Ansprüche des betreibenden Gläubigers.** Die Ansprüche der betreibenden Gläubiger müssen nicht gesondert angemeldet werden. Sie gelten als angemeldet, soweit sie sich aus dem Zwangsverwaltungsantrag oder einem Beitrittsgesuch ergeben (§ 156 Abs. 2 S. 4 i.V.m. § 114 Abs. 1 S. 2 ZVG).

105 Anzumelden sind die **Kosten** der dinglichen Rechtsverfolgung (§ 10 Abs. 2 ZVG). Hierzu gehören die dem Gläubiger durch das Zwangsverwaltungsverfahren entstandenen Rechtsanwalts- und Gerichtskosten,[32] die bereits im Zwangsverwaltungsantrag angemeldet werden sollten, um dies später nicht zu vergessen. Keine Kosten der dinglichen Rechtsverfolgung sind die durch die Titulierung der Wohngeldforderung entstandenen Anwalts- und Gerichtskosten.

106 **b) Rangklasse 1.** Der Anmeldung bedürfen aber gezahlte Vorschüsse des betreibenden Gläubigers, die in Rangklasse 1 berücksichtigt werden sollen. Hierunter fallen Ausgaben für die Erhaltung oder nötige Verbesserung des Wohnungseigentums. Aus dem Vorschuss erbrachte Wohngeldzahlungen werden nur insoweit berücksichtigt, als sie objekterhaltend oder -objektverbessernd verwandt worden sind, was der Anmeldende darzulegen und zu beweisen hat.[33] Dabei ist ohne Bedeutung, ob die Ausgaben unmittelbar dem Sondereigentum oder dem Gemeinschaftseigentum zugute kommen,[34] denn Gegenstand der Zwangsverwaltung einer Eigentumswohnung ist nicht nur das Sondereigentum, sondern gleichermaßen der ideelle Anteil an dem Grundstück. Der Erhaltungszustand des Gemeinschaftseigentums beeinflusst den Wert des damit verbundenen Sondereigentums.[35] Unerheblich ist ferner, ob Instandsetzung tatsächlich zu dem gewünschten Erfolg geführt hat oder fehlgeschlagen oder die Werterhaltung noch vorhanden ist. Entscheidend ist, dass die Ausgaben mit dem Ziel der Erhaltung und nötigen Verbesserung eingesetzt wurden.[36] Als berücksichtigungsfähige Erhaltungsaufwendungen sind demnach anzusehen **Instandhaltungskosten**, z.B. für Gebäudereparatur, sowie die Kosten für die **Gebäudeversicherung**. Ein Vorschuss für die Vergütung des Zwangsverwalters rechnet nur dann zu den Erhaltungsaufwendungen, wenn die Tätigkeit des Zwangsverwalters selbst zur Erhaltung der Substanz oder des Wertes des Wohnungseigentums erforderlich ist. Aufwendungen für die Schmutzwasser- und Regenwasserentsorgung, Straßenreinigung, Müllabfuhr, Wasser- und Stromversorgung wirken sich allenfalls mittelbar objekterhaltend aus, so dass eine Einordnung der dafür aufgebrachten Mittel in die Rangklasse 1 mit Blick auf die berechtigten Interessen der übrigen Gläubiger nicht gerechtfertigt ist.[37] Der Teil des gezahlten Wohngeldes, der gemäß § 28 Abs. 1 Nr. 3 WEG zur Ansparung der Instandhaltungsrücklage gezahlt wurde, fällt nicht in Rangklasse 1, sofern die Gelder nicht tatsächlich für Instandsetzungsmaßnahmen ausgegeben wurden.[38]

107 **c) Rangklasse 2.** Hierunter fällt das laufende Wohngeld (siehe dazu Rn 95). Insoweit ist nichts anzumelden.

---

31 *Hock/Klein/Hilbert/Deimann*, Rn 1714.
32 Zur Form der Anmeldung siehe *Stöber*, § 10 Rn 15.9.
33 BGH IX ZR 106/02, NJW 2003, 2162.
34 LG Wuppertal 1 O 305/03, ZMR 2005, 818.
35 OLG Braunschweig 7 U 113/01, NZM 2002, 626.
36 LG Wuppertal 1 O 305/03, ZMR 2005, 818.

37 OLG Braunschweig 7 U 113/01, NZM 2002, 626; OLG Frankfurt 23 U 150/01, ZMR 2002, 960; **aA** OLG Düsseldorf 14 U 93/02, ZMR 2003, 225.
38 Zu den vorgenannten Positionen siehe i.E. OLG Braunschweig 7 U 113/01, NZM 2002, 626.

d) Rangklasse 3. Die laufenden wiederkehrenden öffentlichen Lasten (§ 10 Abs. 1 Nr. 3 ZVG) werden nicht in den Teilungsplan aufgenommen, da diese vom Zwangsverwalter ohne Mitwirkung des Gerichts und ohne Aufstellung des Teilungsplans nach Eintritt der Fälligkeit bezahlt werden dürfen (§ 156 Abs. 1 ZVG), allerdings erst nach den Ausgaben der Verwaltung und nach den Kosten des Verfahrens. In diese Rangklasse fallen insbesondere die laufenden Grundsteuern.

e) Rangklasse 4. In die Rangklasse 4 fallen die **laufenden wiederkehrenden Leistungen** der im Grundbuch in Abt II und III eingetragenen Rechte. Die Rangfolge mehrerer dieser Rechte bestimmt sich nach § 879 BGB. Zu berücksichtigen sind insbesondere

– laufende Zinsen der Grundpfandrechte,
– wiederkehrende Leistungen aus Reallasten, z.B. der Erbbauzins,
– Tilgungsbeträge, die als Zuschlag zu den Zinsen zu zahlen sind und der allmählichen Tilgung dienen (§ 155 Abs. 2 S. 2 ZVG),
– Abzahlungsbeträge auf eine unverzinsliche Schuld bis zu 5 % der Schuldsumme (§ 155 Abs. 2 S. 3 ZVG),
– laufende Zinsen aus einem Eigentümerrecht, z.B. Eigentümergrundschuld (§ 1197 Abs. 2 BGB).

Zum Teilungsplan anzumelden sind nur die Nebenleistungen der dinglichen Rechte, die sich nicht aus dem Grundbuch ergeben.

Beitreibt ein **dinglicher Gläubiger** aus Rangklasse 4 die Zwangsverwaltung, muss er die Kosten der dinglichen Rechtsverfolgung (§ 10 Abs. 2 ZVG) anmelden (siehe Rn 105), die bei dem geltend gemachten Anspruch berücksichtigt werden sollen.

f) Rangklasse 5. In diese Rangklasse fallen die Ansprüche der persönlichen Gläubiger, soweit diese das Verfahren betreiben. Die Kosten ihrer dinglichen Rechtsverfolgung werden auf Anmeldung bei dem geltend gemachten Anspruch berücksichtigt (§ 10 Abs. 2 ZVG; siehe auch Rn 105)

3. Rechtsanwaltskosten für die Anmeldung

Für die Anmeldung der Forderung fällt eine **0,4 Verfahrensgebühr** (Nr. 3311 Ziff. 4 VVRVG) aus dem angemeldeten Betrag an, Nebenkosten eingeschlossen (§ 27 RVG). Hatte der Rechtsanwalt bereits wegen dieser Forderung einen Antrag auf Anordnung des Zwangsverwaltungsverfahrens gestellt, ist die Gebühr damit bereits angefallen.

4. Rechtsbehelfe gegen Teilungsplan

Über die Aufstellung und Ausführung des Teilungsplans entscheidet das Gericht durch Beschluss, der den Beteiligten zuzustellen ist. Die Rechtsbehelfe gegen den Teilungsplan richten sich danach, welcher Rechtsverstoß gerügt werden soll.

a) Sofortige Beschwerde. Mit der sofortigen Beschwerde (§ 793 ZPO) können Verfahrensfehler und **formelle Mängel** gerügt werden,[39] z.B. die falsche Berechnung der Zinsen eines Rechts oder die Aufnahme einer Forderung in den Plan, welche in dem Verfahren nicht berücksichtigt werden kann.[40] Die 2-wöchige Beschwerdefrist beginnt mit der Zustellung des Beschlusses zu laufen.[41]

b) Widerspruch. Bei **materiellrechtlichen Beanstandungen**, dass der Teilungsplan aufgrund eines besseren Rechts sachlich unrichtig sei, ist der Widerspruch gegeben (§ 156 Abs. 2 S. 4 i.V.m. § 115 Abs. 2 ZVG). Durch Widerspruch wird die Zuteilung gerügt, d.h. die Unrichtigkeit des Verfahrens aus materiellen Gründen hinsichtlich Betrag, Rang, oder Person des Berechtigten; er richtet sich gegen die Zuteilung an einen anderen zulasten des Widersprechenden oder gegen die ganze oder teilweise Nichtberücksichtigung erfolgter Abtretungen, Pfändungen oder eines gesetzlichen Übergangs.[42]

Der Widerspruch kann vor dem **Verteilungstermin** oder in diesem, nicht aber mehr nach dem Schluss des Termins erfolgen. Ist ein vor dem Verteilungstermin angemeldeter Anspruch nicht nach Antrag in den Plan aufgenommen worden, so gilt die Anmeldung als Widerspruch (§ 156 Abs. 2 S. 4 i.V.m. § 115 Abs. 2 ZVG).

c) Klage auf Änderung des Teilungsplans. Ist ein Widerspruch nicht mehr möglich, weil der Verteilungstermin beendet ist und das Gericht den Teilungsplan durch Beschluss festgestellt hat, kann jeder Beteiligte eine Änderung des Teilungsplans im Wege der Klage erwirken (§ 159 ZVG). Eine **Frist** für die Klage ist nicht vorgesehen. Die Klage richtet sich gegen alle Beteiligten, deren Rechte ganz oder teilweise beseitigt werden sollen. Der Teilungsplan wird trotz der Klage weiter ausgeführt, bis ein rechtskräftiges Urteil ergeht. Die durch Urteil bewirkte Änderung des Teilungsplans wirkt nur **für die Zukunft**. Was bisher planmäßig geleistet wurde, kann nicht mehr zurückgefordert werden (§ 159 Abs. 2 ZVG). Durch eine einstweilige Verfügung kann aber erreicht werden, dass die Ausführung des Plans einstweilen ausgesetzt wird.

---

39 BGH V ZB 80/06, NJW-RR 2007, 782.
40 *Hock/Klein/Hilbert/Deimann*, Rn 1854.
41 BGH V ZB 54/08, NJW-RR 2009, 1427.
42 *Stöber*, § 115 Rn 3.2.

119 Ein **Rechtsschutzbedürfnis** für eine Klage nach § 159 ZVG fehlt allerdings, wenn eine Änderung des Teilungsplans durch das Gericht nach § 157 ZVG in Frage kommt und das Gericht diesen Weg nicht ablehnt.

XIV. Befriedigung des Gläubigers und Verfahrensbeendigung

120 Der Zwangsverwalter leistet nach dem Teilungsplan so lange Zahlungen aus dem Erlös, bis der betreibende Gläubiger befriedigt ist. Sodann hat dieser den **Zwangsverwaltungsantrag** durch Schriftsatz an das Gericht **zurückzunehmen**. Der Verwalter darf die Zwangsverwaltung nicht von sich aus beenden. Vielmehr zeigt er die Befriedigung des Gläubigers unverzüglich dem Gericht an (§ 12 Abs. 4 S. 1 ZwVwV). Dieses hebt nach Anhörung des Gläubigers das Verfahren auf (§ 161 Abs. 2 ZVG), wenn der Gläubiger nicht von sich aus den Antrag zurücknimmt.

121 Wird der betreibende Gläubiger durch **Zahlungen außerhalb des Zwangsverwaltungsverfahrens** befriedigt, muss er ebenfalls den Zwangsverwaltungsantrag zurücknehmen. Das Gericht darf das Zwangsverwaltungsverfahren nicht aufheben; § 161 Abs. 2 ZVG erfasst diesen Fall nich. Vielmehr muss der Schuldner Vollstreckungsgegenklage (§ 767 ZPO) erheben, wenn der Gläubiger den Zwangsverwaltungsantrag trotz Befriedigung nicht zurücknimmt.

Nach Beendigung des Verfahrens erstellt der Verwalter eine Schlussrechnung, § 154 S. 2 ZVG (siehe Rn 73 ff.).

XV. Kostenfestsetzung

122 Die der betreibenden Wohnungseigentümergemeinschaft durch das Zwangsverwaltungsverfahren entstandenen Rechtsanwalts- und Gerichtskosten werden im Teilungsplan berücksichtigt (siehe Rn 102 ff.) und fließen – soweit die Teilungsmasse reicht – an die Wohnungseigentümergemeinschaft zurück. Solange die Wohnungseigentümergemeinschaft aber noch nicht befriedigt ist, kann sie während oder nach Abschluss des Zwangsverwaltungsverfahrens die entstandenen (notwendigen) Kosten der Vollstreckung durch Kostenfestsetzungsbeschluss festsetzen lassen (§ 788 Abs. 2 ZPO). Zuständig ist der Rechtspfleger des Vollstreckungsgerichts.

D. Zwangsversteigerung

I. Schuldner = Eigentümer

123 Die Zwangsversteigerung (zu Sinn und Zweck der Zwangsversteigerung und zu der Frage, wann die Zwangsversteigerung einer Wohnung beantragt werden sollte, siehe Rn 10 ff.) kann grundsätzlich nur angeordnet werden, wenn der im Titel genannte Schuldner als Eigentümer der zu versteigernden Wohnungseigentumseinheit im Grundbuch eingetragen ist (zum Fall des Eigentümerwechsels vor und nach Anordnung der Zwangsversteigerung siehe Rn 201 ff.).

1. Bruchteilsberechtigte

124 Steht die Wohnungseigentumseinheit im Eigentümer mehrerer Personen als Bruchteilsberechtigte (Miteigentümer i.S.v. § 1008 BGB), ist zur Versteigerung der gesamten Wohnungseigentumseinheit ein **Titel gegen alle** Miteigentümer erforderlich. Liegt nur ein Titel gegen einen Bruchteilsberechtigten vor, kann der Antrag auf die Versteigerung des Miteigentumsanteils dieses Bruchteilsberechtigten beschränkt werden.

2. Gesellschaft bürgerlichen Rechts

125 Sind im Grundbuch des zu versteigernden Wohnungseigentums mehrere Personen in Gesellschaft bürgerlichen Rechts eingetragen, bedarf es für die Zwangsversteigerung entweder einer **Titels gegen** die **Gesellschaft** als solche oder eines Titels gegen **sämtliche Gesellschafter** (§ 736 ZPO). Die Versteigerung des Anteils eines Gesellschafters ist nicht möglich.

126 Soll aus einem Titel gegen sämtliche im Grundbuch eingetragenen Gesellschafter vollstreckt werden und stellt sich heraus, dass zwischen dem im Titel aufgeführten **Gesellschafterbestand** und den im Grundbuch eingetragenen Gesellschaftern **Abweichungen** bestehen, sind folgende Konstellationen zu unterscheiden:

127 – Lautet der Titel gegen die wahren Gesellschafter, die aber aufgrund einer Anteilsübertragung, eines Eintritts oder eines Austritts aus der Gesellschaft noch nicht im Grundbuch eingetragen sind, bedarf es vor der Anordnung der Zwangsversteigerung zunächst der Voreintragung der im Titel genannten, aber im Grundbuch noch nicht eingetragenen Gesellschafter. Das Recht des Gläubigers zur Beantragung der **Grundbuchberichtigung** ergibt sich aus § 14 GBO. Der Gläubiger muss die Unrichtigkeit des Grundbuchs nachweisen. Einer Berichtigung des Grundbuchs bedarf es nur im Erbfall nicht (§ 40 GBO).

– Tritt der **Gesellschafterwechsel** erst ein, nachdem die Forderung gegen den wahren Gesellschafter tituliert wurde, wird die Richtigkeit des Grundbuchs nach § 899a BGB auch hinsichtlich des Gesellschafterbestandes vermutet. Sollte der neue Gesellschafter hingegen vor Beantragung der Zwangsversteigerung bereits ins Grundbuch eingetragen worden sein, muss der Titel gegen den neuen Gesellschafter umgeschrieben und diesem vorab zugestellt werden. Die Rechtsnachfolge ergibt sich unmittelbar aus dem Grundbuch.

Für die Vollstreckung aus einem gegen die GbR als Rechtsperson gerichteten Titel ist ein etwaiger Mitgliederwechsel im Gesellschafterbestand unerheblich. Denn durch den Gesellschafterwechsel ändert sich die Identität der GbR nicht.

Tipp:
Bei der Titulierung eines Wohngeldanspruchs sollte bereits darauf geachtet werden, dass neben sämtlichen Gesellschaftern auch die GbR als eigenständige Rechtsperson verklagt wird. Die GbR sollte nicht nur mit dem Namen ihrer Gesellschafter sondern auch unter Angabe des Wohnungseigentums, an der sie besteht, bezeichnet werden.

3. Tod des Schuldners

Lautet der Titel gegen den Erblasser und hatte der Gläubiger bereits eine **Zwangsvollstreckungsmaßnahme gegen den Erblasser** durchgeführt, z.B. eine Kontopfändung, kann die Zwangsversteigerung des zum Nachlass gehörenden Wohnungseigentums ohne vorherige Umschreibung des Titels auf den Erben angeordnet werden (§ 779 Abs. 1 ZPO). Die Annahme der Erbschaft ist dafür nicht Voraussetzung. Hat der Erbe die Erbschaft noch nicht angenommen, ist die Bestellung eines Vertreters nach § 779 Abs. 2 ZPO erforderlich, an den auch zugestellt wird.

Hatte **noch keine Zwangsvollstreckung gegen den Erblasser** begonnen, muss der Gläubiger den Titel gemäß § 727 ZPO gegen den Erben umschreiben lassen (vgl. Rn 54 zur Zwangsverwaltung).

II. Antrag

1. Form und allgemeiner Inhalt

Die Zwangsversteigerung setzt einen **Vollstreckungsantrag** des Gläubigers voraus (§ 15 ZVG). Dieser ist an das Amtsgericht zu richten, in dessen Bezirk die betreffende Wohnungseigentumseinheit liegt (§ 1 Abs. 1 ZVG). Die Landesregierungen können aber durch Rechtsverordnung bestimmen, dass die Zwangsversteigerungssachen von einem Amtsgericht für den Bezirk mehrerer Amtsgerichte erledigt werden (§ 1 Abs. 2 ZVG).

Der Antrag muss folgende **Angaben** enthalten:

– das zuständige Gericht
– Name und Anschrift des Gläubiger und Schuldners
– die zu versteigernde Wohnungseigentumseinheit (Angabe von Grundbuchblatt und Wohnungsnummer)
– der Umstand, dass und in welcher Rangklasse die Zwangsversteigerung angeordnet werden soll
– Höhe bzw. Umfang der Forderung (Höhe des Kapitalbetrages, Nebenleistungen, Kosten), wegen der die Zwangsversteigerung angeordnet werden soll
– der vollstreckbare Titel.

Einfache Schriftform genügt. Anwaltszwang besteht nicht.

Dem Zwangsversteigerungsantrag ist der vollstreckbare Titel im Original mit Zustellnachweis **beizufügen**. Der Beifügung eines Grundbuchauszuges bedarf es in der Regel nicht, wenn das Gericht selbst auf das Grundbuch zugreifen kann. (Zur Vorlage einer **Vollmacht** bei anwaltlicher Vertretung siehe Rn 18).

2. Unbekannter Aufenthalt des Schuldners

Der Gläubiger muss dem Vollstreckungsgericht eine **zustellungsfähige Anschrift des Schuldners** mitteilen. Ist die Anschrift nicht zu ermitteln, kommt die Bestellung eines Abwesenheitspflegers nach § 1911 BGB durch das Familiengericht in Betracht. Die Bestellung eines Zustellungsvertreters gemäß § 6 ZVG scheidet für die Zustellung des Anordnungsbeschlusses wegen § 8 ZVG aus. Unter den Voraussetzungen der §§ 185, 188 ZPO kann der Anordnungsbeschluss öffentlich zugestellt werden, was der Gläubiger nicht ausdrücklich beantragen muss, weil die Zustellung von Amts wegen erfolgt.

3. Angaben zu Hauptforderung, Zinsen, Kosten der Rechtsverfolgung

Zur Bezeichnung der **Haupt- und Zinsforderung** sollte im Versteigerungsantrag der Tenor des Titels, aus dem die Versteigerung beantragt werden soll, möglichst wortwörtlich wiedergegeben werden. Der Kapitalbetrag der bereits fällig gewordenen Zinsen muss nicht errechnet werden.

Soll nur wegen eines **Teils der Hauptforderung** vollstreckt werden, sollte dies im Versteigerungsantrag mit der Formulierung „Teil der Hauptforderung" klargestellt werden. Hat der Schuldner bereits Zahlungen auf die titulierte Forderung geleistet, ist die Höhe der zu vollstreckenden Restforderung durch Beifügung eines **Forderungskontos** zu erläutern.

Wegen der **Kosten der Titelbeschaffung**, also der Prozesskosten aus dem Wohngeldverfahren, kann die Zwangsversteigerung nur auf Basis eines Kostenfestsetzungsbeschlusses (§ 103 Abs. 1 ZPO) betrieben werden. Die festgesetzten Kosten sind im Versteigerungsantrag zu beziffern. Es handelt sich insoweit um eine selbständige Hauptforderung.

Wurden aus dem vorliegenden Titel bereits **andere Vollstreckungsmaßnahmen** betrieben (z.B. Kontenpfändung), können die **Kosten** dieser früheren Vollstreckungsmaßnahmen gemäß § 788 ZPO ohne Titel im Rahmen der Zwangsversteigerung beigetrieben werden. Es genügt, im Versteigerungsantrag die Höhe der Kosten, den Grund ihrer Entstehung und deren Notwendigkeit unter Beifügung entsprechender Belege entsprechend § 104 Abs. 2 S. 1 ZPO darzulegen und glaubhaft zu machen. Im Einzelfall kann anwaltliche Versicherung genügen. Die Kosten fallen in die Rangklasse der Hauptforderung.

140 Die dem Gläubiger für die Beantragung der Zwangsversteigerung entstehenden Kosten (sog. **Kosten der dinglichen Rechtsverfolgung** gemäß § 10 Abs. 2 ZVG) müssen im Versteigerungsantrag noch nicht beziffert werden, sondern können noch bis zur Aufforderung zur Abgabe von Geboten im Versteigerungstermin formlos angemeldet werden (§ 37 Nr. 4 ZVG). Es empfiehlt sich jedoch, die bereits bezifferbaren Kosten schon im Versteigerungsantrag zu nennen, da diese dann für das Gesamtverfahren als angemeldet gelten (§ 114 Abs. 1 S. 2 ZVG). Noch empfehlenswerter ist es allerdings, die Kosten der dinglichen Rechtsverfolgung nicht nur anzumelden, sondern wegen dieser Kosten auch die Zwangsversteigerung zu betreiben (so im Muster eines Versteigerungsantrages, siehe Rn 143). Bei beiden Varianten werden diese Kosten nach erfolgreicher Durchführung der Versteigerung im **Rang der Hauptforderung** befriedigt. Zu den Kosten der dinglichen Rechtsverfolgung i.S.d. § 10 Abs. 2 ZVG gehören insbesondere

- Kosten für eine etwaige Zustellung des Titels,
- Rechtsanwaltskosten für die Beantragung der Zwangsversteigerung,
- die Gerichtskosten für die Entscheidung über den Versteigerungsantrag,
- künftige Terminswahrnehmungskosten des Gläubigers für die Teilnahme am Versteigerungs- und Verteilungstermin,
- Kosten eines früheren ergebnislosen Zwangsversteigerungsverfahrens (gleicher Titel, gleiches Wohnungseigentum).

141 Der **Rechtsanwalt** erhält für einen Zwangsversteigerungsantrag eine **0,4 Verfahrensgebühr** nach Nr. 3311 Nr. 1 VV RVG berechnet nach der Höhe der zu vollstreckenden Forderung inkl. Zinsen. Die **Gerichtskosten** für die Entscheidung über den Antrag auf Anordnung der Zwangsversteigerung betragen pauschal 50,00 EUR (Nr. 2220 KV GKG) zzgl. der Auslagen für die Zustellung des Beschlusses (Nr. 9002 KV GKG). Wird der Antrag vor der Entscheidung zurückgenommen, fällt keine Gebühr an. Die vorgenannte Gebühr fällt auch für jede Entscheidung über einen Beitrittsantrag an.

142 Soweit die Zwangsversteigerung wegen Wohngeldansprüchen in **Rangklasse 2** betrieben werden soll, müssen im Versteigerungsantrag die Bevorrechtigung des Anspruch glaubhaft gemacht (siehe Rn 164) und der Einheitswert der zu versteigernden Wohnungseigentumseinheit (siehe Rn 166) belegt werden (§ 10 Abs. 3 ZVG).

143 Muster Anh 16.3: Versteigerungsantrag wegen Ansprüchen in Rangklasse 2 und 5

An das
Amtsgericht

**Zwangsversteigerungsantrag
wegen Wohngeldforderungen gemäß § 10 Abs. 1 Nr. 2 ZVG
und weiterer persönlicher Forderungen**

In der Zwangsvollstreckungssache
des   *(jeweils Name und vollständige Anschrift des Gläubigers)*

– Gläubiger –

Verfahrensbevollmächtigter: *(genaue Bezeichnung)*
gegen
           (jeweils Name und vollständige Anschrift des Schuldners)

– Schuldner –

Verfahrensbevollmächtigter: *(genaue Bezeichnung)*
beantragen wir namens und in Vollmacht der Gläubigerin:
die Zwangsversteigerung der im Grundbuch von   Blatt   eingetragenen Wohnungseigentumseinheit Nr.   der Schuldnerin anzuordnen wegen
I.
1. Wohngeldforderungen i.H.v.   EUR nebst Zinsen in Höhe von 5 Prozentpunkten über dem Basiszinssatz seit dem   aus dem Urteil des Amtsgerichts   vom   , AZ
2. festgesetzter Kosten i.H.v.   EUR nebst Zinsen in Höhe von 5 Prozentpunkten über dem Basiszinssatz seit dem   aus dem Kostenfestsetzungsbeschluss des Amtsgerichts   vom   , AZ   .
3. der Kosten der gegenwärtigen Rechtsverfolgung

sämtlichst in Rangklasse 2 des § 10 Abs. 1 ZVG begrenzt auf Beträge (Nebenleistung eingeschlossen) in Höhe von nicht mehr als fünf vom Hundert des nach § 74a Abs. 5 ZVG noch festzusetzenden Wertes der Wohnungseigentumseinheit

(Die titulierte Forderung betrifft Wohngeldforderungen aus der Jahresabrechnung ▓▓▓▓ für die WE ▓▓▓▓. Eine Kopie der Klageschrift vom ▓▓▓▓ liegt zur Glaubhaftmachung bei.),

II.

und zugleich

in Rangklasse 5 des § 10 Abs. 1 ZVG für den gesamten Gläubigeranspruch

Darüber hinaus melden wir die Kosten des Anordnungsbeschlusses wie folgt an:

Gerichtskosten KV Nrn. 2211, 2213, 2215	50,00 EUR
Rechtsanwaltskosten (*VV RVG Nr. 3311*)	▓▓▓▓ EUR

Unterschrift
(Rechtsanwalt)

Anlagen:
Vollstreckbare Ausfertigung des Urteil des Amtsgerichts ▓▓▓▓ vom ▓▓▓▓.
Vollstreckbare Ausfertigung des Kostenfestsetzungsbeschlusses des Amtsgerichts ▓▓▓▓ vom ▓▓▓▓.
Klageschrift vom ▓▓▓▓ in Kopie

4. Ansprüche in Rangklasse 2

a) Änderung des ZVG zum 1.7.2007, praktische Auswirkungen. In Zwangsversteigerungsverfahren nach der bis zum 30.6.2007 geltenden Fassung des ZVG blieb die Immobiliarvollstreckung wegen rückständiger Wohngeldbeiträge in das Wohnungseigentum des Schuldners häufig erfolglos, wenn das Wohnungseigentum des Schuldners bis zur Höhe des Verkehrswertes mit Grundpfandrechten belastet war. Da eine Zwangsversteigerung wegen Wohngeldansprüchen bestenfalls aus den Rangklassen 4 und 5 (§ 10 Abs. 1 ZVG) betrieben werden konnte, fielen vorrangige Grundpfandrechte (insbesondere die der finanzierenden Banken) in das **geringste Gebot** (§ 44 ZVG) mit der Folge, dass etwaige Erwerbsinteressenten mindestens ein Gebot abgeben mussten, das die Verfahrenskosten und den Nominalwert der vorrangigen (bestehen bleibenden) Grundpfandrechte abdeckte. Dazu waren potentielle Ersteher nur selten bereit, wenn die vorrangigen Grundpfandrechte dem **Verkehrswert** des Wohnungseigentums nahe kamen oder diesen sogar **überstiegen**. Betrieb ein vorrangiger Gläubiger (z.B. die finanzierende Bank als Inhaberin der erstrangigen Grundschuld) die Zwangsversteigerung, wurden Wohngeldansprüche der Eigentümergemeinschaft nur berücksichtigt, wenn die Gemeinschaft dem Zwangsversteigerungsverfahren beigetreten oder zugunsten der Gemeinschaft eine Zwangshypothek im Grundbuch eingetragen war. Das Betreiben der Zwangsversteigerung durch einen vorrangigen Grundbuchgläubiger hatte dann lediglich den positiven Effekt, dass der zahlungsunfähige Wohngeldschuldner aus der Gemeinschaft herausgedrängt wurde. Waren die vorrangigen Grundpfandgläubiger – wie so häufig – zur Einleitung des Zwangsversteigerungsverfahrens nicht bereit, blieb den Eigentümergemeinschaften nur die Einrichtung einer Versorgungssperre, um die Verursachung weiterer Kosten durch den Schuldner zu verhindern (siehe § 28 Rn 228).

Mit dem Gesetz zur Änderung des Wohnungseigentumsgesetzes und anderer Gesetze vom 26.3.2007 erhielten die Wohngeldansprüche der Eigentümergemeinschaft ein begrenztes Vorrecht. Dies wurde durch eine **Änderung der Rangklasse 2** des § 10 Abs. 1 ZVG erreicht. Diese Rangklasse bevorrechtigte bis dato die sog. Litlöhne bei land- und forstwirtschaftlich genutzten Grundstücken; sie umfasst nunmehr Wohngeldansprüche. Da Ansprüche aus den im Grundbuch eingetragenen Grundpfandrechten erst in Rangklasse 4 berücksichtigt werden, fallen bei einer Versteigerung aus Rangklasse 2 nur noch die Kosten des Versteigerungsverfahrens und der Anspruch eines die Zwangsverwaltung betreibenden Gläubigers auf Ersatz seiner Ausgaben zur Erhaltung und Verbesserung des Wohnungseigentums (§ 10 Abs. 1 Nr. 1 ZVG) in das geringste Gebot. Bei der Verteilung des Versteigerungserlöses werden auch nur diese Kosten und Auslagen vor den in § 10 Abs. 1 Nr. 2 ZVG n.F. genannten Wohngeldforderungen berücksichtigt.

Für die am 1.7.2007 anhängigen Zwangsversteigerungs- und Zwangsverwaltungsverfahren gilt die alte Fassung des ZVG.[43] Anhängig wird ein Zwangsversteigerungs- oder Zwangsverwaltungsverfahren mit dem Eingang des Antrags bei Gericht.[44] Daraus folgt, dass die Wohngeldforderungen der Eigentümergemeinschaft nur in Zwangsversteigerungsverfahren bevorrechtigt sind, die nach dem 1.7.2007 anhängig wurden.

---

43 § 62 WEG; zu Zwangsverwaltungsverfahren ausführlich *Wedekind*, ZfIR 2007, 704, 707.

44 BGH V ZB 123/07, NJW 2008, 1383.

147 Betreibt bereits ein **anderer Gläubiger** die Zwangsversteigerung nach altem Recht und beantragt die Wohnungseigentümergemeinschaft nach dem 1.7.2007 den Beitritt zum Verfahren (§ 27 ZVG), richtet sich das gesamte Verfahren nach der alten Fassung des ZVG.[45] Es gibt nur ein einziges einheitliches Zwangsversteigerungsverfahren, welches anhängig ist. In diesem einheitlichen Versteigerungsverfahren laufen die Verfahren der einzelnen betreibenden Gläubiger getrennt nebeneinander her. Dieses ist in der Übergangsvorschrift des § 62 Abs. 1 WEG gemeint.[46]

148 b) Objektbezogene Wohngeldansprüche und Nebenleistungen. In Rangklasse 2 fallen Ansprüche auf Zahlung der Beiträge zu den Lasten und Kosten des Gemeinschaftseigentums und des Sondereigentums, soweit diese auf einem wirksamen Beschluss der Wohnungseigentümergemeinschaft über einen **Wirtschaftsplan**, eine **Sonderumlage** oder eine **Jahresabrechnung** beruhen. Die Beiträge müssen **fällig** sein und die zu versteigernde Wohnungseigentumseinheit betreffen (**Objektbezug**). Ohne Bedeutung ist, wofür die Beiträge erhoben werden, ob zur laufenden Bewirtschaftung der Wohnanlage, zur Instandhaltung und Instandsetzung, zur Ansammlung einer Instandhaltungsrücklage, zur Finanzierung eines Gerichtsprozesses oder zur Finanzierung einer Modernisierungsmaßnahme oder baulichen Veränderung im Sinne des § 22 Abs. 1 und 2, § 16 Abs. 4 WEG. Das Vollstreckungsgericht hat die Zweckbestimmung der Beitragsforderungen nicht zu prüfen.

149 Das Vorrecht in Rangklasse 2 genießen auch die **Zinsen** auf die Hauptforderung sowie die Nebenrechte nach § 10 Abs. 2 ZVG, wie etwa die im Vollstreckungsverfahren anfallenden **Anwaltskosten** und die Gerichtsgebühr für die Anordnung des Versteigerungsverfahrens.

150 In das Vorrecht und unter die 5-Prozent-Grenze fallen ferner die **Prozesskosten des Wohngeldverfahrens**.[47] Wurden in dem Wohngeldverfahren sowohl bevorrechtigte als auch nicht bevorrechtigte Forderungen tituliert, fallen die Prozesskosten quotal entsprechend dem Verhältnis der bevorrechtigten und der nicht bevorrechtigten Ansprüche in Rangklasse 2 bzw. Rangklasse 5.[48]

151 c) Rückgriffsansprüche einzelner Wohnungseigentümer. In Rangklasse 2 fallen ferner „Rückgriffsansprüche einzelner Wohnungseigentümer" gegen den Vollstreckungsschuldner. Solche Ansprüche bestehen, wenn ein Wohnungseigentümer eine **Verbindlichkeit der Gemeinschaft** gegenüber Dritten – im Wege der Notgeschäftsführung – über seinen Haftungsanteil nach § 10 Abs. 8 WEG hinaus **tilgt**, etwa um eine Versorgungssperre des Wasser- oder Gaslieferanten abzuwenden. Soweit der Eigentümer in diesem Fall über seine gesetzliche, quotale Verpflichtung hinaus Zahlung an den Dritten geleistet hat, steht ihm ein Aufwendungsersatzanspruch aus Notgeschäftsführung nach § 21 Abs. 2 WEG gegen die Eigentümergemeinschaft (siehe dazu § 21 Rn 21) und in einer Zweiergemeinschaft gegen den anderen Miteigentümer zu. Wegen des letztgenannten Anspruchs ist der Wohnungseigentümer bei der Immobiliarvollstreckung in das Wohnungseigentum des Schuldners bevorrechtigt.

152 d) Zeitliche Begrenzung der bevorrechtigten Ansprüche. Das Vorrecht nach § 10 Abs. 1 Nr. 2 ZVG erfasst zunächst die zwischen Beschlagnahme und Zuschlag fällig werdenden Beträge. Darüber hinaus sind bevorrechtigt „die rückständigen Beträge aus dem Jahr der Beschlagnahme und den letzten zwei Jahren". Dieser Formulierung ist nicht eindeutig zu entnehmen, welcher Zeitpunkt für die Bestimmung der 2-Jahres-Frist maßgeblich ist. In Rangklasse 3 wird bei einmaligen Leistungen vom Zeitpunkt des Zuschlags[49] an zurückgerechnet. Nach der Begründung der Bundesregierung zu § 10 Abs. 1 Nr. 2 ZVG n.F. sollen mit der Formulierung „den letzten zwei Jahren" hingegen die letzten zwei **Kalenderjahre** vor dem Jahr der Beschlagnahme gemeint sein.[50] Bevorrechtigt wären damit die im Kalenderjahr der Beschlagnahme, in den zwei Kalenderjahren zuvor und die nach Beschlagnahme **fällig gewordenen** Wohngeldforderungen. In einem nach dem 1.7.2007 anhängig gewordenen Verfahren, bei dem die Beschlagnahme noch im Jahr 2007 erfolgt ist, sind die Wohngeldforderungen der Kalenderjahre 2007, 2006 und 2005 bevorrechtigt, auch wenn im Zeitpunkt der Fälligkeit der Forderungen noch die alte Fassung des ZVG galt.[51]

153 Ohne Bedeutung ist nach dem Wortlaut des § 10 Abs. 1 Nr. 2 ZVG, auf welchen Zeitraum sich der Finanzierungsbeschluss bzw. die Beitragsforderung wirtschaftlich beziehen muss, um vom Vorrecht der Rangklasse 2 erfasst zu sein. Nach der Begründung der Bundesregierung zu § 10 Abs. 1 Nr. 2 ZVG n.F. sollen Forderungen aus Beschlüssen, die sich **wirtschaftlich** auf einen früheren als den in § 10 Abs. 1 Nr. 2 ZVG genannten Zeitraum beziehen, nicht bevorrechtigt sein. **Beispiel:** Eine Wohnungseigentümergemeinschaft beschließt im zweiten Jahr vor der Beschlagnahme die Jahresabrechnung für das dritte Kalenderjahr vor der Beschlagnahme. Da die sog. Abrechnungsspitze (vgl. § 28 Rn 93) frühestens mit der Beschlussfassung fällig und damit rückständig wird, fällt die durch die Jahresabrechnung neu begründete Forderung in den Zeitraum des § 10 Abs. 1 Nr. 2 ZVG. In der Gesetzesbegründung[52] heißt es dazu jedoch:

---

45 BGH V ZB 123/07, NJW 2008, 1383.
46 *Böhringer/Hintzen*, Rpfleger 2007, 353, 360.
47 LG Bonn 5 S 77/11, ZMR 2011, 985; *Alff/Hintzen*, Rpfleger 2008, 165, 166; *Stöber*, § 10 ZVG, Rn 4.4.
48 *Alff/Hintzen*, Rpfleger 2008, 165, 169.
49 *Stöber*, § 10 ZVG, Rn 6.17; **a.A.** *Hock/Mayer/Hilbert/Deimann*, Rn 318.
50 BT-Drucks 16/887 S. 44 ff.
51 *Schneider*, ZflR 2008, 161.
52 BT-Drucks 16/887 S. 45.

"Im Vorrang berücksichtigt werden neben den laufenden nur die aus dem Jahr der Beschlagnahme und den letzten zwei Kalenderjahren rückständigen Beträge. Ansprüche aus einer Jahresabrechnung, die zwar innerhalb dieses Zeitraums aufgrund eines entsprechenden Beschlusses begründet werden, sich aber auf einen davor liegenden Zeitraum beziehen, erhalten nicht den Vorrang der Rangklasse 2." 154

Das Schrifttum hat sich dem bislang überwiegend angeschlossen.[53] Der Wortlaut des § 10 Abs. 1 Nr. 2 ZVG gibt für diese Sichtweise allerdings nichts her. Ein Vergleich mit einmaligen öffentlichen Lasten der Rangklasse 3 zeigt, dass es dort nur auf den Zeitpunkt der Rückständigkeit des Betrages, nicht aber auf den Bezugszeitraum der Last ankommt.[54] Nicht nachvollziehbar ist daher, warum es trotz identischer Formulierung im Gesetzestext für die Bevorrechtigung in der Rangklasse 2 nicht allein darauf ankommen soll, wann die Wohngeldforderung rückständig, d.h. fällig geworden, ist. Sowohl in Rangklasse 3 als auch in Rangklasse 2 stellt der Gesetzestext ausschließlich auf die Rückständigkeit der Forderung ab. In § 10 Abs. 3 S. 2 ZVG heißt es zwar, dass der Titel, aus dem die bevorrechtigte Vollstreckung betrieben wird, den „Bezugszeitraum des Anspruchs" erkennen lassen soll. Bei dieser Bestimmung handelt es sich aber lediglich um eine Verfahrensvorschrift, die nicht die materiellen Grenzen der Bevorrechtigung regelt. Abgesehen davon ist unklar, wie der in § 10 Abs. 3 S. 2 und 3 ZVG verwendete Begriff „Bezugszeitraum" zu verstehen ist. Es sind Sonderumlagen denkbar, denen kein Bezugszeitraum zugrunde liegt. 155

Wird eine Zwangsversteigerung am Ende eines Kalenderjahres beantragt, kann der genaue **Zeitpunkt der Beschlagnahme** erhebliche Bedeutung erlangen. Zugunsten des Gläubigers erfolgt die Beschlagnahme (§ 22 Abs. 1 ZVG) entweder 156

– durch Eingang des Ersuchens auf Eintragung des Zwangsversteigerungsvermerks beim Grundbuchamt (vorausgesetzt die Eintragung erfolgt demnächst) oder
– durch Zustellung des Anordnungsbeschlusses an den Schuldner (bei mehreren Schuldnern, die in Gesamthandgemeinschaft eingetragen sind, an den letzten von ihnen).

Entscheidend ist der frühere der beiden vorgenannten Zeitpunkte. Die Wirkungen der Beschlagnahme sind nicht gemäß § 167 ZPO auf den Zeitpunkt zurückzubeziehen, in dem der Antrag des Gläubigers auf Anordnung der Zwangsversteigerung bei dem Vollstreckungsgericht eingegangen ist.[55]

Liegen **mehrere Beschlagnahmen** vor, etwa weil mehrere Gläubiger die Zwangsversteigerung betreiben, so ist die erste Beschlagnahme maßgebend (§ 13 Abs. 4 S. 1 ZVG). Steht die Wohnungseigentumseinheit bereits unter **Zwangsverwaltung** und dauert die Zwangsverwaltung bis zur Zwangsversteigerungsbeschlagnahme fort, gilt der Beschlagnahmezeitpunkt der Zwangsverwaltung (§ 13 Abs. 4 S. 2 ZVG) als maßgebend und zwar auch dann, wenn die Zwangsverwaltung vor dem Zuschlag aufgehoben wird. 157

Alte Rückstände, die nicht mehr in den Zeitrahmen des § 10 Abs. 1 Nr. 2 ZVG fallen, bleiben bei der Verteilung des Versteigerungserlöses in Rangklasse 2 unberücksichtigt. Eine dem § 10 Abs. 1 Nr. 7 und 8 ZVG entsprechende Regelung für alte Rückstände sieht das ZVG nicht vor. Die Wohnungseigentümergemeinschaft hat es allerdings in der Hand, auch diese Rückstände titulieren zu lassen und auch aus diesen die Zwangsversteigerung zu betreiben oder dem Verfahren eines anderen Gläubigers beizutreten. Die Rückstände werden dann in Rangklasse 5 berücksichtigt. Weiterhin hat die Gemeinschaft die Möglichkeit, wegen dieser Ansprüche etwaige Rückgewähransprüche aus vorrangigen Grundpfandrechten oder einen etwaigen Erlösüberschuss aus der Zwangsversteigerung zu pfänden. 158

e) 5-Prozent-Grenze. Das Vorrecht ist begrenzt auf **5 Prozent des Verkehrswerts** der Wohnungseigentumseinheit, ohne dass es auf die Höhe des erzielten Versteigerungserlöses ankommt. Der Verkehrswert wird gemäß § 74a Abs. 5 S. 1 ZVG vom Vollstreckungsgericht, nötigenfalls nach Anhörung eines Sachverständigen, festgesetzt. Die Gemeinschaft kann den Gerichtsbeschluss über die Festsetzung des Geschäftswerts mit der sofortigen Beschwerde anfechten, wenn der Verkehrswert zu niedrig festgesetzt ist (§ 74a Abs. 5 S. 1 ZVG). 159

In die 5 Prozent-Grenze fallen auch 160

– die Zinsen auf die bevorrechtigte Hauptforderung,
– die Kosten des Wohngeldverfahrens,
– die im Versteigerungsverfahren anfallenden Rechtsanwaltskosten,
– die durch die Anordnung (oder Beitritt) des Verfahrens, durch den Zuschlag und durch nachträgliche Verteilungsverhandlungen entstehenden Gerichtskosten.

Die **Verfahrenskosten** des Versteigerungsverfahrens i.S.d. § 109 ZVG (insbesondere die Gerichtskosten, die **Sachverständigenentschädigung** und die Bekanntmachungskosten) fallen in die sog. „Rangklasse 0" und werden vorweg vollständig aus dem Versteigerungserlös entnommen. Da die vorgenannten Verfahrenskosten in das geringste Gebot fallen, werden sie vom Versteigerungserlös in jedem Fall abgedeckt, ohne im Regelfall den Erlösanteil der Wohnungseigentümergemeinschaft in Rangklasse 2 zu schmälern. 161

---

53 *Alff/Hintzen*, Rpfleger 2008, 165, 166; *Stöber*, § 10 ZVG, Rn 4.5.
54 *Stöber*, § 10 ZVG Rn 7.17.
55 BGH V ZB 178/09, ZMR 2011, 51.

5. Rechtsanwaltskosten

162 Der Rechtsanwalt erhält für einen Zwangsversteigerungsantrag eine **0,4 Verfahrensgebühr** nach Nr. 3311 Nr. 1 VVRVG berechnet nach der Höhe der zu vollstreckenden Forderung inkl. Zinsen.

III. Betreiben der Versteigerung aus Rangklasse 2

1. Gläubiger

163 In Rangklasse 2 (siehe Rn 144 ff.) betreibende Gläubigerin ist grundsätzlich die **Wohnungseigentümergemeinschaft** als rechtfähiger Verband, denn diese ist Inhaberin der Wohngeldforderungen (§ 10 Abs. 7 WEG). Hat der **Verwalter** die Wohngeldforderungen der Gemeinschaft als Verfahrensstandschafter titulieren lassen, kann auch der Verwalter die Zwangsversteigerung in Rangklasse 2 betreiben.[56]

2. Titel, Glaubhaftmachung der Bevorrechtigung

164 Will die Wohnungseigentümergemeinschaft die Zwangsvollstreckung aus Rangklasse 2 heraus betreiben, bedarf es eines **vollstreckbaren Titels** über die bevorrechtigten Wohngeldforderungen. Aus dem Titel sollte hervorgehen, dass es sich um bevorrechtigte Forderungen i.S.d. Rangklasse 2 handelt. Der Titel sollte also gemäß § 10 Abs. 3 S. 2 ZVG die Art (Wohngeldanspruch nach § 16 Abs. 2 WEG) und den Bezugszeitraum des Anspruchs sowie seine Fälligkeit erkennen lassen. Soweit die Art und der Bezugszeitraum des Anspruchs sowie seine Fälligkeit aus dem Titel nicht zu erkennen sind (z.B. bei Versäumnisurteilen oder bei der Vollstreckung aus einer notariellen Vollstreckungsunterwerfungserklärung im Kaufvertrag), sind diese Umstände in sonstiger Weise glaubhaft zu machen (§ 10 Abs. 3 S. 3 ZVG). Dies kann etwa in der Weise erfolgen, dass eine Abschrift der Klageschrift oder eine Ausfertigung des Wirtschaftsplanes (bzw. der Jahresabrechnung) und des zugehörigen Versammlungsprotokolls vorgelegt werden. Ein Duldungstitel ist zum Betreiben der Zwangsversteigerung nicht erforderlich.

165 Wohngeldansprüche, die zwar in die Rangklasse 2 fallen, aber erst nach der Beschlagnahme fällig geworden sind, können bis zum Beginn des Versteigerungstermins **angemeldet** werden, ohne dass es dafür eines Titels bedarf (§ 45 Abs. 3 ZVG; zur Anmeldung siehe Rn 250 ff.).

3. Mindesthöhe der Wohngeldforderung

166 Voraussetzung für ein Betreiben der Zwangsversteigerung in Rangklasse 2 ist, dass die titulierte Wohngeldforderung[57] **3 Prozent des Einheitswertes** der Wohnungseigentumseinheit übersteigt (§ 10 Abs. 3 S. 1 ZVG). Dieser Umstand ist von der Antragstellerin glaubhaft zu machen, in der Regel durch Vorlage des **Einheitswertbescheides** des Finanzamtes.[58] Die Wohnungseigentümergemeinschaft kann den Einheitswert beim Finanzamt unter Vorlage eines bevorrechtigten Titels erfragen. § 30 AO steht dem nicht entgegen (§ 10 Abs. 3 S. 1 2. Hs.).

167 Ist der Wohnungseigentümergemeinschaft der Einheitswert nicht bekannt, kann die Gemeinschaft zunächst die Zwangsversteigerung in Rangklasse 5 beantragen und nach Eintritt der Beschlagnahme mit einem eigenen Verfahren in Rangklasse 2 beitreten. Entsprechendes gilt für einen Beitritt zu dem Versteigerungsverfahren eines anderen Gläubigers. Der Antrag der Gemeinschaft auf Beitritt darf vom Vollstreckungsgericht nicht sogleich mangels Nachweises des Einheitswertes zurückgewiesen werden, denn bei ordnungsgemäßer Behandlung des Verfahrens durch das Vollstreckungsgericht wird dieses das Finanzamt gemäß § 54 Abs. 1 S. 4 GKG um Mitteilung des Einheitswertes zu ersuchen oder gemäß § 74a Abs. 5 S. 1 ZVG den Verkehrswert festzusetzen haben, sodass die Ermittlung des Einheitswertes absehbar ist. Bis dahin muss das Gericht die **Entscheidung über den Beitrittsantrag** zurückstellen.[59] Liegt die dem Beitritt zugrunde liegende Forderung über 3 Prozent des **Verkehrswertes**, bedarf es der Ermittlung des Einheitswertes nicht mehr, weil der Verkehrswert regelmäßig höher ist als der Einheitswert.[60] Gegen die unberechtigte Zurückweisung des Beitrittsantrages durch das Vollstreckungsgericht steht der Gemeinschaft das Rechtsmittel der sofortigen Beschwerde zu.

168 Wird die **Mindestforderungshöhe** von 3 Prozent des Einheitswertes **nicht erreicht**, bleibt der Gemeinschaft die Möglichkeit, die Versteigerung in Rangklasse 5 zu betreiben und/oder die Wohngeldforderung nach § 45 Abs. 3 in Rangklasse 2 anzumelden. In beiden Fällen gibt es keine Mindestforderungshöhe.

4. Erfüllung der Forderung in Rangklasse 2 durch Schuldner

169 Zahlt der Schuldner nach Beschlagnahme und **unterschreitet** die titulierte, bevorrechtigte Forderung dadurch die **Mindestgrenze** des § 10 Abs. 3 S. 1 ZVG, soll dies nach h.M. die Bevorrechtigung nicht entfallen lassen.[61] Mit der Regelung der Mindestgrenze hat der Gesetzgeber nur einen Gleichlauf von Entziehungsverfahren nach § 18 Abs. 2 Nr. 2 WEG und Zwangsversteigerung wegen Wohngeldrückständen erreichen wollen. Bei einer Entziehung

---

56 Vgl. BGH V ZB 15/01, NJW 2001, 3627.
57 Ohne Nebenleistungen; siehe *Stöber*, § 10 ZVG, Rn 16.3.
58 BGH V ZB 13/08, NJW 2008, 1956.
59 BGH V ZB 142/08, ZMR 2009, 775.
60 BGH V ZB 157/08, NJW 2009, 1888.
61 *Schneider*, ZfIR 2008, 161; *Derleder*, ZWE 2008, 13; *Bräuer/Oppitz*, ZWE 2007, 326.

des Wohnungseigentums wegen Wohngeldrückständen soll der Schuldner die Wirkungen des Entziehungsurteils nach § 19 Abs. 1 WEG nur dadurch abwenden können, dass er die Verpflichtung, wegen deren Nichterfüllung er zur Veräußerung verurteilt worden ist, vollständig bis zum Versteigerungstermin erfüllt. Nach Sinn und Zweck des § 10 Abs. 3 S. 1 ZVG muss gleiches im Zwangsversteigerungsverfahren gelten.

Verfügt die Wohnungseigentümergemeinschaft über – dem Grunde nach – bevorrechtigte Wohngeldforderungen in Höhe von mehr als 5 Prozent des Verkehrswertes und löst der Schuldner vor dem Zuschlag die bevorrechtigte Forderung in Höhe von 5 Prozent des Verkehrswertes ab, muss die Gemeinschaft den Versteigerungsantrag insoweit zurücknehmen, wie das Verfahren bislang in Rangklasse 2 betrieben wurde. Zugleich kann die Gemeinschaft wegen einer dem Grunde nach unter § 10 Abs. 1 Nr. 2 ZVG fallenden, aber bislang die 5-Prozent-Grenze übersteigenden Forderung in Rangklasse 2 beitreten.[62] Gegen eine **Rangverschiebung** einer Wohngeldforderung von Rangklasse 5 in Rangklasse 2 bestehen keine Bedenken, weil die 5-Prozent-Grenze ausschließlich dem Schutz nachrangiger Grundbuchgläubiger dient. Diese Gläubiger erleiden durch die Rangverschiebung keinen Nachteil. Denn das geringste Gebot und die Versteigerungsbedingungen ändern sich durch die Rangverschiebung nicht.

170

Die Wohnungseigentümergemeinschaft kann die Rücknahme des Versteigerungsantrages davon abhängig machen, dass der Schuldner auch die **aufgelaufenen Verfahrenskosten** erstattet. In der Praxis hat es sich als gangbaren Weg erwiesen, dem Versteigerungsgericht die Absicht des Schuldners zur Befriedigung des Gläubigers mitzuteilen und den Rechtspfleger um eine Mitteilung der ausgelösten Gerichtskosten zu bitten. Diese Mitteilung kann dem Schuldner neben dem Forderungskonto vorgelegt werden.

171

Nimmt die Wohnungseigentümergemeinschaft den Versteigerungsantrag ohne Ausgleich der Kosten zurück, kann sie die Verfahrenskosten (insbesondere die Gutachterkosten) gemäß § 788 Abs. 2 ZPO festsetzen lassen und diesen Betrag als „Kosten der dinglichen Rechtsverfolgung" des Vorverfahrens i.S.v. § 10 Abs. 2 ZVG mit dem Range des ursprünglichen Hauptsacheanspruchs durch erneute Zwangsversteigerung beitreiben.

172

5. Ablösung der Forderung in Rangklasse 2 durch Grundbuchgläubiger

Ein der Gemeinschaft nachrangiger Grundbuchgläubiger kann den Verlust seines Rechtes durch Zuschlag (siehe § 52 Abs. 1 ZVG) dadurch verhindern, dass er die bevorrechtigte Forderung der Wohnungseigentümergemeinschaft gemäß § 268 BGB durch Zahlung an die Gemeinschaft ablöst. Durch die Zahlung geht die Forderung einschließlich des Vorrechts auf den Ablösenden über (§ 268 Abs. 3 S. 1 BGB, §§ 401, 412 BGB).

173

Hat der Grundbuchgläubiger einen Betrag in Höhe von 5 Prozent des Verkehrswertes abgelöst und stehen der Wohnungseigentümergemeinschaft **weitere** – dem Grunde nach – **bevorrechtigte Wohngeldforderungen** zu, bleibt die Rangklasse 2 durch die auf den Grundbuchgläubiger übergegangene Forderung besetzt.[63] Die Bestimmung des § 268 Abs. 3 S. 2 BGB bewirkt nicht, dass die Wohngeldforderungen der Gemeinschaft stets das auf den ablösenden Grundbuchgläubiger übergegangene Vorrecht verdrängen oder die bevorrechtigten Forderungen der Gemeinschaft und die auf den Grundbuchgläubiger übergegangenen Forderungen innerhalb der 5-Prozent-Grenze zu quoteln sind. Die Deckelung des Vorrangs auf 5 Prozent des Verkehrswertes dient ausdrücklich dem Schutze des nachrangigen Grundbuchgläubigers vor einer Aushöhlung seines dinglichen Rechts. Er soll innerhalb eines bevorrechtigten Zeitraumes von bis zu 3 Jahren maximal einen Ablösebetrag in Höhe von 5 Prozent des Verkehrswertes aufwenden müssen, um den Verlust seiner dinglichen Rechtsposition durch Zuschlag zu verhindern.[64] Nimmt der ablösende Grundbuchgläubiger allerdings mit Übergang des Vorrechts den Versteigerungsantrag zurück, so entfällt auch die Beschlagnahme mit der Folge, dass die abgelöste Forderung in zeitlicher Hinsicht – also wegen des Bezugszeitraumes – aus dem Vorrang des § 10 Abs. 1 Nr. 2 ZVG fallen kann und noch nicht abgelöste Forderungen der Gemeinschaft in den Vorrang aufrücken.

174

Löst der Grundbuchgläubiger die bevorrechtigte Forderung der Wohnungseigentümergemeinschaft vollständig ab, muss die Gemeinschaft ihren Versteigerungsantrag in Rangklasse 2 zurücknehmen. Dies gilt auch dann, wenn der Grundbuchgläubiger die von der Gemeinschaft eingezahlten Verfahrenskosten im Sinne von § 109 ZVG nicht ausgleicht. Die Gemeinschaft erhält die **eingezahlten Verfahrenskosten** (insbesondere die Gutachterkosten) vorab aus dem Versteigerungserlös zurück, wenn das Versteigerungsverfahren – gegebenenfalls von einem anderen Gläubiger – bis zum Zuschlag fortgeführt wird. Wird das Versteigerungsverfahren aufgehoben, ohne dass es zum Zuschlag kommt, kann die Gemeinschaft die Verfahrenskosten nach § 788 Abs. 2 ZPO festsetzen lassen und diesen Betrag als „Kosten der dinglichen Rechtsverfolgung" des Vorverfahrens im Sinne von § 10 Abs. 2 ZVG mit dem Range des ursprünglichen Hauptsacheanspruchs durch erneute Zwangsversteigerung beitreiben (siehe Rn 172). Die Gerichtskosten und Auslagen des Gerichts fallen nicht unter die 5-Prozent-Grenze, weil im Vorverfahren diese Kosten und Auslagen gemäß § 109 ZVG dem Erlös vorweg entnommen und in der „Rangklasse 0" befriedigt worden wären, ohne in die 5-Prozent-Grenze der Rangklasse 2 eingerechnet zu werden.[65]

175

---

62 *Alff/Hintzen*, Rpfleger 2008, 165, 169.
63 BGH V ZB 129/09, ZMR 2010, 383.
64 BT-Drucks 16/887 S. 45; BGH V ZB 129/09, ZMR 2010, 383.
65 *Alff/Hintzen*, Rpfleger 2008, 165, 170.

176 Betreibt die Wohnungseigentümergemeinschaft die Zwangsversteigerung aus Rangklasse 2 und hat sie zugleich bevorrechtigte, aber nicht titulierte Wohnungsansprüche nach § 45 Abs. 3 ZVG **angemeldet**, weil **die titulierten** Ansprüche noch nicht 5 Prozent des Verkehrswertes erreichten, kann der Grundbuchgläubiger sich auf eine Ablösung jener Forderungen beschränken, derentwegen die Gemeinschaft die Versteigerung in Rangklasse 2 **betreibt**. Denn nach einer Ablösung dieser Forderung muss die Gemeinschaft den Versteigerungsantrag (in Rangklasse 2) zurücknehmen trotz der weiterhin angemeldeten Forderungen. Verfügt die Gemeinschaft für die Wohngeldforderungen, die sie bislang nur angemeldet hatte, über einen vollstreckbaren Titel, kann sie dem Verfahren in Rangklasse 2 insoweit beitreten, als die abgelöste Forderung die 5 Prozent-Grenze noch nicht ausschöpfte. Nach angeordnetem Beitritt kann bzw. muss der Grundbuchgläubiger die weitere Forderung ablösen, wenn er eine Versteigerung in Rangklasse 2 vermeiden will.

IV. Anmeldung von Wohngeldansprüchen in Rangklasse 2 bei Versteigerung durch Dritte

177 Betreibt ein Dritter das Zwangsversteigerungsverfahren, muss die Wohnungseigentümergemeinschaft ihre gemäß § 10 Abs. 1 Nr. 2 ZVG bevorrechtigten **Forderungen** beim Vollstreckungsgericht **anmelden**, wenn diese bei der Verteilung des Versteigerungserlöses berücksichtigt werden sollen. Die Gemeinschaft wird dabei gemäß § 27 Abs. 3 Nr. 2 WEG durch den Verwalter vertreten. Der **Verwalter** ist zur Durchführung der Anmeldung verpflichtet, wenn er von einem Versteigerungsverfahren Kenntnis erlangt. Einer Ermächtigung i.S.d. § 27 Abs. 3 Nr. 4 i.V.m. Abs. 2 Nr. 3 WEG bedarf es dafür nicht, da der Verwalter durch die Anmeldung kein Gerichtsverfahren einleitet. Unterlässt der Verwalter schuldhaft eine Anmeldung der bevorrechtigten Ansprüche der Gemeinschaft, macht er sich gemäß § 280 BGB **schadensersatzpflichtig**. Die Schadenshöhe richtet sich nach dem Betrag, den die Gemeinschaft bei ordnungsgemäßer Anmeldung aus dem Versteigerungserlös erhalten hätte.

178 Der Rechtspfleger beim Versteigerungsgericht kann die Wohnungseigentümergemeinschaft von Amts wegen zur Nachbesserung oder Glaubhaftmachung auffordern. Bleibt der Anspruch weiterhin **nicht hinreichend glaubhaft**, wird er vom Vollstreckungsgericht weder in das geringste Gebot noch in den Teilungsplan aufgenommen. Weist der Rechtspfleger die Anmeldung der Forderung zu Unrecht zurück und führt die fehlende Aufnahme in das geringste Gebot dazu, dass die Forderung der Gemeinschaft vom Versteigerungserlös nicht abgedeckt wird, kann die Gemeinschaft den Zuschlag innerhalb der Notfrist von zwei Wochen mit der sofortigen **Beschwerde** anfechten (§§ 95, 100, 83 Nr. 1 ZVG). Gegen die Nichtaufnahme der angemeldeten Forderungen in den Teilungsplan kann die Wohnungseigentümergemeinschaft **Widerspruch** einlegen (§ 115 ZVG). Dies muss spätestens im Verteilungstermin erfolgen. Der Widerspruch hat zur Folge, dass der streitige Betrag zunächst hinterlegt wird. Wegen des weiteren Procederes nach Widerspruch darf hier auf das weiterführende Schrifttum zu § 115 ZVG verwiesen werden.

179 Sollte eine angemeldete Forderung der Wohnungseigentümergemeinschaft zu Unrecht in Rangklasse 2 berücksichtigt worden sein, steht dem benachteiligten Gläubiger ein Anspruch aus **ungerechtfertigter Bereicherung** gegen die Eigentümergemeinschaft zu.

180 Die **Anmeldung** hat **spätestens im Versteigerungstermin** zu erfolgen, bis das Gericht zur Abgabe von Geboten auffordert. Ansprüche, die erst danach angemeldet werden, **verlieren** ihren **Rang** und werden bei der Verteilung des Versteigerungserlöses dem Anspruch des betreibenden Gläubigers und den übrigen Rechte nachgesetzt (vgl. § 37 Nr. 4 ZVG). Die Eigentümergemeinschaft wird dann in der Regel mit ihren Forderungen ausfallen. Ansprüche, die bis zum Verteilungstermin nicht angemeldet sind, bleiben bei der Erlösverteilung unberücksichtigt.

181 Die Anmeldung der bevorrechtigten Wohngeldforderungen zur Rangklasse 2 ist **gerichtskostenfrei**. Ein für die Wohnungseigentümergemeinschaft tätiger **Rechtsanwalt** erhält für die Anmeldung eine 0,4 Verfahrensgebühr (Nr. 3311 Ziff. 1 VVRVG) zuzüglich Auslagen und Mehrwertsteuer. Gegenstandswert ist die anzumeldende Forderung einschließlich Nebenforderungen (§ 26 S. 1 RVG).

V. Beitritt zum Verfahren

182 Ist ein **Zwangsversteigerungsverfahren bereits anhängig**, schließt dies nicht aus, dass andere Gläubiger ebenfalls die Zwangsversteigerung beantragen.

Muster Anh 16.4: Beitritt zum Zwangsverfahren

Der Antrag an das Versteigerungsgericht lautet in diesem Fall „*... den Beitritt zum Zwangsversteigerungsverfahren zuzulassen*" (§ 27 Abs. 1 ZVG).

183 Der Gläubiger, dessen Beitritt zugelassen ist, hat dieselben Rechte, wie wenn auf seinen Antrag die Versteigerung angeordnet wäre (§ 27 Abs. 2 ZVG). Es wird weder ein weiterer Zwangsversteigerungsvermerk ins Grundbuch eingetragen noch ein weiteres Aktenzeichen vergeben. Ein Vollstreckungsgläubiger kann auch seinem eigenen Versteigerungsverfahren mit einer weiteren Forderung beitreten.

Der Beitritt führt zu einer **gesonderten Beschlagnahme** des Wohnungseigentums wegen der dem Beitritt zugrunde liegenden Forderung.

Der **Rechtsanwalt** erhält für einen Antrag auf Beitritt zum Zwangsversteigerungsverfahren eine **0,4 Verfahrensgebühr** nach Nr. 3311 Nr. 1 VVRVG berechnet nach der Höhe der Forderung inkl. Zinsen, wegen der der Beitritt beantragt wird. Stellt der Rechtsanwalt in demselben Versteigerungsverfahren wegen unterschiedlicher Forderungen nacheinander mehrere Zwangsversteigerung- oder Beitrittsanträge, fällt für jeden Antrag eine separate Verfahrensgebühr nach der Höhe der jeweils geltend gemachten Forderung an.

VI. Insolvenz des Schuldners

Die Auswirkungen eines Insolvenzverfahrens auf die Anordnung der Zwangsversteigerung oder den Fortgang eines Versteigerungsverfahrens hängen davon ab, wann das Insolvenzverfahren und das Zwangsversteigerungsverfahren eröffnet wurden und in welche Rangklasse die zu vollstreckende Forderung fällt.

1. Versteigerungsantrag vor Insolvenzeröffnung

Ist die Beschlagnahme der Wohnungseigentumseinheit infolge eines Zwangsversteigerungsantrags der Wohnungseigentümergemeinschaft bereits vor Eröffnung des Insolvenzverfahrens eingetreten, hat die Eigentümergemeinschaft ein Absonderungsrecht erlangt. Die Insolvenzeröffnung hat daher auf das Versteigerungsverfahren keinen Einfluss. Das Versteigerungsverfahren wird ohne Titelumschreibung gegen den Insolvenzverwalter fortgesetzt. Dies gilt unabhängig davon, aus welcher Rangklasse die Wohnungseigentümergemeinschaft das Zwangsversteigerungsverfahren betreibt.

Betreibt die Wohnungseigentümergemeinschaft die Zwangsversteigerung aus **Rangklasse 5** und hat sie ihr Absonderungsrecht innerhalb der Frist der §§ 88, 312 Abs. 1 S. 3 InsO (**Rückschlagsperre**) erworben, wird die Beschlagnahme mit der Eröffnung des Insolvenzverfahrens unwirksam mit der Folge, dass das Zwangsversteigerungsverfahren vom Vollstreckungsgericht gemäß § 28 Abs. 2 ZVG aufzuheben ist.

2. Versteigerungsantrag nach Insolvenzeröffnung

a) Rangklasse 2. aa) Vor Insolvenzeröffnung fällig gewordene Wohngeldforderungen. Die im Rahmen der WEG-Novelle 2007 (Gesetz zur Änderung des Wohnungseigentumsgesetzes und anderer Gesetze vom 26.3.2007) erfolgte Aufnahme der Wohngeldansprüche in die Rangklasse 2 des § 10 Abs. 1 ZVG führte im Folgefrage, welchen Status die Wohngeldansprüche in der Insolvenz des Wohnungseigentümers genießen. Nach der bis zum 30.6.2007 geltenden Rechtslage waren Wohngeldansprüche, die vor Eröffnung des Insolvenzverfahrens fällig geworden sind, einfache Insolvenzforderungen, die nur zur Insolvenztabelle angemeldet werden konnten.[66] Die mit der Änderung des ZVG erfolgte Einordnung der Wohngeldansprüche in Rangklasse 2 des § 10 Abs. 1 ZVG könnte zur Folge haben, dass die vor Insolvenzeröffnung fällig gewordenen Wohngeldforderungen fortan (auch) als **absonderungsberechtigte Ansprüche** im Sinne des § 49 InsO einzustufen sind.[67] Gegen diese Einordnung spricht, dass § 10 Abs. 1 ZVG nur eine verfahrensrechtliche Verteilungsvorschrift darstellt und kein materielles Absonderungsrecht im Sinne des § 49 InsO schafft. Der Gesetzgeber hat mit der Änderung der Rangklassen lediglich erreichen wollen, dass im Falle des Betreibens des Versteigerungsverfahrens durch die Wohnungseigentümergemeinschaft etwaige Grundpfandrechte nicht in das geringste Gebot fallen und die Wohngeldforderungen vor den übrigen Grundbuchgläubigern befriedigt werden. Der Gesetzgeber wollte ersichtlich nichts an dem bisherigen Charakter der Wohngeldansprüche als schlichte persönliche Zahlungsansprüche ändern.

Andererseits korrespondiert § 10 Abs. 1 ZVG seit jeher mit § 49 InsO. Nach § 49 InsO ist zur abgesonderten Befriedigung nach dem ZVG berechtigt, wem „*ein Recht auf Befriedigung*" aus unbeweglichen Gegenständen zusteht. § 10 Abs. 1 ZVG beginnt mit den Worten: „*Ein Recht auf Befriedigung aus dem Grundstück gewähren nach folgender Rangordnung ...*" Wer ein **Recht auf Befriedigung** hat, bestimmt sich nach §§ 10 bis 14 ZVG. Unter dem Begriff „Recht" sind alle Ansprüche zu verstehen, die in § 10 ZVG aufgeführt sind. Auch ein persönlicher Gläubiger hat ein Recht auf Befriedigung am Grundstück, wobei dieses Recht aber nur insolvenzfest ist, wenn der Gläubiger die Beschlagnahme vor Insolvenzeröffnung und vor der Frist der Rückschlagsperre erlangt hat; nach § 80 Abs. 2 S. 2 InsO bleiben in diesem Fall die Wirkungen der Beschlagnahme vom Insolvenzverfahren unberührt.

Gleichwohl gibt es einen wesentlichen **Unterschied zwischen** den persönlichen Ansprüchen der **Rangklasse 5** und den Ansprüchen der **Rangklasse 2**. Letztere können – im Unterschied zu ersteren – vom Gläubiger auch ohne einen Titel im Versteigerungsverfahren nach § 10 Abs. 1 Nr. 2 S. 4 ZVG in Verbindung mit § 45 Abs. 3 ZVG angemeldet werden. Eine solche **Anmeldung** ist nach der Systematik des ZVG nur **dinglich gesicherten Berechtigten** möglich, weil nur ihnen – nicht aber einem gewöhnlichen persönlichen Gläubiger – ein Recht auf Befriedigung am Grundstück

---

66 BGH IX ZR 98/93, NJW 1994, 1866.
67 So *Hintzen/Alff*, ZInsO 2008, 480; *Schneider*, ZMR 2009, 165.

zusteht.[68] Persönliche Gläubiger erlangen erst ein Recht auf Befriedigung am Grundstück, wenn sie zu ihren Gunsten die Beschlagnahme erwirkt haben. Bereits für die vormals in der Rangklasse 2 angesiedelten Litlohnansprüche war allgemein anerkannt, dass diese an der Immobilie hafteten und unabhängig von der Person des Eigentümers im Versteigerungsverfahren geltend gemacht werden konnten.[69]

192 Zwischenzeitlich hat der **BGH**[70] anerkannt, dass die vor Insolvenzeröffnung fällig gewordenen und die Voraussetzungen des § 10 Abs. 1 Nr. 2 ZVG erfüllenden Wohngeldforderungen absonderungsberechtigte Ansprüche i.S.d. § 49 InsO darstellen und zwar unabhängig davon, ob bereits im Rahmen eines laufenden Zwangsversteigerungsverfahrens Beschlagnahme eingetreten ist. Die in Rangklasse 2 fallenden Ansprüche stellen damit eine dingliche Last des Wohnungseigentums dar, die sowohl gegenüber dem Insolvenzverwalter als auch gegenüber einem Sondernachfolger in das Wohnungseigentum wirkt.

193 Verfügt die Wohnungseigentümergemeinschaft bereits über einen gegen den Insolvenzschuldner erwirkten Titel wegen Wohngeldforderungen in Rangklasse 2, kann sie diesen gegen den Insolvenzverwalter analog § 727 ZPO umschreiben lassen mit der Maßgabe, dass dieser die Zwangsversteigerung in Rangklasse 2 in Höhe des titulierten Betrages, jedoch maximal in Höhe von 5 Prozent des Verkehrswertes der Wohnungseigentumseinheit, zu dulden habe. Verfügt die Eigentümergemeinschaft noch nicht über einen Titel, kann sie den Insolvenzverwalter klageweise auf Duldung der Zwangsversteigerung in Rangklasse 2 in Anspruch nehmen.

Muster Anh 16.5: Klageantrag
„Der Beklagte wird verurteilt, die Zwangsversteigerung der im Grundbuch von _____ Blatt _____ eingetragenen Wohnungseigentumseinheit Nr. _____ wegen einer Wohngeldforderung in Höhe von _____, maximal in Höhe von 5 Prozent des Verkehrswerts der Wohnungseigentumseinheit im Sinne des § 74a Abs. 5 ZVG, in Rangklasse 2 des § 10 Abs. 1 ZVG zu dulden."

194 Soweit es für die zeitliche Bestimmung der bevorrechtigten Wohngeldforderungen auf den Zeitpunkt der Beschlagnahme ankommt und noch kein Versteigerungsverfahren (etwa eines absonderungsberechtigten Dritten) anhängig ist, steht die Eröffnung des Insolvenzverfahrens der Beschlagnahme i.S.v. § 10 Abs. 1 Nr. 2 ZVG gleich.[71] Das Gericht des Erkenntnisverfahrens muss prüfen, ob die Wohngeldforderungen, derentwegen der Insolvenzverwalter die Zwangsversteigerung dulden soll, unter § 10 Abs. 1 Nr. 2 ZVG fallen. Im Zeitpunkt der Beantragung der Zwangsversteigerung muss die Forderung der Wohnungseigentümergemeinschaft drei Prozent des Einheitswertes der Wohnungseigentumseinheit übersteigen. Für die Bestimmung des Einheitswertes ist nicht auf den Zeitpunkt der Eröffnung des Insolvenzverfahrens, sondern auf die Beschlagnahme nach §§ 20, 22 ZVG abzustellen.[72]

195 **bb) Nach Insolvenzeröffnung fällig gewordene Wohngeldforderungen.** Wegen Wohngeldforderungen, die nach Eröffnung des Insolvenzverfahrens fällig geworden sind, erlangt die Wohnungseigentümergemeinschaft kein Absonderungsrecht an der Wohnungseigentumseinheit. Die Wohnungseigentümergemeinschaft kann also wegen solcher Forderungen nicht die Zwangsversteigerung in Rangklasse 2 des § 10 Abs. 1 ZVG betreiben.[73] § 49 InsO gilt nach seiner Stellung im Gesetz nicht für Massegläubiger sondern nur für Insolvenzgläubiger. § 91 Abs. 1 InsO schließt es aus, dass die Wohnungseigentümergemeinschaft nach Eröffnung des Insolvenzverfahrens noch Rechte an Gegenständen der Insolvenzmasse erwerben kann, auch wenn keine Verfügung des Schuldners und keine Zwangsvollstreckung für einen Insolvenzgläubiger zugrunde liegt.[74] Dies gilt auch im Fall der Masseunzulänglichkeit.[75] Möglich ist aber die Zwangsversteigerung aus Rangklasse 5 (siehe Rn 199).

196 Die Zwangsversteigerung der **aus der Insolvenzmasse frei gegebenen** Wohnungseigentumseinheit wegen einer zwischen Insolvenzeröffnung und Freigabe aus der Insolvenzmasse fällig gewordenen Wohngeldforderung (Masseforderung) ist nicht möglich, weil die Wohnungseigentumseinheit nicht (mehr) zur Insolvenzmasse gehört und der Insolvenzschuldner nicht persönlich neben dem Insolvenzverwalter für Masseschulden haftet.

197 **cc) Nach Freigabe aus der Masse fällig gewordene Wohngeldforderungen.** Für nach Freigabe der Wohnungseigentumseinheit aus der Masse fällig gewordene Wohngeldforderungen gilt das Vollstreckungsverbot der Insolvenzordnung nicht mehr, sodass wegen dieser Forderungen einschränkungslos die Zwangsversteigerung betrieben werden kann, auch in Rangklasse 2. Erforderlich ist ein Titel gegen den im Grundbuch eingetragenen Eigentümer (nicht gegen den Insolvenzverwalter).

198 **b) Rangklasse 4.** Die Zwangsversteigerung aus einer bereits **vor Insolvenzeröffnung** im Grundbuch eingetragenen Grundschuld oder Hypothek ist auch nach Eröffnung des Insolvenzverfahrens möglich. Allerdings benötigt die Wohnungseigentümergemeinschaft dafür einen Duldungstitel gegen den Insolvenzverwalter, den sie ggf. durch Um-

---

68 So _Schneider_, ZMR 2009, 165; im Ergebnis ebenso _Derleder_, ZWE 2008, 13.
69 Vgl. _Stöber_, 18. Aufl., § 15 Rn 23.4.
70 BGH IX ZR 120/10, NJW 2011, 3098; BGH IX ZB 112/06, NZM 2009, 439.
71 BGH IX ZR 120/10, NJW 2011, 3098.
72 BGH IX ZR 120/10, NJW 2011, 3098.
73 BGH IX ZR 120/10, NJW 2011, 3098.
74 Vgl. BGH IX ZR 247/03, BGHZ 167, 363.
75 BGH IX ZR 120/10, NJW 2011, 3098.

schreibung (§§ 727, 749 ZPO) eines bereits vorhandenen Titels,[76] dingliche Klage oder durch die freiwillige Abgabe einer Vollstreckungsunterwerfungserklärung des Insolvenzverwalters erlangen kann.

c) Rangklasse 5. Wegen Wohngeldforderungen, die nach Eröffnung des Insolvenzverfahrens fällig geworden sind, kann die Wohnungseigentümergemeinschaft die Zwangsversteigerung aus Rangklasse 5 betreiben. Die Frist des § 90 InsO ist zu beachten. Erforderlich ist ein Titel gegen den Insolvenzverwalter. 199

Die Zwangsversteigerung **der aus der Insolvenzmasse frei gegebenen** Wohnungseigentumseinheit wegen einer vor Insolvenzeröffnung fällig gewordenen Wohngeldforderung, die nicht in Rankklasse 2 fällt, ist nicht möglich.[77] Die Forderung kann nur zur Insolvenztabelle angemeldet werden. 200

VII. Eigentümerwechsel

Die rechtliche Bedeutung eines Eigentümerwechsels vor oder nach Beginn des Zwangsversteigerungsverfahrens hängt davon ab, aus welcher Rangklasse die Zwangsversteigerung betrieben wird bzw. in welche Rangklasse der Anspruch des Gläubigers fällt. 201

1. Eigentümerwechsel nach Beschlagnahme

Da die Beschlagnahme im Rahmen der Zwangsversteigerung lediglich ein relatives Veräußerungsverbot i.S.d. §§ 135, 136 BGB bewirkt, kann der Schuldner trotz der Beschlagnahme das Wohnungseigentum veräußern und belasten. Wird die wirksame Eigentumsübertragung im Grundbuch vollzogen, muss das Zwangsversteigerungsverfahren zunächst einstweilen eingestellt, ggf. sogar aufgehoben werden (§ 28 Abs. 1 ZVG). 202

a) Betreiben der Versteigerung aus Rangklasse 5. In der Regel erfolgt ein Eigentümerwechsel aufgrund einer zuvor im Grundbuch eingetragenen **Auflassungsvormerkung**. War vor Beantragung der Zwangsversteigerung bereits eine Auflassungsvormerkung eingetragen und erfolgte der Eigentümerwechsel später aufgrund der vorher eingetragenen Auflassungsvormerkung, gilt der Erwerber gemäß § 883 BGB als vor der Beschlagnahme eingetragen. Betreibt der Vollstreckungsgläubiger das Zwangsversteigerungsverfahren lediglich aus **Rangklasse 5** wegen einer persönlichen Forderung, muss das Zwangsversteigerungsverfahren gemäß § 28 Abs. 1 ZVG aufgehoben werden. 203

b) Betreiben der Versteigerung aus Rangklasse 4. Betreibt der Vollstreckungsgläubiger das Zwangsversteigerungsverfahren hingegen aus Rangklasse 4 auf Basis eines **vor der Auflassungsvormerkung** eingetragenen **Grundpfandrechts**, kann das Versteigerungsverfahren gegen den neuen Eigentümer fortgesetzt werden. Eine Umschreibung des Titels ist nicht erforderlich, wenn die Beschlagnahme vor der Eintragung des neuen Eigentümers erfolgt ist. Das Verfahren wird ohne besonderen Beschluss gegen den Erwerber weitergeführt, § 26 ZVG.[78] Geht das Recht des Gläubigers der Rangklasse 4 hingegen der **Auflassungsvormerkung nach**, ist das Verfahren gemäß § 28 Abs. 1 ZVG aufzuheben, sobald die Eintragung des neuen Eigentümers erfolgt ist, da das Recht dem Berechtigten der Auflassungsvormerkung gegenüber gemäß § 883 Abs. 2 BGB unwirksam ist. 204

c) Betreiben der Versteigerung aus Rangklasse 2. Betreibt die Wohnungseigentümergemeinschaft die Zwangsversteigerung aus Rangklasse 2, ist die Existenz einer Auflassungsvormerkung ohne Bedeutung. Die Auflassungsvormerkung fällt in **Rangklasse 4** (vgl. § 48 ZVG). Sie ist damit nachrangig gegenüber einem Versteigerungsvermerk aufgrund eines Versteigerungsantrages der Wohnungseigentümergemeinschaft in Rangklasse 2 und zwar unabhängig von der Reihenfolge der Grundbucheintragungen. Die Reihenfolge der Grundbucheintragungen ist nur für konkurrierende Rechte derselben Rangklasse maßgeblich. Rechte der Rangklasse 2 gehen solchen der Rangklasse 4 stets vor. 205

Wird die Eigentumsumschreibung auf den Vormerkungsberechtigten **nach erfolgter Beschlagnahme** aber noch vor dem Versteigerungstermin vollzogen, hat dies auf den Fortgang des Versteigerungsverfahrens keinen Einfluss, soweit die Versteigerung in Rangklasse 2 betrieben wird. § 26 ZVG findet entsprechende Anwendung. Der neue Eigentümer (Vormerkungsberechtigte) hat keinen Anspruch gegen den Vollstreckungsgläubiger nach § 888 BGB auf Löschung des Versteigerungsvermerks,[79] da die Vormerkung dem Versteigerungsvermerk nachgeht.[80] Er kann auch nicht Einstellung oder Aufhebung der Zwangsversteigerung in Rangklasse 2 verlangen. Kommt es später zu einem **Zuschlag**, erlischt die Vormerkung (§ 52 Abs. 1 ZVG), da diese nicht in das geringste Gebot fällt. Der Ersteher erwirbt lastenfrei. Der ehemalige Vormerkungsberechtigte hat keinerlei Rechte an dem Wohnungseigentum und keine Rechte gegen den Ersteher. Will der neue Eigentümer die Versteigerung verhindern, muss er die in Rangklasse 2 fallenden Wohngeldansprüche der Eigentümergemeinschaft ablösen. 206

---

76 *Hock/Klein/Hilbert/Deimann*, Rn 184, 189.
77 BGH IX ZB 112/06, NZM 2009, 439.
78 BGH V ZB 125/05, NJW 2007, 2993.
79 *Stöber*, § 10 ZVG, Rn 4.7.
80 *Schneider*, ZMR 2009, 165, 169; **a.A.** *Kesseler*, NJW 2009, 121.

2. Eigentümerwechsel vor Beschlagnahme

207 Da die Zwangsversteigerung grundsätzlich nur angeordnet werden kann, wenn der im Titel genannte Schuldner (noch) als Eigentümer der zu versteigernden Wohnungseigentumseinheit im Grundbuch eingetragen ist, muss der Gläubiger die Möglichkeit der Titelumschreibung nach § 727 ZPO prüfen, wenn die Eigentumsumschreibung bereits erfolgt ist, bevor die Zwangsversteigerung beantragt wird.

208 a) **Anspruch in Rangklasse 5.** Fallen die Zahlungsansprüche der Wohnungseigentümergemeinschaft nicht in Rangklasse 2 und kann die Eigentümergemeinschaft die Zwangsversteigerung auch nicht aus einer Grundschuld oder Hypothek betreiben, ist eine Umschreibung des gegen den Voreigentümer erstrittenen Titels nicht möglich. Eine **Versteigerung** der Wohnung in Rangklasse 5 **scheidet aus**.

209 b) **Anspruch in Rangklasse 4.** Ist zugunsten der Wohnungseigentümergemeinschaft eine Zwangshypothek im Grundbuch eingetragen, der keine Auflassungsvormerkung zugunsten des neuen Eigentümers vorgeht, kann die Eigentümergemeinschaft aus dieser Zwangshypothek (in Rangklasse 4) die Zwangsversteigerung betreiben. Zuvor muss sie allerdings den gegen den Voreigentümer erstrittenen **Titel**, auf dessen Basis die Zwangshypothek eingetragen wurde, gemäß § 727 ZPO gegen den neuen Eigentümer **umschreiben** lassen und die Zustellung der neuen Vollstreckungsklausel gemäß § 750 ZPO vornehmen.

210 c) **Anspruch in Rangklasse 2.** Die Wohnungseigentümergemeinschaft kann nach erfolgter Eigentumsumschreibung den **Zahlungstitel** gegen den Sondernachfolger **umschreiben** lassen mit der Maßgabe, dass dieser die Zwangsversteigerung in Rangklasse 2 in Höhe des titulierten Betrages, jedoch maximal in Höhe von 5 Prozent des Verkehrswertes der Wohnungseigentumseinheit zu dulden habe.[81] Der umgeschriebene Titel ist dem neuen Eigentümer nach § 750 Abs. 2 ZPO zuzustellen.

VIII. Einstweilige Einstellung des Verfahrens

211 Das Versteigerungsverfahren kann aus mehreren Gründen einstweilen eingestellt werden.

1. Antrag des Schuldners

212 Der Schuldner kann binnen **2 Wochen** nach Zustellung des Anordnungsbeschlusses einen Antrag auf einstweilige Einstellung des Verfahrens für höchstens **6 Monate** stellen (§ 30a ZVG). Der **Antrag** ist **begründet**, wenn
- Aussicht besteht, dass durch die Einstellung die Versteigerung vermieden wird (d.h. der Schuldner die titulierte Forderung erfüllen kann) und
- die Einstellung nach den persönlichen und wirtschaftlichen Verhältnissen des Schuldners sowie nach der Art der Schuld der Billigkeit entspricht.

213 **Abzulehnen** ist der Antrag, wenn die einstweilige Einstellung dem betreibenden Gläubiger unter Berücksichtigung seiner wirtschaftlichen Verhältnisse nicht zuzumuten ist, insbesondere ihm einen unverhältnismäßigen Nachteil bringen würde, oder wenn mit Rücksicht auf die Beschaffenheit oder die sonstigen Verhältnisse des Wohnungseigentums anzunehmen ist, dass die Versteigerung zu einem späteren Zeitpunkt einen wesentlich geringeren Erlös bringen würde (§ 30a Abs. 2 ZVG).

214 Gemäß § 30a Abs. 3 bis 5 ZVG kann das Gericht die einstweilige Einstellung des Verfahrens von **Auflagen** abhängig machen. Die betreibende Wohnungseigentümergemeinschaft sollte beantragen, dass eine vom Gericht ggf. angeordnete einstweilige Einstellung des Verfahrens außer Kraft tritt, wenn der Schuldner die während der Einstellung fällig werdenden Wohngeldbeiträge nicht zahlt. Eine solche Auflage fiele unter § 30 Abs. 5 ZVG, wenn die bereits aufgelaufenen Wohngeldrückstände den Betrag von 5 Prozent des Verkehrswerts des Wohnungseigentums übersteigen und die Gemeinschaft befürchten muss, die während des Einstellungszeitraums weiterhin auflaufenden Wohngeldrückstände nicht mehr realisieren zu können bzw. im Versteigerungsverfahren insoweit auszufallen.

215 Stellt das Gericht das Versteigerungsverfahren nach § 30a ZVG einstweilen ein, wird das Verfahren nicht nach Ablauf der Einstellungsfrist automatisch fortgeführt. Vielmehr muss der Gläubiger einen **Antrag auf Fortsetzung** stellen. Stellt der Gläubiger diesen Antrag nicht binnen **6 Monaten** seit dem Zeitpunkt, bis zu die Einstellung vom Gericht angeordnet war (§ 31 Abs. 2 Nr. b ZVG), hebt das Gericht das Verfahren auf.

216 War das Verfahren gemäß § 30a ZVG einstweilen eingestellt, kann es aufgrund des § 30a ZVG ein Mal **erneut eingestellt** werden, es sei denn, die Einstellung ist dem Gläubiger unter Berücksichtigung seiner gesamten wirtschaftlichen Verhältnisse nicht zuzumuten (§ 30c S. 1 ZVG). Der Antrag auf erneute einstweilige Einstellung muss binnen 2 Wochen nach Zustellung des Fortsetzungsbeschlusses nebst Belehrung gestellt werden (§ 30c S. 2 ZVG i.V.m. § 30b ZVG).

---

[81] *Schneider*, ZMR 2009, 165, 168; *Hintzen/Alff*, ZInsO 2008, 480, 486; *Stöber*, § 10 ZVG, Rn 4.7.

Der **Rechtsanwalt** erhält für seine Tätigkeit im Verfahren über die einstweilige Einstellung oder Beschränkung der Zwangsversteigerung eine weitere 0,4 **Verfahrensgebühr** nach Nr. 3311 Ziff. 6 VVRVG. Der Gegenstandswert richtet sich nach der vollstreckbaren Forderung des Gläubigers.

Unabhängig von einer einstweiligen Einstellung des Verfahrens nach § 30a ZVG kommt eine Einstellung unter den engen Voraussetzungen des **§ 765a ZPO** in Betracht.

2. Antrag des Gläubigers

Der betreibende Gläubiger kann als Herr des Verfahrens jederzeit die einstweilige Einstellung des Verfahrens **bewilligen** (§ 30 ZVG). Einer Begründung bedarf es hierfür nicht. Das Gerichts erlässt daraufhin einen Einstellungsbeschluss (§ 32 ZVG). Betreiben mehrere Gläubiger die Zwangsversteigerung, gilt die Einstellung nur für das Verfahren jenes Gläubigers, der die Einstellung bewilligt hat.[82]

Das Verfahren wird nur auf Antrag des Gläubigers fortgesetzt. Auch für diesen Antrag bedarf es keiner Begründung. Für die Anordnung der **Fortsetzung** des Verfahrens muss dem Gericht der vollstreckbare Titel vorliegen. Stellt der Gläubiger allerdings keinen Antrag auf Fortsetzung des Verfahrens nicht binnen **6 Monaten** seit Zustellung des Einstellungsbeschlusses, hebt das Gericht das Versteigerungsverfahren – für diesen Gläubiger – auf. Die Beschlagnahmewirkungen zugunsten des Gläubigers gehen dadurch verloren. Der Gläubiger, der die 6-Monats-Frist verpasst hat, kann allerdings einen neuen Versteigerungsantrag (mit neuen Beschlagnahmewirkungen) stellen.

Jeder betreibende Gläubiger kann insgesamt **zweimal** die einstweilige Einstellung des Verfahrens bewilligen. Eine dritte Einstellungsbewilligung gilt als Rücknahme des Versteigerungsantrags (§ 30 Abs. 1 S. 3 ZVG).

IX. Befriedigung des Gläubigers vor Versteigerungstermin

Erfüllt der Schuldner die titulierte Forderung, muss der Gläubiger den Versteigerungsantrag zurücknehmen (§ 29 ZVG). Das Gericht hebt sodann das Verfahren – für diesen Schuldner – auf. Die Beschlagnahmewirkungen entfallen mit der Zustellung des Aufhebungsbeschlusses an den Schuldner.

Die Befriedigung des Gläubigers ist nur dann zu berücksichtigen, wenn sie dem Vollstreckungsgericht vor oder im Versteigerungstermin oder **vor Erlass des Zuschlagsbeschlusses** nachgewiesen wird. Nach § 75 ZVG wird das Verfahren eingestellt, wenn der Schuldner (oder eine andere Person) im Versteigerungstermin einen Einzahlungs- oder Überweisungsnachweis einer Bank oder Sparkasse oder eine öffentliche Urkunde vorlegen, aus der sich die wirksame Befriedigung des Gläubigers ergibt. Das Verfahren ist dann nach § 775 Nr. 4, 5 ZPO. Es genügt erst Recht ein Zahlungsnachweis vor Beginn des Versteigerungstermins. Selbstverständlich reicht es auch aus, wenn das Vollstreckungsgericht auf andere Weise von der Befriedigung Kenntnis erlangt

Hat der Schuldner die **Kosten des Versteigerungsverfahrens** noch nicht ausgeglichen, kann der Gläubiger Kostenfestsetzung beantragen.

Eine **teilweise Erfüllung** der titulierten Forderung hat auf den Gang des Verfahrens grundsätzlich keinen Einfluss. Eine Teilrücknahme ist nicht erforderlich, weil die Ermäßigung der Vollstreckungsforderung weder Einfluss auf die Beschlagnahmewirkungen noch auf die Verfahrenskosten haben. Die Teilerfüllung hat lediglich Bedeutung für die Verteilung des Versteigerungserlöses. Deshalb genügt es, wenn der Gläubiger dem Gericht den Umstand der Teilerfüllung und die Höhe der noch offenen Forderung mitteilt, damit das Gericht dies bei der Aufstellung des Teilungsplans berücksichtigen kann.

Eine **Teilrücknahme** des Versteigerungsantrages ist nur dann erforderlich, wenn die in Rangklasse 2 fallende Forderung der Wohnungseigentümergemeinschaft vollständig erfüllt ist. In diesem Fall ist der Versteigerungsantrag zurückzunehmen, soweit die Zwangsversteigerung wegen der in Rangklasse 2 fallenden Forderung betrieben wird. Wegen der nicht in Rangklasse 2 fallenden, bevorrechtigten Wohngeldforderung wird die Versteigerung in Rangklasse 5 fortbetrieben.

X. Verkehrswertgutachten

Das Gericht hat vor dem Versteigerungstermin den Verkehrswert des beschlagnahmten Wohnungseigentums zu ermitteln und festzusetzen (§ 74a Abs. 5 ZVG). Für die Ermittlung des Verkehrswertes beauftragt das Gericht in der Regel einen **Sachverständigen**, sofern die Ermittlung nicht auf anderem, leichteren Wege möglich ist.

Der Verkehrswert ist aus Sicht der Wohnungseigentümergemeinschaft vor allem von Bedeutung für die Höhe des Betrages, der in **Rangklasse 2** fallenden Wohngeldforderungen. Denn die Rangklasse 2 erfasst 5 Prozent des Verkehrswerts des Wohnungseigentums.

Gegen eine unrichtige Verkehrswertfestsetzung können die Beteiligten des Verfahrens (§ 9 ZVG) **sofortige Beschwerde** einlegen (§ 74a Abs. 5 S. 3 ZVG). Aus Sicht der Wohnungseigentümergemeinschaft ist im Einzelfall abzuwägen, ob eine Beschwerde lohnt. Das Beschwerdeverfahren führt in der Regel zu einer deutlichen Verzögerung

---

82 LG Heilbronn 1 T 205/11, ZMR 2012, 151.

des Versteigerungsverfahrens. Zahlt der Schuldner auch das laufende Wohngeld nicht und betragen die in Rangklasse 2 fallenden Rückstände bereits mehr als 5 Prozent des Verkehrswertes des Wohnungseigentums, kann es für die Wohnungseigentümergemeinschaft zur Vermeidung weiterer Zahlungsausfälle günstiger sein, das Versteigerungsverfahren trotz eines etwas zu gering bemessenen Verkehrswertes möglichst schnell zum Ende zu führen, um möglichst schnell einen neuen, zahlungsfähigen Eigentümer/Wohngeldschuldner zu erhalten, anstatt für einen höheren Verkehrswert und damit einen höheren Anteil am Versteigerungserlös zu streiten.

XI. Versteigerungstermin

1. Geringstes Gebot/Mindestbargebot

230 Bei einer Versteigerung aus Rangklasse 2 ohne gleichzeitig laufendes Zwangsverwaltungsverfahren umfasst das geringste Gebot (§ 44 ZVG) lediglich die **Verfahrenskosten**. Ist ein Zwangsverwaltungsverfahren anhängig, fallen in das geringste Gebot weiterhin etwaige Auslagen des die Zwangsverwaltung betreibenden Gläubigers zur Erhaltung und nötigen Verbesserung des Wohnungseigentums, Rangklasse 1 (siehe Rn 106). Das geringste Gebot ist damit im Verhältnis zum Verkehrswert des Wohnungseigentums relativ gering; es liegt häufig unterhalb von 10 Prozent des Verkehrswerts. Den Betrag des vom Gericht zu Beginn des Versteigerungstermins festgestellten geringsten Gebotes muss ein Bieter mindestens bieten, damit sein Gebot zugelassen werden soll (**Mindestbargebot**).

2. Sicherheitsleistung

231 Um zu verhindern, dass der Meistbietende das Bargebot nicht leistet und es deshalb zur Wiederversteigerung kommen muss, was für die Wohnungseigentümergemeinschaft weiteren Zeitverlust (und damit häufig auch weiteren Forderungsausfall) bedeuten würde, kann die Wohnungseigentümergemeinschaft bzw. deren Vertreter im Versteigerungstermin von jedem Bieter Sicherheitsleistung verlangen (§§ 67 ff. ZVG). Die Sicherheitsleistung beträgt **10 Prozent** des Verkehrswerts des Versteigerungsobjekts. Die in Rangklasse 2 fallenden Wohngeldforderungen werden dadurch in der Regel betragsmäßig abgedeckt.

232 Das Sicherheitsverlangen ist vom Gläubiger sofort **nach Abgabe eines Gebotes** auszusprechen (§ 67 Abs. 1 S. 1 ZVG). Es gilt auch für weitere Gebote desselben Gläubigers.

3. 5/10tel Grenze

233 Das Gericht versagt den Zuschlag **von Amts wegen**, wenn das Meistgebot (also das bare Meistgebot zusammen mit der Summe etwaiger bestehen bleibender Rechte) nicht mindestens die Hälfte des festgesetzten Verkehrswerts beträgt (§ 85a Abs. 1 ZVG).

234 **Ausnahme:** Die Versagung des Zuschlags findet nur dann nicht statt, wenn
– der Bieter einen Anspruch auf Befriedigung aus dem Grundstück hat (z.B. Grundpfandgläubiger),
– er mit diesem Anspruch bei dem vorhandenen Gebot ganz oder teilweise ausfällt und
– die Summe des Meistgebotes und dazu der Ausfall des dinglichen Anspruchs des Bieters die Hälfte des festgesetzten Verkehrswertes erreichen.

Den Schutz des Schuldners bewirkt dann § 114a ZVG.

235 Nach versagtem Zuschlag bestimmt das Gericht von Amts wegen einen **neuen Versteigerungstermin**, der – sofern nicht nach den besonderen Verhältnissen des Einzelfalls etwas anderes geboten ist – mindestens 3 Monate und maximal 6 Monate nach dem ersten Versteigerungstermin liegen soll (§ 85a Abs. 2 ZVG i.V.m. § 74a Abs. 3 ZVG). Die Versagung des Zuschlags nach § 85a Abs. 1 ZVG kann im gesamten Verfahren nur **einmal** erfolgen. In dem neuen Versteigerungstermin darf der Zuschlag weder wegen Nichterreichens der 5/10tel Grenze noch wegen Nichterreichens der 7/10tel Grenze des § 74a ZVG versagt werden (§ 85a Abs. 2 S. 2 ZVG).

236 Zum „zweiten" Versteigerungstermin, in dem die Wertgrenzen nicht mehr gelten, kann es aber nur kommen, wenn im ersten Versteigerungstermin **mindestens ein wirksames Gebot** abgegeben wurde. Aus Sicht der Wohnungseigentümergemeinschaft ist es daher von Vorteil, wenn im ersten Versteigerungstermin mindestens ein Erwerbsinteressent bietet, auch wenn dessen Gebot deutlich unterhalb der 5/10tel Grenze liegt und daher von vornherein klar ist, dass das Gericht den Zuschlag nach § 85a ZVG versagen wird. Ohne dieses Gebot werden die Wertgrenzen der §§ 85a, 74a ZVG nicht fallen.[83]

4. 7/10tel Grenze

237 Liegt das Meistgebot unterhalb von 70 Prozent des festgesetzten Verkehrswertes, muss das Gericht den Zuschlag versagen, wenn ein **Beteiligter** dies **beantragt**, der bei einem (fiktiven) Gebot in Höhe von 70 Prozent des Verkehrswer-

---

83 Zur Unwirksamkeit von Scheingeboten siehe BGH V ZB 83/06, NJW 2007, 3279; BGH V ZB 1/08, Rpfleger 2008, 587.

tes eine Zuteilung aus dem Versteigerungserlös in voller Höhe seines Anspruchs erwarten könnte, die er bei dem abgegebenen Gebot nicht oder nicht in dieser Höhe erwarten kann.

Wird der Zuschlag versagt, bestimmt das Gericht von Amts wegen einen **neuen Versteigerungstermin** (§ 74a Abs. 3 ZVG; siehe Rn 235), in dem weder die 5/10tel noch die 7/10tel Grenze gilt (§ 74a Abs. 4 ZVG).

5. Kein Gebot abgegeben

Wurde im Versteigerungstermin kein Gebot abgegeben, beschließt das Gericht die **einstweilige Einstellung** des Verfahrens (§ 77 ZVG). Eine Fortsetzung des Verfahrens findet nur statt, wenn der Gläubiger dies innerhalb der 6-Monats-Frist des § 31 ZVG beantragt (siehe Rn 215). Wird auch im zweiten Termin kein wirksames Gebot abgegeben, hebt das Gericht das Versteigerungsverfahren auf (§ 77 Abs. 2 S. 1 ZVG).

6. Zahlung durch Schuldner

Das Gericht muss das Verfahren (einstweilen) einstellen, wenn der Schuldner im Versteigerungstermin einen Einzahlungs- oder Überweisungsnachweis einer Bank oder eine öffentliche Urkunde vorlegt, aus der sich ergibt, dass der Schuldner oder ein Dritter, der berechtigt ist, den Gläubiger zu befriedigen, den zur Befriedigung und zur Deckung der Kosten erforderlichen Betrag an die Gerichtskasse gezahlt hat (§ 75 ZVG). Gleiches gilt, wenn der Schuldner im Versteigerungstermin an den anwesenden und empfangsbereiten Gläubiger zahlt. Ist der Gläubiger nicht anwesend, kann der Schuldner das Geld bei der Gerichtskasse als Verwahrgeld einzahlen und den Beleg im Termin vorlegen.

7. Zuschlag

a) Verkündung. Ist ein wirksames Meistgebot vorhanden und liegen keine Versagungsgründe vor, erteilt das Gericht dem Meistbietenden den Zuschlag durch Beschluss (§ 81 ZVG). Die Verkündung des Zuschlagsbeschlusses geschieht unmittelbar in dem Versteigerungstermin oder in einem sofort zu bestimmenden Verkündungstermin, der nicht länger als eine Woche nach dem Versteigerungstermin liegen soll (§ 87 Abs. 1 und 2 ZVG). Der Zuschlagsbeschluss wird den Beteiligten zugestellt (§ 88 ZVG).

b) Wirkungen. Durch den Zuschlag wird der Ersteher **Eigentümer** des beschlagnahmten Wohnungseigentums, es sei denn, der Zuschlagsbeschluss wird im Beschwerdewege rechtskräftig aufgehoben (§ 90 ZVG). Mit dem Zuschlag erlöschen auch alle im Grundbuch eingetragenen Rechte, soweit diese nicht nach den Versteigerungsbedingungen vom Ersteher als bestehen bleibend übernommen werden (§ 91 ZVG).

Der Zuschlagsbeschluss ist zugleich **Vollstreckungstitel** zur Räumung und Herausgabe des Wohnungseigentums gegenüber allen Personen, deren Recht zum Besitz nach dem Zuschlag nicht mehr besteht (§ 93 Abs. 1 S. 1 ZVG), insbesondere gegenüber dem Voreigentümer und deren Angehörigen. Der Zuschlagsbeschluss ermöglicht jedoch keine Vollstreckung gegen Personen, deren Besitzrecht von dem Zuschlag unberührt bleibt (§ 93 Abs. 1 S. 2 ZVG), z.B. Mietern.

c) Rechtsmittel. Gegen den Zuschlag und die Versagung des Zuschlags ist das Rechtsmittel der **sofortigen Beschwerde** gegeben. Auf diese finden die Vorschriften der ZPO über die Beschwerde insoweit Anwendung, als nicht in den §§ 97 bis 104 ZVG ein anderes vorgeschrieben ist (§ 96 ZVG).

Die **Beschwerdefrist** beträgt zwei Wochen. Sie beginnt mit der Verkündung des Beschlusses im Versteigerungs- oder Verkündungstermin, wenn der Zuschlag versagt wurde. Das gleiche gilt im Fall der Erteilung des Zuschlags für die Beteiligten, die im Termin der Verkündung erschienen waren (§ 98 ZVG). In den übrigen Fällen und gegenüber den im Termin der Verkündung nicht Erschienenen beginnt die Frist mit der Zustellung des Zuschlagsbeschlusses zu laufen.

Gemäß § 100 ZVG kann die Beschwerde nur darauf gestützt werden, dass eine der Vorschriften der §§ 81, 83 bis 85a ZVG verletzt oder dass der Zuschlag unter anderen als den der Versteigerung zugrunde gelegten Bedingungen erteilt ist. Auf einen Grund, der nur das Recht eines anderen betrifft, kann die Beschwerde nicht gestützt werden. Die im § 83 Nr. 6, 7 ZVG bezeichneten Versagungsgründe hat das Beschwerdegericht in Amts wegen zu berücksichtigen.

8. Rechtsanwaltskosten

Der für den Gläubiger tätige Rechtsanwalt erhält für die Teilnahme am **Versteigerungstermin** eine 0,4 Verfahrensgebühr (Nr. 3312 VVRVG). Der Gegenstandswert bestimmt sich nach der zu vollstreckenden Forderung (§ 26 RVG). Finden mehrere Versteigerungstermine statt, erhält der Rechtsanwalt die Gebühr nur einmal.

Vertritt ein Rechtsanwalt einen Beteiligten im **Beschwerdeverfahren**, erhält er die 0,5 Verfahrensgebühr nach Nr. 3500 VVRVG. Der Gegenstandswert entspricht dem für die Gerichtsgebühren festgesetzten Wert (§ 23 RVG).

XII. Verteilung des Erlöses

1. Teilungsplan

249 Nach erteiltem Zuschlag bestimmt das Gericht einen Verteilungstermin, in dem der **Teilungsplan** aufgestellt wird. Der Teilungsplan bestimmt, wie der Ertrag der Versteigerung (Teilungsmasse) auf die einzelnen Forderungen der Berechtigten verteilt werden soll. Die Teilungsmasse besteht aus dem Bargebot und den 4 Prozent Zinsen, welche der Ersteher für die Zeit vom Zuschlag bis zum Verteilungstermin zu zahlen hat (§ 49 Abs. 2 ZVG i.V.m. § 246 BGB), falls er den Betrag nicht unter Rücknahmeverzicht hinterlegt hatte (§ 49 Abs. 4 ZVG). Im Teilungsplan wird der Schuldenmasse (bestehend aus den Gerichtskosten und den in den Rangklassen des § 10 Abs. 2 ZVG vorhandenen Ansprüchen) die Teilungsmasse gegenübergestellt. Aus dem Teilungsplan geht also hervor, welcher Gläubiger mit welchen Ansprüchen befriedigt wird und wer einen Ausfall erleidet.

2. Anmeldung

250 Eine Anmeldung von Ansprüchen durch die Wohnungseigentümergemeinschaft ist in diesem Verfahrensstadium i.d.R. nur noch wegen der **Kosten der dinglichen Rechtsverfolgung** (§ 10 Abs. 2 ZVG) erforderlich. Hierzu gehören die der Wohnungseigentümergemeinschaft durch das Zwangsversteigerungsverfahren entstandenen Rechtsanwalts- und Gerichtskosten.[84] Keine Kosten der dinglichen Rechtsverfolgung sind die durch die Titulierung der Wohngeldforderung entstandenen Anwalts- und Gerichtskosten. erforderlich.

251 Die **Wohngeldforderungen**, derentwegen das Versteigerungsverfahren betrieben wurde, berücksichtigt das Gericht von sich aus. Gleiches gilt für die bis zum Versteigerungstermin nach §§ 45 Abs. 3, 37 Nr. 4 ZVG angemeldeten, bevorrechtigten Wohngeldforderungen. Wurde eine Anmeldung bevorrechtigter Wohngeldforderungen nach §§ 45 Abs. 3, 37 Nr. 4 ZVG unterlassen, können diese jetzt zwar noch angemeldet werden, sie werden im Teilungsplan aber an die letzte Stelle gesetzt (§ 110 ZVG).

252 Sollte der Schuldner zwischenzeitlich den Gläubiger ganz oder teilweise befriedigt haben, ist dies dem Gericht bis zum Verteilungstermin mitzuteilen (sog. **Minderanmeldung**).

253 Der für den Gläubiger tätige **Rechtsanwalt** erhält für seine Tätigkeit im Verteilungstermin eine **0,4 Verfahrensgebühr** nach Nr. 3311 Ziff. 2 VVRVG. Der Geschäftswert bemisst sich nach der gesamten Forderung des Gläubigers, maximal jedoch nach dem zu verteilenden Erlös (§ 26 Ziff. 1, letzter Hs. RVG). Hatte der Rechtsanwalt bereits wegen dieser Forderung einen Antrag auf Anordnung der Zwangsversteigerung gestellt, ist die Gebühr damit bereits angefallen.

3. Rechtsmittel

254 Gegen den Teilungsplan gibt es grundsätzlich zwei **Rechtsmittel**, die sofortige Beschwerde und den Widerspruch.

255 **a) Widerspruch.** Bei materiellrechtlichen Beanstandungen, dass der Teilungsplan aufgrund eines besseren Rechts sachlich unrichtig sei, ist der Widerspruch gegeben (§ 115 Abs. 2 ZVG). Er dient also der Klärung der Frage, wie weit ein Gläubiger ein Recht auf Befriedigung hat. Der Widerspruch bezieht sich auf Schuldenmasse und Zuteilung und findet statt, wenn der Plan formell in Ordnung ist, aber eine bestimmte **Zuteilung materiell unrichtig** erfolgt ist.[85] Der Widerspruch muss erkennen lassen, gegen welche Zuteilung und in welchem Umfang er erhoben wird. Zum Widerspruch berechtigt ist nur, wer statt des im Plan ausgewiesenen Berechtigten den betroffenen Betrag bekäme, wenn der Widerspruch Erfolg hätte.

256 Der Widerspruch kann **vor dem Verteilungstermin** schriftlich oder zu Protokoll der Geschäftsstelle oder **im Termin** mündlich erhoben werden, nicht aber mehr nach dem Schluss des Verteilungstermins. Ist ein vor dem Verteilungstermin angemeldeter Anspruch nicht nach Antrag in den Plan aufgenommen worden, so gilt die Anmeldung als Widerspruch (§ 115 Abs. 2 ZVG). Ist der Widerspruch nicht mehr möglich und wird der Teilungsplan materiell unrichtig ausgeführt, kann der betroffene Gläubiger von dem bereicherten Gläubiger auch später noch Herausgabe der Bereicherung verlangen.[86]

257 Im Verteilungstermin wird unmittelbar über den Widerspruch **verhandelt**. Es gelten die §§ 876 bis 882 ZPO entsprechend (§ 115 Abs. 1 ZVG). Jeder beteiligte Gläubiger muss sich sofort erklären. Wird der Widerspruch von den Beteiligten als **begründet** anerkannt oder kommt anderweit eine Einigung zustande, so ist der Teilungsplan demgemäß zu berichtigen. Wenn ein Widerspruch sich nicht erledigt, wird der Plan nur insoweit ausgeführt, als er durch den Widerspruch nicht betroffen wird (§ 876 ZPO). Der streitige Betrag wird vom Gericht **hinterlegt**, dabei bestimmt das Gericht einen der Beteiligten als den Berechtigten und den anderen als den Widersprechenden. Als Berechtigter wird bestimmt, wem nach den Grundsätzen für die Aufstellung des Teilungsplans der Betrag gebührt. Zugleich bestimmt das Gericht, wie der Plan auszuführen wäre, wenn der Widerspruch Erfolg hätte (Hilfszuteilung, § 124 Abs. 1 ZVG).

---

84 Zur Form der Anmeldung siehe *Stöber*, § 10 Rn 15.9.
85 *Stöber*, § 113 Rn 6.1.
86 BGH IX ZR 251/93, NJW 1994, 3299.

258 Gegen einen Gläubiger, der in dem Termin weder erschienen ist, noch vor dem Termin bei dem Gericht Widerspruch erhoben hat, wird angenommen, dass er mit der Ausführung des Planes einverstanden sei (§ 877 Abs. 1 ZPO). Gleiches gilt für einen Gläubiger, der im Termin erschienen ist, aber keinen Widerspruch erhoben hat. Ist ein in dem Termin nicht erschienener Gläubiger von dem Widerspruch betroffen, den ein anderer Gläubiger erhoben hat, so wird angenommen, dass er diesen Widerspruch nicht als begründet anerkenne (§ 877 Abs. 2 ZPO). Der Nichterschienene kann aber nachträglich den Widerspruch anerkennen und dadurch die Ausführung des Planes ermöglichen und eine Klage gegen ihn nach § 878 ZPO abzuwenden.

259 Dem Gläubiger, dessen Widerspruch sich nicht erledigt hat, obliegt es, **binnen eines Monats** seit dem Verteilungstermin **Widerspruchsklage** zu erheben und dies dem Versteigerungsgericht nachzuweisen (§ 878 Abs. 1 S. 1 ZPO). Denn nach Ablauf dieser Frist ohne entsprechende Anzeige an das Verteilungsgericht ordnet dieses die Ausführung des Plans ohne Rücksicht auf den Widerspruch an (§ 878 Abs. 1 S. 2 ZPO). Die Widerspruchsklage ist auf Änderung des Teilungsplans gerichtet ist. Sie wird gegen jenen/jene Gläubiger erhoben, der/die von dem Widerspruch betroffen sind/ist. **Zuständig** ist das Verteilungsgericht oder, wenn der Streitwert den Betrag von 5.000 EUR übersteigert, das Landgericht, in dessen Bezirk das Verteilungsgericht seinen Sitz hat (§ 879 ZPO).

Muster Anh 16.6: Klageantrag

260 Der **Klageantrag** lautet:[87] *„Der Kläger ist in dem Verteilungsverfahren … mit seiner Forderung zu …. EUR vor derjenigen des Beklagten zu …. EUR zu befriedigen."*

Aufgrund des erlassenen Urteils wird die Auszahlung von dem Verteilungsgericht angeordnet (§ 882 ZPO).

261 Hat der Gläubiger die Widerspruchsklage nicht binnen der Monatsfrist des § 878 ZPO erhoben oder die entsprechende Anzeige an das Verteilungsgericht versäumt, so ist die Widerspruchsklage trotzdem zulässig, sofern der Teilungsplan noch nicht vollständig ausgeführt ist. Die Klage stoppt nur nicht mehr die Ausführung des Plans. Gegebenenfalls kann die Ausführung durch einstweilige Verfügung untersagt werden. Nach Ausführung des Plans kann der Gläubiger sein besseres Recht aber noch im Wege der **Bereicherungsklage** geltend machen[88] und Auszahlung des aufgrund des Teilungsplanes zu Recht, aber materiell zu Unrecht Empfangenen verlangen. Die Bereicherungsklage hat auch ein Gläubiger, der den Widerspruch selbst versäumt hat.[89]

262 **b) Sofortige Beschwerde.** Mit der **sofortigen Beschwerde** ist vorzugehen, wenn gerügt werden soll, dass der Teilungsplan nicht nach den gesetzlichen Form- und Verfahrensvorschriften aufgestellt sei.[90] Die 2-wöchige Beschwerdefrist beginnt mit der Zustellung des Aufteilungsplans.[91]

XIII. Vollstreckungsmöglichkeiten bei (vorrangigen) Grundschulden

263 Im Regelfall ist die zu versteigernde Wohnungseigentumseinheit mit einer oder mehreren Grundschulden belastet. Fallen die Wohngeldforderungen der Eigentümergemeinschaft ausschließlich in Rangklasse 2, wird die Eigentümergemeinschaft vollständig aus dem Versteigerungserlös befriedigt, bevor eine Zuteilung an die Grundpfandgläubiger erfolgt. In dieser Konstellation sind die Grundpfandrechte für die Eigentümergemeinschaft ohne Nachteil.

264 Betreibt die Eigentümergemeinschaft die Zwangsversteigerung aber (auch) aus einer den Grundpfandrechten nachrangigen Sicherungshypothek oder aus Rangklasse 5, stellt sich für die Eigentümergemeinschaft die Frage, ob sie durch Pfändungen erreichen kann, anstelle des bisherigen Grundschuldgläubigers eine Zuteilung aus dem Versteigerungserlös zu erhalten. Hinsichtlich der einzuleitenden Maßnahmen ist zu unterscheiden, ob

- die vorrangige Grundschuld dem Schuldner/Eigentümer zusteht (**Eigentümergrundschuld**) oder
- Inhaber der Grundschuld zwar (noch) ein Dritter ist, der Schuldner/Eigentümer aber einen schuldrechtlichen Anspruch gegen den Grundschuldgläubiger auf Rückübertragung der Grundschuld hat (sog. **Rückgewähranspruch**).

1. Pfändungen bei Eigentümergrundschuld

265 **a) Pfändung der Grundschuld vor Zuschlag.** Ist der Schuldner selbst Inhaber der Grundschuld, kann die Eigentümergemeinschaft aus dem Titel, aus dem sie die Zwangsversteigerung betreibt, oder aus einem anderen Titel die Grundschuld pfänden. Dies ist auch während des Versteigerungsverfahrens möglich, solange der **Zuschlag noch nicht** erteilt ist.

266 Die Pfändung erfolgt gemäß §§ 830, 857 Abs. 6 ZPO durch **Pfändungsbeschluss** und **Übergabe** des Grundschuldbriefs (bei Briefgrundschulden) oder **Eintragung** der Pfändung in das Grundbuch (bei Buchgrundschuld). Die Pfändung ist drittschuldnerlos.

---

87 Zöller/Stöber, § 878 Rn 2.
88 Zöller/Stöber, § 878 Rn 16.
89 BGH IX ZB 251/93, NJW 1994, 3299.
90 Stöber, § 113 Rn 6.3.
91 BGH V ZB 54/08, Rpfleger 2009, 401.

267 **Muster Anh 16.7: Pfändungsbeschluss (bei offener Eigentümergrundschuld)**

„Gepfändet wird die angeblich für den Schuldner im Grundbuch von ▇ Abteilung III Nr. ▇ eingetragene
- Eigentümergrundschuld, für die ein Grundschuldbrief erteilt ist
- (oder) Eigentümergrundschuld ohne Brief

in Höhe von ▇ EUR, nebst den Zinsen seit dem ▇.

Dem Schuldner wird geboten, sich jeder Verfügung über die Eigentümergrundschuld, insbesondere ihrer Aufhebung durch Bewirkung der Löschung oder der Abtretung an einen Dritten, zu enthalten."

268 Konnte die Pfändung **nicht mehr vor dem Zuschlag** durch Briefübergabe oder Grundbucheintragung wirksam vollendet werden, bezieht sich der Pfändungsbeschluss automatisch auf den Erlös. Das Objekt der Pfändung ist nicht falsch bezeichnet, da der Erlösanteil nur eine andere Erscheinungsform (Surrogat) der Grundschuld ist. Die Pfändung ist in dieser Konstellation ebenfalls drittschuldnerlos. Wurde der Pfändungsbeschluss allerdings bereits vor dem Zuschlag dem Schuldner zugestellt, muss die Zustellung nach Verkündung des Zuschlags wiederholt werden.[92]

269 Die Pfändung der Grundschuld muss dem Gericht im **Verteilungstermin** unter Vorlage des Pfändungsbeschlusses und des Grundschuldbriefes oder eines Nachweises der Grundbucheintragung **angemeldet** werden. Eine Berücksichtigung der Pfändung von Amts wegen erfolgt nur bei gepfändeten Buchgrundschulden, wenn die Pfändung vor dem Versteigerungsvermerk im Grundbuch eingetragen ist.

270 **b) Pfändung des Erlösanteils nach Zuschlag.** Nach erfolgtem **Zuschlag** aber **vor** Durchführung und **Abschluss des Verteilungsverfahrens** kann die Wohnungseigentümergemeinschaft den Anspruch des ehemaligen Grundschuldinhabers/Eigentümers auf Befriedigung aus dem Erlös pfänden.[93] Die Pfändung wird mit Zustellung an den ehemaligen Eigentümer/Schuldner wirksam. Der Pfändungsbeschluss ist dem Gericht im Verteilungstermin vorzulegen.

271 **Nach Ausführung des Teilungsplans** ist nur noch eine Pfändung möglich, wenn der Gelderlös nach § 117 Abs. 2 S. 3 hinterlegt ist. Die Hinterlegungsstelle ist Drittschuldnerin. Wer die Hinterlegungsstelle vertritt, ergibt sich aus dem jeweiligen Landesrecht.[94]

2. Pfändung des Rückgewähranspruchs bei Sicherungsgrundschuld

272 Hat der Eigentümer einem Dritten zur Sicherung einer Forderung eine Grundschuld bestellt und ist der Sicherungsgrund zwischenzeitlich ganz oder teilweise entfallen, hat der Sicherungsgeber/Eigentümer aus der Sicherungsabrede heraus einen schuldrechtlichen Anspruch gegen den Grundschuldinhaber, sich von dieser Grundschuld zu trennen (sog. **Rückgewähranspruch**). Die Pfändung dieses Anspruchs erfolgt nach den allgemeinen Regeln für die Pfändung von Forderungen. Drittschuldner ist der Inhaber der Grundschuld.

273 **Aber:** Ist das Grundbuch mit einer weiteren, nachrangigen Grundschuld belastet, hat der Sicherungsgeber/Eigentümer den Rückgewähranspruch im Regelfall an den Berechtigten der nachrangigen Grundschuld abgetreten, sodass eine spätere Pfändung des Rückgewähranspruchs hier häufig ins Leere geht.

Die wirksame Pfändung des Rückgewähranspruchs hat zur Folge, dass der Pfändungsgläubiger anstelle des Eigentümers vom Grundschuldinhaber die Rückgewähr fordern kann. Im Regelfall haben der Sicherungsgeber/Eigentümer und der Sicherungsnehmer bei der Bestellung der Grundschuld in der **Sicherungsabrede** vereinbart, wie die Rückgewähr zu erfolgen hat. An diese Vereinbarung ist der Pfandgläubiger gebunden. Ist nichts vereinbart, kann der Gläubiger **wählen** (§ 262 BGB), auf welche Weise der Rückgewähranspruch erfüllt werden soll. Drei Möglichkeiten der Erfüllung bestehen:

- **Übertragung** (= Abtretung) der Grundschuld auf den Anspruchsberechtigten,
- **Verzicht** auf die Grundschuld mit der Folge, dass die Grundschuld zur Eigentümergrundschuld wird (§§ 1168, 1192 BGB),
- **Aufhebung** der Grundschuld (§§ 875, 1183, 1192 BGB); die Grundschuld wird gelöscht.

274 Die Pfändung und Überweisung des Rückgewähranspruchs hat im Versteigerungsverfahren zur Folge, dass mit dem Erlöschen der Grundschuld in der Zwangsversteigerung (§ 91 Abs. 1 ZVG) an die Stelle des Anspruchs des Schuldners/Eigentümers auf Rückgewähr der Grundschuld ein Anspruch auf Rückgewähr des auf diese Grundschuld entfallenden anteiligen Versteigerungserlöses tritt.[95] Das Pfandrecht am Rückgewähranspruch setzt sich an dem Anspruch des Schuldners auf den Versteigerungserlös fort.[96]

---

92 Stöber, Forderungspfändung, Rn 1986.
93 Siehe Stöber, Forderungspfändung, Rn 1995.
94 Teilweise abgedr. in Stöber, Forderungspfändung, Anhänge 9 ff.

95 BGH IX ZR 64/90, NJW-RR 1991, 1197.
96 BGH Rpfleger 1961, 291.

Die Pfändung des Rückgewähranspruchs bewirkt aber noch nicht, dass das Verteilungsgericht den anteiligen Erlös dem Pfandgläubiger im Teilungsplan zuweisen darf. Da der Rückgewähranspruch nur schuldrechtlicher Natur ist, hat er auf den Teilungsplan keinen Einfluss. Der auf die abstrakte Grundschuld entfallende Erlösanspruch gebührt stets dem Grundschuldgläubiger.[97] Das Gericht prüft oder berücksichtigt den Rückgewähranspruchs bei der Aufstellung des Teilungsplans selbst dann nicht, wenn er geltend gemacht ist. Erst durch eine **rechtsgeschäftliche Erklärung** (Verfügung) des Grundschuldgläubigers kann eine Änderung der dinglichen Rechtslage herbeigeführt werden. Diese auf den Grundschulderlös bezogene Erklärung muss in Erfüllung des Rückgewähranspruchs auf

– Übertragung (Abtretung) des nicht valutierten Erlösteils,
– Verzicht oder
– Aufhebung des Rechts

lauten mit der Folge, dass der pfändende Gläubiger einziehungsberechtigt wird (bei Verzicht) oder wegfällt (bei Aufhebung). Die Verfügung des Grundschuldgläubigers über den Grundschulderlös in einer der drei genannten Varianten führt zu einer Änderung der dinglichen Berechtigung am Erlös. Sie ist daher bei der Aufstellung und Ausführung des Teilungsplans zu berücksichtigen. Die Erklärung (Verfügung) des Grundschuldgläubigers muss dem Gericht in nachprüfbarer Form bekanntgegeben werden.

Verweigert der Grundschuldgläubiger die Erfüllung des Rückgewähranspruchs, kann der pfändende Gläubiger die Erfüllung (also die Abtretungserklärung, den Verzicht oder die auf Aufhebung zielende Erklärung) mit Widerspruch gegen den Teilungsplan und Widerspruchsklage erzwingen.[98]

Erhält der Grundschuldgläubiger aus dem Versteigerungserlös einen die gesicherte persönliche Forderung übersteigenden Geldbetrag (**Mehrerlös**), hat der Sicherungsgeber als Gläubiger des Rückgewähranspruchs einen Anspruch gegen den ehemaligen Grundschuldgläubiger auf Auskehrung des Mehrerlöses. Dieser Anspruch gründet sich auf die bei Gewährung der Grundschuld getroffene Sicherungsabrede und stellt nur eine andere Form der Erfüllung des ursprünglichen Rückgewähranspruchs dar. Dieser Anspruch ist ebenfalls pfändbar. Wurde schon zuvor der Rückgewähranspruch gepfändet, setzt sich das am Rückgewähranspruch erlangte Pfandrecht an dem Anspruch auf Auskehrung des Mehrerlöses fort. Dieser Anspruch muss bei Bestehen der Grundschuld neben dem auf sie bezogenen Rückgewähranspruch also nicht selbstständig gepfändet werden.[99]

XIV. Pfändung des Erlösüberschusses

Bleibt nach Befriedigung aller im Teilungsplan genannten Berechtigten ein Überschuss, steht dieser dem Eigentümer zu. Dieser Anspruch ist vom Zuschlag an pfändbar. Die Pfändung ist drittschuldnerlos und somit durch Zustellung an den Eigentümer (§ 857 Abs. 2 ZPO) zu bewirken.[100]

XV. Gerichtskosten im Versteigerungsverfahren

1. Gebühren und Auslagen zulasten des Schuldners

Die **Gebühren** des Gerichts für das Versteigerungsverfahren berechnen sich wie folgt:

– 0,5 Gebühr für das Verfahren im Allgemeinen (Nr. 2211 KVGKG) berechnet nach dem Verkehrswert des Versteigerungsgegenstandes (§ 54 Abs. 1 GKG),
– 0,5 Gebühr für den Versteigerungstermin (Nr. 2213 KVGKG) berechnet nach dem Verkehrswert des Versteigerungsgegenstandes (§ 54 Abs. 1 GKG),
– 0,5 Gebühr für das Verteilungsverfahren (Nr. 2215 KVGKG) berechnet i.d.R. nach dem Bargebot zzgl des Wertes der bestehen gebliebenen Rechte (§ 54 Abs. 3 GKG).

Hinzu kommen die im Laufe des Verfahrens angefallenen **Auslagen**, insbesondere

– die Zustellkosten (Nr. 9002 KVGKG) außer für Anordnung und Beitritt,
– die Kosten der Verkehrswertermittlung (Nr. 9005 KVGKG),
– die Kosten der öffentlichen Bekanntmachung (Nr. 9004 KVGKG),
– etwaige Reisekosten des Gericht (Nr. 9006 KVGKG).

Die vorgenannten Gerichtskosten und Auslagen werden vorweg **aus dem Erlös** entnommen (sog. Rangklasse 0) und fließen an die Gerichtskasse bzw. an den Gläubiger zurück, sofern dieser einen Kostenvorschuss hierauf geleistet hat.

2. Gebühren zulasten des Gläubigers

Für die Entscheidung über den Antrag auf **Anordnung** der Zwangsversteigerung fällt eine pauschale Gerichtsgebühr von 50,00 EUR an (Nr. 2210 KVGKG) zuzüglich der Auslagen für die Zustellung des Beschlusses (Nr. 9002 KVGKG). Wird der Antrag vor der Entscheidung zurückgenommen, fällt keine Gebühr an. Die vorgenannte Gebühr

---

97 BGH IX ZR 64/90, NJW-RR 1991, 1197.
98 Stöber, Forderungspfändung, Rn 1910.
99 Stöber, Forderungspfändung, Rn 1911.
100 Stöber, Forderungspfändung, Rn 130.

fällt auch für jede Entscheidung über einen **Beitritt**santrag an. Diese Gebühr ist vom Gläubiger einzuzahlen und wird aus dem Erlös im Range des Gläubigers an diesen erstattet.

3. Gebühr zulasten des Erstehers

283 Für die Erteilung des Zuschlags fällt eine 0,5 Gebühr an (Nr. 2214 KVGKG) berechnet i.d.R. nach dem Bargebot zzgl des Wertes der bestehen gebliebenen Rechte (§ 54 Abs. 2 GKG). Diese Gebühr trägt der Ersteher (§ 26 Abs. 2 GKG), wird also nicht gem § 109 ZVG dem Erlös entnommen.

XVI. Kostenfestsetzung

284 Die der Wohnungseigentümergemeinschaft durch das Zwangsversteigerungsverfahren entstandenen Rechtsanwalts- und Gerichtskosten werden im Teilungsplan berücksichtigt (siehe Rn 250) und fließen – soweit die Teilungsmasse reicht – an die Wohnungseigentümergemeinschaft zurück. Solange die Wohnungseigentümergemeinschaft aber noch nicht befriedigt ist, kann sie während oder nach Abschluss des Zwangsversteigerungsverfahrens die entstandenen (notwendigen) Kosten der Vollstreckung durch Kostenfestsetzungsbeschluss festsetzen lassen.[101] Zuständig ist der Rechtspfleger des Vollstreckungsgerichts.

§ 17 Anteil bei Aufhebung der Gemeinschaft

¹Im Falle der Aufhebung der Gemeinschaft bestimmt sich der Anteil der Miteigentümer nach dem Verhältnis des Wertes ihrer Wohnungseigentumsrechte zur Zeit der Aufhebung der Gemeinschaft. ²Hat sich der Wert eines Miteigentumsanteils durch Maßnahmen verändert, deren Kosten der Wohnungseigentümer nicht getragen hat, so bleibt eine solche Veränderung bei der Berechnung des Wertes dieses Anteils außer Betracht.

A. Allgemeines	1	D. Erlöschen der Sondereigentumsrechte	12
B. Die Aufhebung der Gemeinschaft	3	E. Verfahren	13
C. Die Anteilsbemessung	5		

Literatur: *Kreuzer,* Wertverschiebung aufgrund baulicher Änderungen, WE 1996, 450; *ders.,* Aufhebung von Wohnungseigentum, NZM 2001, 123; *Röll,* Die Aufhebung von Wohnungseigentum an Doppelhäusern, DNotZ 2000, 749.

A. Allgemeines

1 Satz 2 ist aufgrund Art. 1 Nr. 8 **WEG-ÄnderungsG** geändert worden. Hierbei handelt es sich um eine durch § 16 Abs. 4 bedingte Folgeänderung, die den Regelungsgehalt der Norm unverändert lässt.

2 § 17 bestimmt die **Höhe des Auseinandersetzungsguthabens** jedes einzelnen Wohnungseigentümers **im Falle einer Aufhebung** der Wohnungseigentümergemeinschaft, nicht die Voraussetzungen zur Aufhebung der Gemeinschaft (siehe Rn 3) oder deren Durchführung (siehe Rn 4).

B. Die Aufhebung der Gemeinschaft

3 Eine Aufhebung der Gemeinschaft ist grundsätzlich nur unter folgenden **Voraussetzungen** möglich: Zum einen durch formlose[1] Vereinbarung sämtlicher Wohnungseigentümer, solange das Gebäude besteht. Zum anderen auf Verlangen eines oder mehrerer Wohnungseigentümer bei völliger oder teilweiser Zerstörung des Gebäudes, wenn hierüber in der Gemeinschaftsordnung oder nachträglich eine Vereinbarung gemäß § 11 Abs. 1 S. 3 getroffen worden ist und eine Verpflichtung zum Wiederaufbau nach § 22 Abs. 4 nicht besteht. Anders als in den Fällen des § 9 Abs. 1 Nr. 1 und 2 (vgl. dazu Rn 12, § 9 Rn 2, 3), entsteht keine gewöhnliche Bruchteilsgemeinschaft im Sinne der §§ 1008 ff., 747 ff. BGB.

4 Die **Durchführung der Aufhebung** der Gemeinschaft erfolgt – soweit nichts anderes vereinbart ist – im Wege der Auseinandersetzung der Miteigentümer nach den §§ 752 ff. BGB. Das Gesamtgrundstück einschließlich des Gebäudes ist entweder in Natur zu teilen, was in der Regel wegen § 752 S. 1 BGB ausgeschlossen sein dürfte, oder nach § 753 BGB durch freihändigen Verkauf gemäß §§ 753 ff. BGB oder Teilungsversteigerung gemäß §§ 180 ff. ZVG zu verwerten. Der Verkaufs- und Versteigerungserlös ist unter den Miteigentümern nach Maßgabe von § 17 zu verteilen.

---

101 § 788 Abs. 2 ZPO; vgl. *Stöber,* Einleitung Rn 40.

1 Staudinger/*Kreuzer,* § 11 Rn 24; **a.A.** *Jennißen/Heinemann,* § 17 Rn 4: in der Form des § 4.

C. Die Anteilsbemessung

Abweichend von dem Bemessungsgrundsatz des § 16 nach Miteigentumsanteilen stellt § 17 auf den **wirklichen Wert des Wohnungseigentumsrechts** zum Zeitpunkt der Aufhebung ab. Dabei ist mit dem Begriff „Wohnungseigentumsrechte" das Sondereigentumsrecht (§ 1 Abs. 2, 3) gemeint.[2] Der Aufhebungsanteil berechnet sich also nach dem Wertverhältnis der Sondereigentumsrechte untereinander und ist damit grundsätzlich (Ausnahme vgl. Rn 10) auch für den Anteil jedes Wohnungseigentümers am gemeinschaftlichen Eigentum maßgebend. Sind z.B. die WE 1 500 000 EUR, die WE 2 200 000 und die WE 3 bis 5 jeweils 100 000 EUR wert, steht dem Wohnungseigentümer 1 am Wert des gemeinschaftlichen Eigentums 1/2, dem Wohnungseigentümer 2 1/5 und den übrigen Wohnungseigentümern jeweils 1/10 zu. Die Gemeinschaftsordnung bzw. eine nachträgliche Vereinbarung kann eine andere Bemessungsgrundlage vorsehen, da § 17 **abänderbar** ist (§ 10 Abs. 2 S. 2). Ein den Verteilungsmaßstab ändernder Mehrheitsbeschluss ist hingegen gesetzeswidrig und daher nichtig, es sei denn die Gemeinschaftsordnung enthält eine entsprechende Öffnungsklausel.[3]

Das Abstellen auf den wirklichen Wert soll **Ungerechtigkeiten** bei der Verteilung **vermeiden**, die dadurch entstehen können, dass einzelne Sondereigentumseinheiten wertverbessernde Maßnahmen erfahren haben, andere aber durch Vernachlässigung im Wert gesunken sind. Korrigiert werden mittelbar auch die von Anfang an – gewollt oder zufällig – nicht im Verhältnis der Werte zueinander festgelegten Miteigentumsanteile.[4]

Die **Berechnung des Wertes** der Wohnungseigentumsrechte obliegt in erster Linie den Wohnungseigentümern im Wege der Vereinbarung.[5] Soweit eine solche nicht zu Stande kommt, ist der Wert vom Gericht nach § 287 Abs. 2 ZPO im Rahmen einer Auseinandersetzungsklage sachverständig zu **schätzen**. Die Wertermittlungsmethode steht dabei im pflichtgemäßen Ermessen des Tatrichters.[6] Die Summe der ermittelten Werte muss dann ins Verhältnis zu dem zur Verteilung vorhandenen Erlös gesetzt werden.[7]

Für die Wertermittlung ist auf den **Zeitpunkt der Aufhebung** abzustellen. Werterhöhungen müssen zu diesem Zeitpunkt noch vorhanden sein. Bei völliger Zerstörung des Gebäudes vor der Aufhebung der Gemeinschaft sind sie daher nicht mehr zu berücksichtigen. Es erfolgt eine Verteilung entsprechend der Miteigentumsanteile bzw. einem abweichend vereinbarten Verteilungsschlüssel, und zwar auch im Falle einer Versicherungsdeckung.[8] Etwaige Unbilligkeiten sind über eine entsprechende Anwendung von § 10 Abs. 2 S. 3 zu lösen.[9] Etwas anderes gilt, wenn das Gebäude erst nach der Aufhebung der Gemeinschaft zerstört worden ist.

Für die **Wertermittlung des Sondereigentums** ist sein Sach- und Ertragswert zu ermitteln. Hierbei sind alle den Verkehrswert des Sondereigentums beeinflussenden Umstände zugunsten und zu Lasten des jeweiligen Wohnungseigentümers zu berücksichtigen. Besondere Bedeutung kommt dabei der Wohnfläche, der Zahl der Zimmer, der Ausstattung der Wohnung, ihrem Erhaltungszustand und ihrer Lage im Gebäude (Stockwerkshöhe, Himmelsrichtung) zu. Außer Betracht bleiben etwaige Belastungen des Sondereigentums (Eintragungen in Abteilung II und III des Wohnungsgrundbuchs).

Für die **Wertermittlung des gemeinschaftlichen Eigentums** sind insbesondere auch Werterhöhungen zu berücksichtigen, welche die Wohnungseigentümer etwa aufgrund modernisierender Instandsetzungsmaßnahmen gemäß § 21 Abs. 5 Nr. 2, baulicher Veränderungen gemäß § 22 Abs. 1 oder Maßnahmen im Sinne von § 22 Abs. 2 geschaffen haben (Aufbringung einer Wärmedämmung, Bau eines Schwimmbades, repräsentativer Ausbau des Eingangsbereichs oder Einbau eines Fahrstuhls). Derartige **Werterhöhungen** kommen indes gemäß § 17 S. 2 **nur denjenigen Wohnungseigentümern zugute**, die sich an den Kosten dieser Maßnahmen beteiligt haben. Dies ist dann nicht der Fall, wenn ein Wohnungseigentümer einer baulichen Veränderung gemäß § 22 Abs. 1 nicht zugestimmt hat.[10] Er darf dann nicht an den Nutzungen teilhaben, muss sich aber grundsätzlich auch nicht an Kosten beteiligen (§ 16 Abs. 6 S. 1). In diesem Fall gilt das Wertverhältnis der Sondereigentumsrechte nur für den Wert des gemeinschaftlichen Eigentums ohne die werterhöhende Maßnahme. Der auf die werterhöhende Maßnahme entfallende Wertanteil ist nur unter den Wohnungseigentümern zu verteilen, die sich an den Kosten der Maßnahme beteiligt haben, und zwar nach dem Wertverhältnis der Sondereigentumsrechte nur dieser Wohnungseigentümer. Eine Ausnahme eröffnet § 16 Abs. 4, der es den Wohnungseigentümern ermöglicht, die Kosten einer Maßnahme gemäß § 22 Abs. 1 auch solchen Wohnungseigentümern aufzuerlegen, die einer baulichen Veränderung nicht zugestimmt haben, sofern sie von dieser einen Gebrauchsvorteil haben. In diesem Fall ist es gerechtfertigt, dass der Wohnungseigentümer an der Werterhöhung partizipiert; ebenso wie an den Nutzungen (§ 16 Abs. 6 S. 2).

Das der Gemeinschaft der Wohnungseigentümer gehörende **Verwaltungsvermögen** (vgl. § 10 Abs. 7) zählt nicht zum Wohnungseigentum und bleibt daher für die Wertermittlung außer Betracht. Da die Gemeinschaft der Woh-

---

2 *Riecke/Schmid/Elzer*, § 17 Rn 10.
3 Vgl. BGH, V ZB 58/99, NJW 2000, 3500; *Bärmann/Klein*, § 17 Rn 15, 16; **a.A.** *Jennißen/Heinemann*, § 17 Rn 1.
4 *Weitnauer/Lüke*, § 17 Rn 4.
5 *Bärmann/Klein*, § 17 Rn 11.
6 Vgl. BGH, V ZR 213/03, NZM 2004, 709.
7 Vgl. die Formel bei *Jennißen/Heinemann*, § 17 Rn 11.
8 *Weitnauer/Lüke*, § 17 Rn 5; **a.A.** Staudinger/*Kreuzer*, § 17 Rn 6.
9 *Jennißen/Heinemann*, § 17 Rn 17.
10 Auch wenn er ihr mangels Beeinträchtigung nicht zustimmen musste, *Bärmann/Klein*, § 17 Rn 17.

nungseigentümer mit der Aufhebung der Gemeinschaft untergeht (vgl. § 10 Abs. 7 S. 4) muss ihr Vermögen auf die Mitglieder verteilt werden. Dafür ist es sachgerecht an den gesetzlichen (§ 16 Abs. 2: Miteigentumsanteile) bzw den vereinbarten Kostenverteilungsschlüssel anzuknüpfen.[11] Die Befriedigung von Verbandsschulden kann jeder Wohnungseigentümer gemäß § 755 BGB vorab aus dem Erlös verlangen.[12] Die ebenfalls zum Verwaltungsvermögen gehörenden Wohngeldansprüche sind nach § 756 BGB zu berücksichtigen.[13]

D. Erlöschen der Sondereigentumsrechte

12 Von der Aufhebung der Gemeinschaft ist das Erlöschen der Sondereigentumsrechte zu unterscheiden. Werden sämtliche Sondereigentumsrechte durch Einigung aller Wohnungseigentümer in der Form des § 4 aufgehoben (Fall des § 9 Abs. 1 Nr. 1, vgl. § 9 Rn 2), so besteht die Gemeinschaft als gewöhnliche Bruchteilsgemeinschaft nach §§ 1008 ff., 741 ff. BGB fort. § 17 findet in diesem Fall **entsprechende Anwendung**.[14] Im Fall des § 9 Abs. 1 Nr. 2 (vgl. § 9 Rn 3), ist § 17 wegen der völligen Zerstörung des Gebäudes hingegen bedeutungslos (vgl. auch Rn 8).[15]

E. Verfahren

13 Der Anspruch **auf Zustimmung** eines Wohnungseigentümers **zur Aufhebung** der Gemeinschat ist in einem Rechtsstreit nach §§ 43 Nr. 1, 23 Nr. 2c GVG geltend zu machen. Nicht hingegen Ansprüche **aus der Aufhebung** der Gemeinschaft, für die zwar ebenfalls das Prozessgericht zuständig ist;[16] dessen örtliche und sachliche Zuständigkeit richtet sich aber nach den allgemeinen Vorschriften (§§ 3 ff. ZPO, §§ 23 Nr. 1, 71 Abs. 1 GVG). Denn nach einer Aufhebung der Gemeinschaft fehlt es an einer Streitigkeit der Wohnungseigentümer untereinander, da es zu diesem Zeitpunkt keine Wohnungseigentümer mehr gibt.

§ 18 Entziehung des Wohnungseigentums

(1) ¹Hat ein Wohnungseigentümer sich einer so schweren Verletzung der ihm gegenüber anderen Wohnungseigentümern obliegenden Verpflichtungen schuldig gemacht, dass diesen die Fortsetzung der Gemeinschaft mit ihm nicht mehr zugemutet werden kann, so können die anderen Wohnungseigentümer von ihm die Veräußerung seines Wohnungseigentums verlangen. ²Die Ausübung des Entziehungsrechts steht der Gemeinschaft der Wohnungseigentümer zu, soweit es sich nicht um eine Gemeinschaft handelt, die nur aus zwei Wohnungseigentümern besteht.

(2) Die Voraussetzungen des Absatzes 1 liegen insbesondere vor, wenn

1. der Wohnungseigentümer trotz Abmahnung wiederholt gröblich gegen die ihm nach § 14 obliegenden Pflichten verstößt;
2. der Wohnungseigentümer sich mit der Erfüllung seiner Verpflichtungen zur Lasten- und Kostentragung (§ 16 Abs. 2) in Höhe eines Betrags, der drei vom Hundert des Einheitswerts seines Wohnungseigentums übersteigt, länger als drei Monate in Verzug befindet; in diesem Fall steht § 30 der Abgabenordnung einer Mitteilung des Einheitswerts an die Gemeinschaft der Wohnungseigentümer oder, soweit die Gemeinschaft nur aus zwei Wohnungseigentümern besteht, an den anderen Wohnungseigentümer nicht entgegen.

(3) ¹Über das Verlangen nach Absatz 1 beschließen die Wohnungseigentümer durch Stimmenmehrheit. ²Der Beschluss bedarf einer Mehrheit von mehr als der Hälfte der stimmberechtigten Wohnungseigentümer. ³Die Vorschriften des § 25 Abs. 3, 4 sind in diesem Fall nicht anzuwenden.

(4) Der in Absatz 1 bestimmte Anspruch kann durch Vereinbarung der Wohnungseigentümer nicht eingeschränkt oder ausgeschlossen werden.

A. Allgemeines 1	II. Regelbeispiele (Abs. 2) 17
B. Anspruchsvoraussetzungen 7	1. Verstöße gegen Pflichten gemäß § 14 17
I. Generalklausel (Abs. 1) 8	2. Zahlungsverzug 18
1. Schwere Pflichtverletzung 8	C. Die Durchsetzung des Entziehungsanspruchs .. 20
2. Unzumutbarkeit 11	I. Mehrheitsbeschluss (Abs. 3) 21
3. Schuldig machen 15	II. Entziehungsklage (Abmeierungsklage) 24
	D. Unabdingbarkeit (Abs. 4) 30

---

11 *Jennißen/Heinemann*, § 17 Rn 12; *Riecke/Schmid/Elzer*, § 17 Rn 7.
12 *Bärmann/Klein*, § 17 Rn 24.
13 *Jennißen/Heinemann*, § 17 Rn 12.
14 *Palandt/Bassenge*, § 17 Rn 1; *Bärmann/Klein*, § 17 Rn 9, 10; differenzierend *Jennißen/Heinemann*, § 17 Rn 7.
15 *Jennißen/Heinemann*, § 17 Rn 7.
16 Vgl. BayObLG BReg 2 Z 23/78, Rpfleger 1980, 110.

A. Allgemeines

Abs. 1 S. 2 ist als Folge der vom Gesetz in § 10 anerkannten Teilrechtsfähigkeit der Gemeinschaft der Wohnungseigentümer aufgrund Art. 1 Nr. 9 **WEG-ÄnderungsG** angefügt worden.

Im Interesse eines reibungslosen Funktionierens der Gemeinschaft können die Wohnungseigentümer – wie auch bei § 12 – Einfluss auf die Zusammensetzung der Gemeinschaft ausüben. Mit § 12 kann das Eindringen einer unerwünschten Person verhindert, mit § 18 deren **Entfernung aus der Gemeinschaft** erreicht werden.[1] Der Anspruch auf Entziehung des Wohnungseigentums gemäß § 18 Abs. 1 bildet das notwendige Regulativ zur grundsätzlichen Unauflöslichkeit der Gemeinschaft (§ 11). Denn die Entziehung schafft Abhilfe bei unerträglichen Verhältnissen infolge schwerer Pflichtverletzungen und soll den Gemeinschaftsfrieden wiederherstellen.[2] Ziel ist es, künftige Störungen der Wohnungseigentümergemeinschaft zu verhindern, nicht hingegen vergangenes Handeln zu sanktionieren.[3]

Die Entziehung des Wohnungseigentums erfolgt durch eine erzwungene Veräußerung an einen Dritten. Dies stellt einen schweren **Eingriff in das durch Art. 14 Abs. 1 GG grundrechtlich geschützte Eigentum** dar. Eine derartige Verpflichtung ist nur bei Vorliegen enger Voraussetzungen zulässig. Eine solche Voraussetzung kann vorliegen, wenn ein Eigentümer mit seinem Eigentum so verfährt, dass die Rechte anderer Personen, darunter auch Eigentumsrechte, in erheblichem Maße verletzt werden. Dies gilt insbesondere dann, wenn – wie beim Wohnungseigentum – mehrere Personen in einem so engen Verhältnis stehen, dass jede ihr Recht nur dann ungestört ausüben kann, wenn alle anderen eine vorgegebene Ordnung bei der Benutzung ihres Eigentums beachten. Es verstößt daher grundsätzlich nicht gegen Art. 14 Abs. 1 GG, wenn der Inhalt des Wohnungseigentums durch Abs. 1 dahin bestimmt wird, dass eine Verpflichtung zur Veräußerung möglich ist, wenn ein Eigentümer seine Pflichten gegenüber anderen Wohnungseigentümern schwer verletzt.[4] Da den Wohnungseigentümern, insbesondere zur Beitreibung rückständiger Beiträge, auch noch andere Rechtsbehelfe zur Verfügung stehen,[5] steht das Entziehungsverlangen erst nach Ausschöpfung aller anderen Möglichkeiten als „äußerstes Mittel" und ultima ratio zur Verfügung.[6]

Gegen eine **Umgehung des Entziehungsanspruchs** dadurch, dass der störende Wohnungseigentümer das Wohnungseigentum von dem Dritten zurück erwirbt oder das Wohnungseigentum an einen Strohmann oder den Ehepartner freiwillig veräußert, können sich die Wohnungseigentümer am zweckmäßigsten durch Vereinbarung einer Veräußerungsbeschränkung gemäß § 12 schützen. Außerdem kann ein Vorkaufsrecht zugunsten der Wohnungseigentümer vereinbart werden. Eine **Vereitelung des Entziehungsanspruchs** dadurch, dass der störende Wohnungseigentümer das Wohnungseigentum mit dinglichen Rechten belastet, die in der Zwangsversteigerung nicht erlöschen, kann im Wege der einstweiligen Verfügung gemäß § 935 ZPO durch ein Belastungsverbot verhindert werden. Mit der Beschlagnahme des Wohnungseigentums analog § 20 ZVG besteht ein Veräußerungsverbot (vgl. § 19 Rn 6). Eine freiwillige Veräußerung ist dann ebenso wie eine Belastung des Wohnungseigentumsrechtes gegenüber den die Zwangsversteigerung betreibenden Wohnungseigentümern unwirksam.

Der Entziehungsanspruch gemäß § 18 Abs. 1 kann grundsätzlich erst ab Eintragung im Grundbuch geltend gemacht werden. Eine Entziehung des Anwartschaftsrechts auf Eigentumserwerb gegenüber einem Käufer analog Abs. 1 ist nur möglich, wenn bereits eine **werdende Wohnungseigentümergemeinschaft** entstanden ist.[7] Daneben ist der Verkäufer zum Rücktritt vom Kaufvertrag wegen positiver Vertragsverletzung aufgrund unzumutbar schwerer Verstöße des Käufers berechtigt. Dies gilt auch noch nach Eintragung des Erwerbers im Grundbuch.[8] § 18 stellt insoweit keine Spezialvorschrift für den Sonderbereich des Wohnungseigentums dar.[9] Während es im Rahmen des § 18 um eine Verletzung von Gemeinschaftsinteressen geht, kann der Veräußerer nur wegen einer Vertragsverletzung im Verhältnis Verkäufer-Käufer zurücktreten.[10]

Gehören einem Wohnungseigentümer **mehrere Wohnungseigentumsrechte** ist § 18 für jedes Wohnungseigentum gesondert zu prüfen. Gehört ein Wohnungseigentum **mehreren Personen** als Bruchteilseigentümern (z.B. Ehegatten), kann Veräußerung nur von dem Störer verlangt werden.[11] Der § 18 erfüllende Verstoß der anderen – nicht störenden – Miteigentümer kann aber darin bestehen, dass sie die Störung des Miteigentümers nicht unterbinden.[12] Gehört ein Wohnungseigentum mehreren Personen als Gesamthandsberechtigten (z.B. Erbengemeinschaft), genügt es, wenn die Voraussetzungen des § 18 bei einem Gesamthänder vorliegen (vgl. § 425 BGB).

---

1 *Riecke/Schmid/Riecke*, § 18 Rn 3.
2 BGH V ZR 26/06, NZM 2007, 290.
3 LG Augsburg, 7 S 1401/04, ZMR 2005, 230; Staudinger/ Kreutzer, § 18 Rn 1.
4 BVerfG, 1 BvR 1523/92, NJW 1994, 241.
5 Vgl. Rn 19.
6 BVerfG, 1 BvR 1523/92, NJW 1994, 241; BGH, V ZR 26/06, NZM 2007, 290.
7 *Jennißen/Heinemann*, § 18 Rn 8; *Riecke/Schmid/Riecke*, § 18 Rn 5.
8 *Jennißen/Heinemann*, § 18 Rn 8.
9 **A.A.** BGH V ZR 118/70, NJW 1972, 1667.
10 *Bärmann/Klein*, § 18 Rn 4.
11 § 747 S. 1 BGB; **a.A.** Staudinger/Kreutzer, § 18 Rn 21; offen gelassen von BayObLG 2 Z BR 20/99, NZM 1999, 578.
12 LG Köln 29 S 90/00, ZMR 2002, 227.

B. Anspruchsvoraussetzungen

7 Abs. 1 beschreibt die Voraussetzungen für den Entziehungsanspruch als **Generalklausel**, d.h. mit allgemein gehaltenen Formulierungen, die viele verschiedenartige Tatbestände erfassen. Abs. 2 nennt **zwei Regelbeispiele**.

I. Generalklausel (Abs. 1)

1. Schwere Pflichtverletzung

8 Voraussetzung ist eine schwere Pflichtverletzung **als Wohnungseigentümer** – nicht als Verwalter[13] – **gegenüber anderen Wohnungseigentümern**. Ausreichend ist es, wenn sie gegenüber einem einzelnen Wohnungseigentümer oder gegenüber dessen Angehörigen oder Nutzungsberechtigten im Sinne von § 14 Nr. 2 begangen wird. Die Pflichtverletzung muss ihren Anlass nicht im Gemeinschaftsverhältnis haben, wie etwa bei Tätlichkeiten infolge privater Streitigkeiten. Bei besonders schweren Pflichtverstößen kann ein einzelner Verstoß ausreichen, um den Entziehungsanspruch zu begründen (vgl. Rn 14). Das Verhalten des Störers darf aber nicht isoliert betrachtet werden. Es sind vielmehr alle Umstände des Einzelfalles zu berücksichtigen und die Interessen der Beteiligten gegeneinander abzuwägen.[14]

9 Schwere Pflichtverletzungen sind zum **Beispiel**: grobe Beleidigungen;[15] Verleumdungen, Formalbeleidigungen;[16] unbegründete Strafanzeigen; Gewalttätigkeiten bis hin zu Körperverletzungen; schwere Vernachlässigung des Sondereigentums;[17] Nutzung der Eigentumswohnung als Bordell; Einbruch in fremden Keller; unsittliche Belästigungen der im Hause wohnenden Frauen oder Kinder; fortlaufende unpünktliche Erfüllung von Wohngeldansprüchen, ohne dass der in Abs. 2 Nr. 2 geforderte Betrag erreicht wird;[18] gemeinschaftswidriges, querulatorisches Verhalten, dass beim Verkauf einer Eigentumswohnung als zu offenbarender Sachmangel anzusehen ist.[19]

10 In der Regel **kein Entziehungsgrund** sind Lärmstörungen durch Kleinkinder,[20] Vermietung an Gastarbeiter,[21] wiederholte, aber nicht querulatorische Beschlussanfechtungen;[22] Veranlassung überfälliger Brandschau;[23] Verführung des Nachbars Weib;[24] unzulässige bauliche Veränderungen;[25] politische Tätigkeit eines Wohnungseigentümers; strafrechtliche Verurteilung;[26] störendes Verhalten, das auf Krankheit beruht,[27] es sei denn, es liegt eine besonders schwere Störung vor (vgl. Rn 15).

2. Unzumutbarkeit

11 Die Pflichtverletzung muss so schwer sein, dass den von ihr betroffenen Wohnungseigentümern eine Fortsetzung der Gemeinschaft mit dem Störer nicht mehr zugemutet werden kann. Ob Unzumutbarkeit zu bejahen ist, ist eine **Frage des Einzelfalls**. Gegeneinander abzuwägen sind das Interesse der Wohnungseigentümer an der Entfernung des störenden Eigentümers und dessen Interesse, sein Eigentum zu behalten.

12 Dabei ist stets zu bedenken, dass die Entziehung des Wohnungseigentums nur das letzte Mittel zur Behebung schwerwiegender Konflikte zwischen den Wohnungseigentümern sein darf, da es sich um einen schweren Eingriff in das Eigentum handelt (vgl. Rn 3). Sie kommt grundsätzlich nur in Betracht, wenn zuvor weniger einschneidende Maßnahmen, insbesondere eine **Abmahnung**, erfolglos waren.[28] Auf sie kann nur ausnahmsweise verzichtet werden, wenn diese der Gemeinschaft unzumutbar ist (etwa durch eine nicht hinnehmbare Verzögerung bei der Herstellung geordneter Verhältnisse infolge gravierender Pflichtverstöße) oder offenkundig keine Aussicht auf Erfolg bietet.[29] Die Abmahnung setzt keinen Beschluss der Gemeinschaft voraus, der aber möglich ist; es genügt, dass der Verwalter oder ein Wohnungseigentümer sie ausspricht. Anders als bei einer Abmahnung durch Beschlussfassung, für die eine Mehrheit nach § 18 Abs. 3 (vgl. dazu Rn 21) nicht erforderlich ist,[30] ist die Abmahnung durch Verwalter/Wohnungseigentümer nicht selbstständig anfechtbar.[31] Der Wille der Gemeinschaft, dem störenden Wohnungseigentümer im Falle fortdauernder Pflichtverletzung das Wohnungseigentum entziehen zu wollen, muss in der Abmahnung hinreichend zum Ausdruck kommen.[32] Hierzu gehört insbesondere auch die bestimmte Formulierung der konkret störenden Verhaltensweisen, die grundsätzlich geeignet sein muss, eine Entziehung zu rechtfertigen.[33] Schließlich muss die Mahnung dem Entziehungsbeschluss zeitlich voraus gegangenen sein, da sie anderenfalls den ihr zugedachten Zweck,

---

13 LG Berlin 85 T 266/94, DWE 1995, 168.
14 BGH V ZR 75/09, ZMR 2010, 621; Anwaltshdb WEG/ Kreuzer, Teil 10 Rn 15.
15 AG Dachau, 3 C 265/00, ZMR 2006, 319.
16 LG Stuttgart 5 S 477/95, NJW-RR 1997, 589.
17 LG Tübingen 1 S 39/94, NJW-RR 1995, 650.
18 BGH V ZR 26/06, NZM 2007, 290.
19 LG Stuttgart 5 S 477/95, NJW-RR 1997, 589: teils mutwilliges Betreiben einer Unzahl von WEG-Verfahren.
20 Vgl. LG Aachen 15 C 611/63, ZMR 1965, 75 für Mietrecht.
21 LG Wuppertal 9 S 361/75, DWE 1976, 125.
22 OLG Köln 16 Wx 7/04, NJW-RR 2004, 877.
23 Dtsch.St.SchiedsG Sch/S/XLIX, ZMR 2011, 921.
24 *Jennißen/Heinemann*, § 18 Rn 17.
25 *Jennißen/Heinemann*, § 18 Rn 17.
26 Staudinger/*Kreuzer*, § 18 Rn 8.
27 LG Mannheim 6 S 83/68 zu § 553 ff. a.F., ZMR 1969, 241.
28 BGH V ZR 26/06, NZM 2007, 290; LG Aachen 2 S 298/91, ZMR 1993, 233; AG Dachau 3 C 265/00, ZMR 2006, 319; *Armbrüster*, WE 1999, 46; *Bärmann/Klein*, § 18 Rn 14, 36.
29 BGH V ZR 26/06, NZM 2007, 290; AG Dachau 3 C 265/00, ZMR 2006, 319; *Riecke/Schmid/Riecke*, § 18 Rn 28.
30 OLG Hamburg 2 Wx 9/03, ZMR 2003, 596.
31 BayObLG 2Z BR 19/04, NJW-RR 2004, 1020.
32 Vgl. BGH, V ZR 26/06, NZM 2007, 290.
33 BGH V ZR 2/11, NZM 2011, 694; LG München 1 S 6883/08, ZWE 2009, 38.

den Wohnungseigentümer vor dem drohenden Entziehungsbeschluss zu warnen, nicht erfüllen kann.[34] Die Abmahnung verliert ihre Wirkungsdauer, wenn der Wohnungseigentümer unter Berücksichtigung aller Umstände annehmen darf, die zur Abmahnung führenden Vorgänge hätten sich für die Gemeinschaft erledigt.[35] Ein wegen fehlender Abmahnung nicht ausreichender Entziehungsbeschluss stellt sich rechtlich als Abmahnung dar.[36]

Muster 18.1: Abmahnbeschluss 13

Der Wohnungseigentümer X hat für sein Wohnungseigentum Nr. 1 im Wirtschaftsjahr 2011 die nach dem Wirtschaftsplan bis zum 3. eines jeden Monats zu zahlenden Vorschüsse stets erst nach zweifacher Mahnung ausgeglichen. Ihm wird daher ein Verlangen auf Entziehung seines Wohnungseigentums angedroht, sofern er auch in Zukunft die Vorschüsse unpünktlich zahlt.

Entfallen die unzumutbaren Verhältnisse zu einem späteren Zeitpunkt (z.B. Auszug des Mieters, der den Hausfrieden 14
unzumutbar störte) oder handelt es sich um einen einmaligen Verstoß, so müssen besondere Gründe – insbesondere **Wiederholungsgefahr** – vorliegen, wenn allein aufgrund vergangener Verletzungen eine Verpflichtung zur Veräußerung des Wohnungseigentums erfolgen soll.[37] Aber auch dann, wenn eine Wiederholungsgefahr nicht zu erwarten ist, kann eine Verpflichtung zur Veräußerung zulässig sein, wenn die einmalige Verletzung von einer solchen Schwere ist, dass den anderen Wohnungseigentümern das weitere gemeinsame Bewohnen einer Wohnungseigentumsanlage zusammen mit demjenigen, der seine Pflichten ihnen gegenüber verletzt hat, nicht zugemutet werden kann.[38]

3. Schuldig machen

Ein schuldhaftes Handeln ist grundsätzlich Voraussetzung für die Verpflichtung zur Veräußerung des Wohnungs- 15
eigentums.[39] Auch eine **unverschuldete Störung** kann aber den Entziehungsanspruch begründen. Unproblematisch ist dies, soweit der schuldunfähige Zustand schuldhaft herbeigeführt wurde (allgemeine Lebensführungsschuld bei Alkohol- und Drogensucht). Dies gilt aber auch dann, wenn sich der Wohnungseigentümer etwa infolge einer Geisteskrankheit dauerhaft in einem die Schuld ausschließenden Zustand befindet.[40] Dieser Umstand muss aber bei der Beurteilung der Schwere der Pflichtverletzung (besonders schwere Pflichtverletzung) und der Unzumutbarkeit (Wiederholungsgefahr) besondere Berücksichtigung finden.[41]

Für eine **Pflichtverletzung seiner Angehörigen bzw. Nutzungsberechtigten** hat der Wohnungseigentümer nicht ge- 16
mäß § 278 BGB einzustehen. Insoweit ist eine eigene schuldhafte Pflichtverletzung des Wohnungseigentümers gemäß § 14 Nr. 2 erforderlich, etwa dadurch, dass er das Fehlverhalten seines Mieters nicht unterbindet.[42]

II. Regelbeispiele (Abs. 2)

1. Verstöße gegen Pflichten gemäß § 14

Gemäß Abs. 2 Nr. 1 sind die Voraussetzungen des Abs. 1 erfüllt, also auch die Unzumutbarkeit der Fortsetzung der 17
Gemeinschaft, wenn ein Wohnungseigentümer trotz Abmahnung wiederholt gröblich gegen die ihm nach § 14 obliegenden Pflichten verstößt. Erforderlich sind danach mindestens drei gleichartige gravierende Pflichtverstöße: einer vor und zwei nach der Abmahnung. (Zur Abmahnung vgl. Rn 12.) Anders als im Rahmen der Generalklausel des Abs. 1 kann von dem Erfordernis der Abmahnung auch nicht ausnahmsweise abgesehen werden.[43] Da Abs. 2 Nr. 1 keine Sperrwirkung entfaltet,[44] können weniger als drei Verstöße zu einem Entziehungsanspruch führen, wenn die Voraussetzungen des Abs. 1 vorliegen. Voraussetzung ist grundsätzlich auch bei Abs. 2 Nr. 1, dass die Pflichtverletzung schuldhaft erfolgt (vgl. Rn 15 f.). Der Ausschluss eines Wohnungseigentümers aus der Eigentümergemeinschaft aufgrund Abs. 2 Nr. 1 verletzt nicht das Grundrecht aus Art. 14 GG.[45]

2. Zahlungsverzug

Gemäß Abs. 2 Nr. 2 ist ein Entziehungsanspruch nach Abs. 1, und damit auch die Unzumutbarkeit der Fortsetzung der 18
Gemeinschaft, gegeben, wenn ein Wohnungseigentümer mit der Erfüllung seiner Pflicht zur Lasten- und Kostentragung (§ 16 Abs. 2) länger als 3 Monate in Verzug gerät und der rückständige Betrag 3 % des Einheitswertes des Wohnungseigentums übersteigt. Die Anknüpfung an den Einheitswert ist nicht mehr zeitgemäß, aber ohne eine Änderung des Gesetzes weiter maßgebend.[46] Die Schwierigkeiten beim Nachweis des Einheitswertes haben mit der Änderung

---

34 BGH V ZR 26/06, NZM 2007, 290; Staudinger/*Kreuzer*, § 18 Rn 17.
35 BGH V ZR 26/06, NZM 2007, 290.
36 BGH V ZR 26/06, NZM 2007, 290.
37 LG Augsburg 7 S 1401/04, ZMR 2005, 230.
38 BVerfG 1 BvR 1523/92, NJW 1994, 241.
39 *Weitnauer/Lüke*, § 18 Rn 5.
40 LG Tübingen 1 S 39/94, NJW-RR 1995, 650.
41 BVerfG 1 BvR 1523/92, NJW 1994, 241.
42 AnwK-BGB/*Schultzky*, § 18 Rn 6; Palandt/*Bassenge*, § 18 Rn 2; **a.A.** BayObLG BReg 2 Z 36/4 MDR 1970, 586; Staudinger/*Kreuzer*, § 18 Rn 11.
43 *Jennißen/Heinemann*, § 18 Rn 21.
44 BGH V ZR 26/06, NZM 2007, 290.
45 Nichtannahmebeschluss des BVerfG 1 BvR 1526/96, WuM 1998, 45.
46 *Schmidt*, ZWE 2002, 113.

des § 18 Abs. 2 Nr. 2 durch Art. 9 des Gesetzes zur Reform des Kontopfändungsgesetzes vom 7.7.2009,[47] die am 11.7.2009 in Kraft getreten ist, ihr Ende gefunden. Das Finanzamt darf nunmehr unter Lockerung des Steuergeheimnisses (§ 30 AO) den Einheitswert der Wohnungseigentümergemeinschaft bzw. dem anderen Wohnungseigentümer einer aus zwei Wohnungseigentümern bestehenden Wohnungseigentümergemeinschaft mitteilen. (Zum Verzug mit Beitragsforderungen vgl. § 28 Rn 190 ff.) Eine Abmahnung ist nicht vorgeschrieben. Ein der Abmahnung entsprechender Effekt wird dadurch erreicht, dass die Entziehung nach § 19 Abs. 2 entfällt, wenn die Rückstände bis zum Zuschlag in der Zwangsversteigerung ausgeglichen werden.[48]

19 Abs. 2 Nr. 2 ist keine abschließende Sonderregelung. Sofern sich ein Wohnungseigentümer mit erheblichen Wohngeldzahlungen in Verzug befindet, kann auf der Grundlage von § 21 Abs. 7 (vgl. § 21 Rn 135) eine Vertragsstrafe verhängt werden oder es in Ausübung eines **Zurückbehaltungsrechts** gemäß § 273 BGB unter Beachtung des Verhältnismäßigkeitsgrundsatzes zulässig sein, den säumigen Eigentümer – auch bei vermietetem Wohnungseigentum[49] – bis zum Ausgleich der Rückstände von der Belieferung mit Wasser und Wärmeenergie auszuschließen, sog. Versorgungssperre (vgl. auch § 28 Rn 228 f.).[50]

C. Die Durchsetzung des Entziehungsanspruchs

20 Die Erhebung der Entziehungsklage setzt grundsätzlich einen **Beschluss der Wohnungseigentümer** voraus (Abs. 3). Ein solcher ist nur dann nicht erforderlich, wenn es sich um eine Gemeinschaft handelt, die nur aus zwei Wohnungseigentümern besteht.[51] Der Verwalter hat auf Antrag auch nur eines Wohnungseigentümers einen entsprechenden Tagesordnungspunkt vorzusehen. Er kann nicht davon absehen, weil eine informelle Befragung der Wohnungseigentümer ergeben hat, dass die Mehrheit die Angelegenheit als „Privatsache" ansieht, mit der sich die Versammlung nicht beschäftigen soll.[52] Für eine ordnungsmäßige Ladung reicht die Bezeichnung als „Abmeierungsklage".[53] Lehnen die Wohnungseigentümer ab, einen Miteigentümer durch Prozess zur Veräußerung seines Wohnungseigentums zu zwingen, kann die Veräußerung nicht verlangt werden. Diese Entscheidung kann gerichtlich nur eingeschränkt überprüft werden, denn die Wohnungseigentümer haben für ihre Entscheidung einen weiten Ermessensspielraum.[54] Umgekehrt sind die überstimmten Eigentümer an den Beschluss gebunden (§ 10 Abs. 5). (Wegen der Beschlussanfechtung in diesem Fall vgl. Rn 22.)

I. Mehrheitsbeschluss (Abs. 3)

21 Gemäß Abs. 3 S. 1 entscheiden die Wohnungseigentümer in der Eigentümerversammlung (§ 23 Abs. 1) mit Stimmenmehrheit, außerhalb allstimmig (§ 23 Abs. 3) darüber, ob sie von dem Störer die Veräußerung des Wohnungseigentums verlangen wollen. Das Veräußerungsverlangen muss sich eindeutig ergeben.[55] Der Beschluss kann mit Befristungen und Bedingungen versehen werden.[56] Der von dem Entziehungsanspruch betroffene Wohnungseigentümer ist gemäß § 25 Abs. 5 Fall 2 nicht stimmberechtigt.[57] Gemäß Abs. 3 S. 3 finden § 25 Abs. 3 und 4, welche die Beschlussfähigkeit betreffen, keine Anwendung. Erforderlich ist nämlich gemäß Abs. 3 S. 2 eine (absolute) **Mehrheit von mehr als der Hälfte aller stimmberechtigten Wohnungseigentümer**, nicht nur der erschienenen Eigentümer. Abzustimmen ist **nach Köpfen**. Mitberechtigte eines Wohnungseigentums sind ein Kopf (§ 25 Abs. 2 S. 2). Jeder Wohnungseigentümer hat danach nur eine Stimme, ohne Rücksicht auf die Größe seines Miteigentumsanteils.[58] Bestimmt die Gemeinschaftsordnung, dass nicht nach Köpfen, sondern nach Miteigentumsanteilen abzustimmen ist, so gilt dies grundsätzlich nicht für die Beschlussfassung über die Entziehung des Wohnungseigentums. Insoweit bedarf es einer ausdrücklichen Vereinbarung (vgl. dazu Rn 32).[59] Wird in einer Gemeinschaftsordnung eine erforderliche $^2/_3$-Mehrheit ohne Nennung einer Bezugsgröße vereinbart, bezieht sich diese Vereinbarung nur auf das Quorum. Nicht abbedungen ist, dass es sich dabei um eine Mehrheit „der stimmberechtigten Wohnungseigentümer" handeln muss.[60] Enthaltungen sind als Nein-Stimmen zu zählen.[61] Bei einer Mehrhauswohnanlage sind alle Wohnungseigentümer mit Ausnahme des Störers stimmberechtigt, nicht nur die Eigentümer des betroffenen Hausblocks (vgl. auch Rn 32).[62]

22 Der Beschluss über die Entziehung kann angefochten werden. Im Wege der **Anfechtungsklage** gemäß §§ 43 Nr. 4, 46 ist nur zu prüfen, ob der Beschluss formal ordnungsgemäß zu Stande gekommen ist, nicht hingegen ob das Entzie-

---

47 BGBl I 1707, 1712.
48 BGH V ZR 26/06, NZM 2007, 290.
49 KG 24 W 7/01, ZMR 2002, 458.
50 BGH V ZR 235/04, ZMR 2005, 880.
51 BGH V ZR 75/09, ZMR 2010, 621; LG Köln 29 S 90/00, ZMR 2002, 227; LG Aachen 2 S 298/91, ZMR 1993, 233.
52 OLG Köln 16 Wx 97/97, ZMR 1998, 48.
53 KG 24 W 2452/95, DWE 1996, 30; AnwHdB WEG/ Vandenhouten, Teil 4 Rn 46.
54 KG 24 W 3553/95, WuM 1996, 299.

55 OLG Hamm 15 W 314/89, MDR 1990, 343 verneint dies für den Fall, dass nur die nachrangige Erteilung einer Prozessstandschaft für den Verwalter erkennbar ist.
56 Staudinger/*Kreutzer*, § 18 Rn 32, 33.
57 BayObLG BReg 2 Z 143/91, NJW 1993, 603; *Weitnauer/ Lüke*, § 18 Rn 9.
58 OLG Rostock 3 W 5/08, ZMR 2009, 470.
59 BayObLG 2 Z BR 179/98, NZM 99, 868.
60 LG Hamburg 318 S 42/11, ZMR 2012, 468.
61 AnwHdB WEG/*Vandenhouten*, Teil 4 Rn 246; *Riecke/ Schmid/Riecke*, § 18 Rn 49.
62 BayObLG BReg 2 Z 77/70, Rpfleger 1972, 144.

hungsverlangen aus sachlichen Gründen gerechtfertigt ist.[63] Beachtlich sind daher etwa Ladungsmängel,[64] Mängel bei der Durchführung der Versammlung,[65] mangelnde Bestimmtheit (vgl. oben Rn 21)[66] und unterbliebene Abmahnung.[67] Dies gilt entsprechend für den Abmahnungsbeschluss.[68] Der Rechtsstreit über die Entziehungsklage (vgl. dazu Rn 25) kann aber bis zur rechtskräftigen Entscheidung über die Anfechtung des auf die Entziehung gerichteten Eigentümerbeschlusses ausgesetzt werden.[69] Da Beklagte im Anfechtungsrechtsstreit die übrigen Wohnungseigentümer sind, Kläger der Entziehungsklage der Verband scheidet eine Widerklage aus.[70] Zwar bleiben die Wohnungseigentümer trotz der gesetzlichen Prozessstandschaft (vgl. Rn 26) weiterhin Rechtsinhaber des Erziehungsanspruchs. Der ZPO liegt jedoch ein formeller Parteibegriff zugrunde. Im Rechtsstreit über die Entziehungsklage ist das Gericht an das dortige Ergebnis gebunden.[71] Der Streitwert der Anfechtungsklage beläuft sich auf 20 % des Verkehrswertes der Wohnung des Beklagten.[72]

Muster 18.2: Entziehungsbeschluss

Der Wohnungseigentümer X hat für sein Wohnungseigentum Nr. 1 (Einheitswert: 20.000 EUR) die nach dem Wirtschaftsplan 2011 bis zum 3. eines jeden Monats zu zahlenden Vorschüsse in Höhe von jeweils 300 EUR bis heute (30.10.2011) nicht gezahlt. Von ihm wird die Veräußerung seines Wohnungseigentums verlangt.

Gesamtzahl der Stimmberechtigten:18   12 Ja Stimmen   3 Nein Stimmen

II. Entziehungsklage (Abmeierungsklage)

Kommt der Störer dem mit absoluter Stimmenmehrheit beschlossenen Veräußerungsverlangen nicht freiwillig nach, indem er seine Eigentumswohnung veräußert, so muss der Anspruch aus § 18 Abs. 1 mittels einer Klage durchgesetzt werden.

Gemäß § 43 Nr. 1, 2, 23 Nr. 2c GVG ist unabhängig vom Wert des Streitgegenstands das Amtsgericht – Zivilprozessabteilung – zuständig, in dessen Bezirk das Grundstück liegt. Es kann jedoch auch die Zuständigkeit eines Schiedsgerichts vereinbart werden.[73] **Prozessvoraussetzung** ist der Mehrheitsbeschluss gemäß Abs. 3 (vgl. Rn 21).[74] Nichtigkeitsgründe sind nur dann noch zu überprüfen, wenn darüber nicht bereits bindend im Rahmen einer Anfechtungsklage (siehe Rn 22) entschieden worden ist (§§ 43 Nr. 4, 48 Abs. 4).

Klagebefugt (gesetzliche Prozessstandschaft) ist seit Inkrafttreten der WEG-Novelle nur die Gemeinschaft der Wohnungseigentümer als Ausübungsbefugte (§ 18 Abs. 1 S. 2 Hs. 1 in Erweiterung des § 10 Abs. 6 S. 3).[75] Dies führt in am Stichtag anhängigen Verfahren (vgl. dazu § 62 Rn 2, 6) nicht dazu, dass ein Parteiwechsel von den bis dahin klagebefugten Wohnungseigentümern (vgl. § 18 Abs. 1 a.F.) auf die Gemeinschaft der Wohnungseigentümer erforderlich ist.[76] Ein mit absoluter Mehrheit beschlossenes Veräußerungsverlangen enthält regelmäßig zugleich die Ermächtigung des Verwalters zur Erhebung der Entziehungsklage gemäß § 27 Abs. 3 S. 1 Nr. 7 sowie zur Mandatserteilung an einen Rechtsanwalt.[77] Empfehlenswert ist dennoch eine ausdrückliche Klarstellung. Die Gemeinschaft kann aber auch einen oder mehrere Wohnungseigentümer ermächtigen, für sie den Prozess zu führen.[78] Eine Rückdelegation der Ausübungsbefugnis an einzelne bzw. alle Wohnungseigentümer oder den Verwalter ist ebenso möglich.[79] Klagebefugt ist der einzelne Wohnungseigentümer dann, wenn es sich um eine Gemeinschaft handelt, die aus zwei Wohnungseigentümern besteht (§ 18 Abs. 1 S. 2 Hs. 2). In diesen Fällen ist wegen des gesetzlichen Kopfprinzips ein Mehrheitsbeschluss nicht möglich (vgl. auch Rn 21).

Klageantrag (vgl. Klagemuster Teil 5.18) und **Tenor** lauten auf Verurteilung des Beklagten zur Veräußerung seines – konkret bezeichneten – Wohnungseigentums (vgl. § 19 Abs. 1 S. 1). Dem Klageantrag ist zu entsprechen, wenn die Voraussetzungen von § 18 Abs. 1 und 2 vorliegen. Weisen die Wohnungseigentümer den Verwalter durch Mehrheitsbeschluss an, die gemäß § 12 Abs. 3 erforderliche Zustimmung zum Verkauf der Eigentumswohnung durch den beklagten Wohnungseigentümer zunächst nicht zu erteilen, um der bereits erhobenen Entziehungsklage nicht die Grundlage zu entziehen, so stellt dies ein unzulässiges **widersprüchliches Verhalten** gemäß § 242 BGB dar, was

---

63 BGH V ZR 2/11, NZM 2011, 694; BayObLG 2 Z BR 20/99, NZM 1999, 578.
64 OLG Düsseldorf 3 Wx 147/97, ZMR 1998, 244: Verstoß gegen § 23 Abs. 2.
65 OLG Hamm 15 W 314/89, MDR 1990, 343: Verstoß gegen den Grundsatz der Nichtöffentlichkeit.
66 OLG Hamm 15 W 314/89, MDR 1990, 343.
67 BGH V ZR 26/06, NZM 2007, 290.
68 BayObLG 2Z BR 1/95, NJW- RR 1996, 12.
69 OLG Hamburg 13 W 32/87, WuM 1991, 310.
70 *Köhler*, Rn 279; **a.A.** *Jennißen/Heinemann*, § 19 Rn 12.
71 KG 1 W 1140/67, OLGZ 1967, 462.
72 BGH V ZR 2/11, NZM 2011, 694; OLG Rostock 3 W 5/08, ZMR 2009, 470; *Jennißen/Heinemann*, § 18 Rn 38.
73 BayObLG BReg 2 Z 73/72, Z, 1973, 1.
74 BGH V ZR 2/11, NZM 2011, 694.
75 *Bärmann/Klein*, § 18 Rn 33.
76 OLG München 34 Wx 77/07, NJW 2008, 856.
77 KG 24 W 3965/91, WuM 1992, 389.
78 *Bärmann/Klein*, § 18 Rn 49.
79 *Jennißen/Heinemann*, § 19 Rn 9.

zum Anspruchsverlust führt.[80] Dies gilt nicht, soweit der freiwillige Verkauf zur Umgehung des Entziehungsrechts missbraucht wird (vgl. Rn 4). Gleiches gilt bei wechselseitigen Pflichtverstößen oder einer Provokation des Beklagten.[81] Aus dem Veräußerungsurteil können die Wohnungseigentümer 30 Jahre lang vorgehen (§ 197 Abs. 1 Nr. 3 BGB). Zur Wirkung des Urteils siehe § 19. Der Streitwert der Entziehungsklage bestimmt sich nach dem Verkehrswert des zu veräußernden Wohnungseigentums[82] und nicht nach dem Interesse des Sondereigentümers am Behaltendürfen seines Eigentums.[83]

28 Die Wohnungseigentümer können mit Mehrheit beschließen, die **Klage zurückzunehmen** oder die Klage doch nicht zu erheben. Sie können auch beschließen, aus einem Urteil nicht zu vollstrecken. Ebenso können sie beschließen, das Entziehungsverfahren auszusetzen, für den Fall, dass der Beklagte seine Wohngeldrückstände bezahlt.[84] Auf Beschlüsse der vorerwähnten Art findet Abs. 3 entsprechende Anwendung (vgl. dazu Rn 21).

29 Die **Kosten eines Rechtsstreits gemäß § 18** gehören zu den Kosten der Verwaltung im Sinne von § 16 Abs. 2 (vgl. § 16 Abs. 7, im Gegensatz zu § 16 Abs. 8). Sie sind daher anteilig auf alle Wohnungseigentümer, einschließlich des beklagten Wohnungseigentümers, umzulegen, auch wenn letzterer obsiegt.[85] Dies gilt nicht nur für die Gerichtskosten und die außergerichtlichen Kosten der klagenden Gemeinschaft der Wohnungseigentümer- und zwar gemäß § 16 Abs. 8 auch für etwaige Mehrkosten, die infolge einer Streitwertvereinbarung nach § 27 Abs. 3 Nr. 6 entstanden sind, sondern auch für die dem obsiegenden beklagten Wohnungseigentümer zu erstattenden außergerichtlichen Kosten. § 16 Abs. 7 verstößt nicht gegen Art. 14 Abs. 1 GG. Eine Korrektur der anteiligen Kostenhaftung nach § 16 Abs. 7 ist gemäß § 242 BGB dann möglich, wenn der betroffene Eigentümer keinen ausreichend begründeten Anlass zur Erhebung der Entziehungsklage gegeben hat.[86] Wird der Entziehungsklage stattgegeben, hat der Beklagte die Kosten zu tragen (§ 91 ZPO). Ausgenommen hiervon sind jedoch die Rechtsanwaltskosten der Klägerin, die die gesetzliche Anwaltsvergütung infolge einer Streitwertvereinbarung nach § 27 Abs. 3 Nr. 6 übersteigen. Solche Mehrkosten haben alle Wohnungseigentümer anteilig als Verwaltungskosten zu tragen, § 16 Abs. 8. Erledigt sich die Entziehungsklage vor Zustellung in der Hauptsache, weil der Beklagte die Wohngeldrückstände begleicht oder das Veräußerungsverlangen erfüllt, hat er den Klägern deren Anwaltskosten als Verzugsschaden zu ersetzen. Nicht erstattungsfähig, weil nicht notwendig, sind diejenigen Mehrkosten, die entstanden sind, weil die gegen einen Mehrfacheigentümer gerichtete Klage in mehrere Prozesse aufgespalten wurde.[87]

D. Unabdingbarkeit (Abs. 4)

30 Gemäß Abs. 4 kann der Entziehungsanspruch des **Abs. 1** nicht durch Vereinbarung eingeschränkt oder gar ausgeschlossen werden, wie etwa durch die abschließende Benennung von Entziehungsgründen.[88] Es handelt sich, ebenso wie bei der Unauflöslichkeit gemäß § 11 Abs. 1, um zwingendes Recht (§ 10 Abs. 2 S. 2). Eine Erweiterung des Entziehungsanspruchs, etwa durch ein Absehen vom Verschulden oder den Verzicht auf das Abmahnerfordernis, ist hingegen zulässig, soweit der Bestimmtheitsgrundsatz gewahrt ist.[89]

31 Gleiches gilt für **Abs. 2**, der Abs. 1 lediglich ergänzt.[90] Insbesondere kann der Verzugsbetrag gemäß Abs. 2 Nr. 2 von den Wohnungseigentümern zwar verringert, nicht aber erhöht werden.[91]

32 **Abs. 3** ist insoweit unabdingbar, als ein Entziehungsbeschluss Prozessvoraussetzung der Entziehungsklage ist[92] Es können aber von Abs. 3 abweichende Anforderungen an das Zustandekommen eines Mehrheitsbeschlusses vereinbart werden. Dabei kann die Beschlussfassung sowohl erleichtert (Mehrheit der Erschienenen; Mehrheit nach Miteigentumsanteilen oder Wohnungseigentumsrechten)[93] als auch erschwert (qualifizierte Mehrheit; Allstimmigkeit)[94] werden. Es muss jedoch bei einer Beschlussfassung der Wohnungseigentümer verbleiben. Eine Verlagerung der Entscheidungsbefugnis auf einzelne Wohnungseigentümer oder einen Dritten, z.B. auf den Verwalter oder ein Gremium, ist nicht zulässig.[95]

Bei Mehrhausanlagen kann vereinbart werden, dass eine Beschlussfassung nur der unmittelbar gestörten Hausgemeinschaft ausreichend ist.[96]

---

80 OLG Karlsruhe 9 U 14/78, veröffentlicht bei juris.
81 BGH V ZR 75/09, ZMR 2010, 621.
82 BGH V ZR 28/06, NZM 2006, 873; OLG Rostock 7 W 63/05, ZMR 2006, 476.
83 So OLG Köln 16 Wx 193/98, ZMR 1999, 284; aufgegeben durch OLG Köln 16 W 25/10, NZM 2011, 553.
84 BayObLG BReg 2 Z 65/74, Z 1975, 53.
85 BayObLG BReg 2 Z 44/82, Z 1983, 109; BayObLG BReg 2 Z 143/91, NJW 1993, 603; OLG Stuttgart 8 W 424/84, NJW-RR 1986, 379; OLG Düsseldorf 3 Wx 356/93, ZMR 1996, 571 m. zust. Anm. *Drasdo* S. 573.
86 OLG Düsseldorf 3 Wx 356/93, ZMR 1996, 571.
87 KG 24 W 3965/91, WuM 1992, 389.
88 OLG Düsseldorf 3 Wx 77/00, ZMR 2000, 549.
89 OLG Düsseldorf 3 Wx 77/00, NJW-RR 2001, 231: für Entziehungsgründe „nachbarrechtliche Störungen" und „schwere persönliche Misshelligkeiten" verneint.
90 Palandt/*Bassenge*, § 18 Rn 7.
91 *Jennißen/Heinemann*, § 18 Rn 43, 44.
92 AnwK-BGB/*Schultzky*, § 18 Rn 14.
93 OLG Hamm 15 W 71/04, NJW-RR 2004, 1380.
94 OLG Celle 4 Wx 1/55, NJW 1955, 953; *Weitnauer/Lüke*, § 18 Rn 12.
95 Staudinger/*Kreuzer*, § 18 Rn 34; *Weitnauer/Lüke*, § 18 Rn 12.
96 Staudinger/*Kreuzer*, § 18 Rn 34.

§ 19 Wirkung des Urteils

(1) ¹Das Urteil, durch das ein Wohnungseigentümer zur Veräußerung seines Wohnungseigentums verurteilt wird, berechtigt jeden Miteigentümer zur Zwangsvollstreckung entsprechend den Vorschriften des Ersten Abschnitts des Gesetzes über die Zwangsversteigerung und die Zwangsverwaltung. ²Die Ausübung dieses Rechts steht der Gemeinschaft der Wohnungseigentümer zu, soweit es sich nicht um eine Gemeinschaft handelt, die nur aus zwei Wohnungseigentümern besteht.
(2) Der Wohnungseigentümer kann im Falle des § 18 Abs. 2 Nr. 2 bis zur Erteilung des Zuschlags die in Absatz 1 bezeichnete Wirkung des Urteils dadurch abwenden, dass er die Verpflichtungen, wegen deren Nichterfüllung er verurteilt ist, einschließlich der Verpflichtung zum Ersatz der durch den Rechtsstreit und das Versteigerungsverfahren entstandenen Kosten sowie die fälligen weiteren Verpflichtungen zur Lasten- und Kostentragung erfüllt.
(3) Ein gerichtlicher oder vor einer Gütestelle geschlossener Vergleich, durch den sich der Wohnungseigentümer zur Veräußerung seines Wohnungseigentums verpflichtet, steht dem in Absatz 1 bezeichneten Urteil gleich.

A. Allgemeines	1	D. Vergleich	14
B. Die Urteilswirkungen nach § 19	2	E. Abdingbarkeit	15
C. Abwendungsbefugnis	13	F. Übergangsrecht	16

Literatur: *Abramenko*, Die Entfernung des zahlungsunfähigen oder unzumutbaren Miteigentümers aus der Gemeinschaft. Neue Möglichkeiten durch die Teilrechtsfähigkeit des Verbandes, ZMR 2006, 338; *Müller*, Zwangsversteigerung von Wohnungseigentum, ZWE 2006, 378.

A. Allgemeines

Abs. 1 ist aufgrund Art 1 Nr. 10 **WEG-ÄnderungsG** geändert worden. Damit wurde die in der Praxis nicht bewährte Vollstreckung des Entziehungsurteils im Wege der freiwilligen Versteigerung durch einen Notar durch eine Vollstreckung im Wege der Zwangsversteigerung nach ZVG ersetzt. Sie ist folgerichtiger Teil eines aufgrund der ZPO erfolgenden Erkenntnisverfahrens und vermeidet eine sonst auftretende Spaltung des Rechtsmittelsystems und der Rechtsmittelzüge. **1**

B. Die Urteilswirkungen nach § 19

Die Entziehung des Wohnungseigentums erfolgt aufgrund eines Urteils des Amtsgerichts unter den Voraussetzungen des § 18 (vgl. dazu § 18 Rn 2 ff.). Die Vollstreckung des Urteils erfolgt entsprechend den Vorschriften des Ersten Abschnitts des Gesetzes über die Zwangsversteigerung und die Zwangsverwaltung (Abs. 1 S. 1). Es kommt insoweit nur eine **Zwangsversteigerung** nach den Vorschriften der §§ 1 bis 145a ZVG in Betracht, denn die Vorschriften über die Zwangsverwaltung (§§ 146 bis 161 ZVG) sind zur Durchsetzung des Anspruchs auf Veräußerung des Wohnungseigentums nicht geeignet.[1] Auch diese Vorschriften sind auf ihre entsprechende Anwendbarkeit zu überprüfen, da sie für die Zwangsversteigerung wegen Geldforderungen konzipiert sind.[2] **2**

Als Folge des rechtskräftigen Entziehungsurteils hat der verurteilte Wohnungseigentümer in einer Wohnungseigentümerversammlung kein **Stimmrecht** mehr (§ 25 Abs. 5 Fall 3). Da Insolvenz-, Zwangs- und Nachlassverwalter ihr Stimmrecht als Organe der Rechtspflege selbstständig, im eigenen Namen und aus eigenem Recht ausüben und sich das Ruhen des Stimmrechts gemäß § 25 Abs. 5 Fall 3 nicht auf das Wohnungseigentum, sondern auf den störenden Wohnungseigentümer bezieht, wirkt sich die rechtskräftige Verurteilung eines Wohnungseigentümers nach § 18 WEG nicht auf ihr Stimmrecht aus.[3] **3**

Für die Durchführung des Zwangsversteigerungsverfahrens müssen die Voraussetzungen der Zwangsvollstreckung gegeben sein. Das Urteil muss daher rechtskräftig oder vorläufig **vollstreckbar** sein (§ 704 Abs. 1 ZPO). Vollstreckungsgläubigerin ist grundsätzlich allein die Gemeinschaft der Wohnungseigentümer (Abs. 1 S. 2 Hs. 1; Fall der gesetzlichen Vollstreckungsstandschaft). Die diesbezügliche Vertretungsbefugnis des Verwalters (§ 27 Abs. 3 S. 1 Nr. 7) sollte ebenfalls in dem Entziehungsbeschluss nach § 18 Abs. 3 klargestellt werden. Eine konkurrierende Ausübungsbefugnis des einzelnen Wohnungseigentümers ist trotz des Widerspruchs zu S. 1 abzulehnen.[4] Da sie gemäß § 18 Abs. 1 S. 2 Hs. 1 auch Klägerin ist, ist ihr die **Vollstreckungsklausel** zu erteilen (§§ 724, 725 ZPO). Bei einer Gemeinschaft, die nur aus zwei Wohnungseigentümern besteht, ist der gemäß § 18 Abs. 1 S. 2 Hs. 2 klagende Woh- **4**

---

1 Palandt/*Bassenge*, § 19 Rn 1.
2 *Jennißen/Heinemann*, § 19 Rn 25.
3 BayObLG 2Z BR 131/98, NZM 1999, 77; *Bärmann/Merle*, § 25 Rn 170.
4 *Jennißen/Heinemann*, § 19 Rn 30; a.A. *Bärmann/Klein*, § 19 Rn 3; *Köhler*, Rn 293.

nungseigentümer (vgl. § 18 Rn 26) Vollstreckungsgläubiger (Abs. 1 S. 2 Hs. 2). Diesem ist dann die Vollstreckungsklausel zu erteilen. Im erst genannten Fall ist daher die Gemeinschaft der Wohnungseigentümer sowohl im Urteil als auch in der Vollstreckungsklausel als Partei namentlich – nämlich als „Wohnungseigentümergemeinschaft" gefolgt von der bestimmten Angabe des gemeinschaftlichen Grundstücks (§ 10 Abs. 6 S. 4) – bezeichnet, für die die Zwangsvollstreckung stattfinden soll (§ 750 Abs. 1 ZPO); im zweit genannten Fall der klagende Wohnungseigentümer. Schließlich muss das Urteil dem verurteilten Wohnungseigentümer zugestellt sein.

5 Für das ZVG-Verfahren ist gem. § 1 Abs. 1 ZVG das Amtsgericht als Vollstreckungsgericht am Ort der Liegenschaft zuständig. Funktionell zuständig ist der Rechtspfleger (§ 3 Nr. 1i) RpflG).[5]

6 Der Beschluss, durch den die Zwangsversteigerung angeordnet wird, gilt als Beschlagnahme des Wohnungseigentums, § 20 ZVG analog. Die Beschlagnahme hat die Wirkung eines **Veräußerungsverbots**, § 23 Abs. 1 S. 1 ZVG analog. Mit der Eintragung des Zwangsversteigerungsvermerks ist eine Veräußerung an nahe Verwandte oder einen Strohmann zwecks Umgehung des Entziehungsanspruchs ebenso wie eine Belastung des Wohnungseigentums zwecks Vereitelung des Entziehungsanspruchs ohne Zustimmung der Gläubiger nicht mehr möglich (vgl. auch § 18 Rn 4). Ein Bedürfnis für eine Sicherung des Anspruchs auf Rechtsübertragung an den zukünftigen Ersteigerer im Wege einer Vormerkung gemäß § 883 BGB[6] besteht mithin nicht mehr.

7 Das Urteil, das den Wohnungseigentümer zur Veräußerung seines Wohnungseigentums verurteilt, wird im Rang von § 10 Abs. 1 Nr. 5 ZVG vollstreckt[7] und genießt damit keinen Vorrang gegenüber bestehenden Grundpfandrechten. Da bei einer Vollstreckung aus **Rangklasse 5** sämtliche vorgehenden Ansprüche beim geringsten Gebot zu berücksichtigen (vgl. § 44 ZVG) und vom Ersteher zu übernehmen sind, bleiben die Belastungen in der Regel weiter bestehen, sofern sich – etwa bei einem über den Verkehrswert hinaus belasteten Wohnungseigentum – überhaupt ein Bietinteressent findet. Dies gilt insbesondere für die Fälle, in denen die Entziehung auf § 18 Abs. 2 Nr. 1 (Verstoß gegen Pflichten gemäß § 14) beruht (vgl. § 18 Rn 17).

8 Beruht die Entziehung hingegen auf § 18 Abs. 2 Nr. 2 (Zahlungsverzug, vgl. dazu § 18 Rn 18), kommt auch eine Vollstreckung aus **Rangklasse 2** in Betracht, was eine Zwangsversteigerung auch gegen den Willen der dann nachrangigen Kreditinstitute ermöglicht. Titulierte Wohngeldansprüche gemäß §§ 16 Abs. 2, 28 Abs. 2 und 5 können nämlich in begrenztem Umfang (die laufenden und rückständigen Beträge aus dem Jahr der Beschlagnahme und den letzten zwei Jahren, nicht jedoch mehr als 5 % des Verkehrswertes – § 10 Abs. 1 Nr. 2 ZVG, mindestens jedoch 3 % des Einheitswertes – § 10 Abs. 3 ZVG) im Rang von § 10 Abs. 1 Nr. 2 ZVG vollstreckt werden. Wollen die Wohnungseigentümer aus Rangklasse 2 gegen den Wohnungseigentümer vorgehen, müssen sie ihren (titulierten) Anspruch bei einem laufenden Zwangsversteigerungsverfahren rechtzeitig anmelden, damit er noch bei der Feststellung des geringsten Gebots berücksichtigt werden kann (§ 45 ZVG); anderenfalls müssen sie das Zwangsversteigerungsverfahren eigenständig betreiben.

9 Eine **Veräußerungsbeschränkung gemäß § 12** ist auch im Rahmen der Zwangsversteigerung zu beachten (vgl. § 12 Rn 5). Im Entziehungsbeschluss kann eine entsprechende Zustimmung der Wohnungseigentümer nicht gesehen werden, da der Ersteher zu diesem Zeitpunkt noch unbekannt ist.

10 Mit dem **Zuschlag in der Zwangsversteigerung** geht das Eigentum auf den Ersteher über (§ 90 ZVG) und der verurteilte Wohnungseigentümer scheidet aus der Wohnungseigentümergemeinschaft aus. Umstritten ist derzeit, ob der Erwerb eines Wohnungseigentums durch die Gemeinschaft der Wohnungseigentümer in der Zwangsversteigerung zulässig ist. Dabei ist der inzwischen wohl ganz überwiegend vertretenen Auffassung, wonach der Erwerb von Immobiliareigentum durch die Gemeinschaft der Wohnungseigentümer zulässig ist und damit notwendigerweise auch von ihrer Grundbuchfähigkeit auszugehen ist, zu folgen.[8] Nur diese Auffassung trägt den Konsequenzen der Anerkennung einer Teilrechtsfähigkeit der Wohnungseigentümergemeinschaft Rechnung. Ob dieser Erwerb noch einen hinreichenden Bezug zur Verwaltung des gemeinschaftlichen Eigentums aufweist, insbesondere wenn man einen unzumutbaren Eigentümer aus der Gemeinschaft entfernen oder auch den Erwerb durch einen missliebigen Mitbieter verhindern will, mithin als Maßnahme der ordnungsmäßigen Verwaltung anzusehen ist, obliegt nicht den Grundbuchämtern im Rahmen der Eintragung der Eigentümergemeinschaft als Eigentümerin, sondern nur den Wohnungseigentumsgerichten im Rahmen des Beschlussanfechtungsverfahrens nach § 46.[9] Auch die Ersteigerung durch den ausgeschlossenen Wohnungseigentümer selbst kommt in Betracht. Der nach § 19 Abs. 1 erstrittene Titel ist dann

---

5 Wegen der Einzelheiten des Zwangsversteigerungsverfahrens wird auf *AnwHdB/Klose*, Teil 16 Rn 472 ff. verwiesen.
6 Vgl. KG 1 W 4545/78, Rpfleger 1979, 198.
7 **A.A.** *Jennißen/Heinemann*, § 19 Rn 29: rangloses Versteigerungsrecht, da nur Ansprüche, die ein Recht auf Befriedigung aus dem Grundstück gewähren, rangfähig sind; dem ist entgegenzuhalten, dass § 19 Abs. 1 S. 1 ausdrücklich eine entsprechende Anwendung des ZVG vorsieht; *Bärmann/Klein*, § 19 Rn 4.

8 OLG Celle 4 W 213/07, ZMR 2008, 210; LG Deggendorf 1 T 59/08, ZMR 2008, 909; *Jennißen/Grziwotz*, § 10 Rn 65 ff.; *Hügel/Elzer*, S. 157; *Häublein*, Festschrift Wenzel, 2005, S. 175; *ders,*. ZWE 2007, 474; *Abramenko*, ZMR 2006, 338; *Wenzel*, ZWE 2006, 462, 469; *Kümmel*, ZMR 2007, 894; **a.A.** LG Nürnberg-Fürth 11 T 4131/06, ZMR 2006, 812 m. abl. Anm. *Schneider*; LG Hannover 3 T 35/07, ZMR 2007, 893.
9 OLG Celle 4 W 213/07, ZMR 2008, 210.

allerdings nicht verbraucht.[10] Der Zuschlag an einen nahen Angehörigen oder eine Vertrauensperson kann nur dadurch verhindert werden, dass die nach § 12 erforderliche Zustimmung versagt wird, sofern sie vereinbart ist.

Die Vollstreckung auf **Räumung und Herausgabe** findet aufgrund des Zuschlagsbeschlusses durch den Ersteher statt, § 93 Abs. 1 S. 1 ZVG. Damit ist eine Vollstreckung gegen den verurteilten Wohnungseigentümer und sonstige Dritte (berechtigte/unberechtigte Besitzer) möglich. Bei Dritten, die aufgrund eines schuldrechtlichen (Miet-/Pachtvertrag) oder dinglichen (Nießbrauch) Rechts Besitz haben, welches durch die Zwangsversteigerung nicht erlischt, soll die Zwangsvollstreckung unterbleiben (§ 93 Abs. 1 S. 2 ZVG). Wird gleichwohl vollstreckt, so kann der berechtigte Besitzer Drittwiderspruchsklage erheben (§ 93 Abs. 1 S. 3 ZVG, § 771 ZPO). Vollstreckt der Ersteher nicht gegen den verurteilten Wohnungseigentümer, sondern belässt diesem den Besitz der Eigentumswohnung, so kann gegen den Ersteher die Entziehungsklage erhoben werden.

Die Regelungen der §§ 57 ff. ZVG, die das **Verhältnis des Erstehers zu den Mietern** und Pächtern regeln, finden aufgrund der Verweisung in § 19 Abs. 1 S. 1 entsprechende Anwendung. Ein Mietverhältnis geht daher gemäß §§ 566 BGB, 57 ZVG mit dem Zuschlag auf den Ersteher über. Gemäß § 57a ZVG steht diesem jedoch ein einmaliges Sonderkündigungsrecht zu. § 183 ZVG ist nicht anwendbar.

C. Abwendungsbefugnis

Gemäß Abs. 2 kann ein Wohnungseigentümer, der zur Veräußerung seines Wohnungseigentums verurteilt wurde, weil er gemäß § 18 Abs. 2 Nr. 2 im Zahlungsverzug war, die Urteilswirkungen durch Zahlung vor Zuschlag, der mit seiner Verkündung im Versteigerungstermin oder einem gesonderten Verkündungstermin wirksam wird (§ 89 ZVG), abwenden. Erforderlich ist der vollständige **Ausgleich aller Zahlungsrückstände** (auch die nach der Klageerhebung fällig gewordenen Kosten und Lasten) und die Zahlung der Kosten des Entziehungs- und des Versteigerungsverfahrens. Mit der Zahlung entfällt nur die Vollstreckbarkeit des Urteils. Den Erfüllungseinwand muss der betroffene Wohnungseigentümer daher im Streitfalle mit der Vollstreckungsgegenklage nach § 767 ZPO geltend machen und ggf. eine einstweilige Anordnung des Prozessgerichts nach § 769 Abs. 1 ZPO erwirken.[11] Hat der Wohnungseigentümer seine Rückstände bereits vor der letzten mündlichen Verhandlung im Rechtsstreit über die Entziehung seines Wohnungseigentums beglichen, ist die Klage als unbegründet abzuweisen; soweit die Bezahlung nach Rechtshängigkeit erfolgt ist, liegt ein Fall der Hauptsachenerledigung vor.

D. Vergleich

Abs. 3 stellt einen gerichtlich oder vor einer Gütestelle geschlossenen Vergleich i.S.v. § 794 Abs. 1 Nr. 1 ZPO einem Entziehungsurteil gleich. Dies gilt auch für einen schiedsrichterlichen Vergleich.[12] Aus einem notariellen bzw. einem Anwaltsvergleich kann hingegen keine Zwangsversteigerung stattfinden, da dieser auf die Abgabe einer Willenserklärung (Zustimmung zur Veräußerung) gerichtet wäre, vgl. §§ 794 Abs. 1 Nr. 5, 796a Abs. 2 ZPO).

E. Abdingbarkeit

Abs. 1 und 3 sind unabdingbar, da das Verfahrensrecht nicht der Disposition der Parteien unterliegt.[13] Insoweit ergänzen sie zudem § 18 Abs. 1, der ebenfalls nicht abdingbar ist (vgl. § 18 Rn 30). **Abs. 2** kann dagegen durch Vereinbarung ausgeschlossen oder abgeändert werden (§ 10 Abs. 2 S. 2).

F. Übergangsrecht

Die im Zeitpunkt des Inkrafttreten des WEG- Reformgesetzes (vgl. dazu § 62 Rn 2, 6) bereits nach § 53 Abs. 1 a.F. beantragten Verfahren sind noch nach den alten Verfahrensvorschriften durchzuführen, § 62 Abs. 1.

---

10 Bärmann/*Klein*, § 19 Rn 9.
11 KG 1 W 71/03, FGPrax 2004, 91.
12 Staudinger/*Kreuzer*, § 19 Rn 19.

13 A.A. *Jennißen/Heinemann*, § 19 Rn 59, der die Vereinbarung einer von § 19 Abs. 1 abweichenden Art der Veräußerung für zulässig erachtet.

3. Abschnitt: Verwaltung

§ 20 Gliederung der Verwaltung

(1) Die Verwaltung des gemeinschaftlichen Eigentums obliegt den Wohnungseigentümern nach Maßgabe der §§ 21 bis 25 und dem Verwalter nach Maßgabe der §§ 26 bis 28, im Falle der Bestellung eines Verwaltungsbeirats auch diesem nach Maßgabe des § 29.

(2) Die Bestellung eines Verwalters kann nicht ausgeschlossen werden.

A. Allgemeines	1	I. Die Verwaltungsorgane	3
B. Die Gliederung der Verwaltung	3	II. Unabdingbarkeit eines Verwalters	6

A. Allgemeines

1 Der 3. Abschnitt des WEG „Verwaltung" betrifft die **Verwaltung des gemeinschaftlichen Eigentums**. § 20 Abs. 1 stellt den nachfolgenden gesetzlichen Bestimmungen der §§ 21 bis 29, die – in Abgrenzung voneinander – vornehmlich die Befugnisse der zur Verwaltung berufenen Organe regeln, eine systematische Gliederung voran. Diese Vorschriften werden durch die Vorschriften über die Gemeinschaft gemäß § 741 ff. BGB ergänzt, § 10 Abs. 2 S. 1.

2 Sein **Sondereigentum** verwaltet jeder Wohnungseigentümer allein, § 13 Abs. 1. Da nur die Verwaltung des gemeinschaftlichen Eigentums der Regelung durch Beschlussfassung der Wohnungseigentümer unterliegt (§§ 20 Abs. 1, 21 Abs. 1) –, können Eingriffe in den Kernbereich des Sondereigentums wegen absoluter Unzuständigkeit der Eigentümerversammlung nicht wirksam mehrheitlich beschlossen werden.[1] Es können sich aber bei der Verwaltung des gemeinschaftlichen Eigentums Berührungspunkte mit Gegenständen des Sondereigentums ergeben, wenn etwa Maßnahmen zur Instandhaltung und Instandsetzung ohne Eingriff in das Sondereigentum kaum möglich sind (z.B. bei Dachterrasse, Balkon oder Heizung). In diesen Fällen besteht dann auch eine sich auf das Sondereigentum erstreckende Beschlusskompetenz.[2]

B. Die Gliederung der Verwaltung

I. Die Verwaltungsorgane

3 § 20 gibt eine Übersicht über die zur Verwaltung befugten Organe. Eine Verwaltung erfolgt danach durch die **Wohnungseigentümer** nach Maßgabe der §§ 21–25. Diese treffen grundsätzlich sämtliche Verwaltungsentscheidungen gemeinsam, und zwar überwiegend durch Beschlussfassung, ansonsten durch Vereinbarung. Ausnahmen finden sich in dringenden Fällen zugunsten des Verwalters in § 27 Abs. 1 Nr. 3 und zugunsten eines einzelnen Wohnungseigentümers in § 21 Abs. 2. Daneben erfolgt eine Verwaltung durch den **Verwalter**, dessen Bestellung nicht ausgeschlossen werden kann (vgl. Rn 6), nach Maßgabe der §§ 26–28. Er ist in erster Linie zur Vollziehung der Verwaltungsentscheidungen berufen. Schließlich wirkt der **Verwaltungsbeirat** als fakultative Verwaltungseinrichtung im Falle seiner Bestellung bei der Verwaltung gemäß § 29 mit, indem er den Verwalter bei seiner Tätigkeit überwacht und unterstützt.

4 Die Wohnungseigentümer können von diesen Kompetenz zuweisenden Vorschriften **abweichende Vereinbarungen** treffen, soweit nicht ausdrücklich etwas anderes bestimmt ist, § 10 Abs. 2 S. 2. Abweichende Mehrheitsbeschlüsse sind hingegen grundsätzlich nichtig.[3] In engen Grenzen ist eine solche Kompetenzverlagerung aber auch im Beschlusswege möglich.[4] (Zum Begriff der Verwaltung siehe § 21 Rn 3 ff.)

5 Abs. 1 hat insofern eine eigenständige Bedeutung, als er den Wohnungseigentümern – als Einzelpersonen ebenso wie als Mitglied der Wohnungseigentümergemeinschaft –, dem Verwalter und – im Falle seiner Bestellung – dem Verwaltungsbeirat eine **Verpflichtung zur Mitwirkung** an der Verwaltung auferlegt („Obliegt" im Gegensatz zu § 21 Abs. 1: „steht zu"). Es handelt sich um dabei eine Sozialpflicht, die durch § 21 Abs. 4 näher ausgestaltet wird.[5]

II. Unabdingbarkeit eines Verwalters

6 Gemäß Abs. 2 ist das **Recht, einen Verwalter zu bestellen**, unabdingbar. Dies gilt unabhängig davon, ob es sich um eine kleine[6] oder große Gemeinschaft[7] handelt.

---

1 OLG Düsseldorf 3 Wx 419/00, ZMR 2001, 306.
2 OLG München 34 Wx 46/07, ZMR 2009, 65; LG Landshut 64 T 3268/07, ZMR 2009, 145.
3 OLG Düsseldorf 3 Wx 213/02, ZMR 2003, 126.
4 OLG Düsseldorf 3 Wx 253/00, ZMR 2001, 303; *Gottschalg*, ZWE 2000, 50.
5 Vgl. dazu BGH V ZB 32/05, ZMR 2005, 547.
6 Etwa eine Zweier- oder Dreiergemeinschaft, OLG Saarbrücken 5 W 255/03, MietRB 2004, 174.
7 BGH V ZB 4/89, WE 1989, 130.

Entgegenstehende Regelungen in der Gemeinschaftsordnung, einer Vereinbarung oder einem Mehrheitsbeschluss sind wegen Gesetzeswidrigkeit gemäß § 134 BGB nichtig.[8] Dies gilt auch für einen vorübergehenden Ausschluss. Nichtig ist auch jede Regelung, die die Bestellung eines Verwalters zu üblichen Bedingungen mittelbar ausschließt oder behindert.[9]

Aus dem durch Abs. 2 garantierten Recht, einen Verwalter zu bestellen, folgt jedoch **keine Verpflichtung** der Wohnungseigentümer, einen Verwalter zu bestellen. Auch die Gemeinschaft der Wohnungseigentümer erfordert nach der gesetzlichen Konzeption (vgl. § 27 Abs. 3 S. 2) nicht zwingend einen Verwalter als Handlungsorgan.[10] Es ist somit im allseitigen Einverständnis zulässig, von dem Recht, einen Verwalter zu bestellen, (vorerst) keinen Gebrauch zu machen. Denn in diesen Fällen bleibt das notfalls gemäß § 43 Nr. 1 im Klagewege durchsetzbare Recht, von den anderen Wohnungseigentümern als Maßnahme ordnungsmäßiger Verwaltung gemäß § 21 Abs. 4 und Abs. 8 die Zustimmung zur Bestellung eines Verwalters zu verlangen, unberührt. Insoweit ist auch die Bestimmung in einer Gemeinschaftsordnung wirksam, wonach zunächst kein Verwalter bestellt werden soll.[11]

Ist kein Verwalter bestellt obliegt die Verwaltung **allen Miteigentümern gemeinsam**, es sei denn sie haben einen Bevollmächtigten bestellt (vgl. auch § 21 Rn 8).[12] Im Übrigen verbleibt jedem Wohnungseigentümer das Recht, Notmaßnahmen nach § 21 Abs. 2 durchzuführen (siehe § 21 Rn 20 ff.).

§ 21 Verwaltung durch die Wohnungseigentümer

(1) Soweit nicht in diesem Gesetz oder durch Vereinbarung der Wohnungseigentümer etwas anderes bestimmt ist, steht die Verwaltung des gemeinschaftlichen Eigentums den Wohnungseigentümern gemeinschaftlich zu.

(2) Jeder Wohnungseigentümer ist berechtigt, ohne Zustimmung der anderen Wohnungseigentümer die Maßnahmen zu treffen, die zur Abwendung eines dem gemeinschaftlichen Eigentum unmittelbar drohenden Schadens notwendig sind.

(3) Soweit die Verwaltung des gemeinschaftlichen Eigentums nicht durch Vereinbarung der Wohnungseigentümer geregelt ist, können die Wohnungseigentümer eine der Beschaffenheit des gemeinschaftlichen Eigentums entsprechende ordnungsmäßige Verwaltung durch Stimmenmehrheit beschließen.

(4) Jeder Wohnungseigentümer kann eine Verwaltung verlangen, die den Vereinbarungen und Beschlüssen und, soweit solche nicht bestehen, dem Interesse der Gesamtheit der Wohnungseigentümer nach billigem Ermessen entspricht.

(5) Zu einer ordnungsmäßigen, dem Interesse der Gesamtheit der Wohnungseigentümer entsprechenden Verwaltung gehört insbesondere:

1. die Aufstellung einer Hausordnung;
2. die ordnungsmäßige Instandhaltung und Instandsetzung des gemeinschaftlichen Eigentums;
3. die Feuerversicherung des gemeinschaftlichen Eigentums zum Neuwert sowie die angemessene Versicherung der Wohnungseigentümer gegen Haus- und Grundbesitzerhaftpflicht;
4. die Ansammlung einer angemessenen Instandhaltungsrückstellung;
5. die Aufstellung eines Wirtschaftsplans (§ 28);
6. die Duldung aller Maßnahmen, die zur Herstellung einer Fernsprechteilnehmereinrichtung, einer Rundfunkempfangsanlage oder eines Energieversorgungsanschlusses zugunsten eines Wohnungseigentümers erforderlich sind.

(6) Der Wohnungseigentümer, zu dessen Gunsten eine Maßnahme der in Absatz 5 Nr. 6 bezeichneten Art getroffen wird, ist zum Ersatz des hierdurch entstehenden Schadens verpflichtet.

(7) Die Wohnungseigentümer können die Regelung der Art und Weise von Zahlungen, der Fälligkeit und der Folgen des Verzugs sowie der Kosten für eine besondere Nutzung des gemeinschaftlichen Eigentums oder für einen besonderen Verwaltungsaufwand mit Stimmenmehrheit beschließen.

(8) Treffen die Wohnungseigentümer eine nach dem Gesetz erforderliche Maßnahme nicht, so kann an ihrer Stelle das Gericht in einem Rechtsstreit gemäß § 43 nach billigem Ermessen entscheiden, soweit sich die Maßnahme nicht aus dem Gesetz, einer Vereinbarung oder einem Beschluss der Wohnungseigentümer ergibt.

---

8 BGH VII ZR 193/75, NJW 1977, 44.
9 KG 24 W 1118/93, NJW-RR 1994, 402 und OLG Frankfurt 20 W 309/07, 2011, 361: Vergütungsfixierung; offen gelassen von OLG Frankfurt 20 W 31/93, NJW-RR 1993, 845: Vergütungsausschluss; BayObLG 2 Z BR 97/94, NJW-RR 1995, 271: Festlegung auf bestimmten Verwalter bzw. beschränkter Kandidatenkreis; BayObLG 2Z BR 49/95, WuM 1986, 497: Einführung eines Quorums.
10 *Riecke/Schmid/Elzer*, § 20 Rn 114.
11 LG Köln, 11 T 173/81, MittRhNotK 1981, 200; *Weitnauer/Lüke*, § 20 Rn 4; **a.A.** *Bärmann/Merle*, § 20 Rn 13.
12 BGH V ZR 350/03, ZMR 2005, 884; KG 24 W 7204/91, NJW-RR 1993, 470.

A. Allgemeines	1	4. Entscheidungskompetenz	69
B. Der Begriff der Verwaltung	3	5. Bestandsaufnahme	70
C. Die Verwaltung des gemeinschaftlichen Eigentums	7	6. Zweistufiges Vorgehen	71
		7. Vergleichsangebote	72
I. Verwaltung durch alle Wohnungseigentümer	7	8. Finanzierung	73
II. Die gerichtliche Geltendmachung von Ansprüchen	9	9. Muster eines Beschlusses über eine Sanierungsmaßnahme	74
1. Individuelle Ansprüche	10	10. Schadensersatz	76
2. Gemeinschaftsbezogene Ansprüche	17	11. Übertragung auf einzelne Wohnungseigentümer	83
3. Ansprüche der Gemeinschaft der Wohnungseigentümer	19	IV. Modernisierende Instandsetzung	89
III. Notmaßnahmen	20	V. Öffentlich-rechtliche Vorschriften	91
1. Ersatzanspruch	21	VI. Anspruch auf Instandsetzung	95
2. Beispiele für Notmaßnahmen	25	VII. Erstmalige Herstellung eines ordnungsmäßigen Zustands	98
IV. Verwaltung durch Mehrheitsbeschluss	27	VIII. Trittschallschutz	103
1. Ordnungsmäßige Verwaltung	28	IX. Versicherungen	115
2. Beispiele aus der Rechtsprechung	36	1. Feuerversicherung	116
a) Maßnahmen ordnungsmäßiger Verwaltung	36	2. Versicherung gegen Haus- und Grundbesitzerhaftpflicht	117
b) Maßnahmen nicht ordnungsmäßiger Verwaltung	40	3. Weitere Versicherungen	118
D. Anspruch auf ordnungsmäßige Verwaltung	42	X. Instandhaltungsrücklage	122
I. Inhalt des Anspruchs	42	XI. Wirtschaftsplan	127
II. Verfahren	47	XII. Telefon, Rundfunk, Energieversorgung	128
III. Abdingbarkeit	50	G. Regelung von Geldangelegenheiten (Abs. 7)	131
IV. Beispiele aus der Rechtsprechung	51	I. Art und Weise von Zahlungen	133
E. Pflichtverletzung	53	II. Fälligkeit	134
F. Die besonderen Fälle einer ordnungsmäßigen Verwaltung	54	III. Folgen des Verzugs	135
I. Allgemeines	54	IV. Kosten für besondere Nutzung des gemeinschaftlichen Eigentums	136
II. Hausordnung	55	V. Kosten für einen besonderen Verwaltungsaufwand	137
III. Instandhaltung und Instandsetzung	63	H. Ermessensentscheidungen des Gerichts (Abs. 8)	140
1. Instandhaltung	66		
2. Instandsetzung	67		
3. Ermessensspielraum	68		

Literatur: *Abramenko,* Der Verband als Inhaber von Rechten und Pflichten der Wohnungseigentümer, ZMR 2007, 841; *Armbrüster,* Haftung des Wohnungseigentümers für Schäden am Gemeinschaftseigentum, insbesondere bei Baumaßnahmen, ZMR 1997, 395; *ders.,* Versicherungsschutz für Wohnungseigentümer und Verwalter, ZMR 2003, 1; *ders.,* Die Abwicklung von Gebäudeschäden mit dem Versicherer, ZWE 2009, 109; *Becker,* Die Haftung der Wohnungseigentümer für Schäden am Sondereigentum infolge mangelhafter Instandsetzung des gemeinschaftlichen Eigentums, ZWE 2000, 56; *Becker,* Die Ausübung von Rechten durch die Eigentümergemeinschaft, ZWE 2007, 432; *Becker/Strecker,* Mehrheitsherrschaft und Individualrechtsschutz bei der Instandsetzung gemeinschaftlichen Eigentums, ZWE 2001, 569; *Behr/Pause/Vogel,* Schallschutz in Wohngebäuden – Eine Bestandsaufnahme in Technik und Recht, NJW 2009, 1385; *Bielefeld,* Instandhaltung und Instandsetzung von Fenstern, DWE 1989, 2; *Briesemeister,* Verwaltungsschulden der Sanierungsgemeinschaft: Realitäts- oder (Un-)Lustprinzip?, NZM 2002, 970; *Deckert,* Die Instandhaltungsrückstellung im Wohnungseigentumsrecht (ausgewählte Rechtsfragen), ZMR 2005, 753; *ders.,* Die Instandhaltungsrückstellung im Wohnungseigentumsrecht (ausgewählte Rechtsfragen), ZMR 2005, 753; *Drabek,* Obstruktives Eigentümerverhalten bei notwendigen Sanierungen am gemeinschaftlichen Eigentum, ZMR 2003, 242; *Elzer,* Die Hausordnung einer Wohnungseigentumsanlage, ZMR 2006, 733; *Häublein,* Die Mehrhausanlage in der Verwalterpraxis, NZM 2003, 785; *ders.,* Erstattungsansprüche des Wohnungseigentümers für Maßnahmen gemäß § 21 Abs. 2 WEG, ZWE 2008, 410; *Hogenschurz,* Trittschallschutz und Bodenbelagswechsel in Eigentumswohnungen, MDR 2008, 786; *Jansen/Köhler,* Die Kündigung eines Feuerversicherungsvertrages nach Beendigung der Monopolversicherung, WE 1995, 142; *Kümmel,* Der einstimmige Beschluss als Regelungsinstrument der Wohnungseigentümer, ZWE 2001, 52; *Lüke,* Der Zweitbeschluss, ZWE 2000, 98; *Mahlke* Kostenerstattungsanspruch des Wohnungseigentümers wegen von ihm selbst veranlaßter und finanzierter Sanierungsmaßnahmen im Bereich des gemeinschaftlichen Eigentums bei fehlenden oder nichtigen Eigentümerbeschlüssen, ZMR 2003, 318; *Merle,* Ermessensentscheidungen des Gerichtes nach § 21 Abs. 8 WEG, ZWE 2008, 9; *ders.,* Neue Beschlusskompetenzen in Geldangelegenheiten gemäß 21 Abs. 7 WEG, ZWE 2007, 321; *Müller,* Beschlüsse in Geldangelegenheiten gemäß § 21 Abs. 7 WEG, ZWE 2008, 278; *Nussbaum,* Haftung der Wohnungseigentümer für Leitungswasserschäden, NZM 2003, 617; *Rapp,* Verwaltungsvermögen und Rechtsnachfolge im Wohnungseigentum, ZWE 2002, 557; *J.-H. Schmidt,* Rohrsanierungen auf Druck der Gebäudeversicherung – Eingriffe in das Sondereigentum, ZMR 2005, 669; *Wenzel,* Umstellung des Fernsehempfangs-bauliche Veränderung?, ZWE 2007, 179.

A. Allgemeines

1 § 21 enthält die grundlegenden materiellen Bestimmungen über die Verwaltung des gemeinschaftlichen Eigentums durch die Wohnungseigentümer. Ausgenommen sind hier die besonderen Fälle des Wiederaufbaus und sonstiger baulicher Veränderungen, die § 22 regelt. Dieser ergänzt damit den § 21. Die Vorschrift ist den §§ 744, 745 BGB nachgebildet. Durch das **WEG-ÄnderungsG** vom 26.3.2007 (BGBl I S. 370) wurden der Vorschrift die Abs. 7 und 8 angefügt.

Alle Bestimmungen des § 21 sind mit Ausnahme von Abs. 8 (Vorschrift des Prozessrechts) **abdingbar** (§ 10 Abs. 2 S. 2); dies ist für Abs. 7 umstritten.[1] Ein das Gesetz oder bestehende Vereinbarungen ändernder Mehrheitsbeschluss ist jedoch nichtig, wenn die Gemeinschaftsordnung nicht ausnahmsweise die Möglichkeit einer Mehrheitsentscheidung eröffnet, denn eine Änderung des Gesetzes oder einer Vereinbarung ist nur durch Vereinbarung möglich.[2]

B. Der Begriff der Verwaltung

Zur Verwaltung des gemeinschaftlichen Eigentums gehören **alle Entscheidungen und Maßnahmen**, die in Bezug auf das gemeinschaftliche Eigentum auf eine Änderung des bestehenden Zustands oder eine Geschäftsführung in tatsächlicher oder rechtlicher Hinsicht abzielen und im Interesse der Gesamtheit der Wohnungseigentümer erforderlich sind.[3] Auch Entscheidungen über den Erwerb von Immobiliareigentum durch die Wohnungseigentümergemeinschaft[4] fallen darunter.

Die Verwaltung ist also nicht auf Beschlussfassungen in der Wohnungseigentümerversammlung beschränkt, sondern schließt ihre **tatsächliche Durchführung** ein.[5]

Die **Grenze** der Verwaltung liegt beim Gebrauch und der Nutzung des gemeinschaftlichen Eigentums, die nicht dem gemeinschaftlichen Interesse aller Wohnungseigentümer, sondern dem des einzelnen Wohnungseigentümers dienen.[6] Für sie gelten die §§ 13–15. Nicht zur Verwaltung gehören auch Vereinbarungen der Wohnungseigentümer über ihr Verhältnis untereinander, die Aufhebung der Gemeinschaft sowie Verfügungen über das gemeinschaftliche Eigentum, insbesondere die sachenrechtlichen Grundlagen (Verzicht auf öffentlich-rechtlich vorgeschriebenen Bauwich; Belastung mit einer Grunddienstbarkeit oder einer Baulast).[7] Auch die Begründung von Anspruchsgrundlagen für Leistungspflichten außerhalb des Bereichs der Lasten und Kosten (insbesondere Schadensersatzansprüche, Beseitigungsansprüche wegen unzulässiger baulicher Veränderungen – siehe § 22 Rn 184, tätige Mithilfe – siehe Rn 61) gehören nicht dazu.[8] Die besonderen Fälle des § 22 (bauliche Veränderungen, Modernisierung, Wiederaufbau) können im Rahmen der ordnungsmäßigen Verwaltung liegen, wenn z.B. eine bauliche Veränderung nicht über die ordnungsmäßige Instandhaltung und Instandsetzung hinausgeht, eine Modernisierungsmaßnahme zugleich eine modernisierende Instandsetzung darstellt oder ein Wiederaufbau mit der Brandversicherungssumme bewerkstelligt werden kann.

Die früher höchst umstrittene Zuordnung des **Verwaltungsvermögens** hat nunmehr in § 10 Abs. 7 eine gesetzliche Regelung erfahren (siehe dazu § 10 Rn 95). Auch dieses ist Gegenstand der gemeinschaftlichen Verwaltung.[9]

C. Die Verwaltung des gemeinschaftlichen Eigentums

I. Verwaltung durch alle Wohnungseigentümer

Nach § 21 Abs. 1 steht die Verwaltung des gemeinschaftlichen Eigentums allen Wohnungseigentümern grundsätzlich gemeinsam zu, soweit das Gesetz oder Vereinbarungen der Wohnungseigentümer nicht etwas anderes besagen. So ist z.B. eine Vereinbarung zulässig, wonach abgegrenzte Teile einer Wohnanlage durch Gruppen von Wohnungseigentümern getrennt verwaltet werden.[10] Soweit diese Vorschrift eingreift, gilt sie als Sonderregelung (vgl. § 10 Abs. 2 S. 1) vor der allgemeinen Bestimmung des § 1011 BGB.[11] Grundsätzlich bedürfen daher Verwaltungsmaßnahmen der Zustimmung aller Wohnungseigentümer im Wege des **einstimmigen Beschlusses**.[12] Da die Verwaltung durch alle Wohnungseigentümer in der Praxis bei Maßnahmen der laufenden Verwaltung zu einem nicht vertretbaren Aufwand durch den Verwalter und – gerade bei Großanlagen – zur faktischen Blockade der Verwaltung führen könnte, lässt das Gesetz in §§ 21 Abs. 2, 3, 7 und 22 Abs. 1, 2 selbst Ausnahmen von diesem Grundsatz zu.

Nimmt **ein Wohnungseigentümer** im Einverständnis aller Wohnungseigentümer die Verwaltungsaufgaben wahr, ohne Verwalter zu sein, so ist Grundlage dieser Tätigkeit der stillschweigend gemäß § 670 BGB erteilte Auftrag eines jeden anderen Wohnungseigentümers, seine nach § 21 Abs. 1 bestehende Verpflichtung zur Mitwirkung an der Verwaltung des gemeinschaftlichen Eigentums wahrzunehmen und ihn insoweit zu vertreten. Jeder einzelne Wohnungseigentümer hat gegen ihn gemäß § 666 BGB einen Auskunftsanspruch, der auf dem von ihm erteilten Auftrag beruht, und deshalb von jedem allein geltend gemacht werden kann.[13]

---

1 Für Abdingbarkeit *Becker*, ZWE 2008, 221; für Unabdingbarkeit *Häublein*, ZMR 2007, 418, *Müller*, ZWE 2008, 281.
2 BGH V ZB 58/99, Z 145, 158, 167 = NJW 2000, 3500.
3 BGH V ZR 118/91, Z 121, 22 = NJW 1993, 727.
4 OLG Celle 4 W 213/07, ZMR 2008, 210.
5 BGH V ZB 28/98, NJW 1999, 2108.
6 *Bärmann/Merle*, § 20 Rn 7.
7 *Hügel*, ZMR 2011, 182; **a.A.** OLG Hamm 15 W 330/90, NJW-RR 1991, 338.
8 BGH V ZR 193/09, NJW 2010, 2801.
9 *Jennißen/Heinemann*, § 21 Rn 1.
10 BayObLG BReg 2 Z 57/84, DNotZ 1985, 414.
11 BGH V ZR 118/91, Z 121, 22 = NJW 1993, 727.
12 *Kümmel* ZWE 2001, 52; *Wenzel*, ZWE 2001, 226.
13 KG 24 W 7204/91, NJW-RR 1993, 470.

II. Die gerichtliche Geltendmachung von Ansprüchen

9 Hier ist zu unterscheiden zwischen individuellen Ansprüchen der einzelnen Wohnungseigentümer, gemeinschaftsbezogenen Ansprüchen der Wohnungseigentümer und Ansprüchen der Gemeinschaft als teilrechtsfähigem Verband.

1. Individuelle Ansprüche

10 Jeder Wohnungseigentümer kann grundsätzlich einen Anspruch, der ihm individuell zusteht, allein **ohne** einen **ermächtigenden Beschluss** der übrigen Wohnungseigentümer geltend machen. Besonderheiten gelten bei der Durchsetzung von Gewährleistungsansprüchen wegen Baumängeln am gemeinschaftlichen Eigentum, weil zwar jeder Erwerber einen eigenen Anspruch aus dem Erwerbsvertrag hat, aber die Interessen aller Wohnungseigentümer betroffen sind (vgl. dazu Anh. § 21 Rn 22 ff.).

11 Individuelle Ansprüche kommen auch **gegen den Verwalter** in Betracht, z.B. wegen einer Sorgfaltspflichtverletzung des Verwalters gegenüber einem Wohnungseigentümer, die allein bei diesem zu einem Schaden geführt hat.[14]

12 Auch **Ansprüche auf ordnungsmäßige Verwaltung** gemäß § 21 Abs. 4 stehen jedem Wohnungseigentümer persönlich zu.[15] Jeder einzelne Wohnungseigentümer kann daher den Anspruch auf Vorlage von Jahresabrechnung und Wirtschaftsplan gegen den Verwalter geltend machen.[16]

13 Der einzelne Wohnungseigentümer kann einen auf Geldzahlung an sich selbst gerichteten **Schadensersatzanspruch** wegen der Beeinträchtigung seines Wohnungseigentums, die durch eine Einwirkung auf das gemeinschaftliche Eigentum verursacht wurde, ohne Ermächtigung durch die Wohnungseigentümer **gegen einen Dritten** geltend machen, denn in diesem Fall ist weder der Gebrauch oder die Verwaltung des gemeinschaftlichen Eigentums noch eine aufgrund des Innenverhältnisses zwischen mehreren Gläubigern bestehende Empfangszuständigkeit betroffen.[17] Gleiches gilt für einen Schadensersatzanspruch wegen der Beschädigung seines Sondereigentums durch einen **anderen Wohnungseigentümer**.[18]

14 Auch den Anspruch aus § 1004 Abs. 1 S. 1 BGB auf **Beseitigung** einer Beeinträchtigung des gemeinschaftlichen Eigentums gegen einen störenden Miteigentümer kann der einzelne Wohnungseigentümer ohne Ermächtigung durch die übrigen Wohnungseigentümer geltend machen, weil in diesem Fall der Gebrauch des gemeinschaftlichen Eigentums im Vordergrund steht.[19] Dies gilt auch für den Anspruch aus § 1004 Abs. 1 S. 1 BGB gegen den Mieter als Zustandsstörer auf Duldung der Störungsbeseitigung.[20]

15 Auch **Unterlassungsansprüche** aus dem Miteigentum an dem Grundstück gemäß § 1004 Abs. 1 S. 2 BGB stehen weder dem Verband zu, noch können sie ohne einen entsprechenden Beschluss der Wohnungseigentümer von dem Verband gerichtlich geltend gemacht werden.[21] Unterlassungs- und Beseitigungsansprüche aus § 15 Abs. 3 sind ihrem Wesen nach ebenfalls Individualansprüche.[22]

16 Gemäß § 10 Abs. 6 S. 3 übt die Gemeinschaft sonstige Rechte aus, soweit diese gemeinschaftlich geltend gemacht werden können. Hierzu zählen die den Wohnungseigentümern zustehenden Individualansprüche (siehe Rn 10 ff., § 10 Rn 89). Danach sind sie berechtigt, aber nicht verpflichtet,[23] Abwehrrechte aus § 1004 BGB wegen Verletzung des gemeinschaftlichen Eigentums **durch Mehrheitsbeschluss zur Angelegenheit der Gesamtheit der Wohnungseigentümer** zu machen.[24] Dies schließt den einzelnen Wohnungseigentümer – anders als für Ansprüche der Wohnungseigentümer gegen den Bauträger aus Erwerbsverträgen[25] aber nicht von der Verfolgung seiner Rechte aus.[26] Eine divergierende Inanspruchnahme als Folge der **Konkurrenz der Anspruchsverfolgung** kann prozessual durch Beiladung bzw. Streitverkündung vermieden werden.[27]

2. Gemeinschaftsbezogene Ansprüche

17 Gemäß § 10 Abs. 6 S. 3 übt die Gemeinschaft die gemeinschaftsbezogenen Rechte der Wohnungseigentümer aus (vgl. § 10 Rn 85), d.h. der Gemeinschaft der Wohnungseigentümer steht grundsätzlich die alleinige Prozessführungsbefugnis zu. Hierunter fallen etwa der deliktische Anspruch auf Schadensersatz wegen Verletzung des gemeinschaftlichen Eigentums,[28] der Anspruch gegen den Verwalter auf Erfüllung seiner vertraglichen Pflichten,[29] der Anspruch auf

---

14 Vgl. BGH V ZB 9/91, NJW 1992, 182.
15 BayObLG 2Z BR 130/98, NZM 1999, 767.
16 BayObLG BReg 2 Z 18/90, NJW-RR 1990, 659.
17 BGH V ZR 118/91, Z 121, 22 = NJW 1993, 727.
18 BGH V ZB 28/98, NJW 1999, 2108.
19 BGH V ZB 27/90, NJW 1992, 978.
20 BGH V ZR 112/06, NJW 2007, 432.
21 BGH V ZB 17/06, NZM 2006, 465.
22 BayObLG 2 Z BR 225/03, NZM 2004, 344.
23 OLG München 34 Wx 083/05, ZMR 2006, 304; vgl. auch *Wenzel*, NZM 2006, 321, 323.
24 BGH V ZB 17/06, ZMR 2006, 457.
25 Vgl. BGH VII ZR 236/05, ZMR 2007, 627; *Wenzel*, NJW 2007, 905; vgl. auch Anh. § 21 Rn 32 ff.
26 BT-Drucks 16/887, S. 62; OLG München 32 Wx 111/07, NZM 2008, 87; OLG Hamburg 2 Wx 115/08, ZMR 2009, 306; *Kümmel*, § 10 Rn 63; **a.A.** OLG Hamm I-15 Wx 15/09, ZMR 2010, 389: aber Fortsetzung des Verfahrens analog §§ 265, 326 ZPO möglich; *Bärmann/Klein*, § 10 Rn 253; *Becker*, ZWE 2007, 432.
27 *Abramenko*, ZMR 2007, 841.
28 BGH V ZR 118/91, NJW 1993, 727.
29 KG 24 W 5516/86, ZMR 1987, 100: Auskunftserteilung; BayObLG 2Z BR 10/03, ZMR 2003, 692: Durchführung der Hausordnung.

Durchsetzung eines Notwegerechts,[30] der Anspruch aus einer zugunsten des Grundstückseigentümers bestellten Grunddienstbarkeit[31] und der Anspruch auf Minderung und kleinen Schadensersatz aus Erwerbsverträgen (siehe dazu Anh. § 21 Rn 36 ff.).[32]

Der einzelne Wohnungseigentümer kann nur aufgrund einer **Ermächtigung durch die Gemeinschaft** gemeinschaftsbezogene Ansprüche gegen den Verwalter,[33] gegen andere Wohnungseigentümer[34] oder Dritte[35] geltend machen. Sowohl die Durchsetzung des Anspruchs auf Naturalrestitution (§ 249 S. 1 BGB) als auch des Anspruchs auf volle Restitution des Schadens in Geld (§ 249 S. 2 BGB), zwischen denen der Geschädigte die Wahl hat, gehören zur Verwaltung des gemeinschaftlichen Eigentums. Gleiches gilt für den Kompensationsanspruch nach § 251 Abs. 1 BGB. Auch die Ausübung eines Zurückbehaltungsrechts wegen eines allen Wohnungseigentümern gemeinschaftlich zustehenden Anspruchs ist der Entscheidung der Gemeinschaft vorbehalten.[36] Kommt ein Beschluss, der die Rechtsverfolgung durch einen einzelnen Wohnungseigentümer billigt, nicht zustande, kann die Prozessführungsbefugnis in einem Rechtsstreit nach § 43 Nr. 1 erstritten werden.[37]

3. Ansprüche der Gemeinschaft der Wohnungseigentümer

Hierzu gehören alle Ansprüche, deren Inhaberin die Gemeinschaft gemäß § 10 Abs. 6 S. 2 ist, also die als Gemeinschaft gesetzlich begründeten und rechtsgeschäftlich erworbenen Rechte. Dies sind insbesondere Ansprüche aus Verträgen der Gemeinschaft mit Dritten, und so auch aus dem Verwaltervertrag und Beitragsansprüche nach § 16 Abs. 2 aus Beschlüssen über Jahresabrechnungen, Wirtschaftspläne und Sonderumlagen (vgl. § 10 Rn 86). Der Gemeinschaft steht als Anspruchsinhaberin die alleinige Prozessführungsbefugnis zu.

III. Notmaßnahmen

Jeder Wohnungseigentümer ist berechtigt, ohne Zustimmung der anderen Wohnungseigentümer die Maßnahmen zu treffen, die erforderlich sind, um einen dem gemeinschaftlichen Eigentum unmittelbar drohenden Schaden abzuwenden. Dies gilt auch, wenn sie nach ihrem Ausmaß als bauliche Veränderungen zu qualifizieren sind.[38] Da grundsätzlich der Verwalter bzw. die Wohnungseigentümer gemeinschaftlich für Instandhaltung und Instandsetzung des gemeinschaftlichen Eigentums zu sorgen haben (§ 27 Abs. 1 Nr. 2, 3; § 21 Abs. 3, 5 Nr. 2), muss eine **Gefahrensituation** für das Gemeinschaftseigentum vorliegen, in der dem eingreifenden Eigentümer ein Zuwarten auf das Tätigwerden des Verwalters oder auf die Zustimmung der anderen Miteigentümer nicht zugemutet werden kann.[39] In solchen Eilfällen wird man sogar eine Verpflichtung des einzelnen Wohnungseigentümers zum Eingreifen annehmen müssen. Mangels Eilbedürftigkeit ist ein Eingreifen des einzelnen Miteigentümers nicht erlaubt, wenn ein gefahrträchtiger Zustand bereits längere Zeit besteht und der Verwalter bereits längere Zeit Kenntnis von der Situation hat.[40] Die Befugnis besteht für die **Gefahrenbeseitigung**, nicht hingegen für die dauerhafte Behebung ihrer Ursachen.[41] Aus § 21 Abs. 2 folgt keine Vertretungsmacht für die anderen Wohnungseigentümer oder den Verband.[42]

1. Ersatzanspruch

Da es sich bei einer Notmaßnahme um eine echte (berechtigte) Geschäftsführung ohne Auftrag gemäß §§ 677, 683 BGB handelt, hat der Eingreifende einen **Aufwendungsersatzanspruch** gemäß § 670 BGB.[43] Dieser Anspruch richtet sich gegen den Verband.[44] Die erforderlichen Aufwendungen sind Kosten der Verwaltung im Sinne des § 16 Abs. 2.[45] Sie sind aus dem Gemeinschaftsvermögen zu begleichen, und zwar ohne Abzug der Miteigentumsquote des regressberechtigten Eigentümers.[46] Wegen der Beteiligung des Anspruchstellers am Verwaltungsvermögen tritt dieses Ergebnis wirtschaftlich ein, da die Ausgabe in der Jahresabrechnung anteilig auf ihn umgelegt wird. Die einzelnen Wohnungseigentümer, die dem Wohnungseigentümer daneben gemäß § 10 Abs. 8 S. 1 als Teilschuldner haften,[47] sind berechtigt, den in Vorlage getretenen Wohnungseigentümer auf Befriedigung aus dem Verwal-

---

30 BGH V ZR 159/05, ZMR 2007, 46.
31 OLG Hamm 15 W 92/05, ZMR 2006, 878.
32 BGH V ZR 372/89, NJW 1991, 2480.
33 BGH ZB 9/88, NJW 1989, 1091.
34 OLG Hamm 15 W 82/98, NZM 1998, 921.
35 BGH V ZR 118/91, Z 121, 22 = NJW 1993, 727.
36 BayObLG 2Z BR 122/92, WuM 1993, 482.
37 BGH III ZR 248/95, NJW 1997, 2106.
38 *Jennißen/Hogenschurz*, § 22 Rn 10.
39 OLG Hamburg 2 Wx 35/05, ZMR 2007, 129; OLG Frankfurt 20 W 347/05, ZWE 2009, 123.
40 BayObLG 2Z BR 50/01, WuM 2002, 105; OLG Hamburg 2 Wx 35/05, ZMR 2007, 129; OLG Frankfurt 20 W 347/05, ZWE 2009, 123.
41 BayObLG 2 Z BR 50/01, WuM 2002, 105.
42 Palandt/*Bassenge*, § 21 Rn 7; **a.A.** *Bub*, ZWE 2008, 245.

43 OLG München 32 Wx 129/07, NZM 2008, 215; *Bärmann/ Merle*, § 21 Rn 14; **a.A.** *Häublein*, ZWE 2008, 410: Anspruch analog § 110 Abs. 1 HGB, 713, 670 BGB; BayObLG BReg 2 Z 95/85, WuM 1986, 354: Anspruch aus § 16 Abs. 2.
44 OLG München 32 Wx 129/07, NZM 2008, 215; OLG Hamm 15 W 385/06, ZMR 2008, 230; Palandt/*Bassenge*, § 21 Rn 7.
45 OLG München, 32 Wx 129/07, NZM 2008, 215; *Rieckel Schmid/Drabek*, § 21 Rn 86; *Bärmann/Merle*, § 21 Rn 14.
46 *Häublein*, ZWE 2008, 410, 413.
47 Palandt/*Bassenge*, § 21 Rn 7; *Bärmann/Merle*, § 21 Rn 16; *Rieckel/Schmid/Drabek*, § 21 Rn 86; **a.A.** OLG München 32 Wx 129/07, NZM 2008, 215; *Häublein*, ZWE 2008, 410, 414: § 10 Abs. 8 S. 1 anwendbar nur bei Haftung gegenüber Dritten.

tungsvermögen zu verweisen.[48] Dies ergibt sich aus der Treuepflicht der Wohnungseigentümer untereinander. Der Ersatzberechtigte sollte daher – soweit ein ausreichendes Verwaltungsvermögen vorhanden ist – den Verband auf Zahlung in Anspruch nehmen. Der Wohnungseigentümer kann Befriedigung seines Anspruchs auch dadurch erreichen, dass er seinen Anspruch auf Aufwendungsersatz gegen Beitragsforderungen der Wohnungseigentümergemeinschaft gemäß §§ 387, 389 BGB **aufrechnet**.[49] Ist der Wohnungseigentümer im Rahmen der Notgeschäftsführung eine Verbindlichkeit eingegangen, so hat er gegen die Wohnungseigentümergemeinschaft gemäß § 257 BGB einen Anspruch auf **Befreiung** von dieser Verbindlichkeit.[50]

22 **Erstattungsfähig** sind die Aufwendungen, die der Wohnungseigentümer den Umständen nach für erforderlich halten durfte. Hierzu zählen regelmäßig die zur Feststellung von Bauschäden angefallenen Kosten eines öffentlich bestellten und vereidigten Sachverständigen, nicht aber Kreditkosten zur Finanzierung der in Auftrag gegebenen Mängelbeseitigungskosten.[51]

23 Die Regelung des § 21 Abs. 2 schließt die Ansprüche eines Wohnungseigentümers gegen die Wohnungseigentümer aus Geschäftsführung ohne Auftrag oder aus ungerechtfertigter Bereicherung nicht aus.[52] Liegt **keine Notgeschäftsführung** nach § 21 Abs. 2 vor, besteht **regelmäßig kein Anspruch aus berechtigter Geschäftsführung ohne Auftrag**. Ergibt sich aus einer vorangegangenen Beschlussfassung, dass die Maßnahme nicht dem Willen der Wohnungseigentümer entspricht, scheidet ein Anspruch aus Geschäftsführung ohne Auftrag von vornherein aus.[53] Dieser ist nur dann unbeachtlich, wenn ein einzelner Wohnungseigentümer eine Maßnahme vornehmen, deren Erfüllung im öffentlichen Interesse liegt (§ 679 BGB). Im Übrigen spricht eine Vermutung dafür, dass die von einem einzelnen Wohnungseigentümer getroffene Maßnahme nicht dem mutmaßlichen Willen der Wohnungseigentümer entspricht.[54] Etwas anderes gilt ausnahmsweise dann, wenn die von dem handelnden Wohnungseigentümer durchgeführte Maßnahme als einzige den Grundsätzen ordnungsmäßiger Verwaltung entsprochen hat, weil er auf diese konkrete Maßnahme gemäß § 21 Abs. 4 einen Anspruch hatte.[55]

24 Bei einer nicht berechtigten Geschäftsführung ohne Auftrag besteht gemäß §§ 684, 812 ff. BGB ein **Bereicherungsanspruch** auf Ersatz der durch eine nützliche Maßnahme erzielten Wertsteigerung, wobei nur Ersatz solcher Aufwendungen verlangt werden kann, die für den Geschäftsherrn später unausweichlich ebenfalls angefallen wären.[56]

2. Beispiele für Notmaßnahmen

25 Unter § 21 Abs. 2 fällt die **Behebung baulicher Schäden**, z.B. Wassereinbruch durch bei Sturm abgedecktem Dach: Noteindeckung; Wasserrohrbruch am Wochenende: Beauftragung des Handwerkernotdienstes zur Abdichtung; Gasgeruch: Beauftragung des Gasnotdienstes; Aufbruch der Hauseingangstür durch Einbrecher: Auswechseln des Schlosses; Rohrverstopfung: Beauftragung des Rohrreinigungsdienstes.

26 Bei **rechtlichen Nachteilen** ist § 21 Abs. 2 nicht anwendbar.[57] Keine Notmaßnahmen sind daher die Einleitung eines Rechtsstreits zur Hemmung der drohenden Verjährung, die gerichtliche Geltendmachung von rückständigen Wohngeldern, wenn der Gemeinschaft durch die Nichtzahlung die Illiquidität droht und Versorgungsunternehmen die Sperrung der Versorgung androhen oder die Tilgung von Schulden des Verbandes.[58] Auch die Durchführung **eines selbstständigen Beweisverfahrens** zur Feststellung von Mängeln am Gemeinschaftseigentum ist keine Notmaßnahme nach § 21 Abs. 2.[59] Ein Aufwendungsersatzanspruch ist nach den Grundsätzen der Geschäftsführung ohne Auftrag gemäß §§ 677 ff. BGB zu beurteilen (vgl. Rn 23).

IV. Verwaltung durch Mehrheitsbeschluss

27 § 21 Abs. 3 regelt das Kernstück der ordnungsmäßigen Verwaltung durch die Wohnungseigentümer und ist von größter praktischer Bedeutung. Soweit nicht durch eine Vereinbarung nach § 10 Abs. 2 alle Wohnungseigentümer eine abweichende Regelung getroffen haben (**Vereinbarungsvorbehalt**), können sie durch Stimmenmehrheit eine der

---

48 OLG Hamm 15 W 240/91, OLGZ 1994, 22; *Elzer*, ZMR 2008, 323.
49 BayObLG BReg 2 Z 134/90, WuM 1991, 413; BayObLG 2 Z BR 94/02, ZWE 2003, 179; KG 24 W 5988/94, NJW-RR 1996, 465.
50 *Bärmann/Merle*, § 21 Rn 18.
51 OLG Hamm 15 W 240/91, OLGZ 1994, 22 = WE 1993, 110.
52 BayObLG 2Z BR 66/95, WuM 1995, 728; OLG Köln, 16 Wx 55/99, ZMR 1999,790; OLG Frankfurt 20 W 347/05, ZWE 2009, 123.
53 OLG Hamburg 2 Wx 35/05, ZMR 2007, 129; OLG Frankfurt 20 W 347/05, ZWE 2009, 123.
54 BayObLG 2Z BR 106/99, NZM 2000, 299; OLG Frankfurt 20 W 347/05, ZWE 2009, 123; **a.A.** OLG Köln, 16 Wx 153/01, NZM 2002, 125: Maßnahme entspricht dem mutmaßlichen Willen, wenn sie objektiv im Interesse der Wohnungseigentümergemeinschaft liegt.
55 BayObLG 2 Z BR 106/99, NZM 2000, 299; OLG Celle 4 W 286/01, ZWE 2002, 369; OLG Frankfurt 20 W 347/05, ZWE 2009, 123; AG Wennigsen 21 C 11/08, ZMR 2009, 414; *Niedenführ*, ZMR 1991, 121.
56 BayObLG 2Z BR 106/99, NZM 2000, 299, 300; OLG Hamburg 2 Wx 35/05, ZMR 2007, 129; OLG Frankfurt 20 W 347/05, ZWE 2009, 123.
57 *Riecke/Schmid/Drabek*, § 21 Rn 85; **a.A.** *Bub*, ZWE 2009, 245.
58 OLG Köln 16 Wx 55/99, ZMR 1999, 790: Begleichung einer Versicherungsprämie.
59 BayObLG 2Z BR 66/95, WuM 1995, 728; OLG Frankfurt 20 W 347/05, ZWE 2009, 123.

Beschaffenheit des gemeinschaftlichen Eigentums entsprechende ordnungsmäßige Verwaltung beschließen. Abs. 3 betrifft nur das gemeinschaftliche Eigentum. Der Einwand, die Beschlussfassung habe nicht ordnungsmäßiger Verwaltung entsprochen, ist nach dessen Bestandskraft ausgeschlossen.[60] Selbst wenn ein bestandskräftiger Beschluss anfechtbar gewesen sein sollte, kann ein einzelner Wohnungseigentümer nicht gemäß § 21 Abs. 4 WEG verlangen, dass seine Umsetzung unterbleibt.[61] Ein Beschluss, der in das Sondereigentum eingreift, ist hingegen mangels Beschlusskompetenz nichtig.[62]

1. Ordnungsmäßige Verwaltung

Ordnungsmäßig i.S.v. § 21 Abs. 3 sind alle Maßnahmen, die **im Interesse aller Wohnungseigentümer** – nicht nur Einzelner – auf die **Erhaltung, Verbesserung oder dem der Zweckbestimmung des gemeinschaftlichen Eigentums entsprechenden Gebrauch** gerichtet sind. Eine Maßnahme erfolgt im Interesse der Gesamtheit der Wohnungseigentümer, wenn sie bei objektiver Betrachtungsweise, unter Berücksichtigung der besonderen Umstände des Einzelfalles, **nützlich** ist.[63] Maßstab ist der Standpunkt eines vernünftig und wirtschaftlich denkenden Beurteilers. Der mit dem Mehrheitsbeschluss verbundene Nutzen ist gegen die damit verbundenen Risiken abzuwägen.[64] Dabei ist den Wohnungseigentümern ein gewisser **Ermessensspielraum** einzuräumen ist. Entsprechen mehrere Maßnahmen ordnungsmäßiger Verwaltung, so ist es Sache der Wohnungseigentümer, durch Beschlussfassung in der Eigentümerversammlung eine Auswahl zu treffen.[65] Das Gericht darf im Falle einer Anfechtung sein Ermessen nicht an die Stelle des Ermessens der Wohnungseigentümer setzen, so dass der Beschluss nicht für ungültig erklärt werden darf, weil eine andere Regelung zweckmäßiger erscheint.

28

In Betracht kommen sowohl rein wirtschaftliche Maßnahmen als auch rechtliche Maßnahmen. Abs. 5 zählt nur beispielhaft einige **wirtschaftliche Maßnahmen** auf, die zu einer ordnungsmäßigen Verwaltung gehören: Aufstellen einer Hausordnung, Instandhaltung und Instandsetzung des gemeinschaftlichen Eigentums, Feuer- und Haftpflichtversicherung, Ansammeln einer Instandhaltungsrückstellung und Aufstellen eines Wirtschaftsplans (siehe unten Rn 54 ff.). Zu den **rechtlichen Maßnahmen** gehört insbesondere der Abschluss von Verträgen.

29

Die Beschlusskompetenz der Wohnungseigentümer umfasst auch die Befugnis, über eine Angelegenheit, über die bereits durch Beschluss entschieden worden ist, erneut eine Entscheidung herbeizuführen.[66] Der zweite Beschluss muss sich dabei für seine Wirksamkeit an den Regelungen des WEG und der Gemeinschaftsordnung messen lassen sowie den Grundsätzen ordnungsmäßiger Verwaltung entsprechen.[67] Dies ist nicht der Fall, wenn durch einen abändernden Zweitbeschluss oder einen Aufhebungsbeschluss schutzwürdige Bestandsinteressen aus dem Inhalt und den Wirkungen des Erstbeschlusses betroffen werden bzw. einzelne Wohnungseigentümer unbillig beeinträchtigt werden,[68] es sei denn überwiegend sachliche Gründe sprechen für die neue Regelung,[69] etwa das nachträgliche Bekanntwerden bedeutsamer Umstände.[70] Gibt es keine schutzwürdigen Bestandsinteressen ist ein sachlicher Grund zur Rechtfertigung des Zweitbeschlusses nicht erforderlich.[71] Die grundlose inhaltsgleiche Wiederholung früherer Eigentümerbeschlüsse, die schon angefochten sind (erst recht nach erfolgreich durchgeführtem Anfechtungsverfahren), in der Hoffnung, sie könnten bestandskräftig werden, ist mit einer ordnungsmäßigen Verwaltung nicht vereinbar. Ein solcher Wiederholungsbeschluss ist deshalb nach Anfechtung für ungültig zu erklären.[72]

30

Ein **Anspruch** eines Wohnungseigentümers **auf Änderung** oder Aufhebung eines Eigentümerbeschlusses durch einen Zweitbeschluss folgt nach neuem Recht aus § 10 Abs. 2 S. 3 WEG analog.[73] Danach kann die Änderung eines Beschlusses verlangt werden, wenn schwerwiegende Umstände das Festhalten an der bestehenden Regelung als

31

---

60 BGH V ZR 202/10, NJW 2011, 2660; BGH V ZR 83/11, WuM 2012, 399.
61 BGH V ZR 83/11, WuM 2012, 399.
62 OLG Köln, 16 Wx 121/00, NZM 2001, 541: Balkonbelag; OLG Düsseldorf 3 Wx 419/00, NZM 2001, 238: Einziehung und Verwendung der Miete für Sondereigentum.
63 OLG Hamburg 2 Wx 30/03, ZMR 2003, 866; *Bärmann/Merle*, § 21 Rn 27.
64 BayObLG 2Z BR 40/03, NZM 2004, 391.
65 BayObLG 2Z BR 043/04, NZM 2004, 746; OLG Düsseldorf 3 Wx 394/98, NZM 1999, 766.
66 BGH V ZB 8/90, Z 113, 197 = NJW 1991, 979; sog **Zweitbeschluss**.
67 OLG Saarbrücken 5 W 60/97–23, WuM 1998, 243.
68 BGH V ZB 8/90, Z 113, 197 = NJW 1991, 979; OLG Hamm 15 W 166/06, ZMR 2007, 296: Änderung der Instandhaltungslast ohne Übergangsregelung für bereits durchgeführte Reparaturen; verneint von KG 24 W 911/98, NZM 2000, 552 für einen Zweitbeschluss über die Aufhebung eines Beschlusses, wonach zur Vorbereitung von Regressansprüchen ein selbstständiges Beweisverfahren durchgeführt werden sollte.
69 OLG Köln, 16 Wx 10/02, NZM 2002, 454; OLG Frankfurt 20 W 229/03, ZWE 2006, 358.
70 OLG Düsseldorf 3 Wx 414/99, NZM 2000, 875: Jahresabrechnung beruht auf einem erst nach Bestandskraft erkannten Fehler der Messeinrichtung.
71 OLG Frankfurt 20 W 34/02, OLGR Frankfurt 2005, 334; *Elzer*, ZMR 2007, 237.
72 KG 24 W 4748/93, WuM 1994, 561; AG Neukölln 70 II 113/04, ZMR 2005, 235, das solche Beschlüsse sogar für nichtig erachtet; einschränkend *Lüke*, ZWE 2000, 98, 100.
73 OLG München 34 Wx 78/07, NZM 2009, 132; *Abramenko*, ZWE 2007, 336.

unbillig erscheinen lassen. Relevant sind nur Umstände, die bei der Beschlussfassung noch nicht berücksichtigt werden konnten.[74]

32 Eine Grenze der ordnungsmäßigen Verwaltung zieht § 22 Abs. 1. Bauliche Veränderungen und Aufwendungen, die über die ordnungsmäßige Instandhaltung oder Instandsetzung hinausgehen, können nicht mit Mehrheit beschlossen werden, sondern bedürfen der Zustimmung derjenigen Wohnungseigentümer, deren Rechte durch die Veränderung über das in § 14 bestimmte Maß hinaus beeinträchtigt werden. Zu beachten ist aber auch hier, dass nicht angefochtene Mehrheitsbeschlüsse bestandskräftig werden (vgl. Rn 27).

33 Andere Mehrheitsbeschlüsse über Maßnahmen, die nicht mehr ordnungsmäßiger Verwaltung entsprechen und deshalb eines **einstimmigen Beschlusses** durch Zustimmung aller Wohnungseigentümer der Gemeinschaft bedürften,[75] sind – soweit sie lediglich mit Stimmenmehrheit gefasst wurden – nicht nichtig, sondern werden bestandskräftig, wenn sie nicht fristgerecht angefochten werden.[76] Das Gesetz räumt den Wohnungseigentümern nämlich ausdrücklich die Möglichkeit einer Mehrheitsentscheidung ein, sofern es um eine ordnungsmäßige Maßnahme geht. Die Eigentümerversammlung ist insoweit also nicht von vornherein für eine Beschlussfassung absolut unzuständig.[77] Sie darf nur keine Beschlüsse fassen, die über die „Ordnungsmäßigkeit" der Verwaltung hinausgehen. Ob dies der Fall ist, hängt aber von den Umständen des Einzelfalles ab und ist vielfach nicht leicht zu entscheiden. Die Beschlusskompetenz kann deshalb aus Gründen der Rechtssicherheit nicht davon abhängen, ob eine Maßnahme ordnungsmäßig ist.[78] Für Verwaltungsregelungen bleibt es also dabei, dass bestandskräftige Mehrheitsbeschlüsse gültig sind, auch wenn der Regelungsgegenstand einen einstimmigen Beschluss erfordert hätte.[79] Wird die Zustimmung aller Wohnungseigentümer hingegen erreicht, scheidet eine Anfechtung wegen inhaltlicher Ordnungswidrigkeit des Beschlusses aus.[80]

34 Beschlüsse wirken auch **ohne Eintragung in das Grundbuch** gegenüber Rechtsnachfolgern (§ 10 Abs. 4). Aus Verträgen mit Dritten, die aufgrund eines Mehrheitsbeschlusses abgeschlossen werden, wird die Wohnungseigentümergemeinschaft verpflichtet (§ 10 Abs. 6 S. 2). Das Verfahren der Beschlussfassung regeln die §§ 23–25.

35 In einem **Rechtsstreit nach § 43 Nr. 4** (Anfechtungsklage) prüft das Gericht, ob der Beschluss gegen die Gemeinschaftsordnung bzw. eine nachträgliche Vereinbarung oder gegen zwingendes Recht (z.B. §§ 134, 138, 242 BGB) verstößt und ob die Maßnahme ordnungsmäßig im Sinne von § 21 Abs. 3 ist. Erstrebt der Kläger eine andere Maßnahme, setzt dies einen Antrag gemäß § 21 Abs. 4 voraus, der im selben Prozess gestellt werden kann.

2. Beispiele aus der Rechtsprechung

36 a) **Maßnahmen ordnungsmäßiger Verwaltung.** Die Erhebung einer erforderlichen Sonderumlage etwa bei Liquiditätsengpässen[81] ebenso wie eine **Finanzierungsregelung** bei kostenverursachenden Maßnahmen,[82] der **Abschluss von Verträgen**, etwa des Verwaltervertrages – auch die Erweiterung der Aufgaben des Verwalters und die entsprechende Sondervergütung[83] –, des Hausmeistervertrages, von Werkverträgen mit Handwerkern, von Wartungs- und Versicherungsverträgen, einer Vermögensschadenshaftpflichtversicherung für den Verwaltungsbeirat,[84] nicht aber für den Verwalter,[85] die Geltendmachung von Wohngeldforderungen gegen säumige Wohnungseigentümer. Hierzu zählt auch die Ermächtigung des Verwalters zur **Kreditaufnahme** zwecks kurzfristiger Überbrückung ausgebliebener und dringend benötigter Wohngeldzahlungen.[86] **Öffentlich-rechtlichen Verpflichtungen** nachzukommen entspricht immer ordnungsmäßiger Verwaltung.[87]

37 Ein Beschluss, dass **Schuhe** witterungsbedingt **im Flur** auf der Fußmatte zeitweilig abgestellt werden dürfen, verstößt nicht gegen die Verkehrssicherungspflicht und entspricht damit ordnungsmäßiger Verwaltung.[88] Sofern keine Ver-

---

74 Nach altem Recht folgte ein solcher Anspruch nur aus § 242 BGB, wenn außergewöhnliche Umstände das Festhalten an der bestehenden Regelung als grob unbillig erscheinen ließen, vgl. OLG Düsseldorf I-3 Wx 194/06, ZMR 2007, 379.
75 Palandt/*Bassenge*, § 21 Rn 2; *Bärmann/Merle*, § 21 Rn 40; *Becker/Kümmel/Ott*, Rn 174 f.
76 BGH V ZB 58/99, Z 145, 158, 168 = NJW 2000, 3500.
77 *Buck*, WE 1998, 90; *Wenzel*, ZWE 2000, 2.
78 **A.A.** *Häublein*, ZMR 2000, 423, 429.
79 BGH V ZB 58/99, Z 145, 158, 168 = NJW 2000, 3500.
80 *Kümmel*, ZWE 2001, 516.
81 BGH V ZB 22/88, NJW 1989, 3018.
82 BayObLG, 2 Z BR 130/98, NZM 1999, 767.
83 KG 24 W 93/08, ZMR 2009, 709.
84 KG 24 W 203/02, ZMR 2004, 780; **a.A.** *Köhler*, ZMR 2002, 891.
85 Palandt/*Bassenge*, § 21 Rn 9.
86 BayObLG 2 Z BR 58/04, NJW-RR 2004, 1602 und OLG Hamm 15 W 169/91, NJW-RR 1992, 403: in Höhe der Beiträge für 3 Monate; siehe aber BayObLG 2Z BR 229/04, NJW-RR 2006, 20: nicht aber zur Finanzierung größerer planbarer Instandsetzungsmaßnahmen, so auch OLG Hamm I-15 W 251/11, WuM 2012, 467; LG München I 1 T 13364/09, ZMR 2011, 239; LG Bielefeld 23 T 442/10, ZMR 2011, 894: Einstimmigkeit erforderlich; **a.A.** LG Karlsruhe 11 S 75/10, ZMR 2012, 660; AG Berlin-Mitte 22 C 73/11, ZWE 2012, 291; *Elzer*, NZM 2009, 57; *Abramenko*, ZMR 2011, 897, vgl. auch AG Ettlingen 4 C 17/09, ZMR 2010, 808.
87 BGH V ZB 37/02, NZM 2002, 992: durch behördlichen Bescheid geforderte Brandschutzmaßnahmen; OLG München 34 Wx 46/07, NJW-RR 2008, 1182: Anpassung einer Heizungsanlage an die Standards der Energieeinsparverordnung; vgl. auch OLG Hamm 15 W 107/04, ZMR 2005, 806.
88 OLG Hamm 15 W 168 – 169/88, MDR 1988, 677.

einbarung entgegensteht, können die Wohnungseigentümer durch Mehrheitsbeschluss als Maßnahme ordnungsmäßiger Verwaltung gemäß § 21 Abs. 3 bestimmen, ob die **Heizungsanlage** auch in den Sommermonaten in Betrieb zu halten oder abzustellen ist.[89] Der **Austausch einer Schließanlage** wegen eines ungeklärten Schlüsselverlusts entspricht in der Regel ordnungsmäßiger Verwaltung.[90] Auch ein Beschluss über ein **Hausverbot** bei störenden Einwirkungen durch Dritte (unbefugte Nutzung des gemeinschaftlichen Eigentums, Lärmbelästigungen) kann eine Maßnahme ordnungsmäßiger Verwaltung sein, bei Besuchern oder Mitbewohnern von Miteigentümern angesichts des Schutzes durch Art. 14 Abs. 1 S. 1 GG[91] aber nur in sehr engen Grenzen.[92]

Auch die **Rechtsdurchsetzung** ist eine Verwaltungsmaßnahme.[93] Die Wohnungseigentümer müssen nach billigem Ermessen darüber entscheiden, ob sie ein Recht durchsetzen oder nicht. Entscheidend ist, ob die Rechtsverfolgung **Aussicht auf Erfolg** hat. Ein Beschluss, einen Anspruch gerichtlich geltend zu machen, widerspricht aber grundsätzlich nur dann ordnungsmäßiger Verwaltung, wenn der Anspruch **offensichtlich unbegründet**[94] ist.[95] Umgekehrt widerspricht es in der Regel ordnungsmäßiger Verwaltung, **offensichtlich schlüssig** dargelegte Schadensersatzansprüche nicht gerichtlich geltend zu machen.[96] Dies schließt nicht aus, das von der Gemeinschaft zu tragende Prozesskostenrisiko bei der Ermessensentscheidung zu berücksichtigen. Das Argument, die Mehrheit der Wohnungseigentümer könne nicht gezwungen werden, gegen ihren Willen erhebliche Mittel für die Prozessführung mit jeweils hohem Kostenrisiko für die Geltendmachung von Ansprüchen aufzuwenden, auf die sie selbst keinen Wert legten, kann jedoch nicht ohne Rücksicht auf den Gegenstand der einzelnen Ansprüche pauschal deren gerichtliche Geltendmachung hindern.[97] Der Beschluss über die **Genehmigung eines gerichtlichen Vergleichs** entspricht ordnungsmäßiger Verwaltung, wenn der Inhalt des Vergleichs unter Berücksichtigung aller Umstände angemessen, zumindest aber vertretbar erscheint.[98] **38**

Die Wohnungseigentümer können sich auch dann mehrheitlich für die **Anmietung einer Satellitenanlage** entscheiden, wenn dies im Zehnjahresvergleich erheblich teurer ist als der Kauf einer Anlage, sofern sonstige vernünftige wirtschaftliche Gründe für die Anmietung sprechen.[99] Der Beschluss, das Sondernutzungsrecht an zwei oberirdischen Stellplätzen zu erwerben, um darauf zusätzlich erforderliche Müllbehälter abzustellen, kann ordnungsmäßiger Verwaltung entsprechen.[100] (Zu Regelungen über die Höhe von **Verzugszinsen** für rückständige Wohngelder und zu Beschlüssen über die Teilnahme am **Lastschriftverfahren** siehe § 28 Rn 178 ff.) **39**

b) Maßnahmen nicht ordnungsmäßiger Verwaltung. Ein **Beschluss, der eine in der Teilungserklärung enthaltene Regelung lediglich wiederholt**, widerspricht ordnungsmäßiger Verwaltung, weil er nur geeignet ist, Unsicherheit in die durch die Teilungserklärung getroffene Rechtslage zu tragen.[101] Ein Beschluss über die **Einleitung eines selbstständigen Beweisverfahrens** widerspricht ordnungsmäßiger Verwaltung, wenn nicht erkennbar ist, wer Gegner des Verfahrens sein soll.[102] Die Beauftragung eines Rechtsanwaltes mit **Vergleichsverhandlungen** widerspricht ordnungsmäßiger Verwaltung, wenn alle Wohnungseigentümer dem Vergleich zustimmen müssen und bereits ein Wohnungseigentümer die Ablehnung signalisiert hat.[103] Ein Beschluss, der den Verwalter ohne jegliche inhaltliche Vorgaben ermächtigt, in Absprache mit dem Beiratsvorsitzenden einen Rechtsanwalt für die **Rechtsberatung** der Gemeinschaft **in der Eigentümerversammlung** zu beauftragen, widerspricht auch in einer zerstritten Gemeinschaft ordnungsmäßiger Verwaltung.[104] Es widerspricht ordnungsmäßiger Verwaltung, den Verwalter zu beauftragen, gebührenpflichtige **Rechtsauskünfte** zu Schadensersatzansprüchen einzuholen, die gegen ihn gerichtet sind.[105] Keine Maßnahme ordnungsmäßiger Verwaltung ist die Entscheidung über die **Bauabnahme** und Abschluss eines Vergleichs über festgestellte Baumängel. Sie bedarf der Einstimmigkeit.[106] Es entspricht nicht ordnungsmäßiger Verwaltung, wenn die Wohnungseigentümer beschließen, ein **behördliches Genehmigungsverfahren** für die Genehmigung von Loggia-Verglasungen in Gang zu setzen, die Kosten der Instandhaltungsrücklage zu entnehmen und erst später auf die Wohnungs- **40**

---

89 BayObLG 2Z BR 117/92, WuM 1993, 291.
90 BayObLG 2Z BR 182/04, ZMR 2006, 137.
91 Vgl. dazu BVerfG, 2 BvR 693/09, NZM 2010, 44.
92 LG Karlsruhe 2 S 19/10, NZM 2012, 54 mit Anm. *Abramenko*, ZWE 2011, 442.
93 OLG München 32 Wx 26/10, NZM 2011, 39.
94 Maßstab: querulatorisch gefärbt, vgl. OLG Hamm 15 W 396/03, NJW-RR 2004, 805.
95 BayObLG 2Z BR 18/94, WuM 1994, 571: Schadensersatzanspruch gegen früheren Verwalter; BayObLG 2Z BR 41/98, NZM 1999, 175: öffentlich-rechtliche Schutzansprüche nach dem BImSchG; BayObLG 2 Z BR 153/98, NZM 1999, 862: Gewährleistungsanspruch gegen Bauträger; OLG München 34 Wx 034/05, ZMR 2005, 907: Abschleppkosten; OLG Oldenburg 5 W 67/05, ZMR 2006, 72: Schadensersatzanspruch gegen früheren Verwalter unter Hinzuziehung eines Rechtsanwalts; OLG Frankfurt 20 W 9/08, ZMR 2009, 462: Gewährleistungsanspruch gegen Bauträger; enger wohl OLG Düsseldorf I-3 Wx 8/03, NZM 2003, 643: die Kosten müssen in Anbetracht der Erfolgsprognose vertretbar sein.
96 OLG Düsseldorf 3 Wx 270/99, NZM 2000, 347; OLG Hamm 15 W 396/03, NJW-RR 2004, 805.
97 OLG Hamm 15 W 396/03, NZM 2004, 504: Ansprüche gegen früheren Verwalter.
98 BayObLG 2 Z BR 17/03, NZM 2003, 807.
99 OLG Köln, 16 Wx 108/98, NZM 1998, 970.
100 BayObLG, 2Z BR 23/98, NZM 1998, 978.
101 KG 24 W 3698/92, NJW-RR 1993, 1104.
102 BayObLG 2 Z BR 28/02, NZM 2002, 1000.
103 KG 24 W 349/02, NZM 2004, 951.
104 OLG Hamm 15 W 203/02, NZM 2005, 185.
105 KG 24 W 3/02, ZMR 2004, 458.
106 AG Hochheim 4 UR II 47/85, NJW-RR 1986, 563.

eigentümer umzulegen, die tatsächlich eine Loggia-Verglasung anbringen lassen.[107] Es widerspricht ordnungsmäßiger Verwaltung, die Wohnungseigentümer zur Einrichtung eines **E-Mail-Accounts** zu verpflichten.[108]

41 Ist ein Teil der dinglich zur Sondernutzung zugewiesenen **Kfz- Stellplätze** so geschnitten, dass ein gemeinschaftliches Parken nicht ohne Behinderung der beteiligten Fahrzeuge möglich ist, so kann die Gemeinschaft nicht mit einfacher Mehrheit beschließen, auf Kosten der Gemeinschaft für einen der beteiligten Eigentümer auf einem Nachbargrundstück einen Parkplatz anzumieten, um ein reibungsloses Parken aller Eigentümer zu ermöglichen. Das Problem muss vielmehr allein von dem beteiligten Eigentümer und dem Verkäufer dieser Wohnungen gelöst werden.[109] Die Wohnungseigentümer können aber mehrheitlich beschließen, ein Grundstück, auf dem die in der Baugenehmigung zur Auflage gemachten Kfz-Stellplätze entsprechend der ursprünglichen Planung errichtet werden sollten, nicht zu kaufen, sondern nur langfristig zu pachten.[110]

D. Anspruch auf ordnungsmäßige Verwaltung
I. Inhalt des Anspruchs

42 § 21 Abs. 4 erweitert § 745 Abs. 2 BGB dahin, dass jeder Wohnungseigentümer auch dann, wenn Vereinbarungen oder Beschlüsse über die Verwaltung vorliegen, eine diesen Vereinbarungen oder Beschlüssen, aber auch gerichtlichen Entscheidungen entsprechende Verwaltung verlangen kann. Dieser individual-rechtliche **Anspruch eines jeden Wohnungseigentümers**[111] richtet sich **gegen die Wohnungseigentümer.** Grundsätzlich ist dies die Gesamtheit der übrigen Wohnungseigentümer, ggf. aber auch nur ein Einzelner.[112] Dies hängt davon ab, wem die begehrte Verwaltungsmaßnahme obliegt. Ist eine Regelung (Vereinbarung oder Beschluss) vorhanden, so richtet sich der Anspruch auf deren Befolgung.[113] Sind solche Regelungen nicht vorhanden, so richtet sich der Anspruch auf eine Verwaltung, die dem Interesse der Gesamtheit der Wohnungseigentümer nach billigem Ermessen entspricht, d.h. sie muss den Grundsätzen ordnungsmäßiger Verwaltung im Sinne von Abs. 3 entsprechen (vgl. Rn 28). Wegen des den Wohnungseigentümern zustehenden Ermessensspielraums ist der Anspruch erfüllt, wenn die Wohnungseigentümer eine im Spielraum liegende, aber nicht die erstrebte Maßnahme beschließen.[114] Nur bei einer Ermessensreduzierung auf Null besteht ein Anspruch auf die erstrebte Maßnahme.

43 Der Anspruch auf ordnungsgemäße Verwaltung aus § 21 Abs. 4 richtet sich hingegen **nicht gegen den Verband**.[115] Zwar nimmt der Verband gemeinschaftsbezogene Pflichten der Wohnungseigentümer nach § 10 Abs. 6 S. 3 wahr, jedoch besteht eine gestaffelte Verantwortung dergestalt, dass ein Tätigwerden des Verbandes eine entsprechende Willensbildung der Wohnungseigentümer voraussetzt.

44 Die Vorschrift hat insbesondere dann praktische Bedeutung, wenn ein zur ordnungsmäßigen Verwaltung erforderlicher Mehrheitsbeschluss nicht zustande kommt, sei es dass Stimmengleichheit besteht (es sind nur zwei Wohnungseigentümer vorhanden), sei es dass eine Mehrheit aus nicht zu billigenden Gründen eine Minderheit majorisiert und eine ordnungsmäßige Verwaltung blockiert, indem sie sich z.B. weigert, einen Verwalter zu bestellen. In Betracht kommt die Vorschrift aber auch dann, wenn die Gemeinschaft es unterlässt, die in Abs. 5 genannten Maßnahmen zu treffen.

45 Der Anspruch aus § 21 Abs. 4 richtet sich **gegen den Verwalter**, etwa wenn dieser gefasste Beschlüsse nicht oder nur teilweise durchführt[116] oder Wirtschaftsplan und Jahresabrechnung nicht erstellt.[117] Der **Verwalter** selbst ist aus § 21 Abs. 4 aber nicht anspruchsberechtigt.[118]

46 Von dem Anspruch des einzelnen Wohnungseigentümers ist der **Anspruch des Verbandes gegen die Wohnungseigentümer** auf ordnungsmäßige Verwaltung gemäß § 21 Abs. 4 zu unterscheiden, der von § 10 Abs. 8 S. 4 vorausgesetzt wird. Die Wohnungseigentümer treffen Treuepflichten, die ein Mindestmaß an Loyalität gegenüber dem Verband erfordern. Hierzu gehört unter anderem die Pflicht, dem Verband die finanzielle Grundlage zur Begleichung der laufenden Verpflichtungen durch Beschluss über Wirtschaftsplan, Sonderumlage oder Jahresabrechnung zu verschaffen. Dies umfasst auch die Beitreibung der Forderungen des Verbandes. Erfüllen die Wohnungseigentümer schuldhaft ihre Verpflichtung gegenüber dem Verband zur Beschlussfassung nicht, so kann der Verband die Wohnungseigentümer auf Schadensersatz wegen Pflichtverletzung nach § 280 BGB in Anspruch nehmen.[119] Kehrseite dieser Verpflichtung des einzelnen Wohnungseigentümers ist die Verpflichtung des Verbands, die gefassten Beschlüsse umzusetzen.[120]

---

107 BayObLG 2 Z BR 146/98, NZM 1999, 275.
108 *Schäfer*, NJW 2012, 891.
109 OLG Köln 16 Wx 324/97, ZMR 1998, 458.
110 BayObLG 2Z BR 172/97, WuM 1998, 566.
111 BayObLG BReg 2 Z 18/90, NJW-RR 1990, 659.
112 BayObLG 2Z BR 174/99, NZM 2000, 1011.
113 Palandt/*Bassenge*, § 21 Rn 11.
114 OLG Frankfurt 20 W 506/01, ZMR 2004, 290.
115 BGH V ZR 193/09, NZM 2010, 625; OLG München 34 Wx 144/06, NJW-RR 2008, 461; LG Hamburg 318 S 258/10, NZM 2012, 427; Bärmann/*Merle*, § 21 Rn 53; *Briesemeister*, jurisAnwZert MietR 22/2010–2; LG Hamburg 318 S 258/10, ZWE 2012, 26; **a.A.** OLG München 32 Wx 26/10, NZM 2011, 39: bei Ermessensreduzierung auf Null; Riecke/Schmid/*Drabek*, § 21 Rn 125; *Schmid*, ZfIR 2010, 90.
116 BayObLG BReg 2 Z 18/90, NJW-RR 1990, 659.
117 BayObLG BReg 2 Z 18/90, NJW-RR 1990, 659.
118 **A.A.** Riecke/Schmid/*Drabek*, § 21 Rn 125.
119 BGH V ZB 32/05, ZMR 2005, 547.
120 BGH V ZR 94/11, WuM 2012, 516.

II. Verfahren

Der Anspruch gegen die übrigen Wohnungseigentümer ist in einem Rechtsstreit nach § 43 Nr. 1[121] und gegen den Verwalter in einem Rechtsstreit nach § 43 Nr. 3 geltend zu machen. Eine Ermächtigung durch die anderen Wohnungseigentümer ist nicht erforderlich.[122] Der Klageantrag muss grundsätzlich eine konkrete Maßnahme benennen (§ 253 Abs. 2 Nr. 2 ZPO), an den das Gericht gemäß § 308 Abs. 1 S. 1 ZPO gebunden ist (für einen unbestimmten Klageantrag siehe Rn 144). Bevor ein Wohnungseigentümer die Übrigen gemäß § 21 Abs. 4 auf Zustimmung zu einer Maßnahme der ordnungsmäßigen Verwaltung im Verfahren nach § 43 Nr. 1 in Anspruch nimmt, muss er grundsätzlich versuchen, einen entsprechenden Beschluss der Wohnungseigentümer herbeizuführen.[123] Anderenfalls fehlt ihm das erforderliche **Rechtsschutzbedürfnis**. Dazu hat er gegenüber dem Verwalter einen Anspruch auf Einberufung einer außerordentliche Eigentümerversammlung, sofern er ein Viertel der übrigen Wohnungseigentümer dafür gewinnen kann (§ 24 Abs. 2 Hs. 2) oder Gründe ordnungsmäßiger Verwaltung die zeitnahe Behandlung der Maßnahme gebieten.[124] Andernfalls kann er die Frage bei der nächsten ordentlichen Wohnungseigentümerversammlung auf die Tagesordnung setzen lassen.[125] In einer zweigliedrigen Wohnungseigentümergemeinschaft, in der die beiden uneinigen Wohnungseigentümer gleiches Stimmrecht haben, kann sofort Klage erhoben werden.[126] Gleiches gilt, wenn es einem Wohnungseigentümer im Einzelfall nicht zumutbar ist, vorher eine Beschlussfassung der Gemeinschaft herbeizuführen, weil das Abstimmungsergebnis sicher vorhergesagt werden kann.[127]

Ein nicht für ungültig erklärter **Beschluss über eine abweichende Verwaltungsmaßnahme** bindet das Gericht. Raum für eine gerichtliche Entscheidung gibt es dann nicht.[128] Dies gilt auch für einen Beschluss, der die beantragte Maßnahme abgelehnt hat, sofern sie über die bloße Antragsablehnung zum Beschlusszeitpunkt hinaus[129] einen sachlichen Regelungsgehalt – etwa eine Beschlussfassung über das kontradiktorische Gegenteil – enthält.[130] Der Verpflichtungsantrag kann dann nur noch Erfolg haben, wenn der Wohnungseigentümer einen Anspruch auf Abänderung hat (vgl. dazu Rn 31).

Die gerichtliche Entscheidung geht bei der Leistungsklage in der Regel auf Zustimmung der anderen Wohnungseigentümer, also auf Abgabe einer Willenserklärung. Die Zustimmungserklärung zum Beschluss ist gemäß § 894 ZPO mit der Rechtskraft des Urteils abgegeben.[131] Das rechtskräftige Urteil gestaltet die Rechtslage so, als ob die Wohnungseigentümer einen entsprechenden Beschluss gefasst hätten.[132] Das Gericht kann aber auch die als ordnungsmäßig erkannte abgelehnte Maßnahme unmittelbar anordnen (vgl. dazu Rn 140 ff.).

III. Abdingbarkeit

Die Regelung des Abs. 4 ist durch Vereinbarung abdingbar.[133]

IV. Beispiele aus der Rechtsprechung

Aus § 21 Abs. 4 kann ein Anspruch auf Bestellung eines **Verwalters** folgen, wenn dieser fehlt oder vom Gericht abberufen wurde.[134] Aus § 21 Abs. 4 kann sich auch ein Anspruch auf Abberufung des Verwalters ergeben. Das Gericht kann im Rahmen des ihm gemäß § 21 Abs. 8 eingeräumten Rechtsfolgeermessens (vgl. dazu Rn 140 ff.) die **Bestellung oder Abberufung** unmittelbar vornehmen.[135] Zur ordnungsmäßigen Verwaltung gehört auch, das gemeinschaftliche Eigentum in einen **verkehrssicheren Zustand**[136] zu versetzen und in einem solchen Zustand zu erhalten, so dass bei seiner bestimmungsgemäßen Nutzung Wohnungseigentümern und Dritten keine Gefahren drohen. Es kann deshalb ein Anspruch auf erstmalige Herstellung eines ordnungsmäßigen Zustands bestehen, der die Wohnungseigentümer verpflichtet, einen Zaun zu dem an der Grundstücksgrenze auf dem Nachbargrundstück verlaufenden Bach zu errichten, der kleine Kinder daran hindert, darunter durchzukriechen oder darüber zu steigen.[137] Die Abgrenzung einer Zufahrtsstraße durch einen Zaun kann dagegen nicht verlangt werden, wenn die Gefahren durch die Straße

---

121 BGH V ZR 193/09, NZM 2010, 625.
122 BayObLG BReg 2 Z 18/90, NJW-RR 1990, 659.
123 BGH V ZR 114/09, NZM 2010, 205; OLG Hamm 15 W 358/06, ZMR 2008, 156.
124 OLG Köln, 16 Wx 245/03, NZM 2004, 305; AnwHdB/*Vandenhouten*, Teil 4 Rn 20.
125 BayObLG 2Z BR 152/03, NZM 2004, 109; OLG Frankfurt 20 W 103/01, ZMR 2004, 288; Staudinger/*Bub*, § 21 Rn 109.
126 OLG Köln, 16 Wx 111/04, ZMR 2005, 725.
127 OLG Düsseldorf 3 Wx 345/97, NJW-RR 1999, 163; KG 24 W 3566/98, NZM 2000, 286; OLG Hamm 15 W 396/03, NJW-RR 2004, 805.
128 BayObLG 2Z BR 117/92, WuM 1993, 291.
129 Vgl. dazu OLG München 34 Wx 33/06, ZMR 2006, 800.
130 BayObLG 2Z BR 232/03, ZMR 2004, 524; OLG München 34 Wx 78/07, NZM 2009, 132; Palandt/*Bassenge*, § 23 WEG Rn 11; *Niedenführ*, § 43 Rn 77; *Wenzel*, ZMR 2005, 413.
131 LG Hamburg 318 T 156/07, ZMR 2009, 943.
132 KG 24 W 9042/96, WuM 1997, 698.
133 *Bärmann/Merle*, § 21 Rn 46; **a.A.** Staudinger/*Bub*, § 21 Rn 18.
134 BayObLG BReg 2 Z 49/88, NJW-RR 1989, 461, OLG Frankfurt 20 W 31/93, NJW-RR 1993, 845; OLG Düsseldorf 3 Wx 85/07, NZM 2008, 452 zur Rechtslage ab 1.7.2007.
135 OLG Düsseldorf I-3 Wx 85/07, NZM 2008, 452.
136 *Vandenhouten*, ZWE 2012, 237, 243.
137 BayObLG 2Z BR 180/99, NZM 2000, 513.

nicht größer sind als die bei der Teilnahme am allgemeinen Straßenverkehr.[138] Ein Anspruch aus § 21 Abs. 4 kann sich ergeben, wenn bestimmte bauliche Einrichtungen **öffentlich-rechtlich zwingend vorgeschrieben** sind.[139]

Wenn **Schäden im Sondereigentum** eines Wohnungseigentümers auftreten, deren Ursache in Mängeln des Gemeinschaftseigentums liegen kann, entspricht es ordnungsmäßiger Verwaltung, i.S.v. § 21 Abs. 4, die Ursachen umgehend durch Gutachten eines Sachverständigen feststellen zu lassen. Jeder Wohnungseigentümer hat in einer solchen Lage Anspruch auf Durchführung eines selbstständigen Beweisverfahrens.[140]

52 Ist ein vom früheren Alleineigentümer begründetes **Mietverhältnis** über eine Wohnung mit der Bildung von Wohnungseigentum auf die Wohnungseigentümer[141] übergegangen, kann der Wohnungseigentümer, dem das Sondereigentum an der vermieteten Wohnung zusteht, von den übrigen Wohnungseigentümern die Zustimmung zu einer von ihm ausgesprochenen bzw. auszusprechenden Kündigung des Mietverhältnisses verlangen. Er hat grundsätzlich Anspruch auf eine so weitgehende Mitwirkung der übrigen Wohnungseigentümer an der Auflösung des Mietverhältnisses, dass die Kündigung beim Mietgericht nicht aus formellen Gründen scheitert.[142]

E. Pflichtverletzung

53 In der Praxis wird Schadensersatz vorwiegend im Zusammenhang mit Instandhaltungsmaßnahmen begehrt (vgl. Rn 76).[143]

F. Die besonderen Fälle einer ordnungsmäßigen Verwaltung

I. Allgemeines

54 Abs. 5 zählt nur beispielhaft eine Reihe von Maßnahmen auf, die zur ordnungsmäßigen Verwaltung gehören. Obwohl Abs. 5 abdingbar ist, wird anzunehmen sein, dass bei Fehlen einer der hier aufgezeigten Maßnahmen jeder Wohnungseigentümer hierauf einen Anspruch hat (vgl. Rn 42).

II. Hausordnung

55 In der Hausordnung sind Gebrauchs- und Verwaltungsregelungen zusammengefasst, die den Schutz des Gebäudes, die Aufrechterhaltung von Sicherheit und Ordnung und die Erhaltung des Hausfriedens sichern sollen.[144] In der Regel wird die Hausordnung durch **Mehrheitsbeschluss** festgelegt (§ 21 Abs. 3). Jeder Wohnungseigentümer kann verlangen, dass eine Hausordnung aufgestellt wird (§ 21 Abs. 5 Nr. 1, Abs. 4). Eine durch Mehrheitsbeschluss aufgestellte Hausordnung kann jederzeit durch Stimmenmehrheit abgeändert oder aufgehoben werden.[145] Bei ihrer Änderung sind jedoch schutzwürdige Belange der Wohnungseigentümer zu berücksichtigen.[146] Im Übrigen muss die Gestaltungsfreiheit der Wohnungseigentümer respektiert werden.[147] Die Hausordnung kann aber auch bereits in der Teilungserklärung/Gemeinschaftsordnung enthalten sein. Auch in diesem Fall darf sie in der Regel als formeller (unechter) Satzungsbestandteil[148] – auch ohne spezielle Öffnungsklausel – durch Mehrheitsbeschluss abgeändert werden,[149] es sei denn die Auslegung ergibt, dass sie ausnahmsweise Vereinbarungscharakter hat.[150] Dann kommt nur eine Änderung durch Vereinbarung in Betracht.

56 Die Gemeinschaftsordnung, eine nachträgliche Vereinbarung, aber auch ein Mehrheitsbeschluss[151] können den **Verwalter ermächtigen**, eine Hausordnung aufzustellen, die dann solange für alle Wohnungseigentümer verbindlich ist, bis sie durch Mehrheitsbeschluss der Wohnungseigentümer geändert oder aufgehoben wird.[152] Die Zuständigkeit der Eigentümergemeinschaft, eine Hausordnung zu beschließen, wird nicht dadurch ausgeschlossen, dass die Gemeinschaftsordnung die Aufstellung einer Hausordnung durch den Verwalter vorsieht.[153] Regelungen der Wohnungseigentümer kann der Verwalter nicht abändern. Eine durch den Verwalter erstellte Hausordnung unterliegt nicht der Anfechtung. Sie ist nichtig, soweit die Regelungen nicht den Grundsätzen ordnungsmäßiger Verwaltung entsprechen. Eine **vom Gericht** in einem Rechtsstreit nach § 43 Nr. 1, § 21 Abs. 8 **erlassene Hausordnung** darf nur enthalten, was durch Mehrheitsbeschluss regelbar ist und kann durch Mehrheitsbeschluss abgeändert werden.

---

138 BayObLG 2Z BR 180/99, NZM 2000, 513.
139 OLG Hamm 15 W 107/04, ZMR 2005, 806.
140 BayObLG 2Z BR 57/01, NZM 2002, 448; OLG Hamm 15 W 240/91, OLGZ 1994, 22.
141 Seit BGH V ZB 32/05, ZMR 2005, 547: den Verband.
142 OLG Hamburg 2 Wx 20/96, ZMR 1996, 614; OLG Hamburg 2 Wx 83/97, WuM 1998, 508.
143 Wegen der Geltendmachung von Schadensersatz im Falle der Verletzung von Verkehrssicherungspflichten vgl. *Vandenhouten*, ZWE 2012, 237.
144 OLG Frankfurt 20 W 430/04, NJW-RR 2007, 377.
145 *Bärmann/Merle*, § 21 Rn 60.
146 BayObLG 2Z BR 93/97, NZM 1998, 239.
147 OLG Frankfurt 20 W 430/04, NJW-RR 2007, 377.
148 **A.A.** *Riecke/Schmid/Elzer*, § 10 Rn 80; *Schmidt*, ZMR 2009, 325: echte materielle Vereinbarung.
149 BayObLG 2Z BR 93/97, NZM 1998, 239.
150 *Bärmann/Merle*, § 21 Rn 60, 61.
151 OLG Stuttgart 8 W 89/87, NJW-RR 1987, 976; Palandt/Bassenge, § 21 Rn 13; **a.A.** *Elzer*, ZMR 2006, 733.
152 BayObLG 2Z BR 96/01, ZWE 2001, 595/596.
153 KG 24 W 3791/91, WuM 1992, 81.

Die Hausordnung entfaltet nur gegenüber den Wohnungseigentümern, nicht jedoch **gegenüber Dritten** Geltung. 57
Dritte, insbesondere Mieter und deren Familienangehörige, sind an die Hausordnung nur gebunden, wenn sie in den Mietvertrag einbezogen wurde. Anderenfalls stehen den Wohnungseigentümern nur gesetzliche Unterlassungs- und Beseitigungsansprüche aus ihrem Eigentumsrecht gegenüber dem störenden Dritten zu (siehe § 14 Rn 33 ff.).[154] Im Übrigen hat der vermietende Wohnungseigentümer den anderen Wohnungseigentümern gegenüber gemäß § 14 Nr. 2 dafür Sorge zu tragen, dass der Mieter die Hausordnung beachtet.

Die mehrheitlich beschlossene Hausordnung darf nur solche Regeln enthalten, die dem **ordnungsmäßigen Gebrauch** 58
gemäß § 15 Abs. 2 oder **ordnungsmäßiger Verwaltung** gemäß § 21 Abs. 3 dienen. Die Regelungen verlangen in der Regel einen vernünftigen Kompromiss zwischen den gegensätzlichen Interessen (z.B. gewerblichen Nutzern und Bewohnern des Hauses, Tierhaltern und Nichttierhaltern, Musikliebhabern und Ruhebedürftigen). In diesem Rahmen steht den Wohnungseigentümern ein Ermessensspielraum zu, was die Notwendigkeit und Zweckmäßigkeit einer Regelung angeht; dieses ist in einer gerichtlichen Nachprüfung weitgehend entzogen.[155] Darüber hinausgehende Eingriffe sind nur durch Vereinbarung regelbar, z.B. das generelle Verbot der Hundehaltung[156] oder des Musizierens. Ebenfalls nicht statthaft ist das generelle Verbot des Wäschetrocknens im Freien.[157] Soweit die Regelungen weder gegen zwingende Rechtsvorschriften noch in den dinglichen Kernbereich des Wohnungseigentums eingreifen noch gegen wesentliche Grundgedanken des Gesetzes verstoßen,[158] sind **vereinbarungsersetzende Mehrheitsbeschlüsse** nicht von vornherein nichtig, sondern können in Bestandskraft erwachsen, wenn sie nicht fristgerecht angefochten werden.[159]

Verbotsnormen in einer Hausordnung müssen so klar und bestimmt sein, dass für jeden feststeht, was erlaubt und was 59
verboten ist. Beschlüsse, die gegen das **Bestimmtheitsgebot** verstoßen, sind allerdings regelmäßig nicht nichtig, sondern nur anfechtbar, es sei denn, dem Beschluss kann überhaupt keine vernünftige Regelung entnommen werden. Nichtig ist z.B. eine Regelung, die den Verwalter verpflichtet, „grobe Verstöße gerichtlich zu ahnden"[160] oder die das Singen und Musizieren außerhalb von Ruhezeiten „in nicht belästigender Weise und Lautstärke" gestattet.[161] Eine Bestimmung in der Hausordnung, dass Kinderwagen „vorübergehend im Hausflur abgestellt werden dürfen" ist nicht wegen inhaltlicher Unbestimmtheit nichtig.[162]

Typische Regeln einer Hausordnung sind beispielsweise: Benutzungsregelungen für das gemeinschaftliche Eigentum 60
(insbes. Treppenhaus, Flure, Aufzüge und Grünflächen); Benutzungsregelungen für Stellplätze,[163] Benutzungsregelungen für Waschküche und Trockenraum; Regelungen zum Brand- und Kälteschutz, Regelungen zur Heizungsdauer, Regelungen zur Haustierhaltung und Regelungen zur häuslichen Ruhe; die Haustür betreffende Schließregelungen. (Zu weiteren Beispielen vgl. § 15 Rn 12 ff.)

Die generelle Übertragung von Leistungspflichten (sog. **„tätige Mithilfe"**) auf die Wohnungseigentümer durch 61
Vereinbarung ist zulässig.[164] Ihre Übertragung durch Mehrheitsbeschluss wurde bislang als zulässig angesehen, soweit sich es sich um Tätigkeiten handelte, die typischerweise Gegenstand einer Hausordnung sind.[165] Hierzu gehörten insbesondere die Reinigungs- und Winterdienste.[166] Auch diese Leistungspflicht ist jetzt nach **h.M.** mangels Beschlusskompetenz nichtig, denn eine solche Befugnis besteht nur für die Auferlegung gemeinschaftlicher Kosten und Lasten.[167] Erst Recht können daher keine Instandhaltungs- oder Instandsetzungsarbeiten,[168] Pflege der Außenanlagen[169] durch Mehrheitsbeschluss übertragen werden.[170] Die Eigentümergemeinschaft ist jedoch bei Einzel-

---

154 Vgl. *Schmidt*, ZMR 2009, 325.
155 OLG Frankfurt 20 W 384/07, jurisAnwZert MietR 11/2009–5.
156 OLG Düsseldorf 3 Wx 459/96, WuM 1997, 387.
157 Vgl. OLG Düsseldorf I-3 Wx 393/02, NZM 2004, 107.
158 Vgl. dazu BayObLG 2Z BR 156/01, NZM 2002, 171: Einführung einer verschuldensunabhängigen Verursacherhaftung; OLG Saarbrücken 5 W 154/06 – 51, ZMR 2007, 308: absolutes Tierhaltungsverbot mit krit. Anm. *Drabek* ZWE 2007, 188.
159 BGH V ZB 5/95, NJW 1995, 2037: Hundehaltung, vgl. allgemein auch BGH V ZB 58/99, NJW 2000, 3500.
160 BayObLG 2 Z BR 156/01, NZM 2002, 171.
161 BGH V ZB 11/98, ZMR 1999, 41.
162 OLG Hamm 15 W 444/00, NZM 2001, 1084.
163 Auch für solche die einem Sondernutzungsrecht unterliegen, KG 24 W 5943/94, NJW-RR 1996, 586.
164 Palandt/*Bassenge*, § 21 Rn 16.
165 Bärmann/Merle, § 21 Rn 80; 9. Aufl.; **a.A.** *Wenzel*, NZM 2004, 542; *Schmidt*, ZMR 2009, 326.

166 BayObLG BReg 2 Z 154/91, NJW-RR 1992, 343; BayObLG 2Z BR 28/94, WuM 1994, 403; LG Stuttgart 2 S 43/09, ZMR 2010, 723: Reinigung im Innenbereich; BayObLG 2Z BR 24/93, NJW-RR 1993, 1361; LG München I 1 S 4042/10, ZMR 2010, 991: Reinigung im Außenbereich **a.A.** OLG Düsseldorf I-3 Wx 77/08, WuM 2008, 570: keine Räum- und Streupflicht im Außenbereich.
167 BGH V ZR 193/09, NJW 2010, 2801; BGH V ZR 161/11, WuM 2012, 398.
168 Z.B. Streichen der im Sondereigentumsbereich belegenen Fenster oder der zur Nutzung zugewiesenen Briefkästen, Fassadenanstrich, **a.A.** LG Landshut 64 T 2111/05, ZMR 2007, 493.
169 KG 24 W 3064/93, NJW-RR 1994, 207; OLG Düsseldorf I-3 Wx 77/08, WuM 2008, 570.
170 Palandt/*Bassenge*, § 21 Rn 16; *Wenzel*, NZM 2004, 544; *Schmidt/Riecke*, ZMR 2005, 252; **a.A.** *Riecke/Schmid/Drabek*, § 21 Rn 174: nur anfechtbar; *Becker/Strecker*, ZWE 2001, 569: (schwebend) unwirksam.

maßnahmen grundsätzlich nicht gehindert, Miteigentümern – wie jeden anderen Dritten – mit deren Einverständnis Arbeiten an der Wohnanlage zu übertragen.[171]

62 Regelt eine Hausordnung die **Benutzung des Hausflurs,** sind sein Zweck als gemeinschaftliche Einrichtung, die Pflicht der Wohnungseigentümer zur gegenseitigen Rücksichtnahme (§§ 13 Abs. 2 S. 1, 14 Nr. 1), öffentlich-rechtliche Bestimmungen, Verkehrssicherungspflichten und besondere Bedürfnisse einzelner Wohnungseigentümer zu beachten. Die pauschale Regelung, dass **Kinderwagen** grundsätzlich im Hausflur abgestellt werden können, kann gegen den Grundsatz ordnungsmäßiger Verwaltung verstoßen, wenn die Größe des Hausflurs nicht für alle Wohnungseigentümer mit Kinderwagen ausreicht.[172] Das Recht zur **Gestaltung des Treppenhauses** kann nicht den Bewohnern der jeweiligen Etage als „Sondernutzungsrecht" überlassen werden.[173] Nichtig ist eine durch Mehrheitsbeschluss aufgestellte Hausordnung insoweit, als sie eine **Haftung für Schäden** durch den Verursacher bestimmt, weil dies vom gesetzlichen Leitbild der Verschuldenshaftung abweicht.[174] Bestimmungen einer Haus- und **Gartenordnung**, wonach der Garten als Ziergarten zu pflegen ist und Baumschaukeln und Hängematten an den Bäumen nicht angebracht werden dürfen, schränkt den Sondernutzungsberechtigten, der nach Gemeinschaftsordnung verpflichtet ist, die ihm zur Sondernutzung zugewiesene und Gartenfläche allein zu unterhalten sowie ordnungsmäßig instand zu halten und instand zu setzen, unzulässig ein.[175] Grundsätzlich bestehen aber keine Bedenken Regelungen der Hausordnung auf **Bereiche, die der Sondernutzung unterliegen**, zu erstrecken.[176] Unwirksam ist eine Bestimmung, wonach das **Aufstellen und Lagern von Gegenständen** (z.B. Waren, Verpackungen, Fahrzeuge aller Art, Kinderwagen, Schlitten, Kinderroller u.Ä.) außerhalb der Wohnungen und der dazugehörigen Keller sowie sonstigen Räumen nur an den dazu vorzusehenden Stellen gestattet ist, weil sie auch jedes, auch nur kurzzeitige Abstellen von Gegenständen erfasst.[177] Unangemessen ist auch das generelle Verbot, im Gartenteil einen „Abfallplatz" zu errichten, weil es auch das Anlegen eines kleinflächigen Komposters verbieten würde.[178]

III. Instandhaltung und Instandsetzung

63 Die ordnungsmäßige Instandhaltung und Instandsetzung des gemeinschaftlichen Eigentums unterliegt der Verwaltungs- und Beschlusskompetenz der Gemeinschaft. Auch dem Verwalter sind nach § 27 Abs. 1 Nr. 2 in diesem Bereich Aufgaben zugewiesen, die sich jedoch mit denjenigen der Gemeinschaft nicht überschneiden (vgl. § 27 Rn 15)[179] Die hierdurch entstehenden **Kosten** sind Verwaltungskosten nach § 16 Abs. 2, deren abweichende Verteilung für den Einzelfall durch einen Beschluss mit qualifizierter Mehrheit (§ 16 Abs. 4) geregelt werden kann. Zu Kostenregelungen in der Teilungserklärung/Gemeinschaftsordnung siehe § 16 Rn 16 ff. Die Grenze der Instandhaltungs- oder Instandsetzungsmaßnahmen liegt bei der baulichen Veränderung i.S.d. § 22.

64 Die Instandhaltung und Instandsetzung des Sondereigentums kann hingegen wegen absoluter Unzuständigkeit der Eigentümergemeinschaft nicht wirksam beschlossen werden (zur Abgrenzung vgl. die Kommentierung zu § 5). Kommt der einzelne Wohnungseigentümer seiner Instandhaltungs-/Instandsetzungslast **in Bezug auf das Sondereigentum** nicht nach, so muss er notfalls gerichtlich dazu angehalten werden. Ausnahmen bestehen, soweit es sich um eine aus Gründen des ordnungsgemäßen Gebrauchs (§ 15 Abs. 2) oder der Instandsetzung (§ 14 Nr. 4) erforderliche einheitliche Gesamtmaßnahme an Gemeinschafts- und Sondereigentum handelt.[180]

65 Wurde die Instandhaltungs- bzw. Instandsetzungslast in der Gemeinschaftsordnung oder durch nachträgliche Vereinbarung **in Bezug auf einzelne Teile des gemeinschaftlichen Eigentums** auf einzelne Wohnungseigentümer **übertragen**, was sich gegebenenfalls auch aus einer fehlgeschlagenen Zuweisung zu Sondereigentum ergeben kann (vgl. § 5 Rn 6), besteht für die Gemeinschaft keine bzw. eine nur noch sehr eingeschränkte Verwaltungs- und Beschlusskompetenz.[181] Ein diesen Bereich betreffender Beschluss genügt nur dann den Grundsätzen ordnungsmäßiger Verwaltung, wenn für die Aufgabenwahrnehmung ein hinreichend sachlicher Grund besteht.[182] Die dem einzelnen Wohnungseigentümer durch Vereinbarung auferlegte Instandsetzungslast umfasst jedoch nicht die Verpflichtung, erstmalig einen ordnungsgemäßen Zustand des gemeinschaftlichen Eigentums herzustellen (vgl. Rn 98, § 16 Rn 16).[183] Wurde nur die Kos-

---

171 KG 24 W 5797/90, ZMR 1991, 355: Außenanstrich gegen ortsübliches Entgelt; KG 24 W 2452/95, NJW-RR 1996, 526: Dachrinnenreinigung; OLG Hamm 15 W 76/94, WE 1995, 378: Anstrich des Treppenhauses; BayObLG 2Z BR 75/97, WE 1998, 196: Übertragung von Reparatur- und Wartungsarbeiten.
172 OLG Hamburg 2 Wx 10/91, WuM 1993, 78.
173 Vgl. OLG Düsseldorf I-3 Wx 393/02, NZM 2004, 107.
174 BayObLG 2Z BR 156/01, NZM 2002, 171.
175 BayObLG 2Z BR 63/03, ZMR 2005, 132.
176 KG 24 W 5943/94, ZMR 1996, 279; OLG München 34 Wx 25/07, ZMR 2007, 484 jeweils zu Regelungen hinsichtlich der Parkplatzbenutzung.
177 BayObLG 2Z BR 63/03, ZMR 2005, 132.
178 BayObLG 2Z BR 63/03, ZMR 2005, 132.
179 Insbesondere Informations-, Überwachungs- und Organisationspflichten, siehe dazu *Vandenhouten*, ZWE 2012, 237.
180 OLG München 34 Wx 46/07, ZMR 2009, 64: Heizungsanlage nebst Heizkörpern, LG München 1 T 2063/07, ZMR 2008, 488: Innen- und Außenfenstern.
181 OLG München 32 Wx 30/07, NZM 2007, 487; Jennißen/*Heinemann*, § 21 Rn 73; *Fritsch*, WE 2009, 260; Riecke/Schmidt/*Drabek*, § 21 Rn 201.
182 Vgl. dazu *Vogel*, ZMR 2010, 653.
183 BayObLG 2Z BR 45/02, ZMR 2003, 243; OLG München 34 Wx 116/06, NZM 2007, 369; *Riecke/Schmid/Drabek*, § 21 Rn 134; einschränkend KG 24 W 83/07, ZMR 2009, 135 „im Zweifel"; **a.A.** LG München I 1 S 1062/11, ZWE 2012, 47.

ten-, nicht aber die Instandsetzungslast übertragen, bleibt es bei der umfassenden Verwaltungs- und Beschlusskompetenz der Gemeinschaft.[184]

1. Instandhaltung

Instandhaltung des gemeinschaftlichen Eigentums bedeutet Erhaltung des bestehenden Zustandes. Dies umfasst **pflegende, erhaltende und vorsorgende Maßnahmen**, die dazu dienen, den ursprünglichen Zustand aufrechtzuerhalten.[185] Hierzu gehört auch die übliche Gartenpflege.[186] Auch die Kosten eines mit Pflegemaßnahmen betrauten Hauswarts sowie die Kosten der Reinigung gemeinschaftlicher Gebäudeteile werden erfasst.[187] Ferner gehört hierzu die Wahrung der **Verkehrssicherungspflicht** gegenüber Dritten und den einzelnen Wohnungseigentümern,[188] die sich nach einer Delegation auf den Verwalter,[189] einzelne Wohnungseigentümer[190] oder Außenstehende[191] auf eine Überwachungspflicht verengt.[192]

66

2. Instandsetzung

Instandsetzung bedeutet Wiederherstellung des ursprünglichen ordnungsmäßigen Zustands durch Reparatur oder Ersatzbeschaffung einer gemeinschaftlichen Anlage (z.B. Heizungsanlage). Dazu gehören auch öffentlich-rechtlich vorgesehene bauliche Veränderungen.[193] Die Erneuerung einer technischen Anlage ist nicht erst dann notwendig, wenn sie endgültig vollständig ausfällt, sondern schon dann, wenn sie in einem Zustand ist, in dem jederzeit wesentliche Teile unbrauchbar werden können.[194] Zur Instandsetzung gehört bei ursprünglichen Mängeln auch die erstmalige Herstellung eines ordnungsmäßigen Zustandes.[195] Dies umfasst z.B. auch die Beseitigung und Begrünung eines illegalen Weges auf dem Grundstück und dessen Einzäunung, um die unerlaubte Benutzung des gemeinschaftlichen Eigentums durch Dritte auszuschließen[196] oder die Schaffung eines Durchgangs in einer das gemeinschaftlichen Eigentum trennenden Hecke.[197]

67

3. Ermessensspielraum

Bei der Beschlussfassung über Sanierungsmaßnahmen haben die Wohnungseigentümer einen Ermessensspielraum.[198] Ordnungsmäßig ist eine Maßnahme, die sich bei objektiv vernünftiger Betrachtungsweise unter Berücksichtigung der besonderen Umstände des Einzelfalls als nützlich erweist. Dies ist der Fall, wenn sich die Maßnahme nach einer an den konkreten Bedürfnissen und Möglichkeiten der Gemeinschaft ausgerichteten Kosten-Nutzen-Analyse und unter Berücksichtigung der Verkehrsauffassung wie der wirtschaftlichen Leistungsfähigkeit der Gemeinschaft als vertretbar darstellt.[199] Kommen mehrere gleichermaßen erfolgversprechende Sanierungsmaßnahmen in Betracht, steht der Eigentümergemeinschaft bei der Auswahl ein Ermessensspielraum zu.[200] Der Ermessenspielraum wird aber auch dann nicht überschritten, wenn über die Mindestsanierung hinaus Arbeiten vergeben werden, deren Ausführung noch nicht zwingend notwendig, aber auch nicht unvertretbar ist.[201] Ebenso besteht ein Auswahlermessen dahingehend, ob eine billigere Lösung mit kürzerer Lebensdauer oder eine aufwändigere mit längerer Lebensdauer gewählt wird.[202] Auch provisorische Maßnahmen können – insbesondere bei mangelnder Leistungsfähigkeit der Gemeinschaft – zulässig sein.[203] Jedoch steht eine hohe finanzielle Belastung der beschlossenen Sanierungsmaßnahme dann nicht entgegen, wenn sie angesichts der fortschreitenden Verschlechterung des Bauzustands erforderlich und unaufschiebbar ist.[204] Eine Beschränkung erfährt das Ermessen auch dann, soweit es um die Anpassung an rechtliche Anforderungen geht. Denn die Erfüllung öffentlich-rechtlicher Pflichten und Auflagen entspricht stets ordnungsmäßiger Verwaltung.[205] Sind mehrere Instandhaltungsmaßnahmen erforderlich, steht es im Ermessen der Wohnungs-

68

---

184 BayObLG 2Z BR 241/03, ZMR 2004, 608.
185 KG 24 W 5328/92, WuM 1993, 562; OLG Hamm 24 W 5328/92, DWE 1987, 54; vgl. auch KG 24 W 362/08, ZMR 2009, 625.
186 LG Frankfurt/Main 2/9 T 362/89, NJW- RR 1990, 24: üblicher Baumschnitt, Auslichten von Bäumen, Erneuerung abgestorbener Pflanzen, nicht aber Fällen von Bäumen.
187 KG 24 W 5328/92, WuM 1993, 562.
188 BGH VI ZR 186/88, NJW-RR 1989, 394.
189 BayObLG 2Z BR 144/04, NJW-RR 2005, 100; OLG Karlsruhe 14 U 107/07, NZM 2009, 452.
190 BGH VI ZR 49/83, NJW 1985, 484.
191 BGH VI ZR 186/88. NJW-RR 89, 394.
192 Zur Frage, ob der Verwalter auch ohne Delegation auf ihn eigenständiger Träger der Verkehrssicherungspflicht ist, vgl. *Vandenhouten*, ZWE 2012, 237, 243.
193 BayObLG 2 Z 74/79, NJW 1981, 690.
194 BayObLG 2Z BR 136/93, WuM 1994, 504.
195 BayObLG 2 Z 74/79, NJW 1981, 690; BayObLG BReg 2 Z 68/89, NJW-RR 1989, 1293, OLG Hamm 24 W 5328/92, DWE 1987, 54; vgl. auch BayObLG BReg 2 Z 57/89, NJW-RR 1989, 1165: aus § 21 Abs. 4 folgt grundsätzlich ein Anspruch auf Beseitigung von Baumängeln.
196 BayObLG BReg 2 Z 38/89, NJW-RR 1990, 82.
197 BayObLG BReg 2 Z 125/88, ZMR 1989, 192.
198 OLG Düsseldorf 3 Wx 13/02, NZM 2002, 704; OLG Hamburg 2 Wx 30/03, ZMR 2003, 866; BayObLG 2Z BR 43/04, NZM 2004, 746.
199 OLG München 34 Wx 114/05, ZMR 2006, 311; LG Köln 29 T 72/09, ZMR 2010, 793.
200 OLG Düsseldorf 3 Wx 81/00, NZM 2000, 1067: erheblich kostengünstigere Aufbringung eines Wärmeverbundsystems mit Klinkerimitat statt Abriss und Neuerrichtung einer Klinkermauer.
201 BayObLG 2Z BR 70/01, NZM 2002, 531: Gesamtanstrich anstatt punktueller Ausbesserung; OLG Düsseldorf 3 Wx 394/98, NZM 1999, 766.
202 OLG Hamburg 2 Wx 70/02, ZMR 2003,441.
203 LG Bremen 4 S 75/10, ZMR 2011, 657.
204 BayObLG 2Z BR 70/01, NZM 2002, 531.
205 OLG München 34 Wx 114/05, ZMR 2006, 311.

eigentümer einen mehrjährigen Sanierungsplan zu erstellen oder sich darauf beschränken, die unmittelbar erforderlichen Einzelmaßnahmen zu beschließen.[206] Haben sie sich angesichts beschränkter Mittel entschlossen, eine Prioritätenliste zu erstellen und abzuarbeiten, wird das Ermessen nur dann ordnungsgemäß ausgeübt, wenn aufgrund neu hinzukommender Erkenntnisse die erstellte Prioritätenliste laufend überprüft und gegebenenfalls angepasst wird.[207]

4. Entscheidungskompetenz

69 Die notwendigen Entscheidungen über das „Ob" und das „Wie" von Maßnahmen der Instandhaltung und Instandsetzung des gemeinschaftlichen Eigentums hat die Wohnungseigentümergemeinschaft zu treffen (vgl. § 27 Rn 15).[208] Auf den Verwaltungsbeirat oder den Verwalter kann diese Entscheidungskompetenz grundsätzlich nur durch Vereinbarung gemäß § 10 Abs. 2 S. 1 übertragen werden, da dadurch eine grundlegende Zuständigkeitsänderung zwischen diesen drei Organen vorgenommen wird.[209] Ein auf den Einzelfall beschränkter Mehrheitsbeschluss genügt aus Gründen der Praktikabilität und zur Klarstellung der Kompetenz des Verwalters ausnahmsweise dann, wenn der mit der gesetzlichen Regelung intendierte Schutzzweck nicht ausgehöhlt wird. Dies ist der Fall, wenn die Ermächtigung zu einem begrenzten und für den einzelnen Wohnungseigentümer überschaubaren finanziellen Risiko führt und die grundsätzliche Verantwortlichkeit für den Beschluss solcher Maßnahmen bei der Eigentümerversammlung belässt.[210] Dies kann beispielsweise durch ein festes Jahresbudget, dessen Höhe sich an der anteiligen Belastung für die einzelnen Wohnungseigentümer zu orientieren hat,[211] oder eine gegenständliche Beschränkung bei hinreichender Bestimmbarkeit herbeigeführt werden. Zulässig ist auch die Delegation von Detailfragen. Dies ist dann der Fall, wenn der Beschluss die maßgeblichen Kriterien für eine Entscheidung durch den Verwaltungsbeirat bzw. den Verwalter vorgibt.[212] Unwirksam ist die Übertragung der Entscheidungskompetenz über die Sanierung der Heizungs- und Warmwasseranlage auf einen aus zwei Wohnungseigentümern bestehenden „Arbeitskreis".[213] Unbedenklich ist es, dem Verwaltungsbeirat oder einem Bauausschuss durch Mehrheitsbeschluss beratende, vorbereitende und prüfende Aufgaben zu übertragen, weil in diesem Fall die Entscheidungsbefugnis bei der Wohnungseigentümergemeinschaft verbleibt.[214] Gleiches gilt, wenn dem Verwaltungsbeirat die Farbauswahl des Treppenhauses und die Auswahl des Unternehmers aus den vorhandenen Kostenvoranschlägen zu übertragen ist, nachdem die Sanierung und der Kostenrahmen durch Beschluss festgelegt worden sind.[215] Bei Vorlage detaillierter Leistungsverzeichnisse bzw. im Falle bereits durchgeführter gleichartiger Instandsetzungen an anderen Gebäudeteilen ist die Delegation auf den Beirat zulässig, selbst wenn Sanierungsangebote noch nicht vorliegen.[216]

5. Bestandsaufnahme

70 Es widerspricht ordnungsmäßiger Verwaltung, die Durchführung von Sanierungsmaßnahmen zu beschließen, ohne dass eine Bestandsaufnahme über den Umfang der Schäden und deren mögliche Ursachen erfolgt ist.[217] Nur aufgrund einer Bestandsaufnahme kann sachgerecht entschieden werden, ob eine Mangelbehebung zwingend erforderlich ist, ob sie sofort durchzuführen und in welchem Umfang sie vorzunehmen ist.[218] Dabei ist diese nicht zwingend durch einen vereidigten Sachverständigen vorzunehmen; bei auf der Hand liegender Schadensursache und technisch einfach gelagerten Instandsetzungsvorhaben reicht der Sachverstand von Handwerksfirmen.[219] Bei komplexen und/oder kostenintensiven Sanierungsvorhaben ist hingegen die Beauftragung eines Bauingenieurs/Architekten und ggf. von Sonderfachleuten (z.B. Statiker) geboten[220] (z.B. Beauftragung eines Sachverständigen mit Sanierungsuntersuchungen und der Erstellung eines Sanierungsplans bei schädlichen Bodenverunreinigungen (Altlasten)). Eine genaue Feststellung des Sanierungsumfangs ist aber nicht erforderlich, sondern es reichen aussagefähige Stichproben, wenn die Schadensermittlung mit zerstörerischen Eingriffen in die Sachsubstanz (z.B. bei Deckenbalken, maroden Abdichtungen von Bädern, Balkonen o.Ä.) verbunden ist.[221] Auch diese vorbereitende Untersuchung bedarf – insbesondere wenn durch sie zusätzliche Kosten veranlasst werden – eines Beschlusses der Versammlung.[222] Wenn im Sondereigentum eines Wohnungseigentümers Schäden auftreten, für die Mängel des gemeinschaftlichen Eigentums ursäch-

---

206 BGH V ZR 161/11, WuM 2012, 398.
207 OLG Hamburg 2 Wx 58/09, NZM 2010, 521.
208 Und nicht der Verwalter, OLG Frankfurt 20 W 115/06, MietRB 2009, 297.
209 OLG Frankfurt 20 W 448/86, OLGZ 1988, 188; OLG Düsseldorf 3 Wx 61/97, NJW-RR 1998, 13; OLG München 34 Wx 46/07, NZM 2009, 548; LG München 1 T 4472/08, ZMR 2009, 398, vgl. auch BGH V ZB 58/99, NJW 2000, 3500.
210 OLG Düsseldorf 3 Wx 61/97, ZMR 1997, 605; LG München 1 T 4472/08, ZMR 2009, 398; bestätigt durch OLG München 32 Wx 164/08, ZMR 2009, 630.
211 Vgl. dazu OLG Düsseldorf 3 Wx 61/97, NJW-RR 1998, 13.
212 BayObLG 2Z BR 156/04, FGPrax 2005, 14; Bärmann/Merle, § 29 Rn 86.
213 OLG Düsseldorf 3 Wx 213/02, NZM 2002, 1031.
214 OLG Frankfurt 20 W 448/86, OLGZ 1988, 188.
215 KG 24 W 141/02, ZMR 2004, 622.
216 Vgl. LG München 1 T 4472/08, ZMR 2009, 398; bestätigt durch OLG München 32 Wx 164/08, ZMR 2009, 630.
217 OLG Hamm 15 W 88/06, ZMR 2007, 131.
218 OLG Hamm 15 W 88/06, ZMR 2007, 131.
219 Wenderoth, ZMR 2011, 851.
220 OLG München 34 Wx 114/05, ZMR 2006, 311.
221 OLG München 34 Wx 59/06, ZMR 2007, 557.
222 Vandenhouten, ZWE 2012, 237.

lich sein **können**, dann entspricht es ordnungsmäßiger Verwaltung, die Ursachen umgehend durch ein **Sachverständigengutachten** feststellen zu lassen.[223] Der Verwalter hat einen entsprechenden Beschluss herbeizuführen.[224]

6. Zweistufiges Vorgehen

Die Wohnungseigentümer können den Beschluss über die **Sanierung und** den Beschluss über die **Vergabe der Arbeiten** getrennt fassen.[225] Ein solches zweistufiges Vorgehen ist regelmäßig sinnvoll.[226] Ist bestandskräftig beschlossen, Sanierungsmaßnahmen nach näherer Vorgabe eines Gutachtens durchzuführen, kann der spätere, nach Einholung von Vergleichsangeboten gefasste Beschluss über die Vergabe der Arbeiten nicht erfolgreich mit der Begründung angefochten werden, die vom Gutachter vorgeschlagenen Maßnahmen seien gar nicht erforderlich.[227] Der Beschluss über die Auftragsvergabe ist jedoch für ungültig zu erklären, wenn die vergebenen Arbeiten sich nicht im Wesentlichen mit den beschlossenen Sanierungsmaßnahmen decken.[228]

71

7. Vergleichsangebote

Die Vergabe eines Auftrags zur Durchführung von Instandsetzungsarbeiten am gemeinschaftlichen Eigentum setzt regelmäßig voraus, dass der Verwalter mehrere Alternativ- oder Konkurrenzangebote einholt. Dabei müssen für die Einholung von Angeboten ein **quantitatives** (regelmäßig sollen mindestens drei Angebote eingeholt werden) **und** ein **qualitatives** (alle wesentlichen Kostenpositionen müssen erfasst sein) **Kriterium** erfüllt sein.[229] Durch die Einholung von Alternativ- oder Konkurrenzangeboten soll nämlich gewährleistet werden, dass einerseits technische Lösungen gewählt werden, die eine dauerhafte Beseitigung von Mängeln und Schäden versprechen, dass aber andererseits auf die Wirtschaftlichkeit geachtet wird und keine überteuerten Aufträge erteilt werden. Dabei ist aber nicht notwendigerweise dem kostengünstigsten Angebot der Vorrang zu geben.[230] Der Verwalter kann die Wohnungseigentümer nicht darauf verweisen, es sei ihre Sache, Vergleichsangebote einzuholen.[231] Es besteht jedoch regelmäßig keine Pflicht für eine Ausschreibung nach den Regeln der VOB/A.[232] Kein Wohnungseigentümer kann verpflichtet werden, der Vergabe von Sanierungsarbeiten auf der Grundlage von Vergleichsangeboten zuzustimmen, die erst noch eingeholt werden sollen.[233] Ein Eigentümerbeschluss, der über eine größere Baumaßnahme (z.B. eine Balkonsanierung) entscheidet, ohne dass vorher Vergleichsangebote eingeholt wurden, entspricht regelmäßig nicht ordnungsmäßiger Verwaltung,[234] es sei denn, es ist besondere Eilbedürftigkeit gegeben.[235] Die Pflicht, Konkurrenzangebote einzuholen, besteht auch dann, wenn für die abgeschlossenen Arbeiten an einzelnen Wohnblöcken eine Ausschreibung stattgefunden hatte und nach längerer Zeit ein nicht nur geringfügiger Folgeauftrag für weitere Wohnblöcke erteilt werden soll.[236]

72

8. Finanzierung

Ein Beschluss über die Durchführung von Instandsetzungsmaßnahmen entspricht nur dann ordnungsmäßiger Verwaltung, wenn die Gesamtkosten der Maßnahme im Beschluss fixiert sind[237] und die Kostenfrage ordnungsmäßig geregelt ist.[238] Hier kommt die Finanzierung durch Sonderumlage oder durch Entnahme der erforderlichen Mittel aus der Instandhaltungsrücklage in Betracht. Es besteht kein Anspruch darauf, unbedingt erst die Instandsetzungsrücklage auszuschöpfen[239] oder aufzufüllen.[240] Ein Beschluss über die Finanzierung von Instandsetzungsmaßnahmen durch Kredit entspricht nicht ordnungsmäßiger Verwaltung.[241] (Zur Ermächtigung des Verwalters zur begrenzten Darlehensaufnahme zwecks Liquiditätssicherung siehe Rn 36, § 27 Rn 51) Ein Instandsetzungsbeschluss widerspricht ordnungsmäßiger Verwaltung, wenn den Wohnungseigentümern objektiv falsche Angaben über angebliche öffentliche Zuschüsse gemacht werden.[242]

73

---

223 BayObLG 2 Z BR 57/01, NZM 2002, 448.
224 BayObLG 2Z BR 53/97, NZM 1998, 583; OLG München 34 Wx 156/05, ZWE 2007, 100.
225 BayObLG 2Z BR 43/04, NZM 2004, 746, 747; OLG Frankfurt 20 W 320/05, NZM 2011, 40.
226 Ebenso *Armbrüster*, ZWE 2000, 20, 21.
227 BayObLG 2Z BR 19/99, NZM 1999, 910.
228 BayObLG 2Z BR 19/99, NZM 1999, 910.
229 *Armbrüster*, ZWE 2000, 20.
230 BayObLG BReg 2 Z 68/89, NJW-RR 1989, 1293; BayObLG 2Z BR 92/94, WuM 1996, 651; BayObLG 2Z BR 130/98, NZM 1999, 767.
231 OLG Köln, 16 Wx 50/03, ZMR 2004, 148.
232 BayObLG 2Z BR 85/01, NZM 2002, 564.
233 BayObLG 2Z BR 130/98, NZM 1999, 767; LG Hamburg 318 S 164/11, ZWE 2012, 285.
234 BayObLG 2Z BR 54/99, ZWE 2000, 37 m. Anm. *Armbrüster* ZWE 2000, 20; vgl. aber auch BayObLG BReg 2 Z 68/89, NJW-RR 1989, 1293; LG Hamburg 318 S 164/11, ZWE 2012, 285.
235 KG 24 W 1146/93, WuM 1993, 426, 427.
236 BayObLG 2Z BR 85/01, NZM 2002, 564.
237 LG München 1 T 4472/08, ZMR 2009, 398, bestätigt durch OLG München 32 Wx 164/08, ZMR 2009, 630.
238 BGH V ZR 176/10, NJW 2011, 2958 Tz.8; BayObLG 2Z BR 122/95, WuM 1996, 239; BayObLG 2 Z BR 130/98, NZM 1999, 767.
239 Vgl. BayObLG 2Z BR 37/03, ZMR 2003, 694; OLG München 34 Wx 75/07, NZM 2008, 493.
240 BGH V ZR 176/10, NJW 2011, 2958 Tz. 8.
241 OLG Hamm I-15 W 251/11, WuM 2012, 467; BayObLG 2 Z BR 229/04, NJW-RR 2006, 20; LG München I 1 T 13364/09, ZMR 2011, 239; LG Bielefeld 23 T 442/10, ZMR 2011, 894; **a.A.** *Elzer*, NZM 2009, 57.
242 KG 24 W 7880/95, WuM 1996, 300.

9. Muster eines Beschlusses über eine Sanierungsmaßnahme

74 **Muster 21.1: Vorbereitungsbeschluss**

Die Wohnungseigentümer beschließen zur Prüfung der Notwendigkeit einer Sanierung der Balkone und der dafür erforderlichen Maßnahmen (Leistungsverzeichnis) ein Sachverständigengutachten einzuholen. Der Sachverständige ist vom Verwalter aus der bei der IHK Berlin geführten Liste der öffentlich bestellten Bausachverständigen auszuwählen und zu beauftragen. Die Kosten des Gutachtens sind der Instandhaltungsrückstellung zu entnehmen.

Der Verwalter wird weiter bevollmächtigt, auf der Grundlage des Leistungsverzeichnisses drei Angebote von verschiedenen Bauunternehmen einzuholen.

75 **Muster 21.2: Durchführungsbeschluss**

Die Wohnungseigentümer beschließen die Sanierung der Balkone auf der Grundlage des Angebots der Firma XY vom 5. Februar 2012 über 25.000,00 EUR.

Zur Finanzierung nebst Absicherung etwaig entstehender Mehrkosten wird eine Sonderumlage un Höhe von 27.500,00 EUR erhoben. Die Sonderumlage wird nach dem in der Gemeinschaft geltenden Verteilungsschlüssel für Instandsetzungsmaßnahmen auf die Wohnungseigentümer umgelegt und ist am 31. März 2012 fällig.

Mit der Erteilung des Auftrags wird der Verwalter beauftragt. Der Auftrag darf erst nach Eingang der Sonderumlage erteilt werden.

10. Schadensersatz

76 Das Gemeinschaftsverhältnis der Wohnungseigentümer begründet eine **schuldrechtliche Sonderbeziehung**, in deren Rahmen die Miteigentümer gegenseitig verpflichtet sind, bei der Verwaltung des gemeinschaftlichen Eigentums zusammenzuwirken (§ 21 Abs. 1). Sie korrespondiert mit dem Anspruch jedes einzelnen Wohnungseigentümers aus § 21 Abs. 4 auf ordnungsmäßige Verwaltung, zu der die ordnungsmäßige Instandhaltung und Instandsetzung des gemeinschaftlichen Eigentums nach § 21 Abs. 5 Nr. 2 WG zählt. Verletzen Wohnungseigentümer ihre Pflicht zur Mitwirkung an einer ordnungsmäßigen Verwaltung, können sie dem einzelnen Wohnungseigentümer, der durch die Pflichtverletzung einen **Schaden an seinem Sondereigentum** erlitten hat, unter den Voraussetzungen der §§ 280 Abs. 1, Abs. 2, 286 Abs. 1 BGB oder aus § 823 BGB zum Schadensersatz verpflichtet sein. Dieser Anspruch richtet sich mangels Verantwortlichkeit (vgl. Rn 43) nicht gegen den Verband;[243] auch eine Zurechnung über § 31 BGB ist abzulehnen, da der einzelne Wohnungseigentümer nicht Organ des Verbandes ist.[244] Die Pflichtverletzung kann darin bestehen, dass erkannte Mängel nicht oder nicht rechtzeitig angezeigt oder beseitigt, die zur Mängelbeseitigung erforderlichen Kostenvorschüsse nicht rechtzeitig erbracht oder eine Maßnahme ordnungsmäßiger Verwaltung abgelehnt oder verzögert wurde.[245] Ein Schadensersatzanspruch scheidet aber aus, wenn eine andere Maßnahme bestandskräftig beschlossen wurde, auch wenn diese nicht einer ordnungsmäßigen Verwaltung entspricht.[246] Richtet sich der Anspruch aber auf Ersatz von Schäden, die nicht am Sondereigentum, sondern am gemeinschaftlichen Eigentum entstanden sind, fällt dieser Anspruch in die ausschließliche Verwaltungszuständigkeit der Gesamtheit der Wohnungseigentümer.[247] In diesem Fall ist die Gemeinschaft der Wohnungseigentümer allein ausübungsbefugt gemäß § 10 Abs. 6 S. 3 Hs. 1 (vgl. § 10 Rn 85).

77 Voraussetzung ist stets ein **Verschulden** (§ 276 BGB) der in Anspruch genommenen Wohnungseigentümer,[248] welches im Zweifel indiziert wird (§ 280 Abs. 1 S. 2 BGB). Abzustellen ist dabei auf die persönliche Pflichtenstellung jedes einzelnen Wohnungseigentümers. Ein Verschulden ist also bei dem Wohnungseigentümer, der der erforderlichen Maßnahme zugestimmt hat, zu verneinen. Bei dem die Maßnahme Ablehnenden, dem sich der Stimme Enthaltenden bzw. dem an der Versammlung nicht Teilnehmenden insbesondere dann, wenn er nicht hinreichend oder unzutreffend informiert war.[249] Die Pflicht der Wohnungseigentümer zum Zusammenwirken bei der ordnungsmäßigen Instandsetzung des gemeinschaftlichen Eigentums beschränkt sich nicht darauf, durch Beschlussfassung die Instandsetzung zu ermöglichen, sondern die beschlossene Maßnahme muss auch innerhalb angemessener Frist umgesetzt werden.[250] Eine Zurechnung etwaiger Pflichtverletzungen des Verwalters findet in diesem Zusammenhang nicht

---

243 LG Hamburg 318 S 258/10, ZWE 2012, 26; *Briesemeister*, jurisAnwZert MietR 22/2010–2.
244 **A.A.** *Schmid*, ZfIR 2010, 673, 675.
245 BayObLG 2Z BR 27/02, NZM 2002, 705, 707; KG 24 U 340/00, NZM 2001, 613; OLG Hamm 15 W 402/04, ZMR 2005, 808; OLG München 34 Wx 24/07, NZM 2009, 130.
246 BGH, Z VR 94/11, WuM 2012, 516.
247 BGH V ZR 118/91, NJW 1993, 727.
248 OLG München 34 Wx 24/07, NZM 2009, 130.
249 *Schmid*, ZfIR 2010, 673, 675.
250 BayObLG 2 Z BR 27/02, NZM 2002, 705.

statt. Seine Verpflichtungen nach § 27 Abs. 1 nimmt der Verwalter im Verhältnis der Wohnungseigentümer untereinander als eigene Aufgabe war. Der Verwalter ist insoweit nicht Erfüllungsgehilfe im Sinne des § 278 BGB.[251]

Ein Wohnungseigentümer kann Ersatz für Schäden an seinem Sondereigentum geltend machen, die dadurch entstanden sind, dass die übrigen Wohnungseigentümer schuldhaft eine notwendige Reparatur unterlassen haben.[252] Hat jedoch der geschädigte Wohnungseigentümer **selbst nichts unternommen**, um die Wohnungseigentümer zu einer Beschlussfassung über die Sanierung zu veranlassen, scheidet ein Schadensersatzanspruch regelmäßig aus.[253]

Die Wohnungseigentümer üben die gemeinschaftliche Verwaltung durch Beschlussfassung in der Eigentümerversammlung aus (§ 23 Abs. 1). Problematisch ist, ob **bestandskräftige Beschlüsse** der Eigentümerversammlung, die Sanierungsmaßnahmen ablehnen, die unzureichend sind[254] oder die eine bereits beschlossene Sanierungsmaßnahme aufschieben oder wieder aufheben[255] **Ansprüche** des geschädigten Wohnungseigentümers auf Schadensersatz **ausschließen** können. Dafür spricht, dass der geschädigte Wohnungseigentümer die Beschlüsse hätte anfechten und weitergehende Maßnahmen mithilfe eines Leistungsantrages (§ 21 Abs. 4) durchsetzen können.[256] Für eine derart weitgehende Befugnis der Wohnungseigentümer, gesetzlich geregelte Anspruchsvoraussetzungen durch eigene Entscheidungen zu beseitigen, fehlt es ihnen jedoch an der erforderlichen Beschlusskompetenz.[257] Das Vorliegen bestandskräftiger Eigentümerbeschlüsse schließt daher einen Anspruch wegen verzögerter oder unterlassener Instandsetzung nicht grundsätzlich aus, sondern nur dann, wenn die Beschlussfassung den Grundsätzen ordnungsmäßiger Verwaltung entsprach.

Zu ersetzen ist auch ein **Mietausfallschaden**.[258] Ein **Nutzungsausfall** ist als Vermögensschaden nur zu bewerten, wenn er Wirtschaftsgüter von zentraler Bedeutung betrifft, auf deren ständige Verfügbarkeit die eigene wirtschaftliche Lebenshaltung des Betroffenen typischerweise angewiesen ist; eine Dachterrasse gehört dazu nicht.[259]

Entsteht einem Wohnungseigentümer ein Schaden durch ein **Verschulden** des mit der Instandsetzung **beauftragten Unternehmens**, dann haftet die Gemeinschaft der Wohnungseigentümer dafür gemäß §§ 278, 280 BGB.[260] Der geschädigte Wohnungseigentümer hat sich ein Verschulden des Unternehmens anteilig als Mitverschulden anrechnen zu lassen;[261] dies geschieht durch Zahlung aus dem Verwaltungsvermögen.

Eine **Sonderregelung** enthält § 14 Nr. 4 Hs. 2. Danach hat die Gemeinschaft einem Wohnungseigentümer den Schaden zu ersetzen, der an seinem Sondereigentum bei der Durchführung von Maßnahmen zur Instandsetzung des gemeinschaftlichen Eigentums entsteht (siehe § 14 Rn 51 ff.). Für einen Ersatzanspruch nach § 14 Nr. 4 Hs. 2 WEG genügt es aber nicht, dass ein Schaden am Sondereigentum zwar auf Mängel am Gemeinschaftseigentum zurückzuführen ist, der Schaden aber noch keine Folge von Instandsetzungsmaßnahmen am Gemeinschaftseigentum ist.[262]

11. Übertragung auf einzelne Wohnungseigentümer

Instandsetzungs- und Instandhaltungsmaßnahmen bestimmter Teile des gemeinschaftlichen Eigentums können durch **Vereinbarung** einzelnen Wohnungseigentümern übertragen werden.[263] Es kann z.B. vereinbart werden, den Anstrich der Fenster oder Wohnungseingangstüren den jeweiligen Wohnungseigentümern zu übertragen, so dass diese abweichend von § 16 Abs. 2 auch die Kosten der Maßnahme zu tragen haben (vgl. § 16 Rn 16). Legt die Gemeinschaftsordnung die Instandhaltungspflicht für einen Teil des gemeinschaftlichen Eigentums dem einzelnen Wohnungseigentümer auf, umfasst dies nicht die Verpflichtung, erstmalig einen ordnungsmäßigen Zustand herzustellen (vgl. auch Rn 98).[264] Die **nichtige Zuordnung** von Gebäudeteilen **zum Sondereigentum** kann in eine Übertragung der Instandhaltungspflicht auf einzelne Eigentümer umzudeuten sein (vgl. § 5 Rn 6, § 16 Rn 13. Zur verbleibenden Verwaltungs- und Beschlusskompetenz der Gemeinschaft, vgl. § 21 Rn 64.)

---

251 KG 24 W 3233/85, NJW-RR 1986, 1078; KG 24 W 283/03, ZMR 2005, 402; OLG Düsseldorf 3 Wx 369/98, WuM 1999, 355; OLG Hamm 15 W 402/04, ZMR 2005, 808; OLG Frankfurt 20 W 347/05, ZWE 2009, 123. Zu Schadensersatzansprüchen gegen den Verwalter wegen Pflichtverletzungen bei der Instandhaltung des gemeinschaftlichen Eigentums siehe *Vandenhouten*, ZWE 2012, 237 und § 27 Rn 16 ff.
252 Wassereinbruch durch das Flachdach, der trotz mehrfacher Abmahnung nicht beseitigt wurde, OLG Frankfurt 20 W 357/85, OLGZ 1987, 23.
253 OLG Düsseldorf 3 Wx 369/98, WuM 1999, 355.
254 Vgl. OLG Hamm 15 W 402/04, ZMR 2005, 808.
255 Vgl. OLG München 32 Wx 120/08, NZM 2009, 402.
256 So OLG Hamm 15 W 402/04, ZMR 2005, 808; *Briesemeister*, jurisAnwZert MietR 13/2009–1.
257 OLG München 32 Wx 120/08, NZM 2009, 402 m. Anm. *Walke*, jurisAnwZert MietR 9/2009–5; *Schmidt/Riecke*, ZMR 2005, 252; offen gelassen von OLG München 34 Wx 24/07, NZM 2009, 130.
258 KG 24 W 97/03, ZMR 2005, 308; AG Flensburg 69 II 37/04, ZMR 2005, 482.
259 OLG Köln, 16 Wx 99/05, NZM 2006, 592.
260 BGH V ZB 28/98, NJW 1999, 2108; OLG Hamburg 2 Wx 132/01, ZMR 2005, 392.
261 BGH V ZB 28/98, NJW 1999, 2108; BayObLG 2Z BR 47/00, ZWE 2001, 159.
262 OLG Frankfurt 20 W 347/05, ZWE 2009, 123.
263 BayObLG 2 Z BR 99/00, ZWE 2001, 366, 368.
264 BayObLG 2 Z BR 45/02, ZMR 2003, 366; OLG München 34 Wx 116/06, NZM 2007, 369; *Riecke/Schmid/Drabek*, § 21 Rn 134; einschränkend KG 24 W 83/07, ZMR 2009, 135 „im Zweifel"; **a.A.** LG München I 1 S 1062/11, ZWE 2012, 47.

84 Ein **Mehrheitsbeschluss**, der die Instandhaltung und Instandsetzung des gemeinschaftlichen Eigentums auf die einzelnen Wohnungseigentümer überträgt, ist entgegen der früher ganz überwiegend vertretenen Ansicht **nichtig**, weil die Verwaltungszuständigkeit abweichend vom Gesetz verlagert wird und regelmäßig zugleich der Kostenverteilungsschlüssel geändert wird.[265] *Becker/Strecker*[266] halten einen solchen Beschluss wegen fehlender Zustimmung zu einer Sonderbelastung im Ergebnis ebenfalls für (schwebend) unwirksam. (Zur Übertragung von Einzelmaßnahmen im Einverständnis der Verpflichteten vgl. Rn 61.)

Wohnungseigentümer, die aufgrund eines nichtigen Beschlusses bereits Maßnahmen auf eigene Kosten durchgeführt haben, können gemäß § 683 BGB **Aufwendungsersatzansprüche aus Geschäftsführung ohne Auftrag**[267] oder Bereicherungsansprüche[268] haben, soweit die Gemeinschaft die Aufwendungen ohne den nichtigen Beschluss zu tragen gehabt hätte. Ein Beschluss, diesen Wohnungseigentümern die Instandsetzungskosten zu erstatten, entspricht daher ordnungsmäßiger Verwaltung.[269] Aufgrund der gesteigerten Treuepflicht innerhalb der Wohnungseigentümergemeinschaft gilt dies auch noch dann, wenn – bei der Höhe nach nicht mehr nachweisbaren Kosten- die Erstattung eines Mindestaufwandes beschlossen wird,[270] oder die Gewährung eines 50 %igen Ausgleichs bei bereits verjährten Erstattungsansprüchen.[271]

Haben sich die Wohnungseigentümer einer Anlage darüber geeinigt, dass jeder sein Balkongeländer außen auf eigene Kosten streicht, so bedeutet dies nicht, dass jeder auch den Farbton des Anstrichs selbst auswählen darf. Können sich die Wohnungseigentümer über den Farbton nicht einigen, bleibt die Entscheidung einem Mehrheitsbeschluss vorbehalten.[272]

85 Ist die Instandhaltung und Instandsetzung des gemeinschaftlichen Eigentums wirksam auf einzelne Wohnungseigentümer übertragen, so **haften** diese **gemäß §§ 280, 278 BGB** auch für das Verschulden eines Sanierungsunternehmens, das sie mit der Ausführung der Arbeiten beauftragen. Der geschädigte Wohnungseigentümer muss sich dabei ein Verschulden des Werkunternehmers gemäß §§ 254, 278 BGB in der Regel selbst zu einem Bruchteil als Mitverschulden anrechnen lassen, wenn auch ihm die Instandsetzungsverpflichtung oblag. Die Haftungsquote des einzelnen Wohnungseigentümers im Innenverhältnis bestimmt sich nach der Zahl der Wohnungseigentümer, auf die eine Übertragung erfolgt ist.[273]

86 Ein bestandskräftiger Beschluss, wonach ein Wohnungseigentümer zur Instandsetzung von Gemeinschaftseigentum aufgefordert und ihm eine Vorschussklage angedroht wird, begründet **keine selbstständige Instandsetzungspflicht** dieses Wohnungseigentümers, sondern ermöglicht nur die Rechtsverfolgung auf der Grundlage eines unterstellten Anspruchs.[274]

87 Ob ein Wohnungseigentümer, der bei der Instandsetzung des gemeinschaftlichen Eigentums Angebote einholt, die Korrespondenz mit den anbietenden Bauhandwerkern führt und Baustellenbesichtigungen vornimmt, von den übrigen Wohnungseigentümer eine **Vergütung** für diese Tätigkeiten verlangen kann, hängt von den Vereinbarungen ab, die er mit den Wohnungseigentümern getroffen hat.[275]

88 Die Gemeinschaftsordnung einer **Mehrhausanlage** kann bestimmen, dass die Wohnungseigentümer der einzelnen Häuser über die Instandhaltung und Instandsetzung ihres Gebäudes beschließen können. In diesem Fall kann jedoch ein Wartungsvertrag, der von zwei Hausgemeinschaften geschlossen worden ist, nicht allein von den Wohnungseigentümern einer der Hausgemeinschaften gekündigt werden.[276]

IV. Modernisierende Instandsetzung

89 Sie ist eine ordnungsmäßige Instandsetzung, die über die bloße Wiederherstellung des bisherigen Zustandes hinausgeht und deshalb zu einer baulichen Veränderung führt, aber eine technisch bessere und wirtschaftlich sinnvollere Lösung zur Behebung eines Mangels darstellt;[277] anzulegen ist der Maßstab eines vernünftigen, wirtschaftlichen denkenden und gegenüber erprobten Neuerungen aufgeschlossenen Hauseigentümers.[278] Sie darf nicht zu eng am bestehenden Zustand ausgerichtet werden, wenn die im Wohnungseigentum stehenden Gebäude zum Schaden aller Eigentümer nicht vorzeitig veralten und an Wert verlieren sollen;[279] die Kosten müssen in einem vernünftigen Verhältnis zum erzielten Vorteil stehen (sog. **Kosten-Nutzen-Vergleich**), was bei einer Amortisation in bis zu 10 Jahren anzunehmen ist. Eine modernisierende Instandsetzung, bei der sich der Zusatzaufwand erst nach 20 Jahren amortisiert, kann nicht mit Mehrheit beschlossen werden.[280] Hingegen stellt sich die Frage der Amortisation der Kosten nicht,

---

265 Vgl. *Wenzel*, ZWE 2001, 226, 235.
266 ZWE 2001, 569, 576.
267 Vgl. *Wenzel*, ZWE 2001, 226, 235.
268 *Mahlke*, ZMR 2003, 318, 323.
269 AG Neuss 27c II 205/01 WEG, NZM 2002, 31: hier Erstattung durch Entnahme aus Instandhaltungsrücklage.
270 OLG Düsseldorf I-3 Wx 271/07, NZM 2008, 736.
271 OLG Düsseldorf 3 Wx 158/08, NZM 2009, 362.
272 BayObLG 2 Z BR 79/96, WuM 1997, 188.
273 BGH V ZB 28/98, NJW 1999, 2108.
274 KG 24 W 6750/95 WuM 1996, 373.
275 Siehe dazu BayObLG 2 Z BR 111/97, WuM 1998, 676.
276 BayObLG 2 Z BR 16/00, NZM 2000, 1021.
277 OLG Düsseldorf 3 Wx 258/02, NZM 2003, 28.
278 OLG Frankfurt 20 W 138/08, NZM 2011, 37.
279 BayObLG 2Z BR 176/03, ZMR 2004, 442.
280 BayObLG 2Z BR 167/04, FGPrax 2005, 108; KG 24 W 7880/95, WuM 1996, 300.

wenn öffentlich- rechtliche Vorschriften (z.B. § 8 WärmeschutzVO bzw § 9 EnergieeinsparVO) die modernisierende Instandsetzung gebieten.[281] Eine modernisierende Instandsetzung liegt nur dann vor, wenn sie **aus Anlass einer notwendigen Instandsetzung** erfolgt und diese bewirkt. Dabei muss der Defekt nicht bereits eingetreten sein. Vielmehr genügt schon ein absehbarer Modernisierungsbedarf.[282] Daher fehlt es an einer modernisierenden Instandsetzung, wenn sie nur bei dieser Gelegenheit erfolgt[283] oder wenn eine Ersetzung intakter Anlagen erfolgt.[284] Voraussetzung bleibt stets ein schwerwiegender Mangel des Gemeinschaftseigentums, der dessen Reparatur von einem gewissen Gewicht oder dessen Erneuerung erforderlich macht.[285] Auch hier gilt, dass der Ermessensspielraum nicht überschritten wird, wenn eine technische Lösung gewählt wird, die geeignet ist, den Baumangel dauerhaft zu beseitigen bzw. über die Mindestsanierung hinaus Arbeiten vergeben werden, deren Ausführung noch nicht zwingend notwendig, aber auch nicht unvertretbar ist.[286]

Beispiele für modernisierende Instandsetzungen:

Außenbereich

Verlegung von Betonschwellen zur Verkehrsberuhigung in eine Parkplatzeinfahrt,[287] das Auslichten von Bäumen,[288] Asphaltboden statt Plattenbelag.[289] Die Ersetzung von Holztrennwänden auf Terrassen durch Trennmauern mit den gleichen Ausmaßen stellt angesichts der unterschiedlichen Materialien keine modernisierende Instandhaltung, denn Stein stellt keine technische Weiterentwicklung von Holz, sondern schlichtweg ein anderes Baumaterial dar.[290]

Balkon

Die Installation eines Geländersystems[291] oder von Leichtmetallgeländern[292] anstelle massiver Balkonbrüstungen. Die Errichtung neuer um 83 % größerer Balkone ist auch dann keine modernisierende Instandsetzung, wenn die alten Balkone abbruchreif sind.[293]

Dach

Veränderung der Dachkonstruktion eines Flachdachs,[294] Eindecken eines bisher mit Wellteerpappe abgedeckten Daches mit Dachziegeln, wenn nur so die Abdichtung des Daches erreicht werden kann,[295] Sanierung eines Flachdachs durch Herstellung eines Walmdachs.[296]

Fahrstuhl

Austausch eines altersschwachen Aufzugs gegen eines neuen modernisierter Art[297]

Fassade

Das Anbringen einer Wärmedämmung ist eine Maßnahme der modernisierenden Instandsetzung.[298] Gleiches gilt für die Erneuerung einer Fassadenverkleidung unter Anbringung eines zusätzlichen Wärmeschutzes.[299] Auf die Amortisation der Mehrkosten kommt es nicht an, wenn die Verkleidung den Anforderungen der WärmeschutzVO bzw. der EnergieeinsparVO entspricht.[300] Anderenfalls ist der Frage der Wirtschaftlichkeit der Maßnahme nachzugehen (vgl. Rn 89). Ein Beschluss über die Anbringung einer umfassenden Wärmedämmung auf der gesamten Hausfassade anstatt einer Teildämmung der Giebelwand entspricht ordnungsmäßiger Verwaltung, wenn diese technische Lösung geeignet ist, den Baumangel (z.B. Schimmelbildung) dauerhaft zu beseitigen.[301] Kein Anspruch auf modernisierende Instandsetzung besteht, wenn die Wärmedämmung einer Giebelwand zwar nicht dem heute maßgeblichen Standard entspricht, aber dem baulichen Standard im Zeitpunkt der Errichtung des Gebäudes und konkrete Nachteile für einzelne Wohnungseigentümer mit dem derzeitigen Zustand nicht verbunden sind.[302] Gleiches gilt auch bei konkreten Nachteilen (Schimmel, Stockflecken), wenn diese durch den eigenmächtigen Einbau von Isolierglasfenstern verursacht wurden.[303] Die Sanierung einer mehr als 30 Jahre alten Fassade wegen loser Platten, Undichtigkeit und

---

281 BayObLG 2Z BR 95/01, NZM 2002, 75; OLG Hamm I-15 Wx 139/08, WuM 2009, 252.
282 *Bärmann/Merle*, § 21 Rn 101.
283 BayObLG 2Z BR 167/04, FGPrax 2005, 108: Solaranlage zur Warmwasserbereitung anlässlich Heizungssanierung.
284 BayObLG 2Z BR 171/99, NZM 2000, 679; OLG Düsseldorf 3 Wx 352/97, FGPrax 1998, 49: Maßnahmen nach § 22 Abs. 1 oder 2.
285 OLG Schleswig 2 W 111/06, NZM 2007, 650 mit Anm. *F. Schmidt* ZWE 2007, 251.
286 OLG Frankfurt 20 W 138/08, NZM 2011, 37.
287 KG 24 W 3664/84, DWE 1985, 95.
288 AG Hamburg-Blankenese, 506 II 24/83, DWE 1985, 95.
289 OLG Schleswig 2 W 35/67 SchlHA 1968, 70.
290 LG Berlin, 55 T 117/06 WEG, GE 2007, 1563.
291 OLG Hamburg 2 Wx 30/03, ZMR 2003, 866.
292 OLG München 34 Wx 105/05, ZMR 2006, 302.
293 AG Düsseldorf 291 II 148/06 WEG, ZMR 2008, 249.
294 KG 24 W 5369/88, NJW-RR 1989, 463; BayObLG BReg 2 Z 104/89, MDR 1990, 552.
295 OLG Braunschweig 3 W 49/93,WuM 1994, 502.
296 KG 24 W 914/93, NJW-RR 1994, 528; BayObLG, 2 Z BR 4/98, NZM 1998, 338.
297 LG Hamburg 318 S 91/08, ZMR 2009, 314; AG Nürnberg 1 UR II 330/03 WEG, ZMR 2004, 384.
298 OLG Frankfurt 20 W 392/83, OLGZ 1984, 129; OLG Düsseldorf 3 Wx 81/00, NZM 2000, 1067; OLG Hamm 15 W 88/06, ZMR 2007, 131: auch der Kellerdecke.
299 OLG Hamm, I-15 Wx 139/08, WuM 2009, 252.
300 BayObLG 2Z BR 95/01, NZM 2002, 75, 76; OLG Hamm I-15 Wx 139/08, WuM 2009, 252.
301 OLG Frankfurt 20 W 138/08, ZMR 2011, 737.
302 OLG Hamburg 2 Wx 61/95, WuM 1999, 55, 57.
303 OLG Düsseldorf I-3 Wx 54/07, NZM 2007, 930.

Asbestbelastung (Eternit) durch Verkleidung mit einem Wärmedämm-Verbundsystem (Thermohaut) stellt eine modernisierende Instandsetzung dar.[304]

Fenster

Austausch reparaturbedürftiger, einscheibenverglaster Holzfenster durch Kunststoff-Fenster mit Isolierverglasung, wenn dadurch das äußere Erscheinungsbild des Hauses nicht verändert wird.[305]

Heizung

Ob der Austausch einer Heizungsanlage bei einem Wechsel zu anderen Wärmeerzeugern eine modernisierende Instandsetzung ist, richtet sich u.a. nach folgenden Gesichtspunkten:[306]
– Funktionsfähigkeit der bisherigen Anlage,
– Verhältnis zwischen wirtschaftlichem Aufwand und zu erwartendem Erfolg,
– künftige laufende Kosten, langfristige Sicherung des Energiebedarfs,
– Umweltverträglichkeit,
– rechtliche Anforderungen (z.B. EnergieeinsparVO),
– Bewährung der geplanten Modernisierung in anderen Fällen.

Bejaht wurde eine modernisierende Instandsetzung beim Austausch einer Ölheizung gegen eine Gasheizung,[307] beim Einbau einer Gas-Heizungsanlage statt einer Wärmepumpenanlage[308] Austausch der Gasheizung durch Einbau der Brennwerttechnik,[309] Erneuerung der Heizzentrale, der Steigleitungen sowie aller notwendigen Verteilungsleitungen und Heizkörper.[310] Keine modernisierende Instandsetzung ist das Ersetzen von einzelnen im Sondereigentum stehenden Nachtspeicheröfen durch eine gemeinschaftliche Heizungsanlage;[311] u.U. aber Maßnahme gemäß § 22 Abs. 2 (siehe § 22 Rn 168). Die Umstellung einer (Öl-) Zentralheizungsanlage auf Fernwärme geht über eine modernisierende Instandhaltung hinaus, wenn ein baldiger Ausfall der Heizungsanlage nicht wahrscheinlich und eine sofortige Erneuerung nicht erforderlich ist;[312] anders jedoch wenn die Ölheizung sanierungsbedürftig ist und bei einem Vergleich zwischen dem wirtschaftlichen Erfolg, den künftigen Kosten, der langfristigen Sicherung des Energiebedarfs und der Umweltverträglichkeit die Fernwärmeversorgung gegenüber der Erneuerung der Ölheizung deutlich günstiger ist.[313] Bei einer aus zwei Häusern bestehenden Wohnungseigentumsanlage kann nicht mehrheitlich beschlossen werden, dass die bisherige gemeinschaftliche Heizungsanlage nur noch ein Haus versorgt und in dem anderen Haus eine eigene Anlage errichtet wird.[314] Auch das Abkoppeln einer Wohnung von der gemeinsamen Heizungsanlage und das Aufstellen eines neuen Heizkessels für diese Wohnung ist keine modernisierende Instandsetzung, selbst wenn der vorhandene Heizkessel unzureichend dimensioniert ist.[315]

Medienversorgung

Modernisierende Instandsetzung ist der Ersatz einer Gemeinschaftsantenne durch Breitbandkabel, falls die Gemeinschaftsantenne reparaturbedürftig ist, oder wenn standortbedingt durch die Gemeinschaftsantenne kein einwandfreier Ton- und Bildempfang möglich ist.[316] Jedenfalls ist die Zustimmung eines Wohnungseigentümers, dem kein Nachteil erwächst, verzichtbar. Dies ist gegeben, wenn die Reparatur der vorhandenen Antennenanlage im Verhältnis zu den Kabelanschlusskosten annähernd denselben Aufwand erfordern würde.[317] Ebenso muss ein Wohnungseigentümer einen Beschluss hinnehmen, wonach die Dachantenne demontiert wird und ein Kabelanschluss erfolgt, wenn dadurch seine bisherigen Empfangsmöglichkeiten nur in geringem Umfang beeinträchtigt werden, aber die übrigen Eigentümer zusätzliche Informationsmöglichkeiten erhalten.[318] Ein Beschluss, wonach alle Wohnungen in die Breitbandverteileranlage für einen bereits vorhandenen Kabelanschluss eingebunden werden sollen und die vorhandene, einwandfrei arbeitende Dachantennenanlage abzubauen ist, braucht nicht hingenommen zu werden.[319] Der Ersatz eines funktionsfähigen, nicht reparaturbedürftigen Anschlusses an das Breitbandkabel durch eine Gemeinschafts-Satellitenempfangsanlage ist bauliche Veränderung. Es fehlt aber an der Zustimmungspflicht, wenn sich das Angebot an

---

304 OLG Düsseldorf 3 Wx 258/02, NZM 2003, 28.
305 BayObLG BReg 2 Z 118/90, WuM 1991, 56; OLG Köln, 16 Wx 89/97, ZMR 1998, 49; OLG Köln, 16 Wx 219/97, NZM 1998, 821; BayObLG 2Z BR 177/04, ZMR 2005, 894; **a.A.** KG 24 W 15/07, GE 2007, 1561: keine modernisierende Instandsetzung, da inzwischen allgemein bekannt sei, dass die dicht schließenden Kunststofffenster zwar zu Heizkostenersparnis führen, aber auch vielfach zu Schimmelbildung.
306 Vgl. BayObLG 2Z BR 136/93, WuM 1994, 504.
307 OLG Celle 4 W 47/92, WuM 1993, 89.
308 KG 24 W 7640/93, NJW-RR 1994, 1358.
309 AG Ludwigsburg 20 C 2872/08, WuM 2009, 251.
310 BGH V ZR 176/10, NZM 2011, 750.
311 OLG Hamm 5 U 220/93, NJW-RR 1995, 909.
312 OLG Düsseldorf 3 Wx 352/97, ZMR 1998, 185.
313 OLG Hamburg 2 Wx 18/04, ZMR 2005, 803; LG Nürnberg-Fürth 14 S 438/10, ZMR 2011, 750: 30 Jahre alte Anlage und Teile der Heizung aufgrund EnergieeinsparVO erneuerungsbedürftig.
314 BayObLG 2Z BR 28/02, NZM 2002, 1000.
315 OLG Düsseldorf I-3 Wx 397/02, ZMR 2003, 953; zum Übergang auf Wärmecontracting vgl. *Schmid*, ZMR 2012, 257.
316 LG Hamburg 20 T 63/87, WE 1990, 31.
317 BayObLG BReg 1 b Z 36/88, MDR 1990, 551; vgl. auch *Bielefeld*, DWE 1989, 161.
318 OLG Köln, 16 Wx 83/95, WuM 1996, 109.
319 BayObLG 2Z BR 71/98, NZM 1999, 264, **a.A.** *Wenzel*, ZWE 2007, 179.

Fernseh- und Radiosendern nicht nachteilig verändert und die Kostenbelastung nicht zunimmt.[320] Soll die Medienversorgung auf ein anderes System umgestellt werden, hat der Verwalter grundsätzlich vor der Beschlussfassung Angebote für die verschiedenen konkurrierenden Systeme (Satellitenschüssel, Kabel, Antenne) einzuholen.[321] Die Umstellung der Medienversorgung kann u.U. mit qualifizierter Mehrheit als Maßnahme der Modernisierung gemäß § 22 Abs. 2 beschlossen werden (vgl. § 22 Rn 169). Wird ein Breitbandkabelanschluss auf Veranlassung und auf Kosten eines einzelnen Wohnungseigentümers installiert, so sind die übrigen Wohnungseigentümer verpflichtet, von ihren Mietern am Verteilerkasten eigenmächtig angebrachte Kabel zur Nutzung des Anschlusses zu trennen, auch wenn der Anschluss zum Gemeinschaftseigentum gehört.[322]

Treppenhaus
Ersetzen einer Raufasertapete durch eine Glasfasertapete bei der Renovierung des Treppenhauses.[323] Keine modernisierende Instandsetzung ist der Anbau eines Personenaufzugs an einen Altbau aus dem Jahr 1910[324] ebenso wie eine Türverglasung.[325]

Warmwasserboiler
Werden zwei 16 Jahre alte, je 750 Liter fassende Warmwasserboiler, von denen einer defekt ist, ersetzt durch einen neuen, 500 Liter fassenden Boiler aus Edelstahl, der durch ein besseres Heizsystem ausreichend warmes Wasser zur Verfügung stellt, so ist dies eine modernisierende Instandsetzung.[326] Die Umstellung der Warmwasserversorgung durch Wärmetauscher und Boiler auf eine zentrale Warmwasserversorgung kann modernisierende Instandsetzung sein.[327]

V. Öffentlich-rechtliche Vorschriften

Zur ordnungsmäßigen Instandsetzung zählen auch öffentlich-rechtlich vorgeschriebene bauliche Veränderungen,[328] z.B. der Einbau einer neuen Entlüftungsanlage; die Errichtung eines Kinderspielplatzes;[329] die Anpassung einer Heizungsanlage[330] oder einer Hausfassade[331] an die Wärmeschutzverordnung bzw. Energieeinsparverordnung. Dies gilt aber nicht, soweit derartige Anforderungen nur für Neubauten gelten.[332] Das am 7.8.2008[333] erlassene Gesetz zur Förderung Erneuerbarer Energien im Wärmebereich (EEWärmeG) gilt nur für die Neuerrichtung von Gebäuden. Veränderungen bestehender Gebäude werden nicht erfasst.[334]

91

Die am 15.7.1988[335] erlassene Erste Verordnung zur Durchführung des Bundes-Immissionsschutzgesetzes (Verordnung über **Kleinfeuerungsanlagen** – 1. BImSchV), neugefasst durch Bekanntmachung vom 14.3.1997[336] zuletzt geändert durch Verordnung vom 14.8.2003,[337] gilt für alle üblichen Heizungs- und Warmwasserzubereitungsanlagen. Zweck der Verordnung ist sowohl die Einsparung von Energie als auch die Verringerung der Schadstoffbelastung der Luft. Um dies zu erreichen, legt die Verordnung Grenzwerte für den Ausstoß von Ruß und für die Abgasverluste fest. Die Einhaltung der Grenzwerte wird durch jährliche Messungen des Bezirksschornsteinfegermeisters überwacht. Verstöße gegen die Verordnung können zu Bußgeldern führen. Der Verwalter kann die Durchführung der erforderlichen Messungen auch ohne Beschlussfassung zu Lasten der Eigentümergemeinschaft veranlassen, da die Einhaltung öffentlich-rechtlicher Vorschriften grundsätzlich eine Maßnahme der ordnungsmäßigen Verwaltung ist. Stellt sich bei den Messungen heraus, dass die Anlage die Grenzwerte der 1. BImSchV überschreitet, so kann jeder Wohnungseigentümer gemäß den §§ 21 Abs. 4, 43 Abs. 1 Nr. 1 WEG den Austausch der Anlage durchsetzen.

92

Zur Pflicht zum Einbau von Messeinrichtungen einer zentralen Heizungs- und Warmwasserversorgungsanlage vgl. die HeizkostenV Kapitel III.

93

Regelungen über **Einfriedungen** sind – ohne ausdrückliche Vereinbarung – im Verhältnis der Wohnungseigentümer untereinander nicht entsprechend anwendbar.[338]

94

VI. Anspruch auf Instandsetzung

Jeder Wohnungseigentümer hat gemäß § 21 Abs. 4, 5 Nr. 2 Anspruch auf Instandsetzung des gemeinschaftlichen Eigentums. Er kann von den übrigen Wohnungseigentümern verlangen, dass sie an der Durchführung erforderlicher In-

95

---

320 BayObLG 2Z BR 171/99, NZM 2000, 679.
321 BayObLG 2Z BR 274/03, NZM 2004, 385; OLG München 32 Wx 072/06, ZMR 2006, 799.
322 OLG Düsseldorf 3 Wx 181/05, NZM 2006, 782.
323 OLG Düsseldorf 3 Wx 370/93, WuM 1994, 503 = NJW-RR 1994, 1169.
324 BayObLG 2Z BR 39/92, WuM 1992, 562.
325 BayObLG 2 Z 94/81, DWE 1983, 30.
326 OLG Düsseldorf 3 Wx 40/02, NZM 2002, 705.
327 BayObLG 2Z BR 176/03, ZMR 2004, 442, 443.
328 BayObLG 2 Z 74/79, NJW 1981, 690.
329 BayObLG 2Z BR 10/98; NZM 1998, 817.
330 OLG München 34 Wx 46/07, NJW-RR 2008, 1182.
331 OLG Hamm I-15 Wx 139/08, WuM 2009, 252.
332 OLG Hamburg 2 Wx 61/95, WuM 1999, 55: kein Anspruch auf zeitgemäße Wärmedämmung; OLG Stuttgart 8 W 315/93, OLGZ 1994, 524: kein Anspruch auf zeitgemäßen Schallschutz.
333 BGBl I S. 1658.
334 Vgl. auch *Schläger*, ZMR 2009, 339.
335 BGBl I S. 1059.
336 BGBl I S. 490.
337 BGBl I S. 1614.
338 OLG Hamm I-15 Wx 15/09, ZMR 2010, 389.

standsetzungsmaßnahmen **mitwirken**.[339] Die Wohnungseigentümer haben aber alle erforderlichen Maßnahmen zur ordnungsmäßigen Instandsetzung zu veranlassen, auch ohne dass ein einzelner Wohnungseigentümer sie verlangt.[340]

96 Ein Wohnungseigentümer kann zur Beseitigung von Feuchtigkeitsschäden an einer Außenwand seiner Wohnung von der Wohnungseigentümergemeinschaft keine aufwändige Außenisolierung verlangen, sondern nur eine erheblich kostengünstigere Innendämmung, sofern diese Maßnahme nicht von vornherein untauglich ist.[341] Die Wohnungseigentümer dürfen sich auf die Empfehlung eines Fachunternehmens verlassen, bei Feuchtigkeitsschäden zur Eingrenzung der Schadensursache schrittweise vorzugehen. Eine Haftung der Wohnungseigentümer gegenüber einem einzelnen Wohnungseigentümer kommt dann nur nach § 278 BGB in Betracht, falls die Empfehlung unrichtig war.[342] Erfüllungsgehilfe des Verwalters ist das Fachunternehmen nicht (siehe § 27 Rn 113).

97 Ein Anspruch des einzelnen Wohnungseigentümers auf **Ersatzvornahme oder Zahlung der voraussichtlichen Kosten** für eine künftige Ersatzvornahme besteht auch dann nicht, wenn er einen Anspruch auf Instandsetzung hat. Bei Streit darüber, ob die Maßnahme zur ordnungsmäßigen Verwaltung gehört, muss sich der Wohnungseigentümer – gegebenenfalls gerichtlich – um eine Beschlussfassung der Wohnungseigentümer bemühen.[343]

VII. Erstmalige Herstellung eines ordnungsmäßigen Zustands

98 Jeder Wohnungseigentümer hat aus § 21 Abs. 4 einen **Anspruch gegen die übrigen Wohnungseigentümer** auf erstmalige Herstellung eines ordnungsmäßigen Zustands des gemeinschaftlichen Eigentums und des Sondereigentums entsprechend der Teilungserklärung, der Gemeinschaftsordnung, dem Aufteilungsplan und den Bauplänen, nicht hingegen des Kaufvertrages.[344] Zu den Bauplänen gehört auch der Entwässerungsplan.[345] Eine bauliche Veränderung, die der erstmaligen **Herstellung eines planmäßigen Zustands** dient, gehört zur Instandsetzung und kann deshalb mit Mehrheit beschlossen werden.[346] Hierzu gehören etwa der Anspruch auf im Bauplan vorgesehene Einrichtungen, wie ein Zaun,[347] eine Treppe,[348] Abwasserrohre,[349] eine Garage[350] oder ein Versorgungsweg.[351] Auch die erstmalige gärtnerische Gestaltung wird hiervon erfasst.[352] Die erstmalige Herstellung des ordnungsmäßigen Zustands ist auch dann Gemeinschaftsangelegenheit, wenn die Abweichung auf dem Wunsch eines späteren Wohnungseigentümers beruht, so dass dieser nur zur Duldung der Herstellung und der Kostenbeteiligung, nicht aber zur Herstellung auf eigene Kosten verpflichtet ist.[353] Das gleiche gilt, wenn die Gemeinschaftsordnung die Instandhaltungspflicht für einen Teil des gemeinschaftlichen Eigentums dem einzelnen Wohnungseigentümer auferlegt.[354] Ebenso werden Ansprüche auf **Beseitigung** bei Entstehung des Wohnungseigentums **vorhandener Mängel** erfasst, z.B. die Herstellung eines Heckendurchgangs, um den Gebrauch des gemeinschaftlichen Eigentums zu ermöglichen,[355] die Errichtung eines Regenfallrohres[356] die Erneuerung einer äußeren Isolierung eines 100 Jahre alten Altbaus, die aufgrund des langen Zeitablaufs ihre Wirksamkeit weitgehend verloren und schon bei Begründung der Gemeinschaft nicht vorhanden war, auch wenn die Isolierung des Kellergeschosses den bei Errichtung des Bauwerks um die Jahrhundertwende geltenden Regeln der Technik entsprach[357] oder Sanierung der kontaminierten Bodenfläche eines Grundstücks nach Maßgabe der Vorschriften des Bundesbodenschutzgesetzes.[358] (Weitere Beispiele vgl. § 22 Rn 16).

99 Wer eine Eigentumswohnung ersteigert hat, braucht sich nicht entgegenhalten lassen, sein Rechtsvorgänger habe auf derartige Ansprüche verzichtet oder ein entsprechendes Recht verwirkt.[359] Wer beim Erwerb die Abweichung der Bauausführung von der Teilungserklärung nicht positiv kannte, sondern nur hätte erkennen können, handelt nicht **rechtsmissbräuchlich**, wenn er gegen die übrigen Wohnungseigentümer einen Anspruch auf erstmalige Herstellung eines der Teilungserklärung entsprechenden Zustands geltend macht (vgl. Rn 101).[360]

100 Welche **Maßnahmen** die Wohnungseigentümer zur Herstellung des ordnungsmäßigen Zustands wählen, liegt grundsätzlich in ihrem Ermessen, soweit sie dem Interesse der Gesamtheit der Wohnungseigentümer nach billigem Ermessen entsprechen. Enthalten die Pläne und die Baubeschreibung zur Bauausführung im Einzelnen keine Angaben, ist die Ausführung zu wählen, die **den rechtlichen Vorschriften entspricht** und im Übrigen **sachgerecht** ist.[361] Was der ordnungsmäßige Zustand ist, ergibt sich nicht nur aus der Teilungserklärung nebst Gemeinschaftsordnung und aus

---

339 BayObLG 2Z BR 122/95, WuM 1996, 239.
340 BayObLG 2Z BR 32/94, WuM 1995, 57 = ZMR 1994, 431.
341 LG Bremen 2 T 647/92, WuM 1994, 37.
342 BayObLG 2Z BR 32/94, WuM 1995, 57 = ZMR 1994, 431.
343 OLG München 24 Wx 4/05, ZMR 2006, 154.
344 OLG Köln, 16 Wx 32/00, ZMR 2000, 861.
345 BayObLG 2Z BR 66/99, NZM 2000, 515.
346 BayObLG BR 4/96, WuM 1996, 299.
347 BayObLG 2Z BR 48/99, ZMR 2000, 38; OLG Hamm 15 W 131/06, ZMR 2008, 227.
348 BayObLG 2Z BR 34/00, ZfIR 2000, 461.
349 BayObLG 2Z BR 110/94, ZMR 1995, 87.
350 Vgl. LG Köln, 29 S 263/10, ZMR 2011, 901.
351 BayObLG 2 Z BR 20/99, NZM 1999, 578.
352 BayObLG BReg 2Z 29/91, WuM 1991, 448.
353 OLG Frankfurt 20 W 538/05, NZM 2008, 322.
354 BayObLG 2Z BR 63/96, ZMR 1996, 574; BayObLG, 2Z BR 45/02, ZMR 2003, 366; OLG Köln, 16 Wx 153/01, OLGR 2002, 22; KG 24 W 65/06, unveröffentlicht.
355 BayObLG BReg 2 Z 125/88, ZMR 1989, 192.
356 BayObLG 2Z BR 66/99, NZM 2000, 515.
357 OLG Düsseldorf 3 Wx 95/04, NZM 2005, 184.
358 OLG München 34 Wx 114/05, ZMR 2006, 311.
359 BayObLG 2Z BR 232/03, ZMR 2004, 524.
360 BayObLG 2 Z BR 232/03, ZMR 2004, 524.
361 BayObLG 2Z BR 110/94, ZMR 1995, 87.

den Bauplänen, sondern kann sich auch aus öffentlich-rechtlichen Vorschriften, z.B. über Kinderspielplätze[362] oder Kfz-Stellplätze,[363] ergeben. Dies rechtfertigt aber keinen Eingriff in bestehende Sondernutzungsrechte, wenn den öffentlich-rechtlichen Vorgaben auch auf andere Weise Rechnung getragen werden kann.[364]

Der Anspruch findet seine Grenze in **§ 242 BGB**. Die Herstellung eines den Plänen entsprechenden Bauzustands kann nicht verlangt werden, wenn dies bei Berücksichtigung aller Umstände nach Treu und Glauben nicht zumutbar ist.[365] Dieser Grundsatz gilt erst recht, wenn von den ursprünglichen Plänen abgewichen werden soll.[366] Hat ein Wohnungseigentümer durch eine bauliche Veränderung auf eigene Kosten einen Baumangel behoben, ist den Beteiligten vor der Entscheidung über den Beseitigungsanspruch Gelegenheit zu geben, einen Mehrheitsbeschluss über die Konzeption zur Behebung des Baumangels zu fassen, weil vorher nicht feststeht, ob die Wohnungseigentümer überhaupt eine andere Lösung für die Mangelbeseitigung anstreben.[367] Besteht der **Streit nur zwischen zwei benachbarten Wohnungseigentümern** über die Abgrenzung ihres Sondereigentums oder Sondernutzungsrechts, so kann der eine Wohnungseigentümer den Anspruch auf Herstellung eines dem Aufteilungsplan entsprechenden Zustands, gegen den anderen Wohnungseigentümer allein richten, sofern die übrigen Wohnungseigentümer nicht betroffen sind.[368] Die **gerichtliche Geltendmachung** des Anspruchs auf Mitwirkung bei der erstmaligen Herstellung eines ordnungsmäßigen Zustands erfordert grundsätzlich die vorherige Befassung der Eigentümerversammlung (vgl. Rn 47). Dies kann jedoch ausnahmsweise unterbleiben, wenn davon auszugehen ist, dass der antragstellende Wohnungseigentümer ohnehin keine Mehrheit in der Versammlung finden wird.[369]

Der Anspruch auf Herstellung eines erstmaligen ordnungsmäßigen Zustands gemäß § 21 Abs. 4 ist **unverjährbar**, wenn die Ansprüche die Instandhaltung und Instandsetzung des gemeinschaftlichen Eigentums und damit den Bestand der Anlage sichern sollen,[370] denn das Wohnungseigentumsverhältnis ist ebenso wie das Mietverhältnis[371] ein Dauerschuldverhältnis, bei dem der Anspruch auf ordnungsmäßige Verwaltung täglich neu entsteht. Anders hingegen der Anspruch auf erstmalige Herstellung des „planmäßigen" Zustandes, soweit er nur optische und funktionelle Veränderungen betrifft. In diesem Fall greift die **dreijährige Regelverjährung** des § 195 BGB.[372] Solange das Sondereigentum nur in Form eines Anwartschaftsrechts besteht (vgl. § 3 Rn 12), wohnt ihm unverjährbar das Recht zur Herstellung des Raumes/Gebäudes inne, während die übrigen Wohnungseigentümer dies dulden müssen.[373]

VIII. Trittschallschutz

Die **DIN 4109** (Schallschutz im Hochbau) ist zwar keine unmittelbar geltende Rechtsvorschrift, sondern sie enthält lediglich technische Regelungen mit Empfehlungscharakter.[374] Sie hat gleichwohl unter zwei Gesichtspunkten Bedeutung für den Trittschallschutz. Ihre jeweilige Fassung bestimmt einerseits den **Stand der Technik**, der im Zeitpunkt der Erbauung eines Hauses für den Trittschallschutz maßgeblich ist.[375] Andererseits hat sie als **Mindeststandard** ein erhebliches tatsächliches Gewicht bei der Beurteilung, ob eine Veränderung des Oberbodenbelags ein Gebrauch des Sondereigentums ist, der zu einem Nachteil im Sinne von § 14 Nr. 1 WEG führt.[376] Die DIN 4109 wurde im Verlauf der Zeit geändert. Die erste Fassung der DIN 4109 (1944) legte als Standardkonstruktion für Wohnungstrenndecken eine Decke aus Stahlbeton mit darauf liegendem schwimmendem Estrich fest, enthielt aber noch keine Grenzwerte. Die DIN 4109 (1962) bestimmte als Grenzwert ein Trittschallschutzmaß TSM = 0 dB. Dies entspricht einem bewerteten Normtrittschallpegel von L n,w = 63 dB. Die Anforderungen der DIN 4109 (1962) waren bereits seit Mitte der 70er Jahre technisch überholt.[377] Die im Entwurfsstadium verbliebene DIN 4109 (1979) enthielt bereits einen bewerteten Normtrittschallpegel von L n,w = 53 dB, der einem Trittschallschutzmaß TSM = +10 dB entspricht. Dieser Grenzwert wurde in die heute noch geltende DIN 4109 (1989) übernommen. Die dort vorgesehenen Regelungen entsprechen ebenfalls nicht mehr dem Stand der Technik; zwischenzeitlich ist im Juni 2001 ein neuer Entwurf für die DIN 4109–10 veröffentlicht worden. Zum technischen Verständnis der Schallschutzproblematik muss man wissen, dass eine Entkopplung des Oberbodens von den tragenden Wänden und Decken von entscheidender Bedeutung für eine wirksame Trittschalldämmung ist. Eine solche wird heute vorwiegend durch „schwimmenden" Estrich gewährleistet. Ein bündig verlegter Oberbodenbelag führt zu Schallbrücken, die zu einer Ausbreitung des Schalls führen.[378]

---

362 BayObLG 2Z BR 10/98, ZMR 1998, 647.
363 BayObLG 2Z BR 124/01, NZM 2002, 875.
364 BayObLG 2Z BR 020/04, ZMR 2005, 383.
365 BayObLG 2Z BR 232/03, ZMR 2004, 524 m.w.N.
366 OLG Hamburg 2 Wx 94/01, NZM 2003, 109, 111.
367 OLG Karlsruhe 11 Wx 42/00, NZM 2001, 758.
368 BayObLG 2Z BR 18/96,WuM 1996, 491; BayObLG 2Z BR 174/99, NZM 2000, 1011.
369 BayObLG 2Z BR 65/00, ZMR 2001, 469.
370 BGH V ZR 177/11, WuM 2012, 397; AG Köln 202 C 102/09, ZMR 2011, 675; *Schmid*, WuM 2010, 655; *Klimesch*, ZMR 2012, 428; *Drabek*, AnwZert MietR 21/2011, Anm. 2; **a.A.** OLG Düsseldorf I-3 Wx 60/08, ZMR 2009, 706; OLG Braunschweig 3 W 1/10, ZMR 2010, 626;
Schoch, ZMR 2007, 427; *Abramenko*, ZMR 2011, 676; 9. Aufl.: dreijährige Regelverjährung des § 195 BGB.
371 Vgl. dazu BGH VIII ZR 104/09, ZMR 2010, 520.
372 *Drabek*, AnwZert MietR 21/2011, Anm. 2; vgl. auch LG Köln 29 S 263/10, ZMR 2011, 901.
373 LG Köln 29 S 263/10, ZMR 2011, 901.
374 BGH VII ZR 45/06, WuM 2007, 640; OLG München 34 Wx 114/07, NZM 2008, 133.
375 OLG Schleswig 2 W 144/02, ZMR 2003, 876.
376 BGH V ZR 195/11, WuM 2012, 464; OLG Frankfurt 20 W 95/01, NZM 2005, 68.
377 OLG Schleswig 2 W 144/02, ZMR 2003, 876.
378 *Hogenschurz*, MietRB 2008, 215.

104 Vorrangig vor der DIN 4109 ist jedoch das Schallschutzniveau, welches anhand der die Wohnanlage prägenden Umstände (tatrichterlich) zu bestimmen ist.[379] Hierbei ist vom Ausstattungsstandard der Anlage **im Zeitpunkt der Begründung von Wohnungseigentum** auszugehen.[380] Anhaltspunkte zur Bestimmung des **Gepräges** können die Baubeschreibung,[381] Regelungen in der Gemeinschaftsordnung[382] und das tatsächliche Wohnumfeld bilden.

Beispiel
Bestimmt die Gemeinschaftsordnung, dass eine **Änderung des Fußbodenbelages nur mit vorheriger Zustimmung des Verwalters** vorgenommen werden darf, die nur dann zu erteilen ist, wenn durch die geplante Maßnahme keine oder nur vorübergehende Nachteile für das Gemeinschaftseigentum oder das Sondereigentum anderer zu befürchten sind, dann richten sich die Anforderung an den Schallschutz nicht nach DIN- Vorschriften, die nur einen Mindeststandard sichern, sondern Maßstab ist ausschließlich das in der konkreten Wohnungseigentumsanlage vorhandene bauliche Niveau.[383]

105 Fehlt es an prägenden Elementen, sind solche nicht eindeutig oder trotz Aufklärungsbemühungen nicht ausreichend feststellbar, können insbesondere die **maßgeblichen DIN-Normen im Errichtungszeitpunkt** des Gebäudes einen aussagekräftigen Ansatz zur Bestimmung des Schutzniveaus, mithin für die einzuhaltenden Trittschallschutzgrenzwerte, bilden.[384] Wurde ein Altbau vor der Begründung von Wohnungseigentum so umfassend saniert, dass dies einer Neuherstellung des Gebäudes gleichkommt, kommt es auf die im **Zeitpunkt der Sanierung** geltende Fassung an. Wurde z.B. ein im Jahr 1922 erbautes Haus im Jahr 1978 unter erheblichem Bauaufwand saniert und den damaligen Wohnverhältnissen angepasst wurde, ist der für Neubauten des Jahres 1978 geltende Maßstab anzuwenden.

106 Sind die maßgeblichen Grenzwerte nicht oder nicht mehr eingehalten, kommt ein **Anspruch gegen die übrigen Wohnungseigentümer** auf Instandsetzung des gemeinschaftlichen Eigentums (§ 21 Abs. 4, Abs. 5 Nr. 2) in Betracht, wozu auch die erstmalige ordnungsmäßige Herstellung des Bauwerks und damit auch die Beseitigung anfänglicher Baumängel gehört (vgl. auch Rn 98).[385] Der einzelne Wohnungseigentümer ist regelmäßig verpflichtet, die erforderlichen Arbeiten in seinem Sondereigentum zu dulden.[386] In gewissem Rahmen kann auch eine zwischenzeitlich eingetretene technische Entwicklungen berücksichtigende „modernisierende Instandsetzung" und damit eine Anpassung an den aktuellen Standard des Schallschutzes begehrt werden.[387]

107 Die Herstellung eines Schallschutzes, der den maßgeblichen Anforderungen entspricht, **kann** allerdings nach Treu und Glauben **unzumutbar sein**. Welche Maßnahme im Einzelfall verlangt werden kann, hängt davon ab, wie sich in einer vergleichbaren Situation ein wirtschaftlich denkender, vernünftiger Alleineigentümer verhalten würde. In die Kosten-Nutzen-Analyse sind dabei nach dem Grundsatz der Gleichbehandlung die Sanierungskosten für die Gesamtanlage einzustellen, wenn von dem unzureichenden Schallschutz alle Wohnungseigentümer in gleicher Weise betroffen sind.[388] Haben die Wohnungseigentümer bestandskräftig beschlossen, von einer Beseitigung der Trittschallübertragung abzusehen, kann der Anspruch auf erstmalige Herstellung eines ordnungsmäßigen Zustand grundsätzlich nicht mehr gegen die übrigen Wohnungseigentümer geltend gemacht werden.[389]

108 Trotz eventueller Lärmbelästigungen kann bei bereits bestehendem unzureichendem Schallschutz – z.B. wegen einer sehr geringen Deckenstärke und unzureichend ausgeführtem Estrich – **keine Abhilfe von einem anderen Sondereigentümer** verlangt werden.[390] Dies gilt auch dann, wenn sich der Trittschallschutz infolge **üblicher Abnutzung des Belags** verschlechtert.[391] Denn der tatsächliche Zustand der Trittschalldämmung prägt die Wohnanlage und muss im Grundsatz hingenommen werden. In diesen Fällen kann daher auch ein Wohnungseigentümer, der nachträglich eine verbesserte Trittschalldämmung einbaut, mangels **notwendiger** Aufwendungen von den anderen Wohnungseigentümern keinen Kostenersatz verlangen, selbst wenn der eingebaute Trockenestrich zum gemeinschaftlichen Eigentum gehört.[392]

109 Hat ein **Wohnungseigentümer** aber die Situation durch bestimmte Maßnahmen **verschlechtert**[393] kann jeder Wohnungseigentümer gemäß § 15 Abs. 3 WEG, § 1004 Abs. 1 BGB den Störer auf Beseitigung oder Unterlassung in An-

---

379 BGH V ZR 195/11, WuM 2012, 464; OLG München 34 Wx 114/07, NZM 2008, 133; OLG Düsseldorf I-3 Wx 115/07, NZM 2008, 288.
380 OLG Celle 4 W 4/05, NZM 2005, 379; OLG Saarbrücken 5 W 253/05 – 76, ZMR 2006, 802.
381 OLG München 32 Wx 30/05, NZM 2005, 509; OLG Köln, 16 Wx 180/02, ZMR 2003, 704.
382 OLG Köln, 16 Wx 275/97, NJW-RR 1998, 1312.
383 OLG Köln, 16 Wx 275/97, NZM 1998, 673; OLG Köln, 16 Wx 180/02, ZMR 2003, 704.
384 BGH V ZR 195/11, WuM 2012, 464; OLG München 34 Wx 114/07, NZM 2008, 133; OLG Celle 4 W 4/05, NZM 2005, 379; OLG Frankfurt 20 W 204/03, NZM 2006, 903; *Hogenschurz*, MDR 2003, 201/203.
385 OLG Köln 16 Wx 180/02, ZMR 2003, 704; OLG Schleswig 2 W 144/02, ZMR 2003, 876.
386 BayObLG 2Z BR 14/92, WuM 1993, 85, 87.
387 OLG Schleswig 2 W 144/02, ZMR 2003, 876.
388 OLG Schleswig 2 W 144/02, ZMR 2003, 876, 878.
389 BayObLG 2Z BR 98/98, NZM 1999, 262.
390 OLG Köln 16 Wx 180/02, ZMR 2003, 704.
391 OLG Stuttgart 8 W 315/93, NJW-RR 1994, 1497; OLG Köln 16 Wx 102/00, NZM 2001, 135; OLG Düsseldorf 3 Wx 256/01, ZMR 2002, 297.
392 OLG Celle 4 W 4/05, NZM 2005, 379.
393 OLG Stuttgart 8 W 315/93, NJW-RR 1994, 1497; OLG Köln 16 Wx 102/00, NZM 2001, 135; OLG Köln 16 Wx 68/01, ZMR 2002, 77; OLG Düsseldorf 3 Wx 256/01, ZMR 2002, 297; Bärmann/*Klein*, § 14 Rn 29; *Hogenschurz*, MDR 2004, 201.

spruch nehmen,[394] wenn das Maß des § 14 Nr. 1 überschritten wird. Als Maßnahme der Verschlechterung des Schallschutzes kommt insbesondere die **Entfernung eines Teppichbodenbelags** in Betracht. Der innerhalb des Sondereigentums auf dem Estrich verlegte Oberbodenbelag (z.B. Teppich, Fliesen, Parkett) ist nach allgemeiner Meinung gemäß § 5 Abs. 2 zwar Sondereigentum des jeweiligen Wohnungseigentümers (vgl. auch § 5 Rn 24).[395] Dem gemeinschaftlichen Eigentum zuzurechnen ist der Fußbodenaufbau (Rohbaudecke nebst Trittschalldämmung etwa in Form des Estrichs). Jeder Wohnungseigentümer darf daher grundsätzlich den in seinem Sondereigentum stehenden Bodenbelag entfernen oder durch einen anderen ersetzen.[396] Eine Beschränkung bei der Wahl des Bodenbelags ergibt sich jedoch aus § 14 Nr. 1, wonach das Sondereigentum nur in einer Weise gebraucht werden darf, dass dadurch keinem anderen Wohnungseigentümer über das bei einem geordneten Zusammenleben unvermeidliche Maß hinaus ein Nachteil erwächst.[397] Da der Maßstab des § 14 Nr. 1 nach § 22 Abs. 1 S. 2 gleichermaßen für bauliche Veränderungen wie nach § 15 Abs. 3 für den Gebrauch des Sondereigentums gilt, kann im Regelfall dahingestellt bleiben, ob die Veränderung des Oberbodenaufbaus eine bauliche Veränderung im Sinne von § 22 Abs. 1 S. 1 darstellt.[398] Bedeutung hat die Unterscheidung jedoch, wenn eine **Rechtsnachfolge** vorliegt. Reine Veränderungen des zum Sondereigentum gehörenden Oberbodenbelags ohne Eingriff in das gemeinschaftliche Eigentum, sind keine baulichen Veränderungen im Sinne von § 22 Abs. 1, so dass bei nicht hinzunehmenden nachteiligen Veränderungen der Rechtsnachfolger als **Handlungsstörer** (er gebraucht nachteilig) und nicht nur – wie bei einer baulichen Veränderung (Veränderung ist abgeschlossen) – als Zustandsstörer in Anspruch genommen werden kann. Aber auch der Zustandsstörer kann auf Beseitigung einer ihm zurechenbaren Störung in Anspruch genommen werden (vgl. dazu § 22 Rn 197).[399]

Für die Frage, ob ein Wohnungseigentümer über das nach § 14 zulässige Maß hinaus beeinträchtigt wird, gilt die **Faustregel**, dass der bestehende Schallschutz keineswegs verschlechtert werden darf.[400] Dafür ist zunächst die Ausstattung im Zeitpunkt vor Veränderung des Bodenbelages maßgebend.[401] Dieser muss ggf. durch Vergleichsmessungen in Räumen, in denen sich der Bodenbelag nicht verändert hat, geklärt werden. Dies gilt unabhängig davon, ob die Vorgaben der DIN 4109 noch eingehalten sind, denn jede mehr als unerhebliche Verschlechterung der bislang vorhandenen Trittschalldämmung stellt einen vermeidbaren Nachteil dar.[402] Dies gilt insbesondere dann, wenn das Gebäude in einem schalltechnisch besseren Zustand errichtet worden ist, als es die DIN vorschreibt.[403] Bei der Bestimmung des zu bewahrenden Trittschallniveaus ist auf das besondere **Gepräge der Wohnanlage** abzustellen, das sich aus dem Ausstattungsstandard der Anlage im Zeitpunkt der Begründung von Wohnungseigentum ergibt. Als Anhaltspunkte zur Bestimmung des Gepräges können die Baubeschreibung, Regelungen in der Gemeinschaftsordnung und das tatsächliche Wohnumfeld herangezogen werden.[404] Fehlt es an prägenden Elementen oder sind solche nicht eindeutig oder nicht ausreichend feststellbar, können ergänzend die maßgeblichen DIN-Normen einen aussagekräftigen Ansatz zur Bestimmung des Schallschutzes bilden. Insbesondere sind die **technischen Standards im Errichtungszeitpunkt** ein wichtiges Kriterium für die einzuhaltenden Trittschallschutzwerte. Ein Wohnungseigentümer ist grundsätzlich nicht verpflichtet, durch nachträgliche Maßnahmen den bestehenden Schallschutz zu verbessern.[405] Nimmt jedoch ein Wohnungseigentümer Jahrzehnte nach Errichtung eines Bauwerks Veränderungen am Bodenbelag vor, tauscht er diesen insbesondere aus, dürfen die DIN-Werte nicht unterschritten werden, die im Zeitpunkt der Errichtung des Gebäudes galten.[406] Diese bilden aber vor dem Hintergrund des tatsächlichen Gepräges der Anlage weder eine Ober- noch eine Untergrenze, denn es gilt der Grundsatz des jede erhebliche Verschlechterung des Trittschalldämmung einen vermeidbaren Nachteil darstellt. Sofern das bisherige Trittschallniveau vornehmlich auf einem schalldämmenden Belag im Sondereigentum beruhte, darf der Sondereigentümer den Belag zwar verändern, muss aber durch (zumutbare) Ausgleichsmaßnahmen einer Verringerung der Trittschalldämmung entgegenwirken.

Beispiel
Der Alleineigentümer eines im Jahr 1900 erbauten Hauses begründet im Jahr 1990 durch Teilungserklärung nach § 8 Wohnungseigentum. Zu diesem Zeitpunkt beträgt das Trittschallschutzmaß der Wohnungstrenndecke zwischen den Wohnungen A und B + 5 dB, das heißt in der Wohnung B ist ein Normtrittschallpegel von L n,w = 58 dB messbar. Die

---

[394] OLG Düsseldorf 3 Wx 120/01, ZMR 2002, 69.
[395] BGH V ZR 195/11, WuM 2012, 464; BayObLG 2Z BR 113/93, NJW-RR 1994, 598.
[396] BGH V ZR 195/11, WuM 2012, 464.
[397] OLG Köln 16 Wx 102/00, NZM 2001, 135.
[398] OLG Frankfurt 20 W 95/01, NZM 2005, 68.
[399] BGH V ZB 130/09, NZM 2010, 365.
[400] AnwHdB/*Hogenschurz*, Teil 9 Rn 326.
[401] OLG Hamm 15 W 39/01, ZMR 2001, 842; OLG Hamm I-15 Wx 357/08, WuM 2010, 50; OLG Köln 16 Wx 180/02, ZMR 2003, 704.
[402] OLG München 34 Wx 114/07, NZM 2008, 133.
[403] OLG Schleswig 2 W 33/07, WuM 2007, 591; OLG München 34 Wx 114/07, NZM 2008, 133; OLG Düsseldorf I-3 Wx 115/07, NZM 2008, 288.
[404] BGH V ZR 195/11, WuM 2012, 464; OLG München 34 Wx 114/07, NZM 2008, 133.
[405] OLG Stuttgart 8 W 315/93, NJW-RR 1994, 1497; OLG Hamm 15 W 39/01, ZMR 2001, 842; OLG Saarbrücken 5 W 253/05–76, ZMR 2006, 802; OLG Schleswig 2 W 33/07, WuM 2007, 591; LG München 36 S 18712/10, ZMR 2012, 479.
[406] BGH V ZR 195/11, WuM 2012, 464; OLG Köln 16 Wx 102/00, NZM 2001, 135, 136; OLG Düsseldorf I-3 Wx 115/07, ZMR 2008, 233; OLG Schleswig 2 W 33/07, OLGR Schleswig 2007, 935; LG München 36 S 18712/10, ZMR 2012, 479.

maßgebliche DIN 4109 (1989) verlangt ein Trittschallschutzmaß von + 10 dB. Ersetzt der Eigentümer der Wohnung A im Jahr 2000 den vorhandenen Teppichboden durch ein ordnungsgemäß verlegtes Parkett und beträgt das Trittschallschutzmaß anschließend + 6 dB, so kann ihn der Eigentümer der Wohnung B nicht auf Verbesserung des Trittschallschutzes in Anspruch nehmen, obwohl die DIN 4109 (1989) nicht eingehalten ist, weil gegenüber dem vorherigen Zustand keine Verschlechterung eingetreten ist.

111 **Verbessert** ein Wohnungseigentümer nach Errichtung des Gebäudes durch Veränderungen des Oberbodens den Schallschutz, so ist er aber nicht gehindert, den ursprünglichen Zustand wieder herzustellen, indem er Teppichboden und Laminat entfernt und das bei Aufteilung vorhandene Parkett wieder frei legt.[407]

112 Neben den Trittschallpegeln hängt die **Lästigkeit** der durch die Auswechslung des Oberbodenbelages entstehenden Geräusche aber noch von weiteren Umständen ab, für die es auf das **Eigenempfinden des Tatrichters** ankommt und somit einem richterlichen Augenschein erforderlich machen.[408] Denn die gemessene Lautstärke ist für die Lästigkeit nur ein Teilaspekt. Dies kann im Ergebnis dazu führen, dass trotz Einhaltung der Trittschallwerte ein rechtlich relevanter Nachteil vorliegt und umgekehrt können auch einmal deren Werte überschritten werden, ohne dass ein solcher Nachteil vorliegt.

113 Ist ein Wohnungseigentümer verpflichtet, die Störung zu beseitigen, bleibt es ihm überlassen, **auf welche Weise** das geschieht, z.B. auch durch Belegung eines Fliesenbelags mit Teppichboden.[409] Dass auch der Estrich, der zum Gemeinschaftseigentum zählt, unter Umständen mangelhaft ist, entlastet ihn nicht von seiner Beseitigungspflicht. Die Treuepflicht der Wohnungseigentümer untereinander gebietet es, nicht die bei Ausbau und Wiederherstellung des Estrichs kostenmäßig ca. vierfach höhere Variante der Schadensbeseitigung zu wählen, die darüber hinaus unabsehbare Folgekosten mit sich bringen würde.[410]

114 Die Rechtsprechung zum Trittschallschutz hat auch Bedeutung für den **Schallschutz von sonstigen Installationen**. Die vorstehenden Grundsätze gelten entsprechend für den Schutz vor Installationsgeräuschen, die infolge nachträglicher Sanierungsarbeiten an zumeist im Gemeinschaftseigentum stehenden Anlagen entstehen, und zwar sowohl bei Veranlassung durch einen Wohnungseigentümer,[411] als auch durch die Gemeinschaft.[412]

IX. Versicherungen

115 Der Abschluss einer Feuer- und Haftpflichtversicherung gehört zur ordnungsmäßigen Verwaltung. Der Verwalter hat auf den erforderlichen Versicherungsschutz hinzuwirken, § 27 Abs. 1 Nr. 2. Er ist aber nicht ermächtigt, die Versicherungsverträge kraft seiner gesetzlichen Vertretungsmacht für die Wohnungseigentümer abzuschließen, er bedarf hierzu einer besonderen Ermächtigung durch die Wohnungseigentümer in Form eines Mehrheitsbeschlusses gemäß § 27 Abs. 1 Nr. 1, 27 Abs. 3 S. 1 Nr. 7. Gleiches gilt für die Kündigung eines Versicherungsvertrages. Die Wohnungseigentümer haben auch über die zu beauftragende Versicherungsgesellschaft und die Vertragskonditionen zu beschließen. Der Vertragsabschluss erfolgt zwischen Versicherer und der Gemeinschaft der Wohnungseigentümer, da dieser ebenso wie die Schadensabwicklung zur Verwaltung des gemeinschaftlichen Eigentums gemäß § 10 Abs. 6 S. 1 gehört.[413] Dies gilt auch, soweit Risiken Dritter mitversichert sind.[414] Der Verwalter ist grundsätzlich verpflichtet, Versicherungsprovisionen, die er für den Abschluss eines Versicherungsvertrages mit der Eigentümergemeinschaft erhält, an das Gesamthandsvermögen herauszugeben.[415] Dritte (z.B. Mieter) können die Wohnungseigentümer nicht auf Abschluss bestimmter Versicherungen in Anspruch nehmen.[416]

1. Feuerversicherung

116 Die Feuerversicherung ist eine Sachversicherung und betrifft nur das Gemeinschaftseigentum, nicht aber das Sondereigentum. Dies zu versichern ist Sache des jeweiligen Wohnungseigentümers. Mit ihr sind grundsätzlich die durch Brand, Explosion, Blitzschlag oder durch den Absturz von Luftfahrzeugen und Luftfahrtteilen entstehenden Schäden abgesichert. Die Versicherung ist zum Neuwert abzuschließen. Hierbei wird jedoch nicht ein fester Betrag gemeint sein, sondern der „Gleitende Neuwert".[417] Eine Versicherung zum Verkehrswert empfiehlt sich, wenn die Wohnungs-

---

407 BGH V ZR 195/11, WuM 2012, 464; LG München 1 T 6682/04, NZM 2005, 590.
408 OLG Köln 16 Wx 240/03, ZMR 2004, 462; OLG München 32 Wx 030/05, NZM 2005, 509; vgl. auch BGH V ZR 195/11, WuM 2012, 464.
409 OLG Hamm I-15 Wx 357/08, WuM 2010, 50.
410 OLG Düsseldorf 3 Wx 120/01, NZM 2001, 958, 959; OLG Frankfurt 20 W 95/01, NZM 2005, 68.
411 BayObLG 2Z BR 77/99, NZM 2000, 504; OLG München 34 Wx 021/06, ZMR 2006, 643 m. krit. Anm. *Hogenschurz*: WC- und Urinaleinbau; OLG Frankfurt 20 W 204/03, NZM 2006, 903: Unterputzverlegung von Heizungsrohren.
412 OLG München 34 Wx 23/07, NZM 2008, 249.
413 Palandt/*Bassenge*, § 21 WEG Rn 17.
414 *Jenißen/Heinemann*, § 21 Rn 82.
415 LG Köln, 30 T 64/92, WuM 1993, 712.
416 *Bärmann/Merle*, § 21 Rn 111.
417 *Weitnauer/Lüke*, § 21 Rn 37.

eigentümer ohnehin keine Wiederaufbauverpflichtung vereinbart haben.[418] Dies kann grundsätzlich nur vereinbart, nicht jedoch beschlossen werden.[419] In vielen Bundesländern hatten staatliche Brandversicherungsanstalten Monopolcharakter.[420]

2. Versicherung gegen Haus- und Grundbesitzerhaftpflicht

Die Haus- und Grundbesitzerhaftpflicht ist eine Schadensversicherung. Die Versicherungssumme muss der Höhe nach angemessen sein. Sie richtet sich nach den Umständen des Einzelfalles, insbesondere nach Lage, Zustand, Größe und Alter des Gebäudes.[421] Abgedeckt werden nur Gefahren, die von dem gemeinschaftlichen Eigentum ausgehen. Hierbei handelt es sich im Wesentlichen um Schadensersatzansprüche, die aufgrund einer Verletzung der Verkehrssicherungspflicht (Streupflicht) oder nach § 836 BGB entstehen können. Aber auch der Anspruch aus § 14 Nr. 4 Hs. 2 ist ein Anspruch auf Schadensersatz i.S.v. § 1 Ziff. 1 AHB. Der Risikoausschluss für „Schäden am Gemeinschafts-, Sonder- und Teileigentum" nimmt nur den unmittelbaren Sachschaden, nicht jedoch Folgeschäden von der Leistungspflicht aus.[422]

117

3. Weitere Versicherungen

Der Gemeinschaft steht es frei, weitere Versicherungen abzuschließen. Ordnungsmäßiger Verwaltung entspricht insbesondere der empfehlenswerte Abschluss einer **Hagel-, Sturm- und Leitungswasserschadensversicherung**, die häufig zusammen mit einer Feuerversicherung als sog verbundene Gebäudeversicherung angeboten wird. Eine Gebäude-Leitungswasserversicherung deckt als kombinierte Versicherung für das gesamte Gebäude im Normalfall nicht nur die zur Schadensbehebung am gemeinschaftlichen Eigentum erforderlichen Kosten, sondern auch die Kosten, die für die **Schadensbeseitigung am Sondereigentum** anfallen.[423] Versicherungsnehmerin und damit Vertragspartnerin des Versicherers, ist der Verband. Es handelt sich um eine Versicherung für fremde Rechnung, da jeder Wohnungseigentümer Versicherter, d.h. Inhaber des Anspruchs gegen den Versicherer, hinsichtlich seines Sondereigentums und seiner Beteiligung am gemeinschaftlichen Eigentum ist. Entsteht ein Schaden am gemeinschaftlichen Eigentum, so ist der Verwalter für die Schadensbehebung und die Abwicklung mit dem Versicherer zuständig. Bei Schäden am Sondereigentum obliegt die Schadensbehebung und -abwicklung grundsätzlich dem geschädigten Wohnungseigentümer. Die Pflicht des Verwalters beschränkt sich insoweit nur darauf, ihn dabei zu unterstützen.[424] Ist die eigenständige Schadensabwicklung in den allgemeinen Versicherungsbedingungen ausgeschlossen, muss der Verwalter den Anspruch des Versicherten gegenüber dem Versicherer geltend machen. Für die Schadensbeseitigung ist der Verwalter jedoch auch in diesem Fall nicht zuständig. Zieht die Gemeinschaft die Entschädigungssumme ein, muss sie diese aufgrund des zwischen ihr und den Wohnungseigentümern bestehenden gesetzlichen Treuhandverhältnisses an den betroffenen Wohnungseigentümer weiterleiten. Pflichtverletzungen des Verwalters in diesem Zusammenhang hat die Gemeinschaft gemäß § 278 BGB zu vertreten.[425]

118

Ein geschädigter Miteigentümer ist aufgrund der **Rücksichtnahmepflicht** (§ 241 Abs. 2 BGB), die sich aus der zwischen den Mitgliedern einer Wohnungseigentümergemeinschaft bestehenden schuldrechtlichen Sonderverbindung ergibt, verpflichtet, nicht den schädigenden Miteigentümer auf Schadensausgleich in Anspruch zu nehmen, wenn der geltend gemachte Schaden Bestandteil des versicherten Interesses ist, der Gebäudeversicherer nicht Regress nehmen könnte und nicht besondere Umstände vorliegen, die ausnahmsweise eine Inanspruchnahme des Schädigers durch den Geschädigten rechtfertigen.[426]

119

In der Praxis wird häufig im Interesse einer niedrigen Prämie ein sog. **Selbstbehalt** (Eigenbeteiligung) vereinbart. Der Verwalter bedarf zu einer entsprechenden Einschränkung des Versicherungsschutzes regelmäßig einer Ermächtigung durch Vereinbarung oder Beschluss.[427] Im Schadensfall ist der Selbstbehalt nicht anteilig auf alle Wohnungseigentümer zu verteilen, sondern bei der Schadensregulierung vorweg vom Gesamtschaden abzuziehen.[428] Ist ein Schaden teils am Gemeinschaftseigentum, teils am Sondereigentum entstanden, so ist eine verhältnismäßige Aufteilung des

120

---

418 *Jennißen/Heinemann*, § 21 Rn 83.
419 Vgl. LG Essen 9 T 163/06, ZMR 2007, 817: Mehrheitsbeschluss zulässig, wenn angesichts desolater finanzieller Verhältnisse auf diese Weise einer Kündigung des Versicherers vorgebeugt werden soll.
420 Zur Aufhebung des Monopols siehe *Jansen/Köhler*, WE 1995, 142.
421 *Bärmann/Merle*, § 21 Rn 117.
422 BGH IV ZR 226/01, NZM 2003, 197. Zur Übertragung der Wegereinigung auf einen Dritten vgl. auch BGH NJW-RR 1989, 394; *Vandenhouten*, ZWE 2012, 237. Die Versicherung umfasst auch die Haftung der Gemeinschaft der Wohnungseigentümer, des Verwalters und des Hausmeisters: *Bärmann/Merle*, § 21 Rn 117).
423 Vgl. *Nussbaum*, NZM 2003, 617, 619.
424 *Armbrüster*, ZWE 2009, 109.
425 OLG Hamm 15 W 420/06, ZMR 2008, 401; *Armbrüster*, ZWE 2009, 109.
426 BGH V ZR 62/06, NZM 2007, 88 m. Anm. *Armbrüster* ZWE 2007, 30.
427 *Armbrüster*, ZMR 2003, 1,5.
428 **A.A.** AG Saarbrücken 1 II 173/01, ZMR 2002, 980, m. zust. Anm. *Köhler* ZMR 2002, 891.

Selbstbehalts auf die einzelnen Schadenspositionen vorzunehmen.[429] Diese Verteilungsregel kann nur durch Vereinbarung, nicht aber durch Beschluss geändert werden.[430]

121 Auch der Abschluss einer **Glasbruchversicherung** bei großen und damit teuren Isolierscheiben sowie bei Glaseingangstüren (es sei denn, es besteht bereits eine Hausratsversicherung, die Glasbruch mit umfasst) oder der Abschluss einer **Gewässerschadenhaftpflichtversicherung** bei der Lagerung von Heizöl kann ordnungsmäßiger Verwaltung entsprechen. Auch der Abschluss einer Vermögensschadenshaftpflicht für Verwaltungsbeiratsmitglieder entspricht den Grundsätzen ordnungsmäßiger Verwaltung.[431]

X. Instandhaltungsrücklage

122 Nach § 21 Abs. 5 Nr. 4 gehört die Ansammlung einer angemessenen Instandhaltungsrückstellung zur ordnungsmäßigen Verwaltung. Der Begriff Instandhaltungsrückstellung dürfte aus dem Bilanzrecht stammen, ist aber mit dem dort verwendeten Begriff nicht inhaltsgleich. Deshalb wird meist der Begriff Instandhaltungsrücklage gebraucht.[432] Die Ansammlung einer Instandhaltungsrücklage in angemessener Höhe dient der Sicherung notwendiger Reparaturen des Gemeinschaftseigentums größeren Ausmaßes (Dachsanierung, Reparatur der Heizungsanlage, Fassadenrenovierung u.Ä.), es können aber alle Maßnahmen einer Instandhaltung oder Instandsetzung (auch einer modernisierenden; nicht aber einer Maßnahme nach § 22 Abs. 2) aus der Rücklage bestritten werden. Es besteht zwar keine gesetzliche Pflicht zur Bildung einer Rücklage, sie kann jedoch als Maßnahme der ordnungsmäßigen Verwaltung mehrheitlich beschlossen (§ 21 Abs. 3) und von jedem Wohnungseigentümer in der Regel gemäß § 21 Abs. 4 auch verlangt werden, ausgenommen die Ansammlung wäre durch die Gemeinschaftsordnung oder eine nachträgliche Vereinbarung ausgeschlossen oder modifiziert (vgl. Rn 123). Die Beiträge zur Instandhaltungsrücklage werden grundsätzlich nach § 28 Abs. 1 Nr. 3 WEG als Bestandteil der Zahlungen nach dem Wirtschaftsplan geleistet.

123 Bei einer **Mehrhausanlage** kann die Gemeinschaftsordnung bestimmen, dass für die einzelnen Gebäude getrennte Rücklagen gebildet werden. Sind nach der Gemeinschaftsordnung bei einer Mehrhausanlage die Wohnungseigentümer der jeweiligen Häuser zu deren Instandhaltung jeweils allein verpflichtet (selbstständige Wirtschaftseinheiten), kann ebenfalls die Rücklage für mehrere Häuser getrennt und in unterschiedlicher Höhe angesammelt werden. Eine getrennte Ansammlung muss erfolgen, wenn für einzelne Gebäude (z.B. Wohngebäude und Tiefgarage) einer Mehrhausanlage eine unterschiedliche Kostenverteilung vereinbart ist.[433] Eine Abrechnung, die in den Fällen getrennter Ansammlung den Gesamtbetrag der Instandhaltungsrücklage ausweist, entspricht aber ordnungsmäßiger Verwaltung, wenn der Rücklage noch keine Beträge entnommen worden sind.[434] Ohne eine Grundlage in der Gemeinschaftsordnung dürfte für einen Mehrheitsbeschluss, der eine getrennte Abrechnung bestimmt, die Beschlusskompetenz fehlen, weil das Gesetz von einer einheitlichen Instandhaltungsrücklage ausgeht.[435] Daher können die Wohnungseigentümer einer aus einem Wohngebäude und Garagen bestehenden Wohnanlage, deren Gemeinschaftsordnung die Bildung einer einheitlichen Instandhaltungsrücklage vorsieht, die Bildung getrennter Instandhaltungsrücklagen nur durch eine Vereinbarung bewirken oder mit der in der Gemeinschaftsordnung vorgesehenen qualifizierten Mehrheit beschließen.[436]

124 Die **Höhe der Rücklage**, die **angemessen** sein muss, ist nach objektiven Maßstäben zu ermitteln. Maßgebend sind die tatsächlichen Verhältnisse im konkreten Einzelfall, insbesondere Alter, Größe, bauliche Besonderheiten und Zustand. Angemessen ist, was ein verständiger und vorausschauender Eigentümer zur Pflege seines Eigentums zurücklegen würde. So wird bei einem Neubau die Rücklage anfangs niedriger sein als bei einem in Wohnungseigentum umgewandelten Altbau. Bei der Bemessung der Instandhaltungsrücklage und des jährlichen Beitrags dazu haben die Wohnungseigentümer nach der vorliegenden Rechtsprechung einen weiten Ermessensspielraum; nur wesentlich zu niedrige[437] oder überhöhte Ansätze[438] widersprechen ordnungsmäßiger Verwaltung. Dennoch ist immer wieder versucht worden, allgemeine Grundsätze über die Höhe der Instandhaltungsrücklage aufzustellen.[439] Nach der Rechtsprechung bietet § 28 Abs. 2 der Verordnung über wohnungswirtschaftliche Berechnungen (Zweite Berechnungsverordnung – II. BV) in der Fassung vom 13.9.2001[440] Anhaltspunkte für die Bemessung der Instandsetzungsrückstellung.[441] Hiernach dürfen pro Quadratmeter Wohnfläche im Jahr bei zurückliegender Bezugsfertigkeit weniger als 22 Jahre höchstens 7,10 EUR, mindestens 22 Jahre höchstens 9 EUR und mindestens 32 Jahre höchstens 11,50 EUR als Instandhaltungskosten angesetzt werden. Solche Vorgaben können allenfalls eine Orientierung für die Ermessensausübung darstellen, bedeuten jedoch keineswegs eine Bindung der Eigentümerversammlung, den

---

[429] *Armbrüster*, ZWE 2009, 109.
[430] *Armbrüster*, ZWE 2009, 109; **a.A.** OLG Köln, 16 Wx 124/03, NZM 2003, 641.
[431] KG 24 W 203/02, ZMR 2004, 780.
[432] Vgl. *Bärmann/Seuß*, Rn 451.
[433] BayObLG 2Z BR 25/02, WuM 2002, 681: Beschluss über Ansammlung einer einheitlichen Instandhaltungsrücklage ist nichtig.
[434] OLG München 32 Wx 143/05, NJW 2006, 382.
[435] **A.A.** *Häublein*, NZM 2003, 785, 789.
[436] OLG Düsseldorf 3 Wx 521/97, ZMR 1998, 308.
[437] Palandt/*Bassenge*, § 21 WEG Rn 17.
[438] OLG Düsseldorf 3 Wx 123/02, FGPrax 2002, 210; OLG Hamm 15 W 25/06, ZWE 2007, 34.
[439] Vgl. dazu ausführlich *Drasdo*, ZWE 2012, 17.
[440] BGBl I S. 2376.
[441] OLG Düsseldorf 3 Wx 123/02, FGPrax 2002, 210; OLG Hamm 15 W 25/06, ZMR 2006, 879; LG Hamburg 318 S 208/09, ZWE 2012, 189.

so beschriebenen Ermessensspielraum auch bis zu seiner oberen Grenze ausschöpfen zu müssen.[442] Als Grenze dürfen die Beträge wegen der individuellen Abhängigkeit jedoch auch nicht verstanden werden.[443] Selbst wenn eine Rücklage für eine notwendige Instandsetzung bereits in ausreichender Höhe gebildet ist, so können die gesamten Kosten auch durch eine Sonderumlage aufgebracht werden (vgl. auch Rn 73).[444]

Die Instandhaltungsrücklage entsteht nicht erst durch die Beschlussfassung der Wohnungseigentümer über die Jahresabrechnung, sondern unmittelbar mit dem Eingang der Zahlung des Wohnungseigentümers entsprechend seinen Verpflichtungen aus dem Wirtschaftsplan in das Vermögen der Wohnungseigentümergemeinschaft. Nach § 28 Abs. 1 Nr. 3 ist dieser Beitrag mit dem Zufluss in das Vermögen der Wohnungseigentümergemeinschaft aufgrund seiner Leistungsbestimmung sofort der Instandhaltungsrücklage zuzuordnen.[445] Wegen der **Zweckbestimmung der Rücklage**[446] widerspricht es grundsätzlich ordnungsmäßiger Verwaltung, sie aufzulösen oder für andere Maßnahmen, etwa zum Ausgleich von Wohngeldausfällen, zu verwenden. Insoweit ist auch der Verwalter, der den Weisungsvorgaben der Wohnungseigentümer untersteht, nicht befugt, wegen seiner Vergütungsansprüche auf die Instandhaltungsrücklage zurückzugreifen.[447] Dies gilt aber nur für den amtierenden Verwalter, nicht für den ausgeschiedenen und damit nicht mehr weisungsgebundenen Verwalter.[448] Die teilweise Auflösung einer Instandhaltungsrücklage kann aber mehrheitlich beschlossen werden, etwa um eine Sonderumlage zur Deckung einer Liquiditätslücke, zu vermeiden.[449] Erforderlich ist jedoch, dass mit der Änderung der Zweckbestimmung der Beschluss über die konkrete Verwendung der betroffenen Mittel gefasst wird, der ebenfalls unter die Beschlusskompetenz des § 21 Abs. 3 fällt.[450] Erforderlich ist aber der Erhalt eines angemessenen Bestandes, der von den Umständen des Einzelfalles, etwa dem Zustand der Anlage, ihrem Alter und ihrer Reparaturanfälligkeit, abhängt.[451] Ist dies nicht der Fall oder soll die Instandhaltungsrücklage vollständig aufgelöst werden, bedarf es – da dies in der Regel nicht ordnungsmäßiger Verwaltung entsprechen dürfte – eines einstimmigen Beschlusses. Die fehlende Einstimmigkeit führt aber nicht zur Nichtigkeit des Beschlusses, da sich die erforderliche Beschlusskompetenz aus § 21 Abs. 3 ergibt. Für bauliche Veränderungen, denen ein Wohnungseigentümer zu Recht widersprochen hat, kann die Rücklage nicht verwendet werden. Ein einzelner Wohnungseigentümer kann die Auszahlung seines Anteils an der Rücklage nicht verlangen. Im Fall der Veräußerung eines Wohnungseigentums geht der Anteil an der Rücklage auf den Erwerber über, da dieser einen Teil des Verwaltungsvermögens darstellt. Der Verwalter hat die Rücklage zu verwalten (§ 27 Abs. 1 Nr. 6) und in den Wirtschaftsplan aufzunehmen (§ 28 Abs. 1 Nr. 3). Der Verwalter hat die Rücklage möglichst gewinnbringend anzulegen (siehe § 27 Rn 47).[452] Die Gemeinschaft kann mehrheitlich beschließen, wie die Rücklage angelegt werden soll. Erteilen diese keine Weisung, muss der Verwalter eine sachgerechte Entscheidung zwischen der bestmöglichen Anlage der Mittel und einer notwendigen Verfügbarkeit der Mittel treffen.[453] Da in den wenigsten Fällen ein sofortiger Zugriff auf diese Gelder notwendig sein wird, kommt auch eine langfristige und damit gewinnbringende Anlage in Betracht. In Betracht kommen Sparbücher, Festgeldkonten, hochverzinsliche Wertpapiere sowie Bundesschatzbriefe.[454] Die Anlage in Form eines Bausparvertrages ist grundsätzlich möglich, aber nicht bei einer im Vergleich zu anderen Anlagen schlechten Rendite und Unsicherheit, ob überhaupt ein Bauspardarlehen in Anspruch genommen werden wird.[455]

Besagt die Gemeinschaftsordnung, dass die Instandhaltungsrücklage zur Vornahme aller Instandsetzungsarbeiten bestimmt ist, die das gemeinschaftliche Eigentum betreffen, könnte dieser Wortlaut dafür sprechen, dass auch **Kleinreparaturen** aus der Instandhaltungsrücklage bezahlt werden müssen. Sinn der Instandhaltungsrücklage ist jedoch, notwendige größere Reparaturen des Gemeinschaftseigentums zu sichern. Zwar wird es mit Recht als zulässig angesehen, auch Kleinreparaturen aus der Instandhaltungsrücklage zu bezahlen.[456] Ein Zwang dies zu tun, würde jedoch die Bildung einer angemessenen Rücklage verzögern, wenn nicht gar verhindern. Deshalb kann als nächstliegender Sinn einer solchen Regelung nicht angenommen werden, dass Kleinreparaturen aus der Instandhaltungsrücklage bezahlt werden müssen. Die Wohnungseigentümer können im Rahmen ordnungsmäßiger Verwaltung entscheiden, ob sie kleinere Reparaturen aus der Instandhaltungsrücklage bezahlen oder in der Jahresabrechnung umlegen.

XI. Wirtschaftsplan

Das Aufstellen eines Wirtschaftsplans durch den Verwalter (§ 28 Abs. 1) und die Beschlussfassung darüber (§ 28 Abs. 5) gehören ebenfalls zur ordnungsmäßigen Verwaltung (siehe dazu § 28 Rn 7 ff.).

---

442 OLG Hamm 15 W 25/06, ZMR 2006, 879.
443 *Timme/Elzer*, § 21 Rn 330; **a.A.** AG Mettmann 26 C 40/08, ZMR 2009, 720.
444 BayObLG 2Z BR 37/03, ZMR 2003, 694.
445 BGH V ZR 44/09, NZM 2010, 243; *Häublein*, ZfIR 2010, 250; *Drasdo*, ZWE 2011, 388.
446 Vgl. dazu auch LG Hamburg 318 S 8/11, ZMR 2012, 472.
447 OLG Düsseldorf I-3 Wx 326/04, NZM 2005, 628.
448 OLG Hamm 15 W 239/06, ZWE 2008, 182 m. Anm. *Drabek,* ZWE 2008, 179.
449 OLG Saarbrücken 5 W 110/98 – 35, NJW-RR 2000, 87; OLG München 34 Wx 76/07, NZM 2008, 613; LG Saarbrücken 5 T 691/98, NZM 1999, 870.
450 OLG München 34 Wx 76/07, NZM 2008, 613; *Bärmann/Merle*, § 21 Rn 131.
451 OLG Saarbrücken 5 W 110/98 – 35, NJW-RR 2000, 87.
452 Vgl. auch *Drasdo*, ZWE 2011, 388.
453 OLG Düsseldorf 3 Wx 322/95, WuM 1996, 112.
454 Vgl. OLG Celle 4 W 7/04, NZM 2004, 426.
455 OLG Düsseldorf 3 Wx 322/95, WuM 1996, 112.
456 Vgl. etwa Staudinger/*Bub*, § 21 Rn 201.

XII. Telefon, Rundfunk, Energieversorgung

128 Jeder Wohnungseigentümer ist zur Duldung der Maßnahmen verpflichtet, die zur Herstellung eines Telefonanschlusses, einer Rundfunk- (oder Fernseh-)empfangsanlage oder eines Energieversorgungsanschlusses (Gas, Wasser, Strom) zugunsten eines anderen Wohnungseigentümers erforderlich sind (Abs. 5 Nr. 6). Hierbei spielt es keine Rolle, ob diese Maßnahmen das Maß des § 14 überschreiten.[457] Die Herstellung eines Anschlusses ist jedoch nur insoweit zu dulden, als es um den Anschluss an eine bereits vorhandene Hauptleitung geht[458] und als es sich um den ersten Anschluss handelt. Denn § 21 Abs. 5 Nr. 6 garantiert nur einen Mindeststandard.[459] Der Anschluss an eine außerhalb des Hauses verlaufende öffentliche Versorgungsleitung ist dagegen als Maßnahme als bauliche Veränderung zu beurteilen[460] ebenso wie die Erstellung eines zweiten Anschlusses. Die **Duldungspflicht** betrifft nur das Gemeinschaftseigentum. Werden bei der Durchführung einer solchen Maßnahme auch Teile des Sondereigentums berührt, z.B. wenn dort eine Versorgungsleitung durchgeführt werden muss, ist eine mehrheitliche Genehmigung der Eigentümergemeinschaft weder erforderlich noch ausreichend. Die Gemeinschaft hat für Eingriffe im Bereich des Sondereigentums keine Beschlusskompetenz. In diesen Fällen muss sich der anschlusswillige Wohnungseigentümer mit den Miteigentümern einigen, durch deren Sondereigentum Versorgungsleitungen geführt werden sollen.[461] Kommt eine solche nicht zustande, kann die Zustimmung zu einer solchen Maßnahme grundsätzlich gerichtlich eingefordert werden. Sie ist gegen den Willen des einzelnen Eigentümers aber nur dann durchsetzbar, wenn unter Berücksichtigung des Gemeinschaftsverhältnisses die Verweigerung sich als ein Verstoß gegen die Treuepflicht nach § 242 BGB darstellt.[462] Der Umfang und die Grenzen der Zustimmungsverpflichtung ergeben sich dabei aus der Erforderlichkeit. Nur die Maßnahmen müssen geduldet werden, die zur Herstellung des Anschlusses erforderlich sind.[463] Damit ist der betroffene Wohnungseigentümer berechtigt, vor Baubeginn genau zu erfahren, welche Maßnahmen geplant sind und wie sich diese Baumaßnahmen auf sein Sondereigentum auswirken. Solange dies nicht der Fall ist, kann er seine Zustimmung verweigern. Nicht unter diesen Absatz fällt die Umrüstung von einer Gemeinschaftsantenne auf das Breitbandkabel (siehe oben Rn 90 „Medienversorgung").

129 Der durch solche Maßnahmen begünstigte Wohnungseigentümer hat der Gemeinschaft verschuldensunabhängig alle **Schäden zu ersetzen**, die bei der Durchführung entstehen, gleichgültig, ob sie durch die Ausführung bedingt sind oder zufällig entstehen (§ 21 Abs. 6). Auch dem zur Duldung verpflichteten Sondereigentümer steht analog § 14 Nr. 4 Hs. 2 ein Anspruch auf Ersatz seiner Schäden zu.

130 Aus § 27 Abs. 3 S. 1 Nr. 4, Abs. 1 Nr. 8 folgt in Ergänzung zu § 21 Abs. 5 Nr. 6 die **Befugnis des Verwalters**, die zur Installation der Einrichtungen erforderlichen Erklärungen mit Wirkung für und gegen die Gemeinschaft der Wohnungseigentümer abzugeben.

G. Regelung von Geldangelegenheiten (Abs. 7)

131 § 21 Abs. 7 erleichtert die Verwaltung, indem er die Beschlusskompetenz zur Regelung von bestimmten Geldangelegenheiten begründet bzw. ausdrücklich klarstellt. Die Vorschrift beseitigt eine verbreitete Rechtsunsicherheit, die im Anschluss an die Entscheidung des BGH vom 20.9.2000[464] darüber entstanden war, wie weit genau die **Beschlusskompetenz** für die Regelung von Zahlungsmodalitäten reicht. Aus der systematischen Stellung des § 21 Abs. 7 (vgl. dazu Rn 132) folgt – auch wenn – wie bei anderen neuen Beschlusskompetenzen gemäß §§ 16 Abs. 5, 12 Abs. 4 S. 2 und § 22 Abs. 2 S. 2 – ausdrücklich nichts anderes bestimmt ist –, dass die durch sie eingeräumte Beschlussmacht **nicht abdingbar** ist.[465] Soweit aber das gesetzliche Kopfstimmrecht durch die Gemeinschaftsordnung oder eine nachträgliche Vereinbarung abbedungen ist, kommt die vereinbarte Stimmkraft zum Zuge.[466]

132 Bei den in § 21 Abs. 5 genannten Einzelbeispielen einer ordnungsmäßigen Verwaltung steht die Beschlusskompetenz unter dem Vereinbarungsvorbehalt des § 21 Abs. 3, so dass bei entgegenstehenden Vereinbarungen keine Beschlusskompetenz nicht mehr gegeben ist. Demgegenüber ist bei § 21 Abs. 7, der den Abs. 5 erweitert, Beschlusskompetenz **unabhängig von** bereits bestehenden oder zukünftigen **Vereinbarungen** gegeben. Diese können also jederzeit abgeändert werden. Auch diese müssen ordnungsmäßiger Verwaltung entsprechen, können aber von den gesetzlichen Vorschriften abweichende Regelungen treffen.[467] Die Ordnungsmäßigkeit ist – wie bei allen Maßnahmen gemäß § 21 Abs. 3 auch – **nicht kompetenzbegründend**, so dass ein Mehrheitsbeschluss, der nicht ordnungsmäßiger Verwaltung entspricht, nur anfechtbar, nicht aber nichtig ist.[468] Dies gilt auch, wenn Beschlüsse in Geldangelegenheiten über den von Abs. 7 vorgegebenen Rahmen hinaus gefasst werden, z.B. Kosten eines Verwaltungsaufwandes, der nicht als ein

---

[457] BayObLG 2Z BR 79/01, ZMR 2002, 211.
[458] BayObLG BReg 2 Z 86/91, WuM 1991, 625; BayObLG 2Z BR 96/92, WuM 1993, 79.
[459] *Bärmann/Merle*, § 21 Rn 137.
[460] BayObLG 2Z BR 96/92, WuM 1993, 79.
[461] *Riecke/Schmid/Drabek*, § 21 Rn 276; *Bärmann/Merle*, § 21 Rn 136.
[462] *Riecke/Schmid/Drabek*, § 21 Rn 276; *Bärmann/Merle*, § 21 Rn 136.
[463] *Riecke/Schmid/Drabek*, § 21 Rn 273.
[464] BGH V ZB 58/99, BGHZ 145, 158.
[465] *Hügel/Elzer*, § 8 Rn 72; *Müller*, ZWE 2008, 278; **a.A.** *Bärmann/Merle*, § 21 Rn 145; *Abramenko*, § 2 Rn 21.
[466] So auch *Müller*, ZWE 2008, 278.
[467] Z.B. Einführung übergesetzlicher Zinsen, vgl. BT-Drucks 16/887 S. 27.
[468] BGH V ZB 58/99, NJW 2000, 3500.

besonderer Verwaltungsaufwand angesehen werden kann oder nicht die Folgen, sondern die Voraussetzungen des Verzugs geregelt werden.[469]

I. Art und Weise von Zahlungen

Dies betrifft im Wesentlichen die Zahlungen der einzelnen Wohnungseigentümer an die Gemeinschaft. Danach können die Wohnungseigentümer beschließen, dass zur Erfüllung von Beitragsforderungen, Barzahlungen verboten sind (vgl. § 28 Rn 176), ein Dauerüberweisungsauftrag einzurichten, eine Einzugsermächtigung zu erteilen ist oder generell das Lastschriftverfahren eingeführt wird (vgl. § 28 Rn 178). Hierunter fällt auch ein Verbot von „Sammelüberweisungen" für mehrere Wohnungseigentumseinheiten und das Gebot, die zu tilgenden Forderungen genau zu bezeichnen (vgl. auch § 28 Rn 181).[470] Sie betrifft auch die Möglichkeit, über die Auszahlung oder Verrechnung von Abrechnungsguthaben mit künftigen Vorschüssen oder anderen Zahlungspflichten zu entscheiden.[471]

133

II. Fälligkeit

Danach können die Wohnungseigentümer Regelungen über die Fälligkeit von Beitragsforderungen (Wohngeld, Jahresabrechnung, Sonderumlage), nicht mehr nur für den Einzelfall,[472] sondern allgemein für alle zukünftigen Zahlungen regeln (vgl. dazu § 28 Rn 184). Auch Vorfälligkeitsregelungen und Verfallklauseln fallen darunter (vgl. dazu § 28 Rn 185). Daher können die Wohnungseigentümer auch – in Abänderung des § 366 Abs. 2 BGB – die Tilgungsreihenfolge für künftige Zahlungen, nicht hingegen für bereits eingetretene Tilgungswirkungen, regeln.[473]

134

III. Folgen des Verzugs

Die Voraussetzungen des Verzuges gemäß §§ 286 ff. BGB dürfen daher nicht abweichend geregelt werden (z.B. Zinsen ab Fälligkeit). Hierunter fallen Beschlüsse, die für den Fall des Verzuges übergesetzliche oder pauschalierte Verzugszinsen, die unabhängig von Eintritt und Höhe eines tatsächlichen Schadens über den in § 288 BGB vorgesehenen Prozentsatz hinausgehen, vorsehen. Derartige Regelungen widersprechen auch dann nicht ordnungsmäßiger Verwaltung, wenn sie über einen tatsächlich zu erwartenden Schaden hinaus einen gewissen Abschreckungseffekt erzielen sollen. Sittenwidrig überhöhte Zinsregelungen sind gemäß § 138 BGB nichtig.[474] Als Verzugsfolge kann auch eine Vertragsstrafe geregelt werden,[475] nicht aber bei einem Verstoß gegen eine Vermietungsbeschränkung.[476] Sonstige Vertragsstrafeverpflichtungen können also nur vereinbart werden.[477] Wegen des Eingriffs in den Kernbereich des Wohnungseigentums kann das Ruhen des Stimmrechts ebenso wenig als Verzugsfolge geregelt werden wie die Entziehung des Wohnungseigentums, für den § 18 Abs. 3 Spezialvorschrift ist.[478] § 21 Abs. 7 kann aber Rechtsgrundlage für eine Versorgungssperre (zu den Voraussetzungen vgl. § 28 Rn 228 f.) sein.[479]

135

IV. Kosten für besondere Nutzung des gemeinschaftlichen Eigentums

Hierunter fallen Nutzungen, die mit einer gesteigerten Inanspruchnahme des Gemeinschaftseigentums einhergehen und zumindest bei typisierender Betrachtung den Anfall besonderer Kosten wahrscheinlich machen.[480] Hierbei ist ein konkret-individueller Maßstab anzulegen.[481] Bezugsgröße ist also der sich hinsichtlich des gemeinschaftlichen Eigentums besonders schonend und sparsam verhaltende Wohnungseigentümer. Es kommt nicht entscheidend darauf an, ob die Nutzung den nach § 13 Abs. 2 zulässigen Gebrauch übersteigt.[482] Die Regelung kann für den Einzelfall, aber auch abstrakt-generell formuliert sein; sie kann vor oder nach der besonderen Nutzung beschlossen werden. Dies ermöglicht etwa die Festsetzung einer Umzugskostenpauschale, da Umzüge in Treppenhäusern und Aufzügen gewöhnlich zu stärkeren Verschmutzungen und zu Beschädigungen führen,[483] oder etwa einer Hundehaltungspauschale. Da solche Abnutzungen, Schäden und Kosten schwer oder nur mit unangemessenem Aufwand an Zeit und Kosten zu quantifizieren sind, liegt eine pauschalierende Regelung, die nicht darauf abhebt, ob im Einzelfall Kosten verursacht werden, im wohlverstandenen Interesse aller Wohnungseigentümer. Die Pauschale muss jedoch maßvoll bemessen sein und darf nicht zu einer ungerechtfertigten Ungleichbehandlung der Wohnungseigentümer führen.[484]

136

---

469 *Merle,* ZWE 2007, 321; *Müller,* ZWE 2008, 278.
470 OLG Düsseldorf 3 Wx 7/01, ZMR 2001, 723.
471 OLG Hamm I-15 Wx 222/10, ZMR 2011, 656; *Bärmann/Merle,* § 28 Rn 117.
472 Vgl. BGH V ZB 34/03, NJW 2003, 3550.
473 *Becker,* ZWE 2010, 231; *Merle,* ZWE 2011, 237; vgl. aber LG Köln 29 S 181/11, ZWE 2012, 280.
474 *Hügel/Elzer,* § 8 Rn 61: 20 % p.a. als äußerste Grenze.
475 *Bärmann/Merle,* § 21 Rn 153; Jennißen/*Heinemann,* § 21 Rn 115; **a.A.** *Schmid,* ZWE 2011, 347; *Köhler,* Rn 305.
476 Palandt/*Bassenge,* § 21 Rn 21; **a.A.** *Bärmann/Merle,* § 21 Rn 153.
477 Vgl. auch allgemein zu Vertragsstrafen im WE-Recht *Schmid,* ZWE 2011, 347.
478 *Müller,* ZWE 2008, 278.
479 *Keller,* WuM 2009, 267.
480 BGH V ZR 220/09, NZM 2010, 868; Palandt/*Bassenge,* § 21 Rn 22.
481 *Häublein,* ZMR 2007, 409; *Klimesch,* ZMR 2009, 342; **a.A.** LG Berlin 85 S 45/08, ZMR 2010, 225; *Merle,* ZWE 2007, 321: abstrakt-genereller Maßstab.
482 **A.A** *Hügel/Elzer,* § 8 Rn 64; *Müller,* ZWE 2008, 278.
483 BGH V ZR 220/09, NZM 2010, 868.
484 BGH V ZR 220/09, NZM 2010, 868.

Aufgrund dieser Vorschrift kann hingegen kein Entgelt (z.B. für die Nutzung eines Schwimmbades, eines Parkplatzes oder einer Waschmaschine) verlangt werden. Denn die Regelung erfasst nur Kosten, die durch die Nutzung verursacht werden.[485] Entgelte können aber als Gebrauchsregelungen gemäß § 15 Abs. 2 beschlossen werden.

V. Kosten für einen besonderen Verwaltungsaufwand

137 Dabei handelt es sich um zusätzliche Kosten, die durch einen **über** den normalen, **üblichen Aufwand** bei der Verwaltung des gemeinschaftlichen Eigentums **hinausgehenden, übermäßigen** Verwaltungsaufwand entstehen. Hierunter fallen z.B. eine Pauschale für die Nichtteilnahme am Lastschriftverfahren (vgl. § 28 Rn 179), ein Zuschlag für die Verwaltung vermieteten Wohnungseigentums,[486] eine Mahngebühr (vgl. auch § 28 Rn 200), eine Gebühr für die gerichtliche Geltendmachung von Beitragsforderungen (vgl. aber § 28 Rn 220) ebenso wie eine Gebühr für die prozessbedingte Zusatzarbeit bei Rechtsanwaltsbeauftragung,[487] Gebühr für die Erteilung einer Veräußerungszustimmung nach § 12, Gebühr für die Erstellung von Bescheinigungen aus steuerlichen Gründen,[488] Kosten, die durch die Anfertigung und Versendung besonders erbetener Kopien von Verwaltungsunterlagen, etwa in Ausübung des Einsichtsrechts in die Versammlungsniederschriften oder in die Beschlusssammlung entstehen, ebenso wie die Kosten für die Durchführung einer außerordentlichen Eigentümerversammlung. Ein besonderer Verwaltungsaufwand liegt aber nicht vor, wenn die vorstehenden Tätigkeiten durch die normale Vergütung des Verwalters abgegolten sind, weil sie zu seinen gesetzlichen Aufgaben gehören (z.B. die Anfertigung eines Mahnschreibens gemäß § 27 Abs. 1 Nr. 4; Unterrichtung über die Anhängigkeit eines Rechtsstreits gem. § 27 Abs. 1 Nr. 7; Gewährung von Einsicht in die Verwaltungsunterlagen). Der Umfang der Abgeltung ist ggf. durch Auslegung zu ermitteln. Ein besonderer Verwaltungsaufwand liegt also nur dann vor, wenn dem Verwalter für eine Tätigkeit eine Sondervergütung zusteht oder für eine nicht abgegoltene Tätigkeit bislang keine Vergütung vereinbart wurde.[489] Geregelt werden kann ein Kostenersatz durch die kostenverursachenden Wohnungseigentümer und die Verteilung dieser Kosten im Innenverhältnis.

Beispiel
Steht dem Verwalter aufgrund des Verwaltervertrages gegen die Gemeinschaft der Wohnungseigentümer ein Anspruch auf Zahlung einer Gebühr für die Fertigung einer Mahnung in Höhe von 10 EUR zu, so kann im Beschlusswege geregelt werden, dass der die Mahnung auslösende Wohnungseigentümer diese Kosten allein zu tragen hat. In der Jahresabrechnung sind sie allein auf ihn umzulegen. Wurde sie von diesem bereits beglichen, ist sie ihm als Einnahme gutzuschreiben und als Ausgabe zu belasten.

138 Nicht von der Beschlusskompetenz gedeckt ist die **Begründung einer Verpflichtung** unmittelbar zugunsten des Verwalters.[490]

139 Ein besonderer Verwaltungsaufwand kann aber auch dann vorliegen, wenn er **nicht beim Verwalter entstanden** ist (z.B. Rücklastschriftgebühren, Kosten für die Tätigkeit eines Ersatzzustellungsvertreters gemäß § 45 Abs. 2 und 3 oder des Verwaltungsbeirats).

H. Ermessensentscheidungen des Gerichts (Abs. 8)

140 Vor der Erstreckung der ZPO-Vorschriften auf Verfahren in Wohnungseigentumssachen entschied der Richter gemäß § 43 Abs. 2 a.F. nach billigem Ermessen, soweit bindende Vorgaben für eine Entscheidung fehlten.[491] Nunmehr ist § 21 Abs. 8 die **gesetzliche Grundlage** für Ermessensentscheidungen des Gerichts in Rechtsstreitigkeiten nach § 43 Nr. 1, die auf die Verwirklichung eines Anspruchs auf ordnungsmäßige Verwaltung gemäß § 21 Abs. 4 gerichtet sind. Da in der Regel mehrere unterschiedliche Maßnahmen den Anforderungen des § 21 Abs. 4 genügen und das Auswahlermessen insoweit grundsätzlich bei den Wohnungseigentümern in ihrer Gesamtheit liegt, wird das Gericht durch § 21 Abs. 8 ermächtigt, anstelle der Wohnungseigentümer eine **Regelung nach billigem Ermessen** zu treffen.

141 § 21 Abs. 8 setzt dabei zunächst voraus, dass die Wohnungseigentümer eine nach dem Gesetz **erforderliche Verwaltungsmaßnahme unterlassen** haben. Eine Maßnahme ist nach dem Gesetz erforderlich, wenn ein Anspruch auf die Verwaltungsmaßnahme gemäß § 21 Abs. 4 besteht. Die Notwendigkeit für solche Ermessensentscheidungen besteht in der Praxis z.B. bei Scheitern eines gemäß § 28 Abs. 5 WEG erforderlichen Mehrheitsbeschlusses über den Wirtschaftsplan[492] oder die Jahresabrechnung[493] über die Verwalterbestellung,[494] über eine Instandhaltungsmaßnahme[495] oder über eine Zuteilung von Kellerräumen, Garagen oder Stellplätzen.[496]

142 Weitere Voraussetzung für die Anwendbarkeit von § 21 Abs. 8 ist, dass sich die erforderliche Verwaltungsmaßnahme **weder aus dem Gesetz, einer Vereinbarung noch aus einem Beschluss** ergibt. Eine Verwaltungsmaßnahme ist ins-

---

485 *Bärmann/Merle*, § 21 Rn 158; **a.A.** *Hügel/Elzer*, § 8 Rn 63.
486 Vgl. OLG Frankfurt 20 W 260/90, ZMR 1991, 72.
487 Vgl. dazu *Greiner*, ZMR 2009, 403.
488 Z.B. Zinsbescheinigung, Bescheinigung über haushaltsnahe Dienstleistungen, vgl. KG 24 W 93/08, GE 2009, 723.
489 Ähnlich *Bärmann/Merle*, § 21 Rn 164, 165.
490 *Hügel/Elzer*, § 8 Rn 70; **a.A.** *Bärmann/Merle*, § 21 Rn 166.

491 Vgl. *Gaier*, NZM 2004, 527.
492 KG 24 W 4800/90, OLGZ 1991, 180.
493 KG 24 W 7393/90, OLGZ 1991, 434.
494 OLG Düsseldorf I-3 Wx 85/07, NZM 2008, 452.
495 OLG Hamm 15 W 166/06, ZMR 2007, 296.
496 KG 24 W 1434/90, NJW-RR 1990, 1495; KG 24 W 7352/93, NJW-RR 1994, 912.

besondere dann nicht erforderlich, wenn die Wohnungseigentümer in dieser Angelegenheit bereits beschlossen haben, mag dieser Beschluss auch nicht ordnungsmäßiger Verwaltung entsprechen. In diesem Fall ist der Wohnungseigentümer, der mit dieser Entscheidung der Wohnungseigentümer nicht einverstanden ist, auf die Anfechtungsklage beschränkt. Ist der Beschluss bereits bestandskräftig, fehlt dem klagenden Wohnungseigentümer ein Rechtsschutzbedürfnis für die von ihm erhobene Klage. Dies gilt grundsätzlich nicht für den Fall eines bloßen Negativbeschlusses, es sei denn dass dieser über die Antragsablehnung hinaus eine sachliche Regelung des Beschlussgegenstandes beinhaltet. Eine Ausnahme gilt auch, soweit der Kläger analog § 10 Abs. 2 S. 3 einen Anspruch auf Änderung des gefassten Beschlusses hat (vgl. dazu Rn 31). In den Fällen einer Anfechtungsklage kann der Kläger mit dieser einen Antrag gemäß § 21 Abs. 8 zu verbinden. Aber auch die Beklagten können im Wege einer Hilfswiderklage für den Fall, dass die beschlossene Verwaltungsmaßnahme auf Anfechtung hin für ungültig erklärt wird, einen Antrag gemäß § 21 Abs. 8 stellen. Das Gericht kann aber eine andere als die in dem angefochtenen Beschluss getroffene Maßnahme erst mit Wirkung für den Zeitpunkt bestimmen, in dem der angefochtene Beschluss rechtskräftig für ungültig erklärt ist.[497]

Ein **Rechtsschutzbedürfnis** für eine Klage nach § 21 Abs. 8 besteht ebenso wie bei einer Klage nach § 21 Abs. 4 grundsätzlich nur dann, wenn zuvor versucht wurde, eine Entscheidung der Wohnungseigentümerversammlung herbeizuführen.[498] Insoweit wird zunächst auf die vorhergehenden Ausführungen verwiesen (vgl. Rn 47). Ist eine Beschlussfassung der Wohnungseigentümer bislang nur an der Weigerung des Verwalters gescheitert, eine Eigentümerversammlung einzuberufen oder einen entsprechenden Tagesordnungspunkt anzukündigen, kann sich das Gericht im Rahmen eines Antrages nach § 21 Abs. 8 auf Anordnungen zur Durchführung einer Eigentümerversammlung beschränken. 143

Bei Vorliegen der Voraussetzungen des § 21 Abs. 8 lässt das Gesetz einen **unbestimmten Klageantrag** zu. Ohne die Möglichkeit einer Ermessensentscheidung des Gerichts wäre der Wohnungseigentümer, wegen § 253 Abs. 2 Nr. 2 ZPO gezwungen, dem Gericht mit dem Klageantrag eine bestimmte Verwaltungsmaßnahme – etwa ein exakt formulierten Wirtschaftsplan – zu unterbreiten. Der Kläger darf sich aber nicht darauf beschränken, z.B. den Erlass eines in keiner Weise konkretisierten Wirtschaftsplanes zu beantragen. Erforderlich ist insoweit, dass der Kläger den Regelungsbedarf hinreichend beschreibt und sämtliche Grundlagen für die Bestimmung der Verwaltungsmaßnahme liefert.[499] Umgekehrt kann das Gericht nur dann eine Ermessensentscheidung nach § 21 Abs. 8 treffen, wenn der Kläger einen entsprechenden Klageantrag gestellt hat (§ 308 ZPO). Kläger kann nur ein Wohnungseigentümer, nicht hingegen der Verwalter sein, der dem Rechtsstreit nicht einmal beizuladen ist, vgl. § 48 Abs. 1 S. 2. Die Klage ist gegen alle übrigen Wohnungseigentümer, nicht gegen die Gemeinschaft der Wohnungseigentümer zu richten. Sie sind insoweit notwendige Streitgenossen im Sinne von § 62 ZPO. 144

§ 21 Abs. 8 zielt auf eine Gestaltung der materiellen Rechtslage, denn durch das Urteil wird das Rechtsverhältnis der Wohnungseigentümer untereinander unmittelbar gestaltet, indem es die Wohnungseigentümer zu einer Beschlussfassung über eine bestimmte zu treffende Verwaltungsmaßnahme verurteilt oder – im Falle einer Ermessensreduzierung auf Null – die Vornahme der Maßnahme (= Erlass des Beschlusses) unmittelbar anordnet.[500] Im letztgenannten Fall stellt sich die Rechtslage nicht anders dar, als hätten die Wohnungseigentümer einen Beschluss über die Vornahme der Maßnahme gefasst.[501] Es ergeht also wie bei der Anfechtungsklage ein **Gestaltungsurteil**. Da das Gericht anstelle der Wohnungseigentümer entscheidet, muss sich die Entscheidung des Gerichts im Rahmen dessen halten, was auch die Wohnungseigentümer regeln können. Die Kostenentscheidung trifft das Gericht nach Maßgabe von § 49 Abs. 1 (vgl. dazu § 49 Rn 16). 145

Nach Rechtskraft der gerichtlichen Entscheidung können die Wohnungseigentümer diese -wie jeden anderen Beschluss auch – im Wege eines sog **Zweitbeschlusses** – ersetzen, nicht aber aufheben, ohne eine neue eigenständige Regelung zu treffen. Anderenfalls würde die durch die gerichtliche Entscheidung geschlossen Regelungslücke wieder neu entstehen. Da dies die Rechtskraft der gerichtlichen Entscheidung missachtet, ist ein solcher Beschluss nicht nur anfechtbar, sondern mangels Beschlusskompetenz nichtig.[502] 146

---

497 Jennißen/Suilmann, § 21 Rn 142.
498 BGH V ZR 114/09, NZM 2010, 205.
499 Palandt/Bassenge, § 21 WEG Rn 12.
500 OLG Düsseldorf I-3 Wx 85/07, NZM 2008, 452; OLG München 32 Wx 082/09, WuM 2010, 380.
501 BGH V ZR 55/11, ZWE 2012, 177.
502 Jennißen/Suilmann, § 21 Rn 133.

Anhang zu § 21 Die Durchsetzung von Mängelrechten wegen anfänglicher Baumängel am gemeinschaftlichen Eigentum

A. Bauträgervertrag 1	2. Ausnahmen 46
B. Anwendung von Werkvertragsrecht 6	3. Anspruchshöhe 49
C. Ausschluss der Mängelhaftung 11	V. Rücktritt und großer Schadensersatz 51
D. Die Mängelhaftung des BGB-Werkvertrags ... 13	VI. Beschlüsse 55
I. Anspruch auf Nacherfüllung 13	VII. Ansprüche innerhalb der Gemeinschaft 56
II. Anspruch auf Selbstvornahme 17	F. Leistungsverweigerungsrecht 59
III. Rücktritt, Minderung und Schadensersatz .. 18	G. Verjährung 60
E. Die Durchsetzung der Mängelrechte 22	I. Allgemeines 60
I. Allgemeines 22	II. Hemmung der Verjährung 63
II. Inhaber der Rechte 23	III. Neubeginn der Verjährung 66
III. Anspruch auf Nacherfüllung 24	H. Die Abnahme des gemeinschaftlichen
1. Primäre Einzelbefugnis 25	Eigentums 68
2. Ausübungsbefugnis der Wohnungseigentümer-	I. Begriff der Abnahme 68
gemeinschaft 32	II. Form der Abnahme 69
IV. Minderung und kleiner Schadensersatz 36	III. Folgen der Abnahme 70
1. Primäre Ausübungsbefugnis der Gemein-	IV. Zuständigkeit für die Abnahme 75
schaft 37	

Literatur: *Auktor,* Zwang zur Geltendmachung des Nachbesserungsanspruchs des Wohnungseigentümers gegen den Bauträger, NZM 2002, 239; *Basty,* Der Bauträgervertrag – Überblick unter Berücksichtigung der Schuldrechtsmodernisierung, ZWE 2002, 381; *ders.,* Zur Abnahme des Gemeinschaftseigentums, FS Wenzel, 2005, S. 103; *Blackert,* Die Wohnungseigentümergemeinschaft im Zivilprozess, 1999; *Derleder* Wohnungseigentum unter modernisiertem Werkvertragsrecht, NZM 2003, 81; *ders.,* Die gemeinschaftsbezogenen Mängelrechte gemäß § 10 VI 3 WEG gegenüber dem Bauträger, ZWE 2009, 1; *Drasdo,* Mehr- und Reihenhausanlagen unter MaBV, NZM 2003, 961; *Dworok,* Die Abnahme des Gemeinschaftseigentums, GE 2008, 38; *Gaier,* Der Beginn der regelmäßigen Verjährung von gemeinschaftlichen Ansprüchen der Wohnungseigentümer nach neuem Recht, NZM 2003, 90; *Habscheid,* Die Verfügung über Sachmängelansprüche bezüglich des Gemeinschaftseigentums der Wohnungseigentümergemeinschaft unter besonderer Berücksichtigung des Insolvenzverfahrens, NZI 2000, 568; *Häublein,* Die Gestaltung der Abnahme des gemeinschaftlichen Eigentums beim Erwerb neu errichteter Eigentumswohnungen, DNotZ 2002, 68; *Hügel,* Ausübungsbefugnis der Wohnungseigentümergemeinschaft für die Abnahme des Gemeinschaftseigentums und zur Verfolgung von Mängelrechten, ZMR 2008, 855; *Köhler,* Bauträgervertrag – Rechte des einzelnen Erwerbers wegen Mängeln am Gemeinschaftseigentum, MDR 2005, 1148; *Lotz,* Die Abnahme und das WEG – Die Besonderheiten, BauR 2008, 740; *v. Oefele,* Abnahmeregelungen für das Gemeinschaftseigentum nach der WEG-Novelle, DNotZ 2011, 249; *Ott,* Die Verfolgung von Mängelrechten gegen den Bauträger – Wedelt der Schwanz mit dem Hund?, NZM 2007, 506; *ders.,* Die Abnahme des Werkes bei Gemeinschaftseigentum, ZWE 2010, 157; *Pauly,* Zur Problematik formularvertraglicher Abnahmeklauseln betreffend das Gemeinschaftseigentum von Eigentumswohnanlagen, ZMR 2011, 532; *ders.* Zur Notwendigkeit rechtsgeschäftlichen Erklärungsbewusstseins bei der Abnahme von Gemeinschaftseigentum, ZWE 2011, 349; *Pause,* Bauträgervertrag: Teilrechtsfähigkeit der Wohnungseigentümergemeinschaft und die Geltendmachung von Mängeln am Gemeinschaftseigentum, BTR 2005, 205; *Pause/Vogel,* Auswirkungen der WEG-Reform auf die Geltendmachung von Mängeln am Gemeinschaftseigentum, ZMR 2007, 577; *Riesenberger,* Abnahme des gemeinschaftlichen Eigentums, NZM 2004, 537; *Mathias Schmid,* Warum es keine Zuständigkeit der WEG für die sog. „Mängel am Gemeinschaftseigentum" gibt, BauR 2009, 727; *Schulze-Hagen,* Die Ansprüche des Erwerbers wegen Mängeln am Gemeinschaftseigentum, ZWE 2007, 113; *Schuska,* Die Wirksamkeit des Haftungsausschlusses für Sachmängel beim Erwerb sanierter Altbauten, NZM 2009, 108; *Vogel,* Die Abnahme des Gemeinschaftseigentums – ein (immer noch) ungelöstes Problem, FS Merle, 2010, 375; *Wendel,* Gewährleistungsrechte der Wohnungseigentümer nach dem Schuldrechtsmodernisierungsgesetz, ZWE 2002, 57; *Wenzel,* Rechte der Erwerber bei Mängeln am Gemeinschaftseigentum – Eine systematische Betrachtung, ZWE 2006, 1109; *ders.,* Die Zuständigkeit der Wohnungseigentümergemeinschaft bei der Durchsetzung von Mängelrechten der Ersterwerber, NJW 2007, 1905.

A. Bauträgervertrag

1 Die typische Form des Erwerbs einer neu errichteten oder neu zu errichtenden Eigentumswohnung ist der Kauf vom Bauträger. Bauträger ist, wer gewerbsmäßig Bauvorhaben (als Bauherr) im eigenen Namen und in der Regel für eigene Rechnung vorbereitet oder durchführt (vgl. § 34c Abs. 1 Nr. 2a GewO).[1]

2 Der Bauträger erbringt wirtschaftliche und technische Leistungen. Er baut regelmäßig auf eigenem Grundstück oder lässt dort bauen. Er verkauft in aller Regel zu einem Festpreis ein Grundstück mit der Verpflichtung, dort ein schlüsselfertiges Gebäude zu errichten. Der Bauträgervertrag ist ein aus Kauf- und Werkvertragselementen zusammengesetzter Vertrag.[2] Der Vertrag zwischen Bauträger und Erwerber ist – soweit er das Grundstück betrifft – Kaufvertrag. Der Vertrag ist aber insgesamt, d.h. auch soweit er die Bauverpflichtung betrifft, gemäß **§ 311b Abs. 1 BGB** zu beurkunden, da es sich um einen einheitlichen Vertrag handelt.[3]

---

1 Zur Entwicklung des Begriffs vgl. *Seuß,* WE 1993, 266.
2 H.M., vgl. BGH VII ZR 268/83, NJW 1985, 2573; BGH VII ZR 366/83, NJW 1986, 925.
3 BGH VII ZR 12/80, NJW 1981, 274.

Die werkvertragliche **Vergütung** wird gemäß § 641 BGB mit Abnahme fällig. Abschlagszahlungen können nach § 632a BGB beansprucht werden. In der Praxis wird für Bauträgerverträge regelmäßig eine Vergütung nach Baufortschritt gemäß MaBV vereinbart. Die auf der Grundlage von Art. 244 EGBGB ergangene VO über Abschlagszahlungen bei Bauträgerverträgen v 23.5.2001 (BGBl I S. 981) stellt klar, dass dies grundsätzlich zulässig ist. Abweichungen von den Regelungen der MaBV sind unwirksam und führen zur Anwendung des BGB-Werkvertragsrechts. Noch nicht abschließend geklärt ist, ob formularmäßige Vergütungsregelungen, die mit der MaBV vereinbar sind, im Hinblick auf die KlauselRL wirksam vereinbart werden können.[4]

Der Bauträger beauftragt häufig einen Generalunternehmer, der nicht selten seinerseits Subunternehmer einschaltet. Der Vertrag zwischen Bauträger und Generalunternehmer ist Werkvertrag. Ebenso die Verträge zwischen Generalunternehmer und Subunternehmern. Es kann sich dabei jeweils um einen Werkvertrag nach BGB oder VOB/B handeln. Daneben können Verträge mit so genannten Bausonderfachleuten bestehen, z.B. Architekt, Statiker, Ingenieur.

Beim Erwerb im sog. **Bauherrenmodell** werden dagegen aus steuerlichen Gründen die Erwerber, vertreten durch den Baubetreuer, als Bauherren unmittelbar Vertragspartner der Bauhandwerker.[5] Baubetreuer ist hier, wer gewerbsmäßig Bauvorhaben in fremdem Namen vorbereitet oder durchführt (vgl. § 34c Abs. 1 Nr. 2a GewO; Baubetreuung im engeren Sinn). Der einzelne Erwerber haftet aber den Bauhandwerkern für die Herstellungskosten, bei denen es sich nicht um Verwaltungsschulden, sondern um sog. Aufbauschulden handelt, entgegen § 427 BGB regelmäßig nicht als Gesamtschuldner, sondern nur anteilig.[6]

B. Anwendung von Werkvertragsrecht

Für Mängelansprüche des Erwerbers eines Grundstücks mit vom Veräußerer darauf zu errichtenden oder im Bau befindlichen Haus oder Eigentumswohnung gilt nach gefestigter Rechtsprechung des BGH in aller Regel Werkvertragsrecht.[7] Dies gilt auch, wenn der Vertrag als Kaufvertrag und die Vertragsparteien als Käufer und Verkäufer bezeichnet sind. Unerheblich ist auch, in welchem Umfang das Gebäude oder die Eigentumswohnung bei Vertragsschluss schon fertig gestellt ist. Selbst wenn der Bau bei Vertragsschluss schon fertig ist, richtet sich die Mängelhaftung nach Werkvertragsrecht.[8] Entscheidend ist die zum Vertragsinhalt gemachte Verpflichtung des Grundstücksveräußerers zur Erstellung des Bauwerks,[9] die sich aus den Umständen, dem Sinn und Zweck des Veräußerungsvertrages, seiner wirtschaftlichen Bedeutung und der Interessenlage der Vertragsparteien ergeben kann.[10] Bei bereits fortgeschrittenem Bau besteht die Erstellungsverpflichtung darin, das Bauwerk fertig zu stellen.[11] Eine formularmäßige Bestimmung, dass der Vertrag über die Veräußerung einer Eigentumswohnung mit der Verpflichtung des Veräußerers zur Fertigstellung nicht Werkvertrag, sondern Kaufvertrag sein soll hat die Rspr. als unwirksam eingestuft.[12]

Ein nach Werkvertragsrecht zu beurteilender Erwerbsvertrag liegt auch dann vor, wenn ein **Altbau** in eine Eigentumswohnungsanlage umgewandelt wird und den Veräußerer eine der Neuerrichtung vergleichbare **Herstellungsverpflichtung** trifft.[13] Übernimmt der Veräußerer vertraglich Bauleistungen, die insgesamt nach Umfang und Bedeutung Neubauarbeiten vergleichbar sind, haftet er nicht nur für die ausgeführten Umbauarbeiten, sondern auch für die in diesem Bereich vorhandene Altbausubstanz nach den Regeln des Werkvertrags; dies gilt auch dann, wenn die vom Veräußerer übernommenen Arbeiten vor Vertragsschluss bereits ausgeführt wurden.[14] Unerheblich ist, ob in den Baubestand der Fundamente, Außenwände und Geschossdecken eingegriffen wurde.[15]

Die Rechtsprechung des BGH zur Wirksamkeit von Haftungsausschlüssen in Verträgen über die Veräußerung neu errichteter, im Bau befindlicher oder noch zu errichtender Eigentumswohnungen kann aber auf Veräußerungsverträge über Grundstücke mit **Altbauten ohne Herstellungsverpflichtung** des Veräußerers nicht übertragen werden.[16] Bei dem Erwerb einer Altbauwohnung richten sich die Ansprüche deshalb nach Kaufrecht, wenn die Wohnung lediglich renoviert wurde, ohne dass Sanierungsmaßnahmen erfolgten, die nach Art und Umfang dem Neubau von Wohnungen gleichzusetzen wären.[17]

Die vorstehenden Abgrenzungskriterien gelten trotz Angleichung der Mängelhaftung durch das Schuldrechtsmodernisierungsgesetz weiter.[18]

Ab welchem Zeitpunkt der Erwerb einer Wohnung vom Bauträger als Verkauf einer gebrauchten Eigentumswohnung eingestuft werden kann, hat der BGH noch nicht entschieden. Maßgebend ist, ob der Erwerber nach der Verkehrs-

---

4 Zu Problemen bei Mehr- und Reihenhausanlagen siehe *Drasdo*, NZM 2003, 961.
5 Vgl. etwa BGH VII ZR 187/78, NJW 1979, 2101.
6 BGH VII ZR 187/78, NJW 1979, 2101.
7 Vgl. etwa BGH VII ZR 308/77, NJW 1979, 1406 m.w.N.; BGH VII ZR 30/78, NJW 1979, 2207.
8 Vgl. etwa BGH VII ZR 36/76, NJW 1977, 1336.
9 BGH VII ZR 36/76, NJW 1977, 1336.
10 BGH VII ZR 155/72, NJW 1973, 1235.
11 BGH VII ZR 269/73, NJW 1976, 515.
12 BGH VII ZR 30/78, NJW 1979, 2207.
13 St. Rspr. vgl. BGH VII ZR 303/04, NZM 2006, 902; BGH, VII ZR 210/05, NZM 2007, 519 m.w.N.
14 BGH VII ZR 210/05, NZM 2007, 519.
15 BGH VII ZR 210/05, NZM 2007, 519.
16 BGH VII ZR 117/04, NZM 2006, 21.
17 Vgl. OLG Frankfurt 4 U 106/91, NJW-RR 1993, 121.
18 Vgl. BGH VII ZR 210/05, NZM 2007, 519; *Schuska*, NZM 2009, 108, 109; *Klein* in: Bärmann, Anh. § 10 Rn 5 m.w.N.

anschauung die Wohnung nicht mehr als für sich errichtet bzw. hergestellt werten kann, wofür die Umstände des Einzelfalles ausschlaggebend sind.[19] Von einer gebrauchten Wohnung kann man ausgehen, wenn sich aus dem Gesamtinhalt des Veräußerungsvertrages keine Hinweise auf die Erstellungspflicht des Bauträgers ergeben und die Wohnung über längere Zeit benutzt worden ist. Um den Verkauf einer gebrauchten Wohnung handelt es sich jedenfalls dann, wenn der Verkauf zwei Jahre nach Errichtung erfolgt.[20]

C. Ausschluss der Mängelhaftung

11 Bei Veräußerungsverträgen über neu errichtete, im Bau befindliche oder erst zu errichtende Häuser oder Eigentumswohnungen ist die formularmäßige völlige Freizeichnung des Veräußerers von der Gewährleistung unangemessen und unwirksam, wobei es keinen Unterschied macht, ob das Formblatt vom Notar oder vom Veräußerer stammt.[21] Auch der formelhafte Ausschluss in einem notariellen Individualvertrag ist nach § 242 BGB unwirksam, es sei denn, die Freizeichnung wurde mit dem Erwerber unter ausführlicher Belehrung über die einschneidenden Rechtsfolgen eingehend erörtert.[22] Der nach den Regeln des Werkvertrags haftende Veräußerer von Wohnungen eines sanierten Altbaus kann gemäß § 309 Nr. 8 lit b, aa BGB die Haftung auch nicht für die Mängel der unberührt gebliebenen Bausubstanz formularmäßig ausschließen.[23]

12 Der Bauträger kann seine Haftung auch nicht auf die Abtretung seiner eigenen Ansprüche gegen den Generalunternehmer beschränken. Die formularmäßige Freizeichnung ist nur insoweit möglich, als sich der Erwerber aus den abgetretenen Ansprüchen schadlos halten kann.[24] Das Risiko, dass die Schadloshaltung fehlschlägt, trägt der Veräußerer, der deshalb selbst haftet, sobald der Bauunternehmer zahlungsunfähig geworden ist. Der Erwerber einer Eigentumswohnung hat danach in erster Linie Ansprüche nach den §§ 631 ff. BGB gegen den Bauträger.

D. Die Mängelhaftung des BGB-Werkvertrags

I. Anspruch auf Nacherfüllung

13 Bis zur Abnahme gemäß § 640 BGB (vgl. dazu Rn 68 ff.) hat der Erwerber Anspruch auf Erfüllung, d.h. auf Herstellung des versprochenen (§ 631 Abs. 1 BGB), also mangelfreien Werkes.[25] Ist das Werk mangelhaft, kann der Erwerber Nacherfüllung verlangen (§§ 634 Nr. 1, 635 BGB), es sei denn, diese ist unzumutbar oder unmöglich (§ 635 Abs. 3 BGB). Der Anspruch auf Nacherfüllung erlischt nicht durch den Ablauf einer zur Nacherfüllung gesetzten Frist.

14 Auch nach der Abnahme hat der Erwerber primär Anspruch auf Nacherfüllung (§§ 634 Nr. 1, 635 BGB). Hierbei handelt es sich noch nicht um einen Mängelhaftungsanspruch im eigentlichen Sinn, sondern um einen modifizierten Erfüllungsanspruch.[26] Der ursprüngliche Erfüllungsanspruch konkretisiert sich aber ab Abnahme auf das hergestellte und bereits als Erfüllung angenommene Werk. Die Nacherfüllung kann durch Beseitigung des Mangels oder Neuherstellung erfolgen (§ 635 Abs. 2 BGB). Ist die Nacherfüllung durch Beseitigung des Mangels am hergestellten Werk nicht möglich, kann Neuherstellung verlangt werden.[27] Der Anspruch auf Nacherfüllung entfällt auch hier, wenn diese unzumutbar oder unmöglich ist (§ 635 Abs. 3 BGB).

15 Voraussetzung für den Anspruch auf Nacherfüllung ist ein **Mangel** (§ 633 BGB).

16 Der Mangel darf seine Ursache nicht im Verantwortungsbereich des Erwerbers haben. Worauf er sonst beruht, ist gleichgültig. Unerheblich ist, ob der Werkunternehmer Fachmann ist, ob der Mangel erkennbar ist oder ob der Mangel auf einem Verschulden beruht. Das Beseitigungsverlangen muss den Mangel konkret bezeichnen.

II. Anspruch auf Selbstvornahme

17 Der Erwerber kann den Mangel selbst beseitigen oder beseitigen lassen und Ersatz der erforderlichen Aufwendungen hinterher oder als Vorschuss verlangen (§§ 634 Nr. 2, 637 BGB). Voraussetzung ist der erfolglose Ablauf einer zur Nacherfüllung bestimmten angemessenen Frist, soweit nicht die Fristsetzung gemäß §§ 323 Abs. 2, 637 Abs. 2 BGB entbehrlich ist.

III. Rücktritt, Minderung und Schadensersatz

18 Der Erwerber kann gemäß § 634 Nr. 3 BGB nach den §§ 636, 323 und 326 Abs. 5 BGB vom Vertrag zurücktreten oder nach § 638 BGB die Vergütung mindern.

19 Voraussetzung ist auch hier, dass erfolglos eine angemessene Frist zur Nacherfüllung gesetzt worden war (§ 323 Abs. 1 BGB), soweit dies nicht gemäß §§ 281 Abs. 2, 323 Abs. 2, 636 BGB entbehrlich ist.

---

19 Doerry, ZfBR 1982, 189, 190.
20 Vgl. OLG Schleswig BauR 1982, 60.
21 BGH VII ZR 308/77, NJW 1979, 1406.
22 BGH VII ZR 117/04, NZM 2006, 21, 23.
23 BGH VII ZR 210/05, NZM 2007, 519 m.w.N.
24 BGH VII ZR 30/78, NJW 1979, 2207.
25 BGH X ZR 27/91, NJW-RR 1992, 1078.
26 BGH VII ZR 222/73, NJW 1976, 143.
27 Vgl. BGH VII ZR 303/84, JZ 1986, 291, 294 m. Anm. *Kohler*.

Gemäß § 634 Nr. 4 BGB kann der Erwerber nach den §§ 636, 280, 281, 283 und 311a BGB Schadensersatz oder nach § 284 BGB Ersatz vergeblicher Aufwendungen verlangen. Hat der Erwerber Schadensersatz statt der Leistung verlangt, ist gemäß § 281 Abs. 4 BGB das Recht auf Nacherfüllung und Selbstvornahme ausgeschlossen.

Bei dem Anspruch auf Schadensersatz ist zu unterscheiden zwischen dem kleinen Schadensersatz und dem großen Schadensersatz. Bei dem **großen Schadensersatz** wird das mangelhafte Werk insgesamt zurückgewiesen und Schadensersatz statt der ganzen Leistung verlangt. Voraussetzung ist eine erhebliche Pflichtverletzung (§ 281 Abs. 1 S. 3 BGB), also erhebliche Mängel.[28] Bei dem **kleinen Schadensersatz** behält der Erwerber die Eigentumswohnung und macht Schadensersatz statt der Leistung unter Berücksichtigung des Empfangenen geltend. Der Erwerber kann insoweit die Nachteile ersetzt verlangen, die er durch die mangelhafte Erfüllung erlitten hat. Dies sind insbesondere die Kosten der Mangelbeseitigung, ein verbleibender Minderwert oder entgangener Gewinn.

E. Die Durchsetzung der Mängelrechte

I. Allgemeines

Die Antwort auf die Frage, wie die Ansprüche durchgesetzt werden können, hat neben den Interessen des einzelnen Wohnungseigentümers einerseits das Interesse der übrigen Wohnungseigentümer an der Durchsetzung gemeinschaftsbezogener und sonstiger Ansprüche, die sinnvollerweise gemeinschaftliche durchgesetzt, und andererseits das Interesse des Bauträgers an einer übersichtlichen Haftungslage, die eine unterschiedliche Inanspruchnahme ausschließt, zu berücksichtigen.

II. Inhaber der Rechte

Der einzelne Wohnungseigentümer hat aus dem Erwerbsvertrag einen individuellen Anspruch auf mangelfreie Werkleistung auch in Bezug auf das gesamte gemeinschaftliche Eigentum. **Inhaber aller in Betracht kommenden Ansprüche** wegen Mängeln des gemeinschaftlichen Eigentums **sind die einzelnen Ersterwerber.** Jeder einzelne Erwerber von Wohnungseigentum ist grundsätzlich berechtigt, seine individuellen Rechte aus dem Vertrag mit dem Veräußerer selbstständig zu verfolgen, solange durch sein Vorgehen gemeinschaftsbezogene Interessen der Wohnungseigentümer oder schützenswerte Interessen des Veräußerers nicht beeinträchtigt sind.[29] Die Wohnungseigentümergemeinschaft als Verband ist nicht Inhaberin der Rechte, weil sie nicht Vertragspartnerin des Erwerbsvertrags ist. Ihr ist aber gemäß § 10 Abs. 6 S. 3 die **Ausübung** von gemeinschaftsbezogenen Rechten zugewiesen. Zudem kann sie die Ausübung sonstiger Rechte, deren gemeinschaftliche Durchsetzung sinnvoll ist, an sich ziehen.

III. Anspruch auf Nacherfüllung

Der Bauträger soll die Mängel insgesamt nur einmal beseitigen, weshalb die Nachbesserungsansprüche auf eine unteilbare Leistung gerichtet sind. Der einzelne Wohnungseigentümer kann deshalb Nacherfüllung hinsichtlich des gemeinschaftlichen Eigentums, d.h. die ganze Leistung verlangen, denn es besteht mangels teilbarer Leistung keine Teilgläubigerschaft gemäß § 420 BGB.[30] Dies gilt auch, wenn andere Wohnungseigentümer ihre Ansprüche wegen Verjährung nicht mehr durchsetzen können.[31] Weil ein **Vorschuss** für die Beseitigung von Mängeln verwendet werden muss und die Entscheidung darüber, wie dies im Einzelnen zu geschehen hat, allen Wohnungseigentümer gemeinschaftlich obliegt, ist die Vorschussklage auf Zahlung an die Gemeinschaft zu richten.[32] Daraus folgt, dass auch der Anspruch auf Nacherfüllung selbst in der Weise geltend zu machen ist, dass auf Leistung an alle zu klagen ist, denn im Rahmen der Vollstreckung nach § 887 Abs. 2 ZPO kann dieser Anspruch in einen Anspruch auf Vorschuss übergehen. Die Ansprüche, die auf Nacherfüllung gerichtet sind, stehen den Wohnungseigentümern deshalb als **Gesamtberechtigten gemäß § 432 BGB** zu.[33] Aus den gleichen Gründen wie ein Erwerber die Zahlung von Kosten der Mängelbeseitigung am Gemeinschaftseigentum regelmäßig nicht an sich verlangen kann, hat er auch nicht die Möglichkeit, mit diesem Ersatzanspruch gegen eine von ihm noch geschuldete restliche Vergütung ohne weiteres **aufzurechnen**.[34] Haben jedoch einzelne Erwerber den Veräußerer in Verzug mit der Beseitigung von Mängeln am Gemeinschaftseigentum gesetzt und danach die Mängel beseitigen lassen, können sie Zahlung des Aufwendungsersatzes an sich verlangen, denn nach mangelfreier Herstellung des Gemeinschaftseigentums hat die Wohnungseigentümergemeinschaft kein schützenswertes Interesse, die Mittel zu erlangen, die einzelne Erwerber zur Beseitigung der Mängel aufgewandt haben.[35]

---

28 *Wendel*, ZWE 2002, 57, 59.
29 BGH VII ZR 236/05, NJW 2007, 1952 Tz. 18 m.w.N.
30 BGH VII ZR 30/78, NJW 1979, 2207, 2208.
31 BGH VII ZR 72/84, NJW 1985, 1551, 1552.
32 BGH VII ZR 236/05, NJW 2007, 1952 Tz. 18 m.w.N.
33 Ebenso *Klein* in: Bärmann, Anh. § 10 Rn 10.
34 BGH VII ZR 50/06, NJW 2007, 1957, Tz. 75.
35 BGH VII ZR 304/03, NZM 2005, 792.

1. Primäre Einzelbefugnis

25 Den auf ordnungsgemäße Erfüllung gerichteten Anspruch auf Nacherfüllung kann hinsichtlich des gemeinschaftlichen Eigentums jeder einzelne Erwerber auch ohne vorherigen Mehrheitsbeschluss grundsätzlich allein geltend machen.[36] Das mit dem Interesse der Gemeinschaft übereinstimmende Nacherfüllungsverlangen beeinträchtigt schützenswerte Interessen des Veräußerers nicht, zumal alle Wohnungseigentümer primär zunächst nur diesen Anspruch haben.[37] Dies gilt auch, wenn es darum geht, Nacherfüllungsansprüche, die der Bauträger an die Gemeinschaft abgetreten hat, gegen Bauhandwerker geltend zu machen.[38]

26 Jeder einzelne Wohnungseigentümer kann ferner selbstständig den Anspruch auf **Aufwendungsersatz** und **Vorschuss für die Selbstvornahme** gerichtet auf Zahlung an die Gemeinschaft geltend machen.[39] Die Durchführung der Selbstvornahme erfordert allerdings grundsätzlich einen Beschluss der Wohnungseigentümer, denn die Instandsetzung des gemeinschaftlichen Eigentums ist eine Maßnahme der gemeinschaftlichen Verwaltung. Auch Ansprüche aufgrund einer **Gewährleistungsbürgschaft**, die den Zweck hat, eine schnelle Nachbesserung zu ermöglichen, indem die dafür erforderlichen Mittel alsbald verfügbar sind, kann jeder einzelne Erwerber selbstständig gerichtlich geltend machen.[40]

27 Dies gilt auch, wenn andere Wohnungseigentümer ihre Ansprüche wegen Verjährung nicht mehr durchsetzen können.[41]

28 Der Einzelklagebefugnis steht nicht entgegen, dass der Nachbesserungsanspruch auf die Instandsetzung des gemeinschaftlichen Eigentums gerichtet ist, die nach § 21 Abs. 1, Abs. 5 Nr. 2 der Wohnungseigentümergemeinschaft obliegt. Etwaige aus der Verwaltungsbefugnis der Wohnungseigentümergemeinschaft sich ergebende Beschränkungen gelten nur für das Innenverhältnis zwischen den Wohnungseigentümern.[42]

29 **Vorschüsse** auf die Kosten der Mangelbeseitigung, die einzelne Wohnungseigentümer oder die Gemeinschaft vom Bauträger erlangt haben, sind gemeinschaftlich zur Beseitigung der Mängel zu verwenden. Dies gilt unabhängig davon, wie die Mittel erlangt wurden, außergerichtlich durch freiwillige Zahlung des Bauträgers, nach erfolgreicher Klage auf Vorschuss oder nach Vollstreckung eines Urteils, das den Bauträger zur Beseitigung der Mängel verpflichtet (§ 887 Abs. 1 und 2 ZPO).

30 Die Vorschusszahlung ist grundsätzlich gegenüber dem Bauträger abzurechnen. Soweit sie nicht verbraucht wird, ist sie zurückzuzahlen. Das kommt insbesondere dann in Betracht, wenn sich später herausstellen sollte, dass die von einem Wohnungseigentümer angestrebte Mangelbeseitigung innerhalb der Gemeinschaft nicht durchsetzbar ist. Den nicht benötigten Teil des Vorschusses kann der Bauträger aber auch dann zurückverlangen, wenn er von mehreren Wohnungseigentümern nebeneinander auf Zahlung in Anspruch genommen worden war.[43]

31 Wird über das Vermögen des Bauträgers das Insolvenzverfahren eröffnet, verlieren Ansprüche auf Nachbesserung ihre Durchsetzbarkeit. An ihre Stelle tritt ein Ersatzanspruch aus § 103 Abs. 2 S. 1 InsO.[44] Die Höhe dieses Ersatzanspruchs des einzelnen Wohnungseigentümers richtet sich nach dem Unterschied des Werts seiner Wohnung bei mangelfreiem Gemeinschaftseigentum zum Wert der Wohnung angesichts des Mängel. Die Wertminderung der konkreten Wohnung richtet sich nach der durch den Miteigentumsanteil bestimmten Quote des gesamten Minderwerts, der sich nach dem Gesamtnachbesserungsaufwand richtet, wenn die Mängel des Gemeinschaftseigentums keine Auswirkungen auf das Sondereigentum haben.[45]

2. Ausübungsbefugnis der Wohnungseigentümergemeinschaft

32 Die Wohnungseigentümergemeinschaft **kann** im Rahmen der ordnungsgemäßen Verwaltung des Gemeinschaftseigentums **die Ausübung** der auf die ordnungsgemäße Herstellung des Gemeinschaftseigentums gerichteten Rechte der einzelnen Erwerber aus den Verträgen mit dem Veräußerer **durch Mehrheitsbeschluss an sich ziehen**.[46] Die Wohnungseigentümer können z.B. beschließen, Zahlung des Kostenvorschusses für die Mängelbeseitigung und des Schadensersatzes für Mangelfolgeschäden an die Gemeinschaft zu verlangen.[47] Sie können auch beschließen, die Nachbesserungsansprüche zunächst außergerichtlich geltend zu machen und festlegen, ob Nacherfüllung durch den Bauträger oder Vorschuss der für die Selbstbeseitigung erforderlichen Kosten oder Kostenerstattung nach Ersatz-

---

36 BGH VII ZR 30/78, NJW 1979, 2207; BGH VII ZR 9/80, NJW 1981, 1841; *Wendel*, ZWE 2002, 57, 59.
37 BGH VII ZR 30/78, NJW 1979, 2207; BGH VII ZR 72/84, NJW 1985, 1551.
38 BGH VII ZR 247/78, BauR 1980, 69, 71.
39 BGH VII ZR 36/76, NJW 1977, 1336.
40 BGH IX ZR 57/91, NJW 1992, 1881, 1882.
41 BGH VII ZR 72/84, NJW 1985, 1551, 1552.
42 BGH IX ZR 57/91, NJW 1992, 1881, 1882.
43 BGH VII ZR 36/76, NJW 1977, 1336.
44 Vgl. zu § 26 KO BGH V ZR 52/95, NJW 1996, 1056 m.w.N.
45 BGH V ZR 52/95, NJW 1996, 1056 im Anschluss an BGH V ZR 40/88, JZ 1990, 145 m. Anm. *Weitnauer*; siehe Rn 49.
46 BGH VII ZR 236/05, NJW 2007, 1952 Tz. 20; BGH VII ZR 113/09, NJW 2010, 3089, Tz 22 m.w.N.; *Pause/Vogel*, ZMR 2007, 577; *Riecke/Vogel* in: Riecke/Schmid, Anhang zu § 8 Rn 10; *Hügel*, ZMR 2008, 855, 859; **a.A.** *Ott*, NZM 2007, 505; *Schmid*, BauR 2009, 727, einschränkend OLG München 32 Wx 30/07, NZM 2007, 488 für den Fall, dass nach der Teilungserklärung jeder Wohnungseigentümer auf eigene Rechnung für die Instandhaltung von im Gemeinschaftseigentum stehenden Gegenständen zu sorgen hat.
47 BGH VII ZR 233/95, NJW 1997, 2173.

vornahme verlangt werden soll. Ein Beschluss, wonach im Einverständnis mit dem Veräußerer von Wohnungseigentum, über notwendige Mängelbeseitigungsarbeiten erst nach Vorlage eines Sanierungskonzepts entschieden werden soll, weil die Mängelursachen noch nicht ausreichend sicher nachgewiesen sind, lässt die Fälligkeit des Mängelbeseitigungsanspruchs des einzelnen Erwerbers grundsätzlich unberührt.[48] Durch den Beschluss über die gemeinschaftliche Durchsetzung eines auf die Beseitigung von Mängeln des Gemeinschaftseigentums gerichteten Erfüllungs- oder Nacherfüllungsanspruchs **wird der einzelne Erwerber von der Verfolgung seiner Rechte** insoweit **ausgeschlossen**.[49] Da sich die Zuständigkeit der Wohnungseigentümergemeinschaft auf gemeinschaftsbezogene Ansprüche beschränkt, bezieht sie sich nicht auf die Rechte der einzelnen Wohnungseigentümer, großen Schadensersatz zu verlangen, den Erwerbsvertrag zu wandeln oder von ihm zurückzutreten (siehe auch Rn 51).[50] Die Ausübungsbefugnis der Wohnungseigentümergemeinschaft kann auch bereits in der **Gemeinschaftsordnung** festgelegt werden.[51]

33 Die Wohnungseigentümer können auch durch Mehrheitsbeschluss den **Verwalter** ermächtigen, Nachbesserungsansprüche **als Prozessstandschafter** im eigenen Namen klageweise geltend zu machen.[52] Gleiches gilt für den einzelnen Wohnungseigentümer, und zwar auch bei Mängeln außerhalb des räumlichen Bereichs seines Sondereigentums.

34 Soweit Rechte der einzelnen Wohnungseigentümer wegen Mängeln des Sondereigentums betroffen sind, besteht zwar keine aus dem Gesetz abgeleitete Zuständigkeit der Wohnungseigentümergemeinschaft, doch kann sie in gewillkürter Prozessstandschaft Ansprüche verfolgen, die in einem engen rechtlichen und wirtschaftlichen Zusammenhang mit der Verwaltung des gemeinschaftlichen Eigentums stehen und an deren Durchsetzung sie ein eigenes schutzwürdiges Interesse hat. Die Wohnungseigentümergemeinschaft kann deshalb von den einzelnen Wohnungseigentümern ermächtigt werden, neben den Ansprüchen wegen Mängeln des Gemeinschaftseigentums auch Ansprüche wegen Mängeln des Sondereigentums geltend zu machen.[53] Auch wenn nur noch wenige Eigentümer Ansprüche auf Beseitigung von Mängeln am gemeinschaftlichen Eigentum haben, kann die Wohnungseigentümergemeinschaft durch Beschluss diese Ansprüche an sich ziehen und einen Rechtsanwalt damit beauftragen, diese Ansprüche namens der noch aktivlegitimierten Wohnungseigentümer untereinander einen Anspruch darauf, dass die Wohnungseigentümer, die noch Ansprüche wegen Mängeln des gemeinschaftlichen Eigentums haben, diese Ansprüche gegen den Bauträger geltend machen.[54]

35 Hat der einzelne Wohnungseigentümer Klage auf Nachbesserung bereits erhoben, so wird die Klage wegen Wegfall der Prozessführungsbefugnis unzulässig; der Kläger muss zur Vermeidung der Klageabweisung die Hauptsache für erledigt erklären.[55]

IV. Minderung und kleiner Schadensersatz

36 Diese Rechte stehen den Erwerbern als **Mitgläubigern gemäß § 432 BGB** zu, weil eine Klage auf Leistung an den einzelnen Erwerber schon deswegen ausscheidet, da die Wohnungseigentümergemeinschaft für die Geltendmachung und Durchsetzung der gemeinschaftsbezogenen Rechte auf Minderung und auf kleinen Schadensersatz von vornherein allein zuständig ist.[56] Aus dem Erfordernis, die zweckentsprechende Verwendung der Mittel zu gewährleisten, folgt zudem die Unteilbarkeit des Anspruchs auf kleinen Schadensersatz; der nach den Mängelbeseitigungskosten berechnete Schadensersatzanspruch wegen eines behebbaren Mangels am Gemeinschaftseigentum kann deshalb grundsätzlich nur mit dem **Antrag auf Zahlung an die Gemeinschaft** durchgesetzt werden[57] Zahlung an sich kann der einzelne Wohnungseigentümer nur verlangen, wenn er hierzu ermächtigt ist.[58] Dies gilt auch, wenn der klagende Wohnungseigentümer der einzige ist, dessen Ansprüche noch nicht verjährt sind.[59]

1. Primäre Ausübungsbefugnis der Gemeinschaft

37 Für die Geltendmachung und Durchsetzung der gemeinschaftsbezogenen Rechte auf Minderung und auf kleinen Schadensersatz von vornherein allein zuständig ist.[60] Auch die Voraussetzungen für diese Rechte kann allein die Wohnungseigentümergemeinschaft schaffen.[61] Dies schließt nicht aus, dass in Eilfällen auch ohne einen Beschluss

---

48 BGH VII ZR 84/05, NZM 2006, 542, 544.
49 BGH VII ZR 236/05, NJW 2007, 1952 Tz. 21; **a.A.** *Derleder*, ZWE 2009, 1, 11.
50 BGH VII ZR 113/09, NJW 2010, 3089, Tz. 22.
51 Vgl. *Hügel*, ZMR 2008, 855, 860 f. mit Formulierungsvorschlag.
52 BGH VII ZR 9/80, NJW 1981, 1841.
53 BGH VII ZR 236/05, NJW 2007, 1952, Tz. 24.
54 OLG München 17 U 4845/01, NZM 2002, 826, 827.
55 Ebenso *Klein* in: Bärmann, Anh. § 10 Rn 37; **a.A.** Staudinger/*Bub*, § 21 Rn 261.
56 BGH VII ZR 236/05, NJW 2007, 1952, Tz. 19.
57 BGH VII ZR 200/04, ZMR 2005, 799 m.w.N.
58 BGH VII ZR 372/89, NJW 1991, 2480; BGH VII ZR 284/98, NZM 2000, 95; **a.A.** *Hauger*, WE 1993, 38, 41.
59 **A.A.** OLG Frankfurt 3 U 270/89, NJW-RR 1991, 665 für Minderung.
60 BGH VII ZR 236/05, NJW 2007, 1952 Tz 19; BGH VII ZR 113/09, NJW 2010, 3089, Tz. 20 m.w.N.; OLG Frankfurt 25 U 129/08, ZMR 2009, 215; *Hügel*, ZMR 2008, 855, 859; **a.A.** *Derleder*, ZWE 2009, 1, 11.
61 BGH VII ZR 236/05, NJW 2007, 1952 Tz. 19.

handelt. Das Wahlrecht zwischen Minderung und Schadensersatz statt der Leistung steht grundsätzlich nur der Wohnungseigentümergemeinschaft zu.[62] Der Veräußerer kann nicht einigen Wohnungseigentümern zur Minderung und den anderen zum Schadensersatz, etwa in Form der Erstattung der Kosten für die Mängelbeseitigung verpflichtet sein, so dass die Rechte nur einheitlich und damit gemeinschaftlich ausgeübt werden können. Es handelt sich bei dem Recht auf Minderung bzw. Schadensersatz auch nicht um eine teilbare Leistung, denn sie betreffen das gemeinschaftliche Eigentum, weshalb eine Entscheidung über die Verwendung der Beträge erforderlich ist, denn diese brauchen nicht tatsächlich zur Mangelbeseitigung verwendet werden.[63]

38 Der Beschluss, zu mindern oder kleinen Schadensersatz zu verlangen, enthält zugleich die Entscheidung, dem Bauträger eine **Frist zur Nacherfüllung** zu setzen. Der Verwalter ist durch einen solchen Beschluss im Zweifel ermächtigt, die Erklärung abzugeben. Der Ablauf der Frist zur Nacherfüllung führt noch nicht zum Erlöschen des Nacherfüllungsanspruchs, sondern nur zum Entstehen der Gestaltungsrechte Rücktritt und Minderung. Erst die Ausübung des Minderungsrechts muss daher gemeinschaftlich erfolgen.

39 Hat die Wohnungseigentümergemeinschaft durch Mehrheitsbeschluss eine Entscheidung getroffen, so kann sie den **Verwalter** oder einen **einzelnen Wohnungseigentümer** ermächtigen, den Anspruch im eigenen Namen mit dem Verlangen der Leistung an alle oder an sich geltend zu machen.[64] Die Wohnungseigentümer können durch Mehrheitsbeschluss auch einen **Dritten**, der nicht ihr Verwalter ist, zur Geltendmachung von Ansprüchen ermächtigen.[65] Der Beschluss einer Wohnungseigentümergemeinschaft, mit dem sie ihren vermeintlichen Verwalter – eine **Gesellschaft bürgerlichen Rechts**, die nicht wirksam zum Verwalter bestellt werden – zur gerichtlichen Geltendmachung von das Gemeinschaftseigentum betreffenden Gewährleistungsansprüchen ermächtigt, ist interessengerecht dahin auszulegen, dass die Gesellschaft bürgerlichen Rechts ermächtigt wird.[66] Ermächtigen Wohnungseigentümer den Verwaltungsbeirat, im eigenen Namen Mängelansprüche gegen den Bauträger geltend zu machen, sind damit die jeweils amtierenden Mitglieder des Verwaltungsbeirats sachbefugt.[67]

40 Haben die Wohnungseigentümer eines neu errichteten Hauses zur Abgeltung der Baumängel einen bestimmten Betrag erhalten und ihn auf der Grundlage eines Mehrheitsbeschlusses an die einzelnen Wohnungseigentümer verteilt, so kann dieser Beschluss dahin auszulegen sein, dass beschlossen ist, die Baumängel nicht zu beseitigen. Der einzelne Wohnungseigentümer hat dann keine Möglichkeit, von der Gemeinschaft die Beseitigung der Baumängel zu verlangen.[68]

41 Hat die Eigentümerversammlung mit Mehrheit beschlossen, zu mindern, so kann ein einzelner überstimmter Wohnungseigentümer nicht mehr Nacherfüllung verlangen, denn der Bauträger braucht nicht doppelt zu leisten, indem der Preis herabgesetzt wird und dennoch nachgebessert wird.[69] Hat die Gemeinschaft beschlossen, zu mindern, aber noch nicht das Recht ausgeübt, so muss der Wohnungseigentümer, der schon Klage auf Nachbesserung erhoben hat, die Hauptsache für erledigt erklären, um eine Klageabweisung zu vermeiden.[70]

42 Die Geltendmachung des Minderungsrechts steht der Gemeinschaft zu.[71] Auch eine von der Gemeinschaft durchgesetzte Minderung ist aber an den einzelnen Wohnungseigentümer als Ausgleich für den Minderwert seines Miteigentums weiterzuleiten, es sei denn, es wird nachträglich die Verwendung zur Beseitigung der Mängel beschlossen.[72]

43 Die Entscheidung der Gemeinschaft, nicht zu mindern, sondern als Schadensersatz die Mängelbeseitigungskosten zu verlangen, enthält die Entscheidung, die Mängel beheben zu wollen. Der Schadensersatzbetrag kann dann bei der Gemeinschaft verbleiben, muss aber zweckentsprechend verwendet werden. Abweichende Beschlüsse sind grundsätzlich anfechtbar, aber nicht nichtig.[73]

44 Die Gemeinschaft kann es aber auch dem einzelnen Wohnungseigentümer überlassen, ob und in welchem Umfang er das Minderungsrecht entsprechend seinem Miteigentumsanteil selbst geltend macht.[74]

45 Wirkt sich ein behebbarer Mangel des gemeinschaftlichen Eigentums nicht nur an diesem, sondern auch an dem Sondereigentum aus, kann der betroffene und zur Durchsetzung bevollmächtigte Wohnungseigentümer Zahlung der für die Mangelbeseitigung erforderlichen Kosten (sog. kleiner Schadensersatz) an die Gemeinschaft verlangen. Nur bei Verurteilung zur Zahlung an die Gemeinschaft ist nämlich sichergestellt, dass die Mittel zweckentsprechend verwendet werden.

---

62 BGH VII ZR 200/04, ZMR 2005, 799 m.w.N.; *Pause*, NJW 1993, 553, 555; **a.A.** *Weitnauer*, JZ 1991, 1054; *Bub*, NZM 1999, 530, 534.
63 BGH VII ZR 30/78, NJW 1979, 2207, 2208; *Klein* in: Bärmann Anh. § 10 Rn 12.
64 BGH VII ZR 30/78, NJW 1979, 2207; BGH IX ZR 57/91, NJW 1992, 1881, 1883; BGH VII ZR 284/98, NZM 2000, 95, 96; BGH VII ZR 236/05, NJW 2007, 1952, Tz. 22.
65 BGH VII ZR 206/07, NZM 2009, 547 Tz. 16.
66 BGH VII ZR 206/07, NZM 2009, 547 Tz. 11.
67 BGH VII ZR 130/03, NZM 2004, 464.
68 BayObLG BReg 2 Z 57/89, NJW-RR 1989, 1165.
69 BGH VII ZR 30/78, NJW 1979, 2207.
70 **A.A.** *Pause*, NJW 1993, 553, 559: Klageänderung.
71 BGH VII ZR 269/88, NJW 1990, 1663; *Pause*, NJW 1993, 553, 560; **a.A.** *Bub*, NZM 1999, 530, 534; *Hauger*, NZM 1999, 536, 541.
72 BGH VII ZR 269/88, NJW 1990, 1663.
73 BayObLG BReg 2 Z 57/89, NJW-RR 1989, 1165.
74 BGH VII ZR 53/82, NJW 1983, 453.

2. Ausnahmen

Eine Ausnahme von den vorstehenden Grundsätzen gilt, wenn sich ein nicht behebbarer Mangel des gemeinschaftlichen Eigentums **nur am Sondereigentum** eines einzigen Wohnungseigentümers auswirkt. Der betroffene Wohnungseigentümer kann in diesem Fall das Minderungsrecht bzw. den gleich hohen Schadensersatzanspruch selbstständig geltend machen.[75] Ein schützenswertes Interesse der Gemeinschaft, über die Verwendung des Minderungsbetrages zu entscheiden, liegt in diesem Fall nicht vor, da der Mangel nicht behoben werden kann und nur ein einzelner Wohnungseigentümer betroffen ist.

Kommt nach dem Gegenstand des geltend gemachten Anspruchs ein Wahlrecht nicht in Betracht und kann auch kein Streit über die Verwendung des als Schadensersatz zu zahlenden Geldbetrages entstehen, können einzelne Wohnungseigentümer auf Leistung an sich klagen.[76]

Teilweise wird vertreten, der einzelne Wohnungseigentümer habe gegen den Bauträger wegen Mängeln am Gemeinschaftseigentum ausnahmsweise selbst einen Anspruch auf Schadensersatz in Höhe der zur Mängelbeseitigung erforderlichen Kosten, wenn die Maßnahmen lediglich der Verbesserung seines Sondereigentums und nicht des Gemeinschaftseigentums dienen sollen und auch keine Veränderung des Gemeinschaftseigentums erfordern.[77]

3. Anspruchshöhe

Eine nach dem Miteigentumsanteil berechnete Quote des gesamten Mängelbeseitigungsaufwands bewirkt regelmäßig keinen angemessenen Ausgleich, wenn ein behebbarer Mangel des gemeinschaftlichen Eigentums sich auch an dem Sondereigentum auswirkt, weil unberücksichtigt bleibt, wie stark sich der Mangel im Sondereigentum auswirkt. Wird z.B. bei einem nicht behebbaren Mangel Wertminderung verlangt, kommt es allein darauf an, welchen Wertverlust die Wohnung durch die fortwirkenden Beeinträchtigungen des Mangels erleidet.[78] Gleiches gilt, wenn der Schaden nach den für die Mängelbeseitigung erforderlichen Kosten berechnet wird. Dass der einzelne Wohnungseigentümer im Falle der Mangelbeseitigung gemäß § 16 Abs. 2 WEG nur einen Instandsetzungsbeitrag zu leisten hat, der seinem Miteigentumsanteil entspricht, entlastet den Veräußerer nicht.[79]

Für die werkvertragliche Mängelhaftung gilt, dass jeder einzelne Erwerber Anspruch auf die mangelfreie Herstellung des gesamten gemeinschaftlichen Eigentums hat.[80] Dieser werkvertraglich den einzelnen Erwerbern geschuldete Erfolg setzt sich bei den Mängelhaftungsansprüchen fort. Obwohl der einzelne Erwerber die Herstellungskosten nur anteilig schuldet, umfasst sein Anspruch auf Schadensersatz die gesamten Kosten, die zur Beseitigung des Mangels am gemeinschaftlichen Eigentum erforderlich sind. Wegen dieser werkvertraglichen Erfolgshaftung ist eine Beschränkung des Anspruchs auf die Quote auch dann nicht geboten, wenn auch Wohnungseigentümer begünstigt werden, die als Zweiterwerber keine werkvertraglichen Ansprüche haben oder die wegen Verjährung keine Ansprüche mehr haben. Gesichtspunkte der Schadensberechnung rechtfertigen kein anderes Ergebnis. Der einzelne Wohnungseigentümer hätte zwar gemäß § 16 Abs. 2 die Kosten für eine Beseitigung des Mangels nur anteilig zu tragen, wenn die Instandsetzung des gemeinschaftlichen Eigentums nach § 21 Abs. 5 Nr. 2 durch die Wohnungseigentümer erfolgte. Dieses im Innenverhältnis der Wohnungseigentümer geltende Prinzip rechtfertigt es aber nicht, den Anspruch zum Vorteil des Schuldners auch im Außenverhältnis zu verkürzen.[81] Zu berücksichtigen ist, dass der als Schadensersatz zu leistende Betrag dem einzelnen Erwerber nicht zur freien Verfügung zufließt, sondern allen Wohnungseigentümern, die über die Verwendung des Betrages zu entscheiden haben.

V. Rücktritt und großer Schadensersatz

Die auf Rückabwicklung gerichteten Rechte (Rücktritt und großer Schadensersatz) kann jeder Wohnungseigentümer als **Einzelgläubiger** allein durchsetzen und auf Leistung an sich klagen, weil von ihrer Ausübung das gemeinschaftliche Eigentum nicht betroffen wird. Jeder einzelne Erwerber kann die Rechte auf großen Schadensersatz oder Rücktritt selbstständig geltend machen, denn diese sind **nicht gemeinschaftsbezogen**.[82] Durch einen wirksamen Rücktritt wird der Erwerber wieder durch den Veräußerer ersetzt. Auch der große Schadensersatz (vgl. Rn 21) ist im Ergebnis ebenso wie Rücktritt auf die Rückgängigmachung des Erwerbsvertrages gerichtet.

Rücktritt und großer Schadensersatz setzen grundsätzlich eine Fristsetzung voraus. Durch eine solche Erklärung verlieren die anderen Wohnungseigentümer im Gegensatz zur Rechtslage vor den Änderungen durch das Schuldrechtsmodernisierungsgesetz (§ 634 Abs. 1 S. 3 BGB a.F.)[83] ihre Nacherfüllungsansprüche nicht. Der Erwerber ist daher nach neuem Recht unabhängig von dem mit der Fristsetzung verfolgten Ziel stets berechtigt, ohne Mitwirkung der

---

75 BGH VII ZR 269/88, NJW 1990, 1663.
76 OLG Dresden NZM 2001, 773, 774.
77 OLG Hamm 21 U 148/09, NJW-RR 2011, 14 m. krit. Anm. *Abramenko*, Info-M 2010, 441.
78 BGH VII ZR 372/89, NJW 1991, 2480.
79 BGH VII ZR 372/89, NJW 1991, 2480; **a.A.** *Weitnauer*, JZ 1991, 145; *Hauger*, WE 1994, 38, 40.
80 BGH VII ZR 372/89, NJW 1991, 2480.
81 *Klein* in: Bärmann, Anh. § 10 Rn 49; **a.A.** *Weitnauer/Briesemeister*, Anh. § 8 Rn 72.
82 BGH VII ZR 236/05, NJW 2007, 1952, Tz. 18 m.w.N.
83 Vgl. dazu BGH VII ZR 84/05, ZMR 2006, 537, 538.

übrigen Wohnungseigentümer, dem Bauträger eine angemessene Frist zur Mangelbeseitigung zu setzen. Verlangt ein Erwerber großen Schadensersatz, so erlischt nur sein Erfüllungsanspruch, die Ansprüche der übrigen Erwerber werden dadurch nicht berührt.[84]

53 Hat die Wohnungseigentümergemeinschaft die Durchsetzung der auf die ordnungsgemäße Herstellung des Gemeinschaftseigentums gerichteten Rechte an sich gezogen, sind die Erwerber von Wohnungseigentum weiter berechtigt, ihre individuellen Ansprüche aus dem Vertrag mit dem Veräußerer selbstständig zu verfolgen, solange durch ihr Vorgehen gemeinschaftsbezogene Interessen der Wohnungseigentümer oder schützenswerte Interessen des Veräußerers nicht beeinträchtigt sind.[85] Hat die Wohnungseigentümergemeinschaft beschlossen, vom Veräußerer **Vorschuss** auf Mängelbeseitigungskosten zu fordern, bleibt der einzelne Erwerber – jedenfalls solange der Vorschuss noch nicht bezahlt ist – berechtigt, die Voraussetzungen für den Anspruch auf großen Schadensersatzanspruch zu schaffen.[86] Durch das Vorschussverlangen erlischt das Interesse der Gemeinschaft an einer Mängelbeseitigung regelmäßig nicht, deshalb widerspricht die Fristsetzung zur Mängelbeseitigung nicht den Interessen der Wohnungseigentümergemeinschaft. Auch schützenswerte Interessen des Veräußerers sind regelmäßig nicht beeinträchtigt, weil der Veräußerer durch die Beseitigung der Mängel der Forderung auf Zahlung eines Vorschusses jederzeit den Boden entziehen kann.

54 Ein **Vergleich** aufgrund eines Beschlusses der Wohnungseigentümergemeinschaft, mit dem Mängel des Wohnungseigentums abgegolten werden, lässt die bereits entstandenen Ansprüche der Erwerber unberührt, vom Veräußerer großen Schadensersatz oder Wandelung zu verlangen.[87] Der Veräußerer kann dieses Ergebnis nur vermeiden, indem er die gerügten Mängel innerhalb der ihm gesetzten Frist vollständig beseitigt. Eine Beseitigung der Mängel nach Fristablauf kann dem Erwerber den Anspruch auf großen Schadensersatz nicht mehr gegen seinen Willen entziehen. Der schon entstandene Schadensersatzanspruch entfällt daher auch nicht dadurch, dass eine Mängelbeseitigung deshalb nicht mehr in Betracht kommt, weil die Mängel durch eine Zahlung an die Wohnungseigentümergemeinschaft abgegolten sind. Es ist auch kein widersprüchliches Verhalten gegenüber dem Veräußerer, wenn ein Wohnungseigentümer für einen Vorschuss stimmt, der den nach seinem Ausscheiden verbleibenden Wohnungseigentümern zugute kommt, während er selbst gewillt ist, den Vertrag rückabzuwickeln. Ein Verlust des Anspruchs auf großen Schadensersatz würde allerdings dann eintreten, wenn sich auch der Erwerber selbst individuell gegenüber dem Bauträger mit der vergleichsweisen Erledigung durch Zahlung einverstanden erklärte.[88]

VI. Beschlüsse

55 Soweit für die Durchsetzung der Rechte Beschlüsse der Wohnungseigentümer erforderlich sind, stellt sich die Frage, wer zur Beschlussfassung berufen ist. Dabei ist zu berücksichtigen, dass die einzelnen Erwerber die Ansprüche aus den Erwerbsverträgen bereits geltend machen können, bevor sie als Wohnungseigentümer im Grundbuch eingetragen sind.[89] Eine Wohnungseigentümergemeinschaft ist erst entstanden, wenn mindestens zwei Personen als Wohnungseigentümer im Grundbuch eingetragen sind. In der Zeit davor kommt ab der Anlegung der Wohnungsgrundbücher eine werdende Wohnungseigentümergemeinschaft in Betracht (vgl. § 10 Rn 8). Auch diese ist bereits für die Beseitigung anfänglicher Mängel des gemeinschaftlichen Eigentums zuständig, und unabhängig davon, ob sie sich nach Eigentümerwechseln aus Erst- und Zweiterwerbern zusammensetzt, befugt, die Ausübung von Mängelrechten an sich zu ziehen.[90] Der Bauträger, der noch unveräußerte Wohnungen hat, ist gemäß § 25 Abs. 5 von der Abstimmung ausgeschlossen.[91] Der Bauträger hat sich aber an den Kosten der gegen ihn selbst gerichteten Prozesse zu beteiligen.[92] Beschließen die Wohnungseigentümer eine Sonderumlage, um die Sicherheitsleistung erbringen zu können, die Voraussetzung für die Zwangsvollstreckung aus einem Urteil gegen den Bauträger ist, so hat sich der Bauträger, der zugleich Wohnungseigentümer ist, an dieser Sonderumlage zu beteiligen.[93] Bestimmt die Gemeinschaftsordnung einer Mehrhausanlage, dass die Kosten der Instandsetzung und Instandhaltung auf die einzelnen Untergemeinschaften der Wohnhäuser und der Tiefgarage umzulegen sind, können die Teileigentümer der Tiefgaragenplätze allein entscheiden, welche Ansprüche wegen Baumängeln an der Tiefgarage geltend gemacht werden sollen.[94]

VII. Ansprüche innerhalb der Gemeinschaft

56 Unabhängig von dem Willen oder der Möglichkeit, Ansprüche selbst durchzusetzen, kann jeder Wohnungseigentümer von der Gemeinschaft gemäß § 21 Abs. 4, Abs. 5 Nr. 2 die Instandsetzung und Instandhaltung des gemeinschaftlichen Eigentums einschließlich der Beseitigung von Baumängeln verlangen. Etwas anderes kommt nur in Betracht, wenn der Veräußerer gegenüber dem Wohnungseigentümer wirksam die Mängelhaftung ausgeschlossen haben sollte

---

84 Zur Anrechnung des Nutzungsvorteils siehe BGH VII ZR 325/03, NZM 2006, 19.
85 BGH VII ZR 113/09, NJW 2010, 3089, Tz. 27 m.w.N.
86 BGH VII ZR 276/05, LMK Nr. 10, 2006, 197107.
87 BGH VII ZR 276/05, LMK Nr. 10, 2006, 197107.
88 Vgl. *Wenzel*, ZWE 2006, 109, 115.
89 Vgl. OLG Frankfurt 3 U 165/91, NJW-RR 1993, 339.
90 *Klein* in: Bärmann, Anh. § 10 Rn 31.
91 OLG Köln 16 Wx 134/90, NJW-RR 1991, 850.
92 BayObLG BReg 2 Z 143/91, NJW 1993, 603; *Pause*, NJW 1993, 553, 558.
93 BayObLG 2Z BR 24/01, NZM 2001, 766.
94 BayObLG 2Z BR 142/95, WuM 1996, 369.

oder ein Verzicht des Wohnungseigentümers auf Ansprüche vorliegt. Soweit der einzelne Wohnungseigentümer befugt ist, Rechte selbstständig geltend zu machen, hat er keinen Anspruch gegen die übrigen Wohnungseigentümer auf ein gemeinschaftliches Tätigwerden. Ist bereits ein Beschluss über die Geltendmachung von Rechten gefasst, so kann jeder einzelne Wohnungseigentümer die Durchführung des Beschlusses verlangen (§ 21 Abs. 4) und dies im Verfahren nach § 43 Nr. 3 gegen den Verwalter erzwingen (vgl. § 27 Rn 11).

Eine vergleichsweise zur Abgeltung von Ansprüchen gezahlte Summe ist grundsätzlich zur Mängelbeseitigung zu verwenden. Sie kann nach Beschluss auch in die Instandhaltungsrücklage eingestellt werden. Haben die Wohnungseigentümer beschlossen, den Betrag anteilig an die Wohnungseigentümer auszuzahlen, so kann dies als Beschluss auszulegen sein, die Mängel nicht zu beseitigen. Nach einem solchen Beschluss hat der einzelne Wohnungseigentümer keinen Mängelbeseitigungsanspruch mehr gegen die übrigen Wohnungseigentümer.[95] Der Beschluss ist anfechtbar, aber nicht nichtig.[96] 57

Hat die Wohnungseigentümergemeinschaft die Verfolgung von vertraglichen Mängelansprüchen hinsichtlich des Gemeinschaftseigentums durch Beschluss zur Verwaltungsangelegenheit gemacht, kann sie nach § 816 Abs. 1 BGB jedenfalls die Anteile der Kaufpreisreduzierung, die in verschiedenen Prozessen der Wohnungskäufer mit dem Verkäufer und mit differenzierten Vergleichsergebnissen nachweislich im Hinblick auf das mangelhafte Gemeinschaftseigentum erstritten worden sind, vorschussweise zu den voraussichtlichen Kosten der ordnungsgemäßen Erstherstellung herausverlangen.[97] 58

F. Leistungsverweigerungsrecht

Der Erwerber einer Eigentumswohnung kann gemäß § 320 BGB die Zahlung des Erwerbspreises wegen Baumängeln am **Sondereigentum** in einem angemessenen Verhältnis zum voraussichtlichen Mängelbeseitigungsaufwand verweigern.[98] Auch wegen Mängeln am gemeinschaftlichen Eigentum hat der Erwerber ein Leistungsverweigerungsrecht. Es kann jedoch grundsätzlich nicht jeder einzelne Wohnungseigentümer ein unbeschränktes Leistungsverweigerungsrecht geltend machen, weil dann die Summe der zurückgehaltenen Erwerbspreise den zur Mangelbeseitigung erforderlichen Aufwand leicht um ein Vielfaches übersteigen kann. Werden mehrere Erwerber vom Veräußerer auf Zahlung des Erwerbspreises in Anspruch genommen, so richtet sich der Umfang des Leistungsverweigerungsrechts deshalb regelmäßig nach der Miteigentumsquote.[99] Wird nur ein Wohnungseigentümer in Anspruch genommen, so darf dieser allerdings den 3–5 fachen Betrag des insgesamt notwendigen Beseitigungsaufwands zurückbehalten.[100] 59

G. Verjährung

I. Allgemeines

Nach dem Werkvertragsrecht des BGB gilt für Bauwerke eine Verjährungsfrist von 5 Jahren (§ 634a Abs. 1 Nr. 2 BGB). Die Frist beginnt mit der Abnahme (siehe dazu Rn 67 ff.) oder der endgültigen Abnahmeverweigerung.[101] Dabei wird nicht zwischen erkennbaren und versteckten Mängeln unterschieden. Wird ein Mangel bei der Abnahme nicht erkannt und tritt erst später in Erscheinung, so kann er nur innerhalb der 5-Jahresfrist gerügt werden. Wenn der Mangel arglistig verschwiegen wurde, gilt die regelmäßige Verjährungsfrist von 3 Jahren, die nach § 199 Abs. 1 BGB zu laufen beginnt, jedoch frühestens 5 Jahre nach Abnahme endet (§ 634a Abs. 3 S. 2 BGB). Die nach § 199 Abs. 1 Nr. 2 BGB für den Verjährungsbeginn erforderlichen subjektiven Voraussetzungen müssen für alle Wohnungseigentümer erfüllt sein. Kenntnisse des Verwalters werden den Wohnungseigentümern nur dann zugerechnet, wenn der Verwalter gemäß § 27 Abs. 2 Nr. 3 zur Durchsetzung der Ansprüche ermächtigt worden ist.[102] 60

Bei Erwerb einer neu erstellten Eigentumswohnung vom Bauträger kann im Kaufvertrag, der den Vorschriften über die Gestaltung rechtsgeschäftlicher Schuldverhältnisse durch Allgemeine Geschäftsbedingungen (§§ 305 ff. BGB) unterliegt, nur die Mängelhaftung nach dem Werkvertragsrecht des BGB mit der Verjährungsfrist von 5 Jahren vereinbart werden. 61

Der Bauträger kann die ihm gegen seine Erfüllungsgehilfen zustehenden Ansprüche zwar an den Erwerber abtreten, aber nicht verlangen, dass der Erwerber diese Ansprüche streitig durchsetzt. In der Regel haftet der Bauträger deshalb dem Erwerber bei Baumängeln allein. Ist die Verjährungsfrist abgelaufen, so haben die Wohnungseigentümer für Baumängel am gemeinschaftlichen Eigentum insgesamt einzustehen, weil es sich dann um Maßnahmen ordnungsmäßiger Instandhaltung handelt. 62

---

95 BayObLG 2Z BR 98/98, WuM 1999, 351.
96 BayObLG BReg 2 Z 57/89, NJW-RR 1989, 1165.
97 KG 24 W 210/02, NZM 2004, 303.
98 BGH VII ZR 373/82, NJW 1984, 725, 727.

99 Ebenso *Riecke/Vogel* in: Riecke/Schmid, Anhang zu § 8 Rn 44; offen gelassen von BGH VII ZR 47/97, WuM 1998, 613, 614.
100 BGH VII ZR 47/97, WuM 1998, 613, 614.
101 BGH VII ZR 43/80, NJW 1981, 822.
102 Vgl. *Gaier*, NZM 2003, 90, 95.

II. Hemmung der Verjährung

63 Die Verjährung wird gehemmt, solange der Auftragnehmer (Veräußerer) das Vorhandensein eines Mangels und seine Verantwortlichkeit prüft oder Nachbesserungsarbeiten vornimmt (§ 203 BGB). Ferner durch die gerichtliche Geltendmachung des Anspruchs (§ 204 Abs. 1 BGB) auch durch Streitverkündung (§ 204 Abs. 1 Nr. 6 BGB).

64 Ein Antrag auf ein **selbstständiges Beweisverfahren** (§ 204 Abs. 1 Nr. 7 BGB) hemmt die Verjährung ebenfalls. Das von einem Wohnungseigentümer eingeleitete selbstständige Beweisverfahren hemmt die Verjährung seiner Ansprüche unabhängig davon, ob diese gemeinschaftlich verfolgt werden müssen. Die den Wohnungseigentümern bei der Durchsetzung ihrer Ansprüche auferlegten Beschränkungen ändern nichts daran, dass ihnen die Ansprüche aufgrund ihrer individuellen Erwerbsverträge zustehen (vgl. Rn 23). Bei der Einleitung des selbstständigen Beweisverfahrens ist ein gemeinschaftliches Vorgehen der Wohnungseigentümer nicht geboten. Die zum Schutz der Gemeinschafts- und Schuldnerinteressen gebotenen Beschränkungen bei der Durchsetzung von Gewährleistungsansprüchen sind hier nicht erforderlich. Die selbstständige Einleitung eines solchen Verfahrens, das die Durchsetzung der Ansprüche nur vorbereitet, liegt im Interesse der Gemeinschaft, ohne dass es berechtigte Interessen des Veräußerers gefährdet.[103]

65 Droht Verjährungseintritt, so ist der **Verwalter** berechtigt und verpflichtet, zur Abwendung von Nachteilen ein selbstständiges Beweisverfahren einzuleiten (§ 27 Abs. 2 Nr. 2).[104] Ein Beschluss, der den Verwalter ermächtigt, alle rechtlich notwendigen Schritte zur Durchführung selbstständigen Beweisverfahrens in die Wege zu leiten, kann dahin ausgelegt werden, dass der Verwalter das Verfahren in gewillkürter Prozessstandschaft durchführen darf. Ein selbstständiges Beweisverfahren, das der Verwalter in Prozessstandschaft gegen den Veräußerer einleitet, hemmt die Verjährung der Ansprüche der Erwerber.[105]

III. Neubeginn der Verjährung

66 Die Verjährung beginnt erneut durch ein Anerkenntnis i.S.v. § 212 BGB. Anerkennt und beseitigt der Bauträger nach Ablauf der Verjährungsfrist einen Teil der Baumängel, so folgt allein daraus noch nicht, dass er darauf verzichtet, auch gegenüber den weiteren Ansprüchen der Wohnungseigentümer die Einrede der Verjährung zu erheben.[106]

67 Der auf Zahlung verklagte Erwerber kann verjährte Ansprüche durch Einrede (§ 320 BGB) oder durch Aufrechnung (§ 215 BGB) geltend machen.

H. Die Abnahme des gemeinschaftlichen Eigentums
I. Begriff der Abnahme

68 Abnahme i.S.d. § 640 BGB ist die körperliche Hinnahme der vollendeten Leistung (Realakt) und deren Billigung als eine in der Hauptsache vertragsgemäße Leistung (Willenserklärung) durch den Auftraggeber.[107] Im Schrifttum wird die Abnahme teilweise als geschäftsähnliche Handlung qualifiziert.[108] Der Auftraggeber (Erwerber) ist zur Abnahme verpflichtet, sobald das Werk mangelfrei erstellt ist (§ 640 BGB). Der Erwerber kann auch ein mit Mängeln behaftetes Werk abnehmen und sich seine Rechte wegen der Mängel vorbehalten. Nimmt der Erwerber ein abnahmereifes Werk nicht ab, so gerät er in Annahmeverzug hinsichtlich des Werkes und in Schuldnerverzug hinsichtlich der Abnahme. Die Wirkungen der Abnahme treten dann automatisch ein.

II. Form der Abnahme

69 Die Abnahme kann ausdrücklich und grundsätzlich auch durch schlüssiges Handeln, das heißt durch ein Verhalten erfolgen, das den Willen zum Ausdruck bringt, das Werk als im Wesentlichen vertragsgemäß entgegenzunehmen. Die Abnahme hat aber förmlich zu erfolgen, wenn dies vertraglich vereinbart ist. In diesem Fall kann die Abnahme nicht stillschweigend, z.B. durch widerspruchslose Ingebrauchnahme erfolgen. Wurde die förmliche Abnahme vergessen, kann aber ein stillschweigender Verzicht auf die förmliche Abnahme durch längere Benutzung in Betracht kommen.[109]

III. Folgen der Abnahme

70 Die Abnahme hat im Werkvertragsrecht mehrere Folgen:

Sie bewirkt gemäß § 641 BGB die Fälligkeit des Vergütungsanspruchs des Werkunternehmers (Bauträgers) und lässt dessen Verjährung beginnen. Vor Abnahme ist die Klage auf Vergütung mangels Fälligkeit abzuweisen, wenn wesentliche Mängel vorliegen. Danach ist eine Verurteilung Zug um Zug gegen Mangelbeseitigung möglich.

---

103 BGH VII ZR 372/89, NJW 1991, 2480.
104 BGH VII ZR 276/79, NJW 1981, 282.
105 BGH VII ZR 360/02, NZM 2003, 814.
106 BayObLG 2Z BR 82/02, NZM 2003, 31.

107 Vgl. etwa BGH VII ZR 235/84, NJW 1986, 1758.
108 Vgl. *Pauly*, ZWE 2011, 349, 350 m.w.N.
109 Vgl. etwa BayObLG 2Z BR 75/00, NZM 2001, 539, 540.

Der Auftraggeber muss sich die Ansprüche aus § 634 Nr. 1–3 BGB wegen bekannter Mängel vorbehalten, da sie ansonsten nach § 640 Abs. 2 BGB untergehen. **71**

Es beginnt gemäß § 634a Abs. 2 BGB die Verjährung der Gewährleistungs- und Schadensersatzansprüche wegen mangelhafter Bauleistungen. **72**

Von der Abnahme an trägt der Erwerber die Behauptungs- und Beweislast für das Vorliegen von Mängeln, während vorher der Bauträger die Mangelfreiheit der Bauleistung darlegen und beweisen muss.[110] Mit der Abnahme geht die Gefahr für die Bauleistung auf den Erwerber über (§§ 644, 645 BGB). **73**

Auch nach Abnahme bleibt ein Anspruch auf Neuherstellung, wenn der Mangel auf andere Weise nicht beseitigt werden kann.[111] **74**

IV. Zuständigkeit für die Abnahme

Da jeder einzelne Wohnungseigentümer aufgrund des Erwerbsvertrages einen eigenen Anspruch auf mangelfreies Gemeinschaftseigentum hat (vgl. Rn 23), ist grundsätzlich jeder Erwerber für sich zur Abnahme des Gemeinschaftseigentums zuständig.[112] Die Belange der Wohnungseigentümer verlangen keine gemeinschaftliche Abnahme des gemeinschaftlichen Eigentums. Der Bauträger bleibt grundsätzlich solange dem Anspruch auf mangelfreie Herstellung des gemeinschaftlichen Eigentums ausgesetzt, solange dies noch ein Erwerber, dessen Anspruch noch nicht verjährt ist, fordern kann. Das Interesse des Bauträgers dies zu verhindern, führt nicht dazu, dass ein späterer Erwerber, dessen Anspruch noch nicht verjährt ist, eine bereits erfolgte Abnahme gegen sich gelten lassen muss. **75**

Die Verträge mit den einzelnen Erwerbern können aber regeln, dass die Wohnungseigentümergemeinschaft, der Verwalter oder der Verwaltungsbeirat für die Abnahme zuständig sind.[113] Die Vereinbarung einer Abnahme durch einen Verwalter, der Bauträger ist, hält einer Inhaltskontrolle nach § 307 BGB mit Blick auf § 181 BGB ebenfalls nicht stand.[114] Eine gesetzliche Vertretungsmacht des Verwalters zur Abnahme des gemeinschaftlichen Eigentums fehlt.[115] Die Wohnungseigentümer können den Verwalter aber durch Beschluss zur Abnahme des gemeinschaftlichen Eigentums ermächtigen.[116] **76**

Die Verträge mit den einzelnen Erwerbern können auch vorsehen, dass die Abnahme des gemeinschaftlichen Eigentums durch einen vereidigten Sachverständigen erfolgt.[117] Eine Klausel, wonach die Abnahme des Gemeinschaftseigentums durch einen vom Bauträger bestimmten Sachverständigen vorgenommen werden soll, benachteiligt die Erwerber aber unangemessen und ist daher gemäß § 307 BGB unwirksam.[118] **77**

Die Abnahme kann auch durch **Vereinbarung** zu einer Angelegenheit der gemeinschaftlichen Verwaltung gemacht werden.[119] Die Abnahme ist zwar kein gemeinschaftsbezogenes Recht im Sinne von § 10 Abs. 6 S. 3,[120] sie kann aber als sonstige Pflicht im Sinne dieser Vorschrift durch **Beschluss** zu einer Angelegenheit der Gemeinschaft werden.[121] Ist die Abnahme gemeinschaftliche Angelegenheit, kann sich ein Wohnungseigentümer durch seine individuelle Abnahme nicht den Kosten entziehen, die durch eine Klage des Bauträgers gegen die übrigen Wohnungseigentümer auf Abnahme des gemeinschaftlichen Eigentums entstehen.[122] Eine gemeinschaftliche Abnahme wirkt gemäß § 10 Abs. 4 S. 1 auch gegenüber späteren Erwerbern.[123] **78**

---

110 BGH VII ZR 112/71, NJW 1973, 1792.
111 BGH VII ZR 303/84, JZ 1986, 294 m. Anm. *Kohler*.
112 BGH VII ZR 72/84, NJW 1985, 1551, 1552; **a.A.** *Klein* in: Bärmann Anh. § 10 Rn 57.
113 Vgl. etwa BayObLG 2Z BR 153/98, NZM 1999, 862 und 2Z BR 75/00, NZM 2001, 539, 540: Vollmacht des Verwalters; siehe dazu auch *Häublein*, DNotZ 2002, 608 und *Basty*, FS Wenzel, S. 115; **a.A.** *Pauly*, ZMR 2011, 532, 534; *Vogel*, NZM 2010, 377.
114 *Basty*, FS Wenzel, S. 115.
115 *Pauly*, ZWE 2011, 349, 352; **a.A.** *Merle*, ZWE 2010, 2, 5.
116 *Ott*, ZWE 2010, 157, 159.
117 *Pauly*, ZWE 2011, 454.
118 OLG München 9 U 4149/08, BauR 2009, 1444; OLG Karlsruhe 8 U 106/10, ZWE 2011, 451; *Vogel*, NZM 2010, 377; *Pauly*, ZMR 2011, 532, 533.

119 BayObLG NZM 1999, 862, 864; *Hügel*, ZMR 2008, 855, 857; **a.A.** *Riecke/Vogel* in: Riecke/Schmid, Anhang zu § 8 Rn 29; *Riesenberger*, NZM 2004, 537, 539. Zu einem Muster für eine solche Regelung vgl. *Hügel*, ZMR 2008, 855, 858.
120 **A.A.** *Klein* in: Bärmann, Anh. § 10 Rn 57.
121 AG München 482 C 287/10, NJW 2011, 2222 m. zust. Anm. *Elzer*, Info-M 2011, 23; *Hügel*, ZMR 2008, 855, 856; vgl. auch BayObLG 2Z BR 153/98, NZM 1999, 862, 864; **a.A.** *Lotz*, BauR 2008, 740, 745; *Ott*, ZWE 2010, 157, 162; *Vogel*, FS Merle, 2010, S. 375, 382.
122 BayObLG 2Z BR 153/98, NZM 1999, 862, 864.
123 *Hügel*, ZMR 2008, 855, 857.

§ 22 Besondere Aufwendungen, Wiederaufbau

(1) ¹Bauliche Veränderungen und Aufwendungen, die über die ordnungsmäßige Instandhaltung oder Instandsetzung des gemeinschaftlichen Eigentums hinausgehen, können beschlossen oder verlangt werden, wenn jeder Wohnungseigentümer zustimmt, dessen Rechte durch die Maßnahmen über das in § 14 Nr. 1 bestimmte Maß hinaus beeinträchtigt werden. ²Die Zustimmung ist nicht erforderlich, soweit die Rechte eines Wohnungseigentümers nicht in der in Satz 1 bezeichneten Weise beeinträchtigt werden.

(2) ¹Maßnahmen gemäß Absatz 1 Satz 1, die der Modernisierung entsprechend § 559 Abs. 1 des Bürgerlichen Gesetzbuches oder der Anpassung des gemeinschaftlichen Eigentums an den Stand der Technik dienen, die Eigenart der Wohnanlage nicht ändern und keinen Wohnungseigentümer gegenüber anderen unbillig beeinträchtigen, können abweichend von Absatz 1 durch eine Mehrheit von drei Viertel aller stimmberechtigten Wohnungseigentümer im Sinne des § 25 Abs. 2 und mehr als der Hälfte aller Miteigentumsanteile beschlossen werden. ²Die Befugnis im Sinne des Satzes 1 kann durch Vereinbarung der Wohnungseigentümer nicht eingeschränkt oder ausgeschlossen werden.

(3) Für Maßnahmen der modernisierenden Instandsetzung im Sinne des § 21 Abs. 5 Nr. 2 verbleibt es bei den Vorschriften des § 21 Abs. 3 und 4.

(4) Ist das Gebäude zu mehr als der Hälfte seines Wertes zerstört und ist der Schaden nicht durch eine Versicherung oder in anderer Weise gedeckt, so kann der Wiederaufbau nicht gemäß § 21 Abs. 3 beschlossen oder gemäß § 21 Abs. 4 verlangt werden.

A. Einleitung	1
B. Beschlusskompetenz für bauliche Veränderungen (§ 22 Abs. 1)	2
I. Gesetzgeberische Intention	2
II. Systematik der §§ 21, 22	3
III. Überblick über die Struktur der Regelung	4
IV. Begriffsbestimmungen	11
1. Bauliche Veränderung	11
2. Besondere Aufwendungen	13
V. Abgrenzungen	14
1. Modernisierende Instandsetzung	14
2. Erstmalige Herstellung eines ordnungsmäßigen Zustands	16
3. Ursprüngliche planwidrige Errichtung	17
4. Nicht dauerhafte Umgestaltung	20
VI. Einzelfälle in alphabetischer Übersicht	21
VII. Beeinträchtigung im Sinne von §§ 22 Abs. 1 S. 1, 14 Nr. 1	91
1. Nachteilige Veränderung des optischen Gesamteindrucks	97
2. Unzulässige Nutzung	101
3. Nachahmung	102
4. Sonstige Beeinträchtigungen	103
5. Wand- oder Deckendurchbruch	104
6. Verbot der Benachteiligung Behinderter gemäß Art. 3 Abs. 3 S. 2 GG	107
7. Parabolantenne	108
VIII. Mehrheitsbeschluss	122
1. Beschlussfassung	123
2. Inhalt des Beschlusses	128
3. Rechtsfolgen	132
IX. Zustimmung	143
X. Gestattungsanspruch	144
XI. Vereinbarungen	146
XII. Anspruch auf Duldung einer baulichen Veränderung	149
XIII. Abdingbarkeit	151
1. Zustimmungsfreiheit	152
2. Einführung des Einstimmigkeitsprinzips	153
3. Einführung des Mehrheitsprinzips	154
4. Zustimmung des Verwalters	159
5. Gestattung konkreter Veränderungen	163
C. Beschlusskompetenz für Modernisierungsmaßnahmen (§ 22 Abs. 2)	164
I. Modernisierung	165
1. Nachhaltige Erhöhung des Gebrauchswerts	166
2. Dauerhafte Verbesserung der Wohnverhältnisse	167
3. Nachhaltige Einsparung von Energie oder Wasser	168
II. Anpassung an den Stand der Technik	169
III. Dienlichkeit	170
IV. Keine Änderung der Eigenart der Wohnanlage	171
V. Keine unbillige Beeinträchtigung einzelner Wohnungseigentümer	172
VI. Qualifizierte Mehrheit	176
VII. Kein Anspruch auf Modernisierung	178
VIII. Zwingendes Recht (§ 22 Abs. 2 S. 2)	179
D. Ansprüche bei unzulässigen baulichen Veränderungen	181
I. Ausschluss der Ansprüche	187
1. Rechtsmissbrauch	187
2. Verjährung	193
3. Verwirkung	196
II. Anspruchsgegner	197
III. Verfahrensfragen	199
1. Klagebefugnis	200
2. Vollstreckung	201
E. Wiederaufbau (Abs. 4)	202
I. Verpflichtung zum Wiederaufbau	203
II. Anspruch auf Wiederaufbau	209
F. Steckengebliebener Bau	212

Literatur: *Abramenko*, Die Freistellung von Kosten für bauliche Veränderungen gemäß § 16 Abs. 3 WEG nach dem Ende des Zitterbeschlusses, ZMR 2003, 468; *ders.*, Die Wirkung von Beschlüssen über bauliche Veränderungen, ZMR 2009, 97; *Armbrüster*, Die Verteilung der Folgekosten beim Dachausbau ZWE 2002, 85; *ders.*, Bauliche Veränderungen und Aufwendungen gemäß § 22 Abs. 1 WEG und Verteilung der Kosten gemäß § 16 Abs. 4 und 6 WEG, ZWE 2008, 61; *ders.*, Die Wirkung von Beschlüssen über bauliche Veränderungen, ZMR 2009, 252; *Bub*, Maßnahmen der Modernisierung und Anpassung an den Stand der Technik (§ 22 Abs. 2 WEG) und Verteilung der Kosten gemäß § 16 Abs. 4 WEG, ZWE 2008, 205 *Derleder*, Barrierefreiheit im Wohnungseigentumsrecht, ZWE 2004, 118; *ders.*, Parabolantennen in der Wohnungseigentumsanlage und digitales Fernsehen, ZWE 2006, 220; *Drasdo*, Parabolantennen in der Wohnungseigentümergemeinschaft, ZWE 2005, 295; *Eichberger/Schlapka*, Die Werbeanlage – Zankapfel für die Wohnungseigentümergemeinschaft, ZMR 2005, 927; *Häublein,* Bauliche Veränderungen nach der WEG-Novelle – neue Fragen und alte Probleme in „neuem Gewand", NZM 2007, 752; *ders.,* Die Willensbildung in der Wohnungseigentümergemeinschaft nach der WEG-Novelle, ZMR 2007, 409: *Hitpaß,* Aktuelle Rechtsprechung zur Videoüberwachung von Grundstücken, ZMR 2005, 247; *Hogenschurz,* Verjährung und Verwirkung bei Beseitigungs-Wiederherstellungsansprüchen bei baulichen Veränderungen nach dem Gesetz zur Modernisierung des Schuldrechts, ZWE 2002, 512; *ders.,* Die Entwicklung der Rechtsprechung zur Errichtung von Parabolantennen durch einzelne Wohnungseigentümer, DWE 2005, 63; *ders.,* Rechte bei eigenmächtigen baulichen Veränderungen eines Wohnungseigentümers, MietRB 2008, 35; *Huff,* Elektronische Überwachung in der Wohnungseigentumsanlage, NZM 2002, 90; *ders.,* Grenzen der Videoüberwachung in der Wohnungseigentumsanlage, NZM 2002, 688; *ders.,* Neues zur Videoüberwachung im Miet- und Wohnungseigentumsrecht, NZM 2004, 535; *Köhler,* Die „gefestigte" Rechtsprechung zu Satellitenanlagen, ZWE 2002, 97; *Kümmel,* Die Genehmigung baulicher Veränderungen gemäß § 22 Abs. 1 WEG, ZMR 2007, 932; *ders.,* Abwehransprüche der Wohnungseigentümer gemäß § 1004 BGB gegen Mieter und sonstige Nutzer des Sonder- und Gemeinschaftseigentums, ZWE 2008, 273; *Maaß/Hitpaß,* Entwicklung der Parabolantennen-Rechtsprechung seit 2000, NZM 2003, 181; *Merle,* Neues WEG: Beschluss und Zustimmung zu baulichen Veränderung, ZWE 2007, 374; *Ott,* Der stecken gebliebene Bau nach Insolvenz des Bauträgers, NZM 2003, 134; *Rix,* Der steckengebliebene Bau, 1991; *Röll,* Der einstimmige Beschluss als Regelungsinstrument ZWE 2001, 55; *ders.,* Verwirkung und Verjährung von Ansprüchen auf Beseitigung baulicher Änderungen und Unterlassung von Nutzungsänderungen nach der Schuldrechtsmodernisierung, ZWE 2002, 353; *Schmack/Kümmel,* Der einstimmige Beschluss als Regelungsinstrument im Wohnungseigentumsrecht, ZWE 2000, 433; *dies.,* Der einstimmige Beschluss als Regelungsinstrument, ZWE 2001, 58; *Schuschke,* Veränderungen und Umbauten in der eigenen Eigentumswohnung, ZWE 2000, 146; *Wenzel,* Die Verfolgung von Beseitigungsansprüchen durch die Wohnungseigentümergemeinschaft, NZM 2006, 321; *ders.,* Umstellung des Fernsehempfangs-bauliche Veränderung?, ZWE 2007, 179.

A. Einleitung

§ 22 wurde mit Ausnahme von Abs. 4, der dem bisherigen Abs. 2 wortgleich entspricht, durch die Novelle 2007 (Gesetz zur Änderung des Wohnungseigentumsgesetzes und anderer Gesetze vom 26.3.2007) vollständig neu formuliert und außerdem um eine Regelung über Beschlusskompetenz für Modernisierungen (Abs. 2) erweitert.[1]   **1**

B. Beschlusskompetenz für bauliche Veränderungen (§ 22 Abs. 1)

I. Gesetzgeberische Intention

Dem Gesetzgeber ging es bei der Neufassung des § 22 Abs. 1 zunächst um die Beseitigung eines Missverständnisses. Denn die Vorstellung, dass bauliche Veränderungen stets der Einstimmigkeit bedürfen, war verbreitet. Dem wurde durch die Einführung einer ausdrücklichen Beschlusskompetenz Genüge getan.[2] Weiterer Gesetzeszweck ist zu verhindern, dass einzelne Wohnungseigentümer durch die Vornahme baulicher Veränderungen vollendete Tatsachen schaffen, bevor ausreichend geprüft ist, wen eine Maßnahme nachteilig betrifft. Eine hinreichende Information und Mitwirkung der Wohnungseigentümer soll nun durch die Befassung der Eigentümergemeinschaft vor Durchführung einer baulichen Maßnahme sichergestellt werden.[3]   **2**

II. Systematik der §§ 21, 22

Nach § 21 Abs. 1 können Verwaltungsmaßnahmen nur mit Zustimmung sämtlicher Wohnungseigentümer getroffen werden (vgl. § 21 Rn 7). Dieser Grundsatz erfährt eine Ausnahme durch § 21 Abs. 3, wonach Maßnahmen der ordnungsmäßigen Instandhaltung oder Instandsetzung des gemeinschaftlichen Eigentums (§ 21 Abs. 5 Nr. 2) sowie der modernisierenden Instandsetzung (§ 22 Abs. 3) mehrheitlich beschlossen und gemäß § 21 Abs. 4 verlangt werden können. § 22 Abs. 1 bestimmt modifizierend, dass bauliche Veränderungen (zum Begriff siehe Rn 11) und besondere Aufwendungen (zum Begriff siehe Rn 13), die über eine ordnungsmäßige Instandhaltung oder Instandsetzung des gemeinschaftlichen Eigentums bzw. seine modernisierende Instandsetzung hinausgehen, mehrheitlich beschlossen oder von einzelnen Wohnungseigentümern verlangt werden können, wenn jeder Wohnungseigentümer zustimmt, dessen Rechte durch die Maßnahmen über das in § 14 Nr. 1 bestimmte Maß hinaus beeinträchtigt werden. Eine neu eingeführte Kategorie einer baulichen Veränderung stellt die Modernisierung nach § 22 Abs. 2 WEG dar: sie müssen mit qualifizierter Mehrheit beschlossen werden (vgl. Rn 184), erfordern aber nicht die Zustimmung aller über das Maß des § 14 Nr. 1 beeinträchtigten Wohnungseigentümer.   **3**

III. Überblick über die Struktur der Regelung

§ 22 Abs. 1 S. 1 bringt zum Ausdruck, dass die Wohnungseigentümer **Beschlusskompetenz** für bauliche Veränderungen haben. Aus § 22 Abs. 1 S. 1 Hs. 2 folgt, dass ein Beschluss über die Genehmigung einer baulichen Veränderung   **4**

---

1 Vgl. Begründung Regierungsentwurf BT-Drucks 16/887 S. 28 ff. und Beschlussempfehlung des Rechtsausschusses BT-Drucks 16/3843 S. 50.

2 BT-Drucks 16/887, S. 28.

3 BT-Drucks 16/887, S. 28.

nur dann und stets dann ordnungsmäßiger Verwaltung entspricht, wenn alle Beeinträchtigten der Vornahme der baulichen Veränderung zugestimmt haben.

5 § 22 Abs. 1 S. 2 stellt dabei klar, dass nur diejenigen Wohnungseigentümer zustimmen müssen, die durch die Maßnahme im Sinne des § 22 Abs. 1 S. 1 beeinträchtigt sind, um zu vermeiden, dass § 22 Abs. 1 S. 1 im Hinblick auf den Grundsatz der gemeinschaftlichen Verwaltung (§ 21 Abs. 1) dahin ausgelegt wird, es sei immer ein einstimmiger Beschluss aller Wohnungseigentümer erforderlich.[4] Hält sich die Beeinträchtigung des einzelnen Wohnungseigentümers aber innerhalb der Grenzen des § 14 Nr. 1, so bedarf es seiner **Zustimmung** nicht. Dabei kann § 22 Abs. 1 S. 1 nur in dem Sinne verstanden werden, dass **alle beeinträchtigten Wohnungseigentümer** an der zur Legitimation der baulichen Veränderung erforderlichen (vgl. Rn 7) Beschlussfassung mitwirken müssen. Die Zustimmung kann damit allein durch eine **positive Stimmabgabe** im Rahmen einer Beschlussfassung nach § 22 Abs. 1 S. 1 erklärt werden.[5] So sieht es auch die Gesetzesbegründung, wenn sie ausführt, dass mit dem Erfordernis der Zustimmung aller Beeinträchtigten die benötigte Stimmenzahl geregelt wird.[6]

In der Praxis werden solche Maßnahmen zwar meist nur mit Zustimmung aller Wohnungseigentümer – also einstimmig – beschlossen werden können, weil im Regelfall alle Wohnungseigentümer beeinträchtigt sind. Die Beschlusskompetenz besteht aber unabhängig davon, ob alle Beeinträchtigten zustimmen. Ein Beschluss über eine bauliche Veränderung, dem entgegen § 22 Abs. 1 S. 1 nicht alle beeinträchtigten Wohnungseigentümer zugestimmt haben, ist deshalb nur **anfechtbar**, nicht aber unwirksam.[7]

6 Nach bisherigem Verständnis konnte die nach § 22 Abs. 1 S. 2 a.F. erforderliche Zustimmung des einzelnen beeinträchtigen Wohnungseigentümers formlos auch außerhalb einer Versammlung erteilt werden.[8] Nach § 22 Abs. 1 S. 1 bedarf hingegen nunmehr **jede Maßnahme** nach § 22 Abs. 1 der **Legitimation durch Mehrheitsbeschluss**, sofern ihre Vornahme nicht durch Teilungserklärung/Gemeinschaftsordnung bzw. eine nachträgliche Vereinbarung oder gesetzliche Regelung legitimiert ist. Die Legitimation ausschließlich auf der Grundlage außerhalb der Eigentümerversammlung erteilter Zustimmungen beeinträchtigter Wohnungseigentümer ist ausgeschlossen.[9] Ebenso reicht es für die Vornahme einer baulichen Veränderung nicht, dass kein Wohnungseigentümer beeinträchtigt ist. Dies folgt aus dem Gesetzeszweck (vgl. dazu Rn 2), aus der Regelung des Anspruchs in § 22 Abs. 1 S. 1 (vgl. dazu Rn 7) und aus der Systematik des Gesetzes. Da es bei allen Maßnahmen der ordnungsmäßigen Verwaltung eines Beschlusses der Wohnungseigentümer bedarf, sofern sie nicht auf einer Vereinbarung oder Gesetz beruhen, wäre es nicht überzeugend, wenn die weiterreichenden Eingriffe nach § 22 nicht eines Beschlusses als legitimierender Grundlage bedürften.[10] Schließlich sprechen auch Gründe der Rechtssicherheit für den von der Praxis gut zu handhabenden Lösungsansatz.

7 Ein einzelner Wohnungseigentümer hat gemäß § 22 Abs. 1 S. 1 („Bauliche Veränderungen und Aufwendungen ... können verlangt werden") einen **Anspruch** gegen die anderen Wohnungseigentümer, eine Maßnahme gemäß § 22 Abs. 1 S. 1 im Beschlusswege zu gestatten, wenn ihr alle Wohnungseigentümer zugestimmt haben, deren Rechte über das in § 14 Nr. 1 bestimmte Maß hinaus beeinträchtigt werden.[11] Nicht beeinträchtigte Wohnungseigentümer können die Durchführung der Maßnahme also nicht verhindern. Hieraus folgt zugleich, dass außerhalb einer Eigentümerversammlung erteilte Zustimmungen beeinträchtigter Wohnungseigentümer zur Legitimation einer solchen Maßnahme allein nicht ausreichen, denn der Anspruch auf einen Beschluss setzt die Zustimmung der beeinträchtigten Wohnungseigentümer voraus. Wäre eine formlose Zustimmung bereits ausreichend, wäre ein Anspruch auf Beschlussfassung überflüssig, da der Wohnungseigentümer eines Beschlusses zur Vornahme einer baulichen Veränderung nicht mehr bedürfte. Die Schaffung eines solchen Anspruchs ist daher nur dann sinnvoll, wenn allein ein Beschluss die Vornahme baulicher Veränderungen legitimieren kann.[12] Wegen weiterer Einzelheiten vgl. Rn 144.

8 Diejenigen Wohnungseigentümer, deren Zustimmung zu einer baulichen Veränderung nicht notwendig ist und die dieser nicht oder nur unter Verwahrung gegen die Kostenlast oder nur zwangsweise aufgrund des Anspruchs nach § 22 Abs. 1 S. 1 (vgl. Rn 7) zugestimmt haben, sind grundsätzlich nicht verpflichtet, sich an den **Kosten der Maßnahme** gemäß § 22 Abs. 1 S. 1 zu beteiligen (§ 16 Abs. 6 S. 1), können aber auch keinen Anteil an den Nutzungen, die diese Maßnahme erbracht hat, beanspruchen (siehe auch Rn 133). Im Fall der Aufhebung der Gemeinschaft bleibt nach § 17 Abs. 2 eine Wertsteigerung, die durch die Maßnahme gemäß § 22 Abs. 1 S. 1 erfolgte, für sie außer Betracht.

---

4 Vgl. BT-Drucks 16/887, S. 29.
5 *Bärmann/Merle*, § 22 Rn 133; Palandt/*Bassenge*, § 22 Rn 6; *Kümmel*, ZMR 2007, 932; **a.A.** *Häublein*, NZM 2007, 752; *Armbrüster*, ZWE 2008, 61, *Abramenko*, ZMR 2009, 97.
6 Vgl. BT-Drucks 16/887, S. 28.
7 Vgl. BT-Drucks 16/887, S. 29; Palandt/*Bassenge*, § 22 Rn 7; zur Rechtslage vor der Novelle 2007: BayObLG BReg 2 Z 84/87, NJW-RR 1988, 591; BayObLG 2Z 81/00, NZM 2001, 133; OLG Köln 16 Wx 156/00, NZM 2001, 293; OLG Köln 16 Wx 10/02, NZM 2002, 454; *Buck*, WE 1998, 90, 92 f; *Wenzel*, ZWE 2000, 2, 4 ff.; **a.A.** *Armbrüster*, ZWE 2008, 61, der den Beschluss weder für anfechtbar noch für nichtig erachtet, dafür aber angesichts von Art. 14 Abs. 1 S. 1 GG vor seiner Durchführung in jedem Fall die Zustimmung der Beeinträchtigten verlangt.
8 BayObLG 2Z BR 121/02, NZM 2003, 720; *Röll*, ZWE 2001, 55, 56; *Ott*, ZWE 2002, 61, 65.
9 Palandt/*Bassenge*, § 22 Rn 6; *Bärmann/Merle*, § 22 Rn 133; *Kümmel*, ZMR 2007, 932; *Hügel/Elzer*, § 7 Rn 16; *Riecke/Schmid/Drabek*, § 22 Rn 22; *Lüke*, ZfIR 2008, 225; **a.A.** *Häublein*, NZM 2007, 752; *Armbrüster*, ZWE 2008, 61; *Abramenko*, ZMR 2009, 97.
10 *Lüke*, ZfIR 2008, 225, 228.
11 Vgl. BT-Drucks 16/887, S. 29.
12 *Bärmann/Merle*, § 22 Rn 124; *Kümmel*, ZMR 2007, 932.

Etwas anderes gilt nur dann, wenn gemäß § 16 Abs. 4 eine abweichende Kostenregelung mit qualifizierter Mehrheit getroffen wurde (§ 16 Abs. 6 S. 2).

Unter § 22 fällt auch die Zustimmung zur **Bebauung des Nachbargrundstücks**, wenn durch diese Maßnahmen das gemeinschaftliche Eigentum in baulicher Hinsicht betroffen ist.[13] Wirkt eine mit einem geringen Überbau verbundene bauliche Maßnahme an der Grenzwand des Nachbargrundstücks in gleicher Weise wie eine bauliche Veränderung des gemeinschaftlichen Eigentums, dann richtet sich die Wirksamkeit eines Mehrheitsbeschlusses, der die Zustimmung zu dem beabsichtigten Überbau erteilt, allein nach § 22 Abs. 1.[14]

Die Bestimmungen des § 22 sind mit Ausnahme der Regelung des § 22 Abs. 2 S. 1 durch Vereinbarung **abänderbar**. Ein das Gesetz ändernder Mehrheitsbeschluss ist jedoch nichtig, wenn die Gemeinschaftsordnung nicht ausnahmsweise die Möglichkeit einer Mehrheitsentscheidung eröffnet, denn eine Änderung des Gesetzes ist nur durch Vereinbarung möglich (vgl. im Einzelnen Rn 151).[15]

IV. Begriffsbestimmungen

1. Bauliche Veränderung

Im Sinne von § 22 ist dies die gegenständliche Umgestaltung des gemeinschaftlichen Eigentums durch Eingriff in die Substanz oder die Veränderung des Erscheinungsbildes des **gemeinschaftlichen Eigentums** ohne Substanzeingriff.[16] Entsprechend anwendbar soll § 22 Abs. 1 bei einem Verzicht auf den öffentlich-rechtlich vorgeschriebenen Bauwich sein.[17] **Vergleichszustand** ist der Sollzustand des Gebäudes bei der Entstehung des Wohnungseigentums entsprechend Teilungserklärungen/Aufteilungsplan nebst Bauplänen. Soweit später durch zulässige Maßnahmen gemäß §§ 21, 22 ein anderer Zustand geschaffen wird, wird dieser zum Vergleichszustand für spätere Veränderungen.[18] Gleiches gilt, wenn Maßnahmen zu dulden sind, weil der Anspruch auf Beseitigung verwirkt[19] oder verjährt ist. Ein neuer Vergleichszustand wird aber nicht durch einen Beschluss geschaffen, der die Maßnahmen lediglich duldet.[20]

Nicht von § 22 erfasst werden bauliche Veränderungen **im Bereich des Sondereigentums**. Beschränkungen ergeben sich insoweit unmittelbar aus § 14 Nr. 1. Bewirken sie aber eine Umgestaltung des gemeinschaftlichen Eigentums, so liegt auch darin eine bauliche Veränderung im Sinne von § 22 Abs. 1.[21]

2. Besondere Aufwendungen

Es handelt sich um Aufwendungen für unnötige nichtbauliche Verwaltungsmaßnahmen, z.B. die Anschaffung nicht benötigter Pflegegeräte[22] oder die Anstellung unnötigen Personals.[23]

V. Abgrenzungen

1. Modernisierende Instandsetzung

Nach gefestigter Rechtsprechung dürfen anstelle einer veralteten Anlage neue, technisch bessere, z.B. energiesparende Anlagen eingebaut werden, wenn dies wirtschaftlich sinnvoll ist. Es handelt sich dann trotz Umgestaltung des gemeinschaftlichen Eigentums nicht um eine bauliche Veränderung, sondern um eine Instandsetzungsmaßnahme (vgl. dazu § 21 Rn 89 f.).

Der neu eingefügte § 22 Abs. 3 soll klarstellen, dass Maßnahmen der modernisierenden Instandsetzung wie bisher mit einfacher Mehrheit beschlossen werden können.[24] Für die Abgrenzung kommt es darauf an, ob durch die Maßnahme vorhandene Einrichtungen wegen bereits notwendiger oder absehbarer Reparaturen technisch auf einen aktuellen Stand gebracht oder durch eine wirtschaftlich sinnvollere Lösung ersetzt werden – dann § 21 Abs. 5 Nr. 2 – oder ob sie keinen Bezug mehr zur Instandhaltung oder Instandsetzung haben, aber Modernisierung sind – dann § 22 Abs. 2. Ist beides nicht der Fall, bedarf die Maßnahme gemäß § 22 Abs. 1 der Zustimmung aller über das Maß des § 14 Nr. 1 hinaus Beeinträchtigten.

---

13 OLG Köln 16 Wx 56/95, WuM 1995, 502.
14 OLG Celle 4 W 184/03, ZMR 2004, 361: Anbringung einer Fassadenverkleidung.
15 BGH V ZB 58/99, BGHZ 145, 158 = NJW 2000, 3500.
16 Palandt/*Bassenge*, § 22 Rn 1; *Jennißen/Hogenschurz*, § 22 Rn 3; *J.-H. Schmidt*, AnwZert MietR 2010 Anm. 2; *Schuschke*, ZWE 2000, 146; **a.A.** BGH V ZR 73/09, NZM 2010, 46; *Niedenführ*, NZM 2001, 1105: nur Substanzeingriffe.
17 BGH V ZR 73/09, NZM 2010, 46, vgl. Rn 26a.
18 BayObLG 2Z BR 73/01, NZM 2001, 956; OLG Celle 4 W 184/03, ZMR 2004, 361.
19 OLG Saarbrücken 5 W 286/95, FGPrax 1997, 56.
20 BayObLG 2Z BR 73/01, NZM 2001, 956.
21 OLG Hamburg 2 Wx 94/01, NZM 2003, 109; Bärmann/*Merle*, § 22 Rn 8.
22 BayObLG BReg 2 Z 141/90, WuM 1991, 210: Schneeräumgerät; BayObLG 2Z BR 75/97, WE 1998, 196: Leiter für Montage- und Wartungsarbeiten; selbstfahrender Rasenmäher für 200 qm Grünfläche.
23 Z.B. Hausmeister, Doorman, Wachpersonal; vgl. auch BayObLG BReg 2 Z 141/90, WuM 1991, 210.
24 BT-Drucks 16/887, S. 32.

2. Erstmalige Herstellung eines ordnungsmäßigen Zustands

16 Ordnungsmäßiger Verwaltung entsprechen auch bauliche Veränderungen, die sich aus der Zweckbestimmung des Hauses oder der Teilungserklärung, der Gemeinschaftsordnung, dem Aufteilungsplan – nicht aber dem Kaufvertrag[25] – ergeben oder erkennbar sind.[26] Die erstmalige vollständige Errichtung und Ausstattung des Hauses, wie sie ursprünglich vorgesehen war, ist deshalb keine bauliche Veränderung i.S.v. § 22 Abs. 1.[27] Zur erstmaligen Herstellung eines ordnungsmäßigen Zustands siehe auch § 21 Rn 98).

3. Ursprüngliche planwidrige Errichtung

17 Errichtet der **Bauträger** das Gebäude von vornherein abweichend vom ursprünglichen Plan, liegt keine bauliche Veränderung vor.[28] In einem solchen Fall besteht kein Beseitigungsanspruch gegen den Wohnungseigentümer, der Wohnungseigentum in einer bestimmten baulichen Gestaltung erwirbt (vgl. auch Rn 185), denn er ist nicht schon deshalb Störer i.S.d. § 1004 BGB, weil der Zustand der Wohnanlage von dem in der Teilungserklärung oder der Gemeinschaftsordnung vorgesehenen abweicht.[29] Es besteht allenfalls ein gegen die Gesamtheit der Wohnungseigentümer gerichteter Anspruch auf Herstellung eines den Plänen entsprechenden Zustandes, und zwar auch dann, wenn die Abweichung auf einer Absprache des Bauträgers mit dem Wohnungseigentümer beruht (siehe auch § 21 Rn 98).[30] Eine vom Aufteilungsplan abweichende Bauausführung ist aber dann eine bauliche Veränderung, wenn die Wohnanlage nicht von einem Bauträger errichtet worden ist, sondern von mehreren Bauherren, die aufgrund einer Teilung nach § 3 schon zu Beginn der Bauarbeiten Wohnungseigentümer geworden sind.[31] Den mit den Bauherren identischen Wohnungseigentümern obliegt dann die Gestaltungsbefugnis.[32]

18 Auch **nach Fertigstellung des Gebäudes** und nach einer Teilung gem. § 8 WEG kann der Bauträger das Grundstück nach seinen Vorstellungen baulich ausgestalten, solange er Eigentümer aller Wohnungs- und Teileigentumseinheiten bleibt. Ihm steht zu dieser Zeit noch die alleinige Herrschaftsmacht nicht nur über jedes Sondereigentum, sondern auch über das gemeinschaftliche Eigentum zu. Verändert er das gemeinschaftliche Eigentum baulich, so liegt darin keine bauliche Veränderung. Er ist nicht etwa „Störer" seines eigenen Eigentums, auch wenn dieses schon die Rechtsform des Wohnungseigentums erhalten hat. Wenn sodann andere Personen Wohnungs- oder Teileigentumseinheiten erwerben, übernehmen sie das Sondereigentum und das gemeinschaftliche Eigentum in diesem (geänderten) Zustand. Sie können daher die Beseitigung dieses Zustands nicht gem. § 1004 BGB verlangen.[33]

19 Die Veränderungsmacht hat der Bauträger **solange bis zumindest eine sog. werdende Wohnungseigentümergemeinschaft** (vgl. dazu § 10 Rn 7) **entstanden ist**.[34] Nimmt der Bauträger ab diesem Zeitpunkt auf Veranlassung eines Erwerbers eine Veränderung vor, so ist dies eine bauliche Veränderung i.S.v. § 22 Abs. 1.[35] Die Gestaltungsbefugnis obliegt nämlich nun nicht mehr dem Bauträger, sondern der Eigentümergemeinschaft.[36] Ein Beseitigungsanspruch gemäß § 1004 BGB besteht.

4. Nicht dauerhafte Umgestaltung

20 Eine Wäschespinne, die nicht fest und dauerhaft installiert ist, sondern nur bei Bedarf in ein im Boden eingelassenes Führungsrohr geschoben wird, ist keine bauliche Veränderung.[37] Auch das Aufstellen von Biertischen, Bänken und Schirmen, die im Boden nicht fest verankert sind, für jeweils 6 Monate im Jahr ist nicht mit einer auf Dauer angelegten baulichen Veränderung des Grundstücks verbunden.[38] Auch in diesen Fällen kommt ein Unterlassungsanspruch aus § 15 Abs. 3 in Betracht, wenn der Gebrauch des Sondereigentums oder des gemeinschaftlichen Eigentums i.S.v. § 14 Nr. 1 zu einem Nachteil führt, der über das bei einem geordneten Zusammenleben unvermeidliche Maß hinausgeht.[39] Bei Gebrauch einer Wäschespinne durch den Sondernutzungsberechtigten wird dies regelmäßig nicht der Fall sein.[40] Dagegen kann das Aufstellen einer Parabolantenne zu einem solchen Nachteil führen (vgl. Rn 108 ff.).

---

25 OLG Köln 16 Wx 32/00, ZMR 2000, 861.
26 BayObLG BReg 2 Z 23/75, Z, 1975, 177.
27 KG 24 W 4146/85, OLGE 1986, 174: Schallschutzmaßnahmen; BayObLG BReg 2 Z 68/89, NJW-RR 1989, 1293: Wärmedämmung; BayObLG 2Z BR 48/99, ZMR 2000, 38: Sichtschutzzaun; LG Köln 29 S 263/10, ZMR 2011, 901: Garagen.
28 BayObLG 2Z BR 83/93, WuM 1993, 759; BayObLG 2Z BR 78/94, WuM 1994, 640; OLG Frankfurt 20 W 538/05, NZM 2008, 322.
29 OLG Zweibrücken 3 W 226/01, NZM 2002, 253.
30 BayObLG 2Z BR 78/94, WuM 1994, 640; BayObLG 2Z BR 57/98, NZM 1999, 286; OLG Celle 4 W 52/99, OLGR 1999, 367; OLG Frankfurt 20 W 538/05, NZM 2008, 322.
31 BayObLG 2Z BR 57/98, NZM 1999, 286.
32 BayObLG 2Z BR 25/97, WE 1998, 149.
33 BayObLG 2Z BR 83/93, WuM 1993, 759; OLG Schleswig 2 W 52/91, WE 1994, 87; OLG Zweibrücken 3 W 226/01, NZM 2002, 253.
34 BayObLG 2Z BR 83/93, WuM 1993, 759; OLG Schleswig 2 W 52/91, WE 1994, 87; OLG Zweibrücken 3 W 226/01, NZM 2002, 253.
35 OLG Frankfurt 20 W 538/05, NZM 2008, 322.
36 OLG Köln 16 Wx 86/97, NZM 1998, 199.
37 OLG Zweibrücken 3 W 198/99, NZM 2000, 293.
38 BayObLG 2Z BR 182/01, NZM 2002, 569.
39 Vgl. BGH V ZB 51/03, NJW 2004, 937.
40 OLG Zweibrücken 3 W 198/99, NZM 2000, 293.

VI. Einzelfälle in alphabetischer Übersicht

Aufzug 21
Der Einbau eines (Außen-)Aufzugs in umgewandelten Altbau ist bauliche Veränderung.[41]

Antennen 22
Das Anbringen von Amateurfunkantennen ist bauliche Veränderung.[42] Siehe auch Kabelfernsehen und Mobilfunkantenne (vgl. Rn 51, 61).

Aufstockung 23
Eine Aufstockung des Hauses ist bauliche Veränderung.[43] Nachteile können folgen aus der erheblichen Veränderung des optischen Gesamteindrucks bei Eingriffen in die Gebäudesymmetrie,[44] aus Einbußen an Belichtung und Besonnung und der intensiveren Nutzungsmöglichkeit.[45] Ist bei der Renovierung eines Flachdaches beabsichtigt, durch Aufstockung des Gebäudes neuen Wohn- und Nutzraum zu schaffen, liegt eine bauliche Veränderung und nicht eine modernisierende Instandsetzung vor.[46] Anders aber, wenn die Ersetzung des Flachdachs etwa durch ein Walmdach zum Zwecke dauerhafter Schadensbeseitigung technisch geboten ist.[47]

Außenbeleuchtung 24
Der Austausch eines Zeitschalters für die Außenbeleuchtung gegen einen Dämmerungsschalter[48] ist keine bauliche Veränderung.

Außenkamin 25
Die Errichtung eines Außenkamins ist auch in einer Mehrhausanlage eine bauliche Veränderung.[49]

Balkon 26
Der **Anbau** eines Balkons ist eine bauliche Veränderung,[50] die jedoch als Modernisierung eingestuft werden kann (siehe Rn 166, 171). Die **Verglasung** eines Balkons und die **Errichtung eines Wintergartens** sind typische bauliche Veränderungen.[51] Ist die Errichtung eines Wintergartens aber durch die Teilungserklärung gestattet, bedarf auch ein Balkon rundum verglast werden.[52] Berechtigt diese hingegen im Zuge des Ausbaus des Dachgeschosses dazu „Fenster aller Art, Oberlichter, Gauben, Loggien und Dachterrassen (...) herzustellen" lässt sich ein Balkon unter diese Aufzählung nicht subsumieren.[53] Der nachträgliche Einbau eines Heizkörpers in einem schon bestehenden Wintergarten bedarf nicht der Zustimmung.[54] Der Anbau eines Wintergartens fällt auch unter § 22 Abs. 2 (siehe Rn 171). Gleiches gilt für die Errichtung eines Glaserkers.[55] Bauliche Veränderungen sind weiter das Anbringen einer **Markise**[56] oder von Wandfliesen im Balkonbereich.[57] Die Errichtung einer **Balkontrennwand** ist ebenso wie deren Entfernung eine bauliche Veränderung.[58] Das Aufsägen des Balkongeländers und Einrichten eines Durchgangs mit mobiler Treppenkonstruktion ist bauliche Veränderung.[59] Bauliche Veränderung ist auch das Unterfangen eines vorher auf Stützen gelagerten Balkons durch einen geschlossenen Anbau, wodurch ein **Abstellraum unter dem Balkon** auf einer bisherigen Gartenfläche gewonnen wird.[60] 643). Auch **ohne Substanzeingriff** wegen Veränderung des Erscheinungsbildes ist das **Anbringen eines Katzennetzes** am Balkon bauliche Veränderung;[61] ebenso das Aufstellen von **Grillkaminen** aus Fertigbetonteilen, das Aufstellen einer mobilen Markise, die Bespannung der Balkongitter mit Stoff oder Plane. Werden **Leichtmetallgeländer** anstelle von massiven Balkonbrüstungen angebracht, kann dies eine modernisierende Instandsetzung darstellen.[62]

---

41 BayObLG 2Z BR 39/92, WuM 1992, 562; AG Konstanz 12 C 17/07, ZMR 2008, 494.
42 BayObLG 2Z 51/85, MDR 1987, 235; OLG Saarbrücken 5 W 9/97–8, ZMR 1998, 310; LG Stuttgart 2 T 458/90, WuM 1991, 213.
43 BGH V ZR 73/09, NZM 2010, 46; BayObLG 2Z BR 117/00, ZMR 2001, 560; OLG Hamburg 2 Wx 35/05, ZMR 2007, 129.
44 LG Hamburg 318 S 49/09, ZWE 2010, 374.
45 BGH V ZR 73/09, NZM 2010, 46.
46 BayObLG 2Z BR 117/00, ZMR 2001, 560.
47 BayObLG 2Z BR 4/98, ZMR 1998, 364; KG 24 W 914/93, WuM 1994, 223.
48 BayObLG 2Z BR 60/93, WuM 1993, 758.
49 OLG Köln 16 Wx 9/00, NZM 2000, 764, LG Karlsruhe 11 S 61/09, ZWE 2012, 183.
50 BayObLG 2Z BR 1/01, ZMR 2001, 640; OLG Hamburg 2 Wx 42/04, ZMR 2006, 702.
51 BayObLG 2Z BR 22/92, WuM 1992, 563; BayObLG 2Z BR 89/93, WuM 1993, 750; BayObLG 2Z BR 213/03, NZM 2004, 836; OLG Düsseldorf 3 Wx 483/94, WuM 1995, 337; OLG Frankfurt 20 W 192/84, OLGZ 1985, 48; OLG Bremen 3 W 56/92, WuM 1993, 209; OLG Köln 16 Wx 205/96, MDR 1996, 1235.
52 OLG Düsseldorf 3 Wx 230/99, ZMR 2000, 190.
53 LG Hamburg 318 S 16/11, ZWE 2012, 287.
54 OLG Düsseldorf 3 Wx 66/04, ZMR 2005, 643.
55 OLG Zweibrücken, 3 W 179/02, ZMR 2004, 60, 61.
56 BayObLG 2 Z BR 34/95, ZMR 1995, 420; KG 24 W 6483/93, WuM 1994, 99; OLG Zweibrücken 3 W 251/03; NZM 2004, 428: im Einzelfall aber keine nachteilige optische Beeinträchtigung.
57 AG Hannover 71 II 182/04, ZMR 2005, 658.
58 BayObLG 2Z 111/83, WuM 1985, 35; BayObLG 2Z BR 68/00, GE 2001, 775; LG Itzehoe 1 S 1/07, Info M 2008, 232.
59 OLG Karlsruhe 11 Wx 49/98, NZM 1999, 36.
60 OLG Köln 16 Wx 10/00, NZM 2000, 296.
61 OLG Zweibrücken 3 W 44/98, NZM 1998, 376; AG Oberhausen 34 C 130/10, ZMR 2012, 62.
62 OLG München 34 Wx 105/05, ZMR 2006, 302.

27 Bauwich
Abs. 1 ist auf eine Zustimmung zur Unterschreitung der öffentlich-rechtlich vorgeschriebenen Abstandsfläche, sog. Bauwich, durch einen Nachbarn der Wohnungseigentümergemeinschaft entsprechend anwendbar.[63]

28 Blitzschutz
Eine mit relativ geringem Kostenaufwand erstmals durchgeführte Maßnahme zum Schutz eines höheren Gebäudes vor der elementaren Gefahr des Blitzeinschlags ist keine bauliche Veränderung.[64]

29 Bäume
Das ersatzlose Fällen von Bäumen kann eine beeinträchtigende bauliche Veränderung sein.[65] Ob das Fällen mehrerer Bäume als bauliche Veränderung zu bewerten ist, hängt im Einzelfall unter anderem davon ab, ob der Eingriff in die gärtnerische Gestaltung der Außenanlage zu einem deutlich veränderten Eindruck führt.[66] Voraussetzung für eine bauliche Veränderung ist, dass die Bäume für den Gesamteindruck der Anlage mitbestimmend sind.[67] Das Fällen von einzelnen Bäumen in einer Wohnanlage mit rund 60 Bäumen bedarf nicht der Zustimmung aller Wohnungseigentümer.[68] Das Fällen von Bäumen ist keine bauliche Veränderung, wenn es erforderlich ist, weil die Bäume nicht mehr standsicher sind.[69] Das Entfernen der auf einem Tiefgaragendach stehenden Bäume ist keine bauliche Veränderung, wenn Anhaltspunkte dafür bestehen, dass die Baumwurzeln in die schon beschädigte Dichtungsschicht eindringen und weitere Schäden verursachen.[70] Erfolgt die Beseitigung der Bäume aufgrund eines nicht angefochtenen Mehrheitsbeschlusses, ist die aufgrund dieses Beschlusses durchgeführte Maßnahme rechtmäßig. Nach der rechtmäßigen Beseitigung kann eine Neubepflanzung als Maßnahme ordnungsmäßiger Verwaltung gemäß § 21 Abs. 3 beschlossen werden.[71]

30 Bepflanzung
Das Stutzen der rankenden Grünbepflanzung (Weinlaub) an der Hausfassade kann als Maßnahme nach § 21 Abs. 5 Nr. 2 mit Mehrheit beschlossen werden;[72] das vollständige dauerhafte Entfernen des Fassadengrüns ist dagegen eine bauliche Veränderung.[73] Die erstmalige gärtnerische Gestaltung des gemeinschaftliche Grundstücks, z.B. durch Pflanzen einer Hecke, können die Wohnungseigentümer mehrheitlich beschließen (§ 21 Abs. 3, Abs. 5 Nr. 2 WEG), soweit nicht Teilungserklärung (Aufteilungsplan) oder Gemeinschaftsordnung bereits verbindlich der Gestaltung festlegen.[74] Die Schaffung eines Durchgangs durch eine Hecke ist keine bauliche Veränderung, soweit es um die erstmalige Herstellung eines ordnungsmäßigen Zustands geht.[75] Das Aufstellen von Pflanztrögen auf einer Terrasse ist keine bauliche Veränderung des gemeinschaftlichen Eigentums.[76] Das Entfernen von Pflanztrögen von einer Terrasse ist jedoch bauliche Veränderung, nicht jedoch wenn feststeht, dass sie asbesthaltig sind.[77]

31 Bewegungsmelder
Die Anbringung von Bewegungsmeldern stellt eine bauliche Veränderung und keine modernisierende Instandsetzung nach Abs. 3 dar; die Nachteile folgen aus der erheblichen Änderung der Beleuchtungssituation.[78]

32 Böden
Das Auswechseln eines Asphaltbodens durch Steinplatten ist keine bauliche Veränderung.[79] Wird ein **Plattenbelag** im Rahmen eines vereinbarten Sondernutzungsrechts zur Erstellung einer Terrasse auf einem Streifen des gemeinschaftlichen Eigentums aufgebracht, liegt eine bauliche Veränderung vor; es kann jedoch eine Beeinträchtigung fehlen.[80]

33 Carport
Die Errichtung eines Carports auf dem Pkw-Stellplatz durch den Sondernutzungsberechtigten ist eine bauliche Veränderung,[81] die aber nicht unbedingt mit einer optischen Beeinträchtigung verbunden sein muss.[82]

---

63 BGH V ZR 73/09, NZM 2010, 46; **a.A.** überzeugend *Hügel*, ZMR 2011, 182: keine Beschlusskompetenz, da der Verzicht die Rechtsverhältnisse am Grundstück betrifft.
64 OLG Düsseldorf 3 Wx 163/00, NZM 2001, 146.
65 LG Frankfurt/Main 2/9 T 362/89, NJW-RR 1990, 24; OLG München 32 Wx 004/06, ZMR 2006, 799; OLG Schleswig 2 W 25/07, WuM 2007, 587.
66 OLG Düsseldorf I-3 Wx 97/03, NZM 2003, 980.
67 OLG Köln 16 Wx 208/98, NZM 1999, 623; LG Hamburg 318 S 24/09, ZMR 2011, 226.
68 BayObLG 2Z BR 142/00, WuM 2001, 299.
69 OLG Köln 16 Wx 208/98, NZM 1999, 623.
70 BayObLG 2Z BR 24/96, WuM 1996, 493.
71 OLG Schleswig 2 W 25/07, WuM 2007, 587.
72 OLG Saarbrücken 5 W 60/97 – 23, WuM 1998, 243, 244.
73 OLG Düsseldorf I-3 Wx 298/04, NZM 2005, 149.
74 BayObLG BReg 2 Z 29/91, WuM 1991, 448.
75 BayObLG BReg 2 Z 125/88, ZMR 1989, 192.
76 BayObLG BReg 2 Z 65/91, WE 1992, 42.
77 BayObLG 2Z BR 63/92, WuM 1993, 207.
78 AG Tempelhof/Kreuzberg 72 C 143/09, ZMR 2010, 651.
79 OLG Schleswig GWW 1968, 220.
80 BayObLG BReg 2 Z 23/75, Z 1975, 177.
81 BayObLG 2Z BR 30/99, NZM 1999, 855; BayObLG 2Z BR 107/02, NZM 2003, 199.
82 OLG Hamburg 2 Wx 19/04, ZMR 2005, 305.

Dach 34

Typische bauliche Veränderung ist wegen der intensiveren Nutzungsmöglichkeit der Ausbau eines Dachbodens zur Wohnung.[83] Ebenso der Einbau von Dachfenstern unter Umgestaltung von Giebelfenstern,[84] die Veränderung der Schornsteine[85] und der Durchbruch in einen Giebel bei einem in Sondereigentum stehenden Reihenhaus.[86] Das Sondernutzungsrecht an einem Speicherraum gibt nicht das Recht, die Decke zu durchbrechen und eine Wendeltreppe sowie Dachflächenfenster einzubauen[87] bzw. den Dachraum zu Wohnzwecken auszubauen,[88] es sei denn die Zulässigkeit eines Dachausbaus ist vereinbart.[89] Die Zulässigkeit baulicher Veränderungen ist anhand des Inhalts der Vereinbarung im Einzelfall festzustellen.[90] Das Ersetzen einer Dachluke durch ein Dachflächenfenster zur Verbesserung der Lichtverhältnisse im sondergenutzten Dachraum ist bauliche Veränderung,[91] im Einzelfall kann eine Beeinträchtigung aber fehlen.[92] Beim Einbau einer Verbindungstreppe zum Spitzboden kann eine Beeinträchtigung fehlen.[93] Das Ersetzen der Kiesschicht auf der Dachterrasse durch Erde und Pflanzen ist bauliche Veränderung.[94]

Decken 35

Der Deckendurchbruch zur Verbindung zweier Wohnungen ist bauliche Veränderung.[95] Zur Frage, ob ein Nachteil i.S.v. § 14 Nr. 1 vorliegt siehe Rn 1040.

Entlüftungsanlage 36

Die Installation einer Entlüftungsanlage am Küchenfenster eines Gaststättenbetriebes ist bauliche Veränderung.[96]

Fahrradständer 37

Die Anschaffung und Montage eines Fahrradständers auf dem im gemeinschaftlichen Eigentum stehenden Hof ist auch dann eine Maßnahme der ordnungsgemäßen Verwaltung, die mit Stimmenmehrheit beschlossen werden kann, wenn bisher noch kein Fahrradständer vorhanden war, sondern die Räder einzeln im Hof abgestellt wurden (siehe auch Rn 171).[97]

Fassade 38

Das Verputzen einer Sichtbetonfassade ist bauliche Veränderung.[98]

Fenster 39

Bauliche Veränderungen sind das Auswechseln von Fenstern und der Einbau einer Sprossenverglasung;[99] das Ersetzen von Glasbausteinen im Treppenhaus durch Fenster;[100] die Vergrößerung von zwei Einzelfenstern zu einer Fenster-Kombination und Errichtung eines Holzbalkons davor;[101] oder Ersetzung eines Fensters in eine Tür zum Hof/Garten;[102] der Einbau eines Dachflächenfensters;[103] die Vergrößerung eines Kellerfensters.[104] Das Ersetzen einfach verglaster Fenster durch **Thermopanfenster** ist bei Veränderung des äußeren Erscheinungsbildes bauliche Veränderung, die aber bei Geringfügigkeit regelmäßig niemanden beeinträchtigt,[105] ansonsten handelt es sich bei optisch gleicher Farbe und Aufteilung in der Regel um eine modernisierende Instandsetzung (vgl. § 21 Rn 90). Der Einbau eines Dreh-Kippfensters anstelle eines Kippfensters ist bauliche Veränderung.[106] Die Anbringung von **Abluftöffnungen** für Wäschetrockner, Klimaanlage oder Dunstabzugshaube in Außenfensterscheiben ist insbesondere wegen der damit einhergehenden Gefahr von (Lärm-/Geruchs-)Immissionen beeinträchtigend.[107] Bauliche Veränderungen sind daher erst recht ein Klimagerät im Außenfenster.[108] Werden einbruchsichere **Fenstergitter** vor den Fenstern angebracht, liegt eine bauliche Veränderung vor.[109] Diese kann jedoch nach Treu und Glauben zu dulden sein (siehe dazu

---

83 BayObLG 2Z BR 73/93, WuM 1994, 163; OLG Karlsruhe 11 W 133/86, WuM 1987, 236; OLG Braunschweig 3 W 66/89, WuM 1991, 367; OLG Hamburg 2 Wx 53/95, MDR 1997, 816.
84 BayObLG 2Z 35/82, Rpfleger 1983, 14.
85 BayObLG 2Z 112/84, DWE 1986, 22.
86 AG Hamburg 102 a II 34/88 WEG, DWE 1989, 78.
87 BayObLG 2Z BR 51/93, WuM 1993, 706; **a.A.** OLG Karlsruhe 11 W 102/84, ZMR 1985, 209.
88 OLG Frankfurt 20 W 49/90, OLGZ 1991, 195; OLG Hamm 14 W 4/98, NZM 1998, 718.
89 BayObLG 2Z BR 167/99, NZM 2000, 1232.
90 BayObLG 2Z BR 217/03, NZM 2004, 836: Dachfenster und Dachgauben zulässig, nicht aber Dachloggia; OLG München 32 Wx 179/06, ZMR 2007, 993: Dachgauben zulässig; KG 24 W 4224/83, ZMR 1986, 189: Dachterrasse unzulässig.
91 KG 24 W 5299/90, WuM 1991, 128; OLG Düsseldorf 3 Wx 400/00, NZM 2001, 136.
92 OLG Köln 16 Wx 149/99, ZMR 2000, 638: nicht einsehbar.
93 BayObLG 2Z BR 9/94, WuM 1995, 60.
94 BayObLG 2Z BR 27/96, WuM 1996, 495, OLG Köln 16 Wx 217/04, NZM 2005, 508; OLG München 34 Wx 119/06, MDR 2007, 827.
95 BayObLG BReg 2 Z 130/91, NJW-RR 1992, 272; KG 24 W 6746/89, NJW-RR 1990, 334; KG WuM 1993, 292.
96 OLG Köln 16 Wx 189/99, ZWE 2000, 428.
97 OLG Köln 16 Wx 69/96, WuM 1997, 64.
98 OLG Hamburg WEZ 1988, 182.
99 OLG Frankfurt 20 W 192/84, OLGZ 1985, 48.
100 BayObLG 2Z BR 3/98, WuM 1998, 373.
101 BayObLG 2Z BR 125/93, WuM 1994, 564.
102 BayObLG 2Z BR 27/93, WuM 1993, 564; BayObLG 2Z BR 89/97, WuM 1998, 116.
103 OLG Köln 16 Wx 86/97, NZM 1998, 199.
104 OLG Düsseldorf 3 Wx 129/92, ZMR 1993, 581.
105 OLG Köln 16 Wx 67/80, NJW 1981, 585.
106 OLG Köln 16 Wx 80/98, NZM 1999, 263.
107 OLG Köln 16 Wx 160/98, WuM 1999, 296.
108 OLG Frankfurt 20 W 712/82, Rpfleger 1983, 64.
109 OLG Zweibrücken 3 W 12/00, NZM 2000, 623; KG 24 W 8114/99, NZM 2001, 341; OLG Düsseldorf 3 Wx 148/04, NZM 2005, 264.

Rn 150). Der statisch unbedenkliche und das äußere Erscheinungsbild nicht nennenswert beeinflussende **Umbau** eines Fensters **in** eine **Terrassentür,** die das Betreten und die Reinigung der vorgelagerten Dachfläche erlaubt, ist zwar bauliche Veränderung, beeinträchtigt aber nicht über das in § 14 bestimmte Maß hinaus.[110] Wird ein Holz-Fenster durch ein **Kunststoff-Fenster** ersetzt, ist dies eine bauliche Veränderung,[111] die jedoch als Modernisierung eingestuft werden kann (vgl. Rn 166). Lässt ein Wohnungseigentümer aber entgegen einem bestandskräftigen Mehrheitsbeschluss Kunststoff-Fenster statt Holzfenster einbauen, kann die Wohnungseigentümergemeinschaft die Beseitigung verlangen.[112] Beim Einbau eines dreigeteilten Fensters statt eines zweigeteilten in ein Bauwerk, das insgesamt einen uneinheitlichen Eindruck erweckt, fehlt in der Regel an einer Beeinträchtigung.[113]

40 Garage
Bauliche Veränderung ist das Betonieren einer Garagenzufahrt;[114] die Errichtung einer Garage statt eines Stellplatzes;[115] das Anbringen seitlicher Begrenzungen durch Metallbleche und ein Schwingtor an einem Tiefgaragenstellplatz;[116] das Anbringen eines verschließbaren Tors an einer offenen Garage;[117] die Errichtung eines Tores an der Einfahrt zu einem Stellplatz;[118] ein Klingeltableau mit Gegensprechanlage im Bereich der Ein- und Ausfahrt einer Tiefgarage;[119] die Herstellung eines Geräteraums zwischen zwei Garagen;[120] die Errichtung einer Garage, die über die Maße im Aufteilungsplan hinausgeht.[121] Der Neubau einer Doppelgarage auf einer Sondernutzungsfläche ist eine bauliche Veränderung, die aber bei einem entsprechend großen Grundstückszuschnitt im Einzelfall nicht über das in § 14 Nr. 1 bestimmte Maß hinaus beeinträchtigt.[122]

41 Garten
Wer ein Sondernutzungsrecht an einem Teil des gemeinschaftlichen Gartens hat, darf grundsätzlich keine Maßnahmen der Gartengestaltung vornehmen, die über die übliche Gartenpflege hinausgehen. Das Anpflanzen von Bäumen und Sträuchern in Gartenteilen, an denen Sondernutzungsrechte bestehen, ist in der Regel ohne Zustimmung der anderen Wohnungseigentümer gestattet.[123] Die grundlegende Umgestaltung ist eine bauliche Veränderung. Die Gemeinschaftsordnung kann jedoch dem Sondernutzungsberechtigten bei der Gartenplanung und -gestaltung einen weitergehenden Gestaltungsspielraum gewähren.[124] Ist vereinbart, dass ein Wohnungseigentümer den Garten „ortsüblich nutzen" darf, so kann ihm damit je nach den örtlichen Verhältnissen auch das Recht eingeräumt sein, auf der Sondernutzungsfläche bauliche Veränderungen vorzunehmen, etwa eine Pergola als offenes Rankgerüst für Schling- und Kletterpflanzen zu errichten.[125] Kniehohe Beeteinfassungsmauern im Garten sind eine bauliche Veränderung.[126] Auch ein Sandkasten im Garten ist eine bauliche Veränderung.[127] Ein Wohnungseigentümer, der an einer abschüssigen Gartenfläche ein Sondernutzungsrecht hat, kann berechtigt sein, die Hangfläche in einen Steingarten umzugestalten. In diesem Fall darf er Holzpalisaden zur Befestigung des Hangs durch Betonmauern mit Natursteinverkleidung ersetzen, sofern die Mauern durch ihre Bepflanzung den Eindruck eines Steingartens erwecken.[128] Das Anbringen von Stufen in einer Böschung zwischen Terrasse und Gartenfläche ist bauliche Veränderung[129] ebenso die Pflasterung einer Grünfläche.[130] Das Verlegen von Trittplatten auf dem Rasen ist bauliche Veränderung; ob dadurch den anderen Wohnungseigentümern über das bei einem geordneten Zusammenleben unvermeidliche Maß hinaus ein Nachteil erwächst, ist Tatfrage (siehe auch Grundstücksoberfläche Rn 46).[131]

42 Gartenhäuschen
Ein Gerätehaus auf der Grünfläche ist bauliche Veränderung.[132] Dies gilt auch für dessen Errichtung auf einer Sondernutzungsfläche am Garten.[133] Die Errichtung eines Gewächshauses ist bauliche Veränderung, die aber nicht unbedingt mit einer optischen Beeinträchtigung verbunden sein muss.[134]

---

110 OLG Düsseldorf 3 Wx 364/98, NZM 1999, 264; OLG Hamburg 2 Wx 85/01, ZMR 2005, 391.
111 KG 24 W 7471/92, WuM 1993, 752; KG 24 W 15/07, GE 2007, 1561; **a.A.** BayObLG 2 Z BR 177/04, BayOLGR 2005, 266: Maßnahme der ordnungsmäßigen Instandsetzung.
112 OLG Düsseldorf 3 Wx 314/04, NZM 2005, 426.
113 BayObLG 2Z BR 12/94, WuM 1994, 565.
114 OLG Celle 4 Wx 10/67, MDR 1968, 48.
115 BayObLG 2Z 18/84, DWE 1984, 125.
116 BayObLG 2Z BR 82/97, WuM 1998, 175.
117 BayObLG 2Z BR 38/98, WuM 1998, 679; BayObLG BReg 2 Z 29/86, MDR 1986, 853; BayObLG 16 Wx 13/99, NZM 1999, 865.
118 BayObLG BReg 2 Z 102/90, WuM 1991,210.
119 BayObLG 2Z BR 129/97, NZM 1998, 522.
120 BayObLG 2Z BR 70/98, NZM 1998, 775.
121 OLG Düsseldorf 3 Wx 227/97, NZM 1998, 79.
122 BayObLG 2Z BR 121/02, NZM 2003, 720.
123 OLG Köln 16 Wx 88/96, WuM 1996, 640.
124 Vgl. etwa OLG Hamm 15 W 426/99, NZM 2000, 910.
125 BayObLG 2Z BR 131/97, NZM 1998, 443.
126 KG 24 W 3851/93, WuM 1994, 225.
127 LG Paderborn 5 T 535/93, WuM 1994, 104.
128 BayObLG 2Z BR 53/00, NZM 2001, 200.
129 BayObLG 2Z BR 33/04, NZM 2004, 747, 748.
130 BayObLG 2Z BR 79/97, WuM 1997, 700.
131 BayObLG 2Z BR 21/01, NZM 2001, 959.
132 KG Rpfl 1977, 314.
133 BayObLG BReg 2 Z 84/87, NJW-RR 1988, 591; BayObLG 2Z BR 188/98, NZM 1999, 809; OLG Zweibrücken 3 W 198/99, NZM 2000, 293; BayObLG 2Z BR 73/01, NZM 2001, 956.
134 OLG Hamburg 2 Wx 19/04, ZMR 2005, 305.

Gasleitung 43

Die Neuerrichtung einer Gasleitung, die aus dem Kellerraum eines Wohnungseigentümers durch eine tragende Wand in den Kellerraum eines anderen Wohnungseigentümers führen soll, ist bauliche Veränderung.[135]

Gegensprechanlage 44

Der erstmalige Einbau einer Gegensprechanlage in das Klingeltableau ist zwar eine bauliche Veränderung. Sie beeinträchtigt aber in der Regel keinen Wohnungseigentümer über das in § 14 bestimmte Maß hinaus.[136]

Grillplatz 45

Die Entfernung eines Grillplatzes ist in der Regel eine bauliche Veränderung.[137]

Grundstücksoberfläche 46

Die Umgestaltung der Grundstücksoberfläche, z.B. durch Begradigung eines abschüssigen Hangs und Einbau von zwei Stufen in die gebildete Böschung, ist ebenfalls eine bauliche Veränderung.[138] Für eine Beeinträchtigung durch eine solche Maßnahme kann bereits die Möglichkeit einer intensiveren Nutzung genügen.[139]

Heckenrückschnitt 47

Der Beschluss über einen dauerhaften deutlichen Heckenrückschnitt kann im Einzelfall eine bauliche Veränderung zum Gegenstand haben.[140]

Heizung 48

Das Umstellen einer Ölheizung auf eine wahlweise mit Öl oder Gas betriebene Heizung ist Maßnahme der modernisierenden Instandsetzung.[141] Der Bau einer eigenen Heizungsanlage statt Fernwärmebezug ist bauliche Veränderung.[142] Bei Austausch von Elektro- gegen Gasheizung kann eine Beeinträchtigung fehlen.[143] Wenn in einer Wohnanlage bislang keine gemeinschaftliche Heizungsanlage vorhanden war, stellt die Umstellung der Wärmeversorgung von Nachtspeicherstrom auf Gas eine bauliche Veränderung dar.[144]

Hofpflasterung 49

Die Pflasterung einer gemeinschaftlich genutzten Hoffläche ist keine bauliche Veränderung, wenn dadurch erstmals ein mangelfreier und ordnungsgemäßer Zustand hergestellt wird.[145]

Jalousien 50

(Siehe Markisen Rn 60.)

Kabelfernsehen 51

Bauliche Veränderung ist grundsätzlich das Umrüsten einer Gemeinschaftsantenne auf Kabelfernsehen[146] und das Umrüsten vom Kabelanschluss auf eine Gemeinschafts- Satellitenempfangsanlage. Der Kabelanschluss beeinträchtigt jedoch nicht über das Maß des § 14 Nr. 1 hinaus, wenn die Reparatur der vorhandenen Antennenanlage etwa gleich viel kosten würde, der Widersprechende von Kosten freigestellt wird und sein Empfang im bisherigen Umfang sichergestellt ist. Vgl. dazu auch § 21 Rn 90. Es kann auch eine Maßnahme der Modernisierung vorliegen, siehe Rn 169.[147]

Kaltwasserzähler 52

Der Einbau von Kaltwasserzählern ist keine bauliche Veränderung i.S.v. § 22 Abs. 1 S. 1, sondern fällt als eine notwendige Folgemaßnahme zu der Entscheidung über die Einführung der verbrauchsabhängigen Abrechnung ebenso wie diese unter den Anwendungsbereich des § 21 Abs. 3 (siehe dazu § 16 Rn 61).[148]

Kamin 53

Der Anschluss eines Kachelofens an einen (Not-)Kamin ist jedenfalls dann eine bauliche Veränderung, sofern für dessen Betrieb auf dem Dach der Wohnanlage der vorhandene Kamin durch ein Aufsatzrohr erhöht und im Keller die Belüftungsöffnung für einen im gemeinschaftlichen Eigentum stehenden Raum verschlossen werden muss.[149] Der Anschluss eines Kaminofens an einen Kamin durch einen Wohnungseigentümer ist wegen des Ausschlusses der übrigen vom Mitgebrauch nachteilig, wenn aus technischen Gründen nur ein Ofen angeschlossen werden kann.[150] Die in der Teilungserklärung nicht vorgesehene Errichtung eines Außenkamins stellt einen Eingriff in die Substanz der Außenwand des

---

135 BayObLG 2Z BR 164/97, NZM 1998, 1014.
136 BayObLG 2Z BR 5/02, NZM 2002, 869, 870.
137 BayObLG 2Z BR 049/04, ZMR 2004, 924.
138 BayObLG 2Z BR 86/02, NZM 2003, 242.
139 BayObLG 2Z BR 86/02, NZM 2003, 242.
140 BayObLG 2Z BR 249/03, NJW-RR 2004, 1378; OLG München 34 Wx 054/05, ZMR 2006, 67; LG Hamburg 318 S 105/09, ZMR 2010, 983: hier auf 57 % der bisherigen Höhe.
141 BayObLG 2 Z 26/88 WE 1989, 208.
142 OLG Frankfurt 20 W 134/86 WEZ 1987, 174.
143 OLG Frankfurt 20 W 230/91, WuM 1992, 561.
144 OLG Hamm 5 U 220/93, NJW-RR 1995, 909.
145 OLG Düsseldorf 3 Wx 126/99, NZM 2000, 390.
146 **A.A** Wenzel, ZWE 2007, 179: Maßnahme gemäß § 21 Abs. 3; Bub, ZWE 2008, 205: Maßnahme der modernisierenden Instandsetzung.
147 BayObLG BReg 1 b Z 36/88,NJW- RR 1990, 330; KG 24 W 6716/90, WuM 1992, 89.
148 BGH V ZB 21/03, NJW 2003, 3476.
149 BayObLG 2Z BR 61/03, WuM 1994, 48.
150 LG München II 1 T 22910/07, ZMR 2009, 482.

Hauses und damit eine bauliche Veränderung des gemeinschaftlichen Eigentums dar.[151] Nachteilig neben einer etwaigen optischen Beeinträchtigung können insbesondere die auch mit dem Betrieb verbundenen Geruchsbelästigungen sein.

54 Kaninchengehege

Nicht zustimmungsbedürftig ist das Aufstellen eines kleinen Kaninchengeheges im Spielbereich eines zur Sondernutzung zugewiesenen Gartens.[152]

55 Kellerräume

Die Zusammenfassung von drei Kellerräumen, die zu zwei verschiedenen Wohnungen gehören, und ihre Ausstattung mit Sauna, Dusche und WC ist bauliche Veränderung und ermöglicht eine intensivere Nutzung der Kellerräume, auch als eigene Wohnung; sie darf daher nur mit Zustimmung aller anderen Wohnungseigentümer vorgenommen werden.[153]

56 Kinderspielplatz

Die Anlage eines baurechtlich vorgeschriebenen Kinderspielplatzes und die Versetzung einer Kinderschaukel, zwecks Einhaltung der erforderlichen Sicherheitsabstände, können mehrheitlich beschlossen werden.[154]

57 Klimaanlage

Der Einbau einer Klimaanlage, die Kernbohrungen von maximal 5 cm im Außenmauerwerk, das Anbringen eines 6x9 cm großen weißen Kunststoffkanals auf der weiß verputzten Außenwand der zur Dachgeschosswohnung des Sondereigentümers gehörenden Loggia sowie ein auf der Loggia aufgestelltes, von außen nicht sichtbares Gerät erfordert, bedarf als bauliche Veränderung nicht der Zustimmung sämtlicher Wohnungseigentümer, weil ein erheblicher Nachteil fehlt.[155] Ist es von außen sichtbar, kommt eine optische Beeinträchtigung in Betracht.[156] Entstehen durch den Betrieb Geräuschemissionen, die den zulässigen Lärmimmissionsrichtwert der TA Lärm für reine Wohngebiete mit nachts 35 dB (A) deutlich überschreiten [48,7 dB (A)], so liegt hierin kein rechtlich relevanter Nachteil, wenn der betroffene Nachbar in Kenntnis der zu erwartenden Geräuschimmissionen seine Zustimmung mit der Installation der Klimaanlage erklärt hatte;[157] anderenfalls schon.[158]

58 Leuchtreklame

(Siehe Reklame Rn 66.)

59 Loggia

Die Errichtung einer Treppe von der Loggia in den Gemeinschaftsgarten[159] ist ebenso bauliche Veränderung wie die Verglasung einer Loggia,[160] die aber jetzt Modernisierung gemäß § 22 Abs. 2 sein können.[161]

60 Markisen

Das Anbringen von Markisen oder Rollläden ist bauliche Veränderung,[162] ebenso das Anbringen von Außenjalousien[163] und vorstehenden Rollladenkästen.[164] Ob sie zu einer nachteiligen Veränderung des optischen Gesamteindrucks einer Wohnanlage führt, liegt weitgehend auf tatrichterlichem Gebiet.[165]

61 Mobilfunkantenne

Die Installation einer Mobilfunkantenne ist eine bauliche Veränderung.[166] Die derzeit bestehende Ungewissheit, ob und in welchem Maße Mobilfunkantennen, die für den UMTS-Betrieb ausgelegt sind, zu gesundheitlichen Gefahren für die in der unmittelbaren Nähe der Anlage lebenden Menschen führen, begründet eine tatsächliche Beeinträchtigung i.S.v. § 14 Nr. 1, weil bereits diese Ungewissheit die Lebensqualität in der Wohnanlage beinträchtigt.[167] Hierauf kommt es allerdings dann nicht an, wenn die Teilungserklärung einem Sondernutzungsberechtigten ausdrücklich gestattet, die Dachfläche für „leistungsstarke Antennen" zu nutzen.[168] Dann kann aber noch eine optische Beeinträchtigung in Betracht kommen.[169]

---

151 OLG Köln 16 Wx 9/00, NZM 2000, 764; LG Karlsruhe 11 S 61/09, ZWE 2012, 183.
152 OLG Köln 16 Wx 58/06, NZM 2005, 785.
153 BayObLG BReg 2 Z 130/91, NJW-RR 1992, 272.
154 BayObLG 2Z BR 10/98, NZM 1998, 817.
155 OLG Düsseldorf I-3 Wx 197/06, ZMR 2007, 206.
156 Vgl. OLG Düsseldorf, I-3 Wx 179/09, ZMR 2010, 385.
157 OLG Düsseldorf I-3 Wx 197/06, ZMR 2007, 206.
158 OLG Köln 16 Wx 160/98, WuM 1999, 296; OLG Düsseldorf, I-3 Wx 179/09, ZMR 2010, 385.
159 LG Essen WEZ 1987, 112.
160 BayObLG BReg 2 Z 34/87, WuM 1987, 327; OLG Frankfurt 20 W 192/84, OLGZ 1985, 48; OLG Zweibrücken 3 W 58/87, NJW- RR 1987, 1358.

161 Vgl. AG Hannover 484 C 9807/07, ZMR 2008, 250; AG Konstanz 12 C 17/07, ZMR 2008, 494.
162 BayObLG BReg 2 Z 63/85, NJW-RR 1986, 178; BayObLG 2Z BR 34/95,WuM 1995, 449; OLG Frankfurt 20 W 370/84, OLGZ 1986, 42; KG 24 W 6483/93, WuM 1994, 99; KG 24 W 7039/94, WuM 1995, 226; OLG Zweibrücken 3 W 251/03, NZM 2004, 428.
163 BayObLG WuM 1992, 98.
164 OLG Düsseldorf 3 Wx 99/95, WuM 1996, 111.
165 BayObLG 2Z BR 34/95, WuM 1995, 449.
166 OLG München 34 Wx 109/06, WuM 2007, 34.
167 OLG Hamm 15 W 287/01, NZM 2002, 456.
168 OLG Köln 16 Wx 221/02, NZM 2003, 200.
169 Vgl. OLG Saarbrücken 5 W 9/97 – 8, ZMR 1998, 310.

Mülltonnen
62

Die Umwandlung eines Müllcontainerplatzes in einen Parkplatz ist bauliche Veränderung.[170] Ebenso die Verlegung der Mülltonnenanlage,[171] bei der es aber an einer Beeinträchtigung fehlen kann.[172] Die erstmalige Einrichtung eines Mülltonnenabstellplatzes auf der gemeinschaftlichen Grundstücksfläche ist aber eine Maßnahme der ordnungsgemäßen Verwaltung.[173]

Pergola
63

Das Anbringen einer Pergola ist bauliche Veränderung.[174] Pergola (Laubengang) ist ein Gerüstwerk über Wegen oder Plätzen, insbesondere im Garten, das als Träger für schattengebende Schling- und Kletterpflanzen dient.

Pflanztröge
64

Das Aufstellen oder Entfernen von Pflanzkübeln ist zwar keine bauliche Veränderung, weil die Maßnahme nicht mit einer gegenständlichen Veränderung des gemeinschaftlichen Eigentums verbunden ist (vgl. auch Rn 11), doch kann darin wegen der optischen Veränderung ein Gebrauch des Sondereigentums oder des gemeinschaftlichen Eigentums liegen, der zu einem Nachteil führt, der über das bei einem geordneten Zusammenleben unvermeidliche Maß hinausgeht.[175]

Photovoltaikanlage
65

Siehe Sonnenkollektoren Rn 71.

Reklame
66

An der Außenwand angebrachte Leuchtreklamen sind bauliche Veränderungen. Soweit es sich aber um eine ortsübliche und angemessene Werbung für ein in zulässiger Weise in der Anlage betriebenes Gewerbe handelt, ist eine Zustimmung nicht erforderlich.[176] Bestimmt die Teilungserklärung, dass Werbeschriften an der gesamten Fassade angebracht werden können, aber nicht die freie Sicht aus den Fenstern nach vorn behindern dürfen, so kann jeder Wohnungseigentümer verlangen, dass an Fenstern der Eigentumsanlage angebrachte störende Werbefolien entfernt werden, auch wenn die Sicht aus den Fenstern seiner Wohnung durch die Werbung nicht beeinträchtigt wird.[177]

Rollläden
67

Siehe Markisen Rn 60.

Rollladenheber
68

Das Nachrüsten eines bisher manuell betriebenen Rollladens durch einen elektrisch betriebenen Rollladenheber kann eine bauliche Veränderung sein. Es entsteht aber kein Nachteil i.S.d. § 22 Abs. 1 S. 2, wenn der Umbau die Außenfassade nicht verändert und die durch den Elektromotor verursachten Geräusche nicht nennenswert über die bisher durch das Bedienen der Rolladengurte verursachten hinausgehen, jedenfalls aber das Maß üblicher Wohngeräusche nicht übersteigen.[178]

Rollstuhlrampe
69

Der Anbau einer Rollstuhlrampe ist bauliche Veränderung. Wegen seiner Behinderung kann ein auf den Rollstuhl angewiesener Wohnungseigentümer im Einzelfall aber Anspruch auf Zustimmung zum Bau einer behindertengerechten Rollstuhlrampe haben.[179] Zu baulichen Veränderungen für eine behindertengerechte Nutzung siehe auch unter Treppenlift.

Schwimmbad
70

Die Erweiterung des vorhandenen Schwimmbades durch Hinzunahme der ehemaligen Hausmeisterwohnung (Herstellung eines Ruheraumes) ist eine bauliche Veränderung.[180] Sie ist nachteilig im Sinne von § 14 Nr. 1, in optischer Hinsicht wegen des durchgeführten Wanddurchbruchs, in haftungsrechtlicher Hinsicht wegen der erweiterten Verkehrssicherungspflicht. Außerdem ermöglicht sie eine intensivere Nutzung des Schwimmbades verbunden mit der verlorenen Nutzungsmöglichkeit der Hausmeisterwohnung.[181]

---

170 OLG Frankfurt 20 W 279/79, OLGZ 1980, 78.
171 BayObLG 2Z BR 138/01, NZM 2003, 114.
172 BayObLG 2Z BR 138/01, NZM 2003, 114; OLG Hamburg 2 W 34/76, MDR 1977, 230; OLG Karlsruhe 3 W 14/77, MDR 1978, 495.
173 LG Bremen 2 T 553/96, WuM 1997, 389.
174 OLG Frankfurt 20 W 216/88, DWE 1989, 70; BayObLG BReg 2 Z 35/80, Rpfleger 1981, 284; BayObLG 2Z BR 131/97, NZM 1998, 443; OLG München 34 Wx 033/06, ZMR 2006, 801.
175 BayObLG 2Z BR 25/97, WE 1998, 149; BayObLG 2Z BR 63/92, WuM 207; vgl. auch BGH V ZB 51/03, NJW 2004, 937.
176 BayObLG 2Z BR 74/00, NZM 2000, 1236; siehe zur fehlenden Beeinträchtigung auch OLG Hamm 15 W 131/79, OLGZ 80, 274.
177 OLG Düsseldorf 3 Wx 181/05, NZM 2006, 782.
178 OLG Köln 16 Wx 115/00, NZM 2001, 53.
179 Vgl. dazu AG Dortmund 139 II 84/93 WEG, WuM 1996, 242.
180 BGH V ZR 65/11, NJW 2012, 603; LG München I 1 S 19089/10, ZMR 2011, 504; **a.A.** *Elzer*, ZMR 2011, 508: Modernisierung gemäß § 22 Abs. 2, da nachhaltige Gebrauchswerterhöhung.
181 LG München I 1 S 19089/10, ZMR 2011, 504.

71 Sitzgruppe

Das Aufstellen einer **Sitzgruppe** auf der zum gemeinschaftlichen Eigentum gehörenden Grünfläche beeinträchtigt im Regelfall nicht über das in § 14 bestimmte Maß hinaus.[182]

72 Sonnenkollektoren

Die Neuerrichtung von 10m² großen Sonnenkollektoren zur Warmwasseraufbereitung ist eine bauliche Veränderung.[183] Der Beseitigungsanspruch entfällt nicht allein deshalb, weil es sich bei den Sonnenkollektoren um ein umweltfreundliches Mittel zur Gewinnung von Energie handelt.[184] Ggf. aber Maßnahme nach § 22 Abs. 2 (vgl. Rn 168). Das Anbringen einer 0,8 m² großen Photovoltaikanlage (Anlage zur Umsetzung von Lichtenergie in elektrische Energie) auf dem Flachdach einer Garage ist eine bauliche Veränderung, wobei aber eine über das in § 14 bestimmte Maß hinausgehende Beeinträchtigung fehlen kann.[185] Auch bei der Anbringung von zwei Solarzellen ohne Substanzeingriff kann es an einer Beeinträchtigung fehlen.[186]

73 Speicher

Der Ausbau eines Speichers zu Wohnzwecken ist bauliche Veränderung.[187]

74 Stellplätze

Das Wiederanbringen einer im Aufteilungsplan vorgesehenen und ursprünglich vorhandenen Absperrkette zwischen den Stellplätzen eines Parkplatzes ist keine bauliche Veränderung, wenn die Kette unrechtmäßig entfernt wurde.[188] Eine bauliche Veränderung liegt vor, wenn ein Maschendrahtzaun, der Stellplätze voneinander abtrennt, durch eine massive und unelastische Holztrennwand ersetzt wird.[189]

75 Stromversorgungsanlage

Verstärkung einer Stromversorgungsanlage ist keine bauliche Veränderung, wenn moderne elektrische Geräte einen gesteigerten Stromverbrauch verursachen;[190] wohl aber die Erweiterung der normalen Stromversorgungsanlage, damit Heizungs- und Warmwasserverbrauch mit Nachtstrom betrieben werden können.[191]

76 Teppichklopfstange

Die Entfernung einer im Erdboden fest fundamentierten Teppichklopfstange stelle eine bauliche Veränderung dar.[192]

77 Terrasse

Die Erweiterung einer Terrassenüberdachung und Rundumverglasung,[193] die Vergrößerung einer Terrasse um 1/3,[194] der Bau einer Holzterrasse auf einer unbebauten Grundstücksfläche,[195] der Einbau einer Betontreppe in die Böschung einer Terrasse,[196] der Ersatz der mit Platten belegten Trittstufen durch eine betonierte Treppe,[197] die Überdachung einer Terrasse[198] sind bauliche Veränderungen. Die Errichtung eines Saunahauses auf der Terrasse ist bauliche Veränderung.[199] Auch die Vergrößerung einer Terrasse unter Einbeziehung von 0,50 bis 0,60 m der zum Sondernutzungsrecht desselben Wohnungseigentümers gehörenden Rasenflächen ist bauliche Veränderung. Sie beeinträchtigt aber in der Regel nicht über das in § 14 bestimmte Maß hinaus,[200] es sei denn es entsteht eine intensivere Nutzungsmöglichkeit.[201]

78 Treppenhaus

Das Anbringen einer Garderobe an den Wänden des Treppenhauses ist bauliche Veränderung;[202] ebenso das Auswechseln einer Flureingangstür.[203] Der Einbau von Schränken im Bereich der Wohnungstür auf dem Treppenpodest des gemeinschaftlichen Treppenhauses ist bauliche Veränderung.[204] Siehe auch Wohnungsabschlusstür.

79 Treppenlift

Der Einbau eines Treppenlifts ist bauliche Veränderung. Die Abwägung der Interessen eines behinderten Wohnungseigentümers und der Interessen der übrigen Wohnungseigentümer kann aber ergeben, dass der Einbau eines solchen Liftes nicht über das Maß des § 14 hinaus beeinträchtigt (vgl. Rn 107).[205] Für das Mietrecht hat der Gesetzgeber unter dem Eindruck einer Entscheidung des *BVerfG*[206] in § 554a BGB einen Anspruch des Mieters auf Zustimmung zu baulichen

---

182 OLG Karlsruhe 11 Wx 94/96, ZMR 1997, 608.
183 OLG München 34 Wx 76/05, NZM 2005, 825.
184 BayObLG 2Z BR 2/00, NZM 2000, 674.
185 BayObLG 2Z BR 147/01, NZM 2002, 74.
186 BayObLG 2Z BR 75/92, WuM 1992, 709.
187 OLG München 34 Wx 028/05, ZMR 2006, 301.
188 BayObLG 2Z BR 86/98, NZM 1999, 29.
189 OLG München 34 Wx 001/06, ZMR 2006, 641.
190 BayObLG 2 Z 99/70, Z 71, 280.
191 BayObLG BReg 2 Z 102/87, WuM 1988, 320.
192 LG Karlsruhe 11 S 85/08, ZWE 2009, 327.
193 OLG Zweibrücken 3 W 136/88, OLGZ 1989, 181.
194 OLG Karlsruhe 11 Wx 42/00, NZM 2001, 758.
195 BayObLG 2 Z BR 99/97, WuM 1998, 115.
196 BayObLG BReg 2 Z 80/91, ZMR 1991, 444.
197 BayObLG 2Z BR 74/02, NZM 2003, 121, Ls.
198 OLG München 34 Wx 056/05, ZMR 2006, 230.
199 BayObLG 2Z BR 4/01, ZWE 2001, 428.
200 BayObLG 2Z BR 110/97, ZMR 1998, 359.
201 BGH V ZR 56/11, ZWE 2012, 32.
202 OLG München 34 Wx 160/05, ZMR 2006, 712.
203 BayObLG WEZ 1988, 179.
204 KG 24 W 7087/91, WuM 1993, 83.
205 Vgl. dazu BayObLG 2Z BR 161/03, ZMR 2004, 209; LG Hamburg 318 T 70/99, NZM 2001, 767; OLG München 32 Wx 51/05, NZM 2005, 707; OLG München, 34 Wx 66/07, NZM 2008, 848.
206 1 BvR 1460/99, NJW 2000, 2658.

Veränderungen für eine behindertengerechte Nutzung der Mietsache normiert. Anspruchsvoraussetzung ist, dass die umfassende Abwägung der Interessen von Mieter, Vermieter und Mitmietern zugunsten des Mieters ausfällt.[207]

Videoüberwachung

Die Installation einer Videoüberwachungsanlage ist keine modernisierende Instandsetzung, sondern bauliche Veränderung, die der Zustimmung aller Wohnungseigentümer bedarf, da sie einen unzulässigen Eingriff in das nach § 823 Abs. 1 BGB geschützte allgemeine Persönlichkeitsrecht der anderen Eigentümer darstellt.[208] Abzuwägen ist dieser gegenüber dem rechtlichen Interesse an einer präventiven Verhinderung von Straftaten, der Wahrnehmung des Hausrechtes oder der eigenen Verkehrssicherungspflichten oder an der Sicherung eigener zivilrechtlicher Schadensersatzansprüche. Beim Einbau eines Videoauges in die gemeinschaftliche Klingelanlage wird eine über das Maß des § 14 hinausgehende Beeinträchtigung nur fehlen, wenn die Vorgaben des § 6b BDSG beachtet sind.[209] Insbesondere ist gemäß § 6b Abs. 2 BDSG der Umstand der Beobachtung und wer für die Beobachtung verantwortlich ist, durch geeignete Maßnahmen erkennbar zu machen. Die Einführung der Videoüberwachung durch eine **Kleinstkamera im Klingeltableau** und Übertragung in das hausinterne Kabelnetz ohne technische Beschränkung genügt den Anforderungen des § 6b BDSG nicht.[210] Anders aber, wenn die Kamera nur durch Betätigung der Klingel aktiviert wird, eine Bildübertragung allein in die Wohnung erfolgt, bei der geklingelt wurde, die Bildübertragung spätestens nach einer Minute unterbrochen wird und die Anlage nicht das dauerhafte Aufzeichnen von Bildern ermöglicht. Die theoretische Möglichkeit einer manipulativen Veränderung der Anlage rechtfertigt nicht die Annahme einer über das Maß des § 14 Nr. 1 WEG hinausgehenden Beeinträchtigung. Ein Nachteil liegt erst vor, wenn eine Manipulation aufgrund der konkreten Umstände hinreichend wahrscheinlich ist.[211] Die dauernde unkontrollierte **Videoüberwachung des Außenbereichs** (Gemeinschaftsflächen, benachbarte Privatgrundstücke und angrenzender öffentlicher Bereich) ist hingegen grundsätzlich unzulässig; nicht aber wenn sich der Bereich auf das Sondereigentum und das Sondernutzungsrecht des überwachenden Wohnungseigentümers beschränkt.[212] Auf das subjektive Empfinden einzelner Betroffener (sog. „Überwachungsdruck") kommt es nicht an[213]

§ 6b BDSG in der ab 28.8.2002 gültigen Fassung lautet:

(1) Die Beobachtung öffentlich zugänglicher Räume mit optisch-elektronischen Einrichtungen (Videoüberwachung) ist nur zulässig, soweit sie
1. zur Aufgabenerfüllung öffentlicher Stellen,
2. zur Wahrnehmung des Hausrechts oder
3. zur Wahrnehmung berechtigter Interessen für konkret festgelegte Zwecke erforderlich ist und keine Anhaltspunkte bestehen, dass schutzwürdige Interessen der Betroffenen überwiegen.

(2) Der Umstand der Beobachtung und die verantwortliche Stelle sind durch geeignete Maßnahmen erkennbar zu machen.

(3) Die Verarbeitung oder Nutzung von nach Absatz 1 erhobenen Daten ist zulässig, wenn sie zum Erreichen des verfolgten Zwecks erforderlich ist und keine Anhaltspunkte bestehen, dass schutzwürdige Interessen der Betroffenen überwiegen. Für einen anderen Zweck dürfen sie nur verarbeitet oder genutzt werden, soweit dies zur Abwehr von Gefahren für die staatliche und öffentliche Sicherheit sowie zur Verfolgung von Straftaten erforderlich ist.

(4) Werden durch Videoüberwachung erhobene Daten einer bestimmten Person zugeordnet, ist diese über eine Verarbeitung oder Nutzung entsprechend den §§ 19a und 33 zu benachrichtigen.

(5) Die Daten sind unverzüglich zu löschen, wenn sie zur Erreichung des Zwecks nicht mehr erforderlich sind oder schutzwürdige Interessen der Betroffenen einer weiteren Speicherung entgegenstehen.

Wände

Der Durchbruch durch eine Wand zur Verbindung zweier Eigentumswohnungen ist bauliche Veränderung;[214] ebenso ein Wanddurchbruch zwischen Haupt- und Nebengebäude, der wegen des Höhenunterschieds auch einen Eingriff in die Decke des Heizungsraums erfordert.[215] Zur Frage ob ein Nachteil i.S.v. § 14 Nr. 1 vorliegt siehe Rn 104.

---

207 Siehe dazu *Lammel*, Mietrecht, § 554a Rn 13 ff.
208 OLG Köln 16 Wx 13/07, ZMR 2008, 559; AG Frankfurt/Main 65 UR II 149/02, NZM 2003, 68; *Huff*, NZM 2002, 89, 91; *ders*, NZM 2002, 688; **a.A.** KG 24 W 309/01, NZM 2002, 702: Videoauge sei keine bauliche Veränderung.
209 *Huff*, NZM 2002, 89, 92.
210 KG 24 W 309/01, NZM 2002, 702; vgl. auch OLG Köln 16 Wx 13/07, ZMR 2008, 559.
211 BGH V ZR 210/10, NZM 2011, 512.
212 BGH V ZR 265/10, NZM 2012, 239; OLG München 32 Wx 2/05, NZM 2005, 668; OLG Düsseldorf 3 Wx 199/06, WuM 2007, 83.
213 BGH V ZR 210/10, NZM 2011, 512; BGH V ZR 265/10, NZM 2012, 239; **a.A.** AG Tempelhof-Kreuzberg 72 C 26/06.WEG, GE 2009, 391[Attrappe]; AG Kassel 800 C 612/08, ZMR 2010, 485: keine Aufzeichnungs- bzw. Verwertungsmöglichkeit, mit Anm. *Schultz*; zur Frage, ob ein Beweisverwertungsverbot bei nicht erkennbarer privater Videoüberwachung besteht vgl. OLG Karlsruhe NZM 2002, 703 m. abl. Anm. *Huff*, NZM 2002, 688. Vgl. zur Videoüberwachung auch *Hitpaß*, ZMR 2005, 247.
214 BayObLG 2Z BR 71/94, NJW- RR 1995, 649: tragende Wand; BayObLG 2Z BR 58/96, WuM 1997, 288: nichttragende Wand.
215 BayObLG 2Z BR 147/97, WuM 1998, 623.

82 Wärmezähler

Ob der Einbau von Wärmezählern eine bauliche Veränderung ist, hat das BayObLG[216] mangels Beeinträchtigung offen gelassen.

83 Wäschespinne

Das Verlegen einer fest einbetonierten Wäschespinne ist bauliche Veränderung.[217] Eine Wäschespinne, die nicht fest und dauerhaft installiert ist, sondern nur bei Bedarf in ein im Boden eingelassenes Führungsrohr geschoben wird, ist keine bauliche Veränderung.[218] Die Installation des Führungsrohrs ist zwar als bauliche Veränderung anzusehen, aber regelmäßig hinzunehmen, weil andere Wohnungseigentümer dadurch nicht über das in § 14 bestimmte Maß hinaus in ihren Rechten beeinträchtigt werden. Der Gebrauch der Wäschespinne durch den Sondernutzungsberechtigten, begründet regelmäßig ebenfalls keine Nachteile, die über das in § 14 Nr. 1 festgelegte Maß hinausgehen.[219]

84 Wasserentkalkungsanlage

Der Einbau einer Wasserentkalkungsanlage ist wegen nicht auszuschließender gesundheitlicher Beeinträchtigungen bauliche Veränderung.[220]

85 Wege

Das Anlegen eines Plattenweges auf Rasenfläche ist bauliche Veränderung;[221] ebenso umgekehrt die Beseitigung eines Plattenweges.[222]

86 Werbung

(Siehe Reklame Rn 66.)

87 Windfang

Der Bau eines Windfangs ist bauliche Veränderung.[223]

88 Wintergarten

(Siehe Balkon Rn 28.)

89 Wohnungsabschlusstür

Der eigenmächtige Austausch einer Wohnungsabschlusstür gegen eine anders gestaltete ist bauliche Veränderung.[224] Der Beschluss, bei einem erforderlichen Austausch künftig weiße statt hellbraune Wohnungsabschlusstüren einzubauen, hat zwar eine bauliche Veränderung zum Gegenstand. Er beeinträchtigt im Allgemeinen aber keinen Wohnungseigentümer über das in § 14 bestimmte Maß hinaus, auch wenn für eine gewisse Übergangszeit im Treppenhaus Türen unterschiedlicher Farbe vorhanden sind.[225]

90 Zäune

Bauliche Veränderung ist das Errichten eines Maschendrahtzaunes zwischen zwei Stellplätzen einer Doppelgarage,[226] eines Grenzzauns zwischen Gartenflächen,[227] eines massiven Holzzaunes als Windschutz;[228] oder einer Betonplatte als Sichtschutz.[229] Bei Errichtung eines Grenzzaunes zwischen Garten und Sondernutzungsfläche kann aber eine Beeinträchtigung fehlen,[230] ebenso beim Ersetzen einer Flechtwand durch einen sog. **Friesenwall**.[231] Ein ca. 60 cm hoher Jägerzaun auf der Trennlinie der den Wohnungseigentümern zur Sondernutzung zugeteilten Gartenflächen, stellt eine zustimmungspflichtige bauliche Veränderung dar, wenn er zu einer „Durchschneidung" eines relativ kleinen Gartens und damit zu einer negativen Umgestaltung der Wohnanlage führt.[232] Eine Sichtschutzwand zwischen Gartenflächen einer Einfamilienhäusergemeinschaft ist zustimmungspflichtig, auch wenn in anderen Gärten, die nicht zur Wohnungseigentumsanlage gehören, solche Wände bereits vorhanden sind.[233] Das Anbringen einer grünen Sichtschutzmatte hinter einem Maschendrahtzaun ist eine bauliche Veränderung, die mit einer optischen Beeinträchtigung verbunden ist.[234] Es kann aber ein Anspruch auf erstmalige Herstellung eines ordnungsgemäßen Zustands die Wohnungseigentümer verpflichten, einen Zaun zu dem an der Grundstücksgrenze auf dem Nachbargrundstück verlaufenden **Bach** zu errichten, der kleine Kinder daran hindert, darunter durchzukriechen oder darüber zu steigen.[235] Die Abgrenzung einer Zufahrtsstraße durch einen Zaun kann dagegen nicht verlangt werden, wenn die Gefahren durch die Straße nicht größer sind als die bei der Teilnahme am allgemeinen Straßenverkehr.[236]

---

216 BayObLG BReg 2 Z 90/87, NJW-RR 1988, 273.
217 BayObLG 2Z BR 12/93, WuM 1993, 295.
218 OLG Zweibrücken 3 W 198/99, NZM 2000, 293.
219 OLG Zweibrücken 3 W 198/99, NZM 2000, 293.
220 OLG Karlsruhe 11 Wx 53/98, NZM 1999, 274.
221 BayObLG BReg 2 Z 166/87, WuM 1989, 41.
222 BayObLG 2Z BR 15/95, WuM 1995, 674.
223 BayObLG 2Z 41/81, Rpfleger 1982, 268.
224 OLG München 34 W x 111/05, ZMR 2006, 797, 798.
225 BayObLG 2Z BR 5/02, NZM 2002, 869, 871.
226 BayObLG BReg 2 Z 171/90, WuM 1991, 306.
227 KG 24 W 2514/84, ZMR 1985, 27; KG 24 W 3064/93, WuM 1994, 101; OLG Düsseldorf 3 Wx 9/96, WuM 1997, 187.
228 LG Hannover 1 T 48/84 DWE 1984, 127.
229 OLG Hamburg 2 W 24/88, WE 1989, 141.
230 BayObLG BReg 2 Z 9/81, Rpfleger 1982, 219.
231 OLG Schleswig 2 W 90/98, NJW-RR 1999, 666.
232 OLG Düsseldorf 3 Wx 9/96, WuM 1997, 187.
233 OLG Köln 16 Wx 3/98, NZM 1999, 178.
234 BayObLG 2Z BR 9/00, NZM 2000, 678.
235 BayObLG 2Z BR 180/99, NZM 2000, 513.
236 BayObLG 2Z BR 180/99, NZM 2000, 513.

VII. Beeinträchtigung im Sinne von §§ 22 Abs. 1 S. 1, 14 Nr. 1

Nach Abs. 1 S. 2 bedarf eine Maßnahme nach Satz 1 nicht der Zustimmung eines Wohnungseigentümers, wenn dieser nicht über das in § 14 bestimmte Maß hinaus in seinen Rechten beeinträchtigt wird. Diese Regelung beschränkt den Personenkreis, der zustimmen muss. Die nicht nachteilig betroffenen Wohnungseigentümer scheiden aus dem Kreis derer aus, deren Zustimmung erforderlich ist. Dies ist zu unterscheiden von der Frage des Stimmrechts der Nichtbeeinträchtigten bei dem nach § 22 Abs. 1 S. 1 zur Legitimation einer baulichen Veränderung zu fassenden Mehrheitsbeschlusses (vgl. dazu Rn 6, 122) und der Frage, ob die Zustimmung nur im Rahmen dieses Beschlussverfahrens durch positive Stimmabgabe erklärt werden kann (vgl. dazu Rn 5).

91

Nicht betroffen können bei einer **Mehrhausanlage** die Eigentümer anderer Häuser sein, wenn die bauliche Veränderung nur ein Haus betrifft.[237] In diesen Fällen ist – auch ohne ausdrückliche Vereinbarung in der Teilungserklärung/Gemeinschaftsordnung[238] – zugleich das Stimmrecht auf die Wohnungseigentümer beschränkt, deren Haus von der Maßnahme betroffen ist. Wirkt sich die bauliche Veränderung hingegen nachteilig auf den optischen Gesamteindruck der Anlage aus, sind alle Wohnungseigentümer der Mehrhausanlage betroffen.[239] Ein gleichwohl nur auf einer Teilversammlung gefasster Beschluss ist nichtig.[240]

Maßgebend ist, ob dem Wohnungseigentümer in vermeidbarer Weise ein Nachteil entsteht. In Betracht kommen **nur konkrete und objektive Beeinträchtigungen**.[241] Für einen Nachteil ist entscheidend, ob sich nach der Verkehrsanschauung ein Wohnungseigentümer in einer entsprechenden Lage verständlicherweise beeinträchtigt fühlen kann.[242] **Unerhebliche Beeinträchtigungen** genügen nicht.[243] Bei einem sachlich untrennbaren Zusammenhang mehrerer Einzelmaßnahmen (z.B. diverse Einzelmaßnahmen zum Umbau einer großen Gewerbeeinheit in drei kleine Teileinheiten) ist das Gesamtvorhaben auf seine Nachteiligkeit hin zu beurteilen.[244] Die Schwelle dafür, ob durch eine bauliche Veränderung ein nur unerheblicher Nachteil entsteht, ist auch aus verfassungsrechtlichen Gründen (Art. 14 Abs. 1 GG) eher niedrig anzusetzen.[245] Maßgeblich ist der durch die Veränderung aktuell bewirkte Zustand, nicht ob nach dem Hinzutreten weiterer Umstände in Zukunft ein Nachteil entstehen kann.[246] Die bloße Möglichkeit, dass bei Zahlungsunfähigkeit des Miteigentümers, der eine bauliche Veränderung vorgenommen hat, andere Wohnungseigentümer mit Kosten belastet werden (sog. **faktisches Kostenrisiko**), führt nicht dazu, dass sie der Maßnahme zustimmen müssen.[247]

92

Beeinträchtigungen, die nicht zwangsläufig von der baulichen Veränderung selbst, sondern allenfalls **von deren Benutzern ausgehen**, können einen Unterlassungsanspruch nach § 15 Abs. 3, nicht jedoch die Beseitigung der baulichen Veränderung rechtfertigen.[248]

93

Ob ein Wohnungseigentümer beeinträchtigt wird, hängt nicht davon ab, ob die Maßnahme für die Gemeinschaft **zwingend erforderlich** ist,[249] denn Maßstab ist die Beeinträchtigung eines Wohnungseigentümers, nicht die Notwendigkeit der Maßnahme.

94

Es findet grundsätzlich auch **keine Abwägung** statt zwischen den Vorteilen, die mit der baulichen Veränderung für einen oder mehrere Wohnungseigentümer verbunden sind, und den Nachteilen für den oder die zustimmungspflichtigen Wohnungseigentümer (siehe aber Rn 107, 108).[250]

95

Bei einem geordneten **Zusammenleben nächster Verwandter** sind im Hinblick auf die Pflicht zur besonderen Rücksichtnahme gemäß § 1618a BGB auch Nachteile als unvermeidlich anzusehen, die im Verhältnis zu einem Fremden nicht hingenommen werden müssten. Der Ausbau des Dachgeschosses eines aus zwei Eigentumswohnungen bestehenden Hauses hat jedoch so weitreichende nachteilige Auswirkungen, dass er auch von nahen Verwandten selbst bei beengten Wohnverhältnissen nicht geduldet werden muss.[251]

96

---

237 Einbau eines Aufzugs, wenn nach Häusern getrennt verwaltet wird; Ausbau eines Trockenbodens in einem Haus, LG Kiel 3 T 223/89, NJW-RR 1990, 719.
238 BayObLG 2Z BR 161/03, ZMR 2004, 209; OLG München 34 Wx 66/07, NZM 2008, 848.
239 OLG Schleswig 2 W 57/99, NZM 2000, 385: Verglasung eines Laubenganges; OLG München 34 Wx 109/06, WuM 2007, 34: Errichtung einer Mobilfunkanlage.
240 OLG Schleswig 2 W 57/99, NZM 2000, 385.
241 BGH V ZB 27/90, NJW 1992, 978; OLG Hamburg 2 Wx 19/04, ZMR 2005, 305.
242 BGH V ZB 27/90, NJW 1992, 978; BayObLG 2Z BR 34/95, WuM 1995, 449; KG 24 W 7039/94, WuM 1995, 226.
243 BGH V ZB 27/90, NJW 1992, 978; BayObLG 2Z BR 22/92, WuM 1992, 563.
244 BayObLG BReg 2 Z 130/91, NJW-RR 1992, 272; LG München I 1 S 23256/10, ZWE 2011, 423.
245 BVerfG 1 BvR 1806/04, ZMR 2005, 634 m. Anm. *Schmid* S. 636.
246 OLG Hamburg 2 Wx 109/97, WuM 1998, 743.
247 BGH V ZB 27/90, NJW 1992, 978.
248 OLG Karlsruhe 11 Wx 94/96, WuM 1997, 567: Errichtung einer Sitzgruppe auf einer im gemeinschaftlichen Eigentum stehenden Grünfläche.
249 BayObLG BReg 2 Z 23/75, Z 1975, 177.
250 OLG Düsseldorf 3 Wx 9/96, WuM 1997, 187; vgl. auch BayObLG 2Z BR 2/00, NZM 2000, 674.
251 BayObLG 2Z BR 104/92, WuM 1993, 88.

1. Nachteilige Veränderung des optischen Gesamteindrucks

97 Eine Beeinträchtigung kann insbesondere in einer nicht nur unerheblichen nachteiligen Veränderung des architektonischen Gesamteindrucks der Anlage bestehen.[252] Dies kommt vor allem bei Loggia- und Balkonverglasungen in Betracht, die ins Auge fallen und sich nicht in den Gesamteindruck der Fassade einfügen (siehe Rn 26, 59).[253] Entscheidend ist nur, dass die nachteilige Veränderung **von außen sichtbar** ist, also vom Standort eines Miteigentümers, etwa aus dessen Wohnbereich,[254] oder jedes Miteigentümers wie auch eines unbefangenen Dritten, etwa von der Straße oder von Gemeinschaftsflächen aus,[255] also nicht nur aus ganz ungewöhnlichen Perspektiven, wie etwa aus der Luft oder von einer für Wohnungseigentümer und Dritte gewöhnlich nicht zugänglichen Dachfläche.[256] Eine Beeinträchtigung scheidet daher nicht schon dann aus, wenn sie für den einzelnen Wohnungseigentümer aus seiner Wohnung heraus nicht wahrnehmbar ist.[257] Wird der optische Gesamteindruck einer Wohnanlage durch eine Baumaßnahme verändert, kann ein Nachteil fehlen, wenn die Baumaßnahme aufgrund einer dichten Bepflanzung dauerhaft (immergrüne Pflanzen!) nicht sichtbar ist.[258] Ist der optische Gesamteindruck bereits uneinheitlich, wird die Verstärkung und Intensivierung dieses Zustands nur schwerlich eine erhebliche nachteilige Veränderung ergeben können.[259] Eine Beeinträchtigung kann darin liegen, dass die Fassade in orange gestrichen wird.[260]

98 Ob die Veränderung des optischen Gesamteindrucks nachteilig ist, entscheiden die Tatsacheninstanzen.[261] Eine Augenscheinseinnahme ist nicht erforderlich, wenn **Fotografien** das Erscheinungsbild der Wohnanlage hinreichend klar vermitteln.[262]

99 Problematisch erscheint, dass es Aufgabe der WEG-Gerichte sein soll zu entscheiden, ob die Veränderung im Einzelfall **architektonisch oder ästhetisch geglückt** ist. Deshalb wird teilweise jede wesentliche Veränderung des optischen Gesamteindrucks als Nachteil eingestuft.[263] § 22 Abs. 1 S. 2 will aber Veränderungen ermöglichen, die nicht nachteilig sind.[264] Deshalb ist auch eine bauliche Veränderung, die den optischen Gesamteindruck wesentlich verändert (also deutlich sichtbar ist), nicht zustimmungspflichtig, wenn die Veränderung nicht nachteilig ist.[265]

100 Bestimmt die Teilungserklärung, dass kein Wohnungseigentümer die äußere Gestalt des Bauwerks oder der im gemeinschaftlichen Eigentum stehenden Bestandteile ändern darf, dann ist **jede** nicht völlig unerhebliche **Veränderung** des optischen Erscheinungsbildes unzulässig, unabhängig davon, ob die Veränderung des optischen Gesamteindrucks nachteilig ist.[266]

2. Unzulässige Nutzung

101 Eine Beeinträchtigung ist auch immer dann gegeben, wenn die bauliche Veränderung eine Nutzung ermöglicht, die der Zweckbestimmung des Sondereigentums widerspricht.[267] Ist ein Spitzboden, der gemeinschaftliches Eigentum ist, nur von einer einzigen Wohnung aus erreichbar, so hat der Eigentümer dieser Wohnung ohne eine Regelung in der Teilungserklärung nicht „aus der Natur der Sache" automatisch ein Sondernutzungsrecht an diesem Spitzboden. Er darf ihn nur so nutzen, wie ihn die übrigen Wohnungseigentümer mitbenutzen dürften, wenn sie Zugang zum Spitzboden hätten. Er darf ihn daher allenfalls als Abstellraum benutzen. Er ist jedoch nicht zu Baumaßnahmen berechtigt, die eine Nutzung als Wohnraum oder wohnungsähnlichen Raum oder sonst ausschließlich für seine Zwecke erlauben[268] darf ein solcher Spitzboden überhaupt nur zu Instandsetzungsmaßnahmen und zu Kontrollzwecken betreten werden.

---

252 Vgl. etwa BGH V ZB 27/90, NJW 1992, 978.
253 Vgl. z.B. OLG Hamm 15 W 275/94, WuM 1995, 220.
254 BayObLG BReg 2 Z 84/85, WuM 1986, 287; LG Berlin 85 T 91/00 WEG, ZMR 2001, 575.
255 BayObLG 2Z BR 81/98, ZMR 1999, 118; OLG Hamm I-15 Wx 15/09, ZMR 2010, 389.
256 BayObLG 2Z BR 73/01, NZM 2001, 956.
257 OLG Hamm 15 W 275/94, WuM 1995, 220; OLG Celle 4 W 295/94, WuM 1995, 338; OLG Zweibrücken ZMR 2004, 60, 62.
258 BayObLG 2Z BR 48/99, ZMR 2000, 38, vgl. auch BayObLG BReg 2 Z 84/85, WuM 1986, 287.
259 BayObLG 2Z BR 12/94, WuM 1994, 565; **a.A.** OLG Düsseldorf 3 Wx 318/00; NZM 2001, 243; OLG Köln 16 Wx 40/05, NZM 2005, 790; OLG München 34 Wx 033/06, ZMR 2006, 801, 802.
260 OLG Hamburg 2 Wx 103/04, ZMR 2005, 394, 395.
261 OLG Zweibrücken 3 W 251/03, NZM 2004, 428; BayObLG 2Z BR 61/03, WuM 2004, 48.
262 OLG Hamm 15 W 275/94, WuM 1995, 220; OLG Celle 4 W 295/94, WuM 1995, 338, OLG Hamm 15 W 426/99, NZM 2000, 910.

263 So OLG Zweibrücken 3 W 58/87, NJW-RR 1987, 1358; KG 24 W 402/91, MDR 1992, 1055; OLG Celle 4 W 295/94, WuM 1995, 338; OLG Köln 16 Wx 149/99, NZM 2000, 765; Palandt/*Bassenge*, § 22 Rn 10.
264 BayObLG 2Z BR 22/92, WuM 1992, 563; BayObLG BR 75/92, WuM 1992, 709; OLG Hamburg 2 Wx 109/97, WuM 1998, 743.
265 BayObLG 2Z BR 82/96, ZMR 1997, 152; OLG Schleswig 2 W 90/98, NJW-RR 1999, 666; OLG Zweibrücken 3 W 141/99, FGPrax 1999, 220 unter Aufgabe seiner bisherigen Rspr.; *Bärmann/Merle*, § 22 Rn 185.
266 BayObLG 2Z BR 63/95, WuM 1996, 487.
267 OLG Düsseldorf 3 Wx 337/95, WuM 1996, 170 – Kiosk statt Laden; OLG Köln 16 Wx 172/94, WuM 1995, 331 – Nutzung von Räumen zu Wohnzwecken; BayObLG 2Z BR 135/97, NJW-RR 1998, 875 – Anbringen von Garderobenelementen an den Wänden des Treppenhauses.
268 OLG Köln 16 Wx 163/00, NZM 2001, 385; nach Ansicht des OLG Hamm (15 W 210/00, NZM 2001, 239).

3. Nachahmung

Ein Nachteil kann auch darin bestehen, dass jeder andere Wohnungseigentümer das gleiche Recht auf Zustimmung zu einer vergleichbaren baulichen Veränderung in Anspruch nehmen könnte und es dann aller Voraussicht nach zu Unzuträglichkeiten käme.[269] Dies kommt insbesondere bei Parabolantennen (vgl. dazu Rn 113), Klimageräten und Balkonverglasungen in Betracht. Die Zustimmung zur baulichen Veränderung eines Wohnungseigentümers führt zwar nicht zu einem Anspruch auf Zustimmung anderer Wohnungseigentümer zu ihrer baulichen Veränderung. Die bereits vorgenommene Veränderung kann aber dazu führen, dass eine weitere Veränderung nicht mehr als Beeinträchtigung des optischen Gesamteindrucks anzusehen ist. Jedenfalls sind Streitigkeiten und gerichtliche Auseinandersetzungen mit Nachahmern regelmäßig nicht auszuschließen.

102

4. Sonstige Beeinträchtigungen

Als Beeinträchtigung sind außerdem anzusehen:

103

- **Beschränkung des Rechts auf Mitgebrauch** des gemeinschaftlichen Eigentums[270]
- **Lärm- und Geruchsimmissionen**, z.B. die von Klimageräten ausgehenden Lärmbelästigungen (vgl. auch Rn 37, 57)[271]
- **Beeinträchtigung der Stabilität** und statischen Sicherheit des Gebäudes[272]
- **Beseitigung einer Einrichtung**, die allen Wohnungseigentümern dient (Schwimmbad, Fahrstuhl, Hausmeisterwohnung)
- Konkrete **Erhöhung der Wartungs- oder Reparaturanfälligkeit**[273]
- Nicht jeder **Verstoß gegen öffentlich-rechtliche Vorschriften** begründet einen über das unvermeidliche Maß hinausgehenden Nachteil im Sinn des § 14 Nr. 1 WEG.[274] Vielmehr müssen den übrigen Wohnungseigentümern hierdurch konkrete Nachteile entstehen. Dies kann dann der Fall sein, wenn die Vorschriften den Schutz des einzelnen Wohnungseigentümers bezwecken, also drittschützenden Charakter haben,[275] oder wenn die Gefahr besteht, dass die Wohnungseigentümer wegen des Verstoßes darauf in Anspruch genommen werden können, die Veränderung rückgängig zu machen.[276] Anderenfalls ist der Verstoß grundsätzlich unschädlich. Ein Verstoß ist etwa dann unschädlich, wenn das Amt für Abfallwirtschaft eine Verlegung der Mülltonnenanlage akzeptiert, die gegen die Hausmüllentsorgungssatzung verstößt.[277] Die Beseitigung einer Maßnahme, die gegen bauordnungsrechtliche Vorschriften verstößt, kann aber immer dann verlangt werden, wenn diese aufgrund von Vereinbarungen zu beachten sind (vgl. auch Rn 104).[278]
- **Möglichkeit der intensiveren Nutzung**, z.B. des Sondernutzungsrechts oder Mitgebrauchsrechtes am Garten, auch wenn sich zunächst an der Nutzung tatsächlich nichts ändert.[279] Ein Teileigentümer, der sein Sondereigentum unbeschränkt gewerblich nutzen darf, kann daraus nicht das Recht zu baulichen Veränderungen ableiten, die eine intensivere Nutzung der Gewerbeeinheit ermöglichen.[280] Eine intensivere Nutzung wird auch dadurch ermöglicht, dass Keller oder Speicherräume, auch wenn für sie ein Sondernutzungsrecht bestellt ist, in Wohnräume umgestaltet werden.[281] Gleiches gilt wenn ein Schwimmbadbereich durch Hinzunahme weiterer Gemeinschaftsflächen erweitert wird (vgl. auch Rn 106).[282]
- **Erschwerte Möglichkeit der Schadenserkennung/Schadenszuordnung/Schadensbeseitigung**[283]
- **Gefährdung der Sicherheit** anderer Wohnungseigentümer[284]
- **Ungewissheit möglicher gesundheitlicher Beeinträchtigungen**[285]

---

269 OLG Köln 16 Wx 230/95, WuM 1996, 292; **a.A.** wohl BayObLG 2Z BR 75/92, WuM 1992, 709, 711; einschränkend auch BayObLG 2Z BR 39/99, NZM 1999, 1146: Gefahr der Nachahmung nur Zusatzargument, so auch LG Karlsruhe 11 S 61/09, ZWE 2012, 183.
270 BayObLG 2Z BR 135/97, NZM 1998, 336; LG München I 1 T 22910/07, ZMR 2009, 482.
271 OLG Köln 16 Wx 160/98, WuM 1999, 296; OLG Düsseldorf I-3 Wx 179/09, ZMR 2010, 385.
272 BGH V ZB 45/00, NJW 2001, 1212.
273 OLG Hamm 15 W 153/03, FGPrax 2004, 105.
274 BGH V ZB 45/00, NJW 2001, 1212; BayObLG 2Z BR 138/01, NZM 2003, 114; BayObLG 2Z BR 88/04, NZM 2005, 109; OLG München 32 Wx 051/05, MDR 2006, 144; Palandt/*Bassenge*, § 22 Rn 10.
275 BayObLG 2Z BR 116/95, WuM 1996, 107; vgl. auch OLG Hamm 15 Wx 142/08, MietRB 2009, 173 = DWE 2009,66.
276 BayObLG 2Z BR 88/04, NZM 2005, 109.
277 BayObLG 2Z BR 138/01, NZM 2003, 114.
278 BayObLG BReg 2 Z 102/90, WuM 1991, 210.
279 OLG Karlsruhe 11 Wx 49/98, WuM 1998, 744 und KG 24 W 17/08, ZMR 2009, 790: hier Verbindung von Balkon mit Garten durch (portable) Treppe; BayObLG 2Z BR 86/02, NZM 2003, 242: Begradigung eines abschüssigen Hanges; OLG Frankfurt 20 W 243/07, ZMR 2010, 703: Vergrößerung einer Terrasse, **a.A.** LG Hamburg 318 S 24/09, ZMR 2011, 226: Vergrößerung um 2,25 m^2; BGH V ZR 73/09, NZM 2010, 46: Aufstockung eines Gebäudes.
280 KG 24 W 344/01, ZMR 2002, 967.
281 BayObLG 2Z BR 51/93, ZMR 1993, 476; OLG Köln 16 Wx 149/99, NZM 2000,765.
282 LG München I 1 S 19089/10, ZMR 2011, 504.
283 BayObLG 2Z BR 27/96, WuM 1996, 495; OLG Köln 16 Wx 238/96, WE 1997, 430; OLG Frankfurt 20 W 195/03, ZWE 2006, 243.
284 OLG Zweibrücken 3 W 12/00, NZM 2000, 623: Fensterschutzgitter, die zugleich eine Kletterhilfe für den Einstieg in anderen Wohnungen geben.
285 OLG Hamm 15 W 287/01, NZM 2002, 456: Mobilfunkantennen.

- **Erhöhung des Haftungsrisikos** durch Erweiterung von Flächen, die höhere Anforderungen an die Verkehrssicherheit stellen.[286]
- **nachteilige Änderung der Kosten- und Lastenverteilung** infolge der Vergrößerung der Wohn-/Nutzfläche bei Verteilung nach Miteigentumsanteilen ohne gleichzeitige entsprechende Änderung der Teilungserklärung.[287]

5. Wand- oder Deckendurchbruch

104 Ein Wand- oder Deckendurchbruch zur Verbindung von zwei Wohnungen hebt die **Abgeschlossenheit** der betroffenen Wohnungen auf. Damit wird ein der Teilungserklärung sowie § 3 Abs. 2 widersprechender Zustand geschaffen. Dieser objektiv ordnungswidrige Zustand allein ist noch kein Nachteil i.S.v. § 14 Nr. 1.[288] Entscheidend ist, dass § 14 Nr. 1 dem Schutz subjektiver Rechte der einzelnen Wohnungseigentümer dient und nicht per se der Beachtung der Rechtsordnung.[289] Die Aufhebung der Abgeschlossenheit zwischen zwei Wohnungen berührt aber in erster Linie nur die Interessen der beiden betroffenen Wohnungseigentümer. Das in § 3 Abs. 2 als Sollvorschrift ausgestaltete Abgeschlossenheitserfordernis will eine eindeutige räumliche Abgrenzung der Sondereigentumsbereiche untereinander sowie zum gemeinschaftlichen Eigentum gewährleisten und dadurch Streitigkeiten vermeiden, wie sie unter der Geltung des früheren Stockwerkeigentums als Folge unklarer Verhältnisse entstanden waren.[290] Die Aufhebung der Abgeschlossenheit ist daher nur für die Eigentümer der beiden verbundenen Wohnungen ein Nachteil. Es genügt daher, dass diese mit der Verbindung einverstanden sind. Ein Nachteil ergibt sich auch nicht daraus, dass bei Veräußerung einer der beiden Wohnungen der Erwerber die Beseitigung des Durchbruchs verlangen könnte.

105 Die Öffnung einer Trennwand kann aber aus anderen Gründen ein nicht hinzunehmender Nachteil sein, insbesondere dann, wenn **ein wesentlicher Eingriff in die Substanz des gemeinschaftlichen Eigentums** vorliegt. Handelt es sich bei der Trennwand um eine **nicht tragende Wand**, scheidet nach h.M. ein Eingriff in die Substanz des gemeinschaftlichen Eigentums aus, denn eine solche Wand steht im gemeinsamen Sondereigentum der beiden Wohnungseigentümer (vgl. auch § 5 Rn 7).[291] Handelt es sich bei der Trennwand aber um eine **tragende Wand**, so steht sie gemäß § 5 Abs. 2 im gemeinschaftlichen Eigentum. Ein Nachteil für die anderen Wohnungseigentümer, der das in § 14 Nr. 1 bestimmte Maß übersteigt, ist in diesem Fall erst dann ausgeschlossen, wenn kein vernünftiger Zweifel daran besteht, dass ein wesentlicher Eingriff in die Substanz des Gebäudes unterblieben ist, insbesondere zum Nachteil der übrigen Eigentümer keine Gefahr für die konstruktive Stabilität des Gebäudes und dessen Brandsicherheit geschaffen wurde.[292] Die **Veränderung von Anzahl und Größe der in der Anlage vorhandenen Wohnungen** ist nach der Verkehrsanschauung keine nicht mehr hinnehmbare Beeinträchtigung. Das Interesse des einzelnen Wohnungseigentümers, dass solche Veränderungen ohne seine Zustimmung unterbleiben, ist grundsätzlich nicht geschützt.[293]

106 Ein nicht zu duldender Nachteil kann sich im Einzelfall aus der Gefahr einer **intensiveren Nutzbarkeit** der vergrößerten Räumlichkeiten ergeben.[294] Dies setzt voraus, dass die durch den Wanddurchbruch ermöglichte Nutzung der miteinander verbundenen Räumlichkeiten intensiver und störender ist. Allein aus dem direkten Zugang ergibt sich eine solche Gefahr nicht. Vielmehr entfällt die Notwendigkeit, das im gemeinschaftlichen Eigentum befindliche Treppenhaus in Anspruch zu nehmen, um von einer Raumeinheit in die andere zu gelangen. Diese Nutzung ist schonender, weil innerhalb der beiden Sondereigentumseinheiten stattfindend. Sie berührt die übrigen Wohnungseigentümer in ihrer Rechtsstellung nicht nachteilig, sondern ist eher vorteilhaft.[295]

6. Verbot der Benachteiligung Behinderter gemäß Art. 3 Abs. 3 S. 2 GG

107 Einen Individualanspruch auf Gestattung (vgl. Rn 7, 144) von Baumaßnahmen für einen **barrierefreien Zugang**, etwa durch den Bau einer Rollstuhlrampe im Eingangsbereich,[296] durch den Umbau eines Fensters in eine Tür[297] oder durch den Einbau eines Treppenlifts (siehe Rn 79) wird in der Regel ein behinderter Wohnungseigentümer haben, dem der Zugang zu seiner Wohnung bzw. seinem Sondernutzungsbereich nicht anders oder nur sehr schwer möglich ist, § 22 Abs. 1 S. 1. In Fällen dieser Art entsteht den übrigen Wohnungseigentümern nämlich kein Nachteil, der das Maß des § 14 Nr. 1 WEG übersteigt,[298] so dass die Zustimmung der anderen Wohnungseigentümer gemäß § 22 Abs. 1 S. 2 entbehrlich ist. Nach Ansicht des Gesetzgebers sind solche Maßnahmen jedenfalls als **unvermeidlich** zu

---

286 LG München I 1 S 19089/10, ZMR 2011, 504: Schwimmbadbereich statt Hausmeisterwohnung.
287 BGH V ZR 73/09, NZM 2010, 46.
288 BGH V ZB 45/00, NJW 2001, 1212.
289 Ebenso *Heerstraßen*, DWE 1994, 2.
290 GmS-OGB, GmS-OGB 1/91, BGHZ 119, 42, 46.
291 Geht man – wie hier – von gemeinschaftlichem Eigentum aus, liegen weder eine Beeinträchtigung der Statik noch sonstige Nachteile vor. BGH V ZB 45/00, NJW 2001, 1212; OLG Schleswig 2 W 21/02, NZM 2003, 483.
292 BGH V ZB 45/00, NJW 2001, 1212.
293 BGH V ZB 45/00, NJW 2001, 1212; Staudinger/*Bub*, § 22 Rn 71; ähnlich *Röll*, WE 1998, 367.
294 Vgl. BayObLG BReg 2 Z 130/91, NJW-RR 1992, 272; KG 24 W 5074/95, NJW-RR 1997, 587; OLG Köln 16 Wx 58/06, NZM 2005, 785; Staudinger/*Bub*, § 22 WEG Rn 78; *Bärmann/Merle*, § 22 Rn 147; *Röll*, WE 1998, 367; *Heerstraßen*, DWE 1994, 2.
295 BGH V ZB 45/00, NJW 2001, 1212.
296 Vgl. dazu AG Dortmund 139 II 84/93 WEG, WuM 1996, 242; *Derleder*, ZWE 2004, 118.
297 AG Stuttgart 62 C 5164/09, WuM 2012, 288.
298 BayObLG 2Z BR 161/03, ZMR 2004, 209; OLG München 34 Wx 66/07, NZM 2008, 848; Palandt/*Bassenge*, § 22 Rn 11; Staudinger/*Bub*, § 22 Rn 54.

bewerten, wenn die Barrierefreiheit nach objektiven Kriterien geboten und ohne erhebliche Eingriffe in die Substanz des gemeinschaftlichen Eigentums technisch machbar ist.[299] Bei der Abwägung aller Umstände des Einzelfalles sind neben dem Eigentumsrecht (Art. 14 Abs. 1 S. 1 GG) der anderen Miteigentümer auch das Eigentumsrecht des Behinderten und das Verbot der Benachteiligung Behinderter (Art. 3 Abs. 3 S. 2 GG) zu berücksichtigen, denn die Grundrechte fließen als Teil der allgemeinen Wertordnung in die Auslegung des Zivilrechts auch insoweit ein, als es um die Abwägung im Rahmen der §§ 22 Abs. 1, 14 Nr. 1 geht.[300] Dem Verbot der Benachteiligung Behinderter kommt dabei erhöhte Bedeutung zu, denn von einem verständigen Miteigentümer darf und muss erwartet werden, dass er Toleranz auch und gerade gegenüber Behinderten aufbringt.[301]

7. Parabolantenne

Die Befestigung einer Parabolantenne auf dem Dach oder im Garten einer Wohnanlage ist **regelmäßig** eine **bauliche Veränderung**.[302] Gleiches gilt, wenn eine Parabolantenne im räumlichen Bereich einer zur Sondernutzung zugewiesenen Loggia am gemeinschaftlichen Eigentum verschraubt und befestigt wird.[303] An einer baulichen Veränderung fehlt es angesichts dauerhafter Umgestaltung auch dann nicht, wenn die Parabolantenne ohne feste Verankerung lediglich auf dem Balkon hingestellt wird.[304] Gleichwohl kommt auch auf der Grundlage der anderen Ansicht ein Unterlassungsanspruch aus § 15 Abs. 3 in Betracht. Auch das bloße **Hinstellen** einer Parabolantenne kann nämlich ein **gegen § 14 Nr. 1 verstoßender Gebrauch** des Sondereigentums oder des gemeinschaftlichen Eigentums sein, wenn wegen einer optischen Beeinträchtigung ein Nachteil vorliegt, der über das bei einem geordneten Zusammenleben unvermeidliche Maß hinausgeht.[305]

108

Die Installation einer Parabolantenne darf ein Wohnungseigentümer ebenso wie sonstige bauliche Veränderungen grundsätzlich nur vornehmen, wenn alle Wohnungseigentümer damit einverstanden sind. Die Zustimmung kann aber entbehrlich sein, wenn die Parabolantenne **von außen nicht sichtbar** ist und auch sonst ein Nachteil der übrigen Wohnungseigentümer nicht in Betracht kommt.[306]

109

Ein **Anspruch auf Installation einer Parabolantenne** kann sich aus einem Grundrecht ergeben. Dabei können die Kriterien der für das Verhältnis des Mieters zum Vermieter ergangenen Entscheidungen auf das Verhältnis der Wohnungseigentümer untereinander übertragen werden.[307] Ob mit der Installation der Parabolantenne ein Nachteil verbunden ist, der das in § 14 Nr. 1 WEG bestimmte Maß übersteigt, ist im Einzelfall aufgrund einer fallbezogenen Abwägung des **Grundrechts auf Informationsfreiheit** (Art. 5 Abs. 1 GG), des Grundrechts auf **Religionsfreiheit** (Art. 4 GG) und des Grundrechts auf **freie Berufsausübung** (Art. 12 GG) gegenüber dem Eigentumsrecht (Art. 14 Abs. 1 GG) zu beantworten.[308]

110

Im Regelfall ist es nach dem derzeitigen Stand der Rechtsprechung nicht verfassungswidrig, **bei vorhandenem Kabelanschluss** ein überwiegendes Interesse der Wohnungseigentümergemeinschaft zu bejahen, Störungen des äußeren Erscheinungsbildes des Hauses durch Parabolantennen zu vermeiden.[309] Im konkreten Fall kann es allerdings geboten sein, besondere Eigentümer- oder Mieterinteressen, die bei einer typisierenden Betrachtungsweise nicht miterfasst werden, etwa die **ausländische Staatsangehörigkeit**, in die Güter- und Interessenabwägung einzubeziehen und zu gewichten.[310] Die grundlegende Bedeutung des Grundrechts auf Informationsfreiheit bei der Anwendung und Auslegung der bürgerlich-rechtlichen Vorschriften wird verkannt, wenn ein Wohnungseigentümer mit ausländischer Staatsangehörigkeit auf den Kabelanschluss verwiesen wird, der ihm nur beschränkten oder gar keinen Zugang zu seinen Heimatprogrammen bietet.[311] Es ist jedoch verfassungsrechtlich nicht zu beanstanden, dass die fachgerichtliche Rechtsprechung dem ausländischen Mieter regelmäßig zumutet, die Kabelanlage statt einer Satellitenempfangsanlage zu nutzen, wenn dadurch Zugang zu Programmen in der Sprache des ausländischen Mieters besteht.[312] Bei der Prüfung eines Rechts auf Anbringung einer Parabolantenne sind die für den Bezug von weiteren ausländischen Programmen aufzubringenden Kosten bei der Abwägung zwischen den Vermieter- und Mieterinteressen zu berücksichtigen und es ist verfassungsrechtlich nicht zu beanstanden, wenn die Abwägung zu Lasten des Mieters ausfällt, es sei denn die Zusatzkosten sind so hoch, dass sie nutzungswillige Interessenten typischerweise davon abhalten, das Pro-

111

---

299 Vgl. BT-Drucks 16/887, S. 31.
300 Vgl. BVerfG 1 BvR 1687/92, NJW 1994, 1147: Parabolantenne.
301 Vgl. BT-Drucks 16/887, S. 32.
302 OLG Zweibrücken 3 W 30/92, NJW 1992, 2899.
303 OLG Düsseldorf 3 Wx 333/92, WuM 1994, 162.
304 OLG Köln 16 Wx 207/04, NZM 2005, 223; OLG Celle 4 W 89/06, ZfIR 2006, 739; *Schuschke*, ZWE 2000, 146; offen gelassen von BGH V ZB 51/03, NJW 2004, 937; OLG Schleswig 2 W 56/03, WE 2003, 109.
305 BGH V ZB 51/03, NJW 2004, 937.
306 BGH V ZB 51/03, NJW 2004, 937; OLG München 34 Wx 83/05, NZM 2006, 345: die auf den Balkon gestellte Antenne kann nur durch einen Schlitz zwischen Außenmauer und Balkonumfassung wahrgenommen werden.
307 BVerfG 1 BvR 1107/92, NJW 1995, 1665.
308 BGH V ZB 51/03, NJW 2004, 937.
309 BVerfG 1 BvR 1192/92, NJW 1993, 1252; OLG Frankfurt Miet 1/91, NJW 1992, 2490; OLG Köln WuM 1996, 292, WuM 1996, 292.
310 BVerfG 1 BvR 1192/92, NJW 1993, 1252.
311 BVerfG 1 BvR 1687/92, NJW 1994, 1147 = WE 1994, 205 m. Anm. *Bachmann*: Türkei; BVerfG 1 BvR 439/93, NJW 1994, 2143: Portugal; OLG Karlsruhe 3 REMiet 2/93, NJW 1993, 2815: Italien; OLG Stuttgart 8 W 164/93, WuM 1996, 177: Italien, Kroatien.
312 BVerfG 1 BvR 1953/00, NZM 2005, 252.

grammpaket zu beziehen.[313] Kann der ausländische Mieter fünf Heimatprogramme mittels eines von ihm für monatlich rd. zehn EUR zusätzlich anzuschaffenden Decoders über den hauseigenen Kabelanschluss empfangen und stört die geplante Parabolantenne am hierfür vorgesehenen Platz das Gesamtbild der Gebäudefassade, so ist es nicht zu beanstanden, wenn das Instanzgericht dem Eigentumsrecht des Vermieters aus Art. 14 GG Vorrang einräumt.[314] Die gleichen Erwägungen gelten auch im Verhältnis eines Wohnungseigentümers zur Wohnungseigentümergemeinschaft.[315] Dem Informationsinteresse wird aber durch die Möglichkeit, sich Nachrichten aus dem Heimatland über **Internet und Radio** zu beschaffen, nicht in gleicher Weise Genüge getan.[316] Sie kann jedoch im Rahmen einer Abwägung – etwa neben dem Empfang von Fernsehsendern aus der Heimat – zu Lasten des klagenden Wohnungseigentümers Berücksichtigung finden.[317] Ein Anspruch auf bestimmte religiöse Fernsehsender besteht nur dann, wenn eine persönliche Teilnahme an Gottesdiensten der betreffenden Religion, etwa wegen länger andauernder Gebrechlichkeit oder Leben in der Diaspora, nicht unter zumutbaren Voraussetzungen möglich ist.[318]

112 Das Informationsinteresse eines **im Ausland geborenen Wohnungseigentümers**, der die deutsche Staatsangehörigkeit angenommen hat, an Ereignissen aus dem früheren Heimatland, ist nicht geringer zu bewerten als das Interesse eines dauerhaft in Deutschland lebenden Wohnungseigentümers mit ausländischer Staatsangehörigkeit[319]). Das Grundrecht auf Informationsfreiheit gibt nach der bisherigen Rechtsprechung aber einem gebürtigen **deutschen Wohnungseigentümer** bei einem vorhandenen Kabelanschluss grundsätzlich nicht das Recht ohne Zustimmung der übrigen Wohnungseigentümer eine Parabolantenne anzubringen, auch wenn er sich dem angelsächsischen Kulturkreis besonders verbunden fühlt und bestimmte nur über Satellitenantenne empfangbare englischsprachige Sender zur privaten Vermögensverwaltung heranzieht.[320] Ob das Informationsinteresse von deutschen Wohnungsnutzern heute noch durch einen vorhandenen Kabelanschluss ausreichend befriedigt wird, erscheint jedoch angesichts der technischen Entwicklung fraglich.[321] Auch einem deutschen Wohnungsnutzer kann unabhängig von einem beruflichen Interesse (Übersetzer, Dolmetscher) ein Informationsgrundrecht im Hinblick auf fremdsprachige Programme nicht ohne weiteres versagt werden, weil es im Hinblick auf das Zusammenwachsen Europas, den zunehmenden internationalen Austausch und die Globalisierung der Arbeitsmärkte genügen kann, wenn er die Programme ausländischer Sender aufgrund eines abstrakten Fortbildungsinteresses oder zur Verbreiterung seiner Kommunikationsfähigkeiten empfangen will.[322] Das Grundrecht auf ungehinderte Berufsausübung ist bei der Interessenabwägung nur dann zu berücksichtigen, wenn die zweckbestimmungswidrige Nutzung einer Wohnung zu beruflichen oder gewerblichen Zwecken nicht mehr stört als eine Nutzung zu Wohnzwecken.[323]

113 Bei der Abwägungsentscheidung kann der Umstand, dass **Nachfolgeeffekte** durch die Anbringung einer Vielzahl von Parabolantennen auf dem Dach zu befürchten seien, nur bei konkreten tatsächlichen Feststellungen berücksichtigt werden. Der Bedeutung der Grundrechte der Informations- und Religionsfreiheit wird es nicht gerecht, wenn man allein die abstrakte Gefahr von Nachfolgeeffekten, die bei Mehrwohnungsobjekten immer besteht, ausreichen ließe, um dem Eigentumsrecht der Miteigentümer den Vorzug zu geben. Bei dieser Feststellung kann die ethnische Zusammensetzung der Bewohner berücksichtigt werden. Ferner darf nicht außer Betracht bleiben, dass es technisch möglich ist und entsprechend vereinbart werden kann, dass mehrere Eigentümer, die auf vom gleichen Satelliten ausgestrahlte Programme angewiesen sind, die gleiche Satellitenschüssel nutzen (vgl. auch Rn 114).[324]

114 Kann der **Mieter** oder der Lebenspartner des Mieters vom Vermieter verlangen, dass er die Installation einer Parabolantenne duldet, dann hat der vermietende Wohnungseigentümer seinerseits einen Duldungsanspruch gegen die übrigen Wohnungseigentümer.[325]

115 Technische Entwicklungen dürften die Anbringung einer Parabolantenne in absehbarer Zeit entbehrlich machen, da sich das Informationsbedürfnis durch **Internetfernsehen** ausreichend befriedigen lassen wird.

116 Rechtfertigt das Grundrecht auf Informationsfreiheit die Installation einer Parabolantenne, ist dem grundrechtlich geschützten Eigentumsrecht dadurch Rechnung zu tragen, dass die Parabolantenne fachgerecht und den Bau- und Denkmalschutzvorschriften entsprechend an dem zum Empfang geeigneten Ort installiert wird, an dem sie möglichst wenig stört.[326] Dies bedeutet, dass Voraussetzung, eine Antenne anbringen lassen zu dürfen, die Zustimmung der Wohnungseigentümergemeinschaft ist.[327] Die Eigentümergemeinschaft hat bei der Entscheidung über die **Art und Weise der Installation** ein **Mitbestimmungsrecht**, welches durch Beschlussfassung auszuüben ist und gewährleisten soll, dass die

---

313 BVerfG 1 BvR 1953/00, NZM 2005, 252.
314 BGH VIII ZR 118/04, NZM 2005, 335.
315 Vgl. OLG München 34 Wx 101/05, ZMR 2006, 309, 310; LG München I 1 S 15854/09, ZMR 2010, 796.
316 Vgl. BGH VIII ZR 67/08, NZM 2010, 119.
317 LG München I 1 S 15854/09, ZMR 2010, 796.
318 OLG München 32 Wx 146/07, ZMR 2008, 659.
319 BGH V ZR 10/09, NZM 2010, 85; **a.A.** noch BayObLG 2Z BR 77/94, NJW 1995, 337.
320 BayObLG 2Z BR 92/00, NZM 2001, 433.
321 Vgl. dazu *Köhler*, ZWE 2002, 97; *Dörr*, WuM 2002, 347; *Maaß/Hitpaß*, NZM 2003, 181, 183/184; offen gelassen von BGH V ZB 51/03, NJW 2004, 937, der aber auf das Positionspapier der EU-Kommission vom 27.6.2001 – KOM (2001) 351 hinweist.
322 OLG Zweibrücken 3 W 213/05, NZM 2006, 937.
323 BayObLG 2Z BR 103/98, WuM 1998, 678.
324 OLG München 32 Wx 146/07, ZMR 2008, 659.
325 OLG Hamm 15 W 166/01, NZM 2002, 445.
326 BGH V ZB 51/03, NJW 2004, 937.
327 BGH V ZR 10/09, ZMR 2010, 85.

Parabolantenne und die Kabelführung möglichst unauffällig und schonend angebracht werden.[328] Ein Beschluss der Wohnungseigentümer über einen bestimmten Standort der Antenne entfaltet keine Bindungswirkung, wenn an diesem Standort der Empfang der begehrten Programme nicht gewährleistet ist[329] oder zu unzumutbaren Errichtungskosten führt. Reicht eine Gemeinschaftsparabolantenne zur Befriedigung der Informationsinteressen der beteiligten Wohnungseigentümer aus, kann dies der Installation von Einzelparabolantennen entgegenstehen.[330] Gleiches gilt, wenn der Anschluss an eine andere Einzelanlage möglich ist, deren Eigentümer dies gestattet. Eine Zustimmung zur Installation kann von dem Abschluss einer Vereinbarung abhängig machen werden, nach der der Antragsteller verpflichtet wird, den Anschluss durch andere Eigentümer, die auf vom gleichen Satelliten ausgestrahlte Programme angewiesen sind, bei Bedarf zu gestatten; technisch ist dies ohne weiteres durch Austausch des sog LNB durch ein Mehrfach-LNB möglich.[331] Des Weiteren kann sie von der Sicherstellung der Kosten für mögliche Beschädigungen des gemeinschaftlichen Eigentums und den späteren Rückbau abhängig gemacht werden.[332] Verweigert die Eigentümergemeinschaft die Bestimmung eines Aufenthaltsortes, liegt darin ein Verzicht auf die Ausübung des Bestimmungsrechts.[333]

117 Damit die anderen Wohnungseigentümer ihre berechtigten Interessen wahren können, darf eine Parabolantenne **nicht eigenmächtig** installiert werden.[334] Dem Verlangen nach Beseitigung kann die Berechtigung zur Vornahme der baulichen Veränderung entgegenhalten werden.[335] Erfolgreich ist dies, wenn auch unter Berücksichtigung des Mitbestimmungsrechts der übrigen Wohnungseigentümer der gewählte Standort nicht zu beanstanden ist. Andernfalls ist er zur Beseitigung verpflichtet.[336] Haben die Wohnungseigentümer bestandskräftig beschlossen, an welchen Gebäudeteilen Parabolantennen fachgerecht installiert werden dürfen, darf ein ausländischer Wohnungseigentümer, eine von der geltenden Beschlusslage abweichende Parabolantenne nicht beibehalten.[337]

118 Ist ein Beschluss über die Pflicht zur **Beseitigung ungenehmigt angebrachter Parabolantennen** bestandskräftig geworden, so kann sich weder ein ausländischer Eigentümer[338] noch ein deutscher Eigentümer im Hinblick auf den ausländischen Mieter seiner Wohnung[339] später darauf berufen, die Antennenanlage werde zum Empfang von Sendern aus dem Heimatland benötigt. Es handelt sich bei einem solchen Beschluss nicht um ein generelles Verbot, weil er nur die eigenmächtig angebrachten Parabolantennen betrifft.[340] Eine selbstständige Anspruchsgrundlage für die Beseitigung begründet ein solcher Beschluss aber nicht (siehe Rn 184, § 16 Rn 195). Im Unterlassen der Anfechtung des Beseitigungsbeschlusses liegt aber der Verzicht auf den ansonsten etwa gegebenen Anspruch auf Duldung der Satellitenanlage. Dass der Vermieter sich durch einen solchen Verzicht seinen Mietern gegenüber möglicherweise schadensersatzpflichtig macht, beeinträchtigt die Ansprüche der übrigen Eigentümer ihm gegenüber nicht.[341]

119 Hat ein Wohnungseigentümer zulässigerweise eine eigene Parabolantenne installiert und wird nachträglich eine gemeinschaftliche Empfangsanlage installiert oder die vorhandene Anlage so umgerüstet, dass der Betrieb der eigenen Parabolantenne entbehrlich wird, können die Wohnungseigentümer deren Beseitigung verlangen.[342] Die eigene Parabolantenne genießt in diesem Fall **keinen Bestandsschutz**, weil mit ihrer Beseitigung kein rechtlicher Nachteil für den Eigentümer verbunden ist. Sein grundrechtlich geschütztes Informationsinteresse wird durch die Gemeinschaftsanlage gewahrt. Sofern nunmehr zumutbare Kosten für die Benutzung anfallen, tritt dies hinter dem Eigentümerinteresse an einem optisch nicht beeinträchtigten äußeren Erscheinungsbild des Gebäudes zurück.

120 Die Gemeinschaftsordnung oder eine sonstige **Vereinbarung** können zur Einschränkung der grundrechtlich geschützten Informationsfreiheit eines Wohnungseigentümers führen.[343] Weil ein Wohnungseigentümer nicht gezwungen ist, von dem Freiheitsrecht Gebrauch zu machen, kann er sich dazu verpflichten, die Installation einer Parabolantenne zu unterlassen.[344] Beschränkt die Gemeinschaftsordnung die Befugnis zur Installation von Parabolantennen, dann kann sich ein Interessent vor dem Erwerb des Wohnungseigentums hierüber informieren. Erwirbt er gleichwohl das Wohnungseigentum, dann muss dies als Verzicht auf die Ausübung des Grundrechts auf Informationsfreiheit verstanden werden.[345] Eine Regelung in der Gemeinschaftsordnung unterliegt allerdings der Inhaltskontrolle nach § 242 BGB, weshalb ein Festhalten an einem generellen Verbot treuwidrig sein kann (z.B. wenn Satellitenempfangsanlagen inzwischen aufgrund ihrer Größe das optische Erscheinungsbild der Wohnanlage nicht beeinträchtigen und auch sonstige berechtigte Interessen der Wohnungseigentümer nicht berührt sind),[346] und es kann im Einzelfall ein An-

---

328 BGH V ZB 51/03, NJW 2004, 937; BGH V ZR 10/09, ZMR 2010, 85; OLG Düsseldorf 3 Wx 174/95, WuM 1996, 110; OLG Hamm 15 W 166/01, NZM 2002, 445; OLG München 32 Wx 146/07, NZM 2008, 91.
329 OLG Schleswig 2 W 217/02, NZM 2003, 558; a.A. OLG Frankfurt 20 W 122/07, ZWE 2011, 407 bei Ungeeignetheit im Einzelfall.
330 BVerfG 1 BvR 1107/92, NJW 1995, 1665.
331 OLG München 32 Wx 146/07, NZM 2008, 91.
332 OLG München 32 Wx 146/07, NZM 2008, 91.
333 BGH V ZB 51/03, NJW 2004, 937.
334 BGH V ZB 51/03, NJW 2004, 937.
335 OLG Schleswig 2 W 94/04, ZMR 2005, 816, 817.
336 BGH V ZR 10/09, NZM 2010, 85.
337 OLG Frankfurt 20 W 186/03, NZM 2005, 427.
338 OLG Köln 16 Wx 135/04, NZM 2005, 108; AG Hannover 485 C 10315/08, ZMR 2009, 233.
339 OLG Köln 16 Wx 207/04, NZM 2005, 223.
340 Ebenso *Hogenschurz*, DWE 2005, 63.
341 OLG Köln 16 Wx 207/04, NZM 2005, 223.
342 *Wenzel*, ZWE 2007, 179, 185.
343 BGH V ZB 51/03, NJW 2004, 937; **a.A.** OLG Düsseldorf ZWE 2001, 336 = ZMR 2001, 648; wohl auch OLG Zweibrücken NZM 2002, 269.
344 BGH V ZB 51/03, NJW, 2004, 937.
345 BGH V ZB 51/03, NJW 2004, 937.
346 Vgl. auch OLG Zweibrücken 3 W 213/05, NZM 2006, 937.

spruch auf Änderung der Gemeinschaftsordnung gemäß § 10 Abs. 2 S. 3 bestehen.[347] Ein Beschluss, der eine Vereinbarung über die Installation von Parabolantennen ändert (z.B. Berechtigung zur Installation, wenn damit keine schwerwiegenden Nachteile verbunden sind, wird in generelles Verbot geändert), ist nichtig.[348]

121 Ein **Beschluss**, der das Anbringen von Parabolantennen generell verbietet, greift in den Kernbereich des Wohnungseigentums ein, weil er den wesentlichen Inhalt der Nutzung von Wohnungseigentum einschränkt.[349] Weil sich aber der Eingriff gegen ein Individualrecht richtet, auf das der Rechtsinhaber verzichten kann, ist der Beschluss nicht sofort nichtig, sondern **schwebend unwirksam**.[350] Schwebend unwirksam ist ein Beschluss, der mit der Zustimmung des Betroffenen wirksam und mit dessen endgültiger Verweigerung unwirksam wird. Bei einem Verbot von Parabolantennen können potenziell mehrere Wohnungseigentümer in ihren Rechten betroffen sein. In einem solchen Fall tritt die Unwirksamkeit des Beschlusses ein, sobald ein betroffener Wohnungseigentümer seine Zustimmung endgültig verweigert, was er auch durch Anfechtung des Beschlusses zum Ausdruck bringen kann. Wird der Beschluss durch Zustimmung wirksam, dürften Sondernachfolger nicht gemäß § 10 Abs. 4 daran gebunden sein, weil anderenfalls der Beschluss weiterreichende Wirkungen hätte als eine nicht im Grundbuch eingetragene Vereinbarung.[351]

VIII. Mehrheitsbeschluss

122 Nach § 22 Abs. 1 S. 1 haben die Wohnungseigentümer nunmehr nicht nur eine ausdrückliche Kompetenz bauliche Veränderungen des gemeinschaftlichen Eigentums zu beschließen, wenn jeder Wohnungseigentümer zustimmt, dessen Rechte durch die Maßnahme über das in § 14 Nr. 1 bestimmte Maß hinaus beeinträchtigt werden.[352] Die Namhaftmachung der abgegebenen Stimmen ist zu empfehlen. Der Beschluss der Eigentümerversammlung ist zudem mangels abweichender Vereinbarung **Zulässigkeitsvoraussetzung** für eine bauliche Veränderung (vgl. Rn 6). Es genügt daher nicht, dass die notwendigen Zustimmungen außerhalb eines Wohnungseigentümerbeschlusses erklärt werden oder niemand rechtserheblich beeinträchtigt wird. Vielmehr müssen alle beeinträchtigten Wohnungseigentümer ihre Zustimmung durch eine positive Stimmabgabe bei der Beschlussfassung zum Ausdruck gebracht haben (vgl. Rn 5).

1. Beschlussfassung

123 Dies hat indes nicht zur Folge, dass alle nicht beeinträchtigten Wohnungseigentümer von ihrem **Stimmrecht** bei der Beschlussfassung ausgeschlossen sind.[353] Diese Auffassung ist schon deshalb abzulehnen, weil in diesen Fällen dem Versammlungsleiter die Verpflichtung obläge festzustellen, wer durch die bauliche Veränderung beeinträchtigt ist und wer nicht.[354] Der Gefahr, dass andernfalls nicht betroffene Wohnungseigentümer durch ihr Abstimmungsverhalten eine befürwortende Beschlussfassung blockieren können, obwohl sie über keinerlei schützenswerte Belange verfügen,[355] ist der Gesetzgeber durch die ausdrückliche Einführung eines Gestattungsanspruchs begegnet. Kommt eine Mehrheit nicht zu Stande, obwohl alle beeinträchtigten Wohnungseigentümer der baulichen Veränderung durch positive Stimmabgabe zugestimmt haben (weil die nicht Beeinträchtigten die Mehrheit haben), darf der Versammlungsleiter den Beschluss daher nur als abgelehnt verkünden (sog. **Negativbeschluss**). In diesem Fall steht dem die bauliche Veränderung anstrebenden Wohnungseigentümer der – notfalls gerichtlich durchsetzbare – **Gestattungsanspruch** nach § 22 Abs. 1 S. 1 zu (vgl. Rn 7, 144). Der Negativbeschluss braucht auf seine Anfechtung hin nicht für ungültig zu erklären, wenn die bauliche Veränderung tatsächlich nicht mit der erforderlichen Versammlungsmehrheit genehmigt worden ist. Er steht aber auch weder einer erneuten Beschlussfassung der Wohnungseigentümer im Wege des Zweitbeschlusses, noch einer Klage auf Gestattung der baulichen Veränderung entgegen (siehe § 21 Rn 47). Auch ein Wohnungseigentümer, dem die bauliche Veränderung überwiegend oder gar ausschließlich zu Gute kommt, ist grundsätzlich nicht von seinem Stimmrecht ausgeschlossen.[356]

124 Die Stimmabgabe in der Eigentümerversammlung, mit der einer baulichen Veränderung zugestimmt wird, kann wegen arglistiger Täuschung angefochten werden.[357]

125 Ob die Eigentümerversammlung über eine bauliche Veränderung einen Mehrheitsbeschluss gefasst hat, der nur bei rechtzeitiger Anfechtung ungültig ist, oder ob eine rechtlich folgenlose **Probeabstimmung** zur Erforschung des Meinungsbildes vorliegt hängt von der Feststellung des Beschlussergebnisses durch den Versammlungsleiter ab (vgl. § 23 Rn 47).

---

347 BGH V ZB 51/03, NJW 2004, 937.
348 BGH V ZB 51/03, NJW 2004, 937; allgemein BGH V ZB 58/99, NJW 2000, 3500.
349 BGH V ZB 51/03, NJW 2004, 937.
350 BGH V ZB 51/03, NJW 2004, 937.
351 *Derleder*, ZWE 2006, 220; **a.A.** *Wenzel*, ZWE 2007, 179, 184.
352 Vgl. zur alten Rechtslage BGH VII ZB 3/70, Z, 54, 65; BayObLG 2Z BR 81/00, NZM 2001, 133, 134; OLG Hamm 5 U 220/93, NJW-RR 1995, 909; OLG Hamm 15 W 281, ZMR 2005, 566.
353 Palandt/*Bassenge*, § 22 Rn 7; *Bärmann/Merle*, § 22 Rn 135; *Häublein*, NZM 2007, 752; *Baer*, AnwZert MietR 15/200–1; **a.A.** *Lüke*, ZfIR 2009, 225.
354 Vgl. dazu ausführlich AnwHdB/*Vandenhouten*, Teil 4 Rn 254 ff., so auch *Häublein*, NZM 2007, 752.
355 So *Lüke*, ZfIR 2009, 225.
356 BayObLG 2Z BR 161/03, ZMR 2004, 209.
357 BayObLG 2Z BR 144/00, NZM 2001, 1037.

Zu den Ja-Stimmen für einen Genehmigungsbeschluss müssen die **Stimmen aller beeinträchtigten Wohnungseigentümer** zählen. Stimmt die Mehrheit der in der Versammlung erschienenen Wohnungseigentümer dem Beschlussantrag über die Genehmigung einer baulichen Veränderung zu, darf ihn der **Versammlungsleiter** aber als angenommen verkünden, sofern er davon ausgehen kann, dass ihm alle beeinträchtigten Wohnungseigentümer zugestimmt haben.[358] Nur wenn für ihn offenkundig ist, dass nicht alle beeinträchtigten Wohnungseigentümer zugestimmt haben, muss die Verkündung eines positiven Beschlussergebnisses durch ihn unterbleiben.[359] Der negative Beschluss ist auf seine **Anfechtung** hin für ungültig zu erklären und ein positives Beschlussergebnis festzustellen, wenn entgegen der Auffassung des Versammlungsleiters alle beeinträchtigten Wohnungseigentümer zugestimmt haben oder kein Wohnungseigentümer beeinträchtigt ist.[360] Umgekehrt kann ein beeinträchtigter Wohnungseigentümer einen Genehmigungsbeschluss anfechten, der nicht für ungültig zu erklären ist, wenn dieser durch die bauliche Veränderung beeinträchtigt wird.[361] Er ist dann nicht für ungültig zu erklären, wenn feststeht, dass der Kläger durch die bauliche Veränderung nicht über das in § 14 Nr. 1 bestimmte Maß hinaus in seinen Rechten beeinträchtigt wird. Haben zwar nicht alle beeinträchtigten Wohnungseigentümer ihre Zustimmung durch positive Stimmabgabe dokumentiert, die Fehlenden ihre Zustimmung jedoch formlos außerhalb der Eigentümerversammlung erklärt, wird einer Anfechtungsklage angesichts des bestehenden Gestattungsanspruchs (vgl. dazu Rn 144) gemäß § 242 BGB der Erfolg zu versagen sein.

126

Unterbleibt eine fristgerechte Anfechtung des Beschlusses über eine bauliche Veränderung, dem entgegen § 22 Abs. 1 S. 1 nicht alle beeinträchtigten Wohnungseigentümer zugestimmt haben, ist der Beschluss nicht nichtig, sondern **wirksam**.[362]

127

§ 22 betrifft aber nur bauliche Veränderungen des gemeinschaftlichen Eigentums. Ein unangefochtener Mehrheitsbeschluss, der eine bauliche Veränderung fremden Sondereigentums anordnet, ist **nichtig**, weil er Inhalt und Umfang des Sondereigentums verändert und damit in dessen Kernbereich eingreift.[363] Wegen der Besonderheiten einer **Mehrhausanlage** siehe Rn 87.

2. Inhalt des Beschlusses

Der Beschluss muss die beabsichtigte bauliche Maßnahme bezeichnen. Die **konkrete Bauausführung** muss noch nicht bestimmt sein. Liegen der Beschlussfassung indes Bauzeichnungen zu Grunde, so kann von deren Billigung ausgegangen werden. Haben die Wohnungseigentümer die Vornahme einer baulichen Veränderung des gemeinschaftlichen Eigentums wirksam beschlossen, so stellt die Festlegung der näheren Einzelheiten eine Maßnahme der ordnungsmäßigen Verwaltung gemäß § 21 Abs. 3 dar, die mit Mehrheit beschlossen werden kann.[364]

128

Der Genehmigungsbeschluss ist grundsätzlich auf die konkret vorgestellte bauliche Veränderung beschränkt. Sie deckt weder eine **abweichende Ausführung**, noch spätere Änderungen.[365]

129

Der Genehmigungsbeschluss kann an **Bedingungen und Auflagen** geknüpft werden,[366] sofern kein Anspruch auf Erteilung eines Gestattungsbeschlusses besteht, weil kein Wohnungseigentümer beeinträchtigt ist.

130

Eine nicht legitimierte bauliche Veränderung kann **nachträglich** durch Beschluss **genehmigt** werden. Ein Beschluss, der sich dagegen ausspricht, dass eine bauliche Veränderung abgerissen werden soll, kann grundsätzlich nicht dahin ausgelegt werden, dass durch ihn die bauliche Veränderung genehmigt wird.[367] Ist eine bauliche Veränderung durch bestandskräftigen Beschluss genehmigt, handelt es sich um einen nachträglichen Genehmigungsbeschluss, wenn die Wohnungseigentümer nach abweichender Bauausführung durch einen weiteren Beschluss die bauliche Veränderung billigen. An einem solchen fehlt es, wenn der zweite Beschluss nur feststellt, dass die Ausführung der Baumaßnahme dem Genehmigungsbeschluss entspricht.[368]

131

3. Rechtsfolgen

Zur Durchführung des Genehmigungsbeschluss ist der Verwalter nach § 27 Abs. 1 Nr. 1 berechtigt und verpflichtet. Er muss daher grundsätzlich alle zur Ausführung erforderlichen tatsächlichen und rechtlichen Maßnahmen vornehmen. Dies gilt grundsätzlich auch, sofern die bauliche Veränderung nur im Interesse eines einzelnen Wohnungseigentümers erfolgt. In einem solchen Fall kann der Beschluss aber auch ohne Verstoß gegen § 27 Abs. 4 eine Durchführung der

132

---

358 AG Oberhausen 34 C 55/09, ZMR 2011, 78.
359 LG München I 1 S 19129/08, WuM 2009, 426.
360 AG Oberhausen 34 C 55/09, ZMR 2011, 78.
361 A.A. *Armbrüster*, ZWE 2008, 61.
362 Vgl. BT-Drucks 16/887 S. 29; Palandt/*Bassenge*, § 22 Rn 7; a.A. *Armbrüster*, ZWE 2008, 61, der den Beschluss weder für anfechtbar noch für nichtig erachtet, dafür aber vor seiner Durchführung die formlose Zustimmung der Beeinträchtigten verlangt.

363 OLG Düsseldorf 3 Wx 389/95, NJWE- MietR 1997, 81; OLG Köln 16 Wx 121/00, NZM 2001, 541: Beschluss über Balkonbodenbelag.
364 BayObLG BReg 2 Z 149/87, WuM 1988, 185; OLG Düsseldorf 3 Wx 126/99, NZM 2000, 390.
365 OLG Zweibrücken 3 W 198/99, NZM 2000, 293.
366 BayObLG 2Z BR 164/97, NZM 1998, 1014.
367 BayObLG 2Z BR 16/95, WuM 1995, 504.
368 BayObLG 2Z BR 113/98, NZM 1999, 30.

133 Maßnahme durch den einzelnen bestimmen. Beim Verwalter verbleiben in diesem Fall lediglich Überwachungs-und Kontrollaufgaben.[369]

133 Ein Nachteil i.S.d. § 14 Nr. 1 liegt in der Praxis häufig vor, wenn die überstimmten Wohnungseigentümer sich an den **Kosten** der baulichen Veränderung beteiligen sollen. Ob dies der Fall ist, muss durch Auslegung des Mehrheitsbeschlusses ermittelt werden, wenn dieser die Kostentragung nicht ausdrücklich regelt. Grundsätzlich ist für den Fall einer **baulichen Veränderung im Gesamtinteresse** davon auszugehen, dass keine Änderung der Bestimmung des § 16 Abs. 6 S. 1 Hs. 2 erfolgen soll, wonach ein Wohnungseigentümer, der einer baulichen Veränderung nicht oder nur unter Verwahrung gegen die Kostenlast zugestimmt hat, deren Kosten nicht zu tragen hat.[370] Dies gilt aber dann nicht, wenn es sich bei einer beschlossenen Maßnahme zur Instandhaltung des gemeinschaftlichen Eigentums nur deshalb um eine bauliche Veränderung i.S.d. § 22 Abs. 1 handelt, weil sie über das erforderliche Maß hinausgeht. In diesem Sonderfall gehen die Wohnungseigentümer bei der Beschlussfassung davon aus, dass sich alle Wohnungseigentümer an den Kosten der geplanten Maßnahme beteiligen müssen. Dies ist auch gerechtfertigt, da in jedem Fall das gemeinschaftliche Eigentum in Stand gesetzt werden musste. Nichtig ist ein solcher Beschluss nicht, denn § 16 Abs. 4 begründet insofern eine Beschlusskompetenz (vgl. § 16 Rn 93). Die nicht zustimmenden Wohnungseigentümer sind dann neben den übrigen zustimmenden Wohnungseigentümern gemäß § 16 Abs. 2 in Höhe der Kosten anteilig heranzuziehen, die für eine ordnungsgemäße Instandhaltung oder Instandsetzung aufzuwenden gewesen wären. Für die darüber hinausgehenden Mehrkosten verbleibt es bei der Freistellung gem. § 16 Abs. 6 S. 1 Hs. 2.[371]

134 Eine Kostenbeteiligung aller Wohnungseigentümer ist auch dann beschlossen, wenn die Kosten der Maßnahme nicht nur vorläufig aus der **Instandhaltungsrücklage** aufgebracht werden sollen. Ohne Zustimmung aller Wohnungseigentümer dürfen Instandsetzungsmaßnahmen, die über eine ordnungsgemäße Verwaltung hinausgehen und deshalb bauliche Veränderungen sind, auch nicht aus der Rücklage finanziert werden, wenn ein Fall des § 22 Abs. 2 vorliegt. Sofern der Instandhaltungsrücklage unzulässigerweise Geld entnommen worden ist, können die Wohnungseigentümer beschließen, dass die Summe der Instandhaltungsrücklage wieder zugeführt wird.[372] Wird ein solcher Beschluss nicht gefasst, kann der einzelne Wohnungseigentümer gemäß § 21 Abs. 4 verlangen, dass das unzulässigerweise verausgabte Geld wieder der Instandhaltungsrücklage zugeführt wird. Eine bauliche Veränderung ist von den Wohnungseigentümern zu bezahlen, die der Maßnahme zugestimmt haben. In diesem Fall ist in den Einzelabrechnungen dieser zustimmenden Wohnungseigentümer der entsprechende Anteil an den aufzubringenden Kosten aufzuführen. Wurde die Erneuerung dagegen mit Recht aus der Instandhaltungsrücklage beglichen, weil es sich um eine ordnungsmäßige Instandsetzung handelt, dann brauchen die Kosten in den Einzelabrechnungen nicht mehr umgelegt zu werden.[373]

135 Umgekehrt ergibt in der Regel die Auslegung eines Beschlusses, der im Fremdinteresse die **bauliche Veränderung eines einzelnen Wohnungseigentümers** im Bereich seines Sondereigentums genehmigt, dass dieser Wohnungseigentümer die Kosten der Maßnahme allein trägt. Die Zustimmung führt in diesem Fall auch nach Sinn und Zweck des § 16 Abs. 6 S. 1 nicht zu einer Kostenbelastung der zustimmenden Wohnungseigentümer.[374] Dies gilt erst recht, wenn sie nur zwangsweise aufgrund des Anspruchs nach § 22 Abs. 1 S. 1 erteilt wurde. Jedenfalls ergibt die ergänzende Auslegung der Zustimmungserklärungen, dass sich die zustimmenden Wohnungseigentümer gegen eine Kostentragung verwahren. Gemäß § 16 Abs. 6 S. 1 sind sie dann von den Kosten freigestellt.[375] Die Zustimmung zu einer baulichen Veränderung, die ein Wohnungseigentümer im Bereich seines Sondereigentums/Sondernutzungsrechts auf eigene Kosten vornehmen will, kann dahin auszulegen sein, dass er auch die Folgekosten der Maßnahme zu tragen hat.[376]

136 Der Genehmigungsbeschluss wird nicht dadurch entbehrlich, dass die Ausführung der baulichen Veränderung öffentlich-rechtlichen Vorgaben entspricht und **behördlich genehmigt** ist, denn die öffentlich-rechtlichen Anforderungen und Genehmigungen wirken sich nicht auf das Rechtsverhältnis der Wohnungseigentümer untereinander aus. Sie können eine privatrechtlich erforderliche Zustimmung nicht ersetzen.[377]

137 Ein bestandskräftig gewordener Beschluss **schließt** das **Beseitigungsverlangen aus**.[378] Ein Unterlassungsanspruch gegen ein bestimmtes Bauvorhaben ist solange unbegründet, bis der angefochtene Beschluss über die Billigung der Baumaßnahme rechtskräftig für ungültig erklärt worden ist.[379] Bei Beschlussanfechtung kann allerdings die Durchführung der Baumaßnahme durch eine einstweilige Verfügung untersagt werden.

138 Die **Beseitigung einer** durch bestandkräftigen Mehrheitsbeschluss **genehmigten baulichen Veränderung**, ist wiederum eine bauliche Veränderung, die grundsätzlich der Zustimmung aller Wohnungseigentümer bedarf.[380]

139 Der **Widerruf einer** durch bestandskräftigen Beschluss **erteilten Zustimmung** zu einer baulichen Veränderung, die noch nicht durchgeführt ist, durch einen späteren Eigentümerbeschluss, hat keine bauliche Veränderung zum Gegen-

---

369 Bärmann/Merle, § 22 Rn 152.
370 Ebenso Bärmann/Merle, § 22 Rn 289.
371 Bärmann/Merle, § 22 Rn 295.
372 OLG Hamm 15 W 300/01, ZMR 2002, 965.
373 OLG Hamm 15 W 300/01, ZMR 2002, 965.
374 Ebenso Staudinger/Bub, § 16 Rn 256.
375 Vgl. Bärmann/Merle, § 22 Rn 290.
376 BayObLG 2Z BR 70/00, NZM 2001, 1138.
377 OLG Köln 16 Wx 10/00, NZM 2000, 296.
378 BayObLG BReg 2 Z 84/87, NJW-RR 1988, 591; BayObLG 2Z BR 58/94, WuM 1995, 222.
379 BayObLG 2Z BR 61/98, NZM 1999, 132.
380 OLG Köln 16 Wx 185/99, ZWE 2000, 429.

stand und bedarf deshalb nicht der Zustimmung aller Wohnungseigentümer.[381] Der neue Beschluss (sog. abändernder Zweitbeschluss, vgl. auch § 21 Rn 30) muss aber ordnungsmäßiger Verwaltung entsprechen und darf nicht ohne überwiegende sachliche Gründe in wohlerworbene Rechte von Wohnungseigentümern eingreifen, die auf den Bestand des ersten Beschlusses vertraut haben.[382]

Wird **umgekehrt** durch Mehrheitsbeschluss eine bauliche Veränderung genehmigt, obwohl bereits bestandskräftig die Beseitigung der Baumaßnahme beschlossen wurde, ist der Zweitbeschluss auf Anfechtung für ungültig zu erklären, wenn er schutzwürdige Belange eines Wohnungseigentümers aus Inhalt und Wirkungen des Erstbeschlusses beeinträchtigt.[383] War der Erstbeschluss bestandskräftig aufgehoben (nach dem mitgeteilten Sachverhalt der o.a. Entscheidung des *OLG Düsseldorf* war dies der Fall), ist der Zweitbeschluss gleichwohl für ungültig zu erklären, wenn die bauliche Veränderung gemäß § 14 Nr. 1 nachteilig ist.

Die **Abänderung** oder **Aufhebung** eines bestandkräftigen Beschlusses, der eine bauliche Veränderung genehmigt hat, kann analog § 10 Abs. 2 S. 3 nur verlangt werden, wenn neu hinzugetretene schwerwiegende Umstände das Festhalten an der bestehenden Regelung als unbillig erscheinen lassen.[384]

Das Problem der **Bindung des Sonderrechtsnachfolgers** eines Wohnungseigentümers an eine bereits erteilte Zustimmung zu baulichen Veränderungen durch den Rechtsvorgänger entfällt. Liegt ein Beschluss gemäß § 22 Abs. 1 S. 1 vor, so wirkt dieser nämlich nach § 10 Abs. 4 auch gegen einen Sondernachfolger.[385] Eine Eintragung des Beschlusses in das Grundbuch bedarf es zu einer solchen Bindung nicht. Die Bindung besteht unabhängig davon, ob der Ausbau im Zeitpunkt der Rechtsnachfolge zumindest teilweise bereits ins Werk gesetzt worden ist. Ein solches Erfordernis, das in weiten Teilen der Rechtsprechung als Voraussetzung für eine Bindung des Rechtsnachfolgers an die durch den Rechtsvorgänger erteilte Zustimmung aufgestellt worden war[386] hat nach der Neufassung des § 22 Abs. 1 keinen Bestand mehr.

IX. Zustimmung

Soweit nicht etwas Anderes vereinbart ist (vgl. Rn 151 ff.) oder ein Fall des § 22 Abs. 2 vorliegt, bedürfen bauliche Veränderungen der Zustimmung aller beeinträchtigten Wohnungseigentümer. Diese Zustimmung kann nur durch positive Stimmabgabe im Rahmen einer zur Legitimation der baulichen Maßnahme erforderlichen Beschlussfassung nach § 22 Abs. 1 S. 1 abgegeben werden (vgl. Rn 5 f.). Da die Beeinträchtigung zumeist alle Wohnungseigentümer betrifft, ist in diesen Fällen ein einstimmiger Beschluss aller Wohnungseigentümer erforderlich.

X. Gestattungsanspruch

Nach § 22 Abs. 1 S. 1 hat ein einzelner Wohnungseigentümer einen individuellen Anspruch gegen die anderen Wohnungseigentümer, eine Maßnahme im Sinne des § 22 Abs. 1 S. 1 im Beschlusswege zu gestatten, wenn ihr alle dadurch beeinträchtigten Wohnungseigentümer zugestimmt haben.[387] Der einzelne Wohnungseigentümer hat also einen Anspruch darauf, dass die übrigen Wohnungseigentümer ihr **Einverständnis mit der Durchführung der Maßnahme** erklären. Voraussetzung für den Gestattungsanspruch ist, dass **sämtliche beeinträchtigte Wohnungseigentümer** der baulichen Veränderung **zugestimmt** haben oder es an einer Beeinträchtigung, die über das in § 14 Nr. 1 bestimmte Maß hinausgeht, fehlt.[388] Da der Anspruch erst auf eine Beschlussfassung gerichtet ist, d.h. darauf, dass die Wohnungseigentümer im Rahmen der Beschlussfassung nach § 22 Abs. 1 S. 1 eine positive Stimme abgeben, können diese Zustimmungserklärungen auch außerhalb der Eigentümerversammlung – also mündlich oder schriftlich – erklärt werden.[389] Entgegen der Gesetzesbegründung obliegt die Durchführung dieses Beschluss gemäß § 27 Abs. 1 Nr. 1, Abs. 4 dem Verwalter, was indes die Vornahme der baulichen Veränderung durch den Einzelnen ermöglicht, solange die Überwachungs- und Kontrollaufgaben beim Verwalter verbleiben (vgl. auch Rn 123).

Ist eine positive Beschlussfassung gemäß § 22 Abs. 1 S. 1 Fall 1 daran gescheitert, dass einige der Beeinträchtigten mit „Nein" gestimmt oder sich der Stimme enthalten haben, besteht – von den Fällen einer Zustimmungsverpflichtung aus Treu und Glauben abgesehen (vgl. Rn 149) – kein Anspruch auf Gestattung der baulichen Veränderung im Beschlusswege. Kommt eine positive Beschlussfassung jedoch deshalb nicht zu Stande, weil nicht alle Beeinträchtigten in der Versammlung anwesend waren oder zwar alle Beeinträchtigten zugestimmt, diese aber nicht die Versammlungsmehrheit bildeten, kann der bauwillige Wohnungseigentümer die Genehmigung der von ihm beabsichtigten Maßnahme

---

381 OLG Köln 16 Wx 10/02, NZM 2002, 454.
382 BayObLG 2Z BR 58/94, WuM 1995, 222; OLG Köln 16 Wx 10/02, NZM 2002, 454.
383 BGH V ZB 8/90, BGHZ 113, 197; OLG Düsseldorf 3 Wx 318/00, NZM 2001, 243.
384 Vgl. zur alten Rechtslage BayObLG 2Z BR 159/99, NZM 2000, 672; OLG Düsseldorf I-3 Wx 194/06, ZMR 2007, 379: danach folgte ein solcher Anspruch nur aus § 242 BGB, wenn außergewöhnliche Umstände das Festhalten an der bestehenden Regelung als grob unbillig erscheinen ließen.
385 *Bärmann/Merle*, § 22 Rn 132; *Hügel/Elzer*, § 7 Rn 21.
386 Vgl. BayObLG 2Z BR 110/97, NZM 1998, 524; OLG Düsseldorf 3 Wx 227/97, NZM 1998, 79; KG, 24 W 318/02, ZMR 2005, 75, 77.
387 BT-Drucks 16/887, S. 29.
388 BGH V ZR 265/10, NZM 2012, 239.
389 *Bärmann/Merle*, § 22 Rn 155; Palandt/*Bassenge*, § 22 Rn 8.

verlangen, wenn alle Beeinträchtigten zugestimmt haben. Der Anspruch ist in einem **Rechtsstreit nach § 43 Nr. 1** durch Klage gegen alle übrigen Wohnungseigentümer[390] durchzusetzen. Ein Rechtsschutzbedürfnis für diese Klage ist aber grundsätzlich erst dann zu bejahen, wenn der Wohnungseigentümer zuvor vergeblich versucht hatte, eine entsprechende Regelung durch Beschluss herbeizuführen (vgl. dazu § 21 Rn 46); ausnahmsweise schon ohne vorherige Befassung der Wohnungseigentümer, wenn die bauliche Veränderung unzweifelhaft keine nachteilige Wirkung entfalten kann.[391] Das Urteil ersetzt – abhängig vom Klägerantrag – die für eine positive Beschlussfassung nach § 22 Abs. 1 S. 1 erforderlichen Zustimmungen, was zu einem Eigentümerbeschluss führt oder es ersetzt die positive Beschlussfassung gemäß § 21 Abs. 8. Eine **Kostenentscheidung gemäß § 49 Abs. 1** ermöglicht es die Kosten des Rechtsstreits denjenigen aufzuerlegen, die die Beschlussfassung verhindert haben. Die Bestandskraft eines Negativbeschlusses steht der Klage in der Regel nicht entgegen (vgl. § 21 Rn 47). Eine Kostenlast der zwangsweise Zustimmenden gem. § 16 Abs. 6 S. 1 scheidet in der Regel aus (vgl. Rn 8, 136).

XI. Vereinbarungen

146 § 22 Abs. 1 schließt nicht aus, dass die Zulässigkeit einer baulichen Veränderung auch zum Gegenstand einer Vereinbarung gemacht werden kann.[392] Liegt eine Vereinbarung vor, ist ein Mehrheitsbeschluss für die Legitimation der baulichen Veränderung nicht mehr erforderlich. Die Reichweite der baulichen Gestattung ist durch Auslegung der Vereinbarung zu ermitteln. Derartige Vereinbarungen finden sich zum einen in der **Teilungserklärung/Gemeinschaftsordnung**. Hier kann sich eine Legitimation der baulichen Veränderung auch aus einer vereinbarten Gebrauchsregelung, dem Inhalt eines Sondernutzungsrechts oder aus einer Zweckbestimmung des Sondereigentums ergeben. Ist dem Teileigentümer nach der Gemeinschaftsordnung gestattet, diesen zu gewerblichen Zwecken zu nutzen, müssen die übrigen Wohnungseigentümer die zur Herbeiführung einer solchen Nutzung erforderlichen Maßnahmen einschließlich baulicher Veränderungen des gemeinschaftlichen Eigentums dulden. Dazu gehört z.B. die Anbringung eines Briefkastens (mit oder ohne Klingelanlage) an der Hauseingangstür[393] ebenso wie die Anbringung ortsüblicher und angemessener Werbeanlagen am gemeinschaftlichen Eigentum,[394] nicht aber Umbauten zwecks besserer Verwertbarkeit der Teileigentumseinheit (vgl. auch Rn 103).[395] Bestehen allerdings mehrere Möglichkeiten der Gestaltung, brauchen die übrigen Wohnungseigentümer eine Lösung, die ihre Belange in vermeidbarer Weise wesentlich mehr beeinträchtigt als eine andere, nicht hinzunehmen.[396] Die Einräumung eines **Sondernutzungsrechts** an einer unbebauten Fläche umfasst jedoch nicht ohne weiteres auch die Zustimmung zur Bebauung dieser Fläche.[397] Die Gemeinschaftsordnung kann aber etwa dem Sondernutzungsberechtigten bei der Gartenplanung und -gestaltung einen weitergehenden Gestaltungsspielraum gewähren, so dass auch eine grundlegende Umgestaltung zulässig ist.[398]

147 Vereinbarungen können auch **nachträglich** geschlossen werden. Eine Vereinbarung liegt zum Beispiel dann vor, wenn bei einem „zwanglosen Zusammentreffen" aller Wohnungseigentümer schriftlich fixiert wird, dass eine bestimmte bauliche Veränderung gestattet wird.[399]

148 Treffen die Wohnungseigentümer eine Vereinbarung über die Zulässigkeit einer baulichen Veränderung, ist gemäß § 10 Abs. 3 ein **Rechtsnachfolger** an die Vereinbarung nur gebunden, wenn die Vereinbarung als Inhalt des Sondereigentums im Grundbuch eingetragen wird.[400] Ist dies nicht der Fall, ergibt sich eine Bindung des Sonderrechtsnachfolgers allenfalls aus dem allgemeinen Treueverhältnis der Wohnungseigentümer untereinander, soweit mit der baulichen Veränderung bei Eintritt des neuen Eigentümers bereits begonnen worden war.[401]

XII. Anspruch auf Duldung einer baulichen Veränderung

149 Ein Anspruch auf die erforderliche Zustimmung zu einer baulichen Veränderung besteht grundsätzlich nicht.[402] Ebenso wie in Ausnahmefällen ein Anspruch auf Änderung von Vereinbarungen in Betracht kommt, kann sich aber aus dem Gemeinschaftsverhältnis der Wohnungseigentümer untereinander nach Treu und Glauben unter Abwägung der Interessen aller Beteiligten ein Anspruch auf Duldung einer baulichen Veränderung ergeben.[403]

---

390 *Kümmel*, ZMR 2007, 932; **a.A.** *Bärmann/Merle*, § 22 Rn 157: nur gegen die nicht schriftlich Zustimmenden.
391 LG München I 1 S 4964/09, ZMR 2011, 60.
392 *Palandt/Bassenge*, § 22 Rn 5; *Riecke/Schmid/Elzer*, § 22 Rn 38.
393 BayObLG 2Z BR 8/97, ZMR 1997, 317.
394 BayObLG 2Z BR 74/00, ZMR 2001, 123.
395 KG 24 W 344/01, ZMR 2002, 967; LG München I 1 S 23256/10, ZWE 2011, 423.
396 BayObLG 2Z BR 8/97, ZMR 1997, 317.
397 OLG Köln 16 Wx 46/95, WuM 1995, 608; OLG Köln 16 Wx 10/00, NZM 2000, 296; OLG Köln 16 Wx 247/01, NZM 2002, 458; BayObLG 2Z BR 86/02, NZM 2003, 242.
398 Vgl. etwa OLG Hamm 15 W 426/99, NZM 2000, 910.
399 BayObLG 2Z BR 107/02, NZM 2003, 199; OLG Hamm 15 W 395/03, ZMR 2005, 220.
400 BGH V ZB 51/03, NJW 2004, 937, 940.
401 *Hügel/Elzer*, § 7 Rn 23.
402 BayObLG 2Z BR 103/98, WuM 1998, 679; BayObLG 2Z BR 164/97, NZM 1998, 1014; OLG München, 34 Wx 66/07, NZM 2008, 848.
403 KG 24 W 2014/93, WuM 1994, 103; BayObLG 2Z BR 15/95, WuM 1995, 674.

Bei konkret feststellbarer erhöhter **Einbruchsgefahr** kommt ein Anspruch auf Duldung von Einbruchsicherungen in Betracht.[404] Eine allgemeine Einbruchsgefahr genügt jedoch nicht.[405] Keine Duldungspflicht besteht, wenn mit einbruchsicheren Fenstergittern zugleich eine Kletterhilfe geschaffen wird, die den Einstieg in eine andere Wohnung der Anlage erleichtert.[406] Ein Anspruch auf Duldung von Fenstergittern setzt auch voraus, dass die erhöhte Einbruchsgefahr nicht durch weniger beeinträchtigende Maßnahmen (Sicherheitsglas, „Pilzköpfe", Verstärkung der Fensterbeschläge, Schutz des Rollladens gegen Hochschieben) beseitigt werden kann.[407] Der Einbau einer Stahlgittertür vor der Wohnungseingangstür der Wohnung im obersten Stockwerk, bedarf nicht der Zustimmung der übrigen Wohnungseigentümer, wenn sie von den unteren Stockwerken her nicht eingesehen werden kann.[408]

150

XIII. Abdingbarkeit

Die Bestimmungen des § 22 Abs. 1 sind durch Vereinbarung abänderbar.[409] Für einen Mehrheitsbeschluss, der die Zulässigkeit von baulichen Veränderungen generell und mit Dauerwirkung abweichend von § 22 Abs. 1 regelt, fehlt jedoch die Beschlusskompetenz.[410]

151

1. Zustimmungsfreiheit

Ist § 22 Abs. 1 durch Vereinbarung wirksam abbedungen, sind die allgemeinen nachbarrechtlichen Vorschriften des Privatrechts (insbesondere die §§ 906 ff. BGB und das jeweils landesrechtliche Nachbarrecht) und des öffentlichen Rechts, soweit sie drittschützenden Charakter haben (z.B. Abstandsflächenvorschriften), entsprechend anzuwenden.[411] Bestimmt die Gemeinschaftsordnung, dass eine Zustimmung zu baulichen Maßnahmen nur erforderlich ist, wenn sie auch bei einer Realteilung notwendig wäre, dann richtet sich die Zulässigkeit der Errichtung eines Bretterzaunes direkt neben einem Maschendrahtzaun, der zwei Sondernutzungsflächen voneinander trennt, nicht nach § 22, sondern nach § 922 S. 3 BGB.[412] Bestimmt die Gemeinschaftsordnung, dass „bauliche Veränderungen, insbesondere Um-, An- und Einbauten, sowie Installationen auch dann vom jeweiligen Wohnungseigentümer vorgenommen werden können, wenn sie gemeinschaftliches Eigentum betreffen, sofern sich dieses im räumlichen Bereich des dem jeweiligen Wohnungseigentümer zustehenden Hauses befindet" ist § 22 Abs. 1 abbedungen.[413]

152

2. Einführung des Einstimmigkeitsprinzips

Die Gemeinschaftsordnung kann die Zulässigkeit einer baulichen Veränderung abweichend von § 22 Abs. 1 in jedem Fall von der Zustimmung aller Wohnungseigentümer abhängig machen.[414] Bestimmt die Gemeinschaftsordnung, dass bauliche Veränderungen nur vorgenommen werden dürfen, wenn ein einstimmiger Beschluss vorliegt, so kommt es nicht darauf an, ob eine Zustimmung einzelner Wohnungseigentümer mangels Beeinträchtigung entbehrlich ist.[415] Bestimmt die Gemeinschaftsordnung, dass ein Wohnungseigentümer „die äußere Gestalt des Bauwerks oder der im gemeinschaftlichen Eigentum stehenden Bestandteile nicht ändern" darf (sog. **Änderungsverbot**), so ist jede nicht völlig unerhebliche bauliche Veränderung ohne Rücksicht auf ihre Auswirkung auf das optische Erscheinungsbild der Wohnanlage von der Zustimmung aller übrigen Wohnungseigentümer abhängig.[416]

153

3. Einführung des Mehrheitsprinzips

Die Teilungserklärung kann vorsehen, dass eine bestimmte (einfache oder qualifizierte) Mehrheit eine bauliche Veränderung beschließen kann. Dann ist nicht die Mitwirkung aller benachteiligten Wohnungseigentümer erforderlich.[417] Insofern ist bei der **Auslegung unklarer Klauseln** grundsätzlich davon auszugehen, dass nur dieses Erfordernis eingeschränkt werden soll, nicht aber dass nun auch Wohnungseigentümer in die Entscheidung einbezogen werden sollen, deren Zustimmung schon nach dem Gesetz (§ 22 Abs. 1 S. 2) nicht erforderlich ist. Daher sind Bezugsgröße für die bestimmte Mehrheit lediglich die beeinträchtigten Wohnungseigentümer, und im Übrigen verbleibt es bei der Regelung des § 22 Abs. 1 S. 2, es sei denn der Wortlaut der Regelung nimmt ausdrücklich Bezug auf die Mehr-

154

---

404 KG 24 W 2014/93, WuM 1994, 103.
405 KG 24 W 8114/99, 24 W 2406/00, NZM 2001, 341; OLG Köln 16 Wx 48/04, NZM 2004, 385.
406 OLG Zweibrücken 3 W 12/00, NZM 2000, 623.
407 OLG Düsseldorf 3 Wx 148/04, NZM 2005, 264.
408 OLG Köln 16 Wx 204/04, NZM 2005, 463.
409 BayObLG 2Z BR 63/95, WuM 1996, 487.
410 BayObLG 2Z BR 88/04, NZM 2005, 109.
411 BayObLG 2Z BR 52/96, WuM 1996, 789: Abweichung gegenüber BayObLG BReg 2 Z 121/88, WuM 1989, 451 ff.; BayObLG 2Z BR 101/99, ZWE 2000, 175 m. Anm. *Schmack* S. 168; BayObLG 2 Z BR 104/00, ZMR 2000, 563; BayObLG 2Z BR 60/00, NZM 2001, 769; BayObLG 2Z BR 067/04, ZMR 2005, 212; OLG München 32 Wx 2/08, ZMR 2008, 566.
412 BayObLG 2Z BR 10/93, WuM 1993, 565, 566; vgl. auch LG Itzehoe 11 S 30/08, ZMR 2009, 479.
413 BayObLG 2Z BR 101/99, ZWE 2000, 175.
414 BayObLG 2Z BR 79/97, WuM 1997, 700; OLG Düsseldorf 3 Wx 186/06, NJW-RR 2007, 1024.
415 BayObLG 32 Wx 019/05, NZM 2005, 622; OLG Frankfurt 20 W 471/02, NZM 2005, 947.
416 BayObLG 2Z BR 63/95, WuM 1996, 487.
417 OLG Frankfurt 20 W 126/81, OLGZ 1981, 313; BayObLG BReg 2 Z 123/89, NJW-RR 1990, 209; BayObLG 62/95, WuM 1996, 787.

heit „der" oder „aller" Wohnungseigentümer.[418] Können nach der Teilungserklärung bauliche Veränderungen „mit einer Mehrheit von ¾ aller vorhandenen Stimmen" beschlossen werden, wird die Regelung des § 22 Abs. 1 einerseits verschärft, andererseits erleichtert. Einerseits ist ein Beschluss mit qualifizierter Mehrheit unabhängig davon erforderlich, ob andere Wohnungseigentümer über das in § 14 Nr. 1 bestimmte Maß hinaus beeinträchtigt werden. Andererseits ist nicht die Zustimmung aller von der Maßnahme beeinträchtigten Wohnungseigentümer erforderlich.[419] Soweit nicht ausdrücklich etwas anderes geregelt ist, sind nicht nur die an der Beschlussfassung teilnehmenden Wohnungseigentümer gemeint.[420]

155 Können nach der Teilungserklärung Änderungen der äußeren Gestalt des Gebäudes mit einfacher Mehrheit beschlossen werden, dann gilt dies erst recht für bauliche Veränderungen im Inneren des Gebäudes.[421] Ist unklar, ob die Teilungserklärung das Mehrheitsprinzip einführt, verbleibt es grundsätzlich bei der gesetzlichen Regelung.[422] Weist die Teilungserklärung die Entscheidung über bauliche Veränderungen der Eigentümerversammlung zu, ohne klarzustellen, ob ein Mehrheitsbeschluss ausreicht, wird durch diese Öffnungsklausel jedenfalls die Beschlusskompetenz der Eigentümerversammlung begründet. Wird ein Mehrheitsbeschluss bestandskräftig, der diese Klausel als **Einführung des Mehrheitsprinzips** auslegt, so kann künftig über bauliche Veränderungen durch Mehrheitsbeschluss entschieden werden.[423] Erlaubt die Gemeinschaftsordnung bauliche Veränderungen, die einer sinnvollen und zumutbaren Verbesserung der Wohnanlage dienen, mit Zustimmung einer 2/3 Mehrheit, fällt darunter auch eine Maßnahme, durch die ein Wohnungseigentümer beeinträchtigt wird. Anderenfalls würde dies zu einer Rückkehr des in § 22 Abs. 1 WEG verankerten Einstimmigkeitsprinzips führen.[424] Lässt die Gemeinschaftsordnung bauliche Veränderungen, die der Erhaltung des Wertes des gemeinschaftlichen Eigentums und seiner Wirtschaftlichkeit dienen mit einfacher Mehrheit zu, fallen darunter keine Maßnahmen, die unmittelbar allein auf die Erhöhung der Wirtschaftlichkeit einer Sondereigentumseinheit abzielen (vgl. auch Rn 103, 146).[425]

156 Kann laut Teilungserklärung die Verweigerung der erforderlichen **Einwilligung des Verwalters** durch einen Eigentümerbeschluss ersetzt werden, so wird dadurch mangels eindeutiger Regelung nicht § 22 Abs. 1 zugunsten einer Mehrheitsentscheidung abgeändert.[426] Gestattet die Teilungserklärung bauliche Veränderungen aufgrund eines Mehrheitsbeschlusses, so wird hiervon auch das bauliche Erscheinungsbild der Wohnanlage erfasst, z.B. die Veränderung der historischen Bausituation eines denkmalgeschützten Gebäudes.[427]

157 Ein nach der Teilungserklärung möglicher Mehrheitsbeschluss über die Genehmigung einer baulichen Veränderung ist auf seine Anfechtung hin für ungültig zu erklären, wenn er nicht ordnungsgemäßer Verwaltung entspricht. Dies ist dann der Fall wenn für die bauliche Veränderung kein **sachlicher Grund** vorliegt und sie einen nicht zustimmenden Wohnungseigentümer **unbillig benachteiligt**.[428]

158 Ist das Mehrheitsprinzip eingeführt, findet § 16 Abs. 6 S. 1 keine Anwendung mit der Folge, dass sich alle Wohnungseigentümer an den **Kosten der Maßnahme** zu beteiligen haben.[429]

4. Zustimmung des Verwalters

159 Dürfen nach der Teilungserklärung, bauliche Veränderungen nur mit schriftlicher Erlaubnis des Verwalters vorgenommen werden, bedeutet dies keine Erleichterung gegenüber § 22 Abs. 1, sondern eine Erschwerung. Die Zulässigkeit baulicher Veränderungen wird **zusätzlich** von der schriftlichen Zustimmung des Verwalters abhängig gemacht, um die Wohnungseigentümer davor zu schützen, dass einer von ihnen eigenmächtig bauliche Maßnahmen vornimmt und sich darauf beruft, die anderen Wohnungseigentümer seien nicht beeinträchtigt und müssten daher nicht zustimmen. Eine derartige Regelung lässt § 22 Abs. 1 unberührt.[430] Eine in der Teilungserklärung vorgesehene Überprüfung der Zustimmungsverweigerung durch die Wohnungseigentümer ändert dann § 22 Abs. 1 auch nicht (siehe Rn 156). Die Verwalterzustimmung ist entbehrlich, sobald die Wohnungseigentümer selbst zugestimmt haben. Die Teilungserklärung kann aber auch wirksam bestimmen, dass zur Umgestaltung des gemeinschaftlichen Eigentums nur die Zustimmung des Verwalters, nicht aber die Zustimmung der anderen Wohnungseigentümer erforderlich ist.[431]

---

418 Vgl. BayObLG 2Z BR 113/98, NZM 1999, 30: Stimmenmehrheit von ³/₄ aller (nicht nur der Anwesenden) Miteigentümer; BayObLG 2Z BR 70/00, NZM 2001, 1138: Mehrheitsbeschluss der Wohnungseigentümer.
419 BayObLG 2Z BR 131/97, NZM 1998, 443.
420 Palandt/*Bassenge*, § 22 Rn 13.
421 OLG Düsseldorf 3 Wx 169/98, WuM 1999, 477.
422 OLG Oldenburg 5 W 104/97, NZM 1998, 39.
423 KG 24 W 8114/99, 24 W 2406/00, NZM 2001, 341.
424 KG 24 W 253/02, NZM 2003, 642: Pflasterung einer Wegabkürzung zum Müllplatz über eine gemeinschaftliche Rasenfläche.
425 LG München I 1 S 23256/10, ZWE 2011, 423.
426 KG 24 W 2051/91, WuM 1991, 517; OLG Zweibrücken 3 W 30/92, NJW 1992, 2899; OLG Düsseldorf 3 Wx 159/95, WuM 1997, 567.
427 OLG Köln 16 Wx 293/97, WuM 1998, 308.
428 BayObLG BReg 2 Z 123/89, NJW-RR 1990, 209; KG 24 W 1542/99, NZM 2000 348.
429 BayObLG 2Z BR 62/95, WuM 1996, 787; BayObLG 2Z BR 70/00, NZM 2001, 1138; *Bärmann/Merle*, § 22 Rn 294; **a.A.** OLG Frankfurt 20 W 126/81, OLGZ 1981, 313; Staudinger/*Bub*, § 22 Rn 9.
430 OLG Zweibrücken 3 W 30/92, NJW 1992, 2899; OLG Düsseldorf 3 Wx 159/95, WuM 1997, 567; OLG Köln 16 Wx 97/03, ZMR 2004, 146; LG München I 1 S 23256, ZWE 2011, 423.
431 KG 24 W 2334/97, NZM 1998, 771.

Wurde die vorherige Zustimmung (Einwilligung) des Verwalters **nicht eingeholt**, so führt dies für sich allein noch nicht dazu, dass ein Beseitigungsantrag schon aus formellen Gründen Erfolg hat. Analog § 185 Abs. 2 BGB reicht es aus, wenn eine nachträgliche Zustimmung (Genehmigung) erfolgt. Aber selbst wenn weder vor noch nach der baulichen Veränderung eine Zustimmung des Verwalters erteilt worden ist, ist das Fehlen der Zustimmung unbeachtlich, wenn ein durchsetzbarer Anspruch auf Gestattung gemäß § 22 Abs. 1 S. 1 besteht.[432] Der Wohnungseigentümer, der entgegen der Gemeinschaftsordnung die Zustimmung des Verwalters nicht einholt, geht aber das Risiko ein, die Maßnahme wieder beseitigen zu müssen. Er wird einem Beseitigungsanspruch regelmäßig nicht den Einwand der Unzumutbarkeit entgegenhalten können (siehe dazu Rn 187).

160

Ist die Verwalterzustimmung **alleiniges Erfordernis** und versagt der Verwalter die Zustimmung, kann er in einem Rechtsstreit gemäß § 43 Nr. 3 auf Zustimmung verklagt werden. Ist sie dagegen nur zusätzliches Erfordernis ist nur Klage gegen die übrigen Wohnungseigentümer auf Feststellung der Zulässigkeit zu erheben.

161

Teilt der Verwalter einem Wohnungseigentümer mit, eine von diesem beabsichtigte Baumaßnahme bedürfe nicht der Zustimmung der übrigen Wohnungseigentümer, so haftet er einem anderen Wohnungseigentümer auf Ersatz der bei der Abwehr der Baumaßnahme entstandenen Rechtsverfolgungskosten, sofern die **Mitteilung unzutreffend** ist.[433]

162

5. Gestattung konkreter Veränderungen

Die Gemeinschaftsordnung kann einem Wohnungseigentümer konkrete bauliche Veränderungen gestatten. Erlaubt die Gemeinschaftsordnung einem Wohnungseigentümer die Errichtung eines Wintergartens, haben die übrigen Wohnungseigentümer die erforderlichen baulichen Maßnahmen zu dulden. Sie brauchen aber bei mehreren Gestaltungsmöglichkeiten keine Lösung hinzunehmen, die ihre Belange in vermeidbarer Weise wesentlich mehr beeinträchtigen als eine andere.[434] Gestattet die Teilungserklärung neben der Überdachung der Terrasse auch sonstige bauliche Veränderungen im Bereich der Terrasse, so weit baurechtlich zulässig, ist auch die Errichtung eines Wintergartens erlaubt.[435] Gestattet die Teilungserklärung einem Wohnungseigentümer Baumaßnahmen im Dachgeschoss zur Bildung von Wohneinheiten „auf seine Kosten und Gefahr" durchzuführen, so haftet er auch für Zufallsschäden, die durch den Ausbau entstehen.[436] Mit dem Abschluss eines nach der Teilungserklärung gestatteten Ausbaus des Dachgeschosses entsteht insgesamt gemeinschaftliches Eigentum an den konstruktiv wichtigen Teilen der Außenumgrenzung der Dachgeschosswohnung, auch wenn der Ausbau unvollständig oder mangelhaft erfolgt ist. Die Gemeinschaft hat gegen den ausbauenden Wohnungseigentümer einen Anspruch auf vollständige und mangelfreie Erstherstellung der zum gemeinschaftlichen Eigentum gehörenden Dachteile. Eine Erstreckung dieser Haftung auf spätere Erwerber der ausgebauten Wohnung scheidet jedoch im Regelfall aus, so dass der Erwerber in der Regel von der Gemeinschaft die Mitwirkung bei der Dachsanierung verlangen kann.[437]

163

C. Beschlusskompetenz für Modernisierungsmaßnahmen (§ 22 Abs. 2)

Im Interesse einer dauerhaften Erhaltung des Verkehrswerts der Anlage gibt § 22 Abs. 2 den Wohnungseigentümern die Kompetenz mit qualifizierter Mehrheit aller stimmberechtigten Wohnungseigentümer bauliche Veränderungen zu beschließen, die der Modernisierung oder der Anpassung des gemeinschaftlichen Eigentums an den Stand der Technik dienen, ohne dass ein Zusammenhang mit einer Reparatur vorliegt. Maßnahmen im Sinne des § 22 Abs. 2 sind immer auch bauliche Veränderung nach § 22 Abs. 1 S. 1. Dies hat zur Folge, dass Maßnahmen der Modernisierung auch als bauliche Veränderung nach § 22 Abs. 1 mit einfacher Stimmenmehrheit beschlossen werden können, wenn weniger als dreiviertel der Wohnungseigentümer durch die Maßnahme beeinträchtigt wird und die beeinträchtigten Wohnungseigentümer zustimmen.[438] Soweit Maßnahmen zwar Modernisierung im Sinne des § 559 BGB oder Anpassung an den Stand der Technik darstellen, aber nach § 21 Abs. 3 als Maßnahmen ordnungsmäßiger Verwaltung mit Stimmenmehrheit beschlossen werden können, unterfallen sie nicht dem Erfordernis einer qualifizierten Mehrheit nach § 22 Abs. 2 S. 1. § 22 Abs. 3 stellt dies für Maßnahmen der **modernisierenden Instandsetzung** ausdrücklich klar. Eine Maßnahme gemäß § 22 Abs. 2 muss nicht allen Wohnungseigentümern zugute kommen.[439] Ein gegebenenfalls erforderlicher Ausgleich kann über eine Kostenregelung nach § 16 Abs. 4 erfolgen,[440] die derselben doppelt qualifizierten Mehrheit wie ein Beschluss nach § 22 Abs. 1 S. 1 bedarf. Fehlt eine derartige Kostenregelung sind die Kosten einer Maßnahme im Sinne von § 22 Abs. 2 von sämtlichen – auch den mit „Nein" stimmenden – Wohnungseigentümern, vorbehaltlich einer davon abweichenden Vereinbarung, gemäß § 16 Abs. 2 nach Miteigentumsanteilen zu tragen.

164

---

432 BGH V ZB 51/03, NJW 2004, 937, 940; OLG Schleswig 2 W 94/04, ZMR 2005, 816.
433 BGH V ZB 9/91, Z 115, 253.
434 BayObLG 2Z BR 61/98, NZM 1999, 132.
435 OLG Zweibrücken 3 W 100/03, NZM 2005, 510.
436 KG 24 W 4734/92, WuM 1993, 209.
437 KG 24 W 8820/98, 24 W 2976/99, NZM 2000, 1012.
438 *Bub*, ZWE 2008, 205; *Häublein*, NZM 2007, 752.
439 *Häublein*, NZM 2007, 752.
440 *Bub*, ZWE 2008, 205.

I. Modernisierung

165 § 22 Abs. 2 S. 1 verweist für die Frage, was unter Modernisierung zu verstehen ist, auf die **entsprechende Heranziehung** der mietrechtlichen Regelung des § 559 Abs. 1 BGB. Dies bietet Anlass zu einer großzügigen Handhabung des Modernisierungsbegriffs. Denn zum einen kommen den Wohnungseigentümern auch solche Verbesserungen zugute, von denen im Mietrecht nur der Vermieter, nicht aber auch der Mieter profitiert. Zum anderen ist zu berücksichtigen, dass das mit der Erweiterung der Beschlusskompetenz nach § 22 Abs. 2 WEG verfolgte gesetzgeberische Anliegen darin besteht, den Wohnungseigentümern – unabhängig von dem Bestehen eines Reparaturbedarfs – die Befugnis einzuräumen, mit qualifizierter Mehrheit einer Verkehrswertminderung durch Anpassung der Wohnungsanlage an die „Erfordernisse der Zeit" entgegenzuwirken. Deshalb genügt es, dass die Maßnahme aus der Sicht eines verständigen Wohnungseigentümers eine sinnvolle Neuerung darstellt.[441] § 559 Abs. 1 BGB definiert den Begriff der Modernisierung als bauliche Maßnahmen, die der nachhaltigen Erhöhung des Gebrauchswerts, der dauerhaften Verbesserung der Wohnverhältnisse oder der Einsparung von Energie oder Wasser dienen. Erfasst werden kleine, mittlere und größere Vorhaben, etwa das **Aufstellen eines Fahrradständers**, das nachträgliche **Anbringen einer Gegensprechanlage** oder auch der **Einbau eines Fahrstuhls**.[442] Soweit eine Maßnahme bisher als modernisierende Instandsetzung eingestuft wurde (siehe dazu § 21 Rn 89), wird sie meist auch eine Modernisierung darstellen. Die modernisierende Instandsetzung erfordert aber, dass ein Instandsetzungsbedarf vorliegt bzw. absehbar ist, die veraltete Heizungsanlage z.B. nicht mehr oder nicht mehr richtig funktioniert. Demgegenüber können Modernisierungsmaßnahmen im Sinne von § 22 Abs. 1 auch unabhängig von einem notwendigen oder bald absehbaren Instandsetzungsbedarf vorgenommen werden. Die drei genannten Modernisierungsmaßnahmen können sich überschneiden.

1. Nachhaltige Erhöhung des Gebrauchswerts

166 Hierunter sind solche baulichen Maßnahmen zu verstehen, die die Nutzung des Objekts bequemer, sicherer, gesünder, angenehmer oder weniger arbeitsaufwendig machen.[443] Die Gebrauchswerterhöhung kann sich auf den Gebrauch des gemeinschaftlichen Eigentums oder auf denjenigen des Sondereigentums auswirken. Dabei muss es sich um den bestimmungsgemäßen Gebrauch handeln.[444] Nachhaltigkeit bedeutet, dass die Erhöhung auf Dauer bewirkt wird und nicht nur geringfügig ist. Die Rechtsprechung zum Mietrecht hat eine Verbesserung des Gebrauchswerts zum Beispiel in folgenden Fällen bejaht: Einbau einer Zentralheizungs- oder **Warmwasserversorgungsanlage**;[445] Einbau von Isolierglas oder **Schallschutzfenstern**[446] und **Verstärkung der Elektrosteigeleitungen**;[447] Einbau einer Türsprech-/Videoanlage;[448] Einbau einer neuen **Haustür mit zusätzlichen Sicherungen** und **Vordach über dem Hauseingang**;[449] Einführung funkbasierter Verbrauchsablesung.[450] Eine Gebrauchswerterhöhung liegt auch vor bei: Umstellung eines Garagentores auf Funksteuerung;[451] Anbau einer Verbindungstreppe zum Garten;[452] **Anbau eines Balkons**,[453] Fenstervergrößerungen, Einbau von Dachgauben, Balkonverglasung,[454] Einbau zusätzlicher Fenster;[455] Einbau von Rauchwarnmeldern;[456] Austausch von Holz- gegen Kunststofffenster;[457] Wiederherstellung der Schornsteine mit der damit einhergehenden Möglichkeit, einen Kamin oder Kaminofen zu befeuern.[458]

2. Dauerhafte Verbesserung der Wohnverhältnisse

167 Sie bezieht sich nur auf das gemeinschaftliche Eigentum. Beispiele für bauliche Maßnahmen, welche die allgemeinen Wohnverhältnisse verbessern, sind die Anlage und der Ausbau von **Kinderspielplätzen, Grünanlagen, Stellplätzen und anderen Verkehrsanlagen**;[459] der **Einbau eines Fahrstuhls**,[460] Errichtung von Außenaufzügen,[461] Anbindung der Regenentwässerung an das Abwassersystem der Straße.[462]

3. Nachhaltige Einsparung von Energie oder Wasser

168 Als energiesparende Maßnahmen kommen insbesondere Maßnahmen zur **Verbesserung der Wärmedämmung**, zur Verringerung des Energieverlustes und des Energieverbrauchs der zentralen Heizungs- und Warmwasseranlage sowie zur Rückgewinnung von Wärme in Betracht; auch der Anschluss eines Hauses an das Fernwärmeversorgungsnetz

---

441 BGH V ZR 82/10, WuM 2011, 251, **a.A.** *Krüger*, ZfIR 2010, 12, der angesichts verfassungsrechtlicher Bedenken für enge Auslegung plädiert.
442 Vgl. BT-Drucks 16/887, S. 30.
443 *Schmidt/Futterer/Börstinghaus*, MietR, § 559 Rn 59.
444 *Bärmann/Merle*, § 22 Rn 331.
445 LG München 14 S 7397/87, WuM 1989, 27.
446 LG Berlin 64 S 170/02, GE 2003, 122.
447 LG Berlin 64 S 170/02, GE 2003, 122.
448 LG München 14 S 7397/87, WuM 1989, 27.
449 LG Berlin 64 S 170/02, GE 2003, 122.
450 BGH VIII ZR 326/10, ZMR 2012, 97.
451 Palandt/*Bassenge*, § 22 Rn 15.
452 AG Hannover 484 C 9807/07, ZMR 2008, 250.
453 LG Lüneburg 9 S 75/10, ZMR 2011, 830; AG Konstanz 12 C 10/07, NZM 2007, 888; AG Hannover 483 C 3145/10, ZMR 2011, 334.
454 **A.A.** AG Konstanz 12 C 17/07, ZMR 2008, 494.
455 **A.A.** AG Konstanz 12 C 17/07, ZMR 2008, 494.
456 Vgl. auch *Schmidt/Breiholdt/Riecke*, ZMR 2008, 341 und § 5 Rn 43a.
457 LG München I S 20171/08, NZM 2010, 370.
458 BGH, V ZR 82/10, WuM 2011, 251.
459 Vgl. NK-BGB/*Scheff*, § 559 Rn 13.
460 AG München 453 C 35603/04, Info-M 2006, 120.
461 AG Konstanz 12 C 17/07, ZMR 2008, 494.
462 AG Schöneberg 77 C 58/08 WEG, GE 2008, 1637.

wegen der dadurch ermöglichten Einsparung von Primärenergie,[463] der Einbau von Solaranlagen, weil nicht erneuerbare Energie eingespart wird;[464] Austausch einer Nachtspeicherheizung durch Anschluss an die Gaszentralheizung.[465] Maßnahmen, die Wasser sparen, sind z.B. der Einbau von Wasserzählern (vgl. aber Rn 52); Maßnahmen zur Erfassung und Verwendung von Regenwasser für die Zwecke der Gartenbewässerung oder der WC-Spülung.[466] Maßnahmen, die Strom sparen, wie der Einbau von Zeitschaltern.[467] Nicht erfasst werden Maßnahmen zur Umstellung auf billigere Energie, da dies zu Mehrverbrauch reizen kann.[468] Nachhaltigkeit bedeutet, dass die Einsparung auf Dauer bewirkt wird. Im Übrigen genügt die Messbarkeit der Einsparung, ohne dass es auf eine bestimmte Mindesteinsparung ankommt.[469]

II. Anpassung an den Stand der Technik

Mit **„Stand der Technik"** meint das Gesetz das Niveau einer anerkannten und in der Praxis bewährten, fortschrittlichen technischen Entwicklung, welches das Erreichen des gesetzlich vorgegebenen Ziels, nämlich die dauerhafte Erhaltung des Werts des langlebigen Wirtschaftsguts Wohn-/Geschäftshaus, gesichert erscheinen lässt.[470] Der Begriff „Stand der Technik" verlangt, dass auch wirtschaftliche Gesichtspunkte im Sinne eines angemessenen Kosten-Nutzen-Verhältnisses zu berücksichtigen sind (vgl. dazu § 21 Rn 89).[471] Dies ist etwa die **Umrüstung** von einer Satellitenanlage mit terrestrischem Digitalfernsehen (27 Fernsehprogramme) **auf ein rückkanalfähiges Breitbandkabelnetz** [34 analoge Fernseh- und 30 Hörfunkprogramme, mit Decoder weitere 60 u.a. auch ausländische Fernsehprogramme sowie bessere Bildqualität][472] oder von einer Gemeinschaftsantennenanlage oder Breitbandkabel auf eine Gemeinschaftsparabolantenne.

169

III. Dienlichkeit

Der Begriff „dienen" will sicherstellen, dass die Anforderungen an einen Modernisierungsbeschluss nicht höher als an einen Beschluss zur modernisierenden Instandsetzung sind, weshalb es ausreicht, dass die Maßnahme sinnvoll und voraussichtlich geeignet ist,[473] nicht aber geboten sein muss. Bei der Beurteilung ist auf den Maßstab eines vernünftigen, wirtschaftlich denkenden und sinnvollen Neuerungen gegenüber aufgeschlossenen Hauseigentümers abzustellen, der bestrebt ist, sein Eigentum vor vorzeitiger Veraltung und Wertverlust zu bewahren.[474]

170

IV. Keine Änderung der Eigenart der Wohnanlage

Eine Umgestaltung der Wohnanlage, die deren bisherige Eigenart ändert, gestattet § 22 Abs. 2 nicht, um das Vertrauen des Erwerbers auf den wesentlichen inneren und äußeren Bestand der Eigentumsanlage zu schützen.

171

Die Gesetzesbegründung[475] nennt folgende Beispiele: Errichtung eines Anbaus, etwa eines Wintergartens, eine Aufstockung oder einen Abriss von Gebäudeteilen, oder vergleichbare Veränderungen des inneren oder äußeren Bestandes,[476] etwa eine Luxussanierung oder der Ausbau eines nicht zu Wohnzwecken genutzten Speichers oder Kellerräumen zu Wohnungen oder die Umwandlung einer größeren Grünfläche in einen Parkplatz. Diese Maßnahmen dürften überwiegend schon keine Modernisierung im Sinne des § 22 Abs. 2 sein.[477] Es darf **kein enger Maßstab** angelegt werden, will man den durch den Gesetzgeber geschaffenen Spielraum nicht unnötig einschränken.[478] Daher ist bei der Errichtung von Außenaufzügen[479] und der Errichtung von Solaranlagen auf dem Dach[480] diese Grenze noch nicht als erreicht anzusehen. Eine Änderung der Eigenart kann auch durch eine nachteilige Veränderung des optischen Gesamteindrucks in Betracht kommen, wofür aber in Abgrenzung zu § 22 Abs. 1 schon jede ganz unerhebliche Veränderung ausreichen dürfte. Der optische Gesamteindruck muss vielmehr **erheblich nachteilig beeinträchtigt** sein. Sie ist ggf. zu bejahen, wenn durch sie ein uneinheitlicher Gesamteindruck entsteht, etwa durch den vereinzelten Anbau[481] oder die

---

463 Vgl. BGH NJW 2008, 3630 zum Mietrecht; *Derleder*, ZWE 2012, 65.
464 *Schläger*, ZMR 2009, 341; vgl. auch BayObLG 2Z BR 2/00, NZM 2000, 674.
465 AG Hamburg 49 C 248/07, jurisPR-MietR 17/2008 Anm. 4.
466 Vgl. etwa Staudinger/*Emmerich*, § 559 BGB Rn 32a m.w.N.
467 *Bub*, ZWE 2008, 205.
468 Z.B. Einbau oder Zuschaltung eines Blockheizkraftwerks, vgl. AG Freiburg 1 UR II 143/06, ZWE 2008, 355; LG Koblenz 2 S 52/08, ZWE 2009, 282, **a.A.** *Derleder*, ZWE 2012, 65.
469 BGH VIII ARZ 3/01, NJW 2002, 2036.
470 BT-Drucks 16/887, S. 30.
471 *Bub*, ZWE 2008, 205.
472 Vgl. BGH VIII ZR 253/04, NZM 2005, 697; **a.A.** *Wenzel*, ZWE 2007, 179 und *Bub*, ZWE 2008, 205, wonach diese Maßnahme als zum allgemein üblichen Wohnkomfort und Ausstattungsstandard gehörend gemäß § 21 Abs. 3 als Maßnahme ordnungsmäßiger Verwaltung beschlossen werden kann.
473 Vgl. BT-Drucks 16/887 S. 30.
474 Vgl. zur modernisierenden Instandsetzung BayObLG 2Z BR 176/03, ZMR 2004, 442.
475 BT-Drucks 16/887, S. 30.
476 Bestätigt durch BGH V ZR 65/11, NJW 2012, 603.
477 *Bub*, ZWE 2008, 205.
478 Vgl. BGH V ZR 82/10, WuM 2011, 251.
479 **A.A** AG Konstanz 12 C 17/07, ZWE 2008, 494.
480 **A.A.** *Spielbauer/Then*, § 22 Rn 19, 21.
481 Nicht überzeugend aber LG Lüneburg 9 S 75/10, ZMR 2011, 830 mit krit. Anm. *Brinkmann*.

Verglasung nur einzelner, nicht aller Balkone, oder durch Störung der Symmetrie beim Bau von Dachgauben in einer vorhandenen Dachgeschosswohnung, beim Einbau zusätzlicher Fenster oder der Aufstockung nur eines Reihenhauses.[482] Die Grenze erst bei groben ästhetischen Verunstaltungen und Verschandelungen zu ziehen, erscheint hingegen zu weit.[483] Als Änderung der Eigenart können auch Maßnahmen in Betracht kommen, die zur spezifischen Eigenart der Wohnanlage in Widerspruch stehen, wie etwa die Errichtung eines Kinderspielplatzes in einer Seniorenresidenz.[484] Für solche Maßnahmen ist nach § 22 Abs. 1 die Zustimmung aller Beeinträchtigten erforderlich.

V. Keine unbillige Beeinträchtigung einzelner Wohnungseigentümer

172 Maßnahmen, die ein Mitglied der Gemeinschaft gegenüber den anderen unbillig beeinträchtigen, gestattet § 22 Abs. 2 nicht. Ein Wohnungseigentümer soll einer Maßnahme nicht mit Erfolg widersprechen können, wenn diese sinnvoll ist und er gegenüber anderen nicht unbillig benachteiligt wird.[485] Maßgebend ist, ob die Veränderung zu einem Nachteil für einen oder mehrere Wohnungseigentümer führt und welches Maß die Beeinträchtigung hat. Die Beurteilung hängt weitgehend von den Umständen des Einzelfalles ab. Allerdings reicht im Gegensatz zu § 22 Abs. 1 nicht schon eine nicht ganz unerhebliche Beeinträchtigung aus. Dabei muss es sich um eine **im Vergleich zu den anderen Wohnungseigentümern** dieser Anlage unbillige Beeinträchtigung handeln, so dass auch deren Beeinträchtigung zu berücksichtigen ist.[486]

173 Umstände, die zwangsläufig mit Modernisierungen verbunden sind, reichen nach dem Willen des Gesetzgebers für sich allein nicht aus, etwa die nach einer technischen Anpassung erhöhte Wartungs- oder Reparaturanfälligkeit oder die Kompliziertheit einer neuen technischen Anlage oder die mit dem Einbau eines Fahrstuhls verbundene Einschränkung der Gebrauchsmöglichkeit des Treppenhauses oder eine intensivere Nutzung von Obergeschossen.[487] Weiter dürften Änderungen des optischen Gesamteindrucks der Wohnanlage in der Regel ausscheiden, da hierdurch alle Wohnungseigentümer gleichermaßen betroffen sind. Gleiches gilt für Gefährdungen des gemeinschaftlichen Eigentums. In Betracht kommen aber Maßnahmen gemäß § 22 Abs. 2, die nicht unerhebliche positive Immissionen, wie etwa Geräusch- und Geruchseinwirkungen, **oder negative Immissionen**, wie etwa der Entzug von Licht und Luft, auf das Sondereigentum eines einzelnen Wohnungseigentümers zur Folge haben. So beeinträchtigt der Anbau eines Balkons an einer Wohnung im Wege der Balkonaufstockung einen Wohnungseigentümer gegenüber den anderen dann unbillig, wenn allein seine Wohnung in einem Bereich, der gerade der Belichtung und Belüftung dient, wie der Balkon oder das Wohnzimmer, durch den Anbau in ihren Lichtverhältnissen beeinträchtigt wird.[488]

174 Auch die **Kosten der Maßnahmen** können eine Beeinträchtigung darstellen (siehe Rn 134). Sie werden für einen Wohnungseigentümer, für den eine Gebrauchsmöglichkeit besteht, dann als unbillige Beeinträchtigung anzusehen sein, wenn sie das Maß der Aufwendungen übersteigen, die das gemeinschaftliche Eigentum in einen allgemein üblichen Zustand versetzen, etwa zur Energieeinsparung oder zur Schadstoffminderung. Mit solchen Maßnahmen muss jeder Wohnungseigentümer rechnen und entsprechende private Rücklagen bilden oder einen Kredit aufnehmen, um sie zu finanzieren.[489] Für einen vom Gebrauch ausgeschlossenen Wohnungseigentümer (z.B. nachträglicher Balkonanbau) hingegen schon dann, wenn er mit Kosten belastet wird.[490]

175 Eine unbillige Beeinträchtigung könnte sich im Einzelfall ergeben, wenn ein Wohnungseigentümer wegen der Kosten von Modernisierungsmaßnahmen **gezwungen** würde, sein Wohnungseigentum **zu veräußern**. Solche Fälle können aber durch angemessene Rücklagenbildung vermieden werden. Bei einer Modernisierung im Einzelfall haben die Wohnungseigentümer die Kompetenz, mit qualifizierter Mehrheit auch über die Art und Weise der Finanzierung sowie eine etwaige Rücklagenbildung zu entscheiden (§§ 16 Abs. 4 i.V.m. 22 Abs. 2: argumentum a maiore ad minus).[491]

VI. Qualifizierte Mehrheit

176 Der Beschluss zur Modernisierung bedarf der Mehrheit von drei Viertel aller stimmberechtigten Wohnungseigentümer im Sinne des § 25 Abs. 2 (Mehrheit nach Köpfen) und mehr als der Hälfte aller Miteigentumsanteile. Die Maßnahmen können daher nur durchgeführt werden, wenn sie dem Willen der ganz überwiegenden Mehrheit entsprechen. Hierdurch soll dem Konflikt zwischen der veränderungswilligen Mehrheit und den Bestandsschutzinteressen der Minderheit gelöst werden. Erforderlich ist zunächst die qualifizierte **Kopfmehrheit** (§ 25 Abs. 2) von **drei Viertel aller**, nicht nur der in der Versammlung vertretenen, **stimmberechtigten Wohnungseigentümer**. Soweit Bezugsgröße nur alle stimmberechtigten Wohnungseigentümer sind, sind lediglich dauerhafte (nicht nur vorübergehende, z.B. aufgrund unwirksamer Vollmachten) Stimmrechtsausschlüsse zu berücksichtigen, um Zufälligkeiten zu vermeiden.[492] Das Kopfstimmrecht

---

482 LG Hamburg 318 S 49/09, ZWE 2010, 374.
483 *Abramenko*, § 4 Rn 43; *Häublein*, ZMR 2007, 752.
484 *Bärmann/Merle*, § 22 Rn 338.
485 Vgl. Beschlussempfehlung des Rechtsausschusses BT-Drucks 16/3843, S. 50.
486 Anwendung des Sonderopfergedankens, vgl. *Jennißen/Hogenschurz*, § 22 Rn 74.
487 Vgl. BT-Drucks 16/887, S. 31.
488 AG Konstanz 12 C 10/09, NZM 2007, 888.
489 Vgl. BT-Drucks 16/887, S. 31.
490 *Schmidt*, jurisPR-MietR 11/2009–3.
491 Vgl. BT-Drucks 16/887, S. 31.
492 *Häublein*, NZM 2007, 752.

gilt auch, wenn es in anderen Angelegenheiten abbedungen ist.[493] Erforderlich ist außerdem die **einfache Mehrheit aller Miteigentumsanteile**. Bei Zweier- und Dreiergemeinschaften ist daher stets ein einstimmiger Beschluss aller Wohnungseigentümer erforderlich. Wird die erforderliche Stimmenzahl nicht erreicht, so ist ein gleichwohl gefasster Mehrheitsbeschluss wirksam, aber anfechtbar. Beim Verfehlen der qualifizierten Mehrheit ist der Versammlungsleiter – in der Regel der Verwalter – aber verpflichtet, einen Negativbeschluss festzustellen und zu verkünden. Anderenfalls muss er im Falle einer Beschlussanfechtung mit einer Kostentragung gemäß § 49 Abs. 2 rechnen. Da Maßnahmen nach § 22 Abs. 2 immer auch Maßnahmen nach § 22 Abs. 1 S. 1 sind,[494] kann es aber sein, dass die nach § 22 Abs. 1 S. 1 erforderliche einfache Stimmenmehrheit erreicht worden ist. Ist dies der Fall, so hat ihn der Versammlungsleiter auf der Basis von § 22 Abs. 1 als zu Stande gekommen festzustellen und zu verkünden, sofern er die Versammlung zuvor auf diesen Umstand hingewiesen hat und die Mehrheit einen Beschluss auf dieser Grundlage schließen will.[495] Dies sollte durch einen Geschäftsordnungsbeschluss dokumentiert werden.[496] Haben dem Beschluss nicht alle Beeinträchtigten zugestimmt, ist er auf seine Anfechtung hin für ungültig zu erklären, anderenfalls nicht.

Die **Aufhebung eines Modernisierungsbeschlusses** kann, sofern die Maßnahme noch nicht umgesetzt ist, durch einfachen Mehrheitsbeschluss auf der Grundlage der vereinbarten Stimmrechtsregelung erfolgen. Denn der hinter dem qualifizierten Mehrheitserfordernis stehenden Schutzzweck (vgl. Rn 176) ist hier nicht betroffen.[497] Ist die Maßnahme hingegen bereits durchgeführt, wird es sich in der Regel um eine bauliche Veränderung handeln, die den Anforderungen des § 22 Abs. 1 S. 1 unterliegt. Die **Abänderung** eines Beschlusses nach § 22 Abs. 2 WEG bedarf im Hinblick auf die vergleichbare Interessenlage der qualifizierten Mehrheit wie für den Erstbeschluss.[498] Inhaltlich ist die Rechtmäßigkeit dieser Beschlüsse nach den Grundsätzen des abändernden Zweitbeschlusses (vgl. dazu § 21 Rn 30) zu beurteilen.

VII. Kein Anspruch auf Modernisierung

Ein einzelner Wohnungseigentümer hat keinen Anspruch auf die Durchführung von Modernisierungsmaßnahmen. Dies ergibt sich daraus, dass nach § 22 Abs. 2 Modernisierungen nur beschlossen, aber nicht wie bauliche Veränderungen nach § 22 Abs. 1 auch verlangt werden können. § 22 Abs. 2 dient allein der Einschränkung des Prinzips der Einstimmigkeit. Einen Anspruch auf eine Beschlussfassung, welche die Maßnahme gestattet, hat ein Wohnungseigentümer nur unter den Voraussetzungen des § 22 Abs. 1 S. 1, wenn also alle Wohnungseigentümer zustimmen, denen die Maßnahme einen Nachteil zufügt, der über das bei einem geordneten Zusammenleben unvermeidliche Maß (§ 14 Nr. 1) hinausgeht (vgl. Rn 135; zum Anspruch auf Baumaßnahmen für einen barrierefreien Zugang siehe Rn 107).

VIII. Zwingendes Recht (§ 22 Abs. 2 S. 2)

§ 22 Abs. 2 S. 2 stellt sicher, dass die Neuregelung durch abweichende geltende oder künftige Vereinbarungen nicht zu Ungunsten der vorgesehenen Mehrheit der Wohnungseigentümer eingeschränkt oder ausgeschlossen werden kann. So ist etwa eine Vereinbarung, die die Beschlusskompetenz ausschließt oder eine größere Mehrheit als nach § 22 Abs. 2 erforderliche vereinbart, gemäß § 134 BGB nichtig.

Abweichende Beschlüsse zu baulichen Veränderungen oder Aufwendungen aufgrund einer **Öffnungsklausel mit geringeren Anforderungen**, also etwa ohne das Erfordernis der hier vorgeschriebenen qualifizierten Mehrheit,[499] bleiben im übrigen zulässig, weil solche Beschlüsse die Befugnis der Mehrheit der Wohnungseigentümer nicht einschränken, sondern erweitern. Regelungen in der Gemeinschaftsordnung, die ohne Differenzierung zwischen Maßnahmen nach § 22 Abs. 1 S. 1 und solchen nach § 22 Abs. 2 bauliche Veränderungen betreffen, sind dahingehend auszulegen, dass sie nicht anwendbar sind, wenn ein Beschluss nach § 22 Abs. 2 leichter zu Stande kommt. Umgekehrt hat diese Regelung Vorrang, wenn sie geringere Anforderungen als § 22 Abs. 2 an eine Beschlussfassung stellt.[500]

D. Ansprüche bei unzulässigen baulichen Veränderungen

Ist eine Maßnahme nach § 22 Abs. 1 weder durch Beschluss noch durch Vereinbarung oder aus Gründen von Treu und Glauben legitimiert, besteht verschuldensunabhängiger **Anspruch auf Beseitigung** gemäß §§ 1004 Abs. 1 S. 1 BGB i.V.m. §§ 15 Abs. 3, 14 Nr. 1. Der Beseitigungsanspruch ist darauf gerichtet, die Beeinträchtigungen für die Zukunft abzustellen.[501] Die Auswahl unter den geeigneten Maßnahmen bleibt dem Schuldner überlassen.[502] Er umfasst die

---

493 LG München I 1 S 20171/08, NZM 2010, 370; Palandt/*Bassenge*, § 22 Rn 20; *Bub*, ZWE 2008, 205; **a.A.** Bärmann/*Merle*, § 22 Rn 349, wenn nach abweichender Stimmrechtsvereinbarung Beschluss zu Stand kommt.
494 A.A. *Abramenko*, § 4 Rn 35: abschließende Sonderregelung.
495 AnwHdB/*Vandenhouten*, Teil 4 Rn 254 ff.
496 AnwHdB/*Vandenhouten*, Teil 4 Rn 254c.
497 *Häublein*, ZMR 2009, 424.
498 *Häublein*, ZMR 2009, 424.
499 LG Dessau-Roßlau 1 S 231/07, ZMR 2008, 324.
500 Bärmann/*Merle*, § 22 Rn 348; *Häublein*, ZMR 2007, 409.
501 Palandt/*Bassenge*, § 1004 BGB Rn 28.
502 KG 24 W 317/06, ZMR 2007, 639.

Wiederherstellung des ursprünglichen Zustands, wenn nur so die Beeinträchtigung beseitigt werden kann, was in der Regel der Fall sein wird.[503]

182 Zur Vorbereitung eines Beseitigungsanspruchs kann dem einzelnen Wohnungseigentümer ein **Auskunftsanspruch** gegen den Miteigentümer zustehen, der die baulichen Veränderungen vorgenommen hat. Der Auskunftsanspruch besteht auch bei Veräußerung des Wohnungseigentums während des anhängigen Verfahrens aus dem Gesichtspunkt nachwirkender Treuepflicht fort, weil im Zweifel nur der Antragsgegner als möglicher Störer die Einzelheiten kennt, die zur Beurteilung eines Anspruchs nach § 1004 BGB erforderlich sind.[504]

183 Ein Anspruch auf **Duldung von Untersuchungen** kommt in Betracht, wenn ein Wohnungseigentümer eine nachteilige bauliche Veränderung (Entfernung des Bodenbelags und Einbringung von Hydrokulturen auf einer Dachterrasse) selbst wieder beseitigt hat, aber zu überprüfen ist, ob die Dachhaut Beschädigungen erlitten hat.[505]

184 Ein **unangefochtener Mehrheitsbeschluss**, der einen Wohnungseigentümer zur Beseitigung einer baulichen Veränderung auffordert, **begründet keine eigenständige Anspruchsgrundlage** für den Beseitigungsanspruch, sondern ist lediglich als Vorbereitung eines gerichtlichen Verfahrens zu verstehen.[506] Kommt eine derartige Auslegung nicht in Betracht, ist der Beschluss mangels Beschlusskompetenz nichtig (vgl. auch § 16 Rn 198).[507] Erst recht folgt eine selbstständige Beseitigungsverpflichtung nicht aus einem nicht für ungültig erklärten Beschluss über die Ablehnung eines Genehmigungsantrags.[508] Hingegen kann die nicht für ungültig erklärte Ablehnung eines Beseitigungsantrags einem neuen Beseitigungsantrag entgegenstehen.[509]

185 § 985 BGB gibt ferner einen Anspruch auf **Verschaffung des unmittelbaren Mitbesitzes** am gemeinschaftlichen Eigentum, soweit die bauliche Veränderung zu dessen Entzug geführt hat (z.B. Errichtung eines Gartenhäuschens auf der gemeinschaftlichen Gartenfläche). Daneben besteht ein (Schadensersatz-)**Anspruch auf Wiederherstellung des ursprünglichen Zustands** gemäß §§ 823 Abs. 1, 249 BGB, denn in einer § 22 Abs. 1 widersprechenden baulichen Veränderung liegt zugleich eine widerrechtliche Verletzung des gemeinschaftlichen Eigentums der übrigen Wohnungseigentümer. Dieser Anspruch setzt jedoch Verschulden voraus. Fahrlässigkeit dürfte immer dann anzunehmen sein, wenn die bauliche Veränderung weder durch Beschluss noch durch eine Vereinbarung legitimiert worden ist.[510] Ein Wohnungseigentümer, der rechtswidrig einen auf seiner Sondernutzungsfläche stehenden Baum beseitigt hat, ist ausnahmsweise dann nicht zur Wiederherstellung des ursprünglichen Zustands verpflichtet, wenn ihm die Beseitigung durch eine erstinstanzliche Entscheidung gestattet war und er 1 ½ Monate danach mit der Beseitigung beginnt, ohne Kenntnis von einer zwischenzeitlich erhobenen Berufung zu haben. Er ist in diesem Fall nur gemäß § 251 Abs. 2 S. 1 BGB zur Entschädigung in Geld verpflichtet.[511]

Auch § 823 Abs. 2 i.V.m. §§ 1004, 249 BGB kommt als Anspruchsgrundlage in Betracht.

186 Ist die Veränderung noch nicht durchgeführt, so besteht ein **Anspruch auf Unterlassung** gemäß § 1004 Abs. 1 S. 2 BGB i.V.m. §§ 15 Abs. 3, 14 Nr. 1, wenn die begründete Besorgnis eines künftigen Eingriffs besteht.[512] Dies ist dann der Fall, wenn der Wohnungseigentümer bei der Baubehörde die Genehmigung der beeinträchtigenden Baumaßnahmen beantragt hat, erst recht aber, wenn ihm die Baugenehmigung bereits erteilt worden ist.

I. Ausschluss der Ansprüche

1. Rechtsmissbrauch

187 Ein Beseitigungsanspruch ist an den Maßstab der unzulässigen Rechtsausübung (§§ 226, 242 BGB) gebunden. Das Verlangen nach Beseitigung einer baulichen Veränderung kann rechtsmissbräuchlich sein, wenn es nur unter unverhältnismäßigen, billigerweise **nicht zumutbaren Aufwendungen** erfüllt werden könnte. Bei der Prüfung der Zumutbarkeit sind alle Umstände des Einzelfalls zu berücksichtigen.[513] Allein der Umstand, dass zur Erfüllung des Beseitigungsanspruchs erhebliche finanzielle Mittel erforderlich sind und die bereits getätigten Aufwendungen wirtschaftlich sinnlos werden, reicht aber für einen Verstoß gegen Treu und Glauben nicht aus.[514] Anderes kann gel-

---

503 BayObLG 2Z BR 159/98, NZM 2000, 47; *Bärmann/Merle*, § 22 Rn 306.
504 OLG Düsseldorf 3 Wx 516/94, ZMR 1997, 149.
505 OLG Celle 4 W 221/03, ZMR 2004, 363.
506 BGH V ZR 193/09, WuM 2010, 526; KG, 24 W 17/08, ZMR 2009, 790; KG 24 W 6750/95, NJW-RR 1996, 1102; OLG Zweibrücken 3 W 98/07, WuM 2008, 570; *Bärmann/Merle*, § 22 Rn 308; Staudinger/*Bub*, § 22 Rn 218; *Briesemeister*, ZWE 2003, 307; *Wenzel*, NZM 2004, 542; *Schmidt/Riecke*, ZMR 2005, 252; **a.A.** OLG Köln 16 Wx 121/03, ZMR 2004, 215; OLG Köln 16 Wx 156/03, NZM 2003, 806; OLG Hamburg 2 Wx 115/08, ZMR 2009, 306 m. krit. Anm. *Schmidt*; Palandt/*Bassenge*, § 22 Rn 35.
507 LG Karlsruhe 11 S 219/09, ZWE 2012, 103;*Wenzel*, NZM 2004, 542; *Schmidt/Riecke*, ZMR 2005, 252; **a.A.** *Becker/Strecker*, ZWE 2001, 569: (schwebend) unwirksam, bis ihm der Verpflichtete zustimmt.
508 *Schmidt*, NZM 2008, 395; **a.A.** AG Schorndorf 6 C 1097/07, NZM 2008, 411.
509 BayObLG 2Z BR 131/03, FGPrax 2004, 60.
510 *Bärmann/Merle*, § 22 Rn 309.
511 OLG Düsseldorf 3 Wx 166/02, NZM 2003, 483.
512 BayObLG 2Z BR 110/92, WuM 1993, 294.
513 BayObLG 2Z BR 68/99, NZM 1999, 1150.
514 OLG Köln 16 Wx 9/00, NZM 2000, 764.

ten, wenn die Baumaßnahme nicht dem individuellen Vorteil einzelner Wohnungseigentümer dient, sondern die Mehrheit gemeinschaftliche Zwecke verfolgt.[515]

Neben den Kosten ist insbesondere auch der **Grad des Verschuldens** des verändernden Wohnungseigentümers maßgeblich. Der Beseitigungsanspruch entfällt daher im Hinblick auf unverhältnismäßig hohe Kosten nicht, wenn der Verpflichtete die bauliche Veränderung bewusst gegen den ausdrücklich erklärten Willen der beeinträchtigten Wohnungseigentümer vorgenommen hat.[516] Gleiches gilt, wenn ein Wohnungseigentümer **ohne Legitimation** (Beschluss oder Vereinbarung) bauliche Veränderungen vornimmt und dabei wissentlich ein hohes Risiko eingeht.[517] 188

Rechtsmissbrauch liegt aber in der Regel dann vor, wenn ein **Anspruch auf Gestattung** der baulichen Veränderung (vgl. Rn 144) besteht.[518] Gleiches gilt, wenn ein Zustand geschaffen wurde, der optisch den Vorstellungen des Klägers entspricht und sonst keine Beeinträchtigungen ersichtlich sind.[519] 189

Ein Verlangen auf Beseitigung ist rechtsmissbräuchlich, wenn irgendeine mit Beeinträchtigungen verbundene bauliche Veränderung zur Erhaltung eines ordnungsgemäßen Zustands **ohnehin notwendig** war und ein Wohnungseigentümer, der sich einer einvernehmlichen Lösung entzogen hatte, durch die ohne seine Zustimmung vorgenommene Baumaßnahme nur geringfügig beeinträchtigt wird.[520] 190

Überschreitet der bauordnungsrechtlich zulässige Ausbau eines im Sondereigentum stehenden Dachraumes zu Wohnzwecken den Rahmen, der durch die Vorbehalte der Teilungserklärung gezogen ist (komplette Ersetzung eines flach geneigten Walmdaches durch ein Mansardendach), so haben die übrigen Wohnungseigentümer zwar keinen Anspruch auf Wiederherstellung des früheren Zustands, weil dies **unzumutbar** wäre; sie können aber eine dem Umfang des zulässigen Umbaus nicht entsprechende Nutzung des Dachraums untersagen.[521] 191

Ein Beseitigungsverlangen ist nicht deshalb rechtsmissbräuchlich, weil bereits andere Wohnungseigentümer das Erscheinungsbild der Anlage durch genehmigte oder ungenehmigte Maßnahmen verändert haben.[522] Die Unterscheidung zwischen einzelnen Wohnungseigentümern bei der Geltendmachung von Beseitigungsansprüchen ohne sachlichen Grund kann aber eine unzulässige Rechtsausübung darstellen.[523] Nicht rechtsmissbräuchlich ist es hingegen, wenn der die Beseitigung verlangende Wohnungseigentümer selbst gegen § 22 Abs. 1 verstoßende bauliche Veränderungen vorgenommen hat. Eine **gegenseitige „Aufrechnung"** baulicher Veränderung kommt nicht in Betracht.[524] 192

Dem Anspruch auf Beseitigung eines Carports auf einem Pkw-Stellplatz kann grundsätzlich nicht eine Beeinträchtigung der Stellplatznutzung durch vom Nachbargrundstück ausgehende Immissionen entgegengehalten werden.[525]

2. Verjährung

Der aus § 1004 BGB folgende Beseitigungsanspruch ist ein Anspruch, der der Verjährung unterliegt. Nach der Schuldrechtsreform gilt für den Beseitigungsanspruch nicht mehr die dreißigjährige des § 198 BGB a.F., sondern die **dreijährige Verjährungsfrist ab Kenntnis** gemäß § 195 BGB.[526] Dabei ist auf die Kenntnis der Wohnungseigentümer auch dann abzustellen, wenn der Anspruch im Wege der Geltendmachungsermächtigung nach § 10 Abs. 6 Satz 3 Fall 2 durch die Gemeinschaft der Wohnungseigentümer geltend gemacht wird.[527] Der Beseitigungsanspruch entsteht mit der Beeinträchtigung.[528] Bei von außen sichtbaren baulichen Veränderungen spricht der Anscheinsbeweis dafür, dass sämtliche Eigentümer Kenntnis von der baulichen Veränderung haben.[529] Eine darüber hinausgehende Untersuchungspflicht, die fahrlässige Kenntnis begründen könnte, besteht nicht.[530] Gemäß Art. 229 § 6 Abs. 1, 4 EGBGB findet wegen der kürzeren neuen Verjährungsfrist ab dem 1.1.2002 die neue Verjährungsfrist auch auf einen schon vor dem Inkrafttreten des Schuldrechtsmodernisierungsgesetzes entstandenen Beseitigungsanspruch Anwendung, so dass Altansprüche – Kenntnis vorausgesetzt – mit Ablauf des 31.12.2004 verjährt sind. Dulden die Wohnungseigentümer die bauliche Veränderung unter bestimmten Voraussetzungen, kann dies zu einer Hemmung der Verjährung im Sinne eines Stillhalteabkommens nach § 205 BGB führen.[531] Ein **Sonderrechtsnachfolger** kann nicht Beseitigung verlangen, wenn der Beseitigungsanspruch seines Rechtsvorgängers bereits verjährt war. Die während der Besitzzeit des Rechtsvorgängers verstrichene Verjährungszeit muss sich dieser ebenfalls anrechnen lassen.[532] 193

---

515 BayObLG 2Z BR 68/99, NZM 1999, 1150.
516 OLG Frankfurt 20 W 594/95, FGPrax 1997, 54; BayObLG BReg 1b Z 22/89, WuM 1990, 610.
517 Zur alten Rechtslage OLG München 34 Wx 111/05, ZMR 2006, 797; *Schmack*, ZWE 2000, 168: ohne Zustimmung.
518 BGH V ZR 265/10, NZM 2012, 239; Palandt/*Bassenge*, § 22 Rn 35.
519 OLG Düsseldorf 3 Wx 186/06, NJW-RR 2007, 1024.
520 BayObLG 2Z BR 130/01, NZM 2003, 120.
521 LG Stuttgart 2 T 570/91, WuM 1992, 557.
522 BayObLG 2Z BR 22/92, WuM 1992, 563, OLG Köln 16 Wx 40/05, NZM 2005, 790.
523 OLG Oldenburg 5 W 18/97, WuM 1997, 391.

524 OLG Frankfurt 20 W 594/95, FGPrax 1997, 54; KG 24 W 17/08, ZMR 2009, 790.
525 BayObLG 2Z BR 30/99, NZM 1999, 855: Verschmutzung eines teuren Pkws durch Bäume auf dem Nachbargrundstück.
526 OLG Hamm 15 Wx 198/08, ZMR 2009, 386; KG 24 W 17/08, ZMR 2009, 790.
527 **A.A.** AG Wiesbaden 92 C 5584/11(81), ZMR 2012, 406.
528 OLG Celle 4 W 101/06, NJW-RR 2007, 234.
529 *Klimesch*, ZMR 2012, 428.
530 OLG München 32 Wx 15/08, zitiert nach juris Rn 8; Jennißen/*Hogenschurz*, § 22 Rn 55.
531 KG 24 W 17/08, ZMR 2009, 790.
532 Jennißen/*Hogenschurz*, § 22 Rn 55.

194 Eine Ausnahme gilt jedoch dann, wenn es sich um **Dauerverstöße gegen die zulässige Nutzung** handelt, also in den Fällen, in denen die bauliche Veränderung eine Nutzung ermöglicht, die nach der Teilungserklärung nicht zulässig ist (z.B. Umgestaltung eines Nebenraumes zu Wohnzwecken). Denn mit jeder zweckwidrigen Nutzung entsteht ein neuer Unterlassungsanspruch, der die Verjährung von neuem in Gang setzt.[533]

195 Die Verjährung des Beseitigungsanspruchs führt nicht dazu, dass der durch die ungenehmigte bauliche Veränderung aufrechterhaltene **rechtswidrige Zustand** ein rechtmäßiger würde. Vielmehr bleibt die bauliche Veränderung auch nach Verjährungseintritt rechtswidrig.[534] Es erscheint daher folgerichtig, dass die Wohnungseigentümer den Rückbau als von der Eigentümergemeinschaft durchzuführende Maßnahme der ordnungsmäßigen Instandsetzung mit einfacher Mehrheit beschließen können und der ausbauende Eigentümer bzw. dessen Rechtsnachfolger dies – unverjährbar[535] – dulden muss.[536]

3. Verwirkung

196 Der Einwand der Verwirkung hat nur noch bei einem Verzicht auf die Verjährungseinrede Bedeutung. Der Beseitigungsanspruch kann verwirkt sein.[537] Verwirkung setzt voraus, dass seit der Möglichkeit, ein Recht geltend zu machen, längere Zeit verstrichen ist (**Zeitmoment**) und besondere Umstände hinzutreten (**Umstandsmoment**), die die verspätete Geltendmachung des Rechts als Verstoß gegen Treu und Glauben erscheinen lassen, weil sich der Verpflichtete darauf einrichten durfte und sich auch darauf eingerichtet hat, der Berechtigte werde sein Recht in Zukunft nicht mehr geltend machen.[538]

II. Anspruchsgegner

197 Verantwortlich für die Beseitigung ist der im Zeitraum der Baumaßnahme eingetragene Eigentümer als **Handlungsstörer**. Der Wohnungseigentümer ist Handlungsstörer, wenn er die Veränderung selbst vorgenommen hat, d.h. dass er die Eigentumsbeeinträchtigung durch eigenes positives Tun oder pflichtwidriges Unterlassen unmittelbar oder mittelbar verursacht hat.[539] Eine mittelbare Verursachung durch eigenes positives Tun liegt vor, wenn ein **vermietender Wohnungseigentümer** seinem Mieter die bauliche Veränderung gestattet hat.[540] Eine mittelbare Verursachung durch pflichtwidriges Unterlassen liegt vor, wenn der Mieter die bauliche Veränderung ohne Zustimmung des Wohnungseigentümers vorgenommen hat. Gemäß § 14 Nr. 1 und 2 hat der Wohnungseigentümer nämlich dafür zu sorgen, dass sein Mieter keine unzulässigen baulichen Veränderungen vornimmt. Der Wohnungseigentümer ist verpflichtet, auf den Mieter mit allen geeigneten rechtlichen Maßnahmen einzuwirken, damit dieser erforderlichenfalls bei der Beseitigung mitwirkt. Diese Verpflichtung ist gemäß § 888 ZPO zu vollstrecken (vgl. auch Rn 212).[541] Der Mieter kann daneben als Handlungsstörer im Zivilprozess selbstständig in Anspruch genommen werden.[542] Hat der Mieter nicht selbst verändert, ist er bloßer Zustandsstörer. Dieser ist dann lediglich verpflichtet, die Beseitigung der Störung zu dulden.[543] Der Handlungsstörer muss die Störung selbst beseitigen, indem er den früheren Zustand auf seine Kosten wiederherstellt; er hat dabei die für die Beseitigungsmaßnahmen erforderlichen öffentlich-rechtlichen Genehmigungen einzuholen.[544]

198 Die Haftung als Handlungsstörer geht nicht auf den **Sonderrechtsnachfolger** über.[545] Auch als Zustandsstörer kann der Sondernachfolger grundsätzlich nicht auf Beseitigung in Anspruch genommen werden, denn hinsichtlich des gemeinschaftlichen Eigentums sind alle gemeinsam für dessen Zustand verantwortlich. Der Sonderrechtsnachfolger hat nur die Wiederherstellung des gemeinschaftlichen Eigentums zu dulden.[546] Die Kosten der Beseitigung tragen in diesem Fall alle Wohnungseigentümer (auch der Sonderrechtsnachfolger) gemeinsam gemäß § 16 Abs. 2.[547] Eine Ausnahme gilt dann, wenn dem Zustandsstörer die Störung zurechenbar ist. Dies setzt voraus, dass er nicht nur tatsächlich und rechtlich in der Lage ist, die Störung zu beseitigen, sondern zudem, dass die Störung bei der gebotenen wertenden

---

533 Vgl. KG 24 W 6774/00, WuM 2002,101; OLG Karlsruhe 14 Wx 55/07, ZWE 2008,398; Riecke/Schmidt/*Drabek*, § 22 Rn 119; *Abramenko*, ZMR 2010, 738.
534 OLG Düsseldorf 3 Wx 217/07, NZM 2009, 442.
535 Vgl. BGH V ZR 141/10, NJW 2011, 1068.
536 Vgl. dazu *Klimesch*, ZMR 2012, 428.
537 Vgl. etwa KG 24 W 6582/96, WuM 1997, 241; OLG Schleswig 2 W 52/04, ZMR 2005, 737; OLG Hamburg 2 Wx 9/05, ZMR 2005, 805.
538 OLG München 32 Wx 001/08, WuM 2008, 572; vgl. auch Palandt/*Grüneberg*, § 242 BGB Rn 87.
539 Vgl. BGH V ZR 112/06, NZM 2007, 130.
540 BayObLG 2Z BR 51/96, ZMR 1996, 623; OLG Düsseldorf 3 Wx 400/00, NZM 2001, 136; OLG Düsseldorf 3 Wx 181/05, NZM 2006, 782; **a.A.** *Bärmann/Merle*, § 22 Rn 304.

541 OLG Köln 16 Wx 58/00, NZM 2000, 1018.
542 KG 24 W 6582/96, WuM 1997, 241; *Kümmel*, ZWE 2008, 273, 277.
543 BGH V ZR 112/06, NZM 2007, 130; *Kümmel*, ZWE 2008, 273, 277.
544 OLG Köln 16 Wx 10/00, NZM 2000, 296.
545 OLG Köln 16 Wx 44/03, NZM 2004, 389; OLG Hamm 15 W 129/04, ZMR 2005, 306, 307; OLG Hamburg 2 Wx 10/05, ZMR 2006, 377.
546 KG 24 W 6574/90, WuM 1991, 516; KG 24 W 6750/95, WuM 1996, 373; BayObLG 2Z BR 163/01, NZM 2002, 351; OLG München 34 Wx 112/06, ZMR 2007, 643; OLG Düsseldorf I-3 Wx 3/08, ZMR 2008, 731.
547 OLG Schleswig 2 W 140/99, NZM 2000, 674.

Betrachtung durch seinen maßgeblichen Willen zumindest aufrechterhalten wird.[548] Der Voreigentümer, der durch seine rechtswidrige bauliche Veränderung den Rückbau verursacht hat, bleibt Handlungsstörer, so dass er verpflichtet bleibt, die Störung zu beseitigen.[549] Wird ihm infolge der Veräußerung seines Sondereigentums die Störungsbeseitigung wie in der Regel unmöglich, bleibt er nur zur Kostenerstattung verpflichtet. Hat jedoch der Erwerber vor dem Eigentumserwerb als Mieter oder sonstiger Nutzer die bauliche Veränderung selbst vorgenommen, kann er auf Beseitigung in Anspruch genommen werden.[550] Gleiches gilt, wenn die Beseitigung zwar mit einem Eingriff in das veräußerte Sondereigentum verbunden ist, der Erwerber aber zur Rückabwicklung des Vertrages bereit ist.[551] Der Anspruch gegen den Handlungsstörer geht auf dessen **Gesamtrechtsnachfolger** (Erben) über.[552]

III. Verfahrensfragen

Streitigkeiten, über bauliche Veränderungen sind in einem Rechtsstreit nach § 43 zu entscheiden.

199

1. Klagebefugnis

Den Beseitigungsanspruch kann jeder Wohnungseigentümer allein ohne Ermächtigung durch die übrigen Wohnungseigentümer gerichtlich durchsetzen.[553] Der Mieter eines Wohnungseigentümers kann nach entsprechender Ermächtigung den **Beseitigungsanspruch** als Verfahrensstandschafter im eigenen Namen vor dem WEG-Gericht geltend machen.[554] Die Wohnungseigentümer sind im Rahmen der gemeinschaftlichen Verwaltung berechtigt, nicht jedoch verpflichtet, die Verfolgung der Beseitigungsansprüche durch Mehrheitsbeschluss an sich zu ziehen und zu einer gemeinschaftlichen Angelegenheit zu machen.[555] In diesem Fall obliegt dann dem Verband gemäß § 10 Abs. 6 S. 3 Hs. 2 die Geltendmachung (vgl. § 10 Rn 89). Die Geltendmachung seiner Rechte durch den Einzelnen wird hierdurch jedoch nicht ausgeschlossen (vgl. § 21 Rn 16). Der Verwalter kann durch Mehrheitsbeschluss ermächtigt werden, die Beseitigung einer baulichen Veränderung, gegen einen Wohnungseigentümer durchzusetzen.[556] Ein Verwalter, der nur allgemein zur gerichtlichen Geltendmachung von Ansprüchen der Wohnungseigentümer ermächtigt ist, kann den Anspruch auf Beseitigung einer baulichen Veränderung nur dann gerichtlich geltend machen, wenn ein Eigentümerbeschluss vorliegt, der die Beseitigung verlangt.[557] **Schadensersatzansprüche** wegen Beschädigung des gemeinschaftlichen Eigentums übt die Wohnungseigentümergemeinschaft hingegen gemäß § 10 Abs. 6 S. 3 Hs. 1 aus.

200

2. Vollstreckung

Der Beseitigungsanspruch wird in der Regel gemäß § 887 ZPO im Wege der Ersatzvornahme vollstreckt. Die Verpflichtung, das Betreten der Wohnung zu dulden, braucht nicht gesondert ausgesprochen zu werden, wenn der Wohnungseigentümer gegen den sich der Titel richtet, selbst in der Wohnung wohnt oder sein Mieter mit der vertretbaren Handlung einverstanden ist. Gegen einen Wohnungseigentümer, der seine Wohnung vermietet hat, erfolgt die Zwangsvollstreckung, soweit der Dritte mit der vertretbaren Handlung nicht einverstanden ist, nach § 888 ZPO durch Zwangsmittel.[558] Die Verhängung von Zwangsmitteln ist erst dann unzulässig, wenn der insoweit darlegungs- und beweispflichtige – Wohnungseigentümer erfolglos alle zumutbaren Maßnahmen einschließlich eines gerichtlichen Vorgehens und eines Abfindungsangebotes unternommen hat, um den Dritten zur Duldung der Handlung zu veranlassen.[559] Sofern sein Name und seine Anschrift bekannt sind, erscheint daher ein direktes Vorgehen gegen den Mieter sinnvoller. Der Beschluss einer Eigentümerversammlung, der inhaltlich darauf gerichtet ist festzustellen, dass ein für einen Wohnungseigentümer rechtskräftig titulierter Anspruch auf Beseitigung einer baulichen Veränderung (trotz gewisser Maßabweichungen) erfüllt sei, ist nichtig.[560]

201

E. Wiederaufbau (Abs. 4)

§ 22 Abs. 4 bezweckt den Schutz der Wohnungseigentümer vor den gewaltigen Kosten des Wiederaufbaus eines **überwiegend zerstörten Gebäudes**, wenn der Schaden nicht gedeckt ist.

202

---

548 BGH V ZB 130/09, NZM 2010, 365; OLG München 32 Wx 8/09, NZM 2009, 707; **a.A.** KG 24 W 317/06, WuM 2007, 339.
549 LG München 1 S 14383/09, ZMR 2011, 59.
550 BayObLG 2Z BR 152/99, NZM 2000, 686; KG 24 W 6582/96, WuM 1997, 241; OLG München 34 Wx 112/06, NZM 2007, 643.
551 Vgl. OLG Hamm 15 W 347/89, WE 1990, 101.
552 BayObLG 2Z BR 18/96, WuM 1996, 491; OLG Frankfurt 20 W 95/01, NZM 205, 68.
553 BGH V ZB 27/90, Z, 116, 392.
554 BayObLG 2Z BR 9/00, NZM 2000, 678.
555 BGH V ZB 17/06, ZMR 2006, 457; OLG München 34 Wx 083/05, ZMR 2006, 304; *Wenzel*, ZWE 2006, 462.
556 BayObLG 2Z BR 212/03, NZM 2004, 388, 389.
557 BayObLG 2Z BR 180/99, NZM 2000, 513.
558 OLG Köln 16 Wx 58/00, NZM 2000, 1018.
559 BGH I ZB 46/08, NZM 2009, 202.
560 OLG Hamm 15 W 405/00, NZM 2001, 543.

I. Verpflichtung zum Wiederaufbau

203 Die Gemeinschaft ist verpflichtet, ein Gebäude wieder aufzubauen, wenn es höchstens zur Hälfte seines (nicht des Grundstücks) Wertes zerstört ist. Bei der **Wertberechnung** sind sowohl das Gemeinschafts- wie auch das Sondereigentum zu berücksichtigen.[561] Das Gesetz geht jedoch vom „Gebäude" aus, das begrifflich das Sondereigentum umfasst. Hier ist jedoch nur der Wert zu berücksichtigen, der sich bei Erstellung des Gebäudes mit der dabei vorgesehenen Ausstattung des Sondereigentums ergibt. Besondere (nachträglich eingebaute) Luxusausstattungen des Sondereigentums sind nicht zu bewerten.[562] Wertsteigerungen des gemeinschaftlichen Eigentums und erhebliche Wertminderungen des Sondereigentums, etwa durch grobe Vernachlässigung, sind hingegen zu berücksichtigen. Bei der Wertberechnung ist vom Verkehrswert zur Zeit des Schadenseintritts auszugehen. Dieser ist mit dem Restwert nach der Zerstörung zu vergleichen. Den Wert und den Zerstörungsgrad können die Wohnungseigentümer nur einstimmig festlegen, nicht aber durch Mehrheitsbeschluss. Wird keine Einigung erzielt, entscheidet hierüber das Gericht (§ 43 Nr. 1).

204 Eine Besonderheit besteht bei **Mehrhausanlagen**. Ist nur eines von mehreren Gebäuden zerstört, ist nur dessen Wert zu berücksichtigen.[563]

205 Ein Garagengebäude ist bei einer Wohnungseigentumsanlage auch dann **Nebenraum**, wenn es vom Wohnungsgebäude getrennt steht. Der Grad der Zerstörung bemisst sich folglich nach dem gemeinsamen Wert.[564]

206 Auf den **Grund der Zerstörung** kommt es nicht an (Explosion, Brand, Verfall durch Überalterung oder unterlassene Instandsetzungen, Feuchtigkeitsschäden, Kriegsschäden, Erdbeben etc).[565]

207 Ist der eingetretene **Schaden** vollständig durch eine Versicherung oder in anderer Weise **gedeckt** (Schadensersatzansprüche gegen Brandstifter, Rücklage, Entschädigung durch öffentliche Hand – das Haus erhielt Schäden durch Absenkung infolge U-Bahn-Baus), besteht eine Verpflichtung zum Wiederaufbau, unabhängig von der Höhe des Schadens. Die Schadensdeckung muss aber tatsächlich sichergestellt sein, ein bloßer Anspruch, der nicht realisierbar ist, weil der Verursacher vermögenslos ist, reicht nicht aus. Ist der Schaden nur teilweise gedeckt und führt dies unter dessen Verwendung dazu, dass das Gebäude nicht mehr zu mehr als seiner Hälfte zerstört ist, besteht ebenfalls eine Verpflichtung zum Wiederaufbau.

208 In der Teilungserklärung oder in einer späteren **Vereinbarung** kann die Pflicht zum Wiederaufbau unabhängig vom Grad der Zerstörung und der Schadensdeckung normiert sein. Ein Mehrheitsbeschluss reicht hierzu nicht aus. Umgekehrt kann durch einen Mehrheitsbeschluss nicht bestimmt werden, dass der Wiederaufbau auch bei einer Zerstörung von weniger als der Hälfte des Werts nur dann verlangt werden kann, wenn der Schaden durch eine Versicherung oder in sonstiger Weise gedeckt ist.[566] Regelt die Teilungserklärung in Ergänzung zu § 22, dass bei jeder „teilweisen Zerstörung" die Wiederherrichtung des Gebäudes nur mit qualifizierter Mehrheit beschlossen werden kann, gilt dies allenfalls für Fälle der plötzlichen Zerstörung, nicht dagegen für die Baufälligkeit aufgrund unterlassener Instandsetzungen.[567]

II. Anspruch auf Wiederaufbau

209 Liegt eine Verpflichtung zum Wiederaufbau vor, kann jeder Wohnungseigentümer den Wiederaufbau **des gemeinschaftlichen Eigentums** verlangen (§ 21 Abs. 4), und er kann mit einfacher Mehrheit beschlossen werden (§ 21 Abs. 3). Eine Pflicht, Sondereigentum wieder aufzubauen, ergibt sich nicht aus § 21 Abs. 3, 4 i.V.m. § 22 Abs. 4, die nur die Verwaltung des gemeinschaftlichen Eigentums behandeln. Sie kann aber unter den Voraussetzungen des § 14 Nr. 1 bestehen.[568] Das gemeinschaftliche Eigentum ist in dem Zustand wieder aufzubauen, der vor der Zerstörung bestand. Wird ein davon abweichender Zustand erstrebt, kann dies unter den Voraussetzungen von § 22 Abs. 1, 2 beschlossen werden.[569] Allerdings gelten auch hier die Grundsätze zur modernisierenden Instandsetzung (vgl. § 21 Rn 89).

210 Liegt keine Verpflichtung zum Wiederaufbau vor, kann ein einzelner Wohnungseigentümer diesen nicht verlangen. Ein Wiederaufbau kann in diesem Fall nur mit **Zustimmung aller Wohnungseigentümer** beschlossen werden, sofern die Teilungserklärung oder eine Vereinbarung nichts anderes regelt. Besteht keine Verpflichtung zum Wiederaufbau, kann die Teilungserklärung die Möglichkeit der Aufhebung der Gemeinschaft vorsehen (§ 11 Abs. 1 S. 3).

211 Ansonsten bleibt sowohl die Gemeinschaft als auch das Wohnungseigentum als solches bestehen, es sei denn die Wohnungseigentümer vereinbaren nach der Zerstörung die **Aufhebung der Gemeinschaft**. Auch ohne Regelung in der Teilungserklärung kann aber ein Anspruch auf Aufhebung der Gemeinschaft gemäß § 21 Abs. 4 dann gegeben sein (und mit Mehrheit beschlossen werden), wenn dies ordnungsgemäßer Verwaltung entspricht.[570] Davon ist regel-

---

561 *Bärmann/Merle*, § 22 Rn 358; **a.A.** *Staudinger/Bub*, § 22 Rn 260; *Weitnauer/Lüke*, § 22 Rn 25, der bei der Wertberechnung wegen der systematischen Stellung des § 22 Abs. 4 nur das gemeinschaftliche Eigentum einbezieht.
562 *Bärmann/Merle*, § 22 Rn 358.
563 *Bärmann/Merle*, § 22 Rn 361.
564 OLG Schleswig 2 W 89/97, NJW-RR 1998, 15.
565 Vgl. BayObLG 2Z BR 99/00, ZMR 2001, 832.
566 BayObLG 2Z BR 110/95, WuM 1996, 495.
567 KG 24 W 9042/96, ZMR 1997, 534.
568 *Bärmann/Merle*, § 22 Rn 365 ff.
569 OLG Köln 16 Wx 113/88, ZMR 1989, 384.
570 § 21 Abs. 3; vgl. *Bärmann/Merle*, § 22 Rn 370.

mäßig dann auszugehen, wenn das Gebäude zerstört ist und eine Wiederaufbaupflicht nicht besteht. Denn ohne eine Pflicht zum Wiederaufbau ist der Fortbestand des zerstörten Wohnungseigentums auf Dauer sinnlos.

F. Steckengebliebener Bau

Die teilweise Zerstörung eines Gebäudes ist vergleichbar mit dem Fall, dass ein Neubau wegen Insolvenz des Bauträgers nicht fertig gestellt wurde. Wurde für den Erwerber vor Eröffnung des Insolvenzverfahrens eine Auflassungsvormerkung eingetragen, dann kann der Insolvenzverwalter die Erfüllung des kaufvertraglichen Teils des Bauträgervertrags nicht ablehnen. Er ist dann zur Eigentumsverschaffung verpflichtet.[571] Ob der Insolvenzverwalter auch zur Erstellung des Gebäudes verpflichtet ist, richtet sich nach § 103 InsO. Hat der Erwerber den Bauträgervertrag im Zeitpunkt der Verfahrenseröffnung bereits vollständig erfüllt, also die vereinbarte Vergütung schon vollständig bezahlt, dann hat er nur als Insolvenzgläubiger einen Anspruch auf Schadensersatz wegen Nichterfüllung insoweit, als er im Verhältnis zum Baufortschritt zuviel gezahlt hat. Hat der Erwerber den Vergütungsanspruch noch nicht vollständig erfüllt, dann hat der **Insolvenzverwalter** gemäß § 103 InsO ein **Wahlrecht**. Er kann die restliche Fertigstellung ablehnen mit der Folge, dass der Erwerber als Insolvenzgläubiger einen Anspruch auf Schadensersatz wegen Nichterfüllung hat. Er kann aber auch – sofern dies für die Insolvenzmasse wirtschaftlich vorteilhafter ist – Erfüllung wählen, mit der Folge, dass er zur Fertigstellung verpflichtet ist. 212

Ist der Insolvenzverwalter nicht zur Fertigstellung verpflichtet, können die (werdenden) Wohnungseigentümer die mangelfreie Fertigstellung eines stecken gebliebenen Baus gemäß § 21 Abs. 3, 22 Abs. 4 analog mehrheitlich beschließen, wenn die Wohnanlage weitgehend, jedenfalls zu deutlich mehr als der Hälfte ihres endgültigen Werts hergestellt ist.[572] Damit korrespondiert der Anspruch jeden Wohnungseigentümers auf Fertigstellung gemäß § 21 Abs. 4. Dies folgt aus dem allgemeinen Treueverhältnis der Wohnungseigentümer untereinander. Weitergehend folgt aus § 21 Abs. 3, 4 generell ein **Anspruch auf restliche Fertigstellung** unabhängig von dem bereits erreichten Grad der Fertigstellung mit der Erwägung, dass die Wohnungseigentümer sich mit dem Eintritt in die Wohnungseigentümergemeinschaft einer immanenten Herstellungspflicht unterworfen haben.[573] Beide Ansprüche unterliegen aber der dreijährigen Verjährung des § 195 BGB unterliegt. In diesem Fall kann der Wohnungseigentümer, dem ein Anwartschaftsrecht auf Errichtung des Sondereigentums zusteht (vgl. dazu § 3 Rn 12), auf eigene Kosten diesen Zustand herstellen, während die übrigen Wohnungseigentümer dies zu dulden haben.[574] 213

Die **Kosten der** mehrheitlich beschlossenen **Fertigstellung** eines steckengebliebenen Baus haben alle Wohnungseigentümer gemäß § 16 Abs. 2 nach dem Verhältnis ihrer Miteigentumsanteile zu tragen, wenn die Gemeinschaftsordnung allgemein diesen Verteilungsschlüssel bestimmt.[575] Durch Mehrheitsbeschluss kann eine von dem in der Teilungserklärung enthaltenen Verteilerschlüssel abweichende Kostenregelung unter den Voraussetzungen von § 16 Abs. 4 getroffen werden.[576] Unterschiedliche finanzielle Leistungen der einzelnen Wohnungseigentümer an den Bauträger sind grundsätzlich entsprechend ihrem Miteigentumsanteil zu verrechnen, soweit sie nachweislich in den Bau eingegangen sind.[577] 214

Zahlungspflichten aus einer zur Finanzierung der Fertigstellung beschlossenen Sonderumlage treffen auch den Bauträger bzw. den Insolvenzverwalter.[578] Dies gilt für die Wohnungen, deren Erwerber nicht Mitglied einer werdenden Wohnungseigentümergemeinschaft geworden ist oder für die es noch gar keinen Erwerber gibt. Stellt ein einzelner Wohnungseigentümer Gemeinschaftseinrichtungen fertig, hat er gegenüber den übrigen Miteigentümern einen Erstattungsanspruch aus GoA oder ungerechtfertigter Bereicherung.[579] 215

Ein Anspruch auf Fertigstellung betrifft grundsätzlich **nur das gemeinschaftliche Eigentum**. Eine Verpflichtung zur Herstellung des Sondereigentums kann sich allenfalls im Einzelfall aus § 14 Nr. 1 ergeben.[580] Die Kosten des Aufbaus seines Sondereigentums hat jeder Wohnungseigentümer selbst zu tragen. 216

Diese Ansprüche aus einem nicht fertig gestellten Gebäude setzen voraus, dass die Miteigentümer bereits im Grundbuch eingetragen sind oder für ihr Verhältnis untereinander bereits vor Eintragung die Anwendung der Vorschriften des WEG vereinbart haben. Vor Entstehung einer **werdenden Wohnungseigentümergemeinschaft** (siehe dazu § 10 Rn 7) ist die restliche Fertigstellung jedoch dann riskant, wenn für die Erwerber noch keine Vormerkung eingetragen ist, weil der Insolvenzverwalter in diesem Fall auch die Erfüllung der kaufvertraglichen Seite des Bauträgervertrags ablehnen kann.[581] 217

---

571 BGH VII ZR 366/83, Z 96, 275.
572 OLG Köln 16 Wx 113/88, ZMR 1989, 384; OLG Frankfurt 20 W 208/92, WuM 1994, 36; BayObLG 2Z BR 172/97, WuM 1998, 566; BayObLG 2Z BR 144/01, NZM 2003, 66.
573 *Bärmann/Merle*, § 22 Rn 378 ff; *Ott*, NZM 2003, 134.
574 OLG Hamburg, 2 Wx 94/01, ZMR 2002, 372; OLG Hamm 15 W 256/04, NZM 2006, 142; LG Köln, 29 S 263/10, ZMR 2011, 901.
575 OLG Frankfurt 20 W 114/90, WuM 1994, 35.
576 Vgl. dazu OLG Frankfurt 20 W 208/92, WuM 1994, 36.
577 *Bärmann/Merle*, § 22 Rn 386; **a.A.** *Ott*, NZM 2003, 138.
578 BayObLG 2Z BR 173/99, ZfIR 2000, 552; *Ott*, NZM 2003, 134, 137.
579 BayObLG 2 Z 62/81, DWE 1982, 137.
580 *Bärmann/Merle*, § 22 Rn 386; *Ott*, NZM 2003, 134.
581 Vgl. *Ott*, NZM 2003, 134.

§ 23 Wohnungseigentümerversammlung

(1) Angelegenheiten, über die nach diesem Gesetz oder nach einer Vereinbarung der Wohnungseigentümer die Wohnungseigentümer durch Beschluss entscheiden können, werden durch Beschlussfassung in einer Versammlung der Wohnungseigentümer geordnet.
(2) Zur Gültigkeit eines Beschlusses ist erforderlich, dass der Gegenstand bei der Einberufung bezeichnet ist.
(3) Auch ohne Versammlung ist ein Beschluss gültig, wenn alle Wohnungseigentümer ihre Zustimmung zu diesem Beschluss schriftlich erklären.
(4) [1]Ein Beschluss, der gegen eine Rechtsvorschrift verstößt, auf deren Einhaltung rechtswirksam nicht verzichtet werden kann, ist nichtig. [2]Im Übrigen ist ein Beschluss gültig, solange er nicht durch rechtskräftiges Urteil für ungültig erklärt ist.

	Rn.		Rn.
A. Allgemeines, Abdingbarkeit	1	2. Durchführung der Abstimmung	40
B. Beschlussfassung in der Versammlung (Abs. 1)	6	a) Stimmabgabe	40
I. Versammlung der Wohnungseigentümer	6	b) Abstimmungsverfahren	44
II. Beschlusskompetenz	11	c) Auszählung der Stimmen	45
1. Rechtsprechung des BGH	12	3. Bekanntgabe des Beschlussergebnisses	47
2. Kompetenzzuweisung durch das WEG	14	a) Rechtliche Wirkung	47
a) Angelegenheiten der Verwaltung	15	b) Durchführung der Bekanntgabe	48
b) Angelegenheiten des Gebrauchs	17	c) Voraussetzungen für die Bekanntgabe eines positiven Beschlusses	50
3. Kompetenzzuweisung durch Vereinbarung	18	d) Fehlerhafte und unterbliebene Beschlussbekanntgabe	54
4. Fallgruppen fehlender Beschlusskompetenz	20		
a) Abweichung vom Gesetz und von Vereinbarungen	21	4. Vereinbarte Wirksamkeitsvoraussetzungen	57
b) Eingriff in die individuelle Rechtsposition eines Wohnungseigentümers	27	IV. Bindungswirkung von Negativbeschlüssen	58
		V. Auslegung und Bestimmtheit von Beschlüssen	59
c) Eingriff in das Sondereigentum	31	VI. Änderung und Aufhebung von Beschlüssen (Zweitbeschluss)	61
d) Eingriff in den Kernbereich des Wohnungseigentums	32	C. Bezeichnung des Beschlussgegenstandes (Abs. 2)	65
e) An-sich-Ziehen von Individualansprüchen durch die Gemeinschaft	33	D. Beschlussfassung im schriftlichen Verfahren (Abs. 3)	69
f) Verfügungen über das Gemeinschaftseigentum	36	E. Fehlerhafte Beschlüsse (Abs. 4)	74
III. Zustandekommen eines Beschlusses	37	I. Nichtige Beschlüsse	75
1. Beschlussantrag	38	1. Nichtigkeitsgründe	75
		2. Rechtsfolgen der Nichtigkeit	82
		II. Anfechtbare Beschlüsse	83

Literatur: *Abramenko*, Der Anspruch auf Abänderung von Beschlüssen, ZWE 2007, 336; *Armbrüster*, Korrektur einer ungültigen Stimmabgabe, ZWE 2000, 455; *Becker*, Die Teilnahme an der Versammlung der Wohnungseigentümer, 1993; *ders.*, Beschlusskompetenz kraft Vereinbarung – sogenannte Öffnungsklausel, ZWE 2002, 341; *ders.*, Ergebnisfeststellung und Beschlusstatbestand, ZWE 2002, 93; *ders.*, Die Feststellung des Inhalts fehlerhaft protokollierter Eigentümerbeschlüsse, ZMR 2006, 489; *Becker/Gregor*, Feststellung und Bekanntgabe des Beschlussergebnisses, ZWE 2001, 245; *Becker/Kümmel*, Die Grenzen der Beschlusskompetenz der Wohnungseigentümer, ZWE 2001, 128; *Becker/Strecker*, Mehrheitsbeschluss und Individualrechtsschutz bei der Instandsetzung gemeinschaftlichen Eigentums, ZWE 2001, 569; *Bonifacio*, Die Auslegung von Beschlüssen der Wohnungseigentümer unter Berücksichtigung der Versammlungsniederschrift, ZMR 2006, 583; *Breiholdt*, Der Wohnungseigentümerbeschluss im schriftlichen Verfahren per Telefax, ZMR 2010, 168; *Bub*, Die Anfechtung der Stimmabgabe in der Eigentümerversammlung, ZWE 2000, 337; *Bub*, Der schwebend unwirksame Beschluss in WE-Recht, ZWE 2007, 339; *Deckert*, Die korrekte Verkündung von Entscheidungsergebnissen der Eigentümer einer Wohnungseigentümergemeinschaft durch den Verwalter, ZMR 2008, 585; *Elzer*, Die fehlerhafte Verkündung eines positiven Beschlusses, ZWE 2007, 165; *Hogenschurz*, Die Unbestimmtheit von Eigentümerbeschlüssen, NZM 2010, 500; *Hügel*, Die Gestaltung von Öffnungsklauseln, ZWE 2001, 578; *Kümmel*, Der einstimmige Beschluss als Regelungsinstrument der Wohnungseigentümer, ZWE 2001, 52; *ders.*, Die Anfechtbarkeit nicht ordnungsmäßiger Beschlüsse der Wohnungseigentümer, ZWE 2001, 516; *ders.*, Beschlüsse aufgrund „schuldrechtlicher" Öffnungsklausel, ZWE 2002, 68; *ders.*, Die Bindung der Wohnungseigentümer und deren Sondernachfolger an gesetzes- und vereinbarungsändernde Beschlüsse, GE 2002, 382; *Kümmel/von Seldeneck*, Beschlussfeststellung bei inhaltlich ordnungswidrigen Beschlüssen, GE 2002, 382; *Lüke*, Die Beschlusskompetenz und ihre Grenzen – eine Bestandsaufnahme, ZWE 2002, 49; *Schmidt*, zur Haftung des WEG-Verwalters bei Verkündung rechtswidriger Beschlussergebnisse, FS Merle (2010), 329; *Schmidt/Riecke*, Anspruchsbegründung und Anspruchsvernichtung durch Mehrheitsbeschluss – Kann die Wohnungseigentümergemeinschaft mit Miteigentümern „kurzen Prozess" machen?, ZMR 2005, 252; *Wenzel*, Die Bestandskraft von Mehrheitsbeschlüssen der Wohnungseigentümer mit vereinbarungsinhalt, FS Hagen (1999), 231; *ders.*, Der vereinbarungsersetzende, vereinbarungswidrige und vereinbarungsändernde Mehrheitsbeschluss, ZWE 2000, 2; *ders.*, Der Negativbeschluss und seine rechtlichen Folgen, ZMR 2005, 413; *ders.*, Die Entscheidung des Bundesgerichtshofs zur Beschlusskompetenz und ihre Folgen, ZWE 2001, 226.

A. Allgemeines, Abdingbarkeit

§ 23 regelt **Grundfragen der Beschlussfassung** durch die Wohnungseigentümer. Die Norm wird ergänzt durch die §§ 24 und 25. Die Wohnungseigentümer können gemäß § 10 Abs. 2 S. 2 durch Vereinbarung abweichende oder ergänzende Regelungen treffen.

Abs. 1 ist grundsätzlich **abdingbar**. Allerdings darf Sinn und Zweck der Norm nicht vollständig ausgehebelt werden. Beschlüsse der Wohnungseigentümer unterscheiden sich von Mehrheitsentscheidungen bloßer Miteigentümer i.S.d. §§ 741 BGB dadurch, dass im Wohnungseigentumsrecht für das Zustandekommen eines positiven Beschlusses die relative Mehrheit (siehe Rn 52) genügt, während im Bruchteilsrecht nach § 745 BGB die (absolute) Mehrheit aller Eigentümer erforderlich ist. Bei der Ermittlung der relativen Mehrheit im Wohnungseigentumsrecht ist ohne Bedeutung, wie viele Stimmen insgesamt abgegeben wurden. Entscheidend ist lediglich, dass mehr Ja-Stimmen als Nein-Stimmen vorliegen. Um zu gewährleisten, dass das Beschlussergebnis gleichwohl den Mehrheitswillen **aller** Wohnungseigentümer repräsentiert, sind an das Procedere der Beschlussfassung besondere Anforderungen zu stellen. Der oberste Grundsatz ist, dass grundsätzlich alle Wohnungseigentümer das Recht zur Mitwirkung an der Beschlussfassung haben müssen. Dies setzt voraus, dass alle Wohnungseigentümer zur Versammlung geladen werden und an der Versammlung teilnehmen können. Die Versammlung stellt das notwendige formelle Procedere dar, mit dem die Einzelwillen aller Eigentümer zu einem Gesamtwillen gebündelt werden. Dieses Procederes bedarf es aber nicht, wenn ein Beschluss auf den Ja-Stimmen einer absoluten Mehrheit beruht. Denn in diesem Fall ergibt sich bereits aus der Anzahl der insgesamt abgegebenen Ja-Stimmen, dass der Beschluss den Mehrheitswillen aller Eigentümer repräsentiert. Für die Abdingbarkeit des § 23 Abs. 1 bedeutet dies, dass auf die Versammlung als formelles Procedere für eine Beschlussfassung verzichtet werden kann, wenn zugleich bestimmt ist, dass ein positiver Beschluss nur mit der Zustimmung einer Mehrheit aller Wohnungseigentümer zustande kommen kann. In den Fällen der §§ 12 Abs. 4; 16 Abs. 3 und 26 Abs. 1, in denen eine Beschlussfassung mit einfacher Stimmenmehrheit nicht erschwert werden kann, ist die Durchführung einer Versammlung zwingend erforderlich.

Abs. 2 ist ebenfalls abdingbar. Bedarf es nach dem unter Rn 2 Gesagten keiner Versammlung für eine Beschlussfassung, kann auf eine Ankündigung des Beschlussgegenstandes in einem Einladungsschreiben verzichtet werden. Aber auch wenn Beschlüsse in einer Versammlung zu fassen sind, ist das Erfordernis der Ankündigung des Beschlussgegenstandes nicht zwingend.[1] Dies zeigt sich bereits daran, dass ein Verstoß gegen Abs. 2 nicht zur Nichtigkeit eines Beschlusses führt (siehe Rn 68). Ist Abs. 2 vollständig abbedungen, obliegt es den Wohnungseigentümern, zur Versammlung zu erscheinen, um einerseits zu erfahren, worüber abgestimmt werden soll, und andererseits an der Beschlussfassung teilzunehmen.

Abs. 3 ist nach der Rechtsprechung nicht dahingehend abänderbar, dass Beschlüsse im schriftlichen Verfahren mit **Stimmenmehrheit** gefasst werden können.[2] Dies überzeugt in dieser Allgemeinheit nicht. Soweit nach dem unter Rn 2 Gesagten sogar auf eine Versammlung als formelles Procedere für Mehrheitsbeschlüsse verzichtet werden kann, ist es erst recht möglich, im Rahmen einer schriftlichen Beschlussfassung Mehrheitsbeschlüsse zuzulassen. Mindestvoraussetzung ist allerdings, dass ein positiver Beschluss der Zustimmung von mehr als der Hälfte aller Stimmen (absolute Mehrheit) bedarf.[3] Das in Abs. 3 vorgesehene Schriftformerfordernis ist ebenfalls abdingbar.

Abs. 4 wurde mit Wirkung zum 1.7.2007 geändert. Die Frist zur Beschlussanfechtung ist nunmehr in § 46 geregelt. Abs. 4 S. **1** ist zwingend. Wenn die Wohnungseigentümer auf die Einhaltung einer bestimmten Rechtsvorschrift nicht einmal durch Vereinbarung verzichten können, dann können die Wohnungseigentümer auch nicht vereinbaren, dass ein Beschluss der Bestandskraft fähig sein soll, der gegen eine Rechtsvorschrift verstößt, auf deren Einhaltung die Wohnungseigentümer nicht verzichten können. Abs. 4 S. **2** ist hingegen abdingbar. Die Wohnungseigentümer können vereinbaren, dass rechtswidrige Beschlüsse generell ungültig sind,[4] wie es auch im Bruchteilsrecht der Fall ist. Empfehlenswert ist eine solche Vereinbarung freilich nicht, weil sie erhebliche Rechtsunsicherheit brächte, da auch nach Jahr und Tag noch darüber gestritten werden könnte, ob ein Beschluss gültig ist. Die Wohnungseigentümer können – quasi als Mittellösung – vereinbaren, dass ein Beschluss so lange als schwebend ungültig zu betrachten ist, wie ein Beschlussanfechtungsverfahren nach § 46 zu diesem Beschluss anhängig ist. Die Wohnungseigentümer können durch Vereinbarung die gerichtliche Anfechtbarkeit von Beschlüssen beschränken, etwa durch die Vorschaltung eines Güteverfahrens oder die Anordnung eines Schiedsverfahrens (siehe § 43 Rn 13).

---

1 OLG Hamm 15 W 56/79, OLGZ 1979, 296.
2 BayObLG BReg 2 Z 63/80, MDR 1981, 320; OLG Hamm 15 W 117/76, MDR 1978, 759; OLG Köln 16 Wx 72/76, WEM 1977, 52; **a.A.** *Bärmann/Merle*, § 23 Rn 110; Staudinger/*Bub*, § 23 Rn 46; *Riecke/Schmid/Drabek*, § 23 Rn 50.
3 **A.A.** *Bärmann/Merle*, § 23 Rn 110 wonach auch Beschlüsse aufgrund relativer Mehrheit zulässig sein sollen.
4 So auch *Bärmann/Merle*, § 23 Rn 201; Staudinger/*Bub*, § 23 Rn 59.

B. Beschlussfassung in der Versammlung (Abs. 1)

I. Versammlung der Wohnungseigentümer

6 Gemäß Abs. 1 sind Beschlüsse in einer Versammlung der Wohnungseigentümer zu fassen, sofern keine Beschlussfassung im schriftlichen Verfahren nach Abs. 3 erfolgt. Eine Versammlung liegt nur vor, wenn eine Einberufung stattgefunden hat, die von den Eigentümern als solche erkennbar war (zur Einberufung durch eine unzuständige Person siehe § 24 Rn 5). In einer **spontanen Zusammenkunft** können grundsätzlich keine Beschlüsse gefasst werden (Nichtversammlung), es sei denn alle Eigentümer bzw. Stimmrechtsträger sind anwesend und deklarieren das Zusammentreffen unter Verzicht auf eine ordnungsgemäße Einberufung übereinstimmend als Versammlung (Vollversammlung). In einer Nichtversammlung können keine Beschlüsse gefasst werden, widrigenfalls liegen Nichtbeschlüsse vor, die keinerlei Rechtswirkungen entfalten.[5]

7 Zur Teilnahme an der Eigentümerversammlung nebst Beschlussfassung sind grundsätzlich alle Wohnungseigentümer berechtigt. **Teilversammlungen** nur einzelner Eigentümer oder einer Gruppe von Eigentümern innerhalb einer Gemeinschaft sieht das Wohnungseigentumsgesetz nicht vor. Betrifft eine Beschlussfassung nur einzelne Eigentümer oder nur eine Eigentümergruppe, ist die Beschlussfassung gleichwohl in einer Versammlung aller Eigentümer herbeizuführen, jedenfalls sind alle Eigentümer zur Teilnahme an der Versammlung berechtigt und deshalb auch einzuladen und zwar auch dann, wenn nicht alle Eigentümer hinsichtlich des Beschlussgegenstandes **stimmberechtigt** sein sollten oder der Beschlussgegenstand nicht die Belange alle Eigentümer berühren sollte (vgl. § 24 Rn 34). Ein etwaiger Stimmrechtsausschluss oder ein Stimmverbot lassen das Recht zur Teilnahme an der Eigentümerversammlung nicht entfallen.

8 Da § 23 Abs. 1 grundsätzlich abdingbar ist (§ 10 Abs. 2 S. 2), kann die Gemeinschaftsordnung die Durchführung von Teilversammlungen vorsehen, was bei Mehrhausanlagen oder im Zusammenhang mit der Bildung von **Untergemeinschaften** bisweilen anzutreffen ist.[6] Die Gemeinschaftsordnung muss die Zulässigkeit von Beschlussfassungen in Teilversammlungen aber klar und eindeutig anordnen. Die Durchführung von Teilversammlungen kann nicht bereits deshalb als zulässig angesehen werden, weil die Gemeinschaftsordnung die Bildung wirtschaftlicher Untergemeinschaften vorsieht. Allein der Umstand, dass die Lasten und Kosten des gemeinschaftlichen Eigentums nach Untergemeinschaft zu verteilen und abzurechnen sind, bedeutet nicht, dass die Mitglieder der jeweiligen Untergemeinschaft auch separate Versammlungen durchführen können. Die Gemeinschaftsordnung muss auch in diesem Fall separate Teilversammlungen und Beschlussfassungen in den Untergemeinschaften ausdrücklich vorsehen. Selbst wenn die Gemeinschaftsordnung bestimmt, dass bei Verwaltungsentscheidungen, die nur eine Untergemeinschaften betreffen, nur die Mitglieder der jeweiligen Untergemeinschaft stimmberechtigt sind, bedeutet dies nicht zugleich, dass diese Verwaltungsentscheidungen in Teilversammlungen der jeweiligen Untergemeinschaften getroffen werden können. Denn die Beschränkung des Stimmrechts auf die Mitglieder der Untergemeinschaften führt ohne ausdrückliche Klarstellung in der Gemeinschaftsordnung nicht zugleich zu einem Verlust des Rechts auf Teilnahme an einer Eigentümerversammlung. Wenn aber die (nicht stimmberechtigten) Mitglieder der jeweils anderen Untergemeinschaften zur Teilnahme an der Versammlung berechtigt bleiben, dann müssen sie zu der Versammlung auch eingeladen werden, was die Durchführung von Teilversammlungen nur mit den Mitgliedern einer Untergemeinschaft ausschließt.

9 Ist nach der Gemeinschaftsordnung die Durchführung von Teilversammlungen möglich, können in solchen Versammlungen gleichwohl nur Beschlüsse zu solchen Angelegenheiten gefasst werden, die ausschließlich die **Rechtspositionen** der **teilnahmeberechtigten Eigentümer** berühren (siehe § 25 Rn 26). Andernfalls sind die in der Teilversammlung gefassten Beschlüsse nichtig,[7] weil die übrigen Wohnungseigentümer bewusst nicht geladen und damit vorsätzlich von der Willensbildung ausgeschlossen wurden (vgl. § 24 Rn 36 f.). Wegen unzulässigem Eingriff in das mitgliedschaftliche Element des Wohnungseigentumsrechts wäre eine Vereinbarung nichtig, nach der in einer Teilversammlung Beschlüsse gefasst werden können, die auch Wohnungseigentümer binden sollen, die in der Teilversammlung nicht mitstimmen durften und somit keinerlei Einfluss auf das Abstimmungsergebnis nehmen konnten.

10 In großen Wohnparks ist es bisweilen Praxis, **gemeinsame Versammlungen mehrerer selbstständiger Wohnungseigentümergemeinschaften** durchzuführen. Sofern die Gemeinschaftsordnungen solche Versammlungen nicht ausdrücklich zulassen, ist diese Praxis bereits deshalb rechtswidrig, weil gegen den Grundsatz der Nichtöffentlichkeit der Eigentümerversammlung verstoßen wird (siehe dazu § 24 Rn 38).[8] Der Verstoß gegen die Nichtöffentlichkeit führt allerdings nur zur Anfechtbarkeit der in der Versammlung gefassten Beschlüsse. Nach Ablauf der Anfechtungsfrist kann der Beschluss in Bestandskraft erwachsen. Werden die einzelnen Wohnungseigentümergemeinschaften jedoch wie *eine* Gemeinschaft behandelt mit der Folge, dass bei den Beschlussfassungen gemeinsam abgestimmt und bei der Auszählung der Stimmen und der Feststellung und Verkündung der Beschlussergebnisse nicht nach den einzelnen

---

5 OLG Hamm 15 W 308/89, WE 1993, 24.
6 Vgl. LG München I 1 S 15378/10, ZMR 2011, 511; LG Karlsruhe 11 S 11/10, zitiert nach juris; LG Köln 9 S 63/09, ZWE 2010, 191.
7 OLG München 34 Wx 109/06, ZMR 2007, 391.
8 AG Mettmann 26 C 104/08, ZMR 2009, 959.

Wohnungseigentümergemeinschaften unterschieden wird, liegen **Nichtbeschlüsse** vor,[9] die keinerlei Rechtswirkungen entfalten und keiner gerichtlichen Ungültigerklärung bedürfen.

Eine Regelung in der Gemeinschaftsordnung, wonach die Rechte der Versammlung der Wohnungseigentümer auf eine „**Delegiertenversammlung**" übertragen wird, zu der jedes Haus einer Mehrhauswohnanlage einen bis drei Delegierte entsendet, stellt einen unzulässigen Ausschluss der unabdingbaren Mitgliedschaftsrechte der Wohnungseigentümer dar und ist nichtig.[10]

II. Beschlusskompetenz

Wohnungseigentümer können Beschlüsse nur in solchen Angelegenheiten fassen, in denen ihnen eine Beschlusskompetenz (bzw. Mehrheitskompetenz) zusteht. **Bis September 2000** entsprach es im Wohnungseigentumsrecht ständiger Rechtsprechung, dass Mehrheitsbeschlüsse in Angelegenheiten, in denen den Wohnungseigentümern keine Beschlusskompetenz zusteht, fehlerhaft und damit gemäß § 23 Abs. 4 a.F. erfolgreich anfechtbar sind. Blieb eine fristgemäße Anfechtung aber aus, erwuchsen die Beschlüsse nach Auffassung der Gerichte in **Bestandskraft**.

1. Rechtsprechung des BGH

Seit der Entscheidung des BGH vom 20.9.2000[11] ist höchstrichterlich geklärt, dass Beschlüsse nur in Bestandskraft erwachsen können, wenn der Eigentümerversammlung für die zu regelnde Angelegenheit Beschlusskompetenz zusteht. Andernfalls ist der Beschluss **nichtig.**

Der BGH führt in seiner Entscheidung aus:

„*Das Wohnungseigentumsgesetz unterscheidet zwischen Angelegenheiten, die die Wohnungseigentümer durch (Mehrheits-)Beschluss, und solchen, die sie durch Vereinbarung regeln können. Gemäß § 23 Abs. 1 WEG können durch Beschlussfassung solche Angelegenheiten geordnet werden, über die nach dem Wohnungseigentumsgesetz oder nach einer Vereinbarung die Wohnungseigentümer durch Beschluss entscheiden können. Anderenfalls bedarf es einer Vereinbarung, § 10 Abs. 1 WEG. Die Mehrheitsherrschaft bedarf damit der Legitimation durch Kompetenzzuweisung. Sie ist nach dem Willen des Gesetzgebers nicht die Regel, sondern die Ausnahme. Sie wird vom Gesetz nur dort zugelassen, wo es um das der Gemeinschaftsgrundordnung nachrangige Verhältnis der Wohnungseigentümer untereinander, namentlich um die Ausgestaltung des ordnungsgemäßen Gebrauchs und um die ordnungsmäßige Verwaltung des gemeinschaftlichen Eigentums (§ 15 Abs. 2, § 21 Abs. 1 und 3 WEG) geht. Ist eine Angelegenheit weder durch das Wohnungseigentumsgesetz noch durch Vereinbarung dem Mehrheitsprinzip unterworfen, kann eine Regelung durch Mehrheitsbeschluss nicht erfolgen: Der Mehrheit fehlt von vorneherein jede Beschlusskompetenz, die Wohnungseigentümerversammlung ist für eine Beschlussfassung absolut unzuständig. (...) Ein ohne Beschlusskompetenz gefasster Beschluss ist nichtig.*"

2. Kompetenzzuweisung durch das WEG

Die Gerichte müssen seitdem die im Detail schwierig zu beantwortende Fragen entscheiden, in welchen Fällen Beschlusskompetenz besteht und wann nicht. Der BGH stellte im Jahr 2000 zutreffend fest, dass das Gesetz den Wohnungseigentümern die Beschlusskompetenz nur in **Angelegenheiten der Verwaltung** (§ 21 Abs. 1 und 3) und **des Gebrauchs** (§ 15 Abs. 2) einräumt. Keine Beschlusskompetenz bestand zum damaligen Zeitpunkt in Angelegenheiten des sog. Gemeinschaftsgrundverhältnis, welches sämtliche Regelungen umfasst, mit denen die Wohnungseigentümer ihre Rechtsbeziehungen untereinander in Abweichung oder Ergänzung der Gesetzesnormen regeln. Solche Bestimmungen können grundsätzlich nur durch Vereinbarungen i.S.d. § 10 Abs. 3 WEG getroffen werden. Mit der am 1.7.2007 in Kraft getretenen **Änderung des WEG** schuf der Gesetzgeber allerdings einige Beschlusskompetenzen im Bereich des Gemeinschaftsgrundverhältnisses, siehe § 12 Abs. 4, § 16 Abs. 3 und 4 und § 21 Abs. 7. Die neuen Beschlusskompetenzen gelten jedoch nur für Beschlüsse, die nach dem 30.6.2007 gefasst wurden. Die Änderung des WEG führt nicht zur nachträglichen Wirksamkeit früherer nichtiger Beschlüsse.[12]

a) Angelegenheiten der Verwaltung. Der BGH definiert den Begriff der Verwaltung als sämtliche Maßnahmen und Entscheidungen, die in tatsächlicher oder rechtlicher Hinsicht auf eine Änderung des bestehenden Zustands der Wohnanlage abzielen oder sich als Geschäftsführung zugunsten der Wohnungseigentümer in Bezug auf das Gemeinschaftseigentum darstellen.[13] Unter „Verwaltung" sind sowohl die Verwaltungsentscheidungen als auch die Verwaltungsmaßnahmen zu verstehen. Eine Verwaltungsentscheidung ist ein Beschluss der Wohnungseigentümer, der rechtsverbindlich festlegt, welche **konkreten Verwaltungsmaßnahmen** durchzuführen sind. Konkrete Verwaltungsentscheidungen erschöpfen sich in der **Regelung eines Einzelfalls**. Beispiele sind die Bestellung und

---

9 Vgl. OLG Hamm 15 W 14/02, NZM 2004, 787; OLG Düsseldorf I-3 Wx 223/02, ZMR 2003, 765.
10 LG München I 36 S 1362/10, ZMR 2011, 415.
11 BGH V ZB 8/99, NJW 2000, 3500.
12 OLG Köln 16 Wx 289/07, ZMR 2008, 815.
13 BGH V ZB 118/91, NJW 1993, 727; BGH III ZR 248/95, NJW 1997, 2106.

Abberufung des Verwalters, die Genehmigung des Wirtschaftsplans und der Jahresabrechnung, die Durchführung einer Sanierungsmaßnahme, die Beauftragung eines Handwerkers.

16 Wohnungseigentümer können durch Beschluss nicht entscheiden, worüber die Wohnungseigentümer künftig durch Beschluss entscheiden können. Beschlüsse i.S.d. § 21 Abs. 1 und 3 enthalten daher **keine rechtlichen Vorgaben für weitere Verwaltungsentscheidungen,** sie erledigen sich vielmehr mit ihrer Durchführung. Dies unterscheidet sie von Bestimmungen des Gemeinschaftsgrundverhältnisses (§ 10 Abs. 2 S. 2), die den rechtlichen Rahmen für eine oder viele Verwaltungsentscheidungen und Gebrauchsregelungen vorgeben. Für die Beschlusskompetenz in Verwaltungsangelegenheiten nach § 21 ist **ohne Bedeutung,** ob die Verwaltungsentscheidung sich im Rahmen ordnungsmäßiger Verwaltung hält oder nicht. Beschlusskompetenz besteht folglich auch für die Genehmigung einer Jahresabrechnung, der ein falscher Kostenverteilungsschlüssel hinsichtlich der Instandhaltungskosten zugrunde liegt. Die Fehlerhaftigkeit der Abrechnung führt nur zur Anfechtbarkeit, nicht aber zur Nichtigkeit des Beschlusses.[14]

17 **b) Angelegenheiten des Gebrauchs.** Beschlusskompetenz besteht nach § 15 Abs. 2 auch für Regelungen über den Gebrauch des Sonder- und Gemeinschaftseigentums, sofern nicht eine bestehende **Vereinbarung** (der Teilungserklärung) **abgeändert** oder einem Eigentümer der **Gebrauch** von Bereichen des Gemeinschaftseigentums vollständig **entzogen** wird. Beispiele: Beschluss über Ruhezeiten im Haus und das Halten von Tieren (Hausordnung), Beschluss über den Gebrauch der im Gemeinschaftseigentum stehenden Kellerabteile und Stellplätze. Ohne Bedeutung für die Beschlusskompetenz ist auch hier, ob die Regelung die Grenzen des ordnungsmäßigen Gebrauchs überschreitet. Wirksam (aber anfechtbar) ist somit ein Beschluss, der eine Angelegenheit regelt, für die nach § 15 Abs. 1 eine Vereinbarung erforderlich wäre.

3. Kompetenzzuweisung durch Vereinbarung

18 Gemäß § 23 Abs. 1 kann den Wohnungseigentümern Beschlusskompetenz auch kraft Vereinbarung zustehen. Die Wohnungseigentümer können also vereinbaren, dass Angelegenheiten des Gemeinschaftsverhältnisses statt durch Vereinbarung durch Mehrheitsbeschluss geregelt werden können, sog. **Öffnungsklausel.**[15] Je nach Reichweite der vereinbarten Beschlussermächtigung lassen sich **allgemeine** und **konkrete** (sachlich begrenzte) Öffnungsklauseln unterscheiden. Die h.M. billigt grundsätzlich Änderungen der Gemeinschaftsordnung aufgrund einer allgemeinen Öffnungsklausel, nach der „die Wohnungseigentümer ihr Verhältnis untereinander abweichend von den Bestimmungen dieser Gemeinschaftsordnung und von den gesetzlichen Vorschriften durch Beschluss regeln" können.[16] Allerdings muss die beschlossene Regelung durch **sachliche Gründe** gerechtfertigt sein und darf einzelne Wohnungseigentümer gegenüber dem bisherigen Rechtszustand nicht unbillig benachteiligen.[17]

19 Ein vereinbarungsändernder Beschluss aufgrund einer Öffnungsklausel, der die Schranken einer Mehrheitsentscheidung verletzt (z.B. weil die erforderliche Mehrheit nicht erreicht ist oder weil ein Eigentümer unbillig benachteiligt wird), kann erfolgreich **angefochten** werden. Unterbleibt die fristgemäße Anfechtung, wird der Änderungsbeschluss bestandskräftig.[18] **Nichtig** ist jedoch ein Beschluss aufgrund einer konkreten Öffnungsklausel, der die sachlichen Grenzen der Öffnungsklausel überschreitet, sodass die Beschlusskompetenz fehlt.

4. Fallgruppen fehlender Beschlusskompetenz

20 Die Konstellationen fehlender Beschlusskompetenz lassen sich in die nachfolgend dargestellten Fallgruppen unterteilen.

21 **a) Abweichung vom Gesetz und von Vereinbarungen.** Keine Beschlusskompetenz besteht für Entscheidungen der Eigentümer, die das Gemeinschaftsgrundverhältnis abweichend vom Gesetz oder bestehenden Vereinbarungen (der Gemeinschaftsordnung) regeln. Sog. gesetzes- und vereinbarungsändernde Beschlüsse sind nichtig. Eine Ausnahme gilt seit dem 1.7.2007 für die in § 12 Abs. 4, § 16 Abs. 3 und 4 und § 21 Abs. 7 zugelassenen Beschlussregelungen.

22 **Beispiele** für sog **gesetzesändernde Beschlüsse** sind Beschlüsse über die Verteilung der Stimmkraft abweichend von § 25 Abs. 2 S. 1, die generelle Beschlussfähigkeit der Eigentümerversammlung, die generelle Anzahl der Beiratsmitglieder, die generelle Übertragung von Aufgaben auf den Beirat, die Übertragung der Instandhaltungspflicht für Fenster und Türen auf den jeweiligen Eigentümer, den Ausschluss eines Eigentümers vom Mitgebrauch durch die Begründung eines Sondernutzungsrechts zugunsten eines anderen Eigentümers.

23 Eine vom Gesetz „**abweichende**" Regelung zeichnet sich dadurch aus, dass sich im Falle ihrer Nichtigkeit eine gesetzliche Bestimmung finden lässt, die an ihre Stelle tritt, was bei konkreten Verwaltungsentscheidungen nicht der Fall ist. Wollen die Wohnungseigentümer etwa regeln, dass ein von § 16 Abs. 2 abweichender Kostenverteilungsschlüssel für Instandhaltungsmaßnahmen gelten soll, findet im Fall der Nichtigkeit dieser Regelung der gesetzliche

---

14 Vgl. BayObLG 2Z BR 156/04, ZMR 2005, 639.
15 BGH VII ZB 21/84, NJW 1985, 2832.
16 *Becker/Kümmel/Ott*, Rn 162; Staudinger/*Bub*, § 23 Rn 101; *Bärmann/Merle*, § 23 Rn 15 m.w.N.

17 BGH VII ZB 21/84, NJW 1985, 2832.
18 Palandt/*Bassenge*, § 10 Rn 22; Staudinger/*Bub*, § 23 Rn 101.

Verteilungsschlüssel nach § 16 Abs. 2 Anwendung. Ist eine konkrete Verwaltungsentscheidung unwirksam, etwa die Bestellung eines Verwalters, enthält das Gesetz keine Regelung, die an deren Stelle tritt. Das Gesetz regelt nur das Gemeinschaftsgrundverhältnis in abstrakt-genereller Form. Die Regelung der Verwaltung und des Gebrauchs im Einzelfall ist gemäß § 21 Abs. 1 und 3, § 15 Abs. 2 den Wohnungseigentümern überlassen. Hierfür besteht Beschlusskompetenz.

Leitsätze aus der jüngeren Rechtsprechung: 24

– Ein Beschluss, der unabhängig von einem konkreten Wirtschaftsplan generell die **Fortgeltung eines jeden Wirtschaftsplanes** – bis zur „Verabschiedung" eines neuen – zum Gegenstand hat, ist mangels Beschlusskompetenz der Wohnungseigentümer nichtig.[19] Wirksam ist hingegen ein Beschluss über die Fortgeltung eines **konkreten Wirtschaftsplans** bis zur Beschlussfassung über den nächsten Wirtschaftsplan.[20]
– Ein Beschluss, mit dem die Wohnungseigentümer eine über den konkreten Wirtschaftsplan hinausgehende, **generelle Fälligkeitsregelung** schaffen, war mangels Beschlusskompetenz nichtig.[21] Seit dem 1.7.2007 folgt die Beschlusskompetenz für Fälligkeitsregelungen aus § 21 Abs. 7. Schon bislang war aber ein Beschluss wirksam, mit dem die Eigentümer die Fälligkeit der Beitragsvorschüsse aufgrund eines **konkreten Wirtschaftsplans** regeln.[22]
– Ein Beschluss, der allgemein den **Verzugszins** für Wohngeldschulden abweichend vom Gesetz festlegt, war nichtig.[23] Seit dem 1.7.2007 folgt die Beschlusskompetenz für Verzugsregelungen aus § 21 Abs. 7.
– Eine Regelung in der mehrheitlich beschlossenen Hausordnung, wonach die **Gestaltung des Treppenabsatzes** eine Etage tiefer (inkl. des Aufstellens von Möbeln) – unter Ausschluss der übrigen Miteigentümer – den Bewohnern der jeweiligen Etage obliegt, unterfällt nicht der Beschlusskompetenz der Eigentümergemeinschaft für Gebrauchsregelungen und ist daher nichtig.[24]
– Ein Beschluss über die **Stilllegung eines Müllschluckers** entzieht den Eigentümern den Gebrauch am Müllschlucker und ist daher mangels Beschlusskompetenz nichtig.[25]
– Ein Beschluss, der für **Beschlussanträge** der Wohnungseigentümer die **Schriftform** und eine schriftliche Begründung vorschreibt, überschreitet die Beschlusskompetenz der Wohnungseigentümer und ist nichtig.[26]
– Eine durch Mehrheitsbeschluss aufgestellte Hausordnung ist nichtig, soweit sie eine **Haftung** für den Verursacher auch **ohne Verschulden** vorsieht.[27]
– Regelt die Teilungserklärung die Kostenverteilung bezüglich der **Bewirtschaftungskosten** (u.a. Betriebskosten) einer Sauna dahingehend, dass diese nach dem Verhältnis der Miterbbaurechts- bzw. Teilerbbaurechtsanteile zu tragen sind, stellt die Auferlegung einer Gebühr für die Saunanutzung eine Änderung der Gemeinschaftsordnung dar, die von der Eigentümergemeinschaft nur im Wege einer Vereinbarung, nicht aber durch (unangefochten gebliebenen) Mehrheitsbeschluss getroffen werden kann.[28] Seit dem 1.7.2007 folgt die Beschlusskompetenz für derartige Regelungen aber aus § 16 Abs. 3.
– Ein Beschluss der Wohnungseigentümerversammlung, der die nach der Teilungserklärung erlaubte gewerbliche **Nutzung eines Teileigentums einschränkt**, ist als vereinbarungsändernder Beschluss mangels Beschlusskompetenz der Wohnungseigentümer nichtig.[29]
– Ein Beschluss, der die Nutzung einer Wohnungseigentumseinheit als Boarding-Haus für zulässig erklärt, **weicht von** der **Zweckbestimmung** des Sondereigentums ab und ist daher als vereinbarungsändernder Beschluss nichtig.[30]

Nicht nichtig, sondern **lediglich anfechtbar** sind sog **gesetzes- oder vereinbarungswidrige Beschlüsse**, mit denen 25 die Wohnungseigentümer bei einer konkreten Verwaltungsentscheidung gegen das Gesetz oder eine bestehende Vereinbarung (die Gemeinschaftsordnung) verstoßen. **Beispiele:** Beschluss über eine Sonderumlage mit einem unrichtigen Kostenverteilungsschlüssel, die Bestellung eines Beirats mit mehr oder weniger als drei Mitgliedern, die Übertragung von Entscheidungsbefugnissen auf den Beirat im Rahmen einer konkreten Sanierungsmaßnahme. Solche Beschlüsse überschreiten die Grenze der Ordnungsmäßigkeit und sind daher rechtswidrig. Da der Beschluss aber trotz seiner Rechtswidrigkeit lediglich eine konkrete Verwaltungsentscheidung zum Inhalt hat, besteht Beschlusskompetenz.

In diese Kategorie fallen auch Mehrheitsbeschlüsse über **bauliche Veränderungen**. Zwar können nach der bis zum 26 30.6.2007 geltenden Fassung des § 22 Abs. 1 S. 1 bauliche Veränderungen, die über die ordnungsmäßige Instandhaltung oder Instandsetzung hinausgehen, nicht mit Stimmenmehrheit beschlossen werden. Dies ändert aber nichts daran, dass die Genehmigung einer baulichen Veränderung eine konkrete Verwaltungsentscheidung darstellt, für die gemäß § 21 Beschlusskompetenz besteht. Wird durch einen Mehrheitsbeschluss die Zustimmung eines durch die Maßnahme beeinträchtigten Wohnungseigentümers übergangen, führt dies zwar zur Rechtswidrigkeit und damit An-

---

19 OLG Düsseldorf I-3 Wx 77/03, ZMR 2003, 862.
20 BayObLG 2Z BR 117/02, ZMR 2003, 279; KG 24 W 26/01, ZMR 2002, 607.
21 BGH V ZB 34/03, ZMR 2003, 943.
22 BGH V ZB 34/03, ZMR 2003, 943.
23 BayObLG 2Z BR 144/01, ZMR 2003, 365.
24 OLG Düsseldorf I-3 Wx 393/02, NZM 2004, 107.
25 BayObLG 2Z BR 177/01, ZMR 2002, 607.
26 KG 24 W 179/01, ZMR 2002, 863.
27 BayObLG 2Z BR 156/01, ZMR 2002, 526.
28 OLG Düsseldorf I-3 Wx 94/03, ZMR 2004, 528.
29 OLG Düsseldorf 3 Wx 149/03, ZMR 2003, 861.
30 OLG Saarbrücken 5 W 115/05, ZMR 2006, 554.

fechtbarkeit des Beschlusses, nicht jedoch zu dessen Nichtigkeit.[31] Seit dem 1.7.2007 regelt § 22 Abs. 1 ausdrücklich, dass bauliche Veränderungen beschlossen werden können.

27 b) Eingriff in die individuelle Rechtsposition eines Wohnungseigentümers. Lange war streitig, ob einem Wohnungseigentümer gegen dessen Willen **Leistungspflichten** durch Mehrheitsbeschluss auferlegt werden können, z.B. indem die Eigentümergemeinschaft beschließt,
- dass ein Wohnungseigentümer die von ihm rechtmäßigerweise errichtete **bauliche Veränderung** wieder **beseitigen** soll,[32]
- dass ein Wohnungseigentümer eine bestimmte **Schadensersatzsumme zu leisten** hat, obwohl er keinen Schaden verursacht hat,[33]
- dass die Wohnungseigentümer zur turnusmäßigen **Reinigung des Treppenhauses** verpflichtet sind.[34]

28 Der BGH[35] hat nunmehr entschieden, dass für eine solche Regelung die Beschlusskompetenz fehlt und sog. **anspruchsbegründende Beschlüsse** nichtig sind.[36] Durch den Mehrheitsbeschluss würde ein Schuldgrund geschaffen, den das Gesetz nicht vorsieht. Dies ist nach dem auch unter Wohnungseigentümern grundsätzlich geltenden Vertragsprinzip nur mit Zustimmung des beeinträchtigten Eigentümers, also nur durch Vereinbarung möglich.[37] Eine Ausnahme gilt lediglich für Beitragspflichten der Wohnungseigentümer, die gemäß §§ 16 Abs. 2; 28 Abs. 4 durch Mehrheitsbeschluss begründet werden können.[38] Abgesehen davon fällt in die Beschlusskompetenz lediglich die Entscheidung darüber, ob ein aus Sicht der Eigentümergemeinschaft bestehender Anspruch außergerichtlich oder gerichtlich durchgesetzt werden soll. Die Beurteilung, ob der von der Gemeinschaft behauptete Anspruch tatsächlich besteht, bleibt jedoch letztlich dem Gericht vorbehalten. Die bisherige obergerichtliche Rechtsprechung, die anspruchsbegründende Beschlüsse zwar für anfechtbar aber nicht für nichtig hielt[39] ist damit überholt.

29 Ein anspruchsbegründender Beschluss ist zu unterscheiden von einem Beschluss, mit dem die Wohnungseigentümer ein Mitglied der Gemeinschaft **auffordern**, dies oder jenes zu tun oder zu unterlassen oder einen (vermeintlichen) Anspruch der Gemeinschaft zu erfüllen.[40] Mit einem solchen Beschluss bringen die Wohnungseigentümer lediglich zum Ausdruck, dass sie (bzw. die Gemeinschaft) ihres Erachtens einen Anspruch auf das benannte Tun oder Unterlassen haben. Mit einem solchen Beschluss wird kein unmittelbarer Anspruchsgrund gegenüber dem Einzeleigentümer geschaffen. Die bloße Aufforderung zu einem Tun oder Unterlassen ändert nicht die Rechte und Pflichten des Betroffenen und begründet daher auch noch keinen Anspruch. Gleiches gilt für einen Beschluss, mit dem die Wohnungseigentümer sich entschließen, gegen ein Mitglied der Gemeinschaft ein Gerichtsverfahren einzuleiten. Auch mit einem solchen **Beschluss** wird nicht ein Anspruch oder Recht begründet sondern lediglich die Durchsetzung eines (vermeintlichen) Rechts oder Anspruchs vorbereitet (sog. **Vorbereitungsbeschluss**; siehe auch § 15 Rn 39). Hierfür besteht Beschlusskompetenz.

30 Die gleiche rechtsdogmatische Frage liegt der umgekehrten Konstellation zugrunde, in der einem Eigentümer durch Mehrheitsbeschluss ein Anspruch gegen die Gemeinschaft genommen werden soll. Auch für eine **Anspruchsvernichtung** fehlt der Eigentümerversammlung die Beschlusskompetenz. Nichtig ist daher ein Beschluss, wonach einem Eigentümer der Aufopferungsanspruch nach § 14 Nr. 4 wegen Inanspruchnahme des Sondereigentums vollständig genommen werden soll.[41] Nicht nichtig, sondern nur anfechtbar ist aber nach Auffassung des BayObLG[42] ein Mehrheitsbeschluss, der die Entschädigung mehrerer, durch Bauarbeiten am gemeinschaftlichen Eigentum betroffener Wohnungseigentümer pauschal regelt.

31 c) Eingriff in das Sondereigentum. Den Wohnungseigentümern fehlt auch die Beschlusskompetenz für Regelungen zur **Verwaltung des Sondereigentums**. Die Verwaltung des Sondereigentums obliegt ausschließlich dem jeweiligen Sondereigentümer.

Beispiele aus der Rechtsprechung: Ein Beschluss, durch den die Wohnungseigentümer die **Zustimmung zur Teilung eines Wohnungseigentums versagen**, ist wegen fehlender Beschlusskompetenz nichtig.[43] Eine Wohnungseigentü-

---

31 OLG Hamburg 2 Wx 78/01, ZMR 2004, 366; BayObLG 2Z BR 81/00, ZMR 2001, 292.
32 Siehe OLG Köln 16 Wx 121/03, ZMR 2004, 215; OLG Hamburg 2 Wx 148/00, ZMR 2003, 447.
33 Siehe BayObLG 15.1.2003 – 2Z BR 101/02, NZM 2003, 239.
34 Siehe OLG Düsseldorf I-3 Wx 225/03, NZM 2004, 554.
35 BGH V ZR 193/09, NZM 2010, 625; V ZR 72/09, ZMR 2010, 378.
36 So bereits OLG Hamm 15 W 507/04, ZMR 2005, 897; OLG Düsseldorf 3 Wx 77/08, NZM 2009, 162; OLG Zweibrücken 3 W 98/07, ZMR 2007, 646; AG Neukölln 70 II 191/04, ZMR 2005, 315.
37 So ausdrücklich *Schmidt/Riecke*, ZMR 2005, 252; *Wenzel*, NZM 2004, 542; *Briesemeister*, ZWE 2003, 307; *Fritsch*,
ZWE 2005, 384; *Becker/Kümmel/Ott*, Rn 274; Staudinger/*Bub*, § 23 Rn 115a.
38 Aber keine Kompetenz, über die Einnahmen und Ausgaben einzelner Eigentümer oder einer Eigentümer-GbR abzurechnen und Beschluss zu fassen; vgl. BGH V ZR 245/09, ZMR 2011, 981; AG Charlottenburg 73 C 4/11, ZWE 2011, 467.
39 OLG Köln 16 Wx 121/03, ZMR 2004, 215; OLG Hamburg 2 Wx 148/00, ZMR 2003, 447; BayObLG 2Z BR 101/02, NZM 2003, 239.
40 Siehe KG 24 W 357/08, ZMR 2010, 133.
41 OLG Düsseldorf I-3 Wx 140/05, ZMR 2006, 459; LG Hamburg 318 S 111/10, ZMR 2011, 319.
42 BayObLG 2Z BR 135/93, ZMR 1994, 420.
43 BayObLG 2Z BR 90/02, ZMR 2003, 689.

mergemeinschaft kann im Rahmen einer notwendigen Balkonsanierung nicht durch Mehrheitsbeschluss über die Art des **Balkon-Bodenbelags** entscheiden.[44] Nichtig ist daher auch ein Mehrheitsbeschluss, wonach die ursprünglich lose Verlegung der – durch Teilungserklärung dem Sondereigentum zugewiesenen – Bodenbeläge auf den Balkonen (mit Rücksicht auf einen zu besorgenden erhöhten Kontroll- und Wartungsaufwand der im Gemeinschaftseigentum stehenden Isolierung) nicht geändert werden darf und im Zuge einer Erneuerung der Abdichtung wieder hergestellt werden muss.[45] Ein Mehrheitsbeschluss über die Vornahme und Organisation der Instandsetzung eines durch die Teilungserklärung dem Sondereigentum zugewiesenen Gebäudebestandteils fällt nicht in die Beschlusskompetenz der Eigentümergemeinschaft.[46] Nichtig ist ein Beschluss, der die Wohnungseigentümer zum **Abschluss eines Mietvertrages** über ihr Sondereigentum mit einem Dritten, z.B. einem Hotelbetreiber, verpflichtet.[47] Die Wohnungseigentümer können allerdings durch Mehrheitsbeschluss den Gebrauch des Sondereigentums regeln,[48] soweit eine Vereinbarung nicht entgegen steht.[49]

d) Eingriff in den Kernbereich des Wohnungseigentums. Mangels Beschlusskompetenz nichtig sind Beschlüsse, die in den sog. Kernbereich des Wohnungseigentums eingreifen. Der Kernbereich umfasst nach Auffassung des *BGH* den **„wesentlichen Inhalt der Nutzung von Wohnungseigentum"**.[50] Dies sind – mit anderen Worten – sämtliche Fragen, deren Regelung ureigenste Angelegenheit jedes Wohnungseigentümers ist. **Beispiele**: Nichtig ist ein Eigentümerbeschluss, wonach der Verwalter der Wohnungseigentumsanlage für die vermietenden Sondereigentümer den Mietzins einzuziehen hat und diese Eigentümer einen Teil des Mietertrages der Gemeinschaft zur Verfügung stellen müssen.[51] Nichtig ist auch ein Mehrheitsbeschluss, durch den die Eigentümer ihre Zustimmung zur Widmung einer im Gemeinschaftseigentum stehenden Grundstücksfläche als Gemeindestraße erklären.[52]

e) An-sich-Ziehen von Individualansprüchen durch die Gemeinschaft. Noch wenig diskutiert ist die Frage, ob die Eigentümerversammlung die Geltendmachung von Individualansprüchen einzelner Eigentümer durch Mehrheitsbeschluss an sich ziehen kann.

Beispiel:
Ein Wohnungseigentümer hat eine bauliche Veränderung vorgenommen, durch die (nur) ein Mitglied der Gemeinschaft über das in § 14 Nr. 1 bestimmte Maß hinaus beeinträchtigt wird, sodass auch nur diesem Eigentümer ein Rückbauanspruch gemäß § 1004 Abs. 1 BGB i.V.m. § 22 Abs. 1 zusteht; die Eigentümergemeinschaft beschließt, den Rückbauanspruch des Einzeleigentümers durch Einschaltung eines Anwalts gerichtlich durchzusetzen. Dieser Beschluss ist nichtig. Da der Rückbauanspruch nur dem beeinträchtigten Wohnungseigentümer zusteht, kann auch nur dieser Eigentümer – und nicht die übrigen Eigentümer – darüber entscheiden, ob er seinen individuellen Rückbauanspruch geltend macht.

Die **Rechtsprechung** gibt sich bislang großzügig hinsichtlich der Wirksamkeit solcher Beschlüsse. Die Gerichte erkannten bislang nur selten, dass der Versammlung auch in diesen Angelegenheiten die Beschlusskompetenz fehlt. Erste Stimmen im Schrifttum ziehen die Beschlusskompetenz jedoch zu Recht in Zweifel.[53] Das OLG Hamm[54] hält zutreffend einen Beschluss der Eigentümerversammlung für nichtig, der inhaltlich darauf gerichtet ist festzustellen, dass ein für einen Wohnungseigentümer rechtskräftig titulierter Anspruch auf eine bauliche Veränderung (trotz gewisser Maßabweichungen) erfüllt sei. Nach Auffassung des BayObLG[55] sollen Wohnungseigentümer jedoch durch Stimmenmehrheit beschließen können, dass Ansprüche auf Beseitigung unzulässiger baulicher Veränderungen oder auf Unterlassung unzulässigen Gebrauchs, die an sich als Individualansprüche jedem Eigentümer zu eigener Disposition zustehen, durch die Gemeinschaft geltend gemacht werden können. Keine Beschlusskompetenz bestehe hingegen für die Durchsetzung individueller Ansprüche eines Eigentümers gegen einen anderen Eigentümer wegen Verletzung des Persönlichkeitsrechts und zwar auch dann, wenn durch die Äußerungen des Störers der Gemeinschaftsfriede unmittelbar gestört werde.[56]

Nach ständiger, aber sehr zweifelhafter Rechtsprechung soll die Eigentümerversammlung die Kompetenz haben, durch Mehrheitsbeschluss die Verfolgung individueller **Mängelrechte aus den Erwerbsverträgen hinsichtlich des Gemeinschaftseigentums** zur Angelegenheit der Gemeinschaft zu machen.[57] Entgegen der Annahme der Rechtsprechung folgt die Beschlusskompetenz nicht bereits aus dem Umstand, dass sich die individuellen Mängelrechte der Erwerber jeweils auf das Gemeinschaftseigentum beziehen. Denn Mängelrechte können auch Erwerbern zustehen, die noch nicht Mitglied der (werdenden) Wohnungseigentümergemeinschaft geworden sind, etwa weil sie erst nach Entstehung der Wohnungseigentümergemeinschaft den Erwerbsvertrag abgeschlossen haben. Diese Erwerber

---

44 OLG Köln 16 Wx 121/00, ZMR 2001, 568.
45 OLG Düsseldorf 3 Wx 348/01, ZMR 2002, 613.
46 BGH V ZR 176/10, ZMR 2011, 971; OLG Düsseldorf 3 Wx 293/01, ZMR 2002, 445.
47 OLG München 32 Wx 41/06, NZM 2006, 587.
48 OLG Frankfurt 20 W 314/05, ZWE 2006, 408.
49 OLG Saarbrücken 5 W 115/05, ZMR 2006, 554.
50 BGH V ZB 5/95, GE 1995, 1215.
51 OLG Düsseldorf 3 Wx 419/00, ZMR 2001, 306.
52 BayObLG 2Z BR 38/02, NZM 2002, 825.
53 Siehe *Schmidt/Riecke*, ZMR 2005, 252, 266.
54 OLG Hamm 15 W 405/00, ZMR 2001, 654.
55 BayObLG 2Z BR 103/04, ZMR 2005, 330.
56 BayObLG BReg 2 Z 122/90, NJW-RR 1991, 402.
57 BGH V ZR 80/09, ZWE 2010, 133; VII ZR 113/09, NZM 2010, 745; VII ZR 9/80, NJW 1981, 1841.

können an der Beschlussfassung in der Eigentümerversammlung nicht mitwirken und sind an einen solchen Beschluss auch nicht gebunden. Dies zeigt, dass die Verfolgung von Gewährleistungsansprüchen wegen Mängeln am Gemeinschaftseigentum nicht in die Verwaltungszuständigkeit der Eigentümerversammlung fällt, insbesondere dann nicht, wenn die Mehrheit der Erwerber noch gar nicht Mitglied der Eigentümergemeinschaft ist. Sofern bestimmte Mängelrechte aus Schuldnerschutzgründen nur einheitlich ausgeübt werden können (z.B. Minderung), muss die Einheitlichkeit des Vorgehens der Erwerber gegebenenfalls auf anderem Wege als durch Beschluss in der Wohnungseigentümerversammlung herbeigeführt werden.

36 **f) Verfügungen über das Gemeinschaftseigentum.** Keine Beschlusskompetenz besteht für Beschlüsse, die auf eine **Übertragung** oder **Belastung** oder einen **Hinzuerwerb** von Gemeinschaftseigentum gerichtet sind. Verfügungen über das Gemeinschaftseigentum richten sich ausschließlich nach den Bestimmungen des BGB. Die Wohnungseigentümer können sich auch nicht durch Beschluss untereinander verpflichten, über das Gemeinschaftseigentum zu verfügen, oder dem Verwalter durch Beschluss Vertretungsmacht für eine Verfügung über das Gemeinschaftseigentum einräumen.[58]

Mangels Beschlusskompetenz nichtig sind ferner Beschlüsse, die auf die Einräumung einer **öffentlich-rechtlichen Baulast** gerichtet sind.

III. Zustandekommen eines Beschlusses

37 Ein Beschluss der Wohnungseigentümer kommt zustande, indem die Wohnungseigentümer in der Versammlung oder im schriftlichen Verfahren über einen konkreten Beschlussantrag abstimmen und der Versammlungsvorsitzende bzw. Beschlussinitiator das Abstimmungsergebnis feststellt sowie das Beschlussergebnis verkündet.

1. Beschlussantrag

38 Die Beschlussfassung beginnt mit der Formulierung des Beschlussantrages. In der Regel erledigt dies der **Versammlungsvorsitzende**. Der Versammlungsvorsitzende kann aber auch jedem anderen Teilnehmer der Versammlung das Wort erteilen, um einen verbindlichen Beschlussantrag zu formulieren. Der Beschlussantrag enthält den **Wortlaut der zu treffenden Regelung**, über die die Versammlungsteilnehmer abstimmen. Einer besonderen Form bedarf der Beschlussantrag nicht, wobei die Textform gleichwohl zu empfehlen ist.

39 Da der Beschlussantrag den Beschlussinhalt vorgibt, ist darauf zu achten, dass der Beschlussantrag klar, verständlich und inhaltlich **eindeutig formuliert** ist. Im Falle inhaltlicher Unbestimmtheit wäre der Beschluss erfolgreich anfechtbar (§ 46 Abs. 1). Wird der Beschlussantrag vom Verwalter als Versammlungsleiter formuliert, können dem Verwalter gemäß § 49 Abs. 2 die Kosten eines Beschlussmängelverfahrens auferlegt werden, wenn die mangelhafte Formulierung des Beschlussantrages die Tätigkeit des Gerichts veranlasst hat.

2. Durchführung der Abstimmung

40 **a) Stimmabgabe.** Nach der Formulierung des Beschlussantrages fordert der Versammlungsvorsitzende die Wohnungseigentümer und sonstigen Stimmrechtsträger (vgl. § 25 Rn 3 ff.) zur Abgabe der Stimmen auf. Die Stimmabgabe unterliegt den allgemeinen **zivilrechtlichen Regeln für Willenserklärungen**, insbesondere den Vorschriften über die Geschäftsfähigkeit (§§ 105 ff. BGB), die Anfechtbarkeit (§§ 119 ff. BGB) und die Stellvertretung (§§ 164 ff. BGB). **Empfänger der Stimmabgabe** ist der Versammlungsvorsitzende[59] als Empfangsvertreter der Wohnungseigentümer. Der Versammlungsvorsitzende hat die Wirksamkeit der Stimmabgaben zu prüfen. Eine unwirksame Stimmabgabe darf der Versammlungsvorsitzende nicht werten.

41 Eine wirksame Stimmabgabe kann nur Zustimmung (Ja-Stimme) oder Ablehnung (Nein-Stimme) zum Inhalt haben. Die Äußerung eines Versammlungsteilnehmers, er stimme dem Beschlussantrag mit einer inhaltlichen Modifizierung zu, ist als Ablehnung zu werten. Eine **Stimmabgabe unter** einer **Bedingung** ist ungültig,[60] da die Stimmabgabe ihrer Funktion nach bedingungsfeindlich ist. Denn der Versammlungsvorsitzende muss mit dem Zugang der Abstimmungserklärung wissen, wie er diese werten soll. Daran wäre er gehindert, wenn die Wirksamkeit oder der Inhalt der Stimmabgabe von Umständen außerhalb seines Wissensbereichs abhingen. Die Erklärung eines Versammlungsteilnehmers, er stimme mit der Mehrheit bzw. schließe sich der Mehrheit an, ist als Stimmenthaltung zu werten. **Stimmenthaltungen** bleiben bei der Ermittlung des Abstimmungsergebnisses unberücksichtigt. Gleiches gilt für die nicht ausgeübte Stimme eines abwesenden oder nicht vertretenen Eigentümers. Die Gemeinschaftsordnung kann allerdings vorsehen, dass Stimmenthaltungen oder abwesende Stimmen den Nein-Stimmen zuzuzählen sind. In diesem Fall müssen auch die Stimmenthaltungen ausgezählt werden.

---

58 OLG München 34 Wx 125/09, ZMR 2010, 706.
59 BGH V ZB 37/02, ZMR 2002, 936; **a.A.** BayObLG 2Z BR 144/00, ZMR 2001, 994: auch die anderen Wohnungseigentümer.

60 BayObLG 2Z BR 116/94, WuM 1995, 227; *Jennißen/ Elzer*, vor §§ 23 bis 25 Rn 41.

Verfügt ein Wohnungseigentümer über mehrere Wohnungseigentumseinheiten, kann er die Stimmen für die Wohnungen unterschiedlich ausüben. Hat ein Eigentümer nur eine **Stimme** (z.B. beim Kopfstimmrecht), ist diese **nicht teilbar**. 42

Der Abstimmende kann die Stimmabgabe bis zur Verkündung des Beschlussergebnisses **widerrufen**.[61] Eine **Anfechtung** der Stimmabgabe gemäß § 119 ff. BGB ist zwar grundsätzlich auch noch nach dem Zustandekommen des Beschlusses möglich. Die nachträgliche Ungültigkeit der Stimme hat aber auf die Wirksamkeit des Beschlusses keinen Einfluss mehr, wenn der Beschluss bereits in Bestandskraft erwachsen ist. 43

b) Abstimmungsverfahren. Für die ordnungsgemäße Durchführung der Abstimmung hat der Versammlungsvorsitzende zu sorgen, er legt das Abstimmungsverfahren fest. In Betracht kommt Abstimmung durch Handheben, Abgabe von Stimmzetteln, Zuruf, Akklamation etc.[62] Die Abstimmung kann offen oder geheim, namentlich oder anonym erfolgen. Das Procedere ist stets so zu wählen, dass eine unbeeinflusste und fehlerfreie Willensbildung gewährleistet ist. **Namentliche Abstimmung** ist erforderlich, wenn die Stimmabgabe durch den einzelnen Eigentümer mit weitergehenden rechtlichen Konsequenzen (z.B. Haftungsfragen) verbunden ist. Einer **geheimen Abstimmung** bedarf es, wenn bei einer offenen Abstimmung zu befürchten ist, dass einzelne Eigentümer in der Freiheit ihrer Stimmabgabe beeinträchtigt sind. 44

c) Auszählung der Stimmen. Der Versammlungsvorsitzende hat grundsätzlich die Anzahl der wirksam abgegebenen Ja- und Nein-**Stimmen** durch **Auszählung** zu ermitteln. Eine detaillierte Auszählung der abgegebenen Stimmen kann ausnahmsweise unterbleiben, wenn die Abstimmung derart eindeutig ausfällt, dass am Abstimmungsergebnis kein Zweifel besteht. 45

Zulässig ist die Ermittlung des Abstimmungsergebnisses im sog. **Subtraktionsverfahren**. Dabei wird nach Ermittlung der Ja-Stimmen und der Stimmenthaltungen oder nach Ermittlung der Nein-Stimmen und der Stimmenthaltungen durch Subtraktion von den insgesamt vertretenen Stimmen auf die Zahl der nicht abgefragten Stimmen geschlossen.[63] Voraussetzung für diese Verfahrensweise ist allerdings, dass im Zeitpunkt der jeweiligen Abstimmung die Anzahl der anwesenden und vertretenen Wohnungseigentümer und – bei Abweichung vom Kopfprinzip – auch deren Stimmkraft feststeht. Dabei sind insbesondere bei knappen Mehrheitsverhältnissen genaue Feststellungen zu den anwesenden oder vertretenen Wohnungseigentümern erforderlich, etwa durch sorgfältige Kontrolle des Teilnehmerverzeichnisses und dessen ständige Fortschreibung, die den einzelnen Abstimmungen zugeordnet werden kann.[64] Sind im Einzelfall die notwendigen **organisatorischen Maßnahmen** zur exakten Feststellung der Gesamtanzahl der Stimmen nicht sichergestellt, so sollte dies für den Versammlungsvorsitzenden Anlass sein, von der Subtraktionsmethode Abstand zu nehmen.[65] Das gilt umso mehr, als in solchen Situationen Umstände maßgebende Bedeutung gewinnen können, die bei klaren Mehrheiten wegen ihrer geringen praktischen Bedeutung zu vernachlässigen sind. So kann etwa die „Passivität" eines während der Versammlung eingeschlafenen Wohnungseigentümers mangels eines willensgetragenen Verhaltens nicht als Stimmabgabe gewertet werden. Auch die Gefahr des Übersehens von Stimmverboten (etwa nach § 25 Abs. 5) ist bei der Subtraktionsmethode größer als bei Auszählung aller Stimmen. Lässt sich die Zahl der anwesenden Wohnungseigentümer nicht mehr aufklären und verbleiben deshalb Zweifel an den Mehrheitsverhältnissen, so ist im Falle der Beschlussanfechtung davon auszugehen, dass der Versammlungsleiter die Zahl der Ja-Stimmen zu Unrecht festgestellt hat.[66] 46

3. Bekanntgabe des Beschlussergebnisses

a) Rechtliche Wirkung. Der Versammlungsvorsitzende hat aus dem Abstimmungsergebnis, also der Anzahl der wirksam abgegebenen Ja-Stimmen und Nein-Stimmen, nach den maßgeblichen rechtlichen Regeln das Beschlussergebnis herzuleiten, d.h. zu entscheiden, ob der Beschlussantrag angenommen (positiver Beschluss) oder abgelehnt wurde (negativer Beschluss). Das Beschlussergebnis ist vom Versammlungsvorsitzenden zu verkünden, denn die Bekanntgabe des Beschlussergebnisses ist **Voraussetzung für das rechtswirksame Zustandekommen** eines Eigentümerbeschlusses. Sie hat darüber hinaus **konstitutive Bedeutung** für das Beschlussergebnis.[67] Unterbleibt die Bekanntgabe, fehlt es an einer **Tatbestandsvoraussetzung** eines Beschlusses, ein Beschluss liegt nicht vor.[68] 47

b) Durchführung der Bekanntgabe. Mit der Bekanntgabe des Beschlussergebnisses bringt der Versammlungsvorsitzende zum Ausdruck, ob der Beschlussantrag angenommen oder abgelehnt wurde. Dies muss **in der Eigentümerversammlung** geschehen. Die Aufnahme der Verkündung in das Versammlungsprotokoll ist keine Wirksamkeitsvoraussetzung für den Beschluss. Die Verkündung kann der Vorsitzende ausdrücklich oder in **konkludenter Weise** vornehmen. Allerdings ist zu beachten, dass bei der Auslegung der Verkündungserklärung nur solche Umstände Berücksichtigung finden können, die für jedermann ohne weiteres erkennbar sind, sich insbesondere aus 48

---

61 *Jennißen/Elzer*, vor §§ 23 bis 25 Rn 49; **a.A.** *Armbrüster*, ZWE 2000, 455; Staudinger/*Bub*, § 23 Rn 69: kein Widerruf nach Zugang beim Versammlungsvorsitzenden.
62 *Bärmann/Merle*, § 23 Rn 36.
63 BGH V ZB 37/02, NJW 2002, 3629.
64 BGH V ZB 37/02, NJW 2002, 3629.
65 AG Dortmund 512 C 39/08, NZM 2010, 750.
66 OLG Köln 16 Wx 185/01, NZM 2002, 458.
67 BGH V ZB 10/01, NJW 2001, 3339.
68 BGH V ZB 10/01, NJW 2001, 3339.

dem Protokoll ergeben.[69] Daher wird für die Annahme einer konkludenten Ergebnisbekanntgabe in der Regel die bloße Wiedergabe des für sich genommen eindeutigen Abstimmungsergebnisses im Versammlungsprotokoll genügen, es sei denn, dass sich das hieraus folgende Beschlussergebnis nach den zu berücksichtigenden Umständen, insbesondere aufgrund der protokollierten Erörterungen in der Eigentümerversammlung, vernünftigerweise in Frage stellen lässt.[70] Allein aus dem Fehlen einer Beschlussfeststellung im Protokoll lässt sich hiernach regelmäßig noch nicht schließen, dass ein Beschluss nicht zustande gekommen ist, im Zweifel wird vielmehr bei einem protokollierten klaren Abstimmungsergebnis von einer konkludenten Beschlussfeststellung auszugehen sein.[71]

49 Ist in der Eigentümerversammlung **nur eine Person anwesend**, die zugleich den Versammlungsvorsitz ausübt (z.B. der Verwalter mit den Vollmachten der Eigentümer), müssen die Stimmabgabe und die Bekanntgabe des Beschlusses so nach außen durch einen Formalakt manifestiert werden, dass ein Dritter im Nachhinein feststellen kann, ob ein Beschluss zustande gekommen ist. Die nachträgliche Abfassung der Versammlungsniederschrift oder die Eintragung des Beschlusses in die Beschluss-Sammlung genügen dafür nicht,[72] weil die Bekanntgabe des Beschlusses noch in der Eigentümerversammlung erfolgen muss. Es empfiehlt sich, die Stimmabgaben und die Beschlussverkündung unmittelbar in der Versammlung zu protokollieren.[73]

50 c) **Voraussetzungen für die Bekanntgabe eines positiven Beschlusses.** Der Versammlungsvorsitzende darf einen positiven Beschluss nur verkünden, wenn die für den Beschluss erforderliche (einfache oder qualifizierte) **Stimmenmehrheit erreicht** ist.[74]

51 Der BGH führt in seiner Entscheidung vom 23.8.2001[75] aus:

„Sowohl die Ermittlung des richtigen Abstimmungsergebnisses als auch seine Beurteilung anhand der rechtlichen Mehrheitserfordernisse setzen Rechtskenntnisse voraus, die von den Eigentümern weder erwartet werden können noch verlangt werden dürfen."

Der BGH geht folglich davon aus, dass der Versammlungsvorsitzende das Abstimmungsergebnis anhand *„der rechtlichen Mehrheitserfordernisse"* beurteilen muss, mit der Konsequenz, dass ein Negativbeschluss zu verkünden ist, wenn die erforderliche Mehrheit nicht erreicht wird. Bei einer Beschlussfassung nach § 22 Abs. 1 über die Genehmigung einer **baulichen Veränderung** am Gemeinschaftseigentum darf der Verwalter die Ablehnung des Beschlussantrages verkünden, wenn nicht alle beeinträchtigten Wohnungseigentümer mit „Ja" gestimmt haben.[76]

52 Sofern das WEG von einer Beschlussfassung „durch Stimmenmehrheit" spricht, ist **einfache Stimmenmehrheit** gemeint. Diese ist erreicht, wenn mehr Ja-Stimmen als Nein-Stimmen abgegeben werden. Stimmenthaltungen bleiben ohne Beachtung.

53 Die **Verkündung** eines wirksamen Beschlusses – gleich ob positiv oder negativ – hat zu **unterbleiben**, wenn den Eigentümern für die beabsichtigte Regelung die Beschlusskompetenz fehlt.[77] Der Anschein eines wirksamen Beschlusses wird dadurch vermieden. Liegen sonstige **Nichtigkeitsgründe** vor, z.B. die bewusste Nichtladung eines Wohnungseigentümers oder ein Verstoß gegen die guten Sitten oder eine zwingende gesetzliche Vorschrift, muss der Verwalter die Verkündung eines wirksamen Beschlusses ebenfalls verweigern, um den Anschein eines wirksamen Beschlusses zu vermeiden.[78]

54 d) **Fehlerhafte und unterbliebene Beschlussbekanntgabe.** Die Verkündungserklärung des Versammlungsvorsitzenden ist für das Beschlussergebnis auch dann **konstitutiv**, wenn die Verkündung der materiellen Rechtslage widerspricht. Allerdings leidet der Beschluss dann an einem Fehler, den die Wohnungseigentümer im Rahmen eines fristgebundenen **Beschlussmängelverfahrens** nach §§ 43 Nr. 4, 46 Abs. 1 korrigieren lassen können. Erklärt der Versammlungsvorsitzende etwa den Beschlussantrag für angenommen, obwohl der Antrag die erforderliche Mehrheit verfehlte, ist dagegen innerhalb der Frist des § 46 Abs. 1 Klage zu erheben mit dem Antrag auf Feststellung, dass der angegriffene Beschluss mit negativem Ergebnis zustande gekommen sei, der Beschlussantrag also abgelehnt wurde. Soll das Gericht nicht nur die fehlerhafte Beschlussverkündung korrigieren, sondern den Beschluss insgesamt für ungültig erklären, muss der Kläger innerhalb der Fristen des § 46 Abs. 1 Anfechtungsklage erheben und weitere Beschlussfehler vortragen, die eine Ungültigerklärung des Beschlusses rechtfertigen.

55 **Unwirksam** ist die Beschlussverkündung allerdings, wenn der Versammlungsvorsitzende in sittenwidriger Weise **wider besseres Wissen** einen positiven Beschluss verkündet, obwohl die erforderliche Stimmenmehrheit nicht erreicht wurde.[79] Mangels wirksamer Beschlussverkündung liegt in diesem Fall kein gültiger Beschluss vor. Verkündet der Versammlungsvorsitzende bewusst einen Negativbeschluss, obwohl die erforderliche Mehrheit für den Beschluss-

---

69 BGH V ZB 10/01, NJW 2001, 3339.
70 BGH V ZB 10/01, NJW 2001, 3339.
71 BGH V ZB 10/01, NJW 2001, 3339.
72 OLG München 34 Wx 14/07, ZMR 2008, 409.
73 *Elzer*, MietRB 2008, 378.
74 *Kümmel*, ZWE 2006, 278; *Müller*, DWE 2005, 8; *J-H Schmidt*, DWE 2005, 9; *Deckert*, DWE 2005, 7; einschränkend *Sauren*, DWE 2005, 97; *Häublein*, NJW 2005, 1466.
75 BGH V ZB 10/01, NJW 2001, 3339.
76 LG München I 1 S 19129/08, ZMR 2009, 874.
77 *Deckert*, DWE 2005, 7; *Sauren*, DWE 2005, 97.
78 So i.E. auch *J-H Schmidt*, DWE 2005, 9.
79 Vgl. AG Hamburg 102d C 122/08, ZMR 2010, 560.

antrag gestimmt hat, kann jeder Wohnungseigentümer die fehlende Verkündung im Verfahren nach § 43 Nr. 4 durch das Gericht ersetzen lassen; es gilt das zu Rn 54 Gesagte entsprechend.

Lehnt der Versammlungsvorsitzende die **Bekanntgabe** eines Beschlussergebnisses **ab**, sei es pflichtwidrig oder weil er sich zur Verkündung wegen tatsächlicher oder rechtlicher Schwierigkeiten bei der Bewertung des Abstimmungsergebnisses außerstande sieht, können die Eigentümer eine Klage gegen den Versammlungsvorsitzenden auf Feststellung des Beschlussergebnisses erheben. Die nicht klagenden Wohnungseigentümer sind diesem Verfahren analog § 48 Abs. 1 beizuladen. Das Gericht komplettiert mit seiner Entscheidung den Tatbestand für einen wirksamen Eigentümerbeschluss.[80] Verkündet der Vorsitzende einen negativen Beschluss, obwohl die Voraussetzungen eines positiven Beschlusses vorliegen, können die Wohnungseigentümer diesen Negativbeschluss innerhalb der Frist des § 46 Abs. 1 anfechten und zugleich die gerichtliche Feststellung begehren, dass der Beschluss positiv zustande gekommen sei.[81] Der Feststellungsantrag ist im Gegensatz zum Anfechtungsantrag nicht fristgebunden.[82] Das Gericht hat im Rahmen des Beschlussfeststellungsverfahrens etwaige **Anfechtungs- und Nichtigkeitsgründe**, die von den Beteiligten vorgetragen werden, zu beachten, denn es handelt sich um ein Beschlussmängelverfahren nach § 43 Nr. 4, in dem das Gericht über die Gültigkeit des streitgegenständlichen Beschlusses abschließend entscheidet.[83] Die Klage auf Feststellung eines positiven Beschlusses hat daher keinen Erfolg, wenn der Beschluss an Nichtigkeits- oder Anfechtungsgründen leidet und zumindest ein Eigentümer sich darauf beruft. Die Darlegungs- und Beweislast für den Nichtigkeits- oder Anfechtungsgrund trägt der Eigentümer, der sich darauf beruft.

4. Vereinbarte Wirksamkeitsvoraussetzungen

Die Wohnungseigentümer können durch Vereinbarung die Wirksamkeit von Beschlüssen an zusätzliche Voraussetzungen knüpfen, etwa an die notarielle Beglaubigung der Versammlungsniederschrift oder die Eintragung des Beschlusses in die Beschluss-Sammlung. Bei solchen Vereinbarungen ist im Einzelfall zu prüfen, ob bei einem Fehlen der Voraussetzung der Beschluss keinerlei Regelungswirkung im Sinne einer **Ungültigkeit** entfalten oder ob das Fehlen der „Wirksamkeitsvoraussetzung" lediglich bewirken soll, dass der Beschluss erfolgreich **angefochten** werden kann. Die Rechtsprechung tendiert dazu, das Fehlen der vereinbarten „Wirksamkeitsvoraussetzung" lediglich als Beschlussfehler einzustufen, der eine erfolgreiche Anfechtung begründet.[84]

IV. Bindungswirkung von Negativbeschlüssen

Wirksame Beschlüsse binden alle Mitglieder der Wohnungseigentümergemeinschaft sowie gemäß § 10 Abs. 4 Sondernachfolger mit deren Eintritt in die Gemeinschaft. Auch ein Negativbeschluss, bei dem der Beschlussantrag nicht die erforderliche Mehrheit gefunden hat, entfaltet grundsätzlich Bindungswirkung. Allerdings lässt die Ablehnung eines Beschlussantrags die **Rechtslage weitgehend unverändert**, insbesondere kann aus der Ablehnung nicht auf den Willen der Wohnungseigentümer geschlossen werden, das Gegenteil des Beschlussantrags zu wollen.[85] Durch den Negativbeschluss bringen die Wohnungseigentümer lediglich zum Ausdruck, den zur Abstimmung gestellten Beschlussantrag nicht annehmen zu wollen. Aus welchen Gründen dies geschieht (formellen oder inhaltlichen), kann dem Rechtsakt in der Regel nicht entnommen werden, weil der Beschlusswortlaut sich dazu nicht äußert. Stimmen die Wohnungseigentümer beispielsweise über die Beauftragung eines Handwerkers ab und findet der Beschlussantrag nicht die erforderliche Mehrheit, so könnten die an der Abstimmung beteiligten Wohnungseigentümer u.a. deshalb mit „Nein" gestimmt haben, weil der Beschluss in der Einladung zur Versammlung nicht ordnungsgemäß angekündigt war oder weil das vorliegende Kostenangebot nicht aussagekräftig genug war. Dies bedeutet aber nicht, dass die Gemeinschaft die Durchführung der Instandhaltungsmaßnahme generell ablehnt. Wollen die Wohnungseigentümer die Durchführung einer Verwaltungsmaßnahme verbindlich ablehnen, müssen sie über einen entsprechenden Beschlussantrag mit „negativem Inhalt" positiv abstimmen. Anders als ein Positivbeschluss mit negativem Inhalt entfaltet der Negativbeschluss **keine Sperrwirkung** für eine erneute Beschlussfassung über den Regelungsgegenstand.[86] Wird der Negativbeschluss bestandskräftig, bedeutet dies für einen Eigentümer, der im Rahmen seines Anspruchs auf ordnungsmäßige Verwaltung eine Beschlussfassung über eine Verwaltungsmaßnahme gemäß § 21 Abs. 4 erzwingen will, dass er der Wohnungseigentümerversammlung zunächst erneut die Möglichkeit zur Willens-

---

80 BGH V ZB 10/01, NJW 2001, 3339.
81 BGH V ZB 30/02, NJW 2002, 3704.
82 Palandt/*Bassenge*, § 23 Rn 10.
83 OLG München 34 Wx 97/06, ZMR 2007, 221; *Bärmann/Merle*, § 23 Rn 44; *Bärmann/Klein*, § 43 Rn 110; *Becker*, ZWE 2006, 157; *Riecke/Schmid/Abramenko*, § 43 Rn 20; *Jennißen/Suilmann*, § 46 Rn 141; **aA** *Deckert*, ZMR 2003, 157; *Müller*, NZM 2003, 222; AG Hamburg-Blankenese 539 C 27/08, ZMR 2008, 1001 m. zust. Anm. *Elzer*; AG Braunschweig 34 II 70/07, ZMR 2007, 733.
84 Siehe BGH V ZB 2/97, NJW 1997, 2956; OLG Schleswig 2 W 230/03, ZMR 2006, 721; OLG Köln 16 Wx 220/05, ZMR 2006, 711; OLG Düsseldorf I-3 Wx 207/04, ZMR 2005, 218; OLG Frankfurt 20 W 500/08, ZWE 2011, 363; LG Saarbrücken 5 S 7/10, NZM 2010, 909.
85 BGH V ZB 10/01, NJW 2001, 3339.
86 BGH V ZB 30/02, NJW 2002, 3704.

bildung geben muss, bevor das Gericht gemäß § 21 Abs. 8 die Entscheidung der Wohnungseigentümer ersetzen kann.[87] Der Negativbeschluss steht der begehrten Maßnahme allerdings nicht inhaltlich entgegen.[88] Macht ein Wohnungseigentümer einen **Zahlungsanspruch** gegen die Gemeinschaft geltend und findet ein auf Auszahlung gerichteter Beschlussantrag keine Mehrheit, steht der Negativbeschluss der Zulässigkeit und Begründetheit einer Zahlungsklage des Eigentümers gegen die Wohnungseigentümergemeinschaft nicht entgegen.[89] Dies folgt bereits daraus, dass die Wohnungseigentümer durch Beschluss nicht entscheiden können, ob dem Gläubiger ein fälliger und durchsetzbarer Zahlungsanspruch zusteht. Die Wohnungseigentümer haben auch kein Ermessen, ob die Gemeinschaft eine Zahlungsverpflichtung gegenüber einem Wohnungseigentümer erfüllt. Für die Durchsetzung des Zahlungsanspruchs benötigt der Gläubiger daher auch keinen Positivbeschluss über die Auszahlung des begehrten Betrages.[90]

V. Auslegung und Bestimmtheit von Beschlüssen

59 Für die Auslegung von Eigentümerbeschlüssen gelten die §§ 133, 157 BGB. Die Beschlüsse sind wegen der Wirkung gegenüber Sondernachfolgern wie im Grundbuch eingetragene Erklärungen aus sich heraus – **objektiv und normativ** – auszulegen.[91] Abzustellen ist auf den zur Abstimmung gestellten Beschlusswortlaut. Umstände außerhalb des protokollierten Beschlusses dürfen nur herangezogen werden, wenn sie nach den besonderen Verhältnissen des Einzelfalles für jedermann ohne weiteres erkennbar sind,[92] z.B. weil sie sich aus dem – übrigen – Versammlungsprotokoll oder aus den örtlichen Gegebenheiten der Wohnanlage ergeben. Was im Zusammenhang mit der Beschlussfassung erörtert wurde und was die Eigentümer sich dabei vorgestellt und mit der Beschlussfassung beabsichtigt haben, ist grundsätzlich unerheblich, sofern es nicht für jedermann ohne weiteres erkennbar ist.[93] Bei der Beurteilung der Frage, ob ein Eigentümerbeschluss hinreichend inhaltlich bestimmt ist, darf daher ausschließlich auf die vorgenannten Auslegungskriterien zurückgegriffen werden. Ist die Versammlungsniederschrift allerdings inhaltlich unrichtig, kann dies jederzeit noch eingewandt werden (vgl. § 24 Rn 70).

60 Ein Beschluss muss inhaltlich bestimmt sein. Dies ist der Fall, wenn der Beschluss eine eindeutige Regelungsanordnung trifft oder – bei durchführungsbedürftigen Beschlüssen – eine eindeutige Handlungsanweisung für den Verwalter enthält. Ein Beschluss, dessen **Regelungsinhalt unbestimmt** oder widersprüchlich ist, ist im Falle der gerichtlichen Anfechtung für ungültig zu erklären, sofern er nicht bereits nichtig ist (zur Nichtigkeit siehe Rn 79). Ein Beschluss leidet aber nicht bereits deshalb an inhaltlicher Unbestimmtheit, weil er der Auslegung bedarf. Sofern die Auslegung einen eindeutigen Regelungsinhalt ergibt, ist der Beschluss hinreichend bestimmt.[94] Zur genaueren Beschreibung komplizierter Sachverhalte und technischer Details darf auf Unterlagen Bezug genommen werden, wenn diese eindeutig identifizierbar und allen Eigentümern künftig zugänglich sind (z.B. Anlage zur Versammlungsniederschrift). Nur wenn Unklarheiten hinsichtlich des Geregelten bzw. des aus objektiver Sicht Gewollten bleiben, ist der Beschluss mangelhaft. Lässt ein Beschluss Regelungslücken, muss das Gericht ihn für ungültig erklären, wenn das Geregelte im Verhältnis zum Nichtgeregelten ordnungsmäßigerweise keinen Bestand haben kann.

VI. Änderung und Aufhebung von Beschlüssen (Zweitbeschluss)

61 Die Wohnungseigentümer sind grundsätzlich nicht gehindert, über eine schon geregelte gemeinschaftliche Angelegenheit erneut zu beschließen. Die Befugnis dazu ergibt sich aus der autonomen Regelungszuständigkeit der Gemeinschaft. Dabei ist grundsätzlich unerheblich, aus welchen Gründen die Gemeinschaft eine erneute Beschlussfassung durchführt. Von Bedeutung ist nur, ob der neue Beschluss aus sich heraus einwandfrei ist, insbesondere ob er **ordnungsmäßiger Verwaltung** entspricht.[95] Haben die Wohnungseigentümer etwa eine Instandhaltungsmaßnahme beschlossen, ist ein erneuter Beschluss, der den Erstbeschluss aufhebt, anfechtbar, wenn der Erstbeschluss ordnungsmäßiger Verwaltung entsprach und im nachhinein keine zwingenden Gründe eingetreten sind, die gegen die Durchführung der Instandhaltungsmaßnahme sprechen (z.B. die Vordringlichkeit anderer Maßnahmen).

62 Jeder Wohnungseigentümer kann nach § 21 Abs. 3 und 4 verlangen, dass der neue Beschluss seine **schutzwürdigen Belange** aus dem Inhalt und den Wirkungen des ersten Beschlusses berücksichtigt.[96] Schutzwürdige Belange können insbesondere dann beeinträchtigt sein, wenn der Erstbeschluss für einen Wohnungseigentümer eine günstige Rechtsposition begründet hat, die durch den Zweitbeschluss eingeschränkt oder entzogen werden soll.[97] Das bedeutet jedoch nicht, dass durch einen Zweitbeschluss generell etwaige tatsächliche Vorteile erhalten bleiben müssen, die der Erstbeschluss begründet hat. In jedem Fall ist eine Abwägung zwischen den Interessen des begünstigten Wohnungseigen-

---

87 Vgl. OLG Hamm 15 W 396/03, ZMR 2004, 852; BayObLG 2Z BR 63/02, ZMR 2003, 50.
88 OLG München 34 Wx 103/06, ZMR 2007, 304; LG München I 1 S 1062/11, ZMR 2012, 44; *Wenzel*, ZMR 2005, 413.
89 LG Hamburg 318 S 111/10, ZMR 2011, 319; **a.A.** AG Hannover 480 C 11289/10, ZMR 2011, 336.
90 LG Hamburg 318 S 111/10, ZMR 2011, 319.
91 BGH V ZB 11/98, NJW 1998, 3713.
92 BGH V ZB 11/98, NJW 1998, 3713.
93 OLG München 34 Wx 46/07, NZM 2009, 548.
94 LG Nürnberg-Fürth 14 S 5126/09, ZMR 2010, 719.
95 BGH V ZB 8/90, NJW 1991, 979.
96 BGH V ZB 8/90, NJW 1991, 979.
97 BayObLG BReg 2 Z 134/87, WuM 1988, 322; OLG Stuttgart 8 W 37/89, OLGZ 1990, 175.

tümers und den Interessen der übrigen Eigentümer vorzunehmen. Überwiegen die Interessen des durch den Erstbeschluss begünstigten Eigentümers, kann der Zweitbeschluss erfolgreich angefochten werden.

Beispiele: Wurde einem Wohnungseigentümer durch Beschluss gestattet, eine bauliche Veränderung vorzunehmen (z.B. Anbringung einer Markise), darf diese Gestattung nicht durch einen erneuten Beschluss aufgehoben werden, wenn der begünstigte Wohnungseigentümer im Vertrauen auf den Erstbeschluss bereits Vermögensdispositionen getroffen hat. Schutzwürdige Belange einzelner Eigentümer werden beeinträchtigt, wenn die Wohnungseigentümer zunächst die Durchführung einer Sanierungsmaßnahme und deren Finanzierung aus der Instandhaltungsrücklage beschließen und später durch Zweitbeschluss regeln, dass die Kosten der Maßnahme nur von einzelnen Wohnungseigentümern getragen werden.[98]

Wohnungseigentümer können die Möglichkeit des Zweitbeschlusses dazu nutzen, einen bereits gefassten Beschluss, der wegen eines **Formfehlers** angefochten wurde, zu bestätigen und den Formfehler damit zu **heilen**. Wird nämlich bei der zweiten, formell ordnungsgemäßen Beschlussfassung der Beschlussantrag ebenfalls mehrheitlich angenommen, ist belegt, dass der Formfehler in der Erstversammlung keinen Einfluss auf das Beschlussergebnis hatte.[99] Das Beschlussanfechtungsverfahren gegen den Erstbeschluss erledigt sich mit der Bestandskraft des Zweitbeschlusses.[100] Unzulässig ist dagegen die ständige Wiederholung eines Beschlusses in der Hoffnung, bei der dritten oder fünften Wiederholung werde die Minderheit die Anfechtungsfrist versäumen oder aufgrund psychischer oder finanzieller Erschöpfung auf eine Anfechtung verzichten. Eine solche grundlose, inhaltsgleiche Wiederholung früherer Beschlüsse, die bereits Gegenstand von Anfechtungsverfahren sind, ist mit den Grundsätzen ordnungsmäßiger Verwaltung nicht vereinbar. Ist ein Beschluss aber bereits rechtskräftig für ungültig erklärt worden, ist die Rechtskraft kein Hindernis dafür, erneut einen Beschluss mit gleichem Inhalt zu fassen, der dann Gegenstand eines weiteren Anfechtungsverfahrens sein kann[101] (siehe auch Rn 85).

C. Bezeichnung des Beschlussgegenstandes (Abs. 2)

Bei der Einberufung der Eigentümerversammlung müssen die in der Versammlung abzuhandelnden Beschlussgegenstände so bezeichnet sein, dass die Wohnungseigentümer in die Lage versetzt werden, sich auf die Versammlung vorzubereiten und zu entscheiden, ob sie überhaupt an der Versammlung teilnehmen wollen.[102] An die Bezeichnung dürfen **keine übertriebenen Anforderungen** gestellt werden.[103] In der Regel genügt eine stichwortartige Bezeichnung,[104] wenn ein mit der Wohnanlage vertrauter Eigentümer erkennen kann, was Gegenstand der Eigentümerversammlung sein soll.[105] Die Wohnungseigentümer müssen verstehen und überblicken können, was in tatsächlicher und rechtlicher Hinsicht erörtert und beschlossen werden soll und welche Auswirkungen der vorgesehene Beschluss insoweit auf die Gemeinschaft und sie selbst hat.[106] Es ist nicht erforderlich, dass der Eigentümer sämtliche Einzelheiten des Gegenstandes übersehen und die Auswirkungen eines Beschlusses in jeder Hinsicht erkennen kann.[107] Der Inhalt eines beabsichtigten Beschlusses muss nicht bereits mitgeteilt werden.[108] Werden Beschlussanträge in der Einladung angekündigt, können diese in der Versammlung noch abgeändert werden, soweit das angekündigte Beschlussthema nicht verlassen wird. **Je bedeutsamer** oder schwerwiegender die Angelegenheit für die Eigentümer und je geringer der Wissensstand des einzelnen Eigentümers ist, **desto ausführlicher** muss die Bezeichnung in der Einladung sein.[109] War eine Angelegenheit hingegen schon mehrfach Gegenstand von Eigentümerversammlungen, kann die Bezeichnung kürzer ausfallen, als wenn sich die Versammlung erstmals mit der Angelegenheit befassen soll.[110] In der Einladung muss nicht ausdrücklich darauf hingewiesen werden, dass zu dem betreffenden Tagesordnungspunkt ein Beschluss gefasst werden soll.[111] **Geschäftsordnungsbeschlüsse**, die ausschließlich den Ablauf der Versammlung betreffen, bedürfen keiner Ankündigung.[112]

Von der Ankündigung des Beschlussgegenstandes nach § 23 Abs. 2 zu unterscheiden ist die Frage, welche Informationen und Unterlagen den Wohnungseigentümern **im Zeitpunkt der Beschlussfassung** vorliegen müssen, um eine hinreichend abgewogene Entscheidung treffen zu können. Die Einladung zur Eigentümerversammlung muss die Wohnungseigentümer lediglich darüber informieren, welches Thema in der Versammlung behandelt werden soll und welche Auswirkungen eine etwaige Beschlussfassung auf die Gemeinschaft und auf den einzelnen Eigentümer hat. Unabhängig davon müssen den Wohnungseigentümern aber spätestens in der Versammlung alle notwendigen Informationen für eine ordnungsgemäße Entscheidungsfindung vorliegen. Ob es genügt, den Eigentümern diese In-

---

98 LG Itzehoe 11 S 42/10, ZMR 2011, 998; 11 S 33/09, NZM 2010, 482.
99 BayObLG 2Z BR 96/02, ZMR 2003, 217; KG 24 W 17/08, ZMR 2009, 790.
100 BGH V ZB 30/02, NJW 2002, 3704.
101 LG Hamburg 318 S 121/10, ZMR 2011, 586.
102 OLG Düsseldorf 3 Wx 7/01, ZMR 2001, 723.
103 LG Itzehoe 11 S 51/10, ZMR 2012, 219.
104 BGH V ZR 129/11, NZM 2012, 275.
105 OLG Celle 4 W 6/02, ZWE 2002, 474.
106 BGH V ZR 129/11, NZM 2012, 275.
107 *Riecke/Schmid/Drabek*, § 23 Rn 30.
108 OLG Celle 4 W 6/02, ZWE 2002, 474.
109 OLG München 34 Wx 49/06, ZMR 2006, 954; LG Karlsruhe 11 S 9/08, ZMR 2011, 588.
110 BayObLG 2Z BR 261/03, ZMR 2005, 460.
111 BayObLG 2Z BR 261/03, ZMR 2005, 460.
112 LG Frankfurt 2–13 S 118/10, NZM 2012, 120; *Jennißen/Elzer*, § 23 Rn 59.

formationen erst in der Versammlung zu präsentieren oder ob die Informationen bereits vor der Versammlung den Eigentümern zur Verfügung gestellt werden müssen (ggf. mit der Einladung zur Eigentümerversammlung oder sogar noch eher), ist eine Frage des Einzelfalls. Je umfangreicher die auszuwertenden Unterlagen sind und je komplizierter der entscheidungserhebliche Sachverhalt ist, desto mehr Vorbereitungszeit ist den Wohnungseigentümern einzuräumen. Eine zu beschließende Jahresabrechnung etwa muss den Eigentümern ca. zwei Wochen vor der Eigentümerversammlung im Entwurf zur Verfügung gestellt werden, um diesen auf inhaltliche Richtigkeit und Vollständigkeit überprüfen und ggf. noch Einsicht in die Verwaltungsunterlagen nehmen zu können (siehe § 28 Rn 150). Dies schließt nicht aus, dass der Abrechnungsentwurfs noch kurz vor oder in der Versammlung korrigiert wird, wenn den Eigentümern die Korrektur in der Versammlung nachvollziehbar erläutert wird.[113]

67 Beispiele aus der Rechtsprechung: Die Bezeichnungen **„Wahl eines Verwalters"** und **„Bestellung eines Verwalters"** umfassen die Bestellung eines Verwalters, die Beschlussfassung über den Verwaltervertrag und das Verwalterhonorar[114] sowie die Abwahl des bisherigen Verwalters.[115] Die Bezeichnung **„Wiederwahl des Verwalters"** erlaubt auch die Bestellung eines anderen Verwalters. Die Formulierung „Neuwahl der Hausverwaltung" deckt die Wiederwahl des bisherigen Verwalters und den Abschluss eines Verwaltervertrages mit diesem ab.[116] Die Bezeichnung **„Wirtschaftsplan 1988"** erfasst auch die Beschlussfassung über die Fortgeltung des Wirtschaftsplans über das Wirtschaftsjahr hinaus[117] sowie die Beschlussfassung über die Erhöhung der Zuführung zur Rücklage.[118] Der Tagesordnungspunkt **„Hausfassade Rückseite"** erlaubt einen Beschluss über die gerichtliche Geltendmachung von Mängelrechten gegen den Bauträger, wenn alle Wohnungseigentümer bereits vorab über die Schadhaftigkeit der Fassade informiert wurden.[119] Sind in der Tagesordnung Instandhaltungsmaßnahmen angekündigt, erfasst dies auch die Beschlussfassung über die **Finanzierung** durch Entnahme aus der Instandhaltungsrücklage oder durch Sonderumlage.[120] Bei einer geplanten Großsanierung einer mittelgroßen Wohnanlage reicht die Angabe „Beschluss über ergänzende und weiterführende Beschlüsse zur Großsanierung" nicht aus, wenn über konkrete bauliche Einzelmaßnahmen beschlossen werden soll.[121] Unter dem Tagesordnungspunkt **„Verschiedenes"** können nur Beschlüsse von völlig untergeordneter Bedeutung mit keiner oder einer nur sehr geringen finanziellen Bedeutung gefasst werden, die die Grenze des Belanglosen nicht überschreitet.[122]

68 Ein **Verstoß** gegen Abs. 2 begründet grundsätzlich die **Anfechtbarkeit** des nicht ausreichend angekündigten Beschlusses. Eine Ungültigerklärung scheidet nur dann aus, wenn feststeht, dass der Beschluss bei ordnungsgemäßer Ankündigung ebenso gefasst worden wäre und keine materiellen Beschlussfehler vorliegen.[123] Die **Darlegungslast** liegt insoweit bei denjenigen Eigentümern, die den Beschluss trotz unzureichender Ankündigung gefasst haben. Das Gericht kann gemäß § 49 Abs. 2 die **Kosten des Beschlussanfechtungsverfahrens** dem Verwalter auferlegen, wenn dieser die unzureichende Bezeichnung des Beschlussgegenstandes grob fahrlässig oder vorsätzlich verursacht hat. Haben jedoch bei einer sog. **„Vollversammlung"** sämtliche Wohnungseigentümer auf die Einhaltung der Formvorschrift des § 23 Abs. 2 verzichtet, wird der Verfahrensmangel der fehlenden Bezeichnung des Gegenstands bei der Einberufung geheilt.[124] Ein Verzicht kann unterstellt werden, wenn kein Eigentümer vor der Abstimmung die fehlende Bezeichnung des Beschlussgegenstandes in der Einladung rügt.[125]

D. Beschlussfassung im schriftlichen Verfahren (Abs. 3)

69 Ohne Versammlung kann ein Beschluss im schriftlichen Verfahren gefasst werden, wenn sich **alle Wohnungseigentümer** an diesem Verfahren beteiligen und dem Beschluss zustimmen (§ 23 Abs. 3). Die **Zustimmung** muss sich sowohl auf den Umstand, dass außerhalb einer Versammlung im schriftlichen Verfahren beschlossen werden soll, als auch auf den **Beschlussantrag** selbst beziehen.[126] Eine Zustimmung in der Sache wird in der Regel so zu verstehen sein, dass sie sich auch auf das Procedere bezieht. Ein Wohnungseigentümer, der vom **Stimmrecht ausgeschlossen** ist (siehe § 25 Rn 28 ff.), muss nur dem Procedere, nicht aber in der Sache zustimmen.[127] Ansonsten ist die Zustimmung aller Wohnungseigentümer auch dann erforderlich, wenn in einer Versammlung Stimmenmehrheit zur Beschlussfassung ausreichen würde (analog § 32 Abs. 2 BGB). (Zur Abdingbarkeit des Allstimmigkeitserfordernisses siehe Rn 1.)

---

113 LG München I 1 S 23229/08, ZMR 2010, 554.
114 OLG Celle 4 W 143/04, NZM 2005, 308.
115 KG 24 W 1435/88, ZMR 1989, 186.
116 OLG München 34 Wx 46/07, NZM 2009, 548.
117 KG 24 W 3798/90, NJW-RR 1990, 1298.
118 BayObLG 2Z BR 48/95, WE 1996, 234.
119 BayObLG BReg 2 Z 3/73, MDR 1973, 584.
120 OLG Düsseldorf 3 Wx 7/01, ZMR 2001, 723.
121 OLG München 34 Wx 49/06, ZMR 2006, 954.
122 OLG München 34 Wx 76/05, NZM 2005, 825; OLG Hamm 15 W 218/91, NJW-RR 1993, 468; Staudinger/*Bub*, § 23 Rn 196 f. m.w.N.
123 OLG München 34 Wx 76/05, NZM 2005, 825.
124 OLG Celle 4 W 143/04, NZM 2005, 308.
125 LG Hamburg 318 S 21/11, ZMR 2011, 824.
126 *Bärmann/Merle*, § 23 Rn 98.
127 *Kümmel*, ZWE 2000, 62; *F Schmidt*, ZWE 2000, 155; **a.A.** Staudinger/*Bub*, § 23 Rn 216; *Bärmann/Merle*, § 23 Rn 100; BayObLG 2Z BR 89/01, ZMR 2002, 138: Zustimmung auch in der Sache erforderlich.

Die Zustimmung ist **schriftlich** zu erklären. Dies erfordert gemäß § 126 BGB mindestens die eigenhändige Unterschrift des Erklärenden. Ein **Telefax** genügt nicht.[128] Die Unterschrift kann auf ein Zirkular gesetzt werden, das von einem Eigentümer zum nächsten gegeben wird und am Ende zum Beschlussinitiator zurückgelangt. Verkündet der Beschlussinitiator das Zustandekommen eines positiven Beschlusses, obwohl nicht alle Stimmen in Schriftform abgegeben wurden, ist der Beschluss lediglich anfechtbar und nicht nichtig,[129] da das in Abs. 3 geregelte Schriftformerfordernis abdingbar ist (siehe Rn 1). 70

Neben dem Verwalter ist jeder Wohnungseigentümer zur **Einleitung** eines schriftlichen Beschlussverfahrens berechtigt, sofern die Gemeinschaftsordnung nichts anderes bestimmt.[130]

Ein **Beschluss** ist gefasst, wenn der Beschlussinitiator das Beschlussergebnis feststellt und allen Wohnungseigentümern das Beschlussergebnis **bekannt gibt**.[131] Ein Zugang der Verkündung bei jedem Wohnungseigentümer ist nicht erforderlich. Es genügt jede Form der Unterrichtung, etwa durch Aushang, wenn mit einer Kenntnisnahme durch die Wohnungseigentümer gerechnet werden kann.[132] Ab diesem Zeitpunkt beginnt auch die Anfechtungsfrist zu laufen. Der Beschlussinitiator kann und sollte eine Frist setzen, innerhalb derer die Stimmberechtigten ihre Stimme abzugeben haben. Liegen nach Ablauf der Frist nicht sämtliche Stimmabgaben vor, ist der Beschlussantrag abgelehnt. 71

Solange nicht sämtliche nach § 23 Abs. 3 erforderlichen Zustimmungserklärungen vorliegen, fehlt es an einer Wirksamkeitsvoraussetzung des Beschlusses. Umstritten ist, welche Rechtsfolgen eintreten, wenn der Beschlussinitiator **trotz Fehlens der erforderlichen Zustimmungserklärungen** einen positiven Beschluss verkündet. Geht man mit der h.M. davon aus, dass § 23 Abs. 3 insoweit zwingendes Recht darstellt, als das Allstimmigkeitsprinzip nicht durch Vereinbarung gegen das Mehrheitsprinzip ersetzt werden könne (vgl. Rn 1), wäre der fehlerhaft verkündete Beschluss als nichtig anzusehen,[133] denn gemäß § 23 Abs. 1 S. 1 ist ein Beschluss nichtig, der gegen eine Rechtsvorschrift verstößt, auf deren Einhaltung rechtswirksam nicht verzichtet werden kann. Wie unter Rn 1 ausgeführt, ist das Allstimmigkeitserfordernis des Abs. 3 jedoch dahingehend abdingbar, dass im schriftlichen Beschlussverfahren ein positiver Beschluss auch dann zustande kommen kann, wenn mehr als die Hälfte aller Stimmen für den Beschlussantrag votiert. Folglich ist ein vom Beschlussinitiator verkündeter Beschluss dann wirksam (aber anfechtbar), wenn dem Beschlussantrag die absolute Mehrheit aller Wohnungseigentümer zugestimmt hat.[134] Nichtig ist hingegen ein vom Beschlussinitiator verkündeter Beschluss, wenn lediglich eine relative Mehrheit mit „Ja" gestimmt hat.[135] 72

Bis zur Verkündung des Beschlussergebnisses kann jeder Wohnungseigentümer seine Zustimmung **widerrufen**.[136] 73

E. Fehlerhafte Beschlüsse (Abs. 4)

Das Gesetz unterteilt die fehlerhaften Beschlüsse danach, ob sie nichtig oder nur anfechtbar sind. 74

I. Nichtige Beschlüsse

1. Nichtigkeitsgründe

Ein Nichtigkeitsgrund kann im Zustandekommen oder im Regelungsinhalt des Beschlusses liegen. **Formelle Nichtigkeitsgründe** sind z.B. die bewusste Nichtladung eines Wohnungseigentümers oder der vorsätzlich rechtswidrige Ausschluss eines stimmberechtigten Wohnungseigentümers von der Versammlung. 75

Nichtig ist ein Beschluss, der gegen eine **Rechtsvorschrift verstößt**, auf deren Einhaltung rechtswirksam nicht verzichtet werden kann (Abs. 4 S. 1). Nichtig ist z.B. eine Beschlussfassung, wonach zwei Personen gleichzeitig das Verwalteramt bekleiden sollen[137] oder dem Verwalter die Erfüllung der ihm nach § 27 Abs. 1 bis 3 obliegenden Aufgaben (z.B. die Verwahrung der Gemeinschaftsgelder) untersagt wird. Auch ein Verstoß gegen zwingende Vorschriften des BGB oder zwingende Vorschriften des öffentlichen Rechts führt zur Nichtigkeit des Beschlusses.[138] 76

Nichtig sind gem § 134 BGB Beschlüsse, die gegen ein **gesetzliches Verbot** verstoßen.[139] Darunter fallen insbesondere Beschlüsse, die ein durch Strafgesetz sanktioniertes Verhalten gestatten oder den Verwalter zu einem solchen Verhalten verpflichten, z.B. die Durchführung einer Instandsetzungsmaßnahme in Schwarzarbeit. § 134 BGB findet jedoch nicht bei Verstößen gegen bauordnungsrechtliche Vorschriften Anwendung.[140] 77

---

128 Staudinger/*Bub*, § 23 Rn 98; *Bärmann/Merle*, § 23 Rn 96.
129 *R. Breiholdt*, ZMR 2010, 168; AG Hamburg-Barmbek 881 II 34/06, ZMR 2009, 406.
130 *Bärmann/Merle*, § 23 Rn 95.
131 BGH V ZB 10/01, NJW 2001, 3339.
132 BGH V ZB 10/01, NJW 2001, 3339.
133 BayObLG 2Z BR 89/01, ZMR 2002, 138; OLG Zweibrücken 3 W 179/02, ZMR 2004, 60.
134 So im Ergebnis auch *R. Breiholdt*, ZMR 2010, 168; *Bärmann/Merle*, § 23 Rn 104.
135 **A.A.** für Wirksamkeit des Beschlusses wohl *R Breiholdt*, ZMR 2010, 168; *Bärmann/Merle*, § 23 Rn 104, die allerdings nicht nach der erreichten Stimmenmehrheit differenzieren.
136 *Bärmann/Merle*, § 23 Rn 106; *Palandt/Bassenge*, § 23 Rn 6; **a.A.** *Weitnauer/Lüke*, § 23 Rn 11, der die einmal erklärte Zustimmung als bindend ansieht; Staudinger/*Bub*, § 23 Rn 222, der die Erklärung als bindend ansieht, wenn die letzte Zustimmung beim Initiator eingeht.
137 BGH V ZB 4/89, NJW 1989, 2059.
138 Staudinger/*Bub*, § 23 Rn 251 ff.
139 BGH VII ZB 3/70, NJW 1970, 1316; V ZB 4/89, NJW 1989, 2059.
140 OLG Hamm 15 W 444/00, ZWE 2002, 44.

78 Gemäß § 138 BGB ist ein Beschluss nichtig, der gegen die **guten Sitten verstößt**.[141] Ob ein Sittenverstoß vorliegt, ist wertend nach dem Anstandsgefühl aller billig und gerecht Denkenden zu ermitteln.[142] Der Begriff der guten Sitten wird durch die herrschende Rechts- und Sozialmoral inhaltlich bestimmt, wobei ein durchschnittlicher Maßstab anzulegen ist.[143] Abzustellen ist nicht nur auf den objektiven Gehalt des Beschlusses, sondern auch auf die Motive der Wohnungseigentümer sowie den Zweck der Regelung. Auf die Kenntnis der Sittenwidrigkeit kommt es nicht an. Es genügt, wenn sich die beschlussfassenden Wohnungseigentümer der Umstände bewusst sind, aus denen sich die Sittenwidrigkeit ergibt.[144] **Beispiele**: Nichtig ist nach Ansicht des BGH ein Beschluss, der das **Musizieren** in der Wohnung vollständig **verbietet**.[145] Gleiches soll für einen Beschluss gelten, der die Musizierzeiten derart einschränkt, dass dies einem völligem Musizierverbot gleichkommt.[146] Ein Beschluss, der das Abstellen eines **Rollstuhls im Treppenhaus verbietet**, kann im Einzelfall gegen die guten Sitten verstoßen, wenn es keine andere Abstellmöglichkeit für den Rollstuhl gibt.[147]

79 Nichtig ist ein Beschluss, der wegen **inhaltlicher Unbestimmtheit** oder Widersprüchlichkeit keine durchführbare Regelung enthält.[148] Nichtig ist daher z.B. ein Beschluss, der das Singen und Musizieren außerhalb von Ruhezeiten nur in „nicht belästigender Weise und Lautstärke" gestattet,[149] oder ein Beschluss, der eine bauliche Veränderung genehmigt, ohne die bauliche Veränderung hinreichend bestimmt zu beschreiben.[150] Lässt der Beschluss eine durchführbare Regelung noch erkennen, ist er wirksam, aufgrund seines zweifelhaften Inhalts aber anfechtbar.[151] Nur anfechtbar ist daher ein Beschluss, wonach Kinderwagen im Flur **vorübergehend** abgestellt werden dürfen[152] oder der Verwalter bestimmte Aufträge „nach Rücksprache mit dem Verwaltungsbeirat" vergeben darf.[153]

80 Gegenstandslos und damit nichtig ist ein Beschluss, der von den Wohnungseigentümern etwas **Undurchführbares** verlangt.[154] Dies gilt etwa für eine Gebrauchsregelung, die wegen der baulichen Beschaffenheit der Wohnanlage niemand einhalten kann.

81 Nichtig ist ein Beschluss, wenn den Eigentümern zur Regelung der betreffenden Angelegenheit die **Beschlusskompetenz fehlt** (siehe Rn 11 ff.).

2. Rechtsfolgen der Nichtigkeit

82 Ein nichtiger Beschluss ist von Anfang an unwirksam. Auf die Nichtigkeit kann sich jeder berufen, ohne dass es einer gerichtlichen Entscheidung über die Nichtigkeit bedarf.[155] Gleichwohl kann im Einzelfall ein Rechtsschutzbedürfnis bestehen, im Wege einer Feststellungsklage nach § 43 Nr. 4 die Nichtigkeit eines Beschlusses feststellen zu lassen.

II. Anfechtbare Beschlüsse

83 Sonstige Beschlussfehler, die nicht die Nichtigkeit des Beschlusses zur Folge haben, lassen die Wirksamkeit des Beschlusses zunächst unberührt. Der Beschluss bindet sämtliche Wohnungseigentümer und ist vom Verwalter gemäß § 21 Abs. 1 Nr. 1 durchzuführen. Dies gilt auch dann, wenn eine Beschlussanfechtungsklage anhängig ist.[156] Gemäß § 23 Abs. 4 S. 2 ist der Beschluss erst ungültig, wenn ein Gericht ihn durch **rechtskräftiges Urteil** für ungültig erklärt hat. Das Urteil hat zur Folge, dass der Beschluss rückwirkend aufgehoben wird. Wurde der Beschluss bereits vollzogen, kann der Anfechtungskläger gegebenenfalls einen **Folgenbeseitigungsanspruch** gegen die übrigen Wohnungseigentümer oder die Gemeinschaft geltend machen. Dieser Anspruch ist auf Beseitigung der Folgen der Beschlussfassung und Beschlussdurchführung gerichtet.[157] Die bloße Rechtshängigkeit einer Anfechtungsklage nach § 46 Abs. 1 lässt die Wirksamkeit des Beschlusses vorerst unberührt.

84 Wird ein fehlerhafter (aber nicht nichtiger) Beschluss nicht innerhalb der Frist des § 46 Abs. 1 S. 2 gerichtlich angefochten, erwächst der Beschluss in **Bestandskraft**. Die Bestandskraft hat zur Folge, dass kein Wohnungseigentümer oder sonstiger Stimmberechtigter sich auf die Fehlerhaftigkeit des Beschlusses berufen kann. Ein Beschluss erwächst auch dann in Bestandskraft, wenn eine **Anfechtungsklage als unbegründet abgewiesen** wird (§ 48 Abs. 4).

---

141 BGH V ZB 2/93, NJW 1994, 3230; V ZB 5/95, NJW 1995, 2036.
142 BGHZ 69, 269.
143 Palandt/*Ellenberger*, § 138 BGB, Rn 2.
144 BGH NJW 2005, 2991.
145 BGH V ZB 11/98, NJW 1998, 3713.
146 OLG Hamm 15 W 122/80, MDR 1981, 320; **a.A.** BayObLG 2Z BR 96/01, ZWE 2001, 595; zu einer noch zulässigen Musizierzeitenregelung siehe OLG Hamm 15 W 181/85, OLGZ 1986, 167.
147 OLG Düsseldorf 3 W 227/83, ZMR 1984, 161.
148 OLG Hamm 15 W 331/90, WE 1991, 108; Staudinger/*Bub*, § 23 Rn 256 f.; *Bärmann/Merle*, § 23 Rn 147 f.
149 BGH V ZB 11/98, NJW 1998, 3713.
150 OLG Düsseldorf I-3 Wx 234/04, ZMR 2005, 143.
151 BGH V ZB 11/98, NJW 1998, 3713; BayObLG 2Z BR 1/02, NZM 2002, 747; 2Z BR 124/01, NZM 2002, 875; 2Z BR 124/04, NZM 2005, 107; OLG Hamburg 2 Wx 149/00, ZMR 2001, 725.
152 OLG Hamm 15 W 444/00, ZWE 2002, 44.
153 AG Hamburg-Blankenese 539 C 43/09, ZMR 2010, 563.
154 BayObLG 2Z BR 15/96, WuM 1996, 439; Staudinger/*Bub*, § 23 Rn 255.
155 BGH V ZB 4/89, NJW 1989, 2059.
156 LG Frankfurt 2–13 S 32/09, ZMR 2010, 787.
157 Vgl. *Bärmann/Merle*, § 23 Rn 193; Staudinger/*Wenzel*, § 43 Rn 43; *Wenzel*, WE 1998, 455; *Gottschalg*, NZM 2001, 113.

Ein auf die Ungültigerklärung eines Beschlusses gerichtetes rechtskräftiges Urteil hindert die Wohnungseigentümer grundsätzlich nicht, einen **Beschluss mit gleichem Inhalt** erneut zu fassen.[158] Die Rechtskraft des Urteils erfasst nur den Erstbeschluss. Der Zweitbeschluss bedarf wiederum der Anfechtung, wenn er an formellen oder inhaltlichen Fehlern leidet. Die erneute Fassung eines angefochtenen oder für ungültig erklärten Beschlusses kann sinnvoll sein, um formelle Beschlussfehler zu heilen. Wird ein Beschluss wegen eines formellen Beschlussfehlers in begründeter Weise angefochten, kann die Gemeinschaft einer Verurteilung dadurch entgehen, dass sie den Beschlussinhalt unter Vermeidung des formellen Beschlussfehlers erneut beschließt und zugleich den Erstbeschluss aufhebt. Wird der Zweitbeschluss bestandskräftig, erledigt sich die Anfechtung des Erstbeschlusses.

Will ein Wohnungseigentümer die Durchführung eines gerichtlich angefochtenen, aber noch nicht rechtskräftig für ungültig erklärten Beschlusses verhindern, kann er im **einstweiligen Verfügungsverfahren** beantragen, den Beschluss bis zur rechtskräftigen Entscheidung über die Beschlussanfechtungsklage außer Kraft zu setzen.[159] Passivlegitimiert hierfür sind die übrigen Wohnungseigentümer nicht der Verwalter. Da der Erlass einer einstweiligen Verfügung allerdings einen Verfügungsgrund voraussetzt, hat der Antrag an das Gericht nur Erfolg, wenn infolge der Durchführung des Beschlusses Zustände geschaffen würden, die nicht wieder rückgängig gemacht werden könnten oder wenn vorhandene Zustände unwiederbringlich zerstört würden oder die Rechtswidrigkeit des Beschluss bei eindeutiger Sach- und Rechtslage offenkundig ist.[160] Die bloße Gefahr, der Verwalter könnte einen gefassten Beschluss durchführen, begründet noch keinen Verfügungsgrund, wenn die Wirkungen des Beschlusses rückgängig gemacht werden können.

§ 24 Einberufung, Vorsitz, Niederschrift

(1) Die Versammlung der Wohnungseigentümer wird von dem Verwalter mindestens einmal im Jahr einberufen.

(2) Die Versammlung der Wohnungseigentümer muss von dem Verwalter in den durch Vereinbarung der Wohnungseigentümer bestimmten Fällen, im Übrigen dann einberufen werden, wenn dies schriftlich unter Angabe des Zweckes und der Gründe von mehr als einem Viertel der Wohnungseigentümer verlangt wird.

(3) Fehlt ein Verwalter oder weigert er sich pflichtwidrig, die Versammlung der Wohnungseigentümer einzuberufen, so kann die Versammlung auch, falls ein Verwaltungsbeirat bestellt ist, von dessen Vorsitzenden oder seinem Vertreter einberufen werden.

(4) ¹Die Einberufung erfolgt in Textform. ²Die Frist der Einberufung soll, sofern nicht ein Fall besonderer Dringlichkeit vorliegt, mindestens zwei Wochen betragen.

(5) Den Vorsitz in der Wohnungseigentümerversammlung führt, sofern diese nichts anderes beschließt, der Verwalter.

(6) ¹Über die in der Versammlung gefassten Beschlüsse ist eine Niederschrift aufzunehmen. ²Die Niederschrift ist von dem Vorsitzenden und einem Wohnungseigentümer und, falls ein Verwaltungsbeirat bestellt ist, auch von dessen Vorsitzenden oder seinem Vertreter zu unterschreiben. ³Jeder Wohnungseigentümer ist berechtigt, die Niederschriften einzusehen.

(7) ¹Es ist eine Beschluss-Sammlung zu führen. ²Die Beschluss-Sammlung enthält nur den Wortlaut
1. der in der Versammlung der Wohnungseigentümer verkündeten Beschlüsse mit Angabe von Ort und Datum der Versammlung,
2. der schriftlichen Beschlüsse mit Angabe von Ort und Datum der Verkündung und
3. der Urteilsformeln der gerichtlichen Entscheidungen in einem Rechtsstreit gemäß § 43 mit Angabe ihres Datums, des Gerichts und der Parteien,

soweit diese Beschlüsse und gerichtlichen Entscheidungen nach dem 1. Juli 2007 ergangen sind. ³Die Beschlüsse und gerichtlichen Entscheidungen sind fortlaufend einzutragen und zu nummerieren. ⁴Sind sie angefochten oder aufgehoben worden, so ist dies anzumerken. ⁵Im Falle einer Aufhebung kann von einer Anmerkung abgesehen und die Eintragung gelöscht werden. ⁶Eine Eintragung kann auch gelöscht werden, wenn sie aus einem anderen Grund für die Wohnungseigentümer keine Bedeutung mehr hat. ⁷Die Eintragungen, Vermerke und Löschungen gemäß den Sätzen 3 bis 6 sind unverzüglich zu erledigen und mit Datum zu versehen. ⁸Einem Wohnungseigentümer oder einem Dritten, den ein Wohnungseigentümer ermächtigt hat, ist auf sein Verlangen Einsicht in die Beschluss-Sammlung zu geben.

---

[158] LG Hamburg 318 S 121/10, ZMR 2011, 586.
[159] Siehe auch *Bonifacio*, ZMR 2007, 592.
[160] LG Frankfurt 2–13 S 32/09, ZMR 2010, 787.

(8) ¹Die Beschluss-Sammlung ist von dem Verwalter zu führen. ²Fehlt ein Verwalter, so ist der Vorsitzende der Wohnungseigentümerversammlung verpflichtet, die Beschluss-Sammlung zu führen, sofern die Wohnungseigentümer durch Stimmenmehrheit keinen anderen für diese Aufgabe bestellt haben.

A. Allgemeines, Abdingbarkeit	1
B. Einberufung der Versammlung	2
I. Einberufungsberechtigte Personen (Abs. 3)	2
1. Verwalter	2
2. Verwaltungsbeirat	3
3. Wohnungseigentümer	4
4. Einberufung durch unzuständige Person	5
II. Pflicht des Verwalters zur Einberufung (Abs. 2)	7
1. Jährliche Versammlung	7
2. Einberufungsverlangen der qualifizierten Minderheit	8
3. Einberufung im Rahmen ordnungsmäßiger Verwaltung	14
4. Durchsetzung des Anspruchs auf Einberufung gegen den Verwalter	15
III. Form der Einberufung (Abs. 4)	16
IV. Einberufungsfrist (Abs. 4)	18
V. Inhalt der Einberufung (Tagesordnung)	22
VI. Ort der Versammlung	25
VII. Zeit der Versammlung	29
VIII. Einzuladende Personen	31
IX. Zugang der Einberufung und Folgen der Nichtladung	35
X. Absage einer Versammlung	38
C. Durchführung der Versammlung	39
I. Teilnahmeberechtigte Personen	39
1. Wohnungseigentümer und gesetzliche Vertreter/Amtswalter	39
2. Zulässigkeit von Bevollmächtigten	43
3. Teilnahme von Beratern (Anwälten)	50
4. Gäste	53
5. Verwalter	55
6. Verwaltungsbeirat	56
7. Rechtswidriger Ausschluss von der Versammlung	57
II. Verstoß gegen Nichtöffentlichkeitsgrundsatz	58
III. Versammlungsleitung (Abs. 5)	59
IV. Beendigung	62
V. Geschäftsordnung	63
D. Versammlungsniederschrift (Abs. 6)	64
I. Inhalt der Niederschrift	65
II. Protokollersteller und Unterzeichner	67
III. Frist zur Erstellung, Versendung und Einsichtsrecht	71
IV. Berichtigung der Niederschrift	74
1. Verfahren	74
2. Gegenstand und Umfang der Berichtigung	77
E. Beschluss-Sammlung (Abs. 7 und 8)	80
I. Form	81
II. Inhalt und Erscheinungsbild	82
1. Reihenfolge der Eintragung	82
2. Nummerierung	83
3. Eintragung von Beschlüssen	84
4. Eintragung von Urteilen	86
5. Vermerke	91
6. Löschungen	92
III. Unverzüglichkeit der Eintragungen	93
IV. Verantwortlicher für die Beschluss-Sammlung	94
V. Korrektur	97
VI. Kein öffentlicher Glaube	98
VII. Einsichtsrecht	99

Literatur: *Becker,* Die Teilnahme an der Versammlung der Wohnungseigentümer, 1996; *ders.,* Der Einberufungsmangel und seine Heilung durch bestätigenden Beschluss, WE 1999, 162; *Drasdo,* Die Beschluss-Sammlung in der Reform des WEG, ZMR 2007, 501; *ders.,* Rechtsfragen zur Führung der Beschluss-Sammlung, ZWE 2008, 169; *Elzer,* Die Vertretung eines Wohnungseigentümers in der WEG-Versammlung, MietRB 2010, 29, *ders.,* WEG-Versammlung – Die Begleitung eines Wohnungseigentümers durch einen Dritten, MietRB 2010, 89; *Gottschalg,* Eigentümerversammlung in der (Schul-)Ferienzeit?, NZM 2009, 529; *Häublein,* Aktuelle Fragen der Einberufung und Durchführung von Wohnungseigentümerversammlungen, ZMR 2004, 723; *Heggen,* Die Unterschriften unter der Niederschrift über eine Wohnungseigentümerversammlung, NotBZ 2009, 401; *Kümmel,* Der einstimmige Beschluss als Regelungsinstrument der Wohnungseigentümer, ZWE 2001, 52; *Mankowski,* Die virtuelle Wohnungseigentümerversammlung, ZMR 2002, 246; *Merle,* Zur Absage einer einberufenen Versammlung der Wohnungseigentümer, ZMR 1980, 225; *ders.,* Neues WEG – Die Beschluss-Sammlung, ZWE 2007, 272; *Reichert,* Rechtsfragen der Beschluss-Sammlung, ZWE 2007, 388; *Schramm,* Die Beschluss-Sammlung nach § 24 Abs. 7 WEG, DWE 2007, 76.

A. Allgemeines, Abdingbarkeit

1 § 24 behandelt technische Fragen der Einberufung, des Vorsitzes und der Durchführung der Versammlung sowie der Protokollierung der in der Versammlung gefassten Beschlüsse. Mit Inkrafttreten der WEG-Novelle am 1.7.2007 ist die Frist zur Einberufung geändert (früher eine Woche) und die Vorschrift zur Beschluss-Sammlung (Abs. 7 und 8) neu eingefügt worden.

Alle Regelungen des § 24 sind grundsätzlich durch Vereinbarung **abdingbar**. Das Recht zur Teilnahme an der Versammlung darf aber nicht wesentlich eingeschränkt oder ausgeschlossen werden, da das Recht auf Mitwirkung an Beschlussfassungen das wichtigste Mitgliedschaftsrecht eines Wohnungseigentümers darstellt. Soweit teilweise die Ansicht vertreten wird, Abs. 2 könne nur zugunsten nicht aber zum Nachteil der Minderheit abgeändert werden,[1] überzeugt dies deswegen nicht, weil auch ohne Geltung des Abs. 2 jeder einzelne Wohnungseigentümer die Durchführung einer Eigentümerversammlung verlangen kann, wenn die Behandlung des beantragten Beschlussthemas nach den Grundsätzen ordnungsmäßiger Verwaltung erforderlich ist (siehe Rn 14). Das Recht der Minderheit auf Behandlung bestimmter Beschlussthemen durch die Versammlung ist damit ausreichend gewahrt.

---

1 Vgl. *Bärmann/Merle,* § 24 Rn 10 f.; **a.A.** OLG Hamm 15 W 34/73, NJW 1973, 2300.

B. Einberufung der Versammlung

I. Einberufungsberechtigte Personen (Abs. 3)

1. Verwalter

Eine Wohnungseigentümerversammlung kann grundsätzlich nur vom amtierenden **Verwalter** einberufen werden. Ist die Bestellungszeit des Verwalters bereits abgelaufen, ist der Verwalter nicht mehr zur Einberufung einer Versammlung berechtigt; dies gilt auch dann, wenn die Versammlung nur zwecks Wahl eines Verwalters durchgeführt werden soll. Steht das Ende der Bestellungszeit des Verwalters kurz bevor, kommt es für den Zeitpunkt der Einberufungsberechtigung des Verwalters auf den Zeitpunkt der Versendung der Einladung an, nicht auf den Zeitpunkt des Zugangs der Einladungserklärung oder den Tag der Eigentümerversammlung. Denn entscheidend ist, ob der Verwalter die Einladung (noch) versenden durfte. Nach Ansicht des AG Hamburg[2] kann jeder Wohnungseigentümer die Durchführung einer vom nicht mehr amtierenden Verwalter einberufenen Versammlung durch **einstweilige Verfügung** verhindern. Das Bestehen eines Verfügungsgrundes könne nicht mit dem Argument verneint werden, der Eigentümer könne die in der Versammlung gefassten Beschlüsse nachträglich gerichtlich anfechten, wenn diese formell oder materiell rechtswidrig sein sollten.

2. Verwaltungsbeirat

Der **Beirats**vorsitzende oder dessen Stellvertreter können zur Versammlung nur einladen, wenn ein Verwalter fehlt oder pflichtwidrig die Einberufung einer Versammlung verweigert (Abs. 3). Eine Ladungspflicht des Beirats besteht aber nicht, da es sich bei Abs. 3 um eine bloße Kann-Vorschrift handelt.[3] Gibt es zwar einen Verwaltungsbeirat, ist das Amt des Vorsitzenden oder des Stellvertreters aber nicht vergeben, muss die Einladung von allen amtierenden Beiratsmitgliedern ausgesprochen werden.[4]

3. Wohnungseigentümer

Fehlt ein Verwalter oder weigert dieser sich pflichtwidrig oder ist er an der Einberufung gehindert und gibt es auch keinen Verwaltungsbeirat oder macht der Beirat von seinem Ladungsrecht keinen Gebrauch, so kann sich ein **Wohnungseigentümer** im Einzelfall von allen Eigentümern zur Einberufung einer Eigentümerversammlung mit bestimmten Tagesordnungspunkten **ermächtigen lassen**. Verweigern allerdings alle oder einige Eigentümer diese Ermächtigung, obwohl die Durchführung der Eigentümerversammlung erforderlich ist und ordnungsmäßiger Verwaltung entspricht, kann jeder Eigentümer seinen Anspruch auf Ermächtigung eines ladungsbereiten Eigentümers zur Einberufung einer Eigentümerversammlung mit konkret bezeichneten Tagesordnungspunkten im Klagewege durchsetzen. Es handelt sich um ein Verfahren nach § 43 Nr. 1, für das der Richter funktionell zuständig ist.[5] Wenn ein Eigentümer gemäß § 21 Abs. 4 einen Anspruch auf Beschlussfassung über eine bestimmte Angelegenheit hat, dann muss er erst recht von den Eigentümern verlangen können, dass diese einen Eigentümer zur Einberufung einer Eigentümerversammlung ermächtigen, wenn es auf anderem Wege nicht zu einer Eigentümerversammlung kommen kann. Das Gericht trifft seine Entscheidung gemäß § 21 Abs. 8 nach billigem Ermessen. Die Kostenentscheidung folgt aus § 49 Abs. 1.

Weiterhin ist die Durchführung einer Eigentümerversammlung möglich, wenn sich **sämtliche Eigentümer** auf Ort, Zeit und Tagesordnung einer Versammlung **einigen** oder alle Eigentümer zu einer **Vollversammlung** zusammentreffen.[6]

4. Einberufung durch unzuständige Person

Umstritten ist, wie sich die **Einberufung durch eine unzuständige Person** auf die Wirksamkeit der in der Versammlung gefassten Beschlüsse auswirkt.[7] Entscheidend ist darauf abzustellen, ob der Wohnungseigentümer bei objektivem Verständnis des Ladungsschreibens davon ausgehen musste, dass eine Eigentümerversammlung stattfinden wird. Lädt ein **Dritter**, der in keiner rechtlichen oder faktischen Beziehung zur Verwaltung der Wohnanlage steht und/oder den Eigentümern unbekannt ist, liegt eine Nichtladung vor. Kommt es gleichwohl zu einer „Versammlung", sind die gefassten Beschlüsse nichtig, es handelt sich um Nichtbeschlüsse.[8] So liegt es etwa, wenn in einer verwalterlosen Wohnanlage ein Eigentümer ein fremdes Verwaltungsunternehmen bittet, zu einer Versammlung einzuladen, in der sich dann dieses Unternehmen als Verwalterkandidat vorstellt.

Wird die Versammlung hingegen durch einen hierzu nicht ermächtigten **Wohnungseigentümer** oder den **faktischen Verwalter** einberufen, dessen Bestellung unwirksam oder dessen Bestellungszeit abgelaufen ist, liegt eine wirksame Eigentümerversammlung vor, die allerdings an einem Einberufungsmangel leidet.[9] Die in der Versammlung gefassten Beschlüsse sind nach **h.M.** im Falle der **Anfechtung** für ungültig zu erklären, wenn nicht ausgeschlossen werden

---

2 AG Hamburg 102d C 127/09, ZMR 2010, 477.
3 Bärmann/Merle, § 24 Rn 23; **a.A.** Staudinger/Bub, § 24 Rn 75 ff.; AG Charlottenburg 74 C 25/09, ZMR 2010, 76.
4 Palandt/Bassenge, § 24 Rn 3.
5 OLG Zweibrücken 3 W 132/10, ZMR 2011, 155; AG Charlottenburg 74 C 25/09, ZMR 2010, 76; **a.A.** AG Köpenick 70 C 71/09, ZMR 2010, 569, wonach analog § 3 Nr. 1a RpflG sowie analog § 37 Abs. 2 BGB der Rechtspfleger zuständig sei.
6 BGH V ZR 222/10, ZMR 2011, 892.
7 Zum Streitstand ausführlich Staudinger/Bub, § 24 Rn 147 ff.
8 Bärmann/Merle, § 24 Rn 25; Jennißen/Elzer, § 23 Rn 24.
9 OLG Frankfurt 20 W 320/10, ZWE 2011, 337.

kann, dass sich die fehlerhafte Einberufung auf das Beschlussergebnis ausgewirkt hat.[10] Richtigerweise wird man darauf abstellen müssen, ob der Ladungsfehler für die spätere Beteiligung bzw. Nichtbeteiligung der Wohnungseigentümer an der Versammlung kausal war. Der Kläger ist für die Kausalitätsfrage darlegungs- und beweisbelastet. Es gibt keinen Grund, die in der Versammlung gefassten Beschlüsse für ungültig zu erklären, wenn sich der Ladungsfehler gar nicht auf die Beteiligung an der Versammlung ausgewirkt hat. Für einen Eigentümer, der an der Versammlung teilgenommen hat, hat sich der Ladungsmangel in der Regel nicht ausgewirkt, denn er hat der Einladung Folge geleistet. Andere Eigentümer mögen unabhängig vom Ladungsmangel der Versammlung ferngeblieben sein. Blieb ein Eigentümer hingegen wegen des Ladungsmangels (zu Recht) der Versammlung fern, kann – bei entsprechendem Sachvortrag des Anfechtungsklägers – in der Regel nicht ausgeschlossen werden, dass der Eigentümer in der Versammlung die Meinungsbildung beeinflussende Gesichtspunkte vorgebracht hätte, die zu einem anderen Abstimmungsergebnis geführt hätten.[11] Von der **Ursächlichkeit des Einberufungsmangels** ist dann grundsätzlich solange auszugehen, bis das Gegenteil zweifelsfrei festgestellt ist.[12] Gegen die Kausalität eines Einberufungsmangels kann der Umstand sprechen, dass die angefochtenen Beschlüsse ohne Gegenstimme gefasst wurden und der Kläger die Beschlüsse nicht inhaltlich angreift.[13] Die Kausalität des Einberufungsmangels kann jedoch ausgeschlossen werden, wenn in der Eigentümergemeinschaft Spannungen bestehen und der Anfechtungskläger dort weitgehend isoliert ist, weshalb die Wohnungseigentümer in ihrer Mehrheit auch nicht anders abgestimmt hätten, wenn der Kläger erschienen wäre, mitdiskutiert und mitabgestimmt hätte.[14]

II. Pflicht des Verwalters zur Einberufung (Abs. 2)

1. Jährliche Versammlung

7 Der Verwalter hat mindestens **einmal im Kalenderjahr** eine Wohnungseigentümerversammlung einzuberufen (§ 24 Abs. 1). In dieser Versammlung sind die Jahresabrechnung des Vorjahres und der Wirtschaftsplan zu beschließen. Die Versammlung ist weiterhin in den durch Vereinbarung bestimmten Fällen einzuberufen (§ 24 Abs. 2 Hs. 1).

2. Einberufungsverlangen der qualifizierten Minderheit

8 Darüber hinaus hat der Verwalter zu einer Eigentümerversammlung einzuladen, wenn dies schriftlich unter Angabe des Zwecks und der Gründe von mehr als einem Viertel der Wohnungseigentümer verlangt wird (§ 24 Abs. 2 Hs. 2). Das **Einberufungsverlangen** müssen **mehr als 25 Prozent** aller Eigentümer – gerechnet nach Köpfen – mittragen. Steht eine Wohnungseigentumseinheit im Bruchteilseigentum mehrerer Personen (z.B. Ehegatten), zählen die Bruchteilsberechtigten nur als ein Kopf. Das Einberufungsverlangen muss in diesem Fall analog § 25 Abs. 2 S. 2 von allen Bruchteilsberechtigten mitgetragen werden.[15] Hat ein Bruchteilsberechtigter allerdings darüber hinaus auch noch eine Einheit im Alleineigentum, stellt dieser Eigentümer neben der Bruchteilsgemeinschaft einen weiteren Kopf dar. Haben hingegen alle Bruchteilsberechtigten auch noch eine Einheit im Alleineigentum, bildet die Bruchteilsgemeinschaft neben den Bruchteilsberechtigten keinen weiteren Kopf (anders beim Stimmrecht).

9 Das Minderheitenquorum berechnet sich auch dann **nach Köpfen**, wenn das **Stimmrecht** einem anderen Kriterium – etwa Miteigentumsanteilen oder Anzahl der Einheiten – folgt.[16] Eigentümer, die bei der Beschlussfassung gemäß § 25 Abs. 5 vom **Stimmrecht ausgeschlossen** wären oder deren Stimmrecht ruht, können das Einberufungsverlangen nicht mittragen, da es auf deren Willen bei der Willensbildung innerhalb der Gemeinschaft gerade nicht ankommen soll.[17] Wer an der Abstimmung nicht teilnehmen darf, hat erst recht keinen Anspruch darauf, dass zu dem Beschlussgegenstand eine Eigentümerversammlung nebst Beschlussfassung stattfindet. Die Höhe und die Berechnung des Minderheitenquorums können durch Vereinbarung zulasten der Minderheit erschwert werden (siehe Rn 1).[18]

10 Das Minderheitenquorum muss im Zeitpunkt des Zugangs des **Einberufungsverlangens** beim Verwalter erfüllt sein.[19] Spätere Eigentümerwechsel lassen den Anspruch auf Durchführung einer Versammlung nicht entfallen. Nach Auffassung des LG Berlin besteht für einen gerichtlichen Antrag, den Verwalter zur Einberufung einer außerordentlichen Eigentümerversammlung zu verpflichten, kein Rechtsschutzbedürfnis, wenn der Kläger nicht zunächst vergeblich den Verwaltungsbeirat zur Einberufung der Wohnungseigentümerversammlung aufgefordert hat.[20]

11 Das Einberufungsverlangen muss **schriftlich** erklärt werden. Dies setzt gemäß § 126 BGB die eigenhändige Unterschrift des Erklärenden oder, im Falle einer elektronisch abgefassten Erklärung, gemäß § 126a BGB die Hinzufügung

---

10 Siehe BayObLG 2Z BR 113/04, NZM 2005, 307 und OLG Hamm 15 W 138/96, ZMR 1997, 49 für Einberufung durch Eigentümer; BayObLG 2Z BR 161/01, ZMR 2002, 532 für Einberufung durch faktischen Verwalter.
11 OLG Hamm 15 W 138/96, ZMR 1997, 49; Staudinger/*Bub*, § 24 Rn 152.
12 BayObLGZ 1992, 79.
13 LG Düsseldorf 25 S 56/10, ZMR 2011, 898.
14 BayObLG 2Z BR 161/01, ZMR 2002, 532; vgl. auch KG 24 W 6566/95, ZMR 1997, 154.
15 Staudinger/*Bub*, § 24 Rn 68.
16 OLG Hamm 15 W 34/73, NJW 1973, 2300.
17 **A.A.** Staudinger/*Bub*, § 24 Rn 68; *Jennißen/Elzer*, § 24 Rn 11.
18 **A.A.** BayObLG 2 Z 54/72, NJW 1973, 151; *Riecke/Schmid/Riecke*, § 24 Rn 66.
19 Palandt/*Bassenge*, § 24 Rn 2.
20 LG Berlin 85 T 4/90, GE 1990, 879; **a.A.** Staudinger/*Bub*, § 24 Rn 76.

des Namens und eine qualifizierte elektronische Signatur voraus. Ein **Telefaxschreiben** erfüllt das Schriftformerfordernis nicht.[21] Die Eigentümer müssen das Einberufungsverlangen nicht in einer Urkunde erklären. Es genügt, wenn mehrere Eigentümer unabhängig voneinander die Durchführung einer Eigentümerversammlung mit inhaltsgleichen Tagesordnungspunkten verlangen.[22] Wird das schriftliche Einberufungsverlangen von einem **Vertreter** (z.B. Rechtsanwalt) abgegeben, ist das Schriftformerfordernis auch ohne Beifügung einer schriftlichen Vollmacht gewahrt. Der Verwalter kann das Einberufungsverlangen allerdings gemäß § 174 BGB mit dem Hinweis auf die fehlende Vollmacht zurückweisen, wenn ihm die Vertretungsmacht nicht aufgrund anderer Umstände bekannt ist. Die Zurückweisung muss in diesem Fall unverzüglich erfolgen.

In dem Einberufungsverlangen müssen dem Verwalter der **Zweck** und **die Gründe** für die Durchführung der Eigentümerversammlung mitgeteilt werden. An die Erfüllung dieser Voraussetzungen sind allerdings nur **geringe Anforderungen** zu stellen. Die Eigentümer müssen lediglich zum Ausdruck bringen, welche Angelegenheiten in der Eigentümerversammlung behandelt werden sollen und warum nicht bis zur nächsten ordentlichen Eigentümerversammlung abgewartet werden könne. Beschlussanträge müssen nicht bereits vorformuliert werden. Der **Verwalter** ist **nicht berechtigt**, die von den Eigentümern genannten Gründe für die Durchführung der Versammlung auf Wahrheitsgehalt und Plausibilität zu überprüfen.[23] Nur wenn Angaben zum Zweck und der Gründe fehlen oder das Minderheitenrecht nach § 24 Abs. 2 offensichtlich missbraucht wird, kann der Verwalter die Einberufung der Eigentümerversammlung verweigern. Andernfalls muss er die Einberufung **unverzüglich** vornehmen.

Den **Zeitpunkt** der Versammlung bestimmt der Verwalter, ihm ist dabei ein **Ermessensspielraum** eingeräumt.[24] An Terminsvorgaben der Eigentümer ist er grundsätzlich nicht gebunden. Verzögert der Verwalter die Einberufung aber ungebührlich oder schiebt er den Termin für die Versammlung zu weit hinaus, kommt dies einer pflichtwidrigen Weigerung gleich.[25] Der Ermessensspielraum ist bei einer erst zweieinhalb Monate nach Eingang des Einberufungsverlangens stattfindenden Versammlung überschritten.[26] In der Regel sollte die Versammlung binnen zwei Wochen einberufen werden und binnen Monatsfrist stattfinden.[27]

3. Einberufung im Rahmen ordnungsmäßiger Verwaltung

Unabhängig vom Vorliegen eines Einberufungsverlangens nach § 24 Abs. 2 hat der Verwalter eine Eigentümerversammlung einzuberufen, wenn nach den Grundsätzen ordnungsmäßiger Verwaltung **dringend eine Beschlussfassung** der Eigentümer herbeigeführt werden muss. In diesem Fall kann jeder Wohnungseigentümer gemäß § 21 Abs. 4 vom Verwalter die Einberufung einer Eigentümerversammlung verlangen.

4. Durchsetzung des Anspruchs auf Einberufung gegen den Verwalter

Verweigert der Verwalter pflichtwidrig die Einberufung einer Eigentümerversammlung und lehnt auch der Verwaltungsbeirat die Ladung ab, kann jeder Wohnungseigentümer den Verwalter klageweise auf Einberufung der Versammlung in Anspruch nehmen. Der Anspruch folgt aus § 21 Abs. 4. Im Klageantrag sind die Tagesordnungspunkte zu benennen, die Gegenstand der Versammlung sein sollen (§ 23 Abs. 2). Der Klage fehlt nicht deshalb das Rechtsschutzbedürfnis, weil der Kläger sich selbst zur Einberufung einer Versammlung ermächtigen lassen könnte. Die Einberufung einer Versammlung ist originäre Aufgabe des Verwalters. Ein Einzeleigentümer muss den Zeit- und Kostenaufwand einer Einberufung nicht auf sich nehmen.

III. Form der Einberufung (Abs. 4)

Die Einberufung der Versammlung muss in **Textform** erfolgen. Die Textform verlangt eine in lesbaren Schriftzeichen abgefasste Erklärung oder Mitteilung. Der Urheber und der Abschluss der Erklärung müssen in geeigneter Weise erkennbar sein (§ 126b BGB). Die Unterschrift des Verwalters ist nicht erforderlich. Eine Einladung per Kopie, Fax oder E-Mail wäre ausreichend. Ein Ausdruck auf Papier ist nicht erforderlich, es genügt, wenn die Einladung dauerhaft gespeichert und auf einem Bildschirm gelesen werden kann. Es muss allerdings sichergestellt werden, dass der Empfänger die Möglichkeit zum Lesen des Dokuments hat. Die Einladung muss den Gegenstand der Beschlussfassung enthalten (siehe § 23 Rn 65). Die Einladung ist an die dem Verwalter **zuletzt mitgeteilte Anschrift** des Wohnungseigentümers zu versenden.

Verstöße gegen das **Textformerfordernis** führen im Fall der Anfechtung dann nicht zur Ungültigerklärung der in der Versammlung gefassten Beschlüsse, wenn feststeht, dass der Formfehler keinen Einfluss auf die Anzahl der in der Versammlung anwesenden oder vertretenen Wohnungseigentümer und auf die in der Versammlung gefassten Beschlüsse hatte.[28] Davon ist auszugehen, wenn die Einladung trotz des Formfehlers ihren Zweck erfüllt hat, weil alle Eigentümer verstanden haben, wann und wo die Eigentümerversammlung mit welchen Tagesordnungspunkten

---

21 BGH VIII ZR 244/96, NJW 1997, 3169.
22 BayObLG 1 b Z 25/89, WuM 1990, 464.
23 OLG München 34 Wx 28/06, ZMR 2006, 719; BayObLG 2Z BR 1/03, NZM 2003, 317; LG Hamburg 318 S. 77/09, ZMR 2011, 744.
24 BayObLG BReg 2 Z 72/90, WuM 1991, 131.
25 Vgl. OLG Hamm 15 W 177/79, OLGZ 1981, 24, 28.
26 BayObLG 2Z BR 1/03, NZM 2003, 317.
27 *Jennißen*/*Elzer*, § 24 Rn 16.
28 Staudinger/*Bub*, § 24 Rn 159.

stattfinden soll. Kann die **Kausalität** des Formverstoßes für das Abstimmungsergebnis hingegen nicht ausgeschlossen werden, sind die in der Versammlung gefassten Beschlüsse für ungültig zu erklären.[29]

IV. Einberufungsfrist (Abs. 4)

18 Die Frist zur Einberufung der Versammlung (§ 24 Abs. 4 S. 2) beträgt seit dem 1.7.2007 mindestens **zwei Wochen** (früher 1 Woche), falls nicht besondere Dringlichkeit eine kurzfristigere Einberufung erforderlich macht. Für die **Berechnung der Zwei-Wochen-Frist** gilt §§ 187 Abs. 1 BGB i.V.m. § 188 Abs. 2 BGB. Die Frist endet nach zwei Wochen mit dem Ablauf desjenigen Tages, der durch seine Benennung dem Tag entspricht, an dem die Einladung dem Eigentümer zuging. Die Versammlung kann frühestens am Folgetag stattfinden. Geht die Einladung etwa an einem Montag zu, kann die Versammlung frühestens am Dienstag der übernächsten Woche stattfinden. Ohne Bedeutung für die Fristberechnung ist, ob das Fristende auf einen Sonnabend, einen Sonntag oder einen sonstigen Feiertag fällt; § 193 BGB findet keine Anwendung, da es hier weder um die Abgabe einer Willenserklärung noch um die Bewirkung einer Leistung geht.[30]

19 Im Fall besonderer **Dringlichkeit** darf die Einladungsfrist nur um das unumgängliche Maß verkürzt werden. In der Eilversammlung dürfen auch nur dringliche Angelegenheiten behandelt werden. Die nicht dringlichen Angelegenheiten sind in einer mit der Regelfrist einzuberufenden Versammlung abzuhandeln.

20 Die Einberufungsfrist gilt auch für **nachgeschobene Tagesordnungspunkte**.[31] (Zur nachträglichen Ergänzung der Tagesordnung durch den Verwalter siehe Rn 23).

21 § 24 Abs. 4 S. 2 beinhaltet nur eine **Sollvorschrift**.[32] Eine **Fristunterschreitung** führt daher im Fall der Anfechtung nicht ohne weiteres zur Ungültigerklärung der in der Versammlung gefassten Beschlüsse.[33] Vielmehr wird die Fristunterschreitung nur relevant, wenn der Anfechtende durch die Fristunterschreitung gehindert war, an der Versammlung teilzunehmen oder einen Vertreter zu entsenden oder sich auf die Versammlung hinreichend vorzubereiten. Der Anfechtende trägt für diese Umstände die **Darlegungs- und Beweislast**. Der Anfechtende genügt seiner Darlegungslast nicht, wenn er lediglich vorträgt, er sei an dem Tag der Versammlung durch andere Termine verhindert gewesen. Denn die Unterschreitung der Ladungsfrist ist für die Verhinderung des Anfechtenden nur dann kausal geworden, wenn der Anfechtende darüber hinaus darlegen kann, dass er nicht verhindert gewesen wäre oder zumindest einen Vertreter hätten entsenden können, wenn die Einladung zur Versammlung ihn fristgemäß erreicht hätte. Ergibt der Sachvortrag des Anfechtenden, dass er auch dann durch andere Verpflichtungen verhindert gewesen wäre, wenn er die Einladung rechtzeitig erhalten hätte, oder kann er Gegenteiliges nicht darlegen oder beweisen, kommt es nicht mehr auf die Frage an, ob die Nichtanwesenheit des Anfechtenden in der Versammlung Einfluss auf die in der Versammlung gefassten Beschlüsse hatte. Nur wenn der Anfechtende darlegen und ggf. beweisen kann, dass die Unterschreitung der Ladungsfrist ursächlich für die Nichtanwesenheit des Anfechtenden oder dessen Vertretung in der Versammlung war, kommt es auf die Frage an, ob die Nichtanwesenheit bzw. fehlende Vertretung des Anfechtenden in der Versammlung Einfluss auf die in der Versammlung gefassten Beschlüsse hatte. Für die fehlende Kausalität tragen die Beklagten die Darlegungs- und Beweislast.[34] Rein rechnerische Erwägungen hinsichtlich der Stimmabgabe genügen insoweit nicht. In der Regel kann nämlich nicht ausgeschlossen werden, dass der Anfechtende im Fall der Teilnahme an der Versammlung die anderen Eigentümer durch Wortbeiträge zu einem anderen Abstimmverhalten bewegt hätte.[35] Eine Ausnahme hiervon kann wiederum bei sog. Blockbildung oder Fraktionsverhalten anzunehmen sein, wenn Beschlüsse immer mit dem gleichen Abstimmungsergebnis zustande kommen.[36]

V. Inhalt der Einberufung (Tagesordnung)

22 Den Inhalt der Ladung zur Versammlung bestimmt die einberufungsberechtigte Person, in der Regel also der **Verwalter**. Der Empfänger muss der Ladung entnehmen können, welche Wohnungseigentümergemeinschaft betroffen ist, wann und wo die Versammlung stattfinden soll und welche Themen Gegenstand der Versammlung sein sollen (Tagesordnung). (Zur Ankündigung von Eigentümerbeschlüssen siehe § 23 Rn 65 ff.)

23 Die **Tagesordnung** (Inhalt und Reihenfolge) wird vom Einberufenden nach billigem Ermessen festgelegt.[37] Der Verwaltungsbeirat hat insoweit keine eigenständigen Mitwirkungsrechte. Nur wenn der Verwalter pflichtwidrig die Aufnahme eines Tagesordnungspunktes verweigert, kann der **Verwaltungsbeirat** analog § 24 Abs. 3 die Tagesordnung durch ein eigenes Schreiben an alle Wohnungseigentümer ergänzen.[38] Gegenstand der Versammlung – und damit

---

29 Palandt/*Bassenge*, § 24 Rn 8.
30 Palandt/*Bassenge*, § 24 Rn 9; *Bärmann/Merle*, § 24 Rn 36; a.A. Staudinger/*Bub*, § 24 Rn 82.
31 LG München I 1 S 5166/11, ZMR 2011, 839.
32 BGH V ZB 24/01, NJW 2002, 1647.
33 BayObLG 2Z BR 137/98, NZM 1999, 139.

34 KG 24 W 5809/96, WE 1998, 31; OLG Köln 16 Wx 87/00, NZM 2000, 1017; 16 Wx 216/03, ZMR 2004, 299; Staudinger/*Bub*, § 24 Rn 146.
35 Vgl. KG 24 W 6566/95, ZMR 1997, 154.
36 Vgl. KG 24 W 6566/95, ZMR 1997, 154; BayObLG 2Z BR 161/01, ZMR 2002, 532.
37 *Häublein*, ZMR 2004, 725.
38 OLG Frankfurt 20 W 426/05, NZM 2009, 34.

auch der Tagesordnung – müssen sämtliche Angelegenheiten der Gemeinschaft sein, deren Behandlung im **Interesse der Gesamtheit** aller Wohnungseigentümer liegt. Soll aufgrund besonderer Umstände zu einer außerordentlichen Eigentümerversammlung eingeladen werden, können weniger eilige Angelegenheiten auf eine spätere Versammlung verschoben werden. Eine **Ergänzung** der Tagesordnung ist jederzeit möglich, solange die Frist des § 24 Abs. 4 S. 2 eingehalten werden kann.

Gemäß § 21 Abs. 4 hat jeder Wohnungseigentümer einen **Anspruch auf Aufnahme** solcher Tagesordnungspunkte in die Ladung, deren Behandlung ordnungsmäßiger Verwaltung entspricht.[39] Ist die Frist des § 24 Abs. 4 S. 2 bereits abgelaufen, besteht kein Anspruch auf Ergänzung der Tagesordnung,[40] weil auch ergänzende Tagesordnungspunkte innerhalb der Frist des § 24 Abs. 4 S. 2 angekündigt werden müssten und eine Ankündigung mit kürzerer Frist die Beschlüsse rechtswidrig machen würde. Auch hat der einzelne Eigentümer keinen Anspruch auf Verschiebung der Versammlung, wenn ein von ihm gewünschtes Beschlussthema nicht in das Einladungsschreiben aufgenommen wurde. Der Einzeleigentümer kann lediglich die Durchführung einer weiteren Versammlung oder – wenn die Angelegenheit so lange warten kann – die Aufnahme des Tagesordnungspunktes in die Einladung zur nächsten regulären Versammlung verlangen. Das Begehren auf Berücksichtigung einer Angelegenheit in der Tagesordnung sollte daher möglichst schon vor Versendung der Ladungen an die einberufungsberechtigte Person herangetragen werden, verbunden mit der Aufforderung, die Berücksichtigung des Begehrens binnen einer gesetzten Frist zu bestätigen. Bestätigt der Einberufungsberechtigte die Bereitschaft zur Aufnahme des Tagesordnungspunktes nicht, besteht das erforderliche Rechtsschutzbedürfnis für eine Klage gegen den Einberufungsberechtigten auf Verpflichtung zur Aufnahme eines Tagesordnungspunktes in die Ladung zur nächsten Versammlung.[41] Grundsätzlich ist es auch möglich, den Anspruch aus § 21 Abs. 4 auf Durchsetzung eines bestimmten Tagesordnungspunktes gegenüber dem Verwalter im Wege des einstweiligen Rechtsschutzes zu verfolgen. Dabei muss aber berücksichtigt werden, dass es um eine Leistungsverfügung, also die Vorwegnahme der Hauptsache geht.[42] Eine solche ist nur dann gerechtfertigt, wenn der Verfügungskläger ausnahmsweise auf die sofortige Aufnahme des Tagesordnungspunktes in die Einladung zur nächsten Versammlung so dringend angewiesen ist, dass er ein ordentliches Hautsacheverfahren nicht abwarten könnte, ohne unverhältnismäßig großen, gar irreparablen Schaden zu erleiden.[43]

VI. Ort der Versammlung

Der Ort der Eigentümerversammlung und der Versammlungsraum müssen so gewählt sein, dass eine ungestörte Willensbildung der Eigentümer möglich ist. Dem Einladenden steht insoweit ein **Auswahlermessen** zu. Die Eigentümer können allerdings durch **Mehrheitsbeschluss** den Ort der nächsten Versammlung festlegen.

Soweit die Eigentümer weder durch Vereinbarung noch durch Beschluss eine Bestimmung getroffen haben, muss die Versammlung in **räumlicher Nähe zur Wohnanlage** stattfinden,[44] wobei kein kleinlicher Maßstab anzulegen ist. Unnötige Anfahrtswege für die selbstnutzenden Eigentümer sollen vermieden werden. Die Versammlung hat auch dann in räumlicher Nähe zur Wohnanlage stattzufinden, wenn die ganz überwiegende Mehrheit der Eigentümer auswärts wohnt und einen erheblichen Anreiseaufwand hat.[45] Erreichbarkeit des Versammlungsortes mit öffentlichen Verkehrsmitteln ist grundsätzlich zu gewährleisten.[46]

Der **Versammlungsraum** muss hinsichtlich Lage und Ausstattung zumutbar sein und die Nichtöffentlichkeit der Versammlung gewährleisten. Der Gastraum eines Lokals bei Anwesenheit weiterer Lokalbesucher ist unzulässig.[47] Die Notwendigkeit von Sitzgelegenheiten ist davon abhängig zu machen, wie lange die Eigentümerversammlung dauert.[48] Der Raum muss so groß sein, dass er alle teilnahmewilligen Eigentümer aufnehmen kann. Bei entsprechend großen Räumen bedarf es einer Lautsprecheranlage.[49] Gehören der Gemeinschaft gehbehinderte Eigentümer, muss der Versammlungsraum auch für diese erreichbar sein.[50] Bei erheblichen Spannungen zwischen den Eigentümern oder zwischen den Eigentümern und dem Verwalter ist die Durchführung der Versammlung in der Wohnung des Verwalters oder eines Eigentümers oder der Kanzlei des Anwalts eines Eigentümers oder des Verwalters unzumutbar.[51]

Führt die Wahl des Versammlungsortes unter **Verstoß** gegen die vorstehenden Ausführungen dazu, dass ein Eigentümer an der Versammlung nicht teilnehmen konnte oder die Willensbildung in anderer Weise beeinträchtigt war, sind die in der Versammlung gefassten Beschlüsse für ungültig zu erklären, wenn nicht mit Sicherheit angenommen wer-

---

39 OLG Frankfurt 20 W 103/01, ZMR 2004, 288; LG München I 1 S 5166/11, ZMR 2011, 839.
40 LG München I 1 S 5166/11, ZMR 2011, 839.
41 OLG Frankfurt 20 W 103/01, ZMR 2004, 288; LG München I 1 S 5166/11, ZMR 2011, 839.
42 *Spielbauer/Then*, § 24 Rn 28.
43 LG München I 1 S 5166/11, ZMR 2011, 839.
44 OLG Köln 16 Wx 101/90, NJW-RR 1991, 725.
45 OLG Köln 16 Wx 188/05, NZM 2006, 227.
46 *Riecke/Schmid/Riecke*, § 24 Rn 16.
47 OLG Frankfurt 20 W 16/95, NJW 1997, 3395.
48 OLG Düsseldorf 3 Wx 512/92, WuM 1993, 305.
49 *Huff*, WE 1988, 51.
50 OLG Köln 16 Wx 216/03, ZMR 2004, 299, hier lag sogar Nichtigkeit der Beschlussfassung wegen vorsätzlichem Fernhalten des Eigentümers von der Versammlung vor.
51 Vgl. OLG Hamm 15 W 109/00, NZM 2001, 297.

den kann, dass die Beschlüsse bei Meidung des Verfahrensmangels ebenso zustande gekommen wären. Für die fehlende **Kausalität** des Beschlussmangels tragen die Anfechtungsbeklagten die Beweislast.[52]

VII. Zeit der Versammlung

29 Die Versammlungszeit wird vom Verwalter nach **billigem Ermessen** festgelegt. In kleineren Wohnanlagen soll der Ladende den Zeitpunkt der Versammlung mit den Eigentümern so abstimmen, dass möglichst viele Eigentümer an der Versammlung teilnehmen können.[53] Die Versammlung muss zu einem Zeitpunkt stattfinden, der grundsätzlich allen **berufstätigen Eigentümern** die Teilnahme an der Versammlung ermöglicht.[54] Fehlerhaft ist daher in der Regel die Durchführung der Versammlung an einem Vormittag oder frühen Nachmittag eines Arbeitstages. An **Werktagen** sollte eine Eigentümerversammlung mit berufstätigen Eigentümern frühestens 17.00 Uhr beginnen.[55] Im Einzelfall kann sich aber auch ein späterer Versammlungsbeginn erforderlich machen. Insoweit kommt es stets auf die personelle Zusammensetzung der Eigentümergemeinschaft an. **Sonn- und Feiertage** scheiden nicht grundsätzlich aus, es ist jedoch auf Kirchenbesucher Rücksicht zu nehmen. Zu allgemeinen Gottesdienstzeiten kann eine Versammlung nicht stattfinden,[56] wohl aber an einem Samstag nach einem Feiertag um 20.00 Uhr.[57] Die **Schulferien** stehen der Durchführung einer Eigentümerversammlung grundsätzlich nicht entgegen.[58] Eine Ausnahme kann aber zu machen sein, wenn ein erheblicher Anteil der Eigentümer der betreffenden Gemeinschaft schulpflichtige Kinder hat und die Eigentümer sich im Urlaub befinden.

30 Die **Versammlung** ist **zu beenden**, wenn den Eigentümern eine weitere Teilnahme an der Versammlung wegen der fortgeschrittenen Abend- oder Nachtstunde nicht mehr zumutbar ist. Dies gilt insbesondere, wenn der nächste Tag ein Werktag ist. Eine Versammlung sollte in der Regel spätestens um 23.00 Uhr beendet werden. Wird die Versammlung über den Zeitpunkt des Zumutbaren hinaus fortgeführt, sind alle ab diesem Zeitpunkt gefassten Beschlüsse für ungültig zu erklären, wenn nicht mit Sicherheit feststeht, dass die Versammlungszeit ohne Einfluss auf das Ergebnis der Beschlussfassung geblieben ist.[59]

VIII. Einzuladende Personen

31 Zur Versammlung sind **alle Eigentümer** einzuladen und zwar unabhängig davon, ob sie bei den anstehenden Beschlussthemen vom Stimmrecht ausgeschlossen sind oder das Stimmrecht ruht.[60] Darüber hinaus sind jene Personen einzuladen, denen anstelle eines Eigentümers das **Stimmrecht** zusteht. Dies sind **Zwangsverwalter, Insolvenzverwalter, Nachlassverwalter, Testamentsvollstrecker** und die Mitglieder der werdenden Wohnungseigentümergemeinschaft (siehe § 10 Rn 8 ff.). Im Fall der Zwangsverwaltung hat auch der betroffene Eigentümer ein Recht zur Teilnahme an der Versammlung, sodass er neben dem Zwangsverwalter einzuladen ist.[61] Vor Eröffnung des Insolvenzverfahrens ist ein etwa bestellter vorläufiger Insolvenzverwalter neben dem Eigentümer zu laden; nach Eröffnung des Insolvenzverfahrens bedarf es einer Ladung des Eigentümers nicht mehr, da der Eigentümer die Verfügungsbefugnis über das Wohnungseigentum vollständig verloren hat.[62] Bei **geschäftsunfähigen** oder beschränkt geschäftsfähigen Wohnungseigentümern ist gemäß § 131 BGB der gesetzliche Vertreter zu laden. In Fällen der Betreuung gemäß § 1896 Abs. 1 BGB ist neben dem Eigentümer auch der **Betreuer** zu laden, wenn die zu behandelnde Angelegenheit zum Aufgabenkreis des Betreuers gehört.[63] Bei der **Vorerbschaft** hat der Vorerbe während der Dauer der Vorerbschaft die volle Rechtsstellung des Erblassers, sodass nur der Vorerbe und nicht der Nacherbe zu laden ist.[64] Etwaige **rechtsgeschäftliche Vertreter** von Eigentümern müssen nicht geladen werden, es sei denn, der vertretene Eigentümer hat darum ausdrücklich gebeten. Es obliegt dem Eigentümer, seinen Vertreter über die Eigentümerversammlung zu informieren.

32 Sind **juristische Personen** oder rechtsfähige **Personengesellschaften** Wohnungseigentümer, ist deren gesetzlicher Vertreter (Geschäftsführer) zu laden. Hat die juristische Person oder Personengesellschaft mehrere Geschäftsführer, so genügt es, wenn die Ladung einem Geschäftsführer zugeht (analog § 125 Abs. 2 S. 3 HGB). Bei **Bruchteilsgemeinschaften, Erbengemeinschaften** und ehelichen Gütergemeinschaften sind grundsätzlich sämtliche Beteiligten dieser Gemeinschaften zur Versammlung zu laden. Häufig ist in der Gemeinschaftsordnung jedoch bestimmt, dass die Mitberechtigten verpflichtet sind, einen gemeinsamen Vertreter zu bestellen. In diesem Fall genügt es, wenn die Ladung nur dem Vertreter zugeht.

---

52 OLG Frankfurt 20 W 16/95, NJW 1997, 3395; Staudinger/*Bub*, § 24 Rn 157.
53 LG München I 1 T 3954/04, NZM 2005, 591.
54 OLG Frankfurt 20 W 403/82, NJW 1983, 398.
55 Vgl. OLG Düsseldorf 3 Wx 512/92, WuM 1993, 305.
56 BayObLG BReg 2 Z 68/86, WuM 1987, 329; LG Lübeck 7 T 556/85, NJW-RR 1986, 813 zu Karfreitag.
57 OLG Zweibrücken 3 W 133/93, WE 1994, 146.
58 *Riecke/Schmid/Riecke*, § 24 Rn 24.
59 Staudinger/*Bub*, § 24 Rn 156.
60 BayObLG 2Z BR 97/01, NZM 2002, 616.
61 Staudinger/*Bub*, § 24 Rn 57.
62 Staudinger/*Bub*, § 24 Rn 57; **a.A.** *Jennißen/Elzer*, § 24 Rn 48b.
63 *Drabek*, ZWE 2000, 395.
64 Vgl. *Bärmann/Merle*, § 24 Rn 67.

Erfolgt die Einberufung der Versammlung nicht durch den Verwalter, sondern durch den Beirat etwa, stellt sich die Frage, ob der **Verwalter zwingend eingeladen** werden muss mit der Folge, dass bei unterbliebener Ladung ein Beschlussfehler vorliegt. Ist der Verwalter zugleich Mitglied der Gemeinschaft, so muss er bereits aufgrund seiner Eigentümerstellung geladen werden. Ansonsten mag es zwar in der Regel sinnvoll sein, den Verwalter einzuladen, ein einklagbares Recht auf Teilnahme an der Versammlung steht dem Verwalter aber nicht zu.[65] Ein Teilnahmerecht folgt insbesondere nicht aus der Amtsstellung. Der Verwalter ist zwar verpflichtet, die Beschlüsse der Wohnungseigentümer durchzuführen, dafür muss er aber nicht an der Versammlung teilnehmen; er kann die Beschlüsse der Versammlungsniederschrift entnehmen. Es wäre nicht einsehbar, warum es den Eigentümern unmöglich sein soll, ohne Beeinflussung durch den Verwalter Beschlüsse zu fassen, so etwa, wenn der Verwalter abberufen werden soll und der Verwalter die Einberufung einer Versammlung verweigert oder die Eigentümer sich einvernehmlich zu einer Vollversammlung zusammenfinden. Der Verwalter kann daher in diesen Fällen die gefassten Beschlüsse nicht erfolgreich mit dem Einwand anfechten, er sei zur Eigentümerversammlung nicht geladen worden.

Bestehen nach der Gemeinschaftsordnung sog **Untergemeinschaften** und bestimmt die Gemeinschaftsordnung, dass die Untergemeinschaften über die sie allein betreffenden Angelegenheiten in separaten **Teilversammlungen** abstimmen, so sind zu dieser Versammlung nur die Mitglieder der jeweiligen Untergemeinschaft zu laden. Die Mitglieder der übrigen Untergemeinschaften haben jedoch ein Anwesenheits- und Rederecht. Sieht die Gemeinschaftsordnung Teilversammlungen nicht ausdrücklich vor, sind stets sämtliche Wohnungseigentümer zu laden (unabhängig von der Abstimmberechtigung).

IX. Zugang der Einberufung und Folgen der Nichtladung

Die Ladung muss den Adressaten zugehen, d.h. in deren Machtbereich gelangen, sodass sie von der Ladung Kenntnis nehmen können. Die tatsächliche Kenntnisnahme ist für einen wirksamen Zugang nicht erforderlich. Die Beweislast für den **Zugang** der Ladung tragen im Fall der Anfechtung die Beklagten. Wurde von Eigentümern der Zugang der Ladung bereits mehrfach bestritten, hat der Verwalter vorsorglich dafür zu sorgen, dass der Zugang rechtlich gesichert nachgewiesen werden kann,[66] z.B. indem die Ladung per Boten oder per Einschreiben übersandt wird. Wird eine Einschreibesendung aber nicht abgeholt, ist die Ladung nicht zugegangen.[67] Die Ladung ist an die **letzte bekannte Adresse** zu versenden. Es obliegt dem Eigentümer, den Verwalter über Adressänderungen zu informieren. Kommt ein Eigentümer dieser Obliegenheit nicht nach, hat er die tatsächlichen und rechtlichen Konsequenzen zu tragen;[68] er kann die gefassten Beschlüsse nicht mit dem Argument anfechten, er habe die Einladung zur Versammlung nicht erhalten.[69] Im Fall des Eigentümerwechsels obliegt es dem neuen Eigentümer, den Verwalter über den Eigentümerwechsel zu informieren.[70] Im Falle eines Eigentümerwechsels außerhalb des Grundbuchs durch Erbfall oder Zwangsversteigerung gilt zudem § 893 BGB entsprechend.[71] Die Wohnungseigentümer können wirksam vereinbaren, dass eine per Post versandte Ladung als zugegangen gilt, wenn sie vom Verwalter an die zuletzt benannte Adresse abgesandt wurde.[72] Durch eine solche Klausel wird die Gefahr des Verlustes der Postsendung auf den Adressaten der Ladung übertragen.

Wird eine nach den vorstehenden Ausführungen einzuladende Person zur Versammlung nicht geladen oder geht die Ladung nicht zu, liegt ein **formeller Beschlussmangel** vor. Dieser führt grundsätzlich nur zur **Anfechtbarkeit** der in der Versammlung gefassten Beschlüsse.[73] Eine Ungültigkeitserklärung der in der Versammlung gefassten Beschlüsse ist nur ausgeschlossen, wenn feststeht, dass die Beschlüsse bei ordnungsgemäßer Ladung ebenso gefasst worden wären.[74] Hierbei liegt die Entscheidung über die Ursächlichkeit des Einladungsfehlers im Wesentlichen auf tatsächlichem Gebiet. Kriterien bei der Beurteilung können hierbei einstimmig gefasste Beschlüsse, eine Gegnerschaft oder feindselige Stimmung gegen den Kläger sein.[75]

Wird eine einzuladende Person hingegen **bewusst** nicht geladen oder in anderer Weise bewusst von der Teilnahme an der Versammlung ausgeschlossen, sind die gefassten Beschlüsse nach der Rechtsprechung **nichtig**, ohne dass es auf die Ursächlichkeit der unterbliebenen Ladung für das Beschlussergebnis ankommt.[76] Nach Auffassung des OLG Köln[77] soll eine Ausnahme von der Nichtigkeit wiederum vorliegen, wenn der betroffene Wohnungseigentümer in

---

65 A.A. *Jennißen/Elzer*, § 24 Rn 50.
66 *Staudinger/Bub*, § 24 Rn 57a.
67 Vgl. BGH VIII ZR 22/97, NJW 1998, 976; *Staudinger/Bub*, § 24 Rn 57a; **a.A.** *Bärmann/Merle*, § 24 Rn 31.
68 *Bärmann/Merle*, § 24 Rn 32.
69 *Jennißen/Elzer*, § 24 Rn 42.
70 *Jennißen/Elzer*, § 24 Rn 45.
71 *Palandt/Bassenge*, § 24 Rn 5.
72 *Jennißen/Elzer*, § 24 Rn 92.
73 BGH V ZR 235/11, V ZB 17/99, NJW 1999, 3713; OLG Celle 4 W 310/01, ZWE 2002, 276.
74 OLG Celle 4 W 310/01, ZWE 2002, 276; BayObLG, BReg 2 Z 100/90, NJW 1991, 531; 2Z BR 4/92, NJW-RR 1992, 910.
75 BayObLG BReg 2 Z 100/90, NJW-RR 1991, 531; OLG Celle 4 W 310/01, ZWE 2002, 276.
76 BayObLG 2Z BR 199/04, NZM 2005, 630 zur Nichtmitteilung des Versammlungsortes; OLG Köln 16 Wx 216/03, ZMR 2004, 299 zur Nichterreichbarkeit des Versammlungsortes durch Rollstuhlfahrer; OLG Zweibrücken 3 W 179/02, ZMR 2004, 60.
77 OLG Köln 16 Wx 216/03, ZMR 2004, 299.

der Versammlung vom Stimmrecht ausgeschlossen war. Bleibt die Frage, ob eine Nichtladung versehentlich oder vorsätzlich erfolgt ist, unaufklärbar, trifft die materielle Feststellungslast den anfechtenden Eigentümer.[78]

X. Absage einer Versammlung

38 Die Personen, die zur Einberufung einer Versammlung berechtigt sind, haben auch das Recht, eine einberufene Versammlung wieder abzusagen oder bestimmte Beschlussgegenstände von der Tagesordnung zu nehmen. Die Absage bedarf keiner Form. Die Versammlung darf bereits nicht mehr stattfinden, wenn die Versammlung gegenüber mindestens einem Eigentümer abgesagt wurde, da dies dem Fall einer Nichtladung gleichkommt. Wurde die Eigentümerversammlung durch alle Wohnungseigentümer einvernehmlich einberufen, haben auch nur alle Eigentümer gemeinsam das Recht zur Absage der Versammlung.[79] Durfte der Verwaltungsbeirat eine Eigentümerversammlung einberufen, weil der Verwalter sich pflichtwidrig weigerte, ist der Verwalter nicht zur Absage der Versammlung berechtigt, da andernfalls das Notladungsrecht des Beirats jederzeit vom Verwalter ausgehebelt werden könnte.

C. Durchführung der Versammlung

I. Teilnahmeberechtigte Personen

1. Wohnungseigentümer und gesetzliche Vertreter/Amtswalter

39 Die Versammlung der Wohnungseigentümer ist **nicht öffentlich**.[80] An der Versammlung dürfen daher grundsätzlich nur Personen teilnehmen, die entweder Wohnungseigentümer sind oder Wohnungseigentümer kraft Vollmacht oder kraft Amtes oder Gesetzes vertreten oder Mitglied der werdenden Wohnungseigentümergemeinschaft sind. Teilnahmeberechtigt sind alle Personen, die zur Versammlung zwingend zu laden waren (siehe Rn 31 ff.). Durch den Grundsatz der Nichtöffentlichkeit soll eine durch äußere Einflüsse unberührte Willensbildung gewährleistet werden. Die Wohnungseigentümer sollen in der Versammlung auftretende Meinungsverschiedenheiten dort allein unter sich austragen können.[81] Das Teilnahmerecht steht dem Eigentümer auch dann zu, wenn er bei der Beschlussfassung vom **Stimmrecht ausgeschlossen** ist oder sein Stimmrecht ruht.

40 Bei **juristischen Personen** oder **Personengesellschaften** ist das vertretungsberechtigte Organ teilnahmebefugt. Besteht dieses aus mehreren Personen, sind alle Organwalter teilnahmebefugt, wenn diese die Gesellschaft nur gemeinsam vertreten können. Bei Einzelvertretungsbefugnis kann das Teilnahmerecht nur ein Vertreter ausüben.[82] Bei nichtrechtsfähigen Personenmehrheiten, wie etwa **Bruchteilgemeinschaften** und **Erbengemeinschaften**, steht das Teilnahmerecht allen Mitberechtigten zu.

41 Zum Teilnahmerecht bei Untergemeinschaften und **Teilversammlungen** siehe Rn 34.

42 In der sog **werdenden Wohnungseigentümergemeinschaft** (siehe dazu § 10 Rn 8 ff.) hat der noch im Grundbuch eingetragene **Aufteiler** kein Teilnahmerecht mehr, wenn bereits sämtliche Wohnungen veräußert sind und sämtliche Erwerber Mitglied der werdenden Wohnungseigentümergemeinschaft geworden sind.[83]

2. Zulässigkeit von Bevollmächtigten

43 Die Nichtöffentlichkeit der Versammlung schließt nicht aus, dass sich Wohnungseigentümer oder gesetzliche **Vertreter** von Eigentümern in der Versammlung durch Dritte vertreten lassen. Der Vertretene hat dann der Versammlung fern zu bleiben.[84] Die Erteilung einer Stimmrechtsvollmacht durch einen Eigentümer an mehrere Personen als **Gesamtvertreter**, die ohne Vollmacht kein Recht zur Teilnahme an der Versammlung hätten, verstößt gegen den Grundsatz der Nichtöffentlichkeit der Versammlung, sofern nicht ausnahmsweise triftige Gründe für eine Vertretung durch mehrere Personen vorliegen. Gegen den Grundsatz der Nichtöffentlichkeit verstößt es grundsätzlich auch, wenn ein Wohnungseigentümer, der über mehrere Stimmen verfügt, jede Stimme einem separaten Bevollmächtigten überträgt[85] oder die Stimmen teilweise selbst und teilweise durch einen Bevollmächtigten ausübt. Eine Ausnahme hiervon ist aber bei der Stimmrechtsausübung durch den Erwerber einer Wohnung vor Eigentumsumschreibung gerechtfertigt (siehe § 25 Rn 6).

Die Bevollmächtigung bedarf grundsätzlich keiner Schriftform. Da die Stimmabgabe in der Versammlung jedoch ein einseitiges Rechtsgeschäft i.S.d. § 174 BGB darstellt, ist der Bevollmächtigte durch den Versammlungsvorsitzenden von der Abstimmung und damit auch von der Teilnahme an der Versammlung auszuschließen, wenn ein Wohnungseigentümer oder eine sonstige stimmberechtigte Person vom Vertreter die Vorlage der **Vollmachtsurkunde** verlangt und dieser die Urkunde nicht vorlegen kann.[86] Jeder Wohnungseigentümer hat in der Versammlung ein Recht auf Ein-

---

78 *Jennißen/Elzer*, § 24 Rn 53.
79 BGH V ZR 222/10, ZMR 2011, 892.
80 BGH V ZB 24/92, NJW 1993, 1329.
81 BGH V ZB 24/92, NJW 1993, 1329.
82 *Bärmann/Merle*, § 24 Rn 65.
83 OLG Hamm 15 W 428/06, ZMR 2007, 712.
84 *Bärmann/Merle*, § 24 Rn 76.
85 **A.A.** AG Niebüll 18 C 11/11, ZMR 2011, 912.
86 OLG München 34 Wx 091/07, ZMR 2008, 236; *Lehmann-Richter*, ZMR 2007, 741.

sicht in die vorhandenen Vollmachtsurkunden.[87] Wird ihm dies verwehrt, liegt ein Beschlussfehler vor. Die Vollmachtsurkunde muss im **Original** vorliegen; eine Kopie oder ein Telefax genügen insoweit nicht.[88] Auch ein Verweis des Vertreters darauf, die Bevollmächtigung sei dem Versammlungsvorsitzenden bekannt oder die Vollmachtsurkunde beim Verwalter hinterlegt, ersetzt die Vorlage der Vollmachtsurkunde nicht,[89] weil sich jeder Versammlungsteilnehmer in der Versammlung von dem Bestehen der Vollmacht überzeugen können muss. Erhebt ein Versammlungsteilnehmer die Vollmachtsrüge und wird die Stimmabgabe des ohne Vollmachtsurkunde Erschienenen vom Versammlungsvorsitzenden gleichwohl gewertet, liegt ein Beschlussfehler vor.[90] Dieser stellt jedoch nur dann einen Grund zur gerichtlichen Ungültigerklärung des Beschlusses dar, wenn die fehlerhafte Stimmwertung das Beschlussergebnis beeinflusst hat. Wird von keinem Versammlungsteilnehmer ein Nachweis der Bevollmächtigung verlangt, ist die Stimmabgabe des Erschienenen wirksam, sofern er tatsächlich wirksam bevollmächtigt war. Dies gilt nur dann, wenn die Gemeinschaftsordnung keine „schriftliche Vollmacht" ausdrücklich vorschreibt.[91]

(Zu Inhalt und **Umfang einer Vollmacht** siehe § 25 Rn 15 ff.)

Die Gemeinschaftsordnungen kann bestimmen, dass sich die Wohnungseigentümer in der Versammlung nur durch einen eingeschränkten Personenkreis vertreten lassen können, z.B. nur durch Ehegatten, andere Eigentümer oder den Verwalter (sog **Vertreterklausel**). In einem solchen Fall ist ein Bevollmächtigter, der nicht zu dem bezeichneten Personenkreis gehört, grundsätzlich weder teilnahme- noch stimmberechtigt.[92] Er kann trotz wirksamer Bevollmächtigung oder schriftlicher Vollmachtsurkunde von der Teilnahme an der Versammlung und von der Abstimmung ausgeschlossen werden. Der Sinn einer Vertretungsbeschränkung liegt regelmäßig darin, fremde Einflüsse von der Gemeinschaft fern zu halten und zu verhindern, dass interne Gemeinschaftsangelegenheiten nach außen getragen werden.[93] Die **Reichweite der Vertretungsbeschränkung** ist daher im Einzelfall durch **Auslegung** zu ermitteln. Die Beschränkung der Vertretung auf Familienangehörige, Wohnungseigentümer und den Verwalter schließt in der Regel nicht aus, dass sich eine **Handelsgesellschaft** durch einen Angestellten vertreten lässt, da von ihm ebenso wenig wie von einem Angehörigen gemeinschaftswidrige Einflüsse zu erwarten sind.[94] 44

Nach Auffassung des BayObLG[95] ist der Partner einer **nichtehelichen Lebensgemeinschaft** (ohne gemeinsame Kinder) weder einem Ehegatten noch einem Verwandten in gerader Linie gleichzustellen. Das OLG Köln[96] entschied zu einer aus dem Jahr 1962 datierenden Gemeinschaftsordnung, dass der Partner einer nichtehelichen Lebensgemeinschaft einem Ehegatten gleich steht, wenn die Lebensgemeinschaft unstreitig und evident sowie auf Dauer angelegt ist und die Verfestigung der Gemeinschaft durch gemeinsame Kinder zu einem eheähnlichen oder ehegleichen Verhältnis nach außen dokumentiert wird. 45

Gehören nach der Gemeinschaftsordnung „**Haushaltsangehörige**" zum zugelassenen Vertreterkreis, sind hierunter alle Personen zu verstehen, die mit dem stimmberechtigten Wohnungseigentümer einen gemeinsamen Haushalt führen oder zumindest in der Wohnung des Eigentümers einen Wohnsitz haben. Bedienstete des Wohnungseigentümers wird man nur dann als haushaltsangehörig in diesem Sinne ansehen können, wenn diesen wesentliche Aufgaben der Haushaltsführung mit erheblicher Vertrauensstellung dauerhaft übertragen sind.

Spricht die Gemeinschaftsordnung von „**Familienangehörigen**", zählen hierzu sämtliche Verwandten, die mit dem stimmberechtigten Wohnungseigentümer in einem Haushalt leben. Als zur Familie des Eigentümers zugehörig wird man unabhängig von der Haushaltszugehörigkeit auch enge Verwandte des Eigentümers wie Eltern, Kinder und Geschwister zu zählen haben. Ferner können zur Familie des Eigentümers sonstige Personen gezählt werden, mit denen der Eigentümer in einem Haushalt lebt und zu denen er ein ebenso enges, persönliches Verhältnis hat wie zu nahen Verwandten.

Ist eine Wohnung bereits verkauft, die Eigentumsumschreibung aber noch nicht erfolgt, wird eine Vertreterklausel regelmäßig dahin auszulegen sein, dass die Vertretung durch den **künftigen bzw. werdenden Wohnungseigentümer** nicht ausgeschlossen ist, da dieser die typischen Interessen eines Wohnungseigentümers wahrnimmt und somit auch von diesem gemeinschaftsfremde Einflüsse nicht zu befürchten sind.[97] 46

Die **Bevollmächtigung des Erwerbers** zur Ausübung des Stimmrechts vor Eigentumsumschreibung kann außerhalb des Kaufvertrages durch gesondertes Rechtsgeschäft erfolgen oder im Kaufvertrag enthalten sein. Die Rechtsprechung ist bemüht, den **Kaufverträgen** auch ohne eine ausdrückliche Regelung zum Stimmrecht im Wege der Auslegung eine frühzeitige Befugnis des Erwerbers zur Stimmrechtsausübung zu entnehmen. In der Regel sei von einer Bevollmächtigung des Erwerbers auszugehen, wenn der Erwerber aufgrund des Kaufvertrages in den **Besitz der Wohnung** gelangt und zu seinen Gunsten eine **Auflassungsvormerkung** im Grundbuch eingetragen sei.[98] Die Ein- 47

---

87 OLG München 34 Wx 060/07, ZMR 2008, 657.
88 Palandt/*Ellenberger*, § 174 BGB Rn 5.
89 OLG München 34 Wx 091/07, ZMR 2008, 236.
90 OLG München 34 Wx 091/07, ZMR 2008, 236.
91 OLG Hamm 15 W 142/05, ZMR 2006, 63; BayObLG BReg 2 Z 54/80, BayObLGZ 1981, 220.
92 BGH V ZB 1/86, NJW 1987, 650; V ZB 24/92, NJW 1993, 1329.
93 BGH V ZB 1/86, NJW 1987, 650.
94 OLG Frankfurt 20 W 692/78, OLGZ 1979, 134; BayObLG BReg 2 Z 54/80, MDR 1982, 58.
95 BayObLG 2Z BR 124/96, NJW-RR 1997, 463.
96 OLG Köln 16 Wx 200/03, ZMR 2004, 378.
97 *Bärmann/Merle*, § 25 Rn 75.
98 KG 24 W 3942/94, ZMR 1994, 524.

tragung einer Auflassungsvormerkung sei für die Annahme einer Stimmrechtsübertragung aber nicht zwingend erforderlich; der Wille der Vertragsparteien zur Bevollmächtigung des Erwerbers könne sich auch aus anderen Umständen ergeben; angesichts der ungesicherten Rechtsstellung des nicht durch eine Vormerkung gesicherten Erwerbers seien die Anforderungen an eine schlüssig erteilte Vollmacht des Veräußerers allerdings höher zu veranschlagen als beim Vorliegen einer Vormerkung. So könne für eine Ermächtigung zur Stimmrechtsausübung etwa sprechen, dass die Verwaltung im Einverständnis mit dem Verkäufer den Erwerber zur Teilnahme an der Eigentümerversammlung geladen habe.[99]

Gegen Sinn und Zweck einer vereinbarten Vertreterklausel (siehe Rn 44) wird nicht verstoßen, wenn ein Wohnungseigentümer eine Person bevollmächtigt, die ihn nach dem reinen Wortlaut der Vertreterklausel zwar nicht vertreten dürfte, die aber bereits deshalb an der Versammlung teilnehmen darf und auch teilnehmen wird, weil sie entweder ein eigenes Teilnahmerecht (z.B. der **Verwalter**) hat oder einen anderen Wohnungseigentümer zulässigerweise vertreten darf (z.B. der Ehegatte eines anderen Wohnungseigentümers). Bei diesem Vorgehen liegt kein Verstoß gegen den Nichtöffentlichkeitsgrundsatz vor.

48 In Ausnahmefällen können sich die Wohnungseigentümer auf die Vertreterklausel nicht berufen, wenn die Vertretungsbeschränkung auf bestimmte Personen nach **Treu und Glauben** (§ 242 BGB) unzumutbar ist.[100] So können sich die Wohnungseigentümer nicht auf eine Beschränkung der Vertretung durch Ehegatten, den Verwalter oder einen anderen Wohnungseigentümer berufen, wenn der Ehegatte aus gesundheitlichen Gründen zur Vertretung nicht in der Lage ist, der Wohnungseigentümer selbst mit den übrigen Wohnungseigentümern völlig zerstritten ist und erst unmittelbar vor der Versammlung ein neuer Verwalter bestellt wurde, den der verhinderte Wohnungseigentümer nicht kennt.[101] Bei kleinen Wohnanlagen kann das Festhalten an einer Vertretungsbeschränkung treuwidrig sein, wenn aufgrund der Zerstrittenheit der Wohnungseigentümer untereinander zu befürchten ist, dass bei einer Vertretung durch andere Wohnungseigentümer die Interessen des Vertretenen nicht hinreichend gewahrt würden.[102] Ein Verstoß gegen Treu und Glauben ist auch anzunehmen, wenn die Wohnungseigentümer über mehrere Jahre die von einer vereinbarten Vertretungsbeschränkung abweichende Vertretung eines Wohnungseigentümers hingenommen haben und sich plötzlich auf die Vertreterklausel berufen, ohne dem betroffenen Wohnungseigentümer rechtzeitig Gelegenheit gegeben zu haben, für eine anderweitige, der Regelung in der Gemeinschaftsordnung entsprechende Vertretung zu sorgen.[103] Die Wohnungseigentümer müssen nach Treu und Glauben eine Ausnahme von der Vertreterklausel zulassen, wenn der verhinderte Wohnungseigentümer im Ausland lebt, der deutschen Sprache nicht hinreichend mächtig ist, in der Gemeinschaft Spannungen bestehen und die Schwester des Eigentümers die Vertretung in der Versammlung übernehmen soll.[104]

49 Fraglich ist, ob der **Verwalter verpflichtet** ist, ihm erteilte **Stimmrechtsvollmachten anzunehmen** und auszuüben. Dies ist im Grundsatz zu bejahen, da der Verwalter der Interessenwalter und Dienstleister aller Wohnungseigentümer bei der Verwaltung des Gemeinschaftseigentums ist und die Ausübung der Vollmacht keine Haftung des Verwalters gegenüber Dritten begründet. Der Verwalter darf die Ausübung der Vollmacht nur dann ablehnen, wenn die Vollmachtsausübung ihm unzumutbar ist. Dies kann etwa der Fall sein, wenn der betreffende Eigentümer den Verwalter in der Vergangenheit beleidigt oder verleumdet oder mit unbegründeten Klagen überzogen hat. Will der Verwalter eine Vollmacht ablehnen, muss er dies so rechtzeitig tun, dass der Vollmachtgeber noch Gelegenheit hat, selbst an der Versammlung teilzunehmen oder einen anderen Vertreter zu beauftragen. Lehnt der Verwalter eine Vollmacht zu Unrecht oder verspätet ab, hat dies auf die Rechtmäßigkeit der gefassten Beschlüsse keinen Einfluss. Der Verwalter hat sich allenfalls im Verhältnis zum Vollmachtgeber schadensersatzpflichtig gemacht. Der Beschluss kann also vom Vollmachtgeber nicht mit dem Argument erfolgreich angefochten werden, der Verwalter habe die Vollmacht zu Unrecht abgelehnt und der Beschluss wäre mit einem anderen Ergebnis zustande gekommen, wenn der Verwalter die Vollmacht ausgeübt hätte.

3. Teilnahme von Beratern (Anwälten)

50 Ein Wohnungseigentümer ist wegen des Gebots der Nichtöffentlichkeit der Versammlung grundsätzlich nicht berechtigt, sich in der Versammlung durch einen Berater (z.B. Anwalt, Architekt) begleiten zu lassen. Das Gebot der Nichtöffentlichkeit der Versammlung steht dem entgegen. Der Wohnungseigentümer muss sich vor der Versammlung den benötigten Rat einholen oder den Berater außerhalb des Versammlungsraumes konsultieren. Sofern der Berater durch Redebeiträge auf die übrigen Wohnungseigentümer Einfluss nehmen oder in sonstiger Weise die Interessen des Eigentümers in der Diskussion vertreten soll, kann der Eigentümer dem Berater Stimmrechtsvollmacht erteilen und ihm damit Zugang zur Versammlung verschaffen. Der bevollmächtigende Eigentümer muss dann aber dem Versammlungsraum fern bleiben. Die Möglichkeit der Vertretung durch den Berater kann allerdings durch eine sog. Vertreterklausel in der Gemeinschaftsordnung eingeschränkt sein (siehe Rn 44).

---

99 KG 24 W 126/03, ZMR 2004, 460.
100 BGH V ZB 1/86, NJW 1987, 650; V ZB 24/92, NJW 1993, 1329.
101 OLG Düsseldorf 3 Wx 332/98, NZM 1999, 271.
102 OLG Braunschweig 3 W 27/89, NJW-RR 1990, 979.
103 OLG Hamm 14 W 424/96, NJW-RR 1997, 846; LG Mainz 306 T 129/08, ZMR 2012, 41.
104 OLG Hamburg 2 Wx 93/06, ZMR 2007, 477.

Ausnahmsweise darf sich ein Wohnungseigentümer in der Versammlung durch einen Berater begleiten lassen, wenn der Wohnungseigentümer ein **berechtigtes Interesse an der Anwesenheit** eines Beraters hat, das gewichtiger ist als das Interesse der anderen Wohnungseigentümer, die Versammlung auf den Kreis der Wohnungseigentümer und nur bestimmte Bevollmächtigte zu beschränken.[105] Es bedarf einer **Abwägung der gegensätzlichen Belange** im Einzelfall. Gesichtspunkte bilden u.a. in der Person des betroffenen Wohnungseigentümers liegende Umstände, wie hohes Alter oder geistige Gebrechlichkeit, aber auch Umstände, die in der Schwierigkeit der anstehenden Beratungsgegenstände zu sehen sind; andererseits kann in kleineren Gemeinschaften das Interesse der übrigen Wohnungseigentümer, von äußeren Einflussnahmen ungestört beraten und abstimmen zu können, höher zu veranschlagen sein.[106] **Zerstrittenheit** der Wohnungseigentümer untereinander reicht nicht aus, auch wenn sie im Zusammenhang mit einem der Beratungsgegenstände steht.[107] Ist die Anwesenheit des Beraters im Einzelfall nicht zulässig, muss der Berater die Versammlung verlassen, wenn mindestens ein Eigentümer dies verlangt (vgl. Rn 53).

Etwas anderes gilt bei Beratern, die **im Auftrag der Wohnungseigentümergemeinschaft** anwesend sind (z.B. der für eine Sanierungsmaßnahme am Gemeinschaftseigentum beauftragte Architekt oder der von der Gemeinschaft beauftragte Rechtsanwalt). Da diese Personen nicht die Interessen einzelner Wohnungseigentümer wahrnehmen, kann ihre Anwesenheit durch Mehrheitsbeschluss zugelassen werden.[108] Dies gilt auch für einen Rechtsanwalt, der die Interessen der Gemeinschaft gegen ein Mitglied der Gemeinschaft wahrnimmt oder der die beklagten Wohnungseigentümer in einem Beschlussanfechtungsverfahren nach §§ 43 Nr. 4, 46 Abs. 1 vertritt. Zwar wird dieser Rechtsanwalt gegen die Interessen eines Mitgliedes der Gemeinschaft tätig. Da der Rechtsanwalt aber alle übrigen Wohnungseigentümer vertritt, ist die Versammlung der richtige Ort für einen Gedankenaustausch zwischen dem Anwalt und dessen Mandanten. Von dem Anwalt gehen keine sach- oder gemeinschaftsfremden Einflüsse auf die Willensbildung aus. Zugleich wird man dem Eigentümer, gegen den die Beratung gerichtet ist, die Begleitung durch einen eigenen Rechtsanwalt zugestehen müssen.

4. Gäste

Gäste sind in der Versammlung wegen des Grundsatzes der Nichtöffentlichkeit nur zulässig, wenn alle Versammlungsteilnehmer mit der Anwesenheit des Gastes einverstanden sind. Auf das Befinden der an der Versammlung nicht teilnehmenden Eigentümer kommt es insoweit nicht an, denn diese Personen werden durch den Gast in ihrer Meinungsbildung nicht beeinflusst. Der Versammlungsvorsitzende kann über die Anwesenheit des Gastes nicht verbindlich entscheiden. Da jeder Wohnungseigentümer ein individuelles Recht auf Nichtöffentlichkeit der Versammlung hat, genügt der **Widerspruch** auch nur **eines Wohnungseigentümers** oder einer sonstigen stimmberechtigten Person, um einen Gast von der Versammlung auszuschließen.[109] Der Ausschluss von der Versammlung wird durch den Versammlungsvorsitzenden vollzogen. Ein Mehrheitsbeschluss, wonach die Teilnahme eines Gastes an der Versammlung geduldet werden soll, widerspricht ordnungsmäßiger Verwaltung.[110] Wird die Anwesenheit eines Gastes **rügelos geduldet**, kann hierin im Einzelfall ein stillschweigender Verzicht auf die Einhaltung der Nichtöffentlichkeit liegen.[111]

Zu den **Rechtsfolgen** der unzulässigen Anwesenheit von Gästen in der Versammlung siehe Rn 58.

5. Verwalter

Der Verwalter darf an der Versammlung teilnehmen. Die Wohnungseigentümer können den Verwalter jedoch durch **Mehrheitsbeschluss** von der Teilnahme an der Versammlung **ausschließen**.[112] Den Versammlungsvorsitz muss dann eine andere Person übernehmen. Ist der Verwalter allerdings zugleich Wohnungseigentümer, kann er von der Versammlung nicht ausgeschlossen werden.

6. Verwaltungsbeirat

Das Mitglied des Verwaltungsbeirats, welches nicht zugleich Wohnungseigentümer ist und auch keinen Wohnungseigentümer vertritt, darf an der Versammlung insoweit teilnehmen, wie der Aufgabenbereich des Verwaltungsbeirats betroffen ist.[113] Die Teilnahme an der Versammlung dient der sachgerechten Erfüllung der dem Beirat obliegenden Aufgaben. Gemeinschaftsfremde Einflüsse sind von dem Beiratsmitglied nicht zu erwarten.

7. Rechtswidriger Ausschluss von der Versammlung

Der unberechtigte Ausschluss eines Eigentümers oder einer anderen teilnahmeberechtigten Person von der Versammlung steht hinsichtlich der Rechtsfolgen der Nichtladung gleich. Die in der Versammlung gefassten Beschlüsse sind

---

105 BGH V ZB 24/92, NJW 1993, 1329.
106 BayObLG 2Z BR 32/02, NZM 2002, 616.
107 BayObLG 2Z BR 125/96, WuM 1997, 568/570.
108 OLG Köln, 16 Wx 266/08, ZMR 2009, 869; BayObLG 2Z BR 212/03, NZM 2004, 388.
109 *Bärmann/Merle*, § 24 Rn 91; *Jennißen/Elzer*, § 24 Rn 63 **a.A.** Palandt/*Bassenge*, § 24 Rn 16.
110 *Jennißen/Elzer*, § 24 Rn 63; **a.A.** Palandt/*Bassenge*, § 24 Rn 16; Staudinger/*Bub*, § 24 Rn 96: Mehrheitsbeschluss zulässig.
111 OLG Hamburg 2 Wx 2/07, ZMR 2007, 550.
112 **A.A.** *Bärmann/Merle*, § 24 Rn 89.
113 OLG Hamm 15 W 98/06, ZMR 2007, 133.

für **ungültig** zu erklären, ohne dass es darauf ankommt, ob die in der Versammlung gefassten Beschlüsse auch bei Mitwirkung des ausgeschlossenen Eigentümers die erforderliche Mehrheit gefunden hätte.[114] Wird eine Person **bewusst rechtswidrig** von der Versammlung ausgeschlossen, steht dies der bewussten Nichtladung gleich, sodass die in der Versammlung gefassten Beschlüsse **nichtig** sind (zur bewussten Nichtladung siehe Rn 37).

II. Verstoß gegen Nichtöffentlichkeitsgrundsatz

58 Nehmen an der Versammlung Personen teil, die kein Anwesenheitsrecht haben, sind die in der Versammlung gefassten Beschlüsse für **ungültig** zu erklären, sofern der Verstoß gegen den Nichtöffentlichkeitsgrundsatz gerügt wurde und die Anwesenheit des Unberechtigten kausal für die Beschlussergebnisse geworden ist. Die Kausalität wird dabei vermutet, kann aber widerlegt werden.[115] Nach Auffassung des *OLG Hamm*[116] genügt die nie völlig auszuschließende theoretische Möglichkeit einer negativen Beeinflussung der Beschlussfassung durch Gäste in der Eigentümerversammlung für die Ungültigerklärung nicht; vielmehr habe der Anfechtende darzulegen, welche Einwände in der Sache er erhoben hätte, wenn die betreffenden Personen nicht anwesend gewesen wären und womit er die übrigen Abstimmungsberechtigten zu beeinflussen versucht hätte. Wer die Anwesenheit des Unberechtigten in der Versammlung nicht gerügt hat, hat konkludent auf sein Recht auf Ausschluss dieser Person von der Versammlung verzichtet.[117] Hatte ein Eigentümer gar keine Kenntnis von der Anwesenheit des Unberechtigten in der Versammlung oder war der Eigentümer in der Versammlung weder anwesend noch vertreten, kann er von dem unberechtigt Anwesendem auch nicht in seiner Willensbildung beeinflusst worden sein. Auf die Frage, ob andere Personen beeinflusst wurden, kommt es nicht an, wenn diese die Anwesenheit nicht gerügt haben oder die in der Versammlung gefassten Beschlüsse nicht anfechten.

III. Versammlungsleitung (Abs. 5)

59 In der Versammlung führt gemäß § 24 Abs. 5 der Verwalter den **Vorsitz**, sofern die Versammlung nichts anderes mehrheitlich beschließt. Ein solcher Beschluss ist nicht selbstständig anfechtbar, da er sich mit dem Ablauf der Versammlung erledigt. Ein Geschäftsordnungsbeschluss muss in der Tagesordnung zur Versammlung nicht angekündigt werden.

60 Die Leitung der Versammlung obliegt dem dazu Befugten in der Regel **persönlich**. Gleichwohl wird die Versammlungsleitung auch ein Vertreter übernehmen können, wenn die Versammlung dies nicht rügt. Bei **juristischen Personen** übernimmt deren gesetzlicher Vertreter (Geschäftsführer, Vorstand) die Leitung; zulässig wird in der Regel auch die Versammlungsleitung durch einen Angestellten oder Prokuristen sein.

61 Dem Vorsitzenden steht die Leitung der Versammlung zu. Er hat für die ordnungsgemäße Durchführung der Tagesordnung zu sorgen, jedem der will, Gehör zu verschaffen und die Stimmabgabe der Teilnehmer zu ermöglichen. Er übt das **Hausrecht** aus. Er kann **Ordnungsmaßnahmen** ergreifen, etwa die Redezeit begrenzen, Störern das Wort entziehen oder diese – als letztes Mittel – von der Versammlung ausschließen, wenn andernfalls eine ordnungsgemäße Willensbildung der Wohnungseigentümer nicht mehr möglich ist. Da das Ordnungsrecht eine von den Eigentümern abgeleitete Befugnis ist, können die Wohnungseigentümer Ordnungsmaßnahmen des Vorsitzenden jederzeit durch **Mehrheitsbeschluss** aufheben oder an Stelle des Vorsitzenden Ordnungsmaßnahmen beschließen.[118] Die Wohnungseigentümer können sich auch eine Geschäftsordnung durch Mehrheitsbeschluss geben.[119] Ordnungsmaßnahmen und **Geschäftsordnungsbeschlüsse** sind **nicht separat anfechtbar**, da sie sich mit Ablauf der Versammlung erledigen. Bei rechtswidrigen Ordnungsmaßnahmen können aber die in der Versammlung gefassten Sachbeschlüsse erfolgreich angefochten werden, wenn die Ordnungsmaßnahme Einfluss auf das Ergebnis dieser Beschlüsse hatte.

IV. Beendigung

62 Die Versammlung wird vom **Vorsitzenden** beendet. Nach Beendigung der Versammlung können keine wirksamen Beschlüsse mehr gefasst werden; etwaige Abstimmungen führen zu Nichtbeschlüssen. Beendet der Vorsitzende die Versammlung **ohne sachlichen Grund** vor Abarbeitung der Tagesordnung, handelt er rechtsmissbräuchlich. Die anwesenden Eigentümer können dann die Versammlung fortsetzen und einen neuen Versammlungsvorsitzenden wählen. Würde man dem Verwalter das Recht zubilligen, eine ordnungsgemäß einberufene Versammlung aufzulösen, so hätte dies in der Praxis die nicht vertretbare Folge, dass de facto nie eine Beschlussfassung gegen den Willen des Verwalters möglich wäre.[120]

---

114 BGH V ZR 60/10, NJW 2011, 679.
115 BayObLG 2Z BR 212/03, NZM 2004, 388.
116 15 W 15/96, ZMR 1996, 677.
117 LG Düsseldorf 25 S. 56/10, ZMR 2011, 898; OLG Hamburg 2 Wx 2/07, ZMR 2007, 550.
118 *Bärmann/Merle*, § 24 Rn 104; *Becker*, Versammlung der Wohnungseigentümer, S. 69 ff.
119 Vgl. AG Koblenz 133 C 3201/09, ZMR 2011, 591 zu einer beschlossenen Redezeitbegrenzung.
120 OLG Celle 4 W 310/01, ZWE 2002, 276.

V. Geschäftsordnung

Die Wohnungseigentümer können zu Beginn einer jeden Versammlung eine Geschäftsordnung mehrheitlich **beschließen**, die z.B. den Versammlungsleiter und Protokollführer bestimmt, die Art und Weise der Abstimmungsverfahren regelt, Redezeiten und die Reihenfolge von Redebeiträgen festlegt, Pausen und das voraussichtliche Ende der Versammlung zeitlich fixiert. Der Beschluss über eine Geschäftsordnung ist nicht anfechtbar, da er sich mit Ablauf der Versammlung erledigt und damit das Rechtsschutzbedürfnis für eine Anfechtung fehlt.[121] Erfolgreich anfechtbar sind allenfalls die in der Versammlung gefassten Sachbeschlüsse, sofern diese auf einer fehlerhaft durchgeführten Eigentümerversammlung bzw. auf einem rechtswidrigen Geschäftsordnungsbeschluss beruhen.

63

Wollen die Wohnungseigentümer sich eine Geschäftsordnung geben, die für alle künftigen Eigentümerversammlungen gilt, bedarf es hierfür einer **Vereinbarung**. Ein Beschluss wäre an dieser Stelle nichtig (siehe § 23 Rn 23). Denn es läge eine Regelung mit Dauerwirkung vor, die das Gesetz auf abstrakt-genereller Ebene ergänzt.

D. Versammlungsniederschrift (Abs. 6)

Über die in der Versammlung gefassten Beschlüsse ist eine Niederschrift aufzunehmen (§ 24 Abs. 6).

64

I. Inhalt der Niederschrift

Die Versammlungsniederschrift muss folgenden Mindestinhalt haben:

65

– Bezeichnung der Eigentümergemeinschaft,
– Tag der Versammlung,
– Aussage zur Beschlussfähigkeit der Versammlung,
– Wortlaut der gefassten Beschlüsse,
– Anzahl der gültigen Ja- und Nein-Stimmen sowie das verkündete Beschlussergebnis.

Der **Verlauf der Versammlung** und **mündliche Äußerungen** der anwesenden Personen müssen in die Niederschrift grundsätzlich nicht aufgenommen werden. Dies ist nur erforderlich, wenn die Wohnungseigentümer einen entsprechenden Beschluss gefasst haben oder die Gemeinschaftsordnung eine dahingehende Regelung enthält. Im Übrigen steht es im **Ermessen** des Protokollführers, welche Tatsachen er in die Niederschrift aufnimmt.[122] Aufgabe der Niederschrift ist es nicht, abwesende Wohnungseigentümer vollständig über alle Diskussionsbeiträge zu unterrichten.[123] Empfehlenswert ist aber in jedem Fall die **namentliche Aufzählung** der in der Versammlung anwesenden Personen und die Beifügung der **Vollmachtserklärungen** im Original, da dies Rückschlüsse auf die Beschlussfähigkeit der Versammlung ermöglicht.

66

II. Protokollersteller und Unterzeichner

Wer die Versammlungsniederschrift **erstellt**, ist grundsätzlich ohne Bedeutung. Denn Rechtsverbindlichkeit erlangt die Versammlungsniederschrift erst dadurch, dass sie vom Vorsitzenden der Versammlung und einem Wohnungseigentümer und, falls ein Verwaltungsbeirat bestellt worden ist, auch von dessen Vorsitzendem oder seinem Vertreter **unterschrieben** wird. Diese Personen bestätigen durch ihre Unterschrift die inhaltliche Richtigkeit der Niederschrift. Eine solche Bestätigung kann aber nur erfolgen, wenn diese Personen in der Eigentümerversammlung anwesend waren.[124] Waren sowohl der Vorsitzende des Verwaltungsbeirats als auch sein Vertreter in der Versammlung nicht anwesend, ist deren Unterschrift entbehrlich.[125] Haben hingegen mehrere Beiratsmitglieder an der Versammlung teilgenommen, so liegt eine ordnungsgemäße Protokollunterzeichnung auch dann vor, wenn neben dem Vorsitzenden des Verwaltungsbeirats (oder seinem Vertreter) ein weiteres Beiratsmitglied unterschreibt. Abs. 6 S. 2 Hs. 2 ist nicht so zu verstehen, dass neben dem Beiratsvorsitzenden (oder dessen Vertreter) zwingend ein Wohnungseigentümer unterzeichnen muss, der nicht Mitglied des Verwaltungsbeirats ist.[126] War der Beiratsvorsitzende zugleich Versammlungsvorsitzender, so genügt es, wenn er und ein Wohnungseigentümer (der auch Beiratsmitglied sein kann) die Niederschrift unterschreiben.[127]

67

Wechselt während der Versammlung **der Versammlungsvorsitz** (z.B. durch Abwahl und Neuwahl des Verwalters), unterzeichnet der jeweilige Versammlungsvorsitzende das Protokoll in den Passagen, die die Zeit seines Versammlungsvorsitzes betreffen.

Verweigern der Versammlungsvorsitzende oder der Beiratsvorsitzende die **Unterschrift**, so berührt dies die Gültigkeit der gefassten Beschlüsse nicht; lediglich der Beweiswert der Versammlungsniederschrift ist gemindert.[128] Bestimmt die Gemeinschaftsordnung allerdings, dass zur **Gültigkeit eines Beschlusses** die Protokollierung des Be-

68

---

121 BayObLG BReg 2 Z 47/87, NJW-RR 1987, 1363; 2Z BR 72/95, WuM 1996, 113.
122 LG Dessau-Roßlau 1 T 208/11, zitiert nach juris.
123 BayObLG BReg 2 Z 121/89, WuM 1990, 173.
124 Palandt/*Bassenge*, § 24 Rn 22.
125 *Bärmann/Merle*, § 24 Rn 111.
126 OLG Hamm 15 W 183/11, ZMR 2011, 984; **a.A.** OLG Düsseldorf I-3, Wx 263/09, ZMR 2010, 548.
127 Ähnlich OLG Düsseldorf I-3, Wx 263/09, ZMR 2010, 548.
128 Palandt/*Bassenge*, § 24 Rn 21.

schlusses erforderlich ist und das Protokoll vom Verwalter und von zwei von der Eigentümerversammlung bestimmten Wohnungseigentümern zu unterzeichnen ist, dann führt ein Verstoß gegen diese Vorgaben zur Anfechtbarkeit des Beschlusses, nicht aber zu dessen Nichtigkeit.[129] In diesem Fall hat die Auswahl der unterzeichnungsberechtigten Eigentümer zu Beginn der Versammlung durch Mehrheitsbeschluss zu erfolgen; die Auswahl kann nicht nachgeholt werden. Der Beschluss über die Bestimmung der Unterzeichnungsberechtigten ist zu seiner Gültigkeit ebenfalls zu protokollieren. Unterbleibt die Protokollierung, ist der Beschluss fehlerhaft mit der weiteren Folge, dass auch alle übrigen Beschlüsse der Versammlung wegen fehlerhafter Protokollierung für ungültig zu erklären sind.[130]

69 Wurde in der Eigentümerversammlung ein **Verwalter bestellt** und bedarf es zur **Veräußerung** einer Wohnungseigentumseinheit der Zustimmung des Verwalters nach § 12, so ist den Erfordernissen des § 26 Abs. 4 nur genügt, wenn alle in § 24 Abs. 6 S. 2 genannten Personen die Versammlungsniederschrift unterzeichnet haben und die Unterschriften sich auf derselben Urkunde befinden.[131]

70 Die ordnungsgemäß erstellte Niederschrift ist eine **Privaturkunde** i.S.d. § 416 ZPO. Ihre **Beweiskraft** beschränkt sich darauf, dass die Unterzeichner den Inhalt der Niederschrift für wahrheitsgemäß befinden.[132] In einem späteren Beschlussanfechtungsverfahren kann ein Beteiligter noch vortragen und unter Beweis stellen, dass die Niederschrift unrichtig ist und ein Beschluss anders gefasst wurde, als die Niederschrift es wiedergibt.[133]

III. Frist zur Erstellung, Versendung und Einsichtsrecht

71 Das Gesetz regelt nicht, innerhalb welcher Frist die Niederschrift angefertigt werden muss. Nach der Rechtsprechung muss die Niederschrift mindestens eine Woche vor Ablauf der Beschlussanfechtungsfrist des § 46 Abs. 1, mithin **drei Wochen** nach der Versammlung, vorliegen.[134] Die verspätete Erstellung der Versammlungsniederschrift nach Ablauf der Anfechtungsfrist bei gleichzeitiger Nichtfortführung der Beschluss-Sammlung stellt für einen in der Versammlung nicht anwesenden Wohnungseigentümer ein objektives Hindernis für eine sachgerechte Ausübung des Anfechtungsrechts dar mit der Folge, dass einem anfechtungswilligen Wohnungseigentümer gemäß § 46 Abs. 1 S. 3 die Wiedereinsetzung in den vorigen Stand zu gewähren ist. Wohnungseigentümern, die in der Versammlung anwesend waren, ist zuzumuten, dass sie auch ohne Protokoll etwaige Beschlussanfechtungsanträge fristwahrend stellen.

72 **Jeder Wohnungseigentümer** darf die Versammlungsniederschriften selbst oder durch einen Vertreter einsehen. Dieses Recht steht auch **Dritten** zu, soweit sie ein berechtigtes Interesse haben und von einem Eigentümer zur Einsichtnahme ermächtigt wurden, z.B. Kaufinteressenten. Die **Einsichtnahme** erfolgt grundsätzlich am Ort der Verwaltung (§ 269 BGB) oder in den Räumen der Wohnanlage. Ist der Ort der Anlage vom Ort der Verwaltung weit entfernt, kann der einzelne Wohnungseigentümer auf seine Kosten die Übersendung von **Abschriften der Protokolle** verlangen. Ein Einsichtsrecht in Notizen zur Niederschrift der Versammlung steht dem Wohnungseigentümer nicht zu.[135] Nichtgewährung der Einsicht kann den Verwalter schadensersatzpflichtig machen. Zur **Herausgabe der Originalprotokolle** ist der Verwalter nicht verpflichtet.[136]

73 Eine Pflicht des Verwalters, die Niederschrift innerhalb der Frist des § 46 Abs. 1 zu vervielfältigen und an die Wohnungseigentümer zu **versenden**, besteht nach dem Gesetz nicht. § 24 Abs. 6 S. 3 räumt den Wohnungseigentümern lediglich ein Recht auf Einsichtnahme ein. Hat allerdings der Verwalter aufgrund **längerer Übung** in der Vergangenheit das Vertrauen geschaffen, dass eine Kopie der Niederschrift unaufgefordert an die Wohnungseigentümer versendet wird, muss er sich daran festhalten lassen und das Protokoll auch in Zukunft vor Ablauf der Beschlussanfechtungsfrist an die Eigentümer versenden.[137]

IV. Berichtigung der Niederschrift

1. Verfahren

74 Gibt die Versammlungsniederschrift die Ereignisse in der Versammlung unzutreffend wieder, kann grundsätzlich jeder Wohnungseigentümer eine Berichtigung verlangen. Der Berichtigungsanspruch ist zunächst auf **außergerichtlichem Wege** zu verfolgen. Er richtet sich gegen die Personen, die mit ihrer Unterschrift die angebliche Richtigkeit der Niederschrift bestätigt haben. Diese Personen müssen das Original der Niederschrift mit einem **Berichtigungsvermerk** versehen und diesen ebenfalls unterzeichnen. Anschließend sollte der Verwalter alle Wohnungseigentümer über die Protokollberichtigung informieren.

75 Scheitert das außergerichtliche Berichtigungsbegehren, weil die **Protokollunterzeichner** eine Berichtigung ablehnen, kann die Änderung der Niederschrift im gerichtlichen Verfahren nach § 43 Nr. 1 durchgesetzt werden. Die **Klage**

---

129 BGH V ZB 2/97, NJW 1997, 2956.
130 OLG Schleswig 2 W 230/03, ZMR 2006, 721; OLG Frankfurt 20 W 500/08, ZWE 2011, 363.
131 LG Berlin 86 T 611/04, zit. nach juris.
132 BayObLG 2Z BR 97/01, ZWE 2002, 469.
133 BayObLG BReg 2 Z 75/89, NJW-RR 1990, 210.
134 BayObLG BReg 2 Z 67/88, WuM 1989, 202; OLG Frankfurt 20 W 165/90, WuM 1990, 461.
135 KG NJW 1989, 532.
136 BayObLG 2Z BR 188/03, ZMR 2004, 443.
137 *Bärmann/Merle*, § 24 Rn 123.

ist **gegen** diejenigen Personen zu richten, die mit ihrer Unterschrift die angebliche Richtigkeit der Niederschrift bestätigt haben und im Nachhinein die Berichtigung verweigern. Die übrigen Wohnungseigentümer sind gemäß § 48 Abs. 1 beizuladen. Die Beklagten werden vom Gericht verurteilt, die Niederschrift einer bestimmten Eigentümerversammlung in einer konkret bezeichneten Art und Weise zu berichten.

Umstritten ist, ob die Klage auf Berichtigung innerhalb der **Monatsfrist** des § 46 Abs. 1 eingereicht werden muss. Die bisherige Rechtsprechung bejahte eine analoge Anwendung des § 23 Abs. 4 a.F.[138] Der Schutz des Vertrauens in das protokollierte Beschlussergebnis verlange eine Ausdehnung der Monatsfrist auch auf Anträge zur Protokollberichtigung. Gegen diese Ansicht spricht, dass eine Berichtigung des Protokolls auch auf außergerichtlichem Wege herbeigeführt werden kann, sodass die Ausschlusswirkung des § 46 Abs. 1 WEG ohne weiteres umgangen werden könnte. Die von der Rechtsprechung erstrebte Rechtssicherheit kann unabhängig davon auch deshalb nicht erreicht werden, weil für den Inhalt und das Zustandekommen eines Beschlusses allein die Feststellung des Abstimmungsergebnisses durch den Versammlungsvorsitzenden – und nicht der Inhalt des Protokolls – maßgeblich ist.[139] Der Versammlungsniederschrift kommt hinsichtlich Beschlussinhalt und Beschlussergebnis keine konstitutive Bedeutung zu.[140] Ein Beteiligter kann in einem späteren Beschlussmängelverfahren nach § 43 Nr. 4 immer noch einwenden, der Beschluss sei anders zustande gekommen, als die Versammlungsniederschrift es wiedergebe.[141] Das Gericht müsste bei entsprechendem Sachvortrag Beweis über die Äußerungen des Versammlungsvorsitzenden bei der Abstimmung und Beschlussfeststellung erheben. 76

2. Gegenstand und Umfang der Berichtigung

Der Berichtigung unterliegen vornehmlich die **Angaben über Beschlussinhalt** und **Beschlussergebnis**. Stimmen das wahre Beschlussergebnis und das vom Versammlungsvorsitzenden festgestellte und verkündete Beschlussergebnis nicht überein, muss das Protokoll die Beschlussfeststellung durch den Versammlungsvorsitzenden wiedergeben. Andernfalls wäre die Niederschrift unrichtig. Gegen die unrichtige Feststellung und Verkündung des Vorsitzenden müssen die Eigentümer im Rahmen eines fristgebundenen Beschlussmängelverfahrens vorgehen (§ 46). Eine Protokollberichtigung wäre hier der falsche Weg. Gibt die Niederschrift die Zahl der abgegebenen Ja-Stimmen und Nein-Stimmen unzutreffend wieder, kann eine Berichtigung jedoch nur verlangt werden, wenn sich die behauptete Unrichtigkeit auf das Abstimmungsergebnis ausgewirkt hat. Andernfalls fehlt der Klage das erforderliche Rechtsschutzbedürfnis.[142] 77

Hinsichtlich des **fakultativen Inhalts** der Niederschrift kann ein Wohnungseigentümer gemäß §§ 823, 1004 BGB eine Berichtigung verlangen, wenn sein **Persönlichkeitsrecht verletzt** wird. Dies ist anzunehmen, wenn die in der Niederschrift enthaltenen Ausführungen einen sachlichen Bezug vermissen lassen und zur bloßen Schmähung eines Wohnungseigentümers herabsinken, etwa wenn die Niederschrift bloßstellende oder sonst diskriminierende Ausführungen über einen Wohnungseigentümer enthält.[143] Dies ist aber nicht bereits bei jeglicher Kritik der Fall. 78

Der fakultative Inhalt der Niederschrift steht grundsätzlich im **pflichtgemäßen Ermessen** des Protokollanten. Die Niederschrift widerspricht jedoch ordnungsmäßiger Verwaltung, wenn Sachverhalte – etwa Äußerungen der Eigentümer – unrichtig wiedergegeben werden. Hat die unrichtige Passage **rechtliche Bedeutung**, ist die Unrichtigkeit zu berichtigen.[144] Bei unrichtigen Tatsachenwiedergaben, denen keine rechtliche Bedeutung zukommt, kann keine Berichtigung sondern nur deren Streichung verlangt werden. Für einen Antrag auf Streichung besteht aber dann kein Rechtsschutzbedürfnis, wenn die unzutreffende Passage das Verhältnis der Wohnungseigentümer untereinander in keiner Weise berührt. Dem Protokollführer ist zu empfehlen, neben den Beschlüssen so wenig wie möglich Tatsachenbericht in die Niederschrift aufzunehmen. Streitigkeiten über den fakultativen Inhalt der Niederschrift lassen sich dadurch weitgehend vermeiden. 79

E. Beschluss-Sammlung (Abs. 7 und 8)

Zusätzlich zur Versammlungsniederschrift ist eine Beschluss-Sammlung zu führen. Diese gibt in lückenloser Reihenfolge die seit dem 1.7.2007 gefassten **Beschlüsse** und die Wohnanlage betreffende **Gerichtsentscheidungen** wieder. Frühere Beschlüsse oder Gerichtsentscheidungen können, müssen aber nicht in die Beschluss-Sammlung aufgenommen werden.[145] 80

---

138 OLG Köln 16 Wx 106/78, OLGZ 1979, 282; OLG Hamm 15 W 450/84, OLGZ 1985, 147; KG 24 W 1227/90, WuM 1990, 363; **a.A.** BayObLG BReg 2 Z 75/89, NJW-RR 1990, 210; *Bärmann/Merle*, § 24 Rn 130; *Staudinger/Bub*, § 24 Rn 124; *Abramenko*, ZMR 2003, 326, 328 mit ausführlicher Begründung.
139 BGH V ZB 10/01, NJW 2001, 3339.
140 BayObLG 2Z BR 152/04, ZMR 2005, 462.
141 BayObLG BReg 2 Z 75/89, NJW-RR 1990, 210; *Abramenko*, ZMR 2003, 326, 328.
142 BayObLG BReg 2 Z 144/90, WuM 1991, 310.
143 BayObLG BReg 2 Z 121/89, WuM 1990, 173.
144 LG Hamburg 318 S 168/09, ZMR 2011, 664; BayObLG 2Z BR 144/90, WuM 1991, 310; KG 24 W 3239/88, WuM 1989, 347.
145 BT-Drucks 16/887, S. 33.

I. Form

81 Besondere **Form**erfordernisse bestehen nicht. Auch das äußere **Erscheinungsbild** ist nicht vorgegeben. Die Beschluss-Sammlung kann beispielsweise als gebundenes Buch, als Stehordner oder als elektronische Datei geführt werden. Sofern die Beschluss-Sammlung in Papierform geführt wird, müssen die Blätter nicht zwingend fest miteinander verbunden sein. Durch die vorgeschriebene **fortlaufende Nummerierung** der Eintragungen kann ein Dritter erkennen, ob das ihm vorliegende Dokument vollständig ist. Die im Einzelfall gewählte Form muss sicherstellen, dass die **Eintragungen dauerhaft erhalten** bleiben und jederzeit **ungehindert Einsicht** in die Beschluss-Sammlung genommen werden kann. Die Beschluss-Sammlung muss deshalb übersichtlich geführt werden. Je nach Anzahl der Eintragungen kann es angezeigt sein, ein Inhaltsverzeichnis anzulegen, in dem etwa der Gegenstand des Beschlusses oder der Inhalt des Urteils in Kurzform bezeichnet wird.[146] Die Wohnungseigentümer, etwaige Erwerbsinteressenten, sonstige berechtigte Dritte und der Verwalter sollen sich anhand der Beschluss-Sammlung auf einfachem Weg Kenntnis von der aktuellen Beschlusslage verschaffen können.

II. Inhalt und Erscheinungsbild

1. Reihenfolge der Eintragung

82 Die Beschlüsse und gerichtlichen Entscheidungen sind fortlaufend einzutragen und zu nummerieren (§ 24 Abs. 7 S. 3). Die **Reihenfolge** der Eintragung sollte sich nach der zeitlichen Abfolge des Zustandekommens der Beschlüsse und Gerichtsentscheidungen richten, auch wenn dies nicht zwingend ist.[147]

2. Nummerierung

83 Die **Nummerierung** hat versammlungs- und jahresübergreifend zu erfolgen. Die Art der Nummerierung ist so zu wählen, dass Eintragungen nachträglich weder entfernt noch hinzugefügt werden können, ohne dass dies anhand der Nummerierung auffiele. Die Vollständigkeit der Beschluss-Sammlung muss anhand der Nummerierung überprüfbar sein. Unzulässig wäre es daher, bei jeder Versammlung oder jedem Kalenderjahr erneut mit der Nummer 1 (z.B. 1/2008) zu beginnen. Denn bei dieser Art der Nummerierung ließen sich einem Kalenderjahr oder einer Versammlung nachträglich Beschlüsse hinzufügen, insbesondere wenn die Blätter der Beschluss-Sammlung nicht fest miteinander verbunden sind.

3. Eintragung von Beschlüssen

84 Einzutragen ist jeweils nur der **Wortlaut** der gefassten Beschlüsse nebst dem verkündeten **Beschlussergebnis** (Antrag angekommen oder abgelehnt) sowie **Ort und Datum** der Versammlung bzw. Verkündung. Der Wortlaut des Beschlusses entspricht dem Inhalt des Beschlussantrages, über den abgestimmt wurde (siehe § 23 Rn 48). Nimmt der Beschlusswortlaut inhaltlich Bezug auf **Urkunden** oder Schriftstücke, z.B. Handwerkerangebote, Baupläne, Wirtschaftsplan, Jahresabrechnung, sind diese Unterlagen nicht zum Inhalt der Beschluss-Sammlung zu machen,[148] denn die Bezugsunterlagen sind nicht formeller Bestandteil des Beschlusswortlauts. Es empfiehlt sich, die erwähnten Unterlagen als Anlage zur Versammlungsniederschrift zu nehmen.

85 **Geschäftsordnungsbeschlüsse,** also Beschlüsse über den Ablauf einer Eigentümerversammlung, müssen in die Beschluss-Sammlung nicht aufgenommen werden,[149] da sie sich spätestens mit Beendigung der Versammlung erledigen und aus der Beschluss-Sammlung umgehend wieder gelöscht werden könnten, wenn sie eingetragen würden. In die Versammlungsniederschrift nach § 24 Abs. 6 sind diese Beschlüsse freilich aufzunehmen.

4. Eintragung von Urteilen

86 In die Beschluss-Sammlung einzutragen sind die **Urteilsformeln** der gerichtlichen Entscheidungen in einem Rechtsstreit gemäß § 43 mit Angabe ihres **Datums**, des **Gerichts** und der **Parteien**. Da § 24 Abs. 7 S. 2 Nr. 3 auf sämtliche Nummern des § 43 verweist, sind die Urteile auch dann einzutragen, wenn sie das Verhältnis der Wohnungseigentümer untereinander nicht unmittelbar betreffen, wie es etwa bei Verfahren nach § 43 Nr. 5 der Fall sein kann.[150] Eine teleologische Reduktion des § 24 Abs. 7 S. 2 Nr. 3 kommt nicht in Betracht. In gleicher Weise wie der Gesetzgeber sich mit der Neufassung des § 43 entschieden hat, auch solche Rechtsstreitigkeiten vor dem örtlich belegenen Gericht austragen zu lassen, die zwar das Verhältnis der Wohnungseigentümer untereinander nicht betreffen, aber gleichwohl einen gegenständlichen Bezug zur Wohneigentumsanlage haben, liegt auch § 24 Abs. 7 S. 2 Nr. 3 die Entscheidung zugrunde, sämtliche Gerichtsentscheidungen in die Beschluss-Sammlung aufzunehmen, sofern sie einen Bezug zum Gemeinschaftsverhältnis oder zum Sonder- oder Gemeinschaftseigentum haben. Auf die Eintragung der Gerichtsentscheidungen kann nicht mit dem Argument verzichtet werden, die Entscheidungen hätten für das Verhältnis der Wohnungseigentümer untereinander keine Bedeutung. Die Beschluss-Sammlung soll ein vollständiges Bild über die die

---

146 BT-Drucks 16/887, S. 34.
147 BT-Drucks 16/887, S. 33.
148 A.A. *Bärmann/Merle,* § 24 Rn 152.

149 *Deckert,* NZM 2005, 927, 928.
150 *Bärmann/Merle,* § 24 Rn 160; *Jennißen/Elzer,* § 24 Rn 157a.

Wohnanlage betreffenden Rechtsstreitigkeiten geben, auch wenn der Verwalter naturgemäß nur solche Gerichtsentscheidungen in die Beschluss-Sammlung eintragen kann, von denen er Kenntnis erhält.

Bei **Klage abweisenden Urteilen** ist ebenfalls nur der Tenor einzutragen,[151] auch wenn der Leser der Beschluss-Sammlung aus der Urteilsformel nicht ersehen kann, welchen Gegenstand die erfolglose Klage hatte. Diese Information lässt sich jedoch durch Einsichtnahme in das Urteil erlangen. Aus der Beschluss-Sammlung kann der Wohnungseigentümer zumindest erkennen, dass ein Urteil ergangen ist.

Zur einzutragenden Urteilsformel gehört neben der **Entscheidung zur Hauptsache** auch die **Nebenentscheidung** über die Kosten und die vorläufige Vollstreckbarkeit.[152] Verfahrensbegleitende Beschlüsse des Gerichts, Kostenfestsetzungsbeschlüsse und Vollstreckungsbescheide gehören nicht in die Beschluss-Sammlung.[153] Gleiches gilt für Gerichtsentscheidungen in Verfahren, die nicht unter den Regelungsbereich des § 43 fallen.

Sind an einem Rechtsstreit sämtliche Wohnungseigentümer beteiligt (z.B. in Beschlussanfechtungsverfahren), genügt es für die **Angabe der Parteien**, dass auf Aktivseite oder auf Passivseite „alle übrigen Wohnungseigentümer" – mit Ausnahme des Prozessgegners – beteiligt sind.[154] Die namentliche Benennung der übrigen Wohnungseigentümer kann dann unterbleiben. Die Namen ergeben sich aus dem Urteilsrubrum und dem Grundbuch.

Gerichtliche Vergleiche sind nicht unter einer laufenden Nummer in die Beschluss-Sammlung einzutragen.[155] Regelt ein Vergleich die Gültigkeit oder den Inhalt eines Eigentümerbeschlusses, muss er aber als Vermerk im Sinne des § 24 Abs. 7 S. 4 bei dem betroffenen Beschluss erwähnt werden. Soweit ein Vergleich eine Vereinbarung im Sinne des § 10 Abs. 2 S. 2 zum Regelungsgegenstand hat, mag der Vergleich zur Bindung von Rechtsnachfolgern in das Grundbuch eingetragen werden (vgl. § 10 Rn 65 ff.). Vereinbarungen gehören jedoch nicht in die Beschluss-Sammlung. Gleiches gilt für Verträge zwischen einzelnen Wohnungseigentümern und Verträge zwischen der Gemeinschaft und dem Verwalter oder Dritten.

5. Vermerke

Wird ein Beschluss gerichtlich angefochten oder aufgehoben, muss die Eintragung des Beschlusses durch einen entsprechenden **Vermerk** ergänzt werden (S. 4). Der Vermerk könnte bei Beschlüssen lauten: „Angefochten, AG Neukölln – 77 C 36/08". Wird eine Gerichtsentscheidung angefochten, könnte der Vermerk lauten: „Berufung eingelegt, LG Berlin 55 S 97/08".

6. Löschungen

Wird ein Beschluss vom Gericht rechtskräftig für ungültig erklärt, kann der Beschluss gelöscht werden (§ 24 Abs. 7 S. 5). Die **Löschung** kann durch Streichung der Eintragung und Hinzufügung eines Löschungsvermerks – ähnlich wie im Grundbuch – erfolgen. Zulässig ist es auch, die Eintragung aus der Beschluss-Sammlung vollständig zu entfernen, wobei die laufende Nummer frei zu lassen und ein Löschungsvermerk mit Datumsangabe (z.B.: „gelöscht am …") aufzunehmen ist. Eine Eintragung **kann** auch gelöscht werden, wenn sie aus einem anderen Grund für die Wohnungseigentümer keine Bedeutung mehr hat (§ 24 Abs. 7 S. 6). Keine Bedeutung hat eine Eintragung z.B., wenn der Beschluss durch eine spätere Regelung überholt ist oder wenn der Beschluss sich durch Zeitablauf erledigt hat. Für die Beurteilung kommt es maßgeblich auf die Umstände des Einzelfalls an. Bestehen Zweifel, ob eine Eintragung keine Bedeutung mehr hat, sollte von einer Löschung abgesehen werden. Nach der Gesetzesbegründung[156] soll der Begriff „Bedeutung" dem für die Führung der Beschluss-Sammlung Verantwortlichen einen **Beurteilungsspielraum** einräumen, ob sich eine Eintragung erledigt hat oder nicht. Die Löschungen und Vermerke gemäß den S. 3 bis 6 sind ebenfalls unverzüglich zu erledigen und mit Datum zu versehen (§ 24 Abs. 7 S. 7).

III. Unverzüglichkeit der Eintragungen

Die Eintragungen und Vermerke müssen unverzüglich, d.h. ohne schuldhaftes Zögern (§ 121 Abs. 1 S. 1 BGB), vorgenommen werden (§ 24 Abs. 7 S. 7). Im Regelfall hat die Aktualisierung der Beschluss-Sammlung daher **am nächsten** oder übernächsten **Geschäftstag** zu erfolgen.[157] Eine Erledigung der Eintragung nach einer Woche ist nicht mehr unverzüglich.[158]

IV. Verantwortlicher für die Beschluss-Sammlung

Die Beschluss-Sammlung ist vom **Verwalter** zu führen (§ 24 Abs. 8 S. 1). Der Begriff „führen" umfasst alle mit der Anlegung der Sammlung, den Eintragungen, der Aktualisierung, der Löschung und der Einsichtnahme verbundenen

---

151 A.A. *Bärmann/Merle*, § 24 Rn 163; *Riecke/Schmid/Riecke*, § 24 Rn 109: Eintragung auch des Klageantrags.
152 *Jennißen/Elzer*, § 24 Rn 158.
153 A.A. *Jennißen/Elzer*, § 24 Rn 158.
154 *Bärmann/Merle*, § 24 Rn 165.
155 *Riecke/Schmid/Riecke*, § 24 Rn 112; *Jennißen/Elzer*, § 24 Rn 163; a.A. *Bärmann/Merle*, § 24 Rn 164.
156 BT-Drucks 16/887, S. 34.
157 *Bärmann/Merle*, § 24 Rn 143.
158 LG München I 1 T 2263/07, NZM 2008, 410.

Maßnahmen.[159] Der Verwalter ist zunächst für jene Eintragungen und Vermerke verantwortlich, die nach dem Unverzüglichkeitsgebot während seiner Amtszeit vorzunehmen sind. Endet die Amtszeit, endet auch die Befugnis, Änderungen an der Beschluss-Sammlung vornehmen zu dürfen. Im Falle des **Verwalterwechsels** muss sich der neue Verwalter um die Aktualisierung, Richtigkeit und Vollständigkeit der Beschluss-Sammlung kümmern und etwa fehlende Eintragungen nachholen oder unrichtige Eintragungen korrigieren.

95 **Fehlt ein Verwalter**, so ist der Vorsitzende der Wohnungseigentümerversammlung verpflichtet, die Beschluss-Sammlung zu führen. Die Wohnungseigentümer können aber durch Stimmenmehrheit einen anderen für diese Aufgabe bestellen (§ 24 Abs. 8 S. 2). Diese Person muss nicht Mitglied der Wohnungseigentümergemeinschaft sein (z.B. ein Notar).

96 Gibt es einen Verwalter, kann ihm die Aufgabe zur Führung der Beschluss-Sammlung nur durch **Vereinbarung** genommen werden. Ein Beschluss, mit dem in abstrakt-genereller Weise die Befugnis zur Führung der Beschluss-Sammlung einer anderen Person übertragen wird, etwa dem Vorsitzenden des Verwaltungsbeirats, wäre nichtig. Nur anfechtbar ist hingegen ein Beschluss, mit dem eine konkrete Person zur Führung der Beschluss-Sammlung ermächtigt wird.

V. Korrektur

97 Entspricht der Inhalt der Beschluss-Sammlung nicht den Vorgaben des Gesetzes und der Gemeinschaftsordnung, ist der Verwalter (bzw. die zur Führung der Beschluss-Sammlung berechtigte Person) **von Amts wegen** zur unverzüglichen Korrektur der fehlerhaften Eintragungen, Vermerke und Löschungen verpflichtet. Die Wohnungseigentümer sind über die Korrektur zu unterrichten, wenn bereits eine Einsichtnahme in die Beschluss-Sammlung stattgefunden hat.[160] Bei **Meinungsverschiedenheiten** über die Richtigkeit der Beschluss-Sammlung entscheiden die Eigentümer durch Beschluss mit einfacher **Stimmenmehrheit**, ob bzw. welche Änderungen der Beschluss-Sammlung vorzunehmen sind. Unabhängig davon steht jedem Eigentümer nach § 21 Abs. 4 ein **Anspruch auf Korrektur** bzw. Ergänzung zu, sofern die Beschluss-Sammlung nicht den Vorgaben des Gesetzes entspricht.

VI. Kein öffentlicher Glaube

98 Die Beschluss-Sammlung genießt **keinen öffentlichen Glauben**, wie es etwa beim Grundbuch oder beim Handelsregister der Fall ist. Sie stellt in wesentlichen Teilen lediglich ein Abbild der Versammlungsniederschriften dar. Kein Eigentümer kann sich darauf verlassen, dass der Inhalt der Beschluss-Sammlung richtig und vollständig ist. Da die Beschluss-Sammlung neben den Versammlungsniederschriften aber die einzige Möglichkeit für Wohnungseigentümer und etwaige Erwerbsinteressenten darstellt, sich über die Beschlusslage in der Wohnanlage zu informieren, verlangt das Gesetz vom Verwalter eine **erhöhte Sorgfalt** bei der Führung der Beschluss-Sammlung und sanktioniert etwaige Pflichtverletzungen hart. Die unrichtige Führung der Beschluss-Sammlung stellt gemäß § 26 Abs. 1 S. 4 einen **wichtigen Grund zur sofortigen Abberufung** aus dem Verwalteramt und zur Kündigung des Verwaltervertrages dar. Insoweit genügt in der Regel bereits eine einmalige Pflichtverletzung.[161] Die fehlerhafte Führung der Beschluss-Sammlung dürfte grundsätzlich auch einer Wiederbestellung des Verwalters entgegenstehen.

VII. Einsichtsrecht

99 Einem Wohnungseigentümer oder einem Dritten, den ein Wohnungseigentümer ermächtigt hat, ist auf sein Verlangen **Einsicht** in die Beschluss-Sammlung zu gewähren (§ 24 Abs. 7 S. 8). Der ermächtigte Dritte muss kein eigenes Interesse an der Einsichtnahme vorweisen können. Der Verwalter ist im Rahmen der Einsichtgewährung verpflichtet, **Ablichtungen** zu fertigen.[162] Auf Verlangen muss der Verwalter Kopien der Beschluss-Sammlung an einen Eigentümer **versenden**, wenn zwischen dem Wohnsitz des Eigentümer und dem Geschäftssitz des Verwalters bzw. dem Ort der Wohneigentumsanlage eine erhebliche Entfernung besteht, sodass es unter Abwägung der Interessen des Verwalters und des Eigentümers unverhältnismäßig wäre, den Eigentümer auf dessen Recht zur Einsichtnahme bzw. Abholung der Kopien zu verweisen,[163] sofern dies verlangt wird. Eine Übersendung eines Auszugs aus der Beschluss-Sammlung per E-Mail wird dem Verwalter im Regelfall immer zumutbar sein. Die **Kosten** der Ablichtung und Übersendung sind dem Verwalter vom jeweiligen Eigentümer zu erstatten, sofern der Verwaltervertrag und die Gemeinschaftsordnung keine anderweitige Regelung enthalten. Sonstige Dritte haben ohne Ermächtigung durch einen Eigentümer keinen Anspruch auf Einsicht in die Beschluss-Sammlung, auch dann nicht, wenn sie zur Verfolgung eigener Ansprüche gegen die Eigentümergemeinschaft auf Informationen aus der Beschluss-Sammlung angewiesen sind. Der Verwalter darf diesen Personen ohne Ermächtigung keine Informationen aus der Beschluss-Sammlung zukommen lassen.

---

159 BT-Drucks 16/887, S. 34.
160 *Bärmann/Merle*, § 24 Rn 172.
161 BT-Drucks 16/887, S. 34; einschränkend aber BGH V ZR 105/11, NJW 2012, 1884.
162 BT-Drucks 16/887, S. 34.
163 Einschränkender LG Köln 29 S 140/09, ZMR 2011, 668; a.A. *Bärmann/Merle*, § 24 Rn 181: keine Verpflichtung zur Versendung.

§ 25 Mehrheitsbeschluss

(1) Für die Beschlussfassung in Angelegenheiten, über die die Wohnungseigentümer durch Stimmenmehrheit beschließen, gelten die Vorschriften der Absätze 2 bis 5.

(2) ¹Jeder Wohnungseigentümer hat eine Stimme. ²Steht ein Wohnungseigentum mehreren gemeinschaftlich zu, so können sie das Stimmrecht nur einheitlich ausüben.

(3) Die Versammlung ist nur beschlussfähig, wenn die erschienenen stimmberechtigten Wohnungseigentümer mehr als die Hälfte der Miteigentumsanteile, berechnet nach der im Grundbuch eingetragenen Größe dieser Anteile, vertreten.

(4) ¹Ist eine Versammlung nicht gemäß Absatz 3 beschlussfähig, so beruft der Verwalter eine neue Versammlung mit dem gleichen Gegenstand ein. ²Diese Versammlung ist ohne Rücksicht auf die Höhe der vertretenen Anteile beschlussfähig; hierauf ist bei der Einberufung hinzuweisen.

(5) Ein Wohnungseigentümer ist nicht stimmberechtigt, wenn die Beschlussfassung die Vornahme eines auf die Verwaltung des gemeinschaftlichen Eigentums bezüglichen Rechtsgeschäfts mit ihm oder die Einleitung oder Erledigung eines Rechtsstreits der anderen Wohnungseigentümer gegen ihn betrifft oder wenn er nach § 18 rechtskräftig verurteilt ist.

A. Allgemeines (Abs. 1) 1	II. Stimmverbot (Abs. 5) 28
B. Stimmrecht (Abs. 2) 2	1. Vornahme eines Rechtsgeschäfts 28
I. Inhaber des Stimmrechts und Stimmkraft (Abs. 2 S. 1) 2	2. Einleitung oder Erledigung eines Rechtsstreits . 30
II. Stimmrecht bei mehreren Berechtigten und mehrfacher Berechtigung (Abs. 2 S. 2) 9	3. Persönlicher Anwendungsbereich 31
	a) Verwandtschaftliche Beziehungen 31
	b) Vertretung bei der Stimmabgabe 32
III. Stimmrecht bei Unterteilung und Vereinigung von Wohnungseigentum 12	c) Zwangsverwalter 34
IV. Vertretung bei der Stimmabgabe 15	d) Mehrere Berechtigte am Wohnungseigentum 35
C. Beschlussfähigkeit der Versammlung (Abs. 3) .. 20	e) Juristische Personen und Personengesellschaften 36
I. Erstversammlung 20	
II. Wiederholungsversammlung (Abs. 4) 22	4. Rechtsfolgen des Stimmverbots 39
D. Stimmrechtsschranken 25	III. Ruhen des Stimmrechts 41
I. Gegenständlich beschränktes Stimmrecht 26	IV. Missbrauch des Stimmrechts 46

Literatur: *Bornheimer*, Das Stimmrecht im Wohnungseigentumsrecht, 1993; *Häublein*, Beschlussfähigkeit der Wohnungseigentümerversammlung und Stimmrechtsausschluss, NZM 2004, 534; *Kefferpütz*, Stimmrechtsschranken im Wohnungseigentumsrecht, 1994; *Kümmel*, Schriftliche Mehrheitsbeschlüsse der Wohnungseigentümer, ZWE 2000, 62; *Lotz-Störmer*, Stimmrechtsausübung und Stimmrechtsbeschränkung im Wohnungseigentumsrecht, 1993; *Merle,* Zur Vertretung beim gemeinschaftlichen Stimmrecht, ZWE 2007, 125; *Prüfer,* Schriftliche Beschlüsse, gespaltene Jahresabrechnungen, 2001; *ders.*, Stimmrecht des Nießbrauchers, ZWE 2002, 258; *Wendel*, Rechtsfolgen missbräuchlicher Stimmrechtsausübung, ZWE 2002, 545.

A. Allgemeines (Abs. 1)

§ 25 regelt in Ergänzung zu § 23 und § 24 formelle Fragen der Beschlussfassung in der Eigentümerversammlung. Die Norm ist durch Vereinbarung **weitgehend abdingbar.** Insbesondere kann die Stimmkraft abweichend von Abs. 2 geregelt werden.[1] Die Gestaltungsfreiheit endet allerdings dort, wo die personenrechtliche Gemeinschaftsstellung der Wohnungseigentümer ausgehöhlt wird.[2] Das mitgliedschaftliche Element des Wohnungseigentums verbietet daher einen allgemeinen Entzug des Stimmrechts.[3]

B. Stimmrecht (Abs. 2)

I. Inhaber des Stimmrechts und Stimmkraft (Abs. 2 S. 1)

Gemäß Abs. 2 S. 1 hat jeder Wohnungseigentümer eine Stimme (**Kopfstimmrecht**), gleich wie viele Wohnungseigentumseinheiten ihm gehören und wie viele Miteigentumsanteile mit dem Wohnungseigentum verbunden sind. In der Praxis häufiger anzutreffen ist eine Stimmkraftverteilung nach der Größe der Miteigentumsanteile (**Wertprinzip**) oder nach der Anzahl der einem Wohnungseigentümer gehörenden Wohnungen/Einheiten (**Objektstimmrecht**). Solche Vereinbarungen sind wirksam. Eine vom gesetzlichen Kopfstimmrecht abweichende Vereinbarung muss allerdings klar und eindeutig sein (vgl. § 10 Rn 40). Lässt sich auch durch Auslegung nicht ermitteln, nach welchem Kriterium sich die Stimmkraft richten soll, bleibt es beim gesetzlichen Kopfstimmrecht. Bestimmt die Gemeinschaftsordnung, dass sich die Stimmkraft nach „Einheiten" richtet, ist damit in der Regel eine Stimmkraftverteilung

---

1 BayObLG 2Z BR 36/97, ZMR 1997, 369; OLG Zweibrücken 3 W 72/89, ZMR 1990, 39.

2 BGH V ZR 60/10, NJW 2011, 679.

3 BGH V ZB 1/86, NJW 1987, 650.

nach Wohnungs- oder Teileigentumseinheiten (Objektprinzip) gemeint nicht eine Stimmkraftverteilung nach Miteigentumsanteilen. Wegen inhaltlicher Widersprüchlichkeit unwirksam ist etwa folgende Klausel: „Das Stimmrecht richtet sich nach Wohnungen, d.h. jeder Wohnungseigentümer hat eine Stimme."

Die Regelung zur Stimmkraft kann nicht durch **Mehrheitsbeschluss** geändert werden, da hierfür die Beschlusskompetenz fehlt.[4] Erforderlich ist eine Vereinbarung nach § 10 Abs. 2 S. 2. Selbst wenn die Gemeinschaftsordnung eine allgemeine **Öffnungsklausel** enthält, wonach die Wohnungseigentümer ihr Verhältnis untereinander abweichend von den Bestimmungen dieser Gemeinschaftsordnung und von den gesetzlichen Vorschriften durch Stimmenmehrheit ändern können, fehlt es für eine Änderung der Stimmkraft durch Mehrheitsbeschluss regelmäßig an einem **sachlichen Grund** (vgl. § 10 Rn 46), sodass der Beschluss im Fall der Anfechtung nach § 46 durch das Gericht für ungültig zu erklären wäre. Ein sachlicher Grund für eine Änderung der Stimmkraft besteht allenfalls dann, wenn die geltende Stimmkraftregelung die für eine ordnungsmäßige Verwaltung erforderliche Willensbildung verhindert oder dauerhaft zu unbilligen Abstimmungsergebnissen führt. Allein der Umstand, dass bei der vereinbarten Stimmkraftregelung ein Wohnungseigentümer oder eine Eigentümergruppe über die absolute Stimmenmehrheit verfügt, rechtfertigt eine Änderung der Stimmkraft grundsätzlich nicht.

3 Stimmrechtsträger ist grundsätzlich der Wohnungseigentümer oder das **Mitglied der werdenden Wohnungseigentümergemeinschaft** (siehe § 10 Rn 8 ff.). Der BGH[5] hat in einem obiter dictum angedeutet, die Rechtsstellung eines Mitglieds der werdenden Wohnungseigentümergemeinschaft auch jenen Ersterwerbern einzuräumen, die im Fall der Begründung von Wohnungseigentum nach § 8 die Voraussetzungen der Mitgliedschaft in der werdenden Wohnungseigentümergemeinschaft **erstmals** erfüllen, **nachdem** bereits ein anderer Erwerber als Eigentümer ins Grundbuch eingetragen wurde. Ein eigenes Stimmrecht hätte danach jeder Ersterwerber einer Wohnung, der im Fall der Aufteilung nach § 8 folgende Voraussetzungen erfüllt:
– wirksamer Erwerbsvertrag mit dem Aufteiler,
– Eintragung einer Auflassungsvormerkung für den Erwerber im Grundbuch,
– Übergang von Besitz sowie Lasten und Nutzungen auf den Erwerber.

Das Schrifttum hat sich dieser Ansicht teilweise angeschlossen.[6] Veröffentlichte Rechtsprechung hierzu ist zum gegenwärtigen Zeitpunkt nicht ersichtlich.

Sind **Nachlassverwalter** oder **Testamentsvollstrecker** bestellt, üben diese das Stimmrecht für den Eigentümer aus.[7] Ist über das Vermögen eines Wohnungseigentümers das Insolvenzverfahren eröffnet, übt der **Insolvenzverwalter** das Stimmrecht aus, solange die Wohnungseigentumseinheit aus der Insolvenzmasse nicht freigegeben ist. Ob ein vorläufiger Insolvenzverwalter anstelle des Wohnungseigentümers stimmberechtigt ist, hängt davon ab, ob das Insolvenzgericht ihn im Rahmen der nach § 21 Abs. 2 Nr. 2 InsO angeordneten Sicherungsmaßnahmen zur Ausübung des Stimmrechts ermächtigt hat.

4 Steht die Wohnungseigentumseinheit unter **Zwangsverwaltung**, ist der Zwangsverwalter zur Abstimmung berechtigt, sofern der Beschlussgegenstand in irgendeiner Weise den Zweck der Zwangsverwaltung, nämlich möglichst hohe Erträge aus der Wohnung zu ziehen, berührt. Dies ist bei nahezu allen Beschlussgegenständen anzunehmen, insbesondere wenn Kostenfragen oder die Instandhaltung betroffen sind oder Gebrauchsregelungen getroffen werden. Gilt in einer Gemeinschaft das **Kopfstimmrecht** nach § 25 Abs. 2 und stehen nur eine oder mehrere Einheiten eines Eigentümers unter Zwangsverwaltung, tritt wie bei einer teilweisen Veräußerung der Einheiten eine Stimmrechtsmehrung ein, sodass der Zwangsverwalter für die von ihm verwalteten Einheiten ein eigenes Stimmrecht erhält. Nach anderer Ansicht soll der Verwalter analog § 25 Abs. 2 S. 2 mit dem Eigentümer nur gemeinsam stimmberechtigt sein.[8] Diese Auffassung führt allerdings dazu, dass der Zwangsverwalter nicht unabhängig vom Votum des Schuldners abstimmen kann, was mit dem Zweck der Zwangsverwaltung nicht vereinbar wäre. Nach einer weiteren Ansicht soll das Stimmrecht zwischen Schuldner und Verwalter nach Bruchteilen aufgeteilt werden.[9] Betreut der Zwangsverwalter das Eigentum verschiedener Eigentümer, hat er bei Geltung des Kopfstimmrechts je Schuldner eine Stimme.[10]

5 **Sonstige Personen**, wie etwa Nießbraucher, Grundpfandgläubiger, Wohnungsberechtigte oder Mieter haben kein eigenes Stimmrecht. Sie können allenfalls als Vertreter auftreten, sofern sie wirksam bevollmächtigt sind.

6 Ein **künftiger oder werdender Eigentümer** (nicht zu verwechseln mit dem Mitglied einer werdenden Wohnungseigentümergemeinschaft), d.h. der noch nicht im Grundbuch eingetragene schuldrechtliche Erwerber einer Wohnungseigentumseinheit, erlangt ein eigenes Stimmrecht erst mit der Eigentumsumschreibung im Grundbuch.[11] Für den Erwerber kann sich aber die Frage stellen, ab welchem Zeitpunkt er **für den Veräußerer das Stimmrecht** ausüben kann, dann als rechtsgeschäftlicher Vertreter des Veräußerers. Die Bevollmächtigung des Erwerbers zur Ausübung des Stimmrechts vor Eigentumsumschreibung kann außerhalb des Kaufvertrages durch gesondertes Rechts-

---

4 BGH V ZB 58/99, NJW 2000, 3500.
5 BGH V ZB 85/07, ZMR 2008, 805.
6 Bärmann/Merle, § 25 Rn 11.
7 BGH V ZR 82/11, NJW 2012, 316 zum Testamentsvollstrecker.
8 KG 24 W 1063/89, NJW-RR 1989, 1162; Staudinger/Bub, § 25 Rn 141.
9 Bärmann/Merle, § 25 Rn 24; Bornheimer, S. 182.
10 KG 24 W 322/00, ZMR 2005, 148.
11 BGH V ZB 6/88, NJW 1989, 1087.

geschäft erfolgen oder im Kaufvertrag enthalten sein. Die Rechtsprechung ist bemüht, den Kaufverträgen auch ohne eine ausdrückliche Regelung zum Stimmrecht im Wege der Auslegung eine frühzeitige Befugnis des Erwerbers zur Stimmrechtsausübung zu entnehmen. In der Regel sei von einer Bevollmächtigung des Erwerbers auszugehen, wenn der Erwerber aufgrund des Kaufvertrages in den Besitz der Wohnung gelangt und zu seinen Gunsten eine Auflassungsvormerkung im Grundbuch eingetragen sei.[12] Die Eintragung einer **Auflassungsvormerkung** sei für die Annahme einer Stimmrechtsübertragung aber nicht zwingend erforderlich; der Wille der Vertragsparteien zur Bevollmächtigung des Erwerbers könne sich auch aus anderen Umständen ergeben; angesichts der ungesicherten Rechtsstellung des nicht durch eine Vormerkung gesicherten Erwerbers seien die Anforderungen an eine schlüssig erteilte Vollmacht des Veräußerers allerdings höher zu veranschlagen als beim Vorliegen einer Vormerkung. So könne für eine Ermächtigung zur Stimmrechtsausübung etwa sprechen, dass die Verwaltung im Einverständnis mit dem Verkäufer den Erwerber zur Teilnahme an der Eigentümerversammlung geladen hat.[13]

Hat ein Eigentümer allerdings eine oder einzelne von mehreren ihm gehörenden Einheiten veräußert und gilt in der Wohnungseigentümergemeinschaft das gesetzliche **Kopfstimmrecht**, so kann er den **Erwerber** nur ganz oder gar nicht bevollmächtigen. Eine teilweise Bevollmächtigung nur für die veräußerte Wohnung ist nicht möglich, da dem Eigentümer für alle Wohnungen nur eine (unteilbare) Stimme zusteht und durch eine bloße Bevollmächtigung oder Stimmrechtsübertragung keine Stimmrechtsmehrung eintreten kann.[14] Der Erwerber erhält ein eigenes Stimmrecht erst mit seinem Eintritt in die Wohnungseigentümergemeinschaft, d.h. mit seiner Eintragung in Abteilung I des Grundbuchs. Soweit *Merle* der Ansicht ist, schutzwürdige Belange der übrigen WE würden nicht beeinträchtigt, wenn eine vorzeitige Stimmrechtsmehrung zugelassen und diese auf jenen Zeitpunkt vorverlagert werde, in dem der Erwerber bereits ein Anwartschaftsrecht an der Wohnungseigentumseinheit erlangt habe oder durch den Erwerber ausdrücklich bevollmächtigt werde, rechtfertigt dies keine andere Betrachtung. Der BGH[15] hat ein eigenes Stimmrecht des sog. „werdenden" Wohnungseigentümers bei Geltung des Kopfprinzips mit überzeugenden Gründen abgelehnt.[16] Dem widerspräche es, wenn der noch nicht im Grundbuch eingetragene Erwerber bei Geltung des Kopfprinzips neben dem Veräußerer eine quasi eigene Stimme abgeben könnte.

Ist der Erwerber im Kaufvertrag wirksam mit der Stimmrechtsausübung bevollmächtigt worden, ist diese Ermächtigung im Zweifelsfall dahin auszulegen, dass sie nicht zu einer Beschlussfassung berechtigt, die der erkennbaren **Interessenlage des Veräußerers** widerspricht, z.B. bei einem Beschluss über die Abberufung des in der Teilungserklärung als Verwalter bestellten Veräußerers.[17]

II. Stimmrecht bei mehreren Berechtigten und mehrfacher Berechtigung (Abs. 2 S. 2)

Steht ein Wohnungseigentum mehreren gemeinschaftlich zu (z.B. bei Bruchteilgemeinschaft, Erbengemeinschaft oder ehelicher Gütergemeinschaft), können die Mitberechtigten das Stimmrecht nur **einheitlich** ausüben (§ 25 Abs. 2 S. 2). Dies gilt sowohl beim gesetzlichen Kopfstimmrecht als auch beim Stimmrecht nach Einheiten oder Miteigentumsanteilen. Wird die Stimme nicht einheitlich ausgeübt, ist die Stimmabgabe **unwirksam.** Dies gilt entgegen einer im Schrifttum vertretenen Ansicht[18] auch dann, wenn einem oder mehreren der Mitberechtigten an der gemeinsamen Wohnungseigentumseinheit die absolute Stimmenmehrheit (z.B. nach § 745 Abs. 1 BGB) zusteht und die Stimmabgabe des bzw. der Mitberechtigten zugleich als Beschluss der Mitberechtigten am gemeinsamen Wohnungseigentum angesehen werden könnte. Dieser Beschluss mag zwar die Minderheitsmitberechtigten zwingen, das Stimmrecht in der Wohnungseigentümerversammlung so auszuüben, wie die Mehrheit der Mitberechtigten es vorgibt. Halten die Minderheitsberechtigten sich nicht daran (z.B. weil sie die Stimmrechtsausübung der Mehrheit für ordnungswidrig halten), ist die Stimme vom Versammlungsvorsitzenden als unwirksam zu werten.[19] Eine Vertretung der anwesenden Minderheit (gegen deren Willen) durch den bzw. die Mehrheitsberechtigten scheidet aus. In der gegenteiligen Stimmabgabe durch die Minderheit liegt zumindest ein gleichzeitiger Widerruf der durch die Mehrheit gegebenenfalls in Vertretung der Minderheit abgegebenen Stimmabgabe. § 25 Abs. 2 S. 2 liegt erkennbar der Gedanke zu Grunde, dass Meinungsverschiedenheiten innerhalb von Mitberechtigten einer Wohnungseigentumseinheit für die Eigentümer der anderen Wohnungen ohne Bedeutung bleiben sollen, weshalb eine unterschiedliche Stimmabgabe der Mitberechtigten zur Unwirksamkeit der Stimme führt. Wollte man dies anders sehen, müsste der Versammlungsvorsitzende nicht nur prüfen, welche Stimmrechte den Mitberechtigten untereinander zustehen, was jedenfalls dann nahezu unmöglich ist, wenn die Mitberechtigten eine von § 745 Abs. 1 S. 2 BGB abweichende Regelung getroffen haben, die auch nicht nach § 1010 BGB im Wohnungsgrundbuch eingetragen ist; der Versammlungsvorsitzende hat in der Wohnungseigentümerversammlung nicht einmal die Möglichkeit, die Existenz einer solchen Regelung zu prüfen. Darüber hinaus müsste der Versammlungsvorsitzende auch noch die Rechtsfrage entscheiden, ob die Stimmabgabe der Majorität ordnungsmäßiger Verwaltung im Sinne des § 745 Abs. 1 S. 1 BGB entspricht; denn wäre dies nicht der

---

12 KG 24 W 3942/94, ZMR 1994, 524.
13 KG 24 W 126/03, ZMR 2004, 460.
14 Staudinger/*Bub*, § 25 Rn 112; **a.A.** *Bärmann/Merle*, § 25 Rn 10.
15 BGH V ZB 6/88, NJW 1989, 1087.
16 So auch *Bärmann/Merle*, § 25 Rn 9.
17 BayObLG 2Z BR 89/01, NZM 2002, 300 m. abl. Anm. *F. Schmidt* DNotZ 2002, 147.
18 *Bärmann/Merle*, § 25 Rn 53.
19 Ebenso *Jennißen/Elzer*, vor §§ 25 Rn 26c.

Fall, läge kein wirksamer Beschluss der Mitberechtigten vor. Eine solche Prüfung kann dem Versammlungsvorsitzenden, der in der Regel kein Jurist ist, nicht abverlangt werden. Der Versammlungsvorsitzende müsste damit inzident die Rechtmäßigkeit des zur Abstimmung gestellten Beschlussantrages prüfen, denn die Zustimmung zu einem erfolgreich anfechtbaren Beschluss entspräche nicht ordnungsmäßiger Verwaltung. Sinn und Zweck des § 25 Abs. 2 S. 2 sprechen deutlich gegen eine solche Prüfpflicht des Versammlungsvorsitzenden.

10 Erscheinen in der Eigentümerversammlung **nicht sämtliche Berechtigten** an der Wohnungseigentumseinheit, so sind die Erschienenen ohne eine Vollmacht oder sonstige Vertretungsbefugnis nicht berechtigt, die nicht erschienen Mitberechtigten ihrer Wohnungseigentumseinheit mitzuvertreten.[20] Dies gilt auch dann, wenn die erschienenen Mitberechtigten im Innenverhältnis der Personenmehrheit über die Stimmenmehrheit verfügen. In diesem Fall mögen die erschienenen Mitberechtigten zwar einen internen Beschluss über die Ausübung des Stimmrechts innerhalb der Wohnungseigentümerversammlung herbeiführen können. Dieser Beschluss berechtigt die Mehrheit der Mitberechtigten aber noch nicht, die Minderheit im Außenverhältnis zur Wohnungseigentümergemeinschaft zu vertreten.[21] Abgesehen davon könnte der Versammlungsvorsitzende und jeder Wohnungseigentümer gemäß § 174 BGB die (angebliche) Vollmacht mangels schriftlicher Vollmachturkunde zurückweisen (vgl. § 24 Rn 43).

11 Ist ein Eigentümer an **mehreren Wohnungseigentumseinheiten berechtigt**, etwa in der Weise, dass er Alleineigentümer einer Einheit und darüber hinaus Bruchteilsberechtigter einer weiteren Einheit ist, so hat er bei Geltung des Kopfprinzips eine Stimme für die ihm allein gehörende Einheit und darüber hinaus eine Mitstimmberechtigung für die Einheit, an der er einen Bruchteil hält.[22] Er kann in seiner Eigenschaft als Alleineigentümer anders stimmen als in seiner Eigenschaft als Mitberechtigter. § 25 Abs. 2 S. 2 gilt bei gleichzeitiger Berechtigung an verschiedenen Einheiten nicht, solange die Miteigentümergemeinschaften nicht personenidentisch sind.[23] Beispiel: Gehört Ehegatten eine Wohnung gemeinsam und darüber hinaus jedem Ehegatten noch eine Einheit allein, haben die Ehegatten bei Geltung des Kopfstimmrechts insgesamt drei Stimmen: je eine Stimme für die im Alleineigentum stehende Einheit und eine gemeinsame Stimme für die ihnen gemeinsam gehörende Einheit.[24] Die Eheleute müssen sich nur für die ihnen gemeinsam gehörende Einheit auf eine einheitliche Stimmabgabe einigen.

III. Stimmrecht bei Unterteilung und Vereinigung von Wohnungseigentum

12 **Stimmrecht nach Köpfen:** Die Unterteilung einer Einheit in mehrere Einheiten ändert bei Geltung des Kopfstimmrechts an der Stimmverteilung nichts, denn durch die bloße sachenrechtliche Aufteilung einer Einheit ändert sich die Anzahl oder Identität der Köpfe nicht. Aber auch wenn die neu entstandenen Einheiten veräußert werden und ein weiterer „Kopf" Mitglied der Gemeinschaft wird, tritt keine **Stimmenmehrung** ein.[25] Vielmehr verteilt sich das Stimmrecht zu gleichen Teilen auf die neu entstandenen Einheiten. Beim Kopfstimmrecht kann sich zwar das Stimmengewicht verändern, wenn ein anderer Eigentümer mehrere Einheiten erwirbt oder mehrere von einem anderen Eigentümer gehaltene Einheiten an unterschiedliche Personen veräußert werden. Jeder Eigentümer kann aber darauf vertrauen, dass das Gewicht seiner Stimme nicht unter den reziproken Wert aus der Anzahl der bei Entstehung der Gemeinschaft vorhandenen Sondereigentumseinheiten herabsinkt. Wird eine bereits unterteilte Einheit erneut geteilt, tritt eine weitere Unterteilung der bereits reduzierten Stimme zu gleichen Teilen ein. Legt ein Eigentümer mehrere, ihm gehörende Einheiten zusammen, ändert dies an der Stimmenverteilung nichts. Legen zwei Eigentümer ihre Einheiten grundbuchlich zusammen, vereinigen sich auch ihre Stimmen.

13 **Stimmrecht nach Einheiten:** Die Unterteilung einer Wohnung in mehrere rechtlich selbstständige Einheiten führt bei Geltung des Objektstimmrechts grundsätzlich dazu, dass zuvor auf die ungeteilte Einheit entfallende **Stimmrecht** entsprechend der Zahl der neu entstandenen Einheiten nach Bruchteilen **aufgespalten** und diesen zugewiesen wird.[26] Es tritt also keine Stimmenmehrung ein. Eine entsprechende Anwendung des § 25 Abs. 2 S. 2 scheitert an der Selbstständigkeit der neuen Einheiten. Angesichts der zu wahrenden Interessen der übrigen Wohnungseigentümer ändert sich daran bei einer späteren Veräußerung der durch Unterteilung entstandenen Einheiten nichts.[27] Die Teilungserklärung kann allerdings Abweichendes regeln. Ist etwa ein Dachgeschossrohling mit einem überproportional großen Miteigentumsanteil verbunden und bestimmt die Gemeinschaftsordnung, dass der Eigentümer dieser Einheit das Dachgeschoss zu Wohnzwecken ausbauen, in mehrere selbstständige Einheiten unterteilen und anschließend veräußern darf, so kann die Auslegung der Gemeinschaftsordnung ergeben, dass den neu entstehenden Einheiten

---

20 *Jennißen/Elzer*, Vor §§ 5 Rn 26d; **a.A.** LG München I 36 S 1580/11, ZMR 2011, 835 und OLG Frankfurt 20 W 543/95, WE 1997, 80 für Ehegatten, denen gemeinsam eine Wohnungseigentumseinheit gehört.
21 **A.A.** *Bärmann/Merle*, § 25 Rn 52 ff.
22 OLG Düsseldorf I-3 Wx 364/03, ZMR 2004, 696.
23 Vgl. *Bärmann/Merle*, § 25 Rn 64.
24 Vgl. KG 24 W 2084/88, OLGZ 1988, 434.
25 BGH V ZR 211/11, NJW 2012, 2434; V ZB 2/78, NJW 1979, 870; OLG Stuttgart 8 W 475/03, NZM 2005, 312; LG München I 1 S 21731/08, ZMR 2010, 229; Palandt/*Bassenge*, § 25 Rn 6; *Jennißen/Elzer*, § 25 Rn 39; *Bärmann/Merle*, § 25 Rn 39; **a.A.** KG 24 W 9353/97, ZMR 2000, 191; OLG Düsseldorf I-3 Wx 364/03, ZMR 2004, 696, wonach die neu entstandenen Einheiten jeweils eine volle Stimme bekommen.
26 BGH V ZB 22/04, NJW 2004, 3413.
27 BGH V ZB 22/04, NJW 2004, 3413.

jeweils ein volles Stimmrecht zustehen soll. Bei grundbuchlicher Zusammenlegung mehrerer Einheiten, tritt eine Stimmenreduzierung ein.

Stimmrecht nach Miteigentumsanteilen: Eine Unterteilung (ggf. nebst Teilveräußerung) oder eine Zusammenlegung von Wohnungseigentumseinheiten wirken sich auf die Stimmverteilung nicht aus, wenn sich die Stimmkraft nach Miteigentumsanteilen richtet.[28] Denn durch die Unterteilung oder Zusammenlegung ändern sich die Miteigentumsanteile – und damit die Stimmkraft – der anderen Einheiten nicht.

IV. Vertretung bei der Stimmabgabe

Jeder Wohnungseigentümer kann sich in der Versammlung grundsätzlich vertreten lassen. (Zum Vollmachtsnachweis und zum Recht des Vertreters zur Teilnahme an der Versammlung siehe § 24 Rn 43 ff.) Bei Bevollmächtigten richten sich Inhalt und Umfang der Vertretungsmacht nach der Bevollmächtigungserklärung gemäß § 167 Abs. 1 BGB. Wird der Vollmachtstext vom Verwalter vorformuliert, unterliegt die Vollmacht der **Inhaltskontrolle** nach den §§ 305 ff. BGB.[29] Enthält die vom Verwalter erstellte Vollmacht eine Befreiung vom Selbstkontrahierungsverbot des § 181 BGB, so ist die Vollmacht wegen Verstoßes gegen § 307 Abs. 1 BGB unwirksam.[30]

In der Praxis ist häufig zu beobachten, dass das Vollmachtformular die in der Einladung zur Versammlung **vorformulierten Beschlusstexte** wiederholt und der Vollmachtgeber ankreuzt, ob der Vollmachtnehmer mit „Ja" oder „Nein" stimmen oder sich der Stimme enthalten solle. In diesen Fällen stellt sich regelmäßig die Frage, wie die Vollmacht auszuüben bzw. die Stimmabgabe des Vertreters zu werten ist, wenn der Beschlusstext in der Versammlung abgeändert wird oder die Eigentümer in der Versammlung über einen gänzlich anderen Beschlussantrag abstimmen. Entscheidend ist hier der gesamte Inhalt des Vollmachtstextes, der regelmäßig der Auslegung bedarf. Ergibt die Auslegung der Vollmachtsurkunde, dass der Vollmachtnehmer eine im Außenverhältnis beschränkte Vertretungsmacht (nur) für die Abstimmung über den im Vollmachtsformular wiedergegebenen Beschlusstext erteilt hat (sog. Spezialvollmacht), kann der Vertreter den Vollmachtgeber nicht bei anderen oder geänderten Beschlusstexten vertreten. Der beschränkt Bevollmächtigte würde als Vertreter oder Vertretungsmacht handeln; die Stimmabgabe wäre unwirksam. Ist die Bevollmächtigungserklärung hingegen so zu verstehen, dass der Vertreter im Außenverhältnis unbeschränkt bevollmächtigt sein soll und die Wiedergabe des Beschlusstextes in der Vollmachtsurkunde nur eine Weisung im Innenverhältnis zwischen Vollmachtgeber und Vollmachtnehmer darstellt, kann der Bevollmächtigte den Vollmachtgeber auch bei der Abstimmung über andere Beschlusstexte wirksam vertreten. Da der Bevollmächtigte auf Verlangen der anderen Versammlungsteilnehmer den Umfang seiner Vollmacht in Schriftform nachweisen muss (§ 174 BGB), gehen **Zweifel bei der Auslegung** der Vollmacht zulasten desjenigen, der die Vollmacht erteilt hat. Ist ein Wohnungseigentümer infolge einer beschränkt erteilten Außenvollmacht bei der Abstimmung über bestimmte Beschlüsse nicht wirksam vertreten, darf dieser Eigentümer auch nicht bei der Bewertung der Beschlussfähigkeit der Versammlung mitgezählt werden.

Eine Vollmacht kann für eine bestimmte Versammlung, für einen bestimmten Zeitraum oder **zeitlich** unbegrenzt erteilt werden. Bezieht sich die Vollmacht auf eine bestimmte Versammlung an einem bestimmten Tag, ist im Zweifel davon auszugehen, dass die Vollmacht mit Ablauf des Tages auch dann erlischt, wenn die Versammlung an diesem Tag nicht stattgefunden hat oder die Versammlung nicht beschlussfähig war.

Ein Bevollmächtigter kann die ihm erteilte Vollmacht grundsätzlich auf eine andere Person im Wege der **Untervollmacht** übertragen. Die Erteilung einer Untervollmacht scheidet nur dann aus, wenn der Stimmrechtsinhaber/Vollmachtgeber die Erteilung einer Untervollmacht ausdrücklich ausgeschlossen oder er erkennbar ein Interesse an einer persönlichen Ausübung der Vertretungsmacht durch den Bevollmächtigten hat.

Erteilt ein Wohnungseigentümer **mehreren Personen** zeitlich versetzt Stimmrechtsvollmachten, ohne ausdrücklich zu erklären, dass mit der später erteilten Vollmacht die zuvor erteilte(n) Vollmacht(en) aufgehoben sein soll(en), sind sämtliche Empfänger von Bevollmächtigungserklärungen wirksam bevollmächtigt. Sie haben Einzelvollmacht. Geben die Vertreter in der Versammlung widersprechende Abstimmungserklärungen ab, ist die Stimmabgabe unwirksam.

C. Beschlussfähigkeit der Versammlung (Abs. 3)

I. Erstversammlung

Die Versammlung der Wohnungseigentümer ist beschlussfähig, wenn die erschienenen stimmberechtigten Wohnungseigentümer mehr als die Hälfte der Miteigentumsanteile vertreten (§ 25 Abs. 3). Die Beschlussfähigkeit muss bei **jeder Abstimmung** und nicht nur zu Beginn der Versammlung gegeben sein. Verlassen einzelne Wohnungseigentümer den Versammlungsraum bewusst mit dem Ziel, die Versammlung beschlussunfähig zu machen und dadurch eine bestimmte Beschlussfassung zu verhindern, so kann dieses Verhalten im Einzelfall **rechtsmissbräuchlich**

---

28 OLG Frankfurt 20 W 70/11, ZWE 2012, 272.
29 AG Kassel 800 C 4439/09, WE 2011, 122.
30 AG Kassel 800 C 4439/09, WE 2011, 122.

sein, sodass die Versammlung trotz des Verlassens als beschlussfähig zu werten ist. Diese Konstellation ist mit dem Fall vergleichbar, in dem der Verwalter die Versammlung rechtsmissbräuchlich für beendet erklärt, um eine bestimmte Beschlussfassung zu verhindern (siehe § 24 Rn 62).

21 Die Miteigentumsanteile **nicht stimmberechtigter Wohnungseigentümer** bleiben bei der Feststellung der Beschlussfähigkeit unberücksichtigt.[31] Dies kann dazu führen, dass eine Versammlung nur beschlussfähig ist, wenn sämtliche stimmberechtigten Wohnungseigentümer anwesend oder vertreten sind. Ist die Hälfte aller Miteigentumsanteile von einem Stimmverbot betroffen, soll § 25 Abs. 3 in diesem Fall nicht zur Anwendung kommen, weil die erste Versammlung dann niemals beschlussfähig sein könne.[32] Diese Ansicht hat zur Konsequenz, dass jede Erst-Versammlung beschlussfähig wäre, sofern nur ein stimmberechtigter Wohnungseigentümer anwesend oder vertreten ist. Dieses Ergebnis widerspricht jedoch Sinn und Zweck des § 25 Abs. 3. Die Norm soll die Eigentümergemeinschaft vor Beschlüssen einer zufälligen Minderheit schützen, wenn diese Beschlüsse dem Willen der übrigen stimmberechtigten Eigentümermehrheit widersprechen.[33] Das gesetzgeberische Anliegen würde geradezu torpediert, wenn im Fall des vom Stimmrecht ausgeschlossenen Mehrheitseigentümers jede Erstversammlung – ohne weitere Voraussetzungen – beschlussfähig wäre. Der mutmaßliche Wille des Gesetzgebers verlangt, § 25 Abs. 3 auch in diesem Fall anzuwenden, dann mit der Maßgabe, dass die in der Versammlung anwesenden oder vertretenen Wohnungseigentümer mehr als die Hälfte der **„stimmberechtigten** Miteigentumsanteile" vertreten müssen. Bei dieser Auslegung wäre die stimmberechtigte Majorität vor Minderheitsbeschlüssen in der Erstversammlung geschützt.[34]

II. Wiederholungsversammlung (Abs. 4)

22 Ist eine Versammlung zu allen oder zu einzelnen Tagesordnungspunkten beschlussunfähig, so ist eine neue Versammlung mit diesen Tagesordnungspunkten einzuberufen (§ 25 Abs. 4 S. 1). Diese neue Versammlung ist **ohne Rücksicht auf die Höhe der vertretenen Miteigentumsanteile beschlussfähig** (§ 25 Abs. 4 S. 2 Hs. 1); hierauf ist in der Einladung hinzuweisen (Abs. 4 S. 2 Hs. 2). Unterbleibt dieser **Hinweis**, sind die in der Wiederholungsversammlung gefassten Beschlüsse für ungültig zu erklären, wenn auch in dieser Versammlung die erschienenen stimmberechtigten Wohnungseigentümer nicht mehr als die Hälfte der Miteigentumsanteile vertreten haben und nicht mit Sicherheit feststeht, dass die Beschlüsse mit dem Hinweis ebenso zustande gekommen wären.[35]

23 Die **Einladung** zur Wiederholungsversammlung darf **erst nach Beendigung der Erstversammlung versandt** werden. Die häufig anzutreffende Praxis, dass der Verwalter die Einladung zur Erstversammlung sogleich mit der Einladung zur Zweitversammlung verbindet für den Fall, dass die Erstversammlung beschlussunfähig sein sollte (**Eventualeinberufung**), ist rechtswidrig.[36] Die in einer solchen Versammlung gefassten Beschlüsse sind für ungültig zu erklären, sofern nicht feststeht, dass der Ladungsmangel für das Beschlussergebnis nicht kausal geworden ist.[37] Da § 25 Abs. 4 aber abdingbar ist, können die Wohnungseigentümer durch Vereinbarung bestimmen, dass jede Versammlung beschlussfähig oder zumindest die Eventualeinberufung zulässig ist. Ein Beschluss mit diesem Inhalt wäre mangels Beschlusskompetenz nichtig (siehe § 23 Rn 11). Dies gilt auch für einen Beschluss, der nur für die kommende Eigentümerversammlung eine Eventualeinberufung zulässt;[38] denn die Wohnungseigentümer können nicht durch Beschluss regeln, unter welchen Voraussetzungen ein künftiger Eigentümerbeschluss rechtmäßig ist (siehe § 23 Rn 13 ff.).

24 In der Wiederholungsversammlung können auch **weitere Beschlussthemen** abgehandelt werden, die noch nicht auf der Tagesordnung der Erstversammlung standen. Die „Wiederholungsversammlung" ist hinsichtlich dieser Tagesordnungspunkte aber eine Erstversammlung im Sinne des § 25 Abs. 3.

D. Stimmrechtsschranken

25 Das WEG kennt mehrere Fälle, in denen der Wohnungseigentümer vom Stimmrecht ausgeschlossen oder zumindest in der Ausübung seines Stimmrechts eingeschränkt ist.

I. Gegenständlich beschränktes Stimmrecht

26 Wohnungseigentümer sind gemäß § 25 Abs. 1 und 2 grundsätzlich berechtigt, bei allen Verwaltungsentscheidungen und Gebrauchsregelungen mitzuwirken. Eine Ausnahme hiervon macht die Rechtsprechung und ein Teil des Schrifttums bei Beschlussregelungen, die nur eine Gruppe von Wohnungseigentümern betreffen (sog. Blockstimmrecht).

---

31 BayObLG 2Z BR 75/92; WuM 1992, 709; **a.A.** KG 24 W 3200/88, ZMR 1988, 469.
32 OLG Düsseldorf 3 Wx 393/98, ZMR 1999, 274; BayObLG 2Z BR 75/92; WuM 1992, 709; KG 24 W 6075/92, WuM, 1994, 41; **a.A.** *Häublein*, NZM 2005, 534; *Riecke/Schmid/Riecke*, § 25 Rn 47: nicht stimmberechtigte Miteigentumsanteile bleiben auch bei Ermittlung der Vergleichsgröße unberücksichtigt.
33 Vgl. KG 24 W 3200/88, ZMR 1988, 469.
34 Siehe auch *Häublein*, NZM 2004, 534; *Riecke/Schmid/Riecke*, § 25 Rn 47.
35 *Riecke/Schmid/Riecke*, § 25 Rn 48.
36 Staudinger/*Bub*, § 25 Rn 260.
37 Staudinger/*Bub*, § 25 Rn 261.
38 **A.A.** *Spielbauer/Then*, § 25 Rn 25.

Jene Wohnungseigentümer, deren Recht auf Gebrauch und Verwaltung durch die Beschlussregelung nicht betroffen wird, seien bei der Abstimmung über den Beschlussantrag nicht stimmberechtigt. Ein solcher Ausschluss vom Stimmrecht wird etwa in Mehrhaus-Wohnanlagen bejaht, wenn über Gebrauchsregelungen oder bauliche Veränderungen abgestimmt wird, die sich auf ein Gebäude oder ein Gebäudeteil beschränken.[39]

Diese Auffassung wird im Schrifttum zunehmend abgelehnt.[40] Ein Wohnungseigentümer darf sein Stimmrecht unabhängig davon ausüben, ob die Beschlussregelung ihn in seinem Recht auf Verwaltung und Mitgebrauch faktisch berührt oder nicht. Denn die fehlende faktische Betroffenheit vom Beschlussinhalt ändert nichts an der rechtlichen Bindungswirkung des Beschlusses. Wie der BGH in der Grundsatzentscheidung vom 20.9.2000[41] zutreffend herausgearbeitet hat, können Mehrheitsbeschlüsse nur in solchen Angelegenheiten gefasst werden, die das Gesetz oder eine Vereinbarung einer Mehrheitsentscheidung zugänglich macht; andernfalls bedarf es einer Vereinbarung. Der Beschluss unterscheidet sich von einer Vereinbarung im Wesentlichen dadurch, dass er auch jene Rechtssubjekte bindet, die gegen den Beschlussantrag gestimmt oder an der Beschlussfassung nicht mitgewirkt haben. Die Bindungswirkung an das Beschlussergebnis ist Folge normativer Zurechnung.[42] Dies setzt aber voraus, dass der der Mehrheitsentscheidung unterworfene Personenkreis und die durch Mehrheitsentscheidung zu regelnde Materie durch das kompetenzzuweisende Gesetz oder die Vereinbarung definiert werden. Gleichzeitig muss den Personen, die der Mehrheitsentscheidung unterworfen sein sollen, die Möglichkeit zur Einflussnahme auf das Zustandekommen und den Inhalt des Beschlusses, d.h. ein Stimmrecht, zustehen. Das WEG unterwirft alle Mitglieder der Gemeinschaft der Bindungswirkung der nach § 23 zu fassenden Beschlüsse. Deshalb haben auch alle Wohnungseigentümer ein Stimmrecht. Beschlüsse, die nur einzelne oder eine Gruppe von Eigentümern rechtlich binden, kennt das WEG nicht. Eine solche Kategorie von Teilbeschlüssen oder Unterbeschlüssen bedürfte einer besonderen Legitimation durch Kompetenzzuweisung in Form einer Vereinbarung. Ohne eine solche Vereinbarung bleibt es bei der gesetzlichen Vorgabe, wonach ein Beschluss aufgrund gesetzlicher Kompetenzzuweisung sämtliche Wohnungseigentümer bindet und damit auch (von § 25 Abs. 5 abgesehen) sämtliche Wohnungseigentümer stimmberechtigt sind. Die Stimmberechtigung und die Bindungswirkung hängen nicht vom Regelungsinhalt des Beschlusses ab. Denn der Regelungsinhalt ist eine Frage der faktischen Betroffenheit des Eigentümers nicht der rechtlichen Bindungswirkung des Beschlusses. Eine fehlende faktische Betroffenheit kann allenfalls dazu führen, dass dem Eigentümer das Rechtsschutzbedürfnis für die gerichtliche Anfechtung eines solchen Beschlusses abzusprechen ist.

Bestimmt die Gemeinschaftsordnung einer **Mehrhausanlage**, dass die Kosten eines Gebäudekomplexes in Abweichung von § 16 Abs. 2 WEG nur von den Eigentümern zu tragen sind, deren Sondereigentum sich in diesem Gebäudeteil befindet, betrifft ein Beschluss der Wohnungseigentümer über die Beauftragung eines Dritten zur Durchführung von Instandsetzungsmaßnahmen an diesem Gebäudekomplex gleichwohl **sämtliche** Mitglieder der Gesamtgemeinschaft, wenn gemäß § 10 Abs. 8 WEG sämtliche Wohnungseigentümer für die Verbindlichkeiten der Gemeinschaft gegenüber dem Dritten haften. Der Umstand, dass die übrigen Wohnungseigentümer einen internen Freistellungsanspruch gegen die Eigentümer des instand zu setzenden Gebäudeteils haben, ändert an der Tatsache nichts, dass sämtliche Eigentümer im Außenverhältnis haften und somit durch den Beschluss in ihrer Rechtsposition „betroffen" werden.[43] Es sind selbst dann sämtliche Wohnungseigentümer stimmberechtigt, wenn die Gemeinschaftsordnung ausdrücklich regeln sollte, dass über Instandsetzungsarbeiten in einer Untergemeinschaft nur die Eigentümer der betreffenden Untergemeinschaft abzustimmen haben. Denn eine Vereinbarung, die Wohnungseigentümer dauerhaft in Angelegenheiten vom Stimmrecht ausschließt, die die persönliche Haftung im Innen- oder Außenverhältnis betreffen, ist mit Treu und Glauben nicht zu vereinbaren und hält einer an § 242 BGB orientierten Inhaltskontrolle nicht stand (vgl. § 10 Rn 38 ff.).

II. Stimmverbot (Abs. 5)

1. Vornahme eines Rechtsgeschäfts

Ein Wohnungseigentümer ist gemäß § 25 Abs. 5, 1. Fall nicht stimmberechtigt, wenn die Eigentümergemeinschaft über die Vornahme eines Rechtsgeschäfts mit ihm beschließt. Beispiel: Mit einem Wohnungseigentümer soll ein Werkvertrag über die malermäßige Instandsetzung des Treppenhauses abgeschlossen werden. Rechtspolitischer Grund für das Stimmverbot ist die **Doppelrolle**, in der sich der betreffende Wohnungseigentümer befindet. Er ist einerseits Mitglied der Eigentümergemeinschaft und in dieser Eigenschaft an einer ordnungsgemäßen Verwaltungsführung im Interesse sämtlicher Wohnungseigentümer interessiert. Andererseits strebt er den Abschluss eines – in der Regel entgeltlichen – Vertrages mit der Gemeinschaft an, der für ihn mit einem individuellen Vorteil verbunden ist. Um in dieser Situation der nahe liegenden Gefahr zu begegnen, dass sich der Eigentümer bei der Abstimmung gemeinschaftswidrig verhält, ist er von der Abstimmung ausgeschlossen.

---

39 BayObLG 2Z BR 99/99, NZM 2000, 554; 2Z BR 142/95, WuM 1996, 369; OLG Schleswig 2 W 57/99, NZM 2000, 385; OLG Köln, 16 Wx 36/97, WuM 1998, 177 *Bärmann/Merle*, § 25 Rn 92 ff.

40 Vgl. *Jennißen/Elzer*, vor §§ 23–25 Rn 159a; *Hügel*, ZWE 2010, 8, 14.

41 BGH V ZB 8/99, NJW 2000, 3500.

42 *Kümmel*, Die Bindung, S. 24.

43 LG Hamburg 318 S 206/09, ZMR 2011, 133; **a.A.** *Wenzel*, NZM 2006, 321; *Jennißen/Elzer*, Vor §§ 23–25 Rn 155.

29 **Ausnahme:** Kein Stimmverbot besteht für einen Wohnungseigentümer, der zum **Verwalter bestellt** oder vom Verwalteramt **abberufen** werden soll. Dies gilt auch, wenn der Beschluss über die Bestellung oder Abberufung zugleich auch den Abschluss oder die Kündigung des Verwaltervertrages betrifft. Nur wenn die Wohnungseigentümer über die Abberufung und Kündigung des Verwaltervertrages **aus wichtigem Grund** entscheiden, ist der betroffene Wohnungseigentümer vom Stimmrecht ausgeschlossen.[44] Der Verwalter unterliegt darüber hinaus einem Stimmverbot, wenn seine **Entlastung** beschlossen wird.

2. Einleitung oder Erledigung eines Rechtsstreits

30 Der Wohnungseigentümer ist nach § 25 Abs. 5, 2. Fall nicht stimmberechtigt, wenn der Beschluss die Einleitung oder Erledigung eines Rechtsstreits der anderen Wohnungseigentümer oder der Gemeinschaft gegen ihn betrifft. Auch hier besteht die Gefahr, dass sich der Wohnungseigentümer, gegen den der Rechtsstreit geführt wird, bei der Stimmabgabe von privaten Interessen leiten lässt. Er unterliegt daher einem Stimmverbot. Um die Einleitung eines Rechtsstreits geht es bei Entscheidungen über Anträge nach § 43 Nr. 1, Anträge auf Erlass eines Mahnbescheids oder vorprozessuale Maßnahmen, wie die Beauftragung eines Rechtsanwalts. Entscheidungen über die Einlegung von Rechtsmitteln,[45] die Klagerücknahme oder den Abschluss eines gerichtlichen Vergleichs betreffen die Erledigung eines Rechtsstreits.

Da mit der Regelung des § 25 Abs. 5 Alt. 2 WEG lediglich sichergestellt werden soll, dass die prozessuale Willensbildung frei von den Interessen des Prozessgegners getroffen wird, sind von dem Stimmrechtsverbot nicht Abstimmungen betroffen über Gegenstände, die kein verfahrensrechtliches Verhalten betreffen. Angesichts des hohen Rangs, der der Mitwirkungsbefugnis der Wohnungseigentümer bei der Verwaltung des Gemeinschaftseigentums zukommt, gilt dies selbst dann, wenn die nicht auf verfahrensrechtliche Maßnahmen bezogene Beschlussfassung **Auswirkungen auf den Rechtsstreit** in materiellrechtlicher Hinsicht hat oder haben kann.[46] Dies ist sachgerecht, weil solche Beschlüsse dem bereits angestrengten Prozess nicht notwendig die materiell-rechtliche Grundlage entziehen. Denn dem überstimmten Wohnungseigentümer bleibt es unbenommen, die von der Mehrheit beschlossenen Regelungen mit der Beschlussmängelklage anzugreifen.

Betrifft der zu fassende Beschluss die Einleitung eines **Rechtsstreits gegen mehrere Mitglieder** der Gemeinschaft, ist bei der Abstimmung danach zu unterscheiden, ob gegen die betreffenden Eigentümer in **einem** Klageverfahren als Streitgenossen vorgegangen oder ob gegen jeden Eigentümer ein separates Klageverfahren geführt werden soll. Im ersten Fall sind bei der Abstimmung über die Einleitung des Rechtsstreits alle künftigen Verfahrensgegner von der Abstimmung ausgeschlossen. Es bedarf keiner separaten Abstimmung hinsichtlich jedes einzelnen Verfahrensgegners,[47] denn es gibt nur *ein* Klageverfahren, über dessen Einleitung entschieden werden soll. Im zweiten Fall muss über jeden zu führenden Rechtsstreit separat abgestimmt werden, wobei jeweils nur der betroffene künftige Verfahrensgegner vom Stimmrecht ausgeschlossen ist; die übrigen potentiellen Verfahrensgegner sind stimmberechtigt. Unzulässig wäre es in diesem Fall, über die Erhebung der Klagen in **einem** Beschluss zu entscheiden, da die betroffenen Eigentümer dann insoweit zu Unrecht vom Stimmrecht ausgeschlossen würden, wie es um die Einleitung eines Rechtsstreits gegen die anderen Wohnungseigentümer geht. Ein Verstoß hiergegen führt im Fall der Anfechtung aber nur dann zur Ungültigkeit des Beschlusses, wenn die zu Unrecht ausgeschlossenen Stimmen Bedeutung für das Beschlussergebnis erlangt hätten.

3. Persönlicher Anwendungsbereich

31 **a) Verwandtschaftliche Beziehungen.** Das Stimmverbot erfasst grundsätzlich nur die im Grundbuch als Wohnungseigentümer eingetragenen Personen. **Persönliche Näheverhältnisse**, insbesondere verwandtschaftliche Beziehungen zu einer von einem Stimmverbot betroffenen Person, führen nicht zu einem Stimmrechtsausschluss nach § 25 Abs. 5.[48]

32 **b) Vertretung bei der Stimmabgabe.** Die vom Stimmrecht ausgeschlossene Person kann sich nicht durch eine andere Person bei der Stimmabgabe **vertreten lassen**,[49] da der Interessenkonflikt auch auf den Vertreter ausstrahlen könnte und § 25 Abs. 5 bereits der bloßen Gefahr einer durch private Sonderinteressen beeinflussten Stimmabgabe begegnen will. Dies gilt auch dann, wenn der ausgeschlossene Stimmrechtsträger dem Bevollmächtigten keinerlei Weisung hinsichtlich des Abstimmverhaltens erteilt. Zwar nimmt der Stimmrechtsträger in diesem Fall keinen Einfluss auf das Abstimmungsergebnis, gleichwohl schlägt das Stimmverbot auf den Bevollmächtigten durch. Denn zum einen kommt es für das Bestehen des Stimmverbotes nicht darauf an, ob der in der Person des Stimmrechtsträgers bestehende Interessenkonflikt sich auf das Abstimmungsverhalten tatsächlich auswirkt. Zum anderen könnte der Bevollmächtigte sich auch ohne ausdrückliche Weisung veranlasst sehen, die Stimme im Individualinteresse des Stimmrechtsträgers auszuüben.

---

44 BGH V ZB 30/02, NJW 2002, 3704.
45 LG Stuttgart 19 S 23/10, ZWE 2010, 468.
46 BGH V ZR 56/11, NJW 2012, 72.
47 LG München I 1 S 11024/10, ZMR 2011, 324.
48 *Bärmann/Merle*, § 25 Rn 135.
49 *Bärmann/Merle*, § 25 Rn 136; *Jennißen/Elzer*, § 25 Rn 106.

Umgekehrt ist ein vom Stimmverbot betroffener Wohnungseigentümer nicht befugt, **einen anderen Wohnungseigentümer zu vertreten**.[50] Zwar ergibt sich dies nicht unmittelbar aus § 25 Abs. 5, der ausschließlich auf die Person des Stimmrechtsträgers und nicht die Person eines Bevollmächtigten abstellt. Die Gefahr der unzulässigen Beeinflussung des Abstimmungsergebnisses durch gemeinschaftsschädliche Individualinteressen besteht aber auch, wenn die Stimmabgabe durch einen Vertreter erfolgt, der in eigener Person einem Interessenkonflikt im Sinne des § 25 Abs. 5 und bei der Stimmabgabe keinen Beschränkungen unterliegt. § 25 Abs. 5 ist daher in dieser Konstellation auf die Stimmabgabe durch einen Vertreter entsprechend anzuwenden.[51] Ein Stimmverbot durch eine Interessenkollision in der Person des Vertreters kann auch nicht dadurch umgangen werden, dass der Wohnungseigentümer dem Bevollmächtigten interne Weisungen zum Abstimmverhalten erteilt. Denn eine interne Weisung schränkt die Vertretungsmacht im Außenverhältnis nicht ein. Die Stimmabgabe des Bevollmächtigten ist auch wirksam und müsste vom Versammlungsvorsitzenden gewertet werden, wenn diese gegen die (interne) Weisung des Vertretenen verstieße. Ein Interessenkonflikt in der Person des Bevollmächtigten kommt nur dann nicht zum Tragen, wenn die Vollmacht im Außenverhältnis beschränkt in der Weise erteilt wird, dass der Bevollmächtigte nur mit „ja" oder nur mit „nein" stimmen kann oder die Vollmacht eine Stimmabgabe ausschließt, die dem Bevollmächtigten zum persönlichen Vorteil gereichen würde (Spezialvollmacht). Nur bei dieser Form der Bevollmächtigung kann der Vertreter keinen Einfluss auf die Stimmrechtsausübung des Vertretenen nehmen. Gleiches gilt, wenn der „Vertreter" keinerlei Entscheidungsfreiheit hat und die Stimme nur als Bote überbringt. Ob lediglich eine Weisung im Innenverhältnis vorliegt oder die Vollmacht im Außenverhältnis beschränkt erteilt wurde, ist durch Auslegung zu ermitteln. Abzustellen ist auf den Verständnishorizont des Versammlungsvorsitzenden, der über die Wirksamkeit der Stimmabgabe zu befinden hat. Der Versammlungsvorsitzende kann gemäß § 174 BGB die Vorlage der Vollmachtsurkunde verlangen (siehe § 24 Rn 43). Lässt sich auch durch Auslegung nicht zweifelsfrei klären, ob die Vollmacht im Außenverhältnis hinreichend beschränkt ist, um einen Einfluss des in der Person des Vertreters bestehenden Interessenkonflikts auf die Stimmabgabe auszuschließen, kommt das Stimmverbot zum Tragen. Der vom Stimmverbot betroffene Vertreter hat jedoch die Möglichkeit, einem anderen Wohnungseigentümer Untervollmacht zu erteilen, um die Stimme des Vollmachtgebers nicht verfallen zu lassen. Die Untervollmacht darf allerdings nicht mit Weisungen für die Abstimmung verbunden sein, damit das Stimmverbot auf diese Weise nicht umgangen wird.

Ein **Nichtwohnungseigentümer** kann einen Wohnungseigentümer dann nicht bei der Stimmabgabe wirksam vertreten, wenn er (z.B. der Verwalter) – wäre er selbst Wohnungseigentümer – einem Stimmverbot unterläge.[52] Denn der Interessenkonflikt in der Person des Vertreters hat in dieser Konstellation den gleichen schädlichen Einfluss auf die Willensbildung wie bei einer Vertretung durch einen anderen Wohnungseigentümer, in dessen Person ein Stimmverbot vorliegt.

Daraus folgt, dass der **Verwalter**, der nicht zugleich Mitglied der Wohnungseigentümergemeinschaft ist, die Wohnungseigentümer nicht bei der Abstimmung über seine **Entlastung** vertreten kann, sofern die Vollmacht nicht im Außenverhältnis dahingehend beschränkt ist, dass der Verwalter nur mit „Ja" oder „Nein" stimmen kann. Wird mit der Entlastung zugleich über einen weiteren Punkt (z.B. die Jahresabrechnung) abgestimmt, erstreckt sich der Stimmrechtsausschluss auch auf die Abstimmung über diesen weiteren Punkt.[53]

Unterliegt der Bevollmächtigte gemäß den vorstehenden Ausführungen einem Stimmverbot, stellt sich die Frage, ob er einem anderen Wohnungseigentümer oder Dritten **Untervollmacht** erteilen kann, um die Stimme nicht verfallen zu lassen. Nach h.M. soll dies zulässig sein, sofern der Hauptbevollmächtigte die Untervollmach nicht mit Weisungen verbindet, um dadurch das Stimmverbot zu umgehen.[54] Diese Auffassung ist inkonsequent. Wie oben (siehe Rn 32 ausgeführt, kommt es für einen Ausschluss vom Stimmrecht weder allein auf den Stimmrechtsträger noch auf den Vertreter an. Ein vom Stimmverbot betroffener Wohnungseigentümer kann sich auch dann nicht durch einen Bevollmächtigten vertreten lassen, wenn letzterer bei der Vertretung keinerlei Einschränkungen oder Weisungen unterliegt. Umgekehrt schadet ein Interessenkonflikt auch, wenn dieser nur in der Person des Vertreters vorliegt. Im Fall der Kettenvollmacht steht der Hauptbevollmächtigte in einer Doppelstellung. Er ist einerseits Vollmachtnehmer und andererseits (Unter-)Vollmachtgeber. Wäre er selbst der Wohnungseigentümer, könnte er keine Vollmacht erteilen. Auch als (Haupt-)Bevollmächtigter ist er vom Stimmverbot betroffen. Wenn er also weder eine Vollmacht ausüben noch als originärer Stimmrechtsträger eine Vollmacht erteilen könnte, dann kann es ihm auch nicht möglich sein, Untervollmacht zu erteilen. Es macht für das Vorliegen eines Stimmverbotes keinen Unterschied, ob der (Haupt)Bevollmächtigte seine Vertretungsmacht von einem „infizierten" Wohnungseigentümer oder der Unterbevollmächtigte seine

---

50 OLG Düsseldorf 3 Wx 174/01, ZWE 2001, 557; KG 24 W 5887/87, NJW-RR 1989,144; OLG Karlsruhe 14 Wx 91/01, ZMR 2003, 289; OLG Zweibrücken 3 W 184/01, ZWE 2002, 283; **a.A.** OLG München 32 Wx 016/10, ZMR 2011, 148.

51 So auch *Bärmann/Merle*, § 25 Rn 137.

52 OLG Düsseldorf 3 Wx 174/01, ZWE 2001, 557; OLG Köln 16 Wx 165/06, ZMR 2007, 715; **a.A.** OLG München 32 Wx 016/10, ZMR 2011, 148.

53 OLG Köln 16 Wx 165/06, ZMR 2007, 715.

54 OLG Karlsruhe 14 Wx 91/01, ZMR 2003, 289; BayObLG 2Z BR 14/90, NJW-RR 1990, 784; 2Z BR 36/98, WuM 1999, 58; OLG Zweibrücken 3 W 40/98, NZM 1998, 671; *Bärmann/Merle*, § 25 Rn 137; *Jennißen/Elzer*, § 25 Rn 109.

Vertretungsmacht von einem infizierten Hauptbevollmächtigten ableitet. Hiergegen spricht auch nicht, dass der Unterbevollmächtigte nicht eine Erklärung für den infizierten Hauptbevollmächtigten sondern eine Erklärung nur für den nicht infizierten Stimmrechtsträger abgibt und der Stimmrechtsträger den Unterbevollmächtigten auch unmittelbar bevollmächtigen könnte. Entscheidend ist, dass der Unterbevollmächtigte seine Rechtsmacht zur Stimmabgabe von einer infizierten Person (dem Hauptbevollmächtigten) ableitet. Der Unterbevollmächtigte steht jedenfalls in einem Treuverhältnis sowohl zum Vertretenen als auch – und darauf kommt es hier an – zum Hauptbevollmächtigten, sodass er sich bei der Stimmabgabe von den gemeinschaftsschädlichen Individualinteresse des Hauptbevollmächtigten leiten lassen könnte.

34 **c) Zwangsverwalter.** Wird das Wohnungseigentum durch einen **Zwangsverwalter** verwaltet, nimmt dieser anstelle des Wohnungseigentümers das Stimmrecht wahr. Ein Stimmverbot des Wohnungseigentümers berührt das Stimmrecht des Zwangsverwalters nicht, da dieser nicht als Interessenvertreter des Wohnungseigentümers anzusehen ist.[55] Allerdings ist der Insolvenz- oder Zwangsverwalter vom Stimmverbot betroffen, wenn die Beschlussfassung die Vornahme eines Rechtsgeschäfts unmittelbar mit ihm oder die Einleitung oder Erledigung eines Rechtsstreit der anderen Wohnungseigentümer gegen ihn betrifft.

35 **d) Mehrere Berechtigte am Wohnungseigentum.** Gehört ein Wohnungseigentum **mehreren Personen gemeinschaftlich** (Bruchteilsgemeinschaft, Erbengemeinschaft, Ehegatten), können diese ihr Stimmrecht gemäß § 25 Abs. 2 S. 2 nur einheitlich ausüben. Ist nur ein Teil der Mitberechtigten von einem Stimmverbot betroffen, so wirkt sich das Stimmverbot nach herrschender Meinung auch auf das Stimmrecht der nicht unmittelbar betroffenen Mitberechtigten aus.[56] Mit der Gegenansicht[57] ist eine differenzierte Betrachtungsweise vorzunehmen. Abzustellen ist auf die interne Willensbildung der mitberechtigten Gemeinschafter. Hat der vom Stimmverbot Betroffene einen maßgeblichen Einfluss auf die Willensbildung, ist das Stimmverbot auch den anderen Mitberechtigten zuzurechnen. Erfolgt etwa die Willensbildung der Mitberechtigten untereinander durch Mehrheitsbeschluss, ist ein maßgeblicher Einfluss des vom Stimmverbot betroffenen Mitberechtigten gegeben, wenn dieser mindestens die Hälfte der Stimmen in der Mitberechtigtengemeinschaft hält.[58] Hat die Willensbildung innerhalb der Mitberechtigtengemeinschaft dagegen einstimmig zu erfolgen, sind alle Mitberechtigten bereits dann von der Ausübung des Stimmrechts ausgeschlossen, wenn ein Mitberechtigter unmittelbar von einem Stimmverbot betroffen ist.[59] Steht Wohnungseigentum **Ehegatten** gemeinschaftlich zu, bewirkt ein Stimmrechtsausschluss bei einem Ehegatten, dass auch der andere von der Abstimmung ausgeschlossen ist.

36 **e) Juristische Personen und Personengesellschaften.** Eine dem § 25 Abs. 5 vergleichbare Sachlage ist gegeben, wenn eine **juristische Person** Wohnungseigentümerin ist und ein Rechtsgeschäft mit einer ihrer **Gesellschafter** oder **Organe** vorgenommen werden soll. Da die juristische Person nicht selbst zur Willensbildung fähig ist, sondern diese vielmehr je nach der Kompetenzverteilung durch den unmittelbar vom Stimmverbot betroffenen Gesellschafter bzw. das Organ erfolgt, liegt die gleiche Interessenkollision vor, für die § 25 Abs. 5 ein Stimmverbot anordnet. Für die Ausdehnung eines bei der Gesellschaft bestehenden Stimmverbotes auf den handelnden Gesellschafter oder das Organ ist entscheidend, welchen Einfluss der Gesellschafter oder das Organ auf die Willensbildung bei der juristischen Person hat. Bei einer **GmbH** etwa liegt die Geschäftsführung grundsätzlich in den Händen des bzw. der Geschäftsführer. Allerdings kann die Gesellschafterversammlung die Geschäftsführung jederzeit an sich ziehen und dem Geschäftsführer verbindliche Anweisungen erteilen. Deshalb sind sowohl die beim Geschäftsführer als auch die bei den Gesellschaftern angesiedelten Stimmverbote der GmbH zuzurechnen, sofern diesen ein maßgeblicher Einfluss auf die Willensbildung zukommt. Ein maßgeblicher Einfluss eines betroffenen Gesellschafters ist anzunehmen, wenn er mindestens die Hälfte der Stimmen in der Gesellschafterversammlung auf sich vereinigt, da dann eine Willensbildung ohne sein Einverständnis nicht mehr zustande kommen kann.[60] Bei der **Aktiengesellschaft** liegt die Geschäftsführung ausschließlich beim Vorstand. Die AG ist von der Abstimmung in der Wohnungseigentümerversammlung ausgeschlossen, wenn mindestens die Hälfte der Vorstandmitglieder dem Grunde nach vom Stimmverbot betroffen sind.[61] Dagegen haben Stimmverbote bei den Aktionären auf das Stimmrecht der AG keinen Einfluss. Eine Ausnahme gilt nur bei der Ein-Mann-AG.

37 In der umgekehrten Situation geht es um die **Zurechnung** eines bei der juristischen Person angesiedelten Stimmverbots **auf ihre Gesellschafter und Organe**. Ein Stimmverbot liegt vor, wenn aufgrund der gesellschaftsrechtlichen Verflechtungen zwischen dem betroffenen Wohnungseigentümer und dessen Gesellschaft die Gefahr besteht, dass sich der Wohnungseigentümer bei der Beschlussfassung in seiner Eigenschaft als Gesellschafter oder Organ von den Interessen der juristischen Person leiten lassen wird. Dies ist regelmäßig zu befürchten, wenn es für ihn wirtschaftlich günstig ist, die Interessen der juristischen Person wahrzunehmen als die Interessen der Wohnungseigentümer-

---

[55] *Kefferpütz*, S. 118 ff; *Bärmann/Merle*, § 25 Rn 139.
[56] BayObLG 2Z BR 75/92, NJW-RR 1993, 206; *Müller*, Praktische Fragen, Rn 131.
[57] *Kefferpütz*, S. 144; Palandt/*Bassenge*, § 25 Rn 15; *Bärmann/Merle*, § 25 Rn 144.
[58] *Kefferpütz*, S. 152.
[59] *Kefferpütz*, S. 153.
[60] Siehe *Bärmann/Merle*, § 25 Rn 148.
[61] *Kefferpütz*, S. 163.

gemeinschaft. Unproblematisch hat die Zurechnung eines Stimmverbots zu erfolgen, wenn der Wohnungseigentümer Alleingesellschafter der juristischen Person ist. Bei einer geringeren Beteiligung bildet das Maß der Beteiligung an der Wohnungseigentümergemeinschaft einerseits und an der juristischen Person andererseits ein brauchbares Abgrenzungskriterium. Überwiegt der aus der Gesellschaft zu erwartende Gewinn betragsmäßig die Kostentragungslast in der Wohnungseigentümergemeinschaft, ist von einem Stimmverbot auszugehen. Hat der Wohnungseigentümer hingegen innerhalb der Gemeinschaft einen größeren Kostenanteil zu tragen, als er Gewinne aus der Gesellschaft zieht, besteht nicht ohne weiteres die Gefahr, dass er sein Stimmrecht zum wirtschaftlichen Nachteil der Eigentümergemeinschaft ausübt.

Wird über die Vornahme eines Rechtsgeschäfts oder die Einleitung oder Erledigung eines Rechtsstreits gegen eine **Personenhandelsgesellschaft** oder Partnerschaft Beschluss gefasst, so ist ein Wohnungseigentümer, der **persönlich haftender Gesellschafter** der betroffenen Gesellschaft ist, ebenfalls nicht stimmberechtigt. Hat der Wohnungseigentümer dagegen nur die Stellung eines Kommanditisten, bleibt sein Stimmrecht bestehen.[62] **38**

4. Rechtsfolgen des Stimmverbots

Ein Wohnungseigentümer, der von einem Stimmverbot betroffen ist, darf bei der Beschlussfassung **nicht mitstimmen**. Eine dennoch abgegebene Stimme ist unwirksam und darf vom Versammlungsvorsitzenden nicht berücksichtigt werden. Wird die Stimme zu Unrecht mitgezählt, ist der Beschluss für ungültig zu erklären, wenn die fehlerhaft gewertete Stimme für das Beschlussergebnis von Bedeutung war. **39**

Enthält der Beschluss **mehrere Regelungsgegenstände** (z.B. Genehmigung der Jahresabrechnung und Entlastung des Verwalters) und liegt ein Stimmverbot nur für einen Regelungsgegenstand vor (z.B. Entlastung), ist der betroffene Wohnungseigentümer gleichwohl von der gesamten Beschlussfassung ausgeschlossen.[63] In diesem Fall hat der vom Stimmverbot betroffene Eigentümer einen Anspruch auf separate Abstimmung, sofern die unterschiedlichen Regelungsgegenstände nicht zwingend miteinander stehen oder fallen sollen.

Stimmverbote schließen einen Wohnungseigentümer nur von seinem Stimmrecht aus. Auf das **Rede-, Teilnahme- und Antragsrecht** hat das Stimmverbot keinen Einfluss. Ebenso verliert der von einem Stimmverbot betroffene Wohnungseigentümer nicht die Befugnis, den Beschluss, bei dem er nicht stimmberechtigt war, gerichtlich **anzufechten**.[64] **40**

III. Ruhen des Stimmrechts

Von einem Ruhen des Stimmrechts spricht man, wenn der Stimmrechtsinhaber generell von der Mitwirkung an Beschlussfassungen ausgeschlossen ist, ohne dass es auf den konkreten Beschlussgegenstand ankommt. Ein solcher Fall liegt nach § 25 Abs. 5, 3. Fall vor, wenn ein Wohnungseigentümer nach § 18 zur **Veräußerung seines Wohnungseigentums** verurteilt wurde. Fraglich ist, ob ein nach § 18 rechtskräftig verurteilter Wohnungseigentümer einen anderen Wohnungseigentümer vertreten kann. Richtigerweise wird man dies verneinen müssen,[65] auch wenn der nach § 18 rechtskräftig verurteilte Wohnungseigentümer ein Recht zur Teilnahme an der Versammlung hat und rechtswidrige Beschlüsse anfechten kann (siehe § 24 Rn 39).[66] **41**

In **Gemeinschaftsordnungen** sind bisweilen Klauseln zu finden, die ein Ruhen des Stimmrechts für den Fall anordnen, dass sich ein Wohnungseigentümer einer Pflichtverletzung innerhalb der Gemeinschaft schuldig gemacht hat. Am häufigsten anzutreffen ist die Bestimmung, dass das Stimmrecht jenes Wohnungseigentümers ruhe, der mit **Wohngeldzahlungen** in bestimmter Höhe in **Rückstand** oder Verzug ist. Der *BGH* steht solchen Klauseln kritisch gegenüber. Er hält sie für nichtig, wenn der Wohnungseigentümer nicht nur von der Abstimmung sondern auch von der Teilnahme an der Eigentümerversammlung ausgeschlossen wird.[67] Wird der Eigentümer trotz Nichtigkeit einer entsprechenden Klausel von der Teilnahme an der Eigentümerversammlung ausgeschlossen, sind sämtliche in der Versammlung gefassten Beschlüsse rechtswidrig, ohne dass es darauf ankommt, ob sich der Ausschluss von der Versammlung auf das Beschlussergebnis ausgewirkt hat. Ob der Beschluss nichtig oder nur anfechtbar ist, hat der *BGH* in der vorgenannten Entscheidung offen gelassen. Hält man das Recht zur Teilnahme an der Versammlung für ein unentziehbares und unverzichtbares Mitgliedschaftsrecht im Sinne des § 23 Abs. 4 S. 1,[68] ist der Beschluss nichtig. **42**

Das aus § 25 Abs. 2 folgende Stimmrecht besteht einerseits nicht einschränkungslos und dauerhaft, wie § 25 Abs. 5 für die Fälle der Interessenkollision und der rechtskräftigen Verurteilung zur Entziehung des Wohnungseigentums zeigt; andererseits sind die gesetzlichen Vorgaben zum Stimmrecht nach § 10 Abs. 2 S. 2 grundsätzlich dispositiv. Da das **43**

---

62 Ausführlich *Bärmann/Merle*, § 25 Rn 150.
63 OLG Köln 16 Wx 165/06, ZMR 2001, 715.
64 LG Frankfurt 2–13 S 118/10, NZM 2012, 120; BayObLG BReg 2 Z 143/91, NJW 1993, 603.
65 *Bärmann/Merle*, § 25 Rn 169.
66 *Bärmann/Merle*, § 24 Rn 62.
67 BGH V ZR 60/10, NJW 2011, 679; wie der BGH eine Vereinbarung bewerten würde, die nur das Ruhen des Stimmrechts bei erheblichen Beitragsrückständen anordnet, lässt sich der Entscheidung nicht entnehmen.
68 Wohin der BGH zu tendieren scheint; siehe auch BayObLG 2Z BR 131/98, NZM 1999, 77; LG Regensburg 5 T 377/90, NJW-RR 1991, 1169; LG Stralsund 2 T 516/03, NJW-RR 2005, 313.

Stimmrecht aber zu den wichtigsten Mitgliedschaftsrechten eines Wohnungseigentümers gehört, muss jede Vereinbarung, die das Stimmrecht einschränkt, der Bedeutung des Stimmrechts Rechnung tragen.[69] Das Stimmrecht kann daher nur aus schwerwiegenden Gründen eingeschränkt oder ruhend gestellt werden. Ein Ruhen des Stimmrechts wegen Beitragsrückständen ist nur zulässig, wenn die Höhe des Verzugsbetrages erheblich ist. Als erheblich ist ein Rückstand jedenfalls ab einer Höhe von sechs Monatswohngeldbeiträgen anzusehen, was der BGH im Zusammenhang mit der Zulässigkeit einer Versorgungssperre entschieden hat.[70] Es ist kein Grund ersichtlich, an die Erheblichkeit der Rückstände für ein vereinbartes Stimmrechtsruhen ein anderes Maß anzulegen als bei einer Versorgungssperre. Zwar ist die Entziehung des Wohnungseigentums mit anschließendem Stimmrechtsruhen bereits bei Beitragsrückständen in Höhe von mehr als drei Prozent des Einheitswertes möglich, was regelmäßig etwa drei Monatswohngeldbeiträgen entspricht. Dem Stimmrechtsruhen nach § 25 Abs. 5 Var. 3 geht aber sowohl eine Beschlussfassung der Eigentümerversammlung nach § 18 Abs. 3 als auch eine gerichtliche Entscheidung nach § 19 Abs. 1 voraus, sodass der betroffene Wohnungseigentümer mehrfach vorgewarnt wird, bevor sein Stimmrecht zum Ruhen kommt. Im Fall des Stimmrechtsruhens aufgrund einer Vereinbarung wird der Beitragsschuldner hingegen nicht gesondert vorgewarnt, was strenge Anforderungen an den Zahlungsrückstand rechtfertigt. Eine Vereinbarung, die ohne betragsmäßige Begrenzung ein Ruhen des Stimmrechts vorschreibt, ist unverhältnismäßig und hält einer Inhaltskontrolle nach § 242 BGB (siehe § 10 Rn 38) nicht stand.[71] Die Vereinbarung kann nicht im Wege geltungserhaltender Reduktion dahingehend ausgelegt werden, dass das Stimmrecht erst nach Erreichen eines erheblichen Beitragsrückstandes ruhen soll.[72]

44 Mit Treu und Glauben nicht zu vereinbaren und daher nichtig ist auch eine Vereinbarung, nach der das Stimmrecht eines Wohnungseigentümers bereits dann ruhen soll, wenn die Wohnungseigentümerversammlung einen **Entziehungsbeschluss** nach § 18 Abs. 3 zu dessen Lasten gefasst hat.[73] Denn ein Entziehungsbeschluss nach § 18 Abs. 3 lediglich ein formaler Akt, der keine Gewähr dafür bietet, dass der betroffene Wohnungseigentümer tatsächlich eine schwerwiegende Pflichtverletzung begangen hat. Selbst im Fall der gerichtlichen Anfechtung eines solchen Beschlusses würde das Gericht nicht prüfen, ob die materiellen Voraussetzungen des § 18 Abs. 1 S. 1, Abs. 2 tatsächlich vorliegen (siehe § 18 Rn 22).

45 Trotz eines Ruhens des Stimmrechts bleibt der Eigentümer an der **Teilnahme zur Eigentümerversammlung** berechtigt; er behält auch sein Rederecht und das Beschlussantragsrecht. Rechtmäßig ist auch die bisweilen anzutreffende Klausel, wonach das Stimmrecht des Beitragsschuldners nicht ab einer bestimmten Rückstandshöhe automatisch ruht, sondern die übrigen Eigentümer in der Versammlung durch Beschluss entscheiden können, ob das Stimmrecht ruhen soll. Diese Variante stellt einen geringeren Eingriff in das Mitgliedschaftsrecht dar als das „automatische" Ruhen. Allerdings darf auch bei dieser Variante das Stimmrechtsruhen erst beschlossen werden, wenn die Beitragsrückstände erheblich sind. Weiterhin ist eine Gleichbehandlung der Beitragsschuldner erforderlich. Es widerspräche Treu und Glauben, einen Wohnungseigentümer von der Abstimmung auszuschließen, einen anderen hingegen nicht, obwohl bei beiden die Voraussetzungen für ein Stimmrechtsruhen vorliegen.

IV. Missbrauch des Stimmrechts

46 Der Wohnungseigentümer darf sein Stimmrecht nicht rechtsmissbräuchlich ausüben. Dies verbietet die Treuepflicht der Wohnungseigentümer und der Grundsatz von Treu und Glauben. Ob ein Stimmrechtsmissbrauch vorliegt, hängt von den **konkreten Umständen des Einzelfalls** ab. Die Beschränkung des Stimmrechts durch die Treuepflicht und den Grundsatz von Treu und Glauben ist hinsichtlich der **Rechtsfolge** zu unterscheiden von den in § 25 Abs. 5 geregelten Stimmverboten. Ist ein Wohnungseigentümer von einem Stimmverbot betroffen, ist dessen Stimmrecht von Anfang an ausgeschlossen. Dagegen kann sich ein Verstoß gegen den Grundsatz von Treu und Glauben nur aus der **konkreten Ausübung des Stimmrechts** ergeben. Der Wohnungseigentümer kann also grundsätzlich an der Abstimmung teilnehmen, er darf sein Stimmrecht nur nicht missbrauchen. Ihm verbleibt immer die Möglichkeit, von seinem Stimmrecht in rechtmäßiger Weise Gebrauch zu machen.[74] Missbraucht er sein Stimmrecht, ist die Stimmabgabe unwirksam. Der gesamte Eigentümerbeschluss ist aber lediglich anfechtbar, wobei eine Ungültigerklärung durch das Gericht nur dann in Betracht kommt, wenn sich die rechtsmissbräuchliche Stimmabgabe auf das Abstimmungsergebnis ausgewirkt hat.

47 Ein Fall der **Majorisierung** liegt vor, wenn ein Wohnungseigentümer sein Stimmenübergewicht dazu missbraucht, einen ihm genehmen Beschluss herbeizuführen. Grundsätzlich steht es auch einem Mehrheitseigentümer frei, ob und

---

69 KG 24 W 4858/85, ZMR 1986, 127.
70 BGH V ZR 235/04, NZM 2005, 626.
71 Anders noch: BayObLG 2Z BR 136/02, ZMR 2003, 519 wonach jeglicher Zahlungsrückstand ab einer Dauer von mehr als einem Monat ein Stimmrechtsruhen rechtfertige; KG 24 W 6075/92, ZMR 1994, 171 wonach ein Zahlungsrückstand ab einer Dauer von mehr als zwei Monaten genüge, und AG Hannover 481 C 12732/08, ZMR 2009, 409 wonach ein Zahlungsrückstand ab einer Dauer von mehr als drei Monaten ausreiche.
72 Der BGH zog in V ZR 60/10, NJW 2011, 679 eine geltungserhaltende Reduktion nicht in Betracht.
73 KG 24 W 4858/85, ZMR 1986, 127.
74 *Bärmann/Merle*, § 25 Rn 177.

in welcher Weise er von seinem Stimmrecht Gebrauch macht.[75] Ein Missbrauch des Stimmrechts liegt daher nicht schon dann vor, wenn der Mehrheitseigentümer mit seinen Stimmen einen Beschluss gegen die Stimmen aller anderen Wohnungseigentümer durchsetzt.[76] Es müssen weitere Umstände hinzutreten, um die Ausübung des Stimmrechts durch den Mehrheitseigentümer als missbräuchlich ansehen zu können.[77] Solche Umstände liegen vor, wenn der Mehrheitseigentümer bei der Abstimmung nicht die Interessen der Gemeinschaft im Auge hat, sondern ausschließlich eigene Interessen verfolgt, so etwa wenn er sich selbst zum Verwalter bestellt, obwohl andere Mitbewerber fachlich besser geeignet sind und auch preislich bessere Angebote vorgelegt haben.[78] Der gesamte Eigentümerbeschluss ist aber lediglich anfechtbar, wobei eine Ungültigerklärung durch das Gericht nur dann in Betracht kommt, wenn sich die Stimmabgabe auf das Abstimmungsergebnis ausgewirkt hat.

§ 26 Bestellung und Abberufung des Verwalters

(1) ¹Über die Bestellung und Abberufung des Verwalters beschließen die Wohnungseigentümer mit Stimmenmehrheit. ²Die Bestellung darf auf höchstens fünf Jahre vorgenommen werden, im Falle der ersten Bestellung nach der Begründung von Wohnungseigentum aber auf höchstens drei Jahre. ³Die Abberufung des Verwalters kann auf das Vorliegen eines wichtigen Grundes beschränkt werden. ⁴Ein wichtiger Grund liegt regelmäßig vor, wenn der Verwalter die Beschluss-Sammlung nicht ordnungsmäßig führt. ⁵Andere Beschränkungen der Bestellung oder Abberufung des Verwalters sind nicht zulässig.

(2) Die wiederholte Bestellung ist zulässig; sie bedarf eines erneuten Beschlusses der Wohnungseigentümer, der frühestens ein Jahr vor Ablauf der Bestellungszeit gefasst werden kann.

(3) Soweit die Verwaltereigenschaft durch eine öffentlich beglaubigte Urkunde nachgewiesen werden muss, genügt die Vorlage einer Niederschrift über den Bestellungsbeschluss, bei der die Unterschriften der in § 24 Abs. 6 bezeichneten Personen öffentlich beglaubigt sind.

A. Allgemeines	1
B. Bestellung des Verwalters	5
I. Eignung des Verwalters	7
II. Mehrheitsbeschluss	15
III. Anfechtung der Verwalterbestellung	18
1. Fehlende Eignung	19
2. Bestimmtheit des Beschlusses	21
3. Konkurrenzangebote	22
4. Teilungültigkeit	23
5. Wirkung der Ungültigerklärung	24
6. Erledigung der Hauptsache	25
7. Rechtsmittel des Verwalters	26
IV. Bestellung in der Teilungserklärung	27
V. Höchstdauer der Bestellung	31
VI. Wiederwahl	33
VII. Beschränkungen der Verwalterbestellung	34
C. Verwaltervertrag	36
I. Vertragsabschluss	38
1. Vertragsangebot durch den Bestellungsbeschluss	39
2. Vertragsannahme durch den Bestellungsbeschluss	40
3. Vertragsschluss nach Verwalterbestellung	41
4. Umfang einer Abschlussvollmacht	47
II. Rechtsnatur des Vertrages	55
1. Anwendung von Auftragsrecht	55
2. Kontrolle von Formularverträgen	57
III. Einzelne Regelungen des Verwaltervertrags	59
1. Instandsetzungsmaßnahmen	59
2. Einstellung von Hilfskräften	62
3. Übersendung des Versammlungsprotokolls	63
4. Haftungsbeschränkung	64
5. Verwaltervollmacht	67
6. Regelungen über das Gemeinschaftsverhältnis	68
IV. Vergütung	70
1. Vergütungsanspruch	70
2. Höhe der Vergütung	72
3. Sondervergütung	75
4. Fälligkeit	81
5. Verteilungsschlüssel	82
6. Verjährung	85
V. Auswirkung von Leistungsstörungen auf die Vergütung	86
VI. Vertragsdauer	88
D. Abberufung des Verwalters	91
I. Mehrheitsbeschluss über die Abberufung	92
1. Stimmrecht des Verwalters	93
2. Anspruch auf Abberufung	94
3. Wirksamkeit der Abberufung	97
4. Anfechtungsbefugnis des Verwalters	98
II. Abberufung aus wichtigem Grund	102
1. Einschränkung der Abberufung	102
2. Keine Erklärungsfrist	103
3. Wichtiger Grund	104
4. Einzelfälle	105
5. Abberufungsgrund des § 26 Abs. 1 S. 4	108
III. Kündigung des Verwaltervertrages	109
1. Rechtsschutz gegen die Kündigung	110
2. Kündigungserklärung	113
3. Kündigungsfristen	114
4. § 626 Abs. 2 BGB	115
5. Kündigungsgründe	116
6. Abmahnung	120
E. Amtsniederlegung	121
F. Ansprüche bei einem Verwalterwechsel	124
I. Anspruch auf Herausgabe nicht verbrauchter Wohngelder	125
II. Herausgabe der Verwaltungsunterlagen	130
III. Anspruch des Verwalters auf Aufwendungsersatz	132

---

75 BayObLG 2Z BR 143/04, ZMR 2006, 139; *Bärmann/Merle*, § 25 Rn 178.
76 BGH V ZB 30/02, NJW 2002, 3704.
77 *Bärmann/Merle*, § 25 Rn 179.
78 Vgl. LG Mainz 306 T 129/08, ZMR 2012, 41.

G. Nachweis der Verwalterstellung 135	I. Entscheidung des Gerichts 144
H. Verwalterbestellung durch das Gericht 140	II. Beendigung der Verwalterstellung 147

Literatur: *Abramenko*, Parteien und Zustandekommen des Verwaltervertrags nach der neuen Rechtsprechung zur Teilrechtsfähigkeit der Wohnungseigentümergemeinschaft, ZMR 2006, 6; *ders.*, Die Abmahnung des Verwalters vor der Abberufung aus wichtigem Grund, ZWE 2012, 250; *Armbrüster*, Beginn und Ende von Verwalterstellung und Verwaltervertrag, ZfIR 2003, 9; *Becker*, Umwandlung von Verwalterunternehmen – Kontinuität im Verwalteramt? FS Merle (2010), 51; *Bielefeld*, Aushandeln und Abschluss des Verwaltervertrages durch den Verwaltungsbeirat, DWE 2001, 129: *Briesemeister*, Der Verwaltervertrag als Instrument zur Begründung von Einzelpflichten der Wohnungseigentümer, ZMR 2003, 312; *ders.*, Das Stimmrecht des WEG-Verwalters bei Eigentümerbeschlüssen über seine eigene Verwalterstellung, FS Bub, 2007, 17; *Bogen*, Bestellung und Anstellung des Verwalters im Wohnungseigentumsrecht, ZWE 2002, 289; *Deckert*, Erweiterung der Befugnisse des Verwalters durch Verwaltervertrag, ZWE 2003, 247; *ders.*, Bestellung des WEG-Erstverwalters durch den teilenden Grundstückseigentümer: Eine rechtskonforme Praxis? FS Bub, 2007, 37; *Drasdo*, Beschränkung der Abberufung des Verwalters auf einen wichtigen Grund, NZM 2001, 923; *ders.*, Die Haftung der Wohnungseigentümer für Handlungen des Verwaltungsbeirats bei Schadensersatzansprüchen des Verwalters, ZWE 2001, 522; *ders.*, Anfechtung des Abberufungsbeschlusses durch den Wohnungseigentumsverwalter, NZM 2002, 853; *ders.*, Der Bauträgerverwalter, BTR 2005, 2; *Elzer*, Zur gerichtlichen Entscheidung über die Wiederwahl eines WEG-Verwalters, ZMR 2001, 418; *Fritsch*, Die vorzeitige Beendigung des Verwalterverhältnisses im Wohnungseigentum, ZMR 2005, 829; *Frohne*, Die Haupt- und Nebenpflichten des Verwalters vor Amtsantritt und nach Amtsende, NZM 2002, 242; *Furmans*, Verwaltervertrag und AGB-Gesetz – nicht notwendig ein Widerspruch, NZM 2000, 985; *dies.*, Verwaltungsvertrag und neues ABG-Recht, DWE 2002, 77; *dies.*, Klauselkontrolle von Verwalterverträgen, NZM 2004, 201; *Greiner*, Zum Abschluss der Verwaltervertrags, ZWE 2008, 454; *Gottschalg*, Die Übertragung von Kompetenzen der Wohnungseigentümer auf Verwalter und Verwaltungsbeirat, ZWE 2000, 50; *ders.*, Durchsetzung von Verwaltergebühren, NZM 2000, 473; *ders.*, Die Abberufung des Verwalters und die Beendigung/Kündigung des Verwaltervertrags, DWE 2001, 85; *ders.*, Die Bestellung des Verwalters und der Abschluss des Verwaltervertrages, DWE 2001, 51; *ders.*, Rechtliche Möglichkeiten und Grenzen der Vergütungsgestaltung des WEG-Verwalters, ZWE 2002, 200; *ders.*, Notwendige Änderungen der Verwalterverträge als Folge des neuen AGB-Rechts, DWE 2003, 41; *ders.*, Bauträger-, Verwalter- und Vermieteridentität, NZM 2002, 841; *ders* Das Anfechtungsrecht des Verwalters – neue Aspekte, ZWE 2006, 332; *Häublein*, „Drittwirkung" der Verwalterpflichten, ZWE 2008, 1 und 80; *ders.*, Stimmverbot des bevollmächtigten Wohnungseigentumsverwalters bei seiner Abwahl aus wichtigem Grund, ZWE 2012, 312; *Hügel*, Die Gesellschaft bürgerlichen Rechts als Verwalter nach dem WEG, ZWE 2003, 323; *Jacoby*, Zum Abschluss des Verwaltervertrags, ZWE 2008, 327; *ders.*, Grundfragen des Verwaltervertrags, FS Merle (2010), 181; *Hügel*, Der Verwalter als Organ des Verbands Wohnungseigentümergemeinschaft und als Vertreter der Wohnungseigentümer, ZMR 2008, 1; *Joussen*, Die Maklerprovision des WEG-Verwalters, NZM 2004, 761; *Langemaack*, Maklerprovision für WEG-Verwalter – Selbstständiges Versprechen, NZM 2003, 466; *Merle*, Bestellung und Abberufung des Verwalters nach § 26 des Wohnungseigentumsgesetzes (Berlin 1977); *ders.*, Bauträger und Immobilienverwalter, ZWE 2002, 391; *Niedenführ*, Zahlungsanspruch der Wohnungseigentümer gegen den früheren Verwalter bei ungeklärten Abhebungen vom Treuhandkonto, NZM 2000, 270; *ders.*, Vollmacht des Verwaltungsbeirats zum Abschluss des Verwaltervertrags, NZM 2001, 517; *ders.*, Unwirksame Sondervergütungsbestimmung im Verwaltervertrag, NZM 2003, 307; *Reuter*, Die Anfechtung von Beschlüssen der Wohnungseigentümer durch den Verwalter, ZWE 2001, 286; *Reichert*, Die Abrechnungspflicht des ehemaligen Verwalters, ZWE 2001, 92; *Schmid*, Gesellschaften als Wohnungseigentumsverwalter, NZG 2012, 134; *Schmidt*, Erweiterung der Kompetenzen des Verwaltungsbeirats, ZWE 2001, 137; *J. Schmidt*, Konsumentenmacht der Verwalter – Wohnungseigentumsrechtliche Probleme, ZWE 2002, 348; *Steinmann*, Die rechtsfähige GbR als WEG-Verwalterin, GE 2001, 1663; *Striewski*, Verwalterbestellung ohne Verwaltervertrag, ZWE 2001, 8; *Suilmann*, Beschlussanfechtung durch den abberufenen Verwalter, ZWE 2000, 106; *Wenzel*, Die Befugnis des Verwalters zur Anfechtung des Abberufungsbeschlusses, ZWE 2001, 510; *ders.*, Vereinbarungen in Wohnungseigentumsangelegenheiten? – Zur Rechtsnatur der Verwalterbestellung in der Gemeinschaftsordnung, FS Bub, 249; *Windisch*, Maklerprovision für WEG-Verwalter?, NZM 2000, 478; *Zayonz/Nachtwey*, Auswirkungen der Verschmelzung einer GmbH auf ihre Stellung als Verwalter, ZfIR 2008, 701.

Literatur zu Rn 121 ff.: E. Amtsniederlegung: *Bogen*, Die Amtsniederlegung des Verwalters im Wohnungseigentumsrecht, 2002; Die Niederlegung des Amtes durch den Verwalter im Wohnungseigentumsrecht, ZWE 2002, 153; *Gottschalg*, Amtsniederlegung des WEG-Verwalters, FS Wenzel, 2005, 159; *Reichert*, Die unberechtigte Amtsniederlegung aus wichtigem Grund, ZWE 2002, 438.

Literatur zu Rn 124 ff.: F. Ansprüche bei einem Verwalterwechsel: *Köhler*, Die Herausgabe von WEG-Verwaltungsunterlagen – ein Aspekt bei der Übernahme einer Wohnungseigentumsverwaltung, ZWE 2002, 255; *Reichert*, Die Rechtsstellung des Verwalters nach Beendigung des Verwaltungsverhältnisses, 2004; *ders.*, Rechte und Pflichten des ausgeschiedenen Verwalters, ZWE 2005, 173.

Literatur zu Rn 135 ff.: G. Nachweis der Verwalterstellung: *Röll*, Der Nachweis von Beschlüssen der Wohnungseigentümerversammlung gegenüber dem Grundbuchamt, Rpfl 1986, 4 f.

Literaturzu Rn 140 ff.: H. Verwalterbestellung durch das Gericht: *Abramenko*, Die gerichtliche Verwalterbestellung ohne Anrufung der Eigentümerversammlung, ZMR 2009, 429; *Bonifacio*, Die Einsetzung eines Notverwalters nach der WEG-Reform, MDR 2007, 869; *Briesemeister*, Bestellung des Wohnungseigentumsverwalters durch einstweilige Verfügung, NZM 2009, 64.

A. Allgemeines

1 § 26 wurde durch Art 1 Nr. 5 des Gesetzes zur Änderung des Wohnungseigentumsgesetzes und der Verordnung über das Erbbaurecht vom 30.7.1973[1] neu gefasst, wobei insbesondere die Höchstdauer für die Verwalterbestellung eingeführt und der Abs. 4 der Vorschrift angefügt wurde. Durch die WEG-Novelle 2007 wurde Abs. 1 in S. 2 um einen

---

1 BGBl I S. 910.

Halbsatz (Höchstdauer für die Erstbestellung) erweitert und es wurde Abs. 1 um den S. 4 (Abberufungsgrund bei fehlerhafter Beschluss-Sammlung) ergänzt.

Die Vorschrift regelt die Bestellung und Abberufung des Verwalters, die zulässige Höchstdauer der Verwalterbestellung, die Möglichkeit der Wiederwahl und die Anforderungen an den Nachweis der Verwaltereigenschaft. Die Bestellung und die Abberufung des Verwalters sind als organisationsrechtliche Akte zu unterscheiden von dem rechtsgeschäftlichen Abschluss des Verwaltervertrags und seiner Beendigung. Die gesetzlichen Aufgaben und Befugnisse des Verwalters sind in den §§ 24, 27, 28 näher geregelt.

§ 26 ist in engem Zusammenhang mit § 20 Abs. 2 zu sehen, wonach die Bestellung eines Verwalters nicht durch Vereinbarung ausgeschlossen werden kann. Dies hat zur Folge, dass jeder Wohnungseigentümer gemäß §§ 21 Abs. 4, 43 Nr. 1 und in dringenden Fällen per einstweiliger Verfügung einen gerichtlich durchsetzbaren Anspruch auf Bestellung eines Verwalters hat. Eine Eigentümergemeinschaft kann dabei nur so lange ohne Verwalter bleiben, solange sich alle Wohnungseigentümer darüber einig sind, dass eine Verwalterbestellung nicht erforderlich ist, z.B. weil die Gemeinschaft sehr klein ist und die auftretenden Fragen einvernehmlich geregelt werden. Ein Beschluss der Wohnungseigentümer, für eine bestimmte Zeit keinen Verwalter zu bestellen, verstößt gegen § 20 Abs. 2 und ist deshalb nichtig.[2]

Um die Interessen von Wohnungseigentumsverwaltern kümmern sich vor allem der Dachverband Deutscher Immobilienverwalter (DDIV) und der Bundesverband Wohnungs- und Immobilienverwalter (BfW).

B. Bestellung des Verwalters

Die Bestellung und die Abberufung des Verwalters sind nach der **Trennungstheorie** als organisationsrechtliche Akte zu unterscheiden von dem rechtsgeschäftlichen Abschluss des Verwaltervertrags und seiner Beendigung.[3] Nahezu Einigkeit besteht darüber, dass niemand ohne Annahme der Bestellung die Verwalterstellung erlangt, weil niemand gegen seinen Willen zum Verwalter bestellt werden kann.[4]

Die **Vertragstheorie** geht davon aus, dass der Gewählte die Stellung des Verwalters nicht schon mit dem Bestellungsbeschluss, sondern erst mit dem Abschluss des Verwaltervertrages erlangt.[5] Demgegenüber vertritt die im Vordringen begriffene **Trennungstheorie im engeren Sinn** sich anlehnend an die im Gesellschaftsrecht für die Bestellung von Vertretungsorganen anerkannte Rechtslage, der Verwalter erlange seine Rechtsstellung bereits mit Annahme der auf dem Beschluss beruhenden Bestellungserklärung.[6] Diese Auffassung verdient Zustimmung.[7] Für die Trennungstheorie im engeren Sinn spricht noch nicht § 26 Abs. 4, denn diese Vorschrift will nur den Nachweis der Verwaltereigenschaft erleichtern und ist deshalb kein durchgreifendes Argument für eine Verwalterstellung ohne Verwaltervertrag.[8] Entscheidend ist jedoch, dass das Gesetz in den §§ 24, 27, und 28 Rechte und Pflichten des Verwalters begründet, ohne diese gesetzlichen Verwalterpflichten vom Abschluss eines Verwaltervertrags abhängig zu machen.[9] Die Amtsstellung des Verwalters wird damit durch den Bestellungsbeschluss und die Zustimmungserklärung des Bestellten begründet.

I. Eignung des Verwalters

Die fachlichen und persönlichen Fähigkeiten des Verwalters sind regelmäßig entscheidend für das Funktionieren einer Eigentümergemeinschaft. Eine bestimmte Ausbildung oder ein Qualifikationsnachweis sind jedoch rechtlich nicht vorgeschrieben. Jedermann kann als Wohnungseigentumsverwalter tätig werden. Er braucht nur den Beginn seiner Berufsausübung gemäß § 14 Abs. 1 GewO dem örtlichen Gewerbeamt anzuzeigen. Die Wohnungseigentümer sind daher gezwungen, sich über die berufliche Qualifikation des zu wählenden Verwalters ein eigenes Bild zu machen. Sie sollten dies sehr sorgfältig tun und sich bei der persönlichen Vorstellung des Verwalters in der Eigentümerversammlung ausführlich nach Berufsausbildung, Berufserfahrung und betrieblicher Ausstattung (EDV usw.) erkundigen. Sie sollten auch Auskünfte einholen, insbesondere von Eigentümern, die in einer Eigentumswohnungsanlage wohnen, die der Bewerber verwaltet.

Zum Verwalter kann jede natürliche Person bestellt werden. Auch ein Wohnungseigentümer kann Verwalter sein. Verwalter einer Wohnungseigentümergemeinschaft kann auch eine juristische Person (z.B. GmbH[10] oder Genossenschaft) oder eine Personenhandelsgesellschaft (OHG oder KG) sein. Eine Verwaltungsgesellschaft, die einen kaufmännisch eingerichteten Gewerbebetrieb erfordert, kann nach der Neufassung des § 1 HGB auch ohne Eintragung in

---

2 *Merle* in Bärmann § 20 Rn 13; **a.A.** *Müller*, 9. Teil Rn 2.
3 Vgl. für Bestellung und Vertragsabschluss BGH III ZR 248/95, NJW 1997, 2106.
4 Vgl. etwa *Merle* in Bärmann, § 26 Rn 22, 23.
5 BayObLG BReg 2 Z 25/74, BayObLGZ 1974, 305, 309; OLG Oldenburg 5 Wx 32/78, Rpfl 1979, 266; OLG Hamburg 2 Wx 33/00, ZWE 2002, 133, 134; Staudinger/*Bub*, § 26 Rn 130.
6 *Schmidt*, WE 1998, 209, 210; *Merle* in Bärmann, § 26 Rn 26; *Abramenko* in Riecke/Schmid, § 26 Rn 5; *Striewski*, ZWE 2001, 8, 10; *Wenzel*, ZWE 2001, 510, 512.
7 Die noch in NZM 2001, 517 vertretene Ansicht wurde aufgegeben.
8 Staudinger/*Bub*, § 26 Rn 130.
9 Ebenso *Wenzel*, ZWE 2001, 510, 512.
10 BayObLG 2Z BR 29/93, WuM 1993, 488.

das Handelsregister eine OHG sein.[11] Verwalter kann auch ein Einzelkaufmann sein. Tritt dieser unter einer Firma auf, so ist Verwalter gleichwohl der Kaufmann persönlich (vgl. § 17 HGB). Veräußert er sein Einzelhandelsgeschäft mit Firma, so wird der Erwerber dadurch nicht Verwalter.[12]

9 Die Bestellung einer **Unternehmergesellschaft (haftungsbeschränkt)** ist möglich und widerspricht nicht generell ordnungsgemäßer Verwaltung.[13] Die Unternehmergesellschaft (haftungsbeschränkt) nach § 5a GmbHG kann als existenzgründerfreundliche Variante der GmbH mit einem geringeren Stammkapital als dem für die gewöhnliche GmbH nach § 5 Abs. 1 GmbHG vorgeschriebenen Mindeststammkapital von 25.000 EUR gegründet werden, ausreichend ist 1 EUR. Weil ein Mindeststammkapital nicht vorgeschrieben ist, muss sie ihre Firma nicht nur mit einem einfachen Rechtsformzusatz (UG) führen, sondern nach § 5a Abs. 1 GmbHG mit der zusätzlichen Angabe „haftungsbeschränkt". Aus diesen Besonderheiten folgt aber nicht, dass einer haftungsbeschränkten Unternehmergesellschaft generell die für einen geordneten Geschäftsbetrieb als Verwalterin erforderliche finanzielle Ausstattung abzusprechen ist.[14] Ob der vorgesehene Verwalter seine Aufgaben ordnungsgemäß erfüllt, bestimmt sich nicht nach der Rechtsform, sondern nach seiner **Bonität**, die auch bei einem sehr niedrig angesetzten Stammkapital ausreichend sein kann, etwa weil die Gesellschaft selbst ausreichende andere Mittel hat oder weil sich der Geschäftsführer für die Gesellschaft verbürgt hat.[15] Die Insolvenzstatistiken zeigen, dass das Mindeststammkapital von 25.000 EUR nur einen begrenzten Gläubigerschutz bietet. Zu bedenken ist auch, dass natürliche Personen, die ohne weiteres als Verwalter geeignet angesehen werden, zwar unbeschränkt persönlich haften, aber oftmals über keine Haftungsmasse verfügen. Ob die Bestellung einer Unternehmergesellschaft (haftungsbeschränkt) ordnungsgemäßer Verwaltung entspricht kann daher nur im Einzelfall entschieden werden. Die Bestellung eines Unternehmens zum Verwalter, das nicht über die notwendigen finanziellen Mittel verfügt und auch keine ausreichenden Sicherheiten stellen kann, widerspricht ordnungsgemäßer Verwaltung, denn ein solches Unternehmen gewährleistet nicht, dass es auf Dauer einen ordnungsgemäßen Geschäftsbetrieb aufrecht erhalten und seiner Aufgabe als Verwalter gerecht werden, insbesondere die ihm anvertrauten Gelder der Gemeinschaft getreu verwalten wird.[16] Zudem wäre – ungeachtet einer etwaigen Haftpflichtversicherung des Verwalters[17] – nicht sichergestellt, dass die Gemeinschaft im Haftungsfall Ersatz erhält. Besteht begründeter Anlass, die Bonität des als Verwalter vorgesehenen Unternehmens zu prüfen, halten sich die Wohnungseigentümer nur dann im Rahmen ihres Beurteilungsspielraums, wenn sie ihre Entscheidung über die Bestellung auf einer Tatsachengrundlage (Unterlagen, Auskünfte andere Erkenntnisse) treffen, die eine nachhaltig ordnungsgemäße Aufgabenerfüllung erwarten lässt.[18]

10 Die Bestellung einer **Gesellschaft bürgerlichen Rechts** zum Verwalter, ist nach der Rechtsprechung des BGH **nichtig**.[19]

11 Nichtig ist auch ein Beschluss, durch den zwei Personen, die nicht einmal eine Gesellschaft bürgerlichen Rechts bilden, zu Verwaltern bestellt werden, weil die Verwaltung aus Gründen der Klarheit der Verantwortlichkeit nur einer einzelnen Person übertragen werden kann.[20]

12 Gemäß § 20 Abs. 1 Nr. 1 UmwG geht mit der Eintragung der Verschmelzung in das Register des Sitzes des übernehmenden Rechtsträgers das Vermögen der übertragenden Rechtsträger einschließlich der Verbindlichkeiten auf den übernehmenden Rechtsträger über. Enthält der Verwaltervertrag für Umwandlungsfälle keine Regelung, dann ist im Wege der ergänzenden Auslegung zu ermitteln, ob die Bestellung des Verwalters personenbezogen oder unternehmensbezogen erfolgte.[21] Handelt es sich bei der Verwalterfirma um eine Personenhandelsgesellschaft oder um ein Einzelunternehmen, dann wird man im Zweifel eher eine auf den Einzelunternehmer bzw. die persönlich haftenden natürlichen Personen bezogene Verwalterbestellung annehmen können.[22] Im Fall der Umwandlung einer einzelkaufmännischen Firma in Form der Ausgliederung zum Zweck der Neugründung einer GmbH geht das Verwalteramt danach nicht von selbst auf die GmbH über, weil sich durch den Rechtsformwechsel der direkte Einfluss der Wohnungseigentümer auf die natürliche Person, die als Verwalter handelt, abschwächen kann.[23] Das Amt des Verwalters geht bei der Beendigung der zum Verwalter bestellten KG jedenfalls dann nicht auf die GmbH über, wenn eine natürliche Person Komplementär der Verwalter-KG war.[24] Eher zweifelhaft erscheint dagegen, ob auch durch die Übernahme des Geschäfts einer GmbH & Co. KG mit allen Aktiva und Passiva durch eine GmbH oder durch die Komplementär-GmbH das Verwalteramt nicht auf die GmbH übergeht.[25]

---

11 Siehe dazu *Drasdo*, ZMR 1999, 303.
12 BayObLG BReg 2 Z 104/89, WuM 1990, 234.
13 BGH V ZR 190/11, MDR 2012, 955.
14 BGH V ZR 190/11, MDR 2012, 955.
15 BGH V ZR 190/11, MDR 2012, 955.
16 BGH V ZR 190/11, MDR 2012, 955.
17 Einen Überblick über die Versicherungsmöglichkeiten gibt *Armbrüster*, ZWE 2010, 117 ff.
18 BGH V ZR 190/11, MDR 2012, 955; *Armbrüster*, ZWE 2011, 372, 373.
19 BGH V ZB 132/05, NJW 2006, 2189 m. krit. Anm. *Schäfer*, S. 2160 = ZWE 2006, 183 m. krit. Anm. *Armbrüster*, S. 181 = LMK 2006 (Nr. 5), 178161 m. krit. Anm. *Niedenführ*; BGH VII ZR 206/07, NZM 2009, 547 Tz 10.
20 BGH II ZR 117/89, WuM 1990, 128.
21 *Becker*, FS Merle (2010), S. 51, 59.
22 **A.A.** *Becker*, FS Merle (2010), S. 51, 59 f.
23 BayObLG 2Z BR 161/01, NZM 2002, 346, 348 **a.A.** *Becker*, FS Merle (2010), S. 51 ff.
24 OLG Düsseldorf 3 Wx 159/90, NJW-RR 1990, 1299.
25 So OLG Köln 16 Wx 5/06, ZMR 2006, 385; BayObLG BReg 2 Z 6/87, BayObLGZ 1987, 54; **a.A.** *Zayonz/Nachtwey*, ZfIR 2008, 701, 707.

Der Geschäftsbesorgungsvertrag des WEG-Verwalters ist seinem Wesen nach nicht über den Tod des Verwalters hinaus, sondern auf die Person angelegt. Das aufgrund besonderen Vertrauens übertragene und mit weitreichenden Vollmachten versehene Amt des Verwalters geht im Zweifel nicht auf den Gesamtrechtsnachfolger über (§§ 168, 673 BGB analog). Das Verwalterverhältnis endet deshalb mit dem **Tod des Verwalters**.[26] Ebenso endet es grundsätzlich mit dem Erlöschen der zum Verwalter bestellten juristischen Person. (Zur **Umwandlung oder Verschmelzung** siehe Rn 12.)

Die Beschlüsse einer Eigentümerversammlung, die von einem fehlerhaft bestellten Verwalter einberufen worden war, sind zwar nicht nichtig, aber anfechtbar.[27]

II. Mehrheitsbeschluss

Die Wohnungseigentümer entscheiden gemäß § 26 Abs. 1 S. 1 über die Bestellung des Verwalters durch einen Mehrheitsbeschluss. Ein Wohnungseigentümer, der zum **Verwalter** bestellt werden soll, **ist stimmberechtigt**.[28] Das Stimmrecht entfällt nicht dadurch, dass mit der Bestellung zugleich über den Abschluss des Verwaltervertrags beschlossen wird, denn der Schwerpunkt der Beschlussfassung liegt weiterhin in der Bestellung als Akt der Mitverwaltung.[29] Das Stimmübergewicht eines Wohnungseigentümers bei der Entscheidung über seine Bestellung zum Verwalter genügt allein noch nicht, um unter dem Gesichtspunkt einer Majorisierung einen Stimmrechtsmissbrauch zu begründen, der die abgegebenen Stimmen unwirksam machen würde.[30] Ein Mehrheitseigentümer darf auch mitstimmen, wenn der Abschluss eines Verwaltervertrages mit seiner Ehefrau gebilligt werden soll.[31] Der Beschluss über die erneute Bestellung einer GmbH zum Verwalter ist rechtsmissbräuchlich, wenn ihr Geschäftsführer, der gleichzeitig auch Geschäftsführer der Bauträgergesellschaft ist, die Beseitigung von Mängeln am Gemeinschaftseigentum gegenüber dieser nicht weiterverfolgt, so dass von vornherein nicht mit der Begründung eines unbelasteten, für die Tätigkeit des Verwalters erforderlichen Vertrauensverhältnisses zu den anderen Wohnungseigentümern zu rechnen ist.[32]

Die **relative Stimmenmehrheit genügt** auch dann **nicht**, wenn über mehrere Bewerber gleichzeitig abgestimmt wird.[33] Erforderlich und ausreichend ist stets die einfache Stimmenmehrheit der in der Versammlung anwesenden oder vertretenen Wohnungseigentümer, unabhängig davon, ob nach dem gesetzlichen Kopfprinzip (§ 25 Abs. 2), nach Miteigentumsanteilen oder nach Wohnungseinheiten abzustimmen ist. Eine Abweichung vom Kopfprinzip ist nicht verboten.[34] Unzulässig ist jedoch gemäß § 26 Abs. 1 S. 5 das Erfordernis einer qualifizierten Mehrheit.

Auswahl und Bestellung des Verwalters können nicht auf den Verwaltungsbeirat übertragen werden.[35] Zulässig ist aber eine Vorauswahl durch den Verwaltungsbeirat.[36] (Zur Bestellung des Verwalters in der Teilungserklärung siehe Rn 27.)

III. Anfechtung der Verwalterbestellung

Der Beschluss über die Bestellung des Verwalters ist ein organisationsrechtlicher Akt der Gemeinschaft, durch den zunächst nur die Person des Verwalters bestimmt wird. Es handelt sich um eine Angelegenheit der ordnungsgemäßen Verwaltung. Der Bestellungsbeschluss ist deshalb auf Antrag gemäß den §§ 23 Abs. 4, 43 Nr. 4 für ungültig zu erklären, wenn ein **wichtiger Grund** vorliegt, der **gegen die Bestellung dieses Verwalters** spricht.[37] Ein solcher Grund ist ebenso wie bei der Abberufung aus wichtigem Grund (vgl. dazu Rn 102 ff.) zu bejahen, wenn unter Berücksichtigung aller, nicht notwendig vom Verwalter verschuldeter Umstände nach Treu und Glauben eine Zusammenarbeit mit dem gewählten Verwalter unzumutbar und das erforderliche Vertrauensverhältnis von vornherein nicht zu erwarten ist.[38] Dies wird der Fall sein, wenn Umstände vorliegen, die den Gewählten als unfähig oder ungeeignet für das Amt erscheinen lassen. Ebenso wie das Vorliegen eines wichtigen Grundes die Wohnungseigentümer noch nicht ohne weiteres dazu verpflichtet, den Verwalter abzuberufen (vgl. dazu Rn 95), haben die Wohnungseigentümer auch bei der Bestellung des Verwalters, bei der sie eine Prognose darüber anstellen müssen, ob er das ihm anvertraute Amt ordnungsgemäß ausüben wird, einen entsprechenden Beurteilungsspielraum.[39] Die Bestellung des Verwalters widerspricht den Grundsätzen ordnungsmäßiger Verwaltung deshalb erst, wenn die Wohnungseigentümer ihren Beurteilungsspielraum überschreiten, wenn es also objektiv nicht mehr vertretbar erscheint, den Verwalter ungeachtet der gegen ihn sprechenden Umstände zu bestellen.[40] Dem entspricht im Ergebnis die Rechtsprechung, der zufolge das Gericht nicht gehalten ist, ohne zwingende Notwendigkeit in die Mehrheitsentscheidung der Wohnungseigen-

---

26 OLG München 34 Wx 89/07, ZWE 2008, 343.
27 OLG Stuttgart WE 1990, 106.
28 BGH V ZB 30/02, NZM 2002, 995, 999.
29 BGH V ZB 30/02, NZM 2002, 995, 999.
30 BGH V ZB 30/02, NZM 2002, 995, 1000.
31 OLG Saarbrücken 5 W 60/97, WuM 1998, 243, 245.
32 OLG Karlsruhe 14 Wx 41/06, ZMR 2008, 408.
33 BayObLG 2Z BR 85/02, ZMR 2004, 125, 126.
34 BayObLG 2Z BR 85/02, ZMR 2004, 125, 126.
35 LG Lübeck 7 T 69/85, DWE 1986, 64.
36 OLG Düsseldorf 3 Wx 202/01, ZWE 2002, 185 m. Anm. *Maroldt* S. 172.
37 BGH V ZR 190/11, MDR 2012, 955.
38 BGH V ZR 170/11, NZM 2012, 387 Tz 12.
39 BGH V ZR 190/11, MDR 2012, 955.
40 BGH V ZR 190/11, MDR 2012, 955.

tümer einzugreifen.⁴¹ Ein Grund gegen die Wiederbestellung eines Verwalters kann sich nur aus Tatsachen ergeben, die **im Zeitpunkt der Bestellung** bereits vorgelegen haben. Nach der Bestellung entstandene Gründe können nicht erfolgreich nachgeschoben werden.⁴² Kein wichtiger Grund, der gegen die Bestellung zum Verwalter spricht, kann darin gesehen werden, dass der neue Verwalter bisher nur Erfahrungen mit der Verwaltung eigener Immobilien hat.⁴³ Eine **getrennte Beschlussfassung** über die Bestellung des Verwalters und über den Verwaltervertrag ist jedenfalls dann nicht zu beanstanden, wenn die Wohnungseigentümer über den Abschluss des Verwaltervertrags selbst entscheiden und beide Beschlüsse in derselben Versammlung erörtern und fassen.⁴⁴

1. Fehlende Eignung

19 Als ungeeignet kann sich ein Verwalter erweisen, der **nicht neutral** ist und nicht gegenüber allen Wohnungseigentümern über soviel Autorität und Durchsetzungskraft verfügt, um zu erreichen, dass die unterschiedlichen Interessen zur Kenntnis genommen und abgewogen werden.⁴⁵ Die erneute Bestellung eines Verwalters, der in der Wohnanlage dafür geworben hat, bei Wohnungsverkäufen als **Makler** beauftragt zu werden, entspricht nicht ordnungsgemäßer Verwaltung, wenn der Verwalter gleichzeitig Veräußerungen gemäß § 12 zustimmen muss.⁴⁶ Ein Verwalter, von dessen Zustimmung gemäß § 12 die Gültigkeit des Wohnungsverkaufs abhängt, kann nicht Makler des Käufers sein.⁴⁷ Der Anspruch des (gewöhnlichen) WEG-Verwalters auf Entgelt für eine Wohnungsvermittlung ist nicht nach § 2 Abs. 2 S. 1 Nr. 2 WoVermG ausgeschlossen, weil er nach Sinn und Zweck nicht als Verwalter von Wohnräumen im Sinne dieser Vorschrift anzusehen ist.⁴⁸ Bei der Beurteilung der Frage, ob ein wichtiger Grund vorliegt, kann auch die vom Verwalter verlangte **Vergütung** eine Rolle spielen.⁴⁹ Die Wohnungseigentümer sind nach den Grundsätzen einer ordnungsmäßigen Verwaltung aber nicht verpflichtet, das preisgünstigste Angebot zu wählen. Sie dürfen deshalb einen aus der Sicht der Mehrheit bewährten Verwalter weiterbestellen, auch wenn er etwas teurer ist als ein neuer Verwalter.⁵⁰ Gleiches gilt für die höhere Vergütung einer neuen Verwaltung, die Zusatzqualifikationen oder Zusatzerfahrungen hat, es sei denn, die von dem ausgewählten Verwalter angebotenen Leistungen würden von den anderen Verwaltungsfirmen spürbar günstiger angeboten.⁵¹ Die Bestellung eines Verwalters, dessen Vergütung etwa 40 % über den Konkurrenzangeboten liegt, entspricht nur dann ordnungsmäßiger Verwaltung, wenn sachliche Gründe für die Bezahlung der höheren Vergütung vorhanden sind.⁵² Ein Verwalter, der eine in wesentlichen Punkten unrichtige **Versammlungsniederschrift** erstellt, ist in der Regel für die weitere Ausübung des Verwalteramtes ungeeignet.⁵³ Die **verspätete Fertigstellung des Protokolls** ist zwar pflichtwidrig, steht für sich genommen einer Wiederwahl des Verwalters aber nicht entgegen.⁵⁴ Wegen einer **getilgten Vorstrafe** des Verwalters kann nicht erfolgreich geltend gemacht werden, die Verwalterwahl verstoße gegen die Grundsätze ordnungsmäßiger Verwaltung.⁵⁵ (Zur erforderlichen **finanziellen Ausstattung** siehe Rn 9.) Die erneute Bestellung eines Verwalter entspricht nicht ordnungsgemäßer Verwaltung, wenn vom Gericht beanstandete **gravierende Defizite der Jahresabrechnung** nicht ausgeräumt hat⁵⁶ oder seiner Abrechnung einen **unrichtigen Verteilungsschlüssel** zugrunde gelegt hatte,⁵⁷ es sei denn, dies war dem Verwalter im konkreten Fall subjektiv nicht vorwerfbar.⁵⁸ Besteht die Wohnungseigentümergemeinschaft nur aus zwei Personen, kann sich ein wichtiger Grund gegen die Bestellung des Verwalters daraus ergeben, dass dieser in einem Beschlussanfechtungsverfahren als **anwaltlicher Vertreter** des anderen Wohnungseigentümers aufgetreten war.⁵⁹ Ein Verwalter, der sich bei der Vorbereitung einer Eigentümerversammlung und bei der Versammlungsleitung so von seinen Aversionen gegen einen Miteigentümer leiten lässt, dass elementare Mitwirkungsrechte unterlaufen werden und deshalb gefasste Beschlüsse nichtig sind, ist unabhängig davon, ob diese Aversionen berechtigt sind und ob diese von den anderen Miteigentümern geteilt werden, für die Verwaltung der betreffenden Wohnungseigentümergemeinschaft ungeeignet.⁶⁰ Ungeeignet ist auch ein Verwalter, wenn er einen häufig klagenden Wohnungseigentümer als **Querulanten** bezeichnet und zu befürchten ist, dass er auch berechtigten Anliegen des (vermeintlichen) Querulanten nicht objektiv nachgeht⁶¹ Von einem wichtigen Grund ist auch dann auszugehen, wenn der allein mit Stimmen der im Mietpool organisierten Wohnungseigentümer gewählte Verwalter in der be-

---

41 OLG Hamburg 2 Wx 145/01, ZMR 2005, 71/72; KG, 24 W 12/07, ZMR 2007, 801; LG Hamburg 318 S 180/10, ZMR 2011, 661, 662; LG Köln 29 S 194/10, ZMR 2011, 669; LG Hamburg 318 S 201/10, ZMR 2012, 385, 386.
42 BayObLG 2Z BR 77/00, NZM 2001, 104, 105; KG 24 W 12/07, ZMR 2007, 801.
43 BGH V ZR 170/11, NZM 2012, 387 Tz 13.
44 BGH V ZR 190/11, MDR 2012, 955.
45 OLG Hamm 15 W 109/00, NZM 2001, 297, 298; LG Hamburg 318 S 201/10, ZMR 2012, 385.
46 BayObLG 2Z BR 135/96, WuM 1997, 397.
47 BGH IV ZR 36/90, ZMR 1991, 71.
48 BGH III ZR 299/02, NZM 2003, 358.
49 BayObLG WE 1990, 111.
50 BGH V ZR 190/11, MDR 2012, 955; OLG Hamburg 2 Wx 145/01, ZMR 2005, 71, 72.
51 BGH V ZR 190/11, MDR 2012, 955.
52 OLG München 32 Wx 109/07, NZM 2007, 804.
53 BayObLG 2Z BR 135/03, NZM 2004, 108.
54 BayObLG 2Z BR 101/00, NZM 2001, 754, 757.
55 KG 24 W 4238/88, NJW-RR 1989, 842, 843.
56 OLG Düsseldorf 3 Wx 123/05, ZMR 2006, 144, 145.
57 OLG Köln WuM 1998, 1622.
58 BayObLG 2Z BR 135/03, NZM 2001, 754, 757.
59 BayObLG 2Z BR 115/00, ZMR 2001, 721.
60 OLG Köln 16 Wx 191/04, NZM 2005, 150.
61 LG Lüneburg 5 S 36/11, ZMR 2012, 133 [Zurückweisung der Berufung gegen AG Tostedt 5 C 119/10, ZMR 2011, 917].

nachbarten Wohnungseigentümergemeinschaft bereits **Mietpool-Wohnungseigentümer** zu Beschlussanfechtungen unter Kostenübernahme aufgefordert hat.[62, 63]

Die persönliche und fachliche Eignung eines Verwalters ist besonders kritisch zu prüfen, wenn ein Mehrheitseigentümer sein **absolutes Stimmübergewicht** für eine seinen Interessen einseitig verbundene Person (z.B. Ehefrau) einsetzt.[64] Es entspricht in der Regel nicht ordnungsmäßiger Verwaltung, wenn der Geschäftsführer und die Alleingesellschafterin einer GmbH, die über die Mehrheit der Stimmen verfügen, gegen den Willen der übrigen Wohnungseigentümer die GmbH zur Verwalterin bestellen.[65] Der Beschluss über die Wahl eines Verwalters kann auch deshalb für ungültig zu erklären sein, weil ein Wohnungseigentümer **rechtsmissbräuchlich** seine **Stimmenmehrheit** dazu ausgenutzt hat, der nach Köpfen weit überwiegenden Mehrheit der Wohnungseigentümer einen ihm genehmen Verwalter aufzuzwingen.[66] Der Mehrheitseigentümer missbraucht aber nicht automatisch sein Stimmrecht schon dann, wenn er sein Stimmenübergewicht einsetzt, um seine Ehefrau oder eine Vertrauensperson, mit der er wirtschaftlich eng verbunden ist, zur Verwalterin zu wählen. Es ist stets im Einzelfall zu prüfen, ob Umstände vorliegen, die das Ausnutzen einer Stimmenmehrheit als rechtsmissbräuchlich erscheinen lassen.[67]

2. Bestimmtheit des Beschlusses

Der Beschluss über die Bestellung des Verwalters muss **hinreichend bestimmt** sein (Person des Verwalters, Bestellungszeitraum) und auch die **wesentlichen Eckdaten** des Verwaltervertrags (Laufzeit, Höhe der Vergütung) festlegen,[68] anderenfalls ist der Beschluss anfechtbar. Das OLG Düsseldorf hat einen Beschluss, wonach der Verwalter „**auf der Grundlage der derzeit relevanten Geschäftsbedingungen**" erneut bestellt wurde, für ungültig erklärt, weil unklar und auch nicht durch den weiteren Inhalt des Versammlungsprotokolls bestimmbar sei, welches die „derzeit relevanten Geschäftsbedingungen" sein sollen.[69] Beschlüsse, die auch für Sondernachfolger Gültigkeit haben sollen, sind zwar wie eine Grundbucheintragung auszulegen und müssen deshalb aus sich heraus verständlich sein. Unklar ist nach dem vorgenannten Beschluss aber allenfalls der Inhalt des Verwaltervertrags. Dies muss sich nicht zwingend auch auf den organisationsrechtlichen Bestellungsakt auswirken (vgl. Rn 23). Aber auch der Inhalt des Verwaltervertrages erscheint hinreichend bestimmbar, da es ohne weiteres nahe liegend ist, dass die im Zeitpunkt der Beschlussfassung (2004) geltenden Vertragsbedingungen, die in dem schriftlichen Verwaltervertrag aus dem Jahr 1996 niedergelegt waren, fort gelten sollten, soweit nicht zwischenzeitlich durch Beschluss genehmigte und somit feststellbare Vertragsänderungen erfolgt sind.

3. Konkurrenzangebote

Die Einholung von Alternativangeboten anderer Verwalter und deren Übersendung an die Wohnungseigentümer ist nur bei einer Neubestellung, nicht aber bei der Wiederbestellung des amtierenden Verwalters erforderlich.[70] Etwas anderes gilt nur, wenn sich der Beurteilungssachverhalt verändert hat, so z.B., wenn die Verwaltung ihrer Aufgabe nicht mehr so effizient gerecht wird wie bisher, wenn sich das Verhältnis zwischen Verwaltung und Wohnungseigentümern aus anderen Gründen verschlechtert hat oder wenn Anhaltspunkte dafür bestehen, dass die von der bisherigen Verwaltung angebotenen Leistungen von anderen Verwaltungsfirmen spürbar günstiger angeboten werden.[71] Die Anzahl der Alternativangebote können die Wohnungseigentümer im Rahmen ihres Beurteilungsspielraums selbst festlegen; er ist nur überschritten, wenn der Zweck der Alternativangebote, den Wohnungseigentümern die Stärken und Schwächen der Leistungsangebote aufzuzeigen, verfehlt wird.[72] Eine rechtliche Verpflichtung, in der Eigentümerversammlung anwesende Bewerber um das Verwalteramt anzuhören, besteht nicht.[73]

4. Teilungültigkeit

Analog § 139 BGB bleibt der Bestellungsbeschluss trotz Ungültigkeit des Beschlusses betreffend den Abschluss des Verwaltervertrages ausnahmsweise gültig, wenn anzunehmen ist, dass die Verwalterbestellung auch ohne den für ungültig erklärten Teil beschlossen worden wäre. Maßgeblich ist, welche Entscheidung die Wohnungseigentümer bei Kenntnis der Teilungültigkeit nach Treu und Glauben und bei vernünftiger Abwägung aller maßgeblichen Umstände getroffen hätten, wobei auf den Zeitpunkt der Beschlussfassung abzustellen ist.[74]

---

62 AG Hamburg-Blankenese 539 C 2/08, ZMR 2008, 841.
63 Zur Abberufung des Verwalters wegen unzureichenden Ausgleich der Interessen von Mitgliedern eines Mietpools und anderen Eigentümern vgl. auch AG Dorsten 42 II 32/06, NZM 2008, 778.
64 OLG Düsseldorf 3 Wx 210/95, WuM 1995, 610; LG Hamburg 318 S 180/10, ZMR 2011, 661, 662.
65 BayObLG 2Z BR 46/96, WuM 1996, 648.
66 Vgl. dazu OLG Zweibrücken 3 W 72/89, ZMR 1990, 30, 32.
67 OLG Saarbrücken 5 W 60/97, WuM 1998, 243, 245.
68 OLG Hamm 15 W 66/02, NZM 2003, 486, 487.
69 OLG Düsseldorf 3 Wx 70/06, NZM 2007, 488.
70 BGH V ZR 96/10, ZMR 2011, 735 m.w.N.
71 BGH V ZR 96/10, ZMR 2011, 735.
72 BGH V ZR 190/11, MDR 2012, 955.
73 OLG München 32 Wx 109/07, NZM 2007, 804.
74 OLG Köln 16 Wx 232/06, ZMR 2008, 70.

5. Wirkung der Ungültigerklärung

24 Auch wenn der Beschluss über die Verwalterwahl angefochten wird, hat der Verwalter seinen vertraglichen Vergütungsanspruch solange, bis der Beschluss rechtskräftig für ungültig erklärt ist. Wird der Beschluss über die Verwalterbestellung rechtskräftig für unwirksam erklärt, so führt dies zum **Verlust der Verwalterstellung mit rückwirkender Kraft**.[75] Die in einer von ihm zwischenzeitlich einberufenen Versammlung gefassten Beschlüsse sind aber nicht deswegen unwirksam.[76] Auch der aufgrund des Bestellungsbeschlusses abgeschlossene **Verwaltervertrag** wird durch eine spätere gerichtliche Aufhebung des Eigentümerbeschlusses über die Verwalterbestellung nicht rückwirkend unwirksam.[77] Erst wenn die Wahl rechtskräftig für ungültig erklärt ist, entfallen vertragliche Ansprüche, denn der Vertragsabschluss ist dahingehend auszulegen, dass eine Rechtsbindung für die Zukunft erst eintritt, wenn der Beschluss über die Verwalterwahl bestandskräftig ist.[78] Die Geltendmachung von Vergütungsansprüchen kann aber rechtsmissbräuchlich sein, wenn der Verwalter es pflichtwidrig unterlässt, eine Eigentümerversammlung mit dem Ziel seiner Abberufung anzuberaumen.[79] Für die Zeit der Untersagung der Amtsausübung durch einstweilige Verfügung hat der Verwalter jedoch keinen Vergütungsanspruch.[80]

6. Erledigung der Hauptsache

25 Die Anfechtungsklage gegen die Verwalterbestellung, ist in der Hauptsache erledigt, wenn die Frist für die Bestellung abgelaufen ist. Das Rechtsschutzinteresse ist entfallen, weil die rückwirkende Beseitigung der Verwalterbestellung keine Auswirkungen hätte. Alle Rechtshandlungen des Verwalters während des Bestellungszeitraums bleiben nämlich wirksam und auch der Verwaltervertrag und die sich daraus ergebenden Vergütungsansprüche werden nicht rückwirkend beseitigt.[81]

7. Rechtsmittel des Verwalters

26 Wird der Bestellungsbeschluss für ungültig erklärt, ist der gemäß § 48 Abs. 1 S. 2 beizuladende **Verwalter** befugt, noch während des Laufs der Rechtsmittelfrist auf Seiten der Beklagten beizutreten und als streitgenössischer Nebenintervenient (§ 69 ZPO) selbstständig gegen diese Entscheidung **Rechtsmittel** einzulegen.[82]

IV. Bestellung in der Teilungserklärung

27 Der (erste) Verwalter kann auch schon in der Teilungserklärung bestellt werden.[83] Die Rechtsnatur der Verwalterbestellung in der Teilungserklärung ist umstritten.[84] Geht man von einem Vereinbarungscharakter aus, dann bedarf es grundsätzlich einer Eintragung in das Grundbuch um Erwerber zu binden (§ 10 Abs. 3) oder es müssen alle Erwerber dieser Vereinbarung beitreten.[85] Gesteht man dem teilenden Eigentümer die Rechtsmacht zu, den ersten Verwalter durch einen Entschluss zu bestellen, der ab Entstehen einer werdenden Wohnungseigentümergemeinschaft wie ein schriftlicher Beschluss zu behandeln ist,[86] dann sind die Erwerber in jedem Fall nach § 10 Abs. 4 gebunden.

28 Der teilende Eigentümer kann sich selbst oder einen ihm genehmen Dritten zum Verwalter bestellen. Beachtet die vom teilenden Eigentümer in der Teilungserklärung getroffene Verwalterbestellung die Vorgaben aus § 26 Abs. 1 S. 2 bis 4, dann hält die Bestellung grundsätzlich einer Inhaltskontrolle nach § 242 BGB stand.[87] Räumt die Teilungserklärung dem teilenden Eigentümer nur die Befugnis ein, den ersten Verwalter zu bestellen, ohne dass der Verwalter namentlich bestimmt wird, so endet diese Befugnis mit dem Entstehen einer werdenden Eigentümergemeinschaft.[88] (Zur werdenden Wohnungseigentümergemeinschaft siehe § 10 Rn 8.)

29 Die **Amtszeit** des in der Teilungserklärung bestellten ersten Verwalters darf nicht die Höchstdauer von 3 Jahren überschreiten. Eine Bestellung für einen längeren Zeitraum ist unwirksam, soweit sie 3 Jahre übersteigt. Sieht die Teilungserklärung vor, dass der Verwalter turnusmäßig alle drei Jahre nach der Ordnungszahl der Wohnungen wechselt, dann endet die Wirksamkeit dieser Regelung nach 5 Jahren. Die Wohnungseigentümer sollen spätestens nach 5 Jahren über die Person des Verwalters neu bestimmen können. Hieran wären sie gehindert, wenn durch das Turnusverfahren auf Jahre hinaus der Verwalter – wenn auch nicht länger als jeweils 3 Jahre – durch die Teilungserklärung festgelegt wäre.[89]

---

75 BayObLG BReg 2 Z 100/90, NJW-RR 1991, 531, 532 m.w.N.
76 Rechtsgedanke § 32 FGG; BGH V ZB 20/07, NJW 2007, 2776, Tz 9 m.w.N.
77 Vgl. BGH III ZR 248/95, NJW 1997, 2106.
78 KG 24 W 5042/89, NJW-RR 1990, 153, 154.
79 OLG München 34 Wx 28/06, NZM 2006, 631.
80 KG 24 W 6672/89, WuM 1991, 57.
81 Vgl. OLG Köln 16 Wx 64/04, NZM 2004, 625.
82 Vgl. *Briesemeister*, ZWE 1008, 416, 418; vgl. auch BGH V ZB 20/07, NJW 2007, 2776 [zur Rechtslage vor der WEG-Novelle 2007].
83 BGH V ZB 39/01, NJW 2002, 3240, 3244 m.w.N.; KG ZWE 2012, 96 m. insoweit zust. Anm. *Jacoby*; **a.A.** *Deckert*, FS Bub, S. 37; *Sauren* in Abramenko, Handbuch, § 7 Rn 6.
84 Siehe dazu *Wenzel*, FS Bub, 249, 250/251.
85 KG ZWE 2012, 96 m. zust. Anm. *Hogenschurz*, Info-M 2012, 68.
86 So *Wenzel*, FS Bub, 249, 268; *Jacoby*, ZWE 2012, 97.
87 BGH V ZB 39/01, NJW 2002, 3240, 3244.
88 BayObLG 2Z BR 142/93, WuM 1994, 506 = NJW-RR 1994, 784.
89 LG Freiburg 4 T 248/93, WuM 1994, 406; Soergel/*Stürner*, § 26 Rn 4; **a.A.** LG München II MittBay NotK 1978, 59.

Ebenfalls unwirksam ist die Bestellung unter einer Bedingung, etwa in der Weise, dass eine bestimmte Person an die Stelle des zunächst bestellten Verwalters treten soll, wenn 40 % der Wohnungen verkauft sind. Es soll keine Unklarheit darüber bestehen, wer Verwalter ist.[90] Unzulässig ist es auch, in der Teilungserklärung die Verwalterbestellung einem Dritten zu übertragen oder auf einen Personenkreis (z.B. Wohnungseigentümer) einzuschränken.[91] Auch ein in der Teilungserklärung bestellter Verwalter kann durch einen Mehrheitsbeschluss der Wohnungseigentümer abberufen werden.[92]

V. Höchstdauer der Bestellung

Ein Verwalter darf nicht auf eine längere Zeit als 5 Jahre bestellt werden, im Falle der ersten Bestellung nach der Begründung von Wohnungseigentum aber auf höchstens 3 Jahre (§ 26 Abs. 1 S. 2). Eine Bestellung für einen längeren Zeitraum ist nicht insgesamt nichtig, sie endet lediglich automatisch mit dem Ablauf der gesetzlichen Frist.[93] Wird ein Verwalter in der Teilungserklärung bestellt, so beginnt seine Bestellungszeit nicht erst mit rechtswirksamer Entstehung der Wohnungseigentümergemeinschaft, also mit der Eintragung unterschiedlicher Eigentümer für mindestens zwei Einheiten, sondern bereits mit der Entstehung einer werdenden Wohnungseigentümergemeinschaft.[94] (Zur werdenden Wohnungseigentümergemeinschaft siehe § 10 Rn 8 ff.) Wird der Verwalter durch Beschluss bestellt, ist der im Beschluss festgelegte Beginn des Bestellungszeitraums maßgebend.

Die Höchstdauer der Bestellung eines Verwalters war vor der WEG-Novelle 2007 einheitlich auf fünf Jahre begrenzt. Die Frist für die Verjährung von Mängelansprüchen bei neu errichteten Eigentumswohnungen beträgt ebenfalls fünf Jahre (§ 634a Abs. 1 Nr. 2 BGB). Da Bauträger bei der Begründung von Wohnungseigentum den ersten Verwalter in der Regel auf die Höchstdauer von fünf Jahren bestellten, barg der Gleichlauf der Bestellungsdauer mit der Verjährungsfrist die Gefahr von Interessenkonflikten. Deshalb ist die Bestellungsdauer für den (zeitlich) ersten Verwalter mit Wirkung ab 1.7.2007 auf höchstens drei Jahre beschränkt. Die Neuregelung des § 26 Abs. 1 S. 2 ist anwendbar auf die erstmalige Bestellung eines Verwalters, die nach diesem Zeitpunkt vorgenommen wird. Unberührt bleiben noch vor dem Inkrafttreten vorgenommene Bestellungen.

VI. Wiederwahl

Ein Verwalter kann wiederholt bestellt werden (§ 26 Abs. 2). Der Beschluss über die Wiederwahl darf frühestens 1 Jahr vor Ablauf der Bestellungszeit gefasst werden (§ 26 Abs. 2). Ein zuvor gefasster Beschluss ist nichtig, es sei denn, die neue Amtszeit beginnt sofort mit der Neubestellung, so dass die Wohnungseigentümer nicht länger als fünf Jahre nach Beschlussfassung gebunden sind.[95] Eine Verlängerung der Amtszeit ohne neuen Beschluss durch eine Verlängerungsklausel im Erstbeschluss oder in der Teilungserklärung ist unwirksam, soweit die Bestellungszeit insgesamt 5 Jahre übersteigt.[96] Die Bestellung wird also erst unwirksam, wenn der Fünfjahreszeitraum überschritten wird.[97] Soweit nicht besondere Umstände vorliegen, besteht grundsätzlich keine Pflicht des Verwalters, auf Verlangen eines Wohnungseigentümers die Frage der Neubestellung länger als ein Jahr vor Ablauf der Bestellungszeit auf die Tagesordnung einer Eigentümerversammlung zu setzen, denn dadurch würde eine Wiederwahl ausscheiden. Dem Interesse der Wohnungseigentümer, einen etwaigen Verwalterwechsel ohne zeitlichen Druck vorzubereiten, kann dadurch genügt werden, dass diese Frage ohne Beschlussfassung erörtert wird, was auch ohne Aufnahme in die Tagesordnung möglich ist.[98]

VII. Beschränkungen der Verwalterbestellung

Die Beschränkung der Bestellung auf eine Amtsdauer von höchstens 5 (3) Jahren (§ 26 Abs. 1 S. 2) ist die einzige vom Gesetzgeber zugelassene Beschränkung. Andere Beschränkungen sind gemäß § 26 Abs. 1 S. 5 unzulässig. Hierunter fallen sowohl Regelungen, die eine qualifizierte Mehrheit vorsehen, als auch Bestimmungen – sei es in der Teilungserklärung oder in einer schuldrechtlichen Vereinbarung –, die zur Bestellung eines bestimmten Verwalters verpflichten. Nichtig ist z.B. eine Bestimmung in der Gemeinschaftsordnung, dass die Neubestellung des Verwalters mit 3/4-Mehrheit erfolgt.[99] Sind laut Gemeinschaftsordnung alle Beschlüsse über die Verwaltung des gemeinschaftlichen Eigentums einstimmig zu fassen, dann gilt diese Regelung gemäß § 26 Abs. 1 S. 5 nicht für die Beschlüsse über die Bestellung und Abberufung des Verwalters.[100] Zulässig sind dagegen Regelungen, welche die Verwalter-

---

90 Vgl. KG 1 W 936/75, ZMR 1977, 347, OLGZ 1976, 266, 268 ff.
91 BayObLG 2Z BR 97/94, WuM 1995, 229.
92 Zum Abschluss des Verwaltervertrages im Fall der Bestellung in der Teilungserklärung siehe *Merle* in Bärmann, § 26 Rn 107 ff. und Staudinger/*Bub*, § 26 Rn 224.
93 OLG München 34 Wx 2/07 NZM 2007, 647.
94 *Merle* in Bärmann, § 26 Rn 51; **a.A.** KG 24 W 3464/90, WuM 1990, 467.
95 Vgl. OLG Zweibrücken 3 W 64/04, NZM 2005, 752; LG Itzehoe 11 S 9/11, ZWE 2012, 145; vgl. auch BGH III ZR 65/94, NJW-RR 1995, 780, 781 m.w.N.
96 OLG Frankfurt 20 W 871/83, OLGZ 1984, 257.
97 BayObLG 2Z BR 94/95, WuM 1996, 650, 651.
98 Vgl. dazu BayObLG BReg 2 Z 147/91, WuM 1992, 86.
99 BayObLG 2Z BR 88/93, WuM 1994, 230; BayObLG 2Z BR 49/95, WuM 1996, 497.
100 OLG Köln 16 Wx 105/03, NZM 2003, 685.

bestellung zugunsten der Wohnungseigentümer erleichtern. Dies gilt nicht für eine Vereinbarung, wonach die Bestellung eines Verwalters immer nur für 3 Jahre erfolgt, weil dadurch eine Bestellung für 4 oder 5 Jahre ausgeschlossen würde.[101] Zulässig ist dagegen die Vereinbarung der Erleichterung, dass eine nur relative Mehrheit für die Bestellung genügt.[102]

35 § 26 Abs. 1 S. 5 steht einer vom gesetzlichen Kopfprinzip (§ 25 Abs. 2 S. 1) abweichenden **Vereinbarung des Objektprinzips** (jeder Eigentümer hat für jede in seinem Eigentum stehende Einheit eine Stimme) oder des **Wert- bzw. Anteilsstimmrechts** (Stimmrecht nach der Größe der Miteigentumsanteile) nicht entgegen.[103] § 26 Abs. 1 S. 1 schreibt lediglich das Mehrheitsprinzip als solches fest, so dass die Bestellung oder Abberufung des Verwalters nicht durch Vereinbarung etwa von dem Erreichen einer qualifizierten Mehrheit oder von einem einstimmigen Beschluss abhängig gemacht werden kann; der Regelungsgehalt erstreckt sich jedoch nicht auf die Frage, ob die erforderliche Mehrheit nach Köpfen, Objekten oder Miteigentumsanteilen zusammengesetzt sein muss.[104]

C. Verwaltervertrag

36 Vertragspartner des Verwaltervertrags sind der Verwalter und die Wohnungseigentümergemeinschaft als Verband.[105] Es handelt sich jedoch zugleich – soweit der Vertrag Pflichten ausgestaltet, die ihm auch gegenüber den einzelnen Wohnungseigentümer obliegen – um einen Vertrag zugunsten der Wohnungseigentümer als Dritten,[106] jedenfalls aber mit Schutzwirkungen zugunsten der Wohnungseigentümer.[107] Streitigkeiten zwischen Wohnungseigentümern und Verwalter oder zwischen Wohnungseigentümergemeinschaft und Verwalter über den Verwaltervertrag und die sich aus ihm ergebenden Rechte und Pflichten sind vor dem gemäß § 43 Nr. 3 zuständigen Gericht auszutragen (vgl. dazu § 43 Rn 71).

37 Der Abschluss eines Verwaltervertrags ist nicht Voraussetzung für die Begründung der Amtsstellung des Verwalters (siehe oben Rn 6). Ohne Verwaltervertrag hat der Bestellte allerdings keinen Anspruch auf angemessene Vergütung, sondern nur an Anspruch auf Aufwendungsersatz. Dieser Aufwendungsersatzanspruch ist keiner aus Geschäftsführung ohne Auftrag, denn der Verwalter ist aufgrund des Bestellungsbeschlusses zu der Geschäftsbesorgung berechtigt. Der Anspruch auf Ersatz der tatsächlichen Aufwendungen ergibt sich aus der analogen Anwendung der §§ 27 Abs. 3 WEG, 670, 713 BGB.[108] Führt ein Wohnungseigentümer in einer verwalterlosen Zeit einzelne Verwaltungsmaßnahmen durch, kann es im Einzelfall ordnungsgemäßer Verwaltung entsprechen, wenn ihm die Wohnungseigentümer nachträglich einen pauschalen Aufwendungsersatz zubilligen.[109] Der Verwaltervertrag sollte eine **Bindung** des **Verwalters an die** Bestimmungen der **Gemeinschaftsordnung** ausdrücklich vorsehen, obwohl der Verwalter an die bestehenden Vereinbarungen ohnehin gebunden ist.[110] Ob die Wohnungseigentümer durch Vereinbarungen nach Abschluss des Verwaltervertrags in die Rechtsstellung des Verwalters eingreifen können[111] erscheint zweifelhaft. Auch aus § 27 Abs. 3 Nr. 7 wird man dies nicht ableiten können,[112] denn gegen seinen Willen kann der Verwalter z.B. nicht zum Prozessbevollmächtigten bestellt werden.

I. Vertragsabschluss

38 Der Verwaltervertrag kann wie sonstige Verträge auf verschiedene Weise durch Angebot und Annahme zustande kommen. Der Verwaltervertrag kann formfrei geschlossen werden. Ist vereinbart, dass der Vertrag schriftlich geschlossen wird, so kommt er erst zustande mit der Errichtung der privatschriftlichen Vertragsurkunde (§§ 126, 127, 154 Abs. 2 BGB). Soll der Vertrag schriftlich geschlossen werden, so ist dies aber regelmäßig dahin auszulegen, dass die Schriftform nur Beweiszwecken dienen soll.[113] Da § 154 Abs. 2 BGB nur eine Auslegungsregel enthält, ist er in diesem Fall nicht anzuwenden.[114] Der Verwaltervertrag kommt deshalb in der Regel schon vor der Unterzeichnung der privatschriftlichen Vertragsurkunde zustande.[115] Das Vertragsverhältnis entsteht zur Wohnungseigentümergemeinschaft als Verband (siehe Rn 36). Der **Mehrheitsbeschluss,** einen bestimmten Verwaltervertrag abschließen zu wollen, ist nicht nur das Ergebnis der Willensbildung, sondern **enthält zugleich die auf Abschluss des Vertrages gerichtete Willenserklärung** der Wohnungseigentümergemeinschaft als Verband, die lediglich noch des Zugangs bedarf.[116]

1. Vertragsangebot durch den Bestellungsbeschluss

39 Unterbreiten die Wohnungseigentümer dem Verwalter als Teil des Bestellungsbeschlusses das Angebot zum Abschluss eines konkreten Verwaltervertrags, so kommt dieser Vertrag stillschweigend dadurch zustande, dass der Ge-

---

101 OLG Düsseldorf 3 Wx 118/07, ZWE 2008, 52; *Merle* in Bärmann, § 26 Rn 81.
102 *Merle* in Bärmann, § 26 Rn 82.
103 BGH V ZR 253/10, ZWE 2012, 80.
104 BGH V ZR 253/10, ZWE 2012, 80.
105 BGH V ZB 134/11, ZWE 2012, 128; OLG Hamm 15 W 109/05, NZM 2006, 632; *Hadding*, ZWE 2012, 61, 63.
106 *Abramenko*, ZMR 2006, 6, 7; *Häublein*, ZWE 2008, 80, 84.
107 Vgl. OLG Frankfurt 20 W 169/07, ZWE 2008, 470 m.w.N.
108 *Striewski*, ZWE 2001, 8, 11; *Wenzel*, ZWE 2001, 510, 512.
109 BayObLG ZMR 2003, 694.
110 *Merle*, ZWE 2001, 145.
111 So *Merle*, ZWE 2001, 145.
112 So aber *Merle*, ZWE 2006, 365, 369.
113 Staudinger/*Bub*, § 26 Rn 212.
114 Vgl. etwa Soergel/*M Wolf*, § 154 BGB Rn 14.
115 BayObLG 2Z BR 98/96, WuM 1997, 396.
116 *Greiner*, ZWE 2008, 454; *Merle*, in Bärmann, § 26 Rn 96; **a.A.** *Jacoby*, ZWE 2008, 327; *Hügel*, ZMR 2008, 1, 4.

wählte die Bestellung annimmt, sei es mündlich, schriftlich oder konkludent durch Aufnahme seiner Tätigkeit.[117] Etwas anderes gilt nur dann, wenn der Verwalter eine entgegenstehende Erklärung abgibt. Der Bestellungsbeschluss der Wohnungseigentümer enthält auch dann zugleich ein Angebot zum Abschluss eines Verwaltervertrages, wenn bei der Bestellung kein konkreter Vertrag ins Auge gefasst ist. Der Verwaltervertrag kommt auch in diesem Fall stillschweigend durch die Annahme der Bestellung zustande.[118] Der Inhalt des Vertrages richtet sich dann nach den gesetzlichen Bestimmungen, soweit der Bestellungsbeschluss keine Regelungen vorgibt. Durch Auslegung ist zu ermitteln, ob es sich um einen unentgeltlichen Auftrag (§ 662 BGB) oder um einen Dienstvertrag handelt, der eine Geschäftsbesorgung zum Gegenstand hat (§§ 611, 675 BGB). Im letzteren Fall schuldet die Eigentümergemeinschaft dem Verwalter die übliche Vergütung (§ 612 Abs. 1 u 2 BGB).

2. Vertragsannahme durch den Bestellungsbeschluss

Hat der Verwalter vor seiner Bestellung ein bestimmtes Angebot gemacht, so wird dieses durch den Bestellungsbeschluss angenommen, auch wenn dies nicht ausdrücklich verlautbart wird.[119] **40**

3. Vertragsschluss nach Verwalterbestellung

Haben die Wohnungseigentümer oder der Verwalter vor der Bestellung ausdrücklich klargestellt, dass zusätzlich zum Bestellungsbeschluss ein Verwaltervertrag abgeschlossen werden soll, dessen Vertragsbedingungen im Zeitpunkt des Bestellungsbeschlusses aber noch nicht feststehen, so muss der Inhalt des Vertrages zunächst ausgehandelt werden. Unterbleibt aus irgendwelchen Gründen ein ausdrücklicher Vertragsabschluss, kann im Einzelfall ein Verwaltervertrag stillschweigend zustande kommen, wenn der Gewählte über einen längeren Zeitraum die Leistungen eines Verwalters erbringt, ohne dass der noch fehlende Abschluss des Vertrages beanstandet wird.[120] **41**

Für den nachträglichen Abschluss des Verwaltervertrags kommen mehrere Möglichkeiten in Betracht. Rechtlich am sichersten ist es, wenn die Wohnungseigentümergemeinschaft durch Beschluss einen oder mehrere Wohnungseigentümer damit beauftragt, mit dem Verwalter zu verhandeln, damit dieser einen dem Verhandlungsergebnis entsprechenden Vertrag anbietet, dem die Mehrheit der Wohnungseigentümer dann durch Beschluss zustimmt.[121] Bei diesem Beschluss hat ein Wohnungseigentümer, der zum Verwalter bestellt wurde, kein Stimmrecht (§ 25 Abs. 5), weil es hier um den Abschluss eines Rechtsgeschäfts geht. Ein Wohnungseigentümer darf aber mitstimmen, wenn der Abschluss eines Verwaltervertrages mit seiner Ehefrau gebilligt werden soll.[122] Die Wohnungseigentümer können gemäß **§ 27 Abs. 3 S. 3** durch Beschluss festlegen, dass die Entgegennahme des Vertragsangebotes auch dann durch den Verhandlungsführer erfolgen kann, wenn ein Verwalter vorhanden ist.[123] Der Verwalter ist nach § 27 Abs. 3 Nr. 1, Abs. 4 zwar unabdingbar berechtigt, Willenserklärungen mit Wirkung für und gegen die Wohnungseigentümer entgegenzunehmen. Es kann deshalb nicht ausgeschlossen werden, dass das Angebot zu Händen des amtierenden Verwalters erfolgt. Ein zusätzlicher Empfangsberechtigter kann aber wirksam bestellt werden. **42**

Weil die Abstimmung über den ausgehandelten Verwaltervertrag eine zusätzliche Eigentümerversammlung erfordern würde, werden **Aushandeln und Abschluss des Vertrages** oft durch Mehrheitsbeschluss auf einen Wohnungseigentümer oder den Verwaltungsbeirat **delegiert**. Die Ermächtigung eines Wohnungseigentümers zum Vertragsabschluss hat ihre Grundlage in § 27 Abs. 3 S. 3. Die Ermächtigung muss nicht zeitgleich mit dem Bestellungsbeschluss erfolgen, sondern kann auch nachgeholt werden.[124] Es ist **streitig**, ob und in welchem Umfang die Festlegung des Vertragsinhalts wirksam delegiert werden darf. **43**

Jedenfalls dann, wenn mit der Vertragsdauer und der Grundvergütung die **wesentlichen Eckdaten** durch den Bestellungsbeschluss **bestimmt** sind, kann die Festlegung der übrigen Einzelheiten des Verwaltervertrages delegiert werden.[125] **44**

Sind dagegen die wesentlichen **Eckdaten** des Verwaltervertrags **nicht festgelegt**, kann die Bevollmächtigung zum Aushandeln und Abschluss des Vertrags nur durch Vereinbarung, nicht durch Mehrheitsbeschluss erfolgen, denn auch das Aushandeln und der Abschluss des Verwaltervertrages gehören gemäß § 26 zu den ureigensten Aufgaben der Eigentümerversammlung.[126] **45**

---

117 Staudinger/*Bub*, § 26 Rn 210.
118 BGH VII ZR 328/79, NJW 1980, 2466, 2468; OLG Hamm 15 W 174/96, ZMR 1997, 94, 95; BayObLG 2Z BR 98/96, WuM 1997, 396.
119 BayObLG BReg 2 Z 25/74, BayObLGZ 1974, 305, 310; BayObLG BReg 2 Z 8/90, WuM 1990, 236; Staudinger/*Bub*, § 26 Rn 210; *Merle* in Bärmann, § 26 Rn 96.
120 BayObLG WE 1988, 31; Staudinger/*Bub*, § 26 Rn 217.
121 Staudinger/*Bub*, § 26 Rn 210.
122 OLG Saarbrücken 5 W 60/97, WuM 1998, 243, 245.
123 Ebenso *Abramenko* in Riecke/Schmid, § 26 Rn 40; *Hadding*, ZWE 2012, 61, 63; **a.A.** Staudinger/*Bub*, § 26 Rn 209, 218.
124 AG Hamburg-Blankenese 539 C 27/08, ZMR 2009, 643.
125 OLG Düsseldorf 3 Wx 221/97, WuM 1998, 50, 52 m.w.N.; OLG Köln 16 Wx 115/01, NZM 2001, 991; OLG Hamburg 2 Wx 112/02, ZMR 2003, 864; AG Saarbrücken 1 WEG C 7/08, ZMR 2009, 560; *Gottschalg*, ZWE 2000, 50, 54.
126 Ebenso OLG Düsseldorf 3 Wx 221/97, WuM 1998, 50, 52 m.w.N.; OLG Hamm 15 W 66/02, NZM 2003, 486; OLG Hamburg 2 Wx 147/00, ZMR 2003, 776; *Merle* in Bärmann, § 26 Rn 100; Staudinger/*Bub*, § 26 Rn 219; *Jenißen* in Jenißen, § 26 Rn 83; **a.A.** OLG Köln 16 Wx 135/02, NZM 2002, 1002; *Schmidt*, ZWE 2001, 137, 140;

46 Die Übertragung durch Mehrheitsbeschluss ist aber jedenfalls dann wirksam, wenn der **Beschluss bestandkräftig** geworden ist.[127] Die Erteilung der Vollmacht zum Aushandeln eines Verwaltervertrags regelt ausschließlich den konkreten Einzelfall. Der Beschluss strebt keine Abänderung der Rechtslage für die Zukunft an. Es handelt sich deshalb allenfalls um einen gesetzes- oder vereinbarungswidrigen Beschluss, der bestandskräftig werden kann. Der Beschluss ist auch nicht gemäß § 27 Abs. 4 WEG, § 134 BGB nichtig, wenn ein amtierender Verwalter vorhanden ist und es nicht um die erneute Bestellung dieses Verwalters geht.[128] Das unabdingbare Recht des Verwalters die Beschlüsse der Wohnungseigentümer durchzuführen (§ 27 Abs. 1 Nr. 1) besteht nur insoweit, als der Beschluss seinem Inhalt nach der Durchführung bedarf. Dies ist nicht der Fall bei einem Beschluss, der sich darauf beschränkt, eine Vollmacht zu erteilen. Anderenfalls wären die Wohnungseigentümer auch gehindert, einem Rechtsanwalt unmittelbar durch Beschluss den Auftrag zu erteilen, Wohngeldansprüche der Wohnungseigentümer geltend zu machen. Der amtierende Verwalter hat gemäß § 27 Abs. 1 Nr. 1 nur dann den Verwaltervertrag mit seinem Nachfolger auszuhandeln, wenn die Wohnungseigentümer ihn damit beauftragen.

4. Umfang einer Abschlussvollmacht

47 Ist der Verwaltungsbeirat ermächtigt, den Inhalt des Verwaltervertrages auszuhandeln, stellt sich die Frage nach den Grenzen einer solchen Vollmacht. Maßgeblich ist insofern der Inhalt des Ermächtigungsbeschlusses. Ist die Ermächtigung mit der Einschränkung versehen, dass bestimmte Eckdaten (Vertragslaufzeit, Vergütung) zu beachten sind, ist insoweit auch die Vertretungsmacht nach außen eingeschränkt.[129] Der Umfang einer nicht näher bestimmten Ermächtigung des Verwaltungsbeirats zum Aushandeln des Verwaltervertrages ist dahin auszulegen, dass sie auf den **Abschluss eines Vertrages** beschränkt ist, **der ordnungsgemäßer Verwaltung entspricht**.[130]

48 Überschreitet der Verwaltungsbeirat die Grenzen seiner Vollmacht, handelt er als vollmachtloser Vertreter (§ 177 BGB). Der Verwaltervertrag wird insoweit nur wirksam, wenn die Wohnungseigentümer die Überschreitung genehmigen.[131] Allerdings ist nicht der gesamte Verwaltervertrag unwirksam, wenn für einzelne Klauseln die Vollmacht fehlte.[132]

49 Der Verwaltungsbeirat kann grundsätzlich als ermächtigt angesehen werden, für über die Regelleistungen des Verwalters hinausgehende Zusatzleistungen **Sondervergütungen** vertraglich festzulegen (siehe dazu Rn 75 ff.).

50 Ob eine Sondervergütung für die Durchführung außerordentlicher **Eigentümerversammlungen** durch den Verwaltungsbeirat vereinbart werden darf, hängt davon ab, ob bei der Vereinbarung der Grundvergütung klargestellt war, dass diese nur die Durchführung einer Eigentümerversammlung umfasst.[133]

51 Im Rahmen ordnungsgemäßer Verwaltung kann der Verwaltungsbeirat auch Vereinbarungen über die Pauschalierung von **Aufwendungsersatz** des Verwalters treffen (siehe Rn 80).

52 Die Einräumung einer **Verwaltervollmacht,** die der Grundsatz ordnungsgemäßer Verwaltung gebietet (siehe Rn 67), kann auch durch einen Beauftragten zum Vertragsinhalt gemacht werden. Insbesondere aus Gründen der Transparenz erscheint es jedoch vorzugswürdig, Verwaltervollmachten durch gesonderten Beschluss zu begründen.[134]

53 Scheitert die wirksame Vereinbarung von **Haftungsbeschränkungen** zugunsten des Verwalters nicht schon an den Vorschriften der §§ 305 ff. BGB (siehe Rn 65), muss jedenfalls der Verwaltungsbeirat konkret durch Beschluss bevollmächtigt werden, derartige Regelungen zu vereinbaren.[135]

54 Soll das **Gemeinschaftsverhältnis** der Wohnungseigentümer über den Verwaltervertrag geregelt werden (siehe dazu Rn 68), ist eine Vollmacht erforderlich, die ausdrücklich zur Vereinbarung der entsprechenden Klausel ermächtigt.

II. Rechtsnatur des Vertrages

1. Anwendung von Auftragsrecht

55 Der Verwaltervertrag kann ein unentgeltlicher Auftrag i.S.d. §§ 662 ff. BGB sein. In der Regel wird es sich aber um einen entgeltlichen Dienstvertrag handeln, auf den jedoch, weil er eine Geschäftsbesorgung zum Gegenstand hat, gemäß § 675 BGB ebenfalls wichtige Vorschriften des Auftragsrechts Anwendung finden. Gemäß § 665 BGB ist der Verwalter berechtigt, von den Weisungen der Wohnungseigentümer, also insbesondere von Beschlüssen, abzuweichen, wenn er nach den Umständen annehmen darf, dass diese bei Kenntnis der Sachlage die Abweichung billigen würden. Er hat aber – soweit nicht durch den Aufschub Gefahr droht – die Wohnungseigentümer von seiner Absicht

---

127 OLG Köln 16 Wx 115/01, NZM 2001, 991; OLG Köln 16 Wx 135/02, NZM 2002, 1002; OLG Frankfurt 20 W 169/07, ZWE 2008, 470, 473 m.w.N.; *Bielefeld*, DWE 2001, 129, 131; *Häublein*, ZMR 2003, 231, 239.
128 **A.A.** Staudinger/*Bub*, § 26 Rn 221.
129 *Hügel*, ZMR 2008, 1, 5.
130 OLG Frankfurt 20 W 169/07, ZWE 2008, 470, 477 m.w.N.; Palandt/*Bassenge*, § 26 Rn 14; **a.A.** *Hügel*, ZMR 2008, 1,

5: ohne eine Einschränkung im Ermächtigungsbeschluss nach außen unbeschränkte Vollmacht.
131 AG Lahr WE 1992, 320; Staudinger/*Bub*, § 26 Rn 222.
132 OLG Hamm 15 W 133/00, NZM 2001, 49, 51.
133 OLG Hamm 15 W 133/00, NZM 2001, 49, 52.
134 *Jacoby*, FS Merle (2010), S. 181, 190.
135 OLG Hamm 15 W 133/00, NZM 2001, 49, 53; OLG Frankfurt 20 W 169/07, ZWE 2008, 470, 478; *Gottschalg*, Rn 369.

zu informieren und ihre Entschließung abzuwarten. Der Verwalter ist den Wohnungseigentümern zur Auskunft und Rechenschaft verpflichtet (§ 666 BGB). Er hat alles, was er zur Ausführung des Auftrages erhält und was er durch die Ausführung der Geschäftsbesorgung erlangt, den Wohnungseigentümern herauszugeben (§ 667 BGB). Die Wohnungseigentümer sind verpflichtet, dem Verwalter für die zu seiner Tätigkeit erforderlichen Aufwendungen Vorschuss zu leisten (§ 669 BGB). Der Verwalter hat Anspruch auf Ersatz seiner Aufwendungen durch die Wohnungseigentümer (§ 670 BGB).

Neben den Vorschriften des BGB über den Geschäftsbesorgungsvertrag regeln die §§ 27, 28 die Rechte und Pflichten des Verwalters gegenüber den Wohnungseigentümern. Im Übrigen ist es Sache der Vertragsparteien, diese im Verwaltervertrag im Einzelnen festzulegen. **56**

2. Kontrolle von Formularverträgen

Sofern der Verwalter den Wohnungseigentümern einen zur mehrfachen Verwendung **vorformulierten Vertrag** anbietet, den die Wohnungseigentümer, ohne ihn im Einzelnen auszuhandeln, durch den Bestellungsbeschluss annehmen, unterliegt der Verwaltervertrag der Inhaltskontrolle nach §§ 305 ff. BGB.[136] Ein Eigentümerbeschluss, der einen Verwaltervertrag billigt, der gegen die §§ 305 ff. BGB oder die Gemeinschaftsordnung verstößt, entspricht nicht dem Grundsatz ordnungsmäßiger Verwaltung.[137] **57**

Ein Verstoß gegen § 308 Nr. 6 BGB liegt vor, wenn der Verwaltervertrag vorsieht, dass eine **Ladung zur Eigentümerversammlung** wirksam ist, wenn sie an die letzte dem Verwalter bekannte Anschrift gerichtet ist.[138] Wenn der Verwalter vom Selbstkontrahierungsverbot des **§ 181 BGB** befreit wird, verstößt dies gegen § 307 Abs. 1, Abs. 2 Nr. 2 BGB.[139] Die Wohnungseigentümer können den Verwalter aber individualvertraglich vom Verbot des Selbstkontrahierens befreien.[140] Darf der Verwalter auf Kosten der Wohnungseigentümergemeinschaft Sonderfachleute beauftragen, ohne dass die Voraussetzungen klar umrissen sind verstößt dies gegen § 307 Abs. 1 S. 2 BGB.[141] Wenn der Verwalter nur zur Abhaltung einer einzigen **Eigentümerversammlung** pro Wirtschaftsjahr als Grundleistung verpflichtet ist, ohne klarzustellen, dass der Verwalter für eine von ihm verschuldete weitere Versammlung keine zusätzliche Vergütung beanspruchen kann verstößt dies gegen § 307 Abs. 1 S. 1 BGB.[142] (Zu Haftungsbeschränkungen und Verjährungsverkürzungen siehe Rn 65. Zu Regelungen über Instandsetzungsmaßnahmen siehe Rn 59.) **58**

III. Einzelne Regelungen des Verwaltervertrags

1. Instandsetzungsmaßnahmen

Gemäß § 27 Abs. 3 S. 1 Nr. 3 ist der Verwalter zur Vornahme der laufenden Maßnahmen der erforderlichen ordnungsmäßigen Instandhaltung und Instandsetzung gemäß § 27 Abs. 1 Nr. 2 ermächtigt. Auch ohne einen Eigentümerbeschluss darf er danach die **laufenden Reparaturen bzw. Maßnahmen geringeren Umfangs**, die der Instandsetzung des gemeinschaftlichen Eigentums dienen, als gesetzlicher Vertreter der Wohnungseigentümergemeinschaft in Auftrag zu geben (siehe § 27 Rn 30). Eine Vertragsbestimmung, wonach der Verwalter berechtigt ist, die laufenden Instandhaltungs- und Instandsetzungsmaßnahmen zu veranlassen, ist daher nicht zu beanstanden.[143] Grundsätzlich sollten aus Gründen der Transparenz Verwaltervollmachten durch gesonderten Beschluss begründet werden.[144] Auch ein Beschluss, wonach kleine Reparaturen bis zu einem Betrag von 2.500 EUR netto pro Maßnahme keinen besonderen Eigentümerbeschluss erfordern, dürfte noch konform zum Anwendungsbereich des § 27 Abs. 3 S. 1 Nr. 3 sein.[145] Die Befugnis des § 27 Abs. 3 S. 1 Nr. 3 darf umgekehrt durch eine Vereinbarung der Wohnungseigentümer nicht eingeschränkt werden (§ 27 Abs. 4). Dies gilt auch für Einschränkungen durch den Verwaltervertrag.[146] Eine Vertragsbestimmung die differenziert regelt, welche Instandhaltungsmaßnahmen der Verwalter eigenständig durchführen darf, für welche er der Zustimmung des Verwaltungsbeirats bedarf und welche einen Mehrheitsbeschluss der Wohnungseigentümer erfordern, ist daher nur wirksam, soweit sie die gesetzliche Vertretungsbefugnis aus § 27 Abs. 3 S. 1 Nr. 3 nicht einschränkt. Streitig ist, ob Regelungen, die nur die Geschäftsführungsbefugnis im Innenverhältnis einschränken, wirksam sind.[147] Sieht man den Sinn von § 27 Abs. 4 darin, die Handlungsfähigkeit der Wohnungseigentümergemeinschaft zu gewährleisten,[148] dann besteht mit Blick auf die Schwierigkeiten, den Anwen- **59**

---

136 Zu Beispielen der Inhaltskontrolle von Verwalterverträgen siehe *Furmans*, DWE 2002, 77 und *Gottschalg*, DWE 2003, 41.
137 BayObLG BReg 2 Z 40/90, WuM 1991, 312, 313.
138 OLG München 34 Wx 46/07, ZMR 2009, 64, 65.
139 OLG Düsseldorf 3 Wx 51/06, NZM 2006, 936, 937; OLG Karlsruhe 11 Wx 40/06, zitiert nach juris Rn 17; OLG München 34 Wx 46/07, ZMR 2009, 64, 66; **a.A.** AG Hamburg-Altona 303C C 27/09, ZMR 2011, 71,72.
140 Ebenso OLG Karlsruhe 11 Wx 40/06, zitiert nach juris Rn 33; *Merle* in Bärmann, § 27 Rn 100.
141 OLG Düsseldorf 3 Wx 51/06, NZM 2006, 936, 937.
142 OLG Düsseldorf wie vor; OLG München 34 Wx 46/07, ZMR 2009, 64, 67.
143 Vgl. aber zur Rechtslage vor der WEG-Novelle 2007 noch OLG München 34 Wx 46/07, ZMR 2009, 64, 66.
144 *Jacoby*, FS Merle (2010), S. 181 190.
145 **A.A.** wohl AG Recklinghausen 90 C 31/08, NZM 2009, 521: Obergrenze von insgesamt 2.500 EUR im Wirtschaftsjahr dürfe nicht überschritten werden.
146 *Merle* in Bärmann, § 27 Rn 283; *ders.*, ZWE 2010, 2, 8.
147 So *Häublein*, ZWE 2009, 189, 195; **a.A.** *Merle*, ZWE 2010, 2, 6.
148 So etwa *Merle*, ZWE 2010, 2, 3.

dungsbereich von § 27 Abs. 3 S. 1 Nr. 3 zuverlässig abzugrenzen (siehe § 27 Rn 31) die Gefahr, dass Verwalter eine Überschreitung ihrer Geschäftsführungsbefugnis befürchten und gar nicht ohne einen Beschluss tätig werden. Die daraus sich ergebende faktische Gefährdung des Handlungsfähigkeit der Wohnungseigentümergemeinschaft rechtfertigt es, zur Konkretisierung des Anwendungsbereichs von § 27 Abs. 3 S. 1 Nr. 3 im Verwaltervertrag zu regeln, für welche Maßnahmen und bis zu welchem Betrag der Verwalter auf jedem Fall geschäftsführungsbefugt sein soll. Zulässig sind auch Ergänzungen und Erweiterungen der Vertretungsbefugnis im Außenverhältnis. Für eine über die gesetzliche Regelung hinausgehende Kompetenzverlagerung auf den Verwalter dürfte aber wohl kein Bedarf mehr bestehen. In jedem Fall muss aber das finanzielle Risiko einer solchen Regelung für die einzelnen Wohnungseigentümer überschaubar sein, so dass es entweder einer gegenständlichen Beschränkung, einer Budgetierung oder einer Begrenzung der Höhe nach bedarf.[149] Die Befürchtung der Verwalter könnte die Regelungen zur Begrenzung der Höhe umgehen, indem Großaufträge in mehrere Aufträge zerstückelt werden, steht einer Kompetenzverlagerung auf den Verwalter nicht entgegen. Ein solches Verhalten wäre durch den Verwaltervertrag nicht gedeckt, sondern würde eine Pflichtverletzung des Verwalters darstellen, die Schadensersatzansprüche begründen könnte.

60 Bestimmt die Gemeinschaftsordnung, dass der Verwalter grundsätzlich, also über die laufenden Maßnahmen hinaus, für die Vergabe von Instandsetzungsmaßnahmen keiner Zustimmung bedarf, können die Wohnungseigentümer gleichwohl mit dem Verwaltervertrag eine individuelle Sonderbeziehung zum Verwalter eingehen, die für die Vergabe von Aufträgen zu Maßnahmen, die ein bestimmten Volumen überschreiten, die Zustimmung des Verwaltungsbeirats oder der Eigentümerversammlung verlangt. Hierdurch wird das Verhältnis der Wohnungseigentümer untereinander nämlich nur mittelbar betroffen, ohne dass die Regelungen der Teilungserklärung über die Grundordnung des Gemeinschaftsverhältnisses abgeändert werden. Die Beschlusskompetenz der Wohnungseigentümer ist daher gegeben. Ob der Beschluss rechtmäßig ist, hängt allein davon ab, ob er ordnungsgemäßer Verwaltung entspricht.[150]

61 Regelt ein Formularvertrag, dass bei notwendigen (nicht dringenden) Reparaturen bis zu 5.000 EUR kein Eigentümerbeschluss gefasst werden muss, so ist diese Klausel gemäß § 307 BGB nichtig, da sie durch von § 27 Abs. 1 Nr. 2 abweichende Kompetenzverlagerung auf den Verwalter zu einer unangemessenen Benachteiligung der Wohnungseigentümer entgegen den Grundsätzen von Treu und Glauben führt.[151]

2. Einstellung von Hilfskräften

62 Der Verwalter darf im Hinblick auf die Instandhaltungspflicht einen Hausmeister anstellen und ein Reinigungsunternehmen beauftragen (§ 27 Abs. 3 S. 1 Nr. 3), wobei aber die Dauer der vertraglichen Bindung einen angemessenen Rahmen nicht überschreiten darf (vgl. § 27 Rn 31). Eine entsprechende Vertragsbestimmung ist daher nicht zu beanstanden.[152] Die Befugnis zur Einstellung von Personal darf gemäß § 27 Abs. 4 im Außenverhältnis nicht von der Zustimmung des Verwaltungsbeirats abhängig gemacht werden.

3. Übersendung des Versammlungsprotokolls

63 Verpflichtet die Teilungserklärung den Verwalter nicht, das Versammlungsprotokoll an alle Miteigentümer zu versenden, hat sich jeder Eigentümer grundsätzlich selbst beim Verwalter über die gefassten Beschlüsse zu informieren und von seinem Recht auf Einsicht in die Protokolle (§ 24 Abs. 6 S. 3) Gebrauch zu machen.[153] Das Protokoll muss aus diesem Grund mindestens 1 Woche vor dem Ablauf der Anfechtungsfrist gefertigt sein.[154] Es ist deshalb nicht zu beanstanden, wenn dem Verwalter durch den Verwaltervertrag die Pflicht auferlegt wird, jedem Wohnungseigentümer das Protokoll innerhalb von 3 Wochen ab Beschlussfassung also 1 Woche vor dem Ablauf der Anfechtungsfrist zu übersenden.

4. Haftungsbeschränkung

64 Die Haftung des Verwalters kann mit Ausnahme der Haftung für eigenes vorsätzliches Verhalten (§§ 276 Abs. 3, 278 S. 2 BGB) individualvertraglich ausgeschlossen oder auf bestimmte Höchstsummen beschränkt werden.

65 Handelt es sich bei dem Verwaltervertrag um einen **Formularvertrag** i.S.v. § 305 Abs. 1 BGB, so ist gemäß § 309 Nr. 7a bei Schäden aus der Verletzung von Leben, Körper oder Gesundheit der Ausschluss oder eine Beschränkung der Haftung für eigenes Verschulden und für Vorsatz und grobe Fahrlässigkeit von Erfüllungsgehilfen unwirksam. Für sonstige Schäden ist gemäß § 309 Nr. 7b nur eine Beschränkung der Haftung auf Vorsatz und grobe Fahrlässigkeit des Verwalters oder seiner Erfüllungsgehilfen wirksam. Möglich ist danach durch Formularvertrag also nur eine Haftungsbegrenzung für leichte Fahrlässigkeit, wenn es nicht um Schäden aus der Verletzung von Leben, Körper oder Gesundheit geht. Über das Klauselverbot des § 309 Nr. 7 BGB hinaus muss die Haftungsbeschränkung auch einer Inhaltskontrolle nach § 307 BGB standhalten. Dies gilt insbesondere für die Freizeichnung von der Haftung für die

---

149 OLG München 34 Wx 46/07, ZMR 2009, 64, 66.
150 Ebenso *Wenzel*, ZWE 2001, 226, 233.
151 LG München I 36 S 19282/09, ZWE 2011, 42.
152 Vgl. aber zur Rechtslage vor der WEG-Novelle 2007 noch OLG München 34 Wx 46/07, ZMR 2009, 64, 66.
153 BayObLG BReg 2 Z 8/91, WuM 1991, 412.
154 BayObLG BReg 2 Z 67/88, NJW-RR 1989, 656; KG 24 W 5414/95, WuM 1996, 364, 365.

leicht fahrlässige Verletzung von wesentlichen Vertragspflichten – sog Kardinalpflichten –.[155] Eine unzulässige Haftungsbegrenzung kann auch in der **Verkürzung der Verjährungsfrist** liegen.[156] So wenn die Verjährung wechselseitiger Ansprüche der Parteien aus vertraglichem oder gesetzlichem Grunde auf Erfüllung oder auf Schadensersatz wegen Nichterfüllung entgegen § 195 BGB auf zwei Jahre festgelegt wird und der Beginn der Verjährungsfrist – entgegen § 199 I Nr. 2 BGB – nicht an die Kenntnis des Gläubigers geknüpft wird[157] oder wenn die Verjährung unabhängig von der Kenntnis des Geschädigten vom schädigenden Ereignis auch bei vorsätzlichen Vertragsverletzungen auf drei Jahren beschränkt wird.[158] (Zur Verjährung von Pflichtverletzungen siehe § 27 Rn 120.)

Unabhängig vom Inhalt der Vertragsbestimmung widerspricht ein Beschluss, wonach ohne adäquate Gegenleistung ein laufender Verwaltervertrag um eine Haftungsbegrenzung zugunsten des Verwalters ergänzt wird, dem Grundsatz ordnungsgemäßer Verwaltung.[159] **66**

5. Verwaltervollmacht

Die Begründung einer Prozessvollmacht zur Vertretung der Wohnungseigentümergemeinschaft in gerichtlichen Verfahren auf der Aktivseite entspricht ordnungsgemäßer Verwaltung (siehe § 27 Rn 91). Eine solche Vollmacht ist durch den Grundsatz der ordnungsgemäßen Verwaltung sogar geboten. Insbesondere aus Gründen der Transparenz erscheint es jedoch vorzugswürdig, Verwaltervollmachten durch gesonderten Beschluss zu begründen.[160] Die Passivvertretung ist gesetzlich geregelt (§ 27 Abs. 2 Nr. 2, Abs. 3 S. 1 Nr. 2). **67**

6. Regelungen über das Gemeinschaftsverhältnis

Regelungen über das Gemeinschaftsverhältnis der Wohnungseigentümer untereinander können nicht durch den Verwaltervertrag, sondern nur durch Gemeinschaftsordnung, sonstige Vereinbarung oder Mehrheitsbeschluss begründet werden.[161] Soweit allerdings die Bestimmungen des Verwaltervertrages mit den Regelungen der Gemeinschaftsordnung und bereits bestandskräftigen Mehrheitsbeschlüssen übereinstimmen, ist kein Grund für die Unwirksamkeit einer Vertragsbestimmung erkennbar, welche die ohnehin geltende Rechtslage bloß wiederholt.[162] Soll das Gemeinschaftsverhältnis der Wohnungseigentümer untereinander über den Verwaltervertrag geregelt werden, muss der Verwaltervertrag entweder durch Beschluss genehmigt werden oder es bedarf einer Vollmacht, die ausdrücklich zur Vereinbarung der entsprechenden Klausel ermächtigt. **68**

Die Wohnungseigentümer können allerdings ihr **gemeinschaftliches Verhältnis zum Verwalter** im Verwaltervertrag abweichend vom dispositiven Recht und von Vereinbarungen regeln. Hierdurch wird das Verhältnis der Wohnungseigentümer untereinander nämlich nur mittelbar betroffen, ohne dass die Regelungen der Teilungserklärung über die Grundordnung des Gemeinschaftsverhältnisses abgeändert werden. Die Beschlusskompetenz der Wohnungseigentümer ist insoweit gegeben. Ob der Beschluss rechtmäßig ist, hängt allein davon ab, ob er ordnungsgemäßer Verwaltung entspricht.[163] **69**

IV. Vergütung

1. Vergütungsanspruch

Im Regelfall wird der Verwalter nicht unentgeltlich, sondern gegen Vergütung tätig werden. Für den Anspruch auf Verwaltervergütung ist nicht die Bestellung zum Verwalter, sondern der Verwaltervertrag maßgebend.[164] Sind laut Teilungserklärung alle Beschlüsse über die Verwaltung des gemeinschaftlichen Eigentum einstimmig zu fassen, dann gilt diese Regelung gemäß § 26 Abs. 1 S. 5 zwar nicht für die Beschlüsse über die Bestellung und Abberufung des Verwalters, wohl aber für einen Beschluss über die nachträgliche Erhöhung der Vergütung.[165] Schuldner der Vergütung ist die Wohnungseigentümergemeinschaft als Vertragspartner.[166] Die einzelnen Wohnungseigentümer haften gemäß § 10 Abs. 8 für die Vergütungsansprüche, die während ihrer Zugehörigkeit zur Gemeinschaft entstanden oder während dieses Zeitraums fällig geworden sind, nach dem Verhältnis ihrer Miteigentumsanteile. **70**

Wer Lasten und Kosten des gemeinschaftlichen Eigentums trägt, ohne einen Verwaltervertrag geschlossen zu haben, hat zwar keinen Vergütungsanspruch, aber einen Anspruch auf Aufwendungsersatz, der auch ohne einen Beschluss über die Jahresabrechnung durchgesetzt werden kann.[167] Auch für Aufwendungsersatzansprüche des ausgeschiedenen Verwalters gegen einen Wohnungseigentümer ist ein Eigentümerbeschluss über die Jahresabrechnung nicht Voraussetzung.[168] Als Anspruchsgrundlagen für eine Erstattung verauslagter Beträge kommen eine entgeltliche Geschäftsbesorgung (§§ 675, 670 BGB), Geschäftsführung ohne Auftrag (§§ 677, 683 BGB) oder ungerechtfertigte Bereicherung in Betracht. **71**

---

155 Vgl. etwa *Gottschalg*, DWE 2003, 41, 43.
156 *Furmanns*, NZM 2004, 201, 205.
157 OLG Düsseldorf 3 Wx 51/06, NZM 2006, 936, 937.
158 OLG München 34 Wx 45/06, NZM 2007, 92.
159 BayObLG 2Z BR 89/02, NZM 2003, 204, 205.
160 *Jacoby*, FS Merle (2010), S. 181, 190.
161 OLG Hamm 15 W 349/99, NZM 2000, 505; Palandt/*Bassenge*, § 26 Rn 12.
162 **A.A.** OLG Hamm 15 W 133/00, NZM 2001, 49, 52.
163 Ebenso *Wenzel*, ZWE 2001, 226, 233.
164 BayObLG 2Z BR 94/95, WuM 1996, 650.
165 OLG Köln 16 Wx 105/03, NZM 2003, 685.
166 OLG Hamm 15 W 109/05, NZM 2006, 632.
167 BayObLG 2Z BR 97/95, WuM 1996, 496, 497.
168 BayObLG 2Z BR 43/96, WuM 1996, 663.

2. Höhe der Vergütung

72 Die Höhe der Vergütung richtet sich nach der vertraglichen Vereinbarung. Ist vertraglich vereinbart, dass sich das Honorar des Verwalters nach der Anzahl der Einheiten bemisst, dann reduziert sich der Vergütungsanspruch durch die Zusammenlegung von zwei Einheiten.[169] Fehlt eine vertragliche Vereinbarung, so ist die übliche Vergütung geschuldet. Für die gesetzlichen Aufgaben ist zurzeit eine monatliche Verwaltervergütung zwischen 15,00 EUR und 35,00 EUR pro Wohnung und zwischen 1,50 EUR und 2,50 EUR pro Garage plus MWSt üblich, wobei sich die Höhe im Einzelfall nach der Größe der Eigentumsanlage richtet. Wird durch Mehrheitsbeschluss die Verwaltervergütung für vermietete Wohnungen um 2,50 EUR höher als für selbstgenutzte Eigentumswohnungen festgesetzt, so liegt darin kein Verstoß gegen den Grundsatz der ordnungsmäßigen Verwaltung.[170] Nach Ansicht des OLG Düsseldorf entspricht die Vereinbarung einer Vergütung von 7,00 EUR netto (14,00 DM) für die Verwaltung eines von einem Nicht-Wohnungseigentümer genutzten Hobbyraums oder einer Garage nicht ordnungsgemäßer Verwaltung.[171] Bemisst sich die Vergütung nach der Anzahl der Einheiten, dann vermindert sich der Vergütungsanspruch des Verwalters, wenn Einheiten zusammengelegt werden.[172]

73 Anspruch auf Zahlung von **Umsatzsteuer** zusätzlich zur Verwaltergebühr hat der Verwalter nur wenn dies ausdrücklich vereinbart wurde.[173]

74 Ein Beschluss über die **Erhöhung der Vergütung** während der Laufzeit des Verwaltervertrags entspricht in der Regel nicht ordnungsgemäßer Verwaltung. Etwas anderes kann dann gelten, wenn der Verwaltervertrag eine Erhöhungsklausel enthält. Auch eine solche Klausel rechtfertigt aber keine Erhöhung wegen solcher Umstände, die bereits bei der ursprünglichen Vergütungsvereinbarung hätten berücksichtigt werden können.[174] Eine Anpassungsklausel im Verwaltervertrag, die den Verwalter berechtigt, die Verwaltergebühren einmal jährlich an die Entwicklung der Verwaltungskosten anzupassen ist gemäß § 307 Abs. 1 BGB unwirksam.[175] Wird die Verwaltervergütung durch Mehrheitsbeschluss erhöht, so bedarf es der Umsetzung durch einen Änderungsvertrag.[176]

3. Sondervergütung

75 Für die Erfüllung von Aufgaben, die über das gesetzliche Maß hinaus durch den Verwaltervertrag dem Verwalter auferlegt werden, können Zusatzvergütungen vereinbart werden. Einen zusätzlichen Anspruch auf Aufwendungsersatz hat der Verwalter nicht, soweit es um Tätigkeiten geht, für die eine Vergütung vereinbart ist. Ein Beschluss, der dem Verwalter für Tätigkeiten, die zu seinem Pflichtenkreis gehören, eine Zusatzvergütung zubilligt, entspricht nicht ordnungsgemäßer Verwaltung.[177] Wird in einem Formularvertrag für eine Grundleistung des Verwalters ein Sonderhonorar ausbedungen, liegt ein Verstoß gegen das Transparenzgebot (§ 307 Abs. 1 S. 2 BGB) vor, wenn diese Abweichung vom Normalfall nicht deutlich und verständlich herausgehoben ist.[178]

76 Dem Verwalter kann im Verwaltervertrag oder durch einen Mehrheitsbeschluss, der den Verwaltervertrag ergänzt, eine **Sondervergütung für die gerichtliche Geltendmachung von Ansprüchen** versprochen werden.[179] Wenn der Verwalter selbstständig ohne Einschaltung eines Rechtsanwalts Ansprüche geltend macht, kann ihm auch eine Sondervergütung bewilligt werden, deren Höhe nach dem **RVG** unter Einschluss der Erhöhungsbeträge der Nr. 1008 VV berechnet wird.[180] Eine solche Sondervergütung entspricht allerdings dann nicht ordnungsmäßiger Verwaltung, wenn sich der Verwalter der Hilfe eines Rechtsanwalts bedient.[181] Der Verwalter hat nämlich den Vorteil, dass für ihn die Tatsachenaufbereitung aufgrund seiner allgemeinen Verwaltungstätigkeit, für die er bereits eine Vergütung erhält, regelmäßig einfach ist. Er wird außerdem im gerichtlichen Verfahren durch den Rechtsanwalt entlastet. Für den Fall, dass der Verwalter einen Rechtsanwalt mit der Durchsetzung der Ansprüche beauftragt, erscheint deshalb eine von der Höhe des Geschäftswerts unabhängige pauschale Sondervergütung ausreichend, die sich daran orientiert, welchen Aufwand die Weitergabe der anspruchsbegründenden Tatsachen bereitet (Prozessbegleitvergütung). Eine pauschale Verwaltungsgebühr von 100 EUR für die anwaltliche Einleitung eines Wohngeldmahnverfahrens unabhängig von der Höhe der Rückstände entspricht nicht ordnungsmäßiger Verwaltung.[182] Ist im Verwaltervertrag eine pauschale Zusatzvergütung nach dem RVG für die Tätigkeit des Verwalters im Rahmen der gerichtlichen Geltendmachung von Wohngeldforderungen **bestandskräftig** vereinbart, entsteht diese auch dann, wenn der Verwalter den Prozess durch einen Anwalt führen lässt.[183]

---

169 LG Lüneburg 5 S 61/11, ZMR 2012, 393 m. zust. Anm. *Brinkmann*.
170 OLG Frankfurt 20 W 260/90, ZMR 1991, 72.
171 OLG Düsseldorf 3 Wx 253/00, NZM 2001, 390, 392.
172 AG Aachen 119 C 49/08 ZMR 2009, 717 m. Anm. *Drasdo*.
173 Zur Zulässigkeit von Wertsicherungsklauseln vgl. BayObLG DWE 1984, 30; *Gottschalg*, NZM 2000, 473, 475.
174 BayObLG 2Z BR 219/03, NZM 2004, 794.
175 OLG Düsseldorf 3 Wx 326/04, NZM 2005, 625.
176 OLG Düsseldorf wie vor.
177 OLG Düsseldorf 3 Wx 107/98, WuM 1998, 681; OLG Düsseldorf 3 Wx 169/98, WuM 1999, 477, 479.
178 LG Hanau 8 T 90/08, ZMR 2010, 398.
179 BGH V ZB 9/92, NJW 1993, 1924; OLG Köln 16 Wx 173/89, NJW 1991, 1302; BayObLG BReg 2 Z 104/87, NJW-RR 1988, 847; **a.A.** KG 24 W 5948/88, WuM 1989, 93.
180 BGH V ZB 9/92, NJW 1993, 1924 [zur BRAGO]; *Merle* in *Bärmann*, § 26 Rn 146.
181 Ebenso *Merle*, WE 1994, 3, 6.
182 LG München I 36 S 4853/09, ZMR 2010, 473, 474.
183 AG Nürnberg 90 C 40246/07, ZMR 2008, 750.

Schuldnerin der Sondervergütung ist die Wohnungseigentümergemeinschaft als Vertragspartnerin des Verwalters.[184] **77**
Ohne Mitwirkung des einzelnen Wohnungseigentümers können im Verwaltervertrag keine Verpflichtungen zu seinen Lasten vorgesehen werden.[185] Eine Verpflichtung des einzelnen Wohnungseigentümers zur Zahlung der Sondervergütung kann nur durch die Teilungserklärung, eine sonstige Vereinbarung oder nach Maßgabe von § 21 Abs. 7 durch Beschluss der Wohnungseigentümer begründet werden.[186] (Zur Frage der Erstattungsfähigkeit der Sondervergütung vgl. § 28 Rn 221.)

Die Bewilligung einer zusätzlichen **Sondervergütung für eine besonders aufwändige Bauüberwachung** entspricht **78**
auch dann ordnungsgemäßer Verwaltung, wenn der Verwalter nach dem Verwaltervertrag die Aufgabe hat, Baumaßnahmen an der Wohnanlage zu überwachen.[187] Zur Zahlung einer Sondervergütung für die Bearbeitung von Zahlungen der Wohnungseigentümer, die nicht am **Lastschriftverfahren** teilnehmen siehe § 28 Rn 179.

Der Verwalter kann nach dem Verwaltervertrag Anspruch auf eine **Sondervergütung für die Zustimmung zur Ver-** **79**
äußerung nach § 12 haben. Soweit nichts anderes geregelt ist, entsteht dieser Vergütungsanspruch mit der Zustimmung zur Veräußerung und wird von der Wohnungseigentümergemeinschaft geschuldet. Wohnungseigentümer, die zu diesem Zeitpunkt Mitglieder der Gemeinschaft sind, haften nach § 10 Abs. 8. In Betracht kommt im Einzelfall ein Rückgriffsanspruch gegen den Veräußerer als Veranlasser. Der Erwerber dagegen wird auch dann nicht Schuldner dieses Anspruchs, wenn er in den Verwaltervertrag eintritt, denn er haftet nicht für Verwaltervergütungen, die vor seinem Eintritt entstanden und fällig geworden sind.[188] Auch die Unterzeichnung des Verwaltervertrages durch den Erwerber kann nicht dahin ausgelegt werden, dass der Erwerber über die gesetzlichen Verpflichtungen hinaus für bereits entstandene Verbindlichkeiten aufkommen will.[189] Aus der Anerkennung der Gemeinschaftsordnung und der Übernahme der Vertragskosten durch den Erwerber im notariellen Kaufvertrag ergeben sich weder eine Schuldübernahme noch ein Schuldbeitritt des Erwerbers und auch kein Vertrag zugunsten des Verwalters.[190] Legt der Verwalter für die Zustimmung zur Veräußerung nicht eine zum tatsächlichen Prüfungsaufwand im angemessenen Verhältnis stehende Pauschale, sondern einen Prozentsatz des Kaufpreises des Wohnungseigentums zugrunde, kann dies gegen § 138 BGB oder die Vorschriften über die Gestaltung rechtsgeschäftlicher Schuldverhältnisse durch Allgemeine Geschäftsbedingungen (§§ 305 ff. BGB) verstoßen.[191]

Bei der Bewilligung einer Sondervergütung kann auch auf den Zeit- und Arbeitsaufwand des Verwalters abgestellt **80**
und ein bestimmter **Stundensatz** festgelegt werden.[192] Ein Stundensatz von 130 EUR für den Geschäftsführer einer Verwaltungsgesellschaft widerspricht aber ordnungsgemäßer Verwaltung.[193] Es ist nicht Sache des Gerichts festzulegen, welcher Stundensatz angemessen ist.[194] Im Rahmen ordnungsgemäßer Verwaltung können auch Vereinbarungen über die **Pauschalierung von Aufwendungsersatz** des Verwalters getroffen werden, soweit der Verwalter hierauf nach §§ 675, 670 BGB zusätzlich zu seiner Vergütung Anspruch hat. Dabei entspricht die Erstattung von Kopierkosten entsprechend den Sätzen der Nr. 7000 VV-RVG sicherlich ordnungsgemäßer Verwaltung. Auch die Festlegung von 0,50 EUR pro Seite ohne zahlenmäßige Obergrenze dürfte aber die Grenze ordnungsgemäßer Verwaltung noch nicht überschreiten.[195]

4. Fälligkeit

Ist im Verwaltervertrag eine monatliche Vergütung pro Wohnung festgelegt, so wird die Vergütung jeweils mit Ab- **81**
lauf des Monats fällig (§ 614 S. 2 BGB), es sei denn, es ist etwas anderes vertraglich bestimmt. Ist keine monatliche Vergütung festgelegt, so richtet sich die Fälligkeit nach § 614 S. 1 BGB und ist daher erst nach Vorlage der Jahresabrechnung zu entrichten.[196] Ein Beschluss, die vertraglich vereinbarte Verwaltervergütung rückwirkend um mehr als 65 % zu erhöhen, entspricht nicht den Grundsätzen ordnungsgemäßer Verwaltung.[197]

5. Verteilungsschlüssel

Auch wenn nach dem Verwaltervertrag die Vergütung pro Wohneinheit bemessen wird, richtet sich im Innenverhält- **82**
nis der Verteilungsschlüssel nach § 16 Abs. 2 (Miteigentumsanteile) oder nach dem vereinbarten Verteilungsschlüssel,[198] soweit nichts anderes beschlossen ist (§ 16 Abs. 3). Bestimmt die Gemeinschaftsordnung, dass Betriebskosten nach Wohneinheiten zu verteilen sind, soweit dies „möglich, zweckmäßig und sachdienlich" ist, dann ist die Verwaltervergütung grundsätzlich nach Einheiten umzulegen.[199] Im Außenverhältnis haften die Wohnungseigentümer dem Verwalter für die Bezahlung der Vergütung gemäß § 10 Abs. 8 anteilig. Für neu in die Gemeinschaft eintretende Woh-

---

184 BGH V ZB 134/11, ZWE 2012, 128.
185 BGH V ZB 134/11, ZWE 2012, 128.
186 BGH V ZB 134/11, ZWE 2012, 128.
187 OLG Köln 16 Wx 35/01, NZM 2001, 470.
188 KG 24 W 1783/97, WuM 1997, 522.
189 KG 24 W 1783/97, WuM 1997, 522.
190 KG wie vor.
191 KG 24 W 1783/97, WuM 1997, 522.
192 BayObLG 2Z BR 11/04, NZM 2004, 587, 588; AG Hamburg-Blankenese 506 II 23/07, ZMR 2010, 896.
193 BayObLG 2Z BR 11/04, NZM 2004, 587, 588.
194 BayObLG a.a.O.
195 Zweifelnd OLG Hamm 15 W 133/00, NZM 2001, 49, 52.
196 OLG Hamm NJW-RR 1993, 845, 846.
197 OLG Düsseldorf 3 Wx 107/98, WuM 1998, 681.
198 OLG Köln 16 Wx 84/02, NZM 2002, 615; LG Lüneburg 9 S 67/08, ZMR 2009, 554.
199 BayObLG 2Z BR 40/01, ZMR 2001, 827.

nungseigentümer ergibt sich die Pflicht zur Zahlung der Vergütung vom Eintritt an daraus, dass der Verwaltervertrag gemäß § 10 Abs. 4 von diesem Zeitpunkt an auch für sie gilt.[200]

83 Der Verwalter darf seine Vergütung dem Gemeinschaftskonto entnehmen (abbuchen). Deshalb kann auch im Verwaltervertrag geregelt werden, dass der Verwalter anteilig monatliche Vorschüsse auf seine Vergütung aus den verwalteten gemeinschaftlichen Geldern entnehmen darf.[201] Es widerspricht aber ordnungsgemäßer Verwaltung, wenn der Verwalter sein Honorar der Instandhaltungsrücklage entnimmt.[202] Der Verwalter kann seinen vertraglichen Vergütungsanspruch auch ohne Beschlussfassung der Gemeinschaft über den Wirtschaftsplan gerichtlich gegen einzelne Wohnungseigentümer durchsetzen.[203] Der Verwalter erreicht eine höhere Vergütung nicht dadurch, dass er stillschweigend eine höhere Gebühr in den Wirtschaftsplan einstellt, ohne vor Beschlussfassung auf die Erhöhung hinzuweisen.[204] Hinsichtlich der Mehrvergütung hat die Wohnungseigentümergemeinschaft einen bereicherungsrechtlichen Rückzahlungsanspruch.[205] (Zum Einfluss der Anfechtung der Verwalterwahl auf die vertraglichen Vergütungsansprüche siehe Rn 24; zu Vergütungsansprüchen bei Abberufung siehe Rn 110, 112.)

84 Der Verwalter hat **Versicherungsprovisionen**, die er für den Abschluss eines Versicherungsvertrages mit der Wohnungseigentümergemeinschaft erhält, an das Gemeinschaftsvermögen herauszugeben.[206]

6. Verjährung

85 Die Vergütungsansprüche des Verwalters **verjähren** gemäß § 195 BGB in 3 Jahren.

V. Auswirkung von Leistungsstörungen auf die Vergütung

86 Das Recht der Leistungsstörungen hat sich durch das Schuldrechtsmodernisierungsgesetz geändert. Die Überleitungsvorschrift enthält Art 229 § 5 EGBGB. Erbringt der Verwalter die geschuldeten Leistungen überhaupt nicht, verliert er den Vergütungsanspruch nach Maßgabe der §§ 326, 615, 616 BGB. § 326 BGB setzt voraus, dass die geschuldete Leistung unmöglich ist (§ 275 BGB). Dies ist bei einer Dienstleistung nur dann der Fall, wenn sie nicht nachgeholt werden kann. Kann sie nachgeholt werden, tritt Befreiung von der Dienstleistung nur ein, wenn der Dienstberechtigte gemäß § 615 BGB in Annahmeverzug gerät. Unmöglich ist z.B. die Aufstellung von Wirtschaftsplänen für abgelaufene Wirtschaftsjahre. Ob die Erstellung von Jahresabrechnungen für den ausgeschiedenen Verwalter unmöglich ist, erscheint dagegen zweifelhaft.[207] Insoweit dürfte wegen Verzugs unter den Voraussetzungen des § 323 BGB ein Anspruch auf Schadensersatz statt Leistung in Betracht kommen (vgl. § 28 Rn 158). Teilweise Unmöglichkeit steht der vollständigen Unmöglichkeit gleich, wenn die Leistung unteilbar ist oder die Teilerfüllung für den Gläubiger kein Interesse hat. Dies wird bei einem Verwaltervertrag nur selten in Betracht kommen, so dass die Wohnungseigentümer in der Regel nur hinsichtlich des unmöglich gewordenen Teils der Leistungen die Rechte des § 326 Abs. 4 BGB haben. Sie können gemäß §§ 326 Abs. 4, 346–348 BGB die Rückgewähr des Teils der Vergütung verlangen, der dem unmöglichen Teil der Leistung entspricht.[208]

87 Eine Schlechterfüllung der Verwalterpflichten führt demgegenüber grundsätzlich nicht zum Wegfall des Vergütungsanspruchs, sondern allenfalls zu Schadensersatzansprüchen der Wohnungseigentümer gegen den Verwalter, mit denen sie gegebenenfalls gegen den Vergütungsanspruch des Verwalters aufrechnen können.[209]

VI. Vertragsdauer

88 § 26 Abs. 1 S. 2 begrenzt auch die Laufzeit des Verwaltervertrags auf die **Höchstdauer von 5 Jahren**.[210] Es ist sinnvoll, die Dauer der Bestellung nach dem Bestellungsbeschluss und die Laufzeit des Vertrages aufeinander abzustimmen. Bestimmt die Teilungserklärung, dass die Bestellung eines Verwalters jeweils auf volle 5 Jahre erfolgt, können die Wohnungseigentümer gleichwohl eine individuelle Sonderbeziehung zum Verwalter eingehen, die eine kürzere Bestelldauer vorsieht. Hierdurch wird das Verhältnis der Wohnungseigentümer untereinander nämlich nur mittelbar betroffen, ohne dass die Regelungen der Teilungserklärung über die Grundordnung des Gemeinschaftsverhältnisses abgeändert werden. Die Beschlusskompetenz der Wohnungseigentümer für eine kürzere Bestellzeit ist daher gegeben. Ob der Beschluss rechtmäßig ist, hängt allein davon ab, ob er ordnungsgemäßer Verwaltung entspricht.[211] Die Bestellung eines neuen Verwalters für beispielsweise zunächst 3 Jahre entspricht ordnungsgemäßer Verwaltung, weil dies den Wohnungseigentümern erlaubt, sich nach dieser Zeit vom Verwalter zu lösen, wenn er nicht zufriedenstellend arbeitet, ohne dass ein wichtiger Grund für eine sofortige Abberufung vorliegen muss.

---

200 Vgl. KG 24 W 188/93, WuM 1993, 755, 756.
201 OLG Hamm 15 W 133/00, NZM 2001, 49, 51.
202 OLG Düsseldorf 3 Wx 326/04, NZM 2005, 625.
203 KG 24 W 5042/89, NJW-RR 1990, 153, 154.
204 OLG Düsseldorf 3 Wx 326/04, NZM 2005, 625 m. Anm. Vogl, ZMR 2006, 101.
205 LG Mainz 3 T 180/03, ZMR 2005, 153.
206 OLG Düsseldorf 3 Wx 492/97, WuM 1998, 311.
207 Siehe aber BayObLG 2Z BR 132/96, WuM 1997, 345, 346.
208 Vgl. BayObLG, 2Z BR 132/96, WuM 1997, 345.
209 BayObLG 2Z BR 132/96, WuM 1997, 345.
210 BGH V ZB 39/01, NJW 2002, 3240, 3245.
211 Ebenso *Wenzel*, ZWE 2001, 226, 233.

Beträgt die Vertragslaufzeit 5 Jahre und ist gemäß § 26 Abs. 1 S. 3 vereinbart, dass eine vorzeitige Vertragsbeendigung nur aus wichtigem Grund möglich ist, dann ist eine ordentliche Kündigung vor Ablauf der 5 Jahre ausgeschlossen. Auch in einem **Formularvertrag** kann grundsätzlich eine Laufzeit von mehr als 2 Jahren wirksam vereinbart werden. § 309 Nr. 9a BGB findet auf den Verwaltervertrag keine Anwendung, weil er nach seinem Normzweck nicht die interessengerechte Sonderregelung des § 26 Abs. 1 S. 2 verdrängen will.[212] Soweit nicht besondere Umstände hinzutreten, verstoßen Laufzeitregelungen in einem Verwaltervertrag, die sich im Rahmen des § 26 Abs. 1 S. 2 halten, auch nicht gegen § 307 BGB.[213]

Der Zeitablauf der Bestellung zum Verwalter führt nicht automatisch dazu, dass auch der Verwaltervertrag beendet ist und dann Vergütungsansprüche des Verwalters entfallen. Jedoch kann der Verwaltervertrag so eng an die Verwalterstellung gekoppelt sein, dass die Beendigung der Bestellung auch den Verwaltervertrag beendet.[214]

D. Abberufung des Verwalters

Ebenso wie zwischen der Bestellung des Verwalters und dem Abschluss des Verwaltervertrages ein Unterschied besteht, ist zwischen der Abberufung des Verwalters und der Kündigung des Verwaltervertrages zu unterscheiden. Ein Beschluss über die fristlose Kündigung des Verwaltervertrags ist aber regelmäßig dahin auszulegen, dass gleichzeitig der Verwalter abberufen wird.[215] Auch ein Beschluss über die Bestellung eines neuen Verwalters enthält in der Regel die Abberufung des bisherigen Verwalters.[216] Ist der Verwalter auf unbestimmte Zeit bestellt worden, kann er jederzeit abberufen werden, es sei denn die Abberufung ist auf das Vorliegen eines wichtigen Grundes beschränkt worden.[217] Ist der Verwalter für eine bestimmte Zeit bestellt worden, setzt eine vorzeitige Beendigung des Amtes ebenfalls voraus, dass ein wichtiger Grund hierfür vorliegt.[218] Eine Teilungserklärung, die auf einen ihr anliegenden Verwaltervertrag Bezug nimmt, der eine Kündigung nur aus wichtigem Grund erlaubt, ist dahin auszulegen, dass auch eine Abberufung des Verwalters nur aus wichtigem Grund möglich ist.[219]

I. Mehrheitsbeschluss über die Abberufung

Für die Abberufung des Verwalters genügt ein Mehrheitsbeschluss (§ 26 Abs. 1 S. 1). Bestimmungen in der Teilungserklärung oder Vereinbarungen, die eine qualifizierte Mehrheit vorsehen, sind gemäß § 26 Abs. 1 S. 5 nicht zulässig. Sind laut Teilungserklärung alle Beschlüsse über die Verwaltung des gemeinschaftlichen Eigentums einstimmig zu fassen, dann gilt diese Regelung gemäß § 26 Abs. 1 S. 5 nicht für die Beschlüsse über die Bestellung und Abberufung des Verwalters.[220] Auf das Abberufungsrecht aus wichtigem Grund kann nicht verzichtet werden.[221] Eine Beschränkung des Abberufungsrechts ist gemäß § 26 Abs. 1 S. 3 und 5 nur in der Weise zulässig, dass das Recht zur Abberufung auf das Vorliegen eines wichtigen Grundes beschränkt wird. Ein Beschluss, wonach mit sofortiger Wirkung ein neuer Verwalter bestellt wird, enthält in der Regel die Abberufung des bisherigen Verwalters.[222] Eine rückwirkende Abberufung kann nicht wirksam beschlossen werden.[223]

1. Stimmrecht des Verwalters

Ein Verwalter, der gleichzeitig Wohnungseigentümer ist, darf bei der Beschlussfassung über die Abberufung grundsätzlich mitstimmen.[224] Das Stimmrecht entfällt nicht dadurch, dass mit der Abberufung zugleich über die Auflösung des Verwaltervertrags beschlossen wird, denn der Schwerpunkt der Beschlussfassung liegt weiterhin in der Abberufung als Akt der Mitverwaltung.[225] Für den Fall der Abberufung aus wichtigem Grund besteht jedoch ein Stimmverbot, weil nach dem Rechtsgedanken der §§ 712 Abs. 1, 737 BGB, §§ 117, 127, 140 HGB das Mitglied einer Personenvereinigung nicht beteiligt sein kann, wenn über Maßnahmen zu entscheiden ist, welche die Gemeinschaft ihm gegenüber aus wichtigem Grund vornehmen will.[226] Bei einem Stimmrechtsausschluss darf der Verwalter auch nicht als Bevollmächtigter anderer Wohnungseigentümer an der Abstimmung teilnehmen und zwar unabhängig davon, ob er selbst Wohnungseigentümer ist.[227] Der Verwalter, dem für die Abstimmung Vollmacht erteilt ist, kann jedoch grundsätzlich wirksam anderen Wohnungseigentümern Untervollmacht erteilen, sofern er eine Weisung für das Abstimmungsverhalten unterlässt, denn der

---

212 BGH V ZB 39/01, NJW 2002, 3240, 3245 zu § 11 Nr. 12a AGBG aF.
213 BGH V ZB 39/01, NJW 2002, 3240, 3246 zu § 9 AGBG a.F.
214 BayObLG 2Z BR 94/95, WuM 1996, 650.
215 KG 24 W 31/03, NZM 2004, 913, 914.
216 KG 24 W 31/03, NZM 2004, 913, 914.
217 *Wenzel*, ZWE 2001, 510, 514.
218 *Wenzel*, ZWE 2001, 510, 514.
219 OLG Düsseldorf 3 Wx 89/05, NZM 2005, 828, 829.
220 OLG Köln 16 Wx 105/03, NZM 2003, 685.
221 BayObLG BReg 2 Z 60/70, BayObLGZ 1972, 139, 141.
222 BayObLG 2Z BR 126/02, ZWE 2004, 86 m. Anm. *Suilmann*.
223 AG Bonn 27 C 44/09, ZMR 2010, 320.
224 BGH V ZB 30/02, NZM 2002, 995, 999.
225 BGH V ZB 30/02, NZM 2002, 995, 999.
226 BGH V ZB 30/02, NZM 2002, 995, 999.
227 OLG Düsseldorf 3 Wx 366/98, WuM 1999, 59, 60 m.w.N.; OLG Düsseldorf 3 Wx 174/01, NZM 2001, 992; *Häublein*, ZWE 2012, 312; a.A. wohl OLG München 32 Wx 16/10, ZMR 2011, 148, 149.

Unterbevollmächtigte vertritt nicht den Bevollmächtigten, sondern den Vollmachtgeber.[228] Verfügt der Verwalter über die Stimmenmehrheit, so kann es rechtsmissbräuchlich sein, wenn er seine Abberufung ablehnt. Das Stimmenübergewicht eines Wohnungseigentümers bei der Entscheidung über seine Abberufung als Verwalter genügt allein noch nicht, um unter dem Gesichtspunkt einer Majorisierung einen Stimmrechtsmissbrauch zu begründen, der die abgegebenen Stimmen unwirksam machen würde.[229] Umgekehrt besteht für den einzelnen Wohnungseigentümer kein Recht, den Verwalter gemäß § 21 Abs. 2 allein abzuberufen. Auch der Verwaltungsbeirat ist dazu nicht berechtigt.[230] Ein Mehrheitsbeschluss hat auch Wirkung für die Minderheit.

2. Anspruch auf Abberufung

94 Ein Anspruch auf Abberufung des Verwalters ergibt sich aus § 21 Abs. 4, wenn die Abberufung dem Interesse der Gesamtheit der Wohnungseigentümer nach billigem Ermessen entspricht.[231] Die Durchsetzung des Anspruchs im Verfahren nach 43 Nr. 1 ist grundsätzlich nur dann zulässig, wenn ein Antrag auf Abberufung des Verwalters von der Mehrheit der Wohnungseigentümer abgelehnt worden ist. Die erforderliche Vorbefassung der Eigentümerversammlung ist ausnahmsweise entbehrlich, wenn mit an Sicherheit grenzender Wahrscheinlichkeit davon ausgegangen werden kann, dass der Antrag in der Eigentümerversammlung nicht die erforderliche Mehrheit finden wird.[232] Dies kommt auch in Betracht, wenn erfolglos versucht wurde, die Einberufung einer Eigentümerversammlung mit dem Tagesordnungspunkt „Abberufung des Verwalters" zu erreichen.[233] Keine Unzumutbarkeit liegt in der Regel dann vor, wenn während des Verfahrens der Verwalter neu bestellt wird und der Antragsteller keinen Antrag auf Ungültigerklärung des Bestellungsbeschlusses stellt.[234]

95 Ist eine Abberufung des Verwalters nur aus wichtigem Grund möglich (siehe dazu Rn 102), setzt auch ein Anspruch auf Abberufung einen wichtigen Grund i.S.v. § 26 Abs. 1 S. 3 und 4 voraus. Ein wichtiger Grund allein führt aber nicht zwingend dazu, dass ein einzelner Wohnungseigentümer gegen den Willen der Mehrheit die Abberufung des Verwalters durch das Gericht erreichen kann.[235] Einen Anspruch auf Abberufung hat der einzelne Wohnungseigentümer gegen die übrigen Wohnungseigentümer nur dann, wenn ein so schwerwiegender Grund vorliegt, dass auch unter Berücksichtigung eines Beurteilungsspielraums der Gemeinschaft die Nichtabberufung nicht mehr vertretbar erscheint.[236] Die Anforderungen für einen Abberufungsanspruch des einzelnen Wohnungseigentümers sind also höher als die Voraussetzungen für eine Abberufung des Verwalters aus wichtigem Grund durch einen Mehrheitsbeschluss der Gemeinschaft. Bei der Entscheidung, ob die Nichtabberufung des Verwalters trotz Vorliegens eines wichtigen Grundes ordnungsgemäßer Verwaltung entspricht, muss das Gericht einerseits die Entscheidung der Mehrheit in vertretbarem Rahmen respektieren, andererseits aber auch der Minderheit Schutz bieten. Dem Anliegen der Mehrheit und dem Selbstorganisationsrecht der Wohnungseigentümer kann es nur Rechnung tragen, wenn den Wohnungseigentümern ein Beurteilungsspielraum zugebilligt wird.[237] Beruht der wichtige Grund z.B. auf Mängeln in der Führung der Beschluss-Sammlung (§ 26 Abs. 1 S. 4), können die Wohnungseigentümer nachvollziehbare Motive dafür haben, von der Abberufung Abstand zu nehmen, weil sie dies mit Blick auf die bisherigen Leistungen des Verwalters nicht für notwendig halten und nach einer Erörterung der Mängel mit der Verwaltung auf eine Besserung in der Zukunft vertrauen.[238] Kommt es infolge eines Irrtums des Verwalters zu einer kurzen, folgenlos gebliebenen Lücke im Versicherungsschutz, ist es den Wohnungseigentümern nicht verwehrt, von einer Abberufung des Verwalters abzusehen.[239] Ist jedoch der Beurteilungsspielraum überschritten, weil die Ablehnung der Abberufung aus objektiver Sicht nicht mehr vertretbar erscheint, muss das Gericht im Interesse der Minderheit die Abberufung vornehmen.[240] Dies kommt in Betracht, wenn die Mehrheit aus der Sicht eines vernünftigen Dritten gegen ihre eigenen Interessen handelt, weil sie massive Pflichtverletzungen tolerieren will.[241]

96 Mit **Ablauf des Bestellungszeitraums** erledigen sich die Anträge, den Negativbeschluss zur Abberufung des Verwalters aufheben und einen Positivbeschluss dadurch zustande zu bringen, dass das Gericht die Zustimmungen zur Abberufung ersetzt.[242] Mit dem Ablauf des Bestellungszeitraums erübrigt sich eine Entscheidung über den Negativbeschluss, weil dessen Inhalt sich darin erschöpft, die inzwischen ohnehin eingetretene Beendigung der Verwalterstellung abzulehnen. Das Rechtsschutzinteresse an der Zustimmung zur Abberufung ist entfallen, weil die Verwalterstellung, die durch die Abberufung beendet werden soll, bereits beendet ist. Das gerichtliche Verfahren auf Abberufung des Verwal-

---

228 *Häublein*, ZWE 2012, 312; vgl. auch BayObLG 2Z BR 36/98, WuM 1999, 58 für den Abschluss des Verwaltervertrages.
229 BGH V ZB 30/02, NZM 2002, 995, 1000.
230 BayObLGZ 1965, 34, 41.
231 BGH V ZR 146/10, ZMR 2011, 893; BGH V ZR 105/11, MDR 2012, 574.
232 BGH V ZR 114/09, ZMR 2010, 542, 543; BGH V ZR 105/11, MDR 2012, 574; BayObLG BReg 2 Z 45/85, ZMR 1985, 390, 391; OLG Düsseldorf 3 Wx 456/92, WuM 1994, 717; OLG Düsseldorf 3 Wx 345/97, NZM 1998, 517; OLG Celle 4 W 49/99, NZM 1999, 841; BayObLG 2Z BR 139/01, NZM 2003, 905.
233 OLG Düsseldorf 24 W 6574/90, WuM 1991, 516.
234 BayObLG 2Z BR 108/03, NZM 2004, 110.
235 BGH V ZR 105/11, MDR 2012, 574.
236 OLG Celle 4 W 49/99, NZM 1999, 841; OLG Schleswig 2 W 137/06, ZMR 2007, 485.
237 BGH V ZR 105/11, MDR 2012, 574.
238 BGH V ZR 105/11, MDR 2012, 574.
239 AG Neuss 72 II 124/06, ZMR 2007, 575.
240 BGH V ZR 105/11, MDR 2012, 574.
241 BGH V ZR 105/11, MDR 2012, 574.
242 OLG Köln 16 Wx 216/05, Info-M 2006, 138; OLG Düsseldorf 3 Wx 107/05, ZMR 2006, 544, 545.

ters wird auch dann unzulässig, wenn dieser nach Ablauf seiner Amtszeit durch bestandskräftigen Beschluss erneut zum Verwalter bestellt wurde.[243] Ein durch gerichtliche Entscheidung entlassener Verwalter kann keine Vergütung für die Zeit verlangen, in der er durch einstweilige Verfügung vom Verwalteramt suspendiert war, sofern die Pflichtverletzungen, die zu seiner Abberufung führten, bereits bei Erlass der einstweiligen Verfügung vorlagen.[244]

3. Wirksamkeit der Abberufung

Der Abberufungsbeschluss ist sofort mit Beschlussfassung wirksam. Eine abweichende Vereinbarung ist unwirksam.[245] Er bleibt, wie alle Beschlüsse, auch im Falle einer Anfechtung gemäß § 43 Nr. 4 so lange gültig, bis er durch Gerichtsbeschluss rechtskräftig für ungültig erklärt ist.[246] Die Abberufung ist eine empfangsbedürftige Willenserklärung, weshalb das Amt des Verwalters mit **Zugang** des Abberufungsbeschlusses endet.[247] Einer Annahme durch den Verwalter bedarf die Abberufungserklärung nicht.[248] Der Gültigkeit des Abberufungsbeschlusses steht nicht entgegen, dass die Abberufung auf das Fehlen eines wichtigen Grundes beschränkt ist und ein solcher Grund fehlt.[249] Macht die Eigentümergemeinschaft keinen Gebrauch von der Möglichkeit, den Versammlungsleiter, der die Beschlüsse über die Abberufung eines Verwalters und Bestellung eines neuen Verwalters nicht verkünden will, mehrheitlich abzuberufen und einen verkündungswilligen Versammlungsleiter zu wählen, besteht kein Grund, im Wege der einstweiligen Verfügung anzuordnen, dass ab sofort der neue Verwalter die Rechte und Pflichten des Verwalters innehat.[250]

97

4. Anfechtungsbefugnis des Verwalters

Der abberufene Verwalter ist befugt, den Beschluss über seine Abberufung anzufechten.[251] Das Recht zur Anfechtung des Abberufungsbeschlusses folgt aus dem durch die Bestellung begründeten Recht des Verwalters, das Amt bis zu einer rechtmäßigen vorzeitigen Abberufung auszuüben.[252] Dem Argument, die Wohnungseigentümer könnten durch eine Abberufung in Form einer Vereinbarung das Anfechtungsrecht des Verwalters unterlaufen[253] ist entgegenzuhalten, dass die Anfechtungsbefugnis dann nie bestünde, weil stets statt eines Beschlusses eine Vereinbarung in Betracht kommt.[254]

98

Mit **Ablauf der Amtszeit** entfällt für einen Wohnungseigentümer das Rechtsschutzinteresse an der Anfechtung des Abberufungsbeschlusses; eine rechtshängige Anfechtungsklage erledigt sich in der Hauptsache. Die vorzeitige Abberufung beeinträchtigt den anfechtenden Wohnungseigentümer mit Ablauf des Bestellungszeitraums nicht mehr in seinen Rechten. Deshalb entfällt das Rechtsschutzinteresse. Der abberufene Verwalter könnte nämlich seine Aufgaben und Befugnisse nicht mehr wahrnehmen. Eine ihm zu Unrecht entzogene Rechtsstellung könnte ihm durch eine Entscheidung nicht mehr zurückgegeben werden.[255] Aus denselben Gründen wird auch dem abberufenen Verwalter selbst nach Ablauf der Amtszeit das Rechtsschutzinteresse fehlen.[256] Er kann seine Interessen dadurch wahren, dass er die Unwirksamkeit der Abberufung feststellen lässt.[257]

99

Die **Bestellung des neuen Verwalters** darf der abberufene Verwalter dagegen nicht anfechten.[258]

100

Wird der Abberufungsbeschluss für unwirksam erklärt, dann ist mit dem Eintritt der formellen Rechtskraft die **Abberufung rückwirkend beseitigt**.[259] Dies hat zur **Folge,** dass der Beschluss über die **Bestellung** eines neuen Verwalters **nichtig** ist, weil die Bestellung eines zweiten Verwalters nicht möglich ist, denn Verwalter kann immer nur eine natürliche oder juristische Person sein.[260] Der neue Verwalter ist daher durch eine gerichtliche Entscheidung, die den Abberufungsbeschluss für ungültig erklärt, in seinen Rechten betroffen und deshalb befugt, Rechtsmittel einzulegen.[261] Die Nichtigkeit der Bestellung des neuen Verwalters führt nicht zur Anfechtbarkeit von Beschlüssen, die in einer von ihm zwischenzeitlich einberufenen Versammlung gefasst worden sind.[262] Nach dem Willen der Vertragschließenden

101

---

243 OLG Köln 16 Wx 125/98, NZM 1998, 959.
244 KG 24 W 5453/88, OLGZ 1989, 430.
245 KG MDR 1978, 580.
246 BayObLG BReg 2 Z 21/76, BayObLGZ 1976, 211, 213; KG 1 W 2570/77, OLGZ 1978, 179, 180; KG 24 W 5478/86, NJW-RR 1989, 839.
247 BGH V ZB 6/88, NJW 1989, 1087.
248 BayObLG 2Z BR 126/02, ZWE 2004, 86 m. Anm. *Suilmann.*
249 *Wenzel,* ZWE 2001, 510, 514; **a.A.** *Suilmann,* ZWE 2000, 106, 111; *Drasdo,* NZM 2001, 923, 928 [der Abberufungsbeschluss sei dann nichtig].
250 AG Hamburg-Blankenese 539 C 26/08, ZMR 2008, 918.
251 BGH V ZB 39/01, NJW 2002, 3240, 3242; *Merle,* ZWE 2000, 9; *Wenzel,* ZWE 2001, 510; **a.A.** *Suilmann,* ZWE 2000, 106 ff.; *Reuter,* ZWE 2001, 286; *Drasdo,* NZM 2001, 923, 930 u NZM 2002, 853; *Becker,* ZWE 2002, 211; *Gottschalg,* ZWE 2006, 332: nur Klage auf Feststellung, dass die Abberufung unwirksam ist.

252 *Wenzel,* ZWE 2001, 510, 515.
253 *Suilmann,* ZWE 2000, 106, 111.
254 *Wenzel,* ZWE 2001, 510, 511.
255 OLG Hamm 15 W 77/98, NZM 1999, 227; LG Hamburg 318 S 77/09, ZMR 2011, 744.
256 KG 24 W 2316/96, ZMR 1997, 610; offen gelassen von BGH V ZB 39/01, NJW 2002, 3240, 3242; **a.A.** BayObLG 2Z BR 89/01, ZMR 2002, 138; OLG München 32 Wx 115/05, ZMR 2011, 472; LG Hamburg 318 S 77/09, ZMR 2011, 744.
257 *Wenzel,* ZWE 2001, 510, 515.
258 KG 1 W 2570/77, OLGZ 1978, 179, 180; OLG Hamm 15 W 138/96, ZMR 1997, 49.
259 OLG Zweibrücken 3 W 202/02, ZMR 2004, 63, 64.
260 OLG Hamm 15 W 66/02, NZM 2003, 486; OLG Zweibrücken 3 W 202/02, ZMR 2004, 63, 64.
261 OLG Düsseldorf 3 Wx 204/03, ZMR 2004, 53, 54.
262 OLG Zweibrücken 3 W 202/02, ZMR 2004, 63, 64.

ist davon auszugehen, dass der mit dem neuen Verwalter abgeschlossene **Verwaltervertrag** unabhängig vom Ausgang des gerichtlichen Verfahrens über die Gültigkeit der Abberufung des Vorverwalters **für die Schwebezeit rechtswirksam** sein soll, aber die Ungültigerklärung des Abberufungsbeschlusses im Wege einer stillschweigend vereinbarten auflösenden Bedingung, die vertragliche Bindung für die Zukunft entfallen lässt. Der neue Verwalter hat daher für die Zeit seines Wirkens vertragliche Ansprüche gegen die Wohnungseigentümer. Der alte Verwalter hat für die Schwebezeit Vergütungsansprüche aus § 615 BGB. Auf bereits im Zeitpunkt einer Wiederbestellung bekannte Tatsachen kann ein Antrag auf Abberufung nicht gestützt werden (siehe Rn 107).

II. Abberufung aus wichtigem Grund

1. Einschränkung der Abberufung

102 Sofern keine besondere Abrede getroffen wurde, ist eine Abberufung des Verwalters jederzeit möglich.[263] Gemäß § 26 Abs. 1 S. 3 kann die Abberufung des Verwalters auf das Vorliegen eines wichtigen Grundes beschränkt werden. Eine solche Beschränkung kann die Teilungserklärung oder eine sonstige Vereinbarung enthalten. Sie kann ferner durch den Bestellungsbeschluss begründet werden, auch dann wenn die Teilungserklärung die Abberufung nicht auf das Vorliegen eines wichtigen Grundes beschränkt.[264] Auch im Verwaltervertrag, der ebenfalls eines Beschlusses bedarf, kann die Beschränkung der Abberufung ohne entsprechende Grundlage in der Teilungserklärung begründet werden.[265] Diese Regelungen betreffen nicht das Verhältnis der Wohnungseigentümer untereinander, sondern ihr Verhältnis zum Verwalter. Die Beschlüsse können deshalb allenfalls erfolgreich angefochten werden, wenn sie nicht ordnungsgemäßer Verwaltung entsprechen. Eine Beschränkung der Abberufung auf das Vorliegen eines wichtigen Grundes ist auch dann zu bejahen, wenn der Verwalter für einen fest bestimmten Zeitraum bestellt worden ist.[266]

2. Keine Erklärungsfrist

103 § 626 Abs. 2 BGB gilt für die Abberufung als Organisationsakt nicht, sondern hat für die Abberufung aus wichtigem Grund nur dann Bedeutung, wenn diese zugleich die fristlose Kündigung des Verwaltervertrags enthält.[267] Das Recht zur Abberufung kann aber nach dem Rechtsgedanken des § 314 Abs. 3 BGB verwirkt sein, wenn die Abberufung nicht innerhalb einer angemessenen Frist nach Kenntnis des Abberufungsgrundes erfolgt.[268] Ist Grund für die Abberufung ein Interessenkonflikt, dann reicht es aus, wenn ein solcher Dauertatbestand bei Abberufung noch vorlag.[269]

3. Wichtiger Grund

104 Ein wichtiger Grund liegt vor, wenn den Wohnungseigentümern unter Beachtung aller – nicht notwendig vom Verwalter verschuldeter – Umstände nach Treu und Glauben eine weitere Zusammenarbeit mit dem Verwalter nicht mehr zuzumuten ist, insbesondere durch diese Umstände das erforderliche Vertrauensverhältnis zerstört ist.[270]

4. Einzelfälle

105 Ein wichtiger Grund kommt im Einzelfall in Betracht,
- wenn der Verwalter eine **strafbare Handlung** begeht, insbesondere ein Vermögens- oder Eigentumsdelikt, wobei sich die Tat nicht gegen die Eigentümergemeinschaft richten muss; die Verurteilung wegen einer solchen Tat führt grundsätzlich zu einer schwerwiegenden Störung des Vertrauensverhältnisses;[271] ausreichen dürfte bereits die Anklageerhebung durch die Staatsanwaltschaft, weil das Vertrauen der Wohnungseigentümer in den Verwalter schon dann schwerwiegend gestört sein wird, wenn die Anklagebehörde den hinreichenden Tatverdacht bejaht; es genügt natürlich auch, wenn die Tat unstreitig ist;[272] weigert sich die Mehrheit trotz Verurteilung des Verwalters wegen Untreue in mehreren Fällen den Verwalter abzuberufen, dann ist dies rechtsmissbräuchlich;[273]
- wenn der Verwalter Wohnungseigentümer **beleidigt** oder ihnen gegenüber **tätlich wird**;
- wenn der Verwalter **Weisungen** der Wohnungseigentümer **nicht beachtet**, z.B. entgegen der ausdrücklichen Weisung Ansprüche der Gemeinschaft gegen einen Wohnungseigentümer weiterverfolgt[274] oder gegen den Willen der Eigentümergemeinschaft seine Zustimmung gemäß § 12 zur Veräußerung oder zu einer Vermietung oder Nutzungsänderung erteilt;
- wenn der Verwalter sich weigert, **Beschlüsse** der Wohnungseigentümer durchzuführen;

---

263 OLG Hamm 15 W 77/98, NZM 1999, 229, 230.
264 *Drasdo*, NZM 2001, 923, 926.
265 *Drasdo*, NZM 2001, 926, 927.
266 BGH V ZR 105/11, MDR 2012, 574; *Wenzel*, ZWE 2001, 510, 514.
267 Staudinger/*Bub*, § 26 Rn 414; missverständlich BayObLG 2Z BR 3/99, NZM 1999, 844, 845; BayObLG 2Z BR 120/99, NZM 2000, 341, 342.
268 Ebenso AG Bonn 27 C 44/09, ZMR 2010, 320; *Merle* in Bärmann, § 26 Rn 188.
269 OLG Hamm 15 W 326/01, NZM 2002, 295, 297.
270 BGH V ZB 39/01, NJW 2002, 3240, 3243 m.w.N.; OLG Hamm 15 W 396/03, NZM 2004, 504, 506 m.w.N.
271 BayObLG 2Z BR 8/98, WuM 1998, 624, 625.
272 OLG Hamm 15 W 77/98, NZM 1999, 229, 230.
273 OLG Köln 16 Wx 15/01, NZM 2002, 221.
274 OLG Düsseldorf 3 Wx 492/97, WuM 1998, 311.

- wenn der Verwalter keine **Einsicht** in die Versammlungsniederschriften gewährt oder erst nach Ablauf der Anfechtungsfrist;[275]
- wenn der Verwalter ein **Versammlungsprotokoll** bewusst falsch erstellt;[276]
- wenn der Verwalter **Insolvenzantrag** stellen muss oder sonst in Vermögensverfall gerät;[277] ausreichen kann, dass der Geschäftsführer der Verwaltergesellschaft mit zwei Gesellschaften, deren Geschäftsführer oder Gesellschafter er war, in Insolvenzverfahren verwickelt war;[278]
- wenn der Verwalter dem Rücklagenkonto **eigenmächtig Gelder entnimmt**;
- wenn sich entgegen dem Antrag einer Vielzahl von Wohnungseigentümern weigert, die fristlose Kündigung des Verwaltervertrages als Tagesordnungspunkt in die **Einladung** aufzunehmen;[279]
- wenn er jegliche Zusammenarbeit mit dem **Verwaltungsbeirat** verweigert;[280]
- wenn er längere Zeit keine **Eigentümerversammlung** einberuft, obwohl dadurch die Funktionsfähigkeit der Verwaltung in Frage gestellt wird oder sonstige Gründe eine baldige Einberufung erfordern[281] oder die jährliche Einberufungspflicht verletzt;[282]
- wenn er einem **Einberufungsverlangen** gemäß § 24 Abs. 2 nicht Folge leistet oder wenn er die rechtzeitige Durchführung einer Eigentümerversammlung verhindert und dadurch die Möglichkeit zur ordentlichen Kündigung vereitelt;[283] dies gilt für ein Einberufungsverlangen insbesondere dann, wenn die Wohnungseigentümer mit konkreten Beanstandungen schwerwiegende Vorwürfe erheben, die den Verdacht finanzieller Unregelmäßigkeiten begründen, und denen der Verwalter nicht konkret entgegentritt;[284]
- wenn er als **Versammlungsleiter** den Wohnungseigentümern kein Rederecht gewährt oder wenn er die Versammlung verlässt weil seine Auffassung durch die Mehrheit abgelehnt wird;
- wenn er das Verlangen einer antragsberechtigten Minderheit i.S.v. § 24 Abs. 2, den Neuabschluss einer verbundenen **Gebäudeversicherung** für das Gemeinschaftseigentum der Eigentümerversammlung zur Beschlussfassung zu unterbreiten, ablehnt und eigenmächtig über den Neuabschluss entscheidet;[285]
- wenn er verschweigt, dass er für den Abschluss der erforderlichen Versicherungsverträge für die Gemeinschaft von der Versicherungsgesellschaft **Provisionen** in erheblichem Umfang erhalten hat;[286]
- wenn er pflichtwidrig den mit der Prüfung der Jahresabrechnung beauftragten Wohnungseigentümern Auskünfte sowie die Einsicht in die **Abrechnungsunterlagen** verweigert;[287]
- wenn er in der der Verwalterbestellung vorbereitenden Eigentümerversammlung gezielte Fragen nach nicht getilgten **Vorstrafen** ausweichend oder bagatellisierend beantwortet und dadurch bei einem Teil der Wohnungseigentümer ein Irrtum über den Umfang der noch nicht getilgten Vorstrafen erregt wird;[288]
- wenn er sich **Ansprüche eines Dritten** gegen die Wohnungseigentümer abtreten lässt und diese gegen die Wohnungseigentümer oder einen von ihnen gerichtlich geltend macht;[289]
- wenn er **Gelder der Wohnungseigentümer** nicht von seinem Vermögen getrennt hält und es dadurch zu Unklarheiten und Verwicklungen kommt;[290]
- wenn er Ausgaben nicht in die **Abrechnung** des betreffenden Jahres oder bei fehlender Deckung nicht in den Wirtschaftsplan für das nächste Jahr einsetzt, sondern erst mehrere Jahre später ohne nähere Erläuterung in der Jahresabrechnung berücksichtigt und dies trotz Aufforderung der Wohnungseigentümer auch nachträglich nicht erklärt;[291]
- wenn er die von den Wohnungseigentümern beschlossene Zweckbindung bei der Verwaltung bestimmter Gelder nicht respektiert und eigenmächtig **Gelder** von einem für die Bausanierung bestimmten Sonderkonto der Gemeinschaft zur Befriedigung eigener Ansprüche (z.B. angebliches Verwalterhonorar) entnimmt;[292]
- wenn der Verwalter bei einer **Abrechnung** einseitig der Anweisung des Mehrheitseigentümers folgt, obwohl die Art der Abrechnung nicht den Grundsätzen ordnungsgemäßer Verwaltung entspricht;[293]
- wenn der Verwalter **Abrechnungen** oder **Wirtschaftspläne** gar nicht oder mit ungebührlicher Verzögerung erstellt, insbesondere die **Jahresabrechnung** über einen längeren Zeitraum verzögert und die Wohnungseigentümer über mehrere Eigentümerversammlungen hin vertröstet, wobei ihm eine förmliche Ausschlussfrist nicht gesetzt worden sein muss[294] oder wiederholt die Jahresabrechnung nicht rechtzeitig aufstellt;[295] verzögert sich

---

275 LG Freiburg 4 T 129/65, NJW 1968, 1973.
276 BayObLG WEM 1980, 125.
277 OLG Stuttgart 8 W 572/76, OLGZ 1977, 433.
278 BayObLG 2Z BR 102/04, ZMR 2005, 301, 302.
279 OLG Frankfurt 20 W 206/87, ZMR 1988, 348.
280 OLG Frankfurt 20 W 206/87, ZMR 1988, 348.
281 BGH V ZB 39/01, NJW 2002, 3240, 3243.
282 AG Hamburg-Blankenese 539 C 27/08, ZMR 2008, 1001.
283 OLG Frankfurt 20 W 147/87, OLGZ 1988, 43; OLG Düsseldorf 3 Wx 492/97, WuM 1998, 311; OLG Düsseldorf 3 Wx 345/97, NZM 1998, 517; LG Düsseldorf 19 S 45/11, ZMR 2012, 384, 385.
284 OLG Düsseldorf 3 Wx 217/02, NZM 2004, 110.
285 BayObLG BReg 1 b Z 25/89, WuM 1990, 464, 466.
286 OLG Düsseldorf 3 Wx 492/97, WuM 1998, 311.
287 BayObLG BReg 1 b Z 25/89, WuM 1990, 464, 466; AG Pinneberg 68 II 93/02 WEG, ZMR 2005, 318, 319.
288 KG 24 W 5948/92, WuM 1993, 761.
289 BayObLG 2Z BR 54/93, WuM 1993, 762.
290 BayObLG 2Z BR 108/95, WuM 1996, 116, 118.
291 BayObLG 2Z BR 108/95, WuM 1996, 116, 118.
292 OLG Düsseldorf 3 Wx 569/96, WuM 1997, 572.
293 OLG Köln 16 Wx 156/98, WuM 1999, 298.
294 OLG Köln 16 Wx 156/98, WuM 1999, 299; vgl. auch OLG Düsseldorf 3 Wx 8/02, NZM 2002, 487.
295 BayObLG 2Z BR 76/99, NZM 2000, 343.

aber die Jahresabrechnung, weil die Daten für die verbrauchsabhängige Heizkostenabrechnung noch fehlen[296] oder sonstige nachvollziehbare Gründe für die Verzögerung dargelegt werden,[297] liegt ein wichtiger Grund nicht vor;
- wenn er die **Jahresabrechnung** nicht in der dem Gesetz entsprechenden üblichen überwiegend von Rechtsprechung und Schrifttum anerkannten Methode erstellt;[298] billigen die Wohnungseigentümer jedoch bewusst eine unzutreffende Abrechnung, können sie den Verwalter nicht wegen deren Erstellung mit sofortiger Wirkung abberufen.[299]
- wenn er die **Abrechnung** von Entnahmen aus dem Gemeinschaftsvermögen monatelang verzögert;[300]
- wenn der Verwalter mehrere Jahre seine **Verpflichtungen aus** einem gerichtlichen **Vergleich** zur Neuverteilung laufender Kosten sowie zu Abrechnungserstellungen **nicht umsetzt**;[301]
- wenn eine vertrauensvolle Zusammenarbeit zwischen Verwalter und **Verwaltungsbeirat** nicht mehr möglich ist;[302] hat aber der Verwaltungsbeirat das Zerwürfnis in vorwerfbarer Weise selbst herbeigeführt, besteht grundsätzlich kein wichtiger Grund für eine Kündigung des Verwaltervertrags;[303]
- wenn der Verwalter nicht für geordnete **finanzielle Verhältnisse** der Gemeinschaft sorgt, so dass wegen zu geringer oder nicht rechtzeitig beigetriebener Wohngeldvorschüsse Liquiditätsengpässe entstehen, die der Verwalter durch ein eigenes Darlehen an die Gemeinschaft zu beheben versucht;[304]
- wenn er gegen Wohnungseigentümer **Strafanzeigen** erstattet, die jeder Grundlage entbehren;[305]
- wenn die allgemeine Gefahr von **Interessenkollisionen** wegen wirtschaftlicher **Identität mit dem Bauträger**, sich deswegen konkretisiert, weil die Wohnungseigentümer Verwaltungsmaßnahmen im Hinblick auf die gemeinschaftliche Geltendmachung von Gewährleistungsansprüchen treffen wollen;[306]
- wenn er ohne einen ermächtigenden Beschluss **eigenmächtig Aufträge zur Ausführung von nicht** dringenden **Instandsetzungsmaßnahmen erheblichen Umfangs vergibt**,[307] denn es handelt sich insofern weder um **laufende** Maßnahmen der erforderlichen ordnungsmäßigen Instandhaltung und Instandsetzung (§ 27 Abs. 3 S. 1 Nr. 3 i.V.m. Abs. 1 Nr. 2) noch um dringende Maßnahmen (§ 27 Abs. 3 S. 1 Nr. 4 i.V.m. Abs. 1 Nr. 3), so dass der Verwalter nicht gesetzlicher Vertreter der Wohnungseigentümergemeinschaft ist;
- wenn er eigenmächtig einen **Wärmelieferungsvertrag** abschließt und die Beheizung von Öl auf Fernwärme umstellt;[308]
- wenn er der Einladung zu einer Eigentümerversammlung ein Schreiben seines Verfahrensbevollmächtigten an ihn beifügt, in dem der **Verwaltungsbeiratsvorsitzende als klassisch psychologischer Fall bezeichnet** wird;[309]
- wenn er **interne Schreiben an die Presse weiterleitet**[310]
- wenn er Informationspflichten nach **§ 27 Abs. 1 Nr. 7** in grober Weise verletzt (siehe § 27 Rn 63).

106 Regelmäßig **kein wichtiger Grund** sind Unmutsäußerungen über Wohnungseigentümer, Rechenfehler in der Abrechnung, Verzögerungen bei der Durchführung von Reparaturen oder bei der Erledigung von Anfragen der Wohnungseigentümer oder bei der Versendung der Versammlungsniederschrift, Verweigerung der Akteneinsicht.[311] Leichte Verstöße gegen den Verwaltervertrag rechtfertigen erst im Wiederholungsfall nach einer Abmahnung die Abberufung des Verwalters aus wichtigem Grund; bei einer nur noch kurzen restlichen Amtsdauer rechtfertigen auch mehrere leichte Vertragsverletzungen keine Abberufung aus wichtigem Grund.[312] Bei Bejahung eines wichtigen Grundes bedarf es dagegen keiner Abmahnung (siehe Rn 120). Ist der Geschäftsführer des Bauträgers Verwalter, so ist dies im Hinblick auf die Durchsetzung von Gewährleistungsansprüchen zwar problematisch, aber für sich allein noch kein wichtiger Grund für die Abberufung.[313] Ein Bauträger kann jedoch als Verwalter abberufen werden, wenn es wegen behaupteter Mängel am Bau zu erheblichen Meinungsverschiedenheiten zwischen ihm und den Wohnungseigentümern gekommen ist.[314]

107 Wurde dem Verwalter für einen bestimmten Zeitraum **Entlastung** erteilt, so können Verfehlungen aus dieser Zeit als wichtiger Grund nicht mehr geltend gemacht werden.[315] Ein Beschluss über die erneute Bestellung eines Verwalters hat für die abgelaufene Amtszeit nicht die Wirkung eines Entlastungsbeschlusses. Ein Antrag auf **Abberufung des erneut bestellten Verwalters** kann aber nicht allein auf sein Verhalten und seine Tätigkeit vor seiner Wiederbestel-

---

296 OLG Brandenburg 5 Wx 15/01, NZM 2002, 131, 132.
297 BGH V ZB 39/01, NJW 2002, 3240, 3243.
298 OLG Düsseldorf 3 Wx 46/05, ZMR 2006, 293.
299 LG Düsseldorf 16 S 45/09, ZMR 2010, 713, 715.
300 OLG Köln 16 Wx 126/98, NZM 1998, 960.
301 OLG Köln 16 Wx 228/07, ZMR 2009, 311.
302 BayObLG 2Z BR 97/99, NZM 2000, 510; BayObLG 2Z BR 14/02, ZMR 2002, 774; OLG Köln 16 Wx 37/07, ZMR 2007, 717.
303 BayObLG 2Z BR 150/98, WuM 1999, 354.
304 OLG Karlsruhe 4 W 71/97, WuM 1998, 240; OLG Köln 16 Wx 21/99, WuM 2000, 269.
305 OLG Düsseldorf 3 Wx 345/97, NZM 1998, 517.
306 OLG Hamm 15 W 17/04, NZM 2004, 744.
307 BayObLG 2Z BR 181/03, ZMR 2004, 601.
308 KG 24 W 25/09, ZMR 2010, 974.
309 BayObLG 2Z BR 240/03, ZMR 2004, 923.
310 AG Kassel 800 II 74/05 WEG, ZMR 2006, 322.
311 Vgl. BayObLG BReg 2 Z 45/85, ZMR 1985, 390, 391.
312 AG Bonn 27 C 21/10, ZMR 2011, 904.
313 OLG Köln 16 Wx 215/96, WuM 1997, 696, 697.
314 AG Solingen 18 II 45/99 WEG, NZM 2001, 149, 150.
315 BayObLG 2 Z 45/85, ZMR 1985, 390, 391.

lung gestützt werden.[316] Dies gilt auch dann, wenn der Wohnungseigentümer, der die Abberufung beantragt, bei der Wiederbestellung durch die absolute Stimmenmehrheit eines anderen Wohnungseigentümer majorisiert worden ist, denn der Bestellungsbeschluss hätte angefochten werden können.[317] Eine schuldrechtliche Vereinbarung der Gemeinschaft mit dem Verwalter oder einem Dritten, trotz Vorliegen eines wichtigen Grundes keine Abberufung vorzunehmen, ist unwirksam.[318] Fassen die Wohnungseigentümer dagegen im Einzelfall einen Beschluss, den Verwalter trotz Vorliegens eines wichtigen Grundes nicht abzuberufen, so ist dieser Beschluss wirksam, solange er nicht angefochten wird.

5. Abberufungsgrund des § 26 Abs. 1 S. 4

Ein wichtiger Grund für die Abberufung des Verwalters liegt gemäß § 26 Abs. 1 S. 4 regelmäßig vor, wenn der Verwalter entgegen seiner Pflicht gemäß § 24 Abs. 8 S. 1 die Beschluss-Sammlung nicht ordnungsmäßig führt, insbesondere den Anforderungen des § 24 Abs. 7 nicht entspricht. Den Verwalter trifft in einem solchen Fall in der Regel ein schwerer Vorwurf schon bei einer einmaligen Verletzung, denn die Beschluss-Sammlung stellt einerseits keine besonderen Anforderungen an den Verwalter, sie hat aber andererseits erhebliche Bedeutung sowohl für den Erwerber einer Eigentumswohnung als auch für die Wohnungseigentümer und den Verwalter selbst.[319] Es handelt sich um ein Regelbeispiel, das im Ausnahmefall widerlegbar ist. Dies bedeutet, dass nicht jeder noch so geringe Mangel in der Führung der Beschluss-Sammlung stets einen wichtigen Grund für die Abberufung des Verwalters darstellt; maßgebend bleibt die gebotene umfassende Abwägung aller Umstände.[320] In der Regel wird ein wichtiger Grund für die Abberufung des Verwalters jedenfalls dann vorliegen, wenn bei Führung der Beschluss-Sammlung mehrere Fehler gemacht wurden.[321] Ein Verstoß unmittelbar nach Einführung der Pflicht zur Führung der Beschluss-Sammlung, der auf Unsicherheit über die Auslegung des Begriffes „unverzüglich" in § 24 Abs. 7 S. 7 beruht, kann dem Verwalter nicht angelastet werden.[322]

III. Kündigung des Verwaltervertrages

Der Verwaltervertrag ist in der Regel ein Dienstvertrag, der eine Geschäftsbesorgung zum Gegenstand hat. Es finden deshalb grundsätzlich die Vorschriften des BGB über die Kündigung von Dienstverträgen Anwendung.

1. Rechtsschutz gegen die Kündigung

Die Kündigung des Verwaltervertrages ist nach der Trennungstheorie von der Abberufung des Verwalters zu unterscheiden. Beides kann auseinanderfallen, so z.B. wenn nach dem Verwaltervertrag eine Abberufung nur aus wichtigem Grund möglich ist, der nicht vorliegt, aber der Abberufungsbeschluss mangels Anfechtung bestandskräftig wird. Der Verwalter verliert dann seine Stellung als Verwalter und die mit dieser Stellung verbundenen Vollmachten und Befugnisse.[323] Er behält aber aufgrund des Verwaltervertrages seinen Anspruch auf Vergütung unter den Voraussetzungen des § 615 BGB.[324] Die ersparten Aufwendungen können auf 20 % des Honorars geschätzt werden,[325] Der Verwalter kann sich grundsätzlich darauf beschränken, nur die fristlose Kündigung des Verwaltervertrags anzugreifen,[326] indem er beantragt, die Unwirksamkeit der Kündigung festzustellen (siehe Rn 112).

Verwalteramt und Verwaltervertrag können aber auch **materiellrechtlich miteinander verknüpft sein**. Bestimmt der Verwaltervertrag, dass die Abberufung des Verwalters nur aus wichtigem Grund zulässig ist und auch der Verwaltervertrag mit der vorzeitigen Abberufung endet, dann bewirkt die Bestandskraft eines Abberufungsbeschlusses gleichzeitig das Ende des Verwaltervertrags.[327] Aber auch ohne ausdrückliche Regelung kommt eine Verknüpfung im Wege der ergänzenden Vertragsauslegung in Betracht. So ist z.B. davon auszugehen, dass nach dem Willen der Vertragschließenden der auf der Grundlage einer noch nicht bestandskräftigen Verwalterbestellung abgeschlossene Verwaltervertrag zwar unabhängig vom Ausgang des gerichtlichen Verfahrens über die Gültigkeit der Bestellung für die Zwischenzeit rechtswirksam sein soll, aber die gerichtliche Ungültigerklärung aufgrund einer stillschweigend vereinbarten auflösenden Bedingung die vertragliche Bindung für die Zukunft entfallen lässt.[328] Gleiches gilt bei Bestellung eines Verwalters im Anschluss an die vorzeitige Abberufung eines Verwalters (siehe Rn 24). Über diese beiden Fälle hinaus ist im Zweifel anzunehmen, dass der Verwaltervertrag nur für die Dauer der Bestellung und unter der auflösenden Bedingung abgeschlossen wird, dass er auch mit der Bestandskraft der Abberufung endet.[329] **In solchen Fällen muss der Verwalter den Abberufungsbeschluss anfechten**, weil er sich seine Rechte

---

316 OLG Düsseldorf 3 Wx 47/96, WuM 1997, 67; OLG Celle 4 W 49/99, NZM 1999, 841; OLG Düsseldorf NZM 2002, 487, 488; BayObLG 2Z BR 066/04, ZMR 2004, 840, 841.
317 OLG Düsseldorf 3 Wx 9/00, NZM 2000, 1019, 1020.
318 Vgl. OLG Köln OLGZ 1969, 389, 391; LG Freiburg NJW 1968, 1373.
319 Vgl. BT-Drucks 16/887 S. 35.
320 LG Berlin 85 S 101/08, ZWE 2010, 224; AG München 485 C 602/07, ZMR 2009, 644, 655.
321 AG Wiesbaden 92 C 2445/11, ZMR 2012, 66.
322 LG Berlin 85 S 101/08, ZWE 2010, 224.
323 BayObLGZ, 1958, 234, 238.
324 BayObLG BReg 2 Z 16/74, BayObLGZ 1974, 275.
325 OLG Hamburg 2 Wx 22/99, ZMR 2005, 974, 975.
326 Vgl. OLG Köln 16 Wx 67/00, NJW-RR 2001, 159.
327 BayObLG 2Z BR 119/92, WuM 1993, 306.
328 BGH III ZR 248/95, NJW 1997, 2106, 2107; KG 24 W 291/03, NZM 2005, 21.
329 OLG Zweibrücken 3 W 202/02, ZMR 2004, 63, 66; *Wenzel*, ZWE 2001, 510, 513.

aus dem Vertrag nur zusammen mit der Amtsstellung erhalten kann. Das Rechtsschutzinteresse für die Anfechtung des Abberufungsbeschlusses folgt auch hier nicht aus dem Interesse an der Aufrechterhaltung des Vertrages, sondern aus dem Interesse an der weiteren Ausübung des Amtes. Fehlt ein wichtiger Grund für die Abberufung des Verwalters, so ergibt aus den gleichen Erwägungen, dass der Verwaltervertrag nicht durch die ausgesprochene außerordentliche Kündigung mit sofortiger Wirkung beendet worden ist.[330]

112 Ist der Bestand des Verwaltervertrags materiellrechtlich **nicht** mit dem Verwalteramt **verknüpft**, kann sich der Verwalter damit begnügen, durch **Feststellungsklage** geltend zu machen, die Kündigung des Verwaltervertrags sei unwirksam, oder gleich mit einer Zahlungsklage die Vergütung verlangen.[331] Feststellungs- und Zahlungsklage sind gegen die Wohnungseigentümergemeinschaft als Verband zu richten.[332] Die Beweislast für die Tatsachen aus denen sich ein wichtiger Grund für eine Kündigung ergibt, trägt derjenige, der gekündigt hat oder sich auf die Wirksamkeit der Kündigung beruft.[333] Beweisbelastet ist also die Wohnungseigentümergemeinschaft. Für eine fristgebundene Anfechtung des Beschlusses über die Kündigung des Verwaltervertrags besteht kein Rechtsschutzinteresse.[334] Der Beschluss über die Kündigung des Verwaltervertrags besagt nämlich nur, dass die Mehrheit der Wohnungseigentümer der Ansicht ist, ein wichtiger Grund für eine Kündigung liege vor und deshalb solle der Verwaltervertrag gekündigt werden.[335] Das Rechtsschutzbedürfnis für einen Antrag auf Feststellung der Unwirksamkeit der Kündigung des Verwaltervertrages und auf Feststellung der Berechtigung zur Entnahme der Vergütung entfällt, wenn die streitigen Honoraransprüche durch einen auf § 812 BGB gestützten Gegenantrag der Wohnungseigentümer auf Rückzahlung des vom Verwalter entnommenen Honorars Verfahrensgegenstand geworden sind.[336] Der Verwalter muss dann seinen Feststellungsantrag für erledigt erklären. Nimmt ein Verwalter die Kündigung unbeanstandet hin und lässt auch in der Folgezeit nicht erkennen, dass er am Fortbestand des Verwaltervertrages festhalten will, so widerspricht es den in § 242 BGB verankerten Grundsätzen von Treu und Glauben mit der Folge der Verwirkung der Vergütungsansprüche, wenn er erst etwa 3 Jahre nach der Kündigung Vergütungsansprüche erhebt und diese mit der Unwirksamkeit der Kündigung begründet.[337] Entfaltet der Verwalter nach der Kündigung keine Verwaltertätigkeit mehr und erklärt er sich der Gemeinschaft gegenüber zudem in keiner Weise mehr für vertraglich verpflichtet, so endet auch sein Honoraranspruch.[338]

2. Kündigungserklärung

113 Die Kündigungserklärung ist in der Regel in der Abberufung enthalten. Der Abberufungsbeschluss stellt also regelmäßig die Kündigungserklärung dar. Die Kündigung ist ebenso wie die Abberufung eine empfangsbedürftige Willenserklärung. Ist der Verwalter auf der Eigentümerversammlung anwesend, so wird die Erklärung dadurch wirksam, dass der Verwalter das Beschlussergebnis wahrnimmt.[339] Ist der Verwalter nicht anwesend, so muss für den Zugang der Erklärung gesorgt werden (§ 130 BGB). Der Zugang muss beweisbar sein. Zu empfehlen ist der Einwurf des Versammlungsprotokolls in Gegenwart von Zeugen in den Briefkasten des Verwalters, ein Einschreiben mit Rückschein oder die Zustellung durch den Gerichtsvollzieher (§ 132 BGB).

3. Kündigungsfristen

114 Soweit der Verwaltervertrag keine Regelung enthält, sind bei der ordentlichen Kündigung die allgemeinen Kündigungsfristen zu beachten. In Betracht kommen § 621 Nr. 3 oder 4 BGB. Danach hat die Kündigung am fünfzehnten eines Monats zum Monatsende zu erfolgen, wenn die Vergütung nach Monaten bemessen ist. Ist die Vergütung nach Vierteljahren oder längeren Zeitabschnitten bemessen, so beträgt die Kündigungsfrist sechs Wochen zum Quartalsende. Kann eine unwirksame außerordentliche Kündigung in eine ordentliche Kündigung umgedeutet werden, dann führt diese nur dann zur fristgemäßen Beendigung des Verwaltervertrags, wenn das Recht zur ordentlichen Kündigung nicht ausgeschlossen ist.[340]

4. § 626 Abs. 2 BGB

115 Nach § 626 Abs. 2 BGB kann eine Kündigung aus wichtigem Grund nur innerhalb von 2 Wochen erfolgen. Diese Frist findet nur mit der Maßgabe Anwendung, dass die Kündigung innerhalb angemessen kurzer Zeit zu erfolgen hat,[341] denn die Kündigung des Verwalters muss durch die Mehrheit der Wohnungseigentümer erfolgen. Zum gleichen Ergebnis gelangt man, wenn man auf den Rechtsgedanken des § 314 Abs. 3 BGB abstellt.[342] Ob die Kenntnis des Verwaltungsbeirats von Tatsachen, die eine Abberufung des Verwalters rechtfertigen, den Wohnungseigentümern zuzurechnen ist, erscheint fraglich.[343] Dem Beirat ist jedenfalls eine angemessene Zeit zur Prüfung der Voraussetzungen einer fristlosen Kündigung des Verwalters zuzubilligen.[344] Für die Frage der angemessenen Dauer der Frist ist maß-

---

330 BGH V ZB 39/01, NJW 2002, 3240, 3244.
331 BayObLG 2Z BR 150/98, WuM 1999, 354, 355; *Weitnauer/Lüke*, § 26 Rn 42.
332 *Dötsch*, ZWE 2011, 305, 307.
333 Vgl. etwa Palandt/*Weidenkaff*, § 626 Rn 6.
334 BGH V ZB 39/01, NJW 2002, 3240, 3241.
335 BayObLG 2Z BR 150/98, WuM 1999, 354, 355.
336 KG 24 W 2316/96, WuM 1997, 572.
337 OLG Düsseldorf 3 Wx 181/03, ZMR 2004, 691.
338 OLG Düsseldorf 3 Wx 163/07, ZMR 2008, 392.
339 Palandt/*Ellenberger*, § 130 BGB Rn 14.
340 BGH V ZB 39/01, NJW 2002, 3240, 3244.
341 OLG Hamburg 2 Wx 22/99, ZMR 2005, 974, 975.
342 So *Merle* in Bärmann, § 26 Rn 169.
343 Offen gelassen von KG 24 W 183/07, GE 2009, 1053.
344 KG 24 W 183/07, GE 2009, 1053.

5. Kündigungsgründe

Die Kündigungsgründe müssen bei Kündigung nicht mitgeteilt werden. Es reicht, dass sie vorhanden sind.[347] Es muss aber deutlich gemacht werden, dass die Kündigung aus wichtigem Grund erklärt wird.[348] Nach § 626 Abs. 2 S. 3 BGB müssen Kündigungsgründe auf Verlangen unverzüglich schriftlich (Textform genügt) mitgeteilt werden. Geschieht dies nicht, ist die Kündigung aber nicht unwirksam. Folge sind nur Schadensersatzansprüche.[349] Erfährt der Kündigende erst nach der Kündigung schon früher entstandene Kündigungsgründe, kann sich der Gegner nicht auf die fehlende Mitteilung berufen. 116

Kündigungsgründe können im Verfahren nachgeschoben werden, auch wenn sie vorher nicht mitgeteilt wurden. Dies gilt unabhängig davon, ob sie bekannt waren oder erst später bekannt wurden.[350] Entscheidend ist, dass der Kündigungsgrund im Zeitpunkt der Kündigung vorlag. Insofern besteht ein Unterschied zum Arbeitsrecht. Wegen der erforderlichen Anhörung des Betriebsrats sind dort dem Nachschieben von Kündigungsgründen Grenzen gesetzt. Kündigungsgründe, die schon so lange bekannt waren, dass die modifizierte Frist des § 626 Abs. 2 BGB nicht gewahrt ist, können jedoch nicht erfolgreich nachgeschoben werden. 117

Nach der Kündigungserklärung entstandene Kündigungsgründe können eine neue Kündigung rechtfertigen. Eine solche Kündigung kann grundsätzlich durch Nachschieben der Kündigungsgründe schlüssig erklärt sein. Zu beachten ist aber, dass für die Kündigung regelmäßig ein Beschluss der Wohnungseigentümer erforderlich ist. 118

Im Verwaltervertrag kann ein Sonderkündigungsrecht der Wohnungseigentümer für den Fall vereinbart werden, dass der zuständige Sachbearbeiter bei dem Verwalter ausscheidet.[351] 119

6. Abmahnung

Eine Abmahnung ist nach h.M. entbehrlich, wenn das notwendige Vertrauensverhältnis zerstört ist.[352] Dies ist beim Verwalter stets Voraussetzung für die Kündigung aus wichtigem Grund. Eine Abmahnung ist deshalb grundsätzlich nicht erforderlich. Reicht eine Abmahnung[353] aus, um den Missstand zu beheben, dann liegt ein wichtiger Grund regelmäßig nicht vor. (Zum wichtigen Grund siehe Rn 104.) 120

E. Amtsniederlegung

Das Verwalteramt kann auch durch eine Amtsniederlegung des Verwalters enden. Die Amtsniederlegung ist in der Regel nur dann berechtigt, wenn ein wichtiger Grund hierfür vorliegt. Eine unberechtigte Amtsniederlegung kann ebenso wie eine berechtigte Amtsniederlegung, die zur Unzeit erfolgt, Schadensersatzansprüche der Wohnungseigentümer auslösen. Die **Amtsniederlegung** ist eine einseitige empfangsbedürftige Willenserklärung. Sie **muss** deshalb dem Erklärungsempfänger **zugehen**, um wirksam zu werden (§ 130 BGB). Da die Wohnungseigentümergemeinschaft ein teilrechtsfähiger Verband sui generis ist (10 Abs. 6) und der Verwalter in erster Linie notwendiges Vertretungsorgan des Verbandes ist (§ 27 Abs. 3), muss die Niederlegungserklärung dem Verband und nicht den einzelnen Wohnungseigentümern zugehen.[354] Da der Verwalter wegen Interessenkollision hier nicht zur Vertretung des Verbands berechtigt ist, treten an seine Stelle die Wohnungseigentümer (§ 27 Abs. 3 S. 2). Nach einem allgemeinen Rechtsprinzip genügt bei der Passivvertretung aber der Zugang bei einem Gesamtvertreter.[355] Danach genügt ähnlich wie im Vereinsrecht[356] die Niederlegungserklärung auf einer Eigentümerversammlung für den Zugang bei dem Verband.[357] 121

Ebenso wie zwischen der Abberufung des Verwalters durch Mehrheitsbeschluss der Wohnungseigentümer und der **Kündigung des Verwaltervertrags** durch empfangsbedürftige Willenserklärung zu unterscheiden ist, ist auch zwischen der Niederlegung des Amtes durch den Verwalter und der Kündigung des Verwaltervertrags durch den Verwal- 122

---

345 OLG Frankfurt OLGZ 1988, 42, 45; OLG Frankfurt 20 W 206/87, ZMR 1988, 348; BayObLG 2Z BR 3/99, NZM 1999, 844, 845.
346 BayObLG 2Z BR 120/99, NZM 2000, 341, 343.
347 Palandt/*Weidenkaff*, § 626 BGB Rn 32.
348 Palandt/*Weidenkaff*, § 626 BGB Rn 19.
349 Palandt/*Weidenkaff*, § 626 BGB Rn 32.
350 A.A. wohl OLG Düsseldorf 3 Wx 569/96, WuM 1997, 572.
351 BayObLG 2Z BR 17/04, ZMR 2004, 687.
352 Palandt/*Weidenkaff*, § 626 Rn 18.
353 Zu den Modalitäten einer Abmahnung ausführlich *Abramenko*, ZWE 2012, 250.
354 Ebenso *Merle* in Bärmann, § 26 Rn 228; *Abramenko* in Riecke/Schmid, § 26 Rn 33.
355 Siehe etwa Soergel/*Leptien*, § 164 BGB Rn 28.
356 Vgl. Soergel/*Hadding*, § 27 BGB Rn 16 m.w.N.
357 Anders noch OLG München 32 Wx 60/05, Info-M 2006, 30 [Zugang an alle Wohnungseigentümer erforderlich].

ter zu unterscheiden.[358] In der Erklärung des Verwalters, er lege das Verwalteramt aus wichtigem Grund fristlos nieder, liegt aber in der Regel zugleich die Kündigung des Verwaltervertrags.[359] Will der Verwalter seine Rechte aus dem Verwaltervertrag, insbesondere seinen Vergütungsanspruch wahren, ist grundsätzlich ein ausdrücklicher Vorbehalt erforderlich.[360] Vertragspartner des Verwaltervertrags sind der Verwalter und die Wohnungseigentümergemeinschaft als Verband.[361] Erklärungsempfänger der Vertragskündigung durch den Verwalter ist folglich der Verband, so dass für den Zugang bei dem Verband genügt die Erklärung der Kündigung auf einer Eigentümerversammlung.

123 Ist der Verwaltervertrag durch eine wirksame fristlose Kündigung des Verwalters aufgelöst, so kommt aber ein Schadensersatzanspruch des Verwalters aus § 628 Abs. 2 BGB gegen den oder diejenigen Wohnungseigentümer in Betracht, die durch ihr vertragswidriges Verhalten (z.B. Formalbeleidigungen) seine fristlose Kündigung ausgelöst haben.[362] Auch dann, wenn ein Mitglied des Verwaltungsbeirats die fristlose Kündigung ausgelöst hat, begründet die unterlassene Abberufung dieses Beiratsmitglieds keine Schadensersatzansprüche des Verwalters gegen alle Wohnungseigentümer, weil einzelnen Wohnungseigentümer nicht zugerechnet werden kann, dass ein Abberufungsbeschluss nicht zustande kommt.[363]

F. Ansprüche bei einem Verwalterwechsel

124 Wird der Verwalter vorzeitig abberufen, der Bestellungsbeschluss für ungültig erklärt, endet der Bestellungszeitraum ohne erneute Bestellung oder legt der Verwalter sein Amt nieder, hat er alle Verwaltungsunterlagen und die der Wohnungseigentümergemeinschaft zustehenden Gelder an die Wohnungseigentümer zu Händen des neuen Verwalters herauszugeben (§§ 675, 667 BGB) und über seine Einnahmen und Ausgaben gemäß §§ 675, 666 BGB, § 28 Abs. 4 Rechnung zu legen.[364] (Zur Rechnungslegung siehe § 28 Rn 162.) Ein Muster für einen Antrag zur gerichtlichen Durchsetzung dieser Ansprüche ist im Anhang V B unter Ziffer III Rn 14 abgedruckt.

I. Anspruch auf Herausgabe nicht verbrauchter Wohngelder

125 Anspruchsgrundlage ist jeweils § 667 BGB, entweder unmittelbar oder in Verbindung mit § 675 BGB oder §§ 677, 681 BGB.[365] Ein vertraglicher Anspruch der Gemeinschaft der Wohnungseigentümer aus §§ 675, 667 BGB auf Herausgabe der dem Verwalter zugeflossenen und von diesem nicht bestimmungsgemäß verbrauchten Wohngelder kommt auch dann in Betracht, wenn die Verwaltertätigkeit deshalb beendet wird, weil der Beschluss der Wohnungseigentümer über die Verwalterbestellung rechtskräftig für ungültig erklärt wird.[366] Der Verwaltervertrag wird durch die rechtskräftige Entscheidung nur für die Zukunft aufgelöst (vgl. Rn 24). Bis zu diesem Zeitpunkt hat der Verwalter, falls ihm die Amtsausübung nicht durch eine einstweilige Verfügung untersagt worden ist,[367] vertragliche Vergütungsansprüche und er ist bevollmächtigt, die Beitragszahlungen der Wohnungseigentümer an die Wohnungseigentümergemeinschaft entgegenzunehmen (§§ 27 Abs. 2 Nr. 2 WEG, 362 Abs. 2 BGB). Die Wohnungseigentümer zahlen ihre Beiträge somit an einen Berechtigten. Grundlage für den Anspruch der Wohnungseigentümergemeinschaft auf Herausgabe der an den Verwalter gezahlten Beiträge ist deshalb § 667 BGB und nicht § 816 Abs. 2 BGB. Ist der Verwaltervertrag ausnahmsweise unwirksam, folgt der Anspruch aus §§ 667, 677, 681 S. 2 BGB, weil es im Interesse der Wohnungseigentümer liegt, dass die Aufgaben des Verwalters wahrgenommen werden.[368]

126 Die Geltendmachung des Herausgabeanspruchs aus §§ 675, 667 BGB setzt nicht voraus, dass ein Beschluss der Wohnungseigentümer über die Jahresabrechnung (§ 28 Abs. 3) oder die Rechnungslegung (§ 28 Abs. 4) zustande kommt.[369] Der Verwalter hat gemäß § 667 BGB das zur Ausführung des Amtes Erhaltene herauszugeben. Dies sind regelmäßig die bei Amtsübernahme auf den Konten vorhandenen Gelder (Anfangssaldo) und die von den Wohnungseigentümern gezahlten Beiträge (Einnahmen), soweit sie nicht bestimmungsgemäß zur Verwaltung des gemeinschaftlichen Eigentums verbraucht worden sind (Ausgaben). Die Wohnungseigentümer können einen Anspruch aus § 667 BGB nicht dadurch berechnen, dass sie tatsächliche Zahlungsvorgänge mit Forderungen saldieren.[370] Die Wohnungseigentümer müssen die Höhe des Anfangssaldos und die Höhe der gezahlten Wohngelder beweisen.[371] Der Verwalter muss die bestimmungsgemäße Verwendung der Gelder beweisen.[372]

---

358 Ebenso Staudinger/*Bub*, § 26 Rn 478; *Gottschalg*, FS Wenzel S 167; offen gelassen BayObLG 2Z BR 29/99, NZM 2000, 48, 49.
359 BayObLG 2Z BR 29/99, NZM 2000, 48, 49; *Gottschalg*, FS Wenzel S. 167.
360 BayObLG 2Z BR 29/99, NZM 2000, 48, 50.
361 Siehe etwa *Abramenko*, ZMR 2006, 6.
362 BayObLG 2Z BR 29/99, NZM 2000, 48, 50.
363 BayObLG 2Z BR 29/99, NZM 2000, 48, 50; **a.A.** *Drasdo*, ZWE 2001, 522, 526.
364 BayObLG BReg 2 Z 50/75, BayObLGZ 1975, 327, 329; BayObLG 2Z BR 55/93, WuM 1994, 44.
365 Vgl. BayObLG 2Z BR 53/99, NZM 1999, 1148 m. Anm. *Niedenführ*, NZM 2000, 270.
366 BGH III ZR 248/95, NJW 1997, 2106.
367 Siehe dazu KG 24 W 6672/89, NJW-RR 1991, 274.
368 Siehe BGH XI ZR 25/88, ZMR 1989, 265, 266.
369 BGH III ZR 248/95, NJW 1997, 2106.
370 BayObLG 2Z BR 55/93, WuM 1994, 43.
371 BayObLG 2Z BR 83/99, NZM 2000, 245, 246.
372 BayObLG 2Z BR 53/99, NZM 1999, 1148 m. Anm. *Niedenführ*, NZM 2000, 270; Palandt/*Sprau*, § 667 BGB Rn 10.

127 Die Höhe des herauszugebenden Betrages ist im Ergebnis durch eine Rechnungslegung nach § 259 BGB zu ermitteln. Auf diese haben die Wohnungseigentümer nach § 666 BGB Anspruch. Häufig werden deshalb ausgeschiedene Verwalter im Wege des Stufenantrags auf Rechnungslegung, eidesstattliche Versicherung und Zahlung in Anspruch genommen. Dies ist aber nicht notwendig. Die Rechnungslegung dient zwar der Durchsetzung des Herausgabeanspruchs aus § 667 BGB. Sie ist aber nicht Voraussetzung für diesen Anspruch.[373] Im Wohnungseigentumsrecht gilt insoweit nichts anderes. Der Beschluss über die Jahresabrechnung dient nur der internen Abrechnung der Wohnungseigentümer untereinander. Allerdings sollte dem Verwalter nicht nur ausreichend Gelegenheit zur Rechnungslegung gegeben werden. Er sollte vor der Einleitung des gerichtlichen Verfahrens mit der Rechnungslegung in Verzug sein. Nur dann können die Wohnungseigentümer Verfahrenskosten als Verzugsschaden geltend machen, soweit sie unterliegen, weil der Verwalter erst im anhängigen Verfahren Rechnung legt und nachweist, dass er die herausverlangten Gelder ganz oder teilweise bestimmungsgemäß verbraucht hat.

128 Der Verwalter darf mit Ansprüchen auf rückständige Vergütung gegen den Anspruch auf Rückzahlung von Geldern aufrechnen.[374]

129 Hat ein Verwalter, der nach der Teilungserklärung die Zuordnung und Übertragung der Sondernutzungsrechte an den Pkw-Abstellplätzen vorzunehmen hat, die Sondernutzungsrechte gegen Entgelt übertragen, so hat er das Entgelt an die Wohnungseigentümer herauszugeben.[375]

II. Herausgabe der Verwaltungsunterlagen

130 Der Verwalter hat gemäß § 667 BGB alle Verwaltungsunterlagen an die Wohnungseigentümergemeinschaft zu Händen des neuen Verwalters herauszugeben.[376] Dies gilt auch, wenn der Abberufungsbeschluss angefochten ist, solange er noch nicht rechtskräftig für ungültig erklärt ist.[377] Inhaber des Herausgabeanspruchs ist die Wohnungseigentümergemeinschaft.[378] Der Verwalter schuldet die Herausgabe der Originalbelege und Originalrechnungen.[379] War der Bauträger Verwalter, muss er nach seinem Ausscheiden die Bauunterlagen herausgeben, die er als Bauträger in Besitz hat, soweit sie die Errichtung der Wohnanlage betreffen und für Ansprüche gegen die am Bau Beteiligten von Bedeutung sind.[380] Der Anspruch ist nicht auf solche Unterlagen beschränkt, die von der Eigentümergemeinschaft zur Prüfung ihrer Ansprüche benötigt werden, er erfasst **sämtliche Unterlagen und Konten**, in denen Vorgänge betreffend die Wohnungseigentumsanlage gebucht sind. Dem Anspruch steht auch nicht entgegen, dass über das Konto auch Geldbewegungen Dritter (z.B. Mieteinzahlungen und -auszahlungen im Rahmen der Sondereigentumsverwaltung) geflossen sind, doch ist der Verwalter befugt, vor einer Herausgabe der Unterlagen diejenigen Beträge in den Kontoauszügen unkenntlich zu machen, die sich nach dem Buchungstext zweifelsfrei auf Geldbewegungen Dritter beziehen.[381] Der schlichte Vortrag, nicht mehr im Besitz von Unterlagen zu sein, genügt nicht zur Darlegung der Unmöglichkeit der Herausgabe, wenn feststeht, dass der Verwalter im Besitz der Unterlagen war. Zudem muss der Schuldner gegebenenfalls Kopien der Belege anfordern oder sich sonst um den Ersatz derselben bemühen.[382] Gegenüber dem Anspruch der Wohnungseigentümer auf Herausgabe von Verwaltungsunterlagen steht dem früheren Verwalter kein Zurückbehaltungsrecht wegen Vergütungsansprüchen zu.[383] Ein Titel auf Herausgabe von Verwaltungsunterlagen ist wie jeder Herausgabetitel nach § 883 ZPO zu vollstrecken, sofern es nur um die Herausgabe einzelner genau bezeichneter Unterlagen geht. Lautet der Titel dagegen antragsgemäß auf Herausgabe aller Verwaltungsunterlagen, wobei einzelne Unterlagen lediglich beispielhaft angegeben sind (vgl. Klagemuster Anhang V Rn 14), dann erfolgt die Vollstreckung nach § 888 ZPO, weil die Herausgabe der Unterlagen der Rechenschaftspflicht dient.[384]

131 Möglich ist eine **einstweilige Regelungsverfügung** (§ 940 ZPO) zugunsten der Wohnungseigentümergemeinschaft, vertreten durch ihren neu bestellten Verwalter, die den früheren Verwalter zur befristeten Herausgabe der Verwaltungsunterlagen zwecks Einsichtnahme verpflichtet.[385] Liegt zwischen der Abwahl des Verwalters und dem Antrag auf Erlass der einstweiligen Verfügung eine Zeitspanne von dreieinhalb Monaten, in der nach erfolglosen Mahnungen zunächst nur der Hauptsacheantrag gestellt wurde, fehlt für eine Leistungsverfügung auf Herausgabe der Verwaltungsunterlagen der Verfügungsgrund.[386] Ist zudem innerhalb kurzer Frist mit einem vorläufig vollstreckbaren Titel in der Hauptsache zu rechnen und besteht wenig Hoffnung, in den Unterlagen Zahlungsbelege zu finden, die zwei bereits mahnenden Gläubigern entgegengehalten werden können, so ist der Erlass einer Leistungsverfügung nicht gerechtfertigt.[387] Bei der **Be-**

---

373 Siehe etwa Palandt/*Sprau*, § 667 BGB Rn 1.
374 OLG Stuttgart 8 W 446/82, ZMR 1983, 422.
375 BayObLG 2Z BR 82/94, WuM 1996, 653.
376 OLG Hamburg 2 Wx 117/06, ZMR 2008, 148.
377 OLG Celle 4 W 114/05, NZM 2005, 748749.
378 OLG München 32 Wx 14/06, NZM 2006, 349.
379 OLG Hamburg 2 Wx 117/06, ZMR 2008, 148.
380 BayObLG 2Z BR 6/01, NZM 2001, 469.
381 OLG Hamm 15 W 41/07, NZM 2008, 850.
382 OLG Hamm wie vor; vgl. auch OLG Hamm 15 W 181/06, ZMR 2007, 982.
383 OLG Hamm 15 W 181/06, ZMR 2007, 982.
384 OLG Frankfurt 20 W 49/97, WuM 1999, 61, 62; OLG Hamburg 2 Wx 117/06, ZMR 2008, 148; *Abramenko* in Riecke/Schmid, § 26 Rn 79.
385 AG Kelheim 5 C 965/07, ZMR 2008, 83.
386 Vgl. LG Hamburg 318 T 222/07, ZMR 2008, 326 unter Hinweis auf die Vorinstanz [sog. Selbstwiderlegung der Eilbedürftigkeit].
387 LG Hamburg 318 T 222/07, ZMR 2008, 326.

messung des Streitwerts ist zu berücksichtigen, dass das Herausgabeverlangen im einstweiligen Rechtsschutz jenem im Hauptsacheverfahren bereits nahe kommt, so dass im Regelfall ein Bruchteil von 1/2 des Hauptsachestreitwerts gerechtfertigt erscheint.[388]

III. Anspruch des Verwalters auf Aufwendungsersatz

132 Der Verwalter hat umgekehrt einen Anspruch gegen die Wohnungseigentümer auf Aufwendungsersatz (§ 670 BGB). Der Aufwendungsersatzanspruch des ausgeschiedenen Verwalters setzt einen Eigentümerbeschluss über die Jahresabrechnung nicht voraus.[389] Weist das Treuhandkonto des ausscheidenden Verwalters unstreitig nur wegen unzureichender Wirtschaftsplansätze und nicht gezahlter monatlicher Beitragsvorschüsse einen Fehlbestand auf, hat der Verwalter gegen die Gemeinschaft der Wohnungseigentümer einen Anspruch auf Aufwendungsersatz, der schon vor Verzugseintritt gemäß §§ 256, 246 BGB jedenfalls mit 4 % zu verzinsen ist.[390] Verzug tritt nicht schon dann ein, wenn der ausgeschiedene Verwalter die Bankunterlagen über das offene Treuhandkonto nach Anforderung dem neuen Verwalter übergibt, sondern gemäß § 286 Abs. 1 BGB grundsätzlich erst nach der Mahnung den Fehlbestand zu erstatten.[391] Für die Zeit nach Ablauf des Verwaltervertrages stehen einem Verwalter keine Vergütungsansprüche, sondern nur Ansprüche auf Aufwendungsersatz nach §§ 677 ff. BGB zu.[392]

133 Der Verwalter hat weitere Tätigkeiten nach seiner Abberufung zu unterlassen. Wird er gleichwohl tätig, so hat er weder nach den Grundsätzen der Geschäftsführung ohne Auftrag (§§ 677 ff. BGB) noch nach Bereicherungsrecht (§§ 812 ff. BGB) einen Vergütungsanspruch gegen die Eigentümergemeinschaft.[393] Ihm kann aber ein Anspruch auf Erstattung von Geldbeträgen zustehen, die er nach Abberufung für die Gemeinschaft gezahlt hat.[394]

134 Aufwendungsersatzansprüche des Verwalters **verjähren** gemäß § 195 BGB in 3 Jahren.[395] Eine **Verwirkung** des Aufwendungsersatzanspruchs tritt nicht ein, wenn über mehrere Jahre keine Eigentümerbeschlüsse über Jahresabrechnungen gefasst wurden, da die Wohnungseigentümer dann nicht darauf vertrauen können, dass keine Nachzahlungen zu leisten sind.[396]

G. Nachweis der Verwalterstellung

135 § 26 Abs. 3 regelt den Fall, dass die Verwaltereigenschaft durch eine öffentlich beglaubigte Urkunde nachgewiesen werden muss. Dies kommt insbesondere gemäß § 29 GBO in Betracht. Nach § 26 Abs. 3 genügt für diesen Fall die Vorlage der Niederschrift über die Versammlung, in welcher der Bestellungsbeschluss gefasst wurde, sofern die Unterschriften der Personen, die gemäß § 24 Abs. 6 S. 2 die Niederschrift zu unterschreiben haben, öffentlich beglaubigt sind. Die Unterschrift des Verwaltungsbeiratsvorsitzenden kann nur verlangt werden wenn Anhaltspunkte dafür vorliegen, dass ein Verwaltungsbeirat bestellt ist. Ist der Vorsitzende des Verwaltungsbeirats zugleich Vorsitzender der Eigentümerversammlung, so reicht es aus, dass die Niederschrift mit dem Beschluss der Verwalterbestellung von ihm und einem weiteren Wohnungseigentümer unterschrieben ist, es sei denn, es liegen Anhaltspunkte dafür vor, dass ein stellvertretender Beiratsvorsitzender bestellt ist und er in dieser Eigenschaft an der Versammlung teilgenommen hat.[397] Die maßgeblichen Eigenschaften der Personen, die unterzeichnet haben, müssen nicht in der Form des § 29 GBO oder des § 26 Abs. 3 nachgewiesen werden.[398] Die öffentliche Beglaubigung hat gemäß § 129 Abs. 1 BGB durch einen Notar zu erfolgen, sie wird ersetzt durch die notarielle Beurkundung (§ 129 Abs. 2 BGB).

136 Wurde der Verwalter durch einen schriftlichen Beschluss gemäß § 23 Abs. 3 bestellt, so ist die öffentliche Beglaubigung der Unterschriften sämtlicher Wohnungseigentümer erforderlich.[399] Wurde der Verwalter in der Teilungserklärung bestellt, so kann der Nachweis durch die Teilungserklärung geführt werden, da diese ebenfalls in der Form des § 29 GBO abgegeben werden muss. Ein gerichtlich bestellter Verwalter (siehe Rn 140 ff.) kann zum Nachweis seiner Verwaltereigenschaft eine Ausfertigung der gerichtlichen Entscheidung vorlegen.

137 Bestimmen die Teilungserklärung und die Bestellungsbeschlüsse einen Endtermin für die Amtsdauer, so besteht die Vermutung, dass die Verwaltereigenschaft bis zu diesem Zeitpunkt fortbesteht.[400] Ist ein Endtermin nicht vorgesehen, so ist von einer Bestellung auf 5 (3) Jahre auszugehen. Beträgt die Amtszeit 1 Jahr und verlängert sie sich ohne Kündigung um jeweils ein weiteres Jahr bis zu insgesamt 5 Jahren, so ist mangels anderer Anhaltspunkte davon auszugehen, dass eine Kündigung nicht erfolgt ist. Bestehen aber konkrete Zweifel daran, dass die Verwaltereigenschaft noch fortbesteht, so hat das Grundbuchamt nicht nur einen formgerechten Nachweis der Verwalterbestellung zu verlangen,

---

388 AG Hamburg 102A C 36/08, ZMR 2009, 232.
389 BayObLG 2Z BR 43/96, WuM 1996, 663.
390 KG 24 W 8575/96, WuM 1997, 574.
391 KG 24 W 2514/98, WuM 1999, 62.
392 BayObLG 2Z BR 132/96, WuM 1997, 345.
393 BayObLG BReg 2 Z 42/84, MDR 1985, 145.
394 BayObLG WE 1989, 64.

395 Zur Rechtslage vor Inkrafttreten des Schuldrechtsmodernisierungsgesetzes vgl. OLG Köln 16 Wx 177/00, ZMR 2001, 913.
396 BayObLG 2Z BR 78/97, WuM 1997, 702.
397 LG Lübeck 7 T 70/91, Rpfl 1991, 309; OLG Düsseldorf 3 Wx 263/09, ZMR 2010, 548, 549.
398 LG Lübeck 7 T 70/91, Rpfl 1991, 309 m.w.N.
399 BayObLG BReg 2 Z 14/85, Rpfl 1986, 299.
400 OLG Oldenburg 5 Wx 32/78, Rpfl 1979, 266.

sondern auch den Nachweis der Fortdauer der Verwalterstellung. Ist z.B. in der Teilungserklärung der Verwalter für 3 Jahre ab Fertigstellung der Wohnanlage bestellt, so reicht die Teilungserklärung als Nachweis nicht aus, wenn sie älter als 3 Jahre ist. Vorzulegen ist in diesem Fall z.B. auch noch eine Bescheinigung der Baubehörde über die Fertigstellung der Anlage.[401]

Eine Pflicht des Grundbuchamtes, außerhalb eines Eintragungsverfahrens, den Nachweis eines Verwalterwechsels zu den Grundakten zu nehmen, besteht nicht, denn das Grundbuchamt hat nicht die Funktion eines Registergerichts für Verwalter.[402]

138

Die Beweiserleichterung des § 26 Abs. 3 gilt nicht, wenn eine Änderung der Gemeinschaftsordnung in das Grundbuch eingetragen werden soll.[403] Unabhängig von § 26 Abs. 3 kann der Verwalter gemäß § 27 Abs. 6 die Ausstellung einer Vollmachtsurkunde über seine Vertretungsmacht verlangen (vgl. dazu § 27 Rn 108).

139

H. Verwalterbestellung durch das Gericht

Der Verwalter ist ein unabdingbar notwendiges Organ jeder Wohnungseigentümergemeinschaft (§ 20 Abs. 2). Fehlt ein Verwalter so kann jeder einzelne Wohnungseigentümer zur Verwirklichung des Anspruchs auf ordnungsgemäße Verwaltung (§ 21 Abs. 4) im Wege der **Gestaltungsklage** (§ 43 Nr. 1) beantragen, dass das Gericht einen Verwalter bestellt.[404] Der Klageantrag braucht die Modalitäten der Verwalterbestellung (Person des Verwalters, Amtszeit, Vertragsbedingungen) nicht im Einzelnen enthalten, diese kann das Gericht gem. § 21 Abs. 8 nach billigem Ermessen selbst regeln.[405]

140

In Fällen besonderer Eilbedürftigkeit kann im Wege einer **einstweiligen Regelungsverfügung** gemäß den §§ 935 ff. ZPO eine (Not-)Verwalterbestellung erreicht werden.[406] Eine einstweilige Regelung kann zwar nicht mehr von Amts wegen getroffen werden, aber auch im Rahmen eines anhängigen Hauptsacheverfahrens über den Anspruch nach § 21 Abs. 4 und 8 weiterhin beantragt und unter den Voraussetzungen des § 940 ZPO angeordnet werden.[407] Ein **Verfügungsgrund** besteht nur, wenn die Bestellung eines Verwalters so dringend ist, dass die Durchsetzung des Anspruchs im Hauptsacheverfahren gegenüber der begehrten Regelungsverfügung wesentliche Nachteile für die Antragsteller mit sich bringen würde (§ 940 ZPO). Dies kann sich zum Beispiel aus dem Erfordernis ergeben, Heizöl zu bestellen und zur Beseitigung von Liquiditätsproblemen eine Beschlussfassung über den Wirtschaftsplan herbeizuführen.[408] Der Antragsteller sollte mit dem Verfügungsantrag einzelne konkret erforderliche Verwaltungsmaßnahmen glaubhaft zu machen.[409] Die einstweilige Verfügung bedarf der Zustellung binnen Monatsfrist an die übrigen Wohnungseigentümer (§ 936 i.V.m. § 929 ZPO). Zur Wahrung der Vollziehungsfrist müsste an sich innerhalb der Monatsfrist an alle übrigen Wohnungseigentümer zugestellt werden. Die Zustellung an einen Wohnungseigentümer als Gesamtvertreter gemäß § 170 Abs. 3 ZPO i.V.m. § 27 Abs. 3 S. 2 würde nur ausreichen, wenn sich der Antrag gegen die Wohnungseigentümergemeinschaft als Verband richten würde. Möglich ist aber die Zustellung an den Ersatzzustellungsvertreter nach § 45 Abs. 3.[410] Haben die Wohnungseigentümer einen solchen nicht bestellt, kann er auf Antrag oder von Amts wegen durch das Gericht bestellt werden.

141

Ein Verwalter fehlt auch, wenn der bestellte Verwalter aus rechtlichen oder tatsächlichen Gründen (z.B. schwere Krankheit) seine Aufgaben nicht wahrnehmen kann. Nimmt der von den Wohnungseigentümern bestellte Verwalter seine Aufgaben nicht oder nicht ordnungsgemäß wahr, so dass seine Abberufung aus wichtigem Grund gerechtfertigt wäre, und sind die Wohnungseigentümer nicht bereit oder nicht in der Lage, den Verwalter abzuberufen, dann muss der Klageantrag darauf gerichtet sein, den alten Verwalter abzuberufen und einen neuen Verwalter zu bestellen (siehe Rn 94).

142

Scheitert die Bestellung eines neuen Verwalters durch die Wohnungseigentümer nur daran, dass entweder kein Verwalter vorhanden ist, der eine Eigentümerversammlung einberufen kann, oder dass der vorhandene Verwalter keine Eigentümerversammlung einberuft, und ist auch kein Verwaltungsbeirat vorhanden, der nach § 24 Abs. 3 zur Einberufung berechtigt und willens wäre, dann kann ein einzelner Wohnungseigentümer nach Klage gegen die übrigen Wohnungseigentümer gerichtlich zur Einberufung einer Versammlung ermächtigt werden (vgl. § 24 Rn 3) Ist dieser Weg gangbar, weil keine besondere Dringlichkeit besteht, fehlt für die gerichtliche Bestellung eines Verwalters in der Regel das Rechtsschutzinteresse, weil die Wohnungseigentümer die Verwalterbestellung selbst regeln können.[411] Ohne eine gerichtliche Ermächtigung sind einzelne Wohnungseigentümer zur Einberufung einer Eigentümerversammlung nicht berechtigt (vgl. § 24 Rn 6).

143

---

401 BayObLG BReg 2 Z 25/91, WuM 1991, 363 zu Abs. 1 S. 2 a.F.
402 BayObLG BReg 2 Z 45/75, BayObLGZ 1975, 264 ff.
403 BayObLGZ, 1978, 377; vgl. dazu § 10 Rn 53.
404 Vgl. OLG Düsseldorf 3 Wx 85/07 Info-M 2008, 25; LG Stuttgart 10 T 80/08, ZMR 2009, 148 m.w.N.; Merle in Bärmann; § 26 Rn 258, 260; *Briesemeister*, NZM 2009, 64, 65; vgl. auch BT-Drucks 16/887 S 35; **a.A.** *Bonifacio*, MDR 2007, 869, 871: kein Gestaltungsurteil im Hauptsacheverfahren.
405 Ebenso *Bonifacio*, MDR 2007, 869, 870.
406 BGH V ZR 146/10, ZMR 2011, 893 m.w.N.
407 BGH V ZR 146/10, ZMR 2011, 893.
408 LG Stuttgart 10 T 80/08, ZMR 2009, 148.
409 *Briesemeister*, NZM 2009, 64, 68.
410 AG Landsberg am Lech 1 C 2225/08, ZMR 2009, 486 m. zust. Anm. *Abramenko*, S. 429.
411 OLG Köln 16 Wx 114/92, NZM 2003, 810, 811; vgl. aber LG Stuttgart 10 T 80/08, ZMR 2009, 148.

I. Entscheidung des Gerichts

144 Das Gericht kann gemäß § 21 Abs. 8 nach billigem Ermessen entscheiden, weil die Bestellung eines Verwalters eine nach dem Gesetz erforderliche Maßnahme ist, die eigentlich die Wohnungseigentümer zu treffen hätten. Es ist deshalb nicht zwingend an die im Klageantrag vorgeschlagene Person des Verwalters gebunden. Weil das Gericht regelmäßig nicht über eine Liste von Verwaltern verfügt, die Verwaltungen zu übernehmen bereit sind, sollte der Kläger bzw. im Verfügungsverfahren der Antragsteller ein oder zwei geeignete Personen vorschlagen, hilfsweise die personelle Entscheidung dem Gericht überlassen.[412] Das Gericht kann bei der Ausübung des Auswahlermessens mehrere Vorschläge auch unter Eignungs- und Kostengesichtspunkten gegeneinander abwägen und wird bei gleicher Eignung den günstigeren Anbieter auswählen. Vor der Bestellung eines Verwalters muss dessen Bereitschaft zur Übernahme des Amtes feststehen, da niemand gegen seinen Willen zum Verwalter bestellt werden kann. Die **Kostenentscheidung** kann das Gericht bei erfolgreicher Klage gemäß § 49 Abs. 1 nach billigem Ermessen treffen und sie allen Wohnungseigentümern anteilig auferlegen.[413] Die Gestaltungswirkung des Urteils tritt mit **Rechtskraft** ein.

145 Der vom Gericht bestellte Verwalter hat die gleichen Befugnisse und die gleiche Rechtsstellung wie der von den Wohnungseigentümern nach § 26 Abs. 1 S. 1 bestellte Verwalter. Seine Befugnisse dürfen nur im Rahmen des § 27 Abs. 4 eingeschränkt werden. Das Gericht überschreitet sein Rechtsfolgeermessen, wenn es ohne sachliche Notwendigkeit die gesetzlich geregelten Kompetenzen des von ihm bestellten Verwalters erweitert.[414] Sobald die Gemeinschaft einen neuen Verwalter bestellt hat, kann ein Verfahren, das auf die Bestellung eines Verwalters gerichtet ist, nicht mehr fortgeführt werden. Wird ein vom Gericht bestellter Verwalter anschließend durch Beschluss der Wohnungseigentümerversammlung zum ordentlichen Verwalter bestellt, so entfällt damit in der Regel das Rechtsschutzbedürfnis für ein Rechtsmittel, das sich gegen die gerichtliche Verwalterbestellung richtet. Die Rechtshandlungen eines gerichtlich bestellten Verwalters bleiben auch dann wirksam, wenn der Bestellungsbeschluss durch ein Rechtsmittelgericht aufgehoben wird.[415]

Das Gericht ist befugt, in dem Beschluss über die Bestellung des Verwalters auf Antrag des Klägers gleichzeitig dessen **Vergütung** festzusetzen. Unterbleibt eine solche Festsetzung, so hat der Verwalter Anspruch auf die dem bisherigen Verwalter vertraglich zugesagte Vergütung.[416] Eine Bestimmung in der Teilungserklärung, wonach ein Verwalter für seine Tätigkeit keine Vergütung erhält, hindert nicht Bestellung eines Verwalters, der nur gegen Entgelt tätig wird.[417] Nach hier vertretener Ansicht gilt dies schon deshalb, weil die Regelung in der Teilungserklärung gegen § 20 Abs. 2 verstößt.

146 Bestellt das Gericht auf Antrag einen Verwalter, der einen anderen ablöst, kann es auf Antrag (Klagehäufung) neben der Bestellung des Verwalters und der Festsetzung seiner Vergütung **weitere Regelungen** treffen, z.B. ein Veräußerungsverbot gemäß §§ 135, 136 BGB gegen den ehemaligen Verwalter erlassen, den bisherigen Verwalter zur Herausgabe von Unterlagen verurteilen.

II. Beendigung der Verwalterstellung

147 Das Amt des gerichtlich bestellten Verwalters endet, wenn das Gericht ihn auf Antrag wieder abberuft, wenn die Eigentümergemeinschaft einen anderen Verwalter bestellt oder durch Zeitablauf, wenn er vom Gericht antragsgemäß oder gemäß § 21 Abs. 8 für eine feste Zeitspanne bestellt worden war, spätestens aber gemäß § 26 Abs. 1 S. 2 nach 5 bzw. 3 Jahren. Das Gericht kann die Beschlussfassung der Wohnungseigentümer über eine Verwalterneubestellung auf Antrag für eine bestimmte Zeit ausschließen oder die Verwalterabberufung nur aus wichtigem Grund gestatten.[418] Begrenzt das Gericht die Amtszeit des Verwalters auf eine bestimmte Frist, so hat es den Zeitraum gemäß § 21 Abs. 8 nach billigem Ermessen entsprechend den Umständen des Einzelfalles sinnvoll festzulegen.[419]

---

412 Ebenso *Briesemeister*, NZM 2009, 64, 66.
413 **A.A.** *Briesemeister*, NZM 2009, 64, 67: alleinige Kostenlast der Beklagten.
414 *Merle* in Bärmann, § 26 Rn 267; vgl. auch OLG München 34 Wx 43/07, ZMR 2008, 74, die dem Verwalter eingeräumten Befugnisse, um die es dort ging, dürften aber nach der WEG-Novelle 2007 der Befugnis gemäß § 27 Abs. 3 S. 1 Nr. 3 entsprechen.
415 BayObLG BReg 2 Z 165/91, WuM 1992, 283.
416 KG 24 W 1267/93, WuM 1993, 760, 761.
417 OLG Frankfurt 20 W 31/93, NJW-RR 1993, 845.
418 KG 24 W 341/01, NZM 2003, 808.
419 BayObLG BReg 2 Z 49/88, NJW-RR 1989, 461, 462.

§ 27 Aufgaben und Befugnisse des Verwalters

(1) Der Verwalter ist gegenüber den Wohnungseigentümern und gegenüber der Gemeinschaft der Wohnungseigentümer berechtigt und verpflichtet,
1. Beschlüsse der Wohnungseigentümer durchzuführen und für die Durchführung der Hausordnung zu sorgen;
2. die für die ordnungsmäßige Instandhaltung und Instandsetzung des gemeinschaftlichen Eigentums erforderlichen Maßnahmen zu treffen;
3. in dringenden Fällen sonstige zur Erhaltung des gemeinschaftlichen Eigentums erforderliche Maßnahmen zu treffen;
4. Lasten- und Kostenbeiträge, Tilgungsbeträge und Hypothekenzinsen anzufordern, in Empfang zu nehmen und abzuführen, soweit es sich um gemeinschaftliche Angelegenheiten der Wohnungseigentümer handelt;
5. alle Zahlungen und Leistungen zu bewirken und entgegenzunehmen, die mit der laufenden Verwaltung des gemeinschaftlichen Eigentums zusammenhängen;
6. eingenommene Gelder zu verwalten;
7. die Wohnungseigentümer unverzüglich darüber zu unterrichten, dass ein Rechtsstreit gemäß § 43 anhängig ist;
8. die Erklärungen abzugeben, die zur Vornahme der in § 21 Abs. 5 Nr. 6 bezeichneten Maßnahmen erforderlich sind.

(2) Der Verwalter ist berechtigt, im Namen aller Wohnungseigentümer und mit Wirkung für und gegen sie
1. Willenserklärungen und Zustellungen entgegenzunehmen, soweit sie an alle Wohnungseigentümer in dieser Eigenschaft gerichtet sind;
2. Maßnahmen zu treffen, die zur Wahrung einer Frist oder zur Abwendung eines sonstigen Rechtsnachteils erforderlich sind, insbesondere einen gegen die Wohnungseigentümer gerichteten Rechtsstreit gemäß § 43 Nr. 1, Nr. 4 oder Nr. 5 im Erkenntnis- und Vollstreckungsverfahren zu führen;
3. Ansprüche gerichtlich und außergerichtlich geltend zu machen, sofern er hierzu durch Vereinbarung oder Beschluss mit Stimmenmehrheit der Wohnungseigentümer ermächtigt ist;
4. mit einem Rechtsanwalt wegen eines Rechtsstreits gemäß § 43 Nr. 1, Nr. 4 oder Nr. 5 zu vereinbaren, dass sich die Gebühren nach einem höheren als dem gesetzlichen Streitwert, höchstens nach einem gemäß § 49a Abs. 1 Satz 1 des Gerichtskostengesetzes bestimmten Streitwert bemessen.

(3) ¹Der Verwalter ist berechtigt, im Namen der Gemeinschaft der Wohnungseigentümer und mit Wirkung für und gegen sie
1. Willenserklärungen und Zustellungen entgegenzunehmen;
2. Maßnahmen zu treffen, die zur Wahrung einer Frist oder zur Abwendung eines sonstigen Rechtsnachteils erforderlich sind, insbesondere einen gegen die Gemeinschaft gerichteten Rechtsstreit gemäß § 43 Nr. 2 oder Nr. 5 im Erkenntnis- und Vollstreckungsverfahren zu führen;
3. die laufenden Maßnahmen der erforderlichen ordnungsmäßigen Instandhaltung und Instandsetzung gemäß Absatz 1 Nr. 2 zu treffen;
4. die Maßnahmen gemäß Absatz 1 Nr. 3 bis 5 und 8 zu treffen;
5. im Rahmen der Verwaltung der eingenommenen Gelder gemäß Absatz 1 Nr. 6 Konten zu führen;
6. mit einem Rechtsanwalt wegen eines Rechtsstreits gemäß § 43 Nr. 2 oder Nr. 5 eine Vergütung gemäß Absatz 2 Nr. 4 zu vereinbaren;
7. sonstige Rechtsgeschäfte und Rechtshandlungen vorzunehmen, soweit er hierzu durch Vereinbarung oder Beschluss der Wohnungseigentümer mit Stimmenmehrheit ermächtigt ist.

²Fehlt ein Verwalter oder ist er zur Vertretung nicht berechtigt, so vertreten alle Wohnungseigentümer die Gemeinschaft. ³Die Wohnungseigentümer können durch Beschluss mit Stimmenmehrheit einen oder mehrere Wohnungseigentümer zur Vertretung ermächtigen.

(4) Die dem Verwalter nach den Absätzen 1 bis 3 zustehenden Aufgaben und Befugnisse können durch Vereinbarung der Wohnungseigentümer nicht eingeschränkt oder ausgeschlossen werden.

(5) ¹Der Verwalter ist verpflichtet, eingenommene Gelder von seinem Vermögen gesondert zu halten. ²Die Verfügung über solche Gelder kann durch Vereinbarung oder Beschluss der Wohnungseigentümer mit Stimmenmehrheit von der Zustimmung eines Wohnungseigentümers oder eines Dritten abhängig gemacht werden.

(6) Der Verwalter kann von den Wohnungseigentümern die Ausstellung einer Vollmachts- und Ermächtigungsurkunde verlangen, aus der der Umfang seiner Vertretungsmacht ersichtlich ist.

A. Einleitung	1
B. Die Stellung des Verwalters	6
C. Aufgaben und Befugnisse im Innenverhältnis	9
I. Durchführung von Beschlüssen (Abs. 1 Nr. 1)	11
II. Durchführung der Hausordnung (Abs. 1 Nr. 1)	12
III. Instandhaltungsmaßnahmen (Abs. 1 Nr. 2)	14
1. Aufgaben des Verwalters	15
a) Kontrollpflichten	16
b) Informationspflichten	17
c) Vorbereitung und Durchführung von Beschlüssen	18
d) Aufgaben betreffend das Sondereigentum	21
e) Ansprüche bei Pflichtverletzung	22
f) Öffentlich-rechtliche Aufgabenzuweisung	27
2. Befugnisse des Verwalters	28
a) Laufende Maßnahmen	30
b) Vertretungsmacht bei Sanierungsbeschlüssen	33
c) Keine Eigenmächtigkeiten	34
3. Ersatzansprüche des Verwalters gegen die Gemeinschaft	37
IV. Dringende Erhaltungsmaßnahmen (Abs. 1 Nr. 3)	39
V. Einziehung von Geldern (Abs. 1 Nr. 4)	42
VI. Zahlungen und Leistungen (Abs. 1 Nr. 5)	44
VII. Die Verwaltung eingenommener Gelder (Abs. 1 Nr. 6, Abs. 3 S 1 Nr. 5, Abs. 5)	46
1. Eingenommene Gelder	47
2. Getrennte Verwaltung	52
3. Kontenführung	53
4. Einschränkung der Verfügungsbefugnis	57
VIII. Unterrichtung über Rechtsstreite (Abs. 1 Nr. 7)	58
IX. Abgabe von Erklärungen (Abs. 1 Nr. 8)	65
D. Die Vertretung der Wohnungseigentümer	66
I. Willenserklärungen und Zustellungen (Abs. 2 Nr. 1)	69
II. Eilmaßnahmen und Passivprozesse (Abs. 2 Nr. 2)	71
III. Geltendmachung von Ansprüchen (Abs. 2 Nr. 3)	73
IV. Gebührenvereinbarungen (Abs. 2 Nr. 4)	78
E. Die Vertretung des Verbands	81
I. Willenserklärungen und Zustellungen (Abs. 3 S. 1 Nr. 1)	82
II. Eilmaßnahmen und Passivprozesse (Abs. 3 S. 1 Nr. 2)	83
III. Laufende Instandhaltung (Abs. 3 S. 1 Nr. 3)	85
IV. Maßnahmen nach Abs. 1 Nr. 3–5 und 8 (Abs. 3 S. 1 Nr. 4)	86
V. Kontenführung (Abs. 3 S. 1 Nr. 5)	88
VI. Vergütungsvereinbarung (Abs. 3 S. 1 Nr. 6)	89
VII. Sonstige Geschäfte (Abs. 3 S. 1 Nr. 7)	90
1. Prozessvollmacht	91
2. Prozessstandschaft des Verwalters	98
3. Verwalterwechsel bei Prozessstandschaft	100
a) Titelumschreibung	101
b) Einziehungsermächtigung	102
c) Erlöschen der Einziehungsermächtigung	103
F. Vertretung bei Fehlen eines Verwalters (Abs. 3 S. 2 und 3)	104
G. Unabdingbarkeit (Abs. 4)	105
H. Sonstige Pflichten gegenüber den Wohnungseigentümern	106
I. Nachweis der Vertretungsmacht (Abs. 6)	108
J. Die Haftung des Verwalters gegenüber den Wohnungseigentümern	109
I. Haftung wegen Vertragsverletzungen	109
1. Verschulden	112
2. Haftung für Erfüllungsgehilfen	113
3. Haftungsausschluss	114
4. Kausalität	116
5. Schaden	117
6. Mitverschulden	118
7. Entlastung	119
8. Verjährung	120
II. Haftung aus unerlaubter Handlung	121
III. Beispiele	125
K. Die Haftung des Verwalters gegenüber Dritten	126
I. Haftung aus unerlaubter Handlung	126
II. Haftung als vollmachtloser Vertreter	127
L. Haftung der Wohnungseigentümergemeinschaft für den Verwalter	128

Literatur: *Abramenko,* Zur Haftung des Verwalters für unterlassene und falsche Beschlussfeststellungen, ZWE 2004, 140; *ders.,* Die Streitwertvereinbarung nach § 27 Abs. 2 Nr. 4, Abs. 3 S 1 Nr. 6 WEG, ZWE 2009, 154; *Armbrüster,* Der Verwalter als Organ der Gemeinschaft und Vertreter der Wohnungseigentümer, ZWE 2006, 470; *ders.,* Aufgaben des Verwalters beim Ablsuss von Versicherungsverträgen für die Gemeinschaft und bei der Abwicklung von Verträgen, ZWE 2012, 201; *Bauriedl,* Die Haftung des WEG-Verwalters für verzögerte, unterlassene und mangelhafte Instandsetzungsmaßnahmen, ZMR 2006, 252; *Bergerhoff,* Umfassende Prozessvollmacht des Verwalters bei der Beschlussanfechtungsklage, GE 2008, 653; *Bielefeld,* Geldwäschegesetz und Kontenführung für die Wohnungseigentümer, ZWE 2003, 130; *Breiholdt/Adamy,* Neue Rechtsprechung zum Maklerlohn des Verwalters von Wohnungseigentum, DWE 2002, 87; *Bub,* Instandhaltung und Instandsetzung des gemeinschaftlichen Eigentums, ZWE 2009, 245; *ders.,* Kreditaufnahme durch die Wohnungseigentümergemeinschaft, ZWE 2010, 246; *Drasdo,* Zustellungsvollmacht des Verwalters im Zivilprozess gegenüber ausgeschiedenen Wohnungseigentümern, NZM 2003, 793; *ders.,* Anlage der Instandhaltungsrücklage, ZWE 2011, 388; *ders.,* Die Abgabe der eidesstattlichen Versicherung für die Wohnungseigentümergemeinschaft, ZWE 2011, 115; *Elzer,* Kreditaufnahme durch den Verband Wohnungseigentümergemeinschaft, NZM 2009, 58; *ders.,* Welche Auswirkungen hat die Reform des § 79 ZPO auf Wohnungseigentumsverwalter? ZMR 2008, 772; *ders.,* Pflichten des Verwalters bei der Beschädigung des gemeinschaftlichen Eigentums, ZWE 2012, 163; *Fritsch,* Die Trinkwasserverordnung vom 21.5.2001 – Haftungsfalle für Wohnungseigentumsverwalter? ZMR 2005, 175; *ders.,* Die Verkehrssicherungspflicht im Wohnungseigentum, ZWE 2005, 384; *Gemballa,* Zur Vertretungsmacht des WEG-Verwalters im Anfechtungsprozess, ZMR 2011, 525; *Gottschalg,* Haftungsrisiken des Verwalters bei der Beschlussfassung und bei der Durchführung von Eigentümerbeschlüssen, DWE 2002, 43; *ders.,* Typische Haftungsrisiken des WEG-Verwalters, NZM 2003, 457; *ders.,* Verkehrssicherungspflichten des Wohnungseigentumsverwalters, NZM 2002, 590; *ders.,* Die Haftung des Verwalters für die Nichtdurchführung von Beschlüssen, ZWE 2003, 225; *ders.,* Zur Haftung des Verwalters für fehlerhafte oder unterlassene Beschlussfeststellungen, ZWE 2005, 32; *ders.,* Verwalteraufgaben und Verwalterhaftung nach aktueller Rechtsprechung und neuem WEG-Recht, DWE 2008, 113; *ders.,* Pflicht und Befugnis des Verwalters zur Mandatierung eines Rechtsanwalts, ZWE 2009, 114; *ders.,* Verwalteraufgaben und Risiken bei der Fassung von Eigentümerbeschlüssen auf der Grundlage der neuen Beschlusskompetenzen, FS Merle (2010), S. 51; *Gruber,* Im Überblick: Die Vertretungsmacht des WEG-Verwalters, NZM 2000, 263; *Hadding,* Die Rechtsstellung des Verwalters ZWE 2012, 61; *Häublein,* Verwalter und Verwaltungsbeirat – einige aktuelle Probleme, ZMR 2003, 233; *ders.,* „Drittwirkung" der Verwalterpflichten, ZWE 2008, 1 und 80; *ders.,* Laufende Maßnahmen der Instandhaltung und Instandsetzung des gemeinschaftlichen Eigentums – Aufgaben und Befugnis des Verwalters gem. § 27 Abs. 3 S. 1 Nr. 3 WEG, ZWE 2009, 189; *Hügel,* Der Verwalter als Organ des Verbands Wohnungseigentümergemeinschaft und als Vertreter der Wohnungseigentümer, ZMR 2008, 1;

Lehmann-Richter, Der Verwalter als Prozessbevollmächtigter, ZWE 2009, 298; *ders.*, Öffentlich-rechtliche Verantwortung für den Zustand des Gemeinschafts- und Sondereigentums unter besonderer Berücksichtigung des Verwalters, ZWE 2012, 105; *Lüke*, Instandhaltung und Instandsetzung des gemeinschaftlichen Eigentums – Sonstige Maßnahmen; ZWE 2009, 101; *Meffert*, Der Streit um die Vertretung der beklagten Eigentümer im Beschlussanfechtungsverfahren, GE 2008, 782; *Merle*, Zur Vertretungsmacht des Verwalters nach § 27 RegE-WEG, ZWE 2006, 365; *ders.*, Zur Vertretung der beklagten Wohnungseigentümer im Beschlussanfechtungsverfahren, ZWE 2008, 109; *ders.*, Geschäftsführungs- und Vertretungsbefugnis des Verwalters bei laufenden Maßnahmen, ZWE 2010, 2; *Müller*, Die Prozessvertretung der Beklagten durch den Verwalter im Anfechtungsrechtsstreit, ZWE 2008, 226; *Reiß-Fechter*, Öffentliche Förderung von Instandhaltungs- und Modernisierungsmaßnahmen und Haftung des Verwalters, Wohnungseigentümer 2004, 346; *Schmid*, Die Verkehrssicherungspflicht in Wohnungseigentumsanlagen, ZWE 2009, 295; *ders.*, Prozessführung durch den Wohnungseigentumsverwalter, ZWE 2010, 305; *ders.*, Wie weit geht die Prozessführungsbefugnis des Verwalters in Prozessen gegen die Wohnungseigentümer? MDR 2010, 781; *J.-H. Schmidt*, Zur Haftung des WEG-Verwalters bei Verkündung rechtswidriger Beschlüsse FS Merle (2010), S 329; *I. Schmidt*, Sondereigentumsverwaltung durch den Verwalter, ZWE 2000, 506; *Skauradzun*, Die Verwalterhaftung – Pflichten und Haftungsbeschränkungen, ZWE 2008, 405; *Suilmann*, Die Ermächtigung des Verwalters nach § 27 Abs. 3 S. 1 Nr. 7 WEG, ZWE 2008, 113; *Tank/Bringewat*, Der Verwalter als Adressat einer bauordnungsrechtlichen Verfügung? ZWE 2012, 306; *Vandenhouten*, Die Informationspflichten des Verwalters bei Rechtsstreitigkeiten gemäß § 27 Abs. 1 Nr. 7 WEG, ZWE 2009, 145; *dies.*, Die Haftung des Verwalters für unterlassene Erhaltungsmaßnahmen, ZWE 2012, 237; *Wenzel*, Die Wahrnehmung der Verkehrssicherungspflicht durch den Wohnungseigentumsverwalter, ZWE 2009, 57.

Literatur zu Rn 104 ff.: F. Vertretung bei Fehlen eines Verwalters (Abs. 3 S. 2 und 3) *Drabek*, Die Ermächtigung eines Wohnungseigentümer zum Vertreter der Gemeinschaft – § 27 Abs. 3 S 3 WEG, ZWE 2008, 75.

A. Einleitung

§ 27 wurde durch die WEG-Novelle 2007 vollkommen neu gefasst. Die jetzige Fassung beruht auf der Gegenäußerung der Bundesregierung[1] und den Änderungen gemäß der Beschlussempfehlung des Rechtsausschusses.[2] **1**

§ 27 Abs. 1 bestimmt die Aufgaben, die der Verwalter im **Innenverhältnis** zu den Wohnungseigentümern und der Wohnungseigentümergemeinschaft als gesetzliches Mindesterfordernis zu erfüllen hat. Die Vorschrift betrifft die **Geschäftsführungsbefugnis** des Verwalters, also etwa die Frage, ob ein Verwalter, der aufgrund seiner Vertretungsmacht im Außenverhältnis einen Vertrag mit Wirkung für und gegen die Wohnungseigentümergemeinschaft abschließen kann, auch im Verhältnis zur Wohnungseigentümergemeinschaft dazu berechtigt ist. Weitere Aufgaben des Verwalters regeln die §§ 24, 25 Abs. 4 (Einberufung und Leitung der Eigentümerversammlung), § 28 Abs. 1 (Wirtschaftsplan) und § 28 Abs. 3 (Jahresabrechnung). Streitigkeiten über den Umfang der Aufgaben und Befugnisse sind im Verfahren gemäß § 43 Nr. 3 zu entscheiden. **2**

§ 27 Abs. 2 und 3 bestimmen das Minimum der Vertretungsbefugnis des Verwalters im **Außenverhältnis**. Nach Anerkennung der Teilrechtsfähigkeit der Wohnungseigentümergemeinschaft agiert der Verwalter einerseits gemäß **§ 27 Abs. 2** als **Vertreter der Wohnungseigentümer** in deren Eigenschaft **als Mitberechtigte am gemeinschaftlichen Grundstück** und andererseits gemäß **§ 27 Abs. 3** als **Organ der teilrechtsfähigen Gemeinschaft**.[3] Ob in Form des rechtsfähigen Verbandes und der nicht rechtsfähigen Bruchteilsgemeinschaft zwei unterschiedliche Gemeinschaften existieren (Trennungstheorie) oder ob die Wohnungseigentümer eine Gemeinschaft mit unterschiedlichen Rechtskreisen bilden (Einheitstheorie) ist umstritten.[4] Von praktischer Bedeutung ist allein die Zuordnung der Aufgaben und Befugnisse des Verbands einerseits und der Aufgaben und Befugnissen der Wohnungseigentümer andererseits. Das Gesetz weist dem Verband die gesamte Verwaltung des gemeinschaftlichen Eigentums zu.[5] Zudem ordnet das Gesetz dem Verband die Ausübung der gemeinschaftsbezogenen Rechte und die Wahrnehmung der gemeinschaftsbezogenen Pflichten zu.[6] Weitere Rechte, die gemeinschaftlich geltend gemacht werden können, darf der Verband zur Ausübung an sich ziehen. (Zur Abgrenzung im Einzelnen siehe § 10 Rn 82 ff.) **3**

Die Aufgaben und Befugnisse nach § 27 Abs. 1 bis 3 können gemäß **§ 27 Abs. 4** nicht eingeschränkt werden. Eine Erweiterung ist dagegen möglich, sei es durch Gemeinschaftsordnung, sonstige Vereinbarung oder Beschluss (siehe Rn 105). Zu den Maßnahmen, die in § 27 Abs. 1 bis 3 genannt sind, ist der Verwalter **nicht nur berechtigt,** sondern im Rahmen seiner Vertretungsmacht **auch verpflichtet,** wenn dies zur ordnungsmäßigen Erfüllung seiner Aufgaben erforderlich ist. Dies folgt nach der Vorstellung des Gesetzgebers auch ohne ausdrückliche gesetzliche Regelung bereits aus den mit dem Amt und dem Verwaltervertrag übernommenen Pflichten, zu deren Erfüllung die verliehene Vertretungsmacht gerade ermächtigen soll.[7] **4**

§ 27 Abs. 5 enthält Einzelregelungen über die Geldverwaltung, die aber abdingbar sind. Gemäß **§ 27 Abs. 6** hat der Verwalter Anspruch auf die Ausstellung einer Vollmachtsurkunde. **5**

---

1 BT-Drucks 16/887 S. 58/59 [Text], S 69 ff [Begründung].
2 BT-Drucks 16/3843 S. 51 ff.
3 Vgl. BT-Drucks 16/887 S. 69.
4 Vgl. dazu etwa *Klein* in Bärmann, § 10 Rn 218 ff.; *Elzer*, in Riecke/Schmid, § 10 Rn 375 jeweils m.w.N.
5 Vgl. § 10 Abs. 6 S. 1 – BT-Drucks 16/887 S. 60.
6 Vgl. § 10 Abs. 6 S. 3 – BT-Drucks 16/887 S 61.
7 Vgl. BT-Drucks 16/3843 S. 52.

B. Die Stellung des Verwalters

6 Der Verwalter ist weisungsgebundener Sachwalter des Gemeinschaftsvermögens und in erster Linie Vollzugsorgan der Gemeinschaft hinsichtlich der von dieser beschlossenen Maßnahmen. Die Weisungen der Gemeinschaft hat er zu befolgen, eine Abweichung ohne vorherige Rücksprache ist nur bei Gefahr in Verzug möglich (vgl. § 26 Rn 55). Will er von Weisungen oder Beschlüssen abweichen, so muss er dies im Klageweg gemäß § 43 Nr. 3 oder 4 durchsetzen.[8] Die Befugnisse des Verwalters ergeben sich neben § 27 aus den Vereinbarungen und Beschlüssen der Wohnungseigentümer und aus den Regelungen des Verwaltervertrages.

7 Der Verwalter darf seine Befugnisse nur mit Zustimmung der Wohnungseigentümergemeinschaft insgesamt auf Dritte übertragen.[9] Er darf jedoch Hilfskräfte zur Erfüllung einzelner Aufgaben beschäftigen (z.B. Hausmeister oder Reinigungskräfte), die Einladung und Leitung der Eigentümerversammlung delegieren[10] und für einzelne Rechtsgeschäfte Untervollmacht erteilen. Juristische Personen handeln durch ihre gesetzlichen Vertreter (z.B. Geschäftsführer) oder ihre rechtsgeschäftlich bestellten Vertreter (z.B. Prokuristen). Sofern die Teilungserklärung oder der Verwaltervertrag nichts anderes bestimmen, kann eine juristische Person einzelne Verwaltungsaufgaben (z.B. Unterzeichnung der Einladung zur Wohnungseigentümerversammlung, Versammlungsleitung) auf Erfüllungsgehilfen delegieren.[11] Die Verfügungsbefugnis über Gemeinschaftskonten darf einem Dritten aber nur mit Zustimmung der Wohnungseigentümer erteilt werden.

8 Ist der Verwalter nicht zur Vertretung der Gemeinschaft berechtigt gewesen, weil der Verwaltervertrag nicht zustande gekommen oder beendet ist, so kommt die Anwendung der Vorschriften über die Haftung des vollmachtlosen Vertreters (§§ 177 ff. BGB) oder eine Haftung der Gemeinschaft nach den Grundsätzen der Anscheins- oder Duldungsvollmacht in Betracht.

C. Aufgaben und Befugnisse im Innenverhältnis

9 § 27 Abs. 1 regelt die Aufgaben und die Befugnisse des Verwalters im Innenverhältnis zu den Wohnungseigentümern und zur Wohnungseigentümergemeinschaft.[12]

10 Die Neufassung des § 27 trennt Innenverhältnis und Vertretungsmacht deutlicher als bisher voneinander. Die Ergänzung des Einleitungssatzes, wonach der Verwalter aus Abs. 1 ausdrücklich nur gegenüber den Wohnungseigentümern und gegenüber der Gemeinschaft der Wohnungseigentümer berechtigt und verpflichtet wird, stellt klar, dass sich aus § 27 Abs. 1 keine Vertretungsmacht, sondern lediglich Rechte und Pflichten im Innenverhältnis ergeben.[13] Die Handlungsfähigkeit der Gemeinschaft stellt § 27 Abs. 3 sicher, der die gesetzliche Vertretungsmacht regelt.

I. Durchführung von Beschlüssen (Abs. 1 Nr. 1)

11 Gemäß § 27 Abs. 1 Nr. 1 hat der Verwalter die Aufgabe, die Beschlüsse der Wohnungseigentümer durchzuführen. Hält er einen Beschluss für unwirksam, so hat er gemäß § 43 Nr. 4 das Recht, diesen Beschluss durch das Gericht für ungültig erklären zu lassen. Er darf aber auch einen anfechtbaren Beschluss durchführen, insbesondere dann, wenn der Beschluss inhaltlich mit den Grundsätzen ordnungsgemäßer Verwaltung in Einklang steht und lediglich aus formellen Gründen anfechtbar ist. Der Verwalter kann es in diesem Fall den Wohnungseigentümern überlassen, den Beschluss anzufechten.[14] Ist ein Beschluss nichtig, so ist er nicht durchzuführen. Bestehen die Wohnungseigentümer auf der Durchführung des Beschlusses, so hat der Verwalter die Nichtigkeit gerichtlich feststellen zu lassen (vgl. § 43 Rn 85). Will der Verwalter von einer Weisung, die ihm die Wohnungseigentümer durch Beschluss erteilt haben, abweichen oder sie gar nicht ausführen, so muss er den Beschluss anfechten.[15] Umgekehrt können die Wohnungseigentümer die Durchführung von beschlossenen Maßnahmen im Verfahren nach § 43 Nr. 3 dadurch erzwingen, dass sie einen Gerichtsbeschluss erwirken, der den Verwalter zu bestimmten Handlungen anweist.[16] Verletzt der Verwalter seine Pflichten aus § 27 Abs. 1 Nr. 1, § 665 BGB, Beschlüsse weisungsgemäß auszuführen, dann hat nur die Wohnungseigentümergemeinschaft das Recht, den Verwalter deswegen abzumahnen.[17] Ein Verwalter, der in Vollzug eines Eigentümerbeschlusses eine Kinderschaukel aufstellen lässt, kann grundsätzlich nicht auf Beseitigung der von ihr ausgehenden Beeinträchtigungen in Anspruch genommen werden. Etwas anders kann gelten, wenn die Aufstellung der Schaukel in dem Eigentümerbeschluss offensichtlich keine Grundlage hat.[18]

---

8 BayObLGZ 1972, 139, 142.
9 BayObLG BReg 2 Z 50/75, BayObLGZ 1975, 327, 330; OLG Hamm 15 W 15/96, ZMR 1996, 678, 679 f.; KG 24 W 310/01, NZM 2002, 389, 390.
10 Vgl. *Bielefeld*, NZM 1999, 836.
11 LG Flensburg 5 T 341/97, NZM 1998, 776 m.w.N.
12 OLG München 34 Wx 125/09, ZMR 2010, 706, 707.
13 Vgl. BT-Drucks 16/887 S. 70.
14 Vgl. BayObLG ZMR 1975, 84, 85.
15 Vgl. BayObLGZ 1972, 139, 142.
16 Vgl. OLG Frankfurt 20 W 279/79, OLGZ 1980, 78, 79 f.
17 KG 24 W 279/02, NZM 2003, 683, 684.
18 BayObLG 2Z BR 11/95, WuM 1996, 655.

II. Durchführung der Hausordnung (Abs. 1 Nr. 1)

Gemäß § 27 Abs. 1 Nr. 1 hat der Verwalter für die Durchführung der Hausordnung zu sorgen. Die Aufstellung der Hausordnung ist gemäß § 21 Abs. 5 Nr. 1 ein Erfordernis der ordnungsgemäßen Verwaltung, die gemäß § 21 Abs. 3 durch Mehrheitsbeschluss erfolgt und die von jedem Wohnungseigentümer gemäß § 21 Abs. 4 verlangt werden kann (vgl. dazu im Einzelnen § 21). 12

Der Verwalter hat darauf hinzuwirken, dass die Wohnungseigentümer die Regeln der Hausordnung einhalten. Er hat ferner die Aufgabe, darauf zu achten, dass die Wohnungseigentümer ihre Pflichten gemäß § 14 erfüllen. Hierzu gehört auch, auf die Wohnungseigentümer einzuwirken, damit diese ihre Mieter veranlassen, die Hausordnung einzuhalten (§ 14 Nr. 2). Besteht Streit darüber, welche Pflichten die Wohnungseigentümer nach der Hausordnung haben, so kann er insoweit die gerichtliche Feststellung begehren. Bei gröblichen Verstößen gegen die Pflicht des § 14 hat der Verwalter eine Abmahnung gemäß § 18 Abs. 2 Nr. 1 auszusprechen. 13

III. Instandhaltungsmaßnahmen (Abs. 1 Nr. 2)

Gemäß § 27 Abs. 1 Nr. 2 ist der Verwalter berechtigt und verpflichtet, die für die ordnungsgemäße Instandhaltung und Instandsetzung des gemeinschaftlichen Eigentums erforderlichen Maßnahmen zu treffen. Die Geschäftsführungsbefugnis des Verwalters wird jedoch durch die Entscheidungskompetenz der Wohnungseigentümer eingeschränkt. 14

1. Aufgaben des Verwalters

In erster Linie ist es Sache der Wohnungseigentümer selbst, für die Beseitigung von Mängeln des gemeinschaftlichen Eigentums zu sorgen (§ 21 Abs. 5 Nr. 2). Die Pflicht des Verwalters aus § 27 Abs. 1 Nr. 2 besteht deshalb in erster Linie nur darin, **die erforderlichen Maßnahmen festzustellen**, die Wohnungseigentümer hierüber **zu unterrichten** und deren **Entscheidung herbeizuführen**.[19] 15

a) **Kontrollpflichten.** Die Pflicht des Verwalters zur Instandhaltung umfasst die **Pflicht zur Kontrolle des gemeinschaftlichen Eigentums**[20] insbesondere durch regelmäßige Begehung der Wohnanlage.[21] Bei der Begehung muss der Verwalter insbesondere die Fassade, das Treppenhaus, die zum gemeinschaftlichen Eigentum gehörenden Räume und den Außenbereich in Augenschein nehmen. Zur Kontrolle gehört es auch, Hinweisen der Wohnungseigentümer, des Hausmeisters oder auch von Handwerkern nachzugehen.[22] Der Verwalter ist aber auch im Falle einer Änderungskündigung durch die Hausschwammversicherung ohne das Vorliegen eines Schwammverdachts nicht zur Untersuchung des gemeinschaftlichen Eigentums auf Schwammbefall verpflichtet.[23] Die Kontrollpflicht hat zudem ihre Grenze dort, wo dem Verwalter Kontrollmaßnahmen nicht zugemutet werden können oder wo er zu einer Beurteilung, ob Instandhaltungsmaßnahmen notwendig sind, mangels Fachkenntnis nicht in der Lage ist. So ist dem Verwalter z.B. nicht zuzumuten, zu Kontrollzwecken Dachbegehungen selbst vorzunehmen.[24] Ohne Beschluss der Eigentümerversammlung ist der Verwalter grundsätzlich nicht befugt, eine Fachfirma mit der regelmäßigen Kontrolle des Daches im Hinblick auf vorhandene oder entstehende Schäden zu beauftragen[25] oder sonstige **Wartungsverträge** abzuschließen,[26] wenn sie den Rahmen des § 27 Abs. 3 S. 1 Nr. 3 überschreiten. Da der Verwalter aber gemäß **§§ 836, 838 BGB** für Schäden haftet, die durch die Ablösung von Gebäudeteilen entstehen (vgl. Rn 122), darf und muss er – jedenfalls soweit, als es um die Ablösung von Dachteilen geht – eine zuverlässige fachkundige Person mit der regelmäßigen Nachprüfung im gebotenen Umfang betrauen.[27] Er hat die Pflicht, die Wohnungseigentümer auf die Möglichkeit und gegebenenfalls Notwendigkeit von Wartungsverträgen hinzuweisen.[28] Sind die Wohnungseigentümer über die Gefahren aus der Verstopfung von Dachrinnen informiert, haftet der Verwalter nicht für einen Schaden, der durch einen Wassereintritt infolge einer verstopften Dachrinne eingetreten ist.[29] Der Verwalter ist nicht verpflichtet, für eine regelmäßige Wartung der Regenwasser-Fallrohre unter Öffnung der Revisionsklappen zu sorgen und deshalb nicht ersatzpflichtig für unvorhersehbare Wasserschäden in Wohnungen wegen verstopfter Rohre.[30] 16

b) **Informationspflichten.** Der Verwalter muss die Wohnungseigentümer über die von ihm getroffenen Feststellungen umfassend informieren. Zur Erfüllung dieser Pflichten ist der Verwalter berechtigt, **Fotografien** des Gemeinschaftseigentums herzustellen und in der Eigentümerversammlung zu zeigen, soweit dadurch im Einzelfall nicht in das allgemeine Persönlichkeitsrecht von Wohnungseigentümern eingegriffen wird.[31] Ermöglichen die vom Dach 17

---

19 BayObLG 2Z BR 266/03, NZM 2004, 390 m.w.N.; OLG Frankfurt 20 W 115/06, ZMR 2009, 863 m.w.N.; LG Hamburg 318 T 12/08, ZMR 2011, 499, 500; LG Köln 29 S 121/10, ZMR 2011, 502; LG Hamburg 318 S 164/11, ZMR 2012, 388, 389; *Staudinger/Bub* § 27 Rn 128.
20 BayObLG 2Z BR 40/99, NZM 1999, 840.
21 LG Köln 29 S 121/10, ZMR 2011, 502; *Schmid*, ZWE 2011, 202, 203; *Elzer*, ZWE 2012, 163, 165.
22 LG Köln 29 S 121/10, ZMR 2011, 502.
23 LG Hamburg 318 S 120/10, ZMR 2011, 497, 499.
24 OLG Zweibrücken 3 W 203/90, NJW-RR 1991, 1301.
25 OLG Zweibrücken 3 W 203/90, NJW-RR 1991, 1301.
26 BayObLG 2Z BR 40/99, NZM 1999, 840.
27 BGH VI ZR 176/92, NJW 1993, 1782, 1783.
28 BayObLG 2Z BR 40/99, NZM 1999, 840.
29 BayObLG 2Z BR 40/99, NZM 1999, 840.
30 KG 24 W 4300/98, NZM 1999, 131.
31 Vgl. dazu AG Köln 202 C 15/08, NZM 2009, 133 im Grundsatz bestätigt durch LG Köln 29 S 67/08, NZM 2009, 283.

eines anderen Hauses aus gefertigten Fotografien einen gezielten Einblick in den üblicherweise von der Einsichtnahme durch Dritte ausgeschlossenen Sauna- und Wohnbereich, dürfen sie nicht ohne Einwilligung gefertigt werden.[32] Der Verwalter handelt pflichtwidrig, wenn er die Wohnungseigentümer nicht über einen Besichtigungsbericht eines Architekten informiert, aus dem hervorgeht, dass ein Schaden durch Schwammbefall verursacht sein könnte und eine dringende Prüfung durch Fachleute erfolgen müsse.[33] Der Verwalter ist verpflichtet, die Wohnungseigentümer im Zusammenhang mit Maßnahmen der Instandhaltung auf bestehende **Förderungsmöglichkeiten** hinzuweisen, wobei ein Mitverschulden der Wohnungseigentümer in Betracht kommt, wenn sie bei zumutbarer Sorgfalt hätten erkennen können, dass ihnen Fördermittel zustehen.[34] Zu den Pflichten des Verwalters – auch des Bauträger-Verwalters – gehört auch die Überprüfung des Gebäudes auf **Baumängel** innerhalb des Laufs der Verjährungsfrist.[35]

18 **c) Vorbereitung und Durchführung von Beschlüssen.** Der Verwalter hat zur Vorbereitung von Sanierungsbeschlüssen der Wohnungseigentümer Vergleichsangebote einzuholen (siehe § 21 Rn 72). Die Ausführung von Instandsetzungsmaßnahmen obliegt dem Verwalter erst im Rahmen der **Durchführung von Beschlüssen** der Wohnungseigentümer. Aus eigenem Recht ist der Verwalter nicht befugt, einen Sachverständigen zu bestellen und umfangreiche Sanierungsmaßnahmen in Auftrag zu geben.[36] Erst nachdem die Wohnungseigentümer den Verwalter durch Beschluss beauftragt haben, Instandsetzungsarbeiten am gemeinschaftlichen Eigentum durchführen zu lassen, hat er unverzüglich für die Ausführung der Arbeiten zu sorgen.[37] Nur in dringenden Fällen ist der Verwalter verpflichtet, von sich aus tätig zu werden.[38]

19 Der Verwalter hat regelmäßig nicht die Pflichten eines Bauleiters. Er hat jedoch die Interessen der Wohnungseigentümer als Bauherren wahrzunehmen und sich daher so zu verhalten, wie sich ein Eigentümer ohne Verschulden gegen sich selbst zu verhalten hätte, wenn er Auftraggeber der Sanierungsarbeiten wäre. Er hat insbesondere vor Zahlung des Werklohns sorgfältig zu prüfen, ob die Leistungen mangelfrei erbracht sind.[39] Der Verwalter ist dagegen nicht verpflichtet, die für Sanierungsarbeiten in Betracht gezogenen Firmen auf ihre wirtschaftliche Leistungsfähigkeit hin zu überprüfen, soweit nicht ausnahmsweise die wirtschaftliche Leistungsfähigkeit ein besonders herausragendes Kriterium für die Auftragsvergabe darstellt.[40]

20 Ein Beschluss der Wohnungseigentümer, der die Instandsetzung der Außenseiten der Fenster als Teil des gemeinschaftlichen Eigentums auf die einzelnen Wohnungseigentümer überträgt, ist nichtig (siehe § 16 Rn 100). Eine entsprechende Vereinbarung ist jedoch möglich (siehe § 16 Rn 16, § 21 Rn 83). Dürfen die Wohnungseigentümer den erforderlichen Anstrich der im gemeinschaftlichen Eigentum stehenden Außenfenster in Eigenleistung erbringen, so entspricht es ordnungsmäßiger Verwaltung, wenn der Verwalter im Rahmen seiner Pflicht zur Instandhaltung und Instandsetzung die Arbeiten den einzelnen Wohnungseigentümern überträgt, sofern diese zur mangelfreien Ausführung der Arbeiten in der Lage sind. Die Zahlung eines Entgelts für die Eigenleistungen aus der Instandhaltungsrücklage darf den verkehrsüblichen Werklohn für solche Arbeiten nicht übersteigen.[41,42]

21 **d) Aufgaben betreffend das Sondereigentum.** Die dem Verwalter in § 27 Abs. 1 Nr. 2 auferlegte Pflicht zur Instandhaltung und Instandsetzung betrifft **nur das gemeinschaftliche Eigentum**. Sie wird auch dann nicht auf das Sondereigentum einzelner Wohnungseigentümer erweitert, wenn sich die gemäß § 21 Abs. 5 Nr. 3 vorgeschriebene Feuerversicherung für das gemeinschaftliche Eigentum aus Gründen der Praktikabilität auf das Sondereigentum erstreckt und an einem Sondereigentum Brandschäden entstehen. Der Verwalter ist lediglich verpflichtet, dem geschädigten Wohnungseigentümer bei der Durchsetzung seiner Versicherungsansprüche zu unterstützen und ihm insbesondere die Versicherungsnummer bekanntzugeben.[43] Tritt in einer Wohnung ein **Wasserschaden** auf, dessen Ursache im gemeinschaftlichen Eigentum liegen kann, muss der Verwalter unverzüglich alles Erforderliche tun, um die Ursache des Schadens festzustellen. Verletzt er diese Pflicht schuldhaft, haftet er für den Schaden eines Wohnungseigentümers auch dann, wenn sich später herausstellt, dass die Schadensursache im Sondereigentum liegt.[44] Steht aber von vornherein fest, dass die Schadensursache im Sondereigentum liegt, hat allein der betroffene Wohnungseigentümer für die Behebung und Begrenzung des Schadens zu sorgen. Der Verwalter ist in diesem Fall, sofern der Mieter der Wohnung Kenntnis vom Schadensfall hat, nur verpflichtet, Notmaßnahmen zu ergreifen und den Versicherer zu unterrichten.[45] Zur Beseitigung der Schäden im Sondereigentum und zur Geltendmachung des Deckungsanspruchs gegen den Versicherer ist der Verwalter auch dann nicht verpflichtet, wenn er im eigenen Namen eine Leitungswasser-

---

32 LG Köln 29 S 67/08, NZM 2009, 283.
33 LG Hamburg 318 T 12/08, ZMR 2011, 499, 501.
34 LG Mönchengladbach 5 T 51/06, NZM 2007, 417 – Umstellung der Heizungsanlage auf Erdgas.
35 OLG München 32 Wx 79/08, NZM 2008, 895.
36 OLG Hamm 15 W 212/96, NJW-RR 1997, 908; OLG Frankfurt 20 W 115/06, ZMR 2009, 863 m.w.N.
37 BayObLG 2Z BR 120/95, WuM 1996, 498.
38 BayObLG 2Z BR 20/95, WuM 1995, 677.
39 OLG Düsseldorf 3 Wx 231/96, WuM 1997, 576 m.w.N.
40 OLG Düsseldorf 3 Wx 231/96, WuM 1997, 576.
41 KG 24 W 5797/90, WuM 1991, 624; KG 24 W 2452/95, ZMR 1996, 223.
42 Zur steuerlichen Behandlung solcher Entgelte siehe *Sauren*, WE 1996, 322.
43 KG 24 W 1484/91, WuM 1991, 707; *Armbrüster*, ZWE 2012, 201, 204.
44 BayObLG 2Z BR 53/97, NZM 1998, 583; OLG München 34 Wx 156/05, ZMR 2006, 716.
45 BayObLG 2Z BR 5/96, NJW-RR 1996, 1298.

versicherung abgeschlossen hat, die auch Schäden im Sondereigentum abdeckt.[46] Übernimmt er aber die Besorgung dieser Geschäfte für den betroffenen Wohnungseigentümer, hat er dies ordnungsgemäß und zügig zu tun.[47]

e) Ansprüche bei Pflichtverletzung. Verletzt der Verwalter schuldhaft die ihm durch § 27 Abs. 1 Nr. 2 auferlegten Pflichten, haftet er den Wohnungseigentümern für den dadurch entstandenen Schaden aus **§ 280 Abs. 1 BGB**.[48] Die Verletzung einer Informationspflicht des Verwalters ist für den Schaden kausal, wenn die vollständig informierten Wohnungseigentümer eine fachmännische Untersuchung des Hauses vorgenommen hätten, der Instandsetzungsbedarf hätte festgestellt werden können und von einer zu diesem Zeitpunkt noch bestehenden Versicherung bezahlt worden wäre.[49] Darüber hinaus haftet er auch für Schäden, die einem einzelnen Wohnungseigentümer an dessen Sondereigentum entstanden sind.[50]

Kommt der Verwalter damit in **Verzug**, den Beschluss der Wohnungseigentümer durchzuführen, so haftet er für den einem Wohnungseigentümer entstandenen Schaden.[51] Der Verwalter haftet einem Sondereigentümer jedoch nicht für Schäden wegen Verzögerungen bei der Beseitigung von Mängeln (z.B. Hausschwamm), die durch das zögerliche Verhalten der Eigentümergemeinschaft (Negativbeschlüsse, zu geringe Sonderumlage) sowie durch Fehler von Handwerkern und Sonderfachleuten entstanden sind.[52]

Daneben kann auch ein Schadensersatzanspruch aus **unerlaubter Handlung** bestehen.[53] Ein Verwalter braucht zwar grundsätzlich keinen Anlass für die Annahme zu haben, dass Gebäudeteile, an denen Reparaturarbeiten durchgeführt werden sollen, mit **Asbest** verseucht sind, er muss jedoch, wenn eine Kontamination festgestellt wird, unverzüglich die notwendigen Maßnahmen für eine Beseitigung der Gefahrenquelle veranlassen.[54]

Ein mit der Instandsetzung des gemeinschaftlichen Eigentums beauftragtes Sanierungsunternehmen ist regelmäßig nicht Erfüllungsgehilfe des Verwalters i.S.v. § 278 BGB, weil der Verwalter nicht selbst zur Instandsetzung des gemeinschaftlichen Eigentums verpflichtet ist, sondern lediglich für die Instandsetzung zu sorgen hat.[55]

Zur Haftung wegen der Verletzung von Verkehrssicherungspflichten siehe Rn 122 f.

f) Öffentlich-rechtliche Aufgabenzuweisung. Dem Verwalter kann nach Auffassung der Verwaltungsgerichte durch **Ordnungsverfügung der Bauaufsichtsbehörde** aufgegeben werden, Instandsetzungsmaßnahmen vorzunehmen, die zur Beseitigung einer Störung der öffentlichen Sicherheit und Ordnung erforderlich sind.[56] Der Verwalter ist jedenfalls als Handlungsstörer dann ordnungsrechtlich verantwortlich, wenn er durch selbstständige Entscheidung einen ordnungswidrigen Zustand im Gemeinschafts- und Sondereigentum geschaffen hat.[57] Als Zustandsstörer dürfte dagegen in erster Linie der rechtsfähige Verband Wohnungseigentümergemeinschaft, vertreten durch den Verwalter, in Anspruch zu nehmen sein, mit der Folge, dass der Verwalter gegenüber dem Verband für die Umsetzung der Ordnungsverfügung sorgen muss.[58]

2. Befugnisse des Verwalters

Der Eigentümerversammlung ist grundsätzlich die Entscheidung über Art und Umfang von Instandhaltungsarbeiten vorbehalten (Entscheidungskompetenz). Ohne Beschlussfassung der Wohnungseigentümer oder gar gegen deren erklärten Willen darf der Verwalter Maßnahmen nach § 27 Abs. 1 Nr. 2 nicht veranlassen.[59] Macht er dies doch, haftet er wegen Pflichtverletzung.[60]

Die Entscheidung über die Durchführung von Maßnahmen nach § 27 Abs. 1 Nr. 2 (Geschäftsführungsbefugnis) kann grundsätzlich nur durch eine Vereinbarung auf den Verwalter übertragen werden.[61] In engen Grenzen ist eine solche Kompetenzverlagerung aus Gründen der Praktikabilität und zur Klarstellung der Kompetenz des Verwalters aber durch Beschluss zulässig. Ein Beschluss, wonach der Verwalter bis zu 2.500 EUR Aufträge ohne jede Zustimmung und bis zu 10 000 EUR mit Zustimmung des Verwaltungsbeirats vergeben darf, dürfte sich noch im zulässigen Rahmen halten.[62] (Zu Regelungen im Verwaltervertrag siehe § 26 Rn 59 ff.)

---

46 BayObLG 2Z BR 5/96, NJW-RR 1996, 1298, BayObLG 2Z BR 53/97, NZM 1998, 583, 584.
47 BayObLG 2Z BR 53/97, NZM 1998, 583, 584.
48 BayObLG 2Z BR 53/97, NZM 1998, 583; BayObLG 2Z BR 6/92, WuM 1992, 389, 390; BayObLG BReg 2 Z 40/89, WuM 1990, 178, 179; BayObLG 2Z BR 40/99, NZM 1999, 840.
49 LG Hamburg 318 T 12/08, ZMR 2011, 499, 501 [Schwammbefall].
50 BayObLG 2Z BR 40/99, NZM 1999, 840.
51 OLG Köln 16 Wx 29/96, WuM 1997, 68; BayObLG 2Z BR 85/99, NZM 2000, 501, 502.
52 AG Hamburg-Blankenese 539 C 50/08, ZMR 2011, 331.
53 BayObLG 2Z BR 106/95, WuM 1996, 654.
54 OLG Köln 16 Wx 99/05, NZM 2006, 592.
55 BayObLG 2Z BR 6/92, WuM 1992, 390.
56 OVG München WuM 1994, 507; OVG Münster 2 B 1495/10, ZMR 2011, 425 m.w.N. und krit. Anm. *Becker*, ZfIR 2011, 205 und abl. Anm. *Briesemeister*, ZWE 2011, 163.
57 *Lehmann-Richter*, ZWE 2012, 105, 106/107; *Tank/Bringewat*, ZWE 2012, 306, 310.
58 *Lehmann-Richter*, ZWE 2012, 105, 110/111; *Tank/Bringewat*, ZWE 2012, 306, 309.
59 BayObLG 2Z BR 13/01, NZM 2001, 535.
60 OLG Celle 4 W 199/00, NZM 2002, 169; BayObLG 2Z BR 266/03, NZM 2004, 390.
61 OLG Frankfurt 20 W 448/86, OLGZ 1988, 188.
62 **A.A**: OLG Düsseldorf 3 Wx 61/97, WuM 1997, 639 m. abl. Anm. *Münstermann-Schlichtmann*, S 640.

30 a) Laufende Maßnahmen. Während Aufträge über **außerordentliche, nicht dringende Maßnahmen** der Zustimmung bedürfen,[63] kann der Verwalter gemäß § 27 Abs. 3 S. 1 Nr. 4, Abs. 1 Nr. 3 **außerordentliche, dringende Maßnahmen** als gesetzlicher Vertreter der Wohnungseigentümergemeinschaft in Auftrag geben (siehe dazu Rn 39 ff.). Der Verwalter ist gemäß § 27 Abs. 3 S. 1 Nr. 3 zudem berechtigt, auch ohne einen Eigentümerbeschluss die **laufenden Maßnahmen** der erforderlichen ordnungsmäßigen Instandhaltung und Instandsetzung des gemeinschaftlichen Eigentums, als gesetzlicher Vertreter der Wohnungseigentümergemeinschaft in Auftrag zu geben. Während der Verwalter für außerordentliche, nicht dringende Instandhaltungmaßnahmen nur eine eingeschränkte Geschäftsführungsbefugnis für vorbereitende Maßnahmen hat (siehe Rn 15), ist für den Teilbereich der laufenden Maßnahmen eine weitergehende Geschäftsführungsbefugnis des Verwalters zu bejahen, die auch die Entscheidungskompetenz umfasst.[64] Dafür spricht, dass anderenfalls die dem Verwalter in § 27 Abs. 3 S. 1 Nr. 3 eingeräumte gesetzliche Vertretungsbefugnis leer liefe. Es besteht in diesem Bereich eine konkurrierende Geschäftsführungsbefugnis der Wohnungseigentümer, der Vorrang einzuräumen ist, wenn die Wohnungseigentümer durch Beschlussfassung in diesem Bereich eine bestimmte Entscheidung treffen, bevor der Verwalter seine Geschäftsführungsbefugnis ausgeführt hat.[65]

31 Die Bestimmung des Anwendungsbereichs von § 27 Abs. 3 S. 1 Nr. 3 bereitet Schwierigkeiten, weil die unbestimmten Rechtsbegriffe „laufend", „erforderlich" und „ordnungsgemäß" der Konkretisierung bedürfen. Dabei ist sowohl dem Eigentümerschutz wie auch dem Verkehrsschutz Rechnung tragen.[66] Es kommt folglich darauf an, ob der Vertragspartner des Verbands davon ausgehen darf, dass eine durchschnittliche, an den eigenen Belangen interessierte Wohnungseigentümergemeinschaft, die Entscheidung über den Vertragsabschluss typischerweise dem Verwalter überlässt, weil die Maßnahme von untergeordneter Bedeutung ist.[67] Danach darf der Verwalter im Hinblick auf die Instandhaltungspflicht einen Hausmeister anstellen und ein Reinigungsunternehmen beauftragen. Zum Abschluss eines Hausmeistervertrages mit fünfjähriger Laufzeit ist er jedoch ohne einen Eigentümerbeschluss nicht berechtigt.[68] Auch ohne einen Eigentümerbeschluss darf der Verwalter die **laufenden Reparaturen bzw. Maßnahmen geringeren Umfangs**, die der Instandsetzung des gemeinschaftlichen Eigentums dienen, als gesetzlicher Vertreter der Wohnungseigentümergemeinschaft in Auftrag geben. Er darf Ersatzteile für defekte gemeinschaftliche Anlagen beschaffen und für Verschleißteile einen angemessenen Vorrat beschaffen. Er ist ferner berechtigt, notwendige Ersatzbeschaffungen (z.B. Waschmaschinen oder Gerätschaften des Hausmeisters) vorzunehmen.[69] Der Geltungsbereich von § 27 Abs. 3 S. 1 Nr. 3 ist im Einzelnen allerdings stark umstritten.[70] Vor diesem Hintergrund spricht aus Verwaltersicht einiges dafür, dass der Verwalter sich ausdrücklich durch Beschluss zur Durchführung von Maßnahmen ermächtigen und bevollmächtigen lässt, die möglicherweise unter § 27 Abs. 3 S. 1 Nr. 3 subsumiert werden können. Dabei wird man über die Beschlussfassung zu konkreten Maßnahmen hinaus auch eine generelle Konkretisierung der Geschäftsführungsbefugnis im Verwaltervertrag als zulässig ansehen können (siehe § 26 Rn 59). Zur eingeschränkten Möglichkeit, die Geschäftsführung für Instandhaltungsmaßnahmen über die laufenden Maßnahmen hinaus auf den Verwalter zu übertragen siehe Rn 29.

32 Die erforderlichen Aufwendungen gehören zu den Verwaltungskosten gemäß § 16 Abs. 2. Der Verwalter darf seine Auslagen aus der Instandhaltungsrücklage (§ 21 Abs. 5 Nr. 4) decken.[71] Die Festlegung von vertraglichen Obergrenzen (siehe dazu § 26 Rn 59) vermag gemäß § 27 Abs. 4 die durch § 27 Abs. 3 S. 1 Nr. 3 begründete Vertretungsmacht des Verwalters im Außenverhältnis nicht wirksam einzuschränken, sondern nur Pflichten des Verwalters gegenüber dem Verband im Innenverhältnis zu begründen.[72]

33 b) Vertretungsmacht bei Sanierungsbeschlüssen. Hat die Eigentümergemeinschaft bestimmte **Sanierungsmaßnahmen beschlossen**, so ist der Verwalter gemäß § 27 Abs. 1 Nr. 1 verpflichtet, diese auszuführen. Der Verwalter ist in diesem Fall – sofern er nicht gemäß § 27 Abs. 3 S 1 Nr. 7 ausdrücklich zur Auftragsvergabe ermächtigt wird – in der Regel konkludent bevollmächtigt, die Wohnungseigentümergemeinschaft vertraglich zu verpflichten und den Reparaturauftrag in ihrem Namen zu erteilen.[73] Ebenfalls zu einer Vertretungsmacht des Verwalters zur Auftragsvergabe bei beschlossenen Sanierungsmaßnahmen gelangt man, wenn man den Begriff „laufend" in § 27 Abs. 3 S 1 Nr. 3 auch im Sinne von „noch nicht abgeschlossen" auslegt.[74] Vor dem Hintergrund der unterschiedlichen Rechtsauffassungen empfiehlt es sich, in den Beschluss über die Durchführung von Sanierungen ausdrücklich eine Bevollmächtigung des Verwalters zur Auftragsvergabe aufzunehmen. Beschließen die Wohnungseigentümer eine Gebäu-

---

63 BGH VII ZR 193/75, NJW 1977, 44; *Merle*, ZWE 2006, 365, 368.
64 *Merle*, ZWE 2010, 2f; *Vandenhouten*, ZWE 2012, 237, 243; **a.A.** *Elzer*, ZWE 2012, 163,166.
65 *Merle*, ZWE 2010, 2, 3.
66 Ebenso *Häublein*, ZWE 2009, 189, 193.
67 *Häublein*, ZWE 2009, 189, 195.
68 OLG Köln 16 Wx 184/04, NZM 2005, 345; *Greiner*, Rn 1613; **a.A.** *Häublein*, ZWE 2009, 189, 193: Kompetenz zum Abschluss von Dauerschuldverhältnissen deren Laufzeit den Zeitraum der Verwalterbestellung nicht überschreitet.
69 BayObLG BReg 2 Z 34/75, NJW 1975, 2296, 2297.
70 Vgl. etwa *Elzer*, ZWE 2012, 166.
71 BayObLG 2Z BR 108/95, WuM 1996, 116, 118.
72 Ebenso *Häublein*, ZWE 2009, 189, 195.
73 Vgl. *Vandenhouten*, ZWE 2012, 237, 240; **a.A.** *Elzer*, ZWE 2012, 163, 166; *Merle*, ZWE 2010, 2, 4.
74 So *Merle* in Bärmann, § 27 Rn 192; *ders.*, ZWE 2010, 2, 4; wohl auch *Abramenko* in Riecke/Schmid, § 27 Rn 19; **a.A.** *Elzer*, ZWE 2012, 163, 166.

desanierung, die eine bestimmte Summe nicht übersteigen soll und soll mit dem Auftragnehmer eine Pauschalfestpreisvereinbarung getroffen werden, muss dies im Eigentümerbeschluss klargestellt sein. Anderenfalls ist der Verwalter nicht gehindert, eine andere Preisvereinbarung zu treffen.[75]

c) Keine Eigenmächtigkeiten. Hat umgekehrt eine von dem Verwalter vorgeschlagene Sanierungsmaßnahme nicht die Zustimmung der Mehrheit der Wohnungseigentümer gefunden, so darf der Verwalter die Maßnahme nicht trotzdem durchführen und sich dabei auf § 27 Abs. 1 Nr. 2 berufen. Die ordnungsmäßige Instandhaltung und Instandsetzung des gemeinschaftlichen Eigentums ist nämlich in erster Linie eine Angelegenheit der ordnungsmäßigen Verwaltung, über die die Wohnungseigentümer durch Beschluss entscheiden (§ 21 Abs. 5 Nr. 2, Abs. 3). Der Verwalter hat es daher den sanierungswilligen Wohnungseigentümern zu überlassen, ob sie die Durchführung einer Sanierungsmaßnahme im gerichtlichen Verfahren gemäß §§ 43 Abs. 1 Nr. 1, 21 Abs. 4 gegenüber der Mehrheit durchsetzen. Ein einzelner Wohnungseigentümer kann den Verwalter ohne ermächtigenden Beschluss der Wohnungseigentümerversammlung nicht auf Durchführung von Maßnahmen zur Instandsetzung des gemeinschaftlichen Eigentums gerichtlich in Anspruch nehmen.[76] 34

Der Verwalter ist auch dann nicht befugt, zur Erreichung des Sanierungsziels Aufträge in unbegrenzter Höhe zu vergeben, wenn im Beschluss weder der Umfang der auszuführenden Maßnahmen bestimmt noch eine Kostenobergrenze für die zu vergebenden Aufträge genannt ist. Maßgebend für die Durchführung eines solchen Beschlusses ist der Wille der Wohnungseigentümer, wie er sich für den Verwalter aus den zur Vorbereitung der Beschlussfassung vorgelegten Unterlagen, dem Beschlussprotokoll und dem Inhalt des Beschlusses ergibt. Gingen die Wohnungseigentümer nach den gutachterlichen Stellungnahmen und einer Kostenschätzung des Architekten von einem kleineren Instandsetzungsaufwand aus, ist die Vergabe eines weit darüber hinausgehenden Sanierungsauftrags nicht von dem Beschluss gedeckt.[77] Haben die Wohnungseigentümer beschlossen, keine Gesamtsanierung des Daches durchzuführen, sondern nur eine Einzelreparatur, darf der Verwalter ohne eine erneute Beschlussfassung nur dann die Gesamtsanierung des Daches gemäß einem Vorschlag des Dachdeckers in Auftrag geben, wenn ohne die sofortige Durchführung der Arbeiten die Erhaltung des Daches gefährdet wäre. Hat der Verwalter dagegen ausreichend Zeit und Gelegenheit, einen Beschluss der Eigentümer über die Sanierungsmaßnahme herbeizuführen, dann ist der Auftrag zur Gesamtsanierung des Daches eine unberechtigte Geschäftsführung ohne Auftrag (siehe Rn 37). 35

Zur Vornahme von baulichen Veränderungen und Aufwendungen, die über die ordnungsmäßige Instandhaltung und Instandsetzung hinausgehen (vgl. dazu § 22), ist der Verwalter nicht befugt, es sei denn, er wurde durch die Wohnungseigentümer insoweit besonders ermächtigt. Soweit der Verwalter aufgrund werkvertraglicher Mängelhaftung der Gemeinschaft gegenüber zur Mängelbeseitigung verpflichtet ist, kann er nicht unter Berufung auf § 27 Abs. 1 Nr. 2 Instandsetzungsmaßnahmen durchführen und von der Eigentümergemeinschaft Aufwendungsersatz verlangen.[78] 36

3. Ersatzansprüche des Verwalters gegen die Gemeinschaft

Der Verwaltervertrag ist regelmäßig ein auf Geschäftsbesorgung gerichteter Dienstvertrag, weshalb der Verwalter grundsätzlich gemäß **§§ 675, 670 BGB** einen Anspruch auf Ersatz der ihm bei der Geschäftsführung für die Gemeinschaft der Wohnungseigentümer entstandenen Aufwendungen hat (siehe § 26 Rn 55). Ist eine Maßnahme zur Instandsetzung des Gemeinschaftseigentums nicht durch einen Beschluss legitimiert, kommt ein Anspruch des Verwalters gegen die Wohnungseigentümergemeinschaft auf Ersatz der ihm bei der Geschäftsführung für die Gemeinschaft entstandenen Aufwendungen entsprechend § 670 BGB unter dem Gesichtspunkt einer **Notgeschäftsführung nach § 27 Abs. 1 Nr. 3** (siehe Rn 39 f.) in Betracht.[79] Ein Anspruch auf Aufwendungsersatz unter dem Gesichtspunkt einer **berechtigten Geschäftsführung ohne Auftrag nach §§ 683, 670 BGB** besteht bei einer der Auftragsvergabe entgegen stehenden Willensbildung der Wohnungseigentümer selbst dann nicht, wenn die sofortige Vergabe der Arbeiten wegen des tatsächlich bestehenden Sanierungsbedarfs und der mit einem Zuwarten verbundenen Mehrkosten eine für die Wohnungseigentümer objektiv vorteilhafte Entscheidung sein sollte.[80] Der Verwalter hat dann nur einen **Verwendungsersatzanspruch** nach Bereicherungsgrundsätzen **aus unberechtigter Geschäftsführung ohne Auftrag gemäß § 684 S. 1, § 812 Abs. 2 BGB**, auch wenn die Verwendungen nicht werterhöhend waren, den Wohnungseigentümern aber später unausweichliche Aufwendungen erspart haben.[81] 37

Zu den nach § 670 BGB zu ersetzenden Aufwendungen gehören auch die in Erfüllung des Auftrags von dem Beauftragten eingegangenen Darlehensverbindlichkeiten (Aufwendungskredite); insoweit kann der Beauftragte von seinem Auftraggeber nach § 257 S. 1 BGB Befreiung verlangen.[82] Abweichend von diesem Grundsatz kann der Verwalter von Wohnungseigentum grundsätzlich keinen Aufwendungsersatz für Kreditverbindlichkeiten verlangen, auch wenn er die Darlehen zur Finanzierung erforderlicher Instandhaltungsmaßnahmen am gemeinschaftlichen Eigentum aufgenommen hat, denn zur Kreditaufnahme bedarf der Verwalter eines ermächtigenden oder genehmigenden Be- 38

---

75 BayObLG 2Z BR 18/97, ZMR 1997, 431.
76 KG 24 W 2161/90, WuM 1991, 59.
77 BGH V ZR 197/10, WuM 2011, 310.
78 OLG Köln 16 Wx 40/77, OLGZ 1978, 7.
79 BGH V ZR 197/10, WuM 2011, 310.
80 BGH V ZR 197/10, WuM 2011, 310.
81 Vgl. BGH V ZR 197/10, WuM 2011, 310; OLG Düsseldorf 3 Wx 447/93, WuM 1996, 178; BayObLG 2Z BR 20/30, ZMR 2003, 759.
82 Vgl. BGH III ZR 113/09, NJW-RR 2010, 333, 334.

schlusses (siehe Rn 50 f.). Weil aber der Verwalter gemäß § 27 Abs. 1 Nr. 1 einen Beschluss zur Instandsetzung des gemeinschaftlichen Eigentums unverzüglich durchzuführen hat und andernfalls schadensersatzpflichtig werden kann, erscheint nicht in jedem Fall ein Ersatzanspruch des Verwalters ausgeschlossen, wenn er die Bezahlung von Instandhaltungsmaßnahmen (auch) durch einen Kontokorrentkredit finanziert hat.[83]

IV. Dringende Erhaltungsmaßnahmen (Abs. 1 Nr. 3)

39 Gemäß § 27 Abs. 1 Nr. 3 darf und muss der Verwalter in dringenden Fällen auch Maßnahmen ergreifen, die über die ordnungsmäßige Instandhaltung und Instandsetzung hinausgehen, sofern sie erforderlich sind, um einen Schaden abzuwenden, der dem **gemeinschaftlichen Eigentum** droht. Im Gegensatz zu § 21 Abs. 2 ist nicht Voraussetzung, dass der Schaden unmittelbar droht.

40 **Dringend** sind Fälle, die wegen ihrer Eilbedürftigkeit eine vorherige Einberufung einer Eigentümerversammlung nicht zulassen. Entscheidend ist, ob die Erhaltung des gemeinschaftlichen Eigentums gefährdet wäre, wenn nicht umgehend gehandelt würde.[84] Der Verwalter ist in diesen Fällen gemäß **§ 27 Abs. 3 S. 1 Nr. 4** berechtigt, die zur Erhaltung des gemeinschaftlichen Eigentums erforderlichen Maßnahmen namens der Wohnungseigentümergemeinschaft in Auftrag geben.[85] Auch wenn die erforderlichen Instandsetzungsarbeiten durch Baumängel verursacht sein können und Gewährleistungsansprüche gegen den Verwalter in seiner Funktion als Architekt, Bauträger oder Bauunternehmer in Betracht kommen, darf der Verwalter in dringenden Fällen die Wohnungseigentümergemeinschaft ohne vorherige Beschlussfassung durch Aufträge verpflichten.[86] Das Notgeschäftsführungsrecht berechtigt den Verwalter aber nur zu den Maßnahmen, welche die Gefahrenlage beseitigen, nicht zur Beauftragung solcher Arbeiten, die einer dauerhaften Beseitigung der Schadensursache dienen, deren Erstattung der Kläger hier verlangt.[87]

41 Zur Durchführung von Notmaßnahmen gemäß § 27 Abs. 1 Nr. 3 darf auch ohne Duldungstitel auf der Grundlage von § 14 Nr. 4 in das Sondereigentum eingegriffen werden, z.B. bei einem Wasserschaden im **Sondereigentum**. Das Notgeschäftsführungsrecht des Verwalters aus § 27 Abs. 1 Nr. 3 knüpft daran an, dass das Gemeinschaftseigentum gefährdet ist, wenn nicht umgehend gehandelt wird; daran fehlt es, wenn die ein sofortiges Einschreiten erfordernde Gefahrenlage „nur" ein Sondereigentum betrifft.[88] Weil aber Maßnahmen zur Instandsetzung des Gemeinschaftseigentums so durchgeführt werden müssen, dass Schäden am Sondereigentum möglichst vermieden werden, ist der Verwalter – über die in § 27 Abs. 1 Nr. 3 bestimmte Befugnis hinausgehend – nach §§ 683 S. 1, 680 BGB zum Schutz des von ihm verwalteten Vermögens und in Wahrung der Interessen der Wohnungseigentümer berechtigt, die Maßnahmen zu ergreifen, die zur Abwehr eines durch Instandsetzungsarbeiten am Gemeinschaftseigentum unmittelbar drohenden Schadens am Sondereigentum notwendig sind.

V. Einziehung von Geldern (Abs. 1 Nr. 4)

42 Gemäß § 27 Abs. 1 Nr. 4 ist der Verwalter verpflichtet, bestimmte Geldbeträge anzufordern, in Empfang zu nehmen und abzuführen. In erster Linie hat der Verwalter das Recht, die von den einzelnen Wohnungseigentümern gemäß § 16 Abs. 2 zu tragenden Lasten und Kosten des gemeinschaftlichen Eigentums zugunsten der Gemeinschaft einzuziehen. Die Vertretungsmacht des Verwalters, insoweit im Namen der Gemeinschaft tätig zu werden, ergibt sich aus § 27 Abs. 3 S 1 Nr. 4. Ein Recht diese Beiträge gerichtlich geltend zu machen ergibt sich daraus nicht. Ein solches Recht hat der Verwalter gemäß § 27 Abs. 3 Nr. 7 nur, wenn er dazu besonders ermächtigt ist. Die Zahlung von Wohngeld an den Verwalter hat auch dann schuldbefreiende Wirkung, wenn sie nicht auf das vom Verwalter für die Eigentümergemeinschaft eingerichtete Sonderkonto erfolgt, sondern auf das allgemeine Geschäftskonto des Verwalters, sofern dieser uneingeschränkte Verfügungsgewalt über das Geld erlangt.[89] Bei Streit über den Zahlungseingang auf dem Geschäftskonto kann sich ein Wohnungseigentümer jedoch nicht auf Erfüllungswirkung berufen, wenn das Einverständnis mit der Überweisung auf das allgemeine Geschäftskonto des Verwalters fehlte, weil der Verwalter ihm zur Zahlung von Wohngeldrückständen ein bestimmtes Girokonto mitgeteilt hatte[90] (Siehe auch § 28 Rn 176).

43 Der Verwalter kann ferner Tilgungsbeiträge und Hypothekenzinsen bezüglich der Belastungen des gemeinschaftlichen Eigentums einziehen. Durch besondere Vereinbarung kann der Verwalter auch beauftragt werden, Zinsen und Tilgungsbeträge einzuziehen und abzuführen, die Belastungen des Sondereigentums eines einzelnen Wohnungseigentümers betreffen.[91] Durch Zahlung unmittelbar an den Gläubiger wird der einzelne Wohnungseigentümer nicht von seiner Leistungspflicht gegenüber der Gemeinschaft frei. Befriedigen Wohnungseigentümer wegen Zahlungsunfähigkeit des persönlichen Schuldners (Bauträger) zur Abwendung der Zwangsvollstreckung den Gläubiger einer

---

83 Vgl. BGH V ZR 197/10, WuM 2011, 310.
84 BGH V ZR 197/10, WuM 2011, 310; BayObLG 2Z BR 266/03, NZM 2004, 390; LG Hamburg 318 S 164/11, ZMR 2012, 388, 389.
85 Vgl. *Vandenhouten*, ZWE 2012, 237, 241.
86 OLG Hamm 15 W 119/86, OLGZ 1989, 54.
87 BGH V ZR 197/10, WuM 2011, 310.

88 BGH V ZR 197/10, WuM 2011, 310.
89 OLG Saarbrücken 5 W 157/87, OLGZ 1988, 45 ff; OLG München 32 Wx 73/07, ZMR 2007, 815; OLG Köln 16 Wx 244/06, ZMR 2008, 71.
90 AG Pinneberg 68 II 52/07 WEG, ZMR 2008, 86.
91 Vgl. auch BayObLG 2 Z 50/77, Rpfl 1978, 256; KG 1 W 811/72, NJW 1975, 318.

auf dem Grundstück lastenden Gesamtgrundschuld, so können die erbrachten Zahlungen ausgleichspflichtige Lasten gemäß § 16 Abs. 2 sein. Ein Ausgleich kann nur gemeinschaftlich, nicht aber zwischen einzelnen Wohnungseigentümern erfolgen.[92]

VI. Zahlungen und Leistungen (Abs. 1 Nr. 5)

Gemäß § 27 Abs. 1 Nr. 5 ist der Verwalter verpflichtet, alle Zahlungen, die mit der laufenden Verwaltung zusammenhängen, vorzunehmen. Er hat insbesondere Versicherungsbeiträge, öffentliche Gebühren, Kosten für Gas, Wasser und Strom, Löhne für den Hausmeister und für Reinigungspersonal usw. bezahlen, also im Wesentlichen diejenigen Beträge, die als Aufwendungen in den Wirtschaftsplan aufgenommen werden. Die Vertretungsmacht des Verwalters, insoweit im Namen der Gemeinschaft tätig zu werden, ergibt sich aus § 27 Abs. 3 S. 1 Nr. 4. Der Verwalter ist ferner verpflichtet, Lieferungen entgegenzunehmen und geleistete Arbeiten abzunehmen. In diesem Zusammenhang ist er befugt, Fristsetzungen und Mängelrügen vorzunehmen. Ein Recht zur Ausübung von Gestaltungsrechten (Rücktritt, Kündigung, Minderung) hat er jedoch nicht. Erbringt der Verwalter Zahlungen für erkennbar mangelhafte Werkleistungen, so ist er den Wohnungseigentümern zum Schadensersatz verpflichtet, wenn sie ihre Ansprüche gegen den Werkunternehmer nicht durchsetzen können.[93]

44

§ 27 Abs. 1 Nr. 5 betrifft nur die Erfüllung bereits bestehender Verpflichtungen. Ein Recht des Verwalters, zu Lasten der Gemeinschaft neue Verpflichtungen einzugehen, ergibt sich daraus nicht. Ob er dazu befugt ist, richtet sich nach den zwischen ihm und der Gemeinschaft getroffenen Vereinbarungen.

45

VII. Die Verwaltung eingenommener Gelder (Abs. 1 Nr. 6, Abs. 3 S 1 Nr. 5, Abs. 5)

Nach § 27 Abs. 1 Nr. 6 (bisher Nr. 4) hat der Verwalter die Aufgabe eingenommene Gelder zu verwalten. Die Vorschrift wurde sprachlich angepasst, da der vorher verwendete Begriff „gemeinschaftliche Gelder" auf die Besitzgemeinschaft der §§ 741 ff. BGB verwies, diese Gelder nun aber gemäß § 10 Abs. 7 S. 3 der teilrechtsfähigen Gemeinschaft der Wohnungseigentümer zustehen.[94] § 27 Abs. 5 regelt hierzu Einzelheiten.[95]

46

1. Eingenommene Gelder

Die Formulierung stellt klar, dass der Verwalter sämtliche zum Zweck der Verwaltung eingenommenen Gelder zu verwalten hat.[96] Eingenommene Gelder sind alle von den Wohnungseigentümern aufgrund ihrer Pflicht zur Kosten- und Lastentragung eingezahlten Gelder, seien es Wohngeldvorschüsse (§ 28 Abs. 2), Sonderumlagen, Gelder zum Ausgleich von Fehlbeträgen aus der Jahresabrechnung oder die zur Ansammlung der Instandhaltungsrücklage (§ 21 Abs. 5 Nr. 4) eingezahlten Beträge; Einnahmen aus der Vermietung und Verpachtung gemeinschaftlichen Eigentums (§ 16); Zinsen, die aus der Anlage gemeinschaftlicher Gelder fließen.

47

Der Verwalter hat Gelder der Instandhaltungsrücklage verzinslich anzulegen. Hierfür bieten sich in erster Linie ein Festgeldkonten, Sparbücher und festverzinsliche Wertpapiere an. Die Wohnungseigentümer können aber eine andere Anlageform beschließen (siehe § 21 Rn 125). Der Verwalter darf Gelder der Instandhaltungsrücklage grundsätzlich nicht auf dem Girokonto belassen, um dort Deckungslücken auszugleichen, denn dies widerspricht der Zweckbestimmung der Instandhaltungsrücklage. Die zur Anlage bestimmten Gelder sind spätestens zum Quartalsende auf entsprechende Konten abzuführen.[97] Ob die Wohnungseigentümer den Verwalter erfolgreich auf Schadensersatz in Anspruch nehmen können, wenn er mit der Instandhaltungsrücklage Lücken auf dem Girokonto stopft, hängt im Einzelfall von der Höhe der Überziehungszinsen ab und davon, in welcher Zeit die Lücke durch eine Sonderumlage hätte beseitigt werden können.

48

Der Verwalter muss sich auch sonst im Innenverhältnis zu den Wohnungseigentümern in den Schranken seiner treuhänderischen Stellung halten und die von den Wohnungseigentümern beschlossene Zweckbindung bei der Verwaltung bestimmter Gelder respektieren. Entnimmt er eigenmächtig Gelder von einem für die Bausanierung bestimmten Sonderkonto der Gemeinschaft zur Befriedigung eigener Ansprüche (z.B. angebliches Verwalterhonorar), so kann der darin liegende Vollmachtsmissbrauch ohne vorherige Abmahnung zur fristlosen Kündigung des Verwaltervertrages und sofortigen Abberufung des Verwalters aus wichtigem Grund führen.[98] Verfügt der Verwalter über eingenommene Gelder in offensichtlich treuwidriger Weise, ist die dadurch begünstigte Bank verpflichtet, das Erlangte an die Wohnungseigentümergemeinschaft zurückzuerstatten.[99]

49

---

92 BayObLG BReg 2 Z 14/73, BayObLGZ 1973, 142.
93 KG 24 W 5506/92, WuM 1993, 306.
94 Vgl. BT-Drucks 16/887 S. 70.
95 Zu Aufgaben des Verwalters nach dem Geldwäschegesetz siehe *Bielefeld*, ZWE 2003, 130.
96 Vgl. BT-Drucks 16/887 S. 70.
97 Vgl. dazu BayObLG 2Z BR 106/94, WuM 1995, 341, 343.
98 OLG Düsseldorf 3 Wx 569/96, ZMR 1997, 485.
99 OLG Koblenz 5 U 1538/03, NZM 2004, 953; zum Anspruch der Wohnungseigentümergemeinschaft gegen die Ehefrau des Verwalters auf Rückzahlung von veruntreuten Geldern siehe AG Hamburg 508 C 448/03, NZM 2004, 955.

50 Der Verwalter ist befugt, über Konten und Bargeld der Wohnungseigentümer zu verfügen, soweit er die Mittel für solche Maßnahmen verwendet, die er in Ausübung der ihm nach § 27 obliegenden Aufgaben unter Berücksichtigung des Wirtschaftsplans vornehmen darf. Die Eigentümer können ihm weitgehende Befugnisse einräumen. Ohne ausdrückliche Ermächtigung (§ 185 BGB) darf der Verwalter das Bankkonto der Eigentümergemeinschaft nicht überziehen oder in anderer Weise einen **Kredit** für die Eigentümergemeinschaft aufnehmen.[100]

51 Der Verwalter kann über seine im Gesetz festgelegten Befugnisse hinaus durch Mehrheitsbeschluss der Wohnungseigentümer ermächtigt werden, einen Kredit für die Wohnungseigentümergemeinschaft in limitierter Höhe zur Deckung eines Fehlbedarfs aufzunehmen.[101] Als Obergrenze für eine oder mehrere Kreditaufnahmen kann die Summe der Hausgeldvorauszahlungen für 3 Monate angenommen werden.[102] Genehmigt die Gemeinschaft einen vom Verwalter zur Bezahlung notwendiger Instandsetzungsarbeiten aufgenommenen Kredit nicht, so hat der Verwalter gegen sie einen Befreiungsanspruch und nach eigener Rückzahlung des Kredits einen Erstattungsanspruch gemäß § 670 BGB.[103]

2. Getrennte Verwaltung

52 Der Verwalter hat die eingenommenen Gelder gemäß § 27 Abs. 5 S. 1 von seinem Vermögen gesondert zu halten. Er darf sein eigenes Geld nicht mit dem der Gemeinschaft vermischen. Er muss deshalb Bargeld in einer gesonderten Kasse aufbewahren. Sein eigenes Bankkonto darf er für die Gelder der Eigentümergemeinschaft nicht verwenden, auch nicht ein Unterkonto zu seinem Konto. § 27 Abs. 5 S. 1 ist abdingbar.[104] Es ist jedoch nur eine Änderung durch Vereinbarung oder Teilungserklärung möglich, nicht dagegen durch Mehrheitsbeschluss. Ein vernünftiger Grund, von der getrennten Verwaltung der gemeinschaftlichen Gelder abzusehen, ist aber nicht erkennbar.[105]

3. Kontenführung

53 § 27 Abs. 3 Nr. 5 stellt klar, dass der Verwalter zur Verwaltung der eingenommenen Gelder im Namen der Gemeinschaft Konten führen kann, wozu auch das Eröffnen und das Schließen eines Kontos gehören.

54 Der Verwalter hat hierzu ein Konto auf den Namen der Wohnungseigentümergemeinschaft eröffnen, also ein offenes **Fremdkonto**, dessen Inhaberin die Gemeinschaft ist, über das der Verwalter aber verfügen darf.[106] Ein solches Konto schützt die Wohnungseigentümer vor Zugriffen der Gläubiger des Verwalters und gewährt ihnen bei Insolvenz des Verwalters ein Aussonderungsrecht nach § 47 InsO. Das offene Fremdkonto bietet zudem den Vorteil, dass bei einem Verwalterwechsel lediglich die Verfügungsbefugnis des alten Verwalters der Bank gegenüber widerrufen werden muss und dem neuen Verwalter Verfügungsberechtigung erteilt wird. Verwaltet der Verwalter mehrere Wohnungseigentumsanlagen, so muss für jede ein eigenes Konto geführt werden.

55 Ein **Grund für** die Eröffnung eines **Treuhandkontos**, bei dem Kontoinhaber der Verwalter ist, aber der Bank gegenüber klargestellt ist, dass das Guthaben nur treuhänderisch für die Eigentümergemeinschaft verwaltet wird, ist nach Anerkennung der Teilrechtsfähigkeit der Wohnungseigentümergemeinschaft **nicht mehr erkennbar** und widerspricht deshalb ordnungsgemäßer Verwaltung.[107] Bei einem Treuhandkonto sind die Wohnungseigentümer nämlich gezwungen, gegenüber einem Zugriff der Gläubiger des Verwalters Drittwiderspruchsklage gemäß § 771 ZPO zu erheben. Bei einem Treuhandkonto haben die Wohnungseigentümer bei Insolvenz des Verwalters nur dann ein Aussonderungsrecht nach § 47 InsO, wenn nachgewiesen werden kann, dass auf dem Konto ausschließlich Gelder der Wohnungseigentümergemeinschaft eingegangen sind.[108]

56 Eine Mitarbeiterin des Verwalters, der eine EC-Karte für das Konto der Wohnungseigentümergemeinschaft überlassen ist und die Zugang zum Ordner mit der Geheimzahl hat, ist Erfüllungsgehilfin des Verwalters hinsichtlich der Pflicht, die Konten der Wohnungseigentümergemeinschaft ordnungsgemäß zu verwalten.[109]

4. Einschränkung der Verfügungsbefugnis

57 Die Befugnis des Verwalters zur Verfügung über ein Bankkonto der Gemeinschaft hängt von den mit dem Kreditinstitut getroffenen Absprachen ab. Gemäß § 27 Abs. 5 S. 2 kann die Verfügungsbefugnis im Außenverhältnis durch Vereinbarung oder Mehrheitsbeschluss von der Zustimmung eines Wohnungseigentümers oder eines Dritten abhängig gemacht werden. Insoweit erlaubt das Gesetz abweichend von § 27 Abs. 4 eine Einschränkung der Befugnisse des

---

100 BGH VIII ZR 109/92, NJW-RR 1993, 1227, 1228; *Müller*, 9. Teil Rn 186 für kurzfristige geringe Überziehung.
101 BayObLG WE 1991, 111, 112; OLG Hamm 15 W 169/91, OLGZ 1992, 313; KG 24 W 1145/93, WuM 1994, 400, 401 = NJW- RR 1994, 1105; *Brych*, WE 1991, 98 m.w.N.; *ders,.*, WE 1995, 15; teilweise abweichend *Feuerborn*, ZIP 1988, 146, 150; vgl. dazu im Einzelnen auch *Elzer*, NZM 2009, 58.
102 BayObLG WE 1991, 111, 112; OLG Hamm 15 W 169/91, OLGZ 1992, 313.
103 BGH VIII ZR 109/92, NJW-RR 1993, 1227, 1228.
104 *Müller*, 9. Teil Rn 183.
105 Ebenso *Müller*, 9. Teil Rn 183.
106 Vgl. dazu auch OLG Frankfurt 20 W 791/79, OLGZ 1980, 413 f.
107 AG Straußberg 27 C 12/08, ZWE 2009, 183, 187; *Merle*, ZWE 2006, 365, 369; *Hügel*, ZMR 2008, 1, 6; *Wolicki* in Abramenko Handbuch, § 6 Rn 283 **a.A.** AG Kassel 803 C 4530/10, ZMR 2012, 230.
108 OLG Hamm 27 U 283/98, ZIP 1999, 765 [zu § 43 KO] m. zust. Anm. *Smid*, EWiR 1/99, 803; OLG Jena 4 U 851/05, ZMR 2007, 486; vgl. auch LG Meiningen 3 O 1031/04, ZMR 2007, 494.
109 OLG München 32 Wx 077/06, MDR 2007, 81.

Verwalters. Es ist eine grob fahrlässige Verletzung des vom Verwaltungsbeirat übernommenen Auftrags, den ausgehandelten Verwaltervertrag abzuschließen, wenn dem Verwalter entgegen der ausdrücklichen Weisung der Eigentümerversammlung die uneingeschränkte Verfügungsmacht über ein Rücklagenkonto von erheblicher Höhe eingeräumt wird.[110] In der Praxis wird die Verfügungsbefugnis des Verwalters häufig dahingehend eingeschränkt, dass ab einer bestimmten Summe (z.B. 2.500 EUR) die Zustimmung eines Mitglieds des Verwaltungsbeirats erforderlich ist.[111] Die Wohnungseigentümer können durch Beschluss auch festlegen, über welches Kreditinstitut der Zahlungsverkehr abgewickelt werden soll.

VIII. Unterrichtung über Rechtsstreite (Abs. 1 Nr. 7)

58 Gemäß § 27 Abs. 1 Nr. 7 ist der Verwalter verpflichtet, die Wohnungseigentümer unverzüglich, also ohne schuldhaftes Zögern (§ 121 Abs. 1 S. 1 BGB), über **alle** Rechtsstreitigkeiten gemäß § 43 zu unterrichten. Die Information soll den Wohnungseigentümern ermöglichen, sich frühzeitig an Rechtsstreitigkeiten zu beteiligen, die ihre rechtlichen Interessen berühren.[112] Die Unterrichtungspflicht ist deshalb nicht auf die Fälle eingeschränkt, in denen der Verwalter Zustellungsvertreter der Wohnungseigentümer ist, sondern gilt auch für Aktivprozesse, insbesondere für Wohngeldklagen des Verbandes.[113] Die Unterrichtungspflicht besteht in allen Verfahren, in denen eine Zustellung an den Verwalter als Zustellungsvertreter der Wohnungseigentümer gemäß § 45 Abs. 1 erfolgt, oder in denen er gesetzlicher oder gewillkürter Vertreter der Wohnungseigentümer gemäß § 27 Abs. 2 Nr. 2 und 3 oder der Gemeinschaft gemäß § 27 Abs. 3 S. 1 Nr. 2 und Nr. 7 ist oder in denen er selbst Partei ist, es sei denn, es handelt sich um einen Rechtsstreit zwischen zwei Parteien, der die rechtlichen Interessen anderer Wohnungseigentümer erkennbar nicht betrifft.[114] Handelt es sich nicht um ein Verfahren nach § 43, findet zwar § 27 Abs. 1 Nr. 7 keine Anwendung, doch ist der Verwalter zur Information verpflichtet, wenn gemäß § 27 Abs. 2 Nr. 1 oder gemäß § 27 Abs. 3 S. 1 Nr. 1 eine Zustellung an ihn als Vertreter der Wohnungseigentümer oder der Wohnungseigentümergemeinschaft erfolgt ist.[115] Die Unterrichtungspflicht ist unabhängig von der Wirksamkeit der Zustellung.[116] Zu informieren ist über die Anhängigkeit, nicht im Zeitpunkt der Anhängigkeit.[117] Im Einzelfall kann auch eine Unterrichtung ausgeschiedener Wohnungseigentümer in Betracht kommen, wenn in diese noch vom Rechtsstreit betroffen sind.[118]

59 **Keine Unterrichtungspflicht** besteht, soweit das Gericht gemäß § 48 Abs. 1 S. 1 von einer Beiladung der übrigen Wohnungseigentümer abgesehen hat, weil ihre rechtlichen Interessen erkennbar nicht betroffen sind.[119] Ein Wohnungseigentümer, der selbst Klage erhoben hat oder dem eine Klage als Beklagtem zugestellt worden ist, braucht nicht informiert zu werden. Eine Unterrichtung des Verbandes ist ebenfalls nicht erforderlich, da ihm die Kenntnis des Verwalters als Organ gemäß § 166 Abs. 1 BGB zuzurechnen ist.[120]

60 Ist eine Zustellung an einen **Ersatzzustellungsvertreter** erfolgt, tritt dieser gemäß § 45 Abs. 2 S. 2, Abs. 3 an die Stelle des Verwalters auch hinsichtlich der Unterrichtungspflicht.[121] Sofern der Verwalter in keiner Weise an einem Verfahren beteiligt ist, trifft ihn auch keine Unterrichtungspflicht.

61 Bei **Aktivprozessen** muss der Verwalter unverzüglich nach Klageeinreichung informieren,[122] bei **Passivprozessen** unverzüglich nach Zustellung.[123] Im Regelfall muss die Information bereits am nächsten Tag erfolgen.[124]

62 Die **Art und Weise der Unterrichtung** hängt von den Umständen des Einzelfalles ab. Sinnvoll ist es, wenn in der Verwalter über in die E-Mail Adressen sämtlicher Wohnungseigentümer verfügt, denn auf diesem Weg kann die Information schnell und kostengünstig erfolgen.[125] Geschuldet ist zunächst nur die erste Information, dass ein Rechtsstreit anhängig ist. Weitere Informationen oder Einsicht in die Unterlagen braucht der Verwalter nur auf Anfrage zu gewähren.[126]

63 Im Falle der **Verletzung der Informationspflicht** kommen Schadensersatzansprüche in Betracht. Es kann aber auch ein wichtiger Grund für die Abberufung des Verwalters vorliegen.[127] Informiert der Verwalter erst nach einer münd-

---

110 OLG Düsseldorf 3 Wx 221/97, WuM 1998, 50, 53.
111 Zu Ansprüchen gegen die Bank bei weisungswidrigem Verfügen siehe OLG München 18 U 6003/99, NZM 2000, 1023.
112 BT-Drucks 16/887 S. 7.
113 *Heinemann* in Jennißen, § 27 Rn 55; *Merle* in Bärmann, § 27 Rn 88; Palandt/*Bassenge*, § 27 Rn 11; *Vandenhouten*, ZWE 2009, 145, 149; **a.A.** LG München I 36 S 4853/09, ZMR 2010, 473, 474;
114 Vgl. zu Praxisbeispielen im Einzelnen *Vandenhouten*, ZWE 2009, 145, 148–151.
115 Ebenso *Heinemann* in Jennißen, § 27 Rn 55; *Hügel*, ZMR 2008, 1, 7.
116 *Vandenhouten*, ZWE 2009, 145, 147; **a.A.** wohl *Hügel*, ZMR 2008, 1, 7: maßgeblich sei Rechtshängigkeit.
117 *Vandenhouten*, ZWE 2009, 145, 152.
118 *Vandenhouten*, ZWE 2009, 145, 151.
119 Ebenso LG München I 36 S 4853/09, ZMR 2010, 473, 474; *Abramenko* in Riecke/Schmid, § 27 Rn 34a; *Hügel*, ZMR 2008, 1, 7; **a.A.** *Heinemann* in Jennißen, § 27 Rn 54.
120 *Vandenhouten*, ZWE 2009, 145, 151; *Merle* in Bärmann, § 27 Rn 90.
121 *Abramenko* in Riecke/Schmidt, § 27 Rn 34a, *Vandenhouten*, ZWE 2009, 145, 147; **a.A.** *Heinemann* in Jennißen, § 27 Rn 54.
122 *Heinemann* in Jennißen, § 27 Rn 56.
123 Palandt/*Bassenge*, § 27 Rn 11.
124 *Vandenhouten*, ZWE 2009, 145, 152.
125 *Greiner*, Rn 1647.
126 *Vandenhouten*, ZWE 2009, 145, 153.
127 *Vandenhouten*, ZWE 2009, 145, 154.

lichen Gerichtsverhandlung über die Schadensersatzklage eines Nachbarn (§ 43 Nr. 5) so liegt eine grobe Pflichtverletzung vor, die einen wichtigen Grund zur Abberufung darstellt.[128]

64 Bei einem Verbandsprozess kann die Wohnungseigentümergemeinschaft die **Erstattung der** durch die interne Unterrichtung ihrer Mitglieder über den Prozess entstehenden **Kosten** nicht verlangen.[129] Der Zeitaufwand für das Zusammenstellen und das Absenden der Briefsendungen an die Wohnungseigentümer gehört zu den Aufgaben des Verwalters und kann jedenfalls nicht auf den unterlegenen Prozessgegner abgewälzt werden.[130] Diese Kosten der Information sind – soweit nichts anderes vereinbart ist – mit der Grundvergütung abgegolten.[131] (Zur Kostenerstattung bei einer **Anfechtungsklage** siehe § 50 Rn 14.)

IX. Abgabe von Erklärungen (Abs. 1 Nr. 8)

65 Gemäß § 27 Abs. 2 Nr. 8 hat der Verwalter die Erklärungen abzugeben, die zur Vornahme der in § 21 Abs. 5 Nr. 6 bezeichneten Maßnahmen erforderlich sind. Diese Erklärungen sind gemeinschaftsbezogen und können künftig nur von der teilrechtsfähigen Gemeinschaft abgegeben werden. Die Vertretungsmacht des Verwalters, insoweit im Namen der Gemeinschaft tätig zu werden, ergibt sich aus § 27 Abs. 3 S. 1 Nr. 4.

D. Die Vertretung der Wohnungseigentümer

66 § 27 Abs. 2 legt fest, in welchem Umfang der Verwalter mindestens zur Vertretung der Wohnungseigentümer befugt ist. Erweiterungen der Vertretungsmacht sind möglich, nicht jedoch Einschränkungen (§ 27 Abs. 4). Zur Vertretung einzelner Wohnungseigentümer benötigt der Verwalter von diesen eine rechtsgeschäftliche Vollmacht.[132] Soweit der Verwalter im Rahmen des § 27 Abs. 2 für die Wohnungseigentümer tätig wird, ist er ihr gesetzlicher Vertreter. Diese gesetzliche Vertretungsmacht dauert für einen aus der Gemeinschaft ausgeschiedenen Wohnungseigentümer jedenfalls insoweit fort, als gemeinschaftliche Verpflichtungen gegenüber Wohnungseigentümer gegenüber Dritten aus der Zeit seiner Zugehörigkeit zur Eigentümergemeinschaft abzuwickeln sind.[133]

67 Sowohl als gesetzlicher wie als rechtsgeschäftlicher Vertreter unterliegt der Verwalter den Beschränkungen des § 181 BGB. Er darf als Vertreter der Wohnungseigentümer weder mit sich selbst noch als Vertreter eines Dritten ein Rechtsgeschäft vornehmen, es sei denn, dass das Rechtsgeschäft ausschließlich der Erfüllung einer Verbindlichkeit dient. Die Wohnungseigentümer können den Verwalter aber individualvertraglich vom Verbot des Selbstkontrahierens befreien.[134]

68 Aus § 27 Abs. 2 ergibt sich **keine Befugnis** des Verwalters, im Namen der Wohnungseigentümer **Ansprüche anzuerkennen**.[135] Zur wirksamen Abgabe eines Anerkenntnisses ist der Verwalter daher nur befugt, wenn sich eine entsprechende Vollmacht aus der Gemeinschaftsordnung, dem Verwaltervertrag oder aus einem Mehrheitsbeschluss ergibt.[136] Der Verwalter ist auch nicht berechtigt, zu Lasten der Wohnungseigentümergemeinschaft auf die Möglichkeit der Aufrechnung gegen einen Zahlungsanspruch eines Wohnungseigentümers zu verzichten.[137]

I. Willenserklärungen und Zustellungen (Abs. 2 Nr. 1)

69 § 27 Abs. 2 Nr. 1 gibt dem Verwalter für einen bestimmten Bereich eine passive Vertretungsmacht. Eine **Willenserklärung**, die gegenüber allen Wohnungseigentümern abzugeben ist, wird wirksam, wenn sie gegenüber dem Verwalter abgegeben wird bzw. wenn sie dem Verwalter zugeht (vgl. §§ 130, 164 Abs. 1, Abs. 3 BGB). Eine Willenserklärung ist die Äußerung eines rechtlich erheblichen Willens, die auf einen rechtlichen Erfolg abzielt.

70 Der Verwalter ist ferner ermächtigt, **Zustellungen** an die Wohnungseigentümer entgegenzunehmen. Dies gilt über den Wortlaut der Vorschrift hinaus nicht nur für Zustellungen an alle Wohnungseigentümer,[138] allerdings ist der Verwalter nicht Zustellungsvertreter einzelner Wohnungseigentümer in deren individuellen Angelegenheiten. Für **Zustellungen im Rahmen von gerichtlichen Verfahren** gegen alle Wohnungseigentümer als Beklagte (z.B. Klagen Dritter im Anwendungsbereich des § 43 Nr. 5, Anfechtungsklage des Verwalters) oder gegen die übrigen Wohnungseigentümer (Anfechtungsklagen von Wohnungseigentümern) sowie für die Beiladung enthält § 45 Abs. 1 eine spezielle Regelung. Diese wird man – insbesondere mit Blick auf den Ersatzzustellungsvertreter – auch für Verfahren, die nicht unter § 43 fallen, entsprechend anwenden. Zudem ist der Verwalter gemäß § 27 Abs. 2 Nr. 2 in bestimmten Passivprozessen gesetzlicher Prozessvertreter der Wohnungseigentümer (siehe Rn 84), so dass insoweit Zustellungen nach Rechtshängigkeit an ihn zu bewirken sind. Der Verwalter hat gemäß § 27 Abs. 2 Nr. 1 eine teilweise, inhaltlich

---

128 AG Bonn 27 C 44/09, ZMR 2010, 320.
129 BGH V ZB 172/08, NZM 2009, 517, Tz 8, 9 = ZWE 2009, 306 m. Anm. *Briesemeister*, S 308.
130 BGH V ZB 172/08, NZM 2009, 517, Tz 18.
131 *Vandenhouten*, ZWE 2009, 145, 153.
132 OLG München 34 Wx 125/09, ZMR 2010, 706, 707.
133 BGH VII ZR 276/79, NJW 1981, 282 m. Anm. *Kellmann*.
134 Ebenso OLG Karlsruhe 11 Wx 40/06, juris Rn 33; *Merle* in Bärmann, § 27 Rn 100; vgl. auch § 26 Rn 58.
135 BayObLG 2Z BR 11/97, ZMR 1997, 325.
136 OLG Düsseldorf 3 Wx 369/98, WuM 1999, 355, 356.
137 BayObLG 2Z BR 113/03, ZMR 2004, 839.
138 *Heinemann* in Jennißen, § 27 Rn 69.

auf die Zustellungen beschränkte Vollmacht, so dass für die Zustellung an ihn die Übergabe einer Ausfertigung oder Abschrift des zuzustellenden Schriftstücks genügt.[139] Der Verwalter muss die Wohnungseigentümer über Zustellungen an ihn in geeigneter Weise unterrichten.[140] Nimmt der Verwalter eine alle Wohnungseigentümer gerichtete behördliche Aufforderung zur Beseitigung von Mängeln am gemeinschaftlichen Eigentum als Zustellungsvertreter entgegen, so wird allein dadurch dem einzelnen Wohnungseigentümer bei einem Verkauf seines Wohnungseigentums noch nicht die Kenntnis von deren Inhalt vermittelt.[141]

II. Eilmaßnahmen und Passivprozesse (Abs. 2 Nr. 2)

Gemäß § 27 Abs. 2 Nr. 2 ist der Verwalter berechtigt, die Maßnahmen zu ergreifen, die zur Wahrung einer Frist oder zur Abwehr eines sonstigen Rechtsnachteils erforderlich sind. In Betracht kommen insbesondere Verjährungsfristen, Rechtsmittelfristen, Ausschlussfristen, Kündigungsfristen,[142] aber auch vertraglich vereinbarte Fristen. Zur Abwehr von sonstigen Rechtsnachteilen ist der Verwalter insbesondere befugt, bei Bedarf ein **selbstständiges Beweisverfahren**[143] einzuleiten oder gegen einen Mahnbescheid Widerspruch zu erheben. Der Verwalter ist auch zur fristwahrenden Inanspruchnahme eines Gewährleistungsbürgen berechtigt.[144]   71

§ 27 Abs. 2 Nr. 2 regelt, dass der Verwalter in **Passivprozessen** gemäß § 43 Nr. 1 (Binnenstreitigkeiten), Nr. 4 (Anfechtungsklagen) oder Nr. 5 (Klagen Dritter) gesetzlich zur Vertretung der Wohnungseigentümer im Erkenntnis- und Vollstreckungsverfahren ermächtigt ist.[145] Der Verwalter darf trotz der Formulierung „im Namen aller Wohnungseigentümer" in § 27 Abs. 2 wie bisher, in einem Rechtsstreit eines oder mehrerer Wohnungseigentümer gemäß § 43 Nr. 1 oder §§ 43 Nr. 4, 46 Abs. 1 S. 1 die übrigen Wohnungseigentümer auf der Passivseite vertreten.[146] Nach Sinn und Zweck der Regelung vertritt er aber bei Klagen Dritter nicht einzelne Wohnungseigentümer.[147] Der Verwalter ist als Vollzugsorgan der Mehrheitsbeschlüsse gesetzlich dazu berufen, den Mehrheitswillen gegen eine Anfechtungsklage zu verteidigen. Wohnungseigentümer, die dem Kläger beistehen wollen, können dies tun, indem sie selbst fristgerecht Klage erheben oder innerhalb der Anfechtungsfrist beitreten (zur Möglichkeit der Nebenintervention siehe § 47 Rn 14). Nur dann können sie bei der Kostenentscheidung dem Kläger gleichgestellt werden. Sofern sie den Kläger nur argumentativ unterstützen, haben sie im Verfahren die Position eines Beklagten. Es besteht keine Veranlassung, einem Wohnungseigentümer, der sich nicht fristgerecht der Klage anschließt, eine kostenrechtliche Sonderbehandlung zu gewähren. Wer nicht bereit ist, von Anfang an das Kostenrisiko eines Scheiterns der Klage zu übernehmen, kann nicht erwarten, wie der obsiegende Kläger behandelt zu werden, wenn er sich im Verlauf des Verfahrens auf dessen Seite stellt.   72

III. Geltendmachung von Ansprüchen (Abs. 2 Nr. 3)

Der Verwalter ist nicht kraft Gesetzes berufen, Ansprüche der Wohnungseigentümer gerichtlich geltend zu machen; vielmehr ist es grundsätzlich Sache der Wohnungseigentümer, darüber zu befinden, ob ein Prozess geführt werden soll.[148] Aus § 27 Abs. 2 Nr. 3 selbst ergibt sich noch keine Prozessvollmacht des Verwalters, wie der Wortlaut der Vorschrift („…, sofern er hierzu … ermächtigt ist;") zeigt. Die Wohnungseigentümer können den Verwalter jedoch gemäß § 27 Abs. 2 Nr. 3 durch Mehrheitsbeschluss oder Vereinbarung ermächtigen, Ansprüche gerichtlich und außergerichtlich geltend zu machen (Aktivprozesse). Die Wohnungseigentümer können die Ermächtigung für den Einzelfall oder allgemein für bestimmte Fälle erteilen, und zwar entweder durch Mehrheitsbeschluss, durch Gemeinschaftsordnung[149] oder sonstige Vereinbarung. Ohne die Ermächtigung zur Vertretung in gerichtlichen Verfahren gemäß § 27 Abs. 2 Nr. 3 hat der Verwalter nur die Befugnis zur Vornahme gerichtlicher Eilmaßnahmen zur Fristwahrung oder Beweissicherung (§ 27 Abs. 2 Nr. 2).   73

Die Bedeutung des § 27 Abs. 2 Nr. 3 ist gering, da insbesondere die Wohngeldansprüche der Wohnungseigentümergemeinschaft als teilrechtsfähigem Verband zustehen und der Verband zudem befugt ist, gemeinschaftsbezogene Ansprüche der einzelnen Wohnungseigentümer zur Ausübung an sich zu ziehen. (Zur Ermächtigung des Verwalters, Ansprüche der Wohnungseigentümergemeinschaft geltend zu machen, siehe Rn 91.)   74

---

139 BGH VII ZR 276/79, NJW 1981, 282, 283.
140 Vgl. OLG Köln 16 Wx 51/79, ZMR 1980, 190, 191.
141 BGH V ZR 320/01, NZM 2003, 118, 119.
142 Vgl. aber LG Essen 1 S 115/78, VersR 1979, 80, 81 zur Kündigung eines Versicherungsvertrages.
143 BayObLG BReg 2 Z 21/76, BayObLGZ 1976, 211, 213.
144 OLG Düsseldorf 22 U 114/91, NJW- RR 1993, 470.
145 BGH V ZB 39/11, NJW 2011, 3723 Tz 5; LG Karlsruhe 11 S 9/08, ZMR 2011, 588, 589; AG Bernau 34 C 1/08, WuM 2008, 621; AG Heidelberg 45 C 73/08, ZMR 2011, 72, 73; *Abramenko* in Riecke/Schmid, § 27 Rn 48; *Heinemann* in Jennißen, § 27 Rn 74; *Müller*, ZWE 2008, 226, 227; *Bergerhoff*, GE 2008, 653; *Hügel*, ZMR 2008, 1, 7; *Gottschalg*, ZWE 2009, 114, 116; *Deckert*, ZWE 2009, 63, 66; **a.A.** *Merle*, ZMR 2008, 109; *ders.*, in Bärmann, § 27 Rn 125 f.
146 Vgl. BT-Drucks 16/3843 S 53.
147 Ebenso *Briesemeister*, NZM 2007, 345, 346.
148 BGH V ZR 171/11, NZM 2012, 562, Tz 6.
149 BGH V ZR 171/11, NZM 2012, 562, Tz 10.

75 Die Durchsetzung von **individuellen Ansprüchen** einzelner Wohnungseigentümer oder von **gemeinschaftsbezogenen Ansprüchen** der einzelnen Wohnungseigentümer gegen einen anderen Wohnungseigentümer fällt nicht unter § 27 Abs. 2 Nr. 3 („… im Namen aller Wohnungseigentümer …").

76 Ein Beschluss, der den Verwalter ermächtigt, Ansprüche der Wohnungseigentümer auf Beseitigung einer baulichen Veränderung, auf Unterlassung einer zweckbestimmungswidrigen Benutzung oder auf Beachtung der Hausordnung gerichtlich geltend zu machen, ist jedoch dahin auszulegen, dass die Wohnungseigentümergemeinschaft die gemeinschaftsbezogenen Ansprüche der Kläger zur Ausübung an sich zieht und den Verwalter beauftragt, sie gerichtlich geltend zu machen.

77 Die Ermächtigung gemäß § 27 Abs. 2 Nr. 3 kann auch in einem mehrheitlich beschlossenen Verwaltervertrag enthalten sein.[150] Ob eine solche Ermächtigung vorliegt ist durch Auslegung zu ermitteln.

IV. Gebührenvereinbarungen (Abs. 2 Nr. 4)

78 Die gesetzliche Ermächtigung des Verwalters mit einem Rechtsanwalt zu vereinbaren, dass sich die Vergütung nach einem höheren als dem gesetzlichen Streitwert richtet, steht im Zusammenhang mit der Neuregelung des Streitwerts in § 49a GKG. Im Fall der Klage eines einzelnen Wohnungseigentümers gegen die übrigen Wohnungseigentümer kann es für diese schwierig sein, einen Rechtsanwalt zu finden, der für einen im Einzelfall möglicherweise niedrigen Streitwert zur Übernahme des Mandats bereit ist. Der Streitwert 5.000 EUR für die Anfechtungsklage gegen den Beschluss über eine Sanierungsmaßnahme (vgl. Anh. § 50 Rn 31) würde nämlich auch für den Rechtsanwalt gelten, der die Beklagten vertritt, welche die Sanierungsmaßnahme befürworten, obwohl deren Interesse an der gerichtlichen Entscheidung 100 000 EUR entspricht. § 27 Nr. 4 ermächtigt deshalb den Verwalter mit einem Rechtsanwalt wegen eines Rechtsstreits gemäß § 43 Nr. 1, Nr. 4 oder Nr. 5 zu vereinbaren, dass sich die Gebühren nach einem höheren als dem gesetzlichen Streitwert, höchstens nach einem gemäß § 49a Abs. 1 S 1 GKG (50 % des Interesses der Parteien und aller Beigeladenen an der Entscheidung) bestimmten Streitwert bemessen. Die Wohnungseigentümer können den Verwalter nach § 27 Abs. 3 S 1 Nr. 7 im Rahmen ordnungsgemäßer Verwaltung zu anderen Vergütungsvereinbarungen ermächtigen, etwa zur Vereinbarung eines Stundenhonorars.[151]

79 Die Mehrkosten gegenüber der gesetzlichen Vergütung eines Rechtsanwalts aufgrund einer Vereinbarung über die Vergütung sind gemäß § 16 Abs. 8 Kosten der Verwaltung i.S.d. § 16 Abs. 2 (siehe § 16 Rn 89). Ob die Wohnungseigentümer aufgrund einer aus § 21 Abs. 7 folgenden Beschlusskompetenz wirksam beschließen können, dass die Mehrkosten einer Gebührenvereinbarung nach § 27 Abs. 2 Nr. 4 allein von dem Prozessgegner zu tragen sind, wenn und soweit dieser unterlegen ist,[152] erscheint fraglich, weil dadurch die vom Gesetzgeber mit der Streitwertbegrenzung beabsichtigte Kostenentlastung des einzelnen Wohnungseigentümers ausgehebelt würde.

80 Schließt der Verwalter im Rahmen seiner Vertretungsmacht gemäß § 27 Abs. 2 Nr. 4 eine Gebührenvereinbarung, dann haften die Wohnungseigentümer als **Gesamtschuldner**, weil sie sich gemeinschaftlich zur Leistung der Rechtsanwaltsvergütung verpflichtet haben.[153]

E. Die Vertretung des Verbands

81 § 27 Abs. 3 regelt, inwieweit der Verwalter Vertretungsmacht besitzt, im Namen der Gemeinschaft der Wohnungseigentümer Willenserklärungen abzugeben und Rechtshandlungen vorzunehmen. Der Verwalter ist danach nur in bestimmten Angelegenheiten zur Vertretung ermächtigt ist. Die Wohnungseigentümer haben aber die Möglichkeit, dem Verwalter durch Mehrheitsbeschluss weitergehende Vertretungsbefugnisse einzuräumen. Fehlt ein Verwalter oder ist der Verwalter nicht zur Vertretung ermächtigt, greift subsidiär die Vertretungsmacht aller Wohnungseigentümer ein.

I. Willenserklärungen und Zustellungen (Abs. 3 S. 1 Nr. 1)

82 § 27 Abs. 3 Nr. 1 normiert eine umfassende Empfangsvertretungsmacht des Verwalters. In Betracht kommt z.B. eine Mahnung, die Kündigung eines Mietvertrages über im gemeinschaftlichen Eigentum stehende Räume oder eine Kündigung des Anstellungsvertrages durch den Hausmeister, wenn dieser in unmittelbaren Vertragsbeziehungen zur Gemeinschaft steht. Bei gerichtlichen Verfahren gegen den Verband (Passivprozesse) ist gemäß § 27 Abs. 3 S. 1 Nr. 2 an den Verwalter als gesetzlichen Prozessvertreter (§ 170 ZPO) zuzustellen (siehe Rn 84). Ist der Verwalter für Aktivprozesse gemäß § 27 Abs. 3 S. 1 Nr. 7 zum Prozessbevollmächtigten des Verbands bestellt, ist ebenfalls an ihn zuzustellen (§ 172 Abs. 1 S. 1 ZPO).

---

150 *Merle* in Bärmann, § 27 Rn 137; offen gelassen: KG 14 U 74/08, ZMR 2010, 136.
151 *Abramenko*, ZWE 2009, 154, 158.
152 So *Abramenko*, ZWE 2009, 154, 159/160.
153 *Abramenko*, ZWE 2009, 154, 155.

II. Eilmaßnahmen und Passivprozesse (Abs. 3 S. 1 Nr. 2)

§ 27 Abs. 3 Nr. 2 ermächtigt den Verwalter, im Namen der Gemeinschaft Maßnahmen zu treffen, die zur Wahrung einer Frist oder zur Abwendung eines sonstigen Rechtsnachteils erforderlich sind.

83

§ 27 Abs. 3 S. 1 Nr. 2 stellt zudem klar, dass der Verwalter insbesondere in Passivprozessen gemäß § 43 Nr. 2 oder Nr. 5 zur Vertretung der Gemeinschaft im Erkenntnis- und Vollstreckungsverfahren ermächtigt ist. Damit werden Zweifel an der Prozessfähigkeit der Gemeinschaft in Passivprozessen ausgeräumt. Kommt es aufgrund der Klage eines Dritten gegen die Wohnungseigentümergemeinschaft (§ 43 Nr. 5) zu einem Vollstreckungsverfahren gegen die Gemeinschaft, so ist der Verwalter gemäß § 27 Abs. 3 Nr. 2 berechtigt, die Gemeinschaft dabei zu vertreten. Teil des Vollstreckungsverfahrens ist auch die **eidesstattliche Versicherung** gemäß §§ 899 ff. ZPO, so dass der Verwalter berechtigt und auch verpflichtet ist, eine eidesstattliche Versicherung für die Wohnungseigentümergemeinschaft abzugeben.[154] Richtet sich ein Individualanspruch eines Wohnungseigentümers gegen den Verwalter und die Gemeinschaft, scheidet eine Prozessvertretung der Gemeinschaft durch den Verwalter wegen Interessenkollision regelmäßig aus.[155] In diesem Fall kann gemäß § 27 Abs. 3 S. 2 i.V.m. § 170 Abs. 3 an einen Wohnungseigentümer zugestellt werden (siehe Rn 104). Zur Zustellungsvertretung siehe auch Rn 82.

84

III. Laufende Instandhaltung (Abs. 3 S. 1 Nr. 3)

Gemäß § 27 Abs. 3 S. 1 Nr. 3 ist der Verwalter zur Vornahme der laufenden Maßnahmen der erforderlichen ordnungsmäßigen Instandhaltung und Instandsetzung gemäß § 27 Abs. 1 Nr. 2 ermächtigt. (Zur Abgrenzung siehe Rn 30.)

85

IV. Maßnahmen nach Abs. 1 Nr. 3–5 und 8 (Abs. 3 S. 1 Nr. 4)

Gemäß § 27 Abs. 3 Nr. 4 ist der Verwalter zur Vornahme der dringlichen Maßnahmen der Verwaltung (§ 27 Abs. 1 Nr. 3) ermächtigt.

86

Außerdem ist der Verwalter ermächtigt, die in § 27 Abs. 1 Nr. 4 und 5 vorgesehenen Zahlungen und Leistungen einzufordern und zu bewirken.

87

V. Kontenführung (Abs. 3 S. 1 Nr. 5)

§ 27 Abs. 3 Nr. 5 stellt klar, dass der Verwalter zur Verwaltung der eingenommenen Gelder im Namen der Gemeinschaft Konten führen kann, wozu auch das Eröffnen und das Schließen eines Kontos gehören. (Siehe dazu Rn 53.)

88

VI. Vergütungsvereinbarung (Abs. 3 S. 1 Nr. 6)

Die gesetzliche Ermächtigung des Verwalters zur Vereinbarung einer Vergütung steht ebenso wie die Regelung des § 27 Abs. 2 Nr. 5 im Zusammenhang mit der Neuregelung des Streitwerts in § 49a GKG (vgl. Rn 78).

89

VII. Sonstige Geschäfte (Abs. 3 S. 1 Nr. 7)

§ 27 Abs. 3 Nr. 7 gibt den Wohnungseigentümern die Beschlusskompetenz, dem Verwalter durch Stimmenmehrheit eine weitergehende Vertretungsmacht zu erteilen. Er geht im Interesse der Handlungsfähigkeit der Gemeinschaft über die Möglichkeiten des § 27 Abs. 2 hinaus. Dort bezieht sich diese Kompetenz nur auf die Geltendmachung von Forderungen. Nach § 27 Abs. 3 Nr. 7 kann dagegen auch eine umfassendere Vertretungsmacht erteilt werden. Für eine solche Beschlussfassung genügt die Stimmenmehrheit. Der Verwalter kann jedoch nicht durch Mehrheitsbeschluss ermächtigt werden, eine im Gemeinschaftseigentum stehende Fläche an einen Dritten aufzulassen, auch wenn sich alle Wohnungseigentümer individualvertraglich dazu verpflichtet haben.[156]

90

1. Prozessvollmacht

Der Verwalter ist nicht kraft Gesetzes berufen, Ansprüche des Verbandes gerichtlich geltend zu machen; vielmehr ist es grundsätzlich Sache der Wohnungseigentümer, darüber zu befinden, ob ein Prozess geführt werden soll.[157] Die Wohnungseigentümer können den Verwalter jedoch gemäß § 27 Abs. 3 S. 1 Nr. 7 durch Mehrheitsbeschluss oder Vereinbarung ermächtigen, Ansprüche der Wohnungseigentümergemeinschaft gerichtlich und außergerichtlich geltend zu machen (Aktivprozesse). Die Erteilung einer allgemein gehaltenen Ermächtigung kann auch in der Gemeinschaftsordnung erfolgen.[158] Dies gilt für alle Verfahrensarten. Ohne eine solche Ermächtigung hat der Verwalter nur die Befugnis zur Vornahme gerichtlicher Eilmaßnahmen (§ 27 Abs. 3 S. 1 Nr. 2). Enthält der Verwaltervertrag die Ermächtigung zur Prozessführung, so genügt dies, weil der Verwaltervertrag aufgrund eines Mehrheitsbeschlusses zu-

91

---

154 BGH I ZB 61/10, MDR 2012, 370.
155 KG 24 W 77/03, ZMR 2004, 142.
156 OLG München 34 Wx 125/09, ZMR 2010, 706, 707.

157 BGH V ZR 171/11, NZM 2012, 562, Tz 6.
158 BGH V ZR 171/11, NZM 2012, 562, Tz 10.

stande kommt.[159] Insbesondere aus Gründen der Tranparenz erscheint es jedoch vorzugswürdig, Verwaltervollmachten durch gesonderten Beschluss zu begründen.[160]

92 Fehlt die Prozessvollmacht, so hat das Gericht die vom Verwalter zu vertretenden Wohnungseigentümer auf den Mangel hinzuweisen und die Gelegenheit zu geben, die Ermächtigung auf einer einzuberufenden Eigentümerversammlung nachzuholen. Die vollmachtlose Vertretung durch den Verwalter und den vom Verwalter bestellten Rechtsanwalt kann nämlich gemäß § 89 ZPO nachträglich genehmigt werden.[161]

93 Ist dem Verwalter Prozessvollmacht erteilt, so ist er berechtigt, einen **Rechtsanwalt** mit der Führung des Verfahrens zu beauftragen.[162] Für die Beauftragung eines Rechtsanwalts mit der **außergerichtlichen** Beitreibung von Wohngeld bedarf er jedoch einer besonderen Ermächtigung.[163]

94 Macht ein Verwalter als Prozessbevollmächtigter einen Wohngeldanspruch geltend, so gilt seine Prozessvollmacht auch für den neuen Verwalter, wenn während des Verfahrens ein Verwalterwechsel stattfindet.[164] Die Ermächtigung zur Prozessführung wird nicht dadurch in Frage gestellt, dass der Beschluss über die Verwalterbestellung angefochten ist und möglicherweise für ungültig erklärt wird.[165] Wird der Beschluss über die Verwalterbestellung rechtskräftig für ungültig erklärt, ist er von Anfang an unwirksam, mit der Folge, dass die Vertretungsbefugnis des Verwalters entfällt. Die Vertretungsbefugnis entfällt jedoch nicht rückwirkend, sondern erst ab der Ungültigkeitserklärung.[166]

95 Der Verwaltungsbeirat ist grundsätzlich nicht befugt, eine Prozessvollmacht rückgängig zu machen, doch kann die Ermächtigung zur Prozessführung an die Bedingung der Zustimmung des Verwaltungsbeirats geknüpft werden,[167] außerdem kann eine durch die Gemeinschaftsordnung allgemein erteilte Prozessvollmacht im Einzelfall durch Mehrheitsbeschluss eingeschränkt werden.[168]

96 Die gerichtliche Geltendmachung von Wohngeldrückständen ohne Einschaltung eines Rechtsanwalts erfolgt, obwohl er zur Prozessführung einer Ermächtigung bedarf, durch den Verwalter als Organ der Wohnungseigentümergemeinschaft, so dass kein Fall der Bevollmächtigung im Sinne von § 79 ZPO vorliegt.[169] (Zur Sondervergütung für eine solche Tätigkeit siehe § 26 Rn 49, 75; § 28 Rn 220.[170])

97 Hat der Verwalter Prozessvollmacht, ist er ohne ausdrückliche Ermächtigung nicht befugt, in einem außergerichtlichen Vergleich während eines anhängigen Wohngeldverfahrens auf Wohngeldansprüche zu verzichten.[171] Gemäß § 81 ZPO ist er aber berechtigt, zur Prozessbeendigung einen **gerichtlichen Vergleich** zu schließen, wenn dies nicht ausdrücklich ausgeschlossen ist.[172] Die Änderung der Teilungserklärung durch Vergleich bedarf jedoch der Zustimmung aller Wohnungseigentümer eine Genehmigung des Vergleichs durch Mehrheitsbeschluss reicht nicht aus.[173]

2. Prozessstandschaft des Verwalters

98 Die Wohnungseigentümer können den Verwalter ermächtigen, Ansprüche der Wohnungseigentümergemeinschaft im eigenen Namen geltend zu machen und Leistung an sich zu verlangen (gewillkürte Prozessstandschaft). Voraussetzung ist ein eigenes schutzwürdiges Interessen des Verwalters an der Durchsetzung von Rechten der Wohnungseigentümergemeinschaft. Dieses kann nicht mehr aus der dem Verwalter durch das Wohnungseigentumsgesetz zugewiesenen Rechts- und Pflichtenstellung hergeleitet werden, nachdem das Gesetz (§ 10 Abs. 6) die Wohnungseigentümergemeinschaft als teilrechtsfähigen Verband anerkannt hat.[174] Der Verwalter ist nunmehr als Organ der Gemeinschaft verpflichtet, dafür zu sorgen, dass der Verband seine Rechte selbst durchsetzt; von ihm ist nur noch ein Handeln für den Verband gefordert.[175]

99 Ein eigenes schutzwürdiges Interesse des Verwalters an der Durchsetzung von Rechten des Verbandes wird aber dann gegeben sein, wenn sich der Verwalter der Gemeinschaft gegenüber schadensersatzpflichtig gemacht hat und ihn diese deshalb zur Schadensminimierung ermächtigt, auf eigene Kosten einen (zweifelhaften) Anspruch der Gemeinschaft gegen Dritte durchzusetzen.[176]

3. Verwalterwechsel bei Prozessstandschaft

100 Hat ein Verwalter vor seinem Ausscheiden einen Rechtsstreit berechtigt als Prozessstandschafter begonnen, so ist er befugt, ihn fortzusetzen, es sei denn, die Wohnungseigentümer widerrufen ausdrücklich die Prozessführungsbefugnis

---

159 *Merle* in Bärmann, § 27 Rn 233; offen gelassen: KG 14 U 74/08, ZMR 2010, 136.
160 *Jacoby*, FS Merle (2010), S 181, 190.
161 BayObLG 2Z BR 93/93, WuM 1994, 292, 293.
162 BGH V ZR 171/11, NZM 2012, 562, Tz 6; BayObLG BReg 2 Z 66/79, BayObLGZ 1980, 154, 156/157; OLG Zweibrücken WE 1987, 163; BayObLG WE 1989, 175, 176.
163 OLG Düsseldorf 24 U 29/99, NZM 2001, 290, 292.
164 KG 24 W 3531/88, NJW-RR 1989, 657.
165 BayObLG 2Z BR 185/03, NZM 2004, 261.
166 Rechtsgedanke § 32 FGG; **a.A.** BayObLG BReg 2 Z 21/76, BayObLGZ 1976, 211.
167 OLG Zweibrücken WE 1987, 163.
168 BayObLG BReg 2 Z 56/78, Rpfl 1980, 23.
169 Vgl. *Elzer*, ZMR 2008, 772.
170 *Lehmann-Richter*, ZWE 2009, 298, 299.
171 BayObLG 2Z BR 147/98, NZM 1999, 78.
172 KG 24 W 7632/00, NZM 2002, 444.
173 KG 24 W 7632/00, NZM 2002, 444.
174 BGH V ZR 145/10, ZWE 2011, 177.
175 BGH V ZR 145/10, ZWE 2011, 177.
176 BGH V ZR 145/10, ZWE 2011, 177.

oder der neue Verwalter übernimmt gemäß § 263 ZPO das Verfahren.[177] Ein Eintritt des neuen Verwalters in das Verfahren im Wege des Parteiwechsels ist als sachdienlich zuzulassen.[178] Der Parteiwechsel im Berufungsverfahren setzt ein zulässiges Rechtsmittel voraus.[179]

a) Titelumschreibung. Hat der Verwalter als Prozessstandschafter einen Vollstreckungstitel erwirkt, so bedarf es der Titelumschreibung analog § 727 ZPO, wenn nach einem Wechsel im Verwalteramt der neue Verwalter aus diesem Titel vollstrecken will.[180] Die Umschreibung des Titels auf den neuen Verwalter erfordert die Abtretung des Anspruchs durch die Wohnungseigentümergemeinschaft an den neuen Verwalter als Treuhänder und den Nachweis der Rechtsnachfolge gemäß § 726 ZPO.[181] Einfacher dürfte insoweit die Umschreibung des Titels vom Prozessstandschafter auf den Ermächtigenden sein, also vom ausgeschiedenen Verwalter auf die Wohnungseigentümergemeinschaft, vertreten durch den neuen Verwalter.[182]

101

b) Einziehungsermächtigung. Hat der Verwalter als Prozessstandschafter einen Titel erwirkt, was nur noch eingeschränkt möglich ist (vgl. Rn 98 f.), so ist er als Gläubiger des Vollstreckungstitels berechtigt, die darin zuerkannten, materiell-rechtlich der Wohnungseigentümergemeinschaft zustehenden Ansprüche im eigenen Namen zu vollstrecken.[183] Ist der Verwalter nach dem Verwaltervertrag berechtigt, rückständige Hausgelder im eigenen Namen geltend zu machen, so liegt darin nicht nur die prozessuale Ermächtigung der Wohnungseigentümergemeinschaft, ein gerichtliches Verfahren zu führen, sondern auch die materiell-rechtliche Ermächtigung (§ 185 BGB), in einem solchen Verfahren Leistung an sich selbst zu verlangen.[184] Das Fehlen der Prozessführungsbefugnis lässt die materiell-rechtliche Ermächtigung des Verwalters zum Forderungseinzug unberührt.[185]

102

c) Erlöschen der Einziehungsermächtigung. Nach seinem Ausscheiden ist der Verwalter ungeachtet einer möglicherweise weiterhin bestehenden Prozessführungsbefugnis (siehe Rn 100), materiell-rechtlich jedenfalls dann nicht mehr befugt, die geltend gemachte Forderung einzuziehen, wenn die vorzeitige Abberufung auf gravierenden Pflichtverletzungen des Verwalters beruht, so dass den Wohnungseigentümern eine weitere Zusammenarbeit nicht mehr zugemutet werden kann und das erforderliche Vertrauensverhältnis zerstört ist.[186] Mit der Abberufung aus wichtigem Grund wird trotz Geltung der Trennungstheorie meist auch der Verwaltervertrag enden (siehe § 26 Rn 111). Inhaberin der titulierten Ansprüche ist die Wohnungseigentümergemeinschaft, weshalb diese - nicht der neue Verwalter - für die Erteilung einer erneuten Einziehungsermächtigung zuständig ist.[187] Rechtsfolge der erloschenen Einziehungsermächtigung ist, dass der abberufene Verwalter als Titelgläubiger materiell-rechtlich nicht mehr befugt ist, den Titelschuldner auf Leistung an sich selbst in Anspruch zu nehmen, so dass die Zwangsvollstreckung für unzulässig zu erklären ist.[188]

103

F. Vertretung bei Fehlen eines Verwalters (Abs. 3 S. 2 und 3)

Da die Gemeinschaft selbst rechtsfähig ist (§ 10 Abs. 6), muss im Interesse des Rechtsverkehrs ein Vertretungsorgan auch für den Fall bereit stehen, dass die Wohnungseigentümer sich nicht dazu entschließen können oder wollen, einen Verwalter zu bestellen. Insbesondere muss auch für diese Fälle die Prozessfähigkeit der Gemeinschaft sichergestellt werden, denn anderenfalls, wäre eine gegen die Gemeinschaft gerichtete Klage schon aus diesem Grund als unzulässig abzuweisen, obwohl der Kläger einen entsprechenden Mangel der Prozessfähigkeit weder erkennen noch beseitigen könnte. Deshalb bestimmt § 27 Abs. 3 S. 2, dass die Gemeinschaft immer dann, wenn ein Verwalter fehlt oder er nicht zur Vertretung berechtigt ist, von allen Wohnungseigentümern vertreten wird. Gemäß § 170 Abs. 3 ZPO genügt für Zustellungen die Zustellung an einen Wohnungseigentümer. Möchten die Wohnungseigentümer einen Verwalter nicht bestellen oder ihn nicht zur Vertretung ermächtigen, können sie nach § 27 Abs. 3 S. 3 auch einen oder mehrere Wohnungseigentümer zur Vertretung ermächtigen. Insbesondere kann statt des Verwalters auch ein einzelner Wohnungseigentümer ermächtigt werden, Ansprüche des Verbandes im eigenen Namen durchzusetzen.[189]

104

---

177 KG 24 W 6578/90, WuM 1991, 415; BayObLG 2Z BR 126/96, ZMR 1997, 199 = WuM 1997, 297; OLG Köln 16 Wx 50/04, NZM 2005, 460.
178 BayObLG BReg 2 Z 72/85, BayObLGZ 1986, 128, 130; BayObLG 2Z BR 93/99, NZM 2000, 298, 299.
179 BayObLG 2Z BR 81/99, NZM 2000, 307.
180 OLG Düsseldorf 6 Wx 469/96, WuM 1997, 298 m.w.N.
181 LG Hannover NJW 1970, 436 m. Anm. *Diester*.
182 Vgl. BGH V ZR 55/11, NJW 2012, 1207 Tz 13 m.w.N.; LG Darmstadt WuM 1995 m. krit. Anm. *Lipka*; offen gelassen von OLG Düsseldorf 6 Wx 469/96, WuM 1997, 298.
183 BGH V ZR 55/11, NJW 2012, 1207, Tz 8 m.w.N.
184 BGH V ZR 55/11, NJW 2012, 1207, Tz 9 m.w.N.
185 BGH V ZR 55/11, NJW 2012, 1207 Tz 10.
186 BGH V ZR 55/11, NJW 2012, 1207 Tz 10.
187 BGH V ZR 55/11, NJW 2012, 1207 Tz 15.
188 BGH V ZR 55/11, NJW 2012, 1207 Tz 17.
189 LG Frankfurt/Main 2–13 S 33/10, ZMR 2012, 120, 121; vgl. schon BGH V ZR 350/03, NZM 2005, 747.

G. Unabdingbarkeit (Abs. 4)

105 Die dem Verwalter nach den Abs. 2 und 3 zustehenden Aufgaben und Befugnisse können nicht eingeschränkt werden, auch nicht durch Gemeinschaftsordnung oder sonstige Vereinbarung. Dies schließt aber nicht aus, dass die Wohnungseigentümer Richtlinien für die Verwaltungstätigkeit festlegen und dem Verwalter im Einzelfall Weisungen erteilen, wie er eine Aufgabe auszuführen hat. Entstehen insoweit Streitigkeiten, dann sind diese im Verfahren nach § 43 Nr. 3 zu klären. Zulässig sind auch **Erweiterungen** der Aufgaben und Befugnisse des Verwalters im Rahmen des individuellen Bestellungsrechtsverhältnisses, sei es durch Gemeinschaftsordnung, sonstige Vereinbarung oder Beschluss.[190] Eine den Verwalter bindende wirksame Erweiterung des vertraglichen Pflichtenkatalogs kann aber nicht einseitig erfolgen; erforderlich ist, dass Wohnungseigentümergemeinschaft und Verwalter einen den Pflichtenumfang des Verwalters erweiternden Vertrag schließen.[191]

H. Sonstige Pflichten gegenüber den Wohnungseigentümern

106 Weitere Aufgaben des Verwalters ergeben sich aus §§ 24, 25 Abs. 4 (Einberufung und Leitung der Eigentümerversammlung) und aus § 28 (Wirtschaftsplan und Jahresabrechnung). Im Verwaltervertrag können zusätzliche Pflichten des Verwalters festgelegt werden.

107 Jeder Wohnungseigentümer kann von dem Verwalter die Auskunft über die Namen und Adressen der übrigen Wohnungseigentümer (Eigentümerliste) verlangen.[192] (Zur Gewährung von Einsicht in die Verwaltungsunterlagen siehe § 28 Rn 150.)

I. Nachweis der Vertretungsmacht (Abs. 6)

108 Gemäß § 27 Abs. 6 hat der Verwalter einen Anspruch darauf, dass die Wohnungseigentümer ihm eine Vollmachtsurkunde ausstellen, aus der sich der Umfang seiner Vertretungsmacht ergibt. Die Vollmachtsurkunde ist ein Schriftstück, das die Person des Verwalters und den Inhalt seiner Vollmacht bezeichnet und von den Wohnungseigentümern unterschrieben ist, wobei es genügt, dass die Mehrheit der Wohnungseigentümer oder eine von der Mehrheit beauftragte Person die Vollmachtsurkunde unterschreibt. Für den Anspruch auf Rückgabe der Vollmachtsurkunde nach Erlöschen der Vollmacht, für die Kraftloserklärung der Vollmachtsurkunde und die Vertretungsbefugnis nach außen bis zur Rückgabe oder Kraftloserklärung gelten die §§ 172 Abs. 2, 173, 175 und 176 BGB entsprechend. Der Verwalter kann seinen Anspruch im Verfahren nach § 43 Nr. 3 durchsetzen. Ein durch das Gericht bestellter Verwalter kann sich durch den Gerichtsbeschluss ausweisen. Wurde dem Verwalter durch Mehrheitsbeschluss für eine bestimmte Angelegenheit eine besondere Vollmacht erteilt, so kann der Verwalter seine Vertretungsmacht durch eine beglaubigte Abschrift dieses Beschlusses nachweisen.[193] (Zum Nachweis der Verwalterstellung gegenüber dem Grundbuchamt vgl. § 26 Rn 135 ff.)

J. Die Haftung des Verwalters gegenüber den Wohnungseigentümern

I. Haftung wegen Vertragsverletzungen

109 Der Verwalter ist den Wohnungseigentümern bei schuldhafter Verletzung seiner Pflichten aus dem Verwaltervertrag zum Schadensersatz verpflichtet. Sofern der Verwaltervertrag, der in der Regel ein entgeltlicher Geschäftsbesorgungsvertrag ist, keine zusätzlichen Pflichten festlegt, hat der Verwalter die ihm in den §§ 24, 27 und 28 auferlegten Pflichten zu erfüllen. Geschieht dies verspätet, gar nicht oder schlecht, so haftet er aus Verzug (§§ 286 ff. BGB) bzw. Pflichtverletzung (§ 280 ff. BGB). Wohnungseigentümer, die den (früheren) Verwalter auf Schadensersatz in Anspruch nimmt, tragen grundsätzlich die Darlegungs- und Beweislast für die objektive Pflichtverletzung, jedoch hat sich der Verwalter zu entlasten, wenn kein tauglicher Beleg für eine aus Mitteln der Gemeinschaft getätigte Zahlung vorliegt.[194]

110 Der einzelne Wohnungseigentümer kann wegen einer Beschädigung seiner Sachen einen Schadensersatzanspruch gegen den Verwalter auf die Schlechterfüllung des Verwaltervertrags stützen, obwohl nicht er gemeinsam mit den übrigen Wohnungseigentümern, sondern die Wohnungseigentümergemeinschaft als teilrechtsfähiger Verband Vertragspartner des Verwalters ist.[195]

111 Kommt trotz Bestellungsbeschluss ein Verwaltervertrag – aus welchen Gründen auch immer – nicht zustande oder wird der Bestellungsbeschluss rechtskräftig für unwirksam erklärt, so dass die Grundlage für den Abschluss des Verwaltervertrages entfällt, oder ist die Amtszeit abgelaufen, ohne dass die Beteiligten dies registriert haben, dann haftet

---

190 *Merle* in Bärmann, § 26 Rn 97.
191 AG Essen 195 II 269/06, NZM 2007, 573.
192 OLG Frankfurt 20 W 866/83, OLGZ 1984, 258; OLG Saarbrücken 5 W 72/06, ZMR 2007, 141; *Drasdo*, NZM 1999, 542, 543 m.w.N.
193 BayObLG NJW 1964, 1962.
194 OLG Oldenburg 6 W 28/07, ZMR 2008, 238.
195 OLG Düsseldorf 3 Wx 281/05, ZWE 2007, 92 m. Anm. *Briesemeister*; OLG Frankfurt 20 W 169/07, ZWE 2008, 470 m.w.N.

der Verwalter, der ohne vertragliche Grundlage tätig geworden ist, für Pflichtverletzungen aus dem gesetzlichen Schuldverhältnis, das durch die Amtsübernahme entsteht.[196] Wer ohne als Verwalter bestellt zu sein, tatsächlich Aufgaben der gemeinschaftlichen Verwaltung wahrnimmt (faktischer Verwalter), insbesondere über gemeinschaftliche Geldmittel verfügt, haftet der Gemeinschaft nach Grundsätzen des Auftragsrechts, ohne sich auf eine Haftungsbeschränkung berufen zu können.[197]

1. Verschulden

Voraussetzung ist, dass die Pflichtverletzung schuldhaft war, d.h. vorsätzlich oder fahrlässig (§ 276 Abs. 1 S. 1 BGB). Fahrlässig handelt ein Verwalter, der die im Verkehr erforderliche Sorgfalt außer Acht lässt (§ 276 Abs. 1 S. 2 BGB). Maßstab ist dabei die Sorgfalt, die ein durchschnittlicher und gewissenhafter Verwalter bei der zu erfüllenden Aufgabe aufgewandt hätte.[198] Einer gewerblichen Hausverwalterin müssen ihre vertraglichen und gesetzlichen Verpflichtungen bekannt sein, so dass sie sich auf einen bloßen Rechtsirrtum, an dessen Vorliegen strenge Anforderungen zu stellen sind, regelmäßig nicht berufen kann.[199] Zu berücksichtigen ist auch, ob der Verwalter auf bestimmten Gebieten besondere Sachkunde hat.[200] Auch bei einem unentgeltlich tätigen Verwalter ist der Haftungsmaßstab nicht generell reduziert.[201] Auf Empfehlungen eines Fachmannes darf der Verwalter sich grundsätzlich verlassen.[202] Da der Verwaltervertrag Dienstvertragscharakter hat, schuldet der Verwalter den Wohnungseigentümern aber nur die sorgfältige Leistung der vereinbarten Dienste, nicht dagegen die Herbeiführung eines bestimmten Erfolges. Ist den Wohnungseigentümer die drohende **Verjährung von Baumängelansprüchen** bekannt, dann trifft den Verwalter gleichwohl ein Mitverschulden, wenn er es unterlässt, eine rechtzeitige Entscheidung der Wohnungseigentümer über das weitere Vorgehen herbeizuführen.[203]

112

2. Haftung für Erfüllungsgehilfen

Gemäß § 278 BGB haftet der Verwalter auch für ein Verschulden seiner Erfüllungsgehilfen. Dies sind diejenigen Personen, deren sich der Verwalter zur Erfüllung der ihm obliegenden Pflichten bedient. Eine Mitarbeiterin des Verwalters, der eine EC-Karte für das Konto der Wohnungseigentümergemeinschaft überlassen ist und der Zugang zum Ordner mit der Geheimzahl ist, ist Erfüllungsgehilfin des Verwalters hinsichtlich der Pflicht, die Konten der Wohnungseigentümergemeinschaft ordnungsgemäß zu verwalten.[204] Ein mit der Instandsetzung des gemeinschaftlichen Eigentums beauftragtes **Sanierungsunternehmen ist** regelmäßig **nicht Erfüllungsgehilfe** des Verwalters i.S.v. § 278 BGB, weil der Verwalter nicht selbst zur Instandsetzung des gemeinschaftlichen Eigentums verpflichtet ist, sondern lediglich für die Instandsetzung zu sorgen hat.[205] Gleiches gilt für einen **Architekten**.[206] **Versorgungs- oder Abrechnungsunternehmen** sind ebenfalls nicht Erfüllungsgehilfe des Verwalters ist.[207]

113

3. Haftungsausschluss

Die Haftung des Verwalters kann mit Ausnahme der Haftung für eigenes vorsätzliches Verhalten (§§ 276 Abs. 3, 278 S. 2 BGB) vertraglich ausgeschlossen oder auf bestimmte Höchstsummen beschränkt werden. Handelt es sich bei dem Verwaltervertrag um einen Formularvertrag i.S.v. § 305 Abs. 1 BGB, so ist eine Beschränkung der Haftung für Schäden aus der Verletzung von Leben, Körper oder Gesundheit überhaupt nicht und für sonstige Schäden nur eine Beschränkung der Haftung auf Vorsatz und grobe Fahrlässigkeit des Verwalters oder seiner Erfüllungsgehilfen möglich § 309 Nr. 7 BGB. Durch Formularvertrag kann also nur die Haftung für leichte Fahrlässigkeit ausgeschlossen werden, wenn es nicht um Schäden aus der Verletzung von Leben, Körper oder Gesundheit geht. Die geltungserhaltende Reduktion eines darüber hinausgehenden Haftungsausschlusses auf Schadensfälle, die nicht die Verletzung von Leben, Körper und Gesundheit betreffen, ist nicht möglich.[208]

114

Verwalter, die nach der Teilungserklärung über die Zustimmung zu tatsächlichen oder rechtlichen Handlungen zu entscheiden haben, können dem Haftungsrisiko einer Fehlentscheidung nicht ohne weiteres entgehen, indem sie nicht selbst über die Zustimmung entscheiden, sondern einen Beschluss der Eigentümerversammlung herbeiführen.[209] Eine Haftung kommt gleichwohl in Betracht, wenn der Verwalter schuldhaft eine Pflicht verletzt hat, die sich aus dem Verwaltervertrag ergibt. Welche Pflichten der Verwalter übernommen hat, beurteilt der BGH, je nach Verwaltertyp unterschiedlich. Einen Amateur-Verwalter, der unentgeltlich tätig ist, entlastet regelmäßig eine Weisung der Eigentümerversammlung. Ein gewerblicher Verwalter, der gegen Vergütung Dienstleistungen erbringt, ist dagegen verpflichtet, selbst sorgfältig zu prüfen, ob er die Zustimmung erteilt. Ist sogar eine Sondervergütung für die Bearbeitung von Anträgen auf Zustimmung vereinbart, muss der Verwalter darüber hinaus auch einen besonderen Verwaltungs-

115

---

196 Vgl. *Müller*, 9. Teil Rn 288; *Bub*, WE 1989, 11, 12.
197 OLG Hamm 15 W 180/07, NZM 2008, 90.
198 OLG München 34 Wx 156/05, ZMR 2006, 716, 717.
199 OLG Frankfurt 20 W 209/04, NZM 2005, 951.
200 BayObLG BReg 2 Z 40/89, ZMR 1990, 65, 67.
201 OLG München 34 Wx 156/05, ZMR 2006, 716, 717.
202 OLG Düsseldorf 3 Wx 190/98, WuM 1998, 683, 684.
203 BayObLG 2Z BR 62/02, NZM 2002, 957.
204 OLG München 32 Wx 077/06, MDR 2007, 81.
205 BayObLG 2Z BR 6/92, WuM 1992, 390; OLG Frankfurt 20 W 115/06, ZMR 2009, 863.
206 OLG Düsseldorf 3 Wx 63/03, ZMR 2004, 365; BayObLG 2Z BR 85/01, NZM 2002, 564, 567.
207 OLG Brandenburg 13 Wx 4/06 NZM 2007, 774.
208 Vgl. etwa OLG München 32 Wx 93/07, FGPrax 2008, 218.
209 BGH V ZB 4/94, NJW 1996, 1216.

aufwand erbringen. Schiebt der gewerbliche Verwalter den Wohnungseigentümern die Entscheidung zu, obwohl keine ernstlichen Zweifel bestehen, dass die Zustimmung zu erteilen ist, haftet er für die durch eine Verzögerung eintretenden Schäden wegen Verzuges. Nur wenn trotz sorgfältiger Prüfung ernstliche Zweifel verbleiben, ob im Einzelfall die Zustimmung zu erteilen ist, darf der gewerbliche Verwalter eine Entscheidung der Wohnungseigentümer herbeiführen. Er muss sie dann aber umfassend darüber informieren, worin die Zweifelsfragen bestehen. Geschieht dies nicht, kann er zum Schadensersatz verpflichtet sein, wenn die Eigentümerversammlung falsch entscheidet und dadurch ein Schaden entsteht. Die Verwalter haften jedoch nicht für solche Rechtsirrtümer, die ihnen trotz sorgfältiger Prüfung der Rechtslage unterlaufen.[210]

4. Kausalität

116 Voraussetzung für einen Schadensersatzanspruch gegen den Verwalter ist, dass die konkrete Pflichtverletzung für den Schaden ursächlich ist. Bei einer Pflichtverletzung durch Unterlassen ist diese für den Schaden nur dann kausal, wenn pflichtgemäßes Handeln den Schaden der Wohnungseigentümer sicher oder mit an Sicherheit grenzender Wahrscheinlichkeit verhindert hätte.[211] Auf die hypothetische Erwägung, der Verwalter wäre auch dann bis zum Eintritt eines Wasserschadens untätig geblieben, wenn er schon vorher die unzureichende Abdichtung des Gebäudes gegen Grundwasser gekannt hätte, kann ein Schadensersatzanspruch nicht gestützt werden.[212] Die Verletzung der Pflicht, vor Eintritt der Verjährung von Mängelansprüchen gegen den Bauträger eine Entscheidung der Wohnungseigentümer über das weitere Vorgehen herbeizuführen, ist nicht ursächlich für den Schadenseintritt (Anspruchsverjährung), wenn aufgrund konkreter Umstände davon auszugehen ist, dass die Wohnungseigentümergemeinschaft einen Hinweis des Verwalters auf die drohende Verjährung nicht zum Anlass genommen hätte, gerichtlich gegen den Bauträger vorzugehen.[213] Der geschädigte Wohnungseigentümer, der den (früheren) Verwalter auf Schadensersatz in Anspruch nimmt, trägt grundsätzlich die Darlegungs- und Beweislast für die Kausalität zwischen konkreter Pflichtverletzung und Schaden. Von diesem allgemein geltenden Grundsatz ist nur dann abzuweichen, wenn die objektive Pflichtwidrigkeit den Geschädigten typischerweise in Beweisnot hinsichtlich der Kausalität bringt oder wenn nach den Grundsätzen des Anscheinsbeweises eine bestimmte Schadensfolge typischerweise durch eine bestimmte Pflichtverletzung hervorgerufen wird oder wenn sich der Schadensfall in einem allein vom Pflichtigen beherrschten Gefahrenbereich ereignet.[214] Ein Anscheinsbeweis kann in Fällen außerordentlicher Naturereignisse, mit denen erfahrungsgemäß nicht zu rechnen ist, erschüttert werden.[215] Bei der Verletzung von vertraglichen Beratungs- und Aufklärungspflichten besteht die Vermutung, dass sich der Geschädigte „aufklärungsrichtig" verhalten hätte.[216]

5. Schaden

117 Wird durch die schuldhafte Pflichtverletzung ein Schaden verursacht, so muss der Verwalter ihn nach Maßgabe der §§ 249 ff. BGB ersetzen. Ob die pflichtwidrige Vergabe eines Sanierungsauftrags ohne Einholung von Konkurrenzangeboten zu einem Schaden geführt hat, weil eine Auftragsvergabe zu günstigeren Preisen möglich gewesen wäre, kann im Regelfall nur durch ein Sachverständigengutachten aufgeklärt werden.[217] Einen modifizierten Rückbau (statt Naturalrestitution) sieht das Gesetz als Schadensersatz nicht vor.[218]

6. Mitverschulden

118 Anwendung findet auch § 254 BGB, wonach ein Mitverschulden der Wohnungseigentümer die Pflicht des Verwalters zum Schadensersatz einschränken[219] und bei besonders großem Mitverschulden sogar ausschließen kann. Ein Ausschluss der Haftung kommt insbesondere in Betracht, wenn der Verwalter lediglich einen Beschluss der Wohnungseigentümer durchführt. Aus dem Rechtsgedanken des § 254 BGB ergibt sich jedoch keine Pflicht des Geschädigten, zur Schadensminderung auf Vergleichsverhandlungen einzugehen, die vom Schädiger vorgeschlagen werden.[220]

7. Entlastung

119 Nachträglich kann die Pflicht zum Schadensersatz durch einen Beschluss der Wohnungseigentümer über die Entlastung des Verwalters ausgeschlossen werden. Ein solcher Beschluss wirkt wie ein negatives Schuldanerkenntnis im Hinblick auf solche Vorgänge, die im Zeitpunkt der Beschlussfassung bekannt oder bei zumutbarer Sorgfalt erkennbar waren (siehe § 28 Rn 243 ff.).

---

210 BGH V ZB 4/94, NJW 1996, 1216.
211 OLG Frankfurt 20 W 115/06, ZMR 2009, 863.
212 OLG Düsseldorf 3 Wx 190/98, WuM 1998, 683, 684.
213 OLG Düsseldorf 3 Wx 148/01, NZM 2002, 707.
214 Siehe dazu OLG Düsseldorf 3 Wx 31/96, WuM 1997, 581, 582; BayObLG 2Z BR 53/97, NZM 1998, 583; BayObLG 2Z BR 85/99, NZM 2000, 501, 502; OLG Oldenburg 6 W 28/07, ZMR 2008, 238.
215 Vgl. OLG Zweibrücken 3 W 11/02, NZM 2002, 570: Jahrhundertorkan.
216 OLG München 32 Wx 93/07, FGPrax 2008, 218.
217 Vgl. dazu BayObLG 2Z BR 85/01, NZM 2002, 564, 567 f.
218 OLG Düsseldorf 3 Wx 63/03, ZMR 2004, 365.
219 Vgl. z.B. OLG Köln WE 1989, 31.
220 BayObLG 2Z BR 19/01, NZM 2002, 133, 134.

8. Verjährung

Die Ansprüche aus der vertraglichen Haftung verjähren gemäß § 195 BGB in drei Jahren. Die Verjährungsfrist für beginnt jedoch erst, wenn der Gläubiger von dem Anspruch und der Person des Schuldners Kenntnis erlangt hat oder ohne grobe Fahrlässigkeit hätte erlangen müssen (§ 199 Abs. 1 Nr. 2 BGB). Daneben bestimmt das Gesetz von diesen subjektiven Voraussetzungen unabhängige Maximalfristen von 10 bzw. 30 Jahren (§ 199 Abs. 2–4 BGB). Das neue Recht kombiniert also eine relativ kurze Verjährungsfrist, deren Beginn kenntnisabhängig ist, mit vergleichsweise langen Maximalfristen. Für den Verjährungsbeginn ab Kenntnis bedarf es grundsätzlich der Kenntnis aller Wohnungseigentümer, wobei Kenntnisse des Verwaltungsbeirats im Einzelfall den Wohnungseigentümern zugerechnet werden können.

II. Haftung aus unerlaubter Handlung

Neben der Haftung aus Vertrag kommt eine Haftung des Verwalters aus unerlaubter Handlung gemäß den §§ 823 ff. BGB in Betracht. Dies ist etwa der Fall, wenn der Verwalter schuldhaft gemeinschaftliches Eigentum oder fremde Rechtsgüter beschädigt (§ 823 Abs. 1 BGB) oder Gelder der Gemeinschaft veruntreut (§ 823 Abs. 2 BGB i.V.m. § 266 StGB).

Ein häufiger Fall der Haftung des Verwalters aus unerlaubter Handlung wird die **Verletzung einer ihm obliegenden Verkehrssicherungspflicht** sein. Verkehrssicherungspflicht ist u.a. die Rechtspflicht desjenigen, der den öffentlichen Verkehr auf einem unter seiner Verfügung stehenden Grundstück duldet, für den verkehrssicheren Zustand zu sorgen (Beleuchtung, Eis und Schneeräumung, Sicherung von Baustellen etc). Eine **originäre Haftung** des Verwalters für die Verletzung von Verkehrssicherungspflichten wurde vor dem Inkrafttreten der WEG-Novelle 2007 nach überwiegender Ansicht auf § 27 Abs. 1 Nr. 2 a.F. gestützt, wonach der Verwalter die erforderlichen Maßnahmen für die ordnungsmäßige Instandhaltung und Instandsetzung des gemeinschaftlichen Eigentums zu treffen hat.[221] In der Fassung des WEG-Novelle 2007 betrifft der – im Übrigen inhaltlich gleich lautende – § 27 Abs. 1 Nr. 2 zweifelsfrei allein das Innenverhältnis des Verwalters zu den Wohnungseigentümern. Aus diesem Grund wird zum Teil eine originäre Haftung des Verwalters wegen der Verletzung von Verkehrssicherungspflichten verneint.[222] Zwar bestehen die Pflichten aus der Organstellung zur ordnungsgemäßen Führung der Geschäfte eines Verbands grundsätzlich nur gegenüber dem Verband,[223] doch kann sich eine **deliktsrechtliche Eigenhaftung** des Organs aus der mit seinen Geschäftsführeraufgaben verbundenen Garantenstellung zum Schutz Außenstehender vor Gefährdung oder Verletzung ihrer Schutzgüter im Sinne von § 823 Abs. 1 BGB ergeben.[224] Im Umfang der dem Verwalter im Innenverhältnis gemäß § 27 Abs. 1 Nr. 2 und 3 auferlegten Verpflichtungen (siehe dazu Rn 15 ff., 39 ff.) besteht insoweit auch eine originäre Verkehrssicherungspflicht des Verwalters nach außen. Den Verwalter trifft gemäß §§ 836, 838 BGB die Einstandspflicht für den durch die Ablösung von Teilen des verwalteten Gebäudes verursachten Schaden. Er hat alle zumutbaren Maßnahmen zu treffen, die aus technischer Sicht geboten und geeignet sind, die Gefahr einer Ablösung von Dachteilen nach Möglichkeit rechtzeitig zu erkennen und ihr zu begegnen.[225]

Zudem kommt eine Haftung des Verwalters in Betracht, wenn er rechtsgeschäftlich auf ihn **übertragene Verkehrssicherungspflichten** verletzt. Verkehrssicherungspflichten, deren Träger im Regelfall die Wohnungseigentümergemeinschaft als Verband ist[226] oder die – soweit eine gesetzliche Regelung (z.B. § 836 BGB) an die Eigentümerstellung anknüpft – von dem Verband wahrzunehmen sind[227] können mit Einverständnis des Verwalters auf diesen übertragen werden.[228] Die Verkehrssicherungspflichten des ursprünglich Verantwortlichen verkürzen sich dann auf Kontroll- und Überwachungspflichten. Der Verwalter wird seinerseits deliktisch verantwortlich. Voraussetzung für eine wirksame Übertragung ist, dass **klar und eindeutig** vereinbart wird.[229] Es muss deutlich zum Ausdruck kommen, dass der Verwalter zusätzlich zu den Kontroll-, Hinweis- und Organisationspflichten, die ihm durch § 27 Abs. 1 Nr. 2 auferlegt sind, weitere Verpflichtungen übernimmt. Nicht ausreichend dürfte sein, wenn der Verwaltervertrag die Verpflichtung des Verwalters enthält, alles zu tun, was zu einer ordnungsmäßigen Verwaltung notwendig ist.[230] Der Verwalter wiederum kann die Verkehrssicherungspflicht auf einen Dritten übertragen, z.B. auf einen Hausmeister. Den Verwalter trifft dann lediglich die Pflicht zu dessen Überwachung, wobei er im Allgemeinen darauf vertrauen darf, dass der Hauswart den ihm übertragenen Verpflichtungen auch nachkommt, so lange nicht konkrete An-

---

221 Vgl. BGH VI ZR 176/92, NJW 1993, 1782; OLG Düsseldorf 3 Wx 619/94, WuM 1995, 230; *Gottschalg*, NZM 2002, 590; **a.A.** *Fritsch*, ZWE 2005, 384, 393.
222 Vgl. etwa *Merle* in Bärmann, § 27 Rn 319; *Wenzel*, ZWE 2009, 57, 59; **a.A.** *Heinemann* in Jennißen, § 27 Rn 172; *Demharter*, ZWE 2006, 44; *Schmid*, ZWE 2009, 295, 296.
223 Vgl. etwa BGH VI ZR 335/88, NJW 1990, 976, 977.
224 Vgl. etwa BGH VI ZR 335/88, NJW 1990, 976, 978.
225 Vgl. BGH VI ZR 176/92, NJW 1993, 1782; **a.A.** *Klein* in Bärmann, § 10 Rn 313.
226 BGH V ZR 161/11, NJW 2012, 1724; *Armbrüster*, ZWE 2006, 470, 473.
227 *Wenzel*, ZWE 2009, 57, 58.
228 OLG Frankfurt 3 U 93/01, WuM 2002, 619; BayObLG 2Z BR 144/04, NZM 2005, 24, 25; OLG München 34 Wx 82/05, ZMR 2006, 226 m. Anm. *Elzer*; OLG Karlsruhe 14 U 107/07, ZMR 2009, 623, 624.
229 BGH VI ZR 126/07, NJW 2008, 1440, 1441 m.w.N.
230 Ebenso *Wenzel*, ZWE 2009, 57, 61; **a.A.** OLG Karlsruhe 14 U 107/07, ZMR 2009, 623, 624 m.w.N.

haltspunkte bestehen, die dieses Vertrauen erschüttern.[231] Der Verwalter haftet für Schäden, die seine Hilfspersonen verursacht haben nicht, wenn er den Nachweis erbringt, dass er bei deren Auswahl und Überwachung die im Verkehr erforderliche Sorgfalt beachtet hat (§ 831 BGB).

124 Zu Verschulden, Haftungsausschluss und Schadensumfang kann auf die Ausführungen zur vertraglichen Haftung verwiesen werden. Ansprüche aus unerlaubter Handlung **verjähren** gemäß §§ 195, 199 Abs. 2, 3, 203 BGB in drei Jahren ab Kenntnis des Schadens und der Person des Ersatzpflichtigen, spätestens jedoch in 30 Jahren.

III. Beispiele

125 **Auftragsvergabe:**
Der Verwalter haftet, wenn er ohne hinreichende Vollmacht Planungs- und Vergabeleistungen für eine Sanierungsmaßnahme in Auftrag gibt, ohne eine eindeutige Beschlussfassung der Wohnungseigentümer herbeiführt zu haben.[232] Vergibt der Verwalter ohne ermächtigenden Beschluss und ohne dass die Voraussetzungen einer Notgeschäftsführung gegeben sind, Aufträge an Handwerker, so ist er wegen positiver Verletzung des Verwaltervertrages zum Schadensersatz verpflichtet, wobei sich die Gemeinschaft im Wege des Vorteilsausgleichs die ihr durch die veranlassten Maßnahmen entstandenen Vorteile anrechnen lassen muss.[233]

Bauliche Veränderung:
Teilt der Verwalter einem Wohnungseigentümer mit, eine von diesem beabsichtigte Baumaßnahme bedürfe nicht der Zustimmung der übrigen Wohnungseigentümer, so haftet er einem anderen Wohnungseigentümer auf Ersatz der bei der Abwehr der Baumaßnahme entstandenen Rechtsverfolgungskosten, sofern die Mitteilung unzutreffend ist.[234]

Baumängel:
Zu den Pflichten des Verwalters gehört auch die Überprüfung des Gebäudes auf Baumängel innerhalb des Laufs der Verjährungsfrist.[235] Unterlässt es der Verwalter schuldhaft, die Wohnungseigentümer vor Ablauf der Verjährungsfrist auf Baumängel hinzuweisen, haftet er.[236] Die Hinweispflicht entfällt nur dann, wenn die Baumängel bereits allen Wohnungseigentümern bekannt sind.[237] Der Verwalter macht sich auch dann schadensersatzpflichtig, wenn er Zahlungen für erkennbar mangelhafte Werkleistungen erbringt und später Mängelansprüche gegen den Werkunternehmer nicht durchsetzbar sind.[238]

Baunebenkosten:
Bezahlt der Verwalter Baunebenkosten (Gaslieferung während der Bauzeit), die im Außenverhältnis die Bauherrengemeinschaft und im Innenverhältnis die Generalübernehmerin zu tragen hat, aus dem Vermögen der Wohnungseigentümergemeinschaft, so haftet er.[239]

Beschlussfeststellung:
Stellt der Verwalter ein Beschlussergebnis nicht oder unrichtig fest, so haftet er.[240]

Delegation:
Überträgt der Verwalter die Hausverwaltung der Liegenschaft auf einen Dritten und unterbindet vertragswidrige Überweisungen vom Hausgeldkonto nicht, so haftet er.[241]

Diebstahl von gemeinschaftlichem Eigentum:
Hat der Verwalter nach dem Diebstahl einer Waschmaschine aus der Gemeinschaftswaschküche alle Eigentümer auf die Notwendigkeit einer Absicherung der Waschküche durch ein Rundschreiben hingewiesen, hat er seine Pflichten nicht verletzt, wenn es hiernach trotzdem zu einem erneuten Diebstahl einer Waschmaschine kommt. Das erste Rundschreiben war ausreichend, wenn in der Vergangenheit keine Diebstähle erfolgt waren und deshalb ein weiterer Diebstahl nicht zu erwarten war. Für die Absicherung der Waschküche müssen vorrangig die Eigentümer eine Lösung finden.[242]

Fördermittel:
Der Verwalter ist verpflichtet, die Wohnungseigentümer im Zusammenhang mit Maßnahmen der Instandhaltung auf bestehende Förderungsmöglichkeiten hinzuweisen, wobei ein Mitverschulden der Wohnungseigentümer in Betracht kommt, wenn sie bei zumutbarer Sorgfalt hätten erkennen können, dass ihnen Fördermittel zustehen.[243]

---

231 BayObLG 2Z BR 144/04, NZM 2005, 24, 25.
232 OLG Celle 4 W 199/00, NZM 2002, 169.
233 LG Nürnberg-Fürth 14 S 828/10, ZMR 2011, 327.
234 BGH V ZB 9/91, NJW 1992, 182.
235 OLG München 32 Wx 79/08 NZM 2008, 895.
236 BayObLG 2Z BR 82/02, NZM 2003, 31; OLG Frankfurt 20 W 169/07, ZWE 2008, 470.
237 BayObLG 2Z BR 122/00, NZM 2001, 388, 389.
238 OLG Frankfurt 20 W 356/07, ZMR 2009, 620.
239 OLG Hamburg 2 Wx 72/93, WuM 1995, 126.
240 Siehe dazu *Abramenko*, ZWE 2004, 140; *Gottschalg*, ZWE 2005, 32.
241 OLG Frankfurt 20 W 209/04, NZM 2005, 951.
242 LG Saarbrücken 5 S 10/08, ZWE 2009, 54.
243 LG Mönchengladbach 5 T 51/06, NZM 2007, 417 – Umstellung der Heizungsanlage auf Erdgas.

Forderungen gegen die Wohnungseigentümergemeinschaft:

Aus dem Verwaltervertrag ergibt sich die Pflicht, berechtigte Forderung gegen die Wohnungseigentümergemeinschaft fristgerecht zu begleichen, oder, wenn das Guthaben auf dem Konto des Verbandes nicht ausreicht oder Zweifel an der Berechtigung einer Forderung bestehen, rechtzeitig die Wohnungseigentümer zu informieren, zu beraten und entsprechende Beschlussfassungen einzuleiten.[244]

Instandhaltung:

Zur Haftung des Verwalters wegen Pflichtverletzungen bei der Instandhaltung des gemeinschaftlichen Eigentums siehe Rn 22.

Instandhaltungsrücklage:

Haben die Wohnungseigentümer beschlossen, den als Instandhaltungsrücklage angesammelten Kapitalbetrag in einer Weise anzulegen, die ordnungsgemäßer Verwaltung widerspricht, so kann den Verwalter eine Mithaftung für den Verlust der Anlage treffen, wenn er das Verlustrisiko der speziellen Anlage hätte erkennen müssen und gleichwohl weder die Eigentümerversammlung auf das bestehende Risiko hingewiesen noch seine Mitwirkung von einem gesonderten Beschluss der Eigentümerversammlung über die spezielle Anlage abhängig gemacht hat.[245]

Jahresabrechnung:

Wird die Jahresabrechnung so mangelhaft erstellt, dass die Wohnungseigentümer einen Sachverständigen einschalten müssen[246] oder einen Dritten mit der Erstellung der Jahresabrechnung beauftragen müssen[247] haftet der Verwalter. Einen Anspruch gegen den Verwalter auf Schadensersatz statt der Leistung wegen Nichterstellung der Jahresabrechnung haben die Wohnungseigentümer nur, wenn die Voraussetzungen des § 281 BGB vorliegen.[248] Nicht zu vertreten hat der Verwalter eine Verzögerung bei Erstellung einer Jahresabrechnung, die den Anforderungen der Gemeinschaftsordnung entspricht, wenn der Grund hierfür im Verantwortungsbereich eines Dritten liegt, der – wie z.B. ein Versorgungs- oder Abrechnungsunternehmen – nicht Erfüllungsgehilfe des Verwalters ist, sondern auf der Grundlage eines mit der Wohnungseigentümergemeinschaft bestehenden Vertrages für die Wohnungseigentümer tätig wird.[249] Erstellt der Verwalter die Jahresabrechnung so spät, dass der Mieter eines Wohnungseigentümers sich gegenüber der Betriebskostennachforderung erfolgreich auf die Versäumung der Abrechnungsfrist berufen kann (§ 556 Abs. 3 BGB), so begründet dies Schadensersatzansprüche des Wohnungseigentümers aus Verzug, wenn die zusätzlichen Voraussetzungen des § 286 BGB, insbesondere eine Mahnung nach Fälligkeit vorliegen.[250] Ob der Verwalter Erfüllungsgehilfe des vermietenden Wohnungseigentümers ist, ist nicht maßgeblich.[251]

Mangelhafte Werkleistungen:

Zahlt der Verwalter für erkennbar mangelhafte Werkleistungen und können die Wohnungseigentümer ihre Ansprüche gegen den Werkunternehmer nicht durchsetzen, so haftet der Verwalter.[252]

Verkehrssicherungspflicht:

Der Verwalter haftet, wenn er die ihm obliegende Verkehrssicherungspflicht verletzt, indem er z.B. nicht oder nicht rechtzeitig bei Glatteis streut oder einen Gefahrenzustand an einem Kinderspielplatz, der zum gemeinschaftlichen Eigentum gehört, nicht rechtzeitig beseitigt.[253] Eine Verletzung der Verkehrssicherungspflicht kommt auch in Betracht, wenn der Verwalter, den Beschluss ein fehlendes Treppengeländer anzubringen, nicht unverzüglich ausführt.[254]

Versicherungen:

Kündigt der Versicherer eine vorher unbegrenzte Schwamm- und Hausbockversicherung und bietet nur eine Weiterführung des Vertrages mit limitierter Haftungssumme an, dann handelt der Verwalter nicht schuldhaft vertragswidrig, wenn er sich nach Rücksprache mit dem Beirat nicht zur Weiterführung mit der Höchstsumme entscheidet und auch keine außerordentliche Eigentümerversammlung nur deshalb einberuft.[255]

---

244 OLG München 32 Wx 93/07, FGPrax 2008, 218.
245 OLG Celle 4 W 7/04, NZM 2004, 426.
246 BayObLG BReg 2 Z 67/75, BayObLGZ 1975, 369, 372/373.
247 OLG Düsseldorf 3 Wx 194/02, NZM 2003, 907.
248 Vgl. KG 24 W 5725/91, WuM 1993, 142 [zu § 326 BGB a.F.]; OLG München 32 Wx 93/07, FGPrax 2008, 218 zur Rechnungslegung des ausgeschiedenen Verwalters.
249 OLG Brandenburg 13 Wx 4/06 NZM 2007, 774.
250 OLG Düsseldorf 3 Wx 160/06, ZMR 2007, 287; LG Mönchengladbach 5 T 16/06, Info-M 2006, 191.
251 **A.A.** LG Frankfurt/Main, 2–09 S 2/11, Info-M 2011, 538 m. Anm. *Hartmann*.
252 KG 24 W 5506/92, WuM 1993, 306; OLG Düsseldorf 3 Wx 186/95, ZMR 1997, 380.
253 OLG Frankfurt 20 W 365/81, OLGZ 1982, 16: Dornenhecke und Jägerzaun.
254 BayObLG 2Z BR 120/95, WuM 1996, 497.
255 LG Hamburg 318 S 120/10, ZMR 2011, 497.

Wirtschaftsplan:

Der Verwalter haftet, wenn er schuldhaft die Ansätze im Wirtschaftsplan zu niedrig bemisst, so dass den Wohnungseigentümern dadurch ein Zinsschaden entsteht.[256]

Zustimmung zur Veräußerung:

Erteilt der Verwalter die erforderliche Zustimmung zur Veräußerung gemäß § 12 zu spät haftet er;[257] Wird ein Verwalter nach dem ihm bekannten Ende seiner Amtszeit weiter als Verwalter tätig, hat er die nachvertragliche Pflicht, einen veräußerungswilligen Wohnungseigentümer darauf hinzuweisen, dass er eine Zustimmung nach § 12 nicht erteilen kann;[258] Unterlässt es der Verwalter bei zweifelhafter Rechtslage unverzüglich eine Weisung der Wohnungseigentümergemeinschaft einzuholen, so hat er dem Veräußerer den Verzögerungsschaden auch dann zu ersetzen, wenn er seine Zustimmung nach anwaltlicher Beratung verweigert hat, sofern erkennbar war, dass ein wichtiger Grund für eine Zustimmungsverweigerung fehlte.[259] Bestimmt die Teilungserklärung, dass der Verwalter dem Verkauf einer Wohnung zustimmen muss, ist der Verwalter dem Erwerber gegenüber nicht verpflichtet, ungefragt auf anstehende, noch nicht finanzierte Sanierungsmaßnahmen und die daraus zu erwartende Sonderumlage hinzuweisen.[260]

Zwangsverwaltung:

Der Verwalter haftet, wenn er es unterlässt, die Zwangsverwaltung einer vermieteten Eigentumswohnung zu betreiben.[261]

K. Die Haftung des Verwalters gegenüber Dritten

I. Haftung aus unerlaubter Handlung

126 Eine Haftung des Verwalters gegenüber Dritten aus unerlaubter Handlung kommt insbesondere in Betracht, wenn er eine ihm obliegende Verkehrssicherungspflicht verletzt (siehe Rn 122).

II. Haftung als vollmachtloser Vertreter

127 Gemäß § 179 Abs. 1 BGB ist der Verwalter einem Dritten gegenüber zur Vertragserfüllung oder zum Schadensersatz verpflichtet, wenn er ohne Vollmacht der Wohnungseigentümer in deren Namen einen Vertrag schließt und die Wohnungseigentümer den Vertrag nicht genehmigen.

L. Haftung der Wohnungseigentümergemeinschaft für den Verwalter

128 Die Wohnungseigentümergemeinschaft als Verband haftet Dritten gegenüber gemäß § 278 BGB für ein Verschulden des Verwalters, wenn dieser als ihr **Erfüllungsgehilfe** bei der Eingehung oder Abwicklung eines Vertrages tätig geworden ist. Die dem Verwalter durch § 27 in der Fassung der WEG-Novelle 2007 zugewiesenen Befugnisse rechtfertigen es, ihn als **Organ** des Verbands im Sinne von § 31 BGB anzusehen.[262] Der Verband haftet folglich ohne die Möglichkeit einer Entlastung für Schäden, die Dritten durch eine den Verwalter zum Schadensersatz verpflichtende Handlung entstehen, die in Ausführung der dem Verwalter als Organ zustehenden Aufgaben erfolgt. Dies gilt zB, wenn der Verwalter bei der Erledigung der dem Verband obliegenden oder vom Verband wahrzunehmenden Verkehrsicherungspflichten Schäden verursacht. Ist die Verkehrsicherungspflicht wirksam auf den Verwalter übertragen (siehe Rn 123), haftet der Verband nur für die Verletzung von Kontroll- und Überwachungspflichten. Dritte im Verhältnis zum Verband sind auch die einzelnen Wohnungseigentümer.[263] Im Verhältnis der Wohnungseigentümer untereinander ist der Verwalter dagegen weder Erfüllungs- noch Verrichtungsgehilfe und auch nicht Organ i.S.v. § 31 BGB, da er regelmäßig nicht in den Angelegenheiten einzelner Wohnungseigentümer tätig wird.[264] Auch soweit der Verwalter im Verhältnis zum Verband eigene Aufgaben wahrnimmt, also nicht als Organ tätig wird, haftet der Verband nicht. Die Gemeinschaft haftet daher nur dann für Schäden am Sondereigentum, die auf Mängel des gemeinschaftlichen Eigentums zurückzuführen sind, wenn die Wohnungseigentümer ein eigenes Verschulden trifft, nicht aber für eine etwaige Verletzung der dem Verwalter gemäß § 27 Abs. 1 Nr. 2 obliegenden Kontroll-, Hinweis- und Organisationspflichten betreffend die ordnungsgemäße Instandhaltung und Instandsetzung des gemeinschaftlichen Eigentums.[265] Eine Haftung des Verbands gemäß §§ 280, 278, 31 BGB kommt jedoch in Betracht bei Verletzung

---

256 AG Waiblingen 1 GR I 76/95, WuM 1996, 115.
257 BayObLG 2 Z 18/83, DWE 1984, 60.
258 KG 22 U 4407/97, NZM 1999, 255.
259 OLG Düsseldorf 3 Wx 321/04, NZM 2005, 787.
260 OLG Köln 16 Wx 154/98, WuM 1999, 300.
261 OLG Hamburg 2 Wx 53/91, WuM 1993, 300, 301.
262 *Merle* in Bärmann, § 27 Rn 325; *Abramenko* in Riecke/Schmid, § 26 Rn 59; *Heinemann* in Jennißen, § 27 Rn 179.
263 Vgl. *Wenzel*, ZWE 2009, 57, 62.
264 Ebenso *Abramenko* in Riecke/Schmid, § 26 Rn 58; vgl. auch OLG Frankfurt 20 W 94/84, OLGZ 1985, 144, 146; KG 24 W 3233/85, ZMR 1986, 318; OLG Frankfurt 20 W 395/92, OLGZ 1993, 188, 189; BayObLG 2Z BR 106/95, WuM 1996, 654; OLG Düsseldorf 3 Wx 369/98, WuM 1999, 356, 357 [zum alten Recht].
265 *Heinemann* in Jennißen, § 27 Rn 179; vgl. auch OLG Düsseldorf 3 Wx 619/94, WuM 1995, 230 [zum alten Recht].

von Schutzpflichten, die sich aus dem Mitgliedschaftsverhältnis ergeben.[266] Führte ein Verwalter die von ihm als Zwischenvermieter an einen Wohnungseigentümer zu zahlende Miete vertragswidrig nicht als Wohngeld an die Gemeinschaft ab, so ist der Gemeinschaft, die diesen Wohnungseigentümer auf Zahlung der dadurch entstandenen Rückstände in Anspruch nimmt, dieses Fehlverhalten nicht zuzurechnen.[267]

§ 28 Wirtschaftsplan, Rechnungslegung

(1) ¹Der Verwalter hat jeweils für ein Kalenderjahr einen Wirtschaftsplan aufzustellen. ²Der Wirtschaftsplan enthält:
1. die voraussichtlichen Einnahmen und Ausgaben bei der Verwaltung des gemeinschaftlichen Eigentums;
2. die anteilmäßige Verpflichtung der Wohnungseigentümer zur Lasten- und Kostentragung;
3. die Beitragsleistung der Wohnungseigentümer zu der in § 21 Abs. 5 Nr. 4 vorgesehenen Instandhaltungsrückstellung.

(2) Die Wohnungseigentümer sind verpflichtet, nach Abruf durch den Verwalter dem beschlossenen Wirtschaftsplan entsprechende Vorschüsse zu leisten.
(3) Der Verwalter hat nach Ablauf des Kalenderjahrs eine Abrechnung aufzustellen.
(4) Die Wohnungseigentümer können durch Mehrheitsbeschluss jederzeit von dem Verwalter Rechnungslegung verlangen.
(5) Über den Wirtschaftsplan, die Abrechnung und die Rechnungslegung des Verwalters beschließen die Wohnungseigentümer durch Stimmenmehrheit.

A. Allgemeines 1	a) Anwendung eines falschen Verteilungsschlüssels 84
B. Wirtschaftsplan 7	b) Beschlusskompetenz für Einzellastungen 85
I. Aufstellen des Wirtschaftsplans 8	c) Unberechtigte Ausgaben 88
II. Geltungsdauer des Wirtschaftsplans 12	2. Gesamtabrechnung als Grundlage 89
1. Wirtschaftsperiode 12	3. Abrechnungssaldo und Abrechnungsspitze ... 93
2. Fortgeltung von Wirtschaftsplänen 13	4. Saldo der Vorjahresabrechnung 96
3. Rückwirkung von Wirtschaftsplänen 17	5. Tilgungsbestimmungen 99
III. Inhalt des Wirtschaftsplans 18	6. Wirkung der Einzelabrechnung 102
IV. Muster eines Wirtschaftsplans 26	7. Muster einer Einzelabrechnung: 104
V. Beschluss über den Wirtschaftsplan 27	8. Einzelabrechnung bei Eigentümerwechsel ... 105
VI. Sonderumlage 34	IV. Entwicklung der Instandhaltungsrücklage 116
1. Nachtrag zum Wirtschaftsplan 34	V. Übersicht über das finanzielle Verwaltungsvermögen 118
2. Höhe der Sonderumlage 36	
3. Anspruchsgrundlage für den Beitrag 37	VI. Beschluss über die Jahresabrechnung 122
4. Sonderumlage wegen Wohngeldrückständen .. 39	1. Bedeutung des Beschlusses 123
C. Jahresabrechnung 44	2. Stimmberechtigte 124
I. Funktionen der Jahresabrechnung 45	3. Anfechtungsgründe 126
1. Funktion der Gesamtabrechnung 46	4. Genehmigungsfiktion 145
2. Funktion der Einzelabrechnung 47	5. Delegation der Genehmigung 146
II. Form und Inhalt der Jahresgesamtabrechnung 48	VII. Anspruch auf Erstellung der Jahresabrechnung ... 147
1. Keine Bilanz 51	VIII. Einsicht in Unterlagen 150
2. Heizkosten 54	1. Prozessuales 151
3. Instandhaltungsrücklage 59	2. Tatsächliche Schwierigkeiten 152
a) Darstellung der Rücklagenentwicklung ... 60	3. Schikaneverbot 153
b) Tatsächliche Zahlungen in der Einnahmen-/Ausgabenrechnung 61	4. Leistungsort 154
	5. Abschriften 155
c) Keine Soll-Beträge in der Einnahmen-/Ausgabenrechnung 62	IX. Anspruch auf Auskunft 156
	X. Fälligkeit der Abrechnung 158
d) Rücklagenfinanzierte Ausgaben 64	XI. Keine Übersendung aller Einzelabrechnungen 159
4. Unberechtigte Ausgaben 67	XII. Verwalterwechsel 162
5. Kosten eines Rechtsstreits nach § 43 68	D. Buchführung für die WEG-Verwaltung 163
6. Umsatzsteuer 69	I. Grundsätze ordnungsmäßiger Buchführung 165
7. Zinsabschlagsteuer 70	1. Dokumentationsprinzip 166
8. Haushaltsnahe Dienstleistungen 71	2. Belegprinzip 167
9. Darstellung der Bankkontenstände 73	3. Aufbewahrungspflicht 168
10. Gepfändete Wohngeldforderungen 75	4. Besonderheiten für die EDV-Buchführung ... 169
11. Muster einer Gesamtabrechnung 76	II. Form der Buchführung 170
III. Einzelabrechnung 81	III. Buchführungssystem 171
1. Verteilungsschlüssel 83	

---

266 *Wenzel*, ZWE 2009, 57, 62.   267 OLG Hamburg WE 1991, 18 = ZMR 1990, 467.

E. Beitragsforderungen	174		VIII. Zwangsvollstreckung	223
I. Art und Weise der Beitragszahlung	176		IX. Versorgungssperre	228
II. Fälligkeit	182		X. Sicherungsabtretung von Mietforderungen	234
1. Wohngeldvorschüsse	183		F. Guthaben aus der Jahresabrechnung	235
2. Ansprüche aus der Jahresabrechnung	187		G. Rechnungslegung	237
III. Verzug mit Beiträgen	190		I. Anspruchsvoraussetzungen	237
1. Verzugsvoraussetzungen	191		II. Inhalt der Rechnungslegung	238
2. Höhe des Verzugszinses	195		III. Vollstreckung des Titels auf Rechnungslegung	239
3. Verzugsschaden	199		H. Entlastung des Verwalters	241
4. Ende des Verzugs	201		I. Wirkung der Entlastung	243
5. Ratenzahlungsvereinbarung	202		II. Erkennbarkeit von Ansprüchen	247
IV. Verjährung der Wohngeldansprüche	203		III. Anfechtbarkeit des Entlastungsbeschlusses	248
V. Aufrechnungsausschluss	208		IV. Kein Anspruch auf Entlastung	255
VI. Zurückbehaltungsrecht	214		V. Kein Stimmrecht des Verwalters	256
VII. Gerichtliche Durchsetzung	215			

Literatur: *Abramenko,* Zur Abgrenzung zwischen teilweiser und gänzlicher Ungültigerklärung von Jahresabrechnungen, ZMR 2003, 402; *ders.,* Der Anspruch auf Ergänzung einer Jahresabrechnung, ZMR 2004, 91; *Armbrüster,* Beschlüsse über die Abrechnung, ZWE 2005, 267; *ders.,* Wirtschaftsplan und Jahresabrechnung in der Mehrhausanlage, ZWE 2011, 119; *Beck,* Das neue BMF-Schreiben vom 26.10.2007 zu haushaltsnahen Dienstleistungen, GE 2007, 1540; *ders.,* Haushaltsnahe Dienstleistungen nach § 35a EStG, ZWE 2008, 313; *Bielefeld,* Instandhaltungsrückstellung und Jahresabrechnung, DWE 2010, 80; *Blankenstein,* Konsequenzen aus der BGH-Entscheidung vom 4.12.2009, ZWE 2010, 318; *ders.,* Der Nachweis der Instandhaltungsrücklage in der Jahresabrechnung – Musterformular, DWE 2010, 84; *Briesemeister,* Der insolvente Mehrheitseigentümer in der Wohnungseigentümergemeinschaft, NZM 2003, 777; *Bub,* Beitragsrückstände in der Abrechnung, ZWE 2011, 193; *Casser/Schultheis,* Musterabrechnung für Wohnungseigentümergemeinschaften, ZMR 2011, 85; *Deckert,* Muster einer Verwalterabrechnung nach § 28 WEG, NJW 1989, 1064; *ders.,* Die Abrechnung des Verwalters nach WEG, ZMR 2010, 729; *Demharter,* Jahresabrechnung bei Eigentümerwechsel, ZWE 2001, 60; *ders.,* Unberechtigterweise vom Verwalter getätigte Ausgaben, ZWE 2001, 585; *ders.,* Begrenzung der Vorauszahlungspflicht durch die Jahresabrechnung, GE 2003, 575; *Dietrich,* Zur Verrechnung der Zahlungen von Wohnungseigentümern, ZWE 2011, 237; *Drasdo,* Datenschutz im Bereich der Wohnungseigentümergemeinschaften – Listenversendung von Wohnungseigentümern, NZM 1999, 542; *ders.,* Kosten von Bau und Sanierungsmaßnahmen und in einem Wirtschaftsjahr nicht verbrauchter Sonderumlagen in der Abrechnung, ZWE 2000, 248; *ders.,* Die Behandlung der Verwaltungskosten, NZM 2000, 468; *ders.,* Abrechnungsspitze nach Eigentümerwechsel, NZM 2003, 297; *ders.,* Die Zulässigkeit von Abgrenzungen in der Jahresabrechnung, ZWE 2002, 166; *ders.,* Wohngeldvorfälligkeit bei Zahlungssäumnis als Beschlussmaßnahme ordnungsgemäßer Verwaltung, NZM 2003, 588; *ders.,* Interdependenz zwischen Gesamt- und Einzelabrechnung, NZM 2005, 722; *ders.,* Die Abrechnung der Heizkosten im Wohnungseigentum – Folgen aus der BGH-Rechtsprechung zur Abbildung der Instandhaltungsrücklage in Jahres- und Einzelabrechnung, NZM 2010, 681; *ders.,* Die Ermittlung und die Darstellung der Abrechnungsspitze in der Jahresabrechnung. ZMR 2010, 831; *ders.,* Die Pfändung von Wohngeldforderungen in der Jahresabrechnung ZWE 2011, 251; *Elzer,* Zinsen in der Jahresabrechnung, ZWE 2011, 112; *Einsiedler,* Die Sonderumlage: Voraussetzungen, Abrechnung, Eigentümerwechsel, ZMR 2009, 573; *Gaier,* Der Beginn der regelmäßigen Verjährung von gemeinschaftlichen Ansprüchen der Wohnungseigentümer nach neuem Recht, NZM 2003, 90; *ders.,* Versorgungssperre bei Beitragsrückständen des vermietenden Wohnungseigentümers, ZWE 2004, 109; *Greiner,* Wirtschaftsplan und Hausgeld – einige praktische Fragen, ZMR 2002, 647; *Greiner/Vogel,* Vereinbarung eines Anspruchs auf Entlastung des Verwalters – Ausweg oder Irrweg?, ZMR 2003, 465; *Haas,* Wohngeldabrechnung und Instandhaltungsrücklage: Ein Blick aus der Sicht des Verwalters, GE 2010, 1519; *Happ,* Die vermietete Eigentumswohnung, DWE 2003, 5; *ders.,* Die vom Verband mit dem WEG-Verwalter vereinbarte kaufmännische Abrechnung als Lösung zu „BGH 44/09"! ZMR 2011, 617; *Häublein,* Schutz der Gemeinschaft vor zahlungsunfähigen Miteigentümern, ZWE 2004, 48; *ders.,* Darstellung rücklagefinanzierter Baumaßnahmen in der Jahresabrechnung, ZMR 2010, 577; *ders.,* Von „Abrechnungsspitzen" und „Soll-Rücklagen" – Wohnungseigentumsrechtliche Abgrenzungsproblematik im Spiegel der höchstrichterlichen Rechtsprechung, ZWE 2010, 237; *ders.,* Die Instandhaltungsrückstellung in der Jahresabrechnung ZWE 2011, 1; *Hauger,* Das Rechnungswesen des Verwalters, 1988; *Jacoby,* Die Musterabrechnung des VNWI – Ein Beitrag zur Diskussion um die Jahresabrechnung, DWE 2010, 120; *ders.,* Unberücksichtigte Beitragszahlungen und berücksichtigte Nichtzahlungen in der Abrechnung, ZWE 2011, 61; *Jennißen,* Die zeitanteilige Aufteilung der Jahresabrechnung gegenüber Veräußerer und Erwerber von Wohnungseigentum, ZWE 2000, 494; *ders.,* Rechnungsabgrenzungen in der Verwalterabrechnung, ZWE 2002, 19; *ders.,* Abhängigkeit der mietrechtlichen Betriebskostenabrechnung von der wohnungseigentumsrechtlichen Jahresabrechnung, NZM 2002, 236; *ders.,* Aufteilungstheorie versus Fälligkeitstheorie, ZMR 2005, 267; *ders.,* Heizkosten in der Abrechnung, ZWE 2011, 153; *Köhler,* Verwalterentlastung, Beiratsprüfung und ähnlich gefährliche Handlungen, ZMR 2001, 865; *Kahlen,* Neue Vorschriften zur Aufbewahrung von Rechnungen und neue Bußgeldvorschriften – Der Verwalter in der Verantwortung, ZMR 2005, 837; *Kümmel/v. Seldeneck,* Die Versorgungssperre in Wohnungseigentumsanlagen, GE 2002, 1045; *Kuhla,* Beitragsüberschüsse in der Jahresabrechnung, ZWE 2011, 6; *Lang,* Jahresabrechnung, Funktion der Darstellung der Instandhaltungsrücklage und Musterabrechnung gemäß BGH vom 4.12.2009- V ZR 44/09, Sonderbeilage zu WE 2010 Heft 8; *Lützenkirchen/Jennißen,* Mietrechtliche Betriebskostenabrechnung und wohnungseigentumsrechtliche Jahresabrechnung im Spannungsverhältnis, ZWE 2002, 446; *Ludley,* Haushaltsnahe Dienst- und Handwerkerleistungen und deren Auswirkungen auf Betriebskostenabrechnungen und Jahresabrechnungen, ZMR 2007, 331; *Merle,* Zur Rechtslage nach der Entscheidung des BGH vom 20. September 2000, DWE 2001, 45; *ders.,* Schuldrechtsmodernisierung – Auswirkungen auf die Geltendmachung von Beitragsforderungen, ZWE 2003, 231; *ders.,* Die Fälligkeit von Beitragsforderungen aus dem Wirtschaftsplan, ZWE 2004, 312; *ders.,* Die Beschlusskompetenz über den Wirtschaftsplan, ZWE 2005, 287; *ders.,* Zur Verrechnung der Zahlungen von Wohnungseigentümern, ZWE 2011, 237; *Merle/Merle,* Abrechnung von Guthaben bei Eigentümerwechsel, GE 2003, 307; *Müller,* Mehrjährige Sanierungen – Wirtschaftsplan und Jahresabrechnung, ZWE 2011, 200; *Niedenführ,* Rechnungsabgrenzungspositionen in der Jahresabrechnung der Wohnungseigentümergemeinschaft? DWE 2005, 58; *ders.,* Vermögensstatus in der Abrechnung, ZWE 2011, 65; *Ott,* Die Entwicklung der Darstellung der Instandhaltungsrücklage in der Jahresabrechnung – Lösungsvorschlag für Darstellung, GE 2010, 532; *Puls/Kolbig,* Teilzahlungen auf den Wirtschaftsplan: Tilgungsbestimmung durch Mehrheitsbeschluss? ZMR 2010, 928; *Rau*, Wohngeldabrechnung – Haftung auf die so genannte „Abrechnungsspitze" bei Eigentümerwechsel, MDR 2005, 124; *von Rechenberg*, Sinn und Zweck des Vermögensstatus, ZWE 2011, 69; *Riecke*, Abschied von der Entlastung des Verwalters, WuM 2003, 256; *Sauren/Rupprecht* Wohnungseigentumsverwaltung nach der Schuldrechtsreform, NZM 2002, 585; *Schirrmann*, Umsatzsteuerliche Probleme der Wohnungseigentümergemeinschaft, WuM 1996, 689; *ders.*, Umsatzsteuer und Wohnungseigentum, WE 1998, 212, 248, 292 und 331; *Slomian*, Die „Jahresabrechnung" der Wohnungseigentümergemeinschaft – Streit um Details oder Anlass einer Neubesinnung? WE 2010, 9; *Schlüter*, Haushaltsnahe Dienstleistungen – Neue Klarstellungen durch das BMF, ZWE 2007, 485; *Schmid*, Die Darstellung der Instandhaltungsrückstellung in der Abrechnung, DWE 2010, 38; *Schmidt*, Verzug und Verzugszinsen im Wohnungseigentum, ZWE 2000, 448; *Schulenburg*, Der BGH und die „neue" Jahresabrechnung, GE 2010, 822; *Schultzky*, Das Verhältnis von Wirtschaftsplan, Sonderumlage und Jahresabrechnung – Dogmatische Einordnung und praktische Bedeutung, ZMR 2008, 757; *ders.*, Beitragsrückstände aus Vorjahren in der Abrechnung, ZWE 2011, 12; *Slomian*, Die Abrechnung von Guthaben bei Eigentümerwechsel, ZWE 2002, 206; *Spielbauer*, Abrechnungsspitze und Jahreseinzelabrechnung, ZWE 2011, 149; *Stadt*, Die richtige Jahresabrechnung ein Dauerthema nicht erst seit der Entscheidung des BGH vom 4.12.2009 – V ZR 44/09, ZMR 2012, 247; *Sturhahn*, Vorschüsse auf gerichtliche und außergerichtliche Kosten in Verfahren nach § 43 WEG und die Bestimmung des § 16 V WEG, NZM 2004, 84; *Stähling*, Dauerkonflikt Jahresabrechnung der Wohnungseigentümergemeinschaft, NZM 2005, 726; *Syring*, Nochmals: Jahresabrechnung bei Eigentümerwechsel, ZWE 2002, 565; *Tank*, „Hauhaltsnahe Dienstleistungen" – Sondervergütung für den Verwalter?, DWE 2007, 85; *Vogl*, Zu den Möglichkeiten einer Wohnungseigentümergemeinschaft sich gegen Zahlungsausfälle eines insolventen Mitgliedes zu schützen, ZMR 2003, 716; *Wenzel*, Die Jahresabrechnung – Inhalt und Konsequenzen der Rechtsprechung des Bundesgerichtshofes, WE 1997, 124; *ders.*, Die Entscheidung des Bundesgerichtshofes zur Beschlusskompetenz der Wohnungseigentümerversammlung und ihre Folgen, ZWE 2001, 226; *Wanderer/Kümmel*, Die Darstellung der Instandhaltungsrücklage: Versuch einer Musterabrechnung, GE 2010, 600; *Wilhelmy*, Haushaltsnahe Dienstleistungen und Beschäftigungsverhältnisse in Wohnungseigentümergemeinschaften, DWE 2007, 84; *ders.*, Die Instandhaltungsrücklage in der Jahresabrechnung, DWE 2010, 210; *ders.*, Steuerliche Nachweise im Zusammenhang mit der Jahresabrechnung des Verwalters – wirklich sondervergütungsfähig? DWE 2010, 41; *Wolfsteiner*, Vollstreckbare Urkunden über Wohngeld, FS Wenzel, 2005, S. 59; *Wolicki*, Die Zwangsverwaltung von Sondereigentum, NZM 1999, 321; *ders.*, Im Überblick: Die Kosten des Zwangsverwaltungsverfahrens, NZM 2001, 663; *ders.*, Wohnungseigentumsrecht: Checkliste zur Vorbereitung von gerichtlichen Hausgeldbeitreibungsverfahren, MDR 2003, 729.

Literatur zu Rn 241: H. Entlastung des Verwalters *Gottschalg*, Verwalterentlastung im Wohnungseigentumsrecht; NJW 2003, 1293; *Greiner/Vogel*, Vereinbarung eines Anspruchs auf Entlastung im Verwaltervertrag – Ausweg oder Irrweg?, ZMR 2003, 465; *Hogenschurz*, Verwalterentlastung aus Sicht einzelner Wohnungseigentümer, NZM 2003, 630; *Köhler*, Die Entlastung des WEG-Verwalters – Eine kritische Betrachtung, ZMR 1999, 293; *H. Merle*, Revolutionäres zur Entlastung des Verwalters, DWE 2003, 47; *Niedenführ*, Verwalterentlastung niemals ordnungsgemäße Verwaltung?, NZM 2003, 305; *Rühlicke*, Die Entlastung des Verwalters, ZWE 2003, 14; *ders.*, Der Anspruch des Verwalters auf Entlastung, ZWE 2004, 145; *Schmid*, Die Verwalterentlastung im Lichte der Teilrechtsfähigkeit der Wohnungseigentümergemeinschaft, ZWE 2009, 377.

A. Allgemeines

§ 28 bildet gemeinsam mit § 16 Abs. 2 die gesetzliche Grundlage für eine geordnete Wirtschaftsführung der Wohnungseigentümergemeinschaft. Die WEG-Novelle 2007 hat die Vorschrift nicht geändert.

§ 28 Abs. 1 bestimmt, dass ein **Wirtschaftsplan** aufzustellen ist. Dies ist ein Voranschlag über die im Wirtschaftsjahr voraussichtlich entstehenden Kosten und ihre Deckung durch Einnahmen. Es handelt sich hierbei also um eine Art Haushaltsplan oder Budget der Eigentümergemeinschaft. Aus § 28 Abs. 2 in Verbindung mit dem durch Eigentümerbeschluss (§ 28 Abs. 5) genehmigten Wirtschaftsplan ergibt sich die **Anspruchsgrundlage** für die Pflicht des einzelnen Wohnungseigentümers, **Vorschüsse** auf die von ihm gemäß § 16 Abs. 2 zu tragenden Lasten und Kosten zu zahlen. Diese Vorschüsse werden als Wohngeld oder um die Verwechslungsgefahr mit den öffentlichen Zuschüssen nach dem Wohngeldgesetz zu vermeiden als Hausgeld bezeichnet.

§ 28 Abs. 3 bestimmt, dass der Verwalter nach Ablauf des Kalenderjahres eine **Abrechnung** aufzustellen hat. Diese Jahresabrechnung erfasst die tatsächlichen, im Geschäftsjahr eingegangenen Gesamteinnahmen und die geleisteten Gesamtausgaben und legt nach Genehmigung durch Eigentümerbeschluss (§ 28 Abs. 5) endgültig fest, welche Lasten und Kosten der einzelne Eigentümer für das vergangene Jahr gemäß § 16 Abs. 2 zu tragen hat. Die Einzelabrechnung ist **Anspruchsgrundlage** für die Pflicht des einzelnen Wohnungseigentümers, einen **Fehlbetrag** auszugleichen. Sie kann aber auch Grundlage für einen Anspruch des Wohnungseigentümers auf **Auszahlung eines Guthabens** sein. Die Geltendmachung eines Schadensersatzanspruchs der Gemeinschaft gegen einen Wohnungseigentümer aus § 280 Abs. 1 BGB wegen schuldhafter Verletzung der Pflicht zum schonenden Gebrauch des Gemeinschaftseigentums gemäß § 14 Nr. 1 (vgl. dazu im Einzelnen § 14 Rn 15), setzt nicht voraus, dass der Schadensbetrag in die von den Wohnungseigentümern beschlossene Jahresabrechnung samt Einzelabrechnungen eingestellt worden ist.[1]

§ 28 Abs. 4 gibt den Wohnungseigentümern das Recht, neben der periodischen Jahresabrechnung jederzeit durch einen Mehrheitsbeschluss vom Verwalter Rechnungslegung zu verlangen.

Gemäß § 28 Abs. 5 beschließen die Wohnungseigentümer über den Wirtschaftsplan, die Jahresabrechnung und eine Rechnungslegung mit Mehrheit. Die Beschlüsse sind einerseits im Verfahren nach §§ 21 Abs. 4, 43 Nr. 1 erzwingbar und andererseits sämtlich nach §§ 23 Abs. 4, 43 Nr. 4, 46 anfechtbar und damit gerichtlicher Kontrolle unterstellt. Die

---
[1] BayObLG BReg 2 Z 119/90, WuM 1991, 60.

Beschlussanfechtung entbindet nicht von der Zahlungspflicht, solange der Beschluss nicht rechtskräftig für ungültig erklärt oder nichtig ist.[2]

6 Die Vorschriften des § 28 sind allesamt durch Vereinbarung abänderbar (arg: § 10 Abs. 2 S. 2). Ein das Gesetz ändernder Mehrheitsbeschluss ist jedoch nichtig, wenn die Gemeinschaftsordnung nicht ausnahmsweise die Möglichkeit einer Mehrheitsentscheidung eröffnet, denn eine Änderung des Gesetzes ist nur durch Vereinbarung möglich.[3] Ein Beschluss über eine von Wirtschaftsplänen und Jahresabrechnungen unabhängige Kostenverteilung für viele Jahre durch Sonderumlage (nach den Abrechnungen eines Dritten) hat auch ohne Anfechtung keine rechtliche Wirkung.[4] Ein Mehrheitsbeschluss, der den Verwalter davon freistellt, in Zukunft Einzelwirtschaftspläne zu erstellen, ist nichtig.[5]

B. Wirtschaftsplan

7 Das Aufstellen eines Wirtschaftsplans gehört gemäß § 21 Abs. 5 Nr. 5 zur ordnungsmäßigen Verwaltung und kann nur durch Vereinbarung oder Teilungserklärung ausgeschlossen werden. Der Wirtschaftsplan bindet nicht die Jahresabrechnung. Diese kann vom Wirtschaftsplan abweichen.[6]

I. Aufstellen des Wirtschaftsplans

8 Der Wirtschaftsplan ist vom Verwalter aufzustellen (§ 28 Abs. 1 S. 1), ohne dass es einer besonderen Aufforderung bedarf. Über seine endgültige Feststellung entscheiden die Wohnungseigentümer gemäß § 28 Abs. 5 durch Mehrheitsbeschluss. Dabei kann auch ein vom Vorschlag des Verwalters abweichender Plan beschlossen werden.

9 Jeder Wohnungseigentümer kann vom Verwalter die Aufstellung des Wirtschaftsplans verlangen und im Verfahren nach § 43 Nr. 3 gerichtlich durchsetzen.[7] Ebenso kann jeder Wohnungseigentümer gemäß §§ 21 Abs. 4, 28 Abs. 5, 43 Nr. 1 die Beschlussfassung über den Wirtschaftsplan erzwingen oder umgekehrt einen Beschluss über den Wirtschaftsplan gemäß § 43 Nr. 4 anfechten. Wird der vom Verwalter aufgestellte Wirtschaftsplan von der Mehrheit der Wohnungseigentümer abgelehnt, obwohl er ordnungsmäßiger Verwaltung entspricht, so kann jeder einzelne Wohnungseigentümer die übrigen auf Zustimmung zu dem Wirtschaftsplan in Anspruch nehmen[8] oder beantragen, dass das Gericht einen Wirtschaftsplan aufstellt und die Vorschüsse gemäß § 21 Abs. 8 durch vorläufig vollstreckbares Urteil fällig stellt. Das Gericht ist dabei nicht verpflichtet, detaillierte Gesamt- und Einzelwirtschaftspläne aufzustellen, sondern kann die voraussichtlichen Kosten nach den Angaben der Beteiligten schätzen.[9] Nach Ablauf des Wirtschaftsjahres haben die Wohnungseigentümer nur noch über die dann vom Verwalter aufzustellende Jahresabrechnung (§ 28 Abs. 3) zu beschließen (§ 28 Abs. 5), so dass mit diesem Zeitpunkt auch der jedem Wohnungseigentümer zustehende Anspruch auf Beschlussfassung über den Wirtschaftsplan und gegebenenfalls auf entsprechende gerichtliche Festlegung erlischt.[10]

10 Die Wohnungseigentümer können im Einzelfall durch Mehrheitsbeschluss den Verwalter von der Aufstellung eines neuen Wirtschaftsplans befreien und die Fortgeltung des bisherigen Wirtschaftsplans beschließen, wenn dies ordnungsmäßiger Verwaltung entspricht, weil sich gegenüber dem Vorjahr keine wesentlichen Änderungen ergeben haben.[11]

11 Die Beschlussfassung über den Wirtschaftsplan setzt nicht die Genehmigung der Jahresabrechnung für das Vorjahr voraus.[12] Wirksam wird der Wirtschaftsplan erst mit der Beschlussfassung durch die Wohnungseigentümer.[13] Erst dann ist der Verwalter gemäß § 27 Abs. 1 Nr. 1 verpflichtet den Wirtschaftsplan durchzuführen.

II. Geltungsdauer des Wirtschaftsplans

1. Wirtschaftsperiode

12 Aus § 28 Abs. 1 S. 1 und § 28 Abs. 3 folgt, dass das Wirtschaftsjahr dem Kalenderjahr entspricht. Entgegen dieser gesetzlichen Regelung kann die Teilungserklärung oder eine sonstige Vereinbarung das Wirtschaftsjahr abweichend vom Kalenderjahr festlegen. Selbst eine langjährige faktische Handhabung führt aber nicht zu einer Vereinbarung über ein vom Kalenderjahr abweichendes Wirtschaftsjahr.[14] Ein Mehrheitsbeschluss, der generell die gesetzliche oder vereinbarte Regelung über das Wirtschaftsjahr ändert, ist nichtig.[15] Der Beschluss über einen konkreten Wirtschaftsplan

---

2 BGH V ZR 245/09, ZWE 2011, 403, 404; BayObLG 2Z BR 41/02, NZM 2002, 743, 744.
3 BGH V ZB 58/99, NJW 2000, 3500.
4 BGH V ZR 245/09, ZWE 2011, 403, 404/405.
5 BayObLG 2Z BR 112/04, ZMR 2005, 384, 385.
6 BayObLG BReg 2 Z 8/74, NJW 1974, 1910.
7 § 21 Abs. 4, Abs. 5 Nr. 5; BayObLG BReg 2 Z 125/71, NJW 1972, 1376.
8 §§ 21 Abs. 4, 28 Abs. 5, 43 Nr. 1; vgl. auch *Niedenführ*, ZMR 1991, 121, 123.
9 KG 24 W 4800/90, WuM 1990, 614.
10 KG 24 W 1925/85, ZMR 1986, 250.
11 BayObLG BReg 2 Z 40/90, WuM 1991, 312.
12 OLG Düsseldorf 3 Wx 169/98, WuM 1999, 477, 479.
13 BayObLG BReg 2 Z 85/70, BayObLGZ 1971, 313, 317.
14 OLG Düsseldorf 3 Wx 378/00, NZM 2001, 546.
15 *Wenzel*, ZWE 2001, 226, 234.

oder eine konkrete Jahresabrechnung mit einem vom Kalenderjahr abweichenden Wirtschaftsjahr ist dagegen nicht nichtig.[16] Ein solcher Beschluss ist aber bei rechtzeitiger Anfechtung für ungültig zu erklären.[17] Hat ein Wohnungseigentümer über Jahre hinweg unwidersprochen ein vom Kalenderjahr abweichendes Wirtschaftsjahr hingenommen, dann verhält er sich treuwidrig (§ 242 BGB), wenn er, ohne dass für ihn ein wirtschaftlicher oder sonstiger Vorteil damit verbunden wäre, den Beschluss über den Wirtschaftsplan anficht und auf einer aufwändigen und kostenträchtigen Neuerstellung des Wirtschaftsplans beharrt.[18] Für die Zukunft ist allerdings eine Beanstandung der Abrechnungszeiträume nicht durch die Übung der vergangenen Jahre abgeschnitten, so dass die Abrechnungen nach dem Kalenderjahr vorgenommen werden müssen, wenn ein derartiger Wunsch rechtzeitig geäußert wird und zuvor keine anders lautende Regelung zu Stande kommt.[19] Die Rückkehr zu dem durch das Gesetz oder eine Vereinbarung vorgeschriebenen Wirtschaftsjahr durch Bildung eines Rumpfwirtschaftsjahres entspricht ordnungsgemäßer Verwaltung.

2. Fortgeltung von Wirtschaftsplänen

Der für eine Wirtschaftsperiode beschlossene Wirtschaftsplan begründet Vorschusspflichten der Wohnungseigentümer (§ 28 Abs. 2) nur für den betreffenden Zeitraum, nicht jedoch darüber hinaus.[20] Dies folgt aus dem Wortlaut des Gesetzes (§ 28 Abs. 1 S 1: „jeweils für ein Kalenderjahr" und § 28 Abs. 2: „dem beschlossenen Wirtschaftsplan entsprechende Vorschüsse"). Etwas anderes gilt nur, wenn die generelle Fortgeltung der Wirtschaftspläne durch Vereinbarung festgelegt ist oder wenn bei der Beschlussfassung über einen konkreten Wirtschaftsplan gleichzeitig seine Fortgeltung bis zur Beschlussfassung über den nächsten Wirtschaftsplan beschlossen wird.

Es ist in aller Regel geboten, bei der Beschlussfassung über einen Wirtschaftsplan gleichzeitig dessen **Fortgeltung** bis zur Beschlussfassung über den nächsten Wirtschaftsplan festzulegen. Ein Mehrheitsbeschluss, wonach der konkrete Wirtschaftsplan bis zum nächsten Wirtschaftsplan fortgilt, ist weder nichtig noch anfechtbar, sondern entspricht dem Grundsatz ordnungsmäßiger Verwaltung.[21] Der Fortgeltungsbeschluss beeinträchtigt nicht den Anspruch des einzelnen Wohnungseigentümers gegen den Verwalter auf Aufstellung eines neuen Wirtschaftsplans.[22] Die Ablehnung des im Folgejahr vorgelegten Wirtschaftsplans durch Negativbeschluss steht der beschlossenen Fortgeltung des bisherigen Wirtschaftsplans nicht entgegen.[23]

Im Einzelfall kann auch ohne einen ausdrücklichen Fortgeltungsbeschluss die **Auslegung** des Beschlusses über den Wirtschaftsplan ergeben, dass der Wirtschaftsplan über das Wirtschaftsjahr hinaus fortgelten soll. Dies kommt z.B. in Betracht, wenn laut Protokoll die Beschlussfassung über den nächsten Wirtschaftsplan erst im Dezember des Folgejahres stattfinden soll.[24] Ein Mehrheitsbeschluss, wonach Wohngeld aufgrund des „letzten bestandskräftigen Wirtschaftsplans" zu zahlen ist, ist schon deshalb für ungültig zu erklären, weil unbestimmt ist, welcher Wirtschaftsplan maßgebend ist.[25]

Ein **Organisationsbeschluss**, der generell die Fortgeltung der Wirtschaftspläne anordnet, ändert die gesetzliche Regelung ab und ist deshalb **nichtig**.[26] Auch § 21 Abs. 7 begründet insofern keine Beschlusskompetenz. Auch durch eine mehrjährige widerspruchslos durchgeführte Übung kann die generelle Fortgeltung der Wirtschaftspläne nicht begründet werden.[27] Auch bei gerichtlicher Bestimmung des Wirtschaftsplans ist es angebracht, dessen Fortgeltung bis zur Beschlussfassung über einen neuen Wirtschaftsplan anzuordnen.[28]

3. Rückwirkung von Wirtschaftsplänen

Ein Mehrheitsbeschluss, der für ein bereits abgeschlossenes Wirtschaftsjahr rückwirkend einen Wirtschaftsplan genehmigt, ist nichtig und begründet deshalb keine Zahlungspflichten.[29] Nach Ablauf des zu planenden Wirtschaftsjahres ist nämlich eine Vorausplanung nicht mehr möglich. Es ist vielmehr die Jahresabrechnung über die tatsächlichen Einnahmen und Ausgaben dieses Wirtschaftsjahres zu erstellen (vgl. oben Rn 9). Besteht ein akutes Liquiditätsproblem, so ist dieses über eine Sonderumlage zu lösen.[30]

---

16 *Bielefeld*, DWE 2003, 77, 85.
17 **A.A.** für vor dem 1.1.2001 gefasste Beschlüsse KG 24 W 71/01, NZM 2002, 447.
18 OLG Celle 4 W 60/02, juris Rn 47; OLG München 32 Wx 164/08, ZMR 2009, 630.
19 OLG Celle 4 W 60/02, juris Rn 47.
20 OLG Düsseldorf 3 Wx 77/03, ZMR 2003, 862 m.w.N.
21 KG 24 W 16/02, NZM 2002, 294; BayObLG 2Z BR 41/02, NZM 2002, 743, 744; OLG Düsseldorf 3 Wx 77/03, ZMR 2003, 862; LG Stuttgart 19 S 18/09, ZMR 2010, 319; *Wenzel*, ZWE 2001, 226, 237; *Gottschalg*, NZM 2001, 950; *Merle* in Bärmann, § 28 Rn 49.
22 *Gottschalg*, NZM 2001, 950.
23 LG Stuttgart 19 S 18/09, ZMR 2010, 319.
24 OLG Hamburg 2 Wx 4/99, NZM 2003, 203.
25 Vgl. dazu OLG Düsseldorf 3 Wx 75/03, ZMR 2003, 854.
26 OLG Düsseldorf 3 Wx 77/03, ZMR 2003, 862.
27 So aber OLG Köln 16 Wx 119/95, WuM 1995, 733, 735.
28 KG 24 W 1701/92, WuM 1993, 303, 304.
29 OLG Schleswig 2 W 7/01, ZWE 2002, 141, 142; **a.A.** AG Saarbrücken 1 WEG II 84/04, ZMR 2005, 319, 320.
30 Ebenso *Merle* in Bärmann, § 28 Rn 13.

III. Inhalt des Wirtschaftsplans

18 § 28 Abs. 1 S. 2 umschreibt den gesetzlichen Mindestinhalt eines Wirtschaftsplans. Danach ist zunächst eine Gegenüberstellung der voraussichtlichen Einnahmen und Ausgaben erforderlich (Abs. 1 S. 2 Nr. 1). Zum Wirtschaftsplan gehört ferner die Feststellung, in welchem Umfang der einzelne Wohnungseigentümer zu Vorschussleistungen auf die Lasten und Kosten herangezogen werden wird (§ 28 Abs. 2 S. 2 Nr. 2) und die Höhe der Beiträge des einzelnen Wohnungseigentümers zu der gemäß § 21 Abs. 5 Nr. 4 zu bildenden Instandhaltungsrücklage (§ 28 Abs. 2 S. 2 Nr. 3).

19 Auf der **Einnahmeseite** sind insbesondere die zur Kosten- und Lastendeckung insgesamt benötigten Beiträge der Wohnungseigentümer aufzuführen. Ferner Erträge, die dem Vermögen der Gemeinschaft durch Vermietung und Verpachtung des gemeinschaftlichen Eigentums oder durch Zinsen zufließen.[31] Zu den in den Wirtschaftsplan aufzunehmenden voraussichtlichen Einnahmen gehören auch die Zinserträge aus der Anlage der Instandhaltungsrücklage.[32] Ist im Zeitpunkt der Aufstellung des Wirtschaftsplans bereits absehbar, dass bei einzelnen Wohnungseigentümern mit Ausfällen bei der Wohngeldzahlung zu rechnen ist, so ist dies im Wirtschaftsplan zu berücksichtigen.[33] Forderungen sind als Einnahmen in den Wirtschaftsplan nur dann aufzunehmen, wenn mit ihrer Erfüllung während des Wirtschaftsjahres gerechnet werden kann.[34]

20 Auf der **Ausgabenseite** sind sämtliche Kosten aufzuführen, die aller Voraussicht nach im Wirtschaftsjahr auf die Gemeinschaft zukommen werden.[35] Hierzu zählen z.B.: Versicherungsbeiträge, Hausmeisterlohn, Kosten für Hausreinigung und Gartenpflege, Aufzugskosten, Kosten für Wasser, Kanal, Strom und Gas, Kosten für Abfallbeseitigung, Kosten für Straßenreinigung, Heizungskosten, Kosten für Schornsteinfeger, Kosten für Kleinreparaturen, Verwaltervergütung. Auch die Zins- und Tilgungsbeträge gemeinschaftlicher Belastungen (vgl. § 27 Abs. 1 Nr. 4) können in den Wirtschaftsplan aufgenommen werden,[36] nicht aber die Kosten für einen Rechtsstreit (§ 16 Abs. 8).

21 Abgesehen von § 28 Abs. 1 S. 2 Nr. 1–3 enthält das Gesetz keine Einzelvorgaben für Form und Inhalt des Wirtschaftsplans. Erforderlich ist eine den Grundsätzen ordnungsgemäßer Buchführung entsprechende geordnete, übersichtliche und nachprüfbare Darstellung der Entwicklung der gemeinschaftlichen Gelder im kommenden Wirtschaftsjahr.

22 Der Wirtschaftsplan muss ebenso wie die Jahresabrechnung ohne Zuziehung eines Buchprüfers verstehbar sein. Der Wirtschaftsplan sollte in Struktur und Gliederung der Jahresabrechnung entsprechen. Da § 28 insgesamt abänderbar ist, können durch Vereinbarung die Mindestanforderungen an den Inhalt des Wirtschaftsplans so herabgesetzt werden, dass er nur den von den einzelnen Wohnungseigentümern monatlich zu entrichtenden Wohngeldvorschuss nennt.[37] Ein Mehrheitsbeschluss, der von den gesetzlichen Vorgaben abweicht, ist jedoch nichtig.[38]

23 Außergewöhnliche Ausgaben, die nicht vorhersehbar sind, können nicht in den Wirtschaftsplan aufgenommen werden. Sie sind durch eine Sonderumlage zu decken.[39]

24 Ein Wirtschaftsplan verstößt regelmäßig dann gegen die Grundsätze ordnungsmäßiger Verwaltung, wenn er entweder zu wesentlich überhöhten Vorschüssen oder zu erheblichen Nachzahlungen führt.[40] Die Wohnungseigentümer haben aber bei der Festsetzung des Jahreswirtschaftsplans einen weiten **Ermessensspielraum**. Sie können die Vorschüsse knapp oder reichlich bemessen.[41] Die Wohnungseigentümer können im Wirtschaftsplan einen angemessenen **Beitrag zur Vermeidung voraussichtlicher Liquiditätsengpässe** vorsehen.[42] Wegen zu geringen Volumens darf das Gericht einen Wirtschaftsplan nur dann für ungültig erklären, wenn es zugleich ersatzweise einen Wirtschaftsplan mit höheren Ansätzen bestimmt, da ansonsten die Wohnungseigentümer ganz ohne Grundlage für Vorschusszahlungen wären.[43] Es ist nicht zu beanstanden, wenn die Zinseinnahmen im Wirtschaftsplan aus Vorsicht geringer angesetzt werden als die tatsächlichen Einnahmen des Vorjahres.[44]

25 Soweit nicht außergewöhnliche Umstände vorliegen, hat die Verteilung der Kosten im Wirtschaftsplan grundsätzlich nach dem jeweils maßgeblichen **Kostenverteilungsschlüssel** zu erfolgen, denn der Wirtschaftsplan bleibt auch nach dem Beschluss der Jahresabrechnung weiter Grundlage für die Vorauszahlungen.[45] Die Anwendung eines falschen Verteilungsschlüssels macht die Genehmigung des Wirtschaftsplans anfechtbar.[46] Es widerspricht aber ausnahmsweise nicht dem Grundsatz ordnungsmäßiger Verwaltung, wenn im Wirtschaftsplan die Heizkostenvorschüsse entgegen dem geltenden Verteilungsschlüssel nicht nach Miteigentumsanteilen, sondern nach beheizter Fläche berechnet werden, sofern die Differenz verhältnismäßig gering ist, da die tatsächlichen Heizkosten in aller Regel ohnehin

---

31 BayObLGZ 1973, 78, 79.
32 OLG Köln 16 Wx 47/08, NZM 2008, 652.
33 BayObLG BReg 2 Z 41/86, BayObLGZ 1986, 263, 269/270.
34 BayObLG 2Z BR 179/98, NZM 1999, 868, 869.
35 BayObLGZ 1973, 78, 79/80.
36 *Augustin*, § 28 Rn 3.
37 BayObLG NZM 1999, 1058.
38 Vgl. BGH V ZB 58/99, NJW 2000, 3500.
39 OLG Hamm Rpfl 1970, 400, 402; vgl. dazu Rn 34.
40 BayObLG 2Z BR 134/97, NZM 1998, 334; LG Hamburg 318 S 23/11, ZMR 2011, 996; AG Langenfeld (Rhld.) 64 C 52/10, ZMR 2011, 907.
41 BayObLG 2Z BR 101/00, NZM 2001, 754, 756.
42 KG 24 W 2762/94, WuM 1994, 721; AG Traunstein 319 C 1783/10, ZMR 2012, 64.
43 KG 24 W 4560/90, WuM 1991, 224.
44 OLG Hamburg 2 Wx 133/01, ZMR 2004, 452.
45 OLG Hamm 15 W 240/07, ZMR 2009, 58, 60.
46 LG Hamburg 318 S 23/11, ZMR 2011, 996; *Abramenko* in Riecke/Schmid, § 28 Rn 28.

stark von der Schätzung abweichen. Die Jahresabrechnung wird durch eine solche Handhabung nicht präjudiziert, sie ist nach dem vereinbarten Verteilerschlüssel vorzunehmen.[47]

IV. Muster eines Wirtschaftsplans

Muster 28.1: Wirtschaftsplan

26

Ein Wirtschaftsplan mit Einzelwirtschaftsplan könnte z.B. wie folgt aussehen:

I. voraussichtliche Wohngeldeinnahmen					68 000,00
II. Kosten	Betrag	Schlüssel	Anteile	Basis	Betrag
Brandversicherung	3.000,00	MEA	100	1000	300,00
Haftpflichtversicherung	1.900,00	MEA	100	1000	190,00
Gebäudeversicherung	4.400,00	MEA	100	1000	440,00
Hausmeister	4.000,00	MEA	100	1000	400,00
Hausreinigung	1.000,00	MEA	100	1000	100,00
Gartenpflege	500,00	MEA	100	1000	50,00
Bankspesen	1.400,00	MEA	100	1000	140,00
Abfallbeseitigung	3.050,00	MEA	100	1000	305,00
Kabelanschluss	450,00	Anschlüsse	1	10	45,00
Wasser	3.900,00	MEA	100	1000	390,00
Kanal	3.900,00	MEA	100	1000	390,00
Allgemeinstrom	4.100,00	MEA	100	1000	410,00
Straßenreinigung	650,00	MEA	100	1000	65,00
Sonstige Betriebskosten	3.000,00	MEA	100	1000	300,00
Kaminkehrer	300,00	MEA	100	1000	30,00
Verwaltungskosten	2.400,00	Einheiten	1	10	240,00
Kleinreparaturen	350,00	MEA	100	1000	35,00
Instandhaltung	5.000,00	MEA	100	1000	500,00
Heizung/Warmwasser	14.000,00	Verbrauch geschätzt			1.400,00
Summe	**57.300,00**				
III. Zu verteilende Einnahmen					
Zinsen	– 1.500,00	MEA	100	1000	150,00
Mieten	– 1.000,00	MEA	100	1000	100,00
Gesamtkosten:	**54.800,00**			Ihre Kosten:	**5.480,00**
IV. Instandhaltungsrücklage	6.000,00	MEA	100	1000	600,00
		Wohngeld		Jahr	**6.080,00**
		Wohngeld		Monat	**506,00**

---

[47] KG 24 W 3798/90, WuM 1990, 367.

V. Beschluss über den Wirtschaftsplan

27 Über den Wirtschaftsplan haben grundsätzlich alle Wohnungs- und Teileigentümer abzustimmen, auch wenn der Wirtschaftsplan einzelne Positionen enthält, die nur eine abgeschlossene Gruppe betrifft, z.B. die Teileigentümer der Tiefgarage.[48] Ein Verwalter, der gleichzeitig Wohnungseigentümer ist, kann bei der Beschlussfassung über den Wirtschaftsplan mitwirken. Da es nach der Konzeption des Gesetzes keine Ein-Personen-Gemeinschaft gibt, entsteht bei einer Teilung nach § 8 WEG eine Wohnungseigentümergemeinschaft erst, wenn zusätzlich zu dem aufteilenden Eigentümer ein Wohnungskäufer als Miteigentümer in das Grundbuch eingetragen wird.[49] Ein Wirtschaftsplan, den der teilende Eigentümer im Wege eines „Ein-Mann-Beschlusses" verabschiedet, begründet für die Zeit nach Entstehen der (werdenden) Wohnungseigentümergemeinschaft keine Wohngeldforderungen.[50] (Zur Übertragung auf den Verwaltungsbeirat siehe Rn 32.)

28 Die strengen Anforderungen, die das OLG Köln an die Unterrichtung der Wohnungseigentümer vor der Beschlussfassung über die Abrechnung stellt (siehe Rn 159), gelten jedenfalls nicht für die Verabschiedung des Wirtschaftsplans. Die Einzelwirtschaftspläne müssen aber allgemein zugänglich ausreichende Zeit vor der Versammlung ausliegen und dies muss den Wohnungseigentümern bekannt gegeben werden.[51] Der Beschluss über den Wirtschaftsplan kann auch auf Weitergeltung des bisherigen Wirtschaftsplans lauten. Die Wohnungseigentümer können sich darauf beschränken, die bisherigen Wohngeldzahlungen auch weiterhin für verbindlich zu erklären.[52] Ein solcher Beschluss ist der späteren Abrechnung nicht vorgreiflich.[53] Das Rechtsschutzbedürfnis für den Antrag auf Ungültigerklärung eines solchen Beschlusses entfällt nicht schon dadurch, dass der Wirtschaftsplan durch Zeitablauf überholt ist.[54]

29 Die **Genehmigung der Jahresabrechnung** führt nicht zum Wegfall des Rechtsschutzbedürfnisses für die Anfechtung des Wirtschaftsplans.[55] Ist der Beschluss über die Jahresabrechnung **bestandskräftig** geworden, dann erledigt sich die Anfechtungsklage gegen die Genehmigung des Wirtschaftsplans in der Hauptsache, **wenn** zwischenzeitlich weder ein Wechsel im Eigentum stattgefunden hat noch über das Vermögen eines Wohnungseigentümers das Insolvenzverfahren eröffnet oder über seine Eigentumswohnung die Zwangsverwaltung angeordnet wurde.[56] Hat der Anfechtungskläger unstreitig alle Vorauszahlungen aus dem Wirtschaftsplan erbracht, dann entfällt mit der Bestandskraft der Jahresabrechnung in der Regel sein Rechtsschutzinteresse für die Anfechtung des Beschlusses über den Wirtschaftsplan.[57] Würde der Beschluss über den Wirtschaftsplan für ungültig erklärt, dann würde die aus der Jahresabrechnung geschuldete Abrechnungsspitze (zum Begriff siehe Rn 93) die ursprünglich aus dem Wirtschaftsplan geschuldeten Beträge umfassen, so dass ein Rückzahlungsanspruch nicht entstünde.[58] Der Beschluss über die Einzelabrechnung ist in diesem Fall (ergänzend) dahin auszulegen, dass die Abrechnungsspitze der Abrechnungssumme entspricht (vgl. Rn 95). Hat bei einem Eigentümerwechsel der Veräußerer den Beschluss über die Jahresabrechnung angefochten, so ändert die Bestandskraft eines nach seinem Ausscheiden gefassten Beschlusses über die Jahresabrechnung nichts am Rechtsschutzinteresse des Anfechtungsklägers, denn dieser haftet allein aus dem Wirtschaftsplan.

30 Aus dem beschlossenen Wirtschaftsplan muss sich unmittelbar die **Höhe der Vorschüsse** des einzelnen Eigentümers ergeben (Einzelwirtschaftsplan). Grundsätzlich sind dabei die jeweiligen Beträge ausdrücklich festzulegen. Im Einzelfall kann es aber ausnahmsweise genügen, wenn sie sich durch die Angabe geeigneter Verteilungsschlüssel im Gesamtwirtschaftsplan anhand der bekannten Umrechnungsfaktoren mittels einfacher Rechenvorgänge leicht ermitteln lassen.[59] Die Wohngeldvorschüsse werden ohne einen Beschluss auch über den Einzelwirtschaftsplan nicht fällig.[60] Im Wirtschaftsplan sind die in § 28 Abs. 1 Nr. 2 und 3 geforderten Angaben, d.h. der Verteilungsschlüssel und die einzelnen Beitragsleistungen, die maßgeblichen Größen, da erst durch einen Eigentümerbeschluss über die jeden einzelnen Wohnungseigentümer treffende Zahlungspflicht die Wohngeldschuld fällig wird. Beim Wirtschaftsplan führt daher das Fehlen von Einzelberechnungen zur Ungültigerklärung eines allein auf den Gesamtwirtschaftsplan beschränkten Beschlusses, während ein Beschluss allein über die Jahresgesamtabrechnung für sich Wirksamkeit haben kann, da er das Gesamtergebnis jedem weiteren Streit entzieht und damit eine Grundlage für die Einzelabrechnungen bildet.[61] Liegen keine besonderen Umstände vor, führt die fehlerhafte Verteilung einzelner Kostenpositionen nach § 139 BGB in der Regel nicht dazu, dass die Einzelwirtschaftspläne insgesamt für ungültig zu erklären sind.[62]

---

48 BayObLG 2Z BR 107/00, NZM 2001, 771.
49 BGH V ZB 85/07, NJW 2008, 2639.
50 OLG Köln 16 Wx 141/07, ZMR 2008, 478.
51 OLG Köln 16 Wx 187/98, WuM 1999, 297.
52 BayObLG BReg 2 Z 40/90, WuM 1991, 312.
53 BayObLG BReg 2 Z 8/74, NJW 1974, 1910.
54 OLG Hamm OLGZ 1971, 96, 100 f.
55 BayObLG 2Z BR 134/97, NZM 1998, 334; LG Hamburg 318 S 23/11, ZMR 2011, 996.
56 OLG Hamburg 2 Wx 104/02, ZMR 2003, 864, 865; OLG Köln 16 Wx 110/04, ZMR 2005, 649; LG Hamburg 318 S 23/11, ZMR 2011, 996.
57 So im Ergebnis zu Recht OLG Hamm 15 W 25/06, ZWE 2007, 34, 37 m. Anm. *Wanderer*.
58 Vgl. *Wanderer*, wie vor S 40.
59 BayObLG BReg 1 b Z 5/89, NJW-RR 1990, 720.
60 BayObLG 2Z BR 112/04, ZMR 2005, 384, 386; **a.A.** KG 24 W 1408/89, NJW-RR 1990, 395; offen gelassen durch BGH V ZB 1/90, NJW 1990, 2386, der aber wohl der Ansicht des BayObLG zuneigt.
61 BGH V ZB 32/05, NJW 2005, 2061.
62 BGH V ZR 193/11, NJW 2012, 2648, Tz 13.

Haben die Eigentümer einer **Mehrhausanlage** für ihren Wohnblock einen Wirtschaftsplan beschlossen, dann erlangt dieser ohne eine fristgerechte Anfechtung auch dann Wirksamkeit, wenn die Eigentümer dieses Hauses keine selbstständige Wohnungseigentümergemeinschaft bilden, denn es handelt sich nicht um einen Fall der absoluten Unzuständigkeit der Eigentümer, die mehrheitlich entschieden haben. Die Zahlung von Wohngeldvorschüssen kann aber nur an den für die Gesamtanlage ordnungsgemäß bestellten Verwalter verlangt werden, solange rechtlich noch keine selbstständige Eigentümergemeinschaft für den Wohnblock begründet worden ist.[63]

Ein **Mehrheitsbeschluss**, der die Aufstellung des Wirtschaftsplans dem Verwaltungsbeirat überträgt, ist **nichtig**.[64] Ein vom Verwaltungsbeirat aufgrund einer solchen Ermächtigung beschlossener Wirtschaftsplan begründet daher keine Zahlungsansprüche gegen die einzelnen Wohnungseigentümer.[65] Die **Gemeinschaftsordnung** kann die Beschlusskompetenz für den Wirtschaftsplan wirksam auf den Verwaltungsbeirat übertragen. Beschlüsse des Verwaltungsbeirats, die gegen das Gesetz, Beschlüsse der Wohnungseigentümer oder die Gemeinschaftsordnung – z.B. im Hinblick auf den Kostenverteilungsschlüssel – verstoßen, sind nichtig.[66]

Ist eine wirksame Beschlussfassung über einen Wirtschaftsplan nicht erfolgt, so ist ein Bereicherungsanspruch gegen die Wohnungseigentümergemeinschaft wegen gleichwohl gezahlter Wohngeldvorschüsse im Hinblick auf den Vorrang des Innenausgleichs durch das Instrument der Jahresabrechnung ausgeschlossen; auch für einen ausgeschiedenen Wohnungseigentümer.[67] **Fehlt ein wirksamer Wirtschaftsplan** enthält die Abrechnungsspitze (zum Begriff siehe Rn 93) der Jahresabrechnung alle anteiligen Kosten des abgelaufenen Wirtschaftsjahres.[68]

VI. Sonderumlage

1. Nachtrag zum Wirtschaftsplan

Über die im Wirtschaftsplan für das laufende Jahr festgesetzten Vorschüsse hinaus, kann sich für die Wohnungseigentümer die Pflicht ergeben, wegen eines unvorhergesehenen Bedarfs der Gemeinschaft (Beitragsausfälle, unvorhergesehene Instandhaltungsmaßnahme) zusätzliche Vorschüsse (Sonderumlage) zu zahlen. Die Festsetzung einer Sonderumlage ist ein Nachtrag zum Wirtschaftsplan, der dadurch ergänzt oder abgeändert wird.[69] Die Zahlungen auf Sonderumlagen sind in die Abrechnung als Einnahmen einzustellen.[70] (Zur Abrechnung siehe auch Rn 92.) Sonderumlagen können für alle Kosten, die gemeinschaftlich zu tragen sind, festgesetzt werden, auch für die Kosten wirksam beschlossener Entziehungsklagen nach § 18.[71] Ist ein Rechtsstreit anhängig oder ist mit einem solchen zu rechnen, so entspricht es ordnungsmäßiger Verwaltung, wenn zugleich mit dem Wirtschaftsplan eine Sonderumlage für die Wohnungseigentümer, die regelmäßig Anfechtungsklagen ausgesetzt sind, zur Abdeckung der Prozesskosten erhoben wird.[72] Anfechtbar, aber nicht nichtig, ist ein Beschluss über die Erhebung einer Sonderumlage zur Bezahlung von Kostenvorschüssen für den Rechtsanwalt, der die Wohnungseigentümer vertritt, gegen die Anfechtungsklage erhoben wurde, wenn daran entgegen § 16 Abs. 8 auch der Kläger beteiligt wird.[73] Ein Beschluss über die Erhebung einer allgemeinen Sonderumlage zur Bezahlung offener Rechtsanwaltskosten entspricht nur dann ordnungsgemäßer Verwaltung, wenn diese Kosten von der Wohnungseigentümergemeinschaft als Verband geschuldet werden.[74]

Beschließen die Wohnungseigentümer eine Sonderumlage, um die Sicherheitsleistung erbringen zu können, die Voraussetzung für die Zwangsvollstreckung aus einem gegen den **Bauträger** erwirkten Urteil ist, so hat sich der Bauträger, der zugleich Wohnungseigentümer ist, an dieser Sonderumlage zu beteiligen.[75] Ob größere **Instandhaltungsmaßnahmen** aus der Instandhaltungsrücklage bezahlt werden oder ob eine Sonderumlage erhoben wird, liegt im pflichtgemäßen Ermessen der Wohnungseigentümer. Es gibt keinen Anspruch darauf, immer zuerst die Rücklage auszuschöpfen.[76] Machen die Wohnungseigentümer eine Auflistung offener Verbindlichkeiten zur Grundlage eines Beschlusses über die Erhebung einer Sonderumlage, tritt dadurch **keine Zweckbindung** dahin ein, dass die Sonderumlage nur zum Ausgleich dieser Verbindlichkeiten verwendet werden dürfte.[77]

2. Höhe der Sonderumlage

Die Höhe einer Sonderumlage hat sich am geschätzten Finanzbedarf auszurichten. Es ist also eine Prognose der erforderlichen Kosten notwendig, wobei eine großzügige Handhabung zulässig ist.[78] Zu erwartende Zahlungsausfälle bei den Wohnungseigentümern dürfen berücksichtigt werden.[79] Steht die Höhe der fehlenden Geldmittel fest, ist das

---

63 OLG Köln 16 Wx 81/90, WuM 1990, 613, 614.
64 Wenzel, ZWE 2001, 226, 235.
65 Anders noch OLG Köln 16 Wx 291/97, WuM 1998, 179.
66 OLG Hamm 15 W 340/06, ZWE 2007, 350.
67 OLG Hamm 15 W 412/02, NZM 2005, 460.
68 OLG Köln 16 Wx 141/07, ZMR 2008, 478; LG Saarbrücken 5 T 114/08, ZMR 2009, 953, 954.
69 BGH V ZB 22/88, NJW 1989, 3018; BGH V ZR 129/11, NJW-RR 2012, 343.
70 Vgl. etwa KG 24 W 233/03, ZMR 2005, 309.
71 KG 24 W 1146/93, WuM 1993, 426, 427.
72 BayObLG 2Z BR 97/93, WuM 1994, 295.
73 Vgl. BayObLG 2Z BR 004/04, NZM 2005, 68.
74 OLG München 32 Wx 125/06 ZMR 2007, 140.
75 BayObLG 2Z BR 27/01, NZM 2001, 766.
76 BayObLG 2Z BR 092/04, NZM 2004, 745.
77 KG 24 W 233/03, ZMR 2005, 309.
78 BGH V ZR 129/11, NJW-RR 2012, 343; OLG Düsseldorf 3 Wx 187/01, ZWE 2002, 90, 91; LG München I 1 T 13364/09, ZMR 2011, 239, 240.
79 BGH V ZR 129/11, NJW-RR 2012, 343.

Ermessen bei der Festlegung der Höhe der Sonderumlage ausnahmsweise dahingehend reduziert, dass die Höhe der Sonderumlage der Höhe der Liquiditätslücke entspricht und diese nicht wesentlich überschritten werden darf.[80]

3. Anspruchsgrundlage für den Beitrag

37 Der Anspruch auf Zahlung einer Sonderumlage ergibt sich aus § 16 Abs. 2 in Verbindung mit einem Mehrheitsbeschluss über die Erhebung der Sonderumlage. Da die Festsetzung einer Sonderumlage ein Nachtrag zum Jahreswirtschaftsplan der Gemeinschaft ist, muss der Umlagebeschluss analog § 28 Abs. 1 S. 2 Nr. 2 die anteilmäßige Beitragsverpflichtung der Wohnungseigentümer bestimmen.[81] Bei akutem Reparaturbedarf ist im Zweifel davon auszugehen, dass eine konkret beschlossene Sonderumlage sofort fällig ist. Es genügt, den Gesamtbetrag der Umlage zu beschließen, wenn die Einzelbeiträge nach dem allgemeinen Verteilungsschlüssel (z.B. Miteigentumsanteile oder Wohnfläche) durch einfache Rechenoperationen eindeutig bestimmbar sind.[82] Dies gilt nicht, wenn ein Verteilungsschlüssel nicht genannt ist und außerdem nicht feststeht, welcher Schlüssel zur Anwendung kommen soll.[83] Ein Beschluss, wonach Instandhaltungsmaßnahmen zu einem bestimmten Betrag aus der Instandhaltungsrücklage und im Übrigen durch eine Sonderumlage finanziert werden sollen, ist dahin auszulegen, dass die finanzielle Belastung einheitlich nach dem für die Erhebung der Instandhaltungsrücklage maßgeblichen Verteilungsschlüssel auf die Miteigentümer verteilt werden soll.[84] Ist die Größe der Wohnflächen umstritten, wird mangels leichter Errechenbarkeit keine Fälligkeit der Sonderumlage begründet.[85] Ein Beschluss, der einen von der Teilungserklärung abweichenden Verteilungsschlüssel anwendet, ist nicht nichtig, sondern nur anfechtbar[86] (siehe § 16 Rn 30). Kommen bei vorläufiger Bewertung unterschiedliche Verteilungsschlüssel in Betracht, entspricht es regelmäßig ordnungsgemäßer Verwaltung, wenn die Mehrheit sich bei der Sonderumlage für einen der in Betracht kommenden Schlüssel entscheidet und die endgültige Kostenverteilung erst durch die Jahresabrechnung erfolgt.[87] Ein Beschluss, wonach bestimmte Instandsetzungsarbeiten am gemeinschaftlichen Eigentum durchgeführt werden sollen, begründet in der Regel noch nicht die Verpflichtung der Wohnungseigentümer zur Zahlung einer Sonderumlage. Dafür ist ein zusätzlicher ausdrücklicher Beschluss über die Finanzierung der Maßnahme erforderlich.[88] Wurde beschlossen, die Kosten einer Instandsetzungsmaßnahme durch eine Sonderumlage aufzubringen, kann ein Wohnungseigentümer der Forderung des auf ihn entfallenden Teils des tatsächlich bezahlten Rechnungsbetrages nicht entgegenhalten, die Arbeiten seien mangelhaft ausgeführt worden, so dass der von dem Unternehmen in Rechnung gestellte Betrag nicht gerechtfertigt sei.[89] Haben die Wohnungseigentümer zur Finanzierung umfangreicher Sanierungsarbeiten eine Sonderumlage beschlossen, entfällt die Zahlungspflicht nicht dadurch, dass die Wohnungseigentümer später die Änderung der Ausführungsart hinsichtlich einzelner Sanierungsmaßnahmen beschließen.[90]

38 Wird ein Sonderumlagebeschluss für ungültig erklärt, ist Voraussetzung für die **Rückerstattung** bereits gezahlter Beträge nach zwischenzeitlichen Abrechnungsbeschlüssen, dass die Wohnungseigentümer über die Folgenbeseitigung der misslungenen Umlage einen Beschluss fassen, der notfalls gerichtlich erzwingbar ist.[91]

4. Sonderumlage wegen Wohngeldrückständen

39 Es entspricht ordnungsgemäßer Verwaltung, eine Sonderumlage zu erheben, wenn Nachforderungen aus früheren Jahresabrechnungen vorübergehend oder dauernd uneinbringlich sind und dadurch Einnahmeausfälle entstehen, die zur Deckung beschlossener Ausgaben der Gemeinschaft oder zur Tilgung gemeinschaftlicher Verbindlichkeiten ausgeglichen werden müssen.[92] Es ist dagegen nicht möglich, den offenen Rückstand als Kostenposition in die Jahresabrechnung einzustellen und auf alle Wohnungseigentümer umzulegen, denn der Rückstand ist eine Forderung und hat deshalb in einer reinen Einnahmen- und Ausgabenrechnung keinen Platz.[93] Der Erhebung einer Sonderumlage zur Beseitigung von Liquiditätsschwierigkeiten steht nicht entgegen, dass mit den zu zahlenden Beträgen auch Verbindlichkeiten abgedeckt werden sollen, die schon vor dem Eigentumserwerb eines Wohnungseigentümers entstanden sind. Ebenso wie sich ein Erwerber an den Kosten einer Reparatur beteiligen muss, die schon vor dem Erwerb erforderlich war, muss er wie alle übrigen Wohnungseigentümer Mittel zur Beseitigung einer Liquiditätsschwierigkeit beisteuern.[94] Ein Beschluss über die Erhebung einer Sonderumlage wegen Wohngeldrückständen eines Wohnungseigentümers braucht die Rückstände nicht im Einzelnen zu bezeichnen. Die Umlage wird jedenfalls solange geschuldet, als nicht unstreitig oder rechtskräftig festgestellt ist, dass die Rückstände vollständig ausgeglichen sind.[95]

---

80 LG München I 1 S 24966/10, ZWE 2012, 50 m. zust. Anm. Dötsch, jurisPR-MietR 10/2012 Anm. 5 und abl. Anm. Klaßen, Info-M 2011, 540.
81 BGH V ZB 22/88, NJW 1989, 3018; BayObLG 2Z BR 247/03, ZMR 2004, 606.
82 OLG Braunschweig 3 W 9/06, ZMR 2006, 787 m.w.N.
83 OLG Braunschweig 3 W 9/06, ZMR 2006, 787.
84 AG Hamburg 102g C 44/08, ZMR 2010, 235.
85 KG 24 W 366/01, NZM 2002, 873.
86 BayObLG 2Z BR 125/03, NZM 2004, 659, 660.
87 LG München I 1 T 13364/09, ZMR 2011, 239, 241.
88 OLG Köln 16 Wx 30/98, NZM 1998, 877.
89 BayObLG 2Z BR 103/96, WuM 1997, 61; LG München I 1 T 13364/09, ZMR 2011, 239, 240.
90 KG 24 W 2613/98, NZM 2000, 553.
91 KG 24 W 7648/96, WuM 1998, 432.
92 BGH V ZB 22/88, NJW 1989, 3018.
93 BayObLG 2Z BR 70/01, NZM 2002, 531.
94 OLG Düsseldorf 3 Wx 187/01, ZWE 2002, 90, 91.
95 BayObLG 2Z BR 184/98, NZM 1999, 1154, 1155.

In die Erhebung einer Sonderumlage zur Deckung eines Wohngeldausfalls ist auch der Wohnungseigentümer anteilig einzubeziehen, der den Ausfall verursacht hat und über dessen Vermögen zwischenzeitlich das Insolvenzverfahren eröffnet ist. Der Anteil dieses Wohnungseigentümers ist Masseverbindlichkeit i.S.v. § 55 Abs. 1 Nr. 1 InsO.[96] Die uneingeschränkte Anwendung der Fälligkeitstheorie auf die Fälle der Zwangsverwaltung und Insolvenz wird jedoch im Anschluss an die Entscheidung des 9. Zivilsenats des *BGH*[97] zunehmend in Zweifel gezogen.[98] Danach soll es nicht mehr darauf ankommen, wann die Forderung wohnungseigentumsrechtlich entstanden ist, sondern darauf, wann der anspruchsbegründende Tatbestand materiell-rechtlich abgeschlossen war.[99] Dies soll zur Folge haben, dass Zwangsverwalter und Insolvenzverwalter nur für den Anteil einer Ausfalldeckungsumlage haften, der den Wohngeldvorschüssen entspricht, die in der Zeit nach Eröffnung oder Beschlagnahme fällig geworden sind.[100] Soweit eine Ausfalldeckungsumlage Beitragsausfälle abdecken soll, die vor diesem Zeitpunkt entstanden sind, sollen Zwangsverwalter und Insolvenzverwalter dagegen nicht haften. **40**

Bei der Festlegung der **Höhe der Sonderumlage** können die Wohnungseigentümer berücksichtigen, dass der Anteil des zahlungsunfähigen Wohnungseigentümers, über dessen Vermögen ein Insolvenzverfahren noch nicht eröffnet ist, voraussichtlich nicht beigetrieben werden kann. Die Sonderumlage kann daher so festgelegt werden, dass auch ohne den Anteil des zahlungsunfähigen Wohnungseigentümers der Ausgleich der offenen Rechnungen möglich ist.[101] **41**

Steht der Ausfall endgültig fest, was frühestens nach dem Ausscheiden des insolventen Wohnungseigentümer aus der Gemeinschaft der Fall ist, sollen nach Ansicht des *KG* die insgesamt entstandenen Wohngeldrückstände durch Beschluss auf die im Zeitpunkt der Beschlussfassung vorhandenen Wohnungseigentümer nach dem allgemeinen Kostenverteilungsschlüssel aufgeteilt werden können. Ein Wohnungseigentümer, der die Wohnung vor der Beschlussfassung ersteigert hat, sei ebenfalls zur anteiligen Zahlung dieser Sonderumlage verpflichtet, weil er erstmals durch diese Umlage belastet werde.[102] Für die Nachtragsumlage müsse die Zusammensetzung der aufgelaufenen Wohngeldrückstände genau nach den zwischenzeitlichen Wirtschaftsplänen und Jahresabrechnungen sowie den Wohnungen des zahlungsunfähigen Wohnungseigentümers festgestellt werden.[103] Diese Auffassung erscheint insoweit bedenklich, als sie auf die Verteilung der Fehlbeträge des insolventen Wohnungseigentümers abstellt. Diese Fehlbeträge sind und bleiben Forderungen der Wohnungseigentümergemeinschaft, wobei allerdings irgendwann feststehen kann, dass sie nicht realisiert werden können. Die Umlegung dieser Fehlbeträge unter Einbeziehung der Erwerber widerspräche den Grundsätzen der Erwerberhaftung. Durch die Einbeziehung des insolventen Wohnungseigentümers in Wirtschaftspläne, Jahresabrechnungen und Sonderumlagen entstehen über mehr oder weniger lange Zeiträume in den Jahresabrechnungen aber auch Guthaben der zahlungsfähigen Wohnungseigentümer. Diese Guthaben sind Forderungen gegen die Wohnungseigentümergemeinschaft, wobei streitig ist, ob ohne einen Beschluss über die Auszahlung der Guthaben mit ihnen aufgerechnet werden kann (siehe dazu Rn 235). Bei erheblichen Wohngeldausfällen ist ein Beschluss sinnvoll, die entstandenen Guthaben erst nach dem Ausscheiden des insolventen Wohnungseigentümers auszugleichen, weil anderenfalls sofort neue Sonderumlagen erforderlich würden. Werden die Guthabenforderungen befriedigt, entstehen dadurch Ausgaben. Diese Ausgaben können in der Jahresabrechnung auf alle Wohnungseigentümer entsprechend dem allgemeinen Kostenverteilungsschlüssel umgelegt werden. Dies folgt daraus, dass die Wohnungseigentümergemeinschaft grundsätzlich auch die Möglichkeit gehabt hätte, die Wohngeldausfälle durch ein Darlehen zu decken. An den Ausgaben, die nach dem Eigentumserwerb zur Darlehenstilgung erfolgen, müsste sich ein Erwerber ebenfalls beteiligen. **42**

Erhält die Eigentümergemeinschaft vom Insolvenzverwalter auf ihre angemeldete Forderung eine Quote zur freien Verfügung, so fließt dieser Betrag in das Verwaltungsvermögen und kann im Rahmen ordnungsgemäßer Verwaltung zur Befriedigung von Forderungen verwendet werden. Ob daraus in erster Linie anteilig die Forderungen zu befriedigen sind, die durch die Sonderumlagen zur Liquiditätssicherung entstanden sind[104] hängt von den Umständen des Einzelfalles ab. Insoweit kann schon bei Erhebung der Sonderumlage eine Regelung getroffen werden. Ein Anspruch des einzelnen Wohnungseigentümers auf Zustimmung zum Beschluss einer Sonderumlage zur Deckung von Beitragsausfällen setzt voraus, dass dies die einzige Möglichkeit einer ordnungsgemäßen Verwaltung ist.[105] Dies ist nicht der Fall, wenn die teilweise Auflösung einer zu hohen Instandhaltungsrücklage beschlossen werden kann.[106] Eine nach Beschlagnahme des Wohnungseigentums und Anordnung der Zwangsverwaltung beschlossene Sonderumlage verpflichtet den Zwangsverwalter auch dann zur Zahlung, wenn sie dazu dient, Wohngeldausfälle, die aus der beschlagnahmten Wohnung herrühren nachzufinanzieren.[107] **43**

---

96 BGH V ZB 22/88 NJW 1989, 3018 [zu 58 Nr. 2 KO] – vgl. auch § 16 Rn 179.
97 BGH IX ZR 161/, ZMR 2002, 929.
98 Vgl. *Wenzel*, ZWE 2005, 277 ff.
99 Vgl. *Wenzel*, ZWE 2005, 277, 280.
100 Vgl. *Wenzel*, ZWE 2005, 277, 281.
101 KG 24 W 177/02, NZM 2003, 484.
102 KG 24 W 92/02, NZM 2003, 116, 117; *Briesemeister*, NZM 2003, 777, 781.
103 KG 24 W 92/02, NZM 2003, 116; *Briesemeister*, NZM 2003, 777, 782.
104 So KG 24 W 7648/96, WuM 1998, 432.
105 OLG Saarbrücken 5 W 110/98, NZM 2000, 198.
106 OLG Saarbrücken 5 W 110/98, NZM 2000, 198.
107 OLG Düsseldorf 3 Wx 201/90, WuM 1990, 458.

C. Jahresabrechnung

44 Gemäß § 28 Abs. 3 hat der Verwalter nach Ablauf des Kalenderjahres eine Abrechnung aufzustellen. Durch Vereinbarung kann das Wirtschaftsjahr abweichend vom Kalenderjahr festgelegt werden. Auch eine langjährige faktische Handhabung führt nicht zu einer Vereinbarung über ein vom Kalenderjahr abweichendes Wirtschaftsjahr.[108] Legt der Verwalter statt einer Gesamtjahresabrechnung vier Quartalsabrechnungen vor, so widerspricht der Genehmigungsbeschluss der Eigentümerversammlung ordnungsgemäßer Verwaltung.[109]

I. Funktionen der Jahresabrechnung

45 Die einzelnen Teile der Abrechnung, die von den Wohnungseigentümern gemäß § 28 Abs. 5 durch Mehrheitsbeschluss zu genehmigen ist, haben unterschiedliche **Funktionen**.

1. Funktion der Gesamtabrechnung

46 Die Gesamtabrechnung dient der turnusmäßigen **Rechnungslegung des Verwalters** und damit auch dessen Kontrolle.[110] Die Pflicht zur Rechnungslegung des Verwalters ergibt sich bereits aus der allgemeinen Regelung der §§ 666, 675 BGB. Die § 28 Abs. 3 und 4 enthalten insoweit spezielle, außerhalb des BGB normierte Rechnungslegungspflichten. Auch für diese ergibt sich die Art und Weise der Rechnungslegung aus § 259 Abs. 1 BGB. Danach hat der Verwalter den Wohnungseigentümern eine geordnete Zusammenstellung der Einnahmen und Ausgaben zu erstellen und die Belege vorzulegen. Aus diesem Grund muss die Jahresgesamtabrechnung eine **Übersicht über alle tatsächlich geleisteten Einnahmen und Ausgaben** (also der Ein- und Auszahlungen) enthalten und den **Anfangs- und Endstand der Bankkonten** angeben. Der Saldo zwischen den tatsächlich geleisteten Einnahmen und Ausgaben muss mit den Salden der Bankkonten übereinstimmen (**rechnerische Schlüssigkeit**). Nur wenn dies ohne weiteres aus der Jahresabrechnung nachvollziehbar ist, können die Wohnungseigentümer unschwer erkennen, ob der Verwalter sämtliche Geldbewegungen der Abrechnungsperiode ordnungsgemäß erfasst hat.

2. Funktion der Einzelabrechnung

47 Die Einzelabrechnung dient der Feststellung, in welcher Höhe die Wohnungseigentümer Beiträge zu den Lasten und Kosten des gemeinschaftlichen Eigentums leisten müssen. Zu diesem Zweck sind die **verteilungsrelevanten Einnahmen und Ausgaben aus der Gesamtabrechnung nach dem jeweiligen Verteilungsschlüssel** auf die einzelnen Wohnungseigentümer **zu verteilen**.

II. Form und Inhalt der Jahresgesamtabrechnung

48 Der Verwalter muss eine geordnete und übersichtliche Aufstellung über die tatsächlichen Einnahmen und Ausgaben vorlegen, die auch Angaben über die Höhe der gebildeten Rücklagen enthält (siehe dazu Rn 59) und für einen Wohnungseigentümer auch ohne Hinzuziehung fachlicher Unterstützung verständlich ist.[111] Die Gesamtabrechnung ist nach Form und Inhalt mit der Rechnungslegung identisch.[112] **Vollständig** ist die Abrechnung nur, wenn sämtliche tatsächlichen Einnahmen und Ausgaben aufgeführt sind. Bei den Einnahmen sind insbesondere alle Wohngeldzahlungen der Eigentümer aufzuführen. **Nachvollziehbar** ist die Abrechnung, wenn die Summen der einzelnen Geldbewegungen und Buchungsvorgänge einzeln nachgewiesen sind, und zwar in einer für die Wohnungseigentümer verständlichen Weise.[113] Ist eine Aufklärung nur durch einen Sachverständigen möglich, so hat der Verwalter dessen Kosten zu tragen.[114]

49 Voraussetzung für eine ordnungsgemäße Abrechnung ist eine Buchführung des Verwalters, die den wesentlichen Grundsätzen einer ordnungsgemäßen Buchführung entspricht (siehe Rn 163). Aufzeichnungen und Belege über die Einnahmen und Ausgaben sowie über den Stand der Gemeinschaftskonten müssen vollständig und richtig sein und zeitlich sowie nach Sachgruppen geordnet sein. Zur Frist für die Aufbewahrung dieser Unterlagen siehe Rn 168.

50 Auch bei einer **Mehrhausanlage** kommt eine getrennte Abrechnung und Beschlussfassung nur in begrenztem Maße in Betracht.[115] Ist nach der Gemeinschaftsordnung für jede Untereigentümergemeinschaft ein eigener Wirtschaftsplan und eine eigene Jahresabrechnung zu erstellen, werden der Gesamtwirtschaftsplan und die Gesamtjahresabrechnung dadurch nicht entbehrlich, weil der Wirtschaftsplan und die Jahresabrechnung notwendigerweise Kosten enthalten, die das Gemeinschaftseigentum insgesamt betreffen.[116] Bestimmt die Gemeinschaftsordnung, dass auch die Untergemeinschaften Jahresabrechnungen aufstellen sollen, soll eine Beschlusskompetenz der Untergemeinschaft

---

108 OLG Düsseldorf 3 Wx 378/00, NZM 2001, 546.
109 OLG Düsseldorf 3 Wx 120/06, NZM 2007, 165.
110 Vgl. etwa *Drasdo*, NZM 2005, 721, 723; *Jacoby*, DWE 2010, 120, 121; *Häublein*, ZWE 2011, 1, 2; *Stadt*, ZMR 2012, 247.
111 BGH V ZR 44/09, NJW 2010, 2127, Tz 10.
112 OLG Düsseldorf 3 Wx 194/02, NZM 2003, 907.
113 BayObLG 2Z BR 151/04, NZM 2005, 750.
114 BayObLG BReg 2 Z 67/75, BayObLGZ 1975, 369, 372/373.
115 OLG Zweibrücken 3 W 64/04, NZM 2005, 751; *Rüscher*, ZWE 2011, 308, 313.
116 *Hügel*, NZM 2010, 8, 13; *Armbrüster*, ZWE 2011, 110.

zur Genehmigung der Jahresabrechnung bestehen, soweit durch diese Abrechnung gemeinschaftsbezogene Zu- und Abflüsse auf die Miteigentümer der Untergemeinschaft verteilt werden, die zuvor der Untergemeinschaft durch die Abrechnung der Gesamtgemeinschaft wirksam zugewiesen wurden.[117] Statt die Beschlusskompetenz einer Versammlung der Untergemeinschaft zu bejahen, dürfte es näherliegen, die Bestimmung der Gemeinschaftsordnung dahin zu verstehen, dass eine Beschlussfassung der Gesamtgemeinschaft gewollt ist, bei der nur die Mitglieder der Untergemeinschaft stimmberechtigt sind.[118] Dementsprechend sind für die Anfechtungsklage nicht nur die übrigen Wohnungseigentümer der Untergemeinschaft, sondern die übrigen Wohnungseigentümer der Gesamtgemeinschaft passiv legitimiert (vgl. § 46 Rn 33). Eine Teilabrechnung kann nur zusammen mit der Abrechnung für die Gesamtgemeinschaft angefochten werden.[119] Haben die Wohnungseigentümer eines einzelnen Hauses über eine Jahresabrechnung allein für dieses Haus beschlossen, kann der Beschluss ausnahmsweise dann nicht für ungültig erklärt werden, wenn die Beschlüsse der anderen Untergemeinschaften über ihre Jahresabrechnungen schon bestandskräftig geworden sind.[120] Da Untergemeinschaften nicht rechtsfähig sind, ist Inhaberin des Verwaltungsvermögens, einschließlich der Instandhaltungsrücklage, stets die Gesamtgemeinschaft.[121] Umgekehrt kann eine **„Dachgemeinschaft"** nicht über Jahresabrechnungen und Wirtschaftspläne einzelner selbstständiger Wohnungseigentümergemeinschaften beschließen.[122]

1. Keine Bilanz

Eine Bilanz hat den Zweck, die Vermögenslage eines Unternehmens zu einem bestimmten Stichtag darzustellen. Die Gewinn- und Verlustrechnung bezweckt den Erfolg einer Periode festzustellen. Um den wirtschaftlichen Erfolg einer Periode bestimmen zu können, müssen teilweise Zu- und Abflüsse, die in einer Periode erfolgen, einer anderen Periode zugeordnet werden. Dies geschieht durch Rechnungsabgrenzungspositionen. Die Jahresabrechnung der Wohnungseigentümergemeinschaft hat jedoch nicht die Funktion, einen unternehmerischen Erfolg zu ermitteln. Sie dient der Kontrolle des Verwalters und der Verteilung von Einnahmen und Ausgaben auf die einzelnen Wohnungseigentümer (siehe Rn 45 f.). Die Jahresgesamtabrechnung einer Wohnungseigentümergemeinschaft ist deshalb nicht in Form einer Bilanz (mit Rechnungsabgrenzungsposten u.Ä.), sondern als **einfache Einnahmen-Ausgabenrechnung** aufzustellen. Die Jahresabrechnung soll den Wohnungseigentümern aufzeigen, welche Ausgaben und welche Einnahmen die Wohnungseigentümergemeinschaft im Abrechnungszeitraum wirklich hatte. Es sind deshalb in der Gesamtabrechnung ohne jede Einschränkung allein die tatsächlich im Wirtschaftsjahr erzielten Gesamteinnahmen den tatsächlich geleisteten Gesamtausgaben dieser Periode gegenüberzustellen.[123] Eine Ausnahme gilt weder für tatsächlich getätigte unberechtigte Ausgaben[124] (siehe Rn 67), noch für die Instandhaltungsrücklage[125] (siehe Rn 62) und auch nicht für die Heiz- und Warmwasserkosten[126] (siehe Rn 54). 51

Wünschen die Wohnungseigentümer eine Jahresabrechnung, die einer Bestands- und Erfolgsrechnung im Sinne des HGB entspricht und dementsprechend offene Forderungen und Verbindlichkeiten berücksichtigt, Rechnungsabgrenzungen vornimmt und einen Vermögensstatus angibt, ist eine **Vereinbarung** erforderlich. Ein **Mehrheitsbeschluss** ist jedenfalls auf Anfechtung für ungültig zu erklären[127] und darüber hinaus nichtig. Ebenfalls nicht ausreichend ist eine Regelung im Verwaltervertrag.[128] § 28 bestimmt zwar nicht ausdrücklich, in welcher Weise die Jahresabrechnung aufzustellen ist. Eine Abweichung vom dispositiven Recht liegt aber auch dann vor, wenn von dem durch Auslegung bestimmten Inhalt eines Gesetzes abgewichen wird. 52

Fällig gewordene, aber in dem betreffenden Wirtschaftsjahr noch nicht beglichene Rechnungen sind daher in die Jahresabrechnung nicht einzustellen.[129] Auch Versicherungsprämien sind in Höhe der im Wirtschaftsjahr tatsächlich geleisteten Zahlungen in die Jahresabrechnung aufzunehmen.[130] Der offene Rückstand eines zahlungsunfähigen Wohnungseigentümers kann nicht als Kostenposition in die Jahresabrechnung eingestellt und auf alle Wohnungseigentümer umgelegt werden, denn der Rückstand ist eine Forderung und hat deshalb in einer reinen Einnahmen- und Ausgabenrechnung keinen Platz.[131] Zur Beseitigung der Deckungslücke ist eine Sonderumlage zu beschließen (siehe Rn 36). Auf der Einnahmeseite sind anders als im Wirtschaftsplan nicht die geschuldeten Wohngeldvorschüsse, sondern die im Abrechnungszeitraum tatsächlich gezahlten Wohngeldvorschüsse auszuweisen.[132] 53

---

117 LG München I 1 S 8436/10, ZMR 2011, 413, 414.
118 Vgl. *Abramenko*, ZWE 2011, 159, 161/1162.
119 KG 2Z BR 35/96, ZMR 1997, 247.
120 BayObLG 2Z BR 16/94, WuM 1994, 567.
121 Vgl. etwa *Hügel*, NZM 2010, 8, 13; *Armbrüster*, ZWE 2011, 110.
122 OLG Düsseldorf 3 Wx 223/02, NZM 2003, 446.
123 BGH V ZR 44/09, NJW 2010, 2127, Tz 17; BGH V ZR 251/10, NJW 2012, 1434 Tz 11; LG Düsseldorf 25 S 79/10, ZMR 2011, 987, 989.
124 BGH V ZR 156/10, ZMR 2011, 573; BGH V ZR 162/10, NZM 2011, 514
125 BGH V ZR 44/09, NJW 2010, 2127.
126 BGH V ZR 251/10, NJW 2012, 1434.
127 OLG Zweibrücken 3 W 224/98, NZM 1999, 276; BayObLG 2Z BR 175/99, NZM 2000, 873, 875.
128 AG Hersbruck 7 C 32/11, ZMR 2012, 143, 144.
129 OLG Karlsruhe 4 W 71/97, WuM 1998, 240.
130 BayObLG 2Z BR 49/98, WuM 1998, 750.
131 BayObLG 2Z BR 70/01, NZM 2002, 531.
132 BayObLG BReg 1 b Z 14/88, NJW-RR 1989, 840, 841; BayObLG 2Z BR 73/92, WuM 1993, 92, 93; **a.A.** offenbar LG Köln 29 T 55/06, ZMR 2007, 652.

2. Heizkosten

54 Die Heizkostenabrechnung, die regelmäßig auch die Kosten für Warmwasser umfasst, wird in der Regel nicht durch den Verwalter erstellt, sondern von hierauf spezialisierten Dienstleistungsunternehmen. Der Verwalter übermittelt dem Serviceunternehmen die in der Abrechnungsperiode entstandenen Brennstoffkosten und die umlagefähigen Betriebskosten. Das Serviceunternehmen ermittelt bei den einzelnen Nutzern anhand der Verbrauchsmessgeräte den individuellen Verbrauch. Anschließend erstellt es die Heizkostenabrechnung nach den Vorgaben der HeizkostenVO und den für die jeweilige Wohnungseigentümergemeinschaft maßgebenden Besonderheiten.[133] Das Ergebnis der Heizkostenabrechnungen bestimmt den Anteil des einzelnen Wohnungseigentümers an den Gesamtheizkosten.

55 Die HeizkostenVO verlangt eine verbrauchsabhängige Abrechnung (siehe dazu Kapitel III). Die Kosten des Verbrauchs im Dezember eines Jahres sind auch dann in der Heizkostenabrechnung zu berücksichtigen, wenn die Rechnung für die Energielieferung erst im Folgejahr bezahlt wird. Es wurde deshalb bisher ganz überwiegend bei den Heizkosten eine Abweichung von dem Grundsatz zugelassen, wonach nur die tatsächlichen Ausgaben abzurechnen sind.[134] Dies führte aber dazu, dass der Abgleich zwischen dem Saldo der Einnahmen und Ausgaben und dem Saldo der Kontenstände nicht mehr ohne weiteres nachvollziehbar war, weil die tatsächlichen Ausgaben für Heizkosten im Kalenderjahr höher oder niedriger waren. Die Nachvollziehbarkeit der Jahresabrechnung musste dadurch erhalten werden, dass der Unterschiedsbetrag zwischen den verursachungsabhängig ermittelten Heizkosten und den tatsächlichen Zahlungen als Abgrenzungsposten ausgewiesen wurde, was in der Praxis nicht selten unterblieb.

56 Ein sachlicher Grund für eine Abweichung vom Einnahmen-Ausgaben-Prinzip bei der Darstellung der Heiz- und Warmwasserkosten in der Gesamtabrechnung, besteht jedoch nicht Die HeizkostenV erfordert lediglich eine Verteilung der tatsächlich angefallenen Heiz- und Warmwasserkosten auf der Grundlage des gemessenen Verbrauchs. Den Vorgaben der HeizkostenV ist daher bereits dann Genüge getan, wenn zwar nicht in der Gesamtabrechnung, aber in den Einzelabrechnungen eine verbrauchsabhängige Abrechnung vorgenommen wird, dort also die Kosten des im Abrechnungszeitraum tatsächlich verbrauchten Brennstoffs verteilt werden.[135] Hinzunehmen ist, dass sich insoweit ausnahmsweise die Einzelabrechnung nicht unmittelbar aus der Gesamtabrechnung herleitet, sofern die in der Einzelabrechnung enthaltene Abweichung deutlich ersichtlich und mit einer verständlichen Erläuterung versehen ist.[136]

57 Ausgaben für angeschaffte, aber noch nicht verbrauchte Brennstoffe sind zunächst nach dem gesetzlichen oder nach einem vereinbarten Kostenverteilungsschlüssel zu verteilen.[137] Werden die Brennstoffe im Folgejahr verbraucht, sind die Heizkosten nach dem Verbrauch umzulegen. Dies führt zwar dazu, dass die Wohnungseigentümer im Ergebnis (zunächst) teilweise doppelt belastet werden. Dem kann entweder dadurch Rechnung getragen werden, dass die eingenommenen Gelder als Liquiditätsreserve im Verwaltungsvermögen verbleiben oder entsprechend dem allgemeinen Verteilungsschlüssel wieder ausgekehrt werden.[138]

58 Für sonstige Kosten, die aufgrund einer Vereinbarung oder eines Beschlusses nach § 16 Abs. 3 verbrauchsabhängig abzurechnen sind, gelten die gleichen Grundsätze wie für die Abrechnung der Heizkosten.[139]

3. Instandhaltungsrücklage

59 Bei der Instandhaltungsrücklage handelt es sich um die Geldmittel der Wohnungseigentümergemeinschaft, die zweckbestimmt für künftige Instandsetzungsmaßnahmen angesammelt wurden, wobei die Zweckbindung mit dem Eingang der Zahlung bei der Gemeinschaft eintritt (siehe § 21 Rn 125). (Zur Höhe der Instandhaltungsrücklage und ihrer Zweckbestimmung siehe § 21 Rn 124 ff.; zur verzinslichen Anlage der Instandhaltungsrücklage durch den Verwalter siehe § 27 Rn 48.)

60 **a) Darstellung der Rücklagenentwicklung.** In die Abrechnung ist eine Darstellung der Entwicklung der Instandhaltungsrücklage aufzunehmen. Darin sind die tatsächlichen Zahlungen der Wohnungseigentümer auf die Rücklage als Einnahmen darzustellen und zusätzlich auch die geschuldeten Zahlungen anzugeben.[140] Die Darstellung der Entwicklung der Rücklage in der Abrechnung soll den Wohnungseigentümern ermöglichen, die Vermögenslage ihrer Gemeinschaft zu erkennen und die Jahresabrechnung auf Plausibilität zu überprüfen; sie muss deshalb den tatsäch-

---

133 Vgl. etwa *Franke*, DIV 1997, 86; *Klocke*, S. 139 ff.
134 Vgl. etwa OLG Hamm 15 W 7/01, ZWE 2001, 446; BayObLG 2Z BR 47/03, NZM 2003, 900, 901; LG Köln 29 T 96/03, ZMR 2005, 151 m. Anm. *Stähling*; LG Köln 29 T 55/06, ZMR 2007, 652; LG Nürnberg-Fürth 14 S 4692/08, ZMR 2009, 74; LG München I 1 S 23229/08, ZMR 2010, 554; *Demharter*, ZWE 2002, 416; *Merle* in Bärmann, § 28 Rn 71.
135 BGH V ZR 251/10, NJW 2012, 1434 Tz 16; *Drasdo*, ZWE 2002, 166, 168 f., NZM 2005, 721 ff. und NZM 2010, 681 ff.; *Niedenführ*, DWE 2005, 58, 61; *Häublein*, ZWE 2010, 237, 245.
136 BGH V ZR 251/10, NJW 2012, 1434 Tz 16; *Häublein*, ZWE 2011, 1, 3.
137 BGH V ZR 251/10, NJW 2012, 1434 Tz 17.
138 *Drasdo*, NZM 2010, 681, 683; krit. *Casser/Schultheis*, ZMR 2012, 376.
139 Ebenso *Häublein*, ZWE 2011, 1, 3.
140 BGH V ZR 44/09, NJW 2010, 2127, Tz 12.

lichen Bestand der Instandhaltungsrücklage erkennen lassen[141] und zudem ausweisen, in welchem Umfang die Wohnungseigentümer mit ihren Zahlungen im Rückstand sind.[142]

b) Tatsächliche Zahlungen in der Einnahmen-/Ausgabenrechnung. Die tatsächlich erfolgten Zahlungen der Wohnungseigentümer auf die Instandhaltungsrücklage sind, wie die Vorschüsse auf das Wohngeld, eine Einnahme der Gemeinschaft, die in der Abrechnung als solche erscheinen muss.[143] Dies gilt auch dann, wenn die Zahlungen auf dem allgemeinen Girokonto der Gemeinschaft eingehen und von dort entsprechend ihrer Zweckbestimmung auf ein gesondertes Bankkonto transferiert werden. Denn bei der Überweisung von einem Bankkonto der Gemeinschaft auf ein anderes handelt es sich nur um einen internen Vorgang, der nicht zu einem Geldabfluss führt und sich auf das Verwaltungsvermögen der Gemeinschaft nicht auswirkt.[144] Gleiches gilt für den umgekehrten Fall. Eine Überweisung vom Rücklagenkonto auf das allgemeine Girokonto führt nicht zu einer Einnahme der Gemeinschaft.[145] Wird eine Sanierungsmaßnahme ganz oder teilweise aus Mitteln der Instandhaltungsrücklage bezahlt, dann ist dieser Umstand bei der Verteilung der Ausgaben in der Einzelabrechnung zu berücksichtigen.[146] Besteht nicht einmal ein gesondertes Bankkonto für die Rücklage, dann ist die Zuweisung zu einem Buchungskonto Rücklage bloß ein rein buchungstechnischer Vorgang.[147]

c) Keine Soll-Beträge in der Einnahmen-/Ausgabenrechnung. Geschuldete, jedoch tatsächlich nicht geleistete Zahlungen auf die Instandhaltungsrücklage können weder auf ein Rücklagenkonto weitergeleitet noch auf ein für sie in der Buchführung eingerichtetes Konto gebucht werden, weil sie der Gemeinschaft nicht zur Verfügung stehen.[148] Sie sind daher nicht in die Gesamtabrechnung, bei der es sich um eine reine Einnahmen-/Ausgabenrechnung handelt (siehe Rn 51) aufzunehmen. Die nach dem Wirtschaftsplan geschuldeten Zahlungen auf die Instandhaltungsrücklage werden auch nach der Beschlussfassung über die Jahresabrechnung weiter aufgrund des Wirtschaftsplans geschuldet, weil dieser durch den Beschluss über die Jahresabrechnung nicht aufgehoben wird. Eine Ersetzung der Schuld aus dem Wirtschaftsplan durch die Schuld aus der Jahresabrechnung (Novation) ist nämlich regelmäßig nicht bezweckt.[149] Eine neue Schuld begründet die Jahresabrechnung nur für die Abrechnungsspitze (zum Begriff siehe Rn 93).[150] Es ist daher nicht nötig, den Soll-Betrag der Instandhaltungsrücklage in die Jahresabrechnung als Ausgabe aufzunehmen.[151]

Bei der Berechnung der Abrechnungsspitze (zum Begriff siehe Rn 93) sind allerdings in der Einzelabrechnung die geschuldeten Wohngeldvorschüsse ohne den auf die Instandhaltungsrücklage entfallenden Teil anzusetzen. Dies ist deshalb gerechtfertigt, weil die Zahlung auf die Instandhaltungsrücklage nicht als Vorschuss auf die zu erwartenden Ausgaben, sondern als endgültiger Beitrag zur Ansammlung der Rücklage geschuldet wird.

d) Rücklagenfinanzierte Ausgaben. Werden **Sanierungskosten** mit Mitteln der Instandhaltungsrücklage bezahlt, handelt es sich um eine Ausgabe, die als solche in der Jahresgesamtabrechnung auszuweisen ist. Die Entnahme bzw. Teilauflösung der Rücklage ist zudem im Rahmen der tatsächlichen Rücklagenentwicklung (siehe Rn 61) darzustellen. Die Ausgabenposition ist aus Gründen der Information auch in der Einzelabrechnung aufzuführen.[152] Zu einer (erneuten) Belastung der einzelnen Wohnungseigentümer mit Kosten darf dies aber nicht führen, denn diese Ausgabe wurde bereits durch in der Vergangenheit geleistete Zahlungen finanziert.[153]

Wurden der Rücklage Gelder zur **Finanzierung laufender Ausgaben** entnommen, so ist diese zweckbestimmungswidrige Verwendung der Rücklage ebenfalls im Rahmen der tatsächlichen Rücklagenentwicklung (siehe Rn 61) darzustellen, soweit bis zum Ende der Abrechnungsperiode noch keine Rückführung erfolgt ist.[154] Auch insoweit gilt der Grundsatz, dass es für die Jahresabrechnung auf die tatsächlichen Geldbewegungen ankommt, auch wenn die Zahlungsvorgänge unberechtigt waren.

Ohne Zustimmung aller Wohnungseigentümer dürfen **bauliche Veränderungen** i.S.v. § 22 Abs. 1 nicht aus der Instandhaltungsrückstellung finanziert werden. Sofern der Instandhaltungsrücklage unzulässigerweise Geld entnommen worden ist, können die Wohnungseigentümer beschließen, dass die Summe der Instandhaltungsrückstellung

---

141 BGH V ZR 44/09, NJW 2010, 2127, Tz 17; OLG Saarbrücken 5 W 166/05, NZM 2006, 228, 229.
142 BGH V ZR 44/09, NJW 2010, 2127, Tz 17.
143 BGH V ZR 44/09, NJW 2010, 2127, Tz 15.
144 BGH V ZR 44/09, NJW 2010, 2127, Tz 15.
145 *Häublein*, ZMR 2010, 577, 578; **a.A.** noch LG München I 1 S 23229/08, ZMR 2010, 554.
146 Ebenso *Häublein*, ZMR 2010, 577, 579.
147 BGH V ZR 44/09, NJW 2010, 2127, Tz 15.
148 BGH V ZR 44/09, NJW 2010, 2127, Tz 16.
149 BGH V ZB 16/95, NJW 1996, 725; BGH V ZR 44/09, NJW 2010, 2127, Tz 13.
150 BGH IX ZR 98/93, NJW 1994, 1866; BGH V ZB 16/95, NJW 1996, 725; BGH V ZB 17/99, NJW 1999, 3713, 3714; BGH V ZR 44/09, NJW 2010, 2127, Tz 13; BGH V ZR 171/11, NZM 2012, 562, Tz 20.
151 BGH V ZR 44/09, NJW 2010, 2127, Tz 13; *Demharter*, ZWE 2001, 416, 417; *Merle* in Bärmann, § 28 Rn 72; im Ergebnis ebenso *Drasdo*, ZWE 2002, 166, 168; **a.A.** *Jennißen*, ZWE 2002, 169, 170.
152 LG München I 1 S 1874/10, ZMR 2011, 64; *Häublein*, ZMR 2010, 577, 579.
153 *Häublein*, ZWE 2010, 237, 243.
154 Ebenso *Wanderer/Kümmel*, GE 2010, 600, 604.

wieder zugeführt wird.[155] Wird ein solcher Beschluss nicht gefasst, kann der einzelne Wohnungseigentümer gemäß § 21 Abs. 4 verlangen, dass das unzulässigerweise verausgabte Geld wieder der Instandhaltungsrücklage zugeführt wird. Eine bauliche Veränderung ist – soweit nicht gemäß § 16 Abs. 4 eine andere Regelung getroffen wurde – von den Wohnungseigentümern zu bezahlen, die der Maßnahme zugestimmt haben (§ 16 Abs. 6). In diesem Fall ist in den Einzelabrechnungen dieser zustimmenden Wohnungseigentümer der entsprechende Anteil an den aufzubringenden Kosten aufzuführen. Wurde die Maßnahme dagegen mit Recht aus der Instandhaltungsrücklage beglichen, weil es sich um eine ordnungsgemäße Instandsetzung handelt, dann brauchen die Kosten in den Einzelabrechnungen nicht mehr umgelegt zu werden.[156]

66 Sind nach der Gemeinschaftsordnung einer **Mehrhausanlage** die Kosten nach Gebäuden zu trennen, sind auch die Instandhaltungsrücklagen für die Wirtschaftseinheiten getrennt auszuweisen. Solange aber der Rücklage noch keine Kosten entnommen worden sind, ist der Ausweis des Gesamtbetrages unschädlich.[157]

4. Unberechtigte Ausgaben

67 In die Jahresgesamtabrechnung sind alle tatsächlichen Einnahmen und Ausgaben einzustellen ohne Rücksicht darauf, ob sie zu Recht getätigt worden sind.[158] Maßgebend ist also die **rechnerische Richtigkeit**, nicht die sachliche Richtigkeit der Jahresabrechnung. Die Jahresabrechnung des Verwalters soll den Wohnungseigentümern nämlich eine einfache und leicht nachvollziehbare Überprüfung ermöglichen, welche Beträge im Abrechnungszeitraum eingegangen sind und welche Ausgaben wofür getätigt worden sind. Auch wenn der Verwalter Geld für Angelegenheiten verwendet hat, die nicht zur Verwaltung des gemeinschaftlichen Eigentums gehören, müssen diese Beträge in der Jahresabrechnung erscheinen, damit das Rechenwerk stimmig ist.[159] Bräuchten die Ausgaben in der Gesamtabrechnung nicht erscheinen, erschwerte dies den Wohnungseigentümern die Entscheidung, ob sie die Ausgaben vom Verwalter zurückverlangen.[160] Hat der Verwalter zu Lasten des Gemeinschaftskontos Ausgaben getätigt, die Sondereigentum betreffen, so ist ihm insoweit die Entlastung zu verweigern. In die Jahresabrechnung sind die Ausgaben aber aufzunehmen, allerdings in den **Einzelabrechnungen** nur auf die Wohnungseigentümer umzulegen, deren Sondereigentum betroffen ist, wobei im Zweifel der Verteilungsmaßstab des § 16 Abs. 2 anzuwenden ist.[161]

5. Kosten eines Rechtsstreits nach § 43

68 Der Grundsatz, wonach die tatsächlichen Ausgaben in die Jahresabrechnung einzustellen sind, findet auch Anwendung auf Kosten eines Rechtsstreits nach § 43. Diese sind zwar gemäß § 16 Abs. 8 **mit Ausnahme der Mehrkosten** gegenüber der gesetzlichen Vergütung eines Rechtsanwalts **aufgrund einer Vereinbarung über die Vergütung** (§ 27 Abs. 2 Nr. 4, Abs. 3 Nr. 6) **keine Kosten der Verwaltung** des gemeinschaftlichen Eigentums im Sinne des § 16 Abs. 2 und daher keine Ausgaben, die der Gemeinschaft zur Last fallen. Sind aber solche Kosten aus dem Verwaltungsvermögen gezahlt worden, so sind diese tatsächlich getätigten Ausgaben auch abzurechnen.[162] Es genügt, dass die Verfahrenskosten in den Einzelabrechnungen auf die nach der gerichtlichen Kostenentscheidung belasteten Wohnungseigentümer umgelegt werden.[163] Die Kosten dürfen aber nicht dem Erwerber auferlegt werden, wenn sie das Gericht seinem Rechtsvorgänger auferlegt hatte.[164] § 16 Abs. 8 will nur erreichen, dass eine gerichtliche Kostenentscheidung nicht durch Anwendung der allgemeinen gesetzlichen Verteilungsregel des § 16 Abs. 2 umgangen wird. Deshalb widerspricht es nicht der Regelung des § 16 Abs. 8, im Innenverhältnis der mit den Verfahrenskosten belasteten Wohnungseigentümer den Verteilungsmaßstab des § 16 Abs. 2 anzuwenden, wenn nach der gerichtlichen Entscheidung mehrere Wohnungseigentümer Verfahrenskosten zu tragen haben.[165] Ein die Gerichtsentscheidung nachträglich ändernder Mehrheitsbeschluss wäre nichtig. Haben nach der gerichtlichen Entscheidung mehrere Wohnungseigentümer Verfahrenskosten **als Gesamtschuldner** zu tragen, so gilt für das Innenverhältnis dieser Wohnungseigentümer im Zweifel ebenfalls der Verteilungsmaßstab des § 16 Abs. 2.[166] Wird die Einzelabrechnung angefochten, müssen die verklagten Wohnungseigentümer substantiiert darlegen, für welche Prozesse in welcher Höhe Kosten für Gericht und Anwälte nach welchem Schlüssel umgelegt wurden.[167] Sind lediglich **Kostenvorschüsse** aus dem Verwaltungsvermögen gezahlt worden und liegt eine gerichtliche Kostenentscheidung noch nicht vor, so sind die Kosten im Zweifel nach dem Schlüssel des § 16 Abs. 2 zu verteilen. Verfährt der Verwalter hinsichtlich der Verfahrenskosten in dieser Weise, so liegt kein Grund vor, ihm die Entlastung

---

155 OLG Hamm 15 W 300/01, ZMR 2002, 965.
156 OLG Hamm 15 W 300/01, ZMR 2002, 965.
157 OLG München 32 Wx 143/05, NZM 2006, 182.
158 BGH V ZR 156/10, ZMR 2011, 573; BGH V ZR 162/10, NZM 2011, 514; BGH III ZR 248/95, NJW 1997, 2106, 2108; BayObLG 2Z BR 150/03, ZMR 2004, 50, 51.
159 BayObLG 2Z BR 133/00, NZM 2001, 1040, 1041.
160 BayObLG 2Z BR 70/01, NZM 2002, 531.
161 KG 24 W 6339/91, WuM 1992, 327; BayObLG 2Z 25/92, WuM 1992, 448, 449; OLG Hamm 15 W 322/06, ZMR 2008, 60.
162 BGH V ZB 1/06, NJW 2007, 1869, Tz 18 m.w.N.

163 OLG Frankfurt 20 W 56/03, NZM 2006, 302, 303.
164 OLG Frankfurt wie vor.
165 Ebenso *Sturhahn*, NZM 2004, 84, 86; **a.A.** OLG Düsseldorf 3 Wx 261/02, NZM 2003, 327.
166 BGH V ZB 1/06, NZM 2007, 358, 361 m.w.N.; KG 24 W 143/05, ZMR 2006, 153; *Sturhahn*, NZM 2004, 84, 86; **a.A.** OLG Düsseldorf 3 Wx 261/02, NZM 2003, 327; AG Neuss 27 II 94/93 WEG, WuM 1994, 398 im Anschluss an *Drasdo*, WuM 1993, 226: Verteilung nach Köpfen analog § 100 Abs. 1 ZPO.
167 LG Dortmund 11 S 251/10, ZMR 2011, 660.

zu verweigern.[168] Liegt eine Gerichtskostenentscheidung noch nicht vor, dürfen **Vorschüsse auf Rechtsanwaltskosten** für die Vertretung im Anfechtungsprozess in den Einzelabrechnungen nur den Beklagten auferlegt werden.[169]

6. Umsatzsteuer

Die Umsatzsteuer ist nur dann in der Jahresabrechnung gesondert auszuweisen, wenn die Wohnungseigentümer auf die Steuerbefreiung ihrer Leistungen an alle oder einzelne Wohnungseigentümer verzichtet haben.[170]

7. Zinsabschlagssteuer

Bei der Zinsabschlagssteuer handelt es sich nicht um Ausgaben. Sie hat als Quellensteuer vielmehr zur Folge, dass der Wohnungseigentümergemeinschaft von vornherein Zinsen in geringerer Höhe gutgeschrieben werden. Die Zinsabschlagsteuer ist deshalb nicht in die Abrechung aufzunehmen.[171] Der einzelne Wohnungseigentümer kann aber verlangen, dass der Verwalter ihm seinen Anteil an der Zinsabschlagsteuer bescheinigt, damit er die Steuer über seine Steuererklärung vom Finanzamt erstattet bekommt. Vor diesem Hintergrund wird man es als unschädlich ansehen können, wenn die Abgeltungssteuer in der Jahreseinzelabrechnung zur Information ausgewiesen wird.[172]

8. Haushaltsnahe Dienstleistungen

Die Voraussetzungen, unter denen für den einzelnen Wohnungseigentümer eine Steuerermäßigung in Betracht kommt regelt das BMF-Rundschreiben vom 15.2.2010 – IV C 4 – S 2296-b/07/0003 – (BStBl I 2010, 140), welches das BMF-Schreiben vom 26.10.2007 ersetzt hat,[173] unter Rn 23 wie folgt:

Besteht ein Beschäftigungsverhältnis zu einer Wohnungseigentümergemeinschaft (z.B. bei Reinigung und Pflege von Gemeinschaftsräumen) oder ist eine Wohnungseigentümergemeinschaft Auftraggeber der haushaltsnahen Dienstleistung bzw. der handwerklichen Leistung, kommt für den einzelnen Wohnungseigentümer eine Steuerermäßigung in Betracht, wenn in der Jahresabrechnung

– *die im Kalenderjahr unbar gezahlten Beträge nach den begünstigten haushaltsnahen Beschäftigungsverhältnissen, Dienstleistungen und Handwerkerleistungen jeweils gesondert aufgeführt sind (zur Berücksichtigung von geringfügigen Beschäftigungsverhältnissen – siehe Rn 10),*

– *der Anteil der steuerbegünstigten Kosten ausgewiesen ist (Arbeits- und Fahrtkosten, siehe auch Rn 35) und der Anteil des jeweiligen Wohnungseigentümers individuell errechnet wurde. Die Aufwendungen für Dienstleistungen, die sowohl auf öffentlichem Gelände als auch auf Privatgelände durchgeführt werden (vgl. Rn 12), sind entsprechend aufzuteilen (vgl. Rn 36).*

Hat die Wohnungseigentümergemeinschaft zur Wahrnehmung ihrer Aufgaben und Interessen einen Verwalter bestellt und ergeben sich die Angaben nicht aus der Jahresabrechnung, ist der Nachweis durch eine Bescheinigung des Verwalters über den Anteil des jeweiligen Wohnungseigentümers zu führen. Ein Muster für eine derartige Bescheinigung ist als Anlage 2 beigefügt. Das Datum über die Beschlussfassung der Jahresabrechnung kann formlos bescheinigt oder auf der Bescheinigung vermerkt werden.

Rn 42 des Rundschreibens bestimmt:

Bei Wohnungseigentümern und Mietern ist erforderlich, dass die auf den einzelnen Wohnungseigentümer und Mieter entfallenden Aufwendungen für haushaltsnahe Beschäftigungsverhältnisse und Dienstleistungen sowie für Handwerkerleistungen entweder in der Jahresabrechnung gesondert aufgeführt oder durch eine Bescheinigung des Verwalters oder Vermieters nachgewiesen sind. Aufwendungen für regelmäßig wiederkehrende Dienstleistungen (wie z.B. Reinigung des Treppenhauses, Gartenpflege, Hausmeister) werden grundsätzlich anhand der geleisteten Vorauszahlungen im Jahr der Vorauszahlungen berücksichtigt, einmalige Aufwendungen (wie z.B. Handwerkerrechnungen) dagegen erst im Jahr der Genehmigung der Jahresabrechnung. Soweit einmalige Aufwendungen durch eine Entnahme aus der Instandhaltungsrücklage finanziert werden, können die Aufwendungen erst im Jahr des Abflusses aus der Instandhaltungsrücklage oder im Jahr der Genehmigung der Jahresabrechnung, die den Abfluss aus der Instandhaltungsrücklage beinhaltet, berücksichtigt werden. Wird die Jahresabrechnung von einer Verwaltungsgesellschaft mit abweichendem Wirtschaftsjahr erstellt, gilt nichts anderes. Es ist aber auch nicht zu beanstanden, wenn Wohnungseigentümer die gesamten Aufwendungen erst in dem Jahr geltend machen, in dem die Jahresabrechnung im Rahmen der Eigentümerversammlung genehmigt worden ist. Für die zeitliche Berücksichtigung von Nebenkosten bei Mietern gelten die vorstehenden Ausführungen entsprechend. Handwerkerleistungen, die im Jahr 2005 erbracht

---

168 Vgl. dazu KG 24 W 6339/91, WuM 1992, 327.
169 KG 24 W 6/05, ZMR 2006, 224; LG Leipzig 1 T 420/06, ZMR 2007, 400.
170 BayObLG 2Z BR 28/96, ZMR 1996, 574; vgl. dazu auch *Schirrmann*, WuM 1996, 689 und WE 1998, 212, 248, 292 und 331.
171 Vgl. *Niedenführ*, NZM 1999, 640, 646; **a.A.** LG München I 1 S 237/09, ZMR 2009, 947, 948; Staudinger/*Bub*, § 28 Rn 340: Bruttozinsen als Einnahme und Zinsabschlag als Ausgabe.
172 Vgl. auch *Elzer*, ZWE 2011, 112, 114.
173 Vgl. dazu *Wilhelmy*, DWE 2010, 41 und *Kleine*, NZM 2010, 267.

worden sind, sind auch dann nicht begünstigt, wenn die Jahresabrechnung 2005 im Jahr 2006 durch die Eigentümerversammlung genehmigt worden ist. Zu den Höchstbeträgen in den Veranlagungszeiträumen 2008 und 2009 vgl. Rn 48.

72 Der Lohnkostenanteil für die begünstigten Tätigkeiten kann danach entweder in der Jahresabrechnung ausgewiesen oder vom Verwalter bescheinigt werden. Die Umsetzung in der Verwaltungspraxis erfordert für beide Varianten einen erhöhten Aufwand schon bei der Buchhaltung. Der einzelne Wohnungseigentümer kann verlangen, dass ihm der Verwalter die ihn betreffenden, anteiligen haushaltsnahen Dienstleistungen bescheinigt.[174] Der Verwalter braucht die Bescheinigung jedoch nicht unentgeltlich zu erstellen, eine Zusatzvergütung in Höhe von 25 EUR ist angemessen.[175] Eine Verpflichtung des Verwalters, die Jahresabrechnung so zu erstellen, dass die Wohnungseigentümer damit bestimmte Ausgaben steuerlich geltend machen können, z.b. als Werbungskosten oder als Steuerermäßigung i.S.v. § 35a EStG, besteht nicht.[176] Erfolgt eine Abrechnung über die Haushaltsnahen Dienstleistungen, ist sie kein Bestandteil der Jahresabrechnung, auf den sich die Beschlussfassung erstreckt.[177]

9. Darstellung der Bankkontenstände

73 Zur Vollständigkeit einer Jahresgesamtabrechnung gehört, dass der **Anfangs- und Endbestand der Bankkonten** für die laufende Verwaltung (Girokonto) und für die Instandhaltungsrücklage (z.B. Sparkonto) dargestellt sind.[178] Es sind die Kontenstände aller Bankkonten auch dann anzugeben, wenn über ein Bank(unter)konto kein Zahlungsverkehr nach außen abgewickelt wird, sondern nur Überweisungen vom und auf das Girokonto erfolgen.[179] Nur dadurch ist gewährleistet, dass ein Abgang von diesem Konto, dem doch kein Zugang auf dem Girokonto entspricht sofort auffällt. Die **rechnerische Schlüssigkeit** der Jahresabrechnung besteht nur dann, wenn der Saldo zwischen den tatsächlichen Einnahmen und Ausgaben mit dem Saldo der Kontenstände vom Jahresanfang und Jahresende übereinstimmt.[180] Ob Vermögensübersichten als Abrechnung des gemeinschaftlichen Vermögens außerhalb der Geldkonten und Kassenbestände als Bestandteil der Jahresabrechnungen geschuldet sind, hat der *BGH* offen gelassen.[181]

74 Außerdem soll den Wohnungseigentümern auch einen **Überblick über den Stand der Geldanlagen** gegeben werden, damit sie deren ordnungsgemäße Anlage überprüfen können und damit sie bei Instandhaltungsmaßnahmen wissen, ob die Rücklage ausreicht oder ob eine Sonderumlage erforderlich ist.[182] Fehlende Angaben über den Kontenstand und die Zinserträge sollen nach bislang h.M. aber nachgeholt werden können (siehe Rn 132). Folge sei nicht, dass der Beschluss über die Jahresabrechnung für ungültig erklärt wird.[183] Haben die Wohnungseigentümer beschlossen, die Einnahmen aus dem Verkauf von Waschmünzen für die zum gemeinschaftlichen Eigentum gehörende Waschmaschine der Instandhaltungsrücklage zuzuführen, besteht keine Verpflichtung, ein gesondertes Waschmaschinenkonto zu führen.[184] Die Abrechnung hat grundsätzlich jährlich zu erfolgen. Die Abrechnung der Heiz- und Warmwasserkosten darf nur dann für einen Zeitraum von mehreren Jahren zusammengefasst werden, wenn entweder die Gemeinschaftsordnung dies vorsieht oder wenn eine jährliche Abrechnung tatsächlich unmöglich ist, weil Zählerablesungen und Verbrauchsmessungen fehlen.[185]

10. Gepfändete Wohngeldforderungen

75 Hat ein Gläubiger der Wohnungseigentümergemeinschaft Wohngeldforderungen des Verbands gegen einen Wohnungseigentümer wirksam gepfändet und sich zur Einziehung überweisen lassen (§§ 829, 835 ZPO), muss der Wohnungseigentümer als Drittschuldner an den Gläubiger des Verbands zahlen. Mit der Zahlung wird die Schuld des Wohnungseigentümers gegenüber dem Verband getilgt und die Verpflichtung des Verbands gegenüber dem pfändenden Gläubiger erlischt. Auf die Jahresgesamtabrechnung wirkt sich dieser Vorgang nicht aus, weil aufgrund der Pfändung kein tatsächlicher Zahlungsfluss zwischen Wohnungseigentümergemeinschaft und Wohnungseigentümer stattfindet. Auch auf die Berechnung der Abrechnungsspitze (zum Begriff siehe Rn 93) bleibt die Pfändung ohne Einfluss.[186] Bei der Berechnung des Abrechnungssaldos in der Einzelabrechnung ist die Zahlung an den Gläubiger des Verbands dagegen zu berücksichtigen, weil durch die Zahlung an den Gläubiger die Schuld des Wohnungseigen-

---

174 AG Neuss 74 II 106/07 WEG, NZM 2007, 736.
175 AG Neuss 74 II 106/07 WEG, NZM 2007, 736; LG Düsseldorf 19 T 489/07, NZM 2008, 453; **a.A.** *Wilhelmy*, DWE 2010, 41, 42.
176 KG 24 W 93/08, ZMR 2009, 709, 711; AG Bremen 111a II 89/07 WEG, ZMR 2007, 819; *Ludley*, ZMR 2007, 331, 334; **a.A.** *Jennißen* in Jennißen § 28 Rn 97.
177 *Wolicki* in Abramenko, Handbuch WEG, § 6 Rn 116, *Greiner*, Rn 1076; *Jennißen* in Jennißen § 28 Rn 97a.
178 BayObLG 2Z BR 8/03, ZMR 2003, 760; BayObLG 2Z BR 110/02, ZMR 2003, 761, 762; BayObLG 2Z BR 150/03, ZMR 2004, 50, 51; AG Neustadt/Weinstraße. 4 C 17/10, ZMR 2011, 763.
179 **A.A.** LG Lüneburg 9 S 29/11, ZMR 2012, 296, 297.
180 OLG Hamm 15 W 7/01, ZWE 2001, 446, 448 m. Anm. *Demharter*, S 416; AG Neustadt/Weinstraße 4 C 17/10, ZMR 2011, 763; **a.A.** BayObLG 2Z BR 8/03, ZMR 2003, 760, 761.
181 BGH V ZB 11/03, NJW 2003, 3124, 3127.
182 Vgl. OLG Düsseldorf 3 Wx 75/95, ZMR 1997, 323 zur Darstellung des Kontenbestands und der Kontenentwicklung der Instandhaltungsrücklage bei Bundesanleihen und Bundesschatzbriefen „B".
183 BayObLG BReg 2 Z 66/89, ZMR 1990, 63.
184 BayObLG BReg 1b Z 38/88, WE 1991, 164.
185 BayObLG 2Z BR 25/92, WuM 1992, 448.
186 *Drasdo*, ZWE 2011, 251, 253.

tümers gegenüber dem Verband getilgt wird. Dies schließt den nach dem Wirtschaftsplan geschuldeten Beitrag zur Instandhaltungsrücklage ein. Die getilgte Verpflichtung des Verbands ist als Kostenposition in den Einzelabrechnungen auf alle Wohnungseigentümer umzulegen.[187] Außerdem ist das Erlöschen der Verpflichtung des Verbands gegenüber dem pfändenden Gläubiger in der Vermögensübersicht zu berücksichtigen.

11. Muster einer Gesamtabrechnung

Die Gesamtabrechnung muss sich an den Anforderungen für die konkrete Wohnungseigentumsanlage orientieren und kann im Einzelnen durchaus auf unterschiedliche Weise erfolgen. Zulässig sind auch von dem hier gewählten Beispiel abweichende Darstellungen.[188]

Entscheidend für die Gesamtabrechnung ist, dass die tatsächlichen Einnahmen und die tatsächlichen Ausgaben des Wirtschaftsjahres lückenlos erfasst sind und ein Abgleich mit den Bankkontoständen zum Anfang und zum Ende des Wirtschaftsjahres möglich ist. Ein solcher Abgleich sollte für den Wohnungseigentümer möglichst ohne zusätzliche Rechenoperationen möglich sein. Dieser Anforderung entspricht auch das Muster von *Haas*,[189] denn es ist unschwer erkennbar, dass Einnahmen-/Ausgaben-Saldo (810,00 EUR) dem Saldo der Kontenstände beider Bankkonten (15.000,00 EUR zu 15.810,00 EUR) entspricht. Das in ZMR 2012, 249 ff. abgedruckte Muster ermöglicht den Abgleich dagegen nicht. Die Differenz zwischen Ausgaben und Einnahmen in der kombinierten Gesamt/Einzelabrechnung beträgt dort –3.209,09 EUR, Die Differenz der Anfangs- und Endbestände beider Bankkonten jedoch –2.292,46 EUR. Der Unterschied in Höhe von 916,63 EUR beruht darauf, dass bei dem Girokonto als Einnahmen eine Nachzahlung auf die Vorjahresabrechnung (27,17 EUR) und die Abgrenzung zur Heizkostenabrechnung (889,46 EUR) berücksichtigt sind. Diese Einnahmen gehören jedoch als tatsächliche Einnahmen auch in die Gesamtabrechnung, sind aber in der Einzelabrechnung nicht zu verteilen.

Die Darstellung sollte sich an der Struktur des Wirtschaftsplans orientieren. Zudem sollte sie mit Blick auf die Einzelabrechnung zwischen zu verteilenden Einnahmen und Ausgaben, die für die Berechnung der Abrechnungsspitze relevant sind, und den nicht, nicht mehr oder noch nicht in der Einzelabrechnung dieses Wirtschaftsjahres zu verteilenden Einnahmen und Ausgaben unterscheiden.[190] Soweit Ausgaben durch eine Teilauflösung der Instandhaltungsrücklage gedeckt werden, macht es wenig Sinn, diese in einer kombinierten Gesamt/Einzelabrechnung zunächst zu verteilen und erst anschließend im Rahmen der weiteren Verwendungen eine Korrektur vorzunehmen.[191]

Die Zahlungen auf die Instandhaltungsrücklage sollten in der Gesamtabrechnung bei den Einnahmen als gesonderte Position ausgewiesen werden. Dies entspricht auch der Gliederung des Wirtschaftsplans. Eine Darstellung dieser Einnahmen nur in der Entwicklung der Instandhaltungsrücklage[192] widerspricht dem Grundsatz der Vollständigkeit der Einnahmen-/Ausgabenrechnung[193] und erscheint auch für den Zweck der Plausibilitätsprüfung (siehe Rn 73) weniger geeignet.

Eine Jahresgesamtabrechnung (Einnahmen/Ausgaben-Überschussrechnung mit Bankkontenabgleich) kann z.B. wie folgt aussehen:

Muster 28.2: Jahresgesamtabrechnung

Gesamtabrechnung für die Zeit vom 1.1.2011 bis 31.12.2011

Wohnanlage: Goetheallee 347

Einnahmen		Übertrag	Übertrag
Wohngeldvorschüsse laut WP 2010	55.000,00		
Zahlungen auf die Rücklage gemäß WP 2010	5.000,00		
Nachzahlungen auf die Vorjahresabrechnung	3.500,00		
Wohngeldvorschüsse für 2012	1.000,00		
Wohngelder	64.500,00	**64.500,00**	
Zinsen Geldmarktkonto netto	500,00		
Zinsen Festgeldkonto netto	1.000,00		

---

[187] *Drasdo*, ZWE 2011, 251, 252/253.
[188] Vgl. etwa *Casser/Schultheis*, ZMR 2011, 85, 92 und dazu *Jacoby*, DWE 2010, 120.
[189] *Haas*, GE 2010, 1519, 1526.
[190] Ebenso *Casser/Schultheis*, ZMR 2011, 92; *Jacoby*, DWE 2010, 120; *Häublein*, ZWE 2011, 1, 3.
[191] So aber *Haas*, GE 2010, 1519, 1526.
[192] So *Wanderer/Kümmel*, GE 2010, 600, 601; *Blankenstein*, DWE 2010, 84.
[193] Ebenso *Ott*, GE 2010, 532; *Schulenburg*, GE 2010, 822.

2 WEG § 28　　　　　　　　　　　　　　　　　　　　Wirtschaftsplan, Rechnungslegung

		Übertrag	Übertrag
Einnahmen			
Mieten	1.000,00		
Versicherungsleistungen	1.000,00		
Zu verteilende Einnahmen	3.500,00	3.500,00	
Gesamteinnahmen:		**68.000,00**	**68.000,00**
Ausgaben			
Brandversicherung	3.000,00		
Haftpflichtversicherung	1.900,00		
Gebäudeversicherung	4.400,00		
Hausmeister	4.000,00		
Hausreinigung	1.000,00		
Gartenpflege	500,00		
Bankspesen	1.400,00		
Abfallbeseitigung	3.000,00		
Kabelanschluss	500,00		
Wasser	3.900,00		
Kanal	3.900,00		
Allgemeinstrom	4.100,00		
Straßenreinigung	800,00		
Sonstige Betriebskosten	3.000,00		
Kaminkehrer	300,00		
Verwaltungskosten	2.400,00		
Kleinreparaturen	400,00		
Ausgaben für Instandsetzung ohne Dachsanierung	5.000,00		
Heizung/Warmwasser in 2011 gezahlt und verbraucht	13.000,00		
Zu verteilende Gesamtausgaben	54.000,00	– 54.000,00	
Dachsanierung aus Instandhaltungsrücklage	35.000,00		
Auszahlung von Guthaben der Vorabrechnung	1.000,00		
Heizung/Warmwasser gezahlt in 2011, verbraucht in 2010	1.000,00		
Weitere Ausgaben	37.000,00	– 37.000,00	
Gesamtausgaben		**– 91.000,00**	**– 91.000,00**
Saldo Gesamteinnahmen/Gesamtausgaben			**– 23.000,00**
Bankkontenabgleich:		Übertrag	
I: Kontostände 1.1.2011 (=31.12.2010):			
Girokonto A-Bank	2.000,00		
Festgeldkonto A-Bank	30.000,00		
Geldmarktkonto A-Bank	20.000,00		
Depot	10.000,00		
Summe:	62.000,00	62.000,00	
II: Kontostände 31.12.2011:			
Girokonto A-Bank	13.000,00		
Festgeldkonto A-Bank	10.000,00		
Geldmarktkonto A-Bank	6.000,00		
Depot	10.000,00		
Summe:	39.000,00	39.000,00	
Saldo 1.1.2011/31.12.2011		– 23.000,00	

Der Saldo aus dem Bankkontenabgleich (hier – 23.000,00 EUR) muss dem Saldo der Einnahmen-Ausgabenrechnung (hier – 23.000,00 EUR) entsprechen, wenn – wie im vorstehenden Beispiel angenommen – keine Barzahlungen erfolgt sind.

III. Einzelabrechnung

Eine vollständige Jahresabrechnung liegt nur vor, wenn sie die Einzelabrechnungen nebst Heizkosteneinzelabrechnung umfasst.[194] (vgl. auch Rn 129) Die Jahresabrechnung muss eine Einzelaufteilung des Gesamtergebnisses auf die einzelnen Wohnungseigentümer enthalten mit Angabe der angewendeten Kostenverteilungsschlüssel. 81

Der vermietende Wohnungseigentümer kann verlangen, dass die Abrechnung so strukturiert ist, dass er mit ihrer Hilfe im Stande ist, die **Mietnebenkostenabrechnung** für seinen Mieter zu erstellen.[195] Ohne eine entsprechende Vereinbarung kann aber nicht verlangt werden, dass die Einzelabrechnung unverändert als wirksame Betriebskostenabrechnung gegenüber dem Mieter verwendet werden kann.[196] 82

1. Verteilungsschlüssel

Soweit kein anderer Verteilungsschlüssel vereinbart oder aufgrund einer gesetzlichen (§ 16 Abs. 3 und 4) oder vereinbarten Beschlusskompetenz wirksam beschlossen worden ist oder durch eine gerichtliche Entscheidung festgelegt ist, bestimmt § 16 Abs. 2 den Verteilungsschlüssel. 83

a) Anwendung eines falschen Verteilungsschlüssels. Die Anwendung eines Verteilungsschlüssels, der von der gesetzlichen Regelung oder von Bestimmungen der Teilungserklärung abweicht, führt nicht zur Nichtigkeit des Beschlusses über die Genehmigung einer konkreten Jahresabrechnung wegen fehlender Beschlusskompetenz, weil der Verteilungsschlüssel nicht mit Bindungswirkung für die Zukunft geändert wird (vgl. § 16 Rn 30). Die Anwendung eines falschen Verteilungsschlüssels berührt zwar nicht die Jahresgesamtabrechnung, führt aber regelmäßig zu Mängeln aller Einzelabrechnungen, weil der Betrag, der einem Wohnungseigentümer zuviel auferlegt wurde, den anderen verhältnismäßig zu wenig auferlegt wurde. Deswegen kann der Fehler auch nicht dadurch behoben werden, dass dem Wohnungseigentümer, der zu Unrecht zu hoch belastet wurde, der entsprechende Betrag gutgeschrieben wird.[197] Die Anfechtung eines Beschlusses über die Jahresabrechnung wegen der Anwendung eines falschen Verteilungsschlüssels ist in der Regel rechtsmissbräuchlich, wenn die übrigen Wohnungseigentümer mit dem Abrechnungsmaßstab einverstanden sind und der Kläger durch die Änderung nur Nachteile hätte.[198] 84

b) Beschlusskompetenz für Einzelanlastungen. Leistungspflichten eines Wohnungseigentümers, die sich weder aus dem Gesetz noch aus einer Vereinbarung ergeben, können außerhalb der Jahresabrechnung nicht durch einen Mehrheitsbeschluss begründet werden (vgl. § 16 Rn 195). Die Wohnungseigentümer haben jedoch die Beschlusskompetenz, in der Einzelabrechnung Kosten einem bestimmten Wohnungseigentümer als Sonderbelastung allein aufzuerlegen. Werden in eine Jahreseinzelabrechnung Forderungen der Wohnungseigentümergemeinschaft aufgenommen, die nach materiellem Recht gar nicht entstanden, später untergegangen oder verjährt sind, ist der Beschluss über die Jahresabrechnung nicht nichtig.[199] An der Zuständigkeit für eine solche Beschlussfassung fehlt es nicht etwa deshalb, weil eine in die Abrechnung eingestellte Forderung dem materiellen Recht widerspricht. Der Beschluss über die Einzelabrechnung verstößt in einem solchen Fall nicht gegen § 138 BGB. Die Einstellung der fraglichen Forderung in die Einzelabrechnung verstößt nicht schon dann gegen die guten Sitten, wenn den Verpflichteten kein Verschulden treffen sollte, aber aus der Sicht der damals beschließenden Wohnungseigentümer jedenfalls der Verursacher des entstandenen Schadens war.[200] Die Genehmigung der Jahresabrechnung wird ohne Anfechtung bestandskräftig. 85

Auf Anfechtung sind jedoch alle Einzelabrechnungen insoweit für ungültig zu erklären, als einem einzelnen Wohnungseigentümer Ausgaben allein auferlegt worden sind, ohne dass zuverlässig von einem entsprechenden Anspruch ausgegangen werden kann. Steht ein Ersatzanspruch gegen einen Wohnungseigentümer im Raum, rechtfertigt dies nur dann eine von dem maßgeblichen Verteilungsschlüssel abweichende Kostenverteilung, wenn der Anspruch tituliert ist oder sonst feststeht, etwa weil er von dem betreffenden Wohnungseigentümer anerkannt worden ist, da andernfalls das Beschlussanfechtungsverfahren mit dem Streit über das Bestehen materiell-rechtlicher Ersatzansprüche befrachtet würde.[201] 86

Werden umgekehrt tatsächlich entstandene Kosten insgesamt nach dem allgemeinen Kostenverteilungsschlüssel auf alle Wohnungseigentümer aufgeteilt, obwohl sie nach der materiellen Rechtslage möglicherweise nur einzelnen Wohnungseigentümern aufzubürden wären, verstößt dies nicht gegen den Grundsatz ordnungsgemäßer Verwaltung.[202] 87

---

194 BayObLG BReg 2 Z 66/89, ZMR 1990, 63.
195 BGH ZMR 1982, 108, 109.
196 BayObLG 2Z BR 198/04, ZMR 2005, 564.
197 BayObLG 2Z BR 36/00, NZM 2001, 296.
198 BayObLG 2Z BR 195/03, ZMR 2004, 358, 359.
199 OLG Köln 16 Wx 156/03, NZM 2003, 806, 807; KG 24 W 189/02, ZMR 2003, 874; BayObLG 2Z BR 178/04, NZM 2005, 624; OLG Düsseldorf 3 Wx 229/05, ZMR 2006, 217 m. Anm. *Riecke*; OLG Hamburg 2 Wx 30/08, ZMR 2009, 781; LG Hamburg 318 S 48/10, ZMR 2012, 121, 122; *Briesemeister*, ZWE 2003, 307, 312.
200 Vgl. BayObLG 2Z BR 178/04, NZM 2005, 624.
201 BGH V ZR 156/10, ZMR 2011, 573 m. Anm. *Becker*, ZWE 2011, 254; AG München 483 C 31786/10, ZMR 2012, 54, 56 a.A. noch KG 24 W 123/04, Info-M 2006, 89 unter Aufgabe von KG 24 W 189/02, ZMR 2003, 874; AG Langenfeld (Rhld.) 64 C 52/10, ZMR 2011, 907 [Nachablesekosten].
202 OLG Hamm 15 W 322/06, ZMR 2008, 60; LG München I 36 S 13256/10, ZMR 2011, 323.

c) Unberechtigte Ausgaben. Ausgaben, die der Verwalter unberechtigterweise aus Mitteln der Gemeinschaft getätigt hat, dürfen auch bei den Einzelabrechnungen berücksichtigt werden, denn die Gemeinschaft ist darauf angewiesen, dass alle tatsächlichen Belastungen umgelegt werden, weil andernfalls die Sicherung der Liquidität und die Planungssicherheit der Gemeinschaft in nicht hinnehmbarer Weise in Mitleidenschaft gezogen würden.[203] Lassen sich später Ansprüche gegen den jeweiligen Schuldner durchsetzen, fließen der Gemeinschaft die vereinnahmten Gelder wieder zu. Es liegt daher im wohlverstandenen Interesse der Wohnungseigentümer, dass auch unberechtigte Belastungen des Gemeinschaftsvermögens möglichst kurzfristig umgelegt werden, zumal durch die Beschlussfassung über die Jahresabrechnungen die Rechtsstellung der Gemeinschaft gegenüber möglichen Regressschuldnern nicht beeinträchtigt wird.[204] Ein Ersatzanspruch gegen einen Wohnungseigentümer rechtfertigt nur dann eine von dem maßgeblichen Verteilungsschlüssel abweichende Kostenverteilung, wenn der Anspruch tituliert ist oder sonst feststeht, etwa weil er von dem betreffenden Wohnungseigentümer anerkannt worden ist.[205]

2. Gesamtabrechnung als Grundlage

89 Ausgaben, die nicht in der Jahresgesamtabrechnung enthalten sind, können grundsätzlich nicht Gegenstand der Einzelabrechnung sein. Werden die Einzelabrechnungen deshalb angefochten, so sind sie nur hinsichtlich dieser Beträge für ungültig zu erklären.[206]

90 Eine Ausnahme von diesem Grundsatz muss aber bei der verbrauchsabhängigen **Heizkostenabrechnung** gelten, wenn im Folgejahr Heizkosten für das laufende Jahr gezahlt worden sind, weil die Gesamtabrechnung sich auf die tatsächlich gezahlten Heizkosten beschränkt (siehe Rn 56).

91 Eine Abweichung zwischen Gesamt- und Einzelabrechnung kommt auch dann in Betracht, wenn ein Wohnungseigentümer im Januar mit entsprechender Tilgungsbestimmung das **Wohngeld** für den Monat Dezember des Vorjahres zahlt. In die Gesamtabrechnung des Vorjahres ist die Zahlung nicht aufzunehmen, weil es sich nicht um eine tatsächliche Einnahme dieses Jahres handelt. In der Einzelabrechnung des Vorjahres darf die Zahlung des Dezember- Wohngelds aber zugunsten des Wohnungseigentümers angerechnet werden. In der Gesamtabrechnung des laufenden Jahres ist die im Januar erfolgte Zahlung zu berücksichtigen, weil Zahlungen eines Wohnungseigentümers, die während eines Abrechnungsjahrs eingehen, unabhängig von ihrer Anrechnung nach § 366 BGB in diesem Jahr als Einnahmen in der Gesamtabrechnung zu verbuchen sind.[207]

92 Zahlungen auf Sonderumlagen sind in die Abrechnung als Einnahmen einzustellen.[208] Umfangreiche Sanierungsmaßnahmen, die durch eine **Sonderumlage** finanziert worden sind und sich über mehrere Jahre erstrecken, werden oftmals gesondert abgerechnet.[209] Eine gesonderte oder jahresübergreifende Abrechnung ist jedoch abzulehnen.[210] Die Einheitlichkeit der Abrechnung und das Jährlichkeitsprinzip können ohne weiteres gewahrt werden, indem in den Einzelabrechnungen ein auf der Sonderumlage beruhender rechnerischer Überschuss, der entstanden ist, weil noch nicht alle Ausgaben für die Sanierung erfolgt sind, als zweckgebunden ausgewiesen wird.[211] Naheliegend ist es, die Sonderumlage für eine Sanierungsmaßnahme als Sonderzuweisung zur Instandhaltungsrücklage zu behandeln.[212] Die Beitragszahlungen sind dann in gleicher Weise wie die im Wirtschaftsplan festgelegten Beiträge zur Instandhaltungsrücklage abzurechnen.

3. Abrechnungssaldo und Abrechnungsspitze

93 Die **Abrechnungsspitze** ist die Differenz zwischen den im beschlossenen Wirtschaftsplan veranschlagten, durch Vorschüsse zu deckenden Lasten und Kosten (Wohngeldsoll) und den tatsächlich entstandenen Lasten und Kosten (Abrechnungssumme). Mit dem Beschluss über die Jahresabrechnung wird für die Abrechnungsspitze eine eigene selbstständige Zahlungspflicht für den einzelnen Wohnungseigentümer begründet.[213]

94 Der **Abrechnungssaldo** ist die Differenz zwischen der Abrechnungssumme und den tatsächlich für die Abrechnungsperiode gezahlten Wohngeldvorschüssen. Wurden alle aufgrund des Wirtschaftsplans geschuldeten Wohngeldvorschüsse gezahlt, dann sind Abrechnungssaldo und Abrechnungsspitze identisch. Hat ein Wohnungseigentümer nicht alle Wohngeldvorschüsse erbracht, dann ist der Abrechnungssaldo höher als die Abrechnungsspitze.

95 Der bestandskräftige Beschluss über die Einzelabrechnung begründet nicht nur für den Erwerber (siehe § 16 Rn 156), den Zwangsverwalter (siehe § 16 Rn 175) oder den Insolvenzverwalter (siehe § 16 Rn 181) sondern generell eine For-

---

203 BGH V ZR 156/10, ZMR 2011, 573.
204 BGH V ZR 156/10, ZMR 2011, 573.
205 BGH V ZR 156/10, ZMR 2011, 573.
206 BayObLG 2Z BR 26/92, WuM 1992, 395.
207 BayObLG 2Z BR 139/01, NZM 2003, 905.
208 Vgl. etwa KG 24 W 233/03, ZMR 2005, 309.
209 Vgl. KG 24 W 182/02, NZM 2004, 263; AG Kerpen 15 II 27/96, ZMR 1998, 376; *Köhler*, ZMR 1998, 300.
210 *Merle* in Bärmann, § 28 Rn 67, 70; *Abramenko* in Riecke/Schmid, § 28 Rn 63; *Müller*, ZWE 2011, 200, 201.
211 Vgl. dazu *Drasdo*, ZWE 2000, 248.
212 *Müller*, ZWE 2011, 200.
213 BGH V ZB 16/95, NJW 1996, 725; BGH IX ZR 120/10, MDR 2011, 1160.

derung nur in Höhe der Abrechnungsspitze.[214] Der Abrechnungssaldo wird nur informatorisch mitgeteilt, so dass nach Bestandskraft des Beschlusses Einwendungen gegen die Höhe der berücksichtigten Vorauszahlungen nicht ausgeschlossen sind (vgl. Rn 102). Wird der Beschluss über den Wirtschaftsplan für ungültig erklärt, dann ist der Beschluss über die Einzelabrechnung (ergänzend) dahin auszulegen, dass die Abrechnungsspitze der Abrechnungssumme entspricht oder es ist eine Korrektur der Jahresabrechnung über einen Zweitbeschluss vorzunehmen.[215]

4. Saldo aus der Vorjahresabrechnung

Der Saldo aus der Vorjahresabrechnung gehört nicht in die Einzelabrechnung.[216] Er kann jedoch zur Information als offene Zahlungsverpflichtung mitgeteilt werden. Eine solche **Kontostandsmitteilung**, aus der sich für den einzelnen Wohnungseigentümer der Gesamtbetrag ergibt, den er nach der Berechnung des Verwalters noch schuldet, ist nicht Gegenstand der Beschlussfassung über die Jahresabrechnung.[217]

96

Enthält die Einzelabrechnung einen Negativbetrag aus einer früheren Jahresabrechnung, so ist zunächst durch **Auslegung** festzustellen, ob diese Altschuld nur zur Information mitgeteilt wird oder ob sie Gegenstand der Beschlussfassung in Sinne einer (erneuten) Schuldbegründung sein soll. Die äußere Gestaltung der Jahresabrechnung durch den Verwalter erlaubt dabei in der Regel nicht den Rückschluss auf einen bestimmten Willen der Wohnungseigentümer.[218] Es ist vielmehr davon auszugehen, dass die Wohnungseigentümer sich rechtskonform verhalten wollen, weshalb der Beschluss über die Genehmigung einer Einzelabrechnung, in der auch Altschulden aufgeführt sind, regelmäßig dahin auszulegen ist, dass Salden aus früheren Abrechnungen nicht erneut beschlossen werden sollen.[219]

97

Ist eine solche Auslegung des Beschlusses ausnahmsweise nicht möglich, etwa weil der Vorjahressaldo ausdrücklich zum Gegenstand der Beschlussfassung gemacht wurde, dann ist der Beschluss über die Einzelabrechnung insoweit **nichtig.** Für die erneute Begründung von Altforderungen, die bereits in früheren Jahresabrechnungen beschlossen wurden, fehlt jedoch die Beschlusskompetenz, weshalb der Beschluss teilnichtig ist.[220]

98

5. Tilgungsbestimmungen

§ 366 BGB ist auf Wohngeldschulden anzuwenden. Nach § 366 Abs. 1 BGB wird von mehreren Schulden diejenige Schuld getilgt, welche der Schuldner bei der Leistung bestimmt. Eine konkludente Tilgungsbestimmung des Schuldners kommt insbesondere dann in Betracht, wenn die Höhe des gezahlten Betrages genau einer bestimmten offenen Forderung entspricht. Trifft der Schuldner keine Bestimmung, so wird gemäß § 366 Abs. 2 BGB zunächst die fällige Schuld, unter mehreren fälligen diejenige, welche dem Gläubiger geringere Sicherheit bietet, unter mehreren gleich sicheren die dem Schuldner lästigere, unter mehreren gleich lästigen die ältere Schuld und bei gleichem Alter jede Schuld verhältnismäßig getilgt. Hat der Schuldner außer der Hauptleistung Zinsen und Kosten zu entrichten, so wird eine zur Tilgung der ganzen Schuld nicht ausreichende Leistung gemäß § 367 Abs. 1 BGB zunächst auf die Kosten, dann auf die Zinsen und zuletzt auf die Hauptleistung angerechnet. Bestimmt der Schuldner ausdrücklich oder konkludent eine andere Anrechnung, zum Beispiel zuerst die Tilgung der Hauptforderung, so kann der Gläubiger die Annahme der Leistung ablehnen. Nimmt der Gläubiger die Leistung an, ist die Tilgungsbestimmung des Schuldners maßgeblich.[221]

99

Der Verwalter hat keine Befugnis, zu entscheiden, welche von mehreren Forderungen getilgt wird.[222] Eine Änderung der gesetzlichen Tilgungsreihenfolge kann aber durch Vereinbarung erfolgen.[223] Nach § 21 Abs. 7 können die Wohnungseigentümer die Fälligkeit von Zahlungen durch Mehrheitsbeschluss regeln. Daraus folgt die Beschlusskompetenz, für künftige Beitragszahlungen eine von § 366 Abs. 2 BGB abweichende Tilgungsreihenfolge, die sich primär nach der Fälligkeit richtet, zu bestimmen.[224]

Zahlt ein Wohnungseigentümer im Januar mit entsprechender Tilgungsbestimmung das **Wohngeld** für den Monat Dezember des Vorjahres, dann darf diese Zahlung nicht in die Gesamtabrechnung des Vorjahres aufgenommen werden, weil es sich nicht um eine tatsächliche Einnahme des Vorjahres handelt. In der Gesamtabrechnung des laufenden Jahres ist die im Januar erfolgte Zahlung dagegen zu berücksichtigen, weil Zahlungen eines Wohnungseigentümers, die während eines Abrechnungsjahrs eingehen, unabhängig von ihrer Anrechnung nach § 366 BGB in diesem Jahr als

100

---

214 BGH V ZR 147/11, MDR 2012, 632; *Häublein*, ZWE 2010, 237, 240; *Schulenburg*, GE 2010, 822; *Jacoby*, DWE 2010, 120,123; *ders*, ZWE 2011, 61; *Casser/Schultheis*, ZMR 2011, 85, 88; **a.A.** *Drasdo*, ZMR 2010, 831, 833; *Spielbauer*, ZWE 2011, 149.
215 So etwa *Jacoby*, DWE 2010, 120,123.
216 BayObLG 2Z BR 110/02, ZMR 2003, 761, 762.
217 BayObLG 2Z BR 179/98, NZM 1999, 868, 869.
218 LG Nürnberg-Fürth 14 S 5724/09, ZMR 2010, 315, 316; **a.A.** BayObLG 2Z BR 182/98, NZM 2000, 52.
219 LG Nürnberg-Fürth 14 S 5724/09, ZMR 2010, 315 m.w.N.; *Schultzky*, ZWE 2011, 12, 15.
220 BGH V ZR 147/11, MDR 2012, 632; LG Nürnberg-Fürth 14 S 5724/09, ZMR 2010, 315 m. zust. Anm. *von Seldeneck*, Info-M 2010, 288 und *Häublein*, ZWE 2010, 136; *Schultzky*, ZWE 2011, 12, 15; *Jacoby*, ZWE 2011, 61, 64; *Casser/Schultheis*, ZMR 2011, 85, 88; **a.A.** OLG Köln 16 Wx 39/00, NZM 2000, 909; BayObLG 2Z BR 164/03, ZMR 2004, 355; OLG Düsseldorf I-3 Wx 65/04, ZMR 2005, 2005, 642; *Merle* in Bärmann, § 28 Rn 89.
221 *Merle*, ZWE 2011, 237, 238.
222 *Merle*, ZWE 2011, 237.
223 *Merle*, ZWE 2011, 237, 239.
224 *Becker*, ZWE 2010, 231; *Merle*, ZWE 2011, 237, 239.

tatsächliche Einnahmen in der Gesamtabrechnung zu verbuchen sind.[225] Dies ändert aber nichts daran, dass durch die Zahlung die Vorschussforderung für den Monat Dezember des Vorjahres getilgt wird.[226] Diese Verrechnung auf die Wohngeldschuld des Vorjahres ist aus Gründen der Transparenz in der Einzelabrechnung des laufenden Jahres in geeigneter Weise darzustellen. In der Einzelabrechnung des Vorjahres darf – wenn dies mit Blick auf den Zeitpunkt der Zahlung noch möglich ist – die Zahlung des Dezember-Wohngelds zugunsten des Wohnungseigentümers bei entsprechender Klarstellung noch berücksichtigt werden. (Zur Anrechnung in der Einzelabrechnung siehe Rn 91.) Zahlt ein Wohnungseigentümer exakt den aus der Vorjahresabrechnung geschuldeten Fehlbetrag (Abrechnungssaldo), dann wird diese Schuld getilgt. Die im Folgejahr bestandskräftig beschlossene Jahresabrechnung, in der die Zahlung abweichend von der konkludenten Tilgungsbestimmung des Schuldners auf Wohngeldvorschüsse des laufenden Jahres verrechnet worden ist, kann keine nachträgliche Änderung der bereits eingetretenen Tilgungswirkung herbeiführen.[227] Der in der Einzelabrechnung des Folgejahres ausgewiesene Abrechnungssaldo, der die Zahlung auf den Vorjahressaldo zu Unrecht auf die Wohngeldvorschüsse verrechnet hat, fällt daher zu gering aus. Teilweise wird vertreten, die Wohnungseigentümergemeinschaft müsse den Fehler durch einen Zweitbeschluss korrigieren.[228] Geht man aber wie hier (vgl. Rn 102) davon aus, dass die Einzelabrechnung nur eine bestandskräftige Entscheidung über die Abrechnungsspitze (zum Begriff siehe Rn 93) trifft, dann hat die fehlerhafte Verrechnung keinen Einfluss auf den Zahlungsanspruch der Wohnungseigentümergemeinschaft.

101 Zahlt ein Wohnungseigentümer auf das laut Wirtschaftsplan insgesamt monatlich geschuldete Wohngeld nur einen Teilbetrag, dann ist die Teilzahlung mangels einer Tilgungsbestimmung quotal auf die Wohngeldvorschüsse und auf den Beitrag der Instandhaltungsrücklage zu verrechnen.[229]

6. Wirkung der Einzelabrechnung

102 Ob Einwände gegen die Höhe der in der Einzelabrechnung berücksichtigten Vorauszahlungen nach Bestandskraft des Beschlusses über die Genehmigung der Jahresabrechnung noch möglich sind, ist streitig. Nach hier vertretener Ansicht nimmt die Bestandskraft des Beschlusses über die Genehmigung der Jahresabrechnung dem Wohnungseigentümer nicht den **Erfüllungseinwand**.[230] Nach Eintritt der Bestandskraft sind zwar Einwendungen gegen die sachliche Richtigkeit der Jahresabrechnung ausgeschlossen,[231] so etwa der Einwand, die Abrechnungsspitze (zum Begriff siehe Rn 93) sei falsch berechnet worden.[232] Nach der Rechtsprechung des BGH begründet der Beschluss über die Genehmigung der Jahresabrechnung nur für die Abrechnungsspitze (zum Begriff siehe Rn 93) originär eine Schuld.[233] Anspruchsgrundlage für die Vorschüsse bleibt weiter der Wirtschaftsplan.[234] Funktion der Einzelabrechnung ist allein die Verteilung der in der Gesamtabrechnung aufgeführten Kosten auf die Wohnungseigentümer nach den maßgebenden Verteilungsschlüsseln und die Feststellung welcher Betrag über die beschlossenen Vorschüsse hinaus noch zu zahlen ist, bzw. um welchen Betrag sich die beschlossenen Vorschüsse gegebenenfalls reduzieren. Weist die bestandskräftig beschlossene Jahresabrechnung ein Guthaben aus, kann ein Wohnungseigentümer nicht mit der einfachen Behauptung, die in der Einzelabrechnung ausgewiesenen Zahlungen seien nicht erbracht worden, auf Zahlung in Anspruch genommen werden; der Verwalter trägt dann die Darlegungs- und Beweislast dafür, dass die ausgewiesenen Zahlungsbeträge eindeutig unrichtig sind.[235] Die Erfüllungswirkung von Zahlungen entfällt nicht rückwirkend dadurch, dass der Verwalter später der Verrechnung mit anderen Zeiträumen zustimmt oder einem Käufer Wohngeldvorschüsse erstattet, die dieser im Hinblick auf eine im Kaufvertrag vereinbart Erfüllungsübernahme ab Übergabe für den Verkäufer erbracht hat.[236] Hat der Verwalter einer kleineren Wohnungseigentümergemeinschaft den Fehlbetrag der laufenden Kosten aus eigener Tasche vorgeschossen, weil einer der Miteigentümer mit seinen Zahlungen erheblich im Rückstand war, so liegt darin keine befreiende Drittleistung (§ 267 BGB) für den säumigen Wohnungseigentümer, so dass die Gemeinschaft von diesem die rückständigen Beiträge weiterhin verlangen kann.[237]

---

225 BayObLG 2Z BR 139/01, NZM 2003, 905.
226 LG München I 1 S 5342/09, ZMR 2010, 716, 717.
227 LG München I 1 S 5342/09, ZMR 2010, 716, 717.
228 LG München I 1 S 5342/09, ZMR 2010, 716, 717; *Merle*, ZWE 2011, 237.
229 Ebenso *Wanderer/Kümmel*, GE 2010, 600; *Jacoby*, DWE 2010, 120,123; *Blankenstein*,. DIV 2010, 62, 65; **a.A.** *Schmid*, DWE 2010, 38; *Ott*, GE 2010, 532, 533: vorrangige Verrechnung auf die Beiträge zu den laufenden Ausgaben.
230 Ebenso LG Hamburg 318 T 239/04, ZMR 2006, 77, 78; *Armbrüster*, ZWE 2005, 267, 275; *Riecke*, ZMR 2006, 218; *Wolicki*, in Abramenko, Handbuch WEG, § 6 Rn 368; *Häublein*, ZWE 2010,136; *ders.*, ZWE 2010, 237, 240/241; *Jacoby*, ZWE 2011, 61; **a.A.** BayObLG 2Z BR 193/03, ZMR 2004, 65; LG Köln 29 T 294/07, ZMR 2008, 830; *Merle* in Bärmann, § 28 Rn 107; *Kuhla*, ZWE 2011, 6; offen gelassen KG 24 W 87/03, NZM 2005, 22.
231 BGH V ZB 43/93, NJW 1994, 2950, 2953.
232 BGH V ZR 113/11, ZWE 2012, 90.
233 Vgl. BGH V ZB 17/99 NJW 1999, 3713; BGH V ZR 171/11, NZM 2012, 562, Tz 20.
234 BayObLG 2Z BR 41/02, NZM 2002, 743, 744.
235 KG 24 W 87/03, NZM 2005, 22.
236 KG a.a.O.
237 OLG Köln 16 Wx 210/04, NZM 2005, 263.

Wirtschaftsplan, Rechnungslegung § 28 WEG 2

Stellt sich nach bestandskräftig beschlossener Jahresabrechnung heraus, dass den dort abgerechneten Heizkosten wegen eines falsch eingebauten Messgerätes eine unrichtige Erfassung zugrunde lag, kann die Jahresabrechnung im Wege des Zweitbeschlusses korrigiert werden.[238] 103

7. Muster einer Einzelabrechnung:
Muster 28.3: Einzelabrechnung 104

I. Verteilung der Ausgaben:

	Betrag	Schlüssel	Anteile	Basis	Betrag
Brandversicherung	3.000,00	MEA	100	1000	300,00
Haftpflichtversicherung	1.900,00	MEA	100	1000	190,00
Gebäudeversicherung	4.400,00	MEA	100	1000	440,00
Hausmeister	4.000,00	MEA	100	1000	400,00
Hausreinigung	1.000,00	MEA	100	1000	100,00
Gartenpflege	500,00	MEA	100	1000	50,00
Aufzugskosten	1.400,00	MEA	100	1000	140,00
Abfallbeseitigung	3.000,00	MEA	100	1000	300,00
Kabelanschluss	500,00	Anschlüsse	1	10	50,00
Wasser	3.900,00	MEA	100	1000	390,00
Kanal	3.900,00	MEA	100	1000	390,00
Allgemeinstrom	4.100,00	MEA	100	1000	410,00
Straßenreinigung	800,00	MEA	100	1000	80,00
Sonstige Betriebskosten	3.000,00	MEA	100	1000	300,00
Kaminkehrer	300,00	MEA	100	1000	30,00
Verwaltungskosten	2.400,00	Einheiten	1	10	240,00
Kleinreparaturen	400,00	MEA	100	1000	40,00
Instandhaltung	5.000,00	MEA	100	1000	500,00
Heizkosten gezahlt und verbraucht in 2011	13.000,00	Verbrauch lt. Abrechnung Messdienstleister			1.300,00
Laut Gesamtabrechnung zu verteilen	54.000,00			Ausgaben:	**5.400,00**
Heizkosten verbraucht in 2011, gezahlt in 2012	1000,00	Verbrauch lt. Abrechnung Messdienstleister			100,00
					– 5.500,00

II. Verteilung der Einnahmen

	Betrag	Schlüssel	Anteile	Basis	Betrag
Zinsen Geldmarktkonto netto	500,00	Diese Zinsen erhöhen lt. Beschl. v. … die Rücklage.			0,00
Zinsen Festgeldkonto netto	1.000,00	Diese Zinsen erhöhen lt. Beschl. v. … die Rücklage.			0,00
Mieten	1.000,00	MEA	100	1000	100,00
Versicherungsleistungen	1.000,00	MEA	100	1000	100,00
				Einnahmen	**200,00**
				Ihre Kosten:	**5.300,00**

III. Berechnung der Abrechnungsspitze:

Auf die Wohnung entfallende Ausgaben	5.300,00
Voraus**zuzahlende** Vorschüsse auf die Kosten (ohne Instandhaltungsrücklage) (vgl. Rn 26)	5.480,00
Abrechnungsspitze (Guthaben)	180,00

---

[238] OLG Düsseldorf 3 Wx 414/99, NZM 2000, 875.

IV. Aufstellung über die zu zahlenden Wohngelder:

	Ausgaben	Rücklage	Gesamt
Abrechnungsspitze Guthaben 2011	180,00		
(Anspruchsgrundlage Jahresabrechnung)			
Vorauszuzahlende Vorschüsse auf die Kosten	– 5.480,00		
(Anspruchsgrundlage Wirtschaftsplan)			
Beitrag zur Instandhaltungsrücklage		– 600,00	
(Anspruchsgrundlage Wirtschaftsplan)			
2010 für 2011 gezahlte Vorschüsse	456,00		
2011 für 2011 gezahlte Vorschüsse	4.104,00		
2012 für 2011 gezahlte Vorschüsse	456,00		
Zahlungen auf die Instandhaltungsrücklage		550,00	
Abrechnungssaldo (siehe Rn 94)	**– 284,00**	**– 50,00**	**– 334,00**

Das vorstehende Muster einer Einzelabrechnung ist nur ein Beispiel, andere Darstellungen sind denkbar. Insbesondere kann es sinnvoll sein, zusätzlich zu der Aufstellung über die zu zahlenden Wohngelder einen Ausdruck des Forderungskontos mitzuteilen.[239] Aus der Aufstellung über die zu zahlenden Wohngelder ergibt sich, dass die Wohnungseigentümergemeinschaft eine Forderung in Höhe von 334,00 EUR hat. Diese setzt sich wie folgt zusammen: Vorschussansprüche aus dem Wirtschaftsplan in Höhe von 5.480,00 EUR reduziert um die Abrechnungsspitze in Höhe von 180,00 EUR abzüglich gezahlter 5.016,00 EUR = 284,00 EUR. Hinzu kommt ein Anspruch auf Zahlung des rückständigen Beitrags zur Instandhaltungsrücklage in Höhe von 50,00 EUR.

8. Einzelabrechnung bei Eigentümerwechsel

105 Eine zeitanteilige Berechnung der auf den Voreigentümer einerseits und den Erwerber andererseits entfallenden Ausgaben ist nicht vorzunehmen.[240] Unschädlich ist, wenn eine zeitanteilige Aufteilung erfolgt, aber beide Teilabrechnungen an den im Zeitpunkt der Beschlussfassung eingetragenen Wohnungseigentümer versandt werden und mit diesem abgewickelt werden.[241] Unschädlich ist auch, wenn in der Einzelabrechnung für die Wohnung nicht der Erwerber, sondern – in Unkenntnis der erfolgten Eigentumsumschreibung – noch der Voreigentümer genannt ist, da für alle Beteiligten erkennbar die Abrechnung für die Wohnung bestimmt ist und zudem die Verpflichtung des ausgeschiedenen Voreigentümers ein unzulässiger Gesamtakt zu Lasten eines Dritten gewesen wäre.[242]

106 Beispiel

Bei einem Eigentumswechsel zum 30.9. gilt zum Beispiel Folgendes:

auf die Wohnung entfallende Ausgaben	4.000,00 EUR
voraus**gezahlte** Vorschüsse	2.300,00 EUR
auf die Wohnung entfallender Fehlbetrag	1.700,00 EUR

Der auf die Wohnung entfallende Fehlbetrag von 1.700 EUR ist nicht allein vom Erwerber zu tragen, wenn von den vorauszuzahlenden Vorschüssen in Höhe von 3.600 EUR auf den Erwerber ¼ also 900 EUR entfallen und er davon 300 EUR gezahlt hat. Er hat dann nur noch 600 EUR an Vorschüssen zuzüglich der Abrechnungsspitze (zum Begriff siehe Rn 93) zu zahlen. Auf den Voreigentümer entfallen von den vorauszuzahlenden Vorschüssen also 2.700 EUR. Hat er 2.000 EUR gezahlt, so hat er noch 700 EUR zu zahlen.[243]

107 Die Einzelabrechnung müsste daher richtig wie folgt aussehen:

Muster 28.4: Einzelabrechnung

I. Berechnung der Abrechnungsspitze:

Auf die Wohnung entfallende Ausgaben	4.000,00 EUR
voraus**zuzahlende** Vorschüsse auf die Kosten (ohne Instandhaltungsrücklage)	3.600,00 EUR
Abrechnungsspitze (Anspruchsgrundlage Jahresabrechnung):	**400,00 EUR**

---

239 Ebenso *Häublein*, ZWE 2011, 1, 3; vgl. dazu das Muster von *Casser/Schultheis*, ZMR 2011, 85, 91.
240 OLG Hamm 15 W 323/99, NZM 2000, 139, 140; **a.A.** *Jennißen*, ZWE 2000, 494.
241 LG Köln 29 S 57/10, ZMR 2011, 165, 166.
242 BGH V ZB 43/93, NJW 1994, 2950, 2953; BGH V ZR 113/11, ZWE 2012, 90; LG Köln 29 S 57/10, ZMR 2011, 165, 166.
243 Ähnlich *Demharter*, ZWE 2001, 60, 63.

Aufstellung über die zu zahlenden Wohngelder:

Vom Erwerber zu zahlende Vorschüsse	900,00 EUR
Abzüglich vom Erwerber gezahlte Vorschüsse	300,00 EUR
Vom Erwerber noch zu zahlende Vorschüsse (Anspruchsgrundlage Wirtschaftsplan):	600,00 EUR
Insgesamt vom Erwerber noch zu zahlendes Wohngeld:	**1.000,00 EUR**
Vom Voreigentümer zu zahlende Vorschüsse	2.700,00 EUR
Abzüglich vom Voreigentümer gezahlte Vorschüsse	2.000,00 EUR
Vom Voreigentümer noch zu zahlende Vorschüsse (Anspruchsgrundlage Wirtschaftsplan):	**700,00 EUR**

Haben Voreigentümer und Erwerber unvollständig gezahlt, kann der Fehlbetrag auch ein **rechnerisches Guthaben** darstellen. Dieses gebührt dem Erwerber als Abrechnungsspitze aber nur anteilig, denn die Schuld des Voreigentümers aus dem Wirtschaftsplan wird – soweit sie noch nicht beglichen ist – ebenfalls durch das Ergebnis der Jahresabrechnung begrenzt.[244]

108

auf die Wohnung entfallende Ausgaben	3.000,00 EUR
voraus**gezahlte** Vorschüsse	2.300,00 EUR
auf die Wohnung entfallender Fehlbetrag	**– 700,00 EUR**

Der auf die Wohnung entfallende Fehlbetrag von 700 EUR ist nicht allein vom Erwerber zu tragen, wenn sich bei vorauszuzahlenden Vorschüssen in Höhe von 3.600 EUR ein rechnerisches Guthaben in Höhe von 600 EUR ergibt. Von den vorauszuzahlenden Vorschüssen entfallen auf den Erwerber 900 EUR. Hat er davon 300 EUR gezahlt, so hat er unter Berücksichtigung des auf ihn entfallenden rechnerischen Guthabens von 150 EUR noch **450 EUR** zu zahlen. Auf den Voreigentümer entfallen von den vorauszuzahlenden Vorschüssen 2.700 EUR. Hat er 2.000 EUR gezahlt, so hat er unter Berücksichtigung des auf ihn entfallenden rechnerischen Guthabens von 450 EUR noch **250 EUR** zu zahlen. Darauf reduziert sich seine offene Schuld von 700 EUR aus dem Wirtschaftsplan.[245] Die Einzelabrechnung müsste daher richtig wie folgt aussehen:

109

Beispiel

110

I. Berechnung der Abrechnungsspitze:

Auf die Wohnung entfallende Ausgaben	3.000,00 EUR
Voraus**zuzahlende** Vorschüsse (ohne Instandhaltungsrücklage)	3.600,00 EUR
Abrechnungsspitze (= Guthaben)	**+ 600,00 EUR**

II. Aufstellung über die zu zahlenden Wohngelder:

1. Erwerber:

Vom Erwerber zu zahlende Vorschüsse	900,00 EUR
Abzüglich Guthabenanteil des Erwerbers ($^1/_4$)	150,00 EUR
Abzüglich vom Erwerber gezahlte Vorschüsse	300,00 EUR
Vom Erwerber noch zu zahlende Vorschüsse	**450,00 EUR**

2. Voreigentümer:

Vom Voreigentümer zu zahlende Vorschüsse	2.700,00 EUR
Abzüglich Guthabenanteil des Voreigentümers ($^3/_4$)	450,00 EUR
Abzüglich vom Voreigentümer gezahlte Vorschüsse	2.000,00 EUR
Vom Voreigentümer noch zu zahlende Vorschüsse (Anspruchsgrundlage Wirtschaftsplan):	**250,00 EUR**

Eine Einzelabrechnung, die sich abweichend von den Tabellen Rn 107 und Rn 110 darauf beschränkt, einen Fehlbetrag von 700 EUR (siehe Tabelle Rn 108) oder 1.700 EUR (siehe Tabelle Rn 106) für die Wohnung auszuweisen, ist auf Anfechtung für ungültig zu erklären. Der Erwerber kann nämlich den Beschluss über die Jahresabrechnung erfolgreich an-

111

---

244 Ebenso Staudinger/*Bub*, § 28 Rn 253; *Demharter*, ZWE 2001, 60, 63; *Wenzel*, WE 1997, 124, 128; **a.A.** *Merle* in Bärmann, § 28 Rn 93; *Slomian*, ZWE 2002, 206; *Syring*, ZWE 2002, 565; *Drasdo*, NZM 2003, 297, 301; *Kuhla*, ZWE 2011, 6, 9; *Bub*, ZWE 2011, 193, 199.

245 Ähnlich *Demharter*, ZWE 2001, 60, 63.

fechten, wenn sie über die Abrechnungsspitze (zum Begriff siehe Rn 93) hinaus eine Zahlungspflicht für nicht gezahlte Vorschüsse des Veräußerers begründet[246] oder wegen fehlender Aufschlüsselung begründen kann.[247]

112 Fraglich ist, welchen Betrag der Erwerber schuldet, wenn der Beschluss über die Genehmigung einer Einzelabrechnung, die inhaltlich der Tabelle Rn 106 oder Rn 108 entspricht, bestandskräftig geworden ist. Der BGH hat entschieden, dass selbst dann, wenn eine bestandskräftige Einzelabrechnung einen über die Abrechnungsspitze (zum Begriff siehe Rn 93) hinausgehenden Fehlbetrag ausweist, durch den Abrechnungsbeschluss keine Schuld des Erstehers in Höhe des gesamten Fehlbetrages begründet wird.[248] Nach Ansicht des BGH ergibt die Auslegung des Genehmigungsbeschlusses, dass die Wohnungseigentümer den Erwerber nicht abweichend von der Rechtsordnung zur Haftung für Rückstände verpflichten wollen. Ob etwas anderes dann zu gelten hätte, wenn die Wohnungseigentümer eine Schuld des Erwerbers ausdrücklich entgegen der Rechtsordnung hätten begründen wollen oder ob ein derartiger Beschluss nichtig wäre, hat der BGH offen gelassen.

113 Zum gleichen Ergebnis gelangt man, wenn man wie hier vertreten (siehe Rn 102) den Beschluss über die Genehmigung der Einzelabrechnung inhaltlich auf die Feststellung der Abrechnungsspitze beschränkt. Unabhängig von der äußeren Gestaltung der Einzelabrechnung begründet diese dann stets nur einen Anspruch hinsichtlich der Abrechnungsspitze. Offene Vorschüsse, die der Erwerber zu zahlen hatte, schuldet auch dieser ebenso wie der Voreigentümer ausschließlich weiter aufgrund des Wirtschaftsplans. Allerdings ist die Forderung aus dem Wirtschaftsplan durch den Beschluss über die Genehmigung der Jahresabrechnung insoweit bestätigt und verstärkt worden, als sie den Vorschusscharakter verloren hat und nunmehr endgültig geschuldet wird, gegebenenfalls in ihrer Höhe reduziert durch ein (rechnerisches) Guthaben. Folge der hier vertretenen Auffassung ist, dass die Feststellungen in der Einzelabrechnung zur Höhe der aus dem Wirtschaftsplan noch offenen Forderungen und der bereits gezahlten Vorschüsse nicht von der Bestandskraft des Beschlusses über die Einzelabrechnungen erfasst werden und dem Wohnungseigentümer weiterhin der Erfüllungseinwand erhalten bleibt. Dem Voreigentümer, der ausschließlich weiter aus dem Wirtschaftsplan verpflichtet ist, steht der Erfüllungseinwand ohnehin zu. In dem obigen Beispiel (siehe Tabelle Rn 110) schuldet der Wohnungseigentümer den Betrag von 450 EUR also nicht als Schuldsaldo aus der Jahresabrechnung[249] sondern aus dem Wirtschaftsplan. Haftet der rechtsgeschäftliche Erwerber aufgrund einer Vereinbarung für Rückstände des Voreigentümers, ist auch dies kein Grund, den über die Abrechnungsspitze (zum Begriff siehe Rn 93) hinausgehenden Anspruch gegen ihn als Schuldsaldo über die Einzelabrechnung zu begründen, denn die Rückstände des Voreigentümers, für die er haftet, ergeben sich aus dem Wirtschaftsplan.

114 Soweit sich die aus der Einzelabrechnung ergebende Beitragsbelastung und die gezahlten Beitragvorschüsse decken, tritt eine Verrechnungswirkung ein, die der Eigentümergemeinschaft das Recht gewährt, die geleisteten Vorschüsse endgültig zu behalten und die eine Rückzahlung ausschließt.[250] Der Verwalter darf diese Verrechnungswirkung nach Genehmigung der Jahresabrechnung nicht im Hinblick auf einen später festgestellten Eigentümerwechsel durch eine neue Abrechnung zum Nachteil des Erwerbers verändern.[251]

115 Ein Voreigentümer, der auf Zahlung offener Vorschüsse aus dem Wirtschaftsplan in Anspruch genommen wird, kann den Erfüllungseinwand erheben. Er kann aber auch geltend machen, die beschlossene Jahresabrechnung sei unrichtig, weil sie überhaupt oder zu einem höheren Guthaben hätte führen müssen. Der Beschluss über die Jahresabrechnung hat nämlich ihm gegenüber keine Bindungswirkung, da es sich anderenfalls um einen unzulässigen Gesamtakt zu Lasten Dritter handeln würde. Der Voreigentümer trägt aber für beide Einwände die Darlegungs- und Beweislast.

IV. Entwicklung der Instandhaltungsrücklage

116 **Beispiel**

Gelder der Rücklage auf dem Girokonto am 1.1.2011	0,00
Gelder der Rücklage auf dem Festgeldkonto am 1.1.2011	30.000,00
Gelder der Rücklage auf dem Geldmarktkonto am 1.1.2011	20.000,00
Gelder der Rücklage auf dem Depot am 1.1.2011	10.000,00
Tatsächlicher Bestand der Rücklage 1.1.2011:	**60.000,00**
Zahlungen der Wohnungseigentümer in 2011	5.000,00
Zinsen (netto) in 2011	1.500,00

---

246 OLG Düsseldorf 3 Wx 3/91, WuM 1991, 623 m. abl. Anm. *Drasdo*; KG 24 W 4142/92, WuM 1993, 756; KG 24 W 5882/93, WuM 1994, 497; OLG Köln 16 Wx 129/97, WuM 1997, 395; *Hauger*, FS für Bärmann und Weitnauer, S 363; *Wenzel*, WE 1994, 353, 357/358 und WE 1996, 442, 448; **a.A.** *Drasdo*, WE 1996, 89 und WuM 1997, 185; offen gelassen: BayObLG 2Z BR 43/94, WuM 1995, 52; OLG Köln 16 Wx 2/97, ZMR 1997, 249.

247 OLG Düsseldorf 3 Wx 283/00, ZWE 2001, 77, 78 m. zust. Anm. *Demharter*, S 60 = NZM 2001, 432.

248 BGH V ZB 17/99, NJW 1999, 3713; KG 24 W 5437/98, NZM 1999, 467; Staudinger/*Bub*, § 28 Rn 413.

249 So aber *Demharter*, ZWE 2001, 60, 63.

250 OLG Hamm 15 W 323/99, NZM 2000, 139, 141.

251 OLG Hamm 15 W 323/99, NZM 2000, 139, 141.

Ausgaben für die Dachsanierung	– 35.000,00
Tatsächlicher Bestand am 31.12.2011	31.500,00
Gelder der Rücklage auf dem Girokonto am 31.12.2011	5.000,00
Gelder der Rücklage auf dem Festgeldkonto am 31.12.2011	11.000,00
Gelder der Rücklage auf dem Geldmarktkonto am 31.12.2011	5.500,00
Gelder der Rücklage auf dem Depot am 31.12.2011	10.000,00
Tatsächlicher Bestand der Rücklage 31.12.2011	31.500,00
Offene Zahlungen zur Rücklage	50,00 EUR
Wohnungseigentümer A.	450,00 EUR
Wohnungseigentümer B.	500,00 EUR
Wohnungseigentümer C.	
Soll-Rücklage 31.12.2011	32.500,00 EUR

In dem vorstehenden Beispiel ist der ausgewiesene tatsächliche Bestand der Rücklage auch tatsächlich verfügbar, da die Gemeinschaft über ausreichende liquide Mittel verfügt. Die Differenz zur Soll-Rücklage beruht allein darauf, dass nicht alle Wohnungseigentümer den nach dem Wirtschaftsplan geschuldeten Beitrag zur Instandhaltungsrücklage in voller Höhe eingezahlt haben. Die offenen Zahlungen können bei größeren Gemeinschaften auch kumuliert dargestellt werden. In der Praxis wird der tatsächliche Bestand der Instandhaltungsrücklage nicht selten aber auch dadurch geschmälert, dass die Instandhaltungsrücklage, die zweckgebunden ist (siehe § 21 Rn 125), teilweise zweckwidrig zur Bezahlung laufender Kosten verwendet worden ist.[252] Ungeachtet der Frage, unter welchen Voraussetzungen eine solche Handhabung ordnungsgemäßer Verwaltung entspricht, muss ein solcher Tatbestand jedenfalls deutlich gemacht werden. Das Informationsinteresse der Wohnungseigentümer ist darauf gerichtet, den tatsächlich verfügbaren Bestand der Instandhaltungsrücklage zu kennen. Gegenteiliges lässt sich entgegen der Einschätzung von *Casser/Schultheis*[253] der Entscheidung des BGH vom 4.12.2009[254] nicht entnehmen. Aus der Musterabrechnung von *Casser/Schultheis*[255] wird zwar erkennbar, dass der tatsächlich verfügbare Bestand der Instandhaltungsrücklage nur in Höhe des im Zeitpunkt der Abrechnung vorhandenen Geldvermögens bestehen kann. Gleichwohl sollte in der Praxis ein Satz der Erläuterung erfolgen, um den Eindruck zu vermeiden, die Summe aller zweckgebundenen Zahlungen entspreche dem tatsächlichen Bestand der Instandhaltungsrücklage.

V. Übersicht über das finanzielle Verwaltungsvermögen

Ein sog Vermögensstatus ist nach bisher ganz herrschender Meinung kein notwendiger Teil der Jahresabrechnung, sondern hat als unselbstständiger Anhang nur informatorischen Charakter.[256] Insbesondere zur Information der Wohnungseigentümer erscheint es aber sinnvoll, der Jahresabrechnung eine solche Übersicht über die finanzielle Vermögenslage beizufügen. Dies gilt umso mehr, weil auch die Darstellung der Instandhaltungsrücklage (siehe Rn 116) Elemente eines Vermögensstatus aufweist.[257] Sie lässt sich als Status der Aktiva der Instandhaltungsrücklage charakterisieren.[258] Eine solche Vermögensübersicht, die keineswegs den Charakter einer Bilanz hat,[259] kann eine Plausibilisierung der Angaben zur Instandhaltungsrücklage ermöglichen.[260] Sie kann auf der Grundlage doppelter Buchführung mit einem Buchhaltungskonto „Rücklagenbestand" als Kontrollkonto[261] als eine sinnvolle Ergänzung zu der Rechnungslegung des Verwalters in der Gesamtabrechnung angesehen werden. Es handelt sich jedoch nur um eine Ergänzung, welche die Gesamtabrechnung als Einnahmen/Ausgaben-Rechnung nicht entbehrlich macht.[262]

Eine vollständige Vermögensübersicht, die etwa auch das Sachvermögen (Rasenmäher, Waschmaschine, Hausmeisterwohnung) umfasst und eine Bewertung dieser Gegenstände erfordern würde, ist nicht veranlasst.[263] Betreibt die

---

252 Vgl. etwa das Beispiel von *Casser/Schultheis*, ZMR 2011, 95; vgl. auch *Niedenführ*, ZWE 2011, 61, 66.
253 *Casser/Schultheis*, ZMR 2011, 85, 90.
254 BGH V ZR 44/09, NJW 2010, 2127.
255 *Casser/Schultheis*, ZMR 2011, 85, 95.
256 Vgl. BayObLG 2Z BR 79/99, NZM 2000, 280, 281; OLG Frankfurt/Main, 20 W 278/03, juris Rn 31 m.w.N.; *Merle* in Bärmann, § 28 Rn 75; *Abramenko* in Riecke/Schmid § 28 Rn 72; *Jennißen* in: Jennißen § 28 Rn 126a; *Spielbauer* in: Spielbauer/Then § 28 Rn 58; *Deckert*, ZMR 2010, 729, 733; *Häublein*, ZWE 2010, 237, 242 Fn 53; *Niedenführ*, ZWE 2010, 65, 68; *Stadt*, ZMR 2012, 247; **a.A.** *Jennißen*, ZMR 2010, 302, 304; *Drasdo*, NZM 2010, 217, 223.
257 Ebenso *Häublein*, ZWE 2010, 237, 242; *Stadt*, ZMR 2012, 247, 248.
258 *Niedenführ*, ZWE 2012, 65, 66.
259 So auch *Lang*, Beilage WE 2010 Heft 8 S. 4; *Jennißen* in: Jennißen § 28 Rn 126b.
260 *Von Rechenberg*, ZWE 2011, 69.
261 Siehe *Lang*, Beilage WE 2010 Heft 8 S 2.
262 **A.A.** wohl *Lang*, Beilage WE 2010 Heft 8, die als Kontrollmechanismus offenbar eine Konten-/Vermögensübersicht auf der Basis doppelter Buchführung als ausreichend ansieht.
263 Ebenso *Stadt*, ZMR 2012, 247, 249.

Gemeinschaft eine Ölheizung ist für den Heizölbestand in der Übersicht ein Geldbetrag auszuweisen.[264] Dabei sollte aber nicht der Tagespreis zugrunde gelegt,[265] obgleich allein darin eine zuverlässige Stichtagsbewertung läge, sondern der historische Einkaufspreis, weil diesem ein tatsächlicher Zahlungsfluss zugrunde liegt.

120 Verbindlichkeiten sind in die Vermögensübersicht nur insoweit aufzunehmen, soweit sie für die Abrechnung Relevanz haben, z.B. in der Einzelabrechnung in Form von Abgrenzungen bei den Heizkosten berücksichtigt worden sind.[266] Nicht aufzunehmen sind dagegen solche Verbindlichkeiten, die zwar durch einen Vertragsschluss mit einem Handwerker bereits begründet sind, aber erst im Folgejahr bezahlt werden müssen. Diese belasten zwar ebenfalls das Vermögen, haben aber erst für die Abrechnung im Folgejahr Bedeutung.

121 Soweit nachstehend Forderungen gegen einzelne Wohnungseigentümer und Verbindlichkeiten gegenüber einzelnen Wohnungseigentümern ausgewiesen werden, kann – insbesondere bei größeren Gemeinschaften – auch eine kumulierte Darstellung erfolgen.[267]

I. Bankkonten Stand 31.12.2011:	
Girokonto A-Bank	13.000,00
Festgeldkonto A-Bank	10.000,00
Geldmarktkonto A-Bank	6.000,00
Depot	10.000,00
II. Forderungen	
1. Offene Zahlungen zur Instandhaltungsrücklage	
Wohnungseigentümer A.	50,00
Wohnungseigentümer B.	450,00
Wohnungseigentümer C.	500,00
2. Offene Vorschusszahlungen	
Wohnungseigentümer A.	284,00
Wohnungseigentümer B.	1.206,00
Wohnungseigentümer C.	1.340,00
III. Verbindlichkeiten	
Vergütung für Heizkostenabrechnung	2.000,00
Guthaben Wohnungseigentümer D.	830,00
Guthaben Wohnungseigentümer E.	1.000,00
IV. Instandhaltungsrücklage	31.500,00
V. Liquide Mittel	7.500,00
	42.830,00 42.830,00

VI. Beschluss über die Jahresabrechnung

122 Die Teilungserklärung kann wirksam bestimmen, dass eine **Beschlussfassung** gemäß § 28 Abs. 5 durch die Eigentümerversammlung **nicht erforderlich** ist, denn § 28 Abs. 5 ist abdingbar. Der Anspruch auf Zahlung eines Fehlbetrags entsteht dann auch ohne einen Beschluss über die Genehmigung der Jahresabrechnung. Der Unterschied zur Genehmigungsfiktion (siehe dazu Rn 145) besteht darin, dass die Abrechnung nicht bestandskräftig wird und deshalb unbeschränkt auch im Zahlungsverfahren sämtliche Einwände gegen den Inhalt der Abrechnung erhoben werden

---

264 Vgl. etwa *Casser/Schultheis*, ZMR 2011, 85, 91.
265 So *Drasdo*, NZM 2005, 721, 722; *ders.*, NZM 2010, 217, 223.
266 Vgl. etwa *Casser/Schultheis*, ZMR 2011, 85, 95.
267 Ebenso *Häublein*, ZWE 2011, 1, 6.

können. Im Gegensatz zur Genehmigungsfiktion werden Rechte des einzelnen Wohnungseigentümers also nicht eingeschränkt. Um die Jahresabrechnung bestandskräftig werden zu lassen, empfiehlt sich trotz einer solchen Bestimmung in der Teilungserklärung eine Beschlussfassung über die Jahresabrechnung. Der Beschluss über die Jahresabrechnung ist im Verfahren nach §§ 21 Abs. 4, 43 Nr. 1 erzwingbar. Das Rechtsschutzbedürfnis für den Antrag gegen einen Mehrheitseigentümer auf Zustimmung zur Jahresabrechnung fehlt aber, sofern die Möglichkeit besteht, die Jahresabrechnung ohne dessen Mitwirkung zu beschließen.[268] Ein Beschluss über die **Entlastung des Verwalters** ist in der Regel dahin auszulegen, dass er zugleich die stillschweigende Billigung der Jahresabrechnung enthält.[269] Beschließen die Wohnungseigentümer unter dem gleichen Tagesordnungspunkt die Entlastung des Verwaltungsbeirats, lehnen aber zugleich die Entlastung des Verwalters ab, kann daraus regelmäßig nicht auf die gleichzeitige Genehmigung der Jahresabrechnung geschlossen werden.[270]

1. Bedeutung des Beschlusses

Der Beschluss der Wohnungseigentümer über die Jahresgesamtabrechnung legt im Verhältnis der Wohnungseigentümer untereinander bindend fest, welche Einnahmen zu verbuchen sind und welche Ausgaben als Lasten und Kosten gemäß § 16 Abs. 2 durch die Einzelabrechnungen auf die Wohnungseigentümer nach dem jeweiligen Verteilungsschlüssel umzulegen sind.[271] (Zur Unterrichtung der Wohnungseigentümer über die Abrechnung vor der Beschlussfassung siehe Rn 159.) Die Beschlussfassung über die Jahresabrechnungen beeinträchtigt nicht die Rechtsstellung der Gemeinschaft gegenüber möglichen Regressschuldnern.[272] Die Genehmigung der Jahresabrechnung enthält insbesondere **keine** konkludente **Billigung** der vom Verwalter getätigten **Ausgaben** und kann deshalb Regressansprüchen gegen den Verwalter nicht entgegenstehen.[273]

123

2. Stimmberechtigte

Über die Jahresabrechnung haben grundsätzlich alle Wohnungs- und Teileigentümer abzustimmen, auch wenn die Jahresabrechnung einzelne Positionen enthält, die nur eine abgeschlossene Gruppe betrifft, z.B. die Teileigentümer der Tiefgarage.[274]

124

Wird über die Jahresabrechnung und die Entlastung des Verwalters jeweils gesondert abgestimmt, so ist ein Verwalter, der zugleich Wohnungseigentümer ist, bei der Beschlussfassung über die Jahresabrechnung stimmberechtigt.[275] Anderenfalls erstreckt sich der Stimmrechtsausschluss des Verwalters für die Entlastung (siehe Rn 256) auch auf die Abstimmung über die Jahresabrechnung.[276]

125

3. Anfechtungsgründe

Die Anfechtung des Beschlusses über die Jahresabrechnung kann auf einen **rechnerisch selbstständigen und abgrenzbaren Teil der Abrechnung** beschränkt werden.[277] Geschieht dies, dann ist nach § 46 die gerichtliche Prüfung auf die geltend gemachten Mängel der beschlossenen Abrechnung beschränkt und der Beschluss über die Abrechnung kann nicht mehr insgesamt, sondern nur noch in den angegriffenen Punkten für ungültig erklärt werden.[278] Eine Beschränkung ergibt sich in der Regel nicht bereits daraus, dass der Kläger nur zu einzelnen Posten der Abrechnung konkrete Rügen vorbringt, sofern er deutlich macht, dass er die Jahresabrechnung auch im übrigen gerichtlich überprüft wissen will.[279] Wird der Beschluss über die Jahresabrechnung wegen bestimmter Kostenpositionen angefochten, weil insoweit Forderungen gegen Dritte in einer Vermögensübersicht aufgeführt sind, die vom Beschluss umfasst ist, ist der Beschluss insoweit für ungültig zu erklären.[280]

126

Auch wenn der **Beschluss** über die Jahresabrechnung **insgesamt angefochten** worden ist, kann das Gericht den Beschluss nur hinsichtlich einzelner rechnerisch selbstständiger und abgrenzbarer Teile der Abrechnung für ungültig erklären.[281] Voraussetzung ist, dass sich der Fehler auf diese Teile beschränkt. Die **Auslegung des Klageantrags** kann ergeben, dass der Anfechtungskläger die Jahresabrechnung nur in einer bestimmten Position angreift.[282] Liegen keine besonderen Umstände vor, führt die fehlerhafte Verteilung einzelner Kostenpositionen nach § 139 BGB in der Regel nicht dazu, dass die Einzeljahresabrechnungen insgesamt für ungültig zu erklären sind.[283]

127

---

268 OLG Köln 16 Wx 112/02, ZMR 2003, 608.
269 BayObLG 2Z BR 10/92, WuM 1992, 329 m.w.N.; OLG München 34 Wx 147/06, NZM 2007, 488.
270 OLG München wie vor.
271 OLG Frankfurt 20 W 732/78, OLGZ 1979, 136, 137; BayObLG BReg 2 Z 26/86, WuM 1988, 101 m.w.N.
272 BGH V ZR 156/10, ZMR 2011, 573.
273 BGH V ZR 156/10, ZMR 2011, 573; BGH V ZR 202/10, ZWE 2011, 319.
274 BayObLG 2Z BR 107/00, NZM 2001, 771.
275 AG Frankfurt 65 UR II 308/90 WEG, WuM 1991, 712.
276 OLG Köln 16 Wx 165/06, ZMR 2007, 715.
277 BGH V ZR 44/09, NJW 2010, 2127, Tz 6.
278 BGH wie vor, Tz 8.
279 BayObLG 2Z BR 12/03, ZMR 2003, 692.
280 BayObLG 2Z BR 171/01, NZM 2002, 455.
281 BGH V ZB 1/06, NZM 2007, 358, 359; BGH V ZR 156/10, ZMR 2011, 573; OLG Frankfurt 20 W 283/01, ZMR 2003, 769 m. Anm. *Abramenko*; OLG München 34 Wx 065/07, NZM 2008, 492.
282 Vgl. LG Saarbrücken 5 T 40/09, NZM 2009, 323.
283 BGH V ZR 193/11, NJW 2012, 2648, Tz 13.

128 Kann die **rechnerische Schlüssigkeit** der Gesamtabrechnung nicht nachvollzogen werden, ist der Beschluss über die Jahresabrechnung regelmäßig insgesamt für ungültig zu erklären.[284] Ebenso ist der Beschluss über eine Jahresabrechnung insgesamt für ungültig zu erklären, wenn die Jahresabrechnung nicht auf den tatsächlichen Einnahmen und Ausgaben aufbaut, sondern in Form einer **Bilanz** erstellt ist.[285] Erschließt sich die vom Zu- und Abflussprinzip abweichende Aufteilung eines Zahlungseingangs auf zwei Jahresabrechnungen ohne Schwierigkeiten aus den schriftlichen Erläuterungen, die den beiden Jahresabrechnungen beigefügt waren, kann aus verfahrensökonomischen Gründen eine abweichende Handhabung sachgerecht sein.[286] Die Beantwortung der Frage, ob ein Beschluss insgesamt für ungültig zu erklären ist, beurteilt sich nach § 139 BGB; ein gerichtliches **Ermessen** besteht insoweit nicht, denn es bedürfte wegen des damit einhergehenden Eingriffs in die Kompetenz der Wohnungseigentümer zur privatautonomen Regelung ihrer Angelegenheiten einer Ermächtigungsgrundlage.[287] Für die Abgrenzung zwischen vollständiger oder nur teilweiser Ungültigerklärung kommt es nicht entscheidend darauf an, ob ein quantitativ erheblicher Teil der Gesamt- bzw. Einzelabrechnungen fehlerbehaftet ist.[288]

129 Ob der Beschluss über die Jahresabrechnung insgesamt für ungültig zu erklären ist, weil die **Jahresabrechnung unvollständig** ist, hängt davon ab, welche Bestandteile fehlen. Dabei ist zunächst zu berücksichtigen, dass Jahresgesamtabrechnung und die Einzelabrechnungen eigenständige Funktionen haben (siehe Rn 45 f.). Wenn der erforderliche **Beschluss über die Einzelabrechnungen fehlt**, bewirkt dies nicht, dass der Beschluss über die Jahresgesamtabrechnung für ungültig zu erklären ist; allerdings hat jeder Wohnungseigentümer einen Anspruch darauf, dass ergänzend auch über die Einzelabrechnungen beschlossen wird.[289] (Zur Frage, ob auch die Einzelabrechnungen beschlossen wurden siehe Rn 188.) Sind abrechnungsreife Ausgaben und Einnahmen zwar in die beschlossene Jahresgesamtabrechnung, nicht aber in die Einzelabrechnungen eingestellt und dort anteilig umgelegt, hat jeder Wohnungseigentümer einen gerichtlich durchsetzbaren Anspruch gegen den Verwalter und die Eigentümergemeinschaft auf Ergänzung der betreffenden Jahresabrechnung. Dieser Anspruch kann auch noch nach Ablauf der Anfechtungsfrist des § 46 Abs. 1 S. 2 geltend gemacht werden.[290] Umgekehrt ist jedoch ein Beschluss über Einzelabrechnungen für ungültig zu erklären, wenn nicht spätestens gleichzeitig die Gesamtabrechnung beschlossen wurde, auf der die Einzelabrechnungen beruhen.[291]

130 **Fehlen wesentliche Bestandteile** einer Jahresgesamtabrechnung, so ist der Genehmigungsbeschluss nach h.M. nicht für ungültig zu erklären, sondern der einzelne Wohnungseigentümer hat lediglich einen **Anspruch auf Ergänzung** der Jahresabrechnung.[292] Genehmigen die Wohnungseigentümer z.B. nur die Abrechnung über die Ausgaben und ihre Verteilung auf die einzelnen Wohnungseigentümer, ist nach h.M. der Beschluss, sofern er insoweit richtig ist, nicht für ungültig zu erklären. Es besteht lediglich ein Anspruch auf Ergänzung der Beschlussfassung über die Einnahmen und den Abschlusssaldo.[293] Vor dieser Ergänzung kann der Verwalter nicht entlastet werden.[294]

131 Liegen nur Einzelabrechnungen über Nebenkosten vor und wird auf deren Grundlage die Jahresabrechnung beschlossen, dann hat dieser Beschluss keine Jahresabrechnung im Rechtssinne zum Gegenstand; er kann mit diesem Inhalt keine Bestandskraft erlangen und bildet keine Grundlage für einen Anspruch auf Zahlung von Wohngeld.[295]

132 Fehlen **Angaben über die Kontostände** der Bankkonten der Gemeinschaft, soll ebenfalls nur ein Anspruch auf Ergänzung der Jahresgesamtabrechnung bestehen, sofern die Jahresabrechnung im Übrigen richtig ist.[296] Nur wenn die Jahresabrechnung so viele Mängel und Lücken enthält, dass die ordnungsgemäßen Teile für sich allein keine hinreichende Aussagekraft mehr haben, sei der Beschluss über die Genehmigung der Jahresabrechnung insgesamt für ungültig zu erklären.[297] Dies soll z.B. dann der Fall sein, wenn nur die in der Gesamtabrechnung angeführten Ausgabenbeträge übrig blieben.[298] Gegen die herrschende Meinung spricht, dass bei fehlenden Einnahmen und/oder Kontoständen, die **rechnerische Schlüssigkeit** der Jahresgesamtabrechnung (siehe Rn 46) nicht überprüft werden kann. Damit ist die Funktion der Jahresgesamtabrechnung, eine Kontrolle des Verwalters zu ermöglichen (siehe Rn 46) in Frage gestellt. Dies spricht dafür, einen Beschluss, der eine in wesentlichen Teilen unvollständige Jahresgesamt-

---

284 OLG Düsseldorf 3 Wx 397/97, WuM 1999, 357; LG München I 1 S 23229/08, ZMR 2010, 554; LG Berlin 85 S 5/09 WEG, ZMR 2010, 711; LG Hamburg 318 S 110/10, ZMR 2011, 163; *Abramenko*, ZMR 2003, 402, 404.
285 BayObLG 2Z BR 113/92, WuM 1993, 485, 486; *Abramenko*, ZMR 2003, 402, 404.
286 OLG München 34 Wx 065/07, NZM 2008, 492.
287 BGH V ZR 193/11, NJW 2012, 2648, Tz 9; **a.A.** OLG Frankfurt am Main 20 W 283/01, ZMR 2003, 769 m. Anm. *Abramenko*.
288 OLG München 34 Wx 065/07 NZM 2008, 492.
289 BayObLG BReg 2 Z 66/89, ZMR 1990, 63; OLG Brandenburg 13 Wx 9/07, ZMR 2008, 386; OLG München 34 Wx 46/07, ZMR 2009, 64; **a.A.** KG 24 W 1408/89, NJW-RR 1990, 395, 396.
290 KG 24 W 2353/96, WuM 1997, 578.
291 BayObLG 2Z BR 129/93, WuM 1994, 568, 569; LG Dessau-Roßlau 5 S 89/09, ZMR 2010, 471, 472.
292 BayObLG 2Z BR 12/03, ZMR 2003, 692; OLG Hamm 15 W 13/98, NZM 1998, 923; OLG Frankfurt 20 W 209/01, ZMR 2003, 594; OLG Frankfurt 20 W 283/01, ZMR 2003, 769 m. Anm. *Abramenko*; Palandt/*Bassenge*, § 28 Rn 17; Staudinger/*Bub*, § 28 Rn 556; **a.A.** *Abramenko*, ZMR 2003, 402, 404/405.
293 BayObLG 2Z BR 26/92, WuM 1992, 395.
294 BayObLG 2Z BR 73/92, WuM 1993, 92, 93.
295 OLG Düsseldorf 3 Wx 84/07, NZM 2007, 811.
296 BayObLG 2Z BR 150/03, ZMR 2004, 50, 51.
297 BayObLG 2Z BR 110/02, ZMR 2003, 761, 762.
298 BayObLG 2Z BR 110/02, ZMR 2003, 761, 762.

abrechnung genehmigt, insgesamt für ungültig zu erklären, wenn nicht einmal eine rechnerische Schlüssigkeitsprüfung möglich ist.[299] Dies gilt allerdings dann nicht, wenn die fehlenden Bestandteile, z.B. die Kontostände, im Verlauf des Anfechtungsverfahrens nachgeliefert werden und dann die rechnerische Schlüssigkeit feststeht.[300]

Beschließen die Eigentümer, nachdem der Beschluss über die Genehmigung der Jahresabrechnung teilweise für ungültig erklärt worden ist, zur Umsetzung des Gerichtsurteils zwei Wohnungseigentümer mit der Erstellung der Jahresabrechnung gemäß dem Gerichtsurteil zu beauftragen und werden diese Abrechnungen nach ihrer Genehmigung abermals angefochten, sind die unveränderten Abrechnungsbestandteile der erneuten Überprüfung durch das Gericht entzogen.[301] Der Genehmigungsbeschluss unterliegt der gerichtlichen Überprüfung, soweit die neue Abrechnung durch Änderungen den gerichtlichen Beanstandungen Rechnung tragen sollte und soweit sie Änderungen in den durch rechtskräftige Entscheidung bestandskräftig gewordenen Teilen der ursprünglichen Abrechnung aufweist.[302]

133

Werden mehrere Einzelausgaben (unstreitig rechnerisch richtig) unter dem Begriff „Zahlungen aus der Rücklage" zusammengefasst, dann ist es unschädlich für die Ordnungsmäßigkeit der Abrechnung, wenn der Oberbegriff für die Einzelverbindlichkeiten ungeschickt gewählt ist.[303]

134

Greift ein Wohnungseigentümer seine Einzelabrechnung an, weil ein **falscher Verteilungsschlüssel** angewendet worden sei, dann sind nicht notwendigerweise alle Einzelabrechnungen Verfahrensgegenstand.[304] Wurde ein falscher Verteilungsschlüssel angewandt, besteht aber keine Veranlassung, die Gesamtabrechnung für ungültig zu erklären, denn eine falsche Verteilung der Ausgaben und Einnahmen auf die einzelnen Wohnungseigentümer berührt die Richtigkeit der Gesamtabrechnung nicht.

135

Wirkt sich ein Fehler nur in der Größenordnung von Cent-Beträgen aus, dann widerspricht es in der Regel Treu und Glauben (§ 242 BGB), deswegen die gesamte Jahresabrechnung für ungültig zu erklären. Solche geringfügigen Unrichtigkeiten sind von den Wohnungseigentümern hinzunehmen.[305]

136

Nichtig wegen **absoluter Unzuständigkeit der Eigentümerversammlung** ist ein Eigentümerbeschluss über die Jahresabrechnung, wenn er ausschließlich einen Zeitraum (Bauherrenphase) betrifft, in dem die Wohnungseigentümergemeinschaft noch nicht entstanden war.[306] Soweit es aber um Zahlungsvorgänge des Jahres geht, in dem die Wohnungseigentümergemeinschaft entstanden ist, ist ein Beschluss über die Jahresabrechnung, der nicht zwischen Bauherrenphase und der Zeit, in der die Eigentümergemeinschaft bereits entstanden ist, unterscheidet, nicht nichtig.[307]

137

Ist die nach § 29 Abs. 3 vorgesehene **Vorprüfung durch den Verwaltungsbeirat** unterblieben, so ergibt sich daraus kein formaler Anfechtungsgrund (siehe § 29 Rn 16).

138

Ein Anspruch auf Ergänzung der Jahresabrechnung um eine Aufstellung über Forderungen und Verbindlichkeiten (Vermögensstatus) besteht nicht, denn eine solche Aufstellung gehört nach bisher ganz herrschender Meinung nicht zu den wesentlichen Bestandteilen einer Jahresabrechnung (siehe dazu Rn 118).

139

Einer besonderen Beschlussfassung über die Einzelabrechnungen bedarf es dann nicht, wenn bereits die Jahresgesamtabrechnung verbindlich entsprechend dem geltenden und anerkannten Verteilungsschlüssel den auf jeden umlagepflichtigen Quadratmeter entfallenden Kostenanteil und bei den Heizkosten den tatsächlich zu verteilenden Aufwand und den hierfür maßgebenden Verteilungsschlüssel festlegt, so dass die Einzelabrechnungen lediglich den rechnerischen Vollzug der Gesamtabrechnung darstellen.[308]

140

Ein Beschluss, durch den noch gar nicht vorliegende Einzelabrechnungen unter der Bedingung genehmigt werden, dass sie richtig sind, widerspricht dem Grundsatz der ordnungsmäßigen Verwaltung.[309]

141

Auf nicht notwendige Bestandteile der Jahresabrechnung erstreckt sich der Beschluss nicht. Unrichtigkeiten in solchen Teilen führen deshalb nicht zur Ungültigkeit des Beschlusses über die Jahresabrechnung.[310] Die Eigentümerversammlung kann auch eine vom Verwalter nicht unterschriebene Jahresabrechnung der Beschlussfassung zugrunde legen.[311]

142

Widerspricht die Abrechnung der Heizungs- und Warmwasserkosten wegen des unzulänglichen technischen Zustands der Heizungsanlage ordnungsmäßiger Verwaltung, kann der die Abrechnung genehmigende Beschluss nicht deswegen für ungültig erklärt werden. Der durch die Abrechnung benachteiligte Wohnungseigentümer kann Anspruch auf Vornahme der technischen Maßnahmen haben, die eine ordnungsmäßige Wärmeerfassung sicherstellen. Außerdem können Schadensersatzansprüche gegen die übrigen Wohnungseigentümer bestehen, sofern diese es

143

---

299 So zu Recht AG Charlottenburg 73 C 124/11, ZMR 2012, 402; im Ergebnis ebenso *Abramenko*, ZMR 2003, 402, 405.
300 So wohl OLG Frankfurt 20 W 209/01, ZMR 2003, 594; Siehe zum Ergänzungsanspruch auch *Abramenko* ZMR 2004, 91.
301 OLG Düsseldorf 3 Wx 127/06, NZM 2007, 569.
302 OLG Düsseldorf 3 Wx 127/06, NZM 2007, 569.
303 OLG München 32 Wx 15/05, OLGR 2005, 451.
304 KG 24 W 5414/95, WuM 1996, 364, 366.
305 BayObLG WE 1989, 218; **a.A.** KG 24 W 4594/95, WuM 1996, 171 für den Fall, dass ein falscher Verteilungsschlüssel angewendet wurde.
306 Vgl. KG 24 W 2066/91, WuM 1992, 388.
307 BayObLG 2Z BR 49/93, WuM 1993, 701.
308 OLG Zweibrücken 3 W 199/88, ZMR 1990, 156, 157; **a.A.** Staudinger/*Bub*, § 28 Rn 356.
309 BayObLG WE 1990, 138.
310 BayObLG 2Z BR 29/93, WuM 1993, 488, 489.
311 KG 24 W 2452/95, ZMR 1996, 223.

schuldhaft unterlassen haben, erforderliche und zumutbare Maßnahmen zu veranlassen. Solche Ansprüche können im Anfechtungsverfahren dem Beschluss über die Genehmigung der Jahresabrechnung aber nicht entgegengehalten werden.[312]

144 Ein **Anspruch auf Abänderung des Kostenverteilungsschlüssels**, der noch nicht realisiert ist, kann nicht dazu führen, dass der Beschluss über die Jahresabrechnung für ungültig erklärt wird (vgl. § 16 Rn 128).

4. Genehmigungsfiktion

145 Die Gemeinschaftsordnung oder eine sonstige Vereinbarung kann bestimmen, dass die Jahresabrechnung auch ohne Beschluss der Wohnungseigentümer bestandskräftig wird, wenn nicht innerhalb einer bestimmten Frist Widerspruch gegen sie erhoben wird.[313] Die Klausel: „Wenn nicht innerhalb von 14 Tagen nach der Absendung der Abrechnung ein schriftlicher, begründeter Widerspruch von mehr als der Hälfte der Miteigentumsanteile eingelegt ist, gilt die Abrechnung als anerkannt", hält der Inhaltskontrolle nach den Maßstäben des § 242 BGB nicht stand und ist unwirksam, weil sie die Rechte des einzelnen Wohnungseigentümers unzulässig aushöhlt, denn die Voraussetzungen dieser Genehmigungsfiktion werden so gut wie immer eintreten.[314] Nach Ansicht des KG ist die Klausel: „Die Abrechnung gilt als anerkannt, wenn nicht innerhalb vier Wochen nach Absendung dieser schriftlich widersprochen wird." unwirksam, weil ein an das einseitige Verwalterhandeln (Absendung der Abrechnung) geknüpfter Automatismus des Erlöschens gesetzlicher Eigentümerbefugnisse (Beschlussfassung über die Jahresabrechnung) die personenrechtliche Gemeinschaftsstellung der Wohnungseigentümer zu stark aushöhlt und deshalb der Inhaltskontrolle nach § 242 BGB nicht standhält.[315] Der BGH hat die Frage offen gelassen, weil die Eigentümergemeinschaft in einer Versammlung die Abrechnung wirksam beschlossen hatte, wozu sie auch befugt war, falls bereits aufgrund der Genehmigungsfiktion eine bestandskräftige Abrechnung vorgelegen haben sollte. Die Eigentümergemeinschaft kann, über eine schon geregelte Angelegenheit erneut beschließen. Sie muss dabei aber schutzwürdige Belange eines Wohnungseigentümers aus Inhalt und Wirkung des Erstbeschlusses beachten.[316] Aber selbst wenn eine Regelung in der Gemeinschaftsordnung, wonach die Jahresabrechnung und der Wirtschaftsplan des Verwalters als genehmigt gelten, wenn nicht innerhalb einer bestimmten Frist Widerspruch eingelegt wird, rechtlich wirksam sein sollte,[317] tritt die Wirkung jedenfalls dann nicht ein, wenn der Verwalter zugleich mit der Übersendung der Jahresabrechnung zu einer Eigentümerversammlung einlädt, deren Tagesordnung u.a. den Punkt „Genehmigung der Jahresabrechnung" umfasst. Die Genehmigungsfiktion soll die Arbeit des Verwalters erleichtern, indem ihm die Möglichkeit eingeräumt wird, von der Vorschrift des § 28 Abs. 5 abzuweichen, die eine Beschlussfassung der Wohnungseigentümer vorsieht. Legt der Verwalter gleichwohl die Abrechnung der Eigentümerversammlung zur Beschlussfassung vor, dann erklärt er damit zugleich konkludent, dass er von Genehmigungsfiktion für die konkret vorgelegte Jahresabrechnung keinen Gebrauch macht.[318] Erfolgt eine Beschlussfassung, so ist allein der Beschluss maßgebend.[319] Die Gemeinschaftsordnung kann auch regeln, dass vor der Genehmigung der Abrechnung eine Rechnungsprüfung durch den Verwaltungsbeirat, durch einen oder mehrere Wohnungseigentümer als gewählte Rechnungsprüfer oder durch einen außen stehenden Dritten (z.B. Treuhandgesellschaft) erfolgt. Die in einem **Verwaltervertrag** enthaltene Klausel „Die vom Verwalter erstellte Jahresabrechnung gilt gegenüber dem Verwalter als genehmigt, wenn die Wohnungseigentümergemeinschaft nicht innerhalb von vier Wochen nach Vorlage Einwendungen erhebt." ist unwirksam.[320]

5. Delegation der Genehmigung

146 Ein Mehrheitsbeschluss, der die Entscheidung über die Billigung der Jahresabrechnung und über die Entlastung des Verwalters auf den Verwaltungsbeirat überträgt, ist **nichtig**.[321] Die Wohnungseigentümer können aber die Jahresabrechnung vorbehaltlich einer Prüfung durch den Verwaltungsbeirat genehmigen. In diesem Fall steht der Eigentümerbeschluss unter der **aufschiebenden Bedingung** einer Billigung durch den Verwaltungsbeirat und wird mit deren Versagung endgültig wirkungslos.[322] Die Anfechtungsfrist beginnt in einem solchen Fall erst mit der Billigung der Abrechnung durch den Beirat zu laufen. Wirksam ist auch ein Beschluss, der die Jahresabrechnung unter der aufschiebenden Bedingung genehmigt, dass ein bestimmter Wohnungseigentümer diese innerhalb von zwei Wochen ebenfalls genehmigt.[323] Die **Gemeinschaftsordnung** kann die Beschlusskompetenz für die Jahresabrechnung wirksam auf den Verwaltungsbeirat übertragen. Beschlüsse des Verwaltungsbeirats, die gegen das Gesetz, Beschlüsse der Wohnungseigentümer oder die Gemeinschaftsordnung – z.B. im Hinblick auf den Kostenverteilungsschlüssel – verstoßen,

---

312 BayObLG 2Z BR 105/97, WuM 1997, 691.
313 OLG Hamm 15 W 169/80, OLGZ 1982, 20, 26.
314 BayObLG BReg 2 Z 97/87, DNotZ 1989, 428, 429 m. Anm. *Weitnauer*, S. 430 ff. und Anm. *Böttcher*, Rpfl 1990, 161.
315 KG 24 W 1434/90, ZMR 1990, 428 [Vorlagebeschluss]; **a.A.** OLG Frankfurt 20 W 426/84, OLGZ 1986, 45.
316 BGH V ZB 8/90, NJW 1991, 979.
317 Offen gelassen von BGH V ZB 8/90, NJW 1991, 979.
318 KG 24 W 6358/90, WuM 1991, 417.
319 BGH V ZB 8/90, NJW 1991, 979; OLG München 34 Wx 46/07, ZMR 2009, 64.
320 OLG München 32 Wx 118/08, NJW 2008, 3574.
321 *Wenzel*, ZWE 2001, 226, 235.
322 BayObLG 2Z BR 77/96, WuM 1996, 722.
323 OLG Köln 16 Wx 142/04, NZM 2005, 23.

sind nichtig.³²⁴ Beschließt die Eigentümerversammlung trotz Beschlusskompetenz des Verwaltungsbeirats über die Jahresabrechnung, ist dieser Beschluss nicht nichtig.³²⁵

VII. Anspruch auf Erstellung der Jahresabrechnung

Der Anspruch auf Erstellung der Jahresabrechnung kann gemäß § 43 Nr. 3 gegen den Verwalter gerichtlich durchgesetzt werden. Da die Einzelabrechnungen für jeden Wohnungseigentümer Teil der Jahresabrechnung sind, hat jeder einzelne Wohnungseigentümer einen individuellen Anspruch auf Erstellung der Abrechnung und ist daher allein klagebefugt.³²⁶ Verlangt ein Wohnungseigentümer die Erstellung von Jahresabrechnungen, tritt Erledigung der Hauptsache ein, wenn der Verwalter Jahresabrechnungen zur Akte reicht, die den formalen Mindestanforderungen genügen. Unerheblich ist, ob die Jahresabrechnungen an sachlichen Fehlern leiden. Die Wohnungseigentümer haben über die Jahresabrechnungen zunächst durch Beschluss zu entscheiden.³²⁷ Der Anspruch auf Abrechnung der eingezahlten Vorschüsse und Auszahlung eines Guthabens geht mit der Eigentumsübertragung auf den Rechtsnachfolger über und kann deshalb nicht mehr durch den Veräußerer gerichtlich geltend gemacht werden.³²⁸ Sonstige Abrechnungspflichten außerhalb der Jahresabrechnung gibt es gegenüber einem ausgeschiedenen Wohnungseigentümer nicht.³²⁹

147

Streitig ist, ob eine gerichtliche Entscheidung (Titel), wonach der Verwalter eine ordnungsgemäße Jahresabrechnung zu erstellen hat, nach § 887 ZPO (Ersatzvornahme) oder nach § 888 ZPO (Zwangsgeld) vollstreckt wird. Nach hier vertretender Ansicht erfolgt die Vollstreckung grundsätzlich nach § 887 ZPO, denn die Erstellung der Jahresabrechnung ist keine höchstpersönliche Leistung, sondern jedem möglich, der über die nötigen Kenntnisse, die Gemeinschaftsordnung und die Zahlungsbelege verfügt.³³⁰ Bei einem Verwalterwechsel während des Wirtschaftsjahres muss der neue Verwalter die Jahresabrechnung erstellen (siehe Rn 162). Daraus folgt, dass die Erstellung der Jahresabrechnung keine höchstpersönliche Leistung ist. Der alte Verwalter ist allerdings noch zur Rechnungslegung verpflichtet. Ein Titel, der den Verwalter zur Rechnungslegung verpflichtet, ist nach § 888 ZPO zu vollstrecken (siehe Rn 239). Die Vollstreckung des Titels auf Erstellung der Jahresabrechnung durch Ersatzvornahme nach § 887 ZPO ist ebenfalls erst dann möglich, wenn bereits die Zahlungsbelege herausgegeben sind und Rechnungslegung erfolgt ist. Der Titel, wonach der Verwalter eine ordnungsgemäße Jahresabrechnung zu erstellen hat, umfasst als Minus die Verpflichtung zur Rechnungslegung. Ist die Rechnungslegung noch nicht erfolgt, ist der Titel, der den Verwalter verpflichtet, eine ordnungsgemäße Jahresabrechnung zu erstellen, zunächst nach § 888 ZPO zu vollstrecken.³³¹

148

Kommt ein Beschluss über die Jahresabrechnung nicht zustande, so kann jeder einzelne Wohnungseigentümer gerichtliche Hilfe in Anspruch nehmen.³³² Nach hier vertretener Ansicht sind die Wohnungseigentümer, die der Jahresabrechnung nicht zugestimmt haben, auf Zustimmung in Anspruch zu nehmen.³³³ Nach Meinung des KG ist der Antrag eines Wohnungseigentümers, einen anderen zur Zustimmung einer abgelehnten Jahresabrechnung zu verpflichten, als Antrag auf Festlegung der Jahresabrechnung durch das Gericht mit Bindungswirkung für und gegen alle Wohnungseigentümer aufzufassen.³³⁴ Das KG ist der Auffassung, die Ersetzung der Zustimmung durch Gerichtsbeschluss (§ 894 ZPO) sei problematisch, weil die Abstimmung bereits abgeschlossen ist und die Ansicht der Wohnungseigentümer, die zugestimmt haben, sich inzwischen gewandelt haben könnte. Dagegen spricht, dass die Zustimmung des in Anspruch genommenen Wohnungseigentümers durch das Gericht nur dann ersetzt wird, wenn ein Mehrheitsbeschluss über die Jahresabrechnung ordnungsmäßiger Verwaltung entspricht und in diesem Fall auch die anderen Wohnungseigentümer zur Zustimmung verpflichtet bleiben. Das KG bejaht zu Recht das Rechtsschutzbedürfnis für den Antrag auf Festlegung der Jahresabrechnung durch das Gericht nur, wenn der Antragsteller vorher im Rahmen des Möglichen und Zumutbaren versucht hat, eine Entscheidung der Eigentümergemeinschaft zu erreichen. Hierfür soll jedoch ein Scheitern der Beschlussfassung in der vorangegangenen Eigentümerversammlung nicht ohne weiteres ausreichen.³³⁵ Dies überzeugt nicht, denn es sind keine Gründe ersichtlich, die dafür sprechen, dass ein gescheiterter Beschluss über eine Jahresabrechnung, die ordnungsmäßiger Verwaltung entspricht, nicht genügen soll, um diese Abrechnung mit Hilfe des Gerichts durchzusetzen. Entspricht die Abrechnung nicht den gesetzlichen Anforderungen, so besteht der Anspruch auf Zustimmung nicht. Nach einer späteren Entscheidung des KG genügt jedenfalls das Scheitern der Beschlussfassung in einer fehlerhaft einberufenen Eigentümerversammlung, an der alle Wohnungseigentümer teilgenommen haben, weil davon ausgegangen werden kann, dass auch in einer ordnungsgemäß einberufenen Versammlung nicht anders entschieden werden wird.³³⁶

149

---

324 OLG Hamm 15 W 340/06, ZWE 2007, 350.
325 OLG Hamburg 2 Wx 134/99, ZMR 2003, 773, 774.
326 OLG München 34 Wx 055/06, NZM 2007, 293.
327 OLG Hamm 15 W 357/97, NZM 1998, 875; OLG München 34 Wx 055/06, NZM 2007, 293.
328 KG 24 W 7323/98, NZM 2000, 830.
329 KG 24 W 7323/98, NZM 2000, 830.
330 Ebenso: BayObLG WE 1989, 220; **a.A.** KG 1 W 1386/71, NJW 1972, 2093; LG Köln 29 T 49/96, WuM 1997, 126 m.

abl. Anm. *Rau*; OLG Köln 2 W 225/96, WuM 1997, 245: § 888 ZPO.
331 Vgl. dazu auch OLG Köln 2 W 201/97, WuM 1998, 375, 377.
332 OLG München 34 Wx 055/06, NZM 2007, 293.
333 Vgl. dazu auch *Niedenführ*, ZMR 1991, 121, 122.
334 KG 24 W 1701/92, WuM 1993, 303.
335 KG 24 W 7393/90, ZMR 1991, 447.
336 KG 24 W 1701/92, WuM 1993, 303.

VIII. Einsicht in Unterlagen

150 Jeder einzelne Wohnungseigentümer hat nach §§ 675, 666 BGB i.V.m. dem Verwaltervertrag einen Anspruch, auf Einsichtnahme in sämtliche Verwaltungsunterlagen, insbesondere in die Aufzeichnungen und Belege der Abrechnung.[337] Dieses Recht muss ihm bereits eine angemessene Zeit vor der Beschlussfassung über die Jahresabrechnung gewährt werden.[338] (Zum Recht auf Einsichtnahme in fremde Einzelabrechnungen siehe Rn 159.) Das Recht auf Einsicht in die Belege und Unterlagen wird durch eine Rechnungsprüfung des Verwaltungsbeirats oder sonstiger Personen nicht ausgeschlossen. Auch nachdem die Jahresabrechnung bereits genehmigt ist und/oder dem Verwalter Entlastung erteilt worden ist, kann jeder Wohnungseigentümer noch Einsicht in die Belege nehmen.[339] Dies gilt nicht nur, wenn der Verwalter vor der Beschlussfassung erfolglos zur Gestattung der Einsicht aufgefordert worden war, oder wenn die Anfechtungsfrist noch läuft oder wenn die Belege in einem gerichtlichen Verfahren benötigt werden, sondern grundsätzlich in jedem Fall, ohne dass der Wohnungseigentümer dem Verwalter ein besonderes berechtigtes Interesse darlegen müsste.[340] Auch der ausgeschiedene Wohnungseigentümer hat Anspruch auf Einsicht in die Verwaltungsunterlagen.[341] Von dem Recht, Einsicht in die Verwaltungsunterlagen zu nehmen, ist auch gedeckt, sich der Unterstützung und Hilfe eines weiteren Eigentümers aus der Gemeinschaft zu bedienen, jedenfalls dann, wenn es mehrerer Personen bedarf, um eine Vielzahl von Verwaltungsunterlagen zu sichten, die maßgeblichen Informationen zu sammeln und vor Ort zu bewerten.[342] Ein Dritter kann dagegen als Vertreter bzw. Ermächtigter eines Wohnungseigentümers nur dann Einsicht in die Verwaltungsunterlagen nehmen, wenn ein berechtigtes, nachvollziehbares Interesse daran dargetan und gegebenenfalls auch bewiesen ist.[343]

1. Prozessuales

151 Die Klage auf Gewährung von Einsicht in die Verwaltungsunterlagen ist gegen den Verwalter zu richten,[344] der die Unterlagen in Besitz hat. Einer Ermächtigung durch die übrigen Wohnungseigentümer bedarf der einzelne Wohnungseigentümer nicht.[345] Die übrigen Wohnungseigentümer, die beizuladen sind (vgl. § 48 Rn 7), haben die Einsichtnahme hinzunehmen.[346] Der Antrag auf Verpflichtung des Verwalters, Einsicht in die Abrechnungsunterlagen zu gewähren, kann mit dem Antrag auf Ungültigerklärung des Beschlusses über die Jahresabrechnung verbunden werden.[347] Klagt ein Wohnungseigentümer gegen den Verwalter auf Übersendung von Kopien aus den Verwalterunterlagen, sind die übrigen Wohnungseigentümer ebenso wie bei der Klage auf Gewährung von Einsicht in die Verwaltungsunterlagen beizuladen (vgl. § 48 Rn 7). Der Verwalter trägt die Darlegungs- und Beweislast für die Erfüllung des Anspruchs auf Einsichtnahme in die Verwaltungsunterlagen.[348]

2. Tatsächliche Schwierigkeiten

152 Der Verwalter kann sich gegenüber dem Einsichtsrecht nicht auf tatsächliche Schwierigkeiten berufen, die sich für ihn ergeben, wenn zahlreiche Eigentümer einer großen Liegenschaft von ihrem Anspruch auf Einsicht in die Belege Gebrauch machen.[349] Eine Grenze für das Einsichtsrecht bilden allein das Schikaneverbot und Treu und Glauben (siehe Rn 153). Das Ersuchen eines Wohnungseigentümers auf Einsichtnahme muss sich daher auf vorhandene und hinreichend genau bezeichnete Unterlagen beziehen, die ohne nennenswerten Vorbereitungsaufwand und ohne Störungen des Betriebsablaufs der Verwaltung eingesehen und fotokopiert werden können.[350] Ein Anspruch auf Einsichtnahme in die bei einem Kreditinstitut geführten Kontounterlagen besteht nicht.

3. Schikaneverbot

153 Das Recht auf Einsichtnahme in die Verwaltungsunterlagen ist nach Maßgabe des Grundsatzes von Treu und Glauben und unter **Beachtung des Schikaneverbotes** (§§ 242, 226 BGB) auszuüben.[351] Ein Verstoß gegen diese Grundsätze liegt z.B. vor, wenn der Wohnungseigentümer eine ihm angebotene ausreichende Gelegenheit zur Einsichtnahme ohne Grund oder in einer sonst gegen Treu und Glauben verstoßenden Weise nicht wahrgenommen hat.[352] Art, Umfang und Dauer der Möglichkeit der Einsichtnahme richten sich nach dem Informationsbedürfnis und dem Umfang der Belege.[353] Ein Wohnungseigentümer kann grundsätzlich, insbesondere nach längerem Zeitablauf, erneut Einsicht in die Verwaltungsunterlagen nehmen.[354] Erforderlich und ausreichend wird es in der Regel sein, wenn die Belege und Unterlagen zwischen Mitteilung der Abrechnung, und dem Termin der Eigentümerversammlung, die über die Geneh-

---

337 BGH V ZR 66/10, ZWE 2011, 212; OLG München 34 Wx 27/06, NZM 2006, 512.
338 BayObLG BReg 2 Z 16/72, BayObLGZ 1972, 246, 247.
339 BGH V ZR 66/10, ZWE 2011, 212; BayObLG 2Z BR 113/03, ZMR 2004, 839, 840.
340 BGH V ZR 66/10, ZWE 2011, 212.
341 KG 24 W 7323/98, NZM 2000, 830.
342 LG Hamburg 318 S 7/11, ZMR 2012, 292.
343 LG Hamburg wie vor.
344 BayObLG 2Z BR 76/99, NJW-RR 2000, 463, 463.
345 BGH V ZR 66/10, ZWE 2011, 212.
346 KG 24 W 7323/98, NZM 2000, 830 [noch zum FGG-Verfahren].
347 BayObLG 2Z BR 139/01, NZM 2003, 905; OLG München 34 Wx 46/07, ZMR 2009, 64, 65.
348 LG Hamburg 318 S 7/11, ZMR 2012, 292.
349 BayObLG 2Z BR 175/99, NZM 2000, 873, 874.
350 OLG Hamm 15 W 124/97, NZM 1998, 724.
351 BGH V ZR 66/10, ZWE 2011, 212.
352 BayObLG BReg 2 Z 83/77; BayObLGZ 1978, 231, 234.
353 BayObLG BReg 2 Z 83/77; BayObLGZ 1978, 231, 233.
354 LG Hamburg 318 S 7/11, ZMR 2012, 292.

migung der Abrechnung beschließen soll, eine angemessene Zeit lang in der Wohnungseigentumsanlage zur Einsichtnahme bereitgehalten werden. Die Wohnungseigentümer sind gleichzeitig mit der Mitteilung der Abrechnung über die Möglichkeit der Einsichtnahme zu informieren. Der Umfang des Einsichtsrechts kann durch Vereinbarung eingeschränkt werden. Die Einsichtnahme darf dem Wohnungseigentümer aber nicht verweigert werden, wenn von ihr seine Entscheidung abhängt, ob er den Beschluss über die Genehmigung der Abrechnung anficht. Durch einen Mehrheitsbeschluss ist das Recht auf Einsichtnahme in die Belege nicht abdingbar, da insoweit elementare Rechte des einzelnen Wohnungseigentümers berührt werden.[355]

4. Leistungsort

Die Unterlagen sind **grundsätzlich in den Geschäftsräumen des Verwalters** zur Einsichtnahme zugänglich zu machen.[356] Hat aber der Verwalter seinen Sitz sehr weit entfernt von der Wohnungseigentumsanlage, so haben die Eigentümer ausnahmsweise auch Anspruch darauf, in die Verwaltungsunterlagen am **Sitz der Wohnungseigentumsanlage** Einsicht zu nehmen.[357] Diese Einsichtnahme hat aus Kostengründen grundsätzlich im Zusammenhang mit einer Wohnungseigentümerversammlung zu erfolgen. Ein Wohnungseigentümer, der die Einsichtnahme am Sitz der Wohnungseigentumsanlage unabhängig von einer Versammlung verlangt, muss in diesem besonderen Fall ein besonderes rechtliches Interesse für das außerordentliche Einsichtsverlangen darlegen.[358] Für einen Antrag auf Gewährung von Einsicht in die Buchungsunterlagen des Verwalters kann das Rechtsschutzbedürfnis fehlen, wenn sich der Verwalter ausdrücklich bereit erklärt hat, die Einsicht in seinen Geschäftsräumen zu gewähren, der Wohnungseigentümer aber auf Aushändigung der Unterlagen oder Einsichtnahme außerhalb der Geschäftsräume beharrt.[359] Dies gilt jedenfalls dann, wenn sich die Geschäftsräume der Verwaltung und die Eigentumswohnanlage in zumutbarer räumlicher Entfernung befinden. Das Recht des einzelnen Wohnungseigentümers auf Einsichtnahme in die Verwaltungsunterlagen begründet wegen der damit verbundenen Verlustgefahr **keinen Anspruch auf Herausgabe** der Unterlagen an den Wohnungseigentümer[360] und auch **kein Recht auf Einsichtnahme an einem neutralen Ort**.[361] Überlässt der Verwalter einem Wohnungseigentümer Verwaltungsunterlagen zur Prüfung außerhalb seiner Geschäftsräume, kommt regelmäßig ein Leihvertrag zustande, so dass der Verwalter gemäß § 604 Abs. 1 BGB die Herausgabe der Unterlagen im eigenen Namen verlangen kann.[362]

5. Abschriften

Dem Wohnungseigentümer ist in den Geschäftsräumen des Verwalters Gelegenheit zu geben, sich auf seine Kosten selbst **Abschriften** zu fertigen oder fertigen zu lassen.[363] Kosten von 0,30 EUR pro Kopie können als angemessen angesehen werden.[364] Ein Anspruch gegen den Verwalter auf Erteilung von Abschriften der Abrechnungsunterlagen kann sich aus der Gemeinschaftsordnung ergeben.[365] Der Anspruch auf Einsicht in die Verwaltungsunterlagen schließt den Anspruch ein, vom Verwalter die Fertigung und Übersendung von **Kopien** Zug um Zug **gegen Erstattung der entstehenden Kosten** zu verlangen, wenn Treu und Glauben dies gebieten.[366] Das Verlangen, alle Belege eines Wirtschaftsjahres kopiert und zugesandt zu erhalten, kann im Einzelfall gegen das Schikaneverbot verstoßen.[367] Ein Mehrheitsbeschluss, wonach die Erstellung und Aushändigung von Kopien nur gegen Vorkasse erfolgt, widerspricht nicht ordnungsgemäßer Verwaltung, wenn eine entgegenstehende Vereinbarung nicht besteht.[368]

IX. Anspruch auf Auskunft

Die Wohnungseigentümer haben einen gemeinschaftlichen Anspruch auf **Auskunft** über die Einzelheiten der Abrechnung (§ 666 BGB). Verbleiben trotz Auskunft Zweifel an der Vollständigkeit der Abrechnung, so kann die Abgabe einer eidesstattlichen Versicherung verlangt werden (§ 259 Abs. 2 BGB). Bei der Verpflichtung zur Auskunftserteilung handelt es sich regelmäßig um eine unvertretbare Handlung, die nach § 888 Abs. 1 ZPO zu vollstrecken ist.[369] Das Ausscheiden aus dem Verwalteramt und die Übergabe der Verwaltungsunterlagen an den neuen Verwalter führen nicht zur Unmöglichkeit (§ 275 BGB) des Auskunftsanspruchs, denn der ausgeschiedene Verwalter ist im Rahmen des Zumutbaren verpflichtet, sich alle erforderlichen Unterlagen von dem neuen Verwalter wieder zu beschaffen, um die Auskunftsverpflichtung erfüllen zu können.[370]

---

355 OLG Hamm 15 W 200/87, NJW-RR 1988, 597, 598.
356 BGH V ZR 66/10, ZWE 2011, 212; OLG Köln 16 Wx 241/05, NZM 2006, 702; *Merle* in Bärmann, § 28 Rn 104.
357 OLG Köln 16 Wx 10/01, ZMR 2001, 851; *Greiner*, Rn 1675; **a.A.** *Jennißen* in Jennißen, § 28 Rn 173; offen gelassen BGH V ZR 66/10, ZWE 2011, 212.
358 OLG Köln 16 Wx 10/01, ZMR 2001, 851.
359 BayObLG WE 1989, 145, 146.
360 OLG München 34 Wx 27/06, NZM 2006, 512.
361 KG 24 W 7323/98, NZM 2000, 830; OLG Köln 16 Wx 241/05, NZM 2006, 702.
362 BGH V ZR 21/11, ZWE 2011, 361.
363 BGH V ZR 21/11, ZWE 2011, 361.
364 OLG München 32 Wx 177/06, NZM 2007, 692.
365 OLG Karlsruhe 3 W 8/76, MDR 1976, 758; OLG Zweibrücken WE 1991, 334.
366 BGH V ZR 21/11, ZWE 2011, 361; OLG München 34 Wx 27/06, NZM 2006, 512; *Jennißen* in Jennißen, § 28 Rn 174.
367 OLG München 34 Wx 27/06, NZM 2006, 512.
368 BayObLG 2Z BR 168/03, NZM 2004, 509, 510.
369 Zöller/*Stöber*, § 888 Rn 3, Stichwort: „Auskunft".
370 LG Saarbrücken 5 S 16/09, ZMR 2010, 402, 403 m. Anm. *Drasdo*.

157 Außerhalb von Eigentümerversammlungen ist der Verwalter dem einzelnen Wohnungseigentümer gegenüber nicht zu Auskünften verpflichtet.[371] Machen die Wohnungseigentümer von ihrem gemeinschaftlichen Auskunftsrecht allerdings keinen Gebrauch, steht der Auskunftsanspruch jedem einzelnen Wohnungseigentümer zu.[372] Ein individueller Anspruch auf Auskunftserteilung, der von jedem einzelnen Wohnungseigentümer gemäß § 43 Nr. 3 geltend gemacht werden kann, besteht zudem dann, wenn sich das Auskunftsverlangen auf Angelegenheiten bezieht, die ausschließlich ihn betreffen.[373] Soweit die Auskunft dagegen der Durchsetzung eines gemeinschaftlichen Anspruchs gegen den Verwalter dient, steht der Auskunftsanspruch allen Wohnungseigentümern gemeinschaftlich zu.

X. Fälligkeit der Abrechnung

158 Der Verwalter hat die Abrechnung vorzulegen, ohne dass es einer Aufforderung durch die Wohnungseigentümer bedarf.[374] § 28 Abs. 3 nennt als maßgeblichen Zeitpunkt den Ablauf des Kalenderjahres. Eine genaue Frist hat der Gesetzgeber nicht bestimmt. Sofern durch den Verwaltervertrag oder die Teilungserklärung keine Frist bestimmt ist, hat der Verwalter die Abrechnung und den Wirtschaftsplan in den ersten Monaten des neuen Wirtschaftsjahres vorzulegen.[375] Die verspätete Vorlage der Jahresabrechnung kann wichtiger Grund für die Abberufung des Verwalters sein (siehe § 26 Rn 105). Einen Anspruch gegen den Verwalter auf Schadensersatz statt der Leistung wegen Nichterstellung der Jahresabrechnung haben die Wohnungseigentümer nur, wenn die Voraussetzungen des § 281 BGB vorliegen.[376] Nicht zu vertreten hat der Verwalter eine Verzögerung bei Erstellung einer Jahresabrechnung, die den Anforderungen der Gemeinschaftsordnung entspricht, wenn der Grund hierfür im Verantwortungsbereich eines Dritten liegt, der – wie z.B. ein Versorgungs- oder Abrechnungsunternehmen – nicht Erfüllungsgehilfe des Verwalters ist, sondern auf der Grundlage eines mit der Wohnungseigentümergemeinschaft bestehenden Vertrages für die Wohnungseigentümer tätig wird.[377]

XI. Keine Übersendung aller Einzelabrechnungen

159 Der Verwalter ist verpflichtet, den Wohnungseigentümern die schriftliche Abrechnung vor der Eigentümerversammlung, die über die Genehmigung der Jahresabrechnung beschließen soll, vorzulegen, d.h. zu übersenden.[378] Zu übersenden ist die **Gesamtabrechnung und die jeweilige Einzelabrechnung**. Es ist jedoch nicht erforderlich, jedem Wohnungseigentümer sämtliche Einzelabrechnungen zuzusenden.[379] Das OLG Köln hat seine abweichende Auffassung dahin konkretisiert, dass zwar nicht die Übersendung aller Einzelabrechnungen geboten sei, aber jeder stimmberechtigte Eigentümer vor (und während) der Versammlung ausreichend Gelegenheit haben müsse, alle Einzelabrechnungen der übrigen Miteigentümer in zumutbarer Weise zu überprüfen.[380] Es genüge nach Ansicht des OLG Köln insoweit nicht, dass der Verwalter die entsprechenden Unterlagen lediglich mitführt, ohne die Eigentümer auf deren Vorhandensein und die Einsichtsmöglichkeit hinzuweisen.[381]

160 Das **Recht auf Einsichtnahme in fremde Einzelabrechnungen** folgt daraus, dass sich die Stimmabgabe jedes einzelnen Wohnungseigentümers bei der Beschlussfassung auch auf die Genehmigungen der fremden Einzelabrechnungen erstreckt und deshalb auch für diese Abrechnungen eine Kontrollmöglichkeit der einzelnen Wohnungseigentümer bestehen muss.[382] Das Bundesdatenschutzgesetz steht diesem Anspruch nicht entgegen, da die Wohnungseigentümergemeinschaft keine anonyme Gemeinschaft ist und die Einsichtnahme dem Zweck des Gemeinschaftsverhältnisses dient.[383] Das Verlangen nach Erstellung von **Kopien der Einzelabrechnungen** ist in der Regel nicht rechtsmissbräuchlich, wobei Kosten von 0,30 EUR pro Kopie als angemessen angesehen werden können.[384]

161 Zum Ort an dem Einsicht in Unterlagen zu gewähren ist siehe Rn 154.

---

371 BGH V ZR 66/10, ZWE 2011, 212.
372 BGH V ZR 66/10, ZWE 2011, 212.
373 BGH V ZR 66/10, ZWE 2011, 212.
374 OLG Hamm OLGZ 1975, 158.
375 BayObLG BReg 2 Z 18/90, NJW-RR 1990, 660; für drei bis höchstens sechs Monate OLG Düsseldorf 3 Wx 8/02, NZM 2002, 487, 488 ebenso OLG Zweibrücken 3 W 153/06, ZMR 2007, 887; OLG Brandenburg 13 Wx 4/06, NZM 2007, 774.
376 Vgl. KG 24 W 5725/91, WuM 1993, 142 [zu § 326 BGB a.F.].
377 OLG Brandenburg 13 Wx 4/06 NZM 2007, 774.
378 Ebenso *Merle* in Bärmann, § 28 Rn 96; **a.A.** *Drasdo*, WE 1996, 12, 13.
379 Ebenso LG Itzhoe 11 S 6/08; ZMR 2009, 142; AG Kerpen 15 II 27/95, WuM 1997, 124; *Drasdo*, WE 1996, 12; *Merle* in Bärmann, § 28 Rn 96; Staudinger/*Bub*, § 28 Rn 528; **a.A.**: OLG Köln 16 Wx 36/95, WE 1995, 222 m. abl. Anm. *Seuß*, S 223, *Deckert*, S 228, *Drasdo*, ZMR 1995, 325 = und *Demharter*, FG Prax 1995, 171; *Schuschke*, NZM 1998, 423.
380 OLG Köln 16 Wx 80/05, NZM 2006, 66 m. Anm. *Drasdo*, ZMR 2006, 225; **a.A.** LG Itzhoe 11 S 6/08; ZMR 2009, 142.
381 OLG Köln 16 Wx 200/06, NZM 2007, 366; **a.A.** LG Itzhoe 11 S 6/08; ZMR 2009, 142.
382 OLG München 32 Wx 177/06, NZM 2007, 692.
383 OLG München 32 Wx 177/06, NZM 2007, 692 m.w.N.
384 OLG München 32 Wx 177/06, NZM 2007, 692 m.w.N.

XII. Verwalterwechsel

Sofern die Teilungserklärung oder der Verwaltervertrag nichts anderes bestimmen, muss derjenige Verwalter die Jahresabrechnung erstellen, der bei Fälligkeit der Abrechnung Amtsinhaber ist. (Zur Fälligkeit siehe Rn 158.) Da die Verpflichtung des Verwalters zur Aufstellung der Jahresabrechnung nach Ablauf des Wirtschaftsjahres entsteht, hat der zum 1.1. des Folgejahres bestellte neue Verwalter die Jahresabrechnung für das Vorjahr zu erstellen, wenn sein Vorgänger während des Vorjahres oder zum Jahresende (31.12.) ausgeschieden ist.[385] Die Wohnungseigentümer können aber vom alten Verwalter **Rechnungslegung** gemäß § 28 Abs. 4 verlangen.[386] Die Verpflichtung des ausgeschiedenen Verwalters zur Rechnungslegung umfasst neben der verständlichen und nachvollziehbaren Darlegung aller Einnahmen und Ausgaben auch – unter Beifügung der entsprechenden Belege – eine Aufstellung der noch bestehenden Forderungen, Verbindlichkeiten und Kontostände (siehe auch Rn 238).[387] Ein Verwalter, dessen Amtszeit am 31.12. endet, ist also grundsätzlich nur zur Rechnungslegung für das abgelaufene Jahr verpflichtet (§ 28 Abs. 4), während der neue Verwalter auf der Grundlage dieser Rechnungslegung die Jahresabrechnung (§ 28 Abs. 3) zu erstellen hat. Gegen gesonderte Vergütung kann der ausgeschiedene Verwalter allerdings auch zur Erstellung der Jahresabrechnung, die die Einzelabrechnungen umfasst, verpflichtet sein.[388] Umgekehrt kann sich der neue Verwalter verpflichten, die Abrechnung zu erstellen, die bereits vor seinem Amtsantritt fällig geworden ist. Ob er hierfür eine gesonderte Vergütung erhält, hängt von der mit den Wohnungseigentümern getroffenen Vereinbarung ab.[389] Es widerspricht nicht ordnungsgemäßer Verwaltung, wenn die Wohnungseigentümer beschließen, die Jahresabrechnung für einen Zeitraum vor der Amtszeit des Verwalters durch einen Dritten erstellen zu lassen.[390]

D. Buchführung für die WEG-Verwaltung

Ein Verwalter, der gewerbsmäßig WEG-Verwaltung betreibt, ist nach den Vorschriften des HGB zur Buchführung für seinen eigenen Geschäftsbetrieb verpflichtet (auch bezeichnet als Finanz- oder Geschäftsbuchführung oder financial accounting). Die betriebliche Buchführung dokumentiert durch die Aufzeichnung aller Geschäftsvorfälle die Tätigkeit eines Unternehmens und ermöglicht dadurch eine **Rechenschaftslegung** gegenüber Anteilseignern, Banken, dem Staat und der Öffentlichkeit. Außerdem ermöglicht die Buchführung den **periodischen Erfolg** zu ermitteln (Bilanz, Gewinn und Verlustrechnung).

Darüber hinaus hat der WEG-Verwalter aber als wirtschaftlicher Treuhänder der Wohnungseigentümer eine von seinem Betrieb getrennte und gesonderte Buchführung über alle Geschäftsvorfälle der Wohnungseigentümergemeinschaft zu betreiben (Verwaltungsbuchführung). Vorgaben für die Buchführung des WEG-Verwalters ergeben sich aus den Bestimmungen des WEG in Verbindung mit den Vorschriften des BGB über die Rechnungslegung (§ 259 BGB). Die Verwaltungsbuchführung muss danach so organisiert sein, dass sie für Wirtschaftsplan, Jahresabrechnung und eine Einnahmen- und Ausgabenübersicht ermöglicht.

I. Grundsätze ordnungsmäßiger Buchführung

Voraussetzung für eine ordnungsgemäße Abrechnung ist eine Buchführung des Verwalters, die den wesentlichen Grundsätzen einer ordnungsgemäßen Buchführung entspricht. Aufzeichnungen und Belege über die Einnahmen und Ausgaben und über den Stand der Gemeinschaftskonten müssen vollständig und richtig sein und zeitlich sowie nach Sachgruppen geordnet sein. Die Grundsätze ordnungsmäßiger Buchführung sind ein unbestimmter Rechtsbegriff. Er spezifiziert die gesetzlichen Regelungen und wird fortlaufend an den gesellschaftlichen und wirtschaftlichen Wandel angepasst. Die formellen GoB sollen Klarheit und Übersichtlichkeit der Aufzeichnung sicherstellen.

1. Dokumentationsprinzip

Dieses verlangt die **vollständige, richtige, zeitgerechte und geordnete Dokumentation** aller Zahlungs- und Buchungsvorgänge. Die einzelnen Vorgänge sind danach in einem sinnvoll angelegten **Kontenplan** nach **Belegnummerierung** und **Datum** identifizierbar zu verbuchen. Der Kontenplan richtet sich nach den Anforderungen der einzelnen Wohnungseigentümergemeinschaft.[391] Es empfiehlt sich, die Sachkonten entsprechend der Gliederung der Jahresabrechnung zu bilden. Außerdem ist es geboten, für jeden Wohnungseigentümer ein eigenes Beitragskonto

---

[385] OLG Köln 16 Wx 88/85, OLGZ 1986, 163; OLG Hamburg 2 W 61/86, OLGZ 1987, 188; OLG Hamm 15 W 260/92, NJW-RR 1993, 847; OLG Celle 4 W 107/05, ZMR 2005, 718/719; OLG München 34 Wx 055/06, NZM 2007, 293; OLG Zweibrücken 3 W 153/06, ZMR 2007, 887.

[386] OLG Hamburg 2 W 61/86, OLGZ 1987, 188; OLG Zweibrücken 3 W 153/06, ZMR 2007, 887; **a.A.** OLG Köln 16 Wx 88/85, OLGZ 1986, 163, 166: nur gegen gesonderte Vergütung.

[387] OLG München 32 Wx 93/07, FGPrax 2008, 218.

[388] OLG Stuttgart 8 W 366/76, Justiz 1980, 278.

[389] **A.A.** wohl KG 24 W 5725/91, WuM 1993 142: maßgebend sei der im Einzelfall erforderliche Arbeitsaufwand.

[390] OLG Düsseldorf 3 Wx 133/95, WuM 1995, 731.

[391] Vorschläge für Kontenpläne finden sich bei *Jennißen*, Verwalterabrechnung, Anhang Anlage 2 und bei *Bärmann/ Seuß*, Praxis d WEs, S. 613.

zu führen.[392] Ein Wohnungseigentümer mit durchschnittlichen Kenntnissen muss sich anhand der Bücher und Belege ohne weitere Auskünfte des Verwalters und erst recht ohne Hinzuziehung eines Sachverständigen oder Buchprüfers in angemessener Zeit einen Überblick über die Geschäftsvorfälle und den Stand des Vermögens verschaffen können.[393] Insoweit besteht ein Unterschied zu kaufmännischen Buchführung, bei der es ausreicht, dass ein sachverständiger Dritter (Buchhalter, Buchprüfer, Steuerberater, Wirtschaftsprüfer) sich in angemessener Zeit einen Überblick über die Geschäftsvorfälle und die Lage des Unternehmens verschaffen kann. Dieser Unterschied ist deshalb gerechtfertigt, weil die Buchführung für die WEG-Verwaltung dazu dient eine einfache Einnahmen- Ausgabenrechnung zu ermöglichen. Es bedarf daher weder der Bewertung von Forderungen noch der Bildung von Rechnungsabgrenzungsposten, deren Beurteilung besonderen Sachverstand erfordert. Allerdings widerspricht die Buchführung einer WEG-Verwaltung, insbesondere wenn sie EDV-gestützt ist und größere Wohnungseigentümergemeinschaften betrifft, nicht schon dann ordnungsgemäßer Verwaltung, weil sie ein Wohnungseigentümer ohne jede Sachkenntnis nicht nachvollziehen kann.[394]

2. Belegprinzip

167 Dieses besagt, dass keine Buchung ohne schriftlichen Beleg ausgeführt werden darf. In der Regel liegen natürliche Belege (Rechnungen, Quittungen, Bankauszüge) vor. Fehlen solche, so sind sog künstliche Belege anzufertigen, z.B. Umbuchungsanweisungen. Eigenbelege für tatsächliche Ausgaben kommen nur in absoluten Ausnahmefällen in Betracht (z.B. bei Trinkgeldern, die üblicherweise nicht quittiert werden). Aus dem Beleg muss sich regelmäßig ergeben der konkrete Geschäftsvorfall, die konkrete Bezeichnung des Geschäftspartners, der Bezug zur Wohnungseigentümergemeinschaft und die Höhe des Betrages.[395] Der Verwalter hat sich hinsichtlich einer objektiven und subjektiven Pflichtverletzung zu entlasten, wenn kein tauglicher Beleg vorliegt.[396] Die Belege sind systematisch zu nummerieren und so abzulegen, dass sie ohne Schwierigkeiten der jeweiligen Buchung zugeordnet werden können. In der Unternehmenspraxis wird auf dem Beleg ein Kontierungsstempel angebracht und ein **Buchungssatz** eingetragen, damit die Verbuchung nachvollzogen werden kann. Der Buchungssatz der kaufmännischen Buchführung zeigt, welche Buchungskonten betroffen sind und auf welcher Kontoseite gebucht wird. Zuerst wird das Konto genannt, bei dem im Soll gebucht wird, anschließend das Konto, bei dem im Haben gebucht wird. Beide Kontenangaben werden durch das Wort „an" verbunden. Dies kann auf die Buchführung für die WEG-Verwaltung so nicht übertragen werden (siehe Rn 171).

3. Aufbewahrungspflicht

168 Zu den Grundsätzen ordnungsmäßiger Buchführung gehört die Pflicht, Belege und Buchungsunterlagen ordnungsgemäß aufzubewahren, damit eine nachträgliche Kontrolle möglich ist. Eine ausdrückliche gesetzliche Regelung für die Dauer der Aufbewahrung von Unterlagen der Wohnungseigentümergemeinschaft gibt es nicht. Die Wohnungseigentümer können daher durch Mehrheitsbeschluss über die Dauer der Aufbewahrung entscheiden. Bei der Beschlussfassung ist aber der Grundsatz ordnungsgemäßer Verwaltung zu beachten. Die Teilungserklärung, Versammlungsprotokolle und ein Beschlussbuch sind dauernd aufzubewahren. Verträge und sonstige Unterlagen sind nicht nur für die Dauer ihrer Laufzeit aufzubewahren, sondern darüber hinaus jedenfalls solange, als wechselseitige Ansprüche noch nicht verjährt sind. Außerdem darf die Gemeinschaft nicht die Aufbewahrungsfristen verkürzen, die der Verwalter nach den handels- und steuerrechtlichen Bestimmungen beachten muss. Die Aufbewahrungspflicht für Buchungsbelege beträgt sowohl nach § 257 Abs. 1 Nr. 4, Abs. 4 HGB als auch nach § 147 AO zehn Jahre, während Schriftverkehr nach diesen Vorschriften sechs Jahre aufzubewahren ist. Diese Fristen sind auch für die Aufbewahrung von Unterlagen der Wohnungseigentümergemeinschaft maßgebend.[397] Aus § 14b Abs. 1 S 1 UStG ergibt sich die bußgeldbewehrte (§ 26a Abs. 2 UStG) Pflicht, Rechnungen im Zusammenhang mit Arbeiten an einem Grundstück 10 Jahre aufzubewahren.[398]

4. Besonderheiten für die EDV-Buchführung

169 Für die EDV- Buchführung gelten weitere Anforderungen an die Verfahrensdokumentation, an die Überwachung der Funktionssicherheit der EDV-Anlage, an die Kontrollen zur Vermeidung von System- und Bedienungsfehlern sowie an die Datensicherung. Hierzu ist auf das BMF-Schreiben vom 5.7.1978 (BStBl I, 250 ff) zu verweisen.

II. Form der Buchführung

170 Es gibt keine gesetzlichen Bestimmungen über die Form der Buchführung für die WEG-Verwaltung. Da insoweit regelmäßig auch keine Vereinbarungen bestehen, kann der Verwalter frei wählen. Als Buchführungsform kommen in

---

392 Staudinger/*Bub*, § 28 Rn 291; *Merle* in Bärmann, § 28 Rn 180.
393 Siehe etwa BayObLG BReg 2 Z 78/87, NJW-RR 1988, 19; *Bub*, Finanz- und Rechnungswesen, Rn 37.
394 Ebenso *Bub*, Rechnungswesen, Rn 37.
395 OLG Oldenburg 6 W 28/07, ZMR 2008, 238.
396 OLG Oldenburg 6 W 28/07, ZMR 2008, 238.
397 Ebenso AG Königstein 3 UR II 29/99, NZM 2000, 876.
398 Siehe dazu *Kahlen*, ZMR 2005, 837.

Betracht die Übertragungsbuchführung, das amerikanische Journal, die Durchschreibbuchführung und die interne oder externe EDV-Buchführung. Zur Aufzeichnung der Geschäftsvorfälle dienen die „Bücher". Dies sind heute in der Regel EDV-Dateien oder Computerlisten. Im sog **Grundbuch** (Journal, Memorial, Primanota, oder Tagebuch) werden alle Geschäftsvorfälle **chronologisch** aufgelistet. Das Grundbuch kann in mehrere Teilbücher (Kassenbuch, Bankkonto) aufgeteilt sein. Eine zweite Verbuchung erfolgt im sog. **Hauptbuch** nach **sachlichen Kriterien** (Sach- und Personenkonten). Aus dem Hauptbuch können Nebenbücher ausgegliedert sein, die getrennt geführt werden und deren Daten als Sammelbuchungen in das Hauptbuch einfließen. Bei der **Übertragungsbuchführung** erfolgen zuerst die Eintragungen in das Journal, dann werden sie in das Hauptbuch, das heißt auf die Konten übertragen. Bei der **Durchschreibbuchführung** werden die Buchungen in das Hauptbuch, das bedeutet in das jeweilige Konto eingetragen und in das Journal durchgeschrieben oder umgekehrt. Beim **amerikanischen Journal** sind Journal und Hauptbuch zu einem einzigen Formular vereinigt. Einige Spalten haben Journalfunktion, die übrigen Spalten haben Kontenfunktion, wobei Einnahmen und Ausgaben in getrennte Spalten eingetragen werden. Die Zahl der Hauptbuchkonten ist aus Platzgründen und aus Gründen der Übersichtlichkeit beschränkt. Geeignet ist das amerikanische Journal deshalb nur für kleinere Wohnungseigentümergemeinschaften. Das amerikanische Journal kann manuell erstellt werden. Man kann dazu aber auch ein Tabellenkalkulationsprogramm (z.B. Excel) benutzen. Bei der **EDV-Buchführung** werden die Eingaben des Buchhalters automatisch im Journal und auf den Konten gebucht. Vorherrschend ist heute die EDV-gestützte Buchführung. Traditionelle Buchführungstechniken wie die Übertragungsbuchführung und die Durchschreibbuchführung spielen heute keine Rolle mehr.

III. Buchführungssystem

Für die Einnahmen-Ausgabenrechnung des WEG-Verwalters ist die einfache Buchführung ausreichend.[399] Eine doppelte Buchführung ist nicht vorgeschrieben.[400] Bei der einfachen Buchführung, die heute handelsrechtlich nicht mehr zulässig ist, werden Einnahmen und Ausgaben buchmäßig nur auf Bestandskonten festgehalten. Die Ermittlung des Periodenerfolgs erfolgt durch einen Bestandsvergleich am Ende der Periode. Es gibt keine Erfolgskonten zur Erfassung von Aufwendungen und Erträgen, so dass keine Gewinn- und Verlustrechnung aufgestellt werden kann. Obwohl die doppelte Buchführung nicht vorgeschrieben ist, wird im Schrifttum den Verwaltern die doppelte Buchführung empfohlen.[401] Die doppelte Buchführung (kaufmännische Buchführung) hat mehrere Kennzeichen: Jeder Geschäftsfall wird doppelt gebucht, einmal in zeitlicher Reihenfolge im **Journal** (Tagebuch) und ein zweites Mal sachlich geordnet auf **Konten** (Bestandskonten, Erfolgskonten, Privatkonten). Geschäftsvorfälle werden immer auf zwei Konten (also doppelt) gebucht: Auf einem Konto im **Soll** und auf einem anderen Konto im **Haben**. Dabei sind die Buchungsregeln für die Bestandskonten, die Erfolgskonten und die Privatkonten zu beachten. Der Periodenerfolg wird auf zweifache Weise ermittelt: Erstens durch einen Bestandsvergleich über die **Bilanz**. Dabei wird das Eigenkapital aus zwei aufeinanderfolgenden Bilanzen verglichen. Die Differenz ist der Gewinn oder der Verlust des Jahres, sofern keine Privatentnahmen und Privateinlagen getätigt wurden. Zweitens über die **Gewinn und Verlustrechnung** (Erträge minus Aufwendungen gleich Gewinn oder Verlust). Der Gewinn, der in der Gewinn- und Verlustrechnung ermittelt wird, muss mit dem Gewinn übereinstimmen, der sich aufgrund des Bestandsvergleichs ergibt. Die kaufmännische doppelte Buchführung ist ein sich selbst kontrollierendes System, das die **rechnerische Richtigkeit** aller Buchungen garantiert. Die Summe aller Sollbuchungen muss mit der Summe aller Habenbuchungen übereinstimmen. In der Bilanz muss die Summe der Aktiva mit der Summe der Passiva übereinstimmen. Ist das nicht der Fall, muss der Buchhalter die Fehler suchen und berichten.

Die doppelte Buchführung, bei der die laufenden Geschäftsvorfälle sowohl auf Bestandskonten (z.B. für das Bankgirokonto und das Sparkonto) als auch auf Erfolgskonten (für Einnahme- und Ausgaben) gebucht werden, wird als üblich für berufsmäßige Verwalter bezeichnet.[402] Die vom Verwalter durchzuführende doppelte Buchführung ist jedoch nicht identisch mit der zuvor beschriebenen kaufmännischen doppelten Buchführung. Zunächst erfolgen die Buchungen im Gegensatz zur kaufmännischen doppelten Buchführung erst im Zeitpunkt der tatsächlichen Geldbewegung. Das Abrechnungsergebnis wird also nicht durch den Vergleich von Aufwand und Ertrag, sondern durch den Vergleich von Einzahlungen und Auszahlungen ermittelt. Es gilt also ebenso wie bei der Einnahmen-Überschussrechnung das Zu- und Abflussprinzip. Die Einnahmen-Überschussrechnung nach § 4 Abs. 3 EStG erlaubt Kleingewerbebetreibenden und Freiberuflern, die nicht nach HGB und Steuerrecht zur Buchführung verpflichtet sind, auf einfache Art und Weise ihren Gewinn zu ermitteln. Obwohl auch bei der Einnahmen-Überschussrechnung Geschäftsvorfälle gebucht werden, handelt es sich nicht um eine Buchführung im Sinne des Handels- und Steuerrechts, sondern um eine relativ einfache Aufzeichnung der Einnahmen und Ausgaben. Außerdem lassen sich die Buchungssätze der kaufmännischen doppelten Buchführung nicht auf die Buchführung des WEG-Verwalters übertragen. Nach kaufmännischer doppelter Buchführung würde zum Beispiel bei der Zahlung von Wohngeld die Buchung auf dem Buchungskonto Bank im Soll erfolgt, obwohl es sich um einen Zufluss handelt. Grund dafür ist, dass es sich bei dem Bestandskonto

---

399 BayObLG WE 1991, 164.
400 *Drasdo*, WuM 1993, 445; *Sauren*, WE 1994, 172; *Merle* in Bärmann, § 28 Rn 177; Staudinger/*Bub*, § 28 Rn 288.
401 Vgl. etwa *Merle* in Bärmann, § 28 Rn 177; Staudinger/*Bub*, § 28 Rn 288; *Seuß*, WE 1993, 32, 36.
402 Staudinger/*Bub*, § 28 Rn 288.

Bank um ein Aktivkonto handelt, bei dem Anfangsbestand und Zugänge im Soll (links) gebucht werden, weil der Endbestand auf die linke Seite der Bilanz (Aktivseite) fließt. Dies passt für die Buchführung der WEG-Verwaltung nicht, da dort keine Bilanz aufgestellt wird. Darüber hinaus tilgt der Wohnungseigentümer durch seine Zahlung eine Forderung der Wohnungseigentümergemeinschaft gegen ihn aus dem Wirtschaftsplan. Aus der Sicht eines Vermögensvergleichs ist dieser Vorgang erfolgsneutral. Die Forderungen nehmen ab und das Bankkonto nimmt zu. Es handelt sich um einen sogenannten Aktivtausch. Die Wohngeldzahlungen könnten daher nicht auf ein Erfolgskonto gebucht werden. Doppelte Buchführung bedeutet bei der WEG-Verwaltung danach lediglich Buchung sowohl chronologisch als auch sachlich (also doppelt) und auf sowohl auf einem oder mehreren Buchungskonten Bank als auch auf Einzahlungs- und Auszahlungskonten.

173 Diese Struktur lässt sich in der Form eines amerikanischen Journals beispielhaft wie folgt darstellen:

Journalfunktion des Bankgirokontos				Sachliche Zuordnung		
Datum	Text	Beleg	Bank	Einzahlungen		Auszahlungen
				Wo 1	Wo 2	Strom
1.1.04	WG Wo 1	Bank 1	+200	+ 200		
3.1.04	WG Wo 1	Bank 2	+300		+ 300	
15.1.04	Strom Jan	Bank 3	– 1000			– 1000
Saldo			–500	+ 200	+ 300	– 1000

Kontrollrechnung: Differenz der Summe Einzahlungen und der Summe Auszahlungen muss identisch sein mit dem Banksaldo.

E. Beitragsforderungen

174 Die Beitragsforderung werden regelmäßig durch Beschluss begründet (siehe § 16 Rn 133). Gemäß § 28 Abs. 2 sind die Wohnungseigentümer verpflichtet, dem beschlossenen **Wirtschaftsplan** entsprechende Vorschüsse zu leisten. Außerdem sind Beiträge zu beschlossenen **Sonderumlagen** zu leisten. Der Anspruch aus dem Wirtschaftsplan auf Zahlung von Vorschüssen entfällt weder mit dem Ablauf des Wirtschaftsjahres[403] noch mit der Erstellung der Jahresabrechnung durch den Verwalter.[404] Der Anspruch entfällt auch nicht, wenn für die gleiche Periode bereits ein Beschluss über die Jahresabrechnung gefasst worden ist, denn dieser Beschluss bezweckt im Regelfall nicht die Ersetzung der Schuld aus dem Wirtschaftsplan durch die Schuld aus der Jahresabrechnung.[405] Die Zahlungspflicht aus dem beschlossenen Wirtschaftsplan wird aber durch das Ergebnis der Jahresabrechnung der Höhe nach begrenzt, wenn die Einzelabrechnung einen geringeren Schuldsaldo ausweist.[406] Dies gilt auch für Forderungen aus Beschlüssen über Sonderumlagen, wenn diese in der Jahresabrechnung berücksichtigt worden sind.[407] Werden Wohngeldvorschüsse aus dem Wirtschaftsplan gerichtlich geltend gemacht, erledigt sich die Hauptsache durch den Eigentümerbeschluss über die Jahresabrechnung insoweit, als diese eine geringere Wohngeldschuld als der Wirtschaftsplan ausweist.[408] Eine Umstellung des geltend gemachten Anspruchs vom Wirtschaftsplan als Schuldgrund auf die Jahresabrechnung ist nicht geboten, weil der Beschluss über die Jahresabrechnung den Wirtschaftsplan nicht aufhebt.[409]

175 Aus der **Jahresabrechnung** kann sich die Pflicht zum Ausgleich von Fehlbeträgen oder ein Anspruch des Wohnungseigentümers auf Auszahlung eines Guthabens ergeben. Einwendungen gegen die Höhe der in der Jahresabrechnung ausgewiesenen Ausgaben und die angewandten Verteilungsschlüssel können nur durch Anfechtung des Beschlusses über die Genehmigung der Jahresabrechnung geltend gemacht werden, nicht im Zahlungsverfahren.[410] Die Anfechtung des Beschlusses über die Jahresabrechnung gebietet nicht die Aussetzung eines Verfahrens, in dem Fehlbeträge aus der Jahresabrechnung geltend gemacht werden.[411]

---

403 OLG Frankfurt 20 W 871/83, OLGZ 1984, 257.
404 BayObLG BReg 2 Z 48/76, ZMR 1977, 378.
405 BGH V ZB 16/95, NJW 1996, 725; BGH V ZB 17/99, NJW 1999, 3713; BayObLG 2Z BR 41/02, NZM 2002, 743, 744.
406 BayObLG 2Z BR 93/99, NZM 2000, 298, 299 m.w.N.; BayObLG 2Z BR 54/00, NZM 2001, 141, 142; OLG Zweibrücken 3 W 46/02, ZMR 2003, 135; OLG Hamm 15 Wx 43/08, ZMR 2009, 61, 63.
407 OLG Hamm 15 Wx 43/08, ZMR 2009, 61, 63.
408 BayObLG 2Z BR 177/98, NZM 1999, 853.
409 BGH V ZB 16/95, NJW 1996, 725.
410 BayObLG 2Z BR 129/98, NZM 1999, 281.
411 OLG Karlsruhe WuM 1991, 567, 568; BayObLG 2Z BR 2/93, WuM 1993, 298.

I. Art und Weise der Beitragszahlung

Das BGB geht als selbstverständlich davon aus, dass jede Geldschuld durch **Barzahlung** des Nennwertbetrages erfüllt werden kann.[412] Hat der Zahlungsempfänger auf Briefköpfen, Rechnungen oder ähnlichem ein Konto angegeben, so ist davon auszugehen, dass er mit einer Zahlung durch **Banküberweisung** einverstanden ist. Ist dem Schuldner ausdrücklich ein bestimmtes Konto benannt, so hat die Überweisung auf ein anderes Konto grundsätzlich keine Erfüllungswirkung.[413] Hat der Verwalter einem Wohnungseigentümer zur Zahlung von Wohngeldrückständen ein bestimmtes Girokonto mitgeteilt, so besteht kein Einverständnis mit der Überweisung auf das allgemeine Geschäftskonto des Verwalters, weshalb der Wohnungseigentümer sich bei Streit über den Zahlungseingang auf dem Geschäftskonto nicht auf Erfüllungswirkung berufen kann.[414] Erfüllungswirkung besteht aber, wenn der mit der Zahlung verfolgte Zweck trotz der Fehlleitung eingetreten ist und die Interessen des Gläubigers durch die weisungswidrige Überweisung nicht verletzt werden.[415] Die Zahlung von Wohngeld an den Verwalter hat auch dann schuldbefreiende Wirkung, wenn sie nicht auf das vom Verwalter für die Eigentümergemeinschaft eingerichtete Sonderkonto erfolgt, sondern auf das allgemeine Geschäftskonto des Verwalters, sofern dieser uneingeschränkte Verfügungsgewalt über das Geld erlangt.[416] Die Überweisung auf ein anderes als das in der Wohngeldabrechnung angegebene Konto des Verwalters hat Erfüllungswirkung, wenn der Verwalter auch das Geld auf dem zutreffenden Konto unterschlagen hat, so dass dieses der Gemeinschaft genauso wenig zur Verfügung steht, wie das fehlüberwiesene Geld.[417]

176

Regelungen über die Art und Weise von Zahlungen können gemäß § 21 Abs. 7, der durch die **WEG-Novelle 2007** in das Gesetz eingefügt worden ist, mit Stimmenmehrheit beschlossen werden.

177

Ebenso wie Gemeinschaftsordnung bestimmen kann, dass die Wohnungseigentümer dem Verwalter eine Ermächtigung zum Einzug des geschuldeten Hausgeldes zu erteilen haben[418] kann – was vorher stark umstritten war – auch durch einen Mehrheitsbeschluss, die Verpflichtung zur **Teilnahme am Lastschriftverfahren** begründet werden.

178

Die Wohnungseigentümer können auch beschließen, dass der Verwalter eine **zusätzliche Vergütung** für die Bearbeitung von Zahlungen erhält, die nicht per Lastschrift eingezogen werden. Ein derartiger Anspruch des Verwalters kann auch durch den Verwaltervertrag begründet werden, der auf einem Mehrheitsbeschluss beruht. Ist der Verwaltungsbeirat zum Abschluss des Verwaltervertrages ermächtigt, so muss sich die Ermächtigung ausdrücklich darauf erstrecken, eine solche Mehraufwandsgebühr vertraglich zu vereinbaren.[419] Die Höhe einer solchen Sondervergütung muss sich in angemessenem Rahmen halten.[420]

179

Gemäß § 21 Abs. 7 können die Wohnungseigentümer eine Regelung über die Kosten für einen besonderen Verwaltungsaufwand mit Stimmenmehrheit beschließen, so dass der einzelne Wohnungseigentümer zum Schuldner der Sondervergütung bestimmt werden darf. Dies durchbricht den allgemeinen Grundsatz, wonach Sonderpflichten eines Wohnungseigentümers nicht ohne dessen Zustimmung begründet werden können (siehe § 16 Rn 195).

180

Die Wohnungseigentümer können durch einen Mehrheitsbeschluss wirksam festlegen, dass die Zahlung der Wohngelder nicht durch **„Sammelüberweisung"** erfolgen darf, sondern nur durch Einzelüberweisung unter Angabe der Wohnung für welche die Zahlung geleistet wird.[421]

181

II. Fälligkeit

Gemäß § 21 Abs. 7, der durch die **WEG-Novelle 2007** in das Gesetz eingefügt worden ist, kann eine Regelung der Fälligkeit mit Stimmenmehrheit beschlossen werden. Diese Beschlusskompetenz steht nicht unter Vereinbarungsvorbehalt.[422]

182

1. Wohngeldvorschüsse

Die Vorschüsse werden ohne einen Beschluss auch über den **Einzelwirtschaftsplan** nicht fällig (vgl. Rn 30). Von dieser Voraussetzung abgesehen werden die Vorschüsse – soweit nichts anderes bestimmt ist – fällig nach **Abruf durch den Verwalter** (§ 28 Abs. 2, § 271 Abs. 1 BGB). Bei fehlender Vorgabe durch die Teilungserklärung kann die Fälligkeit auch durch einen mehrheitlich beschlossenen Verwaltervertrag bestimmt werden, weil dadurch der Zeitpunkt des Abrufs durch den Verwalter vertraglich festgelegt wird.[423]

183

Gemäß § 21 Abs. 7 können die Wohnungseigentümer nicht nur für den konkreten Wirtschaftsplan[424] sondern generell die Fälligkeit der Vorschüsse aus dem Wirtschaftsplan bestimmen, auch wenn die Teilungserklärung eine entgegenstehende Regelung enthält.

184

---

412 Vgl. etwa BGH XI ZR 80/93, NJW 1994, 318.
413 BGH II ZR 150/85 NJW 1986, 2428; OLG Düsseldorf 3 Wx 214/05, NZM 2006, 347.
414 AG Pinneberg 68 II 52/07 WEG, ZMR 2008, 86.
415 BGH XI ZR 207/90, NJW 1991, 3208, 3209.
416 OLG Saarbrücken 5 W 157/87, OLGZ 1988, 45 ff.; OLG München 32 Wx 73/07, ZMR 2007, 815; OLG Köln 16 Wx 244/06, ZMR 2008, 71.
417 OLG Köln 16 Wx 297/97, WuM 1998, 249.
418 BayObLG 2Z BR 107/98, WuM 1998, 749.
419 OLG Hamm 15 W 349/99, NZM 2000, 505, 506.
420 BayObLG 2Z BR 101/95, WuM 1996, 490.
421 OLG Düsseldorf 3 Wx 7/01, NZM 2001, 540.
422 Vgl. BT-Drucks 16/887 S. 27.
423 KG 24 W 747/99, NZM 2001, 238.
424 So schon bisher BGH V ZB 40/03, NJW 2003, 3550, 3553.

185 Die Wohnungseigentümer können auch eine Fälligkeitsregelung mit **Verfallklausel** beschließen und bestimmen, dass die Vorschüsse aus dem Wirtschaftsplan insgesamt zu Beginn der Wirtschaftsperiode fällig sind, aber in monatlichen Teilleistungen erbracht werden können, solange der einzelne Wohnungseigentümer nicht mit mehr als zwei Teilleistungen in Rückstand gerät. Eine solche Regelung entspricht von Ausnahmefällen abgesehen auch ordnungsgemäßer Verwaltung.[425] Dies ist jedoch dann nicht der Fall, wenn für die Eigentümergemeinschaft empfindliche Beitragsverluste absehbar sind, weil im maßgeblichen Zeitraum aufgrund konkreter Anhaltspunkte mit einer erheblichen Zahl von Insolvenzverfahren, Zwangsverwaltungen oder auch Eigentümerwechseln gerechnet werden muss.[426] Von der Verfallklausel, die durch den Verlust eines Stundungsvorteils charakterisiert wird, ist eine **Vorfälligkeitsregelung** zu unterscheiden. Eine solche liegt vor, wenn die Vorschüsse für das Wirtschaftsjahr monatlich in Teilbeträgen fällig werden, aber bei einem näher bestimmten Zahlungsverzug die Fälligkeit des gesamten noch offenen Betrages eintritt. Auch für eine solche Regelung besteht jetzt gemäß § 21 Abs. 7 Beschlusskompetenz, weil es sich um die Regelung einer Verzugsfolge handelt, die nach dieser Vorschrift mit Stimmenmehrheit beschlossen werden darf.

186 Die Vorschussleistungen sind grundsätzlich in monatlich gleichbleibender Höhe festzusetzen. Eine andere Handhabung würde dem Grundsatz ordnungsmäßiger Verwaltung widersprechen. Es entspricht nämlich dem Interesse der Gesamtheit der Wohnungseigentümer nach billigem Ermessen (§ 21 Abs. 4), dass die monatlichen Belastungen gleichmäßig sind. Dies gilt auch deshalb, weil die Vorschüsse sonst nicht per Dauerauftrag bezahlt werden könnten. Ausnahmsweise dann, wenn in einem Monat zu Beginn der Wirtschaftsperiode ein besonders hoher Finanzbedarf besteht, der nicht aus dem vorhandenen Verwaltungsvermögen zu decken ist, kann für diesen Monat ein höherer Vorschuss festgesetzt werden. Würde man dies nicht gestatten, so müsste zur Vermeidung einer Darlehensaufnahme eine Sonderumlage beschlossen werden, die im Ergebnis gleichfalls zu einer unregelmäßigen Zahlungshöhe führen würde.

2. Ansprüche aus der Jahresabrechnung

187 Voraussetzung für die **Fälligkeit** einer Forderung der Eigentümergemeinschaft aus der Jahresabrechnung ist ein Eigentümerbeschluss auch über die Einzelabrechnungen, denn Gesamtabrechnung und Einzelabrechnungen stehen in einem untrennbaren Zusammenhang. Es genügt nicht, dass aus der Gesamtabrechnung durch einfache Rechenschritte die anteiligen Kosten ermittelt werden können. Unerlässlicher Teil der Einzelabrechnungen sind nämlich die individuell geleisteten anrechenbaren Vorschüsse, weil sich erst aus ihnen ergibt, ob ein Fehlbetrag entstanden ist.[427] (Zur Möglichkeit des Erfüllungseinwands siehe Rn 102.) Auch die Einzelabrechnungen untereinander hängen zusammen. Wird z.B. eingewandt, ein Verteilungsschlüssel sei unrichtig angewandt worden, so sind davon alle Einzelabrechnungen, nicht aber die Gesamtabrechnung betroffen.[428] Ohne Beschluss auch über die Einzelabrechnung wird eine konkrete Nachzahlpflicht des einzelnen Wohnungseigentümers nicht festgelegt, mit der Folge, dass eine Grundlage für die gerichtliche Geltendmachung eines Zahlungsanspruchs fehlt. In diesem Fall ist der Wohnungseigentümer aber aufgrund des Wirtschaftsplans verpflichtet, die darin festgelegten Wohngeldvorauszahlungen bis zur Höhe des in der Endabrechnung errechneten Nachzahlungsbetrages zu leisten. Der auf den Wirtschaftsplan gestützte Anspruch ist im Verhältnis zu dem Anspruch aus der Jahresabrechnung ein vorläufiger Anspruch. Der Anspruch wird durch den Beschluss über die Gesamt- und Einzelabrechnung endgültig festgestellt. Der Beschluss über die Jahresabrechnung begrenzt die Pflicht zur Zahlung aus dem Wirtschaftsplan aber der Höhe nach auf die sich aus der Jahresabrechnung ergebende endgültige Wohngeldschuld.[429] Bestimmt die Gemeinschaftsordnung, dass Fehlbeträge aus der Jahresabrechnung der Instandhaltungsrücklage entnommen werden, dann schließt das einen Zahlungsanspruch aus der Jahresabrechnung aus.[430]

188 Aus der Niederschrift über die Eigentümerversammlung braucht nicht ausdrücklich hervorzugehen, dass auch die Einzelabrechnung beschlossen wurde. Es genügt, wenn sich aus den Umständen ergibt, über welche Abrechnungen die Wohnungseigentümer beschlossen haben. Regelmäßig wird dies der Fall sein, wenn die Abrechnungen, die den Wohnungseigentümern vor der Eigentümerversammlung übersandt worden sind.[431] Wenn den Eigentümern bei der Beschlussfassung sowohl die Gesamt- als auch die individuellen Einzelabrechnungen vorgelegen haben, sind im Zweifel beide beschlossen worden.[432] Allein der Umstand, dass auch Einzelabrechnungen erstellt worden sind, genügt nicht.[433] Der Einwand, die Einzelabrechnung, auf die der Zahlungsanspruch gestützt wird, sei gar nicht Gegenstand der Beschlussfassung gewesen, sondern eine andere, ist im Zahlungsverfahren möglich.[434] Wird eine Jahresabrechnung nachträglich für ungültig erklärt, bleibt die Vollstreckung aus dem Titel, der auf der Jahresabrechnung basiert, in Höhe des Wirtschaftsplanes zulässig. Soweit Jahresabrechnung und Wirtschaftsplan inhaltlich übereinstimmen, bilden sie einen einheitlichen Schuldgrund.[435]

---

425 BGH V ZB 40/03, NJW 2003, 3550, 3553.
426 BGH V ZB 40/03, NJW 2003, 3550, 3553.
427 BayObLG 2Z BR 132/01, NZM 2002, 1033, 1034.
428 BayObLG BReg 2 Z 44/90, WuM 1990, 616; str. **a.A.** z.B. *Bader*, DWE 1991, 51.
429 BayObLG WE 1991, 24.
430 BayObLG 2Z BR 268/03, ZMR 2005, 64, 65.
431 BayObLG 2Z BR 5/93, WuM 1993, 487, 488.
432 OLG Brandenburg 13 Wx 9/07, ZMR 2008, 386.
433 OLG München 34 Wx 46/07, ZMR 2009, 64, 65.
434 BayObLG 2Z BR 129/98, NZM 1999, 281, 282.
435 OLG Düsseldorf 3 Wx 211/97, WuM 1997, 519.

Eine neue originäre Schuld begründet die Jahresabrechnung nur für die **Abrechnungsspitze** (zum Begriff siehe Rn 93).[436] Eine Ersetzung der Schuld aus dem Wirtschaftsplan durch die Schuld aus der Jahresabrechnung (Novation) ist regelmäßig nicht bezweckt.[437] Aus der bestätigenden und rechtsverstärkenden Wirkung, die der Beschluss über die Jahresabrechnung für offene Vorschussforderungen hat, folgt kein zusätzlicher Schuldgrund in Form eines Schuldanerkenntnisses oder eines Abrechnungsvertrages analog § 782 BGB.[438] Die verstärkende Wirkung des Beschlusses über die Jahresabrechnung besteht lediglich darin, dass der Korrekturvorbehalt, unter dem die Vorschusszahlungen stehen, entfällt.[439] Unabhängig davon, **ob ein Eigentümerwechsel stattgefunden hat**, kann der Anspruch auf Zahlung von Wohngeldvorschüssen nicht auf einen in der Einzelabrechnung ausgewiesenen Fehlbetrag gestützt werden, der über die Abrechnungsspitze hinaus rückständige Wohngelder nach dem Wirtschaftsplan enthält.[440] Soweit die anteilig umgelegten tatsächlichen Lasten und Kosten den beschlossenen Vorschüssen entsprechen oder sie übersteigen, belegt die Abrechnung, dass die Vorschüsse zu Recht festgesetzt worden sind. Die Jahresabrechnung beseitigt so die Unsicherheiten, mit denen eine Planung naturgemäß behaftet ist und verstärkt so die Berechtigung der Gemeinschaft zur Einziehung der auf diesem Wirtschaftsplan gründenden Vorschussansprüche.[441]

III. Verzug mit Beiträgen

Die **Information** der Mitglieder der Wohnungseigentümergemeinschaft über säumige Wohnungseigentümer verstößt auch dann nicht gegen Bestimmungen des Datenschutzes, wenn der Verwalter eine Liste versendet, aus der sich die Höhe der Rückstände der einzelnen Wohnungseigentümer ergibt.[442] Nennt eine Versammlungsniederschrift angebliche Zahlungsrückstände eines Wohnungseigentümers, so hat dieser keinen Anspruch darauf, dass der Grund dafür in der Niederschrift vermerkt wird, sofern erkennbar ist, dass die Forderungen streitig sind.[443]

1. Verzugsvoraussetzungen

Der **Verzug** richtet sich in erster Linie nach dem BGB. Leistet der Schuldner auf eine **Mahnung** des Gläubigers nicht, die nach dem Eintritt der Fälligkeit erfolgt, so kommt er durch die Mahnung in Verzug (§ 286 Abs. 1 S 1 BGB). Die Mahnung erfolgt in der Regel durch den Verwalter. Die Wohnungseigentümer können aber durch Mehrheitsbeschluss auch einen Wohnungseigentümer zur Mahnung des Schuldners ermächtigen.[444] Der Mahnung stehen die Erhebung der **Klage** auf die Leistung sowie die **Zustellung eines Mahnbescheids** im Mahnverfahren gleich (§ 286 Abs. 1 S. 2 BGB).

Der Mahnung bedarf es nicht, wenn für die Leistung eine **Zeit nach dem Kalender** bestimmt ist (§ 286 Abs. 2 Nr. 1 BGB) oder der Leistung ein **Ereignis** vorauszugehen hat und eine angemessene Zeit für die Leistung in der Weise bestimmt ist, dass sie sich von dem Ereignis an nach dem Kalender berechnen lässt (§ 286 Abs. 2 Nr. 2 BGB) oder der Schuldner die **Leistung ernsthaft und endgültig verweigert** (§ 286 Abs. 2 Nr. 3 BGB) oder aus besonderen Gründen unter Abwägung der beiderseitigen Interessen der sofortige Eintritt des Verzugs gerechtfertigt ist (§ 286 Abs. 2 Nr. 4 BGB). Nach der Regelung des **§ 286 Abs. 3 BGB** kommt der Schuldner einer Entgeltforderung spätestens in Verzug, wenn er nicht innerhalb von 30 Tagen nach Fälligkeit und Zugang einer Rechnung oder gleichwertigen Zahlungsaufstellung leistet. Diese Vorschrift **findet** auf Beitragsforderungen jedoch **keine Anwendung,** weil diese keine **Entgelt**forderungen sind.[445] Der Schuldner kommt nicht in Verzug, solange die Leistung infolge eines Umstandes unterbleibt, den er nicht **zu vertreten** hat (§ 286 Abs. 4 BGB).

Bestimmt die Gemeinschaftsordnung, eine sonstige Vereinbarung oder ein Beschluss die Zeit für die Leistung nach dem Kalender, so kommt ein Wohnungseigentümer mit **Wohngeldvorschüssen** auch ohne Mahnung in Verzug, wenn er nicht rechtzeitig leistet (§ 286 Abs. 2 Nr. 1 BGB). Ist zum Beispiel das Wohngeld zum 3. Werktag eines Monats zu leisten, so gerät der Wohnungseigentümer ab dem darauf folgenden Tag in Verzug. In Verzug gerät der Wohnungseigentümer mit Vorschusszahlungen, die mit Abruf durch den Verwalter fällig werden, wenn er auch nach einer Mahnung des Verwalters nicht unverzüglich leistet (§ 286 Abs. 1 BGB). Enthält der Abruf des Verwalters eine angemessene Zahlungsfrist, so tritt nach § 286 Abs. 2 Nr. 2 BGB Zahlungsverzug schon mit Fristablauf ein.

Vom Eintritt der **Rechtshängigkeit** an (Zustellung der Klageschrift) ist gemäß § 291 BGB ein Wohngeldanspruch zu verzinsen, auch wenn der Wohnungseigentümer nicht im Verzug ist. Wird die Wohngeldschuld erst später fällig, so ist sie von der Fälligkeit an zu verzinsen.

---

[436] BGH V ZB 17/99, NJW 1999, 3713, 3714 m.w.N.; BGH V ZR 171/11, NZM 2012, 562, Tz 20; LG München 1 S 4319/10 ZMR 2012, 297, 298 m.w.N.
[437] BGH V ZB 16/95, NJW 1996, 725; BayObLG 2Z BR 41/02, NZM 2002, 743, 744; OLG Brandenburg 13 Wx 9/07, ZMR 2008, 386.
[438] BGH V ZR 171/11, NZM 2012, 562, Tz 24.
[439] BGH V ZR 171/11, NZM 2012, 562, Tz 25.
[440] BGH V ZR 171/11, NZM 2012, 562, Tz 20; **a.A.** noch OLG Hamm 15 W 48/03, ZMR 2004, 54 m. Anm. *Deckert*, S. 371; OLG Hamm 15 Wx 208/09, ZMR 2009, 467; BayObLG 2Z BR 85/04, NZM 2004, 711, 712.
[441] BGH V ZR 171/11, NZM 2012, 562, Tz 25.
[442] Vgl. dazu *Drasdo*, NZM 1999, 542.
[443] BayObLG 2Z BR 168/03, NZM 2004, 509, 510.
[444] Vgl. *Merle*, ZWE 2003, 231, 233.
[445] Vgl. *Merle*, ZWE 2003, 231, 234 f.

2. Höhe des Verzugszinses

195 Die Höhe des Verzugszinses richtet sich in erster Linie nach dem BGB.

196 Der gesetzliche Verzugszinssatz beträgt für das Jahr 5 Prozentpunkte über dem Basiszinssatz (§ 288 Abs. 1 S 2 BGB). § 288 Abs. 2 BGB, wonach bei Rechtsgeschäften, an denen ein Verbraucher nicht beteiligt ist, der Verzugszinssatz für Entgeltforderungen 8 Prozentpunkte über dem Basiszinssatz beträgt, ist auf Wohngeldforderungen nicht anwendbar.[446]

197 Nach **§ 288 Abs. 3 BGB** kann der Gläubiger aus einem anderen Rechtsgrund höhere Zinsen verlangen als den gesetzlichen Verzugszins. Gemäß § 21 Abs. 7, der durch die **WEG-Novelle 2007** in das Gesetz eingefügt worden ist, können die Wohnungseigentümer im Rahmen ordnungsgemäßer Verwaltung durch **Mehrheitsbeschluss** höhere Zinsen als die gesetzlichen Verzugszinsen festlegen. Auch durch die Gemeinschaftsordnung oder eine sonstige Vereinbarung kann bis zur Grenze der Sittenwidrigkeit ein höherer Zinssatz als der gesetzliche Verzugszinssatz wirksam festgelegt werden. Viele Gemeinschaftsordnungen bestimmen, dass Wohngeldforderungen bei Verzug mit einem bestimmten Zinssatz über dem Diskontsatz der Deutschen Bundesbank zu verzinsen sind. Diese Regelungen gelten fort, wobei an die Stelle des Diskontsatzes der Deutschen Bundesbank mit Wirkung vom 1.1.1999 der Basiszinssatz nach § 1 DÜG und mit Wirkung vom 1.1.2002 der Basiszinssatz nach § 247 BGB (vgl. Art 229 § 7 Abs. 1 S. 1 Nr. 2 EGBGB) getreten ist. Bei einem vereinbarten Verzugszins, der sich auf den Diskontsatz der Deutschen Bundesbank bezieht, kann auch für Zeiten vor dem 1.1.2002 der Antrag auf Zahlung von z.B. 6 % (= 6 Prozentpunkte) über dem Basiszinssatz lauten. Soweit Zinsen für einen Zeitraum vor dem 1.1.1999 geltend gemacht werden, bezeichnet nämlich eine Bezugnahme auf den Basiszinssatz den Diskontsatz der Deutschen Bundesbank in der in diesem Zeitraum maßgebenden Höhe (Art 229 § 7 Abs. 1 S. 3 EGBGB). Für die Zeit vor dem 1.1.2002 sind das DÜG und die auf seiner Grundlage erlassenen Rechtsverordnungen in der bis zu diesem Tag geltenden Fassung anzuwenden (Art 229 § 7 Abs. 2 EGBGB). Ist der vereinbarte Zinssatz niedriger als der gesetzliche Zinssatz und ist auch nicht gemäß § 21 Abs. 7 ein Mehrheitsbeschluss über einen höheren Zinssatz gefasst worden, so hat die Vereinbarung Vorrang.

198 Nach **§ 288 Abs. 4 BGB** ist die Geltendmachung eines weiteren Schadens nicht ausgeschlossen. Muss die Gemeinschaft zur Herstellung ihrer Liquidität einen Kredit aufnehmen, so können die Kreditzinsen als Schaden geltend gemacht werden, die bei fristgerechter Zahlung des Antragsgegners eingespart worden wären.

3. Verzugsschaden

199 Der Anspruch auf Schadensersatz wegen Verzögerung der Beitragsleistungen folgt aus §§ 280 Abs. 1 und 2, 286 BGB. Inhalt und Umfang des Anspruchs richten sich nach § 249 ff BGB. Ein Anspruch auf Ersatz der Kosten für die den Verzug begründenden **Erstmahnung** besteht nicht.[447] Zu ersetzen sind aber die Kosten für Mahnschreiben, die nach Verzugseintritt abgesandt werden und die Kosten, die durch die Einschaltung eines Rechtsanwalts entstehen.[448]

200 Gemäß § 21 Abs. 7, der durch die **WEG-Novelle 2007** in das Gesetz eingefügt worden ist, können die Wohnungseigentümer im Rahmen ordnungsgemäßer Verwaltung als Regelung der Folgen des Verzugs bzw. als Regelung der Kosten für einen besonderen Verwaltungsaufwand beschließen, dass im Falle der Säumnis mit Hausgeldzahlungen der säumige Eigentümer dem Verwalter eine **Mahngebühr** schuldet. Die Neuregelung durchbricht den allgemeinen Grundsatz, wonach Sonderpflichten eines Wohnungseigentümers nicht ohne dessen Zustimmung begründet werden können (siehe § 16 Rn 195) und ermöglicht ohne Umweg über die Eigentümergemeinschaft die direkte Kostenzuweisung an den Verursacher. Ein Anspruch des Verwalters kann auch durch den Verwaltervertrag begründet werden, weil dieser auf einem Mehrheitsbeschluss beruht. (Zur Klagepauschale siehe Rn 220.)

4. Ende des Verzugs

201 Für die Beendigung des Verzugs ist die Vornahme der geschuldeten Leistungshandlung ausreichend.[449] Auf den Zeitpunkt des Zahlungseingangs kommt es daher nicht an.

5. Ratenzahlungsvereinbarung

202 Es widerspricht nicht ordnungsgemäßer Verwaltung, bei einem bekannt zahlungsunfähigen Wohnungseigentümer von der gerichtlichen Beitreibung von Forderungen abzusehen und eine Ratenzahlungsvereinbarung mit ihm zu treffen.[450] Es widerspricht nicht dem Grundsatz der Gleichbehandlung der Wohnungseigentümer, wenn gegen zahlungsfähige Wohnungseigentümer zu gleichen Zeit gerichtlich vorgegangen wird.[451]

---

446 Ebenso *Merle*, ZWE 2003, 231, 236; **a.A.** *Sauren/Rupprecht*, NZM 2002, 585, 587.
447 Siehe etwa Palandt/*Grüneberg*, § 286 Rn 45.
448 Siehe etwa Palandt/*Grüneberg*, § 286 Rn 45.
449 Siehe etwa Palandt/*Grüneberg*, § 286 BGB Rn 36.
450 BayObLG 2Z BR 168/03, NZM 2004, 509, 510.
451 BayObLG a.a.O.

IV. Verjährung der Wohngeldansprüche

Wohngeldansprüche unterliegen der Verjährung.[452] Alle Arten von Beitragsforderungen verjähren gemäß § 195 BGB in drei Jahren. Die Verjährungsfrist beginnt gemäß § 199 BGB mit dem Schluss des Jahres, in dem der Anspruch entstanden ist, d.h. fällig geworden, ist **und** der Gläubiger von den Umständen, die den Anspruch begründen, **sowie** der Person des Schuldners Kenntnis erlangt hat oder ohne grobe Fahrlässigkeit hätte erlangen müssen. 203

Für die Kenntnis i.S.v. § 199 Abs. 1 Nr. 2 BGB ist die Kenntnis aller Wohnungseigentümer maßgebend, wobei ihnen jedoch gemäß § 166 Abs. 1 BGB die Kenntnis des Verwalters und des Verwaltungsbeirats zugerechnet wird.[453] Der Wohngeldschuldner kann sich nach Treu und Glauben auf die Kenntnis des Vertretenen aber dann nicht berufen, wenn der Verwalter mit ihm bewusst zum Nachteil des Vertretenen zusammengewirkt hat.[454] Die Kenntnis des Verwalters von Anspruch und Schuldner wird im Regelfall schon durch die Beschlussfassung begründet werden. Etwas anderes gilt jedoch im Falle eines Eigentümerwechsels für die nach der Eintragung des neuen Eigentümers fällig werdenden Beiträge. Unabhängig von der Kenntnis verjähren die Beitragforderungen spätestens in 10 Jahren ab Fälligkeit (§ 199 Abs. 4 BGB). 204

Die Verjährung der aus dem Wirtschaftsplan geschuldeten Wohngeldvorschüsse beginnt durch den Beschluss über die Jahresabrechnung für diese Forderungen nicht neu zu laufen.[455] Eine Novation würde zwar eine Änderung der Verjährungsfrist nach sich ziehen.[456] Eine Novation liegt aber im Verhältnis zwischen Jahresabrechnung und Wirtschaftsplan gerade nicht vor, denn eine neue originäre Schuld begründet die Jahresabrechnung nur für die Abrechnungsspitze.[457] (Zum Begriff siehe Rn 93.) Aus der bestätigenden und rechtsverstärkenden Wirkung, die der Beschluss über die Jahresabrechnung hinsichtlich offener Vorschussforderungen hat, folgt kein zusätzlicher Schuldgrund in Form eines Schuldanerkenntnisses oder eines Abrechnungsvertrages entsprechend § 782 BGB.[458] Die verstärkende Wirkung des Beschlusses über die Jahresabrechnung besteht nur darin, dass der Korrekturvorbehalt, unter dem die Vorschusszahlungen stehen, entfällt.[459] 205

Durch einen konstitutiven Zweitbeschluss über bereits verjährte Altforderungen aus Jahresabrechnungen kann einem Wohnungseigentümer nicht die Verjährungseinrede genommen werden.[460] 206

Rechtskräftig festgestellte Ansprüche verjähren in 30 Jahren (§ 197 Abs. 1 Nr. 3 BGB), beginnend mit der Rechtskraft der Entscheidung (§ 201 BGB). Titulierte Zinsen verjähren jedoch innerhalb der regelmäßigen Verjährungsfrist von drei Jahren (§ 197 Abs. 2 BGB). 207

V. Aufrechnungsausschluss

Gegenüber dem Anspruch auf Wohngeld kann nach gefestigter Rechtsprechung nur mit einer Gegenforderung, die anerkannt oder rechtskräftig festgestellt ist oder die auf einer Notgeschäftsführung nach § 21 Abs. 2 i.V.m. §§ 680, 683 BGB beruht, aufgerechnet werden.[461] Gleiches gilt für die Aufrechnung gegenüber einem Anspruch auf Zahlung einer **Sonderumlage**.[462] Forderungen aus § 14 Nr. 4 unterliegen selbst dann dem Verbot der Aufrechnung, wenn die Gemeinschaftsforderung ihren Rechtsgrund in einem Sonderumlagenbeschluss für diejenige Maßnahme hat, aus der der Eigentümer seinen Schadensersatzanspruch gemäß § 14 Nr. 4 herleitet.[463] 208

Bestimmt die **Gemeinschaftsordnung**, dass nur mit unbestrittenen oder rechtskräftig festgestellten Ansprüchen aufgerechnet werden darf, ist die Aufrechnung mit Ansprüchen aus Notgeschäftsführung ausgeschlossen.[464] Ein vollständiger Aufrechnungsausschluss in der Gemeinschaftsordnung, der auch unbestrittene und rechtskräftig festgestellten Forderungen erfasst, dürfte einer Inhaltskontrolle nach §§ 242, 315 BGB nicht standhalten. (Siehe dazu § 10 Rn 38 ff.) Auf § 309 Nr. 3 BGB kann die Unwirksamkeit nicht gestützt werden,[465] denn die Gemeinschaftsordnung unterliegt nicht der Kontrolle nach den §§ 305 ff. BGB (siehe § 10 Rn 38). 209

---

452 Ganz h.M., vgl. etwa BGH V ZR 350/03, NJW 2005, 3146; a.A. *Jennißen*, Verwalterabrechnung, Rn 770.
453 Vgl. *Gaier*, NZM 2003, 90, 95/96; *Merle*, ZWE 2003, 231, 238.
454 OLG München 34 Wx 129/06, NZM 2007, 526; OLG Hamm 15 W 96/08, ZMR 2009, 865, 867.
455 BGH V ZR 171/11, NZM 2012, 562, Tz 19; ebenso *Schultzky*, ZMR 2008, 757, 761 und ZWE 2011, 12; **a.A.** OLG Dresden 3 W 1369/05, ZMR 2006, 543; OLG Hamm 15 Wx 208/09, ZMR 2009, 467; *Bub*, ZWE 2011, 193, 195; wohl auch OLG Hamburg 2 Wx 4/05, ZMR 2006, 791, 792.
456 Soergel/*Niedenführ*, § 195 BGB Rn 52.
457 BGH V ZR 171/11, NZM 2012, 562, Tz 20.
458 BGH V ZR 171/11, NZM 2012, 562, Tz 24.
459 BGH V ZR 171/11, NZM 2012, 562, Tz 25.
460 AG Berlin Pankow/Weißensee 100 C 167/09 WEG, ZMR 2010.
461 BayObLG 2Z BR 032/04, NZM 2005, 625; OLG Frankfurt 20 W 189/05, NZM 2007, 367; OLG Brandenburg 13 Wx 9/07, ZMR 2008, 386; OLG Hamm 15 Wx 298/08, ZMR 2009, 937, 938.
462 BayObLG 2Z BR 144/01, NZM 2003, 66, 67.
463 OLG München 34 Wx 128/06, ZMR 2007, 397, 398.
464 KG 24 W 328/02, NZM 2003, 906; OLG Frankfurt 20 W 189/05, NZM 2007, 367; OLG Brandenburg 13 Wx 9/07, ZMR 2008, 386.
465 So aber AG Hamburg-Harburg 648 C 106/10, ZMR 2012, 226.

210 Ist streitig, ob Gegenforderungen substantiiert bestritten sind, ist eine Aufrechnung mit diesen Gegenforderungen nicht möglich.[466] Der Verwalter ist zur wirksamen Abgabe eines Anerkenntnisses nur befugt, wenn sich eine entsprechende Vollmacht aus der Gemeinschaftsordnung, dem Verwaltervertrag oder aus einem Mehrheitsbeschluss ergibt, denn § 27 Abs. 3 enthält keine Befugnis des Verwalters, im Namen der Wohnungseigentümergemeinschaft Ansprüche anzuerkennen. Zur Aufrechnung befugt ist nur der Wohnungseigentümer, der selbst die Notgeschäftsführung vorgenommen hat.[467] Die Aufrechnung des Wohnungseigentümers aus Notgeschäftsführung gegen Forderungen aus dem Gemeinschaftsverhältnis kann unabhängig von einem Eigentümerwechsel erfolgen (siehe auch § 16 Rn 151).[468] Das Aufrechnungsverbot gilt auch, wenn die Gegenforderung nicht als Wohnungseigentümer erworben wurde, z.B. wegen Beschädigung des im Alleineigentum eines Wohnungseigentümers stehenden Nachbarhauses.[469]

211 Beginnt allerdings das geordnete Rechnungs- und Finanzwesen erst zu einem bestimmten Stichtag, so kann der teilende Eigentümer nicht mit einem Minussaldo aus der Zeit vor dem Stichtag mit Beitragsvorschüssen aufrechnen, die er für die Zeit nach dem Stichtag zu zahlen hat, auch wenn sich die Zusammensetzung der Gemeinschaft nicht geändert hat.[470]

212 Möglich ist auch die Aufrechnung mit unstreitigen **Erstattungsforderungen** wegen der Bezahlung gemeinschaftlicher Verbindlichkeiten gegenüber öffentlichen Versorgungsbetrieben über den im Innenverhältnis geschuldeten Anteil hinaus.[471] Erfüllt ein Wohnungseigentümer infolge der **Aufrechnung eines Gläubigers** eine Verwaltungsschuld der Wohnungseigentümergemeinschaft, liegt ebenfalls ein der Notgeschäftsführung vergleichbarer Tatbestand vor, der – soweit die Gemeinschaftsordnung dies nicht ausschließt – zur Aufrechnung gegen laufende Wohngeldvorschüsse berechtigt, da der Verwalter die Forderung des Gläubigers aus Gemeinschaftsmitteln hätte ausgleichen müssen.[472] Nicht möglich ist dagegen die Aufrechnung mit einer Forderung des Verwalters, die dieser an den Wohnungseigentümer abgetreten hat.[473] Soweit die Aufrechnung unzulässig ist, darf eine der Rechtskraft fähige Entscheidung über die Gegenforderung nicht ergehen.[474] Ist die Aufrechnung unzulässig, so ist der Wert der zur Aufrechnung gestellten Forderung gemäß § 19 Abs. 3 S 1 GKG bei der Festsetzung des Geschäftswerts nicht zu berücksichtigen.[475]

213 Die Aufrechnungsbeschränkung gilt auch für einen **ausgeschiedenen Wohnungseigentümer**.[476] In einer **Zweiergemeinschaft** gilt die Aufrechnungsbeschränkung ebenfalls.[477]

VI. Zurückbehaltungsrecht

214 Auch ein Zurückbehaltungsrecht kann Ansprüchen auf Hausgeldvorschüsse nicht entgegengehalten werden.[478] Ein Ausschluss des Zurückbehaltungsrechts in der Gemeinschaftsordnung ist wirksam.[479]

VII. Gerichtliche Durchsetzung

215 Die Beiträge sind durch Klage bei dem gemäß § 43 Nr. 2 zuständigen Gericht geltend zu machen, auch soweit sich der Anspruch gegen einen ausgeschiedenen Wohnungseigentümer richtet. **Aktiv legitimiert** und damit **klagebefugt** ist die teilrechtsfähige Wohnungseigentümergemeinschaft, die Inhaberin der Wohngeldansprüche ist (§ 10 Abs. 6 S. 2), die als Forderungen zum Verwaltungsvermögen (§ 10 Abs. 7) gehören.

216 Der Wohnungseigentümergemeinschaft kann **Prozesskostenhilfe** bewilligt werden, weil sie im Hinblick auf die der Klage zugrunde liegenden Forderung ein rechtsfähiger Verband (vgl. § 10 Abs. 6 S. 1) und damit eine parteifähige Vereinigung (§ 50 Abs. 1 ZPO) i.S.v. § 116 S. 1 Nr. 2 ZPO ist.[480] Die Unterlassung der Rechtsverfolgung würde allgemeinen Interessen zuwiderlaufen.[481] Gemäß § 116 S. 1 Nr. 2 ZPO ist Voraussetzung für die Bewilligung von Prozesskostenhilfe für eine parteifähige Vereinigung, dass die Kosten weder von ihr noch von den am Gegenstand des Rechtsstreits wirtschaftlich Beteiligten aufgebracht werden können. Bei Klagen auf Zahlung von Wohngeld kommt es deshalb für die Bedürftigkeit der Wohnungseigentümergemeinschaft sowohl auf ihre eigenen wirtschaftlichen Verhältnisse, wie auch auf die der Eigentümer (mit Ausnahme des Beklagten) als wirtschaftlich Beteiligte an.[482] Bei gro-

---

466 BayObLG 2Z BR 36/99, NZM 1999, 1058, 1059.
467 KG 24 W 7149/93, WuM 1995, 332.
468 KG 24 W 26/01, NZM 2002, 745.
469 OLG Düsseldorf 3 Wx 53/07, ZMR 2008, 56.
470 KG 24 W 680/00, NZM 2001, 591, 593.
471 KG 24 W 7149/93, WuM 1995, 333, 335.
472 KG 24 W 185/01, NZM 2003, 686; OLG Frankfurt 20 W 189/05, NZM 2007, 367.
473 BayObLG Rpfl 1976, 422.
474 OLG Stuttgart 8 W 248/88, NJW- RR 1989, 841, 842.
475 BayObLG WE 1991, 26.
476 BayObLG 2Z BR 138/95, WuM 1996, 298; LG Köln 34 S 263/91, WuM 1992, 640; Palandt/*Bassenge*, § 16 Rn 32; *Weitnauer/Gottschalg*, § 16 Rn 28.
477 LG München I 1 S 10225/08, ZMR 2009, 637.
478 OLG Frankfurt 20 W 262/79, OLGZ 1979, 391; OLG München 34 Wx 61/05, NZM 2005, 674.
479 BayObLG 2Z BR 24/01, NZM 2001, 766.
480 BGH V ZB 26/10, ZMR 2010, 780.
481 BGH V ZB 26/10, ZMR 2010, 780.
482 LG Berlin 55 T 26/05 WEG, ZMR 2007, 145; LG Hamburg 318 T 76/09, ZMR 2010, 397; *Klein* in Bärmann, § 10 Rn 216; *Elzer* in Hügel/Elzer, § 13 Rn 296; *Greiner*, Rn 125; *Schmid*, ZMR 2010, 782; *Ghadban*, ZfIR 2010, 781, 782; **a.A.** *Meffert*, ZMR 2007, 145; *Wolicki* in Abramenko, Handbuch WEG, § 10 Rn 172; offen gelassen BGH V ZB 26/10, ZMR 2010, 780.

ßen Gemeinschaften wird man allerdings die Anforderungen an die Glaubhaftmachung der Bedürftigkeit nicht überspannen dürfen.[483]

Die Wohnungseigentümergemeinschaft kann gemäß § 27 Abs. 3 S 1 Nr. 7 den **Verwalter** ermächtigen, die Beträge in ihrem Namen gegenüber einem säumigen Eigentümer gerichtlich geltend zu machen (vgl. § 27 Rn 91); für eine gewillkürte Prozessstandschaft des Verwalters fehlt dagegen regelmäßig das eigene schutzwürdige Interesse des Verwalters an der Durchsetzung von Rechten des Verbandes (vgl. § 27 Rn 98). Eine Ermächtigung, die von Wohngeldzahlungen spricht, erfasst auch Sonderumlagen.[484] Durch Mehrheitsbeschluss kann auch direkt ein **Rechtsanwalt** bevollmächtigt werden. 217

Gemäß § 27 Abs. 3 S 3 kann auch ein **einzelner Wohnungseigentümer** mit der gerichtlichen Geltendmachung als Vertreter der Gemeinschaft beauftragt werden. Ebenfalls möglich ist, einen Wohnungseigentümer durch Beschluss zu ermächtigen, einen Anspruch der Wohnungseigentümergemeinschaft im Wege der gewillkürten Prozessstandschaft geltend zu machen.[485] Ohne Ermächtigung ist ein einzelner Wohnungseigentümer mangels Aktivlegitimation nicht klagebefugt. Ein auf Feststellung der Abrechnungsgrundlagen gerichteter Antrag eines einzelnen Wohnungseigentümers kann deshalb auch nicht im Wege des Stufenklage mit dem Zahlungsantrag verbunden werden.[486] 218

Passiv legitimiert ist grundsätzlich derjenige Wohnungseigentümer, der im Zeitpunkt der Fälligkeit der Forderung die Eigentümerstellung innehat (siehe dazu § 16 Rn 140 ff.). 219

Dem Verwalter kann eine Sondervergütung für die selbstständige gerichtliche Geltendmachung von Wohngeld (**Klagepauschale**) oder für die Begleitung des durch einen Rechtsanwalt geführten Prozesses (**Prozessbegleitvergütung**) versprochen werden (siehe § 26 Rn 76 ff.). Gemäß § 21 Abs. 7, der durch die **WEG-Novelle 2007** in das Gesetz eingefügt worden ist, können die Wohnungseigentümer im Rahmen ordnungsgemäßer Verwaltung Regelungen der Folgen des Verzugs und der Kosten für einen besonderen Verwaltungsaufwand beschließen. Dies umfasst die Befugnis, einen materiell-rechtlichen Anspruch gegen den säumigen Wohnungseigentümer auf Erstattung der Sondervergütung zu begründen (siehe § 26 Rn 77). 220

Die Wohnungseigentümergemeinschaft muss die Sondervergütung grundsätzlich als außergerichtliche Kosten im Kostenfestsetzungsverfahren geltend machen.[487] Die Geltendmachung eines materiellrechtlichen Kostenerstattungsanspruchs ist mangels Rechtsschutzinteresse unzulässig, soweit er sich mit dem prozessualen Kostenerstattungsanspruch deckt und im Kostenfestsetzungsverfahren geltend gemacht werden kann.[488] Besteht aufgrund einer Vereinbarung oder aufgrund eines Beschlusses nach § 21 Abs. 7 ein materiell-rechtlicher Zahlungs- oder Erstattungsanspruch gegen den säumigen Wohnungseigentümer, dann muss dieser Anspruch selbstständig eingeklagt werden, wenn der Verwalter als Prozessstandschafter tätig wird.[489] 221

Durch die Eröffnung des Insolvenzverfahrens über das Vermögen des Beklagten wird das Verfahren gemäß § 240 S. 1 ZPO unterbrochen. Die Unterbrechung endet, wenn das Insolvenzverfahren beendet wird oder wenn der Passivprozess nach §§ 179 Abs. 1, 180 Abs. 2 InsO oder § 184 S 2 InsO aufgenommen wird. Dafür ist Voraussetzung, dass die zur Tabelle angemeldete Forderung im Prüfungstermin bestritten wird. Unterbrechung tritt gemäß § 240 S. 2 ZPO auch ein, wenn die Verwaltungs- und Verfügungsbefugnis über das Vermögen des Schuldners auf einen vorläufigen Verwalter übergeht. Voraussetzung ist, dass es sich um einen sogenannten starken Verwalter nach § 22 Abs. 1 InsO handelt.[490] 222

VIII. Zwangsvollstreckung

Die Zwangsvollstreckung ist im 8. Buch der ZPO geregelt. Das Gesetz unterscheidet bei Zahlungstiteln nach der Art des Zugriffsobjekts. Die Vollstreckung erfolgt auf Antrag, der an das zuständige Vollstreckungsorgan zu richten ist. 223

---

483 Vgl. zu diesem Gesichtspunkt *Wolicki* in Abramenko, Handbuch WEG, § 10 Rn 174.
484 OLG Hamm 15 Wx 43/08, NZM 2009, 90.
485 BGH V ZB 26/10, ZMR 2010, 780.
486 Staudinger/*Bub*, § 28 Rn 509; **a.A.** *Weitnauer/Gottschalg*, § 16 Rn 35.
487 OLG Frankfurt 20 W 113/90, WuM 1990, 457, 458; **a.A.** OLG Köln 16 Wx 173/89, WuM 1990, 462, 463; vgl. auch AG Nürnberg 90 C 40246/07, ZMR 2008, 750.
488 Vgl. etwa *Hüßtege* in Thomas/Putzo vor § 91 Rn 15.
489 BGH V ZB 134/11, ZWE 2012, 128.
490 Vgl. BGH II ZR 70/98, ZIP 1999, 1314.

Zugriffsobjekt	Vollstreckungsorgan
bewegliche Sachen § 808 ZPO	Gerichtsvollzieher § 753 ZPO
Rechte §§ 828, 829, 857 ZPO	Vollstreckungsgericht § 828 ZPO
unbewegliche Sachen:	
Zwangshypothek § 866 ZPO	Grundbuchamt § 867 ZPO
Zwangsverwaltung	
Zwangsversteigerung §§ 866, 869 ZPO i.V.m. ZVG	Vollstreckungsgericht § 1 ZVG

Zur Zwangsvollstreckung durch **Zwangsverwaltung** und **Zwangsversteigerung** nach den Vorschriften des ZVG siehe Anhang.

224 Voraussetzungen für die Zwangsvollstreckung sind neben dem **Vollstreckungstitel** (insbesondere Urteile, Vergleiche, notarielle Urkunden) die **Vollstreckungsklausel** (§ 724 ZPO) und die **Zustellung** (§ 750 ZPO). Es kann im Einzelfall aus wirtschaftlichen Gründen ordnungsgemäßer Verwaltung entsprechen, nicht sofort Zwangsvollstreckungsmaßnahmen zu ergreifen.[491] Die Zwangsvollstreckung der Wohnungseigentümergemeinschaft als teilrechtsfähigem Verband aus einem noch auf den Namen der einzelnen Wohnungseigentümer lautenden Wohngeldtitel scheitert an der fehlenden **Identität zwischen Vollstreckungs- und Titelgläubiger**, denn bei den im Titel einzeln aufgeführten Wohnungseigentümern und dem Verband handelt es sich um unterschiedliche Rechtssubjekte.[492] Solange dem Vollstreckungsorgan keine berichtigte Fassung des Titels vorgelegt wird, muss es die Zwangsvollstreckung ablehnen. Haben die Wohnungseigentümer vor der Bekanntgabe der Entscheidung vom 2.6.2005 zur Teilrechtsrechtsfähigkeit[493] einen vollstreckbaren Titel erwirkt, kann ihnen deshalb auch nicht vorgehalten werden, es wäre keine Mehrvertretungsgebühr angefallen, wenn statt ihrer der Verband vollstreckt hätte.[494]

225 Die Teilungserklärung kann wirksam eine Verpflichtung zur **Unterwerfung unter die sofortige Zwangsvollstreckung** (Vollstreckungstitel) wegen eines der Höhe nach bestimmten Wohngeldes mit Wirkung für den jeweiligen Wohnungseigentümer enthalten.[495]

226 Für die teilrechtsfähige Wohnungseigentümergemeinschaft als Gläubigerin kann eine **Zwangshypothek** in das Grundbuch eingetragen werden.[496] Die Eintragung einer Zwangshypothek wegen Ansprüchen einer Wohnungseigentümergemeinschaft gegen einen Miteigentümer für Forderungen, die ein Vorrecht nach § 10 Abs. 1 Nr. 2 ZVG genießen, kann nicht unter Hinweis auf ein angeblich fehlendes Rechtsschutzbedürfnis (entsprechend § 54 GBO) versagt werden.[497] Gegen die Eintragung einer Zwangshypothek zur Sicherung von titulierten Hausgeldforderungen, die bedingt ist durch das Nichteingreifen des Vorrangs gemäß § 10 Abs. 1 Nr. 2 ZVG, bestehen keine Bedenken.[498] Für die Löschung der Zwangshypothek nach Befriedigung der Forderung genügt eine vom Verwalter erteilte **löschungsfähige Quittung**. Für die löschungsfähige Quittung reicht die notarielle Beglaubigung aus, eine Beurkundung ist nicht erforderlich.[499]

227 Hat der **Verwalter als Prozessstandschafter** einen Titel im eigenen Namen erwirkt, was nur noch eingeschränkt möglich ist (vgl. § 27 Rn 98 f.), so kann er als sog Vollstreckungsstandschafter auch im eigenen Namen vollstrecken. (Zu den Auswirkungen eines Verwalterwechsels vgl. § 27 Rn 100.) Eine **Zwangshypothek** kann für den Verwalter einer Wohnungseigentumsanlage eingetragen werden, wenn er im Vollstreckungstitel als Gläubiger ausgewiesen ist, wobei es unerheblich ist, ob der Verwalter materiell-rechtlicher Forderungsinhaber ist, oder ob der Titel von ihm als Prozessstandschafter erstritten wurde.[500] Weil die Eintragung einer Zwangshypothek nicht nur eine Maßnahme der Zwangsvollstreckung (§ 866 Abs. 1 ZPO), sondern verfahrensrechtlich zugleich ein Grundbuchgeschäft ist, hat das Grundbuchamt sowohl die vollstreckungsrechtlichen Anforderungen als auch die grundbuchrechtlichen Eintragungsvoraussetzungen zu beachten und dabei zu gewährleisten, dass die auch bei einer Zwangssicherungshypothek (§§ 866 f. ZPO) nach §§ 1115, 1184 ff. BGB, § 15 GBVfg erforderlichen Angaben zur Person des Gläubigers im Grundbuch vermerkt werden.[501] Aus der Anwendung des § 1115 Abs. 1 BGB folgt aber nicht, dass bei einer Zwangssicherungshypothek nur ein Titelgläubiger, der mit dem materiell-rechtlichen Forderungsinhaber identisch ist, als

---

491 OLG Hamburg 2 Wx 107/01, ZMR 2004, 367, 369.
492 BGH V ZB 77/06, NZM 2007, 411.
493 BGH V ZB 32/05 NZM 2005, 543.
494 BGH V ZB 32/05 NZM 2005, 543.
495 KG 24 W 661/97, NJW-RR 1997, 1304 m.w.N.; KG 24 W 328/02, ZMR 2004, 618; siehe dazu *Häublein*, ZWE 2004, 48, 57; krit. zur Effizienz einer solchen Regelung *Wolfsteiner*, FS Wenzel, S. 60.
496 LG Bremen 3 T 137/07, NZM 2007, 453.
497 LG Düsseldorf 19 T 113/08, NZM 2008, 813.
498 BGH V ZB 300/10, ZfIR 2011, 802.
499 BayObLG 2Z BR 113/94, WuM 1996, 658.
500 BGH V ZB 15/01, NJW 2001, 3627.
501 Vgl. BGH V ZB 15/01, NJW 2001, 3627 m.w.N.

Gläubiger in das Grundbuch eingetragen werden kann. Vielmehr ermöglicht ein im Wege der Prozessstandschaft erstrittener Vollstreckungstitel die Eintragung des Prozessstandschafters als Titelgläubiger auch dann, wenn er materiell-rechtlich nicht Inhaber der Forderung ist.[502] Eine Zwangshypothek beruht nicht auf einer Einigung gemäß §§ 873, 1113 BGB. Weil es sich um eine Vollstreckungsmaßnahme in der Form eines Grundbuchgeschäfts handelt, hat das Grundbuchamt nach einem Antrag gemäß § 867 Abs. 1 S. 1 ZPO als Vollstreckungsvoraussetzung insbesondere zu prüfen, ob ein geeigneter Vollstreckungstitel vorliegt. Ist das der Fall, so ist allein der Vollstreckungstitel Grundlage für das Tätigwerden des Grundbuchamts als Vollstreckungsorgan. Um die Effizienz des Vollstreckungsverfahrens zu erhalten, ist es zu einer materiellen Überprüfung des Titels nicht befugt. Einreden und Einwendungen gegen den titulierten Anspruch sind außerhalb des Vollstreckungsverfahrens durch den Angriff gegen den Vollstreckungstitel, insbesondere mit der Klage nach § 767 ZPO, geltend zu machen. In diesem Sinne wird die Zwangsvollstreckung, obwohl sie der Verwirklichung des materiellen Rechts zu dienen bestimmt ist, von ihrer materiell-rechtlichen Grundlage gelöst. Deshalb kann bei einer Zwangssicherungshypothek nur die Person gemäß § 1115 Abs. 1 BGB als Gläubiger eingetragen werden, die durch den Vollstreckungstitel oder eine beigefügte Vollstreckungsklausel (§§ 750 Abs. 1, 795 ZPO) als Inhaber der titulierten Forderung ausgewiesen ist.[503] Die Verantwortung des Grundbuchamts für die Richtigkeit des Grundbuchs steht dem nicht entgegen. Zu einer Unrichtigkeit des Grundbuches führt es nicht, wenn das Grundbuchamt eine im Vollstreckungstitel entgegen dem materiellen Recht als Berechtigten ausgewiesene Person als Gläubiger einer Zwangssicherungshypothek in das Grundbuch einträgt. § 1113 Abs. 1 BGB, der die Identität von materiell-rechtlichem Forderungsinhaber und Hypothekengläubiger erzwingt (Akzessorietät bezüglich der Person des Berechtigten), gilt nur für die rechtsgeschäftlich bestellte Sicherungshypothek und hindert nicht das Entstehen einer – anderen Regeln folgenden – Zwangssicherungshypothek. Für die Eintragung als Gläubiger einer Zwangssicherungshypothek nach § 1115 Abs. 1 BGB ist es unerheblich, ob der im Titel aufgeführte Vollstreckungsgläubiger diesen aus eigenem Recht oder im Wege der Prozessstandschaft erlangt hat. Auch ein zur Prozessführung im eigenen Namen ermächtigter Prozessstandschafter ist in dem von ihm erstrittenen Titel als Gläubiger ausgewiesen und damit berechtigt, den zuerkannten fremden Anspruch im eigenen Namen zu vollstrecken und die hierfür grundsätzlich erforderliche Vollstreckungsklausel zu beantragen. Dies gilt unabhängig davon, ob der Vollstreckungstitel auf Leistung an den Prozessstandschafter oder an den materiellen Rechtsinhaber lautet.[504]

IX. Versorgungssperre

Ist ein Wohnungseigentümer mit erheblichen Wohngeldzahlungen in Verzug, kann es in Ausübung eines Zurückbehaltungsrechts gemäß § 273 BGB unter Beachtung des Verhältnismäßigkeitsgrundsatzes zulässig sein, den säumigen Eigentümer bis zum Ausgleich der Rückstände von der Belieferung mit Wasser und Wärmeenergie auszuschließen.[505] Die nach § 273 BGB erforderliche **Konnexität** des wechselseitig Geschuldeten folgt aus der für alle Mitglieder der Gemeinschaft bestehenden Berechtigung zur Teilhabe an den gemeinschaftlichen Leistungen und der damit korrespondierenden Pflicht zur Erfüllung der jedem Mitglied der Gemeinschaft gegenüber allen anderen Mitgliedern bestehenden Verpflichtungen.[506] Aufwendungsersatzansprüche einzelner Wohnungseigentümer berechtigen auch in einer Zweiergemeinschaft nicht zur Verhängung einer Versorgungssperre.[507] Bei der Belieferung mit Strom und Gas ist der einzelne Wohnungseigentümer meist unmittelbar Vertragspartner des Versorgungsunternehmens. Deshalb ist die Gemeinschaft zu einer Sperre der Versorgung mit Strom und Gas regelmäßig nicht berechtigt. Eine Versorgungssperre kann auch nicht auf ein Zurückbehaltungsrecht hinsichtlich der Überlassung der im gemeinschaftlichen Eigentum befindlichen Stromleitungen gestützt werden.[508] Die Nutzung der im gemeinschaftlichen Eigentum befindlichen Leitungen mag zwar der Verwaltungskompetenz der Wohnungseigentümergemeinschaft unterfallen (§ 10 Abs. 6). Der Anspruch auf Mitgebrauch des im gemeinschaftlichen Eigentum stehenden Leitungsnetzes (§ 13 Abs. 2) richtet sich jedoch nicht gegen die Wohnungseigentümergemeinschaft, denn Inhaber des gemeinschaftlichen Eigentums sind die Wohnungseigentümer (§ 10 Abs. 1). Für ein Zurückbehaltungsrecht fehlt daher die erforderliche Konnexität.

Die **Ausübung** des Zurückbehaltungsrechtes **bedarf eines Beschlusses** der Wohnungseigentümer.[509] Dem Beschluss über die Versorgungssperre braucht eine Androhung noch nicht vorauszugehen.[510]

Wegen der Bedeutung der Heizwärme für die Bewohnbarkeit der an die gemeinschaftliche Versorgung angeschlossenen Eigentumswohnungen und die Pflicht der Wohnungseigentümer zur gegenseitigen Rücksichtnahme ist ein Beschluss, die Versorgung mit Heizwärme zu unterbinden, nur bei einem **erheblichen Wohngeldrückstand** rechtmäßig. Als er-

---

502 Vgl. BGH V ZB 15/01, NJW 2001, 3627, 3628 m.w.N.
503 Vgl. BGH V ZB 15/01, NJW 2001, 3627, 3628 m.w.N.
504 Vgl. BGH V ZB 15/01, NJW 2001, 3627, 3628 m.w.N.
505 BGH V ZR 235/04, NZM 2005, 626.
506 BGH V ZR 235/04, NZM 2005, 626.
507 LG Frankfurt/Main, 2–13 S 19/09, ZMR 2010, 396.
508 So aber LG München I 1 S 10608/10, ZMR 2011, 326 m. krit. Anm. *Abramenko*, Info-M 2011, 76; *Klein* in Bärmann, § 10 Rn 273.
509 BGH V ZR 235/04, NZM 2005, 626.
510 LG München I 1 S 10608/10, ZMR 2011, 326.

heblich ist insoweit ein Rückstand mit mehr als sechs Monatsbeträgen anzusehen.[511] Durch Teilzahlungen in Höhe der auf die Versorgungsleistungen entfallenden Beträge kann das Zurückbehaltungsrecht nicht abgewendet werden.[512]

231 Dem Vollzug der Sperre muss eine **Androhung** vorausgehen, sofern um den Vollzug nicht prozessiert wird.[513]

232 Hat die Gemeinschaft ein Recht zur Sperrung der Leitungen, dann kann sie von dem säumigen Wohnungseigentümer auch die **Duldung des Zugangs** zu seiner Wohnung verlangen, wenn die Sperre nur dort vorgenommen werden kann.[514] Ein bestandskräftiger Eigentümerbeschluss, der die Verwaltung zur Versorgungssperre ermächtigt, entbindet das Gericht, das über die Duldung des Wohnungszutritts zu entscheiden hat, nicht von der Prüfung der tatsächlichen Voraussetzungen des Zurückbehaltungsrechts und der Verhältnismäßigkeit der Maßnahme.[515]

233 Einem **Mieter** gegenüber besteht dagegen kein Recht auf Zugang zur Wohnung.[516] Bei einer vermieteten Wohnung kann die Versorgungssperre erfolgreich nur vorgenommen werden, wenn eine Absperrmöglichkeit außerhalb der Wohnung besteht. Die Versorgungssperre der Gemeinschaft ist jedoch gegenüber dem Mieter **keine** Besitzstörung durch **verbotene Eigenmacht**.[517] Ebenso wie bei der Liefersperre eines Versorgungsunternehmens[518] fehlt es an der verbotenen Eigenmacht, weil die dingliche Beziehung durch die Sonderbeziehung der Gemeinschaft zum vermietenden Wohnungseigentümer überlagert wird. Der Mieter kann die Versorgungssperre vermeiden, indem er sich mit der Gemeinschaft auf eine Zahlung der Bewirtschaftungskosten direkt an die Gemeinschaft verständigt.

X. Sicherungsabtretung von Mietforderungen

234 Die Gemeinschaftsordnung kann auch eine Verpflichtung der Wohnungseigentümer enthalten, Mietansprüche aus einer vermieteten Eigentumswohnung zur Sicherung der Wohngeldzahlungen an die übrigen Wohnungseigentümer abzutreten.[519]

F. Guthaben aus der Jahresabrechnung

235 Anspruchsgrundlage für die Rückzahlung eines Guthabens aus der Jahresabrechnung ist der Beschluss der Wohnungseigentümer über die Jahresgesamt- und -einzelabrechnung. Eines Rückgriffs auf § 812 Abs. 1 S 2 1. Alt BGB bedarf es nicht.[520] Die Erfüllung eines Bereicherungsanspruchs aus Mitteln der Gemeinschaft kann erst und nur dann verlangt werden, wenn eine durch Beschlussfassung der Gemeinschaft genehmigte Jahresabrechnung ein Guthaben ausweist. Einer isolierten Anspruchsverfolgung außerhalb der Abrechnung der Wirtschaftsperiode steht das durch die Jahresabrechnung konkretisierte Innenverhältnis der Wohnungseigentümer entgegen, wonach zwischen den Eigentümern lediglich ein Innenausgleich zulässig ist.[521] Der Anspruch richtet sich gegen den Verband als Träger des Verwaltungsvermögens. Zur Rechtslage vor dem Inkrafttreten der WEG-Novelle 2007 wurde vertreten, die Rückzahlung könne insbesondere bei größeren Guthaben nur dann verlangt werden, wenn aus der abgerechneten Wirtschaftsperiode noch Gelder vorhanden sind oder durch Nachforderungen beschafft werden können.[522] § 21 Abs. 7 gibt den Wohnungseigentümern jetzt die Beschlusskompetenz, Guthaben mit künftigen Vorschüssen zu verrechnen oder die Fälligkeit der Auszahlung hinauszuschieben. Machen die Wohnungseigentümer von dieser Möglichkeit keinen Gebrauch, sind die Guthaben sofort fällig und können von den einzelnen Wohnungseigentümern gegen den Verband geltend gemacht werden.[523] Das Guthaben steht dem im Zeitpunkt der Beschlussfassung im Grundbuch eingetragenen Wohnungseigentümer zu, nicht dem ausgeschiedenen Veräußerer.[524]

236 Wird das Guthaben auf ein vom Wohnungseigentümer mitgeteiltes Bankkonto ausgezahlt, tritt dadurch Erfüllung ein.[525]

---

511 BGH V ZR 235/04, NZM 2005, 626; OLG Dresden 3 W 82/07, ZMR 2008, 140; LG München I 1 S 10608/10, ZMR 2011, 326; *Gaier*, ZWE 2004, 109, 117.
512 KG 24 W 112/04, ZMR 2005, 905; OLG Dresden 3 W 82/07, ZMR 2008, 140.
513 BGH V ZR 235/04, NZM 2005, 626, 627.
514 OLG München 34 Wx 5/05, NZM, 2005, 304; OLG Frankfurt 20 W 56/06, NZM 2006, 869; KG 24 W 94/01, ZWE 2001, 497 m. insoweit zust. Anm. *Suilmann*, S. 476.
515 OLG München 34 Wx 005/05, NZM 2005, 304.
516 KG 8 U 208/05, NZM 2006, 297.
517 KG 24 W 94/01, ZWE 2001, 497 m. insoweit abl. Anm. *Suilmann*, S. 476; *Gaier*, ZWE 2004, 109, 113; Palandt/*Bassenge*, § 862 Rn 4; **a.A.** OLG Köln 2 U 74/99, ZWE 2000, 543 m. abl. Anm. *Bielefeld*, S. 516;
518 Vgl. etwa LG Frankfurt 2–17 S 465/97, NZM 1998, 714 m. zust. Anm. *Hempel*, S 689; Palandt/*Bassenge*, § 862 Rn 4 m.w.N.
519 Siehe dazu *Häublein*, ZWE 2004, 48, 60.
520 *Armbrüster*, ZWE 2005, 267, 271; *Schultzky*, ZMR 2008, 757, 760; *Merle* in Bärmann, § 28 Rn 117; **a.A.** KG 24 W 1940/92, WuM 1993, 91, 92; *Kuhla*, ZWE 2011, 6, 8.
521 OLG Köln 16 Wx 215/06, ZMR 2007, 642.
522 Vgl. KG 24 W 1940/92, WuM 1993, 91, 92; KG 24 W 6844/00, ZWE 2001, 438, 439; KG 24 W 26/01, NZM 2002, 745.
523 OLG Hamm I-15 Wx 222/10, ZMR 2011, 656; *Abramenko* in Riecke/Schmid, § 28 Rn 93; *Merle* in Bärmann, § 28 Rn 117; **a.A.** *Kuhla*, ZWE 2011, 6, 8.
524 KG 24 W 7323/98, NZM 2000, 830; LG Köln 29 S 57/10, ZMR 2011, 165, 166; *Merle* in Bärmann, § 28 Rn 118; **a.A.** AG Langenfeld 11 C 376/89, WuM 1990, 88, m. abl. Anm. *Drasdo*.
525 OLG München 24 Wx 004/05, ZMR 2006, 154, 155.

G. Rechnungslegung

I. Anspruchsvoraussetzungen

Der Anspruch der Wohnungseigentümer auf Rechnungslegung ergibt sich bereits aus den §§ 666, 675, 259 BGB. § 28 Abs. 4 stellt klar, dass die Wohnungseigentümer aufgrund eines Mehrheitsbeschlusses jederzeit Rechnungslegung verlangen können. Der Verwalter ist nicht einem einzelnen Eigentümer, sondern nur den Wohnungseigentümern in ihrer Gesamtheit aufgrund eines Mehrheitsbeschlusses zur Rechnungslegung verpflichtet.[526] Eines Beschlusses bedarf es nicht, wenn sämtliche Wohnungseigentümer den Anspruch auf Rechnungslegung geltend machen.[527] Der einzelne Wohnungseigentümer kann von den anderen die Zustimmung zu einem solchen Beschluss gemäß den §§ 21 Abs. 4, 43 Nr. 1 erzwingen, wenn das Verlangen einer ordnungsgemäßen Verwaltung entspricht. Der gegen den Verwalter – auch den ausgeschiedenen – gerichtete Anspruch ist im Verfahren nach § 43 Nr. 2 durchzusetzen. Der Verwalter kann die Rechnungslegung verweigern, wenn das Verlangen nach ihr schikanös ist (§§ 242, 226 BGB). Er hat insoweit auch die Möglichkeit eines Feststellungsantrags im Verfahren nach § 43 Nr. 2. Die Forderung nach Rechnungslegung ist jedenfalls dann gerechtfertigt, wenn sich Anhaltspunkte ergeben, dass der Verwalter von dem beschlossenen Wirtschaftsplan abweicht oder wenn sonst Unregelmäßigkeiten zu befürchten sind. Nach Ablauf eines Geschäftsjahres tritt die Pflicht zur Erstellung der Jahresabrechnung an die Stelle der Pflicht zur außerordentlichen Rechnungslegung.[528]

237

Die Rechnungslegung hat innerhalb angemessener Frist zu erfolgen.

II. Inhalt der Rechnungslegung

Die außerordentliche Rechnungslegung aufgrund einer besonderen Aufforderung gemäß § 28 Abs. 4 hat ebenso wie die vom Verwalter periodisch und ohne Aufforderung zu erstellende Jahresabrechnung (§ 28 Abs. 3) gemäß § 259 BGB eine geordnete Zusammenstellung der Einnahmen und Ausgaben zu enthalten. Sie dient der Kontrolle der laufenden Geschäftsführungstätigkeit des Verwalters und soll im Falle seiner Ablösung während des Wirtschaftsjahres den neuen Verwalter in die Lage versetzen, die Verwaltung fortzuführen. Sie muss unter Beifügung alle Belege alle Einnahmen und Ausgaben des betreffenden Zeitabschnitts verständlich und nachvollziehbar darlegen und die Kontostände der einzelnen Bankkonten enthalten. Im Gegensatz zur Jahresabrechnung ist aber eine Aufteilung des Gesamtergebnisses auf die einzelnen Wohnungseigentümer nicht geschuldet[529] und zwar auch nicht von einem Verwalter, der vor Ablauf eines Wirtschaftsjahres ausscheidet.[530]

238

III. Vollstreckung des Titels auf Rechnungslegung

Ein Titel, der den Verwalter zur Rechnungslegung verpflichtet, ist nach § 888 ZPO zu vollstrecken.[531] Ebenso wie bei der Jahresabrechnung hat der Verwalter Einsicht in die Belege zu gewähren und ergänzende Auskünfte zu erteilen.

239

Der **Einwand der Erfüllung** ist zwar im Regelfall durch Vollstreckungsgegenantrag (§ 767 analog) geltend zu machen. Weil der Zwangsmittelbeschluss aber voraussetzt, dass der Schuldner die unvertretbare Handlung noch nicht vorgenommen hat, ist der Erfüllungseinwand auch im Vollstreckungsverfahren beachtlich.[532] Teilweise wird allerdings vertreten, der Erfüllungseinwand sei im Verfahren nach § 888 ZPO nur beachtlich, wenn die Handlung, die nach Auffassung des Schuldners zur Erfüllung führt, unstreitig ist[533] oder präsent beweisbar ist.[534] Bei dem Anspruch auf Rechnungslegung ist die vollständige Erfüllung jedenfalls dann im Vollstreckungsverfahren zu prüfen, wenn sich die den Gläubigern überlassenen Schriftstücke bei den Akten befinden.[535]

240

H. Entlastung des Verwalters

Die Entlastung des Verwalters ist im WEG nicht geregelt. Es ist die Erklärung der Wohnungseigentümer, dass sie die Amtsführung des Verwalters billigen. Dies geschieht durch Mehrheitsbeschluss. Ziel der Verwalterentlastung ist, die in der Vergangenheit geleistete Verwaltungstätigkeit zu billigen und dem Verwalter für sein Tätigwerden in der Zukunft das Vertrauen auszusprechen. Die Entlastung schafft damit die Grundlage für eine weitere vertrauensvolle Zusammenarbeit in der Zukunft, woran die Wohnungseigentümer ein berechtigtes Interesse haben.[536] Die Wirkungen der Entlastung (siehe Rn 243) sind nur die Folge dieser Vertrauenskundgabe.

241

---

526 BayObLG WE 1989, 145, 146.
527 BayObLG 2Z BR 255/03, NZM 2004, 621.
528 KG 24 W 5670/86, ZMR 1988, 70, 71/72.
529 BayObLG 2 Z 11/78, BayObLGZ 1979, 30, 32.
530 BayObLG 2 Z 11/78, BayObLGZ 1979, 30, 33.
531 OLG Köln 2 W 201/97, WuM 1998, 375, 376 m.w.N.; BayObLG 2Z BR 9/02, NZM 2002, 489, 491 m.w.N.; **a.A.** OLG Düsseldorf 3 Wx 33/99, NZM 1999, 842 m. abl. Anm. *Nies*, S. 832.
532 Zöller/*Stöber*, § 888 ZPO Rn 11.
533 OLG Köln 20 W 76/88, NJW-RR 1989, 188.
534 OLG Düsseldorf 9 W 43/87, NJW-RR 1988, 63; KG 24 W 6684/86, NJW-RR 1987, 840.
535 BayObLG 2Z BR 9/02, NZM 2002, 489, 491.
536 BGH V ZB 11/03, NJW 2003, 3124, 3125 m.w.N.

242 Die Entlastung kann ausdrücklich oder konkludent erfolgen. Ob z.B. der Beschluss über die Jahresabrechnung stillschweigend zugleich die Entlastung des Verwalters enthält, ist durch Auslegung zu ermitteln.[537] Mangels anderweitiger Anhaltspunkte wird dies regelmäßig der Fall sein.[538] Umgekehrt enthält ein Entlastungsbeschluss in der Regel zugleich die stillschweigende Billigung der Jahresabrechnung.[539] Entlastung des Verwalters und Genehmigung der Jahresabrechnung sind aber auch dann rechtlich zwei Beschlüsse mit verschiedenen Gegenständen, wenn einheitlich darüber abgestimmt wird. Anfechtung und Ungültigkeitserklärung können daher auf einen dieser Beschlüsse beschränkt werden.[540]

I. Wirkung der Entlastung

243 Die Entlastung bewirkt wie ein negatives Schuldanerkenntnis nach § 397 Abs. 2 BGB, dass den Wohnungseigentümern keine Ansprüche gegen den Verwalter wegen solcher Vorgänge zustehen, die bekannt oder bei zumutbarer Sorgfalt erkennbar waren.[541]

244 Der Entlastungsbeschluss zielt aber nicht auf die Wirkungen eines negativen Schuldanerkenntnisses nach § 397 Abs. 2 BGB. Diese Wirkungen sind vielmehr nur die Folge der Vertrauenskundgabe. Dogmatisch wird man die Entlastung im Regelfall wohl nicht als ein (vertragliches oder einseitiges) Rechtsgeschäft ansehen können, das einen Verzicht auf Ansprüche gegen den Verwalter zum Inhalt hat.[542] Es dürfte insoweit bereits am Willen der Wohnungseigentümer fehlen, durch Zustimmung zu dem Entlastungsantrag dem Verwalter gegenüber einen rechtsgeschäftlichen Verzicht zu erklären. Dies bringt die Formulierung zum Ausdruck, dass die Entlastung wie ein negatives Schuldanerkenntnis wirkt. Die Folgewirkung der Entlastung lässt sich aus dem Grundsatz von Treu und Glauben (§ 242 BGB) herleiten.[543] Die mit dem Entlastungsbeschluss bezweckte Vertrauenskundgabe führt beim Verwalter zu der berechtigten Erwartung, dass die vergangene Verwaltungsperiode von den Wohnungseigentümern abschließend geprüft und gebilligt wurde. Es wäre daher ein mit Treu und Glauben nicht zu vereinbarendes widersprüchliches Verhalten (venire contra factum proprium), zuerst die bisherige Verwaltertätigkeit zu billigen, dann aber gleichwohl Schadensersatzansprüche wegen solcher Pflichtverletzungen geltend zu machen, die im Zeitpunkt der Entlastung bereits erkennbar waren.

245 Wird dem Verwalter im Zusammenhang mit der Erläuterung und Genehmigung der **Jahresabrechnung** Entlastung erteilt, so beschränkt sich die Entlastung auf das Verwalterhandeln, das sich in der Abrechnung niedergeschlagen hat.[544] Die Entlastung umfasst auch die Billigung der Entnahme von Geldern aus der Instandhaltungsrücklage zur Bezahlung von baulichen Maßnahmen.[545] Verbirgt sich hinter der Ausgabenposition „Grundsteuer", dass der Verwalter jahrelang an den Bauträger gerichtete Grundsteuerbescheide aus Gemeinschaftsmitteln bezahlt hat, so schließen die ihm erteilten Entlastungen Schadensersatzansprüche aus, weil die Wohnungseigentümer dies durch Einsicht in die Belege hätten erkennen können.[546] Ein Entlastungsbeschluss berührt nicht **individuelle Schadensersatzansprüche** eines Wohnungseigentümers gegen den Verwalter. Der Schadensersatzanspruch eines Wohnungseigentümers gegen den Verwalter wegen Schäden an seinem Sondereigentum und Vermögen unterliegt nicht der Verwaltung der Wohnungseigentümer, da diese sich nur auf das gemeinschaftliche Eigentum beschränkt. Über einen Ersatzanspruch wegen eines am Sondereigentum eines einzelnen Wohnungseigentümers eingetretenen Schadens können deshalb die Wohnungseigentümer nicht durch Beschluss verfügen. Ein solcher Beschluss wäre wegen absoluter Unzuständigkeit der Wohnungseigentümerversammlung nichtig.[547] Ein **strafbares Verhalten** des Verwalters begründet auch dann Schadensersatzansprüche, wenn ihm Entlastung erteilt worden ist. Werden daher schlüssig Tatsachen vorgetragen, die die Voraussetzungen einer strafbaren Handlung erfüllen, darf eine inhaltliche Prüfung nicht mit dem Hinweis auf die Entlastung abgelehnt werden.[548]

246 Wird dem Verwalter nach Rechnungslegung Entlastung erteilt, so wird er dadurch von der Pflicht zu weiteren Erklärungen über Vorgänge, die bei Beschlussfassung bekannt oder erkennbar waren, befreit.[549] Sofern aber die Jahresabrechnung die notwendigen Angaben über Stand und Entwicklung der Instandhaltungsrücklage nicht enthält, hat ein Wohnungseigentümer insoweit auch noch nach Beschlussfassung über die Jahresabrechnung und die Entlastung des Verwalters einen Auskunftsanspruch.[550]

---

537 BayObLG BReg 2 Z 26/86, WuM 1988, 101.
538 BayObLG 2 Z 34/79, Rpfl 1980, 478; OLG Celle 4 196/82, OLGZ 1983, 177, 178/179; OLG Düsseldorf 3 Wx 92/00, ZWE 2001, 270 m. krit. Anm. *Demharter*, S. 256.
539 BayObLG 2Z BR 10/92, WuM 1992, 329 m.w.N.
540 BayObLG 2Z BR 36/00, NZM 2001, 296.
541 Vgl. BGH III ZR 248/95, NJW 1997, 2106, 2108; BayObLG 2Z BR 122/00, NZM 2001, 388, 389 m.w.N.; OLG Köln 16 Wx 87/01, NZM 2001, 862, 863.
542 Vgl. *Rühlicke*, ZWE 2003, 54, 57.
543 Vgl. *Rühlicke*, ZWE 2003, 54, 60; *Gottschalg*, Rn 336.
544 BayObLG 2Z BR 122/00, NZM 2001, 388, 389; BayObLG 2Z BR 82/02, NZM 2003, 31, 32.
545 BayObLG 2 Z 74/79, DWE 1981, 93, 94/95.
546 BayObLG 2Z BR 166/99, ZMR 2000, 317.
547 OLG Hamm 15 W 212/96, NJW-RR 1997, 908 m.w.N.
548 OLG Celle 4 W 335/90, NJW-RR 1991, 979.
549 BayObLG BReg 2 Z 22/75, BayObLGZ 1975, 161, 165; OLG Frankfurt 20 W 732/78, OLGZ 1979, 136, 137.
550 BayObLG WE 1989, 180, 181.

II. Erkennbarkeit von Ansprüchen

Grundsätzlich ist auf den Kenntnisstand aller Wohnungseigentümer abzustellen und nicht auf die Erkenntnismöglichkeiten einzelner Eigentümer mit besonderer Sachkunde.[551] Es kann nicht erwartet werden, dass sich die Wohnungseigentümer die erforderliche Kenntnis durch eigene Untersuchungen selbst verschaffen.[552] Für die Erkennbarkeit reicht es aber aus, wenn der Verwaltungsbeirat die Vorgänge kannte oder kennen musste.[553] Die Wirksamkeit eines Entlastungsbeschlusses hängt nicht davon ab, dass der Verwalter die Wohnungseigentümer über mögliche Schadensersatzansprüche gegen sich belehrt hat.[554] Die **Feststellungslast für die Erkennbarkeit** eines Anspruchs tragen die Wohnungseigentümer.[555]

247

III. Anfechtbarkeit des Entlastungsbeschlusses

Ein Eigentümerbeschluss, mit dem einem Verwalter Entlastung erteilt wird, **steht nicht grundsätzlich im Widerspruch zu einer ordnungsmäßigen Verwaltung**, denn die Wohnungseigentümer haben ein berechtigtes Interesse durch die Vertrauenskundgabe die Grundlage für eine weitere vertrauensvolle Zusammenarbeit in der Zukunft zu schaffen.[556] Ob das Interesse an der Entlastung des Verwalters mit der Aufwertung der Kontrollrechte der Wohnungseigentümer begründet werden kann[557] erscheint zweifelhaft, denn es ist nicht belegt, dass die Entlastung den Verwalter tatsächlich dazu anspornt, die Wohnungseigentümer umfassender zu informieren Auch ein Eigentümerbeschluss, mit dem einem **ausgeschiedenen Verwalter** Entlastung erteilt wird, widerspricht nicht grundsätzlich einer ordnungsmäßigen Verwaltung.[558] Für den ausgeschiedenen Verwalter hat der Gesichtspunkt der Vertrauenskundgabe für die Zukunft allerdings keine Bedeutung. Die mit der Entlastung verbundene Vertrauenskundgabe beschränkt sich bei ihm auf die Billigung der zurückliegenden Amtsführung. Der BGH[559] bejaht gleichwohl ein Interesse der Wohnungseigentümer an der Entlastung, weil dem neuen Verwalter signalisiert werde, auch ihm werde bei ordentlicher Amtsführung in gleicher Weise Vertrauen entgegengebracht werden. Hierdurch werde die Grundlage für eine vertrauensvolle Zusammenarbeit mit dem neuen Verwalter geschaffen. Es ist jedoch fraglich, ob die Vertrauenskundgabe gegenüber einem Konkurrenten Einfluss auf das Verhältnis des neuen Verwalters zu den Wohnungseigentümern haben kann. Im Ergebnis ist dem *BGH* aber zuzustimmen, weil die Entscheidung über die Entlastung die Wohnungseigentümer zwingt, sich Klarheit darüber zu verschaffen, ob sie die in der Vergangenheit geleistete Verwaltungstätigkeit billigen wollen oder ob sie Ansprüche gegen den Verwalter geltend machen wollen. Dies hat deshalb Bedeutung, weil erkennbare Schadensersatzansprüche gegen den Verwalter bereits nach 3 Jahren verjähren (§§ 195, 199 BGB).

248

Ein Eigentümerbeschluss, mit dem einem Verwalter Entlastung erteilt wird, **widerspricht ordnungsgemäßer Verwaltung**, wenn Ansprüche gegen den Verwalter erkennbar in Betracht kommen und nicht aus besonderen Gründen Anlass besteht, auf die hiernach möglichen Ansprüche zu verzichten.[560] Ausreichend ist eine objektive Pflichtverletzung des Verwalters. Ob möglicherweise das Verschulden fehlt, ist unerheblich.[561] Unschlüssiger Sachvortrag zu vermeintlichen Schadensersatzansprüchen gegen den Verwalter steht der Entlastung nicht entgegen.[562] Wird der Beschluss auf Anfechtung rechtskräftig für ungültig erklärt, entfällt die Entlastung gemäß §§ 48 Abs. 1 S. 2, Abs. 3 auch gegenüber dem beigeladenen Verwalter. Ob tatsächlich ein Schadensersatzanspruch besteht, ist in dem Verfahren festzustellen, in dem der Schadensersatzanspruch geltend gemacht wird. Einen solchen Anspruch kann ein einzelner Wohnungseigentümer nicht ohne ermächtigenden Beschluss der Gemeinschaft geltend machen.[563]

249

Ein Schadensersatzanspruch kommt zum Beispiel in Betracht, wenn der Verwalter in der Jahresabrechnung nur den jeweiligen Endstand, nicht aber den Anfangsstand der Konten angegeben hat[564] oder wenn in der Jahresgesamtabrechnung nicht die im Abrechnungszeitraum tatsächlich gezahlten Wohngeldvorschüsse ausgewiesen sind[565] oder wenn die Übersicht über die Konten der Wohnungseigentümergemeinschaft fehlt.[566] Eine Verweigerung der Entlastung des Verwalters kann nicht mit der Begründung erfolgen, der Verwalter habe entgegen den Bestimmungen des Verwaltervertrages seine Geschäftsbesorgung an der Rechtsprechung orientiert. Überschreitet der Verwalter allerdings eigenmächtig den ihm vorgegebenen Verhandlungsspielraum, z.B. hinsichtlich der Höhe der dem Hauswart

250

---

551 BayObLG 2Z BR 122/00, NZM 2001, 388; BayObLG 2Z BR 82/02, NZM 2003, 31, 32.
552 KG WuM 1993, 140, 141.
553 OLG Düsseldorf 3 Wx 92/00, ZWE 2001, 270 m. krit. Anm. *Demharter*, S. 256; OLG Köln 16 Wx 87/01, NZM 2001, 862, 863; OLG Düsseldorf 3 Wx 13/01, NZM 2002, 264; krit. auch *Schmid*, ZWE 2010, 8.
554 BayObLG 2Z BR 36/01, NZM 2001, 537.
555 OLG Karlsruhe 11 Wx 76/99, NZM 2000, 298.
556 BGH V ZB 11/03, NJW 2003, 3124 m.w.N.; BayObLG 2Z BR 182/04, ZMR 2006, 137, 138; **a.A.** AG Kerpen 15 II 54/03, NZM 2004, 112; AG Kerpen 26 C 52/09, ZMR 2010, 724.
557 So *Rühlicke*, ZWE 2003, 54, 63 und ZWE 2003, 373.
558 BGH V ZB 40/03, NJW 2003, 3554.
559 BGH V ZB 40/03, NJW 2003, 3554.
560 BGH V ZB 11/03, NJW 2003, 3124.
561 OLG Frankfurt 20 W 115/01, NZM 2003, 980 [Ls].
562 OLG Hamburg 2 Wx 133/01, ZMR 2004, 452.
563 BayObLG BReg 2 Z 49/91, WuM 1991, 443, 444.
564 BayObLG BReg 2 Z 26/86, WuM 1988, 101.
565 BayObLG BReg 1 b Z 14/88, NJW-RR 1989, 840, 841.
566 OLG Düsseldorf I-3 Wx 261/04, ZMR 2005, 720, 721.

zu zahlenden Vergütung, so widerspricht dies den Grundsätzen ordnungsmäßiger Verwaltung und damit einer Entlastung des Verwalters.[567]

251 Hat der Verwalter aufgrund eines Ermächtigungsbeschlusses der Wohnungseigentümer und nach Empfehlung eines Sachverständigen Instandsetzungsarbeiten am gemeinschaftlichen Eigentum veranlasst und aus der Instandhaltungsrücklage bezahlt, kann der Entlastungsbeschluss nicht wegen etwaiger Regressansprüche gegen einen Sondereigentümer erfolgreich angefochten werden.[568]

252 Die Entlastung der Verwaltung widerspricht einer ordnungsgemäßen Verwaltung, wenn eine fehlerhafte Abrechnung oder ein mangelhafter Wirtschaftsplan vorgelegt worden ist.[569] Ein Entlastungsbeschluss ist insgesamt für ungültig zu erklären, wenn eine unvollständige Gesamtabrechnung und fehlerhafte Einzelabrechnungen zur Beschlussfassung vorgelegt werden.[570] Der Verwalter ist befugt, Rechtsmittel gegen eine Entscheidung einzulegen, die einen Beschluss über die Entlastung für ungültig erklärt.[571]

253 Wird der Beschluss der Eigentümerversammlung über die Entlastung für unwirksam erklärt, so berührt dies die Gültigkeit des Beschlusses über die Jahresabrechnung nicht.[572] Wird dagegen umgekehrt ein Beschluss über die Jahresabrechnung für ungültig erklärt, so ist im Regelfall davon auszugehen, dass insoweit auch die Voraussetzungen für einen gültigen Beschluss über die Entlastung fehlen.[573]

254 Auch der Beschluss über die **Entlastung von Wohnungseigentümern**, die durch Mehrheitsbeschluss mit der Überarbeitung von teilweise für ungültig erklärten Jahresabrechnungen betraut worden waren, überschreitet bei marginalen Differenzbeträgen nicht das Entschließungsermessen der Gemeinschaft und entspricht daher ordnungsgemäßer Verwaltung.[574]

IV. Kein Anspruch auf Entlastung

255 Anspruch auf Entlastung hat der Verwalter nur, wenn die Teilungserklärung, eine sonstige Vereinbarung oder der Verwaltervertrag dies vorsieht.[575] Der Verwalter hat aber Anspruch auf negative Feststellung, wenn sich die Wohnungseigentümer konkreter Ansprüche berühmen.[576]

V. Kein Stimmrecht des Verwalters

256 Ein Verwalter, der gleichzeitig Wohnungseigentümer ist, ist bei einem Beschluss, durch den ihm für eine Jahresabrechnung oder Rechnungslegung Entlastung erteilt werden soll, nicht stimmberechtigt.[577] Dies gilt auch, wenn er von den Beschränkungen des § 181 BGB befreit ist.[578] Er ist auch gehindert, in Vollmacht für andere Wohnungseigentümer abzustimmen.[579] Die Ausübung des Stimmrechts durch einen vom Verwalter bevollmächtigten Wohnungseigentümer ist eben falls ausgeschlossen.[580] Das für eine Verwalter-GmbH geltende Stimmverbot erstreckt sich auch auf ihren geschäftsführenden Mehrheitsgesellschafter sowie auf die Gesellschaften, auf deren Willensbildung dieser Geschäftsführer Einfluss nehmen kann.[581] Der Verwalter, dem für die Abstimmung Vollmacht erteilt ist, kann aber grundsätzlich wirksam anderen Wohnungseigentümern Untervollmacht erteilen, sofern er eine Weisung für das Abstimmungsverhalten unterlässt, denn der Unterbevollmächtigte vertritt nicht den Bevollmächtigten, sondern den Vollmachtgeber.[582]

§ 29 Verwaltungsbeirat

(1) ¹Die Wohnungseigentümer können durch Stimmenmehrheit die Bestellung eines Verwaltungsbeirats beschließen. ²Der Verwaltungsbeirat besteht aus einem Wohnungseigentümer als Vorsitzenden und zwei weiteren Wohnungseigentümern als Beisitzern.

(2) Der Verwaltungsbeirat unterstützt den Verwalter bei der Durchführung seiner Aufgaben.

---

567 OLG Düsseldorf 3 Wx 182/91, WuM 1991, 619.
568 OLG Düsseldorf 3 Wx 149/96, WuM 1996, 793.
569 BGH V ZR 44/09, NJW 2010, 2127, Tz 19; BGH V ZR 202/09, ZMR 2010, 775.
570 BayObLG 2Z BR 129/93, WuM 1994, 568.
571 KG WE 1989, 134.
572 BayObLG BReg 2 Z 6/83, BayObLGZ 1983, 314, 319/320; BayObLG BReg 2 Z 26/86, WuM 1988, 101.
573 BayObLG BReg 1 b Z 14/88, NJW-RR 1989, 840, 841.
574 OLG Düsseldorf 3 Wx 127/06, NZM 2007, 569.
575 OLG Düsseldorf 3 Wx 581/94, ZMR 1996, 622 m.w.N.; OLG Düsseldorf 3 Wx 393/98, WuM 1999, 481, 482; BayObLG 2Z BR 36/01, NZM 2001, 537 m.w.N.; AnwHdB/Köhler, Teil 14 Rn 250; Weitnauer/Gottschalg § 28 Rn 32.
576 OLG Düsseldorf 3 Wx 581/94, ZMR 1996, 622.
577 BayObLG BReg 2 Z 45/77, Rpfl 1979, 66; OLG Karlsruhe 14 Wx 41/06, ZMR 2008, 408.
578 AG Frankfurt 65 UR II 308/90 WEG, WuM 1991, 712.
579 LG Frankfurt 2/9 T 1014/87, NJW-RR 1988, 596; OLG Köln 16 Wx 165/06, ZMR 2007, 715.
580 AG Frankfurt 65 UR II 308/90 WEG, WuM 1991, 712.
581 OLG Karlsruhe 14 Wx 41/06, ZMR 2008, 408.
582 BayObLG 2Z BR 36/98, WuM 1999, 58 für den Abschluss des Verwaltervertrages.

(3) Der Wirtschaftsplan, die Abrechnung über den Wirtschaftsplan, Rechnungslegungen und Kostenanschläge sollen, bevor über sie die Wohnungseigentümerversammlung beschließt, vom Verwaltungsbeirat geprüft und mit dessen Stellungnahme versehen werden.

(4) Der Verwaltungsbeirat wird von dem Vorsitzenden nach Bedarf einberufen.

A. Allgemeines	1	III. Pflichtverletzungen	31
B. Bestellung	2	IV. Haftungsbeschränkung	33
C. Ende des Beiratsamts	7	V. Vermögensschadenshaftpflichtversicherung	35
D. Zusammensetzung	10	H. Zurechnung von Kenntnissen des Verwaltungsbeirats	36
E. Aufgaben	15	I. Haftung der Gemeinschaft für den Verwaltungsbeirat	37
F. Vergütung	26	J. Beiratssitzungen	38
G. Haftung des Verwaltungsbeirats	27	K. Streitigkeiten	39
I. Mitverschulden der Gemeinschaft	28		
II. Entlastung des Verwaltungsbeirats	29		

Literatur: *Abramenko*, Die schuldrechtlichen Beziehungen zwischen Verwaltungsbeirat und Wohnungseigentümergemeinschaft nach Anerkennung ihrer Teilrechtsfähigkeit, ZWE 2006, 273; *Armbrüster*, Bestellung der Mitglieder des Verwaltungsbeirats, ZWE 2001, 355; *ders.*, Beendigung der Mitgliedschaft im Verwaltungsbeirat, insbesondere Abberufung, ZWE 2001, 412; *ders.*, Willensbildung und Beschlussfassung im Verwaltungsbeirat, ZWE 2001, 463; *Bub*, Verwalter und Verwaltungsbeirat im Überblick, ZWE 2002, 7; *ders.*, Die Blockabstimmung in der Aktionärs-Hauptversammlung und in der Wohnungseigentümerversammlung, FS Derleder, 2005, S. 221; *ders.*, Haftpflicht- und Vermögensschadenversicherung für Verwalter und Beiräte, ZWE 2010, 117; *Deckert*, Der Verwaltungsbeirat, DWE 2005, 12; *Dippel/Wolicki*, Auflösung und Fortbestand des Verwaltungsbeirats bei Wegfall seines einzigen Mitglieds, NZM 1999, 603; *Drasdo*, Die Haftung der Wohnungseigentümer für Handlungen des Verwaltungsbeirats bei Schadensersatzansprüchen des Verwalters, ZWE 2001, 522; *ders.*, Der Bestellung der Verwaltungsbeiratsmitglieder, ZMR 2005, 596; *Elzer/Riecke*, Haftungsprivilegierung des Verwaltungsbeirats bei leichter Fahrlässigkeit, ZMR 2012, 171; *Gottschalg*, Haftung des Verwaltungsbeirats, ZWE 2001, 185; *ders.*, Die Haftung der Wohnungseigentümer für den Verwaltungsbeirat, ZWE 2001, 360; *ders.*, Beiratstätigkeit in der Wohnungseigentümergemeinschaft, NZM 2003, 81; *Häublein*, Haftungsbeschränkungen zugunsten der Mitglieder des Verwaltungsbeirats im Wohnungseigentumsrecht, ZfIR 2001, 939; *ders.*, Verwalter und Verwaltungsbeirat – einige aktuelle Probleme, ZMR 2003, 233; *Jeckstaedt*, Berücksichtigung und Grenzen der Zusammenarbeit mit dem Verwalter – Aufgaben und Pflichtenkreis des Beirats, GE 2010, 1315; *Kümmel*, Die Mitgliedschaft von Personenvereinigungen im Verwaltungsbeirat, NZM 2003, 303; *Lehmann-Richter*, Verantwortlichkeit des Verbands Wohnungseigentümergemeinschaft für Fehlverhalten des Verwaltungsbeirats, ZWE 2011, 439; *Scheuer*, (Mit-)Versicherung des Beirats in der Vermögensschadenhaftpflichtversicherung, ZWE 2012, 115; *Maas*, Der Verwaltungsbeirat als Organ der Gemeinschaft der Wohnungseigentümer, 2000; *Schmid*, Zur Entlastung der Mitglieder des Verwaltungsbeirates, ZMR 2010, 667; *ders.*, Der Verwaltungsbeirat – Repräsentant der Wohnungseigentümer(gemeinschaft)? ZWE 2010, 8; *Schmidt*, Outsourcing im WEG? Zum Problem von Nichteigentümern im Verwaltungsbeirat, ZWE 2004, 18.

A. Allgemeines

Während der Verwalter gemäß § 20 Abs. 2 ein notwendiges Organ der Wohnungseigentümergemeinschaft ist, steht es den Wohnungseigentümern frei, ob sie gemäß den §§ 20 Abs. 1, 29 Abs. 1 S. 1 durch Mehrheitsbeschluss einen Verwaltungsbeirat bestellen. Der Verwaltungsbeirat ist ebenso wie der Verwalter zwar Verwaltungsorgan, aber nicht Organ i.S.d. § 31 BGB. § 29 ist durch Vereinbarung insgesamt abänderbar. Wenn die Gemeinschaftsordnung nicht ausnahmsweise eine Mehrheitsentscheidung eröffnet, ist ein das Gesetz ändernder Mehrheitsbeschluss jedoch nichtig, denn eine Änderung des Gesetzes ist nur durch Vereinbarung möglich.[1] Die Bestellung eines Verwaltungsbeirates kann durch Vereinbarung ausgeschlossen werden. Ist dies der Fall, fehlt für eine Änderung dieser Vereinbarung die Beschlusskompetenz.[2] Die Streichung der Vorschriften über den Verwaltungsbeirat im Vordruck einer Teilungserklärung hat aber nicht die Bedeutung eines derartigen Ausschlusses.[3] Die Wahl eines Verwaltungsbeirates kann nicht gemäß den §§ 21 Abs. 4, 43 Nr. 1 erzwungen werden.[4] Zusätzlich oder anstelle eines Verwaltungsbeirates können die Wohnungseigentümer auch durch Mehrheitsbeschluss andere Kontrollorgane schaffen, z.B. einen Kassen- oder Rechnungsprüfer, sofern durch einen solchen **Sonderausschuss** nicht den Wohnungseigentümern und dem Verwalter die ihnen nach dem Gesetz oder durch Vereinbarung zugewiesenen Befugnisse beschnitten werden.[5] Die Anzahl der Mitglieder eines solchen Ausschusses können die Wohnungseigentümer im Rahmen ordnungsgemäßer Verwaltung nach Ermessen festlegen.[6]

B. Bestellung

Der Verwaltungsbeirat wird durch Mehrheitsbeschluss der Wohnungseigentümer bestellt. Maßgebend ist die einfache Mehrheit der anwesenden Stimmberechtigten.[7] Stimmberechtigt sind sowohl der zu Bestellende als auch ein

---

1 BGHZ 145, 158, 167.
2 AG München 483 C 393/09, ZMR 2010, 811.
3 OLG Köln Rpfl 1972, 261.
4 *Bub*, ZWE 2002, 7, 11; **a.A.** *Merle* in Bärmann, § 29 Rn 8.
5 BGH V ZR 126/09, ZMR 2010, 545; vgl. auch BayObLG 2Z BR 103/93, WuM 1994, 45.
6 BGH V ZR 126/09, ZMR 2010, 545.
7 *Armbrüster*, ZWE 2001, 355, 357 f.

Verwalter, der zugleich Wohnungseigentümer ist.[8] Bestimmt die Gemeinschaftsordnung, dass für die Bestellung des Verwaltungsbeirats ein Beschluss aller Wohnungseigentümer erforderlich ist, so diese Regelung auch bei einer größeren Wohnungseigentümergemeinschaften nicht nichtig.[9] Die jahrelange Praxis der Bestellung durch Mehrheitsbeschluss ändert diese Vereinbarung nur ab, wenn den Wohnungseigentümern die Regelung der Gemeinschaftsordnung bekannt ist.[10]

3 Ein Beschluss über Bestellung eines Verwaltungsbeirats ist für ungültig zu erklären, wenn er den Grundsätzen ordnungsmäßiger Verwaltung widerspricht, weil schwerwiegende Umstände bekannt sind, die gegen die Person des Gewählten sprechen.[11] Ein wichtiger Grund gegen die Bestellung eines Wohnungseigentümers zum Mitglied des Verwaltungsbeirats liegt vor, wenn ein Vertrauensverhältnis von vornherein nicht zu erwarten ist oder die Zusammenarbeit mit dem Bestellten unzumutbar erscheint.[12] Die Wohnungseigentümer haben jedoch einen weiten Ermessensspielraum und sind nicht gezwungen, eine Entscheidung zu treffen, die ein außen stehender Dritter als die beste und ausgewogenste Entscheidung ansehen würde. An die Eignung eines Mitglieds des Verwaltungsbeirats können nämlich nicht die gleichen Anforderungen gestellt werden, wie an die Eignung eines Verwalters.[13] Nicht ohne weiteres gegen die Eignung als Mitglied des Verwaltungsbeirats sprechen deshalb dauernder Streit mit einem anderen Wohnungseigentümer[14] oder die Tatsache, dass der Wohnungseigentümer als Rechtsanwalt die Gemeinschaft und den Verwalter in Beschlussanfechtungsverfahren oder einzelne Wohnungseigentümer in Verfahren gegen einen anderen Wohnungseigentümer vertreten hat.[15] Ebenfalls nicht ausreichend ist das Misstrauen der überstimmten Minderheit, die Verfolgung eigener Interessen oder der Interessen einer Mehrheitsgruppe.[16] Allein die Absicht eines Wohnungseigentümers, seine Wohnung zu verkaufen, steht seiner Bestellung zum Mitglied des Verwaltungsbeirats nicht entgegen.[17] Die Bestellung eines Wohnungseigentümers zum Verwaltungsbeirat, in dessen Person die Entziehungsvoraussetzungen des § 18 Abs. 2 Nr. 2 vorliegen, widerspricht ordnungsgemäßer Verwaltung.[18]

4 Die **Wahl** von drei Wohnungseigentümern zu Mitgliedern eines Verwaltungsbeirats bedeutet zugleich die Bestellung dieses Verwaltungsorgans. Ein gesonderter Beschluss ist entbehrlich.[19] Nach allgemeinen demokratischen Grundsätzen ist eine Bestellung des Verwaltungsbeirats durch **Blockwahl** grundsätzlich nur zulässig, wenn dies in der Gemeinschaftsordnung vorgesehen ist.[20] Eine Bestellung en bloc ist aber immer dann zulässig, wenn kein einziger Wohnungseigentümer vor der Stimmabgabe eine Einzelabstimmung verlangt.[21]

5 Die Wohnungseigentümer können (und sollten) gleichzeitig mit der Bestellung durch Mehrheitsbeschluss weitere Einzelheiten festlegen, insbesondere Dauer der Amtszeit, Nachrücken von Ersatzmitgliedern, Vergütung oder Aufwendungsersatz, Geschäftsordnung des Verwaltungsbeirates, Vorsitzender. Werden keine Bestimmungen getroffen, so können die Verwaltungsbeiräte sich selbst eine Geschäftsordnung geben und ihren Vorsitzenden wählen.[22]

6 Die Organstellung des Beiratsmitglieds wird ebenso wie beim Verwalter durch den Bestellungsbeschluss und die Annahme der Bestellung begründet. Von der Organstellung zu trennen ist die schuldrechtliche Beziehung zwischen Beiratsmitglied und Wohnungseigentümern, bei der es sich regelmäßig um ein Auftragsverhältnis handelt.

C. Ende des Beiratsamts

7 Die Abberufung eines Mitglieds des Verwaltungsbeirats ist grundsätzlich jederzeit, auch vor Ablauf der Amtszeit, möglich.[23] Eine Höchstdauer der Bestellungszeit sieht das Gesetz für den Verwaltungsbeirat nicht vor. Die Bestellung eines neuen Verwaltungsbeirats (Neuwahl) enthält in der Regel schlüssig die Abberufung des früheren Verwaltungsbeirats.[24] Durch Vereinbarung kann das Recht zur vorzeitigen Abberufung des Verwaltungsbeirats auf das Vorliegen eines wichtigen Grundes beschränkt werden.[25] Auch wenn eine solche Beschränkung widerspricht die vorzeitige Abberufung ohne wichtigen Grund ordnungsgemäßer Verwaltung, wenn das Beiratsmitglied eine Vergütung erhält, die weitergezahlt werden muss.[26] Ein Antrag auf gerichtliche Abberufung der Mitglieder des Verwaltungsbeirats ist ohne vorherige Anrufung der Wohnungseigentümerversammlung zulässig, wenn feststeht, dass dort ein entsprechender Antrag abgelehnt werden würde.[27] Ist ein Verwaltungsbeirat auf unbefristete Zeit eingesetzt, kann der Verwalter über den Antrag eines Woh-

---

8 *Armbrüster*, ZWE 2001, 355, 359.
9 BayObLG 2 Z BR 11/04, NZM 2004, 587.
10 BayObLG 2 Z BR 11/04, NZM 2004, 587.
11 KG 24 W 3/02, ZMR 2004, 458/459.
12 OLG Frankfurt 20 W 234/00, NZM 2001, 627.
13 OLG Köln 16 Wx 123/99, NZM 1999, 1155; OLG Frankfurt 20 W 234/00, NZM 2001, 627.
14 OLG Köln 16 Wx 123/99, NZM 1999, 1155.
15 OLG Frankfurt 20 W 234/00, NZM 2001, 627.
16 KG 24 W 3/02, ZMR 2004, 458/459.
17 BayObLG 2Z BR 38/01, WuM 2001, 572.
18 **A.A.** LG Baden-Baden 3 T 87/07, ZMR 2009, 473 m. abl. Anm. *Abramenko*.
19 BayObLG 2Z BR 162/98, NZM 1999, 857.
20 *Drasdo*, ZMR 2005, 596, 597; **a.A.** LG Schweinfurt 44 T 79/97, WuM 1997, 641 m. abl. Anm. *Drasdo*.
21 KG 24 W 194/02, NZM 2005, 107; OLG Hamburg 2 Wx 4/04, ZMR 2005, 395, 396; *Armbrüster*, ZWE 2001, 35, 358.
22 Zu einem Muster für Statut des Verwaltungsbeirats siehe *Armbrüster*, ZWE 2001, 463, 465.
23 OLG Hamm 15 W 77/98, NZM 1999, 227, 229 m.w.N.; *Armbrüster*, ZWE 2001, 412, 413.
24 OLG München 34 Wx 69/07, ZMR 2007, 996.
25 OLG Hamm 15 W 77/98, NZM 1999, 227, 228.
26 *Armbrüster*, ZWE 2001, 412, 413.
27 OLG München 32 Wx 115/06, NZM 2007, 132.

nungseigentümers auf Neubestellung des Verwaltungsbeirats zunächst eine Abstimmung darüber herbeiführen, ob überhaupt der Beirat neu bestellt werden soll, und vom Ausgang dieser Abstimmung die Neuwahl abhängig machen.[28] Wird die Neubestellung abgelehnt, so ist der Antrag, diesen Negativbeschluss für ungültig zu erklären, jedenfalls dann zulässig, wenn der Kläger gleichzeitig in Form eines Verpflichtungsantrags die Vornahme der abgelehnten Handlung begehrt.[29]

Die Mitgliedschaft im Verwaltungsbeirat endet auch, wenn das Beiratsmitglied der Gemeinschaft gegenüber erklärt, dass es sein Amt niederlegt, was jederzeit möglich ist.[30] **8**

Nach Beendigung des Amtes hat der Verwaltungsbeirat gemäß § 667 BGB alle Unterlagen, welche die Wohnungseigentümergemeinschaft betreffen im Original herauszugeben.[31] **9**

D. Zusammensetzung

Soweit nichts anderes vereinbart ist, besteht der Verwaltungsbeirat gemäß § 29 Abs. 1 S. 2 aus **drei Wohnungseigentümern**, von denen einer Vorsitzender und die anderen Beisitzer sind. Die Zahl der Beiratsmitglieder und die Zusammensetzung des Verwaltungsbeirats kann durch Vereinbarung abweichend von § 29 Abs. 1 S. 2 bestimmt werden.[32] Auch ein Außenstehender, der nicht Wohnungseigentümer ist, kann nur dann zum Mitglied des Verwaltungsbeirates bestellt werden, wenn dies die Teilungserklärung oder eine Vereinbarung gemäß § 10 Abs. 2 S 2 gestattet.[33] **10**

Verwaltungsbeirat kann nur eine **natürliche Person** sein.[34] Dies folgt daraus, dass der Verwaltungsbeirat der eigenverantwortlichen Selbstverwaltung dient und daher das persönliche Engagement des Wohnungseigentümers im Vordergrund steht.[35] Ist eine juristische Person oder eine Personenhandelsgesellschaft Wohnungseigentümer, so kann weder ein Mitglied des Vertretungsorgans noch ein Gesellschafter zum Verwaltungsbeirat bestellt werden, sofern diese Person nicht auch selbst Wohnungseigentümer ist.[36] **11**

Ein **Mehrheitsbeschluss**, der mit Bindungswirkung für die Wohnungseigentümer untereinander die Zusammensetzung des Verwaltungsbeirats generell abweichend vom Gesetz festlegen will, ist nichtig. Dagegen ist ein Beschluss, der einen konkreten Verwaltungsbeirat bestellt, dessen Zusammensetzung vom Gesetz abweicht, nur anfechtbar.[37] So ist die Entsendung von nur zwei Wohnungseigentümern in den Verwaltungsbeirat rechtsfehlerhaft und auf Anfechtung für ungültig zu erklären, aber nicht nichtig,[38] das Gleiche gilt für die Bestellung eines Nichtwohnungseigentümers zum Verwaltungsbeiratsmitglied. **12**

Scheidet ein Wohnungseigentümer, der zum Verwaltungsbeirat bestellt ist, aus der Eigentümergemeinschaft aus, so scheidet er gleichzeitig aus dem Verwaltungsbeirat aus.[39] Wird er später erneut Wohnungseigentümer, so wird er nicht automatisch, sondern nur durch eine Bestellung wieder Verwaltungsbeirat.[40] Der Verwalter kann nicht gleichzeitig Mitglied des Verwaltungsbeirates sein.[41] Ihm steht grundsätzlich auch kein Recht auf Teilnahme an den Sitzungen des Verwaltungsbeirates zu. Ist der Verwalter zugleich Wohnungseigentümer, ist er bei der Bestellung der Beiratsmitglieder stimmberechtigt.[42] **13**

Fällt ein Mitglied des Verwaltungsbeirats durch Amtsniederlegung, Tod oder Ausscheiden aus der Wohnungseigentümergemeinschaft weg, so besteht der Verwaltungsbeirat bis zur Bestellung eines Ersatzmitglieds aus den restlichen noch verbleibenden Mitgliedern.[43] **14**

E. Aufgaben

Gemäß § 29 Abs. 2 hat der Verwaltungsbeirat den Verwalter bei der Durchführung seiner Aufgaben zu unterstützen. Er kann insbesondere den Verwalter beraten und zwischen ihm und den Wohnungseigentümern vermitteln, z.B. wenn **15**

---

28 OLG München 34 Wx 69/07, ZMR 2007, 996.
29 OLG München 34 Wx 69/07, ZMR 2007, 996.
30 *Armbrüster*, ZWE 2001, 412, 413 m.w.N.
31 OLG Hamm 15 W 295/96, ZMR 1997, 433.
32 OLG Düsseldorf 3 Wx 257/90, ZMR 1991 32.
33 KG 24 W 1435/88, NJW-RR 1989, 460; BayObLG BReg 2 Z 136/91, WuM 1991, 714 unter Aufgabe von BayObLGZ BReg 2 Z 7/72, 1972, 161; LG Karlsruhe 11 S 22/09, ZMR 2009, 550; **a.A.** AG Karlsruhe-Durlach 4 C 28/08, ZMR 2009, 410 m. abl. Anm. *Elzer*; *Schmidt*, ZWE 2004, 18, 29: Nichtigkeit selbst einer Vereinbarung.
34 Staudinger/*Bub*, § 29 Rn 83; *Armbrüster*, ZWE 2001, 355, 356; *Schmidt*, ZWE 2004, 18, 26; *ders.*, ZWE 2011, 297, 303; *Hogenschurz* in Jennißen, § 29 Rn 8; **a.A.** *Kümmel*, NZM 2003, 303; *Häublein*, ZMR 2003, 231, 238; *Munzig* in Timme, § 29 Rn 16.
35 *Schmidt*, ZWE 2004, 18, 27.
36 *Armbrüster*, ZWE 2001, 355, 356; *Bub*, ZWE 2002, 7, 10; *Kümmel*, NZM 2003, 301; *Häublein*, ZMR 2003, 231, 238; **a.A.** *Merle* in Bärmann, § 29 Rn 12; *Schmidt*, ZWE 2004, 18, 26; *Baumgart* in Abramenko, Handbuch, § 7 Rn 189; *Hogenschurz* in Jennißen, § 29 Rn 8.
37 BGH V ZR 126/09, ZMR 2010, 545; BayObLG 2Z BR 4/02, NZM 2002, 529, 530; BayObLG 2Z BR 8/03, ZMR 2003, 760, 761; AG Hannover 483 C 9800/07, ZMR 2009, 150; *Wenzel*, ZWE 2001, 226, 233; im Ergebnis ebenso *Armbrüster*, ZWE 2001, 355; **a.A.** *Elzer*, ZMR 2009, 412.
38 BGH V ZR 126/09, ZMR 2010, 545.
39 BayObLG 2 Z BR 77/92, ZMR 1993, 127, 129.
40 BayObLG 2 Z BR 77/92, ZMR 1993, 127, 129.
41 OLG Zweibrücken 3 W 76/83, OLGZ 1983, 438.
42 *Armbrüster*, ZWE 2001, 355, 359.
43 *Dippel/Wolicki*, NZM 1999, 603; *Armbrüster*, ZWE 2001, 355, 356; **a.A.** *Drasdo*, Verwaltungsbeirat, S. 39.

es um Fragen der Hausordnung geht. Der Verwaltungsbeirat hat ferner das Recht – nicht aber die Pflicht[44] – die Verwaltungstätigkeit zu überwachen und jederzeit darüber Auskünfte zu verlangen.

16 Gemäß § 29 Abs. 3 soll der Verwaltungsbeirat insbesondere den Wirtschaftsplan, die Jahresabrechnung, Rechnungslegungen und Kostenvoranschläge prüfen und mit einer Stellungnahme versehen, bevor die Wohnungseigentümerversammlung darüber beschließt. Hierzu gehört zunächst eine **rechnerische Schlüssigkeitsprüfung**, die den Saldo zwischen Einnahmen und Ausgaben mit dem Saldo der Kontenstände vom Jahresanfang und Jahresende vergleicht, und zwar sowohl bezüglich der laufenden Verwaltung, als auch im Hinblick auf die Instandhaltungsrücklage. Erforderlich ist ferner eine Überprüfung der sachlichen Richtigkeit der einzelnen Abrechnungspositionen, wozu zumindest eine Überprüfung der Belege durch Stichproben gehört. Der Verzicht auf die Kontrolle der Kontenbelege ist eine grob fahrlässige Pflichtverletzung.[45] Schließlich ist zu überprüfen, ob die richtigen Kostenverteilungsschlüssel angewandt wurden.

17 Weder der einzelne Wohnungseigentümer, noch die Wohnungseigentümergemeinschaft hat gegen die Mitglieder des Verwaltungsbeirats einen gerichtlich durchsetzbaren Anspruch darauf, dass der Verwaltungsbeirat einen **Prüfbericht** erstellt. Es kommt in einem solchen Fall neben Schadensersatzansprüchen nur ein Anspruch des einzelnen Wohnungseigentümers auf eine Neubestellung in Betracht.[46] Da eine Prüfung durch den Verwaltungsbeirat nicht erzwungen werden kann, kann der Beschluss über eine Jahresabrechnung auch nicht allein wegen einer fehlenden Prüfung durch den Beirat für ungültig erklärt werden.[47]

18 Gemäß § 24 Abs. 3 ist der Vorsitzende des Verwaltungsbeirats oder sein Stellvertreter befugt, eine **Eigentümerversammlung** einzuberufen, wenn ein Verwalter fehlt oder wenn der Verwalter sich pflichtwidrig weigert, eine Wohnungseigentümerversammlung einzuberufen.

19 Gemäß § 24 Abs. 6 S. 2 hat der Vorsitzende des Verwaltungsbeirats oder sein Stellvertreter die **Niederschrift** über die Eigentümerversammlung zu unterschreiben.

20 **Weitere Aufgaben** können dem Verwaltungsbeirat mit dessen Einverständnis durch Beschluss übertragen werden. Die dem Verwalter gemäß § 27 Abs. 1–3 zustehenden Befugnisse dürfen dadurch aber nicht eingeschränkt werden (§ 27 Abs. 4).

21 Im Einzelnen kann der Verwaltungsbeirat mit der **Überwachung** der laufenden Tätigkeit des Verwalters betraut werden;[48] mit der Nachprüfung von Beschwerden einzelner Wohnungseigentümer gegen Verwaltermaßnahmen; mit der Abnahme des gemeinschaftlichen Eigentums und der Geltendmachung von Gewährleistungsansprüchen.[49]

22 Mit der Auswahl und der **Bestellung des Verwalters** kann der Verwaltungsbeirat nicht beauftragt werden.[50] Die Kündigung des Verwaltervertrages ist nur wirksam, wenn der Verwaltungsbeirat aufgrund eines entsprechenden Mehrheitsbeschlusses handelte.[51] (Zum Aushandeln und Abschluss des Verwaltervertrages siehe § 26 Rn 43.)

23 Einem einzelnen Wohnungseigentümer gegenüber ist der Verwaltungsbeirat, ebenso wie der Verwalter, grundsätzlich nur im Rahmen der Wohnungseigentümerversammlung zur **Auskunft** verpflichtet, soweit nicht im Einzelfall aus besonderen Gründen ein individueller Auskunftsanspruch nach Treu und Glauben zu bejahen ist.[52] Auch der Individualanspruch kann nach Ansicht des BayObLG[53] gerichtlich nur geltend gemacht werden, wenn er zuvor in einer Eigentümerversammlung erörtert wurde.

24 Der Verwaltungsbeirat hat nicht das Recht, Beschlüsse der Wohnungseigentümer aufzuheben oder zu ändern.[54]

25 Ist nach einem Beschluss der Wohnungseigentümer die **Zustimmung** des Verwaltungsbeirats für eine bestimmte Maßnahme des Verwalters erforderlich, genügt es nicht, dass der Vorsitzende des Verwaltungsbeirats diese Zustimmung erteilt. Hat eine Willensbildung des Verwaltungsbeirats stattgefunden, darf der Vorsitzende aber deren Ergebnis übermitteln.[55]

F. Vergütung

26 Anspruch auf eine Vergütung hat ein Verwaltungsbeiratsmitglied nur, wenn ein entsprechender Beschluss der Wohnungseigentümer gefasst wurde. Auch ohne Beschluss kann das Mitglied des Verwaltungsbeirates aber gemäß § 670 BGB Ersatz seiner Aufwendungen (Telefon-, Porto-, Fahrtkosten) verlangen. Die Wohnungseigentümer können

---

44 BayObLGZ BReg 2 Z 7/72, 1972, 161.
45 OLG Düsseldorf 3 Wx 221/97, WuM 1998, 50, 54.
46 KG 24 W 7947/95, ZMR 1997, 544.
47 BayObLG 2Z BR 185/03, NZM 2004, 261, 262; KG 24 W 110/02, NZM 2003, 901, 902.
48 BayObLG BReg 2 Z 7/72, 1972, 161.
49 OLG Frankfurt NJW 22 U 255/73, 1975, 2297.
50 Siehe § 26 Rn 16.
51 BayObLGZ 1965, 34, 41.
52 BayObLGZ BReg 2 Z 7/72, 1972, 161.
53 BayObLG 2Z BR 27/94, WuM 1995, 66.
54 BayObLG BReg 2 Z 56/78, Rpfl 1980, 23.
55 BayObLG 2Z BR 4/02, NZM 2002, 529, 530.

durch Mehrheitsbeschluss den Aufwendungsersatz des Verwaltungsbeirats für das Kalenderjahr durch eine angemessene Auslagenpauschale abgelten[56]

G. Haftung des Verwaltungsbeirats

Der Verwaltungsbeirat haftet nach Auftragsrecht, wenn er unentgeltlich tätig wird, und nach Dienstvertragsrecht, wenn ihm eine Vergütung und nicht nur Aufwendungsersatz gezahlt wird. **Vertragspartner** des Verwaltungsbeirats ist die Wohnungseigentümergemeinschaft als Verband.[57] Auftragnehmer sind die einzelnen Mitglieder des Verwaltungsbeirats, da das Gremium Verwaltungsbeirat keine eigene Rechtspersönlichkeit besitzt. Die einzelnen Mitglieder des Verwaltungsbeirats haften gemäß § 421 S 1 BGB als Gesamtschuldner. Dies gilt sowohl für die gesetzlichen Pflichten der Mitglieder des Verwaltungsbeirats als auch für Pflichten aus zusätzlich übernommenen Aufträgen.[58]

I. Mitverschulden der Gemeinschaft

Ist die Gemeinschaft der Wohnungseigentümer aufgrund einer Willensbildung, die ordnungsgemäßer Verwaltung widerspricht, für die Entstehung eines Schadens mitverantwortlich, so kann der Verwaltungsbeirat einem vertraglichen Schadensersatzanspruch des teilrechtsfähigen Verbands ein **Mitverschulden** entgegenhalten,[59] denn es gibt nur eine einzige Wohnungseigentümergemeinschaft, die als teilrechtsfähiger Verband nach außen auftreten kann und im Innenverhältnis eine nicht rechtsfähige Gemeinschaft der Wohnungseigentümer ist.[60]

II. Entlastung des Verwaltungsbeirats

Ein Beschluss über die Entlastung eines Verwaltungsbeirats entspricht ebenso wie der Beschluss über die Entlastung des Verwalters ordnungsmäßiger Verwaltung, wenn der Verwaltungsbeirat objektiv keine Pflichtverletzung begangen hat, also seine Pflichten voll erfüllt hat. Erscheint ein Ersatzanspruch möglich, widerspricht die Entlastung ordnungsmäßiger Verwaltung.[61] Ob tatsächlich ein Schadensersatzanspruch besteht, ist in dem Verfahren festzustellen, in dem der Schadensersatzanspruch geltend gemacht wird. Einen solchen Anspruch kann ein einzelner Wohnungseigentümer nicht ohne ermächtigenden Beschluss der Gemeinschaft geltend machen.[62]

Wurde dem Verwalter im Zusammenhang mit der Aufstellung der Jahresabrechnung die Entlastung verweigert, bewirkt dies in der Regel im Hinblick auf § 29 Abs. 3, dass auch dem Verwaltungsbeirat die Entlastung zu versagen ist.[63] Die Entlastung des Verwaltungsbeirats widerspricht einer ordnungsgemäßen Verwaltung, wenn eine fehlerhafte Abrechnung oder ein mangelhafter Wirtschaftsplan vorgelegt worden ist.[64]

III. Pflichtverletzungen

Der Verzicht des Verwaltungsbeirats auf die Kontrolle der Kontenbelege ist eine grob fahrlässige Verletzung der gesetzlichen Pflichten aus § 29 Abs. 3.[65]

Es ist eine grob fahrlässige Verletzung des vom Verwaltungsbeirat übernommenen Auftrags, den ausgehandelten Verwaltervertrag abzuschließen, wenn dem Verwalter entgegen der ausdrücklichen Weisung der Eigentümerversammlung die uneingeschränkte Verfügungsmacht über ein Rücklagenkonto von erheblicher Höhe eingeräumt wird.[66]

IV. Haftungsbeschränkung

Eine Haftungsprivilegierung der Mitglieder des Verwaltungsbeirats über eine analoge Anwendung von § 708 BGB bzw. §§ 31a Abs. 1, 86 BGB ist abzulehnen.[67] Ein Verein hat nach der Rechtsprechung des BGH seine ehrenamtlichen tätigen Mitglieder grundsätzlich von der Haftung ganz oder teilweise freizustellen, wenn sich bei der Durchführung der satzungsmäßigen Aufgaben eine damit typischerweise verbundene Gefahr verwirklicht und dem Mitglied weder Vorsatz noch grobe Fahrlässigkeit vorzuwerfen ist.[68] Ob diese Rechtsprechung, die in § 31a Abs. 2 S. 1 BGB eine gesetzliche Klarstellung gefunden hat, auf unentgeltlich tätige Beiratsmitglieder einer Wohnungseigentümergemein-

---

56 OLG Schleswig 2 W 124/03, NZM 2005, 588, 589 m.w.N.; *Wenzel*, ZWE 2001, 226, 237; zum Aufwendungsersatz bei Teilnahme an einem Fachseminar vgl. BayObLG 2 Z 76/82, DWE 1983, 123.
57 *Abramenko*, ZWE 2006, 273, 276.
58 OLG Düsseldorf 3 Wx 221/97, WuM 1998, 50, 52.
59 *A.A. Abramenko*, ZWE 2007, 273, 276/277.
60 Vgl. *Armbrüster*, ZWE 2006, 470, 472; *Wenzel*, NZM 2006, 321, 322.
61 BayObLG 2Z BR 182/04, ZMR 2006, 137, 138; OLG München 32 Wx 87/08, ZMR 2008, 905.
62 BayObLG BReg 2 Z 49/91, WuM 1991, 443, 444.
63 OLG Hamburg 2 Wx 138/99, ZMR 2003, 772, 773.
64 BGH V ZR 44/09, NJW 2010, 2127, Tz 19 m. krit. Anm. *Jennißen* ZMR 2010, 302, 304; BGH V ZR 202/09, ZMR 2010, 775; LG Berlin 85 S 5/09 WEG, ZMR 2010, 711, 712; einschränkend *Schmid*, ZMR 2010, 667.
65 OLG Düsseldorf 3 Wx 221/97, WuM 1998, 50, 54.
66 OLG Düsseldorf 3 Wx 221/97, WuM 1998, 50, 53.
67 Ebenso *Elzer/Riecke*, ZMR 2012, 171.
68 BGH II ZR 17/03, NJW 2005, 98 m.w.N.

schaft übertragen werden kann,[69] erscheint zweifelhaft. Die ehrenamtliche Tätigkeit von Vereinsmitgliedern, an der ein gesamtgesellschaftliches Interesse besteht, lässt sich – auch soweit es § 31a Abs. 2 BGB anbelangt – nicht ohne weiteres mit der Tätigkeit von Verwaltungsbeiräten vergleichen, die im eigenen und im Interesse der anderen Wohnungseigentümer tätig werden.

34 Durch **Vereinbarung** kann die Haftung der Beiratsmitglieder auf Vorsatz und grobe Fahrlässigkeit beschränkt werden.[70] Ein **Mehrheitsbeschluss**, der mit Bindungswirkung für die Wohnungseigentümer untereinander die Haftung des Verwaltungsbeirats abweichend vom Gesetz festlegen will, ist nichtig. Dagegen ist ein Beschluss, der die Haftung der bestellten Beiratsmitglieder beschränkt, nur anfechtbar.[71] Möglich ist dementsprechend auch eine Haftungsbeschränkung im Beiratsvertrag.[72] Soweit die Beiratsmitglieder unentgeltlich tätig werden, entspricht eine solche Haftungsbeschränkung auch ordnungsgemäßer Verwaltung.[73]

V. Vermögensschadenshaftpflichtversicherung

35 Es entspricht ordnungsgemäßer Verwaltung, den Abschluss einer Vermögensschadenshaftpflichtversicherung für den Verwaltungsbeirat auf Kosten der Wohnungseigentümergemeinschaft zu beschließen,[74] wobei ein angemessener Selbstbehalt vereinbart werden sollte.[75]

H. Zurechnung von Kenntnissen des Verwaltungsbeirats

36 Der Wohnungseigentümergemeinschaft wird teilweise die Kenntnis oder Kenntnisnahmemöglichkeit der Mitglieder des Verwaltungsbeirats zugerechnet. Dies gilt etwa bei der Entlastung des Verwalters (siehe § 28 Rn 247) oder bei der Verjährung von Wohngeldansprüchen (siehe § 28 Rn 204). Ob der Verwaltungsbeirat als Repräsentant der Wohnungseigentümergemeinschaft angesehen werden kann, ist jeweils im Einzelfall danach zu bestimmen, welche Aufgaben der Verwaltungsbeirat wahrnimmt.[76]

I. Haftung der Gemeinschaft für den Verwaltungsbeirat

37 Die Wohnungseigentümergemeinschaft haftet für Pflichtverletzungen des Verwaltungsbeirates nicht nach § 31 BGB, denn dieser ist zwar Verwaltungsorgan, aber nicht Organ i.S.d. § 31 BGB.[77] Sie hat für Pflichtverletzungen nur nach § 278 BGB bzw. nach den §§ 823, 831 BGB einzustehen. Ein Mitverschulden des Verwaltungsbeirats muss sie sich im Außenverhältnis gemäß §§ 254 Abs. 2 S. 2, 278 BGB zurechnen lassen. Dies gilt anders als im Kapitalgesellschaftsrecht auch im Verhältnis zum Verwalter.[78] Hat ein Mitglied des Verwaltungsbeirats die fristlose Kündigung des Verwalters ausgelöst, begründet die unterlassene Abberufung dieses Beiratsmitglieds keine Schadensersatzansprüche des Verwalters gegen die Wohnungseigentümergemeinschaft, weil Instandhaltungsrücklage nicht zugerechnet werden kann, dass ein Abberufungsbeschluss nicht zustande kommt.[79] Ein Schadensersatzanspruch des Verwalters aus § 628 Abs. 2 BGB kommt nur gegen den oder diejenigen Wohnungseigentümer in Betracht, die durch ihr vertragswidriges Verhalten (z.B. Formalbeleidigungen) seine fristlose Kündigung ausgelöst haben.[80]

J. Beiratssitzungen

38 Gemäß § 29 Abs. 4 werden die Sitzungen des Verwaltungsbeirates von dem Vorsitzenden nach Bedarf einberufen. Soweit keine Einigung über eine abweichende Handhabung erfolgt ist, gelten für die Einberufung der Beiratssitzungen die Formalien für die Einberufung einer Eigentümerversammlung entsprechend. Soweit keine Geschäftsordnung besteht, die Abweichendes vorsieht, ist der Verwaltungsbeirat beschlussfähig, wenn mehr als die Hälfte seiner Mitglieder anwesend sind. Beschlüsse werden mit einfacher Mehrheit der anwesenden Beiratsmitglieder gefasst, wobei jedes Mitglied eine Stimme hat. Die Beschlüsse sind schriftlich niederzulegen und von den Sitzungsteilnehmern zu unterschreiben.

---

69 So *Elzer/Riecke*, ZMR 2012, 171, 172.
70 *Gottschalg*, ZWE 2001, 185, 188; *Elzer/Riecke*, ZMR 2012, 171.
71 *Hogenschurz* in Jennißen § 29 Rn 30; *Abramenko* in Riecke/Schmid, § 29 Rn 26; *Wenzel*, ZWE 2001, 226, 233 und 236; **a.A.** *Elzer/Riecke*, ZMR 2012, 171.
72 *Merle* in Bärmann, § 29 Rn 112; **a.A.** *Elzer/Riecke*, ZMR 2012, 171.
73 *Abramenko* in Riecke/Schmid, § 29 Rn 26; *Merle* in Bärmann, § 29 Rn 112.
74 KG 24 W 203/02, NZM 2004, 743; *Armbrüster*, ZWE 2010, 117, 121; **a.A.** *Köhler*, ZMR 2002, 891, 893.
75 *Scheuer*, ZWE 2012, 115, 118.
76 Vgl. dazu *Schmid*, ZWE 2010, 8.
77 *Lehmann-Richter*, ZWE 2011, 439, 440.
78 *Lehmann-Richter*, ZWE 2011, 439, 440.
79 BayObLG 2Z BR 29/99, ZWE 2000, 72; **a.A.** *Drasdo*, ZWE 2001, 522, 526.
80 BayObLG 2Z BR 29/99, ZWE 2000, 72.

K. Streitigkeiten

Über Streitigkeiten zwischen den Wohnungseigentümern und dem Verwaltungsbeirat entscheidet das nach § 43 Nr. 1 zuständige Amtsgericht und zwar analog § 43 Nr. 1 auch dann, wenn ein Außenstehender Mitglied des Verwaltungsbeirats ist.[81]

39

4. Abschnitt: Wohnungserbbaurecht

§ 30 [Wohnungserbbaurecht]

(1) Steht ein Erbbaurecht mehreren gemeinschaftlich nach Bruchteilen zu, so können die Anteile in der Weise beschränkt werden, dass jedem der Mitberechtigten das Sondereigentum an einer bestimmten Wohnung oder an nicht zu Wohnzwecken dienenden bestimmten Räumen in einem aufgrund des Erbbaurechts errichteten oder zu errichtenden Gebäude eingeräumt wird (Wohnungserbbaurecht, Teilerbbaurecht).
(2) Ein Erbbauberechtigter kann das Erbbaurecht in entsprechender Anwendung des § 8 teilen.
(3) [1]Für jeden Anteil wird von Amts wegen ein besonderes Erbbaugrundbuchblatt angelegt (Wohnungserbbaugrundbuch, Teilerbbaugrundbuch). [2]Im Übrigen gelten für das Wohnungserbbaurecht (Teilerbbaurecht) die Vorschriften über das Wohnungseigentum (Teileigentum) entsprechend.

A. Allgemeines 1	I. Besondere Grundbuchblätter 24
B. Das aufgeteilte Erbbaurecht 5	II. Eintragungen im Grundbuch 27
C. Begründung des Wohnungserbbaurechts (Abs. 1, 2) 10	E. Entsprechende Anwendung der Wohnungseigentumsvorschriften (Abs. 3 S. 2) 33
I. Allgemeines 10	I. Fortgeltung des vereinbarten Inhalts des Erbbaurechts 34
II. Vertragliche Teilungserklärung (Abs. 1) 11	
III. Einseitige Teilungserklärung (Abs. 2) 19	II. Besonderheiten aus der Natur des Erbbaurechts .. 44
D. Grundbuchmäßige Behandlung (Abs. 3 S. 1) ... 24	

Literatur: *Rethmeier,* Rechtsfragen des Wohnungseigentumsrechts, MittRhNotK 1993, 145; *Schneider,* Das neue WEG – Handlungsbedarf für Erbbaurechtsherausgeber, ZfIR 2007, 168.

A. Allgemeines

Nach § 30 kann an Räumen in **Gebäuden, die aufgrund eines Erbbaurechts** errichtet sind oder errichtet werden sollen, Sondereigentum der Erbbauberechtigten begründet werden. Wird Sondereigentum an einer Wohnung eingeräumt, entsteht ein Wohnungserbbaurecht, wird es nicht zu Wohnzwecken dienenden Räumen eingeräumt, entsteht ein Teilerbbaurecht. Dies entspricht § 1 Abs. 1; daher gelten im Folgenden gemäß Abs. 3 S. 2 in Verbindung mit § 1 Abs. 6 für das Teilerbbaurecht die Ausführungen über das Wohnungserbbaurecht entsprechend. Ist Gegenstand des Erbbaurechts ein Bauwerk, das kein Gebäude ist, so kann hieran kein Sondereigentum begründet werden.[1] Haben die Erbbauberechtigten an dem Gebäude kein Eigentum, wie das bei vor dem 22.1.1919 bestellten Erbbaurechten der Fall ist,[2] kann Sondereigentum für sie ebenfalls nicht begründet werden.

1

Durch § 30 werden die **Vorschriften** über die Umwandlung des Miteigentums an einem Grundstück nach Bruchteilen in Wohnungs- oder Teileigentum und für die Wohnungs- oder Teileigentümergemeinschaft (§§ 1–29) auf die Umwandlung der Mitberechtigung an einem Erbbaurecht nach Bruchteilen in Wohnungs- oder Teilerbbaurechte und auf die Wohnungs- oder Teilerbbaurechtsgemeinschaft **ausgedehnt**, womit das Rechtsverhältnis der Wohnungserbbauberechtigten untereinander geregelt wird.

2

Hiervon zu unterscheiden ist ein anderes, diesen Bereich überlagerndes Rechtsverhältnis, nämlich das **Verhältnis zwischen Wohnungserbbauberechtigten und Grundstückseigentümer**, welches sich nach den für das ErbbauR geltenden Regelungen bestimmt.

3

Die **Bedeutung** des Wohnungserbbaurechts für die Praxis liegt insbesondere darin, dass weiteren Bevölkerungskreisen der Erwerb von rechtlich selbstständigen und verkehrsfähigen kleineren Wohneinheiten zu einem günstigen Preis ermöglicht wird, da Grund und Boden nicht finanziert werden müssen. Das Teilerbbaurecht eignet sich demgegenüber für die Errichtung gewerblicher Anlagen. Der bisherige Grundstückseigentümer bleibt dabei Eigentümer seines Grund und Bodens, was insbesondere für öffentlich-rechtliche Körperschaften und Kommunen oder auch Kirchen von Bedeutung ist.

4

---

81 BayObLGZ BReg 2 Z 7/72, 1972, 161.
1 BGH V ZR 213/90, NJW 1992, 1681.

2 RGRK/*Augustin,* § 30 Rn 9.

B. Das aufgeteilte Erbbaurecht

5 Voraussetzung für die Begründung von Wohnungserbbaurecht ist das **Bestehen eines Erbbaurechts**. Es sind zwei Arten von Erbbaurecht zu unterscheiden: zum einen die vor dem 22.1.1919 begründeten Erbbaurechte, die sich nach §§ 1012–1017 BGB richten (vgl. § 38 ErbbauVO), zum anderen die Erbbaurechte neuer Art, die durch die Verordnung über das Erbbaurecht vom 15.1.1919[3] geregelt werden. Im Folgenden wird nur noch das Erbbaurecht neuerer Art behandelt, da bei Erbbaurechten älterer Art Sondereigentum nicht begründet werden kann (vgl. Rn 1).

6 Das Erbbaurecht begründet für den Berechtigten das veräußerliche und vererbliche **Recht, auf oder unter der Oberfläche eines Grundstücks ein Bauwerk zu haben** (§ 1 Abs. 1 ErbbauVO). Es kann aber auf einen für das Bauwerk nicht erforderlichen Teil des Grundstücks erstreckt werden, sofern das Bauwerk wirtschaftlich die Hauptsache bleibt (§ 1 Abs. 2 ErbbauVO). Die Wohnungserbbaurechte beziehen sich also – anders als beim Wohnungseigentum (vgl. § 1 Abs. 4) – nicht zwingend auf die gesamte Grundstücksfläche.

7 Erbbaurechte sind **grundstücksgleiche Rechte**. Denn die sich auf Grundstücke beziehenden Vorschriften gelten grundsätzlich auch für Erbbaurechte. § 11 Abs. 1 ErbbauVO schränkt diesen Grundsatz insoweit ein, als die Anwendung der §§ 925 (Auflassung), 927 (Aufgebotsverfahren) und 928 (Aufgabe des Eigentums) BGB ausgeschlossen ist. So erfolgt die Bestellung des Erbbaurechts durch Einigung und Eintragung im Grundbuch (§ 873 BGB), wobei dieses nicht durch eine auflösende Bedingung (§ 1 Abs. 4 S. 1 ErbbauVO), wohl aber durch eine aufschiebende Bedingung oder Befristung – „auf Zeit" (z.B. 99 Jahre) – beschränkt werden kann. Eine Bestellung auf unbestimmte Zeit oder auf Lebenszeit des Erbbauberechtigten ist hingegen nichtig.[4] Das Erbbaurecht kann dabei nur zur ausschließlich ersten Rangstelle bestellt werden (§ 10 Abs. 1 ErbbauVO). Im Übrigen kann es wie ein Grundstück belastet werden.

8 Das Erbbaurecht führt zu einer **Trennung des Eigentums am Gebäude** vom Eigentum am Grundstück. Denn mit der Errichtung eines Gebäudes aufgrund eines Erbbaurechts wird es nicht wesentlicher Bestandteil des Grundstücks (§ 94 Abs. 1 BGB), sondern es gilt als wesentlicher Bestandteil des Erbbaurechts (§ 12 Abs. 1 S. 1 ErbbauVO) und steht im **Eigentum des Erbbauberechtigten**; bei einem gemeinschaftlichen Erbbaurecht steht es im Miteigentum dieser Personen. Diese Eigentumslage ist die Grundlage für die Begründung von Sondereigentum an Räumen des Gebäudes für die Erbbauberechtigten. Da das Grundstück im Eigentum des Grundstückseigentümers bleibt, entsteht an ihm kein gemeinschaftliches Eigentum. Sofern das Erbbaurecht sich auf Teile des Grundstücks erstreckt (siehe Rn 6), kann an dieser Grundstücksfläche nur ein gemeinschaftliches Nutzungsrecht der Erbbauberechtigten entstehen (vgl. auch Rn 44).

9 Zulässig ist auch ein **Gesamterbbaurecht**,[5] bei dem mehrere Grundstücke mit ein und demselben Erbbaurecht belastet werden. Wohnungserbbaurechte können auch an einem Gesamterbbaurecht begründet werden.[6]

C. Begründung des Wohnungserbbaurechts (Abs. 1, 2)

I. Allgemeines

10 Das Wohnungserbbaurecht kann ebenso wie das Wohnungseigentum entweder durch vertragliche Teilungserklärung nach § 3 oder durch einseitige Teilungserklärung nach § 8 der bzw. des Erbbauberechtigten **begründet** werden (§ 30 Abs. 1 und 2).

II. Vertragliche Teilungserklärung (Abs. 1)

11 Die Aufteilung in Wohnungserbbaurechte kann **entsprechend § 3** durch eine Vereinbarung der Mitberechtigten am Erbbaurecht in der Weise erfolgen, dass dem einzelnen Vertragsschließenden ein bestimmtes Sondereigentum eingeräumt wird.

12 Dies setzt voraus, dass das **Erbbaurecht** den Mitberechtigten **nach Bruchteilen** zusteht. Ist das Erbbaurecht nicht schon für Mitberechtigte bestellt worden, muss es in ein Bruchteilserbbaurecht umgewandelt werden. Zur Umwandlung des Erbbaurechts eines Alleinberechtigten in ein Erbbaurecht das Mehreren nach Bruchteilen zusteht sowie zur Umwandlung eines mehreren Personen in Gesamthandsgemeinschaft (z.B. GBR, Erbengemeinschaft) zustehenden Erbbaurechts in eine Bruchteilsgemeinschaft ist für den schuldrechtlichen Vertrag eine notarielle Beurkundung gemäß §§ 11 Abs. 2, 311b Abs. 1 BGB und für den dinglichen Vollzug eine Einigung der Beteiligten, die in der Form des § 29 GBO nachzuweisen ist, und die Eintragung im Erbbaugrundbuch erforderlich (§ 873 BGB, §§ 1, 14 ErbbauVO). Davon zu unterscheiden ist die Aufteilung selbst (siehe Rn 13 f.). Ist als Inhalt des Erbbaurechts eine Veräußerungsbeschränkung nach § 5 Abs. 1 ErbbauVO vereinbart, ist zur Einräumung der Mitberechtigung am Erbbaurecht die Zustimmung des Grundstückseigentümers erforderlich.

---

3 RGBl S. 72.
4 BGH V ZR 122/66, Z 52, 269.
5 BGH V ZR 21/74, NJW 1976, 519.

6 BayObLG BReg 2 Z 95/89, Rpfleger 1989, 503; *Demharter*, DNotZ 1986, 457; **a.A.** *Weitnauer/Mansel*, § 30 Rn 21.

Weiter ist erforderlich, dass sich die Erbbauberechtigten entweder gleichzeitig bei ihrem Erwerb oder auch später darüber **einigen**, dass ihre **Anteile am Erbbaurecht** in der Weise **beschränkt** werden, dass jedem Mitberechtigten an den aufgrund des Erbbaurechts errichteten oder zu errichtenden Gebäudes das Sondereigentum an einer bestimmten Wohnung (Wohnungserbbaurecht) oder an nicht zu Wohnzwecken dienenden Räumen (Teilerbbaurecht) eingeräumt wird. Für Inhalt und Gegenstand des Sondereigentums gilt § 5. **13**

Der zur Teilung verpflichtende schuldrechtliche Vertrag bedarf der notariellen Beurkundung (§§ 30 Abs. 3 S. 2, 4 Abs. 3, § 311b BGB). Das dingliche Geschäft ist dem Grundbuchamt lediglich in der **Form** des § 29 GBO nachzuweisen und bedarf nicht der Form der Auflassung (§ 4 Abs. 2), da für die schwächere Rechtsänderung keine strengeren Voraussetzungen verlangt werden können als für die Bestellung oder Veräußerung des Erbbaurechts gemäß § 11 Abs. 1 ErbbauVO.[7] **14**

Für die Begründung von Wohnungserbbaurechten durch vertragliche Teilungserklärung ist – anders als für den Bruchteilserwerb am Erbbaurecht (vgl. Rn 12) – auch im Falle einer Veräußerungsbeschränkung für das Erbbaurecht nach § 5 Abs. 1 ErbbauVO **keine Zustimmung des Grundstückseigentümers** erforderlich, da es sich nicht um eine – auch nur teilweise Veräußerung des Erbbaurechts handelt.[8] **15**

Da die **dinglichen Rechte am Erbbaurecht** (z.B. Grundpfandrechte, Erbbauzinsreallast usw.) als Gesamtrechte an den einzelnen Wohnungserbbaurechten fortbestehen, ist zur Aufteilung weder die Zustimmung der Grundpfandgläubiger noch des Grundstückseigentümers als Erbbauzinsberechtigem erforderlich.[9] Zwar können Grundstückseigentümer und Erbbauberechtigter das Erfordernis einer solchen Zustimmung schuldrechtlich vereinbaren, nicht aber dinglich sichern.[10] **16**

Schließlich ist die **Eintragung** jedes Anteils am Erbbaurecht mit den Angaben über das dazugehörende Sondereigentum und den Beschränkungen durch die Einräumung der zu den anderen Anteilen gehörenden Sondereigentumsrechte in einem Wohnungserbbaugrundbuch erforderlich.[11] **17**

Mit der **Anlegung sämtlicher Wohnungserbbaugrundbücher** wird die Teilung wirksam (§ 7 Abs. 1). **18**

III. Einseitige Teilungserklärung (Abs. 2)

Die Aufteilung in Wohnungserbbaurechte kann **entsprechend § 8** auch durch einseitige Teilungserklärung erfolgen. Hierbei wird eine Teilung des einer Person allein oder mehreren Personen als Gesamthands- oder Bruchteilsberechtigten zustehenden Erbbaurechts durch Erklärung gegenüber dem Grundbuchamt in der Weise bewirkt, dass das Erbbaurecht in Bruchteile zerlegt und jeder Anteil mit dem Sondereigentum an einer bestimmten Wohnung (Wohnungserbbaurecht) oder an bestimmten nicht zu Wohnzwecken dienenden Räumen (Teilerbbaurecht) verbunden wird (sog. Vorratsteilung). Steht das Erbbaurecht mehreren in Mitberechtigung zu, setzt sich diese Berechtigung an jedem einzelnen Wohnungserbbaurecht fort. **19**

Die materiell-rechtlich formfreie Teilungserklärung ist dem Grundbuchamt in der **Form** des § 29 GBO nachzuweisen. Zur Teilung ist weder die Zustimmung des Grundstückseigentümers (auch nicht in seiner Eigenschaft als Erbbauzinsberechtigter) noch der dinglich Berechtigten erforderlich (vgl. auch Rn 15 f.).[12] **20**

Der Grundstückseigentümer kann auch zu seinen eigenen Gunsten sein Grundstück mit einem Erbbaurecht belasten (sog. **Eigentümererbbaurecht**) und dieses in Wohnungs- und Teilerbbaurechte aufteilen.[13] **21**

Schließlich ist die **Eintragung** jedes Anteils am Erbbaurecht mit den Angaben über das dazugehörende Sondereigentum und den Beschränkungen durch die Einräumung der zu den anderen Anteilen gehörenden Sondereigentumsrechte in einem Wohnungserbbaugrundbuch erforderlich. **22**

Mit der **Anlegung der Wohnungserbbaugrundbücher** wird die Teilung wirksam (§ 8 Abs. 2 S. 2). **23**

D. Grundbuchmäßige Behandlung (Abs. 3 S. 1)

I. Besondere Grundbuchblätter

Bei Begründung des Wohnungserbbaurechts sind ebenso wie beim Wohnungseigentum grundsätzlich für jedes Wohnungserbbaurecht von Amts wegen ein eigenes Grundbuch, das **Wohnungserbbaugrundbuch** oder Teilerbbaugrundbuch anzulegen (§ 7 Abs. 1 S. 1; § 8 WGV). **24**

Das **Erbbaugrundbuch** (§ 14 ErbbauVO) wird von Amts wegen **geschlossen**, § 7 Abs. 1 S. 3. Das Grundbuch für das Grundstück bleibt hingegen neben den besonderen Erbbaugrundbuchblättern bestehen. **25**

---

7 *Weitnauer/Mansel*, § 30 Rn 14; *Bärmann/Pick*, § 30 Rn 34; a.A. Palandt/*Bassenge*, § 30 Rn 1.
8 LG Augsburg 5 T 408/79, MittBayNotK 1979, 68.
9 LG Augsburg 5 T 408/79, MittBayNotK 1979, 68.
10 BayObLG BReg 2 Z 31/77, Rpfleger 1978, 375; OLG Celle 4 Wx 20/80, Rpfleger 1981, 22.
11 BayObLG 2Z BR 268/03, NZM 2004, 789.
12 BayObLG BReg 2 Z 31/77, Rpfleger 1978, 375.
13 BGH V ZR 222/80, Rpfleger 1982, 143.

26 Ist Verwirrung hiervon nicht zu besorgen, kann bei vertraglicher Teilungserklärung nach § 3 gemäß § 7 Abs. 2 von der Anlegung besonderer Wohnungserbbaugrundbücher abgesehen werden;[14] in diesem Fall ist das Erbbaugrundbuchblatt als **„gemeinschaftliches Wohnungserbbaugrundbuch"** oder „gemeinschaftliches Teilerbbaugrundbuch" zu bezeichnen (§ 7 Abs. 2 S. 2; § 8 WGV). § 7 Abs. 2 gilt nicht für den Fall der einseitigen Teilungserklärung nach § 8 (§§ 30 Abs. 2, 8 Abs. 2 S. 1).

II. Eintragungen im Grundbuch

27 Für das Wohnungserbbaugrundbuch gelten nach § 8 **WGV** die Vorschriften der §§ 2–7 dieser Verfügung entsprechend.

28 Danach sind im **Bestandsverzeichnis** in Spalte 3 des Wohnungserbbaugrundbuchs einzutragen der Anteil der Mitberechtigung am Erbbaurecht unter Angabe des zahlenmäßig ausgedrückten Bruchteils (§ 3 Abs. 1 Buchst a WGV), die Angabe und Bezeichnung des mit dem Erbbaurecht belasteten Grundstücks (§ 3 Abs. 1 Buchst b WGV) sowie des Eigentümers und die Dauer des Erbbaurechts. Ferner ist hier einzutragen das mit dem Anteil am Erbbaurecht verbundene Sondereigentum an einer bestimmten Wohnung des Gebäudes und die Beschränkung des durch die Einräumung der zu den anderen Anteilen gehörenden Sondereigentumsrechte unter Angabe der Grundbuchblätter für diese Anteile (§ 3 Abs. 1 Buchst c WGV). Im Übrigen kann zur näheren Bezeichnung des Gegenstandes und des Inhalts auf die Eintragungsbewilligung Bezug genommen werden (§ 7 Abs. 3; § 3 Abs. 2 Hs. 1 WGV).

29 Eine **Veräußerungsbeschränkung** gemäß § 12 muss hingegen ausdrücklich im Grundbuch eingetragen werden, da sie sonst ohne dingliche Wirkung ist (§ 3 Abs. 2 Hs. 2 WGV; vgl. auch § 7 Rn 48).

30 Daneben sind in Spalte 3 spätere inhaltliche **Änderungen** des Erbbaurechts selbst einzutragen, in Spalte 6 hingegen Veränderungen des Gegenstandes und des Inhalts des Sondereigentums (§ 3 Abs. 5 WGV).

31 Für Eintragungen in **Abt. I, II und III** des Wohnungserbbaugrundbuches gelten keine Besonderheiten. Belastungen des bisherigen Erbbaurechts sind mit Anlegung der Wohnungserbbaugrundbuchblätter als Gesamtbelastungen zu übernehmen. Dieses gilt ebenfalls für den Erbbauzins als dinglich subjektive Reallast.

32 Ein **Muster** für ein Wohnungserbbaugrundbuch ist der WGV als Anlage 3 beigefügt (Kapitel IV, Nr. 3).

E. Entsprechende Anwendung der Wohnungseigentumsvorschriften (Abs. 3 S. 2)

33 Da für das Wohnungserbbaurecht die Vorschriften über das Wohnungseigentum entsprechend gelten, sind im Rechtsverhältnis der Wohnungserbbauberechtigten untereinander die Vorschriften über die Gemeinschaft der Wohnungseigentümer (§§ 10 ff.), die Verwaltung (§§ 20 ff.) und das Verfahren (§§ 43 ff.) entsprechend anwendbar.

I. Fortgeltung des vereinbarten Inhalts des Erbbaurechts

34 Das **Rechtsverhältnis zwischen Grundstückseigentümer und Erbbauberechtigtem** bestimmt sich grundsätzlich nach den für das Erbbaurecht geltenden Regelungen, also nach dem Erbbauvertrag, der ErbbauVO und hilfsweise nach den Regelungen über Grundstücke im BGB nach Maßgabe des § 11 Abs. 1 S. 1 ErbbauVO. § 2 ErbbauVO räumt die Möglichkeit ein, bestimmte dieses Verhältnis betreffende Vereinbarungen zum Inhalt des Erbbaurechts zu machen. Ihnen kommt eine dingliche Wirkung nur in der Weise zu, als dass sie für den jeweiligen Grundstückseigentümer und jeweiligen Erbbauberechtigten verbindlich bleiben.[15] Solche Vereinbarungen können insbesondere betreffen Bestimmungen über die Instandhaltung, Verwendung und Versicherung des Bauwerks, die Tragung öffentlicher und privater Lasten und Abgaben sowie den Heimfall.

35 Derartige Vereinbarungen bleiben gegenüber den Wohnungserbbauberechtigen verbindlich. Sie können von den Wohnungserbbauberechtigten einseitig **weder aufgehoben noch verändert** werden.[16] Bei der Anwendung der §§ 1–29 sind diese Vereinbarungen somit zu beachten.

36 Auch etwaige **Zustimmungsvorbehalte** des Grundstückseigentümers zur Veräußerung und Belastung des Erbbaurechts (**§ 5 ErbbauVO**) bleiben bestehen und gelten für jedes einzelne Wohnungserbbaurecht.[17]

37 Durch Einigung zwischen dem Grundstückseigentümer und dem Inhaber eines Wohnungserbbaurechts sowie Eintragung in das Grundbuch kann allerdings eine Veräußerungs- oder Belastungsbeschränkung nach § 5 ErbbauVO für dieses eine Wohnungserbbaurecht aufgehoben werden. Hierzu ist weder eine Zustimmung der übrigen Wohnungserbbauberechtigten noch der an dem Wohnungserbbaurecht oder am Grundstück dinglich Berechtigten erforderlich.[18]

38 Da aber auch eine **Veräußerungsbeschränkung** gemäß **§ 12 WEG** zum Inhalt des Sondereigentums gemacht werden kann, ist es möglich, dass Veräußerungsbeschränkungen nach § 5 Abs. 1 ErbbauVO und § 12 nebeneinander be-

---

14 A.A. Staudinger/*Rapp*, § 30 Rn 19.
15 BGH V ZR 16/88, NJW 1990, 832.
16 BayObLG BReg 2 Z 95/89, Rpfleger 1989, 503.
17 BayObLG BReg 2 Z 95/89, Rpfleger 1989, 503.
18 BayObLG BReg 2 Z 95/89, Rpfleger 1989, 503.

stehen. Zur Wirksamkeit einer Veräußerung sind dann sowohl die Zustimmung des Grundstückseigentümers als auch die Zustimmung des Berechtigten nach § 12 erforderlich.

Der **Anspruch auf Zustimmung** ist im Übrigen nach WEG und ErbbauVO unterschiedlich geregelt (vgl. § 12 Abs. 2; § 7 Abs. 3 ErbbauVO). Während nach § 12 die Zustimmung nur aus wichtigem Grund verweigert werden kann, genügt für die Versagung nach § 7 ErbbauVO ein ausreichender Grund.[19]

Grundsätzlich kann ein Wohnungserbbaurecht ebenso wie ein Grundstück **belastet** werden. Es sind jedoch Veräußerungsbeschränkungen gemäß § 5 Abs. 2 ErbbauVO ebenso wie die Erschwerung der Beleihung nach § 21 ErbbauVO zu beachten.

Ist das aufgeteilte Erbbaurecht mit einer **Erbbauzinsreallast** belastet, so entsteht eine Gesamterbbauzinsreallast an allen Wohnungserbbaurechten. Die Erbbauzinsreallast steht nur dem Grundstückseigentümer zu. Daher kann bei einer Aufteilung nach § 8 nicht zugunsten des jeweiligen Inhabers eines dem Veräußerer verbleibenden Wohnungserbbaurechts ein Erbbauzins nach § 9 ErbbauVO bestellt werden.[20] Zulässig ist dagegen die Bestellung einer sonstigen subjektiv-dinglichen Reallast (§ 1105 BGB) zugunsten des jeweils Berechtigten des vom Veräußerer zurückbehaltenen Anteils.[21]

Hat sich der Grundstückseigentümer nach § 2 Nr. 1 ErbbauVO die Zustimmung zur **Vermietung** vorbehalten, so kann er gemäß § 986 Abs. 1 S. 2 BGB gegen den Mieter vorgehen, dem ohne seine Zustimmung das Bauwerk überlassen wurde.[22]

Für **Rechtsstreitigkeiten** aus dem Rechtsverhältnis zwischen Grundstückseigentümer und Wohnungserbbauberechtigten (z.B. über Erbbauzins, Zustimmungsanspruch nach § 7 ErbbauVO) gilt § 43 nicht.

II. Besonderheiten aus der Natur des Erbbaurechts

Eine Gebrauchsregelung nach § 15 oder die Vereinbarung eines Sondernutzungsrechts nach § 10 Abs. 2 kann auch für **Grundstücksflächen** vereinbart werden, auf die das Erbbaurecht gemäß § 1 Abs. 2 ErbbauVO erstreckt worden ist (vgl. Rn 6, 8).

Erlischt das Erbbaurecht durch Aufhebung (§ 26 ErbbauVO) oder durch Zeitablauf (§ 27 ErbbauVO), so hat dies notwendigerweise das Erlöschen des Wohnungserbbaurechts zur Folge. Denn das Gebäude wird wesentlicher Bestandteil des Grundstücks (§ 12 Abs. 3 ErbbauVO) und damit Eigentum des Grundstückseigentümers. Damit erlöschen gleichzeitig die Sondereigentumsrechte.[23] Bei Beendigung durch Zeitablauf haben die Erbbauberechtigten einen Entschädigungsanspruch gegenüber dem Grundstückseigentümer (§ 27 ErbbauVO). An diesem Entschädigungsanspruch wird die Gemeinschaft als Gemeinschaft nach §§ 741 ff. BGB fortgesetzt. An die Stelle der Anteile am Erbbaurecht tritt die entsprechende Anteilsberechtigung an der Entschädigungssumme. Das Grundstück haftet für die Entschädigungsforderung an Stelle des Erbbaurechts mit dessen Rang (§ 28 ErbbauVO).

Da mit dem Zeitpunkt des Erlöschens des Erbbaurechts und damit auch der Wohnungserbbaurechte das Grundbuch unrichtig geworden ist, hat der Grundstückseigentümer einen **Grundbuchberichtigungsanspruch**, sofern die Entschädigungsforderung (§ 28 ErbbauVO) sichergestellt ist.[24]

Ist ein **Heimfall** gemäß § 2 Nr. 4 ErbbauVO als Inhalt des Erbbaurechts vereinbart, so sind die Wohnungserbbauberechtigten mit dem Eintritt der Voraussetzungen verpflichtet, ihre Anteile auf den Grundstückseigentümer oder einen von ihm benannten Dritten gegen Zahlung einer angemessenen Vergütung (§ 32 ErbbauVO) zu übertragen. In diesem Fall erlischt weder das Erbbaurecht noch wird seine Eigenschaft als Wohnungserbbaurecht aufgehoben. Der Heimfallanspruch kann dem Grundstückseigentümer je nach Vereinbarung auch nur gegen einzelne Personen zustehen. Ist vereinbart worden, dass durch schuldhaftes Verhalten eines Erbbauberechtigten der Heimfall für alle Anteile ausgelöst wird, so ist dieses bindend. Der Grundstückseigentümer kann Übertragung aller Anteile und nicht nur Übertragung der Anteile des schuldhaft Handelnden verlangen.[25] Werden dem Grundstückseigentümer im Wege des Heimfalls nur einzelne Wohnungserbbaurechte übertragen, so steht ihm das Aufhebungsrecht nach § 26 ErbbauVO nicht zu, weil weiterhin Wohnungserbbaurechte in der Hand Dritter bestehen.

Vereinigen sich alle Wohnungserbbaurechte in der Hand des Grundstückseigentümers, kann er die **Schließung der Wohnungserbbaugrundbücher** nach § 9 Abs. 1 Nr. 3 beantragen. Sofern er nicht auch die Aufhebung des Erbbaurechts nach § 26 ErbbauVO beantragt, wird dann wieder ein einheitliches Erbbaugrundbuch angelegt.

---

19 OLG Frankfurt 20 W 615/78, Rpfleger 1979, 24.
20 OLG Düsseldorf 3 W 78/76, DNotZ 1977, 305.
21 OLG Düsseldorf 3 W 78/76, DNotZ 1977, 305.
22 BGH VIII ZR 252/64, WM 1967, 614; **a.A.** *Weitnauer*, DNotZ 1968, 303.
23 BayObLG 2Z BR 24/99, Rpfleger 1999, 327.
24 *Bärmann/Pick*, § 30 Rn 53.
25 RGRK/*Augustin*, § 30 Rn 32; **a.A.** *Bärmann/Pick*, § 30 Rn 76.

II. Teil: Dauerwohnrecht

§ 31 Begriffsbestimmungen

(1) ¹Ein Grundstück kann in der Weise belastet werden, dass derjenige, zu dessen Gunsten die Belastung erfolgt, berechtigt ist, unter Ausschluss des Eigentümers eine bestimmte Wohnung in einem auf dem Grundstück errichteten oder zu errichtenden Gebäude zu bewohnen oder in anderer Weise zu nutzen (Dauerwohnrecht). ²Das Dauerwohnrecht kann auf einen außerhalb des Gebäudes liegenden Teil des Grundstücks erstreckt werden, sofern die Wohnung wirtschaftlich die Hauptsache bleibt.

(2) Ein Grundstück kann in der Weise belastet werden, dass derjenige, zu dessen Gunsten die Belastung erfolgt, berechtigt ist, unter Ausschluss des Eigentümers nicht zu Wohnzwecken dienende bestimmte Räume in einem auf dem Grundstück errichteten oder zu errichtenden Gebäude zu nutzen (Dauernutzungsrecht).

(3) Für das Dauernutzungsrecht gelten die Vorschriften über das Dauerwohnrecht entsprechend.

A. Allgemeines	1	D. Nutzungsrecht	13
B. Wirtschaftliche Bedeutung des Dauerwohnrechts	5	E. Gegenstand der Bestellung	14
		F. Umfang der Bestellung	16
I. Mietähnliches Dauerwohnrecht	7	G. Berechtigter	20
II. Eigentumsähnliches Dauerwohnrecht	8	H. Begründung und Beendigung	21
C. Begriffsbestimmung	9	I. Entgelt	24

Literatur: *Flik*, Überleitung des Gebäudeeigentums in Dauerwohnrechte und Dauernutzungsrechte?, BWNotZ 1996, 97; *Hilmes/Krüger*, Das Schattendasein des Dauernutzungsrechts, ZfIR 2009, 184; *Lehmann*, Dauerwohn- und Dauernutzungsrechte nach dem WEG, RNotZ 2011, 1; *Spiegelberger*, Der aktuelle Anwendungsbereich des Dauerwohn- und Dauernutzungsrechts, FS Bärmann und Weitnauer, 1990, 647.

A. Allgemeines

1 Der II. Teil des WEG stellt dem im I. Teil behandelten Wohnungseigentum das Dauerwohn- bzw. Dauernutzungsrecht gegenüber, bei dem es sich um eine **besondere Art der beschränkt persönlichen Dienstbarkeit** handelt. Es hat im Wesentlichen zum Inhalt, dass derjenige zu dessen Gunsten die Belastung erfolgt, berechtigt ist, unter Ausschluss des Eigentümers bestimmte Räume eines Gebäudes zu nutzen.

2 Wie schon bei Wohnungs- und Teileigentum (§ 1 Abs. 1) unterscheidet das WEG auch hier danach, ob sich das Recht auf Wohnungen (**Dauerwohnrecht** gemäß Abs. 1) oder auf nicht zu Wohnzwecken dienende Räume (**Dauernutzungsrecht** gemäß Abs. 2) bezieht, behandelt aber beide Arten gleich (Abs. 3).

3 Im Gegensatz zu den Bestimmungen über das Wohnungseigentum regeln die **Vorschriften über das Dauerwohnrecht** im Wesentlichen nur die dingliche Seite des Rechts. Die schuldrechtliche Ausgestaltung bleibt den Vereinbarungen der Beteiligten überlassen; dieses gilt insbesondere für die Bemessung des Entgelts.

4 Nach Aufhebung des § 52 WEG gelten für alle Streitigkeiten über das Dauerwohnrecht die **allgemeinen Zuständigkeitsregeln der ZPO**.

B. Wirtschaftliche Bedeutung des Dauerwohnrechts

5 Sinn und Zweck der Einführung des Dauerwohnrechts war ein Bedürfnis nach **dinglicher Absicherung von Finanzierungsbeiträgen**. Das Wohnungsrecht nach § 1093 BGB – wie auch alle anderen Dienstbarkeiten – genügte den Erfordernissen nicht in jeder Beziehung, denn es ist weder veräußerlich noch vererblich. Dennoch ist die geringe Verbreitung von Dauerwohnrechten aufgrund der fehlenden Beleihbarkeit nachvollziehbar.

6 Das Dauerwohnrecht kann nach den erstrebten **wirtschaftlichen Zwecken** im Rechtsverkehr zwei verschiedene Aufgaben erfüllen.

I. Mietähnliches Dauerwohnrecht

7 In diesem Fall wird das Dauerwohnrecht in der Regel **für eine bestimmte Zeit** bestellt und gewährt dem Inhaber als stärkere Sicherung des von ihm gezahlten Baukostenzuschusses eine Art dinglich gesichertes Miet- oder Pachtrecht bis er seinen Finanzierungsbeitrag „abgewohnt" hat. Dabei wird die Höhe des Entgelts für die Nutzung der Räume nach den Grundsätzen der Miete errechnet.

II. Eigentumsähnliches Dauerwohnrecht

In diesem Fall ist angestrebter Zweck nicht nur ein zeitgebundenes Nutzungsrecht, sondern eine wertbeständige Kapitalanlage. Der Berechtigte hat als Entgelt in einem solchen Fall die vollen Finanzierungskosten des Baus einschließlich der Kosten des Grundstückserwerbs sowie die Verzinsung und Tilgung des Fremdkapitals und der laufenden Bewirtschaftungskosten zu übernehmen oder zumindest erhebliche Beiträge hierzu zu leisten. Er ist wirtschaftlich einem Eigentümer oder Wohnungseigentümer gleichgestellt.[1] Nach § 20 Abs. 4 des 1. WoBauG gilt ein derartiges Dauerwohnrecht als eigentumsähnlich. Es wird dem Berechtigten **für unbegrenzte oder doch sehr lange Zeit** (z.B. 99 Jahre) bestellt. Die Rechte des Eigentümers beschränken sich nur noch auf gewisse Verwaltungsbefugnisse. Dieser Fall kann namentlich in Verbindung mit genossenschaftlichen Rechtsgestaltungen praktisch werden.

C. Begriffsbestimmung

Die Begriffsbestimmung des Dauerwohnrechts lehnt sich weitgehend an die Begriffsbestimmung des Wohnungsrechts nach § 1093 BGB an. Es ist ein dienstbarkeitsartiges, veräußerliches und vererbliches Recht (§ 33 Abs. 1) an einem Grundstück und gestattet dem Berechtigten eine **Wohnung** (vgl. dazu § 1 Rn 10 ff.) in einem Gebäude (Bauwerk, in dem sich mindestens ein einer Nutzung zugänglicher Raum befindet[2] und welches wesentlicher Bestandteil des Grundstücks ist,[3] vgl. auch § 3 Rn 11) unter Ausschluss des Eigentümers zu bewohnen oder in anderer Weise zu nutzen.

Sofern die Wohnung wirtschaftliche Hauptsache bleibt, kann sich das Dauerwohnrecht auch auf einen außerhalb des Gebäudes liegenden Teil des Grundstückes erstrecken (Abs. 1 S. 2).

Wird das Recht an **nicht zu Wohnzwecken dienenden Räumen** bestellt (vgl. dazu § 1 Rn 16 ff.), wird es als Dauernutzungsrecht bezeichnet (Abs. 2).

Beispiel
U-Bahnhof.[4] Auch hier kann sich gemäß § 31 Abs. 1 S. 2, Abs. 3 das Recht auf unbebaute Teile des Grundstücks erstrecken, z.B. Tankwartraum mit Tankstelle.[5]

Rechtliche Unterschiede zwischen Dauerwohnrecht und Dauernutzungsrecht bestehen nicht (§ 31 Abs. 3). Soweit daher im Folgenden vom Dauerwohnrecht die Rede ist, gelten die Ausführungen für das Dauernutzungsrecht entsprechend.

Dauerwohn- und Dauernutzungsrecht können auch zusammen als **Einheit** bestellt und eingetragen werden.[6]

D. Nutzungsrecht

Dauerwohnrecht geht nur auf **Nutzung**, d.h. es berechtigt zur Fruchtziehung i.S.d. § 100 BGB. Der Berechtigte kann daher die Rechtsfrüchte aus Vermietung und Verpachtung des Dauerwohnrechts ziehen und auch die Sachfrüchte, soweit sich das Recht auf einen außerhalb des Gebäudes liegenden Teil des Grundstücks erstreckt.[7]

Es gibt aber kein Verwertungsrecht, so dass aus ihm die Zwangsvollstreckung nicht betrieben werden kann.[8] (Zum **Inhalt** des Nutzungsrechts vgl. § 33 Rn 1 ff.)

E. Gegenstand der Bestellung

Mit einem Dauerwohnrecht kann ein Grundstück (auch ein realer Grundstücksteil, vgl. § 7 Abs. 2 GBO), ein Wohnungseigentum,[9] ein Erbbaurecht (so ausdrücklich § 42) und ein Wohnungs-/Teilerbbaurecht[10] belastet werden; nicht aber ein Sondernutzungsrecht,[11] ein Nießbrauch[12] oder ein gewöhnlicher Miteigentumsanteil.[13]

Die Frage, ob **mehrere Grundstücke** mit einem einheitlichen Dauerwohnrecht belastet werden können, ist umstritten. Die Zulässigkeit einer solchen Gesamtbelastung wird dann bejaht, wenn die dem Dauerwohnrecht unterliegenden und sich auf den mehreren Grundstücken befindlichen Räume eine Einheit bilden.[14]

---

1 Vgl. zu den Anforderungen auch BFG IX R 14/06, BFH/NV 2007, 1471.
2 LG Frankfurt 2/9 T 835/70, NJW 1971, 759.
3 LG Münster 5 T 872/52 u 877/52, DNotZ 1953, 148.
4 LG Frankfurt 2/9 T 835/70, NJW 1971, 759.
5 LG Münster 5 T 872/52 u. 877/52, DNotZ 1953, 148.
6 BayObLG BReg 2 Z 20/60, Z 1960, 231: Werkstatt oder Laden mit dazugehörigen Wohnräumen.
7 *Weitnauer/Mansel*, § 31 Rn 1; *Bärmann/Pick*, § 31 Rn 5.
8 BayObLG BReg 2 Z 226–231/56, Z 57, 102.
9 BGH V ZR 128/76, Rpfleger 1979, 58.
10 Palandt/*Bassenge*, § 31 Rn 3.
11 OLG Hamburg 2 Wx 153/01, ZMR 2004, 616.
12 *Weitnauer/Mansel*, § 31 Rn 1.
13 BayObLG BReg 2 Z 226–231/56.
14 LG Hildesheim 5 T 370/59, NJW 1960, 49; Palandt/*Bassenge*, § 31 Rn 3; *Böttcher*, MittBayNotK 1993, 129; **a.A.** *Bärmann/Pick*, § 31 Rn 54, der eine vorherige Vereinigung der Grundstücke verlangt; nach *Weitnauer/Mansel*, § 31 Rn 6 handelt es sich nicht um ein Dauerwohn- oder Dauernutzungsrecht, sondern der Sache nach um mehrere Rechte, wobei „die den Gegenstand der Rechte bildenden Räume einheitlich genutzt werden".

F. Umfang der Bestellung

16 An einem **ganzen Gebäude** kann ein Dauerwohnrecht ebenso begründet werden[15] wie ein Dauernutzungsrecht an einem **einzelnen Raum**.[16] Auch an einem unterirdischen Bauwerk (U-Bahnhof) ist eine Bestellung möglich,[17] ebenso an Räumen in verschiedenen Stockwerken, sofern sie in sich abgeschlossen sind (§ 32 Abs. 1).

17 Umstritten ist die Frage, ob an einer Wohnung oder einem Raum mehrere Dauerrechte begründet werden können. Die Zulässigkeit ist jedenfalls dann zu bejahen, wenn sie für die jeweiligen Berechtigten ein über mehrere Jahre währendes oder zeitlich unbegrenztes und jeweils wiederkehrendes Recht gewähren, die belasteten Räume in einer jeweils unterschiedlichen kalendermäßig festgelegten Zeit oder in jährlich wählbaren periodischen Zeitabschnitten (**„time-sharing"**) zu nutzen.[18] In diesem Fall sind die §§ 481 bis 487 BGB ebenfalls zu beachten.

18 Das **Gebäude** braucht bei Bestellung des Dauerwohnrechts **noch nicht errichtet** zu sein, es genügt vielmehr, dass seine Errichtung geplant ist. Für die Eintragung im Grundbuch ist aber die Vorlegung einer Bauzeichnung erforderlich (§ 32 Abs. 2 Nr. 1). Solange die mit dem Recht belasteten Räume noch nicht gebaut und damit noch nicht vorhanden sind, ruht das Nutzungsrecht.[19] Umstritten ist, ob dies dem Berechtigten bereits – wie beim Wohnungseigentum (vgl. dazu § 3 Rn 12) – eine dingliche Anwartschaft auf Erstellung der entsprechenden den Gegenstand des Dauerwohnrechts bildenden Gebäudeteile einräumt.[20] Jedenfalls kann sich ein solcher Anspruch aus dem Grundgeschäft der Rechtsbestellung ergeben.

19 Entsprechend §§ 1093 Abs. 1, 1031 BGB erstreckt sich das Dauerwohnrecht auch auf das **Grundstückszubehör**.[21]

G. Berechtigter

20 Berechtigter eines Dauerwohnrechts kann eine bestimmte **natürliche oder juristische Person** sein. Auch der Grundstückseigentümer selbst kann Berechtigter sein.[22] Ein Dauerwohnrecht kann auch für eine **Mehrheit von Berechtigten** sowohl zu Bruchteilen[23] wie auch zur gesamten Hand bestellt werden.[24] Aber auch eine Bestellung für Mehrere als Gesamtberechtigte nach § 428 BGB ist zulässig.[25]

H. Begründung und Beendigung

21 Da das Dauerwohnrecht ein dingliches Recht (Grundstücksbelastung) ist, ist zur rechtsgeschäftlichen Bestellung formlose **Einigung** der Beteiligten (§ 873 BGB) und **Eintragung in Abteilung II** des belasteten Grundstücks aufgrund einer in der Form des § 29 GBO nachzuweisenden Eintragungsbewilligung des Grundstückseigentümers erforderlich. Die **Umwandlung** eines Dauerwohnrechts in ein Dauernutzungsrecht stellt sich als Änderung des vereinbarten Inhalts des dinglichen Rechts gemäß § 877 BGB dar, die unter den gleichen Voraussetzungen wie die Bestellung erfolgt. Das Dauerwohnrecht unterliegt Rangvorschriften (§§ 879 ff. BGB), die Gutglaubensvorschriften (§§ 892, 893 BGB) finden Anwendung. Es ist mit einem Nießbrauch (§ 1068 BGB) und einem Pfandrecht (§ 1273 BGB) **belastbar**, nicht jedoch mit einem Wohnungsrecht nach § 1093 BGB, einer Reallast (zur Sicherung etwaiger wiederkehrender Gegenleistungen) oder mit Grundpfandrechten, da das Dauerwohnrecht kein grundstücksgleiches Recht ist.

22 Das **Verpflichtungsgeschäft** – in der Regel ein Rechtskauf gemäß § 453 BGB[26] – bedarf nicht der Form des § 311b BGB.[27] Für Schenkungen ist jedoch § 518 BGB, für besondere Vertriebsformen (Haustürgeschäfte,[28] Fernabsatzverträge) sind die §§ 312 ff. BGB und für Teilzeit-Wohnrechteverträge („time- sharing") die §§ 481 ff. BGB zu beachten.

23 Das Dauerwohnrecht **endet** mit vereinbartem Fristablauf, weiterhin durch Aufgabe des Berechtigten nach § 875 BGB, die dem Grundbuchamt gegenüber in der Form des § 29 GBO nachzuweisen ist, und entsprechend § 1026 BGB.[29] Es erlischt mit dem Erlöschen eines Erbbaurechts, sofern dieses mit dem Recht belastet war (§ 42) oder in der Zwangsversteigerung des belasteten Grundstücks, falls es nicht in das geringste Gebot fällt. Das Dauerwohnrecht endet nicht

---

15 BGH V ZR 99/57, NJW 1958, 1289.
16 LG Münster 5 T 872/52 u 877/52, DNotZ 1953, 148 mit Anm. *Hoche*.
17 LG Frankfurt 2/9 T 835/70, NJW 1971, 759.
18 LG Hamburg 302 O 50/90, NJW-RR 1991, 823; Palandt/*Bassenge*, § 31 Rn 2; *Hoffmann*, MittBayNot 1987, 177; *Gralka*, NJW 1987, 1997; *Schmidt*, WEZ 1987, 119; *Tonner/Tonner*, WM 1989, 313; offen gelassen von BGH V ZR 184/94, NJW 1995, 2637; **a.A.** OLG Stuttgart 8 W 421/85, NJW 1987, 2023 mit der Erwägung, dass eine derartige kurzfristige Nutzung mit dem Wesen des Dauerwohnrechts unvereinbar sei; *Bärmann/Pick*, § 31 Rn 26, 52; *Weitnauer/Mansel*, vor § 31 Rn 11.
19 *Bärmann/Pick*, § 31 Rn 39; Palandt/*Bassenge*, § 31 Rn 3; *Weitnauer/Mansel*, § 31 Rn 1.
20 *So Bärmann/Pick*, § 31 Rn 39; **a.A.** *Weitnauer/Mansel*, § 31 Rn 1.
21 *Bärmann/Pick*, § 31 Rn 27; *Weitnauer/Mansel*, § 31 Rn 3.
22 BayObLG 2Z BR 60/97, NJW-RR 1997, 1233.
23 BGH V ZR 184/94, NJW 1995, 2637.
24 *Bärmann/Pick*, § 31 Rn 50; Palandt/*Bassenge*, § 31 Rn 4; *Weitnauer/Mansel*, § 31 Rn 7.
25 BGH V ZB 24/66, WM 1967, 95; OLG Celle 4 U 162/95, OLGR 1996, 231; *Bärmann/Pick*, § 31 Rn 50; **a.A.** Palandt/*Bassenge*, § 31 Rn 4; *Weitnauer/Mansel*, § 31 Rn 8 unter Hinweis auf BayObLG BReg 2 Z 171/54, Z 1954, 322.
26 BGH V ZR 26/66, NJW 1969, 1850.
27 BGH V ZR 121/82, WM 1984, 142; LG Hamburg, 302 O 50/90, NJW-RR 91, 823.
28 LG Lübeck 17 O 245/95, VuR 1996, 127 zum HausTWG.
29 BayObLG 2Z BR 29/95, NJW-RR 1996, 397.

mit dem Heimfall (§ 36) und der Zerstörung des Gebäudes (§ 33 Abs. 4 Nr. 4) und ebenfalls nicht durch Vereinigung des Rechts mit dem Eigentum am Grundstück. Eine Kündigung ist unzulässig.[30]

I. Entgelt

Die Verpflichtung zur Zahlung eines Entgelts kann – anders als im Erbbaurecht – nicht durch eine Belastung des Dauerwohnrechts mit einer **Reallast** gesichert werden. Es ergibt sich allein aus dem zugrunde liegenden Verpflichtungsgeschäft (vgl. Rn 22). Damit besteht aber auch nicht die Gefahr, dass es im Fall der Zwangsversteigerung erlischt.[31]

24

§ 32 Voraussetzungen der Eintragung

(1) Das Dauerwohnrecht soll nur bestellt werden, wenn die Wohnung in sich abgeschlossen ist.
(2) ¹Zur näheren Bezeichnung des Gegenstands und des Inhalts des Dauerwohnrechts kann auf die Eintragungsbewilligung Bezug genommen werden. ²Der Eintragungsbewilligung sind als Anlagen beizufügen:
1. eine von der Baubehörde mit Unterschrift und Siegel oder Stempel versehene Bauzeichnung, aus der die Aufteilung des Gebäudes sowie die Lage und Größe der dem Dauerwohnrecht unterliegenden Gebäude- und Grundstücksteile ersichtlich ist (Aufteilungsplan); alle zu demselben Dauerwohnrecht gehörenden Einzelräume sind mit der jeweils gleichen Nummer zu kennzeichnen;
2. eine Bescheinigung der Baubehörde, dass die Voraussetzungen des Absatzes 1 vorliegen.

³Wenn in der Eintragungsbewilligung für die einzelnen Dauerwohnrechte Nummern angegeben werden, sollen sie mit denen des Aufteilungsplans übereinstimmen. ⁴Die Landesregierungen können durch Rechtsverordnung bestimmen, dass und in welchen Fällen der Aufteilungsplan (Satz 2 Nr. 1) und die Abgeschlossenheit (Satz 2 Nr. 2) von einem öffentlich bestellten oder anerkannten Sachverständigen für das Bauwesen statt von der Baubehörde ausgefertigt und bescheinigt werden. ⁵Werden diese Aufgaben von dem Sachverständigen wahrgenommen, so gelten die Bestimmungen der Allgemeinen Verwaltungsvorschrift für die Ausstellung von Bescheinigungen gemäß § 7 Abs. 4 Nr. 2 und § 32 Abs. 2 Nr. 2 des Wohnungseigentumsgesetzes vom 19.3.1974 (BAnz. Nr. 58 vom 23.3.1974) entsprechend. ⁶In diesem Fall bedürfen die Anlagen nicht der Form des § 29 der Grundbuchordnung. ⁷Die Landesregierungen können die Ermächtigung durch Rechtsverordnung auf die Landesbauverwaltungen übertragen.
(3) Das Grundbuchamt soll die Eintragung des Dauerwohnrechts ablehnen, wenn über die in § 33 Abs. 4 Nr. 1 bis 4 bezeichneten Angelegenheiten, über die Voraussetzungen des Heimfallanspruchs (§ 36 Abs. 1) und über die Entschädigung beim Heimfall (§ 36 Abs. 4) keine Vereinbarungen getroffen sind.

A. Allgemeines	1	I. Eintragungsvoraussetzungen	5
B. Abgeschlossenheit	3	II. Anlagen zur Eintragungsbewilligung	6
C. Eintragung des Dauerwohnrechts ins		III. Weiterer Inhalt der Eintragungsbewilligung ...	8
Grundbuch	5	IV. Bezugnahme auf die Eintragungsbewilligung ..	11

A. Allgemeines

Abs. 1 S. 2 wurde durch Art. 1 Nr. 17 a) WEG-ÄnderungsG aufgehoben, da er gegenstandslos geworden ist (vgl. § 3 Rn 1). Abs. 2 S. 4 bis 7 wurden durch Art. 1 Nr. 17 b) WEG-ÄnderungsG angefügt. (Wegen der gesetzgeberischen Intention siehe § 7 Rn 1.)

1

Abs. 1 und 2 entsprechen fast wörtlich den Vorschriften für das Wohnungseigentum (§ 3 Abs. 2, § 7 Abs. 3, 4).

2

B. Abgeschlossenheit

Die Abgeschlossenheit wird für das Dauerwohnrecht aus den gleichen Gründen verlangt, wie für das Wohnungseigentum. Ihr Fehlen steht dem Bestehen bzw. Fortbestehen des Dauerwohnrechts nicht entgegen, da Abs. 1 nur eine Sollvorschrift ist (vgl. hierzu § 3 Rn 18).

3

Wegen der Voraussetzungen für die Abgeschlossenheit einer Wohnung oder sonstiger nicht zu Wohnzwecken dienender Räume wird auf die vorhergehenden Ausführungen verwiesen (vgl. § 3 Rn 19 ff.). Ein Zusammenhang mit Räumen auf dem Nachbargrundstück ist daher unschädlich.[1]

4

---

[30] BGH V ZR 99/57, NJW 1958, 1289; LG Frankfurt 2–25 O 381/99, NZM 2000, 877.

[31] *Weitnauer/Mansel*, vor § 31 Rn 15.

[1] LG München 13 T 489/72, DNotZ 1973, 417.

C. Eintragung des Dauerwohnrechts ins Grundbuch

I. Eintragungsvoraussetzungen

5 Zur Eintragung im Grundbuch ist neben dem Antrag des Eigentümers oder Berechtigten (§ 13 GBO, vgl. hierzu § 7 Rn 13) und der Voreintragung des Eigentümers (§ 39 GBO) die **Eintragungsbewilligung des Betroffenen** (§ 19 GBO) erforderlich, die in der Form des § 29 GBO nachzuweisen ist. Sie muss den Gegenstand des Dauerwohnrechts in Übereinstimmung mit dem Aufteilungsplan bezeichnen. Sofern in der Eintragungsbewilligung für die einzelnen Dauerwohnrechte Nummern angegeben werden, sollen diese mit den Bezeichnungen des Aufteilungsplans übereinstimmen (§ 32 Abs. 2 S. 3). Behördliche Genehmigungserfordernisse können sich aus §§ 22, 51 Abs. 1 und 144 Abs. 2 Nr. 2 BauGB ergeben, nicht aber aus § 172 BauGB.[2] Eine Genehmigungspflicht nach GrdStVG besteht nicht.[3]

II. Anlagen zur Eintragungsbewilligung

6 Gemäß Abs. 2 S. 2 sind der Eintragungsbewilligung als Anlagen beizufügen:
- **ein Aufteilungsplan** (vgl. § 7 Rn 20 ff.). Hier genüg es, wenn er außer der Lage und Größe der dem Dauerwohnrecht unterliegenden Gebäude- und Grundstücksteile, die Aufteilung des in Frage kommenden Stockwerks erkennen lässt, wenn das Dauerwohnrecht nur für eine Wohnung bestellt wird. Wird ein ganzes Haus mit einem Dauerwohnrecht belastet,[4] ist eine Bauzeichnung (Abs. 2 Nr. 2), aber keine Abgeschlossenheitsbescheinigung erforderlich;
- eine **Bescheinigung** der Baubehörde, dass die mit dem Dauerwohnrecht belasteten Räume, in sich gegenüber „fremden" Räumen **abgeschlossen** sind.

7 Aufteilungsplan und Abgeschlossenheitsbescheinigung werden im Regelfall von der Baubehörde ausgefertigt und bescheinigt (Abs. 2 S. 2; vgl. § 7 Rn 16). In besonders geregelten Ausnahmefällen kommt eine Ausfertigung und Bescheinigung auch durch einen öffentlich bestellten oder anerkannten Sachverständigen in Betracht (Abs. 2 S. 4; vgl. dazu § 7 Rn 17 f.). Form und Inhalt werden durch die **Allgemeine Verwaltungsvorschrift für die Ausstellung von Bescheinigungen** gemäß § 7 Abs. 4 Nr. 2 und § 32 Abs. 2 Nr. 2 des Wohnungseigentumsgesetzes (Abgeschlossenheitsbescheinigung) – AVA – Kapitel IV, Nr. 4 – geregelt (vgl. § 7 Rn 19).

III. Weiterer Inhalt der Eintragungsbewilligung

8 Da das WEG das Dauerwohnrecht nicht erschöpfend regelt, haben die Beteiligten in Anlehnung an die ErbbauVO durch **vertragliche Vereinbarung** den **Inhalt des Rechts** weitgehend selbst zu bestimmen. Der Inhalt von Vereinbarungen über Art und Umfang der Nutzungen (§ 33 Abs. 4 Nr. 1), Instandhaltung und Instandsetzung der dem Dauerwohnrecht unterliegenden Gebäudeteile (§ 33 Abs. 4 Nr. 2), die Pflicht des Berechtigten zur Tragung öffentlicher oder privatrechtlicher Lasten des Grundstücks (§ 33 Abs. 4 Nr. 3), die Versicherung des Gebäudes und sein Wiederaufbau im Falle der Zerstörung (§ 33 Abs. 4 Nr. 4), die Voraussetzungen für den Fall der Begründung eines Heimfallanspruchs (§ 36 Abs. 1) und über die Entschädigung beim Heimfall (§ 36 Abs. 4) sollen als weiterer Inhalt in die Eintragungsbewilligung aufgenommen werden.

9 Das **Grundbuchamt** hat nach Abs. 3 zu **prüfen**, ob die erforderlichen Vereinbarungen getroffen sind. Es hat dabei lediglich die Eintragungsbewilligung zugrunde zu legen. Das Grundbuchamt ist mangels einer § 20 GBO entsprechenden Vorschrift weder berechtigt noch verpflichtet, das Zustandekommen dieser Vereinbarungen zu prüfen.[5] Der Ausschluss eines Heimfallanspruchs im Falle der Rückübertragung muss nicht ausdrücklich vereinbart sein. Es genügt, dass eine Regelung unterblieben ist.[6] Ist ein Heimfallanspruch vereinbart, müssen seine Voraussetzungen (vgl. § 36 Rn 5 f.) ebenso wie die Vereinbarung oder der Ausschluss einer Entschädigungspflicht (vgl. § 36 Rn 21) geregelt sein.

10 Das Grundbuchamt soll die **Eintragung ablehnen**, wenn die Eintragungsbewilligung keine Angaben über die notwendigen Vereinbarungen (vgl. Rn 8) enthält. Eine gleichwohl vorgenommene Eintragung ist wirksam, da es sich um eine **Sollvorschrift** handelt. Das Dauerwohnrecht ist mit der Eintragung entstanden. Für das Verhältnis der Beteiligten zueinander gelten dann die getroffenen schuldrechtlichen Abmachungen. Mangels dinglicher Wirkung binden sie Einzelrechtsnachfolger nicht (vgl. § 38 Rn 4).

IV. Bezugnahme auf die Eintragungsbewilligung

11 In Erweiterung des § 874 BGB, der nur für Grundstücksrechte gilt,[7] kann gemäß Abs. 2 S. 1 zur **näheren Bezeichnung des Inhalts** des Dauerwohnrechts auf die Eintragungsbewilligung Bezug genommen werden. Eintragungsbewilligung und Grundbucheintrag bilden eine Einheit. **Bezugnahme** auf die Eintragungsbewilligung bedeutet also,

---

2 Palandt/*Bassenge*, § 32 Rn 2.
3 *Bärmann/Pick*, § 31 Rn 57.
4 BGH V ZR 99/57, NJW 1958, 1289.

5 Palandt/*Bassenge*, § 32 Rn 2; *Weitnauer/Mansel*, § 3 Rn 7; a.A. OLG Düsseldorf 3 W 266/77, Rpfleger 1977, 446.
6 BayObLG 2 Z 10/54, NJW 1954, 959.
7 Palandt/*Bassenge*, § 874 BGB Rn 4.

dass die in Bezug genommenen Urkunden (Aufteilungsplan, Abgeschlossenheitsbescheinigung) genau so Inhalt des Grundbuchs sind, wie die in ihm vollzogene Eintragung selbst und am öffentlichen Glauben teilnehmen. Die rechtliche Natur des Dauerwohnrechts als solche muss jedoch im Grundbuch selbst eingetragen werden.

Befristungen des Dauerwohnrechts (aufschiebend oder auflösend), die rechtlich möglich sind,[8] müssen im Grundbuch selbst zum Ausdruck gebracht werden. Eine Bezugnahme auf die Eintragungsbewilligung reicht nicht aus.[9]   **12**

Für vereinbarte **Veräußerungsbeschränkungen** (§ 35) genügt die Bezugnahme auf die Eintragungsbewilligung (vgl. § 35 Rn 4).   **13**

§ 33 Inhalt des Dauerwohnrechts

(1) ¹Das Dauerwohnrecht ist veräußerlich und vererblich. ²Es kann nicht unter einer Bedingung bestellt werden.
(2) Auf das Dauerwohnrecht sind, soweit nicht etwas anderes vereinbart ist, die Vorschriften des § 14 entsprechend anzuwenden.
(3) Der Berechtigte kann die zum gemeinschaftlichen Gebrauch bestimmten Teile, Anlagen und Einrichtungen des Gebäudes und Grundstücks mitbenutzen, soweit nichts anderes vereinbart ist.
(4) Als Inhalt des Dauerwohnrechts können Vereinbarungen getroffen werden über:
1. Art und Umfang der Nutzungen;
2. Instandhaltung und Instandsetzung der dem Dauerwohnrecht unterliegenden Gebäudeteile;
3. die Pflicht des Berechtigten zur Tragung öffentlicher oder privatrechtlicher Lasten des Grundstücks;
4. die Versicherung des Gebäudes und seinen Wiederaufbau im Falle der Zerstörung;
5. das Recht des Eigentümers, bei Vorliegen bestimmter Voraussetzungen Sicherheitsleistung zu verlangen.

A. Allgemeines	1	C. Vertraglicher Inhalt des Dauerwohnrechts (Abs. 4)	21
B. Gesetzlicher Inhalt des Dauerwohnrechts	2	I. Allgemeines	21
I. Veräußerlichkeit und Vererblichkeit (Abs. 1 S. 1)	2	II. Vorgeschriebene Vereinbarungen	24
II. Bedingungsfeindlichkeit (Abs. 1 S. 2)	7	III. Mögliche Vereinbarungen	31
III. Pflichten des Dauerwohnberechtigten (Abs. 2)	11	D. Schuldrechtliche Vereinbarungen	32
IV. Mitbenutzungsrecht (Abs. 3)	18	E. Nachträgliche Vereinbarungsänderung	33

A. Allgemeines

Der in § 31 nur allgemein umschriebene Inhalt des Dauerwohnrechts wird durch § 33 ergänzt, der Vorschriften über den gesetzlichen Inhalt des Rechts (Abs. 1 bis 3) und dem durch Vereinbarung zu schaffenden Inhalt (Abs. 4) enthält. Andere Vereinbarungen, die zum dinglichen Inhalt des Rechts gemacht werden können, enthalten z.B. die §§ 35, 36, 39 und 40. Sonstige Vereinbarungen haben schuldrechtlichen Charakter.   **1**

B. Gesetzlicher Inhalt des Dauerwohnrechts
I. Veräußerlichkeit und Vererblichkeit (Abs. 1 S. 1)

Das Dauerwohnrecht ist im **Gegensatz zum dinglichen Wohnungsrecht** (§ 1093 BGB) veräußerlich und vererblich (Abs. 1 S. 1). Diese dem Dauerwohnrecht wesenseigentümlichen Eigenschaften sind nicht abdingbar.[1]   **2**

Zur **Veräußerung** sind gemäß § 873 BGB (formlose) Einigung der Beteiligten und Eintragung des Rechtsübergangs im Grundbuch erforderlich. Das Verpflichtungsgeschäft bedarf nicht der Form des § 311b BGB. Die Veräußerlichkeit des Dauerwohnrechts kann durch Vereinbarung beschränkt werden (§ 35). (Zu den Folgen der Veräußerung vgl. § 37 Rn 9 ff., § 38 Rn 3 ff. Wegen einer Belastung des Dauerwohnrechts siehe § 31 Rn 21.)   **3**

Die **Zwangsvollstreckung** in das Dauernutzungsrecht erfolgt nach § 857 ZPO.[2] Drittschuldner ist der Eigentümer. Die Pfändung wird mit Grundbucheintragung wirksam. Die Verwertung erfolgt durch Veräußerung (857 Abs. 5 ZPO) oder durch andere Verwertung (§ 844 ZPO).   **4**

Der **Vererblichkeit** des Dauerwohnrechts steht nicht entgegen, dass es nur für Lebzeiten des Berechtigten bestellt wird (vgl. auch Rn 9).   **5**

Gegen die Vererbung kann sich der Eigentümer faktisch auch durch **Vereinbarung eines Heimfallanspruchs** (§ 36) für den Fall des Todes des Berechtigten schützen.   **6**

---

8 OLG Hamm I-15 W 557/10, NZM 2012, 318.
9 Vgl. BayObLG 2Z BR 46/98, NZM 1998, 531.

1 Weitnauer/Mansel, § 33 Rn 2.
2 Palandt/Bassenge, § 33 Rn 1.

II. Bedingungsfeindlichkeit (Abs. 1 S. 2)

7 Die **Bestellung** des Dauerwohnrechts kann ebenso wie die Auflassung (§ 925 Abs. 2 BGB) nicht unter einer – auflösenden oder aufschiebenden – Bedingung erfolgen.

8 Eine bedingte **Übertragung oder Belastung** des Dauerwohnrechts ist im Gegensatz zur bedingten Übertragung eines Erbbaurechts (§ 11 Abs. 1 S. 2 ErbbauVO) hingegen möglich.

9 Eine **Befristung** ist dagegen zulässig (§ 41). Sie erfolgt durch Bestimmung eines Anfangs- oder Endtermins (aufschiebende oder auflösende Zeitbestimmung), der auch ungewiss sein kann. Insbesondere kann das Dauerwohnrecht für die Lebenszeit des Berechtigten oder des Eigentümers bestellt werden.[3]

10 Hingegen ist die Bestellung eines Dauerwohnrechts für einen **Ehegatten** mit der Bestimmung, dass es nach seinem Tode dem anderen Gatten zufällt, nicht möglich. Hier erfolgt die Bestellung zugunsten des zweiten Ehegatten nicht nur aufschiebend befristet, sondern auch unter der Bedingung seines Überlebens.[4]

III. Pflichten des Dauerwohnberechtigten (Abs. 2)

11 Haben die Beteiligten **keine abweichenden Vereinbarungen** getroffen, richten sich die Pflichten des Dauerwohnberechtigten gegenüber dem Eigentümer – nicht auch gegenüber anderen Dauerwohnberechtigten oder Mietern – nach dem entsprechend anzuwendenden § 14. Dem Sondereigentum entsprechen die mit dem Dauerwohnrecht belasteten Räume und Gebäudeteile, dem gemeinschaftlichen Eigentum die nach Abs. 3 zum gemeinschaftlichen Gebrauch bestimmten Teile, Anlagen und Einrichtungen des Gebäudes und Grundstücks.

Die Vorschriften des Nießbrauchsrechts und des Mietrechts finden keine entsprechende Anwendung.[5]

12 Im Einzelnen ergeben sich für den Dauerwohnberechtigten folgende Pflichten:

13 Der Berechtigte hat die dem Dauerwohnrecht unterliegenden Gebäude- und Grundstücksteile so **instand zu halten,** dass dadurch dem Eigentümer kein Nachteil erwächst, der über das bei einem geordneten Zusammenleben unvermeidliche Maß hinausgeht (§ 14 Nr. 1). Diese begrenzte Instandhaltungs- und Instandsetzungspflicht besteht nicht hinsichtlich der gemeinschaftlichen Gebäude- und Grundstücksteile.

14 Der Berechtigte darf von den seinem Dauerwohnrecht unterliegenden wie auch von den gemeinschaftlich genutzten Gebäude- und Grundstücksteilen nur in solcher Weise **Gebrauch machen,** dass dadurch dem Eigentümer des Gebäudes kein Nachteil erwächst, der über das bei einem geordneten Zusammenleben unvermeidliche Maß hinausgeht (§ 14 Nr. 1).

15 Der Berechtigte hat die **Pflicht, für die Einhaltung** der oben aufgeführten Pflichten (siehe Rn 13 f.) **durch Personen,** die seinem Hausstand oder Geschäftsbetrieb angehören oder denen er sonst die Benutzung der seinem Dauerwohnrecht unterliegenden oder zum gemeinschaftlichen Gebrauch bestimmten Gebäude oder Grundstücksteile überlässt, zu sorgen (§ 14 Nr. 2). Seine Haftung für diese Personen richtet sich nach §§ 278, 831 BGB.

16 Der Berechtigte hat umgekehrt **Einwirkungen** auf die seinem Dauerwohnrecht unterliegenden oder die gemeinschaftlich genutzten Gebäude- und Grundstücksteile **zu dulden,** soweit sie auf einem nach a) und b) zulässigen Gebrauch beruhen (§ 14 Nr. 3).

17 Schließlich hat der Berechtigte das **Betreten** und **die Benutzung** der seinem Dauerwohnrecht unterliegenden Gebäudeteile zu gestatten, soweit dies zur Instandhaltung und Instandsetzung der zur gemeinschaftlichen Benutzung bestimmten Gebäudeteile erforderlich ist (§ 14 Nr. 4). Ein hierdurch entstehender Schaden ist dem Berechtigten zu ersetzen.[6]

IV. Mitbenutzungsrecht (Abs. 3)

18 Der Dauerwohnberechtigte kann ebenso wie der Berechtigte nach § 1093 BGB – wenn dessen Wohnungsrecht auf einen Teil des Gebäudes beschränkt ist (§ 1093 Abs. 3 BGB) – die **zum gemeinschaftlichen Gebrauch bestimmten Teile,** Anlagen und Einrichtungen mitbenutzen, Abs. 3. Hierzu gehören insbesondere Sammelheizung,[7] Treppenhaus, Hofraum, Waschküche, Trockenboden, Fahrradkeller, Gas-, Wasser-, elektrische Leitungen,[8] Fahrstuhl; Garten[9] oder Sauna. Maßgebend ist insoweit die Verkehrsüblichkeit. Das Dauernutzungsrecht an Geschäftsräumen schließt das Recht ein, die Außenwände zu Reklamezwecken zu benutzen.[10]

---

3 Palandt/*Bassenge*, § 33 Rn 2; *Weitnauer/Mansel*, § 33 Rn 3.
4 *Weitnauer/Mansel*, § 33 Rn 3; **a.A.** wohl Bärmann/*Pick*, § 33 Rn 61.
5 BGH V ZR 190/67, NJW 1969, 1850; LG Frankfurt 2–25 O 381/99, NZM 2000, 877.
6 Palandt/*Bassenge*, § 33 Rn 3; *Weitnauer/Mansel*, § 33 Rn 9.
7 BGH V ZR 37/66, WM 1969, 1087 zu § 1093.
8 BGH, V ZR 236/10, NJW-RR 2012, 218; BayObLG BReg 2 Z 60/91, Rpfleger 1992, 57 zu § 1093.
9 BayObLGZ 2Z BR 60/97, NJW-RR 1997, 1233.
10 OLG Frankfurt 10 U 201/68, BB 1970, 731.

Durch Vereinbarung kann die Mitbenutzung insoweit **abbedungen** werden, als sie zur Nutzung der Räume nicht zwingend erforderlich ist, z.B. Garten.[11] **19**

Das Mitbenutzungsrecht steht auch den in § 14 Nr. 2 bezeichneten Personen zu. **20**

C. Vertraglicher Inhalt des Dauerwohnrechts (Abs. 4)

I. Allgemeines

Der Inhalt des Dauerwohnrechts ergibt sich nur in einem geringen Umfang aus dem Gesetz (vgl. Rn 2 ff.). Den Beteiligten ist es überlassen, in weitem Umfang den Inhalt des Dauerwohnrechts selbst zu bestimmen. Derartige Vereinbarungen stellen eine **Durchbrechung des Grundsatzes der Bestimmtheit der Sachenrechte** dar. Sie erlangen dingliche Wirkung, wenn sie in die Eintragungsbewilligung aufgenommen und unter Bezugnahme auf diese im Grundbuch als Inhalt des Dauerwohnrechts eingetragen werden. **21**

Mit dinglicher Wirkung können als Inhalt des Dauerwohnrechts Vereinbarungen nur über solche Fragen getroffen werden, die das **Gesetz ausdrücklich zulässt**. Zwar sind Vereinbarungen auch über andere Fragen möglich, jedoch haben diese nur schuldrechtliche Wirkung zwischen den Beteiligten. **22**

Bei den Vereinbarungen ist zu unterscheiden zwischen solchen, die vorgeschrieben (notwendig) sind, um die Eintragung des Dauerwohnrechts zu erreichen (§ 32 Abs. 3) und solchen die möglich (nur zugelassen) sind. **23**

II. Vorgeschriebene Vereinbarungen

Nach § 32 Abs. 3 sind folgende Vereinbarungen zu treffen: **24**

Vereinbarungen zu **Umfang** und **Art der Nutzung** (**Abs. 4 Nr. 1**), die denjenigen von § 15 Abs. 1 entsprechen (vgl. dort Rn 2 ff.). Danach kann z.B. eine Nutzung der dem Dauerwohnrecht unterliegenden Räume zu gewerblichen Zwecken oder ihre Vermietung oder Verpachtung ausgeschlossen oder von der Zustimmung des Eigentümers abhängig gemacht werden.[12] Auch kann die Vermietung nur an einen bestimmten Personenkreis zugelassen werden. Die Vereinbarung kann ein Wettbewerbsverbot vorsehen. Verstößt der Berechtigte gegen diese Vereinbarungen, in dem er die seinem Dauerwohnrecht unterliegenden Räume ohne Zustimmung des Eigentümers an einen Dritten vermietet, ist zwar der Mietvertrag wirksam, dem Eigentümer steht jedoch sowohl gegen den Berechtigten als auch gegen den Dritten – ein Unterlassungsanspruch nach § 1004 BGB zu. Der Verstoß kann bei entsprechender Vereinbarung einen Heimfallanspruch auslösen. **25**

Vereinbarungen zur **Instandhaltung und Instandsetzung** der dem Dauerwohnrecht unterliegenden Gebäudeteile – in Ergänzung oder Abweichung von § 33 Abs. 2 (**Abs. 4 Nr. 2**). Die Instandhaltungs- und Instandsetzungspflicht kann dabei ganz oder teilweise dem Gebäudeeigentümer oder dem Dauerwohnberechtigten auferlegt werden. Auch kann zwischen Schönheitsreparaturen und anderen Reparaturen unterschieden werden. **26**

Da nach § 33 Abs. 3 der Dauerwohnberechtigte die **zum gemeinschaftlichen Gebrauch bestimmten Teile**, Anlagen und Einrichtungen des Gebäudes und Grundstückes mitnutzen kann, sind Vereinbarungen über eine Instandhaltungs- und Instandsetzungspflicht dieser Teile, Anlagen und Einrichtungen möglich.[13] **27**

Vereinbarungen zur **Tragung öffentlicher** und **privatrechtlicher Lasten** des Grundstücks (**Abs. 4 Nr. 3**). (Zum Begriff der Grundstückslasten siehe § 16 Rn 1 ff.) **28**

Diese grundsätzlich dem Eigentümer obliegende Verpflichtung kann auf den Berechtigten übertragen werden. Eine derartige Vereinbarung wirkt nur im Innenverhältnis gegenüber dem Eigentümer.[14]

Vereinbarungen über die **Versicherung** des Gebäudes (in der Regel der Eigentümer) und seinen **Wiederaufbau** im Falle seiner Zerstörung. Ohne eine solche Regelung ist der Eigentümer nicht zum Wiederaufbau verpflichtet (vgl. auch § 31 Rn 18). Es kann auch eine Verpflichtung zum erstmaligen Aufbau begründet werden.[15] **29**

Für Vereinbarungen über die Voraussetzungen eines **Heimfallanspruches** wird auf die übrigen Ausführungen verwiesen (vgl. § 32 Rn 9, § 36 Rn 1 ff.). **30**

---

11 BayObLG BReg 2 Z 60/91, Rpfleger 1992, 57; LG Freiburg 14 O 324/00, WuM 2002, 151 jeweils zu § 1093.
12 BayObLG BReg 2 Z 20/60, BayObLGZ 1960, 231, 239.
13 BayObLG BReg 2 Z 192/59, Z, 1959, 520; Riecke/Schmid/*Schmid*, § 33 Rn 10; Palandt/*Bassenge*, § 33 Rn 4; *Weitnauer/Mansel*, § 33 Rn 13, vgl. auch BGH, V ZR 236/10, NJW-RR 2012, 218.
14 Vgl. § 1047 BGB Palandt/*Bassenge*, § 33 Rn 4; *Weitnauer/Mansel*, § 33 Rn 14.
15 Palandt/*Bassenge*, § 33 Rn 4.

III. Mögliche Vereinbarungen

31 Mit dinglicher Wirkung möglich, aber nicht notwendig sind folgende Vereinbarungen:
- Vereinbarungen über einen Anspruch auf **Sicherheitsleistung** in Anlehnung an § 1051 BGB (**Abs. 4 Nr. 5**). Die Voraussetzungen sind in der Eintragungsbewilligung anzugeben. Fehlt eine entsprechende Vereinbarung kann der Eigentümer nicht analog § 1051 BGB Sicherheit verlangen,[16]
- Vereinbarungen über Beschränkungen der Veräußerungsbefugnis des Berechtigten (§ 35),
- Vereinbarungen über die Begründung eines Heimfallanspruchs (§ 36 Abs. 1),
- Vereinbarungen über Entschädigungszahlungen beim Heimfall (§ 36 Abs. 4),
- Vereinbarungen über ein Bestehenbleiben des Dauerwohnrechts im Falle der Zwangsversteigerung (§ 39),
- Vereinbarungen über die Wirksamkeit von Verfügungen über den Anspruch auf Entgelt gegenüber im Range vorgehende oder gleichstehende Realgläubiger (§ 40 Abs. 2) sowie
- Abweichungen von den Bestimmungen des § 33 Abs. 2 und Abs. 3 und des § 41 Abs. 2.

D. Schuldrechtliche Vereinbarungen

32 Die Beziehungen zwischen den Beteiligten können durch weitere Vereinbarungen geregelt werden. Diese können jedoch **nicht zum Inhalt des Dauerwohnrechts** gemacht. Sie wirken nur schuldrechtlich zwischen den Vertragsparteien. Hierher gehören z.B. Vereinbarungen über die Verpflichtung zur Umwandlung in Wohnungseigentum, über Vertragsstrafenzahlungen, über das Recht auf Erneuerung des Dauerwohnrechts, aber auch über eine Verkaufsverpflichtung des Gebäudes an den Dauerwohnberechtigten.

E. Nachträgliche Vereinbarungsänderung

33 Nachträgliche Änderungen von Vereinbarungen, die dinglicher Inhalt des Dauerwohnrechts geworden sind (vgl. Rn 24 ff., 31), sind **Inhaltsänderungen** gemäß § 877 BGB. Sie bedürfen mithin (formloser) Einigung der Beteiligten sowie Eintragung der Rechtsänderung im Grundbuch. Die Zustimmung gleich- und nachrangig dinglicher Berechtiger erfolgt nach Maßgabe von § 876 BGB.

34 Vereinbarungen, die lediglich einen schuldrechtlichen Inhalt haben (vgl. Rn 32) können jederzeit durch **bloße Einigung** geändert werden.

§ 34   Ansprüche des Eigentümers und der Dauerwohnberechtigten

(1) Auf die Ersatzansprüche des Eigentümers wegen Veränderungen oder Verschlechterungen sowie auf die Ansprüche der Dauerwohnberechtigten auf Ersatz von Verwendungen oder auf Gestattung der Wegnahme einer Einrichtung sind die §§ 1049, 1057 des Bürgerlichen Gesetzbuchs entsprechend anzuwenden.
(2) Wird das Dauerwohnrecht beeinträchtigt, so sind auf die Ansprüche des Berechtigten die für die Ansprüche aus dem Eigentum geltenden Vorschriften entsprechend anzuwenden.

A. Allgemeines	1	II. Ansprüche des Eigentümers	4
B. Ansprüche zwischen Dauerwohnberechtigten und Eigentümer (§ 34 Abs. 1)	2	III. Verjährung der Ansprüche	6
I. Ansprüche des Dauerwohnberechtigten	2	C. Ansprüche des Dauerwohnberechtigten gegen Dritte	9

A. Allgemeines

1 Durch § 34 wird der **gesetzliche Inhalt des Dauerwohnrechts** durch Verweisung auf die Vorschriften über den Nießbrauch (§§ 1049, 1057 BGB) ergänzt. Während Abs. 1 das Verhältnis zwischen Dauerwohnberechtigtem und Eigentümer regelt, behandelt Abs. 2 das Verhältnis des Dauerwohnberechtigtem und Eigentümer regelt, behandelt Abs. 2 das Verhältnis des Dauerwohnberechtigen zu Dritten.

---

[16] Palandt/*Bassenge*, § 33 Rn 4; *Weitnauer/Mansel*, § 33 Rn 16.

B. Ansprüche zwischen Dauerwohnberechtigten und Eigentümer (§ 34 Abs. 1)

I. Ansprüche des Dauerwohnberechtigten

Macht der Dauerwohnberechtigte auf die seiner Nutzung unterliegenden Gebäude- oder Grundstücksteile Verwendungen, zu denen er nicht verpflichtet ist (z.B. Einbau eines Bades), kann er vom Eigentümer **Ersatz dieser Verwendungen** nach den Vorschriften über die Geschäftsführung ohne Auftrag (GoA) verlangen, §§ 34 Abs. 1, 1049 Abs. 1 BGB. Liegen die Voraussetzungen einer berechtigten GoA (§ 683, mit Willen des Eigentümers; § 679, im öffentlichen Interesse; § 684 S. 2 BGB, nachträgliche Genehmigung durch Eigentümer) vor, kann der Berechtigte vom Eigentümer vollen Ersatz seiner Aufwendungen verlangen.[1] Liegen die Voraussetzungen einer berechtigte GoA nicht vor, kann der Dauerwohnberechtigte vom Eigentümer Herausgabe des Erlangten nach den Vorschriften über die Herausgabe einer ungerechtfertigten Bereicherung verlangen (§ 684 S. 1 BGB).

Der Dauerwohnberechtigte ist berechtigt, **eine Einrichtung,** mit der er die seinem Recht unterliegenden Räume oder Gebäude versehen hat, **wegzunehmen** (§§ 34 Abs. 1, 1049 Abs. 2 BGB). Er muss dann auf seine Kosten den früheren Zustand wieder herstellen (§ 258 BGB). Dies gilt auch dann, wenn die Einrichtung wesentlicher Bestandteil des Gebäudes geworden ist, vgl. § 951 Abs. 2 S. 1 BGB.

II. Ansprüche des Eigentümers

Schadensersatzansprüche des Eigentümers gegen den Dauerwohnberechtigten **wegen Veränderungen oder Verschlechterungen** der dem Dauerwohnrecht unterliegenden Räume oder sonstigen Teile des Anwesens sind im WEG nicht geregelt. Es gelten die allgemeinen Vorschriften des BGB. Der Dauerwohnberechtigte haftet danach für Veränderungen oder Verschlechterungen, die durch vertragswidrigen Gebrauch (§ 280 BGB) oder durch unerlaubte Handlungen (§ 823 BGB) herbeigeführt wurden. Für Veränderungen oder Verschlechterungen, die auf einer vereinbarungsgemäß zulässigen Nutzung oder Mitbenutzung beruhen, hat er nicht einzustehen (vgl. § 1050 BGB).

Der **Anspruch** des Eigentümers auf **Rückgabe** der benutzten Räume nach Beendigung des Dauerwohnrechts ergibt sich aus § 985 BGB, denn mit der Beendigung des Dauerwohnrechts entfällt das Recht zum Besitz (§ 986 Abs. 1 S. 1 BGB).

III. Verjährung der Ansprüche

Die Ansprüche des Dauerwohnberechtigten wie auch die Ansprüche des Eigentümers verjähren nach dem in Abs. 1 für entsprechend anwendbar erklärten § 1057 S. 1 BGB in **6 Monaten.** Der Beginn der Verjährungsfrist ist abweichend von den allgemeinen Bestimmungen (§§ 199 ff. BGB) durch § 1057 S. 2 BGB in Verbindung mit § 548 Abs. 1 S. 2, Abs. 2 BGB wie folgt geregelt:

Die **Verjährung der Ansprüche des Dauerwohnberechtigten** auf Ersatz von Verwendungen oder Wegnahme von Einrichtungen beginnt mit der Beendigung des Dauerwohnrechts (§ 548 Abs. 2 BGB).

Die **Verjährung der Ersatzansprüche des Eigentümers** wegen Veränderungen oder Verschlechterungen beginnt mit dem Zeitpunkt, in dem er die dem Dauerwohnrecht unterliegenden Gebäude- oder Grundstücksteile zurück erhält (§ 548 Abs. 1 S. 2 BGB).

C. Ansprüche des Dauerwohnberechtigten gegen Dritte

Nach Abs. 2 stehen dem Dauerwohnberechtigten bei Beeinträchtigungen seines Rechts durch Dritte in Anlehnung an die für den Nießbrauch geltende Regelung des § 1065 BGB die gleichen Ansprüche wie dem Eigentümer zu. Er kann von dem unberechtigten Besitzer Herausgabe der Sache verlangen (§ 985 BGB) und von dem Störer Beseitigung der Beeinträchtigung oder Unterlassung fordern (§ 1004 BGB).

§ 35 Veräußerungsbeschränkung

¹Als Inhalt des Dauerwohnrechts kann vereinbart werden, dass der Berechtigte zur Veräußerung des Dauerwohnrechts der Zustimmung des Eigentümers oder eines Dritten bedarf. ²Die Vorschriften des § 12 gelten in diesem Fall entsprechend.

Ebenso wie beim Wohnungseigentum (§ 12 Abs. 1) und beim Erbbaurecht (§ 5 Abs. 1 ErbbauVO) kann beim Dauerwohnrecht – abweichend von § 137 BGB – eine Veräußerungsbeschränkung zum Inhalt des Rechts gemacht

---

1 Palandt/*Bassenge*, § 34 Rn 2.

werden, die den Eigentümer in gewissen Grenzen vor der freien Veräußerlichkeit schützt.[1] Eine Belastungsbeschränkung kann hingegen nicht vereinbart werden.[2]

2 Wegen der **Ausgestaltung** nimmt S. 2 auf § 12 Bezug. Es wird auf die dortigen Erläuterungen verwiesen.

3 Eine Vereinbarung über eine **völlige Unveräußerlichkeit** ist wegen Verstoß gegen § 33 Abs. 1 S. 1 (vgl. § 33 Rn 2) unzulässig.[3] Gleiches gilt für ein Gebot, nur an bestimmte Personen zu veräußern.[4]

4 Während § 3 Abs. 2 WGV für das Wohnungseigentum eine ausdrückliche Eintragung im Grundbuch vorsieht (vgl. § 7 Rn 48), genügt für die Eintragung einer Verfügungsbeschränkung die **Bezugnahme auf die Eintragungsbewilligung** gemäß § 32 Abs. 2 S. 1;[5] es empfiehlt sich jedoch, sie im Grundbuch ihrem wesentlichen Inhalt nach ausdrücklich einzutragen.[6]

§ 36 Heimfallanspruch

(1) ¹Als Inhalt des Dauerwohnrechts kann vereinbart werden, dass der Berechtigte verpflichtet ist, das Dauerwohnrecht beim Eintritt bestimmter Voraussetzungen auf den Grundstückseigentümer oder einen von diesem zu bezeichnenden Dritten zu übertragen (Heimfallanspruch). ²Der Heimfallanspruch kann nicht von dem Eigentum an dem Grundstück getrennt werden.

(2) Bezieht sich das Dauerwohnrecht auf Räume, die dem Mieterschutz unterliegen, so kann der Eigentümer von dem Heimfallanspruch nur Gebrauch machen, wenn ein Grund vorliegt, aus dem ein Vermieter die Aufhebung des Mietverhältnisses verlangen oder kündigen kann.

(3) Der Heimfallanspruch verjährt in sechs Monaten von dem Zeitpunkt an, in dem der Eigentümer von dem Eintritt der Voraussetzungen Kenntnis erlangt, ohne Rücksicht auf diese Kenntnis in zwei Jahren von dem Eintritt der Voraussetzungen an.

(4) ¹Als Inhalt des Dauerwohnrechts kann vereinbart werden, dass der Eigentümer dem Berechtigten eine Entschädigung zu gewähren hat, wenn er von dem Heimfallanspruch Gebrauch macht. ²Als Inhalt des Dauerwohnrechts können Vereinbarungen über die Berechnung oder Höhe der Entschädigung oder die Art ihrer Zahlung getroffen werden.

A. Der Heimfallanspruch (Abs. 1) 1	B. Beschränkungen der Geltendmachung des Heimfallanspruches (Abs. 2) 14
I. Begriff des Heimfallanspruchs 1	C. Verjährung des Heimfallanspruches (Abs. 3) .. 19
II. Vereinbarung eines Heimfallanspruchs 5	D. Entschädigung beim Heimfall (Abs. 4) 21
III. Voraussetzungen des Heimfallanspruchs 8	
IV. Geltendmachung und Erfüllung des Heimfallanspruchs 10	

Literatur: *Mayer*, Zur Störfallvorsorge beim Dauerwohnrecht: Heimfallanspruch bei Tod des Berechtigten oder Veräußerung des Rechts, DNotZ 2003, 908.

A. Der Heimfallanspruch (Abs. 1)

I. Begriff des Heimfallanspruchs

1 Der Heimfallanspruch ist das **Recht des Eigentümers** von dem Dauerwohnberechtigten beim Eintritt bestimmter Voraussetzungen die Übertragung des Dauerwohnrechts auf sich selbst oder auf einen von ihm benannten Dritten zu verlangen.

2 Der Eintritt der vereinbarten Voraussetzungen bewirkt **kein Erlöschen des Dauerwohnrechts** und keinen **Rechtsübergang kraft Gesetzes**, sondern der Eigentümer muss den Übertragungsanspruch geltend machen und der Dauerwohnberechtigte ihn erfüllen.

---

1 *Pick* in: Bärmann, § 35 Rn 1; Staudinger/*Spiegelberger*, § 35 Rn 1.
2 Riecke/Schmid/*Schmid*, § 35 Rn 1.
3 *Bärmann/Pick*, § 35 Rn 6; *Weitnauer/Mansel*, § 35 Rn 1.
4 *Erman/Grziwotz*, § 12 Rn 1; MüKo-BGB/*Engelhardt*, § 33 Rn 2; MüKo-BGB/*Commichau*, § 12 Rn 4.
5 Palandt/*Bassenge*, § 35 Rn 1; **a.A.** Staudinger/*Spiegelberger*, § 35 Rn 3, wonach die entsprechende Anwendung nach S. 2 sich auch auf § 3 Abs. 2 WGV bezieht.
6 So auch *Weitnauer/Mansel*, § 35 Rn 2, *Bärmann/Pick*, § 35 Rn 4.

Der Heimfallanspruch hat eine **vormerkungsähnliche Wirkung**, indem er auch gegen einen Dauerwohnberechtigten wirkt, der das Dauerwohnrecht nach Eintritt der Heimfallvoraussetzungen[1] – nach a.A. nach Geltendmachung des Anspruchs[2] – erworben hat.

Der Heimfallanspruch ist ein **subjektiv-dingliches Recht**, denn er ist mit dem Eigentum am belasteten Grundstück untrennbar verbunden (Abs. 1 S. 2) und mithin dessen wesentlicher Bestandteil im Sinne von § 96 BGB. Er steht dem jeweiligen Grundstückseigentümer zu und richtet sich gegen den jeweiligen Dauerwohnberechtigten. Über ihn kann nicht selbstständig verfügt werden: Er kann weder abgetreten noch verpfändet (§ 1274 Abs. 2 BGB) oder gepfändet (§ 891 ZPO) werden.

II. Vereinbarung eines Heimfallanspruchs

Der Heimfallanspruch gehört **nicht** zum **notwendigen Inhalt** des Dauerwohnrechts. Fehlt in der Eintragungsbewilligung eine Angabe über die Vereinbarung eines Heimfallanspruches, so hat das Grundbuchamt davon auszugehen, dass ein derartiger Anspruch nicht vereinbart worden ist und darf die Eintragung des Dauerwohnrechts nicht wegen der fehlenden Angabe ablehnen.[3]

Ist hingegen ein Heimfallanspruch als Inhalt des Dauerwohnrechts vereinbart, so sind seine **Voraussetzungen** notwendiger Inhalt des Dauerwohnrechts (§ 32 Abs. 3). Sie sind in der Eintragungsbewilligung anzugeben. Ihr Fehlen führt zur Ablehnung des Eintragungsantrages durch das Grundbuchamt. (Zur Rechtslage, wenn das Grundbuchamt trotz des Fehlens einträgt vgl. § 32 Rn 10.)

Da nach Abs. 1 S. 1 ein Heimfallanspruch nur für den Fall des Eintritts „**bestimmter** Voraussetzungen" vereinbart werden kann, ist die Vereinbarung eines völlig voraussetzungslosen Heimfallanspruches unzulässig und unwirksam, so z.B. wenn das jederzeitige Übertragungsverlangen des Eigentümers Voraussetzung sein soll.[4]

III. Voraussetzungen des Heimfallanspruchs

Die Beteiligten können grundsätzlich die Voraussetzungen, unter denen ein Heimfallanspruch bestehen soll, **frei vereinbaren**. Als Voraussetzungen kommen in erster Linie Umstände in der Person und im Herrschaftsbereich des Dauerwohnberechtigten in Betracht, z.B. Verletzungen der nach § 14 obliegenden Verpflichtungen, Zahlungsverzug, nicht gestattete bauliche Veränderungen, Belastung des Dauerwohnrechts, Zwangsvollstreckung in das Dauerwohnrecht (vgl. Rn 4), Vermietung oder Verpachtung der Räume, Insolvenzeröffnung über das Vermögen des Dauerwohnberechtigten, Tod des Dauerwohnberechtigten (siehe § 33 Rn 6);[5] aber auch Umstände in der Person und im Herrschaftsbereich des Eigentümers, z.B. Tod des Eigentümers, Veräußerung des Grundstücks, Zwangsvollstreckung in das Grundstück.

Die Vereinbarungsfreiheit der Beteiligten findet ihre **Grenze** in den allgemeinen Bestimmungen der §§ 134, 138 BGB. Unwirksam ist daher die Vereinbarung eines Heimfallanspruchs für den Fall der Veräußerung des Dauerwohnrechts, da sie auf eine rechtsmissbräuchliche Umgehung der Veräußerungsbeschränkung des § 35 in den Grenzen des § 12 Abs. 2 hinausläuft.[6]

IV. Geltendmachung und Erfüllung des Heimfallanspruchs

Bei Eintritt der vereinbarten Voraussetzungen kann der Grundstückseigentümer vom Dauerwohnberechtigten die **Übertragung des Dauerwohnrechts** durch Einigung und Eintragung (§ 873 BGB) an sich oder einen von ihm bezeichneten Dritten verlangen; das Verlangen wird durch formfreie empfangsbedürftige Willenserklärung gestellt. Der bezeichnete Dritte erlangt keinen eigenen Anspruch, kann aber vom Eigentümer zur Geltendmachung von dessen Anspruch ermächtigt werden, was bei gerichtlicher Geltendmachung in Prozessstandschaft erfolgt.

Ist die Verletzung einer vertraglichen Pflicht als vereinbarte Voraussetzung eingetreten, so steht der Geltendmachung des Anspruchs nicht entgegen, dass der Dauerwohnberechtigte die Erfüllung dieser **Pflicht nachholt**.[7]

Wird das Dauerwohnrecht auf den Eigentümer übertragen, so wird es als „**Eigentümerwohnrecht**" zum Recht an der eigenen Sache.[8] Die Übertragung des Dauerwohnrechts ändert an der zeitlichen Begrenzung nichts; mit dem Zeitablauf erlischt das Recht des Eigentümers bzw Dritten.

---

1 Staudinger/*Spiegelberger*, § 36 Rn 14; *Mayer*, DNotZ 2003, 908, 928.
2 NK-BGB/*Heinemann*, § 36 Rn 1; *Bärmann/Pick*, § 36 Rn 30.
3 BayObLG 2 Z 10/54, NJW 1954, 959.
4 LG Oldenburg BReg 2 Z 71/78, Rpfleger 1979, 381 zu § 2 Nr. 4 ErbbauVO.
5 OLG Hamm 15 W 286/64, OLGZ 1965, 72 zu § 2 Nr. 4 ErbbauVO.
6 *Bärmann/Pick*, § 36 Rn 68; *Weitnauer/Mansel*, § 36 Rn 8; a.A. NK-BGB/*Heinemann*, § 36 Rn 3; Palandt/*Bassenge*, § 36 Rn 2; *Mayer*, DNotZ 2003, 908.
7 BGH V ZR 271/86, NJW-RR 1988, 715 zu § 2 Nr. 4 ErbbauVO.
8 Palandt/*Bassenge*, § 36 Rn 2; *Weitnauer/Mansel*, § 36 Rn 1.

13 Für die gerichtliche Geltendmachung gelten § 43 und damit auch §§ 23 Nr. 2c, 72 Abs. 2 GVG nicht; die **Zuständigkeit** und der **Rechtsmittelzug** richten sich nach den allgemeinen Vorschriften. Der Klageantrag und das Urteil lauten auf Abgabe der Einigungserklärung nach § 873 BGB und der Eintragungsbewilligung nach § 19 GBO durch den Dauerwohnberechtigten. Diese Erklärungen gelten nach § 894 ZPO mit Rechtskraft des Urteils als abgegeben und das Urteil wahrt die nach § 29 GBO erforderliche Form der Eintragungsbewilligung.

B. Beschränkungen der Geltendmachung des Heimfallanspruches (Abs. 2)

14 Nach Abs. 2 kann der Eigentümer seinen Heimfallanspruch nur geltend machen, wenn ein Grund gegeben ist, aus dem ein Vermieter das **Mietverhältnis über Räume**, die dem Mietschutz unterliegen, aufheben oder kündigen kann. Durch diese Beschränkung soll verhindert werden, dass durch die Bestellung eines Dauerwohnrechts die Kündigungsvorschriften umgangen werden und der Dauerwohnberechtigte schlechter als ein Mieter gestellt wird.

15 Da das Mieterschutzgesetz nicht mehr gilt, ist Abs. 2 dahin zu verstehen, dass auf den Heimfallanspruch die für die Kündigung eines Mietverhältnisses durch den Vermieter geltenden **mietrechtlichen Vorschriften** (z.B. §§ 568 ff. BGB) **entsprechend** anzuwenden sind.[9] Diese Kündigungsvorschriften betreffen im Übrigen nur Wohnräume, unabhängig davon, ob diese frei finanziert, öffentlich gefördert oder steuerbegünstigt sind. Für Geschäfts- und gewerbliche Räume gibt es hingegen keinen Kündigungsschutz.

Wegen näherer Einzelheiten wird auf die zu den angeführten Mieterschutzbestimmungen ergangenen Erläuterungen verwiesen.

16 Die entsprechende Anwendung der Kündigungsvorschriften führt letztlich dazu, dass der Eigentümer den Heimfallanspruch nur geltend machen kann, wenn er ein **berechtigtes Interesse am Heimfall** hat (insbesondere Eigenbedarf oder erhebliche Vertragsverletzungen des Dauerwohnberechtigten) und wenn die Übertragung des Dauerwohnrechts für den widersprechenden Berechtigten oder seine Familie zwar eine Härte bedeuten würde, die aber unter Würdigung der berechtigten Interessen des Eigentümers zu rechtfertigen ist (§ 574 BGB).

17 Durch Abs. 2 wird nicht die Vertragsfreiheit der Beteiligten bei der Vereinbarung von Voraussetzungen für den Heimfallanspruch eingeschränkt, sondern nur seine Geltendmachung durch den Eigentümer. Auch wird durch Abs. 2 **kein Heimfallanspruch kraft Gesetzes** für den Fall geschaffen, dass ein Kündigungsgrund nach dem sozialen Mietrecht vorliegt; ein solcher Grund muss als Voraussetzung des Heimfallanspruches ausdrücklich vereinbart sein.

18 Abs. 2 ist zu Ungunsten des Dauerwohnberechtigten **unabdingbar**, abweichende Vereinbarungen zu seinen Gunsten sind jedoch zulässig.

C. Verjährung des Heimfallanspruches (Abs. 3)

19 Abs. 3 stellt eine **Ausnahme von § 902 Abs. 1 S. 1 BGB** dar, wonach Ansprüche aus einem eingetragenen Recht nicht der Verjährung unterliegen.

20 Der Heimfallanspruch verjährt ohne Rücksicht auf die Kenntnis des Eigentümers von dem Eintritt der Voraussetzungen in **2 Jahren**; die Verjährungsfrist beginnt mit dem Eintritt dieser Voraussetzung. Hat der Eigentümer früher Kenntnis von dem Eintritt der Voraussetzungen des Heimfallanspruchs, beträgt die Verjährungsfrist 6 Monate und beginnt mit dem Zeitpunkt der Erlangung der Kenntnis des Eigentümers. Beruft sich der Dauerwohnberechtigte auf Verjährung, ist er für eine frühere Kenntnis des Eigentümers beweispflichtig.

D. Entschädigung beim Heimfall (Abs. 4)

21 Die Beteiligten können als Inhalt des Dauerwohnrechts die Zahlung einer **Entschädigung** für den Fall der Geltendmachung des Heimfallanspruches vereinbaren; es steht ihnen auch frei, Bestimmungen über die Berechnung der Entschädigung, ihre Höhe und ihre Zahlungsart zu treffen.[10]

22 Im Gegensatz zu § 32 ErbbauVO muss die vereinbarte Höhe der Entschädigung nicht „angemessen" sein. Ist nur eine Vereinbarung über die Entschädigung, nicht aber auch über deren Höhe getroffen, so wird eine angemessene Entschädigung geschuldet.[11]

23 Nur bei **langfristigen Dauerwohnrechten** im Sinne von § 41 Abs. 1 gehört eine Verpflichtung zur Zahlung einer angemessenen Entschädigung zum unabdingbaren gesetzlichen Inhalt des Rechts (§ 41 Abs. 3).

24 Der Entschädigungsanspruch richtet sich gegen den Eigentümer und wird mit Erfüllung des Heimfallanspruchs durch Einigung und Eintragung **fällig**.[12] Vorausverfügungen sind nach allgemeinen Grundsätzen zulässig.[13]

---

9 Bärmann/Pick, § 36 Rn 58; Palandt/Bassenge, § 36 Rn 2; Weitnauer/Mansel, § 36 Rn 6; **a.A.** Mayer, DNotZ 2003, 908, 926.
10 Beispiel in BayObLG 2 Z 20/60, NJW 1960, 2100.
11 Bärmann/Pick, § 36 Rn 94; Palandt/Bassenge, § 36 Rn 3.
12 BGH V ZR 301/88, NJW 1990, 2067 zu § 32 ErbbauVO.
13 BGH V ZR 191/74, NJW 1976, 895 zu § 32 ErbbauVO.

Zwar bleibt es den Beteiligten überlassen, eine Entschädigungspflicht des Eigentümers für den Heimfallanspruch zu 25
vereinbaren oder nicht, in jedem Fall muss aber – im Gegensatz zum Ausschluss des Heimfallrechts – auch der **Ausschluss** einer Entschädigungspflicht in der Eintragungsbewilligung **ausdrücklich** erwähnt werden (§ 32 Abs. 3). Fehlt diese Angabe, obwohl ein Heimfall zum Inhalt des Dauerwohnrechts gemacht ist, so soll das Grundbuchamt die Eintragung des Dauerwohnrechts ablehnen (zur Rechtslage, wenn es gleichwohl einträgt, vgl. § 32 Rn 10).

§ 37 Vermietung

(1) Hat der Dauerwohnberechtigte die dem Dauerwohnrecht unterliegenden Gebäude- oder Grundstücksteile vermietet oder verpachtet, so erlischt das Miet- oder Pachtverhältnis, wenn das Dauerwohnrecht erlischt.

(2) Macht der Eigentümer von seinem Heimfallanspruch Gebrauch, so tritt er oder derjenige, auf den das Dauerwohnrecht zu übertragen ist, in das Miet- oder Pachtverhältnis ein; die Vorschriften der §§ 566 bis 566e des Bürgerlichen Gesetzbuchs gelten entsprechend.

(3) [1]Absatz 2 gilt entsprechend, wenn das Dauerwohnrecht veräußert wird. [2]Wird das Dauerwohnrecht im Wege der Zwangsvollstreckung veräußert, so steht dem Erwerber ein Kündigungsrecht in entsprechender Anwendung des § 57a des Gesetzes über die Zwangsversteigerung und die Zwangsverwaltung zu.

A. Allgemeines	1	D. Veräußerung des Dauerwohnrechts (Abs. 3)		9
B. Erlöschen des Dauerwohnrechts (Abs. 1)	3	I. Rechtsgeschäftliche Veräußerung		9
C. Heimfallanspruch (Abs. 2)	6	II. Veräußerung im Wege der Zwangsvollstreckung		11

Literatur: *Constantin*, Schutz des Eigentümers gegen unberechtigte Vermietung durch den Dauerwohn- oder Dauernutzungsberechtigten nach dem WEG, NJW 1969, 1417.

A. Allgemeines

§ 37 regelt, welchen Einfluss das Erlöschen und die Übertragung des Dauerwohnrechts auf **Miet- und Pachtverträge** 1
hat, die der Dauerwohnberechtigte über die Räume abgeschlossen hat, unterschiedlich.

Nicht anwendbar ist § 37, wenn die Räume **schon bei Begründung** des Dauerwohnrechts vom Eigentümer vermietet 2
oder verpachtet waren. In diesem Fall tritt der Dauerwohnberechtigte für die Zeit seines Dauerwohnrechts in die Verträge nach §§ 567, 581 Abs. 2 BGB ein und für sein Verhältnis zum Mieter gelten die allgemeinen Bestimmungen.[1]

B. Erlöschen des Dauerwohnrechts (Abs. 1)

Erlischt das Dauerwohnrecht durch Zeitablauf, durch Aufgabe oder Aufhebung oder durch Nichtbestehenbleiben in 3
der Zwangsversteigerung (§ 91 ZVG; siehe auch § 39 Rn 1 ff.), so **erlischt** – im Gegensatz zur Vermietung und Verpachtung durch einen Nießbraucher (§ 1056 BGB) oder Erbbauberechtigten (§ 30 Erbbau VO) – das **Miet- und Pachtverhältnis**.

Der Eigentümer hat gegen den nicht mehr zum Besitz berechtigten Mieter oder Pächter sowie denjenigen, dem dieser 4
den Besitz befugt oder unbefugt überlassen hat, den **Herausgabeanspruch** nach § 985 BGB, nicht aber den Rückgabeanspruch gem. § 546 BGB.[2] Der Mieter kann sich dabei nicht auf Kündigungsschutz berufen.

Hat der **Berechtigte** einseitig oder durch Vereinbarung mit dem Eigentümer sein Dauerwohnrecht aufgegeben und 5
erlischt so das Miet- oder Pachtverhältnis vor Ablauf der Zeit, für die es eingegangen wurde, **haftet** er dem Mieter oder Pächter gegenüber nach den Grundsätzen der Rechtsmängelhaftung gemäß § 536 Abs. 3 BGB.[3] Bei einem bewussten Zusammenwirken zwischen Eigentümer und Dauerwohnberechtigten zum Nachteil des Mieters kann gegen den Herausgabeanspruch des Eigentümers eine Einwendung aus § 826 BGB in Betracht kommen.[4]

C. Heimfallanspruch (Abs. 2)

Wird das Dauerwohnrecht aufgrund eines Heimfallanspruchs auf den Eigentümer oder einen Dritten **übertragen**, so 6
treten diese in das bestehende Miet- oder Pachtverhältnis in entsprechender Anwendung der §§ 566–566e, 581 Abs. 2 BGB ein.

---

1 *Bärmann/Pick*, § 37 Rn 6; *Weitnauer/Mansel*, § 37 Rn 7.
2 *Palandt/Bassenge*, § 37 Rn 2.
3 *Bärmann/Pick*, § 37 Rn 8; *Palandt/Bassenge*, § 37 Rn 2; *Weitnauer/Mansel*, § 37 Rn 2.
4 *Bärmann/Pick*, § 37 Rn 17.

7 Der Eigentümer kann zwar nach dem Heimfall das Mietverhältnis nach Abs. 1 dadurch beenden, dass er das Dauerwohnrecht aufhebt,[5] er setzt sich dann aber **Schadensersatzforderungen** des Mieters aus (vgl. oben Rn 5).

8 Erwirbt der Eigentümer das Dauerwohnrecht, **ohne** dass ein **Heimfallanspruch** besteht, so gilt Abs. 3.

D. Veräußerung des Dauerwohnrechts (Abs. 3)
I. Rechtsgeschäftliche Veräußerung

9 Ebenso wie beim Heimfall des Dauerwohnrechts gilt auch beim rechtsgeschäftlichen Erwerb des Dauerwohnrechts der Grundsatz **„Kauf bricht nicht Miete"** des § 566 BGB. Der Erwerber, der auch der Eigentümer sein kann (vgl. oben Rn 8), tritt er an die Stelle des bisherigen Berechtigten in die sich aus dem Miet- oder Pachtverhältnis ergebenden Rechte und Verpflichtungen ein, sofern bei seiner Eintragung als neuer Berechtigter im Grundbuch die vermieteten oder verpachteten Räume bereits dem Mieter oder Pächter überlassen worden waren (vgl. §§ 566–566e BGB).

10 Hat der Veräußerer des Dauerwohnrechts **trotz eines Verbots** oder ohne eine erforderliche Zustimmung des Eigentümers (vgl. § 33 Abs. 4 Nr. 1) einen Miet- oder Pachtvertrag abgeschlossen, wird dadurch die Wirksamkeit dieses Vertrages nicht berührt. Der Erwerber des Dauerwohnrechts tritt auch in diesem Fall in das Mietverhältnis ein.[6] Er ist aber an die zum Inhalt des Dauerwohnrechts gehörende Nutzungsbeschränkung gebunden und der Eigentümer kann von ihm Unterlassung verlangen.[7]

II. Veräußerung im Wege der Zwangsvollstreckung

11 Auch bei Veräußerung im Wege der Zwangsvollstreckung nach §§ 857 Abs. 1, 844 ZPO oder § 1277 BGB oder durch den Insolvenzverwalter tritt der Erwerber in das bestehende Miet- und Pachtverhältnis ein. Er hat aber nach § 57a ZVG ein **außerordentliches Kündigungsrecht** zum ersten zulässigen Termin. Soweit dieses Kündigungsrecht durch die §§ 57c, d ZVG eingeschränkt wird, gelten diese Bestimmungen auch bei einer Zwangsvollstreckungsveräußerung im Sinne dieser Vorschrift, obwohl in § 37 Abs. 3 S. 2 nur der § 57a ZVG erwähnt wird.[8]

---

§ 38   Eintritt in das Rechtsverhältnis

(1) Wird das Dauerwohnrecht veräußert, so tritt der Erwerber an Stelle des Veräußerers in die sich während der Dauer seiner Berechtigung aus dem Rechtsverhältnis zu dem Eigentümer ergebenden Verpflichtungen ein.

(2) ¹Wird das Grundstück veräußert, so tritt der Erwerber an Stelle des Veräußerers in die sich während der Dauer seines Eigentums aus dem Rechtsverhältnis zu dem Dauerwohnberechtigten ergebenden Rechte ein. ²Das Gleiche gilt für den Erwerb aufgrund Zuschlages in der Zwangsversteigerung, wenn das Dauerwohnrecht durch den Zuschlag nicht erlischt.

A. Allgemeines	1	I. Veräußerung des Dauerwohnrechts	9
B. Eintritt in das Rechtsverhältnis	3	II. Veräußerung des Grundstücks	12
C. Umfang der Eintrittswirkung	9	III. Veräußerung im Wege der Zwangsversteigerung	14

A. Allgemeines

1 Die § 566 BGB nachgebildete Vorschrift regelt die **schuldrechtlichen Beziehungen** zwischen dem Erwerber eines Dauerwohnrechts und dem Grundstückseigentümer einerseits und zwischen dem Erwerber eines Grundstücks und dem Dauerwohnberechtigten andererseits **bei Einzelrechtsnachfolge**. Sie gilt entsprechend § 567b BGB auch bei Weiterveräußerung.[1] Da ein Universalrechtsnachfolger (z.B. Erbe) sowohl des Dauerwohnberechtigten als auch des Grundstückseigentümers nicht nur in die dinglichen, sondern auch in die schuldrechtlichen Verpflichtungen seines Rechtsvorgängers eintritt (Wesen der Gesamtrechtsnachfolge), war insoweit eine besondere Regelung im WEG nicht erforderlich.

2 § 38 spricht nicht schlechthin vom Rechtsnachfolger, sondern nur vom „**Erwerber**" des Dauerwohnrechts bzw. des Grundstücks. Daher treten z.B. Pfandgläubiger oder Nießbraucher am Dauerwohnrecht nicht in dessen Verpflichtungen ein.

---

[5] Bärmann/Pick, § 37 Rn 41; Palandt/Bassenge, § 37 Rn 2; Weitnauer/Mansel, § 37 Rn 4; **a.A.** Soergel/Stürmer, § 37 Rn 3; Constantin, NJW 1969, 1417.
[6] Palandt/Bassenge, § 37 Rn 3; Weitnauer/Mansel, § 37 Rn 5.
[7] Weitnauer/Mansel, § 37 Rn 5.
[8] Bärmann/Pick, § 37 Rn 47; Palandt/Bassenge, § 37 Rn 3; Weitnauer/Mansel, § 37 Rn 6.
[1] Bärmann/Pick, § 38 Rn 27.

B. Eintritt in das Rechtsverhältnis

Der Erwerber tritt nach dieser Vorschrift in die sich aus dem schuldrechtlichen Grundvertrag zwischen dem Dauerwohnberechtigten und Grundstückseigentümer ergebenden Rechte und Pflichten ein.[2] Soweit gegenseitige Rechte und Pflichten **gesetzlicher oder vereinbarter Regelungsinhalt** des Dauerwohnrechts sind, ergibt schon die dingliche Wirkung diese Eintrittswirkung des Erwerbers.

Umstritten ist die Frage, ob die Eintrittswirkung des § 38 sich auch auf vereinbarte Rechte und Pflichten erstreckt, die durch Eintragung im Grundbuch hätten verdinglicht werden können (§ 33 Abs. 4, 35, 36, 39, 40 Abs. 2), es aber nicht sind. Da der Gesetzgeber durch § 32 Abs. 3 sogar einen gewissen Zwang zur Verdinglichung derartiger Vereinbarungen vorsieht, ist es sein erkennbarer Wille, den Übergang von Rechten und Pflichten auf den Rechtsnachfolger nach § 38 zu verneinen, wenn sie **nicht verdinglicht** sind.[3]

Wenn das Gesetz in Abs. 1 auch nur von den „Verpflichtungen" und in Abs. 2 nur von den „Rechten" spricht, so geht es davon aus, dass die **dem gegenüberstehenden Rechte** des Dauerwohnberechtigten **bzw. Verpflichtungen** des Grundstückseigentümers regelmäßig zum dinglichen Rechtsinhalt gehören oder gemacht werden können. Sollte dieses im Einzelfall nicht zutreffen, bestehen keine Bedenken, die Eintrittswirkung des Erwerbers auch in solche Rechtsbeziehungen anzunehmen, die sich im Falle des Abs. 1 als „Rechte" und im Falle des Abs. 2 als „Verpflichtungen" darstellen.[4]

Die Eintrittswirkung kann sich aber immer nur auf Vereinbarungen erstrecken, die in einem notwendigen rechtlichen oder wirtschaftlichen **Zusammenhang mit dem Dauerwohnrecht** stehen (vgl. insoweit die Rechtsprechung zu § 566 Abs. 1 BGB).

Für den Eintritt kommt es nicht darauf an, ob der Erwerber **Kenntnis vom Inhalt** der schuldrechtlichen Vereinbarungen hatte oder hätte haben können; sein guter Glaube wird nicht geschützt.[5] Er muss sich beim Eigentümer oder Dauerwohnberechtigten über den aktuellen Stand dieser Vereinbarungen informieren; bei falschen oder unvollständigen Angaben gelten die allgemeinen Haftungsbestimmungen.

Im Hinblick auf eine mögliche Einzelrechtsnachfolge empfiehlt es sich, den an sich **formfreien Vertrag** über die Bestellung des Dauerwohnrechts mit den schuldrechtlichen Vereinbarungen mindestens privatschriftlich zu schließen und für seine Änderung nach § 125 S. 2 BGB zu vereinbaren, dass sie auf die Vertragsurkunde selbst oder auf ein mit diesem zu verbindendes Blatt gesetzt werden. Da diese Abrede jederzeit formfrei aufgehoben werden kann,[6] ist die Sicherung des Erwerbers aber nur unvollkommen.

C. Umfang der Eintrittswirkung

I. Veräußerung des Dauerwohnrechts

Der Erwerber des Dauerwohnrechts übernimmt mit schuldbefreiender Wirkung (§§ 417, 418 BGB) die sich für die Dauer seiner Berechtigung ergebenden **fällig werdenden Verpflichtungen**, also in erster Linie Zahlung des laufenden Entgelts oder sonstige laufende Zahlungen (z.B. Heizungskosten, Grundsteuer usw.). Für Rückstände haftet der Erwerber daher nicht;[7] für sie haftet der Veräußerer weiter.

Der **Veräußerer haftet** aber andererseits auch **nicht** entsprechend § 566 Abs. 2 BGB für die Verpflichtungen seines Rechtsnachfolgers.[8] Möglich ist die schuldrechtliche Vereinbarung einer derartigen Haftung des bisherigen Dauerwohnberechtigten,[9] für die ebenfalls die Eintrittswirkung des § 38 bei einer Veräußerung durch den Erwerber gilt.

Infolge der Schuldübernahme **erlöschen** entsprechend § 418 BGB die für die Forderung bestellten Bürgschaften und Pfandrechte.[10]

II. Veräußerung des Grundstücks

Der Erwerber des Grundstücks hat in erster Linie **Anspruch auf** die laufende **Zahlung des Entgelts**, aber auch nur für die Zukunft und für die Dauer seines Eigentums. Rückstände kann er nicht beanspruchen. Abweichend von §§ 566b,

---

2 BGH V ZR 236/10, NJW-RR 2012, 218.
3 Bärmann/Pick, § 38 Rn 17; Palandt/Bassenge, § 38 Rn 1; Weitnauer/Mansel, § 38 Rn 5; **a.A.** Soergel/Stürmer, § 38 Rn 4; Staudinger/Spiegelberger, § 38 Rn 6; Hoche, NJW 1954, 959.
4 Bärmann/Pick, § 38 Rn 12, 13; Palandt/Bassenge, § 38 Rn 2; Weitnauer/Mansel, § 38 Rn 7; weitergehend Staudinger/Spiegelberger, § 38 Rn 11: Eintritt in die volle Rechtsstellung, da § 38 auch Rechte und Pflichten erfasse, die zum Rechtsinhalt hätten gemacht werden können.
5 Bärmann/Pick, § 38 Rn 25; Palandt/Bassenge, § 38 Rn 1; Weitnauer/Mansel, § 38 Rn 11.
6 Palandt/Heinrichs, § 125 BGB Rn 14.
7 Bärmann/Pick, § 38 Rn 40; Palandt/Bassenge, § 38 Rn 2; Weitnauer/Mansel, § 38 Rn 8.
8 Bärmann/Pick, § 38 Rn 40; Weitnauer/Mansel, § 38 Rn 8.
9 Bärmann/Pick, § 38 Rn 42; Weitnauer/Mansel, § 38 Rn 8.
10 Palandt/Bassenge, § 38 Rn 1; Weitnauer/Mansel, § 38 Rn 8.

566c BGB muss der Erwerber Vorausverfügungen des Veräußerers über das Entgelt für das Dauerwohnrecht gegen sich gelten lassen.[11]

13 Entscheidend für den Eintritt des Erwerbers in die schuldrechtlichen Beziehungen des bisherigen Eigentümers zum Dauerwohnberechtigten ist seine **Eintragung im Grundbuch**; abweichend von § 566 Abs. 1 BGB ist nicht erforderlich, dass die mit dem Dauerwohnrecht belasteten Räume oder Grundstücksteile ihm schon überlassen sind.[12]

III. Veräußerung im Wege der Zwangsversteigerung

14 Die **Eintrittswirkung bei Veräußerung des Dauerwohnrechts** (siehe Rn 9–11) gilt auch bei Veräußerung des Dauerwohnrechts im Wege der Zwangsvollstreckung.[13]

15 Die **Eintrittswirkung bei Veräußerung des Grundstücks** (siehe Rn 12 f.) gilt auch für den Ersteher eines Grundstücks, wenn das Dauerwohnrecht bestehen bleibt und nicht durch Zuschlag erlischt; der Ersteher wird dann trotz nicht rechtsgeschäftlichen Erwerbs bezüglich der Eintrittswirkungen wie ein rechtsgeschäftlicher Erwerber behandelt (§ 38 Abs. 2 S. 2). In der Zwangsversteigerung bleibt das Dauerwohnrecht bestehen, wenn der betreibende Gläubiger dem Dauerwohnberechtigten im Rang nachgeht, wenn eine Vereinbarung nach § 39 über das **Fortbestehen des Dauerwohnrechts** getroffen wurde oder wenn eine Abweichung von den gesetzlichen Bestimmungen des geringsten Gebotes vorliegt (§§ 44, 59, 91 ZVG). Dem Ersteher steht das außerordentliche Kündigungsrecht nach § 57a ZVG nicht zu.[14]

§ 39 Zwangsversteigerung

(1) Als Inhalt des Dauerwohnrechts kann vereinbart werden, dass das Dauerwohnrecht im Falle der Zwangsversteigerung des Grundstücks abweichend von § 44 des Gesetzes über die Zwangsversteigerung und die Zwangsverwaltung auch dann bestehen bleiben soll, wenn der Gläubiger einer dem Dauerwohnrecht im Range vorgehenden oder gleichstehenden Hypothek, Grundschuld, Rentenschuld oder Reallast die Zwangsversteigerung in das Grundstück betreibt.

(2) Eine Vereinbarung gemäß Absatz 1 bedarf zu ihrer Wirksamkeit der Zustimmung derjenigen, denen eine dem Dauerwohnrecht im Range vorgehende oder gleichstehende Hypothek, Grundschuld, Rentenschuld oder Reallast zusteht.

(3) Eine Vereinbarung gemäß Absatz 1 ist nur wirksam für den Fall, dass der Dauerwohnberechtigte im Zeitpunkt der Feststellung der Versteigerungsbedingungen seine fälligen Zahlungsverpflichtungen gegenüber dem Eigentümer erfüllt hat; in Ergänzung einer Vereinbarung nach Absatz 1 kann vereinbart werden, dass das Fortbestehen des Dauerwohnrechts vom Vorliegen weiterer Voraussetzungen abhängig ist.

A. Allgemeines	1	I. Gesetzliche Bedingung	14
B. Voraussetzungen für das Bestehenbleiben	3	II. Vereinbarte Bedingungen	16
I. Vereinbarung	3	D. Berücksichtigung der Vereinbarung in der Zwangsversteigerung	17
II. Gläubigerzustimmung	9	I. Allgemeines	17
III. Eintragung	11	II. Nichtzustimmung aller betroffenen Gläubiger	24
C. Bedingungen für das Bestehenbleiben	14		

A. Allgemeines

1 Da das Dauerwohnrecht als Belastung des Grundstücks im Rangverhältnis des § 879 BGB zu anderen eingetragenen Rechten steht, fällt es nicht in das **geringste Gebot**, wenn ein im Rang vorgehender oder im Rang gleichstehender Gläubiger die Zwangsversteigerung betreibt (§ 44 Abs. 1 ZVG). Es erlischt dann durch Zuschlag (§ 91 ZVG).

2 Der Dauerwohnberechtigte hat damit eine schlechtere Stellung als der Mieter, dessen Recht fortbesteht (§ 57 ZVG) und der durch §§ 573, 574 BGB und durch § 57c ZVG gegen eine Kündigung nach § 57a ZVG weitgehend gesichert ist. Diesem Nachteil des Dauerwohnrechts will § 39 abhelfen, in dem er **Bestandschutz in der Zwangsversteigerung** ermöglicht.

---

11 Bärmann/Pick, § 38 Rn 15; Palandt/Bassenge, § 38 Rn 2; Weitnauer/Mansel, § 38 Rn 9.
12 Palandt/Bassenge, § 38 Rn 2.
13 NK-BGB/Heinemann, § 38 Rn 2; Palandt/Bassenge, § 38 Rn 2.
14 Bärmann/Pick, § 38 Rn 46; Weitnauer/Mansel, § 38 Rn 10.

B. Voraussetzungen für das Bestehenbleiben
I. Vereinbarung

Erforderlich ist zunächst eine materiell-rechtlich **formfreie** Vereinbarung zwischen dem Dauerwohnberechtigten und dem Eigentümer über das Bestehenbleiben des Dauerwohnrechts für den Fall der Zwangsversteigerung durch einen Grundpfand- oder Reallastgläubiger eines im Rang vorgehenden oder gleichstehenden Rechts (Abs. 1). Soweit Gläubiger aus einem dem Dauerwohnrecht im Rang nachgehenden Recht die Zwangsversteigerung betreiben, ist eine Vereinbarung nicht erforderlich, da das Dauerwohnrecht auch ohne sie bestehen bleibt (§§ 44, 52 ZVG). 3

Gegenüber anderen dinglich Berechtigten (z.B. **Nießbraucher, Erbbauberechtigten**) kommt eine Vereinbarung nach § 39 nicht in Betracht, da sie nicht die Zwangsversteigerung des Grundstücks betreiben können. 4

Betreiben **Gläubiger der Rangklasse 1–3** des § 10 Abs. 1 ZVG (öffentliche Lasten, Lasten- und Kostenbeiträge nach §§ 16 Abs. 2, 28 Abs. 2 und 5 WEG, Zwangsverwaltungskosten) die Zwangsversteigerung, so ist die Vereinbarung wirkungslos. Der Dauerwohnberechtigte hat ihnen gegenüber das Ablösungsrecht nach § 268 BGB und kann so sein Recht erhalten.[1] 5

Die Vereinbarung bedarf der **Eintragung im Grundbuch** als Inhalt des Dauerwohnrechts. (Zur Eintragung vgl. Rn 11 ff., § 32 Rn 5 ff.) Dadurch erlangt sie dingliche Wirkung. 6

Regelmäßig wird die Vereinbarung **bei Bestellung** des Dauerwohnrechts getroffen. Sie ist aber auch **nachträglich** als Inhaltsänderung nach §§ 877, 876 BGB möglich. 7

Dritte, die Rechte am Dauerwohnrecht haben (z.B. Pfandgläubiger oder Nießbraucher) müssen einer Vereinbarung **nicht zustimmen**, da ihr Recht nicht berührt wird (§§ 876 S. 2, 877 BGB). Nur einer nachträglichen Änderung der Vereinbarung zu Ungunsten des Dauerwohnrechts oder ihrer Aufhebung müssen sie zustimmen.[2] 8

II. Gläubigerzustimmung

Zur Wirksamkeit der Vereinbarung ist grundsätzlich die Zustimmung aller im Rang **vorgehender oder gleichstehender Grundpfandgläubiger** und Reallastberechtigter erforderlich. Die Zustimmung anderer Berechtigter z.B. aus Abteilung II des Grundbuches ist nicht erforderlich. 9

Sind diese Rechte **mit dem Recht eines Dritten belastet** (Nießbrauch oder Pfandrecht), ist auch deren Zustimmung erforderlich, denn die Zustimmung der Grundpfandgläubiger oder Reallastberechtigten ist eine Verfügung über das belastete Recht.[3] 10

III. Eintragung

Als Inhalt des Dauerwohnrechts ist die Vereinbarung im Grundbuch einzutragen. Wegen des Inhalts der Voraussetzungen, unter denen das Dauerwohnrecht bestehen bleiben soll, kann zwar auf die Eintragungsbewilligung Bezug genommen werden, jedoch bedarf es in der Eintragung selbst eines **Hinweises auf die Vereinbarung**.[4] 11

Auch ist es erforderlich, dass die Zustimmung nach Abs. 2 entsprechend § 18 GBV bei den betroffenen Rechten in Abteilung III des Grundbuches vermerkt wird.[5] 12

Auch vor **Zustimmungserklärung** der Gläubiger kann die Vereinbarung bereits eingetragen werden, da die Zustimmung nur eine Voraussetzung für die Wirksamkeit der Vereinbarung, nicht aber für die Eintragungsfähigkeit ist.[6] 13

C. Bedingungen für das Bestehenbleiben
I. Gesetzliche Bedingung

Nach Abs. 3 Hs. 1 ist die **Vereinbarung über das Fortbestehen** des Dauerwohnrechts nur wirksam, wenn der Berechtigte im Zeitpunkt der Feststellung der Versteigerungsbedingungen – also im Versteigerungstermin, § 66 Abs. 1 ZVG – seine fälligen Zahlungsverpflichtungen gegenüber dem Grundstückseigentümer erfüllt hat. Hierunter fallen insbesondere die Zahlung des laufenden Entgelts; aber auch übernommene Beitragsleistungen zur Instandhaltung und Instandsetzung, zu öffentlichen Lasten usw. Verschulden des Berechtigten an der Nichterfüllung ist nicht Voraussetzung der Unbestimmtheit der Vereinbarung. 14

Diese gesetzliche Bedingung ist **unabdingbar**[7] und vom Versteigerungsgericht von Amts wegen zu prüfen. 15

---

1 *Bärmann/Pick*, 13 § 39 Rn 43; Palandt/*Bassenge*, § 39 Rn 1.
2 BayObLG BReg 2 Z 192/59, Z 1959, 520, 528.
3 *Bärmann/Pick*, § 39 Rn 47; Palandt/*Bassenge*, § 39 Rn 2; Weitnauer/*Mansel*, § 39 Rn 16.
4 *Bärmann/Pick*, § 39 Rn 50; Weitnauer/*Mansel*, § 39 Rn 13; **a.A.** Palandt/*Bassenge*, § 39 Rn 2; Soergel/*Stürmer*, § 39 Rn 3.
5 LG Hildesheim 5 T 427/65, Rpfleger 1966, 116 mit zust. Anmerkung *Riedel*; Bärmann/*Pick*, § 39 Rn 49; Weitnauer/*Mansel*, § 39 Rn 13.
6 OLG Schleswig 2 W 75/61, SchlHA 1962, 146.
7 *Bärmann/Pick*, § 39 Rn 55; Weitnauer/*Mansel*, § 39 Rn 15.

II. Vereinbarte Bedingungen

16 Als Inhalt des Dauerwohnrechts können der Grundstückseigentümer und der Berechtigte **nach freiem Belieben** weitere Bedingungen für das Bestehenbleiben des Dauerwohnrechts vereinbaren. Sie können z.B. vereinbaren, dass an den Ersteher vom Zuschlag an ein höheres Entgelt zu zahlen und hierfür Sicherheit zu leisten ist.

D. Berücksichtigung der Vereinbarung in der Zwangsversteigerung
I. Allgemeines

17 Sind die Voraussetzungen für das Fortbestehen des Dauerwohnrechts alle gegeben, so ist es im geringsten Gebot als **bestehen bleibendes Recht** aufzuführen.

18 Lässt sich hingegen im Versteigerungstermin nicht zweifelsfrei klären, ob alle Bedingungen für das Bestehenbleiben erfüllt sind, ist das Dauerwohnrecht als **bedingtes Recht** (§§ 50, 51 ZVG) in das geringste Gebot aufzunehmen.

19 Stellt sich nachträglich heraus, dass das Dauerwohnrecht **nicht bestehen geblieben** ist, so hat der Ersteher den Betrag, um den sich der Wert des Grundstücks ohne das Dauerwohnrecht erhöht und den das Versteigerungsgericht bei Festsetzung des geringsten Gebots zu bestimmen hatte, zusätzlich zum Bargebot zu zahlen. Der Zuzahlungsbetrag ist vom Zuschlag an zu verzinsen und erst drei Monate nach Kündigung zu zahlen (§ 51 Abs. 1 S. 2 ZVG). Kündigen kann der Berechtigte, dem der Zuzahlungsbetrag zugeteilt ist (§ 125 ZVG) oder dem er als Nächstberechtigter zusteht. Die Kündigung kann erst nach erfolgter Übertragung (§ 125 ZVG) oder im Rahmen der Klage erfolgen.

20 Von Amts wegen hat eine **Zuteilung des Zuzahlungsbetrages** nach § 125 ZVG nur zu erfolgen, wenn spätestens im Verteilungstermin objektiv feststeht, dass das im geringsten Gebot berücksichtigte Dauerwohnrecht nicht besteht.

21 Der Zuzahlungsbetrag ist an die nächst ausfallenden Gläubiger (Berechtigte) in ihrer Reihenfolge laut Teilungsplan zuzuteilen.

22 Der **Streit über das Bestehenbleiben** oder den Fortfall des Dauerwohnrechts ist im Verteilungstermin zu klären.[8]

23 Stellt sich erst nach Beendigung des Verteilungsverfahrens der Fortfall des Rechts heraus, findet keine Nachtragsverteilung und damit keine Übertragung nach § 125 ZVG statt. Der Berechtigte (wer sich für berechtigt hält) ist dann auf den **Klageweg** gegen den Ersteher zu verweisen.

II. Nichtzustimmung aller betroffenen Gläubiger

24 Haben nicht alle im Range vorgehenden oder gleichstehenden Gläubiger der Vereinbarung nach § 39 zugestimmt, so kann das Dauerwohnrecht nur dann im geringsten Gebot als bestehen bleibendes Recht aufgenommen werden, wenn dadurch das Recht des Gläubigers, der nicht zugestimmt hat, nicht beeinträchtigt wird. Dieses ist nur dann der Fall, wenn die Zwangsversteigerung von einem Gläubiger betrieben wird, der dem nicht zustimmenden Gläubiger im Range nachgeht und damit dessen Recht in jedem Fall bestehen bleibt.[9]

§ 40 Haftung des Entgelts

(1) ¹Hypotheken, Grundschulden, Rentenschulden und Reallasten, die dem Dauerwohnrecht im Range vorgehen oder gleichstehen, sowie öffentliche Lasten, die in wiederkehrenden Leistungen bestehen, erstrecken sich auf den Anspruch auf das Entgelt für das Dauerwohnrecht in gleicher Weise wie auf eine Mietforderung, soweit nicht in Absatz 2 etwas Abweichendes bestimmt ist. ²Im Übrigen sind die für Mietforderungen geltenden Vorschriften nicht entsprechend anzuwenden.

(2) ¹Als Inhalt des Dauerwohnrechts kann vereinbart werden, dass Verfügungen über den Anspruch auf das Entgelt, wenn es in wiederkehrenden Leistungen ausbedungen ist, gegenüber dem Gläubiger einer dem Dauerwohnrecht im Range vorgehenden oder gleichstehenden Hypothek, Grundschuld, Rentenschuld oder Reallast wirksam sind. ²Für eine solche Vereinbarung gilt § 39 Abs. 2 entsprechend.

A. Rechtsgrundlage der Vorschrift	1	C. Ausnahmeregelung nach Abs. 1 S. 1	4
B. Grundsatzregelung nach Abs. 1 S. 2	3	D. Vereinbarungen nach Abs. 2	8

A. Rechtsgrundlage der Vorschrift

1 Der Gesetzgeber ist davon ausgegangen, dass es sich bei dem **Entgelt** für das Dauerwohnrecht – unabhängig davon, ob es einmalig oder in wiederkehrenden Leistungen zu erbringen ist – nicht um eine Miet- oder Pachtforderung handelt.

---

[8] *Bärmann/Pick*, § 39 Rn 66; *Weitnauer/Mansel*, § 39 Rn 17. [9] *Bärmann/Pick*, § 39 Rn 69; Palandt/*Bassenge*, § 39 Rn 3.

Die Fragen, ob und inwieweit sich die dingliche Haftung für Grundpfandrechte bei der Vermietung oder Verpachtung des Grundstücks auf das Entgelt erstreckt, ob und inwieweit das Entgelt durch die Zwangsvollstreckung in das unbewegliche Vermögen erfasst wird und ob und inwieweit Vorausverfügungen über das Entgelt gegenüber einem Erwerber wirksam sind (vgl. für Miet- und Pachtzinsen §§ 1123, 1124 BGB), waren daher durch die **Sondervorschrift** des § 40 zu klären.

B. Grundsatzregelung nach Abs. 1 S. 2

Nach dieser Bestimmung sind die für Mietforderungen geltenden Vorschriften auf den Entgeltanspruch grundsätzlich nicht entsprechend anwendbar. Daraus folgt, dass vorbehaltlich einer Ausnahme nach Abs. 1 S. 1 jede **Zahlung des Dauerwohnberechtigten** an den Grundstückseigentümer (§ 566c BGB), auch eine Vorauszahlung (§ 566b BGB) ebenso wie sonstige Verfügungen (Abtretung, Verpfändung), gegenüber rechtsgeschäftlichen Grundstückserwerbern (§ 38 Abs. 2), Erstehern in der Zwangsversteigerung (§§ 57, 57b ZVG), sofern das Dauerwohnrecht aufgrund einer Vereinbarung (§ 39) oder nach § 59 ZVG bestehen bleibt, dem Insolvenzverwalter (§ 110 InsO) und dem Zwangsverwalter (§§ 21 Abs. 2, 148 Abs. 1 ZVG) **wirksam** ist.

C. Ausnahmeregelung nach Abs. 1 S. 1

Ausnahmsweise erstrecken sich **Grundpfandrechte** (Hypotheken, Grund- und Rentenschulden) und Reallasten auf den Anspruch auf das Entgelt für das Dauerwohnrecht – zu dem auch Pflichten nach § 33 Abs. 4 Nr. 2 und 3 gehören[1] – in gleicher Weise wie auf eine Mietforderung, wenn sie dem Dauerwohnrecht **im Range vorgehen oder gleichstehen**. Stehen sie im Range nach dem Dauerwohnrecht, bleibt es bei der Grundsatzregelung des Abs. 1 S. 2 (vgl. Rn 3).

Die Erstreckung nach Satz 1 gilt darüber hinaus auch für **öffentliche Lasten**, die in wiederkehrenden Leistungen bestehen[2] und zwar ohne Rücksicht auf den Rang.

Für die dem Dauerwohnrecht im Range vorgehenden Grundpfandrechte und Reallasten und für öffentliche Lasten gelten daher **die §§ 1123 ff. BGB**. Der Anspruch auf das Entgelt für das Dauerwohnrecht wird in Bezug auf die Haftung gegenüber diesen Gläubigern der Mietforderung gleichgestellt und zwar auch dann, wenn er in einer einmaligen Zahlung besteht. Wird wegen eines solchen Rechts die Zwangsverwaltung angeordnet, erfasst die Beschlagnahme auch den Anspruch auf das Entgelt (§§ 148 Abs. 1 S. 1, 21 Abs. 2 ZVG, 865 ZPO).

Vorausverfügungen über das Entgelt sind gegenüber den Gläubigern und dem Zwangsverwalter nur insoweit wirksam, als sie unter entsprechenden Voraussetzungen über Mietforderungen wirksam wären. Vergleiche hierzu im Einzelnen die Kommentierungen zu §§ 1123, 1124 BGB.

D. Vereinbarungen nach Abs. 2

Abs. 2 eröffnet dem Berechtigten und dem Grundstückseigentümer ausdrücklich die Möglichkeit, als Ausnahme zu Abs. 1 S. 1 durch Einigung und Eintragung mit dinglicher Wirkung zu vereinbaren, dass **Vorausverfügungen** über das Entgelt entgegen § 1124 BGB **wirksam** sind. Eine derartige Vereinbarung ist jedoch nur möglich, wenn das Entgelt in wiederkehrenden Leistungen ausbedungen ist und nur gegenüber Gläubigern von im Rang dem Dauerwohnrecht vorgehenden oder gleichstehenden Grundpfandrechten und Reallasten, nicht jedoch von öffentlichen Lasten. In entsprechender Anwendung von § 39 Abs. 2 ist zur Wirksamkeit die Zustimmung der betroffenen Gläubiger und Reallastberechtigten erforderlich (Abs. 2 S. 2).

Nach Abs. 2 können Vereinbarungen jeder Art über die Wirksamkeit von Vorausverfügungen getroffen werden; sie müssen sich nicht auf die Wirksamkeit schlechthin beschränken, sondern können z.B. **bestimmte Beträge** betreffen.[3]

---

§ 41	Besondere Vorschriften für langfristige Dauerwohnrechte

(1) Für Dauerwohnrechte, die zeitlich unbegrenzt oder für einen Zeitraum von mehr als zehn Jahren eingeräumt sind, gelten die besonderen Vorschriften der Absätze 2 und 3.

(2) Der Eigentümer ist, sofern nicht etwas anderes vereinbart ist, dem Dauerwohnberechtigten gegenüber verpflichtet, eine dem Dauerwohnrecht im Range vorgehende oder gleichstehende Hypothek löschen zu lassen für den Fall, dass sie sich mit dem Eigentum in einer Person vereinigt, und die Eintragung einer entsprechenden Löschungsvormerkung in das Grundbuch zu bewilligen.

---

1 Bärmann/Pick, § 40 Rn 5.
2 Vgl. hierzu das Gesetz vom 9.3.1934, RGBl I S. 181, über die Pfändung von Miet- und Pachtzinsforderungen wegen Ansprüchen aus öffentlichen Grundstückslasten.
3 Bärmann/Pick, § 40 Rn 32, 44; Weitnauer/Mansel, § 40 Rn 12.

(3) Der Eigentümer ist verpflichtet, dem Dauerwohnberechtigten eine angemessene Entschädigung zu gewähren, wenn er von dem Heimfallanspruch Gebrauch macht.

A. Langfristige Dauerwohnrechte (Abs. 1)	1	II. Löschungsvormerkung	12
B. Löschungsverpflichtung des Eigentümers (Abs. 2)	5	C. Entschädigungspflicht des Eigentümers (Abs. 3)	16
I. Löschungsanspruch	5		

A. Langfristige Dauerwohnrechte (Abs. 1)

1 Dauerwohnrechte und auch Dauernutzungsrechte (vgl. § 31 Abs. 3) können auch in der Weise bestellt werden, dass sie zeitlich unbegrenzt oder für einen Zeitraum von mehr als 10 Jahren eingeräumt werden. Da eine Befristung in das Grundbuch einzutragen ist (siehe § 32 Rn 12) und sich aus der Nichteintragung einer Befristung die zeitliche Unbegrenztheit ergibt, braucht die Langfristigkeit **nicht besonders eingetragen** zu werden.[1]

2 Derartig langfristige Rechte werden regelmäßig vereinbart, wenn der Berechtigte erhebliche Baukostenzuschüsse leistet oder anteilsmäßig die Finanzierung des Baues einschließlich der Tilgung und Verzinsung des Fremdkapitals sowie der Bewirtschaftungskosten übernimmt. Er erhält dann kein mietähnliches Benutzungsrecht, sondern wird wirtschaftlich einem Eigentümer gleichgestellt. Für derartige Rechte mit **„eigentumsähnlichem Charakter"** hat der Gesetzgeber die Sondervorschriften in Abs. 2 und Abs. 3 erlassen.

3 Als **„langfristig"** im Sinne dieser Vorschrift gilt ein auf kurze Zeit bestelltes Dauerwohnrecht dann, wenn es vor Ablauf so verlängert wird, dass vom Zeitpunkt der Verlängerung an die vereinbarte Laufzeit noch mehr als 10 Jahre beträgt.[2] Ein Dauerwohnrecht mit ungewissem Endtermin (z.B. Tod des Berechtigten) ist zeitlich begrenzt; nach Ablauf von 10 Jahren gilt § 41.[3]

4 Entsteht vor Ablauf der vereinbarten Laufzeit ein **Heimfallanspruch** (z.B. Tod des Eigentümers oder des Dauerwohnberechtigten), so ist dies für die Anwendung des § 41 unbeachtlich.[4]

B. Löschungsverpflichtung des Eigentümers (Abs. 2)

I. Löschungsanspruch

5 Da aus den finanziellen Leistungen des Berechtigten die Zinsen und Tilgungen des aufgenommenen Fremdkapitals erbracht werden, entspricht es regelmäßig der Interessenlage, dass er auch die Vorteile aus der fortschreitenden Tilgung genießt und mit seinem Recht in die erste Rangstelle im Grundbuch aufrückt.

6 Abs. 2 gibt daher dem Dauerwohnberechtigten gegen den Eigentümer einen Anspruch darauf, dass dieser auf durch Vereinigung der Hypothek mit dem Eigentum entstandene **Eigentümergrundschulden** (vgl. Rn 9 f.) verzichtet und sie löschen lässt.

7 Die Löschungspflicht des Grundstückseigentümers besteht kraft Gesetzes. Sie gehört damit zum **dinglichen Inhalt** des langfristigen Dauerwohnrechts und geht daher ebenso auf den Rechtsnachfolger des Grundstückseigentümers über wie der Löschungsanspruch auf den Erwerber des Dauerwohnrechts.[5]

8 Wenn auch das Gesetz in Abs. 2 nur von der Löschung einer **„Hypothek"** spricht, so gilt die Verpflichtung auch gegenüber Grund- und Rentenschulden bei Vereinigung mit dem Eigentum, z.B. infolge Ablösung.[6]

9 Der Löschungsanspruch besteht nur bei **ursprünglichen Fremdpfandrechten**, die später zu Eigentümergrundschulden geworden sind. Abs. 2 gilt daher nicht bei Eigentümergrundschulden, die von vornherein als solche eingetragen worden sind (§ 1196 BGB), bei so genannten „Eigentümerhypotheken" (§§ 1143, 1173, 1177 Abs. 2 BGB) und auch nicht bei Eigentümergrundschulden, die nur deshalb bestehen, weil die durch eine Hypothek zu sichernde Forderung nicht entstanden ist (§ 1163 Abs. 1 S. 1 BGB) oder der Brief dem Gläubiger nicht übergeben wurde (§ 1163 Abs. 2 BGB).[7]

10 Die Vorschrift des Abs. 2 umfasst hingegen neben den **Fällen des Übergangs** der Grundpfandrechte durch Erlöschen der Forderung (§ 1163 Abs. 1 S. 2 BGB) auch den Übergang durch Gläubigerverzicht (§ 1168 Abs. 1 BGB), Gläubigerausschluss (§§ 1170 Abs. 2 S. 1, 1171 Abs. 2 S. 1 BGB), das Ersatzgrundpfandrecht (§ 1182 S. 1 BGB) und den Erwerb der Zwangs- und Arresthypothek nach §§ 868, 932 ZPO.[8]

---

1 Staudinger/*Spiegelberger*, § 41 Rn 3; *Weitnauer/Mansel*, § 32 Rn 5; **a.A.** NK-BGB/*Heinemann*, § 41 Rn 1; *Bärmann/Pick*, § 41 Rn 3.
2 *Bärmann/Pick*, § 41 Rn 3; Palandt/*Bassenge*, § 41 Rn 1.
3 Palandt/*Bassenge*, § 41 Rn 1.
4 *Bärmann/Pick*, § 41 Rn 4.
5 *Bärmann/Pick*, § 41 Rn 11; Palandt/*Bassenge*, § 41 Rn 2.
6 *Bärmann/Pick*, § 41 Rn 12; Palandt/*Bassenge*, § 41 Rn 2; *Weitnauer/Mansel*, § 41 Rn 2.
7 *Bärmann/Pick*, § 41 Rn 13; **a.A.** NK-BGB/*Heinemann*, § 41 Rn 2 für §§ 1143, 1173, 1177 Abs. 2 BGB.
8 NK-BGB/*Heinemann*, § 41 Rn 2; *Bärmann/Pick*, § 41 Rn 13.

Wie sich aus dem Gesetzeswortlaut ergibt, ist der Löschungsanspruch **abdingbar**. Da er gesetzlicher Inhalt des langfristigen Dauerwohnrechts ist, bedürfen derartige abweichende Vereinbarungen der Eintragung im Grundbuch, um gegenüber Rechtsnachfolgern wirksam zu sein.[9]

II. Löschungsvormerkung

Der Löschungsanspruch des Berechtigten gegen den Eigentümer erstreckt als dinglicher Inhalt des langfristigen Dauerwohnrechts seine Wirkungen nur auf die beiderseitigen Rechtsnachfolger. Er entfaltet **keine Wirkung gegenüber Erwerbern** der auf den Eigentümer als Eigentümergrundschulden übergegangenen Grundpfandrechte.

Um auch gegenüber diesen Dritten ähnliche Wirkungen zu erzielen, gibt Abs. 2 dem Berechtigten gegenüber dem Eigentümer in Anlehnung an § 1179 BGB einen Anspruch auf Bewilligung der Eintragung einer Vormerkung zur Sicherung dieses Löschungsanspruchs bei den im Range vorgehenden oder gleichstehenden Grundpfandrechten. Nur wenn eine derartige Vormerkung im Grundbuch eingetragen ist, ist der Dauerwohnberechtigte gegen **Verfügungen des Eigentümers** über die Eigentümergrundschuld geschützt. Verfügungen sind ihm dann gegenüber relativ unwirksam (§ 883 Abs. 2 BGB) und er hat gegenüber dem Dritten den Anspruch aus § 888 BGB.

Die Vormerkung schützt den Berechtigten hingegen nicht gegen **Verfügungen des** noch im Grundbuch eingetragenen **Grundpfandrechtsgläubigers** gegenüber einem gutgläubigen Erwerber des Grundpfandrechts, nachdem es bereits Eigentümergrundschuld geworden ist.[10]

Das Dauerwohnrecht selbst hat dagegen **nicht schon kraft Gesetzes** die Wirkung einer solchen Löschungsvormerkung.[11]

C. Entschädigungspflicht des Eigentümers (Abs. 3)

Beim **Heimfall** langfristiger Dauerwohnrechte hat der Berechtigte nach Abs. 3 in Anlehnung an § 32 Abs. 1 ErbbauVO einen dem Grunde nach unabdingbaren[12] Anspruch auf Zahlung einer angemessenen Entschädigung.

Dieser Entschädigungsanspruch ist **gesetzlicher Inhalt** langfristiger Dauerwohnrechte und braucht daher nicht im Grundbuch eingetragen zu werden.[13]

Vereinbarungen über die Höhe der Entschädigung, ihre Berechnung und die Art der Zahlungen können als Inhalt des Dauerwohnrechts vereinbart werden (vgl. § 36 Abs. 4 S. 2) und erlangen durch Eintragung im Grundbuch dingliche Wirkung. Das Grundbuchamt prüft nicht die **Angemessenheit** der vereinbarten Entschädigung; darüber entscheidet im Streitfall das Prozessgericht.[14]

Über die Angemessenheit der Entschädigung enthält das Gesetz keine Vorschriften. Bei der **Berechnung** der Entschädigung ist aber mindestens alles zu berücksichtigen, was der Berechtigte zur Tilgung von Belastungen und zur Finanzierung der Baukosten beigetragen hat, wobei eine Entschädigung für die Dauer seiner Benutzung abzuziehen wäre. Zu berücksichtigen sind auch Werterhöhung durch Veränderungen oder Verbesserungen der Wohnungen, Ersatzansprüche des Eigentümers für nicht genehmigte Umbauten und der Zustand der Räume.[15] Die angemessene Entschädigung kann auch Null sein, z.B. wenn das vereinbarte Entgelt nach Art einer angemessenen Miete berechnet ist.[16]

§ 42 Belastung eines Erbbaurechts

(1) Die Vorschriften der §§ 31 bis 41 gelten für die Belastung eines Erbbaurechts mit einem Dauerwohnrecht entsprechend.
(2) Beim Heimfall des Erbbaurechts bleibt das Dauerwohnrecht bestehen.

A. Zweck der Vorschrift 1	C. Heimfall des Erbbaurechts (Abs. 2) 4
B. Entsprechende Anwendung der §§ 31–41 (Abs. 1) 3	D. Erlöschen des Erbbaurechts 7

---

9 Bärmann/Pick, § 41 Rn 11; Palandt/Bassenge, § 41 Rn 2.
10 Bärmann/Pick, § 41 Rn 14.
11 Bärmann/Pick, § 41 Rn 14; Palandt/Bassenge, § 41 Rn 2; Weitnauer/Mansel, § 41 Rn 2.
12 BGH V ZR 99/57, NJW 1958, 1289.
13 NK-BGB/Heinemann, § 41 Rn 3.
14 NK-BGB/Heinemann, § 41 Rn 3; Palandt/Bassenge, § 41 Rn 3; Weitnauer/Mansel, § 41 Rn 3.
15 Palandt/Bassenge, § 41 Rn 3.
16 Bärmann/Pick, § 41 Rn 26; Weitnauer/Mansel, § 41 Rn 3.

A. Zweck der Vorschrift

1 Da sich die Belastung eines **Erbbaurechts** mit einem Dauerwohnrecht bereits aus § 11 Abs. 1 ErbbauVO ergibt, will § 42 nur zweifelsfrei klarstellen, dass für das Dauerwohnrecht am Erbbaurecht die gleichen Vorschriften gelten wie für ein Dauerwohnrecht am Grundstück.

2 Ebenso wie am **Wohnungseigentum** und am Teileigentum Dauerwohnrechte bzw. Dauernutzungsrechte bestellt werden können (vgl. § 31 Rn 14), können diese auch am **Wohnungserbbaurecht** und am Teilerbbaurecht begründet werden.[1]

B. Entsprechende Anwendung der §§ 31–41 (Abs. 1)

3 Die Vorschriften der §§ 31–41 sind **mit der Maßgabe** anzuwenden, dass „Erbbaurecht" an die Stelle von „Grundstück" und „Erbbauberechtigter" an die Stelle von „Eigentümer (bzw. Grundstückseigentümer)" treten. Ein außerhalb des Gebäudes liegender Grundstücksteil i.S.v. § 31 Abs. 1 S. 2 ist die Fläche, auf die sich das Erbbaurecht nach § 1 Abs. 2 ErbbauVO erstreckt.[2]

C. Heimfall des Erbbaurechts (Abs. 2)

4 Entgegen § 33 Abs. 1 S. 3 ErbbauVO bestimmt Abs. 2, dass das **Dauerwohnrecht** beim Heimfall des Erbbaurechts nicht erlischt, sondern am Eigentümererbbaurecht **bestehen bleibt**. Der Grundstückseigentümer oder der von ihm bezeichnete Dritte treten mit dem Heimfall an Stelle des bisherigen Erbbauberechtigten in alle Rechte und Pflichten gegenüber dem Dauerwohnberechtigten ein.

5 Die Belastung eines Erbbaurechts mit einem Dauerwohnrecht kann im Falle des Heimfalls zu einer **wirtschaftlichen Belastung** des Grundstückseigentümers führen, da er für die Bestellungsdauer des Dauerwohnrechts nicht über die belasteten Räume verfügen kann. Dieser Nachteil kann zwar über die Entschädigungspflicht nach § 32 ErbbauVO ausgeglichen werden, aber nur für den Fall, dass sie überhaupt besteht und nicht ausgeschlossen ist (§ 32 Abs. 1 S. 2 letzter Hs. ErbbauVO).

6 Zwar bestimmt § 42 Abs. 2, dass das Dauerwohnrecht entgegen § 33 Abs. 3 ErbbauVO beim Heimfall bestehen bleibt, trifft aber keine Regelung, dass die **Zustimmung des Grundstückseigentümers** zur Belastung des Erbbaurechts mit einem Dauerwohnrecht mit dinglicher Wirkung als Inhalt des Erbbaurechts vereinbart werden kann (vgl. § 5 Abs. 2 ErbbauVO für die Belastung mit einer Hypothek, Grund- oder Rentenschuld oder Reallast). Das OLG Stuttgart[3] und das LG Osnabrück[4] sehen hierin eine echte Gesetzeslücke und bejahen in analoger Anwendung des § 5 Abs. 2 ErbbauVO die Zulässigkeit einer Vereinbarung über die Zustimmung des Grundstückseigentümers zur Belastung des Erbbaurechts mit einem Dauerwohnrecht.[5]

D. Erlöschen des Erbbaurechts

7 Mit dem Erlöschen des Erbbaurechts erlischt im Gegensatz zum bloßen Heimfall in jedem Fall **auch das Dauerwohnrecht**. Die für Miet- und Pachtverträge geltende Sonderregelung aus § 30 ErbbauVO findet auf das Dauerwohnrecht keine Anwendung.

---

1 *Bärmann/Pick*, § 42 Rn 1a; Palandt/*Bassenge*, § 42 Rn 1.
2 Palandt/*Bassenge*, § 42 Rn 1.
3 OLG Stuttgart NJW 1959, 979.
4 LG Osnabrück JurBüro 1971, 455.
5 Ebenso NK-BGB/*Heinemann*, § 42 Rn 2; Palandt/*Bassenge*, § 42 Rn 1; Soergel/*Stürmer*, § 42 Rn 1; **a.A.** *Bärmann/Pick*, § 42 Rn 10; *Weitnauer/Mansel*, § 42 Rn 4.

III. Teil: Verfahrensvorschriften

§ 43 Zuständigkeit

Das Gericht, in dessen Bezirk das Grundstück liegt, ist ausschließlich zuständig für
1. Streitigkeiten über die sich aus der Gemeinschaft der Wohnungseigentümer und aus der Verwaltung des gemeinschaftlichen Eigentums ergebenden Rechte und Pflichten der Wohnungseigentümer untereinander;
2. Streitigkeiten über die Rechte und Pflichten zwischen der Gemeinschaft der Wohnungseigentümer und Wohnungseigentümern;
3. Streitigkeiten über die Rechte und Pflichten des Verwalters bei der Verwaltung des gemeinschaftlichen Eigentums;
4. Streitigkeiten über die Gültigkeit von Beschlüssen der Wohnungseigentümer;
5. Klagen Dritter, die sich gegen die Gemeinschaft der Wohnungseigentümer oder gegen Wohnungseigentümer richten und sich auf das gemeinschaftliche Eigentum, seine Verwaltung oder das Sondereigentum beziehen;
6. Mahnverfahren, wenn die Gemeinschaft der Wohnungseigentümer Antragstellerin ist. ²Insoweit ist § 689 Abs. 2 der Zivilprozessordnung nicht anzuwenden.

A. Gesetzesmaterialien	1	K. Streitigkeiten mit dem Verwalter (§ 43 Nr. 3)	71
B. Zivilprozessverfahren	2	I. Grundsatz	72
C. Internationale Zuständigkeit	5	II. Klagebefugnis	78
D. Ausschließliche örtliche Zuständigkeit	7	III. Rechtsschutzbedürfnis	81
E. Sachliche Zuständigkeit	10	L. Entscheidung über die Gültigkeit von Beschlüssen (§ 43 Nr. 4)	84
F. Schiedsgerichtsvereinbarung	13	I. Anwendungsbereich	85
G. Schlichtungsverfahren nach § 15a EGZPO	17	II. Beschlussfeststellungsklage	88
H. Rechtsmittel	24	III. Klage auf Feststellung des Beschlussinhalts	90
I. Berufung	24	IV. Anfechtung von Negativbeschlüssen	94
II. Wert des Beschwerdegegenstands	26	M. Klagen Dritter (§ 43 Nr. 5)	102
1. Nebenforderungen und Kosten	27	N. Mahnverfahren (§ 43 Nr. 6)	109
2. Beschlussanfechtungsklagen	28	O. Eigentümerwechsel	112
3. Klagehäufung	37	P. Einstweiliger Rechtsschutz	121
III. Sofortige Beschwerde	38	I. Verfügungsanspruch	122
IV. Rechtsbeschwerde	40	II. Verfügungsgrund	123
V. Berufungs- und Beschwerdegericht	42	III. Glaubhaftmachung	124
VI. Berufungsfrist	48	IV. Antrag	125
VII. Revision	50	V. Widerspruch	126
VIII. Anschlussrechtsmittel	51	VI. Antrag auf Klageerhebung	127
I. Streitigkeiten der Wohnungseigentümer untereinander (§ 43 Nr. 1)	52	VII. Sofortige Beschwerde	128
I. Anwendungsbereich	52	VIII. Berufung	129
II. Klagebefugnis	66	IX. Arrest	130
J. Streitigkeiten der Wohnungseigentümer mit der Gemeinschaft (§ 43 Nr. 2)	67		

Literatur *Briesemeister*, Das Rechtsmittelverfahren in Wohnungseigentumssachen, ZWE 2007, 77; *ders.*, Korrigenda zur WEG-Reform, NZM 2007, 345; *Gottschalg*, Das neue Verfahrensrecht: Erkenntnisverfahren, ZWE 2007, 71; *Wenzel*, Der Negativbeschluss und seine rechtlichen Folgen, ZMR 2005, 413; *ders.*, Die Verfolgung von Beseitigungsansprüchen durch die Wohnungseigentümergemeinschaft, NZM 2006, 321.

Literatur zu Rn 13: F. Schiedsgerichtsvereinbarung *Elzer*, Schiedsvereinbarungen im Wohnungseigentumsrecht: Ein Update, ZWE 2010, 442.

Literatur zu Rn 121: P. Einstweiliger Rechtsschutz *Abramenko*, Der einstweilige Rechtsschutz in Wohnungseigentumssachen, ZMR 2010, 329; *Klimesch*, Wenn jede Minute zählt – einstweilige Verfügungen im Wohnungseigentumsrecht, ZMR 2010, 427.

A. Gesetzesmaterialien

Begründung Regierungsentwurf: (BT-Drucks 16/887 S. 35); Stellungnahme Bundesrat (BT-Drucks 16/887 S. 51 ff); Gegenäußerung der Bundesregierung (BT-Drucks 16/887 S. 72); Beschlussempfehlung Rechtsausschuss (BT-Drucks 16/3843 S. 54). **1**

B. Zivilprozessverfahren

Vor der **WEG-Novelle 2007** waren gemäß § 43 Abs. 1 a.F. für die dort aufgezählten Verfahren die Gerichte der freiwilligen Gerichtsbarkeit zuständig. Ob ein Verfahren unter den Katalog des § 43 fällt, hat jetzt nur noch Bedeutung für **2** die örtliche und sachliche Zuständigkeit und nicht mehr für Abgrenzung von Prozessgericht und Gericht der freiwilligen Gerichtsbarkeit. Die Gerichte entscheiden in Wohnungseigentumssachen nach den Vorschriften der ZPO, wobei die Sonderregelungen der §§ 44 bis 50 WEG für das gerichtliche Verfahren zu beachten sind. Nach der Übergangsvorschrift des § 62 Abs. 1 sind für die am 1.7.2007 bei Gericht anhängigen Verfahren in Wohnungseigentumssachen die Verfahrensvorschriften in ihrer bis dahin geltenden Fassung weiter anzuwenden.

3 Die wesentlichen Unterschiede zum früheren Verfahren bestehen darin, dass
- das Gericht gemäß den §§ 330 ff. ZPO durch **Versäumnisurteil** entscheiden kann,
- die Vorschriften über die **Zurückweisung verspäteten Vorbringens** (§§ 273, 275–277, 282, 296 ZPO) gelten,
- die Vorschriften über Beweisantritte (§§ 371, 373, 403, 420 ZPO) und Auslagenvorschüsse (§ 379 ZPO), den Beweismittelverzicht, die Beweismittelauswahl durch Beteiligte (§ 404 Abs. 4 ZPO) und das bindende Anerkenntnis über die Echtheit von Privaturkunden Anwendung finden. Die Durchführung einer Beweisaufnahme kann nunmehr von der Einzahlung eines Vorschusses abhängig gemacht werden. Die Parteivernehmung gemäß § 448 ZPO setzt jetzt voraus, dass bereits eine gewisse Wahrscheinlichkeit für die Richtigkeit der Behauptungen besteht,
- der **einstweilige Rechtsschutz** durch einstweilige Verfügung (§§ 935 ff. ZPO) oder Arrest (§§ 916 ff. ZPO) und nicht mehr durch eine einstweilige Anordnung erfolgt,
- **gesetzliche Einlassungs- und Ladungsfristen** zu beachten sind,
- die Vorschriften für die Form und den Umfang des **Sitzungsprotokolls** (§§ 162, 160 ZPO) zu beachten sind, insbesondere Anträge und Erklärungen in die Sitzungsniederschrift aufzunehmen sind,
- die **Rechtsmittel** nunmehr Berufung und Revision sind.

4 Aufgrund der Verweisung in **§ 30 Abs. 3 S. 2** finden die §§ 43 ff. entsprechende Anwendung auf die Streitigkeiten von Wohnungserbbauberechtigten.

C. Internationale Zuständigkeit

5 Nach dem allgemeinen deutschen Verfahrensrecht ist das nach § 43 örtlich zuständige Gericht im Zweifel auch international für Klagen gegen den im Ausland wohnenden Eigentümer und umgekehrt für dessen Klagen, die unter § 43 fallen, zuständig.

6 Eine spezielle Regelung enthält die EuGVVO. Gemäß Art. 2 EuGVVO ist grundsätzlich die internationale Zuständigkeit der Gerichte des Staates gegeben, in dem sich der Wohnsitz der in Anspruch genommenen Person befindet. Ohne Rücksicht auf den Wohnsitz sind nach Art. 22 Nr. 1 EuGVVO für Verfahren, welche dingliche Rechte an unbeweglichen Sachen zum Gegenstand haben, die Gerichte des Staates zuständig, in dem die unbewegliche Sache belegen ist. Ob darunter auch schuldrechtliche Ansprüche wie Beitragsforderungen fallen, ist streitig, kann aber dahingestellt bleiben, weil die deutschen Gerichte für einen Zahlungsanspruch einer deutschen Wohnungseigentümergemeinschaft gegen einen im Ausland wohnenden Eigentümer jedenfalls gemäß Art. 5 Nr. 1a EuGVVO (Erfüllungsort) international zuständig sind.[1]

D. Ausschließliche örtliche Zuständigkeit

7 § 43 bestimmt für die Verfahren nach § 43 Nr. 1–6 das Gericht als ausschließlich örtlich zuständig, in dessen Bezirk das Grundstück liegt. Auch für Klagen Dritter gemäß § 43 Nr. 5 (früher § 29b ZPO) bleibt es beim ausschließlichen Gerichtsstand am Ort der Anlage.

8 Die örtliche Zuständigkeit ist Verfahrensvoraussetzung. Wird bei einem örtlich unzuständigen Gericht Klage erhoben, so hat das Gericht darauf hinzuweisen und die Klage gemäß § 281 ZPO auf Antrag des Klägers an das örtlich zuständige Gericht zu verweisen. Wird die Verweisung nicht beantragt, so ist die Klage als unzulässig abzuweisen.

9 Da das Gesetz den Gerichtsstand ausdrücklich als ausschließlichen bezeichnet, verdrängt er im Falle der Konkurrenz einen nicht ausschließlichen Gerichtsstand und es ist gemäß § 40 Abs. 2 S. 1 Nr. 2, S. 2 ZPO die Begründung der Zuständigkeit durch Prorogation (§ 38 ZPO) oder durch rügelose Einlassung (§ 39 ZPO) ausgeschlossen so dass die Klage zulässig nur zum Gericht des ausschließlichen Gerichtsstandes erhoben werden kann.[2] (Zur Wahrung der Antragsfrist des § 46 Abs. 1 S. 2 bei rechtzeitiger Einreichung der Anfechtungsklage bei einem örtlich unzuständigen Gericht siehe § 46 Rn 62.)

---

1 OLG Stuttgart 8 W 411/04, NZM 2005, 430 m. Nachw. zum Meinungsstand.

2 Vgl. etwa Zöller/*Vollkommer*, § 12 ZPO Rn 8.

E. Sachliche Zuständigkeit

Die vom Streitwert unabhängige ausschließliche sachliche Zuständigkeit der Amtsgerichte für die Streitigkeiten nach § 43 Nr. 1–4 und Nr. 6 (Binnenstreitigkeiten) ergibt sich aus § 23 Nr. 2 Buchstabe c) GVG.

Für Klagen Dritter gemäß **§ 43 Nr. 5** (früher § 29b ZPO) richtet sich die sachliche Zuständigkeit dagegen wie bisher nach den allgemeinen Vorschriften (vgl. die §§ 23 Nr. 1, 71 Abs. 1 GVG). Danach ist für diese Streitigkeiten die erstinstanzliche Zuständigkeit des Landgerichts gegeben, sofern es sich um Streitigkeiten handelt, deren Gegenstand an Geld oder Geldeswert die Summe von 5.000 EUR übersteigt.

Streiten sich das für einen allgemeinen Zivilprozess zuständige Landgericht und das nach § 43 zuständige Amtsgericht über die sachliche Zuständigkeit, bestimmt das Oberlandesgericht nach § 36 Abs. 1 Nr. 6 ZPO das zuständige Gericht.[3] Ist die gegen mehrere **Streitgenossen** gerichtete Klage für einen Teil der Streitgenossen (Wohnungseigentümer) eine zur Zuständigkeit des Amtsgerichts gehörende Wohnungseigentumssache, während für andere Streitgenossen (Mieter, Pächter) die sachliche Zuständigkeit des Landgerichts begründet ist, liegen die Voraussetzungen für die Bestimmung des zuständigen Gerichts nach § 36 Abs. 1 Nr. 3 ZPO vor.[4] § 36 Abs. 1 Nr. 3 ZPO erfasst neben der örtlichen auch die sachliche Zuständigkeit und kommt auch zur Anwendung, wenn eines der in Betracht kommenden Gerichte ausschließlich zuständig ist.[5] Ebenfalls unschädlich ist, dass Klagen verbunden werden, für die bei isolierter Betrachtung unterschiedliche Rechtsmittelzuständigkeiten bestehen.[6] Liegt ein einheitlicher Streitgegenstand vor und wird als gemeinsame Gericht das Amtsgericht bestimmt, richtet sich die Zuständigkeit innerhalb des Amtsgerichts allein nach dessen Geschäftsverteilungsplan.[7] Für WEG-Verfahren hat das Gesetz – im Unterschied etwa zu den Familiensachen (vgl. § 23b GVG) – keine besonderen Spruchkörper („Abteilungen") angeordnet, weshalb durch das übergeordnete Gericht nicht bestimmt wird, dass für eine Klage innerhalb des Amtsgerichts die Abteilung für Wohnungseigentumssachen zuständig ist.[8]

F. Schiedsgerichtsvereinbarung

Für Wohnungseigentumssachen ist eine Schiedsvereinbarung (§ 1029 ZPO) zulässig, soweit der Gegenstand, auf den sie sich bezieht, durch Vergleich geregelt werden kann (*OLG Zweibrücken* 3 W 192/85, ZMR 1986, 64). Für eine solche Vereinbarung gelten die **§§ 1025–1066 ZPO.** Sie kann im Grundbuch als Inhalt des Sondereigentums eingetragen werden und wirkt dann auch gegen Sonderrechtsnachfolger (§ 10 Abs. 3). Das Schiedsgericht entscheidet anstelle des staatlichen Gerichts endgültig. Eine Aufhebung des Schiedsspruchs ist nur unter engen Voraussetzungen möglich (§ 1059 ZPO). Eine Klage ist als unzulässig abzuweisen, wenn sich der Beklagte auf den Schiedsvertrag beruft (§ 1032 ZPO). Die Formvorschriften des § 1031 ZPO sind gewahrt, wenn die Schiedsgerichtsvereinbarung in der Teilungserklärung enthalten ist. Für gerichtliche Entscheidungen im Zusammenhang mit dem schiedsrichterlichen Verfahren (z.B. für die Aufhebung des Schiedsspruchs nach § 1059 ZPO) ist das OLG zuständig, in dessen Bezirk der Ort des schiedsrichterlichen Verfahrens liegt, sofern nichts anderes vereinbart ist (§ 1062 ZPO).[9]

Führt die Vereinbarung einer Schiedsklausel dazu, dass einer von der Rechtskraftwirkung eines stattgebenden Schiedsspruchs betroffene Partei der ihr notwendige Rechtsschutz entzogen wird, ist die Schiedsvereinbarung mit den guten Sitten unvereinbar und daher nach § 138 BGB nichtig.[10] Dies ist der Fall, wenn für Beschlussanfechtungsklagen die von § 47 S. 1 geforderte Zuständigkeitskonzentration bei einem Schiedsgericht nicht gewährleistet wird.[11]

Die Schiedsgerichtsvereinbarung unterscheidet sich vom **Schiedsgutachtenvertrag,** durch den die Beteiligten vereinbaren, dass entscheidungserhebliche Tatsachen von einem Schiedsgutachter festzustellen sind. Er hat zur Folge, dass das Gericht die Tatsachen nicht selbst feststellen darf und für seine Entscheidung in den Grenzen der §§ 317–319 BGB an die Feststellungen des Schiedsgutachters gebunden ist. Solange der Schiedsgutachter seine Feststellungen noch nicht getroffen hat, ist der Antrag als zurzeit unbegründet zurückzuweisen.

Möglich ist schließlich auch die Vereinbarung eines sogenannten Vorschaltverfahrens (Güte- oder Schlichtungsvereinbarung), wonach vor Anrufung des staatlichen Gerichts der Versuch einer gütlichen Einigung durch eine Schlichtungsstelle (z.B. Eigentümerversammlung, Verwaltungsbeirat) erforderlich ist. Eine solche Vereinbarung hat zur Folge, dass ein unmittelbar beim staatlichen Gericht eingereichter Antrag als zurzeit unzulässig zurückzuweisen ist.[12] Dies gilt allerdings nicht, wenn die übrigen Wohnungseigentümer ihre ablehnende Haltung gegenüber dem Begehren

---

3 OLG München 31 AR 92/08, NZM 2008, 576.
4 OLG München 31 AR 18/08, NZM 2008, 528; OLG München 31 AR 74/08, NZM 2008, 777.
5 OLG München 31 AR 18/08, NZM 2008, 528 m.w.N.
6 OLG München 31 AR 74/08, NZM 2008, 777.
7 OLG München 31 AR 18/08, NZM 2008, 528.
8 OLG München 31 AR 18/08, NZM 2008, 528; OLG München 31 AR 74/08, NZM 2008, 777.
9 Zum Ständigen Schiedsgericht für Wohnungseigentumssachen in Leipzig vgl. *Seuß,* NZM 1998, 501.
10 LG München I 36 S 19072/09, ZMR 2011, 166 m.w.N.
11 LG München I 36 S 19072/09, ZMR 2011, 166 m.w.N.
12 OLG Zweibrücken 3 W 192/85, ZMR 1986, 64; BayObLG 2Z BR 69/95 = WuM 1996, 724 m.w.N.

des Antragstellers bereits hinreichend zum Ausdruck gebracht haben.[13] Ein in der Gemeinschaftsordnung für jede Auseinandersetzung angeordnetes „Vorschaltverfahren" gilt nicht für fristgebundene **Beschlussanfechtungen**.[14]

G. Schlichtungsverfahren nach § 15a EGZPO

17 Das nach § 15a EGZPO aufgrund eines Landesgesetzes mögliche Schlichtungsverfahren gilt nur für Ansprüche, die durch Klage geltend zu machen sind[15] Vor der Zuweisung der WEG-Sachen zum Zivilprozess war deshalb in den Antragsverfahren des § 43 Abs. 1 a.F. kein Schlichtungsverfahren durchzuführen. Durch die Erstreckung der ZPO-Vorschriften auf WEG-Sachen hat sich dies geändert. Soweit die Länder von der Ermächtigung des § 15a EGZPO Gebrauch gemacht haben, was verbreitet der Fall ist, bedarf es nunmehr auch in den Streitigkeiten nach § 43 Nr. 1–3, 5 unter bestimmten Voraussetzungen eines Schlichtungsverfahrens vor Klageerhebung.

18 Gemäß § 15a Abs. 1 S. 1 Nr. 1 EGZPO kann durch Landesgesetz bestimmt werden, dass in **vermögensrechtlichen Streitigkeiten** vor dem **Amtsgericht** über Ansprüche, deren Gegenstand an Geld oder Geldeswert die Summe von **750 EUR** nicht übersteigt die Erhebung der Klage erst zulässig ist, nachdem von einer durch die Landesjustizverwaltung eingerichteten oder anerkannten Gütestelle versucht worden ist, die Streitigkeit einvernehmlich beizulegen. Gleiches gilt für Streitigkeiten über Ansprüche wegen **Verletzung der persönlichen Ehre**, die nicht in Presse oder Rundfunk begangen worden sind (§ 15a Abs. 1 S. 1 Nr. 3 EGZPO). Der Kläger hat in diesen Fällen eine von der Gütestelle ausgestellte **Bescheinigung** über einen erfolglosen Einigungsversuch **mit der Klage einzureichen** (§ 15a Abs. 1 S. 2 EGZPO). Diese Bescheinigung ist ihm auf Antrag auch auszustellen, wenn binnen einer Frist von drei Monaten das von ihm beantragte Einigungsverfahren nicht durchgeführt worden ist (§ 15a Abs. 1 S. 3 EGZPO). In Nordrhein-Westfalen ist auch bei Streitigkeiten zwischen zwei Wohnungseigentümergemeinschaften (§ 43 Nr. 5) vor Beginn des Zivilprozesses ein Schlichtungsverfahren durchzuführen.[16]

19 Die Regelung des § 15a Abs. 1 EGZPO findet keine Anwendung auf Klagen, die binnen einer gesetzlich angeordneten Frist zu erheben sind (§ 15a Abs. 2 S. 1 Nr. 1 EGZPO). Vor Erhebung der **Anfechtungsklage** ist somit **kein Schlichtungsverfahren** durchzuführen.

20 Die Regelung des § 15a Abs. 1 EGZPO findet außerdem keine Anwendung auf die Durchführung des streitigen Verfahrens, wenn ein Anspruch im Mahnverfahren geltend gemacht worden ist (§ 15a Abs. 2 S. 1 Nr. 5 EGZPO). Macht die Wohnungseigentümergemeinschaft somit **Wohngeld** gerichtlich geltend, ist **kein Schlichtungsverfahren** durchzuführen, **wenn** zunächst versucht worden ist, einen Titel im **Mahnverfahren** zu erlangen.

21 Die Regelung des § 15 Abs. 1 EGZPO findet außerdem keine Anwendung auf **Klagen wegen vollstreckungsrechtlicher Maßnahmen**, insbesondere nach dem Achten Buch der ZPO (§ 15a Abs. 2 S. 1 Nr. 6 EGZPO). Die Regelung des § 15 Abs. 1 EGZPO findet keine Anwendung, wenn die **Parteien nicht in demselben Land** wohnen oder ihren Sitz oder eine Niederlassung haben (§ 15a Abs. 2 S. 2 EGZPO).

22 Das Erfordernis eines Einigungsversuchs vor einer von der Landesjustizverwaltung eingerichteten oder anerkannten Gütestelle entfällt, wenn die Parteien einvernehmlich einen Einigungsversuch vor einer sonstigen Gütestelle, die Streitbeilegungen betreibt, unternommen haben (§ 15a Abs. 3 EGZPO).

23 Die **Kosten** der Gütestelle, die durch das Einigungsverfahren nach § 15a Abs. 1 EGZPO entstanden sind, gehören zu den Kosten des Rechtsstreits im Sinne des § 91 Abs. 1, 2 ZPO (§ 15a Abs. 4 EGZPO). Das Nähere regelt das Landesrecht (§ 15a Abs. 5 EGZPO). Die vor den Gütestellen geschlossenen Vergleiche gelten als Vergleiche im Sinne des § 794 Abs. 1 Nr. 1 ZPO (§ 15a Abs. 6 EGZPO).

H. Rechtsmittel
I. Berufung

24 Gegen Endurteile der ersten Instanz findet das Rechtmittel der **Berufung** statt (§§ 511–541 ZPO), wenn der Wert des Beschwerdegegenstands (Berufungssumme) **600 EUR** übersteigt (§ 511 Abs. 2 Nr. 1 ZPO) **oder** das Gericht des ersten Rechtszugs die **Berufung im Urteil zugelassen** hat (§ 511 Abs. 2 Nr. 2 ZPO), weil die Rechtssache grundsätzliche Bedeutung hat oder die Fortbildung des Rechts oder die Sicherung einer einheitlichen Rechtsprechung eine Entscheidung des Berufungsgerichts erfordern (§ 511 Abs. 4 S. 1 ZPO). Die Zulassung ist bindend (§ 511 Abs. 4 S. 1 ZPO). Hat das erstinstanzliche Gericht keine Veranlassung gesehen, die Berufung nach § 511 Abs. 4 S. 1 ZPO zuzulassen, weil es den Streitwert auf über 600 EUR festgesetzt hat, und hält das Berufungsgericht diesen Wert für nicht erreicht, muss es die Entscheidung darüber nachholen, ob die Voraussetzungen für die Zulassung der Berufung erfüllt sind, denn die

---

13 OLG Frankfurt 20 W 18/87, OLGZ 1988, 63; BayObLG BReg 2 Z 156/90, ZMR 1991, 231, 232.
14 AG Merseburg 21 C 4/07, ZMR 2008, 747 – ebenso für das Schlichtungsverfahren § 15a Abs. 2 S. 1 Nr. 1 EGZPO.
15 Vgl. BT-Drucks 14/980 S. 6. Die einzelnen Schlichtungsgesetze sind abgedruckt in *Schönfelder*, Deutsche Gesetze, Ergänzungsband Nr. 104 ff.
16 AG Düsseldorf 291a C 1995/10, ZMR 2010, 889 m. krit. Anm. *Skrobek*.

unterschiedliche Bewertung der Beschwer darf nicht zu Lasten der Partei gehen.[17] Die unterbliebene Entscheidung über die Zulassung der Berufung ist im Rechtsbeschwerdeverfahren nachzuholen, wenn die getroffenen Feststellungen eine solche Entscheidung erlauben.[18]

Nach § 513 Abs. 1 ZPO kann die Berufung nur darauf gestützt werden, dass die Entscheidung auf einer Rechtsverletzung beruht oder nach § 529 ZPO zugrunde zu legende Tatsachen eine andere Entscheidung rechtfertigen. Das Berufungsgericht hat gemäß § 529 Abs. 1 Nr. 1 ZPO die vom Gericht des ersten Rechtszuges festgestellten Tatsachen für eine Verhandlung und Entscheidung zugrunde zu legen, soweit nicht konkrete Anhaltspunkte Zweifel an der Richtigkeit oder Vollständigkeit der entscheidungserheblichen Feststellungen begründen und deshalb eine erneute Feststellung geboten ist.

II. Wert des Beschwerdegegenstands

Der Wert des Beschwerdegegenstands richtet sich nach der **Beschwer** und dem **Änderungsinteresse** des Berufungsklägers, das durch den Berufungsantrag (§ 520 Abs. 3 S. 2 Nr. 1 ZPO) bestimmt wird. Die **Beschwer** bestimmt sich danach, was dem einzelnen Berufungskläger durch die angefochtene Entscheidung versagt wird. Ist zum Beispiel eine Klage auf Zahlung von 5.000 EUR in Höhe von 2.000 EUR abgewiesen worden, so beträgt die Beschwer Klägers 2.000 EUR und die des Beklagten 3.000 EUR. Legt der Kläger Berufung ein, um weitere 1.600 EUR zugesprochen zu erhalten, so beträgt die Berufungssumme 1.600 EUR. Der Wert des Beschwerdegegenstands kann somit zwar nicht höher, wohl aber niedriger als die Beschwer sein.

Gemäß § 2 ZPO bemisst sich die Höhe der Beschwer nach den §§ 3–9 ZPO. Der Berufungskläger hat den Wert des Beschwerdegegenstands glaubhaft zu machen (§ 511 Abs. 3 ZPO).

1. Nebenforderungen und Kosten

Maßgebend ist allein die Entscheidung zur Hauptsache, Nebenentscheidungen und Kosten bleiben gemäß §§ 2, 4 Abs. 1 ZPO außer Betracht. Der Anspruch auf Ersatz vorprozessualer Rechtsanwaltskosten erhöht als Nebenforderung den Streitwert und die Beschwer nicht, solange er neben dem Hauptanspruch geltend gemacht wird, für dessen Verfolgung die Rechtsanwaltskosten angefallen sind; der Anspruch wird aber zu einer den Streitwert und den Wert der Beschwer bestimmenden Hauptforderung, soweit die Hauptforderung nicht mehr Prozessgegenstand ist. Die anteiligen Prozesskosten nach übereinstimmender Teilerledigungserklärung erhöhen nach dem Grundsatz der Einheitlichkeit der Kostenentscheidung den Streitwert und den Wert der Beschwer nicht, solange auch nur der geringste Teil der Hauptsache noch im Streit ist.[19]

2. Beschlussanfechtungsklagen

Auch für Beschlussanfechtungsklagen bemisst sich die Beschwer gemäß § 2 ZPO nach den §§ 3–9 ZPO. Maßgebend ist allein das vermögenswerte Interesse des einzelnen Berufungsklägers an der Änderung der angefochtenen Entscheidung und nicht der Streitwert (zum Streitwert siehe Anh. § 50 Rn 22). Das für den Beschwerdewert maßgebliche Änderungsinteresse ist aus der Person des Rechtsmittelführers zu beurteilen und erhöht sich nicht dadurch, dass die Entscheidung für die anderen Beteiligten bindend ist und sich der Streitwert gemäß § 49a Abs. 1 S. 1 GKG auch nach deren Interesse richtet.[20] Die Anfechtung eines Beschlusses dient allerdings nicht nur dem persönlichen Interesse des Klägers, sondern auch dem Interesse der Gemeinschaft an einer ordnungsmäßigen Verwaltung. Für dieses gemeinschaftsbezogene Interesse ist im Wege der Schätzung ein Beschwerdewert zu bestimmen, auch wenn es – wie etwa bei der Entlastung des Verwalters (siehe Rn 32) – nicht unmittelbar in einer veränderten Vermögenslage Ausdruck findet.[21] Es rechtfertigt jedoch dann keine höhere Bewertung, wenn es in dem angefochtenen Beschluss um nichts anderes als um die finanzielle Belastung der Wohnungseigentümer und damit um die unmittelbare Veränderung ihrer Vermögenslage geht.[22]

Ficht ein Wohnungseigentümer erfolglos den Beschluss an, mit dem es abgelehnt worden ist, Schadensersatzansprüche von 11.091,45 EUR gegen den Verwalter zu verfolgen, bemisst sich seine Rechtsmittelbeschwer allein nach seinem individuellen vermögenswerten Interesse an einer Geltendmachung der Schadensersatzforderungen,[23] also nach dem auf ihn entfallenden Teil an der behaupteten Schadensersatzforderung in Höhe von 140,86 EUR (11.091,45 EUR × 127/10.000). Auch wenn bei der Anfechtung eines Sanierungsbeschlusses der Gebührenstreitwert deutlich über 600 EUR liegt, richtet sich die Beschwer nach dem Anteil des Klägers an den Sanierungskosten.[24] Bei der erfolglosen Anfechtung eines Beschlusses über die Aufnahme eines Kredits richtet sich die Beschwer des Klägers mangels einer gesamtschuldnerischen Haftung nach außen (vgl. § 10 Abs. 8) nach dem im Innenverhältnis auf den Kläger entfallenden Anteil.

---

17 BGH V ZB 189/11, ZWE 2012, 226; BGH V ZB 242/11, WuM 2012, 402.
18 BGH V ZB 242/11, WuM 2012, 402.
19 BGH V ZB 236/10, WuM 2011, 390.
20 BGH V ZB 211/11, ZWE 2012, 224.
21 BGH V ZB 11/03, NJW 2003, 3124, 3125.
22 BGH V ZB 66/11, ZWE 2012, 225.
23 BGH V ZB 211/11, ZWE 2012, 224.
24 LG Lüneburg 9 S 81/09, ZMR 2010, 473.

30 Wurde der Hauptantrag auf Feststellung der Nichtigkeit eines Beschlusses abgewiesen, dem Hilfsantrag auf Ungültigerklärung des Beschlusses aber stattgegeben, so ist eine Beschwer des Klägers i.d.R. zu verneinen (siehe § 46 Rn 87).[25]

31 Wird die Anfechtungsklage gegen den Beschluss über die **Verwalterbestellung** abgewiesen, so ist für den Wert des Beschwerdegegenstands grundsätzlich maßgebend, welche Vergütung der Kläger für die fragliche Zeit an den Verwalter zu zahlen hätte (*BayObLG* 2Z BR 26/96, WuM 1996, 505). Im Einzelfall ist aber zu prüfen, ob sich die Beschwer in der wirtschaftlichen Belastung mit den Verwaltergebühren erschöpft.

32 Soll der Beschluss über die **Entlastung des Verwalters** für ungültig erklärt werden, ist für das Interesse des Klägers an der Aufhebung der Entlastung des Verwalters zunächst der Wert von Forderungen gegen den Verwalter zu berücksichtigen, wenn die Entlastung wegen solcher Forderungen verweigert wird oder verweigert werden soll. Zu berücksichtigen ist aber auch der Zweck der Entlastung, die Grundlage für die weitere vertrauensvolle Zusammenarbeit in der Zukunft zu legen.[26] Das Interesse an der vertrauensvollen Zusammenarbeit ist nicht teilbar und bei allen Wohnungseigentümern dasselbe, also auch bei dem Kläger. Der Wert, den die vertrauensvolle Zusammenarbeit hat, hängt im Regelfall nicht von dem Volumen der Jahresabrechnung ab und ist deshalb nach billigem Ermessen zu bestimmen; fehlen besondere Anhaltspunkte für einen höheren Wert, hält der BGH jetzt einen Wert von 1.000 EUR für sachgerecht.[27] Wurde der Beschluss über die Verwalterentlastung für ungültig erklärt, richtet sich der Wert des Beschwerdegegenstands nach dem Interesse des einzelnen Wohnungseigentümers an der Aufrechterhaltung des Entlastungsbeschlusses. Dieses wird im Allgemeinen darin bestehen, die Tätigkeit des Verwalters für die Vergangenheit zu billigen und ihm – im Interesse einer weiteren vertrauensvollen Zusammenarbeit – für die Zukunft Vertrauen zu bekunden. Der Bemessung des Werts des Beschwerdegegenstands auf über 600 EUR im Wege der Schätzung steht nicht entgegen, dass dieses Interesse nicht unmittelbar in einer veränderten Vermögenslage Ausdruck findet.[28] Bei der Anfechtung der Entlastung des Verwalters wird danach in jedem Fall die Berufungssumme erreicht.

33 Die Beschwer des Klägers durch die erfolglose Anfechtung des Beschlusses über die Genehmigung der **Jahresabrechnung** bestimmt sich allein nach seinem persönlichen wirtschaftlichen Interesse.[29] Maßgeblich ist auch bei einer uneingeschränkten Anfechtung nicht der Streitwert des Anfechtungsklageverfahrens, sondern der Anteil des Klägers am Gesamtergebnis.[30] Greift der Kläger nur einen bestimmten Aspekt der Jahresabrechnung an, indem er z.B. geltend macht, der Rücklage fehlten Beträge, weil sie nicht eingezogen oder weil sie falsch zugeordnet worden sind, kann es sachgerecht sein, auf diesen Aspekt abzustellen, wobei auch dann nicht der Gesamtfehlbetrag, sondern nur der Anteil des Klägers an diesem Fehlbetrag maßgeblich wäre.[31]

34 Wurde der Beschluss über eine **Abmahnung** erfolglos angefochten, die eine spätere Entziehung nach § 18 ermöglichen soll, so übersteigt der Wert des Beschwerdegegenstands 600 EUR.[32] Das Interesse an der **Beseitigung des Lichtentzugs** durch zwei Nadelbäume übersteigt ebenfalls 600 EUR.[33] Die Beschwer des Klägers bestimmt sich bei der Anfechtung eines Beschlusses, der die Wohnungseigentümer zur Teilnahme am **Lastschriftverfahren** verpflichtet, in erster Linie nach seinem Interesse, selbst über die Zahlungsweise zu entscheiden, und der Gefahr eines Missbrauchs der Einziehungsermächtigung.[34]

35 Bei der **Anfechtung eines Wirtschaftsplans** bestimmt sich der Wert der Beschwer nach der behaupteten Mehrbelastung und dem geschätzten Interesse des Klägers an einer ordnungsgemäßen Aufstellung des Wirtschaftsplans.[35]

36 Wird ein Beschluss angefochten, mit dem die Gemeinschaft einem Vertrag über die **Anstellung eines Hausmeisters** durch mehrere Gemeinschaften zugestimmt hat, und begründet der Vertrag eine gesamtschuldnerische Haftung der Eigentümergemeinschaften, dann ist der Anteil des Anfechtungsklägers an dem 3,5-fachen Jahresbetrag (§ 9 ZPO) des gesamten Hausmeistergehalts für die Beschwer maßgeblich.[36]

3. Klagehäufung

37 Bei Klagehäufung genügt es, wenn die Summe der Werte 600 EUR übersteigt.[37] Ausreichend ist auch, wenn lediglich ein Hilfsantrag den Wert des Beschwerdegegenstands erreicht.[38] Bei einem gemeinsamen Rechtsmittel von Streitgenossen ist die Beschwer zusammenzuzählen.[39] Nimmt der Kläger seinen Zahlungsantrag soweit zurück, dass der Wert des Beschwerdegegenstands 600 EUR nicht mehr übersteigt, wird das Rechtsmittel grundsätzlich unzulässig.[40] Durch Erweiterung des Antrags im Berufungsverfahren kann die Beschwerdesumme nicht erreicht werden.[41]

---

25 BGH V ZR 175/10, ZWE 2011, 331.
26 BGH V ZR 236/10, WuM 2011, 390.
27 BGH V ZB 236/10, WuM 2011, 390; abweichend noch BGH V ZR 202/09, ZMR 2010, 775: 300 EUR seien nicht zu beanstanden.
28 BGH V ZB 11/03, NJW 2003, 3124, 3125.
29 BGH V ZB 282/11, WuM 2012, 404, Tz 7.
30 BGH V ZB 282/11, WuM 2012, 404, Tz 8.
31 BGH V ZB 282/11, WuM 2012, 404, Tz 8.
32 OLG Düsseldorf 3 Wx 444/99, NZM 2000, 878 – 1.500 DM.
33 OLG Düsseldorf 3 Wx 214/00, ZMR 2000, 783.
34 BayObLG 2Z BR 48/97, WuM 1997, 459.
35 BayObLG 2Z BR 119/04, NZM 2005, 752, 753.
36 BGH V ZB 255/10, ZMR 2011, 571.
37 BGH V ZB 11/03, NJW 2003, 3124, 3125.
38 KG 17 U 1300/78, OLGZ 1979, 348.
39 KG 24 W 3700/92, WuM 1993, 149, 150; BayObLG 2Z BR 43/93, WuM 1993, 765, 766.
40 BayObLG 2Z BR 134/93, WuM 1994, 574.
41 BayObLG 2Z BR 98/00, NZM 2001, 244.

III. Sofortige Beschwerde

Das Rechtsmittel der sofortigen Beschwerde (§§ 567–572 ZPO) findet statt gegen die im ersten Rechtszug ergangenen Entscheidungen der Amts- und Landgerichte, wenn dies im Gesetz ausdrücklich bestimmt ist (§ 567 Abs. 1 Nr. 1 ZPO) oder wenn es sich um solche eine mündliche Verhandlung nicht erfordernde Entscheidungen handelt, durch die ein das Verfahren betreffendes Gesuch zurückgewiesen worden ist (§ 567 Abs. 1 Nr. 2 ZPO). Gegen Entscheidungen über Kosten ist die Beschwerde nur zulässig, wenn der Wert des Beschwerdegegenstands 200 EUR übersteigt (§ 567 Abs. 2 ZPO). Der Beschwerdegegner kann sich der Beschwerde anschließen, selbst wenn er auf die Beschwerde verzichtet hat oder die Beschwerdefrist verstrichen ist. Die Anschließung verliert ihre Wirkung, wenn die Beschwerde zurückgenommen oder als unzulässig verworfen wird (§ 567 Abs. 3 ZPO). 38

Die sofortige Beschwerde ist, soweit keine andere Frist bestimmt ist, binnen einer **Notfrist von zwei Wochen** bei dem Gericht, dessen Entscheidung angefochten wird, oder bei dem Beschwerdegericht einzulegen (§ 569 Abs. 1 S. 1 ZPO). Die Notfrist beginnt, soweit nichts anderes bestimmt ist, mit der Zustellung der Entscheidung, spätestens mit dem Ablauf von fünf Monaten nach der Verkündung des Beschlusses (§ 569 Abs. 1 S. 2 ZPO). Die Beschwerde wird durch Einreichung einer **Beschwerdeschrift** eingelegt (§ 569 Abs. 2 S. 1 ZPO). Die Beschwerdeschrift muss die Bezeichnung der angefochtenen Entscheidung sowie die Erklärung enthalten, dass Beschwerde gegen diese Entscheidung eingelegt werde (§ 569 Abs. 2 S. 2 ZPO). Die Beschwerde kann auch durch Erklärung zu Protokoll der Geschäftsstelle eingelegt werden, wenn der Rechtsstreit im ersten Rechtszug nicht als Anwaltsprozess zu führen ist oder war, oder die Beschwerde die Prozesskostenhilfe betrifft oder sie von einem Zeugen, Sachverständigen oder Dritten im Sinne der §§ 142, 144 erhoben wird (§ 569 Abs. 3 ZPO). 39

IV. Rechtsbeschwerde

Gegen einen Beschluss des Beschwerdegerichts ist die **Rechtsbeschwerde** zum BGH statthaft, wenn dies im Gesetz ausdrücklich bestimmt ist (§ 574 Abs. 1 Nr. 1 ZPO) oder das Beschwerdegericht, das Berufungsgericht oder das Oberlandesgericht im ersten Rechtszug sie in dem Beschluss zugelassen hat (§ 574 Abs. 1 Nr. 2 ZPO). 40

Statthaft nach § 574 Abs. 1 Nr. 1 ZPO ist die Rechtsbeschwerde insbesondere dann, wenn die Berufung als unzulässig verworfen wird (§ 522 Abs. 1 S. 4 ZPO). In den Fällen des § 574 Abs. 1 Nr. 1 ZPO ist die Rechtsbeschwerde nur zulässig, wenn die Rechtssache grundsätzliche Bedeutung hat (§ 574 Abs. 2 Nr. 1 ZPO) oder die Fortbildung des Rechts (§ 574 Abs. 2 Nr. 2 Fall 1 ZPO) oder die Sicherung einer einheitlichen Rechtsprechung (§ 574 Abs. 2 Nr. 2 Fall 2 ZPO) eine Entscheidung des Rechtsbeschwerdegerichts erfordert. Die Rechtsbeschwerde nach § 574 Abs. 2 Nr. 2 Fall 2 ZPO ist eröffnet, wenn das Berufungsgericht einer Partei den Zugang zu dem von der ZPO eingeräumten Instanzenzug in unzumutbarer, aus Sachgründen nicht mehr zu rechtfertigender Weise erschwert hat, weil dies den Anspruch auf Gewährung wirkungsvollen Rechtsschutzes (Art. 2 Abs. 1 GG i.V.m. dem Rechtsstaatsprinzip) verletzt.[42] Dies ist u.a. der Fall, wenn die Anforderungen, die das Berufungsgericht stellt, überzogen sind und dem Beklagten den Zugang zu der an sich gegebenen Berufung unzumutbar erschweren, z.B. durch einen Fehler bei der Bemessung der Beschwer.[43] Beschlüsse, die der Rechtsbeschwerde unterliegen, müssen den für die Entscheidung maßgeblichen Sachverhalt wiedergeben, wobei auch das mit dem Rechtsmittel verfolgte Rechtsschutzziel deutlich werden muss.[44]

In den Fällen des § 574 Abs. 1 Nr. 2 ZPO ist die Rechtsbeschwerde zuzulassen, wenn die Voraussetzungen des § 574 Abs. 2 ZPO vorliegen (§ 574 Abs. 3 S. 1 ZPO). Das Rechtsbeschwerdegericht ist an die Zulassung gebunden (§ 574 Abs. 3 S. 2 ZPO). Der originäre Einzelrichter nach § 568 ZPO darf, wenn er eine grundsätzliche Bedeutung der Rechtssache bejaht, nicht selbst über die Zulassung der Rechtsbeschwerde entscheiden, sondern muss das Verfahren gemäß § 568 S. 2 Nr. 2 ZPO der mit drei Richtern besetzten Kammer übertragen; entscheidet er allein, führt dies nicht zur Unwirksamkeit der Zulassung, sondern zur Aufhebung und Zurückverweisung.[45] Eine Rechtsbeschwerde ist in einstweiligen Verfügungsverfahren nicht statthaft.[46] 41

V. Berufungs- und Beschwerdegericht

In Streitigkeiten nach **§ 43 Nr. 1 bis Nr. 4 und Nr. 6** ist gemäß § 72 Abs. 2 S. 1 GVG das für den Sitz des Oberlandesgerichts zuständige Landgericht gemeinsames Berufungs- und Beschwerdegericht für den Bezirk des Oberlandesgerichts, in dem das Amtsgericht seinen Sitz hat. Dies gilt gemäß § 72 Abs. 2 S. 1 GVG auch für die in § 119 Abs. 1 Nr. 1b) und c) GVG genannten Sachen mit Auslandsberührung. Die Zuständigkeitskonzentration auf ein einziges Landgericht im Bezirk eines Oberlandesgerichts soll zu einer häufigeren und intensiveren Befassung der zuständigen Berufungsspruchkörper mit der komplexen Materie des Wohnungseigentumsrechts führen und so der Qualitäts- 42

---

42 Vgl. etwa BGH V ZB 255/10, ZMR 2011, 571.
43 BGH V ZB 242/11, WuM 2012, 402.
44 BGH V ZB 157/11, NZM 2012, 31; BGH V ZB 282/11, WuM 2012, 404.
45 BGH I ZB 61/10, MDR 2012, 370. Zu den Voraussetzungen des § 574 Abs. 2 ZPO vgl. BGH V ZB 16/02, NJW 2002, 3029.
46 Vgl. BGH VII ZB 11/02, MDR 2003, 824.

steigerung der Berufungsentscheidungen und der Herausbildung einer gleichmäßigen Revisionszulassungspraxis dienen.[47] Die Zuständigkeit des Landgerichts in Wohnungseigentumssachen mit Auslandsberührung dient ebenfalls der Konzentration und der Rechtsklarheit, denn sie macht die Prüfung des Gerichtsstands jeder einzelnen Partei zur Feststellung der Zuständigkeit entbehrlich.[48] Die Landesregierungen sind jedoch gemäß § 72 Abs. 2 S. 3 GVG ermächtigt, durch Rechtsverordnung anstelle des Landgerichts am Sitz des Oberlandesgerichts ein anderes Landgericht im Bezirk des Oberlandesgerichts zu bestimmen. Sie können gemäß § 72 Abs. 2 S. 4 GVG die Ermächtigung auf die Landesjustizverwaltungen übertragen.

43 Zentrale Berufungs- und Beschwerdegerichte (Stand: 30.5.2012):

Bundesland	OLG-Bezirk	Landgericht	
Baden-Württemberg	OLG Karlsruhe	LG Karlsruhe	
	OLG Stuttgart	LG Stuttgart	
Bayern	LLG Bamberg	LG Bamberg	
	OLG Nürnberg	LG Nürnberg-Fürth	
	OLG München	LG München I	
Berlin	KG	LG Berlin	
Brandenburg	OLG Brandenburg	LG Frankfurt/Oder	§ 3a der 2. GerZV vom 8.5.2007 (GVBl. II 2007, 113)
Bremen	OLG Bremen	LG Bremen	
Hamburg	OLG Hamburg	LG Hamburg	
Hessen	OLG Frankfurt a.M.	LG Frankfurt a.M.	
Mecklenburg-Vorpommern	OLG Rostock	LG Rostock	
Niedersachsen	OLG Braunschweig	LG Braunschweig	
	OLG Celle	LG Lüneburg	
	OLG Oldenburg	LG Aurich	§ 10 ZustVO-Justiz vom 18.12.2009 (GVBl. 2009, 506)
Nordrhein-Westfalen	OLG Hamm	LG Dortmund	
	OLG Köln	LG Köln	
	OLG Düsseldorf	LG Düsseldorf	
Rheinland-Pfalz	OLG Koblenz	LG Koblenz	
	OLG Zweibrücken	LG Landau/Pf.	§ 1 der Landesverordnung vom 22.8.2007 (GVBl 2007, 142) geändert durch Art. 10 des Gesetzes vom 22.12.2009 (GVBl. S. 413)
Saarland	OLG Saarbrücken	LG Saarbrücken	
Sachsen	OLG Dresden	LG Dresden	
Sachsen-Anhalt	OLG Naumburg	LG Dessau-Roßlau	§ 1 der Verordnung vom 2.7.2007 (GVBl. LSA 2007, 212)

47 Vgl. BT-Drucks 16/3843 S. 60.

48 Vgl. BT-Drucks 16/3843 S. 60.

Bundesland	OLG-Bezirk	Landgericht	
Schleswig-Holstein	OLG Schleswig	LG Itzehoe	§ 1 der Landesverordnung vom 11.7.2007 (GVOBl. 2007, 340)
Thüringen	OLG Jena	LG Gera	

Für die Rechtsmittel in Streitigkeiten nach **§ 43 Nr. 5** verbleibt es bei der vom Wert des Beschwerdegegenstands abhängigen Rechtsmittelzuständigkeit nach § 119 Abs. 1 Nr. 2 GVG und § 72 Abs. 1 GVG. **44**

Das nach § 72 Abs. 2 GVG bestimmte Landgericht ist auch für **Zwangsvollstreckungsverfahren** in Wohnungseigentumssachen zuständig.[49] Ist das zuständige Vollstreckungsorgan jedoch das **Vollstreckungsgericht**, also das Amtsgericht, bei dem der Schuldner im Inland seinen allgemeinen Gerichtsstand hat (§ 828 Abs. 2 ZPO), ist eine Sachnähe zum Erkenntnisverfahren typischerweise nicht gegeben, so dass die Annahme nicht gerechtfertigt ist, die Sache gehöre ihrem Wesen nach vor die Wohnungseigentumsgerichte.[50] **45**

Die besondere Zuständigkeitsregelung des § 72 Abs. 2 GVG gilt auch für Berufungen gegen Amtgerichtsurteile, mit denen über **Vollstreckungsabwehrklagen** (§ 767 ZPO) entschieden wurde, die sich gegen die Vollstreckung aus in Wohnungseigentumsverfahren ergangenen Kostenfestsetzungsbeschlüssen richten.[51] **46**

Hat ein Landgericht zu Unrecht seine erstinstanzliche Zuständigkeit in einer Streitigkeit nach § 43 Nr. 1 bis 4 und 6 WEG bejaht, ist nach der allgemeinen Regelung des § 119 Abs. 1 Nr. 2 GVG das Oberlandesgericht für die Entscheidung über die Berufung zuständig. § 72 Abs. 2 S. 1 GVG begründet als Sonderregelung zu § 72 Abs. 1 GVG eine Zuständigkeit des Landgerichts nur für Berufungen gegen Entscheidungen des Amtsgerichts. Richtet sich eine Beschwerde gegen die **Streitwertbemessung** des Landgerichts für das Berufungsverfahren, entscheidet über sie das zuständige Oberlandesgericht[52] **47**

VI. Berufungsfrist

Die Berufung ist innerhalb einer Notfrist von einem Monat, die mit der Zustellung des in vollständiger Form abgefassten Urteils, spätestens aber mit dem Ablauf von fünf Monaten nach der Verkündung beginnt (§ 517 ZPO), durch Einreichung der Berufungsschrift bei dem Berufungsgericht einzulegen (§ 519 Abs. 1 ZPO). Liegt eine Streitigkeit im Sinne von § 43 Nr. 1–4 und Nr. 6 vor, kann die Berufung fristwahrend nur bei dem Gericht des § 72 Abs. 2 S. 1 GVG eingelegt werden.[53] Dies gilt auch dann, wenn in dem betreffenden Oberlandesgerichtsbezirk aufgrund einer Rechtsverordnung nach § 72 Abs. 2 S. 2 und 3 GVG nicht das für den Sitz des Oberlandesgerichts zuständige Landgericht, sondern ein anderes Landgericht für diese Berufungen zuständig ist.[54] Wird die Berufungsschrift bei einem unzuständigen Landgericht am Abend des letzten Tags der Frist und damit zu einem Zeitpunkt eingereicht, zu dem mit einer fristgerechten Weiterleitung an das zuständige Landgericht im normalen Geschäftsgang nicht mehr zu rechnen ist, ist die Berufungsfrist versäumt.[55] Eine bei einem falschen Berufungsgericht eingelegte Berufung, die nicht rechtzeitig in die Verfügungsgewalt des richtigen Berufungsgerichts gelangt, kann auch nicht analog § 281 ZPO an dieses Gericht verwiesen werden; die Berufung ist als unzulässig zu verwerfen.[56] Etwas anderes gilt ausnahmsweise dann, wenn die Frage, ob eine solche Streitigkeit vorliegt, für bestimmte Fallgruppen noch nicht höchstrichterlich geklärt ist und man über deren Beantwortung mit guten Gründen unterschiedlicher Auffassung sein kann.[57] Daran fehlt es, wenn die Zuständigkeit eindeutig war, nachdem das zuständige Oberlandesgericht gemäß § 36 Abs. 1 Nr. 3 ZPO ein Amtsgericht unter Hinweis auf die ausschließliche Zuständigkeit nach § 43 Nr. 3 als zuständiges Gericht bestimmt hatte.[58] **48**

Die Versäumung der Berufungsfrist ist nicht unverschuldet im Sinne von § 233 ZPO, wenn sie darauf beruht, dass der Prozessbevollmächtigte, dessen Versäumnis sich die Partei nach § 85 Abs. 2 ZPO zurechnen lassen muss, das Vorhandensein einer abweichenden landesrechtlichen Zuständigkeitsregelung nach § 72 Abs. 2 S. 2 und 3 GVG und ihres Inhalts nicht geprüft hat.[59] Dagegen ist der Rechtsirrtum, der durch die inhaltlich unrichtige Rechtsmittelbelehrung des Richters, die Berufung sei in einer Streitigkeit nach § 43 Nr. 5 bei dem Landgericht des § 72 Abs. 2 S. 1 GVG einzulegen, hervorgerufen wird, für eine anwaltlich vertretene Partei zwar vermeidbar, aber nicht verschuldet.[60] **49**

---

49 OLG Oldenburg 5 AR 41/08, NZM 2009, 89 zu §§ 887, 793, 567 ff. ZPO; OLG Karlsruhe 15 AR 13/08, BeckRS 2009 08624 zu §§ 890, 793, 567 ff. ZPO.
50 OLG Karlsruhe 15 AR 23/08, NZM 2009, 246: sofortige Beschwerde gegen die Aufhebung Pfändungs- und Überweisungsbeschlusses.
51 BGH V ZB 188/08, NZM 2009, 322.
52 OLG Koblenz 5 W 220/09, NJW 2009, 1978; OLG Koblenz 5 W 70/08, MDR 2008, 405 m.w.N.
53 BGH V ZB 67/09, MDR 2010, 342; BGH V ZB 224/09, ZMR 2010, 624.
54 BGH V ZB 224/09, ZMR 2010, 624.
55 BGH V ZB 224/09, ZMR 2010, 624.
56 BGH V ZB 67/09, MDR 2010, 342.
57 BGH V ZB 67/09, MDR 2010, 342.
58 BGH V ZB 190/10, ZfIR 2011, 324.
59 BGH V ZB 224/09, ZMR 2010, 624.
60 BGH V ZB 198/11 und V ZB 199/11, MDR 2012, 362.

Aus der Bezeichnung eines Rechtsstreits als „Wohnungseigentumssache" im Urteil des Amtsgerichts kann jedoch nicht geschlossen werden, dass die in § 72 Abs. 2 GVG angeordnete Zuständigkeitskonzentration eingreift, denn diese gilt nicht für jede Wohnungseigentumssache, sondern nur für Streitigkeiten nach § 43 Nr. 1–4 und Nr. 6.[61]

VII. Revision

50 Gegen die in der Berufungsinstanz erlassenen Endurteile findet die Revision statt (§§ 545–566a ZPO). Nach der Übergangsvorschrift des § 62 Abs. 2 finden in Wohnungseigentumssachen nach § 43 Nr. 1–4 die Bestimmungen über die Nichtzulassungsbeschwerde (§ 543 Abs. 1 Nr. 2, § 544 ZPO) keine Anwendung, soweit die anzufechtende Entscheidung vor dem **31.12.2014** verkündet worden ist. Eine Revision bedarf bis zu diesem Zeitpunkt der Zulassung durch das Berufungsgericht. Die Nichtzulassungsbeschwerde ist bis dahin auch dann ausgeschlossen, wenn das Oberlandesgericht über die Berufung einer Wohnungseigentumssache entschieden hat, nachdem das Landgericht die ausschließliche Zuständigkeit des Amtsgerichts übersehen und in der Sache entschieden hat.[62] Bei Klagen Dritter nach § 43 Nr. 5 ist die Nichtzulassungsbeschwerde gemäß § 26 Nr. 8 EGZPO bis einschließlich 31.12.2014 nur bei einer Beschwer von mehr als 20.000 EUR zulässig.

VIII. Anschlussrechtsmittel

51 Möglich sind Anschlussberufung (§ 524 ZPO), Anschlussrevision (§ 554 ZPO) sowie die Anschlussbeschwerde und Anschlusserinnerung.[63]

I. Streitigkeiten der Wohnungseigentümer untereinander (§ 43 Nr. 1)
1. Anwendungsbereich

52 Unter § 43 Nr. 1 fallen Streitigkeiten über die sich aus der Gemeinschaft der Wohnungseigentümer (§§ 10–19) und aus der Verwaltung des gemeinschaftlichen Eigentums (§§ 20–29) ergebenden Rechte und Pflichten der Wohnungseigentümer untereinander. Die in § 43 Abs. 1 Nr. 1 a.F. enthaltenen Ausnahmen für die Entscheidung über Ansprüche, die sich aus der rechtskräftigen Aufhebung der Gemeinschaft ergeben (§ 17) und für die Klage auf Entziehung des Wohnungseigentums (§§ 18, 19, 51) sind entfallen. Die Entziehungsklage fällt jetzt unter § 43 Nr. 2 (siehe Rn 67).

53 § 43 Abs. 1 Nr. 1 ist weit auszulegen.[64] Die Entscheidung, ob ein Verfahren unter diese Vorschrift fällt, hat nur noch Bedeutung für die örtliche und sachliche Zuständigkeit und nicht mehr für die Abgrenzung von Prozessgericht und Gericht der freiwilligen Gerichtsbarkeit. Auf die Rechtsprechung zur Abgrenzung aus der Zeit vor der WEG-Novelle 2007 kann weitgehend zurückgegriffen werden. Unter § 43 Nr. 1 fallen grundsätzlich alle gemeinschaftsbezogenen Streitigkeiten der Wohnungseigentümer untereinander. Ob der Anspruch seine Rechtsgrundlage im WEG, im BGB oder in einem anderen Gesetz hat, ist ohne Bedeutung. Maßgeblich ist, ob der Anspruch, um dessen Durchsetzung oder sanktionsrechtliche Absicherung es geht, in einem inneren Zusammenhang mit einer Angelegenheit steht, die aus dem Gemeinschaftsverhältnis erwachsen ist.[65] Klagt ein Wohnungseigentümer gegen einen anderen auf Ersatz von Schäden wegen der Verletzung von Pflichten, die sich aus der schuldrechtlichen Sonderverbindung einer gemeinsamen Mitgliedschaft in der Wohnungseigentümergemeinschaft ergeben sollen, handelt es sich um eine Streitigkeit nach § 43 Nr. 1.[66] Unerheblich ist, dass der Kläger zwischenzeitlich aus der Wohnungseigentümergemeinschaft **ausgeschieden** ist, denn dies ändert nichts daran, dass Grundlage der Auseinandersetzung das Gemeinschaftsverhältnis ist.[67] Der Streit darüber, ob das Sondernutzungsrecht des einen Wohnungseigentümers an einem Kellerraum durch die dort angebrachte Gastherme eines anderen Wohnungseigentümers beeinträchtigt wird, ist eine typische Streitigkeit im Sinne von § 43 Nr. 1.[68] Unter § 43 Nr. 1 fällt auch die Klage gegen einen Wohnungseigentümer der als Mieter einer anderen Wohnung von den übrigen Wohnungseigentümern in Anspruch genommen wird.[69] Nimmt ihn dagegen sein Vermieter als Mieter in Anspruch, dann handelt es sich um eine Mietsache. Auch eine Klage, die auf eine in einem Prozessvergleich enthaltene Regelung über eine Vertragsstrafe gestützt wird, ist als (Annex-)Streitigkeit im Sinne von § 43 Nr. 1 anzusehen, da die Regelung zur Durchsetzung einer den Wohnungseigentümern aufgrund ihrer gemeinschaftsrechtlichen Verbundenheit auferlegten Verpflichtung getroffen wurde.[70]

54 Wurde ein Anspruch an einen Dritten **abgetreten** so fällt er gleichwohl unter § 43 Nr. 1.[71] Gleiches gilt, wenn ein Anspruch nach **Pfändung** durch den Pfändungsgläubiger geltend gemacht wird. Ist Wohnungseigentümer eine GmbH u Co KG, so fällt auch der Wohngeldanspruch gegen die **Komplementär-GmbH** (§§ 161 Abs. 2, 128

---

61 BGH V ZB 67/11, ZWE 2011, 397.
62 BGH V ZR 259/10, GE 2011, 1317; BGH V ZR 228/11, WuM 2012, 405.
63 Zöller/*Heßler*, § 567 Rn 58.
64 BGH V ZB 188/08, NZM 2009, 322 Tz. 9.
65 BGH V ZB 67/09, MDR 2010, 342.
66 BGH V ZR 228/11, WuM 2012, 405; OLG Köln 24 W 53/10, ZMR 2011, 226.
67 BGH V ZR 228/11, WuM 2012, 405.
68 BGH V ZB 220/09, ZMR 2010, 971.
69 KG 24 W 298/03, ZMR 2005, 977, 978.
70 BGH V ZB 67/09, MDR 2010, 342.
71 KG 24 U 5302/83, WuM 1984, 308.

HGB) unter § 43 Nr. 1.[72] Bei Eröffnung eines Insolvenzverfahrens über das Vermögen eines Wohnungseigentümers tritt der Insolvenzverwalter an dessen Stelle (§§ 35, 80 InsO). Der Insolvenzverwalter ist wegen der gegen die Masse gerichteten Ansprüche aus § 16 Abs. 2 vor dem WEG-Gericht zu verklagen, wenn er die Eigentumswohnung veräußert oder dem Gemeinschuldner freigegeben hat.[73]

Ansprüche gegen **Erben** eines Wohnungseigentümers fallen auch dann unter § 43 Nr. 1 oder 2, wenn die Erben noch nicht im Grundbuch als neue Eigentümer eingetragen sind, denn das Eigentum geht auf die Erben mit dem Tod des Erblassers kraft Gesetzes außerhalb des Grundbuchs über, weshalb die Eintragung der Erben als Eigentümer eine bloße Grundbuchberichtigung gemäß § 22 GBO ist.[74]

Nicht unter § 43 Nr. 1 fallen Streitigkeiten, die den 1. Abschnitt des Teil I (§§ 1–9) des WEG betreffen, soweit die Eigentumsverhältnisse nicht nur als Vorfrage zu prüfen sind. Dies gilt für Streitigkeiten über den Umfang des Sondereigentums und die Abgrenzung zum gemeinschaftlichen Eigentum.[75] Gleiches gilt grundsätzlich für Streitigkeiten über Gegenstand, Inhalt sowie Begründung und Aufhebung des Sondereigentums. Der Streit, ob ein bestimmter Raum zum Sondereigentum oder zum gemeinschaftlichen Eigentum gehört, fällt ebenso wenig unter § 43 Nr. 1 wie der Streit, zu welchem Sondereigentum ein bestimmter Raum gehört. Dies gilt sowohl für die Klage auf Feststellung, als auch für die Leistungsklage auf Herausgabe oder Grundbuchberichtigung.[76] Beansprucht ein Wohnungseigentümer von den übrigen die **Umwandlung von Gemeinschaftseigentum in Sondereigentum**, so fällt die Klage nicht unter § 43 Nr. 1.[77] Unter § 43 Nr. 1 fällt aber die Klage auf Zustimmung zur Abänderung der in der Teilungserklärung enthaltenen Zuordnung von Kellerräumen, an denen teils Sondereigentum und teils Sondernutzungsrechte bestehen.[78]

Die Klage auf Einräumung von Sondereigentum, dessen Begründung wegen eines nicht auflösbaren Widerspruchs zwischen Teilungserklärung und Aufteilungsplan gescheitert ist, fällt unter § 43 Nr. 1, weil sich der Anspruch allein aus dem Gemeinschaftsverhältnis der Wohnungseigentümer i.V.m. § 242 BGB ergibt.[79]

Hat der Käufer einer Eigentumswohnung, der nie im Grundbuch als Eigentümer eingetragen worden ist, im notariellen Kaufvertrag die Bezahlung des Wohngeldes ab Besitzübergang übernommen, ist das allgemeine Zivilgericht zuständig für die Entscheidung über eine Streitigkeit, die auf den notariellen Kaufvertrag gestützt wird.[80]

Der **Anspruch auf Zustimmung zur Veräußerung** gemäß § 12 **gegen einen Dritten**, der weder Verwalter noch Wohnungseigentümer ist, fällt nicht unter § 43 Nr. 1.

Nicht unter § 43 Nr. 1 fallen **schuldrechtliche Ansprüche**, insbesondere **aus dem Erwerbsvertrag** auf Verschaffung, Begründung, Aufhebung, Übertragung, Herausgabe oder Belastung des Wohnungseigentums oder Unterlassung einer bestimmten Nutzung. Dies gilt auch dann, wenn sie sich gegen einen Bauträger richten, der zugleich Verwalter oder Wohnungseigentümer ist.[81] Gleiches gilt für ein **Konkurrenzverbot**, das ein Teileigentümer auf eine schuldrechtliche Sonderbeziehung mit anderen Teileigentümern stützt.[82]

Wird jedoch der Bauträger in seiner Eigenschaft als Wohnungseigentümer in Anspruch genommen, dann ist das WEG-Gericht zuständig.[83] Der **Anspruch auf Beseitigung von baulichen Veränderungen gegen den Verkäufer** fällt nicht unter § 43 Nr. 1.[84]

Zahlungsansprüche eines Wohnungseigentümers gegen den **Treuhänder und Baubetreuer** der Bauherrengemeinschaft, welche die Anlage errichtet hat, wegen zweck- und treuwidriger Verwendung von eingezahlten Beträgen, fallen auch dann nicht unter § 43 Nr. 1, wenn der Beklagte zugleich Wohnungseigentümer ist.[85]

Die Überprüfung von Zahlungsansprüchen wegen der Vollendung eines sogenannten „steckengebliebenen Baus" (siehe dazu § 22 Rn 212) fällt nicht unter § 43 Nr. 1, wenn die Ansprüche ausschließlich aus einer schuld- bzw. gesellschaftsrechtlichen Sonderbeziehung der Parteien und nicht aus dem Gemeinschaftsverhältnis der Wohnungseigentümer abgeleitet werden.[86]

Entsteht zwischen Miteigentümern zweier Garagen- bzw. Stellplatzgrundstücke, die weder Wohnungs- noch Teileigentümer sind, Streit über die sich aus Grunddienstbarkeiten ergebenden Rechte so ist das allgemeine Prozessgericht zuständig, auch wenn sich die Grundstücke auf einem Areal befinden, das ursprünglich als Wohnungseigentumsanlage geplant war.[87]

---

72 BayObLG WE 1990, 57.
73 BGH V ZB 24/02, NZM 2002, 1003, 1004.
74 BayObLG 2Z BR 5/93, WuM 1993, 487.
75 OLG Karlsruhe 4 W 144/74, NJW 1975, 1976.
76 BGH V ZR 118/94, NJW 1995, 2851; BayObLG 2Z BR 80/95, NJW-RR 1996, 912, 913; KG 8 W 6/10, ZMR 2010, 705.
77 KG 24 W 3797/97, NZM 1998, 581.
78 OLG München 34 Wx 120/05, ZMR 2006, 156, 157.
79 BayObLG 2Z BR 11/98, WuM 1999, 232, 234 zu § 43 Abs. 1 Nr. 1 a.F.
80 BayObLG 2Z AR 92/97, WuM 1998, 119 = NZM 1998, 258.
81 BGH VII ZR 186/73, NJW 1976, 239; OLG Stuttgart 8 W 603/89, ZMR 1990, 190, 191.
82 BayObLG 2Z BR 6/96, WuM 1996, 359.
83 BayObLG 2Z BR 170/01, NZM 2002, 460.
84 OLG Düsseldorf 3 W 195/82, MDR 1983, 320.
85 BayObLG AR 2 Z 44/91, WuM 1991, 450.
86 OLG Karlsruhe 3 W 72/99, NZM 2001, 145.
87 OLG Celle 4 W 239/88, NJW-RR 1989, 143.

65 Ansprüche einer aus den Wohnungseigentümern mehrerer Wohnungseigentümergemeinschaften bestehenden **Bruchteilsgemeinschaft nach § 741 BGB**, der z.B. ein Kinderspielplatz oder eine andere Freifläche zwischen den Wohnanlagen gehört, sind im allgemeinen Zivilprozess geltend zu machen. Richten sich die Ansprüche gegen den gemeinsamen Verwalter, so bedarf ein Miteigentümer, der gegen den Verwalter auf Leistung an alle klagt (§ 432 Abs. 1 BGB), nicht der Ermächtigung durch einen Eigentümerbeschluss.[88] Auch für Streitigkeiten der Teilhaber einer Bruchteilsgemeinschaft an einem Teileigentum (Tiefgarage) sind die allgemeinen Prozessgerichte zuständig. Beschlüsse der Teilhaber einer solchen Gemeinschaft sind nicht anfechtbar. Es kann aber Klage auf Feststellung der Nichtigkeit erhoben werden.[89]

II. Klagebefugnis

66 Die Klagebefugnis ergibt sich grundsätzlich aus der materiellrechtlichen Sachbefugnis. In Wohnungseigentumssachen besteht jedoch die Besonderheit, dass gemäß § 10 Abs. 6 S. 3 die Gemeinschaft die **gemeinschaftsbezogenen Rechte** der Wohnungseigentümer ausübt (vgl. § 10 Rn 85, § 21 Rn 17). Außerdem kann die Gemeinschaft gemäß § 10 Abs. 6 S. 3 sonstige Rechte ausüben, soweit diese gemeinschaftlich geltend gemacht werden können (vgl. § 10 Rn 74, § 21 Rn 16). Unterlassungsansprüche eines Miteigentümers am Miteigentum an dem Grundstück stehen weder dem Verband zu, noch können sie ohne einen entsprechenden Beschluss der Wohnungseigentümer von dem Verband gerichtlich geltend gemacht werden.[90] Klagebefugt für solche individuellen Ansprüche ist der einzelne Wohnungseigentümer, wobei auch Klage gegen einen Wohnungseigentümer von den übrigen Wohnungseigentümern erhoben werden kann, denen jeweils der Individualanspruch zusteht. Kläger sind dann die in der Eigentümerliste aufgeführten einzelnen Wohnungseigentümer, nicht die Wohnungseigentümergemeinschaft als Verband.[91] Die Wohnungseigentümer sind insoweit im Rahmen der gemeinschaftlichen Verwaltung allerdings berechtigt, nicht jedoch verpflichtet, die Verfolgung dieser Ansprüche durch Mehrheitsbeschluss an sich zu ziehen und zu einer gemeinschaftlichen Angelegenheit zu machen.[92] Der Annahme einer Prozessstandschaft der Wohnungseigentümergemeinschaft[93] bedarf es nicht. (Zur Vertretungsbefugnis des Verwalters in solchen Fällen siehe § 27 Rn 76.)

J. Streitigkeiten der Wohnungseigentümer mit der Gemeinschaft (§ 43 Nr. 2)

67 § 43 Nr. 2 beruht auf der Regelung über die Teilrechtsfähigkeit der Gemeinschaft der Wohnungseigentümer. Gemäß § 10 Abs. 6 S. 5 ist die Gemeinschaft der Wohnungseigentümer im Rahmen ihrer Teilrechtsfähigkeit auch parteifähig und kann insoweit selbst Klägerin und Beklagte sein. Dies gilt sowohl für Streitigkeiten mit Dritten als auch für Streitigkeiten mit Wohnungseigentümern. Letztere erfasst § 43 Nr. 2. Unter § 43 Nr. 2 fallen auch Klagen, mit denen die Wohnungseigentümergemeinschaft in Ausübung gemeinschaftsbezogener Rechte (§ 10 Abs. 6 S. 3) Ansprüche verfolgt. Hierzu gehört gemäß § 18 Abs. 1 S. 2 auch die Entziehungsklage.

68 Auch Ansprüche der Gemeinschaft gegen einen vor Rechtshängigkeit aus der Gemeinschaft **ausgeschiedenen Wohnungseigentümer** fallen unter § 43 Nr. 2.[94] Nimmt die Wohnungseigentümergemeinschaft einen ausgeschiedenen Wohnungseigentümer aber aus einem an sie **abgetretenen kaufvertraglichen Freistellungsanspruch** des Erwerbers in Anspruch, dann verbleibt bei der allgemeinen Zuständigkeit.[95]

69 Stehen sich die Gemeinschaft und einzelne Wohnungseigentümer **wie Dritte** gegenüber, so z.B. bei Vermietung gemeinschaftlicher Anlagen an einen Wohnungseigentümer, fallen die Streitigkeiten nicht unter § 43 Nr. 2. Klagt der Wohnungseigentümer in diesem Fall gegen die Gemeinschaft, dann richtet sich die Zuständigkeit nach § 43 Nr. 5. Gleiches gilt für Ansprüche, die ein Wohnungseigentümer aufgrund seiner anwaltlichen Tätigkeit als Bevollmächtigter in einem WEG-Verfahren gegen einen anderen Wohnungseigentümer geltend macht.[96]

70 In einem Rechtsstreit zwischen der rechtsfähigen Wohnungseigentümergemeinschaft und einem anderen Wohnungseigentümer kann ein der Gemeinschaft zugehöriger Wohnungseigentümer, der nicht selbst Partei ist, als **Zeuge** vernommen werden, da nach § 27 Abs. 3 S. 2 nur gemeinsam mit den übrigen Wohnungseigentümern vertretungsbefugt ist, und deshalb einem gesetzlichen Vertreter einer juristischen Person nicht gleichsteht.[97]

---

88 BayObLG 2Z BR 112/92, WuM 1993, 308.
89 BayObLG 2Z AR 42/94, WuM 1994, 644.
90 BGH V ZB 17/06, NZM 2006, 465.
91 Vgl. OLG München 34 Wx 69/05, NZM 2005, 672 für den Anspruch auf Beseitigung einer baulichen Veränderung.
92 OLG München 32 Wx 077/05, ZMR 2006, 157, 158; vgl. auch *Wenzel*, NZM 2006, 321, 323.
93 So OLG München 34 Wx 83/05, NZM 2006, 345, 346.
94 *Suilmann* in: Jennißen, § 43 Rn 27; *Schultzky*, ZWE 2011, 12, 13; vgl. auch BGH V ZB 24/02, NZM 2002, 1003, 1004 zu § 43 Abs. 1 Nr. 1 a.F.; BT-Drucks 16/3843 S. 55; **a.A.** wohl NK-BGB/*Heinemann*, § 43 Rn 14.
95 OLG München 34 Wx 055/05, ZMR 2005, 979.
96 Vgl. BayObLG 2Z BR 150/97, NZM 1998, 515 zu § 43 Abs. 1 Nr. 1 a.F.
97 AG Lichtenberg 12 C 240/07 WEG, ZMR 2008, 576.

K. Streitigkeiten mit dem Verwalter (§ 43 Nr. 3)

Das WEG-Gericht entscheidet gemäß § 43 Nr. 2 über die Rechte und Pflichten des Verwalters bei der Verwaltung des gemeinschaftlichen Eigentums.

71

I. Grundsatz

Die Vorschrift ist weit auszulegen.[98] Im Zweifel fallen Ansprüche gegen den Verwalter unter § 43 Nr. 3. Maßgeblich ist, ob der geltend gemachte Anspruch im inneren Zusammenhang mit der Tätigkeit des Verwalters steht.[99] Unter § 43 Nr. 3 fallen auch Ansprüche gegen einen **ausgeschiedenen Verwalter**[100] und gegen einen früheren faktischen Verwalter.[101] Es genügt dabei, dass der Beklagte mit Wissen und Billigung der Wohnungseigentümer die Verwaltergeschäfte geführt hat, selbst wenn er nicht förmlich zum Verwalter bestellt war.[102] Umgekehrt fallen **Vergütungsansprüche**[103] oder **Aufwendungsersatzansprüche**[104] des ausgeschiedenen Verwalters gegen die Wohnungseigentümer unter § 43 Nr. 3 und nicht unter § 43 Nr. 5. Maßgebend ist, dass die den Verwalter treffende Pflicht bzw das von ihm in Anspruch genommene Recht im inneren Zusammenhang mit der Verwaltung des gemeinschaftlichen Eigentums steht. Dies ist auch der Fall, wenn der Beklagte nicht selbst Verwalter war, sondern als Gesellschafter einer als Verwalterin abberufenen OHG für deren Verbindlichkeiten gemäß § 128 HGB in Anspruch genommen wird.[105] Unter § 43 Nr. 3 fallen auch Ansprüche gegen den Geschäftsführer einer Verwaltungs-GmbH.[106] Ebenso Ansprüche gegen den früheren Verwalter auf **Herausgabe von Unterlagen**, die die Errichtung der Wohnungseigentumsanlage durch die frühere Verwalterin als Bauträgerin betreffen.[107] Gleiches gilt für Ansprüche, die ausgeschiedenen und gegenwärtigen Wohnungseigentümern gemeinschaftlich gegen den Verwalter zustehen.[108]

72

In Betracht kommen Anträge der Wohnungseigentümer auf **Auskunft**,[109] Rechnungslegung (vgl. § 28 Rn 237 ff.), Herausgabe von Unterlagen,[110] Einsicht in Unterlagen,[111] Leistung von **Schadensersatz** wegen schuldhafter Verletzung des Verwaltervertrages oder wegen unerlaubter Handlungen, die im Zusammenhang mit der Verwaltertätigkeit stehen.[112] Außerdem Anträge auf Verpflichtung des Verwalters zur **Einberufung und Leitung einer Eigentümerversammlung**[113] oder auf Ermächtigung zur Einberufung analog § 37 Abs. 2 BGB. Desgleichen Anträge auf **Berichtigung des Protokolls** einer Eigentümerversammlung, wenn dessen rechtlich bedeutsamer Inhalt falsch ist oder wenn der Inhalt das Persönlichkeitsrecht eines Beteiligten verletzt.[114] Ferner Anträge der Wohnungseigentümer auf Verpflichtung des Verwalters zur **Erstellung eines Wirtschaftsplans** (§ 28 Abs. 1, Vollstreckung gem § 887 ZPO) oder zur **Erstellung der Jahresabrechnung** (§ 28 Abs. 3) oder auf Verpflichtung zur **Durchführung von** unangefochten gebliebenen **Beschlüssen** und allgemein über die Ausführung oder Nichtausführung von Aufgaben nach § 27.[115]

73

Anträge eines verkaufswilligen Wohnungseigentümers auf Verpflichtung des Verwalters zur **Zustimmung zu einer Veräußerung** (§ 12, Vollstreckung gem. § 894 ZPO; BayObLGZ 1977, 40) oder eines Wohnungseigentümers auf Verpflichtung zur **Zustimmung zu** einem bestimmten **Gebrauch** (§ 15) fallen ebenso unter § 43 Nr. 3 wie Streitigkeiten über die Rechtmäßigkeit von Verwaltermaßnahmen, über den Umfang und das Fortbestehen von Verwalteraufgaben, über Zustandekommen, Dauer und Beendigung des **Verwaltervertrages**.[117] Ebenfalls nach § 43 Nr. 3 ist der Anspruch auf Unterlassung weiterer Tätigkeiten nach Abberufung geltend zu machen.[118] Zulässig gemäß § 43 Nr. 3 ist auch ein Antrag auf Feststellung, dass eine wirksame Verwalterbestellung vorliegt.[119]

74

Umgekehrt fallen unter § 43 Nr. 3 Ansprüche des Verwalters auf Zahlung der Vergütung oder auf Aufwendungsersatz.[120]

75

Nicht unter § 43 Nr. 3 fallen Ansprüche, die mit der Verwaltertätigkeit nicht in Zusammenhang stehen, so z.B., wenn der Verwalter gleichzeitig als Unternehmer **Energielieferant** der Gemeinschaft ist[121] oder gleichzeitig das **Sondereigentum** verwaltet[122] und damit insoweit den Wohnungseigentümern wie ein Dritter gegenübertritt. Ein Schadensersatzanspruch gegen den Haftpflichtversicherer des Verwalters fällt ebenfalls nicht unter § 43 Nr. 3.[123]

76

---

98 BGH V ZB 188/08, NZM 2009, 322 Tz. 9.
99 BGH VII ZR 35/70, NJW 1972, 1318.
100 BGH V ZB 190/10, ZfIR 2011, 324.
101 KG 24 W 6578/90, WuM 1991, 415.
102 KG 1 W 4193/80, OLGZ 1981, 304.
103 BGH VII ZR 328/79, NJW 1980, 2466.
104 BayObLG 2Z BR 43/96, WuM 1996, 663.
105 BayObLG BReg 2 Z 41/87, WuM 1988, 102.
106 KG 24 W 154/05, NZM 2006, 61.
107 OLG Hamm 15 W 361/85, NJW-RR 1988, 268.
108 BayObLG 2Z AR 12/94, WuM 1994, 572, 573.
109 BayObLG BReg 2 Z 7/72, BayObLGZ 1972, 162, 166.
110 BayObLGZ 1969, 209.
111 OLG Frankfurt 20 W 732/78, OLGZ 1979, 136, 138.
112 BGH VII ZR 35/70, NJW 1972, 1318.
113 BayObLGZ 1970, 1.
114 BayObLG BReg 2 Z 22/69, BayObLGZ 1982, 445, 448.
115 Vgl. etwa KG NJW 1956, 1679.
116 OLG Köln 16 Wx 106/78, OLGZ 1979, 282, 284.
117 BayObLGZ 1977, 40.
118 BayObLG BReg 2 Z 19/73, BayObLGZ 1973, 145, 147;
119 KG OLGZ 1976, 267.
120 BGH VII ZR 328/79, NJW 1980, 2466.
121 OLG Hamm 15 W 215/78, Rpfl 1979, 318.
122 BayObLG 2Z BR 53/95, WuM 1995, 672.
123 BayObLG BReg 2 Z 22/87, MDR 1987, 765.

77 Ansprüche des Verwalters wegen **ehrverletzender Äußerungen** von Wohnungseigentümern sind im allgemeinen Zivilprozess geltend zu machen.[124] Ansprüche eines Wohnungseigentümers auf **Unterlassung ehrverletzender Äußerungen des Verwalters** fallen unter § 43 Nr. 3, wenn ein Zusammenhang mit der Verwaltung des gemeinschaftlichen Eigentums besteht. Dies ist z.B. der Fall bei Äußerungen während einer Eigentümerversammlung. Ansprüche eines Verwalters auf **Ersatz von Aufwendungen**, die er nach Ablauf seiner Verwaltertätigkeit auf Bitten des neuen Verwalters noch für die Wohnungseigentümergemeinschaft gemacht haben will, sind vor dem allgemeinen Zivilgericht geltend zu machen.[125] Streitigkeiten zwischen neuem und altem Verwalter wegen Widerrufs und Unterlassung von Behauptungen sind im allgemeinen Zivilprozess auszutragen.[126]

II. Klagebefugnis

78 Der einzelne Wohnungseigentümer ist nur insoweit klagebefugt, als er einen individuellen Anspruch gegen den Verwalter geltend machen will, z.B. wegen einer Sorgfaltspflichtverletzung des Verwalters gegenüber ihm, die allein bei ihm zu einem Schaden geführt hat.[127] Unerheblich ist insoweit, dass die Wohnungseigentümergemeinschaft als teilrechtsfähiger Verband Vertragspartner des Verwalters ist, denn Ansprüche der einzelnen Wohnungseigentümer können sich unter dem Gesichtspunkt des Vertrages mit Schutzwirkung zugunsten Dritter ergeben (vgl. § 26 Rn 36).[128] Auch Ansprüche auf ordnungsmäßige Verwaltung stehen jedem Wohnungseigentümer persönlich zu (§ 21 Abs. 4). Jeder einzelne Wohnungseigentümer kann daher den Anspruch auf Vorlage von Jahresabrechnung und Wirtschaftsplan gegen den Verwalter gerichtlich geltend machen (siehe § 28 Rn 9, 147). Auch den Antrag auf Feststellung der Unwirksamkeit des mit dem Verwalter geschlossenen Geschäftsbesorgungsvertrages kann ein einzelner Wohnungseigentümer ohne Ermächtigung der übrigen stellen.[129]

79 Einen **Anspruch der Wohnungseigentümergemeinschaft** oder einen **gemeinschaftsbezogenen Anspruch** gegen den Verwalter kann der einzelne Wohnungseigentümer nur selbstständig geltend machen, wenn die Gemeinschaft ihn durch Beschluss dazu ermächtigt hat.[130] Dies gilt auch für Erfüllungsansprüche aus dem Verwaltervertrag, der zwischen dem Verwalter und der Wohnungseigentümergemeinschaft als teilrechtsfähigem Verband geschlossen ist.[131] Für diese ist der Verband aktivlegitimiert. Gleiches gilt für Schadensersatzansprüche aus der Verletzung von Verwalterpflichten (siehe auch Rn 78).[132] Der einzelne Wohnungseigentümer hat ohne Ermächtigung gegen den Verwalter auch keinen Anspruch auf Rückzahlung unberechtigter Abhebungen vom Gemeinschaftskonto.[133] (Zu Auskunftsansprüchen siehe § 28 Rn 156.) Ohne einen solchen Beschluss ist der einzelne Wohnungseigentümer für gemeinschaftsbezogene Ansprüche nur klagebefugt, wenn die gerichtliche Geltendmachung des Anspruchs eine Notmaßnahme nach § 21 Abs. 2 ist. Ansonsten muss er die übrigen Wohnungseigentümer erst auf Zustimmung zur gerichtlichen Geltendmachung gemäß § 21 Abs. 4 im Verfahren nach § 43 Nr. 1 in Anspruch nehmen. Vorher muss er jedoch versuchen, einen entsprechenden Beschluss der Wohnungseigentümer herbeizuführen,[134] auch wenn es sich nur um eine Zweiergemeinschaft handelt.[135] Diese Grundsätze gelten auch, wenn Gemeinschaftsansprüche gegen einen nicht mehr amtierenden Verwalter geltend gemacht werden sollen.[136] Auch ein Wohnungseigentümer, der einen Schaden am Gemeinschaftseigentum im Wege der Notgeschäftsführung auf seine Kosten beseitigt hat, bedarf der Ermächtigung um auf Schadensersatzanspruch gegen den Verwalter klagen zu können, weil dieser es versäumt habe, den Schaden rechtzeitig der Gebäudeversicherung der Gemeinschaft zu melden.[137]

80 Ein **Schadensersatzanspruch der Wohnungseigentümergemeinschaft** gegen den Verwalter fällt in das Verwaltungsvermögen. Der Verband bleibt als Träger des Verwaltungsvermögens unabhängig von zwischenzeitlichen Eigentümerwechseln aktiv legitimiert. Der einzelne Wohnungseigentümer kann vom Verwalter weder verlangen, dass bei Umbauarbeiten veränderte Kellerabteile dem Aufteilungsplan entsprechend wiederhergestellt werden, noch gegen den Verwalter die Feststellung beantragen, er dürfe zur Zahlung bestimmter Kosten nicht herangezogen werde.[138] Zur Durchsetzung von Ansprüchen nach § 1004 BGB aus Instandhaltungs- und/oder Veränderungsmaßnahmen am Gemeinschaftseigentum gegen den Verwalter sind einzelne Miteigentümer ohne entsprechenden Gemeinschaftsbeschluss nicht berechtigt.[139] Lässt der Verwalter elektrische Zuleitungen zu einzelnen Kellerräumen unter-

---

124 BayObLG BReg 2 Z 131/88, BayObLGZ 1989, 67 soweit nicht ein Zusammenhang mit der Verwaltung des gemeinschaftlichen Eigentums besteht; OLG Düsseldorf 15 U 63/00, ZWE 2001, 164 m. Anm. *Fritsch*; anders aber BayObLG 2Z BR 16/01, ZWE 2001, 319 m. Anm. *Derleder*, S. 312 und Erwiderung *Fritsch*, S. 478; OLG München 31 AR 92/08, NZM 2008, 576.
125 OLG Köln 16 Wx 48/02, NZM 2002, 749.
126 OLG München 32 Wx 104/05, NZM 2006, 25.
127 Vgl. BGH V ZB 9/91, NJW 1992, 182.
128 OLG Düsseldorf 3 Wx 281/05, ZWE 2007, 92 m. Anm. *Briesemeister*; OLG Frankfurt 20 W 169/07, ZWE 2008, 470; LG Hamburg 318 S 84/08, ZMR 2010, 551, 553.
129 OLG Hamm 15 W 133/00, NZM 2001, 49, 51.
130 BGH V ZB 9/88, NJW 1989, 1087 m.w.N.; AG Hannover 480 C 7201/08, ZMR 2009, 81.
131 OLG München 34 Wx 055/06, NZM 2007, 293.
132 OLG München 32 Wx 93/07, FGPrax 2008, 218.
133 AG Dortmund 513 C 58/08, NZM 2009, 324.
134 OLG Hamburg 2 Wx 74/91, WuM 1993, 705, 706.
135 LG Hamburg 318 S 84/08, ZMR 2010, 551, 553.
136 KG 24 W 2779/89, WuM 1990, 180, 181.
137 OLG Köln 16 Wx 228/04, NZM 2005, 307.
138 BayObLG 2Z BR 112/98, WuM 1999, 129.
139 OLG Schleswig 2 W 109/97, WuM 1998, 308.

III. Rechtsschutzbedürfnis

Das Rechtsschutzbedürfnis für die Klage gegen eine Maßnahme des Verwalters entfällt, sobald die Maßnahme durch einen Mehrheitsbeschluss der Wohnungseigentümer gebilligt ist. Der Antragsteller muss dann seinen Antrag in einen Beschlussanfechtungsantrag ändern.[141] **81**

Ein Rechtsschutzbedürfnis für eine gegen den Verwalter gerichtete Klage auf **Protokollberichtigung** besteht nur, wenn der rechtlich bedeutsame Inhalt des Protokolls falsch ist oder der Inhalt des Protokolls das Persönlichkeitsrecht des Antragstellers verletzt. Es liegt im Interesse des Rechtsfriedens in einer Gemeinschaft, dass nicht wegen jeder Geringfügigkeit ein Protokollberichtigungsverfahren herbeigeführt werden kann.[142] Bestimmt die Gemeinschaftsordnung, dass das Protokoll einer Eigentümerversammlung von der nächsten Versammlung zu bestätigen ist, so fehlt vor der Bestätigung das Rechtsschutzbedürfnis für einen Antrag auf Feststellung, welche von zwei unterschiedlichen Versionen des Protokolls maßgeblich ist.[143] Für einen Antrag auf Berichtigung des Protokolls hinsichtlich der Anzahl der abgegebenen Ja- Stimmen fehlt das Rechtsschutzbedürfnis, wenn sich die behauptete Unrichtigkeit auf das Abstimmungsergebnis nicht auswirkt.[144] **82**

Das Rechtsschutzbedürfnis für einen gegen den Verwalter gerichteten Antrag auf Unterlassung bestimmter Verwaltungsmaßnahmen fehlt, solange der Antragsteller den Verwalter nicht erfolglos um Abhilfe aufgefordert hat.[145] Für die gerichtliche Geltendmachung des Anspruchs auf Einsicht in die zu einer Jahresabrechnung gehörenden Belege entfällt das Rechtsschutzbedürfnis, wenn der Verwalter sich ernstlich bereit erklärt, die Einsicht zu gewähren.[146] **83**

L. Entscheidung über die Gültigkeit von Beschlüssen (§ 43 Nr. 4)

Für die Entscheidung über Anfechtungsklagen von Wohnungseigentümern oder Verwaltern ist das Amtsgericht in dessen Bezirk das Grundstück liegt, ausschließlich örtlich und sachlich zuständig. (Zum Anwendungsbereich siehe Rn 85; zu sonstigen Einzelheiten der wohnungseigentumsrechtlichen Anfechtungsklage siehe § 46 Rn 1 ff.). **84**

I. Anwendungsbereich

Die Vorschrift erfasst **85**
- Beschlussanfechtungsklagen gemäß § 46,
- Klagen auf Feststellung der Nichtigkeit von Beschlüssen,
- Klagen auf Feststellung der Gültigkeit von Beschlüssen, wenn deren Nichtigkeit behauptet wird,
- Klagen auf Feststellung, dass ein Eigentümerbeschluss mit dem in einer Versammlungsniederschrift protokollierten Inhalt überhaupt nicht zustande gekommen ist, z.B. wegen fehlender Stimmabgabe des einzigen anwesenden Wohnungseigentümers[147] oder unterbliebener Verkündung des Beschlusses,[148]
- Klagen auf Feststellung, ein Eigentümerbeschluss mit einem bestimmten Inhalt sei entgegen der Versammlungsniederschrift überhaupt nicht gefasst worden,
- Beschlussfeststellungsklagen bei unterbliebener Feststellung und Verkündung des Beschlussergebnisses (siehe Rn 88),
- Klagen auf Feststellung des Inhalts von Beschlüssen (siehe Rn 90).

Diese Klagen unterliegen der Monatsfrist des § 46 Abs. 1 S. 2, wenn ohne die Klage ein bestimmter Beschluss bestandskräftig werden würde. Dies ist bei nichtigen und nicht verkündeten Beschlüssen nicht der Fall. Die Nichtigkeit tritt von Anfang an ein, nicht erst durch die Geltendmachung in einem gerichtlichen Verfahren, so dass eine gerichtliche Entscheidung nur deklaratorische Bedeutung hat.[149] Zur Verwirkung des Klagerechts für eine Nichtigkeitsfeststellungsklage genügt der bloße Zeitablauf nicht, es müssen besondere Umstände hinzutreten, die eine Inanspruchnahme des Gerichtsschutzes als treuwidrig erscheinen lassen.[150] Die Klage auf Feststellung, dass ein Eigentümerbeschluss entgegen einem verkündeten Ergebnis infolge falscher Stimmenzählung nicht oder anders zustande gekommen ist (Beschlussergebnisberichtigungsklage), muss dagegen innerhalb der Monatsfrist des § 46 Abs. 1 S. 2 erhoben werden,[151] denn der Erfolg der Klage setzt die Beseitigung des verkündeten positiven Beschlusses durch Anfechtung innerhalb der Monatsfrist des § 46 Abs. 1 S. 2 voraus.

---

140 KG 24 W 1184/00, NZM 2000, 677.
141 BayObLG BReg 2 Z 16/72, BayObLGZ 1972, 246, 247.
142 BayObLG BReg 2 Z 39/82, BayObLGZ 1982, 445, 448.
143 BayObLG BReg 2 Z 60/89, NJW-RR 1989, 1168, 1170.
144 BayObLG BReg 2 Z 144/90, WuM 1991, 310.
145 BayObLG BReg 2 Z 16/72, BayObLGZ 1972, 246, 251.
146 BayObLG Rpfl 1977, 126.
147 BayObLG 2Z BR 72/95, NJW-RR 1996, 524.
148 OLG München 34 Wx 3/06, ZWE 2006, 456.
149 BGH V ZR 225/11, NJW 2012, 2578, Tz 9.
150 BGH V ZR 225/11, NJW 2012, 2578, Tz 8.
151 KG 24 W 1227/90, NJW-RR 1991, 214; LG Hamburg 318 S 248/10, ZMR 2012, 217, 218.

86 Anträge auf **Berichtigung fehlerhaft protokollierter Beschlüsse** unterliegen dagegen nicht der Monatsfrist des § 46 Abs. 1 S. 2.[152]

87 § 43 Nr. 4 erfasst auch die Anfechtung von Beschlüssen gemäß **§ 18 Abs. 3**, wobei im Rahmen der Anfechtungsklage nur die Ordnungsmäßigkeit der Beschlussfassung zu überprüfen ist, da die inhaltliche Berechtigung des Veräußerungsbegehrens im Entziehungsverfahren zu klären ist.[153] Auch ein Beschluss der Eigentümerversammlung, einen Wohnungseigentümer unter Hinweis auf § 18 abzumahnen, ist lediglich daraufhin zu überprüfen, ob die Beschlussfassung ordnungsgemäß war, nicht jedoch darauf, ob die Abmahnung materiell berechtigt war.[154]

II. Beschlussfeststellungsklage

88 Ob ein Beschluss vorliegt, sei es ein negativer oder ein positiver Beschluss, hängt von der **Feststellung und Bekanntgabe des Beschlussergebnisses durch den Versammlungsleiter** ab (siehe § 23 Rn 47). Ist laut Protokoll abweichend von der Bekanntgabe in der Eigentümerversammlung ein Beschluss zustande gekommen, dann ist ein gegen diesen Beschluss gerichteter Anfechtungsantrag umzudeuten in den Antrag auf Feststellung, ein positiver Beschluss sei nicht gefasst worden.[155]

89 Unterbleibt die Feststellung und Verkündung des Beschlussergebnisses pflichtwidrig oder stellt der Versammlungsleiter nur das tatsächliche Stimmenverhältnis (Abstimmungsergebnis) fest, so liegt ein Nichtbeschluss vor, der keiner Anfechtung bedarf. In diesem Fall ist ein **nicht fristgebundener Antrag auf Beschlussfeststellung** nach § 43 Nr. 4 möglich.[156] Die rechtskräftige Feststellung des Beschlussergebnisses durch das Gericht ersetzt die unterbliebene Feststellung des Versammlungsleiters und vervollständigt so den Tatbestand für das Entstehen des Beschlusses.[157] Bei eilbedürftigen Beschlussgegenständen kann im Wege der einstweiligen Verfügung eine vorläufige Regelung getroffen werden. Der Beschlussfeststellungsantrag könnte etwa lauten: „Es wird beantragt, festzustellen, dass in der Eigentümerversammlung vom … zu TOP … ein Beschluss mit folgendem Inhalt: „…" gefasst worden ist." Fraglich ist, ob Gegenstand des Beschlussfeststellungsverfahrens auch inhaltliche Mängel des Beschlusses sind. Jedenfalls Nichtigkeitsgründe müssen in dem Verfahren geprüft werden, weil für die Feststellung eines nichtigen Beschlusses das Rechtsschutzbedürfnis fehlen würde. Nichtigkeits- und Anfechtungsgründe bilden jedoch einen einheitlichen Streitgegenstand (siehe § 46 Rn 84). Dies spricht neben dem Grundsatz der Verfahrensökonomie dafür, dass auch im Beschlussfeststellungsverfahren abschließend über die Gültigkeit des Beschlusses zu entscheiden ist und die rechtskräftige Entscheidung des Gerichts nicht mehr die Möglichkeit der Anfechtung dieses Beschlusses eröffnet.[158] Der Tenor des stattgebenden Gerichtsbeschlusses müsste dann in der Hauptsache lauten: „Es wird festgestellt, dass in der Eigentümerversammlung vom … zu TOP … wirksam ein Beschluss mit folgendem Inhalt „…" gefasst wurde."

III. Klage auf Feststellung des Beschlussinhalts

90 Die Feststellungen des Versammlungsleiters bestimmen konstitutiv auch den **Inhalt des Beschlusses**.[159] Entspricht das festgestellte und verkündete Beschlussergebnis nicht den tatsächlichen und rechtlichen Verhältnissen, so ist der Fehler durch Beschlussanfechtung auszuräumen.[160] Mit der Anfechtungsklage kann ein Antrag auf Feststellung des wirklich gefassten, aber vom Versammlungsleiter nicht festgestellten Beschlussinhalts verbunden werden.[161]

91 Hat der Versammlungsleiter einzelne Wohnungseigentümer zu Unrecht von der Abstimmung ausgeschlossen, so kann dies im Falle der Beschlussanfechtung zur nachträglichen Feststellung eines anderen Beschlussinhalts führen.[162] Der Erfolg eines Antrags auf Feststellung, dass entgegen dem vom Versammlungsleiter festgestellten Ergebnis infolge falscher Stimmenzählung kein positiver Beschluss zustande gekommen sei, setzt die Beseitigung des verkündeten positiven Beschlusses durch Anfechtung innerhalb der Monatsfrist des § 46 Abs. 1 S. 2 voraus. Der Erfolg des Feststellungsantrags setzt außerdem voraus, dass auch im Übrigen alle Erfordernisse für einen wirksamen Beschluss vorliegen.[163] Im Verfahren nach § 43 Nr. 4 ist auch umgekehrt zu klären, ob entgegen den Feststellungen des Versammlungsleiters doch ein positiver Beschluss zustande gekommen ist (siehe Rn 100).

92 Hat der Verwalter versäumt, in der Niederschrift über die Versammlung zu vermerken, wer sich an der Abstimmung beteiligt hat, so muss im Beschlussanfechtungsverfahren mit den zur Verfügung stehenden Erkenntnisquellen aufgeklärt werden, ob die erforderliche Mehrheit erreicht wurde. Verbleiben insoweit Zweifel, ist davon auszugehen,

---

152 Str., wie hier *Abramenko*, ZMR 2003, 326 m.w.N.
153 BayObLG BReg 1 b Z 5/88, WuM 1990, 95.
154 LG Düsseldorf 25 T 49/91, ZMR 1991, 314.
155 KG 24 W 9387/00, NZM 2002, 613.
156 BGH V ZB 10/01, NJW 2001, 3339, 3342; *Wenzel*, ZWE 2000, 382, 385; *Bub*, ZWE 2000, 194, 202.
157 BGH V ZB 10/01, NJW 2001, 3339, 3342/3343.
158 Ebenso *Becker*, ZWE 2006, 157, 161; *Merle* in: Bärmann, § 23 Rn 44; *Abramenko* in: Riecke/Schmid, § 43 Rn 20; *Klein* in: Bärmann, § 43 Rn 106; **a.A.** AG Hamburg-Blankenese 539 C 27/08, ZMR 2008, 1001; *Riecke/v. Rechenberg*, MDR 2002, 310; *Deckert*, ZMR 2003, 157; *Müller*, NZM 2003, 222, 224.
159 BGH V ZB 10/01, NJW 2001, 3339, 3341.
160 *Wenzel*, ZWE 2000, 382, 386.
161 BayObLG 2Z BR 85/02, ZMR 2004, 125, 126.
162 KG 24 W 5147/88, ZMR 1989, 388, 389.
163 BayObLG 2Z BR 85/02, ZMR 2004, 125, 126.

dass der Verwalter zu Unrecht die erforderliche Mehrheit festgestellt hat, so dass der angefochtene Beschluss für ungültig zu erklären ist.[164]

Richtet sich eine Anfechtungsklage gegen einen Beschluss, der mangels Feststellung und Bekanntgabe des Beschlussergebnisses noch nicht zur Entstehung gelangt ist, dann kann das Gericht das Beschlussergebnis feststellen, sofern dies möglich ist, und den Beschluss wegen inhaltlicher Mängel für ungültig erklären.[165]

IV. Anfechtung von Negativbeschlüssen

Beschlüsse, die einen Antrag ablehnen, weil die erforderliche Mehrheit fehlt (Negativbeschlüsse), sind ebenfalls Ausdruck der Willensbildung der Wohnungseigentümer in dem dafür vorgesehenen Verfahren (vgl. § 23 Rn 58). Inzwischen ist allgemein anerkannt, dass auch Negativbeschlüsse Beschlussqualität haben und **grundsätzlich anfechtbar** sind.[166] Ein Negativbeschluss liegt auch vor, wenn die Gemeinschaftsordnung für einen bestimmten Gegenstand eine qualifizierte Mehrheit verlangt, bei der Abstimmung aber nur eine einfache Mehrheit zustande kommt.[167]

Ein Negativbeschluss, der einen Antrag auf Vornahme einer bestimmten Maßnahme ablehnt, unterscheidet sich inhaltlich von einem Beschluss, der den Antrag annimmt, eine bestimmte Maßnahme nicht vorzunehmen.[168] Der positive Beschluss über einen negativ formulierten Antrag enthält eine sachliche Regelung, indem er die Fortdauer der bisherigen Regelung verbindlich festlegt.[169] Ein Negativbeschluss enthält nur ganz ausnahmsweise dann eine sachliche Regelung, wenn seine Auslegung ergibt, dass mit der Ablehnung eines bestimmten Antrags zugleich das kontradiktorische Gegenteil beschlossen sein sollte.[170] Beispiel: Der Antrag eine Sanierung zurückzustellen wird abgelehnt und zugleich eine Sonderumlage beschlossen.

Im Regelfall hat der Negativbeschluss jedoch keinen sachlichen Regelungsgehalt, sondern erschöpft sich in der Ablehnung des zur Abstimmung gestellten Antrags. Er enthält keine negative Regelung. Er ist nur ein Beschluss über den Beschlussantrag, nicht zugleich ein Beschluss über den Antragsgegenstand. Der bestandskräftige Negativbeschluss steht deshalb der Durchsetzung der begehrten Regelung – z.B. durch einen Verpflichtungsantrag – nicht entgegen.[171] Er entfaltet auch keine Sperrwirkung für eine erneute Beschlussfassung über denselben Gegenstand.[172] Deshalb ist seine Anfechtung regelmäßig weder Voraussetzung für eine neue Beschlussfassung noch für den Erfolg eines Verpflichtungsantrags.[173] Etwas anderes gilt aber dann, wenn der Beschluss nach seinem Inhalt die Durchführung einer Maßnahme nicht nur vorläufig, sondern generell ablehnt.[174]

Für das **Rechtsschutzbedürfnis** einer Anfechtungsklage genügt grundsätzlich das Interesse eines Wohnungseigentümers eine ordnungsgemäße Verwaltung zu erreichen.[175]

Das Rechtsschutzbedürfnis für die Anfechtung eines Negativbeschlusses besteht namentlich dann, wenn die Ablehnung des Antrags materiell-rechtlich ordnungsgemäßer Verwaltung widerspricht, weil der Antragsteller einen klagbaren Anspruch auf Beschlussfassung hat.[176] Hierunter fällt z.B. auch die sachlich nicht berechtigte Ablehnung des Antrags auf Verpflichtung des Verwalters zur Erteilung der ihm vorbehaltenen Zustimmung zu einer baulicher Veränderung oder einer Veräußerung.[177]

Auch für die Anfechtung eines Negativbeschlusses besteht regelmäßig ein Rechtsschutzbedürfnis.[178] Der Verbindung der Anfechtungsklage mit einem auf Feststellung eines positiven Beschlussergebnisses gerichteten Antrags bedarf es nicht.[179] Das notwendige Rechtsschutzbedürfnis ergibt sich daraus, dass der Antragsteller durch die Ablehnung des Antrags möglicherweise in seinem Recht auf ordnungsmäßige Verwaltung des Gemeinschaftseigentums verletzt wird.[180] Ein Rechtsschutzbedürfnis für die Anfechtungsklage ist regelmäßig dann zu bejahen, wenn der Kläger gleichzeitig in Form eines Verpflichtungsantrags die Vornahme der abgelehnten Handlung begehrt.[181] Das Rechtsschutzbedürfnis für die Anfechtung setzt nicht unbedingt voraus, dass gleichzeitig ein Antrag auf Vornahme der abgelehnten Maßnahme gestellt wird, weil nicht erforderlich ist, dass der Antragsteller in einem individuellen Recht beeinträchtigt ist.[182] Umgekehrt ist die Anfechtung des ablehnenden Beschlusses für den Erfolg eines Antrags auf Vornahme einer Maßnahme der ordnungsgemäßen Verwaltung nicht erforderlich, weil der Negativbeschluss

---

164 OLG Köln 16 Wx 185/01, NZM 2002, 458.
165 OLG München 34 Wx 097/06, Info-M 2007, 128.
166 BGH V ZB 10/01, NJW 2001, 3339, 3343 m.w.N.; BayObLG 2Z BR 63/02, ZMR 2003, 50; OLG Hamm 15 W 396/03, ZMR 2004, 852, 855; OLG München 34 Wx 69/07, ZMR 2007, 996; *Wenzel*, ZMR 2005, 413.
167 KG 24 W 9387/00, ZWE 2002, 471.
168 *Wenzel*, ZMR 2005, 413, 414; **a.A.** BayObLG 2Z BR 63/02, NZM 2003, 122.
169 Vgl. *Wenzel*, ZMR 2005, 413, 414.
170 *Wenzel*, ZMR 2005, 413, 415.
171 *Wenzel*, ZMR 2005, 413, 415.
172 BGH V ZB 30/02, NZM 2002, 995, 997; BGH V ZR 174/11, zitiert nach Juris Rn 5.
173 LG Hamburg 318 T 179/06, ZMR 2008, 825.
174 OLG München 32 Wx 2/06, NZM 2006, 703/704.
175 BGH V ZB 11/03, NJW 2003, 3124, 3125.
176 Vgl. *Wenzel*, ZMR 2005, 413, 416; LG Köln 29 T 72/04, ZMR 2005, 311, 312.
177 Vgl. BGH V ZB 4/94, NJW 1996, 1216.
178 BGH V ZR 114/09, ZMR 2010, 542; BGH V ZR 202/10, ZWE 2011, 319; BGH V ZR 174/11, zitiert nach Juris Rn 5; LG Hamburg 318 T 154/07, ZMR 2010, 791.
179 BGH V ZR 174/11, ZMR 2010, 542.
180 BGH V ZR 114/09, ZMR 2010, 542; LG Itzehoe 11 S 3/09, ZMR 2010, 149; *Wenzel*, ZMR 2005, 413, 415.
181 OLG München 34 Wx 69/07, ZMR 2007, 996 m.w.N.
182 *Wenzel*, ZMR 2005, 413, 416.

keine Bindungswirkung hat. Der Leistungsantrag ist danach grundsätzlich ausreichend.[183] Etwas anderes gilt aber dann, wenn der Beschluss nach seinem Inhalt die Durchführung einer Maßnahme nicht nur vorläufig, sondern generell ablehnt.[184]

100 Ein Rechtsschutzbedürfnis besteht vor allem dann, wenn die nach Ansicht des Antragstellers falsche Feststellung eines negativen Beschlussergebnisses in einen positiven Beschluss umgewandelt werden soll.[185] Neben der Beseitigung des Negativbeschlusses durch rechtzeitige Anfechtung bedarf es eines Feststellungsantrags, um verbindlich zu klären, mit welchem Inhalt der angefochtene Beschluss tatsächlich ergangen ist.[186] Im Rahmen dieses kombinierten Beschlussanfechtungs- und Feststellungsverfahrens ist auch über sämtliche Anfechtungs- und Nichtigkeitsgründe des festzustellenden Beschlusses zu entscheiden, so dass die rechtskräftige Feststellung eines bestimmten Beschlusses nicht mehr dessen Anfechtung ermöglicht.[187]

101 Das **Rechtsschutzinteresse fehlt** jedoch dann, wenn der angefochtene Negativbeschluss keine Rechte des Klägers beeinträchtigt, weil der Kläger keinen Anspruch auf positive Beschlussfassung hat, der Negativbeschluss auch er keine Sperrwirkung für eine erneute Beschlussfassung der Wohnungseigentümer über denselben Gegenstand entfaltet, da er sich in der Ablehnung gerade dieses Beschlussantrags erschöpft und die Feststellung des negativen Beschlussergebnisses auch nicht mängelbehaftet ist.[188] Einer isolierten Anfechtungsklage gegen einen Negativbeschluss, in dem ein gegen die Eigentümergemeinschaft geltend gemachter Kostenerstattungsanspruch ablehnt wurde, fehlt das Rechtsschutzbedürfnis, wenn über eine Zahlungsklage das Rechtsschutzziel des Anfechtenden einfacher als über eine Beschlussanfechtung erreicht werden kann.[189] Einem solchen Negativbeschluss kommt keine materielle Bindungswirkung zu, so dass die Bestandskraft des ablehnenden Beschlusses einer Zahlungsklage des Wohnungseigentümers nicht entgegen gehalten werden kann.[190]

M. Klagen Dritter (§ 43 Nr. 5)

102 Für Klagen Dritter gemäß **§ 43 Nr. 5** ist nach den §§ 23 Nr. 1, 71 Abs. 1 GVG die erstinstanzliche Zuständigkeit des Landgerichts gegeben, sofern es sich um Streitigkeiten handelt, deren Gegenstand an Geld oder Geldeswert die Summe von 5.000 EUR übersteigt.

103 § 43 Nr. 5 hat § 29b ZPO a.F. in das WEG integriert und so die **ausschließliche örtliche Zuständigkeit** des Gerichts, in dessen Bezirk das Grundstück liegt, für alle Wohnungseigentumssachen in nur einer Vorschrift konzentriert. Die **sachliche Zuständigkeit** richtet sich nach den allgemeinen Vorschriften (siehe Rn 12; zum **Streitwert** siehe Anh § 50 Rn 3.).

104 Ohne die Regelung müssten, soweit nicht wegen § 29 ZPO ein Gerichtsstand am Ort des Bauwerks aus dem Ortsbezug eines Vertrages begründet war, die einzelnen Wohnungseigentümer an ihrem jeweiligen Wohnsitz verklagt werden; bei passiver Streitgenossenschaft wäre eine Entscheidung nach § 36 Abs. 1 Nr. 3 ZPO herbeizuführen. Die Bedeutung der Regelung ist in dieser Hinsicht geringer geworden, nachdem die Wohnungseigentümergemeinschaft als teilrechtsfähig anerkannt wurde (vgl. § 10 Abs. 6).

105 Klagender **Dritter** kann jeder sein, der nicht Mitglied der Wohnungseigentümergemeinschaft war oder ist. In Betracht kommen etwa Heizöllieferanten, Architekten, Mieter, Bauhandwerker, Versorgungsunternehmen oder Versicherer. Gehört der Kläger der Wohnungseigentümergemeinschaft an, fällt die Klage gleichwohl unter § 43 Nr. 5 nicht unter § 43 Nr. 1, wenn er nicht aus dem Gemeinschaftsverhältnis selbst vorgeht, sondern wie ein Dritter aufgrund eigener Leistungen gegenüber der Gemeinschaft (als Handwerker, Architekt usw.) klagt. Dementsprechend fällt auch die Klage eines Wohnungseigentümers gegen die Wohnungseigentümergemeinschaft aus einer an ihn abgetretenen Forderung eines Dritten (z.B. des Hausmeisters) unter § 43 Nr. 5.[191]

106 Klagen der Wohnungseigentümer oder der Wohnungseigentümergemeinschaft **gegen Dritte** fallen nicht unter § 43 Nr. 5. Es bleibt bei der Zuständigkeit der allgemeinen Zivilgerichte.[192] Das gilt auch im Fall der negativen Feststellungsklage.

107 Als **Beklagte** kommen die Wohnungseigentümer – auch ausgeschiedene[193] oder die Wohnungseigentümergemeinschaft in Betracht. Unter § 43 Nr. 5 fallen aber auch Klagen gegen eine werdende Wohnungseigentümergemeinschaft (siehe dazu § 10 Rn 7). Andere Gemeinschaften erfasst die Vorschrift nicht.

108 Der Streitgegenstand muss sich entweder auf das gemeinschaftliche Eigentum im Sinne von § 1 Abs. 5 oder seine Verwaltung (1. und 2. Alt.) oder auf das Sondereigentum im Sinne von § 1 Abs. 2, 3 und § 5 (3. Alt.) beziehen. Ansprüche aus der **Verwaltung des Sondereigentums** fallen nicht unter § 43 Nr. 5, sondern in die Zuständigkeit der

---

183 LG Hamburg 318 T 179/06, ZMR 2008, 825.
184 OLG München 32 Wx 2/06, NZM 2006, 703/704.
185 BGH V ZB 30/02, NZM 2002, 995, 997; OLG München 34 Wx 100/06, NZM 2007, 447.
186 BGH V ZB 30/02, NZM 2002, 995, 996.
187 *Müller*, NZM 2003, 222, 225; *Wenzel*, ZMR 2005, 413, 416.
188 OLG München 34 Wx 103/06, NZM 2007, 522.
189 LG Hamburg 318 S 111/10, ZMR 2011, 319.
190 *J.-H. Schmidt/Riecke*, ZMR 2005, 252, 265/266; **a.A.** AG Hannover 480 C 11289/10, ZMR 2011, 336.
191 LG Nürnberg-Fürth 8 O 7516/07, NZM 2008, 494.
192 *Klein* in: Bärmann, § 43 Rn 114.
193 Vgl. BT-Drucks 16/3843 S. 54.

allgemeinen Zivilgerichte.[194] Erfasst werden Klagen wegen Forderungen aufgrund Herstellung, Reparatur oder Modernisierung von denjenigen Teilen der Wohnungseigentumsanlage, die nicht im Sondereigentum oder im Eigentum Dritter stehen. In Betracht kommen aber auch Klagen aufgrund von Mietverträgen über gemeinschaftliches Eigentum (Kfz-Stellplätze) und aufgrund von Dienstverträge mit dem Hausmeister.

N. Mahnverfahren (§ 43 Nr. 6)

§ 43 Nr. 6 übernimmt in modifizierter Form die Zuständigkeitsregelung für das Mahnverfahren im früheren § 46a Abs. 1 S. 2. Im Hinblick auf die Binnenstreitigkeiten des § 43 Nr. 1 bis Nr. 4 führt § 43 Nr. 6 insofern zu einer Beschränkung der bisherigen Zuständigkeit, als nur noch auf Mahnverfahren abgestellt wird, in denen die Wohnungseigentümergemeinschaft Antragstellerin ist. Dies gilt insbesondere für Wohngeldansprüche und Schadensersatzansprüche gegen den Verwalter.

109

Weil die Wohnungseigentümergemeinschaft keinen „Sitz" im Sinne des § 17 Abs. 1 S. 1 ZPO hat, wäre ohne die Regelung des § 43 Nr. 6 für die Bestimmung des zuständigen Mahngerichts gemäß § 689 Abs. 2 S. 1 ZPO i.V.m. § 17 Abs. 1 S. 2 ZPO auf den Ort, an dem die Verwaltung geführt wird, abzustellen gewesen.

110

Für die übrigen Binnenstreitigkeiten bestand kein Bedürfnis für eine von der Zuständigkeitsregelung des § 689 Abs. 2 ZPO abweichende Regelung, denn für den Mahnantrag eines Wohnungseigentümers gegen einen anderen Wohnungseigentümer oder den Verwalter kann das nach § 689 Abs. 2 ZPO zuständige Mahngericht ohne Schwierigkeiten ermittelt werden.

111

O. Eigentümerwechsel

Kommt es infolge rechtsgeschäftlicher Veräußerung oder Zwangsversteigerung zu einem Eigentümerwechsel, so stellt sich **materiell-rechtlich** die Frage, ob der Erwerber oder der Veräußerer Nutzungen, Lasten und Kosten des gemeinschaftlichen Eigentums zu tragen hat und wer in der Eigentümerversammlung stimmberechtigt ist. Dies ist eine Frage der Sachbefugnis (vgl. dazu § 16 Rn 140, § 25 Rn 6, § 22 Rn 197).

112

Verfahrensrechtlich stellt sich die Frage, ob ein Eigentümerwechsel Auswirkungen auf die Parteistellung hat.

113

Kommt es zu einem **Eigentümerwechsel nach Rechtshängigkeit**, so hat dies auf das Verfahren keinen Einfluss (§§ 261 Abs. 3 Nr. 2, 265, 325 ZPO). Durch die Veräußerung des Wohnungseigentums entfällt weder die aktive noch die passive Prozessführungsbefugnis des ausgeschiedenen Wohnungseigentümers. Dies ist unproblematisch, soweit sich durch das Ausscheiden die Aktiv- oder Passivlegitimation nicht ändert, weil z.B. der ausgeschiedene Wohnungseigentümer materiell-rechtlich für die bis zu seinem Ausscheiden angefallenen Hausgeldvorauszahlungen haftet. Der Anwendung des § 265 Abs. 2 ZPO bedarf es bei fortbestehender Sachlegitimation nicht, um die fortbestehende Prozessführungsbefugnis zu begründen.[195]

114

Ein Wechsel der Sachbefugnis kommt in Betracht in Anfechtungsklagen und bei Unterlassungs- oder Beseitigungsansprüchen. Bewirkt der Eigentümerwechsel eine Änderung der Aktiv- oder Passivlegitimation, so hat dies auf den Fortbestand der Prozessführungsbefugnis des ausgeschiedenen Wohnungseigentümers gemäß § 265 Abs. 2 ZPO keinen Einfluss. Der Veräußerer führt das Verfahren als gesetzlicher Prozessstandschafter im eigenen Namen für den Rechtsnachfolger weiter.[196] Er kann einen Anfechtungsprozess weiter betreiben[197] und im Wege der Klageerweiterung einen Zahlungsanspruch geltend machen, der in einem engen rechtlichen und wirtschaftlichen Zusammenhang mit dem vorher gestellten Antrag steht.[198] Mit der Veräußerung eines Wohnungseigentums kann aber das Rechtsschutzinteresse an der Anfechtungsklage entfallen (vgl. § 46 Rn 31).

115

Die förmliche Beteiligung des Sondernachfolgers am Verfahren ist weder bei der Anwendung des § 265 Abs. 2 ZPO noch bei fortbestehender Sachlegitimation geboten.[199]

116

Ein auf Unterlassung einer bestimmten Nutzung des Sondereigentums in Anspruch genommener Wohnungseigentümer bleibt auch nach Veräußerung mit Wirkung für und gegen seinen Rechtsnachfolger Verfahrensbeteiligter.[200] Die gerichtliche Entscheidung hat gemäß § 10 Abs. 4 auch ohne Eintragung im Grundbuch unmittelbare Wirkung für den Sonderrechtsnachfolger. Im Rahmen der Vollstreckung ist allerdings eine Umschreibung des Titels gemäß §§ 325, 727 ZPO auf den Rechtsnachfolger erforderlich.[201] Voraussetzung ist insoweit ferner, dass der Rechtsnachfolger im Hinblick auf das anhängige Verfahren bösgläubig ist (§ 325 Abs. 2 ZPO). In Betracht kommt auch eine Vollstreckung gegen den ausgeschiedenen Wohnungseigentümer nach § 888 ZPO dahingehend, dass dieser seinen Rechtsnachfolger zum Unterlassen bewegen muss.

117

---

194 *Klein* in: Bärmann, § 43 Rn 119; **a.A.** *Suilmann* in: Jennißen, § 43 Rn 46.
195 BGH V ZB 10/01, NJW 2001, 3339.
196 BGH V ZB 10/01, NJW 2001, 3339.
197 BGH V ZB 10/01, NJW 2001, 3339.
198 BayObLG 2 Z 21/82, ZMR 1983, 391, 393.
199 BGH V ZB 10/01, NJW 2001, 3339; **a.A.** für den letztgenannten Fall *Suilmann*, Beschlussmängelverfahren, S. 148 f.
200 OLG Oldenburg 5 Wx 44/78, ZMR 1980, 63.
201 Vgl. etwa BayObLG BReg 2 Z 34/91, WuM 1991, 632.

118 Dem neuen Eigentümer steht es frei, sich als Nebenintervenient (unselbstständiger Streitgehilfe gemäß §§ 67, 265 Abs. 2 S. 2 ZPO) ebenfalls am Verfahren zu beteiligen.[202] Die Verfahrensstellung des Veräußerers kann der Erwerber nur übernehmen, wenn der Gegner zustimmt (vgl. § 265 Abs. 2 S. 2 ZPO).[203] Die Kläger können ihn auch im Wege der Streitverkündung zum Verfahren hinzuziehen. Wird ein Unterlassungsantrag bei einem Eigentümerwechsel während des Verfahrens zum selben Streitgegenstand auf den Rechtsnachfolger erstreckt, so entfällt für den gegen den Veräußerer gerichteten Antrag das Rechtsschutzbedürfnis denn durch eine spätere Umschreibung des Vollstreckungstitels auf den Rechtsnachfolger (§§ 325, 727 ZPO) können die Kläger nicht mehr erreichen als durch die direkte Inanspruchnahme des Rechtsnachfolgers.[204]

119 **Ansprüche der Wohnungseigentümergemeinschaft** gegen den Verwalter, Wohnungseigentümer oder Dritte gehören zum Verwaltungsvermögen, dessen Träger der Verband ist. Ein Wechsel von Eigentümern wirkt sich hier nicht aus, der Anspruch bleibt unabhängig von einem Mitgliederwechsel dem Verband zugeordnet.

120 Zur Auswirkung der Wohnungsveräußerung durch einen beigeladenen Wohnungseigentümer siehe § 48 Abs. 2 S. 3.

P. Einstweiliger Rechtsschutz

121 Die Regelungen über einstweilige Verfügungen (Sicherungsverfügung, Regelungsverfügung, §§ 935, 940 ZPO) sollen bewirken, dass eine Partei in dringenden Fällen, in denen sie Gefahr läuft, durch Zeitablauf ihre Rechte auf Dauer zu verlieren, vorläufigen staatlichen Rechtsschutz erhält. Daraus folgt, dass durch eine einstweilige Verfügung grundsätzlich das Rechtsverhältnis zwischen zwei Parteien nur vorübergehend geregelt werden kann, also, von seltenen Ausnahmefällen abgesehen, eine endgültige Regelung nicht erreicht werden kann. Bei besonderer Eilbedürftigkeit (Dringlichkeit) kann eine einstweilige Verfügung auch ohne mündliche Verhandlung erlassen werden (§ 937 Abs. 2 ZPO).

I. Verfügungsanspruch

122 Der Erlass einer einstweiligen Verfügung setzt einen Verfügungsanspruch voraus, also eine Anspruchsgrundlage für das Begehren des Antragstellers. Diese ergibt sich ebenso wie beim Klageverfahren aus materiellem Recht. Der Anspruch braucht nicht auf eine endgültige Rechtsfolge gerichtet zu sein, auch vorübergehende Ansprüche (etwa aus verbotener Eigenmacht) oder befristete Ansprüche können durch eine einstweilige Verfügung gesichert werden.

II. Verfügungsgrund

123 Weitere Voraussetzung für den Erlass einer einstweiligen Verfügung ist ein Verfügungsgrund. Dieser wird in aller Regel in einer Eilbedürftigkeit begründet sein, die den Antragsteller daran hindert, in einem Klageverfahren den Ausgang des Rechtsstreits in Ruhe abzuwarten.

III. Glaubhaftmachung

124 Da es sich bei dem einstweiligen Verfügungsverfahren um ein sog. summarisches Verfahren handelt, genügt zur Beweisführung die Glaubhaftmachung i.S.d. § 294 ZPO aus. Glaubhaftmachung bedeutet, dass dem Gericht nicht die volle Überzeugung, sondern nur die erhebliche Wahrscheinlichkeit einer zu beweisenden Tatsache vermittelt werden muss. Neben den sonstigen Beweismitteln, ist gemäß § 294 Abs. 1 ZPO auch die eidesstattliche Versicherung zulässig. Statthaft sind gemäß § 294 Abs. 2 ZPO jedoch nur präsente Beweismittel. Ob die Glaubhaftmachung ausreicht, darüber entscheidet das Gericht nach freier Überzeugung. Eine besondere Form ist für die eidesstattliche Versicherung nicht vorgesehen, sie kann vor dem Gericht mündlich erklärt werden oder schriftlich abgefasst werden. Die Glaubhaftmachung muss sich auf sämtliche Tatsachen beziehen, die den Verfügungsanspruch und den Verfügungsgrund ausfüllen sollen, sofern sie nicht offenkundig oder gerichtsbekannt sind.

IV. Antrag

125 Im Verfügungsantrag müssen die Parteien ebenso wie bei einer Klage genau bezeichnet werden. Der Verfügungsantrag sollte hinreichend bestimmt und klar formuliert werden. Die strengen Anforderungen wie beim Klageantrag gelten hier allerdings nicht. Das Gericht kann vom Verfügungsantrag abweichen und diesen modifizieren. Da grundsätzlich nur eine vorläufige Regelung beantragt werden darf, sollte dies in der Regel auch im Verfügungsantrag zum Ausdruck kommen, zumal der Antragsteller anderenfalls Gefahr läuft, dass sein Antrag teilweise zurückgewiesen wird (zu einem Antragsmuster siehe Kapitel 5).

---

202 BGH V ZB 10/01, NJW 2001, 3339.
203 OLG Hamm WE 1990, 104.
204 BayObLG BReg 2 Z 56/82, BayObLGZ 1983, 73, 76/77; umgekehrt BayObLG 2Z BR 45/94, WuM 1994, 635: kein Rechtsschutzbedürfnis für die Erstreckung des Antrags auf den Erwerber.

V. Widerspruch

Gegen eine ohne mündliche Verhandlung durch Beschluss erlassene einstweilige Verfügung ist der Widerspruch zulässig (§§ 936, 924 ZPO). Auf den Widerspruch wird mündlich verhandelt und durch Endurteil entschieden (§§ 936, 925 ZPO). Der Antragsgegner kann den Vortrag des Antragstellers in seinem Verfügungsantrag erschüttern, die Beweiswürdigung angreifen sowie eigene Beweismittel vorbringen. Auch insoweit genügt eine Glaubhaftmachung im Sinne des § 294 ZPO mit der Beschränkung auf präsente Beweismittel. Zeugen sind deshalb zum Termin zu stellen.

126

VI. Antrag auf Klageerhebung

Nach §§ 936, 926 ZPO ist dem Antragsteller auf Antrag eine Ausschlussfrist zur Klageerhebung zu setzen. Nach fruchtlosem Ablauf der Frist ist auf Antrag die Aufhebung der einstweiligen Verfügung durch Endurteil auszusprechen. Diese Entscheidung ist nur mit der Berufung angreifbar, eine Revision ist nicht zulässig (§ 545 Abs. 1).

127

VII. Sofortige Beschwerde

Wird der Erlass der einstweiligen Verfügung abgelehnt, so ist hiergegen die Beschwerde gegeben. Eine Rechtsbeschwerde ist in einstweiligen Verfügungsverfahren nicht statthaft.[205]

128

VIII. Berufung

Wird aufgrund mündlicher Verhandlung eine einstweilige Verfügung erlassen, der Antrag zurückgewiesen oder auf den Widerspruch die einstweilige Verfügung bestätigt, ergeht ein Urteil, das mit der Berufung angegriffen werden kann. Eine Revision ist in einstweiligen Verfügungsverfahren nicht möglich.

129

IX. Arrest

Eine Sicherung rückständiger Wohngeldzahlungen ermöglicht der Arrest (§§ 916 ff. ZPO). Auch hier reicht Glaubhaftmachung hinsichtlich des Arrestgrundes und des Arrestanspruchs aus. Der dingliche Arrest wird in der Regel ohne mündliche Verhandlung erlassen. Die Wohnungseigentümergemeinschaft muss glaubhaft machen, dass der Wohnungseigentümer Ansprüche vereiteln will (Beiseiteschaffen von Vermögensgegenständen, Umzug ins außereuropäische Ausland). Der Vortrag, der Wohnungseigentümer befinde sich in einer schlechten Vermögenslage genügt nicht.

130

§ 44 Bezeichnung der Wohnungseigentümer in der Klageschrift

(1) ¹Wird die Klage durch oder gegen alle Wohnungseigentümer mit Ausnahme des Gegners erhoben, so genügt für ihre nähere Bezeichnung in der Klageschrift die bestimmte Angabe des gemeinschaftlichen Grundstücks; wenn die Wohnungseigentümer Beklagte sind, sind in der Klageschrift außerdem der Verwalter und der gemäß § 45 Abs. 2 Satz 1 bestellte Ersatzzustellungsvertreter zu bezeichnen. ²Die namentliche Bezeichnung der Wohnungseigentümer hat spätestens bis zum Schluss der mündlichen Verhandlung zu erfolgen.

(2) ¹Sind an dem Rechtsstreit nicht alle Wohnungseigentümer als Partei beteiligt, so sind die übrigen Wohnungseigentümer entsprechend Absatz 1 von dem Kläger zu bezeichnen. ²Der namentlichen Bezeichnung der übrigen Wohnungseigentümer bedarf es nicht, wenn das Gericht von ihrer Beiladung gemäß § 48 Abs. 1 Satz 1 absieht.

A. Gesetzesmaterialien 1	I. Gerichtliche Auflage an den Verwalter 9
B. Anwendungsbereich des Abs. 1 2	II. Ladungsfähige Anschriften 10
C. Angaben in der Klageschrift (Abs. 1 S. 1) 4	III. Heilung in der Berufungsinstanz 12
I. Vorläufige Parteibezeichnung 4	IV. Fehlerhafte Liste 13
II. Nennung des Verwalters und des Ersatzzustellungsvertreters 6	E. Bezeichnung der Beizuladenden (Abs. 2 S. 1) .. 14
D. Nachreichung der Eigentümerliste (Abs. 1 S. 2) 7	F. Entbehrlichkeit der Liste der Beizuladenden (Abs. 2 S. 1) 15

A. Gesetzesmaterialien

Begründung Regierungsentwurf (BT-Drucks 16/887 S. 35); Stellungnahme Bundesrat (BT-Drucks 16/887 S. 50); Gegenäußerung der Bundesregierung (BT-Drucks 16/887 S. 73); Beschlussempfehlung Rechtsausschuss (BT-Drucks 16/3843 S. 57).

1

---

205 Vgl. BGH VII ZB 11/02, MDR 2003, 824.

B. Anwendungsbereich des Abs. 1

2 § 44 Abs. 1 betrifft Klagen, die durch oder gegen alle Wohnungseigentümer mit Ausnahme des Gegners erhoben werden. Zwar werden nach der Anerkennung der Rechtsfähigkeit der Wohnungseigentümergemeinschaft durch § 10 Abs. 6 Aktivprozesse aller Wohnungseigentümer mit Ausnahme des Antragsgegners seltener sein. Sie kommen aber nach wie vor z.B. dann in Betracht, wenn alle Wohnungseigentümer mit Ausnahme des Antragsgegners gegen diesen gemeinsam ihre individuellen Ansprüche auf Beseitigung einer baulichen Veränderung oder auf Unterlassung eines zweckwidrigen Gebrauchs geltend machen.

3 Bei den Passivprozessen richtet sich insbesondere die Anfechtungsklage eines Wohnungseigentümers nach § 46 Abs. 1 WEG gegen die übrigen Wohnungseigentümer.

C. Angaben in der Klageschrift (Abs. 1 S. 1)

I. Vorläufige Parteibezeichnung

4 § 253 Abs. 2 Nr. 1 ZPO verlangt, dass die Parteien in der Klageschrift so genau bezeichnet werden, dass kein Zweifel an der Person besteht. In der Regel bedarf es hierfür ihrer namentlichen Bezeichnung. § 44 Abs. 1 S. 1 gestattet eine vorläufige Kurzbezeichnung der Wohnungseigentümer in der Klageschrift.

5 Es genügt danach, wenn sich aus der Klageschrift zunächst ergibt, dass die Klage durch die Wohnungseigentümer einer bestimmten Liegenschaft mit Ausnahme der Beklagten erhoben wird oder aber sich die Klage gegen alle Wohnungseigentümer mit Ausnahme des Klägers richtet. Die „bestimmte Angabe des gemeinschaftlichen Grundstücks" kann nach der postalischen Anschrift oder dem Grundbucheintrag erfolgen.

II. Nennung des Verwalters und des Ersatzzustellungsvertreters

6 Um die Zustellung zu ermöglichen, sind in **Passivprozessen** gegen die übrigen Wohnungseigentümer in der Klageschrift außerdem der Verwalter, der gemäß § 45 Abs. 1 Zustellungsvertreter der Wohnungseigentümer ist, und der gemäß § 45 Abs. 2 S. 1 bestellte Ersatzzustellungsvertreter mit Namen und Anschriften zu bezeichnen. Bei Anfechtungsklagen ist dabei besondere Sorgfalt geboten, weil Zustellungsverzögerungen, die auf einer Angabe nicht zustellungsbevollmächtigter Personen beruhen, zu einer Versäumung der Anfechtungsfrist führen können.[1] Es sind stets sowohl der Verwalter als auch der Ersatzzustellungsvertreter mitzuteilen, da die Entscheidung, an wen zuzustellen ist, allein dem Gericht obliegt. Für Aktivprozesse besteht kein entsprechender Regelungsbedarf, da eine gemeinschaftliche Klageerhebung ohnehin durch einen Prozessbevollmächtigten erfolgen wird, an den gemäß § 172 Abs. 1 S. 1 ZPO zuzustellen ist.

D. Nachreichung der Eigentümerliste (Abs. 1 S. 2)

7 Diese Regelung gilt sowohl für die Aktiv- als auch die Passivprozesse der Wohnungseigentümer. Es kann im Erkenntnisverfahren nicht darauf verzichtet werden, alle Wohnungseigentümer namentlich zu bezeichnen bzw. eine Liste vorzulegen, aus der sich die derzeitigen Wohnungseigentümer ergeben. Anderenfalls wäre nicht sichergestellt, dass eine spätere Zwangsvollstreckung durchgeführt werden könnte. Für die Zwangsvollstreckung wird eine vereinfachende Kurzbezeichnung nur zugelassen, sofern die Wohnungseigentümer Vollstreckungsgläubiger sind; zu Beginn des Verfahrens ist aber noch ungewiss, ob die Antragsteller hinsichtlich der gerichtlichen und außergerichtlichen Kosten des Verfahrens nicht zu Vollstreckungsschuldnern werden können. Aber auch wenn die Wohnungseigentümer Vollstreckungsgläubiger sind, könnten sich anderenfalls Schwierigkeiten in der Zwangsvollstreckung ergeben, und zwar bei der Eintragung einer Zwangshypothek.[2] Darüber hinaus ist die genaue Bezeichnung der Wohnungseigentümer auch für die Einlegung von Rechtsmitteln[3] und das Eintreten der materiellen Rechtskraft[4] erforderlich.

8 Insbesondere bei Anfechtungsklagen kann es für den Kläger, der die einmonatige Anfechtungsfrist gemäß § 46 Abs. 1 einhalten muss, schwierig sein in der Kürze der Zeit, eine richtige und vollständige Liste beizufügen. Er muss unter Umständen erst das Grundbuchamt um Auskunft ersuchen oder den Verwalter zur Übergabe einer Eigentümerliste auffordern. Ihm soll daher noch nach der Klageerhebung ein gewisser Zeitraum verbleiben, in dem er die für § 253 Abs. 2 Nr. 1 ZPO erforderliche Parteibezeichnung vervollständigen kann. Im Zivilprozessrecht genügt es im Allgemeinen, wenn die Prozessvoraussetzungen bis zum Schluss der mündlichen Verhandlung (oder dem Zeitpunkt, der diesem gleichsteht, § 128 Abs. 2 S. 2 ZPO) vorliegen. § 44 Abs. 1 S. 2 bestimmt dementsprechend, dass die Eigentümerliste zwar nicht der Klageschrift beigefügt werden muss, die namentliche Bezeichnung der Wohnungseigentümer jedoch spätestens bis zum Schluss der Verhandlung zu erfolgen hat.

---

1 Vgl. etwa LG Hamburg 318 S 88/08, ZMR 2009, 795.
2 Vgl. BayObLG BReg 2 Z 126/85, NJW-RR 1986, 564.
3 Vgl. BGH III ZB 17/93, NJW 1993, 2943.
4 *Stein/Jonas/Leipold*, § 313 ZPO Rn 11.

I. Gerichtliche Auflage an den Verwalter

Das Gericht kann im Anfechtungsprozess dem Verwalter – obwohl er Zustellungsvertreter der Beklagten ist (§ 27 Abs. 2 Nr. 1) – analog § 142 Abs. 1 ZPO eine Frist zur rechtzeitigen Beibringung der Liste setzen.[5] Weil der anfechtende Wohnungseigentümer zur Erhebung seiner Anfechtungsklage (noch) keine solche Eigentümerliste benötigt, hat das LG Stuttgart unbeschadet eines gegen den Verwalter gerichteten (Verfügungs-)Anspruchs auf Überlassung einer aktuellen Eigentümerliste einen (Verfügungs-)Grund für eine Leistungsverfügung auf Herausgabe einer Eigentümerliste zur Verwendung in einem Anfechtungsverfahren verneint.[6]

II. Ladungsfähige Anschriften

Nach § 253 Abs. 2 Nr. 1, Abs. 4 i.V.m. § 130 Nr. 1 ZPO sind grundsätzlich die Wohnorte der Parteien anzugeben, worunter nach allgemeiner Auffassung eine **ladungsfähige Anschrift** zu verstehen ist.[7] Hiervon kann nur abgesehen werden, wenn dem Kläger dies in bestimmten Konstellationen nicht möglich (vgl. §§ 185 ff. ZPO) oder unter Berücksichtigung schutzwürdiger Belange nicht zumutbar ist.[8] Erfolgt die Angabe der ladungsfähigen Anschriften nicht bis zum Schluss der mündlichen Verhandlung, so sind die durch § 44 Abs. 1 nur zeitlich hinausgeschobenen Anforderungen des § 253 Abs. 2 Nr. 1 ZPO nicht erfüllt und die Klage ist als unzulässig abzuweisen.[9] Dies gilt nicht nur bei Fehlen ladungsfähiger Anschriften, sondern auch im Falle fehlender Angaben zu den Namen der beklagten Wohnungseigentümer.[10]

Es genügt, wenn eine den Anforderungen genügende Eigentümerliste mit der **Klageerwiderung** eingereicht wird und der Kläger auf diese Bezug nimmt oder die von der beklagten Partei gemachten Angaben unstreitig werden.[11] Die Bezeichnung der Beklagten in einem gemäß § 283 ZPO **nachgelassenen Schriftsatz** ist verspätet, weil der Schriftsatznachlass – wie sich aus § 296a ZPO ergibt – nicht den Schluss der mündlichen Verhandlung hinausschiebt.[12] Zudem dient der Schriftsatznachlass gemäß § 283 ZPO nur dazu, in einem Schriftsatz Erklärungen zum Tatsachenvortrag des Gegners nachzubringen, zu dem in der mündlichen Verhandlung nicht Stellung genommen werden konnte, weil er nicht rechtzeitig vor dem Termin mitgeteilt worden war. Es dürfte auch nicht möglich sein, die Bezeichnung der Beklagten nach einem gerichtlichen Hinweis in der mündlichen Verhandlung innerhalb einer gemäß § 139 Abs. 5 ZPO gesetzten Frist in einem Schriftsatz nachzubringen. Um insoweit Auseinandersetzungen zu vermeiden, sollte das Gericht schon vor der mündlichen Verhandlung darauf hinweisen, dass die Bezeichnung bis zum Schluss der mündlichen Verhandlung zu erfolgen hat.

III. Heilung in der Berufungsinstanz

Der Zulässigkeitsmangel kann aber – wie andere Zulässigkeitsmängel – **im Berufungsrechtszug geheilt werden**.[13] Die Klage kann dann in zweiter Instanz nicht mehr als unzulässig abgewiesen werden; auf die materielle Ausschlussfrist nach § 46 Abs. 1 S. 2 bleibt der zunächst gegebene und später geheilte Zulässigkeitsmangel ebenfalls ohne Auswirkungen.[14] Die Kosten des Rechtsmittelverfahrens können allerdings in diesem Fall gemäß § 97 Abs. 2 ZPO dem obsiegenden Kläger ganz oder teilweise aufzuerlegen sein. Die Nachreichung einer aktuellen Eigentümerliste in der Berufungsinstanz stellt keine Klageänderung dar.

IV. Fehlerhafte Liste

Eine **unvollständige oder unrichtige Eigentümerliste** hat keinen Einfluss auf die Parteistellung. Beklagte Partei sind von Anfang an alle im Zeitpunkt der Klageeinreichung zur Gemeinschaft gehörenden Wohnungseigentümer mit Ausnahme des Klägers. Ein in der Liste versehentlich nicht aufgeführter Wohnungseigentümer ist gleichwohl Partei. Die Einreichung einer geänderten Eigentümerliste während eines Rechtsstreits führt nicht zu einem Parteiwechsel. Die Eigentümerliste hat **nur deklaratorische Bedeutung** und kann im Bedarfsfall berichtigt werden.[15]

---

5 LG Stuttgart 19 T 299/08, ZMR 2009, 77; LG Nürnberg-Fürth 14 S 3003/10 WEG, ZMR 2011, 242, 243; *Abramenko* in: Riecke/Schmid, § 44 Rn 7; Schmid, ZWE 2011, 443, 446; a.A. LG Stuttgart 2 S 34/08, Info-M 2009, 139; AG Ulm 1 C 46/09 WEG, ZMR 2011, 920; *Klein* in: Bärmann, § 44 Rn 11.
6 LG Stuttgart 19 T 299/08, ZMR 2009, 77.
7 BGH V ZR 190/10, ZWE 2011, 214 m.w.N.
8 BGH V ZR 190/10, ZWE 2011, 214 m.w.N.
9 BGH V ZR 190/10, ZWE 2011, 214 m.w.N.; BGH V ZR 34/11, ZMR 2011, 976.
10 BGH V ZR 34/11, ZMR 2011, 976.
11 BGH V ZR 34/11, ZMR 2011, 976; BGH V ZR 99/10, ZMR 2011, 809; BGH V ZR 34/11, ZMR 2011, 976.
12 LG Stuttgart 2 S 34/08, Info-M 2009, 138.
13 BGH V ZR 99/10, ZMR 2011, 809; BGH V ZR 39/11, ZWE 2012, 82.
14 BGH V ZR 99/10, ZMR 2011, 809; BGH V ZR 39/11, ZWE 2012, 82.
15 Vgl. BGH V ZR 34/11, ZMR 2011, 976 m.w.N.; LG München I 1 S 25652/09, ZMR 2010, 800, 801; LG München I 1 S 22360/10, ZMR 2012, 136; *Suilmann* in: Jennißen, § 44 Rn 16; *Klein* in: Bärmann, § 44 Rn 17.

E. Bezeichnung der Beizuladenden (Abs. 2 S. 1)

14 § 44 Abs. 2 steht im Zusammenhang mit § 48 Abs. 1 S. 1. Sind an dem Rechtsstreit nicht alle Wohnungseigentümer als Partei beteiligt, so sind nach dieser Vorschrift die übrigen Wohnungseigentümer beizuladen. Ihnen ist gemäß § 48 Abs. 1 S. 3 die Klageschrift mit den Verfügungen des Vorsitzenden zuzustellen. Damit die Zustellung gemäß § 45 unverzüglich erfolgen kann, ist es geboten, dass bereits in der Klageschrift die übrigen Wohnungseigentümer und der Verwalter sowie der Ersatzzustellungsvertreter bezeichnet werden. Für die Bezeichnung der übrigen Wohnungseigentümer in der Klageschrift genügt auch hier zunächst die Kurzbezeichnung nach dem gemeinschaftlichen Grundstück. Die namentliche Bezeichnung in Form einer Liste hat bis zum Schluss der mündlichen Verhandlung zu erfolgen.

F. Entbehrlichkeit der Liste der Beizuladenden (Abs. 2 S. 1)

15 Die nach § 44 Abs. 1 S. 2 erforderliche namentliche Bezeichnung ist gemäß § 44 Abs. 2 S. 2 entbehrlich, wenn das Gericht ausnahmsweise von der Beiladung der übrigen Wohnungseigentümer absieht (vgl. § 48 Rn 5).

§ 45 Zustellung

(1) Der Verwalter ist Zustellungsvertreter der Wohnungseigentümer, wenn diese Beklagte oder gemäß § 48 Abs. 1 Satz 1 beizuladen sind, es sei denn, dass er als Gegner der Wohnungseigentümer an dem Verfahren beteiligt ist oder aufgrund des Streitgegenstandes die Gefahr besteht, der Verwalter werde die Wohnungseigentümer nicht sachgerecht unterrichten.

(2) ¹Die Wohnungseigentümer haben für den Fall, dass der Verwalter als Zustellungsvertreter ausgeschlossen ist, durch Beschluss mit Stimmenmehrheit einen Ersatzzustellungsvertreter sowie dessen Vertreter zu bestellen, auch wenn ein Rechtsstreit noch nicht anhängig ist. ²Der Ersatzzustellungsvertreter tritt in die dem Verwalter als Zustellungsvertreter der Wohnungseigentümer zustehenden Aufgaben und Befugnisse ein, sofern das Gericht die Zustellung an ihn anordnet; Absatz 1 gilt entsprechend.

(3) Haben die Wohnungseigentümer entgegen Absatz 2 Satz 1 keinen Ersatzzustellungsvertreter bestellt oder ist die Zustellung nach den Absätzen 1 und 2 aus sonstigen Gründen nicht ausführbar, kann das Gericht einen Ersatzzustellungsvertreter bestellen.

A. Gesetzesmaterialien 1	IV. Vergütung und Aufwendungsersatz 20
B. Der Verwalter als Zustellungsvertreter (Abs. 1) 2	V. Klage auf Bestellung eines Ersatzzustellungs-
I. Anwendungsbereich 3	vertreters 21
II. Ausschluss des Verwalters als Gegner der	D. Funktion des Ersatzzustellungsvertreters
Wohnungseigentümer 10	(§ 45 Abs. 2 S. 2) 22
III. Ausschluss bei konkreter Gefahr nicht sachgerechter	E. Gerichtlich bestellter Ersatzzustellungsvertreter
Unterrichtung 11	(§ 45 Abs. 3) 23
IV. Fehlen eines Verwalters 14	I. Bereitschaft zur Übernahme des Amtes 24
C. Ersatzzustellungsvertreter (§ 45 Abs. 2 S. 1) ... 15	II. Rechtliches Gehör 25
I. Zweck der Regelung 15	III. Vergütung 26
II. Auswahl des Ersatzzustellungsvertreters 17	IV. Rechtsmittel 29
III. Regelung der Befugnisse 19	

Literatur: *Abramenko*, Die Vertretungsmacht des Verwalters im Beschlussanfechtungsverfahren, ZMR 2002, 885; *Drabek*, Die Bestellung zum Ersatzzustellungsvertreter der Wohnungseigentümer – § 45 Abs. 2 WEG, ZWE 2008, 22; *Drasdo*, Die Bestellung von Rechtsanwälten zu Ersatzzustellungsbevollmächtigten nach § WEG § 45 WEG § 45 Absatz II WEG, ZMR 2010,740; *Hogenschurz*, Der Ersatzzustellungsvertreter nach § 45 WEG in der Fassung des Gesetzesentwurfs der Bundesregierung zur Änderung des Wohnungseigentumsgesetzes und anderer Gesetze, ZMR 2005, 764; *Köhler*, Einige Aspekte bei der gerichtlichen Bestellung eines Ersatzzustellungsvertreters, ZfIR 2010, 85; *Reichert*, Der Wohnungseigentümer als Zustellungsvertreter nach dem RegE-WEG, ZWE 2006, 477; *Schmid*, Der gerichtlich bestellte Ersatzzustellungsvertreter nach § 45 Abs. 3 WEG, MDR 2009, 297; *ders.*, Die Kosten des Ersatzzustellungsvertreters, MDR 2012, 561; *Slomian*, Andere Aspekte bei der gerichtlichen Bestellung eines Ersatzzustellungsvertreters nach WEG, ZfIR 2010, 229.

A. Gesetzesmaterialien

1 Die Begründung zum Regierungsentwurf[1] ist vor der Neufassung des § 27 infolge der Anerkennung der Wohnungseigentümergemeinschaft als rechtsfähiger Verband verfasst worden. Dies ist zu berücksichtigen, soweit die Gesetzesmaterialien für die Auslegung des § 45 herangezogen werden.

---

1 BT-Drucks 16/887 S. 36 f.

B. Der Verwalter als Zustellungsvertreter (Abs. 1)

Die gerichtliche Zustellung an alle Wohnungseigentümer würde zwar am ehesten die Information des einzelnen Wohnungseigentümers gewährleisten. Die Zustellung an jeden einzelnen Wohnungseigentümer wäre jedoch bei Wohnungseigentümergemeinschaften mit mehr als 20 Wohnungseigentümern mit einem so unverhältnismäßigen Aufwand für die Gerichte verbunden, dass eine vernünftige Verfahrensführung nicht mehr möglich wäre. Dies rechtfertigt es, für die Begründung der Rechtshängigkeit oder der Wirkungen der Beiladung die Zustellung der Klage an den Verwalter oder den Ersatzzustellungsvertreter genügen zu lassen. Für den einzelnen Wohnungseigentümer muss deshalb die über den Zustellungsvertreter vermittelte Möglichkeit der Kenntnisnahme von dem Prozess ausreichen.

I. Anwendungsbereich

Nicht von § 45 erfasst sind Zustellungen an die Wohnungseigentümergemeinschaft als **Verband**. § 27 Abs. 3 S. 1 Nr. 1 bestimmt, dass der Verwalter berechtigt ist, im Namen der Gemeinschaft der Wohnungseigentümer mit Wirkung für und gegen sie Zustellungen entgegen zu nehmen. Danach ist der Verwalter grundsätzlich Zustellungsvertreter der teilrechtsfähigen Wohnungseigentümergemeinschaft. Bei gerichtlichen Verfahren gegen den Verband (Passivprozesse) ist gemäß § 27 Abs. 3 S. 1 Nr. 2 an den Verwalter als gesetzlichen Prozessvertreter (§ 170 ZPO) zuzustellen. Fehlt ein Verwalter oder ist er nicht zur Vertretung berechtigt, wird die Gemeinschaft gemäß § 27 Abs. 3 S. 2 von allen Wohnungseigentümern vertreten. Gemäß § 170 Abs. 3 ZPO genügt dann die Zustellung an einen Wohnungseigentümer. Ist die Vertretungsbefugnis des Verwalters zweifelhaft, sollte vorsorglich sowohl an den Verwalter als auch an einen Wohnungseigentümer zugestellt werden.[2] Ist der Verwalter für Aktivprozesse gemäß § 27 Abs. 3 S. 1 Nr. 7 zum Prozessbevollmächtigten des Verbands bestellt (siehe § 27 Rn 91), ist ebenfalls an ihn zuzustellen (§ 172 Abs. 1 S. 1 ZPO).

Ebenfalls nicht von § 45 erfasst sind **Aktivprozesse der Wohnungseigentümer**. Diese kann der Verwalter als Prozessbevollmächtigter oder Prozessstandschafter der Wohnungseigentümer (§ 27 Abs. 2 Nr. 3) führen, wenn er dazu ermächtigt ist (siehe § 27 Rn 73 ff.). An den Verwalter ist dann gemäß § 172 Abs. 1 S. 1 ZPO zuzustellen.

Für **Zustellungen an die Wohnungseigentümer außerhalb gerichtlicher Verfahren** gilt nicht § 45 sondern § 27 Abs. 2 Nr. 1. Danach ist der Verwalter berechtigt, im Namen der Wohnungseigentümer und mit Wirkung für und gegen sie Zustellungen entgegenzunehmen, soweit sie an die Wohnungseigentümer in dieser Eigenschaft gerichtet sind (siehe § 27 Rn 70).

§ 45 Abs. 1 stellt klar, dass der Verwalter auch bei gerichtlichen Auseinandersetzungen der Wohnungseigentümer untereinander grundsätzlich Zustellungsvertreter der beklagten oder beizuladenden Wohnungseigentümer ist. Dies betrifft zunächst die Fälle, in denen ein oder mehrere Wohnungseigentümer gegen die übrigen Wohnungseigentümer klagen, also insbesondere die **Anfechtungsklage** (vgl. § 46 Abs. 1).

§ 45 Abs. 1 gilt ferner, wenn an dem Rechtsstreit der Wohnungseigentümer untereinander nicht alle Wohnungseigentümer als Partei beteiligt sind, für die Zustellung an die gemäß § 48 Abs. 1 S. 1 beizuladenden übrigen Wohnungseigentümer.

Unberührt bleibt § 172 Abs. 1 S. 1 ZPO. Der Verwalter kann aufgrund einer allgemeinen oder auf den Einzelfall bezogenen Ermächtigung Prozessbevollmächtigter der Wohnungseigentümer sein (§ 27 Abs. 2 Nr. 3). Ebenso ist der Verwalter gemäß § 27 Abs. 2 Nr. 2 in bestimmten Passivprozessen gesetzlicher Prozessvertreter der Wohnungseigentümer (siehe § 27 Rn 71), so dass insoweit Zustellungen nach Rechtshängigkeit an ihn zu bewirken sind.[3] Haben die Wohnungseigentümer einen Rechtsanwalt beauftragt, so hat die Zustellung an diesen zu erfolgen (§ 172 Abs. 1 S. 1 ZPO).

Die gesetzliche Klarstellung des § 45 Abs. 1 verpflichtet das Gericht nicht, immer die Zustellung an den Verwalter anzuordnen, denn in einer kleineren Wohnungseigentümergemeinschaft kann es sinnvoll sein, die Zustellung an alle betroffenen Wohnungseigentümer zu veranlassen.[4] Dies gilt allerdings nur soweit der Verwalter bloßer Zustellungsvertreter gemäß § 45 Abs. 1 ist. Ist der Verwalter auch Prozessbevollmächtigter oder gesetzlicher Prozessvertreter der Wohnungseigentümer (siehe Rn 8) muss gemäß § 172 Abs. 1 S. 1 ZPO an ihn zugestellt werden.[5]

II. Ausschluss des Verwalters als Gegner der Wohnungseigentümer

Der Verwalter ist nach dem Rechtsgedanken des § 178 Abs. 2 ZPO kein tauglicher Zustellungsvertreter, wenn er als Gegner der Wohnungseigentümer an dem Rechtsstreit beteiligt ist. In Betracht kommen hier insbesondere die Fälle des § 43 Nr. 3. Die Zustellung an den Verwalter kann aber auch in einem Beschlussanfechtungsverfahren ausgeschlossen sein, so zum Beispiel, wenn der Verwalter einen Beschluss der Wohnungseigentümer anficht, einer Anfechtungsklage als Nebenintervenient gemäß § 66 ZPO beitritt oder Rechtsmittel gegen eine Entscheidung einlegt, die zu seinen Lasten einen Beschluss für ungültig erklärt.[6]

---

2 Ebenso *Abramenko*, § 7 Rn 32; **a.A.** *Klein* in: Bärmann, § 45 Rn 6.
3 *Klein* in: Bärmann, § 45 Rn 2.
4 Vgl. BT-Drucks 16/887 S. 37.
5 *Abramenko* in: Riecke/Schmid, § 45 Rn 2; *Klein* in: Bärmann, § 45 Rn 8.
6 Vgl. etwa BGH V ZB 20/07, NJW 2007, 2776 – Anfechtung des Bestellungsbeschlusses.

III. Ausschluss bei konkreter Gefahr nicht sachgerechter Unterrichtung

11 Auch wenn der Verwalter nicht als Gegner der Wohnungseigentümer an dem Rechtsstreit beteiligt ist, kann ihn ein Interessenkonflikt hindern, die Wohnungseigentümer zu vertreten. Die gerichtliche Praxis war vor der WEG-Novelle 2007 zu Recht sehr zurückhaltend mit der Annahme einer Interessenkollision. Der Verwalter wurde nicht schon bei einer bloß abstrakten Gefahr einer Interessenkollision, sondern nur dann als Zustellungsvertreter der Wohnungseigentümer ausgeschlossen, wenn **konkret** ein in der Sache begründeter Interessenkonflikt die Befürchtung nahe legte, der Verwalter werde die übrigen Wohnungseigentümer nicht sachgerecht informieren.[7] Ein Interessenkonflikt wurde von der Rechtsprechung ausnahmsweise bejaht bei der Anfechtung eines Beschlusses über die Entlastung des Verwalters und zugleich möglichen Pflichtwidrigkeiten des Verwalters,[8] und bei der Anfechtung eines Beschlusses, der unmittelbar Rechte und Pflichten des Verwalters zum Gegenstand hat.[9]

12 Mit der in § 45 Abs. 1 normierten grundsätzlichen Zustellungsbevollmächtigung des Verwalters für die Wohnungseigentümer wollte der Gesetzgeber den mit Zustellungen verbundenen Aufwand für das Gericht und auch die zu Lasten der Wohnungseigentümergemeinschaft entstehenden Kosten gering halten[10]). Diesem Anliegen liefe eine rein formale Beurteilung der Frage eines Interessenkonflikts abstrakt anhand des Verfahrensgegenstandes zuwider, weshalb der Verwalter auch nach der WEG-Novelle 2007 weiterhin als Zustellungsbevollmächtigter nur dann ausgeschlossen ist, wenn **im Zeitpunkt der Entscheidung des Gerichts** über die Durchführung der Zustellung in der Sache begründete Umstände ersichtlich sind, welche die **konkrete Gefahr einer nicht sachgerechten Information** der Wohnungseigentümer rechtfertigen.[11]

13 Allein der Umstand, dass Gegenstand des Verfahrens die Beschlussfassung der Wohnungseigentümer über die **Bestellung des Verwalters** ist und der Streitgegenstand somit auch dessen Rechtsstellung betrifft, begründet für sich genommen nicht die konkrete Gefahr, der Verwalter werde die Wohnungseigentümer über das anhängige Verfahren nicht sachgerecht unterrichten.[12] Gleiches gilt, wenn der Beschluss über die **Verwalterentlastung** angefochten wird.[13] Um die Informationsrechte der Eigentümer zu wahren, genügt es, den Verwalter nur dann als Zustellungsvertreter auszuschließen, wenn konkret ein Konflikt zwischen den Interessen des Verwalters und den übrigen von ihm vertretenen Wohnungseigentümern auftritt.[14] (Zu den **Kosten der Unterrichtung** der Wohnungseigentümer durch den Verwalter siehe § 50 Rn 14.)

IV. Fehlen eines Verwalters

14 Soweit bei Fehlen eines Verwalters Zustellungen an die einzelnen Wohnungseigentümer als Beklagte oder Beizuladende erforderlich sind, ist ebenfalls eine Zustellung an den Ersatzzustellungsvertreter möglich. Es besteht kein Anlass, den Fall eines nicht vorhandenen Verwalters anders zu behandeln als den als Zustellungsvertreter ausgeschlossenen Verwalter.

C. Ersatzzustellungsvertreter (§ 45 Abs. 2 S. 1)

I. Zweck der Regelung

15 § 45 Abs. 2 S. 1 verpflichtet die Wohnungseigentümer, für den Fall, dass der Verwalter als Zustellungsvertreter ausgeschlossen ist, vorsorglich durch Beschluss mit Stimmenmehrheit einen Ersatzzustellungsvertreter sowie dessen Vertreter zu bestellen. Einer Aufforderung des Gerichts bedarf es hierfür nicht. Es kommt auch nicht darauf an, dass ein Rechtsstreit bereits anhängig ist. Der Ersatzzustellungsvertreter ist vielmehr – ebenso wie der Verwalter – stets zu bestellen, damit das Gericht in einem Rechtsstreit, in dem die Zustellung an den Verwalter nicht in Betracht kommt, ohne Zeitverlust die Zustellung an ihn anordnen kann.

16 Der Begriff „Ersatzzustellungsvertreter" bringt einerseits zum Ausdruck, dass der Verwalter weiterhin primärer Zustellungsvertreter bleibt. Andererseits ist auch der Ersatzzustellungsvertreter seiner Bezeichnung nach Vertreter, er ist also kein Zustellungsbevollmächtigter, so dass die Übergabe nur einer Ausfertigung oder Abschrift des Schriftstücks

---

7 Vgl. etwa BayObLG 2Z BR 161/01, NZM 2002, 346, 347; KG 24 W 77/03, ZMR 2004, 142; **a.A.** OLG Frankfurt 20 W 150/89, OLGZ 1989, 433, 434.
8 OLG Stuttgart 4 W 16/75, OLGZ 1976, 8.
9 OLG Hamm 15 W 300/84, Rpfl 1985, 257; OLG Frankfurt 20 W 150/89, OLGZ 1989, 433, 434.
10 BT-Drucks 16/887 S. 37.
11 BGH V ZR 170/11, MDR 2012, 572 Tz 8; AG Heidelberg 45 C 73/08, ZWE 2009, 266 m. zust. Anm. *Briesemeister*, S. 270, 273; LG Dresden 2 S 184/09, ZMR 2010, 629; AG Heidelberg 45 C 73/08, ZMR 2011, 72, 74; *Abramenko* in: Riecke/Schmid, § 45 Rn 5; **a.A.** AG Konstanz 12 C 5/08, ZWE 2008, 350; *Hogenschurz*, ZMR 2005, 764, 765; *Klein* in: Bärmann, § 45 Rn 18.
12 BGH V ZR 170/11, MDR 2012, 572 Tz 9; *Suilmann* in: Jennißen, § 45 Rn 17; **a.A.** AG Dortmund 512 C 39/08, NZM 2008, 938; AG Hamburg-Blankenese 539 C 2/08, ZMR 2008, 575; *Klein* in: Bärmann, § 45 Rn 18; *Abramenko* in: Riecke/Schmid, § 45 Rn 5.
13 AG Heidelberg 45 C 73/08, ZWE 2009, 266 m. zust. Anm. *Briesemeister*, S. 270, 273; *Suilmann* in: Jennißen, § 45 Rn 17.
14 BGH V ZR 170/11, MDR 2012, 572 Tz 8.

an ihn genügt.[15] Ebenso wie der Verwalter muss auch der Ersatzzustellungsvertreter die Wohnungseigentümer über Zustellungen an ihn in geeigneter Weise unterrichten.

II. Auswahl des Ersatzzustellungsvertreters

Zum Ersatzzustellungsvertreter kann auch eine juristische Person bestellt werden.[16] Die Gesetzesbegründung, wonach jede natürliche Person bestellt werden kann,[17] will nicht juristische Personen ausschließen, sondern nur klarstellen, dass auch Dritte, die nicht Wohnungseigentümer sind, als Ersatzzustellungsvertreter bestellt werden können.

In der Regel wird es sinnvoll sein, den Ersatzzustellungsvertreter aus den Reihen der Wohnungseigentümer auszuwählen. Jedoch kommt auch jede andere für diese Aufgabe geeignete Person in Betracht, beispielsweise ein Mieter. Erforderlich ist die Bereitschaft zur Übernahme der Aufgaben eines Ersatzzustellungsvertreters, da ein Beschluss zu Lasten Dritter nach allgemeinen Grundsätzen unzulässig ist.

III. Regelung der Befugnisse

Es ist dem Selbstorganisationsrecht der Wohnungseigentümer überlassen, mit welchen Befugnissen sie den Ersatzzustellungsvertreter ausstatten und auf welche Weise er die Wohnungseigentümer zu informieren hat. Die Anforderungen werden sich je nach Größe und Struktur der Wohnungseigentümergemeinschaft unterscheiden. Die Wohnungseigentümer können ihn auch vorab ermächtigen, für die Gruppe der verklagten Wohnungseigentümer einen (bestimmten) Rechtsanwalt als Prozessbevollmächtigten zu bestellen. Solche Regelungen gehören zur ordnungsmäßigen Verwaltung.

IV. Vergütung und Aufwendungsersatz

Die Wohnungseigentümer können auf der Grundlage eines Beschlusses mit dem Ersatzzustellungsvertreter eine **Vergütung** und gegebenenfalls die Zahlung eines Vorschusses vereinbaren.[18] Schuldner der Vergütung ist die Wohnungseigentümergemeinschaft als Verband.[19] Es handelt sich um Kosten der Verwaltung.[20] Eine Vergütung gilt nach §§ 675, 612 BGB als stillschweigend vereinbart, wenn die Dienstleistung des Ersatzzustellungsvertreters den Umständen nach nur gegen eine Vergütung zu erwarten ist, also insbesondere bei der Bestellung von Rechtsanwälten oder gewerblich tätigen Verwaltern.[21] Haben die Wohnungseigentümer mit dem Ersatzzustellungsvertreter weder ausdrücklich noch stillschweigend (§ 612 Abs. 1 BGB) eine Vergütungsvereinbarung getroffen, wird der Ersatzzustellungsvertreter als Beauftragter unentgeltlich tätig (§ 662 BGB). Er hat dann einen Anspruch auf **Aufwendungsersatz** gemäß § 670 BGB, der sich gegen die von ihm vertretenen Wohnungseigentümer richtet.[22] Ersatzfähig sind alle Aufwendungen, die der Ersatzzustellungsvertreter nach seinem verständigen Ermessen aufgrund sorgfältiger Prüfung unter Berücksichtigung aller Umstände für erforderlich halten durfte.[23]

V. Klage auf Bestellung eines Ersatzzustellungsvertreters

Wurde ein Ersatzzustellungsvertreter nicht bestellt, so kann jeder einzelne Wohnungseigentümer zur Verwirklichung des Anspruchs auf ordnungsgemäße Verwaltung (§ 21 Abs. 4) im Wege der Gestaltungsklage (§ 43 Nr. 1) beantragen, dass das Gericht einen solchen bestellt. Der Klageantrag braucht die Modalitäten der Bestellung (Person des Ersatzzustellungsvertreters, Amtszeit, Vertragsbedingungen) nicht im Einzelnen enthalten, diese kann das Gericht gemäß § 21 Abs. 8 nach billigem Ermessen selbst regeln. Insofern gilt nichts anderes als für die Bestellung eines Verwalters durch das Gericht (siehe § 26 Rn 144). Die Bestellung eines Ersatzzustellungsvertreters auf Antrag eines Wohnungseigentümers ist von der Bestellung durch das Gericht von Amts wegen gemäß § 45 Abs. 3 zu unterscheiden. Insbesondere ist den übrigen Wohnungseigentümern, da bei der vorsorglichen Bestellung eines Ersatzzustellungsvertreters keine Eilbedürftigkeit besteht, rechtliches Gehör zu dem Klageantrag zu geben.

D. Funktion des Ersatzzustellungsvertreters (§ 45 Abs. 2 S. 2)

Gemäß § 45 Abs. 2 S. 2 tritt der Ersatzzustellungsvertreter in die dem Verwalter (nur) in Bezug auf seine Funktion als Zustellungsvertreter zustehenden Aufgaben und Befugnisse ein, sofern das Gericht – das hierzu wiederum nicht verpflichtet ist – die Zustellung an ihn anordnet. Da Abs. 1 entsprechend anzuwenden ist, hat das Gericht vorab zu prüfen,

---

15 BGH VII ZR 276/79, NJW 1981, 282.
16 Ebenso *Hogenschurz*, ZMR 2005, 764, 765; *Drabek*, ZWE 2009, 22, 24; *Klein* in: Bärmann, § 45 Rn 27.
17 Vgl. BT-Drucks 16/887 S. 37.
18 *Schmid*, MDR 2012, 561, 562.
19 *Klein* in: Bärmann, § 45 Rn 32.
20 *Abramenko* in: Riecke/Schmid, § 28 Rn 7a; *Suilmann* in: Jennißen § 45 Rn 47.
21 *Suilmann* in: Jennißen, § 45 Rn 47.
22 LG München I 36 S 17253/09, ZMR 2010, 803.
23 Palandt/*Sprau*, § 670 BGB Rn 4; LG München I 36 S 17253/09, ZMR 2010, 803.

ob der Ersatzzustellungsvertreter wegen seiner Parteirolle oder aus sonstigen Gründen einer Interessenkollision für die Entgegennahme von Zustellungen ausscheidet.

E. Gerichtlich bestellter Ersatzzustellungsvertreter (§ 45 Abs. 3)

23 Gemäß § 45 Abs. 3 kann das Gericht auf Anregung oder **von Amts wegen** einen Ersatzzustellungsvertreter bestellen, falls eine Zustellung nach den Abs. 1 und 2 ausnahmsweise nicht möglich sein sollte, insbesondere weil die Wohnungseigentümer entgegen § 45 Abs. 2 S. 1 nicht oder nicht wirksam einen Ersatzzustellungsvertreter bestellt haben oder dessen Bestellungszeit abgelaufen ist oder er seine Stellung aus anderen Gründen verloren hat (Abberufung, rechtskräftige Ungültigerklärung des Bestellungsbeschlusses, Amtsniederlegung, Tod, Eintritt einer auflösenden Bedingung). Ein Ersatzzustellungsvertreter fehlt auch dann, wenn der bestellte Ersatzzustellungsvertreter aus rechtlichen oder tatsächlichen Gründen (z.B. schwere Krankheit) seine Aufgaben nicht wahrnehmen kann.

I. Bereitschaft zur Übernahme des Amtes

24 Vor der Bestellung eines Ersatzzustellungsvertreters muss dessen Bereitschaft zur Übernahme des Amtes feststehen, da niemand gegen seinen Willen zum Ersatzzustellungsvertreter bestellt werden kann.[24] Das Gericht hat bei der Ausübung seines Auswahlermessens zu berücksichtigen, dass als Ersatzzustellungsvertreter nur eine Person in Betracht, die diese Verwaltungsaufgabe auch organisatorisch umsetzen kann.[25]

II. Rechtliches Gehör

25 Den Wohnungseigentümern braucht dagegen anders als bei der Bestellung eines Verwalters vor der Bestellung eines Ersatzzustellungsvertreters von Amts wegen, wodurch die Zustellung einer Klage ermöglicht werden soll, rechtliches Gehör nicht gewährt zu werden.[26] Hierfür sprechen zunächst Gründe der Praktikabilität. Müsste das Gericht zunächst allen Wohnungseigentümer den Hinweis zustellen, dass es beabsichtigt, eine bestimmte Person zum Ersatzzustellungsvertreter zu bestellen, wäre die durch § 45 Abs. 3 eröffnete Möglichkeit weitgehend wertlos. Eine einstweilige Verfügung, die ohne vorheriges rechtliches Gehör möglich wäre, könnte das Gericht jedenfalls nicht von Amts wegen erlassen. Letztlich entscheidend ist aber, dass die Wohnungseigentümer die Notwendigkeit einer gerichtlichen Bestellung regelmäßig selbst verursacht haben, weil sie ihre Obliegenheit gemäß § 45 Abs. 2 S. 1 nicht erfüllt haben. Zu berücksichtigen ist dabei auch, dass die Aufgaben des Ersatzzustellungsvertreters – anders als die eines Verwalters – auf einen begrenzten Bereich beschränkt sind. Zudem können die Wohnungseigentümer jederzeit den gerichtlich bestellten Ersatzzustellungsvertreter durch die Bestellung eines neuen Ersatzzustellungsvertreters ablösen.

III. Vergütung

26 Das Gericht ist – ebenso wie bei der Bestellung eines Verwalters (siehe § 26 Rn 145) – befugt, in dem Beschluss über die Bestellung des Ersatzzustellungsvertreters in dessen Einvernehmen eine Vergütung festzusetzen.[27] Unterbleibt eine solche Festsetzung, so hat der Ersatzzustellungsvertreter Anspruch auf die übliche Vergütung.[28] Der Vergütungsanspruch des Ersatzzustellungsvertreters richtet sich gegen die Wohnungseigentümergemeinschaft als Verband.[29] Es handelt sich um Kosten der Verwaltung, die grundsätzlich nach § 16 Abs. 2 zu verteilen sind.

27 Die Vergütung des Ersatzzustellungsvertreters ist **nicht Teil der erstattungsfähigen Prozesskosten**.[30]

28 Einen **Kostenvorschuss** für die Vergütung des Ersatzzustellungsvertreters kann das Gericht nicht anfordern, insbesondere die Zustellung der Klage nicht von der Einzahlung eines Vorschusses durch die Antragsteller abhängig machen.[31] Der Vergütungsanspruch des Ersatzzustellungsvertreters richtet sich zwar gegen die Wohnungseigentümergemeinschaft als Verband (siehe Rn 28). Dennoch kann das Gericht der an einer Anfechtungsklage nicht beteiligten Wohnungseigentümergemeinschaft nicht aufgeben, einen Vorschuss für die Vergütung des Ersatzzustellungsvertreters zu zahlen.[32]

---

24 AG Hamburg-Blankenese 539 C 2/08, ZMR 2008, 575; LG Nürnberg-Fürth 14 T 2512/09, NZM 2009, 365, 366; *Abramenko* in: Riecke/Schmid, § 45 Rn 8a m.w.N.
25 AG Dortmund 512 C 39/08, NZM 2008, 938.
26 Ebenso *Slomian*, ZfIR 2010, 229, 231/232; **a.A.** LG Hamburg 318 S 88/08, ZMR 2009, 795; *Klein* in: Bärmann, § 45 Rn 39; *Köhler*, ZfIR 2010, 85, 88/89.
27 AG Dortmund 512 C 39/08, NZM 2008, 938; AG Heilbronn 17 C 3734/09, ZMR 2011, 336 m. Anm. *Slomian*; *Klein* in: Bärmann, § 45 Rn 46; *Abramenko* in: Riecke/Schmid, § 45 Rn 8; **a.A.** *Drasdo*, NJW-Spezial 2009, 35; *Schmid*, MDR 2012, 561, 562.
28 Ebenso *Klein* in: Bärmann, § 45 Rn 46.
29 *Klein* in: Bärmann, § 45 Rn 46.
30 LG Düsseldorf 25 T 572/11, NJW-RR 2012, 462; AG Dortmund 512 C 39/08, NZM 2008, 938; *Klein* in: Bärmann, § 45 Rn 32; *Schmid*, MDR 2012, 561, 563; **a.A.** *Drabek*, ZWE 2009, 22, 25; *Suilmann* in: Jennißen, § 45 Rn 57.
31 *Schmid*, MDR 2009, 297; **a.A.** AG Dortmund 512 C 39/08, NZM 2008, 938.
32 Vgl. *Schmid*, MDR 2009, 297; **a.A.** AG Dortmund 512 C 39/08, NZM 2008, 938.

IV. Rechtsmittel

Die **sofortige Beschwerde** kann in allen vom Gesetz ausdrücklich bestimmten Fällen (§ 567 Abs. 1 Nr. 1 ZPO) sowie dann eingelegt werden, wenn die angegriffene Entscheidung ohne mündliche Verhandlung ergehen konnte und ein das Verfahren betreffendes Gesuch zurückgewiesen wurde (§ 567 Abs. 1 Nr. 2 ZPO). **Nicht statthaft** ist danach die sofortige Beschwerde **gegen die Bestellung** eines Ersatzzustellungsvertreters durch das Gericht.[33] Statthaft sind insoweit nur noch die Gehörsrüge (§ 321a ZPO) und die Gegenvorstellung als formloser Rechtsbehelf. Wird jedoch ein **Antrag** auf Bestellung eines Ersatzzustellungsvertreters **zurückgewiesen**, findet dagegen gemäß § 567 Abs. 1 Nr. 2 ZPO die sofortige Beschwerde statt.

29

§ 46   Anfechtungsklage

(1) [1]Die Klage eines oder mehrerer Wohnungseigentümer auf Erklärung der Ungültigkeit eines Beschlusses der Wohnungseigentümer ist gegen die übrigen Wohnungseigentümer und die Klage des Verwalters ist gegen die Wohnungseigentümer zu richten. [2]Sie muss innerhalb eines Monats nach der Beschlussfassung erhoben und innerhalb zweier Monate nach der Beschlussfassung begründet werden. [3]Die §§ 233 bis 238 der Zivilprozessordnung gelten entsprechend.

(2) Hat der Kläger erkennbar eine Tatsache übersehen, aus der sich ergibt, dass der Beschluss nichtig ist, so hat das Gericht darauf hinzuweisen.

A. Überblick 1	I. Fristbeginn 52
I. Gesetzesmaterialien 1	II. Fristende 54
II. Anwendungsbereich 2	III. Fristwahrung 55
III. Überblick über die Aufgaben des Verwalters 3	1. Fristwahrung gemäß § 167 ZPO 57
B. Klagebefugnis 4	2. Rechtzeitige Vorschusszahlung 58
I. Eigentümerwechsel 5	3. Wertfestsetzung 61
II. Klagebefugnis bei Mitberechtigung 9	4. Klageerhebung bei unzuständigem Gericht ... 62
III. Zwangs- und Insolvenzverwalter 13	5. Klageantrag 63
IV. Verwalter 15	6. Klage gegen die richtige Partei 65
V. Nießbraucher 16	IV. Antrag auf Prozesskostenhilfe 66
VI. Verband 17	**F. Begründungsfrist (§ 46 Abs. 1 S. 2 Hs. 2)** 67
C. Rechtsschutzinteresse 18	I. Materiell-rechtliche Ausschlussfrist 68
I. Grundsatz 18	II. Kein Nachschieben von Anfechtungsgründen 69
II. Zweitbeschluss 24	III. Keine Fristverlängerung 70
III. Anfechtung nach Zustimmung 26	IV. Anwendung bei Beschlussfeststellungsklagen 71
IV. Einberufungsmangel 27	**G. Wiedereinsetzung in den vorigen Stand**
V. Vollzogener Beschluss 28	(§ 46 Abs. 1 S. 3) 72
VI. Negativbeschlüsse 29	I. Unverschuldetes Fristversäumnis 73
VII. Beschlüsse zur Geschäftsordnung 30	II. Fristgerechter Wiedereinsetzungsantrag 81
VIII. Eigentümerwechsel 31	III. Entscheidung über den Wiedereinsetzungsantrag .. 83
D. Gegner der Anfechtungsklage	**H. Anfechtungs- und Nichtigkeitsgründe** 84
(§ 46 Abs. 1 S. 1) 32	I. Einheitlicher Streitgegenstand 84
I. Klage von Wohnungseigentümern 33	II. Hinweis auf Nichtigkeitsgründe (§ 46 Abs. 2) 88
1. Keine Passivlegitimation des rechtsfähigen Verbands 34	**I. Teilweise Unwirksamkeit** 90
2. Notwendige Streitgenossenschaft 35	**J. Wirkung der Beschlussanfechtung** 92
II. Auslegung der Parteibezeichnung 37	**K. Unterbrechung gemäß § 240 ZPO** 94
1. Auslegungsgrundsätze 38	**L. Erledigung der Hauptsache** 101
2. Einzelfälle 40	**M. Die Kostenerstattung des erfolgreichen**
III. Privilegierter Parteiwechsel 44	**Anfechtungsklägers** 102
IV. Klage des Verwalters 46	**N. Sonstige Kostenfragen** 105
E. Anfechtungsfrist (§ 46 Abs. 1 S. 2 Hs. 1) 47	**O. Einstweiliger Rechtsschutz** 107
	P. Darlegungs- und Beweislast 110

Literatur: *Abramenko*, Die Auswechselung des Anfechtungsbeklagten nach Ablauf der Monatsfrist gemäß § 46 Abs. 1 Satz 2 WEG, ZMR 2010, 161; *Becker*, Die Anfechtungsklage des Mitberechtigten am Wohnungseigentum, ZWE 2008, 405; *Bonifacio*, Die neue Anfechtungsklage im Wohnungseigentumsrecht, ZMR 2007, 592; *ders.*, Zur Erledigung der wohnungseigentumsrechtlichen Anfechtungsklage, ZMR 2010, 161; *Briesemeister*, Das Anfechtungsrecht des WEG-Verwalters in eigener Sache, ZWE 2008, 416; *ders.*, Das Nachschieben von Anfechtungsgründen nach Ablauf der Begründungsfrist des § 46 I 2 WEG im Beschlussanfechtungsprozess des Wohnungseigentümers, ZMR 2008, 253; *Bub*, Streitgegenstand und Präklusion bei der wohnungseigentumsrechtlichen Anfechtungsklage, FS Merle (2010), 89; *Dötsch*, Genügt ein Prozesskostenhilfeantrag zur Wahrung der Anfechtungsfrist nach WEG? NZM 2008, 309; *ders.*, Anfechtungsbegründungsfrist i.S. des § 46 Abs. 1 S. 2 WEG – Gebot einer einschränkenden Auslegung?, ZMR 2008,

---

[33] LG Berlin 85 T 103/08, NZM 2008, 896; LG Nürnberg-Fürth 14 T 2512/09, NZM 2009, 365.

433; *ders.*, Wahrung der Frist zur Beschlussanfechtung nach WEG durch Klage gegen den Verband – Neue Fragen zum öffentlich-rechtlichen Nachbarrecht und zu § 10 VI 3 WEG („Vergemeinschaftung" von Individualrechten), NJW 2010, 911; *ders.*, Darlegungs- und Beweislast bei der Anfechtungsklage des Verwalters gegen seine Abberufung aus wichtigem Grund, ZWE 2011, 305; *Elzer*, Wiedereinsetzung in Anfechtungsgründe, ZMR 2009, 256; *Gemballa*, Zur Vertretungsmacht des WEG-Verwalters im Anfechtungsprozess, ZMR 2011, 525; *Lüke*, Der Klagegegner und subjektive Klagehäufung bei der Anfechtungsklage gegen Wohnungseigentümerbeschlüsse, FS Merle (2010), 229; *Niedenführ*, Erste Erfahrungen mit dem neuen WEG-Verfahrensrecht, NJW 2008, 1768; *ders.*, Die Anfechtungsklage nach WEG und AktG – Parallelen und Unterschiede, FS Merle (2010), 263; *Schmid*, Zwang zur Anfechtung von Wohnungseigentümerbeschlüssen?, NZM 2008, 186; *ders.*, Die Kosten des im Beschlussanfechtungsprozess erfolgreichen Wohnungseigentümers, NZM 2008, 385; *ders.*, Baustopp durch einstweilige Verfügung im Wohnungseigentumsverfahre, NZBau 2010, 290; *ders.*, Beschlusszustimmung und Beschlussanfechtung, ZMR 2011, 775; *ders.*, Die Vertretung der Beklagten in Beschlussanfechtungsverfahren, ZWE 2012, 168; *Schuschke*, Parteiberichtigung und Parteiänderung in wohnungseigentumsrechtlichen Verfahren, NZM 2009, 417; *Wolicki*, Die Kostenentscheidung bei Beschlussanfechtungsklagen nach der WEG-Novelle – Erwiderung auf Michael J. Schmid, NZM 2008, 385, NZM 2008, 718.

A. Überblick

I. Gesetzesmaterialien

1 Begründung Regierungsentwurf: BT-Drucks 16/887 S. 37 ff.; Stellungnahme Bundesrat: BT-Drucks 16/887 S. 51 ff.; Gegenäußerung der Bundesregierung: BT-Drucks 16/887 S. 73; Beschlussempfehlung Rechtsausschuss: BT-Drucks 16/3843 S. 57.

II. Anwendungsbereich

2 Zum **Anwendungsbereich** der Anfechtungsklage siehe § 43 Rn 85.

III. Überblick über die Aufgaben des Verwalters

3 Der Verwalter ist gemäß § 45 Abs. 1 Zustellungsvertreter der beklagten Wohnungseigentümer, soweit er nicht ausnahmsweise als solcher ausgeschlossen ist (siehe § 45 Rn 2 ff.). Gemäß § 27 Abs. 1 Nr. 7 ist er als Zustellungsvertreter verpflichtet, die Wohnungseigentümer unverzüglich über die Klageerhebung zu unterrichten (siehe § 27 Rn 58 ff.). Zur Erstattung der Kosten für die Unterrichtung siehe § 50 Rn 14). Der Verwalter ist nach § 27 Abs. 2 Nr. 2 berechtigt, die Wohnungseigentümer in dem Rechtsstreit zu vertreten oder anwaltlich vertreten zu lassen (siehe § 27 Rn 72). Er kann gemäß § 27 Abs. 2 Nr. 4 mit dem Rechtsanwalt eine Streitwertvereinbarung treffen (siehe § 27 Rn 78).

B. Klagebefugnis

4 Klagebefugt ist jeder einzelne Wohnungseigentümer. (Zur Verbindung mehrerer Anfechtungsklagen siehe § 47 Rn 2 ff.).

I. Eigentümerwechsel

5 Wohnungseigentümer ist regelmäßig, wer als solcher im Grundbuch eingetragen ist. Der **Ersteher** einer Eigentumswohnung in der Zwangsvollstreckung wird jedoch bereits mit Zuschlag Wohnungseigentümer und ist schon ab diesem Zeitpunkt anfechtungsberechtigt, auch wenn es sich um Beschlüsse handelt, die vor dem Zuschlag gefasst wurden.[1] Auch der **Erbe** wird unmittelbar mit dem Erbfall Wohnungseigentümer und ist somit bereits vor Eintragung im Grundbuch anfechtungsbefugt. Hat der im Grundbuch als Eigentümer Eingetragene das Wohnungseigentum nach materiellem Recht nicht wirksam erworben (zu Unrecht eingetragener Bucheigentümer) – etwa aufgrund einer erfolgreichen Anfechtung oder weil die nach der Teilungserklärung erforderliche Zustimmung zu der Veräußerung versagt wird – dann ist er nicht klagebefugt; der wahre Berechtigte ist Träger der mit dem Wohnungseigentum verbundenen Rechte und Pflichten.[2]

6 Ein rechtsgeschäftlicher **Erwerber**, der bei bereits **voll eingerichteter Gemeinschaft** noch nicht als Wohnungseigentümer im Grundbuch eingetragen ist, hat kein eigenes Stimmrecht[3] und auch kein eigenes Anfechtungsrecht.[4] Ihm können allenfalls Stimmrecht und Anfechtungsrecht zur Ausübung übertragen werden. Nach Ansicht des Kammergerichts[5] ist der im Grundbuch abgesicherte Erwerber regelmäßig als ermächtigt anzusehen, in Prozessstandschaft für den Veräußerer einen Beschluss anzufechten. Aus Gründen der Klarheit sollte jedoch eine ausdrückliche Ermächtigung des Erwerbers verlangt werden. Jedenfalls ist eine Prozessstandschaft innerhalb der Anfechtungsfrist offen zulegen.[6] Der Erwerber ist aber dann befugt, Beschlüsse anzufechten, die vor der Eigentumsumschreibung oder

---

1 Offen gelassen LG Frankfurt 2/9 T 311/90, ZMR 1991, 194, 195.
2 BGH V ZR 241/11, WuM 2012, 527.
3 Vgl. BGH V ZB 6/88, NJW 1989, 1087.
4 BayObLG BReg 2 Z 100/90, NJW-RR 1991, 531, 532.
5 24 W 3842/94, WuM 1994, 714.
6 KG 24 W 126/03, NZM 2004, 511, 512; LG Berlin 85 S 424/10, ZMR 2012, 119. 120.

vor dem Zuschlag gefasst wurden, wenn die Anfechtungsfrist noch nicht abgelaufen ist.[7] Ob er bei Beschlussfassung schon Eigentümer war, ist unmaßgeblich, da gemäß § 10 Abs. 4 ein Beschluss grundsätzlich gegen ihn wirkt. Solange noch nicht mindestens zwei Wohnungseigentümer im Grundbuch eingetragen sind, kann eine **„werdende Wohnungseigentümergemeinschaft"** bestehen (vgl. dazu § 10 Rn 8 ff.). Deren Mitglieder sind berechtigt, die von dieser Gemeinschaft gefassten Beschlüsse anzufechten.

Wer **vor Beschlussfassung** aus der Gemeinschaft **ausgeschieden** ist, kann nicht Anfechtungsklage erheben, denn der Beschluss entfaltet für den Ausgeschiedenen keine Bindungswirkung mehr.[8] Der ausgeschiedene Wohnungseigentümer kann gegebenenfalls auf Feststellung der fehlenden Bindungswirkung klagen. War der Kläger bei Beschlussfassung noch Wohnungseigentümer, so kann er den Beschluss anfechten, wenn er seine Rechtsstellung berührt.[9] **7**

Ein Eigentümerwechsel nach Rechtshängigkeit ändert nichts an der Klagebefugnis des Veräußerers. Der Erwerber selbst kann allerdings nicht ohne weiteres als Kläger in den Prozess eintreten (siehe § 47 Rn 17). **8**

II. Klagebefugnis bei Mitberechtigung

Ist eine **BGB-Gesellschaft** Wohnungseigentümerin, so kann diese selbst durch die vertretungsberechtigten Gesellschafter Anfechtungsklage erheben, sofern es sich um eine rechtsfähige Außengesellschaft handelt.[10] Einem nicht zur Vertretung berechtigten Gesellschafter fehlt die Klagebefugnis.[11] Handelt es sich um eine reine Innengesellschaft, so ist ein einzelner Gesellschafter grundsätzlich nicht berechtigt, einen Eigentümerbeschluss anzufechten; eine Ausnahme kommt nur dann in Betracht, wenn die anderen Gesellschafter aus gesellschaftswidrigen Gründen im Zusammenwirken mit dem Gegner ihre Mitwirkung verweigern.[12] **9**

Dagegen ist ein an einem Wohnungseigentum in **Bruchteilsgemeinschaft** Beteiligter gemäß § 1011 BGB berechtigt, einen Eigentümerbeschluss allein anzufechten.[13] **10**

Auch bei einer **Erbengemeinschaft** ist jeder Miterbe anfechtungsberechtigt.[14] **11**

Die übrigen Mitberechtigten, die nicht selbst klagen, sind analog § 48 Abs. 1 S. 1 beizuladen, damit sich auch die Rechtskraft eines klageabweisenden Urteils auf sie erstreckt und es ihnen dadurch gemäß § 48 Abs. 3, 4 verwehrt ist, später noch die Nichtigkeit des Beschlusses geltend zu machen.[15] Der klagende Mitberechtigte hat die übrigen Mitberechtigten analog § 44 Abs. 2 S. 1 in der Klage zu bezeichnen.[16] Beitreten könne die übrigen Mitberechtigten nur auf Seiten des Klägers, da die Mitberechtigten ihr Recht nur einheitlich ausüben dürfen.[17] **12**

III. Zwangs- und Insolvenzverwalter

Unterliegt die Eigentumswohnung der **Zwangsverwaltung**, so stehen das Stimmrecht bei der Beschlussfassung über die Jahresabrechnung und das Anfechtungsrecht dem Zwangsverwalter zu.[18] Der Eigentümer der zwangsverwalteten Wohnung hat kein eigenes Anfechtungsrecht.[19] **13**

Anfechtungsberechtigt ist auch der **Insolvenzverwalter**.[20] Mit der Eröffnung des Insolvenzverfahrens geht die Verwaltungs- und Verfügungsbefugnis über das Wohnungseigentum gemäß § 80 InsO auf den Insolvenzverwalter über. Der Wohnungseigentümer kann dann nicht mehr wirksam Anfechtungsklage erheben. Gibt der Insolvenzverwalter das Wohnungseigentum erst nach Ablauf der Anfechtungsfrist frei, so wirkt dies nicht zurück auf den Zeitpunkt der Klageeinreichung durch den Wohnungseigentümer; die Klagefrist ist versäumt.[21] **14**

IV. Verwalter

Umstritten ist, in welchem Umfang der Verwalter anfechtungsbefugt ist. Nach hier vertretener Auffassung ist der Verwalter kraft seines Amtes klagebefugt.[22] Der Verwalter ist jedenfalls dann, wenn er durch den Beschluss in seiner **15**

---

7 OLG Frankfurt 20 W 202/91, NJW-RR 1992, 1170.
8 BGH V ZB 11/88, NJW 1989, 714, 715.
9 BGH V ZB 24/02, NJW 2002, 1003, 1005; Palandt/ Bassenge, § 46 Rn 2.
10 Becker, ZWE 2008, 405, 407 m.w.N.; Schmidt, ZWE 2011, 297, 302.
11 Klein in: Bärmann, § 46 Rn 23.
12 BayObLG 2Z 47/90, NJW-RR 1991, 215, 216; Becker, ZWE 2008, 405, 407; **a.A.** Sauren, WE 1992, 40.
13 OLG Frankfurt 20 W 241/05, NZM 2007, 490; LG München I 36 S 6417/11, ZMR 2012, 398.
14 BayObLG WuM 1998, 747, 748; Suilmann in: Jennißen, § 46 Rn 26.
15 Becker, ZWE 2008, 405, 409; LG München I 36 S 6417/11, ZMR 2012, 398, 399.
16 Becker, ZWE 2008, 405, 409.
17 Becker, ZWE 2008, 405, 410.
18 BayObLG BReg 2 Z 4/91, WuM 1991, 309.
19 LG Berlin 85 T 404/07, ZMR 2009, 474 m.w.N.
20 Klein in: Bärmann, § 46 Rn 35.
21 OLG Hamm 15 W 106/03, NZM 2004, 586.
22 Ebenso OLG Hamm 15 W 232/69, OLGZ 1971, 96, 98; Abramenko in: Riecke/Schmid, § 46 Rn 3 m.w.N.; **einschränkend** Klein in: Bärmann, § 46 Rn 32 m.w.N.; **a.A.** LG Nürnberg-Fürth 14 S 8312/08, ZMR 2009, 483; LG Itzehoe 1 S 50/10, NZM 2012, 207; AG Bonn 27 C 249/09, ZMR 2011, 841; Suilmann in: Jennißen, § 46 Rn 40 ff m.w.N.

Rechtsstellung betroffen ist, anfechtungsbefugt.[23] Das Antragsrecht endet grundsätzlich mit seiner Abberufung. Der abgewählte Verwalter ist aber, auch wenn er nicht gleichzeitig Wohnungseigentümer ist, befugt, den Abberufungsbeschluss anzufechten (siehe auch § 26 Rn 98).[24] Der abberufene Verwalter, der von den Wohnungseigentümern unter Aufhebung des Abberufungsbeschlusses erneut zum Verwalter bestellt wird, hat kein Rechtsschutzbedürfnis für die Anfechtung des neuen Bestellungsbeschlusses.[25]

V. Nießbraucher

16 Der **Nießbraucher** an einem Wohnungseigentum hat weder ein eigenes Stimmrecht, noch ein eigenes Anfechtungsrecht.[26]

VI. Verband

17 Umstritten ist die **Klagebefugnis des Verbandes**, wenn dieser Eigentümer einer Einheit ist.[27]

C. Rechtsschutzinteresse

I. Grundsatz

18 Das Rechtsschutzinteresse (Rechtsschutzbedürfnis) ist das berechtigte Interesse eines in seinen Rechten Beeinträchtigten, ein Gericht in Anspruch zu nehmen, um den begehrten Rechtsschutz zu erreichen. Es ist zu verneinen, wenn das erstrebte Ziel einfacher, billiger oder auch ohne Inanspruchnahme des Gerichts zu erreichen ist.

19 Für eine Beschlussanfechtung ist ein besonderes Rechtsschutzbedürfnis grundsätzlich nicht nachzuweisen. Da das Anfechtungsrecht nicht nur dem persönlichen Interesse des anfechtenden Wohnungseigentümers oder dem Minderheitenschutz dient, sondern dem Interesse der Gemeinschaft an einer ordnungsmäßigen Verwaltung, genügt für die Anfechtung grundsätzlich das Interesse eines Wohnungseigentümers, eine ordnungsmäßige Verwaltung zu erreichen.[28] Der anfechtende Wohnungseigentümer braucht deshalb durch den angefochtenen Beschluss nicht persönlich betroffen sein oder sonst Nachteile zu erleiden.[29]

20 Kein Rechtsschutzbedürfnis für eine Beschlussanfechtung hat jedoch ein Wohnungseigentümer, der von dem angefochtenen Beschluss deswegen gar nicht betroffen wird, weil er durch die **Vereinbarung einer getrennten Verwaltung** von abgegrenzten Teilen einer Wohnanlage von der Mitverwaltung insoweit ausgeschlossen ist.[30] Die Anfechtungsklage kann im Einzelfall auch **rechtsmissbräuchlich** sein, zum Beispiel wenn ein Beschluss über die Jahresabrechnung wegen der Anwendung eines falschen Verteilungsschlüssels angefochten wird, obwohl die übrigen Wohnungseigentümer mit dem Abrechnungsmaßstab einverstanden sind und der Kläger durch die Änderung nur Nachteile hätte.[31]

21 Dass ein besonderes Rechtsschutzbedürfnis nicht nachzuweisen ist, bedeutet nicht, dass Beschlussanfechtungsanträge auch dann zulässig sind, wenn im Einzelfall das Rechtsschutzbedürfnis nicht wegen fehlenden persönlichen Interesses, sondern aus anderen Gründen fehlt. Benennt der anfechtende Wohnungseigentümer z.B. nur Gründe für die Anfechtung, die außerhalb des Gegenstandes der Beschlussfassung liegen, so fehlt das Rechtsschutzbedürfnis, weil der Antragsteller sein Ziel auch dann nicht erreichen würde, wenn der Beschluss für ungültig erklärt würde.[32]

22 Das Rechtsschutzbedürfnis entfällt nicht dadurch, dass der Verwalter den Beschluss für unverbindlich hält und eine neue Beschlussfassung in Aussicht stellt, denn dem Verwalter könnte auf Antrag auch nur eines Wohnungseigentümers die Durchführung des nicht angefochtenen Beschlusses gerichtlich aufgegeben werden.[33]

23 Das Rechtsschutzbedürfnis für einen Beschlussanfechtungsantrag entfällt auch nicht deshalb, weil ein anderer Wohnungseigentümer bereits vorher einen identischen Antrag eingereicht hat, denn der Antragsteller, der seinen Antrag früher gestellt hat, könnte diesen ja zurücknehmen.[34] (Zur Verbindung von Anfechtungsklagen, die denselben Beschluss betreffen, vgl. § 47 Rn 1 ff.)

---

23 BGH V ZB 39/01, NJW 2002, 3240; LG Nürnberg-Fürth 14 S 8312/08, ZMR 2009, 483, 484; *Klein* in: Bärmann, § 46 Rn 32; *Abramenko* in: Riecke/Schmid, § 46 Rn 3; **a.A.** *Suilmann* in: Jennißen, § 46 Rn 50 ff.
24 BGH V ZB 6/88, NJW 1989, 1087 m.w.N.; BGH V ZB 39/01, NJW 2002, 3240, 3242; **a.A.** *Suilmann*, ZWE 2000, 106 ff.
25 OLG Naumburg 11 Wx 7/99, NZM 2000, 1025.
26 BGH V ZB 24/01, NJW 2002, 1647; OLG Düsseldorf 3 Wx 323/04, NZM 2005, 627 und 911; *Klein* in: Bärmann, § 46 Rn 36.
27 Mit Recht ablehnend: *Häublein*, FS Seuss, 2007, S. 125, 139; *Bonifacio*, ZMR 2007, 592, 596; *Klein* in: Bärmann, § 46 Rn 30; **a.A.** *Elzer* in: Hügel/Elzer, § 13 Rn 120; *Abramenko* in: Riecke/Schmid, § 46 Rn 2.
28 BGH V ZB 11/03, NJW 2003, 3124, 3125; OLG München 34 Wx 76/07, NJW 2008, 1679.
29 BGH V ZB 11/03, NJW 2003, 3124, 3125.
30 BayObLG BReg 2 Z 57/84, DNotZ 1985, 414, 416.
31 BayObLG 2Z BR 195/03, ZMR 2004, 358, 359; vgl. auch AG Salzgitter 26 C 20/09, ZMR 2010, 650.
32 LG Frankfurt 2/9 T 1204/89, NJW-RR 1990, 1238.
33 OLG Frankfurt 20 W 279/79, OLGZ 1980, 78, 79, 80.
34 BayObLGZ 1977, 226, 228.

II. Zweitbeschluss

Das Rechtsschutzbedürfnis für eine Beschlussanfechtungsklage entfällt in der Regel, nachdem ein **inhaltsgleicher** **Zweitbeschluss** Bestandskraft erlangt hat.[35] Dies gilt jedoch nicht, wenn der Kläger durch die Verbindung eines Anfechtungsantrags mit einem positiven Feststellungsantrag einen unrichtigen Negativbeschluss in einen Beschluss mit positivem Inhalt umwandeln will. Die Bestandskraft eines zweiten Negativbeschlusses könnte an einem Erfolg des Beschlussfeststellungsantrags nichts ändern, sondern ginge ins Leere.[36] Wäre der erste Beschluss schon aus formellen Gründen für ungültig zu erklären, so kann das ihn betreffende Anfechtungsverfahren so lange ausgesetzt werden, bis über die Anfechtung des zweiten Beschlusses rechtskräftig entschieden ist, sofern der zweite Beschluss den formellen Fehler nicht enthält. Für die Anfechtung eines Beschlusses, der mit einem schon bestandskräftigen Beschluss inhaltsgleich ist, fehlt regelmäßig das Rechtsschutzbedürfnis.[37]

Ein bisher als bestandskräftig angesehener, möglicherweise vereinbarungsändernder Mehrheitsbeschluss kann jedenfalls durch Mehrheitsbeschluss wieder aufgehoben werden. Für die Feststellung der Wirksamkeit des Aufhebungsbeschlusses fehlt nicht deswegen das Rechtsschutzinteresse, weil auch die Feststellung der Nichtigkeit des aufgehobenen Beschluss in Betracht kommt und dann der Zweitbeschluss gegenstandslos wäre.[38]

III. Anfechtung nach Zustimmung

Das Rechtsschutzbedürfnis für eine Beschlussanfechtung entfällt nicht allein deswegen, weil der anfechtende Wohnungseigentümer dem angefochtenen Beschluss in der Eigentümerversammlung zugestimmt hat.[39] Die Anfechtungsklage kann aber unbegründet sein, weil materiell-rechtlich die Anfechtungsbefugnis fehlt, da sie verwirkt ist oder weil das Gebot von Treu und Glauben entgegensteht. Ein Rechtsmissbrauch liegt vor, wenn ein Wohnungseigentümer der Jahresabrechnung trotz Bedenken zugestimmt hatte und nach der Eigentümerversammlung nochmals die Unterlagen überprüft hat.[40] Auch für das Rechtsschutzinteresse einer **Nichtigkeitsfeststellungsklage** ist es ohne Bedeutung, ob der Kläger für oder gegen den Beschluss gestimmt hat.[41]

IV. Einberufungsmangel

Für die auf einen Einberufungsmangel gestützte Anfechtung eines Beschlusses fehlt das Rechtsschutzbedürfnis, wenn der Wohnungseigentümer trotz Kenntnis des Mangels keine Einwendungen gegen die vom Versammlungsleiter ausdrücklich festgestellte ordnungsmäßige Einberufung und Beschlussfähigkeit der Eigentümerversammlung erhebt. So handelt z.B. ein Wohnungseigentümer rechtsmissbräuchlich, der ausdrücklich damit einverstanden ist, dass ein bereits ausgeschiedener Verwalter eine Eigentümerversammlung einberuft, wenn er Beschlüsse, denen er nicht zugestimmt hat, mit der Begründung anficht, die Eigentümerversammlung sei nicht ordnungsgemäß einberufen worden.[42]

V. Vollzogener Beschluss

Das Rechtsschutzbedürfnis entfällt grundsätzlich auch dann nicht, wenn der Beschluss bereits durchgeführt wurde.[43] Selbst wenn der Beschluss nicht mehr rückgängig gemacht werden kann, entfällt das Rechtsschutzbedürfnis nur dann, wenn eine Ungültigerklärung des Beschlusses auch sonst keine Auswirkungen mehr haben kann, weil ein Erfolg der Klage den Wohnungseigentümern oder der Gemeinschaft keinen Nutzen mehr bringen kann.[44] Dies ist nicht der Fall, solange Auswirkungen der Beschlussanfechtung auf Folgeprozesse der Wohnungseigentümer untereinander, gegen den Verwalter oder gegen Dritte nicht sicher auszuschließen sind; die Zulässigkeitsprüfung darf weder dazu führen, dass die Auswirkungen eines Beschlusses auf nachfolgende Rechtsstreitigkeiten abschließend beurteilt werden, noch darf die Sachentscheidung unter Hinweis auf eine Prüfung des Beschlusses in Folgeprozessen verwehrt werden.[45] Ein bestandskräftiger Beschluss schließt nämlich jedenfalls den Einwand aus, die Beschlussfassung habe nicht ordnungsgemäßer Verwaltung entsprochen. Umgekehrt steht nach einer erfolgreichen Beschlussanfechtung als Folge der Rechtskraft unter den Wohnungseigentümern und gegenüber dem beigeladenen Verwalter (§ 48 Abs. 3) fest, dass der Beschluss nicht ordnungsgemäßer Verwaltung entsprach.[46] Mögliche Auswirkung der erfolgreichen Anfechtung ist allerdings nicht eine Kostenbefreiung des überstimmten Wohnungseigentümers gem. § 16 Abs. 6 S. 1 Hs. 2 (vgl. § 16 Rn 109). Beschlüsse über die Genehmigung der Jahresabrechnung können Regressansprüchen gegen den Ver-

---

35 BGH V ZB 6/88, NJW 1989, 1087; OLG Frankfurt 20 W 34/89, OLGZ 1989, 434, 435; LG Düsseldorf 25 S 56/10, ZMR 2011, 898, 899; vgl. dazu auch *Merle*, WE 1995, 363; *Lüke*, ZWE 2000, 98, 104.
36 BGH V ZB 30/02, NZM 2002, 995, 997.
37 BGH V ZB 2/93, NJW 1994, 3230.
38 OLG Stuttgart 8 W 54/98, NZM 2001, 532, 533.
39 BayObLG 2Z BR 235/03, ZMR 2004, 688; LG Hamburg 318 T 154/07, ZMR 2010, 791; LG Hamburg 318 S 23/11, ZMR 2011, 996; *Schmid*, ZMR 2011, 775.
40 BayObLG 2Z BR 235/03, ZMR 2004, 688.
41 BGH V ZR 225/11, NJW 2012, 2578, Tz 9.
42 BayObLG 2Z BR 4/92, WuM 1992, 331, 332.
43 LG München I 1 S 11024/10, ZMR 2011, 324.
44 BGH V ZR 202/10, ZWE 2011, 319; OLG Düsseldorf 3 Wx 163/00, NZM 2001, 146; LG München I 1 S 11024/10, ZMR 2011, 324; LG Köln 29S 138/11, ZWE 2012, 230.
45 BGH V ZR 202/10, ZWE 2011, 319.
46 BGH V ZR 202/10, ZWE 2011, 319.

walter unter keinem rechtlichen Gesichtspunkt entgegenstehen.[47] Im Übrigen kann das Ergebnis der Beschlussanfechtungsklage für Sekundäransprüche mittelbar von Bedeutung sein, weil die Beschlüsse die rechtliche Grundlage für die interne Willensbildung der Gemeinschaft schaffen.[48] Bei teilweiser Durchführung einer Sanierungsmaßnahme (Sanierung einzelner Balkone) dürfte das Rechtsschutzbedürfnis nicht teilweise entfallen.[49] Im Einzelfall führt der Vollzug eines Beschlusses dann zum Fortfall des Rechtsschutzinteresses, wenn ein Erfolg der Anfechtungsklage den Wohnungseigentümern oder der Gemeinschaft keinen Nutzen mehr bringen kann und Auswirkungen der Beschlussanfechtung auf Folgeprozesse der Wohnungseigentümer untereinander, gegen den Verwalter oder gegen Dritte sicher auszuschließen sind.[50] Dies gilt z.B. für einen Beschluss, wonach „die Eigentümergemeinschaft (mit Ausnahme der Kläger)" die Absicht habe, sich gegen eine von den Klägern erhobene Beschlussanfechtungsklage zu verteidigen, und Hausverwaltung und Beirat bitte, einen Rechtsanwalt zu beauftragen, wenn der Rechtsanwalt die Verteidigungsbereitschaft der übrigen Wohnungseigentümer mit Ausnahme der Kläger bereits angezeigt hat.[51]

VI. Negativbeschlüsse

29 Zum Rechtsschutzbedürfnis für die Anfechtung von Negativbeschlüssen siehe § 43 Rn 97.

VII. Beschlüsse zur Geschäftsordnung

30 Für die Anfechtung von Beschlüssen zur Geschäftsordnung fehlt das Rechtsschutzbedürfnis. Beschlüsse über die Änderung der Reihenfolge der Tagesordnungspunkte sind deshalb nicht anfechtbar.[52] Auch ein Beschluss, der einen Rechtsanwalt als Berater des Wohnungseigentümers von einer konkreten Versammlung ausschließt, wird von selbst gegenstandslos. Für die Anfechtung eines solchen Beschlusses fehlt daher das Rechtsschutzbedürfnis. Ist der Ausschluss rechtswidrig und wirkt sich dies auf andere Beschlüsse aus, so können diese Beschlüsse auf rechtzeitige Anfechtung für ungültig erklärt werden.[53] Zulässig ist aber die Anfechtung eines Beschlusses, der generell für die Zukunft einen Berater von Versammlungen ausschließt.[54]

VIII. Eigentümerwechsel

31 Mit der Veräußerung eines Wohnungseigentums kann das Rechtsschutzinteresse an der Anfechtung eines Eigentümerbeschlusses entfallen, wenn die Ungültigerklärung des Beschlusses für den Antragsteller keinerlei Rechtsfolgen mehr auslöst und sein Rechtsnachfolger an der Fortführung des Verfahrens kein Interesse hat.[55]

D. Gegner der Anfechtungsklage (§ 46 Abs. 1 S. 1)

32 Aus § 46 Abs. 1 S. 1 in Verbindung mit der Überschrift ergibt sich die Definition der Anfechtungsklage. Es handelt sich um eine Klage, die darauf gerichtet ist, einen Beschluss durch ein Gestaltungsurteil für ungültig zu erklären.

I. Klage von Wohnungseigentümern

33 Die Anfechtungsklage eines oder mehrerer Wohnungseigentümer ist – wie § 46 Abs. 1 ausdrücklich klarstellt – **gegen alle übrigen Wohnungseigentümer** zu richten, nicht nur gegen diejenigen, die dem Beschluss zugestimmt haben.[56] Die Klage ist nämlich nicht darauf gerichtet, die einzelnen Willenserklärungen der zustimmenden Wohnungseigentümer zu beseitigen. Sie ist darauf gerichtet, das Ergebnis der Willensbildung zu beseitigen, indem der Beschluss für ungültig erklärt wird. Die überstimmte Minderheit ist solange an den verkündeten Mehrheitsbeschluss gebunden, bis dieser rechtskräftig für ungültig erklärt worden ist. Die Ungültigerklärung kann auch wegen eines formellen Fehlers erfolgen, der einem zustimmenden Wohnungseigentümer nicht zuzurechnen ist. Bei einer **Mehrhausanlage** sind auch dann alle übrigen Wohnungseigentümer – nicht nur die übrigen Mitglieder der betreffenden Untergemeinschaft – zu verklagen, wenn durch die Gemeinschaftsordnung Untergemeinschaften mit eigener Beschlusskompetenz gebildet worden sind.[57] (Zur Bezeichnung der beklagten Wohnungseigentümer in der Klageschrift siehe § 44 Rn 4.)

1. Keine Passivlegitimation des rechtsfähigen Verbands

34 Die Anfechtungsklage ist **nicht gegen die Wohnungseigentümergemeinschaft** zu richten. Wird die Anfechtungsklage gegen die Wohnungseigentümergemeinschaft gerichtet, so ist die Klage wegen fehlender Passivlegitimation als unbegründet abzuweisen, es sei denn, es erfolgt rechtzeitig ein Parteiwechsel (siehe Rn 44). Insoweit unterscheidet

---

47 BGH V ZR 156/10, ZMR 2011, 573.
48 BGH V ZR 202/10, ZWE 2011, 319.
49 So aber LG Hamburg 318 T 154/07, ZMR 2010, 791.
50 BGH V ZB 242/11, WuM 2012, 402.
51 BGH V ZB 242/11, WuM 2012, 402.
52 BayObLG 2Z BR 108/95, WuM 1996, 116, 117.
53 BayObLG 2Z BR 72/95, WuM 96, 113, 114.

54 BayObLG 2Z BR 72/95, WuM 96, 113, 114.
55 BayObLG 2Z BR 5/98, WuM 1998, 511, 512; BayObLG 2Z BR 62/99, NZM 2000, 350, im konkreten Fall Interesse bejaht.
56 AG Wiesbaden 92 C 4115/07, ZMR 2008, 340.
57 BGH V ZR 45/11, ZMR 2012, 285 m.w.N.

sich die wohnungseigentumsrechtliche Anfechtungsklage von dem aktienrechtlichen Anfechtungsverfahren, bei dem die Aktiengesellschaft als juristische Person Beklagte ist. Eine gesetzliche Regelung, wonach die Wohnungseigentümergemeinschaft als Verband passiv legitimiert wäre, hätte zwar möglicherweise zur Erleichterung des Rechtsverkehrs beitragen können.[58] Die Passivlegitimation des Verbands würde aber die Wohnungseigentümergemeinschaft stärker einer juristischen Person annähern, ohne dass die sich daraus ergebenden Folgen als ausreichend wissenschaftlich aufgearbeitet angesehen werden können. Außerdem gehört zur internen Willensbildung auch deren Überprüfung im Wege der Anfechtungsklage.[59] Auch wenn die Wohnungseigentümergemeinschaft als rechtsfähiger Verband Klagegegner wäre, müsste im Übrigen in geeigneter Form eine Unterrichtung der einzelnen Wohnungseigentümer erfolgen, um ihnen eine Beteiligung an dem Rechtsstreit zu ermöglichen (vgl. etwa § 246 Abs. 4 AktG). Nach den bisherigen praktischen Erfahrungen ist nicht zu erwarten, dass der Kläger häufig einer Vielzahl von individuell agierenden Wohnungseigentümern gegenüberstehen wird. Es ist vielmehr zu erwarten, dass die verklagten Wohnungseigentümer wie bisher regelmäßig als Gruppe gemeinsam auftreten werden, der Prozess also verbandsähnlich geführt wird.

2. Notwendige Streitgenossenschaft

Die beklagten Wohnungseigentümer sind **notwendige Streitgenossen** gemäß § 62 Abs. 1 ZPO. Deshalb kann gegen die nicht zur mündlichen Verhandlung erschienenen Wohnungseigentümer, die nicht durch den Verwalter vertreten werden, kein Teilversäumnisurteil ergehen.[60] Gleiches gilt, wenn einer der beklagten Wohnungseigentümer in der mündlichen Verhandlung keinen Antrag stellt.[61]

35

Ein einzelner beklagter Wohnungseigentümer kann nicht wirksam ein **Anerkenntnis** nach § 307 ZPO abgeben.[62] Hat der Verwalter für die übrigen Beklagten ein Anerkenntnis abgegeben und wird darauf durch Anerkenntnisurteil ein Negativbeschluss für ungültig erklärt und festgestellt, dass ein Beschluss mehrheitlich angenommen wurde, so erwächst diese Entschedung auch dann in Rechtskraft, wenn dem Verwalter die erforderliche Vertretungsmacht für die Abgabe des Anerkenntnisses gefehlt hat.[63] Haben alle Beklagten mit der Klageerwiderung anerkannt, wird mit Blick auf die kurze Anfechtungsfrist bei der Kostenentscheidung § 93 ZPO regelmäßig nicht zur Anwendung gelangen.[64]

36

II. Auslegung der Parteibezeichnung

Die Parteibezeichnung ist als Teil einer Prozesshandlung grundsätzlich der Auslegung zugänglich, wobei maßgebend ist, wie die Bezeichnung bei objektiver Deutung aus der Sicht der Empfänger (Gericht und Gegenpartei) zu verstehen ist, welcher Sinn der in der Klageschrift gewählten Bezeichnung bei objektiver Würdigung des Erklärungsinhalts beizulegen ist.[65] Bei einer objektiv unrichtigen oder auch mehrdeutigen Bezeichnung ist grundsätzlich diejenige Person als Partei anzusprechen, die erkennbar durch die Parteibezeichnung betroffen werden soll.[66] Bei der Auslegung der Parteibezeichnung sind über die im Rubrum der Klageschrift enthaltenen Angaben hinaus der gesamte Inhalt der Klageschrift einschließlich etwaiger beigefügter Anlagen zu berücksichtigen.[67] Dabei gilt der Grundsatz, dass die Klageerhebung gegen die in Wahrheit gemeinte Partei nicht an deren fehlerhafter Bezeichnung scheitern darf, wenn diese Mängel in Anbetracht der jeweiligen Umstände letztlich keine vernünftigen Zweifel an dem wirklich Gewollten aufkommen lassen, auch dann, wenn statt der richtigen Bezeichnung irrtümlich die Bezeichnung einer tatsächlich existierenden (juristischen oder natürlichen) Person gewählt wird, solange nur aus dem Inhalt der Klageschrift und etwaigen Anlagen unzweifelhaft deutlich wird, welche Partei tatsächlich gemeint ist.[68] Von der fehlerhaften Parteibezeichnung, die eine Berichtigung des Rubrums ermöglicht, zu unterscheiden ist die irrtümliche Benennung der falschen, am materiellen Rechtsverhältnis nicht beteiligten Person als Partei; diese wird Partei, weil es entscheidend auf den Willen des Klägers so, wie er objektiv geäußert ist, ankommt.[69]

37

1. Auslegungsgrundsätze

Maßgeblich ist danach, ob im Einzelfall die **Auslegung der Klageschrift** ergibt, dass sich die Klage gegen die übrigen Wohnungseigentümer richtet.[70]

38

---

58 Vgl. *Armbrüster*, ZWE 2006, 470, 474; für eine entsprechende Änderung des Gesetzes auch *Bonifacio*, ZWE 2011, 105; *Schmid*, ZWE 2012, 168; *Elzer*, ZWE 2012, 119, 120.
59 Vgl. *Bub*, FS Blank, 2006, 601, 604.
60 AG Wiesbaden 92 C 4116/07, ZMR 2008, 165; AG Bernau 34 C 1/08, WuM 2008, 621.
61 AG Emden 5 C 675/08, ZMR 2010, 891, 893.
62 LG München I 1 S 23229/08, ZMR 2010, 554; AG Charlottenburg 72 C 7/10, ZMR 2010, 644; AG Heidelberg 45 C 73/08, ZMR 2011, 72, 73.
63 LG Berlin 85 S 5/09 WEG, ZMR 2010, 711, 712/713.
64 LG Lüneburg 9 T 87/11, ZMR 2012, 221; AG Wiesbaden 92 C 3285/11, ZMR 2012, 66: für generellen Ausschluss,
m. zust. Anm. *Abramenko*, Info-M 2012, 84 und krit. Anm. *Dötsch*, jurisPR-MietR 1/2012, Anm. 5.
65 Vgl. etwa BGH X ZR 144/06, MDR 2008, 524 m.w.N.
66 BGH X ZR 144/06, MDR 2008, 524 m.w.N.
67 BGH X ZR 144/06, MDR 2008, 524 m.w.N.
68 BGH X ZR 144/06, MDR 2008, 524 m.w.N.
69 BGH X ZR 144/06, MDR 2008, 524 m.w.N.
70 Vgl. etwa BGH V ZR 73/09, NJW 2010, 446; OLG Karlsruhe 14 Wx 24/07, NZM 2008, 651; AG Konstanz 12 C 17/07, ZMR 2008, 494; AG Konstanz 12 C 10/07, NZM 2008, 777; LG Nürnberg-Fürth 14 T 8340/08, ZMR 2009, 75; LG Itzehoe 11 S 37/08, ZMR 2009, 479.

39 Teilweise wird eine durch das Gericht angeregte Rubrumsberichtigung von der Wohnungseigentümergemeinschaft auf die übrigen Wohnungseigentümer grundsätzlich für möglich gehalten, weil die Wohnungseigentümergemeinschaft nach der gesetzlichen Regelung als Beklagte offensichtlich nicht in Betracht kommt.[71] Weil die Klage nach § 46 nicht gegen die Wohnungseigentümergemeinschaft zu richten ist, spricht zwar vieles dafür, dass der Anfechtungskläger regelmäßig die übrigen Mitglieder der Gemeinschaft in Anspruch nehmen will, es sei denn er vertritt ausdrücklich eine hierzu abweichende Rechtsansicht.[72] Anfechtungsklagen gemäß § 46 völlig unabhängig von dem Inhalt der Klageschrift allein nach dem materiell verfolgten Begehren stets so auszulegen, dass Beklagte die übrigen Wohnungseigentümer sein sollen, erscheint jedoch zu weitgehend.[73]

2. Einzelfälle

40 Da es der Vorlage einer **Eigentümerliste** nur bedarf, wenn nicht der Verband, sondern die übrigen Wohnungseigentümer verklagt werden, wird man im Wege der Auslegung zu dem Ergebnis gelangen, dass sich die Klage gegen die übrigen Wohnungseigentümer richtet, wenn in der Klageschrift *die übrigen* Wohnungseigentümer namentlich aufgelistet sind[74] oder die Vorlage einer Eigentümerliste gemäß § 44 Abs. 1 S. 2 angekündigt wird[75] oder vom Verwalter die Vorlage einer Eigentümerliste begehrt wird.[76] Die Bezeichnung der Beklagtenseite als „übrige Wohnungseigentümergemeinschaft" kann als „übrige Wohnungseigentümer" ausgelegt werden, insbesondere wenn die Vorlage der Eigentümerliste angekündigt wird.[77]

41 Verwendet die Klagebegründung bei der Bezeichnung der beklagten Partei den **Plural**, spricht dies dafür, dass die übrigen Wohnungseigentümer Beklagte sind.[78] Indiz dafür, dass sich die Klage gegen die übrigen Wohnungseigentümer richten soll, kann auch sein, dass **mehr als zwei Doppel der Klageschrift** zur Akte gereicht werden.[79]

42 Wird die beklagte Partei als „die sonstige Wohnungseigentümergemeinschaft des Grundstücks ..." bezeichnet, ist es durchaus denkbar, dass die Klage gegen die übrigen Wohnungseigentümer gerichtet sein sollte.[80] Lautet die Parteibezeichnung „Wohnungseigentümer des Grundstücks H. str. 1, R. Flst.-Nr. 2377" mit dem Zusatz: „Die vorläufige Bezeichnung der Beklagten richtet sich nach § 44 Abs. 1 WEG", dann richtet sich die Klage ohne Zweifel gegen die übrigen Wohnungseigentümer.[81]

43 Nimmt die Klageschrift nicht auf eine Mitgliederliste Bezug, kündigt sie die Vorlage einer solchen Liste nicht an und greift sie in der Begründung ihres Antrags auch nicht das Verhalten der übrigen Mitglieder der Gemeinschaft, sondern das der Wohnungseigentümergemeinschaft an, ist die Wohnungseigentümergemeinschaft als Verband verklagt, wenn als Antragsgegner die „Gemeinschaft der Eigentümer der Wohnanlage V. Straße 10, F." angegeben wird.[82] Erklärt der Kläger in einem Schreiben an das Gericht nochmals ausdrücklich, er verklage nicht die einzelnen Wohnungseigentümer, sondern die Wohnungseigentümergemeinschaft, dann besteht für eine gegenteilige Auslegung kein Raum.[83] Ist die beklagte Partei im Rubrum wie folgt bezeichnet: „Wohnungseigentümergemeinschaft F. Straße 12, H. (bestehend aus den Eigentümern gem. beigefügter Eigentümerliste)" und sind in der Liste sämtliche Wohnungseigentümer einschließlich des Klägers aufgeführt, dann ist die Klage gegen die Wohnungseigentümergemeinschaft als solche und nicht gegen deren Mitglieder unter Ausschluss der Kläger erhoben.[84] Ist die Klage gegen die „WEG O. Str. ..., M." gerichtet, ist beklagte Partei die Wohnungseigentümergemeinschaft.[85]

III. Privilegierter Parteiwechsel

44 Der Übergang von einer Klage gegen den Verband zu einer Klage gegen seine übrigen Mitglieder ist ein (privilegierter) Parteiwechsel,[86] der ohne weiteres zulässig ist.[87] Der Parteiwechsel erfordert entweder eine neue Zustellung an die übrigen Wohnungseigentümer[88] oder eine diese ersetzende prozessuale Erklärung in der mündlichen Verhandlung.[89] Erfolgt die Umstellung auf die übrigen Wohnungseigentümer noch vor Zustellung der Klage in einem Schriftsatz, der mit der Klage zugestellt wird, liegt allerdings kein Parteiwechsel vor.[90]

---

71 LG Düsseldorf 25 S 5/08, NZM 2008, 813; **a.A.** LG Düsseldorf 16 S 13/08, ZMR 2009, 67; LG Köln 29 S 93/06, ZMR 2009, 632 und LG Köln 29 S 64/08, ZMR 2009, 633: Auslegung nur bei mehrdeutiger Bezeichnung.
72 Ebenso *Schuschke*, NZM 2009, 417, 421; *Hügel/Elzer*, NZM 2009, 457, 469.
73 LG Hamburg 318 S 22/09, ZMR 2010, 144, 145.
74 LG Nürnberg-Fürth 14 T 9452/08, ZMR 2009, 803.
75 BGH V ZR 190/10, ZWE 2011, 214; **a.A.** AG Dresden 152 C 6477/07, NZM 2008, 135; AG Schwarzenbek 2 C 1693/07, ZMR 2009, 159.
76 **A.A.** AG Bochum 95 C 19/08, ZMR 2008, 740.
77 AG Bonn 27 C 194/10, ZMR 2011, 755.
78 LG Nürnberg-Fürth 14 T 8340/08, ZMR 2009, 75.
79 **A.A.** LG Berlin 85 S 21/08, ZMR 2009, 390.
80 BGH V ZR 190/10, ZWE 2011, 214.
81 BGH V ZR 39/11, ZWE 2012, 82.
82 BGH V ZR 73/09, NJW 2010, 446.
83 LG Itzehoe 11 S 37/08, ZMR 2009, 479; *Schuschke*, NZM 2009, 417, 421.
84 BGH V ZR 62/09, NJW 2010, 2132.
85 BGH V ZR 140/10, ZWE 2011, 176; **a.A.** OLG Karlsruhe 14 Wx 24/07, NZM 2008, 651.
86 BGH V ZR 73/09, NJW 2010, 446.
87 BGH V ZR 62/09, NJW 2010, 2132; BGH V ZR 5/10, NJW 2010, 3376.
88 BGH V ZR 62/09, NJW 2010, 2132 Rn 12.
89 BGH V ZR 5/10, NJW 2010, 3376 Rn 11.
90 BGH V ZR 140/10, ZWE 2011, 176.

Nach ständiger – allerdings umstrittener – Rechtsprechung des BGH kann die Klagefrist des § 46 Abs. 1 S. 2 auch durch eine gegen die Wohnungseigentümergemeinschaft gerichtete Klage gewahrt werden, wenn innerhalb der Frist der Verwalter angegeben und die Klage später im Wege eines Parteiwechsels gegen die übrigen Wohnungseigentümer umgestellt und deren namentliche Bezeichnung gemäß § 44 Abs. 1 S. 1 bis zum Schluss der mündlichen Verhandlung nachgeholt wird.[91]

IV. Klage des Verwalters

Die Anfechtungsklage des Verwalters ist gegen **alle** Wohnungseigentümer zu richten. (Zur Bezeichnung der beklagten Wohnungseigentümer in der Klageschrift siehe § 44 Rn 4.)

E. Anfechtungsfrist (§ 46 Abs. 1 S. 2 Hs. 1)

§ 46 Abs. 1 S. 2 Hs. 1 bestimmt die Dauer der Anfechtungsfrist, die früher in § 23 Abs. 4 S. 2 geregelt war. Die Anfechtungsfrist wird gewahrt durch die Erhebung der Klage, so dass die Rechtshängigkeit (Zustellung der Klage) maßgeblich ist (§§ 253, 261 Abs. 1 ZPO), wobei jedoch gemäß § 167 ZPO die rechtzeitige Einreichung der Klageschrift bei Gericht genügt, sofern Zustellung demnächst erfolgt. Die Fristen zur Erhebung und Begründung der Klage haben den **Zweck**, dass die übrigen Wohnungseigentümer möglichst rasch darüber Klarheit erlangen, welcher Beschluss aus welchen Gründen angefochten wird.[92]

Mit der durch die WEG-Novelle 2007 vorgenommenen Verlagerung der Regelung über die Anfechtungsfrist in den verfahrensrechtlichen Teil wurden die für die Beschlussanfechtung maßgeblichen Bestimmungen zusammengeführt. Es handelt sich bei der Anfechtungsfrist jedoch weiterhin wie bisher[93] um eine materiell-rechtliche Ausschlussfrist und nicht um eine Zulässigkeitsvoraussetzung für die Anfechtungsklage.[94] Insoweit gilt nichts anderes als für die aktienrechtliche Anfechtungsklage, für die ebenfalls eine Anfechtungsfrist vorgeschrieben ist, die unbeschadet des Standorts in einer Vorschrift, die überwiegend verfahrensrechtliche Bestimmungen trifft, als materiell-rechtliche Frist eingestuft wird.[95]

Die verspätete oder nicht rechtzeitig begründete Anfechtungsklage ist deshalb nicht als unzulässig, sondern als unbegründet abzuweisen. Wegen der sachlichen Übereinstimmung der Rechtsschutzziele von Anfechtungs- und Nichtigkeitsfeststellungsklage (vgl. Rn 84) gilt das allerdings nur, wenn kein Nichtigkeitsgrund vorliegt. Ist dies der Fall, ist die Nichtigkeit des Beschlusses festzustellen, ohne dass der Kläger einen entsprechenden Hilfsantrag stellen muss (siehe Rn 86).

Die Frist kann weder durch die Gemeinschaftsordnung noch durch Beschlussfassung verändert werden. Die Monatsfrist ist keine Verjährungsfrist, sondern eine Ausschlussfrist. Es gibt deshalb keine Hemmung oder Unterbrechung nach §§ 202 ff., 208 ff. BGB. Die Fristversäumnis führt kraft Gesetzes zum Wegfall der Anfechtungsbefugnis. Das Gericht muss die Klage deshalb in jeder Verfahrenslage auch dann abweisen, wenn sich die verklagten Wohnungseigentümer nicht auf den Fristablauf berufen.[96] Im Gegensatz zu sonstigen materiell-rechtlichen Ausschlussfristen kommt allerdings gemäß § 46 Abs. 1 S. 3 eine Wiedereinsetzung in den vorigen Stand in Betracht (siehe Rn 61 ff.).

Für die **Anfechtung der einzelnen Stimmabgabe** wegen Irrtums oder arglistiger Täuschung gilt die Anfechtungsfrist nicht.

I. Fristbeginn

Die Frist beginnt mit dem Tag der Beschlussfassung, bei schriftlicher Beschlussfassung mit der Beschlussfeststellung und Mitteilung des Beschlussergebnisses an alle Wohnungseigentümer. Er ist zu dem Zeitpunkt existent geworden in dem mit seiner Kenntnisnahme durch die Wohnungseigentümer den Umständen nach gerechnet werden konnte.[97] Da eine Versendung der Niederschrift (§ 24 Abs. 6) gesetzlich nicht vorgesehen ist, kann der Fristbeginn nicht vom Zeitpunkt der Kenntnisnahme der Beschlüsse durch den Wohnungseigentümer abhängig gemacht werden. (Zur Wiedereinsetzung siehe Rn 72.)

---

91 BGH V ZR 73/09, NJW 2010, 446; BGH V ZR 62/09, NJW 2010, 2132; BGH V ZR 5/10, NJW 2010, 3376; BGH V ZR 140/10, ZWE 2011, 176; BGH V ZR 230/10, ZWE 2011, 215; zust. *Häublein*, ZfIR 2010, 107; abl. de lege lata *Bergerhoff*, NZM 2010, 32; **a.A.** LG Düsseldorf 16 T 3/10, ZMR 2010, 632; *Abramenko*, ZMR 2010, 161; *Riecke/v. Rechenberg*, MDR 2011, 9, 12; *Schmid*, ZfIR 2010, 555; *Riecke*, Info-M 2010, 32.
92 BGH V ZR 74/08, ZMR 2009, 296, 299; BGH V ZR 73/09, NJW 2010, 446 Rn 16; BGH V ZR 62/09, NJW 2010, 2132; BGH V ZR 140/10, ZWE 2011, 176; BGH V ZR 99/10, ZMR 2011, 809.
93 Vgl. BGH V ZB 14/98, NJW 1998, 3648.
94 Vgl. BT-Drucks 16/887 S. 38.
95 Vgl. *Hüffer*, § 246 AktG Rn 20.
96 Vgl. für die aktienrechtliche Anfechtungsklage MüKo-AktG/*Hüffer*, § 246 AktG Rn 37.
97 BGH V ZB 10/01, ZWE 2001, 530.

53 Da jeder Wohnungseigentümer damit rechnen muss, dass auf einer Versammlung Beschlüsse gefasst werden, muss er sich bei Nichtteilnahme selbst Kenntnis vom Ergebnis der Versammlung verschaffen, will er nicht eine Fristversäumung riskieren. Allerdings kann sich der Verwalter schadensersatzpflichtig machen, wenn er die Niederschrift der Versammlung oder das Ergebnis der schriftlichen Abstimmung nicht so rechtzeitig vor Ablauf der Frist den Wohnungseigentümern übersendet, dass ihnen ausreichend Gelegenheit gegeben ist, eine Anfechtung zu überdenken oder Rechtsrat einzuholen.

II. Fristende

54 Das Fristende ist nach § 188 Abs. 2 BGB zu bestimmen. Die Frist verstreicht also mit dem Ablauf des Tages, der im folgenden Kalendermonat seiner Zahl nach dem Datum der Beschlussfassung entspricht. Für kurze Monate ist § 188 Abs. 3 BGB zu beachten (Beschlussfassung 31.8. – Fristende 30.9.). Fällt das Fristende auf einen Sonntag, einen Feiertag oder einen Sonnabend, so läuft die Frist erst mit dem Ende des nächsten Werktages ab (§ 193 BGB). Hemmung oder Unterbrechung der Frist finden nicht statt.

III. Fristwahrung

55 Zur Fristwahrung reicht die Klageerhebung, die Begründung kann innerhalb der Begründungsfrist des § 46 Abs. 1 S. 2 Hs. 2 nachgeholt werden (siehe Rn 56 ff.). § 46 Abs. 1 S. 2 Hs. 1 bestimmt, dass die Anfechtungsklage innerhalb eines Monats nach der Beschlussfassung erhoben werden muss. Maßgeblich für die Fristwahrung ist danach die Zustellung der Klageschrift, mit der die Rechtshängigkeit eintritt (§§ 253, 261 Abs. 1 ZPO), wobei jedoch gemäß § 167 ZPO die rechtzeitige Einreichung der Klageschrift bei Gericht genügt, sofern die Zustellung demnächst erfolgt (siehe Rn 57). Das Fristende ist nach §§ 188 Abs. 2, 3, 193 BGB zu bestimmen (siehe Rn 55). Wegen der rigiden Wirkungen der Ausschlussfrist bestimmt § 46 Abs. 1 S. 3, dass die Vorschriften der §§ 233–238 ZPO über die Wiedereinsetzung in den vorigen Stand entsprechend gelten (siehe Rn 72).

56 Der Kläger trägt für die Wahrung der Klagefrist die **Darlegungslast**[98] und die **Beweislast**.[99] Die Beklagten brauchen sich nicht auf die Nichteinhaltung der Anfechtungsfrist zu berufen, denn die Wahrung der Frist ist von dem Gericht von Amts wegen zu prüfen.[100]

1. Fristwahrung gemäß § 167 ZPO

57 Die Anfechtungsfrist ist gewahrt, wenn die Klage spätestens am letzten Tag der Frist durch Zustellung der Klageschrift erhoben wird (§ 253 Abs. 1 ZPO). Ausreichend ist jedoch gemäß § 167 ZPO auch die rechtzeitige Einreichung der Klageschrift bei Gericht, sofern die Zustellung demnächst erfolgt.[101] „**Demnächst**" ist eine Zustellung dann erfolgt, wenn sie innerhalb eines den Umständen entsprechenden angemessenen Zeitraums nach Ablauf der versäumten Frist erfolgt. Nach der Rechtsprechung des Bundesgerichtshofs ist die Zustellung einer Klage jedenfalls dann noch „demnächst" erfolgt, wenn die durch den Kläger zu vertretende Verzögerung der Zustellung den Zeitraum von 14 Tagen nicht überschreitet.[102] Bei der Berechnung der Zeitdauer der Verzögerung ist auf die Zeitspanne abzustellen, um die sich der ohnehin erforderliche Zeitraum für die Zustellung der Klage als Folge der Nachlässigkeit des Klägers verzögert.[103] Zustellungsverzögerungen durch unvollständige oder unrichtige Angaben des Klägers zu den Zustellungsadressaten (vgl. dazu § 44 Rn 1 ff.), durch Angaben unter einem falschen Aktenzeichen oder durch verspätete Einzahlung des auf die Gerichtskosten zu leistenden Vorschusses (siehe Rn 58 ff.) gehen zu Lasten des Klägers und hindern die rückwirkende Fristwahrung. Verzögert sich eine ordnungsgemäße Zustellung der Klage, weil der Kläger einen von den Wohnungseigentümern bestellten Ersatzzustellungsvertreter nicht oder falsch benennt, erfolgt die Zustellung nicht mehr „demnächst".[104] Die Zustellung kann auch dann noch „demnächst" erfolgt sein, wenn die Klage den beklagten Wohnungseigentümern mehrere Monate nach der Eigentümerversammlung zugestellt wurde, sofern der Kläger alles ihm Zumutbare für eine alsbaldige Zustellung getan hat.[105]

2. Rechtzeitige Vorschusszahlung

58 In bürgerlichen Rechtsstreitigkeiten soll gemäß § 12 Abs. 1 S. 1 GKG die Klage erst nach Zahlung der Gebühr für das Verfahren im Allgemeinen (3 Gerichtsgebühren) zugestellt werden. Da für die Anfechtungsklage im Regelfall keine der Ausnahmen der §§ 12 Abs. 2, 14 GKG zutrifft, ist ihre Zustellung von der **Einzahlung des Kostenvorschusses** abhängig zu machen, mit der Folge, dass eine nicht rechtzeitige Zahlung zur Versäumung der Anfech-

---

98 BGH V ZR 74/08, ZMR 2009, 296, 299.
99 LG Hamburg 318 S 55/11, ZMR 2012, 216.
100 Vgl. BGH II ZR 40/97, NZG 1998, 679 zur Anfechtungsfrist im Gesellschaftsrecht.
101 Vgl. BT-Drucks 16/887 S. 37.
102 BGH VII ZR 185/07, NJW 2011, 1227 m.w.N.
103 BGH VII ZR 185/07, NJW 2011, 1227 m.w.N.
104 AG Düsseldorf 290a C 9465/09, ZMR 2010, 807.
105 BGH V ZR 136/10, ZMR 2011, 578: „Zustellungschaos" wegen unterbliebener Bestellung eines Ersatzzustellungsvertreters.

tungsfrist führen kann.[106] Die Kostennachricht soll gemäß § 32 Abs. 2 KostVfg dem Prozessbevollmächtigten, nur dann zugesandt werden, wenn er sich zur Vermittlung der Zahlung erboten hat oder die genaue Anschrift des Zahlungspflichtigen unbekannt ist; in sonstigen Fällen wird die Kostennachricht dem Zahlungspflichtigen selbst zugesandt. Treten durch eine abweichende Handhabung Verzögerungen auf, sind diese dem Kläger nicht zuzurechnen.[107]

Der Kläger darf die Anforderung des Gerichtskostenvorschusses durch das Gericht eine gewisse Zeit abwarten,[108] muss dann aber den Vorschuss unverzüglich einzahlen.[109] Maßgeblich ist der Eingang des Vorschusses bei der Justizkasse.[110] Gemäß § 270 S. 2 ZPO gilt die Mitteilung eines Schriftsatzes durch das Gericht an den Gegner bei Übersendung durch die Post an dem folgenden Werktag nach der Aufgabe zur Post als bewirkt, wenn die Wohnung der Partei im Bereich des Ortsbestellverkehrs liegt, im Übrigen an dem zweiten Werktag, sofern nicht die Partei glaubhaft macht, dass ihr die Mitteilung nicht oder erst in einem späteren Zeitpunkt zugegangen ist. Diese Regelung gilt entsprechend für den Zugang der Vorschussanforderung.[111] Wird der Gerichtskostenvorschuss nach gerichtlicher Anforderung nicht innerhalb eines Zeitraums eingezahlt, der sich „**um zwei Wochen bewegt oder nur geringfügig darüber liegt**",[112] ist die Klage als unbegründet abzuweisen.[113] Nach der Rechtsprechung des BGH gibt es keine Höchstfrist von 14 Tagen, die nur bei Vorliegen besonderer Umstände im Einzelfall überschritten werden darf; es sind stets alle Umstände des Einzelfalls zu würdigen, wobei jedenfalls bei einem Zeitraum von 14 Tagen regelmäßig davon ausgegangen werden kann, dass sich die Verzögerung noch in einem hinnehmbaren Rahmen hält.[114] Ob sich die Verzögerung in einem hinnehmbaren Rahmen hält, ist vor allem der Beurteilung des Tatrichters vorbehalten, der dabei alle Umstände des Einzelfalls zu berücksichtigen hat.[115] Eine nur geringfügig über zwei Wochen liegende Verzögerung (16 Tage) hält sich in einem noch hinnehmbaren Rahmen, wenn die Kostenanforderung dem Prozessbevollmächtigten der Kläger unmittelbar vor den Osterfeiertagen zugegangen ist.[116] Bei der erforderlichen Gesamtwürdigung sind auch Verzögerungen zu berücksichtigen, die entstehen, weil die Kostenanforderung entgegen § 32 Abs. 2 KostVfg nicht den Klägern selbst, sondern deren Prozessbevollmächtigtem übersandt worden ist.[117] Nach Meinung des LG München[118] ist ein Zeitraum von 17 Tagen zwischen dem Erhalt der Gebührenanforderung und der Gebührenzahlung noch als geringfügig anzusehen.

Der Kläger muss nach einer angemessenen Frist (3 bis 4 Wochen) bei Gericht nachfragen, wenn die Vorschussanforderung ausbleibt.[119] Ein Zeitraum von drei Wochen, in dem der Prozessbevollmächtigte der gerichtlichen Zahlungsaufforderung untätig entgegensieht, ohne sich um den Fortgang des Verfahrens zu kümmern, kann allgemein nicht als zu lang angesehen werden.[120] Nach Ablauf dieser Wartefrist muss die klagende Partei dann entweder den Vorschuss von sich aus berechnen und einzahlen oder aber die gerichtliche Berechnung und Anforderung des Vorschusses zumindest in Erinnerung bringen.[121] Die verspätete Zahlung des Vorschusses durch die Rechtsschutzversicherung wirkt bei einer Versäumung der Anfechtungsfrist grundsätzlich zulasten des Klägers.[122]

3. Wertfestsetzung

Gemäß § 63 Abs. 1 S. 1 GKG hat das Gericht den Wert sogleich ohne Anhörung der Parteien durch Beschluss vorläufig festzusetzen. Enthält die Klageschrift noch keine Begründung, werden häufig ausreichende Anhaltspunkte fehlen für eine vorläufige Festsetzung des Streitwerts, der die Grundlage für die Höhe des anzufordernden Vorschusses bildet. Das Gericht muss dann im Einzelfall nach pflichtgemäßem Ermessen entscheiden, ob es den Kläger zu näheren Angaben auffordert. Wegen des dringenden Interesses der Gemeinschaft, rasch zu erfahren, ob die Beschlüsse angefochten wurden, darf das Gericht die Anforderungen an die Darlegung von Tatsachen zum Streitwert aber nicht überspannen.[123] Eine Vorabinformation des Verwalters durch formlose Übersendung der Klageschrift sollte unterbleiben, weil durch die Bestellung eines Rechtsanwalts auf Beklagtenseite schon vor Zustellung erstattungsfähige außergerichtliche Kosten entstehen könnten.[124] Wenngleich Parteiangaben zum vorläufigen Streitwert das Gericht nicht binden, bildet die Einschät-

---

106 BGH V ZR 74/08, ZMR 2009, 296; LG Nürnberg-Fürth 14 S 4986/08, NZM 2008, 897; AG Wiesbaden 92 C 6247/07, ZMR 2008, 581; *Abramenko* in: Riecke/Schmid, § 46 Rn 7; *Suilmann* in: Jennißen, § 46 Rn 83; *Bonifacio*, ZMR 2007, 592; *Klein* in: Bärmann, § 46 Rn 57 f.; **a.A.** *Elzer* in: Hügel/Elzer, § 13 Rn 178.
107 BGH V ZR 44/11, NJW-RR 2012, 527; BGH V ZR 148/11, zitiert nach Juris Rn 13.
108 *Suilmann* in: Jennißen, § 46 Rn 83a.
109 BGH II ZR 236/84, NJW 1986, 1347, 1348.
110 LG Hamburg 318 S 55/11, ZMR 2012, 216.
111 LG Hamburg 318 S 55/11, ZMR 2012, 216.
112 BGH V ZR 74/08, ZMR 2009, 296, 299; BGH V ZR 5/10, NJW 2010, 3376; BGH V ZR 44/11, NJW-RR 2012, 527; BGH V ZR 148/11, zitiert nach Juris Rn 7.
113 Vgl. auch LG Nürnberg-Fürth 14 S 4986/08, NZM 2008, 897: 3 Wochen; AG Wiesbaden 92 C 6247/07, ZMR 2008, 581: mehr als 2 Monate; AG Bernau 34 C 1/08, WuM 2008, 621: gut 3 Wochen; AG Bonn 27 C 194/10, ZMR 2011, 755: 6 Wochen.
114 BGH V ZR 44/11, NJW-RR 2012, 527; BGH V ZR 148/11, zitiert nach Juris Rn 7.
115 BGH V ZR 44/11, NJW-RR 2012, 527; BGH V ZR 148/11, zitiert nach Juris Rn 7.
116 BGH V ZR 148/11, zitiert nach Juris Rn 7.
117 BGH V ZR 44/11, NJW-RR 2012, 527.
118 1 S 6883/08, ZWE 2009, 35.
119 LG Hamburg 318 S 245/10, ZMR 2012, 129, 130.
120 BGH IV ZR 13/91, NJW-RR 1992, 470.
121 BGH IV ZR 13/91, NJW-RR 1992, 470.
122 LG München I 36 S 18551/10, ZWE 2011, 466 m. zust. Anm. *Briesemeister*, Info-M 2012, 31; AG Aachen 119 C 91/10, ZMR 2011, 753.
123 LG Nürnberg-Fürth 14 T 2925/08, ZMR 2008, 737.
124 *Niedenführ*, NJW 2008, 1768, 1770.

zung des vorläufigen Streitwerts in der Klageschrift doch einen geeigneten Anknüpfungspunkt für eine vorläufige gerichtliche Schätzung gemäß § 3 ZPO.[125] Unterbleiben in der Klageschrift entgegen der Sollvorschrift des § 61 GKG Angaben zum Streitwert, ist dies für die Fristwahrung unschädlich.[126] Ergeben sich aus der Begründung der Klage Anhaltspunkte dafür, dass die in der vorläufigen Streitwertfestsetzung angenommene Bewertung des Rechtsstreits unzureichend ist, so können die Differenzkosten nachgefordert werden.[127] Wartet das Gericht den Eingang der Klagebegründung ab, geht diese Verzögerung der Zustellung der Klageschrift nicht zu Lasten des Klägers.[128]

4. Klageerhebung bei unzuständigem Gericht

62 Obwohl § 43 Nr. 4 eine ausschließliche Zuständigkeit begründet, genügt für die Fristwahrung auch die Klageeinreichung bei einem unzuständigen Gericht, wenn die fristgerecht bei dem **örtlich unzuständigen Gericht** eingegangene Klage demnächst zugestellt worden ist und das Verfahren später antragsgemäß an das zuständige Gericht verwiesen wird.[129]

5. Klageantrag

63 Zur Wahrung der Klagefrist kommt es nicht auf die Bezeichnung als Klageschrift oder die technisch zutreffende Formulierung des Antrags, sondern darauf an, dass mit dem Antrag das Rechtsschutzziel zum Ausdruck gebracht wird, eine verbindliche Klärung der Gültigkeit des zur Überprüfung gestellten Beschlusses herbeizuführen.[130] An den Inhalt von Beschlussanfechtungsanträgen ist das Gericht gebunden. Die der Rechtssicherheit dienende Ausschlussfrist kann ihre Funktion nur erfüllen, wenn das Gericht streng daran gebunden ist, ob innerhalb der Monatsfrist eine ausdrücklich erklärte Beschlussanfechtung erfolgt ist oder ob nicht. Eine wirksame Beschlussanfechtung liegt nur vor, wenn sich dem Antrag unter Berücksichtigung aller erkennbaren Umstände sowie nach Maßgabe der allgemeinen Auslegungsgrundsätze entnehmen lässt, welche Beschlüsse im Einzelnen angefochten werden sollen.[131] Ein Antrag, mit dem die Genehmigung der Jahresabrechnung angefochten wird, kann z.B. lebensnah als gleichzeitige Anfechtung der Verwalterentlastung angesehen werden.[132]

64 Bei einer Beschlussanfechtung handelt es sich um eine Prozesshandlung, die grundsätzlich bedingungsfeindlich ist, so dass eine **bedingte Beschlussanfechtung** regelmäßig als unzulässig abzuweisen ist.[133] Ein wirksamer Beschlussanfechtungsantrag liegt vor, wenn zunächst alle Beschlüsse angefochten werden, weil das Versammlungsprotokoll noch nicht vorliegt, und der Antrag später nach Ablauf der Anfechtungsfrist auf bestimmte Beschlüsse beschränkt wird.[134] Die Anfechtungsfrist wird aber nicht gewahrt, wenn „die innerhalb der Eigentümerversammlung gefassten Beschlüsse vorbehaltlich der Benennung der konkret anzufechtenden Tagesordnungspunkte" angefochten werden und die Konkretisierung erst nach Fristablauf erfolgt.[135]

6. Klage gegen die richtige Partei

65 Grundsätzlich kann die Anfechtungsfrist nur durch eine Klage gegen die richtige Partei, also – soweit nicht der Verwalter klagt – durch eine Klage gegen die übrigen Wohnungseigentümer (siehe Rn 33) gewahrt werden. Nach der Rechtsprechung des BGH wird die Klage unter den Voraussetzungen des privilegierten Parteiwechsels (siehe Rn 44) durch eine Klage gegen die Wohnungseigentümergemeinschaft als Verband gewahrt.

IV. Antrag auf Prozesskostenhilfe

66 Gemäß § 46 Abs. 1 S. 2 Hs. 1 wird die Anfechtungsfrist nur durch Klageerhebung gewahrt. Die Einreichung eines isolierten Antrags auf Prozesskostenhilfe (PKH) genügt zur Fristwahrung (zunächst) nicht.[136] Für die aktienrechtliche Anfechtungsklage ist im Ergebnis anerkannt, dass die Wahrung der Anfechtungsfrist des § 246 AktG auch durch einen PKH-Antrag möglich ist, wobei die Lösung teils durch eine Analogie zu § 206 BGB, teils durch entsprechende Anwendung der §§ 233 ff. ZPO und teils durch Fortbildung des § 246 Abs. 1 AktG i.V.m. § 167 ZPO gewonnen wird.[137] Im Anschluss daran wird teilweise auch für die Anfechtungsklage des § 46 im Wege der offenen Rechtsfortbildung vertreten, die Zustellung sei noch demnächst erfolgt, wenn nach rechtzeitigem PKH-Antrag unverzüglich nach Bewilligung der PKH eine ordnungsgemäße Klageschrift eingereicht werde.[138] Für die Anfechtungsklage des § 46 verdient aber wegen § 46 Abs. 1 S. 3 eine Lösung über die Wiedereinsetzung in den vorigen Stand Vorzug.[139] Reicht der Kläger

---

125 LG Nürnberg-Fürth 14 T 2925/08, ZMR 2008, 737; vgl. auch § 31 Abs. 2 KostVfg.
126 LG Berlin 85 S 21/08, ZMR 2009, 390.
127 LG Nürnberg-Fürth 14 T 2925/08, ZMR 2008, 737.
128 LG Nürnberg-Fürth 14 T 2925/08, ZMR 2008, 737.
129 BGH V ZB 14/98, NJW 1998, 3648; BGH V ZR 99/10, ZMR 2011, 809.
130 BGH V ZR 235/08, NJW 2009, 3655; BGH V ZR 73/09, NJW 2010, 446.
131 OLG Celle 4 W 164/88, OLGZ 1989, 183.
132 OLG Düsseldorf 3 Wx 182/91, WuM 1991, 619.
133 AG Bremen 111a II 89/07 WEG, ZMR 2007, 819.
134 BayObLG 2Z BR 41/95, WuM 1995, 451; BayObLG 2Z BR 103/00, NZM 2001, 143.
135 OLG Köln 16 Wx 50/96, WuM 1996, 499.
136 *Klein* in: Bärmann, § 46 Rn 47.
137 Vgl. *Hüffer*, § 246 AktG Rn 25 m.w.N.; *Dötsch*, NZM 2008, 309, 310.
138 *Suilmann* in: Jenißen, § 46 Rn 99.
139 Ebenso *Dötsch*, NZM 2008, 309, 310; *Klein* in: Bärmann, § 46 Rn 47.

innerhalb der Klagefrist einen PKH-Antrag ein, dem die erforderlichen Bewilligungsunterlagen beigefügt sind, und legt er die zur Beurteilung der Erfolgsaussichten erforderlichen Tatsachen innerhalb der Klagebegründungsfrist dar, dann ist ihm, wenn er dies innerhalb von zwei Wochen (§ 234 Abs. 1 S. 1 ZPO) nach Mitteilung der PKH-Bewilligung beantragt, Wiedereinsetzung in die Anfechtungsfrist zu gewähren.

F. Begründungsfrist (§ 46 Abs. 1 S. 2 Hs. 2)

Die Klagebegründungsfrist des § 46 Abs. 1 S. 2 Hs. 2 von zwei Monaten ab der Beschlussfassung berücksichtigt, dass die Niederschrift über die Versammlung der Wohnungseigentümer den Wohnungseigentümern manchmal erst kurz vor Ablauf der Klagefrist zur Verfügung steht und die zur Begründung verbleibende Zeit in Fällen dieser Art oft zu knapp ist.[140]

I. Materiell-rechtliche Ausschlussfrist

Bei der Begründungsfrist des § 46 Abs. 1 S. 2 handelt es sich nicht um eine besondere Sachurteilsvoraussetzung, sondern um eine **Komponente der materiell-rechtlichen Ausschlussfrist** des § 46 Abs. 1 S. 2 Hs. 1.[141] Die Versäumung der Frist führt daher – vorbehaltlich des Durchgreifens vorgetragener Nichtigkeitsgründe – zur Abweisung der Klage als unbegründet.[142]

II. Kein Nachschieben von Anfechtungsgründen

Die Begründungsfrist des § 46 Abs. 1 S. 2 bezweckt, für die Wohnungseigentümer und für den Verwalter zumindest im Hinblick auf Anfechtungsgründe alsbald Klarheit darüber herzustellen, in welchem Umfang und aufgrund welcher tatsächlichen Grundlage ein angefochtener Beschluss einer gerichtlichen Überprüfung unterzogen wird.[143] Es ist deshalb unerlässlich, dass sich der **Lebenssachverhalt**, auf den die Anfechtungsklage gestützt wird, zumindest **in seinem wesentlichen Kern** aus den innerhalb der Begründungsfrist eingegangenen Schriftsätzen selbst ergibt, wobei wegen der Einzelheiten auf Anlagen verwiesen werden kann.[144] Entscheidend sind die Tatsachen, nicht ihre rechtliche Würdigung.

Ein Nachschieben von Anfechtungsgründen ist ausgeschlossen.[145] Vom Kläger versäumter Sachvortrag bleibt auch dann unberücksichtigt, wenn er nach Ablauf der Begründungsfrist von einem der Beklagten in den Prozess eingeführt wird.[146] Einer fehlenden Begründung der Anfechtungsklage entspricht es, wenn die Begründung so allgemein gehalten ist, dass ein individueller Bezug auf den Anfechtungsantrag nicht erkennbar ist, z.B. nur vorgetragen wird die Beschlüsse entsprächen nicht ordnungsgemäßer Verwaltung.[147] Erforderlich ist eine einzelfallbezogene und auf den Streitfall zugeschnittene Begründung, anhand derer das Gericht erkennen kann, aus welchen Gründen die angefochtenen Beschlüsse ungültig sein sollen, warum sie z.B. nicht ordnungsgemäßer Verwaltung entsprechen. Einerseits kann zwar keine Substanziierung im Einzelnen gefordert werden andererseits lässt sich aber der Anfechtungsgrund von anderen nur abgrenzen, wenn auch der Lebenssachverhalt wenigstens in Umrissen vorgetragen wird, weshalb eine bloß schlagwortartige Beschreibung des Anfechtungsgrunds nur ausnahmsweise, nämlich dann ausreichend sein wird, wenn das Schlagwort den maßgeblichen Lebenssachverhalt hinreichend deutlich eingrenzt.[148] Unzureichend ist der Vortrag, dass die Beschlüsse mangels Beschlussfähigkeit angefochten werden sollen, weil unklar bleibt, welcher Ausschnitt aus dem Bereich der Beschlussfähigkeitsmängel nach § 25 Abs. 3 angesprochen werden soll.[149] Nach Ansicht des LG Lüneburg genügt es für die ordnungsgemäße Begründung der Anfechtung eines Beschlusses über die erneute Bestellung eines Verwalters nicht, wenn angeführt wird, die Erhöhung des Verwalterhonorars sei nicht korrekt, das Honorar liege deutlich über vergleichbaren Vergütungen, die Verwaltung arbeite nicht ordnungsgemäß und die Abrechnungen seien falsch, weil zumindest die vergleichbaren Vergütungen und einzelne Fehler in der Abrechnung hätten dargelegt werden müssen.[150] Möglich bleibt die nachträgliche Ergänzung oder Berichtigung des Tatsachenvortrags,[151] aber nur bis zur Grenze der Klageänderung.

---

140 Vgl. BT-Drucks 16/887 S. 73.
141 BGH V ZR 74/08, ZMR 2009, 296 m.w.N.; BGH V ZR 235/08, NJW 2009, 3655; AG Wernigerode 9 C 579/07 WEG, ZMR 2008, 88; *Bergerhoff*, NZM 2007, 425, 427; **a.A.** *Elzer* in: Hügel/Elzer, § 13 Rn 154.
142 BGH V ZR 74/08, ZMR 2009, 296 m. Anm. *Dötsch*.
143 BGH V ZR 74/08, ZMR 2009, 296, 299 m. Anm. *Dötsch*, S. 300 und *Elzer*, S. 256; BGH V ZR 196/08, NZM 2009, 436 Tz. 13.
144 BGH V ZR 196/08, NZM 2009, 436 Tz. 13.
145 BGH V ZR 74/08, ZMR 2009, 296, 299 m. Anm. *Dötsch*, S. 300 und *Elzer*, S. 256; *Suilmann* in: Jennißen, § 46 Rn 108 ff.; **a.A.** *Sauren*, NZM 2007, 857, 858; *Bonifacio*, ZMR 2007, 593.
146 AG Emden 5 C 675/08, ZMR 2010, 891, 893.
147 AG Hamburg 102g C 14/08, ZMR 2009, 231, 232; LG Hamburg 318 S 17/10, ZMR 2011, 411; LG Hamburg 318 S 206/09, ZMR 2011, 580.
148 BGH V ZR 196/08, NZM 2009, 436 Tz. 14.
149 BGH V ZR 196/08, NZM 2009, 436 Tz. 17.
150 LG Lüneburg 5 S 40/08, ZMR 2009, 636.
151 BGH NJW 1987, 780.

III. Keine Fristverlängerung

70 Die Klagebegründungsfrist kann als materiell-rechtliche Frist weder nach § 224 ZPO noch nach § 520 Abs. 1 S. 2 ZPO verlängert werden.[152] Es kommt – auch wegen der systematischen Stellung des § 46 Abs. 1 S. 3 – insoweit nur eine **Wiedereinsetzung in den vorherigen Stand** in Betracht.[153] Wird fälschlicherweise einem Antrag auf Verlängerung der Begründungsfrist durch gerichtliche Verfügung stattgegeben, so kann dies – soweit keine Nichtigkeitsgründe vorliegen – jedenfalls dann nicht die Bestandskraft des angefochtenen Beschlusses verhindern, wenn der Verlängerungsantrag schuldhaft erst nach Ablauf der Begründungsfrist gestellt wurde.[154] Fraglich ist dabei schon, ob eine Umdeutung des verspäteten Verlängerungsantrags in einen Wiedereinsetzungsantrag in Betracht kommt.[155] Auf einen fristgerecht eingegangenen Antrag kann eine Frist zwar auch noch nach ihrem Ablauf verlängert werden, doch wird der Kläger weder auf eine antragsgemäße Verlängerung noch auf deren Wirksamkeit vertrauen dürfen.[156] Eine Wiedereinsetzung wegen einer unwirksamen Verlängerung könnte allenfalls dann in Betracht kommen, wenn der Verlängerungsantrag so rechtzeitig gestellt wurde, dass bei seiner Ablehnung noch eine fristgerechte Begründung hätte erfolgen können. Wegen der Wirkungen der Entscheidung nach § 48 Abs. 3 handelt es sich bei mehreren Anfechtungsklägern um **notwendige Streitgenossen**.[157] Die durch eine Verbindung mehrerer Klagen entstandene notwendige Streitgenossenschaft führt nach § 62 Abs. 1 Hs. 2 ZPO zwar dazu, dass die Frist für die Vornahme einer Prozesshandlung durch einen von mehreren klagenden Wohnungseigentümern gewahrt werden kann. Weil es sich bei der Begründungsfrist nach § 46 Abs. 1 S. 2 aber um eine **materiell-rechtliche Ausschlussfrist** (siehe Rn 68) handelt, findet § 62 Abs. 1 ZPO auf ihre Wahrung keine, auch keine entsprechende Anwendung.[158] Die Frist wird deshalb auch bei Verfahrensverbindung nach § 47 S. 1 nicht durch das rechtzeitige Vorbringen anderer Kläger gewahrt. Wird die rechtzeitig begründete Klage eines Streitgenossen zurückgenommen, ist nur über die von den verbleibenden Streitgenossen rechtzeitig vorgebrachten Anfechtungsgründe zu entscheiden.[159] Haben die verbleibenden Kläger in den Fristen des § 46 Abs. 1 S. 2 Anfechtungsgründe nicht vorgetragen, ist die Klage als unbegründet abzuweisen.[160]

IV. Anwendung bei Beschlussfeststellungsklagen

71 Teilweise wird vertreten, die Klagebegründungsfrist des § 46 Abs. 1 S. 2 gelte für die Klage auf Feststellung eines inhaltlich anderen Beschlusses.[161] Insoweit erscheint eine Differenzierung geboten. Eine isolierte Anfechtungsklage kann nicht ohne weiteres dahin ausgelegt werden, dass der Kläger zugleich die Feststellung eines inhaltlich anderen Beschlusses begehrt, denn der Kläger kann sich damit begnügen, ein Urteil zu erstreben, welches den unrichtigen Beschluss für ungültig erklärt. Dagegen wird die isolierte Klage auf Feststellung eines Beschlusses mit anderem Inhalt regelmäßig dahin auszulegen sein, dass sie auch den Antrag enthält, den verkündeten unrichtigen Beschluss für ungültig zu erklären, weil sie anderenfalls nicht erfolgreich sein könnte. Der Umstand, dass der Erfolg der Klage auf Feststellung eines inhaltlich anderen Beschlusses die Beseitigung des verkündeten unrichtigen Beschlusses voraussetzt, hat auch Auswirkungen auf die Frage, ob auch die Feststellungsklage innerhalb der 2-Monatsfrist begründet werden muss. Dies ist nur insoweit erforderlich, als die Begründung für die Feststellungs- und die Anfechtungsklage parallel laufen. Wäre zum Beispiel nur deswegen statt des Kandidaten A der Kandidat B zum Verwalter gewählt, weil die Stimmenzählung unrichtig war, dann muss dies fristgerecht vorgetragen werden. Steht dagegen aufgrund des fristgerechten Vortrags fest, dass jedenfalls nicht der Kandidat A gewählt ist – z.B. weil dieser offensichtlich ungeeignet ist – wird es zulässig sein, außerhalb der Begründungsfrist noch die Gründe vorzutragen, aufgrund derer der Kandidat B gewählt ist. Der Erfolg der Feststellungsklage setzt außerdem voraus, dass auch im Übrigen alle Erfordernisse für einen wirksamen Beschluss vorliegen.[162]

G. Wiedereinsetzung in den vorigen Stand (§ 46 Abs. 1 S. 3)

72 Wegen der rigiden Wirkungen der Ausschlussfrist ordnet das Gesetz im Anschluss an die von der Rechtsprechung in Wohnungseigentumssachen für die Wiedereinsetzung entwickelten Grundsätze die entsprechende Anwendbarkeit der §§ 233 bis 238 ZPO auf die Ausschlussfrist gemäß Abs. 1 S. 2 an.[163]

---

152 BGH V ZR 235/08, NJW 2009, 3655 m.w.N.
153 LG Nürnberg-Fürth 14 S 4885/08, ZMR 2009, 317; *Bonifacio*, ZMR 2007, 592; *Greiner*, Rn 1939; *Suilmann* in: Jennißen, § 46 Rn 111.
154 Vgl. AG Wernigerode 9 C 579/07 WEG, ZMR 2008, 88: Eigentümerversammlung: 9.7.2007, Anhängigkeit: 9.8.2007, Eingang des Verlängerungsgesuchs: Donnerstag, 13.9.2007.
155 Offengelassen von LG Dessau-Roßlau 1 S 231/07, ZMR 2008, 324; für die Berufungsbegründungsfrist verneint von BGH VersR 1968, 992.
156 Vgl. LG Dessau-Roßlau 1 S 231/07, ZMR 2008, 324, 325: Eigentümerversammlung: 9.7.2007, Anhängigkeit: 9.8.2007, Eingang des Verlängerungsgesuchs: Montag, 10.9.2007.
157 BGH V ZR 196/08, NZM 2009, 436 Tz. 20.
158 BGH V ZR 196/08, NZM 2009, 436 Tz. 21.
159 BGH V ZR 196/08, NZM 2009, 436 Tz. 22.
160 BGH V ZR 196/08, NZM 2009, 436 Tz. 22.
161 AG Wiesbaden 92 C 4116/07, ZMR 2008, 165 m. krit. Anm. *Riecke*, Info-M 2007, 371.
162 BayObLG 2Z BR 85/02, ZMR 2004, 125, 126.
163 BT-Drucks 16/887 S. 38.

I. Unverschuldete Fristversäumnis

War ein Kläger ohne sein Verschulden verhindert, die Anfechtungsfrist Frist des § 46 Abs. 1 S. 2 einzuhalten, so ist ihm auf Antrag Wiedereinsetzung in den vorigen Stand zu gewähren (§ 46 Abs. 1 S. 3 WEG i.V.m. § 233 ZPO).

Unverschuldet ist eine Fristversäumnis, wenn sie unter Berücksichtigung der im Verkehr erforderlichen und vernünftigerweise zumutbaren Sorgfalt nicht abgewendet werden konnte.[164] Rechtsirrtum und Rechtsunkenntnis bilden nur einen Wiedereinsetzungsgrund, wenn sie unverschuldet sind, d.h. wenn die zumutbaren Erkundigungen erfolgt sind.[165]

Für die Frage, ob die **Versäumnis der Anfechtungsfrist unverschuldet** war, kommt es darauf an, ob der Wohnungseigentümer rechtzeitig vor dem Ablauf der Anfechtungsfrist Kenntnis von dem gefassten Beschluss nehmen kann. War der Beschlussgegenstand in der Einladung nicht hinreichend bezeichnet oder hat der Wohnungseigentümer gar keine Einladung erhalten, dann ist die Versäumung der Anfechtungsfrist aufgrund des Einladungsmangels unverschuldet, es sei denn, der Wohnungseigentümer erhält das Protokoll spätestens 1 Woche vor dem Ablauf der Anfechtungsfrist.[166]

Fehlt ein Einladungsmangel und ist der Verwalter auch nicht ausnahmsweise zur Protokollversendung verpflichtet, dann ist eine verspätete Übersendung des Protokolls kein Grund für eine Wiedereinsetzung.

Kennt der Eigentümer aus der Einladung den Beschlussgegenstand, muss er sich selbst beim Verwalter über die gefassten Beschlüsse informieren und von seinem Recht auf Einsicht in die Protokolle (§ 23 Abs. 6 S. 3) Gebrauch machen.[167] Verstößt der Wohnungseigentümer gegen diese Obliegenheit zu eigenständiger Information, dann ist die Fristversäumung nicht unverschuldet.[168]

Das Protokoll muss aus diesem Grund mindestens 1 Woche vor dem Ablauf der Anfechtungsfrist gefertigt sein.[169] Für einen Wohnungseigentümer, der an der Eigentümerversammlung nicht teilgenommen hat, bedeutet die verspätete Erstellung des Protokolls ein objektives Hindernis für die Wahrung der Anfechtungsfrist, weil er sich auf mündliche Auskünfte über die Abstimmungsergebnisse und Beschlussinhalte und auf nicht vollständig unterzeichnete Protokollentwürfe nicht zu verlassen braucht.[170]

Einem Wohnungseigentümer, der in der Versammlung persönlich anwesend war, kann dagegen in der Regel nicht deshalb Wiedereinsetzung gewährt werden, weil das Protokoll innerhalb der Anfechtungsfrist noch nicht fertig gestellt ist.[171]

Unrichtige Auskünfte des Verwalters über die Wirksamkeit eines Beschlusses können die Wiedereinsetzung wegen unverschuldeter Verhinderung der Anfechtungsfrist begründen.[172] Wird eine Klage zurückgenommen, weil der Kläger nach einem Hinweis des Gerichts meint, die Anfechtungsfrist sei nicht gewahrt, so kann für eine erneute Anfechtungsklage keine Wiedereinsetzung gewährt werden.[173]

II. Fristgerechter Wiedereinsetzungsantrag

Erforderlich ist ein Antrag auf Wiedereinsetzung innerhalb der **Wiedereinsetzungsfrist von zwei Wochen** (§ 234 Abs. 1 S. 1 ZPO). Die Frist beginnt mit dem Tag, an dem das Hindernis behoben ist (§ 234 Abs. 2 ZPO). Die Wiedereinsetzungsfrist beginnt zu laufen, wenn das der Fristwahrung entgegenstehende Hindernis tatsächlich aufgehört hat zu bestehen oder wenn sein Weiterbestehen nicht mehr als unverschuldet angesehen werden kann.[174] War der Kläger ohne sein Verschulden verhindert, die Frist des § 234 Abs. 1 ZPO einzuhalten, so ist ihm auf Antrag Wiedereinsetzung in den vorigen Stand zu gewähren (§ 233 ZPO). **Nach Ablauf eines Jahres**, von dem Ende der versäumten Frist an gerechnet, kann die Wiedereinsetzung nicht mehr beantragt werden (§ 234 Abs. 3 ZPO).

Die Form des Antrags auf Wiedereinsetzung richtet sich nach den Vorschriften, die für die versäumte Prozesshandlung gelten (§ 236 Abs. 1 ZPO). Der Antrag muss die Angabe der die Wiedereinsetzung begründenden Tatsachen enthalten; diese sind bei der Antragstellung oder im Verfahren über den Antrag glaubhaft zu machen (§ 236 Abs. 1 S. 1 ZPO). Die versäumte Anfechtungsklage ist innerhalb der zweiwöchigen Antragsfrist des § 234 Abs. 1 S. 1 ZPO nachzuholen; ist dies geschehen, so kann Wiedereinsetzung auch ohne Antrag gewährt werden (§ 236 Abs. 1 S. 2 ZPO).

---

164 OLG Frankfurt 20 W 580/78, OLGZ 1979, 16, 17/18; OLG Braunschweig 3 W 2/88, OLGZ 1989, 186, 190.
165 BayObLG BReg 2 Z 142/90, WuM 1991, 227.
166 KG 24 W 4957/96, NJW-RR 1997, 776.
167 BayObLG BReg 2 Z 8/91, WuM 1991, 412.
168 OLG Frankfurt 20 W 165/90, WuM 1990, 461, 462; vgl. auch LG Frankfurt 2/9 T 311/90, ZMR 1991, 193; OLG Düsseldorf 3 Wx 536/93, WuM 1995, 228; AG Halle-Saalkreis 120 C 2063/10, ZMR 2011, 329.
169 BayObLG BReg 2 Z 67/88, NJW-RR 1989, 656; KG 24 W 5414/95, WuM 1996, 364, 365 = NJW-RR 1996, 844.
170 KG 24 W 91/01, NZM 2002, 168; BayObLG 2Z BR 130/02, ZMR 2003, 435.
171 BayObLG 2Z BR 165/03, ZMR 2004, 212, 213.
172 BayObLG 2Z BR 81/00, NZM 2001, 133.
173 OLG Hamm 15 W 63/03, NZM 2003, 684, 685.
174 KG 24 W 2670/93, WuM 1993, 764 m.w.N.

III. Entscheidung über den Wiedereinsetzungsantrag

83 Über den Antrag auf Wiedereinsetzung entscheidet das Gericht, dem die Entscheidung über die nachgeholte Prozesshandlung zusteht (§ 237 ZPO), also das für die Anfechtungsklage ausschließlich zuständige Amtsgericht. Die Entscheidung über die Wiedereinsetzung muss ausdrücklich erfolgen. Das Verfahren über den Antrag auf Wiedereinsetzung ist mit dem Verfahren über die nachgeholte Prozesshandlung zu verbinden (§ 238 Abs. 1 S. 1 ZPO). Das Gericht kann jedoch das Verfahren zunächst auf die Verhandlung und Entscheidung über den Antrag beschränken (§ 238 Abs. 1 S. 2, 146 ZPO) und durch Zwischenurteil Wiedereinsetzung gewähren. Die Gewährung der Wiedereinsetzung ist unanfechtbar (§ 238 Abs. 3 ZPO). Eine Versagung der Wiedereinsetzung durch Zwischenurteil kommt nicht in Betracht. Bei Versagung ist auch die Hauptsache zur Entscheidung reif, so dass zugleich mit der Versagung der Wiedereinsetzung die Anfechtungsklage durch Endurteil als unbegründet zurückzuweisen ist. Gegen diese Entscheidung findet die Berufung statt (§ 238 Abs. 2 S. 1 ZPO). Die Kosten der Wiedereinsetzung fallen dem Antragsteller zur Last, soweit sie nicht durch einen unbegründeten Widerspruch des Gegners entstanden sind (§ 238 Abs. 4 ZPO).

H. Anfechtungs- und Nichtigkeitsgründe

I. Einheitlicher Streitgegenstand

84 Ebenso wie bei der aktienrechtlichen Nichtigkeits- und Anfechtungsklage[175] ist auch der Streitgegenstand von Nichtigkeits- und Anfechtungsklagen, die sich gegen denselben Eigentümerbeschluss richten, identisch.[176] Der Unterscheidung zwischen Anfechtungs- und Nichtigkeitsgründen kommt rechtserhebliche Bedeutung nur zu, wenn zumindest eine der Fristen des § 46 Abs. 1 versäumt worden ist.[177] Die Klage kann dann nur noch Erfolg haben, wenn der Beschluss nach § 23 Abs. 4 S. 1 nichtig ist. Aus der Identität der Rechtsschutzziele folgt, dass das Gericht die Wirksamkeit des angefochtenen Beschlusses in jedem Fall auch dann auf Nichtigkeitsgründe überprüfen muss, wenn der Antrag seinem Wortlaut nach nur darauf gerichtet ist, den Beschluss für ungültig zu erklären.[178]

85 Sind umgekehrt die Fristen des § 46 Abs. 1 gewahrt, braucht lediglich geprüft zu werden, ob ein Rechtsverstoß vorliegt, der den Bestand des angefochtenen Beschlusses berührt. Ob der Rechtsfehler als Nichtigkeits- oder als Anfechtungsgrund zu qualifizieren ist, spielt in solchen Fällen keine Rolle.[179] Wird in diesem Fall nur auf Feststellung der Nichtigkeit eines Eigentümerbeschlusses geklagt, so kann das Gericht auch Anfechtungsgründe prüfen. Die Beweiserhebung über einen Nichtigkeitsgrund ist entbehrlich, wenn bereits feststeht, dass ein anderer Rechtsverstoß unter dem Blickwinkel der Anfechtung durchgreift. Das Gericht ist zu einer solchen Prüfung nicht befugt, sondern verpflichtet, weil es eine reine Rechtsfrage ist, ob die vorgetragenen Tatsachen geeignet sind, einen Beschluss für ungültig zu erklären oder seine Nichtigkeit festzustellen.

86 Der Übergang von der Nichtigkeits- zur Anfechtungsklage oder umgekehrt ist bei unverändertem Sachverhalt keine Klageänderung. Einer Anfechtungsklage steht das Prozesshindernis der Rechtshängigkeit entgegen, wenn derselbe Sachverhalt schon Gegenstand einer Nichtigkeitsklage desselben Klägers ist oder umgekehrt. Ein Teilurteil über Nichtigkeits- oder Anfechtungsgründe oder über einen Teil der Kläger ist unzulässig. Es ist nicht erforderlich, aber zulässig und kostenrechtlich unschädlich, Nichtigkeits- und Anfechtungsgründe durch Haupt- und Eventualantrag in den Prozess einzuführen. Es gibt wegen der Identität der Rechtsschutzziele keinen Grund, Nichtigkeit vor Anfechtung zu prüfen, selbst wenn Eventualanträge gestellt sind. Will der Kläger bestimmte Sachverhaltsteile nicht oder nicht mehr zur Prüfung stellen, dann muss er seinen Tatsachenvortrag entsprechend beschränken.

87 Wurde der Hauptantrag auf Feststellung der Nichtigkeit eines Beschlusses abgewiesen, dem Hilfsantrag auf Ungültigerklärung des Beschlusses aber stattgegeben, so ist eine **Beschwer** des Klägers i.d.R. zu verneinen, denn mit dem Eintritt der Rechtskraft steht in beiden Fällen fest, ob der Beschluss Rechtswirkungen entfaltet oder nicht.[180] Eine materielle Beschwer durch Abweisung des auf Feststellung der Nichtigkeit gerichteten Hauptantrags trotz Obsiegens im Anfechtungsantrag ist allerdings zu bejahen, wenn der Kläger an der Klärung des Nichtigkeitsgrundes ausnahmsweise ein besonderes rechtliches Interesse im Sinne von § 256 Abs. 1 ZPO hat.[181]

II. Hinweis auf Nichtigkeitsgründe (§ 46 Abs. 2)

88 Ist eine Anfechtungsklage rechtskräftig als unbegründet zurückgewiesen, so ist der Beschluss sowohl in Bezug auf Anfechtungsgründe als auch auf Nichtigkeitsgründe als rechtswirksam anzusehen (§ 48 Abs. 4). § 46 Abs. 2 begründet im Hinblick auf diese umfassende Rechtskrafterstreckung des § 48 Abs. 4 eine gegenüber § 139 ZPO erweiterte Hinweispflicht bei Anfechtungsklagen. Sie ermöglicht es dem Gericht, von sich aus auf vom Kläger nicht vorgetragene Tatsachen hinzuweisen, die ihm bei der Durchsicht der Akte aufgefallen sind und aus denen sich Nichtigkeitsgründe ergeben.

---

175 Vgl. hierzu BGH II ZR 286/01, NJW 2002, 3465.
176 BGH V ZR 235/08, NJW 2009, 3655.
177 BGH V ZR 74/08, ZMR 2009, 296; BGH V ZR 235/08, NJW 2009, 3655.
178 BGH V ZR 235/08, NJW 2009, 3655 m.w.N.
179 BGH V ZR 235/08, NJW 2009, 3655.
180 BGH V ZR 175/10, ZWE 2011, 331.
181 BGH V ZR 175/10, ZWE 2011, 331.

Das Gericht ist bei einer Anfechtungsklage zwar verpflichtet, ohne besondere Rüge auch Nichtigkeitsgründe prüfen (siehe Rn 84 ff.). Weil aber das Gericht nicht von sich aus Tatsachen berücksichtigen darf, die der Kläger – wenn auch nur versehentlich – nicht vorgetragen hat, begründet § 46 Abs. 2 im Interesse einer sachgerechten Entscheidung, insbesondere unter Berücksichtigung des Umstandes, dass die Rechtskraft der Entscheidung gemäß § 48 Abs. 4 auch Nichtigkeitsgründe umfasst, eine spezielle Hinweispflicht des Gerichts.[182]

I. Teilweise Unwirksamkeit

Bei teilweiser Unwirksamkeit eines Beschlusses findet § 139 BGB analoge Anwendung.[183] Ein Mehrheitsbeschluss ist deshalb nur dann teilweise für ungültig zu erklären, wenn der gültige Teil sinnvollerweise Bestand haben kann und anzunehmen ist, dass ihn die Wohnungseigentümer so beschlossen hätten. So kann z.B. die Anfechtung der Jahresabrechnung auf einen selbstständigen Rechnungsposten beschränkt werden.[184] Nach Ablauf der Anfechtungsfrist kann die Anfechtung nicht mehr auf weitere Posten erstreckt werden.[185]

Wird die Anfechtung eines Beschlusses auf einen Teil beschränkt, der nicht abtrennbar ist, so ist die Klage unzulässig.[186] Der Antrag ist aber gegebenenfalls als Anfechtung des ganzen Beschlusses auszulegen.[187] Maßgebend für die Auslegung ist unter Beachtung der durch die gewählte Formulierung gezogenen Auslegungsgrenzen der objektiv zum Ausdruck kommende Wille des Erklärenden.[188] Ergeben die tatsächlichen Ausführungen in den Schriftsätzen nichts für eine vom Wortlaut des Antrags abweichende Auslegung des Klagebegehrens, darf das Gericht den Beschluss nicht insgesamt für ungültig erklären, denn es ist nicht befugt, einer Partei etwas zuzusprechen, was nicht beantragt ist (§ 308 Abs. 1 ZPO).

J. Wirkung der Beschlussanfechtung

Die Anfechtungsklage hat keine aufschiebende Wirkung. Ein Beschluss ist so lange gültig, bis er durch rechtskräftigen Gerichtsbeschluss für ungültig erklärt worden ist.[189]

Das Gericht kann jedoch auf gesonderten Antrag im Wege der einstweiligen Verfügung anordnen, dass die Durchführung des Beschlusses bis zur Beendigung des Verfahrens zu unterbleiben hat (siehe dazu Rn 107).[190]

K. Unterbrechung gemäß § 240 ZPO

Die Unterbrechung ist ein von Amts wegen zu beachtender Stillstand des Verfahrens kraft Gesetzes. Der **Tod des Klägers** führt gemäß § 239 ZPO zur Unterbrechung des Verfahrens bis zur Aufnahme durch den Rechtsnachfolger.

Durch die **Eröffnung des Insolvenzverfahrens** über das Vermögen einer Partei wird das Verfahren, sofern es die Insolvenzmasse betrifft, gemäß § 240 S. 1 ZPO unterbrochen, bis es nach den für das Insolvenzverfahren geltenden Vorschriften aufgenommen oder das Insolvenzverfahren beendet wird. Die Unterbrechung tritt gemäß § 240 S. 2 ZPO auch ein, wenn die Verwaltungs- und Verfügungsbefugnis über das Vermögen des Schuldners auf einen vorläufigen Verwalter übergeht. Voraussetzung ist, dass es sich um einen so genannten starken vorläufigen Verwalter nach § 22 Abs. 1 InsO handelt.[191]

Für die Beschlussanfechtung im FGG-Verfahren nach § 43 Abs. 1 Nr. 4 a.F. wurde die Auffassung vertreten, dass ein solches Verfahren **nicht** analog § 240 ZPO durch die Eröffnung des Insolvenzverfahrens über das Vermögen des anfechtenden Wohnungseigentümers[192] oder des Verwalters[193] unterbrochen wird. Begründet wurde diese Auffassung damit, dass für die Wohnungseigentümergemeinschaft die Gültigkeit oder Ungültigkeit von Eigentümerbeschlüssen, mit denen die Verwaltung des gemeinschaftlichen Eigentums geregelt wird, elementare Bedeutung hat, weshalb über die Gültigkeit von Eigentümerbeschlüssen in angemessener Zeit gerichtlich entschieden werden müsse. Dieses Argument gilt in gleicher Weise für den Fall, dass der insolvente Wohnungseigentümer zu den Antragsgegnern eines Beschlussanfechtungsverfahrens gehört.

Seitdem aufgrund der **WEG-Novelle 2007** das Verfahren nach den Regeln der ZPO zu führen ist, findet § 240 ZPO unmittelbar Anwendung. Voraussetzung für die Unterbrechung ist, dass das Verfahren die Insolvenzmasse betrifft. Dies wird z.B. zu bejahen sein, wenn sich die Anfechtungsklage gegen den Beschluss über die Genehmigung des Wirtschaftsplans richtet. Wird in einem solchen Fall über das Vermögen des Anfechtungsklägers das Insolvenzverfahren

---

182 Vgl. BT-Drucks 16/887 S. 38.
183 BGH V ZB 11/98, NJW 1998, 3713; BGH V ZR 193/11, NJW 2012, 2648.
184 BayObLG BReg 2 Z 83/85, NJW 1986, 385; KG 24 W 5797/90, WuM 1991, 624 m.w.N.; BayObLG 2Z BR 1/00, NZM 2000, 1240.
185 BayObLG 2Z BR 26/92, WuM 1992, 395.
186 LG Hamburg 318 S 138/10, ZWE 2012, 51 m. Anm. Abramenko.
187 BayObLG 2Z BR 171/99, NZM 2000, 679.
188 Vgl. etwa BGH ZB 15/09, NJW-RR 2010, 275, 276, Tz. 9.
189 BayObLG BReg 2 Z 129/89, WuM 1990, 183, 184.
190 Zur Rückabwicklung aufgehobener Wohnungseigentumsbeschlüsse siehe *Gottschalg*, NZM 2001, 113.
191 Vgl. BGH II ZR 70/98, ZIP 1999, 1314.
192 Vgl. KG 24 W 26/04, ZMR 2005, 647 m.w.N.
193 OLG Schleswig 2 W 267/04, ZMR 2006, 315.

eröffnet, dann dürfte eine Verfahrensunterbrechung eintreten. Die Wohnungseigentümergemeinschaft erleidet dadurch auch nicht ohne weiteres einen Nachteil, weil der Beschluss gültig ist, solange er nicht für ungültig erklärt worden ist. Weil es sich um einen Aktivprozess handelt, kann ihn nur der Insolvenzverwalter aufnehmen (§ 85 Abs. 1 S. 1 InsO, § 250 ZPO). Lehnt er die Aufnahme ab, so steht dies einer Freigabe gleich und sowohl der Schuldner als auch die beklagten Wohnungseigentümer können den Rechtsstreit aufnehmen (§ 85 Abs. 2 ZPO). Verzögert der Insolvenzverwalter die Aufnahme, gilt § 239 Abs. 2–4 ZPO entsprechend, dh die beklagten Wohnungseigentümer können beantragen, den Insolvenzverwalter zur Aufnahme und zur Verhandlung zu laden.

98 Fraglich ist, ob eine Anfechtungsklage auch dann unterbrochen wird, wenn über das Vermögen eines der beklagten Wohnungseigentümer das Insolvenzverfahren eröffnet wird. Es handelt sich weder um einen Aktivprozess (§ 85 InsO) noch um einen Passivprozess der Aus- oder Absonderungsrechte oder Masseverbindlichkeiten (§ 86 InsO) betrifft, so dass eine Aufnahme durch den Insolvenzverwalter nicht vorgesehen ist. Gegenstand des Verfahrens ist auch keine Insolvenzforderung im Sinne von § 87 InsO. Der Insolvenzverwalter nimmt gemäß § 80 Abs. 1 InsO die Mitgliedschaftsrechte des insolventen Wohnungseigentümers für diesen wahr. Dies gilt für die Teilnahme an Eigentümerversammlungen und korrespondierend für die Anfechtung von Beschlüssen, aber auch für die Verteidigung von angefochtenen Beschlüssen als Mitglied der Wohnungseigentümergemeinschaft. Der Insolvenzverwalter tritt bei der Ausübung der Mitgliedschaftsrechte des Insolvenzschuldners an die Stelle der Wohnungseigentümers und kann sich, da er notwendiger Streitgenosse der übrigen Beklagten ist, auch nicht durch Anerkenntnis der Kostenlast entziehen (siehe Rn 36). Seine rechtlichen Interessen werden durch die übrigen Wohnungseigentümer mit vertreten, so dass für eine Unterbrechung gemäß § 240 ZPO keine Veranlassung besteht.[194] Meist wird ohnehin ein gemeinsamer Prozessbevollmächtigter durch den gemäß § 27 Abs. 2 Nr. 3 hierzu ermächtigten Verwalter bestellt worden sein.

99 Der **Tod des Verwalters** unterbricht eine Anfechtungsklage nicht.[195]

100 Wird über das Vermögen des gemäß § 48 Abs. 1 S. 2 beigeladenen Verwalters das Insolvenzverfahren eröffnet, dann tritt keine Verfahrensunterbrechung ein, weil der Verwalter in diesem Fall nicht Partei ist. Ist er Prozessbevollmächtigter der Wohnungseigentümer, ohne dass ein Rechtsanwalt eingeschaltet ist, dann müssen die Wohnungseigentümer sich selbst vertreten oder einen anderen Prozessbevollmächtigten beauftragen. Ist der Verwalter selbst Anfechtungskläger tritt eine Verfahrensunterbrechung ein, für deren Beendigung die vorhergehenden Ausführungen (siehe Rn 97) entsprechend gelten.

L. Erledigung der Hauptsache

101 Der Antrag auf **Ungültigerklärung eines Eigentümerbeschlusses** über die Erteilung eines Auftrags an den Verwalter ist in der Hauptsache erledigt, wenn der Auftrag vollständig ausgeführt ist, die Kosten seiner Durchführung geregelt sind und ein weiteres Tätigwerden des Verwalters nicht mehr in Betracht kommt.[196] Der Antrag, einen Eigentümerbeschluss über die Durchführung einer Umbaumaßnahme für ungültig zu erklären, erledigt sich nicht allein dadurch in der Hauptsache, dass die Maßnahme durchgeführt ist, denn die Ungültigerklärung hätte zur Folge, dass die Maßnahme auf Verlangen wieder rückgängig zu machen ist. Hat der Kläger jedoch erklärt, dass er eine Rückgängigmachung nicht will, so entfällt das Rechtsschutzbedürfnis für den Beschlussanfechtungsantrag.[197] Eine Anfechtungsklage erledigt sich jedoch dann in der Hauptsache, wenn die beschlossene Maßnahme durchgeführt ist, eine Rückgängigmachung ausgeschlossen ist und die Ungültigerklärung auch sonst keine Auswirkungen mehr haben könnte.[198] Eine Anfechtungsklage erledigt sich in der Hauptsache, wenn ein **zweiter Beschluss**, der den angefochtenen ersetzt, bestandskräftig geworden ist (siehe auch Rn 24 zum inhaltsgleichen Zweitbeschluss).[199]

M. Die Kostenerstattung des erfolgreichen Anfechtungsklägers

102 Die Kosten bei Streitgenossen regelt § 100 ZPO. Obsiegt der Anfechtungskläger, dann haften gemäß § 100 Abs. 1 ZPO die beklagten Wohnungseigentümer für die Kostenerstattung nach Kopfteilen. Dies gilt auch dann, wenn der Kostentenor lautet: „Die Kosten des Rechtsstreits haben die Beklagten zu tragen."[200] Zu bevorzugen ist aber die Tenorierung: „Die Beklagten tragen die Kosten des Rechtsstreit zu je 1/30." Für eine einschränkende Auslegung des § 100 Abs. 1 ZPO dahin, für die Kostenverteilung das Stimmrecht in der Wohnungseigentümergemeinschaft als maßgeblich anzusehen, so dass die Kosten entweder nach Köpfen, nach Einheiten oder nach Miteigentumsanteilen zu verteilen wären,[201] besteht kein Anlass.

103 Die Anwendung von § 100 Abs. 4 S. 1 ZPO, wonach mehrere Beklagte für die Kostenerstattung als Gesamtschuldner haften, wenn sie in der Hauptsache als Gesamtschuldner verurteilt werden, kommt bei einer Anfechtungsklage nicht in Betracht. Für den erfolgreichen Kläger wäre die Durchsetzung seines Kostenerstattungsanspruchs – insbesondere

---

194 Ebenso *Hügel/Elzer*, § 13 Rn 170; **a.A.** LG Düsseldorf 16 S 52/10, ZMR 2011, 671, 672; *Suilmann* in: Jennißen § 46 Rn 155; *Klein* in: Bärmann, § 46 Rn 68.
195 BayObLG WuM 1990, 322.
196 BayObLG WE 1990, 142, 143.
197 BayObLG 2Z BR 34/92, WuM 1992, 566.
198 BayObLG 2Z BR 25/98, WuM 1998, 747, 748.
199 OLG Düsseldorf 3 Wx 26/99, WuM 1999, 482.
200 Vgl. etwa *Hüßtege* in: Thomas/Putzo, § 100 Rn 8.
201 So AG Kerpen 26 C 19/2010, ZMR 2011, 251.

bei größeren Wohnungseigentümergemeinschaften – jedoch äußerst beschwerlich, wenn er Kostenfestsetzungsbeschlüsse gegen jeden einzelnen nach Kopfteilen haftenden Beklagten erwirken und gegebenenfalls vollstrecken müsste. Auch die Gerichte würden durch die Abwicklung einer Vielzahl von einzelnen Kostenerstattungsansprüchen erheblich belastet. Dies rechtfertigt allerdings auf keinen Fall eine Verurteilung der beklagten Wohnungseigentümer zur Kostenerstattung als Gesamtschuldner, weil der Kläger dann einen der Beklagten auf die volle Kostenerstattung in Anspruch nehmen könnte, ohne dass es dafür eine gesetzliche Grundlage gibt.[202]

Die Anregung des *AG Dortmund*, die Kostenerstattungsansprüche der Kläger zwischen der Klägerseite und dem die Beklagten gemäß § 27 Abs. 2 Nr. 2 vertretenden Verwalter (siehe § 27 Rn 72) über das Verwaltungsvermögen abzuwickeln mit anschließender Umlage auf die unterlegenen Wohnungseigentümer erscheint dagegen nicht nur praktikabel sondern auch im Einklang mit der materiellen Rechtslage.[203] Die Gemeinschaft wird dadurch zwar mit dem Insolvenzrisiko einzelner Beklagter belastet, doch wird man aus dem Gemeinschaftsverhältnis der Wohnungseigentümer untereinander, das eine schuldrechtliche Sonderbeziehung begründet, nach Treu und Glauben einen **materiell-rechtlichen Anspruch** des obsiegenden Klägers herleiten können, seine Kostenerstattungsansprüche aus dem Verwaltungsvermögen befriedigt zu erhalten. Das Anfechtungsrecht dient nämlich nicht nur dem persönlichen Interesse des anfechtenden Wohnungseigentümers oder dem Minderheitenschutz, sondern dem Interesse der Gemeinschaft an einer ordnungsmäßigen Verwaltung.[204] Erfüllt der Verwalter den Kostenerstattungsanspruch des Klägers allerdings nicht freiwillig, wird es nicht möglich sein, die zu erstattenden Kosten des Klägers einheitlich gegenüber allen Beklagten, vertreten durch den Verwalter gerichtlich festzusetzen.[205] Ein solcher Kostenfestsetzungsbeschluss stünde nicht im Einklang mit der Kostengrundentscheidung. Zudem ist der Verband als Träger des Verwaltungsvermögens nicht am Anfechtungsprozess beteiligt. Es bleibt daher bei größeren Gemeinschaften nur die Möglichkeit, den materiell-rechtlichen Anspruch in einem neuen Prozess gegen den Verband geltend zu machen.[206] Die Möglichkeit der Kostenfestsetzung nimmt einem neuen Kostenerstattungsprozess nicht das Rechtsschutzbedürfnis, weil jedenfalls bei Gemeinschaften mit mehr als 20 Wohnungseigentümern das Kostenfestsetzungsverfahren gerade keinen einfacheren Weg der Anspruchsdurchsetzung darstellt.

N. Sonstige Kostenfragen

Zweifelhaft erscheint die Empfehlung, im Hinblick auf das Kostenrisiko der Beklagten bei einer erfolgreichen Anfechtungsklage selbst den Beschluss anzufechten, wenn mit Klagen anderer Wohnungseigentümer zu rechnen ist.[207] Ein solches Verhalten birgt die Gefahr, dass sich ein erheblich höheres Kostenrisiko realisiert, wenn die Klage entgegen aller Erwartung doch nicht erfolgreich ist.[208] Ausschlaggebend sollte vielmehr sein, ob Interesse an der Ungültigerklärung des Beschlusses besteht. (Zu den Auswirkungen einer nacheinander von allen Wohnungseigentümern erhobenen Anfechtungsklage siehe § 47 Rn 13.)

Ob diejenigen Beklagten, die dem angefochtenen Beschluss nicht zugestimmt hatten, die ihnen entstandenen Prozesskosten von den Zustimmenden als Schaden ersetzt verlangen können, weil diese eine sich aus Gemeinschaftsverhältnis ergebende Pflicht verletzt haben, indem sie einem Beschluss zustimmten, der ordnungsgemäßer Verwaltung widerspricht,[209] erscheint fraglich. Dagegen spricht, dass jeder der beklagten Wohnungseigentümer durch die Nichtanfechtung des Beschlusses ebenfalls einen Ursachenbeitrag für einen möglichen Eintritt der Bestandskraft eines ordnungsgemäßer Verwaltung widersprechenden Beschlusses gesetzt hat. Einer Beteiligung an den Prozesskosten kann er daher nur entgehen, wenn er selbst das Risiko einer eigenen Anfechtungsklage auf sich nimmt. (Zur Erstattungsfähigkeit der **Kosten mehrerer Anfechtungskläger** und zu den **Kosten der Unterrichtung** über einen Prozess siehe § 50 Rn 9 ff. und 14 ff.)

O. Einstweiliger Rechtsschutz

Die Anfechtungsklage hat keine aufschiebende Wirkung. Das Gesetz misst dem Vollziehungsinteresse der Gemeinschaft somit grundsätzlich ein größeres Gewicht zu als dem Aussetzungsinteresse des Anfechtungsklägers. Gleichwohl kann aber grundsätzlich durch eine Regelungsverfügung gemäß § 940 ZPO die Vollziehbarkeit eines Beschlusses der Eigentümerversammlung ausgesetzt werden. Ergänzend zur Anfechtungsklage kann daher in einem gesonderten Verfahren (siehe dazu auch § 43 Rn 121), der Erlass einer einstweiligen Verfügung beantragt werden, durch die die Ausführung der beschlossenen Maßnahmen untersagt wird. Der **Tenor** kann z.B. lauten: Die Vollzie-

---

202 AG Kerpen 26 C 19/2010, ZMR 2011, 251; *Niedenführ*, NJW 2008, 1768, 1771; *Deckert*, ZWE 2009, 63, 68; *Klein* in: Bärmann, § 46 Rn 88; **a.A.** AG Dortmund 511 C 3/07, NZM 2008, 171 m. krit. Anm. *Drasdo*, NJW-Spezial 2008, 163; *Wolicki*, NZM 2008, 385.
203 Ebenso *Briesemeister*, ZWE 2009, 306, 308; *Klein* in: Bärmann, § 46 Rn 88; **a.A.** *Weber/Schmieder*, WuM 2009, 441, 444.
204 BGH V ZB 11/03, NJW 2003, 3124, 3125.
205 Anders noch *Niedenführ*, NJW 2008, 1768, 1771.
206 Vgl. auch *Deckert*, ZWE 2009, 63, 68: Anweisungs-Verpflichtungsklage.
207 So aber *Schmid*, NZM 2008, 185, 186.
208 Vgl. *Niedenführ*, NJW 2008, 1768, 1772.
209 Vgl. *Schmid*, NZM 2008, 185, 187.

hung des Beschlusses der Eigentümerversammlung vom ... wird bis zur rechtskräftigen Entscheidung in der Hauptsache ausgesetzt. Die Entscheidung kann sich aber auch damit begnügen, den Wohnungseigentümern zu untersagen, die beschlossenen Maßnahmen (z.B. Baumaßnahmen) zu beginnen oder fortzuführen.[210] **Passivlegitimiert** für einen solchen Antrag sind ebenso wie bei der Anfechtungsklage die übrigen Wohnungseigentümer, nicht der Verwalter.[211]

108 Voraussetzung für den Erlass einer einstweiligen Verfügung zur Regelung eines einstweiligen Zustands in Bezug auf ein streitiges Rechtsverhältnis ist gemäß § 940 ZPO, dass die Regelung zur Abwendung wesentlicher Nachteile nötig erscheint (**Verfügungsgrund**). Ein Verfügungsgrund besteht jedenfalls dann nicht (mehr), wenn der Antragsteller in Kenntnis der maßgeblichen Umstände untätig bleibt und einen Rechtsverstoß oder eine Beeinträchtigung des Rechtsverhältnisses über längere Zeit hingenommen hat, weil er dann zum Ausdruck gebracht hat, dass keine Dringlichkeit für eine sofortige Sicherung besteht (sog. Dringlichkeitsverlust bzw. Selbstwiderlegung der Eilbedürftigkeit). Dies kann angenommen werden, wenn der Kläger den Antrag auf Erlass einer einstweiligen Verfügung erst zwei Monate nach der Beschlussfassung und erst nach Beginn der Sanierungsarbeiten stellt.[212]

109 Ob eine einstweilige Regelung geboten ist, ist durch eine Abwägung der schutzwürdigen Interessen beider Seiten zu beurteilen. Angesichts des nach der gesetzlichen Regelung vorrangigen Vollziehungsinteresses kann die Vollziehung eines Beschlusses für die Zeit des schwebenden Anfechtungsprozesses nur dann per einstweiliger Verfügung ausgesetzt werden, wenn glaubhaft gemacht wurde, dass im konkreten Einzelfall ausnahmsweise die Interessen des Anfechtungsklägers überwiegen.[213] Dies kommt in Betracht, wenn ihm ein weiteres Zuwarten wegen drohender irreversibler Schäden nicht mehr zugemutet werden kann oder wenn bei unstreitiger Sachlage und gefestigter Rechtsprechung die Rechtswidrigkeit des Beschlusses so offenkundig ist, dass es hierfür nicht erst der umfassenden Prüfung durch ein Hauptsacheverfahren bedarf.[214] Geht es um Sanierungsmaßnahmen, muss der dem Anfechtungskläger bei einer Durchführung des Beschlusses drohende Schaden erheblich größer sein als der Schaden, welcher der Wohnungseigentümergemeinschaft bei Nichtausführung entsteht[215]

P. Darlegungs- und Beweislast

110 Der Anfechtungskläger muss die Tatsachen, die für die Beurteilung formeller oder materieller Beschlussmängel von Bedeutung sind, darlegen und gegebenenfalls beweisen. (Zur Wahrung der Anfechtungsfrist siehe Rn 56.) Diese Verteilung der Darlegungs- und Beweislast gilt auch für die Unrichtigkeit des Abstimmungsergebnisses; ein pauschales Bestreiten der Richtigkeit genügt nicht.[216] Trägt der Kläger substantiiert vor, aus welchen Gründen das Abstimmungsergebnis unrichtig sein soll, dann trifft die Beklagten eine sekundäre Behauptungslast bzw. die Verpflichtung zu substantiiertem Bestreiten, wenn ihnen ausnahmsweise zuzumuten ist, die prozessordnungsgemäße Darlegung durch nähere Angaben zu ermöglichen.[217] Erhebt der Verwalter Anfechtungsklage gegen seine Abberufung aus wichtigem Grund, trägt er die Darlegungs- und Beweislast für das Fehlen eines wichtigen Grundes.[218] Zur Darlegungs- und Beweislast, wenn der Verwalter Klage auf Feststellung der Unwirksamkeit einer Kündigung des Verwaltervertrags aus wichtigem Grund erhebt, siehe oben (vgl. § 26 Rn 112).

§ 47 Prozessverbindung

¹Mehrere Prozesse, in denen Klagen auf Erklärung oder Feststellung der Ungültigkeit desselben Beschlusses der Wohnungseigentümer erhoben werden, sind zur gleichzeitigen Verhandlung und Entscheidung zu verbinden.
²Die Verbindung bewirkt, dass die Kläger der vorher selbstständigen Prozesse als Streitgenossen anzusehen sind.

A. Gesetzesmaterialien 1
B. Verbindung von Anfechtungs- und Nichtigkeitsklagen (§ 47 S. 1) 2
C. Wirkung der Verbindung (§ 47 S. 2) 7
D. Nebenintervention 14
E. Geschäftswert 20

Literatur: *Abramenko*, Die Beschlussanfechtung durch alle Eigentümer, ZMR 2008, 689.

---

210 Vgl. *Schmid*, NZBau 2010, 290, 291.
211 LG Frankfurt am Main 2–13 S 32/09, ZMR 2010, 787, 788; LG Köln 29 S 24/11, ZMR 2011, 827.
212 LG München I 36 S 9508/08, ZWE 2009, 84 m. Anm. *Briesemeister*, S. 87; LG Frankfurt am Main 2–13 S 32/09, ZMR 2010, 787, 788.
213 LG München I 1 T 13169/08, ZMR 2009, 73; LG Köln 29 S 24/11, ZMR 2011, 827; **a.A.** *Klimesch*, ZMR 2010, 427, 429 m.w.N.: Aussetzung der Vollziehung, wenn der Beschluss bei summarischer Prüfung rechtswidrig ist.

214 LG München I 1 T 13169/08, ZMR 2009, 73; AG München 485 C 330/09, ZMR 2009, 806.
215 LG München I 36 S 9508/08, ZWE 2009, 84 m. Anm. *Briesemeister*, S. 87. Zur Interessenabwägung im Fall eines Beschlusses über die Bestellung eines Verwalters vgl. AG Hamburg 102d C 11/10, ZMR 2010, 477 und LG Hamburg 318 S 180/10, ZMR 2011, 661, 662.
216 LG München I 1 S 20171/08, ZMR 2009, 945.
217 LG München I 1 S 20171/08, ZMR 2009, 945; Zöller/ *Greger*, vor § 284 Rn 34.
218 *Dötsch*, ZWE 2011, 305, 307, 308.

A. Gesetzesmaterialien

Begründung Regierungsentwurf (BT-Drucks 16/887 S. 38 f.); Stellungnahme Bundesrat (BT-Drucks 16/887 S. 51 ff.); Gegenäußerung der Bundesregierung (BT-Drucks 16/887 S. 73 ff.); Beschlussempfehlung Rechtsausschuss (BT-Drucks 16/3843 S. 57). **1**

B. Verbindung von Anfechtungs- und Nichtigkeitsklagen (§ 47 S. 1)

§ 47 S. 1 bestimmt, dass mehrere Klagen, die darauf gerichtet sind, denselben Beschlusses durch ein Gestaltungsurteil für ungültig zu erklären (Anfechtungsklagen) oder durch ein Feststellungsurteil seine Ungültigkeit festzustellen (Nichtigkeitsklagen) zu verbinden sind. Zu verbinden sind alle Prozesse, in denen es um die Gültigkeit desselben Beschlusses der Wohnungseigentümer geht (Musterbeschluss siehe Anhang Rn 22). **2**

Die Notwendigkeit der Prozessverbindung folgt aus der Identität des Streitgegenstandes. Unabhängig davon, ob die Klage als Anfechtungsklage auf ein Gestaltungsurteil oder ein als Nichtigkeitsklage auf ein Feststellungsurteil abzielt, liegt ein einheitlicher Streitgegenstand vor (vgl. § 46 Rn 84, § 48 Rn 17). Eine Verfahrensverbindung scheidet nicht deswegen aus, weil nicht vollkommen identische Beschlussanfechtungen vorliegen und widerstreitende Interessen der Anfechtenden bestehen.[1] Falls die einzelnen Anfechtungsklagen nur zum Teil dieselben Beschlüsse betreffen (inkongruente Anfechtung), kann das Gericht zur Förderung der Übersichtlichkeit gemäß § 145 Abs. 1 ZPO einzelne Beschlussanfechtungen abtrennen. **3**

Außerdem ist wegen der Rechtskraftwirkung der Entscheidung für und gegen alle Wohnungseigentümer und den Verwalter (§§ 325 ZPO, 48 Abs. 3 WEG) zu gewährleisten, dass die Entscheidung in allen Klagen, die denselben Beschluss der Wohnungseigentümer betreffen, einheitlich ergeht. **4**

§ 246 Abs. 3 S. 3 AktG enthält für das aktienrechtliche Anfechtungsverfahren eine parallele Regelung. **5**

Wurden irrtümlich zwei gesonderte Verfahren geführt, weil sie aufgrund der Geschäftsverteilung zu verschiedenen Richtern gelangt sind, so sind die Verfahren gegebenenfalls in höherer Instanz rückwirkend förmlich zu verbinden. Sobald eines der Verfahren vom Amtsgericht förmlich entschieden ist, ist die Entscheidungskompetenz des Amtsgerichts über die Beschlussanfechtungsanträge verbraucht.[2] Ein noch in der unteren Instanz anhängiger Prozess kann nach hier vertretener Ansicht mit dem in höherer Instanz anhängigen Prozess verbunden werden, wenn der Kläger des weniger weit fortgeschrittenen Prozesses damit einverstanden ist.[3] Unterbleibt die Verbindung, so tritt in den weiteren Verfahren Erledigung der Hauptsache ein, wenn in einem Verfahren der Antrag rechtskräftig zurückgewiesen wird und die übrigen anfechtenden Wohnungseigentümer an diesem Verfahren auch formell beteiligt waren.[4] Sind ausnahmsweise zwei divergierende Entscheidung rechtskräftig geworden, dann kommt eine Aufhebung der späteren Entscheidung nach einem Wiederaufnahmeantrag analog § 580 Nr. 7a ZPO in Betracht.[5] **6**

C. Wirkung der Verbindung (§ 47 S. 2)

§ 47 S. 2 bestimmt, dass die Kläger der ursprünglich selbstständigen Prozesse aufgrund der Verbindung als Streitgenossen anzusehen sind. **7**

Diese Regelung ist notwendig, weil die Kläger in den vorher selbstständigen Prozessen unterschiedliche Parteirollen innehatten. Bei Beschlussanfechtungen sind nämlich Beklagte alle Wohnungseigentümer mit Ausnahme des oder der Anfechtenden (vgl. § 46 Abs. 1 S. 1). Insoweit unterscheidet sich die wohnungseigentumsrechtliche Anfechtungsklage von dem aktienrechtlichen Anfechtungsverfahren, bei dem die Aktiengesellschaft als juristische Person Beklagte ist. In dem zunächst selbstständigen Beschlussanfechtungsverfahren des Wohnungseigentümers A ist der Kläger B also Beklagter und umgekehrt. Ohne die Regelung des § 47 S. 2 würde die später anhängig gewordene Klage im verbundenen Prozess zur Widerklage.[6] In Anbetracht des einheitlichen Streitgegenstandes wäre dies nicht sachgerecht, zumal die Kläger jeweils dasselbe prozessuale Ziel verfolgen. **8**

Dass die Neuordnung der Parteirollen keine Klagerücknahme im Hinblick auf die früheren Gegner und jetzigen Streitgenossen ist und damit auch keine kostenrechtlichen Folgen nach sich zieht, versteht sich von selbst, da die Wirkung der Verbindung gesetzlich angeordnet ist.[7] **9**

Die Ausgestaltung der Streitgenossenschaft richtet sich nach den allgemeinen Vorschriften der §§ 59–63 ZPO. **10**

Mehrere Anfechtungskläger sind Streitgenossen, und zwar notwendige Streitgenossen gemäß § 62 Fall 1 ZPO (prozessrechtlich notwendige Streitgenossenschaft), weil die Rechtskraft des Anfechtungsurteils gemäß §§ 48 Abs. 3, 325 ZPO für und gegen alle Anfechtungsbefugten wirkt und Gericht deshalb den Beschluss nur einheitlich gegenüber allen **11**

---

1 So aber AG Hamburg-Harburg 611 C 144/07, ZMR 2008, 919.
2 Vgl. KG 24 W 1647/92, WuM 1993, 93.
3 Vgl. zur Problematik auch OLG Schleswig 2 W 124/03, NZM 2005, 588, 590.
4 BayObLG 2Z BR 135/02, ZMR 2003, 590 m. Anm. *Jacoby*.
5 Vgl. *Löke*, ZMR 2003, 722, 727.
6 Vgl. MüKo-ZPO/*Peters*, § 147 ZPO Rn 9.
7 Vgl. BT-Drucks 16/887 S. 39.

Klägern für ungültig erklären kann. Dieser Zwang zu gleichförmiger Entscheidung über Mängel des Beschlusses genügt, um notwendige Streitgenossenschaft anzunehmen. Dem steht nicht entgegen, dass einzelne Kläger wegen Fristüberschreitung (§ 46 Abs. 1 S. 2) abgewiesen werden können und damit Prozessergebnisse nicht notwendig identisch sind.

12 Ein Kläger, der nicht innerhalb der Monatsfrist Klage erhoben hat, ist bei Zurückweisung der Klage eines anderen Klägers nicht befugt Berufung einzulegen.[8]

13 Fechten nacheinander **alle Wohnungseigentümer einen Beschluss** fristgerecht **an,** führt die Neuordnung der Parteirollen infolge der Verfahrensverbindung dazu, dass nur noch Kläger aber keine Beklagten mehr vorhanden sind. Zum Teil wird vertreten, dies führe wegen des Verbots des Insichprozesses zu einer Verfahrensbeendigung.[9] Zudem bestehe kein Rechtsschutzbedürfnis für eine gerichtliche Entscheidung, da die Parteien dasselbe Ziel verfolgen und dieses einfach und kostengünstig dadurch erreichen könnten, indem sie den Beschluss in der nächsten Eigentümerversammlung oder durch einen Umlaufbeschluss selbst wieder aufheben.[10] Dieser Auffassung kann nicht gefolgt werden, denn es ist keineswegs gewährleistet, dass der Beschluss tatsächlich durch die Wohnungseigentümer einverständlich aufgehoben wird.[11] Gesetzlich nicht vorgesehen ist der Fall, dass von Beginn an alle Wohnungseigentümer als Streitgenossen eine Anfechtungsklage erheben, denn in diesem Fall fehlte von Anfang an ein Prozessgegner, da keine Wohnungseigentümer übrig wären, gegen die sich die Klage richten könnte. Um eine solche Situation handelt es sich hier jedoch nicht, da zunächst die jeweils anderen Wohnungseigentümer Beklagte sind. Der vollständige Wegfall der Beklagtenseite ist zwar für das grundsätzlich kontradiktorisch ausgestaltete Zivilprozessverfahren ungewöhnlich. Die besondere Ausnahme beruht aber auf der gesetzlich gebotenen Verbindung der Verfahren. Mit Blick auf das Klageziel ist der Wegfall der Gegenpartei nicht problematisch, weil die Klage nicht auf eine Leistung gerichtet ist, sondern auf ein Gestaltungsurteil oder bei Nichtigkeit des Beschlusses auf ein Feststellungsurteil. Diese Entscheidungen haben in der Hauptsache keinen vollstreckungsfähigen Inhalt, müssen also nicht gegenüber einem Prozessgegner durchgesetzt werden. Es bedarf also nicht der Konstruktion eines Beklagten.[12] Die Situation, dass kein Klageabweisungsantrag gestellt wird, ist auch im Zivilprozess nicht ungewöhnlich. Sie führt in anderen Konstellationen zu einem Versäumnisurteil zugunsten der Kläger. Die Prozesskosten müssen die Kläger tragen. Dies folgt schon daraus, dass eine andere Partei nicht vorhanden ist. Es ist dem Zivilprozess auch nicht fremd, dass ein obsiegender Kläger die Prozesskosten zu tragen hat (vgl. § 93 ZPO). Danach haben die Kläger die Gerichtskosten als Streitgenossen anteilig zu tragen; ihre außergerichtlichen Kosten tragen sie selbst.

D. Nebenintervention

14 Die Nebenintervention (Beitritt) eines beklagten Wohnungseigentümers auf der Seite des Anfechtungsklägers wird nicht schon deswegen als unzulässig angesehen werden können, weil die Nebenintervention gemäß § 66 Abs. 1 ZPO einen zwischen anderen Personen anhängigen Rechtsstreit voraussetzt. Auch bei der notwendigen Streitgenossenschaft im Sinne von § 62 ZPO liegen in Wahrheit mehrere selbstständige, lediglich zwingend verbundene Prozesse des Klägers gegen die einzelnen Beklagten vor. Den Beitritt eines Streitgenossen auf Seiten seines Prozessgegners oder auf Seiten eines anderen Streitgenossen hält die Rechtsprechung deshalb grundsätzlich für zulässig.[13]

15 Ein Wohnungseigentümer kann daher statt selbst Klage zu erheben auch dem Anfechtungskläger beitreten.

16 Hat ein Wohnungseigentümer die Klage- oder Begründungsfrist versäumt, kann er der rechtzeitigen Klage anderer Wohnungseigentümer gleichwohl als (streitgenössischer) Nebenintervenient gemäß §§ 66, 69 ZPO beitreten.[14] Eine Regelung über Nebeninterventionsfrist wie sie § 246 Abs. 4 S. 2 AktG in der durch das am 1.11.2005 in Kraft getretene UMAG enthält, findet sich im WEG nicht. Der Beitritt kommt einer eigenen verspäteten Klage des Nebenintervenienten aber nicht zugute; sie ist abzuweisen.[15]

17 Tritt der Rechtsnachfolger eines Wohnungseigentümers auf Klägerseite in ein anhängiges Beschlussanfechtungsverfahren ein, so begründet dies ein neues Prozessrechtsverhältnis mit der Beklagtenseite und neue Rechtshängigkeit. Da der neue Kläger nicht Rechtsnachfolger im Verfahren wird, ist seine Beschlussanfechtung nur erfolgreich, wenn er selbst die Anfechtungsfrist gewahrt hat.[16]

18 Wegen der Identität des Streitgegenstands von Anfechtungs- und Nichtigkeitsklage (vgl. § 46 Rn 84) kann ein Wohnungseigentümer jedoch nach dem Ablauf der Anfechtungsfrist beitreten, wenn der Kläger auch Nichtigkeitsgründe geltend gemacht hat und der Nebenintervenient seinen Beitritt auf einen derartigen Grund beschränkt. Der beitretende

---

8 BayObLG BReg 2 Z 119/91, WuM 1992, 212.
9 AG Bingen 3 C 399/07, NZM 2009, 167 im Anschluss an *Bonifacio*, ZMR 2007, 592, 594.
10 AG Bingen 3 C 399/07, NZM 2009, 167.
11 Vgl. *Abramenko*, ZMR 2008, 689, 690.
12 So aber *Abramenko*, ZMR 2008, 689, 690: Beklagte sei die Wohnungseigentümergemeinschaft als Verband.
13 Vgl. BGH III ZR 72/52, NJW 1953, 420; OLG Frankfurt 19 W 22/09, NJW-RR 2010, 140.
14 BGH V ZR 196/08, NZM 2009, 436 Tz. 21; LG München I 1 S 809/11, ZWE 2011, 449 m. krit. Anm. *Abramenko*, Info-M 2012, 83; *Becker*, ZWE 2011, 447; ebenso für die aktienrechtliche Anfechtungsklage nach § 246 AktG a.F. BGH II ZB 29/05, BGHZ 172, 136 unter Aufhebung von OLG Frankfurt 5 W 14/06, zit. nach Juris; **a.A.** *Elzer*, ZWE 2012, 119.
15 BGH V ZR 196/08, NZM 2009, 436 Tz. 21.
16 Vgl. OLG Frankfurt WE 1989, 171: zum FGG-Verfahren.

Wohnungseigentümer könnte nämlich bis zur rechtskräftigen Entscheidung ohne die Fristbeschränkung des § 46 Abs. 1 S. 2 selbst Klage auf Feststellung der Nichtigkeit des Beschlusses erheben und würde dann nach Verbindung gemäß § 47 S. 2 ebenfalls zum Streitgenossen des Klägers.

Der bloße Beitritt hilft nicht gegen die Verfahrensbeendigung durch Prozesserklärung des Klägers, z.B. durch Klagerücknahme gemäß § 269 ZPO[17] oder durch Erklärungen gemäß §§ 91a, 306 ZPO oder durch Zurücknahme des Rechtsmittels (§§ 516, 565 ZPO). Der Streithelfer des Berufungsklägers muss auch den Ablauf der Berufungsfrist (§ 517 Hs. 1 ZPO) gegen sich gelten lassen.[18] Die Berufung der Hauptpartei und die des Streithelfers, der keine selbstständige Bedeutung zukommt, sind ein einheitliches Rechtsmittel, über das auch dann einheitlich zu entscheiden ist, wenn die Berufung der Hauptpartei und die des Streithelfers bei verschiedenen Gerichten eingelegt wurden.[19]

E. Geschäftswert

Erfolgt eine Verbindung, so kann nur ein Streitwert für die verbundenen Klagen zusammengerechnet festgesetzt werden, und es ist eine einheitliche Kostenentscheidung zu treffen.[20]

§ 48 Beiladung, Wirkung des Urteils

(1) ¹Richtet sich die Klage eines Wohnungseigentümers, der in einem Rechtsstreit gemäß § 43 Nr. 1 oder Nr. 3 einen ihm allein zustehenden Anspruch geltend macht, nur gegen einen oder einzelne Wohnungseigentümer oder nur gegen den Verwalter, so sind die übrigen Wohnungseigentümer beizuladen, es sei denn, dass ihre rechtlichen Interessen erkennbar nicht betroffen sind. ²Soweit in einem Rechtsstreit gemäß § 43 Nr. 3 oder Nr. 4 der Verwalter nicht Partei ist, ist er ebenfalls beizuladen.
(2) ¹Die Beiladung erfolgt durch Zustellung der Klageschrift, der die Verfügungen des Vorsitzenden beizufügen sind. ²Die Beigeladenen können der einen oder anderen Partei zu deren Unterstützung beitreten. ³Veräußert ein beigeladener Wohnungseigentümer während des Prozesses sein Wohnungseigentum, ist § 265 Abs. 2 der Zivilprozessordnung entsprechend anzuwenden.
(3) Über die in § 325 der Zivilprozessordnung angeordneten Wirkungen hinaus wirkt das rechtskräftige Urteil auch für und gegen alle beigeladenen Wohnungseigentümer und ihre Rechtsnachfolger sowie den beigeladenen Verwalter.
(4) Wird durch das Urteil eine Anfechtungsklage als unbegründet abgewiesen, so kann auch nicht mehr geltend gemacht werden, der Beschluss sei nichtig.

A. Gesetzesmaterialien	1	H. Veräußerung des Wohnungseigentums (Abs. 2 S. 3)	13
B. Beiladung der übrigen Wohnungseigentümer (Abs. 1 S. 1)	2	I. Rechtskraftwirkung des Urteils (Abs. 3)	14
C. Entbehrlichkeit der Beiladung	5	I. Subjektive Rechtskraftwirkung	14
D. Beiladung des Verwalters (Abs. 1 S. 2)	9	II. Objektive Rechtskraftwirkung	16
E. Durchführung der Beiladung (Abs. 2 S. 1)	10	J. Rechtskraftwirkung bei Anfechtungsklagen (Abs. 4)	17
F. Folgen einer unterbliebenen Beiladung	11	I. Klageabweisung	17
G. Beitritt der Beigeladenen (Abs. 2 S. 2)	12	II. Stattgebendes Urteil	21

Literatur: *Suilmann*, Die Beiladung von Wohnungseigentümern nach § 48 WEG, MietRB 2008, 219; *Dötsch*, Beiladung: „Wirkung" der rechtskräftigen Entscheidung nach § 48 Abs. 3 WEG und Interventionswirkung nach § 68 ZPO?, ZMR 2011, 779.

A. Gesetzesmaterialien

Begründung Regierungsentwurf (BT-Drucks 16/887 S. 39 ff.); Stellungnahme Bundesrat (BT-Drucks 16/887 S. 51 ff.); Gegenäußerung der Bundesregierung (BT-Drucks 16/887 S. 73 ff.); Beschlussempfehlung Rechtsausschuss (BT-Drucks 16/3843 S. 57).

B. Beiladung der übrigen Wohnungseigentümer (Abs. 1 S. 1)

Die Regelung entspricht im Wesentlichen der bisherigen Rechtslage. Das Gericht hatte von Amts wegen die Beteiligten im materiellen Sinne, also diejenigen, deren Rechte und Pflichten durch das Verfahren unmittelbar beeinflusst werden können, formell zu beteiligen. Dies war sowohl ein Gebot der Sachaufklärung (§ 12 FGG), als auch wegen der Rechtskrafterstreckung ein Gebot des rechtlichen Gehörs.

---

17 OLG Köln 18 U 168/02, AG 2003, 522, 523.
18 BGH II ZB 41/03, WM 2005, 77, 78.
19 Vgl. BGH V ZB 157/11, NZM 2012, 31.
20 BayObLG 2 Z 64/66, NJW 1967, 986.

3 § 48 Abs. 1 S. 1 hält wegen der Rechtskrafterstreckung an der grundsätzlichen Beteiligung aller Wohnungseigentümer fest. Klagt ein Wohnungseigentümer zum Beispiel gegen den Verwalter auf Vorlage der Jahresabrechnung (§§ 21 Abs. 4, 28 Abs. 3), oder gegen einen anderen Wohnungseigentümer auf Beseitigung einer baulichen Veränderung (§§ 1004 Abs. 1 BGB, 22 Abs. 1), geht es inhaltlich um Angelegenheiten, die alle Wohnungseigentümer betreffen, so dass den nicht als Partei beteiligten Wohnungseigentümern rechtliches Gehör zu verschaffen ist.

4 § 48 Abs. 1 S. 1 nennt nur die Streitigkeiten nach § 43 Nr. 1 und Nr. 3, so dass sowohl Verfahren, in denen nur die Gemeinschaft als Rechtssubjekt aktiv oder passivlegitimiert ist, als auch Streitigkeiten über die Gültigkeit von Beschlüssen der Wohnungseigentümer (Anfechtungs- und Nichtigkeitsklagen) ausgeklammert sind. Ein Regelungsbedürfnis besteht nur für Streitigkeiten der Wohnungseigentümer untereinander. Die Beiladung der übrigen Wohnungseigentümer in den Fällen des § 43 Nr. 2 ist entbehrlich, weil ihre Rechte hier von der Gemeinschaft wahrgenommen werden. Anfechtungs- und Nichtigkeitsklagen nach § 43 Nr. 4 sind ohnehin gegen alle übrigen Wohnungseigentümer zu richten, so dass es ihrer Beiladung hier nicht bedarf. Fälle der notwendigen Streitgenossenschaft auf der Aktivseite werden ausgegrenzt durch die Voraussetzung, dass der Kläger „einen ihm allein zustehenden Anspruch", also einen individuellen Rechtsanspruch geltend macht. Wann dies der Fall ist, ergibt sich aus dem materiellen Recht. In Betracht kommen insbesondere der Anspruch auf ordnungsmäßige Verwaltung gemäß § 21 Abs. 4 (vgl. § 21 Rn 12) und der Anspruch auf Beseitigung einer baulichen Veränderung gemäß § 1004 Abs. 1 BGB (vgl. § 22 Rn 2000).

C. Entbehrlichkeit der Beiladung

5 § 48 Abs. 1 regelt im Einklang mit der Rechtsprechung zum früher geltenden FGG-Verfahren ausdrücklich, dass diejenigen Wohnungseigentümer, deren rechtliche Interessen ausnahmsweise nicht betroffen sind, auch nicht formell zu beteiligen sind.

6 Der Beiladung aller Wohnungseigentümer bedarf es ausnahmsweise nicht, wenn der Streitgegenstand erkennbar nur den Kläger und bestimmte Wohnungseigentümer betrifft. Dies ist z.B. der Fall, wenn bei einer Mehrhausanlage die gerichtliche Entscheidung für die Wohnungseigentümer einzelner Häuser mangels gemeinschaftlicher Interessen keine Bindungswirkung entfalten kann[1] oder bei typischen nachbarrechtlichen Streitigkeiten, die ausschließlich den Kläger und den Beklagten betreffen.[2] Macht ein Wohnungseigentümer einen ihm allein zustehenden Schadensersatzanspruch gegen den Verwalter geltend, sind die anderen Wohnungseigentümer nicht beizuladen.[3] In Angelegenheiten, die nur einen begrenzten Kreis von Wohnungseigentümern in ihren rechtlichen Interessen betreffen, sind auch nur diese zu beteiligen. Ein denkbares Informationsinteresse allein reicht für die Annahme einer materiellen Beteiligung nicht aus.[4]

7 Nach Ansicht des BayObLG sind allerdings dann alle Wohnungseigentümer zu beteiligen, wenn der Schadensersatzanspruch des einzelnen Wohnungseigentümers gegen den Verwalter darauf gestützt wird, dass der Verwalter einen Eigentümerbeschluss nicht ausgeführt habe und die Auslegung des Beschlusses, die sich nach seinem objektiven Erklärungswert richtet, für die Entscheidung von Bedeutung ist.[5] Soll der Verwalter aber verpflichtet werden, der Veräußerung eines Wohnungseigentums zuzustimmen, sind die übrigen Wohnungseigentümer beizuladen.[6] Wohnungseigentümer, die durch eine im Grundbuch eingetragene Gebrauchsregelung vom Mitgebrauch einer Gartenfläche ausgeschlossen sind, brauchen nicht an einem Prozess beteiligt zu werden, in dem sich die übrigen Wohnungseigentümer um die Aufteilung des Sondernutzungsrechts an dieser Gartenfläche streiten.[7] Der Anspruch auf Einsichtnahme in die Verwaltungsunterlagen richtet sich unmittelbar gegen den Verwalter, der die Unterlagen in Besitz hat, aber zugleich mittelbar gegen die Wohnungseigentümer, die gemäß § 48 Abs. 1 S. 1 beizuladen sind und die Einsichtnahme hinzunehmen haben.[8] Gleiches muss gelten, wenn ein Wohnungseigentümer vom Verwalter die Übersendung von Kopien aus den Verwalterunterlagen verlangt.[9]

8 Der Beiladung der übrigen Wohnungseigentümer bedarf es auch nicht, wenn die Klage zum Beispiel wegen fehlenden Rechtsschutzbedürfnisses oder einer notwendigen Streitgenossenschaft auf der Passivseite unzulässig ist. Denn ein Prozessurteil erwächst hinsichtlich des Streitgegenstandes nicht in Rechtskraft, so dass die Interessen der übrigen Wohnungseigentümer hierdurch nicht berührt werden.[10]

D. Beiladung des Verwalters (Abs. 1 S. 2)

9 Streitigkeiten nach § 43 Nr. 3 über die Rechte und Pflichten des Verwalters bei der Verwaltung des gemeinschaftlichen Eigentums beeinflussen unmittelbar die Rechtsstellung des Verwalters. Gleiches gilt für Streitigkeiten über

---

1 BayObLG BReg 2 Z 23/75, BayObLGZ 1975, 177 ff.
2 Vgl. BayObLG NJW- RR 1990, 660, 661.
3 BGH V ZB 9/91, NJW 1992, 182; BayObLG 2Z BR 85/99, NZM 2000, 501.
4 BGH V ZB 9/91, NJW 1992, 182.
5 BayObLG BReg 2 Z 84/91, WuM 1991, 711.
6 BayObLG 2Z BR 50/97, NJW-RR 1997, 1307.
7 BayObLG BReg 2 Z 112/91, WuM 1992, 80.
8 KG 24 W 7323/98, FGPrax 2000, 94, 95: noch zum FGG-Verfahren.
9 **A.A.** BayObLG 2Z BR 140/02, ZMR 2003, 514: noch zum FGG-Verfahren.
10 BT-Drucks 16/887 S. 74.

die Gültigkeit von Beschlüssen der Wohnungseigentümer nach § 43 Nr. 4, denn der Verwalter hat die Aufgabe, die Beschlüsse der Wohnungseigentümer durchzuführen (§ 27 Abs. 1 Nr. 1). § 48 Abs. 1 S. 2 ordnet deshalb für diese Verfahren die Beiladung des Verwalters an, soweit er nicht bereits als Partei beteiligt ist. Die kommentarlose Zustellung an den Verwalter als Zustellungsvertreter der Wohnungseigentümer ersetzt die Beiladung nicht.[11] Für die Beiladung genügt es aber, wenn aus einer begleitenden Verfügung des Gerichts klar ersichtlich ist, dass – auch – zum Zwecke der Beiladung zugestellt wird.[12]

E. Durchführung der Beiladung (Abs. 2 S. 1)

Der Begriff „Beiladung" ist der Terminologie des § 640e ZPO entlehnt. In Wohnungseigentumssachen wäre es jedoch nicht sachgerecht, stets auf die Ladung zum Termin zur mündlichen Verhandlung abzustellen. Denn einerseits kann ein schriftliches Vorverfahren angeordnet bzw. zunächst nur die Güteverhandlung anberaumt werden. Den beizuladenden Wohnungseigentümern soll es aber möglich sein, ihre rechtlichen Interessen bereits in diesem Verfahrensstadium zu wahren. Andererseits erscheint es nicht erforderlich, sie zu dem Termin zu laden. Eine Ladung beinhaltet die Aufforderung zum Erscheinen, während für die Interessenwahrung der übrigen Wohnungseigentümer eine Benachrichtigung genügt. In § 48 Abs. 2 S. 1 bestimmt deshalb, dass die Beiladung durch Zustellung der Klageschrift, der die Verfügungen des Vorsitzenden beizufügen sind, zu erfolgen hat. Die Zustellung kann gemäß § 45 Abs. 1 an den Verwalter oder – im Falle einer Interessenkollision – an den gemäß § 45 Abs. 2 S. 1 bestimmten Zustellungsbevollmächtigten erfolgen.

F. Folgen einer unterbliebenen Beiladung

Ist eine erforderliche Beiladung unterblieben, so fehlt die Rechtskrafterstreckung (siehe Rn 14) und es liegt ein Verfahrensmangel vor, den das Berufungsgericht durch Nachholung der Beiladung[13] beheben kann. Eine Beiladung im Revisionsverfahren kommt nicht in Betracht. Die Entscheidung in der Hauptsache kann durch die Parteien des Rechtsstreits wegen einer unterlassenen Beiladung innerhalb der Rechtsmittelfrist angegriffen werden.[14]

G. Beitritt der Beigeladenen (Abs. 2 S. 2)

Gemäß § 48 Abs. 2 S. 2 können die Beigeladenen der einen oder anderen Partei zu ihrer Unterstützung beitreten. Sie werden dann zu Nebenintervenienten. Die Form des Beitritts regelt § 70 ZPO. Die Nebenintervention (Streithilfe) erfolgt durch das Einreichen eines Schriftsatzes, der beiden Parteien zuzustellen ist (§ 70 ZPO). Der Nebenintervenient ist berechtigt, im eigenen Namen Angriffs- und Verteidigungsmittel geltend zu machen und sämtliche Prozesshandlungen wirksam vorzunehmen, soweit er sich dadurch nicht zur unterstützten Partei in Widerspruch setzt (§ 67 ZPO). Der Nebenintervenient und die von ihm unterstützte Partei sind gemäß § 68 ZPO an die tatsächlichen und rechtlichen Feststellungen des rechtskräftigen Urteils aus dem Vorprozess gegen den Dritten gebunden, falls es zwischen ihnen zu einem Rechtsstreit kommt (Nebeninterventionswirkung).

H. Veräußerung des Wohnungseigentums (Abs. 2 S. 3)

§ 48 Abs. 2 S. 3 betrifft den Fall, dass ein beigeladener Wohnungseigentümer während des Prozesses sein Wohnungseigentum veräußert. Da sich § 265 Abs. 2 ZPO auf Parteien bezieht (§ 265 Abs. 1 ZPO), ist er auf Beigeladene nicht anwendbar. Deshalb ordnet § 48 Abs. 2 S. 3 seine Geltung gesetzlich an, mit der Folge, dass die Rechtsnachfolge nichts an der Stellung des bisherigen Beigeladenen ändert, der zum gesetzlichen Prozessstandschafter seines Rechtsnachfolgers wird.[15]

I. Rechtskraftwirkung des Urteils (Abs. 3)

I. Subjektive Rechtskraftwirkung

Gemäß § 325 Abs. 1 ZPO wirkt das rechtskräftige Urteil für und gegen die Parteien und deren Rechtsnachfolger. Die Rechtskrafterstreckung auf Rechtsnachfolger bezieht sich dabei auch auf die Rechtsnachfolge nach rechtskräftig abgeschlossenem Prozess,[16] so dass kein Wertungswiderspruch zu § 10 Abs. 3 besteht. Darüber hinaus ordnet § 48 Abs. 3 an, dass das rechtskräftige Urteil auch für und gegen die Beigeladenen und ihre Rechtsnachfolger wirkt.

§ 48 Abs. 3 erstreckt die Rechtskraftwirkung in den Fällen des § 43 Nr. 3 und 4 außerdem auf den beigeladenen Verwalter, auch wenn er nicht Partei ist. Wie nach bisherigem Recht ist der Verwalter in den Fällen des § 43 Nr. 1 nicht an

---

11 BGH V ZR 62/09, NJW 2010, 2132; BGH V ZR 202/10, ZWE 2011, 319.
12 BGH V ZR 62/09, NJW 2010, 2132.
13 Vgl. BGH V ZR 62/09, NJW 2010, 2132; BGH V ZR 202/10, ZWE 2011, 319.
14 *Klein* in: Bärmann, § 48 Rn 23; **a.A.** *Abramenko* in: Riecke/Schmid, § 48 Rn 11a; Timme/*Elzer*, § 48 Rn 40: nur sofortige Beschwerde gegen die Ablehnung der Beiladung.
15 Vgl. Zöller/*Greger*, § 265 ZPO Rn 6.
16 Vgl. Zöller/*Vollkommer*, § 325 ZPO Rn 13.

die gerichtliche Entscheidung gebunden, da diese nur das Verhältnis der Wohnungseigentümer untereinander betrifft. Die Bindung des Verwalters in den übrigen Konstellationen des § 43 folgt daraus, dass er weisungsgebundener Sachwalter des Gemeinschaftsvermögens und Vollzugsorgan der Gemeinschaft hinsichtlich der von diesen beschlossenen Maßnahmen ist. Soweit ein die Wohnungseigentümer bindendes Urteil reicht, ersetzt dieses die Weisungen und Maßnahmen der Gemeinschaft.

II. Objektive Rechtskraftwirkung

16 Die objektive Rechtskraft einer Entscheidung erstreckt sich grundsätzlich nur auf den eigentlichen Entscheidungsgegenstand und das kontradiktorische Gegenteil, während tatsächliche Feststellungen, präjudizielle Rechtsverhältnisse und sonstige Vorfragen der Entscheidung von der Rechtskraft nicht erfasst werden.[17] Ohne einen Beitritt greift die umfassende Interventionswirkung des § 68 ZPO für die Beigeladenen nicht ein.[18] § 48 Abs. 3 ordnet auch keine § 10 Abs. 4 vergleichbare besondere Bindung an die tragenden Feststellungen des rechtskräftig abgeschlossenen Erstprozesses von Gesetzes wegen an.[19]

J. Rechtskraftwirkung bei Anfechtungsklagen (Abs. 4)

I. Klageabweisung

17 Schon vor der WEG-Novelle 2007 war allgemein anerkannt, dass sich die Rechtskraft eines Urteils, durch das eine Anfechtungsklage als unbegründet abgewiesen wird, auch auf etwaige Nichtigkeitsgründe erstreckt. War ein Antrag auf Ungültigkeitserklärung eines Eigentümerbeschlusses rechtskräftig als unbegründet zurückgewiesen, so war der Beschluss sowohl in Bezug auf Anfechtungsgründe als auch auf Nichtigkeitsgründe als rechtswirksam anzusehen.[20] Es würde dem Gedanken des Rechtsfriedens innerhalb einer Wohnungseigentümergemeinschaft widersprechen, wenn nach Abschluss eines – möglicherweise langwierigen – Verfahrens über die Frage der Ungültigerklärung eines Eigentümerbeschlusses immer wieder in dem Verfahren nicht ausdrücklich zur Sprache gekommene Nichtigkeitsgründe noch geltend gemacht werden und Gegenstand neuer Verfahren sein könnten.[21] § 48 Abs. 4 stellt deshalb klar, dass die bisherige Rechtskrafterstreckung auch künftig gilt. Auf der Basis der besonderen Hinweispflicht gemäß § 46 Abs. 2 sowie der zwingenden Prozessverbindung gemäß § 47 ist die Rechtssicherheit gewährleistet.

18 Das **abweisende Prozessurteil** entfaltet keine materielle Rechtskraft, so dass eine neue Klage unter den allgemeinen Prozessvoraussetzungen zulässig bleibt. Es darf deshalb nicht offen gelassen werden, ob die Klage als unzulässig oder als unbegründet abgewiesen wird.[22]

19 Wird die Klage wegen **Versäumung der Anfechtungsfrist** oder durch **Versäumnisurteil** als unbegründet abgewiesen, so ist die spätere Geltendmachung von Nichtigkeitsgründen ausgeschlossen, denn der Gesetzgeber hat nur eine Hinweispflicht des Gerichts normiert (siehe § 46 Rn 88) die Geltendmachung von Nichtigkeitsgründen aber der Disposition der Wohnungseigentümer überlassen.[23]

20 Die Rechtskraft einer Entscheidung, deren Begründung bei der Prüfung einer **Vorfrage** feststellt, ein bestimmter Beschluss sei gültig und für die Beteiligten bindend, hindert dagegen nicht einen späteren Antrag auf Feststellung, der Beschluss sei nichtig.[24]

II. Stattgebendes Urteil

21 Die materielle Rechtskraft einer Entscheidung, die einen Eigentümerbeschluss für ungültig erklärt hat, erstreckt sich nur auf die Ungültigkeit dieses konkreten Beschlusses und hindert die Beteiligten nicht, erneut einen inhaltsgleichen Beschluss zu fassen.[25] Beschließen die Eigentümer, nachdem der Beschluss über die Genehmigung der Jahresabrechnung teilweise für ungültig erklärt worden ist, zur Umsetzung des Gerichtsurteils zwei Wohnungseigentümer mit der Erstellung der Jahresabrechnung gemäß dem Gerichtsurteil zu beauftragen und werden diese Abrechnungen nach ihrer Genehmigung abermals angefochten, sind die unveränderten Abrechnungsbestandteile der erneuten Überprüfung durch das Gericht entzogen.[26]

---

17 Vgl. etwa *Klein* in: Bärmann, § 48 Rn 34 ff.
18 *Klein* in: Bärmann, § 48 Rn 33; Timme/*Elzer*, § 48 Rn 40; a.A. *Suilmann* in: Jennißen, § 48 Rn 41.
19 So aber *Dötsch*, ZMR 2011, 779, 781.
20 BayObLG 2Z BR 41/02, NZM 2002, 743, 744; OLG Zweibrücken 3 W 46/02, ZWE 2002, 542, 544.
21 BayObLG BReg 2 Z 24/79, ZMR 1982, 63.
22 BGH V ZR 74/08, ZMR 2009, 296 m. Anm. *Dötsch*.
23 *Abramenko* in: Riecke/Schmid, § 48 Rn 17; *Suilmann* in: Jennißen, § 48 Rn 51; a.A. *Klein* in: Bärmann, § 48 Rn 48; *Drasdo*, NJW-Spezial 2009, 225.
24 OLG Düsseldorf 3 Wx 332/00, NZM 2001, 711, 712.
25 BGH V ZB 21/03, NJW 2003, 3476, 3480.
26 OLG Düsseldorf 3 Wx 127/06, NZM 2007, 569.

§ 49 Kostenentscheidung

(1) Wird gemäß § 21 Abs. 8 nach billigem Ermessen entschieden, so können auch die Prozesskosten nach billigem Ermessen verteilt werden.
(2) Dem Verwalter können Prozesskosten auferlegt werden, soweit die Tätigkeit des Gerichts durch ihn veranlasst wurde und ihn ein grobes Verschulden trifft, auch wenn er nicht Partei des Rechtsstreits ist.

A. Überblick 1	C. Kostentragung des Verwalters (§ 49 Abs. 2) ... 17
I. Gesetzesmaterialien 1	I. Ermessensentscheidung des Gerichts 22
II. Regelungsinhalt des § 49 2	II. Folgen für materiell-rechtliche Schadensersatzansprüche 24
III. Die Kostenentscheidung nach den §§ 91 ff. ZPO . 3	III. Folgen für andere prozessuale Kostenerstattungsansprüche 25
1. Grundsatz 3	
2. Teilunterliegen 4	IV. Parteistellung des Verwalters 26
3. Sofortiges Anerkenntnis 5	V. Pflichtwidriges Verhalten des Verwalters 28
4. Schuldhaft verursachte Kosten 6	VI. Kausalität der Pflichtwidrigkeit 29
5. Erfolglose Angriffs- oder Verteidigungsmittel ... 7	VII. Grobes Verschulden 31
6. Erfolglose Rechtsmittel 8	1. Grundsätze 31
7. Vergleich 9	2. Einzelfälle 32
8. Streitgenossen 10	VIII. Rechtliches Gehör (Art. 103 Abs. 1 GG) 35
9. Nebenintervention 11	D. Anfechtung der Kostenentscheidung 36
10. Erledigung der Hauptsache 12	I. Rechtsmittel des Verwalters 37
11. Klagerücknahme 15	II. Rechtsmittel der Wohnungseigentümer 41
B. Billigkeitsentscheidung in Fällen des § 21 Abs. 8 (§ 49 Abs. 1) 16	E. Überblick über die Rechtsanwaltsgebühren 42

Literatur: *Abramenko*, Keine Rechtskraft der Kostenentscheidung nach § 49 Abs. 2 WEG?, ZMR 2011, 613; *Bonifacio*, Die Auferlegung von Prozesskosten auf den Verwalter nach § 49 Abs. 2 WEG – Voraussetzungen, Vermeidung, Rechtsmittel, ZWE 2012, 206; *Deckert*, Kostentragungspflicht des Verwalters aus Beschlussanfechtungsverfahren, NZM 2009, 272; *Drasdo*, Die Belastung des Verwalters mit Verfahrenskosten im Beschlussanfechtungsverfahren, NZM 2009, 257; *Lehmann-Richter*, Rechtsmittel des Verwalters gegen Kostenentscheidungen nach § 49 Abs. 2 WEG, ZWE 2009, 74; *Niedenführ*, Die Auferlegung von Prozesskosten an den Verwalter nach § 49 Abs. 2 WEG, ZWE 2009, 69; *Riecke*, Das Verhältnis des § 49 Abs. 2 WEG zu materiell-rechtlichen Schadensersatzansprüchen gegen den Verwalter, WE 2008, 148; *Skrobek*, Die Kostenentscheidung in wohnungseigentumsrechtlichen Verfahren nach der WEG-Reform (§§ 91 ff. ZPO; §§ 49, 50 WEG n.F.), ZMR 2008, 173.

A. Überblick
I. Gesetzesmaterialien
Begründung Regierungsentwurf (BT-Drucks 16/887 S. 40 f.)   1

II. Regelungsinhalt des § 49
Schon vor der Neuregelung des Verfahrensrechts durch die WEG-Novelle 2007 wurden die §§ 91 ff. ZPO über die Kostenverteilung im Zivilprozess in der Regel für die Entscheidung über die Gerichtskosten in Wohnungseigentumssachen entsprechend angewandt, weil die Verteilung der Gerichtskosten nach diesen Vorschriften grundsätzlich der Billigkeit entspricht. Jetzt gelten die §§ 91 ff. ZPO für die Kostenentscheidung unmittelbar, und zwar sowohl für die Gerichtskosten als auch für die außergerichtlichen Kosten. § 49 regelt zwei Ausnahmen von der Kostenentscheidung nach den Vorschriften der §§ 91 ff. ZPO.   2

III. Die Kostenentscheidung nach den §§ 91 ff. ZPO
1. Grundsatz
Nach dem Grundsatz des **§ 91 Abs. 1 S. 1 ZPO hat die unterliegende Partei die Kosten des Rechtsstreits zu tragen**. Obsiegt der Kläger, so sind die Prozesskosten dem Beklagten aufzuerlegen und umgekehrt. § 91 ZPO enthält außerdem Regelungen zur Kostenerstattung und bestimmt insbesondere, dass die unterliegende Partei dem Gegner die entstandenen Kosten zu erstatten hat, soweit sie zur zweckentsprechenden Rechtsverfolgung oder Rechtsverteidigung erforderlich sind. Zur Erstattungsfähigkeit von Rechtsanwaltskosten enthält das WEG in § 50 eine Sonderregelung.[1]   3

---
1 Zur Erstattungsfähigkeit von Kopiekosten bei einer großen Wohnungseigentümergemeinschaft siehe OLG Koblenz 14 W 661/05, NZM 2006, 25.

2. Teilunterliegen

4   Obsiegt jede Partei nur teilweise, dann sind nach § 92 Abs. 1 ZPO die Kosten in dem Verhältnis zu teilen, in dem die Parteien unterlegen sind. Da die aus einem Gesamtstreitwert berechneten Gebühren wegen der Degression der Gebühren geringer sind als die Summe der Gebühren aus Teilwerten, darf die Kostenverteilung nicht nach Teilstreitwerten, sondern nur nach einem Bruchteil der Gesamtkosten bemessen werden. Das Gericht kann aber einer Partei die gesamten Gerichtskosten auferlegen, wenn die Zuvielforderung der anderen Partei verhältnismäßig geringfügig war und keine oder nur geringfügig höhere Kosten veranlasst hat (§ 92 Abs. 2 Nr. 1 ZPO).

3. Sofortiges Anerkenntnis

5   Nach § 93 ZPO hat der Kläger die Prozesskosten zu tragen, wenn ein Beklagter, der keine Veranlassung zur Erhebung der Klage gegeben hatte, den Anspruch **sofort anerkennt**. Veranlassung zur Klage hat ein Beklagter dann gegeben, wenn er sich vor Prozessbeginn ohne Rücksicht auf Verschulden oder materielle Rechtslage gegenüber dem Kläger so verhalten hat, dass dieser annehmen musste, er werde ohne Klage nicht zu seinem Recht kommen.[2] Behauptet der Erwerber einer Eigentumswohnung bereits eine Einzugsermächtigung erteilt zu haben und bestreitet er unwiderlegt den Zugang von Mahnungen oder Anfragen nach dem Verbleib der Einzugsermächtigung, hat er den Anspruch sofort anerkannt und keine Veranlassung zur Klage gegeben, wenn er kurz nach Rechtshängigkeit der Zahlungsklage (erneut) eine Einzugsermächtigung erteilt und sodann die Beträge eingezogen werden.[3] Ist die Hauptsache durch eine auf Grund eines Anerkenntnisses ausgesprochene Verurteilung erledigt, so findet gegen die Kostenentscheidung die sofortige Beschwerde statt (§ 99 Abs. 2 S. 1 ZPO), es sei denn der Streitwert der Hauptsache übersteigt 600 EUR nicht (§ 99 Abs. 2 S. 2 ZPO). Vor der Entscheidung über die Beschwerde ist der Gegner zu hören (§ 99 Abs. 2 S. 3 ZPO).

4. Schuldhaft verursachte Kosten

6   Nach § 95 ZPO hat die Partei, die einen Termin oder eine Frist versäumt oder die Verlegung eines Termins, die Vertagung einer Verhandlung, die Anberaumung eines Termins zur Fortsetzung der Verhandlung oder die Verlängerung einer Frist durch ihr Verschulden veranlasst, die dadurch verursachten Kosten zu tragen.

5. Erfolglose Angriffs- oder Verteidigungsmittel

7   Nach § 96 ZPO können die Kosten eines ohne Erfolg gebliebenen Angriffs- oder Verteidigungsmittels der Partei auferlegt werden, die es geltend gemacht hat, auch wenn sie in der Hauptsache obsiegt. Musste für die Entscheidung über einen von mehreren Klageanträgen ein Sachverständigengutachten eingeholt werden und ist der Kläger hinsichtlich dieses Antrags unterlegen, während er im Übrigen obsiegt hat, so bedarf es der analogen Anwendung von § 96 ZPO nicht,[4] denn die Kosten des Sachverständigengutachtens können unmittelbar bei der Kostenquotelung berücksichtigt werden, wenn diese anhand der für die einzelnen Anträge entstanden Kosten erfolgt.

6. Erfolglose Rechtsmittel

8   Die Kosten eines erfolglosen Rechtsmittels hat die Partei zu tragen, die es eingelegt hat (§ 97 Abs. 1 ZPO). Einer obsiegenden Partei sind die Kosten des Rechtsmittelverfahrens dann aufzuerlegen, wenn sie aufgrund eines neuen Vorbringens obsiegt, das sie bereits in einer früheren Instanz hätte geltend machen können (§ 97 Abs. 2 ZPO).

7. Vergleich

9   Die Kosten eines abgeschlossenen **Vergleichs** sind gemäß § 98 ZPO als gegeneinander aufgehoben anzusehen, es sei denn, die Parteien haben etwas anderes vereinbart. Das Gleiche gilt von den Kosten des durch den Vergleich erledigten Rechtsstreits, soweit über sie nicht bereits rechtskräftig erkannt ist.

8. Streitgenossen

10 Besteht der unterliegende Teil aus mehreren Personen (Streitgenossen), so bestimmt § 100 Abs. 1 ZPO, dass sie für die Kostenerstattung nach Kopfteilen haften. Bei einer erheblichen Verschiedenheit der Beteiligung am Rechtsstreit kann nach dem Ermessen des Gerichts die Beteiligung zum Maßstab genommen werden (§ 100 Abs. 2 ZPO). Hat ein Streitgenosse ein besonderes Angriffs- oder Verteidigungsmittel geltend gemacht, so haften die übrigen Streitgenossen nicht für die dadurch veranlassten Kosten (§ 100 Abs. 3 ZPO). Werden mehrere Beklagte als Gesamtschuldner verurteilt, so haften sie auch für die Kostenerstattung als Gesamtschuldner (§ 100 Abs. 4 ZPO).

9. Nebenintervention

11 Gemäß § 101 ZPO sind die durch eine Nebenintervention verursachten Kosten dem Gegner der Hauptpartei aufzuerlegen, wenn er nach den §§ 91–98, 269 Abs. 3 ZPO die Kosten des Rechtsstreits zu tragen hat. Ist dies nicht der Fall, sind diese Kosten dem Nebenintervenienten aufzuerlegen. Die Vorschrift betrifft allein das Verhältnis von Streithelfer und Gegner der unterstützten Partei. Nur diesen können Interventionskosten auferlegt werden, niemals der unter-

---

[2] Zöller/*Herget*, § 93 ZPO Rn 3.
[3] AG Bonn 27 C 81/07, ZMR 2008, 740.

[4] Abweichend LG Nürnberg-Fürth 14 S 4281/10, ZMR 2011, 242.

stützten Partei, es sei denn, die Parteien vereinbaren das in einem Prozessvergleich. Zwischen Nebenintervenient und unterstützter Hauptpartei gibt es keinen prozessualen Kostenerstattungsanspruch, weil zwischen ihnen kein Rechtsstreit besteht. Dies gilt auch für die streitgenössische Nebenintervention und auch dann, wenn die Hauptpartei die Klage zurücknimmt.[5] Gilt der Nebenintervenient als Streitgenosse der Hauptpartei (§ 69 ZPO – streitgenössische Nebenintervention), dann kommt allein § 100 ZPO zur Anwendung (§ 101 Abs. 2 ZPO). Unterliegt die unterstützte Partei, haftet dieser Streithelfer gemäß § 100 Abs. 1 ZPO nach Kopfteilen. So weit dem Gegner Kosten des Rechtsstreits auferlegt werden, erfasst dies auch die Kosten des nach § 69 ZPO als Streitgenossen anzusehenden Streithelfers.

10. Erledigung der Hauptsache

Haben die Parteien in der mündlichen Verhandlung oder durch Einreichung eines Schriftsatzes oder zu Protokoll der Geschäftsstelle den Rechtsstreit in der Hauptsache für erledigt erklärt, so entscheidet das Gericht über die Kosten unter Berücksichtigung des bisherigen Sach- und Streitstandes nach billigem Ermessen durch Beschluss (§ 91a Abs. 1 S. 1 ZPO). Dasselbe gilt, wenn der Beklagte der Erledigungserklärung des Klägers nicht innerhalb einer Notfrist von zwei Wochen seit der Zustellung des Schriftsatzes widerspricht, wenn der Beklagte zuvor auf diese Folge hingewiesen worden ist (§ 91a Abs. 1 S. 2 ZPO). Gegen die Kostenentscheidung findet die sofortige Beschwerde statt (§ 91a Abs. 2 S. 1 ZPO), es sei denn der Streitwert der Hauptsache übersteigt 600 EUR nicht (§ 91a Abs. 2 S. 2 ZPO). Vor der Entscheidung über die Beschwerde ist der Gegner zu hören (§ 91a Abs. 2 S. 3 ZPO).

Widerspricht der Beklagte der **einseitigen Erledigungserklärung des Klägers**, hat das Gericht durch Urteil festzustellen, ob die Hauptsache erledigt ist. Es liegt eine Antragsänderung in einen Feststellungsantrag vor. Diese Feststellungsklage ist abzuweisen, wenn der ursprüngliche Leistungsantrag von Anfang an unbegründet oder unzulässig war. Hat sich dagegen nach Rechtshängigkeit der zulässige und begründete Antrag erledigt, so stellt das Gericht dies durch Urteil fest.

Eine **teilweise Erledigungserklärung des Klägers** liegt regelmäßig dann vor, wenn der Antrag nach einer Teilzahlung geändert wird in: „… abzüglich am … gezahlter x EUR". Ohne einen ausdrücklichen Widerspruch des Beklagten ist in diesem Fall von einer übereinstimmenden Teilerledigungserklärung auszugehen, auch wenn der Beklagte die Zurückweisung des Antrags beantragt.

11. Klagerücknahme

Wird die Klage zurückgenommen, so ist der Rechtsstreit als nicht anhängig geworden anzusehen; ein bereits ergangenes, noch nicht rechtskräftiges Urteil wird wirkungslos, ohne dass es seiner ausdrücklichen Aufhebung bedarf (§ 269 Abs. 3 S. 1 ZPO). Der Kläger ist verpflichtet, die Kosten des Rechtsstreits zu tragen, soweit nicht bereits rechtskräftig über sie erkannt ist oder sie dem Beklagten aus einem anderen Grund aufzuerlegen sind (§ 269 Abs. 3 S. 2 ZPO). Ist der Anlass zur Einreichung der Klage vor Rechtshängigkeit weggefallen und wird die Klage daraufhin zurückgenommen, so bestimmt sich die Kostentragungspflicht unter Berücksichtigung des bisherigen Sach- und Streitstandes nach billigem Ermessen; dies gilt auch, wenn die Klage nicht zugestellt wurde (§ 269 Abs. 3 S. 3 ZPO). Das Gericht entscheidet gemäß § 269 Abs. 4 ZPO auf Antrag über die nach § 269 Abs. 3 ZPO eintretenden Wirkungen durch Beschluss. Gegen diesen Beschluss findet die sofortige Beschwerde statt, es sei denn der Streitwert der Hauptsache übersteigt 600 EUR nicht (§ 269 Abs. 5 S. 1 ZPO).

B. Billigkeitsentscheidung in Fällen des § 21 Abs. 8 (§ 49 Abs. 1)

Entscheidet das Gericht in der Hauptsache gemäß § 21 Abs. 8 nach billigem Ermessen, so eröffnet § 49 Abs. 1 denselben Maßstab für die Kostenentscheidung. Denn in solchen Fällen lässt sich kaum genau feststellen, welche Partei in welchem Verhältnis obsiegt hat bzw. unterlegen ist.[6] Da eine Entscheidung des Gerichts gemäß § 21 Abs. 8 nach billigem Ermessen die Fälle betrifft, in denen die Wohnungseigentümer eine nach dem Gesetz erforderliche Maßnahme nicht selbst getroffen haben, kann es billigem Ermessen entsprechen, der Wohnungseigentümergemeinschaft die Prozesskosten aufzuerlegen.

C. Kostentragung des Verwalters (§ 49 Abs. 2)

§ 49 Abs. 2 ermöglicht es, dem Verwalter auch dann Prozesskosten aufzuerlegen, wenn die §§ 91 ff. ZPO hierfür keine Handhabe bieten. Dies ist insbesondere dann der Fall, wenn er an dem Rechtsstreit nicht als Partei oder nur als (einfacher) Nebenintervenient beteiligt ist. Vor dem Inkrafttreten der WEG-Novelle am 1.7.2007 entschieden die Gerichte gemäß § 47 WEG a.F. nach billigem Ermessen über die Verfahrenskosten. Sie bürdeten einem am Verfahren beteiligten Verwalter Kosten auf, soweit er deren Entstehung wegen Verletzung seiner Vertragspflichten zu vertreten hatte.[7] Der Ge-

---

[5] Vgl. OLG Köln 2 W 15/94, NJW-RR 1995, 1251 für die aktienrechtliche Anfechtungsklage.
[6] Vgl. BT-Drucks 16/887 S. 41.
[7] Vgl. etwa BGH V ZB 2/97, ZMR 1997, 531, 533; BGH V ZB 3/97, NJW 1998, 755, 766 – gerichtliche und außergerichtliche Kosten.

setzgeber wollte diese Möglichkeit aus Gründen der Prozessökonomie beibehalten.[8] Nach neuem Recht ist der Verwalter indes regelmäßig nicht Partei einer Anfechtungsklage nach § 46. Diesem Umstand trägt § 49 Abs. 2 Rechnung. Dem Verwalter können Kosten **auch** dann auferlegt werden, wenn er nicht Partei des Rechtsstreits ist. Die Anwendung der Vorschrift wird nicht dadurch ausgeschlossen, dass der Verwalter Partei des Rechtsstreits ist.[9] Ohne die Regelung in § 49 Abs. 2 müssten die Wohnungseigentümer einen materiell-rechtlichen Schadensersatzanspruch auf Erstattung von Prozesskosten stets in einem gesonderten Rechtsstreit gegen den Verwalter durchsetzen.[10]

18 § 49 Abs. 2 gilt nur für die Binnenstreitigkeiten nach § 43 Nr. 1–4, nicht für Klagen Dritter gemäß § 43 Nr. 5 und für Zwangsvollstreckungsverfahren. Diese Verfahren waren schon vor der WEG-Novelle den Kostenregeln des Zivilprozesses unterworfen. Der Gesetzgeber wollte aber nur für die früheren FGG-Verfahren die Möglichkeit aufrechterhalten, Verfahrenskosten dem Verwalter aufzubürden. Klagt daher ein Dritter erfolgreich gegen die Gemeinschaft der Wohnungseigentümer oder gegen einzelne Wohnungseigentümer, ist einem Schadensersatzanspruch der Wohnungseigentümer gegen den Verwalter nicht über § 49 Abs. 2 Rechnung zu tragen.[11]

19 § 49 Abs. 2 gilt auch für den ausgeschiedenen **Verwalter**[12] und für den faktischen Verwalter.[13] Führen jedoch Fehler eines Versammlungsleiters, der nicht einmal faktischer Verwalter ist, zur Anfechtung eines Beschlusses, kommt § 49 Abs. 2 nicht zur Anwendung.[14] Gleiches gilt, wenn der Verwalter Pflichten verletzt, die er als Verwalter von Sondereigentum oder als Rechtsanwalt übernommen hat.[15]

20 Die **Beweislast** für die Voraussetzungen des § 49 Abs. 2 trägt die Prozesspartei, die sich auf die Anwendung der Vorschrift beruft.

21 § 49 Abs. 2 kann auch noch in der **Rechtsmittelinstanz** angewendet werden.[16]

I. Ermessensentscheidung des Gerichts

22 Wegen des Wortlauts der Norm (können) und mit Blick auf die Ausführungen in den Gesetzesmaterialien[17] besteht Einigkeit darüber, dass das Gericht von der Regelung des § 49 Abs. 2 WEG keinen Gebrauch machen muss.[18] Das Gericht entscheidet nach pflichtgemäßem Ermessen, ob es diese Kostenregelung anwendet.[19] Dies wird immer dann der Fall sein, wenn ohne besondere Schwierigkeiten, insbesondere ohne Beweisaufnahme, eine Pflichtverletzung des Verwalters und sein grobes Verschulden festgestellt werden können.[20] Haben jedoch die Parteien den für die Beurteilung einer Kostentragungspflicht des Verwalters maßgeblichen Sachverhalt nicht oder nur unzureichend vorgetragen oder würde sich die Entscheidung verzögern, weil dem Verwalter noch Gelegenheit zur Stellungnahme zu geben ist oder ist der entscheidungserhebliche Sachverhalt streitig und bedürfte einer Beweisaufnahme, dann wird es – auch wegen der im Zivilprozess geltenden Beschleunigungsmaxime – nicht ermessensfehlerhaft sein, wenn das Gericht § 49 Abs. 2 nicht anwendet.[21] Hat sich das Gericht allerdings entschlossen, eine Kostenregelung nach § 49 Abs. 2 zu treffen, entscheidet es dann nicht mehr nach billigem Ermessen. Es hat dem Verwalter die Prozesskosten aufzuerlegen, soweit er sie durch grobes Verschulden veranlasst hat.[22]

23 Eines Kostenantrags bedarf es nicht, da das Gericht über die Verpflichtung, die Prozesskosten zu tragen, auch ohne Antrag zu erkennen hat (§ 308 Abs. 2 ZPO). Gleichwohl erscheint es sinnvoll, einen entsprechenden Antrag zu stellen, wenn die Voraussetzungen für eine Entscheidung nach § 49 Abs. 2 vorliegen.

II. Folgen für materiell-rechtliche Schadensersatzansprüche

24 Die Durchsetzung eines materiell-rechtlichen Kostenerstattungsanspruchs bleibt zunächst immer dann möglich, wenn das Gericht ausdrücklich klarstellt, dass es etwaige Schadensersatzansprüche gegen den Verwalter nicht geprüft und deshalb § 49 Abs. 2 nicht angewendet hat, oder wenn das Gericht erkennbar die Vorschrift nicht anwendet, ohne Gründe dafür darzulegen.[23] Hat das Gericht ein grobes Verschulden des Verwalters verneint und deswegen § 49 Abs. 2 nicht angewendet, kann später ebenfalls noch ein materiell-rechtlicher Erstattungsanspruch wegen leichten Verschuldens geltend gemacht werden, denn § 49 Abs. 2 ist keine materiell-rechtliche Haftungsmilderung i.S.v. § 276 Abs. 1

---

8 Vgl. BT-Drucks 16/887 S. 41.
9 A.A. *Drasdo* in: FS Bub (2007), 59, 65.
10 Vgl. BT-Drucks 16/887 S. 41.
11 A.A. *Suilmann* in: Jennißen, § 49 Rn 16.
12 LG Hamburg 318 S 99/08, ZMR 2009, 477, 478; *Abramenko* in: Riecke/Schmid, § 49 Rn 4a.
13 *Klein* in: Bärmann, § 49 Rn 18.
14 *Drasdo* in: FS Bub (2007), S. 59, 63.
15 *Suilmann* in: Jennißen, § 49 Rn 17.
16 *Klein* in: Bärmann, § 49 Rn 28.
17 Vgl. BT-Drucks 16/887 S. 41.
18 Vgl. etwa BGH V ZB 164/09, ZMR 2011, 52; AG Hamburg-Blankenese 539 C 9/09, ZMR 2010, 995, 996; *Abramenko* in: Riecke/Schmid, § 49 Rn 3; *Hügel/Elzer*, § 13 Rn 245.
19 Vgl. etwa *Klein* in: Bärmann, § 49 Rn 19.
20 LG Hamburg 318 T 53/10, ZMR 2010, 987, 988.
21 Vgl. *Suilmann* in: Jennißen, § 49 Rn 28.
22 Vgl. aber AG Konstanz 12 C 16/08, ZWE 2008, 353, 354: nur die außergerichtlichen Kosten.
23 *Niedenführ*, ZWE 2009, 69, 70 m.w.N. Fn 9, 10.

S. 1 BGB.[24] Ein materiell-rechtlicher Kostenerstattungsanspruch gegen den Verwalter kann nach Meinung des BGH aber auch dann noch in einem späteren Verfahren geltend gemacht werden, wenn das Gericht diesen Anspruch geprüft und ausdrücklich verneint hat, weil bereits eine (objektive) Pflichtverletzung fehle.[25] Gegen diese Ansicht des BGH spricht, dass der gleiche Sachverhalt, der zu einer abschließenden prozessualen Kostenentscheidung geführt hat, nicht erneut unter denselben Haftungsgesichtspunkten zur Nachprüfung gestellt und in seinen kostenrechtlichen Auswirkungen materiell-rechtlich entgegengesetzt beurteilt werden sollte.[26]

III. Folgen für andere prozessuale Kostenerstattungsansprüche

Die Kostenentscheidung nach § 49 Abs. 2 verdrängt den prozessualen Kostenerstattungsanspruch gegen die unterlegene Prozesspartei. Das Risiko einer Insolvenz des Verwalters rechtfertigt es nicht, *auch* die unterlegene Partei gesamtschuldnerisch an den Prozesskosten zu beteiligen. Das Gesetz enthält hierfür keinen Anhaltspunkt und nach dem Veranlasserprinzip soll gerade nicht die Partei, sondern der Veranlasser die Kosten tragen.[27] Andererseits dürfte es nicht ermessensfehlerhaft sein, von einer Kostenentscheidung nach § 49 Abs. 2 ganz abzusehen, weil der Verwalter insolvent ist.[28]

25

IV. Parteistellung des Verwalters

Soweit der Verwalter als Partei unterliegt, findet § 49 Abs. 2 keine Anwendung zu seinen Gunsten. Der Verwalter hat dann, ohne dass es auf sein Verschulden ankommt, nach den §§ 91 ff. ZPO die Prozesskosten zu tragen.[29] Ihm können aber gemäß § 49 Abs. 2 zusätzlich auch solche Prozesskosten auferlegt werden, die er nach den §§ 91 ff. ZPO nicht zu tragen hätte.[30] Dies kommt etwa in Betracht, wenn der Verwalter als Streitgenosse unterliegt und deshalb nach § 100 ZPO eigentlich nur anteilig Kosten zu tragen hätte. Ist der Verwalter einfacher Nebenintervenient (Streithelfer), hat er gemäß § 101 ZPO in jedem Fall verschuldensunabhängig seine eigenen außergerichtlichen Kosten selbst zu tragen, wenn die von ihm unterstützte Partei unterliegt. Nach § 49 Abs. 2 können ihm darüber hinaus Prozesskosten auferlegt werden, wenn er sie durch grobes Verschulden veranlasst hat.

26

Aber auch soweit der Verwalter als Partei obsiegt, kann § 49 Abs. 2 anzuwenden sein, z.B. wenn er als Wohnungseigentümer erfolgreich einen Beschluss anficht, den er selbst grob pflichtwidrig zu Unrecht festgestellt hatte.[31]

27

V. Pflichtwidriges Verhalten des Verwalters

Der Verwalter muss eine Leistungs- oder Verhaltenspflicht verletzt haben, die er gegenüber den Wohnungseigentümern aufgrund des Verwaltervertrages – jedenfalls nach den Grundsätzen des Vertrages zugunsten Dritter – im Rahmen der Verwaltung des gemeinschaftlichen Eigentums schuldet. In Betracht kommen typischerweise Fehler bei der Einberufung, Durchführung und Abwicklung einer Eigentümerversammlung, aber auch Fehler als Prozessvertreter wie z.B. die Versäumung eines Verhandlungstermins, die Klage auf nicht fällige Beitragsrückstände oder eine Klage ohne erforderliche Ermächtigung nach § 27 Abs. 3 S. 1 Nr. 7.[32]

28

VI. Kausalität der Pflichtwidrigkeit

Veranlassung im Sinne von § 49 Abs. 2 meint die Ursächlichkeit der Pflichtverletzung des Verwalters für die Entstehung von Prozesskosten, denn der innere Grund für diese prozessuale Kostenregelung sind materiell-rechtliche Kostenerstattungsansprüche.[33] Das pflichtwidrige Verhalten des Verwalters, ist typischerweise dann für die Entstehung von Prozesskosten ursächlich, wenn Fehler des Verwalters zur Anfechtung von Beschlüssen führen. Es genügt aber,

29

---

24 AG Hamburg-Blankenese 539 C 9/09, ZMR 2010, 995, 996; *Greiner*, Rn 1705; *Niedenführ*, ZWE 2009, 69, 70; *Klein* in: Bärmann, § 49 Rn 22; *Zöller/Herget*, § 91 ZPO Rn 13 Stichwort Wohnungseigentümer; **a.A.** LG Berlin 55 T 34/08, ZMR 2009, 393, 395; *Suilmann* in: Jennißen, § 49 Rn 30 ff.; *Drasdo* in: FS Bub (2007), S. 59, 67 und NZM 2009, 257, 260.
25 BGH V ZB 164/09, ZMR 2011, 52; **a.A.** *Klein* in: Bärmann, § 49 Rn 22.
26 Vgl. BGH VII ZR 405/00, NJW 2002, 680.
27 Wie hier *Klein* in: Bärmann, § 49 Rn 19; *Drasdo*, NZM 2009, 257, 260, 261; **a.A.** *Suilmann* in: Jennißen, § 49 Rn 29; *Riecke*, WE 2008, 148, 149.
28 AG Hamburg-Blankenese 539 C 9/09, ZMR 2010, 995, 996.

29 Vgl. etwa *Abramenko* in: Riecke/Schmid, § 49 Rn 3.
30 LG Berlin 55 T 34/08, ZMR 2009, 393; **a.A.** *Drasdo*, NZM 2009, 257, 259.
31 Vgl. AG Tempelhof-Kreuzberg 72 C 141/07 WEG, ZMR 2008, 997; **a.A.** *Drasdo*, NZM 2009, 257, 259.
32 Vgl. OLG Düsseldorf 3 Wx 265/05, NZM 2007, 46 – zu weiteren Haftungsfällen siehe § 27 Rn 125.
33 Str., wie hier *Drasdo* in: FS Bub (2007) S. 58, 64 sowie NZM 2009, 257, 258; *Suilmann* in: Jennißen, § 49 Rn 21; *Zöller/Herget*, § 91 ZPO Rn 13 Stichwort Wohnungseigentümer; **a.A.** AG Straußberg 27 C 12/08, ZWE 2009, 183, 186, 187; *Klein* in: Bärmann, § 49 Rn 23: wie in § 93 ZPO sei der Begriff subjektiv zu verstehen; wohl auch *Hügel/Elzer*, § 13 Rn 237 und *Skrobek*, ZMR 2008, 173, 175.

dass eine Pflichtwidrigkeit bestimmte Kosten in einem laufenden Prozess auslöst, z.B. die durch Versäumnisurteil, entstehende Mehrkosten (§ 344 ZPO).

30 Ficht ein Wohnungseigentümer vorsorglich sämtliche Beschlüsse einer Eigentümerversammlung an, weil ihm trotz schriftlicher Anforderung das Protokoll nicht rechtzeitig vor Ablauf der Anfechtungsfrist vorgelegt worden sei, hat der Verwalter die Anfechtungsklage nicht veranlasst, wenn sich der Kläger durch Einsichtnahme in die Beschlusssammlung innerhalb der Anfechtungsfrist in zumutbarer Weise Kenntnis von den Beschlüssen verschaffen konnte.[34] Sind Mehrkosten entstanden, weil der Kläger zunächst ein unzuständiges Gericht angerufen hat, so hat diese Mehrkosten nicht der Verwalter zu tragen. Wird eine vom Verwalter durch grobes Verschulden veranlasste Anfechtungsklage fehlerhaft auch gegen ihn als Verwalter erhoben, können ihm zwar, obwohl er obsiegt, weil die Anfechtungsklage gegen ihn als Verwalter mangels Passivlegitimation abzuweisen ist, Prozesskosten auferlegt werden. Seine außergerichtlichen Kosten und die durch seine Inanspruchnahme verursachten Mehrkosten haben allerdings in diesem Fall die Kläger zu tragen, weil der Verwalter zwar möglicherweise die Anfechtungsklage als solche, nicht aber seine eigene Inanspruchnahme, veranlasst hat. Gleiches gilt für die Kosten eines erfolglosen Rechtsmittels, denn diese Kosten sind nicht durch das Verschulden der Verwaltung verursacht, sondern durch die Entscheidung der Rechtsmittelführer, eine sachlich richtige Entscheidung nicht zu akzeptieren.[35]

VII. Grobes Verschulden

1. Grundsätze

31 Die Kostenentscheidung zum Nachteil des Verwalters erfordert grobes Verschulden, also Vorsatz oder mindestens grobe Fahrlässigkeit.[36] Fahrlässig handelt, wer die im Verkehr erforderliche Sorgfalt außer Acht lässt (§ 276 Abs. 2 BGB). Grob fahrlässig handelt, wer die erforderliche Sorgfalt nach den gesamten Umständen in ungewöhnlich grobem Maße verletzt und dasjenige nicht beachtet, was jedem hätte einleuchten müssen, wobei auch subjektive, in der Person des Handelnden begründete Umstände zu berücksichtigen sind.[37] Ein objektiv grober Pflichtenverstoß rechtfertigt für sich allein also noch nicht den Schluss auf ein entsprechend gesteigertes personales Verschulden, es muss eine auch subjektiv schlechthin unentschuldbare Pflichtverletzung vorliegen.[38] Ob ein grobes Verschulden vorliegt, hängt deshalb auch davon ab, um welchen Verwaltertypus es sich handelt. Die Anforderungen an einen erfahrenen Berufsverwalter sind naturgemäß höher als diejenigen, die an einen unentgeltlich tätigen Amateurverwalter aus den Reihen der Wohnungseigentümer zu stellen sind.[39] Ein gewerblicher Verwalter schuldet aufgrund des Geschäftsbesorgungsvertrages mit den Eigentümern eine Leistung, die den kaufmännischen, rechtlich-organisatorischen und technischen Aufgabenbereich der Verwaltung umfassend abdeckt.[40] Er muss seine Kenntnisse durch Fortbildung aktualisieren.[41] Von ihm kann verlangt werden, dass er die in der Teilungserklärung getroffenen Vereinbarungen kennt und anwendet.[42] Der Verwalter haftet auch für das Verschulden seiner Erfüllungsgehilfen (§ 278 BGB).

2. Einzelfälle

32 Als grob fahrlässig ist einzustufen, wenn der Verwalter einen **Beschluss feststellt**, obwohl ein nach der Teilungserklärung erforderliches Quorum nicht erreicht ist.[43] Schlägt der Verwalter Beschlüsse zur Abstimmung vor, die inhaltsgleich schon mehrfach gerichtlich für ungültig erklärt wurden, stellt dies eine grobe Pflichtverletzung dar.[44] Stimmt ein Verwalter mit sämtlichen ihm zur Verfügung stehenden Vollmachtsstimmen für die eigene **Entlastung** und beachtet zudem die **Vorgaben** der Teilungserklärung **zur Stimmenzählung** nicht, dann missachtet er Grundsätze der Versammlungsleitung und Beschlussfassung, die von einem geschäftsmäßigen Verwalter in jedem Fall zu beachten sind.[45] Fasst ein gewerbsmäßiger Verwalter die Tagesordnung in der Einladung zu ungenau und wird ein Beschluss gefasst, der nicht von der Tagesordnung gedeckt ist, so können Prozesskosten einer hierauf gestützten Beschlussanfechtungsklage dem Verwalter auferlegt werden.[46] Lässt der Verwalter ohne entsprechende Vereinbarung Beschlüsse nur in **Teilgemeinschaften** fassen, sind ihm nach § 49 Abs. 2 die Verfahrenskosten aufzuerlegen.[47] Grob fahrlässig ist es auch, wenn der Verwalter den Grundsatz der **Nichtöffentlichkeit der Eigentümerversammlungen** missachtet.[48] Trotz vorsätzlicher **Verletzung von Teilnahmerechten** durch den Verwalter, können ihm nicht die Verfahrenskosten auferlegt werden, wenn der Beiratsvorsitzende als Volljurist auf die Teilnahmeberechtigung nicht hingewiesen hat

---

34 Vgl. LG München I 1 T 22613/07, NJW 2008, 1823.
35 OLG München 34 Wx 49/06, NZM 2006, 934, 935; **a.A.** Drasdo in: FS Bub (2007) S. 58, 68; Skrobek, ZMR 2008, 173, 175.
36 Palandt/Bassenge, § 49 WEG Rn 4.
37 BGH II ZR 17/03 NJW 2005, 981, 982 m.w.N.
38 BGH VI ZR 49/00, NJW 2001, 2092, 2093 m.w.N.
39 Ebenso LG Berlin 55 T 34/08, ZMR 2009, 393, 395; LG München I 1 T 5340/10, ZMR 2010, 799, 800; Drasdo in: FS Bub (2007) 59, 64; Klein in: Bärmann, § 49 Rn 19; Gottschalg, Rn 85.

40 BGH V ZB 4/94, NJW 1996, 1216, 1218.
41 Gottschalg, Rn 85.
42 BGH V ZB 3/97, NJW 1998, 755, 756.
43 AG Tempelhof-Kreuzberg 72 C 141/07 WEG, GE 2008, 343.
44 AG Heidelberg 45 C 3/11, ZMR 2012, 51, 54.
45 AG Neuss 101 C 442/07, WuM 2008, 242.
46 LG Nürnberg-Fürth 14 T 359/11, ZWE 2011, 227.
47 AG Regensburg 10 C 1971/09, ZMR 2010, 649.
48 AG Mettmann 26 C 104/08, ZMR 2009, 959.

und zudem veranlasst hat, mit neuen Vollmachten Beschlüsse zu fassen, nachdem die teilnahmeberechtigten Vertreter die Versammlung verlassen hatten.[49] (Zur Zurechnung von Pflichtverletzungen des Verwaltungsbeirats an die Wohnungseigentümergemeinschaft siehe § 29 Rn 37).

Eine grobe Pflichtverletzung liegt auch vor, wenn der Verwalter das **Protokoll** nicht so rechtzeitig erstellt und versendet oder jedenfalls die gefassten Beschlüsse in die Beschluss-Sammlung aufnimmt, dass eine rein vorsorgliche Anfechtung unterbleiben kann.[50] Einer vorsorglichen Anfechtung bedarf es aber dann nicht, wenn dem Anfechtenden der maßgebliche Tagesordnungspunkt aus der Einladung bekannt ist.[51] Wird das Protokoll nicht rechtzeitig vorgelegt, hat der Verwalter die Anfechtungsklage nicht veranlasst, wenn sich der Kläger durch Einsichtnahme in die Beschluss-sammlung innerhalb der Anfechtungsfrist in zumutbarer Weise Kenntnis von den Beschlüssen verschaffen konnte.[52] Wird umgekehrt das Protokoll rechtzeitig überlassen, kommt es auf die Möglichkeit der Einsichtnahme in die Beschlusssammlung nicht an.[53] Ob die Protokollvorlage rechtzeitig ist, hängt von den Umständen des Einzelfalls ab. War der Kläger auf der Eigentümerversammlung anwesend, kann eine Überlassung des Protokolls noch kurz vor Ablauf der Anfechtungsfrist genügen.

33

Ein grobes Verschulden des Verwalters liegt auch dann vor, wenn er in der **Jahresabrechnung Prozesskosten** auf die im Vorprozess obsiegende Partei verteilt und damit diese zur Anfechtung des Beschlusses über die Genehmigung der Jahresabrechnung veranlasst.[54] Nicht überzeugend ist die Ansicht, die Unkenntnis der obergerichtlichen Rechtsprechung zur Bestimmtheit von Sonderumlagebeschlüssen begründe bei einem professionellen Verwalter noch keine besonders schwere Pflichtverletzung.[55] Ein grobes Verschulden des Verwalters liegt auch dann vor, wenn er einem Wohnungseigentümer die Einsichtnahme in die Verwaltungsakten zur Prüfung der Jahresabrechnung grundlos verweigert und dadurch Anlass gibt, dass der Beschluss über die Jahresabrechnung angefochten wird.[56] Grobe Fahrlässigkeit wird auch vorliegen, wenn der Berufsverwalter **ohne die erforderliche Ermächtigung klagt**[57] oder nicht darauf achtet, ob die mit der Klage geltend gemachten **Beiträge** überhaupt **fällig** sind. Ebenso kann es gerechtfertigt sein, dem Verwalter die Kosten der Anfechtungsklage aufzuerlegen, wenn ein Mehrheitsbeschluss wegen unpräziser Ankündigung der Finanzierung einer größeren **Baumaßnahme** und fehlenden Vergleichsangeboten für ungültig erklärt wird.[58] Erstellt der Verwalter durch Nichtbeachtung der Gemeinschaftsordnung rechtswidrige **Wirtschaftspläne**, die dem Grundsatz der ordnungsgemäßen Verwaltung eklatant widersprechen, handelt er grob schuldhaft.[59] Grobes Verschulden kommt im Einzelfall auch in Betracht, wenn der Verwalter Abstimmungen, die – objektiv für alle Beteiligten erkennbar – zu einem **nichtigen Beschluss** führen, nicht verhindert.[60]

34

VIII. Rechtliches Gehör (Art. 103 Abs. 1 GG)

Vor einer Kostengrundentscheidung nach § 49 Abs. 2 ist dem Verwalter rechtliches Gehör zu gewähren.[61] Hierfür genügt die bloße Beiladung (§ 48 Abs. 1 S. 2) regelmäßig nicht. Das Gericht muss grundsätzlich durch Zustellung eines Hinweises sicherstellen, dass der Verwalter von der beabsichtigten Anwendung des § 49 Abs. 2 Kenntnis erlangt.[62] Ein solcher Hinweis wird selbst dann geboten sein, wenn der Verwalter als Wohnungseigentümer Partei des Rechtsstreits ist und das Gericht § 49 Abs. 2 ohne entsprechenden Kostenantrag von Amts wegen anwenden will. Sofern der Verwalter die von den Parteien zur Akte gereichten Schriftsätze nicht bereits aufgrund seiner Stellung als Partei, Streithelfer, Prozessbevollmächtigter oder Zustellungsvertreter kennt, muss sie ihm das Gericht übermitteln, soweit sie Vortrag zu den Voraussetzungen des Kostenerstattungsanspruchs enthalten. Eine Verletzung rechtlichen Gehörs verhilft einem **Rechtsmittel** des Verwalters nur dann zum Erfolg, wenn die Kostenentscheidung zu seinen Lasten darauf beruht. Hierfür genügt, dass eine andere Kostenentscheidung im Falle der Gewährung rechtlichen Gehörs nicht ausgeschlossen werden kann. Ist auch nach dem Vortrag im Rahmen der sofortigen Beschwerde eine andere Kostenentscheidung ausgeschlossen, bleibt das Rechtsmittel ohne Erfolg.[63] Ist die Beschwerde nicht statthaft, weil der Wert des Beschwerdegegenstandes 200 EUR nicht übersteigt, dann kann die Verletzung rechtlichen Gehörs gemäß **§ 321a ZPO** gerügt werden. Das Verfahren ist in erster Instanz fortzuführen, wenn das Gericht den Anspruch des Verwalters auf rechtliches Gehör in entscheidungserheblicher Weise verletzt hat und der Verwalter eine den Anforderungen des § 321a ZPO genügende Rüge erhoben hat.

35

---

49 AG Niebüll 18 C 11/11, ZMR 2011, 912, 913.
50 AG Hamburg-Altona 303B C 23/09, ZMR 2010, 480, 481.
51 LG Dresden 2 S 184/09, ZMR 2010, 629.
52 Vgl. LG München I 1 T 22613/07, NJW 2008, 1823.
53 LG Hamburg 318 T 53/10, ZMR 2010, 987, 988.
54 AG Königstein 26 C 859/08, ZMR 2009, 236.
55 So aber LG München I 1 T 5340/10, ZMR 2010, 799, 800.
56 AG Kassel 800 C 295/10, ZMR 2011, 423 m. zust. Anm. *Schultz*.

57 LG Hamburg 318 S 99/08, ZMR 2009, 477, 478: ausgeschiedener Verwalter.
58 AG Velbert 18a C 88/08, ZMR 2009, 565.
59 AG Strausberg 27 C 12/08, ZWE 2009, 183, 187.
60 *Deckert*, NZM 2009, 272.
61 LG Frankfurt 2/13 T 33/08, NZM 2009, 166; LG Lüneburg 9 T 2/09, NZM 2009, 285.
62 *Abramenko* in: Riecke/Schmid, § 49 Rn 5; *Klein* in: Bärmann, § 49 Rn 26.
63 Vgl. LG Lüneburg 9 T 2/09, NZM 2009, 285.

D. Anfechtung der Kostenentscheidung

36 Die Anfechtung der Kostenentscheidung ist grundsätzlich unzulässig, wenn nicht gegen die Entscheidung in der Hauptsache ein Rechtsmittel eingelegt wird (§ 99 Abs. 1 ZPO). Von diesem Grundsatz gelten Ausnahmen für die Fälle der isolierten Kostenentscheidung bei übereinstimmenden Erledigungserklärungen (siehe Rn 12) und Klagerücknahme (siehe Rn 15) und für die Kostenentscheidung im Anerkenntnisurteil (siehe Rn 5).

I. Rechtsmittel des Verwalters

37 Werden dem **Verwalter**, der nicht Prozesspartei ist, gemäß § 49 Abs. 2 Kosten auferlegt, kann er die Kostenentscheidung – sofern die weiteren Voraussetzungen der §§ 567 ff. ZPO vorliegen – durch sofortige Beschwerde anfechten.[64] § 99 Abs. 1 ZPO, wonach die Anfechtung der Kostenentscheidung unzulässig ist, wenn nicht gegen die Entscheidung in der Hauptsache ein Rechtsmittel eingelegt wird, findet bei einer Kostenentscheidung gegenüber einem Dritten, der nicht Prozesspartei ist, keine (entsprechende) Anwendung.[65]

38 Die Beschwerde ist nur zulässig, wenn der Wert des Beschwerdegegenstandes 200 EUR übersteigt (§ 567 Abs. 2 ZPO). Keine Anwendung findet § 99 Abs. 2 S. 2 ZPO, wonach die sofortige Beschwerde ausgeschlossen ist, wenn der Streitwert der Hauptsache die Berufungssumme von 600 EUR nicht übersteigt, da der Verwalter am Streit über die Hauptsache gerade nicht beteiligt ist.[66]

39 Ist der Verwalter zugleich als Wohnungseigentümer Prozesspartei, dürfte trotz der Möglichkeit Berufung einzulegen, eine sofortige Beschwerde gegen die Kostenentscheidung insoweit statthaft sein, als ihm gemäß § 49 Abs. 2 zusätzlich auch solche Prozesskosten auferlegt werden, die er als Partei nach den §§ 91 ff. ZPO nicht zu tragen hätte.[67] Die zweiwöchige Beschwerdefrist des § 569 ZPO beginnt in einem solchen Fall mit der Zustellung an Prozessbevollmächtigten der Wohnungseigentümer, wenn dieser sich zugleich für den beizuladenden Verwalter gemeldet hatte.[68] Das Rechtsmittelgericht darf ohne ein Rechtsmittel des nicht als Partei am Prozess beteiligten Verwalters die Kostenentscheidung nach § 49 Abs. 2 nicht zugunsten des Verwalters abändern.[69]

40 Erhebt der Verwalter gegen die Kostenentscheidung nach § 49 Abs. 2 sofortige Beschwerde und legen auch die in der Hauptsache unterlegenen Wohnungseigentümer Berufung ein, dann entscheidet das Berufungsgericht im Berufungsurteil einheitlich über beide Rechtsmittel.[70] Werden dem Verwalter die Kosten durch das Berufungsgericht auferlegt, kann er die Kostenentscheidung nur dann anfechten, wenn das Berufungsgericht die Rechtsbeschwerde zugelassen hat.[71]

II. Rechtsmittel der Wohnungseigentümer

41 Sieht das Gericht von einer Kostenentscheidung zu Lasten des Verwalters nach § 49 Abs. 2 ab, ist diese Kostenentscheidung durch die Wohnungseigentümer nach Meinung des BGH in keinem Fall isoliert anfechtbar, weil die Entscheidung, dem Verwalter gemäß § 49 Abs. 2 Kosten aufzuerlegen oder hiervon abzusehen, nicht der materiellen Rechtskraft fähig sei.[72] Die Kostenentscheidung habe in keinem Fall Folgen für den materiell-rechtlichen Kostenerstattungsanspruch der Wohnungseigentümer gegen den Verwalter (siehe Rn 24). Die Annahme des BGH, eine Kostenentscheidung nach § 49 Abs. 2 erwachse auch zugunsten der Wohnungseigentümer nicht in Rechtskraft, erscheint dabei wenig überzeugend.[73]

E. Überblick über die Rechtsanwaltsgebühren

42 Die Vergütung der Rechtsanwälte regelt das **RVG**.

43 Die Höhe der Vergütung bestimmt sich gemäß § 2 Abs. 2 RVG nach dem **Vergütungsverzeichnis** (VV) der Anlage 1 zum RVG. Eine nähere Darstellung der Einzelheiten muss hier unterbleiben. Grundsätzlich gilt Folgendes:

44 Es entstehen im Prozess regelmäßig **2 Gebühren; die Verfahrensgebühr** (Nr. 3100 VV) mit einem Gebührensatz von **1,3** und die **Terminsgebühr** (Nr. 3104 VV) mit einem Gebührensatz von **1,2**.

45 Die **Verfahrensgebühr** entsteht gemäß der amtlichen **Vorbemerkung 3 II** für das Betreiben des Geschäfts einschließlich der Information.

---

[64] LG Frankfurt 2/13 T 33/08, NZM 2009, 166; LG Nürnberg-Fürth 14 T 359/11, ZWE 2011, 227.
[65] BGH IVb ZR 5/86, NJW 1988, 49.
[66] Ebenso *Klein* in: Bärmann, § 49 Rn 27; *Greiner*, Rn 1706; *Timme/Elzer*, § 49 Rn 60; **a.A.** *Lehmann-Richter*, ZWE 2009, 74, 75; *Abramenko* in: Riecke/Schmid, § 49 Rn 6; *Bonifacio*, ZWE 2012, 206, 212.
[67] LG Berlin 55 T 34/08, ZMR 2009, 393; offen gelassen LG Frankfurt 2/13 T 33/08, NZM 2009, 166.
[68] Vgl. LG Frankfurt 2/13 T 33/08, NZM 2009, 166.
[69] *Drasdo*, NZM 2009, 257, 260.
[70] LG München I S 19129/08, ZMR 2009, 874, 875.
[71] OLG Köln 16 Wx 13/11, ZMR 2011, 984; *Lehmann-Richter*, ZWE 2009, 74, 75; **a.A.** *Suilmann* in: Jennißen, § 49 Rn 37.
[72] BGH V ZB 164/09, ZMR 2011, 52.
[73] Vgl. *Abramenko*, ZMR 2011, 613, 614.

Ist wegen desselben Gegenstands eine **Geschäftsgebühr** (Nr. 2300–2303 VV) für die außergerichtliche Vertretung des Mandanten entstanden, **wird** gemäß der amtlichen **Vorbemerkung 3 IV** diese Gebühr **zur Hälfte**, jedoch höchstens mit einem Gebührensatz von 0,75, auf die Verfahrensgebühr des gerichtlichen Verfahrens **angerechnet**. § 15a RVG stellt klar, dass sich die Anrechnung im Verhältnis zu Dritten grundsätzlich nicht auswirkt. In der Kostenfestsetzung muss also eine Verfahrensgebühr auch dann in voller Höhe festgesetzt werden, wenn eine Geschäftsgebühr entstanden ist, die auf sie angerechnet wird. Sichergestellt wird jedoch, dass ein Dritter nicht über den Betrag hinaus auf Ersatz oder Erstattung in Anspruch genommen werden kann, den der Rechtsanwalt von seinem Mandanten verlangen kann. 46

Die Anrechnung erfolgt nach dem Wert des Gegenstands, der in das gerichtliche Verfahren übergegangen ist. Die Geschäftsgebühr, die nicht angerechnet wird, kann als Verzugsschaden geltend gemacht werden, wobei es sich um eine Nebenforderung handelt. 47

Die **Terminsgebühr** entsteht gemäß der amtlichen **Vorbemerkung 3 III** für die Vertretung in einem Verhandlungs-, Erörterungs- oder Beweisaufnahmetermin oder die Wahrnehmung eines von einem gerichtlich bestellten Sachverständigen anberaumten Termins oder die Mitwirkung an auf die Vermeidung oder Erledigung des Verfahrens gerichteten Besprechungen ohne Beteiligung des Gerichts; dies gilt nicht für Besprechungen mit dem Auftraggeber. 48

Anspruch auf die Terminsgebühr hat der Rechtsanwalt gemäß Nr. 3104 Abs. 1 Nr. 1 VV auch dann, wenn in einem Verfahren, für das mündliche Verhandlung vorgeschrieben ist, im Einverständnis mit den Parteien oder gemäß § 307 oder § 495a ZPO ohne mündliche Verhandlung entschieden oder in einem solchen Verfahren ein schriftlicher Vergleich geschlossen wird. Wird nur ein Termin wahrgenommen, in dem eine Partei nicht erschienen oder nicht ordnungsgemäß vertreten ist und lediglich ein Antrag auf Versäumnisurteil oder zur Prozess- oder Sachleitung gestellt wird, beträgt gemäß Nr. 3105 VV der Gebührensatz der Terminsgebühr nur 0,5. 49

Darüber hinaus hat der Rechtsanwalt Anspruch auf eine **Einigungsgebühr** (Nr. 1000, 1003 VV), wenn es zu einer Einigung kommt. 50

Das Verfahren in der Hauptsache und das Verfahren über einen **Antrag auf Erlass einer einstweiligen Verfügung** sind gemäß § 17 Nr. a) RVG verschiedene Angelegenheiten in den jeweils gesonderte Gebühren entstehen. 51

Zudem hat der Rechtsanwalt noch Anspruch auf Erstattung von **Auslagen** gemäß Nr. 7000–7007 VV und von **Umsatzsteuer** gemäß Nr. 7008 VV. 52

Für den **Antrag auf Erlass eines Mahnbescheids** erhält der Rechtsanwalt eine volle Gebühr (Nr. 3305 VV). Diese wird auf die Verfahrensgebühr eines nachfolgenden Rechtsstreits angerechnet. 53

In der **Berufungsinstanz** entsteht die **Verfahrensgebühr** (Nr. 3200 VV) mit einem Gebührensatz von **1,6** und die **Terminsgebühr** (Nr. 3202 VV) mit einem Gebührensatz von **1,2**. 54

Der Rechtsanwalt, der für mehrere Auftraggeber tätig geworden ist (§ 7 Abs. 1 RVG) hat nach Nr. 1008 VV Anspruch auf die **Erhöhung der Verfahrensgebühr**. Die Verfahrensgebühr erhöht sich für jeden weiteren Auftraggeber um 0,3. Mehrere Erhöhungen dürfen jedoch 2,0 nicht übersteigen, so dass der Rechtsanwalt maximal eine Verfahrensgebühr in Höhe von 3,3 beanspruchen kann. Die Mehrvertretungsgebühr nach Nr. 1008 RVG-VV steht dem Rechtsanwalt zu, der in einem **Beschlussanfechtungsprozess** die beigeladenen Wohnungseigentümer vertritt; dies gilt auch dann, wenn der Verwalter dem Rechtsanwalt der Wohnungseigentümergemeinschaft den Auftrag zu deren Vertretung erteilt hat.[74] Ob es einen oder mehrere Auftraggeber gibt, hängt nämlich nicht davon ab, wer dem Anwalt den Auftrag erteilt hat. Daran ändert nichts, dass die Beschlussanfechtungsklage einem Verbandsprozess ähnelt, denn entscheidend ist, dass nicht der „Rest des Verbandes", sondern die übrigen Wohnungseigentümer als notwendige Streitgenossen auf der Beklagtenseite stehen und sich anwaltlich vertreten lassen.[75] Lassen sich mehrere verklagte Wohnungseigentümer im Anfechtungsprozess von verschiedenen Anwälten vertreten, ohne dass der Verwalter einen sog. Hauptanwalt bestellt hat, sind für die erstattungsfähige Erhöhungsgebühr nur die Eigentümer zu berücksichtigen, die sich auch anwaltlich vertreten ließen.[76] 55

Vertritt der Rechtsanwalt die **Wohnungseigentümergemeinschaft** als Verband, entsteht die Erhöhungsgebühr nicht. Dies gilt insbesondere für die Klagen auf Zahlung von Wohngeld. 56

Die Gebühren werden gemäß § 2 Abs. 1 RVG nach dem Wert berechnet, den der Gegenstand der anwaltlichen Tätigkeit hat (Gegenstandswert). Der **Gegenstandswert** wird in der Regel durch den vom Gericht festgesetzten Streitwert bestimmt (§§ 23, 32 RVG). Deshalb kann der Rechtsanwalt aus eigenem Recht Rechtsmittel gegen die Festsetzung des Streitwerts einlegen (§ 32 Abs. 2 RVG). Eine gesonderte Festsetzung des Streitwerts nur für die Anwaltsgebühren erfolgt nach § 33 RVG, wenn sich die gerichtliche Tätigkeit, für die Gebühren festgesetzt worden sind, in Bezug auf den Streitgegenstand nicht mit der anwaltlichen Tätigkeit deckt. Verteidigt ein einzelner Wohnungseigentümer eigenständig die Gültigkeit eines Beschlusses mit anwaltlicher Hilfe, ist der Eigentümerbeschluss insgesamt Streitgegen- 57

---

74 BGH V ZB 39/11, NJW 2011, 3723; LG Düsseldorf 25 T 423/10, ZMR 2011, 160.
75 BGH V ZB 39/11, NJW 2011, 3723.
76 LG Berlin 82 T 857/10 und 82 T 858/10, ZMR 2011, 493, 495.

stand und dessen Gesamtwert auch Grundlage für die anwaltlichen Gebühren. Eine Aufspaltung des Streitwerts auf die einzelnen Beteiligten nach § 33 RVG scheidet hier aus.[77]

58 Die Höhe einer vollen Gebühr bestimmt § 13 RVG. Sofern sich der Streitwert im Verlauf eines Verfahrens ändert, sind unter Umständen auch im Hinblick auf die Rechtsanwaltsgebühren Stufenwerte festzusetzen.

§ 50 Kostenerstattung

Den Wohnungseigentümern sind als zur zweckentsprechenden Rechtsverfolgung oder Rechtsverteidigung notwendige Kosten nur die Kosten eines bevollmächtigten Rechtsanwalts zu erstatten, wenn nicht aus Gründen, die mit dem Gegenstand des Rechtsstreits zusammenhängen, eine Vertretung durch mehrere bevollmächtigte Rechtsanwälte geboten war.

A. Gesetzesmaterialien ... 1	II. Unterrichtung als Voraussetzung der Zustellungsvollmacht ... 15
B. Anwendungsbereich ... 2	F. Vergütung des Ersatzzustellungsvertreters ... 16
C. Mehrere Beklagtenvertreter bei Anfechtungsklagen ... 5	G. Kostenfestsetzung ... 17
D. Mehrere Klägervertreter bei Anfechtungsklagen ... 9	I. Verfahren ... 17
I. Grundsätzlich volle Kostenerstattung ... 10	II. Erstattungsfähigkeit ... 22
II. Einschränkung der Erstattungspflicht ... 13	III. Kostenfestsetzungsbeschluss zugunsten des Verwalters ... 24
E. Kosten der Unterrichtung über einen Prozess ... 14	H. Kostenansatz ... 26
I. Verbandsähnlich geführter Prozess ... 14	

Literatur: *Drasdo*, Die Kostenerstattungsbegrenzung gemäß § 50 WEG, ZMR 2008, 266.

A. Gesetzesmaterialien

1 Beschlussempfehlung Rechtsausschuss (BT- Drucks 16/3843 S. 58).

B. Anwendungsbereich

2 Nach § 50 sind den Wohnungseigentümern nur die Kosten eines bevollmächtigten Rechtsanwalts als zur zweckentsprechenden Rechtsverfolgung notwendige Kosten zu erstatten, wenn nicht aus Gründen, die mit dem Gegenstand des Rechtsstreits zusammenhängen, eine Vertretung durch mehrere Rechtsanwälte geboten war. Die Regelung wurde auf Empfehlung des Rechtsausschusses in das WEG aufgenommen, um insbesondere das Kostenrisiko für den anfechtenden Wohnungseigentümer zu begrenzen. Die Vorschrift hat aber grundsätzlich Bedeutung für alle Rechtsstreitigkeiten, in denen die Wohnungseigentümer als Streitgenossen auftreten; in Streitigkeiten, an denen die Gemeinschaft der Wohnungseigentümer als teilrechtsfähiger Verband beteiligt ist, wird sie nicht praktisch.[1]

3 § 50 findet grundsätzlich auch zugunsten der übrigen Wohnungseigentümer Anwendung, wenn mehrere Wohnungseigentümer als Kläger gegen die übrigen Wohnungseigentümer dasselbe Rechtsschutzziel verfolgen.[2] (Zur Kostenerstattung im Einzelnen vgl. Rn 9 ff.)

4 Werden die Kosten nicht den beklagten Wohnungseigentümern, sondern gemäß § 49 Abs. 2 dem Verwalter auferlegt, so erweitert oder beschränkt dies den Anwendungsbereich von § 50 nicht.[3]

C. Mehrere Beklagtenvertreter bei Anfechtungsklagen

5 Obsiegen bei einer Anfechtungsklage die beklagten Wohnungseigentümer, wird der Anspruch auf Kostenerstattung im Regelfall nur die Kosten eines gemeinsam bevollmächtigten Rechtsanwalts umfassen. Ein einzelner Wohnungseigentümer, der ohne einen triftigen Grund zusätzlich zu dem vom Verwalter bestellten Rechtsanwalt, für die eigene Interessenvertretung beauftragt, wird dessen Kosten nicht erstattet bekommen. Die beklagten Wohnungseigentümer verfolgen in der Sache dasselbe Ziel, nämlich die Abwehr der von der Klägerseite erhobenen Einwendungen gegen die

---

77 KG WuM 1997, 523: zu § 10 BRAGO.
1 BT-Drucks 16/3843 S. 58.
2 LG Düsseldorf 25 T 525–528/09, ZMR 2010, 143; LG Berlin 82 T 447/08, ZMR 2010, 309; *Suilmann* in: Jennißen, § 50 Rn 6; *Abramenko* in: Riecke/Schmid, § 50 Rn 1a; *Elzer* in: Timme, § 50 Rn 2; *Klein* in: Bärmann, § 50 Rn 6; Schmid, NZM 2008, 185; **a.A.** LG Berlin 82 T 548/10, ZMR 2011, 407; offen gelassen BGH V ZB 153/09, ZMR 2011, 50.
3 BGH V ZB 153/09, ZMR 2011, 50.

Wirksamkeit eines von ihnen gefassten Beschlusses, weshalb die Beauftragung eines gemeinsamen Rechtsanwalts grundsätzlich ausreichend ist.[4]

§ 50 regelt nicht, welche Rechtsanwaltskosten zu erstatten sind, wenn sich die Wohnungseigentümer durch mehrere Rechtsanwälte haben vertreten lassen, ohne dass dies geboten war.

Hat der Verwalter im Auftrag der Wohnungseigentümer einen Rechtsanwalt mandatiert (sog. Hauptanwalt), ist es gerechtfertigt, dass dessen Kosten vorrangig erstattet werden. Dies trägt der gesetzlichen Befugnis des Verwalters gemäß § 27 Abs. 2 Nr. 2 Rechnung, das Beschlussanfechtungsverfahren im Namen aller Wohnungseigentümer mit Wirkung für und gegen sie zu führen.[5] Ist aber einem Wohnungseigentümer, der einen eigenen Anwalt mandatiert oder sich selbst vertreten hat, keine Gelegenheit gegeben worden, sich an der Willensbildung über die Bestellung eines gemeinsamen Anwalts zu beteiligen, ist der Kostenerstattungsanspruch zu quoteln.[6] Die den jeweiligen Beklagten zu erstattenden Kosten sind dann entsprechend dem Beteiligungsverhältnis an dem Rechtsstreit festzusetzen, d.h. nach der Zahl der jeweils durch einen eigenen Anwalt vertretenen Streitgenossen.[7] Werden die erstattungsfähigen Kosten ohne Angabe des Beteiligungsverhältnisses festgesetzt, stehen sie sämtlichen Beklagten als Gesamtgläubiger zu.[8]

Lassen sich mehrere verklagte Wohnungseigentümer im Anfechtungsprozess von verschiedenen Anwälten vertreten, ohne dass der Verwalter einen sog. Hauptanwalt bestellt hat, ist der Kostenerstattungsanspruch ebenfalls zu quoteln.[9]

D. Mehrere Klägervertreter bei Anfechtungsklagen

§ 50 findet grundsätzlich auch bei mehreren Klägervertretern Anwendung (vgl. Rn 3).

I. Grundsätzlich volle Kostenerstattung

Mehrere Anfechtungskläger, die gesondert Klagen einreichen, werden im Regelfall ihre Kosten voll erstattet erhalten, wenn der Beschluss für ungültig erklärt wird. Kein Wohnungseigentümer braucht im Kosteninteresse der beklagten Wohnungseigentümer von der Erhebung der Klage abzusehen oder sich unter Verzicht auf sein Anfechtungsrecht in die Rolle der beklagten übrigen Wohnungseigentümer zu begeben.[10] Die erfolgreiche Klage eines anderen Eigentümers bewirkt nach § 48 Abs. 3 zwar gegenüber allen Eigentümern Rechtskraft, doch hat der einzelne Wohnungseigentümer grundsätzlich keinen Einfluss darauf, dass ein anderer Eigentümer rechtzeitig Anfechtungsklage erhebt, diese rechtzeitig und sachgerecht begründet und das Verfahren bis zu einer rechtskräftigen Entscheidung führt. Jeder Wohnungseigentümer, der sein Anfechtungsrecht wahrnehmen will, ist deshalb berechtigt, einen Rechtsanwalt mit der Wahrnehmung seiner Interessen zu beauftragen und grundsätzlich nicht gehalten, einen bestimmten Rechtsanwalt zu beauftragen, weil dieser bereits von einem anderen Wohnungseigentümer beauftragt ist, der sich gegen denselben Beschluss wendet oder wenden will.[11] Jeder Anfechtungskläger muss jedoch die Klage innerhalb der von § 46 Abs. 1 S. 2 bestimmten Frist erheben und innerhalb eines weiteren Monats begründen, um eine Abweisung zu vermeiden. Das schließt es grundsätzlich aus, einen Wohnungseigentümer unter dem Gesichtspunkt, die Kosten des Verfahrens im Interesse der beklagten übrigen Wohnungseigentümer gering zu halten, für verpflichtet anzusehen, sich vor der Erhebung der Klage zu vergewissern, ob weitere Wohnungseigentümer denselben Beschluss anfechten wollen, und sich mit diesen auf einen Rechtsanwalt zu einigen, der alle Anfechtungskläger vertreten soll.[12] Die hierdurch begründeten Kosten jedes Rechtsanwalts haben die unterlegenen übrigen Wohnungseigentümer jedem Anfechtungskläger als zur zweckentsprechenden Rechtsverfolgung notwendig ebenso wie die vorgelegten Gerichtskosten zu erstatten.[13]

Fechten mehrere Wohnungseigentümer gesondert einen Beschluss an, findet § 50 jedenfalls keine Anwendung auf die bis zur Verbindung der Anfechtungsprozesse gemäß § 47 bereits entstandenen Rechtsanwaltsgebühren.[14] Die **Verbindung** gemäß § 47 nötigt keinen Kläger, das Mandatsverhältnis zu seinem Rechtsanwalt zu beenden und an dessen Stelle einen Rechtsanwalt zu beauftragen, der einen oder mehrere andere Anfechtungskläger vertritt.[15]

Ist eine von mehreren Klägern erhobene Anfechtungsklage erfolgreich, haben die beklagten übrigen Wohnungseigentümer jedem obsiegenden Kläger gemäß § 91 Abs. 1 S. 1 ZPO die diesem entstandenen, zur zweckentsprechenden

---

4 BGH V ZB 11/09, NJW 2009, 3168 Tz. 8; BGH V ZB 171/10, ZWE 2011, 399; AG Nürnberg 16 C 1772/11 Info-M 2012, 81 m. Anm. *Kneiß*.
5 BGH V ZB 11/09, NJW 2009, 3168 Tz 16; *Suilmann* in: Jennißen, § 50 Rn 16; *Klein* in: Bärmann, § 50 Rn 11; *Spielbauer/Then*, § 50 Rn 5; NK-BGB/*Schultzky*, § 50 WEG Rn 5; Abramenko/*Frohne*, Handbuch WEG, § 8 Rn 203; *Drasdo*, ZMR 2008, 266, 268; **a.A.** Hügel/*Elzer*, § 13 Rn 252.
6 BGH V ZB 171/10, ZWE 2011, 399.
7 *Klein* in: Bärmann, § 50 Rn 10; *Suilmann* in: Jennißen, § 50 Rn 19.
8 Vgl. BGH V ZB 171/10, ZWE 2011, 399 m.w.N.; *Klein* in: Bärmann, § 50 Rn 10 m.w.N.
9 LG Berlin 82 T 857/10 und 82 T 858/10, ZMR 2011, 493, 494.
10 BGH V ZB 153/09, ZMR 2011, 50.
11 BGH V ZB 153/09, ZMR 2011, 50.
12 BGH V ZB 153/09, ZMR 2011, 50 m.w.N.
13 BGH V ZB 153/09, ZMR 2011, 50.
14 Ebenso *Schmid*, NZM 2008, 185, 186; *Drasdo*, ZMR 2008, 266, 267.
15 BGH V ZB 153/09, ZMR 2011, 50; LG Berlin 82 T 548/10, ZMR 2011, 407; *Elzer* in: Timme, § 50 Rn 15; *Niedenführ*, NJW 2008, 1768, 1772.

Rechtsverfolgung notwendigen Kosten des Rechtsstreits zu erstatten. Dass nach § 50 den Wohnungseigentümern grundsätzlich nur die Kosten eines Rechtsanwalts zu erstatten sind, führt nicht zu einer Begrenzung der Kostenerstattungspflicht.

II. Einschränkung der Erstattungspflicht

13 Der Kostenerstattungsanspruch ist jedoch nicht unbeschränkt, denn jede Prozesspartei ist gehalten, die Kosten ihrer Prozessführung so niedrig zu halten, wie sich dies mit der Wahrung ihrer berechtigten Belange vereinbaren lässt.[16] Beauftragen mehrere Kläger denselben Rechtsanwalt mit der Erhebung einer Anfechtungsklage gegen dieselben Beschlüsse, sind die Kosten der Kläger insoweit nicht zur Rechtsverfolgung notwendig, als sie darauf beruhen, dass der Rechtsanwalt statt für alle Kläger gemeinschaftlich für jeden Kläger gesondert Klage erhebt.[17] Zur zweckentsprechenden Rechtsverfolgung notwendig sind – bei Beauftragung desselben Rechtsanwalts durch mehrere Anfechtungskläger – nur eine Verfahrensgebühr des Rechtsanwalts, die Mehrvertretungsgebühr und die, bei Erhebung einer einheitlichen Klage für alle von demselben Rechtsanwalt vertretenen Kläger, vorzuschießenden Gerichtskosten.

E. Kosten der Unterrichtung über einen Prozess
I. Verbandsähnlich geführter Prozess

14 Bei einem **verbandsähnlich geführten Prozess** kann die Wohnungseigentümergemeinschaft die Erstattung der durch die interne Unterrichtung ihrer Mitglieder über den Prozess entstehenden Kosten nicht verlangen.[18] Da die Anfechtungsklage gegen die übrigen Mitglieder der Gemeinschaft zu richten ist, handelt es sich zwar um einen Individualprozess gegen die Mitglieder der Gemeinschaft. Dieser Individualprozess ist jedoch einem Verbandsprozess gegen die Wohnungseigentümergemeinschaft angenähert, denn die Klage ist nicht jedem einzelnen Wohnungseigentümer, sondern dem Verwalter zuzustellen, der nach § 45 Abs. 1 für die Wohnungseigentümer zustellungsbevollmächtigt ist. Der Verwalter ist nach Maßgabe von § 27 Abs. 2 Nr. 2 berechtigt, die Wohnungseigentümer in dem Rechtsstreit zu vertreten oder anwaltlich vertreten zu lassen. Wegen dieser Ähnlichkeit in der technischen Abwicklung ist die Unterrichtung der Wohnungseigentümer durch den Verwalter auch bei einer Beschlussanfechtung als interne Angelegenheit der Gemeinschaft anzusehen, deren Kosten grds. nicht auf den unterlegenen Anfechtungskläger abgewälzt werden können. Dies gilt jedenfalls dann, wenn die Wohnungseigentümer den Anfechtungsprozess verbandsähnlich führen und von ihrer Möglichkeit, den Prozess selbst zu führen, keinen Gebrauch machen.[19]

II. Unterrichtung als Voraussetzung der Zustellungsvollmacht

15 Ist der Verwalter nicht zustellungsbevollmächtigt, weil er als Gegner der Wohnungseigentümer an dem Verfahren beteiligt ist, kann der Anfechtungsprozess nicht wie ein Verbandsprozess der Gemeinschaft geführt werden. Besteht die Gefahr, der Verwalter werde die Wohnungseigentümer nicht sachgerecht unterrichten, kann der Anfechtungsprozess nur dann ähnlich wie ein Verbandsprozess geführt werden, wenn eine sachgerechte Unterrichtung der Wohnungseigentümer über ihren Prozess sichergestellt ist. Die Unterrichtung der Wohnungseigentümer ist in diesem Fall Voraussetzung für die Zustellungsvollmacht des Verwalters und kann deshalb nicht mehr als interne Angelegenheit der Gemeinschaft angesehen werden. Die Unterrichtung ist deshalb i.S.v. § 91 Abs. 1 S. 1 ZPO notwendig, so dass die Kosten für die Unterrichtung dem Grunde nach erstattungsfähig sind.[20] Der Höhe nach sind sie nur insoweit erstattungsfähig, als sie notwendig sind. Für die sachgerechte Unterrichtung ist es regelmäßig nötig, den Wohnungseigentümern die **Klageschrift** und die **Klagebegründung** mit einem **Anschreiben** zuzuleiten, das sie auch über die Ladung zum Termin unterrichtet.[21] Eine Übersendung von umfangreichen **Anlagen** ist dagegen in der Regel nicht notwendig.[22] Der Zeitaufwand für das Zusammenstellen und das Absenden der Briefsendungen an die Wohnungseigentümer gehört zu den Aufgaben des Verwalters und kann jedenfalls nicht auf den unterlegenen Prozessgegner abgewälzt werden.[23]

F. Vergütung des Ersatzzustellungsvertreters

16 Die Vergütung des Ersatzzustellungsvertreters ist **nicht Teil der erstattungsfähigen Prozesskosten**.[24]

---

16 BGH V ZB 153/09, ZMR 2011, 50 m.w.N.
17 BGH V ZB 153/09, ZMR 2011, 50 m.w.N.
18 BGH V ZB 172/08, NZM 2009, 517 Tz. 8, 9 = ZWE 2009, 306 m. Anm. *Briesemeister*, S. 308.
19 BGH V ZB 172/08, NZM 2009, 517 Tz. 11; **a.A.** *Weber/Schmieder*, WuM 2009, 441, 442.
20 BGH V ZB 172/08, NZM 2009, 517 Tz. 13, 14.
21 BGH V ZB 172/08, NZM 2009, 517 Tz. 16.
22 BGH V ZB 172/08, NZM 2009, 517 Tz. 17.
23 BGH V ZB 172/08, NZM 2009, 517 Tz. 18.
24 LG Düsseldorf 25 T 572/11, NJW-RR 2012, 462; AG Dortmund 512 C 39/08, NZM 2008, 938; *Klein* in: Bärmann, § 45 Rn 32; *Schmid*, MDR 2012, 561, 563; **a.A.** *Drabek*, ZWE 2009, 22, 25; *Suilmann* in: Jennißen, § 45 Rn 57.

G. Kostenfestsetzung

I. Verfahren

Die Kostenfestsetzung erfolgt gemäß §§ 103–107 ZPO. Die Kostenfestsetzung ist erst zulässig, wenn eine rechtskräftige Kostenentscheidung vorliegt. Zuständig ist der Rechtspfleger (§ 21 Nr. 1 RpflG). 17

Das dritte Gesetz zur Änderung des Rechtspflegergesetzes und anderer Gesetze vom 6.8.1998 (BGBl I S. 2030) hat die Durchgriffserinnerung ersetzt durch das Rechtsmittel, das nach den allgemeinen verfahrensrechtlichen Vorschriften zulässig ist (§ 11 Abs. 1 RpflG). Gegen die Entscheidung des Rechtspflegers über den Kostenfestsetzungsantrag ist danach grundsätzlich die **sofortige Beschwerde** zulässig (§ 104 Abs. 3 ZPO). Der Rechtspfleger kann der sofortigen Beschwerde abhelfen (§ 572 ZPO). Er legt sie nicht dem Instanzrichter, sondern unmittelbar dem Beschwerdegericht vor, das über das Rechtsmittel gegen den Kostenfestsetzungsbeschluss entscheidet. Gemäß § 568 Abs. 1 ZPO entscheidet grundsätzlich der Einzelrichter. Gegen die Beschwerdeentscheidung des Landgerichts ist die weitere sofortige Beschwerde nicht zulässig (§ 568 Abs. 3 ZPO). 18

Die sofortige Beschwerde ist aber nur statthaft, wenn der Wert des Beschwerdegegenstandes 200 EUR übersteigt (§ 567 Abs. 2 ZPO). **Wird der Beschwerdewert von 200 EUR nicht erreicht**, findet gemäß § 11 Abs. 2 S. 1 RpflG gegen den Kostenfestsetzungsbeschluss die **befristete Erinnerung** statt. Der Rechtspfleger kann der befristeten Erinnerung abhelfen (§ 11 Abs. 2 S. 2 RpflG). Die durch die Abhilfeentscheidung beschwerte Partei kann gegen sie befristete Erinnerung einlegen (§ 11 Abs. 2 S. 1 RpflG). Hilft der Rechtspfleger einer befristeten Erinnerung nicht ab (§ 11 Abs. 2 S. 1 RpflG), so legt er sie dem Instanzrichter vor (§ 11 Abs. 2 S. 3 RpflG), der endgültig entscheidet. Auf die befristete Erinnerung finden die Vorschriften über die Beschwerde sinngemäß Anwendung (§ 11 Abs. 2 S. 4 RpflG). Das Erinnerungsverfahren ist gerichtsgebührenfrei (§ 11 Abs. 4 RpflG). 19

Daraus ergibt sich folgendes Schema: 20

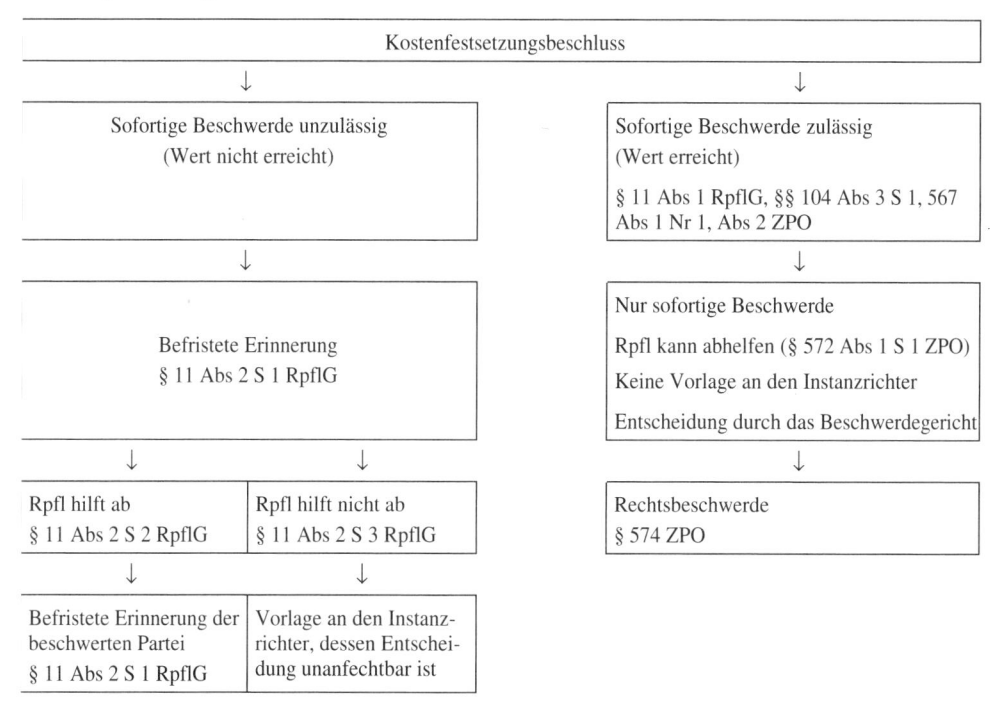

Kostenfestsetzungsbeschluss	
↓	↓
Sofortige Beschwerde unzulässig (Wert nicht erreicht)	Sofortige Beschwerde zulässig (Wert erreicht) § 11 Abs 1 RpflG, §§ 104 Abs 3 S 1, 567 Abs 1 Nr 1, Abs 2 ZPO
↓	↓
Befristete Erinnerung § 11 Abs 2 S 1 RpflG	Nur sofortige Beschwerde Rpfl kann abhelfen (§ 572 Abs 1 S 1 ZPO) Keine Vorlage an den Instanzrichter Entscheidung durch das Beschwerdegericht
↓	↓
Rpfl hilft ab § 11 Abs 2 S 2 RpflG / Rpfl hilft nicht ab § 11 Abs 2 S 3 RpflG	Rechtsbeschwerde § 574 ZPO
↓ ↓	
Befristete Erinnerung der beschwerten Partei § 11 Abs 2 S 1 RpflG / Vorlage an den Instanzrichter, dessen Entscheidung unanfechtbar ist	

Hat das Prozessgericht nach einer entsprechenden Rüge einen Mangel der Prozessvollmacht verneint, kann im Kostenfestsetzungsverfahren die Wirksamkeit der Vollmacht nicht erneut mit derselben Begründung in Frage gestellt werden.[25] Einwendungen gegen die Vollstreckbarkeit eines Kostenfestsetzungsbeschlusses muss der Schuldner im Wege der Vollstreckungsabwehrklage nach § 767 ZPO i.V.m. §§ 794 Abs. 1 Nr. 2, 795 ZPO erheben. Für die Berufung gegen das in dem Vollstreckungsabwehrverfahren ergangene erstinstanzliche Urteil gilt die besondere Zuständigkeitsregelung in § 72 Abs. 1 S. 1 GVG.[26] 21

---

25 BGH V ZB 237/10, ZWE 2011, 400.   26 BGH V ZB 188/08, NZM 2009, 322.

II. Erstattungsfähigkeit

22 Über die Erstattungsfähigkeit wird im Kostenfestsetzungsverfahren entschieden, soweit nicht die Kostenentscheidung die Erstattung oder Nichterstattung bestimmter Einzelposten ausdrücklich anordnet. Erstattungsfähig sind grundsätzlich nur solche Kosten, die zur zweckentsprechenden Erledigung der Angelegenheit notwendig waren. Von der Sonderregelung des § 50 abgesehen gelten die zu § 91 Abs. 1 ZPO entwickelten Grundsätze, deren Darstellung hier zu weit führen würde.

23 Zu den notwendigen Kosten gehören auch die Kosten, die der Gegenseite aufgrund eines materiell-rechtlichen Kostenanspruchs zustehen, insbesondere eine Sondervergütung des WEG-Verwalters für die Vertretung der Wohnungseigentümergemeinschaft.[27] Ist der Verwalter zugleich Rechtsanwalt, besteht kein Anspruch auf Erstattung von Anwaltskosten, sofern der Rechtsanwaltsgeschäftsbesorgungsvertrag erst nach rechtskräftigem Abschluss der Angelegenheit genehmigt wird, der Rechtsanwalt also ausschließlich als Verwalter tätig geworden war.[28] (Zur Klagepauschale des Verwalters siehe § 28 Rn 220.)

III. Kostenfestsetzungsbeschluss zugunsten des Verwalters

24 Soweit der Verwalter selbst Partei ist, kann ein Kostenerstattungsanspruch auch für ihn festgesetzt werden. Hat der Verwalter im eigenen Namen als Prozessstandschafter Wohngeldansprüche gegen einen Wohnungseigentümer geltend gemacht, was nur noch eingeschränkt möglich ist (vgl. § 27 Rn 98 f.), so bleibt die Zwangsvollstreckung aus einem Kostenfestsetzungsbeschluss auch nach Beendigung der Verwaltertätigkeit zulässig, weil der Verwalter selbst aufgrund seiner Parteistellung Inhaber des im Beschluss betragsmäßig ausgewiesenen prozessualen Kostenerstattungsanspruchs ist.[29] Dass der Verwalter bei der prozessualen Geltendmachung der Hausgeldforderungen nach dem Verwaltervertrag im Innenverhältnis für die Rechnung der Gemeinschaft gehandelt hat, bleibt für das Verhältnis der Prozessparteien ohne Bedeutung.[30]

25 Eine **Sondervergütung** des Verwalters für die Bearbeitung eines Rechtsstreits gegen einen Wohnungseigentümer gehört jedenfalls dann nicht zu den nach § 91 Abs. 1 ZPO zu erstattenden Kosten des Rechtsstreits, wenn der Verwalter die Ansprüche der Wohnungseigentümergemeinschaft im eigenen Namen geltend gemacht hat.[31]

H. Kostenansatz

26 Von der Kostenfestsetzung zu unterscheiden ist der Kostenansatz, d.h. die Aufstellung der Kostenrechnung zugunsten der Staatskasse (vgl. § 4 Abs. 1 KostVerf). Gemäß § 19 Abs. 1 S. 1 Nr. 1 GKG werden die Kosten bei dem Gericht angesetzt, bei dem die Angelegenheit anhängig ist oder zuletzt anhängig war. Die Kosten für ein Rechtsmittelverfahren sind bei dem Rechtsmittelgericht anzusetzen (§ 19 Abs. 1 S. 1 Nr. 1 GKG). Der Kostenansatz kann im Verwaltungsweg berichtigt werden, solange nicht eine gerichtliche Entscheidung getroffen ist (§ 19 Abs. 5 S. 1 GKG). Ergeht nach der gerichtlichen Entscheidung über den Kostenansatz eine Entscheidung, durch die der Streitwert anders festgesetzt wird, kann der Kostenansatz ebenfalls berichtigt werden (§ 19 Abs. 5 S. 2 GKG).

27 Das Gericht, bei dem die Kosten angesetzt sind, ist auch zuständig für die Entscheidung über eine **Erinnerung** des Kostenschuldners oder der Staatskasse **gegen den Kostenansatz** (§ 66 Abs. 1 S. 1 GKG). Die Erinnerung ist bei dem Gericht einzulegen, das für die Entscheidung über die Erinnerung zuständig ist (§ 66 Abs. 5 S. 2 GKG). Das Gericht entscheidet über die Erinnerung durch eines seiner Mitglieder als **Einzelrichter** (§ 66 Abs. 6 S. 1 GKG). Der Einzelrichter überträgt das Verfahren der Kammer oder dem Senat, wenn die Sache besondere Schwierigkeiten tatsächlicher oder rechtlicher Art aufweist oder die Rechtssache grundsätzliche Bedeutung hat (§ 66 Abs. 6 S. 2 GKG) Auf eine erfolgte oder unterlassene Übertragung kann ein Rechtsmittel nicht gestützt werden (§ 66 Abs. 6 S. 4 GKG).

28 Gegen die Entscheidung über die Erinnerung findet die **Beschwerde** statt, wenn der Wert des Beschwerdegegenstandes 200 EUR übersteigt (§ 66 Abs. 2 S. 1 GKG) oder sie wegen der grundsätzlichen Bedeutung zugelassen worden ist (§ 66 Abs. 2 S. 2 GKG). Soweit das Gericht die Beschwerde für zulässig und begründet hält, hat es ihr abzuhelfen; im Übrigen ist die Beschwerde unverzüglich dem Beschwerdegericht vorzulegen (§ 66 Abs. 3 S. 1 GKG).

29 **Beschwerdegericht** ist das nächsthöhere Gericht (§ 66 Abs. 3 S. 2 GKG). Eine Beschwerde an einen obersten Gerichtshof des Bundes findet nicht statt (§ 66 Abs. 3 S. 3 GKG). Das Beschwerdegericht ist an die Zulassung der Beschwerde gebunden; die Nichtzulassung ist unanfechtbar (§ 66 Abs. 3 S. 4 GKG). Die Beschwerde ist bei dem Gericht einzulegen, dessen Entscheidung angefochten wird (§ 66 Abs. 5 S. 4 GKG). Das Gericht entscheidet über die Beschwerde durch eines seiner Mitglieder als Einzelrichter, wenn die angefochtene Entscheidung von einem Einzelrichter erlassen wurde (§ 66 Abs. 6 S. 1 GKG). Der Einzelrichter überträgt das Verfahren der Kammer, wenn die Sache besondere Schwierigkeiten tatsächlicher oder rechtlicher Art aufweist oder die Rechtssache grundsätzliche Bedeu-

---

27 LG Nürnberg-Fürth 14 T 614/10 WEG, ZMR 2010, 722.
28 LG Bamberg 1 T 13/09, Info M 2010, 74 m. zust. Anm. *Köhn.*
29 BGH V ZB 134/11, ZWE 2012, 128; BGH V ZR 55/11, NJW 2012, 1207 Tz. 7.
30 BGH V ZR 55/11, NJW 2012, 1207 Tz. 7.
31 BGH V ZB 134/11, ZWE 2012, 128.

tung hat (§ 66 Abs. 6 S. 2 GKG) Auf eine erfolgte oder unterlassene Übertragung kann ein Rechtsmittel nicht gestützt werden (§ 66 Abs. 6 S. 4 GKG).

Anträge und Erklärungen können zu Protokoll der Geschäftsstelle abgegeben oder schriftlich eingereicht werden; § 129a der Zivilprozessordnung gilt entsprechend (§ 66 Abs. 5 S. 1 GKG). 30

Erinnerung und Beschwerde haben **keine aufschiebende Wirkung** (§ 66 Abs. 7 S. 1 GKG). Das Gericht oder das Beschwerdegericht kann auf Antrag oder von Amts wegen die aufschiebende Wirkung ganz oder teilweise anordnen (§ 66 Abs. 7 S. 2 GKG). 31

Die **weitere Beschwerde** ist nur statthaft, wenn sie das Landgericht als Beschwerdegericht wegen der grundsätzlichen Bedeutung der zur Entscheidung stehenden Frage zulässt und sie darauf gestützt wird, dass die Entscheidung auf einer Verletzung des Rechts (§§ 546, 547 ZPO) beruht (§ 66 Abs. 4 GKG). 32

Die Verfahren über die Erinnerung und die Beschwerde sind **gebührenfrei**; **Kosten werden nicht erstattet** (§ 66 Abs. 8 GKG). 33

Anhang zu § 50: § 49a GKG

§ 49a Wohnungseigentumssachen

(1) ¹Der Streitwert ist auf 50 Prozent des Interesses der Parteien und aller Beigeladenen an der Entscheidung festzusetzen. ²Er darf das Interesse des Klägers und der auf seiner Seite Beigetretenen an der Entscheidung nicht unterschreiten und das Fünffache des Wertes ihres Interesses nicht überschreiten. ³Der Wert darf in keinem Fall den Verkehrswert des Wohnungseigentums des Klägers und der auf seiner Seite Beigetretenen übersteigen.

(2) ¹Richtet sich eine Klage gegen einzelne Wohnungseigentümer, darf der Streitwert das Fünffache des Wertes ihres Interesses sowie des Interesses der auf ihrer Seite Beigetretenen nicht übersteigen. ²Absatz 1 Satz 3 gilt entsprechend.

A. Gesetzesmaterialien	1	III. Beispiel		8
B. Regelungszweck	2	IV. Verkehrswertgrenze (§ 49a Abs. 1 S. 3)		9
C. Halbes Gesamtinteresse (§ 49a Abs. 1 S. 1)	4	E. Prozesse gegen einzelne Wohnungseigentümer		10
D. Aktivprozesse einzelner Wohnungseigentümer	5	F. Einzelfälle		11
I. Höheres Einzelinteresse des Klägers	6	G. Streitwertbeschwerde		62
II. Obergrenze	7			

Literatur: Einsiedler, Der Gebührenstreitwert in Wohnungseigentumssachen, ZMR 2008, 765; *Heinemann,* Der Streitwert der Entziehungsklage nach der WEG-Reform, MietRB 2008, 90; *Lehmann-Richter,* Streitwert von Klagen auf Beseitigung von Parabolantennen in Wohnungseigentumsanlagen, ZWE 2010, 389; *Slomian,* Streitwert der Beschlussanfechtungsklage über einen Wirtschaftsplan – Folgen von Fortgeltungsklauseln, ZMR 2010, 745.

A. Gesetzesmaterialien

Gegenäußerung der Bundesregierung: BT-Drucks 16/887, S. 76. 1

B. Regelungszweck

Die von der WEG-Novelle 2007 vorgenommene Erstreckung der ZPO-Regelungen auf Verfahren in Wohnungseigentumssachen bewirkt, dass die Gerichtskosten nach den Regelungen des Gerichtskostengesetzes (§ 1 Nr. 1a GKG) zu erheben sind. Die Gebühren nach dem GKG sind bei demselben Wert um etwa das Vierfache höher als die Gebühren nach der KostO. Außerdem hat eine unterlegene Partei gemäß § 91 Abs. 1 S. 1 ZPO in der Regel die notwendigen außergerichtlichen Kosten der Gegenseite zu erstatten (vgl. § 49 Rn 3). 2

Weil es mit der aus dem Rechtsstaatsprinzip folgenden Justizgewährungspflicht nicht vereinbar ist, den Rechtssuchenden durch Vorschriften über die Gerichts- und Rechtsanwaltsgebühren oder deren Handhabung mit einem Kostenrisiko zu belasten, das außer Verhältnis zu seinem Interesse an dem Verfahren steht und die Anrufung des Gerichts bei vernünftiger Abwägung als wirtschaftlich nicht mehr sinnvoll erscheinen lässt, begrenzt § 49a GKG das Kostenrisiko.[1] Nach den Regeln dieser Vorschrift wurde teilweise bereits vor dem 1.7.2007 praktiziert.[2] § 49a GKG gilt nach Sinn und Zweck nicht für Klagen Dritter nach **§ 43 Nr. 5**.[3] 3

---

[1] Vgl. BT-Drucks 16/887, S. 76.
[2] Vgl. OLG Köln 16 Wx 256/06, NZM 2007, 216.
[3] Ebenso *Klein* in: Bärmann, § 43 Rn 115; vgl. auch *Briesemeister*, NZM 2007, 345, 346.

C. Halbes Gesamtinteresse (§ 49a Abs. 1 S. 1)

4 Ausgangspunkt für die Streitwertbemessung ist das gesamte Interesse aller an dem Verfahren Beteiligten, weil die Rechtskraft des Urteils sich nicht allein auf die Parteien, sondern auf alle beigeladenen Wohnungseigentümer, sowie in den Fällen des § 43 Nr. 2 und 3 auch auf den Verwalter erstreckt. Im Hinblick auf das mit den höheren Gerichtskosten verbundene erhöhte Kostenrisiko wird der Streitwert jedoch auf 50 % des Gesamtinteresses begrenzt (§ 49a Abs. 1 S. 1 GKG).

D. Aktivprozesse einzelner Wohnungseigentümer

5 Für Aktivprozesse einzelner Wohnungseigentümer gilt: 50 % des Gesamtinteresses, mindestens das Interesse des Klägers, maximal das fünffache Interesse des Klägers.[4]

I. Höheres Einzelinteresse des Klägers

6 Ist das Interesse auf der Seite des Klägers, einschließlich der ihm Beigetretenen, an der Entscheidung höher, so ist der Wert dieses Interesses maßgebend (§ 49a Abs. 1 S. 2 GKG), denn sonst wären die auf der Seite des Klägers Beteiligten in WEG-Verfahren ohne einen sachlichen Grund gegenüber anderen ZPO-Verfahren besser gestellt.[5]

II. Obergrenze

7 Der Streitwert darf das Fünffache des Werts des Interesses des Klägers und der auf seiner Seite Beigetretenen an der Entscheidung nicht überschreiten.

III. Beispiel

8 Anfechtungsklage gegen den Beschluss über die Sanierung der Fassade, die 100 000 EUR kosten soll. Der Kläger hat Miteigentumsanteile von 100/10 000 und müsste sich daher an den Kosten der Sanierung mit 1 000 EUR beteiligen. 50 % des Gesamtinteresses wären 50 000 EUR. Das Interesse des Klägers beläuft sich auf 1 000 EUR. Das fünffache Interesse des Klägers und damit der Streitwert beträgt 5.000 EUR.
2,5 Anwaltsgebühren aus 5.000 EUR betragen 752,50 EUR für den eigenen Anwalt.
2,5 Anwaltsgebühren aus 5.000 EUR betragen 752,50 EUR für den Anwalt der Beklagten.
3 Gerichtsgebühren betragen 363 EUR.
Das Kostenrisiko des Klägers für eine Instanz beträgt danach (auf Grundlage der Nettogebühren) rund 1.870 EUR und übersteigt damit deutlich sein Eigeninteresse.

IV. Verkehrswertgrenze (§ 49a Abs. 1 S. 3)

9 Die weitere Begrenzung des Streitwerts auf den Verkehrswert des Wohneigentums dient der Justizgewährungspflicht für solche Ausnahmefälle, in denen das Fünffache des Eigeninteresses der klagenden Partei zwar geringer ist als 50 % des Interesses aller an dem Rechtsstreit Beteiligten, gleichwohl der Streitwert nach dem Fünffachen des Eigeninteresses so hoch ausfiele, dass ein zu dem wirtschaftlichen Interesse an dem Verfahren unverhältnismäßig hohes Kostenrisiko entstünde.[6]

E. Prozesse gegen einzelne Wohnungseigentümer

10 Für Passivprozesse, zu denen Zahlungsklagen gegen einzelne Wohnungseigentümer zählen, gilt: 50 % des Gesamtinteresses, mindestens das Interesse des Klägers, maximal das fünffache Interesse des Beklagten. Auch hier gilt die Verkehrwertgrenze des § 49a Abs. 1 S. 3 GKG.

F. Einzelfälle

11 Die Rechtsprechung zu § 48 WEG a.F. gibt Anhaltspunkte auch für die Bemessung des Streitwerts nach der jetzt geltenden Rechtslage, weil der Ausgangspunkt – nämlich das Interesse aller Beteiligten – gleich geblieben ist.[7] Soweit nachstehend die Rechtsprechung zu § 48 WEG a.F. dargestellt wird, bietet diese lediglich Orientierungen, die an den Eckpunkten „halbes Gesamtinteresse – mindestens Individualinteresse – höchstens fünffaches Individualinteresse"

---

4 Vgl. dazu etwa LG Nürnberg-Fürth 14 T 2925/08, ZMR 2008, 737; LG Hamburg 318 T 79/08, ZMR 2009, 71.
5 Vgl. BT-Drucks 16/887, S. 41.
6 Vgl. BT-Drucks 16/887, S. 54.

7 LG Nürnberg-Fürth 14 T 2925/08, ZMR 2008, 737; LG Hamburg 318 T 79/08, ZMR 2009, 71; LG Frankfurt/Oder 6a S 138/09, ZMR 2011, 741, 743.

zu messen sind. Soweit in Entscheidungen der Streitwert noch in DM festgesetzt worden ist, wurden die DM-Beträge halbiert.

Abänderung des Verteilungsschlüssels 12

Der Streitwert für den Antrag auf Abänderung des Verteilungsschlüssels kann zwar nicht exakt nach der vom Antragsteller behaupteten Benachteiligung berechnet werden, diese gibt jedoch einen tatsächlichen Anhaltspunkt für das Interesse der Beteiligten.[8]

Bauliche Veränderung 13

Ist Streitgegenstand die Beseitigung einer baulichen Veränderung, so sind für das Gesamtinteresse in erster Linie die konkreten Einbau- und Beseitigungskosten maßgebend.[9]

Beschlussanfechtung/Abberufung des Verwalters 14

Für die Anfechtung eines Beschlusses über die Abberufung des Verwalters kann das Gesamtinteresse der Parteien anhand des in der restlichen Vertragslaufzeit anfallenden Verwalterhonorars geschätzt werden.[10] Klagt der Verwalter oder ist er einem klagenden Wohnungseigentümer beigetreten, dann entspricht der Streitwert gemäß § 49a Abs. 1 S. 2 GKG der Höhe des Resthonorars, weil das Interesse des Verwalters als Untergrenze maßgeblich ist.[11] Zur Bestimmung des Interesses eines klagenden Wohnungseigentümers ist der (einfache) Anteil des Klägers an dem restlichen Verwalterhonorar heranzuziehen, der sich aus dem Kostenverteilungsschlüssel ergibt und im Zweifel nach Miteigentumsanteilen zu bemessen ist.[12] Das Fünffache dieses Interesses bildet gemäß § 49a Abs. 1 S. 2 GKG die Streitwertobergrenze. Überschreitet das fünffache Interesse des klagenden Wohnungseigentümers 50 % des Resthonorars, ist der Streitwert auf 50 % des in der restlichen Vertragslaufzeit anfallenden Verwalterhonorars festzusetzen.

Beschlussanfechtung/Beauftragung eines Rechtsanwalts 15

Der Streitwert für die Anfechtung eines Beschlusses über die Beauftragung eines Rechtsanwalts ist nach den voraussichtlich anfallenden Rechtsanwaltskosten zu bestimmen.[13]

Beschlussanfechtung/Bestellung oder Abberufung eines Verwaltungsbeirats 16

Das Gesamtinteresse für die Anfechtung eines Beschlusses über die **Bestellung** von Verwaltungsbeiräten kann mit 1.000 EUR pro Verwaltungsbeirat veranschlagt werden; das Einzelinteresse des Klägers bei drei Verwaltungsbeiräten mit 1.500 EUR.[14] Der Streitwert für die Anfechtung eines Beschlusses über die Abberufung eines Verwaltungsbeirats kann – abhängig von der Größe der Wohnungseigentümergemeinschaft – mit 3.000 EUR bemessen werden.[15]

Beschlussanfechtung/Blankettanfechtung 17

Eine der reinen Fristwahrung dienende Anfechtung sämtlicher Beschlüsse einer Eigentümerversammlung führt nicht zu einer kostenmäßigen Privilegierung des Anfechtenden.[16]

Beschlussanfechtung/Einbau von Rauchwarnmeldern 18

Aus den Anschaffungskosten zuzüglich der Wartungskosten pro Melder und Jahr für einen Zeitraum von drei Jahren ergibt sich das Gesamtinteresse. Übersteigen 50 % des Gesamtinteresses das fünffache Einzelinteresse des Klägers, entspricht das fünffache Einzelinteresse dem Streitwert.[17]

Beschlussanfechtung/Einzelabrechnung 19

Richtet sich die Anfechtung nur gegen die Einzelabrechnung, kann deren Volumen den Streitwert nach oben begrenzen.[18] Dies kommt aber nur in Betracht, wenn die Aufhebung der Einzelabrechnung keine Auswirkungen auf die übrigen Einzelabrechnungen hat.

Beschlussanfechtung/Entlastung 20

Für die Bemessung des Streitwerts ist zunächst der Wert von Forderungen gegen den Verwalter zu berücksichtigen, wenn die Entlastung wegen solcher Forderungen verweigert wird oder verweigert werden soll.[19] Zu berücksichtigen ist aber auch der Zweck der Entlastung, die Grundlage für die weitere vertrauensvolle Zusammenarbeit in der Zukunft zu legen.[20] Das Interesse an der vertrauensvollen Zusammenarbeit ist nicht teilbar und bei allen Wohnungseigentümern dasselbe. Der Wert, den die vertrauensvolle Zusammenarbeit hat, hängt im Regelfall nicht von dem Volumen

---

8 BayObLG 3Z BR 6/98, WuM 1998, 750.
9 BayObLG 3Z BR 94/98 und 3Z BR 95/98, WuM 1998, 688, 689.
10 BGH V ZR 105/11, MDR 2012, 574.
11 OLG Zweibrücken 7 W 57/09, ZMR 2010, 141; LG Düsseldorf 16 S 45/09, ZMR 2010, 713, 715.
12 BGH V ZR 105/11, MDR 2012, 574; OLG München 32 W 2033/09, ZMR 2010, 138 m. krit. Anm. *Müller*; **a.A.** LG Karlsruhe ZWE 2010, 409: zweifacher Anteil; LG Lüneburg 9 T 78/09; ZMR 2010, 228, bestätigt durch OLG Celle 4 W 209/09, ZMR 2010, 384 und OLG Celle 4 W 208/09, NZM 2010, 246: 10 % des Gesamthonorars; OLG Schleswig 3 W 75/11, ZMR 2012, 204, 206: dreifacher Anteil; KG 9 22/11, ZMR 2012, 280, 282: 1.000 EUR für die Verwalterbestellung.
13 BayObLG 2Z BR 40/98, NZM 1999, 321.
14 LG Nürnberg-Fürth 14 T 2469/10 WEG, ZMR 2012, 207, 208.
15 OLG Koblenz 1 W 54/10, ZMR 2011, 56, 59.
16 LG Hamburg 318 T 57/10, ZMR 2010, 990.
17 LG Hamburg 318 T 54/10, ZMR 2011, 160/161.
18 Vgl. OLG Düsseldorf 3 Wx 133/95, WuM 1995, 731, 732.
19 OLG Köln 16 Wx 196/02, ZMR 2003, 959.
20 BGH V ZB 236/10, WuM 2011, 390.

der Jahresabrechnung ab und ist deshalb nach billigem Ermessen zu bestimmen; fehlen besondere Anhaltspunkte für einen höheren Wert, hält der BGH einen Wert von 1.000 EUR für sachgerecht.[21]

21 Beschlussanfechtung/Entziehungsverfahren

Der Streitwert für die Anfechtung eines Beschlusses über die Einleitung des Entziehungsverfahrens gemäß § 18 Abs. 3 ist nicht dem Verkehrswert der Eigentumswohnung gleichzusetzen. Der Streitwert für die Anfechtung eines Entziehungsbeschlusses kann in Anwendung von § 49a Abs. 1 GKG grundsätzlich mit 20 % des Verkehrswerts der Wohnung bemessen werden.[22] (Zum Streitwert der Entziehungsklage siehe Rn 41.)

22 Beschlussanfechtung/Jahresabrechnung

Wird ein Beschluss über die Jahresabrechnung oder den Wirtschaftsplan angefochten, so entspricht das Gesamtinteresse aller Parteien an der Entscheidung in der Regel nicht dem Gesamtvolumen von Jahresabrechnung oder Wirtschaftsplan. Dies gilt auch dann, wenn die Gültigkeit des Beschlusses insgesamt in Frage gestellt wird, da auch in diesem Fall regelmäßig ein erheblicher Teil der Positionen bestehen bleiben wird. Die Rechtsprechung hatte deshalb vor dem Inkrafttreten des § 49a GKG einen dem jeweiligen Einzelfall angemessenen Bruchteil (20–25 %) des Gesamtvolumens als Streitwert festgesetzt.[23]

23 Nachdem es gemäß § 49a Abs. 1 S. 1 GKG auf 50 % des Gesamtinteresses aller Parteien ankommt, werden für Anfechtungen von Jahresabrechnungen diese 50 % von einem Teil der Rechtsprechung mit **10 %** (= 50 % von 20 %) **des streitigen Abrechnungsvolumens** veranschlagt.[24] Teilweise werden auch 15 % (= 50 % von 30 %) angesetzt.[25] Der Betrag von 10 % bzw. 15 % ist als Streitwert festzusetzen, wenn er das Einzelinteresse des Klägers nicht unterschreitet und das fünffache Einzelinteresse des Klägers nicht überschreitet. Für die Anfechtung des Beschlusses über den Wirtschaftsplan wird das Gesamtinteresse mit 20 % des Gesamtvolumens bemessen.[26] Vereinzelt wird vertreten, der Streitwert sei aus dem ungekürzten Abrechnungssaldo bzw. Gesamtwirtschaftsplan zu bilden, insbesondere, wenn der Beschluss über Abrechnung oder den Wirtschaftsplan insgesamt angefochten werden.[27]

24 Macht der Anfechtungskläger nur formale Mängel geltend, werden die 50 % für Anfechtungen von Jahresabrechnungen mit nur **5 % des Nennbetrages** aller in der Jahresabrechnung ausgewiesenen Kosten veranschlagt.[28]

25 Nach der von den Gerichten in Hamburg angewendeten sog. **Hamburger Formel** berechnet sich das im Ausgangspunkt maßgebliche Gesamtinteresse der Parteien bei einer Gesamtanfechtung der Jahresabrechnung aus dem Einzelinteresse des Klägers zuzüglich 25 % des um das Einzelinteresse verminderten Gesamtvolumens.[29] Wird die Anfechtung des Eigentümerbeschlusses über die Jahresabrechnung auf einen einzelnen selbstständigen Rechnungsposten – z.B. die Heizkosten – beschränkt, ist das Einzelinteresse des Klägers diese Position betreffend zuzüglich 25 % des um das Einzelinteresse verminderten Gesamtvolumens dieser Position maßgebend.[30] Die Hälfte des so berechneten Gesamtinteresses ist nach § 49a Abs. 1 S. 1 GKG der Streitwert, soweit der Betrag das Einzelinteresse nicht unterschreitet und das 5-fache Einzelinteresse nicht übersteigt. Bei nur formalen Mängeln ist allerdings eine weitere Reduzierung um 50 % vorzunehmen.[31]

26 Fechten mehrere Eigentümer den Beschluss über die Jahresabrechnung an, dann sind sie notwendige Streitgenossen (vgl. § 47 Rn 11). Da sich weder das Gesamtinteresse noch das Einzelinteresse der einzelnen Klägers dadurch erhöht, dass mehrere Wohnungseigentümer den Abrechnungsbeschluss angefochten haben, werden die Werte nicht addiert, sondern der höchste Einzelwert – berechnet nach der Hamburger Formel – zugrunde gelegt.[32]

27 Die Anwendung der Hamburger Formel ist nicht zwingend, ihre Nichtanwendung ist kein Ermessensfehler.[33]

---

21 BGH V ZB 236/10, WuM 2011, 390; ebenso LG Itzehoe 11 S 16/11, ZMR 2012, 390, 391; vgl. auch LG Nürnberg-Fürth 14 T 2103/09, ZMR 2009, 555 und LG Dessau-Roßlau 6 S 101/08, ZMR 2009, 794: 500 EUR für die Entlastung des Verwalters; LG Hamburg 318 T 54/10, ZMR 2011, 160/161: 5.800 EUR für die Entlastung der Verwalters, 2.900 EUR für die Entlastung des Verwaltungsbeirats; AG Regensburg 8 C 2322/08, ZMR 2009, 647: 200 EUR für die Entlastung des Verwaltungsbeirats; LG Lüneburg 9 S 29/11, ZMR 2012, 296, 297: 1.000 EUR für die Entlastung des Verwalters, 500 EUR für die Entlastung des Verwaltungsbeirats.

22 BGH V ZR 2/11, ZWE 2011, 359; OLG Koblenz 1 W 54/10, ZMR 2011, 56, 58.

23 Vgl. etwa BayObLG 2Z BR 143/00, NZM 2001, 713, 714 (25 %); OLG Hamburg 2 W 21/86, MDR 1988, 55, 56: Summe der Einzelbeanstandungen zuzüglich 25 % des Gesamtvolumens.

24 LG Nürnberg-Fürth 14 T 2925/08, ZMR 2008, 737; LG Nürnberg-Fürth 14 T 2103/09, ZMR 2009, 555; LG Saarbrücken 5 T 40/09, NZM 2009, 323; LG Saarbrücken 5 T 414/09, ZMR 2010, 642/643; LG Itzehoe 11 T 10/11, ZMR 2011, 667, 668; LG Itzehoe 11 S 16/11, ZMR 2012, 390, 391.

25 LG Frankfurt/Oder 6a S 138/09, ZMR 2011, 741, 744.

26 LG Nürnberg-Fürth 14 T 2469/10 WEG, ZMR 2012, 207, 208.

27 OLG Bamberg 3 W 94/10 und 3 W 105/10, ZMR 2011, 887.

28 LG Dessau-Roßlau 6 S 101/08, ZMR 2009, 794.

29 LG Hamburg 9 W 34/10, ZMR 2010, 873; LG Hamburg 318 T 79/08, ZMR 2009, 71; LG Hamburg 318 T 34/09, ZMR 2010, 144.

30 LG Hamburg 318 T 79/08, ZMR 2009, 71.

31 OLG Hamburg 9 W 34/10, ZMR 2010, 873; **a.A.** LG Hamburg 318 T 75/10, ZMR 2011, 409.

32 LG Hamburg 318 T 54/10, ZMR 2011, 160/161; **a.A.** OLG Bamberg 3 W 94/10 und 3 W 105/10, ZMR 2011, 887.

33 OLG Koblenz 1 W 54/10, ZMR 2011, 56, 58.

Beschlussanfechtung/Lastschriftverfahren 28

Der Streitwert für die Anfechtung eines Beschlusses, der die Wohnungseigentümer zur Teilnahme am Lastschriftverfahren verpflichtet, richtet sich nach dem Interesse der Gesamtheit der Wohnungseigentümer am rechtzeitigen Eingang und der vereinfachten Überwachung der Wohngeldzahlungen.[34]

Beschlussanfechtung/Negativbeschluss 29

Für die isolierte Klage auf Anfechtung eines Negativbeschlusses ist i.d.R. ein Abschlag von 50 % von dem Wert einer Klage auf Durchführung der abgelehnten Maßnahme vorzunehmen.[35]

Beschlussanfechtung/Nichtiger Beschluss 30

Der Streitwert für ein Verfahren, das einen nichtigen Beschluss zum Gegenstand hat, kann niedriger anzusetzen sein als bei einem bloß anfechtbaren Beschluss, da der nichtige Beschluss von Anfang an keine Bindungswirkung entfaltete.[36]

Beschlussanfechtung/Sanierungsmaßnahmen 31

Wird ein Eigentümerbeschluss über eine konkrete Maßnahme (z.B. Dachsanierung) angefochten, so entspricht der voraussichtliche Kostenaufwand für diese Maßnahme dem Gesamtinteresse. Übersteigen 50 % des Gesamtinteresses das fünffache Einzelinteresse des Klägers, entspricht das fünffache Einzelinteresse dem Streitwert.[37]

Beschlussanfechtung/Sondervergütung 32

Für die Anfechtung eines Beschlusses über die Gewährung einer Pauschalvergütung an den Verwalter für die gerichtliche Geltendmachung von Wohngeldbeträgen kann der dreifache Pauschalbetrag als Streitwert festgesetzt werden.[38]

Beschlussanfechtung/Sonderumlage 33

Für die Anfechtung des Beschlusses über eine Sonderumlage entspricht das Gesamtinteresse dem Gesamtvolumen und das Einzelinteresse dem Anteil des Klägers.[39]

Beschlussanfechtung/Verwalterbestellung 34

Wird der Beschluss über die Bestellung eines Verwalters angefochten, bestimmt sich das Gesamtinteresse gemäß § 49a Abs. 1 S. 1 GKG nach der Höhe der Vergütung für den Bestellungszeitraum.[40] Das Einzelinteresse des Klägers ergibt sich aus seinem Kostenanteil und bestimmt die Streitwertuntergrenze.[41] Das Fünffache des Einzelinteresses bildet die Streitwertobergrenze. Überschreitet das fünffache Interesse des Klägers 50 % des Gesamtinteresses, dann ist der Streitwert auf 50 % der Vergütung für den Bestellungszeitraum festzusetzen.

Beschlussanfechtung/Wirtschaftsplan 35

Siehe hierzu die vorhergehenden Ausführungen (vgl. Rn 22).

Eigentümerliste 36

Der Streitwert des Antrags gegen den Verwalter auf Bekanntgabe der vollständigen Eigentümerliste ist mit maximal 25 % des Streitwerts des Verfahrens zu bemessen, für dessen Durchführung die Eigentümerliste benötigt wird.[42]

Einstweilige Verfügung 37

Für die Festsetzung des Streitwerts ist ein Bruchteil des Werts der Hauptsache maßgebend.

Einsicht in die Protokolle: 38

Für den Antrag eines Wohnungseigentümers, dem Verwalter aufzugeben, ihm für bestimmte Jahrgänge Einsicht in die Protokolle der Eigentümerversammlungen zu gewähren, hat das OLG Karlsruhe[43] einen Streitwert von 150 EUR pro Jahrgang als angemessen erachtet.

---

34 BayObLG 2Z BR 48/97, WuM 1997, 459.
35 OLG Köln 16 W 15/10, ZMR 2010, 786.
36 BayObLG WuM 1992, 715.
37 LG Hamburg 318 T 54/10, ZMR 2011, 160/161.
38 AG Hildesheim 18 UR II 34/84, ZMR 1986, 23, 24.
39 LG Nürnberg-Fürth 14 T 2469/10 WEG, ZMR 2012, 207, 208.
40 LG Hamburg 318 S 123/11, ZMR 2012, 37; LG Nürnberg-Fürth 14 T 2469/10 WEG, ZMR 2012, 207.
41 LG Nürnberg-Fürth 14 T 2469/10 WEG, ZMR 2012, 207; **a.A.** KG 9 W 22/11, ZMR 2012, 280, 282: 1.000 EUR.
42 LG Erfurt 7 T 37/99, NZM 2000, 519.
43 Die Justiz 1970, 301, 304.

39 Entfernung einer Parabolantenne

Die Gerichte nehmen Streitwerte zwischen 300 EUR und 2.500 EUR an, wobei die Bemessung oft pauschal erfolgt.[44] Bei der Bemessung des Streitwerts einer Klage auf Entfernung einer Parabolantenne ist sowohl das Interesse der Klägerseite als auch das Interesse des Beklagten an der Fortsetzung der Nutzung zu berücksichtigen.[45] Für die Klägerseite wird man auf den Wertverlust, der die ästhetische Beeinträchtigung der Fassade mit sich bringt, abstellen können und diesen je nach Stärke der Beeinträchtigung mit 0,1 bis 1 % des Verkehrswertes der Einheiten der Kläger bemessen können.[46] Klagt der Verband zur Durchsetzung eines bestandskräftigen Eigentümerbeschlusses, ist die Wertminderung aller Einheiten mit Ausnahme der Einheit des Beklagten maßgebend. Beträgt der Verkehrswert dieser Einheiten 2 Mio. EUR so beträgt bei einer Wertminderung von 0,1 % das Interesse der Klägerseite 2.000 EUR. Bei einer auf der Loggia in einem mit Beton ausgegossenen Eimer aufgestellten unauffälligen Parabolantenne, die nicht aus der Fassade des Hauses hervorragt und den optischen Gesamteindruck des Hauses nicht maßgeblich beeinträchtigt, kann das Interesse der Klägerseite dagegen nur mit 300 EUR zu bemessen sein.[47] Für das Interesse des Beklagten sind der Beseitigungsaufwand und das Interesse an der weiteren Nutzung zu berücksichtigen.[48] Das Nutzungsinteresse kann unter Rückgriff auf § 9 ZPO mit dem 3,5-fachen Betrag der schätzungsweise ersparten Kabelgebühren bemessen werden.[49] Betragen die Kabelgebühren monatlich 50 EUR, beliefe sich das Nutzungsinteresse des Beklagten auf 2.100 EUR, somit wäre bei geschätzten Beseitigungskosten in Höhe von 200 EUR auf 2.300 EUR zu bemessen. Das Gesamtinteresse beider Parteien beliefe sich auf 4.300 EUR und der Streitwert wäre auf 2.150 EUR festzusetzen. Der Betrag überschreitet das Interesse der Klägerseite und bleibt unter dem fünffachen Interesse des Beklagten.

Der Streitwert eines Antrags, durch den der Einbau einer Empfangsanlage für Satellitenfernsehen verhindert werden soll, hat das OLG Koblenz[50] auf 3.000 EUR festgesetzt.

40 Durchführung der Hausordnung

Der gegen den Verwalter gerichtete Antrag, für die Durchführung der Hausordnung mit der Maßgabe zu sorgen, dass Fenster und Türen im Kellergeschoss, abgesehen von kurzfristigen Lüftungsvorgängen, grundsätzlich geschlossen bleiben, kann mit 200 EUR bewertet werden.[51]

41 Entziehungsklage

Der Streitwert einer Eigentumsentziehungsklage bemisst sich nach dem Verkehrswert des zu veräußernden Wohnungs- und Teileigentums.[52] (Zur Anfechtung des Entziehungsbeschlusses siehe Rn 21.)

42 Feststellung/Kostenverteilung

Der Streitwert für einen Antrag auf Feststellung, dass in Zukunft eine andere Abrechnung der Betriebskosten durchzuführen ist, kann in Anlehnung an § 24 Abs. 1b KostO auf den 12-fachen Jahresbetrag der Kosten festgesetzt werden, um die durch die geänderte Abrechnung ein Teil der Wohnungseigentümer entlastet und der andere Teil belastet wird.[53]

43 Feststellung/Teilnahme eines Bevollmächtigten

Der Antrag auf Feststellung, dass ein Wohnungseigentümer berechtigt ist, sich in der Eigentümerversammlung durch einen Bevollmächtigten, insbesondere einen Rechtsanwalt, vertreten zu lassen, stellt eine nicht vermögensrechtliche Angelegenheit dar. Der Streitwert kann daher in Anlehnung an § 30 Abs. 3 i.V.m. Abs. 2 KostO auf den Regelwert von 3 000 EUR (§ 30 Abs. 2 S. 1 KostO) oder je nach Lage des Einzelfalles niedriger oder höher, jedoch nicht über 500 000 EUR festgesetzt werden.[54]

44 Feststellung/Unwirksamkeit einer Eventualeinberufung

Das Interesse an der Feststellung der Unwirksamkeit einer sog Eventualeinberufung kann mit 1.500 EUR bewertet werden.[55]

45 Feststellung/Verwalterbestellung

Der Streitwert eines Antrags auf Feststellung, jemand sei für eine bestimmte Zeit zum Verwalter bestellt worden, bemisst sich in der Regel nach der Vergütung für diese Zeit.[56] Die Verwaltervergütung ist auch maßgebend, für

---

44 Vgl. etwa AG Wedding 9 C 477/09 IMR 2010, 258: 300 EUR; AG Neumarkt 3 C 796/08 WEG, zitiert nach Juris: 1.000 EUR; LG Bremen 2 T 893/96, WuM 1997, 70: 2.500 EUR.
45 *Monschau* in: Schneider/Herget, Rn 6310.
46 *Lehmann-Richter*, ZWE 2010, 389, 390.
47 *Lehmann-Richter*, ZWE 2010, 389, 390; vgl. zum Mietrecht auch BGH VIII ZB 32/05, zitiert nach Juris.
48 *Lehmann-Richter*, ZWE 2010, 389, 390; *Monschau* in: Schneider/Herget, Rn 6310.
49 *Lehmann-Richter*, ZWE 2010, 389, 390, 391.
50 OLG Koblenz 5 W 288/09, ZMR 2012, 305.
51 OLG Karlsruhe Die Justiz 1970, 301, 304.
52 BGH V ZR 28/06, NZM 2006, 873; OLG Köln 16 W 25/10, ZMR 2010, 977, 978.
53 BayObLG BReg 2 Z 100/86, JurBüro 1987, 579/580.
54 Vgl. OLG Karlsruhe Die Justiz 1976, 301, 303.
55 BayObLG 3Z BR 268/96, WuM 1997, 400.
56 BayObLG 2Z BR 130/96, WuM 1997, 245.

den Antrag auf Feststellung der TOP Abberufung/Neuwahl des Verwalters sei zu Unrecht nicht in die Tagesordnung aufgenommen worden.[57] Maßgebend ist nicht der Gewinn, sondern die Verwaltervergütung insgesamt.[58]

Herausgabe/Verwaltungsunterlagen 46

Der Streitwert für den Antrag auf Herausgabe der Verwaltungsunterlagen kann auf 3.000 EUR festgesetzt werden.

Jahresabrechnung/Erstellung der Jahresabrechnung 47

Für den Antrag auf Erstellung einer Jahresabrechnung erscheinen 3.000 EUR angemessen.

Notverwalter 48

Das Gesamtinteresse für den Antrag auf Bestellung eines Verwalters durch das Gericht entspricht dem Honorar eines Verwalters für ein Jahr und ist mangels anderer Anhaltspunkte wie in dem Verwaltervertrag des bestellten Verwalters anzusetzen; das Einzelinteresse des Klägers richtet sich nach seinem Anteil an diesen Kosten.[59]

Nutzungsentgelt 49

Wird um die Erhöhung des Nutzungsentgelts für die Gebrauchsüberlassung gemeinschaftlichen Eigentums an einen Wohnungseigentümer gestritten, so kann das Interesse der Beteiligten nach Maßgabe des einjährigen Erhöhungsbetrages geschätzt werden.[60]

Nutzung von Gemeinschaftseigentum 50

Bei einem Streit um die Nutzung von Gemeinschaftseigentum ist der Streitwert an einem fiktiven jährlichen Nutzungswert oder am Grundstückswert zu orientieren.[61]

Protokollberichtigung 51

Der Streitwert eines Verfahrens über die Berichtigung des Protokolls einer Wohnungseigentümerversammlung bemisst sich nach dem Interesse der Beteiligten an der Berichtigung, nicht nach den bloßen Berichtigungskosten.[62]

Rechnungslegung 52

Für den Antrag auf Rechnungslegung durch den Verwalter erscheinen 1.000 EUR angemessen.

Selbstständiges Beweisverfahren 53

Da es sich um einen vorgezogenen Hauptsachebeweis handelt, ist der Wert der Hauptsache maßgebend.[63]

Unterlassung 54

Bei Unterlassungsansprüchen ist für den Streitwert nicht nur das Interesse der Antragstellerseite an der Beseitigung des beanstandeten Verhaltens, sondern auch das Interesse der Antragsgegnerseite an der Abweisung der Unterlassungsanträge (Abwehrinteresse) zu berücksichtigen.[64]

Unterlassung/Kellernutzung 55

Der Streitwert eines Verfahrens, mit dem der Anspruch auf Unterlassung der Nutzung eines Kellers als Wohnung durchgesetzt werden soll, richtet sich nicht nach den Vorteilen des Antragsgegners bei Verkauf der Wohnung, sondern nach den Vorteilen der Nutzung als Wohnung.[65]

Unterlassung/Prostitution 56

Für den Antrag auf Unterlassung der Prostitutionsausübung in einer Eigentumswohnung, die sich in einer Anlage mit 152 Eigentumswohnungen befindet, hält das *OLG Frankfurt*[66] einen Streitwert von 15.000 EUR für angemessen. Das OLG Karlsruhe[67] bewertet bei einer Anlage mit 42 Wohnungen die Beeinträchtigung pro Wohnung mit 250 EUR.

Verwalterabberufung/Verwalterbestellung 57

Der Streitwert für die Bestellung eines Verwalters bestimmt sich unabhängig von der Dauer der Verwaltung nach dem für 1 Jahr geschuldeten Verwalterhonorar.[68] Der Streitwert für die Abberufung eines Verwalters liegt im Regelfall bei 50 % des Honorars für die Restlaufzeit des Verwaltervertrags.[69]

Zahlungsanträge 58

Bei Zahlungsanträgen wirft die Festsetzung des Streitwerts regelmäßig keine Probleme auf. Streitwert ist der geltend gemachte Betrag, bei mehreren Einzelforderungen der Gesamtbetrag und bei echter Verfahrensverbindung der Gesamtbetrag aus allen Verfahren.

---

57 BayObLG 3Z BR 268/96, WuM 1997, 400.
58 OLG Schleswig 2 W 98/89, NJW-RR 1990, 1045.
59 LG Nürnberg-Fürth 14 T 2469/10 WEG, ZMR 2012, 207, 208.
60 BayObLG BReg 2 Z 7/78, ZMR 1979, 214, 216.
61 Anders OLG Schleswig 2 W 4/96, WuM 1996, 305.
62 BayObLG 3Z BR 106/96, WuM 1996, 726.
63 Vgl. Zöller/*Herget*, § 3 ZPO Rn 16 Stichwort Selbstständiges Beweisverfahren.
64 OLG Karlsruhe 14 Wx 35/99, NZM 2000, 194; **a.A.** KG 24 W 5569/92, ZMR 1993, 346.
65 BayObLG 3Z BR 134/00, NZM 2001, 150.
66 20 W 418/89, WuM 1990, 452, 453.
67 OLG Karlsruhe 14 Wx 35/99, NZM 2000, 194.
68 OLG Stuttgart ZMR 2003, 782, 783; AG Landsberg am Lech 1 C 2225/08, ZMR 2009, 486, 487.
69 LG München I 1 T 499/09, ZWE 2009, 315 m.w.N. und Anm. *Sommer*, S. 317.

59 Zahlungsanträge/Nebenforderungen:
Nach §§ 4 Abs. 1 Hs. 2 ZPO, 43 Abs. 1 GKG erhöhen Zinsen und Kosten (z.B. vorgerichtliche Mahnkosten) den Wert nicht, wenn sie als Nebenforderung geltend gemacht werden.

60 Zahlungsanträge/Aufrechnung:
Ist die Aufrechnung unzulässig, so ist der Wert der zur Aufrechnung gestellten Forderung gemäß § 45 Abs. 3 GKG bei der Festsetzung des Streitwerts nicht zu berücksichtigen.[70]

61 Zustimmung gemäß § 12
Wird der Verwalter gemäß § 43 Nr. 3 auf Erteilung der Zustimmung gemäß § 12 in Anspruch genommen, so ist der Streitwert in der Regel in Höhe von 10–20 % des Verkaufspreises festzusetzen, soweit nicht besondere Umstände einen höheren oder niedrigeren Streitwert ergeben, denn die Verweigerung der Zustimmung stellt kein absolutes Veräußerungshindernis dar, weil eine Veräußerung an einen anderen Erwerber in Betracht kommt.[71]

G. Streitwertbeschwerde

62 Gegen den Beschluss, durch den der Wert für die Gerichtsgebühren festgesetzt worden ist (§ 63 Abs. 2), findet die Beschwerde statt, wenn der Wert des Beschwerdegegenstands 200 EUR übersteigt (§ 68 Abs. 1 S. 1 GKG). Die von einem Prozessbevollmächtigten aus eigenem Recht eingelegte Beschwerde, mit der eine Heraufsetzung des Streitwerts angestrebt wird, ist zulässig (§ 32 Abs. 2 RVG). Die ausdrücklich im Namen der Partei eingelegte Beschwerde, mit der eine Heraufsetzung des Streitwerts begehrt wird, ist dagegen regelmäßig nach § 68 Abs. 1 GKG unzulässig, weil eine Partei durch eine zu niedrige Festsetzung nicht beschwert ist.[72] Etwas anderes gilt aber dann, wenn der Verwalter, dem hinsichtlich eines Teils der angefochtenen Beschlüsse gem. § 49 Abs. 2 die Kosten auferlegt worden sind, eine Verbesserung seiner Kostenquote anstrebt.[73] Die Beschwerde findet auch statt, wenn sie das Gericht, das die angefochtene Entscheidung erlassen hat, wegen der grundsätzlichen Bedeutung der zur Entscheidung stehenden Frage in dem Beschluss zulässt (§ 68 Abs. 1 S. 2 GKG).

63 Die Beschwerde ist nur zulässig, wenn sie innerhalb von 6 Monaten nach Rechtskraft der Entscheidung in der Hauptsache oder der anderweitigen Erledigung des Verfahrens eingelegt wird (§ 68 Abs. 1 S. 3, § 63 Abs. 3 S. 2 GKG). Ist der Streitwert später als einen Monat vor Ablauf dieser Frist festgesetzt worden, kann sie noch innerhalb eines Monats nach Zustellung oder formloser Mitteilung des Festsetzungsbeschlusses eingelegt werden (§ 68 Abs. 1 S. 3 GKG). Im Fall der formlosen Mitteilung gilt der Beschluss mit dem dritten Tage nach Aufgabe zur Post als bekannt gemacht (§ 68 Abs. 1 S. 4 GKG).

64 Soweit das Gericht die Beschwerde für zulässig und begründet hält, hat es ihr abzuhelfen; im Übrigen ist die Beschwerde unverzüglich dem Beschwerdegericht vorzulegen (§§ 68 Abs. 1 S. 5, 66 Abs. 3 S. 1 GKG). **Beschwerdegericht** ist das nächsthöhere Gericht (§§ 68 Abs. 1 S. 5, 66 Abs. 3 S. 2 GKG). Richtet sich eine Beschwerde gegen die Streitwertbemessung des Landgerichts für das Berufungsverfahren, entscheidet über sie das zuständige Oberlandesgericht.[74] Eine Beschwerde an den BGH findet nicht statt (§§ 68 Abs. 1 S. 5, 66 Abs. 3 S. 3 GKG). Das Beschwerdegericht ist an die Zulassung der Beschwerde gebunden; die Nichtzulassung ist unanfechtbar (§§ 68 Abs. 1 S. 5, 66 Abs. 3 S. 4 GKG). Die Beschwerde ist bei dem Gericht einzulegen, dessen Entscheidung angefochten wird (§§ 68 Abs. 1 S. 5, 66 Abs. 5 S. 4 GKG). Das Gericht entscheidet über die Beschwerde durch eines seiner Mitglieder als Einzelrichter, wenn die angefochtene Entscheidung von einem Einzelrichter erlassen wurde (§§ 68 Abs. 1 S. 5, 66 Abs. 6 S. 1 GKG). Der Einzelrichter überträgt das Verfahren der Kammer, wenn die Sache besondere Schwierigkeiten tatsächlicher oder rechtlicher Art aufweist oder die Rechtssache grundsätzliche Bedeutung hat (§§ 68 Abs. 1 S. 5, 66 Abs. 6 S. 2 GKG). Auf eine erfolgte oder unterlassene Übertragung kann ein Rechtsmittel nicht gestützt werden (§§ 68 Abs. 1 S. 5, 66 Abs. 6 S. 4 GKG).

65 Die **weitere Beschwerde** ist nur statthaft, wenn sie das Landgericht als Beschwerdegericht wegen der grundsätzlichen Bedeutung der zur Entscheidung stehenden Frage zulässt und sie darauf gestützt wird, dass die Entscheidung auf einer Verletzung des Rechts (§§ 546, 547 ZPO) beruht (§§ 68 Abs. 1 S. 5, 66 Abs. 4 S. 1, 2 GKG). Die Nachprüfung der angegriffenen Wertfestsetzung hat sich daher regelmäßig darauf zu beschränken, ob das Beschwerdegericht das ihm zustehende Ermessen überhaupt ausgeübt, die gesetzlichen Grenzen eingehalten und alle wesentlichen Gesichtspunkte in einer dem Zweck der Ermächtigungsgrundlage Rechnung tragenden Weise einbezogen hat.[75] Über die weitere Beschwerde entscheidet das Oberlandesgericht (§§ 68 Abs. 1 S. 5, 66 Abs. 4 S. 3 GKG). Anträge und Erklärungen können zu Protokoll der Geschäftsstelle abgegeben oder schriftlich eingereicht werden; § 129a der Zivilprozessordnung gilt entsprechend (§§ 68 Abs. 1 S. 5, 66 Abs. 5 S. 1 GKG). Die weitere Beschwerde ist innerhalb eines Monats

---

70 BayObLG WE 1991, 26.
71 KG 11 W 15/06 NZM 2008, 47 m.w.N.
72 BGH IVa ZR 138/83, NJW-RR 1986, 737.
73 OLG Koblenz 1 W 54/10, ZMR 2011, 56, 57.
74 OLG Koblenz 5 W 220/09, NJW 2009, 1978; OLG Koblenz 5 W 70/08, MDR 2008, 405 m.w.N.; OLG Hamburg 9 W 34/10, ZMR 2010, 873; KG 9 W 22/11, ZMR 2012, 280 m.w.N.
75 OLG Koblenz 1 W 54/10, ZMR 2011, 56, 57 f.

nach Zustellung der Entscheidung des Beschwerdegerichts einzulegen (§ 68 Abs. 1 S. 6 GKG). War der Beschwerdeführer ohne sein Verschulden verhindert, die Frist einzuhalten, ist ihm auf Antrag von dem Gericht, das über die Beschwerde zu entscheiden hat, Wiedereinsetzung in den vorigen Stand zu gewähren, wenn er die Beschwerde binnen zwei Wochen nach der Beseitigung des Hindernisses einlegt und die Tatsachen, welche die Wiedereinsetzung begründen, glaubhaft macht (§ 68 Abs. 2 S. 1 GKG). Nach Ablauf eines Jahres, von dem Ende der versäumten Frist an gerechnet, kann die Wiedereinsetzung nicht mehr beantragt werden (§ 68 Abs. 2 S GKG). Gegen die Ablehnung der Wiedereinsetzung findet die Beschwerde statt (§ 68 Abs. 2 S. 3 GKG). Sie ist nur zulässig, wenn sie innerhalb von zwei Wochen eingelegt wird (§ 68 Abs. 2 S. 4 GKG). Die Frist beginnt mit der Zustellung der Entscheidung (§ 68 Abs. 2 S. 5 GKG). § 66 Abs. 3 S. 1 bis 3, Abs. 5 S. 1 und 4 und Abs. 6 GKG ist entsprechend anzuwenden (§ 68 Abs. 2 S. 6 GKG).

Die Verfahren sind gebührenfrei; Kosten werden nicht erstattet (§ 68 Abs. 3 GKG). 66

§§ 51 bis 58 (weggefallen)

IV. Teil: Ergänzende Bestimmungen

§§ 59, 60 (weggefallen)

§ 61 [Heilung des Eigentumerwerbs]

¹Fehlt eine nach § 12 erforderliche Zustimmung, so sind die Veräußerung und das zugrunde liegende Verpflichtungsgeschäft unbeschadet der sonstigen Voraussetzungen wirksam, wenn die Eintragung der Veräußerung oder einer Auflassungsvormerkung in das Grundbuch vor dem 15.1.1994 erfolgt ist und es sich um die erstmalige Veräußerung dieses Wohnungseigentums nach seiner Begründung handelt, es sei denn, dass eine rechtskräftige gerichtliche Entscheidung entgegensteht. ²Das Fehlen der Zustimmung steht in diesen Fällen dem Eintritt der Rechtsfolgen des § 878 des Bürgerlichen Gesetzbuchs nicht entgegen. ³Die Sätze 1 und 2 gelten entsprechend in den Fällen der §§ 30 und 35 des Wohnungseigentumsgesetzes.

Literatur: *Pause*, Das Gesetz zur Heilung des Erwerbs von Wohnungseigentum, NJW 1994, 501.

1 Mit dieser Regelung, eingefügt aufgrund des Gesetzes vom 15.1.1994,[1] wurden die Rechtsfolgen der BGH-**Entscheidung** vom 21.2.1991[2] geheilt. Der BGH hat mit seiner Entscheidung eine bis dahin von der überwiegenden Meinung in Rechtsprechung und Literatur[3] vertretene Rechtsauffassung als unzulässig verworfen, wonach trotz **vereinbarter Veräußerungszustimmung gemäß § 12** die Erstveräußerung eines Wohnungseigentums durch den nach § 8 teilenden Eigentümer als zustimmungsfrei angesehen wurde. Da die Grundbuchämter in Vollzug dieser Rechtsauffassung Eigentumsumschreibungen auf die Ersterwerber ohne Zustimmungsnachweis vorgenommen hatten, waren unter Zugrundelegung der neuen BGH-Rechtsprechung die schuldrechtlichen und dinglichen Verträge in diesen Fällen schwebend unwirksam und die Erwerber hatten noch kein Wohnungseigentum erworben.

2 Mit § 61 (Überschrift ist nicht amtlich) wurde dieser schwebende Rechtszustand beendet. Trotz seines scheinbar weitergehenden, alle Fälle einer Erstveräußerung – und so auch die nach § 3 – umfassenden Wortlauts bezieht sich die Vorschrift nur auf die **erstmalige Veräußerung** des Wohnungseigentums nach seiner Begründung im Wege der Vorratsteilung **gemäß § 8 WEG**.[4]

3 Gemäß S. 1 gilt dies nur für **vor dem 15.1.1994 erfolgte** Eigentumsumschreibungen oder eingetragene Auflassungsvormerkungen. Schuldrechtliche und dingliche Verträge sind dann so zu behandeln, als habe die Zustimmung vorgelegen. Eigentum und Auflassungsvormerkung sind – bei Vorliegen der sonstigen Voraussetzungen und nicht entgegenstehenden gerichtlichen Entscheidungen[5] – mit Eintragung im Grundbuch rückwirkend wirksam erworben.

4 Nach allgemeinen Grundsätzen würde das Fehlen der Zustimmung wegen der an sich entgegenstehenden schwebenden Unwirksamkeit den Eintritt der Rechtsfolgen des **§ 878 BGB** ausschließen.[6] Dies wird durch Satz 2 verhindert.

5 Nach Satz 3 gelten die Sätze 1 und 2 entsprechend, wenn vor dem 15.1.1994 ein **Wohnungserbbaurecht** (§ 30 Abs. 3 S. 2 i.V.m. § 12) oder ein **Dauerwohnrecht** (§ 35; auch i.V.m. § 42) veräußert wurde.

§ 62 Übergangsvorschrift

(1) Für die am 1.7.2007 bei Gericht anhängigen Verfahren in Wohnungseigentums- oder in Zwangsversteigerungssachen oder für die bei einem Notar beantragten freiwilligen Versteigerungen sind die durch die Artikel 1 und 2 des Gesetzes vom 26.3.2007 (BGBl I S. 370) geänderten Vorschriften des III. Teils dieses Gesetzes sowie die des Gesetzes über die Zwangsversteigerung und die Zwangsverwaltung in ihrer bis dahin geltenden Fassung weiter anzuwenden.

(2) In Wohnungseigentumssachen nach § 43 Nr. 1 bis 4 finden die Bestimmungen über die Nichtzulassungsbeschwerde (§ 543 Abs. 1 Nr. 2, § 544 der Zivilprozessordnung) keine Anwendung, soweit die anzufechtende Entscheidung vor dem 31. Dezember 2014 verkündet worden ist.

---

1 BGBl I S. 66.
2 V ZB 13/90, NJW 1991, 1613.
3 Vgl. z.B. BayObLG BReg 2 Z 99/87, Rpfleger 1988, 95; OLG Frankfurt 20 W 402/88, Rpfleger 1989, 59.
4 KG 1 W 6026/93, WuM 1994, 499; a.A. *Pause*, NJW 1994, 501.
5 Palandt/*Bassenge*, § 61 Rn 2.
6 Palandt/*Bassenge*, § 878 Rn 15.

Übergangsvorschrift **§ 62 WEG 2**

Literatur: *Bergerhoff*, Übergangsrechtliche Problem in wohnungseigentumsrechtlichen „Altverfahren", NZM 2007, 553; *Briesemeister*, Auswahl der anwendbaren Prozessordnung bei Klageerweiterungen?, GE 2009, 97; *Niedenführ*, Erste Erfahrungen mit dem neuen WEG-Verfahrensrecht, NJW 2008, 1768; *Schmid*, WEG-Reform- Wann gilt altes – wann gilt neues Recht?, ZMR 2008, 181.

Die Vorschrift ist aufgrund Art. 1 Nr. 21 **WEG-ÄnderungsG** eingefügt worden. Sie enthält eine Übergangsregelung, damit die verfahrensrechtlichen Änderungen (Erstreckung der ZPO-Regelungen auf Verfahren in WEG-Sachen, Aufhebung des freiwilligen Versteigerungsverfahrens sowie Einführung eines begrenzten Vorrangs für Hausgeldforderungen) die bereits anhängigen Verfahren nicht berühren. **1**

Nach Abs. 1 sind danach für alle im **Zeitpunkt des Inkrafttretens** des WEG-ÄnderungsG – dies ist gemäß Art. 4 WEG-ÄnderunG der **1.7.2007** – bei Gericht anhängigen Verfahren in Wohnungseigentums-und Zwangsversteigerungssachen oder für die bei einem Notar beantragten freiwilligen Versteigerungen die Vorschriften des III. Teils des WEG – nämlich die Verfahrensvorschriften der §§ 43 ff. – sowie die Vorschriften des ZVG in ihrer vor Inkrafttreten des WEG-ÄnderungsG geltenden Fassung weiter anzuwenden. **2**

Der Zeitpunkt der **Anhängigkeit** ist für die Frage entscheidend, welche Rechtsvorschriften Anwendung finden. Es ist also der **Eingang beim Gericht**, nicht die Rechtshängigkeit entscheidend. Ein bloßer PKH-Antrag mit Klageentwurf genügt daher nicht.[1] Bei Mahnverfahren ist der Eingang der Akten beim Streitgericht maßgebend, nicht der Antrag auf Erlass des Mahnbescheides.[2] Die Rückwirkungsfiktion gemäß § 696 Abs 1 S. 4 ZPO bzw. § 700 Abs. 2 S. 2 ZPO findet insoweit keine Anwendung.[3] **Zwangsvollstreckungsverfahren**, wie die Vollstreckungsgegenklage gemäß § 767 ZPO[4] und Anträge nach 887 ff. ZPO[5] sind eigenständige Verfahren, so dass auf ihren Eingang bei Gericht abzustellen ist. Für Verfahren in **Zwangsversteigerungssachen**[6] ist maßgeblicher Stichtag der Erlass des Anordnungsbeschlusses gemäß § 20 Abs. 1 ZVG, nicht der Zeitpunkt späterer Verfahrensbeitritte.[7] Soweit dieser vor dem 1.7.2007 erlassen wurde, findet eine bevorrechtigte Zwangsvollstreckung aus der Rangklasse des § 10 Abs. 1 Nr. 2 ZVG nicht statt[8] und bei der Zwangsverwaltung gelten laufende Wohngelder als Ausgaben der Verwaltung gemäß § 155 Abs. 1 ZVG, die unabhängig von der Erzielung von Einkünften zu bezahlen sind.[9] **3**

Die **Wohnungseigentumssachen** umfassen das Erkenntnisverfahren nach § 43 n.F. Auch die **Rechtsmittelkonzentration gemäß § 72 Abs. 2 GVG** erfasst nur diese Streitigkeiten und nicht diejenigen nach § 43 Abs. 1 WEG a.F.[10] Wegen des engen Zusammenhangs mit dem Erkenntnisverfahren erfasst § 72 Abs. 2 GVG darüber hinaus aber auch Vollstreckungsverfahren, sofern zuständiges Vollstreckungsorgan das für die Entscheidung von Wohnungseigentumssachen nach § 43 n.F. berufene Amtsgericht als Prozessgericht des ersten Rechtszugs zuständig ist.[11] Sie gilt hingegen mangels typischer Sachnähe nicht für Zwangsvollstreckungsverfahren, bei denen das Vollstreckungsgericht zuständiges Vollstreckungsorgan ist.[12] **4**

Aus dem **Bereich der Zwangsvollstreckung** werden nur die Zwangsversteigerungsverfahren (einschließlich der Zwangsverwaltungsverfahren[13]) und die bei einem Notar beantragten freiwilligen Versteigerungen erfasst. Auf das sonstige Vollstreckungsverfahren findet § 62 keine Anwendung. Die Vollstreckung in Wohnungseigentumssachen erfolgt wie bisher (vgl. § 45 Abs. 3 a.F.) nach den Vorschriften der ZPO, insbes. nach dem 8. Buch der ZPO. **5**

Auf die bis zum 30.6.2007 eingegangenen Verfahren ist das FGG-Verfahren – auch in der nachfolgenden Rechtsmittelinstanz – weiter anzuwenden und auf Verfahren, die ab dem 1.7.2007 – also auch am 1.7.2007 – bei Gericht eingegangen sind, sind die **ZPO-Verfahrensvorschriften** anzuwenden.[14] Ist im letztgenannten Fall nicht hinreichend deutlich, ob das Verfahrensrecht des FGG oder des ZPO angewandt wurde, so ist in Anwendung des Meistbegünstigungsgrundsatzes sowohl die sofortige Beschwerde gemäß § 45 Abs. 1 WEG a.F. als auch die Berufung gemäß § 511 ZPO zulässig. Ist die sofortige Beschwerde eingelegt, so die Sache entsprechend § 17a Abs. 2 GVG (nach **a.A.** entsprechend § 281 ZPO) an das gemäß § 72 Abs. 2 S. 1 GVG zuständige Berufungsgericht zu verweisen.[15] Dies gilt auch für seit dem 1.7.2007 erfolgte Antragsänderungen i.S.v. § 263 ZPO, über § 264 Nr. 2 **6**

---

1 Palandt/*Bassenge*, § 62 Rn 1.
2 OLG Hamm I-15 Wx 22/09, ZMR 2009, 867.
3 *Schmid*, ZMR 2008, 181; *Niedenführ*, NJW 2008, 1768; **a.A.** *Bärmann/Merle*, § 62 Rn 1.
4 Vgl. BGH V ZB 188/08, WuM 2009, 259.
5 Vgl. OLG Oldenburg 5 AR 41/08, NZM 2009, 259.
6 Aber auch für Zwangsverwaltungsverfahren vgl. BGH V ZB 81/08, NJW 2009, 598.
7 BGH V ZB 123/07, ZMR 2008, 385; *Schneider*, ZMR 2009, 295.
8 BGH V ZB 123/07, ZMR 2008, 385.
9 Zum Streitstand nach dem Inkrafttreten des WEG-ReformG vgl. Teil III ZVG Rn 83 und BGH V ZB 81/08, NJW 2009, 598.
10 OLG München 32 AR 1/08, NZM 2008, 168; OLG Frankfurt 20 W 325/07, NZM 2008, 168; OLG Dresden ZMR2009, 301; *Schmid*, ZMR 2008, 181.
11 OLG Karlsruhe 15 AR 23/08, NZM 2009, 246; vgl. auch BGH V ZB 188/08, WuM 2009, 259 für § 767 ZPO und OLG Oldenburg 5 AR 41/08, NZM 2009, 259 für Antrag nach § 887 ZPO; **a.A.** *Briesemeister*, ZMR 2009, 91.
12 OLG Karlsruhe 15 AR 23/08, NZM 2009, 246.
13 Vgl. BGH V ZB 81/08, NJW 2009, 598.
14 LG Dortmund 11 T 66/07, NZM 2007, 692; **a.A.** *Bergerhoff*, NZM 2007, 553; *Bärmann/Merle*, § 62 Rn 1.
15 OLG Hamm I-15 Wx 22/09, ZMR 2009, 867.

ZPO hinausgehende Antragserweiterungen (z.B. weitere Beschlussanfechtungen, Hilfsanträge) und eingereichte Gegenanträge. In diesen Fällen ist eine **Prozesstrennung** nach § 145 Abs. 1 bzw. 2 ZPO anzuordnen und die Sache als ZPO-Verfahren zu behandeln. Ist die Abtrennung unterblieben, so richten sich Verfahren und Rechtsmittelzuständigkeit allein nach altem Recht.[16] Auf die sofortige Beschwerde hin ist der die Klageerweiterung betreffende Verfahrensteil des AG-Beschlusses mit seiner gesamten Kostenentscheidung aufzuheben und zur erforderlichen Abtrennung zwecks gesonderter Verhandlung und Entscheidung nach der ZPO zurückzuverweisen.[17] Eine Antragsänderung wird bei fehlender Einwilligung des Antragsgegners ohnehin an der Sachdienlichkeit scheitern.

7 Die durch das WEG-ÄnderungsG geänderten **materiell-rechtlichen Vorschriften** des I. und II. Teils des WEG finden hingegen sofort mit ihrem Inkrafttreten Anwendung.[18] Zu beachten ist jedoch, dass auch in diesen Teilen Vorschriften – wie z.B. § 18 Abs. 1 S. 2[19] – enthalten sein können, die – weil es sich der Sache nach um eine Verfahrensvorschrift handelt – erst auf seit dem 1.7.2007 anhängige Verfahren Anwendung finden.

8 Die neu geschaffene begrenzte **Außenhaftung des § 10 Abs. 8 S. 1** ist nicht auf vor dem 1.7.2008 begründete Verbindlichkeiten anzuwenden.[20] Für Altverbindlichkeiten bleibt es beim Haftungskonzept des BGH vom 2.6.2005 (Rechtsgedanke aus Art. 170 EGBGB).

9 Für gerichtliche „**Altverfahren**" ist indes zu differenzieren. Bei Verpflichtungs- oder Unterlassungsanträgen ist auf der Grundlage der neuen materiell-rechtlichen Vorschriften zu entscheiden, da bei ihnen erst durch die gerichtliche Entscheidung ein Recht zu- oder abgesprochen wird.[21] In Beschlussanfechtungs-Altverfahren ist hingegen die Rechtmäßigkeit eines Beschlusses, der vor Inkrafttreten der WEG-Novelle gefasst worden ist, nach denjenigen materiell-rechtlichen Vorschriften zu überprüfen, die zum Zeitpunkt der Beschlussfassung galten.[22] Damit sind nur diejenigen Beschlüsse anhand der neuen materiell-rechtlichen Vorschriften zu überprüfen, die ab diesem Zeitpunkt gefasst werden.

10 Regelungsgegenstand des Abs. 2 ist die **Nichtzulassungsbeschwerde an den Bundesgerichtshof** gemäß § 544 ZPO. Diese war danach für Binnenstreitigkeiten gemäß § 43 Nr. 1–4 zunächst für 5 Jahre nach Inkrafttreten des WEG-ÄnderungsG **ausgeschlossen**,[23] aufgrund Art. 2 des Gesetzes vom 10.5.2012[24] **jetzt bis zum 31.12.2014**. In den Fällen des § 43 Nr. 5 ist sie hingegen gemäß § 26 Nr. 8 EGZPO (Übergangsregelung zur ZPO-Reform) bis zum 31.12.2011 nur bei einer Beschwer von mehr als 20 000 EUR zulässig. Die Revision gegen Entscheidungen des Berufungsgerichts findet anderenfalls nur statt, wenn es diese in seinem Urteil zugelassen hat. Auf diese Weise soll einer Überlastung des Bundesgerichtshofs vorgebeugt werden.

§ 63 Überleitung bestehender Rechtsverhältnisse

(1) Werden Rechtsverhältnisse, mit denen ein Rechtserfolg bezweckt wird, der den durch dieses Gesetz geschaffenen Rechtsformen entspricht, in solche Rechtsformen umgewandelt, so ist als Geschäftswert für die Berechnung der hierdurch veranlassten Gebühren der Gerichte und Notare im Falle des Wohnungseigentums ein Fünfundzwanzigstel des Einheitswerts des Grundstücks, im Falle des Dauerwohnrechts ein Fünfundzwanzigstel des Wertes des Rechts anzunehmen.

(2) ¹Erfolgt die Umwandlung gemäß Absatz 1 binnen zweier Jahre seit dem Inkrafttreten dieses Gesetzes, so ermäßigen sich die Gebühren auf die Hälfte. ²Die Frist gilt als gewahrt, wenn der Antrag auf Eintragung in das Grundbuch rechtzeitig gestellt ist.

(3) Durch Landesgesetz können Vorschriften zur Überleitung bestehender, auf Landesrecht beruhender Rechtsverhältnisse in die durch dieses Gesetz geschaffenen Rechtsformen getroffen werden.

1 Die Vorschrift vermeidet einen Eingriff in bestehende Rechtsverhältnisse, schafft aber durch gebührenrechtliche Begünstigungen einen **Anreiz zur Überleitung** bestehender – dinglicher oder schuldrechtlicher – Rechtsverhältnisse in die durch das Wohnungseigentumsgesetz geschaffenen neuen Rechtsformen. Erfasst wird z.B. die Umwandlung von echtem Stockwerkseigentum in Wohnungseigentum, die Umwandlung eines dingliches Wohnungsrechts oder eines

---

16 OLG München 32 Wx 156/08, NZM 2009, 246; LG Nürnberg-Fürth 14 T 8682/08, ZMR 2009, 77.
17 *Briesemeister*, GE 2009,97.
18 OLG München 32 Wx 26/10, NZM 2011, 39; **a.A.** *Elzer* in: Hügel/Elzer, § 18 Rn 4.
19 Vgl. dazu OLG München 34 Wx 077/07, ZMR 2008, 412.
20 OLG Karlsruhe 9 U 5/08, NZM 2009, 247; vgl. auch OLG München 32 Wx 129/07, NZM 2008, 215; *Briesemeister*, NZM 2008, 230; *Schach*, Juris PR-MietR 9/2008 Anm. 6; vgl. auch *Bergerhoff*, NZM 2007, 553; **a.A.** BGH VIII ZR 329/08, NJW 2010, 932; KG 27 U 36/07, ZMR 2008, 557; *Bärmann/Klein*, § 10 Rn 304, die von einer Anwendbarkeit auf sämtliche vor dem 1.7.2007 begründete Verbindlichkeiten ausgehen; *Schmid*, ZMR 2008, 181, der einschränkend von einer Anwendbarkeit auf sämtliche vor dem 1.7.2007 begründete Verbindlichkeiten ausgeht, sofern sie nach dem 1.7. fällig geworden sind.
21 OLG München 32 Wx 165/07, NJW 2008, 1824; OLG Düsseldorf 3 Wx 54/07, NZM 2007, 930; vgl. auch OLG Hamm 15 W 358/06, ZMR 2008, 156.
22 OLG Köln 16 Wx 289/07, ZMR 2008, 815; KG 24 W 17/08, ZMR 2009, 790.
23 BGH V ZR 68/10, NZM 2011, 202.
24 BGBl I S. 1084.

Mietvertrages in ein Dauerwohnrecht. Nicht hierher gehört die Überleitung einer Miteigentümergemeinschaft nach Bruchteilen in eine Wohnungseigentümergemeinschaft.[1]

Wegen der durch Abs. 3 erteilten Ermächtigung wird auf das Hessische Landesgesetz zur Überleitung des Stockwerkeigentums vom 6.1.1962[2] und das Baden-Württembergische Ausführungsgesetz zum BGB vom 26.11.1974[3] verwiesen. Von diesen Ausnahmen abgesehen fehlt eine gesetzliche Überleitung der alten vor 1900 begründeten und nach Art. 182 EGBGB in Kraft gebliebenen Stockwerkseigentumsrechte.

§ 64 Inkrafttreten

Dieses Gesetz tritt am Tage nach seiner Verkündung in Kraft.

Das Gesetz über das Wohnungseigentum und das Dauerwohnrecht (WEG) ist am 19.3.1951 im Bundesgesetzblatt I S. 175 verkündet worden und daher am 20.3.1951 in Kraft getreten. Mit Wirksamwerden des Beitritts am 3.10.1990 ist das WEG in den neuen Bundesländern in Kraft getreten (Art. 8 des EinigungsV v. 31.8.1990 i.V.m. EinigungsvertragsG v. 18.9.1990, BGBl II S. 885). Das WEG-ÄnderungsG ist am 1.7.2007 in Kraft getreten.

---

1 BayObLG BReg 2 Z 15/57, Z 57, 168.
2 GVBl S. 17.
3 GesBl S. 498.

Teil 3:
Verordnung über Heizkostenabrechnung mit Anmerkungen

Verordnung über die verbrauchsabhängige Abrechnung der Heiz- und Warmwasserkosten (Verordnung über Heizkostenabrechnung – HeizkostenV)

i.d.F. der Bek. vom 5.10.2009 BGBl I S. 3250

§ 1 Anwendungsbereich

(1) Diese Verordnung gilt für die Verteilung der Kosten
1. des Betriebs zentraler Heizungsanlagen und zentraler Warmwasserversorgungsanlagen,
2. der eigenständig gewerblichen Lieferung von Wärme und Warmwasser, auch aus Anlagen nach Nummer 1 (Wärmelieferung, Warmwasserlieferung)

durch den Gebäudeeigentümer auf die Nutzer der mit Wärme oder Warmwasser versorgten Räume.

(2) Dem Gebäudeeigentümer stehen gleich
1. der zur Nutzungsüberlassung in eigenem Namen und für eigene Rechnung Berechtigte,
2. derjenige, dem der Betrieb von Anlagen im Sinne des § 1 Absatz 1 Nummer 1 in der Weise übertragen worden ist, dass er dafür ein Entgelt vom Nutzer zu fordern berechtigt ist,
3. beim Wohnungseigentum die Gemeinschaft der Wohnungseigentümer im Verhältnis zum Wohnungseigentümer, bei Vermietung einer oder mehrerer Eigentumswohnungen der Wohnungseigentümer im Verhältnis zum Mieter.

(3) Diese Verordnung gilt auch für die Verteilung der Kosten der Wärmelieferung und Warmwasserlieferung auf die Nutzer der mit Wärme oder Warmwasser versorgten Räume, soweit der Lieferer unmittelbar mit den Nutzern abrechnet und dabei nicht den für den einzelnen Nutzer gemessenen Verbrauch, sondern die Anteile der Nutzer am Gesamtverbrauch zugrunde legt; in diesen Fällen gelten die Rechte und Pflichten des Gebäudeeigentümers aus dieser Verordnung für den Lieferer.

(4) Diese Verordnung gilt auch für Mietverhältnisse über preisgebundenen Wohnraum, soweit für diesen nichts anderes bestimmt ist.

§ 2 Vorrang vor rechtsgeschäftlichen Bestimmungen

Außer bei Gebäuden mit nicht mehr als zwei Wohnungen, von denen eine der Vermieter selbst bewohnt, gehen die Vorschriften dieser Verordnung rechtsgeschäftlichen Bestimmungen vor.

§ 3 Anwendung auf das Wohnungseigentum

[1]Die Vorschriften dieser Verordnung sind auf Wohnungseigentum anzuwenden unabhängig davon, ob durch Vereinbarung oder Beschluss der Wohnungseigentümer abweichende Bestimmungen über die Verteilung der Kosten der Versorgung mit Wärme und Warmwasser getroffen worden sind. [2]Auf die Anbringung und Auswahl der Ausstattung nach den §§ 4 und 5 sowie auf die Verteilung der Kosten und die sonstigen Entscheidungen des Gebäudeeigentümers nach den §§ 6 bis 9b und 11 sind die Regelungen entsprechend anzuwenden, die für die Verwaltung des gemeinschaftlichen Eigentums im Wohnungseigentumsgesetz enthalten oder durch Vereinbarung der Wohnungseigentümer getroffen worden sind. [3]Die Kosten für die Anbringung der Ausstattung sind entsprechend den dort vorgesehenen Regelungen über die Tragung der Verwaltungskosten zu verteilen.

§ 4 Pflicht zur Verbrauchserfassung

(1) Der Gebäudeeigentümer hat den anteiligen Verbrauch der Nutzer an Wärme und Warmwasser zu erfassen.

(2) [1]Er hat dazu die Räume mit Ausstattungen zur Verbrauchserfassung zu versehen; die Nutzer haben dies zu dulden. [2]Will der Gebäudeeigentümer die Ausstattung zur Verbrauchserfassung mieten oder durch eine andere Art der Gebrauchsüberlassung beschaffen, so hat er dies den Nutzern vorher unter Angabe der dadurch entstehenden Kosten mitzuteilen; die Maßnahme ist unzulässig, wenn die Mehrheit der Nutzer innerhalb eines Monats nach Zugang der Mitteilung widerspricht. [3]Die Wahl der Ausstattung bleibt im Rahmen des § 5 dem Gebäudeeigentümer überlassen.

(3) ¹Gemeinschaftlich genutzte Räume sind von der Pflicht zur Verbrauchserfassung ausgenommen. ²Dies gilt nicht für Gemeinschaftsräume mit nutzungsbedingt hohem Wärme- oder Warmwasserverbrauch, wie Schwimmbäder oder Saunen.
(4) Der Nutzer ist berechtigt, vom Gebäudeeigentümer die Erfüllung dieser Verpflichtungen zu verlangen.

§ 5   Ausstattung zur Verbrauchserfassung

(1) ¹Zur Erfassung des anteiligen Wärmeverbrauchs sind Wärmezähler oder Heizkostenverteiler, zur Erfassung des anteiligen Warmwasserverbrauchs Warmwasserzähler oder andere geeignete Ausstattungen zu verwenden. ²Soweit nicht eichrechtliche Bestimmungen zur Anwendung kommen, dürfen nur solche Ausstattungen zur Verbrauchserfassung verwendet werden, hinsichtlich derer sachverständige Stellen bestätigt haben, dass sie den anerkannten Regeln der Technik entsprechen oder dass ihre Eignung auf andere Weise nachgewiesen wurde. ³Als sachverständige Stellen gelten nur solche Stellen, deren Eignung die nach Landesrecht zuständige Behörde im Benehmen mit der Physikalisch-Technischen Bundesanstalt bestätigt hat. ⁴Die Ausstattungen müssen für das jeweilige Heizsystem geeignet sein und so angebracht werden, dass ihre technisch einwandfreie Funktion gewährleistet ist.
(2) ¹Wird der Verbrauch der von einer Anlage im Sinne des § 1 Absatz 1 versorgten Nutzer nicht mit gleichen Ausstattungen erfasst, so sind zunächst durch Vorerfassung vom Gesamtverbrauch die Anteile der Gruppen von Nutzern zu erfassen, deren Verbrauch mit gleichen Ausstattungen erfasst wird. ²Der Gebäudeeigentümer kann auch bei unterschiedlichen Nutzungs- oder Gebäudearten oder aus anderen sachgerechten Gründen eine Vorerfassung nach Nutzergruppen durchführen.

§ 6   Pflicht zur verbrauchsabhängigen Kostenverteilung

(1) ¹Der Gebäudeeigentümer hat die Kosten der Versorgung mit Wärme und Warmwasser auf der Grundlage der Verbrauchserfassung nach Maßgabe der §§ 7 bis 9 auf die einzelnen Nutzer zu verteilen. ²Das Ergebnis der Ablesung soll dem Nutzer in der Regel innerhalb eines Monats mitgeteilt werden. ³Eine gesonderte Mitteilung ist nicht erforderlich, wenn das Ableseergebnis über einen längeren Zeitraum in den Räumen des Nutzers gespeichert ist und von diesem selbst abgerufen werden kann. ⁴Einer gesonderten Mitteilung des Warmwasserverbrauchs bedarf es auch dann nicht, wenn in der Nutzeinheit ein Warmwasserzähler eingebaut ist.
(2) ¹In den Fällen des § 5 Absatz 2 sind die Kosten zunächst mindestens zu 50 vom Hundert nach dem Verhältnis der erfassten Anteile am Gesamtverbrauch auf die Nutzergruppen aufzuteilen. ²Werden die Kosten nicht vollständig nach dem Verhältnis der erfassten Anteile am Gesamtverbrauch aufgeteilt, sind
1. die übrigen Kosten der Versorgung mit Wärme nach der Wohn- oder Nutzfläche oder nach dem umbauten Raum auf die einzelnen Nutzergruppen zu verteilen; es kann auch die Wohn- oder Nutzfläche oder der umbaute Raum der beheizten Räume zugrunde gelegt werden,
2. die übrigen Kosten der Versorgung mit Warmwasser nach der Wohn- oder Nutzfläche auf die einzelnen Nutzergruppen zu verteilen.

³Die Kostenanteile der Nutzergruppen sind dann nach Absatz 1 auf die einzelnen Nutzer zu verteilen.
(3) ¹In den Fällen des § 4 Absatz 3 Satz 2 sind die Kosten nach dem Verhältnis der erfassten Anteile am Gesamtverbrauch auf die Gemeinschaftsräume und die übrigen Räume aufzuteilen. ²Die Verteilung der auf die Gemeinschaftsräume entfallenden anteiligen Kosten richtet sich nach rechtsgeschäftlichen Bestimmungen.
(4) ¹Die Wahl der Abrechnungsmaßstäbe nach Absatz 2 sowie nach § 7 Absatz 1 Satz 1, §§ 8 und 9 bleibt dem Gebäudeeigentümer überlassen. ²Er kann diese für künftige Abrechnungszeiträume durch Erklärung gegenüber den Nutzern ändern
1. bei der Einführung einer Vorerfassung nach Nutzergruppen,
2. nach Durchführung von baulichen Maßnahmen, die nachhaltig Einsparungen von Heizenergie bewirken oder
3. aus anderen sachgerechten Gründen nach deren erstmaliger Bestimmung.

³Die Festlegung und die Änderung der Abrechnungsmaßstäbe sind nur mit Wirkung zum Beginn eines Abrechnungszeitraumes zulässig.

§ 7 Verteilung der Kosten der Versorgung mit Wärme

(1) ¹Von den Kosten des Betriebs der zentralen Heizungsanlage sind mindestens 50 vom Hundert, höchstens 70 vom Hundert nach dem erfassten Wärmeverbrauch der Nutzer zu verteilen. ²In Gebäuden, die das Anforderungsniveau der Wärmeschutzverordnung vom 16.8.1994 (BGBl I S. 2121) nicht erfüllen, die mit einer Öl- oder Gasheizung versorgt werden und in denen die freiliegenden Leitungen der Wärmeverteilung überwiegend gedämmt sind, sind von den Kosten des Betriebs der zentralen Heizungsanlage 70 vom Hundert nach dem erfassten Wärmeverbrauch der Nutzer zu verteilen. ³In Gebäuden, in denen die freiliegenden Leitungen der Wärmeverteilung überwiegend ungedämmt sind und deswegen ein wesentlicher Anteil des Wärmeverbrauchs nicht erfasst wird, kann der Wärmeverbrauch der Nutzer nach anerkannten Regeln der Technik bestimmt werden. ⁴Der so bestimmte Verbrauch der einzelnen Nutzer wird als erfasster Wärmeverbrauch nach Satz 1 berücksichtigt. ⁵Die übrigen Kosten sind nach der Wohn- oder Nutzfläche oder nach dem umbauten Raum zu verteilen; es kann auch die Wohn- oder Nutzfläche oder der umbaute Raum der beheizten Räume zugrunde gelegt werden.

(2) ¹Zu den Kosten des Betriebs der zentralen Heizungsanlage einschließlich der Abgasanlage gehören die Kosten der verbrauchten Brennstoffe und ihrer Lieferung, die Kosten des Betriebsstromes, die Kosten der Bedienung, Überwachung und Pflege der Anlage, der regelmäßigen Prüfung ihrer Betriebsbereitschaft und Betriebssicherheit einschließlich der Einstellung durch eine Fachkraft, der Reinigung der Anlage und des Betriebsraumes, die Kosten der Messungen nach dem Bundes-Immissionsschutzgesetz, die Kosten der Anmietung oder anderer Arten der Gebrauchsüberlassung einer Ausstattung zur Verbrauchserfassung sowie die Kosten der Verwendung einer Ausstattung zur Verbrauchserfassung einschließlich der Kosten der Eichung sowie der Kosten der Berechnung, Aufteilung und Verbrauchsanalyse. ²Die Verbrauchsanalyse sollte insbesondere die Entwicklung der Kosten für die Heizwärme- und Warmwasserversorgung der vergangenen drei Jahre wiedergeben.

(3) Für die Verteilung der Kosten der Wärmelieferung gilt Absatz 1 entsprechend.

(4) Zu den Kosten der Wärmelieferung gehören das Entgelt für die Wärmelieferung und die Kosten des Betriebs der zugehörigen Hausanlagen entsprechend Absatz 2.

§ 8 Verteilung der Kosten der Versorgung mit Warmwasser

(1) Von den Kosten des Betriebs der zentralen Warmwasserversorgungsanlage sind mindestens 50 vom Hundert, höchstens 70 vom Hundert nach dem erfassten Warmwasserverbrauch, die übrigen Kosten nach der Wohn- oder Nutzfläche zu verteilen.

(2) ¹Zu den Kosten des Betriebs der zentralen Warmwasserversorgungsanlage gehören die Kosten der Wasserversorgung, soweit sie nicht gesondert abgerechnet werden, und die Kosten der Wassererwärmung entsprechend § 7 Absatz 2. ²Zu den Kosten der Wasserversorgung gehören die Kosten des Wasserverbrauchs, die Grundgebühren und die Zählermiete, die Kosten der Verwendung von Zwischenzählern, die Kosten des Betriebs einer hauseigenen Wasserversorgungsanlage und einer Wasseraufbereitungsanlage einschließlich der Aufbereitungsstoffe.

(3) Für die Verteilung der Kosten der Warmwasserlieferung gilt Absatz 1 entsprechend.

(4) Zu den Kosten der Warmwasserlieferung gehören das Entgelt für die Lieferung des Warmwassers und die Kosten des Betriebs der zugehörigen Hausanlagen entsprechend § 7 Absatz 2.

§ 9 Verteilung der Kosten der Versorgung mit Wärme und Warmwasser bei verbundenen Anlagen

(1) ¹Ist die zentrale Anlage zur Versorgung mit Wärme mit der zentralen Warmwasserversorgungsanlage verbunden, so sind die einheitlich entstandenen Kosten des Betriebs aufzuteilen. ²Die Anteile an den einheitlich entstandenen Kosten sind bei Anlagen mit Heizkesseln nach den Anteilen am Brennstoffverbrauch oder am Energieverbrauch, bei eigenständiger gewerblicher Wärmelieferung nach den Anteilen am Wärmeverbrauch zu bestimmen. ³Kosten, die nicht einheitlich entstanden sind, sind dem Anteil an den einheitlich entstandenen Kosten hinzuzurechnen. ⁴Der Anteil der zentralen Anlage zur Versorgung mit Wärme ergibt sich aus dem gesamten Verbrauch nach Abzug des Verbrauchs der zentralen Warmwasserversorgungsanlage. ⁵Bei Anlagen, die weder durch Heizkessel noch durch eigenständige gewerbliche Wärmelieferung mit Wärme versorgt werden, können anerkannte Regeln der Technik zur Aufteilung der Kosten verwendet werden. ⁶Der Anteil der zentralen Warmwasserversorgungsanlage am Wärmeverbrauch ist nach Absatz 2, der Anteil am Brennstoffverbrauch nach Absatz 3 zu ermitteln.

3 HeizkostenV

(2) ¹Die auf die zentrale Warmwasserversorgungsanlage entfallende Wärmemenge (Q) ist ab dem 31.12.2013 mit einem Wärmezähler zu messen. ²Kann die Wärmemenge nur mit einem unzumutbar hohen Aufwand gemessen werden, kann sie nach der Gleichung

$Q = 2{,}5 \cdot \text{kWh}/_{m^3} \cdot K \cdot V \cdot (t_w - 10\,°C)$

bestimmt werden. ³Dabei sind zugrunde zu legen

1. das gemessene Volumen des verbrauchten Warmwassers (V) in Kubikmetern (m^3);
2. die gemessene oder geschätzte mittlere Temperatur des Warmwassers (t_w) in Grad Celsius (°C).

⁴Wenn in Ausnahmefällen weder die Wärmemenge noch das Volumen des verbrauchten Warmwassers gemessen werden können, kann die auf die zentrale Wamwasserversorgungsanlage entfallende Wärmemenge nach folgender Gleichung bestimmt werden:

$Q = 32 \cdot \text{kWh}/_{m^3} \, A\text{Wohn} \cdot A_{\text{Wohn}}$

⁵Dabei ist die durch die zentrale Anlage mit Warmwasser versorgte Wohn- oder Nutzfläche (A_{Wohn}) zugrunde zu legen. ⁶Die nach den Gleichungen in Satz 2 oder 4 bestimmte Wärmemenge (Q) ist

1. bei brennwertbezogener Abrechnung von Erdgas mit 1,11 zu multiplizieren und
2. bei eigenständiger gewerblicher Wärmelieferung durch 1,15 zu dividieren.

(3) ¹Bei Anlagen mit Heizkesseln ist der Brennstoffverbrauch der zentralen Warmwasserversorgungsanlage (B) in Litern, Kubikmetern, Kilogramm oder Schüttraummetern nach der Gleichung

$B = Q/_{H_i}$

zu bestimmen. ²Dabei sind zugrunde zu legen

1. die auf die zentrale Warmwasserversorgungsanlage entfallende Wärmemenge (Q) nach Absatz 2 in kWh;
2. der Heizwert des verbrauchten Brennstoffes (H_i) in Kilowattstunden (kWh) je Liter (l), Kubikmeter (m^3), Kilogramm (kg) oder Schüttraummeter (SRm). ²Als H_i-Werte können verwendet werden für

Leichtes Heizöl EL	10	kWh/l
Schweres Heizöl	10,9	kWh/l
Erdgas H	10	kWh/m^3
Erdgas L	9	kWh/m^3
Flüssiggas	13	kWh/kg
Koks	8	kWh/kg
Braunkohle	5,5	kWh/kg
Steinkohle	8	kWh/kg
Holz (lufttrocken)	4,1	kWh/kg
Holzpellets	5	kWh/kg
Holzhackschnitzel	650	kWh/SRm.

³Enthalten die Abrechnungsunterlagen des Energieversorgungsunternehmens oder Brennstofflieferanten H_i-Werte, so sind diese zu verwenden. ⁴Soweit die Abrechnung über kWh-Werte erfolgt, ist eine Umrechnung in Brennstoffverbrauch nicht erforderlich.

(4) Der Anteil an den Kosten der Versorgung mit Wärme ist nach § 7 Absatz 1, der Anteil an den Kosten der Versorgung mit Warmwasser nach § 8 Absatz 1 zu verteilen, soweit diese Verordnung nichts anderes bestimmt oder zulässt.

§ 9a Kostenverteilung in Sonderfällen

(1) ¹Kann der anteilige Wärme- oder Warmwasserverbrauch von Nutzern für einen Abrechnungszeitraum wegen Geräteausfalls oder aus anderen zwingenden Gründen nicht ordnungsgemäß erfasst werden, ist er vom Gebäudeeigentümer auf der Grundlage des Verbrauchs der betroffenen Räume in vergleichbaren Zeiträumen oder des Verbrauchs vergleichbarer anderer Räume im jeweiligen Abrechnungszeitraum oder des Durchschnittsverbrauchs des Gebäudes oder der Nutzergruppe zu ermitteln. ²Der so ermittelte anteilige Verbrauch ist bei der Kostenverteilung anstelle des erfassten Verbrauchs zugrunde zu legen.

(2) Überschreitet die von der Verbrauchsermittlung nach Absatz 1 betroffene Wohn- oder Nutzfläche oder der umbaute Raum 25 vom Hundert der für die Kostenverteilung maßgeblichen gesamten Wohn- oder Nutzfläche oder des maßgeblichen gesamten umbauten Raumes, sind die Kosten ausschließlich nach den nach § 7 Absatz 1 Satz 5 und § 8 Absatz 1 für die Verteilung der übrigen Kosten zugrunde zu legenden Maßstäben zu verteilen.

§ 9b Kostenaufteilung bei Nutzerwechsel

(1) Bei Nutzerwechsel innerhalb eines Abrechnungszeitraumes hat der Gebäudeeigentümer eine Ablesung der Ausstattung zur Verbrauchserfassung der vom Wechsel betroffenen Räume (Zwischenablesung) vorzunehmen.
(2) Die nach dem erfassten Verbrauch zu verteilenden Kosten sind auf der Grundlage der Zwischenablesung, die übrigen Kosten des Wärmeverbrauchs auf der Grundlage der sich aus anerkannten Regeln der Technik ergebenden Gradtagszahlen oder zeitanteilig und die übrigen Kosten des Warmwasserverbrauchs zeitanteilig auf Vor- und Nachnutzer aufzuteilen.
(3) Ist eine Zwischenablesung nicht möglich oder lässt sie wegen des Zeitpunktes des Nutzerwechsels aus technischen Gründen keine hinreichend genaue Ermittlung der Verbrauchsanteile zu, sind die gesamten Kosten nach den nach Absatz 2 für die übrigen Kosten geltenden Maßstäben aufzuteilen.
(4) Von den Absätzen 1 bis 3 abweichende rechtsgeschäftliche Bestimmungen bleiben unberührt.

§ 10 Überschreitung der Höchstsätze

Rechtsgeschäftliche Bestimmungen, die höhere als die in § 7 Absatz 1 und § 8 Absatz 1 genannten Höchstsätze von 70 vom Hundert vorsehen, bleiben unberührt.

§ 11 Ausnahmen

(1) Soweit sich die §§ 3 bis 7 auf die Versorgung mit Wärme beziehen, sind sie nicht anzuwenden
1. auf Räume,
   a) in Gebäuden, die einen Heizwärmebedarf von weniger als 15 kWh/($m^2 \cdot a$) aufweisen,
   b) bei denen das Anbringen der Ausstattung zur Verbrauchserfassung, die Erfassung des Wärmeverbrauchs oder die Verteilung der Kosten des Wärmeverbrauchs nicht oder nur mit unverhältnismäßig hohen Kosten möglich ist; unverhältnismäßig hohe Kosten liegen vor, wenn diese nicht durch die Einsparungen, die in der Regel innerhalb von zehn Jahren erzielt werden können, erwirtschaft werden können; oder
   c) die vor dem 1.7.1981 bezugsfertig geworden sind und in denen der Nutzer den Wärmeverbrauch nicht beeinflussen kann;
2. a) auf Alters- und Pflegeheime, Studenten- und Lehrlingsheime,
   b) auf vergleichbare Gebäude oder Gebäudeteile, deren Nutzung Personengruppen vorbehalten ist, mit denen wegen ihrer besonderen persönlichen Verhältnisse regelmäßig keine üblichen Mietverträge abgeschlossen werden;
3. auf Räume in Gebäuden, die überwiegend versorgt werden
   a) mit Wärme aus Anlagen zur Rückgewinnung von Wärme oder aus Wärmepumpen- oder Solaranlagen oder
   b) mit Wärme aus Anlagen der Kraft-Wärme-Kopplung oder aus Anlagen zur Verwertung von Abwärme, sofern der Wärmeverbrauch des Gebäudes nicht erfasst wird;
4. auf die Kosten des Betriebs der zugehörigen Hausanlagen, soweit diese Kosten in den Fällen des § 1 Absatz 3 nicht in den Kosten der Wärmelieferung enthalten sind, sondern vom Gebäudeeigentümer gesondert abgerechnet werden;
5. in sonstigen Einzelfällen, in denen die nach Landesrecht zuständige Stelle wegen besonderer Umstände von den Anforderungen dieser Verordnung befreit hat, um einen unangemessenen Aufwand oder sonstige unbillige Härten zu vermeiden.

(2) Soweit sich die §§ 3 bis 6 und § 8 auf die Versorgung mit Warmwasser beziehen, gilt Absatz 1 entsprechend.

§ 12 Kürzungsrecht, Übergangsregelungen

(1) ¹Soweit die Kosten der Versorgung mit Wärme oder Warmwasser entgegen den Vorschriften dieser Verordnung nicht verbrauchsabhängig abgerechnet werden, hat der Nutzer das Recht, bei der nicht verbrauchsabhängigen Abrechnung der Kosten den auf ihn entfallenden Anteil um 15 vom Hundert zu kürzen. ²Dies gilt nicht beim Wohnungseigentum im Verhältnis des einzelnen Wohnungseigentümers zur Gemeinschaft der Wohnungseigentümer; insoweit verbleibt es bei den allgemeinen Vorschriften.
(2) Die Anforderungen des § 5 Absatz 1 Satz 2 gelten bis zum 31.12.2013 als erfüllt
1. für die am 1.1.1987 für die Erfassung des anteiligen Warmwasserverbrauchs vorhandenen Warmwasserkostenverteiler und
2. für die am 1.7.1981 bereits vorhandenen sonstigen Ausstattungen zur Verbrauchserfassung.
(3) Bei preisgebundenen Wohnungen im Sinne der Neubaumietenverordnung 1970 gilt Absatz 2 mit der Maßgabe, dass an die Stelle des Datums „1.7.1981" das Datum „1.8.1984" tritt.
(4) § 1 Absatz 3, § 4 Absatz 3 Satz 2 und § 6 Absatz 3 gelten für Abrechnungszeiträume, die nach dem 30.9.1989 beginnen; rechtsgeschäftliche Bestimmungen über eine frühere Anwendung dieser Vorschriften bleiben unberührt.
(5) Wird in den Fällen des § 1 Absatz 3 der Wärmeverbrauch der einzelnen Nutzer am 30.9.1989 mit Einrichtungen zur Messung der Wassermenge ermittelt, gilt die Anforderung des § 5 Absatz 1 Satz 1 als erfüllt.
(6) Auf Abrechnungszeiträume, die vor dem 1.1.2009 begonnen haben, ist diese Verordnung in der bis zum 31.12.2008 geltenden Fassung weiter anzuwenden.

§ 13 Berlin-Klausel

§ 14 Inkrafttreten

A. Zweck und Anwendungsbereich 1	III. Änderung des Verteilungsschlüssels 33
B. Ausstattung zur Verbrauchserfassung 5	1. Beschlusskompetenz 33
I. Eignung des Erfassungssystems 7	2. Voraussetzung für die Änderung 34
II. Einbaukosten 9	3. Wirkungszeitpunkt 35
III. Nicht gedämmte Leitungen 10	4. Anspruch auf Änderung des Verteilungsmaßstabs 36
IV. Gemeinschaftlich genutzte Räume 11	
V. Eichpflicht 12	E. Kostenverteilung in Sonderfällen 38
C. Ausnahmen von der Ausstattungspflicht 13	F. Nutzerwechsel 40
D. Verteilungsschlüssel 20	G. Kürzungsrecht des Nutzers 41
I. Vorgaben der HeizkostenV 20	H. Sonderregelungen im Einigungsvertrag 42
II. Festlegung des Verteilungsschlüssels 26	I. Übergangsregelungen 46

Literatur: *Abramenko,* Heizkostenverteilung und Beschlusskompetenz nach bisherigem und künftigen Recht, ZWE 2007, 61; *Becker,* Die neue HeizkostenVO – Konsequenzen für das Wohnungseigentum, ZWE 2010, 302; *Gruber,* Heizkostenabrechnung und Nichterfassung des Verbrauchs, NZM 2000, 842; *Jennißen,* Heizkosten in der Abrechnung, ZWE 2011, 153; *Schmid,* Novellierung der Heizkostenverordnung zum 1.1.2009, ZMR 2009, 172; *ders.,* Novellierung der HeizkostenVO – Darstellung des neuen Rechts und kritische Analyse NZM 2009, 105; *ders.,* Anbringung und Ablesung von Verbrauchszählern im Wohnungseigentum, DWE 2011, 44; *ders.,* Pflichten des Wohnungseigentumsverwalters nach der HeizkostenVO, DWE 2011, 138.

A. Zweck und Anwendungsbereich

1 Die auf der Grundlage des Energieeinsparungsgesetzes erlassene Verordnung über die verbrauchsabhängige Abrechnung der Heiz- und Warmwasserkosten findet auch auf das Wohnungseigentum Anwendung.

2 Die HeizkostenV will eine Verminderung des Energieverbrauchs im Bereich der Gebäudeheizung erreichen. Dieses Ziel soll dadurch verwirklicht werden, dass bei gemeinschaftlichen Heiz- und Warmwasseranlagen die entstehenden Kosten unter Berücksichtigung des tatsächlichen Verbrauchs des einzelnen Nutzers abgerechnet werden. Der Verordnungsgeber geht davon aus, dass der Einzelne eher zur Einsparung von Energie bereit sein wird, wenn ein verminderter Verbrauch sich unmittelbar Kosten senkend für ihn auswirkt.

3 Die Verordnung verpflichtet deshalb den Gebäudeeigentümer, die Kosten des Betriebs zentraler Heizungs- und Warmwasserversorgungsanlagen bzw. der Lieferung von Wärme und Warmwasser zu mindestens 50 %, höchstens 70 % entsprechend dem individuellen Verbrauch zu verteilen (§§ 7, 8 HeizkostenV). **§ 1 Abs. 2 Nr. 3 HeizkostenV**

stellt beim Wohnungseigentum die Gemeinschaft der Wohnungseigentümer bzw den einzelnen Wohnungseigentümer im Verhältnis zu seinem Mieter dem Gebäudeeigentümer gleich. **§ 2 HeizkostenV**, wonach bei Gebäuden mit nicht mehr als zwei Wohnungen, von denen eine der Vermieter selbst bewohnt, die HeizkostenV keine Anwendung findet, gilt nicht, wenn bei einer Anlage mit zwei Wohnungen eine von dem einen Wohnungseigentümer vermietet ist und eine von dem anderen Wohnungseigentümer selbst bewohnt wird.[1] Anders verhält es sich, wenn beide Wohnungen durch die Eigentümer selbst genutzt werden.[2]

§ 3 S. 1 HeizkostenV stellt klar, dass die Verordnung auf Wohnungseigentum anzuwenden ist unabhängig davon, ob durch Vereinbarung oder Beschluss der Wohnungseigentümer abweichende Bestimmungen über die Verteilung der Kosten der Versorgung mit Wärme und Warmwasser getroffen worden sind. Die Heizkostenverordnung gibt allerdings kein festes Abrechnungssystem vor, sondern nur einen Rahmen (vgl. §§ 4, 5, 7, 8 HeizkostenV), der von der Wohnungseigentümergemeinschaft erst durch Vereinbarung oder Beschluss ausgefüllt werden muss, bevor eine Abrechnung nach der Heizkostenverordnung möglich ist.[3] Gleichwohl haben die Regelungen der HeizkostenV für die Wohnungseigentümergemeinschaft unmittelbare Geltung und müssen nicht erst durch Vereinbarung oder Beschluss eingeführt werden.[4] Erforderlich ist eine Entscheidung allein darüber, **in welcher Weise** die vorgeschriebene verbrauchsabhängige Abrechnung vorgenommen werden soll, insbesondere welcher der möglichen Verteilungsmaßstäbe angewendet werden soll; einer Beschlussfassung oder Vereinbarung darüber, **ob** nach den Vorschriften der Heizkostenverordnung abzurechnen ist, bedarf es nicht, denn diese Verpflichtung ergibt sich bereits unmittelbar aus § 3 S. 1 HeizkostenV.[5] Daher entspricht allein eine den Anforderungen der HeizkostenV genügende Abrechnung ordnungsgemäßer Verwaltung.[6] Die Genehmigung einer Heizkostenabrechnung, die nicht verbrauchsabhängig erfolgt, ist auf Anfechtung auch dann für unwirksam zu erklären, wenn noch keine der HeizkostenV entsprechende Regelung eingeführt worden ist.[7]

B. Ausstattung zur Verbrauchserfassung

Um eine verbrauchsabhängige Verteilung zu ermöglichen, sind die Räume mit Ausstattungen zur Verbrauchserfassung zu versehen (§§ 4, 5 HeizkostenV). Solange Messgeräte noch nicht vorhanden sind, ist eine verbrauchsabhängige Abrechnung zwangsläufig nicht möglich. Es gilt dann der gesetzliche Verteilungsschlüssel des § 16 Abs. 2 WEG. Es muss zunächst der Anspruch auf Anbringung der Messeinrichtungen durchgesetzt werden.[8] Die Eigentümergemeinschaft ist grundsätzlich verpflichtet, Geräte zur Verbrauchserfassung einzubauen. Jeder Wohnungseigentümer kann gemäß § 4 Abs. 4 HeizkostenV bzw. gemäß §§ 21 Abs. 4, 43 Nr. 1 WEG den Einbau verlangen,[9] sofern nicht im Einzelfall das Anbringen von Verbrauchszählern und die Wärmeerfassung mit unverhältnismäßig hohen Kosten verbunden ist.

Haben die Wohnungseigentümer beschlossen, Verbrauchszähler anzubringen, so ist jeder von ihnen gemäß § 14 Nr. 3 WEG verpflichtet, den Einbau zu dulden. Gemäß **§ 4 Abs. 2 S. 3 HeizkostenV** bleibt den Eigentümern die Wahl der Ausstattung im Rahmen des § 5 HeizkostenV überlassen. Die Auswahl kann aber durch Beschluss dem Verwalter oder einem Mitglied des Verwaltungsbeirats übertragen werden, da die Auswahl der Messgeräte nicht zum Kernbereich der Rechte der Wohnungseigentümer gehört.[10]

I. Eignung des Erfassungssystems

Gemäß **§ 5 Abs. 1 S. 4 HeizkostenV** muss die Ausstattung zur Verbrauchserfassung für das jeweilige Heizsystem geeignet sein. Der Einbau von Heizkostenverteilern, die nach dem **Verdunstungsprinzip** arbeiten, ist zulässig, obwohl es genauere Messmethoden gibt, denn diese sind auch kostenaufwändiger.[11] An den Heizkörpern angebrachte Heizkostenverteiler nach dem Verdunstungsprinzip sind gemäß § 5 Abs. 1 S. 1 HeizkostenV grundsätzlich zur Erfassung des anteiligen Wärmeverbrauchs geeignet. Nach DIN 4713 Teil 2 Nr. 1 sind sie auch für Einrohrleitungen geeignet, wenn diese nicht über den Bereich einer Nutzungseinheit hinaus verwendet werden. Die Eignung im Sinne der HeizkostenV ist auch dann gegeben, wenn bei der Heizung ein großer Teil der verbrauchten Wärme nicht über die Heizkörper, sondern über die im Fußboden verlegte Ringleitung abgegeben wird. Dies gilt auch, wenn aufgrund der baulichen Gegebenheiten in einer Wohnung über die Ringleitung wesentlich weniger Wärme abgegeben wird als in anderen Wohnungen. Eine solche besondere Fußbodenkonstruktion geht ebenso wie ein höherer Wärmeverbrauch aufgrund der Lage zu Lasten des einzelnen Wohnungseigentümers. Die Einsatzgrenzen von Heizkostenverteilern sind in der DIN EN 834 „Heizkostenverteiler für die Verbrauchserfassung von Raumheizflächen – Geräte

---

1 OLG Düsseldorf 3 Wx 225/03, NZM 2004, 554, 555; OLG München 32 Wx 118/07, ZMR 2007, 1001.
2 AG Hamburg-Blankenese 506 II 23/03, ZMR 2004, 544.
3 BGH V ZR 251/10, NJW 2012, 1434 Tz. 8.
4 BGH V ZR 251/10, NJW 2012, 1434 Tz. 8.
5 BGH V ZR 251/10, NJW 2012, 1434 Tz. 9.
6 BGH V ZR 221/09, MDR 2010, 1241, BGH V ZR 251/10, NJW 2012, 1434 Tz. 9.
7 BGH V ZR 251/10, NJW 2012, 1434 Tz. 9.
8 BayObLG 2Z BR 36/00, NZM 2001, 296, 297.
9 AG Berlin-Charlottenburg 70 II 21/83, DWE 1983, 125.
10 Ebenso *Schmid*, DWE 2011, 44, 45.
11 BGH VIII ZR 133/85, DWW 1986, 147, 149.

mit elektrischer Energieversorgung", Ausgabe November 1994, und DIN EN 835 „Heizkostenverteiler für die Verbrauchserfassung von Raumheizflächen – Geräte ohne elektrische Energieversorgung nach dem Verdunstungsprinzip", Ausgabe April 1995, angegeben, insbesondere in der Tabelle A.1 der DIN EN 834.

8 **Wärmemengenzähler** sind Geräte, die in den Vor- bzw. Rücklauf eines Heizkörpers, eines Zimmers, einer Wohnung oder eines Hauses eingebaut werden und die die verbrauchte Wärmemenge bestimmen. Wärmezähler sind im Gegensatz zu Heizkostenverteilern Messgeräte, das heißt, dass sie nicht nur den relativen Anteil an den Heizkosten festhalten, sondern den tatsächlichen, absoluten Energieverbrauch.

II. Einbaukosten

9 Die Kosten für den Einbau der Geräte sind gemäß § 3 S. 3 HeizkostenV entsprechend den Regelungen über die Tragung der **Verwaltungskosten** zu verteilen, wie sie sich aus § 16 Abs. 2 WEG oder den bestehenden Vereinbarungen, insbesondere aus der Gemeinschaftsordnung ergeben. Ein besonderer Beschluss oder eine besondere Vereinbarung sind hinsichtlich der Kostenverteilung nicht erforderlich. Sieht die Gemeinschaftsordnung die Möglichkeit vor, den Verteilungsschlüssel durch Eigentümerbeschluss zu ändern, so können die Einbaukosten durch Mehrheitsbeschluss verteilt werden.[12] Aber auch ohne eine Öffnungsklausel besteht nach § 16 Abs. 3 WEG eine Beschlusskompetenz für einen von § 16 Abs. 2 WEG abweichenden Verteilungsschlüssel nicht nur für den Fall der Anmietung von Messgeräten, sondern auch bei deren Kauf.[13] Im Falle des Erwerbs der Messgeräte handelt es sich zwar nicht um Betriebskosten (vgl. § 2 Nr. 4a BetrKV – abgedr. siehe § 16 Rn 59), die Beschlusskompetenz nach § 16 Abs. 3 WEG gilt aber auch für Verwaltungskosten.

III. Nicht gedämmte Leitungen

10 Eine Sonderregelung für die Verbrauchserfassung enthält **§ 7 Abs. 1 S. 3 und 4 HeizkostenV**. In Gebäuden, in denen die freiliegenden Leitungen der Wärmeversorgung überwiegend ungedämmt sind und deswegen ein wesentlicher Anteil des Wärmeverbrauchs nicht erfasst wird, kann der Wärmeverbrauch der Nutzer nach anerkannten Regeln der Technik bestimmt werden, wozu auf die auf das Beiblatt zur Richtlinie VDI 2077 zurückgegriffen werden kann.[14]

IV. Gemeinschaftlich genutzte Räume

11 Gemäß § 4 Abs. 3 HeizkostenV sind gemeinschaftlich genutzte Räume (z.B. Treppenhäuser, Trockenräume etc.) von der Pflicht zur Verbrauchserfassung ausgenommen, soweit es sich nicht um Gemeinschaftsräume mit nutzungsbedingtem hohem Wärme- oder Warmwasserverbrauch, wie Schwimmbäder oder Saunen handelt. Bei diesen sind spätestens seit dem 30.9.1989 (§ 12 Abs. 4 HeizkostenV) die Kosten gemäß § 6 Abs. 3 HeizkostenV nach dem Verhältnis der erfassten Anteile am Gesamtverbrauch auf die Gemeinschaftsräume und die übrigen Räume aufzuteilen. Die Verteilung der auf die Gemeinschaftsräume entfallenden anteiligen Kosten richtet sich nach Rechtsbestimmungen (§ 6 Abs. 3 S. 2 HeizkostenV). Maßgebend sind demnach beim Wohnungseigentum die Bestimmungen in der Gemeinschaftsordnung oder sonstige Vereinbarungen über die Lasten und Kostenverteilung und falls solche fehlen die gesetzliche Regelung des § 16 Abs. 2 WEG.

V. Eichpflicht

12 Die **Messgeräte** finden Verwendung im geschäftlichen Verkehr, denn die mit ihnen erzielten Messergebnisse sind Grundlage für die verbrauchsabhängige Kostenverteilung. Sie **müssen** deshalb gemäß § 2 Abs. 1 des Eichgesetzes in der Neufassung vom 23.3.1992 (BGBl I S. 711) zugelassen und **geeicht sein**. Die Gültigkeitsdauer der Eichung für Warmwasser- und Wärmemessgeräte beträgt 5 Jahre. Verantwortlich für die Überwachung der Gültigkeitsdauer ist der Verwalter.[15] Er hat einen Beschluss der Wohnungseigentümer über die Nacheichung zu veranlassen. Mit Blick auf die Handlungsalternativen (Nacheichung, Neuerwerb, Anmietung, Wechsel des Erfassungssystems) ist der Verwalter nicht befugt, eigenmächtig eine Nacheichung in Auftrag zu geben.[16] Ein Mehrheitsbeschluss der Wohnungseigentümer, eine erforderliche Eichung vornehmen zu lassen, entspricht stets ordnungsgemäßer Verwaltung.[17] Umgekehrt widerspricht ein Beschluss, der die Weiterverwendung von eichpflichtigen Verbrauchserfassungsgeräten nach Ablauf der Eichfrist vorsieht, den Grundsätzen ordnungsmäßiger Verwaltung.[18] Messergebnisse von Geräten, die nicht rechtzeitig nachgeeicht wurden, machen die Abrechnung anfechtbar. Soweit die Messgeräte zur gemeinschaftlichen Abrechnung verwendet werden, sind sie Einrichtungen, die dem gemeinschaftlichen Gebrauch aller Wohnungseigentümer dienen, und gehören deshalb zum gemeinschaftlichen Eigentum.[19]

---

12 BayObLG BReg 2 Z 109/83, ZMR 1985, 104.
13 Ebenso *Becker* in: Bärmann, § 16 Rn 63; **a.A.** *Jennißen* in: Jennißen, § 16 Rn 108; *Schmid*, DWE 2011, 44, 48.
14 Vgl. BR-Drucks 570/08 S 14.
15 *Schmid*, DWE 2011, 138.
16 *Schmid*, DWE 2011, 138.
17 BayObLG WE 1991, 261, 263.
18 BayObLG 2Z BR 154/97, NZM 1998, 486.
19 KG WE 1994, 51, 53.

C. Ausnahmen von der Ausstattungspflicht

In bestimmten abschließend aufgezählten Fällen besteht gemäß § 11 HeizkostenV keine Pflicht zur Verbrauchserfassung. **§ 11 Abs. 1 Nr. 1a HeizkostenV**, der mit Wirkung ab 1.1.2009 eingefügt worden ist, nimmt Räume in Gebäuden, die einen Heizwärmebedarf von weniger als 15 kWh/m^2 pro Jahr aufweisen, von der Anwendung der HeizkostenVO aus. Diese Regelung enthält für Gebäude, die den sog Passivhausstandard einhalten, eine Ausnahme von der Anwendung der Heizkostenverordnung, um damit einen Anreiz zur Erreichung dieses Standards beim Bau bzw bei der Sanierung von Mehrfamilienhäusern zu schaffen.[20] **§ 11 Abs. 1 Nr. 1 c) HeizKostenV** nimmt vor dem 1.7.1981 bezugsfertig gewordene Gebäude, in denen der Nutzer den Wärmeverbrauch nicht beeinflussen kann, von der Anwendung der HeizkostenVO aus. 13

Nach **§ 11 Abs. 1 Nr. 1b HeizkostenV** gilt eine Ausnahme für den Fall, dass das Anbringen der Ausstattung zur Verbrauchserfassung, die Erfassung des Wärmeverbrauchs oder die Verteilung der Kosten des Wärmeverbrauchs nicht oder nur mit unverhältnismäßig hohen Kosten möglich ist. 14

Können bei einer Einrohrheizung nur 6 % oder 12 % des Wärmeverbrauchs gemessen werden, wird man die Erfassung des Wärmeverbrauchs als unmöglich i.S.v. § 11 Abs. 1 Nr. 1b HeizkostenV einstufen müssen.[21] 15

Unverhältnismäßig hohe Kosten liegen nach § 11 Abs. 1 Nr. 1b Hs. 2 HeizkostenV vor, wenn diese nicht durch die Einsparungen, die in der Regel innerhalb von zehn Jahren erzielt werden können, erwirtschaftet werden können. Für die Frage, ob Kosten für von der HeizkostenV geforderte Einrichtungen unverhältnismäßig hoch sind, ist der Vergleich der Installationskosten nebst Mess- und Abrechnungsaufwand zur möglichen Energieeinsparung maßgebend.[22] 16

Die in § 12 Abs. 1 HeizkostenV zugrunde gelegte **Einsparungsquote von 15 %** ist auch im Rahmen des § 11 Abs. 1 Nr. 1b HeizkostenV maßgebend. Die Energieeinsparung von 15 % ist nach den Kosten zu berechnen, die in dem Abrechnungszeitraum entstanden sind, der dem Vergleichszeitpunkt vorangegangen ist. Zu erwartende Preissteigerungen sind aber bei der Prognose zu berücksichtigen.[23] 17

Danach ergibt sich für die Installation von Warmwasserzählern z.B. folgende Vergleichsrechnung: Betragen die gemäß § 9 Abs. 2 HeizkostenV ermittelten Warmwasserkosten 2.880 EUR jährlich, dann ergeben sich bei einer Einsparungsquote von 15 % jährliche Einsparungen von 432 EUR. Die Energieeinsparung für Warmwasser im Zehnjahreszeitraum würde danach 10 × 432 EUR also 4.320 EUR betragen. Beträgt der Aufwand für die Installation von Erfassungsgeräten 8 500 EUR, so ist dieser unverhältnismäßig hoch im Sinne von § 11 Abs. 1 Nr. 1b HeizkostenV. 18

Ob auf die Einführung der verbrauchsabhängigen Heizkostenabrechnung gemäß § 11 Abs. 1 Nr. 1a HeizkostenV verzichtet werden soll, ist durch **Mehrheitsbeschluss** zu entscheiden. Ein solcher Beschluss ist auch dann nur anfechtbar und nicht nichtig, wenn er im Ergebnis zu Unrecht die Anwendung der HeizkostenV ablehnt.[24] Nichtig ist aber ein Beschluss, der einen früheren Beschluss über die Installation von Wärmemengenerfassungsgeräten und die Einführung einer verbrauchsabhängigen Heizkostenabrechnung aus Gründen aufhebt, die außerhalb der Regelungsgegenstände des § 3 S. 2 HeizkostenV liegen.[25] 19

D. Verteilungsschlüssel

I. Vorgaben der HeizkostenV

Der Gebäudeeigentümer hat gemäß **§ 6 Abs. 1 S. 1 HeizkostenV** die Kosten der Versorgung mit Wärme und Warmwasser auf der Grundlage der Verbrauchserfassung nach Maßgabe der §§ 7 bis 9 auf die einzelnen Nutzer zu verteilen. Das Ergebnis der Ablesung soll dem Nutzer nach § 6 Abs. 1 S. 2, 3 HeizkostenV innerhalb eines Monats mitgeteilt werden.[26] 20

Gemäß **§ 7 Abs. 1 S. 1 HeizkostenV** sind von den Kosten des Betriebs der zentralen Heizungsanlage mindestens 50 % und höchstens 70 % nach dem erfassten Wärmeverbrauch der Nutzer zu verteilen. Gemäß **§ 7 Abs. 1 S. 5 HeizkostenV** ist der restliche Teil der Kosten entweder nach der Wohn- oder Nutzfläche (dem umbauten Raum) insgesamt oder nach der Wohn- oder Nutzfläche (dem umbauten Raum) der beheizten Räume umzulegen. Die **Wohnfläche** kann gemäß § 42 der II. Berechnungsverordnung weiter nach den §§ 42–44 der II. Berechnungsverordnung bzw. nach der Wohnflächenverordnung[27] und der **umbaute Raum** nach der Anlage 2 zur II. Berechnungsverordnung ermittelt werden.[28] 21

---

20 Vgl. BR-Drucks 570/08 S 17/18.
21 Vgl. dazu LG Mühlhausen 1 S 182/08, WuM 2009, 234; AG Brühl 23 C 87/08, ZMR 2010, 883 m. Anm. *Schmid*; AG Lichtenberg 119 C 14/11, ZMR 2012, 145.
22 BGH VIII ZR 361/89, NJW-RR 1991, 647; BayObLG 2Z BR 118/04, NZM 2005, 106 m.w.N.
23 LG Lüneburg 9 S 77/10, ZMR 2011, 829.
24 AG Duisburg DWE 1989, 35.
25 Z.B. wegen der Kosten anderer Sanierungsmaßnahmen; OLG Hamm 15 W 327/94, NJW RR 1995, 465.
26 Kritisch zu dieser neu in das Gesetz aufgenommenen Mitteilungspflicht *Schmid*, NZM 2009, 104, 105.
27 Vgl. *Schmid* in: Riecke/Schmid, § 7 HeizkostenV Rn 9.
28 Vgl. *Schmid* in: Riecke/Schmid, § 7 HeizkostenV Rn 13.

22 Gemäß § 7 Abs. 1 S. 2 HeizkostenV sind in Gebäuden, die nicht die Anforderungen der Wärmeschutzverordnung erfüllen, die mit einer Öl- oder Gasheizung versorgt werden und in denen die freiliegenden Strangleitungen der Wärmeverteilung überwiegend gedämmt sind, **zwingend 70 %** der Kosten des Betriebs der zentralen Heizungsanlage nach dem erfassten Wärmeverbrauch der Nutzer zu verteilen. Unberührt bleibt die Möglichkeit, einen höheren verbrauchsabhängigen Anteil zu vereinbaren (§ 10 HeizkostenV), entsprechende Vereinbarungen bleiben wirksam und können auch neu getroffen werden.[29] Die Änderung des Verteilungsmaßstabs erfolgte kraft Gesetzes (§ 2 HeizkostenVO) zum 1.1.2009 (§ 12 Abs. 6 HeizkostenVO) und erfordert keine vorherige Beschlussfassung.[30]

23 Gemäß **§ 8 Abs. 1 HeizkostenV** sind von den Kosten des Betriebs der zentralen Warmwasserversorgungsanlage mindestens 50 % und höchstens 70 % nach dem erfassten Warmwasserverbrauch und die übrigen Kosten nach der Wohn- oder Nutzfläche zu verteilen.

24 § 9 HeizkostenV legt fest, wie die **Kosten bei verbundenen Anlagen**, die gleichzeitig der Versorgung mit Wärme und Warmwasser dienen, aufzuteilen sind. Nach der HeizkostenV in der bis zum 31.12.2008 geltenden Fassung konnten sowohl der Wärmeverbrauch als auch der Brennstoffverbrauch einer zentralen Warmwasserversorgungsanlage mit 18 % des Gesamtverbrauchs abgeschätzt werden, wenn eine anderweitige Ermittlung nicht möglich war. Dies ist nach der Neuregelung nicht mehr möglich, womit dem Umstand Rechnung getragen wird, dass sich der Energieverbrauch für die Warmwasserbereitung am Gesamtenergieverbrauch erhöht hat.[31] Die auf die zentrale Warmwasserversorgungsanlage entfallende Wärmemenge ist gemäß § 9 Abs. 2 S. 1 HeizkostenVO ab dem 31.12.2013 (gemeint ist offensichtlich der 1.1.2014) mit einem **Wärmezähler** zu messen. Kann die Wärmemenge nur mit einem unzumutbar hohen Aufwand gemessen werden, darf sie weiter nach der in § 9 Abs. 2 S. 1 HeizkostenVO genannten Gleichung bestimmt werden. Der Verwalter sollte rechtzeitig vor dem 1.1.2014 eine Entscheidung der Wohnungseigentümer über den Einbau von Wärmemengenzählern vorbereiten.[32]

25 Die §§ 7 Abs. 2, § 8 Abs. 2 HeizkostenV regeln im Einzelnen, was zu den Kosten des Betriebs der zentralen Heizungsanlage bzw. Warmwasserversorgungsanlage zählt. Dazu gehören jetzt auch die Kosten einer **Verbrauchsanalyse**. Der Verwalter ist nicht befugt, eigenmächtig eine Verbrauchsanalyse zu erstellen.[33] Können die Kosten des Betriebsstromes der zentralen Heizungsanlage und die Kosten des Wasserverbrauchs der zentralen Warmwasserversorgungsanlage wegen fehlender Messgeräte nicht in die verbrauchsabhängige Abrechnung einbezogen werden, so widerspricht es nicht ordnungsgemäßer Verwaltung, diese Kosten nach Wohnfläche umzulegen.[34] Zu den Betriebskosten einer zentralen Heizungsanlage gehören nicht die Kosten einer Reparatur der Anlage und die Kosten einer Tankhaftpflichtversicherung.[35]

II. Festlegung des Verteilungsschlüssels

26 Gemäß § 6 Abs. 4 S. 1 HeizkostenV kann der Gebäudeeigentümer innerhalb des durch die HeizkostenV vorgegebenen Rahmens den Verteilungsschlüssel frei wählen. Bei Wohnungseigentumsanlagen, deren Einheiten unterschiedlich große Freiflächen haben, wird es ordnungsgemäßer Verwaltung entsprechen, die Kosten, die nicht nach Verbrauch umgelegt werden, nach beheizter Wohnfläche (beheiztem umbauten Raum) umzulegen. Ein verbrauchsabhängig abzurechnender Kostenanteil von mehr als 70 % entspricht nicht ohne weiteres der Verteilungsgerechtigkeit, weil der von der HeizkostenV vorgesehene Festkostenansatz auf der Annahme beruht, dass bis zu 30 % der Gesamtkosten unabhängig vom individuellen Verbrauchsverhalten entstehen; zudem nivelliert ein solcher Festanteil Vor- und Nachteile einzelner Nutzer, die sich aus der Lage ihrer Wohnung ergeben.[36]

27 Die Festlegung eines Verteilungsschlüssels gleichzeitig mit der Begründung von Wohnungseigentum wirft regelmäßig keine Probleme auf. Die Aufnahme eines vom Rahmen der HeizkostenV abweichenden Verteilungsschlüssels in die Gemeinschaftsordnung sollte unterbleiben.

28 Besteht die Gemeinschaft bereits, so finden die Regelungen des WEG über die Verwaltung des gemeinschaftlichen Eigentums oder die bestehenden Vereinbarungen Anwendung (§ 3 S. 2 HeizkostenV). Die Einführung einer verbrauchsabhängigen Kostenverteilung, die den Vorgaben der HeizkostenV entspricht, ist danach eine Maßnahme der ordnungsgemäßen Verwaltung gemäß § 21 Abs. 3 WEG für die Beschlusskompetenz besteht.[37] Jeder Wohnungseigentümer kann gemäß § 21 Abs. 4 WEG einen solchen Beschluss verlangen und seinen Anspruch gemäß den §§ 43 ff. WEG durchsetzen. Seit dem Inkrafttreten der WEG-Novelle 2007 besteht eine Beschlusskompetenz insoweit auch gemäß § 16 Abs. 3 WEG. Eine Vereinbarung (§ 10 Abs. 2 WEG), wonach die Verwaltung des gemeinschaftlichen Eigentums durch qualifizierte Mehrheit erfolgt, hindert gemäß § 16 Abs. 5 WEG einen Beschluss mit einfacher Mehrheit nicht.[38]

---

29 *Schmid*, NZM 2009, 104, 106.
30 *Schmid* in: Riecke/Schmid, § 7 HeizkostenVO Rn 6a; **a.A.** *Becker*, ZWE 2010, 302, 303.
31 BR-Drucks 570/08 S. 16.
32 Vgl. auch *Becker*, ZWE 2012, 302, 304.
33 *Schmid*, DWE 2011, 138, 140.
34 BayObLG 2Z BR 236/03, ZMR 2004, 359.
35 BayObLG 2Z BR 35/96, NJW-RR 1997, 715.
36 BGH V ZR 221/09, MDR 2010, 124; OLG Hamm 15 W 24/03, NZM 2004, 657 m.w.N.; OLG Hamm 15 W 375/04, ZMR 2006, 630 m. Anm. *Becker* ZWE 2006, 226.
37 Vgl. OLG Hamm 15 W 24/03, NZM 2004, 657 m.w.N.
38 BGH V ZR 221/09, MDR 2010, 1241.

Bereits bestehende Regelungen haben Bestand, wenn sie **mindestens zu 50 %** eine verbrauchsabhängige Abrechnung vorsehen. Sieht die bestehende Regelung vor, dass mehr als 70 % der Kosten verbrauchsabhängig verteilt werden, so ist dies gemäß § 10 HeizkostenV unschädlich, doch kann gleichwohl eine Änderung sinnvoll sein (vgl. Rn 33, 26). 29

Unzulässig ist die Anwendung unterschiedlicher Abrechnungsmaßstäbe innerhalb einer Gemeinschaft (z.B. 100 % verbrauchsabhängige Abrechnung für eine bestimmte Wohnung, während für die übrigen zu 50 % verbrauchsabhängig abgerechnet wird), denn eine solche Handhabung wäre mit dem Prinzip der einheitlichen Kostenabrechnung nicht vereinbar.[39] 30

Selbst wenn ein Wohnungseigentümer nachweisbar die in seiner Wohnung befindlichen **Heizkörper ständig abgesperrt** hält, kann er nicht verlangen, völlig von den verbrauchsabhängigen Kosten des Heizungsbetriebs freigestellt zu werden. Er ist vielmehr gemäß den bei ihm abgelesenen Verdunstungswerten zu beteiligen und kann allenfalls gemäß § 242 BGB verlangen, so gestellt zu werden, wie derjenige Eigentümer einer Wohnung gleicher Größe, bei dem die niedrigsten Verbrauchswerte abgelesen wurden.[40] Dies ist deshalb gerechtfertigt, weil ansonsten der Eigentümer einer günstig gelegenen Wohnung, die durch die umliegenden Wohnungen „mitgeheizt" wird, einen ungerechtfertigten Vorteil auf Kosten der übrigen Wohnungseigentümer hätte. 31

Eine Abrechnung des Verwalters, die gegen die HeizkostenV verstößt, ist nicht nichtig, sondern nur anfechtbar.[41] 32

III. Änderung des Verteilungsschlüssels

1. Beschlusskompetenz

Sowohl eine beschlossene als auch eine vereinbarte Verteilung der Kosten kann durch Mehrheitsbeschluss geändert werden.[42] § 16 Abs. 3 WEG begründet die Beschlusskompetenz, den Verteilungsschlüssel durch Mehrheitsbeschluss abweichend von dem in § 16 Abs. 2 WEG bestimmten Maßstab, aber auch abweichend von einem durch die Wohnungseigentümer vereinbarten oder beschlossenen Verteilungsschlüssel zu regeln.[43] Diese Beschlusskompetenz kann gemäß § 16 Abs. 5 WEG durch eine Vereinbarung der Wohnungseigentümer weder eingeschränkt noch ausgeschlossen werden. 33

2. Voraussetzung für die Änderung

Gemäß § 6 Abs. 4 S. 2 Nr. 3 HeizkostenV ist Voraussetzung für eine Änderung das Vorliegen sachgerechter Gründe. Das Kriterium des sachgerechten Grundes ist ebenso wie bei § 16 Abs. 3 WEG (siehe § 16 Rn 53) lediglich eine Ausprägung des Willkürverbots, wobei aufgrund eines Verstoßes gegen das Willkürverbot eine ordnungsgemäße Verwaltung zu verneinen ist.[44] Die Aufgabe eines Verteilungsschlüssels, der nicht der HeizkostenV entspricht, ist in aller Regel als sachgerecht anzusehen.[45] Ist der bisher verbrauchsabhängig abzurechnende Kostenanteil geringer als 50 %, folgt dies schon daraus, dass der Abrechnungsmaßstab gegen die HeizkostenV verstößt und damit nicht ordnungsgemäßer Verwaltung entspricht. Aber auch ein verbrauchsabhängig abzurechnender Kostenanteil von mehr als 70 % ist nicht ohne weiteres sachgerecht (vgl. Rn 26). 34

3. Wirkungszeitpunkt

Die Änderung der Abrechnungsmaßstäbe ist nur mit Wirkung zum Beginn eines Abrechnungszeitraums zulässig (**§ 6 Abs. 4 S. 3 HeizkostenV**). 35

4. Anspruch auf Änderung des Verteilungsmaßstabs

Ein Anspruch auf Änderung des Verteilungsmaßstabs besteht, wenn die Voraussetzungen des § 10 Abs. 2 S. 3 WEG vorliegen.[46] Führt die Abrechnung nach der HeizkostenV wegen der besonderen Umstände des Einzelfalles zu einer Mehrbelastung, die nach Treu und Glauben nicht zumutbar ist, so besteht ein Anspruch auf Änderung nach den gleichen Grundsätzen unter denen ein Anspruch auf Änderung des in der Teilungserklärung festgelegten Verteilungsschlüssels besteht.[47] 36

Das Rechtsschutzbedürfnis für einen Antrag gegen die übrigen Wohnungseigentümer auf Änderung des Verteilungsschlüssels ist grundsätzlich nur zu bejahen, wenn zuvor vergeblich versucht wurde, einen Eigentümerbeschluss herbeizuführen. Weigert sich der Verwalter, den Beschlussantrag auf die Tagesordnung zu setzen, so kann er im Verfahren nach § 43 Nr. 3 WEG darauf in Anspruch genommen werden, dass er mit einem solchen Tagesordnungspunkt zu einer Eigentümerversammlung einberuft (vgl. § 24 Rn 24). 37

---

39 KG BlGBW 1985, 141.
40 BayObLG WE 1989, 54; **a.A.** *Abramenko*, ZWE 2007, 61, 68.
41 BayObLG BReg 2 Z 105/84, ZMR 1985, 208/209.
42 BGH V ZR 221/09, MDR 2010, 1241.
43 BGH V ZR 221/09, MDR 2010, 1241.
44 Ebenso *Becker*, ZWE 2010, 302, 303; *Jennißen*, ZWE 2011, 153, 158; offen gelassen BGH V ZR 221/09, MDR 2010, 1241.
45 BGH V ZR 221/09, MDR 2010, 1241.
46 *Schmid*, NZM 2009, 104, 106; *Becker*, ZWE 2010, 302, 303.
47 Vgl. BayObLG 2Z BR 125/92, WuM 1993, 298, 299.

E. Kostenverteilung in Sonderfällen

38 § 9a HeizkostenV regelt die Kostenverteilung für die Fälle, in denen der anteilige Wärme- oder Warmwasserverbrauch von Nutzern wegen Geräteausfalls oder aus anderen zwingenden Gründen, z.B. wegen eines unterbliebenen Austauschs der Messampullen,[48] nicht ordnungsgemäß erfasst werden kann. In diesen Fällen ist der Verbrauch entweder auf der Grundlage des Verbrauchs der betroffenen Räume in vergleichbaren Zeiträumen (also nicht mehr nur früheren Abrechnungszeiträumen) oder auf der Grundlage des Verbrauchs vergleichbarer anderer Räume im jeweiligen Abrechnungszeitraum oder jetzt auch des Durchschnittsverbrauchs des Gebäudes oder der Nutzergruppe zu ermitteln. Die Auswahl zwischen diesen ausschließlich zulässigen Ersatzverfahren ist eine gerichtlich überprüfbare Ermessensentscheidung.[49]

39 Ein Ersatzverfahren ist aber gemäß **§ 9a Abs. 2 HeizkostenV** nur möglich, wenn nicht mehr als 25 % der Wohn- oder Nutzfläche bzw. des umbauten Raumes von dem Geräteausfall betroffen wurden.[50] Ist die verbrauchsabhängige Abrechnung objektiv unmöglich, weil der Verbrauch nicht abgelesen wurde, kann ausnahmsweise auch die Abrechnung nach Miteigentumsanteilen beschlossen werden.[51] Ist die Messung des Brennstoffendbestandes zum Jahresende versehentlich unterblieben, kann es ordnungsgemäßer Verwaltung entsprechen, den durchschnittlichen Brennstoffendbestand der vorangegangen Abrechnungsperioden der Jahresabrechnung zugrunde zu legen.[52] Kann wegen einer ungleichmäßigen Durchströmung der Heizkörper für sämtliche beheizte Flächen einer Wohnungseigentumsanlage der Wärmeverbrauch nicht ordnungsgemäß erfasst werden, darf dieser Mangel bei der Beurteilung des Vorliegens einer ordnungsgemäßen Verbrauchserfassung nicht deshalb vernachlässigt werden, weil er „im Prinzip bei allen Heizkörpern des Hauses" auftritt.[53] Sind die Heizkosten nach § 9a Abs. 2 HeizkostenV zu verteilen, so kann ein einzelner Wohnungseigentümer nicht verlangen, dass die Wohnfläche als Verteilungsmaßstab zugrunde gelegt wird, sondern nur, dass eine ordnungsgemäßer Verwaltung entsprechende erneute Willensbildung der Gemeinschaft unter Beachtung der Vorgaben der HeizkostenV erfolgt.[54]

F. Nutzerwechsel

40 § 9b HeizkostenV sieht für den Fall des Nutzerwechsels eine **Zwischenablesung** der Erfassungsgeräte der vom Wechsel betroffenen Räume vor. Die nach Verbrauch abzurechnenden Kosten sind auf der Grundlage dieser Zwischenablesung zu verteilen. Die übrigen Kosten sind nach Gradtagzahlen oder zeitanteilig zu verteilen, wobei beim Warmwasserverbrauch nur die zeitanteilige Verteilung zulässig ist. Die Abrechnung nach Gradtagzahlen erfolgt nach einer Tabelle (VDI 2067, Bl 1, Tabelle 22, Ausgabe Dezember 1983), in der langjährige Erfahrungswerte für den Verbrauch in den einzelnen Monaten im Verhältnis zum Jahresgesamtverbrauch in Promillewerten festgelegt sind. Die Kosten für eine Zwischenablesung sind, sofern es keine abweichende Vereinbarung gibt, nach dem allgemeinen Verteilungsschlüssel der HeizkostenV auf alle Wohnungseigentümer zu verteilen.[55] Das KG hat offen gelassen, ob nach dem Verursacherprinzip auch die ausschließliche Belastung der Wohnungseigentümer zulässig wäre, in deren Wohnungen ein Nutzerwechsel stattfand.

G. Kürzungsrecht des Nutzers

41 Ist die Eigentumswohnung vermietet, so hat der Mieter gemäß § 12 Abs. 1 S. 1 HeizkostenV das Recht, die auf ihn entfallenden Kosten um 15 % zu kürzen, sofern die Abrechnung nicht verbrauchsabhängig erfolgt. Der einzelne Wohnungseigentümer im Verhältnis zur Gemeinschaft hat dieses Recht nicht (§ 12 Abs. 1 S. 2 HeizkostenV).

H. Sonderregelungen im Einigungsvertrag

42 Die Verordnung gilt im Beitrittsgebiet aufgrund Anlage I Kap V Sachgebiet D Abschnitt III Nr. 10 des Einigungsvertrags vom 31.8.1990[56] mit besonderen Maßgaben. Sie ist dort zum 1.1.1991 in Kraft getreten.

43 Räume, die vor dem 1.1.1991 bezugsfertig geworden sind und in denen die nach der Verordnung erforderliche Ausstattung zur Verbrauchserfassung nicht vorhanden ist, sind bis spätestens zum 31.12.1995 auszustatten. Der Gebäudeeigentümer ist berechtigt, die Ausstattung bereits vor dem 31.12.1995 anzubringen.

44 Soweit und solange die nach Landesrecht zuständigen Behörden des in Art. 3 des Vertrages genannten Gebietes noch nicht die Eignung sachverständiger Stellen gemäß § 5 Abs. 1 S. 2 und 3 der Verordnung bestätigt haben, können Aus-

---

48 OLG Hamburg 2 Wx 103/96, ZMR 2004, 769, 770.
49 OLG Hamburg 2 Wx 103/96, ZMR 2004, 769, 770.
50 Krit. zu diesem Grenzwert: *Ropertz/Wüstefeld*, NJW 1989, 2365, 2368 f.
51 KG 24 W 1145/93, WuM 1994, 400, 402; **a.A.** *Gruber*, NZM 2000, 842, 843 u. 848: Abrechnung nach Wohnfläche.
52 BayObLG 2Z BR 101/00, NZM 2001, 754, 755.
53 OLG Düsseldorf 3 Wx 194/06, NZM 2007, 525.
54 OLG Düsseldorf 3 Wx 194/06, NZM 2007, 525.
55 KG 24 W 309/01, NZM 2002, 702.
56 BGBl II S. 1007.

stattungen zur Verbrauchserfassung verwendet werden für die eine sachverständige Stelle aus dem Gebiet, in dem die Verordnung schon vor dem Beitritt gegolten hat, die Bestätigung i.S.v. § 5 Abs. 1 S. 2 erteilt hat.

Die Vorschriften dieser Verordnung über die Kostenverteilung gelten erstmalig für den Abrechnungszeitraum, der nach dem Anbringen der Ausstattung beginnt. **45**

I. Übergangsregelungen

§ 12 Abs. 2 HeizkostenV begrenzt den Bestandsschutz für alte Messeinrichtungen auf den 31.12.2013. Die Verpflichtung zur Verwendung von Wärmezählern bei der Verteilung der Kosten bei verbundenen Anlagen besteht erst ab dem 1.1.2014 (§ 9 Abs. 2 HeizkostenV). **46**

Teil 4:
Weitere Rechtsvorschriften

A. Verordnung über energiesparenden Wärmeschutz und energiesparende Anlagentechnik bei Gebäuden

Energieeinsparverordnung
EnEV
vom 24.7.2007 BGBl. I S. 1519,
geändert durch V vom 29.4.2009 BGBl. I S. 954

Auf Grund des § 1 Abs. 2, des § 2 Abs. 2 und 3, des § 3 Abs. 2, des § 4, jeweils in Verbindung mit § 5, sowie des § 5a Satz 1 und 2 des Energieeinsparungsgesetzes in der Fassung der Bekanntmachung vom 1. September 2005 (BGBl. I S. 2684) verordnet die Bundesregierung:

Inhaltsübersicht

	Allgemeine Vorschriften
§ 1	Anwendungsbereich
§ 2	Begriffsbestimmungen
	Zu errichtende Gebäude
§ 3	Anforderungen an Wohngebäude
§ 4	Anforderungen an Nichtwohngebäude
§ 5	Anrechnung von Strom aus erneuerbaren Energien
§ 6	Dichtheit, Mindestluftwechsel
§ 7	Mindestwärmeschutz, Wärmebrücken
§ 8	Anforderungen an kleine Gebäude und Gebäude aus Raumzellen
	Bestehende Gebäude und Anlagen
§ 9	Änderung, Erweiterung und Ausbau von Gebäuden
§ 10	Nachrüstung bei Anlagen und Gebäuden
§ 10a	Außerbetriebnahme von elektrischen Speicherheizsystemen
§ 11	Aufrechterhaltung der energetischen Qualität
§ 12	Energetische Inspektion von Klimaanlagen
	Anlagen der Heizungs-, Kühl- und Raumlufttechnik sowie der Warmwasserversorgung
§ 13	Inbetriebnahme von Heizkesseln und sonstigen Wärmeerzeugersystemen
§ 14	Verteilungseinrichtungen und Warmwasseranlagen
§ 15	Klimaanlagen und sonstige Anlagen der Raumlufttechnik
	Energieausweise und Empfehlungen für die Verbesserung der Energieeffizienz
§ 16	Ausstellung und Verwendung von Energieausweisen
§ 17	Grundsätze des Energieausweises
§ 18	Ausstellung auf der Grundlage des Energiebedarfs
§ 19	Ausstellung auf der Grundlage des Energieverbrauchs
§ 20	Empfehlungen für die Verbesserung der Energieeffizienz
§ 21	Ausstellungsberechtigung für bestehende Gebäude
	Gemeinsame Vorschriften, Ordnungswidrigkeiten
§ 22	Gemischt genutzte Gebäude
§ 23	Regeln der Technik
§ 24	Ausnahmen
§ 25	Befreiungen
§ 26	Verantwortliche
§ 26a	Private Nachweise
§ 26b	Aufgaben des Bezirksschornsteinfegermeisters
§ 27	Ordnungswidrigkeiten
	Schlussvorschriften
§ 28	Allgemeine Übergangsvorschriften
§ 29	Übergangsvorschriften für Energieausweise und Aussteller

§ 30   (aufgehoben)
§ 31   Inkrafttreten, Außerkrafttreten
Anlage 1   Anforderungen an Wohngebäude
Anlage 2   Anforderungen an Nichtwohngebäude
Anlage 3   Anforderungen bei Änderung von Außenbauteilen und bei Errichtung kleiner Gebäude; Randbedingungen und Maßgaben für die Bewertung bestehender Wohngebäude
Anlage 4   Anforderungen an die Dichtheit und den Mindestluftwechsel
Anlage 5   Anforderungen an die Inbetriebnahme von Heizkesseln und sonstigen Wärmeerzeugersystemen
Anlage 6   Anforderungen an die Wärmedämmung von Rohrleitungen und Armaturen
Anlage 7   Muster Energieausweis Wohngebäude
Anlage 8   Muster Energieausweis Nichtwohngebäude
Anlage 9   Muster Aushang Energieausweis auf der Grundlage des Energiebedarfs
Anlage 10   Muster Aushang Energieausweis auf der Grundlage des Energieverbrauchs
Anlage 11   Muster Modernisierungsempfehlungen
Anlage 12   Anforderungen an die Inhalte der Fortbildung

Abschnitt 1 Allgemeine Vorschriften
§ 1 Anwendungsbereich

(1) ^{1}Diese Verordnung gilt
1. für Gebäude, soweit sie unter Einsatz von Energie beheizt oder gekühlt werden, und
2. für Anlagen und Einrichtungen der Heizungs-, Kühl-, Raumluft- und Beleuchtungstechnik sowie der Warmwasserversorgung von Gebäuden nach Nummer 1.

^{2}Der Energieeinsatz für Produktionsprozesse in Gebäuden ist nicht Gegenstand dieser Verordnung.

(2) ^{1}Mit Ausnahme der §§ 12 und 13 gilt diese Verordnung nicht für
1. Betriebsgebäude, die überwiegend zur Aufzucht oder zur Haltung von Tieren genutzt werden,
2. Betriebsgebäude, soweit sie nach ihrem Verwendungszweck großflächig und lang anhaltend offen gehalten werden müssen,
3. unterirdische Bauten,
4. Unterglasanlagen und Kulturräume für Aufzucht, Vermehrung und Verkauf von Pflanzen,
5. Traglufthallen und Zelte,
6. Gebäude, die dazu bestimmt sind, wiederholt aufgestellt und zerlegt zu werden, und provisorische Gebäude mit einer geplanten Nutzungsdauer von bis zu zwei Jahren,
7. Gebäude, die dem Gottesdienst oder anderen religiösen Zwecken gewidmet sind,
8. Wohngebäude, die für eine Nutzungsdauer von weniger als vier Monaten jährlich bestimmt sind, und
9. sonstige handwerkliche, landwirtschaftliche, gewerbliche und industrielle Betriebsgebäude, die nach ihrer Zweckbestimmung auf eine Innentemperatur von weniger als 12 Grad Celsius oder jährlich weniger als vier Monate beheizt sowie jährlich weniger als zwei Monate gekühlt werden.

^{2}Auf Bestandteile von Anlagensystemen, die sich nicht im räumlichen Zusammenhang mit Gebäuden nach Absatz 1 Satz 1 Nr. 1 befinden, ist nur § 13 anzuwenden.

§ 2 Begriffsbestimmungen

Im Sinne dieser Verordnung
1. sind Wohngebäude Gebäude, die nach ihrer Zweckbestimmung überwiegend dem Wohnen dienen, einschließlich Wohn-, Alten- und Pflegeheimen sowie ähnlichen Einrichtungen,
2. sind Nichtwohngebäude Gebäude, die nicht unter Nummer 1 fallen,
3. sind kleine Gebäude Gebäude mit nicht mehr als 50 Quadratmetern Nutzfläche,
3a. sind Baudenkmäler nach Landesrecht geschützte Gebäude oder Gebäudemehrheiten,
4. sind beheizte Räume solche Räume, die auf Grund bestimmungsgemäßer Nutzung direkt oder durch Raumverbund beheizt werden,
5. sind gekühlte Räume solche Räume, die auf Grund bestimmungsgemäßer Nutzung direkt oder durch Raumverbund gekühlt werden,
6. sind erneuerbare Energien solare Strahlungsenergie, Umweltwärme, Geothermie, Wasserkraft, Windenergie und Energie aus Biomasse,

7. ist ein Heizkessel der aus Kessel und Brenner bestehende Wärmeerzeuger, der zur Übertragung der durch die Verbrennung freigesetzten Wärme an den Wärmeträger Wasser dient,
8. sind Geräte der mit einem Brenner auszurüstende Kessel und der zur Ausrüstung eines Kessels bestimmte Brenner,
9. ist die Nennleistung die vom Hersteller festgelegte und im Dauerbetrieb unter Beachtung des vom Hersteller angegebenen Wirkungsgrades als einhaltbar garantierte größte Wärme- oder Kälteleistung in Kilowatt,
10. ist ein Niedertemperatur-Heizkessel ein Heizkessel, der kontinuierlich mit einer Eintrittstemperatur von 35 bis 40 Grad Celsius betrieben werden kann und in dem es unter bestimmten Umständen zur Kondensation des in den Abgasen enthaltenen Wasserdampfes kommen kann,
11. ist ein Brennwertkessel ein Heizkessel, der für die Kondensation eines Großteils des in den Abgasen enthaltenen Wasserdampfes konstruiert ist,
11a. sind elektrische Speicherheizsysteme Heizsysteme mit vom Energielieferanten unterbrechbarem Strombezug, die nur in den Zeiten außerhalb des unterbrochenen Betriebes durch eine Widerstandsheizung Wärme in einem geeigneten Speichermedium speichern,
12. ist die Wohnfläche die nach der Wohnflächenverordnung oder auf der Grundlage anderer Rechtsvorschriften oder anerkannter Regeln der Technik zur Berechnung von Wohnflächen ermittelte Fläche,
13. ist die Nutzfläche die Nutzfläche nach anerkannten Regeln der Technik, die beheizt oder gekühlt wird,
14. ist die Gebäudenutzfläche die nach Anlage 1 Nummer 1.3.3 berechnete Fläche,
15. ist die Nettogrundfläche die Nettogrundfläche nach anerkannten Regeln der Technik, die beheizt oder gekühlt wird.

Abschnitt 2 Zu errichtende Gebäude
§ 3 Anforderungen an Wohngebäude

(1) Zu errichtende Wohngebäude sind so auszuführen, dass der Jahres-Primärenergiebedarf für Heizung, Warmwasserbereitung, Lüftung und Kühlung den Wert des Jahres-Primärenergiebedarfs eines Referenzgebäudes gleicher Geometrie, Gebäudenutzfläche und Ausrichtung mit der in Anlage 1 Tabelle 1 angegebenen technischen Referenzausführung nicht überschreitet.

(2) Zu errichtende Wohngebäude sind so auszuführen, dass die Höchstwerte des spezifischen, auf die wärmeübertragende Umfassungsfläche bezogenen Transmissionswärmeverlusts nach Anlage 1 Tabelle 2 nicht überschritten werden.

(3) [1]Für das zu errichtende Wohngebäude und das Referenzgebäude ist der Jahres-Primärenergiebedarf nach einem der in Anlage 1 Nummer 2 genannten Verfahren zu berechnen. [2]Das zu errichtende Wohngebäude und das Referenzgebäude sind mit demselben Verfahren zu berechnen.

(4) Zu errichtende Wohngebäude sind so auszuführen, dass die Anforderungen an den sommerlichen Wärmeschutz nach Anlage 1 Nummer 3 eingehalten werden.

§ 4 Anforderungen an Nichtwohngebäude

(1) Zu errichtende Nichtwohngebäude sind so auszuführen, dass der Jahres-Primärenergiebedarf für Heizung, Warmwasserbereitung, Lüftung, Kühlung und eingebaute Beleuchtung den Wert des Jahres-Primärenergiebedarfs eines Referenzgebäudes gleicher Geometrie, Nettogrundfläche, Ausrichtung und Nutzung einschließlich der Anordnung der Nutzungseinheiten mit der in Anlage 2 Tabelle 1 angegebenen technischen Referenzausführung nicht überschreitet.

(2) Zu errichtende Nichtwohngebäude sind so auszuführen, dass die Höchstwerte der mittleren Wärmedurchgangskoeffizienten der wärmeübertragenden Umfassungsfläche nach Anlage 2 Tabelle 2 nicht überschritten werden.

(3) [1]Für das zu errichtende Nichtwohngebäude und das Referenzgebäude ist der Jahres-Primärenergiebedarf nach einem der in Anlage 2 Nummer 2 oder 3 genannten Verfahren zu berechnen. [2]Das zu errichtende Nichtwohngebäude und das Referenzgebäude sind mit demselben Verfahren zu berechnen.

(4) Zu errichtende Nichtwohngebäude sind so auszuführen, dass die Anforderungen an den sommerlichen Wärmeschutz nach Anlage 2 Nummer 4 eingehalten werden.

§ 5 Anrechnung von Strom aus erneuerbaren Energien

[1]Wird in zu errichtenden Gebäuden Strom aus erneuerbaren Energien eingesetzt, darf der Strom in den Berechnungen nach § 3 Absatz 3 und § 4 Absatz 3 von dem Endenergiebedarf abgezogen werden, wenn er
1. im unmittelbaren räumlichen Zusammenhang zu dem Gebäude erzeugt und
2. vorrangig in dem Gebäude selbst genutzt und nur die überschüssige Energiemenge in ein öffentliches Netz eingespeist

wird. ²Es darf höchstens die Strommenge nach Satz 1 angerechnet werden, die dem berechneten Strombedarf der jeweiligen Nutzung entspricht.

§ 6 Dichtheit, Mindestluftwechsel

(1) ¹Zu errichtende Gebäude sind so auszuführen, dass die wärmeübertragende Umfassungsfläche einschließlich der Fugen dauerhaft luftundurchlässig entsprechend den anerkannten Regeln der Technik abgedichtet ist. ²Die Fugendurchlässigkeit außen liegender Fenster, Fenstertüren und Dachflächenfenster muss den Anforderungen nach Anlage 4 Nr. 1 genügen. ³Wird die Dichtheit nach den Sätzen 1 und 2 überprüft, kann der Nachweis der Luftdichtheit bei der nach § 3 Absatz 3 und § 4 Absatz 3 erforderlichen Berechnung berücksichtigt werden, wenn die Anforderungen nach Anlage 4 Nummer 2 eingehalten sind.

(2) Zu errichtende Gebäude sind so auszuführen, dass der zum Zwecke der Gesundheit und Beheizung erforderliche Mindestluftwechsel sichergestellt ist.

§ 7 Mindestwärmeschutz, Wärmebrücken

(1) ¹Bei zu errichtenden Gebäuden sind Bauteile, die gegen die Außenluft, das Erdreich oder Gebäudeteile mit wesentlich niedrigeren Innentemperaturen abgrenzen, so auszuführen, dass die Anforderungen des Mindestwärmeschutzes nach den anerkannten Regeln der Technik eingehalten werden. ²Ist bei zu errichtenden Gebäuden die Nachbarbebauung bei aneinandergereihter Bebauung nicht gesichert, müssen die Gebäudetrennwände den Mindestwärmeschutz nach Satz 1 einhalten.

(2) Zu errichtende Gebäude sind so auszuführen, dass der Einfluss konstruktiver Wärmebrücken auf den Jahres-Heizwärmebedarf nach den anerkannten Regeln der Technik und den im jeweiligen Einzelfall wirtschaftlich vertretbaren Maßnahmen so gering wie möglich gehalten wird.

(3) ¹Der verbleibende Einfluss der Wärmebrücken bei der Ermittlung des Jahres-Primärenergiebedarfs ist nach Maßgabe des jeweils angewendeten Berechnungsverfahrens zu berücksichtigen. ²Soweit dabei Gleichwertigkeitsnachweise zu führen wären, ist dies für solche Wärmebrücken nicht erforderlich, bei denen die angrenzenden Bauteile kleinere Wärmedurchgangskoeffizienten aufweisen, als in den Musterlösungen der DIN 4108 Beiblatt 2 : 2006-03 zugrunde gelegt sind.

§ 8 Anforderungen an kleine Gebäude und Gebäude aus Raumzellen

¹Werden bei zu errichtenden kleinen Gebäuden die in Anlage 3 genannten Werte der Wärmedurchgangskoeffizienten der Außenbauteile eingehalten, gelten die übrigen Anforderungen dieses Abschnitts als erfüllt. ²Satz 1 ist auf Gebäude entsprechend anzuwenden, die für eine Nutzungsdauer von höchstens fünf Jahren bestimmt und aus Raumzellen von jeweils bis zu 50 Quadratmetern Nutzfläche zusammengesetzt sind.

Abschnitt 3 Bestehende Gebäude und Anlagen
§ 9 Änderung, Erweiterung und Ausbau von Gebäuden

(1) ¹Änderungen im Sinne der Anlage 3 Nummer 1 bis 6 bei beheizten oder gekühlten Räumen von Gebäuden sind so auszuführen, dass die in Anlage 3 festgelegten Wärmedurchgangskoeffizienten der betroffenen Außenbauteile nicht überschritten werden. ²Die Anforderungen des Satzes 1 gelten als erfüllt, wenn

1. geänderte Wohngebäude insgesamt den Jahres-Primärenergiebedarf des Referenzgebäudes nach § 3 Absatz 1 und den Höchstwert des spezifischen, auf die wärmeübertragende Umfassungsfläche bezogenen Transmissionswärmeverlusts nach Anlage 1 Tabelle 2,
2. geänderte Nichtwohngebäude insgesamt den Jahres-Primärenergiebedarf des Referenzgebäudes nach § 4 Absatz 1 und die Höchstwerte der mittleren Wärmedurchgangskoeffizienten der wärmeübertragenden Umfassungsfläche nach Anlage 2 Tabelle 2

um nicht mehr als 40 vom Hundert überschreiten.

(2) ¹In Fällen des Absatzes 1 Satz 2 sind die in § 3 Absatz 3 sowie in § 4 Absatz 3 angegebenen Berechnungsverfahren nach Maßgabe der Sätze 2 und 3 und des § 5 entsprechend anzuwenden. ²Soweit

1. Angaben zu geometrischen Abmessungen von Gebäuden fehlen, können diese durch vereinfachtes Aufmaß ermittelt werden;
2. energetische Kennwerte für bestehende Bauteile und Anlagenkomponenten nicht vorliegen, können gesicherte Erfahrungswerte für Bauteile und Anlagenkomponenten vergleichbarer Altersklassen verwendet werden;

hierbei können anerkannte Regeln der Technik verwendet werden; die Einhaltung solcher Regeln wird vermutet, soweit Vereinfachungen für die Datenaufnahme und die Ermittlung der energetischen Eigenschaften sowie gesicherte Erfahrungswerte verwendet werden, die vom Bundesministerium für Verkehr, Bau und Stadtentwicklung im Einvernehmen mit dem Bundesministerium für Wirtschaft und Technologie im Bundesanzeiger bekannt gemacht worden sind. [3]Bei Anwendung der Verfahren nach § 3 Absatz 3 sind die Randbedingungen und Maßgaben nach Anlage 3 Nr. 8 zu beachten.

(3) Absatz 1 ist nicht anzuwenden auf Änderungen von Außenbauteilen, wenn die Fläche der geänderten Bauteile nicht mehr als 10 vom Hundert der gesamten jeweiligen Bauteilfläche des Gebäudes betrifft.

(4) Bei der Erweiterung und dem Ausbau eines Gebäudes um beheizte oder gekühlte Räume mit zusammenhängend mindestens 15 und höchstens 50 Quadratmetern Nutzfläche sind die betroffenen Außenbauteile so auszuführen, dass die in Anlage 3 festgelegten Wärmedurchgangskoeffizienten nicht überschritten werden.

(5) Ist in Fällen des Absatzes 4 die hinzukommende zusammenhängende Nutzfläche größer als 50 Quadratmeter, sind die betroffenen Außenbauteile so auszuführen, dass der neue Gebäudeteil die Vorschriften für zu errichtende Gebäude nach § 3 oder § 4 einhält.

§ 10 Nachrüstung bei Anlagen und Gebäuden

(1) [1]Eigentümer von Gebäuden dürfen Heizkessel, die mit flüssigen oder gasförmigen Brennstoffen beschickt werden und vor dem 1. Oktober 1978 eingebaut oder aufgestellt worden sind, nicht mehr betreiben. [2]Satz 1 ist nicht anzuwenden, wenn die vorhandenen Heizkessel Niedertemperatur-Heizkessel oder Brennwertkessel sind, sowie auf heizungstechnische Anlagen, deren Nennleistung weniger als vier Kilowatt oder mehr als 400 Kilowatt beträgt, und auf Heizkessel nach § 13 Absatz 3 Nummer 2 bis 4.

(2) Eigentümer von Gebäuden müssen dafür sorgen, dass bei heizungstechnischen Anlagen bisher ungedämmte, zugängliche Wärmeverteilungs- und Warmwasserleitungen sowie Armaturen, die sich nicht in beheizten Räumen befinden, nach Anlage 5 zur Begrenzung der Wärmeabgabe gedämmt sind.

(3) [1]Eigentümer von Wohngebäuden sowie von Nichtwohngebäuden, die nach ihrer Zweckbestimmung jährlich mindestens vier Monate und auf Innentemperaturen von mindestens 19 Grad Celsius beheizt werden, müssen dafür sorgen, dass bisher ungedämmte, nicht begehbare, aber zugängliche oberste Geschossdecken beheizter Räume so gedämmt sind, dass der Wärmedurchgangskoeffizient der Geschossdecke 0,24 Watt/(m^2·K) nicht überschreitet. [2]Die Pflicht nach Satz 1 gilt als erfüllt, wenn anstelle der Geschossdecke das darüber liegende, bisher ungedämmte Dach entsprechend gedämmt ist.

(4) Auf begehbare, bisher ungedämmte oberste Geschossdecken beheizter Räume ist Absatz 3 nach dem 31. Dezember 2011 entsprechend anzuwenden.

(5) [1]Bei Wohngebäuden mit nicht mehr als zwei Wohnungen, von denen der Eigentümer eine Wohnung am 1. Februar 2002 selbst bewohnt hat, sind die Pflichten nach den Absätzen 1 bis 4 erst im Falle eines Eigentümerwechsels nach dem 1. Februar 2002 von dem neuen Eigentümer zu erfüllen. [2]Die Frist zur Pflichterfüllung beträgt zwei Jahre ab dem ersten Eigentumsübergang. [3]Sind im Falle eines Eigentümerwechsels vor dem 1. Januar 2010 noch keine zwei Jahre verstrichen, genügt es, die obersten Geschossdecken beheizter Räume so zu dämmen, dass der Wärmedurchgangskoeffizient der Geschossdecke 0,30 Watt/(m^2·K) nicht überschreitet.

(6) Die Absätze 2 bis 5 sind nicht anzuwenden, soweit die für die Nachrüstung erforderlichen Aufwendungen durch die eintretenden Einsparungen nicht innerhalb angemessener Frist erwirtschaftet werden können.

§ 10a Außerbetriebnahme von elektrischen Speicherheizsystemen

(1) [1]In Wohngebäuden mit mehr als fünf Wohneinheiten dürfen Eigentümer elektrische Speicherheizsysteme nach Maßgabe des Absatzes 2 nicht mehr betreiben, wenn die Raumwärme in den Gebäuden ausschließlich durch elektrische Speicherheizsysteme erzeugt wird. [2]Auf Nichtwohngebäude, die nach ihrer Zweckbestimmung jährlich mindestens vier Monate und auf Innentemperaturen von mindestens 19 Grad Celsius beheizt werden, ist Satz 1 entsprechend anzuwenden, wenn mehr als 500 Quadratmeter Nutzfläche mit elektrischen Speicherheizsystemen beheizt werden. [3]Auf elektrische Speicherheizsysteme mit nicht mehr als 20 Watt Heizleistung pro Quadratmeter Nutzfläche einer Wohnungs-, Betriebs- oder sonstigen Nutzungseinheit sind die Sätze 1 und 2 nicht anzuwenden.

(2) [1]Vor dem 1. Januar 1990 eingebaute oder aufgestellte elektrische Speicherheizsysteme dürfen nach dem 31. Dezember 2019 nicht mehr betrieben werden. [2]Nach dem 31. Dezember 1989 eingebaute oder aufgestellte elektrische Speicherheizsysteme dürfen nach Ablauf von 30 Jahren nach dem Einbau oder der Aufstellung nicht mehr betrieben werden. [3]Wurden die elektrischen Speicherheizsysteme nach dem 31. Dezember 1989 in wesentlichen Bauteilen erneuert, dürfen sie nach Ablauf von 30 Jahren nach der Erneuerung nicht mehr betrieben werden. [4]Werden mehrere Heizaggregate in einem Gebäude betrieben, ist bei Anwendung der Sätze 1, 2 oder 3 insgesamt auf das zweitälteste Heizaggregat abzustellen.

(3) [1]Absatz 1 ist nicht anzuwenden, wenn

1. andere öffentlich-rechtliche Pflichten entgegenstehen,

2. die erforderlichen Aufwendungen für die Außerbetriebnahme und den Einbau einer neuen Heizung auch bei Inanspruchnahme möglicher Fördermittel nicht innerhalb angemessener Frist durch die eintretenden Einsparungen erwirtschaftet werden können oder
3. wenn
   a) für das Gebäude der Bauantrag nach dem 31. Dezember 1994 gestellt worden ist,
   b) das Gebäude schon bei der Baufertigstellung das Anforderungsniveau der Wärmeschutzverordnung vom 16. August 1994 (BGBl. I S. 2121) eingehalten hat oder
   c) das Gebäude durch spätere Änderungen mindestens auf das in Buchstabe b bezeichnete Anforderungsniveau gebracht worden ist.

²Bei der Ermittlung der energetischen Eigenschaften des Gebäudes nach Satz 1 Nummer 3 Buchstabe b und c können die Bestimmungen über die vereinfachte Datenerhebung nach § 9 Absatz 2 Satz 2 und die Datenbereitstellung durch den Eigentümer nach § 17 Absatz 5 entsprechend angewendet werden. ³§ 25 Absatz 1 und 2 bleibt unberührt.

§ 11 Aufrechterhaltung der energetischen Qualität

(1) ¹Außenbauteile dürfen nicht in einer Weise verändert werden, dass die energetische Qualität des Gebäudes verschlechtert wird. ²Das Gleiche gilt für Anlagen und Einrichtungen nach dem Abschnitt 4, soweit sie zum Nachweis der Anforderungen energieeinsparrechtlicher Vorschriften des Bundes zu berücksichtigen waren.

(2) ¹Energiebedarfssenkende Einrichtungen in Anlagen nach Absatz 1 sind vom Betreiber betriebsbereit zu erhalten und bestimmungsgemäß zu nutzen. ²Eine Nutzung und Erhaltung im Sinne des Satzes 1 gilt als gegeben, soweit der Einfluss einer energiebedarfssenkenden Einrichtung auf den Jahres-Primärenergiebedarf durch andere anlagentechnische oder bauliche Maßnahmen ausgeglichen wird.

(3) ¹Anlagen und Einrichtungen der Heizungs-, Kühl- und Raumlufttechnik sowie der Warmwasserversorgung sind vom Betreiber sachgerecht zu bedienen. Komponenten mit wesentlichem Einfluss auf den Wirkungsgrad solcher Anlagen sind vom Betreiber regelmäßig zu warten und instand zu halten. ²Für die Wartung und Instandhaltung ist Fachkunde erforderlich. Fachkundig ist, wer die zur Wartung und Instandhaltung notwendigen Fachkenntnisse und Fertigkeiten besitzt.

§ 12 Energetische Inspektion von Klimaanlagen

(1) Betreiber von in Gebäude eingebauten Klimaanlagen mit einer Nennleistung für den Kältebedarf von mehr als zwölf Kilowatt haben innerhalb der in den Absätzen 3 und 4 genannten Zeiträume energetische Inspektionen dieser Anlagen durch berechtigte Personen im Sinne des Absatzes 5 durchführen zu lassen.

(2) ¹Die Inspektion umfasst Maßnahmen zur Prüfung der Komponenten, die den Wirkungsgrad der Anlage beeinflussen, und der Anlagendimensionierung im Verhältnis zum Kühlbedarf des Gebäudes. ²Sie bezieht sich insbesondere auf

1. die Überprüfung und Bewertung der Einflüsse, die für die Auslegung der Anlage verantwortlich sind, insbesondere Veränderungen der Raumnutzung und -belegung, der Nutzungszeiten, der inneren Wärmequellen sowie der relevanten bauphysikalischen Eigenschaften des Gebäudes und der vom Betreiber geforderten Sollwerte hinsichtlich Luftmengen, Temperatur, Feuchte, Betriebszeit sowie Toleranzen, und
2. die Feststellung der Effizienz der wesentlichen Komponenten.

³Dem Betreiber sind Ratschläge in Form von kurz gefassten fachlichen Hinweisen für Maßnahmen zur kostengünstigen Verbesserung der energetischen Eigenschaften der Anlage, für deren Austausch oder für Alternativlösungen zu geben. ⁴Die inspizierende Person hat dem Betreiber die Ergebnisse der Inspektion unter Angabe ihres Namens sowie ihrer Anschrift und Berufsbezeichnung zu bescheinigen.

(3) ¹Die Inspektion ist erstmals im zehnten Jahr nach der Inbetriebnahme oder der Erneuerung wesentlicher Bauteile wie Wärmeübertrager, Ventilator oder Kältemaschine durchzuführen. ²Abweichend von Satz 1 sind die am 1. Oktober 2007 mehr als vier und bis zu zwölf Jahre alten Anlagen innerhalb von sechs Jahren, die über zwölf Jahre alten Anlagen innerhalb von vier Jahren und die über 20 Jahre alten Anlagen innerhalb von zwei Jahren nach dem 1. Oktober 2007 erstmals einer Inspektion zu unterziehen.

(4) Nach der erstmaligen Inspektion ist die Anlage wiederkehrend mindestens alle zehn Jahre einer Inspektion zu unterziehen.

(5) ¹Inspektionen dürfen nur von fachkundigen Personen durchgeführt werden. ²Fachkundig sind insbesondere

1. Personen mit berufsqualifizierendem Hochschulabschluss in den Fachrichtungen Versorgungstechnik oder Technische Gebäudeausrüstung mit mindestens einem Jahr Berufserfahrung in Planung, Bau, Betrieb oder Prüfung raumlufttechnischer Anlagen,
2. Personen mit berufsqualifizierendem Hochschulabschluss in
   a) den Fachrichtungen Maschinenbau, Elektrotechnik, Verfahrenstechnik, Bauingenieurwesen oder

b) einer anderen technischen Fachrichtung mit einem Ausbildungsschwerpunkt bei der Versorgungstechnik oder der Technischen Gebäudeausrüstung

mit mindestens drei Jahren Berufserfahrung in Planung, Bau, Betrieb oder Prüfung raumlufttechnischer Anlagen.

³Gleichwertige Ausbildungen, die in einem anderen Mitgliedstaat der Europäischen Union, einem anderen Vertragsstaat des Abkommens über den Europäischen Wirtschaftsraum oder der Schweiz erworben worden sind und durch einen Ausbildungsnachweis belegt werden können, sind den in Satz 2 genannten Ausbildungen gleichgestellt.

(6) Der Betreiber hat die Bescheinigung über die Durchführung der Inspektion der nach Landesrecht zuständigen Behörde auf Verlangen vorzulegen.

Abschnitt 4 Anlagen der Heizungs-, Kühl- und Raumlufttechnik sowie der Warmwasserversorgung

§ 13 Inbetriebnahme von Heizkesseln und sonstigen Wärmeerzeugersystemen

(1) ¹Heizkessel, die mit flüssigen oder gasförmigen Brennstoffen beschickt werden und deren Nennleistung mindestens vier Kilowatt und höchstens 400 Kilowatt beträgt, dürfen zum Zwecke der Inbetriebnahme in Gebäuden nur eingebaut oder aufgestellt werden, wenn sie mit der CE-Kennzeichnung nach § 5 Abs. 1 und 2 der Verordnung über das Inverkehrbringen von Heizkesseln und Geräten nach dem Bauproduktengesetz vom 28. April 1998 (BGBl. I S. 796) oder nach Artikel 7 Abs. 1 Satz 2 der Richtlinie 92/42/EWG des Rates vom 21. Mai 1992 über die Wirkungsgrade von mit flüssigen oder gasförmigen Brennstoffen beschickten neuen Warmwasserheizkesseln (ABl. EG Nr. L 167 S. 17, L 195 S. 32), die zuletzt durch die Richtlinie 2005/32/EG des Europäischen Parlaments und des Rates vom 6. Juli 2005 (ABl. EU Nr. L 191 S. 29) geändert worden ist, versehen sind. ²Satz 1 gilt auch für Heizkessel, die aus Geräten zusammengefügt werden, soweit dabei die Parameter beachtet werden, die sich aus der den Geräten beiliegenden EG-Konformitätserklärung ergeben.

(2) ¹Heizkessel dürfen in Gebäuden nur dann zum Zwecke der Inbetriebnahme eingebaut oder aufgestellt werden, wenn die Anforderungen nach Anlage 4a eingehalten werden. ²In Fällen der Pflicht zur Außerbetriebnahme elektrischer Speicherheizsysteme nach § 10a sind die Anforderungen nach Anlage 4a auch auf sonstige Wärmeerzeugersysteme anzuwenden, deren Heizleistung größer als 20 Watt pro Quadratmeter Nutzfläche ist. ³Ausgenommen sind bestehende Gebäude, wenn deren Jahres-Primärenergiebedarf den Wert des Jahres-Primärenergiebedarfs des Referenzgebäudes um nicht mehr als 40 vom Hundert überschreitet.

(3) Absatz 1 ist nicht anzuwenden auf

1. einzeln produzierte Heizkessel,
2. Heizkessel, die für den Betrieb mit Brennstoffen ausgelegt sind, deren Eigenschaften von den marktüblichen flüssigen und gasförmigen Brennstoffen erheblich abweichen,
3. Anlagen zur ausschließlichen Warmwasserbereitung,
4. Küchenherde und Geräte, die hauptsächlich zur Beheizung des Raumes, in dem sie eingebaut oder aufgestellt sind, ausgelegt sind, daneben aber auch Warmwasser für die Zentralheizung und für sonstige Gebrauchszwecke liefern,
5. Geräte mit einer Nennleistung von weniger als sechs Kilowatt zur Versorgung eines Warmwasserspeichersystems mit Schwerkraftumlauf.

(4) Heizkessel, deren Nennleistung kleiner als vier Kilowatt oder größer als 400 Kilowatt ist, und Heizkessel nach Absatz 3 dürfen nur dann zum Zwecke der Inbetriebnahme in Gebäuden eingebaut oder aufgestellt werden, wenn sie nach anerkannten Regeln der Technik gegen Wärmeverluste gedämmt sind.

§ 14 Verteilungseinrichtungen und Warmwasseranlagen

(1) ¹Zentralheizungen müssen beim Einbau in Gebäude mit zentralen selbsttätig wirkenden Einrichtungen zur Verringerung und Abschaltung der Wärmezufuhr sowie zur Ein- und Ausschaltung elektrischer Antriebe in Abhängigkeit von

1. der Außentemperatur oder einer anderen geeigneten Führungsgröße und
2. der Zeit

ausgestattet werden. ²Soweit die in Satz 1 geforderten Ausstattungen bei bestehenden Gebäuden nicht vorhanden sind, muss der Eigentümer sie nachrüsten. ³Bei Wasserheizungen, die ohne Wärmeübertrager an eine Nah- oder Fernwärmeversorgung angeschlossen sind, gilt Satz 1 hinsichtlich der Verringerung und Abschaltung der Wärmezufuhr auch ohne entsprechende Einrichtungen in den Haus- und Kundenanlagen als eingehalten, wenn die Vorlauftemperatur des Nah- oder Fernwärmenetzes in Abhängigkeit von der Außentemperatur und der Zeit durch entsprechende Einrichtungen in der zentralen Erzeugungsanlage geregelt wird.

(2) ¹Heizungstechnische Anlagen mit Wasser als Wärmeträger müssen beim Einbau in Gebäude mit selbsttätig wirkenden Einrichtungen zur raumweisen Regelung der Raumtemperatur ausgestattet werden. ²Satz 1 gilt nicht für Einzelheizgeräte, die zum Betrieb mit festen oder flüssigen Brennstoffen eingerichtet sind. ³Mit Ausnahme von Wohn-

gebäuden ist für Gruppen von Räumen gleicher Art und Nutzung eine Gruppenregelung zulässig. Fußbodenheizungen in Gebäuden, die vor dem 1. Februar 2002 errichtet worden sind, dürfen abweichend von Satz 1 mit Einrichtungen zur raumweisen Anpassung der Wärmeleistung an die Heizlast ausgestattet werden. [4]Soweit die in Satz 1 bis 3 geforderten Ausstattungen bei bestehenden Gebäuden nicht vorhanden sind, muss der Eigentümer sie nachrüsten.

(3) In Zentralheizungen mit mehr als 25 Kilowatt Nennleistung sind die Umwälzpumpen der Heizkreise beim erstmaligen Einbau und bei der Ersetzung so auszustatten, dass die elektrische Leistungsaufnahme dem betriebsbedingten Förderbedarf selbsttätig in mindestens drei Stufen angepasst wird, soweit sicherheitstechnische Belange des Heizkessels dem nicht entgegenstehen.

(4) Zirkulationspumpen müssen beim Einbau in Warmwasseranlagen mit selbsttätig wirkenden Einrichtungen zur Ein- und Ausschaltung ausgestattet werden.

(5) Beim erstmaligen Einbau und bei der Ersetzung von Wärmeverteilungs- und Warmwasserleitungen sowie von Armaturen in Gebäuden ist deren Wärmeabgabe nach Anlage 5 zu begrenzen.

(6) Beim erstmaligen Einbau von Einrichtungen, in denen Heiz- oder Warmwasser gespeichert wird, in Gebäude und bei deren Ersetzung ist deren Wärmeabgabe nach anerkannten Regeln der Technik zu begrenzen.

§ 15 Klimaanlagen und sonstige Anlagen der Raumlufttechnik

(1) [1]Beim Einbau von Klimaanlagen mit einer Nennleistung für den Kältebedarf von mehr als zwölf Kilowatt und raumlufttechnischen Anlagen, die für einen Volumenstrom der Zuluft von wenigstens 4 000 Kubikmeter je Stunde ausgelegt sind, in Gebäude sowie bei der Erneuerung von Zentralgeräten oder Luftkanalsystemen solcher Anlagen müssen diese Anlagen so ausgeführt werden, dass

1. die auf das Fördervolumen bezogene elektrische Leistung der Einzelventilatoren oder
2. der gewichtete Mittelwert der auf das jeweilige Fördervolumen bezogenen elektrischen Leistungen aller Zu- und Abluftventilatoren

bei Auslegungsvolumenstrom den Grenzwert der Kategorie SFP 4 nach DIN EN 13779 : 2007-09 nicht überschreitet. [2]Der Grenzwert für die Klasse SFP 4 kann um Zuschläge nach DIN EN 13779 : 200709 Abschnitt 6.5.2 für Gas- und HEPA-Filter sowie Wärmerückführungsbauteile der Klassen H2 oder H1 nach DIN EN 13053 erweitert werden.

(2) [1]Beim Einbau von Anlagen nach Absatz 1 Satz 1 in Gebäude und bei der Erneuerung von Zentralgeräten solcher Anlagen müssen, soweit diese Anlagen dazu bestimmt sind, die Feuchte der Raumluft unmittelbar zu verändern, diese Anlagen mit selbsttätig wirkenden Regelungseinrichtungen ausgestattet werden, mit denen getrennte Sollwerte für die Be- und die Entfeuchtung eingestellt werden können und als Führungsgröße mindestens die direkt gemessene Zu- oder Abluftfeuchte dient. [2]Sind solche Einrichtungen in bestehenden Anlagen nach Absatz 1 Satz 1 nicht vorhanden, muss der Betreiber sie bei Klimaanlagen innerhalb von sechs Monaten nach Ablauf der jeweiligen Frist des § 12 Absatz 3, bei sonstigen raumlufttechnischen Anlagen in entsprechender Anwendung der jeweiligen Fristen des § 12 Absatz 3, nachrüsten.

(3) [1]Beim Einbau von Anlagen nach Absatz 1 Satz 1 in Gebäude und bei der Erneuerung von Zentralgeräten oder Luftkanalsystemen solcher Anlagen müssen diese Anlagen mit Einrichtungen zur selbsttätigen Regelung der Volumenströme in Abhängigkeit von den thermischen und stofflichen Lasten oder zur Einstellung der Volumenströme in Abhängigkeit von der Zeit ausgestattet werden, wenn der Zuluftvolumenstrom dieser Anlagen je Quadratmeter versorgter Nettogrundfläche, bei Wohngebäuden je Quadratmeter versorgter Gebäudenutzfläche neun Kubikmeter pro Stunde überschreitet. [2]Satz 1 gilt nicht, soweit in den versorgten Räumen auf Grund des Arbeits- oder Gesundheitsschutzes erhöhte Zuluftvolumenströme erforderlich sind oder Laständerungen weder messtechnisch noch hinsichtlich des zeitlichen Verlaufes erfassbar sind.

(4) Werden Kälteverteilungs- und Kaltwasserleitungen und Armaturen, die zu Anlagen im Sinne des Absatzes 1 Satz 1 gehören, erstmalig in Gebäude eingebaut oder ersetzt, ist deren Wärmeaufnahme nach Anlage 5 zu begrenzen.

(5) [1]Werden Anlagen nach Absatz 1 Satz 1 in Gebäude eingebaut oder Zentralgeräte solcher Anlagen erneuert, müssen diese mit einer Einrichtung zur Wärmerückgewinnung ausgestattet sein, die mindestens der Klassifizierung H3 nach DIN EN 13053 : 2007-09 entspricht. [2]Für die Betriebsstundenzahl sind die Nutzungsrandbedingungen nach DIN V 18599-10 : 2007-02 und für den Luftvolumenstrom der Außenluftvolumenstrom maßgebend.

Abschnitt 5 Energieausweise und Empfehlungen für die Verbesserung der Energieeffizienz

§ 16 Ausstellung und Verwendung von Energieausweisen

(1) [1]Wird ein Gebäude errichtet, hat der Bauherr sicherzustellen, dass ihm, wenn er zugleich Eigentümer des Gebäudes ist, oder dem Eigentümer des Gebäudes ein Energieausweis nach dem Muster der Anlage 6 oder 7 unter Zugrundelegung der energetischen Eigenschaften des fertig gestellten Gebäudes ausgestellt wird. [2]Satz 1 ist entsprechend anzuwenden, wenn

1. an einem Gebäude Änderungen im Sinne der Anlage 3 Nr. 1 bis 6 vorgenommen oder
2. die Nutzfläche der beheizten oder gekühlten Räume eines Gebäudes um mehr als die Hälfte erweitert wird

und dabei unter Anwendung des § 9 Absatz 1 Satz 2 für das gesamte Gebäude Berechnungen nach § 9 Abs. 2 durchgeführt werden. ³Der Eigentümer hat den Energieausweis der nach Landesrecht zuständigen Behörde auf Verlangen vorzulegen.

(2) ¹Soll ein mit einem Gebäude bebautes Grundstück, ein grundstücksgleiches Recht an einem bebauten Grundstück oder Wohnungs- oder Teileigentum verkauft werden, hat der Verkäufer dem potenziellen Käufer einen Energieausweis mit dem Inhalt nach dem Muster der Anlage 6 oder 7 zugänglich zu machen, spätestens unverzüglich, nachdem der potenzielle Käufer dies verlangt hat. ²Satz 1 gilt entsprechend für den Eigentümer, Vermieter, Verpächter und Leasinggeber bei der Vermietung, der Verpachtung oder beim Leasing eines Gebäudes, einer Wohnung oder einer sonstigen selbstständigen Nutzungseinheit.

(3) ¹Für Gebäude mit mehr als 1 000 Quadratmetern Nutzfläche, in denen Behörden und sonstige Einrichtungen für eine große Anzahl von Menschen öffentliche Dienstleistungen erbringen und die deshalb von diesen Menschen häufig aufgesucht werden, sind Energieausweise nach dem Muster der Anlage 7 auszustellen. ²Der Eigentümer hat den Energieausweis an einer für die Öffentlichkeit gut sichtbaren Stelle auszuhängen; der Aushang kann auch nach dem Muster der Anlage 8 oder 9 vorgenommen werden.

(4) ¹Auf kleine Gebäude sind die Vorschriften dieses Abschnitts nicht anzuwenden. ²Auf Baudenkmäler sind die Absätze 2 und 3 nicht anzuwenden.

§ 17 Grundsätze des Energieausweises

(1) ¹Der Aussteller hat Energieausweise nach § 16 auf der Grundlage des berechneten Energiebedarfs oder des erfassten Energieverbrauchs nach Maßgabe der Absätze 2 bis 6 sowie der §§ 18 und 19 auszustellen. ²Es ist zulässig, sowohl den Energiebedarf als auch den Energieverbrauch anzugeben.

(2) ¹Energieausweise dürfen in den Fällen des § 16 Abs. 1 nur auf der Grundlage des Energiebedarfs ausgestellt werden. ²In den Fällen des § 16 Abs. 2 sind ab dem 1. Oktober 2008 Energieausweise für Wohngebäude, die weniger als fünf Wohnungen haben und für die der Bauantrag vor dem 1. November 1977 gestellt worden ist, auf der Grundlage des Energiebedarfs auszustellen. ³Satz 2 gilt nicht, wenn das Wohngebäude
1. schon bei der Baufertigstellung das Anforderungsniveau der Wärmeschutzverordnung vom 11. August 1977 (BGBl. I S. 1554) eingehalten hat oder
2. durch spätere Änderungen mindestens auf das in Nummer 1 bezeichnete Anforderungsniveau gebracht worden ist.

⁴Bei der Ermittlung der energetischen Eigenschaften des Wohngebäudes nach Satz 3 können die Bestimmungen über die vereinfachte Datenerhebung nach § 9 Abs. 2 Satz 2 und die Datenbereitstellung durch den Eigentümer nach Absatz 5 angewendet werden.

(3) Energieausweise werden für Gebäude ausgestellt. Sie sind für Teile von Gebäuden auszustellen, wenn die Gebäudeteile nach § 22 getrennt zu behandeln sind.

(4) ¹Energieausweise müssen nach Inhalt und Aufbau den Mustern in den Anlagen 6 bis 9 entsprechen und mindestens die dort für die jeweilige Ausweisart geforderten, nicht als freiwillig gekennzeichneten Angaben enthalten; sie sind vom Aussteller unter Angabe von Name, Anschrift und Berufsbezeichnung eigenhändig oder durch Nachbildung der Unterschrift zu unterschreiben. ²Zusätzliche Angaben können beigefügt werden.

(5) ¹Der Eigentümer kann die zur Ausstellung des Energieausweises nach § 18 Absatz 1 Satz 1 oder Absatz 2 Satz 1 in Verbindung mit den Anlagen 1, 2 und 3 Nummer 8 oder nach § 19 Absatz 1 Satz 1 und 3, Absatz 2 Satz 1 oder 3 und Absatz 3 Satz 1 erforderlichen Daten bereitstellen. ²Der Eigentümer muss dafür Sorge tragen, dass die von ihm nach Satz 1 bereitgestellten Daten richtig sind. ³Der Aussteller darf die vom Eigentümer bereitgestellten Daten seinen Berechnungen nicht zugrunde legen, soweit begründeter Anlass zu Zweifeln an deren Richtigkeit besteht. ⁴Soweit der Aussteller des Energieausweises die Daten selbst ermittelt hat, ist Satz 2 entsprechend anzuwenden.

(6) ¹Energieausweise sind für eine Gültigkeitsdauer von zehn Jahren auszustellen. ²Unabhängig davon verlieren Energieausweise ihre Gültigkeit, wenn nach § 16 Absatz 1 ein neuer Energieausweis erforderlich wird.

§ 18 Ausstellung auf der Grundlage des Energiebedarfs

(1) ¹Werden Energieausweise für zu errichtende Gebäude auf der Grundlage des berechneten Energiebedarfs ausgestellt, sind die Ergebnisse der nach den §§ 3 bis 5 erforderlichen Berechnungen zugrunde zu legen. ²Die Ergebnisse sind in den Energieausweisen anzugeben, soweit ihre Angabe für Energiebedarfswerte in den Mustern der Anlagen 6 bis 8 vorgesehen ist.

(2) ¹Werden Energieausweise für bestehende Gebäude auf der Grundlage des berechneten Energiebedarfs ausgestellt, ist auf die erforderlichen Berechnungen § 9 Abs. 2 entsprechend anzuwenden. ²Die Ergebnisse sind in den Energieausweisen anzugeben, soweit ihre Angabe für Energiebedarfswerte in den Mustern der Anlagen 6 bis 8 vorgesehen ist.

§ 19 Ausstellung auf der Grundlage des Energieverbrauchs

(1) [1]Werden Energieausweise für bestehende Gebäude auf der Grundlage des erfassten Energieverbrauchs ausgestellt, ist der witterungsbereinigte Energieverbrauch (Energieverbrauchskennwert) nach Maßgabe der Absätze 2 und 3 zu berechnen. [2]Die Ergebnisse sind in den Energieausweisen anzugeben, soweit ihre Angabe für Energieverbrauchskennwerte in den Mustern der Anlagen 6, 7 und 9 vorgesehen ist. [3]Die Bestimmungen des § 9 Abs. 2 Satz 2 über die vereinfachte Datenerhebung sind entsprechend anzuwenden.

(2) [1]Bei Wohngebäuden ist der Energieverbrauch für Heizung und zentrale Warmwasserbereitung zu ermitteln und in Kilowattstunden pro Jahr und Quadratmeter Gebäudenutzfläche anzugeben. [2]Die Gebäudenutzfläche kann bei Wohngebäuden mit bis zu zwei Wohneinheiten mit beheiztem Keller pauschal mit dem 1,35-fachen Wert der Wohnfläche, bei sonstigen Wohngebäuden mit dem 1,2-fachen Wert der Wohnfläche angesetzt werden. [3]Bei Nichtwohngebäuden ist der Energieverbrauch für Heizung, Warmwasserbereitung, Kühlung, Lüftung und eingebaute Beleuchtung zu ermitteln und in Kilowattstunden pro Jahr und Quadratmeter Nettogrundfläche anzugeben. [4]Der Energieverbrauch für Heizung ist einer Witterungsbereinigung zu unterziehen.

(3) [1]Zur Ermittlung des Energieverbrauchs sind
1. Verbrauchsdaten aus Abrechnungen von Heizkosten nach der Heizkostenverordnung für das gesamte Gebäude,
2. andere geeignete Verbrauchsdaten, insbesondere Abrechnungen von Energielieferanten oder sachgerecht durchgeführte Verbrauchsmessungen, oder
3. eine Kombination von Verbrauchsdaten nach den Nummern 1 und 2

zu verwenden; dabei sind mindestens die Abrechnungen aus einem zusammenhängenden Zeitraum von 36 Monaten zugrunde zu legen, der die jüngste vorliegende Abrechnungsperiode einschließt. [2]Bei der Ermittlung nach Satz 1 sind längere Leerstände rechnerisch angemessen zu berücksichtigen. [3]Der maßgebliche Energieverbrauch ist der durchschnittliche Verbrauch in dem zugrunde gelegten Zeitraum. [4]Für die Witterungsbereinigung des Energieverbrauchs ist ein den anerkannten Regeln der Technik entsprechendes Verfahren anzuwenden. [5]Die Einhaltung der anerkannten Regeln der Technik wird vermutet, soweit bei der Ermittlung von Energieverbrauchskennwerten Vereinfachungen verwendet werden, die vom Bundesministerium für Verkehr, Bau und Stadtentwicklung im Einvernehmen mit dem Bundesministerium für Wirtschaft und Technologie im Bundesanzeiger bekannt gemacht worden sind.

(4) Als Vergleichswerte für Energieverbrauchskennwerte eines Nichtwohngebäudes sind in den Energieausweis die Werte einzutragen, die jeweils vom Bundesministerium für Verkehr, Bau und Stadtentwicklung im Einvernehmen mit dem Bundesministerium für Wirtschaft und Technologie im Bundesanzeiger bekannt gemacht worden sind.

§ 20 Empfehlungen für die Verbesserung der Energieeffizienz

(1) [1]Sind Maßnahmen für kostengünstige Verbesserungen der energetischen Eigenschaften des Gebäudes (Energieeffizienz) möglich, hat der Aussteller des Energieausweises dem Eigentümer anlässlich der Ausstellung eines Energieausweises entsprechende, begleitende Empfehlungen in Form von kurz gefassten fachlichen Hinweisen auszustellen (Modernisierungsempfehlungen). [2]Dabei kann ergänzend auf weiterführende Hinweise in Veröffentlichungen des Bundesministeriums für Verkehr, Bau und Stadtentwicklung im Einvernehmen mit dem Bundesministerium für Wirtschaft und Technologie oder von ihnen beauftragter Dritter Bezug genommen werden. [3]Die Bestimmungen des § 9 Abs. 2 Satz 2 über die vereinfachte Datenerhebung sind entsprechend anzuwenden. [4]Sind Modernisierungsempfehlungen nicht möglich, hat der Aussteller dies dem Eigentümer anlässlich der Ausstellung des Energieausweises mitzuteilen.

(2) [1]Die Darstellung von Modernisierungsempfehlungen und die Erklärung nach Absatz 1 Satz 4 müssen nach Inhalt und Aufbau dem Muster in Anlage 10 entsprechen. [2]§ 17 Abs. 4 und 5 ist entsprechend anzuwenden.

(3) Modernisierungsempfehlungen sind dem Energieausweis mit dem Inhalt nach den Mustern der Anlagen 6 und 7 beizufügen.

§ 21 Ausstellungsberechtigung für bestehende Gebäude

(1) [1]Zur Ausstellung von Energieausweisen für bestehende Gebäude nach § 16 Abs. 2 und 3 und von Modernisierungsempfehlungen nach § 20 sind nur berechtigt
1. Personen mit berufsqualifizierendem Hochschulabschluss in
    a) den Fachrichtungen Architektur, Hochbau, Bauingenieurwesen, Technische Gebäudeausrüstung, Physik, Bauphysik, Maschinenbau oder Elektrotechnik oder
    b) einer anderen technischen oder naturwissenschaftlichen Fachrichtung mit einem Ausbildungsschwerpunkt auf einem unter Buchstabe a genannten Gebiet,
2. Personen im Sinne der Nummer 1 Buchstabe a im Bereich Architektur der Fachrichtung Innenarchitektur,
3. Personen, die für ein zulassungspflichtiges Bau-, Ausbau- oder anlagentechnisches Gewerbe oder für das Schornsteinfegerwesen die Voraussetzungen zur Eintragung in die Handwerksrolle erfüllen, sowie Handwerksmeister der

zulassungsfreien Handwerke dieser Bereiche und Personen, die auf Grund ihrer Ausbildung berechtigt sind, eine solches Handwerk ohne Meistertitel selbstständig auszuüben,
4. staatlich anerkannte oder geprüfte Techniker, deren Ausbildungsschwerpunkt auch die Beurteilung der Gebäudehülle, die Beurteilung von Heizungs- und Warmwasserbereitungsanlagen oder die Beurteilung von Lüftungs- und Klimaanlagen umfasst,
5. Personen, die nach bauordnungsrechtlichen Vorschriften der Länder zur Unterzeichnung von bautechnischen Nachweisen des Wärmeschutzes oder der Energieeinsparung bei der Errichtung von Gebäuden berechtigt sind, im Rahmen der jeweiligen Nachweisberechtigung,

wenn sie mit Ausnahme der in Nummer 5 genannten Personen mindestens eine der in Absatz 2 genannten Voraussetzungen erfüllen. ²Die Ausstellungsberechtigung nach Satz 1 Nr. 2 bis 4 in Verbindung mit Absatz 2 bezieht sich nur auf Energieausweise für bestehende Wohngebäude einschließlich Modernisierungsempfehlungen im Sinne des § 20. ³Satz 2 gilt entsprechend für in Satz 1 Nummer 1 genannte Personen, die die Voraussetzungen des Absatzes 2 Nummer 1 oder 3 nicht erfüllen, deren Fortbildung jedoch den Anforderungen des Absatzes 2 Nummer 2 Buchstabe b genügt.

(2) Voraussetzung für die Ausstellungsberechtigung nach Absatz 1 Satz 1 Nummer 1 bis 4 ist

1. während des Studiums ein Ausbildungsschwerpunkt im Bereich des energiesparenden Bauens oder nach einem Studium ohne einen solchen Schwerpunkt eine mindestens zweijährige Berufserfahrung in wesentlichen bau- oder anlagentechnischen Tätigkeitsbereichen des Hochbaus,
2. eine erfolgreiche Fortbildung im Bereich des energiesparenden Bauens, die
   a) in Fällen des Absatzes 1 Satz 1 Nr. 1 den wesentlichen Inhalten der Anlage 11,
   b) in Fällen des Absatzes 1 Satz 1 Nr. 2 bis 4 den wesentlichen Inhalten der Anlage 11 Nr. 1 und 2
   entspricht, oder
3. eine öffentliche Bestellung als vereidigter Sachverständiger für ein Sachgebiet im Bereich des energiesparenden Bauens oder in wesentlichen bau- oder anlagentechnischen Tätigkeitsbereichen des Hochbaus.

(2a) *(aufgehoben)*

(3) § 12 Abs. 5 Satz 3 ist auf Ausbildungen im Sinne des Absatzes 1 entsprechend anzuwenden.

Abschnitt 6 Gemeinsame Vorschriften, Ordnungswidrigkeiten
§ 22 Gemischt genutzte Gebäude

(1) Teile eines Wohngebäudes, die sich hinsichtlich der Art ihrer Nutzung und der gebäudetechnischen Ausstattung wesentlich von der Wohnnutzung unterscheiden und die einen nicht unerheblichen Teil der Gebäudenutzfläche umfassen, sind getrennt als Nichtwohngebäude zu behandeln.

(2) Teile eines Nichtwohngebäudes, die dem Wohnen dienen und einen nicht unerheblichen Teil der Nettogrundfläche umfassen, sind getrennt als Wohngebäude zu behandeln.

(3) Für die Berechnung von Trennwänden und Trenndecken zwischen Gebäudeteilen gilt in Fällen der Absätze 1 und 2 Anlage 1 Nr. 2.6 Satz 1 entsprechend.

§ 23 Regeln der Technik

(1) Das Bundesministerium für Verkehr, Bau und Stadtentwicklung kann im Einvernehmen mit dem Bundesministerium für Wirtschaft und Technologie durch Bekanntmachung im Bundesanzeiger auf Veröffentlichungen sachverständiger Stellen über anerkannte Regeln der Technik hinweisen, soweit in dieser Verordnung auf solche Regeln Bezug genommen wird.

(2) Zu den anerkannten Regeln der Technik gehören auch Normen, technische Vorschriften oder sonstige Bestimmungen anderer Mitgliedstaaten der Europäischen Union und anderer Vertragsstaaten des Abkommens über den Europäischen Wirtschaftsraum sowie der Türkei, wenn ihre Einhaltung das geforderte Schutzniveau in Bezug auf Energieeinsparung und Wärmeschutz dauerhaft gewährleistet.

(3) ¹Soweit eine Bewertung von Baustoffen, Bauteilen und Anlagen im Hinblick auf die Anforderungen dieser Verordnung auf Grund anerkannter Regeln der Technik nicht möglich ist, weil solche Regeln nicht vorliegen oder wesentlich von ihnen abgewichen wird, sind der nach Landesrecht zuständigen Behörde die erforderlichen Nachweise für eine anderweitige Bewertung vorzulegen. ²Satz 1 gilt nicht für Baustoffe, Bauteile und Anlagen,

1. die nach dem Bauproduktengesetz oder anderen Rechtsvorschriften zur Umsetzung des europäischen Gemeinschaftsrechts, deren Regelungen auch Anforderungen zur Energieeinsparung umfassen, mit der CE-Kennzeichnung versehen sind und nach diesen Vorschriften zulässige und von den Ländern bestimmte Klassen und Leistungsstufen aufweisen, oder
2. bei denen nach bauordnungsrechtlichen Vorschriften über die Verwendung von Bauprodukten auch die Einhaltung dieser Verordnung sichergestellt wird.

(4) Das Bundesministerium für Verkehr, Bau und Stadtentwicklung und das Bundesministerium für Wirtschaft und Technologie oder in deren Auftrag Dritte können Bekanntmachungen nach dieser Verordnung neben der Bekanntmachung im Bundesanzeiger auch kostenfrei in das Internet einstellen.

(5) Verweisen die nach dieser Verordnung anzuwendenden datierten technischen Regeln auf undatierte technische Regeln, sind diese in der Fassung anzuwenden, die dem Stand zum Zeitpunkt der Herausgabe der datierten technischen Regel entspricht.

§ 24 Ausnahmen

(1) Soweit bei Baudenkmälern oder sonstiger besonders erhaltenswerter Bausubstanz die Erfüllung der Anforderungen dieser Verordnung die Substanz oder das Erscheinungsbild beeinträchtigen oder andere Maßnahmen zu einem unverhältnismäßig hohen Aufwand führen, kann von den Anforderungen dieser Verordnung abgewichen werden.

(2) Soweit die Ziele dieser Verordnung durch andere als in dieser Verordnung vorgesehene Maßnahmen im gleichen Umfang erreicht werden, lassen die nach Landesrecht zuständigen Behörden auf Antrag Ausnahmen zu.

§ 25 Befreiungen

(1) ^{1}Die nach Landesrecht zuständigen Behörden haben auf Antrag von den Anforderungen dieser Verordnung zu befreien, soweit die Anforderungen im Einzelfall wegen besonderer Umstände durch einen unangemessenen Aufwand oder in sonstiger Weise zu einer unbilligen Härte führen. ^{2}Eine unbillige Härte liegt insbesondere vor, wenn die erforderlichen Aufwendungen innerhalb der üblichen Nutzungsdauer, bei Anforderungen an bestehende Gebäude innerhalb angemessener Frist durch die eintretenden Einsparungen nicht erwirtschaftet werden können.

(2) Eine unbillige Härte im Sinne des Absatzes 1 kann sich auch daraus ergeben, dass ein Eigentümer zum gleichen Zeitpunkt oder in nahem zeitlichen Zusammenhang mehrere Pflichten nach dieser Verordnung oder zusätzlich nach anderen öffentlich-rechtlichen Vorschriften aus Gründen der Energieeinsparung zu erfüllen hat und ihm dies nicht zuzumuten ist.

(3) Absatz 1 ist auf die Vorschriften des Abschnitts 5 nicht anzuwenden.

§ 26 Verantwortliche

(1) Für die Einhaltung der Vorschriften dieser Verordnung ist der Bauherr verantwortlich, soweit in dieser Verordnung nicht ausdrücklich ein anderer Verantwortlicher bezeichnet ist.

(2) Für die Einhaltung der Vorschriften dieser Verordnung sind im Rahmen ihres jeweiligen Wirkungskreises auch die Personen verantwortlich, die im Auftrag des Bauherrn bei der Errichtung oder Änderung von Gebäuden oder der Anlagentechnik in Gebäuden tätig werden.

§ 26a Private Nachweise

(1) Wer geschäftsmäßig an oder in bestehenden Gebäuden Arbeiten
1. zur Änderung von Außenbauteilen im Sinne des § 9 Absatz 1 Satz 1,
2. zur Dämmung oberster Geschossdecken im Sinne von § 10 Absatz 3 und 4, auch in Verbindung mit Absatz 5, oder
3. zum erstmaligen Einbau oder zur Ersetzung von Heizkesseln und sonstigen Wärmeerzeugersystemen nach § 13, Verteilungseinrichtungen oder Warmwasseranlagen nach § 14 oder Klimaanlagen oder sonstigen Anlagen der Raumlufttechnik nach § 15

durchführt, hat dem Eigentümer unverzüglich nach Abschluss der Arbeiten schriftlich zu bestätigen, dass die von ihm geänderten oder eingebauten Bau- oder Anlagenteile den Anforderungen dieser Verordnung entsprechen (Unternehmererklärung).

(2) ^{1}Mit der Unternehmererklärung wird die Erfüllung der Pflichten aus den in Absatz 1 genannten Vorschriften nachgewiesen. ^{2}Die Unternehmererklärung ist von dem Eigentümer mindestens fünf Jahre aufzubewahren. ^{3}Der Eigentümer hat die Unternehmererklärungen der nach Landesrecht zuständigen Behörde auf Verlangen vorzulegen.

§ 26b Aufgaben des Bezirksschornsteinfegermeisters

(1) Bei heizungstechnischen Anlagen prüft der Bezirksschornsteinfegermeister als Beliehener im Rahmen der Feuerstättenschau, ob
1. Heizkessel, die nach § 10 Absatz 1, auch in Verbindung mit Absatz 5, außer Betrieb genommen werden mussten, weiterhin betrieben werden und
2. Wärmeverteilungs- und Warmwasserleitungen sowie Armaturen, die nach § 10 Absatz 2, auch in Verbindung mit Absatz 5, gedämmt werden mussten, weiterhin ungedämmt sind.

(2) Bei heizungstechnischen Anlagen, die in bestehende Gebäude eingebaut werden, prüft der Bezirksschornsteinfegermeister als Beliehener im Rahmen der ersten Feuerstättenschau nach dem Einbau außerdem, ob

1. Zentralheizungen mit einer zentralen selbsttätig wirkenden Einrichtung zur Verringerung und Abschaltung der Wärmezufuhr sowie zur Ein- und Ausschaltung elektrischer Antriebe nach § 14 Absatz 1 ausgestattet sind,
2. Umwälzpumpen in Zentralheizungen mit Vorrichtungen zur selbsttätigen Anpassung der elektrischen Leistungsaufnahme nach § 14 Absatz 3 ausgestattet sind,
3. bei Wärmeverteilungs- und Warmwasserleitungen sowie Armaturen die Wärmeabgabe nach § 14 Absatz 5 begrenzt ist.

(3) ^{1}Der Bezirksschornsteinfegermeister weist den Eigentümer bei Nichterfüllung der Pflichten aus den in den Absätzen 1 und 2 genannten Vorschriften schriftlich auf diese Pflichten hin und setzt eine angemessene Frist zu deren Nacherfüllung. ^{2}Werden die Pflichten nicht innerhalb der festgesetzten Frist erfüllt, unterrichtet der Bezirksschornsteinfegermeister unverzüglich die nach Landesrecht zuständige Behörde.

(4) ^{1}Die Erfüllung der Pflichten aus den in den Absätzen 1 und 2 genannten Vorschriften kann durch Vorlage der Unternehmererklärungen gegenüber dem Bezirksschornsteinfegermeister nachgewiesen werden. ^{2}Es bedarf dann keiner weiteren Prüfung durch den Bezirksschornsteinfegermeister.

(5) Eine Prüfung nach Absatz 1 findet nicht statt, soweit eine vergleichbare Prüfung durch den Bezirksschornsteinfegermeister bereits auf der Grundlage von Landesrecht für die jeweilige heizungstechnische Anlage vor dem 1. Oktober 2009 erfolgt ist.

§ 27 Ordnungswidrigkeiten

(1) Ordnungswidrig im Sinne des § 8 Abs. 1 Nr. 1 des Energieeinsparungsgesetzes handelt, wer vorsätzlich oder leichtfertig

1. entgegen § 3 Absatz 1 ein Wohngebäude nicht richtig errichtet,
2. entgegen § 4 Absatz 1 ein Nichtwohngebäude nicht richtig errichtet,
3. entgegen § 9 Absatz 1 Satz 1 Änderungen ausführt,
4. entgegen § 12 Abs. 1 eine Inspektion nicht oder nicht rechtzeitig durchführen lässt,
5. entgegen § 12 Abs. 5 Satz 1 eine Inspektion durchführt,
6. entgegen § 13 Abs. 1 Satz 1, auch in Verbindung mit Satz 2, einen Heizkessel einbaut oder aufstellt,
7. entgegen § 14 Abs. 1 Satz 1, Abs. 2 Satz 1 oder Abs. 3 eine Zentralheizung, eine heizungstechnische Anlage oder eine Umwälzpumpe nicht oder nicht rechtzeitig ausstattet oder
8. entgegen § 14 Abs. 5 die Wärmeabgabe von Wärmeverteilungs- oder Warmwasserleitungen oder Armaturen nicht oder nicht rechtzeitig begrenzt.

(2) Ordnungswidrig im Sinne des § 8 Abs. 1 Nr. 2 des Energieeinsparungsgesetzes handelt, wer vorsätzlich oder leichtfertig

1. entgegen § 16 Abs. 2 Satz 1, auch in Verbindung mit Satz 2, einen Energieausweis nicht, nicht vollständig oder nicht rechtzeitig zugänglich macht,
2. entgegen § 17 Absatz 5 Satz 2, auch in Verbindung mit Satz 4, nicht dafür Sorge trägt, dass die bereitgestellten Daten richtig sind,
3. entgegen § 17 Absatz 5 Satz 3 bereitgestellte Daten seinen Berechnungen zugrunde legt oder
4. entgegen § 21 Abs. 1 Satz 1 einen Energieausweis oder Modernisierungsempfehlungen ausstellt.

(3) Ordnungswidrig im Sinne des § 8 Absatz 1 Nummer 3 des Energieeinsparungsgesetzes handelt, wer vorsätzlich oder leichtfertig entgegen § 26a Absatz 1 eine Bestätigung nicht, nicht richtig oder nicht rechtzeitig vornimmt.

Abschnitt 7 Schlussvorschriften
§ 28 Allgemeine Übergangsvorschriften

(1) Auf Vorhaben, welche die Errichtung, die Änderung, die Erweiterung oder den Ausbau von Gebäuden zum Gegenstand haben, ist diese Verordnung in der zum Zeitpunkt der Bauantragstellung oder der Bauanzeige geltenden Fassung anzuwenden.

(2) Auf nicht genehmigungsbedürftige Vorhaben, die nach Maßgabe des Bauordnungsrechts der Gemeinde zur Kenntnis zu geben sind, ist diese Verordnung in der zum Zeitpunkt der Kenntnisgabe gegenüber der zuständigen Behörde geltenden Fassung anzuwenden.

(3) Auf sonstige nicht genehmigungsbedürftige, insbesondere genehmigungs-, anzeige- und verfahrensfreie Vorhaben ist diese Verordnung in der zum Zeitpunkt des Beginns der Bauausführung geltenden Fassung anzuwenden.

(4) Auf Verlangen des Bauherrn ist abweichend von Absatz 1 das neue Recht anzuwenden, wenn über den Bauantrag oder nach einer Bauanzeige noch nicht bestandskräftig entschieden worden ist.

§ 29 Übergangsvorschriften für Energieausweise und Aussteller

(1) ¹Energieausweise für Wohngebäude der Baufertigstellungsjahre bis 1965 müssen in Fällen des § 16 Abs. 2 erst ab dem 1. Juli 2008, für später errichtete Wohngebäude erst ab dem 1. Januar 2009 zugänglich gemacht werden. ²Satz 1 ist nicht auf Energiebedarfsausweise anzuwenden, die für Wohngebäude nach § 13 Abs. 1 oder 2 der Energieeinsparverordnung in einer vor dem 1. Oktober 2007 geltenden Fassung ausgestellt worden sind.

(2) ¹Energieausweise für Nichtwohngebäude müssen erst ab dem 1. Juli 2009
1. in Fällen des § 16 Abs. 2 zugänglich gemacht und
2. in Fällen des § 16 Abs. 3 ausgestellt und ausgehängt werden.

²Satz 1 Nr. 1 ist nicht auf Energie- und Wärmebedarfsausweise anzuwenden, die für Nichtwohngebäude nach § 13 Abs. 1, 2 oder 3 der Energieeinsparverordnung in einer vor dem 1. Oktober 2007 geltenden Fassung ausgestellt worden sind.

(3) ¹Energie- und Wärmebedarfsausweise nach vor dem 1. Oktober 2007 geltenden Fassungen der Energieeinsparverordnung sowie Wärmebedarfsausweise nach § 12 der Wärmeschutzverordnung vom 16. August 1994 (BGBl. I S. 2121) gelten als Energieausweise im Sinne des § 16 Abs. 1 Satz 3, Abs. 2 und 3; die Gültigkeitsdauer dieser Ausweise beträgt zehn Jahre ab dem Tag der Ausstellung. ²Das Gleiche gilt für Energieausweise, die vor dem 1. Oktober 2007
1. von Gebietskörperschaften oder auf deren Veranlassung von Dritten nach einheitlichen Regeln oder
2. in Anwendung der in dem von der Bundesregierung am 25. April 2007 beschlossenen Entwurf dieser Verordnung (Bundesrats-Drucksache 282/07) enthaltenen Bestimmungen

ausgestellt worden sind.

(4) Zur Ausstellung von Energieausweisen für bestehende Wohngebäude nach § 16 Abs. 2 und von Modernisierungsempfehlungen nach § 20 sind ergänzend zu § 21 auch Personen berechtigt, die vor dem 25. April 2007 nach Maßgabe der Richtlinie des Bundesministeriums für Wirtschaft und Technologie über die Förderung der Beratung zur sparsamen und rationellen Energieverwendung in Wohngebäuden vor Ort vom 7. September 2006 (BAnz. S. 6379) als Antragsberechtigte beim Bundesamt für Wirtschaft und Ausfuhrkontrolle registriert worden sind.

(5) ¹Zur Ausstellung von Energieausweisen für bestehende Wohngebäude nach § 16 Abs. 2 und von Modernisierungsempfehlungen nach § 20 sind ergänzend zu § 21 auch Personen berechtigt, die am 25. April 2007 über eine abgeschlossene Berufsausbildung im Baustoff-Fachhandel oder in der Baustoffindustrie und eine erfolgreich abgeschlossene Weiterbildung zum Energiefachberater im Baustoff-Fachhandel oder in der Baustoffindustrie verfügt haben. ²Satz 1 gilt entsprechend für Personen, die eine solche Weiterbildung vor dem 25. April 2007 begonnen haben, nach erfolgreichem Abschluss der Weiterbildung.

(6) ¹Zur Ausstellung von Energieausweisen für bestehende Wohngebäude nach § 16 Abs. 2 und von Modernisierungsempfehlungen nach § 20 sind ergänzend zu § 21 auch Personen berechtigt, die am 25. April 2007 über eine abgeschlossene Weiterbildung zum Energieberater des Handwerks verfügt haben. ²Satz 1 gilt entsprechend für Personen, die eine solche Weiterbildung vor dem 25. April 2007 begonnen haben, nach erfolgreichem Abschluss der Weiterbildung.

§ 30

(aufgehoben)

§ 31 Inkrafttreten, Außerkrafttreten

¹Diese Verordnung tritt am 1. Oktober 2007 in Kraft. ²Gleichzeitig tritt die Energieeinsparverordnung in der Fassung der Bekanntmachung vom 2. Dezember 2004 (BGBl. I S. 3146) außer Kraft.

Anlage 1 (zu den §§ 3 und 9) Anforderungen an Wohngebäude

1 Höchstwerte des Jahres-Primärenergiebedarfs und des spezifischen Transmissionswärmeverlusts für zu errichtende Wohngebäude (zu § 3 Absatz 1 und 2)

1.1 Höchstwerte des Jahres-Primärenergiebedarfs. Der Höchstwert des Jahres-Primärenergiebedarfs eines zu errichtenden Wohngebäudes ist der auf die Gebäudenutzfläche bezogene, nach einem der in Nr. 2.1 angegebenen Verfahren berechnete Jahres-Primärenergiebedarf eines Referenzgebäudes gleicher Geometrie, Gebäudenutzfläche und Ausrichtung wie das zu errichtende Wohngebäude, das hinsichtlich seiner Ausführung den Vorgaben der Tabelle 1 entspricht.

Soweit in dem zu errichtenden Wohngebäude eine elektrische Warmwasserbereitung ausgeführt wird, darf diese anstelle von Tabelle 1 Zeile 6 als wohnungszentrale Anlage ohne Speicher gemäß den in Tabelle 5.1-3 der DIN V 4701-10 : 2003-08, geändert durch A1 : 2006-12, gegebenen Randbedingungen berücksichtigt werden. Der sich daraus ergebende Höchstwert des Jahres-Primärenergiebedarfs ist in Fällen des Satzes 2 um 10,9 kWh/(m²·a) zu verringern; dies gilt nicht bei Durchführung von Maßnahmen zur Einsparung von Energie nach § 7 Nummer 2 in Verbindung mit Nummer VI.1 der Anlage des Erneuerbare-Energien-Wärmegesetzes.

Tabelle 1 Ausführung des Referenzgebäudes

Zeile	Bauteil/System	Referenzausführung/Wert (Maßeinheit)	
		Eigenschaft (zu Zeilen 1.1 bis 3)	
1.1	Außenwand, Geschossdecke gegen Außenluft	Wärmedurchgangskoeffizient	$U = 0{,}28$ W/(m²·K)
1.2	Außenwand gegen Erdreich, Bodenplatte, Wände und Decken zu unbeheizten Räumen (außer solche nach Zeile 1.1)	Wärmedurchgangskoeffizient	$U = 0{,}35$ W/(m²·K)
1.3	Dach, oberste Geschossdecke, Wände zu Abseiten	Wärmedurchgangskoeffizient	$U = 0{,}20$ W/(m²·K)
1.4	Fenster, Fenstertüren	Wärmedurchgangskoeffizient	$U_w = 1{,}30$ W/(m²·K)
		Gesamtenergiedurchlassgrad der Verglasung	$g\perp = 0{,}60$
1.5	Dachflächenfenster	Wärmedurchgangskoeffizient	$U_w = 1{,}40$ W/(m²·K)
		Gesamtenergiedurchlassgrad der Verglasung	$g\perp = 0{,}60$
1.6	Lichtkuppeln	Wärmedurchgangskoeffizient	$U_w = 2{,}70$ W/(m²·K)
		Gesamtenergiedurchlassgrad der Verglasung	$g\perp = 0{,}64$
1.7	Außentüren	Wärmedurchgangskoeffizient	$U = 1{,}80$ W/(m²·K)
2	Bauteile nach den Zeilen 1.1 bis 1.7	Wärmebrückenzuschlag	$\Delta U_{WB} = 0{,}05$ W/(m²·K)
3	Luftdichtheit der Gebäudehülle	Bemessungswert n50	Bei Berechnung nach – DIN V 4108-6 : 2003-06: mit Dichtheitsprüfung – DIN V 18599-2 : 2007-02: nach Kategorie I
4	Sonnenschutzvorrichtung	keine Sonnenschutzvorrichtung	
5	Heizungsanlage	– Wärmeerzeugung durch Brennwertkessel (verbessert), Heizöl EL, Aufstellung: – für Gebäude bis zu 2 Wohneinheiten innerhalb der thermischen Hülle – für Gebäude mit mehr als 2 Wohneinheiten außerhalb der thermischen Hülle – Auslegungstemperatur 55/45 °C, zentrales Verteilsystem innerhalb der wärmeübertragenden Umfassungsfläche, innen liegende Stränge und Anbindeleitungen, Pumpe auf Bedarf ausgelegt (geregelt, Δp konstant), Rohrnetz hydraulisch abgeglichen, Wärmedämmung der Rohrleitungen nach Anlage 5 – Wärmeübergabe mit freien statischen Heizflächen, Anordnung an normaler Außenwand, Thermostatventile mit Proportionalbereich 1 K	

4 EnEV

Zeile	Bauteil/System	Referenzausführung/Wert (Maßeinheit)	
		Eigenschaft (zu Zeilen 1.1 bis 3)	
6	Anlage zur Warmwasserbereitung	– zentrale Warmwasserbereitung – gemeinsame Wärmebereitung mit Heizungsanlage nach Zeile 5 – Solaranlage (Kombisystem mit Flachkollektor) entsprechend den Vorgaben nach DIN V 4701-10 : 2003-08 oder DIN V 18599-5 : 2007-02 – Speicher, indirekt beheizt (stehend), gleiche Aufstellung wie Wärmeerzeuger, Auslegung nach DIN V 4701-10 : 2003-08 oder DIN V 18599-5 : 2007-02 als – kleine Solaranlage bei $A_N < 500$ m² (bivalenter Solarspeicher) – große Solaranlage bei $A_N \geq 500$ m² – Verteilsystem innerhalb der wärmeübertragenden Umfassungsfläche, innen liegende Stränge, gemeinsame Installationswand, Wärmedämmung der Rohrleitungen nach Anlage 5, mit Zirkulation, Pumpe auf Bedarf ausgelegt (geregelt, Δp konstant)	
7	Kühlung	keine Kühlung	
8	Lüftung	zentrale Abluftanlage, bedarfsgeführt mit geregeltem DC-Ventilator	

1.2 Höchstwerte des spezifischen, auf die wärmeübertragende Umfassungsfläche bezogenen Transmissionswärmeverlusts. Der spezifische, auf die wärmeübertragende Umfassungsfläche bezogene Transmissionswärmeverlust eines zu errichtenden Wohngebäudes darf die in Tabelle 2 angegebenen Höchstwerte nicht überschreiten.

Tabelle 2 Höchstwerte des spezifischen, auf die wärmeübertragende Umfassungsfläche bezogenen Transmissionswärmeverlusts

Zeile	Gebäudetyp		Höchstwert des spezifischen Transmissionswärmeverlusts
1	Freistehendes Wohngebäude	mit $A_N \leq 350$ m²	H'T = 0,40 W/(m²·K)
		mit $A_N > 350$ m²	H'T = 0,50 W/(m²·K)
2	Einseitig angebautes Wohngebäude		H'T = 0,45 W/(m²·K)
3	Alle anderen Wohngebäude		H'T = 0,65 W/(m²·K)
4	Erweiterungen und Ausbauten von Wohngebäuden gemäß § 9 Absatz 5		H'T = 0,65 W/(m²·K)

1.3 Definition der Bezugsgrößen. 1.3.1 Die wärmeübertragende Umfassungsfläche A eines Wohngebäudes in m² ist nach Anhang B der DIN EN ISO 13789 : 1999-10, Fall „Außenabmessung", zu ermitteln. Die zu berücksichtigenden Flächen sind die äußere Begrenzung einer abgeschlossenen beheizten Zone. Außerdem ist die wärmeübertragende Umfassungsfläche A so festzulegen, dass ein in DIN V 18599-1 : 2007-02 oder in DIN EN 832 : 2003-06 beschriebenes Ein-Zonen-Modell entsteht, das mindestens die beheizten Räume einschließt.

1.3.2 Das beheizte Gebäudevolumen V_e in m³ ist das Volumen, das von der nach Nr. 1.3.1 ermittelten wärmeübertragenden Umfassungsfläche A umschlossen wird.

EnEV 4

1.3.3 Die Gebäudenutzfläche A_N in m² wird bei Wohngebäuden wie folgt ermittelt:

AN = 0,32 m-1·Ve

mit   AN   Gebäudenutzfläche in m²

         Ve   beheiztes Gebäudevolumen in m³.

Beträgt die durchschnittliche Geschosshöhe hG eines Wohngebäudes, gemessen von der Oberfläche des Fußbodens zur Oberfläche des Fußbodens des darüber liegenden Geschosses, mehr als 3 m oder weniger als 2,5 m, so ist die Gebäudenutzfläche A_N abweichend von Satz 1 wie folgt zu ermitteln:

AN = $(^1/_{hG} - 0{,}04 \text{ m}^{-1}) \cdot V_e$

mit   AN   Gebäudenutzfläche in m²

         hG   Geschossdeckenhöhe in m

         Ve   beheiztes Gebäudevolumen in m³.

2 Berechnungsverfahren für Wohngebäude (zu § 3 Absatz 3, § 9 Absatz 2 und 5)

2.1 Berechnung des Jahres-Primärenergiebedarfs. 2.1.1 Der Jahres-Primärenergiebedarf Q_p ist nach DIN V 18599 : 2007-02 für Wohngebäude zu ermitteln. Als Primärenergiefaktoren sind die Werte für den nicht erneuerbaren Anteil nach DIN V 18599-1 : 2007-02 zu verwenden. Dabei sind für flüssige Biomasse der Wert für den nicht erneuerbaren Anteil „Heizöl EL" und für gasförmige Biomasse der Wert für den nicht erneuerbaren Anteil „Erdgas H" zu verwenden. Für flüssige oder gasförmige Biomasse im Sinne des § 2 Absatz 1 Nummer 4 des Erneuerbare-Energien-Wärmegesetzes kann für den nicht erneuerbaren Anteil der Wert 0,5 verwendet werden, wenn die flüssige oder gasförmige Biomasse im unmittelbaren räumlichen Zusammenhang mit dem Gebäude erzeugt wird. Satz 4 ist entsprechend auf Gebäude anzuwenden, die im räumlichen Zusammenhang zueinander stehen und unmittelbar gemeinsam mit flüssiger oder gasförmiger Biomasse im Sinne des § 2 Absatz 1 Nummer 4 des Erneuerbare-Energien-Wärmegesetzes versorgt werden. Für elektrischen Strom ist abweichend von Satz 2 als Primärenergiefaktor für den nicht erneuerbaren Anteil der Wert 2,6 zu verwenden. Bei der Berechnung des Jahres-Primärenergiebedarfs des Referenzwohngebäudes und des Wohngebäudes sind die in Tabelle 3 genannten Randbedingungen zu verwenden.

Tabelle 3 Randbedingungen für die Berechnung des Jahres-Primärenergiebedarfs.

Zeile	Kenngröße	Randbedingungen	
1	Verschattungsfaktor FS	$F_S = 0{,}9$ soweit die baulichen Bedingungen nicht detailliert berücksichtigt werden.	
2	Solare Wärmegewinne über opake Bauteile	– Emissionsgrad der Außenfläche für Wärmestrahlung:	$\epsilon = 0{,}8$
		– Strahlungsabsorptionsgrad an opaken Oberflächen:	$\alpha = 0{,}5$
		für dunkle Dächer kann abweichend angenommen werden.	$\alpha = 0{,}8$

2.1.2 Alternativ zu Nr. 2.1.1 kann der Jahres-Primärenergiebedarf Q_p für Wohngebäude nach DIN EN 832 : 2003-06 in Verbindung mit DIN V 4108-6 : 2003-06[1] und DIN V 4701-10 : 2003-08, geändert durch A1 : 2006-12, ermittelt werden; § 23 Absatz 3 bleibt unberührt. Als Primärenergiefaktoren sind die Werte für den nicht erneuerbaren Anteil nach DIN V 4701-10 : 2003-08, geändert durch A1 : 2006-12, zu verwenden. Nummer 2.1.1 Satz 3 bis 6 ist entsprechend anzuwenden. Der in diesem Rechengang zu bestimmende Jahres-Heizwärmebedarf Q_h ist nach dem Monatsbilanzverfahren nach DIN EN 832 : 2003-06 mit den in DIN V 4108-6 : 2003-06[2] Anhang D.3 genannten Randbedingungen zu ermitteln. In DIN V 4108-6 : 2003-06[3] angegebene Vereinfachungen für den Berechnungsgang nach DIN EN 832 : 2003-06 dürfen angewendet werden. Zur Berücksichtigung von Lüftungsanlagen mit Wärmerückgewinnung sind die methodischen Hinweise unter Nr. 4.1 der DIN V 4701-10 : 2003-08, geändert durch A1 : 2006-12, zu beachten.

---

1 Geändert durch DIN V 4108-6 Berichtigung 1 2004-03.   3 Geändert durch DIN V 4108-6 Berichtigung 1 2004-03.
2 Geändert durch DIN V 4108-6 Berichtigung 1 2004-03.

2.1.3. Werden in Wohngebäude bauliche oder anlagentechnische Komponenten eingesetzt, für deren energetische Bewertung keine anerkannten Regeln der Technik oder gemäß § 9 Absatz 2 Satz 2 Halbsatz 3 bekannt gemachte gesicherte Erfahrungswerte vorliegen, so sind hierfür Komponenten anzusetzen, die ähnliche energetische Eigenschaften aufweisen.

2.2 Berücksichtigung der Warmwasserbereitung. Bei Wohngebäuden ist der Energiebedarf für Warmwasser in der Berechnung des Jahres-Primärenergiebedarfs wie folgt zu berücksichtigen:

a) Bei der Berechnung gemäß Nr. 2.1.1 ist der Nutzenergiebedarf für Warmwasser nach Tabelle 3 der DIN V 18599-10 : 2007-02 anzusetzen.

b) Bei der Berechnung gemäß Nr. 2.1.2 ist der Nutzwärmebedarf für die Warmwasserbereitung Q_W im Sinne von DIN V 4701-10 : 2003-08, geändert durch A1 : 2006-12, mit 12,5 kWh/(m²·a) anzusetzen.

2.3 Berechnung des spezifischen Transmissionswärmeverlusts. Der spezifische, auf die wärmeübertragende Umfassungsfläche bezogene Transmissionswärmeverlust H'_T in W/(m²·K) ist wie folgt zu ermitteln:

$$H'_T = H_T/A \text{ in } W/(m^2 \cdot K)$$

mit

HT   nach DIN EN 832 : 2003-06 mit den in DIN V 4108-6 : 2003-06[4] Anhang D genannten Randbedingungen berechneter Transmissionswärmeverlust in W/K. In DIN V 4108-6 : 2003-06[5] angegebene Vereinfachungen für den Berechnungsgang nach DIN EN 832 : 2003-06 dürfen angewendet werden;

A   wärmeübertragende Umfassungsfläche nach Nr. 1.3.1 in m².

2.4 Beheiztes Luftvolumen. Bei der Berechnung des Jahres-Primärenergiebedarfs nach Nr. 2.1.1 ist das beheizte Luftvolumen V in m³ gemäß DIN V 18599-1 : 2007-02, bei der Berechnung nach Nr. 2.1.2 gemäß DIN EN 832 : 2003-06 zu ermitteln. Vereinfacht darf es wie folgt berechnet werden:

– $V = 0{,}76 \cdot V_e$ in m³ bei Wohngebäuden bis zu drei Vollgeschossen
– $V = 0{,}80 \cdot V_e$ in m³ in den übrigen Fällen
– mit V_e beheiztes Gebäudevolumen nach Nr. 1.3.2 in m³.

2.5 Ermittlung der solaren Wärmegewinne bei Fertighäusern und vergleichbaren Gebäuden. Werden Gebäude nach Plänen errichtet, die für mehrere Gebäude an verschiedenen Standorten erstellt worden sind, dürfen bei der Berechnung die solaren Gewinne so ermittelt werden, als wären alle Fenster dieser Gebäude nach Osten oder Westen orientiert.

2.6 Aneinandergereihte Bebauung. Bei der Berechnung von aneinandergereihten Gebäuden werden Gebäudetrennwände

a) zwischen Gebäuden, die nach ihrem Verwendungszweck auf Innentemperaturen von mindestens 19 Grad Celsius beheizt werden, als nicht wärmedurchlässig angenommen und bei der Ermittlung der wärmeübertragenden Umfassungsfläche A nicht berücksichtigt,

b) zwischen Wohngebäuden und Gebäuden, die nach ihrem Verwendungszweck auf Innentemperaturen von mindestens 12 Grad Celsius und weniger als 19 Grad Celsius beheizt werden, bei der Berechnung des Wärmedurchgangskoeffizienten mit einem Temperatur-Korrekturfaktor F_{nb} nach DIN V 18599-2 : 2007-02 oder nach DIN V 4108-6 : 2003-06[6] gewichtet und

c) zwischen Wohngebäuden und Gebäuden mit wesentlich niedrigeren Innentemperaturen im Sinne von DIN 4108-2 : 2003-07 bei der Berechnung des Wärmedurchgangskoeffizienten mit einem Temperatur-Korrekturfaktor $F_u = 0{,}5$ gewichtet.

Werden beheizte Teile eines Gebäudes getrennt berechnet, gilt Satz 1 Buchstabe a sinngemäß für die Trennflächen zwischen den Gebäudeteilen. Werden aneinandergereihte Wohngebäude gleichzeitig erstellt, dürfen sie hinsichtlich der Anforderungen des § 3 wie ein Gebäude behandelt werden. Die Vorschriften des Abschnitts 5 bleiben unberührt.

---

4 Geändert durch DIN V 4108-6 Berichtigung 1 2004-03.   6 Geändert durch DIN V 4108-6 Berichtigung 1 2004-03.
5 Geändert durch DIN V 4108-6 Berichtigung 1 2004-03.

2.7 Anrechnung mechanisch betriebener Lüftungsanlagen. Im Rahmen der Berechnung nach Nr. 2 ist bei mechanischen Lüftungsanlagen die Anrechnung der Wärmerückgewinnung oder einer regelungstechnisch verminderten Luftwechselrate nur zulässig, wenn

a) die Dichtheit des Gebäudes nach Anlage 4 Nr. 2 nachgewiesen wird und
b) der mit Hilfe der Anlage erreichte Luftwechsel § 6 Absatz 2 genügt.

Die bei der Anrechnung der Wärmerückgewinnung anzusetzenden Kennwerte der Lüftungsanlagen sind nach anerkannten Regeln der Technik zu bestimmen oder den allgemeinen bauaufsichtlichen Zulassungen der verwendeten Produkte zu entnehmen. Lüftungsanlagen müssen mit Einrichtungen ausgestattet sein, die eine Beeinflussung der Luftvolumenströme jeder Nutzeinheit durch den Nutzer erlauben. Es muss sichergestellt sein, dass die aus der Abluft gewonnene Wärme vorrangig vor der vom Heizsystem bereitgestellten Wärme genutzt wird.

2.8 Energiebedarf der Kühlung. Wird die Raumluft gekühlt, sind der nach DIN; V 18599-1 : 2007-02 oder der nach DIN V 4701-10 : 2003-08, geändert durch A1 : 2006-12, berechnete Jahres-Primärenergiebedarf und die Angabe für den Endenergiebedarf (elektrische Energie) im Energieausweis nach § 18 nach Maßgabe der zur Kühlung eingesetzten Technik je m^2 gekühlter Gebäudenutzfläche wie folgt zu erhöhen:

a) bei Einsatz von fest installierten Raumklimageräten (Split-, Multisplit- oder Kompaktgeräte) der Energieeffizienzklassen A, B oder C nach der Richtlinie 2002/31/EG der Kommission zur Durchführung der Richtlinie 92/75/EWG des Rates betreffend die Energieetikettierung für Raumklimageräte vom 22. März 2002 (ABl. L 86 vom 3.4.2002, S. 26) sowie bei Kühlung mittels Wohnungslüftungsanlagen mit reversibler Wärmepumpe der Jahres-Primärenergiebedarf um 16,2 kWh/(m^2·a) und der Endenergiebedarf um 6 kWh/(m^2·a),
b) bei Einsatz von Kühlflächen im Raum in Verbindung mit Kaltwasserkreisen und elektrischer Kälteerzeugung, z. B. über reversible Wärmepumpe, der Jahres-Primärenergiebedarf um 10,8 kWh/(m^2·a) und der Endenergiebedarf um 4 kWh/(m^2 a),
c) bei Deckung des Energiebedarfs für Kühlung aus erneuerbaren Wärmesenken (wie Erdsonden, Erdkollektoren, Zisternen) der Jahres-Primärenergiebedarf um 2,7 Wh/(m^2·a) und der Endenergiebedarf um 1 kWh/(m^2 a),
d) bei Einsatz von Geräten, die nicht unter den Buchstaben a bis c aufgeführt sind, der Jahres-Primärenergiebedarf um 18,9 kWh/(m^2·a) und der Endenergiebedarf um 7 kWh/(m^2 a).

3 Sommerlicher Wärmeschutz (zu § 3 Absatz 4)

3.1 Als höchstzulässige Sonneneintragskennwerte nach § 3 Absatz 4 sind die in DIN 4108-2 : 2003-07 Abschnitt 8 festgelegten Werte einzuhalten.

3.2 Der Sonneneintragskennwert ist nach dem in DIN 4108-2 : 2003-07 Abschnitt 8 genannten Verfahren zu bestimmen. Wird zur Berechnung nach Satz 1 ein ingenieurmäßiges Verfahren (Simulationsrechnung) angewendet, so sind abweichend von DIN 4108-2 : 2003-07 Randbedingungen zu beachten, die die aktuellen klimatischen Verhältnisse am Standort des Gebäudes hinreichend gut wiedergeben.

Anlage 2 (zu den §§ 4 und 9) Anforderungen an Nichtwohngebäude

1 Höchstwerte des Jahres-Primärenergiebedarfs und der Wärmedurchgangskoeffizienten für zu errichtende Nichtwohngebäude (zu § 4 Absatz 1 und 2)

1.1 Höchstwerte des Jahres-Primärenergiebedarfs. 1.1.1 Der Höchstwert des Jahres-Primärenergiebedarfs eines zu errichtenden Nichtwohngebäudes ist der auf die Nettogrundfläche bezogene, nach dem in Nr. 2 oder 3 angegebenen Verfahren berechnete Jahres-Primärenergiebedarf eines Referenzgebäudes gleicher Geometrie, Nettogrundfläche, Ausrichtung und Nutzung wie das zu errichtende Nichtwohngebäude, das hinsichtlich seiner Ausführung den Vorgaben der Tabelle 1 entspricht. Die Unterteilung hinsichtlich der Nutzung sowie der verwendeten Berechnungsverfahren und Randbedingungen muss beim Referenzgebäude mit der des zu errichtenden Gebäudes übereinstimmen; bei der Unterteilung hinsichtlich der anlagentechnischen Ausstattung und der Tageslichtversorgung sind Unterschiede zulässig, die durch die technische Ausführung des zu errichtenden Gebäudes bedingt sind.

1.1.2 Die Ausführungen zu den Zeilen Nr. 1.13 bis 7 der Tabelle 1 sind beim Referenzgebäude nur insoweit und in der Art zu berücksichtigen, wie beim Gebäude ausgeführt. Die dezentrale Ausführung des Warmwassersystems (Zeile 4.2 der Tabelle 1) darf darüber hinaus nur für solche Gebäudezonen berücksichtigt werden, die einen Warmwasserbedarf von höchstens 200 Wh/(m^2·d) aufweisen.

4 EnEV

Tabelle 1 Ausführung des Referenzgebäudes

Zeile	Bauteil/System	Eigenschaft (zu Zeilen 1.1 bis 1.13) (Maßeinheit)	Referenzausführung/Wert	
			Raum-Solltemperaturen im Heizfall $\geq$ 19 °C	Raum-Solltemperaturen im Heizfall von 12 bis < 19 °C
1.1	Außenwand, Geschossdecke gegen Außenluft	Wärmedurchgangskoeffizient	$U = 0{,}28$ W/(m^2·K)	$U = 0{,}35$ W/(m^2·K)
1.2	Vorhangfassade (siehe auch Zeile 1.14)	Wärmedurchgangskoeffizient	$U = 1{,}40$ W/(m^2·K)	$U = 1{,}90$ W/(m^2·K)
		Gesamtenergiedurchlassgrad der Verglasung	$g\perp = 0{,}48$ g	$g\perp = 0{,}60$
		Lichttransmissionsgrad der Verglasung	$\tau D65 = 0{,}72$	$\tau D65 = 0{,}78$
1.3	Wand gegen Erdreich, Bodenplatte, Wände und Decken zu unbeheizten Räumen (außer Bauteile nach Zeile 1.4)	Wärmedurchgangskoeffizient	$U = 0{,}35$ W/(m^2·K)	$U = 0{,}35$ W/(m^2·K)
1.4	Dach (soweit nicht unter Zeile 1.5), oberste Geschossdecke, Wände zu Abseiten	Wärmedurchgangskoeffizient	$U = 0{,}20$ W/(m^2·K)	$U = 0{,}35$ W/(m^2·K)
1.5	Glasdächer	Wärmedurchgangskoeffizient	$UW = 2{,}70$ W/(m^2·K)	$UW = 2{,}70$ W/(m^2·K)
		Gesamtenergiedurchlassgrad der Verglasung	$g\perp = 0{,}63$ g	$g\perp = 0{,}63$
		Lichttransmissionsgrad der Verglasung	$\tau D65 = 0{,}76$	$\tau D65 = 0{,}76$
1.6	Lichtbänder	Wärmedurchgangskoeffizient	$UW = 2{,}4$ W/(m^2·K)	$UW = 2{,}4$ W/(m^2·K)
		Gesamtenergiedurchlassgrad der Verglasung	$g\perp = 0{,}55$ g	$g\perp = 0{,}55$
		Lichttransmissionsgrad der Verglasung	$\tau D65 = 0{,}48$	$\tau D65 = 0{,}48$
1.7	Lichtkuppeln	Wärmedurchgangskoeffizient	$UW = 2{,}70$ W/(m^2·K)	$UW = 2{,}70$ W/(m^2·K)
		Gesamtenergiedurchlassgrad der Verglasung	$g\perp = 0{,}64$ g	$g\perp = 0{,}64$
		Lichttransmissionsgrad der Verglasung	$\tau D65 = 0{,}59$	$\tau D65 = 0{,}59$

EnEV 4

Zeile	Bauteil/System	Eigenschaft (zu Zeilen 1.1 bis 1.13)	Referenzausführung/Wert (Maßeinheit)	
			Raum-Solltemperaturen im Heizfall $\geq 19\,°C$	Raum-Solltemperaturen im Heizfall von 12 bis $< 19\,°C$
1.8	Fenster, Fenstertüren (siehe auch Zeile 1.14)	Wärmedurchgangskoeffizient	$U_W = 1{,}30\ W/(m^2{\cdot}K)$	$U_W = 1{,}90\ W/(m^2{\cdot}K)$
		Gesamtenergiedurchlassgrad der Verglasung	$g_\perp = 0{,}60\ g$	$g_\perp = 0{,}60$
		Lichttransmissionsgrad der Verglasung	$\tau D65 = 0{,}78$	$\tau D65 = 0{,}78$
1.9	Dachflächenfenster (siehe auch Zeile 1.14)	Wärmedurchgangskoeffizient	$U_W = 1{,}40\ W/(m^2{\cdot}K)$	$U_W = 1{,}90\ W/(m^2{\cdot}K)$
		Gesamtenergiedurchlassgrad der Verglasung	$g_\perp = 0{,}60\ g$	$g_\perp = 0{,}60$
		Lichttransmissionsgrad der Verglasung	$\tau D65 = 0{,}78$	$\tau D65 = 0{,}78$
1.10	Außentüren	Wärmedurchgangskoeffizient	$U = 1{,}80\ W/(m^2{\cdot}K)$	$U = 2{,}90\ W/(m^2{\cdot}K)$
1.11	Bauteile in Zeilen 1.1 und 1.3 bis 1.10	Wärmebrückenzuschlag	$\Delta U_{WB} = 0{,}05\ W/(m^2{\cdot}K)$	$\Delta U_{WB} = 0{,}1\ W/(m^2{\cdot}K)$
1.12	Gebäudedichtheit	Bemessungswert n50	Kategorie I (nach Tabelle 4 der DIN V 18599-2 : 2007-02)	Kategorie I (nach Tabelle 4 der DIN V 18599-2 : 2007-02)
1.13	Tageslichtversorgung bei Sonnen- und/oder Blendschutz	Tageslichtversorgungsfaktor $C_{TL,Vers,SA}$ nach DIN V 18599-4 : 2007-02	– kein Sonnen- oder Blendschutz vorhanden: 0,70 – Blendschutz vorhanden: 0,15	
1.14	Sonnenschutzvorrichtung	Für das Referenzgebäude ist die tatsächliche Sonnenschutzvorrichtung des zu errichtenden Gebäudes anzunehmen; sie ergibt sich ggf. aus den Anforderungen zum sommerlichen Wärmeschutz nach Nr. 4. Soweit hierfür Sonnenschutzverglasung zum Einsatz kommt, sind für diese Verglasung folgende Kennwerte anzusetzen:		
		anstelle der Werte der Zeile 1.2		
		– Gesamtenergiedurchlassgrad der Verglasung $g_\perp$	$g_\perp = 0{,}35$	
		– Lichttransmissionsgrad der Verglasung τ_{D65}	$\tau D65 = 0{,}58$	
		anstelle der Werte der Zeilen 1.8 und 1.9:		
		– Gesamtenergiedurchlassgrad der Verglasung $g_\perp$	$g_\perp = 0{,}35$	
		– Lichttransmissionsgrad der Verglasung τ_{D65}	$\tau D65 = 0{,}62$	
2.1	Beleuchtungsart	– in Zonen der Nutzungen 6 und 7*): wie beim ausgeführten Gebäude – ansonsten: direkt/indirekt jeweils mit elektronischem Vorschaltgerät und stabförmiger Leuchtstofflampe		

Zeile	Bauteil/System	Eigenschaft (zu Zeilen 1.1 bis 1.13)	Referenzausführung/Wert (Maßeinheit)	
			Raum-Solltemperaturen im Heizfall $\geq 19\,°C$	Raum-Solltemperaturen im Heizfall von 12 bis $< 19\,°C$
2.2	Regelung der Beleuchtung	Präsenzkontrolle: – in Zonen der Nutzungen 4, 15 bis 19, 21 und 31*)	mit Präsenzmelder	
		– ansonsten	manuell	
		tageslichtabhängige Kontrolle:	manuell	
		Konstantlichtregelung (siehe Tabelle 3 Zeile 6)		
		– in Zonen der Nutzungen 1 bis 3, 8 bis 10, 28, 29 und 31*):	vorhanden	
		– ansonsten	keine	
3.1	Heizung (Raumhöhen ≤ 4 m) – Wärmeerzeuger	Brennwertkessel „verbessert" nach DIN V 18599-5 : 2007-02, Gebläsebrenner, Heizöl EL, Aufstellung außerhalb der thermischen Hülle, Wasserinhalt $> 0{,}15$ l/kW		
3.2	Heizung (Raumhöhen ≤ 4 m) – Wärmeverteilung	– bei statischer Heizung und Umluftheizung (dezentrale Nachheizung in RLT-Anlage): Zweirohrnetz, außen liegende Verteilleitungen im unbeheizten Bereich, innen liegende Steigstränge, innen liegende Anbindeleitungen, Systemtemperatur 55/45 °C, hydraulisch abgeglichen, Δp konstant, Pumpe auf Bedarf ausgelegt, Pumpe mit intermittierendem Betrieb, keine Überströmventile, für den Referenzfall sind die Rohrleitungslänge mit 70 vom Hundert der Standardwerte und die Umgebungstemperaturen gemäß den Standardwerten nach DIN V 18599-5 : 2007-02 zu ermitteln. – bei zentralem RLT-Gerät: Zweirohrnetz, Systemtemperatur 70/55 °C, hydraulisch abgeglichen, Δp konstant, Pumpe auf Bedarf ausgelegt, für den Referenzfall sind die Rohrleitungslänge und die Lage der Rohrleitungen wie beim zu errichtenden Gebäude anzunehmen.		
3.3	Heizung (Raumhöhen ≤ 4 m) – Wärmeübergabe	– bei statischer Heizung: freie Heizflächen an der Außenwand mit Glasfläche mit Strahlungsschutz, P-Regler (1K), keine Hilfsenergie – bei Umluftheizung (dezentrale Nachheizung in RLT-Anlage): Regelgröße Raumtemperatur, hohe Regelgüte.		
3.4	Heizung (Raumhöhen > 4 m)	Heizsystem: Warmluftheizung mit normalem Induktionsverhältnis, Luftauslass seitlich, P-Regler (1K) (nach DIN V 18599-5 : 2007-02)		

EnEV 4

Zeile	Bauteil/System	Eigenschaft (zu Zeilen 1.1 bis 1.13)	Referenzausführung/Wert (Maßeinheit)	
			Raum-Solltemperaturen im Heizfall $\geq 19\,°C$	Raum-Solltemperaturen im Heizfall von 12 bis $< 19\,°C$
4.1	Warmwasser – zentrales System	Wärmeerzeuger: Solaranlage nach DIN V 18599-8 : 2007-02 Nr. 6.4.1, mit – Flachkollektor: $A_c = 0{,}09 \cdot (1{,}5 \cdot A_{NGF})^{0,8}$ – Volumen des (untenliegenden) Solarteils des Speichers: – $V_{s,sol} = 2 \cdot (1{,}5 \cdot A_{NGF})^{0,9}$ – bei $A_{NGF} > 500\,m^2$ „große Solaranlage" (A_{NGF}: Nettogrundfläche der mit zentralem System versorgten Zonen) Restbedarf über den Wärmeerzeuger der Heizung Wärmespeicherung: indirekt beheizter Speicher (stehend), Aufstellung außerhalb der thermischen Hülle Wärmeverteilung: mit Zirkulation, Δp konstant, Pumpe auf Bedarf ausgelegt, für den Referenzfall sind die Rohrleitungslänge und die Lage der Rohrleitungen wie beim zu errichtenden Gebäude anzunehmen.		
4.2	Warmwasser – dezentrales System	elektrischer Durchlauferhitzer, eine Zapfstelle und 6 m Leitungslänge pro Gerät		
5.1	Raumlufttechnik – Abluftanlage	spezifische Leistungsaufnahme Ventilator	$P_{SFP} = 1{,}0\,kW/(m^3/s)$	
5.2	Raumlufttechnik – Zu- und Abluftanlage ohne Nachheiz- und Kühlfunktion	spezifische Leistungsaufnahme		
		– Zuluftventilator	$P_{SFP} = 1{,}5\,kW/(m^3/s)$	
		– Abluftventilator	$P_{SFP} = 1{,}0\,kW/(m^3/s)$	
		Zuschläge nach DIN EN 13779 : 2007-04 Abschnitt 6.5.2 können nur für den Fall von HEPA-Filtern, Gasfiltern oder Wärmerückführungsklassen H2 oder H1 angerechnet werden. – Wärmerückgewinnung über Plattenwärmeübertrager (Kreuzgegenstrom)		
		– Rückwärmzahl	$\eta t = 0{,}6$	
		– Druckverhältniszahl	$f\rho = 0{,}4$	
		Luftkanalführung: innerhalb des Gebäudes		
5.3	Raumlufttechnik – Zu- und Abluftanlage mit geregelter Luftkonditionierung	spezifische Leistungsaufnahme		
		– Zuluftventilator	$P_{SFP} = 1{,}5\,kW/(m^3/s)$	
		– Abluftventilator	$P_{SFP} = 1{,}0\,kW/(m^3/s)$	
		Zuschläge nach DIN EN 13779 : 2007-04 Abschnitt 6.5.2 können nur für den Fall von HEPA-Filtern, Gasfiltern oder Wärmerückführungsklassen H2 oder H1 angerechnet werden – Wärmerückgewinnung über Plattenwärmeübertrager (Kreuzgegenstrom)		
		– ückwärmzahl	$\eta t = 0{,}6$	
		– ulufttemperatur	$18\,°C$	
		– Druckverhältniszahl	$f\rho = 0{,}4$	

Zeile	Bauteil/System	Eigenschaft (zu Zeilen 1.1 bis 1.13)	Referenzausführung/Wert (Maßeinheit)	
			Raum-Solltemperaturen im Heizfall $\geq 19\,°C$	Raum-Solltemperaturen im Heizfall von 12 bis $< 19\,°C$
		Luftkanalführung: innerhalb des Gebäudes		
5.4	Raumlufttechnik – Luftbefeuchtung	für den Referenzfall ist die Einrichtung zur Luftbefeuchtung wie beim zu errichtenden Gebäude anzunehmen		
5.5	Raumlufttechnik – Nur-Luft-Klimaanlagen	als Variabel-Volumenstrom-System ausgeführt:		
		Druckverhältniszahl	$f\rho = 0{,}4$	
		Luftkanalführung: innerhalb des Gebäudes		
6	Raumkühlung	Kältesystem: Kaltwasser Fan-Coil, Brüstungsgerät		
		Kaltwassertemperatur	$14/18\,°C$	
		Kaltwasserkreis Raumkühlung:		
		Überströmung	10 %	
		spezifische elektrische Leistung der Verteilung hydraulisch abgeglichen, geregelte Pumpe, Pumpe hydraulisch entkoppelt, saisonale sowie Nacht- und Wochenendabschaltung	$P_{d,spez} =$ 30 Wel/kWKälte	
7	Kälteerzeugung	Erzeuger: Kolben/Scrollverdichter mehrstufig schaltbar, R134a, luftgekühlt		
		Kaltwassertemperatur:		
		– bei mehr als 5000 m² mittels Raumkühlung konditionierter Nettogrundfläche, für diesen Konditionierungsanteil	$14/18\,°C$	
		– ansonsten	$6/12\,°C$	
		Kaltwasserkreis Erzeuger inklusive RLT-Kühlung:		
		Überströmung	30 %	
		spezifische elektrische Leistung der Verteilung hydraulisch abgeglichen, ungeregelte Pumpe, Pumpe hydraulisch entkoppelt, saisonale sowie Nacht- und Wochenendabschaltung, Verteilung außerhalb der konditionierten Zone.	$P_{d,spez} =$ 20 Wel/kWKälte	
		Der Primärenergiebedarf für das Kühlsystem und die Kühlfunktion der raumlufttechnischen Anlage darf für Zonen der Nutzungen 1 bis 3, 8, 10, 16 bis 20 und 31*) nur zu 50 % angerechnet werden.		

*) Nutzungen nach Tabelle 4 der DIN V 18599-10 : 2007-02

1.2 Flächenangaben. Bezugsfläche der energiebezogenen Angaben ist die Nettogrundfläche gemäß § 2 Nummer 15.

1.3 Höchstwerte der Wärmedurchgangskoeffizienten. Die Wärmedurchgangskoeffizienten der wärmeübertragenden Umfassungsfläche eines zu errichtenden Nichtwohngebäudes dürfen die in Tabelle 2 angegebenen Werte nicht überschreiten. Satz 1 ist auf Außentüren nicht anzuwenden.

Tabelle 2 Höchstwerte der Wärmedurchgangskoeffizienten der wärmeübertragenden Umfassungsfläche von Nichtwohngebäuden

Zeile	Bauteil	Höchstwerte der Wärmedurchgangskoeffizienten, bezogen auf den Mittelwert der jeweiligen Bauteile	
		Zonen mit Raum-Solltemperaturen im Heizfall $\geq 19\,°C$	Zonen mit Raum-Solltemperaturen im Heizfall von 12 bis < 19 °C
1	Opake Außenbauteile, soweit nicht in Bauteilen der Zeilen 3 und 4 enthalten	$\bar{U} = 0{,}35\ W/(m^2\cdot K)$	$\bar{U} = 0{,}50\ W/(m^2\cdot K)$
2	Transparente Außenbauteile, soweit nicht in Bauteilen der Zeilen 3 und 4 enthalten	$\bar{U} = 1{,}90\ W/(m^2\cdot K)$	$\bar{U} = 2{,}80\ W/(m^2\cdot K)$
3	Vorhangfassade	$\bar{U} = 1{,}90\ W/(m^2\cdot K)$	$\bar{U} = 3{,}00\ W/(m^2\cdot K)$
4	Glasdächer, Lichtbänder, Lichtkuppeln	$\bar{U} = 3{,}10\ W/(m^2\cdot K)$	$\bar{U} = 3{,}10\ W/(m^2\cdot K)$

2 Berechnungsverfahren für Nichtwohngebäude (zu § 4 Absatz 3 und § 9 Absatz 2 und 5)

2.1 Berechnung des Jahres-Primärenergiebedarfs. 2.1.1 Der Jahres-Primärenergiebedarf Q_p für Nichtwohngebäude ist nach DIN V 18599-1 : 2007-02 zu ermitteln. Als Primärenergiefaktoren sind die Werte für den nicht erneuerbaren Anteil nach DIN V 18599-1 : 2007-02 anzusetzen. Anlage 1 Nr. 2.1.1 Satz 3 bis 6 ist entsprechend anzuwenden.

2.1.2 Als Randbedingungen zur Berechnung des Jahres-Primärenergiebedarfs sind die in den Tabellen 4 bis 8 der DIN V 18599-10 : 2007-02 aufgeführten Nutzungsrandbedingungen und Klimadaten zu verwenden. Die Nutzungen 1 und 2 nach Tabelle 4 der DIN V 18599-10 : 2007-02 dürfen zur Nutzung 1 zusammengefasst werden. Darüber hinaus brauchen Energiebedarfsanteile nur unter folgenden Voraussetzungen in die Ermittlung des Jahres-Primärenergiebedarfs einer Zone einbezogen zu werden:

a) Der Primärenergiebedarf für das Heizungssystem und die Heizfunktion der raumlufttechnischen Anlage ist zu bilanzieren, wenn die Raum-Solltemperatur des Gebäudes oder einer Gebäudezone für den Heizfall mindestens 12 Grad Celsius beträgt und eine durchschnittliche Nutzungsdauer für die Gebäudebeheizung auf Raum-Solltemperatur von mindestens vier Monaten pro Jahr vorgesehen ist.

b) Der Primärenergiebedarf für das Kühlsystem und die Kühlfunktion der raumlufttechnischen Anlage ist zu bilanzieren, wenn für das Gebäude oder eine Gebäudezone für den Kühlfall der Einsatz von Kühltechnik und eine durchschnittliche Nutzungsdauer für Gebäudekühlung auf Raum-Solltemperatur von mehr als zwei Monaten pro Jahr und mehr als zwei Stunden pro Tag vorgesehen sind.

c) Der Primärenergiebedarf für die Dampfversorgung ist zu bilanzieren, wenn für das Gebäude oder eine Gebäudezone eine solche Versorgung wegen des Einsatzes einer raumlufttechnischen Anlage nach Buchstabe b für durchschnittlich mehr als zwei Monate pro Jahr und mehr als zwei Stunden pro Tag vorgesehen ist.

d) Der Primärenergiebedarf für Warmwasser ist zu bilanzieren, wenn ein Nutzenergiebedarf für Warmwasser in Ansatz zu bringen ist und der durchschnittliche tägliche Nutzenergiebedarf für Warmwasser wenigstens 0,2 kWh pro Person und Tag oder 0,2 kWh pro Beschäftigtem und Tag beträgt.

e) Der Primärenergiebedarf für Beleuchtung ist zu bilanzieren, wenn in einem Gebäude oder einer Gebäudezone eine Beleuchtungsstärke von mindestens 75 lx erforderlich ist und eine durchschnittliche Nutzungsdauer von mehr als zwei Monaten pro Jahr und mehr als zwei Stunden pro Tag vorgesehen ist.

f) Der Primärenergiebedarf für Hilfsenergien ist zu bilanzieren, wenn er beim Heizungssystem und der Heizfunktion der raumlufttechnischen Anlage, beim Kühlsystem und der Kühlfunktion der raumlufttechnischen Anlage, bei der Dampfversorgung, bei der Warmwasseranlage und der Beleuchtung auftritt. Der Anteil des Primärenergiebedarfs für Hilfsenergien für Lüftung ist zu bilanzieren, wenn eine durchschnittliche Nutzungsdauer der Lüftungsanlage von mehr als zwei Monaten pro Jahr und mehr als zwei Stunden pro Tag vorgesehen ist.

2.1.3 Abweichend von DIN V 18599-10 : 2007-02 Tabelle 4 darf bei Zonen der Nutzungen 6 und 7 die tatsächlich auszuführende Beleuchtungsstärke angesetzt werden, jedoch für die Nutzung 6 mit nicht mehr als 1500 lx und für die Nutzung 7 mit nicht mehr als 1000 lx. Beim Referenzgebäude ist der Primärenergiebedarf für Beleuchtung mit dem Tabellenverfahren nach DIN V 18599-4 : 2007-02 zu berechnen.

2.1.4 Abweichend von DIN V 18599-2 : 2007-02 darf für opake Bauteile, die an Außenluft grenzen, ein flächengewichteter Wärmedurchgangskoeffizient für das ganze Gebäude gebildet und bei der zonenweisen Berechnung nach DIN V 18599-02 : 2007-02 verwendet werden.

2.1.5 Werden in Nichtwohngebäude bauliche oder anlagentechnische Komponenten eingesetzt, für deren energetische Bewertung keine anerkannten Regeln der Technik oder gemäß § 9 Absatz 2 Satz 2 Halbsatz 3 bekannt gemachte gesicherte Erfahrungswerte vorliegen, so sind hierfür Komponenten anzusetzen, die ähnliche energetische Eigenschaften aufweisen.

2.1.6 Bei der Berechnung des Jahres-Primärenergiebedarfs des Referenzgebäudes und des Nichtwohngebäudes sind ferner die in Tabelle 3 genannten Randbedingungen zu verwenden.

Tabelle 3 Randbedingungen für die Berechnung des Jahres-Primärenergiebedarfs

Zeile	Kenngröße	Randbedingungen	
1	Verschattungsfaktor FS	$F_S = 0{,}9$ soweit die baulichen Bedingungen nicht detailliert berücksichtigt werden.	
2	Verbauungsindex IV	$I_V = 0{,}9$ Eine genaue Ermittlung nach DIN V 18599-4 : 2007-02 ist zulässig.	
3	Heizunterbrechung	– Heizsysteme in Raumhöhen ≤ 4 m: Absenkbetrieb mit Dauer gemäß den Nutzungsrandbedingungen in Tabelle 4 der DIN V 18599-10 : 2007-02 – Heizsysteme in Raumhöhen > 4 m: Abschaltbetrieb mit Dauer gemäß den Nutzungsrandbedingungen in Tabelle 4 der DIN V 18599-10 : 2007-02	
4	Solare Wärmegewinne über opake Bauteile	– Emissionsgrad der Außenfläche für Wärmestrahlung:	$\epsilon = 0{,}8$
		– Strahlungsabsorptionsgrad an opaken Oberflächen:	$\alpha = 0{,}5$
		– für dunkle Dächer kann abweichend angenommen werden.	$\alpha = 0{,}8$
5	Wartungsfaktor der Beleuchtung	Der Wartungsfaktor WF ist wie folgt anzusetzen:	
		– in Zonen der Nutzungen 14, 15 und 22*)	mit 0,6
		– ansonsten	mit 0,8
		Dementsprechend ist der Energiebedarf für einen Berechnungsbereich im Tabellenverfahren nach DIN V 18599-4 : 2007-02 Nr. 5.4.1 Gleichung (10) mit dem folgenden Faktor zu multiplizieren:	
		– für die Nutzungen 14, 15 und 22*)	mit 1,12
		– ansonsten	mit 0,84.
6	Berücksichtigung von Konstantlichtregelung	Bei Einsatz einer Konstantlichtregelung ist der Energiebedarf für einen Berechnungsbereich nach DIN V 18599-4 : 2007-02 Nr. 5.1 Gleichung (2) mit dem folgenden Faktor zu multiplizieren:	
		– für die Nutzungen 14,15 und 22*)	mit 0,8
		– ansonsten	mit 0,9.

*) Nutzungen nach Tabelle 4 der DIN V 18599-10 : 2007-02

2.2 Zonierung. 2.2.1 Soweit sich bei einem Gebäude Flächen hinsichtlich ihrer Nutzung, ihrer technischen Ausstattung, ihrer inneren Lasten oder ihrer Versorgung mit Tageslicht wesentlich unterscheiden, ist das Gebäude nach Maßgabe der DIN V 18599-1 : 2007-02 in Verbindung mit DIN V 18599-10 : 2007-02 und den Vorgaben in Nr. 1

dieser Anlage in Zonen zu unterteilen. Die Nutzungen 1 und 2 nach Tabelle 4 der DIN V 18599-10 : 2007-02 dürfen zur Nutzung 1 zusammengefasst werden.

2.2.2 Für Nutzungen, die nicht in DIN V 18599-10 : 2007-02 aufgeführt sind, kann

a) die Nutzung 17 der Tabelle 4 in DIN V 18599-10 : 2007-02 verwendet werden oder
b) eine Nutzung auf der Grundlage der DIN V 18599-10 : 2007-02 unter Anwendung gesicherten allgemeinen Wissensstandes individuell bestimmt und verwendet werden.

In Fällen des Buchstabens b sind die gewählten Angaben zu begründen und dem Nachweis beizufügen.

2.3 Berechnung des Mittelwerts des Wärmedurchgangskoeffizienten. Bei der Berechnung des Mittelwerts des jeweiligen Bauteils sind die Bauteile nach Maßgabe ihres Flächenanteils zu berücksichtigen. Die Wärmedurchgangskoeffizienten von Bauteilen gegen unbeheizte Räume oder Erdreich sind zusätzlich mit dem Faktor 0,5 zu gewichten. Bei der Berechnung des Mittelwerts der an das Erdreich angrenzenden Bodenplatten dürfen die Flächen unberücksichtigt bleiben, die mehr als 5 m vom äußeren Rand des Gebäudes entfernt sind. Die Berechnung ist für Zonen mit unterschiedlichen Raum-Solltemperaturen im Heizfall getrennt durchzuführen. Für die Bestimmung der Wärmedurchgangskoeffizienten der verwendeten Bauausführungen gelten die Fußnoten zu Anlage 3 Tabelle 1 entsprechend.

3 Vereinfachtes Berechnungsverfahren für Nichtwohngebäude (zu § 4 Absatz 3 und § 9 Absatz 2 und 5)

3.1 Zweck und Anwendungsvoraussetzungen. 3.1.1 Im vereinfachten Verfahren sind die Bestimmungen der Nr. 2 nur insoweit anzuwenden, als Nr. 3 keine abweichenden Bestimmungen trifft.

3.1.2 Im vereinfachten Verfahren darf der Jahres-Primärenergiebedarf des Nichtwohngebäudes abweichend von Nr. 2.2 unter Verwendung eines Ein-Zonen-Modells ermittelt werden.

3.1.3 Das vereinfachte Verfahren gilt für

a) Bürogebäude, ggf. mit Verkaufseinrichtung, Gewerbebetrieb oder Gaststätte,
b) Gebäude des Groß- und Einzelhandels mit höchstens 1000 m^2 Nettogrundfläche, wenn neben der Hauptnutzung nur Büro-, Lager-, Sanitär- oder Verkehrsflächen vorhanden sind,
c) Gewerbebetriebe mit höchstens 1000 m^2 Nettogrundfläche, wenn neben der Hauptnutzung nur Büro-, Lager-, Sanitär- oder Verkehrsflächen vorhanden sind,
d) Schulen, Turnhallen, Kindergärten und -tagesstätten und ähnliche Einrichtungen,
e) Beherbergungsstätten ohne Schwimmhalle, Sauna oder Wellnessbereich und
f) Bibliotheken.

In Fällen des Satzes 1 kann das vereinfachte Verfahren angewendet werden, wenn

a) die Summe der Nettogrundflächen aus der Hauptnutzung gemäß Tabelle 4 Spalte 3 und den Verkehrsflächen des Gebäudes mehr als zwei Drittel der gesamten Nettogrundfläche des Gebäudes beträgt,
b) in dem Gebäude die Beheizung und die Warmwasserbereitung für alle Räume auf dieselbe Art erfolgen,
c) das Gebäude nicht gekühlt wird,
d) höchstens 10 vom Hundert der Nettogrundfläche des Gebäudes durch Glühlampen, Halogenlampen oder durch die Beleuchtungsart „indirekt" nach DIN V 18599-4 : 2007-02 beleuchtet werden und
e) außerhalb der Hauptnutzung keine raumlufttechnische Anlage eingesetzt wird, deren Werte für die spezifische Leistungsaufnahme der Ventilatoren die entsprechenden Werte in Tabelle 1 Zeilen 5.1 und 5.2 überschreiten.

Abweichend von Satz 2 Buchstabe c kann das vereinfachte Verfahren auch angewendet werden, wenn

a) nur ein Serverraum gekühlt wird und die Nennleistung des Gerätes für den Kältebedarf 12 kW nicht übersteigt oder
b) in einem Bürogebäude eine Verkaufseinrichtung, ein Gewerbebetrieb oder eine Gaststätte gekühlt wird und die Nettogrundfläche der gekühlten Räume jeweils 450 m^2 nicht übersteigt.

3.2 Besondere Randbedingungen und Maßgaben. 3.2.1 Abweichend von Nr. 2.2.1 ist bei der Berechnung des Jahres-Primärenergiebedarfs die entsprechende Nutzung nach Tabelle 4 Spalte 4 zu verwenden. Der Nutzenergiebedarf für Warmwasser ist mit dem Wert aus Spalte 5 in Ansatz zu bringen.

Tabelle 4 Randbedingungen für das vereinfachte Verfahren für die Berechnungen des Jahres-Primärenergiebedarfs

Zeile	Gebäudetyp	Hauptnutzung	Nutzung (Nr. gemäß DIN V 18599-10 : 2007-02 Tabelle 4)	Nutzenergiebedarf Warmwasser*)
1	2	3	4	5
1	Bürogebäude	Einzelbüro (Nr. 1) Gruppenbüro (Nr. 2) Großraumbüro (Nr. 3) Besprechung, Sitzung, Seminar (Nr. 4)	Einzelbüro (Nr. 1)	0
1.1	Bürogebäude mit Verkaufseinrichtung oder Gewerbebetrieb	wie Zeile 1	Einzelbüro (Nr. 1)	0
1.2	Bürogebäude mit Gaststätte	wie Zeile 1	Einzelbüro (Nr. 1)	1,5 kWh je Sitzplatz in der Gaststätte und Tag
2	Gebäude des Groß- und Einzelhandels bis 1000 m² NGF	Groß-, Einzelhandel/ Kaufhaus	Einzelhandel/Kaufhaus (Nr. 6)	0
3	Gewerbebetriebe bis 1000 m² NGF	Gewerbe	Werkstatt, Montage, Fertigung (Nr. 22)	1,5 kWh je Beschäftigten und Tag
4	Schule, Kindergarten und -tagesstätte, ähnliche Einrichtungen	Klassenzimmer, Aufenthaltsraum	Klassenzimmer/Gruppenraum (Nr. 8)	ohne Duschen: 85 Wh/(m²·d) mit Duschen: 250 Wh/(m²·d)
5	Turnhalle	Turnhalle	Turnhalle (Nr. 31)	1,5 kWh je Person und Tag
6	Beherbergungsstätte ohne Schwimmhalle, Sauna oder Wellnessbereich	Hotelzimmer	Hotelzimmer (Nr. 11)	250 Wh/(m²·d)
7	Bibliothek	Lesesaal, Freihandbereich	Bibliothek, Lesesaal (Nr. 28)	30 Wh/(m²·d)

*) Die flächenbezogenen Werte beziehen sich auf die gesamte Nettogrundfläche des Gebäudes.

3.2.2 Bei Anwendung der Nr. 3.1.3 sind der Höchstwert und der Referenzwert des Jahres-Primärenergiebedarfs wie folgt zu erhöhen:

a) in Fällen der Nr. 3.1.3 Satz 3 Buchstabe a pauschal um 650 kWh/(m²·a) je m² gekühlte Nettogrundfläche des Serverraums,

b) in Fällen der Nr. 3.1.3 Satz 3 Buchstabe b pauschal um 50 kWh/(m²·a) je m² gekühlte Nettogrundfläche der Verkaufseinrichtung, des Gewerbebetriebes oder der Gaststätte.

3.2.3 Der Jahres-Primärenergiebedarf für Beleuchtung darf vereinfacht für den Bereich der Hauptnutzung berechnet werden, der die geringste Tageslichtversorgung aufweist.

3.2.4 Der ermittelte Jahres-Primärenergiebedarf ist sowohl für den Höchstwert des Referenzgebäudes nach Nr. 1.1 als auch für den Höchstwert des Gebäudes um 10 vom Hundert zu erhöhen.

4 Sommerlicher Wärmeschutz (zu § 4 Absatz 4)

4.1 Als höchstzulässige Sonneneintragskennwerte nach § 4 Absatz 4 sind die in DIN 4108-2 : 2003-07 Abschnitt 8 festgelegten Werte einzuhalten.

4.2 Der Sonneneintragskennwert des zu errichtenden Nichtwohngebäudes ist für jede Gebäudezone nach dem dort genannten Verfahren zu bestimmen. Wird zur Berechnung nach Satz 1 ein ingenieurmäßiges Verfahren (Simulationsrechnung) angewendet, so sind abweichend von DIN 4108-2 : 2003-07 Randbedingungen anzuwenden, die die aktuellen klimatischen Verhältnisse am Standort des Gebäudes hinreichend gut wiedergeben.

Anlage 3 (zu den §§ 8 und 9) Anforderungen bei Änderung von Außenbauteilen und bei Errichtung kleiner Gebäude; Randbedingungen und Maßgaben für die Bewertung bestehender Wohngebäude

1 Außenwände

Soweit bei beheizten oder gekühlten Räumen Außenwände

a) ersetzt, erstmalig eingebaut
   oder in der Weise erneuert werden, dass
b) Bekleidungen in Form von Platten oder plattenartigen Bauteilen oder Verschalungen sowie Mauerwerks-Vorsatzschalen angebracht werden,
c) Dämmschichten eingebaut werden oder
d) bei einer bestehenden Wand mit einem Wärmedurchgangskoeffizienten größer 0,9 W/(m^2 K) der Außenputz erneuert wird,

sind die jeweiligen Höchstwerte der Wärmedurchgangskoeffizienten nach Tabelle 1 Zeile 1 einzuhalten. Bei einer Kerndämmung von mehrschaligem Mauerwerk gemäß Buchstabe c gilt die Anforderung als erfüllt, wenn der bestehende Hohlraum zwischen den Schalen vollständig mit Dämmstoff ausgefüllt wird. Beim Einbau von innenraumseitigen Dämmschichten gemäß Buchstabe c gelten die Anforderungen des Satzes 1 als erfüllt, wenn der Wärmedurchgangskoeffizient des entstehenden Wandaufbaus 0,35 W/(m^2·K) nicht überschreitet. Werden bei Außenwänden in Sichtfachwerkbauweise, die der Schlagregenbeanspruchungsgruppe I nach DIN 4108-3 : 2001-06 zuzuordnen sind und in besonders geschützten Lagen liegen, Maßnahmen gemäß Buchstabe a, c oder d durchgeführt, gelten die Anforderungen gemäß Satz 1 als erfüllt, wenn der Wärmedurchgangskoeffizient des entstehenden Wandaufbaus 0,84 W/(m^2·K) nicht überschreitet; im Übrigen gelten bei Wänden in Sichtfachwerkbauweise die Anforderungen nach Satz 1 nur in Fällen von Maßnahmen nach Buchstabe b. Werden Maßnahmen nach Satz 1 ausgeführt und ist die Dämmschichtdicke im Rahmen dieser Maßnahmen aus technischen Gründen begrenzt, so gelten die Anforderungen als erfüllt, wenn die nach anerkannten Regeln der Technik höchstmögliche Dämmschichtdicke (bei einem Bemessungswert der Wärmeleitfähigkeit λ = 0,040 W/(m·K)) eingebaut wird.

2 Fenster, Fenstertüren, Dachflächenfenster und Glasdächer

Soweit bei beheizten oder gekühlten Räumen außen liegende Fenster, Fenstertüren, Dachflächenfenster und Glasdächer in der Weise erneuert werden, dass

a) das gesamte Bauteil ersetzt oder erstmalig eingebaut wird,
b) zusätzliche Vor- oder Innenfenster eingebaut werden oder
c) die Verglasung ersetzt wird,

sind die Anforderungen nach Tabelle 1 Zeile 2 einzuhalten. Satz 1 gilt nicht für Schaufenster und Türanlagen aus Glas. Bei Maßnahmen gemäß Buchstabe c gilt Satz 1 nicht, wenn der vorhandene Rahmen zur Aufnahme der vorgeschriebenen Verglasung ungeeignet ist. Werden Maßnahmen nach Buchstabe c ausgeführt und ist die Glasdicke im Rahmen dieser Maßnahmen aus technischen Gründen begrenzt, so gelten die Anforderungen als erfüllt, wenn eine Verglasung mit einem Wärmedurchgangskoeffizienten von höchstens 1,30 W/(m^2·K) eingebaut wird. Werden Maßnahmen nach Buchstabe c an Kasten- oder Verbundfenstern durchgeführt, so gelten die Anforderungen als erfüllt, wenn eine Glastafel mit einer infrarotreflektierenden Beschichtung mit einer Emissivität $\epsilon_n \leq 0,2$ eingebaut wird. Werden bei Maßnahmen nach Satz 1

1. Schallschutzverglasungen mit einem bewerteten Schalldämmmaß der Verglasung von $R_{w,R} \geq 40$ dB nach DIN EN ISO 717-1 : 1997-01 oder einer vergleichbaren Anforderung oder
2. Isolierglas-Sonderaufbauten zur Durchschusshemmung, Durchbruchhemmung oder Sprengwirkungshemmung nach anerkannten Regeln der Technik oder
3. Isolierglas-Sonderaufbauten als Brandschutzglas mit einer Einzelelementdicke von mindestens 18 mm nach DIN 4102-13 : 1990-05 oder einer vergleichbaren Anforderung

verwendet, sind abweichend von Satz 1 die Anforderungen nach Tabelle 1 Zeile 3 einzuhalten.

3 Außentüren

Bei der Erneuerung von Außentüren dürfen nur Außentüren eingebaut werden, deren Türfläche einen Wärmedurchgangskoeffizienten von 2,9 W/(m^2 K) nicht überschreitet. Nr. 2 Satz 2 bleibt unberührt.

4 Decken, Dächer und Dachschrägen

4.1 Steildächer. Soweit bei Steildächern Decken unter nicht ausgebauten Dachräumen sowie Decken und Wände (einschließlich Dachschrägen), die beheizte oder gekühlte Räume nach oben gegen die Außenluft abgrenzen,

a) ersetzt, erstmalig eingebaut
oder in der Weise erneuert werden, dass
b) die Dachhaut bzw. außenseitige Bekleidungen oder Verschalungen ersetzt oder neu aufgebaut werden,
c) innenseitige Bekleidungen oder Verschalungen aufgebracht oder erneuert werden,
d) Dämmschichten eingebaut werden,
e) zusätzliche Bekleidungen oder Dämmschichten an Wänden zum unbeheizten Dachraum eingebaut werden,

sind für die betroffenen Bauteile die Anforderungen nach Tabelle 1 Zeile 4a einzuhalten. Wird bei Maßnahmen nach Buchstabe b oder d der Wärmeschutz als Zwischensparrendämmung ausgeführt und ist die Dämmschichtdicke wegen einer innenseitigen Bekleidung oder der Sparrenhöhe begrenzt, so gilt die Anforderung als erfüllt, wenn die nach anerkannten Regeln der Technik höchstmögliche Dämmschichtdicke eingebaut wird. Die Sätze 1 und 2 gelten nur für opake Bauteile.

4.2 Flachdächer. Soweit bei beheizten oder gekühlten Räumen Flachdächer

a) ersetzt, erstmalig eingebaut
oder in der Weise erneuert werden, dass
b) die Dachhaut bzw. außenseitige Bekleidungen oder Verschalungen ersetzt oder neu aufgebaut werden,
c) innenseitige Bekleidungen oder Verschalungen aufgebracht oder erneuert werden,
d) Dämmschichten eingebaut werden,

sind die Anforderungen nach Tabelle 1 Zeile 4b einzuhalten. Werden bei der Flachdacherneuerung Gefälledächer durch die keilförmige Anordnung einer Dämmschicht aufgebaut, so ist der Wärmedurchgangskoeffizient nach DIN EN ISO 6946 : 1996-11 Anhang C zu ermitteln. Der Bemessungswert des Wärmedurchgangswiderstandes am tiefsten Punkt der neuen Dämmschicht muss den Mindestwärmeschutz nach § 7 Abs. 1 gewährleisten. Werden Maßnahmen nach Satz 1 ausgeführt und ist die Dämmschichtdicke im Rahmen dieser Maßnahmen aus technischen Gründen begrenzt, so gelten die Anforderungen als erfüllt, wenn die nach anerkannten Regeln der Technik höchstmögliche Dämmschichtdicke (bei einem Bemessungswert der Wärmeleitfähigkeit $\lambda = 0{,}040$ W/(m·K)) eingebaut wird. Die Sätze 1 bis 4 gelten nur für opake Bauteile.

5 Wände und Decken gegen unbeheizte Räume, Erdreich und nach unten an Außenluft

Soweit bei beheizten Räumen Decken oder Wände, die an unbeheizte Räume, an Erdreich oder nach unten an Außenluft grenzen,

a) ersetzt, erstmalig eingebaut
oder in der Weise erneuert werden, dass
b) außenseitige Bekleidungen oder Verschalungen, Feuchtigkeitssperren oder Drainagen angebracht oder erneuert,
c) Fußbodenaufbauten auf der beheizten Seite aufgebaut oder erneuert,
d) Deckenbekleidungen auf der Kaltseite angebracht oder
e) Dämmschichten eingebaut werden,

sind die Anforderungen nach Tabelle 1 Zeile 5 einzuhalten, wenn die Änderung nicht von Nr. 4.1 erfasst wird. Werden Maßnahmen nach Satz 1 ausgeführt und ist die Dämmschichtdicke im Rahmen dieser Maßnahmen aus technischen Gründen begrenzt, so gelten die Anforderungen als erfüllt, wenn die nach anerkannten Regeln der Technik höchstmögliche Dämmschichtdicke (bei einem Bemessungswert der Wärmeleitfähigkeit $\lambda = 0{,}040$ W/(m·K)) eingebaut wird.

6 Vorhangfassaden

Soweit bei beheizten oder gekühlten Räumen Vorhangfassaden in der Weise erneuert werden, dass das gesamte Bauteil ersetzt oder erstmalig eingebaut wird, sind die Anforderungen nach Tabelle 1 Zeile 2d einzuhalten. Werden bei Maßnahmen nach Satz 1 Sonderverglasungen entsprechend Nr. 2 Satz 2 verwendet, sind abweichend von Satz 1 die Anforderungen nach Tabelle 1 Zeile 3c einzuhalten.

7 Anforderungen

Tabelle 1 Höchstwerte der Wärmedurchgangskoeffizienten bei erstmaligem Einbau, Ersatz und Erneuerung von Bauteilen

Zeile	Bauteil	Maßnahme nach	Wohngebäude und Zonen von Nichtwohngebäuden mit Innentemperaturen $\geq 19\,°C$	Zonen von Nichtwohngebäuden mit Innentemperaturen von 12 bis < 19 °C
			Höchstwerte der Wärmedurchgangskoeffizienten Umax1)	
1	2	3	4	
1	Außenwände	Nr. 1a bis d	0,24 W/(m²·K)	0,35 W/(m²·K)
2a	Außen liegende Fenster, Fenstertüren	Nr. 2a und b	1,30 W/(m²·K)2)	1,90 W/(m²·K)2)
2b	Dachflächenfenster	Nr. 2a und b	1,40 W/(m²·K)2)	1,90 W/(m²·K)2)
2c	Verglasungen	Nr. 2c	1,10 W/(m²·K)3)	keine Anforderung
2d	Vorhangfassaden	Nr. 6 Satz 1	1,50 W/(m²·K)4)	1,90 W/(m²·K)4)
2e	Glasdächer	Nr. 2a und c	2,00 W/(m²·K)3)	2,70 W/(m²·K)3)
3a	Außen liegende Fenster, Fenstertüren, Dachflächenfenster mit Sonderverglasungen	Nr. 2a und b	2,00 W/(m²·K)2)	2,80 W/(m²·K)2)
3b	Sonderverglasungen	Nr. 2c	1,60 W/(m²·K)3)	keine Anforderung
3c	Vorhangfassaden mit Sonderverglasungen	Nr. 6 Satz 2	2,30 W/(m²·K)4)	3,00 W/(m²·K)4)
4a	Decken, Dächer und Dachschrägen	Nr. 4.1	0,24 W/(m²·K)	0,35 W/(m²·K)
4b	Flachdächer	Nr. 4.2	0,20 W/(m²·K)	0,35 W/(m²·K)
5a	Decken und Wände gegen unbeheizte Räume oder Erdreich	Nr. 5a, b, d und e	0,30 W/(m²·K)	keine Anforderung
5b	Fußbodenaufbauten	Nr. 5c	0,50 W/(m²·K)	keine Anforderung
5c	Decken nach unten an Außenluft	Nr. 5a bis e	0,24 W/(m²·K)	0,35 W/(m²·K)

1) Wärmedurchgangskoeffizient des Bauteils unter Berücksichtigung der neuen und der vorhandenen Bauteilschichten; für die Berechnung opaker Bauteile ist DIN EN ISO 6946 : 1996-11 zu verwenden.

2) Bemessungswert des Wärmedurchgangskoeffizienten des Fensters; der Bemessungswert des Wärmedurchgangskoeffizienten des Fensters ist technischen Produkt-Spezifikationen zu entnehmen oder gemäß den nach den Landesbauordnungen bekannt gemachten energetischen Kennwerten für Bauprodukte zu bestimmen. Hierunter fallen insbesondere energetische Kennwerte aus europäischen technischen Zulassungen sowie energetische Kennwerte der Regelungen nach der Bauregelliste A Teil 1 und auf Grund von Festlegungen in allgemeinen bauaufsichtlichen Zulassungen.

3) Bemessungswert des Wärmedurchgangskoeffizienten der Verglasung; der Bemessungswert des Wärmedurchgangskoeffizienten der Verglasung ist technischen Produkt-Spezifikationen zu entnehmen oder gemäß den nach den Landesbauordnungen bekannt gemachten energetischen Kennwerten für Bauprodukte zu bestimmen. Hierunter fallen insbesondere energetische Kennwerte aus europäischen technischen Zulassungen sowie energetische Kennwerte der Regelungen nach der Bauregelliste A Teil 1 und auf Grund von Festlegungen in allgemeinen bauaufsichtlichen Zulassungen.

4) Wärmedurchgangskoeffizient der Vorhangfassade; er ist nach anerkannten Regeln der Technik zu ermitteln.

8 Randbedingungen und Maßgaben für die Bewertung bestehender Wohngebäude (zu § 9 Absatz 2)

Die Berechnungsverfahren nach Anlage 1 Nr. 2 sind bei bestehenden Wohngebäuden mit folgenden Maßgaben anzuwenden:

8.1 Wärmebrücken sind in dem Falle, dass mehr als 50 vom Hundert der Außenwand mit einer innen liegenden Dämmschicht und einbindender Massivdecke versehen sind, durch Erhöhung der Wärmedurchgangskoeffizienten um $\Delta U_{WB} = 0{,}15$ W/(m²·K) für die gesamte wärmeübertragende Umfassungsfläche zu berücksichtigen.

8.2 Die Luftwechselrate ist bei der Berechnung abweichend von DIN V 4108-6 : 2003-06[7] Tabelle D.3 Zeile 8 bei offensichtlichen Undichtheiten, wie bei Fenstern ohne funktionstüchtige Lippendichtung oder bei beheizten Dachgeschossen mit Dachflächen ohne luftdichte Ebene, mit 1,0 h^{-1} anzusetzen.

8.3 Bei der Ermittlung der solaren Gewinne nach DIN V 18599 : 2007-02 oder DIN V 4108-6 : 200306[8] Abschnitt 6.4.3 ist der Minderungsfaktor für den Rahmenanteil von Fenstern mit $F_F = 0{,}6$ anzusetzen.

9

(gestrichen)

Anlage 4 (zu § 6) Anforderungen an die Dichtheit und den Mindestluftwechsel

1 Anforderungen an außen liegende Fenster, Fenstertüren und Dachflächenfenster

Außen liegende Fenster, Fenstertüren und Dachflächenfenster müssen den Klassen nach Tabelle 1 entsprechen.

Tabelle 1 Klassen der Fugendurchlässigkeit von außen liegenden Fenstern, Fenstertüren und Dachflächenfenstern

Zeile	Anzahl der Vollgeschosse des Gebäudes	Klasse der Fugendurchlässigkeit nach DIN EN 12 207-1 : 2000-06
1	bis zu 2	2
2	mehr als 2	3

2 Nachweis der Dichtheit des gesamten Gebäudes

Wird bei Anwendung des § 6 Absatz 1 Satz 3 eine Überprüfung der Anforderungen nach § 6 Abs. 1 durchgeführt, darf der nach DIN EN 13 829 : 2001-02 bei einer Druckdifferenz zwischen innen und außen von 50 Pa gemessene Volumenstrom – bezogen auf das beheizte oder gekühlte Luftvolumen – bei Gebäuden

- ohne raumlufttechnische Anlagen 3,0 h^{-1} und
- mit raumlufttechnischen Anlagen 1,5 h^{-1}

nicht überschreiten.

Anlage 4a (zu § 13 Absatz 2) Anforderungen an die Inbetriebnahme von Heizkesseln und sonstigen Wärmeerzeugersystemen

In Fällen des § 13 Absatz 2 sind der Einbau und die Aufstellung zum Zwecke der Inbetriebnahme nur zulässig, wenn das Produkt aus Erzeugeraufwandszahl e_g und Primärenergiefaktor f_p nicht größer als 1,30 ist. Die Erzeugeraufwandszahl e_g ist nach DIN V 4701-10 : 2003-08 Tabellen C.3–4b bis C.3–4f zu bestimmen. Soweit Primärenergiefaktoren nicht unmittelbar in dieser Verordnung festgelegt sind, ist der Primärenergiefaktor f_p für den nicht erneuerbaren Anteil nach DIN V 4701-10 : 2003-08, geändert durch A1 : 2006-12, zu bestimmen. Werden Niedertemperatur-Heizkessel oder Brennwertkessel als Wärmeerzeuger in Systemen der Nahwärmeversorgung eingesetzt, gilt die Anforderung des Satzes 1 als erfüllt.

Anlage 5 (zu § 10 Absatz 2, § 14 Absatz 5 und § 15 Absatz 4) Anforderungen an die Wärmedämmung von Rohrleitungen und Armaturen

1

In Fällen des § 10 Absatz 2 und des § 14 Absatz 5 sind die Anforderungen der Zeilen 1 bis 7 und in Fällen des § 15 Absatz 4 der Zeile 8 der Tabelle 1 einzuhalten, soweit sich nicht aus anderen Bestimmungen dieser Anlage etwas anderes ergibt.

---

[7] Geändert durch DIN V 4108-6 Berichtigung 1 2004-03.   [8] Geändert durch DIN V 4108-6 Berichtigung 1 2004-03.

Tabelle 1 Wärmedämmung von Wärmeverteilungs- und Warmwasserleitungen, Kälteverteilungs- und Kaltwasserleitungen sowie Armaturen

Zeile	Art der Leitungen/Armaturen	Mindestdicke der Dämmschicht, bezogen auf eine Wärmeleitfähigkeit von 0,035 W/(m·K)
1	Innendurchmesser bis 22 mm	20 mm
2	Innendurchmesser über 22 mm bis 35 mm	30 mm
3	Innendurchmesser über 35 mm bis 100 mm	gleich Innendurchmesser
4	Innendurchmesser über 100 mm	100 mm
5	Leitungen und Armaturen nach den Zeilen 1 bis 4 in Wand- und Deckendurchbrüchen, im Kreuzungsbereich von Leitungen, an Leitungsverbindungsstellen, bei zentralen Leitungsnetzverteilern	½ der Anforderungen der Zeilen 1 bis 4
6	Leitungen von Zentralheizungen nach den Zeilen 1 bis 4, die nach dem 31. Januar 2002 in Bauteilen zwischen beheizten Räumen verschiedener Nutzer verlegt werden	½ der Anforderungen der Zeilen 1 bis 4
7	Leitungen nach Zeile 6 im Fußbodenaufbau	6 mm
8	Kälteverteilungs- und Kaltwasserleitungen sowie Armaturen von Raumlufttechnik- und Klimakältesystemen	6 mm

Soweit in Fällen des § 14 Absatz 5 Wärmeverteilungs- und Warmwasserleitungen an Außenluft grenzen, sind diese mit dem Zweifachen der Mindestdicke nach Tabelle 1 Zeile 1 bis 4 zu dämmen.

2

In Fällen des § 14 Absatz 5 ist Tabelle 1 nicht anzuwenden, soweit sich Leitungen von Zentralheizungen nach den Zeilen 1 bis 4 in beheizten Räumen oder in Bauteilen zwischen beheizten Räumen eines Nutzers befinden und ihre Wärmeabgabe durch frei liegende Absperreinrichtungen beeinflusst werden kann. In Fällen des § 10 Absatz 2 und des § 14 Absatz 5 ist Tabelle 1 nicht anzuwenden auf Warmwasserleitungen bis zu einer Länge von 4 m, die weder in den Zirkulationskreislauf einbezogen noch mit elektrischer Begleitheizung ausgestattet sind (Stichleitungen).

3

Bei Materialien mit anderen Wärmeleitfähigkeiten als 0,035 W/(m·K) sind die Mindestdicken der Dämmschichten entsprechend umzurechnen. Für die Umrechnung und die Wärmeleitfähigkeit des Dämmmaterials sind die in anerkannten Regeln der Technik enthaltenen Berechnungsverfahren und Rechenwerte zu verwenden.

4

Bei Wärmeverteilungs- und Warmwasserleitungen sowie Kälteverteilungs- und Kaltwasserleitungen dürfen die Mindestdicken der Dämmschichten nach Tabelle 1 insoweit vermindert werden, als eine gleichwertige Begrenzung der Wärmeabgabe oder der Wärmeaufnahme auch bei anderen Rohrdämmstoffanordnungen und unter Berücksichtigung der Dämmwirkung der Leitungswände sichergestellt ist.

Anlage 6 (zu § 16) Muster Energieausweis Wohngebäude

ENERGIEAUSWEIS für Wohngebäude
gemäß den §§ 16 ff. Energieeinsparverordnung (EnEV)

Gültig bis: _____

1

Gebäude

Gebäudetyp	
Adresse	
Gebäudeteil	
Baujahr Gebäude	
Baujahr Anlagentechnik[1]	
Anzahl Wohnungen	
Gebäudenutzfläche (A_N)	
Erneuerbare Energien	
Lüftung	

Gebäudefoto (freiwillig)

Anlass der Ausstellung des Energieausweises	☐ Neubau ☐ Vermietung / Verkauf	☐ Modernisierung (Änderung / Erweiterung)	☐ Sonstiges (freiwillig)

Hinweise zu den Angaben über die energetische Qualität des Gebäudes

Die energetische Qualität eines Gebäudes kann durch die Berechnung des **Energiebedarfs** unter standardisierten Randbedingungen oder durch die Auswertung des **Energieverbrauchs** ermittelt werden. Als Bezugsfläche dient die energetische Gebäudenutzfläche nach der EnEV, die sich in der Regel von den allgemeinen Wohnflächenangaben unterscheidet. Die angegebenen Vergleichswerte sollen überschlägige Vergleiche ermöglichen (**Erläuterungen – siehe Seite 4**).

☐ Der Energieausweis wurde auf der Grundlage von Berechnungen des **Energiebedarfs** erstellt. Die Ergebnisse sind auf **Seite 2** dargestellt. Zusätzliche Informationen zum Verbrauch sind freiwillig.

☐ Der Energieausweis wurde auf der Grundlage von Auswertungen des **Energieverbrauchs** erstellt. Die Ergebnisse sind auf **Seite 3** dargestellt.

Datenerhebung Bedarf/Verbrauch durch ☐ Eigentümer ☐ Aussteller

☐ Dem Energieausweis sind zusätzliche Informationen zur energetischen Qualität beigefügt (freiwillige Angabe).

Hinweise zur Verwendung des Energieausweises

Der Energieausweis dient lediglich der Information. Die Angaben im Energieausweis beziehen sich auf das gesamte Wohngebäude oder den oben bezeichneten Gebäudeteil. Der Energieausweis ist lediglich dafür gedacht, einen überschlägigen Vergleich von Gebäuden zu ermöglichen.

Aussteller

Datum .... Unterschrift des Ausstellers

[1]) Mehrfachangaben möglich

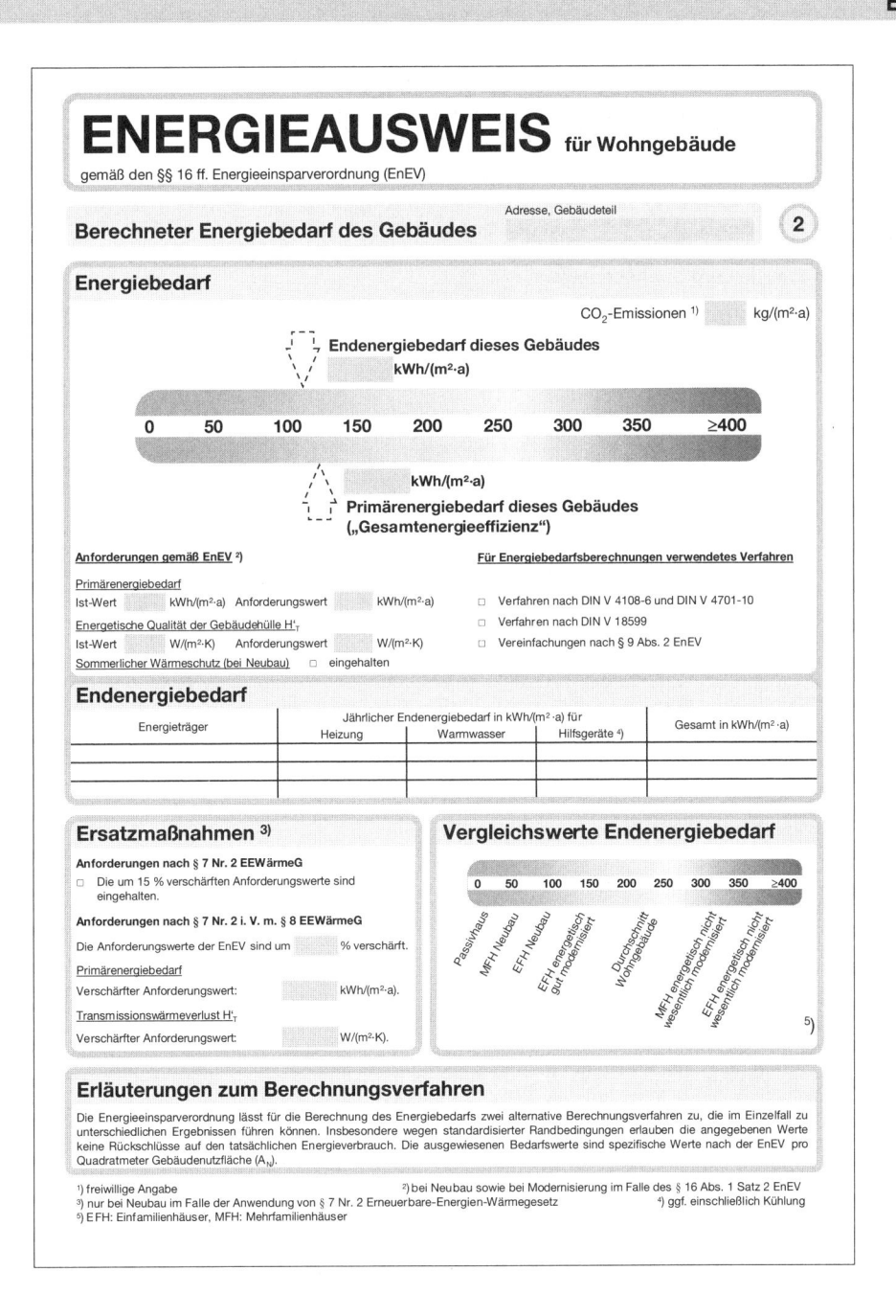

ENERGIEAUSWEIS für Wohngebäude

gemäß den §§ 16 ff. Energieeinsparverordnung (EnEV)

Berechneter Energiebedarf des Gebäudes
Adresse, Gebäudeteil

Energiebedarf

CO_2-Emissionen [1] kg/(m²·a)

Endenergiebedarf dieses Gebäudes
kWh/(m²·a)

0   50   100   150   200   250   300   350   ≥400

kWh/(m²·a)
Primärenergiebedarf dieses Gebäudes
("Gesamtenergieeffizienz")

Anforderungen gemäß EnEV [2]   **Für Energiebedarfsberechnungen verwendetes Verfahren**

Primärenergiebedarf
Ist-Wert ____ kWh/(m²·a)   Anforderungswert ____ kWh/(m²·a)   ☐ Verfahren nach DIN V 4108-6 und DIN V 4701-10

Energetische Qualität der Gebäudehülle H'_T
Ist-Wert ____ W/(m²·K)   Anforderungswert ____ W/(m²·K)   ☐ Verfahren nach DIN V 18599

Sommerlicher Wärmeschutz (bei Neubau)   ☐ eingehalten   ☐ Vereinfachungen nach § 9 Abs. 2 EnEV

Endenergiebedarf

Energieträger	Jährlicher Endenergiebedarf in kWh/(m²·a) für			Gesamt in kWh/(m²·a)
	Heizung	Warmwasser	Hilfsgeräte [4]	

Ersatzmaßnahmen [3]

Anforderungen nach § 7 Nr. 2 EEWärmeG

☐ Die um 15 % verschärften Anforderungswerte sind eingehalten.

Anforderungen nach § 7 Nr. 2 i. V. m. § 8 EEWärmeG

Die Anforderungswerte der EnEV sind um ____ % verschärft.

Primärenergiebedarf
Verschärfter Anforderungswert: ____ kWh/(m²·a).

Transmissionswärmeverlust H'_T
Verschärfter Anforderungswert: ____ W/(m²·K).

Vergleichswerte Endenergiebedarf

0   50   100   150   200   250   300   350   ≥400

Passivhaus · MFH Neubau · EFH Neubau · EFH energetisch gut modernisiert · Durchschnitt Wohngebäude · MFH energetisch nicht wesentlich modernisiert · EFH energetisch nicht wesentlich modernisiert [5]

Erläuterungen zum Berechnungsverfahren

Die Energieeinsparverordnung lässt für die Berechnung des Energiebedarfs zwei alternative Berechnungsverfahren zu, die im Einzelfall zu unterschiedlichen Ergebnissen führen können. Insbesondere wegen standardisierter Randbedingungen erlauben die angegebenen Werte keine Rückschlüsse auf den tatsächlichen Energieverbrauch. Die ausgewiesenen Bedarfswerte sind spezifische Werte nach der EnEV pro Quadratmeter Gebäudenutzfläche (A_N).

[1] freiwillige Angabe   [2] bei Neubau sowie bei Modernisierung im Falle des § 16 Abs. 1 Satz 2 EnEV
[3] nur bei Neubau im Falle der Anwendung von § 7 Nr. 2 Erneuerbare-Energien-Wärmegesetz   [4] ggf. einschließlich Kühlung
[5] EFH: Einfamilienhäuser, MFH: Mehrfamilienhäuser

4 EnEV

ENERGIEAUSWEIS für Wohngebäude
gemäß den §§ 16 ff. Energieeinsparverordnung (EnEV)

Erfasster Energieverbrauch des Gebäudes Adresse, Gebäudeteil   3

Energieverbrauchskennwert

Dieses Gebäude: ____ kWh/(m²·a)

0   50   100   150   200   250   300   350   ≥400

Energieverbrauch für Warmwasser: ☐ enthalten   ☐ nicht enthalten

☐ Das Gebäude wird auch gekühlt; der typische Energieverbrauch für Kühlung beträgt bei zeitgemäßen Geräten etwa 6 kWh je m² Gebäudenutzfläche und Jahr und ist im Energieverbrauchskennwert nicht enthalten.

Verbrauchserfassung – Heizung und Warmwasser

Energieträger	Zeitraum		Energie-verbrauch [kWh]	Anteil Warm-wasser [kWh]	Klima-faktor	Energieverbrauchskennwert in kWh/(m²·a) (zeitlich bereinigt, klimabereinigt)		
	von	bis				Heizung	Warmwasser	Kennwert
								Durchschnitt

Vergleichswerte Endenergiebedarf

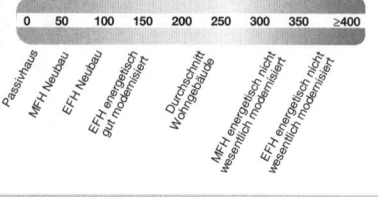

0   50   100   150   200   250   300   350   ≥400

Passivhaus | EFH Neubau | MFH Neubau | EFH energetisch gut modernisiert | Durchschnitt Wohngebäude | MFH energetisch nicht wesentlich modernisiert | EFH energetisch nicht wesentlich modernisiert   ¹⁾

Die modellhaft ermittelten Vergleichswerte beziehen sich auf Gebäude, in denen die Wärme für Heizung und Warmwasser durch Heizkessel im Gebäude bereitgestellt wird.
Soll ein Energieverbrauchskennwert verglichen werden, der keinen Warmwasseranteil enthält, ist zu beachten, dass auf die Warmwasserbereitung je nach Gebäudegröße 20 – 40 kWh/(m²·a) entfallen können.
Soll ein Energieverbrauchskennwert eines mit Fern- oder Nahwärme beheizten Gebäudes verglichen werden, ist zu beachten, dass hier normalerweise ein um 15 – 30 % geringerer Energieverbrauch als bei vergleichbaren Gebäuden mit Kesselheizung zu erwarten ist.

Erläuterungen zum Verfahren

Das Verfahren zur Ermittlung von Energieverbrauchskennwerten ist durch die Energieeinsparverordnung vorgegeben. Die Werte sind spezifische Werte pro Quadratmeter Gebäudenutzfläche (A_N) nach der Energieeinsparverordnung. Der tatsächliche Verbrauch einer Wohnung oder eines Gebäudes weicht insbesondere wegen des Witterungseinflusses und sich änderndem Nutzerverhaltens vom angegebenen Energieverbrauchskennwert ab.

¹⁾ EFH: Einfamilienhäuser, MFH: Mehrfamilienhäuser

ENERGIEAUSWEIS für Wohngebäude

gemäß den §§ 16 ff. Energieeinsparverordnung (EnEV)

Erläuterungen (4)

Energiebedarf – Seite 2
Der Energiebedarf wird in diesem Energieausweis durch den Jahres-Primärenergiebedarf und den Endenergiebedarf dargestellt. Diese Angaben werden rechnerisch ermittelt. Die angegebenen Werte werden auf der Grundlage der Bauunterlagen bzw. gebäudebezogener Daten und unter Annahme von standardisierten Randbedingungen (z. B. standardisierte Klimadaten, definiertes Nutzerverhalten, standardisierte Innentemperatur und innere Wärmegewinne usw.) berechnet. So lässt sich die energetische Qualität des Gebäudes unabhängig vom Nutzerverhalten und der Wetterlage beurteilen. Insbesondere wegen standardisierter Randbedingungen erlauben die angegebenen Werte keine Rückschlüsse auf den tatsächlichen Energieverbrauch.

Primärenergiebedarf – Seite 2
Der Primärenergiebedarf bildet die Gesamtenergieeffizienz eines Gebäudes ab. Er berücksichtigt neben der Endenergie auch die so genannte „Vorkette" (Erkundung, Gewinnung, Verteilung, Umwandlung) der jeweils eingesetzten Energieträger (z. B. Heizöl, Gas, Strom, erneuerbare Energien etc.). Kleine Werte signalisieren einen geringen Bedarf und damit eine hohe Energieeffizienz und eine die Ressourcen und die Umwelt schonende Energienutzung. Zusätzlich können die mit dem Energiebedarf verbundenen CO_2-Emissionen des Gebäudes freiwillig angegeben werden.

Energetische Qualität der Gebäudehülle – Seite 2
Angegeben ist der spezifische, auf die wärmeübertragende Umfassungsfläche bezogene Transmissionswärmeverlust (Formelzeichen in der EnEV H'_T). Er ist ein Maß für die durchschnittliche energetische Qualität aller wärmeübertragenden Umfassungsflächen (Außenwände, Decken, Fenster etc.) eines Gebäudes. Kleine Werte signalisieren einen guten baulichen Wärmeschutz. Außerdem stellt die EnEV Anforderungen an den sommerlichen Wärmeschutz (Schutz vor Überhitzung) eines Gebäudes.

Endenergiebedarf – Seite 2
Der Endenergiebedarf gibt die nach technischen Regeln berechnete, jährlich benötigte Energiemenge für Heizung, Lüftung und Warmwasserbereitung an. Er wird unter Standardklima- und Standardnutzungsbedingungen errechnet und ist ein Maß für die Energieeffizienz eines Gebäudes und seiner Anlagentechnik. Der Endenergiebedarf ist die Energiemenge, die dem Gebäude bei standardisierten Bedingungen unter Berücksichtigung der Energieverluste zugeführt werden muss, damit die standardisierte Innentemperatur, der Warmwasserbedarf und die notwendige Lüftung sichergestellt werden können. Kleine Werte signalisieren einen geringen Bedarf und damit eine hohe Energieeffizienz.
Die Vergleichswerte für den Energiebedarf sind modellhaft ermittelte Werte und sollen Anhaltspunkte für grobe Vergleiche der Werte dieses Gebäudes mit den Vergleichswerten ermöglichen. Es sind ungefähre Bereiche angegeben, in denen die Werte für die einzelnen Vergleichskategorien liegen. Im Einzelfall können diese Werte auch außerhalb der angegebenen Bereiche liegen.

Energieverbrauchskennwert – Seite 3
Der ausgewiesene Energieverbrauchskennwert wird für das Gebäude auf der Basis der Abrechnung von Heiz- und ggf. Warmwasserkosten nach der Heizkostenverordnung und/oder auf Grund anderer geeigneter Verbrauchsdaten ermittelt. Dabei werden die Energieverbrauchsdaten des gesamten Gebäudes und nicht der einzelnen Wohn- oder Nutzeinheiten zugrunde gelegt. Über Klimafaktoren wird der erfasste Energieverbrauch für die Heizung hinsichtlich der konkreten örtlichen Wetterdaten auf einen deutschlandweiten Mittelwert umgerechnet. So führen beispielsweise hohe Verbräuche in einem einzelnen harten Winter nicht zu einer schlechteren Beurteilung des Gebäudes. Der Energieverbrauchskennwert gibt Hinweise auf die energetische Qualität des Gebäudes und seiner Heizungsanlage. Kleine Werte signalisieren einen geringen Verbrauch. Ein Rückschluss auf den künftig zu erwartenden Verbrauch ist jedoch nicht möglich; insbesondere können die Verbrauchsdaten einzelner Wohneinheiten stark differieren, weil sie von deren Lage im Gebäude, von der jeweiligen Nutzung und vom individuellen Verhalten abhängen.

Gemischt genutzte Gebäude
Für Energieausweise bei gemischt genutzten Gebäuden enthält die Energieeinsparverordnung besondere Vorgaben. Danach sind - je nach Fallgestaltung - entweder ein gemeinsamer Energieausweis für alle Nutzungen oder zwei getrennte Energieausweise für Wohnungen und die übrigen Nutzungen auszustellen; dies ist auf Seite 1 der Ausweise erkennbar (ggf. Angabe „Gebäudeteil").

4 EnEV

Anlage 7 (zu § 16) Muster Energieausweis Nichtwohngebäude

ENERGIEAUSWEIS für Nichtwohngebäude
gemäß den §§ 16 ff. Energieeinsparverordnung (EnEV)

Gültig bis: 　　　　　　　　　　　　　　　　　　　　　　　　　　　　　　　　　1

Gebäude

Hauptnutzung / Gebäudekategorie	
Adresse	
Gebäudeteil	
Baujahr Gebäude	
Baujahr Wärmeerzeuger [1]	
Baujahr Klimaanlage [1]	
Nettogrundfläche [2]	
Erneuerbare Energien	
Lüftung	

Gebäudefoto (freiwillig)

| Anlass der Ausstellung des Energieausweises | ☐ Neubau ☐ Modernisierung ☐ Aushang b. öff. Gebäuden |
| | ☐ Vermietung / Verkauf (Änderung / Erweiterung) ☐ Sonstiges (freiwillig) |

Hinweise zu den Angaben über die energetische Qualität des Gebäudes

Die energetische Qualität eines Gebäudes kann durch die Berechnung des **Energiebedarfs** unter standardisierten Randbedingungen oder durch die Auswertung des **Energieverbrauchs** ermittelt werden. **Als Bezugsfläche dient die Nettogrundfläche**.

☐ Der Energieausweis wurde auf der Grundlage von Berechnungen des **Energiebedarfs** erstellt. Die Ergebnisse sind auf **Seite 2** dargestellt. Zusätzliche Informationen zum Verbrauch sind freiwillig. Diese Art der Ausstellung ist Pflicht bei Neubauten und bestimmten Modernisierungen. Die angegebenen Vergleichswerte sind die Anforderungen der EnEV zum Zeitpunkt der Erstellung des Energieausweises **(Erläuterungen – siehe Seite 4)**.

☐ Der Energieausweis wurde auf der Grundlage von Auswertungen des **Energieverbrauchs** erstellt. Die Ergebnisse sind auf **Seite 3** dargestellt. Die Vergleichswerte beruhen auf statistischen Auswertungen.

Datenerhebung Bedarf/Verbrauch durch   ☐ Eigentümer   ☐ Aussteller

☐ Dem Energieausweis sind zusätzliche Informationen zur energetischen Qualität beigefügt (freiwillige Angabe).

Hinweise zur Verwendung des Energieausweises

Der Energieausweis dient lediglich der Information. Die Angaben im Energieausweis beziehen sich auf das gesamte Gebäude oder den oben bezeichneten Gebäudeteil. Der Energieausweis ist lediglich dafür gedacht, einen überschlägigen Vergleich von Gebäuden zu ermöglichen.

Aussteller

　　　　　　　　　　　　　　　　　　　　　　　　 ....　.................................
　　　　　　　　　　　　　　　　　　　　　　　　 Datum　　　　Unterschrift des Ausstellers

[1] Mehrfachangaben möglich   [2] Nettogrundfläche ist im Sinne der EnEV ausschließlich der beheizte / gekühlte Teil der Nettogrundfläche

ENERGIEAUSWEIS für Nichtwohngebäude

gemäß den §§ 16 ff. Energieeinsparverordnung (EnEV)

Adresse, Gebäudeteil

Berechneter Energiebedarf des Gebäudes   2

Primärenergiebedarf   „Gesamtenergieeffizienz"

CO_2-Emissionen [1]   kg/(m²·a)

Dieses Gebäude: kWh/(m²·a)

0   100   200   300   400   500   600   700   800   900   ≥1000

EnEV-Anforderungswert Neubau (Vergleichswert)

EnEV-Anforderungswert modernisierter Altbau (Vergleichswert)

Anforderungen gemäß EnEV [2]

Primärenergiebedarf
Ist-Wert   kWh/(m²·a) Anforderungswert   kWh/(m²·a)

Mittlere Wärmedurchgangskoeffizienten   ☐ eingehalten
Sommerlicher Wärmeschutz (bei Neubau)   ☐ eingehalten

Für Energiebedarfsberechnungen verwendetes Verfahren

☐ Verfahren nach Anlage 2 Nr. 2 EnEV
☐ Verfahren nach Anlage 2 Nr. 3 EnEV („Ein-Zonen-Modell")
☐ Vereinfachungen nach § 9 Abs. 2 EnEV

Endenergiebedarf

Jährlicher Endenergiebedarf in kWh/(m²·a) für

Energieträger	Heizung	Warmwasser	Eingebaute Beleuchtung	Lüftung [4]	Kühlung einschl. Befeuchtung	Gebäude insgesamt

Aufteilung Energiebedarf

[kWh/(m²·a)]	Heizung	Warmwasser	Eingebaute Beleuchtung	Lüftung [4]	Kühlung einschl. Befeuchtung	Gebäude insgesamt
Nutzenergie						
Endenergie						
Primärenergie						

Ersatzmaßnahmen [3]

Anforderungen nach § 7 Nr. 2 EEWärmeG
☐ Die um 15 % verschärften Anforderungswerte sind eingehalten.

Anforderungen nach § 7 Nr. 2 i. V. m. § 8 EEWärmeG
Die Anforderungswerte der EnEV sind um   % verschärft.

Primärenergiebedarf
Verschärfter Anforderungswert   kWh/(m²·a).

Wärmeschutzanforderungen
☐ Die verschärften Anforderungswerte sind eingehalten.

Gebäudezonen

Nr.	Zone	Fläche [m²]	Anteil [%]
1			
2			
3			
4			
5			
6			
☐	weitere Zonen in Anlage		

Erläuterungen zum Berechnungsverfahren

Die Energieeinsparverordnung lässt für die Berechnung des Energiebedarfs in vielen Fällen neben dem Berechnungsverfahren alternative Vereinfachungen zu, die im Einzelfall zu unterschiedlichen Ergebnissen führen können. Insbesondere wegen standardisierter Randbedingungen erlauben die angegebenen Werte keine Rückschlüsse auf den tatsächlichen Energieverbrauch. Die ausgewiesenen Bedarfswerte sind spezifische Werte nach der EnEV pro Quadratmeter beheizte / gekühlte Nettogrundfläche.

[1] freiwillige Angabe   [2] bei Neubau sowie bei Modernisierung im Falle des § 16 Abs. 1 Satz 2 EnEV
[3] nur bei Neubau im Falle der Anwendung von § 7 Nr. 2 Erneuerbare-Energien-Wärmegesetz   [4] nur Hilfsenergiebedarf

4 EnEV

ENERGIEAUSWEIS für Nichtwohngebäude
gemäß den §§ 16 ff. Energieeinsparverordnung (EnEV)

Erfasster Energieverbrauch des Gebäudes
Adresse, Gebäudeteil

③

Heizenergieverbrauchskennwert (einschließlich Warmwasser)

Dieses Gebäude: ▢ kWh/(m²·a)

0   100   200   300   400   500   600   700   800   900   ≥1000

↑ Vergleichswert dieser Gebäudekategorie für Heizung und Warmwasser [1]

Stromverbrauchskennwert

Dieses Gebäude: ▢ kWh/(m²·a)

0   100   200   300   400   500   600   700   800   900   ≥1000

↑ Vergleichswert dieser Gebäudekategorie für Strom [1]

Der Wert enthält den Stromverbrauch für

☐ Zusatzheizung ☐ Warmwasser ☐ Lüftung ☐ eingebaute Beleuchtung ☐ Kühlung ☐ Sonstiges: ▢

Verbrauchserfassung – Heizung und Warmwasser

Energieträger	Zeitraum von	Zeitraum bis	Energieverbrauch [kWh]	Anteil Warmwasser [kWh]	Klimafaktor	Energieverbrauchskennwert in kWh/(m²·a) (zeitlich bereinigt, klimabereinigt)		
						Heizung	Warmwasser	Kennwert
								Durchschnitt

Verbrauchserfassung – Strom

Zeitraum von	Zeitraum bis	Ablesewert [kWh]	Kennwert [kWh/(m²·a)]

Gebäudenutzung

Gebäudekategorie oder Nutzung, ggf. mit Prozentanteil		%
		%
		%
Sonderzonen		

Erläuterungen zum Verfahren

Das Verfahren zur Ermittlung von Energieverbrauchskennwerten ist durch die Energieeinsparverordnung vorgegeben. Die Werte sind spezifische Werte pro Quadratmeter beheizte / gekühlte Nettogrundfläche. Der tatsächliche Verbrauch eines Gebäudes weicht insbesondere wegen des Witterungseinflusses und sich ändernden Nutzerverhaltens von den angegebenen Kennwerten ab.

[1] veröffentlicht im Bundesanzeiger / Internet durch das Bundesministerium für Verkehr, Bau und Stadtentwicklung und das Bundesministerium für Wirtschaft und Technologie

ENERGIEAUSWEIS für Nichtwohngebäude

gemäß den §§ 16 ff. Energieeinsparverordnung (EnEV)

Erläuterungen

Energiebedarf – Seite 2
Der Energiebedarf wird in diesem Energieausweis durch den Jahres-Primärenergiebedarf und den Endenergiebedarf für die Anteile Heizung, Warmwasser, eingebaute Beleuchtung, Lüftung und Kühlung dargestellt. Diese Angaben werden rechnerisch ermittelt. Die angegebenen Werte werden auf der Grundlage der Bauunterlagen bzw. gebäudebezogener Daten und unter Annahme von standardisierten Randbedingungen (z. B. standardisierte Klimadaten, definiertes Nutzerverhalten, standardisierte Innentemperatur und innere Wärmegewinne usw.) berechnet. So lässt sich die energetische Qualität des Gebäudes unabhängig vom Nutzerverhalten und der Wetterlage beurteilen. Insbesondere wegen standardisierter Randbedingungen erlauben die angegebenen Werte keine Rückschlüsse auf den tatsächlichen Energieverbrauch.

Primärenergiebedarf – Seite 2
Der Primärenergiebedarf bildet die Gesamtenergieeffizienz eines Gebäudes ab. Er berücksichtigt neben der Endenergie auch die so genannte „Vorkette" (Erkundung, Gewinnung, Verteilung, Umwandlung) der jeweils eingesetzten Energieträger (z. B. Heizöl, Gas, Strom, erneuerbare Energien etc.). Kleine Werte signalisieren einen geringen Bedarf und damit eine hohe Energieeffizienz und eine die Ressourcen und die Umwelt schonende Energienutzung. Die angegebenen Vergleichswerte geben für das Gebäude die Anforderungen der Energieeinsparverordnung an, die zum Zeitpunkt der Erstellung des Energieausweises galt. Sie sind im Falle eines Neubaus oder der Modernisierung des Gebäudes nach § 9 Abs. 1 Satz 2 EnEV einzuhalten. Bei Bestandsgebäuden dienen sie der Orientierung hinsichtlich der energetischen Qualität des Gebäudes. Zusätzlich können die mit dem Energiebedarf verbundenen CO_2-Emissionen des Gebäudes freiwillig angegeben werden.
Der Skalenendwert des Bandtachometers beträgt, auf die Zehnerstelle gerundet, das Dreifache des Vergleichswerts „EnEV Anforderungswert modernisierter Altbau" (140 % des „EnEV Anforderungswerts Neubau").

Wärmeschutz – Seite 2
Die Energieeinsparverordnung stellt bei Neubauten und bestimmten baulichen Änderungen auch Anforderungen an die energetische Qualität aller wärmeübertragenden Umfassungsflächen (Außenwände, Decken, Fenster etc.) sowie bei Neubauten an den sommerlichen Wärmeschutz (Schutz vor Überhitzung) eines Gebäudes.

Endenergiebedarf – Seite 2
Der Endenergiebedarf gibt die nach technischen Regeln berechnete, jährlich benötigte Energiemenge für Heizung, Warmwasser, eingebaute Beleuchtung, Lüftung und Kühlung an. Er wird unter Standardklima und Standardnutzungsbedingungen errechnet und ist ein Maß für die Energieeffizienz eines Gebäudes und seiner Anlagentechnik. Der Endenergiebedarf ist die Energiemenge, die dem Gebäude bei standardisierten Bedingungen unter Berücksichtigung der Energieverluste zugeführt werden muss, damit die standardisierte Innentemperatur, der Warmwasserbedarf, die notwendige Lüftung und eingebaute Beleuchtung sichergestellt werden können. Kleine Werte signalisieren einen geringen Bedarf und damit eine hohe Energieeffizienz.

Heizenergie- und Stromverbrauchskennwert (Energieverbrauchskennwerte) – Seite 3
Der Heizenergieverbrauchskennwert (einschließlich Warmwasser) wird für das Gebäude auf der Basis der Erfassung des Verbrauchs ermittelt. Das Verfahren zur Ermittlung von Energieverbrauchskennwerten ist durch die Energieeinsparverordnung vorgegeben. Die Werte sind spezifische Werte pro Quadratmeter Nettogrundfläche nach der Energieeinsparverordnung. Über Klimafaktoren wird der erfasste Energieverbrauch hinsichtlich der örtlichen Wetterdaten auf ein standardisiertes Klima für Deutschland umgerechnet. Der ausgewiesene Stromverbrauchskennwert wird für das Gebäude auf der Basis der Erfassung des Verbrauchs oder der entsprechenden Abrechnung ermittelt. Die Energieverbrauchskennwerte geben Hinweise auf die energetische Qualität des Gebäudes. Kleine Werte signalisieren einen geringen Verbrauch. Ein Rückschluss auf den künftig zu erwartenden Verbrauch ist jedoch nicht möglich. Der tatsächliche Verbrauch einer Nutzungseinheit oder eines Gebäudes weicht insbesondere wegen des Witterungseinflusses und sich ändernden Nutzerverhaltens oder sich ändernder Nutzungen vom angegebenen Energieverbrauchskennwert ab.
Die Vergleichswerte ergeben sich durch die Beurteilung gleichartiger Gebäude. Kleinere Verbrauchswerte als der Vergleichswert signalisieren eine gute energetische Qualität im Vergleich zum Gebäudebestand dieses Gebäudetyps. Die Vergleichswerte werden durch das Bundesministerium für Verkehr, Bau und Stadtentwicklung im Einvernehmen mit dem Bundesministerium für Wirtschaft und Technologie bekannt gegeben.
Die Skalenendwerte der Bandtachometer betragen, auf die Zehnerstelle gerundet, das Doppelte des jeweiligen Vergleichswerts.

4 EnEV

Anlage 8 (zu § 16) Muster Aushang Energieausweis auf der Grundlage des Energiebedarfs

ENERGIEAUSWEIS für Nichtwohngebäude
gemäß den §§ 16 ff. Energieeinsparverordnung

Gültig bis:

Aushang

Gebäude

Hauptnutzung / Gebäudekategorie	
Sonderzone(n)	
Adresse	
Gebäudeteil	
Baujahr Gebäude	
Baujahr Wärmeerzeuger	
Baujahr Klimaanlage	
Nettogrundfläche	

Gebäudefoto (freiwillig)

Primärenergiebedarf „Gesamtenergieeffizienz"

Dieses Gebäude: ____ kWh/(m²·a)

0 100 200 300 400 500 600 700 800 900 ≥1000

EnEV-Anforderungswert Neubau (Vergleichswert)
EnEV-Anforderungswert modernisierter Altbau (Vergleichswert)

Aufteilung Energiebedarf

500
400
300
200
100

Nutzenergie   Endenergie   Primärenergie „Gesamtenergieeffizienz"

- Kühlung einschl. Befeuchtung
- Lüftung
- Eingebaute Beleuchtung
- Warmwasser
- Heizung

Aussteller

Datum   Unterschrift des Ausstellers

EnEV 4

Anlage 9 (zu § 16) Muster Aushang Energieausweis auf der Grundlage des Energieverbrauchs

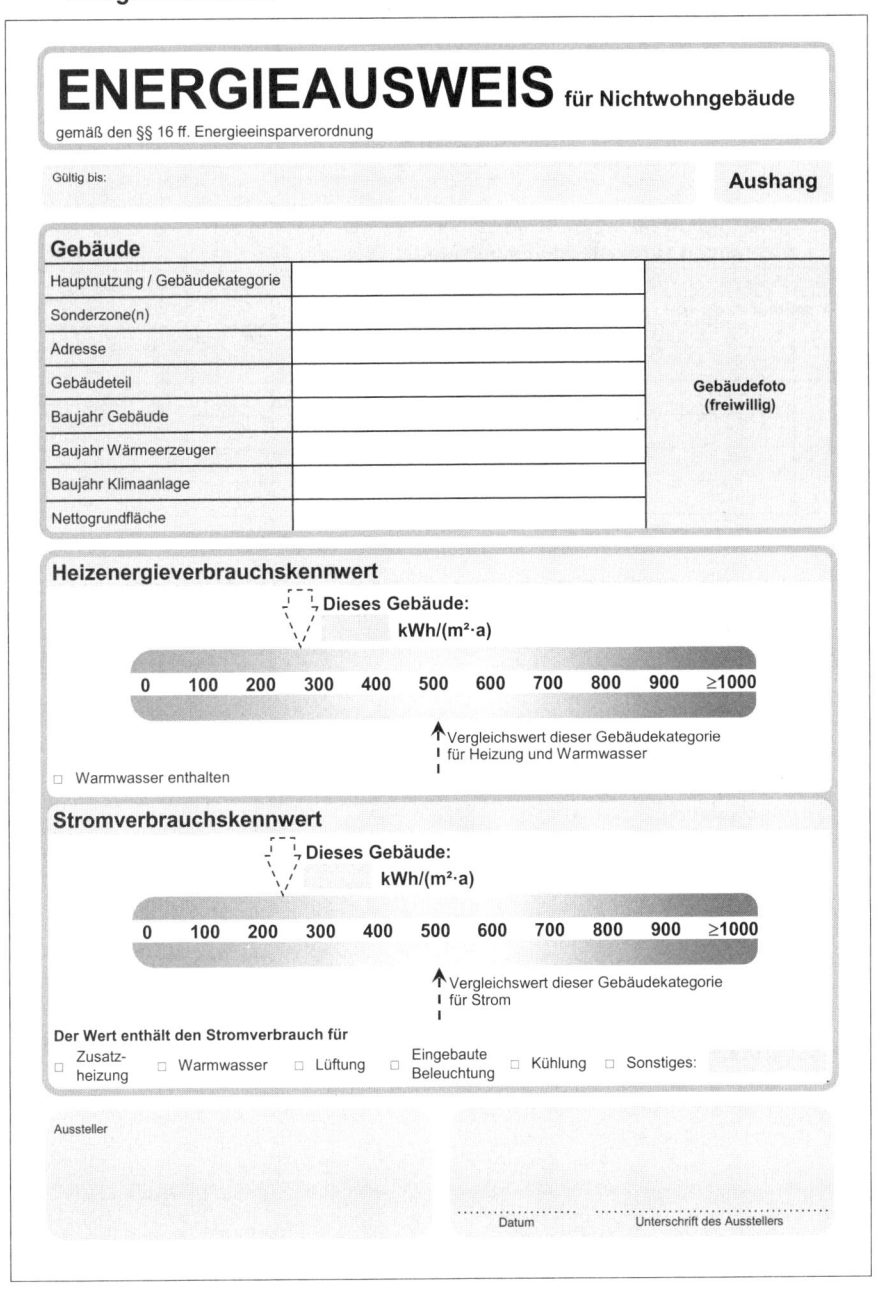

ENERGIEAUSWEIS für Nichtwohngebäude
gemäß den §§ 16 ff. Energieeinsparverordnung

Gültig bis: _____ **Aushang**

Gebäude

Hauptnutzung / Gebäudekategorie	
Sonderzone(n)	
Adresse	
Gebäudeteil	
Baujahr Gebäude	
Baujahr Wärmeerzeuger	
Baujahr Klimaanlage	
Nettogrundfläche	

Gebäudefoto (freiwillig)

Heizenergieverbrauchskennwert

Dieses Gebäude: kWh/(m²·a)

0   100   200   300   400   500   600   700   800   900   ≥1000

↑ Vergleichswert dieser Gebäudekategorie für Heizung und Warmwasser

☐ Warmwasser enthalten

Stromverbrauchskennwert

Dieses Gebäude: kWh/(m²·a)

0   100   200   300   400   500   600   700   800   900   ≥1000

↑ Vergleichswert dieser Gebäudekategorie für Strom

Der Wert enthält den Stromverbrauch für
☐ Zusatzheizung ☐ Warmwasser ☐ Lüftung ☐ Eingebaute Beleuchtung ☐ Kühlung ☐ Sonstiges: _____

Aussteller

....
Datum   Unterschrift des Ausstellers

Anlage 10 (zu § 20) Muster Modernisierungsempfehlungen

Modernisierungsempfehlungen zum Energieausweis
gemäß § 20 Energieeinsparverordnung

Gebäude

Adresse | Hauptnutzung / Gebäudekategorie

Empfehlungen zur kostengünstigen Modernisierung

Maßnahmen zur kostengünstigen Verbesserung der Energieeffizienz sind ☐ möglich ☐ nicht möglich

Empfohlene Modernisierungsmaßnahmen

Nr.	Bau- oder Anlagenteile	Maßnahmenbeschreibung

☐ weitere Empfehlungen auf gesondertem Blatt

Hinweis: Modernisierungsempfehlungen für das Gebäude dienen lediglich der Information. Sie sind nur kurz gefasste Hinweise und kein Ersatz für eine Energieberatung.

Beispielhafter Variantenvergleich (Angaben freiwillig)

	Ist-Zustand	Modernisierungsvariante 1	Modernisierungsvariante 2
Modernisierung gemäß Nummern:	✕		
Primärenergiebedarf [kWh/(m²·a)]			
Einsparung gegenüber Ist-Zustand [%]	✕		
Endenergiebedarf [kWh/(m²·a)]			
Einsparung gegenüber Ist-Zustand [%]	✕		
CO_2-Emissionen [kg/(m²·a)]			
Einsparung gegenüber Ist-Zustand [%]	✕		

Aussteller

Datum | Unterschrift des Ausstellers

Anlage 11 (zu § 21 Abs. 2 Nr. 2) Anforderungen an die Inhalte der Fortbildung

1 Zweck der Fortbildung

Die nach § 21 Abs. 2 Nr. 2 verlangte Fortbildung soll die Aussteller von Energieausweisen für bestehende Gebäude nach § 16 Abs. 2 und 3 und von Modernisierungsempfehlungen nach § 20 in die Lage versetzen, bei der Ausstellung solcher Energieausweise und Modernisierungsempfehlungen die Vorschriften dieser Verordnung einschließlich des technischen Regelwerks zum energiesparenden Bauen sachgemäß anzuwenden. Die Fortbildung soll praktische Übungen einschließen und insbesondere die im Folgenden genannten Fachkenntnisse vermitteln.

2 Inhaltliche Schwerpunkte der Fortbildung zu bestehenden Wohngebäuden

2.1 Bestandsaufnahme und Dokumentation des Gebäudes, der Baukonstruktion und der technischen Anlagen. Ermittlung, Bewertung und Dokumentation des Einflusses der geometrischen und energetischen Kennwerte der Gebäudehülle einschließlich aller Einbauteile und Wärmebrücken, der Luftdichtheit und Erkennen von Leckagen, der bauphysikalischen Eigenschaften von Baustoffen und Bauprodukten einschließlich der damit verbundenen konstruktiv-statischen Aspekte, der energetischen Kennwerte von anlagentechnischen Komponenten einschließlich deren Betriebseinstellung und Wartung, der Auswirkungen des Nutzverhaltens und von Leerstand und von Klimarandbedingungen und Witterungseinflüssen auf den Energieverbrauch.

2.2 Beurteilung der Gebäudehülle. Ermittlung von Eingangs- und Berechnungsgrößen für die energetische Berechnung, wie z. B. Wärmeleitfähigkeit, Wärmedurchlasswiderstand, Wärmedurchgangskoeffizient, Transmissionswärmeverlust, Lüftungswärmebedarf und nutzbare interne und solare Wärmegewinne. Durchführung der erforderlichen Berechnungen nach DIN V 18599 oder DIN V 4108-6 sowie Anwendung vereinfachter Annahmen und Berechnungs- und Beurteilungsmethoden. Berücksichtigung von Maßnahmen des sommerlichen Wärmeschutzes und Berechnung nach DIN 4108-2, Kenntnisse über Luftdichtheitsmessungen und die Ermittlung der Luftdichtheitsrate.

2.3 Beurteilung von Heizungs- und Warmwasserbereitungsanlagen. Detaillierte Beurteilung von Komponenten einer Heizungsanlage zur Wärmeerzeugung, Wärmespeicherung, Wärmeverteilung und Wärmeabgabe. Kenntnisse über die Interaktion von Gebäudehülle und Anlagentechnik, Durchführung der Berechnungen nach DIN V 18599 oder DIN V 4701-10, Beurteilung von Systemen der alternativen und erneuerbaren Energie- und Wärmeerzeugung.

2.4 Beurteilung von Lüftungs- und Klimaanlagen. Bewertung unterschiedlicher Arten von Lüftungsanlagen und deren Konstruktionsmerkmalen, Berücksichtigung der Brand- und Schallschutzanforderungen für lüftungstechnische Anlagen, Durchführung der Berechnungen nach DIN V 18599 oder DIN V 4701-10, Grundkenntnisse über Klimaanlagen.

2.5 Erbringung der Nachweise. Kenntnisse über energetische Anforderungen an Wohngebäude und das Bauordnungsrecht (insbesondere Mindestwärmeschutz), Durchführung der Nachweise und Berechnungen des Jahres-Primärenergiebedarfs, Ermittlung des Energieverbrauchs und seine rechnerische Bewertung einschließlich der Witterungsbereinigung, Ausstellung eines Energieausweises.

2.6 Grundlagen der Beurteilung von Modernisierungsempfehlungen einschließlich ihrer technischen Machbarkeit und Wirtschaftlichkeit. Kenntnisse und Erfahrungswerte über Amortisations- und Wirtschaftlichkeitsberechnung für einzelne Bauteile und Anlagen einschließlich Investitionskosten und Kosteneinsparungen, über erfahrungsgemäß wirtschaftliche (rentable), im Allgemeinen verwirklichungsfähige Modernisierungsempfehlungen für kostengünstige Verbesserungen der energetischen Eigenschaften des Wohngebäudes, über Vor- und Nachteile bestimmter Verbesserungsvorschläge unter Berücksichtigung bautechnischer und rechtlicher Rahmenbedingungen (z. B. bei Wechsel des Heizenergieträgers, Grenzbebauung, Grenzabstände), über aktuelle Förderprogramme, über tangierte bauphysikalische und statisch-konstruktive Einflüsse, wie z. B. Wärmebrücken, Tauwasseranfall (Kondensation), Wasserdampftransport, Schimmelpilzbefall, Bauteilanschlüsse und Vorschläge für weitere Abdichtungsmaßnahmen, über die Auswahl von Materialien zur Herstellung der Luftdichtheit (Verträglichkeit, Wirksamkeit, Dauerhaftigkeit) und über Auswirkungen von wärmeschutztechnischen Maßnahmen auf den Schall- und Brandschutz. Erstellung erfahrungsgemäß wirtschaftlicher (rentabler), im Allgemeinen verwirklichungsfähiger Modernisierungsempfehlungen für kostengünstige Verbesserungen der energetischen Eigenschaften.

3 Inhaltliche Schwerpunkte der Fortbildung zu bestehenden Nichtwohngebäuden

Zusätzlich zu den unter Nr. 2 aufgeführten Schwerpunkten soll die Fortbildung insbesondere die nachfolgenden Fachkenntnisse zu Nichtwohngebäuden vermitteln.

3.1 Bestandsaufnahme und Dokumentation des Gebäudes, der Baukonstruktion und der technischen Anlagen. Energetische Modellierung eines Gebäudes (beheiztes/gekühltes Volumen, konditionierte/nicht konditio-

4 EnEV

nierte Räume, Versorgungsbereich der Anlagentechnik), Ermittlung der Systemgrenze und Einteilung des Gebäudes in Zonen nach entsprechenden Nutzungsrandbedingungen, Zuordnung von geometrischen und energetischen Kenngrößen zu den Zonen und Versorgungsbereichen, Zusammenwirken von Gebäude und Anlagentechnik (Verrechnung von Bilanzanteilen), Anwendung vereinfachter Verfahren (z. B. Ein-Zonen-Modell), Bestimmung von Wärmequellen und -senken und des Nutzenergiebedarfs von Zonen, Ermittlung, Bewertung und Dokumentation der energetischen Kennwerte von raumlufttechnischen Anlagen, insbesondere von Klimaanlagen, und Beleuchtungssystemen.

3.2 Beurteilung der Gebäudehülle. Ermittlung von Eingangs- und Berechnungsgrößen und energetische Bewertung von Fassadensystemen, insbesondere von Vorhang- und Glasfassaden, Bewertung von Systemen für den sommerlichen Wärmeschutz und von Verbauungs- und Verschattungssituationen.

3.3 Beurteilung von Heizungs- und Warmwasserbereitungsanlagen. Berechnung des Endenergiebedarfs für Heizungs- und Warmwasserbereitung einschließlich der Verluste in den technischen Prozessschritten nach DIN V 18599-5 und DIN V 18599-8, Beurteilung von KraftWärme-Kopplungsanlagen nach DIN V 18599-9, Bilanzierung von Nah- und Fernwärmesystemen und der Nutzung erneuerbarer Energien.

3.4 Beurteilung von raumlufttechnischen Anlagen und sonstigen Anlagen zur Kühlung. Berechnung des Kühlbedarfs von Gebäuden (Nutzkälte) und der Nutzenergie für die Luftaufbereitung, Bewertung unterschiedlicher Arten von raumlufttechnischen Anlagen und deren Konstruktionsmerkmalen, Berücksichtigung der Brand- und Schallschutzanforderungen für diese Anlagen, Berechnung des Energiebedarfs für die Befeuchtung mit einem Dampferzeuger, Ermittlung von Übergabe- und Verteilverlusten, Bewertung von Bauteiltemperierungen, Durchführung der Berechnungen nach DIN V 185992, DIN V 18599-3 und DIN V 18599-7 und der Nutzung erneuerbarer Energien.

3.5 Beurteilung von Beleuchtungs- und Belichtungssystemen. Berechnung des Endenergiebedarfs für die Beleuchtung nach DIN V 18599-4, Bewertung der Tageslichtnutzung (Fenster, Tageslichtsysteme, Beleuchtungsniveau, Wartungswert der Beleuchtungsstärke etc.), der tageslichtabhängigen Kunstlichtregelung (Art, Kontrollstrategie, Funktionsumfang, Schaltsystem etc.) und der Kunstlichtbeleuchtung (Lichtquelle, Vorschaltgeräte, Leuchten etc.).

3.6 Erbringung der Nachweise. Kenntnisse über energetische Anforderungen an Nichtwohngebäude und das Bauordnungsrecht (insbesondere Mindestwärmeschutz), Durchführung der Nachweise und Berechnungen des Jahres-Primärenergiebedarfs, Ermittlung des Energieverbrauchs und seine rechnerische Bewertung einschließlich der Witterungsbereinigung, Ausstellung eines Energieausweises.

3.7 Grundlagen der Beurteilung von Modernisierungsempfehlungen einschließlich ihrer technischen Machbarkeit und Wirtschaftlichkeit. Erstellung von erfahrungsgemäß wirtschaftlichen (rentablen), im Allgemeinen verwirklichungsfähigen Modernisierungsempfehlungen für kostengünstige Verbesserungen der energetischen Eigenschaften für Nichtwohngebäude.

4 Umfang der Fortbildung

Der Umfang der Fortbildung insgesamt sowie der einzelnen Schwerpunkte soll dem Zweck und den Anforderungen dieser Anlage sowie der Vorbildung der jeweiligen Teilnehmer Rechnung tragen.

B. Grundbuchordnung

Grundbuchordnung
i.d.F. der Bek. vom 26.5.1994, BGBl. I S. 1114,
zuletzt geändert durch Art. 4 G vom 15.12.2011, BGBl. I S. 2714

– Auszug –

Erster Abschnitt Allgemeine Vorschriften

§ 1 Grundbuchamt (gültig bis 31.12.2017)

(1) ¹Die Grundbücher, die auch als Loseblattgrundbuch geführt werden können, werden von den Amtsgerichten geführt (Grundbuchämter). ²Diese sind für die in ihrem Bezirk liegenden Grundstücke zuständig. ³Die abweichenden Vorschriften §§ 149 und 150 für Baden-Württemberg und das in Artikel 3 des Einigungsvertrages genannte Gebiet bleiben unberührt.

(2) Liegt ein Grundstück in dem Bezirk mehrerer Grundbuchämter, so ist das zuständige Grundbuchamt nach § 5 des Gesetzes über das Verfahren in Familiensachen und in den Angelegenheiten der freiwilligen Gerichtsbarkeit zu bestimmen.

(3) ¹Die Landesregierungen werden ermächtigt, durch Rechtsverordnung die Führung des Grundbuchs einem Amtsgericht für die Bezirke mehrerer Amtsgerichte zuzuweisen, wenn dies einer schnelleren und rationelleren Grundbuchführung dient. ²Sie können die Ermächtigung durch Rechtsverordnung auf die Landesjustizverwaltungen übertragen.

(4) ¹Das Bundesministerium der Justiz wird ermächtigt, durch Rechtsverordnung, die der Zustimmung des Bundesrates bedarf, die näheren Vorschriften über die Einrichtung und die Führung der Grundbücher, die Hypotheken-, Grundschuld- und Rentenschuldbriefe und die Abschriften aus dem Grundbuch und den Grundakten sowie die Einsicht hierin zu erlassen sowie das Verfahren zur Beseitigung einer Doppelbuchung zu bestimmen. ²Es kann hierbei auch regeln, inwieweit Änderungen bei einem Grundbuch, die sich auf Grund von Vorschriften der Rechtsverordnung ergeben, den Beteiligten und der Behörde, die das in § 2 Abs. 2 bezeichnete amtliche Verzeichnis führt, bekanntzugeben sind.

§ 1 Grundbuchamt (gültig ab 01.01.2018)

(1) ¹Die Grundbücher, die auch als Loseblattgrundbuch geführt werden können, werden von den Amtsgerichten geführt (Grundbuchämter). ²Diese sind für die in ihrem Bezirk liegenden Grundstücke zuständig. ³Die abweichenden Vorschriften des § 144 für das in Artikel 3 des Einigungsvertrages genannte Gebiet bleiben unberührt.

(2) Liegt ein Grundstück in dem Bezirk mehrerer Grundbuchämter, so ist das zuständige Grundbuchamt nach § 5 des Gesetzes über das Verfahren in Familiensachen und in den Angelegenheiten der freiwilligen Gerichtsbarkeit zu bestimmen.

(3) ¹Die Landesregierungen werden ermächtigt, durch Rechtsverordnung die Führung des Grundbuchs einem Amtsgericht für die Bezirke mehrerer Amtsgerichte zuzuweisen, wenn dies einer schnelleren und rationelleren Grundbuchführung dient. ²Sie können die Ermächtigung durch Rechtsverordnung auf die Landesjustizverwaltungen übertragen.

(4) ¹Das Bundesministerium der Justiz wird ermächtigt, durch Rechtsverordnung, die der Zustimmung des Bundesrates bedarf, die näheren Vorschriften über die Einrichtung und die Führung der Grundbücher, die Hypotheken-, Grundschuld- und Rentenschuldbriefe und die Abschriften aus dem Grundbuch und den Grundakten sowie die Einsicht hierin zu erlassen sowie das Verfahren zur Beseitigung einer Doppelbuchung zu bestimmen. ²Es kann hierbei auch regeln, inwieweit Änderungen bei einem Grundbuch, die sich auf Grund von Vorschriften der Rechtsverordnung ergeben, den Beteiligten und der Behörde, die das in § 2 Abs. 2 bezeichnete amtliche Verzeichnis führt, bekanntzugeben sind.

§ 2 Bezirke; Liegenschaftskataster; Abschreibung

(1) Die Grundbücher sind für Bezirke einzurichten.

(2) Die Grundstücke werden im Grundbuch nach den in den Ländern eingerichteten amtlichen Verzeichnissen benannt (Liegenschaftskataster).

(3) ¹Ein Teil eines Grundstücks soll von diesem nur abgeschrieben werden, wenn ein von der zuständigen Behörde erteilter beglaubigter Auszug aus dem beschreibenden Teil des amtlichen Verzeichnisses vorgelegt wird, aus dem sich die Bezeichnung des Teils und die sonstigen aus dem amtlichen Verzeichnis in das Grundbuch zu übernehmenden Angaben sowie die Änderungen ergeben, die insoweit bei dem Rest des Grundstücks eintreten. ²Der Teil muß im amtlichen Verzeichnis unter einer besonderen Nummer verzeichnet sein, es sei denn, daß die zur Führung des amtlichen Verzeichnisses zuständige Behörde hiervon absieht, weil er mit einem benachbarten Grundstück oder einem Teil davon zusammengefaßt wird, und dies dem Grundbuchamt bescheinigt. ³Durch Rechtsverordnung der Landesregierun-

gen, die zu deren Erlaß auch die Landesjustizverwaltungen ermächtigen können, kann neben dem Auszug aus dem beschreibenden Teil auch die Vorlage eines Auszugs aus der amtlichen Karte vorgeschrieben werden, aus dem sich die Größe und Lage des Grundstücks ergeben, es sei denn, daß der Grundstücksteil bisher im Liegenschaftskataster unter einer besonderen Nummer geführt wird.

(4) Ein Auszug aus dem amtlichen Verzeichnis braucht nicht vorgelegt zu werden, wenn der abzuschreibende Grundstücksteil bereits nach dem amtlichen Verzeichnis im Grundbuch benannt ist oder war.

(5) [1]Die Landesregierungen werden ermächtigt, durch Rechtsverordnung zu bestimmen, daß der nach den vorstehenden Absätzen vorzulegende Auszug aus dem amtlichen Verzeichnis der Beglaubigung nicht bedarf, wenn der Auszug maschinell hergestellt wird und ein ausreichender Schutz gegen die Vorlage von nicht von der zuständigen Behörde hergestellten oder von verfälschten Auszügen besteht. [2]Satz 1 gilt entsprechend für andere Fälle, in denen dem Grundbuchamt Angaben aus dem amtlichen Verzeichnis zu übermitteln sind. [3]Die Landesregierungen können die Ermächtigung durch Rechtsverordnung auf die Landesjustizverwaltungen übertragen.

§ 3 Grundbuchblatt; dienendes Grundstück

(1) [1]Jedes Grundstück erhält im Grundbuch eine besondere Stelle (Grundbuchblatt). [2]Das Grundbuchblatt ist für das Grundstück als das Grundbuch im Sinne des Bürgerlichen Gesetzbuchs anzusehen.

(2) Die Grundstücke des Bundes, der Länder, der Gemeinden und anderer Kommunalverbände, der Kirchen, Klöster und Schulen, die Wasserläufe, die öffentlichen Wege, sowie die Grundstücke, welche einem dem öffentlichen Verkehr dienenden Bahnunternehmen gewidmet sind, erhalten ein Grundbuchblatt nur auf Antrag des Eigentümers oder eines Berechtigten.

(3) Ein Grundstück ist auf Antrag des Eigentümers aus dem Grundbuch auszuscheiden, wenn der Eigentümer nach Absatz 2 von der Verpflichtung zur Eintragung befreit und eine Eintragung, von der das Recht des Eigentümers betroffen wird, nicht vorhanden ist.

(4) Das Grundbuchamt kann, sofern hiervon nicht Verwirrung oder eine wesentliche Erschwerung des Rechtsverkehrs oder der Grundbuchführung zu besorgen ist, von der Führung eines Grundbuchblatts für ein Grundstück absehen, wenn das Grundstück den wirtschaftlichen Zwecken mehrerer anderer Grundstücke zu dienen bestimmt ist, zu diesen in einem dieser Bestimmung entsprechenden räumlichen Verhältnis und im Miteigentum der Eigentümer dieser Grundstücke steht (dienendes Grundstück).

(5) [1]In diesem Fall müssen an Stelle des ganzen Grundstücks die den Eigentümern zustehenden einzelnen Miteigentumsanteile an dem dienenden Grundstück auf dem Grundbuchblatt des dem einzelnen Eigentümer gehörenden Grundstücks eingetragen werden. [2]Diese Eintragung gilt als Grundbuch für den einzelnen Miteigentumsanteil.

(6) Die Buchung nach den Absätzen 4 und 5 ist auch dann zulässig, wenn die beteiligten Grundstücke noch einem Eigentümer gehören, dieser aber die Teilung des Eigentums am dienenden Grundstück in Miteigentumsanteile und deren Zuordnung zu den herrschenden Grundstücken gegenüber dem Grundbuchamt erklärt hat; die Teilung wird mit der Buchung nach Absatz 5 wirksam.

(7) Werden die Miteigentumsanteile an dem dienenden Grundstück neu gebildet, so soll, wenn die Voraussetzungen des Absatzes 4 vorliegen, das Grundbuchamt in der Regel nach den vorstehenden Vorschriften verfahren.

(8) Stehen die Anteile an dem dienenden Grundstück nicht mehr den Eigentümern der herrschenden Grundstücke zu, so ist ein Grundbuchblatt anzulegen.

(9) Wird das dienende Grundstück als Ganzes belastet, so ist, sofern nicht ein besonderes Grundbuchblatt angelegt wird oder § 48 anwendbar ist, in allen beteiligten Grundbuchblättern kenntlich zu machen, daß das dienende Grundstück als Ganzes belastet ist; hierbei ist jeweils auf die übrigen Eintragungen zu verweisen.

Zweiter Abschnitt Eintragungen in das Grundbuch

§ 13 Antrag auf Eintragung

(1) [1]Eine Eintragung soll, soweit nicht das Gesetz etwas anderes vorschreibt, nur auf Antrag erfolgen. [2]Antragsberechtigt ist jeder, dessen Recht von der Eintragung betroffen wird oder zu dessen Gunsten die Eintragung erfolgen soll.

(2) [1]Der genaue Zeitpunkt, in dem ein Antrag beim Grundbuchamt eingeht, soll auf dem Antrag vermerkt werden. [2]Der Antrag ist beim Grundbuchamt eingegangen, wenn er einer zur Entgegennahme zuständigen Person vorgelegt ist. [3]Wird er zur Niederschrift einer solchen Person gestellt, so ist er mit Abschluß der Niederschrift eingegangen.

(3) [1]Für die Entgegennahme eines auf eine Eintragung gerichteten Antrags oder Ersuchens und die Beurkundung des Zeitpunkts, in welchem der Antrag oder das Ersuchen beim Grundbuchamt eingeht, sind nur die für die Führung des Grundbuchs über das betroffene Grundstück zuständige Person und der von der Leitung des Amtsgerichts für das ganze Grundbuchamt oder einzelne Abteilungen hierzu bestellte Beamte (Angestellte) der Geschäftsstelle zuständig.

²Bezieht sich der Antrag oder das Ersuchen auf mehrere Grundstücke in verschiedenen Geschäftsbereichen desselben Grundbuchamts, so ist jeder zuständig, der nach Satz 1 in Betracht kommt.

§ 14 Antragsrecht bei Berichtigung des Grundbuchs

Die Berichtigung des Grundbuchs durch Eintragung eines Berechtigten darf auch von demjenigen beantragt werden, welcher auf Grund eines gegen den Berechtigten vollstreckbaren Titels eine Eintragung in das Grundbuch verlangen kann, sofern die Zulässigkeit dieser Eintragung von der vorgängigen Berichtigung des Grundbuchs abhängt.

§ 15 Vermutung der Ermächtigung des Notars

(1) ¹Für die Eintragungsbewilligung und die sonstigen Erklärungen, die zu der Eintragung erforderlich sind und in öffentlicher oder öffentlich beglaubigter Form abgegeben werden, können sich die Beteiligten auch durch Personen vertreten lassen, die nicht nach § 10 Abs. 2 des Gesetzes über das Verfahren in Familiensachen und in den Angelegenheiten der freiwilligen Gerichtsbarkeit vertretungsbefugt sind. ²Dies gilt auch für die Entgegennahme von Eintragungsmitteilungen und Verfügungen des Grundbuchamtes nach § 18.
(2) Ist die zu einer Eintragung erforderliche Erklärung von einem Notar beurkundet oder beglaubigt, so gilt dieser als ermächtigt, im Namen eines Antragsberechtigten die Eintragung zu beantragen.

§ 16 Antrag unter Vorbehalt; Antrag auf mehrere Eintragungen

(1) Einem Eintragungsantrag, dessen Erledigung an einen Vorbehalt geknüpft wird, soll nicht stattgegeben werden.
(2) erden mehrere Eintragungen beantragt, so kann von dem Antragsteller bestimmt werden, daß die eine Eintragung nicht ohne die andere erfolgen soll.

§ 17 Reihenfolge der Eintragung bei mehreren Anträgen

Werden mehrere Eintragungen beantragt, durch die dasselbe Recht betroffen wird, so darf die später beantragte Eintragung nicht vor der Erledigung des früher gestellten Antrags erfolgen.

§ 18 Eintragungshindernis

(1) ¹Steht einer beantragten Eintragung ein Hindernis entgegen, so hat das Grundbuchamt entweder den Antrag unter Angabe der Gründe zurückzuweisen oder dem Antragsteller eine angemessene Frist zur Hebung des Hindernisses zu bestimmen. ²Im letzteren Fall ist der Antrag nach dem Ablauf der Frist zurückzuweisen, wenn nicht inzwischen die Hebung des Hindernisses nachgewiesen ist.
(2) ¹Wird vor der Erledigung des Antrags eine andere Eintragung beantragt, durch die dasselbe Recht betroffen wird, so ist zugunsten des früher gestellten Antrags von Amts wegen eine Vormerkung oder ein Widerspruch einzutragen; die Eintragung gilt im Sinne des § 17 als Erledigung dieses Antrags. ²Die Vormerkung oder der Widerspruch wird von Amts wegen gelöscht, wenn der früher gestellte Antrag zurückgewiesen wird.

§ 19 Bewilligung der Eintragung

Eine Eintragung erfolgt, wenn derjenige sie bewilligt, dessen Recht von ihr betroffen wird.

§ 20 Einigung

Im Falle der Auflassung eines Grundstücks sowie im Falle der Bestellung, Änderung des Inhalts oder Übertragung eines Erbbaurechts darf die Eintragung nur erfolgen, wenn die erforderliche Einigung des Berechtigten und des anderen Teils erklärt ist.

§ 21 Bewilligung der Eintragung bei subjektiv-dinglichen Rechten

Steht ein Recht, das durch die Eintragung betroffen wird, dem jeweiligen Eigentümer eines Grundstücks zu, so bedarf es der Bewilligung der Personen, deren Zustimmung nach § 876 Satz 2 des Bürgerlichen Gesetzbuchs zur Aufhebung des Rechtes erforderlich ist, nur dann, wenn das Recht auf dem Blatt des Grundstücks vermerkt ist.

§ 22 Berichtigung des Grundbuchs

(1) ¹Zur Berichtigung des Grundbuchs bedarf es der Bewilligung nach § 19 nicht, wenn die Unrichtigkeit nachgewiesen wird. ²Dies gilt insbesondere für die Eintragung oder Löschung einer Verfügungsbeschränkung.

(2) Die Berichtigung des Grundbuchs durch Eintragung eines Eigentümers oder eines Erbbauberechtigten darf, sofern nicht der Fall des § 14 vorliegt oder die Unrichtigkeit nachgewiesen wird, nur mit Zustimmung des Eigentümers oder des Erbbauberechtigten erfolgen.

§ 23 Löschung eines auf Lebenszeit beschränkten Rechts

(1) ¹Ein Recht, das auf die Lebenszeit des Berechtigten beschränkt ist, darf nach dessen Tod, falls Rückstände von Leistungen nicht ausgeschlossen sind, nur mit Bewilligung des Rechtsnachfolgers gelöscht werden, wenn die Löschung vor dem Ablauf eines Jahres nach dem Tod des Berechtigten erfolgen soll oder wenn der Rechtsnachfolger der Löschung bei dem Grundbuchamt widersprochen hat; der Widerspruch ist von Amts wegen in das Grundbuch einzutragen. ²Ist der Berechtigte für tot erklärt, so beginnt die einjährige Frist mit dem Erlaß des die Todeserklärung aussprechenden Urteils.

(2) Der im Absatz 1 vorgesehenen Bewilligung des Rechtsnachfolgers bedarf es nicht, wenn im Grundbuch eingetragen ist, daß zur Löschung des Rechtes der Nachweis des Todes des Berechtigten genügen soll.

§ 24 Löschung eines zeitlich beschränkten Rechts

Die Vorschriften des § 23 sind entsprechend anzuwenden, wenn das Recht mit der Erreichung eines bestimmten Lebensalters des Berechtigten oder mit dem Eintritt eines sonstigen bestimmten Zeitpunkts oder Ereignisses erlischt.

§ 25 Löschung von Vormerkung oder Widerspruch

¹Ist eine Vormerkung oder ein Widerspruch auf Grund einer einstweiligen Verfügung eingetragen, so bedarf es zur Löschung nicht der Bewilligung des Berechtigten, wenn die einstweilige Verfügung durch eine vollstreckbare Entscheidung aufgehoben ist. ²Diese Vorschrift ist entsprechend anzuwenden, wenn auf Grund eines vorläufig vollstreckbaren Urteils nach den Vorschriften der Zivilprozeßordnung oder auf Grund eines Bescheides nach dem Vermögensgesetz eine Vormerkung oder ein Widerspruch eingetragen ist.

§ 26 Übertragung oder Belastung von Grundpfandrechten

(1) Soll die Übertragung einer Hypothek, Grundschuld oder Rentenschuld, über die ein Brief erteilt ist, eingetragen werden, so genügt es, wenn an Stelle der Eintragungsbewilligung die Abtretungserklärung des bisherigen Gläubigers vorgelegt wird.

(2) Diese Vorschrift ist entsprechend anzuwenden, wenn eine Belastung der Hypothek, Grundschuld oder Rentenschuld oder die Übertragung oder Belastung einer Forderung, für die ein eingetragenes Recht als Pfand haftet, eingetragen werden soll.

§ 27 Löschung von Grundpfandrechten

¹Eine Hypothek, eine Grundschuld oder eine Rentenschuld darf nur mit Zustimmung des Eigentümers des Grundstücks gelöscht werden. ²Für eine Löschung zur Berichtigung des Grundbuchs ist die Zustimmung nicht erforderlich, wenn die Unrichtigkeit nachgewiesen wird.

§ 28 Bezeichnung des Grundstücks, Angabe der Geldbeträge

¹In der Eintragungsbewilligung oder, wenn eine solche nicht erforderlich ist, in dem Eintragungsantrag ist das Grundstück übereinstimmend mit dem Grundbuch oder durch Hinweis auf das Grundbuchblatt zu bezeichnen. ²Einzutragende Geldbeträge sind in inländischer Währung anzugeben; durch Rechtsverordnung des Bundesministeriums der Justiz im Einvernehmen mit dem Bundesministerium der Finanzen kann die Angabe in einer einheitlichen europäischen Währung, in der Währung eines Mitgliedstaats der Europäischen Union oder des Europäischen Wirtschaftsraums oder einer anderen Währung, gegen die währungspolitische Bedenken nicht zu erheben sind, zugelassen und, wenn gegen die Fortdauer dieser Zulassung währungspolitische Bedenken bestehen, wieder eingeschränkt werden.

§ 29 Nachweis der Eintragungsbewilligung

(1) ¹Eine Eintragung soll nur vorgenommen werden, wenn die Eintragungsbewilligung oder die sonstigen zu der Eintragung erforderlichen Erklärungen durch öffentliche oder öffentlich beglaubigte Urkunden nachgewiesen werden. ²Andere Voraussetzungen der Eintragung bedürfen, soweit sie nicht bei dem Grundbuchamt offenkundig sind, des Nachweises durch öffentliche Urkunden.

(2) (weggefallen)

(3) Erklärungen oder Ersuchen einer Behörde, auf Grund deren eine Eintragung vorgenommen werden soll, sind zu unterschreiben und mit Siegel oder Stempel zu versehen.

§ 29a Glaubhaftmachung der Voraussetzungen einer Löschungsvormerkung

Die Voraussetzungen des § 1179 Nr. 2 des Bürgerlichen Gesetzbuchs sind glaubhaft zu machen; § 29 gilt hierfür nicht.

§ 30 Geltung des § 29 für Eintragungsantrag und Vollmacht

Für den Eintragungsantrag sowie für die Vollmacht zur Stellung eines solchen gelten die Vorschriften des § 29 nur, wenn durch den Antrag zugleich eine zu der Eintragung erforderliche Erklärung ersetzt werden soll.

§ 31 Form der Rücknahme und des Widerrufs

¹Eine Erklärung, durch die ein Eintragungsantrag zurückgenommen wird, bedarf der in § 29 Abs. 1 Satz 1 und Abs. 3 vorgeschriebenen Form. ²Dies gilt nicht, sofern der Antrag auf eine Berichtigung des Grundbuchs gerichtet ist. ³Satz 1 gilt für eine Erklärung, durch die eine zur Stellung des Eintragungsantrags erteilte Vollmacht widerrufen wird, entsprechend.

§ 32

(1) ¹Die im Handels- Genossenschafts- Partnerschafts- oder Vereinsregister eingetragenen Vertretungsberechtigungen, Sitzverlegungen, Firmen- oder Namensänderungen sowie das Bestehen juristischer Personen und Gesellschaften können durch eine Bescheinigung nach § 21 Absatz 1 der Bundesnotarordnung nachgewiesen werden. ²Dasselbe gilt für sonstige rechtserhebliche Umstände, die sich aus Eintragungen im Register ergeben, insbesondere für Umwandlungen. ³Der Nachweis kann auch durch einen amtlichen Registerausdruck oder eine beglaubigte Registerabschrift geführt werden.

(2) ¹Wird das Register elektronisch geführt, kann in den Fällen des Absatzes 1 Satz 1 der Nachweis auch durch die Bezugnahme auf das Register geführt werden. ³Dabei sind das Registergericht und das Registerblatt anzugeben.

§ 33 Nachweis des ehelichen Güterstandes

(1) Der Nachweis, daß zwischen Ehegatten Gütertrennung oder ein vertragsmäßiges Güterrecht besteht oder daß ein Gegenstand zum Vorbehaltsgut eines Ehegatten gehört, wird durch ein Zeugnis des Gerichts über die Eintragung des güterrechtlichen Verhältnisses im Güterrechtsregister geführt.

(2) Ist das Grundbuchamt zugleich das Registergericht, so genügt statt des Zeugnisses nach Absatz 1 die Bezugnahme auf das Register.

§ 34 (weggefallen)

§ 35 Nachweis durch Erbschein

(1) ¹Der Nachweis der Erbfolge kann nur durch einen Erbschein geführt werden. ²Beruht jedoch die Erbfolge auf einer Verfügung von Todes wegen, die in einer öffentlichen Urkunde enthalten ist, so genügt es, wenn an Stelle des Erbscheins die Verfügung und die Niederschrift über die Eröffnung der Verfügung vorgelegt werden; erachtet das Grundbuchamt die Erbfolge durch diese Urkunden nicht für nachgewiesen, so kann es die Vorlegung eines Erbscheins verlangen.

(2) Das Bestehen der fortgesetzten Gütergemeinschaft sowie die Befugnis eines Testamentsvollstreckers zur Verfügung über einen Nachlaßgegenstand ist nur auf Grund der in den §§ 1507, 2368 des Bürgerlichen Gesetzbuchs vorgesehenen Zeugnisse als nachgewiesen anzunehmen; auf den Nachweis der Befugnis des Testamentsvollstreckers sind jedoch die Vorschriften des Absatzes 1 Satz 2 entsprechend anzuwenden.

(3) ¹Zur Eintragung des Eigentümers oder Miteigentümers eines Grundstücks kann das Grundbuchamt von den in den Absätzen 1 und 2 genannten Beweismitteln absehen und sich mit anderen Beweismitteln, für welche die Form des § 29 nicht erforderlich ist, begnügen, wenn das Grundstück oder der Anteil am Grundstück weniger als 3 000 Euro wert ist und die Beschaffung des Erbscheins oder des Zeugnisses nach § 1507 des Bürgerlichen Gesetzbuchs nur mit unverhältnismäßigem Aufwand an Kosten oder Mühe möglich ist. ²Der Antragsteller kann auch zur Versicherung an Eides Statt zugelassen werden.

§ 36 Nachweis bei Auseinandersetzung eines Nachlasses oder Gesamtguts

(1) Soll bei einem zum Nachlaß oder zu dem Gesamtgut einer ehelichen oder fortgesetzten Gütergemeinschaft gehörenden Grundstück oder Erbbaurecht einer der Beteiligten als Eigentümer oder Erbbauberechtigter eingetragen werden, so genügt zum Nachweis der Rechtsnachfolge und der zur Eintragung des Eigentumsübergangs erforderlichen Erklärungen der Beteiligten ein Zeugnis des Nachlaßgerichts oder des nach § 344 Abs. 5 des Gesetzes über das Verfahren in Familiensachen und in den Angelegenheiten der freiwilligen Gerichtsbarkeit zuständigen Amtsgerichts.

(2) Das Zeugnis darf nur ausgestellt werden, wenn:

a) die Voraussetzungen für die Erteilung eines Erbscheins vorliegen oder der Nachweis der ehelichen Gütergemeinschaft durch öffentliche Urkunden erbracht ist und

b) die Abgabe der Erklärungen der Beteiligten in einer den Vorschriften der Grundbuchordnung entsprechenden Weise dem Nachlaßgericht oder dem nach § 344 Abs. 5 des Gesetzes über das Verfahren in Familiensachen und in den Angelegenheiten der freiwilligen Gerichtsbarkeit zuständigen Amtsgericht nachgewiesen ist.

(3) Die Vorschriften über die Zuständigkeit zur Entgegennahme der Auflassung bleiben unberührt.

§ 37 Nachweis bei Auseinandersetzung eines Grundpfandrechts

Die Vorschriften des § 36 sind entsprechend anzuwenden, wenn bei einer Hypothek, Grundschuld oder Rentenschuld, die zu einem Nachlaß oder zu dem Gesamtgut einer ehelichen oder fortgesetzten Gütergemeinschaft gehört, einer der Beteiligten als neuer Gläubiger eingetragen werden soll.

§ 38 Eintragung auf Ersuchen einer Behörde

In den Fällen, in denen nach gesetzlicher Vorschrift eine Behörde befugt ist, das Grundbuchamt um eine Eintragung zu ersuchen, erfolgt die Eintragung auf Grund des Ersuchens der Behörde.

§ 39 Voreintragung des Betroffenen; Besitz des Grundpfandrechtsbriefs

(1) Eine Eintragung soll nur erfolgen, wenn die Person, deren Recht durch sie betroffen wird, als der Berechtigte eingetragen ist.

(2) Bei einer Hypothek, Grundschuld oder Rentenschuld, über die ein Brief erteilt ist, steht es der Eintragung des Gläubigers gleich, wenn dieser sich im Besitz des Briefes befindet und sein Gläubigerrecht nach § 1155 des Bürgerlichen Gesetzbuchs nachweist.

§ 40 Ausnahmen von § 39 Abs. 1

(1) Ist die Person, deren Recht durch eine Eintragung betroffen wird, Erbe des eingetragenen Berechtigten, so ist die Vorschrift des § 39 Abs. 1 nicht anzuwenden, wenn die Übertragung oder die Aufhebung des Rechts eingetragen werden soll oder wenn der Eintragungsantrag durch die Bewilligung des Erblassers oder eines Nachlaßpflegers oder durch einen gegen den Erblasser oder den Nachlaßpfleger vollstreckbaren Titel begründet wird.

(2) Das gleiche gilt für eine Eintragung auf Grund der Bewilligung eines Testamentsvollstreckers oder auf Grund eines gegen diesen vollstreckbaren Titels, sofern die Bewilligung oder der Titel gegen den Erben wirksam ist.

§ 41 Eintragung bei Vorlegung des Hypothekenbriefs

(1) ¹Bei einer Hypothek, über die ein Brief erteilt ist, soll eine Eintragung nur erfolgen, wenn der Brief vorgelegt wird. ²Für die Eintragung eines Widerspruchs bedarf es der Vorlegung nicht, wenn die Eintragung durch eine einstweilige Verfügung angeordnet ist und der Widerspruch sich darauf gründet, daß die Hypothek oder die Forderung, für welche sie bestellt ist, nicht bestehe oder einer Einrede unterliege oder daß die Hypothek unrichtig eingetragen sei. ²Der Vorlegung des Briefes bedarf es nicht für die Eintragung einer Löschungsvormerkung nach § 1179 des Bürgerlichen Gesetzbuchs.

(2) ¹Der Vorlegung des Hypothekenbriefs steht es gleich, wenn in den Fällen der §§ 1162, 1170, 1171 des Bürgerlichen Gesetzbuchs auf Grund des Ausschließungsbeschlusses die Erteilung eines neuen Briefes beantragt wird. ²Soll die Erteilung des Briefes nachträglich ausgeschlossen oder die Hypothek gelöscht werden, so genügt die Vorlegung des Ausschlußurteils.

§ 42 Eintragung bei Vorlegung des Grundschuld- oder Rentenschuldbriefs

¹Die Vorschriften des § 41 sind auf die Grundschuld und die Rentenschuld entsprechend anzuwenden. ²Ist jedoch das Recht für den Inhaber des Briefes eingetragen, so bedarf es der Vorlegung des Briefes nur dann nicht, wenn der Ein-

tragungsantrag durch die Bewilligung eines nach § 1189 des Bürgerlichen Gesetzbuchs bestellten Vertreters oder durch eine gegen ihn erlassene gerichtliche Entscheidung begründet wird.

§ 43 Eintragung bei Vorlegung von Inhaber- oder Orderpapieren

(1) Bei einer Hypothek für die Forderung aus einer Schuldverschreibung auf den Inhaber, aus einem Wechsel oder einem anderen Papier, das durch Indossament übertragen werden kann, soll eine Eintragung nur erfolgen, wenn die Urkunde vorgelegt wird; die Eintragung ist auf der Urkunde zu vermerken.

(2) Diese Vorschrift ist nicht anzuwenden, wenn eine Eintragung auf Grund der Bewilligung eines nach § 1189 des Bürgerlichen Gesetzbuchs bestellten Vertreters oder auf Grund einer gegen diesen erlassenen gerichtlichen Entscheidung bewirkt werden soll.

§ 44 Form der Grundbucheintragung

(1) ¹Jede Eintragung soll den Tag, an welchem sie erfolgt ist, angeben. ²Die Eintragung soll, sofern nicht nach § 12c Abs. 2 Nr. 2 bis 4 der Urkundsbeamte der Geschäftsstelle zuständig ist, die für die Führung des Grundbuchs zuständige Person, regelmäßig unter Angabe des Wortlauts, verfügen und der Urkundsbeamte der Geschäftsstelle veranlassen; sie ist von beiden zu unterschreiben, jedoch kann statt des Urkundsbeamten ein von der Leitung des Amtsgerichts ermächtigter Justizangestellter unterschreiben. ³In den Fällen des § 12c Abs. 2 Nr. 2 bis 4 haben der Urkundsbeamte der Geschäftsstelle und zusätzlich entweder ein zweiter Beamter der Geschäftsstelle oder ein von der Leitung des Amtsgerichts ermächtigter Justizangestellter die Eintragung zu unterschreiben.

(2) ¹Soweit nicht gesetzlich etwas anderes bestimmt ist und der Umfang der Belastung aus dem Grundbuch erkennbar bleibt, soll bei der Eintragung eines Rechts, mit dem ein Grundstück belastet wird, auf die Eintragungsbewilligung Bezug genommen werden. ²Hierbei sollen in der Bezugnahme der Name des Notars, der Notarin oder die Bezeichnung des Notariats und jeweils die Nummer der Urkundenrolle, bei Eintragungen auf Grund eines Ersuchens (§ 38) die Bezeichnung der ersuchenden Stelle und deren Aktenzeichen angegeben werden.

(3) ¹Bei der Umschreibung eines Grundbuchblatts, der Neufassung eines Teils eines Grundbuchblatts und in sonstigen Fällen der Übernahme von Eintragungen auf ein anderes, bereits angelegtes oder neu anzulegendes Grundbuchblatt soll, sofern hierdurch der Inhalt der Eintragung nicht verändert wird, die Bezugnahme auf die Eintragungsbewilligung oder andere Unterlagen bis zu dem Umfang nachgeholt oder erweitert werden, wie sie nach Absatz 2 zulässig wäre. ²Sofern hierdurch der Inhalt der Eintragung nicht verändert wird, kann auch von dem ursprünglichen Text der Eintragung abgewichen werden.

§ 45 Reihenfolge der Eintragungen

(1) Sind in einer Abteilung des Grundbuchs mehrere Eintragungen zu bewirken, so erhalten sie die Reihenfolge, welche der Zeitfolge der Anträge entspricht; sind die Anträge gleichzeitig gestellt, so ist im Grundbuch zu vermerken, daß die Eintragungen gleichen Rang haben.

(2) Werden mehrere Eintragungen, die nicht gleichzeitig beantragt sind, in verschiedenen Abteilungen unter Angabe desselben Tages bewirkt, so ist im Grundbuch zu vermerken, daß die später beantragte Eintragung der früher beantragten im Rang nachsteht.

(3) Diese Vorschriften sind insoweit nicht anzuwenden, als ein Rangverhältnis nicht besteht oder das Rangverhältnis von den Antragstellern abweichend bestimmt ist.

§ 46 Löschung eines Rechts oder einer Verfügungsbeschränkung

(1) Die Löschung eines Rechtes oder einer Verfügungsbeschränkung erfolgt durch Eintragung eines Löschungsvermerks.

(2) Wird bei der Übertragung eines Grundstücks oder eines Grundstücksteils auf ein anderes Blatt ein eingetragenes Recht nicht mitübertragen, so gilt es in Ansehung des Grundstücks oder des Teils als gelöscht.

§ 47 Eintragung eines gemeinschaftlichen Rechts

(1) Soll ein Recht für mehrere gemeinschaftlich eingetragen werden, so soll die Eintragung in der Weise erfolgen, daß entweder die Anteile der Berechtigten in Bruchteilen angegeben werden oder das für die Gemeinschaft maßgebende Rechtsverhältnis bezeichnet wird.

(2) ¹Soll ein Recht für eine Gesellschaft bürgerlichen Rechts eingetragen werden, so sind auch deren Gesellschafter im Grundbuch einzutragen. ²Die für den Berechtigten geltenden Vorschriften gelten entsprechend für die Gesellschafter.

§ 48 Mitbelastung

(1) ¹Werden mehrere Grundstücke mit einem Recht belastet, so ist auf dem Blatt jedes Grundstücks die Mitbelastung der übrigen von Amts wegen erkennbar zu machen. ²Das gleiche gilt, wenn mit einem an einem Grundstück bestehenden Recht nachträglich noch ein anderes Grundstück belastet oder wenn im Falle der Übertragung eines Grundstücksteils auf ein anderes Grundbuchblatt ein eingetragenes Recht mitübertragen wird.

(2) Soweit eine Mitbelastung erlischt, ist dies von Amts wegen zu vermerken.

§ 49 Leibgedinge, Leibzucht, Altenteil oder Auszug

Werden Dienstbarkeiten und Reallasten als Leibgedinge, Leibzucht, Altenteil oder Auszug eingetragen, so bedarf es nicht der Bezeichnung der einzelnen Rechte, wenn auf die Eintragungsbewilligung Bezug genommen wird.

§ 50 Eintragung einer Teilschuldverschreibung auf den Inhaber

(1) Bei der Eintragung einer Hypothek für Teilschuldverschreibungen auf den Inhaber genügt es, wenn der Gesamtbetrag der Hypothek unter Angabe der Anzahl, des Betrages und der Bezeichnung der Teile eingetragen wird.

(2) Diese Vorschrift ist entsprechend anzuwenden, wenn eine Grundschuld oder eine Rentenschuld für den Inhaber des Briefes eingetragen und das Recht in Teile zerlegt werden soll.

§ 51 Eintragung der Vor- und Nacherbfolge

Bei der Eintragung eines Vorerben ist zugleich das Recht des Nacherben und, soweit der Vorerbe von den Beschränkungen seines Verfügungsrechts befreit ist, auch die Befreiung von Amts wegen einzutragen.

§ 52 Eintragung des Testamentsvollstreckers

Ist ein Testamentsvollstrecker ernannt, so ist dies bei der Eintragung des Erben von Amts wegen miteinzutragen, es sei denn, daß der Nachlaßgegenstand der Verwaltung des Testamentsvollstreckers nicht unterliegt.

§ 53 Eintragung eines Widerspruchs oder Löschung von Amts wegen

(1) ¹Ergibt sich, daß das Grundbuchamt unter Verletzung gesetzlicher Vorschriften eine Eintragung vorgenommen hat, durch die das Grundbuch unrichtig geworden ist, so ist von Amts wegen ein Widerspruch einzutragen. ²Erweist sich eine Eintragung nach ihrem Inhalt als unzulässig, so ist sie von Amts wegen zu löschen.

(2) ¹Bei einer Hypothek, einer Grundschuld oder einer Rentenschuld bedarf es zur Eintragung eines Widerspruchs der Vorlegung des Briefes nicht, wenn der Widerspruch den im § 41 Abs. 1 Satz 2 bezeichneten Inhalt hat. ²Diese Vorschrift ist nicht anzuwenden, wenn der Grundschuld- oder Rentenschuldbrief auf den Inhaber ausgestellt ist.

Vierter Abschnitt Beschwerde

§ 71 Zulässigkeit der Beschwerde

(1) Gegen die Entscheidungen des Grundbuchamts findet das Rechtsmittel der Beschwerde statt.

(2) ¹Die Beschwerde gegen eine Eintragung ist unzulässig. ²Im Weg der Beschwerde kann jedoch verlangt werden, daß das Grundbuchamt angewiesen wird, nach § 53 einen Widerspruch einzutragen oder eine Löschung vorzunehmen.

§ 72 Zuständiges Beschwerdegericht

Über die Beschwerde entscheidet das Oberlandesgericht, in dessen Bezirk das Grundbuchamt seinen Sitz hat.

§ 73 Einlegung der Beschwerde

(1) Die Beschwerde kann bei dem Grundbuchamt oder bei dem Beschwerdegericht eingelegt werden.

(2) ¹Die Beschwerde ist durch Einreichung einer Beschwerdeschrift oder durch Erklärung zur Niederschrift des Grundbuchamts oder der Geschäftsstelle des Beschwerdegerichts einzulegen. ²Für die Einlegung der Beschwerde durch die Übermittlung eines elektronischen Dokuments, die elektronische Gerichtsakte sowie das gerichtliche elektronische Dokument gilt § 14 Absatz 1 bis 3 und 5 des Gesetzes über das Verfahren in Familiensachen und in den Angelegenheiten der freiwilligen Gerichtsbarkeit.

§ 74 Neues Vorbringen

Die Beschwerde kann auf neue Tatsachen und Beweise gestützt werden.

§ 75 Abhilfe durch Grundbuchamt

Erachtet das Grundbuchamt die Beschwerde für begründet, so hat es ihr abzuhelfen.

§ 76 Einstweilige Anordnung; aufschiebende Wirkung der Beschwerde

(1) Das Beschwerdegericht kann vor der Entscheidung eine einstweilige Anordnung erlassen, insbesondere dem Grundbuchamt aufgeben, eine Vormerkung oder einen Widerspruch einzutragen, oder anordnen, daß die Vollziehung der angefochtenen Entscheidung auszusetzen ist.
(2) Die Vormerkung oder der Widerspruch (Absatz 1) wird von Amts wegen gelöscht, wenn die Beschwerde zurückgenommen oder zurückgewiesen ist.
(3) Die Beschwerde hat nur dann aufschiebende Wirkung, wenn sie gegen eine Verfügung gerichtet ist, durch die ein Zwangsgeld festgesetzt wird.

§ 77 Begründung und Mitteilung der Entscheidung

Die Entscheidung des Beschwerdegerichts ist mit Gründen zu versehen und dem Beschwerdeführer mitzuteilen.

§ 78 Weitere Beschwerde

(1) Gegen einen Beschluss des Beschwerdegerichts ist die Rechtsbeschwerde statthaft, wenn sie das Beschwerdegericht in dem Beschluss zugelassen hat.
(2) Die Rechtsbeschwerde ist zuzulassen, wenn
1. die Rechtssache grundsätzliche Bedeutung hat oder
2. die Fortbildung des Rechts oder die Sicherung einer einheitlichen Rechtsprechung eine Entscheidung des Rechtsbeschwerdegerichts erfordert.

Das Rechtsbeschwerdegericht ist an die Zulassung gebunden.
(3) Auf das weitere Verfahren finden § 73 Absatz 2 Satz 2 dieses Gesetzes sowie die §§ 71 bis 74a des Gesetzes über das Verfahren in Familiensachen und in den Angelegenheiten der freiwilligen Gerichtsbarkeit entsprechende Anwendung.

§ 79 (weggefallen)

§ 80 (weggefallen)

§ 81 Zuständige Kammer bzw. zuständiger Senat

(1) Über Beschwerden entscheidet bei den Oberlandesgerichten und dem Bundesgerichtshof ein Zivilsenat.
(2) Die Vorschriften der Zivilprozeßordnung über die Ausschließung und Ablehnung der Gerichtspersonen sind entsprechend anzuwenden.
(3) Die Vorschrift des § 44 des Gesetzes über das Verfahren in Familiensachen und in den Angelegenheiten der freiwilligen Gerichtsbarkeit über die Fortführung des Verfahrens bei Verletzung des Anspruchs auf rechtliches Gehör ist entsprechend anzuwenden.
(4) [1]Die Bundesregierung und die Landesregierungen bestimmen für ihren Bereich durch Rechtsverordnung den Zeitpunkt, von dem an elektronische Akten geführt und elektronische Dokumente bei Gericht eingereicht werden können. [2]Die Bundesregierung und die Landesregierungen bestimmen für ihren Bereich durch Rechtsverordnung die organisatorisch-technischen Rahmenbedingungen für die Bildung, Führung und Aufbewahrung der elektronischen Akten und die für die Bearbeitung der Dokumente geeignete Form. [3]Die Rechtsverordnungen der Bundesregierung bedürfen nicht der Zustimmung des Bundesrates. [4]Die Landesregierungen können die Ermächtigungen durch Rechtsverordnung auf die Landesjustizverwaltungen übertragen. [5]Die Zulassung der elektronischen Akte und der elektronischen Form kann auf einzelne Gerichte oder Verfahren beschränkt werden.

C. Verordnung über die Anlegung und Führung der Wohnungs- und Teileigentumsgrundbücher

Wohnungsgrundbuchverfügung

WGV

i.d.F. der Bek. vom 24.1.1995, BGBl. I S. 134

§ 1

Für die gemäß § 7 Abs. 1, § 8 Abs. 2 des Wohnungseigentumsgesetzes vom 15. März 1951 (Bundesgesetzbl. I S. 175) für jeden Miteigentumsanteil anzulegenden besonderen Grundbuchblätter (Wohnungs- und Teileigentumsgrundbücher) sowie für die gemäß § 30 Abs. 3 des Wohnungseigentumsgesetzes anzulegenden Wohnungs- und Teilerbbaugrundbücher gelten die Vorschriften der Grundbuchverfügung entsprechend, soweit sich nicht aus den §§ 2 bis 5, 8 und 9 etwas anderes ergibt.

§ 2

[1]In der Aufschrift ist unter die Blattnummer in Klammern das Wort „Wohnungsgrundbuch" oder „Teileigentumsgrundbuch" zu setzen, je nachdem, ob sich das Sondereigentum auf eine Wohnung oder auf nicht zu Wohnzwecken dienende Räume bezieht. [2]Ist mit dem Miteigentumsanteil Sondereigentum sowohl an einer Wohnung als auch an nicht zu Wohnzwecken dienenden Räumen verbunden und überwiegt nicht einer dieser Zwecke offensichtlich, so ist das Grundbuchblatt als „Wohnungs- und Teileigentumsgrundbuch" zu bezeichnen.

§ 3

(1) Im Bestandsverzeichnis sind in dem durch die Spalte 3 gebildeten Raum einzutragen:
a) der in einem zahlenmäßigen Bruchteil ausgedrückte Miteigentumsanteil an dem Grundstück;
b) die Bezeichnung des Grundstücks nach den allgemeinen Vorschriften; besteht das Grundstück aus mehreren Teilen, die in dem maßgebenden amtlichen Verzeichnis (§ 2 Abs. 2 der Grundbuchordnung) als selbstständige Teile eingetragen sind, so ist bei der Bezeichnung des Grundstücks in geeigneter Weise zum Ausdruck zu bringen, dass die Teile ein Grundstück bilden;
c) das mit dem Miteigentumsanteil verbundene Sondereigentum an bestimmten Räumen und die Beschränkung des Miteigentums durch die Einräumung der zu den anderen Miteigentumsanteilen gehörenden Sondereigentumsrechte; dabei sind die Grundbuchblätter der übrigen Miteigentumsanteile anzugeben.

(2) Wegen des Gegenstandes und des Inhalts des Sondereigentums kann auf die Eintragungsbewilligung Bezug genommen werden (§ 7 Abs. 3 des Wohnungseigentumsgesetzes); vereinbarte Veräußerungsbeschränkungen (§ 12 des Wohnungseigentumsgesetzes) sind jedoch ausdrücklich einzutragen.

(3) [1]In Spalte 1 ist die laufende Nummer der Eintragung einzutragen. [2]In Spalte 2 ist die bisherige laufende Nummer des Miteigentumsanteils anzugeben, aus dem der Miteigentumsanteil durch Vereinigung oder Teilung entstanden ist.

(4) In Spalte 4 ist die Größe des im Miteigentum stehenden Grundstücks nach den allgemeinen Vorschriften einzutragen.

(5) [1]In den Spalten 6 und 8 sind die Übertragung des Miteigentumsanteils auf das Blatt sowie die Veränderungen, die sich auf den Bestand des Grundstücks, die Größe des Miteigentumsanteils oder den Gegenstand oder den Inhalt des Sondereigentums beziehen, einzutragen. [2]Der Vermerk über die Übertragung des Miteigentumsanteils auf das Blatt kann jedoch statt in Spalte 6 auch in die Eintragung in Spalte 3 aufgenommen werden.

(6) Verliert durch die Eintragung einer Veränderung nach ihrem aus dem Grundbuch ersichtlichen Inhalt eine frühere Eintragung ganz oder teilweise ihre Bedeutung, so ist sie insoweit rot zu unterstreichen.

(7) [1]Vermerke über Rechte, die dem jeweiligen Eigentümer des Grundstücks zustehen, sind in den Spalten 1, 3 und 4 des Bestandsverzeichnisses sämtlicher für Miteigentumsanteile an dem herrschenden Grundstück angelegten Wohnungs- und Teileigentumsgrundbücher einzutragen. [2]Hierauf ist in dem in Spalte 6 einzutragenden Vermerk hinzuweisen.

§ 4

(1) [1]Rechte, die ihrer Natur nach nicht an dem Wohnungseigentum als solchem bestehen können (wie z. B. Wegerechte), sind in Spalte 3 der zweiten Abteilung in der Weise einzutragen, dass die Belastung des ganzen Grundstücks erkennbar ist. [2]Die Belastung ist in sämtlichen für Miteigentumsanteile an dem belasteten Grundstück angelegten

Wohnungs- und Teileigentumsgrundbüchern einzutragen, wobei jeweils auf die übrigen Eintragungen zu verweisen ist.

(2) Absatz 1 gilt entsprechend für Verfügungsbeschränkungen, die sich auf das Grundstück als Ganzes beziehen.

§ 5

Bei der Bildung von Hypotheken-, Grundschuld- und Rentenschuldbriefen ist kenntlich zu machen, dass der belastete Gegenstand ein Wohnungseigentum (Teileigentum) ist.

§ 6

[1]Sind gemäß § 7 Abs. 1 oder § 8 Abs. 2 des Wohnungseigentumsgesetzes für die Miteigentumsanteile besondere Grundbuchblätter anzulegen, so werden die Miteigentumsanteile in den Spalten 7 und 8 des Bestandsverzeichnisses des Grundbuchblattes des Grundstücks abgeschrieben. [2]Die Schließung des Grundbuchblatts gemäß § 7 Abs. 1 Satz 3 des Wohnungseigentumsgesetzes unterbleibt, wenn auf dem Grundbuchblatt von der Abschreibung nicht betroffene Grundstücke eingetragen sind.

§ 7

Wird von der Anlegung besonderer Grundbuchblätter gemäß § 7 Abs. 2 des Wohnungseigentumsgesetzes abgesehen, so sind in der Aufschrift unter die Blattnummer in Klammern die Worte „Gemeinschaftliches Wohnungsgrundbuch" oder „Gemeinschaftliches Teileigentumsgrundbuch" (im Falle des § 2 Satz 2 dieser Verfügung „Gemeinschaftliches Wohnungs- und Teileigentumsgrundbuch") zu setzen; die Angaben über die Einräumung von Sondereigentum sowie über den Gegenstand und Inhalt des Sondereigentums sind als Bezeichnung des Gemeinschaftsverhältnisses im Sinne des § 47 der Grundbuchordnung gemäß § 9 Buchstabe b der Grundbuchverfügung in den Spalten 2 und 4 der ersten Abteilung einzutragen.

§ 8

Die Vorschriften der §§ 2 bis 7 gelten für Wohnungs- und Teilerbbaugrundbücher entsprechend.

§ 9

[1]Die nähere Einrichtung der Wohnungs- und Teileigentumsgrundbücher sowie der Wohnungs- und Teilerbbaugrundbücher ergibt sich aus den als Anlagen 1 bis 3[1] beigefügten Mustern. [2]Für den Inhalt eines Hypothekenbriefs bei der Aufteilung des Eigentums am belasteten Grundstück in Wohnungseigentumsrechte nach § 8 des Wohnungseigentumsgesetzes dient die Anlage 4[2] als Muster. [3]Die in den Anlagen befindlichen Probeeintragungen sind als Beispiele nicht Teil dieser Verfügung.

§ 10

(1) Die Befugnis der zuständigen Landesbehörden, zur Anpassung an landesrechtliche Besonderheiten ergänzende Vorschriften zu treffen, wird durch diese Verfügung nicht berührt.

(2) [1]Soweit auf die Vorschriften der Grundbuchverfügung verwiesen wird und deren Bestimmungen nach den für die Überleitung der Grundbuchverfügung bestimmten Maßgaben nicht anzuwenden sind, treten an die Stelle der in Bezug genommenen Vorschriften der Grundbuchverfügung die entsprechenden anzuwendenden Regelungen über die Einrichtung und Führung der Grundbücher. [2]Die in § 3 vorgesehenen Angaben sind in diesem Falle in die entsprechenden Spalten für den Bestand einzutragen.

(3) Ist eine Aufschrift mit Blattnummer nicht vorhanden, ist die in § 2 erwähnte Bezeichnung an vergleichbarer Stelle im Kopf der ersten Seite des Grundbuchblatts anzubringen.

§ 11

(Inkrafttreten)

---

1 Anm. d. Verlages:
Die Anlagen 1 bis 4 sind im Anlageband zu dieser Ausgabe des Bundesgesetzblatts (BGBl. I Nr. 6 vom 10.2.1995) abgedruckt.

2 Anm. d. Verlages:
Die Anlagen 1 bis 4 sind im Anlageband zu dieser Ausgabe des Bundesgesetzblatts (BGBl. I Nr. 6 vom 10.2.1995) abgedruckt.

4 Abgeschlossenheitsbescheinigung

D. Allgemeine Verwaltungsvorschrift für die Ausstellung von Bescheinigungen gemäß § 7 Abs. 4 Nr. 2 und § 32 Abs. 2 Nr. 2 des Wohnungseigentumsgesetzes

Abgeschlossenheitsbescheinigung
vom 19. März 1974, BAnz. Nr. 58 vom 23. März 1974

Aufgrund des Artikels 84 Abs. 2 des Grundgesetzes werden mit Zustimmung des Bundesrates folgende Richtlinien für die Baubehörden über die Bescheinigung gemäß § 7 Abs. 4 Nr. 2 bzw. § 32 Abs. 2 Nr. 2 des Wohnungseigentumsgesetzes vom 15. März 1951 (Bundesgesetzbl. I S. 175, 209), zuletzt geändert durch das Gesetz zur Änderung des Wohnungseigentumsgesetzes und der Verordnung über das Erbbaurecht vom 30. Juli 1973 (Bundesgesetzbl. I S. 910), erlassen:

1. Die Bescheinigung darüber, dass eine Wohnung oder nicht zu Wohnzwecken dienende Räume in sich abgeschlossen im Sinne des § 3 Abs. 2 bzw. des § 32 Abs. 1 des Wohnungseigentumsgesetzes sind, wird auf Antrag des Grundstückseigentümers oder Erbbauberechtigten durch die Bauaufsichtsbehörde erteilt, die für die bauaufsichtliche Erlaubnis (Baugenehmigung) und die bauaufsichtlichen Abnahmen zuständig ist, soweit die zuständige oberste Landesbehörde nicht etwas anderes bestimmt.
2. Dem Antrag ist eine Bauzeichnung in zweifacher Ausfertigung im Maßstabe mindestens 1 : 100 beizufügen; sie muss bei bestehenden Gebäuden eine Baubestandszeichnung sein und bei zu errichtenden Gebäuden den bauaufsichtlichen (baupolizeilichen) Vorschriften entsprechen.
3. Aus der Bauzeichnung müssen die Wohnungen, auf die sich das Wohnungseigentum, Wohnungserbbaurecht oder Dauerwohnrecht beziehen soll, oder die nicht zu Wohnzwecken dienenden Räume, auf die sich das Teileigentum, Teilerbbaurecht oder Dauernutzungsrecht beziehen soll, ersichtlich sein. Dabei sind alle zu demselben Wohnungseigentum, Teileigentum, Wohnungserbbaurecht, Teilerbbaurecht, Dauerwohnrecht oder Dauernutzungsrecht gehörenden Einzelräume in der Bauzeichnung mit der jeweils gleichen Nummer zu kennzeichnen.
4. Eine Wohnung ist die Summe der Räume, welche die Führung eines Haushaltes ermöglichen; dazu gehören stets eine Küche oder ein Raum mit Kochgelegenheit sowie Wasserversorgung, Ausguss und WC. Die Eigenschaft als Wohnung geht nicht dadurch verloren, dass einzelne Räume vorübergehend oder dauernd zu beruflichen oder gewerblichen Zwecken benutzt werden.
Räume, die zwar zu Wohnzwecken bestimmt sind, aber die genannten Voraussetzungen nicht erfüllen, können nicht als Wohnung im Sinne der oben angeführten Vorschriften angesehen werden.
Der Unterschied zwischen „Wohnungen" und „nicht zu Wohnzwecken dienenden Räumen" ergibt sich aus der Zweckbestimmung der Räume. Nicht zu Wohnzwecken dienende Räume sind z. B. Läden, Werkstatträume, sonstige gewerbliche Räume, Praxisräume, Garagen u. dgl.
5. Aus der Bauzeichnung muss weiter ersichtlich sein, dass die „Wohnungen" oder „die nicht zu Wohnzwecken dienenden Räume" in sich abgeschlossen sind.
    a) Abgeschlossene Wohnungen sind solche Wohnungen, die baulich vollkommen von fremden Wohnungen und Räumen abgeschlossen sind, z. B. durch Wände und Decken, die den Anforderungen der Bauaufsichtsbehörden (Baupolizei) an Wohnungstrennwände und Wohnungstrenndecken entsprechen und einen eigenen abschließbaren Zugang unmittelbar vom Freien, von einem Treppenhaus oder einem Vorraum haben. Zu abgeschlossenen Wohnungen können zusätzliche Räume außerhalb des Wohnungsabschlusses gehören. Wasserversorgung, Ausguss und WC müssen innerhalb der Wohnung liegen.
    Zusätzliche Räume, die außerhalb des Wohnungsabschlusses liegen, müssen verschließbar sein.
    b) Bei „nicht zu Wohnzwecken dienenden Räumen" gelten diese Erfordernisse sinngemäß.
6. Bei Garagenstellplätzen muss sich im Falle des § 3 Abs. 2 Satz 2 des Wohnungseigentumsgesetzes aus der Bauzeichnung, gegebenenfalls durch zusätzliche Beschriftung ergänzt, ergeben, wie die Flächen der Garagenstellplätze durch dauerhafte Markierungen ersichtlich sind. Als dauerhafte Markierungen kommen in Betracht
    a) Wände aus Stein oder Metall,
    b) festverankerte Geländer oder Begrenzungseinrichtungen aus Stein oder Metall,
    c) festverankerte Begrenzungsschwellen aus Stein oder Metall,
    d) in den Fußboden eingelassene Markierungssteine,
    e) andere Maßnahmen, die den Maßnahmen nach den Buchstaben a bis d zumindest gleichzusetzen sind.
7. Bei Vorliegen der Voraussetzungen der Nummern 1 bis 6 ist die Bescheinigung nach dem Muster der Anlage zu erteilen. Die Bescheinigung ist mit Unterschrift sowie Siegel oder Stempel zu versehen. Mit der Bescheinigung ist eine als Aufteilungsplan bezeichnete und mit Unterschrift sowie mit Siegel oder Stempel versehene Ausfertigung der Bauzeichnung zu erteilen. Die Zusammengehörigkeit von Bescheinigung und Aufteilungsplan ist durch Verbindung beider mittels Schnur und Siegel oder durch übereinstimmende Aktenbezeichnung ersichtlich zu machen.
8. Die Bescheinigung gemäß Nummer 7 ist bei zu errichtenden Gebäuden nicht zu erteilen, wenn die Voraussetzungen für eine bauaufsichtliche Genehmigung des Bauvorhabens nach Maßgabe der eingereichten Bauzeichnungen nicht gegeben sind.

Abgeschlossenheitsbescheinigung 4

Die Richtlinien treten am 1. Tag des auf die Veröffentlichung folgenden Monats in Kraft. Die Richtlinien des Bundesministers für Wohnungsbau vom 3. August 1951 für die Ausstellung von Bescheinigungen gemäß § 7 Abs. 4 Nr. 2 und § 32 Abs. 2 Nr. 2 des Wohnungseigentumsgesetzes (Bundesanzeiger Nr. 152 vom 9. August 1951) treten gleichzeitig außer Kraft.

Anlage Bescheinigung aufgrund des § 7 Abs. 4 Nr. 2/§ 32 Abs. 2 Nr. 2 des WEG vom 15. März 1951

Die in dem beiliegenden Aufteilungsplan

mit Nummer .... bis .... bezeichneten Wohnungen,*fu#* mit Nummer .... bis .... bezeichneten nicht zu Wohnzwecken dienenden Räume* in dem bestehenden/zu entrichtenden* Gebäude auf dem Grundstück in
....
....
Ort (Straße, Nr.)

(Katastermäßige Bezeichnung) ....
Grundbuch von ....
Band .... Blatt ....
sind/gelten als* in sich abgeschlossen.
Sie entsprechen daher dem Erfordernis des § 3 Abs. 2/§ 32 Abs. 1* des WEGs.
......................., den ....
(Ort)
....
(Siegel oder Stempel) (Unterschrift der Behörde)

* Nichtzutreffendes streichen.

Teil 5:
Muster

Mustertexte

A. Mustertexte zur Begründung von Wohnungseigentum, Wohnungserbbaurecht und Dauerwohnrecht sowie zur Änderung von Gegenstand und Inhalt 1
  I. Begründung des Wohnungseigentums 1
  II. Begründung des Wohnungserbbaurechts 3
  III. Änderung von Gegenstand und Inhalt 5
  IV. Aufhebung des Wohnungseigentums 10
  V. Dauerwohnrecht 11
B. Verfahren in Wohnungseigentumssachen 12
  I. Wohngeldforderung 12
  II. Beschlussanfechtung 13
  III. Herausgabe von Verwaltungsunterlagen 14
  IV. Verwalterbestellung 15
  V. Einsichtnahme Beschluss-Sammlung 16
  VI. Unterlassungsklage 17
  VII. Entziehungsklage 18
  VIII. Vollstreckungsgegenklage 19
  IX. Einstweilige Verfügung (Unterlassung einer baulichen Veränderung) 20
  X. Vollstreckungsantrag 21
  XI. Verbindung – Abtrennung 22
  XII. Beschluss – Einstweilige Verfügung 23
  XIII. Vollstreckung gem. § 877 ZPO 24
  XIV. Vollstreckung gem. § 890 Abs. 1 ZPO 25
  XV. Vollstreckung gem. § 888 ZPO 26
  XVI. Vollstreckung gem. § 888 ZPO 27
C. Mustertexte zur Verwaltung des gemeinschaftlichen Eigentums 28
  I. Verwaltervertrag 28
  II. Verwaltervollmacht 29
  III. Beispiel einer Hausordnung 30
  IV. Einladung zu einer Eigentümerversammlung 31
  V. Versammlungsniederschrift 32
  VI. Beschluss-Sammlung 33

A. Mustertexte zur Begründung von Wohnungseigentum, Wohnungserbbaurecht und Dauerwohnrecht sowie zur Änderung von Gegenstand und Inhalt

I. Begründung des Wohnungseigentums

Muster 5.1: Begründung durch vertragliche Teilungserklärung (§ 3 WEG)   **1**

Verhandelt zu Frankfurt am Main, am 1.8.2007

Vor mir, dem unterzeichneten Notar Franz Maier

im Bezirk des Oberlandesgerichts Frankfurt mit dem Amtssitz in Frankfurt am Main, erschienen heute:

1. der Kaufmann Otto Schenk, geb. 1.3.1958, Frankfurt am Main, Hauptstr. 1
2. der Malermeister Karl Huber, geb. 12.7.1956, Frankfurt am Main, Stadtweg 35
3. der Student Georg Huber, geb. 28.3.1980, Frankfurt am Main, Stadtweg 35

Die Erschienenen sind dem Notar persönlich bekannt/haben sich jeweils ausgewiesen durch

Die Erschienenen erklärten:

I. Teilungserklärung

Wir sind Eigentümer des Grundstücks Gemarkung Frankfurt am Main, Flur 1, Flurstück 10, eingetragen im Grundbuch von Frankfurt am Main, Bezirk Griesheim, Band 1, Blatt 3, lfd. Nr. 1 des Bestandsverzeichnisses, zu je einem ideellen Drittel. Das auf dem Grundstück noch zu errichtende Wohnhaus besteht aus je einer Wohnung im Parterre sowie im ersten und im zweiten Stockwerk.

Wir schließen folgenden Vertrag:

Die uns zustehenden Miteigentumsanteile zu je einem ideellen Drittel werden in der Weise beschränkt, dass

a) dem Erschienenen zu 1) das Sondereigentum an der im Parterre gelegenen Wohnung nebst den im Aufteilungsplan unter I bezeichneten Keller- und Speicherräumen eingeräumt wird;

b) dem Erschienenen zu 2) das Sondereigentum an der im ersten Stockwerk gelegenen Wohnung nebst den im Aufteilungsplan unter II bezeichneten Keller- und Speicherräume eingeräumt wird;

c) dem Erschienenen zu 3) das Sondereigentum an der im zweiten Stockwerk gelegenen Wohnung nebst den im Aufteilungsplan unter III bezeichneten Keller- und Speicherräumen eingeräumt wird.

Dem Erscheinen zu 1) wird außerdem das Sondernutzungsrecht an dem Pkw-Abstellplatz Nr. 1 eingeräumt.

II. Gemeinschaftsordnung

1. Hinsichtlich der Ordnung der Gemeinschaft der Wohnungseigentümer gelten grundsätzlich die gesetzlichen Bestimmungen, nämlich die §§ 10–29 des Wohnungseigentumsgesetzes sowie die Vorschriften des Bürgerlichen Gesetzbuches über die Gemeinschaft in ihrer jeweils geltenden Fassung.

2. In Ergänzung dazu wird vereinbart, dass ein Wohnungseigentümer zur Veräußerung seines Wohnungseigentums der Zustimmung der anderen Wohnungseigentümer gemäß § 12 WEG bedarf.

III. Eintragungsbewilligung und -antrag

Wir bewilligen und beantragen,

a) die Einräumung des Sondereigentums,
b) die vorstehenden Bestimmungen zu II 2. des Vertrages als Inhalt des Sondereigentums im Grundbuch einzutragen.

Es soll für jedes Wohnungseigentumsrecht ein besonderes Grundbuchblatt angelegt werden. Das alte Grundbuchblatt soll geschlossen werden. Die Kosten dieses Vertrages und seiner Durchführung tragen die Erschienenen zu je einem Drittel.

Vorgelesen, genehmigt und eigenhändig unterschrieben

Otto Schenk

Karl Huber

Georg Huber,

Franz Maier, Notar

(L. S.)

2 Muster 5.2: Begründung durch einseitige Teilungserklärung (§ 8 WEG)

Verhandelt zu Frankfurt am Main am 1.8.2007

Vor mir, dem unterzeichneten Notar Franz Meier

im Bezirk des Oberlandesgerichts Frankfurt am Main mit dem Amtssitz in Frankfurt am Main,

erschien heute:

der Geschäftsführer Herbert Huber, geb. 23.10.1962

Frankfurt am Main, Stadtweg 35.

Der Erschienene ist dem Notar von Person bekannt/hat sich ausgewiesen durch   .

Der Erschienene erklärt, dass er im Nachfolgenden seine Erklärung für die ABC Wohnungsbaugesellschaft mit beschränkter Haftung in Hanau, die im Handelsregister beim Amtsgericht in Hanau unter HRB 1234 eingetragen ist, abgibt, als deren alleinvertretungsberechtigter Geschäftsführer.

Der Erschienene erklärt, mit dem Antrag auf Beurkundung, folgende

Erklärung zur Begründung von Wohnungseigentum durch Teilung gemäß § 8 des Wohnungseigentumsgesetzes

I. Teilungserklärung

§ 1 Grundstück

Die ABC Wohnungsbaugesellschaft mit beschränkter Haftung in Hanau

– nachstehend als „Wohnungsunternehmen" bezeichnet –

ist Eigentümerin des Grundstücks in Frankfurt am Main,

Flur 4 Nr. 282/6, Bauplatz, Friedhofstraße, und

Flur 4 Nr. 282/15, Bauplatz, Friedhofstraße, mit 1492 qm,

eingetragen im Grundbuch von Frankfurt am Main, Band 164, Blatt 6217, lfd. Nr. 1 des Bestandsverzeichnisses.

Auf diesem Grundstück errichtet das Wohnungsunternehmen zwei Gebäude mit zusammen 12 Wohnungen und 12 Kfz-Abstellplätze im Freigelände.

§ 2 Teilung

Das Wohnungsunternehmen teilt das Eigentum an dem vorbezeichneten Grundstück gemäß § 8 WEG in Miteigentumsanteile in der Weise, dass mit jedem Miteigentumsanteil das Sondereigentum an einer in sich abgeschlossenen Wohnung zuzüglich Nebenräumen (Keller) zu Wohnungseigentum verbunden ist, wie folgt:

1. in einen Miteigentumsanteil von verbunden mit dem Sondereigentum an der Wohnung Nr. 1 im Haus 1 im Erdgeschoss links, mit einer Wohnfläche von 62,89 qm, bestehend aus: 2 Zimmern, Küche, Bad mit WC, Flur, Terrasse und Keller Nr. 1, 83/1000
2. in einen Miteigentumsanteil von verbunden mit dem Sondereigentum an der Wohnung Nr. 2 im Haus 1 im Erdgeschoss rechts, mit einer Wohnfläche von 61,16 qm, bestehend aus: 2 Zimmern, Küche, Bad mit WC, Flur, Terrasse und Keller Nr. 2, 80/1000
3. in einen Miteigentumsanteil von verbunden mit dem Sondereigentum an der Wohnung Nr. 3 im Haus 1 im I. Stock links, mit einer Wohnfläche von 62,89 qm, bestehend aus: 2 Zimmern, Küche, Bad mit WC, Flur, Loggia und Keller Nr. 3, 83/1000

4. in einen Miteigentumsanteil von verbunden mit dem Sondereigentum an der Wohnung Nr. 4 im Haus 1 im I. Stock rechts, mit einer Wohnfläche von 61,16 qm, bestehend aus: 2 Zimmern, Küche, Bad mit WC, Flur, Loggia und Keller Nr. 4, 80/1000
5. in einen Miteigentumsanteil von verbunden mit dem Sondereigentum an der Wohnung Nr. 5 im Haus 1 im II. Stock links, mit einer Wohnfläche von 62,89 qm, bestehend aus: 2 Zimmern, Küche, Bad mit WC, Flur, Loggia, und Keller Nr. 5, 83/1000
6. in einen Miteigentumsanteil von verbunden mit dem Sondereigentum an der Wohnung Nr. 6 im Haus 1 im II. Stock rechts, mit einer Wohnfläche von 61,16 qm, bestehend aus: 2 Zimmern, Küche, Bad mit WC, Flur, Loggia, und Keller Nr. 6, 81/1000
7. in einen Miteigentumsanteil von verbunden mit dem Sondereigentum an der Wohnung Nr. 7 im Haus 2 im Erdgeschoss links, mit einer Wohnfläche von 60,85 qm, bestehend aus: 2 Zimmern, Küche, Bad mit WC, Flur, Terrasse und Keller Nr. 7, 80/1000
8. in einen Miteigentumsanteil von verbunden mit dem Sondereigentum an der Wohnung Nr. 8 im Haus 2 im Erdgeschoss rechts, mit einer Wohnfläche von 68,68 qm, bestehend aus: 21/2 Zimmern, Küche, Bad, WC, Flur, Terrasse und Keller Nr. 8, 90/1000
9. in einen Miteigentumsanteil von verbunden mit dem Sondereigentum an der Wohnung Nr. 9 im Haus 2 im I. Stock links, mit einer Wohnfläche von 60,85 qm, bestehend aus: 2 Zimmern, Küche, Bad mit WC, Flur, Loggia und Keller Nr. 9, 80/1000
10. in einen Miteigentumsanteil von verbunden mit dem Sondereigentum an der Wohnung Nr. 10 im Haus 2 im I. Stock rechts, mit einer Wohnfläche von 68,68 qm, bestehend aus: 21/2 Zimmern, Küche, Bad, WC, Flur, Loggia und Keller Nr. 10, 90/1000
11. in einen Miteigentumsanteil von verbunden mit dem Sondereigentum an der Wohnung Nr. 11 im Haus 2 im II. Stock links, mit einer Wohnfläche von 60,85 qm, bestehend aus: 2 Zimmern, Küche, Bad mit WC, Flur, Loggia und Keller Nr. 11, 80/1000
12. in einen Miteigentumsanteil von verbunden mit dem Sondereigentum an der Wohnung Nr. 12 im Haus 2 im II. Stock rechts, mit einer Wohnfläche von 68,68 qm, bestehend aus: 21/2 Zimmern, Küche, Bad, WC, Flur, Loggia und Keller Nr. 12, 90/1000

Gesamtsumme: 1000/1000

Die Wohnungen und die Nebenräume sind im Aufteilungsplan mit den entsprechenden Nummern bezeichnet.

Aufteilungsplan und Bescheinigung der Baubehörde gemäß § 7 Abs. 4 WEG liegen vor.

§ 3 Gegenstand der Sondernutzungsrechte

Es werden folgende Sondernutzungsrechte gebildet: Dem jeweiligen Eigentümer der nachfolgend bezeichneten Wohnungen steht das ausschließliche Nutzungsrecht an nachfolgend bezeichneten

Kfz-Abstellplätzen im Freigelände zu:

Wohnung Nr. 1 – Kfz-Abstellplatz Nr. 1,
Wohnung Nr. 2 – Kfz-Abstellplatz Nr. 2,
Wohnung Nr. 3 – Kfz-Abstellplatz Nr. 3,
Wohnung Nr. 4 – Kfz-Abstellplatz Nr. 4,
Wohnung Nr. 5 – Kfz-Abstellplatz Nr. 5,
Wohnung Nr. 6 – Kfz-Abstellplatz Nr. 6,
Wohnung Nr. 7 – Kfz-Abstellplatz Nr. 7,
Wohnung Nr. 8 – Kfz-Abstellplatz Nr. 8,
Wohnung Nr. 9 – Kfz-Abstellplatz Nr. 9,
Wohnung Nr. 10 – Kfz-Abstellplatz Nr. 10,
Wohnung Nr. 11 – Kfz-Abstellplatz Nr. 11 und
Wohnung Nr. 12 – Kfz-Abstellplatz Nr. 12.

Die Sondernutzungsrechte sind im Aufteilungsplan mit den entsprechenden Nummern bezeichnet.

II. Bestimmungen über das Verhältnis der Wohnungseigentümer untereinander und über die Verwaltung (Gemeinschaftsordnung)

§ 4 Grundsatz

Das Verhältnis der Wohnungseigentümer untereinander bestimmt sich nach den Vorschriften der §§ 10 bis 29 des WEG, soweit im Folgenden nicht etwas anderes geregelt ist.

§ 5 Sondernutzungsrechte

Die jeweiligen Eigentümer sind zur Instandhaltung, Instandsetzung und Verkehrssicherung des ihnen jeweils zugeordneten Sondernutzungsbereichs auf eigene Kosten verpflichtet.

§ 6 Gebrauch des Wohnungseigentums

(1) Zur Ausübung eines Gewerbes oder Berufes in der Eigentumswohnung bedarf der Wohnungseigentümer der schriftlichen Einwilligung des Verwalters; diese kann unter Auflagen erteilt werden. Der Verwalter kann die Einwilligung nur aus einem wichtigen Grund verweigern. Als wichtiger Grund ist insbesondere anzusehen, wenn die Ausübung des Gewerbes oder Berufes eine unzumutbare Beeinträchtigung anderer Wohnungseigentümer oder eine übermäßige Abnutzung des gemeinschaftlichen Eigentums mit sich bringt. Die Zustimmung kann widerrufen werden, wenn nachträglich eine unzumutbare Beeinträchtigung anderer Wohnungseigentümer oder eine übermäßige Abnutzung des gemeinschaftlichen Eigentums eintritt oder Auflagen nicht beachtet werden. Verweigert der Verwalter die Einwilligung, erteilt er sie unter Auflagen oder widerruft er sie, so kann seine Entscheidung durch Mehrheitsbeschluss der Eigentümerversammlung korrigiert werden.

(2) Die Gebrauchsüberlassung an Dritte ist nur zulässig, soweit sich die Nutzung im Rahmen dieser Gemeinschaftsordnung hält. Die Gebrauchsüberlassung an Dritte ist dem Verwalter unverzüglich schriftlich mitzuteilen.

(3) Art und Weise der Ausübung der dem Wohnungseigentümer zustehenden Rechte zur Nutzung des Sondereigentums und zur Mitbenutzung des gemeinschaftlichen Eigentums werden durch die vom Verwalter aufgestellte und von der Eigentümerversammlung mit Mehrheit beschlossene Hausordnung geregelt, soweit nach dem Gegenstand der Regelung nicht eine Vereinbarung aller Wohnungseigentümer erforderlich ist. Die Bestimmungen dieser Hausordnung können durch Mehrheitsbeschluss der Eigentümerversammlung geändert werden.

§ 7 Übertragung des Wohnungseigentums

(1) Die Veräußerung des Wohnungseigentums bedarf der Zustimmung des Verwalters. Dies gilt nicht für die Veräußerung:

a) beim Erstverkauf durch das Wohnungsunternehmen,
b) im Wege der Zwangsvollstreckung,
c) durch Insolvenzverwalter,
d) durch Gläubiger dinglich gesicherter Darlehen, wenn sie ein von ihnen erworbenes Wohnungseigentum weiter veräußern.

(2) Erteilt der Verwalter die Zustimmung nicht, so kann diese durch Mehrheitsbeschluss der Eigentümerversammlung ersetzt werden.

(3) Der jeweilige rechtsgeschäftliche Erwerber haftet für Hausgeldrückstände (Abrechnungsfehlbeträge, Wohngeld und Sonderumlagen) des Veräußerers.

§ 8 Instandhaltung/Bauliche Änderung

(1) Die Instandhaltung der zum gemeinschaftlichen Eigentum gehörenden Teile des Gebäudes und des Grundstücks obliegt der Gemeinschaft der Wohnungseigentümer; sie ist vom Verwalter durchzusetzen.

(2) Die Wohnungseigentümer sind zur Ansammlung einer Instandhaltungsrückstellung für das gemeinschaftliche Eigentum verpflichtet. Zu diesem Zweck ist jährlich ein angemessener Betrag zu entrichten. Aus dieser Rückstellung werden die Kosten für die Instandhaltung und Instandsetzung des gemeinschaftlichen Eigentums bestritten. Falls die vorhandene Rückstellung nicht ausreicht, die Kosten für beschlossene oder dringend notwendige Arbeiten zu decken, sind die Wohnungseigentümer verpflichtet, Nachzahlung zu leisten. Entnahmen aus der Instandhaltungsrückstellung zu anderen Zwecken als für die Instandhaltung oder Instandsetzung des gemeinschaftlichen Eigentums bedürfen der Zustimmung aller Wohnungseigentümer.

(3) Der Wohnungseigentümer ist verpflichtet, die dem Sondereigentum unterliegenden Teile des Gebäudes so instand zu halten, dass dadurch keinem der anderen Wohnungseigentümer über das bei einem geordneten Zusammenleben unvermeidliche Maß hinaus ein Nachteil erwächst.

(4) Die Behebung von Glasschäden an im gemeinschaftlichen Eigentum stehenden Fenstern und Türen im räumlichen Bereich des Sondereigentums obliegt ohne Rücksicht auf die Ursache des Schadens dem Wohnungseigentümer auf seine Kosten.

(5) Im Übrigen gilt § 22 Wohnungseigentumsgesetz.

§ 9 Anzeigepflicht des Wohnungseigentümers, Besichtigungsrecht des Verwalters

(1) Der Wohnungseigentümer ist verpflichtet, von ihm bemerkte Mängel und Schäden am Grundstück oder Gebäude, deren Beseitigung den Wohnungseigentümern gemeinschaftlich obliegt, dem Verwalter unverzüglich anzuzeigen.

(2) Der Verwalter ist berechtigt, in angemessenen zeitlichen Abständen von mindestens zwei Jahren nach vorheriger Anmeldung den Zustand der Wohnung auf Instandhaltungsarbeiten im Sinne von § 8 Abs. 3 und den Zustand der sich im Bereich des Sondereigentums befindlichen Teile des gemeinschaftlichen Eigentums überprüfen zu lassen. Aus wichtigem Grund ist die Überprüfung auch sonst zulässig.

§ 10 Mehrheit von Berechtigten an einem Wohnungseigentum

Steht das Wohnungseigentum mehreren Personen zu, so haben diese dem Verwalter schriftlich einen Bevollmächtigten zur Entgegennahme und Abgabe von Willenserklärungen und Zustellungen, die im Zusammenhang mit dem Wohnungseigentum stehen, zu benennen. Bei unterbliebener Benennung genügt die Entgegennahme und Abgabe gegenüber einem Mitberechtigten.

§ 11 Wohngeld, Lasten und Kosten

(1) Die Vorauszahlungen auf die laufenden Kosten und Lasten werden aufgrund eines jährlich aufzustellenden Wirtschaftsplanes ermittelt. Der auf den einzelnen Wohnungseigentümer entfallende Anteil (Wohngeld) ist in monatlichen Raten bis zum 3. Werktag eines jeden Monats in der durch Mehrheitsbeschluss der Eigentümerversammlung festzulegenden Form zu zahlen. Gerät ein Wohnungseigentümer hinsichtlich des Wohngeldes für eine bestimmte Wohnung mit einem Betrag in Rückstand, der in Summe zwei Monatsraten übersteigt, kann der Verwalter den nach beschlossenem Wirtschaftsplan für diese Wohnung geschuldeten Jahresbetrag vorzeitig fällig stellen. Den Zeitpunkt der Vorfälligkeit bestimmt der Verwalter.

(2) Für die Ermittlung des Wohngeldes gelten derzeit folgende Verteilungsschlüssel:

a) Die Kosten für die zentrale Heizungs- und Warmwasserversorgung des Sondereigentums werden nach der Heizkostenverordnung in der jeweils gültigen Fassung mit 70 % nach Verbrauch, mit 30 % nach dem Verhältnis der Wohnfläche umgelegt.

b) Im Übrigen werden die Betriebskosten wie folgt umgelegt: nach Miteigentumsanteilen. Dies gilt nicht für Kosten der Müllabfuhr, die von dem Entsorgungsunternehmen den Wohnungseigentümern unmittelbar und einzeln als Kosten des Sondereigentums in Rechnung gestellt werden.

c) Die Verwaltungskosten und die Kosten der Nutzung einer gemeinschaftlichen Rundfunk- und Fernsehempfangsanlage sind für jedes Wohnungseigentum gleich zu bemessen.

d) Der Betrag für Instandhaltung einschließlich Instandhaltungsrückstellung errechnet sich wie folgt: 4,00 EUR pro Quadratmeter Wohnfläche jährlich.

§ 12 Wirtschaftsplan und Abrechnung

(1) Der Verwalter hat jeweils für ein Wirtschaftsjahr einen Wirtschaftsplan und eine Abrechnung zu erstellen. Das Wirtschaftsjahr ist das Kalenderjahr.

(2) Fehlbeträge des Wohngeldes aus der Abrechnung sind vom Wohnungseigentümer spätestens einen Monat nach der Beschlussfassung über die Abrechnung nachzuleisten. In der Abrechnung ausgewiesene Überzahlungen können mit den laufenden Wohngeldzahlungen verrechnet werden.

(3) Eine Aufrechnung durch die Wohnungseigentümer ist ausgeschlossen, soweit nicht unbestrittene oder rechtskräftig festgestellte Forderungen geltend gemacht werden; Abs. 2 S. 2 bleibt unberührt.

(4) Mit der Einladung zur Eigentümerversammlung, in der über den Wirtschaftsplan oder die Abrechnung beschlossen werden soll, ist jedem Wohnungseigentümer der Gesamtwirtschaftsplan bzw. die Gesamtabrechnung und der sein Wohnungseigentum betreffende Einzelwirtschaftsplan bzw. die dieses betreffende Einzelabrechnung zu übersenden. In die Abrechnungsunterlagen sowie die Einzelpläne bzw. –Abrechnungen für die anderen Wohnungseigentumsrechte ist ihm auf sein Verlangen rechtzeitig vor der Beschlussfassung Einsicht zu gewähren.

§ 13 Versicherungen

(1) Für das Sondereigentum und das gemeinschaftliche Eigentum als Ganzes werden folgende Versicherungen abgeschlossen:

a) Eine Versicherung gegen Inanspruchnahme aus der gesetzlichen Haftpflicht der Gemeinschaft der Wohnungseigentümer, aus dem gemeinschaftlichen Eigentum am Grundstück,

b) eine Gebäudefeuerversicherung,

c) eine Versicherung gegen die Haftpflicht bei Gewässerschäden, sofern Öltanks zum Gemeinschaftseigentum gehören,

d) eine Leitungswasser-, Sturm- und Hagelschadenversicherung.

(2) Die Sachversicherungen sind zum gleitenden Neuwert, die Haftpflichtversicherung in angemessener Höhe abzuschließen.

§ 14 Eigentümerversammlung

(1) Außer in den Fällen des § 24 Abs. 1 und 2 WEG beruft der Verwalter eine Wohnungseigentümerversammlung ein, wenn in den Fällen des § 6 Abs. 1 und 2, § 7 Abs. 2 der betroffene Wohnungseigentümer es verlangt. Bei der Einladung ist die Tagesordnung mitzuteilen.

(2) Für die Ordnungsmäßigkeit der Einberufung genügt die Absendung an die Anschrift, die dem Verwalter von dem Wohnungseigentümer zuletzt mitgeteilt worden ist.

(3) Die Wohnungseigentümerversammlung ist beschlussfähig, wenn mehr als die Hälfte der Stimmrechte anwesend oder vertreten sind. Die Einberufung zu der in § 25 Abs. 4 vorgesehenen Wiederholungsversammlung

kann schon zusammen mit der Einberufung einer Wohnungseigentümerversammlung für den Fall ihrer Beschlussunfähigkeit erfolgen.

Das Stimmrecht bestimmt sich nach Wohnungen; pro Wohnung eine Stimme.

(4) Beschlüsse über Maßnahmen, die nur eines der beiden Gebäude betreffen, können diejenigen Wohnungseigentümer, deren Sondereigentum in dem betreffenden Gebäude gelegen ist, allein fassen, wenn dies nicht den Interessen der gesamten Wohnungseigentümergemeinschaft widerspricht.

(5) Bei der Feststellung der Stimmenmehrheit wird von der Zahl der abgegebenen Stimmen ausgegangen, Stimmenthaltungen gelten als nicht abgegebene Stimmen.

§ 15 Verwalter

(1) Als erster Verwalter ist
Betriebswirt Gustav Hoch,
Stadtweg 35,
Frankfurt am Main
bestellt. Die Bestellung endet mit Ablauf von drei Jahren nach der Begründung von Wohnungseigentum.

(2) Die vorzeitige Abberufung eines Verwalters setzt einen wichtigen Grund voraus.

(3) Die Rechte und Pflichten des Verwalters ergeben sich aus dem sowie aus den Bestimmungen dieser Gemeinschaftsordnung und des abzuschließenden Verwaltervertrages.

(4) Der Verwalter ist von den Bestimmungen des § 181 BGB – soweit gesetzlich zulässig – befreit.

§ 16 Verwaltungsbeirat

Die Wohnungseigentümer wählen mit Stimmenmehrheit die Mitglieder des Verwaltungsbeirats, der aus drei Wohnungseigentümern gebildet wird. Die Mitglieder bestimmen mit Mehrheit einen von ihnen zum Vorsitzenden. Die Mitglieder des Verwaltungsbeirats sind zur Einsichtnahme in alle Bücher und Schriften des Verwalters berechtigt. Seine Mitglieder haben keinen Anspruch auf Entschädigung und Aufwendungsersatz.

III. Eintragungsbewilligung und -antrag

Die ABC Wohnungsbaugesellschaft mit beschränkter Haftung in Hanau bewilligt und beantragt,
im Grundbuch von Frankfurt am Main

Flur 4 Nr. 282/6, Bauplatz, Friedhofstraße und

Flur 4 Nr. 282/15, Bauplatz, Friedhofstraße mit 1492 qm, einzutragen:

a) die Teilung des Grundstücks in 12 Wohnungseigentumsrechte gemäß § 2 der Teilungserklärung,

b) die Bestimmungen gemäß §§ 3 bis 16 der Teilungserklärung als Inhalt des Sondereigentums. Der Eigentümer beantragt weiter, die zu erteilenden Eintragungsnachrichten an den amtierenden Notar u. an ihn zu senden.

Das Protokoll wurde dem Erschienenen vorgelesen, von ihm genehmigt und, wie folgt, eigenhändig unterschrieben:

gez. *Herbert Huber*

gez. *Franz Meier*, Notar

II. Begründung des Wohnungserbbaurechts

Muster 5.3: Begründung durch vertragliche Teilungserklärung (§ 30 Abs. 1 WEG)

Verhandelt zu Frankfurt am Main, am 1.8.2007

Vor mir, dem unterzeichneten Notar Franz Maier

im Bezirk des Oberlandesgerichts Frankfurt mit dem Amtssitz in Frankfurt am Main, erschienen heute:

1. der Kaufmann Otto Schenk, geb. 1.3.1958, Frankfurt am Main, Hauptstr. 1
2. der Malermeister Karl Huber, geb. 12.7.1956, Frankfurt am Main, Stadtweg 35
3. der Student Georg Huber, geb. 28.3.1980, Frankfurt am Main, Stadtweg 35

Die Erschienenen sind dem Notar persönlich bekannt/haben sich jeweils ausgewiesen durch

Die Erschienenen erklärten:

I. Teilungserklärung

Wir sind die Mitberechtigten zu je einem ideellen Drittel des im Erbbaugrundbuch von Frankfurt am Main, Bezirk Griesheim, Band 1, Blatt 3 unter lfd. Nr. 1 des Bestandsverzeichnisses eingetragenen Erbbaurechts. Das auf dem mit dem Erbbaurecht belasteten Grundstück in Ausübung des Erbbaurechts noch zu errichtende Wohnhaus besteht aus je einer Wohnung im Parterre sowie im ersten und im zweiten Stockwerk.

Wir schließen folgenden Vertrag:
Die uns zustehenden Erbbaurechtsanteile zu je einem ideellen Drittel werden in der Weise beschränkt, dass
a) dem Erschienenen zu 1) das Sondereigentum an der im Parterre gelegenen Wohnung nebst den im Aufteilungsplan unter I bezeichneten Keller- und Speicherräumen eingeräumt wird;
b) dem Erschienenen zu 2) das Sondereigentum an der im ersten Stockwerk gelegenen Wohnung nebst den im Aufteilungsplan unter II bezeichneten Keller- und Speicherräume eingeräumt wird;
c) dem Erschienenen zu 3) das Sondereigentum an der im zweiten Stockwerk gelegenen Wohnung nebst den im Aufteilungsplan unter III bezeichneten Keller- und Speicherräumen eingeräumt wird.
Dem Erscheinen zu 1) wird außerdem das Sondernutzungsrecht an dem Pkw-Abstellplatz Nr. 1 eingeräumt.

II. Gemeinschaftsordnung
Hinsichtlich der Ordnung der Gemeinschaft der Wohnungserbbauberechtigten gelten grundsätzlich die gesetzlichen Bestimmungen, nämlich § 30 in Verbindung mit §§ 10–29 des Wohnungseigentumsgesetzes sowie die Vorschriften des Bürgerlichen Gesetzbuches über die Gemeinschaft in ihrer jeweils geltenden Fassung.
In Ergänzung dazu wird vereinbart, dass ein Wohnungserbbauberechtigter zur Veräußerung seines Wohnungseigentums der Zustimmung der anderen Wohnungseigentümer gemäß § 12 WEG bedarf.

III. Eintragungsbewilligung und -antrag
Wir bewilligen und beantragen,
a) die Einräumung des Sondereigentums,
b) die vorstehenden Bestimmungen zu II. des Vertrages als Inhalt des Sondereigentums im Grundbuch einzutragen.

Es soll für jedes Wohnungserbbaurecht ein besonderes Grundbuchblatt angelegt werden. Das alte Grundbuchblatt soll geschlossen werden. Die Kosten dieses Vertrages und seiner Durchführung tragen die Erschienenen zu je einem Drittel.
Vorgelesen, genehmigt und eigenhändig unterschrieben

Otto Schenk

Karl Huber

Georg Huber,

Franz Maier, Notar

(L. S.)

Muster 5.4: Begründung durch einseitige Teilungserklärung (§ 30 Abs. 2 WEG)

Verhandelt zu Frankfurt am Main am 1.8.2007
Vor mir, dem unterzeichneten Notar Franz Meier
im Bezirk des Oberlandesgerichts Frankfurt am Main mit dem Amtssitz in Frankfurt am Main,
erschien heute:
der Geschäftsführer Herbert Huber, geb. 23.10.1962
Frankfurt am Main, Stadtweg 35.
Der Erschienene ist dem Notar von Person bekannt/hat sich ausgewiesen durch ▬▬▬.
Der Erschienene erklärt, dass er im Nachfolgenden seine Erklärung für die ABC Wohnungsbaugesellschaft mit beschränkter Haftung in Hanau, die im Handelsregister beim Amtsgericht in Hanau unter HRB 1234 eingetragen ist, abgibt, als deren alleinvertretungsberechtigter Geschäftsführer.
Der Erschienene erklärt, mit dem Antrag auf Beurkundung, folgende
Erklärung zur Begründung von Wohnungseigentum durch Teilung gemäß §§ 30 Abs. 2, 8 des Wohnungseigentumsgesetzes

I. Teilungserklärung

§ 1 Erbbaurecht
Die ABC Wohnungsbaugesellschaft mit beschränkter Haftung in Hanau
– nachstehend als „Wohnungsunternehmen" bezeichnet –
ist Berechtigte des im Erbbaugrundbuch von Frankfurt am Main, Band 164, Blatt 6217, lfd. Nr. 1 des Bestandsverzeichnisses eingetragenen Erbbaurechts.
Auf dem mit dem Erbbaurecht belasteten Grundstück ist in Ausübung des Erbbaurechts ein Gebäude mit 4 Wohnungen und 4 Kfz-Abstellplätzen im Freigelände errichtet.

§ 2 Teilung

Das Wohnungsunternehmen teilt das Erbbaurecht gemäß §§ 30, 8 WEG in Miterbbaurechtsanteile in der Weise, dass mit jedem Anteil das Sondereigentum an einer in sich abgeschlossenen Wohnung zuzüglich Nebenräumen (Keller) zu Wohnungserbbaurecht verbunden ist, wie folgt:

1. in einen Miterbbaurechtsanteil von 30/100stel verbunden mit dem Sondereigentum an der Wohnung Nr. 1 im Erdgeschoss links mit einer Wohnfläche von 150 qm, und dem Keller Nr. 1 (Nr. 1 des Aufteilungsplans)
2. in einen Miterbbaurechtsanteil von 15/100stel verbunden mit dem Sondereigentum an der Wohnung Nr. 2 im Erdgeschoss rechts mit einer Wohnfläche von 75 qm, und dem Keller Nr. 2 (Nr. 2 des Aufteilungsplans)
3. in einen Miterbbaurechtsanteil von 40/100stel verbunden mit dem Sondereigentum an der Wohnung Nr. 3 im 1. Obergeschoss links mit einer Wohnfläche von 200 qm, und dem Keller Nr. 3 (Nr. 3 des Aufteilungsplans)
4. in einen Miterbbaurechtsanteil von 15/100stel verbunden mit dem Sondereigentum an der Wohnung Nr. 4 im 1. Obergeschoss rechts mit einer Wohnfläche von 75 qm, und dem Keller Nr. 4 (Nr. 4 des Aufteilungsplans)

Aufteilungsplan und Bescheinigung der Baubehörde gemäß § 7 Abs. 4 WEG liegen vor.

§ 3 Gegenstand der Sondernutzungsrechte

Es werden folgende Sondernutzungsrechte gebildet: Dem jeweiligen Eigentümer der nachfolgend bezeichneten Wohnungen steht das ausschließliche Nutzungsrecht an nachfolgend bezeichneten Kfz-Abstellplätzen im Freigelände zu:

Wohnung Nr. 1 – Kfz-Abstellplatz Nr. 1,
Wohnung Nr. 2 – Kfz-Abstellplatz Nr. 2,
Wohnung Nr. 3 – Kfz-Abstellplatz Nr. 3,
Wohnung Nr. 4 – Kfz-Abstellplatz Nr. 4,

Die Sondernutzungsrechte sind im Aufteilungsplan mit den entsprechenden Nummern bezeichnet.

II. Bestimmungen über das Verhältnis der Wohnungseigentümer untereinander und über die Verwaltung (Gemeinschaftsordnung)

§ 4 Grundsatz

Das Verhältnis der Wohnungseigentümer untereinander bestimmt sich nach den Vorschriften der §§ 10 bis 29 des WEG, soweit im Folgenden nicht etwas anderes geregelt ist.

§ 5 Ausübung eines Gewerbes oder Berufes

Zur Ausübung eines Gewerbes oder Berufes im Sondereigentum bedarf der Wohnungserbbauberechtigte der schriftlichen Einwilligung des Verwalters; diese kann unter Auflagen erteilt werden. Der Verwalter kann die Einwilligung nur aus einem wichtigen Grund verweigern. Als wichtiger Grund ist insbesondere anzusehen, wenn die Ausübung des Gewerbes oder Berufes eine unzumutbare Beeinträchtigung anderer Wohnungserbbauberechtigter oder eine übermäßige Abnutzung des gemeinschaftlichen Eigentums mit sich bringt. Die Zustimmung kann widerrufen werden, wenn nachträglich eine unzumutbare Beeinträchtigung anderer Wohnungserbbauberechtigter oder eine übermäßige Abnutzung des gemeinschaftlichen Eigentums eintritt oder Auflagen nicht beachtet werden. Verweigert der Verwalter die Einwilligung, erteilt er sie unter Auflagen oder widerruft er sie, so kann seine Entscheidung durch Mehrheitsbeschluss der Versammlung der Wohnungserbbauberechtigten korrigiert werden.

§ 6 Übertragung des Wohnungserbbaurechts

(1) Die Veräußerung des Wohnungserbbaurechts bedarf der Zustimmung des Verwalters. Dies gilt nicht für die Veräußerung:

a) beim Erstverkauf durch das Wohnungsunternehmen,
b) im Wege der Zwangsvollstreckung,
c) durch Insolvenzverwalter,
d) durch Gläubiger dinglich gesicherter Darlehen, wenn sie ein von ihnen erworbenes Wohnungserbaurecht weiter veräußern.

(2) Erteilt der Verwalter die Zustimmung nicht, so kann diese durch Mehrheitsbeschluss der Versammlung der Wohnungserbbauberechtigten ersetzt werden.

§ 7 Mehrheit von Berechtigten an einem Wohnungserbbaurecht

Steht das Wohnungserbbaurecht mehreren Personen zu, so haben diese dem Verwalter schriftlich einen Bevollmächtigten zur Entgegennahme und Abgabe von Willenserklärungen und Zustellungen, die im Zusammenhang mit dem Wohnungserbbaurecht stehen, zu benennen. Bei unterbliebener Benennung genügt die Entgegennahme und Abgabe gegenüber einem Mitberechtigten.

§ 8 Versammlung der Wohnungserbbauberechtigten

(1) Die Versammlung der Wohnungserbbauberechtigten ist beschlussfähig, wenn mehr als die Hälfte der Stimmrechte anwesend oder vertreten sind. Die Einberufung zu der in § 25 Abs. 4 vorgesehenen Wiederholungsver-

sammlung kann schon zusammen mit der Einberufung einer Versammlung der Wohnungserbbauberechtigten für den Fall ihrer Beschlussunfähigkeit erfolgen.

(2) Das Stimmrecht bestimmt sich nach Wohnungserbbaurechten; pro Wohnungserbbaurecht eine Stimme.

III. Eintragungsbewilligung und -antrag

Die ABC Wohnungsbaugesellschaft mit beschränkter Haftung in Hanau bewilligt und beantragt,

a) die Einräumung des Sondereigentums,

b) die vorstehenden Bestimmungen zu II. Vertrages als Inhalt des Sondereigentums im Grundbuch einzutragen.

Es soll für jedes Wohnungserbbaurecht ein besonderes Grundbuchblatt angelegt werden. Das alte Grundbuchblatt soll geschlossen werden.

Das Protokoll wurde dem Erschienenen vorgelesen, von ihm genehmigt und, wie folgt, eigenhändig unterschrieben:

gez. *Herbert Huber*

gez. *Franz Meier*, Notar

III. Änderung von Gegenstand und Inhalt

Muster 5.5: Nachträgliche Änderung der Miteigentumsanteile

Verhandelt zu Frankfurt am Main am 1.8.2007

Vor mir, dem unterzeichneten Notar Franz Maier im Bezirk des Oberlandesgerichts Frankfurt am Main mit dem Amtssitz in Frankfurt am Main, erschienen heute:

1. der Kaufmann Otto Schenk, geb. 1.3.1958, Frankfurt am Main, Hauptstr. 1
2. der Malermeister Karl Huber, geb. 12.7.1956, Frankfurt am Main, Stadtweg 35
3. der Student Georg Huber, geb. 28.3.1980, Frankfurt am Main, Stadtweg 35

Die Erschienenen sind dem Notar persönlich bekannt/haben sich jeweils ausgewiesen durch Vorlage eines amtlichen, mit Lichtbild versehenen Ausweises, z.B. Reisepass, Personalausweis, Führerschein, Dienstausweis.

Die Erschienenen erklärten:

Wir sind Eigentümer der in den Wohnungsgrundbüchern von Frankfurt am Main, Bezirk Griesheim, Band 1, Blatt 1–3, jeweils unter lfd. Nr. 1 des Bestandsverzeichnisses eingetragenen Wohnungseigentumsrechte. Jedem von uns steht ein Miteigentumsanteil von einem Drittel an dem Grundstück, verbunden mit dem Sondereigentum an der Wohnung im Parterre bzw. im ersten Stockwerk bzw. im zweiten Stockwerk zu.

Wir wollen die uns zustehenden ideellen Anteile von je einem Drittel am Eigentum des Grundstücks den tatsächlichen Beteiligungsverhältnissen an dem Grundstück anpassen. Aus diesem Grunde vereinbaren wir:

a) Der Erschienene zu 1) soll einen ideellen Anteil von 3/10 an dem Eigentum des Grundstücks, verbunden mit dem Sondereigentum an der Wohnung im Parterre, haben.

b) Der Erschienene zu 2) soll einen ideellen Anteil von 4/10 an dem Eigentum des Grundstücks, verbunden mit dem Sondereigentum an der Wohnung im ersten Stockwerk, haben.

c) Der Erschienene zu 3) soll einen ideellen Anteil von 3/10 am Eigentum des Grundstücks, verbunden mit dem Sondereigentum an der Wohnung im zweiten Stockwerk, haben.

Sodann erklärten die Erschienenen die Auflassung wie folgt:

Wir sind uns darüber einig, dass die ideellen Anteile am Eigentum des Grundstücks, verbunden mit dem Sondereigentum der jeweiligen Wohnung wie vorstehend aufgeführt, auf die Erschienenen übergehen sollen. Wir bewilligen und beantragen die Eintragung dieser Veränderung im Bestandsverzeichnis und in Abteilung I der Wohnungsgrundbücher.

Die Kosten dieses Vertrages und seiner Durchführung trägt

der Erschienene zu 1) zu Größe seines neuen Miteigentumsbruchteils, der Erschienene zu 2) zu ▮▮▮▮▮, der Erschienene zu 3) zu ▮▮▮▮▮,

Der Notar wies die Erschienenen darauf hin, dass die Änderung der Miteigentumsanteile von den Personen, denen ein Grundpfandrecht an den Wohnungseigentumsrechten zusteht, genehmigt werden muss. Die Erschienenen beauftragen den Notar, diese Genehmigungen einzuholen und sie dem Grundbuchamt in öffentlich beglaubigter Form einzureichen.

Der Notar wies die Erschienenen weiter darauf hin, dass die Eintragung der Eigentumsänderung durch das Grundbuchamt von der Vorlage einer Unbedenklichkeitsbescheinigung des Finanzamtes abhängig ist.

Vorgelesen, genehmigt und eigenhändig unterschrieben:
Otto Schenk
Karl Huber
Georg Huber
Franz Meier, Notar
(L. S.)

6 Muster 5.6: Nachträgliche Umwandlung von Sondereigentum in gemeinschaftliches Eigentum

Verhandelt zu Frankfurt am Main am 1.8.2007

Vor mir, dem unterzeichneten Notar Franz Maier im Bezirk des Oberlandesgerichts Frankfurt am Main mit dem Amtssitz in Frankfurt am Main, erschienen heute:

1. der Kaufmann Otto Schenk, geb. 1.3.1958, Frankfurt am Main, Hauptstr. 1
2. der Malermeister Karl Huber, geb. 12.7.1956, Frankfurt am Main, Stadtweg 35
3. der Student Georg Huber, geb. 28.3.1980, Frankfurt am Main, Stadtweg 35

Die Erschienenen sind dem Notar persönlich bekannt/ausgewiesen durch

Die Erschienenen erklärten:

Wir sind Eigentümer der in den Wohnungsgrundbüchern von Frankfurt am Main, Bezirk Griesheim, Band 1, Blatt 1–3, jeweils unter lfd. Nr. 1 des Bestandsverzeichnisses eingetragenen Wohnungseigentumsrechte. Jedem von uns steht ein Miteigentumsanteil von einem Drittel an dem Grundstück, verbunden mit dem Sondereigentum an der Wohnung im Parterre bzw. im ersten Stockwerk bzw. im zweiten Stockwerk zu.

Zu dem Sondereigentum gehören die im Aufteilungsplan mit Nr. 1 bis 3 bezeichneten Garagen in einer Garagenzeile.

Wir wollen die im Sondereigentum des Erschienen zu 1) stehende Garage Nr. 1 in gemeinschaftliches Eigentum überführen, um sie zu Zwecken der Gemeinschaft (z.B. Geräteraum) zu nutzen. Aus diesem Grunde erklären wir die Auflassung wie folgt:

Wir sind uns darüber einig, dass das Sondereigentum an der im Aufteilungsplan mit Nr. 1 bezeichneten Garage aufgehoben wird und diese Garage zum Gegenstand des gemeinschaftlichen Eigentums wird.

Wir bewilligen und beantragen die Eintragung dieser Eigentumsänderung in den Wohnungsgrundbüchern.

Die Kosten dieses Vertrages und seiner Durchführung tragen die Erschienenen zu 2) und 3).

Der Notar wies die Erschienenen darauf hin, dass die Eigentumsänderung von den Grundpfandgläubigern am Wohnungseigentum des Erschienenen zu 1) genehmigt werden muss. Die Erschienenen beauftragen den Notar, diese Genehmigungen einzuholen und sie dem Grundbuchamt in öffentlich beglaubigter Form einzureichen.

Der Notar wies die Erschienenen weiter darauf hin, dass die Eintragung der Eigentumsänderung durch das Grundbuchamt von der Vorlage einer Unbedenklichkeitsbescheinigung des Finanzamtes abhängig ist.

Vorgelesen, genehmigt und eigenhändig unterschrieben:
Otto Schenk
Karl Huber
Georg Huber
Franz Meier, Notar
(L. S.)

7 Muster 5.7: Änderung einer Vereinbarung bezüglich des Stimmrechts

Vereinbarung

1. des Kaufmanns Otto Schenk, geb. 1.3.1958, Frankfurt am Main, Hauptstr. 1
2. des Malermeisters Karl Huber, geb. 12.7.1956, Frankfurt am Main, Stadtweg 35
3. des Studenten Georg Huber, geb. 28.3.1980, Frankfurt am Main, Stadtweg 35
4. der Hausfrau Helga Schulze, geb. 9.2.1974, Frankfurt am Main, Stadtweg 35

Wir sind Eigentümer der in dem Grundbuch von Frankfurt am Main, Bezirk Griesheim, Band 1, Blatt 3 bis 6 jeweils unter lfd. Nr. 1 der Bestandsverzeichnisse eingetragenen Wohnungseigentumsrechte. Die Wohnungseigentumsrechte haben unterschiedliche Miteigentumsanteile. In der zum Inhalt des Sondereigentums gemachten Gemeinschaftsordnung ist das Stimmrecht in der Weise geregelt, dass jedes Wohnungseigentumsrecht eine Stimme hat. Im Hinblick auf die erheblichen Unterschiede in der Größe der Wohnflächen, die sich in der Größe der Miteigentumsanteile niederschlagen, vereinbaren wir, dass sich das Stimmrecht in Zukunft nach der Größe der Miteigentumsanteile richtet und je 1/100 Miteigentumsanteil eine Stimme hat.

Wir bewilligen und beantragen diese Änderung der Gemeinschaftsordnung als Inhalt des Sondereigentums in den Wohnungsgrundbüchern einzutragen.

Otto Schenk

Karl Huber

Georg Huber

Helga Schulze

(Notarieller Beglaubigungsvermerk)

Muster 5.8: Übertragung eines Sondernutzungsrechts

Verhandelt zu Frankfurt am Main am 1.8.2007

Vor mir, dem unterzeichneten Notar Franz Meier im Bezirk des Oberlandesgerichts Frankfurt am Main mit dem Amtssitz in Frankfurt am Main, erschienen heute:

1. der Kaufmann Otto Schenk, geb. 1.3.1958, Frankfurt am Main, Hauptstr. 1
2. der Maler Hans Huber, geb. 11.12.1944, Darmstadt, Stadtweg 2.

Die Erschienenen sind dem Notar persönlich bekannt/haben sich jeweils ausgewiesen durch   .

Die Erschienenen erklärten:

Der Erschienene zu 1. ist Eigentümer des im Wohnungsgrundbuch von Frankfurt am Main Bezirk 1, Band 12, Blatt 320, lfd. Nr. 1 des Bestandsverzeichnisses eingetragenen Wohnungseigentums. Zum eingetragenen Inhalt des Sondereigentums gehört das Sondernutzungsrecht an dem im Aufteilungsplan eingezeichneten Pkw-Abstellplatz Nr. 1.

Der Erschienene zu 2. ist Eigentümer des im Wohnungsgrundbuch von Frankfurt am Main Bezirk 1, Band 12, Blatt 321, lfd. Nr. 1 des Bestandsverzeichnisses eingetragenen Wohnungseigentums.

Beide Wohnungseigentumsrechte sind in Abteilung II und III des Wohnungsgrundbuchs unbelastet.

(*Wenn das abgebende Wohnungseigentum mit einem Grundpfandrecht oder einer Reallast belastet ist:*

Der Inhaber des in Abt. III lfd. Nr. 4 eingetragenen Grundschuld hat der Übertragung in der anliegenden öffentlich-beglaubigten Erklärung vom   zugestimmt. Im Übrigen ist das Wohnungseigentum unbelastet.)

Wir sind übereingekommen, dass dieses Sondernutzungsrecht ab dem 1.8.2007 zum Inhalt des Sondereigentums des auf Blatt 321 eingetragenen Wohnungseigentums gehören soll.

Wir bewilligen und beantragen die Übertragung des Sondernutzungsrechts von Blatt 320 auf das Blatt 321.

Hierauf wurde das Protokoll den Erschienenen von dem Notar vorgelesen und von ihnen genehmigt und sodann wie folgt eigenhändig unterschrieben:

Otto Schenk

Hans Huber

Franz Meier, Notar

(L. S.)

Muster 5.9: Unterteilung von Wohnungseigentum ohne Veräußerung

Erklärung:

Ich bin Eigentümer des im Grundbuch von Frankfurt am Main, Bezirk Griesheim Band 1, Blatt 3 unter lfd. Nr. 1 des Bestandsverzeichnisses eingetragenen Wohnungseigentumsrechts. Es besteht aus einem Miteigentumsanteil von 4/10tel an dem Eigentum des in Wohnungseigentum aufgeteilten Grundstücks und dem Sondereigentum an der im bei Anlegung der Wohnungsgrundbücher maßgebenden Aufteilungsplan mit Nr. 3 bezeichneten Wohnung im Dachgeschoss. Dieses Wohnungseigentumsrecht wird in zwei Wohnungseigentumsrechte aufgeteilt. Ein Wohnungseigentumsrecht erhält einen Miteigentumsanteil von 1/10 und das andere Wohnungseigentumsrecht einen Miteigentumsanteil von 3/10. Das Sondereigentum an den in dem neuen Aufteilungsplan weiterhin mit Nr. 3 bezeichneten Räumen wird mit dem Miteigentumsanteil von 3/10 und das Sondereigentum an den in dem neuen Aufteilungsplan weiterhin mit Nr. 8 bezeichneten Räume wird mit dem Miteigentumsanteil von 1/10 verbunden. Das abgespaltene neugebildete Sondereigentum Nr. 8 erhält den gleichen Inhalt wie das bisherige Sondereigentum Nr. 3.

Ich bewillige und beantrage

im Bestandsverzeichnis des im Grundbuch von Frankfurt am Main, Bezirk Griesheim Rödelheim. Band 1, Blatt 3 eingetragenen Wohnungseigentumsrechts das neu gebildete Wohnungseigentum abzuschreiben und für das neugebildete Wohnungseigentum ein Grundbuchblatt anzulegen sowie in den Grundbüchern von Frankfurt am Main, Bezirk Griesheim Rödelheim. Band 1 Blatt 1, 2, 4 bis 7 einzutragen, dass die Miteigentumsanteile jetzt auch durch das Sondereigentums an der Wohnung Nr. 8 beschränkt sind. Ein neuer Aufteilungsplan mit Abgeschlossenheitsbescheinigung ist beigefügt.

Otto Schenk

(notarieller Beglaubigungsvermerk)

IV. Aufhebung des Wohnungseigentums

Muster 5.10: Aufhebung des Wohnungseigentums

Verhandelt zu Frankfurt am Main am 1.8.2007

Vor mir, dem unterzeichneten Notar Franz Meier

im Bezirk des Oberlandesgerichts Frankfurt am Main mit dem Amtssitz in Frankfurt am Main, erschienen heute:

1. der Kaufmann Otto Schenk, geb. 1.3.1958, Frankfurt am Main, Hauptstr. 1
2. der Malermeister Karl Huber, geb. 12.7.1956, Frankfurt am Main, Stadtweg 35,
3. der Student Georg Huber, geb. 28.3.1980, wohnhaft ebenda.

Die Erschienenen sind dem Notar persönlich bekannt/haben sich jeweils ausgewiesen durch .

Die Erschienenen erklärten:

Wir sind Eigentümer der in dem Grundbuch von Frankfurt am Main, Bezirk Griesheim, Band 1, Blatt 1–3 unter der lfd. Nr. 1 des Bestandsverzeichnisses eingetragenen Wohnungseigentumsrechte. Dem Erschienenen zu 1) steht ein Miteigentumsanteil von 3/7 an dem Grundstück, verbunden mit dem Sondereigentum an der Wohnung im Parterre, und den Erschienenen zu 2) und 3) ein Miteigentumsanteil von je 2/7, verbunden mit dem Sondereigentum an der Wohnung im ersten Stockwerk bzw. im zweiten Stockwerk, zu.

Wir wollen das Sondereigentum an den Wohnungen aufheben.

Die Erschienenen erklärten sodann:

Wir sind uns darüber einig, dass unser Sondereigentum an den Wohnungen im Hause Stadtweg 35 in Frankfurt am Main aufgehoben wird. Das gesamte Grundstück gehört somit dem Erschienenen zu 1) zu 3/7 ideellen Anteilen und den Erschienenen zu 2) und 3) zu je 2/7 ideellen Anteilen.

Wir bewilligen und beantragen:

a) die Eintragung der Aufhebung des Sondereigentums im Bestandsverzeichnis der Wohnungsgrundbücher,
b) die Schließung der Wohnungsgrundbücher, die Anlegung eines neuen Grundbuchblattes für das oben bezeichnete Grundstück, Frankfurt am Main, Stadtweg 35.

Der Notar wies die Erschienenen darauf hin, dass die Aufhebung des Sondereigentums von den Personen, denen ein das Wohnungseigentum belastendes Recht zusteht, genehmigt werden muss.

Die Kosten dieses Vertrages und seiner Durchführung tragen der Erschienene zu 1) zu 3/7 und die Erschienenen zu 2) und 3) zu je 2/7.

Vorgelesen, genehmigt und eigenhändig unterschrieben:

Otto Schenk,
Karl Huber,
Georg Huber,
Franz Meier, Notar

(L. S.)

V. Dauerwohnrecht

Muster 5.11: Bestellung eines Dauerwohnrechts

Frankfurt am Main, den 1.8.2007

An das
Amtsgericht
– Grundbuchamt –
in 60001 Frankfurt am Main

Ich bin Eigentümer des Hausgrundstücks Frankfurt am Main, Stadtweg 35, Gemarkung Frankfurt am Main, Flur 1, Flurstück 10, eingetragen im Grundbuch von Frankfurt am Main, Bezirk 1, Band 1, Blatt 3, lfd. Nr. 1 des Bestandsverzeichnisses.

Ich bewillige und beantrage die Eintragung eines Dauerwohnrechts (§ 31 Abs. 1 WEG) zugunsten des Lehrers i.R. Karl Otto geb. 7.1.1953, wohnhaft in Frankfurt am Main, Zeile 1, für die im ersten Stock gelegene Wohnung, bestehend aus drei Zimmern, Küche, Bad, Toilette sowie den zu der Wohnung gehörigen, im Aufteilungsplan mit Nr. 1.1 bezeichneten Keller- und Nr. 1.2 bezeichneten Dachbodenräume.

Zwischen mir (im Folgenden Eigentümer) und Herrn Otto (im Folgenden Wohnberechtigter) ist bezüglich des einzutragenden Inhalts des Dauerwohnrechts folgende Vereinbarung getroffen worden: z.B.:

1. Der Wohnberechtigte ist berechtigt, die oben genannte Wohnung unter Ausschluss des Eigentümers zu bewohnen. Zur Ausübung eines Gewerbes oder Berufes in der Wohnung ist die schriftliche Einwilligung des Eigentümers erforderlich.
2. Der Wohnberechtigte hat die Kosten für alle Schönheitsreparaturen in der genannten Wohnung zu tragen. Alle anderen Kosten der Instandsetzung und Instandhaltung hat der Eigentümer zu tragen.
3. Zur Tragung öffentlicher und privater Lasten des Grundstücks ist der Wohnberechtigte nicht verpflichtet, es sei denn, die Umlegung der Lasten auf die Mieter ist gesetzlich vorgesehen.
4. Der Eigentümer hat das Gebäude gegen Brand zu versichern. Im Falle der Zerstörung hat er es wiederaufzubauen.
5. Der Eigentümer kann vom Wohnberechtigten Sicherheitsleistung nur verlangen, wenn durch eine zweckwidrige Benutzung der Räume durch den Wohnberechtigten der Bestand des Gebäudes unmittelbar gefährdet wird.
6. Ein Heimfallanspruch besteht nicht.
7. Der Wohnberechtigte bedarf zur Veräußerung des Dauerwohnrechts der Zustimmung des Eigentümers.

Als Anlage füge ich bei:

a) Eine von der Baubehörde mit Unterschrift und Stempel versehene Bauzeichnung, aus der die Aufteilung des Gebäudes sowie die Lage und Größe der dem Dauerwohnrecht unterliegenden Gebäude- und Grundstücksteile ersichtlich ist (Aufteilungsplan),
b) eine Bescheinigung der Baubehörde, dass die oben genannte Wohnung in sich abgeschlossen ist.

(Unterschrift mit Beglaubigungsvermerk)

B. Verfahren in Wohnungseigentumssachen

I. Wohngeldforderung

Muster 5.12: Klageantrag Wohngeldforderung

Amtsgericht Frankfurt am Main
Postfach 10 01 01
60001 Frankfurt am Main

Klage in der Wohnungseigentumssache[1]

Wohnungseigentümergemeinschaft Goetheallee 10–12, 60300 Frankfurt am Main, vertreten[2] durch die Verwalterin, die Walter GmbH, diese vertreten durch ihren Geschäftsführer V. Walter, Nußallee 25, 60300 Frankfurt am Main,

Klägerin,[3]

– **Prozessbevollmächtigte:**[4] Rechtsanwälte Meier und Müller,

Frankfurt am Main, Gerichtsfach 2001 –,

---

1 § 43 Nr. 2 WEG.
2 Siehe § 27 Rn 91.
3 Siehe § 28 Rn 215.
4 Siehe § 27 Rn 93.

gegen

den (ehemaligen[5]) Wohnungseigentümer Hans Becker, Hohlweg 1, 80400 München,
Beklagter
wegen Wohngeldforderungen.
Streitwert: 2.755,57 EUR

Unter Einzahlung eines Kostenvorschusses von 267,00 EUR[6] kündigen wir im Namen und mit Vollmacht der Verwalterin, diese mit Vollmacht handelnd für die Klägerin, folgende Anträge an:

1. Der Beklagte wird verurteilt, an die Klägerin zu Händen der Verwalterin 2.755,57 EUR nebst Zinsen in Höhe von 5 Prozentpunkten über dem Basiszinssatz[7] aus 655,57 EUR seit Zustellung der Klageschrift und aus jeweils 300,00 EUR seit 6.1.2005, 6.2.2005, 6.3.2005, 6.4.2005, 6.5.2005, 6.6.2005 und 6.7.2005 zu zahlen.
2. Dem Beklagten werden die Kosten des Rechtsstreits auferlegt.

Begründung:
Die Vertreterin der Klägerin ist die Verwalterin der Eigentumswohnanlage Goetheallee 10–12, 60300 Frankfurt am Main. Gemäß § 15 Nr. 7 der Gemeinschaftsordnung ist sie berechtigt, rückständiges Wohngeld im Namen der Wohnungseigentümergemeinschaft gerichtlich geltend zu machen.

Beweis: Protokoll der Eigentümerversammlung vom 25.4.2003
(Anlage K 1)
Teilungserklärung mit Gemeinschaftsordnung (Anlage K 2)

Der Beklagte ist im Wohnungsgrundbuch von Frankfurt am Main als Eigentümer der Wohnung Nr. 69 der genannten Liegenschaft eingetragen.

Beweis: Grundakten für Frankfurt am Main, Bezirk 10, Band 22,
Blatt 7599

Der Beklagte wird als eingetragener Wohnungseigentümer zur Tragung der Kosten und Lasten des gemeinschaftlichen Eigentums herangezogen.

Die Wohngeldabrechnung für das Wirtschaftsjahr 2004, die durch die Eigentümerversammlung vom 27.4.2005 zu TOP 2 genehmigt wurde,[8] ergibt für den Beklagten einen Fehlbetrag (Abrechnungsspitze[9]) in Höhe von 655,57 EUR. Mit Schreiben der Verwalterin vom 1.5.2005 wurde dem Beklagten die Höhe des Fehlbetrages mitgeteilt und Frist zur Zahlung bis spätestens 20.5.2005 gesetzt.

Beweis: Jahresgesamt- und Einzelabrechnung 2004 (Anlage K 3)
Protokoll der Eigentümerversammlung vom 27.4.2005
(Anlage K 4)
Schreiben der Verwalterin vom 1.5.2005 (Anlage K 5)

Der Beklagte ist ferner mit der Zahlung der monatlichen Wohngeldvorschüsse seit Januar 2005 in Rückstand. Der Wirtschaftsplan für das Jahr 2005, der in der Eigentümerversammlung vom 27.4.2005 zu TOP 3 genehmigt wurde, weist für den Antragsgegner eine monatliche Zahlungspflicht in Höhe von 300,00 EUR aus.[10] Für die Monate Januar bis Juli 2005 sind folglich 2.100,00 EUR offen.

Beweis: Protokoll der Eigentümerversammlung vom 27.4.2005
(Anlage K 4)
Einzelwirtschaftsplan 2005 (Anlage K 6)

Gemäß § 10 Nr. 5 der Gemeinschaftsordnung sind die Wohngeldvorschüsse monatlich im Voraus bis spätestens zum 5. eines jeden Monats zu zahlen[11]
Beweis: Teilungserklärung mit Gemeinschaftsordnung (Anlage K 2)
Die Höhe des Zinssatzes ergibt sich aus § 288 Abs. 1 S. 1 BGB.[12]

Obermüller

Rechtsanwalt

---

5 Siehe § 43 Rn 68.
6 Die Gerichtsgebühren richten sich nach dem GKG.
7 Siehe § 28 Rn 190 ff.
8 Siehe § 28 Rn 187.
9 Siehe § 28 Rn 189.
10 Siehe § 28 Rn 183.
11 Siehe zu Fälligkeitsregelungen per Mehrheitsbeschluss § 28 Rn 182 ff.
12 Siehe zur Bestimmung des Verzugszinses per Mehrheitsbeschluss § 28 Rn 197.

II. Beschlussanfechtung

Muster 5.13: Klageantrag Beschlussanfechtung

Amtsgericht Frankfurt am Main
Postfach 10 01 01
60001 Frankfurt am Main

Klage

in der Wohnungseigentumssache[13]

des Wohnungseigentümers Hans Becker, Hohlweg 1, 84000 München,

Kläger,[14]

– **Prozessbevollmächtigter:** RA Obermüller, Frankfurt am Main, Gerichtsfach 2002 – gegen

alle im Zeitpunkt der Rechtshängigkeit[15] im Grundbuch eingetragenen Wohnungs- und Teileigentümer der Liegenschaft Goetheallee 10–12, 60300 Frankfurt am Main bzw. deren Rechtsnachfolger im Wege der Zwangsversteigerung oder im Wege der Gesamtrechtsnachfolge mit Ausnahme des Klägers,[16] namentlich aufgeführt in der anliegenden Eigentümerliste[17] (Anlage K 1),

Beklagte,

Beteiligte:

die Verwalterin Walter GmbH, diese vertreten durch ihren Geschäftsführer V. Walter, Nußallee 25, 60300 Frankfurt am Main,

Zustellungsvertreterin[18] **und Beizuladende,**[19]

Ersatzzustellungsvertreter:[20] Carl Zurstelle, Goetheallee 10, 60300 Frankfurt am Main

wegen Ungültigerklärung eines Beschlusses.

Streitwert:[21] 5.000,00 EUR

Im Namen und mit Vollmacht des Klägers kündigen wir folgende Anträge an:

1. Der Beschluss der Eigentümerversammlung 27.4.2001 zu TOP 8 wird für ungültig erklärt.
2. Den Beklagten wird aufgegeben, der Renovierung der Fassade der Liegenschaft durch die Firma Frontneu zuzustimmen.
3. Den Beklagten werden die Kosten des Rechtsstreits auferlegt.

Begründung:

Die Parteien sind die Wohnungseigentümer der Liegenschaft Goetheallee 10–12 in Frankfurt am Main, deren Verwalterin gemäß § 48 Abs. 1 S. 2 WEG beizuladen ist.

Der Kläger ist im Wohnungsgrundbuch von Frankfurt am Main mit einem Miteigentumsanteil von 100/10000 am gemeinschaftlichen Eigentum als Eigentümer der Wohnung Nr. 96 der genannten Liegenschaft eingetragen.

Beweis: Grundakten für Frankfurt am Main, Bezirk 10, Band 22, Blatt 7599

Die Eigentümerversammlung 27.4.2001 lehnte zu TOP 8 mehrheitlich den Antrag ab, die Instandsetzung der Fassade des Hauses zu beschließen.

Beweis: Protokoll der Eigentümerversammlung vom 27.4.2001 (Anlage K 2)

Die Anfechtung des Beschlusses ist zulässig. Negativbeschlüsse, die einen Antrag ablehnen, weil die erforderliche Mehrheit fehlt, sind ebenfalls Ausdruck der Willensbildung der Wohnungseigentümer in dem dafür vorgesehenen Verfahren. Auch Negativbeschlüsse sind Beschlüsse,[22] die grundsätzlich anfechtbar sind.

Der Kläger hat schon deshalb ein Rechtsschutzbedürfnis für die Anfechtung des Negativbeschlusses, weil er gleichzeitig einen konkreten Antrag auf Zustimmung zur Durchführung der abgelehnten Maßnahme stellt.[23]

Der Antrag auf Zustimmung zur Renovierung der Fassade ist begründet. Die Fassade ist dringend renovierungsbedürftig. Es bröckelt bereits an vielen Stellen der Putz ab.

---

13 § 43 Nr. 4.
14 Zur Klagebefugnis siehe § 46 Rn 4 ff.
15 Siehe dazu § 44 Rn 13.
16 § 44 Abs. 1 S. 1 Alt. 1.
17 Siehe dazu § 44 Rn 7 ff.
18 Siehe dazu § 45 Rn 2 ff., § 44 Rn 6.
19 Siehe dazu § 48 Rn 9.
20 Siehe dazu § 44 Rn 6.
21 Zum Streitwert allgemein siehe Anh. § 50.
22 BGH NZM 2001, 961, 963.
23 Siehe dazu § 43 Rn 94 ff.

Beweis: Anliegende Lichtbilder (Anlage K 3)
Augenschein
Sachverständigengutachten

Eine Beschlussfassung über die Renovierung der Fassade hätte daher ordnungsgemäßer Verwaltung entsprochen.

Der Verwalter hatte bereits Kostenvoranschläge für die Renovierungsarbeiten eingeholt. Das Angebot der Firma Frontneu war mit 100 000,00 EUR am günstigsten. Dieser ist daher der Auftrag zu erteilen.

Die Kosten der Maßnahme sind durch die Instandhaltungsrücklage gedeckt.

Obermüller
Rechtsanwalt

III. Herausgabe von Verwaltungsunterlagen

Muster 5.14: Klageantrag auf Herausgabe von Verwaltungsunterlagen

Amtsgericht Frankfurt am Main
Postfach 10 01 01
60001 Frankfurt am Main

Klage

in der Wohnungseigentumssache[24]

Wohnungseigentümergemeinschaft Goetheallee 10–12, 60300 Frankfurt am Main, vertreten[25] durch die Verwalterin, die Walter GmbH, diese vertreten durch ihren Geschäftsführer V. Walter, Nußallee 25, 60300 Frankfurt am Main,

Klägerin,

– **Prozessbevollmächtigte:**[26] Rechtsanwälte Meier und Müller,

Frankfurt am Main, Gerichtsfach 2001 –,

gegen

den ehemaligen[27] Verwalter Hans Nixnutz, Hauptstr. 3, 60500 Kleinklekkersdorf,

Beklagter

Streitwert:[28] 3.000,00 EUR

Unter Einzahlung eines Kostenvorschusses von 498,00 EUR[29] kündigen wir im Namen und mit Vollmacht der Verwalterin, diese mit Vollmacht handelnd für die Klägerin, folgende Anträge an:

1. **Der Beklagte wird verurteilt, an die Klägerin zu Händen der Verwalterin sämtliche Verwaltungsunterlagen**[30] der Eigentumswohnanlage Goetheallee 10–12 in Frankfurt am Main herauszugeben, insbesondere:
    a) die Verwaltervollmacht vom 11.1.2005 im Original;
    b) die Originalbankauszüge der Konten der Eigentümergemeinschaft bei der X-Bank (Konto-Nummern 12 34 56 und 78 90 12) nebst Belegen, Originalrechnungen, Überweisungsträgern und Buchführungsunterlagen;
    c) die Jahresabrechnungen mit Einzelabrechnungen, die Wirtschaftspläne und die Unterlagen für die Heizkostenabrechnungen;
    d) sämtlichen Schriftverkehr betreffend die Wohnungseigentümergemeinschaft;
    e) alle Versammlungsprotokolle und das Beschlussbuch;
    f) die Gerichtsentscheidungen und die Unterlagen anhängiger Verfahren;
    g) die Teilungserklärung mit Gemeinschaftsordnung und Aufteilungsplan;
    h) die Eigentümerliste;
    i) die Versicherungsscheine und -verträge;
    j) die Wartungsverträge und Betriebsanleitungen;
    k) die Unterlagen, die den Hausmeister betreffen;
    l) die Baupläne und die Abnahmeprotokolle;
    m) den Generalschlüssel Nr. 123 456;

---

24 § 43 Nr. 3.
25 Siehe § 27 Rn 91.
26 Siehe § 27 Rn 93.
27 Siehe § 43 Rn 72.
28 Zum Streitwert siehe Anh. § 50 Rn 46.
29 Die Gerichtsgebühren richten sich nach dem GKG.
30 Siehe dazu § 26 Rn 130.

2. Der Beklagte wird verurteilt, Rechnung zu legen für die Zeit vom 1.1.2006 bis 31.12.2006 und die Abrechnung für die Zeit vom 1.1.2005 bis 31.12.2005 (Jahresabrechnung 2005) zu erstellen und vorzulegen.
3. Dem Beklagten werden die Kosten des Rechtsstreits auferlegt.

Begründung:

Der Beklagte war vom 1.1.2005 bis 31.12.2006 Verwalter der im Rubrum genannten Liegenschaft. Der Verwaltervertrag und die Verwalterbestellung endeten durch Zeitablauf.

Zur neuen Verwalterin ist die Walter GmbH bestellt worden. Diese ist durch Beschluss der Eigentümerversammlung vom 13.4.2007 bevollmächtigt worden, die Ansprüche namens Klägerin gerichtlich geltend zu machen.

Beweis: Protokoll der Eigentümerversammlung vom 13.4.2007
(Anlage K1)

Der Beklagte wurde mit Schreiben vom 15.4.2007 aufgefordert, die Verwaltungsunterlagen bis zum 10.5.2007 herauszugeben, für die Zeit vom 1.1.2006 bis 31.12.2006 Rechnung zu legen und die Jahresabrechnung 2005 zu erstellen[31] und vorzulegen.

Beweis: Schreiben vom 15.4.2007 (Anlage K1)

Er hat auf dieses Schreiben nicht reagiert, so dass der Anspruch gerichtlich geltend gemacht werden muss.

Holzhammer
Rechtsanwalt

IV. Verwalterbestellung

Muster 5.15: Klageantrag auf Verwalterbestellung

Amtsgericht Frankfurt am Main
Postfach 10 01 01
60001 Frankfurt am Main

Klage

in der Wohnungseigentumssache[32]

des Wohnungseigentümers Hans Becker, Hohlweg 1, 84000 München,

Kläger,

– **Prozessbevollmächtigter**: RA Obermüller, Frankfurt am Main,

Gerichtsfach 2002 – gegen

alle im Zeitpunkt der Rechtshängigkeit[33] im Grundbuch eingetragenen Wohnungs- und Teileigentümer der Liegenschaft Goetheallee 10–12, 60300 Frankfurt am Main bzw. deren Rechtsnachfolger im Wege der Zwangsversteigerung oder im Wege der Gesamtrechtsnachfolge mit Ausnahme des Klägers, namentlich aufgeführt in der anliegenden Eigentümerliste[34] (Anlage K 1),

Beklagte,

wegen Bestellung eines Verwalters.[35]

Streitwert:[36] 4.800,00 EUR

Unter Einzahlung eines Kostenvorschusses von 363,00 EUR[37] stellen wir namens des Klägers folgende Anträge:

1. Die Walter GmbH, diese vertreten durch ihren Geschäftsführer V. Walter, Nußallee 25, 60300 Frankfurt am Main wird für die Dauer von zwei Jahren zur Verwalterin der Eigentümergemeinschaft Goetheallee 10–12 in Frankfurt am Main für eine monatliche Verwaltervergütung von 25,00 EUR zuzüglich 19 % MwSt. je Wohnungseinheit bestellt.
2. Die Kosten des Rechtsstreits werden der Eigentümergemeinschaft auferlegt.

Wir regen an:

Herrn Carl Zurstelle, Goetheallee 10, 60300 Frankfurt am Main zum Ersatzzustellungsvertreter gemäß § 45 Abs. 3 WEG zu bestellen.

Begründung:

Die Parteien sind die Wohnungseigentümer der Liegenschaft Goetheallee 10–12 in Frankfurt am Main.

---

31 Siehe dazu § 28 Rn 158.
32 § 43 Nr. 1.
33 Siehe dazu § 44 Rn 13.
34 Siehe dazu § 44 Rn 7 ff.
35 Siehe dazu § 26 Rn 140 ff.
36 Zum Streitwert siehe Anh § 50 Rn 48.
37 Die Gerichtsgebühren richten sich nach dem GKG.

Ein Verwalter ist bisher nicht bestellt worden.[38]

Die Kläger haben in der Eigentümerversammlung vom 7.6.2007, an der alle Wohnungseigentümer teilgenommen haben, das Angebot der Walter GmbH vorgestellt und vorgeschlagen, diese Firma ab sofort zur Verwalterin der Eigentümergemeinschaft zu bestellen. Gegen das Vertragsangebot wurden Einwände nicht erhoben.

Die anderen Wohnungseigentümer weigerten sich aber einen Beschluss zu fassen. Sie haben die Ansicht vertreten, die Kosten für einen Verwalter könnten eingespart werden.

Die Kostenentscheidung ist gemäß §§ 49 Abs. 1, 21 Abs. 8 WEG geboten.[39]

Obermüller

Rechtsanwalt

V. Einsichtnahme Beschluss-Sammlung

16 **Muster 5.16: Klageantrag auf Einsichtnahme Beschluss-Sammlung**

Amtsgericht Frankfurt am Main
Postfach 10 01 01
60001 Frankfurt am Main

Klage

in der Wohnungseigentumssache[40]

des Wohnungseigentümers Hans Becker, Hohlweg 1, 84000 München,

Kläger,

– **Prozessbevollmächtigter**: RA Obermüller, Frankfurt am Main,

Gerichtsfach 2002 – gegen

den Verwalter Hans Nixnutz, Hauptstr. 3, 60500 Kleinklekkersdorf,

Beklagter

Beizuladende:[41] Alle im Zeitpunkt der Rechtshängigkeit[42] im Grundbuch eingetragenen Wohnungs- und Teileigentümer der Liegenschaft Goetheallee 10–12, 60300 Frankfurt am Main bzw. deren Rechtsnachfolger im Wege der Zwangsversteigerung oder im Wege der Gesamtrechtsnachfolge mit Ausnahme des Klägers, namentlich aufgeführt in der anliegenden Eigentümerliste[43] (Anlage K 1).

Ersatzzustellungsvertreterin für die Beizuladenden:[44] Frau Carla Klar, Sonnenstraße 20, 60316 Frankfurt am Main.

wegen Einsichtnahme in die Beschluss-Sammlung.

Streitwert: 1.000,00 EUR

Unter Einzahlung eines Kostenvorschusses von 165,00 EUR stellen wir namens des Klägers folgende Anträge:

1. Der Beklagte wird verurteilt, dem vom Kläger beauftragen Rechtsanwalt Obermüller zu den üblichen Bürozeiten der Beklagten in den Räumen der Beklagten die Einsicht in die für die Wohnungseigentümergemeinschaft Goetheallee 10–12 in Frankfurt am Main geführte Beschluss-Sammlung zu gewähren.

2. Die Kosten des Rechtsstreits werden dem Beklagten auferlegt.

Begründung:

Der Kläger ist im Wohnungsgrundbuch von Frankfurt am Main mit einem Miteigentumsanteil von 100/10000 am gemeinschaftlichen Eigentum als Eigentümer der Wohnung Nr. 96 der genannten Liegenschaft eingetragen.

Beweis: Grundakten für Frankfurt am Main, Bezirk 10, Band 22, Blatt 7599

Der Beklagte ist der gemäß § 26 Abs. 1 WEG bestellte Verwalter.

Die übrigen Wohnungseigentümer der Liegenschaft Goetheallee 10–12 in Frankfurt am Main sind gemäß § 48 Abs. 1 S. 1 WEG über die Ersatzzustellungsvertreterin beizuladen.

Der Kläger hat den Beklagten mit Schreiben vom 29.8.2007 gebeten, ihm Einsicht in die Beschluss-Sammlung zu gewähren.

---

38 Siehe zur maximalen Dauer der Bestellung des ersten Verwalters § 26 Rn 31.
39 Siehe § 26 Rn 144.
40 § 43 Nr. 3.
41 Siehe dazu § 44 Rn 14.
42 Siehe dazu § 44 Rn 13.
43 Siehe dazu § 44 Rn 7 ff.
44 Siehe dazu § 44 Rn 6.

Beweis: Schreiben vom 29.8.2007 (Anlage K1)

Der Beklagte hat auf dieses Schreiben nicht reagiert.

Am 30.9.2007 hat der Kläger zusammen mit seinem Onkel Hubert Hut den Beklagten in der Liegenschaft zufällig angetroffen. Er bat ihn, ihm Einsicht in die Beschluss-Sammlung zu gewähren und hierfür einen Termin zu nennen. Der Beklagte reagierte unwirsch und äußerte, er habe Wichtigeres zu tun.

Beweis: Zeugnis des Hubert Hut, Goetheallee 33,
60300 Frankfurt am Main

Daraufhin wurde Unterzeichner beauftragt, die Einsicht in die Beschluss- Sammlung vorzunehmen.

Der Beklagte wurde mit Anwaltsschreiben vom 5.10.2007 unter Vorlage einer Originalvollmacht aufgefordert, bis zum 25.10.2007 einen Termin für die Einsichtnahme vorzuschlagen.

Beweis: Schreiben vom 5.10.2007 (Anlage K2)

Der Beklagte hat auch auf dieses Schreiben nicht reagiert.

Der Kläger hat gemäß § 24 Abs. 7 S. 8 WEG Anspruch darauf, dass ihm oder einer von ihm beauftragten Person Einblick in die von der Verwalterin zu führende Beschluss-Sammlung gewährt wird. Es haben nach dem 1.7.2007 bereits zwei außerordentliche Eigentümerversammlungen stattgefunden, so dass die Beschluss-Sammlung bereits angelegt worden sein muss.

Obermüller

Rechtsanwalt

VI. Unterlassungsklage

Muster 5.17: Unterlassungsklage

Amtsgericht Frankfurt am Main
Postfach 10 01 01
60001 Frankfurt am Main

Klage

in der Wohnungseigentumssache[45]

Wohnungseigentümergemeinschaft Goetheallee 10–12, 60300 Frankfurt am Main, vertreten[46] durch die Verwalterin, die Walter GmbH, diese vertreten durch ihren Geschäftsführer V. Walter, Nußallee 25, 60300 Frankfurt am Main,

Klägerin,[47]

– **Prozessbevollmächtigte:**[48] Rechtsanwälte Meier und Müller,

Frankfurt am Main, Gerichtsfach 2001 –,

gegen

den Wohnungseigentümer Hans Becker, Hohlweg 1, 84000 München,

Beklagter

wegen Unterlassung.

Streitwert: 5.000,00 EUR

Unter Einzahlung eines Kostenvorschusses von 363,00 EUR[49] kündigen wir im Namen und mit Vollmacht der Verwalterin, diese mit Vollmacht handelnd für die Klägerin, folgende Anträge an:

1. Dem Beklagten wird aufgegeben, dafür zu sorgen, dass die Mieter der Wohnung Nr. 47 in der im Rubrum genannten Liegenschaft die Hausordnung beachten, insbesondere ruhestörenden Lärm und Belästigungen von Bewohnern der Liegenschaft unterlassen.
2. Die Kosten des Rechtsstreits werden dem Beklagten auferlegt.

Begründung:

Die Verwalterin der Eigentumswohnanlage Goetheallee 10–12, 60300 Frankfurt am Main, ist durch Beschluss der Eigentümerversammlung vom 25.4.2004 TOP 2 bestellt worden.

---

45 § 43 Nr. 2.
46 Siehe § 27 Rn 91.
47 Siehe dazu § 21 Rn 16.
48 Siehe § 27 Rn 93.
49 Die Gerichtsgebühren richten sich nach dem GKG.

Beweis: Protokoll der Eigentümerversammlung vom 25.4.2004
(Anlage K2)

Die Verwalterin ist durch Beschluss der Eigentümerversammlung vom 25.4.2005 TOP 3 beauftragt worden, den Anspruch im Namen der Wohnungseigentümergemeinschaft gerichtlich geltend zu machen.

Beweis: Protokoll der Eigentümerversammlung vom 25.4.2005
(Anlage K3)

Die Wohnungseigentümergemeinschaft hat damit die Verfolgung des Unterlassungsanspruchs durch Mehrheitsbeschluss gemäß § 10 Abs. 6 S. 3 WEG an sich gezogen und zu einer gemeinschaftlichen Angelegenheit gemacht.

Der Beklagte ist im Wohnungsgrundbuch von Frankfurt am Main als Eigentümer der Wohnung Nr. 47 der obengenannten Liegenschaft eingetragen.

Beweis: Grundakten für Frankfurt am Main, Bezirk 10, Band 22,
Blatt 7599

Der Beklagte hat seine Wohnung vermietet. Die Mieter werfen Müll vom Balkon und halten die Ruhezeiten der Hausordnung nicht ein. Herr Müller, der Mieter des Eigentümers Fritz, hat die Verstöße gegen die Hausordnung notiert. Die Leseabschrift der Aufzeichnungen des Mieters Müller (Anlage K4) wird zum Gegenstand des Vortrags gemacht. Die Mieter des Antragsgegners verstoßen danach fortlaufend gegen die Hausordnung.

Beweis: Zeugnis des Herrn Müller, Goetheallee 10–12,
63000 Frankfurt am Main

Zeugnis des Herrn Max, Goetheallee 10–12,
63000 Frankfurt am Main

Zeugnis der Frau Klar, Goetheallee 10–12,
63000 Frankfurt am Main

Sämtliche Zeugen sind Mieter in der Liegenschaft. Es können gegebenenfalls weitere Zeugen benannt werden. Bereits die Vernehmung der benannten Zeugen wird aber zur Überzeugungsbildung ausreichen.

Der Beklagte hat gemäß §§ 15 Abs. 3, 14 Nr. 2 und Nr. 1 WEG dafür zu sorgen, dass die Bewohner seiner Wohnung ruhestörenden Lärm unterlassen.

Dem Beklagten ist danach aufgegeben, dafür zu sorgen, die Lärmbelästigungen abzustellen. Wie er diesen Erfolg erreicht, kann dem Beklagten überlassen werden.[50] Falls andere Maßnahmen nicht zum Erfolg führen, wird der Beklagte die Räumung der Wohnung betreiben müssen. Kündigung und Räumungsklage sind allerdings nicht die einzigen Mittel, die den gewünschten Erfolg erzielen können. In Betracht kommt zum Beispiel auch das Angebot einer Geldleistung für den Fall des freiwilligen Auszugs.

Holzhammer
Rechtsanwalt

VII. Entziehungsklage

Muster 5.18: Entziehungsklage

Amtsgericht Frankfurt am Main
Postfach 10 01 01
60001 Frankfurt am Main

Klage

in der Wohnungseigentumssache[51]

Wohnungseigentümergemeinschaft Goetheallee 10–12, 60300 Frankfurt am Main, vertreten[52] durch die Verwalterin, die Walter GmbH, diese vertreten durch ihren Geschäftsführer V. Walter, Nußallee 25, 60300 Frankfurt am Main,

Klägerin,[53]

– **Prozessbevollmächtigte:**[54] Rechtsanwälte Meier und Müller,

Frankfurt am Main, Gerichtsfach 2001 –,

---

50 BGH NJW-RR 1988, 208, 210; BGH NJW 1995, 2036.
51 § 43 Nr. 2 WEG.
52 Siehe § 27 Rn 91.
53 Siehe § 18 Abs. 1 S. 2.
54 Siehe § 27 Rn 93.

gegen
den Wohnungseigentümer Hans Becker, Hohlweg 1, 80400 München,
Beklagter
wegen Entziehung des Wohnungseigentums.
Streitwert:[55] 80 000,00 EUR[56]
Unter Einzahlung eines Kostenvorschusses von 1 968,00 EUR[57] kündigen wir im Namen und mit Vollmacht der Verwalterin, diese mit Vollmacht handelnd für die Klägerin, folgende Anträge an:
1. Der Beklagte wird verurteilt, sein Wohnungseigentum gelegen in der Goetheallee 10, 60300 Frankfurt am Main, 100/10 000 Miteigentumsanteil verbunden mit dem Sondereigentum an der Wohnung Nr. 69, eingetragen im Grundbuch von Frankfurt am Main, Bezirk 10, Band 22, Blatt 7599, zu veräußern.
2. Dem Beklagten werden die Kosten des Rechtsstreits auferlegt.

Begründung:
Der Beklagte ist im Wohnungsgrundbuch von Frankfurt am Main als Eigentümer der Wohnung Nr. 69 der genannten Liegenschaft eingetragen.

Beweis: Grundakten für Frankfurt am Main, Bezirk 10, Band 22, Blatt 7599

Die Vertreterin der Klägerin ist die Verwalterin der Eigentumswohnanlage Goetheallee 10–12, 60300 Frankfurt am Main.

Beweis: Protokoll der Eigentümerversammlung vom 25.4.2003
(Anlage K 1)

Der Beklagte, der seine Wohnung vermietet hat, zahlt das von ihm geschuldete Wohngeld seit 1999 regelmäßig erst nach gerichtlicher Geltendmachung. Seine Rückstände beliefen sich zum Beispiel im Wirtschaftsjahr 2003 auf 4.000,00 EUR. Zur Abwendung der Vollstreckung zahlte er im März 2005 einen Betrag von 2.500,00 EUR.

Die Eigentümerversammlung vom 27.4.2005 fasste zu TOP 7 den Beschluss, dem Beklagten die Entziehung seines Wohnungseigentums für den Fall anzudrohen, dass erneut Wohngeld gegen ihn wegen Zahlungsverzugs gerichtlich geltend gemacht werden muss. Die Verwalterin wurde beauftragt, den Beklagten durch einen Einschreiben mit Rückschein entsprechend abzumahnen.[58]

Beweis: Protokoll der Eigentümerversammlung vom 27.4.2005
(Anlage K 2)

Die Wohngeldabrechnung für das Wirtschaftsjahr 2004, die durch die Eigentümerversammlung vom 27.4.2005 zu TOP 2 genehmigt wurde,[59] ergibt für den Beklagten einen Fehlbetrag (offene Wohngeldvorschüsse und Abrechnungsspitze[60]) in Höhe von 4.500,00 EUR.

Beweis: Jahresgesamt- und Einzelabrechnung 2004 (Anlage K 3)
Einzelwirtschaftsplan 2004 (Anlage K 4)
Protokoll der Eigentümerversammlung vom 27.4.2005
(Anlage K 2)

Mit Schreiben der Verwalterin vom 1.5.2005 wurde dem Beklagten die Höhe des Fehlbetrages mitgeteilt und Frist zur Zahlung bis spätestens 20.5.2005 gesetzt. Gleichzeitig wurde ihm mitgeteilt, dass die Wohnungseigentümer beabsichtigen Entziehung seines Wohnungseigentums zu beschließen, falls er erneut gerichtlich auf Zahlung des Wohngelds in Anspruch genommen werden muss.

Beweis: Schreiben der Verwalterin vom 1.5.2005 (Anlage K 5)
Rückschein (Anlage K 6)

Der Beklagte ist ferner mit der Zahlung der monatlichen Wohngeldvorschüsse seit Januar 2005 in Rückstand. Der Wirtschaftsplan für das Jahr 2005, der in der Eigentümerversammlung vom 27.4.2005 zu TOP 3 genehmigt wurde, weist für den Antragsgegner eine monatliche Zahlungspflicht in Höhe von 300,00 EUR aus.[61] Für die Monate Januar bis Juli 2005 sind folglich 2.100,00 EUR offen.

---

[55] Zu § 49a Abs. 2 GKG siehe Anh. § 50 Rn 10.
[56] Vgl. BGH V ZR 28/06, NZM 2006, 873.
[57] Die Gerichtsgebühren richten sich nach dem GKG.
[58] Zum Erfordernis der Abmahnung siehe BGH V ZR 26/06, NZM 2007, 290.
[59] Siehe § 28 Rn 187.
[60] Siehe § 28 Rn 189.
[61] Siehe § 28 Rn 183.

Beweis: Protokoll der Eigentümerversammlung vom 27.4.2005
(Anlage K 2)
Einzelwirtschaftsplan 2005 (Anlage K 7)

Gemäß § 10 Nr. 5 der Gemeinschaftsordnung sind die Wohngeldvorschüsse monatlich im Voraus bis spätestens zum 5. eines jeden Monats zu zahlen.[62]

Beweis: Teilungserklärung mit Gemeinschaftsordnung (Anlage K 3)

Das vom Beklagten geschuldete, noch nicht titulierte Wohngeld, musste mit Klage vom 3.8.2005 gerichtlich geltend gemacht werden.

Beweis: Beiziehung der Akte AG Frankfurt am Main, Az. 65 C 856/05

Die Eigentümerversammlung vom 27.10.2005 fasste zu TOP 3 mit einer Mehrheit von mehr als der Hälfte der stimmberechtigten Wohnungseigentümer[63] den Beschluss, von dem Beklagten die Veräußerung seines Wohnungseigentums zu verlangen. Die Verwalterin wurde beauftragt, den Beschluss gerichtlich durchzusetzen.

Beweis: Protokoll der Eigentümerversammlung vom 27.10.2005
(Anlage K 8)

Dieser Beschluss wurde nicht angefochten.

Der Aufforderung des Unterzeichners vom 16.11.2005, der Klägerin freiwillig seine Wohnung zu verkaufen, kam der Beklagte nicht nach. Das Entziehungsverlangen ist daher gerichtlich durchzusetzen.

Die fortlaufend unpünktliche Erfüllung der Wohngeldansprüche der Wohnungseigentümergemeinschaft beeinträchtigt die ordnungsgemäße Verwaltung nachhaltig und macht den anderen Wohnungseigentümern die Fortsetzung der Gemeinschaft mit dem säumigen Wohnungseigentümer unzumutbar, weshalb die Entziehung des Wohnungseigentums nach § 18 Abs. 1 WEG gerechtfertigt ist.[64]

Obermüller
Rechtsanwalt

VIII. Vollstreckungsgegenklage

Muster 5.19: Vollstreckungsgegenklage

Amtsgericht Frankfurt am Main
Postfach 10 01 01
60001 Frankfurt am Main

Klage

in der Wohnungseigentumssache[65]

des Wohnungseigentümer Hans Becker, Hohlweg 1, 84000 München,

Kläger,

– **Prozessbevollmächtigter**: RA Obermüller, Frankfurt am Main, Gerichtsfach 2002 – gegen

die Wohnungseigentümergemeinschaft Goetheallee 10–12, 60300 Frankfurt am Main, vertreten[66] durch die Verwalterin, die Walter GmbH, diese vertreten durch ihren Geschäftsführer V. Walter, Nußallee 25, 60300 Frankfurt am Main,

Beklagte,

– **Prozessbevollmächtigter**: RA Untermaier, Frankfurt am Main, Gerichtsfach 2007 –

wegen Unzulässigkeit der Zwangsvollstreckung.

Streitwert:[67] 900,00 EUR

Unter Einzahlung eines Kostenvorschusses von 135,00 EUR[68] kündigen wir im Namen und mit Vollmacht des Klägers folgende Anträge an:

1. Die Zwangsvollstreckung aus dem Urteil des Amtsgerichts Frankfurt am Main vom 13.7.2007 – Az.: 65 C 700/07 – wird für unzulässig erklärt, soweit sie den Betrag von 2.544,00 EUR nebst 4 % Zinsen seit 13.6.2007 übersteigt.
2. Der Beklagten werden die Kosten des Rechtsstreits auferlegt.

---

62 Siehe zur Fälligkeitsregelungen per Mehrheitsbeschluss § 28 Rn 182.
63 Siehe § 18 Abs. 3.
64 Vgl. BGH Urt. v. 19.1.2007 – V ZR 26/06, NZM 2007, 290
65 § 43 Nr. 2.
66 Siehe § 27 Rn 91.
67 Zum Streitwert allgemein siehe Anh. § 50.
68 Die Gerichtsgebühren richten sich nach dem GKG.

Begründung:
Durch Urteil des Amtsgerichts Frankfurt am Main vom 13.7.2007 wurde der Kläger verurteilt, an die Beklagte Wohngeldvorschüsse für die Zeit von Juni 2006 bis Mai 2007 in Höhe von 3 444,00 EUR nebst 4 % Zinsen seit 13.6.2007 zu zahlen.

Beweis: Beiziehung der Akte AG Frankfurt am Main – 65 C 700/07

Nach der Jahresabrechnung 2006/2007 hat der Kläger für diesen Zeitraum nur 2 544,00 EUR zu zahlen

Beweis: Jahresgesamt- und Einzelabrechnung 2006/2007 (Anlage K 1)
Protokoll der Eigentümerversammlung vom 27.8.2007
(Anlage K 2)

Der Anspruch aus dem Wirtschaftsplan auf Zahlung von Vorschüssen entfällt zwar nicht mit dem Beschluss der Wohnungseigentümer über die Jahresabrechnung. Die Zahlungspflicht aus dem beschlossenen Wirtschaftsplan wird aber durch das Ergebnis der Jahresabrechnung begrenzt, wenn die Jahresabrechnung einen geringeren Schuldsaldo ausweist.[69]

Die Beklagte vertritt die Ansicht, ein in der Jahresabrechnung als Nachforderung bezeichneter Betrag sei über die titulierten Wohngeldvorschüsse hinaus zu erbringen. Dies ist nicht nachvollziehbar. Es handelt sich möglicherweise um einen Schuldsaldo aus einer früheren Abrechnung, der mit dem Beschluss über die Abrechnung 2006/2007 nicht erneut beschlossen wurde und deshalb nichts mit der Zahlungspflicht aus dem Beschluss vom 13.7.2007 zu tun hat.

Die Zwangsvollstreckung aus dem Beschluss v 13.7.2007 ist daher insoweit für unzulässig zu erklären, als die titulierten Wohngeldvorschüsse den nach der Jahresabrechnung tatsächlich zu zahlenden Betrag übersteigen.

Obermüller
Rechtsanwalt

IX. Einstweilige Verfügung (Unterlassung einer baulichen Veränderung)

Muster 5.20: Einstweilige Verfügung (Unterlassung einer baulichen Veränderung)

Amtsgericht Frankfurt am Main
Postfach 10 01 01
60001 Frankfurt am Main

Antrag

in der Wohnungseigentumssache[70]

des Wohnungseigentümers Hans Becker, Nußallee 25, 60300 Frankfurt am Main,

Antragsteller,

– **Prozessbevollmächtigte:** Rechtsanwälte Meier und Müller,

Frankfurt am Main, Gerichtsfach 2001 –,

gegen

den Wohnungseigentümer Hans Becker, Nußallee 25, 60300 Frankfurt am Main,

Antragsgegner,

im Namen und mit Vollmacht des Antragstellers

wird beantragt,

folgende **einstweilige Verfügung** wegen **Dringlichkeit ohne mündliche Verhandlung** zu erlassen:

1. Dem Antragsgegner wird bei Meidung eines Ordnungsgeldes bis zu 250 000,– EUR, ersatzweise Ordnungshaft, oder Ordnungshaft bis zu sechs Monaten für jeden einzelnen Fall der Zuwiderhandlung (§ 890 ZPO) verboten, ohne eine Zustimmung der übrigen Wohnungseigentümer bauliche Maßnahmen zur Errichtung eines Wintergartens im Bereich des Balkons seiner Eigentumswohnung Nr. 8 im ersten Obergeschoss der Liegenschaft Nußallee 25, 60300 Frankfurt am Main vorzunehmen.
2. Dem Antragsgegner werden die Kosten des einstweiligen Verfügungsverfahrens auferlegt.

Begründung:
Der Antragsgegner ist im Wohnungsgrundbuch von Frankfurt am Main als Eigentümer der Wohnung Nr. 2 der Liegenschaft Nußallee 25 eingetragen.

---

69 BayObLG NZM 2000, 299 m.w.N.; BayObLG NZM 2001, 141, 142.

70 § 43 Nr. 1.

Glaubhaftmachung: Grundakten für Frankfurt am Main, Bezirk 10, Band 22, Blatt 7599

Der Antragsteller hat den Antragsgegner am vergangenen Montag im Baumarkt getroffen. Dort kaufte der Antragsgegner in größeren Umfang Baumaterial, unter anderem Spiegelglas. Auf die Frage des Antragstellers, was der Antragsgegner denn vorhabe, antwortete der Antragsgegner, er wolle seinen Balkon mit Glas verkleiden und so einen Wintergarten herstellen.

Glaubhaftmachung: Eidesstattliche Versicherung des Sohnes des Antragstellers (Anlage A1)

Der Antragsteller äußerte daraufhin Bedenken, ob der Antragsgegner dies eigenmächtig ohne die Zustimmung der anderen Wohnungseigentümer tun dürfe.

Der Antragsgegner sagte darauf wörtlich. „Ich nehme die Sache lieber gleich selbst in die Hand. Dann gibt es keine großen Diskussionen. Der Wintergarten stört ohnehin niemand."

Glaubhaftmachung: Eidesstattliche Versicherung des Sohnes des Antragstellers (Anlage A1)

Der Antragsteller erklärte dem Antragsgegner, dass er mit dessen Baumaßnahme nicht einverstanden sei, weil die Fassade danach katastrophal aussehe.

Der Antragsgegner antwortete, er wolle trotzdem übermorgen, am Freitag anfangen, dann sei er bis Sonntag fertig.

Glaubhaftmachung: Eidesstattliche Versicherung des Sohnes des Antragstellers (Anlage A1)

Bei der von dem Antragsgegner geplanten Baumaßnahme handelt es sich um eine bauliche Veränderung im Sinne von § 22 Abs. 1 WEG, die der Antragsteller nicht ohne Zustimmung aller übrigen Wohnungseigentümer vornehmen darf, weil diese durch die nachteilige Veränderung des optischen Gesamteindrucks der Fassade erheblich beeinträchtigt werden. Es besteht daher gemäß § 1004 Abs. 1 S. 2 BGB i.V.m. §§ 15 Abs. 3, 14 Nr. 1 WEG ein Verfügungsanspruch auf Unterlassung. Diesen vorbeugenden Anspruch kann ebenso wie den Beseitigungsanspruch jeder einzelne Wohnungseigentümer allein ohne Ermächtigung durch die übrigen Wohnungseigentümer gerichtlich durchsetzen.

Der Verfügungsgrund ergibt sich daraus, dass der Beginn der Baumaßnahmen unmittelbar bevorsteht und der Antragsgegner offenbar vollendete Tatsachen schaffen will.

Einer Beteiligung der übrigen Wohnungseigentümer im einstweiligen Verfügungsverfahren bedarf es nicht, weil über den Unterlassungsanspruch nicht abschließend entschieden wird. Höchst vorsorglich wird die Verwalterin der Liegenschaft wie folgt benannt: Walter GmbH, vertreten den Geschäftsführer V. Walter, Sonnenstraße 25, 60300 Frankfurt am Main

Holzhammer

Rechtsanwalt

X. Vollstreckungsantrag

Muster 5.21: Vollstreckungsantrag

Amtsgericht Frankfurt am Main
Postfach 10 01 01
60001 Frankfurt am Main

Antrag

In der Zwangsvollstreckungssache

Wohnungseigentümergemeinschaft Goetheallee 10–12, 60300 Frankfurt am Main, vertreten[71] durch den Verwalterin, die Walter GmbH, diese vertreten durch ihren Geschäftsführer V. Walter, Nußallee 25, 60300 Frankfurt am Main,

Gläubigerin/Antragstellerin,

– **Prozessbevollmächtigte:**[72] Rechtsanwälte Meier und Müller,

Frankfurt am Main, Gerichtsfach 2001 –,

gegen

den ehemaligen Verwalter Hans Nixnutz, Hauptstr. 3, 60500 Kleinklekkersdorf,

Schuldner/Antragsgegner,

wird beantragt,

gegen den Schuldner/Antragsgegner zur Erzwingung der ihm im vollstreckbaren Urteil des Amtsgerichts Frankfurt am Main vom 15.11.2007 auferlegten Handlungen, nämlich für das Wirtschaftsjahr 2006 Rechnung zu legen, ein

---

[71] Siehe § 27 Rn 91. [72] Siehe § 27 Rn 93.

Zwangsgeld von 2.000,00 EUR ersatzweise für den Fall, dass dieses nicht beigetrieben werden kann, für je 500,00 EUR ein Tag Zwangshaft festzusetzen
und dem Schuldner die Verfahrenskosten aufzuerlegen.
Begründung:
Als Anlage überreiche ich das Urteil des Amtsgerichts Frankfurt am Main vom 15.11.200 mit Vollstreckungsklausel und Zustellungsnachweis (Anlage A 1).
Durch dieses Urteil wurde dem Schuldner aufgegeben, die Jahresabrechnung 2006 zu erstellen.
Der Schuldner hat diese Verpflichtung trotz nochmaliger Aufforderung mit Schreiben vom 20.12.2007 nicht erfüllt. Er hat gar nichts getan.
Die Vollstreckung dieser Verpflichtung erfolgt zwar grundsätzlich nach § 887 ZPO, denn die Erstellung der Jahresabrechnung ist jedem möglich, der über die nötigen Kenntnisse, die Gemeinschaftsordnung und die Zahlungsbelege verfügt.
Die Vollstreckung des Titels auf Erstellung der Jahresabrechnung durch Ersatzvornahme nach § 887 ZPO ist aber erst dann möglich, wenn bereits die Zahlungsbelege herausgegeben sind und Rechnungslegung erfolgt ist. Der Titel, wonach der Verwalter eine ordnungsgemäße Jahresabrechnung zu erstellen hat, umfasst als Minus die Verpflichtung zur Rechnungslegung. Ist die Rechnungslegung, wie hier, noch nicht erfolgt, ist der Titel, der den Verwalter verpflichtet, eine ordnungsgemäße Jahresabrechnung zu erstellen, zunächst nach § 888 ZPO zu vollstrecken.[73]
Obermüller
Rechtsanwalt

XI. Verbindung – Abtrennung

Muster 5.22: Verbindung – Abtrennung

65 C 700/07
Beschluss
in der Wohnungseigentumssache
1. Oskar Müller, Kläger zu 1) (RA Dur)
2. Johann Mayer, Kläger zu 2) (RA Moll, GF 4000)
gegen
WEG Goethestr. 377, Frankfurt am Main (RA Terz, GF 4001).
Das Verfahren 65 C 700/07 (Kläger Johann Mayer) wird gemäß § 47 WEG zu dem Verfahren 65 C 689/07 (Kläger Oskar Müller) zur gemeinsamen Verhandlung und Entscheidung verbunden, da beide Anfechtungsklagen darauf gerichtet sind, die Beschlüsse der Eigentümerversammlung vom 14.10.2007 zu TOP 3.4 und TOP 4.1 für ungültig zu erklären. Das Verfahren 65 C 689/07 führt.
Der Antrag des Klägers Oskar Müller, den Beschluss der Eigentümerversammlung vom 14.10.2007 zu TOP 8 für ungültig zu erklären wird zur Förderung der Übersichtlichkeit gemäß § 145 Abs. 1 ZPO abgetrennt
Termin zur mündlichen Verhandlung wird bestimmt auf
Freitag, den 10.4.2002, 10.00 Uhr, Raum 1 Gebäude F.
Frankfurt am Main, 28.12.2007
Amtsgericht Abteilung 65
Adam
Richter am Amtsgericht
65 C 700/07
Vfg.
1. Beschlussausfertigung an
    a) Antragsteller-Vertreter (EB)
    b) Verwalterin (ZU) mit Doppel der Antragsschrift vom 17.10.2007
    (Verfahren 65 C 689/07 WEG)
2. Akten heften und foliieren
3. Verbindung im Register vermerken; Statistik

---

[73] Vgl. OLG Köln WuM 1998, 375, 377.

4. Mit Kopien von Bl. 1–10 d.A. 65 C 700/07 und Beschlussabschrift neue Akte anlegen.
5. Zum Termin

Frankfurt am Main, 28.12.2007

Amtsgericht Abteilung 65

Adam

Richter am Amtsgericht

XII. Beschluss – Einstweilige Verfügung

23 Muster 5.23: Beschlussformular – Einstweilige Verfügung

Amtsgericht Frankfurt am Main

Az.:

Beschluss

In dem einstweiligen Verfügungsverfahren (volles Rubrum)

D **Antragsgegner** wird – wegen Dringlichkeit ohne mündliche Verhandlung – gemäß §§ 921, 935, 938, 940 ZPO

- ☐ bei Meidung eines Ordnungsgeldes bis zu 250 000,– EUR, ersatzweise Ordnungshaft, oder Ordnungshaft bis zu sechs Monaten für jeden einzelnen Fall der Zuwiderhandlung (§ 890 ZPO) verboten,
- ☐ bei Meidung eines Zwangsgeldes bis zu 25 000,– EUR, ersatzweise Zwangshaft, oder Zwangshaft bis zu sechs Monaten (§ 888 ZPO) geboten,
- ☐ bei Meidung der Ersatzvornahme auf Kosten d **Antragsgegner** (§ 887 ZPO) geboten,
  - ☐ – wie Anlage –
- ☐ geboten, ☐ einrücken wie Bl. d.A. – wie Anlage –
  - ☐ an d **Antragsteller** herauszugeben (§ 883 ZPO).

an den zuständigen Gerichtsvollzieher herauszugeben (§ 883 ZPO).

- ☐ Kommt der/die Antragsgegner/in dem Gebot nicht unverzüglich – binnen einer Frist von seit Zustellung – nach, so ist der/die Antragsteller/in zur Ersatzvornahme – durch beauftragte Handwerker unter Aufsicht des Gerichtsvollziehers – auf Kosten des/der Antragsgegner/in berechtigt.
- ☐ Die Anordnung ist befristet bis einschließlich

D **Antragsgegner** hat die Kosten des Verfahrens zu tragen.

Der Streitwert wird auf EUR festgesetzt.

Gründe

Durch eidesstattliche Versicherung des/der

vom ☐ sowie folgende Urkunden:

ist glaubhaft gemacht, dass ☐ einrücken wie Bl d.A.

☐ – weiter wie Anlage –

Die Kostenentscheidung folgt aus § 91 ZPO.

Die Streitwertfestsetzung beruht auf §§ 12 Abs. 2, 20 Abs 1 GKG, 3 ZPO.

Vfg.

1) Beschlussausfertigung mit Antragsschrift verbinden und an
   ☐ Antragsteller/in mit ZU Antragstellervertreter/in mit EB ☐ unter Verzicht auf förmliche Zustellung aushändigen
2) Leseabschrift zu den Akten
3) Herrn/Frau Kostenbeamt/en/in

Frankfurt am Main, den

Richter/in

XIII. Vollstreckung gem. § 877 ZPO

Muster 5.24: Vollstreckung gem. § 877 ZPO

65 C 700/07

Beschluss

In der Zwangsvollstreckungssache

Wohnungseigentümergemeinschaft Goetheallee 10–12, 60300 Frankfurt am Main, vertreten durch die Verwalterin, die Walter GmbH, diese vertreten durch ihren Geschäftsführer V. Walter, Nußallee 25, 60300 Frankfurt am Main,

Gläubigerin/Antragsteller,

– **Prozessbevollmächtigte:** Rechtsanwälte Meier und Müller,

Frankfurt am Main, Gerichtsfach 2001 –,

gegen

den Wohnungseigentümer Hans Becker, Hohlweg 1, 84000 München,

Schuldner/Antragsgegner,

hat das Amtsgericht Frankfurt am Main – Abteilung 65 – durch Richter am Amtsgericht Adam nach Anhörung des Schuldners im schriftlichen Verfahren am 24.2.2008 beschlossen:

Die Gläubiger werden gemäß § 887 Abs. 1 ZPO ermächtigt, die dem Schuldner in dem vollstreckbaren Urteil des Amtsgerichts Frankfurt am Main vom 13.10.2007 auferlegten Handlungen, nämlich die Treppe aus der Wohnung Nr. 1 im Erdgeschoss in den Hof des Anwesens Adickesstr. 51 in Frankfurt am Main zu beseitigen und die Treppenhaustür der Wohnung Nr. 1 in diesem Anwesen in den ursprünglichen Zustand bestehend aus Holz zurückzuversetzen, auf Kosten des Schuldners vornehmen zu lassen.

Der Schuldner hat die Vornahme der Handlungen zu dulden.

Zugleich wird dem Schuldner gemäß § 887 Abs. 2 ZPO aufgegeben, auf die durch die Vornahme der Handlungen durch die Gläubiger entstehenden Kosten einen Vorschuss von 4.000,00 EUR zu zahlen.

Die Kosten des Verfahrens hat der Schuldner zu tragen.

Der Streitwert wird auf 4.000,00 EUR festgesetzt.

Gründe

Da der Schuldner die ihm durch Urteil des erkennenden Gerichts auferlegte Verpflichtung zur Vornahme der im Beschluss bezeichneten vertretbaren Handlungen nicht erfüllt hat, war gemäß § 887 Abs. 1 ZPO die Gläubigerin auf deren Antrag zu ermächtigen, die Handlungen auf Kosten des Schuldners vornehmen zu lassen.

Gleichzeitig war auf entsprechenden Antrag der Gläubigerin gemäß § 887 Abs. 2 ZPO dem Schuldner aufzugeben, an die Gläubiger einen Vorschuss in Höhe der für die Ausführung der Arbeiten voraussichtlich entstehenden Kosten zu zahlen.

Die Kostenentscheidung folgt aus §§ 891 S. 3, 91 ZPO.

Adam

XIV. Vollstreckung gem. § 890 Abs. 1 ZPO

Muster 5.25: Vollstreckung gem. § 890 Abs. 1 ZPO

65 C 700/07

Beschluss

In der Zwangsvollstreckungssache

Wohnungseigentümergemeinschaft Goetheallee 10–12, 60300 Frankfurt am Main, vertreten[74] durch die Verwalterin, die Walter GmbH, diese vertreten durch ihren Geschäftsführer V. Walter, Nußallee 25, 60300 Frankfurt am Main,

Gläubigerin/Antragsteller,

– **Prozessbevollmächtigte:** Rechtsanwälte Meier und Müller,

Frankfurt am Main, Gerichtsfach 2001 –,

gegen

die Wohnungseigentümerin Elvira Becker, Hohlweg 1, 84000 München,

---

[74] Siehe § 27 Rn 91.

Schuldnerin/Antragsgegnerin,

hat das Amtsgericht Frankfurt am Main – Abteilung 65 – durch Richter am Amtsgericht Adam nach Anhörung der Schuldnerin im schriftlichen Verfahren am 24.2.2008 beschlossen:

Gegen die Schuldnerin/Antragsgegnerin wird wegen mehrfacher Zuwiderhandlung gegen die im Urteil des Amtsgerichts Frankfurt am Main vom 18.7.2007 enthaltene Unterlassungsverpflichtung, nämlich das Füttern von Tauben vom und auf dem Grundstück Goetheallee 10–12, 60003 Frankfurt am Main zu unterlassen, gemäß § 890 Abs. 1 ZPO ein Ordnungsgeld von 1.800,00 EUR ersatzweise für den Fall, dass dieses nicht beigetrieben werden kann, für je 100,00 EUR ein Tag Ordnungshaft verhängt.

Die Kosten des Verfahrens hat die Schuldnerin zu tragen.

Der Streitwert wird auf 2.500,00 EUR festgesetzt.

Gründe

Das verhängte Ordnungsmittel ist nach § 890 Abs. 1 ZPO gerechtfertigt. Die Schuldnerin hat mehrfach der im Titel auferlegten Unterlassungsverpflichtung zuwidergehandelt.

Trotz Androhung eines Ordnungsgeldes von 100,00 EUR für jeden Fall der Zuwiderhandlung und Festsetzung von 800,00 EUR Ordnungsgeld durch Beschluss vom 26.8.2000 hat die Schuldnerin wieder allein in der Zeit vom 25.10.2007–8.11.2007 insgesamt achtzehnmal die Tauben auf dem Grundstück gefüttert.

Dieses steht fest aufgrund des Vortrags der Gläubigerin, dem die die Schuldnerin nicht widersprochen hat.

Bei der Höhe des verhängten Ordnungsgeldes hat das Gericht sowohl die Schwere der wiederholten Zuwiderhandlung berücksichtigt als auch dem Umstand Rechnung getragen, dass die Schuldnerin durch ein empfindliches Übel zur künftigen Einhaltung des gerichtlichen Verbots angehalten wird.

Die Kostenentscheidung folgt aus §§ 891 S. 3, 91 ZPO.

Adam

65 C 700/07

Vfg.

1. Vollstreckbare Ausfertigung des Beschlusses an Gläubiger-Vertreter (EB); mit Zusatz: Es wird darauf hingewiesen, dass die Vollstreckung des Ordnungsmittels von Amts wegen erfolgt.
2. Ausfertigung des Beschlusses an Antragsgegnerin (ZU)
3. Herrn/Frau Rechtspfleger zur Durchführung der Vollstreckung (§ 31 Abs. 3 RpflG)

Frankfurt am Main, 24.2.2002

Amtsgericht Abteilung 65

Adam

Richter am Amtsgericht

XV. Vollstreckung gem. § 888 ZPO

Muster 5.26: Vollstreckung gem. § 888 ZPO

65 C 700/07

Beschluss

In der Zwangsvollstreckungssache

Wohnungseigentümergemeinschaft Goetheallee 10–12, 60300 Frankfurt am Main, vertreten durch die Verwalterin, die Walter GmbH, diese vertreten durch ihren Geschäftsführer V. Walter, Nußallee 25, 60300 Frankfurt am Main,

Gläubigerin/Antragsteller,

– **Prozessbevollmächtigte:** Rechtsanwälte Meier und Müller, Frankfurt am Main, Gerichtsfach 2001 –,

gegen

den Wohnungseigentümer Hans Becker, Hohlweg 1, 84000 München,

Schuldner/Antragsgegner,

hat das Amtsgericht Frankfurt am Main – Abteilung 65 – durch Richter am Amtsgericht Adam nach Anhörung des Schuldners im schriftlichen Verfahren am 24.2.2008 beschlossen:

Gegen den Schuldner/Antragsgegner wird zur Erzwingung der ihm im vollstreckbaren Urteil des Amtsgerichts Frankfurt am Main vom 15.11.2007 auferlegten Handlungen, nämlich dafür zu sorgen, dass die Mieter der Wohnung Nr. 47 in der im Rubrum genannten Liegenschaft die Hausordnung beachten, insbesondere ruhestörenden

Lärm und Belästigungen von Bewohnern der Liegenschaft unterlassen, ein Zwangsgeld von 2.000,00 EUR ersatzweise für den Fall, dass dieses nicht beigetrieben werden kann, für je 500,00 EUR ein Tag Zwangshaft festgesetzt.
Die Vollstreckung des Zwangsmittels entfällt, sobald der Schuldner der obigen Verpflichtung nachkommt.
Die Kosten des Verfahrens hat der Schuldner zu tragen.
Der Geschäftswert wird auf 2.500,00 EUR festgesetzt.

Gründe

Der Antrag auf Verhängung des Zwangsmittels ist nach § 888 ZPO gerechtfertigt, da der Schuldner die ihm durch Gerichtsbeschluss auferlegte unvertretbare Handlung nicht erfüllt hat. Dies ergibt sich aus dem unwidersprochenen Vortrag der Gläubiger.
Die Kostenentscheidung folgt aus §§ 891 S. 3, 91 ZPO.
Der festgesetzte Geschäftswert entspricht dem Interesse der Gläubiger an der Vornahme der Handlungen.

Adam

65 C 700/07

Vfg.

1. Vollstreckbare Ausfertigung des Beschlusses an Gläubiger-Vertreter (EB); mit Zusatz: Es wird darauf hingewiesen, dass das Zwangsgeld auf Antrag des Gläubigers durch den Gerichtsvollzieher zu vollstrecken ist, und zwar mit der Maßgabe, dass der Erlös an die Staatskasse abgeführt wird.
2. Ausfertigung des Beschlusses an Antragsgegner (ZU)
3. Herrn/Frau Kostenbeamten
4. Weglegen

Frankfurt am Main, 24.2.2008
Amtsgericht Abteilung 65

Adam

Richter am Amtsgericht

XVI. Vollstreckung gem. § 888 ZPO

Muster 5.27: Vollstreckung gem. § 888 ZPO (Ersatzzwangshaft)

65 C 700/07

Haftanordnung und Haftbefehl

In der Zwangsvollstreckungssache

Wohnungseigentümergemeinschaft Goetheallee 10–12, 60300 Frankfurt am Main, vertreten durch die Verwalterin, die Walter GmbH, diese vertreten durch ihren Geschäftsführer V. Walter, Nußallee 25, 60300 Frankfurt am Main,

Gläubigerin/Antragsteller,

– **Prozessbevollmächtigte:** Rechtsanwälte Meier und Müller,

Frankfurt am Main, Gerichtsfach 2001 –,

den Wohnungseigentümer Hans Becker, Hohlweg 1, 84000 München,

Schuldner/Antragsgegner,

hat das Amtsgericht Frankfurt am Main – Abteilung 65 – durch Richter am Amtsgericht Adam nach Anhörung des Schuldners im schriftlichen Verfahren am 24.2.2008 beschlossen:

Der Schuldner ist verpflichtet, aufgrund des vollstreckbaren Urteils des Amtsgerichts Frankfurt am Main vom 18.11.2006 über seine Verwaltertätigkeit für die im Rubrum genannte Liegenschaft für die Jahre 2003 und 2004 und für die Zeit vom 1.1.2005 bis 10.8.2005 Rechnung zu legen.

Zur Erzwingung dieser Handlung wird auf Antrag der Gläubiger gegen den Schuldner Ersatzzwangshaft von 5 Tagen angeordnet.

Aufgrund dieses Haftbefehls und eines Antrags der Gläubigerin ist der Schuldner durch den Gerichtsvollzieher zu verhaften.

Der Schuldner kann die Vollziehung dieses Haftbefehls dadurch abwenden, dass er den vorgenannten Verpflichtungen nachkommt.

Gründe

Der Schuldner ist der Verpflichtung, über seine Verwaltertätigkeit für die im Rubrum genannte Liegenschaft für die Jahre 2003 und 2004 und für die Zeit vom 1.1.2005 bis 10.8.2005 Rechnung zu legen, nicht nachgekommen. Durch

Beschluss des Amtsgerichts Frankfurt am Main vom 3.4.2007, der dem Schuldner am 9.4.2007 zugestellt wurde, wurde zur Erzwingung der vorgenannten Handlungen gemäß § 888 ZPO gegen ihn ein Zwangsgeld von 5.000,00 EUR, ersatzweise, für den Fall, dass dieses nicht beigetrieben werden kann, für je 1.000,00 EUR ein Tag Zwangshaft festgesetzt.

Laut Mitteilung des Gerichtsvollziehers vom 1.9.2000 ist der Schuldner gemäß § 63 GVGA amtsbekannt pfandlos. Das Zwangsgeld kann danach nicht beigetrieben werden. Die Voraussetzungen für die Anordnung von Ersatzzwangshaft liegen daher vor.

Adam

C. Mustertexte zur Verwaltung des gemeinschaftlichen Eigentums

I. Verwaltervertrag

Muster 5.28: Verwaltervertrag

Verwaltervertrag zwischen der Wohnungseigentümergemeinschaft

Goetheallee 10–12, 60300 Frankfurt am Main

– im folgenden „Gemeinschaft" genannt –

vertreten durch den Vorsitzenden und die Mitglieder des Verwaltungsbeirates

und der

Walter GmbH, diese vertreten durch ihren Geschäftsführer V. Walter,

Nußallee 25, 60300 Frankfurt am Main,

– im folgenden „Verwalter" genannt –

wird vorbehaltlich der Genehmigung durch Beschluss der Eigentümerversammlung für die Verwaltung des gemeinschaftlichen Eigentums folgendes vereinbart:

§ 1 Bestellung und Abberufung des Verwalters

Durch Beschluss der Gemeinschaft vom 31.11.2006 ist der Verwalter für die Zeit vom 1.1.2007 bis zum 31.12.2009 bestellt worden.

Eine vorzeitige Abberufung ist nur aus wichtigem Grund möglich.

Der Verwalter darf sein Amt nur aus wichtigem Grund niederlegen.

§ 2 Laufzeit des Verwaltervertrages

Der Verwaltervertrag gilt für die Dauer der Bestellung des Verwalters. Er endet mit Ablauf der Bestellungszeit, mit der vorzeitigen Abberufung oder mit der Amtsniederlegung.

§ 3 Aufgaben und Befugnisse des Verwalters

Die Aufgaben und Befugnisse des Verwalters ergeben sich aus

a) diesem Vertrag
b) der Teilungserklärung/Gemeinschaftsordnung;
c) den wirksamen Beschlüssen der Wohnungseigentümer;
d) dem Wohnungseigentumsgesetz;
e) den gesetzlichen Vorschriften über die entgeltliche Geschäftsbesorgung (§ 675 BGB).

Der Verwalter hat im Rahmen pflichtgemäßen Ermessens alles zu tun, was zu einer ordnungsgemäßen Verwaltung des Gemeinschaftseigentums und Verwaltungsvermögens notwendig ist. Er ist verpflichtet, das Gemeinschaftseigentum und das Verwaltungsvermögen mit der Sorgfalt eines ordentlichen und fachkundigen Kaufmanns zu betreuen. Er hat dafür zu sorgen, dass er oder ein Bevollmächtigter außerhalb der Bürozeit jederzeit in dringenden Fällen telefonisch zu erreichen ist.

Der Verwalter hat eine angemessene Vermögensschadenhaftpflichtversicherung abzuschließen und zu unterhalten.

§ 4 Besondere Aufgaben des Verwalters

Der Verwalter hat die Maßnahmen zu treffen, die für die ordnungsgemäße laufende Instandhaltung und Instandsetzung des Gemeinschaftseigentums erforderlich sind.

Für die Durchführung von Instandhaltungs- und Instandsetzungsmaßnahmen am Gemeinschaftseigentum, deren Kosten den Betrag von 3.000,00 EUR nicht überschreiten, und für unaufschiebbare Notreparaturen benötigt der Verwalter keinen vorherigen Beschluss der Wohnungseigentümer.

Vor der Auftragsvergabe ist bei Beträgen über 3.000,00 EUR – auch bei Gefahr im Verzug – die Zustimmung des Verwaltungsbeirates einzuholen. Bei Instandhaltungs- und Instandsetzungsmaßnahmen am Gemeinschaftseigentum, die mehr als 6.000,00 EUR kosten werden, ist zusätzlich ein vorheriger Beschluss der Wohnungseigentümer notwendig. Der Verwalter hat insoweit, für eine inhaltliche eindeutige Beschlussvorlage Sorge zu tragen.

Der Verwalter hat bei einem Auftrag von voraussichtlich über 3.000,00 EUR mehrere Kostenvoranschläge einzuholen.

Der Verwalter hat die rechnerische und sachliche Prüfung aller Rechnungen vorzunehmen.

Der Verwalter hat die Prüfung und Wartung von Mess- und Sicherheitseinrichtungen zu veranlassen.

Der Verwalter hat die Einhaltung der Hausordnung zu überwachen.

Der Verwalter hat die Wohnungseigentümerversammlung zu einem zumutbaren Zeitpunkt am Ort der Anlage einzuberufen und darin den Vorsitz zu übernehmen, sofern die Gemeinschaft nichts anderes beschließt.

Er hat über die Beschlüsse der Gemeinschaft unverzüglich ordnungsgemäße Niederschriften zu fertigen und jedem Eigentümer innerhalb von 2 Wochen zuzusenden.

Er hat Versammlungsprotokolle, gerichtliche Entscheidungen und alle anderen im Eigentum der Gemeinschaft stehenden Verwaltungsunterlagen geordnet aufzubewahren

Der Verwalter hat die Beschlüsse der Gemeinschaft durchzuführen.

§ 5 Verwaltung der eingenommenen Gelder

Der Verwalter hat jeweils bis spätestens zum 31. März eines Jahres den Wirtschaftsplan mit der Verteilung der Kosten und Einnahmen in Form von Gesamt- und Einzelwirtschaftsplänen für die nächste Rechnungsperiode aufzustellen.

Der Verwalter hat nach Ablauf des Wirtschaftsjahres bis zum 31. März des Folgejahres die Jahresabrechnung über die tatsächlichen Einnahmen und Ausgaben des Vorjahres als Gesamt- und Einzelabrechnung zu fertigen und diese nach Abstimmung mit dem Verwaltungsbeirat den Eigentümern mindestens 2 Wochen vor der Eigentümerversammlung, in der die Jahresabrechnung beschlossen werden soll, zuzusenden.

Der Verwalter hat die jährliche Ablesung des Wasser- und Wärmeverbrauchs sowie deren Abrechnung zu veranlassen, die Gesamtheizkosten an das von der Gemeinschaft beauftragte Service-Unternehmen zu melden und die von diesem Unternehmen errechneten Einzelkosten in die Einzelabrechnungen zu übernehmen.

Der Verwalter hat mit der Jahresabrechnung einen Status zu erstellen, der Angaben über Forderungen und Verbindlichkeiten der Gemeinschaft sowie die Entwicklung der Kontenstände enthält.

Der Verwalter hat eine Inventarliste der beweglichen Wirtschaftsgüter mit deren Wertveränderung während des Wirtschaftsjahres zu führen.

Der Verwalter hat sämtliche Unterlagen allen interessierten Miteigentümern zur Einsichtnahme während der Bürozeiten nach vorheriger Terminvereinbarung in der Eigentumsanlage zur Verfügung zu stellen.

Der Verwalter hat dem Verwaltungsbeirat jederzeit Auskunft in allen Gemeinschaftsangelegenheiten zu geben.

Der Verwalter hat die eingenommenen Gelder von seinem Vermögen und dem Vermögen Dritter, insbesondere anderer von ihm verwalteter Gemeinschaften, getrennt (pfand- und insolvenzsicher) zu halten.

Das Kreditinstitut, bei dem die gemeinschaftlichen Konten als offene Fremdkonten geführt werden, bestimmt der Verwalter im Einvernehmen mit dem Verwaltungsbeirat.

Die Kontobezeichnung lautet jeweils: Konto (Bank, Bankleitzahl, Konto- Nr) der Wohnungseigentümergemeinschaft Goetheallee 10–12, 60300 Frankfurt am Main, vertreten durch den Verwalter Walter GmbH.

Der Verwalter hat die pünktlichen Hausgeldzahlungen zu überwachen.

Der Verwalter hat die Instandhaltungsrücklage auf Konten eines inländischen Kreditinstituts, über die er nur gemeinschaftlich mit dem Vorsitzenden des Verwaltungsbeirats oder dessen Stellvertreter verfügen kann, mit Zustimmung des Verwaltungsbeirates zinsgünstig aber mündelsicher auf den Namen der Gemeinschaft anzulegen.

§ 6 Beendigung der Verwaltertätigkeit

Der Verwalter hat bei Beendigung der Verwaltertätigkeit die Jahresabrechnung ordnungsgemäß zu erstellen. Fällt das Ende der Tätigkeit nicht mit dem Schluss des Wirtschaftsjahres zusammen, genügt eine Gesamtabrechnung, die so beschaffen sein muss, dass dem neuen Verwalter die spätere Erstellung von Einzelabrechnungen ohne Schwierigkeit möglich ist. Darüber hinaus ist der Verwalter verpflichtet, die Bestellungsurkunde und alle Vollmachten sowie alle in seinem Besitz befindlichen Unterlagen, die zu einer ordnungsgemäßen Fortführung der Verwaltung notwendig sind, unverzüglich in geschäftsmäßig geordneter Form herauszugeben. Ein Zurückbehaltungsrecht steht ihm an diesen Unterlagen nicht zu.

§ 7 Vertretungsbefugnisse des Verwalters

Der Verwalter ist berechtigt und verpflichtet, die Gemeinschaft auf der Aktiv- und der Passivseite gerichtlich und außergerichtlich zu vertreten. Er bedarf zur Einleitung gerichtlicher Verfahren der Zustimmung des Verwaltungsbeirats. Von der Zustimmungspflicht ausgenommen sind Verfahren zur Beitreibung rückständiger Beiträge und Eilfälle. In Verfahren einzelner Wohnungseigentümer gegen die übrigen Wohnungseigentümer und umgekehrt vertritt der Verwalter die Mehrheit der Wohnungseigentümer.

Der Verwalter ist berechtigt einen Rechtsanwalt für die von ihm vertretenen Wohnungseigentümer zu beauftragen. Er bedarf hierfür der Zustimmung des Verwaltungsbeirats. Von der Zustimmungspflicht ausgenommen sind Verfahren zur Beitreibung rückständiger Beiträge und Eilfälle.

Zur Beitreibung rückständiger Beiträge zugunsten der Gemeinschaft darf der Verwalter mit Wirkung für und gegen die Wohnungseigentümer außergerichtlich und auch gerichtlich tätig werden. In Fällen gerichtlicher Beitreibung ist der Verwalter ermächtigt, einen fachkundigen Rechtsanwalt einzuschalten.

Der Verwalter ist berechtigt, im Namen aller Wohnungseigentümer und im Namen der Gemeinschaft und mit Wirkung für und gegen sie Willenserklärungen und Zustellungen entgegenzunehmen, soweit sie an die Gemeinschaft, alle Wohnungseigentümer oder an einzelne Miteigentümer in dieser Eigenschaft gerichtet sind.

Ist der Verwalter Verfahrensgegner der Gemeinschaft oder der Mehrheit der Wohnungseigentümer ist er als Vertreter und Zustellungsvertreter ausgeschlossen. Ist Verwalter zwar nicht Verfahrensgegner, aber in einem sonstigen möglichen Interessenkonflikt, hat er nach Zustellung der Antragsschrift im Einvernehmen mit dem Verwaltungsbeirat einen Rechtsanwalt zu beauftragen, der ausschließlich die Interessen der Wohnungseigentümer wahrnimmt.

§ 8 Regelungen über die Beitragsleistungen der Wohnungseigentümer

1. Das Hausgeld ist der anteilige Beitrag der Wohnungseigentümer zu den Kosten und Lasten des gemeinschaftlichen Eigentums, zu den Instandhaltungs- und Instandsetzungsmaßnahmen, zu den Verwaltungsleistungen, zum gemeinschaftlichen Gebrauch des gemeinschaftlichen Eigentums sowie zur vorgesehenen Instandhaltungsrücklage.
2. Die Kostenumlage erfolgt nach dem in der Gemeinschaftsordnung (Teilungserklärung) oder dem von den Wohnungseigentümern im Rahmen ihrer Beschlusskompetenz festgelegten Verteilungsschlüssel, erforderlichenfalls gemäß § 16 Abs. 2 WEG nach Miteigentumsanteilen.
3. Die laufenden Hausgeldvorschüsse sind an den Verwalter oder an eine von ihm zu bestimmende Stelle monatlich im Voraus, spätestens am 3. eines jeden Monats kostenfrei zu zahlen.

§ 9 Vergütung des Verwalters

Die Verwaltervergütung, einschließlich aller Nebenkosten, beträgt monatlich

a) je Wohnungseigentum (ohne Garage oder Stellplatz) 15,00 EUR

b) je Teileigentum Gewerbe (ohne Garage oder Stellplatz) 20,00 EUR

c) je Teileigentum Garage 2,50 EUR

d) je Stellplatz 2,50 EUR

Der Verwaltervergütung ist die jeweils gültige Umsatzsteuer hinzuzurechnen.

Entgelte für besondere Leistungen, z.B. technische und rechtliche Gutachten sowie Maßnahmen der Rechtsverfolgung sind in der Vergütung nicht enthalten. Derartige Leistungen sind besonders zu vergüten, sofern sie nicht mit eigenem Personal des Verwalters ausgeführt werden. Vor Erbringen besonderer Leistungen hat der Verwalter die Zustimmung des Verwaltungsbeirates einzuholen.

In der Verwaltervergütung sind die Aufwendungen für die Durchführung von zwei jährlichen Eigentümerversammlungen enthalten. Miet- und Raumkosten für die Versammlung werden von der Gemeinschaft getragen. Für jede weitere vom Verwalter nicht zu vertretende Versammlung kann der Verwalter bis zu 500,00 EUR in Rechnung stellen. Miet- und Raumkosten werden auch insoweit von der Gemeinschaft getragen.

Zusätzlich zu der Pauschalvergütung nach Ziffer 1 erhält der Verwalter folgende Sonderhonorare jeweils zuzüglich Umsatzsteuer:

a) für Mahnungen an säumige Eigentümer je Mahnung 10,00 EUR;

b) für erwünschte Kopien aus Verwaltungsunterlagen pro Seite 0,50 EUR;

c) für Sonderleistungen gegenüber einzelnen Eigentümern, nach vorheriger Absprache des etwaigen Zeitaufwandes 75,00 EUR pro Stunde;

d) für jede zu einer Sondereigentumsübertragung zu erteilende Verwalterzustimmung 150,00 EUR;

e) für die gerichtliche Betreibung von Hausgeld pauschal 150,00 EUR;

f) für größere, technisch schwierige und aufwendige Sanierungs- und Baubetreuungsmaßnahmen ab einem Auftragsvolumen von 20 000,00 EUR. pauschal 10 % der Auftragssumme;

§ 10 Eigentümerwechsel

1. Bei einem Eigentümerwechsel tritt der Erwerber in den Verwaltervertrag ein (§ 10 Abs. 4 WEG).
2. Der Verwalter ist nicht verpflichtet, bei einem Eigentümerwechsel eine Teil- oder Zwischenabrechnung zu erstellen.

§ 11 Teilweise Unwirksamkeit des Vertrages
Wird ein Teil des Vertrages unwirksam, so bleibt der übrige Vertragsteil voll wirksam.

Datum: Datum:

Der Verwalter: Für die Eigentümergemeinschaft:

II. Verwaltervollmacht

Muster 5.29: Verwaltervollmacht

Die Verwalterin der Wohnungseigentümergemeinschaft Goetheallee 10–12, 60300 Frankfurt am Main, die Walter GmbH, vertreten durch ihren Geschäftsführer V. Walter, Nußallee 25, 60300 Frankfurt am Main ist bevollmächtigt:

1. a) im Namen aller Wohnungseigentümer und mit Wirkung für und gegen sie Willenserklärungen und Zustellungen entgegenzunehmen, soweit sie an alle Wohnungseigentümer oder an einzelne Miteigentümer in dieser Eigenschaft gerichtet sind;
   b) im Namen der Wohnungseigentümergemeinschaft Willenserklärungen und Zustellungen entgegenzunehmen.
2. a) die Wohnungseigentümer in Verfahren gemäß § 43 Nr. 1, Nr. 4 und 5 WEG auf der Passivseite gerichtlich zu vertreten;
   b) die Wohnungseigentümergemeinschaft auf der Passivseite in Verfahren gemäß § 43 Nr. 2 und 5 WEG gerichtlich zu vertreten;
   c) die Wohnungseigentümergemeinschaft und die Wohnungseigentümer auf der Aktivseite gerichtlich und außergerichtlich zu vertreten.

Der Verwalter bedarf zur Einleitung gerichtlicher Verfahren der Zustimmung des Verwaltungsbeirats. Von der Zustimmungspflicht ausgenommen sind Verfahren zur Beitreibung rückständiger Beiträge und Eilfälle.

Der Verwalter ist berechtigt einen Rechtsanwalt für die von ihm vertretenen Wohnungseigentümer zu beauftragen. Er bedarf hierfür der Zustimmung des Verwaltungsbeirats. Von der Zustimmungspflicht ausgenommen sind Verfahren zur Beitreibung rückständiger Beiträge und Eilfälle.

Zur Beitreibung rückständiger Beiträge zugunsten der Gemeinschaft darf der Verwalter im Namen und mit Wirkung für und gegen die Wohnungseigentümergemeinschaft außergerichtlich und auch gerichtlich tätig werden. In Fällen gerichtlicher Beitreibung ist der Verwalter ermächtigt, einen fachkundigen Rechtsanwalt einzuschalten.

Rechte der Wohnungseigentümer und der Wohnungseigentümergemeinschaft gegenüber Dritten wahrzunehmen oder Ansprüche Dritter gegen die Wohnungseigentümer und die Gemeinschaft abzuwehren.

die Wohnungseigentümer als Berechtigte von Dienstbarkeiten gerichtlich oder außergerichtlich vertreten.

Dienst-, Werk-, Versicherungs-, Wartungs- und Lieferungsverträge abzuschließen und auflösen, die zur Erfüllung von Vereinbarungen, Beschlüssen der Wohnungseigentümergemeinschaft oder einer ordnungsgemäßen und sachgerechten Verwaltung erforderlich sind.

Im Namen der Wohnungseigentümergemeinschaft und mit Wirkung für und gegen sie alle Leistungen und Zahlungen zu bewirken und entgegen zu nehmen, die mit der laufenden Verwaltung zusammenhängen.

Maßnahmen zu treffen, die zur Wahrung einer Frist oder zur Abwendung eines der Gemeinschaft oder den Wohnungseigentümern drohenden Rechtsnachteils erforderlich sind.

Untervollmachten für einzelne Verwaltungsangelegenheiten zu erteilen.

Erlischt die Vertretungsmacht der Verwalterin, so ist die Vollmacht unverzüglich zurückzugeben. Ein Zurückbehaltungsrecht an der Urkunde steht der Verwalterin nicht zu.

Frankfurt am Main, den 12.9.2007

Franz Meier, Gisela Schulze, Anita Weiss

(Verwaltungsbeirat im Auftrag der Wohnungseigentümer)

III. Beispiel einer Hausordnung

30 **Muster 5.30: Hausordnung**

der Wohnungseigentümergemeinschaft Goetheallee 10–12, 60300 Frankfurt am Main

I. Ruhezeiten

1. Allgemeine Ruhezeiten sind täglich die Zeiten von 22.00 bis 6.00 Uhr und 13.00 bis 15.00 Uhr. An Sonn- und Feiertagen wird diese Ruhezeit erweitert auf 18.00 bis 8.00 Uhr und 12.00 bis 15.00 Uhr.
2. Während der Ruhezeiten dürfen keine ruhestörenden Tätigkeiten vorgenommen werden.
3. Tonträger dürfen auch außerhalb der Ruhezeiten nicht über Zimmerlautstärke betrieben werden. Zimmerlautstärke ist überschritten, wenn der Betrieb des Tonträgers in anderen Sondereigentumseinheiten oder in Räumen des Gemeinschaftseigentums vernehmbar ist.
4. Eltern und Erziehungsberechtigte haben dafür zu sorgen, dass unübliche Ruhestörungen durch Kinder vermieden werden. Das Spielen ist nur auf den hierfür vorgesehenen Spielflächen zulässig.

II. Sauberkeit

1. Teppiche, Kleidungsstücke etc. dürfen nur auf hierfür vorgesehenen gemeinschaftlichen Plätzen oder innerhalb der Wohnung unter Beachtung der Ruhezeiten gereinigt werden. Eine Reinigung auf Terrassen und Balkonen oder aus offenen Fenstern ist nicht gestattet.
2. Abfälle sind in die hierfür bestimmten Abfallbehälter/Mülltonnen zu entsorgen. Sperrige Gegenstände (Schachteln, Verpackungsmaterial, Holz und dgl.) sind vor Einlagerung in die Mülltonnen zu zerkleinern. Sperrmüll ist gesondert zu entsorgen.
3. In Ausgussbecken, Bade- sowie Duschwannen und Toiletten dürfen keine Abfälle und schädliche Flüssigkeiten gegeben werden.
4. Verunreinigungen gemeinschaftlicher Räume, Flächen und Einrichtungen sowie fremden Sondereigentums hat der Verursacher unverzüglich zu beseitigen und einen etwa entstandenen Schaden zu ersetzen.
5. Das Auftreten von Ungeziefer in Wohnungen ist dem Verwalter unverzüglich mitzuteilen. Kammerjägern darf der Zutritt in die Wohnungen nach Ankündigung nicht verwehrt werden.
6. Zu Kontrollzwecken ist dem Verwalter nach Terminvereinbarung das Betreten des Sondereigentums zu gestatten.

III. Tierhaltung

1. Das Halten von Hunden, Katzen und sonstigen Haustieren bedarf der vorherigen schriftlichen Erlaubnis des Verwalters. Die Erlaubnis ist zu erteilen, wenn keine Beeinträchtigen für die anderen Wohnungseigentümer und Bewohner des Hauses aufgrund konkreter Anhaltspunkte zu befürchten sind.
2. Gefährliche Hunde, insbesondere Kampfhunde, sowie Reptilien und ähnliche Exoten, Ratten, Marder und ähnliche Tiere dürfen nicht gehalten werden.
3. Der Tierhalter hat dafür zu sorgen, dass die Tiere weder Schmutz noch andere Belästigungen verursachen. Verunreinigungen sind sofort vom Tierhalter zu beseitigen.
4. Hunde sind innerhalb des Hauses und der Außenanlage stets an kurzer Leine zu führen.
5. Bei Nichtbeachtung dieser Verhaltensregelungen kann die Eigentümergemeinschaft durch Mehrheitsbeschluss eine bereits erteilte Erlaubnis nach einmaliger, erfolgloser Abmahnung widerrufen.

IV. Gemeinschaftsflächen

1. In Treppenhäusern, Kellergängen, Fluren und auf gemeinschaftlichen Loggien dürfen keine Gegenstände abgestellt werden. Fahrräder und Schlitten sind im eigenen Keller zu deponieren.
2. Fahrzeuge mit Verbrennungsmotoren dürfen nicht in Kellern abgestellt werden.
3. Kinderwagen dürfen nur im Erdgeschoss abgestellt werden, wenn diese den freien Durchgang nicht behindern.

V. Balkone und Terrassen

1. Balkone und Terrassen dürfen mit Ausnahme üblicher Tische, Stühle, Liegen, Sonnenschirme und Pflanzen, nicht als Abstell- oder Lagerflächen benutzt werden.
2. Das Grillen über offener Flamme ist auf Balkonen und Terrassen nicht gestattet.
3. Blumenkästen sind an der Balkoninnenseite anzubringen.
4. Pflanztröge auf Dachterrassen dürfen nur so aufgestellt werden, dass sie die Statik nicht gefährden und kein Risiko für die Unterbodenkonstruktion darstellen.
5. Kletterpflanzen an Außenwänden sind nicht gestattet.

6. Beim Blumengießen darf Gießwasser nicht auf darunter liegende Flächen oder Gebäudeteile laufen. Gleiches gilt für Wischwasser auf Balkonen oder Terrassen.

VI. Sicherungs- und Sorgfaltspflichten

1. Haustüren sind grundsätzlich so geschlossen zu halten, dass sie nicht ohne Schlüssel geöffnet werden können. Es ist darauf zu achten, dass die Haustüren nach der Benutzung wieder in das Schloss einrasten. Fremden Personen darf nicht ohne Überprüfung eines berechtigten Anliegens Zutritt zum Haus gestattet werden.
2. Im Keller sind die Fenstergitter geschlossen zu halten. Bei Regen, Sturm, Schnee und Frost sind die Fenster in den privat genutzten Kellern zu schließen. Entsteht durch die Nichtbefolgung dieser Anordnung Schaden an fremdem Eigentum, so haftet der betreffende Eigentümer.
3. Treppenhausfenster dürfen zum Lüften maximal 30 Minuten geöffnet werden.
4. Im Winter ist dafür zu sorgen, dass alle Wasser führenden Leitungen im räumlichen Bereich des Sondereigentums vor Frost geschützt werden.
5. Unter Druck stehende Wasseranschlüsse, insbesondere von Geschirrspül- und Waschmaschinen, sind bei mehr als eintägiger Abwesenheit zu sichern oder abzudrehen. Gleiches gilt für etwaige Gashähne.
6. Verluste von Schlüsseln der zentralen Schließanlage sind unverzüglich dem Verwalter zu melden. Ersatzbestellungen erfolgen über den Verwalter. Die Kosten für Ersatzschlüssel oder neue Schlösser hat der betreffende Eigentümer zu tragen, auch wenn er den Verlust nicht zu vertreten hat.
7. Keller- und Speicherräume dürfen nicht mit offenem Licht betreten werden.
8. Das Einstellen und Lagern von feuergefährlichen Gegenständen in Wohnungen, Keller- und Speicherräumen ist verboten.

VII. Waschen

1. Die gemeinschaftlichen Wasch- und Trockenräume können nach dem beschlossenen Benutzungsplan genutzt werden. Das Wäschetrocknen auf Terrassen und gemeinschaftlichen Gartenflächen hat zu unterbleiben. Auf Balkonen und Loggien ist das Trocknen nur gestattet, wenn Trockenständer nicht von außen sichtbar sind.
2. Die Waschküche und der Trockenraum und deren Einrichtungen sind nach Benutzung in sauberem Zustand zu hinterlassen. Nach Beendigung des Waschvorgangs ist der Wasserhahn abzudrehen und der Trommelverschluss geöffnet zu lassen.
3. Die Benutzer haften für vorsätzliche oder fahrlässige Beschädigung der Einrichtungen. Auftretende Störungen sind dem Verwalter unverzüglich zu melden.

IV. Einladung zu einer Eigentümerversammlung

Muster 5.31: Einladung zu einer Eigentümerversammlung

Karl Otto
Hausverwaltungen
Stadtweg 35
60009 Franfurt am Main

3.4.2006

An alle Wohnungseigentümer
der Wohnanlage Hauptstr. 107
60006 Frankfurt am Main

Sehr geehrter Eigentümer,

hiermit lade ich Sie zur 8. ordentlichen Wohnungseigentümerversammlung der Wohnanlage Hauptstr. 107, 60006 Frankfurt am Main auf Mittwoch, den 19.4.2006, 20.00 Uhr in das Bürgerhaus Gallus, Frankenallee 12, 60020 Frankfurt am Main ein.

Nach Begrüßung und Feststellung der Beschlussfähigkeit werden folgende Tagesordnungspunkte behandelt:

TOP 1: Genehmigung der Jahresabrechnung 2005 und des Wirtschaftsplanes 2007 (beide Entwürfe liegen dieser Einladung bei)

TOP 2: Entlastung des Verwalters und des Verwaltungsbeirats für das Wirtschaftsjahr 2005

TOP 3: Neuwahl des Verwaltungsbeirats, der aus drei Mitgliedern besteht

TOP 4: Notwendige Reparaturarbeiten:

a) Neuanstrich sämtlicher Fenster

b) Austausch der defekten Zirkulationspumpe in der Heizungsanlage (die bereits eingeholten Kostenvoranschläge für diese Maßnahmen liegen dieser Einladung bei).

Mit freundlichen Grüßen

Karl Otto

(Verwalter)

V. Versammlungsniederschrift

32 **Muster 5.32: Beispiel einer Versammlungsniederschrift**

Protokoll der Wohnungseigentümerversammlung der Wohnanlage Hauptstr. 107, 60006 Frankfurt am Main am Mittwoch, dem 19.4.2006 im Bürgerhaus Gallus, in Frankfurt am Main.

Beschlussfähigkeit:

Von insgesamt 18 Wohnungseigentümern sind zu dieser Versammlung 14 Wohnungseigentümer erschienen oder vertreten (Anlage: Teilnehmerliste). Die Versammlung ist damit beschlussfähig.

Die Tagesordnung wurde wie folgt behandelt:

TOP 1: Jahresabrechung 2005

Der Verwalter erläuterte den Eigentümern die vorliegende Jahresabrechnung 2005.

Nach kurzer Aussprache fassten die Anwesenden folgenden Beschluss:

„Die Gesamt- und Einzeljahresabrechnungen 2005 werden genehmigt."

Ja-Stimmen: 13 Nein-Stimmen: 1 Enthaltungen: 1

Beschlussantrag angenommen (**x**) Beschlussantrag abgelehnt ( )

TOP 2: Wirtschaftsplan 2007

Der Verwalter erläuterte den vorliegenden Wirtschaftsplan 2007. Ohne Aussprache fassten die Anwesenden folgenden Beschluss:

„Die Geamt- und Einzelwirtschaftspläne 2007 werden genehmigt."

Ja-Stimmen: 14 Nein-Stimmen: 1 Enthaltungen: 0

Beschlussantrag angenommen (**x**) Beschlussantrag abgelehnt ( )

TOP 3: Entlastung des Verwalters

Die Anwesenden berieten über die Entlastung des Verwalters für das Wirtschaftsjahr 2005. Nach kurzer Aussprache fassten die Anwesenden folgenden Beschluss:

„Dem Verwalter wird für das Wirtschaftsjahr 2005 Entlastung erteilt."

Ja-Stimmen: 13 Nein-Stimmen: 1 Enthaltungen: 1

Beschlussantrag angenommen (**x**) Beschlussantrag abgelehnt ( )

TOP 4: Wahl des Verwaltungsbeirats

Die Amtszeit des bisherigen Verwaltungsbeirats wird zum 30.4.2006 enden. Die Neuwahl dieses Gremiums ist erforderlich, wobei nach § 5 der Teilungserklärung drei Mitglieder zu wählen sind.

Aus der Mitte der Versammlung wurden als Mitglieder des Verwaltungsbeirates die Wohnungseigentümer Herr Hans Meier, Frau Ruth Schulze und Frau Helga Weiss vorgeschlagen. Diese erklärten für den Fall ihrer Wahl die Annahme des Amtes.

Nach kurzer Diskussion wurde folgender Beschluss gefasst:

„Wohnungseigentümer Herr Hans Meier, Frau Ruth Schulze und Frau Helga Weiss werden mit Wirkung ab 1.5.2006 zum Verwaltungsbeirat bestellt. Vorsitzender des Verwaltungsbeirats ist Frau Helga Weiss."

Ja-Stimmen: 11 Nein-Stimmen: 0 Enthaltungen: 3

Beschlussantrag angenommen (**x**) Beschlussantrag abgelehnt ( )

Die Gewählten bedankten sich für das in sie gesetzte Vertrauen.

TOP 5: Reparaturarbeiten

a) Der Verwalter erläuterte die Notwendigkeit der Erneuerung des Farbanstrichs aller Fenster der Liegenschaft. Er stellte fest, dass bei fast allen Fenstern der alte Farbanstrich weitgehend abgeblättert ist, sodass die Holzrahmen nicht mehr vor Witterungseinflüssen geschützt sind. Er erläuterte den Kostenvoranschlag der Firma Schnell & Schön GmbH, der inklusive Gerüsterstellung ein Gesamtvolumen von 18.000,00 EUR umfasst. Der Wohnungseigentümer Meier schlug vor, den Neuanstrich der Fenster grundsätzlich zu beschließen, die Vergabe der Arbeiten aber von zwei weiteren Kostenvoranschlägen abhängig zu machen. Die Auswahl der

Mustertexte

zu beauftragenden Firma solle sodann dem Verwaltungsbeirat übertragen werden. Nach längerer Diskussion beschloss die Versammlung:
„Sämtliche Fenster der Liegenschaft sollen einen neuen Farbanstrich erhalten. Der Verwalter wird beauftragt, zwei weitere Kostenvoranschläge einzuholen. Der Verwaltungsbeirat wird beauftragt, nach seinem Ermessen einen der Anbieter auszuwählen. Die Maßnahme darf den Kostenrahmen von 18 000,00 EUR nicht überschreiten. Der Verwalter wird beauftragt, unverzüglich nach Entscheidung des Verwaltungsbeirats die ausgewählte Firma mit dem Neuanstrich zu beauftragen. Die Finanzierung der Instandhaltungsmaßnahme erfolgt aus der Instandhaltungsrücklage."
Ja-Stimmen: 13 Nein-Stimmen: 1 Enthaltungen: 1
Beschlussantrag angenommen (**x**) Beschlussantrag abgelehnt ( )

b) Der Verwalter berichtete, dass die Zirkulationspumpe der Heizungsanlage nicht mehr funktioniere. Die mit einer Notreparatur beauftragte Firma Heiß & Kalt OHG habe festgestellt, dass die Pumpe nicht mehr zu reparieren sei, sie müsse durch eine neue Pumpe ersetzt werden. Die Kosten werden sich auf ca. 650,00 EUR belaufen. Die Versammlung beschloss:
„Die Firma Heiß & Kalt OHG soll die defekte Zirkulationspumpe gegen eine neue austauschen. Der Verwalter wird beauftragt, unverzüglich die Arbeiten zu vergeben. Die Finanzierung erfolgt aus der Instandhaltungsrücklage."
Ja-Stimmen: 14 Nein-Stimmen: 0 Enthaltungen: 0
Beschlussantrag angenommen (**x**) Beschlussantrag abgelehnt ( )

Nachdem keine weiteren Wortmeldungen mehr vorlagen, schloss der Versammlungsleiter um 21.00 Uhr die Versammlung.
Frankfurt am Main, den 19.4.2006
Karl Otto, Verwalter
Helga Weiss, Verwaltungsbeirat
Xaver Scholz, Wohnungseigentümer

VI. Beschluss-Sammlung

Muster 5.33: Beispiel einer Beschluss-Sammlung

Beschluss-Sammlung der WEG Sonnenallee 92 in Berlin-Neukölln

Lfd. Nummer der Eintragung	Versammlung Datum/Ort/ TOP	Beschlüsse/ Beschlussergebnis Datum der Eintragung	Gerichtsentscheidungen Datum der Eintragung	Vermerke Datum der Eintragung
1	2.1.2008, Berlin, TOP 2	„Zum Verwalter wird für die Dauer von 2 Jahres die A-GmbH bestellt." Antrag angenommen, 3. 1. 2008		angefochten, AG Neukölln 3 C 56/08 12.2.2008 Beschluss für ungültig erklärt (s. lfd. Nrn. 3, 5) 25.11.2008
2	2.1.2008, Berlin, TOP 3	„Die vorliegenden Gesamt- und Einzelwirtschaftspläne 2008 werden beschlossen." Antrag angenommen, 3.1.2008		

Lfd. Nummer der Eintragung	Versammlung Datum/Ort/ TOP	Beschlüsse/ Beschlussergebnis Datum der Eintragung	Gerichtsentscheidungen Datum der Eintragung	Vermerke Datum der Eintragung
3			Der Beschluss der Eigentümerversammlung vom 2.1.2008 zu TOP 2 wird für ungültig erklärt. AG Neukölln, Urt. v. 8.4.2008, 3 C 56/08 20.4.2008	Berufung eingelegt, LG Berlin 55 S 72/08 21.5.2008 Berufung zurückgewiesen (s. lfd. Nr. 5) 25.11.2008
4	Schriftliches Umlaufverfahren, verkündet in Berlin am 2.5.2008	„Dem Eigentümer Hans Wolf wird die Anbringung einer blauen, ausrollbaren Markise oberhalb seines Balkonfensters gestattet." Antrag angenommen, 3.5.2008		
5			Die Berufung der Beklagten gegen das Urteil des Amtsgerichts Neukölln vom 8.4.2008 wird zurückgewiesen. LG Berlin, Urt. v. 10. 11. 2008 55 S 72/08 25.11.2008	Rechtskräftig 30.12.2008

Stichwortverzeichnis

Die fetten arabischen Ziffern benennen den Paragraphen bzw. den Artikel; die mageren Ziffern beziehen sich auf die Randnummern.

Abberufung des Verwalters WEG 26, 91
- aus wichtigem Grund **WEG 26**, 102

Abdingbare Vorschriften WEG 21, 131
Abdingbarkeit von Vorschriften WEG 16, 2, 7; **21**, 2, 50; **22**, 10, 151, 179; **28**, 6
Abfall WEG 14, 22
Abfindung WEG 14, 30
Abgeschlossenheit WEG 3, 18; **7**, 38; **8**, 13
- bauliche Ausstattung **WEG 3**, 25
- Bauordnungsrecht **WEG 3**, 22
- Bedeutung **WEG 3**, 18
- Dauerwohnrecht **WEG 32**, 3
- eindeutige Abgrenzung **WEG 3**, 21
- freier und abschließbarer Zugang **WEG 3**, 20
- Garagenstellplatz **WEG 3**, 28
- Gebrauchsregelung **WEG 3**, 24
- innerhalb der Wohnanlage **WEG 3**, 23
- Prüfungspflicht des Grundbuchamtes **WEG 7**, 42
- Sollvorschrift **WEG 3**, 18
- sonstige Räume **WEG 3**, 19
- Vereinigung **WEG 8**, 39
- Voraussetzung **WEG 3**, 19
- Wohnung **WEG 3**, 19

Abgeschlossenheitsbescheinigung WEG 1, 15, 22; **3**, 27; **8**, 16, 38
- Allgemeine Verwaltungsvorschrift für die Ausstellung von Bescheinigungen (AVA) **WEG 7**, 19, 38; **32**, 7
- Erteilung durch Baubehörde **WEG 7**, 16
- Erteilung durch Sachverständigen **WEG 7**, 17
- Fehlen der **WEG 7**, 39
- unrichtige **WEG 7**, 39

Abgesondertes Mitsondereigentum WEG 5, 49
Abmahnung
- Entziehung des Wohnungseigentums **WEG 18**, 12

Abmeierungsklage WEG 18, 24
Abnahme WEG Anh 21, 68
Abrechnungsspitze WEG 16, 156, 181; **28**, 29, 104, 107, 111, 113, 189
Abschreibung WEG 1, 25
Abstellraum WEG 3, 6; **5**, 11; **15**, 13
Abstimmung WEG 23, 40
Abstimmungsverfahren WEG 23, 37, 44
Abtretung von Ansprüchen an Dritte WEG 43, 54
Abwehranspruch WEG 15, 33
- gegen den Nutzer **WEG 14**, 34
- gegen den Wohnungseigentümer **WEG 14**, 29
- Zwangsvollstreckung **WEG 14**, 29

Abzug Neu-für-Alt WEG 14, 52

Akzessorische Haftung
- zeitliche Begrenzung **WEG 10**, 117

Allgemeine Verwaltungsvorschrift für die Ausstellung von Bescheinigungen WEG 7, 19
Allgemeinstrom WEG 16, 74
Altschulden WEG 16, 151
Anbau WEG 5, 10
Änderung
- Größe der Miteigentumsanteile **WEG 4**, 17
- Inhalt des Sondereigentums **WEG 5**, 53
- Miteigentumsanteil **WEG 6**, 9

Änderung der einseitigen Teilungserklärung WEG 8, 22
- Abveräußerung der ersten Wohnung **WEG 8**, 23
- Anlegung der Wohnungsgrundbücher **WEG 8**, 22
- Auflassungsvormerkung **WEG 8**, 24
- Entstehung der Wohnungseigentümergemeinschaft **WEG 8**, 24
- Gegenstand des Sondereigentums **WEG 8**, 25
- Inhaltsänderungen **WEG 8**, 25
- Sondernutzungsrecht **WEG 8**, 25
- Zustimmung der dinglich Berechtigten **WEG 8**, 26

Änderungsanspruch
- Rechtsfolgen **WEG 10**, 61
- Rechtsschutzbedürfnis **WEG 10**, 62
- Tatbestandsvoraussetzung **WEG 10**, 55

Anerkenntnis WEG 46, 36
Anerkenntnisurteil WEG 46, 36
Anfechtungsklage
- Anfechtungsfrist **WEG 46**, 47
- Begründungsfrist **WEG 46**, 67
- Beiladung des Verwalters **WEG 48**, 9
- Beschwer **WEG 43**, 28
- Eigentümerliste **WEG 44**, 7
- Erledigung **WEG 46**, 101
- Jahresabrechnung **WEG 28**, 108
- Klagebefugnis **WEG 46**, 4
- Klageschrift **WEG 44**, 4
- Negativbeschluss **WEG 43**, 94
- Nichtigkeitsgründe **WEG 46**, 89
- Rechtskraft **WEG 48**, 17
- Rechtsschutzinteresse **WEG 46**, 18
- Streitwert **WEG Anh 50**, 14
- Teilungswirksamkeit **WEG 46**, 90
- Unterbrechung **WEG 46**, 94
- Verbindung **WEG 47**, 2
- Verwalterbestellung **WEG 26**, 17
- Wiedereinsetzung **WEG 46**, 72

- Wirkung **WEG 46**, 92
- Zustellung **WEG 45**, 6

Anlagen des gemeinschaftlichen Gebrauchs WEG 5, 33

Anspruch auf ordnungsmäßige Verwaltung
- Verjährung **WEG 21**, 101

Ansprüche aus Erwerbsverträgen WEG 10, 90

Anteil
- Kosten **WEG 16**, 3
- Nutzungen **WEG 16**, 33

Anteilsbemessung
- Schätzung **WEG 17**, 7
- Verwaltungsvermögen **WEG 17**, 11
- Wert des Wohnungseigentumsrechts **WEG 17**, 5
- Wertermittlung des gemeinschaftlichen Eigentums **WEG 17**, 10
- Wertermittlung des Sondereigentums **WEG 17**, 9
- Zeitpunkt **WEG 17**, 8

Antenne WEG 21, 90; **22**, 22, 61

Antennenanlage WEG 5, 38, 45

Anwalt WEG 24, 50

Anwaltsbüro WEG 14, 18

Anwartschaft WEG 9, 3

Anwartschaftsrecht
- auf Sondereigentum **WEG 3**, 12
- Recht auf Herstellung **WEG 3**, 12

Apotheke WEG 15, 13

Appartement WEG 1, 12

Architekturbüro WEG 14, 18; **15**, 13

Arrest WEG 43, 130

Arztpraxis WEG 14, 18; **15**, 13

Atelier WEG 15, 13

Aufbewahrung
- von Unterlagen **WEG 28**, 168

Aufgabe des Dauerwohnrechts WEG 31, 23; **37**, 3

Aufheben der Gemeinschaft
- Vollziehung **WEG 11**, 10

Aufhebung
- des Sondereigentums **WEG 4**, 11; **9**, 2; **17**, 12
- Verzicht auf Wohnungseigentum **WEG 4**, 12

Aufhebung der Gemeinschaft WEG 11, 1
- Anspruch auf Aufhebung **WEG 17**, 3, 13
- Anspruch aus der Aufhebung **WEG 17**, 13
- Anteilsbemessung **WEG 17**, 5
- Durchführung **WEG 17**, 4
- Höhe des Auseinandersetzungsguthabens **WEG 17**, 2
- Schätzung **WEG 17**, 7
- Verwaltungsvermögen **WEG 17**, 11
- Voraussetzungen **WEG 17**, 3
- Wertberechnung **WEG 17**, 7
- Werterhöhung **WEG 17**, 10
- Wertermittlung des gemeinschaftlichen Eigentums **WEG 17**, 10
- Wertermittlung des Sondereigentums **WEG 17**, 9
- Zeitpunkt der Wertermittlung **WEG 17**, 8
- Zerstörung des Gebäudes **WEG 17**, 8

Aufhebung der Sondereigentumsrechte
- Zustimmung dinglich Berechtigter **WEG 9**, 11, 12

Aufhebungsvertrag WEG 11, 9

Auflassung WEG 4, 4; **6**, 4

Auflassungsvormerkung WEG 24, 47

Aufopferungsanspruch
- nachbarrechtlicher **WEG 14**, 50

Aufrechnung
- Anwendungsersatzanspruch **WEG 21**, 21
- gegenüber Wohngeldforderungen **WEG 28**, 208

Aufstockung WEG 22, 23

Aufteilungsplan WEG 1, 22; **7**, 20; **8**, 16, 38; **32**, 6
- Abweichen von der Teilungserklärung **WEG 7**, 27
- abweichende Bauausführung **WEG 7**, 32; **9**, 5
- Bestimmtheitsgrundsatz **WEG 7**, 21
- Einzelausgestaltung **WEG 7**, 22
- farbliche Umrandung **WEG 7**, 23
- gleiche Nummer **WEG 7**, 23
- Grundriss **WEG 7**, 24
- Inhalt des Wohnungs- bzw. Teileigentumsgrundbuchs **WEG 7**, 26
- Lageplan **WEG 7**, 25
- Schnitte und Ansichten **WEG 7**, 24
- Umwandlung von Wohn- in Teileigentum und umgekehrt **WEG 7**, 22
- Unklarheiten **WEG 7**, 29
- unvollständig **WEG 7**, 28
- Vereinigung **WEG 8**, 39
- widersprechender Erklärungsinhalt **WEG 7**, 27

Aufwendung
- besondere **WEG 22**, 13

Aufwendungsersatz WEG 21, 21, 84

Aufwendungsersatzanspruch WEG 10, 124; **21**, 84

Aufzug WEG 16, 9, 69

Ausgleichsanspruch WEG 16, 188; **21**, 21

Auskunftspflichten des Verwalters WEG 28, 156

Auslegung
- bauliche Veränderung **WEG 22**, 154

Ausschluss
- Stimmrecht **WEG 19**, 3

Ausschlussfrist WEG 46, 48

Außenbereich WEG 21, 90

Außenjalousie WEG 5, 29

Äußere Gestaltung des Gebäudes WEG 5, 22, 28

Äußere Gestaltung des Hauses WEG 22, 20

Außergerichtliche Kosten WEG 49, 2

Aussiedlerheim WEG 14, 18

Ausübungsbefugnis der Gemeinschaft WEG 10, 82

AVA WEG 3, 19; **7**, 19

Balkon WEG 5, 10, 13, 27, 29; **13**, 19; **14**, 26; **16**, 4, 11, 21, 101, 110; **21**, 90; **22**, 26, 166
- Bodenbelag **WEG 23**, 31
- Trennwand **WEG 22**, 26

Balettstudio WEG 15, 13

Ballspiel WEG 15, 21

Bargeld WEG 10, 97
Barrierefreier Zugang WEG 22, 107
Bauausführung
– Abweichung WEG 7, 35
– Abweichung vom Aufteilungsplan WEG 7, 32
– Ansprüche bei abweichender WEG 7, 34
– fehlende Bestimmbarkeit des Sondereigentums WEG 7, 36
– gutgläubiger Erwerb WEG 7, 33
– unwesentliche Abweichung WEG 7, 35
Baubehörde WEG 7, 16, 19
Bauhandwerkersicherungshypothek WEG 10, 114
Bauherrenmodell WEG 2, 6
Bauliche Veränderung WEG 5, 10, 30
– Änderungsverbot WEG 22, 153
– Anspruch auf Beschluss WEG 22, 123
– Anspruch auf Beschlussfassung WEG 22, 7
– Aufzug WEG 22, 21
– Auslegung unklarer Klauseln WEG 22, 154
– Beeinträchtigung WEG 22, 91
– Begriff WEG 22, 11
– behördliche Genehmigung WEG 22, 136
– Beschlusskompetenz WEG 22, 5
– Beseitigung WEG 22, 137
– Beseitigungsanspruch WEG 22, 181
– dauerhafte Umgestaltung WEG 22, 11, 20
– Deckendurchbruch WEG 22, 104
– Duldungsanspruch WEG 22, 149
– eigenständige Anspruchsgrundlage WEG 22, 184
– Einbruchsgefahr WEG 22, 150
– Einstimmigkeitsprinzip WEG 22, 153
– Einzelfälle WEG 22, 21
– Gestaltung konkreter Veränderungen WEG 22, 163
– Gestaltungsanspruch WEG 22, 7, 123, 144
– Gesundheit WEG 22, 103
– Handlungsstörer WEG 22, 197
– intensive Nutzung WEG 22, 103, 106
– Klagebefugnis WEG 22, 200
– Kosten WEG 16, 92, 102, 117; **22**, 8, 92, 133, 158
– Lärm- und Geruchsimmissionen WEG 22, 103
– Legitimation durch Beschluss WEG 22, 6
– Mehrheitsbeschluss WEG 22, 122, 123
– Mehrheitsprinzip WEG 22, 154
– Mitgebrauch WEG 22, 103
– Nachahmung WEG 22, 102
– Nachbargrundstück WEG 22, 9
– öffentlich-rechtliche Vorschriften WEG 22, 103
– optisch nachteilige WEG 22, 97
– ordnungsgemäße Ersterstellung WEG 7, 34
– planwidrige Errichtung WEG 22, 17
– Rechtsfolgen WEG 22, 132
– Rechtsmissbrauch WEG 22, 187
– Rechtsnachfolger WEG 22, 142, 148, 193, 196, 198
– Reparaturanfälligkeit WEG 22, 103
– Sicherheit WEG 22, 103
– Sondereigentum WEG 22, 12, 127
– Sondernutzungsrecht WEG 22, 146
– Stabilität WEG 22, 103
– Substanzeingriff WEG 22, 11, 26
– Treu und Glauben WEG 22, 149
– unzulässige Nutzung WEG 22, 101
– Vereinbarungen WEG 22, 146
– Vereinigung WEG 8, 40
– Verfahrensfragen WEG 22, 199
– Vergleichszustand WEG 22, 11
– Verjährung WEG 22, 193
– Versammlungsleiter WEG 22, 126
– Verwirkung WEG 22, 196
– Vollstreckung WEG 22, 201
– Wanddurchbruch WEG 22, 104
– Widerruf der Zustimmung WEG 22, 139
– Zustandsstörer WEG 22, 197
– Zustimmung WEG 22, 6, 143
– Zustimmung des Verwalters WEG 22, 156, 159
– Zustimmung durch Beschluss WEG 22, 122
– Zustimmungsfreiheit WEG 22, 152
– Zweitbeschluss WEG 22, 139
Baum WEG 22, 29
Baumängel
– Ansprüche WEG Anh 21, 1
Bauträger WEG Anh 21, 1; **22**, 12, 17
Bauzeichnung WEG 7, 20
Beeinträchtigung anderer Wohnungseigentümer
– Folgen WEG 18, 8
Begriffsbestimmung
– gemeinschaftliches Eigentum WEG 1, 29
– Raum WEG 3, 17; **5**, 11
– Sondereigentum WEG 1, 8
– Teileigentum WEG 1, 16
– Wohnung WEG 3, 17
– Wohnungseigentum WEG 1, 9
Begründung der Wohneigentumsanlage WEG 10, 20
Begründung von Anspruchsgrundlagen WEG 21, 5
Begründung von Wohnungseigentum
– einseitige Teilungserklärung WEG 2, 7; **8**, 1
– Erbengemeinschaft WEG 2, 3
– Genehmigung WEG 2, 9; **8**, 16
– Kombination der Begründungsformen WEG 2, 8
– mehrere Gebäude WEG 3, 14
– schuldrechtlicher Vertrag WEG 4, 8
– tatsächliche Bauausführung WEG 7, 37
– Timesharing WEG 4, 6
– Umwandlung in Bruchteilseigentum WEG 3, 5
– unauflösliche Verbindung WEG 1, 2, 3; **6**, 1
– Verfügung von Todes wegen WEG 2, 4
– vertragliche Teilungserklärung WEG 3, 2, 35
– Vormerkung WEG 4, 10
Begründung von Wohnungserbbaurechten WEG 30, 10
– dingliche Rechte am Erbbaurecht WEG 30, 16
– Veräußerungsbeschränkung WEG 30, 15

Behinderte WEG 22, 107
Beiladung WEG 44, 14; 48, 2
Belastung WEG 4, 3
- des Erbbaurechts WEG 30, 31; **31**, 14; **42**, 1
- des Wohnungseigentumsrechts WEG **31**, 14
- des Wohnungserbbaurechts WEG 30, 31; **31**, 14
- einzelne Wohnungseigentumsrechte WEG 9, 12, 16
- Gesamtgrundstück WEG 9, 11, 16

Belege und Unterlagen der Verwaltung
- Aufbewahrung WEG 28, 141
- Einsicht WEG 28, 150
- Herausgabe WEG 26, 114

Beleuchtung WEG 22, 24
Bepflanzung WEG 22, 30
Berater WEG 24, 50
Berufung WEG 43, 24
Berufungsgericht WEG 43, 42

Beschluss
- Änderung WEG 23, 61
- anspruchsbegründender WEG 23, 28
- Aufhebung WEG 23, 61
- Auslegung WEG 23, 59
- Bestandskraft WEG 23, 84
- Bestimmtheit WEG 23, 60
- einstimmiger WEG 21, 7, 33
- gesetzes- oder vereinbarungswidriger WEG 23, 25
- gesetzes- und vereinbarungsändernder WEG 23, 21
- inhaltliche Unbestimmtheit WEG 23, 79
- negativer WEG 23, 47
- Nichtigkeitsgründe WEG 23, 75
- positiver WEG 23, 47
- Sondernachfolger WEG 10, 70
- Wirksamkeitsvoraussetzungen, vereinbarte WEG 23, 57
- Zustandekommen WEG 23, 37

Beschlussanfechtung
- Einstweilige Verfügung WEG 23, 86

Beschlussanfechtungsverfahren
- Darlegungslast WEG 23, 68

Beschlussantrag WEG 23, 37
- Ablehnung WEG 23, 58

Beschlüsse der Wohnungseigentümerversammlung
- Anfechtungsfrist WEG 46, 47
- Negativbeschluss WEG 43, 94

Beschlussergebnis WEG 23, 37
- Bekanntgabe WEG 23, 47
- Verkündung WEG 23, 54

Beschlussfähigkeit WEG 25, 20
Beschlussfassung WEG 23, 6
- schriftliches Verfahren WEG 23, 69

Beschlussfeststellungsklage WEG 43, 88
Beschlusskompetenz WEG 10, 46; **13**, 43; **23**, 11
- Anspruchsvernichtung WEG 23, 30
- bauliche Veränderung WEG 22, 4; **23**, 26

- Betriebskosten WEG 16, 41
- Eingriff in das Sondereigentum WEG 23, 31
- Fälligkeit WEG 28, 184
- Geldangelegenheiten WEG 21, 131
- Instandhaltungskosten WEG 16, 92
- Kernbereich WEG 23, 32
- Klagepauschale WEG 28, 220
- Kosten baulicher Veränderung WEG 16, 104
- Lastschriftverfahren WEG 28, 178
- Leistungspflichten WEG 16, 195
- Modernisierungen WEG 22, 164
- Modernisierungskosten WEG 16, 92
- Verwaltungskosten WEG 16, 79
- Verzugsfolgen WEG 21, 135
- Verzugszins WEG 28, 184

Beschluss-Sammlung
- Einsicht WEG 24, 99
- Erscheinungsbild WEG 24, 81
- Form WEG 24, 81
- gerichtlicher Vergleich WEG 24, 90
- Geschäftsordnungsbeschluss WEG 24, 85
- Korrektur WEG 24, 94, 97
- Löschungen WEG 24, 92
- Nummerierung WEG 24, 83
- Urteile WEG 24, 86
- Verantwortlicher WEG 24, 94
- Vermerke WEG 24, 91
- Verwalterwechsel WEG 24, 94

Beschwerde
- sofortige WEG 43, 38, 128

Besitzschutz WEG 13, 23
Besondere Nutzung des gemeinschaftlichen Eigentums WEG 21, 136
Besonderer Verwaltungsaufwand WEG 21, 137
Bestandskraft WEG 23, 11
Bestandteile WEG 5, 16
- äußere Gestaltung des Gebäudes WEG 5, 22
- konstruktive Teile WEG 5, 26
- räumliche Verbindung WEG 3, 20
- zur Herstellung eingefügt WEG 5, 19

Betretungsrecht WEG 14, 44
Betriebskosten WEG 16, 12
Bevollmächtigung WEG 24, 43
- des Erwerbers WEG 24, 47

Beweislast WEG 24, 28, 35; **46**, 110
BGB-Gesellschaft
- als Eigentümer WEG 16, 139
- Klagebefugnis WEG 46, 9

Biertisch WEG 22, 20
Bistro WEG 15, 13
Blankettanfechtung WEG Anh 50, 17
Blockheizkraftwerke WEG 22, 168
Blumenkasten WEG 14, 20
Boarding-Haus WEG 23, 24
Bodenbelag WEG 5, 24; **14**, 13; **22**, 32, 49
Boiler WEG 21, 90
Bordell WEG 14, 20; **15**, 13

Brandgefahr WEG **14**, 21
Breitbandkabel WEG **21**, 90
Briefkasten WEG **5**, 38
Bruchteilsgemeinschaft WEG **3**, 5; **9**, 2; **10**, 6; **15**, 1; **24**, 32, 43; **25**, 35; **30**, 12
Buchführung WEG **28**, 163
Büro/Büroräume WEG **15**, 13

Café WEG **15**, 13
Carport WEG **22**, 33
Chemische Reinigung WEG **15**, 13

Dach WEG **5**, 27; **21**, 90; **22**, 34
Dachausbau WEG **22**, 34
Dachboden WEG **5**, 37
Dachgeschossausbau WEG **22**, 163
Dachspeicher WEG **5**, 13
Dachterrasse WEG **5**, 13, 27, 29
Darlegungs- und Beweislast WEG **24**, 21, 30, 54
Darlehen WEG **21**, 73; **27**, 51
Dauerauftrag WEG **21**, 133
Dauernutzungsrecht WEG **31**, 10
Dauerschuldverhältnis WEG **10**, 117
Dauerwohnrecht
– Abgeschlossenheit WEG **32**, 3
– Abgeschlossenheitsbescheinigung WEG **32**, 6
– an einem unterirdischen Bauwerk WEG **31**, 16
– Ansprüche des Eigentümers WEG **34**, 4
– Art der Nutzung WEG **33**, 25
– Aufgabe WEG **31**, 23; **37**, 3, 5
– Aufteilungsplan WEG **32**, 6
– Bedingung WEG **33**, 7
– Beendigung durch Fristablauf WEG **31**, 23
– Befristung WEG **32**, 12; **33**, 9
– Begriff WEG **31**, 9
– Begründung WEG **31**, 21
– Belastung WEG **31**, 21
– Belastung eines Erbbaurechts WEG **42**, 1
– Belastung mehrerer Grundstücke WEG **31**, 15
– Berechtigter WEG **31**, 20
– Bezugnahme auf die Eintragungsbewilligung WEG **32**, 11
– Dauernutzungsrecht WEG **31**, 10
– Duldungspflicht WEG **33**, 16
– eigentumsähnliches WEG **31**, 8; **41**, 2
– Eintragung WEG **31**, 21
– Eintragungsbewilligung WEG **32**, 5
– Eintritt in das Rechtsverhältnis WEG **38**, 1
– Einzelrechtsnachfolge WEG **38**, 1
– Entgelt WEG **31**, 24; **40**, 1
– Entschädigung WEG **41**, 16
– Erlöschen WEG **31**, 23; **39**, 1; **42**, 7
– Erlöschen des Mietverhältnisses WEG **37**, 3
– Ersatzanspruch WEG **34**, 2
– Erstreckung auf Grundstück WEG **31**, 9
– Erstreckung auf Grundstückszubehör WEG **31**, 19

– Gebäude WEG **31**, 9, 16
– Gebrauch WEG **33**, 14, 27
– Gegenstand der Bestellung WEG **31**, 14
– Gesamtbelastung WEG **31**, 15
– Gestattungspflicht WEG **33**, 17
– Grundpfandrechte WEG **40**, 4
– Haftung des Dauerwohnberechtigten WEG **37**, 5
– Heimfall WEG **32**, 9; **36**, 1; **37**, 6
– Inhalt WEG **32**, 8; **33**, 1, 21
– Instandhaltung WEG **33**, 12, 26
– langfristiges WEG **41**, 1
– Lasten des Grundstücks WEG **33**, 28
– Löschungsanspruch des Dauerwohnberechtigten WEG **41**, 5
– mietähnliches WEG **31**, 7
– Mieterschutz WEG **36**, 14
– Mitgebrauch WEG **33**, 18
– mögliche Vereinbarungen WEG **33**, 31
– nachträgliche Vereinbarungsänderung WEG **33**, 33
– noch nicht errichtetes Gebäude WEG **31**, 18
– Nutzungsrecht WEG **31**, 13
– öffentliche Lasten WEG **40**, 4
– Pflichten des Dauerwohnberechtigten WEG **33**, 11
– Prüfungspflicht des Grundbuchamtes WEG **32**, 9
– Rechtsstreitigkeiten WEG **31**, 4
– Schadensersatz WEG **34**, 4
– schuldrechtliche Vereinbarungen WEG **33**, 32
– Timesharing WEG **31**, 17
– Umfang WEG **33**, 25
– Umfang der Bestellung WEG **31**, 16
– Veräußerung WEG **33**, 3; **37**, 9; **38**, 9
– Veräußerungsbeschränkung WEG **32**, 13; **33**, 3; **35**, 1
– Vererblichkeit WEG **33**, 5
– Verjährung WEG **34**, 6
– Vermietung WEG **37**, 1
– Verpflichtungsgeschäft WEG **31**, 22
– Versicherung des Gebäudes WEG **33**, 29
– vorgeschriebene Vereinbarungen WEG **32**, 8; **33**, 24
– Wiederaufbau WEG **33**, 29
– wirtschaftliche Bedeutung WEG **31**, 5
– Wohnung WEG **31**, 9
– Zwangsversteigerung WEG **37**, 11; **39**, 1
– Zwangsvollstreckung WEG **33**, 4
Deckendurchbruch WEG **22**, 35, 104
Devastationsansprüche WEG **6**, 15
Dienstleistungen
– persönliche WEG **16**, 132
DIN 4109 WEG **21**, 103
DIN-Vorschriften WEG **14**, 3
Doppelfenster WEG **5**, 24
Doppelstockgarage WEG **3**, 34; **5**, 13
Drogenberatungsstelle WEG **15**, 13

Duldungspflicht WEG 21, 128
– des Dauerwohnberechtigten WEG 33, 16
Duplexstellplatz WEG 3, 34; 5, 13, 32

Ehegatten WEG 25, 35
Eheliche Gütergemeinschaft WEG 24, 32
Ehrverletzungen WEG 43, 77
Eigenanteil WEG 14, 56
Eigengebrauch, fehlender WEG 14, 53
Eigentümer, werdender WEG 25, 6
Eigentümerliste WEG 44, 7
Eigentümerwechsel
– verfahrensrechtliche Folgen WEG 43, 121
– Wohngeldzahlungen WEG 16, 140; 28, 105
Eigentümerwohnrecht WEG 36, 12
Eigentumsschutz WEG 13, 23
Einbauküche WEG 5, 19
Einbauschrank WEG 5, 24
Einberufung WEG 24, 2
Einberufung der Eigentümerversammlung
– Beschlussgegenstand WEG 23, 65
– Zugang WEG 24, 35
Einberufungsfrist WEG 24, 18
Einberufungsmangel
– Ursächlichkeit WEG 24, 6
Einberufungsverlangen WEG 24, 8
– Gründe WEG 24, 12
– schriftlich WEG 24, 11
– Terminsvorgabe WEG 24, 13
– Vertreter WEG 24, 11
– Zweck WEG 24, 12
Ein-Eigentümer-Gemeinschaft WEG 10, 15
Einladung WEG 24, 2, 16
Einpersonen-Gemeinschaft WEG 8, 18
Einrede WEG 10, 124
Einrede der Anfechtbarkeit WEG 10, 127
Einrichtung des gemeinschaftlichen Gebrauchs WEG 5, 33
Einrohrheizung HeizkostenV, 15
Einseitige Teilungserklärung
– Abgeschlossenheit WEG 8, 13
– Änderung WEG 8, 22
– Aufhebung WEG 8, 27
– Auslegung WEG 8, 8
– Bedingung WEG 8, 8
– Berechtigter WEG 8, 10
– dingliches Verfügungsgeschäft WEG 8, 6
– Eintragung ins Grundbuch WEG 8, 16
– Erklärungsinhalt WEG 8, 13
– Form WEG 8, 8
– Gemeinschaftsordnung WEG 8, 14
– Gründungsmangel WEG 8, 12
– Inhaltskontrolle WEG 8, 14
– öffentlich beglaubigte Urkunde WEG 8, 9
– Zeitbestimmung WEG 8, 8
– Zustimmung dinglich Berechtigter WEG 8, 7

Einsichtnahme
– Verwaltungsunterlagen WEG 28, 150
Einstimmiger Beschluss WEG 21, 7, 33
Einstweilige Verfügung WEG 43, 121
Eintragungsantrag
– Zurückweisung WEG 7, 43
Eintragungsbewilligung WEG 7, 41
– Anlagen WEG 7, 16; 8, 16
– Inhalt WEG 7, 15
Einwendung WEG 10, 124
Einzelabrechnung WEG 28, 81
Einzelwirtschaftsplan WEG 28, 30, 183
Einziehungsermächtigung WEG 27, 102
Einzugsermächtigung WEG 21, 133
Eisdiele WEG 15, 13
Energieanschluss WEG 21, 128
Entgelt für Dauerwohnrecht WEG 40, 3
Entlastung WEG 25, 29
– des Verwalters WEG 26, 96; 27, 73; 28, 194
– des Verwaltungsbeirats WEG 29, 19
Entlüftung WEG 22, 36
Entschädigung
– beim Heimfall des Dauerwohnrechts WEG 36, 21
Entschädigungsanspruch, nachbarrechtlicher WEG 14, 50
Entstehung der Wohnungseigentümergemeinschaft WEG 8, 24
Entziehung des Wohnungseigentums WEG 18, 1
– Abmahnung WEG 18, 12, 17
– Abwendungsbefugnis WEG 19, 13
– Anfechtbarkeit der Abmahnung WEG 18, 12
– Anfechtungsklage WEG 18, 22
– Durchsetzung des Entziehungsanspruchs WEG 18, 20
– Eingriff in Art. 14 Abs. 1 GG WEG 18, 3
– einmalige Verletzung WEG 18, 14
– Entziehungsklage WEG 18, 24
– Ersteigerung durch Gemeinschaft der Wohnungseigentümer WEG 19, 10
– Generalklausel WEG 18, 8
– Inhalt der Abmahnung WEG 18, 12
– mehrere Personen WEG 18, 6
– mehrere Wohnungseigentumsrechte WEG 18, 6
– Mehrheitsbeschluss WEG 18, 21
– Räumung und Herausgabe WEG 19, 11
– Regelbeispiele WEG 18, 17
– Rücktritt vom Kaufvertrag WEG 18, 5
– schuldig machen WEG 18, 15
– schwere Pflichtverletzung WEG 18, 8
– Sinn und Zweck WEG 18, 2
– Streitwert der Anfechtungsklage WEG 18, 22
– Übergangsrecht WEG 19, 16
– ultima ratio WEG 18, 3
– Umdeutung eines Entziehungsbeschlusses WEG 18, 12
– Umgehung WEG 18, 4; 19, 6

- Unabdingbarkeit **WEG 18**, 31; **19**, 15
- unverschuldete Störung **WEG 18**, 15
- Unzumutbarkeit **WEG 18**, 11
- Veräußerungsbeschränkung **WEG 19**, 9
- Vereitelung **WEG 18**, 4; **19**, 6
- Vergleich **WEG 19**, 14
- Verstoß gegen Pflicht gemäß § 14 **WEG 18**, 17
- Vollstreckungsgegenklage **WEG 19**, 13
- Vollstreckungsklausel **WEG 19**, 4
- Voraussetzungen **WEG 18**, 7
- Voraussetzungen der Zwangsvollstreckung **WEG 19**, 4
- werdende Wohnungseigentümergemeinschaft **WEG 18**, 5
- Widerklage auf Entziehung **WEG 18**, 22
- Wiederholungsgefahr **WEG 18**, 14
- Wirkung des Urteils **WEG 19**, 2
- Zahlungsverzug **WEG 18**, 18
- Zurückbehaltungsrecht **WEG 18**, 19
- Zwangsversteigerung **WEG 19**, 2
- Zwangsversteigerungsverfahren **WEG 19**, 5

Entziehungsklage
- Klageantrag **WEG 18**, 27
- Klagebefugnis **WEG 18**, 26
- Klagerücknahme **WEG 18**, 28
- Kosten **WEG 16**, 90
- Kostenverteilung **WEG 18**, 29
- Streitwert **WEG 18**, 27
- Tenor **WEG 18**, 27

Entziehungsurteil
- Stimmrechtsausschluss **WEG 19**, 3
- Vollstreckungsgläubiger **WEG 19**, 4

Erbbaurecht
- Bedingung **WEG 30**, 7
- Befristung **WEG 30**, 7
- Begriff **WEG 30**, 6
- Belastung mit Dauerwohnrecht **WEG 42**, 1
- Erlöschen **WEG 30**, 45; **42**, 7
- Erstreckung auf Grundstücksteil **WEG 30**, 6
- Gebäude **WEG 30**, 8
- Gesamterbbaurecht **WEG 30**, 9
- Grundstück **WEG 30**, 8
- grundstücksgleiches Recht **WEG 30**, 7
- Heimfall **WEG 42**, 4
- Umwandlung in Bruchteilserbbaurecht **WEG 30**, 12
- Veräußerungsbeschränkung **WEG 30**, 12

Erbengemeinschaft WEG 24, 32, 43; **25**, 35
- Umwandlung in Wohnungseigentümergemeinschaft **WEG 2**, 3

Erbenhaftung WEG 16, 158

Erfüllungsgehilfe
- Mieter **WEG 14**, 31

Erledigung der Hauptsache WEG 46, 101; **49**, 12

Erlöschen
- des Dauerwohnrechts **WEG 37**, 3; **42**, 7
- Erbbaurecht **WEG 30**, 45

Ermessen
- Kostenentscheidung **WEG 49**, 16
- ordnungsmäßige Verwaltung **WEG 21**, 28

Ermessensentscheidungen des Gerichts WEG 21, 140
- Gestaltungsurteil **WEG 21**, 145
- Zweitbeschluss **WEG 21**, 146

Ersatzwohnraum WEG 14, 53
Ersatzwohnung WEG 14, 41
Ersatzzustellungsvertreter WEG 45, 15
Erstmalige Herstellung eines ordnungsgemäßen Zustands WEG 21, 98; **22**, 16
Erstversammlung WEG 25, 20
Erwerberhaftung WEG 16, 140
Erwerbsvertrag WEG 23, 35
Eventualeinberufung WEG 25, 23

Fahrräder WEG 14, 22
Fahrradständer WEG 22, 37, 165
Fahrstuhl WEG 5, 36, 48; **21**, 90; **22**, 165, 167
Faktische Eigentümergemeinschaft WEG 3, 36, 38
- Nichtberechtigter **WEG 3**, 40

Faktischer Verwalter WEG 24, 6
Fälligkeitsregelung WEG 23, 24
Fassade WEG 21, 90; **22**, 38
Fenster WEG 5, 19, 24, 27; **21**, 90; **22**, 34, 39, 166
- Holz~ **WEG 22**, 39, 166
- Kunststoff~ **WEG 22**, 39, 166

Fensterbank WEG 5, 29
Fenstergitter WEG 22, 150
Feriengäste WEG 14, 19
Fernheizung WEG 5, 42
Fernsprechanschluss WEG 21, 128
Feuerversicherung WEG 21, 116
Flachdach WEG 5, 10
Fluchtweg WEG 15, 23
Flur WEG 5, 36, 37; **15**, 13; **21**, 37
Folgenbeseitigungsanspruch WEG 23, 83
Form
- Aufhebung von Sondereigentum **WEG 4**, 11
- Begründung des Dauerwohnrechts **WEG 32**, 5
- Begründung von Wohnungseigentum **WEG 8**, 8
- formelles Konsensprinzip **WEG 4**, 5
- schuldrechtlicher Vertrag **WEG 4**, 8

Formfehler
- heilen **WEG 23**, 64

Fremdkonto WEG 27, 54
Friesenwall WEG 22, 90
Friseursalon WEG 14, 20
Früchte WEG 13, 22
Fußbodenbelag WEG 5, 24
Fußbodenheizung WEG 5, 39

Garage WEG 1, 17; **3**, 6; **15**, 13; **22**, 40
- dauerhafte Markierungen **WEG 3**, 29
- Doppelstock- **WEG 3**, 34; **5**, 13
- Duplexstellplatz **WEG 3**, 34; **5**, 13, 32

- Fertig- **WEG 5**, 13
- Sondereigentum **WEG 3**, 30
- Stellplatz **WEG 3**, 28
- Tiefgarage **WEG 5**, 31

Garagenstellplatz WEG 14, 27
Garten WEG 21, 98; **22**, 41, 47
Gartenordnung WEG 21, 62
Gartenpflege WEG 16, 73
Gasleitung WEG 22, 43
Gäste WEG 14, 29
Gaststätte WEG 15, 13
Gauben WEG 22, 34
Gebäude
- auf einem Grundstück **WEG 1**, 26
- auf mehreren Grundstücken **WEG 1**, 23
- Begriff **WEG 3**, 11; **31**, 9
- Bestandteile, wesentliche **WEG 5**, 16
- Fertigstellung **WEG 3**, 12
- Herstellung **WEG 3**, 12
- isolierter Miteigentumsanteil **WEG 3**, 12
- nie errichtetes **WEG 9**, 4
- noch zu errichtende **WEG 3**, 12
- Scheinbestandteile **WEG 5**, 17
- Überbau **WEG 1**, 27
- wesentlicher Bestandteil **WEG 1**, 28
- wesentlicher Bestandteil des Grundstücks **WEG 3**, 11
- Zerstörung **WEG 9**, 3

Gebäudeeigentum WEG 2, 10
Gebäudereinigung WEG 16, 72
Gebäudeschadenhaftpflichtversicherung WEG 21, 121
Gebrauch WEG 15, 1
- beim Dauerwohnrecht **WEG 33**, 14, 26
- ordnungsmäßiger **WEG 15**, 14

Gebrauchsregelung
- Übertragung auf Dritten **WEG 6**, 6

Gebrauchsregelung, widersprüchliche WEG 15, 10
Gebrauchsvorteil WEG 13, 22
Gebühren
- Gerichtsgebühren **WEG Anh 50**, 1
- Rechtsanwaltsgebühren **WEG 49**, 42

Gegensprechanlage WEG 22, 44, 165
Gegenstand des Sondereigentums WEG 5, 8
- Änderungen **WEG 5**, 50

Geldangelegenheiten WEG 21, 131
Gelder, eingenommene
- Verwaltung der **WEG 27**, 46

Gemeinschaft WEG 10, 6
- als Schuldverhältnis **WEG 10**, 6
- Bezeichnung **WEG 10**, 80
- Entstehung **WEG 10**, 7, 14, 16
- erbfähig **WEG 10**, 78
- grundbuchfähig **WEG 10**, 78, 98
- insolvenzfähig **WEG 10**, 78
- prozess- und parteifähig **WEG 10**, 79
- prozesskostenfähig **WEG 10**, 78
- scheck- und wechselfähig **WEG 10**, 76

Gemeinschaft der Wohnungseigentümer
- Ansprüche **WEG 21**, 19
- Einpersonen-Gemeinschaft **WEG 8**, 18
- Entstehung **WEG 7**, 4; **8**, 28
- Erwerb eines Wohnungseigentums **WEG 19**, 10

Gemeinschaftliches Eigentum
- Abgrenzung **WEG 5**, 2
- Anlagen und Einrichtungen **WEG 5**, 33
- äußere Gestaltung **WEG 5**, 28
- Gebäudebestandteile **WEG 1**, 31
- Grundstück **WEG 1**, 29
- konstruktive Teile **WEG 5**, 26
- Streitigkeiten **WEG 5**, 7
- Umwandlung in Sondereigentum **WEG 4**, 16; **6**, 11
- Vermutung **WEG 1**, 31

Gemeinschaftsbezogene Ansprüche WEG 21, 17
- Ermächtigung einzelner Wohnungseigentümer **WEG 21**, 18

Gemeinschaftsbezogene Pflichten WEG 10, 82, 87
Gemeinschaftsbezogene Rechte WEG 10, 82, 85
Gemeinschaftseigentum WEG 10, 3
- Inhaber **WEG 10**, 3

Gemeinschaftsgrundverhältnis WEG 23, 14, 21
Gemeinschaftsordnung WEG 3, 44; **5**, 54; **8**, 14; **10**, 18
- Abweichen von der Teilungserklärung **WEG 7**, 31
- typische Inhalte **WEG 5**, 55

Genehmigungsbeschluss WEG 22, 123
Genehmigungsfiktion
- Jahresabrechnung **WEG 28**, 145

Gerichtskosten WEG 49, 3
Geringstes Gebot WEG Anh 16, 144
Geruchsimmission WEG 14, 21
Gesamthandsgemeinschaft WEG 8, 11
Gesamtschuldnerhaft WEG 10, 111
Geschäftsführung
- durch Verwalter **WEG 27**, 5

Geschäftsführung ohne Auftrag WEG 21, 23, 84
Geschäftsordnung WEG 24, 61
Geschäftsraum WEG 15, 13
Geschossdecke WEG 5, 27
Gestaltung, äußere
- des Gebäudes **WEG 22**, 20

Gestaltungsanspruch WEG 22, 7, 144
Gewährleistung WEG Anh 21, 1
Gewinn, entgangener WEG 14, 53
Giebeldach WEG 5, 10
Glasbruchversicherung WEG 21, 121
Glaubhaftmachung WEG 43, 124
Gleichbehandlung WEG 15, 56
Grenzanlagen WEG 1, 33; **3**, 7
Grillen WEG 14, 21

Grund, wichtiger
– für Abberufung des Verwalters **WEG 26**, 104
Grundbuch
– Bezeichnung **WEG 7**, 5
– Dauerwohnrecht **WEG 32**, 5
– Eintragungsantrag **WEG 7**, 13; **8**, 15
– Eintragungsbewilligung **WEG 7**, 14; **8**, 15
– Eintragungsvoraussetzung **WEG 7**, 13
– Grundstücksbelastungen **WEG 7**, 8
– Schließung **WEG 7**, 7; **8**, 19
– Vormerkung **WEG 8**, 20
Grundbuchakte WEG 7, 3
Grundbuchamt
– Prüfungspflicht **WEG 7**, 40
Grundbuchberichtigungsanspruch WEG 12, 60
Grundpfandgläubiger
– Stimmrecht **WEG 25**, 5
Grundstück WEG 5, 25
– Abschreibung **WEG 1**, 25
– Belastung mit Dauerwohnrecht **WEG 31**, 14
– Sondernutzungsrecht **WEG 1**, 30
– Vereinigung **WEG 1**, 25
– Zuschreibung **WEG 1**, 6, 25
Grünfläche WEG 15, 21
Gute Sitten WEG 23, 78
Gutgläubiger Erwerb WEG 7, 33
Guthaben WEG 16, 157

Haftung
– des Erwerbers **WEG 16**, 140
– des Verwalters **WEG 27**, 109
– des Verwaltungsbeirats **WEG 29**, 27
Haftungsquote WEG 10, 120
Hagel-, Sturm- und Leitungswasserschadenversicherung WEG 21, 118
Hausflur WEG 21, 62
Hausmeister WEG 16, 10, 76, 80; **27**, 7, 83
Hausordnung WEG 15, 28, 32
– Aufstellung **WEG 21**, 55
– Aufstellung durch das Gericht **WEG 21**, 56
– Bestimmtheitsgebot **WEG 21**, 59
– Einhaltung **WEG 27**, 12
– Ermächtigung des Verwalters **WEG 21**, 56
– Gemeinschaftsordnung **WEG 21**, 55
– Mehrheitsbeschluss **WEG 21**, 55
– ordnungsmäßige Verwaltung **WEG 21**, 58
– ordnungsmäßiger Gebrauch **WEG 21**, 58
– tätige Mithilfe **WEG 21**, 61
– Wirkung gegenüber Dritten **WEG 21**, 57
Hausratsverordnung WEG 2, 6
Hausrecht
– Ordnungsmaßnahmen **WEG 24**, 61
– Redezeit **WEG 24**, 61
Haustiere WEG 14, 24
Haustierhaltung WEG 15, 22
Haustür WEG 22, 89, 166

Hebeanlage WEG 5, 21, 38, 44
Hebebühne WEG 5, 19, 32
Heilung des Eigentumerwerbs WEG 61, 1
Heimfall
– beim Dauerwohnrecht **WEG 32**, 9; **36**, 1; **37**, 6
– beim Erbbaurecht **WEG 30**, 47; **42**, 4
– Entschädigung **WEG 36**, 21
– Mieterschutz **WEG 36**, 14
– Rechtsstreitigkeiten **WEG 36**, 13
– Verjährung **WEG 36**, 19
Heizkörper WEG 5, 39
Heizöl WEG 10, 97
Heizung WEG 21, 90
Heizungs- und Wasserkosten WEG 16, 66
Heizungsanlage WEG 5, 19, 39; **21**, 37; **22**, 48
– Beschlusskompetenz **WEG 5**, 39
– Einheitlichkeit des Heizungssystems **WEG 5**, 39
– Heizkostenverteiler **WEG 5**, 39
– Thermostatventile **WEG 5**, 39
– Verbrauchserfassungsgeräte **WEG 5**, 39
– Versorgung einzelner Wohnung **WEG 5**, 44
Heizungsraum WEG 15, 18
Heranziehungsbeschluss WEG 15, 39
Herausgabe
– Gemeinschaftseigentum **WEG 13**, 23
– von Unterlagen **WEG 26**, 114
Hobbyraum WEG 15, 13
Hotel WEG 14, 19

Immobiliarvollstreckung WEG Anh 16, 144
Individualansprüche WEG 10, 89; **21**, 8, 16
– An-sich-Ziehen von **WEG 23**, 33
Individualrecht WEG 15, 38
Inhalt des Sondereigentums WEG 5, 53
– Änderung **WEG 1**, 20; **5**, 53
– Vereinbarungen der Wohnungseigentümer **WEG 5**, 53
– Zustimmung dinglich Berechtigter **WEG 5**, 59
Inkrafttreten des WEG WEG 64, 1
Innenfenster WEG 5, 24
Innentür WEG 5, 24
Innenwand WEG 5, 24
Insolvenz
– Unterbrechung **WEG 46**, 94
– Verwalter **WEG 27**, 55
– Wohnungseigentümer **WEG 16**, 179
Insolvenzverwalter WEG 25, 3
Instandhaltung
– Begriff **WEG 21**, 66
– beim Dauerwohnrecht **WEG 33**, 12, 26
– des gemeinschaftlichen Eigentums **WEG 21**, 63; **27**, 14
– des Sondereigentums **WEG 14**, 8; **21**, 63
– Kosten **WEG 16**, 16, 92, 96
– modernisierende **WEG 21**, 89; **22**, 14
Instandhaltungspflicht
– Sondereigentum **WEG 14**, 10

Instandhaltungsrücklage WEG 21, 122; **22**, 134; **27**, 48; **28**, 59
- Höhe der Rücklage WEG 21, 124
- Kleinreparaturen WEG 21, 126
- Zweckbestimmung WEG 21, 125

Instandsetzung WEG 21, 97
- Anspruch auf WEG 21, 95
- Arbeitskreis WEG 21, 69
- Begriff WEG 21, 67
- Bestandsaufnahme WEG 21, 70
- Darlehensaufnahme WEG 21, 73
- Entscheidung über Ob und Wie WEG 21, 69
- Ermessensspielraum WEG 21, 68
- Ersatzvornahme WEG 21, 97
- erstmalige Herstellung eines ordnungsmäßigen/ planmäßigen Zustands WEG 21, 98
- Geschäftsführung ohne Auftrag WEG 21, 84
- Kosten WEG 16, 96
- modernisierende WEG 22, 164
- öffentlich-rechtliche Vorschriften WEG 21, 91
- ordnungsmäßige Verwaltung WEG 21, 68
- Sachverständigengutachten WEG 21, 70
- Schadensersatz WEG 21, 76
- Übertragung auf einzelne Wohnungseigentümer WEG 21, 83
- Übertragung der Entscheidungskompetenz WEG 21, 69
- Vergleichsangebote WEG 21, 72
- zweistufiges Vorgehen WEG 21, 71

Interessenkollision WEG 45, 11
Isolierte Kostenentscheidung WEG 49, 5, 12, 15, 36
Isolierter Miteigentumsanteil WEG 1, 28; **5**, 5; **6**, 4; **7**, 30, 37; **16**, 137
- Anspruch auf Änderung des Gründungsaktes WEG 3, 38
- Anspruch aus Treu und Glauben WEG 3, 38
- faktische Eigentümergemeinschaft WEG 3, 38
- gutgläubiger Erwerb WEG 6, 5
- Nichtbestimmbarkeit WEG 3, 9
- noch zu errichtendes Gebäude WEG 3, 12
- Widerspruch zwischen Teilungserklärung und Aufteilungsplan WEG 3, 9

Isolierung WEG 5, 24, 27

Jahresabrechnung
- Beschluss WEG 28, 122
- Einzelabrechnung WEG 28, 81
- Fälligkeit WEG 28, 158
- Funktion WEG 28, 45
- Genehmigungsfiktion WEG 28, 145
- Inhalt WEG 28, 48
- keine Bilanz WEG 28, 51
- Verwalterwechsel WEG 28, 162

Jalousien WEG 22, 60
Juristische Person WEG 24, 32, 43

Kabelanschluss WEG 21, 90; **22**, 51, 169
Kaltwasserkosten WEG 16, 62
Kaltwasseruhren WEG 16, 65
Kaltwasserzähler WEG 16, 62; **22**, 52
Kamin WEG 22, 25, 27, 53
Kaminzug WEG 14, 27
Kammer WEG 15, 13
Keller WEG 5, 11; **22**, 55
- Zuweisung WEG 15, 19

Kellerraum WEG 5, 36; **15**, 13
Kfz-Abstellplatz WEG 15, 20; **21**, 41
Kinderarztpraxis WEG 15, 13
Kinderspielplatz WEG 15, 21
Kindertagesstätte WEG 15, 13
Kinderwagen WEG 15, 23; **21**, 62
Klagebefugnis
- ausgeschiedener Wohnungseigentümer WEG 46, 7
- bei Entziehung WEG 18, 26
- BGB-Gesellschaft WEG 46, 9
- Erwerber WEG 46, 6
- Insolvenzverwalter WEG 46, 14
- Miterbe WEG 46, 11
- Nießbraucher WEG 46, 16
- Streitigkeiten nach § 43 Nr. 1 WEG 43, 66
- Streitigkeiten nach § 43 Nr. 3 WEG 43, 78
- Verwalter WEG 46, 15
- Zwangsverwalter WEG 46, 13

Klagepauschale WEG 28, 185
Klagerücknahme
- Kostenentscheidung WEG 49, 15

Kleinfeuerungsanlagen WEG 21, 92
Kleinreparaturen WEG 21, 126
Klimaanlage WEG 22, 57
Konkurrenz der Anspruchsverfolgung WEG 21, 16
Kopfstimmrecht WEG 25, 2
Kosten
- außergerichtliche WEG 49, 2
- der Instandhaltung WEG 16, 16, 92
- der Verwaltung WEG 16, 79; **18**, 29
- des gemeinschaftlichen Gebrauchs WEG 16, 83
- eines Rechtsstreits WEG 16, 86
- Gerichtskosten WEG 49, 3
- Heizungs- und Wasserkosten WEG 16, 66

Kostenansatz WEG 50, 27
Kostenentscheidung WEG 49, 1
- isolierte WEG 49, 5, 12, 15, 36

Kostenfestsetzung WEG 50, 18
Kosten-Nutzen-Vergleich WEG 21, 89
Kündigung WEG 14, 29
- des Mietverhältnisses WEG 14, 31
- des Verwaltervertrages WEG 26, 109

Kurzzeitmieter WEG 14, 19

Laden, Ladenräume WEG 15, 13
Ladenlokal WEG 15, 13

Ladungsfrist WEG 24, 18
Ladungsmangel
– Kausalität WEG 24, 21
Ladungspflicht WEG 24, 2
Ladungsrecht WEG 24, 4
Lageplan WEG 7, 25
Lagerkosten WEG 14, 53
Lagern von Gegenständen WEG 21, 62
Lagerraum WEG 15, 13
Lärmbelästigung WEG 13, 23
Lasten
– des gemeinschaftlichen Eigentums WEG 16, 38
Lastschriftverfahren WEG 21, 133; **28**, 178
Lautsprecheranlage WEG 24, 27
Lautstärke WEG 23, 79
Leerstand WEG 14, 19
Leerstehende Räume WEG 16, 123
Legitimation des Verwalters WEG 26, 135; **27**, 108
Leitungen für allgemeine Versorgung WEG 21, 128
Liegewiese WEG 15, 21
Liquiditätssicherung WEG 28, 24
Loggia WEG 5, 13, 27, 29, 30; **22**, 59
Löschungsanspruch des Dauerwohnberechtigten WEG 41, 5
– Vormerkung WEG 41, 12
Losverfahren WEG 15, 20
Luxusaufwendungen WEG 22, 13

Mahngebühr WEG 28, 200
Mahnverfahren WEG 43, 109
Majorisierung WEG 25, 47
Mängelrechte WEG 23, 35
Markierungen WEG 3, 29
Markise WEG 22, 26, 60
Massagesalon WEG 15, 13
Medienversorgung WEG 16, 77
Mehrhausanlage WEG Anh 21, 55; **5**, 48; **16**, 10, 69, 110, 114; **21**, 88; **22**, 204; **28**, 31, 50
– bauliche Veränderung WEG 22, 91
– Instandhaltungsrücklage WEG 21, 123
Mehrhauswohnanlagen
– Stimmrecht WEG 25, 26
Mehrheitskompetenz WEG 23, 11
Methadon-Abgabestelle WEG 15, 13
Mietausfall WEG 14, 53
Mieteinnahme WEG 13, 50
Mieter WEG 13, 50; **14**, 29
– Erfüllungsgehilfe WEG 14, 31
– Stimmrecht WEG 25, 5
Mieterschutz WEG 36, 14
Mietpool WEG 15, 8
Mietvertrag WEG 14, 29, 34; **23**, 31
Minderheitenquorum WEG 24, 9
Minderung WEG Anh 21, 18
Missbrauch
– der Stimmenmehrheit WEG 26, 20

Miteigentum
– an mehreren Grundstücken WEG 1, 23
– Beschränkung WEG 3, 3
– Grundstück WEG 1, 29; **3**, 4
– nach Bruchteilen WEG 3, 5
– Objekt der Verfügung WEG 6, 12
Miteigentumsanteil
– Änderung WEG 6, 9
– Belastung WEG 6, 10, 13
– Größe WEG 3, 41
– isolierter WEG 3, 9
– Verbindung mit mehreren Raumeinheiten WEG 3, 8
– Verfügung WEG 6, 14
Mitgebrauch WEG 33, 18
– Umfang zum WEG 13, 18
Mitsondereigentum WEG 3, 7; **5**, 49
Modernisierende Instandhaltung WEG 22, 14
Modernisierende Instandsetzung WEG 21, 89; **22**, 164
Modernisierungsmaßnahme WEG 22, 164
– Anspruch auf Modernisierung WEG 22, 178
– Aufhebung eines Modernisierungsbeschlusses WEG 22, 177
– Eigenart der Wohnanlage WEG 22, 171
– Energieeinsparung WEG 22, 168
– Gebrauchswerterhöhung WEG 22, 166
– Kosten WEG 22, 174
– nachteiliger optischer Gesamteindruck WEG 22, 171
– qualifizierter Mehrheitsbeschluss WEG 22, 176
– Stand der Technik WEG 22, 169
– Stimmrecht WEG 22, 176
– Symmetrie WEG 22, 171
– unbillige Beeinträchtigung WEG 22, 172
– Wohnwerterhöhung WEG 22, 167
Müllbeseitigung WEG 16, 71
Müllschlucker WEG 23, 24
Mülltonne WEG 22, 62
Mülltüte WEG 14, 22
Musizieren WEG 14, 23; **15**, 25; **23**, 78
Musizierverbot WEG 15, 6; **23**, 78
Musizierzimmer WEG 15, 13

Nachbareigentum WEG 3, 7
Nachbarrechtlicher Ausgleichsanspruch WEG 13, 11; **14**, 11
Nachbarrechtsgesetz WEG 14, 3
Nachbarschutz WEG 13, 23
Nachlassverwalter WEG 25, 3
Nachteil WEG 14, 2, 14
Nachteilige Veränderung des optischen Gesamteindrucks WEG 22, 97
Nachtlokal WEG 15, 13
Nebenintervention WEG 47, 14
Nebenräume WEG 1, 13, 17; **5**, 11

Negativbeschluss WEG 43, 94
- Bindungswirkung WEG 23, 58
Nichtbeschluss WEG 23, 6; **24**, 5, 62
Nichtige Beschlüsse WEG 23, 75
Nichtigkeitsfeststellungsklage WEG 43, 85
- Rechtsschutzinteresse WEG 46, 26
Nichtigkeitsgründe WEG 23, 75
Nichtladung WEG 24, 35
Nichtversammlung WEG 23, 6
Nießbraucher WEG 46, 16
- Stimmrecht WEG 25, 5
Notgeschäftsführung WEG 10, 124
Notmaßnahmen
- Anspruch aus Geschäftsführung ohne Auftrag WEG 21, 23
- Anwendungsersatzanspruch WEG 21, 21
- Aufrechnung WEG 21, 21
- Behebung baulicher Schäden WEG 21, 25
- Bereicherungsanspruch WEG 21, 24
- des Verwalters WEG 27, 39, 71
- eines Wohnungseigentümers WEG 21, 20
- erstattungsfähige Aufwendungen WEG 21, 22
- Gefahrenbeseitigung WEG 21, 20
- Gefahrensituation WEG 21, 20
- rechtliche Nachteile WEG 21, 26
Nutzung
- des Dauerwohnrechts WEG 33, 25
- des gemeinschaftlichen Eigentums WEG 13, 22; **16**, 33
- gewerbliche WEG 15, 13

Objektstimmrecht WEG 25, 2
Öffentliche Lasten WEG 16, 60
Öffentlich-rechtliche Verbindlichkeiten WEG 10, 116
Öffnungsklausel WEG 10, 45, 48; **16**, 22; **23**, 18
- Grundbuch WEG 10, 70
- Grundbucheintragung WEG 10, 49
- Grundbuchgläubiger WEG 10, 49
- Zustimmung dinglich Berechtigter WEG 5, 65
Ordnungsgemäße Ersterstellung WEG 7, 34
Ordnungsmäßige Verwaltung
- Anspruchsgegner WEG 21, 42
- Begriff WEG 21, 28
- Beschluss über abweichende Verwaltungsmaßnahme WEG 21, 48
- Ermessen WEG 21, 28, 42
- gerichtliche Durchsetzung WEG 21, 47
- gerichtliche Geltendmachung von Ansprüchen WEG 21, 38
- Grenze WEG 21, 32
- Instandsetzung WEG 21, 68
- Kreditaufnahme WEG 21, 36
- öffentlich-rechtliche Verpflichtungen WEG 21, 36
- Pflichtverletzung WEG 21, 53
- Rechtsberatung WEG 21, 40

- Rechtsstreitigkeiten WEG 21, 35
- Vertragsabschlüsse WEG 21, 36
Ordnungsmäßigkeit der Verwaltung WEG 21, 42

Pächter WEG 14, 29
Parabolantenne WEG 22, 108
Party-Raum WEG 15, 13
Pension WEG 14, 19
Penthouse WEG 5, 13
Pergola WEG 5, 30; **22**, 63
Personalgesellschaft WEG 24, 32, 43
Pflanztrog WEG 22, 64
Pflegeheim WEG 14, 19
Photovoltaikanlage WEG 22, 72
Pizza-Lieferservice WEG 15, 13
Probeabstimmung WEG 22, 125
Prostitution WEG 14, 20
Protokoll WEG 24, 64
Prozessbegleitvergütung WEG 26, 76; **28**, 220
Prozesskostenhilfe WEG 28, 216
- Anfechtungsklage WEG 46, 66
Prozessstandschaft WEG 27, 98
Prozessvollmacht
- des Verwalters WEG 27, 91
Prüfungspflicht des Grundbuchamtes WEG 7, 40, 43; **32**, 9
Publikumsverkehr WEG 14, 18

Quotale Haftung WEG 10, 110

Rangverhältnis
- Sondereigentum und dingliche Belastungen WEG 3, 3
Rauchen WEG 14, 22
Rauchmelder WEG 5, 27; **22**, 166
Rauchverbot WEG 15, 6
Raum WEG 3, 17; **5**, 9, 11, 39, 52
- Garage WEG 3, 31
Räumungsprozess WEG 14, 29
Rechnungslegung – durch Verwalter WEG 26, 127; **28**, 237
Rechtsanwalt
- Gebühren WEG 49, 42
Rechtsfähigkeit der Gemeinschaft WEG 10, 76
Rechtshängigkeit WEG 46, 47, 55
- Anfechtungsklage WEG 46, 47, 55
- Eigentümerwechsel WEG 43, 121
Rechtsmittel WEG 43, 24
- gegen Kostenentscheidung WEG 49, 36
Rechtsschutzbedürfnis (= Rechtsschutzinteresse) WEG 21, 47
- Anfechtung von Negativbeschlüssen WEG 43, 97
- Anfechtungsklage WEG 46, 18
- Streitigkeiten nach § 43 Nr. 3 WEG 43, 81
Rechtsschutzinteresse
- Nichtigkeitsfeststellungsklage WEG 46, 26

Rechtsstreit
– Kostenverteilung **WEG 16**, 86
Reklame WEG 22, 66
Revision WEG 43, 50
Rohrleitung WEG 5, 39, 44
Rollladen WEG 5, 29; **22**, 60, 68
Rollstuhl WEG 22, 69, 107
Rückgriff WEG 10, 121
– Aufrechnung **WEG 10**, 122
– bei den übrigen Wohnungseigentümern **WEG 10**, 123
– Haftungsanteil **WEG 10**, 122
Rücksichtnahmepflicht WEG 21, 119
Rückständiges Wohngeld WEG 18, 18
Ruhezeiten WEG 15, 25

Sachverständigengutachten WEG 21, 70
Sachverständiger WEG 7, 17, 19
– anerkannter **WEG 7**, 18
– öffentlich bestellter **WEG 7**, 18
– Verordnungsermächtigung **WEG 7**, 17
Sanitärgegenstand WEG 5, 24
Satellitenanlage WEG 21, 39, 90; **22**, 108, 169
Säuberung WEG 14, 53
Sauna WEG 5, 13, 46; **15**, 13
Schadensersatz WEG 14, 31; **15**, 59
Schadensersatzansprüche
– gegen Dauerwohnberechtigten **WEG 34**, 4
– gegen den Verwalter **WEG 27**, 109
– gegen den Verwaltungsbeirat **WEG 29**, 27
Schallschutz WEG 14, 13
Schiedsgerichtsvereinbarung WEG 43, 13
Schiedsgutachten WEG 43, 15
Schießanlage WEG 21, 37
Schikaneverbot WEG 15, 56
Schlichtungsverfahren WEG 43, 17
Schließung
– des Wohnungsgrundbuches **WEG 9**, 1
– Durchführung **WEG 9**, 13
– Erbbaugrundbuch **WEG 30**, 25
– Grundbuch **WEG 7**, 7; **8**, 19
– Grundstück **WEG 7**, 9
– neues Grundbuchblatt **WEG 9**, 15
– Schließungsvermerk **WEG 7**, 7; **9**, 15
– Verfahren **WEG 9**, 13
– Wohnungserbbaugrundbuch **WEG 30**, 48
Schneeräumen WEG 16, 130; **27**, 122
Schornstein WEG 5, 27; **14**, 27
Schornsteinreinigung WEG 16, 75
Schriftliches Verfahren WEG 23, 69
Schrottimmobilien WEG 11, 7
Schuldbeitritt WEG 16, 148
Schuldübernahme WEG 16, 149
Schutz- und Treuepflichten WEG 14, 1
Schwarzarbeit WEG 23, 77
Schwebend unwirksamer Beschluss WEG 22, 121
Schwimmbad WEG 5, 13, 46; **16**, 36, 61, 80; **22**, 70

Selbstbehalt WEG 21, 120
Selbstkontrahieren des Verwalters WEG 26, 58; **27**, 67
Sexshop WEG 14, 20; **15**, 13
Sicherheitsleistung WEG 14, 46; **33**, 31
Solaranlage WEG 22, 72, 168
Sondereigentum WEG 1, 8; **10**, 3
– Abgrenzung **WEG 5**, 2
– Abstellraum **WEG 3**, 6
– abweichende Bauausführung **WEG 7**, 32
– Anwartschaft **WEG 9**, 3, 4
– Anwartschaftsrecht **WEG 3**, 12
– Aufhebung **WEG 4**, 11; **9**, 2, 11
– Begründung von **WEG 3**, 6; **4**, 2
– Belastung **WEG 6**, 3
– Benutzen **WEG 14**, 52
– Bestandteile, wesentliche **WEG 5**, 16
– Bestimmung **WEG 5**, 10
– Betreten **WEG 14**, 40, 52
– Eingriff **WEG 14**, 45
– Eingriffe in die Substanz **WEG 14**, 41
– Erlöschen **WEG 9**, 2, 9, 17
– für jeden Miteigentümer **WEG 3**, 6
– Garage **WEG 3**, 6, 30
– Gebäude **WEG 3**, 11
– Gebäudebestandteile **WEG 5**, 15
– Gegenstand **WEG 5**, 8; **7**, 46
– gemischtes Wohn- und Teileigentum **WEG 3**, 16
– gutgläubiger Erwerb **WEG 6**, 5
– Inhaber **WEG 10**, 3
– Inhalt **WEG 7**, 47
– isoliertes **WEG 3**, 10; **6**, 4; **8**, 34
– mehrere Gebäude **WEG 3**, 14
– Mitsondereigentum **WEG 3**, 7
– Nichtbestimmbarkeit **WEG 3**, 9
– noch zu errichtende Gebäude **WEG 3**, 12
– Raum **WEG 5**, 9
– Schranken des Eigentums **WEG 13**, 4
– Streitigkeiten **WEG 5**, 7
– Tausch **WEG 6**, 10
– Umdeutung in Sondernutzungsrecht **WEG 4**, 7; **5**, 6
– Umwandlung in gemeinschaftliches Eigentum **WEG 4**, 16; **6**, 11
– Veräußerung **WEG 6**, 3
– Verfügung von Todes wegen **WEG 2**, 4
– Vermieten **WEG 14**, 48
– Verstoß gegen zwingende Vorschriften **WEG 3**, 9
– Widerspruch zwischen Teilungserklärung und Aufteilungsplan **WEG 3**, 9
– Wiederherstellung **WEG 14**, 53
– Zerstörung **WEG 9**, 3; **14**, 52
Sondereigentum Begründung von WEG 2, 1
Sondernachfolger WEG 10, 19
Sondernutzungsfläche
– Ansprüche bei Störungen **WEG 13**, 62

Sondernutzungsrecht WEG 16, 14
- Abgrenzung WEG 13, 65
- Aufhebung WEG 5, 62; 13, 46
- Auslegung WEG 13, 42
- bauliche Veränderung WEG 22, 146
- Begriff WEG 13, 29
- Begründung WEG 13, 35
- Belastung WEG 13, 47
- Bepflanzung WEG 13, 52
- Berechtigter WEG 13, 31
- Bestimmtheit WEG 13, 42
- Bestimmtheitsgrundsatz WEG 7, 50
- Betriebskosten WEG 13, 59
- dingliches WEG 13, 32
- Eintragung im Grundbuch WEG 7, 49
- Gartenfläche WEG 13, 52
- gemeinsames WEG 13, 34
- Inhaber WEG 13, 31
- Instandhaltung WEG 13, 54
- Instandsetzung WEG 13, 54
- Kellerraum WEG 13, 53
- Kosten WEG 13, 58
- Lasten WEG 13, 58
- Löschung WEG 13, 46
- nachträgliche Zuweisung WEG 8, 25
- persönliches WEG 13, 33
- Pkw-Stellplatz WEG 13, 53
- Rechtsinhalt WEG 13, 48
- Spitzboden WEG 13, 53
- Tausch WEG 5, 62
- Übertragung WEG 13, 44
- Übertragung auf Dritten WEG 6, 6
- Vermietung WEG 13, 50
- Verzicht WEG 13, 46
- Zustimmung dinglich Berechtigter WEG 5, 61
- Zuweisung WEG 13, 37

Sonderumlage WEG 16, 153; 28, 34
Sondervergütung WEG 26, 80; 50, 25
Sonnenkollektor WEG 22, 72
Sonnenschirm WEG 14, 26
Sonnenstudio WEG 15, 13
Speicher WEG 15, 13; 22, 73
Spielplatz WEG 21, 100; 22, 56, 167
Spielsalon WEG 15, 13
Spitzboden WEG 5, 10; 13, 19; 15, 13
Spontanversammlung WEG 23, 6
Sprechanlage WEG 5, 24, 38
Steckengebliebener Bau WEG 22, 212
Stellplatz WEG 21, 39, 41, 100; 22, 74
- auf dem nicht überdachten Oberdeck eines Parkhauses WEG 3, 32; 5, 14
- außerhalb eines Gebäudes WEG 3, 32; 5, 14
- Sondernutzungsrecht WEG 3, 33

Steuerberaterpraxis WEG 15, 13
Stimmabgabe WEG 23, 40
- Vertretung WEG 25, 15, 32

Stimmenauszählung WEG 23, 45
Stimmenmehrheit WEG 23, 52
Stimmenmehrung WEG 25, 12
Stimmenthaltung WEG 23, 41, 45
Stimmkraft WEG 25, 2
Stimmrecht
- Ausschluss WEG 18, 21
- Bruchteilsgemeinschaft WEG 25, 9
- Erbengemeinschaft WEG 25, 9
- Erwerber WEG 25, 6
- gegenständlich beschränktes WEG 25, 26
- Mehrhausanlage WEG 25, 27
- Missbrauch WEG 25, 46
- Modernisierungsmaßnahme WEG 22, 176
- ruhendes WEG 25, 41
- Untergemeinschaft WEG 25, 27
- Unterteilung WEG 8, 32
- Vereinigung WEG 8, 41

Stimmrechtsträger WEG 25, 3
Stimmverbot WEG 25, 28
- Rechtsfolgen WEG 25, 39

Stockwerkseigentum WEG 63, 1
Störung WEG 14, 5
Streitgenossen WEG 47, 7; 49, 10
Streitwert WEG/GKG 49a, 4 ff.
Streitwertbeschwerde WEG Anh 50, 62
Streupflicht WEG 16, 130; 27, 122
Stromversorgung WEG 22, 75
Subtraktionsverfahren WEG 23, 46

Tagesmutter WEG 15, 30
Tagesordnung WEG 24, 22
- Ergänzung WEG 24, 23

Tagesordnungspunkt
- nachgeschobener WEG 24, 20
- Verschiedenes WEG 23, 67

Tankstelle WEG 5, 14
Tanzcafé WEG 15, 13
Tätige Mithilfe WEG 21, 61
Tätigkeit, gewerbliche WEG 15, 13
Tausch
- von Sondereigentum WEG 6, 10
- von Sondernutzungsrechten WEG 5, 62

Technische Unterlagen WEG 10, 97
Teileigentum
- bauliche Ausstattung WEG 3, 26
- beliebige sonstige Zwecke WEG 1, 17
- Garage WEG 1, 17
- gemischtes Wohnungs- und Teileigentum WEG 1, 19
- Rechtliche Behandlung WEG 1, 7
- subjektive Nutzungsabsicht WEG 1, 18
- Umwandlung WEG 4, 18
- Umwandlung in Wohnungseigentum WEG 1, 20
- Wohnnebenräume WEG 1, 17
- Zweckbestimmung WEG 1, 20

Teileigentumsgrundbuch WEG 7, 5
– gemeinschaftliches WEG 7, 11
– Vorschriften WEG 7, 2
Teilender Eigentümer
– Bruchteilsgemeinschaft WEG 8, 11
– Gesamthandsgemeinschaft WEG 8, 11
– Veräußerungszustimmung WEG 8, 21
Teilerbbaurecht WEG 30, 1
Teilungserklärung
– Abweichen von der Gemeinschaftordnung WEG 7, 31
– Abweichung vom Aufteilungsplan WEG 7, 27
– unvollständig WEG 7, 28
Teilversammlung WEG 23, 7; **24**, 34
Telefonanschluss WEG 21, 128
Terrasse WEG 5, 14, 77
Testamentsvollstrecker WEG 25, 3
Textform WEG 24, 16
– Verstoß WEG 24, 17
Tiefgarage WEG 5, 31
Tierarztpraxis WEG 14, 25
Tierhaltung WEG 14, 24
Tierhaltungsverbot WEG 15, 6
Timesharing WEG 4, 6; **31**, 17
Titelumschreibung WEG 27, 101
Touristen WEG 14, 19
Trampeln WEG 14, 25
Transportkosten WEG 14, 53
Trennwand WEG 5, 24
Treppe WEG 5, 24, 29, 36; **21**, 98
Treppenhaus WEG 5, 36, 37, 48; **15**, 23; **21**, 62, 90; **22**, 78; **23**, 78
– Rollstuhl WEG 23, 78
Treppenlift WEG 22, 79, 107
Treuhandkonto WEG 27, 55
Trittschall WEG 14, 13
Trittschallschutz WEG 21, 103
Türen WEG 5, 19, 29, 38; **22**, 89
Türschließanlage WEG 5, 38
Typisierende Betrachtungsweise WEG 14, 15; **15**, 12

Überbau WEG 13, 23
– wesentlicher Bestandteil WEG 1, 28
Übergangsvorschrift
– Altverfahren WEG 62, 9
– Antragsänderung WEG 62, 6
– Antragserweiterung WEG 62, 6
– Außenhaftung WEG 62, 8
– Mahnverfahren WEG 62, 2, 5
– materiell-rechtliche Vorschriften WEG 62, 7
– Nichtzulassungsbeschwerde WEG 62, 10
– PKH-Antrag WEG 62, 2
– Rechtsmittelkonzentration WEG 62, 4
– Verfahrensvorschriften der §§ 43 ff. aF WEG 62, 2
– Widerklagen WEG 62, 6
– Zwangsversteigerungsverfahren WEG 62, 2

– Zwangsvollstreckung WEG 62, 5
– Zwangsvollstreckungsverfahren WEG 62, 2
Überleitungsvorschrift WEG 63, 1
Übermaßfrüchte WEG 13, 50
Übermaßgebrauch WEG 13, 20
Umsatzsteuer WEG 28, 69
Umwandlung von gemeinschaftlichem Eigentum in Sondereigentum und umgekehrt
– Anspruch auf Umwandlung WEG 4, 16
Umwandlung von Stockwerkseigentum WEG 63, 1
Umwandlung von Wohn- in Teileigentum und umgekehrt WEG 4, 18
– Zustimmung dinglich Berechtigter WEG 1, 20
Umzug WEG 14, 41
Umzugskosten WEG 14, 53
Unabdingbarkeit
– Abgrenzung WEG 5, 2
– eines Verwalters WEG 20, 6
– von Vorschriften WEG 18, 31; **19**, 15; **20**, 6
Unauflöslichkeit der Gemeinschaft WEG 11, 2
Unbestimmter Klageantrag WEG 21, 144
Unschädlichkeitszeugnis WEG 5, 64
Untergemeinschaft
– keine Rechtssubjekte WEG 10, 81
Untergemeinschaften WEG 10, 17; **23**, 8
Unterlassungsanspruch WEG 15, 29, 33
– Mieter WEG 14, 34
Unterrichtsraum WEG 15, 13
Untersuchungsmaßnahmen WEG 14, 44
Unterteilung WEG 4, 19
– Abgeschlossenheitsbescheinigung WEG 8, 38
– Aufteilungsplan WEG 8, 38
– Einigung aller Wohnungseigentümer WEG 8, 35
– einseitige Erklärung des Eigentümers WEG 8, 30
– Stimmrecht WEG 8, 32
– Überführung von Sondereigentum in gemeinschaftliches Eigentum WEG 8, 35
– Veräußerungsbeschränkung WEG 8, 35
– Veräußerungszustimmung WEG 8, 33
– Zustimmung Dritter WEG 8, 30, 35
Unterteilung von Wohnungseigentum WEG 7, 27
Untervollmacht WEG 25, 18
Unterwerfung unter die Zwangsvollstreckung WEG 28, 225
Untrennbarkeit von Miteigentumsanteil und Sondereigentum WEG 6, 1
Urlaub WEG 14, 47

Veranda WEG 5, 13, 29
Veräußerung WEG 12, 6
Veräußerung des Dauerwohnrechts WEG 38, 9
– im Wege der Zwangsversteigerung WEG 37, 11
– rechtsgeschäftliche Veräußerung WEG 37, 9
Veräußerungsbeschränkung WEG 12, 3; **19**, 9; **61**, 1
– Änderung WEG 12, 8
– Aufhebungsbeschluss WEG 12, 8

- beim Dauerwohnrecht **WEG 32**, 13; **35**, 1
- Löschung **WEG 12**, 8

Veräußerungsverbot WEG 12, 1

Veräußerungszustimmung
- Anspruch auf **WEG 12**, 53
- Darlegungs- und Beweislast **WEG 12**, 50
- erforderliche **WEG 12**, 6
- fehlende **WEG 12**, 60
- Form **WEG 12**, 27
- Frist der Erteilung **WEG 12**, 31
- Gestaltungsspielraum **WEG 12**, 4
- Mitwirkungspflicht des Veräußerers **WEG 12**, 50
- nicht erforderliche **WEG 12**, 7
- Prüfpflicht des Zustimmungsberechtigten **WEG 12**, 50
- Regelung durch Vereinbarung **WEG 12**, 49
- Schadensersatzanspruch **WEG 12**, 66
- Selbstauskunft **WEG 12**, 51
- Unterteilung **WEG 8**, 33
- Vorlage des Erwerbsvertrages **WEG 12**, 52
- wichtiger Grund **WEG 12**, 38
- Widerruf **WEG 12**, 27
- Zugang **WEG 12**, 27
- Zwangsversteigerung **WEG 12**, 4

Verbindung
- Anfechtungsklagen **WEG 47**, 2

Verbot
- gesetzliches **WEG 23**, 77

Verbraucher WEG 10, 79

Verbrauchsmessgeräte WEG 16, 65

Verdienstausfall WEG 14, 47, 53

Vereinbarung WEG 10, 18, 21
- AGB **WEG 10**, 27
- Änderung **WEG 10**, 44
- Änderungsvorbehalte **WEG 10**, 22
- Anspruch auf Änderung **WEG 10**, 51
- Auslegung **WEG 10**, 42
- Bedeutungswandel **WEG 10**, 43
- Eintragung im Grundbuch **WEG 10**, 22
- Form **WEG 10**, 18
- Gesamtrechtsnachfolger **WEG 10**, 65
- Grundbuch **WEG 10**, 65
- Grundrechte **WEG 10**, 26
- Inhalt **WEG 10**, 21
- Inhaltskontrolle **WEG 10**, 25
- konkludentes Handeln **WEG 10**, 19
- mit Beschlussinhalt **WEG 10**, 23
- Nichtigkeit **WEG 10**, 26
- ohne Grundbucheintragung **WEG 10**, 68
- rechtsgeschäftlicher Eintritt **WEG 10**, 69
- sachenrechtliche Zuordnung **WEG 10**, 22
- schuldrechtliche **WEG 10**, 68
- Schutz des guten Glaubens **WEG 10**, 67
- Sondernachfolger **WEG 10**, 65
- ständige Übung **WEG 10**, 19
- stillschweigende **WEG 10**, 19

- Treu und Glauben **WEG 10**, 26
- Zustandekommen **WEG 10**, 18

Vereinbarungen der Wohnungseigentümer
- gemeinschaftliches Eigentum **WEG 5**, 51
- Sondereigentum **WEG 5**, 51

Vereinigung WEG 4, 19; **8**, 39
- bauliche Veränderung **WEG 8**, 40
- Grundstück **WEG 1**, 25
- in einer Person **WEG 9**, 7, 8
- mehrere Wohnungseigentumsrechte **WEG 9**, 10
- Miteigentumsanteile **WEG 3**, 7
- Mitwirkung Dritter **WEG 8**, 40
- sämtlicher Wohnungseigentumsrechte in einer Person **WEG 9**, 6
- Stimmrecht **WEG 8**, 41

Vereinigung von Wohnungseigentum WEG 25, 12

Verfügungen
- über Miteigentumsanteil **WEG 6**, 9, 12
- über Sondereigentum **WEG 6**, 3, 10
- zwischen Wohnungseigentümer und Dritten **WEG 6**, 7
- zwischen Wohnungseigentümern **WEG 6**, 8

Vergleich, gerichtlicher WEG 24, 84

Vergleichsangebote WEG 21, 72

Vergnügungsbetrieb WEG 15, 13

Verjährung WEG 15, 47; **21**, 101

Verjährung von Ansprüchen
- Gewährleistungsansprüche **WEG Anh 21**, 60
- Verwaltervergütung **WEG 26**, 85
- Wohngeldansprüche **WEG 28**, 203

Verkehrssicherungspflicht WEG 10, 107; **27**, 122
- Sondernutzungsfläche **WEG 13**, 61

Vermietung WEG 13, 20; **15**, 26; **30**, 42; **37**, 1

Vermietung des Gemeinschaftseigentums WEG 10, 85, 104

Vermietungsbeschränkung WEG 15, 7

Vermietungsschild WEG 14, 25

Vermietungsverbot WEG 15, 6

Versammlung WEG 23, 6
- Absage **WEG 24**, 38
- Ausschluss **WEG 24**, 57
- Beendigung **WEG 24**, 30, 62
- Betreuer **WEG 24**, 31
- Einberufung **WEG 24**, 5
- einberufungsberechtigte Personen **WEG 24**, 2
- Einberufungsmangel **WEG 24**, 6
- einzuladende Personen **WEG 24**, 31
- Form der Einberufung **WEG 24**, 16
- Frist zur Einberufung **WEG 24**, 18
- Gäste **WEG 24**, 53
- Geschäftsordnung **WEG 24**, 63
- Geschäftsordnungsbeschluss **WEG 24**, 61
- Insolvenzverwalter **WEG 24**, 31
- Nachlassverwalter **WEG 24**, 31
- Nichtladung **WEG 24**, 5
- Nichtöffentlichkeit **WEG 24**, 27, 39, 43

Versammlung – Verwaltung

- Ort **WEG 24**, 25
- Schulferien **WEG 24**, 29
- Sitzgelegenheit **WEG 24**, 27
- Teilnahmeberechtigte **WEG 24**, 39
- Testamentsvollstrecker **WEG 24**, 31
- Untergemeinschaften **WEG 24**, 34
- Vertreter **WEG 24**, 43
- Vorerbschaft **WEG 24**, 31
- Vorsitz **WEG 24**, 59
- Zeitpunkt **WEG 24**, 29
- Zwangsverwalter **WEG 24**, 31

Versammlungsleiter WEG 22, 126
Versammlungsleitung WEG 24, 59
Versammlungsniederschrift
- Berichtigung **WEG 24**, 74
- Erstellung **WEG 24**, 71
- Frist zur Erstellung **WEG 24**, 71
- Inhalt **WEG 24**, 65
- Protokollersteller **WEG 24**, 67
- Unterzeichner **WEG 24**, 67
- Versendung **WEG 24**, 71

Versammlungsraum WEG 24, 25
Versäumnisurteil WEG 43, 3
Versicherung gegen Haus- und Grundbesitzerhaftpflicht WEG 21, 117
Versicherungen WEG 21, 115
- Rücksichtnahmepflicht **WEG 21**, 119
- Schadensbeseitigung am Sondereigentum **WEG 21**, 118
- Selbstbehalt **WEG 21**, 120

Versorgungsleitung WEG 5, 24, 38; **21**, 128
- Führung durch fremdes Sondereigentum **WEG 21**, 128

Versorgungssperre WEG 14, 43; **18**, 19; **28**, 228
Verteilungsschlüssel WEG 16, 3
- Anspruch auf Änderung **WEG 16**, 120

Vertikal geteiltes Eigentum WEG 1, 33
Vertragliche Teilungserklärung WEG 3, 2
- Abschlussmängel **WEG 3**, 36
- Bedingung oder Befristung **WEG 4**, 6
- dingliches Verfügungsgeschäft **WEG 3**, 35
- Einigung und Eintragung **WEG 4**, 2
- Form **WEG 4**, 1, 4
- Gemeinschaftsordnung **WEG 3**, 44
- Gründungsmängel **WEG 3**, 36
- gutgläubiger Erwerb **WEG 3**, 36, 39
- Inhaltsänderung **WEG 3**, 35; **4**, 2
- Inhaltskontrolle **WEG 7**, 43
- isolierter Miteigentumsanteil **WEG 3**, 38
- Nichtberechtigter **WEG 3**, 40
- Vertragsinhalt **WEG 3**, 41
- Verwaltungsfragen **WEG 3**, 45
- Zustimmung dinglich Berechtigter **WEG 4**, 3

Vertreterklausel WEG 24, 44
Vertretungsbeschränkung WEG 24, 44
- Berater **WEG 24**, 50

- Rechtsanwalt **WEG 24**, 50
- Treu und Glauben **WEG 24**, 48

Vertretungsmacht des Verwalters WEG 27, 66, 81
Verwalter
- Abberufung **WEG 26**, 91
- Abwehranspruch **WEG 15**, 38
- Anfechtung der Abberufung **WEG 26**, 98
- Aufgaben und Befugnisse **WEG 27**, 5
- Bestellung durch das Gericht **WEG 26**, 140
- Bestellung durch Eigentümer **WEG 26**, 5
- Bestellung in der Teilungserklärung **WEG 26**, 27
- BGB-Gesellschaft **WEG 26**, 10
- Dauer des Vertrages **WEG 26**, 88
- Dienstvertrag **WEG 26**, 55
- Durchführung von Beschlüssen **WEG 27**, 11
- Eignung **WEG 26**, 7
- Entlastung **WEG 28**, 241
- Gelderverwaltung **WEG 27**, 46
- Geltendmachen von Ansprüchen **WEG 27**, 73, 90
- grundbuchmäßiger Nachweis des ~ **WEG 26**, 135
- Haftung der Gemeinschaft für ~ **WEG 27**, 128
- Haftung des **WEG 27**, 109
- Höchstdauer der Bestellung **WEG 26**, 31
- Jahresabrechnung **WEG 28**, 147
- Klagebefugnis **WEG 46**, 15
- Kontrollpflicht **WEG 27**, 32
- Kündigung **WEG 26**, 109
- Legitimation des ~ **WEG 26**, 135; **27**, 108
- Notwendigkeit der Bestellung **WEG 20**, 7; **26**, 3
- Rechnungslegung **WEG 28**, 237
- Rechte und Pflichten **WEG 27**, 5
- Sondervergütung **WEG 26**, 49, 75; **28**, 221
- Stellung des ~ **WEG 27**, 2
- Stimmrecht des **WEG 26**, 15, 93; **28**, 27, 125, 256
- Unternehmergesellschaft **WEG 26**, 9
- Verbände **WEG 26**, 4
- Verfahren bei Streitigkeiten mit dem **WEG 43**, 71
- Vergütung **WEG 16**, 80; **26**, 69
- Vertrag **WEG 26**, 36
- Vertretungsmacht **WEG 27**, 66, 81
- Verwaltervertrag **WEG 26**, 36
- Vollmachtsurkunden **WEG 27**, 108
- Wahl **WEG 26**, 5
- wichtiger Grund zur Abberufung **WEG 26**, 102
- Wiederwahl **WEG 26**, 33
- Wirtschaftsplan **WEG 28**, 7
- Zustellungen an ~ **WEG 27**, 69, 82; **45**, 2
- Zustimmung **WEG 15**, 29

Verwalterbestellung
- keine Verpflichtung **WEG 20**, 8

Verwaltervergütung WEG 16, 80
Verwaltervertrag WEG 26, 36
Verwalterwechsel WEG 27, 100
Verwaltung
- Abgrenzung **WEG 21**, 5
- alle Miteigentümer gemeinsam **WEG 20**, 9

- Anspruch auf ordnungsmäßige Verwaltung **WEG 21**, 42
- Begriff der **WEG 21**, 3
- Begründung von Anspruchsgrundlagen **WEG 21**, 5
- Beseitigungsanspruch **WEG 21**, 14
- des gemeinschaftlichen Eigentums **WEG 20**, 1
- des Sondereigentums **WEG 20**, 2
- durch die Gemeinschaft **WEG 21**, 7
- durch einen Wohnungseigentümer **WEG 21**, 8
- durch Mehrheitsbeschluss **WEG 21**, 27
- gemeinschaftsbezogene Ansprüche **WEG 21**, 17
- gerichtliche Geltendmachung von Ansprüchen **WEG 21**, 8
- Gliederung der **WEG 20**, 3
- Individualanspruch **WEG 21**, 8, 16
- ordnungsmäßige **WEG 21**, 28, 42, 54
- Schadensersatzanspruch **WEG 21**, 13
- Unterlassungsanspruch **WEG 21**, 15
- Vereinbarungsvorbehalt **WEG 21**, 27
- Verpflichtung zur Mitwirkung **WEG 20**, 5
- Verwaltungsorgane **WEG 20**, 3

Verwaltungsbeirat
- Aufgaben **WEG 29**, 15
- Beiratssitzungen **WEG 29**, 38
- Bestellung **WEG 29**, 2
- Einberufung der Versammlung durch **WEG 29**, 18
- Entlastung **WEG 29**, 29
- Haftung **WEG 29**, 27
- Streitigkeiten mit **WEG 29**, 39
- Vergütung **WEG 29**, 26
- Zusammensetzung **WEG 29**, 10

Verwaltungskosten WEG 16, 79
Verwaltungsorgane WEG 20, 3
- Kompetenzverlagerung **WEG 20**, 4

Verwaltungsunterlagen WEG 10, 97
Verwaltungsvermögen WEG 1, 34; **21**, 6
- Auflösung der Gemeinschaft **WEG 10**, 108
- bewegliche Sachen **WEG 10**, 97
- Dienstbarkeiten **WEG 10**, 98
- Grundschulden **WEG 10**, 98
- Hypotheken **WEG 10**, 98
- keine Bestandteile des **WEG 10**, 106
- schuldrechtliche Ansprüche **WEG 10**, 101
- Träger **WEG 10**, 95
- Verbindlichkeiten **WEG 10**, 101
- Vollstreckung **WEG 10**, 113
- wiedergeborene Gemeinschaft **WEG 10**, 109
- Wohnungseigentum **WEG 10**, 98
- Zubehör **WEG 10**, 97
- Zwangsvollstreckung **WEG 10**, 95

Verweisung
- wegen örtlicher Unzuständigkeit **WEG 43**, 8

Verwirkung WEG 15, 48
Verzicht auf Wohnungseigentum WEG 4, 12
Verzug des Wohnungseigentümers WEG 28, 191

Verzugsfolgen WEG 21, 135
Verzugszins WEG 23, 24
Videothek WEG 15, 13
Videoüberwachung WEG 22, 80
Vollmacht
- Stimmabgabe **WEG 25**, 15
- Verwalter **WEG 24**, 49

Vollmachtsurkunde WEG 24, 43
Vollversammlung WEG 23, 6, 68; **24**, 4
(Voraus)Verfügung
- Entgelt für das Dauerwohnrecht **WEG 40**, 3

Vorbereitungsbeschluss WEG 15, 41; **23**, 29
Vorbereitungsmaßnahmen WEG 14, 47
Vorflur WEG 5, 36
Vorratsteilung WEG 8, 2
Vorsorgemaßnahmen WEG 14, 53

Wanddurchbruch WEG 22, 81, 104
Wärme-Contracting WEG 5, 43
Wärmedämmung WEG 22, 168
Warmwasserkosten WEG 16, 66
Wartungskosten WEG 16, 52, 58, 64, 65, 70
Wäsche WEG 14, 26
Wäschespinne WEG 22, 20, 83
Waschküche, -maschine WEG 15, 27; **16**, 78; **21**, 41
Waschmaschinenkonto WEG 28, 73
Waschsalon WEG 15, 13
Wasserentkalkungsanlage WEG 22, 84
Wasserschaden WEG 14, 10
Wasserzähler WEG 22, 168
WEG-Änderungsgesetz WEG 3, 1; **5**, 1; **7**, 1; **17**, 1; **18**, 1; **19**, 1; **21**, 1; **22**, 1; **32**, 1; **62**, 1
Werbeschild WEG 14, 18, 25
Werbung WEG 22, 66
Werdende Wohnungseigentümergemeinschaft WEG 8, 28
- bauliche Veränderung **WEG 22**, 19

Wertprinzip WEG 25, 2
Wiederaufbau WEG 11, 5, 6
Wiederaufbau bei Zerstörung WEG 22, 202; **33**, 29
- Vereinbarung **WEG 22**, 208
- Versicherung **WEG 22**, 207

Wiedereinsetzung in den vorigen Stand WEG 46, 72
Wiederholungsgefahr WEG 15, 33
Wiederholungsversammlung WEG 25, 22
Willensbildungsorgan WEG 23, 1
Wintergarten WEG 5, 10; **22**, 26
Wirtschaftsplan
- Aufstellung durch das Gericht **WEG 28**, 9
- Beschluss über **WEG 28**, 27
- Einzelwirtschaftsplan **WEG 28**, 21
- Ermessensspielraum **WEG 28**, 24
- Fortgeltung **WEG 23**, 24
- Inhalt **WEG 28**, 18

Wohnfläche WEG 16, 11
Wohngeld
- Aufrechnung **WEG 28**, 208

- Geltendmachung **WEG 28**, 215
- Verwaltung des **WEG 27**, 46
- Verzug **WEG 28**, 190
- Zurückbehaltungsrecht **WEG 28**, 214

Wohngeldvorschüsse WEG 16, 152
Wohnmobil WEG 15, 20
Wohnung WEG 1, 10; **3**, 17
- Appartement **WEG 1**, 12
- bauliche Ausstattung **WEG 1**, 12; **3**, 25
- Besichtigung **WEG 14**, 12
- Nebenräume **WEG 1**, 13

Wohnungsberechtigter
- Stimmrecht **WEG 25**, 5

Wohnungseigentum WEG 1, 10
- Begründung durch Vertrag **WEG 3**, 35
- Begründung von **WEG 2**, 1
- Belastung mit Dauerwohnrecht **WEG 31**, 14
- besondere Rechtsform **WEG 1**, 1
- besonders ausgestaltetes Bruchteileigentum **WEG 1**, 5
- besonders ausgestaltetes Bruchteilsrecht **WEG 1**, 8
- echtes Eigentum **WEG 1**, 4
- Entstehung **WEG 7**, 4; **8**, 17
- gemischtes Wohnungs- und Teileigentum **WEG 1**, 19
- Hofgrundstück **WEG 1**, 14
- kein grundstückgleiches Recht **WEG 1**, 6
- Kernbereich des ~ **WEG 23**, 32
- Nebenräume **WEG 1**, 13
- Realteilung **WEG 4**, 6
- Umwandlung **WEG 4**, 18
- Umwandlung in Teileigentum **WEG 1**, 20
- Unterteilung **WEG 8**, 30
- Vereinigung **WEG 9**, 6, 10
- Wohnung **WEG 1**, 10
- Zweckbestimmung **WEG 1**, 20

Wohnungseigentümer
- beschränkt geschäftsfähiger **WEG 24**, 31
- geschäftsunfähiger **WEG 24**, 31

Wohnungseigentümergemeinschaft, werdende WEG 10, 8
- Auflassungsvormerkung **WEG 10**, 9
- Besitz **WEG 10**, 10
- Ende **WEG 10**, 12
- Erwerbsvertrag **WEG 10**, 9
- Lasten- und Nutzenwechsel **WEG 10**, 10
- Rechtssubjekt **WEG 10**, 14
- vor Entstehung **WEG 10**, 15
- Wohnungsgrundbücher **WEG 10**, 8

Wohnungseigentümerversammlung WEG 23, 1
Wohnungserbbaugrundbuch WEG 30, 16, 22, 24
- Bestandsverzeichnis **WEG 30**, 28
- Eintragung **WEG 30**, 27
- gemeinschaftliches **WEG 30**, 26
- Veräußerungsbeschränkung **WEG 30**, 29

Wohnungserbbaurecht
- Bedeutung **WEG 30**, 4
- Begründung **WEG 30**, 10
- Belastung **WEG 30**, 40
- Belastung mit Dauerwohnrecht **WEG 31**, 14
- Bruchteilsgemeinschaft **WEG 30**, 12
- Eigentümererbbaurecht **WEG 30**, 21
- einseitige Teilungserklärung **WEG 30**, 19
- Erbbaurecht **WEG 30**, 5
- Erbbauzinsreallast **WEG 30**, 41
- Erlöschen des **WEG 30**, 45
- Form der Begründung **WEG 30**, 14, 20
- Gebäude **WEG 30**, 1
- Gebrauchsregelung für Grundstücksflächen **WEG 30**, 44
- grundbuchmäßige Behandlung **WEG 30**, 24
- Grundstückseigentümer **WEG 30**, 3
- Gründstücksfläche **WEG 30**, 44
- Rechtsstreitigkeiten **WEG 30**, 43
- Rechtsverhältnis der Wohnungserbbauberechtigten untereinander **WEG 30**, 33
- Rechtsverhältnis zwischen Grundstückseigentümer und Erbbauberechtigten **WEG 30**, 34
- Schließung der Wohnungserbbau-Grundbücher **WEG 30**, 48
- Teilerbbaurecht **WEG 30**, 1
- Veräußerungsbeschränkung **WEG 30**, 15, 36
- Vereinigung aller -e **WEG 30**, 48
- Vermietung **WEG 30**, 42
- vertragliche Teilungserklärung **WEG 30**, 11
- Wohnungserbbaugrundbuch **WEG 30**, 24

Wohnungsgrundbuch WEG 7, 5
- Bestandsverzeichnis **WEG 7**, 44
- Bezugnahme auf die Eintragungsbewilligung **WEG 7**, 45
- Eintragungen **WEG 7**, 44
- für jeden Miteigentumsanteil **WEG 7**, 3; **8**, 19
- Gegenstand des gemeinschaftlichen Eigentums **WEG 7**, 52
- Gegenstand des Sondereigentums **WEG 7**, 46
- gemeinschaftliches **WEG 7**, 10, 11; **9**, 18
- Grundbuchakte **WEG 7**, 3
- Grundstücksbelastungen **WEG 7**, 8
- Mehrheitsbeschlüsse **WEG 7**, 51
- Sondernutzungsrechte **WEG 7**, 49
- übrige Grundbuchabteilungen **WEG 7**, 53
- Veräußerungsbeschränkung **WEG 7**, 48
- Vorschriften **WEG 7**, 2

Zählerraum WEG 15, 18
Zahlungsverzug WEG 28, 190
Zaun WEG 21, 98; **22**, 90
Zerstörung des Gebäudes WEG 9, 3; **22**, 202
Zimmerlautstärke WEG 15, 25
Zinsabschlagsteuer WEG 28, 70
Zurückbehaltungsrecht
- erhebliche Wohngeldrückstände **WEG 18**, 19
- gegen Wohngeldforderung **WEG 28**, 214

Zusammenfallen aller Wohnungseigentums-
rechte WEG 9, 6
Zusammenkunft
- spontane WEG 23, 6
Zusammenlegung mehrerer
Wohnungseigentumsrechte WEG 9, 10
Zuschlag WEG 16, 143
Zuschreibung WEG 1, 6, 25; **8**, 39; **9**, 10
Zuständigkeit
- internationale WEG 43, 5
- örtliche WEG 43, 7
- sachliche WEG 43, 10
Zustellungen
- an Verwalter WEG 27, 69, 82; **45**, 2
Zustimmung
- bei baulicher Veränderung WEG 22, 122
Zustimmung dinglich Berechtigter WEG 1, 20; 3, 35; **4**, 3, 16; **8**, 7, 26; **9**, 11
- andere dinglich Berechtigte WEG 5, 63
- Änderung des Inhalts des Sondereigentums WEG 5, 59
- Änderung des Miteigentumsanteils WEG 6, 9
- Grundpfandrechtsgläubiger WEG 5, 61
- Öffnungsklausel WEG 5, 65
- Reallastgläubiger WEG 5, 61
- rechtliche Beeinträchtigung WEG 5, 59
- Sondernutzungsrecht WEG 5, 61
- Verfügung über Sondereigentum WEG 6, 10
- Wegfall des Zustimmungserfordernisses WEG 5, 60
Zustimmungsberechtigte
- Fehlen des WEG 12, 26

- Verwalter WEG 12, 14
- Wohnungseigentümer WEG 12, 12
Zwangshypothek WEG 28, 227
Zwangsversteigerung WEG Anh 16, 144; **19**, 2; 37, 11
- Beschlagnahme WEG Anh 16, 156
- Dauerwohnrecht WEG 39, 1
- Herausgabe WEG 19, 11
- Rangklasse WEG 19, 7
- Räumung WEG 19, 11
- Veräußerungsverbot WEG 19, 6
- Veräußerungszustimmung WEG 12, 65
- Verhältnis des Erstehers zu den Mietern WEG 19, 12
- Zuschlag WEG 19, 10
Zwangsverwalter WEG 25, 34
Zwangsverwaltung WEG 16, 173; **25**, 4; **28**, 40
Zwangsvollstreckung
- Wohngeldansprüche WEG 28, 223
Zweckbestimmung WEG 13, 5; **14**, 14, 34; **15**, 11
- der Instandhaltungsrücklage WEG 21, 125
- der Räume WEG 1, 7
- Unterlassungsanspruch WEG 1, 7
Zweiergemeinschaft WEG 16, 133
Zweitbeschluss WEG 21, 30, 146; **23**, 61; **28**, 145; **46**, 24
- Anspruch auf ~ WEG 21, 31
- bauliche Veränderung WEG 22, 140
- sachlicher Grund WEG 21, 30
- schutzwürdige Bestandsinteressen WEG 21, 30
Zweiterwerber WEG 10, 12
Zweitversammlung WEG 25, 23
Zwischenvermietung WEG 16, 138

AnwaltFormulare

AnwaltFormulare jetzt in aktualisierter Neuauflage!

Neu

AnwaltFormulare
Von RA und FA für Steuerrecht
Dr. Thomas Heidel,
RA und FA für Arbeitsrecht
Dr. Stephan Pauly und RAin
und FAin für Insolvenzrecht
Angelika Wimmer-Amend
7. Auflage 2012,
3.020 Seiten, gebunden,
mit CD-ROM, 169,00 €
ISBN 978-3-8240-1141-4

Bestellen Sie im Buchhandel oder beim Verlag:
Telefon 02 28 9 19 11 -0 · Fax 02 28 9 19 11 -23
www.anwaltverlag.de · info@anwaltverlag.de

Ist Ihnen das nicht auch schon mal passiert: Sie möchten gerne ein Mandat annehmen, **Ihnen fehlt** aber **im entsprechenden Rechtsgebiet das Fachwissen?** Oder Sie haben (gerade als Einsteiger) einen neuen Fall, dessen **Erfolgsaussichten** Sie noch gar nicht beurteilen können? Und haben dann in der Folge das Haftungsrisiko? Hier wäre ein **schneller Einstieg und Überblick zu allen gängigen Rechts- und Sachgebieten** die passende Lösung!

Die bereits in 7. Auflage lieferbaren „AnwaltFormulare" setzen genau dort an: sie bieten Ihnen in **59 Kapiteln vom Aktienrecht über das Steuerrecht bis hin zur Zwangsvollstreckung** einen Einstieg in jedes denkbare Tätigkeitsgebiet, und zwar nicht nur für die klassischen forensischen Gebiete, sondern auch für die wachsende Anzahl von Bereichen, in denen Sie (nur) beratend oder rechtsgestaltend tätig sind.

Das Formularbuch ist dem Ablauf der Mandatsbearbeitung folgend aufgebaut. **Über 1.000 Muster, Checklisten und Formulare**, die Sie von der beiliegenden **CD-ROM** direkt in Ihre eigene Textverarbeitung übernehmen können, vermitteln Ihnen schnell benötigtes Wissen. Konkrete Handlungsanweisungen helfen bei der tatsächlichen Umsetzung. Das spart Zeit und Ressourcen.

Mit den AnwaltFormularen erschließen Sie sich mit vertretbarem Zeitaufwand ein bislang unbekanntes oder selten bearbeitetes Rechtsgebiet soweit, dass Sie Ihrem Mandanten **schnell Auskunft geben, sofort den Sachverhalt beurteilen** und so auch **eine Entscheidung über das weitere Vorgehen treffen** können.

perfekt beraten

Deutscher**Anwalt**Verlag

„Ich hab's!"

Deutsches Anwalt Office

Monatlich **nur € 59,75** zzgl. MwSt.

Große Lösung – kleiner Preis!

Die erste bezahlbare juristische Komplett-Datenbank.

Das Deutsche Anwalt Office fegt die Kostentreiber weg und sorgt für eine hochqualitative, topeffiziente Mandatsbearbeitung. Eine Revolution für kostenbewusste, kleine und mittlere Kanzleien – unter 60 Euro im Monat alles in einer Online-Datenbank:

- Fundiertes Fachwissen und Kommentierungen zu allen relevanten Rechtsgebieten
- Mit allen Inhalten aus dem Deutschen Anwaltverlag und juristischen Werken von Haufe
- Sachverhaltsrelevante Entscheidungen
- Mehrere tausend direkt einsetzbare Muster, Formulare, Rechner, Tabellen und Checklisten
- Effiziente Fortbildung mit mindestens einem Online-Seminar pro Monat

Jetzt 4 Wochen gratis haben:
www.deutsches-anwalt-office.de

HAUFE.   DeutscherAnwaltVerlag